MEYERS NEUES LEXIKON

In zehn Bänden

MEYERS NEUES LEXIKON

In zehn Bänden

Herausgegeben und bearbeitet von
Meyers Lexikonredaktion

Dritter Band

Dit - Gel

MEYERS LEXIKONVERLAG
Mannheim·Leipzig·Wien·Zürich

Redaktionelle Leitung: Dr. Gerd Grill M. A.

Redaktionelle Bearbeitung: Ariane Braunbehrens M. A.,
Ines Groh, Hildegard Hogen M. A., Jürgen Hotz M. A.,
Dipl.-Ing. Helmut Kahnt, Klaus M. Lange,
Dipl.-Inf. Veronika Licher, Heike Pfersdorff M. A.,
Dr. Erika Retzlaff, Dr. Uschi Schling-Brodersen,
Maria Schuster-Kraemer M. A., Irmgard Theobald,
Dr. Joachim Weiss, Johannes-Ulrich Wening

Redaktionsschluß des dritten Bandes: 31. März 1993

Einbandgestaltung: Markus Lüpertz

Die Deutsche Bibliothek – CIP-Einheitsaufnahme
Meyers neues Lexikon: in 10 Bänden/hrsg. und bearb. von Meyers Lexikonred.
[Red. Leitung: Gerd Grill. Red. Bearb.: Ariane Braunbehrens ...]. –
Mannheim; Leipzig; Wien; Zürich: Meyers Lexikonverl.
ISBN 3-411-07501-5
NE: Grill, Gerd [Red.]
Bd. 3. Dit– Gel. – 1993
ISBN 3-411-07531-7

Als Warenzeichen geschützte Namen sind durch das Zeichen Ⓦ
kenntlich gemacht. Etwaiges Fehlen dieses Zeichens bietet keine Gewähr dafür,
daß es sich um einen nicht geschützten Namen handelt, der von jedermann
benutzt werden darf

Das Wort MEYER ist für Bücher aller Art für den Verlag
Bibliographisches Institut & F.A. Brockhaus AG als Warenzeichen geschützt
Alle Rechte vorbehalten
Nachdruck, auch auszugsweise, verboten
© Bibliographisches Institut & F.A. Brockhaus AG, Mannheim 1993
Satz: Bibliographisches Institut & F.A. Brockhaus AG (DIACOS Siemens)
und Mannheimer Morgen Großdruckerei und Verlag GmbH
Druck und Bindearbeit: Neue Stalling GmbH, Oldenburg
Papier: 115 g Offsetpapier holzfrei mattgestrichen, chlorfrei,
der Papierfabrik Håfreström, Schweden
Printed in Germany
Gesamtwerk: ISBN 3-411-07501-5
Band 3: ISBN 3-411-07531-7

Dit

Ditfurth, Hoimar von, *Berlin 15. Okt. 1921, †Freiburg im Breisgau 1. Nov. 1989, dt. Schriftsteller. – Prof. für Psychiatrie und Neurologie in Heidelberg. Schrieb naturwiss. Bestseller, u. a. „Kinder des Weltalls" (1970), „Der Geist fiel nicht vom Himmel" (1976), „So laßt uns denn ein Apfelbäumchen pflanzen. Es ist soweit" (1985), „Innenansichten eines Artgenossen" (1989). Auch Rundfunkvorträge und Fernsehsendungen.

D., Jutta, *Würzburg 29. Sept. 1951, dt. Journalistin und Politikerin. – Tochter von Hoimar von D.; radikale Vertreterin des fundamentalist. Flügels der Grünen und 1984–88 im Bundesvorstand der Partei; am 11. Mai 1991 Austritt aus der Partei, Gründung der Sammelbewegung „Ökologische Linke/Alternative Liste".

Dithionate [griech.] ↑ Schwefelsauerstoffsäuren.

Dithmarschen ['dɪt..., 'diːt...], Landkr. in Schleswig-Holstein.

D., Landschaft an der W-Küste von Schl.-H., zw. Eider und Elbe; landschaftsbestimmend sind Marsch und Geest; von W greift die Meldorfer Bucht weit in das Land hinein. Die fruchtbare Marsch (Feldgemüsebau, Blumenzucht) ist Jungsiedelland. Hauptorte der Marsch sind Wesselburen, Büsum und Marne, der Geest Heide und Meldorf. Erdölfelder und Raffinerie bei Heide.

Geschichte: Anfang des MA Sachsengau; mit der fränk. Eroberung Sachsens christianisiert; kam im 11. Jh. unter bischöfl. brem. Hoheit. Vom 13. Jh. an wahrte die Bauernrepublik D. eine weitgehende Selbständigkeit (Sieg des Volksheeres bei Hemmingstedt 1500). Im 16. Jh. wurden die Geschlechter (-Verbände) entmachtet, 1532 wurde die Reformation eingeführt. 1559 unterwarfen der dän. König und die beiden Gottorfer Herzöge das Land. 1581 in eine südl. dän. Hälfte und eine nördl. Gottorfer Hälfte geteilt (1773 ebenfalls dän.). – Die Kirchspielverfassung von 1434/35 überstand auch die preuß. Annexion von Schleswig und Holstein (1866).

Dithyrambus [griech.], enthusiast.-ekstat. Chorlied, verbunden mit dem Kult des Dionysos. Klass. Form erreicht der D. bei Arion. – Als **dithyrambisch** werden hymn.-ekstat. Verse in freien Rhythmen bezeichnet.

dito [lat.-italien. „besagt"], Abk. do. oder dto., gleichfalls, dasselbe.

Ditters von Dittersdorf, Karl, *Wien 2. Nov. 1739, †Schloß Rothlhotta bei Nové Dvory (Mittelböhm. Gebiet) 24. Okt 1799, östr. Komponist. – Sein Werk umfaßt Oratorien, zahlr. Sinfonien, Solokonzerte, Kammermusik und v. a. rund 40 Opern und Singspiele (u. a. „Doktor und Apotheker", 1786).

Dittmann, Wilhelm, *Eutin 13. Nov. 1874, †Bonn 7. Aug. 1954, dt. Politiker. – MdR ab 1912 für die SPD; stimmte ab 1915 gegen die Kriegskredite; Mitbegr. der USPD; 1918 inhaftiert; Mgl. des Rats der Volksbeauftragten; MdR 1920–33; führte als Vors. die restl. USPD 1922 zur SPD zurück; emigrierte 1933 in die Schweiz.

Ditzen, Rudolf ↑ Fallada, Hans.

Diu, 50 km² große, ehem. portugies. Insel vor der S-Küste der ind. Halbinsel Kathiawar, gehört zum ind. Unionsterritorium Daman und Diu.

Diurese [griech.], Ausscheidung des Harns. Bei normaler Flüssigkeitsaufnahme beträgt die D. 1 bis 1,3 Liter je Tag. Bei übersteigerter Flüssigkeitsaufnahme oder vermehrter Abgabe osmotisch aktiver Stoffe kann sie stark zunehmen.

Diuretika [griech.] (harntreibende Mittel), teils durch direkte Wirkung auf die Nieren, teils durch Anregung des Kreislaufsystems wirkende Stoffe, die krankhaft bedingte Flüssigkeitsansammlungen im Organismus durch vermehrte Harnausscheidung beseitigen. Stoffe, die die Wasserausschwemmung vorwiegend über vermehrte Salzausscheidung bewirken, heißen **Saluretika.**

Diva [lat.-italien. „die Göttliche"], gefeierte Schauspielerin oder Sängerin.

divergent [lat.], gesagt von einer Folge oder unendl. Reihe, die keinem endl. Grenzwert zustrebt. – Ggs.: konvergent.

Divergenz [lat.], allg. Auseinandergehen, Abweichen; Meinungsverschiedenheit; **divergieren,** abweichen, anderer Meinung sein, auseinanderstreben.

▷ (evolutive D.) im *Tier-* und *Pflanzenreich* die allmähl., durch Selektion verursachte Abweichung systemat. Einheiten von ihrer urspr., gemeinsamen Stammform.

▷ in der *Mathematik* 1. Bez. für das Nichtvorhandensein von Grenzwerten bei Folgen, Reihen oder bestimmten Integralen; 2. Operation, die der vektoriellen Ortsfunktion $A = (A_x, A_y, A_z)$ den Skalar

$$\text{div } A = \partial A_x / \partial x + \partial A_y / \partial y + \partial A_z / \partial z$$

zuordnet und ein Maß für die Quellenstärke eines Vektorfeldes angibt.

▷ in der *Meteorologie* das Auseinanderströmen des horizontalen Windes; führt wegen des Prinzips der Massenerhaltung zu vertikalen, absinkenden und mit Wolkenauflösung verbundenen Luftbewegungen (Ggs. Konvergenz). Die Wetterentwicklung am Boden wird von den D. der Luftströmung der höheren Atmosphärenschichten beeinflußt.

▷ (D. gerichtl. Entscheidungen) Abweichen einer gerichtl. Entscheidung in derselben Rechtsfrage von einer bereits gefällten Entscheidung eines anderen Spruchkörpers (Senat, Kammer) desselben Gerichts (**Innendivergenz**) oder von der Entscheidung eines anderen Gerichts (**Außendivergenz**).

divers [lat.], verschieden; **Diverses,** Verschiedenes, Allerlei.

Diversifikation (Diversifizierung) [lat.], gezielte Ausweitung des Produktions- und/ oder des Absatzprogramms eines Unternehmens auf bisher nicht angebotene Erzeugnisse, die aber in sinnvollem Zusammenhang mit den bisher erzeugten bzw. abgesetzten Produkten stehen.

Diversion [lat.], im kommunist. Sprachgebrauch Bez. klassenfeindl. [Sabotage]tätigkeit, die auf die Schädigung der sozialist. Staatsmacht gerichtet ist. D. war u. a. in der ehem. DDR Straftatbestand.

Diversityempfang [daɪ'vəːsɪtɪ; engl. „Verschiedenheit"], Verfahren zur Verringerung der durch Schwund (Fading) verursachten Störungen bei Richtfunkverbindungen. Unterschieden werden Raum-D. (mit räumlich getrennten Antennen), Frequenz-D. (mit 2 Frequenzkanälen) und Polarisations-D. (mit 2 Polarisationsrichtungen der elektr. Feldstärke).

Divertikel [lat.], natürl. oder krankhafte Ausstülpung der Wand von Hohlorganen, z. B. des Darms.

Divertimento [lat.-italien. „Vergnügen"] (frz. Divertissement), seit Ende des 17. Jh. Bez. für unterhaltende Musik verschiedenster Art, in der 2. Hälfte des 18. Jh. meist mehrsätziges, suiten- oder sonatenartiges Instrumentalwerk.

Hoimar von Ditfurth

Karl Ditters von Dittersdorf

divide et impera

Otto Dix. Mittelteil des Triptychons „Großstadt", 1927/28 (Stuttgart, Galerie der Stadt)

Divus. Augustus auf einer römischen Münze des Caligula

Divine Light Mission

divide et impera [lat. „teile und herrsche"], angebl. polit. Maxime des antiken Rom, Herrschaft durch Spaltung und unterschiedl. Rechtsverhältnisse der Gegner zu gewinnen und aufrechtzuerhalten.
Dividend [lat.], die Zahl, die durch eine andere (den **Divisor**) geteilt werden soll: Dividend geteilt durch Divisor = Quotient.
Dividende [lat.-frz.; eigtl. „das zu Teilende"], aus dem Bilanzgewinn einer Kapitalgesellschaft auf die Kapitalanteile gezahlte Vergütung, insbes. Gewinnanteil der Aktie in Prozent des Nennwertes **(Nominaldividende)**. Die Höhe der D. wird nach dem Vorschlag der Verwaltung von der Hauptversammlung (Gesellschafterversammlung) festgesetzt. Die Auszahlung erfolgt gegen Vorlage des **Dividendenscheins**. Der den Aktien beigefügte Gewinnanteilscheinbogen **(Dividendenbogen)** enthält 10–20 D.-scheine **(Kupons)**, die am Fälligkeitstag abgetrennt und zur Einlösung eingereicht werden. Der letzte Abschnitt des Bogens ist der Erneuerungsschein (Talon), auf den ein neuer D.bogen ausgegeben wird.
dividieren [lat.], eine Division durchführen.
Dividivi [indian.-span.] (Libidibi), Bez. für die kastanienbraunen, längl., Gerbstoffe liefernden Hülsenfrüchte des im trop. Amerika heim. Caesalpiniengewächses Caesalpinia coriaria; seit Beginn des 19. Jh. in Indien kultiviert; Verwendung v. a. in der Gerberei.
Divina Commedia [italien. „Göttliche Komödie"], Hauptwerk des italien. Dichters ↑Dante Alighieri.
Divination [zu lat. divinatio „Sehergabe"], die Fähigkeit, den Willen einer Gottheit zu erkennen oder die Zukunft vorauszusagen. In der *Religionswissenschaft* das Ahnen des Heiligen in Naturphänomenen und ird. Begebenheiten.
Divine Light Mission [dɪˈvaɪn ˈlaɪt ˈmɪʃn; engl. „Göttliches-Licht-Mission"], 1960 in Indien gegr. religiöse Bewegung, die zu den ↑neuen Religionen gerechnet wird. Im Mittelpunkt steht die Anbetung des Guru Maharaj Ji (* etwa 1958) als „Vollkommener Meister des Zeitalters", der das „Wissen" (knowledge: viergliedrige Meditationstechnik) vermittelt. Die Bewegung breitete sich seit 1970 v. a. in den USA aber auch in Europa aus. Die Zahl der Anhänger wird heute auf mehrere Mill. geschätzt.
Divinität [lat.], Göttlichkeit, Gottheit.
Divis [lat.], Trennungs- oder Bindestrich.

Division [zu lat. divisio „Teilung"], eine der vier Grundrechenarten; allgemeiner eine Operation in einem Körper K, bei der zu zwei Elementen $a \in K$, $b \in K$, $(a \neq 0)$ das Element $x \in K$ bestimmt wird, das die Relation $a \cdot x = b$ erfüllt; es existiert genau ein x in K, näml. $x = a^{-1} \cdot b$; man bezeichnet x als den *Quotienten* von b und a und schreibt ihn als $x = b/a = b:a$. Die D. kann als Umkehrung der Multiplikation gedeutet werden.
▷ [lat.-frz.], im *Militärwesen* Großverband des Heeres zur Lösung takt. Aufgaben im konventionellen und im atomaren Gefecht, zusammengesetzt aus verschiedenen Truppengattungen des Heeres.
Divisionär [lat.-frz.], bes. schweizer. Bez. für den Befehlshaber einer Division.
División Azul [span. diβiˈsi̯on aˈθul] ↑Blaue Division.
Divisor [lat.] ↑Dividend.
Divus [lat. „der Vergöttlichte"] (weibl. Form: Diva), Bez. für die vom Senat nach dem Tod zu Göttern erhobenen röm. Kaiser (erstmals für Cäsar, 42 v. Chr.).
Diwan [pers.-türk.], Sammlung oriental. lyr. und panegyr. Gedichte. Der bekannteste D. ist der des pers. Dichters Hafes (* um 1325, † 1390), auf den Goethe in seinem „Westöstl. Divan" (1819) Bezug nimmt.
▷ oberste Verwaltungsbehörden im Kalifenreich; in vielen islam. Ländern bis in die neuere Zeit Bez. für Ministerien und hohe Gerichtshöfe; urspr. „Verwaltungsurkunde".
▷ urspr. Empfangsraum mit Liegesofas, dann Bez. für das Sofa.
Diwanija, Ad, Hauptstadt der Prov. Al Kadisijja im südl. Mesopotamien, Irak, 61 000 E. Handelszentrum eines Agrargebietes. – Entstand um 1854 als Zollstelle.
Dix, Otto, * Untermhaus (= Gera) 2. Dez. 1891, † Singen (Hohentwiel) 25. Juli 1969, dt. Maler und Graphiker. – 1927–33 Prof. an der Kunstakad. Dresden. Vertrat in den 20er Jahren einen extrem krit. Realismus („Neue Sachlichkeit") und schuf Bilder und Graphiken, die schonungslos v. a. Krieg und soziales Elend anprangern; auch Porträts, Gruppenbildnisse und Akte. 1934 mit Mal- und Ausstellungsverbot belegt, danach v. a. Landschaften und religiöse Themen. 1950 Prof. an der Kunstakad. Düsseldorf. – *Werke:* Streichholzhändler (1920, Stuttgart, Staatsgalerie), Bildnis der Eltern des Künstlers II (1924, Hannover, Städt. Galerie), Großstadt (1927/28, Stuttgart, Galerie der Stadt), Der Krieg (1929–32, Dresden, Staatl. Kunstsammlungen).
dixi [lat. „ich habe gesprochen"], svw. genug! Ende einer Rede.
Dixieland [engl. ˈdɪksɪlænd], [scherzhafter] Name für die Südstaaten der USA. Die Herkunft des Namens ist umstritten; häufig auch von der Mason und Dixon Line abgeleitet, die im 19. Jh. als Trennungslinie zw. den sklavenfreien Staaten des N und den sklavenhaltenden Staaten des S angesehen wurde.
▷ (Dixielandjazz, Dixielandstil, Dixie), in der *Musik* ein zu Ende des 19. Jh. aus der Nachahmung des ↑New-Orleans-Jazz durch weiße Musiker entstandener Jazzstil, der sich diesem gegenüber in seiner rhythm. Grundhaltung und durch die Ausblendung der Bluestonalität (↑Blues) unterscheidet. In den 1920er Jahren mündete der D. schließlich in den ↑Chicagostil.
Dixon [engl. dɪksn], Willie, * Vicksburg (Miss.) 1. Juli 1915, † Burbanks (Calif.) 29. Jan. 1992, amerikan. Jazzmusiker. – Beeinflußte als Sänger, Texter, Komponist und Bassist des Chicago-Blues nachhaltig die Rockmusik.
Diyarbakır [türk. diˈjarbakır], türk. Stadt am oberen Tigris, 305 000 E. Hauptstadt der Prov. D., Sitz eines jakobit. Bischofs; Univ. (gegr. 1966); Textil-, Nahrungsmittel- und Papierind., Bahnstation; ✈. – Die byzantin. Festung **Amida** wurde 640 arab., 1517 osman. Seit Ende des 16. Jh. heutiger Name. – 5,5 km lange Stadtmauer mit 4 Toren und 72 Türmen, Große Moschee (um 1090), Karawanserei (1575).
d. J., Abk. für: **d**er **J**üngere.
▷ Abk. für: **d**ieses **J**ahres.
Dj... ↑Dsch...
Djajapura ↑Jayapura.

Djakarta ↑ Jakarta.
Djaus [Sanskrit „Himmel"], Himmelsgott der wed. Mythologie.
Djebel [ˈdʒɛbɛl] (Dschebel; arabisch Dschabal), Bez. für Berg in Marokko, Algerien, Tunesien.
Djelleh [austral.] (Austral. Lungenfisch, Neoceratodus forsteri), bis 2 m langer, oberseits olivfarbener bis brauner, unterseits silbrigweißer bis blaßgelbl., urtüml. Lungenfisch in den Süßgewässern O-Australiens; kann in kleinsten Wasseransammlungen mit Hilfe seiner einen Lunge überleben.
Djemila [dʒeˈmiːla] (arabisch Dschamilah), Ruinenstätte des um 100 n. Chr. gegr. röm. Cuicul nö. von Sétif, Algerien; von der UNESCO zum Weltkulturerbe erklärt.
Djerba [ˈdʒɛrba] (arabisch Dscharbah), tunes. Insel im Mittelmeer, 514 km², 90 000 E (neben Berbern auch eine jüd. Volksgruppe), Hauptort Houmt-Souk. Bewässerte Gartenkulturen mit Gemüse-, Obst-, Weinbau, in Oasen Dattelpalmenhaine; Kunsthandwerk; Austern- und Schwammfischerei; wichtiges tunes. Fremdenverkehrsgebiet. 6,4 km langer Straßendamm zum Festland; internat. ✈.
Djérissa [dʒeˈrisa] (arabisch Dscharisah), Bergwerkssiedlung in NW-Tunesien, 35 km vor der alger. Grenze, 4 500 E. Wichtigstes tunes. Eisenerzbergwerk.
DJH, Abk. für: **D**eutsche **J**ugend**h**erberge (↑ Jugendherberge).
Djibouti [frz. dʒibuˈti] ↑ Dschibuti.
Djidda ↑ Dschidda.
Djilas, Milovan ↑ Đilas, Milovan.
Djoser, ägypt. König (um 2600 v. Chr.) der 3. Dynastie. – Erbauer der ältesten Pyramide, der Stufenpyramide von Sakkara.
Djouf, El [ɛlˈdʒuf], weite, flache Beckenlandschaft in der westl. Sahara, im Grenzbereich Mauretanien/Mali. Salzmine (Tagebau). – Bereits in der Altsteinzeit besiedelt.
Djubail (Jubail) [dʒuˈbail], Hafenstadt im O Saudi-Arabiens, am Pers. Golf, 100 000 E. Erdöl- und Erdgasverarbeitung, Aluminium-, Stahlproduktion. – Ab 1975 aufgebaut.
DKP, Abk. für: **D**eutsche **K**ommunistische **P**artei.
DKW, Abk. für: **D**amp**f**kra**f**t**w**agen (später gedeutet als: **D**as **K**leine **W**under); Pkw-Marke, die seit 1928 von der Zschopauer Motorenwerke AG, Berlin-Spandau, hergestellt wurde. 1932 Zusammenschluß mit anderen Auto-Firmen zur Auto-Union AG.
dl, Einheitenzeichen für Deziliter (1/10 Liter).
DLG, Abk. für: **D**eutsche **L**andwirtschafts-**G**esellschaft.
DLRG, Abk. für: **D**eutsche **L**ebens-**R**ettungs-**G**esellschaft. e. V.
dm, Einheitenzeichen für Dezimeter (10 cm).
DM, Abk. für: ↑ **D**eutsche **M**ark.
d. M., Abk. für: **d**ieses **M**onats.
DM-Eröffnungsbilanz, erste, in DM aufgestellte Bilanz nach der Währungsreform (1949) mit dem Ziel, eine neue Grundlage für geschäftl. Erfolgsrechnungen und Kreditverhandlungen zu schaffen.
▷ nach dem Gesetz über die Eröffnungsbilanz in DM und die Kapitalneufestsetzung (D-Markbilanzgesetz – DMBilG) i. d. F. vom 29. 3. 1991 von Unternehmen in der DDR (Stichtag 1. Juli 1990) aufzustellende Bilanz in DM; dient dazu, in Verwirklichung der Währungs-, Wirtschafts- und Sozialunion durch Neubewertung der Vermögenswerte und Schulden ein tatsächl. Bild der Vermögenslage der Unternehmen zu erhalten.
Dmitri Iwanowitsch (Demetrius), * 19. Okt. 1582, † Uglitsch 15. Mai 1591, jüngster Sohn des Zaren Iwan IV., von der russ.-orth. Kirche heiliggesprochen (1606). – Starb unter mysteriösen Umständen; die verbreitete Ansicht, ein anderer sei an seiner Stelle gestorben, bewirkte, daß zw. 1603 und 1612 mindestens drei Thronprätendenten (als Pseudodemetrius) unter seinem Namen auftreten konnten.
Dmitri Iwanowitsch Donskoi [danˈskɔj], * 12. Okt. 1350, † 19. Mai 1389, Großfürst von Moskau (seit 1359). – Vermochte Herrschaftsanspruch und -gebiet gegenüber den Ft. Wladimir, Rjasan und Twer stark zu erweitern; führte die Russen 1380 zum ersten Sieg über ein tatar. Heer in offener Feldschlacht unweit des Don (daher sein Beiname).

Dmowski, Roman [poln. ˈdmɔfski], * Kamionek bei Warschau 9. Aug. 1864, † Drozdowo bei Łomza 2. Jan. 1939, poln. Politiker. – Vertreter eines aggressiven „all-poln." Nationalismus mit scharf antidt. und antisemit. Frontstellung; befürwortete – im Ggs. zu Piłsudski – eine Aussöhnung mit Rußland; erreichte 1917 die offizielle Anerkennung des von ihm gegr. Poln. Nationalkomitees durch die westl. Alliierten; ab 1919 poln. Delegationsleiter auf der Pariser Friedenskonferenz; 1923 Außenminister.
Dmytryk, Edward [engl. ˈdmɪtrɪk], * Grand Forks (Kanada) 4. Sept. 1908, amerikan. Filmregisseur. – Bekannt v. a. durch „Kreuzfeuer" (1947), „Die Caine war ihr Schicksal" (1954); zahlr. Western u. a. Filme („Ein Mann rechnet ab", 1975).
DNA, Abk. für engl.: **D**esoxyribo**n**ucleic **a**cid (↑ DNS).
DNasen [de-ɛnˈaː..], Abk. für: **D**esoxyribo**n**ukle**asen**, in allen Zellen vorkommende Enzyme, die ↑ DNS durch hydrolyt. Spaltung der Phosphordiesterbindungen abzubauen vermögen; die D. werden daher zur Klärung von Strukturfragen benutzt.

Djerba. Typisches Gehöft auf der Insel

Dnjepr, drittlängster Fluß Europas, entspringt in den Waldaihöhen (Rußland), durchfließt Weißrußland und die Ukraine, mündet in den tief ins Land reichenden **Dnjepr-Bug-Liman,** einer Bucht des Schwarzen Meeres, 2 200 km lang, Einzugsgebiet: 504 000 km². Schiffbare Flußlänge: 1 677 km; Verbindung zur Weichsel durch den **Dnjepr-Bug-Kanal,** einer Wasserstraße, die Nebenflüsse des Pripjet und des Bug benützt, sowie Verbindung zur Memel. In der Ukraine eine Stauseenkette (mit Wasserkraftwerken).
Dnjeprodserschinsk, Stadt am westl. Ufer des Dnjepr, Ukraine, 282 000 E. Ingenieurhochschule; Eisenmetallurgie (Eisenhüttenwerk seit 1889); Maschinen- und Waggonbau; in der Nähe Wasserkraftwerk; Hafen. – Mitte des 18. Jh. gegr., seit 1926 Stadt.
Dnjepropetrowsk, Gebietshauptstadt in der Ukraine, am Dnjepr, 1,18 Mill. E. Univ. (1918 gegr.), mehrere Hochschulen, Museen, fünf Theater, Philharmonie. Bed. Zentrum der Eisenmetallurgie, ferner Maschinenbau, chem., Reifen-, holzverarbeitende und Nahrungsmittelind.; Hafen, Bahnknotenpunkt, U-Bahn, ✈. – Entstanden 1783.
Dnjestr, im Altertum **Tyras,** Fluß in der Ukraine und Moldawien, entspringt in den Waldkarpaten, mündet in den **Dnjestrliman** (seine ertrunkene Mündung); 1 352 km lang, z. T. schiffbar; zwei Wasserkraftwerke, Pumpspeicherwerk Mogiljow-Podolski.
DNS (DNA), Abk. für: **D**esoxyribo**n**uklein**s**äure (engl. desoxyribonucleic acid); in allen Lebewesen vorhandener Träger der ↑ genetischen Information mit der Fähigkeit zur ident. Verdoppelung (↑ DNS-Replikation); besteht aus zwei spiralig angeordneten Ketten von Nukleotiden (sog. Doppelhelix), die neben einem Rückgrat aus Phosphorsäure und Desoxyribose aus 4 verschiedenen, sich in unterschied. Reihenfolge wiederholenden und über Wasserstoffbrücken (in der Kopplung Adenin-Thymin und Guanin-Zytosin) miteinander verbunden Basen besteht. Die Ba-

Djoser. Sitzbild des Königs aus der Stufenpyramide in Sakkara, Höhe 1,4 m (Kairo, Ägyptisches Museum)

DNS-Replikation

senfolge bestimmt dabei den genet. Code (↑ Proteinbiosynthese). Durch Aufspaltung der Doppelhelix und Anlagerung von Komplementärnukleotiden werden neue DNS-Fäden gebildet. DNS wurde 1869 von dem Schweizer Biochemiker F. Miescher entdeckt; das Raummodell der DNS wurde 1953 von J. D. Watson, F. H. C. Crick, M. Wilkins und R. E. Franklin erarbeitet.

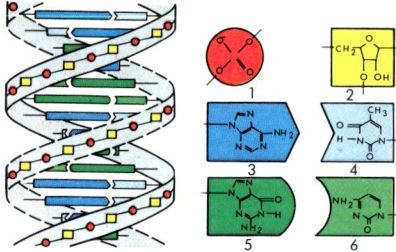

DNS. Links: Doppelhelix. Rechts: Bausteine der DNS; 1 Phosphorsäurerest, 2 Desoxyriboserest, 3 Adeninrest, 4 Thyminrest, 5 Guaninrest, 6 Cytosinrest

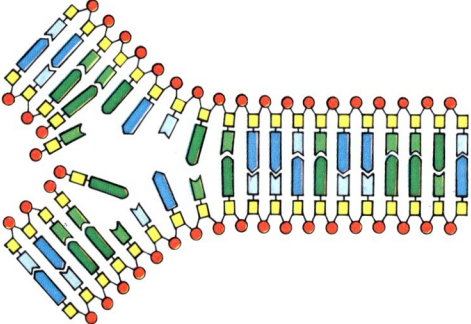

DNS-Replikation.

DNS-Replikation (DNS-Reduplikation), Verdoppelung (ident. Vermehrung) der genet. Substanz in lebenden Zellen. Der Verdoppelungsmechanismus ist durch die Struktur des DNS-Moleküls in Form der Doppelhelix vorgegeben. Die beiden Stränge der DNS trennen sich voneinander, indem die Wasserstoffbrücken zw. den Basenpaaren aufgelöst werden. Jeder Einzelstrang dient als Matrize für die Synthese des komplementären Strangs. Nach Beendigung der DNS-R. besteht jeder Doppelstrang zur Hälfte aus altem und zur Hälfte aus neuem Material *(semikonservative Replikation).*

DNVP, Abk. für: **D**eutsch**n**ationale **V**olks**p**artei.

Do, seit dem 17. Jh. die erste der Solmisationssilben (↑ Solmisation) anstelle des älteren ut. In Italien und Spanien Bez. für den Ton C (in Frankreich vorwiegend ut).

do., Abk. für: ↑ dito.

d. O., Abk. für: **d**er **O**bige.

DOB, in der Textilbranche übl. Abk. für **D**amen**o**ber**b**ekleidung.

Döbel (Aitel, Dickkopf, Rohrkarpfen Leuciscus cephalus), bis 60 cm langer und bis 3 kg schwerer Karpfenfisch, v. a. in den Fließgewässern Europas und Vorderasiens.

Döbeln, Krst. in Sa., an der Freiberger Mulde, 170 bis 248 m ü. d. M., 27 000 E. Theater; Metallind., Möbel-, Landmaschinenbau, kosmet. Industrie. – Seit dem 14. Jh. Stadt. – Stadtkirche Sankt Nikolai (1333 begonnen, ab 1479 umgebaut).

D., Landkr. in Sachsen.

Döbereiner, Johann Wolfgang, *Bug bei Hof 13. Dez. 1780, †Jena 24. März 1849, dt. Chemiker. – Prof. in Jena, wo er das erste chem. Unterrichtslaboratorium einrichtete. D. machte wichtige Untersuchungen über die katalyt. Wirkung der Platinmetalle *(D.sches Platinfeuerzeug).* Durch Aufstellung seiner „Triadenregel" leistete er wichtige Vorarbeit für die Erstellung des Periodensystems der chem. Elemente.

Doberlug-Kirchhain, Stadt in Brandenburg, an der Kleinen Elster, 94 m ü. d. M., 9 000 E. Weißgerbermuseum; Leder-, Möbelindustrie. – D.-K. entstand 1950 durch Zusammenschluß der beiden Städte Doberlug (bis 1939 Dobrilugk; 1005 erstmals genannt) und Kirchhain (1234 erstmals belegt). – Klosterkirche des ehem. Zisterzienserklosters (um 1220); frühbarockes Schloß (17. Jh.).

Dobermann [nach dem Hundezüchter K. F. L. Dobermann, *1834, †1894] (Dobermannpinscher), aus Pinschern gezüchtete Rasse bis 70 cm schulterhoher Haushunde; Haar kurz, hart, glatt, fest anliegend; Züchtungen meist in Schwarz oder Braun mit scharf abgesetzten, rostroten Abzeichen.

Döbler, Hannsferdinand, *Berlin 29. Juni 1919, dt. Schriftsteller. – Schreibt v. a. Romane über das Erleben von Krieg, Gefangenschaft und Heimkehr („Ein Achtel Salz", 1955, Fernsehfilm 1963; „gez. Coriolan", 1956; „Kein Alibi. Ein deutscher Roman 1919–1945", 1980; „Exners Glück", 1988; „Nie wieder Hölderlin", 1989) sowie kulturgeschichtl. Sachbücher.

Döblin, Alfred, *Stettin 10. Aug. 1878, †Emmendingen 26. Juni 1957, dt. Schriftsteller und Arzt. – Seit 1931 Neurologe und Psychiater in Berlin, 1933 Flucht nach Frankreich, 1940 in die USA, 1941 Konversion vom Judentum zur kath. Kirche. Expressionist. Frühwerk („Die Ermordung einer Butterblume", En., 1913). „Berlin Alexanderplatz" (1929), einer der bedeutendsten realist. Romane des 20. Jh., zeichnet sich aus durch die Vielfalt der Stilformen und -elemente, der Mischung von Zeitbezüglichem und alttestamentl. Anspielungen. Bed. auch seine Beiträge zum Entwicklungs-, zum histor., zum psycholog.-gesellschaftskrit. und Heimkehrerroman („Hamlet oder Die lange Nacht nimmt ein Ende", 1956). Essays.

Weitere Werke: Das Land ohne Tod (Romantrilogie, 1937–48), November 1918 (Romantrilogie, 1948–50).

Dobo ↑Aruinseln.

Döbraberg, höchster Berg des Frankenwaldes, Bayern, 795 m ü. d. M.

Dobroljubow, Nikolai Alexandrowitsch, *Nischni Nowgorod 5. Febr. 1836, †Petersburg 29. Nov. 1861, russ. Literaturkritiker. – Forderte eine radikal sozialkrit. Literatur.

Dobromierz [poln. dɔˈbrɔmjɛʃ] ↑Hohenfriedeberg.

Dobrovský, Josef, *Gyarmat bei Győr (Ungarn) 17. Aug. 1753, †Brünn 6. Jan. 1829, tschech. Slawist. – Jesuit; gilt als Begründer der slaw. Philologie und als eigtl. Urheber eines neuen tschech. Nationalbewußtseins.

Döbel

Dobrudscha (rumän. Dobrogea), Gebiet zw. der untersten Donau und dem Schwarzen Meer in Rumänien und Bulgarien, gliedert sich in einen bis 467 m hohen N-Teil und einen 170–200 m hohen S-Teil, von cañonartigen Schluchten durchschnitten, von Löß überdeckt; Steilabfall gegen das Schwarze Meer. Das Klima ist kontinental. Hauptort ist das rumän. Konstanza. Der Anbau von Getreide und die Viehzucht haben überregionale Bed. Weinbaugebiete im N und bei Murfatlar; Fischerei in Strandseen und an der Küste. Aufbereitung und Verarbeitung der Bodenschätze (Eisenerz, kupferhaltiger Pyrit, Schwerspat, Granit, Kaolin); metallurg. und chem. Ind.; Fremdenverkehr (Seebäder). Seit 1984 führt der ↑Donau-Schwarzmeer-Kanal durch die D.

Geschichte: Im 2. Jt. v. Chr. von Dako-Geten (thrak. Stämmen) bewohnt; im 7./6. Jh. v. Chr. griech. Städtegründun-

Alfred Döblin
(Porträtskizze von Emil Orlik, 1926)

gen an der Küste; im 1. Jh. n. Chr. von den Römern erobert. 6.–14. Jh. unter der Herrschaft von Wandervölkern, des Byzantin. Reiches und lokaler Despoten; 1388 der Walachei angeschlossen, ab 1417 osmanisch. 1878 fiel der nördl. (größere) Teil an Rumänien, nach 1913 der südl. (1940 Abtretung an Bulgarien).

Doce, Rio [brasilian. ˈrriu ˈdosi], Zufluß zum Atlantik in SO-Brasilien, entspringt am SO-Rand der Serra do Espinhaço, mündet 100 km nördlich von Vitória, 1 000 km lang. Das Flußbecken wurde ab Anfang des 19. Jh. von dt. und italien. Siedlern kolonisiert.

Docendo discimus [lat.], auf Seneca d. J. zurückgehendes Zitat: „durch Lehren lernt man".

Docht [zu althochdt. tāht, eigtl. „Zusammengedrehtes"], meist aus Baumwolle gefertigte Brennstoffzuführung in Kerzen, Öllampen u. a. durch Kapillarwirkung.

Dodona. Weihestatuette einer lakonischen Läuferin, um 550 v. Chr. (Athen, Archäologisches Nationalmuseum)

Dock [engl. oder niederl.], Großanlage in Werften und Häfen zur Trockenlegung von Schiffen für Reinigungs-, Erhaltungs- und Reparaturarbeiten. 1. **Trockendock**, ein durch D.tore verschließbares, betoniertes Becken. Die D.sohle liegt unter dem Wasserspiegel, das eindockende Schiff schwimmt ein, das geschlossene D. wird leergepumpt, das Schiff senkt sich auf die Kielpallen ab und liegt trocken. 2. **Schwimmdock**, ein hohlwandiger Schwimmkörper. Boden- und Seitentanks werden beim Absenken des D. geflutet, das Schiff schwimmt ein, das D. wird leergepumpt und hebt sich unter das Schiff.

Docking [engl. ˈdɔkɪŋ], die Ankoppelung eines Raumfahrzeuges an ein anderes.

Docta ignorantia [lat. „belehrte Unwissenheit"], durch Nikolaus von Kues („De docta ignorantia", 1440) geprägter Ausdruck zur Charakterisierung des Wissens, das nie vollständig sein könne, da die Unendlichkeit Gottes nicht rational erfaßbar sei.

Doctorow, E[dgar] L[aurence] [engl. ˈdɔktərəʊ], * New York 6. Jan. 1931, amerikan. Schriftsteller. – Verbindet in seinen Romanen postmoderne Techniken mit sozialkrit. und polit. Anliegen. Mischt im Stil der „nonfiction novel" histor. Fakten und Figuren mit fiktionalen Elementen in parodist. Manier. – *Werke:* Das Buch Daniel (R., 1971), Ragtime (R., 1975; verfilmt 1981 von M. Forman), Weltausstellung (R., 1985), Billy Bathgate (R., 1989).

documenta, eine seit 1955 alle 4–5 Jahre in Kassel veranstaltete internat. Ausstellung bildender Kunst der Gegenwart.

Document humain [frz. dɔkymɛ̃ˈmɛ̃, „menschl. Dokument"], von H. Taine 1866 geprägte Bez. für die Romane Balzacs. Wurde zum Schlagwort für die Forderung des Naturalismus, im Roman eine naturwiss. Methodik anzuwenden.

Documents against payment [engl. ˈdɔkjʊmənts əˈɡɛnst ˈpeɪmənt „Dokumente gegen Zahlung"], Abk. d/p, eine der wichtigsten Arten der Zahlungsabwicklung im Welthandel: Der Käufer ist verpflichtet, bei Erhalt der Versanddokumente Zahlung zu leisten; die Übergabe der Dokumente garantiert ihm den tatsächl. Versand der Ware.

Dodds [engl. dɔdz], Johnny, * New Orleans 12. April 1892, † Chicago 8. Aug. 1940, amerikan. Jazzmusiker (Klarinettist). – Bruder von Warren („Baby") D.; sein Stil beeinflußte zahlr. jüngere Musiker.

D., Warren („Baby"), * New Orleans 24. Dez. 1898, † Chicago 14. Febr. 1959, amerikan. Jazzmusiker (Schlagzeuger). – Bruder von Johnny D.; gehörte zu den stilbildenden Schlagzeugern des New-Orleans-Jazz.

Dodekaeder [griech.] (Zwölfflach, Zwölfflächner), von zwölf Flächen begrenzter Körper; das von zwölf kongruenten, regelmäßigen Fünfecken begrenzte regelmäßige **Pentagondodekaeder** (meist kurz D. genannt) ist ein ↑ platonischer Körper.

Dodekanes [griech. „Zwölfinseln"] (auch Südl. Sporaden) griech. Inselgruppe im sö. Ägäischen Meer, von Patmos im N bis Kasos im S, von Astipaläa im W bis Rhodos im O, etwa 50 größere und kleinere, weitgehend gebirgige Inseln; bildet das Verwaltungsgebiet D., 2 714 km², 145 000 E.

Dodekaphonie [griech.] ↑ Zwölftontechnik.

Doderer, Heimito von, * Weidlingau bei Wien 5. Sept. 1896, † Wien 23. Dez. 1966, öster. Schriftsteller. – Nach psycholog. und schicksalhaften Romanen „Die Strudlhofstiege" (1951) und „Die Dämonen" (1956) wurde bes. der farcenhafte Roman „Die Merowinger oder Die totale Familie" (1962) mit seiner Tendenz zur Absurdität wichtig. Der auf vier Teile konzipierte „Roman No 7" (Teil 1: „Die Wasserfälle von Slunj", 1963; Teil 2: „Der Grenzwald", als Fragment hg. 1967) steht für die von D. gesuchte neue Möglichkeit des Realismus. Bed. für das Verständnis seines Werks und seiner Person sind seine Tagebücher („Tangenten", 1964).

Weitere Werke: Ein Mord, den jeder begeht (R., 1938), Ein Umweg (R., 1940), Die erleuchteten Fenster ... (R., 1950), Grundlagen und Funktion des Romans (Essay, 1959), Repertorium (hg. 1969), Die Wiederkehr des Drachens (Essays, hg. 1970).

Döderlein, Albert, * Augsburg 5. Juli 1860, † München 10. Dez. 1941, dt. Gynäkologe. – Prof. in Groningen, Tübingen und München. Erkannte die für das Scheidenmilieu wichtigen und gegen von außen eindringende Krankheitserreger wirksamen Milchsäurebakterien (**Döderlein-Stäbchen**).

Dodo [portugies.] ↑ Dronten.

Dodoma [doʊˈduma:], Hauptstadt von Tansania und Verwaltungssitz einer Region, 1 130 m ü. d. M., 160 000 E. Sitz eines anglikan. und eines kath. Bischofs; geolog. Museum; Handelszentrum in einem Erdnuß- und Hirseanbaugebiet, einziges Weinbaugebiet in O-Afrika; Verkehrsknotenpunkt an der Bahnlinie Daressalam–Kigoma; internat. ✈.

Dodona (neugriech. Dodoni), antike Ruinenstätte in Epirus, Griechenland, 15 km ssw. von Ioannina. Berühmte Orakelkultstätte des Zeus (und der Dione) mit hl. Eiche. Kleiner Tempel (4. Jh.); Funde von Weihegaben (u. a. Bronzestatuetten und Schrifttäfelchen).

Doelenstück [niederl. ˈduːlən], svw. ↑ Schützenstück.

Doesburg, Theo van [niederl. ˈduːzbʏrx], eigtl. Christian Emil Marie Küpper, * Utrecht 30. Aug. 1883, † Davos 7. März 1931, niederl. Maler und Kunsttheoretiker. – Mitbegr. und einer der Wortführer der Gruppe „De Stijl", lehrte auch am Bauhaus. Strebte eine Synthese von (geometr.) Malerei und Architektur an; prägte den Begriff „konkrete Kunst"; bed. Typograph. – Abb. S. 10.

DOG, Abk. für: **D**eutsche **O**lympische **G**esellschaft.

Dogaressa [lat.-italien.], Titel der Frau des Dogen.

Heimito von Doderer

a

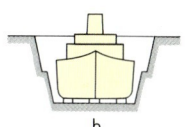

b

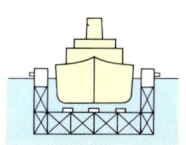

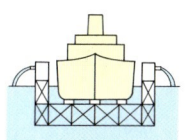

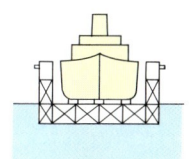

c

Dock. a Prinzip des gefluteten, b des gelenzten Trockendocks, c des Schwimmdocks

Dodekaeder. Pentagondodekaeder

Doge

Doge ['do:ʒə, italien. 'dɔ:dʒə; zu lat. dux „Führer"], Bez. für das Staatsoberhaupt der ehem. Republiken Venedig und Genua. In *Venedig* bestand das Amt 697–1797 und wuchs nach der Lösung Venedigs von Byzanz im 9. Jh. zur Machtbasis umfassender monarch. Hoheitsgewalt. Der D. war nach 1032 absetzbar und seit dem 12. Jh. an die Mehrheitsbeschlüsse der unter seinem Vorsitz tagenden Signoria gebunden; 1310 Schaffung des Rates der Zehn, dessen Kontrolle und Strafgewalt der D. völlig unterworfen wurde. – 1177 vollzog erstmals in D. durch den Wurf eines kostbaren Ringes in die Fluten die symbol. Vermählung des D. mit dem Meer. – In *Genua* gab es das Amt des D. 1339–1797 und 1802–05; ab 1528 nur noch für 2 Jahre aus den Reihen des Großen Rates wählbar und bis Anfang 17. Jh. auf weitgehend repräsentative Funktionen eingeschränkt.

Dogenpalast ['do:ʒən] (Palazzo Ducale), am Markusplatz in Venedig gelegener [Regierungs]palast (14.–17. Jh.).

Doggen [zu engl. dog „Hund"], Rassengruppe großer, kräftiger, meist einfarbig gelber oder gestromter, kurz- und glatthaariger Haushunde mit gedrungenem Körper, verkürztem, breitgesichtigem Kopf und fahnenloser Rute; zu den D. gehören u. a.: Deutsche Dogge, Bordeauxdogge, Boxer, Bulldogge, Leonberger, Mastiff, Mops, Tibetdogge.

Doggenhai ↑Stierkopfhaie.

Dogger [engl.] (Brauner Jura), mittlere Abteilung des Juras; enthält Eisenerze.

Doggerbank, zw. Dänemark und der O-Küste Englands in der zentralen Nordsee liegende Sandbank, die bis 13 m u. d. M. aufsteigt; rd. 300 km lang und 120 km breit; reiche Fischgründe.

Dögling ↑Entenwale.

Dogma (Mrz. Dogmen) [griech. „Beschluß, Grundsatz, Lehrsatz"], verbindl., festgeprägte, normative Glaubensaussage. In der *kath.* Theologie wird ein D. als ein von Gott offenbarter Glaubenssatz angesehen, dessen Leugnung die Trennung von der kirchl. Gemeinschaft zur Folge hat. Diese Auffassung wird im wesentlichen damit begründet, daß bei der Verkündung der Dogmen der Hl. Geist der Kirche beistehe und damit ein irrtumsloses Zeugnis ermögliche. Die ev. Kirchen gehen davon aus, daß nur die Bibel als von Gott geoffenbart zu gelten habe; gleichzeitig ist von den Reformatoren (Luther und Calvin) betont worden, daß die altkirchl. Bekenntnisschriften die bibl. Aussagen zutreffend wiedergeben.

Dogmatik [griech.] (dogmat. Theologie) in der Theologie der christl. Kirchen die wiss. Beschäftigung mit den Dogmen, d. h. ihre methodisch-systemat. Auslegung. In der ev. Theologie ist D. mit gleicher Zielsetzung eine Teildisziplin der systemat. Theologie.

Dogmatismus [griech.], Terminus zur Bez. solcher philosoph. und religiöser Einstellungen, die Begründungen von Behauptungen schuldig bleiben bzw. die Begründungspflicht bezüglich dieser Behauptungen bestreiten.

▷ *sozialpsychologisch* eine von Vorurteilen gekennzeichnete Einstellung, vereint mit starker Autoritätsgläubigkeit; unbedingter Glaube an die Wahrheit bestimmter Aussagen (Dogmen), der gleichzeitig deren krit. Überprüfung verhindert.

▷ *ideologisch* eine unhistor., abstrakte Denkweise, ohne konkrete Bedingungen und prakt. Erfahrungen zu berücksichtigen.

Dogmengeschichte, wiss. Disziplin der Theologie mit der Aufgabe, Entstehung und Geschichte der Dogmen darzustellen, um deren Entstehen, Entwicklung und aktuelle Bedeutung aufzuzeigen.

Doha ↑Dauha, Ad.

Dohle (Turmdohle, Corvus monedula), etwa 30 cm großer Rabenvogel, v. a. in parkartigen Landschaften und in lichten Wäldern Europas, W-Asiens und NW-Afrikas; Oberseite meist schwarz mit grauem Nacken, Unterseite dunkelgrau.

Dohna, edelfreies Geschlecht aus dem Pleißner Land, 1127 erstmals urkundl. erwähnt, 1144 (oder 1156)–1402 Burggrafen von Dohna bei Pirna; teilte sich in eine kath.-schles. Linie, die 1711 erlosch, und eine prot.-preuß. Linie (seit 1469), die noch heute existiert und sich in die Zweige *Lauck, Reichertswalde, Schlobitten* und *Schlodien* teilte (1840 zur „Gesamtgrafschaft Dohna" vereinigt); bed.:

D., Alexander, Burggraf und Graf zu D.-Schlobitten, *Finkenstein (Gem. Gellen, Westpreußen) 29. März 1771, †Königsberg (Pr) 21. März 1831. – Jurist; gehörte den Reformern um Stein und Hardenberg an; 1808–10 Innenmin.; gründete 1813 mit Clausewitz die preuß. Landwehr.

Dohnanyi [do'na:ni], Hans von, *Wien 1. Jan. 1902, †KZ Sachsenhausen 8. oder 9. April 1945 (hingerichtet), dt. Jurist und Widerstandskämpfer. – Sohn von E. von Dohnányi, Schwager D. Bonhoeffers; im Reichsjustizministerium und im Stab der Abwehr des OKW tätig. Führend an den Widerstandsaktionen 1939/40 und 1943 (Verhaftung April 1943) beteiligt.

D., Klaus, von, *Hamburg 23. Juni 1928, dt. Politiker. – Sohn von Hans von D.; seit 1957 Mgl. der SPD, 1969–81 MdB; 1972–74 Bundesmin. für Bildung und Wissenschaft; 1976–81 Staatsmin. im Auswärtigen Amt; 1979–81 Landesvors. der SPD in Rhld.-Pf.; 1981–88 Erster Bürgermeister der Freien und Hansestadt Hamburg.

Dohnányi [ungar. 'dɔxnanij], Christoph von, *Berlin 8. Sept. 1929, dt. Dirigent. – Sohn von H. von Dohnanyi; 1968–77 Generalmusikdirektor der Städt. Bühnen in Frankfurt am Main, 1977–84 Intendant der Hamburgischen Staatsoper, seit 1984 Chefdirigent des Cleveland Orchestra.

D., Ernst (Ernö) von, *Preßburg 27. Juli 1877, †New York 9. Febr. 1960, ungar. Pianist und Komponist. – Als Pianist und Dirigent ab 1948 in den USA tätig. Bekannte Kompositionen sind v. a. die Pantomime „Der Schleier der Pierette" (1910) und die Rhapsodie „Ruralia hungarica" (1923/24); auch Opern, Orchesterwerke und Vokalmusik.

Dohrn, Anton [Felix], *Stettin 29. Dez. 1840, †München 26. Sept. 1909, dt. Zoologe. – Begründer (1870) und Leiter der zoolog. Station in Neapel; arbeitete über Krebs- und Gliedertiere.

Doisy, Edward Albert [engl. 'dɔɪzɪ], *Hume (Ill.) 13. Nov. 1893, †Saint Louis (Mo.) 23. Okt. 1986, amerikan. Biochemiker. – Prof. in Saint Louis (Mo.); war maßgeblich an der Erforschung der Geschlechtshormone und des Vitamins K beteiligt. 1929 gelang seiner Arbeitsgruppe die Isolierung des Östrons. Später arbeitete D. an der Konstitutionsaufklärung von Vitamin K; für diese Arbeit erhielt er 1943 mit C. P. H. Dam den Nobelpreis für Physiologie oder Medizin.

Do it yourself! [engl. 'du: ɪt jɔ:'sɛlf „tu es selbst!"], nach dem 1. Weltkrieg von der Ind. in den USA geprägtes Schlagwort (später auch in Europa propagiert) für handwerkl. Selbsthilfe.

Klaus von Dohnanyi

Christoph von Dohnányi

Edward Albert Doisy

Dohle

Theo van Doesburg. Kontra-Konstruktion, Privathaus, Lichtdruck mit Gouache auf Papier, 1923 (Privatbesitz)

Doketismus [zu griech. dokeīn „scheinen"], theolog. Auffassung über Wesen und Wirken Jesu, die seine ird. Existenz zum bloßen Schein erklärt. So ist Jesus nach doket. Auffassung immer Gott geblieben, seine menschl. Existenzweise hat sein Wesen nicht berührt. Insbes. im altkirchl. Gnostizismus wurden doket. Anschauungen vertreten.

Dokkum [niederl. 'dɔkɔm], ehem. selbständige Stadt im NO der niederl. Prov. Friesland, ging 1984 in der neugebildeten Gem. Dongeradeel auf. – 754 wurde Bonifatius bei D. ermordet. D. entwickelte sich in der Folge zum Wallfahrtsort. Sankt-Bonifatius-Kirche (15. Jh.).

Dokoupil, Georg Jiří, * Krnov 3. Juni 1954, tschech. Maler. – Lebt in Köln. Vertreter der ↑ Neuen Wilden. D. paraphrasiert in seinen Bildern häufig vorangegangene Stilrichtungen des 20. Jahrhunderts.

Doktor [mittellat., zu lat. docere „lehren"], Abk. Dr., höchster akadem. Grad, stets mit Zusatz, urspr. der Fakultätsbezeichnung. Die Erlangung des D.grades erfolgt durch die Promotion, bestehend aus Dissertation und Rigorosum (mündl. Prüfung) in zwei oder drei Fächern. Die D.prüfung kann mit genügend (rite), gut (cum laude), sehr gut (magna cum laude) oder ausgezeichnet (summa cum laude) bestanden werden. Der D.grad kann wieder entzogen werden, wenn er durch Täuschung erworben wurde oder sich der Graduierte eines akadem. Grades unwürdig gezeigt hat (z. B. Straffälligkeit).

Die **Ehrendoktorwürde** (Doktor honoris causa, Abk. Dr. h. c., Doktor ex honore, Abk. Dr. e. H., Doktor Ehrenhalber, Abk. Dr. E. h., in der ev. Theologie Doktor mit der Abk. D.) wird auf Grund eines Fakultätsbeschlusses ohne Promotionsverfahren verliehen für hervorragende wiss. oder andere Leistungen.

Geschichte: In der röm. Antike und im frühen MA bezeichnet D. jeden Lehrer oder Gelehrten, dann Universitätsgrad (im 12. Jh. Schaffung von Prüfungsordnungen). Synonym mit Magister, auch Lizentiat angewandt, setzte sich aber schließlich gegenüber diesen Titeln durch. Der Magister- bzw. Doktorgrad schloß i. d. R. die Lehrbefugnis (licentia docendi) ein, für die v. a. in dt.sprachigen Ländern seit dem 18. Jh. ein weiteres Examen († Habilitation) verlangt wird. Der D.grad verschaffte im MA die persönl. Vorrechte des niederen Adels.

Recht: Der D.titel ist entgegen einer weitverbreiteten Ansicht nicht höchstrichterl. Rechtsprechung nicht Bestandteil des Namens. Der Titel wird jedoch in die Namensspalte des Personalausweises eingetragen. Nach östr. Recht besteht ein Rechtsanspruch darauf, in allen amtl. Urkunden, Zuschriften usw. mit dem D.grad bezeichnet zu werden. In der Schweiz gilt der rechtmäßig verliehene D.titel als Kennzeichen der Persönlichkeit und untersteht damit dem rechtl. Schutz der Persönlichkeit.

▷ svw. Arzt.

Doktorand [mittellat.], Student, der an seiner Doktorarbeit arbeitet.

Doktor Eisenbart (Doktor Eisenbarth) ↑ Eisenbarth, Johann Andreas.

Doktorfische (Seebader, Chirurgenfische, Acanthuridae), Fam. der Knochenfische (Ordnung Barschartige) mit rd. 100 Arten in allen trop. Meeren, v. a. an Korallenriffen; auf der Schwanzwurzel meist beiderseits ein starrer oder bewegl., knöcherner, ungewöhnlich scharfer Dorn („Doktormesser"), eine aus einer Schuppe entstandene Bildung, mit dessen Hilfe sich die D. äußerst wirksam verteidigen; z. T. beliebte Seewasseraquarienfische. Bekannt ist u. a. die Gatt. **Halfterfische** (Maskenfische, Zanchus) mit zwei, bis 20 cm langen Arten; mit schwarzer, weißer und gelber Querbänderung. Als **Segelbader** (Segelfische) werden die beiden Gatt. Acanthurus und Zebrasoma bezeichnet. Die Gatt. **Nashornfische** (Einhornfische, Naso) hat 12 Arten mit nach vorn gerichtetem Nasenhorn.

Doktrin [lat.], Lehre, Lehrsatz, Theorie; **doktrinär,** theoretisch starr, einseitig.

▷ polit. Grundsatz; im Bereich der internat. Politik ein von einer Reg. oder einem Staatsmann öff. verkündetes Prinzip, das der künftigen Politik des betreffenden Staates zugrunde

liegen soll (z. B.: Monroe-Doktrin, Hallstein-Doktrin); auf ideolog. Gebiet auch Bez. für bestimmte polit. Denk- und Handlungsweisen **(Parteidoktrin).**

Dokument [lat.], Urkunde, Schriftstück, Beweismittel; in der Dokumentation auch Bez. für Filme, Lochkarten, Akten u. a.

Dokumentarfilm (dokumentar. Film), Film, in dem versucht wird, tatsächl. Geschehen, menschl. Leben, Technik oder Natur wiederzugeben. Im Unterschied zum fiktionalen Spielfilm verwendet der D. fast ausschließlich dokumentar. Aufnahmen und bedient sich techn. Hilfsmittel (u. a. verdeckte Kamera, Zeitlupe/-raffer, Tele-/Makroobjektiv, Modell/Zeichnung). Er konzentriert sich im Gegensatz zur Wochenschau auf ein Thema. Seit Beginn der Filmgeschichte Bildungs-, aber auch Propagandamittel, entwickelt sich der D. in den 1920er Jahren zum künstler., formal anspruchsvollen Film, v. a. in den USA mit R. Flaherty, in Großbritannien mit J. Grierson, in der Sowjetunion mit D. Wertow. Aus dem Programm der Filmtheater weitgehend verdrängt, kommt der D. zunehmend als Fernseh-D. zur Geltung.

Dokumentarliteratur, sich ausdrücklich auf Fakten und Dokumente stützende und diese zitierende Literatur. Sie prägte sich bes. im Feature und im Dokumentartheater aus, in der Prosa eigtl. erst seit den 60er Jahren; vielfach wird Reportage und Protokoll als literar. Form gewählt. Ziel ist größtmögl. Authentizität im Dienst gesellschaftskrit., sozialen und polit. Engagements.

Dokumentartheater, Stilrichtung des modernen Theaters, charakterisiert durch Verwendung von dokumentar. Material (Akten, Protokolle, zeitgenöss. Presseberichte, Einblendungen aus Filmszenen, Photos, Tonbändern usw.). Höhepunkte bilden die Inszenierungen E. Piscators Ende der 20er Jahre und die Dokumentarstücke der 60er Jahre.

Dokumentation [lat.], Zusammenstellung, Ordnung und Nutzbarmachung von Dokumenten, z. B. Urkunden, Akten, Zeitschriftenaufsätze, Information (Information und Dokumentation). – ↑ Mikrodokumentation.

▷ beweiskräftiges Zeugnis („D. internat. Zusammenarbeit").

Dokumentenfilm, wenig empfindl., feinstkörniger Film, u. a. zur Mikroverfilmung.

Dokumentenpapier, alterungsbeständiges Papier, z. B. für Urkunden.

Dolby-System ⓦ, ein von dem amerikan. Elektrotechniker Ray Milton Dolby (* 1933) entwickeltes Verfahren zur Verminderung des Rauschens bei Aufnahme und Wiedergabe von Tonaufzeichnungen mittels magnetisierbarer Schichten.

dolce far niente ['dɔltʃe 'faːr ni'ɛnte; italien. „süß (ist es), nichts zu tun"], Maxime eines müßiggänger. Lebensstils.

Dolce stil nuovo [italien. 'dɔltʃe 'stil 'nuːvo „süßer neuer Stil"], Stilrichtung der italien. Liebeslyrik in der 2. Hälfte des 13. Jh. (Bologna, Florenz). Den D. s. n. kennzeichnen die Lösung von der höf. Troubadourlyrik und eine philosophisch-myst. Darstellung der Liebe. Hauptvertreter sind G. Cavalcanti und Dante, Nachwirkungen bes. bei Petrarca.

Dolce vita ['dɔltʃe 'viːta, italien. „süßes Leben"], ausschweifendes und übersättigtes Müßiggängertum.

Dolch, kurze Stoßwaffe mit feststehender, spitzer, meist zweischneidiger Klinge. Schon seit dem Jungpaläolithikum (Knochen- und Stein-D.) bezeugt; später aus Kupfer oder Bronze; gehörte im MA zur Ritterrüstung und war Jagdwaffe; wird noch heute als Militärwaffe (Offiziers- und Schmuckwaffe) getragen. Als bes. Form entwickelte sich in Italien das dreischneidige spitze **Stilett.**

Dolchstab (Stabdolch, Dolchaxt, Schwertstab), bes. in M-, N- und W-Europa verbreiteter frühbronzezeitl. Schlag-

Doktorfische.
Paracanthurus theutis
(Länge 25 cm)

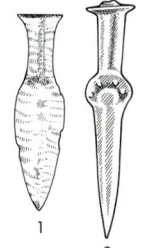

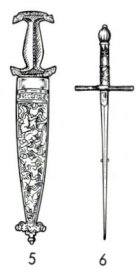

Dolch. 1 Feuersteindolch aus Norddeutschland, um 2000 v. Chr.; 2 germanischer Dolch aus einem Verwahrfund, mittlere Bronzezeit, 2. Hälfte des 2. Jt. v. Chr.; 3 Dolchmesser des 13. Jh.; 4 Dolch aus dem 16. Jh.; 5 „Schweizer Dolch" mit reichverzierter Scheide aus dem 16. Jh.; 6 stilettartiger Dolch aus dem 16. Jahrhundert

Dolchstoßlegende

Dolchstab

waffentyp mit einer rechtwinklig an einem Holz- oder Metallschaft befestigten Kupfer- oder Bronzeklinge; wahrscheinlich nur Zeremonialgerät.

Dolchstoßlegende, die seit dem Herbst 1918 in Deutschland sich ausbreitende These, daß für den Kriegsausgang nicht das militär. Kräfteverhältnis an der Front, sondern das Versagen der Heimat („Dolchstoß in den Rücken der siegreichen Truppen") verantwortlich gewesen sei; wurde trotz ihrer sachl. Unhaltbarkeit (D.-Prozeß 1925) von der konservativen und nat.-soz. Opposition als Propagandaparole gegen die Weimarer Republik und die „Novemberverbrecher" verwandt.

Dolchwespen (Scoliidae), Fam. bis 6 cm langer, wespenähnl. Hautflügler mit über 1 000 Arten, v. a. in den Tropen, 2 Arten in M-Europa, in S-Europa die **Gelbstirnige Dolchwespe.**

Dolchwespen. Gelbstirnige Dolchwespe (Länge bis 5 cm)

Dolci, Danilo [italien. ˈdoltʃi], *Sesana (= Sežana) bei Triest 28. Juni 1924, italien. Sozialreformer. – Teilt freiwillig Entbehrung und Not der Bewohner der ärmsten Gebiete Siziliens und kämpft gegen deren soziales und moral. Elend; schrieb zahlr. soziolog. Untersuchungen darüber.

Dolcian ↑ Dulzian.

Dolde ↑ Blütenstand.

Doldenblütler, (Umbelliflorae) Ordnung der Blütenpflanzen mit zykl., meist vier bis fünfzähligen, kleinen Blüten, meist in Dolden oder Köpfchen; 7 Fam. u. a. Doldengewächse, Araliengewächse, Hartriegelgewächse, Tupelobaumgewächse.
▷ svw. ↑ Doldengewächse.

Doldengewächse (Doldenblütler, Apiaceae, Umbelliferae), Fam. der zweikeimblättrigen Pflanzen mit etwa 300 Gatt. und über 3 000, weltweit in außertrop. Gebieten verbreiteten Arten; meist Kräuter oder Stauden mit hohlen Stengeln, Blüten meist klein, weiß, in einfachen oder zusammengesetzten Dolden. Zahlr. Arten werden als Gemüse-, Gewürz-, Heil- oder Zierpflanzen kultiviert (z. B. Sellerie, Fenchel, Möhre, Anis, Kümmel, Liebstöckel).

Doldenköpfchen ↑ Blütenstand.

Doldenrispe ↑ Blütenstand.

Doldentraube ↑ Blütenstand.

Doldinger, Klaus, *Berlin 12. Mai 1936, dt. Jazzmusiker (Tenorsaxophon, Klarinette, Klavier). – Verbindet v. a. in der Gruppe „Passport" (seit 1971) Elemente des Free Jazz und der Popmusik. Schreibt auch Fernseh- und Filmmusiken (u. a. für „Das Boot", 1981).

Dole [frz. dɔːl], frz. Stadt, Dep. Jura, sw. von Besançon, 231 m ü. d. M., 30 500 E. Pasteur-Museum; elektron. Ind., Maschinen- und Fahrzeugbau. – Seit dem 12. Jh. Hauptstadt der Franche-Comté, kam mit dieser 1384 zum Herzogtum Burgund; fiel 1477 an das Haus Habsburg; 1674 von Frankreich erobert. – Kirche Notre-Dame (16. Jh.), in der Altstadt zahlr. Häuser des 15.–18. Jahrhunderts.

dolendo (dolente) [italien.], musikal. Vortragsbez.: traurig, schmerzlich, klagend.

Dollar. Silberdollar der USA von 1880 (Vorder- und Rückseite)

Dölger, Franz Joseph, *Sulzbach a. Main 18. Okt. 1879, †Schweinfurt 17. Okt. 1940, dt. kath. Religions- und Kirchenhistoriker. – 1911 Prof. in Münster, 1926 in Breslau 1929 in Bonn. Sein Arbeitsgebiet war die Erforschung der Beziehungen von Antike und Christentum. Mitbegr. des „Reallexikons für Antike und Christentum" (RAC).

Dolgoruki [russ. dɐlgɐˈrukij] (Dolgorukow), russ. Fürstengeschlecht aus dem Stamm der Rurikiden; trat im 16. Jh. in den Dienst der Moskauer Großfürsten; nahm eine gehobene Stellung im russ. Adel ein.

Doline [zu slowen. dolina „Tal"] (Erdfall), schlot-, trichter- oder schüsselartige Vertiefung der Erdoberfläche, entstanden durch Auflösung von Kalk- und Salzgesteinen mit Nachsinken oder plötzl. Einstürzen der Schichten über dem Lösungshohlraum.

Dollar [engl.-amerikan.; zu niederdt., niederl. daler „Taler"], Zeichen $, seit dem ersten Münzgesetz der USA (2. April 1792) Hauptwährungseinheit der USA (US-$). – In Zusammensetzungen Bez. für die Währungseinheiten zahlr. Länder, z. B. Australien, Honduras, Hongkong, Kanada, Liberia, Neuseeland, Singapur. – ↑ Weltwährungssystem.

Dollaranleihen, svw. ↑ Dollarbonds.

Dollarbonds (Dollaranleihen), außerhalb der USA aufgelegte und auf $ lautende Anleihen.

Dollarstandard ↑ Weltwährungssystem.

Dollart, Meeresbucht an der Emsmündung, an der dt.-niederl. Nordseegrenze; durch Meereseinbrüche im Spät-MA entstanden (u. a. Marcellusflut 1362).

Dollbord [niederdt.], obere Planke auf dem Bootsbord; im D. ist die Dolle angebracht, eine drehbare eiserne Gabel zur Aufnahme der Riemen.

Dollfuß, Engelbert, *Texing (Niederösterreich) 4. Okt. 1892, †Wien 25. Juli 1934, östr. Politiker. – 1931 Landwirtschaftsmin.; ab 1932 Bundeskanzler und Außenmin.; schuf ein autoritäres Regierungssystem, das er durch Gründung eines parteiähnl. Kampfverbandes, der Vaterländ. Front, und durch eine ständ. Verfassung (1. Mai 1934) abzustützen suchte; gewaltsame Ausschaltung der östr. Sozialdemokratie; außenpolit. Anlehnung an Ungarn und das faschist. Italien (Röm. Protokolle, März 1934). starb als Opfer eines gescheiterten nat.-soz. Putsches.

Dollinger, Werner, *Neustadt a. d. Aisch 10. Okt. 1918, dt. Politiker (CSU). – 1953–90 MdB; war ab 1962 Bundesmin. verschiedener Ressorts (u. a. 1982–87 für Verkehr).

Döllinger, Ignaz von (seit 1860), *Bamberg 28. Febr. 1799, †München 10. Jan. 1890, dt. kath. Theologe und Kirchenhistoriker. – 1823 Prof. in Aschaffenburg, 1826 in München. Wurde wesentlich beeinflußt von der von Frankreich nach Deutschland übergreifenden kirchl. Erneuerung und deren Verbindung mit der kath. Romantik. Einflußreicher Berater der dt. Bischöfe auf der ersten dt. Bischofskonferenz 1848 in Würzburg und Wortführer der kath. Rechten in der Paulskirche (1848). D. geriet seit den 1860er Jahren in wachsenden Gegensatz zur röm. Kurie. Akzeptierte nach dem 1. Vatikan. Konzil nicht das Dogma von der Unfehlbarkeit des Papstes und gab damit der altkath. Kirche ihre theolog. Grundlage; 1871 exkommuniziert. – *Werke:* Die Reformation (1846–48), Christentum und Kirche ... (1860), Kirche und Kirchen, Papsttum und Kirchenstaat (1861).

Dolman (Dolama, Dolaman) [türk.], Überrock in der alttürk. Nationaltracht.
▷ kaftanähnl. Frauengewand (Balkan).
▷ schoßlose Jacke der Ungarn, bes. Husarenjacke.

Dolmen [frz.; zu breton. taol „Tisch" und maen „Stein"], Grabtyp der Megalithkulturen, meist aus 4–6 senkrecht aufgestellten Trag- und 1–2 Decksteinen errichtet; urspr. mit einem Erd- oder Steinhügel bedeckt; bes. in W- und N-Europa verbreitet.

Dolmetscher [zu türk. tilmač „Mittelsmann"] (Diplom-D.), Berufsbez. für jmd., der Äußerungen in einer fremden Sprache mündlich übersetzt.

Dolní Věstonice [tschech. ˈdɔlɲiː ˈvjɛstɔɲjitsɛ] (dt. Unter-Wisternitz), am Nordfuß der Pollauer Berge (Südmäh-

Dolmen. Poseskær Stenhus, Jütland

ren, ČR) im Löß gelegene, 1922 entdeckte Fundstelle einer jungpaläolith. Mammutjägersiedlung („Venus von D. V.").

Dolomit [nach dem frz. Geologen D. de Gratet de Dolomieu, * 1750, † 1801], farbloses, weißes oder bräunl. trigonales Mineral aus Calcium- und Magnesiumcarbonat, $CaMg[CO_3]_2$; meist dichte, körnige Massen; Dichte 2,8 g/cm^3; Mohshärte 3,5 bis 4,0.
▷ aus D. bestehendes Sedimentgestein.

Dolomiten (italien. Dolomiti), Teil der Südl. Kalkalpen, Italien, etwa 150 km lang und 80 km breit, in der Marmoladagruppe bis 3 342 m hoch. Mit bizarren Felstürmen aus hartem Dolomit oder Riffkalkgestein, dazwischen reizvolle Talungen und kleine Beckenlandschaften. Bed. Fremdenverkehr.

Dolor (Mrz. Dolores) [lat.], svw. ↑Schmerz.

dolore (con dolore, doloroso) [italien.], musikal. Vortragsbez.: mit Schmerz, klagend.

Dolphy, Eric [engl. 'dɒlfɪ], *Los Angeles 20. Juni 1928, †Berlin (West) 29. Juni 1964, amerikan. Jazzmusiker (Altsaxophonist, Flötist und Baßklarinettist). – Gilt als einer der schöpferischsten Improvisatoren im Bereich zwischen Hard-Bop und Free Jazz.

Dolus [lat. „List"], 1. im strafrechtl. Sinne svw. Vorsatz; 2. im Zivilrecht svw. Arglist.

Dom [portugies. dõ; zu lat. dominus „Herr"], portugies. Titel vor männl. Taufnamen, urspr. der königl. Familie und dem Adel vorbehalten; weibl. Form: **Dona**.

Dom [zu lat. domus (ecclesiae) „Haus (der Kirche)"], zunächst Bez. für die Bischofskirche und die Wohnungen des Klerus; im heutigen Sprachgebrauch im allg. bes. große Kirchen, v. a. die Bischofskirche.
▷ in der *Tektonik* gewölbeartige Sattelstruktur, im Ggs. zur muldenförmigen Schüssel.

D. O. M., Abk. für lat.: **D**eo **O**ptimo **M**aximo („Gott, dem Besten und Allmächtigen"), Formel bei christl. Grabinschriften, seit der Renaissance belegt, eine Umformung der antiken Weiheformel I. O. M. (Iovi Optimo Maximo „Jupiter, dem ...").

Domagk, Gerhard ['do:mak], *Lagow (Kr. Sternberg) 30. Okt. 1895, †Burgberg (heute zu Königsfeld im Schwarzwald) 24. April 1964, dt. Pathologe und Bakteriologe. – Prof. in Münster und Direktor der Farbenfabriken Bayer AG; führte die Sulfonamide in die Chemotherapie der bakteriellen Infektionen ein (zus. mit F. Mietzsch und J. Klarer) und entwickelte u. a. Tuberkulosemittel. D. erhielt 1939 den Nobelpreis für Physiologie oder Medizin.

Domenico Veneziano. Madonna mit Kind und Heiligen, Mittelteil des Marienaltars aus Santa Lucia dei Magnoli in Florenz, zwischen 1442 und 1448 (Florenz, Uffizien)

Domäne [frz.; von lat. dominium „Herrschaftsgebiet"], allg. Bez. für Herrschaftsgebiet; Staatsgut, -besitz. Die D. war seit der fränk. Landnahme das der unmittelbaren Verfügungsgewalt des Königs unterstehende Königsgut (verwaltet unter Aufsicht von Königsboten, später Hausmeiern)

Dolomiten. Die Cadinspitze (Cima Cadini) in den östlichen Dolomiten, 2 839 m

und wurde zunehmend zum Kammergut (Schatull-, Tafelgut). Dieser landesherrl. Grundbesitz (in Brandenburg-Preußen seit dem 17. Jh. rd. $1/3$ des Staatsgebietes) vergrößerte sich durch die Säkularisationen z. Z. der Reformation und 1803. Die Erträge bildeten bis zur erneuten Trennung von fürstl. Hausgut und Staatsbesitz Anfang des 19. Jh. eine der Haupteinnahmen des Fiskus. Heute haben D. kaum noch finanzpolit. Bedeutung.
▷ in der *Festkörperphysik* Bez. für einen kleinen Bereich in einem kristallinen Festkörper, in dem eine seine bes. Eigenschaften charakterisierende Stoffgröße überall den gleichen Wert hat. – ↑Weiss-Bezirke.

Domänenspeicher ↑Magnetspeicher.

Domat, Jean [frz. dɔ'ma], *Clermont-Ferrand 30. Nov. 1625, †Paris 14. März 1696, frz. Jurist. – Einer der ersten Vertreter des Naturrechtsdenkens in Frankreich; Vorkämpfer des Jansenismus, eng befreundet mit B. Pascal; sein Werk hatte maßgeblichen Einfluß auf den späteren Code civil.

Domatien [...tsiən; griech.] (Einz. Domatium), Bez. für kleine Hohlräume, die durch artspezif. Bildungen an Pflanzenteilen entstehen.

Dombrowa ↑Dąbrowa Górnicza.

Dombrowski, Jan Henryk ↑Dąbrowski, Jan Henryk.

Domenichino [italien. domeni'ki:no], eigtl. Domenico Zampieri, *Bologna 28. (?) Okt. 1581, †Neapel 6. April 1641, italien. Maler. – 1602 Gehilfe von A. Carracci in Rom (Fresken im Palazzo Farnese); D. klassizist. Stil wird gelockert durch unmittelbar empfundene Landschaftsmotive. Monumentale vielfarbige Fresken, auch Gemälde („Diana auf der Jagd", 1617: Rom, Galleria Borghese).

Domenico di Bartolo, *Asciano bei Siena (= San Giuliano Terme) um 1400, †Siena im Jan. 1447, italien. Maler. – Vertreter der Frührenaissance in Siena; im Frühwerk Einfluß Masaccios.

Domenico Veneziano, eigtl. D. di Bartolomeo da Venezia, *Venedig kurz nach 1400, †Florenz 15. Mai 1461, italien. Maler. – Vertreter der florentin. Frührenaissance; nur zwei signierte Werke erhalten, darunter der Marienaltar aus Santa Lucia dei Magnoli, Florenz (zw. 1442/48; Mitteltafel in den Uffizien, Predellenteile u. a. in Berlin-Dahlem). Aus seiner Spätzeit (nach 1455) stammen wohl die Fresken in Santa Croce, Florenz, die lange A. del Castagno zugeschrieben wurden.

Domesday Book [engl. 'du:mzdeɪ 'bʊk „Gerichtstagsbuch"], Bez. für die Landesbeschreibung Englands aus dem 11. Jh.; Zusammenfassung der auf Anordnung Wilhelms des Eroberers 1086/87 durchgeführten allg. Bestandsaufnahme des Landbesitzes in den einzelnen Gft. (shires) unter Zugrundelegung einer Einteilung nach Grundherrschaf-

Dolomit (Kristalle)

Dolní Věstonice. Venus von Dolní Věstonice, um 23 000 v. Chr. (Brünn, Mährisches Museum)

Domestici

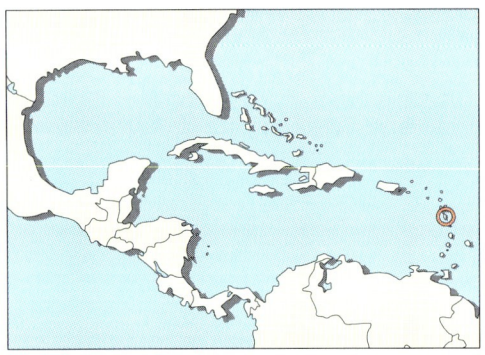

Dominica
Fläche: 751 km²
Bevölkerung: 85 000 E (1990), 113,2 E/km²
Hauptstadt: Roseau
Amtssprache: Englisch
Nationalfeiertag: 3. Nov.
Währung: 1 Ostkarib. Dollar (EC$) = 100 Cents
Zeitzone: MEZ −5 Stunden

Dominica

Staatswappen

Internationales
Kfz-Kennzeichen

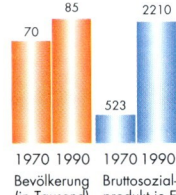

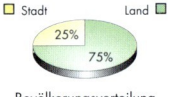

ten (manors); diente als Grundlage der königl. Verwaltung und Gerichtsbarkeit.

Domestici [lat.] in der Spätantike Bez. für private Begleiter von Kaisern, seit dem 3. Jh. auch für Beamte als Berater höherer Magistrate; Amtszeit im allg. 3 Jahre.

Domestik (Domestike) [frz.; zu lat. domesticus „zum Hause gehörig"], Dienstbote.

Domestikation [frz.; zu lat. domesticus „zum Hause gehörig"], Umwandlung von wildlebenden Tier- und Pflanzenarten in Haustiere und Kulturpflanzen durch gezielte Züchtung. Der Mensch hält zu seinem Nutzen über Generationen hinweg Tiere, die veränderten Lebensbedingungen, z. B. durch die Ernährung oder die Beeinflussung der Partnerwahl, unterworfen sind. Durch letzteres ersetzt er die natürl. Selektion durch eine künstl., nach bestimmten Richtlinien vorgenommene Auslese. Als Folge davon ergeben sich physiolog. und morpholog. Veränderungen, die sich im Laufe der Generationen genetisch fixieren. Der Beginn der D. liegt etwa 10 000 Jahre zurück. Für die meisten Haustiere müssen mehrere, voneinander unabhängige Domestikationszentren angenommen werden.

domestizieren [lat.-frz.], Haustiere und Kulturpflanzen aus Wildformen züchten (↑Domestikation); übertragen für: zähmen, heimisch machen.

Domfreiheit, einst selbständiges Rechtsgebiet, bes. innerhalb einer Stadt, das frei war von der regulären Gerichtsbarkeit und in der ein Domstift als Inhaber der Immunität die Rechtswahrung innehatte; meist um die Domkirche gelegen.

Domin, Hilde, eigtl. H. Palm, *Köln 27. Juli 1912, dt. Schriftstellerin. – 1933–54 Exil u. a. in der Dominikanischen Republik; schreibt Lyrik („Nur eine Rose als Stütze", 1959; „Rückkehr der Schiffe", 1962; „Hier", 1964; „Ich will dich", 1970), Prosa („Das zweite Paradies", R., 1968; „Abel steh auf", 1979; „Aber die Hoffnung", 1982) und Übersetzungen (hg. u. a. in den „Gesammelten Ged.", 1987).

dominant [lat.] ↑Dominanz.

Dominante [zu lat. dominans „herrschend"], in der *Ökologie* die in einer Tier- oder Pflanzengesellschaft vorherrschende Art.
▷ in der *Musik* der 5. Ton einer Dur- oder Molltonleiter, auch der über diesem Ton errichtete Durdreiklang.

Dominantseptakkord, Dreiklang auf der Dominante mit der dissonierenden kleinen Septime; strebt nach Auflösung in die Tonika.

Dominanz [lat.], in der *Psychologie* Bez. für die Haltung des Überlegenseins, des Herrschenwollens.
▷ in der *Genetik* Übergewicht eines (als **dominant** bezeichneten) Allels gegenüber der Wirkung des anderen (rezessiven) Allels; das dominante Allel wird somit weitgehend merkmalbestimmend.

Dominat [lat.], Bez. für die sich aus dem röm. Prinzipat allmähl. (seit Ende 1. Jh. n. Chr.) entwickelnde Herrschaftsform; fand letzte Vollendung als absolute, göttlich sanktionierte Gewalt unter Diokletian.

Domingo, Plácido, *Madrid 21. Jan. 1941, mex. Sänger span. Herkunft. – Zählt seit 1966 zu den gefeierten Tenören, v. a. in Opern von Verdi und Puccini; wirkte in Filmen mit (u. a. „Othello"); auch Operndirigent.

Dominica (engl. dəmɪˈniːkə; amtl. Vollform: Commonwealth of D.), Republik im Bereich der Westind. Inseln, bei 15° 25′ n. Br. und 61° 20′ w. L. **Staatsgebiet:** Umfaßt die gleichnamige Insel. **Internat. Mitgliedschaften:** UN, Commonwealth, CARICOM.
Landesnatur: D. ist die zweitgrößte der Windward Islands, stark gebirgig (Morne Diablotins mit 1 447 m) und vulkan. Ursprungs.
Klima: Tropisch-maritimes Klima mit jährl. Niederschlägen zw. 1 800 mm an der Küste und über 6 500 mm im wenig erschlossenen Landesinneren. Die mittleren Monatstemperaturen schwanken zw. 25 °C und 32 °C.
Vegetation: Immergrüner Regenwald.
Bevölkerung: Die meist kath. Bev. besteht fast ausschließlich aus Schwarzen und Mulatten.
Wirtschaft, Außenhandel: Wichtigster Wirtschaftszweig ist die Landw., die für den Export Bananen, Zitrusfrüchte, Vanille u. a. kultiviert. Seit wenigen Jahren spielt der Fremdenverkehr eine Rolle.
Verkehr: Wichtig ist die Küstenschiffahrt, Tiefwasserhafen in Roseau; internat. ✈ bei Marigot.
Geschichte: Von Kolumbus 1493 entdeckt; im 17./18. Jh. zw. Briten und Franzosen umstritten (seit 1783 britisch); ab 1956 selbständige Kolonie mit Kabinettsreg.; 1967–78 Mgl. der Westind. Assoziierten Staaten; unabhängige Republik seit 3. Nov. 1978.
Politisches System: Nach der Verfassung von 1978 ist D. eine Republik im Commonwealth mit einem parlamentar. Reg.system. *Staatsoberhaupt* ist der Präs.; er ist zugleich oberster Inhaber der *Exekutive*, die er jedoch im allg. auf Rat des Premiermin. mit seinem Kabinett ausübt; die *Legislative* liegt beim Parlament (House of Assembly), bestehend aus dem Präs. und dem Abg.haus (21 gewählte Mgl., 9 ernannte Mgl.). Die wichtigsten im Parlament vertretenen *Parteien* sind die D. Labour Party und die D. Freedom Party (seit 1980 Reg.partei).

dominieren [lat.], vorherrschen; beherrschen.

Dominik, Hans, *Zwickau 15. Nov. 1872, †Berlin 9. Dez. 1945, dt. Schriftsteller. – Schrieb populärwiss. techn. Bücher und erfolgreiche Zukunftsromane mit z. T. nationalist. Tendenzen, z. B. in „Die Spur des Dschingis Khan" (1923), „Der Wettflug der Nationen" (1933), „Atomgewicht 500" (R., 1935).

Dominikaner (lat. Ordo [Fratrum] Praedicatorum „Predigerorden"; Abk. O. P.), nach den Franziskanern der zweite Bettelorden, gegr. von dem Spanier Dominikus, der 1216 von Papst Honorius III. die Erlaubnis zur Gründung eines Ordens erhielt, der in Predigt, wiss. Beschäftigung mit Theologie und in der Ketzerbekehrung seine Hauptaufgaben sah. Die D. stellten im MA die päpstl. Hoftheologen; ihre berühmtesten Gelehrten waren Albertus Magnus und Thomas von Aquin. Die Tatsache, daß die D. ab 1232 füh-

Dominikanische Republik

Dominikanische Republik
Fläche: 48 442 km²
Bevölkerung: 7,25 Mill. E (1990), 149,7 E/km²
Hauptstadt: Santo Domingo
Amtssprache: Spanisch
Nationalfeiertag: 27. Febr. (Unabhängigkeitstag)
Währung: 1 Dominikan. Peso (dom$) = 100 Centavos
Zeitzone: MEZ −6 Stunden

rend in der Inquisition tätig waren – daher ihre wortspielartige Benennung mit „Domini canes" („Spürhunde des Herrn") – belastete ihr Ansehen. Die D. tragen weißen Habit mit Kapuze und einen schwarzen Mantel. 1992 gab es 6 775 D. in rd. 670 Niederlassungen.

Die **Dominikanerinnen** (1992: rd. 4 200) leben nach z. T. unterschiedl. Regeln in strenger Abgeschlossenheit und bilden einen Zweiten Orden neben den D. Außerdem gibt es noch einen Dritten Orden, der v. a. in den Städten karitativ tätig wurde. Aus ihm entstanden im 19. Jh. größere Kongregationen, die in Schule, Sozialfürsorge und in der Mission tätig wurden.

Dominikanerwitwe (Vidua macroura), in Afrika verbreitete Art der ↑ Witwen; etwa 33 cm langer, rotschnäbeliger Webervogel; ♂♂ im Hochzeitskleid mit vier etwa 25 cm langen, bandförmigen mittleren Schwanzfedern und schwarzweißem Gefieder, ♀ unauffällig braun.

Dominikanische Republik (amtl. Vollform: República Dominicana), Staat im Bereich der Westind. Inseln, zw. 17° 30′ und 20° n. Br. sowie 72° und 68° 30′ w. L. **Staatsgebiet:** Umfaßt den östl. Teil der Antilleninsel Hispaniola und grenzt im W an Haiti. **Verwaltungsgliederung:** 26 Prov., ein Nationaldistrikt. **Internat. Mitgliedschaften:** UN, OAS, SELA.

Landesnatur: D. ist gegliedert durch mehrere NW–SO-verlaufende Gebirgszüge und Längssenken des Kordillerensystems. In der Cordillera Central liegt die höchste Erhebung der Westind. Inseln (Pico Duarte, 3 175 m ü. d. M.). Der S-Küste ist bes. bei Santo Domingo eine Küstenebene vorgelagert.

Das **Klima** steht unter dem Einfluß des Passats, bestimmt durch den Wechsel einer winterl. Trocken- mit einer sommerl. Regenzeit. Die Gebirgszüge erhalten bis über 2 000 mm Niederschlag/Jahr.

Die **Vegetation** zeigt eine Abfolge von der Sukkulenten- und Dornstrauchvegetation bis zum regen- oder immergrünen Bergwald sowie Nebelwald.

Rd. 73 % der **Bevölkerung** sind Mulatten, 16 % Weiße, 11 % Schwarze. Im N leben noch kleinere Indianergruppen. 98 % der Bev. sind Katholiken. 1970 betrug die Analphabetenquote rd. 31 %; der Besuch der Volksschule ist obligatorisch. Die D. R. verfügt über fünf Univ., darunter die älteste amerikan. Univ. in Santo Domingo (gegr. 1538).

Wirtschaft: Grundlage der dominikan. Wirtschaft sind Zuckerrohranbau, Bergbau und Tourismus. 82 % aller landw. Betriebe verfügen nur über Anbauflächen unter 6,3 ha, auf denen v. a. für die Selbstversorgung Reis, Mais, Gemüse, Kartoffeln, Erdnüsse u. a. angebaut werden. Großgrundbesitz herrscht in den Tieflandgebieten vor (v. a. Zuckerrohr). Gold, Silber, Nickel, Gips und Steinsalz werden abgebaut. Zunehmende Entwicklung als Touristenzentrum.

Außenhandel: Exportiert werden Zucker, Ferronickel, Kakao, Kaffee, Tabak, Bananen u. a., importiert Maschinen, Brennstoffe, Nahrungsmittel, Fahrzeuge u. a. Wichtigste Handelspartner sind die USA, Puerto Rico, Venezuela.

Verkehr: Die nur dem Güterverkehr dienende staatl. Eisenbahnstrecke im N ist 630 km lang, private Strecken dienen dem Zuckerrohrtransport. Das Straßennetz ist 17 362 km lang. Wichtigste Häfen sind Santo Domingo mit Río Haina, San Pedro de Macorís und La Romana. Internat. ✈ bei Santo Domingo, in Puerto Plata und Punta Cana.

Geschichte: Kolumbus entdeckte die Insel Hispaniola 1492, 1493 begann die europ. Besiedlung; die zurückgehende einheim. Bev. wurde ab 1505/18 weitgehend durch schwarze Sklaven ersetzt. 1697 fiel der westl. Teil der Insel an Frankreich (↑ Haiti, Geschichte), 1795 auch der östl. Teil. 1808 konnten die span. Kreolen mit brit. Unterstützung die Haitianer vertreiben (endgültig erst 1844). 1861–65 gehörte die D. R. wieder (wie nach 1808) zu Spanien. Nach 1865 erneut selbständig. 1907 sicherten sich die USA die Aufsicht über die Zolleinkünfte des Landes, 1916–24 besetzten sie das Land und übernahmen die Exekutive. 1930 riß R. L. Trujillo y Molina die Macht an sich. Er und seine Familie beherrschten das Land bis 1962, als seine Söhne eine Liberalisierung zugestehen mußten. Die folgenden Wahlen gewann der linksorientierte Exilpolitiker G. J. Bosch von der Partido Revolucionario Dominicano (PRD), der aber 1963 einer Militärjunta weichen mußte. Der Militärputsch von 1965 löste einen Bürgerkrieg aus, den erst eine amerikan. (später lateinamerikan. Einheiten) Militärintervention im Rahmen der OAS beendete. Eine provisor. Reg. übernahm die Exekutive und bereitete Neuwahlen vor, aus denen der gemäßigt-konservative J. V. Balaguer (Partido Reformista, PR; gegr. 1963) 1966 als neuer Präs. hervorging. Durch den Auszug der PRD aus dem Parlament (1967) und deren Boykott der Wahlen 1970 verlor die autoritäre Politik Balaguers zunehmend an demokrat. Legitimation. Bei den Wahlen vom Mai 1978 errang die PRD in der Abg.kammer die absolute Mehrheit (im Senat behielt die PR noch die Mehrheit); S. A. Guzmán Fernández (PRD) wurde Präs. Nach dem Wahlsieg der PRD vom Mai 1982 wurde S. Jorge Blanco Präsident, der nach den Wahlen 1986 von J. V. Balaguer abgelöst wurde, der seither wieder Staatsoberhaupt ist (1990 durch Wahlen bestätigt).

Politisches System: Nach der Verfassung von 1966 ist die D. R. eine Präsidialdemokratie. *Staatsoberhaupt* und als Reg.chef oberster Träger der *Exekutive* ist der Präs., der vom Volk auf 4 Jahre gewählt wird. Er ernennt und entläßt die Mgl. des Kabinetts und die Gouverneure der Prov., ist Oberbefehlshaber der Armee und Polizei. Die *Legislative* liegt beim Nationalkongreß, der sich aus Senat und Abg.kammer zusammensetzt. Senatoren und Abg. werden auf 4 Jahre gewählt und bilden gemeinsam die Nat.versammlung, die den Präs. proklamiert. Die wichtigsten im Parlament vertretenen *Parteien* sind die Partido Reformista Social Cristiano (PRSC), entstanden 1984 (durch Fusion) und die Partido Revolucionario Dominicano (PRD), gegr. 1939. In den *Gewerkschafts*organisationen rd. 10 % der Erwerbstätigen organisiert. An der Spitze der Verwaltung der 26 Prov. stehen Gouverneure, die vom Präs. ernannt werden. Die *Recht*sprechung orientiert sich am frz. Vorbild.

Dominikanische Republik

Staatswappen

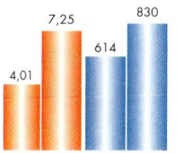

Internationales Kfz-Kennzeichen

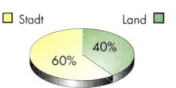

Dominikus

Hans Domnick

Fats Domino

Domitian
(römische
Marmorbüste,
1. Jh. v. Chr.)

Angelica Domröse

Dominikus, hl., *Caleruega (Prov. Burgos) um 1170, †Bologna 6. Aug. 1221, span. Ordensgründer. – 1195 Kanoniker am Domstift von Osma. Beteiligte sich in Südfrankreich an der Rückgewinnung der ↑Katharer und ↑Waldenser; aus einer hierfür von ihm in Toulouse gegr. Priestergemeinschaft entstanden nach 1216 die ↑Dominikaner. Heiliggesprochen 1234. – Fest: 8. August.

Dominion [engl. dəˈmɪnjən; zu lat. dominium „Herrschaftsgebiet"], früher Bez. für brit. Kronländer mit bes. staatsrechtl. Verhältnis zum Mutterland (volle innere Selbstregierung, Treueverhältnis zur brit. Krone und seit 1931 freiwillige Zugehörigkeit zum Commonwealth of Nations); seit 1947 zunehmend ersetzt durch die Umschreibung „Member of the Commonwealth".

Dominium [lat.], im röm. Recht das unbeschränkte private Eigentumsrecht an Grund und Boden; seit fränk. Zeit allg. Bez. für Herrschaft; seit Entstehung der Territorialstaaten bedeuteten: **Dominium [altum]** die Landesherrschaft, **Dominium humile** die niedere Herrschaftsgewalt der Landstände; im MA bezeichneten **Dominium directum** Obereigentum, **Dominium feudale** Lehnsherrlichkeit, **Dominium utile** das Nutzungsrecht und Untereigentum des Vasallen.

Dominium maris Baltici [lat. „die Herrschaft über das Balt. Meer"], in der 2. Hälfte des 16. Jh. geprägtes polit. Schlagwort, mit dem v. a. die Herrschaft über die Schiffahrtswege vor und in der Ostsee gemeint war; 1648–1721 von Schweden erreicht.

Domino, Fats, eigtl. Antoine D., *New Orleans 26. Febr. 1928, amerikan. Rockmusiker (Pianist und Sänger). – Rhythm-and-Blues-Musiker; 1949–60 zahlr. Hits; auch Mitwirkung in Filmen; 1967/68 Comeback.

Domino [italien.; zu lat. dominus „Herr"], urspr. Kapuzencape der italien. Geistlichen. Seit dem 16. Jh. langer schwarzseidener Maskenmantel mit Kapuze; auch der Maskenträger selbst.

▷ von 2 bis 4 Spielern gespieltes Legespiel mit gewöhnlich 28 längl. **Dominosteinen**, die durch einen Strich in 2 Hälften geteilt sind. Jede der Hälften zeigt eine durch Punkte (Augen) ausgedrückte Zahl von 0 (Blank) bis 6, wobei jede Zahl einmal doppelt (Pasch) und einmal mit jeder anderen Zahl vorkommt. Beim Spiel müssen an den als ersten ausgelegten Stein von den Spielern abwechselnd Steine mit passenden Augen angelegt werden.

Dominus (Domnus) [lat. „Herr"], im kirchl. Latein Bez. für Gott, „den Herrn", bzw. für Jesus Christus.

▷ Bez. für jeden Inhaber einer Herrschaftsgewalt im alten Rom; entwickelte sich aber nach Augustus mehr und mehr zur Umschreibung kaiserl. Gewalt; seit Diokletian wurde der Kaiser offiziell als D. angeredet.

Dominus vobiscum [lat. „der Herr sei mit euch"], in der kath. Liturgie der Gruß des Priesters an die Gemeinde, die mit „et cum spiritu tuo" („und mit deinem Geiste") antwortet.

Domitian (Titus Flavius Domitianus), *Rom 24. Okt. 51, †ebd. 18. Sept. 96 (ermordet), röm. Kaiser (seit 81). – Beginn des Bau des obergermanisch-rät. Limes; erhob Ober- und Untergermanien zu selbständigen Prov.; kämpfte an der unteren Donau gegen das Dakerreich; Sicherung Pannoniens, Aufgabe Britanniens. Die Innenpolitik D. war vom Durchbruch des autokrat. Herrschaftsprinzips sowie von erbitterten Kämpfen mit der Senatsopposition und der Verfolgung ideolog. oppositioneller Elemente (Stoiker, Christen) bestimmt.

Domizil [lat.], Wohnsitz, Wohnhaus; Zahlungsort bei Wechseln.

Domizilwechsel, Wechsel, der an einem anderen Ort als dem Wohnsitz des Bezogenen zahlbar gestellt ist.

Domkapitel, geistl. Kollegium, dem die Durchführung eines feierl. Gottesdienstes in der Dom- oder Kathedralkirche aufgetragen ist. Das D. hat Beratungsrecht in der Leitung der Diözese und Vorschlagsrecht bei der Wahl eines neuen Bischofs.

Domleschg, unterster, zw. 600 und 700 m ü. d. M. gelegener Talabschnitt des Hinterrheins, Schweiz.

Domnick, Hans, *Greifswald 31. Mai 1909, †San Diego 6. Febr. 1982, dt. Filmregisseur und Produzent. – Bruder von Ottomar D.; drehte zahlr. Spielfilme (mit Curt Goetz), u. a. „Das Haus in Montevideo" (1951); auch preisgekrönte Dokumentarfilme, z. B. „Traumstraße der Welt" (1959 und 1964).

D., Ottomar, *Greifswald 20. April 1907, †Tübingen 14. Juni 1989, dt. Nervenarzt und Filmregisseur. – Bruder von Hans D.; drehte Dokumentarfilme über moderne Kunst; 1957 den Spielfilm „Jonas", danach abstrakte Spielfilme, u. a. „ohne datum" (1962). Erinnerungen: „Haupt- und Nebenwege..." (1977).

Donatello. Detail der Sängertribüne des Doms in Florenz, 1433–39 (Florenz, Domopera)

Domodossola, italien. Stadt in Piemont, an der Simplonstrecke, 277 m ü. d. M., 20 300 E. Archäolog. Museum, geophysikal. Observatorium. – Als **Oscela** in röm. Zeit Hauptort der Lepontier. Fiel 1381 an die Visconti, 1559 an Spanien, 1714 an Österreich, 1735 an Savoyen.

Domopera [italien.], in Italien urspr. Bauhütte eines Domes, heute Bez. für Dommuseum.

Domostroi [russ. dɛmaˈstroj „Hausordnung"], schriftl. Denkmal des 16. Jh. in lebendiger russ. Umgangssprache, Lehrbuch für das religiöse, polit., soziale und häusl. Leben der städt. Oberschicht.

Domowoi [russ. dɛmaˈvoj; zu dom „Haus"], slaw. Hausgeist, der Herd und Stall schützt; gedacht als unscheinbares, altes, graues Männlein.

Dompfaff (Gimpel, Pyrrhula pyrrhula), in vielen Rassen vorkommender Finkenvogel in weiten Teilen Eurasiens; etwa 15 cm groß mit schwarzer Kopfkappe, weißem Bürzel, oberseits blaugrauem (♂) bzw. graubraunem (♀), unterseits leuchtend rosenrotem (♂) bzw. trüb rötlichbraunem (♀) Gefieder.

Dompteur [dɔmpˈtøːr, frz. dõˈtœr; zu dompter (lat. domitare) „zähmen"] weibl. Form **Dompteuse**, Tierbändiger[in].

Domröse, Angelica, *Berlin 4. April 1941, dt. Theater- und Filmschauspielerin. – ∞ mit H. Thate. War an Berliner Bühnen (Volksbühne, Berliner Ensemble) und spielte in DEFA-Filmen; seit 1980 v. a. Staatl. Schauspielbühne im westl. Teil der Stadt. – *Filme:* Effie Briest (1970), Die Legende von Paul und Paula (1973), Bis daß der Tod euch scheidet (1979).

Domschulen, im MA an Kathedralkirchen bestehende Schulen. Dienten v. a. der Heranbildung von Geistlichen.

Führten meist bis zum Trivium (Grammatik, Rhetorik, Dialektik). Mit Aufkommen der Univ. und städt. Lateinschulen wurden die D. seit dem 13. Jh. allmählich bedeutungslos.

Do Muoi, * bei Hanoi 2. Febr. 1917, vietnames. Politiker. – Nach 1945 Politkommissar der Vietminh; seit 1960 Mgl. des ZK der KP, seit 1982 Mgl. des Politbüros; 1969–88 stellv. Min.präs., 1988–91 Ministerpräsident.

Domus [lat.], Haus.

Don [lat.-span. „Herr"], in Spanien Höflichkeitstitel, dem Taufnamen vorangesetzt; weibl. Form: **Doña.**
▷ in Italien Ehrentitel. Ehrentitel des Papstes, später aller Geistlichen, dann auch vom Adel gebraucht; weibl. Form: **Donna.**

Don (im Altertum **Tanais**), Zufluß des Schwarzen Meeres, entspringt auf der Mittelruss. Platte, Rußland, fließt an ihrem O-Rand entlang, dann in weitem Bogen zum Asowschen Meer, mündet mit einem 340 km² großen Delta westlich von Asow. 1 870 km lang. Wichtige Binnenwasserstraße mit ↑Wolga-Don-Schiffahrtskanal; im Unterlauf der 2 700 km² große Zimljansker Stausee.

Dona, portugies. Titel, ↑Dom.

Donald Duck [engl. 'dɔnld 'dʌk], Titelfigur einer Comic-Serie (1938 ff.) von W. Disney: ein Enterich (im Matrosenanzug), der seine ständigen Mißerfolge auf der Jagd nach leichtem und raschem Erfolg in Aggressionen und Machtansprüchen entlädt.

Doñana [span. do 'ɲana], Nationalpark in Spanien, im Mündungsgebiet des Guadalquivir, größtes europ. Vogelschutzgebiet.

Donar, altgerman. Gott, ↑Thor.

Donatello, eigtl. Donato di Niccolò di Betto Bardi, * Florenz im 1386, † ebd. 13. Dez. 1466, italien. Bildhauer. – Bahnbrechender Vertreter der Florentiner Frührenaissance; vornehmlich Marmor- und Bronzearbeiten. Er schuf die erste freistehende Figur der Neuzeit, das erste weltl. Porträt und das erste (profane) Reiterdenkmal seit der Antike.
Werke: Die Nischenstatuen des hl. Markus und des hl. Georg (1411/12 bzw. 1415; Florenz, Or San Michele; Marmororiginal des Georg heute im Bargello); in der Domopera von Florenz: Sitzstatue des Evangelisten von der Domfassade (vor 1415), sog. Zuccone (Hiob?) und Jeremias (1423–25 bzw. 1435) vom Kampanile, Sängertribüne des Doms (1433–39); David (um 1430; Florenz, Bargello); Verkündigungstabernakel in Santa Croce, Florenz (um 1435); in Siena „Tanz der Salome", Relief vom Taufbecken (1425 bis 1428; Dombaptisterium); in Padua Reiterdenkmal des Gattamelata (1447–53), Hochaltar des „Santo" (1446–50).

Donatio [lat.], im röm. Recht Schenkung.

Donatismus, im 4. Jh. n. Chr. in Nordafrika entstandene christl. Sekte, benannt nach ihrem hervorragendsten Führer Donatus (seit 313 Bischof von Karthago). Die **Donatisten** forderten rigoros eine strenge Kirchenzucht und vertraten die Auffassung, die Wirksamkeit der Sakramente hinge von der sittl. Qualität des Geistlichen ab, der sie vollzieht. Ihr entschiedenster Gegner war Augustinus. Seit Anfang des 5. Jh. verschwand der D. fast ganz.

Donator [zu lat. donator „Spender"], in der *Halbleiterphysik* in einen Kristall eingebautes Fremdatom, das ein Valenzelektron mehr als die Atome des Grundgitters hat. Das überzählige Elektron ist frei beweglich; der dotierte Kristall wird *n[egativ]-leitend.*
▷ Atom oder Molekül, das beim Ablauf einer chem. Reaktion Elektronen oder Ionen abgibt.

Donatus, im MA ein Kind, das einem Kloster zum späteren Eintritt überantwortet wurde; auch ein Erwachsener, der sich einem Orden anschloß.

Donatus, Aelius, * um 310, † um 380, röm. Grammatiker. – Im Unterrichtswesen der Spätantike und des MA waren seine Grammatikbücher maßgebend.

Donau, zweitgrößter Strom Europas (nach der Wolga); entsteht aus dem Zusammenfluß von Brigach und Breg bei Donaueschingen, BR Deutschland, mündet in Rumänien in das Schwarze Meer, 2 850 km (nach andern Angaben 2 860 km) lang. Das Einzugsgebiet umfaßt etwa 817 000 km². Im Oberlauf kommt es zur D.versickerung, bei der D.wasser dem Rhein unterirdisch zufließt (Aachtopf). Bis Regensburg fließt die D. nach NO und bildet die Grenze zw. Alpenvorland im S und Schwäb. und Fränk. Alb im N (Nebenflüsse: Iller, Lech, Isar, Inn, Wörnitz, Altmühl, Naab, Regen); dann biegt sie am Rande der Böhm. Masse nach SO um und schneidet sich etwa ab Passau in deren randl. Gebiete ein (Nebenflüsse: Traun, Enns, Ybbs, Erlauf, Pielach, Traisen, Kamp). Nach Durchfließen des Tullner Feldes erfolgt der Durchbruch zum Wiener Becken, das bei Hainburg an der Donau durch die Ungar. Pforte wieder verlassen wird; westlich der Ungar. Pforte mündet die March; der Strom spaltet sich in mehrere Arme auf, die die Große und Kleine Schütt umschließen und sich bei Komárno wieder vereinigen. Bei Vác wird die Laufrichtung um 90° nach S geändert. Die D. durchfließt nun das Große Ungar. Tiefland (Nebenflüsse: Drau, Save, Theiß, Morava) und wird von der Fruška gora in sö. Richtung abgedrängt. Im Eisernen Tor durchbricht sie das karpat. Gebirgssystem, tritt dann in die Walachei ein (Nebenflüsse: Isker, Alt, Argeş) und bildet östlich von Galatz – hier münden Sereth und Pruth – ein 4 300 km² großes Delta. – Die D. ist wichtig als Wasserstraße (vom Delta bis Kelheim sind 2 512 km für Schiffe bis 1 350 t Tragfähigkeit schiffbar), deren Bed. nach Fertigstellung des Rhein-Main-D.-Großschiffahrtswegs noch wachsen wird, sowie für die Energiewirtschaft. Zwischen Bratislava und Budapest ist ein ökologisch umstrittenes Staustufensystem mit Großkraftwerken im Bau, dessen Vertrag jedoch 1992 durch Ungarn gekündigt wurde.

Geschichte: Im 7. Jh. v. Chr. erschlossen die Griechen den Unterlauf der D., den sie **Istros** nannten, bis zum Eisernen Tor. Die obere D. **(Danubius)** bildete seit Oktavian die N-Grenze des Imperium Romanum; nur Trajan griff mit der Eroberung Dakiens über die D. hinweg. Behielt eine wichtige Vermittlerrolle zw. weström. und oström. Reichsteil. Als Kreuzfahrerstraße erneut von zentralem Interesse. Bildete für die Osmanen eine strateg. Achse ihres europ. Reiches, für Österreich nach den Türkensiegen seit 1683. 1830 setzte durch den Frieden von Adrianopel (1829) und mit der Gründung der Ersten D.-Dampfschiffahrts-Gesellschaft (1829) die Dampfschiffahrt ein.

Völkerrecht: Völkerrechtlich ist die D. ein internationalisierter Fluß. Der Pariser Frieden von 1856 sicherte allen, auch den Nichtuferstaaten, das Recht der freien Schiffahrt auf der D. zu. Auf der Pariser Konferenz von 1865 wurde die **Europäische Donaukommission** als praktisch ständiges Organ eingerichtet. Oberhalb von Galatz wurde die D. der Zuständigkeit der **Internationale Donaukommission** unterstellt (bis 1940). Eine endgültige Regelung enthielt die **Pariser Donaukonvention** von 1921. Nach Beendigung des 2. Weltkriegs war der Rechtsstatus der D. insbes. zw. der UdSSR und den Westmächten umstritten. Die **Belgrader Donaukonvention** vom 18. 8. 1948 wurde von

Dompfaff. Männchen

Donald Duck

Donator. Kristallgitter eines n-Siliciumkristalls mit eingebauten Phosphoratomen als Donatoren (rot ein Phosphorion)

Donau. Donaudurchbruch durch die Schwäbische Alb; in der Bildmitte das Kloster Beuron

Donau-Dampfschiffahrts-Gesellschaft

Donaueschingen
Stadtwappen

Marion Gräfin
Dönhoff

Karl Dönitz

Gaetano Donizetti

der UdSSR, Bulgarien, Ungarn, Rumänien, der Ukraine, der Tschechoslowakei und Jugoslawien gegen die Stimmen der USA, Frankreichs und Großbritanniens beschlossen. Grundsätzlich war in dem Vertrag eine einheitl. D.kommission der Donauanliegerstaaten vorgesehen; jedoch wurden für die Abschnitte von der Mündung des Sulinakanals bis einschl. Braila und des Eisernen Tores Stromsonderverwaltungen gebildet, deren Tätigkeit der Regelung zw. den jeweils beteiligten Uferstaaten (UdSSR/Rumänien, Rumänien/Jugoslawien) vorbehalten war. Österreich trat der Konvention 1960 bei; ein ständiger Beobachter der BR Deutschland nimmt an den Sitzungen der Kommission teil.

Donau-Dampfschiffahrts-Gesellschaft ↑ Erste Donau-Dampfschiffahrts-Gesellschaft.

Donaueschingen, Stadt in Bad.-Württ., am Zusammenfluß von Brigach und Breg, 680–825 m ü. d. M., 18 200 E. Fürstl.-Fürstenberg. Sammlungen, Hofbibliothek; u. a. Brauerei, Textilind., größte Zuchtviehauktion Südbadens; Fremdenverkehr; alljährl. Musiktage und Reitturnier. – Zuerst 889 genannt. 1488 von den Grafen von Fürstenberg erworben; erhielt 1810 Stadtrecht. – Pfarrkirche (1724–47) mit barocker Doppelturmfassade; das Schloß wurde 1893 ff. umgebaut; sog. „Donauquelle" im Schloßpark.

Donaueschinger Musiktage, seit 1950 alljährl. Konzertveranstaltungen in Donaueschingen zur Pflege zeitgenöss. Tonkunst; Fortsetzung der „Kammermusikfeste" von 1921–26.

Donaufürstentümer, seit Mitte 19. Jh. Bez. für die Ft. Moldau und Walachei.

Donau-Iller, Region in Baden-Württemberg.

Donaumonarchie, Bez. für das Kaisertum ↑Österreich und ↑Österreich-Ungarn.

Donaumoos, bayer. Niedermoorlandschaft südlich der Donau, zw. Neuburg a. d. Donau und der Mündung der Ilm in die Donau.

Donauried, von der Donau durchflossene Landschaft in Bayern, zw. Ulm und Donauwörth, nach der Donauregulierung (1806–72) agrarisch genutzt.

Donau-Ries, Landkr. in Bayern.

Donauschule, für stilist. Parallelentwicklungen 1500–50 im bayr.-östr. Donaugebiet geprägter kunsthistor. Begriff. Es setzte sich ein deutl. Realismus durch; eine bes. Rolle spielte die Einbettung der Szenen in die Landschaft. Hauptvertreter: L. Cranach d. Ä., A. Altdorfer, W. Huber.

Donauschwaben, 1922 geprägter zusammenfassender Begriff für die Deutschen beiderseits der mittleren Donau im ehem. ungar. Staatsgebiet.

Donau-Schwarzmeer-Kanal, 1984 eröffneter Schiffahrtskanal in Rumänien, zw. Cernavodă (Donau) und dem Schwarzen Meer bei Konstanza, 64,2 km lang, 70 m breit, 2 Schleusen.

Donauwörth, Krst. in Bayern, an der Mündung der Wörnitz in die Donau, 403 m ü. d. M., 17 500 E. Pädagog. Stiftung Cassianeum; Metallind., Puppenherstellung (Käthe Kruse). – Als **Weride** 1030 erstmals genannt. 1049 wurde bei D. das Kloster zum Hl. Kreuz gegr.; 1191 Sitz einer stauf. Vogtei; 1301/48 Reichsstadt. Seit 1608 bayerisch. – Spätgot. Stadtpfarrkirche (1444–61), ehem. Benediktinerklosterkirche Hl. Kreuz (1717–25), Fuggerhaus (16. Jh.).

Donawitz ↑Leoben.

Donbass, bedeutendstes Steinkohlenbergbaugebiet im europ. Teil Rußlands und in der Ukraine, im Bereich der Donezplatte. In Verbindung mit der Eisenerzlagerstätte von Kriwoi Rog entwickelte sich der D. zu einem der wichtigsten russ. Ind.gebiete.

Don Bosco ↑ Bosco, Giovanni.

Don Carlos ↑Carlos, span. Infant.

Doncaster [engl. ˈdɔŋkəstə], engl. Stadt in der Metropolitan County South Yorkshire, 81 600 E. Steinkohlenbergbau, Maschinen- und Fahrzeugbau. Austragungsort des Saint-Leger-Pferderennens (seit 1776).

Donders, Frans Cornelis, *Tilburg 27. Mai 1818, †Utrecht 24. März 1889, niederl. Physiologe und Ophthalmologe. – Prof. in Utrecht; arbeitete v. a. auf dem Gebiet der physiolog. Optik und führte in die prakt. Ophthalmologie zylindr. und prismat. Gläser ein.

Donez [russ. dɐˈnjɛts], rechter Nebenfluß des unteren Don, Ukraine und Rußland, entspringt im S der Mittelruss. Platte, mündet 100 km nö. von Rostow am Don, 1 053 km lang, davon 315 km schiffbar.

Donezk [russ. dɐˈnjɛtsk] (bis 1924 Jusowka, 1924–61 Stalino), Gebietshauptstadt im O der Ukraine, 1,11 Mill. E. Univ. (1965 gegr.), mehrere Hochschulen, Museen, Theater; botan. Garten. Bed. Kohlenbergbau- und Schwerindustriezentrum in Donbass. Bahnknotenpunkt, ✈. – Entstand 1869 in Verbindung mit dem Bau eines Eisenhüttenwerkes.

Donezplatte [russ. dɐˈnjɛts], Höhenzug südl. des mittleren und unteren Donez, Ukraine und Rußland, rd. 370 km lang, 160 km breit, bis 367 m hoch. Steinkohlen- und Steinsalzabbau (↑Donbass).

Dong, Abk. D, Währungseinheit in Vietnam; 1 D = 10 Hào = 100 Xu.

Dongen, Kees van [niederl. ˈdɔŋə], *Rotterdam 26. Jan. 1877, †Monte Carlo 28. Mai 1968, frz. Maler niederl. Herkunft. – Farbintensive Bilder (Fauvismus) aus der mondänen Welt und dem Artistenmilieu.

Dongsonkultur, nach dem Fundort Đông-So'n, 10 km nnö. von Than Hoa, in Vietnam benannte „bronzeeisenzeitl." Kultur; Blütezeit etwa ab der 2. Hälfte des 1. Jt. v. Chr. bis zum 1. Jh. n. Chr. im östl. Hinterindien, wirkte bis Indonesien; kennzeichnend sind sehr gut gegossene Bronzewaffen und bes. Bronzetrommeln.

Dongting Hu (Tung Ting Hu) [chin. dɔŋtiŋxu], See in der südostchin. Prov. Hunan, 2 800 km², spielt eine wichtige Rolle bei der Wasserstandsregulierung des Jangtsekiang. Fischzuchtzentrum.

Dönhoff, 1282 erstmals erwähntes westfäl. Uradelsgeschlecht aus der Gft. Mark; im 14. Jh. in Livland ansässig; erwarb in Ostpreußen reichen Güterbesitz; 1633 Reichsgrafen; bed.:
D., Marion Gräfin, *Schloß Friedrichstein bei Löwenhagen (Ostpreußen) 2. Dez. 1909, Publizistin. – Ab 1946 Redakteurin der Wochenzeitung „Die Zeit", deren Chefredakteurin 1968–72, Hg. seit 1973; daneben auch zahlr. Bücher.

Dönitz, Karl, *Berlin 16. Sept. 1891, †Aumühle (bei Hamburg) 24. Dez. 1980, dt. Großadmiral (seit 1943). – Im 1. Weltkrieg U-Boot-Kommandant; als Oberbefehlshaber der Kriegsmarine (1943) enger Mitarbeiter Hitlers; bildete, von Hitler zum Nachfolger als Reichspräs. bestimmt, am 2. Mai 1945 in Schleswig-Holstein eine „Geschäftsführende Reichsregierung" unter der Leitung von J. L. Schwerin von Krosigk; mit dieser am 23. Mai 1945 verhaftet; 1946 vom Internat. Militärgerichtshof in Nürnberg zu 10 Jahren Gefängnis verurteilt.

Donizetti, Gaetano, *Bergamo 29. Nov. 1797, †ebd. 8. April 1848, italien. Komponist. – Komponierte 74 Opern, u. a. „Der Liebestrank" (1832), „Lucia di Lammermoor" (1835), „Die Regimentstochter" (1840), „Don Pasquale" (1843).

Donjon [dõˈʒõː; lat.-frz.], wehrhafter Wohnturm einer Burg; tauchte im 10./11. Jh. in der normann. Burgenarchitektur N-Frankreichs, Englands (keep) und S-Italiens auf.

Don Juan [dɔn xuˈan, dɔn ˈjuːan; span. dɔn ˈxuan], umgangssprachl. „Frauenheld", „Schürzenjäger"; urspr. Gestalt span. Romanzen. Die literar. Gestalt wird durch Tirso de Molina geprägt zum Typus des reichen, skrupellosen und gottlosen Verführers und Mörders, der auf der Flucht nach seinem letzten Abenteuer am Grabmal eines Verstorbenen diesen zu einem Gastmahl einlädt; bei der Gegeneinladung in der Gruft des Verstorbenen zieht dieser D. J. in die Hölle hinab. Spätere Gestaltungen u. a. von Molière, T. Corneille, C. Goldoni, Byron, E. T. A. Hoffmann, C. D. Grabbe, P. Mérimée, A. Dumas d. Ä., P. Heyse, M. de Unamuno, H. de Montherlant, J. Anouilh und M. Frisch. Bedeutendste Bearbeitung für die Musikbühne: Mozarts „Don Giovanni" (1787), bedeutendste philosoph. Interpretation von Kierkegaard („Entweder-Oder", 1843).

Donkosaken ↑Kosaken.

Donkosakenchor, aus ehem. Angehörigen der „Weißen Armee" 1920 gegr. Männerchor; große Erfolge auf Gastspielreisen unter der Leitung von S. Jaroff (*1896, †1985), danach unter G. Margitich.

Don Quijote. Gemälde von Honoré Daumier, um 1868 (München, Neue Pinakothek)

Dönmeh [dœn'mɛ; türk. „Heimgekehrte"], Name für die Anhänger einer jüd.-islam. Bewegung, die als Nachfolgebewegung des ↑Sabbatianismus im Osman. Reich entstand.

Donna [lat.-italien.] ↑Don.

Donnan, Frederick George [engl. 'dɔnən], *Colombo (Sri Lanka) 6. Sept. 1870, †Canterbury 16. Dez. 1956, brit. Chemiker. – Prof. in Liverpool und London. Arbeitete v. a. über die Theorie der Lösungen. Das nach ihm ben. **Donnan-Gleichgewicht** beschreibt die Ionenverteilung in zwei durch eine semipermeable (halbdurchlässige) Membran voneinander getrennten Lösungen, das sich einstellt, wenn die Membran für das Lösungsmittel und einige, aber nicht alle Ionenarten durchlässig ist.

Donne, John [engl. dʌn, dɔn], *London im Jan. oder Febr. 1572 oder 1573, †ebd. 31. März 1631, engl. Dichter. – Seine Lyrik entfaltet eine breite Skala sinnl. und geistiger Empfindung und ist von religiöser Sehnsucht geprägt; bed. Prediger.

Donner, Georg Raphael, *Eßling (= Wien) 24. Mai 1693, †Wien 15. Febr. 1741, östr. Bildhauer. – Hauptmeister eines klassizistisch bestimmten Barock. – *Werke:* Marmorfiguren, Schloß Mirabell in Salzburg (1726), Hl. Martin vom ehem. Hochaltar (1733–35) im Dom von Preßburg, Mehlmarktbrunnen (1737–39; die Bleioriginale im Östr. Barockmuseum) in Wien sowie Kanzelreliefs und „Pieta" im Dom in Gurk (1740/41).

Donner, krachendes und rollendes Geräusch als Folge eines Blitzes. Die äußerst starke Erhitzung der Luft im Blitzkanal bewirkt ihre explosionsartige Ausdehnung; die Druckwelle pflanzt sich mit Schall mit rd. 330 km/s fort.

Donnerkeil, (Donnerstein, Donnerbeil) volkstüml. Bez. für prähistor. Werkzeuge.
▷ volkstüml. Bez. für ↑Belemniten.

Donnermaschine (Bronteion), der akust. Darstellung des Donners im Theater dienender großer, mit Paukenfell bezogener Resonanzkasten.

Donnersberg, mit 686 m höchste Erhebung des Nordpfälzer Berglandes und der Pfalz mit einem Ringwall aus der La-Tène-Zeit; Aussichts- und Fernsehturm.

Donnersbergkreis, Landkr. in Rheinland-Pfalz.

Donnersmarck, adliges Geschlecht, ↑Henckel von Donnersmarck.

Donnerstag, der 4. Tag der Woche, nach dem german. Gott Donar benannt (althochdt. Donares tag). – Der D. stand lange mit dem Sonntag in Konkurrenz (Feier des Fronleichnamsfestes und der Engelämter, auch Christi Himmelfahrt und Gründonnerstag).

Donoso, José, *Santiago de Chile 5. Okt. 1925, chilen. Schriftsteller. – Gestaltet vor dem Hintergrund spätfeudalist. Dekadenz eine chaot. Kräften ausgelieferte Welt voller Phantastik und Banalität. Nach Erzählungen und Kurzromanen erschien als Hauptwerk „Der obszöne Vogel der Nacht" (R., 1970); „Die Toteninsel" (R., 1986).

Donoso Cortés, Juan Francisco María de la Salud, Marqués de Valdegamas, *Valle de la Serena (Badajoz) 6. Mai 1809, †Paris 3. Mai 1853, span. Politiker, Staatsphilosoph und Schriftsteller. – Jurist, Cortesmitglied; urspr. liberal; legte seine den Traditionalismus in Spanien prägende Kulturkritik 1851 im „Versuch über den Katholizismus, den Liberalismus und Socialismus" (dt. 1854) nieder; sah die Zukunft bestimmt vom Kampf zw. Katholizismus und Sozialismus.

Donquichotterie [dōkiʃɔtə'riː; span.-frz.], Torheit aus weltfremdem Idealismus, aussichtsloses Unternehmen (nach Don Quijote).

Don Quijote (Don Quixote, Don Quichotte) [dɔn ki'xoːte, span. doŋki'xote], Titelheld des Romans „Don Quixote ..." von Miguel de Cervantes Saavedra (2 Teile, 1605–15), der Anlaß zu zahlr. Nachahmungen in den europ. Literaturen gab, z. B. durch S. Butler und H. Fielding, C. Sorel und C. M. Wieland. Opern u. a. von H. Purcell und J. Massenet, sinfon. Dichtung von R. Strauss.

Donskoi, Mark [russ. dan'skɔj], *Odessa 6. März 1901, †Moskau 21. März 1981, sowjet. Filmregisseur. – Bed. v. a. die Verfilmung von Gorkis Autobiographie „Gorkis Kindheit" (1938), „Unter Menschen" (1939), „Meine Universitäten" (1940), „Der Regenbogen" (1944), „Die Mutter" (1956).

Doolittle, Hilda [engl. 'duːlɪtl], bekannt unter den Initialen H. D., *Bethlehem (Pa.) 10. Sept. 1886, †Zürich 27. Sept. 1961, amerikan. Lyrikerin. – Lebte in London, wo sie sich unter dem Einfluß von E. Pound früh den Imagisten anschloß und formstrenge Lyrik schrieb, bes. aus der Welt der Antike.

Doolittle, Doctor [engl. 'dɔktə 'duːlɪtl], Titelgestalt einer Reihe phantast.-humorvoller Kinderbücher des angloamerikan. Schriftstellers Hugh Lofting (*1886, †1947).

Doorn, niederl. Gemeinde 16 km sö. von Utrecht, 10 300 E. – Im Schloß Huis te D. lebte 1919–41 der dt. Kaiser Wilhelm II. im Exil.

Doors, The [engl. ðə'dɔːz „die Pforten"], amerikan. Rockmusikgruppe (1965–73); ihre Musik umfaßte Blues, Hard-Rock und Acid-Rock; aggressiv-obszöne Bühnenshows des Songtexters und Sängers Jim Morrison (*1943, †1971).

Dopa [Kw. aus: 3,4-**D**ihydr**o**xy**p**henyl**a**lanin], eine Aminosäure, die aus Tyrosin durch Einführung einer weiteren Hydroxylgruppe entsteht. D. ist Ausgangssubstanz für die Bildung biolog. wichtiger Substanzen. So entstehen aus D. Melanine. Durch Decarboxylierung entsteht aus dem D. das Hydroxytyramin **(Dopamin)**, die Muttersubstanz der Hormone Adrenalin und Noradrenalin.

Dopen [engl.], svw. ↑Doping.

Döpfner, Julius, *Hausen bei Bad Kissingen 26. Aug. 1913, †München 24. Juli 1976, dt. kath. Theologe. – 1948 Bischof von Würzburg, 1957 Bischof von Berlin, 1958 Kardinal, 1961 Erzbischof von München und Freising; war Vorsitzender der Bayer. und der Dt. Bischofskonferenzen.

Doping [engl.; zu dope „zähe Flüssigkeit, Narkotikum" (von niederl. doop „Soße")] (Dopen), unerlaubte Anwendung von Anregungsmitteln zur vorübergehenden Steigerung der sportl. Leistung; nach den internat. Wettkampfregeln verboten. Zahlr. D.mittel mit kurzer Wirkungsdauer sind durch Speichel- und Harnanalysen nachweisbar. Im *Pferde-* und *Hundesport* ist es nach der Rennordnung unter-

John Donne (Stich von W. Skelton)

Mark Donskoi

Hilda Doolittle

Julius Döpfner

Doppe

sagt, den Tieren in den letzten 48 Stunden vor dem Rennen leistungssteigernde oder -mindernde Medikamente zu verabreichen.

Doppe, kon. Messingstab, auf den Schmucksteine zur Bearbeitung gekittet werden.

Doppel, Wettbewerb v.a. im Tennis, Tischtennis und Badminton, bei dem 2 Spieler eine Spielpartei bilden: Herren-D., Damen-D. und gemischtes Doppel (Mixed, je eine Dame und ein Herr).

Doppeldecker aus dem Jahr 1908

Doppeladler, stilisierter Adler mit zwei voneinander abgewandten Köpfen (Heraldik); 1410 (bzw. 1433)–1806 Wappenbild des Kaisers des Hl. Röm. Reiches, 1804–1918 des östr. Kaisers. Kaiserabzeichen im Byzantin. Reich, im 15. Jh. von den russ. Zaren übernommen; heute nur noch in Albanien geführt.

Doppelaxt, Axt mit zwei symmetr., Rücken an Rücken angeordneten Schneiden mit mittelständigem Schaftloch, zumeist in Bronze; in Mesopotamien schon im 4. Jt. v. Chr. nachgewiesen; Waffe, aber auch Kultgegenstand, kam über Troja nach Kreta; wurde dort in der minoischen Kultur des 2. Jt. zum wichtigen Kultsymbol; in N-Europa im 3. Jt. v. a. in S-Skandinavien und im westl. N-Deutschland aus Stein.

Doppelbefruchtung, svw. ↑doppelte Befruchtung.

Doppelbesteuerung (Mehrfachbesteuerung), mehr als einmal vorgenommene Besteuerung ein und desselben Wirtschaftsgutes bzw. ein und desselben wirtsch. Vorganges innerhalb eines Staates oder durch mehrere Staaten. Zur Vermeidung der D. verschiedener Staaten werden **Doppelbesteuerungsabkommen** abgeschlossen, um ein sachgemäßes, auf Gegenseitigkeit gegr. System von Steuerverzichten aufzustellen, das die Eigenarten der verschiedenen Steuersysteme berücksichtigt. Dabei werden verschiedene Prinzipien angewendet: 1. Besteuerungsrecht durch den Staat, in dem der Steuerpflichtige seinen Wohnsitz hat **(Wohnsitzprinzip)**; 2. Besteuerungsrecht durch den Staat, dem das Steuerobjekt wirtsch. zugehört **(Ursprungsprinzip)**. In der Praxis haben sich folgende Methoden entwickelt: 1. Aufteilung der Besteuerungsrechte aus der Veranlagung; bei der Teilung des Steuergutes wird das Steuergut (z. B. Einkommen, Vermögen) in seine Bestandteile (z. B. Einkunftsarten) zerlegt; die Staaten teilen diese Teile so unter sich auf, daß nur einem von ihnen die Besteuerung gestattet ist **(Freistellungsmethode)**. Das dt. **Außensteuerrecht** ist im wesentlichen im AußensteuerreformG vom 8. 9. 1972 geregelt, das in Art. 1 (sog. AußensteuerG) Maßnahmen zur Beseitigung ungerechtfertigter Steuervorteile durch Mißbrauch internat. Steuergefälle vorsieht, durch Art. 2–4 die steuerl. Wettbewerbsfähigkeit bei Auslandsinvestitionen durch Vergünstigungen im Körperschaftssteuer-, Gewerbesteuer- und Bewertungsrecht fördert.

Doppelbindung, chem. Bindung zw. zwei Atomen durch zwei, beiden Atomen angehörende Elektronenpaare (z. B. bei C=C, C=O, C=S, S=O usw.).

Doppelblindversuch ↑Blindversuch.

Doppelbrechung, bei optisch anisotropen Kristallen auftretende Erscheinung, daß ein einfallender Lichtstrahl in zwei Teilstrahlen, den *ordentl.* und den *außerordentl. Strahl* zerlegt wird. Die beiden Teilwellen mit unterschiedl. Phasengeschwindigkeit sind senkrecht zueinander linear polarisiert und verlassen den Kristall getrennt voneinander. Zur Erzeugung linear polarisierter Strahlung mit Hilfe der D. dient das ↑Nicolsche Prisma. In isotropen Stoffen kann **Spannungsdoppelbrechung** durch mechan. Spannungen erzeugt werden.
▷ (elektr. Doppelbrechung) ↑Kerr-Effekt.
▷ (magnet. Doppelbrechung) ↑magnetooptische Effekte.

Doppelbruch, in der Mathematik Bez. für einen Bruch, in dessen Zähler oder/und Nenner wieder Brüche vorkommen.

Doppelbüchse ↑Büchse.

Doppeldecker, Flugzeug mit zwei übereinander angeordneten Tragflächen.

Doppelehe ↑Bigamie.

Doppelfehler, beim *Tennis* Punktverlust durch Verschlagen der erlaubten beiden Aufschläge.

Doppelflinte ↑Flinte.

Doppelflöte, in der Instrumentenkunde Oberbegriff für die Verbindung zweier [Block]flöten oder Schalmeien zu einem Instrument. Die beiden Pfeifen können voneinander getrennt (↑Aulos), miteinander verbunden oder in dasselbe Stück Holz gebohrt sein. Aus der Anordnung der Grifflöcher ergibt sich entweder ein unabhängiges Spiel der beiden Pfeifen oder parallele Mehrstimmigkeit (Akkordflöte). In der Orgel ist D. (Duiflöte) ein Register im 4- oder 8-Fuß mit doppelten Labien und Kernspalten.

Doppelfüßer (Diplopoda), Unterklasse der Tausendfüßer mit über 7 000, bis etwa 28 cm langen, pflanzenfressenden Arten.

Doppelgänger, Person, die einer anderen zum Verwechseln ähnlich sieht. Im *Volksglauben* gilt das Erscheinen des D. als Todeszeichen. Bes. Formen des D.tums finden sich im ↑Nagualismus und im ↑Totemismus. Literar. Gestaltung bei E. T. A. Hoffmann, Jean Paul, A. von Droste-Hülshoff.

Doppelgeschlechtlichkeit, svw. ↑Bisexualität.

Doppelgläser, böhm.-schles. Ziergläser des ausgehenden 17. und 18. Jh. Sie bestehen aus zwei ineinanderpassenden Gläsern, deren zueinandergerichtete Flächen bemalt, radiert und mit Blattgoldfolien belegt sind.

Doppelgriff, beim Musizieren mit Streichinstrumenten das gleichzeitige Greifen von Tönen auf zwei oder mehr Saiten.

Doppelhelix (Watson-Crick-Spirale), Bez. für die Struktur des DNS-Moleküls.

Doppelkapelle, Anlage zweier Kulträume übereinander. Beide Räume können durch eine mittlere Öffnung miteinander verbunden sein. Auf Pfalzen, Burgen, in Schlössern oder Bischofsresidenzen befindet sich die „capella privata" des Hausherrn im Obergeschoß, die „capella publica" im Untergeschoß.

Doppelkloster, Zusammenfassung einer Mönchs- und Nonnengemeinschaft zu einer baul. und rechtl. Einheit, vom ma. Reformmönchtum gefördert, später wieder aufgegeben.

Doppelkolbenmotor, [Zweitakt]motor, bei dem zu einem gemeinsamen Verbrennungsraum zwei Arbeitskolben gehören.

Doppelkopf, dem Schafkopf ähnelndes, aus Norddeutschland stammendes Kartenspiel mit 4 Teilnehmern und 2 Spielen zu 20 oder 24 Karten.

Doppellängslenkerachse ↑Fahrwerk.

Doppelmonarchie, Bez. für ↑Österreich-Ungarn.

Doppelnelson, Griff beim Ringen, ↑Nelson.

Doppelpunkt ↑Interpunktion.

Doppelquerlenkerachse ↑Fahrwerk.

Doppelsalze, Mischkristalle aus zwei Salzen mit stöchiometrischer Zusammensetzung, z. B. Alaun $KAl(SO_4)_2 \cdot 12 H_2O$ aus $K_2SO_4 + Al_2(SO_4)_3$ + Wasser. In Lösung zerfallen D. infolge elektrolyt. Dissoziation wieder in die urspr. Ionen.

Doppelschlag (italien. gruppetto; frz. doublé; engl. turn), musikal. Verzierung, bei der die Hauptnote in einer Vierergruppe durch die Ober- und Untersekunde umspielt wird; Zeichen: ∞.

Doppeladler. Nimbierter Doppeladler nach dem Kaisersiegel Siegmunds, 1433–37

Doppelaxt (Gold, Kreta)

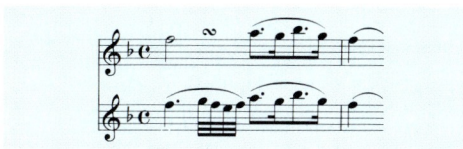

Doppelschleichen (Wurmschleichen, Amphisbaenidae), Fam. der Echsen mit rd. 100, etwa 8–80 cm langen, meist rötl. oder bräunl. Arten im trop. und subtrop. Amerika, in Afrika, S-Spanien und W-Asiens; Körper sehr langgestreckt, zylindrisch, meist ohne Beschuppung; Haut meist tief quergeringelt, Extremitäten fast immer fehlend. Man unterscheidet 3 Unterfam.: ↑Handwühlen, ↑Spitzschwanz-Doppelschleichen und die D. i. e. S. (Amphisbaeninae), in Europa die Maur. Netzwühle (Blanus cinereus).

Doppelschleichen. Maurische Netzwühle, 20 cm lang

Doppelschwänze (Diplura), Ordnung der Urinsekten mit etwa 500 Arten (in Deutschland etwa 10); kleine, farblose, zarthäutige, versteckt lebende, etwa 5–50 mm große Bodentiere mit zwei Schwanzanhängen.
Doppelspat ↑Calcit.
Doppelstaater (Mehrstaater), jemand, der zugleich die Staatsangehörigkeit verschiedener Staaten besitzt. In der *Schweiz* wird der D. **Doppelbürger** genannt.
Doppelsterne, sehr nahe beieinander stehende Sterne: 1. **optische Doppelsterne,** die räumlich nicht beieinander, sondern nur zufällig in fast gleicher Beobachtungsrichtung stehen; 2. **physische Doppelsterne,** die um einen gemeinsamen Schwerpunkt kreisen. Bei diesen unterscheidet man **visuelle Doppelsterne,** die mit opt. Hilfsmitteln als zwei Einzelsterne erkennbar sind, und **spektroskopische Doppelsterne,** deren Duplizität nur im Sternspektrum feststellbar ist.
doppelte Befruchtung (Doppelbefruchtung), im Pflanzenreich nur bei den Bedecktsamern vorkommende spezielle Form der Befruchtung: Im haploiden Pollenkorn entstehen durch Teilung eine vegetative und eine kleinere generative Zelle, letztere teilt sich in zwei Spermazellen. Ein Spermakern verschmilzt mit dem Kern der Eizelle zum diploiden **Zygotenkern,** der andere mit dem diploiden sekundären Embryosackkern zum triploiden **Endospermkern.** Aus der befruchteten Eizelle entsteht der Embryo, aus dem später die Keimpflanze hervorgeht, aus dem Endospermkern und dem restl. Plasma des Embryosacks geht das Nährgewebe des Samens hervor.
doppelte Buchführung (Doppik) ↑Buchführung.
doppelte Moral, Bez. für eine Ethik, die gleiches Verhalten mit zweierlei Maßstäben mißt, etwa für: Mann – Frau, Künstler – Bürger; Politik, Wirtschaft – Privatleben. Urspr. zur Befreiung der „Staatsräson" von eth. Forderungen gedacht (Machiavelli).
doppelte Wahrheit, im MA. Bez. für eine Lehre, nach der zwei gegensätzl. Aussagen über einen Sachverhalt zugleich wahr sein können, da die eine philosophisch, die andere theologisch; von der kath. Kirche offiziell abgelehnt. Das Problem trat erneut auf, als Galilei 1613 erklärte, zw. dem „Buch der Natur" und dem „Buch der Offenbarung" könne es keinen Widerspruch geben.
Doppeltier (Diplozoon paradoxum), bis etwa 1 cm langer, parasit. Saugwurm auf den Kiemen von Süßwasserfi-

schen, bei denen er Blutarmut verursacht; die Jungtiere leben einzeln, nach der Begattung jedoch verwachsen jeweils zwei der (zwittrigen) Tiere kreuzweise zeitlebens miteinander.
Doppeltsehen (Doppelsehen, Diplopie), Wahrnehmen von zwei Bildern ein und desselben Gegenstandes. **Beidäugiges Doppeltsehen (binokulares Doppeltsehen)** liegt vor, wenn der beobachtete Gegenstand nicht auf korrespondierenden Netzhautstellen beider Augen abgebildet wird, so z. B. bei verschiedenen Stellungsanomalien der Augen, v. a. bei Lähmungen äußerer Augenmuskeln. Störungen des binokularen Sehens infolge übermäßigen Alkohol- oder Drogengenusses bzw. starker Übermüdung führen zum Auftreten von Doppelbildern (auch bei Linsentrübung).
Doppelvasallität, bes. Form des Lehnswesens, bei der der Vasall von mehreren Herren Lehen nahm.
Doppelversicherung, Mehrfachversicherung, bei der dasselbe Interesse gegen dieselbe Gefahr bei mehreren Versicherern versichert ist und entweder die Versicherungssummen zusammen den Versicherungswert übersteigen oder aus anderen Gründen die Summe der Entschädigungen den Gesamtschaden überschreitet. Der Versicherungsnehmer kann nicht mehr als die Erstattung des entstandenen Schadens verlangen.
Doppelvierer ↑Vierer.
Doppelwendellampe (D-Lampe), Glühlampe mit einem doppelt gewendelten Faden. Durch Doppelwendel werden die Wärmeverluste der Lampe reduziert und die Lichtausbeute erhöht.
Doppelzentner ↑Dezitonne.
Doppelzweier ↑Zweier.
Döpper (Schellhammer), Schlagwerkzeug zur Bildung des Schließkopfes **(Schließkopfdöpper)** oder zum Gegenhalten am Setzkopf **(Setzkopfdöpper)** beim Nieten.
Doppik [Kw.], selten für: doppelte Buchführung.
Doppler-Effekt [nach dem östr. Physiker C. Doppler, *1803, †1853], die Erscheinung, daß bei jeder Art von Welle (Schallwelle, elektromagnet. Welle) eine Änderung der Frequenz bzw. der Wellenlänge eintritt, sobald sich Beobachter und Wellenerreger relativ zueinander bewegen. So erscheint z. B. der Ton der Hupe eines sich nähernden Kraftfahrzeugs einem stillstehenden Beobachter höher als beim stehenden Fahrzeug und umgekehrt tiefer, wenn sich das Fahrzeug vom Beobachter entfernt. Ursache dieses **akustischen Doppler-Effekts** ist die Tatsache, daß den Beobachter unterschiedl. viele Schwingungen pro Zeiteinheit erreichen, je nachdem, ob sich der Abstand zw. ihm und der Schallquelle vergrößert, verkleinert oder gleich bleibt. Der **optische Doppler-Effekt** äußert sich in einer Verschiebung der Spektrallinien des Lichts, das von einem sich relativ zur Erde bewegenden Himmelskörper ausgestrahlt wird. Bewegt dieser sich auf den Beobachter zu, so tritt eine Verschiebung der Spektrallinien zu Violett hin auf, bewegt er sich von ihm weg, so beobachtet man eine ↑Rotverschiebung. – In der Medizin wird der D. zur Bestimmung der Strömungsgeschwindigkeit des Blutes verwendet.
Doppler-Radar [nach C. Doppler], funktechn. Anlage an Bord von Flugzeugen zur Funknavigation, d. h. zur Bestimmung der Grundgeschwindigkeit und der Abdrift. Von zwei Sendern werden scharf gebündelte elektromagnet. Wellen (Frequenz zw. 8 und 14 GHz) in verschiedene Richtungen ausgesendet und an der Erdoberfläche reflektiert. Zw. ausgesandten und reflektierten Wellen treten bei einem sich relativ zur Erde bewegenden Flugzeug infolge des Doppler-Effektes Frequenzverschiebungen auf, die an Bord gemessen und ausgewertet werden.
Doppler-Verbreiterung [nach C. Doppler], die auf dem Doppler-Effekt beruhende Verbreiterung von Spektrallinien infolge der therm. Bewegung der strahlenden Atome

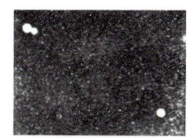

Doppelsterne. Bahnbewegung des visuellen Doppelsterns Krüger 60 von 1908–20

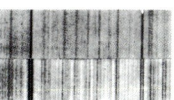

Doppelsterne. Verdopplung der Absorptionslinien eines spektroskopischen Doppelsterns infolge des Doppler-Effekts

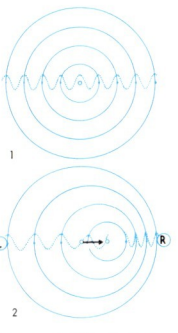

Doppler-Effekt. 1 ruhende Wellen, die sich mit derselben Frequenz nach allen Seiten ausbreiten; 2 die Quelle bewegt sich relativ zu den zwei Beobachtern L und R, L empfängt die Wellen kleinerer, R solche größerer Frequenz

Dor

oder Moleküle. Aus der D.-V. kann die Temperatur des strahlenden Mediums bestimmt werden.

Dor, Milo, eigtl. Milutin Doroslovac, * Budapest 7. März 1923, östr. Schriftsteller serb. Herkunft. – Lebt in Wien, schreibt in dt. Sprache aktuelle Prosa; eines seiner Hauptmotive ist die Machtlosigkeit des einzelnen gegenüber organisiertem Terror; auch Dramen, Hörspiele, Übersetzungen. – *Werke:* Tote auf Urlaub (R., 1952), Menuett (Farce, 1974), Alle meine Brüder (R., 1978), Der letzte Sonntag (R., 1982).

Dora Baltea, linker Nebenfluß des Po, Italien, entspringt auf der W-Abdachung der Montblancgruppe, fließt durch das Aostatal, mündet östl. von Chivasso; 160 km lang.

Dorado [span.] (Schwertfisch) ↑ Sternbilder (Übersicht).

Dorado [span.] ↑ Eldorado.

Dorant (Orant) [mittellat.], volkstüml. Bez. für verschiedene Pflanzen (z. B. Ackerlöwenmaul, Blauer Eisenhut, Echter Salbei), die als dämon- und zauberabwehrend galten.

Dora Riparia, linker Nebenfluß des Po, Italien, entspringt in den nördl. Cott. Alpen, mündet bei Turin; 125 km lang.

Dorat, Claude Joseph [frz. dɔˈra], * Paris 31. Dez. 1734, † ebd. 29. April 1780, frz. Schriftsteller. – Schrieb Fabeln, Episteln, Lieder, Tragödien und Komödien.

Dorati, Antal [doˈraːti, engl. dɔːˈrɑːtɪ], * Budapest 9. April 1906, † Gerzensee (Kt. Bern) 13. Nov. 1988, amerikan. Dirigent und Komponist ungar. Herkunft. – Emigrierte 1933 nach Frankreich, 1938 über Australien in die USA. Er leitete verschiedene Orchester in Dallas, Minneapolis, Washington, London und Detroit; komponierte Orchesterwerke, Kammer- und Klaviermusik.

Dorazio, Piero, * Rom 29. Juni 1927, italien. Maler und Graphiker. – Er entwickelte den Konstruktivismus zu einer Malerei serieller Strukturierungen weiter. Seit 1974 bestimmen kleine, horizontal angeordnete Farbstriche in feinen Tonabstufungen seine Formsprache.

Dorchester [engl. ˈdɔːtʃɪstə], Hauptstadt der südengl. Gft. Dorset, 14 000 E. Nahrungsmittel- und Textilindustrie. – 3 km sw. von D. liegt **Maiden Castle,** ein vorgeschichtl. Erdwerk.

Dordogne [frz. dɔrˈdɔɲ], Dep. in Frankreich.

D., rechter Nebenfluß der Garonne, Frankreich, entspringt im Zentralmassiv, mündet nördlich von Bordeaux, 490 km lang.

Dordrecht, niederl. Stadt im Rhein-Maas-Delta, 109 000 E. Reichsmuseum, Spielzeugmuseum u. a., Gemäldegalerie; eine der ältesten Hafen- und Handelsstädte der Niederlande, Schiffbau-, Stahl-, Flugzeugbau- und chem. Ind. – Unter dem Namen **Thuredrit** um 1138 erstmals genannt; Stadt seit 1220. In D. fand seit Juli 1572 die erste freie Versammlung der holländ. Stände statt. – Grote Kerk (13.–15. Jh.) mit unvollendetem W-Turm, Chorgestühl (1538–42) und Wandmalereien (16. Jh.); got. Rathaus (1383; 1835–43 klassizistisch verändert). Häuser mit got. und Renaissancefassaden.

Dordrechter Synode, die vom 13. Nov. 1618–29. Mai 1619 in Dordrecht tagende Synode aller größeren reformierten Kirchen mit Ausnahme der Hugenotten. Ihr Ergebnis war eine Bekräftigung der Prädestinationslehre Calvins und eine Verurteilung der Arminianer.

Dore, Mont [frz. mõˈdɔːr], Vulkanmassiv mit dem **Puy de Sancy,** 1 886 m hoch, höchster Teil des Zentralmassivs, Frankreich.

Doré, Gustave [frz. dɔˈre], * Straßburg 6. Jan. 1832, † Paris 23. Jan. 1883, frz. Zeichner für den Holzschnitt und Graphiker. – Illustrierte etwa 90 Bücher der Weltliteratur, u. a. Rabelais: „Gargantua et Pantagruel" (1854), Balzac: „Contes drôlatiques" (1855), Dante: „L'Enfer" (1861), Bürger: „Münchhausen" (1862), Cervantes: „Don Quichotte" (1863); bearbeitete auch sozialkrit. Themen, schuf Karikaturen sowie Gemälde und Plastiken.

Dorer ↑ Dorier.

Dorestad [niederl. ˈdoːrəstat], frühma. Handelsplatz, nördlich von Wijk bij Duurstede (Niederlande) an der Gabelung des Alten Rheins und des Lek; 670 erstmals erwähnt, um 750 und 850 Hauptumschlagplatz des fries. Handels im Karolingerreich; 834–863 mehrfach durch die Normannen verwüstet.

Dorf, eine ständig bewohnte, geschlossene Siedlung der Landbev. mit dazugehöriger Nutzfläche (**Dorfmark, Dorfflur**), bes. Sozialstruktur sowie eigener Verwaltung (**Land- oder Dorfgemeinde**). Die ältesten dt. D. liegen im Altsiedelgebiet (W-Deutschland; 5.–8. Jh.). Diese Einzelhofsiedlungen, **Weiler** oder **Drubbel** genannt, wurden in nachkaroling. Zeit zum unregelmäßigen, dichter bebauten D. (**Haufendorf**) zusammengefaßt. Andere, durch Konzentration entstandene D.formen der hochma. Kolonisation sind z. B. **Waldhufendorf** und **Marschhufendorf,** im Bereich der dt. Ostsiedlung daneben **Angerdorf, Rundling** und **Straßendorf;** letztere wurden v. a. auch im 18. Jh. angelegt. Aus dem genossenschaftl. Nutzungsverband sowie aus der Auseinandersetzung mit der D.herrn entwickelte sich die sog. Realgemeinde, die als Wirtschafts- und Sozialverband Orts- und Rechtlergemeinde war und erst zu Beginn des 19. Jh. von der polit. Gemeinde abgelöst wurde. Als Rechte und Funktionen der D.herrschaft galten u. a. Bestellung oder Bestätigung der Amtsträger in der Gemeinde, Polizeihoheit sowie Aufsicht über die dörfl. Rechts- und Wirtschaftsordnung (D.ordnung, Weistum). In der Sozialstruktur des D. war vollberechtigtes Gemeindemitglied der (Voll-)Bauer. Die Besitzer kleinerer Stellen (Seldner, Kötter, Häusler, Gärtner) hatten meist keinen Anteil an den dörfl.

Dordrecht
Stadtwappen

Dorf. 1 Haufendorf; 2 Marschhufendorf; 3 Waldhufendorf; 4 Rundling; 5 Straßendorf; 6 Angerdorf

Nutzungsrechten. Tagelöhner, Mietleute, Dienstboten usw. waren im allg. keine Mgl. der D.gemeinde, innerhalb derer sich meist eine Oberschicht, die **Dorfehrbarkeit**, herausbildete, der die dörfl. Ämter vorbehalten waren. Grundherrl. Amtsträger war der **Schultheiß** (Schulze); Amtsträger der bäuerl. Gemeinde dagegen der **Dorfmeister** (Gemeinmeister, Bürgermeister, Bauermeister, Mahlmeister), der von der ganzen D.gemeinde gewählt wurde; er rief u. a. die D.versammlung ein, führte den Vorsitz im D.gericht, verwaltete das D.vermögen und besetzte die niederen Ämter und Dienste. Neben den D.vorsteher trat das Kollegium der Vierer oder Zwölfer, die Vorläufer des heutigen Gemeinderates. Die Aufgaben der D.gemeinde bestanden vorrangig in der Wahrnehmung ihrer Rechtsbefugnisse und in der Ausübung ihrer Selbstverwaltungsrechte, wie z. B. Wahrung des D.friedens, Feuerschutz, Wasserversorgung, Überwachung von Maß und Gewicht. Hatte sich seit dem MA die herrschaftl. Komponente stetig durchgesetzt, so wurde die Autonomie der Gemeinde v. a. durch den absolutist. Staat empfindlich eingeschränkt; mit Einführung der Munizipalverfassung zur Napoleon. Zeit sank das D. zum staatl. Verwaltungsbezirk herab. An die Stelle der Realgemeinde trat die bloße Einwohnergemeinde. Seit der Dt. Gemeindeordnung von 1935 gibt es das D. alten Typs nicht mehr.

Dornauszieher. Bronzestatue, Höhe 73 cm, 1. Jh. v. Chr. (Rom, Konservatorenpalast)

Dorfkirche, volkskundl. oder kunsthistor. Bez. für das dörfl. Kultgebäude, und zwar unabhängig von seiner kirchl. Stellung als Pfarr-, Filial- oder Mutterkirche bzw. Kapelle. Vorwiegender Typus ist der einschiffige Saalbau.

Dörfler, Peter, *Untergermaringen bei Kaufbeuren 29. April 1878, †München 10. Nov. 1955, dt. Schriftsteller. – Kath. Priester; schrieb v. a. von lebendiger Kraft erfüllte Heimatromane („Der ungerechte Heller", 1920; „Die Papstfahrt durch Schwaben", 1923; „Die Allgäu-Trilogie", 1934–36).

Dorflinde, eine vielerorts, auch in Städten und Märkten, als Mittelpunkt des (früheren) Rechts- und Gemeinschaftslebens auf dem Gerichtsplatz oder der dörfl. Versammlungs- oder Feststätte gepflanzte Linde.

Dorfprosa (russ. Derewenskaja prosa), Richtung in der russ. Gegenwartsprosa seit den 50er Jahren; thematisch an den ländl. Alltag gebunden, widerspiegelt sie in historisch dimensionierten Konflikten und feinster Individualisierung den Zerfall traditioneller Lebensformen und Wertvorstellungen durch Industrialisierung und Urbanisierung; insbes. das Engagement für den Schutz der Umwelt führte zu internat. Beachtung; bed. Vertreter sind F. Abramow, W. Below, W. Rasputin, W. Schukschin, W. Solouchin.

Dorgelès, Roland Maurice [frz. dɔrʒəˈlɛs], eigtl. R. Lécavelé, *Amiens 15. Juni 1885, †Paris 18. März 1973, frz. Schriftsteller. – Schrieb reportagehafte (Anti-)Kriegsromane, u. a. „Die hölzernen Kreuze" (1919), Erinnerungen „Geschichten vom Montmartre" (1928), Bohemeromane.

Doria, bed. genues. Familie, deren Anfänge bis 1110 zurückreichen; stellte zahlr. hervorragende Anführer der genues. Flotte; blieb 1339–1529 von jeder polit. Tätigkeit ausgeschlossen; bed.:
D., Andrea, *Oneglia (= Imperia) 30. Nov. 1466, †Genua 25. Nov. 1560, genues. Admiral und Staatsmann. – 1512 an die Spitze der genues. Flotte berufen; kämpfte seit 1522 in den beiden ersten Kriegen zw. König Franz I. von Frankreich und Kaiser Karl V. (1521–29) auf seiten Frankreichs und seiner Verbündeten; wechselte 1528 auf die Seite des Kaisers und entschied damit diesen 2. Krieg; erkämpfte im Sept. 1528 den Einzug in Genua und erneuerte dessen oligarch. Verfassung; behielt sich diktator. Gewalt vor; von Karl V. mit dem Ft. Melfi belehnt und zum kaiserl. Großadmiral ernannt; besiegte 1532 die türk. Flotte vor der griech. Küste.

Dorier (Dorer), Name des in der dorischen Wanderung vom 12. Jh. v. Chr. nach in Griechenland eingewanderten Stammes; nahmen vom alban.-dalmatin. Küstengebiet aus über M-Griechenland die Argolis, von da aus die gesamte Peloponnes in Besitz und drangen von dort über Sporaden, Kykladen und Kreta bis SW- und S-Kleinasien vor.

Doriot, Jacques [frz. dɔˈrjo], *Bresles (Oise) 16. Sept. 1898, †Menningen (bei Meßkirch) 22. Febr. 1945, frz. Politiker. – Abg. der KPF 1924–34 (Ausschluß aus der Partei); gründete 1936 den rechtsradikalen Parti Populaire Français; kämpfte mit der von ihm 1941 gegr. Légion Tricolore auf dt. Seite gegen die UdSSR.

Doris, antike Landschaft in M-Griechenland im Quellgebiet des Kephisos mit den Städten Boion, Kytinion, Erineos und Pindos, daher auch politisch als Tetrapolis („Vierstädtegebiet") bezeichnet.

DORIS, Abk. für: **Do**ppel**ring**speicher am DESY (↑Deutsches Elektronen-Synchrotron).

dorische Dialekte, Dialektgruppe der griech. Sprache im Altertum; sie umfaßt die Mundarten der Argolis, Lakoniens, Messeniens, Megaras und der von diesen Landschaften ausgehenden Kolonien.

dorische Ordnung, antike ↑Säulenordnung.

dorische Wanderung, Bez. für die Besitznahme griech. Gebiete (bes. der Peloponnes) durch die Dorier vom 12. Jh. v. Chr. an.

Dormagen, Stadt in NRW, am linken Rheinufer, 45 m ü.d. M., 54 800 E. Chem. Großind., Zuckerfabrik, Brauerei. – In röm. Zeit **Durnomagus**; seit 1969 Stadt.

Dormitorium [lat.], Schlafsaal eines Klosters oder auch der Teil eines Klosters, in dem die Einzelzellen liegen.

Dorn, zylindr. oder schwach kegelförmiges Werkzeug, z. B. zum Aufweiten von Löchern, zum Herausschlagen von Nieten, als Biegeunterlage.
▷ ↑Dornen.

Dornach, Hauptort des Bez. Dorneck im schweizer. Kt. Solothurn, 8 km südlich von Basel, 334 m ü. d. M., 5 500 E. Wein- und Obstbau, Metallind. – Ehem. Pfarrkirche (15. und 18. Jh. mit Wandmalereien des 16. Jh.), Goetheanum (Freie Hochschule für Anthroposophie) nach Plänen R. Steiners.

Dornapfel, svw. ↑Stechapfel.

Dornaugen. Geflecktes Dornauge (Länge 12 cm)

Dornaugen (Acanthophthalmus), Gatt. etwa 4–15 cm langer, fast wurmförmiger Schmerlen in den Süßgewässern S-Asiens; mit je einem aufrichtbaren Dorn unter den von einer durchsichtigen Haut überzogenen Augen.

Dornauszieher, bronzene Sitzfigur eines Knaben, der einen Dorn aus seiner linken Fußsohle entfernt; das griech. Original aus dem 3. Jh. v. Chr. ist nicht erhalten. Röm. Marmorkopie in London, British Museum und Bronzekopie des 1. Jh. v. Chr. in Rom, Konservatorenpalast.

Milo Dor

Antal Dorati

Peter Dörfler

Dornbaumwälder

Dornbaumwälder, Wälder der gemäßigt trockenen Tropen und Subtropen mit krummstämmigen, immergrünen Dornbäumen und -sträuchern.

Dörnberg, Wilhelm Freiherr von, *Hausen bei Bad Hersfeld 14. April 1768, †Münster 19. März 1850, dt. General und Politiker. – Führender Freiheitskämpfer gegen die Napoleon. Herrschaft auch in den Befreiungskriegen; 1809 Initiator eines hess. Aufstandes gegen die Franzosen, der mißlang.

Wilhelm Freiherr von Dörnberg (Stahlstich, 1810)

Dornbirn, östr. Bezirkshauptstadt in Vorarlberg, 10 km südlich von Bregenz, 452 m ü. d. M., 39 600 E. Mittelpunkt des Vorarlberger Textilgewerbes mit Export- und Mustermesse; Maschinenbau. – 895 als **Torrinpuirron** erstmals genannt; seit 1901 Stadt. – Klassizist. Stadtpfarrkirche (1839/40) mit isoliert stehendem Glockenturm, Pfarrvikariatskirche Sankt Christoph (1964), Rotes Haus (Fachwerkbau, 17. Jh.).

Dornburg/Saale, Stadt in Thür., über der Saale, 333–433 m ü. d. M., 1 100 E. – 937 ist erstmals eine Reichsburg und Königspfalz belegt. – Drei nebeneinanderliegende Schlösser: das nördl. oder alte Schloß (10. und 15. Jh.), das Rokokoschlößchen (1736–44) und das südl. Schloß (Renaissance, 1539; jetzt Goethe-Gedenkstätte).

Dornbusch, sehr dichte, 3–5 m hohe Gehölzformation der semiariden Tropen und Subtropen mit Akazien, Sukkulenten u. a.

Dörnchenkorallen (Antipatharia), Ordnung der Blumentiere mit über 100 Arten, v. a. in trop. Meeren; bilden meist reich verzweigte, etwa 2,5 bis 100 cm hohe Kolonien mit nicht verkalktem, hornartigem, dunklem bis schwarzem, stark bedorntem Skelett.

Dorndreher, svw. ↑Neuntöter.

Dornen, zu spitzen, an Festigungsgewebe reichen (häufig verholzten) Gebilden umgewandelte Pflanzenorgane (oder Teile von ihnen). Im Unterschied zu den Stacheln sind an der Bildung von D. nicht nur epidermale, sondern auch tiefere Schichten beteiligt; man unterscheidet: **Sproßdornen** (Kurztriebe sind verdornt; z. B. bei Weißdorn, Schlehe), **Blattdornen** (das ganze Blatt oder ein Teil davon verdornt; z. B. bei Berberitze), **Nebenblattdornen** (Nebenblätter sind zu D. umgebildet, z. B. bei Kakteen und einigen Akazien).

Dornen. Oben: Blattdornen der Berberitze. Unten: Sproßdorn des Weißdorns

Dornfliegen (Oxycera), Gatt. etwa 7 mm langer ↑Waffenfliegen; Schildchen (Scutellum) mit 2 Dornen, Hinterleib auffallend gelb.

Dornfortsatz ↑Wirbel.

Dorngrasmücke (Sylvia communis), etwa 14 cm großer Singvogel (Fam. Grasmücken), v. a. in offenen, buschreichen Landschaften Eurasiens; ♂ mit hellgrauer Kopfkappe, weißer Kehle, rostfarbener Ober-, hellrötl. Unterseite und langem Schwanz mit weißer Außenkante; ♀ farbl. matter mit bräunl. Kopf.

Dorngrasmücke. Männchen

Dornhaie, (Squalidae) Fam. langgestreckter, schlanker, weltweit verbreiteter Haie mit rund 50, etwa 25–120 cm großen Arten mit kräftigem Stachel vor jeder der beiden Rückenflossen; Afterflosse fehlt. Die bekannteste Art (im N-Atlantik häufigster Hai) ist der **Gemeine Dornhai** (Squalus acanthias) an den Küsten Europas (einschl. westl. Ostsee und Mittelmeer), NW-Afrikas, Islands, Grönlands; Oberseite grau mit kleinen, hellen Flecken, Bauchseite weiß. Eine weitere bekannte Art ist der bis etwa 45 cm lange **Schwarze Dornhai** (Etmopterus spinax), im Atlantik und Mittelmeer; samtartig schwarz, Bauchseite infolge kleiner Leuchtorgane grünlich schimmernd.

▷ svw. ↑Stachelhaie.

▷ (Unechte D., Dalatiidae) weltweit verbreitete Fam. der Haie mit etwa 8, rund 45–800 cm langen Arten mit nur einem (oft auch fehlendem), vor der ersten Rückenflosse gelegenem Stachel, ohne Afterflosse; manche Arten besitzen ein außergewöhnlich starkes Leuchtvermögen. Eine bekannte Art ist der 3–4 m lange **Grönlandhai** (Eishai, Somniosus microcephala) in arkt. Meeren.

Dornier, Claude, genannt Claudius D. [dɔrniˈeː], *Kempten (Allgäu) 14. Mai 1884, †Zug 5. Dez. 1969, dt. Flugzeugkonstrukteur. – Gründer einer Flugzeugwerft in Friedrichshafen (1914), in der er v. a. Ganzmetallflugzeuge baute. Aus dem Flugboot „Wal" (1922) entwickelte er den „Superwal", die Do 18 und die zwölfmotorige Großflugzeug Do X (1928). Im 2. Weltkrieg fanden verschiedene Typen als Aufklärungs- und Kampfflugzeuge Verwendung (u. a. die Do 17, der „fliegende Bleistift"). Nach dem 2. Weltkrieg wurden in den Werken der heutigen **Dornier GmbH** u. a. Kurzstartflugzeuge (Do 27, Do 28), der Senkrechtstarter Do 31 und der Alpha Jet sowie Flugzeuge für die zivile Luftfahrt gebaut. Weitere Aktivitäten der Firma liegen im Bereich der Medizintechnik, der Hochtechnologie und der Raumfahrt. Seit 1985 hält die Daimler-Benz AG die Kapitalmehrheit.

Dornburg/Saale. Das Rokokoschlößchen, 1736–47 erbaut

Dorno, Carl, *Königsberg (Pr) 3. Aug. 1865, †Davos 22. April 1942, dt. Bioklimatologe. – Gründete 1907 das Physikal.-Meteorolog. Observatorium Davos; entwickelte wichtige Meßgeräte (Frigorimeter, Pyrheliograph) und neue Untersuchungsmethoden.

Dornröschen, Gestalt des Volksmärchens; eine Königstochter wird durch den Kuß eines Prinzen aus 100jährigem Zauberschlaf erweckt. In Frankreich im 14. Jh. belegt; bekannt v. a. die Fassungen von C. Perrault und den Brüdern Grimm; Titelgestalt eines Balletts von P. Tschaikowski.

Dornschrecken (Tetrigidae), Fam. der Heuschrecken mit etwa 700 Arten, v. a. in den Tropen (in M-Europa etwa 6 Arten); 7–15 mm große Insekten, bei denen der rückenseitige Teil des ersten Brustsegments in einen langen, spitzen Fortsatz ausgezogen ist.

Dornschwanzagamen (Dornschwänze, Uromastyx), Gatt. etwa 30–80 cm langer, meist pflanzenfressender Agamen mit relativ kurzem, sehr muskulösem Schwanz mit in Ringen angeordneten kräftigen Dornen; 12 Arten im nördl. Afrika und in SW-Asien. Als Terrarientiere bekannt sind u. a.: **Afrikanische Dornschwanz** (Uromastyx acanthinurus), bis etwa 45 cm lang, Färbung meist schwärzl. mit gelber und rötl. Zeichnung; **Indische Dornschwanz** (Uromastyx hardwickii), bis etwa 40 cm lang, überwiegend gelblichbraun mit kleinen dunklen Schuppen.

Dornschwanzhörnchen (Anomaluridae), Fam. der Nagetiere mit etwa 13 Arten in den Regenwäldern und bewaldeten Savannen des trop. Afrika südlich der Sahara; mit

Dornschwanzagamen. Afrikanischer Dornschwanz (Länge bis etwa 45 cm)

etwa 7–45 cm Körperlänge und etwa ebenso langem Schwanz; an der Unterseite der Schwanzwurzel scharfkantige, nach hinten gerichtete Hornschuppen als Kletterhilfe.

Dornschwanzleguane (Urocentron), Gatt. kleiner, plumper Leguane mit etwas abgeflachtem, stark bestacheltem Schwanz; 4 Arten im trop. Südamerika, v. a. im Amazonasbecken.

Dornstrauchsavanne, niedrige Vegetationsformation der Tropen, bestehend aus einer nicht geschlossenen Grasdecke und weit auseinander stehenden, etwa 1–3 m hohen Dornsträuchern, -bäumen und Sukkulenten.

Dornteufel (Wüstenteufel, Moloch, Moloch horridus), etwa 20 cm lange, relativ plumpe Agamenart in Wüsten und Steppen M- und S-Australiens; mit variabler, kontrastreicher Zeichnung (weißl., gelbe, rostrote und braune Farbtöne); Körper, Schwanz und Beine mit großen, harten Stacheln besetzt, im Nacken ein mit zwei bes. großen Stacheln versehener Buckel, der bei Schreckstellung aufgerichtet wird und einen Kopf vortäuscht.

Dornzikade (Dornzirpe, Centrotus cornutus), eine der wenigen in Europa vertretenen Arten der Buckelzikaden; 8–9 mm lang, schwarz bis rauchgrau, mit dicht weiß behaarten Brustseiten; Vorderrücken buckelig gewölbt, mit bis zum Körperende reichendem, scharf gekieltem Fortsatz und beiderseits mit kräftigem Dorn.

Doroschenko, ukrain. Familie, brachte seit dem 17. Jh. namhafte Politiker und Gelehrte hervor; bed. die Kosakenhetmane *Michailo D.* († 1628), Hetman der „registrierten" ukrain. Kosaken (1625–28) sowie *Petro D.* (*1627, † 1698), Hetman der rechtsufrigen Ukraine (1665–76), und der Politiker und Historiker *Dmitro (Dmytro) D.* (*1882, † 1951), 1917 Mgl. des Ukrainischen Zentralrats, 1918 Außenminister.

Dorothea, hl., nach der Legende Jungfrau und Märtyrerin in der Verfolgung in Kappadokien unter Kaiser Diokletian; wird mit Äpfeln und Blumen dargestellt. Patronin der Wöchnerinnen und Gärtner. – Fest: 6. Februar.

Dorpat (estn. *Tartu*), Stadt in Estland, am Embach, 170 km sö. von Reval, 114 000 E. Univ. (1632 als Akademie gegr., seit 1802 Univ.). Landwirtschaftsakad.; Museen, Theater; botan. Garten; Maschinen-, Apparatebau, Textilind.; Bahnknotenpunkt. – Im 10./11. Jh. als estn. Siedlung **Tarpatu** bekannt, 1030 als Stadt unter dem Namen **Jurjew** erwähnt; 1215 vom Schwertbrüderorden erobert und in D. umbenannt; 13.–16. Jh. Hansestadt; 1582–1600 und 1603–21 polnisch, 1600–03 und 1625–1704 schwedisch. Nach dem Brand von 1775 Wiederaufbau der Stadt im klassizist. Stil (Rathaus, Univ.); 1920 zur Rep. Estland.

dörperliche Poesie [zu mittelhochdt. dörper „Bauer"], Formen mittelhochdt. Lyrik, in denen eine derb-groteske bäuerl. Welt bzw. der Bauerntölpel als Gegenbild zur höf. Kultur (des Minnesangs) bzw. des höf. Ritters aufgestellt wird. Begründer und Hauptvertreter ist Neidhart von Reuental.

Dörpfeld, Friedrich Wilhelm, *Wermelskirchen 8. März 1824, † Ronsdorf (= Wuppertal) 27. Okt. 1893, dt. Pädagoge. – Vater von Wilhelm D.; 1849–79 Volksschullehrer in Barmen (= Wuppertal). Trat für die (ev.) Konfessionsschule (mit genossenschaftl. Verfassung) und förderte als Herbartianer den Unterricht in den „Realien" und eine method. Stoffbehandlung.

D., Wilhelm, *Barmen (= Wuppertal) 26. Dez. 1853, † auf Lefkas 25. April 1940, dt. Archäologe. – Ausgrabungen in Olympia 1877–81, Troja, Pergamon und Tiryns; Begründer moderner Grabungsmethoden wie bauwiss. Forschung (antike Architektur). Leitete 1887–1911 das Dt. Archäol. Institut in Athen.

Dörren ↑Trocknen.

Dörrie, Doris, *Hannover 26. Mai 1955, dt. Filmregisseurin und Autorin. – Drehte u. a. „Mitten ins Herz" (1983), „Männer" (1985), „Ich und er" (1987), „Happy Birthday, Türke" (1991); auch Erzählungen (u. a. „Für immer und ewig", 1991).

Dörrobst, svw. ↑Trockenobst.

dorsal [zu lat. dorsum „Rücken"], in der *Anatomie:* zur Rückseite gehörend; Ggs.: ↑ventral.
▷ in der *Phonetik* svw. mit dem Zungenrücken (Dorsum) artikuliert.

Dorsale [lat.], [hölzerne] Rückwand des Chorgestühls; auch Wandbehang.

Dorsch, Käthe, *Neumarkt i. d. Opf. (in der Oberpfalz) 29. Dez. 1890, † Wien 25. Dez. 1957, dt. Schauspielerin. – 1937–40 am Berliner Staatstheater, seit 1940 am Burgtheater in Wien. Glanzrollen: Maria Stuart, Elisabeth, Frau John („Die Ratten"), Frau Alving („Gespenster"), Orsina („Emilia Galotti"). Filmrollen u. a. in „Eine Frau ohne Bedeutung" (1936), „Komödianten" (1941).

Dorsche (Schellfische, Gadidae), überwiegend in kalten und gemäßigt warmen Meeren vorkommende Fam. der ↑Dorschfische mit über 50, bis 1,8 m langen Arten. Wirtsch. am bedeutendsten sind u. a.: **Kabeljau** (Gadus morrhua), bis 1,5 m lang, im N-Atlantik bis in die arkt. Gewässer Europas; olivbräunlich bis grünlich, mit messingfarbener Marmorierung; wird bis 40 kg schwer. Sein noch nicht geschlechtsreifes Jugendstadium sowie dessen kleinwüchsigere (bis etwa 60 cm lange und 3,5 kg schwere) Ostseeform (*Ostseedorsch*) werden als **Dorsch** bezeichnet. Der **Schellfisch** (Melanogrammus aeglefinus) wird bis 1 m lang und kommt v. a. in den Schelfregionen des europ. und nordamerikan. N-Atlantiks vor; oberseits graubraun, seitlich und unterseits weiß; wird bis 12 kg schwer. Im N-Atlantik lebt der bis 1,2 m lange **Köhler** (Gründorsch, Pollachius virens); mit dunkelgrünem bis schwärzl. Rücken und grauen bis weißen Körperseiten. Er kommt als **Seelachs** in den Handel; frisch oder geräuchert, gefärbt wird er als Lachsersatz verwendet. Der bis knapp 2 m lange **Leng** (Langfisch, Molva molva) kommt im nö. Atlantik und in der westl. Ostsee vor; Oberseite braun bis grau, Bauch weißlich; wird häufig zu Klippfisch verarbeitet. Der **Pollack** (Steinköhler, Pollachius pollachius) wird bis 1 m lang und kommt an den Küsten W-Europas bis N-Afrikas vor; Rücken dunkel graubraun, Seiten messingfarben, Bauch weißlich. Im N-Atlantik und auch in der westl. Ostsee lebt der etwa 40–50 cm lange **Wittling** (Merlan, Merlangius merlangus); grünlich silberglänzend, mit bräunl. Rücken und schwarzem Fleck an der Wurzel der Brustflossen. Einzige im Süßwasser lebende Art ist die ↑Aalquappe.

Dorschfische (Dorschartige, Gadiformes, Anacanthini), Ordnung der Knochenfische mit über 200, fast ausschließlich im Meer lebenden Arten; Flossen weichstrahlig, ohne Stacheln. Bekannteste Fam. sind ↑Dorsche, ↑Seehechte, ↑Gebärfische und ↑Grenadierfische.

Dorset [engl. 'dɔ:sɪt], Gft. in Großbritannien.

Dorsey [engl. 'dɔ:sɪ], Jimmy, eigtl. James D., *Shenandoah (Pa.) 29. Febr. 1904, † New York 12. Juni 1957, amerikan. Jazzmusiker (Klarinettist, Altsaxophonist und Orchesterleiter). – Leitete 1928–35 eines der populärsten Orchester der Swingära.

D., Tommy, eigtl. Thomas D., *Shenandoah (Pa.) 19. Nov. 1905, † Greenwich (N. Y.) 26. Nov. 1956, amerikan. Jazzmusiker (Posaunist, Trompeter, Orchesterleiter). – Bruder von Jimmy D.; war in den 30er Jahren einer der führenden Jazzposaunisten des Chicagostils.

dorsiventral (dorsoventral) [lat.], spiegelbildlich-symmetr. bei unterschiedl. Rücken- und Bauchseite; bezogen auf Lebewesen.

Dorst, Tankred, *Sonneberg 19. Dez. 1925, dt. Schriftsteller. – Schreibt ironisch-satir. zeitkrit. Dramen; internat. erfolgreich das Antikriegsstück „Große Schmährede an der Stadtmauer" (1962), das Revolutionsdrama „Toller" (1968) und das Drama „Merlin oder das wüste Land" (1981). – *Weitere Werke:* Die Kurve (1962), Freiheit für Clemens (1962), Eiszeit (1973), Auf dem Chimborasso (1975), Die Reise nach Stettin (1984), Ich, Feuerbach (1986), Karlos (1990). – Georg-Büchner-Preis 1990.

Dorsten, Stadt in NRW, am N-Rand des Ruhrgebiets, 30–40 m ü. d. M., 73 800 E. Steinkohlenbergbau, Glaswerk, Kanalhafen. – 889 zuerst erwähnt, 1251 zur Stadt erhoben; im 15. Jh. Mgl. der Hanse.

Dornteufel

Dorpat
Historisches Wappen

Claude Dornier

Doris Dörrie

Tankred Dorst

Dorsum

Dortmund
Stadtwappen

Dost.
Gemeiner Dost

John Dos Passos

Doryphoros.
Rekonstruktion einer
Bronzestatue des
Polyklet, Original um
440 v. Chr.,
Höhe 2,12 m
(München, Universität)

Dorsum [lat.], in der Anatomie svw. ↑Rücken.

Dortmund, Stadt in NRW, im östl. Ruhrgebiet, 62–250 m ü. d. M., 584 100 E. Max-Planck-Institute für Ernährungsphysiologie und für Systemphysiologie. Univ. (gegr. 1966), Musikhochschule, Fachhochschulen, Sozialakademie, Inst. für Spektrochemie und angewandte Spektroskopie, Kohlenstoffbiolog. Forschungsstation, Inst. für Zeitungsforschung, Inst. für Unfallforschung und Arbeitsschutz, Ev. Landeskirchenmusikschule; Wirtschaftsarchiv; Museen; Getreide- und Produktenbörse, Pferderennbahn; botan. Garten, Tierpark. – Eisen- und stahlschaffende Ind., Großbrauereien, Großhandelsunternehmen; Hafen mit 10 Becken.
Geschichte: Ende 9. Jh. zuerst erwähnt; besaß 990 Marktrecht; 1152 befestigte städt. Siedlung (Burgus); einzige Reichsstadt im westfäl. Raum, nahm am Westfäl. und am Rhein. Städtebund teil, war Mgl. der Hanse; schloß sich 1570 der Reformation endgültig an, sank ab Mitte 16. Jh. zu einer Ackerbürgerstadt herab; kam 1803 zu Nassau, 1808 zum Großherzogtum Berg, 1815 zu Preußen; ab Mitte 19. Jh. rasche Entwicklung zur Ind.stadt. 1928 Eingemeindung der Stadt **Hörde** (1198 erstmals erwähnt; erstes Stadtrecht 1340).
Bauten: Nach Kriegseinwirkungen wiederaufgebaut wurden u. a. die Reinoldikirche (1260–80), die Marienkirche (um 1220), die Kirche Sankt Petri (1320 ff.). Zu den modernen Bauten gehören u. a. die Nikolaikirche (1930), die Westfalenhalle (1949–52), das Stadttheater (1956–65), die Landesbibliothek (1949–51) und die Spielbank (1982–85) von H. Deilmann.

Dortmund-Ems-Kanal, 1892–99 erbaute Wasserstraße, die unter Benutzung der kanalisierten Ems das Ruhrgebiet mit der Nordsee verbindet; 269 km lang, für Schiffe bis 1350 t befahrbar. Über Kanäle auch mit Rhein, Mittellandkanal und Weser verbunden.

Doryphoros [griech.], in Marmorkopien überlieferte Bronzestatue eines speertragenden Athleten (Achilleus?), Hauptwerk des Polyklet (um 440 v. Chr.).

Dos [lat.], im röm. Recht die Mitgift der Ehefrau.

DOS [Abk. für engl.: **D**isk **O**perating **S**ystem], Teilsystem des Computerbetriebssystems; steuert Ein- und Ausgabeoperationen bei Magnetplattenspeichern (Diskette, Festplatte); ein Standardbetriebssystem für IBM-kompatible PC ist MS-DOS.

Dose [niederl., eigtl. „Koffer"] (Büchse), eckiges, rundes oder ovales Gefäß mit Deckel aus Porzellan, Metall, Glas, Alabaster, Schmuckstein, Elfenbein, Holz, auch Kunststoff; v. a. im 18. Jh. oft reich verziert.

Dosenschildkröten, (Amerikan. D., Terrapene) Gatt. landbewohnender Sumpfschildkröten in N-Amerika; Panzerlänge etwa 17 cm; Bauchpanzer mit Quergelenk, beide Hälften nach oben klappbar, um so hintere und vordere Panzeröffnung zu verschließen; u. a. die **Karolina-Dosenschildkröte** (Terrapene carolina).

▷ (Asiat. D.) svw. ↑Scharnierschildkröten.

Dosimeter [griech.], Meßgerät zur Bestimmung der Dosis oder Dosisleistung ionisierender Strahlung. Gebräuchliche, am Körper getragene Personen-D. sind 1. das luftgefüllte **Füllhalterdosimeter**, ein **Ionisationsdosimeter**, das vor Gebrauch elektrisch aufgeladen und je nach Menge der einfallenden Strahlung durch die Ionisation der Luft entladen wird; 2. das **Filmdosimeter (Filmplakette),** vor dessen Film verschiedene Absorber nebeneinanderliegen, so daß der Film je nach Strahlungsart und Dosis in einer bestimmten Zeit unterschiedlich geschwärzt wird.

Dosis [griech. „Gabe"], (Strahlendosis) Maß für die Wirkung ionisierender Strahlung auf stoffl. Materie. Die **Energiedosis** ist definiert als der Quotient $D = \Delta W/\Delta m$, wobei ΔW die Energie bedeutet, die von der Strahlung auf das Material der Masse Δm übertragen wird. Als **Äquivalentdosis** (für den Strahlenschutz) bezeichnet man das Produkt $D_q = q \cdot D$ aus der Energie-D. D und einem von Art und Energie der Strahlung abhängigen Bewertungsfaktor q. Der Wert dieses Faktors wurde aus biolog. Erkenntnissen festgelegt; z. B. ist $q = 1$ für Röntgenstrahlen, 3 für therm. Neutronen und 25 für schwere Rückstoßkerne. SI-Einheit der Energiedosis ist das ↑Gray (Gy), SI-Einheit der Äquivalentdosis das ↑Sievert (Sv). Die **Ionendosis** ist definiert als der Quotient $\Delta Q/\Delta m_L$, wobei ΔQ die Ladung der in einer Luftmenge der Masse Δm_L erzeugten Ionen eines Vorzeichens ist. SI-Einheit der Ionen-D. ist das Coulomb/kg. Die **Toleranzdosis** ist die gemäß den Strahlenschutzbestimmungen festgelegte höchstzulässige D. für bestimmte Personengruppen oder Arbeitsbereiche.

▷ in der *Medizin* die ärztlich bemessene oder verordnete Menge eines Stoffes, z. B. die Menge eines Arzneimittels.

Dosisleistung, die auf die Zeit bezogene Energie- oder Ionendosis.

Dos Passos, John [engl. dɔs ˈpæsoʊs], *Chicago 14. Jan. 1896, †Baltimore 28. Sept. 1970, amerikan. Schriftsteller. – Bis 1934 aktiver Kommunist. Wurde durch den Antikriegsroman „Drei Soldaten" (1921) berühmt. In „Manhattan Transfer" (R., 1925) charakterisiert er Personen aus allen Gesellschaftsschichten. Die Romantrilogie „USA" („Der 42. Breitengrad", 1930; „1919", 1932; „Die Hochfinanz", 1936) setzt sich kritisch mit den führenden Schichten der USA auseinander; später Wendung zum Konservatismus.

Dossi, Dosso, eigtl. Giovanni di Luteri, *Ferrara um 1490, †ebd. 26. Juli 1542, italien. Maler. – Hofmaler der Este. Führender Maler des ferraresi. Schule des Manierismus, beeinflußt v. a. von Giorgione, Tizian und Raffael. Malte religiöse und mytholog. Darstellungen in leuchtendem Kolorit mit fast romantisch anmutenden Landschaften, auch vorzügl. Bildnisse.

Dossier [frz. do'sje; zu dos „Rücken" (nach der Beschriftung)], Aktenheft, Aktenbündel; Schriftstück.

Dost [zu mittelhochdt. doste „Büschel"] (Origanum), Gatt. der Lippenblütler mit etwa 10 Arten, v. a. im Mittelmeergebiet; Stauden oder Halbsträucher. Einzige einheim. Art ist der auf Trockenrasen und an Waldrändern wachsende **Gemeine Dost** (Echter D., Wilder Majoran, Origanum vulgare): bis 40 cm hohe Staude mit zahlr. Öldrüsen und fleischfarbenen bis karmin- oder braunroten Blüten.

Dostal, Nico, *Korneuburg 27. Nov. 1895, †Salzburg 27. Okt. 1981, östr. Komponist. – Komponierte zahlr. Operetten, u. a. „Clivia" (1933), „Die ungar. Hochzeit" (1938), „Rhapsodie der Liebe" (1963) sowie Filmmusiken.

Dost Mohammed Khan (arab. Dust Muhammad) *um 1793, †Herat 9. Juni 1863, Gründer der Baraksai-Dyn. von Afghanistan. – Herrschte seit 1823 in Kabul, das 1839 von Großbritannien erobert wurde; bis 1842 interniert, nahm den Titel eines Emirs an.

Dose. Tabatiere mit dem Bild Ludwigs XVI., Gold, Email und Porzellan, Durchmesser 8 cm (Paris, Louvre)

Dostojewski, Fjodor Michailowitsch, *Moskau 11. Nov. 1821, †Petersburg 9. Febr. 1881, russ. Dichter. – Seit 1844 als freier Schriftsteller tätig. Sein erfolgreiches Erstlingswerk „Arme Leute" erschien 1846. Wegen Teilnahme an Treffen des utopisch-sozialist. Petraschewski-Kreises 1849 zum Tode verurteilt, kurz vor der Hinrichtung zu 4jähriger Verbannung nach Sibirien begnadigt; danach Abwendung von bisherigen Idealen. Forum seiner panslawist.

Ideen wurde seine Zeitschrift „Tagebuch eines Schriftstellers" (4 Bde., 1873–81). Schrieb v. a. unter dem Einfluß Gogols und der „natürl. Schule", bes. aber Schillers, dessen Idealismus auf den auch an Nietzsche orientierten Roman „Die Brüder Karamasow" (1879/80, darin „Die Legende vom Großinquisitor") wirkte. Charakteristisch für D. ist die christl. und allg. [religions]philosoph., soziale und polit. Problematik. Seine ep. Erzählweise wird durch intensive Monologe und Dialoge akzentuiert; Traumerlebnisse spielen oft für die Charakterisierung der Gestalten eine wesentl. Rolle. Als Schöpfer des psycholog. Romans von bed. Einfluß auf die Weltliteratur. Zu den bekanntesten Werken zählen ferner „Raskolnikow" (1866, auch u. d. T. „Schuld und Sühne"), „Der Idiot" (1868/69) und „Die Dämonen" (1871/72). Zu den Hauptwerken gehören „Helle Nächte" (E., 1848), „Aufzeichnungen aus einem Totenhaus" (1860–62), „Erniedrigte und Beleidigte" (R., 1861), „Der Spieler" (R., 1867), „Der Jüngling" (R., 1875), „Die Sanfte" (Nov., 1876), „Der Traum eines lächerl. Menschen" (Nov., 1877); Briefe (hg. von R. Schröder, 1989).

Gerard Dou. Selbstporträt (Amsterdam, Rijksmuseum)

Dotation (Dotierung) [lat.], [planmäßige] Zuweisung von Geldmitteln oder anderen Vermögenswerten; auch svw. Mitgift.

dotieren [lat.], ausstatten, stiften, bezahlen (v. a. als Gehalt).

Dotierung [lat.], der Einbau von Fremdatomen in Halbleitermaterial (als Donatoren oder Akzeptoren), z. B. durch Diffusion, Ionenimplantation oder Neutronenbestrahlung, zur gezielten Veränderung der elektr. Leitfähigkeit.

Dotter (Eidotter, Vitellus, Lecithus), in Zellen des Eierstocks oder eines gesonderten Dotterstocks gebildete und im Ei eingelagerte körnige, schollenförmige oder tröpfchenartige Reservestoffe, die sich v. a. aus Eiweiß, Fetten, Kohlenhydraten, Lipoiden und Lipochromen zusammensetzen. Der D. ist die Nährsubstanz für die Entwicklung des Embryos, bei dem er in einem Dottersack gespeichert werden kann.

Dotterblume (Caltha), Gatt. der Hahnenfußgewächse mit etwa 20 außertrop. Arten. Einzige in M-Europa auf feuchten Böden wachsende Art ist die **Sumpfdotterblume** (Butterblume, Caltha palustris); bis 50 cm hohe Stengel und glänzend grüne Blätter; Blüten mit fünf dottergelben, glänzenden Kelchblättern.

Dottergang (Ductus omphaloentericus), in einer stielartigen Verbindung verlaufender enger Kanal zw. Darm und Dottersack bei Embryonen.

Dotterhaut (Dottermembran, Eihaut, Oolemma, Membrana vitellina), von der tier. und menschl. Eizelle selbst gebildete, das Eiplasma umgebende, meist sehr dünne primäre Eihülle. Die D. wird oft erst unmittelbar nach der Befruchtung des Eies gebildet.

Dotterkreislauf (omphaloider Kreislauf), der Ernährung des Wirbeltierembryos dienender Teil des Blutkreislaufs, dessen Gefäße sich in der Wandung des Dottersacks kapillar verzweigen; von hier wird das Blut in Dottervenen, die Nährmaterial aus dem Dottersack aufgenommen haben, zum Embryo überführt.

Dotterkugel, svw. ↑Eigelb.

Dottersack (Saccus vitellinus, Lecithoma), den Dotter umhüllendes, kugeliges bis langgestrecktes Anhangsorgan bei Embryonen der Fische, Amphibien, Reptilien, Vögel, Kloaken- und Beuteltiere. Bei den sich aus dotterfreien Eiern entwickelnden ↑Plazentatieren einschl. des Menschen ist der D. nur noch ein stammesgeschichtl., doch für die embryonale Blutbildung äußerst wichtiges Relikt.

Dotterweide, Kulturform der Weißweide (↑Weide).

Dotterzellen, Bez. für die großen, dotterreichen Furchungszellen am vegetativen Pol sich inäqual furchender Eier.

Dottore [lat.-italien. „Doktor"], kom. Figur der Commedia dell'arte, der geschwätzige pedant. Gelehrte (Jurist, Arzt, Philosoph) aus Bologna mit schwarzem Gewand und hohem Hut.

Dou, Gerard (Gerrit) [niederl. dɔu], * Leiden 7. April 1613, □ ebd. 9. Febr. 1675, niederl. Maler. – Schüler Rembrandts (1628 bis 1631), dessen Leidener Frühstil D. Werk weithin prägte; Bildnisse, Einzelfiguren mit stillebenhaftem Beiwerk, oft im Kerzen- oder Laternenlicht. Begründer und Hauptvertreter der Leidener Feinmalerei.

Douai [frz. dwɛ], frz. Bergbau- und Ind.stadt, Dep. Nord, 42 600 E. Hochschule für Bergbau; astronom. Forschungsstelle; Zentrum des nordfrz. Kohlenreviers mit Stahl- und Automobilindustrie. – Got. Kirche Notre-Dame (13. Jh. ff.), Rathaus (z. T. 15. Jh.) mit 64 m hohem Glockenturm.

Douala ↑Duala.

Douane [frz. dwan], frz. Bez. für Zoll, Zollamt, Zollverwaltung; **Douanier:** Zollbeamter.

Douaumont [frz. dwo'mõ], im 1. Weltkrieg zerstörter ostfrz. Ort bei Verdun, mit riesigem Gräberfeld und Beinhaus; **Fort Douaumont** war wegen seiner beherrschenden Lage in der Schlacht von Verdun hart umkämpft.

Double ['du:bəl; zu lat. duplus „doppelt"], Ersatzdarsteller beim Film, bes. in gefährl. Szenen anstelle des Hauptdarstellers.

Doublé [du'ble:; lat.-frz.] (Dublee, Or doublé), dünn mit Feingold plattiertes Metall, bes. Kupferlegierung; vorwiegend in der Uhren- und Schmuckindustrie.

Doubleday & Co. Inc. [engl. 'dʌbldɛɪ ənd 'kʌmpəni ɪn'kɔ:pəreɪtɪd] ↑Verlage (Übersicht).

doublieren [lat.-frz.], mit ↑Doublé versehen.
▷ (rentoilieren) ein Gemälde mit einer zweiten Leinwand oder einer zweiten Holztafel (auch Sperrholzgitter) unterspannen.

Doublon [frz. du'blõ], Goldmünze, ↑Dublone.

Doubs [frz. du], Dep. in Frankreich.

D., linker Nebenfluß der Saône, entspringt im frz. Jura, bildet streckenweise die frz.-schweizer. Grenze, mündet bei Verdun-sur-le-Doubs; 430 km lang.

Dougga [frz. dug'ga], Dorf in Tunesien, 5 km sw. von Teboursouk, mit der Ruinenstätte des antiken **Thugga.** Numid. Stadt (4.–1. Jh.; Mausoleum erhalten). Aus dem 2. und 3. Jh. n. Chr. stammen Theater, Kapitol, Tempel und Thermen, Häuser mit reichem Mosaikschmuck. Burg (byzantin.; 6. Jh.). – Abb. S. 28.

Douglas [engl. 'dʌgləs], schott. Adelsgeschlecht; nachweisbar ab 1175; spielte seit Ende 13. Jh. eine wichtige Rolle in der schott. Geschichte; erwarb 1389 die Würde eines Earl of Angus, 1553 die eines Earl of Morton; die Hauptlinie, die „schwarzen D.", starb 1488 aus; die Nebenlinie, die „roten D.", erbte die Herrschaft. 1857 fiel der Besitz durch Heirat an die Earls of Home. Bed.:

D., Archibald, Earl of Angus, * 1489, † 1557, Vormund König Jakobs V. von Schottland. Haupt der engl. Partei am schott. Hofe. – ⚭ 1514–28 mit Margarete Tudor (Schwester Heinrichs VIII. von England und Witwe Jakobs IV.), 1528–43 nach England verbannt (Ballade von T. Fontane, vertont von C. Loewe).

Dottersack. Junger Haifisch mit anhängendem Dottersack

Nico Dostal

Fjodor Michailowitsch Dostojewski

Dotterblume. Sumpfdotterblume

Douglas

Kirk Douglas

D., James, Earl of Morton (seit 1553), * um 1516, † Edinburgh 2. Juni 1581, Regent von Schottland (1572–78). – Schlug als Führer der prot. Lords gegen Maria Stuart deren Heer 1568; 1581 wegen angebl. Mitschuld an der Ermordung Darnleys hingerichtet.

Douglas [engl. 'dʌɡləs], Kirk, eigtl. Issur Daniil Demski, * Amsterdam (N. Y.) 9. Dez. 1916, amerikan. Filmschauspieler und Produzent. – Hauptrollen u. a. in „Die Glasmenagerie" (1950), „Vincent van Gogh" (1956), „Spartacus" (1959), „Archie & Harry" (1986); Memoiren „The Ragman's Son" (1989).

D., Michael Kirk, * New Brunswick (N. J.) 25. Sept. 1944, amerikan. Filmproduzent und -schauspieler. – Sohn von Kirk D. Erfolgreich mit Filmen wie „Die Straßen von San Francisco" (Fernsehserie, 1973–77), „A Chorus Line" (1985), „Wall Street" (1987), „Basic Instinct" (1992).

Douglas [engl. 'dʌɡləs], Hauptstadt der Insel Man, an der O-Küste, 20 400 E. Hafen; Seebad.

Douglas Aircraft Co. Inc. [engl. 'dʌɡləs 'ɛəkra:ft 'kʌmpəni in'kɔːpəreitid], amerikan. Unternehmen der Flugzeug- und Raumfahrtind.; gegr. 1920 von D. W. Douglas (* 1892, † 1981); Sitz Santa Monica (Calif.). Bekannte Flugzeuge: DC 3 „Dacota" (1936), DC 6, DC 7, DC 8 (1959), DC 9 (1965), DC 10 (1970), C 124 „Globemaster". Raketen: u. a. „Saturn", „Delta", „Nike", „Zeus". 1967 Fusion mit der McDonnell Co. zur **McDonnell-Douglas Aircraft Corporation**.

Douglasfichte ['du:...], svw. ↑ Douglasie.

Alexander Frederick Douglas-Home

Douglas-Home, Alexander Frederick (Alec), Earl of Home (1951–63), Baron (seit 1974) Home of the Hirsel of Coldstream [engl. 'dʌɡləs hjuːm], * London 2. Juli 1903, brit. Politiker (Konservative Partei). – 1931–45 und 1950/51 Mgl. des Unterhauses, 1945 parlamentar. Staatssekretär des Foreign Office, 1951–63 und seit 1974 Mgl. des Oberhauses, 1957–60 dessen Führer, 1955–60 Commonwealth-, 1960–63 Außenmin.; nach Verzicht auf seine Adelstitel erneut Mgl. des Unterhauses 1963–74; 1963/64 Premiermin., 1963–65 Führer der Konservativen, 1964/65 Oppositionsführer im Unterhaus; 1970–74 Außen- und Commonwealthminister.

Douglasie [du'ɡla:ziə; nach dem brit. Botaniker D. Douglas, * 1798, † 1834] (Douglastanne, Douglasfichte, Pseudotsuga taxifolia), bis 100 m hoch werdendes, raschwüchsiges Kieferngewächs im westl. N-Amerika; Krone kegelförmig mit quirligen, waagerechten Ästen; Nadeln fast zweizeilig gestellt, weich, grün und unterseits mit zwei weißl. Streifen; Fruchtzapfen hängend, hellbraun, längl., 5–10 cm lang; wertvoller Forst- und Parkbaum; das (helle) Holz wird als Bau- und Möbelholz (**Oregon pine**) genutzt.

Douglas Range [engl. 'dʌɡləs 'reindʒ] ↑ Alexander-I.-Insel.

Douglas-Raum [engl. 'dʌɡləs; nach dem schott. Arzt J. Douglas, * 1675, † 1742], zw. Gebärmutter und Mastdarm liegender, zugleich tiefster Abschnitt der Bauchhöhle, in dem sich bei Entzündungen von Organen des Beckenraumes Eiter ansammeln kann (**Douglas-Abszeß**).

Douglass, Frederick [engl. 'dʌɡləs], eigtl. Frederick Augustus Washington Bailey, * Tuckahoe (Md.) im Febr. 1817, † Washington 20. Febr. 1895, amerikan. Journalist und Abolitionist. – Lebte zunächst als Sklave, floh 1838 in den N und wurde einer der hervorragendsten Vertreter der Bewegung zur Abschaffung der Sklaverei in Wort und Schrift.

Douglastanne ['du:...], svw. ↑ Douglasie.

Doumer, Paul [frz. du'mɛːr], * Aurillac (Cantal) 22. März 1857, † Paris 7. Mai 1932 (erschossen), frz. Politiker. – Ab 1888 wiederholt radikalsozialist. Abg. (bis 1912); u. a. 1896–1902 Generalgouverneur in Indochina, 1895/96, 1921/22 und 1925/26 Finanzmin., Präs. der Republik (seit 1931).

Gaston Doumergue

Doumergue, Gaston [frz. du'mɛrɡ], * Aigues-Vives (Gard) 1. Aug. 1863, † ebd. 18. Juni 1937, frz. Politiker (Radikalsozialist). – 1902–10 Min. in verschiedenen Ressorts, 1913/14 Min.präs. und Außenmin.; 1924–31 Präs. der Republik; 1934 Min.präs. eines Kabinetts der „Nat. Einheit".

Dourine, svw. ↑ Beschälseuche.

Douro [portugies. 'doru] ↑ Duero.

Douro Litoral [portugies. 'doru litu'ral], histor. Prov. im westl. Hochportugal im Bereich des Dourounterlaufs. Intensive Landw.; Hauptind.standorte sind Porto, Porto de Leixões und Matosinhos.

Dougga. Blick auf den Kapitolstempel, 166–169, im Vordergrund der Mosaikboden einer Privatvilla, 2. Jahrhundert

do ut des [lat., „ich gebe, damit du gibst"], röm. Formel für gegenseitige Verträge, Austauschgeschäfte, übertragen auch in der religiösen Sphäre für eine Haltung, die bestimmte Leistungen (z. B. Opfer) nur um einer erwarteten Gegenleistung der Gottheit willen erbringt.

Doutiné, Heike, * Zeulenroda 3. Aug. 1945, dt. Schriftstellerin. – Schreibt gesellschaftskrit. Gedichte, Erzählungen und Romane (u. a. „Wanke nicht, mein Vaterland", 1970, „Der Hit", 1982); „Blumen begießen, bevor es regnet" (Ged., 1986).

Douvermann, Heinrich ['dauvər...], * Holten (= Dinslaken) um 1480, † wohl vor 1544, dt. Bildschnitzer. – Schuf u. a. den Marienaltar der Stiftskirche in Kleve (1510–13), den Siebenschmerzenaltar der Pfarrkirche Sankt Nikolai in Kalkar (1519 ff.) und den Marienaltar des Domes in Xanten (um 1535).

Dover Stadtwappen

Dover [engl. 'douvə], engl. Hafenstadt und Seebad an der Kanalküste, Gft. Kent, 32 800 E. Zollstation; wichtigster brit. Passagier- und Posthafen für den Transkanalverkehr. – Das röm. **Dubris** war der wichtigste Hafen für die Verbindung zum Kontinent; im MA einer der Cinque Ports, bis 1923 brit. Kriegshafen.

D., Hauptstadt des Bundesstaates Delaware, USA, 23 500 E. College. – Hauptstadt seit 1777, Stadtrecht seit 1829.

Dover, Straße von [engl. 'douvə] (Straße von Calais), Meeresstraße zw. Frankreich und Großbritannien, verbindet den Kanal mit der Nordsee; an der schmalsten Stelle zw. Calais und Dover 32 km breit; im Bau befindl. Eisenbahntunnel.

Dovifat, Emil ['do:vi...], * Moresnet (Prov. Lüttich) 27. Dez. 1890, † Berlin 8. Okt. 1969, dt. Publizistikwissenschaftler. – 1928–61 Prof. in Berlin, Gründer und Direktor des Instituts für Publizistik; nach 1945 Mitbegr. der CDU in Berlin und der Freien Univ.; Autor und Hg. zahlr. Schriften.

Dovrefjell, Gebirgsmassiv im zentralen Norwegen, bis 2 286 m hoch (Snø hetta); außer der alten Königs- und Pilgerstraße führt seit 1921 die Dovrebahn über das Fjell.

Dow Chemical Co. [engl. 'dau'kɛmikəl 'kʌmpəni], amerikan. Chemiekonzern, Sitz Midland (Mich.), 1897 durch Fusion entstanden; produziert Chemikalien und Metalle, Kunststoffe und Verpackungsmaterial, Dünger, Insektizide und Kosmetika.

Dow-Jones-Index [engl. dau'dʒounz], internat. beachteter, von der Firma Dow, Jones & Co. ermittelter Aktienindex der New Yorker Börse, seit 1897 aus der Notierung 30 führender Ind.aktien und anderer maßgebl. Werte berechnet.

Down [engl. daʊn], ehem. Gft., heute Distrikt im sö. Nordirland.

Downing Street [engl. ˈdaʊnɪŋ ˈstriːt], nach dem engl. Diplomaten Sir George Downing (*1624, †1684) benannte Straße in London, in der sich der Amtssitz des brit. Premiermin. (Nr. 10 D. S.), das Schatzamt und das Foreign Office befinden.

Down-Syndrom [engl. daʊn; nach dem brit. Arzt J. L. H. Down, *1828, †1896] (Langdon-Down-Krankheit, Mongolismus, Mongoloidismus), angeborene komplexe Entwicklungsstörung, die zumeist auf das dreifache Vorhandensein des Chromosoms 21 (Trisomie) zurückzuführen ist. Symptome der Erkrankung sind u. a. geistige Entwicklungsstörung, Organmißbildungen (Herz, Nieren), Schrägstellung der Lidachsen und Vierfingerfurche. Das D. erfordert eine sonderpädagog. Förderung, eine Behandlung ist nicht möglich.

Downtown [engl. daʊntaʊn], in Nordamerika Bez. für die City.

Dowschenko, Alexander Petrowitsch, *Sosniza (Ukraine) 11. Sept. 1894, †Moskau 25. Nov. 1956, sowjet. Filmregisseur. – Weltruf bes. durch die Filme „Arsenal" (1928) und „Die Erde" (1930); bed. auch „Schtschors" (1939); auch Schauspieler, Drehbuchautor und Verf. von Erzählungen.

Doxa [griech. „Meinung, Ruhm"], in der Bibel in der Bedeutung „Herrlichkeit (Gottes)" gebraucht. Bei Platon die Meinung als Mittleres zw. Wissen und Nichtwissen.

Doxale [griech.-mittellat.], spätma. Bez. für den Lettner, dann für das Gitter zw. Chor und Mittelschiff.

Doxographie [griech.], Bez. für die systemat. oder chronolog. Darstellung der älteren griech. philosoph. Lehren [dóxai], bis hin zur Zeit des jeweiligen **Doxographen** (= Wissenschaftshistorikers). – Üblich seit Aristoteles.

Doxologie [griech.], Lobspruch, Lobpreisung der Herrlichkeit Gottes („Ehre sei dem Vater und dem Sohn und dem Hl. Geist").

Doyen [doaˈjɛ̃; frz.; von mittellat. decanus „Dekan"], im Völkerrecht derjenige diplomat. Vertreter in einem bestimmten Staat, der bei dessen Staatsoberhaupt zeitlich am längsten akkreditiert ist; in Staaten, in denen ein Nuntius akkreditiert ist, übt dieser i. d. R. Funktionen des D. aus; vertritt das diplomat. Korps in bestimmten Fällen als Sprecher.

Doyle, Sir (seit 1902) Arthur Conan [engl. dɔɪl], *Edinburgh 22. Mai 1859, †Crowborough (Sussex) 7. Juli 1930, engl. Schriftsteller. – Arzt; schrieb Detektivromane, die Weltruhm erlangten; im Mittelpunkt stehen Sherlock Holmes, der Meisterdetektiv, und sein Freund Dr. Watson; u. a. „Studie in Scharlachrot" (1887) und „Der Hund von Baskerville" (1902).

Dozent [zu lat. docere „lehren"], Abk. Doz., allgemeine, gesetzlich nicht geschützte Bezeichnung für Lehrende an Hoch-, Volkshochschulen u. a. Einrichtungen der Aus- und Weiterbildung. An Univ. Hochschullehrer, der noch nicht Prof. ist, Lebenszeitbeamter oder Beamter auf Zeit (z. B. 6 Jahre). Mit keiner beamtenrechtl. Stellung ist

Drachenbaum

der Titel des **Privatdozenten** verbunden. Zum Privat-D. wird ernannt, wer nach erfolgreicher Habilitation die Lehrbefugnis (Venia legendi) für ein bestimmtes Fach erworben hat.

Dozentur [lat.], Lehrbefugnis eines Dozenten.

dozieren [lat.], lehren, lehrhaft vortragen.

DP, Abk.:
▷ für: ↑**D**eutsche **P**ost.
▷ für: ↑**D**eutsche **P**artei.

d/p [engl. ˈdiː ˈpiː], Abk. für: **D**ocuments against **p**ayment.

dpa ↑Nachrichtenagenturen (Übersicht).

dpt, Einheitenzeichen für ↑Dioptrie.

DR, Abk. für: **D**eutsche **R**eichsbahn.

Dr., Abk. für: ↑**D**okto**r**.

d. R., bei der Bundeswehr Abk. für: **d**er **R**eserve.

Dra, Oued [frz. wɛdˈdra], Wadi in Marokko, etwa 1200 km lang; entsteht am S-Abhang des Hohen Atlas, durchbricht den Antiatlas; im danach breiteren Tal Oasenwirtschaft; erreicht zeitweilig den Atlantik.

Drach, Albert, *Wien 17. Dez. 1902, östr. Schriftsteller. – Wurde v. a. durch „Das große Protokoll gegen Zwetschkenbaum" (R., 1964) bekannt, die tragikom. Geschichte des Schmul Leib Zwetschkenbaum; Dramen und Erzählungen. – Georg-Büchner-Preis 1988.

Drache ↑Sternbilder (Übersicht).

Drache. Ausschnitt aus der „Neun-Drachen-Wand" in Peking, glasierte Ziegel, Mitte des 18. Jahrhunderts

Drache [zu griech. drákōn (lat. draco) „Drache", eigtl. „der starr Blickende"], ein sowohl in der religiösen Vorstellungswelt als auch in den Sagen vieler Völker auftretendes übermenschl. Mischwesen, dessen tier. Gestalt Schlange, Krokodil, Pferd, Fisch und Vogel zugrunde liegen können. Der D., oft feuerspeiend gedacht, gilt meist als widergöttlich und menschenfeindlich. Dem mit der Tötung des Ungeheuers endenden D.kampf kommt daher in Mythos und Legende große Bed. zu; im christl. Bereich gelten der Erzengel Michael und der hl. Georg als D.töter. – Eine bes. Verehrung genießt der D. (chin. lung) in der klass. chin. Mythologie. Hier gilt er als Sendbote des Himmels, Donner-, Wolken- und Regengott.
▷ Bez. für das ↑Wikingerschiff.

Drachen [Nebenform von ↑Drache], an einer langen Schnur oder dünnem Draht gehaltener Flugkörper, eine mit Papier, Kunststoffolie oder Stoff überspannte Holzkonstruktion (Spitz-D., Kasten-D.), die durch Schrägstellung gegen die Luftströmung Auftrieb erhält. Die Kunst des D.baus ist in China seit dem 5. Jh. v. Chr. nachweisbar (vermutlich aber bed. älter). Als Spielzeug tauchten D. im 15. Jh. in N-Europa auf. – ↑Drachenfliegen.

Drachenapfelbaum (Dracontomelum), Gatt. der Anakardiengewächse mit etwa 10 Arten in SO-Asien; hohe Bäume mit großen Fiederblättern und großen, grünl., glockigen Blüten in Rispen. Die rundl., säuerlich schmeckenden Steinfrüchte (**Drachenapfel**) werden zum Würzen von Fischspeisen verwendet.

Drachenbaum (Dracaena draco), Agavengewächs auf den Kanar. Inseln; Strauch oder bis etwa 20 m hoher, stark

Arthur Conan Doyle

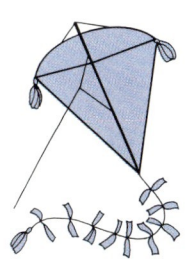

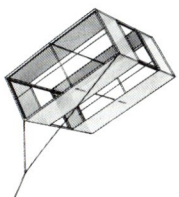

Drachen.
Oben: Spitzdrachen.
Unten: Kastendrachen

Drachenboot

verzweigter, mehrere hundert Jahre alt werdender Baum mit schopfartig angeordneten Blättern, kleinen, grünlich-weißen Blüten und kirschengroßen, rotgelben, saftigen Beerenfrüchten. Das Harz **(Drachenblut)** wurde früher als roter Farbstoff und als Arzneimittel verwendet.

Drachenboot, Kielboot für drei Mann Besatzung; Bootslänge 8,90 m, Breite 1,96 m, Tiefgang 1,20 m, Segelfläche 26,6 m².

Drachenfels, zum Rhein hin steil abfallende Bergkuppe des Siebengebirges, sö. von Königswinter, 321 m hoch; Quellkuppe aus Trachyt; z. T. Weinbau („Drachenblut"); auf dem Gipfel die Ruine (seit 1642) einer Burg (vor der Mitte des 12. Jh. durch den Kölner Erzbischof Arnold angelegt); Zahnradbahn.

Drachenfische, (Trachinidae) Fam. bis etwa 45 cm langer Barschfische mit 4 Arten im Pazifik und Atlantik (einschl. Mittelmeer, Schwarzes Meer, Nordsee, Ostsee); an europ. Küsten kommen v. a. die Petermännchen vor. ▷ zusammenfassende Bez. für 3 Fam. der Lachsfische; *Schuppenlose D.* (Melanostomiatidae) mit etwa 115 Arten; *Schuppen-D.* (Stomiatidae) mit etwa 10 Arten (z. T. auch im Mittelmeer); *Schwarze D.* (Idiacanthidae) mit 5 Arten.

Drachenfliegen, um 1960 in den USA entwickelte Flugsportart mit sog. Hängegleitern. Das Standardfluggerät besteht aus einem deltaförmigen Tragsegel und einem Steuertrapez. Der in Gurten hängende Pilot kann durch Bewegen des Trapezes Anstellwinkel und Seitenlagen des Geräts variieren. Gestartet wird von Bergkanten oder Abhängen. Weltmeisterschaften seit 1975.

Drachenflosser (Großer D., Pseudocorynopoma doriae), bis 8 cm langer Salmler in den Süßgewässern S-Brasiliens und NO-Argentiniens; Warmwasseraquarienfisch.

Drachenköpfe (Skorpionsfische, Seeskorpione, Scorpaenidae), mit zahlr. Arten in allen Meeren verbreitete Fam. der Knochenfische; u. a. Meersau, Rotbarsch, Rotfeuerfische, Segelfisch, Gespensterfisch.

Drachenlilie (Dracaena), Gatt. der Agavengewächse mit etwa 80 Arten in den Tropen und Subtropen Asiens, Australiens und Afrikas; bekannteste Art: ↑Drachenbaum.

Drachenwurz (Schlangenkraut, Sumpfwurz, Kalla, Calla), Gatt. der Aronstabgewächse mit der einzigen Art *Calla palustris*, v. a. in Waldsümpfen und an Teichrändern Eurasiens und N-Amerikas; niedrige, giftige Stauden mit kolbenförmigen, grünl. Blütenständen, die je von einer außen grünen Blütenscheide umhüllt werden; aus den Blüten entwickeln sich rote Beerenfrüchte.

Drachmann, Holger [dän. 'dragman'], *Kopenhagen 9. Okt. 1846, †Hornbæk (Seeland) 14. Jan. 1908, dän. Dichter. – Unter dem Einfluß von G. Brandes zunächst demokrat., dann radikal nationalist. Lyriker.

Drachme [griech., eigtl. „eine Handvoll (Münzen)"], in der *Antike* Gewichts- und Rechnungseinheit sowie Bez. bes. für Silbermünzen; 6 000 D. = 1 Talent zu 60 Minen. Im MA Bez. für die in den Kreuzfahrerstaaten geprägten Nachahmungen des arab. Dirhams; seit 1833 Währungseinheit Griechenlands.

Draco [griech.-lat. „Drache"] ↑Sternbilder (Übersicht).

Draconiden [griech.-lat.] (Giacobiniden), ein periodisch im Okt. auftretender Meteorstrom aus der Richtung des Sternbildes Draco.

Dracula, Titelheld eines Romans (1897) von B. Stoker, der in der Figur des D. dt. Berichte aus Siebenbürgen über Grausamkeiten des walach. Fürsten ↑Vlad Țepeș mit Vampirlegenden verknüpfte; diente als Vorlage für F. W. Murnaus Film „Nosferatu" (1922). Seit 1931 einer der Prototypen des Horrorfilms (zuletzt 1993, F. F. Coppola).

Draga, *Gornji Milanovac 23. Sept. 1867, †Belgrad 11. Juni 1903 (ermordet), Königin von Serbien. – Bürgerl. Herkunft; ab 1900 ∞ mit König Alexander I. Obrenović, der stark unter ihrem Einfluß stand.

Dragée [dra'ʒe:; frz.; zu griech.-lat. tragemata „Naschwerk"], mit einem Zuckerüberzug oder ähnlichem versehene Süßigkeit bzw. Arzneiform.

Dräger, [Alexander] Bernhard, *Howe (= Hamburg) 14. Juni 1870, †Lübeck 12. Jan. 1928, dt. Ingenieur und Industrieller. – Gründete 1902 das D.-Werk in Lübeck; entwickelte u. a. Gasschutz-, Sauerstoff- und Tauchgeräte sowie Schweiß- und Schneidbrenner.

Draggen [niederdt.] ↑Ankereinrichtung.

Dragodoktrin, auf den argentin. Außenmin. Luis María Drago (*1859, †1921) zurückgehender Völkerrechtsgrundsatz (erstmals 1902 angewandt); erreichte die Anwendung von Gewalt gegenüber einem Staat zur Eintreibung von Staatsanleihen (nicht aber von sonstigen Staatsschulden) verbietet.

Dragoman [arab.], Dolmetscher oder Fremdenführer; früher Bez. für den Mittler zw. im Nahen Osten amtierenden diplomat. und konsular. Vertretern und einheim. Behörden.

Dragonaden [frz.], Maßnahmen des frz. Königs Ludwig XIV. zur Verfolgung und gewaltsamen Bekehrung der Hugenotten ab 1681/85: diese erhielten gegenüber Katholiken die doppelte Anzahl an einquartierten Dragonern, die auch zu Plünderungen ermuntert wurden.

Drachenfliegen. Deltaflieger

Dragoner [frz.; zu griech.-lat. draco „Drache"], Ende 16. Jh. aus den Arkebusieren hervorgegangene Reitertruppe, die bis zur Mitte des 17. Jh. meist als berittene Infanterie im Kampf zu Fuß eingesetzt wurde; erreichte erst Anfang 18. Jh. die volle Anerkennung als Kavallerietruppe, nachdem sie sich in den Türkenkriegen bewährt hatte.

Dragster [engl. 'drɛgstər], formelfreier Spezialrennwagen für Geschwindigkeitsrekorde über eine Viertelmeile. Bei den v. a. in den USA veranstalteten **Drag Racings** werden auf glatter Bahn Geschwindigkeiten bis zu 400 km/h erzielt.

Dragut, eigtl. Torghud Ali Pascha (arab. Turghud Ali), *bei Muğla 1485, ✕ Saint Elmo (Malta) 23. Juli 1565, Kapitän (Reis) der türk. Flotte (ab 1546) und Bei von Tripolis (ab 1551). – Gefürchteter Gegner A. Dorias; vertrieb 1551 die Malteser aus Tripolis.

Draht, metall. Erzeugnis von vorwiegend kreisförmigem Querschnitt, im allg. unter 12 mm Durchmesser, auch Vierkant-, Halbrund-D.; wird durch Ziehen **(gezogener Draht),** bei Drähten von mehr als 5 mm Durchmesser meist durch Walzen hergestellt **(Walzdraht).** Eine bes. Gruppe stellen die **Kunststoffdrähte** dar, die nach dem Schmelzspinnverfahren aus Polyvinylchlorid (PVC-D.), aus Polyamiden (z. B. Perlon, Nylon), Polyurethanen u. a. hergestellt werden.
▷ (Drall, Drehung) in der *Textiltechnik* Bez. für die [Ver]drehung der Garne und Zwirne.

Drahtemail, Technik der Emailkunst, bei der ein auf den Grund gelöteter 0,2–1 mm dicker Draht (Silber oder Gold) erhöht stehen bleibt und die Zeichnung bildet, während das Email einsinkt.

Drahtfunk, Übertragung von Rundfunkprogrammen über ein Leitungsnetz bei schlechten Empfangsbedingungen.

Drahtgewebe (Metalltuch, Siebtuch), auf Drahtwebmaschinen hergestelltes Gewebe, meist in Leinwand- oder Köperbindung.

Drahtglas, Sicherheitsglas mit stark verminderter Splitter- und Schneidwirkung; aus Gußglas durch Einwalzen

Holger Drachmann

Drachme. Athenische Silbermünze 490–430 v. Chr. (Vorder- und Rückseite)

von Drahtgewebe oder -geflecht in die Glasmasse hergestellt.

Drahthaar, Bez. für das rauhe, harte Haarkleid bestimmter Hunderassen (z. B. Deutsch Drahthaar), das durch Ausbildung borstenähnl., starrer Deckhaare (Grannenhaare), die die dichte Unterwolle überragen, entsteht.

Drahtseil, aus wendelförmig zusammengewundenen (*verseilten*) Drähten bestehendes Seil, zur Übertragung von Zugkräften. Für *Stahl-D.* werden Drähte von 0,2 bis 5 mm Durchmesser verwendet, und zwar für Spiral-D. einzelne Drähte, für Litzen-D. dünne Seile (Litzen). Letztere enthalten eine Hanfseele, die gute Biegsamkeit bewirkt. Bei *Kreuzschlagseilen* kreuzen sich Draht- bzw. Litzenrichtung (für wechselnde Seilspannung), bei *Gleichschlagseilen* haben sie gleiche Drehrichtung (für gleichbleibende Seilspannung). Zum „Schlagen" von D. dienen verseilmaschinen.

Drahtseilbahn ↑ Seilbahn.

Drahtstift, aus hartgezogenem Stahl-, Eisen- oder Kupferdraht hergestellter länglicher Nagel mit Spitze.

Drahtwürmer, langzylindr., gelbbräunl. Larven der Schnellkäfer mit glattem hartem Chitinpanzer.
▷ (weiße D.) Larven bestimmter Fliegenarten oder -gruppen, z. B. der Stilettfliegen.

Drahtziegelgewebe (Ziegeldrahtgewebe), Drahtgeflecht mit aufgepreßten scharfgebrannten Ziegeltonkörpern; Verwendung als Putzträger und zur feuerhemmenden Ummantelung von Trägern.

Drain [dre:n, drɛ̃; engl.-frz.] (Drän), Gummi- oder Glasröhrchen zur Ableitung **(Drainage)** von Wundabsonderungen, Flüssigkeiten und Gasen aus Körperhöhlen nach Verletzung, Operation oder Abszeßöffnung.

Drainage [drɛˈnaːʒə; engl.-frz.] (Dränage), svw. ↑ Dränung.
▷ in der *Medizin* ↑ Drain.

Drais, Karl Freiherr D. von Sauerbronn, * Karlsruhe 29. April 1785, † ebd. 10. Dez. 1851, dt. Erfinder. – Konstruierte 1813/14 einen vierrädrigen Wagen mit Fußkurbelantrieb und 1817 die ↑ Draisine; erfand 1820 eine „Schnellschreibmaschine" mit 16 Tasten.

Draisine [drɛˈziːnə, drai...; nach K. Freiherr Drais von Sauerbronn], von K. Drais erfundenes zweirädriges Laufrad, auf dem man sich sitzend und mit den Füßen am Boden abstoßend fortbewegte; Vorläufer des Fahrrades.

Draisine. Rekonstruktion einer Draisine von Karl Freiherr Drais von Sauerbronn (Neckarsulm, Deutsches Zweiradmuseum)

▷ zu Streckenkontrollen verwendetes kleines Schienenfahrzeug.

Drake, Sir (seit 1580) Francis [engl. dreik], * Crowndale (Devonshire) zw. 1539 und 1545, † vor Portobelo (Panama) 28. Jan. 1596, engl. Admiral und Seeheld. – Gilt als einer der Begr. der engl. Seeherrschaft; unternahm als Freibeuter Fahrten nach Guinea und kaperte die span. Silberflotte. Umsegelte zw. 1577 und 1580 als erster Engländer die Erde; überfiel 1587 Teile der span. Flotte im Hafen von Cádiz; wehrte als Vizeadmiral 1588 den Versuch der Armada ab, England anzugreifen.

Drakensberge, Gebirge (östl. Teil der Großen Randstufe) in Südafrika, erstreckt sich etwa 1 100 km lang in NO–SW-Richtung vom südl. Wendekreis bis in die südl. Kapprovinz; im Thabana Ntlenyana 3 482 m hoch.

Drakestraße [engl. dreik], Meeresstraße zw. Südamerika und den Süd-Shetland-Inseln, über 600 km breit; verbindet den S-Atlantik mit dem S-Pazifik.

Drakon (Draco), athen. Gesetzgeber des 7. Jh. v. Chr. – Als Thesmothet („Gesetzgeber") 624 (oder 621) mit Veröffentlichung der gültigen Strafbestimmungen beauftragt; schränkte die private Blutrache zugunsten der Rechtsfindung durch staatl. Gerichte ein, für deren Urteile bes. harte Normen **(drakonische Gesetze)** festgelegt wurden; unterschied zw. vorsätzl. und unbeabsichtigter Tötung.

Drakunkulose (Drakontiase, Dracunculosis) [griech.-lat.], vorwiegend in den Tropen vorkommende Wurmerkrankung bei Menschen, Pferden, Rindern, Hunden, die durch den **Medinawurm** (Dracunculus medinensis) verursacht wird. Die Infektion erfolgt durch Aufnahme larveninfizierter Krebschen beim Trinken. Nach etwa einem Jahr verursachen die Weibchen durch Abscheidungen taubeneigroße Hautgeschwüre **(Medinabeulen)** an Armen und Beinen.

Drall, Verdrehung eines längl. Körpers; Drehbewegung (Rotation) eines Körpers um eine körpereigene Achse.
▷ schraubenlinienförmige Züge im Lauf von Feuerwaffen, durch die dem Geschoß eine Drehbewegung um seine Längsachse aufgezwungen wird; dadurch größere Stabilität beim Flug und große Treffsicherheit.
▷ svw. ↑ Drehimpuls.

Dralon ⓌZ [Kw.], licht-, wetter-, hitze- und chemikalienbeständige, knitterfeste Polyacrylnitrilfaser.

DRAM ↑ Halbleiterspeicher.

Drama, griech. Stadt, 115 km nö. von Saloniki, 36 000 E. Hauptort des Verw.-Geb. D.; orthodoxer Erzbischofssitz; Mittelpunkt eines Tabakanbaugebietes.

Drama [griech. „Handlung"], Sammelbegriff für sämtl. Spielarten von Bühnenstücken, die samt ihren vielfältigen Benennungen (u. a. Tragödie, Komödie, Tragikomödie, Trauerspiel, Lustspiel, Schauspiel, Farce, Posse; Rührstück, Volksstück, Lehrstück, Antistück; Sprechstück, Spiel) Ausdruck einer jahrhundertelangen, auch im Experiment immer wieder auf tradierte Formen zurückgreifenden Gattungsgeschichte sind, die in Europa im 5. Jh. v. Chr. mit dem griech. D. beginnt. Neben dem Dialog haben Kommentare der Handlung durch einen Prolog oder einen durch die Handlung führenden Erzähler sowie den Monolog bzw. das Beiseitesprechen nur nebengeordnete Bedeutung. Die Personen als Träger der dramat. Handlung können Charaktere im Sinne individueller Persönlichkeiten sein, sie können ebenso als feste Typen oder als Repräsentanten abstrakter Wesenheiten und Ideen aufgefaßt sein.

Theorie des Dramas

Am Anfang steht in Europa die „Poetik" des Aristoteles, dessen entscheidende Aussagen über Wirkstruktur und Bauprinzipien der Tragödie in der Neuzeit z. T. in irrtüml. Interpretation wieder aufgegriffen und zu einem Kodex verbindl. Regeln umgestaltet wurden, so in den Poetiken des Humanismus (J. C. Scaliger), der italien. und frz. Renaissance (L. Castelvetro, P. Ronsard), des dt. Barock (M. Opitz) und des Klassizismus (N. Boileau-Despréaux, J. C. Gottsched). Durch Herder und den Sturm und Drang verlor die Aristotel. „Poetik" zwar grundsätzlich an Bed., blieb aber weiter bis in die Gegenwart (W. Schadewaldt, B. Brecht) ein wichtiger Bezugspunkt der dramaturg. Diskussion. Eine geringere Rolle spielte dagegen die „Ars poetica" des Horaz. Immer wieder erörtert wurden v. a. folgende Punkte der Aristotel. „Poetik":

1. Der Begriff der **Mimesis,** der in der Renaissance als bloße „Nachahmung" mißverstanden wurde, während Aristoteles Mimesis auch als bewußt vorweggenommene Darstellung idealer Situationen versteht.

2. Die aristotel. Wirkungsästhetik der Tragödie mit ihren Grundstrukturen **Furcht und Mitleid** und **Katharsis,** deren Auslegung bis heute umstritten ist. Bei Aristoteles ist

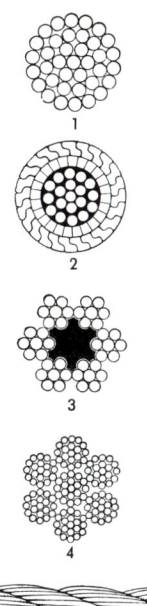

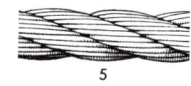

Drahtseil.
1 Spiralseil;
2 verschlossenes Seil;
3 und 4 Rundlitzenseile;
5 Kreuzschlagseil;
6 Längsschlagseil

Francis Drake

Drama

Katharsis, indem sie „Jammer" („éleos") und „Schauder" (phóbos) auslöst, eine „Reinigung" des Zuschauers „von derartigen Affekten". Die übl. Wiedergabe von griech. „éleos" und „phóbos" durch lat. „misericordia" und „metus" (Mitleid und Furcht) bedeutet eine Neuinterpretation des Aristoteles. Der Begriff wurde ethisch gedeutet als Reinigung von den Leidenschaften, die in der Tragödie dargestellt werden. Diese Umdeutung wurde von P. Corneille aufgegriffen, von G. E. Lessing dagegen kritisiert. Für ihn ist der entscheidende Affekt, den die Tragödie beim Zuschauer auslöst, das Mitleid, dem die Furcht lediglich untergeordnet ist. Unter Katharsis versteht er die Verwandlung der durch die Tragödie erregten Affekte in „tugendhafte Fertigkeiten". In der Moderne stehen sich die Theorie Schadewaldts und Brechts gegenüber. Schadewaldt kehrt zur psychologisch-psychotherapeut. Auffassung des Aristoteles zurück, während Brechts Theorie des ↑epischen Theaters von der Deutung Lessings ausgeht und die Ablösung der

Drama. Titelblatt der Erstausgabe des ersten Bandes der „Hamburgischen Dramaturgie" von Gotthold Ephraim Lessing (1767)

auf emotionaler Basis beruhenden Katharsis des einzelnen durch rationale und kritische Reaktionen fordert, die an ein spezifisches Klasseninteresse gebunden sind.
3. Die Regeln über die Ausdehnung und Gliederung der dramat. Handlung. Auf die Forderung nach Geschlossenheit (Einheit) und äußerer Begrenztheit der dramat. Handlung durch Aristoteles geht der zuerst von Castelvetro formulierte, z.T. auf einem Mißverständnis beruhende Grundsatz der drei Einheiten zurück. **Einheit des Ortes** bedeutet der Unverrückbarkeit des Schauplatzes einer Handlung, **Einheit der Zeit** die angestrebte Übereinstimmung von Spielzeit und gespielter Zeit, **Einheit der Handlung** die Geschlossenheit und Konzentration der Handlung selbst. Diese Forderung vertrat in Deutschland als erster Gottsched, doch bereits Lessing wandte sich gegen Gottscheds Dogmatismus und die mechan. Anwendung der drei Einheiten. Mit Herder und der Dramaturgie des Sturm und Drang, die sich auf Shakespeare und dessen Drama der **offenen Form** (was bedeutet, daß literar. Werke keinen streng gesetzmäßigen Regeln unterworfen sind) beruft, verschwindet die Forderung nach den Einheiten des Orts und der Zeit aus den Poetiken. Sie werden jedoch im Sinne ihrer ästhet. Funktion, so beim Drama der **geschlossenen Form** (das sind Kunstwerke von streng gesetzmäßigem, oft symmetr. Bau, überschaubarer Anordnung aller Elemente um eine prägende Leitlinie und entsprechend konsequenter Funktionalität aller Teile) auch später immer wieder beachtet.

4. Die Regeln über die Charaktere, die nach Aristoteles der Handlung untergeordnet sind. Seine Forderung der Darstellung des Schicksals hervorragender Persönlichkeiten, an denen die trag. **Fallhöhe** (der trag. Fall eines Helden werde desto tiefer empfunden, je höher dessen sozialer Rang sei) sichtbar werden könne, führte zur **Ständeklausel** der Poetik der Renaissance und des Klassizismus. Nach ihr können in der Tragödie Hauptpersonen nur von hohem, in der Komödie dagegen von niederem Stand sein. Diese Forderung wurde im bürgerl. Trauerspiel überwunden. Wurden Widerstände gegen die D.theorien der Renaissance und des Klassizismus bereits im Sturm und Drang, später in der Romantik deutl., so setzten sich die v. a. an Ibsens analyt. Gesellschaftsstücken geschulten Dramatiker des Naturalismus bewußt über alle Regeln hinweg. Die klass. Einteilungskategorien in ↑Akte ist nun völlig überwunden. Die Lehre des Aristoteles von der Dreiteilung einer Handlung bedingte im neuzeitlichen D. (v. a. in Spanien) eine dreiaktige Bauform, während die fünfaktige auf eine Forderung des Horaz zurückgeht.

Geschichte des Dramas

Das griechisch-römische Drama: Es entsteht im Rahmen des Dionysoskultes; Vorform der Tragödie ist der Dithyrambus, die chor. Aufführung zu Ehren des Dionysos. Durch die Aufnahme ep. Stoffe aus der griech. Heldensage und die Einführung der Schauspieler entsteht die Tragödie. Sie bleibt äußerlich an den Dionysoskult gebunden (Aufführung im Rahmen der jährl. att. Dionysien), aber inhaltlich säkularisiert sie sich und so tritt der Chor gegenüber den Partien der Schauspieler mehr und mehr in den Hintergrund. Entstehungsgeschichtlich mit der Tragödie verknüpft ist das Satyrspiel, während die Komödie ihren Ursprung im Maskenzug („kōmos") hat.

Das Drama des MA: Das geistl. Spiel des MA, das den Gläubigen christl. Heilsgeschehen in dramat. Gestaltung vorführt, entwickelt sich im Rahmen der kirchl. Liturgie aus dem Tropus. Der Ostertropus bildet den Ausgangspunkt für die Entstehung des Osterspiels. Beide werden Vorbild für das Weihnachtsspiel. Andere Formen des geistl. Spiels entwickeln sich im Rahmen von Prozessionen. Die wachsende Verselbständigung des Spiels innerhalb der liturg. Feier und die Zunahme burlesker Szenen führen schließlich zu seiner Verbannung aus der Kirche auf die Marktplätze. Der Übergang von der lat. zur Volkssprache führt zu nat. Sonderentwicklungen: das dt. Passionsspiel, in Frankreich das Mysterienspiel, in England das Prozessionsspiel und die Moralität, in Spanien bleibt das Auto sacramental lebendig. Neben dem geistl. Spiel entwickelt sich seit dem 15. Jh. ein kurzes, possenhaft-satir. weltl. Lustspiel (Fastnachtsspiele). Ansätze zu einem ernsten weltlichen D. finden sich im Spät-MA nur in den Niederlanden (Abele Spelen).

Das neuzeitliche Kunstdrama: Die Anfänge des neuzeitl. Kunst-D. nach antikem Vorbild liegen in Italien; unter dem Einfluß der Komödien des Plautus und Terenz entstehen die Renaissancekomödie (L. Ariosto, il Bibbiena, N. Machiavelli) und nach dem Vorbild Senecas die Renaissancetragödie (G. Trissino [*1478, †1550]). Daneben tritt das Schäferspiel (T. Tasso). Außerdem entsteht die Oper, das Ballett und das höf. Festspiel. In Spanien, Deutschland und den Niederlanden dominieren während des 16. Jh. noch die überlieferten Formen des D., in Spanien macht Calderons weltl. Theater eine Ausnahme, in Deutschland zeigen Humanistendrama, prot. Schuldrama, Jesuitendrama neue Ansätze, im 17. Jh. dann das schles. Kunstdrama. Dagegen entstehen in Frankreich und England bereits im 16./17. Jh. Formen eines von Berufsschauspielern getragenen Nationaltheaters. Der höf. orientierten (Absolutismus) frz. „haute tragédie" (Corneille, Racine) des 17. Jh. steht das von einer breiten und wohlhabenden bürgerl. Schicht getragene elisabethan. Theater Englands gegenüber, dessen Blütezeit ins ausgehende 16. Jh. fällt (T. Kyd, R. Greene [*1558, †1592], C. Marlowe, Shakespeare). Als eigtl.

Schöpfer des dt. Nationaltheaters im 18. Jh. kann Lessing gelten, der, von pedant. Nachahmung frei, mit „Minna von Barnhelm" (1767), „Emilia Galotti" (1772) und „Nathan der Weise" (1779) je ein Musterbeispiel für ein Lustspiel, ein Trauerspiel und ein Schauspiel in dt. Sprache geschaffen hat. Einen Durchbruch bedeutet der Sturm und Drang mit der Rezeption Shakespeares; die Entwicklung vollzieht sich vom Ideendrama der Weimarer Klassik über das bürgerl. Trauerspiel (C. F. Hebbel) zum Milieudrama (H. Ibsen, G. Hauptmann), vom Geschichtsdrama (Schiller, F. Grillparzer) zum sozialen Drama (G. Hauptmann). Das D. im frühen 20. Jh. ist durch eine Reihe antirealistisch-antinaturalist. Versuche gekennzeichnet. Dabei spielen, neben der Wiederbelebung traditioneller Dramentypen wie der antiken Tragödie (P. Ernst), der ma. Moralität (H. von Hofmannsthal) oder des span. Auto sacramental (Hofmannsthal, P. Claudel) und der Orientierung an außereurop. Formen des D. wie des japan. Nō-Spieles (W. B. Yeats), die verschiedenen Arten der Aufnahme lyr. und ep. Strukturen in das D. eine bed. Rolle, wobei das ep. Theater (die Lehrstücke B. Brechts) durchaus die Tendenzen des Humanismus und des dt. Idealismus fortsetzt. Dagegen löst sich das absurde Theater von allen Bindungen. Soziale und gesellschaftskrit. Themen greift das Dokumentartheater, das Straßentheater und das sozialkrit. Volksstück (Ö. von Horváth, F. X. Kroetz) wieder auf.

Dramatik [griech.], die dramat. Dichtkunst.
▷ Spannung, bewegter Ablauf.

Dramatisierung [griech.], Bearbeitung eines i. d. R. ep. Stoffes für das Theater.

Dramaturg [griech., eigtl. „Schauspielmacher"], künstlerisch-wiss. Mitarbeiter bei Theater, Film, Hörfunk und Fernsehen. Arbeitet an der Aufstellung des Spielplans mit, macht u. a. die Bühnenbearbeitungen, unterstützt den Regisseur, berät Bühnenbildner und Kostümbildner.

Dramaturgie [griech.], Kurzbez. für die dramaturg. Büro bzw. die dramaturg. Abteilung (z. B. einer Rundfunkanstalt).
▷ Lehre von der äußeren Bauform und den Gesetzmäßigkeiten der inneren Struktur des Dramas, ↑ Drama (Theorie des Dramas).

Drammen, norweg. Stadt an einem Arm des Oslofjords, Hauptstadt des Verw.-Geb. Buskerud, elektrotechn., Holz- und Papierind., Hafen.

Dramolett [griech.-frz.], kurzes dramenähnl. Bühnenspiel.

Drän, svw. ↑ Drain.

Dränage [...ʒə] ↑ Dränung.

Drang, elementares, vom Individuum als Trieb, Begierde oder Strebung erfahrbares Antriebserlebnis.

Dransfeld, Hedwig, *Hacheney bei Dortmund 24. Febr. 1871, †Werl 13. März 1925, dt. Politikerin. – Führende Vertreterin der kath. Frauenbewegung, 1919 Mgl. der Weimarer Nat.versammlung, ab 1920 MdR (Zentrum).

Dränung (Dränage, Drainage) [engl.-frz.], Entwässerung von Bodenschichten durch ein meist in 80 bis 180 cm Tiefe verlegtes System von **Dräns** (Tonrohre, gelochte Betonrohre, geschlitzte Kunststoffrohre, Faschinen, Grobschotter u. a.). **Saugdräns** leiten das zusickernde Wasser in **Sammeldräns,** von denen es in einen Vorfluter gelangt.

Draperie [zu frz. drap „Tuch"], kunstvoller Faltenwurf.
▷ strahlenförmige Polarlichterscheinung.

Draper-Katalog [engl. ˈdreɪpə; nach dem amerikan. Astronomen H. Draper, *1837, †1882], Sternkatalog mit Spektralklassenangaben für 225 300 Sterne des Nord- und Südhimmels. Eine Erweiterung des D.-K. wird **Draper-Extension** genannt.

Drau, rechter Nebenfluß der Donau, in Italien, Österreich, Slowenien und Kroatien, 749 km lang, Einzugsgebiet 40 400 km²; entspringt in Südtirol; nach Aufnahme der Mur bildet sie auf 150 km die Grenze zw. Kroatien und Ungarn. Die D. wird durch Engen in Abschnitte gegliedert: **Pustertal** oberhalb von Lienz mit den Hauptorten Bruneck und Toblach, **Oberdrautal** zw. Tiroler Tor und Sachsenburg, **Unterdrautal** oberhalb von Villach, **Rosental** zw. den Mündungen von Gail und Gurk, **Jauntal** bis zur östr.-slowen. Grenze.

Draufgabe, 1. (Draufgeld, Anzahlung, Aufgeld, Angeld, Handgeld, Arrha) Zahlung, die als Zeichen des Vertragsabschlusses (§ 336 BGB) erbracht wird; ist im Zweifel auf die vom Geber geschuldete Leistung anzurechnen oder, wenn das nicht geschehen kann, bei der Erfüllung des Vertrages zurückzugeben; 2. svw. Zugabe.

Draupnir, in der nord.-german. Mythologie der von den Zwergen geschmiedete Zauberring Odins (Wodans), von dem jede neunte Nacht acht gleichschwere Ringe abtropfen.

drawidische Sprachen, isolierte Familie von etwa 30 Sprachen und Dialekten (Tamil, Telugu, Kannada, Malajalam, Tulu, Gondi, Kui, Oraon [Kurukh], Brahui u. a.) mit über 160 Mill. Sprechern, die, abgesehen von Sprachinseln im N (Brahui) und O Vorderindiens, nur in S-Indien und Sri Lanka gesprochen werden.

Dreadnought [engl. ˈdrednɔːt „Fürchtenichts"], brit. [Groß]linienschiff mit 22 500 t Wasserverdrängung und 10 Geschützen vom Kaliber 30,5 cm, 1905/06 gebaut *(D.-Sprung);* wurde zur Bez. der auch von anderen Staaten gebauten Schlachtschiffe dieser Art.

drechseln, Holz, Horn u. a. auf einer der Drehmaschine ähnl. Drechselbank zu rotationssymmetr. Formen bearbeiten; die Bearbeitungswerkzeuge werden von Hand geführt.

Drees, Willem, *Amsterdam 5. Juli 1886, †Den Haag 14. Mai 1988, niederl. Politiker. – Im 2. Weltkrieg in der Widerstandsbewegung tätig; 1940/41 deportiert; gründete 1946 die Partij van de Arbeid (PvdA): Min.präs. 1948–58; verließ 1971 die PvdA.

Dregger, Alfred, *Münster 10. Dez. 1920, dt. Politiker (CDU). – Jurist; 1956–70 Oberbürgermeister von Fulda; MdL in Hessen 1962–72, 1967–82 Landesvors. der hess. CDU, 1977–83 stellv. Parteivors.; seit 1972 MdB; 1982–91 Vors. der CDU/CSU-Bundestagsfraktion.

Dregowitschen (russ. Dregowitschi), ein alter, an der Beresina (zw. Pripjet und Dwina) ansässiger ostslaw. Volksstamm.

Drehachse, der geometr. Ort aller Punkte, die bei einer Drehung in Ruhe bleiben.

Drehautomat ↑ Drehmaschine.

Drehbank, veraltete Bez. für ↑ Drehmaschine.

Drehbewegung ↑ Bewegung.

Drehbuch, textl. Grundlage für die Gestaltung eines Films oder einer Fernsehproduktion. Vorstufen: 1. das **Exposé** mit der Beschreibung der Filmidee und des Handlungsablaufs; 2. das **Treatment,** in dem der Handlungsablauf bereits szenisch gegliedert ist und die wichtigsten opt. und akust. Vorstellungen aufgezeichnet sind; 3. das **Rohdrehbuch,** das alle vom **Drehbuchautor,** teils auch vom Regisseur, von Redakteuren u. a. konzipierten Details aufführt.

Drehempfindung, in der Physiologie die bei Drehung des Körpers um seine Längsachse auf Grund der Reaktionen des Vestibularapparates im Innenohr ins Bewußtsein tretenden Reflexe bzw. deren Auswirkungen. Bei plötzl. Beenden einer raschen Drehbewegung des ganzen Körpers entsteht das Gefühl einer entgegengesetzten Drehbewegung, und es kommt zu **Drehschwindel.**

Drehen, das ist das spanende Formgebung von rotationssymmetr. Werkstücken wichtigstes Fertigungsverfahren, gekennzeichnet durch geschlossene, meist kreisförmige Schnittbewegung und beliebige, quer zur Schnittrichtung liegende Vorschubbewegung. Beim *Außen-D.* wird die äußere, beim *Innen-D.* die innere Form eines Werkstückes erzeugt. *Lang-D.* dient der Herstellung zylindr. Flächen, *Plan-D.* ist die Bearbeitung von Stirnflächen, *Abstechen* heißt das Abtrennen von Werkstücken. Beim *Form-D.* wird die Werkstückform durch einen Formmeißel erzeugt. Beim *Kegel-D.* setzt sich die Vorschubbewegung aus einer Längs- und einer Plankomponente zusammen. Beim *Nachform-D. (Kopier-D.)* wird der Drehmeißel nach einem Modell (Schablone) gesteuert. Nichtkreisförmige Querschnitte werden durch *Unrund-D.* erzeugt. *Schrupp-D.* ist das D. mit großen

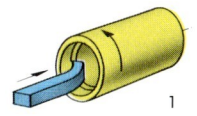
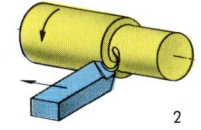
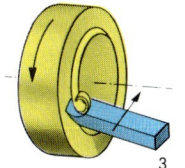
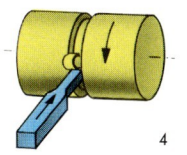
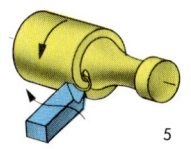

Drehen.
1 Innendrehen;
2 Langdrehen;
3 Plandrehen;
4 Abstechen;
5 Nachformdrehen

Dreher

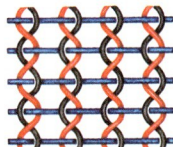

Drehergewebe.
Dreherbindung

Vorschubgeschwindigkeiten und Spantiefen zur Erzielung großer Spanleistung unter Verzicht auf Genauigkeit; es dient der Vorbearbeitung. Beim *Schlichten* stehen die Genauigkeit und Oberflächengüte im Vordergrund.

Dreher, svw. ↑ Axis.

Drehergewebe, zarte, durchsichtige oder poröse Gewebe in Dreherbindung, deren Fäden sich nicht verschieben lassen, da sich die Kettfäden gegenseitig umschlingen.

Drehfeld, ein rotierendes Magnetfeld, das durch zeitlich phasenverschobene Ströme in räumlich versetzt angeordneten Spulen oder durch Rotation eines Dauer- oder Elektromagneten entsteht und die Wirkungsweise von Drehstrom- oder Wechselstrommaschinen ermöglicht.

Drehflügelflugzeug ↑ Hubschrauber.

Drehfrucht (Streptocarpus), Gatt. der Gesneriengewächse mit etwa 90 Arten in Afrika und SO-Asien; meist zottig oder wollig behaarte, bis 40 cm hohe Kräuter mit einem einzigen großen Blatt oder wenigen grundständigen Blättern; Blüten purpurfarben, blau oder weißlich; zahlr. Arten als Topfpflanzen im Handel.

Drehgestell, bei Schienenfahrzeugen zwei- oder dreiachsiges Fahrgestell mit zapfenförmiger vertikaler Achse in seiner Mitte (Drehzapfen), auf der sich der Fahrzeugkasten (mit der Drehpfanne) abstützt; ermöglicht gute Federung und Laufeigenschaften.

Drehherzmücke (Kohlgallmücke, Contarinia nasturtii), etwa 2 mm lange, gelblichbraune Gallmücke, deren ♀♀ durch Eiablage ihrer Eier bes. an Kohlsorten schädlich werden. Die Larven saugen an den Blattstielen der Herzblätter, was zu Wachstumsstörungen der Pflanzen führt: Krümmungen, Verdrehungen und Kräuselungen der Blätter (**Drehherzigkeit**), Ausbleiben von Kopfbildungen.

Drehhornantilopen (Drehhornrinder, Tragelaphini), Gattungsgruppe der Hornträger (Unterfam. Waldböcke) mit

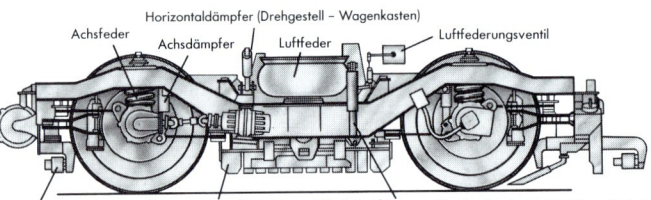

Drehgestell. Triebdrehgestell des elektrischen Triebzuges der Baureihe 403

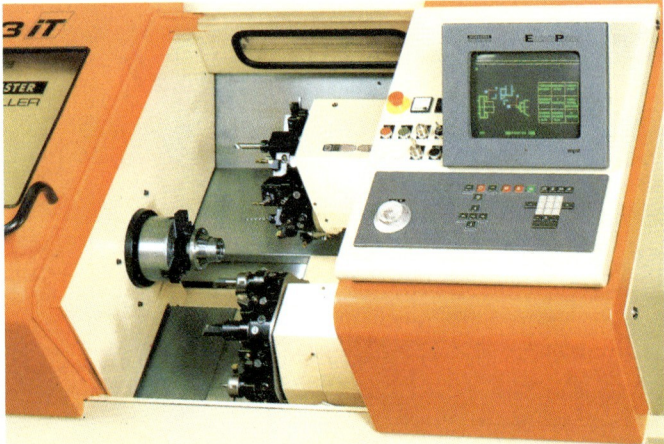

Drehmaschine. Arbeitsraum und Bedienungsteil eines Drehautomaten; links die Arbeitsspindel mit Dreibackenfutter zur Aufnahme des Werkstücks; in der Mitte zwei Revolversätze mit verschiedenen Werkzeugen, die den gleichzeitigen Einsatz von zwei Werkzeugen am Werkstück erlauben; rechts das Dateneingabefeld und ein Kontrollbildschirm der CNC-Steuerung

8 Arten in Afrika; u. a.: **Nyala** (Tragelaphus angasi) in SO-Afrika; 1,3–1,6 m lang, bis 1,1 m schulterhoch; Körper rauchgrau (♂) oder kastanienbraun (♀) mit weißen Querstreifen. Als Kudus bezeichnet werden zwei graue, grau- oder rötlichbraune Arten der Gatt. Tragelaphus: **Großer Kudu** (Tragelaphus strepsiceros; in Z-, O- und S-Afrika) und **Kleiner Kudu** (Tragelaphus imberbis; in O-Afrika). Die **Elenantilope** (Taurotragus oryx) ist 2,3–3,5 m lang und 1,4–1,8 m schulterhoch; meist hellbraun mit weißl. Querbinden und oft schwarzen Abzeichen; Hörner beim ♂ bis 1,2 m lang.

Drehimpuls (Drall, Impulsmoment), Formelzeichen L, bei einem sich drehenden starren Körper das Produkt $L = J\omega$ aus dem Trägheitsmoment J bezüglich der Drehachse und der Winkelgeschwindigkeit ω.
Der D. ist ein Vektor, dessen Richtung mit der Richtung der Drehachse zusammenfällt. In einem physikal. System, auf das keine äußeren Kräfte wirken, ist der D. konstant (*Satz von der Erhaltung des D.*).

Drehkäfer, svw. ↑ Taumelkäfer.
Drehkolbenmotor ↑ Rotationskolbenmotor.
Drehkolbenpumpe ↑ Pumpen.
Drehkolbenverdichter ↑ Verdichter.
Drehkondensator, Kondensator mit stetig veränderbarer Kapazität; dient v. a. zur Abstimmung von Schwingkreisen, d. h. zur Frequenzwahl in Funksendern und [Rund]funkempfängern. D. bestehen aus einem ruhenden (Stator) und einem um eine Achse drehbaren Plattensatz (Rotor). Die Plattensätze greifen ineinander, sind aber durch einen Luftzwischenraum (beim **Luftdrehkondensator**) oder durch Isolierfolien voneinander getrennt.

Drehkran ↑ Krane.

Drehkrankheit, (Drehsucht, Coenurosis, Zönurose) durch die Blasenfinne (↑ Drehwurm) des Quesenbandwurms verursachte, im allg. tödl. Erkrankung des Zentralnervensystems von Säugetieren (bes. bei Hausschafen) mit Gleichgewichtsstörungen (v. a. Drehbewegungen).
▷ ↑ Taumelkrankheit.

Drehkristallverfahren (Braggsche Methode), Verfahren zur Untersuchung der Kristallstruktur von Einkristallen durch Beugung von monochromat. Röntgenstrahlung bzw. Wellenlängenbestimmung von Röntgenstrahlung mit einem Kristall bekannter Gitterkonstanten. Der Einkristall wird während der Bestrahlung um eine Achse senkrecht zum einfallenden Strahl gedreht. Auf dem zylinderförmig um den Kristall angebrachten Film entstehen schwarze, parallele Geraden, aus deren Abstand der Atomabstand in Richtung der Drehachse bestimmt werden kann.

Drehleier (Radleier, frz. vielle), seit dem 10. Jh. bekanntes Streichinstrument mit fidel-, lauten- oder gitarreähnl. Korpus, dessen Saiten (2 oder 4 in Quinten gestimmte Bordunsaiten und 1 oder 2 durch Tangententasten verkürzbare Melodiesaiten) von einem Scheibenrad gestrichen werden.

Drehmagnetinstrument, elektr. Meßinstrument zur Strom- oder Spannungsmessung bei Gleichstrom, das keine Richtkraftfeder und keine Stromzuführung zu bewegl. Teilen benötigt und deshalb sehr robust ist.

Drehmaschine, Werkzeugmaschine zur spanabhebenden Bearbeitung, bei der das Werkstück eine drehende Bewegung ausführt, das Werkzeug (Drehstahl) längs oder quer (zur Drehachse des Werkstücks verschoben wird; Drehachse meist waagerecht. D. ermöglichen die Herstellung beliebig geformter Rotationsflächen und das Schneiden von Gewinden. Bei der **Leit-** und **Zugspindeldrehmaschine** weist das Maschinenbett an seinem (vom Dreher aus gesehen) linken Ende den fest angebrachten *Spindelstock* mit der Arbeitsspindel, rechts den beim Spannen zw. Spitzen beliebig verstellbaren *Reitstock* auf. Zw. beiden kann der *Support* zur Werkzeugführung bewegt werden. Im Spindelstock ist die Arbeitsspindel gelagert, deren Drehzahl durch ein Getriebe einstellbar ist; Antrieb durch Elektromotor. Die *Arbeitsspindel* trägt zum Aufspannen des Werkstücks ein *Spannfutter* oder eine *Planscheibe* mit verschiebbaren Klauen. Zum Drehen zw. Spitzen wird in die Arbeitsspindel eine Körnerspitze eingesetzt (**Spit-**

zendrehmaschine). Zur Werkzeugführung trägt das Maschinenbett den längs zur Drehachse bewegl. *Bettschlitten,* auf dem der *Planschlitten (Querschlitten)* quer zur Drehachse verschiebbar ist. Auf diesem sitzt der zum Drehen kegeliger Flächen in einem beliebigen Winkel zur Drehachse einstellbare *Drehschlitten (Oberschlitten)* mit dem Werkzeughalter *(Stahlhalter)*. **Universaldrehmaschinen** besitzen Zusatzeinrichtungen für alle Dreharbeiten. **Plan-** bzw. **Kopfdrehmaschinen** sind ohne Reitstock, aber mit einer großen Planscheibe ausgerüstet. **Revolverdrehmaschinen** tragen auf dem Längsschlitten und anstelle des Reitstocks einen Werkzeugträger *(Revolverkopf),* dessen verschiedene Werkzeuge nacheinander in Arbeitsstellung gebracht werden können. **Kopierdrehmaschinen** formen die Konturen der Werkstücks durch eine elektr. oder hydraul. Steuerung der Werkzeugbewegung nach Schablonen oder Mustern. Selbsttätig arbeitende und sich steuernde D. werden als **Drehautomaten** bezeichnet. Arbeitsgänge und Bewegungen werden über Steuerwellen mit Kurven oder Nokken, bei **NC-Drehmaschinen** (Numerical-control-Drehmaschinen) und **CNC-Drehmaschinen** (Computerized-numerical-control-Drehmaschinen) numerisch gesteuert. **Karusselldrehmaschinen** besitzen für die Bearbeitung schwerer Werkstücke eine waagerecht liegende Planscheibe, die sich um eine senkrechte Achse dreht.

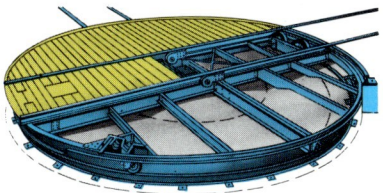

Drehscheibe (Eisenbahnwesen)

Drehmoment (Kraftmoment), Formelzeichen M, Maß für die Drehwirkung einer an einem drehbaren starren Körper angreifenden Kraft. Der Betrag $M = F \cdot d$ des D. ist dabei gleich dem Produkt aus dem Betrag F der angreifenden Kraft und dem senkrechten Abstand d ihrer Wirkungslinie vom Drehpunkt.
Genauer ist das D. definiert als das *Vektorprodukt* $M = r \times F$ aus dem vom Drehpunkt zum Angriffspunkt der Kraft gezogenen Vektor r und der Kraft F. SI-Einheit des D. ist Newtonmeter (N · m).
Drehmomentschlüssel, Schraubenschlüssel, der infolge seiner Verformung beim Anziehen einer Schraube das aufgebrachte Drehmoment anzeigt.
Drehmomentwandler, allg. jedes Getriebe, das zw. Eingangs- und Ausgangswelle eine Veränderung (meist Vergrößerung) des eingegebenen Drehmoments bewirkt; vielfach jedoch auch Bez. für das Strömungsgetriebe (↑Strömungswandler).

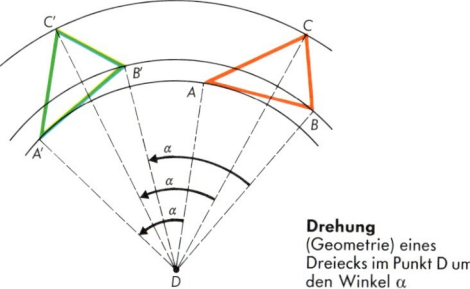

Drehung (Geometrie) eines Dreiecks im Punkt D um den Winkel α

Drehmoos (Funaria), mit etwa 120 Arten weit verbreitete Gatt. rasenbildender Laubmoose. In M-Europa auf Mauern und Ödland wächst das **Wettermoos** (Funaria hygrometrica); mit orangebraunen Mooskapseln auf bei trockenem Wetter spiralig gedrehten, bei feuchtem Wetter geraden Stielen.
Drehorgel (Leierkasten), trag- oder fahrbare kleine Orgel der Straßenmusikanten, bei der durch Betätigung einer Kurbel eine Stiftwalze oder Lochscheibe (heute Lochstreifen) die Ventile zu den Pfeifen öffnet.
Drehrahmen (Drehrahmenpeiler, Peilrahmen), in der Funkpeilung verwendete, um eine vertikale Achse drehbare Rahmenantenne. Durch Drehen der Rahmenebene wird das Minimum der Empfangsfeldstärke gesucht (Rahmenebene senkrecht zur Senderrichtung).
Drehrohrofen (Drehofen), [metallurg.] Ofen, der aus einem rohrförmigen Reaktions- und Trockenapparat (4 m Ø, bis 150 m Länge) mit äußerem Drehantrieb besteht. Durch die Drehbewegung wird im Innern das Gut langsam vom Eintrags- zum Austragsende bewegt; Beheizung erfolgt vom unteren Ende aus; bes. bei der Zinkgewinnung und in der Zementindustrie.
Drehscheibe, im Eisenbahnwesen eine brückenartige Stahlkonstruktion mit einem Gleisstück, die in einer Grube drehbar gelagert ist. D. werden v. a. an Zuführungsgleisen von Lokomotivschuppen eingebaut.
▷ ↑Töpferscheibe.
Drehschemel, um einen vertikalen Zapfen drehbares Aufsatzgestell, z. B. bei Sattelschleppern.
Drehschieberpumpe ↑Pumpen.
Drehschwindel ↑Drehempfindung.
Drehsinn, Richtung einer Drehung; *positiver D.:* der Uhrzeigerdrehung entgegengerichtet; *negativer D.:* in Richtung der Uhrzeigerdrehung.
Drehspiegel, schnell rotierender Mehrflächenspiegel zur Beobachtung schnell veränderl. Vorgänge.
Drehspulinstrument, ein elektr. Meßgerät für Strom- und Spannungsmessungen mit Drehspulmeßwerk (↑elektrische Meßgeräte) bei Gleichstrom.
Drehstabfeder (Torsionsstab), stabförmiges Federelement, das sich bei Belastung elastisch verdreht; findet bei Kraftfahrzeugen Verwendung.
Drehstrom (Dreiphasenstrom), Verkettung dreier elektr. Wechselströme, die um 120° phasenverschoben sind. Der D. ist die in der Stromversorgung meist verwendete Stromart. In einem Generator, in dessen Gehäuse (Stator) 3 Spulen angebracht sind, wird bei Drehung des Polrades (Rotor) in jeder der Spulen eine Wechselspannung induziert. Diese Spannungen sind in ihrer Phase gegeneinander verschoben; man spricht von einem *Dreiphasen-* oder *Drehstromsystem* (Phasenwinkel $\varphi = 2\pi/3 \cong 120°$). Die Enden der Spulen werden im sog. *Sternpunkt (Mittelpunkt, Knotenpunkt)* miteinander verbunden; so ergibt sich ein Drehstromsystem in *Sternschaltung* (Y-Schaltung). Der vom Sternpunkt der Schaltung ausgehende *Mittelpunktleiter (MP-Leiter, Sternpunktleiter, Nulleiter)* ist bei gleichmäßiger Belastung stromlos und kann häufig fortgelassen werden. Im Falle unsymmetr. Belastung führt er einen Ausgleichsstrom. Die Spannung zw. den Außenleitern R, S und T ist die sog. *verkettete Spannung (Leiterspannung)* U_L, zw. Mittelpunktleiter und den einzelnen Außenleitern liegen die *Phasen-* oder *Strangspannungen* U_{ph}. Da diese gegeneinander um 120° phasenverschoben sind, ergibt sich für U_L auf Grund geometr. Gesetze $U_L = \sqrt{3}\, U_{ph}$. Beim Sternsystem mit vier Leitern hat man somit zwei Spannungen zur Verfügung, z. B. 380 V für U_L und 220 V für U_{ph}. Ortsnetze für die Versorgung von Haushalt, Gewerbe und Kleinind. sind prakt. immer 4-Leiter-Drehstromsysteme.
Drehstromgenerator ↑Wechselstrommaschinen.
Drehstromlichtmaschine ↑Lichtmaschine.
Drehstrommotor, dreiphasiger Wechselstrommotor mit Kurzschluß- oder Schleifringläufer, der vom Drehfeld der Ständerwicklung durchsetzt wird. Im Läufer entsteht ein Drehmoment, das ihn im Drehsinn des Feldes dreht.
Drehstromtransformator ↑Transformator.
Drehsucht, svw. ↑Drehkrankheit.
Drehung, (Rotation) die Bewegung eines Körpers, bei der sich alle seine Punkte auf konzentr. Kreisen um eine feststehende Achse *(Drehachse, Rotationsachse)* bewegen.

Drehfrucht

Drehmoos. Wettermoos

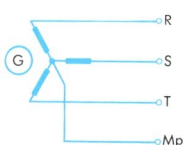

Drehstrom. Schaltbild eines Drehstromgenerators (G) in Sternschaltung (R, S, T Außenleiter, Mp Mittelpunktleiter)

Drehwaage

▷ in der *Geometrie* Bewegung in einer Ebene, bei der genau ein Punkt *(Drehzentrum)* fest bleibt, oder Bewegung im Raum, bei der genau eine Gerade *(Drehachse)* punktweise fest bleibt. – Abb. S. 35.

Drehwaage, Vorrichtung zum Messen kleiner anziehender oder abstoßender Kräfte, die aus der Torsion eines elast. Aufhängefadens (Drahtes) bestimmt werden. Bei der **Cavendish-Drehwaage** wird die Gravitationskraft zweier Massen gemessen. Mit Hilfe der **Coulombschen Drehwaage** lassen sich die Kräfte zw. elektr. Ladungen *(elektr. D.)* und Magnetpolen *(magnet. D.)* bestimmen.

Drehwuchs (Spiralwuchs), Wachstumsweise vieler Holzpflanzen, bei denen die Holzfasern nicht parallel, sondern schraubig zur Stammachse verlaufen. D. ist genetisch bedingt.

Drehwurm (Quese, Coenurus cerebralis), Bez. für die bis hühnereigroße Blasenfinne des ↑Quesenbandwurms; im Gehirn bes. von Hausschafen, gelegentlich auch beim Menschen; verursacht ↑Drehkrankheit.

Drehwurz, svw. ↑Wendelähre.

▷ svw. ↑Ackerwinde.

Drehzahl, Formelzeichen n, bei einem gleichförmig sich drehenden Körper der Quotient aus der Anzahl der Umdrehungen und der dazu erforderl. Zeit, SI-Einheit 1/s. Zw. der D. n und der Winkelgeschwindigkeit ω besteht die Beziehung $\omega = 2\pi n$.

Drehzahlmesser (Tourenzähler), Meßgerät zur Bestimmung der Drehzahl von rotierenden Körpern (z. B. Kurbelwelle). **Mechanische Drehzahlmesser** beruhen auf mechan. Koppelung (z. B. Tachometerwelle) mit dem rotierenden Teil. Beim **Wirbelstromdrehzahlmesser** wird eine Wirbelstromglocke von einem rotierenden Magneten gegen das Drehmoment einer Spiralfeder ausgelenkt. Moderne D. zählen auf elektron. Weg Impulse, deren Zahl der Drehzahl proportional ist.

Drei, eine Primzahl, als „heiligste Zahl" im myth.-religiösen Kontext Bez. der nach allen Seiten abgesicherten Geschlossenheit und Vollkommenheit.

Dreibein, System aus drei von einem Punkt ausgehenden Einheitsvektoren; paarweise senkrecht aufeinander stehende Einheitsvektoren **(orthogonales Dreibein)** bestimmen ein kartes. Koordinatensystem. Können die drei Einheitsvektoren e_1, e_2, e_3 in dieser Reihenfolge durch Daumen, Zeigefinger und Mittelfinger der rechten Hand dargestellt werden, so spricht man von einem *Rechtssystem*, andernfalls von einem *Linkssystem*.

Dreibund, 1882 abgeschlossenes und bis zum 1. Weltkrieg mehrfach erneuertes geheimes Verteidigungsbündnis zw. dem Dt. Reich, Österreich-Ungarn und Italien; erweiterte den Zweibund und wurde Eckpfeiler des auf den Status quo bedachten Bündnissystems Bismarcks; war gegen Frankreich sowie (unausgesprochen) gegen Rußland gerichtet; zerbrach schließlich mit der italien. Neutralitätserklärung 1914 und dem italien. Kriegseintritt an der Seite der Entente 1915. Der D. leitete die europ. Blockbildung ein, die er hatte verhindern sollen, und verfestigte die Bindung der dt. Außenpolitik an die Donaumonarchie.

Drieck ↑Sternbilder (Übersicht).

Dreieck, eine geometr. Figur, die entsteht, wenn man drei nicht auf einer Geraden gelegene Punkte A, B, C (die *Ecken*) durch Strecken (die *Seiten*) verbindet. Mit a, b, c werden die den Ecken A, B, C gegenüberliegenden Seiten bezeichnet, mit α, β, γ die Innenwinkel an den Ecken A, B, C. Es gelten stets die **Dreiecksungleichung** (zwei D.seiten sind zusammen länger als die dritte, $a+b>c$ usw.) und der Satz von der Winkelsumme: $\alpha + \beta + \gamma = 180°$. Es kann mithin höchstens einer der drei Winkel ein stumpfer (d. h. $> 90°$; **stumpfwinkliges Dreieck**) oder ein rechter **(rechtwinkliges Dreieck)** sein; sind alle drei Winkel spitz, d. h. $< 90°$, so spricht man von einem **spitzwinkli-gen Dreieck.** Stets liegt der größeren zweier D.seiten der größere Winkel gegenüber und umgekehrt. Daraus folgt, daß bei Gleichheit zweier Seiten ($a = b$) auch die entsprechenden Winkel gleich sind ($\alpha = \beta$) und umgekehrt **(gleichschenkliges Dreieck).** Sind alle drei Seiten und mithin auch alle drei Winkel gleich ($\alpha = \beta = \gamma = 60°$), so liegt ein **gleichseitiges Dreieck** vor. Im allg. D. gibt es folgende ausgezeichneten Linien: die *Mittelsenkrechten* auf den Seiten, die *Höhen*, d. h. die Lote von einem Eckpunkt auf die gegenüberliegende Seite, die *Seitenhalbierenden*, d. h. die Verbindungsstrecken der Eckpunkte mit den Mittelpunkten der gegenüberliegenden Seiten, und die *Winkelhalbierenden*. Die drei Mittelsenkrechten schneiden sich im Umkreismittelpunkt M. Der Schnittpunkt S der drei Seitenhalbierenden ist der Schwerpunkt des Dreiecks. Er teilt jede Seitenhalbierende im Verhältnis 2:1. Auch die drei Höhen schneiden sich in einem Punkt H. Die Punkte H, S, M liegen auf einer Geraden (*Eulersche Gerade*; die Strecke MH wird von S im Verhältnis 1:2 geteilt). Der Schnittpunkt O der drei Winkelhalbierenden ist Mittelpunkt des Inkreises, der alle D.seiten berührt.

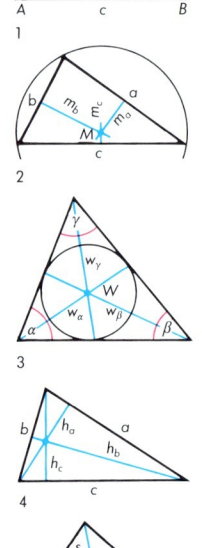

Drehwaage. Prinzip der Cavendish-Drehwaage

Dreieck. 1 Bezeichnung der Ecken, Seiten und Winkel; 2 Mittellote (m_a, m_b, m_c) und Mittelpunkt des Umkreises (M); 3 Winkelhalbierende ($w_\alpha, w_\beta, w_\gamma$) und Mittelpunkt des Inkreises (W); 4 Höhenlinien (h_a, h_b, h_c); 5 Seitenhalbierende (s_a, s_b, s_c) und Schwerpunkt des Dreiecks (S)

Dreiklassenwahlrecht. Karikatur von 1893 zum preußischen Dreiklassenwahlrecht

Dreiecksbein, ein Handwurzelknochen (↑Hand).

Dreieich, Stadt in Hessen, am nw. Rand des Messeler Hügellandes, 135–166 m ü. d. M., 38 300 E. Herstellung von Bekleidung, Elektronik, Medizintechnik. – Entstand 1977 aus den Städten Dreieichenhain und Sprendlingen sowie drei weiteren Ortschaften.

drei Einheiten ↑Drama.

Dreieinigkeit ↑Trinität.

Dreier, mittel- und norddt. Münze zu 3 Pfennigen, seit dem 18. Jh. meist in Kupfer geprägt, zuletzt in Preußen 1873.

Dreierkombination ↑alpine Kombination.

Dreifachbindung, chem. Bindung zw. zwei Atomen durch drei, beiden Atomen angehörende Elektronenpaare. – ↑Alkine.

Dreifaltigkeit ↑Trinität.

Dreifaltigkeitssonntag (Trinitatis), der 1. Sonntag nach Pfingsten. In den ev. Kirchen werden im Kirchenjahr die Sonntage nach Trinitatis (vom D. bis zum 1. Adventssonntag) gezählt.

Dreifarbendruck ↑Drucken.

Dreifarbentheorie ↑Farbensehen.

Dreifelderwirtschaft, in Europa weitverbreitetes Fruchtfolgesystem, bei dem in dreijährigem Turnus Sommer-, Wintergetreide und Hackfrüchte (früher Brache) miteinander abwechseln und dabei jeweils ⅓ der Fläche jährlich wechselnd einnehmen.

Dreifingerregel ↑ Rechte-Hand-Regel.

Dreifuß (Tripus), in der Antike dreibeiniges bronzenes Gestell für ein Gefäß; häufig als Siegespreis oder Votivgabe.

dreigestrichen, Bez. für den Tonraum c‴–h‴ (dreigestrichene ↑ Oktave).

Drei Gleichen, bis 421 m hohe kegelförmige Berge nw. von Arnstadt, Thür.; gekrönt von Wachsenburg, Ruine Gleichen und Ruine Mühlburg, die einst die Handelswege über den Thüringer Wald beherrschten.

Dreigrafenkabinett, nach den Grafen R. Belcredi (Min.präs.), A. von Mensdorff-Pouilly (Auswärtiges) und J. von Larisch-Moennich (Finanzen) ben. östr. Kabinett (1865–67).

Dreikaiserbund, informelles Bündnisverhältnis zw. dem Dt. Reich, Österreich-Ungarn und Rußland, das Bismarck 1872 zustande brachte; 1873 entstand auf dieser Basis ein Konsultativabkommen, das ein Konsultativabkommen Rußlands mit Österreich-Ungarn ergänzte; 1881 durch das **Dreikaiserbündnis** (Neutralität bei Angriff einer 4. Macht) erneuert; scheiterte durch die Battenbergaffäre 1885–87.

Dreikaiserschlacht ↑ Austerlitz.

Dreikant (körperl. Ecke), räuml. Gebiet, das von drei durch einen Punkt (Spitze) gehenden Ebenen begrenzt wird.

Drei-Kelvin-Strahlung ↑ kosmische Hintergrundstrahlung.

Dreiklang, Bez. für einen aus drei Tönen in zwei Terzen aufgebauten Akkord. Die tonale Musiklehre unterscheidet den Dur-D. (1), den Moll-D. (2) sowie den verminderten (3) und den übermäßigen D. (4):

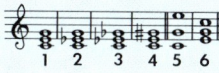

Ein D. kann durch die Lage seines Spitzentons (5) und durch die Stellung seines Baßtons (↑ Umkehrung) (6) variiert werden, ohne daß seine Eigenschaft sich wesentlich ändert.

Dreiklassenwahlrecht, nach Einkommen oder Steuerleistung abgestufte Sonderform des allg. Wahlrechts; historisch bedeutungsvoll in Preußen (1849 eingeführt, 1918 beseitigt). Die Urwähler wurden nach der Höhe der in ihrer Gemeinde oder ihrem Wahlbezirk aufgebrachten Steuern in 3 Klassen eingeteilt. 1849 stimmten in der 1. Klasse (Höchstbesteuerte) 4,7 %, in der 2. Klasse 12,6 %, in der 3. Klasse (gering oder gar nicht Steuerpflichtige) 82,6 % der Wähler. Jede Klasse wählte im Urwahlbezirk ein Drittel der Wahlmänner und diese die Abgeordneten. Damit war die Mehrheit des Volkes politisch entmündigt.

Dreikomponentenlehre ↑ Farbensehen.

Dreikonchenanlage, Gebäude, meist Kirche, mit drei gleich langen Apsiden (Konchen) nach drei Richtungen (vom Chorquadrat ausstrahlend).

Drei Könige (Heilige Drei Könige), nach der Erzählung des N. T. (Matth. 2, 1–12) die drei Weisen, die, dem Stern über Bethlehem folgend, aus dem Morgenland gekommen waren, um dem neugeborenen „König der Juden" zu huldigen und ihm Gold, Weihrauch und Myrrhe zu schenken. Von der Legende zu drei Königen erhoben, deren Namen Kaspar, Melchior und Balthasar im 9. Jh. aufkamen; als christl. Heilige gelten sie bes. als Beschützer der Reisenden. Das Fest **Epiphanias** (6. Jan., Offenbarung der Göttlichkeit des Kindes vor den D. K.) wurde zum Dreikönigstag, er galt lange als Abschluß der Weihnachtszeit und eigtl. Beginn des neuen Jahres. Im 11. Jh. wurde in Frankreich das bald aus der liturg. Feier verbannte **Dreikönigsspiel** ausgebildet; in England und Frankreich bis ins 16. Jh. bezeugt.

Dreikönigsschrein, Reliquienschrein mit den Gebeinen der Hl. Drei Könige im Kölner Dom aus der Werkstatt des Nikolaus von Verdun (um 1181–1230).

Dreikörperproblem ↑ Mehrkörperproblem.

Dreilappkrebse, svw. ↑ Trilobiten.

Dreimächtepakt, 1940 zw. Deutschland, Italien und Japan mit dem Zweck abgeschlossener Vertrag, die USA aus dem europ. und chin.-jap. Krieg herauszuhalten; für den Fall eines Angriffs der USA auf einen der Bündnispartner sicherten sich diese Unterstützung mit „allen polit., wirtsch. und militär. Mitteln" zu; 1941 durch ein Abkommen über gemeinsame Kriegsführung (gegen Sonderfriedensverträge gerichtet) ergänzt.

Dreimaster, Segelschiff mit drei Masten.

Dreimeilenzone ↑ Küstenmeer.

Dreimonatseinrede, Recht des Erben (§ 2014 BGB), während der ersten drei Monate nach Annahme der Erbschaft die Befriedigung von Nachlaßgläubigern zu verweigern; nicht möglich, wenn er das Recht, seine Haftung auf den Nachlaß zu beschränken, verloren hat.

Dreipaß, seit der Hochgotik verwendete zentrierte Figur, die aus drei Zirkelschlägen („Pässen") geformt wird.

Dreiperiodensystem, Einteilung der menschl. Kulturgeschichte in Steinzeit, Bronzezeit und Eisenzeit.

Dreiphasenstrom, svw. ↑ Drehstrom.

Dreipunktgurt ↑ Sicherheitsgurte.

Dreiruderer, svw. ↑ Triere.

Dreisatzrechnung (Regeldetri), ein Rechenverfahren, bei dem man aus drei bekannten Größen eine vierte (unbekannte) Größe bestimmt; dabei wird von einer Mehrheit zunächst auf die Einheit und dann auf eine neue Mehrheit geschlossen (daher spricht man auch von **Schlußrechnung**). Beispiel einer einfachen Dreisatzaufgabe: 12 Knöpfe kosten 1,80 DM, wieviel kosten 5 Knöpfe? Schlußweise: 1 Knopf kostet $\frac{1,80}{12}$ DM, 5 Knöpfe kosten also $5 \cdot \frac{1,80}{12}$ DM = 0,75 DM.

Dreiseithof, Gehöftform, bei der Wohnhaus, Scheune und Stallungen um einen Innenhof errichtet sind, der gegen die Straße gewöhnlich mit einer Torwand abschließt. Verlaufen die Bauteile unter einer Firstlinie, so spricht man von **Dreikanter.**

Dreiser, Theodore [engl. draɪzə], *Terre Haute (Ind.) 27. Aug. 1871, †Los Angeles 28. Dez. 1945, amerikan. Schriftsteller. – Hauptvertreter des naturalist. Romans in Nordamerika. D. erschütterte mit schonungsloser Gesellschaftskritik das Idealbild der amerikan. Zivilisation von sich selbst. Sein Hauptwerk ist der Roman „Eine amerikan. Tragödie" (1925). In der Kurzgeschichte „Ernita" (in „Die Frau", 1929) schildert er eine Kommunistin, und in dem Essayband „Trag. Amerika" (1931) bezieht er erstmals kommunist. Positionen. – *Weitere Werke:* Schwester Carrie (R., 1900), Jennie Gerhardt (R., 1911), Ton in des Schöpfers Hand (Dr., 1918).

Dreispitz, Hut, dessen Krempe an drei Seiten hochgeschlagen ist; entstanden nach dem Dreißigjährigen Krieg, seit Mitte des 18. Jh. kleiner und flacher **(Chapeau bas)**, hielt sich bis ins frühe 19. Jh.

Dreikonchenanlage. Grundriß von Sankt Maria im Kapitol in Köln mit Dreikonchenanlage des Ostbaus

Dreispitz

Dreikönigsschrein. Nikolaus von Verdun, Stirn- und Salomonseite des Dreikönigsschreins, um 1181–1230 (Köln, Dom)

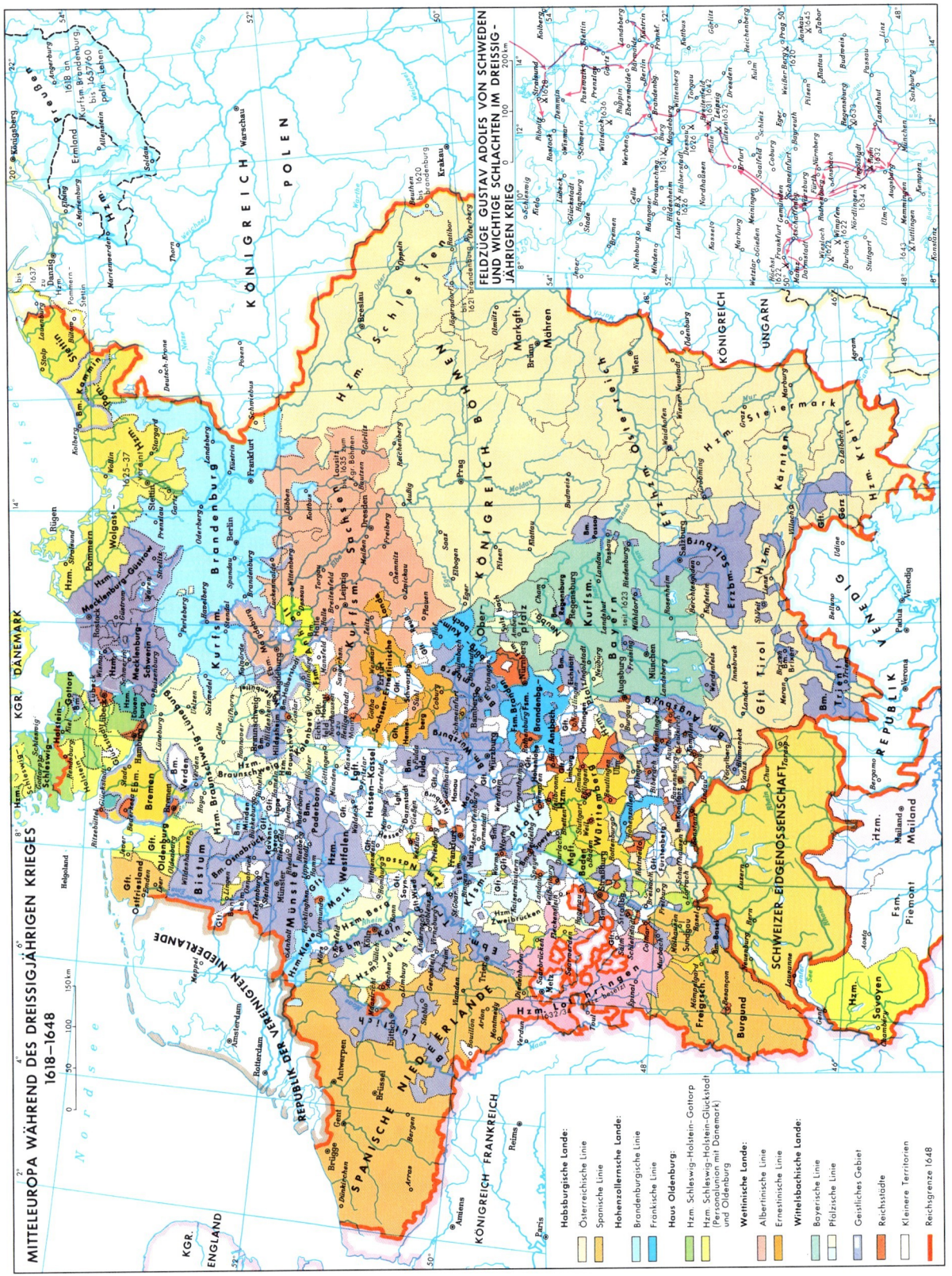

Dreisprung, Disziplin der Leichtathletik, in der 3 Sprünge unmittelbar aufeinanderfolgen; olymp. Disziplin seit 1896.

Dreißigjähriger Krieg, europ. Religions- und Staatenkonflikt, auf dt. Boden 1618–48 ausgetragen. Im Reich standen sich zunächst die schon 1608/09 gegr. konfessionellen Bündnisse (Union, Liga) unter Führung von Kurpfalz bzw. Bayern gegenüber.

Böhmisch-Pfälzischer Krieg (1618–23): Der Böhm. Aufstand weitete sich durch die Absetzung Ferdinands II. durch böhm. Stände und die Wahlannahme des pfälz. Kurfürsten Friedrich V. zum Reichskonflikt aus. Ferdinand warf nach seiner Wahl zum Kaiser mit Unterstützung Spaniens und der Liga Böhmen nieder (Schlacht am Weißen Berg 1620), eroberte die Pfalz und übertrug die pfälz. Kur 1623 Maximilian I. von Bayern; die Union löste sich auf.

Niedersächsisch-Dänischer Krieg (1625–29): Christian IV. von Dänemark griff 1625 ein, um sich in N-Deutschland eine Machtbasis für den Kampf mit Schweden um die Ostseeherrschaft zu schaffen, mußte sich aber nach seiner Niederlage bei Lutter am Barenberge (1626) gegen das Heer der Liga unter Tilly und der Besetzung Jütlands im Lübecker Frieden (1629) zur Neutralität verpflichten. Mit dem Restitutionsedikt (1629) schien sich endgültig eine Kräfteverschiebung zugunsten des Katholizismus anzubahnen. Doch die gleichzeitigen zentralist. Bestrebungen des Kaisers forderten auch den Widerstand der kath. Fürsten heraus, die mit frz. Unterstützung auf dem Regensburger Kurfürstentag 1630 die Entlassung des kaiserl. Feldherrn Wallenstein durchsetzten.

Schwedischer Krieg (1630–35): Das Eingreifen Gustavs II. Adolf von Schweden, den die kaiserl. Machtstellung an der Ostsee nach der Niederlage der dt. Protestanten beunruhigte, führte zu Wallensteins erneuter Berufung, doch wegen seiner unabhängigen Politik dann Ächtung und Ermordung (1634). Die Niederlage Schwedens und des Heilbronner Bundes bei Nördlingen (1634) leitete zum Frieden von Prag (1635) über.

Schwedisch-Französischer Krieg (1635–48): Nach dem frz.-schwed. Bündnis konnte die frz. Seite (bourbonisch-habsburg. Ggs.) den Kampf militärisch entscheiden. Nach zahlr. vergebl. Verhandlungen (seit 1644) kam es am 24. Okt. 1648 zum Westfäl. Frieden. – ↑deutsche Geschichte.

Dreißigster, Verpflichtung des Erben (gesetzl. Vermächtnis), Familienangehörigen des Erblassers (nicht Hausangestellten), die bei dessen Tod seinem Haushalt angehört und von ihm Unterhalt bezogen haben, auf die Dauer von 30 Tagen Wohnung und Unterhalt im bisherigen Umfang weiter zu gewähren (§ 1969 BGB).

Dreißig Tyrannen (die Dreißig), offizielle Bez. für eine 404 v. Chr. zur Wiederherstellung der alten Verfassung auf Betreiben Lysanders eingesetzte Kommission von Oligarchen in Athen; ihr Machteinfluß artete unter Kritias zur Gewaltherrschaft aus; sie wurden vertrieben.

Dreistadiengesetz, von A. Comte entwickelte geschichtsphilosoph. Theorie zur Beschreibung des Entwicklungsprozesses des Einzelmenschen wie der Menschheit, der nach einem Dreierschema 3 Stadien gesetzmäßig durchlaufen soll: 1. das „theolog. oder fiktive", 2. das „metaphys. oder abstrakte", 3. das „wiss. oder positive". – Ist das erste Stadium durch Fetischismus, Poly- und Monotheismus, das zweite durch eine Art Entmythologisierung der Götter (Gottes) gekennzeichnet, so das dritte durch wiss. Erforschung von Gesetzmäßigkeiten (Kausalbezügen) ohne theolog.-metaphys. Annahme von Erst- oder Endursachen. Zielt das erste Stadium auf Ordnung und Organisation, das zweite auf Fortschritt und Revolution, so das dritte auf eine Synthese von Ordnung und Fortschritt.

Dreistärkenglas ↑Brille.

Dreistufentheorie, in der allg. Kultur- und Wirtschaftsgeschichte die (nicht haltbare) Annahme einer Stufenfolge: Jäger, Hirten, Ackerbauern.

Dreitagefieber, svw. Malaria tertiana (↑Malaria).
▷ svw. ↑Pappatacifieber.
▷ (Exanthema subitum, sechste Krankheit), harmlose akute Infektionskrankheit bei Kindern, die charakterisiert ist durch eine etwa dreitägige Fieberperiode.

Dreiteilung des Winkels (Trisektion des Winkels), die Aufgabe, einen Winkel nur mit Zirkel und Lineal in drei Teile zu teilen; sie ist allg. nicht lösbar.

Dreizack, gabelartiges Fanggerät der Fischer mit drei Zinken; in der *Mythologie* Attribut Poseidons.
▷ (Triglochin), in der *Botanik* Gatt. der Dreizackgewächse mit etwa 15 Arten in den gemäßigten und kälteren Gebieten der Erde, v. a. in Australien; Sumpfpflanzen mit grasartigen Blättern.

Dreizackgewächse (Juncaginaceae), mit etwa 18 Arten weltweit verbreitete Fam. der einkeimblättrigen Blütenpflanzen, v. a. an feuchten Orten; bekannteste Gatt. Dreizack.

Dreizahngras (Sieglingia), Gatt. der Süßgräser mit nur 2 Arten in Europa, im nördl. Kleinasien und in N-Afrika; in M-Europa nur *Sieglingia decumbens,* ein horstbildendes, etwa 15–40 cm hohes Gras, v. a. in Kiefernwäldern und auf Heidemooren.

Dreizehn, eine Primzahl; gilt bes. im modernen Aberglauben als Unglückszahl.

Dreizehn alte Orte, der Staatenbund der schweizer. Eidgenossen von 1513: Bund der 10 Orte (Zürich, Bern, Luzern, Uri, Schwyz, Unterwalden [Unterwalden nid dem Wald und Unterwalden ob dem Wald], Glarus, Freiburg, Solothurn und Zug); Basel und Schaffhausen (ab 1501) und Appenzell (ab 1513), blieb drei Jh. unverändert.

Dreizentrenbindung, v. a. bei Boranen, Alanen und ähnl. Verbindungen auftretende Form der chem. Bindung, bei der 3 Atome durch ein Elektronenpaar miteinander verbunden sind. Bei den Boranen, z. B. beim Diboran, teilen 2 Wasserstoffatome als Brückenatome ihr Elektronenpaar mit je 2 Boratomen, so daß die Atome B-H-B insgesamt nur durch ein Elektronenpaar gebunden sind.

Drei Zinnen (italien. Tre Cime di Lavaredo), Felstürme der Sextener Dolomiten, Südtirol, 2 999, 2 973 und 2 857 m hoch.

Drell [niederdt.] (Drillich), Sammelbez. für sehr dichte köperbindige Gewebe aus Baumwolle oder Leinen. Verwendung z. B. für Matratzenbezüge und Arbeitskleidung.

Drempel [niederdt.], (Kniestock) über die Decke des obersten Geschosses hinausreichender Teil der Außenmauern eines Gebäudes.
▷ Schwelle im Torboden einer Schleuse, gegen die sich das geschlossene Schleusentor stützt.

Drente (niederl. Drenthe), Prov. in den nö. Niederlanden, im O an die BR Deutschland grenzend, 2 681 km², 441 000 E (1990), Verwaltungssitz Assen; Torfmoore, Akkerbau, Milchvieh- und Schweinehaltung; Erdöl- und Erdgaslagerstätten.

Drepanozyten, svw. ↑Sichelzellen.

Drepanozytose, svw. Sichelzellenanämie.

dreschen, mit dem Dreschflegel oder mit der Dreschmaschine die Körner aus den Getreideähren bzw. die Einzelfrüchte aus den Schoten der Hülsenfrüchte gewinnen.

Drescherhaie (Alopiidae), Fam. der Haie in den Meeren der trop. und gemäßigten Zonen. Bekannteste der 5 Arten ist der **Fuchshai** (Drescher, Seefuchs, Alopias vulpinus); bis 6 m lang, oberseits schiefergrau, unterseits weißlich, obere Schwanzflossenhälfte extrem verlängert.

Dreizack. Schemazeichnung

Dreizack (Mythologie). Darstellung des Poseidon mit Dreizack auf einem Stater von Poseidonia, 530/490 v. Chr. (Durchmesser 28,5 mm)

Dreizack (Botanik). Sanddreizack (Höhe 15–70 cm)

Drescherhaie. Fuchshai

Drescherkrankheit (Dreschfieber), svw. ↑Farmerlunge.

Dreschflegel

Dreschflegel, Handgerät zum Dreschen des Getreides; Hartholzknüppel, der durch kurze Riemen beweglich mit einem starken Stiel verbunden ist.

Dreschmaschine, fahrbare, selten stationäre Maschine zum Trennen der Getreidekörner, der Spreu und des Strohes durch mechan. Behandlung des Dreschgutes (Getreidegarben). In der **Dreschtrommel** schlagen Stifte oder Schlagleisten die Körner aus den Ähren. Die Körner gelangen auf das obere, sog. Kurzstrohsieb, das alle größeren Beimengungen absiebt; auf dem darunterliegenden zweiten Sieb bläst ein regulierbarer Luftstrom die Spreu aus den Körnern, die in einen Sortierzylinder gelangen und dort abgesackt werden oder auf den Schüttboden transportiert werden. Das Stroh wird hinter der Maschine lose abgenommen oder gepreßt und gebunden. – ↑ Mähdrescher.

Dresden
Stadtwappen

Dresden
Hauptstadt des
Bundeslandes Sachsen
·
501 000 E
·
1485–1918
Residenzstadt der
Wettiner
·
schwere
Kriegszerstörungen
1939
·
Zwinger (1711–28)
·
Semperoper (1871–78)
·
Gemäldegalerie

Dresden, Hauptstadt von Sa., beiderseits der Elbe, inmitten der Dresdner Elbtalweitung, 110 m ü. M., 501 000 E. Kreisfreie Stadt und Verwaltungssitz des Landkr. D.; Sitz des Bistums Meißen und des Bischofs der Ev. Landeskirche Sa.; TU (gegr. 1828 als Techn. Bildungsanstalt), medizin. Akad., Hochschulen (für bildende Künste, Musik, Pädagogik, Verkehrswesen), Ingenieurhochschule; Zentral-Inst. für Kernforschung Rossendorf; Dresdner Gemäldegalerie, Museen, u. a. Dt. Hygiene-Museum, Sächs. Landesbibliothek, Semperoper, mehrere Theater; Philharmonie, Staatskapelle D. (seit 1990 wieder Tonkünstler-Verein), Kreuzchor; jährl. internat. Musikfestspiele; botan. Garten, Zoo. – V. a. elektrotechnisch-elektron., Maschinenbau-, Textil-, Möbel-, polygraph. und Nahrungsmittelind.; Verkehrsknoten, Elbhafen, internat. ✈.

Geschichte: Das seit der Jungsteinzeit kontinuierlich besiedelte Gebiet erscheint 1004 als Wohngau Nisan der Sorben. Nach 968 Bestandteil der später sog. Mark Meißen, kam vor 1144 an die wettin. Markgrafen von Meißen, die um 1150 an der Stelle des späteren Schlosses eine Burg errichten ließen. 1206/16 Gründung der Stadt D. südlich der Burg (Magdeburger Stadtrecht 1299 bestätigt); die Stadtbefestigung schloß die Burg und eine ältere Marktsiedlung (sog. **Altdresden**) ein. Ein zur Stadt entwickeltes früheres Wendendorf auf dem rechten Elbufer (**Altendresden**) wurde 1550 eingemeindet. Als Residenz der Albertin. Linie (1485–1918) wurde D. zu einem weltbekannten kulturellen Mittelpunkt; unter Moritz von Sachsen (1541–53) zur Renaissanceresidenz ausgestaltet, Höhepunkt unter August dem Starken. Schwerer Rückschlag durch den Siebenjährigen Krieg. Ab etwa Mitte des 19. Jh. Verkehrsknotenpunkt und Ind.zentrum. In der Nacht vom 13./14. Febr. 1945 mit (1939) 630 000 E und rd. 500 000 schles. Flüchtlingen Opfer dreier brit.-amerikan. Luftangriffe. 1952–90 Hauptstadt des gleichnamigen DDR-Bezirks. – Im **Frieden von Dresden** (25. Dez. 1745), der den 2. Schles. Krieg beendete, erhielt Preußen den Besitz Schlesiens bestätigt. Sachsen mußte eine hohe Kriegsentschädigung zahlen und auf schles. Ansprüche verzichten.

Dresden. Blick auf die zerstörte Altstadt im Frühjahr 1945

Bauten: Dem 2. Weltkrieg zum Opfer gefallene Bauwerke wurden z. T. originalgetreu wiederhergestellt: u. a. kath. Hofkirche (1739ff.); Kreuzkirche (1764–92); der barocke Zwinger (1711–28); Brühlsche Terrasse (Reste der Stadtbefestigung, 16. Jh.; Bauten des 18. Jh. zerstört) mit Albertinum (1884–87), Kunstakad. (1887–93), Sekundogenitur (1896/97), Ständehaus an Stelle des Palais Brühl (1901–06); Gemäldegalerie (1847/54) und Opernhaus (2. Bau 1871–78) von G. Semper. Wiedererrichtet werden das Schloß (v. a. 16. Jh.) und die barocke Frauenkirche (geweiht 1734), ein Mahnmal der Zerstörung D. – In den Außenbezirken u. a. Schloß Übigau (1724/25), Schloß ↑ Pillnitz (18./19. Jh.), Schloß Albrechtsburg (1850–54) und Villa Stockhausen (nach 1850), Schloß Eckberg (1859–61). Im N von D. „Gartenstadt" Hellerau von R. Riemerschmid (Bebauungsplan 1907/08). Zahlr. Neubauten, u. a. Hotel Bellevue unter Einbeziehung des barocken Kollegiengebäudes (1981–85).

D., Landkr. in Sachsen.

Dresdner Bank AG, zweitgrößte dt. Bank (Universalbank), gegr. 1872 in Dresden, Sitz Frankfurt am Main; verfügt über ein Filialnetz an allen wichtigen Finanzplätzen im In- und Ausland.

Dresdner Kreuzchor (Kreuzchor, Kruzianer), Knabenchor an der Kreuzschule Dresden, gegr. Anfang des 13. Jh., urspr. zum Dienst in der Kreuzkirche; wurde unter R. Mauersberger internat. bekannt. Schwerpunkt des Repertoires liegt auf der Pflege der Werke von H. Schütz und J. S. Bach.

Dreß [frz.-engl.], Kleidung für einen bestimmten Anlaß, bes. Sportdreß.

dressieren [frz.], im 18. Jh. als Jagdausdruck aus dem Frz. entlehnt im Sinne von abrichten, einschulen, v. a. in der Tierdressur.

▷ Geflügel u. a. vor dem Garen Form geben durch Zusammenbinden oder -nähen.

▷ formbügeln (z. B. einen Filzhut unter Dampf in der Hutpresse formen).

▷ nachwalzen von Blechen.

Dressing [engl.] (Salatdressing), (vorgefertigte) Salatsoße, z. B. **French Dressing,** Öl, Essig, Salz und Pfeffer, **American Dressing,** Mayonnaise, Ketchup, Meerrettich.

Dressman [ˈdrɛsmən; engl.], dem ↑ Mannequin entsprechendes männl. [Photo]modell.

Dresden. Die nach ihrer Zerstörung im Zweiten Weltkrieg in den Jahren 1976–85 wiederaufgebaute Semperoper mit dem Reiterdenkmal König Johanns

Dressur [frz.], Abrichtung zu bestimmtem Verhalten bei Haus- und Wildtieren. Bei höheren Tieren spielen neben dem bedingten Reflex Nachahmung und möglicherweise auch einsichtiges Lernen (bei Affen) eine Rolle. Die D.methode wird in der Verhaltensforschung zur Untersuchung der Unterscheidungsfähigkeit, der Lernfähigkeit und der Gedächtnisleistungen von Tieren angewendet. Darüber hinaus dient die D. wirtsch. Zwecken (so werden z. B. Hunde und Pferde für den Polizeidienst abgerichtet [dressiert]).

Dressurreiten, im *Pferdesport* Grundlage der Pferdeausbildung und Reiterei, vom Schulreiten der Anfänger über die Dressurprüfungen zur ↑Hohen Schule. Es dient der Gymnastizierung des Pferdes, bringt die ↑Gangarten schwungvoll heraus, übt und verfeinert die Verständigung zw. Pferd und Reiter und strebt eine vorbildl. Haltung von Reiter und Pferd an. Das Pferd lernt, auf Schenkelhilfen zu reagieren und so die Hufschlagfiguren bis zu den schwierigen Passagen einer Großen Dressurprüfung zu gehen, wobei lediglich die natürl. Bewegungen des Pferdes herausgearbeitet werden, ohne die artist. Schaukünste der Zirkusreiterei. Das D. wird in einem Dressurviereck im Freien ausgeübt.

Dreux [frz. drø], frz. Stadt an der Blaise, Dep. Eure-et-Loir, 33 400 E. Metall-, Elektro-, Fahrzeugind. – Hauptort der kelt. Durokassen; kam um 1020 zur frz. Krondomäne; seit dem 11. Jh. bed. Festung, seit 1159 Stadt. – Kirche Saint-Pierre (13.–17. Jh.) mit Glasmalereien, Beffroi (1512 ff.).

Drevet [frz. drə'νɛ], frz. Kupferstecherfamilie des 18. Jh.; bed.:
D., Pierre, *Loire (= Loire-sur-Rhône) 20. Juli 1663, †Paris 9. Aug. 1738. – Porträt Ludwigs XIV. (1712), nach H. Rigaud.
D., Pierre Imbert, *Paris 22. Juni 1697, †ebd. 27. April 1739. – Schüler und Sohn von Pierre D.; sein Porträt J. B. Bossuets nach H. Rigaud (1723) ist einer der besten frz. Stiche.

Drewermann, Eugen, *Bergkamen 20. 6. 1940, dt. kath. Theologe und Psychoanalytiker. Priester; seit 1979 Dozent für Dogmatik an der Kath. Theolog. Fakultät in Paderborn. Sein in der kath. Kirche umstrittenes Werk (u. a. „Tiefenpsychologie und Exegese", 1988; „Kleriker – Psychogramm eines Ideals", 1989) ist dem Versuch gewidmet, die Erkenntnis der Psychoanalyse für eine lebensnahe Moraltheologie und Schriftauslegung produktiv zu machen. 1991 wurde D. die Lehr-, 1992 die Predigterlaubnis entzogen.

Drewitz, Ingeborg, *Berlin 10. Jan. 1923, †ebd. 26. Nov. 1986, dt. Schriftstellerin. – Mitbegr. des Verbandes dt. Schriftsteller (stellv. Vors. bis 1980 und 1984–86); Vizepräs. des „P.E.N.-Zentrums BR Deutschland" (1968/69 sowie ab 1972). Setzte sich insbes. mit der Situation und Empfindungsweise der Frau auseinander, z. B. in „Oktoberlicht" (R., 1969), „Wer verteidigt Katrin Lambert?" (R., 1974), „Gestern war heute" (R., 1978), „Eingeschlossen" (R., 1986). Auch Erzählungen, Bühnenwerke und Hörspiele.

Drewljanen (russ. Drewljane), ostslaw. Stamm, vor Entstehen des ersten russ. Staates südl. des Pripjet und nw. von Kiew ansässig.

Drews, Arthur, *Uetersen 1. Nov. 1865, †Achern 19. Juli 1935, dt. Philosoph. – 1898 Prof. an der TH Karlsruhe. Bestritt mit mytholog. Argumentation die Historizität Jesu, indem er die Überlieferung als Christusmythe zu verstehen und zu erklären versuchte.

Drexler, Anton, *München 13. Juni 1884, †ebd. 24. Febr. 1942, dt. Politiker. – 1919 Mitbegr. der Dt. Arbeiterpartei (DAP; ab 1920 NSDAP); 1920/21 deren Vors., danach Ehrenvors.; beteiligte sich 1925 nicht an der Neugründung der NSDAP.

Dreyer, Benedikt, *um 1480, †Lübeck (?) nach 1555, dt. Bildschnitzer. – Vertreter der manierist. geprägten Lübecker Spätgotik; u. a. Antoniusaltar für die dortige Burgkirche (heute im Annenmuseum).

Dreyfus, Alfred [frz. drɛ'fys], *Mülhausen 9. Okt. 1859, †Paris 12. Juli 1935, frz. Offizier. – Aus jüd. Bürgertum stammend; als Hauptmann im Generalstab 1894 wegen angebl. Verrats militär. Geheimnisse an Deutschland angeklagt; Mittelpunkt der ↑Dreyfusaffäre; 1906 rehabilitiert.

Dreyfusaffäre ['draɪfuːs, frz. drɛ'fys], schwerste innenpolit. Krise der frz. Dritten Republik. Nach von antisemit. Einstellung bestimmter kriegsgerichtlicher Verurteilung A. Dreyfus' zu Degradierung und lebenslängl. Verbannung in jurist. unhaltbarem Verfahren 1894 kam 1896 die frz. Abwehr auf die Spur des wahren Schuldigen, des Generalstabsoffiziers Marie Charles Ferdinand Walsin Esterházy (*1847, †1923). Der Kampf der „Dreyfusards" (darunter Jaurès, Zola und Clemenceau) um die Rehabilitierung von Dreyfus wurde zum innenpolit. Machtkampf der bürgerl. Mitte und Linken gegen die Rechtsparteien; Generalstab und Kriegsministerium hielten starr an seiner Schuld fest. Im Revisionsprozeß wurde Dreyfus 1899 in offenem Rechtsbruch zu 10 Jahren Festung verurteilt, dann aber begnadigt, doch erst 1906 rehabilitiert.

Alfred Dreyfus (anonymer Holzschnitt von 1896)

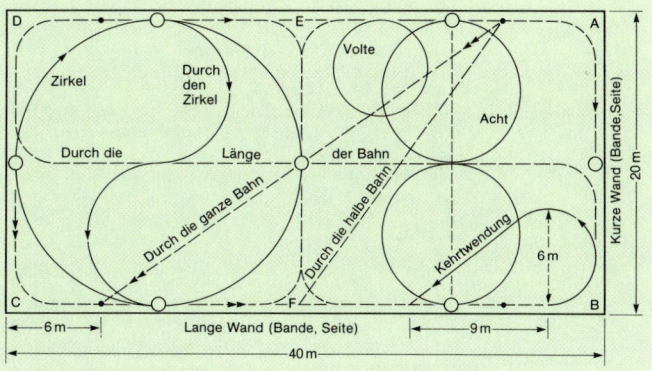

Dressurreiten. Hufschlagfiguren

Dreyse, [Johann] Nikolaus von (seit 1864), *Sömmerda 20. Nov. 1787, †ebd. 9. Dez. 1867, dt. Erfinder. – Konstruierte 1827 ein Zündnadelgewehr zunächst als Vorderlader, 1835 auch als Hinterlader.

Dr. h. c., Abk. für lat.: **D**octor **h**onoris **c**ausa, ehrenhalber verliehener Titel.

dribbeln [engl.], bei Ballsportarten das technisch schnelle Führen des Balles durch einen Einzelspieler meist auf engem Raum (u. a. durch mehrfaches Auftippen mit den Händen).

Driburg (Westf.), Bad ↑Bad Driburg (Westf.).

Driesch, Hans, *Bad Kreuznach 28. Okt. 1867, †Leipzig 16. April 1941, dt. Biologe und Philosoph. – 1911 Prof. in Heidelberg, 1920 in Köln, 1921–33 in Leipzig. D. nahm einen „Faktor E" („Entelechie") an, der alle Lebensvorgänge und die Entwicklung eines Organismus leite; diese Entelechie bildet den zentralen Begriff seines antimaterialist. [Neo]vitalismus. Auch das Problem menschl. Handelns sah D. als organ. Regulationsproblem. Propagierte nachhaltig die Parapsychologie. – *Werke:* Der Vitalismus als Geschichte und als Lehre (1905), Philosophie des Organischen (engl. 1908; dt. 1909, ⁴1928), Ordnungslehre (1912), Parapsychologie (1932), Der Mensch und die Welt (1941).

Drieu la Rochelle, Pierre [frz. driøla'ʃɛl], *Paris 3. Jan. 1893, †ebd. 16. März 1945 (Selbstmord), frz. Schriftsteller. – Im Sinne einer Überwindung der bürgerl. Skeptizismus Parteigänger des frz. Faschismus und einer der Wortführer der Kollaboration mit den dt. Nationalsozialisten. Schrieb u. a. „Das Irrlicht" (R., 1930), „Verträumte Bourgeoisie" (R., 1937), „Le Français d'Europe" (1944).

Drift [niederdt.], (Trift) durch den Wind erzeugte, oberflächennahe Meeresströmung.

Eugen Drewermann

Ingeborg Drewitz

Drifteis

▷ eine der ungeordneten Wärmebewegung überlagerte, im Mittel gleichgerichtete Bewegung von Teilchen, z. B. die D. von Ladungsträgern im elektr. Feld.

▷ Verschiebung der Kontinente auf der Asthenosphäre.

Drifteis ↑ Treibeis.

Driften (Fourwheeldrift), im Automobilsport eine bes. Technik des Kurvenfahrens; dabei wird der Wagen eingangs der Kurve „quergestellt", wodurch er sich bei zusätzl. Gegenlenken gleichmäßig über alle vier Räder seitlich verschiebt.

Drill (Mandrillus leucophaeus), Hundsaffe (Fam. Meerkatzenartige) in den Regenwäldern W-Afrikas; Körper bis 85 cm lang, oberseits braungrau, unterseits grau bis weißl., mit sehr großem Kopf, stark verlängerter Schnauze, Bakkenwülsten und nacktem, glänzend schwarzem Gesicht, das von weißl. Haaren umgeben ist. Schwanz stummelförmig kurz, aufrecht stehend; ♂ mit Nackenmähne, rosaroter Kinnpartie und (im erwachsenen Zustand) leuchtend blauen, violetten und scharlachroten Gesäßschwielen.

Drill [zu niederdt. drillen „drehen"], im militär. Bereich häufig wiederholtes Einüben von Fertigkeiten, bes. des Gebrauches von Waffen.

drillen, mechanisch einüben (↑Drill).

▷ im Angelsport einen gehakten Fisch durch wiederholtes Freigeben und Einholen der Angelschnur ermüden.

▷ in parallelen Reihen säen.

Drillich, svw. ↑ Drell.

Drilling (Dreiläufer), Jagdgewehr mit zwei Kugelläufen und einem Schrotlauf, beim **Doppelbüchs-** oder **Bock-Drilling** umgekehrt.

Drillinge, drei gleichzeitig ausgetragene, kurz nacheinander geborene Kinder. D. können ein-, zwei- oder dreieiig sein. 0,013 % aller Schwangerschaften sind Drillingsschwangerschaften.

Drillingsnerv ↑ Gehirn.

Drillmaschine [engl./dt.], Sämaschine, die das Saatgut in Reihen und in gleichmäßiger Tiefe in den Boden bringt.

Drin, längster Fluß Albaniens, entsteht bei Kukës aus dem Zusammenfluß von **Weißem Drin** und **Schwarzem Drin**, mündet mit zwei Armen in das Adriat. Meer; 285 km lang; am Oberlauf Kraftwerke Vau i Dejes (250 MW), bei Fierza (500 MW) und Koman (600 MW).

Drina, rechter und längster Nebenfluß der Save, Montenegro, Bosnien und Herzegowina, Serbien, entsteht bei Sćepan Polje aus zwei Quellflüssen, mündet 90 km westlich von Belgrad, 346 km lang. Am Flußlauf mehrere Stauwerke mit Kraftwerken; ab Zvornik schiffbar.

Drink [engl.], im dt. Sprachgebrauch svw. alkoholhaltiges Getränk.

Dritte Internationale ↑ Internationale.

dritte Kraft, polit. Schlagwort; von L. Blum 1947 ausgegebene Parole zur Sammlung aller linksbürgerl. und sozialdemokrat. Kräfte zw. Kommunismus und Gaullismus in Frankreich; später auch auf vergleichbare innen- und außenpolit. Konstellationen anderer Länder übertragen, z. B. auf die Rolle der FDP in der Innenpolitik der BR Deutschland und die Konzeption eines eigenständigen Europa zw. den beiden Großmächten USA und Sowjetunion.

Dritte Republik (Troisième République), Name des republikanisch verfaßten frz. Staates 1870 (Ende des Zweiten Kaiserreichs) bis 1940 (État Français).

Dritter Orden (Terziaren, Tertiarier), nach dem kath. Kirchenrecht Männer und Frauen, die unter Leitung eines Ordens nach einer anerkannten Regel, nicht aber in Klöstern leben, im Unterschied zu den [männl.] Ersten Orden oder den diesen angeschlossenen [weibl.] Zweiten Orden. Die Geschichte des D. O. beginnt im MA mit dem Anschluß von Männern und Frauen aus religiösen und sozialen Gründen an die bestehenden großen Orden.

dritter Stand (frz. tiers état), in Frankreich bis zur Frz. Revolution 1789 Bez. für die gegenüber Adel und Geistlichkeit nicht privilegierte Schicht der Bürger, Handwerker und Bauern, seit 1462 für deren gewählte Vertreter in den Ständeversammlungen; erklärte sich 1789 zur Nat.versammlung.

dritter Weg, polit. Schlagwort v. a. der 1950er und 1960er Jahre; bezeichnete das Streben nach einer sozialist. Gesellschafts- und Staatsordnung, die die stalinist. und nachstalinist. Erscheinungsformen einer kommunist. Parteidiktatur durch eine politische Demokratie in Gestalt eines „humanen Sozialismus" ersetzen wollte; von orthodoxen Kommunisten stets als Revisionismus verdächtigt.

Drittes Reich, Begriff aus der Ideenwelt des Chiliasmus, verwendet bereits von Joachim von Fiore, der die Geschichte als einen Aufstieg durch drei aufeinanderfolgende Reiche oder Zeitalter interpretierte: Reich des Vaters (des Gesetzes), des Sohnes (des Evangeliums), des Geistes (der Liebe und Freiheit). Die Vorstellung der Abfolge dreier Reiche wurde fester Bestand europ. Sozialmythologie und Geschichtsphilosophie (u. a. Lessing, Hegel, Schelling, Dostojewski, Spengler); von A. Moeller van den Bruck in seinem 1923 erschienenen Hauptwerk „Das dritte Reich" zu einem polit. Schlagwort gemacht: Er prophezeite nach dem Hl. Röm. Reich und dem Bismarck-Reich ein D. R. aus dem „Geist der Rassenseele". Hitler übernahm nur zeitweilig den propagandistisch wirksamen Namen für die durch den NS zu errichtende „Neue Ordnung"; wurde dennoch allg. Bez. für die NS-Zeit in Deutschland.

Drittes Rom, Begriff der theolog.-ideolog. Deutung und Rechtfertigung der Moskauer Autokratie für Moskau (2. Rom: Byzanz) und einer daraus abgeleiteten, religiös gefärbten Sendungsideologie.

dritte Welt, urspr. Sammelname für jene Staaten, die im kalten Krieg als ↑blockfreie Staaten eine Politik annähernder Bündnisfreiheit zw. den Militärblöcken der westl. („ersten") und östl. („zweiten") Welt betrieben. Seit den 1960er Jahren wurde der Begriff überlagert durch seine heutige entwicklungspolit. Bed.: er umfaßt nunmehr die wirtsch. unterentwickelten Länder mit häufig kolonialer Vergangenheit in Asien, Afrika, Lateinamerika und Europa, die den entwickelten Ländern mit marktwirtsch. oder planwirtsch. Ordnung gegenüberstehen. Die Länder der d. W. traten erstmals 1955 auf der Bandungkonferenz hervor.

Drittschadensliquidation ↑ Schadenersatz.

Drittschuldner, bei der Pfändung einer Forderung oder eines anderen Vermögensrechtes der Schuldner des Vollstreckungsschuldners (z. B. der Arbeitgeber bei Pfändung des Arbeitslohnes). Gepfändet wird die Forderung des Vollstreckungsschuldners gegen den Drittschuldner.

Drittwiderspruchsklage (Widerspruchsklage, Interventionsklage), der Rechtsbehelf zur Abwehr der Zwangsvollstreckung in einen dem Vollstreckungszugriff des Gläubigers nicht unterliegenden Vermögensgegenstand. Klageberechtigter: ein Dritter, der an dem Vollstreckungsgegenstand (gepfändete Sache) ein die Vollstreckung hinderndes Recht hat, z. B. Eigentum. Beklagter: der Vollstreckungsgläubiger.

Drittwirkung der Grundrechte, Pflicht der nichtstaatl. Machtträger (insbes. der Verbände) und Privatpersonen, die Grundrechte zu beachten. Das GG bindet ausdrücklich nur die öff. Gewalt an die Grundrechte (Art. 1 Abs. 3). Lediglich der Koalitionsfreiheit legt es Drittwirkung bei, indem es die Nichtigkeit koalitionsbehindernder Abreden anordnet und hierauf gerichtete Maßnahmen für rechtswidrig erklärt. Die unmittelbare D. d. G. im Privatrechtsverkehr wird fast einhellig verneint, weil sie die Privatautonomie beseitigen würde. Das Bundesverfassungsgericht erkennt den Grundrechten den Charakter einer objektiven Wertordnung zu, die als verfassungsrechtl. Grundentscheidung bei der Auslegung und Anwendung der Privatrechtsnormen durch den Richter zu beachten sind.

Dr. iur. utr. (Dr. jur. utr.), Abk. für lat.: Doctor **iur**is (juris) **utr**iusque (Doktor beider Rechte, des weltl. und des kirchl. Rechts).

Drive [engl. draɪv „Antrieb"], Treibschlag; im *Tennis*: harter langer Grundlinienschlag, im *Golf*: Schlag, der den Ball in die Nähe des Grüns bringen soll.

▷ im *Jazz* durch die Spannung zw. Beat und Off-Beat entstehende, vorantreibende Dynamik des Spiels mit scheinbarer Beschleunigung des Tempos.

Drilling
(Schematischer Querschnitt eines Laufes)

Drive-in... [engl. draɪ'vɪn], Bez. für Einrichtungen, die direkt im Auto sitzend erreicht werden können oder speziell für Autofahrer eingerichtet sind (z. B. Autoschalter einer Bank oder Autokino).

DRK, Abk. für: **D**eutsches **R**otes **K**reuz (↑ Rotes Kreuz).

Drobęta-Turnu Severin, rumän. Stadt unterhalb des Eisernen Tors, 98 000 E. Hauptstadt des Verw.-Geb. Mehedinți; Donauhafen, Theater, historisch-volkskundl. Museum, Freilichtmuseum, Bibliothek; Schiffswerft, Waggonbau. – Das dak. **Drobeta** wurde im röm. Dakien unter Hadrian zum Munizipium, von Septimius Severus zur Kolonie erhoben. – Erhalten sind u. a. die Pfeiler der Trajansbrücke, der Turm Justinians.

Dro̱emersche Verlagsanstalt Th. Knaur Nachf. ↑ Verlage (Übersicht).

Dro̱gen [frz.; wohl zu niederdt. droge-fate „trockene Fässer", somit irrtüml. Bez. für den Inhalt der Fässer], durch Trocknen gewonnene Pflanzen- oder Tierprodukte, die in ihrer urspr. Form oder in bestimmter Zubereitung als Arzneimittel oder auch technisch verwendet werden. Der Begriff D. wird oft ungenau im Sinne von engl. drug („Arzneimittel") oder aber im Sinne von Rausch-D., Sucht-D. („Betäubungsmittel, suchterregende Arzneimittel, Opiate") verwendet. – ↑ Rauschgifte.

Drogenabhängigkeit, anomaler Zustand, der durch die wiederholte Anwendung einer Droge in bestimmten zeitl. Abständen entsteht oder ständig aufrechterhalten wird. Merkmal aller Arten von D. ist die psych. Abhängigkeit von der Droge, dem sog. Suchtmittel. Sie entsteht meist bei psychisch unausgeglichenen Menschen. Bei D. besteht ein unbezwingbarer Drang zur fortgesetzten Einnahme des Suchtmittels, um entweder ein besonderes Gefühl des Wohlbefindens (Euphorie) zu erreichen oder um Mißempfindungen auszuschalten. Neben der psych. gibt es eine phys. Abhängigkeit vom Suchtmittel. Sie besteht in einer Art Anpassung des Zellstoffwechsels, in deren Folge die suchtmachende Droge schließlich zum unentbehrl. „Nährstoff" bestimmter Gewebe aufgewertet wird. Drogen, die v. a. eine psych. Abhängigkeit erzeugen, sind Kokain, Haschisch, Meskalin und LSD, mit gewissen Einschränkungen auch die Weckamine. Die Stoffe, die neben der psych. auch eine phys. Abhängigkeit mit ↑ Entziehungserscheinungen herbeiführen, teilt man in solche vom Morphin- (Morphin, Kodein sowie dessen halbsynthet. Derivat Heroin und synthet. Schmerzmittel) und solche vom Barbiturat- und Alkoholtyp (Barbiturate/Alkohol/Psychopharmaka) ein.

Gesellschaftspolitisch-soziologische Aspekte: Seit dem Ende der 80er Jahre hat sich das Drogenproblem erheblich verschärft, wobei der Drogenmißbrauch nicht mehr nur ein Jugendproblem darstellt, sondern auch eine steigende Tendenz bei Erwachsenen (Altersgruppe 21–40 Jahre) zeigt. Für die Entstehung einer D. sind in den meisten Fällen soziale und ökonom. Probleme die Ursache. Zu den wesentl. Maßnahmen gegen den Drogenmißbrauch gehören in der BR Deutschland der im Juni 1990 verabschiedete „Nationale Rauschgiftbekämpfungsplan" sowie verschiedene Drogenpräventionsprogramme. Wichtige Aufgaben der rd. 1 000 Jugend- und Drogenberatungsstellen sind ambulante Hilfen (Beratung und Behandlung), Suchtprävention und -nachsorge, intensive Einbeziehung von Angehörigen sowie Vermittlung in eine stationäre Langzeittherapie. Zur Bekämpfung des organisierten Drogenhandels und der durch die Sucht bedingten Beschaffungskriminalität werden als alternative Vorschläge auch die Legalisierung des Drogenbesitzes und -konsums und/oder die ärztlich kontrollierte Abgabe von Drogen unterbreitet.

Drogenkunde, svw. ↑ Pharmakognosie.

Drogenstrafrecht, Strafvorschriften, die den Mißbrauch suchtverursachender Substanzen verhindern sollen; in der BR Deutschland v. a. im Betäubungsmittelgesetz vom 28. 7. 1981 geregelt.

Drogerie [frz.], Einzelhandelsfachgeschäft, in dem Drogen, Chemikalien, Hygiene- und Körperpflegeartikel, Nähr- und Diätmittel, frei verkäufl. Arzneimittel sowie Farben, Lacke, Photoartikel u. a. verkauft werden.

Drogheda [engl. 'drɔədə], nordostir. Hafenstadt am Boyne, 7 km oberhalb der Mündung in die Irische See, Gft. Louth, 24 000 E. Textil-, Metall-, Elektroind., Zementwerk. – 8 km nördl. von D. **Monasterboice** (Klostersiedlung mit Bauresten vom 5.–12. Jh.).

Drogobytsch [russ. dra'gɔbɨtʃ], Stadt im Gebiet Lemberg, Ukraine, 76 000 E. PH; Erdölförderung; Erdölraffinerie.

Droguett, Carlos [span. droyɛt], * Santiago de Chile 15. Okt. 1912, chilen. Schriftsteller. – Gestaltet in Romanen und Erzählungen mit modernen Erzähltechniken polit. und soziale Probleme seines Landes. – *Werke:* Sesenta muertos en la escalera (R., 1953), El compadre (R., 1967), Todas esas muertes (R., 1971).

Drohgebärde ↑ Drohverhalten.

Drohne [niederdt.] ↑ Honigbienen.

Drohne, unbemannter militär. Flugkörper, der fern- oder programmgesteuert zu seinem Ausgangspunkt zurückkehren kann.

Drohnenschlacht ↑ Honigbienen.

Drohstellung ↑ Drohverhalten.

Drohung, 1. im *Zivilrecht* die Ausübung jedes psych. Zwangs. Wird jemand durch D. widerrechtlich zur Abgabe einer nicht seinem wahren Willen entsprechenden Willenserklärung veranlaßt, so kann er diese anfechten; 2. im *Strafrecht* die rechtswidrige Ankündigung eines Übels für den Fall, daß der Bedrohte sich nicht dem Willen des Drohenden fügt; Tatbestandsmerkmal der Anstiftung, Nötigung, Erpressung, des Raubes u. a. Straftatbestände. Selbständig strafbar ist nach § 241 StGB die Bedrohung mit einem Verbrechen.

Drohverhalten, abweisendes Verhalten mit aggressiver Motivation, das Tiere gegen Artgenossen oder artfremde Tiere zeigen. Das D. ist angeboren und charakteristisch für die Art. Es enthält stets Komponenten des Angriffs-, oft auch des Fluchtverhaltens. Beim D. wird eine charakterist. Körperhaltung **(Drohstellung, Drohgebärde)** eingenommen, die den Körper gewöhnlich in voller Größe präsentiert, was durch Aufplustern von Federn bei Vögeln, Abspreizen der Flossen bei Fischen und der Haare bei Säugetieren unterstützt werden kann. Auch drohende Lautäußerungen und das Präsentieren der Geschlechtsorgane bei zahlr. Primaten stellen eine bes. Form des D. dar.

Droit [frz. drwa], in Frankreich und im Völkerrecht Bez. für Recht; **droit écrit:** geschriebenes Recht; **droit coutumier:** Gewohnheitsrecht; **droit de suite:** Folgerecht (Seerecht); **droit de poursuite:** Recht der Nacheile (Völkerrecht); **droit de visite:** Durchsuchungsrecht.

Drolerie [frz.], phantastisch-grotesk, satirisch oder ulkig dargestellte menschl. Figuren, Tiere und Fabelwesen.

Drolshagen, Stadt in NRW, im westl. Sauerland, 340 m ü. d. M., 10 400 E. Metall-, Papier-, Kunststoffverarbeitung. – 1214 zuerst gen., 1477 zur Stadt erhoben. – Roman. Pfarrkirche (12. Jh.) mit Wandmalereien.

Drôme [frz. dro:m], Dep. in Frankreich.

Dromedar [zu griech. dromás „laufend"] (Einhöckeriges Kamel, Camelus dromedarius), heute ausschließlich als

Dromedar

Drolerie. Gespräch einer Gans mit einem Fuchs, der sich als Geistlicher verkleidet hat, Miniatur aus einer theologischen Handschrift des 15. Jh. (Ausschnitt in Originalgröße)

Dronten

Haustier bekannte Art der Kamele, v. a. in den heißen Wüstengebieten der Alten Welt; wurde wahrscheinlich um 1800 v. Chr. in Arabien domestiziert; im Unterschied zum Zweihöckerigen Kamel hat es nur einen Rückenhöcker und einen schlankeren, deutlich hochbeinigeren Körper; Färbung braunschwarz bis fast weiß; es kann mehr als eine Woche lang ohne Wasseraufnahme leben. Gegen Sandstürme schützt sich das D. durch Verschluß der Nasenlöcher und starke Sekretion der Tränendrüsen. Das D. dient v. a. als Last- und Reittier.

Dronten [indones.] (Raphidae, Dididae), im 17. und 18. Jh. ausgerottete Fam. flugunfähiger Kranichvögel mit 3 Arten auf Inseln östlich von Madagaskar, u. a. der **Dodo** (Raphus borbonicus) auf Réunion; kurzbeinige Vögel mit plumpem Körper, zurückgebildeten Flügeln, zu Schmuckfedern umgewandelten Schwanzfedern, mächtigem Hakenschnabel und nacktem Gesicht.

Drontheim (norweg. Trondheim), norweg. Stadt an der Mündung des Nidelv in den D.fjord, Hauptstadt des Verw.-Geb. Sør-Trøndelag, 137 000 E. Handels-, Verwaltungs- und Schulstadt; luth. Bischofssitz; Univ. (gegr. 1968), Museen; Bahnknotenpunkt, eisfreier Hafen; ⚓. – 997 von König Olaf I. als **Nidaros** gegr. (wegen der Grabstätte des hl. Olaf bed. Wallfahrtsort); wurde 1152/53 Erzbischofssitz; bis ins 13. Jh. wichtigste königl. Residenz Norwegens. – Der Dom, Krönungskirche der norweg. Könige, wurde im roman.-got. Übergangsstil über dem Grab des hl. Olaf errichtet (12. Jh.; im 19./20. Jh. restauriert).

Dropkick [engl.], Schuß, bei dem der Ball in dem Augenblick gespielt wird, in dem er auf dem Boden aufprallt.

Drop-out [engl. 'drɔpaʊt „Ausfall"], Bez. für jemanden, der aus dem sozialen Umfeld, in das er integriert war, ausgebrochen ist.
▷ durch Materialfehler oder Verschmutzung verursachter Aussetzer in der Schallaufzeichnung.

Drops [engl. „Tropfen"] ↑ Bonbons.

Droschke [russ.], urspr. zwei bis viersitziges russ. Pferdefuhrwerk; seit Ende des 18. Jh. Bez. für Mietwagen mit Kutscher (**Pferdedroschken**), später auch für mietbare Kraftwagen mit Chauffeur (**Kraftdroschken**).

Drosera [griech.], svw. ↑ Sonnentau.

Drosograph [griech.] ↑ Taumesser.

Drosometer [griech.], svw. ↑ Taumesser.

Drosophila [griech.] ↑ Taufliegen.

Drossel ↑ Drosseln.

Drosselbeeren, volkstüml. Bez. für die Früchte des Vogelbeerbaums und des Schneeballs.

Drosselklappe, verstellbare Scheibe in Rohrleitungen, die eine Verkleinerung (Drosselung) des Rohrquerschnitts erlaubt; z. B. in der Ansaugleitung von Ottomotoren zur Regelung des in die Zylinder gelangenden Kraftstoff-Luft-Gemischs und damit der Leistung des Motors.

Drosseln (Turdidae), mit etwa 300 Arten weltweit verbreitete Fam. 12–33 cm großer Singvögel mit spitzem, schlankem Schnabel und langen Beinen; meist Zugvögel.

Drosseln. Oben: Singdrossel. Unten: Wacholderdrossel

Annette Freiin von Droste-Hülshoff

Zu den D. zählen z. B. Amsel, Nachtigall, Sprosser, Singdrossel. Weitere bekannte Arten sind: Misteldrossel, Wacholderdrossel, Ringdrossel, Rotdrossel, Erdsänger, Heckensänger, Schmätzer, Dajaldrossel, Schamadrossel.

Drosselrohrsänger ↑ Rohrsänger.

Drosselspule (Drossel), elektr. Spule mit hohem induktivem Widerstand zur Begrenzung (Drosselung) von Wechselströmen. Gleichströme läßt sie ungehindert passieren, während ihr Wechselstromwiderstand mit wachsender Frequenz zunimmt.

Dronten. Raphus cucullatus, lebte auf Mauritius (Größe etwa 80 cm)

Drosselvenen, (Jugularvenen, Venae jugulares) paarige Venen an den Halsseiten der Wirbeltiere (einschl. Mensch); i. e. S. die seitlich vor der Halsschlagader verlaufende, innere Halsvene (Vena jugularis interna), die die Hauptmenge des Blutes aus der Schädelregion in die obere Hohlvene abführt.
▷ Venen, die durch ihren Wandaufbau den Blutstrom regulieren (drosseln) können.

Drost [niederdt. „Truchseß"], seit dem späteren MA in NW-Deutschland und Teilen der Niederlande ein an der Spitze eines Amtes **(Drostei)** stehender Beamter.

Droste-Hülshoff, Annette Freiin von, eigtl. Anna Elisabeth Freiin D. zu H., * Schloß Hülshoff bei Münster 10. Jan. 1797, † Meersburg 24. Mai 1848, dt. Dichterin. – Entstammte einem altwestfäl., streng kath. Geschlecht. In Gedichten für den Zyklus „Das geistl. Jahr" (1820 abgebrochen, 1839 vollendet, hg. 1851) klingen zuerst die Motive des Bösen, der Angst und der Schuld, des Verlassenseins von Gott und der Gnade an, die ihr ganzes Werk durchziehen. Eine bes. Rolle hat dabei die Kriminalnovelle „Die Judenbuche" (entstanden 1837–41, erschienen 1842), die in Darstellung und Analyse menschl. Verstrickung in Schuld zu den besten dt. realist. Erzählungen des 19. Jh. gehört. Die ep. Verserzählungen „Das Hospiz auf dem Großen Sankt Bernhard" (entstanden 1828–34), „Des Arztes Vermächtnis" (entstanden 1834) wie die Ballade „Der Spiritus familiaris des Roßtäuschers" (entstanden 1842, alle erschienen in dem Band „Gedichte" 1844) zeigen das für D.-H. charakterist. Ineinandergleiten von Traum und Wirklichkeit, wie es bes. auch ihre späte Lyrik seit 1841 trägt (u. a. „Heidebilder", entstanden 1841/42, „Mondesaufgang", 1844). – Ihr Porträt ziert den neuen 20-Mark-Schein der Dt. Bundesbank.

Droste zu Vischering, Clemens August Freiherr von, * Vorhelm bei Münster 21. Jan. 1773, † Münster 19. Okt. 1845, dt. kath. Theologe. – 1798 Priester, 1827 Weihbischof, 1835 Erzbischof von Köln. Bekämpfte das preuß. Staatskirchentum mit Forderungen nach Verkirchlichung des Eherechts und des Schulwesens, 1837 für zwei Jahre verhaftet.

Drottkvætt [...kvɛt; altnord.], häufigste, äußerst kunstvolle Strophenform der Skaldendichtung; sie besteht aus 8 i. d. R. sechssilbigen Zeilen mit Einschnitt nach der 4. Zeile.

Drottningholm (schwed. „Königininsel"), schwed. Königsschloß auf der Insel Lovö im Mälarsee, westlich von Stockholm (1662–1700); mit Rokokoeinrichtung, Rokokotheater (um 1750). – Von der UNESCO zum Weltkulturerbe erklärt.

Drottningholm. Die von Nicodemus Tessin d. Ä. begonnene Schloßanlage, 1662–1700 erbaut

Drucken

Umrechnungstabelle für Druckeinheiten						
	Pa	bar	mbar	Torr	atm	at
1 Pa =	1	10^{-5}	10^{-2}	$7,5 \cdot 10^{-3}$	$9,87 \cdot 10^{-6}$	$1,02 \cdot 10^{-5}$
1 bar =	10^5	1	10^3	750	0,987	1,02
1 mbar =	10^2	10^{-3}	1	0,75	$0,987 \cdot 10^{-3}$	$1,02 \cdot 10^{-3}$
1 Torr =	133	$1,33 \cdot 10^{-3}$	1,33	1	$1,32 \cdot 10^{-3}$	$1,36 \cdot 10^{-3}$
1 atm =	101 330	1,0133	1 013,3	760	1	1,033
1 at = 1 $\frac{kp}{cm^2}$ =	98 100	0,981	981	736	0,968	1

Drouyn de Lhuys, Édouard [frz. druɛ̃də'lɥis, drwɛ̃...], * Paris 19. Nov. 1805, † ebd. 1. März 1881, frz. Staatsmann. – Wirkte als Parlamentarier (ab 1842) für klerikal-konservative Interessen; 1848/49, 1851, 1852–55 sowie 1862–66 Außenmin.; konnte seine Politik der Stärke (Kompensationen am Rhein) gegen Preußen nicht verwirklichen.

Droysen, Johann Gustav, *Treptow a./Rega 6. Juli 1808, † Berlin 19. Juni 1884, dt. Historiker. – 1835 Prof. in Berlin, 1840 in Kiel. Mgl. der Frankfurter Nationalversammlung (Kasinopartei), setzte sich für eine kleindt. Lösung ein, hatte als Schriftführer des Verfassungsausschusses maßgebl. Einfluß auf die Gestaltung der Verfassung; 1859 wieder Prof. in Berlin. D. deutete die Geschichte als Befreiungs- und Bildungsprozeß der Menschheit. Begründer der preuß.-kleindt. Historikerschule. – *Werke:* Geschichte Alexanders d. Gr. (1833/34), Geschichte des Hellenismus (1836–43), Geschichte der preuß. Politik (14 Bde., 1855–86).

DRP, Abk. für: ↑**D**eutsche **R**eichs**p**artei.

Drubbel ↑ Dorf, ↑ Esch.

Druck, Formelzeichen p, Quotient aus dem Betrag einer senkrecht auf eine Fläche wirkenden Kraft F (Druckkraft) und der Größe A dieser Fläche: $p = F/A$. SI-Einheit des Druckes ist ↑ Pascal. Weitere Druckeinheiten sind: Bar, Millibar, Torr, physikal. Atmosphäre und techn. Atmosphäre. ▷ in der *graph. Technik* Druckvorgang, Druckverfahren, Druckerzeugnis.

Druckanzug, Schutzanzug für Test- und Militärpiloten, durch den auf den Körper des Trägers ein Druck ausgeübt werden kann, der eine sichere Funktion von Atmung und Kreislauf auch bei vermindertem atmosphär. Druck (in großen Höhen) gewährleistet. – ↑ Raumanzug.

Druckbehälter, unter Überdruck stehender Behälter, z. B. Gasflasche. D. für verdichtete, verflüssigte oder unter Druck gelöste Gase **(Druckgasbehälter, Druckgasflaschen)** haben genormte Abmessungen, Farbkennzeichnungen (blau für Sauerstoff, gelb für Acetylengas, rot für brennbare Gase) und unterschiedl. Anschlüsse.

Druckbogen ↑ Bogen (Papierbogen).

Drucken, die Vervielfältigung textl. und/oder bildl. Darstellungen durch Übertragung von Druckfarben auf einen Bedruckstoff mit Hilfe einer Druckform nach verschiedenen Druckprinzipien und -verfahren. *Druckformen* bestehen aus der Druckplatte (Unterlage), den Druckelementen (z. B. Drucktypen, Rasterpunkte) und den nichtdruckenden Teilen (Blindmaterial). Unter *Druckprinzip* versteht man die Art und Weise des Druckvorgangs, die durch die Gestalt von Druckformträger und Druckkörper (flach/flach, rund/flach, rund/rund; ↑ Druckmaschinen) bestimmt wird. Die *Druckverfahren* werden eingeteilt in Hochdruck-, Flachdruck-, Tiefdruck- und Durchdruckverfahren.

Im *Hochdruck* erfolgt der Druck von einer erhabenen Druckform, deren nichtdruckende Teile tiefer liegen. Nur die hochstehenden Teile übertragen Farbe auf Papier oder andere Materialien.

Holzschnittdruck: Druckformen: Holzplatten mit eingeschnittenen nichtdruckenden Teilen; Verwendung auf Tiegeldruckmaschinen für künstler. Bilddrucke in geringen Auflagen.

Linolschnittdruck: Druckformen: Linolplatten mit eingeschnittenen nichtdruckenden Teilen. Auf Tiegeldruck- oder Flachformzylinderdruckmaschinen werden künstler. Bilddrucke, Plakate u. a. gedruckt.

Buchdruck: 1. *Bogendruck:* Als Druckformen dienen Bleisatz, Galvanos (galvanoplast. von Matern abgeformte, mit Blei oder Kunststoff hintergossene Druckplatten), Stereos (durch Blei-, Gummi- oder Kunststoffabformungen vom Satz hergestellte Duplikatplatten). Verwendung auf Tiegel- und Flachformzylinderdruckmaschinen zur Herstellung von Kleindrucksachen, Büchern, Zeitschriften. 2. *Rotationsdruck:* Druck mit Rundstereoplatten auf Buchdruck-Rotationsmaschinen; Herstellung von Zeitungen, Büchern, Katalogen in hohen Auflagen.

Flexodruck: Mit elast. Gummistereos wird im Hochdruckverfahren auf Rotationsdruckmaschinen Verpackungsmaterial hergestellt.

Prägedruck: Als Druckformen dienen: a) Stahlstiche zur Herstellung von Geschäftskarten, Briefbogen u. a. auf Tiegeldruckmaschinen und b) Messingstempel oder Prägegalvanos zur Herstellung von Bucheinbanddecken auf Prägepressen.

Im *Flachdruck* erfolgt der Druck von einer chem. vorbereiteten Platte, deren druckende und nichtdruckende Teile prakt. in einer Ebene liegen. Die druckenden Stellen der Druckplatte werden so präpariert, daß sie die (fette) Druckfarbe annehmen und Wasser abstoßen; die nichtdruckenden Stellen stoßen Farbe ab.

Steindruck (Lithographie): Druckformen sind Lithographiesteine, auf die mit fetthaltiger Kreide oder Tusche gezeichnet wird. Durch Ätzung wird die Zeichnung auf die Steine fixiert. Steine werden nach dem Einwalzen mit Farbe bei Druck ständig feucht gehalten. Älteres Verfahren für Farbdrucke, bes. Landkarten, Plakate; Druck auf Flachformzylinderdruckmaschinen; Vorgänger des modernen Offsetdrucks.

Lichtdruck: Druckformen: Glasplatten mit lichtempfindl. Chromgelatineschicht. Bei Belichtung des Negativs werden die belichteten Stellen der Schicht gehärtet und nach Auswaschen der Schicht Druckträger. Zur hochwertigen Wiedergabe von Gemälden, Kunstblättern, Postkarten auf Flachform-Schnellpressen.

Offsetdruck: Druckformen: Zink-, Aluminium- oder Mehrmetallplatten, auf die Schrift und Bild photolithograph. aufkopiert werden. Der Druck erfolgt nicht direkt, sondern über einen mit Gummituch überzogenen Zylinder auf das Material. Fortwährendes Feuchthalten der Druck-

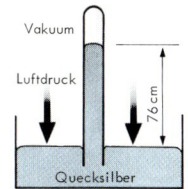
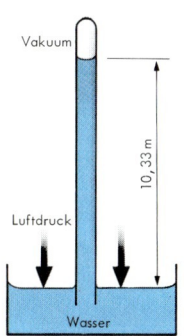

Druck. Der normale Luftdruck drückt in einer leergepumpten Röhre Quecksilber 0,76 m (oben) und Wasser 10,33 m hoch (unten)

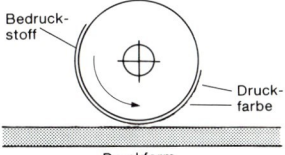

Drucken. Flachdruck

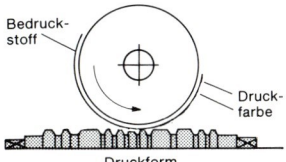

Drucken. Hochdruck

Johann Gustav Droysen

Drucken

Drucken. Verfahren des Vierfarbendrucks: Durch Farbfilter (1 a, 2 a, 3 a) werden von der Vorlage Farbauszüge (1 b, 2 b, 3 b) hergestellt, dazu eine Schwarzaufnahme (4); das „Zusammensehen" verschiedenfarbiger Punkte ergibt Mischfarben (1 c); durch Übereinanderdrucken der verschiedenen Farben (2 c, 3 c, 5) entsteht ein Farbbild; ein vergrößerter Ausschnitt (6) zeigt deutlich die Farb- und Mischfarbpunkte

platte nötig, weil nichtdruckende Teile feucht sein und fetthaltige Farbe abstoßen müssen. Druckmaschinen: Kleinoffsetmaschinen, moderne Offsetmaschinen aller Formate sowie Rotationsmaschinen. Herstellung von Büchern und Zeitschriften, Farbdrucken, Faksimilewiedergaben, Landkartendrucken, Noten.

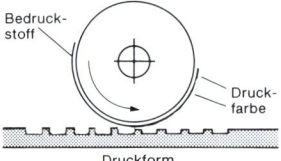

Drucken. Tiefdruck

Im *Tiefdruck* erfolgt der Druck von einer Druckform, deren druckende Teile tiefer liegen als die Oberfläche; näpfchenartige Vertiefungen nehmen Farbe auf und geben sie an das saugfähige Papier ab.

Kupferstich: Kupferplatten werden von Hand mit Stichel graviert. Auf Kupferdruckhandpressen oder Flachformzylinderdruckmaschinen werden künstler. Bilddarstellungen gedruckt.

Radierung: Kupferplatten werden mit einer säurebeständigen Wachsschicht überzogen. Die Zeichnung wird mit der Radiernadel von Hand in die Wachsschicht bis zur Kupferplatte durchgraviert. An diesen Stellen erfolgt die Ätzung der Platte im Säurebad, wobei die Dauer der Ätzung die Tiefe der Zeichnung bestimmt. Druck künstler. Bilddarstellungen auf Handpressen.

Heliogravüre: Als Druckformen dienen mittels Pigmentpapier hergestellte photograph. Platten ohne Raster; die Bildpartie liegt tief. Älteres, 1879 von Karel Klič (* 1841, † 1926) erfundenes Verfahren zur hochwertigen Bildwiedergabe auf Handpressen oder anderem.

Rakeltiefdruck: Druckformen: Kupferzylinder, die eine mittels Pigmentpapier übertragene, durch gleichmäßiges Linienraster in Tonwerte aufgelöste Kopie des Bildes eingeätzt tragen. Die Kupferzylinder werden kräftig eingefärbt, das *Rakelmesser* streicht die Farbe von der Oberfläche ab; Farbe bleibt nur in den Vertiefungen zurück und wird beim Druck an das saugfähige Papier abgegeben. Auf Bogen- und Rotationstiefdruckmaschinen werden illustrierte Zeitungen, Prospekte in hohen Auflagen, Bildkataloge und Bildbände hergestellt.

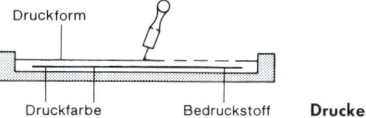

Drucken. Siebdruck

Siebdruck: Druckformenherstellung: Eine geschnittene oder geätzte Schablone wird in ein Sieb eingelegt. Farbe wird über die Schablone gestrichen und dringt durch das Sieb auf den Druckträger. Auf Siebdruckmaschinen werden niedrige Auflagen von Plakaten, Bucheinbandstoffe, farbl. kräftige Buchumschläge hergestellt.

Für den *Farbdruck* werden bei allen Verfahren monochrom eingefärbte Druckformen verwendet. Vom Mehrfarbendruck zu unterscheiden ist der farbige Druck (**Buntdruck**) mit einer oder mehreren Druckfarben ohne Farbsatz. Der **Dreifarbendruck** erfolgt nach Farbauszügen in den Farben Gelb, Purpur (Magenta) und Blaugrün (Cyan) – beim **Vierfarbendruck** noch zusätzl. Schwarz –, die für den Hoch-, Tief- und Offsetdruck wie alle Halbtonvorlagen gerastert (photograph. in Rasterpunkte zerlegt) werden. Die Farben ergeben sich durch subtraktive Mischung der (lasierend) übereinandergedruckten Auszugsfarben; einwandfreie Wiedergaben erfordern manuelle oder maschinelle Farbkorrekturen (in Scannern mit elektron. Farbrechnern).

Drücken ↑Blechverarbeitung.

Drucker, Ausgabegerät von Datenverarbeitungsanlagen zur Darstellung der Daten in Klarschrift. Neben D., die mit festen Drucktypen arbeiten (z. B. Typenrad-D., Typenketten-D.), sind sog. *Matrix-D.* weit verbreitet, bei denen die Zeichen aus einzelnen Punkten zusammengesetzt werden (z. B. Nadel-D., Tintenstrahl-D.). *Laser-D.* arbeiten nach einem elektrophotograph. Verfahren, wobei ein programmgesteuerter Laserstrahl die Zeichen (in Form eines elektr. Ladungsbildes) auf eine Photohalbleiterfolie „schreibt". Beim *Thermo-D.* wirken Miniatur-Heizelemente auf wärmeempfindl. Papier ein.

Drückerfische (Balistidae), Fam. bis 60 cm langer Knochenfische mit etwa 10 Arten in warmen Meeren; Körper seitlich abgeplattet, hochrückig, mit großem Kopf, Mundöffnung klein. Zu den D. gehören der etwa 30 cm lange **Picassofisch** (Rhineacanthus aculeatus) mit bunter, kontrastreicher Zeichnung, und der etwa 50 cm lange **Leopardendrückerfisch** (Balistoides conspicillum), blauschwarz mit gelber Netzzeichnung am Rücken und großen, runden, weißen Flecken auf der unteren Körperhälfte; Mundspalte orangerot gesäumt. Beide sind beliebte Seewasseraquarienfische.

Druckerlaubnis ↑Imprimatur.

Drucker- und Verlegermarken (Drucker- und Verlegerzeichen, Signete), meist Ornamente, die ein Buch als Erzeugnis einer bestimmten Druckerei oder eines Verlages kennzeichnen und zunächst am Schluß des Werkes, später auf dem Titelblatt abgedruckt wurden. Die älteste D. ist das Zweischildsignet J. Fusts und P. Schöffers. – Abb. S. 48.

Druckfallkrankheit (Dekompressionskrankheit), durch zu rasche Dekompression (Senkung) des auf den Organismus wirkenden Drucks hervorgerufene Krankheitserscheinungen. Ursache ist die bei plötzl. Druckminderung auftretende Übersättigung der Körperflüssigkeiten mit den in ihnen gelösten Gasen, v. a. Stickstoff, und die Freisetzung dieser Gase in Form von Bläschen, die Gasembolien und dadurch lokale Gewebsschädigungen und Nekrosen hervorrufen. Symptome sind u. a. Muskel- und Gelenkschmerzen, Schwindel, Nasenbluten. Die D. kommt bei Tauchern vor (**Taucherkrankheit**), die aus großen Tiefen auftauchen, ohne die vorgeschriebenen Dekompressionspausen einzuhalten, bei Arbeitern, die zu rasch aus Taucherglocken, Caissons oder ähnl. unter Überdruck stehenden Kammern entschleust werden (**Caissonkrankheit**), und bei Fliegern, die ohne Druckausgleichsgerät schnell in große Höhen aufsteigen.

Druckfarben, lösl. oder unlösl. Farbstoffe, die meist aus einem Pigment als Farbkörper und einem geeigneten Bindemittel (dem Firnis) bestehen. Die Farbkörper werden unterteilt in: anorgan. Körperfarben (z. B. natürl. Erdfarben, auch hergestellte Mineralfarben sowie Metallfarben), organ. Körperfarben (z. B. Farblacke aus natürl. und Teerfarbstoffen, organ. Pigmente) sowie Ruße und Schwärzen. Für Buch- und Offsetdruckfarben wird als Bindemittel Leinöl verwendet, das beim Hochdruck mehr, beim Flachdruck weniger eingedickt wird. Buchdruckfarben sind sehr pastös und meist volldeckend. Tiefdruckfarben werden aus organ. Pigmenten, die eine größere Farbstärke, Reinheit und Leuchtkraft als anorgan. Pigmente besitzen, und einem hochflüchtigen Lösungsmittel (meist Toluol, Xylol) hergestellt.

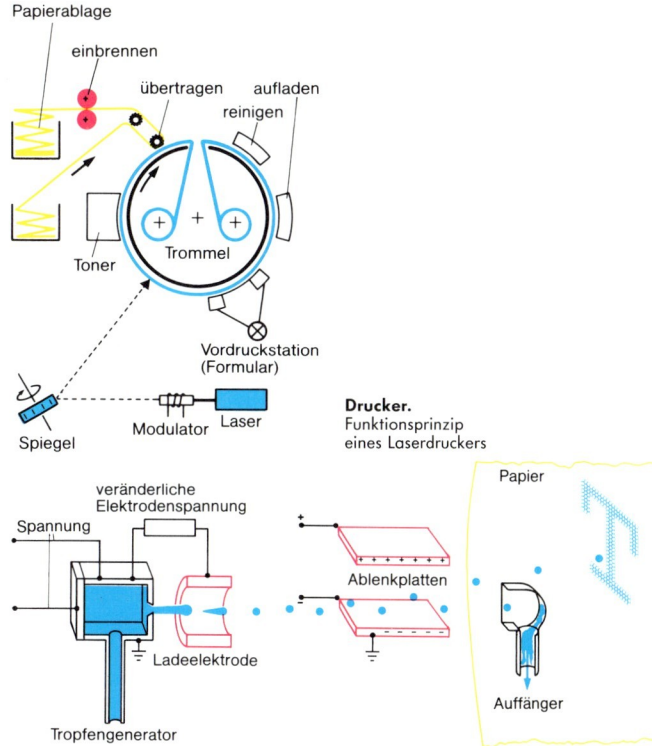

Drucker. Funktionsprinzip eines Laserdruckers

Drucker. Funktionsprinzip eines Tintenstrahldruckers

Druckfehler (Errata), Fehler im gedruckten Text, der auf einen oder mehrere falsch gesetzte Buchstaben zurückgeht. Das Verzeichnis von D., die während des Ausdruckens entdeckt und im letzten Bogen oder auf einem Beiblatt berichtigt werden, heißt oft **Errata.**

Druckform ↑Drucken.

Druckgebilde, in der Meteorologie die Formen der Luftdruckverteilung in Isobarendarstellung, mit typ. Bezeichnungen. Neben dem **Hochdruckgebiet** (Hoch) gibt es den **Hochdruckkeil** (Auswölbung des Hochs, auch **Hochdruckausläufer** genannt), die **Hochdruckbrücke** oder den **Hochdruckrücken** (langgestreckte Verbindung zweier Hochs); neben dem **Tiefdruckgebiet** (Tief) tritt der **Tiefausläufer** (Ausbuchtung des Tiefs), das **Randtief** (abgespaltener Tiefkern) und die **Tiefdruckrinne** (langgestreckte Verbindung zweier Tiefs) auf. Der **Sattel** bezeichnet als Sonderform das Gebiet zw. zwei sich annähernd symmetrisch gegenüberliegenden Tief- oder Hochdruckzentren.

Druckgraphik, künstler. graph. Einzelblätter und Folgen in limitierten Auflagen, Buchschmuck und -illustration (Gebrauchsgraphik) sowie Reproduktionsgraphik (Holzstich, Holzschnitt Linolschnitt, Kupferstich, Radierung, Kaltnadelarbeit, Schabkunst, Aquatinta, Lithographie, Siebdruck).

Druckkabine, in Luft- und Raumfahrzeugen verwendeter, gegenüber der Umgebung hermetisch abgeschlossener Raum mit einem Luftdruck, der 2 500 m Flughöhe entspricht.

Druckkammer, geschlossener Raum, in dem hohe Drücke erzeugt werden können; dient dem Training von Tauchern, auch zum allmähl. Druckausgleich nach längerem Tauchen in größeren Tiefen.

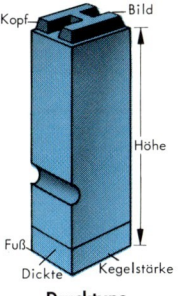

Drucktype

Druckknopf

Fust & Schöffer,
Mainz (1457–1502)

L. Giunta, Venedig
(druckte 1489–1538)

J. Trechsel, Lyon
(druckte 1489–1498)

P. Pacini, Florenz
(druckte 1496–1514)

Bibliographisches
Institut,
Mannheim, Leipzig,
Wien, Zürich

F. A. Brockhaus,
Mannheim, Leipzig

Drucker- und Verlegermarken

Drudenfuß

Druckknopf, aus Ober- und Unterteil bestehender, von H. Bauer 1880 erfundener Knopf, bei dem ein erhabener Teil des Oberstücks in eine Vertiefung des Unterstücks paßt und durch eine Feder gehalten wird.

Drucklähmung, Lähmung, die durch Druck auf einen Nervenstamm, z. B. am Arm nach schlechter Lage während einer Operation, entstanden ist.

Druckluft (früher Preßluft), im Kompressor verdichtete Luft als Betriebsmittel für D.werkzeuge.

Druckluftbremse ↑Bremse.

Druckluftwerkzeuge, mit Druckluft betriebene Werkzeuge; sie nutzen die in der verdichteten Luft aufgespeicherte Energie zum Schlagen (z. B. Abbau-, Niethammer), Drehen (z. B. Bohrmaschine, Druckluftschrauber), Schlagen und Drehen (z. B. Bohrmeißel, -hammer), Anpressen (z. B. Umformwerkzeuge, Nietgegenhalter) oder zum Auftragen von Stoffen (z. B. Farb-, Metallspritzpistole).

Druckmaschinen, Maschinen, mit denen eine Druckvorlage durch eine Druckform in beliebiger Anzahl auf einen Bedruckstoff übertragen wird. Je nach Gestalt des Gegendruckkörpers und des Druckformträgers unterscheidet man die Prinzipien flach/flach, rund/flach und rund/rund. Diese Einteilung ist unabhängig vom Druckverfahren und benennt nur das Funktionsprinzip der Maschinen.

Druckmaschinen nach dem Funktionsprinzip flach/flach: flache Druckplatte und flacher Gegendruckkörper. Der Gegendruckkörper preßt das Papier auf die eingefärbte Druckform. Da die gesamte Fläche der Druckform gleichzeitig druckt, müssen diese Maschinen eine hohe Druckkraft erzeugen; für kleinformatige Druckerzeugnisse. Diese Maschinen heißen *Tiegeldruckmaschinen*.

Druckmaschinen nach dem Funktionsprinzip rund/flach: Hier rollt ein Zylinder mit dem Papierbogen über die flache, eingefärbte Druckform ab.

Druckmaschinen nach dem Funktionsprinzip rund/rund: Diese allg. *Rotations-D.* benannten Konstruktionen zeichnen sich durch runde Druckformen aus. Sie werden für alle drei Hauptdruckverfahren für hohe Auflagen und große Druckgeschwindigkeit gebaut. Man unterscheidet Rollen- und Bogenrotations-D. Bei *Rollenrotations-D.* läuft die Bahn durch die Maschine und wird erst nach dem Druckvorgang zerschnitten und weiterverarbeitet. Bei *Bogenrotations-D.* wird das Papier in fertig geschnittenen Bogen durch die Maschine geleitet und bedruckt. Verwendung von Bogendruckmaschinen, wenn das Druckprodukt weiter verarbeitet werden soll.

D. für den Mehrfarbendruck *(Vierfarbendruck)* sind i. d. R. Rotationsdruckmaschinen, bei denen der Bedruckstoff nacheinander vier Farbwerke (Gelb-, Cyan-, Magenta-, Schwarzdruckwerk) durchläuft.

Druckmesser, svw. ↑Manometer.

Druckmittelgetriebe ↑Getriebe.

Drucksache, Form der postal. Briefsendung, für die niedrigere Gebühren als für Briefe gelten. Als D. können im Bereich der Dt. Bundespost Vervielfältigungen (z. B. Druckerzeugnisse, aber auch Kopien) auf Papier oder Karton in offener Hülle oder unter Streifband, auch in Postkartenform versandt werden. Bei **Briefdrucksachen** können noch bis zu zehn Wörter oder Buchstaben handschriftlich nachgetragen werden (nur Inlandsverkehr). Die billige **Massendrucksache** unterliegt bes. Einlieferungs- und Freimachungsbedingungen.

Druckschrift ↑Schrift.

Drucksinn, Fähigkeit bei Tier und Mensch, mit Hilfe in der Haut gelegener Rezeptoren **(Druckpunkte)** Druckreize wahrzunehmen. Sie führen zur **Druckempfindung.** Die Druckpunkte treten gehäuft auf den Lippen und an Zungen-, Finger- und Zehenspitzen auf. Der Mensch hat etwa 500 000 Druckpunkte. – ↑Tastsinn.

Druckspeicher, unter Druck der Wasserleitung stehender Heißwasserspeicher.

Druckstoß, in einer Wasserleitung bei schnell verlaufender Durchflußänderung auftretende Druckschwankung, die dadurch entsteht, daß die Strömungsbewegung nicht überall gleichzeitig zur Ruhe kommt.

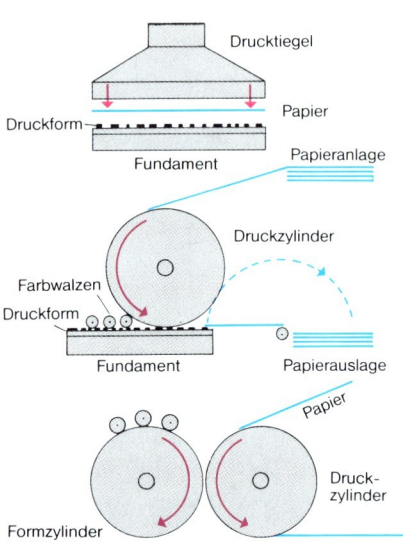

Druckmaschinen. Schematische Darstellung verschiedener Funktionsprinzipien; von oben: flach/flach, rund/flach, rund/rund

Drucksuturen, in Kalkgesteinen durch Drucklösung entstandene Unstetigkeitsflächen, betont durch dunkle Tonhäute (= Lösungsrückstände), die an Schädelnähte erinnern. Aus D. bilden sich bei fortgeschrittener Lösung **Stylolithen,** die zapfenförmig ineinandergreifen.

Drucktype (Letter), zur Herstellung des Satzes dienende Hochdruckform, deren oberer Teil (Kopf) ein erhabenes [spiegelbildl.] Schriftbild trägt. – Abb. S. 47.

Druckumlaufschmierung, Schmiersystem von Verbrennungskraftmaschinen, bei dem das Schmieröl (Motoröl) aus der als Ölbehälter dienenden Ölwanne des Kurbelgehäuses durch eine [Zahnrad]pumpe über verschiedene Rohrleitungen und Bohrungen den einzelnen Schmierstellen, insbes. den Kurbelwellenlagern, zugeführt wird und von dort abtropfend zur Ölwanne zurückfließt. Das Schmieröl dient auch der Lagerkühlung.

Druckverband (Kompressionsverband), straff angelegter Verband bei Blutungen aus kleineren Gefäßen.

Druckverbreiterung ↑Stoßverbreiterung.

Druckvermerk, svw. ↑Impressum.

Druckwasserreaktor ↑Kernreaktor.

Druckwelle, allg. die Ausbreitung einer Druck- oder Dichteänderung (z. B. bei einer Explosion); speziell die von einem mit Überschallgeschwindigkeit fliegenden Flugzeug oder Flugkörper ausgehenden Stoßwellenfronten (Überschallknall).

Druckwindkessel, in Druckleitungen eingebauter geschlossener Behälter mit Luft- oder Gaspolster zum Ausgleich von Druckschwankungen (z. B. hinter Kolbenpumpen).

Drude, [Carl Georg] Oscar, *Braunschweig 5. Juni 1852, †Dresden 1. Febr. 1933, dt. Botaniker. – Prof. in Dresden; gilt als einer der Begründer der Pflanzenökologie; schrieb u. a. „Die Florenreiche der Erde" (1883), „Die Ökologie der Pflanzen" (1913).

Drude, bes. in Oberdeutschland verbreiteter Name der Hexe und des weibl. Nachtgeistes, der das Alpdrücken verursachen soll.

Drudenfuß (Alpfuß), Fünfwinkelzeichen (Pentagramm), schon in der Antike gebrauchtes mag. Zeichen; diente, z. B. auf die Schwelle gemalt, zur Abwehr von Druden.

Drugstore [engl. ˈdrʌgstɔː; engl.-amerikan., eigtl. „Arzneimittellager"], aus den USA stammende Betriebsform des Einzelhandels; anfangs Bez. für Drogerien, jetzt für Verkaufsgeschäfte für alle Artikel des tägl. Bedarfs, z. T. mit einer Imbißecke.

Druiden [kelt.], kelt. Priesterklasse in Gallien und auf den Brit. Inseln. Mit den Barden und Vaten bildeten die D. den das kulturelle Leben der kelt. Völker bestimmenden Gelehrtenstand. In erster Linie oblag ihnen die Pflege der Religion und des Opfers. Daneben übten sie auch richterl. Funktionen aus und befaßten sich u. a. mit Medizin, Geographie, Astronomie und Traumdeutung.

Drumlin [ˈdrʌmlɪn, engl. ˈdrʌmlɪn; kelt.-engl.], vom Inlandeis stromlinienartig geformter langgestreckter Hügel aus Grundmoränenschutt.

Drummer [engl. ˈdrʌmə], [Jazz]schlagzeuger.

Drummond [engl. ˈdrʌmənd], schott. Geschlecht seit dem 11. Jh., von dem neben anderen Königshäusern auch die Stuarts ihre Herkunft ableiten.

Drums [engl. drʌmz „Trommeln"] (Drum-Set), im Jazz Bez. für das Schlagzeug, meist bestehend aus großer und kleiner Trommel, Hi-hat, 2 Becken und 2–3 Tomtoms sowie Wood-Block.

Drumstick [engl. ˈdrʌmstɪk „Trommelstock"] ↑Geschlechtschromatin.

Druon, Maurice [frz. dryˈõ], *Paris 23. April 1918, frz. Schriftsteller. – 1973/74 frz. Kultusmin.; gesellschaftskrit. Romanzyklus „Die großen Familien" (3 Bde., 1948–51), „Der Sturz der Leiber" (1950), „Rendezvous in der Hölle" (1951). – *Weitere Werke:* Die unseligen Könige (Romanzyklus, 7 Bde., 1955–77), Alexander, Eroberer der Welt (R., 1958), Reformer la démocratie (Essay, 1982).

DRUPA, Abk. für: Internat. Messe **Dru**ck und **Pa**pier in Düsseldorf (seit 1951).

Drury Lane Theatre [engl. ˈdrʊərɪ ˈleɪn ˈθɪətə], ältestes noch bespieltes Theater (Schauspiele, Musicals) in England, 1663 in London eröffnet.

Druschba ↑Allenburg.

Druschina [russ.], Gefolgschaft der altruss. Fürsten, insbes. im Kiewer Reich, aus der ein Teil des russ. Adels hervorging; bildete das vom Fürsten auf Zeit angeworbene und unterhaltene Heer.

Druse (Coryza contagiosa equorum), akute Infektionskrankheit bes. bei jüngeren Pferden, hervorgerufen durch das Bakterium Streptococcus equi; gekennzeichnet durch Fieber und Nasenkatarrh.

Druse, rundl. oder ovaler Hohlraum im Gestein, dessen Wände mit kristallisierten Mineralen bedeckt sind **(Kristalldruse).** Sie ist eine Form der Sekretion.

Drusen, pseudoislam. Sekte, deren etwa 180 000 Anhänger in Libanon, Syrien und Israel leben. Sie bekennen sich zu dem Fatimidenherrscher (aus der Dynastie, die von Fatima, der Lieblingstochter Mohammeds, abstammt) Al Hakim († 1021), der jedoch nach dem Glauben der Drusen auf geheimnisvolle Weise verschwunden ist und dereinst zurückkehren soll. Ihr Name geht zurück auf Ad Darasi, einen Begründer der Hakim-Verehrung.

Drüsen, (Glandulae) bei *Tieren* und beim *Menschen* als einzelne Zellen **(Drüsenzellen),** Zellgruppen oder Organe vorkommende Strukturen, die verschiedenartige Sekrete produzieren und absondern. **Exokrine Drüsen** sondern ihr Sekret nach außen bzw. in Körperhohlräume ab, während **endokrine Drüsen** (Hormon-D.) ihr Sekret ins Blut oder in die Lymphe abgeben. Nach der Art des Sekrets unterscheidet man **seröse Drüsen** (eiweißhaltig), **muköse Drüsen** (schleimhaltig) oder **gemischte Drüsen,** nach der Form der Drüsenendteile **tubulöse** (schlauchförmige) und **alveoläre** (azinöse; beerenförmige) **Drüsen.** Die beiden letzten D.arten können als **Einzeldrüsen,** als einfach **verästelte Drüsen** oder als mehrfach verzweigte, häufig verschiedenartiges Sekret liefernde D. **(zusammengesetzte Drüsen)** vorkommen. Im Hinblick auf die Sekretabgabe der D.zellen spricht man von **holokrinen Drüsen,** wenn ganze Zellen in Sekret umgewandelt und abgestoßen werden, z. B. Talg-D. In den **ekkrinen Drüsen** (z. B. Speichel-D.) wird das Sekret durch die Zellmembran hindurch abgegeben. **Apokrine Drüsen** (z. B. Duft-D., Milch-D.) schnüren den Teil des Protoplasmas, der die Sekretgranula enthält, ab. Die beiden letzteren werden als **merokrine Drüsen** bezeichnet, d. h. der Zellkern bleibt erhalten, und sie können wiederholt Sekrete absondern.

▷ bei *Pflanzen* einzellige (einzelne D.zellen) oder vielzellige Ausscheidungssysteme (D.gewebe, ↑Absonderungsgewebe), die im Ggs. zu den Exkretzellen bzw. Exkretionsgeweben das Absonderungsprodukt aus ihren Protoplasten durch die Zellwände hindurch aktiv nach außen abgeben. Die D. der Epidermis (manchmal als D.haare ausgebildet) werden nach ihren Ausscheidungsprodukten als Schleim-, Harz-, Salz- oder Öl-D., die Verdauungsenzyme, Nektar oder Duftstoffe produzierenden D. als Verdauungs-D., Nektarien oder Duft-D. (Osmophoren) bezeichnet.

Drüsenameisen (Dolichoderidae), mit etwa 300 Arten weltweit verbreitete Fam. der Ameisen; mit reduziertem Stachelapparat; verwenden für Angriff und Verteidigung Analdrüsensekrete.

Drüsenepithel, bes. Form des Epithels, das v. a. aus zur Sekretion befähigten Zellen besteht.

Drüsenfieber, svw. ↑Mononukleose.

Drüsengeschwulst, svw. ↑Adenom.

Drüsengewebe ↑Absonderungsgewebe.

Drüsenhaare, pflanzl. Haarbildungen, die als Drüsen fungieren; bestehen aus einem Sekret (z. B. Öle, Harze, Enzyme) absondernden Köpfchen, einem Stielteil und einem in die Epidermis einbezogenen Fußstück.

▷ bei *Tieren* (bes. Insekten) mit Hautdrüsen in Verbindung stehende Haarbildungen.

Drusenköpfe (Conolophus), Gatt. kräftiger, gedrungener, bis etwa 1,25 m langer Leguane mit nur 2 Arten auf den Galapagosinseln; Körper gelblich bis braun, oft unregelmäßig gefleckt, mit starken Hautfalten am Hals und Nackenkamm, der in einen niedrigeren Rückenkamm übergeht.

Drüsenmagen (Vormagen, Proventriculus), vorderer drüsenreicher, dünnwandiger Abschnitt des Vogelmagens. Vom D. gelangt die angedaute Nahrung in den ↑Muskelmagen.

Drüsenpest ↑Pest.

Drüsenzellen ↑Drüsen.

Drusus, Beiname im röm. plebej. Geschlecht der Livier und im julisch-claud. Kaiserhaus; bed.:

D. Julius Caesar, *7. Okt. zw. 15 und 12 v. Chr., †1. Juli 23 n. Chr., Konsul (15 und 21 n. Chr.). – Sohn des Kaisers Tiberius; 11 Quästor, unterdrückte 14 als Heerführer den Aufstand der pannon. Legionen; 17 Statthalter in Illyrien; trug 19 maßgeblich zur Unterwerfung des Markomannenkönigs Marbod bei; erhielt 22 die tribuniz. Gewalt.

D., Nero Claudius D. Germanicus, *14. Jan. 38, †im Sept. 9 v. Chr., Feldherr. – Stiefsohn des Kaisers Augustus, Bruder des späteren Kaisers Tiberius; unterwarf 15 v. Chr. Räter und Vindeliker; 13 Statthalter der gall. Prov., Kommandeur an der Rheinfront; zahlr. Feldzüge gegen die Germanen.

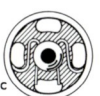

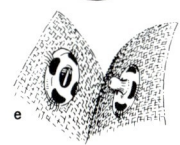

Druckknopf. a Feder; b Federteil ohne Feder; c mit eingelegter Feder; d von der Seite gesehen; e der fertige Druckknopf (links Feder-, rechts Kugelteil)

Druse. Kristalldruse in Dolomit

Drums. Von links: Hi-hat, Snaredrum, Hängetomtom, große Trommel mit Fußmaschine, Becken, Standtomtom

Drusus Julius Caesar (römische Marmorbüste)

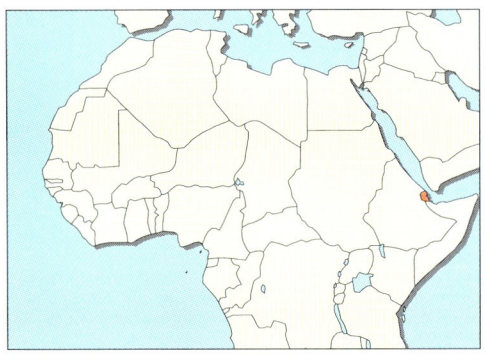

Dschibuti
Fläche: 21 783 km²
Bevölkerung: 337 000 E (1990), 14,5 E/km²
Hauptstadt: Dschibuti
Amtssprachen: Französisch, Arabisch
Staatsreligion: Islam
Nationalfeiertag: 27. Juni (Unabhängigkeitstag)
Währung: 1 Dschibuti-Franc (FD) = 100 Centimes (c)
Zeitzone: MEZ +2 Stunden

Dschibuti

Staatswappen

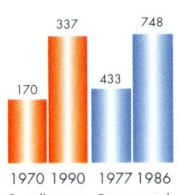

1970 1990 1977 1986
Bevölkerung Bruttosozial-
(in Tausend) produkt je E
              (in US-$)

■ Stadt   Land ■

Bevölkerungsverteilung
1988

■ Industrie
■ Landwirtschaft
■ Dienstleistung

Bruttoinlandsprodukt
1986

dry [engl. draɪ „trocken"], Bez. für zuckerarme alkohol. Getränke.
Dryaden [griech.], in der griech. Mythologie weibl. Baumgeister.
Dryaszeit ↑ Holozän (Übersicht).
Dryden, John [engl. draɪdn], *Aldwincle (Northamptonshire) 9. Aug. 1631, †London 1. Mai 1700, engl. Dichter. – Anhänger der Stuarts und Katholik. Vielseitiger Vertreter des engl. Klassizismus am Höhepunkt der Restaurationszeit; schrieb formvollendete, bissige Satiren („Absalom and Achitophel", 1681), Oden, religiöse Lehrgedichte und sog. „heroic plays". Mit „Marriage à la mode" (1672) begründete er die Comedy of manners (↑ Sittenstück). Bedeutendster Vorläufer von A. Pope.
Drygalski, Erich von [dry...], *Königsberg (Pr) 9. Febr. 1865, †München 10. Jan. 1949, dt. Geograph. – Prof. in Berlin und München; leitete Expeditionen nach Grönland und führte 1901–03 mit dem Polarschiff „Gauß" die erste dt. Expedition in die Antarktis durch.
Dryopithecus [griech.], Gatt. ausgestorbener Menschenaffen im Miozän und Pliozän Eurasiens, möglicherweise auch Afrikas; die Dryopithecinen werden auf Grund des ↑ Dryopithecusmusters als die Vorfahren der heutigen Menschenaffen und des Menschen angesehen.
Dryopithecusmuster [griech.], die nach der Gatt. ↑ Dryopithecus ben. fünfhöckrige Kronenstruktur der unteren Backen- oder Mahlzähne (Molaren). Die zw. den Höckern liegenden Furchen bilden ein fünffaches Y-Muster.
Dryopteris [griech.], svw. ↑ Wurmfarn.
Dsaudschikau ↑ Wladikawkas.
DSB, Abk. für: ↑ **D**eutscher **S**port**b**und.
D. Sc. [engl. ˈdiːɛsˈsiː], engl. und amerikan. Abk. für: **D**octor of **Sc**ience (Doktor der Naturwissenschaften).
Dsch... ↑ Dj...
Dschafar As Sadik (Dschafar Ibn Muhammad), *Medina um 700, †ebd. 765, Nachkomme des Kalifen Ali Ibn Abi Talib und in dessen Nachfolge der 6. Imam. – Von allen schiit. Gruppen anerkannt; gilt im Orient als Meister der Geheimwissenschaften, v. a. der Alchimie und Astrologie.
Dschaghbub, Al, Oase in der nördl. Libyschen Wüste, in einer Senke nw. der Siwaoasen, 1855–95 Hauptort der Senussi.
Dschainismus (Dschinismus, Jainismus, Jinismus) [zu Sanskrit dschaina „Anhänger des Schina (Sieger)"], ind. Religion, deren Entstehungszeit mit der des Buddhismus zusammenfällt. Ihr Verkünder war Wardhamana (†um 447 v. Chr.), mit dem Ehrentitel Dschina ausgezeichnet. In seiner Gemeinde gilt er als der letzte von 24 **Tirthankaras** (Sanskrit „Furtbereiter"), von denen vor ihm nur der vorletzte, Parschwa, historisch gewesen sein dürfte. – Der D. beruht auf einer streng asket. Erlösungslehre. Oberstes Prinzip der Ethik ist das strenge Verbot der Tötung lebender Wesen. Als bes. verdienstvoll gilt es, seinem Leben durch Fasten ein Ende zu setzen. Die korrekte Erfüllung dieser Vorschriften ist nur im Mönchtum möglich, das in die **Digambaras** (Sanskrit „Luftgekleidete"), die auf Kleidung verzichten, und die **Schwetambaras** (Sanskrit „Weißgekleidete") aufgespalten ist. Ein bes. Mönchsrang ist der des „Lehrers". – Der Kult besteht hauptsächlich in der Verehrung der Tirthankaras. – Der D., der missionarisch kaum aktiv ist, zählt heute in Indien etwa 2,6 Mill. Anhänger.
Dschalaloddin Rumi, Mohammad Maulana (im Iran gen. Maulawi), *Balkh (Chorasan) 30. Sept. 1207, †Konya (Türkei) 17. Dez. 1273, pers. Dichter und Mystiker. – Begründer des myst. Ordens der „tanzenden Derwische" (Mewlewi-Orden).
Dschambyl (bis 1936 Aulije-Ata), Gebietshauptstadt im S Kasachstans, am Talas, 307 000 E. 3 Hochschulen; Superphosphatwerk, Nahrungsmittelind., Wollverarbeitung; Bahnstation an der Turksib, ✈. – Im 7. Jh. berühmt unter dem Namen **Taras** (auch Talas), Blütezeit im 10.–12. Jh. als Hauptstadt des Reiches der Ilekchane; 1864 an Rußland. – Ruinen von Taras sowie einer Zitadelle des 11./12. Jahrhunderts.
Dschamdat Nasr (Jemdet Nasr), Ruinenhügel im mittleren Irak, etwa 24 km nö. von Kisch; auf Grund der dort bei Ausgrabungen 1925/26 und 1928 gefundenen Tontafeln mit altertüml. Keilschrift und bemalter Keramik namengebend für eine frühgeschichtl. Periode (um 3000 v. Chr.).
Dschami [arab.], Bez. für eine Moschee (meist die Hauptmoschee), in der am Freitag die Chutba, die Lobrede auf Allah und Mohammed, gehalten wird.
Dscharwanah (Dscherwan, Jerwan), Ort im nördl. Irak, etwa 40 km nnö. von Mosul. Reste eines einst 280 m langen, 22 m breiten und bis 9 m hohen assyr. Aquädukts für Ninive (erbaut unter Sanherib um 695 v. Chr.).
Dschataka (Jataka) [Pali „Wiedergeburtsgeschichte"], Sammlung von mehr als 500 in Pali abgefaßten Geschichten (Dschatakas) aus verschiedenen Existenzen des Buddha (als Bodhisattwa). Die D. besteht aus Märchen, Legenden und Fabeln sowie Novellen.
Dscheskasgan, Gebietshauptstadt in Kasachstan, 109 000 E. Kupfererzbergbau mit Erzaufbereitung. – Seit 1954 Stadt.
Dschibuti, Hauptstadt der Republik D. am Golf von Aden, 290 000 E. Kath. Bischofssitz; bed. Handelszentrum; wichtiger Hochseehafen (Freihafen für Äthiopien); Endpunkt der Bahnlinie aus Addis Abeba; internat. ✈.
Dschibuti (amtl. Vollform: frz. République de Djibouti; arab. Gumhurijja ja Djibouti; Republik Dschibuti), Republik an der Küste NO-Afrikas zw. 10° 55′ und 12° 43′ n. Br. sowie 41° 48′ und 43° 25′ ö. L. Staatsgebiet: Es grenzt an Äthiopien, im SO an Somalia. **Verwaltungsgliederung:** 4 Distr. **Internat. Mitgliedschaften:** UN, OAU, Arab. Liga. **Landesnatur:** D. liegt am Golf von Tadjoura, dem westlichsten Teil des Golfs von Aden, und umfaßt einen Teil des halbwüstenhaften Danakiltieflands (mit den Salzseen Lac Abbé und Lac Assal [bis 153 m u. d. M.]) und einen Teil der Danakilberge (Mussa Ali, bis 1 775 m hoch).

Dsungarischer Alatau

Klima: Es ist trockenheiß (Jahresniederschlag durchschnittlich 45–130 mm).
Bevölkerung: Im N leben die Afar (35 %), die der in Äthiopien beheimateten Danakilgruppe angehören, im S die zur Somaligruppe gehörenden Issa (44 %). Zw. beiden Bev.gruppen bestehen ethn. Spannungen. Außerdem wohnen Franzosen (8 %), Araber (6 %) u. a. in D.
Wirtschaft: Sie beruht auf dem Dienstleistungssektor des Transithafens für äthiop. Güter in der Hauptstadt. Die Landw. dient ausschließlich der Selbstversorgung. Vorherrschend ist die nomad. Weidewirtschaft, daneben Fischerei und Meersalzgewinnung.
Verkehr: 106 km der Eisenbahnlinie Dschibuti–Addis Abeba führen durch die Republik. Das Straßennetz ist 3 073 km lang; internat. ⚓ in der Hauptstadt.
Geschichte: Seit 1862 befand sich D. im frz. Einflußbereich; 1896 wurden die Protektorate Tadjoura und Obock zusammengelegt. 1967 entschied sich das frz. Überseeterritorium als *Frz. Afar- und Issa-Küste* (zuvor *Frz. Somaliland*) für den Verbleib bei Frankreich und erhielt weitgehende innere Autonomie. Am 27. Juni 1977 wurde die unabhängige Republik D. proklamiert, der Issa Hassan Gouled Aptidon wurde Präsident. Durch Unruhen zw. Afar und Issa wurden 1977/78 zwei Reg. gestürzt. 1981 wurden erste Verfassungsgesetze über die Wahl und die Amtszeit des Staatspräs. verabschiedet und das Einparteisystem gesetzlich verankert; seit Nov. 1991 innenpolit. bürgerkriegsähnl. Unruhen zw. Afar und Issa; Wahlsieg der RPP im Dez. 1992.
Politisches System: Nach der Verfassung von 1981 ist D. eine präsidiale Republik. *Staatsoberhaupt* ist der Präs., er wird für 6 Jahre direkt gewählt. Zusammen mit dem Kabinett unter Leitung des Premiermin. übt er die *Exekutivgewalt* aus. *Legislativorgan* ist die Deputiertenkammer, deren 65 Abg. für 5 Jahre aus einer Einheitsliste gewählt werden. Einzige zugelassene *Partei* ist seit 1981 der 1979 gegr. Rassemblement Populaire pour le Progrès (RPP); einzige größere *Gewerkschaft* ist die Union Générale des Travailleurs de Djibouti (UGTD). Das *Gerichtswesen* ist dreistufig, höchste Instanz ist der Cour Suprême.

Dschidda (Djidda), saudiarab. Hafenstadt am Roten Meer, 1,4 Mill. E. Univ. (gegr. 1967), Fachschulen, Bibliothek. Wirtschaftszentrum mit dem Haupthandelshafen des Landes, Sitz der Staatsbank, der ausländ. Botschaften; Erdölraffinerie, Stahlwerk, Zementfabrik; Sammelplatz für Mekkapilger; internat. ⚓. – Vorislam. Gründung, bed. als Hafen für Mekka (seit 646). Seit 1517 osman., 1916 zum Kgr. Hedschas, 1925 zu Saudi-Arabien.

Dschihad [arab. „Bemühung"], der Glaubenskrieg der Muslime gegen nichtislam. Gebiet, oft „Heiliger Krieg" genannt. Ziel des D. ist die Ausdehnung der Herrschaft der islam. Staats- und Gesellschaftsordnung, die von Andersgläubigen nur die Unterwerfung fordert und dafür freie Religionsausübung garantiert. Nach dem kanon. Recht des Islams ist der D. religiöse Pflicht der Gesellschaft, nicht der einzelnen Gläubigen.

Dschimma, Hauptstadt der äthiop. Region Kafa, sw. von Addis Abeba, 1 750 m ü. d. M., 64 000 E. Handelsplatz für Kaffee.

Dschimmu ↑Jimmu.

Dschina (Jina) [Sanskrit „Sieger"], Titel der Verkünder des Dschainismus.

Dschingis-Khan (Tschingis Khan, Dschingis Chan; Činggis Khan), eigtl. Temüdschin (Temudjin) *Deligün boldogh (am Kerulen) 1155, †vor Ningxia (= Yinchuan) im Aug. 1227, Begr. des mongol. Weltreiches. – 1206 mit dem Titel D.-K. zum Herrscher der Mongolen erhoben; organisierte ein schlagkräftiges Heer; Unterwerfung des Uigurenstaates 1206/07; Ausweitung der mongol. Macht durch blutige Feldzüge 1209 gegen das Tangutenreich Xixia, 1211–16 gegen N-China, 1218 gegen Korea, ab 1219 gegen Chorasan und bis S-Rußland (1223 Schlacht am Kalkafluß = Halhain Gol).

Dschinn [arab.], überird. Geister im islam. Volksglauben; aus Feuer erschaffen; gute und böse Dämonen oder Feen.

Dschinnah (Jinnah), Mohammad Ali, *Karatschi 25. (?) Dez. 1876, †ebd. 11. Sept. 1948, Muslimführer und pakistan. Politiker. – Seit 1916 Präs. der All India Muslim League; trat nach 1934 zunehmend für ein unabhängiges Pakistan ein, dessen Gründung er ab 1940 aktiv betrieb; 1. Generalgouverneur Pakistans seit Aug. 1947.

Dschisak, Stadt in Usbekistan, nö. von Samarkand, 82 000 E. PH; Baumwollentkörnung, Nahrungsmittelindustrie.

Dschugaschwili, eigtl. Name von J. W. ↑Stalin.

Dschugdschurgebirge, parallel der W-Küste des Ochotsk. Meeres verlaufendes Gebirge in O-Sibirien, Rußland, etwa 700 km lang, im Topko bis 1 906 m hoch.

Dschumblat, Kamal (arab. Dschunbulat, Kamal), *Muchtara 1919, †bei Baaklin 16. März 1977 (ermordet), libanes. Politiker. – Drusenführer; Gründer und Vors. der arab.-nationalist. Sozialist. Fortschrittspartei, spielte bei den Unruhen 1958 und 1975/76 eine aktive Rolle; seit 1960 mehrfach Min. (u. a. wiederholt Innenminister).

Dschungel [Sanskrit-engl.], Bez. für relativ unpassierbaren, im allg. vom Menschen unberührten trop. Wald.

Dschunke [malai.-portugies.], chin. Segelfahrzeug für Fluß- und Seeschiffahrt; flacher Schiffsrumpf (Tragfähigkeit bis zu 500 t), meist mit Decksaufbauten und bis zu 5 Masten; Segel aus Bastmatten, mit Bambusrohr verstärkt.

Dschunke

Dserschinsk [russ. dzɪrˈʒinsk], Stadt im Gebiet Nischni Nowgorod, Rußland, an der Oka, 285 000 E. Herstellung von Kunststoff, Dünge- und Schädlingsbekämpfungsmitteln.

Dserschinski, Felix Edmundowitsch [russ. dzɪrˈʒinski], eigtl. poln. Feliks Dzierżyński, *Gut Dscherschinowo bei Oschmjany (Gebiet Minsk) 11. Sept. 1877, †Moskau 20. Juli 1926, sowjet. Politiker. – Aus poln. Adel; schloß sich 1906 den Bolschewiki an; ab 1917 Leiter der neugegr. Tscheka und Organisator des „Roten Terrors"; 1924–26 Vors. des Obersten Volkswirtschaftsrates.

Dsungarei [ts...], zw. 250 und 750 m hoch liegende Beckenlandschaft Z-Asiens im N der chin. Region Sinkiang; im S vom Tian Shan, im N durch den Mongol. Altai, im W durch den Dsungar. und die Tarbagataigebirge begrenzt, nach O allmähl. Übergang in die mongol. Hochfläche. Den zentralen Teil nehmen Sandwüsten, die nördl. und westl. Randzonen Salzsümpfe und Salzseen ein; Oasenzone am Rande des Tian Shan. Erdöl- und Steinkohlevorkommen. Nach W führt u. a. die **Dsungarische Pforte,** deren engste Stelle 10 km breit ist und die seit jeher einen wichtigen Verkehrsweg zw. China und Kasachstan bildet.

Dsungaren [ts...] (Oloten), urspr. Name für die Tsoros, einen der vier Stämme der Westmongol. Föderation der Oiraten, der später auf die ganze Föderation übertragen wurde. Bildeten zw. etwa 1630 und 1758 ein nomad. Reich im westl. Z-Asien mit dem Schwerpunkt in der nach ihnen benannten Dsungarei und bedrohten die NW-Grenze Chinas. In zwei Feldzügen (1696/97, 1754–57) durch die Mandschukaiser dezimiert, in andere mongol. Landesteile umgesiedelt.

Dsungarischer Alatau [ts...], z. T. vergletschertes Gebirge im SO Kasachstans, z. T. an der Grenze zu China,

John Dryden
(zeitgenössischer Stich)

Erich von Drygalski

Dschingis-Khan
(Darstellung aus den
Kaiserbildern der
Yuandynastie)

etwa 450 km lang, bis 4464 m hoch; am O-Rand liegt die Dsungarische Pforte († Dsungarei).

dt, Einheitenzeichen für **D**ezi**t**onne (= 100 kg bzw. 1 Doppelzentner).

D-Tag, svw. ↑ D-Day.

dto., Abk. für: ↑ **d**it**o**.

DTP, Abk. für ↑ Desktop publishing.

DTSB der DDR, Abk. für: ↑ **D**eutscher **T**urn- und **S**port**b**und der DDR.

dtv, Abk. für: **D**eutscher **T**aschenbuch **V**erlag GmbH & Co. KG († Verlage, Übersicht).

du̲al [lat.], eine Zweiheit bildend; zwei Elemente enthaltend; in zweifacher Weise ablaufend.

Du̲al (Dualis) [lat.], neben Singular und Plural grammat. Kategorie (Numerus) für zwei [zusammengehörige] Dinge oder Wesen, heute noch in balt. und slaw. Sprachen.

Du̲ala (Douala), Provinz- und Dep.hauptstadt in Kamerun, an der Kamerunbucht, mit dem gegenüber liegenden **Bonaberi** 1,35 Mill. E. Sitz eines kath. Bischofs; Museum des Institut Fondamental de l'Afrique Noire; Metall-, Textil-, Bekleidungs-, chem., Lebensmittelind.; wichtigste Hafenstadt des Landes; zwei Eisenbahnlinien ins Hinterland; internat. ⚓. – Seit 1884 stand das Gebiet um die spätere Stadt D. unter dt. Schutzherrschaft. 1914 wurde D. von brit.-frz. Truppen besetzt und kam 1919 als Teil Ostkameruns unter frz. Mandatsverwaltung.

Du̲ala, Bantustamm in Kamerun, an der Küste bei Duala; ehem. Waldlandpflanzer, Fischer, Jäger und Händler, heute akkulturiert; ca. 80 000.

Du̲alcode, svw. ↑ Binärcode.

du̲ales Abfallsystem, von der im Sept. 1990 gegr. Gesellschaft „Duales System Deutschland" (DSD) betriebene, neben der kommunalen Müllabfuhr privatwirtsch. arbeitende Entsorgung und Verwertung von Verpackungsmüll; finanziert durch Mehreinnahmen aus mit einem **grünen Punkt** gekennzeichneten Produkten; soll bis 1995 flächendeckend bestehen.

Dualismus [lat.], histor. Bez. für die Doppelherrschaft, das koordinierte Nebeneinander von zwei Machtfaktoren oder Institutionen in einem polit. System. D. im Sinne eines Antagonismus, z. B. die Rivalität zw. Österreich und Preußen in der 2. Hälfte des 18. Jh. und 1850–66; D. als teilweise Interessenidentität: etwa das Zusammenwirken der beiden Mächte im Dt. Bund (1815–48).

▷ auf *religiösem Gebiet* ist D. der Glaube an zwei weltgestaltende, metaphys. Mächte, die sich entweder ergänzend („komplementär") oder feindlich („antithetisch") gegenüberstehen. Typisch für komplementären D. ist die altchin. Anschauung von Yin und Yang. Antithet. D. findet sich am ausgeprägtesten in der Verkündigung Zarathustras und im Manichäismus.

▷ ↑ Welle-Teilchen-Dualismus.

▷ in der *Philosophie* svw. Zweiheitslehre; allg. die Annahme, daß alles Seiende auf zwei urspr., nicht auseinander abzuleitende Prinzipien gegr. sei; z. B. gut und böse (*eth. D.),* Geist und Materie *(naturphilosoph. D.),* Leib und Seele *(anthropolog. D.),* vergängl. Erscheinungswelt und ewige Ideewelt *(metaphys. D.* [Platon]). Hauptvertreter des *modernen D.* ist R. Descartes.

Du̲alsystem (Binärsystem, dyadisches System), ein auf der Basis „Zwei" beruhendes Stellenwertsystem, in dem zur Darstellung von Zahlen nur zwei Ziffern (meist 0 und 1) verwendet werden. Die Stellenwerte sind (von rechts nach links): $2^0 = 1$; $2^1 = 2$; $2^2 = 4$; $2^3 = 8$; $2^4 = 16$ usw.; z. B. hat die Zahl 23 im D. die Darstellung 10111; sie wird folgendermaßen ins Dezimalsystem übersetzt:

$$1 \cdot 2^4 + 0 \cdot 2^3 + 1 \cdot 2^2 + 1 \cdot 2^1 + 1 \cdot 2^0$$
$$= 16 + 0 + 4 + 2 + 1 = 23.$$

Du̲alzahl, eine im ↑ Dualsystem dargestellte Zahl.

Du̲alzähler, im Dualsystem arbeitendes, meist elektron. Zählwerk.

Duane, William [engl. du:'ɛɪn], * Philadelphia (Pa.) 17. Febr. 1872, † Devon (Pa.) 7. März 1935, amerikan. Physiker. – Bahnbrechende Arbeiten zur Anwendung von Röntgenstrahlen in der Medizin (Röntgentherapie) und zur Röntgenspektroskopie.

Du̲arte, José Napoleón, * San Salvador 23. Nov. 1925, † ebd. 23. Febr. 1990, salvadorian. Politiker. – 1980–82 und 1984–89 Staatspräsident.

Duba̲ij, Hafenstadt am Pers. Golf, Hauptstadt des Scheichtums D., das zu den Vereinigten Arab. Emiraten gehört, 266 000 E. Naturhafen, künstl. Hafen für Hochseeschiffe. Handelszentrum des östl. Pers. Golfes, Goldumschlagplatz; Erdölförderung vor der Küste, internat. ✈.

Dubaij. Blick auf das Stadtzentrum, im Vordergrund alte Häuser mit Windtürmen zur Belüftung

Dubarry (du Barry), Marie Jeanne Gräfin [frz. dyba'ri], geb. Bécu, * Vaucouleurs (Meuse) 19. Aug. 1743, † Paris 8. Dez. 1793, Mätresse Ludwigs XV. von Frankreich (seit 1769). – Tochter einer Näherin und eines Kapuziners; zunächst Modistin; ∞ mit G. du Barry, dem Bruder ihres Geliebten J. du Barry; ohne bes. polit. Ehrgeiz; 1774 vom Hof verbannt; vom Revolutionstribunal wegen Konspiration verurteilt und hingerichtet.

Du Bartas, Guillaume de Salluste Seigneur [frz. dybar-'taːs], * Montfort bei Auch 1544, † Paris im Juli 1590, frz. Dichter. – Hugenotte, Schüler Ronsards; sein Hauptwerk ist das Alexandrinerepos „Die Schöpfungswoche" (1578; 2. Teil unvollendet).

Dubček, Alexander [slowak. 'duptʃɛk], * Uhrovec (Westslowak. Bez.) 27. Nov. 1921, † Prag 7. Nov. 1992, slowak. Politiker. – 1958–70 Mgl. des ZK der KPČ; 1963–68 1. Sekretär der slowak. KP, wurde als 1. Sekretär der KPČ (1968/69) Mitinitiator, Träger und Symbol des durch die militär. Intervention von Staaten des Warschauer Pakts im Aug. 1968 gewaltsam unterbundenen tschechoslowak. Reformkommunismus („Prager Frühling"); 1970 aller Ämter enthoben und aus der Partei ausgeschlossen; nach den polit. Veränderungen im Dez. 1989 wieder ins Parlament aufgenommen und zu dessen Präs. gewählt; seit März 1992 Vors. der Slowak. Sozialdemokrat. Partei.

Dübel, Verbindungsmittel zur Sicherung der vorgesehenen Lage eines Bauteils, z. B. **Stabdübel** aus Stahl oder Holz (in Fachwerken); für Schreinerarbeiten meist zylindr. Verbindungsstück aus Hartholz, das mit Längsrillen zur Leimaufnahme versehen ist. Zum Befestigen von Haken, Schrauben u. ä. in Wänden werden heute meist **Spreiz**- oder **Pilzdübel** aus Kunststoff, in Hohlraumdecken und -wänden sich aufspreizende oder aufklappende Dübel (z. B. **Klappdübel**) verwendet.

Du Bellay, Joachim [frz. dybɛ'lɛ], * Liré (Maine-et-Loire) um 1522, † Paris 1. Jan. 1560, frz. Dichter. – Mit Ronsard bedeutendster Vertreter der Pléiade, deren Manifest „Défense et illustration de la langue française" (1549) er verfaßte.

José Napoleón Duarte

Alexander Dubček

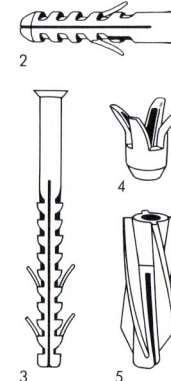

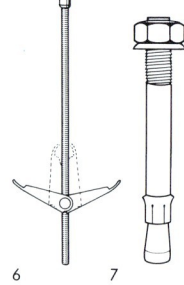

Dübel. 1 Stabdübel aus Holz; 2 Spreizdübel; 3 Rahmendübel; 4 Dübel für Hohlwände (Gipskarton); 5 Dübel für Gasbetonwände; 6 Klappdübel; 7 Schwerlastdübel

Dübener Heide, bewaldetes, hügeliges Gebiet in Sa. und Sa.-Anh., zw. Mulde und Elbe, südl. von Wittenberg; bis 191 m ü. d. M.; am W-Rand Braunkohlebergbau.

dubios [lat.], unsicher, zweifelhaft.

Dubiosa [lat.] (Dubiosen, dubiose Forderungen), Forderungen, deren Begleichung zweifelhaft ist. Es handelt sich um Außenstände, deren Eingang ganz oder teilweise in Frage steht. D. sind in der Bilanz nach ihrem wahrscheinl. Wert anzusetzen.

Dublee ↑ Doublé.

Dublett [lat.-frz.], ein ↑ Multiplett mit zwei Komponenten.

Dublette (Doublette) [frz.; zu lat. duplus „doppelt"], zwei übereinander gepreßte Schmucksteine.
▷ in einer Sammlung doppelt vorhandener Gegenstand (z. B. Münzen).

Dublin [engl. ˈdʌblɪn] (ir. Baile Átha Cliath), Hauptstadt der Republik Irland, an der O-Küste, 502 000 E. Kulturelles und wirtsch. Zentrum des Landes; Verwaltungssitz der Gft. D.; Sitz eines anglikan. und eines kath. Erzbischofs; zwei Univ. (gegr. 1591 bzw. 1909), Sitz u. a. der Royal Irish Academy (gegr. 1786), Kunst- und Musikakad., Veterinärmedizin. Hochschule; Nationalmuseum, -galerie und -bibliothek, Museen, Zoo; Pferderennbahnen; Textil-, Nahrungs- und Genußmittelind., Reifenwerk, Maschinen- und Fahrzeugbau; Hauptmarkt und Verteilerzentrum Irlands; über den Hafen läuft ein Großteil der Im- und Exporte; Fährverbindung mit Liverpool und Rotterdam; ⚓.

Geschichte: Nach der wiking. Besetzung (832) Hauptstadt eines Wikingerkönigreichs, das 1170 von den Anglonormannen erobert wurde. 1172 erhielt D. das Stadtrecht von Bristol. Die im 13. Jh. ausgebaute Stadtburg von D. wurde der Mittelpunkt der engl. Herrschaft auf der Insel. 1070 Bischofs-, 1152 Erzbischofssitz (seit 1536 anglikan., daneben seit 1555 auch ein kath. Erzbischof). Seit 1922 Hauptstadt der Rep. Irland.

Bauten: Prot. Kathedrale Saint Patrick (13. Jh.), Kathedrale Christ Church (dän. Gründung 1038, jetziger Bau 12. Jh.). Zahlr. Repräsentativbauten im klassizist. Stil, u. a. Rathaus (1769), Bank von Irland (1729), Gerichtspalast (1786 bis 1800), Zollamt (1781–91); Wohnviertel z. T. im Georgian style. Über der Stadt liegt D. Castle (1220).

Dubliners, The [engl. ðə ˈdʌblɪnəz], ir. Folkmusikgruppe, gegr. 1962 in Dublin; machte seit 1968 („Seven drunken nights") die ir. Volksmusik internat. bekannt.

Dublone [lat.-span. „Doppelstück"] (span. Doblón, frz. Doublon; Duplone), span. Goldmünze des 16.–19. Jh., urspr. doppelter Escudo, später bed. Welthandelsmünze.

Dubna, russ. Stadt an der Wolga, Gebiet Moskau, 65 000 E. Seit 1956 Kernforschungszentrum.

Dublin. Das am Liffey gelegene Zollhaus von James Gandon, 1781–91 erbaut

Dubois [frz. dyˈbwa], Eugène, * Eisden 28. Jan. 1858, † Halen 16. Dez. 1940, niederl. Arzt und Anthropologe. – Fand 1890/91 auf Java (Trinil) die ersten Pithecanthropusreste (Schädeldach und Oberschenkel).

D., Guillaume, * Brive-la-Gaillarde (Corrèze) 6. Sept. 1656, † Versailles 10. Aug. 1723, frz. Kardinal und Minister. – Erzieher Herzog Philipps II. von Orléans, der ihn 1715 zum Staatsrat ernannte; seine Außenpolitik zielte auf Schaffung eines Sicherheitssystems der Großmächte (Tripelallianz 1717, Quadrupelallianz 1718); seit 1718 Außenmin., wurde 1720 Erzbischof von Cambrai, 1721 Kardinal und 1722 Erster Minister.

Du Bois, William Edward Burghardt [engl. duːˈbɔɪs], * Great Barrington (Mass.) 23. Febr. 1868, † Accra (Ghana) 27. Aug. 1963, amerikanisch-ghanaischer Schriftsteller und Politiker. – 1896–1910 Prof. an der Atlanta University; Mitbegr. der National Association for the Advancement of Colored People; leitete 1919–27 die Kongresse der Panafrikan. Bewegung; trat 1961 der KP der USA bei; siedelte 1962 nach Ghana über, dessen Staatsbürgerschaft er annahm.

Du Bois-Reymond, Emil [frz. dybwaɛˈmõ], * Berlin 7. Nov. 1818, † ebd. 26. Dez. 1896, dt. Physiologe. – Prof. für Physiologie in Berlin; grundlegende Untersuchungen über die bioelektr. Erscheinungen im Muskel- und Nervensystem. Er vertrat mit H. von Helmholtz die physikal. Richtung in der Physiologie des 19. Jh. und gilt als Begründer der neueren Elektrophysiologie.

Dubris, antiker Hafen, ↑ Dover.

Dubrovnik (italien. Ragusa), Stadt in Kroatien, auf einem Felsvorsprung an der süddalmatin. Adriaküste, 44 000 E. Kath. Bischofssitz; Fremdenverkehr. – Urspr. Fischerdorf, in dem sich um 614 n. Chr. Flüchtlinge aus Epidaurus (Illyrien) ansiedelten. Ragusa, bis 1205 unter byzantin. Oberhoheit, wurde im Spät-MA zu einer bed. Seemacht. 1205–1358 in lockerem Abhängigkeitsverhältnis zu Venedig, 1358–1526 unter kroatisch-ungar., 1526–1806 unter osman. Oberhoheit. Unter dem Einfluß der italien. Renaissance nahm D. im 15.–17. Jh. einen bed. kulturellen Aufschwung (Kunst und Literatur in kroat. Sprache); 1815 zu Österreich, 1918 zu Jugoslawien. – Die Altstadt (von der UNESCO zum Weltkulturerbe erklärt) wurde 1272–96 planmäßig angelegt, 1520 und 1667 durch Erdbeben, 1991 im jugoslaw. Bürgerkrieg z. T. zerstört. Bedeutende Bauten sind u. a. Sankt-Blasiuskirche (14. Jh.; 1707–15 erneuert), Franziskanerkloster (14. Jh.), Dominikanerkloster (14. bis 16. Jh.) mit roman.-got. Kirche; spätgot. Rektorenpalast (15. Jh.) mit Arkadeninnenhof, Sponza-Palast (Münz-, dann Zollamt, heute Ausstellungen) im Renaissancestil (1516); Festungsmauern (1450–1550).

Dubuffet, Jean [frz. dybyˈfɛ], * Le Havre 31. Juli 1901, † Paris 12. Mai 1985, frz. Maler und Plastiker. – Begann mit eingeritzten primitivisierten gegenständl. Figurationen („Art brut"); seit 1962 graphisch bestimmte Bilder mit puzzleartig zusammengesetzten Zellen. Seit 1974 buntfarbige Kompositionen und Assemblagen (u. a. aus Kunststoff hergestellte, begehbare Skulpturen).

Jean Dubuffet. Campagne heureuse, 1944 (Paris, Nationalmuseum für Moderne Kunst)

Dublin
Stadtwappen

Dublin
Hauptstadt der Republik Irland (seit 1922)

502 000 E

wirtsch. und kulturelles Zentrum des Landes

im 9. Jh. Mittelpunkt eines Wikingerreiches

zahlr. Repräsentationsbauten im klassizist. Stil

irischer Name: Baile Átha Cliath

Dublone. Spanischer Doppelescudo von 1610 (Durchmesser 26 mm)

Duc [frz. dyk; zu lat. dux „Führer"], höchstes frz. Adelsprädikat, dem Herzog entsprechend; weibl. Form **Duchesse**.

Duca [italien.; zu lat. dux „Führer"], italien. Adelsprädikat, dem Herzog entsprechend; weibl. Form **Duchessa**.

Du Cange, Charles du Fresne, Sieur [frz. dy'kã:ʒ], *Amiens 18. Dez. 1610, †Paris 23. Okt. 1688, frz. Gelehrter. – Verfasser bis heute gültiger Glossare zu mittel- und spätlat. und hellenistischen Schriftstellern sowie von Geschichtswerken zur byzantinischen Geschichte.

Duccio di Buoninsegna [italien. 'duttʃo di buonin-'seɲɲa], *Siena (?) um 1255, †ebd. 1319, italien. Maler. – Überwand die byzantin. Tradition und begründete eine Schule got. Malerei in Siena. Got. (frz.) Einflüsse zeigen sich in neuer Bewegungsfreiheit und Individualisierung der Figuren sowie der größeren Sicherheit der Raumdarstellung. Hauptwerk: „Maestà" mit zahlr. einzelnen Szenen [unvollständig] (1308–11; Siena, Dom-Museum).

Duce [italien. 'du:tʃe; zu lat. dux „Führer"], seit 1922 Titel Mussolinis; Ausdruck des hierarch. Führerprinzips innerhalb der faschist. Partei.

Du Cerceau, Jacques Androuet [frz. dysɛr'so], eigtl. Jacques Androuet, *Paris 1510 oder 1512, †Annecy nach 1584, frz. Baumeister und Kupferstecher. – 1531–33 in Italien, von wo er zahlr. Zeichnungen antiker Monumente mitbrachte, die er in mehreren Stichwerken verwertete; wurde damit ein Wegbereiter der Renaissance in Frankreich. Seine Söhne *Baptiste* (*1544 oder 1547, †1590) und *Jean* (*1585 oder 1590, †nach 1649) waren ebenfalls bed. Baumeister, letzterer erbaute das Hôtel de Sully in Paris (1625–27).

Josef Duchač

Duchač, Josef ['duxatʃ], *Bad Schlag 19. Febr. 1938, dt. Politiker. – Chemieingenieur; seit 1957 Mgl. der CDU (DDR), Dez. 1989–Okt. 1990 Mgl. des Vorstandes der DDR-CDU. Juli–Okt. Bevollmächtigter der DDR-Reg. für den Bez. Erfurt; Okt. 1990–Jan. 1992 (Rücktritt) Min.präs. von Thüringen.

Duchamp, Marcel [frz. dy'ʃã], *Blainville-Crevon (Seine-Maritime) 28. Juli 1887, †Neuilly-sur-Seine 2. Okt. 1968, frz. Maler, Objekt- und Konzeptkünstler. – Begann als Maler mit kubist. Kompositionen, in die er die Bewegungsdimension einführte. Stellte seit 1913 handelsübl. Gegenstände („Readymades") als Kunstgegenstände aus.

Marcel Duchamp. Akt, eine Treppe herabsteigend, Nr. 2, 1912 (Philadelphia, Museum of Art)

Duchamp-Villon, Raymond [frz. dyʃãvi'jõ], *Damville (Eure) 5. Nov. 1876, †Cannes 7. Okt. 1918, frz. Bildhauer. – Seine bes. Leistung innerhalb der frz. kubist. Skulptur ist die Verwendung der Dimension der Bewegung in seinen späten Arbeiten.

Duchcov [tschech. 'duxtsɔf] (dt. Dux), Stadt am Fuß des Erzgebirges, ČR, 217 m ü. d. M., 11 000 E. Maschinenbau, Glasind.; teilweise Verlegung von D. durch Braunkohlentagebau. – Auf Schloß Dux wirkte 1785 bis zu seinem Tod G. G. Casanova als Bibliothekar. – Schloßanlage (1570), 1675–85 barockisiert und im 19. Jh. umgestaltet.

Duccio di Buoninsegna. Fußwaschung, Ausschnitt aus dem Maestà-Altar, 1308–11 (Siena, Dom-Museum)

Duchenne, Guillaume [frz. dy'ʃɛn], genannt D. de Boulogne, *Boulogne-sur-Mer 17. Sept. 1806, †Paris 15. Sept. 1875, frz. Mediziner. – Führte die moderne Elektrotherapie und Elektrodiagnostik ein und beschrieb mehrere Nerven- und Muskelerkrankungen, z. B. die **Duchenne-Lähmung** (chron., progressive Bulbärparalyse) und die **Duchenne-Aran-Muskelatrophie**.

Duchesne, André [dy'ʃɛn], latinisiert Chesneus oder Quercetanus, *L'Île Bouchard (Indre-et-Loire) im Mai 1584, †bei Paris 30. Mai 1640, frz. Historiker. – „Vater der frz. Geschichtsschreibung"; sammelte und edierte als erster systemat. Quellentexte zur frz. Geschichte.

Duchesnea [dy'ʃɛnea; nach dem frz. Botaniker A. N. Duchesne, *1747, †1827], Gatt. der Rosengewächse mit nur 2 Arten in S- und O-Asien. Als Gartenzierpflanze kultiviert wird die **Indische Erdbeere** (Duchesnea indica), eine der Erdbeere ähnl. Pflanze mit langen Ausläufern, dreizählig gefingerten Blättern, langgestielten, gelben Blüten und roten Sammelfrüchten.

Duchess ['dʌtʃɪs; lat.-engl.], engl. Adelstitel, weibl. Form zu ↑Duke.

Duchessa [du'kesa; lat.-italien.], italien. Adelstitel, weibl. Form zu ↑Duca.

Duchesse [frz. dy'ʃɛs; zu lat. dux „Führer"], frz. Adelsprädikat, weibl. Form zu ↑Duc.

Duchesse [frz. dy'ʃɛs], atlasbindiges Kleider- oder Futtergewebe aus Seide oder Chemiefaserstoffen.

Duchoborzen [russ. „Geisteskämpfer"], russ. Sekte, in der 2. Hälfte des 18. Jh. in S-Rußland entstanden; sie brach am radikalsten mit der russ. Orthodoxie und lehnte deren Kult und Dogmen ab. Einziger Gottesdienst ist eine Gebetsversammlung. Die D. haben eine strenge Ethik und verwerfen jegl. äußere Autorität.

Ducker (Schopfantilopen, Cephalophinae), Unterfam. der Horntiere mit 15 etwa hasen- bis damhirschgroßen Arten in Afrika; Körperform gedrungen; auf der Stirn kräftiger Haarschopf; u. a. **Gelbrückenducker** (Riesen-D., Cephalophus silvicultor), 1,15 bis 1,45 m lang, Schulterhöhe 85 cm, Färbung schwarzbraun, längs der Rückenmitte ein gelber, nach hinten breiter werdender Keilfleck; Kopfseiten hellgrau. **Kronenducker** (Busch-D., Sylvicapra grimmia), 0,9–1,2 m lang, bis 70 cm schulterhoch, gelbbraun bis graubraun gelb, mit schwärzl. Nasenrücken und (im ♂ Geschlecht) relativ langen Hörnern. **Zebraducker** (Cephalophus zebra), 60–70 cm lang, etwa 40 cm schulterhoch, rostrot mit schwarzen Querstreifen.

Duckmäuser [zu mittelhochdt. tockelmusen „Heimlichkeiten treiben"], Leisetreter, Kriecher.

Duclos, Jacques [frz. dy'klo], * Louey (Hautes-Pyrénées) 2. Okt. 1896, † Montreuil bei Paris 25. April 1975, frz. Politiker. – 1931–64 Sekretär des Politbüros der KPF, Mgl. des Exekutivkomitees der 3. Internationale; maßgeblich an der Bildung der Volksfront (1936) beteiligt; führend in der Résistance tätig; 1946–58 Vors. der kommunist. Fraktion in der Nat.versammlung; seit 1959 Senator.

Ducommun, Élie [frz. dykɔ'mœ̃], * Genf 19. Febr. 1833, † Bern 7. Dez. 1906, schweizer. Politiker. – Generalsekretär des internat. Friedensbüros in Bern; erhielt 1902 mit A. Gobat den Friedensnobelpreis.

Ducos, Roger Graf [frz. dy'ko], * Dax (Landes) 25. Juli 1747, † Ulm 7. März 1816, frz. Politiker. – 1794 Führer der Jakobiner, 1798 Mgl. des Direktoriums; nach dem Staatsstreich vom 18. Brumaire (9. Nov. 1799) 3. Konsul der provis. Regierung; von Napoleon I. geadelt, floh nach der Restauration nach Deutschland.

Ductus [lat.], in der *Anatomie* Bez. für: Gang, Kanal, Verbindung; z. B. D. choledochus, svw. Gallengang.
▷ ↑ Duktus.

Dudelsack [zu türk. düdük „Flöte"] ↑ Sackpfeife.

Duden, Konrad, * Gut Bossigt (= Wesel) 3. Jan. 1829, † Sonnenberg (= Wiesbaden) 1. Aug. 1911, dt. Philologe. – Gymnasiallehrer und -direktor in Soest, Schleiz und Bad Hersfeld; mit seinem „Vollständigen orthograph. Wörterbuch der dt. Sprache" (1880; seit 1915 „D." gen.) wurde D. der Wegbereiter der dt. Einheitsrechtschreibung.

Duden ⓦ, Warenzeichen für Nachschlagewerke des Bibliographischen Instituts AG, Mannheim. Der „D." geht zurück auf das orthograph. Wörterbuch von K. Duden; dieses erschien von der 9. Auflage (1915) an u. d. T. „Duden. Rechtschreibung der dt. Sprache und der Fremdwörter". Die im „Duden" (Bd. 1 der Reihe „Duden" in 10 Bdn., Mannheim [20]1991) gebrauchten Regeln und Schreibweisen sind in der BR Deutschland seit 1955 für die dt. Rechtschreibung verbindlich. – Bis 1990 erschien eine eigene (1985: 18.) Neubearbeitung des „D." im Bibliographischen Institut Leipzig. Seit 1991 gibt es wieder einen gemeinsam erarbeiteten „D." für das gesamte dt. Sprachgebiet.

Dudenpreis (Konrad-Duden-Preis), Preis, der alle zwei Jahre auf Vorschlag eines Preisgerichts vom Gemeinderat der Stadt Mannheim an Persönlichkeiten verliehen wird, die sich um die dt. Sprache bes. verdient gemacht haben.

Duderstadt, Stadt im Eichsfeld, Nds., 22 300 E. Kunststoffverarbeitung, Textil- und metallverarbeitende Ind. – 929 als Besitz von König Heinrich I. erwähnt. Neben der Pfalz entwickelte sich eine Marktsiedlung, die um 1239 Stadtrechte erhielt. – Propsteikirche Sankt Cyriakus (13. und 14. Jh.), Pfarrkirche Sankt Servatius (Unterkirche; 15. Jh.), Rathaus (13. und 15./16. Jh.). Die Stadtbefestigung ist z. T. erhalten, u. a. das Wesertor (1424).

Dudevant, Aurore Baronin [frz. dyd'vã], frz. Schriftstellerin, ↑ Sand, George.

Dudinka, Hauptstadt des Autonomen Kr. Taimyr innerhalb der Region Krasnojarsk, Rußland, N-Sibirien, 25 000 E. Seehafen am unteren Jenissei; Bahnlinie nach Norilsk. – 1616 gegr., seit 1951 Stadt.

Dudinzew, Wladimir Dmitrijewitsch, * Kapjansk (Gebiet Charkow) 29. Juli 1918, russ. Schriftsteller. – Bekannt durch sein Hauptwerk „Der Mensch lebt nicht vom Brot allein" (1956), das kennzeichnend für die „Tauwetterperiode" nach Stalins Tod ist.

Dudley [engl. 'dʌdlɪ], Stadt in M-England, Metropolitan County West Midlands, 187 000 E. Traditionelle Kleineisenind., Stahlwerk, Maschinenbau.

Dudow, Slatan [...'dɔf], * Zaribrod (= Dimitrovgrad) 30. Jan. 1903, † Berlin (Ost) 12. Juli 1963, dt. Filmregisseur bulgar. Herkunft. – Schuf den proletar. Film „Kuhle Wampe" (1932), an dessen Drehbuch B. Brecht mitarbeitete. 1933 entstand der schon z. T. geheim gedrehte Film „Seifenblasen"; danach Emigration (bis 1945) nach Frankreich. Seit 1946 bei der DEFA, u. a. „Unser tägl. Brot" (1949).

Dudweiler, Stadtteil von Saarbrücken.

Duecento [italien. due'tʃɛnto „200" (Abk. für 1200)], Bez. für das 13. Jh. in Italien.

Duell [lat.] ↑ Zweikampf.

Duero (portugies. Douro), Fluß in Spanien und Portugal, entspringt im Iber. Randgebirge, durchfließt die Nordmeseta und Hochportugal; bildet rd. 100 km lang die span.-portugies. Grenze, mündet bei Porto in den Atlantik, 895 km lang, 98 000 km² Einzugsgebiet. Im Unterlauf schiffbar.

Duett [italien.; zu due (lat. duo) „zwei"], seit dem 17. Jh. Musikstück für zwei Singstimmen und Instrumentalbegleitung.

Dufay [frz. dy'fɛ], Charles-François de Cisternay, * Paris 14. Sept. 1698, † ebd. 16. Juli 1739, frz. Physiker. – Auf Grund von Experimenten unterschied er die zwei Arten der elektr. Ladung (1733).

D., Guillaume * (vielleicht Fay bei Cateau-Cambrésis) um 1400, † Cambrai 27. Nov. 1474, niederl. Komponist. – 1428–37 (mit Unterbrechung) Mgl. der päpstl. Kapelle in Rom. Schuf in seinen Messen, Motetten und Chansons einen neuen Stil, der frz. Techniken mit der italien. und engl. Musik verband und Grundlage für die nachfolgende Generation der „niederl." Musik wurde.

Dufflecoat ['dʌfəlkoːt, engl. 'dʌflkoʊt], dreiviertellanger Sportmantel (urspr. aus *Düffel,* einem Baumwollgewebe).

Dufour, Guillaume Henri [frz. dy'fuːr], * Konstanz 15. Sept. 1787, † Les Contamines bei Genf 14. Juli 1875, schweizer. General und Kartograph. – Sein wichtigstes Werk, die 1844–64 hg. „Topograph. Karte der Schweiz" (sog. D.-Karte; 1:100 000; 24 Blätter) wirkte bahnbrechend auf die Entwicklung der Gebirgskarten.

Dufourspitze [frz. dy'fuːr], mit 4 634 m der höchste Gipfel des Monte Rosa, in den Walliser Alpen, höchster schweizer. Berg.

Dufresnoy, Charles Alphonse [frz. dyfrɛ'nwa], * Paris 1611, † Villiers-le-Bel bei Paris 16. Jan. 1668, frz. Maler. – 1633–56 in Italien; malte zahlr. Wand- und Deckengemälde, bibl. und mytholog. Genreszenen. Schrieb „De arte graphica" (1668).

Duftblüte (Osmanthus), Gatt. der Ölbaumgewächse mit etwa 15 Arten in S- und O-Asien und N-Amerika; immergrüne, stechpalmenähnl. Sträucher oder kleine, bis 8 m hohe Bäume mit kleinen, weißen bis hellgelben, stark duftenden Blüten in Büscheln und blauen bis schwärzl. Steinfrüchten; beliebte Ziersträucher.

Élie Ducommun

Konrad Duden

Duderstadt. Rathaus, 13. Jh., im 15./16. Jh. erweitert

Duftdrüsen

Raoul Dufy. Regatta in Deauville, 1938

Duisburg Stadtwappen

Georges Duhamel

Karl Eugen Dühring

Duftdrüsen, bei *Tier* und *Mensch* Duftstoffe absondernde ein- oder mehrzellige Drüsen. Bei den Säugetieren sind die D. meist umgewandelte Talg- oder Schweißdrüsen. Die D. dienen u.a. der Verteidigung und Abschreckung von Feinden (z. B. Stinkdrüsen bei Wanzenarten oder beim Stinktier), der Revierabgrenzung, der Orientierung im Raum (z. B. durch Absetzen von Duftmarken, bes. bei Insekten, so daß **Duftstraßen** entstehen), der innerartl. Verständigung (z. B. Stockgeruch bei Bienen) oder der Anlockung des anderen Geschlechts. Bei *Pflanzen* entströmen Duftstoffe aus Blütenteilen.

Duftmarken, von Tieren gesetzte chem. Markierungen, die zur innerartl. Verständigung beitragen (Revierabgrenzung, Anlockung des Sexualpartners). D. werden v. a. von Tieren mit gutem Riechvermögen benutzt.

Duftstraßen ↑ Duftdrüsen.

Du Fu (Tu Fu) [chin. dufu], *Duling (Shaanxi) 712, †Leiyang (Hunan) 770, chin. Dichter. – Einer der berühmtesten Lyriker der Tangzeit; ein Großteil seines Werkes, das bis heute fortwirkt, ist sozialkritisch-politisch, wobei er sich auf urspr. konfuzian. Ideale beruft.

Dufy, Raoul [frz. dy'fi], *Le Havre 3. Juni 1877, †Forcalquier 23. März 1953, frz. Maler und Graphiker. – Malte südfrz. Landschaften, Strandbilder und Regatten, Badeszenen, beflaggte Straßen, Pferderennplätze u. a. Die fauvist. Anlage der Bilder wird allmählich von großen Farbflächen abgelöst, wobei die Zeichnung als Gestaltungsmittel Gewicht erhält.

du Gard, Roger Martin ↑ Martin du Gard, Roger.

Dughet, Gaspard [frz. dy'gɛ], *Rom 7. Juni 1615 (oder 1613), †ebd. 25. Mai 1675, frz. Maler. – Schwager und Schüler von N. Poussin, dessen Namen er mitunter führte. Lebte in Italien. Eigenwillige, auf Naturstudien beruhende heroische Landschaften.

Dugongs [malai.], svw. ↑ Gabelschwanzseekühe.

Duhamel, Georges [frz. dya'mɛl], *Paris 30. Juni 1884, †Valmondois (Val-d'Oise) 13. April 1966, frz. Schriftsteller. – Stellte mit einfühlsamer Psychologie und weicher Sprache das zeitgenöss. Bürgertum dar; bed. v. a. „Leben der Märtyrer 1914–1916" (Nov., 1917) und „Die Chronik der Familie Pasquier" (R.zyklus, 10 Bde., 1933–41).

Duhem, Pierre [Maurice Marie] [frz. dy'ɛm], *Paris 10. Juni 1861, †Cabrespine (Aude) 14. Sept. 1916, frz. Physiker, Philosoph und Wissenschaftshistoriker. – Prof. in Bordeaux; zahlr. Arbeiten zur Hydrodynamik, Elektrodynamik und v. a. zur klass. Thermodynamik. Als Wiss.theoretiker vertrat er die neopositivist. Ansicht, daß physikal. Theorien bloß symbol. Konstruktionen seien und daher die Wirklichkeit nur reflektieren, aber nicht genau wiedergeben können, während philosoph. Modelle zum provisor. Begreifen der Welt führen könnten.

Dühring, Karl Eugen, *Berlin 12. Jan. 1833, †Nowawes (= Potsdam) 21. Sept. 1921, dt. Philosoph, Nationalökonom und Wiss.theoretiker. – 1863 Privatdozent für Philosophie (später auch für Nationalökonomie) in Berlin. Verlor 1877 wegen seiner heftigen Kritik am zeitgenöss. Univ.wesen die Lehrbefugnis; gilt als einer der bedeutendsten Vertreter des dt. Positivismus; vertrat erkenntnistheoretisch einen Materialismus, auf eth. und sozialphilosoph. Gebiet einen teleolog. Optimismus. Seine dem darwinist. Kampf ums Dasein gegenübergestellte Idee einer „wirklich freien Gesellschaft", in der alle Zwangs- und Herrschaftsverhältnisse beseitigt sind, wurde von F. Engels im „Anti-Dühring" bekämpft. – *Werke:* Der Werth des Lebens (1865), Krit. Geschichte der Philosophie (1869), Krit. Geschichte der Nationalökonomie und des Sozialismus (1871), Logik und Wiss.theorie (1878).

Duiker, Jan [niederl. 'dœykər], *Den Haag 1. März 1890, †Amsterdam 23. Febr. 1935, niederl. Architekt. – Stahlbetonbauten mit weitgehender Verglasung; bed. Vertreter des ↑ internationalen Stils.

Duisberg, [Friedrich] Carl ['dy:sbɛrk], *Barmen (= Wuppertal) 26. Sept. 1861, †Leverkusen 19. März 1935, dt. Chemiker und Industrieller. – Vorstandsvors. der Farbenfabriken Bayer, maßgeblich beteiligt an der Gründung der I. G. Farbenindustrie AG (1925); förderte die Zusammenarbeit zw. Wiss. und Ind. – Die **Carl-Duisberg-Gesellschaft e. V.,** Köln, ist eine auf Ideen von D. zurückgehende gemeinnützige Organisation zur Förderung dt. und ausländ. Nachwuchskräfte der Wirtschaft.

Duisburg ['dy:sbʊrk], Stadt im westl. Ruhrgebiet, NRW, an der Mündung von Ruhr und Emscher in den Rhein, 30–70 m ü. d. M., 535 200 E. Univ.-Gesamthochschule (gegr. 1972), Versuchsanstalt für Binnenschiffbau,

Duisburg. Die Duisburg-Ruhrorter Hafenanlagen

Verwaltungs- und Wirtschaftsakad., Städt. Konservatorium, Musik- und Orchesterschule; Theater; Stadtarchiv; Niederrhein. Museum, Kunstmuseum; Zoo, botan. Gärten. Zentrum der dt. Eisen- und Stahlind. mit metallverarbeitender, chem. u. a. Ind., Werften; Speditionen, Reedereien. Die Duisburg-Ruhrorter Hafenanlagen bilden mit weiteren Häfen am Rhein das größte Binnenhafensystem der Erde (1989 54,3 Mill. t Umschlag). Seit 1990 besitzt D. einen Zollfreihafen. – D. ist das Beispiel einer industriebedingten Stadtagglomeration aus früher selbständigen Städten (D., **Hamborn, Ruhrort, Meiderich**), in der jeder Stadtteil eine bes. Funktion wahrnimmt.

Geschichte: D. entstand aus einer 883/884 zuerst erwähnten Königspfalz; im 12. Jh. Stadt, 1290 an Kleve; 1655–1818 ref. klev. Landesuniv. in D.; Industrialisierung seit der 2. Hälfte des 19. Jh. (Anlage von Eisenhütten). 1905 Zus.schluß mit **Meiderich** (etwa im 9. Jh. erstmals genannt, im 13. Jh. klev., 1895 Stadt) und **Ruhrort** (im Anschluß an ein 1373/74 errichtetes festes Haus in klev. Besitz entstanden, Name seit 1379 belegt, 1473 als Stadt bezeichnet), 1929 mit **Hamborn** (in der 2. Hälfte des 10. Jh. erstmals erwähnt, im 13. Jh. an Kleve, 1911 Stadtrecht). 1929–35 hieß D. **Duisburg-Hamborn.**

Bauten: Die ehem. Minoritenkirche wurde im 2. Weltkrieg zerstört, an ihrer Stelle entstand 1959–61 die Karmelkirche, Salvatorkirche (15. Jh.), moderne Pfarrkirche Sankt Anna (1954), Mercatorhalle (1957–62), Wilhelm-Lehmbruck-Museum (1956–64).

Duisdorf [ˈdyːsdɔrf], Ortsteil von ↑Bonn.

Dukatenfalter

Dujardin, Édouard [frz. dyʒarˈdɛ̃], *Saint-Gervais-la-Fordt (Loir-et-Cher) 10. Nov. 1861, †Paris 31. Okt. 1949, frz. Schriftsteller. – Verwendete als einer der ersten den inneren Monolog („Geschnittener Lorbeer", R., 1888), wurde damit zum Vorbild für J. Joyce, S. Beckett und den ↑Nouveau roman.

Dukas, eine der bedeutendsten und polit. einflußreichsten ma. griech. Sippen; nachweisbar seit dem 9. Jh.; stellte mit Konstantin X. (⚭ 1059–67) und Michael VII. (⚭ 1071–78) zwei byzantin. Kaiser.

Dukas, Paul [frz. dyˈkaːs], *Paris 1. Okt. 1865, †ebd. 17. Mai 1935, frz. Komponist und Musikkritiker. – Seine Kompositionen zeichnen sich durch reizvolle Melodik, straffe Rhythmik und glänzende Instrumentation aus (u. a. sinfon. Dichtung „Der Zauberlehrling", 1897, nach Goethe).

Dukaten (Dukat) [italien.; zu mittellat. ducatus „Herzogtum" (nach Münzaufschriften von 1140 bzw. 1284)], Goldmünze des 13.–19. Jh., eine der wichtigsten Welthandelsmünzen der Geschichte; ab 1559 Hauptgoldmünze des Hl. Röm. Reiches; im 18. Jh. zunehmend von der Pistole u. a. abgelöst.

Dukatenfalter (Feuerfalter, Heodes virgaureae), Tagschmetterling der Fam. Bläulinge in Eurasien; Spannweite 3,5 cm; Flügel beim ♂ oberseits feurig rotgold glänzend, schwarz gesäumt, beim ♀ mit schwarzbraunen Flecken.

Duke [engl. djuːk; zu lat. dux „Führer"], Herzog, höchster engl. Adelstitel (seit dem 14. Jh.), urspr. Mgl. des königl. Hauses vorbehalten; weibl. Form **Duchess.**

Düker [niederdt. „Taucher"], auf dem Prinzip der kommunizierenden Röhren beruhende Führung von Rohrleitungen unter Hindernissen (z. B. Flüssen).

Duktilität [lat.], svw. Dehnbarkeit.

Duktugraphie, svw. ↑Galaktographie.

Duktus [lat.], Schriftzug; Pinselführung, Linienführung.

Dulbecco, Renato [engl. dʌlˈbɛkoʊ, italien. dulˈbekko], *Catanzaro 22. Febr. 1914, amerikan. Biologe italien. Herkunft. – Prof. in Pasadena und London. Arbeiten über die Wirkung von DNS-Viren auf lebende Zellen; bewies u. a., daß eine Vermehrung dieser Viren zu einer genet. ↑Transformation der Zellen führt, wobei das genet. Material der Viren in das genet. Material der transformierten Zellen induziert wird; erhielt 1975 (zus. mit D. Baltimore und H. M. Temin) den Nobelpreis für Physiologie oder Medizin.

Duldungsvollmacht ↑Anscheinsvollmacht.

Dülfersitz [nach dem dt. Alpinisten H. Dülfer, *1892, ⚔ 1915], von den Bergsteigern bevorzugter Sitz zum Abseilen und beim Quergang.

Dulichius, Philipp, *Chemnitz 18. Dez. 1562, †Stettin 24. März 1631, dt. Komponist. – Seine etwa 250 Motetten stehen dem niederl. polyphonen Stil O. di Lassos und dem der venezian. Schule nahe.

Dülken ↑Viersen.

Dulles [engl. ˈdʌlɪs], Allen Welsh, *Watertown (N. Y.) 7. April 1893, †Washington 29. Jan. 1969, amerikan. Politiker. – Bruder von John Foster D.; im 2. Weltkrieg Leiter des amerikan. Nachrichtendienstes in Europa; 1953–61 Leiter der CIA.

D., John Foster, *Washington 25. Febr. 1888, †ebd. 24. Mai 1959, amerikan. Politiker (Republikaner). – Bruder von Allen Welsh D.; urspr. Rechtsanwalt; 1945–50 Delegierter der USA bei den UN; versuchte als Außenmin. unter Eisenhower (1953–59), dem Kommunismus durch ein globales Netz von Sicherheitspakten zu begegnen; seine Politik des Containment, ergänzt durch den Gedanken der massiven Vergeltung und des Roll back, stieß Ende der 50er Jahre im Westen auf zunehmende Kritik.

Dukaten der Freien Reichsstadt Augsburg, 1705 (Vorder- und Rückseite)

Dülmen, Stadt im Kr. Coesfeld im westl. Münsterland, NRW, 50–60 m ü. d. M., 38 800 E. Textil-, Möbel-, Eisenind.; in der Nähe größtes Wildpferdegehege Europas im Merfelder Bruch. – 889 erstmals erwähnt; seit 1311 Stadt.

Dülmener, bis 1,35 m schulterhohe, halbwilde Pferderasse aus der einzigen noch bestehenden dt. Wildgestüt im Merfelder Bruch bei Dülmen; wegen Einkreuzung fremdblütiger Hengste ist der Fortbestand der Rasse in Frage gestellt.

Dulong-Petitsche Regel [frz. dyˈlõ, pəˈti], von den frz. Physikern Pierre Louis Dulong (*1785,†1838) und Alexis Thérèse Petit (*1791, †1820) 1819 formulierte Regel, nach der die spezif. Wärmekapazität pro Atom für alle festen Elemente unabhängig von der Temperatur gleich $3k$ ist (k Boltzmann-Konstante), das entspricht einer Molwärme von etwa 25 J/(K · mol); gilt bei Zimmertemperatur mit hinreichender Genauigkeit nur für Metalle.

Dult [zu althochdt. tult, eigtl. „Ruhezeit"], urspr. kirchl. Fest, jetzt Jahrmarkt, z. B. die Auer D. in München.

Duluth [engl. dəˈluːθ], Stadt in NO-Minnesota, USA, am W-Ende des Oberen Sees, 93 000 E. Kath. Bischofssitz, bed. Überseehafen für Eisenerz und Holzausfuhr am W-Ende des Sankt-Lorenz-Seeweges; Eisen- und Stahlgewinnung, Schiffbau; ⚓. – 1817 errichtete J. J. Astor hier eine Pelzhandelsstation, aus der sich die Stadt entwickelte (1870 Stadtrecht).

Dulzian (Dolcian) [lat.-italien.], im 16. und 17. Jh. Bez. für ein in mehreren Größen gebautes Doppelrohrblattinstrument, Frühform des Fagotts.

▷ seit dem 16. Jh. nasal klingendes Zungenregister der Orgel (Sechzehn- oder Achtfuß).

Dulzinea [zu lat.-span. dulce „süß"], scherzhaft-abschätzige Bez. für Freundin, Geliebte (nach der Gestalt der Dulcinea del Toboso im „Don Quijote" von Cervantes).

Édouard Dujardin

Renato Dulbecco

Dülmener

Duma

Alexandre Dumas d. Ä.

Alexandre Dumas d. J.

Daphne du Maurier

Faye Dunaway

Henri Dunant

Duma, allg. russ. Bez. für Rat, Versammlung; Name von Institutionen in Rußland: 1. **Bojarenduma,** im 12.–15. Jh. entstandener fürstl. Rat, wurde im Moskauer Reich zu einem ständigen Adelskolleg (Beratung des Herrschers, Oberleitung der Verwaltung); verschwand bis 1711. – 2. **Stadtduma,** 1785 für große Städte eingerichtete Stadtverordnetenversammlung. – 3. **Reichs-** bzw. **Staatsduma,** nach der Revolution von 1905 geschaffene Volksvertretung des Gesamtreiches mit begrenzten parlamentar. Rechten; bestand bis 1917.

Dumas [frz. dy'ma], Alexandre, d. Ä., *Villers-Cotterêts (Aisne) 24. Juli 1802, † Puys bei Dieppe 5. Dez. 1870, frz. Schriftsteller. – Vater von Alexandre D. d. J. Sein histor. Boulevardstück „Henri III et sa cour" (1829) verhalf der Romantik zum Durchbruch. Von seinen unterhaltenden Abenteuerromanen wurden „Die drei Musketiere" (1844) und „Der Graf von Monte Christo" (1845/46) sehr bekannt. Den romantisch-abenteuerl. Charakter seines Schaffens (mehr als 250 Werke, z. T. mit anderen Autoren zus. verfaßt) schilderte er in seinen umfangreichen „Memoiren" (1852–54).

D., Alexandre, d. J., *Paris 27. oder 28. Juli 1824, † Marlyle-Roi bei Paris 27. Nov. 1895, frz. Schriftsteller. – Sohn von Alexandre D. d. Ä.; sein Roman „Die Kameliendame" (1848) wurde ein großer Bühnenerfolg als Drama (1852) und Oper („La Traviata" von Verdi, 1853), bed. Verfilmungen (1936, 1980). Stritt gegen bürgerl. Scheinmoral („Demimonde" [„Halbwelt"], Kom., 1855).

D., Roland, *Limoges 23. Aug. 1922, frz. Politiker (Parti Socialiste). – Rechtsanwalt; 1983/84 Europamin., 1984/85 und erneut seit 1988 Außenminister.

du Maurier, Dame (seit 1969) Daphne [engl. dju:'mɔ:rɪeɪ], *London 13. Mai 1907, † Par (County Cornwall) 19. April 1989, engl. Schriftstellerin. – Verbindet in ihren psycholog. untermauerten Erfolgsromanen romant. Grundhaltung mit realist. Darstellung. – *Werke:* Gasthaus Jamaica (R., 1936), Rebecca (R., 1938), Meine Cousine Rachel (R., 1951), Das Geheimnis des Falken (R., 1965), Eine Schriftstellerin nimmt Gestalt an. Autobiograph. Aufzeichnungen (1977), Träum erst, wenn es dunkel wird (En., 1981).

Dumbarton [engl. dʌm'bɑ:tn], schott. Hafenstadt in der Region Strathclyde, am rechten Ufer des Clyde, 23 000 E. Autoind., Whiskyherstellung. – Seit 1222 Stadt.

Dumbarton-Oaks-Konferenz [engl. dʌm'bɑ:tn 'oʊks], 1944 in den USA in Dumbarton Oaks (Washington, D. C.) abgehaltene Konferenz der USA, Großbritanniens, der UdSSR und Chinas zur Vorbereitung der Gründung der UN.

Dumdumgeschosse [nach der ind. Stadt Dumdum, dem ersten Herstellungsort], wegen der sprenggeschoßartigen Wirkung seit 1868 völkerrechtlich verbotene Geschosse: 1. Halbmantelgeschosse mit freiliegendem Bleikern, 2. Hohlspitzgeschosse, deren ummantelte Spitze eine zylindr. Bohrung aufweist.

Dumitriu, Petru, *Bazias (Kreis Caraș-Severin) 8. Mai 1924, rumän. Schriftsteller. – Emigrierte 1960; schreibt heute in frz. Sprache. – *Werke:* Die Bojaren (3 Bde., 1950–54), Inkognito (R., 1963), La liberté (R., 1983).

Dumka (Duma) [ukrain.], Volksballade der Ukrainer in freien Versen, entstanden im 15./16. Jh. im Kosakenmilieu; zur Kobsa oder Bandura vorgetragen.

Dümmer, 16 km² großer, bis 3 m tiefer See im westl. Nds., 37 m ü. d. M., von Bruchmooren umgeben, von der Hunte durchflossen; Wildschutzgebiet für Wasservögel. Im Moorgebiet mehrere prähistor. Siedlungen, z. T. ausgegraben.

Dummheit, allgemeinsprachl. Terminus für Mangel an Intelligenz, geringe Begabung, herabgesetzte kognitive Fähigkeiten und Leistungen. I. e. S. Bez. für das auf bestimmte Situationen bezogene geminderte Vermögen (log.) Denkens und Handelns. *Philosophisch* bestimmte Kant D. als „Mangel an Urteilskraft", Schopenhauer als „Mangel zur unmittelbaren Auffassung der Verkettung von Ursache und Wirkung, Motiv und Handlung".

Dummy ['dʌmi, engl. „Attrappe"] (Mrz. Dummies), menschenähnl. Testpuppe, deren mechan. Eigenschaften, Belastbarkeit und Masseverteilung dem menschl. Körper weitgehend entspricht. Verwendung in der experimentellen anthropotechn. Forschung, insbes. in der Unfallforschung im Kfz-Bereich (*Crash-* oder *Aufpralltest*). D. geben Aufschluß über Verletzungsgefahren und die beim Aufprall auf den menschl. Körper einwirkenden Kräfte.

Dummy. Kunststoffpuppen beim Crashtest

Dumont, Louise [frz. dy'mõ], eigtl. Heynen, *Köln 22. Febr. 1862, † Düsseldorf 16. Mai 1932, dt. Schauspielerin und Theaterleiterin. – Seit 1896 in Berlin (1898–1901 am Dt. Theater); bed. Ibsendarstellerin. 1905 gründete sie mit ihrem Mann *Gustav Lindemann* (*1872, † 1960) das Düsseldorfer Schauspielhaus.

DuMont Buchverlag GmbH & Co. KG [frz. dy'mõ] ↑ Verlage (Übersicht).

Dumouriez, Charles François [frz. dymu'rje], *Cambrai 25. Jan. 1739, † Turville bei Reading 14. März 1823, frz. General. – Wechselte während der Frz. Revolution von den Jakobinern zu den Girondisten; 1792 Außenmin., dann Befehlshaber der Nordarmee; kämpfte erfolgreich bei Valmy und Jemappes und eroberte die östr. Niederlande; trat 1793 auf die Seite der Koalition.

Dump [engl. dʌmp] (Speicherauszug), in der Informatik das Sichtbarmachen eines zusammenhängenden Teils eines Speichers durch Ausgabe mit einem Drucker oder auf den Bildschirm.

Dumpalme [arab./dt.] (Hyphaene), Gatt. 12–15 m hoher Fächerpalmen der Steppengebiete mit 32 Arten von Afrika bis Indien; Fruchtfleisch der kugeligen Steinfrüchte eßbar; Samen mit hornartigem Nährgewebe.

Dümpeln [niederdt.], leichte, schlingerartige Bewegung eines vor Anker liegenden Schiffes in der Dünung.

Dumping ['dampɪŋ, engl. 'dʌmpɪŋ; zu to dump „abladen, (Waren) verschleudern"], Export einer Ware unter ihrem Inlandspreis, um einen ausländ. Markt zu erobern. Arten: 1. **wirtschaftspolitisches Dumping** in Form staatl. Exportförderung, die Exportpreissenkungen ermöglicht; 2. **privatwirtschaftliches Dumping** (z. B. bei wettbewerbsbeschränkenden Anbieterstrukturen), ist langfristig nur dann möglich, wenn z. B. Schutzzölle den Rückimport der Ware unmöglich machen.

▷ im *Umweltschutz* das unerlaubte Einbringen von Abfallstoffen ins Meer.

Düna (Westl. Dwina), Fluß in Rußland, Weißrußland und Lettland, entspringt in den Waldaihöhen, mündet unterhalb von Riga in den Rigaischen Meerbusen (Ostsee), 1 020 km lang, bis Riga für kleinere Seeschiffe befahrbar; Kraftwerke.

Dünaburg (lett. Daugavpils), Stadt an der Düna, im SO Lettlands, 127 000 E. PH, Theater; Chemiefaserwerk, Elektrogerätebau, Verkehrsknoten. – 1278 vom Dt. Orden als Grenzfestung gegr.; 1561 zu Polen-Litauen. Bei der 1. Poln. Teilung fiel die Stadt an Rußland, 1920 kam sie zur Republik Lettland.

Dunajec [...εts], rechter Weichselnebenfluß, in Polen, entspringt mit 2 Quellflüssen in der Hohen Tatra, 251 km. Maler. Durchbruchstal in den Pieninen (Kalksteinberggruppe); 2 kleine Stauwerke.

Dunant, Henri [frz. dyˈnã], auch: Jean Henry D., *Genf 8. Mai 1828, †Heiden (Kt. Appenzell Außerrhoden) 30. Okt. 1910, schweizer. Philanthrop und Schriftsteller. – Regte 1862 unter dem Eindruck der Schlacht von Solferino (1859) die Gründung des Internat. Roten Kreuzes an und veranlaßte die Einberufung einer Konferenz, die die ↑Genfer Konvention von 1864 beschloß; erhielt 1901 mit F. Passy den Friedensnobelpreis.

Dunaújváros [ungar. ˈdunɔuːjvaːroʃ], ungar. Stadt an der Donau, 60 km südl. von Budapest, 63 000 E. Nach 1950 planmäßig zu einem der wichtigsten Standorte der ungar. Schwerind. ausgebaut: Hüttenwerk mit Hochöfen, Martinstahlwerk, Kalt- und Warmwalzwerke; Donauhafen. – Seit 1951 Stadt.

Dunaway, Faye [engl. ˈdʌnəweɪ], *Bascom (Fla.) 14. Jan. 1941, amerikan. Filmschauspielerin. – Zunächst beim Theater; erster film. Erfolg war „Bonnie und Clyde" (1967); wandlungsfähige Charakterdarstellerin in „Das Arrangement" (1969), „Little big man" (1970), „Chinatown" (1974), „Network" (1977), „Supergirl" (1984).

Dunbar [engl. dʌnˈbaː], Paul Laurence, *Dayton (Ohio) 27. Juni 1872, †ebd. 9. Febr. 1906, amerikan. Dichter. – Z. T. im Idiom der amerikan. Schwarzen verfaßte Lyrik. **D.,** William, *um 1460, †um 1525, schott. Dichter. – Ein derb-realist., oft grotesker Humor zeichnet sein satir. Werk ebenso aus wie Sprachgewalt und farbige Darstellung.

Duncan [engl. ˈdʌŋkən], Name schott. Könige; bed.: **D. I.,** †Bothngouane oder Bothgotname (= Pitgaveny bei d'Elgin) 1040, König von Schottland (seit 1034). – Von seinem Verwandten ↑Macbeth ermordet.

Duncan, Isadora [engl. ˈdʌŋkən], *San Francisco 27. Mai 1878, †Nizza 14. Sept. 1927, amerikan. Tänzerin. – Trat nach 1900 in Europa für einen „natürl." Ausdruckstanz ein, der in Bewegung, Kostüm und Musik völlig von den Bindungen des akadem. Balletts gelöst ist. Stets barfuß tanzte sie als erste nach klass., nicht für den Tanz komponierter Musik und wurde so zur Wegbereiterin des modernen sinfon. Tanzes.

Dumpalme. Ägyptische Dumpalme

Duncker, Franz, *Berlin 4. Juni 1822, †ebd. 18. Juni 1888, dt. liberaler Politiker und Publizist. – Bruder von Maximilian Wolfgang D.; Mitbegr. der Dt. Fortschrittspartei (1861) und der Hirsch-Dunckerschen Gewerkvereine.
D., Maximilian (Max) Wolfgang, *Berlin 15. Okt. 1811, †Ansbach 21. Juli 1886, dt. Historiker und Politiker. – Bruder von Franz D.; 1842 Prof. in Halle, 1857 in Tübingen; aktive Teilnahme an der Revolution 1848, Mgl. der Frankfurter Nat.versammlung; seit 1859 im preuß. Staatsdienst; Mitarbeit an der Verfassung des Norddt. Bundes; 1867–74 Direktor der preuß. Archive.

Duncker & Humblot ↑Verlage (Übersicht).

Dundalk [engl. dʌnˈdɔːk], ir. Hafenstadt in der Gft. Louth, 27 000 E. Elektronik-, Metall-, Leichtindustrie.

Dundee [engl. dʌnˈdiː], schott. Hafenstadt am Firth of Tay, 178 000 E. Sitz eines kath. und eines anglikan. Erz-

Dünen. Barchan in Namibia

bischofs; Univ. (gegr. 1881); Juteverarbeitung, Maschinenbau, Uhren-, elektrotechn. Ind. – Um 1200 erstmals erwähnt; seit 1889 Stadt. – Zahlr. Kirchen, u. a. Saint Mary, Old Saint Paul und Saint Clement (alle unter einem Dach und beherrscht von dem 74 m hohen Saint-Mary-Turm [15. Jahrhundert]).

Dunedin [engl. dʌˈniːdɪn], Stadt auf der Südinsel von Neuseeland, am inneren Ende der Pazifikbucht Otago Harbour, 106 000 E. Sitz eines anglikan. und eines kath. Bischofs, Univ. (gegr. 1869), theolog. Hochschulen; Kunstgalerie, Museen; Textil-, Möbel-, chem. und Elektroind. – 1848 durch schott. Einwanderer (Presbyterianer) gegründet.

Dunen [niederdt.] (Daunen, Flaumfedern), zarte Federn, die bei den meisten Jungvögeln das ganze Federkleid bilden, bes. als Kälteschutz dienen und bei erwachsenen Tieren oft als Isolationsschicht über weite Körperpartien den Konturfedern unterlagert sind.

Dünen [niederdt.], durch den Wind aufgeschüttete Sandhügel oder -wälle, die bis zu einigen hundert Metern hoch sein können; sie finden sich an der Küste, an Flußufern, im trockenen Innern der Kontinente. Bei starkem Sandtransport über die Luv- zur Leeseite entsteht die in Windrichtung voranbewegte **Wanderdüne**. An Formen unterscheidet man sichelförmige **Barchane** und **Bogendünen** mit flachem Luv- und steilem Leehang sowie **Längs-, Strich-** und **Querdünen**. Weite D.gebiete gibt es in der Sahara sowie in den großen zentralasiat. Wüsten.

Dünenpflanzen, meist Ausläufer treibende und tiefwurzelnde Pflanzen, die auf Dünen den angewehten oder angeschwemmten Küstensand festigen.

Dünenrose (Bibernellrose, Stachelige Rose, Rosa pimpinellifolia), meist weiß blühende, bis etwa 1 m hohe, sehr stachelige Rose auf Dünen und Felsen in Europa und W-Asien.

Dunfermline [engl. dʌnˈfəːmlɪn], schott. Stadt in der Region Fife, nw. von Edinburgh, 51 000 E. Textilind., Maschinenbau. – Benediktinerabteikirche mit Grabstätten schott. Könige.

Dungau (= Donaugau), Beckenlandschaft an der Donau, zw. Regensburg und Pleinting, Bay., Straubing ist Marktzentrum.

Düngemittel, Substanzen oder Stoffgemische, die dem Boden zur Ernährung der Pflanzen und zur Verbesserung seiner Ertragsfähigkeit zugeführt werden. Die wichtigsten Pflanzennährstoffe sind Verbindungen des Stickstoffs (z. B. Ammoniumsalze, Nitrate und die sog. *Amiddünger* wie Harnstoff und Kalkstickstoff), des Phosphors (Phosphate), des Kaliums (Kaliumsalze) und des Calciums (Kalk). – Früher verwendete man nur **Naturdüngemittel** wie Mist, Jauche, Kompost, Torf, die jedoch die Nährstoffe nur in geringen Mengen enthalten, aber wie auch die ↑Gründüngung ebenso heute noch für die Humusbildung wichtig sind. Später kamen Guano, Knochenmehl, Natursalpeter usw. hinzu, die die Pflanzennährstoffe sehr konzentriert enthalten. Heute werden die Pflanzennährstoffe als sog. **synthetische Düngemittel** (Kunst-D., mineral. D.) in großen Mengen industriell hergestellt; sie kommen meist gemischt (Misch-D.) in den Handel; ein NPK-D. (Stickstoff-Phos-

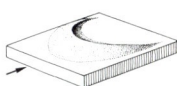

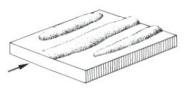

Dünen. Von oben: Barchan, Bogendüne, Längs- oder Strichdüne, Querdüne

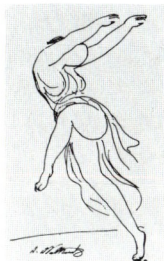

Isadora Duncan (Zeichnung)

Dundee Stadtwappen

Dungkäfer

phor-Kalium-D.) kann z.B. aus einem Gemisch von Harnstoff, Diammoniumphosphat und Kaliumsulfat bestehen. **Voll-** und **Spezialdüngemittel** enthalten darüber hinaus noch Verbindungen der für den Pflanzenwuchs notwendigen Spurenelemente, z. B. Magnesium, Eisen, Kupfer. Die Intensivierung des Landbaus mit dem Bestreben nach hohen Flächenerträgen hat jedoch nicht selten zu großen Düngergaben geführt. Mit steigender Düngungsintensität wächst die Gefahr, daß neben den erwünschten Wirkungen auch Schäden durch erhöhte Zufuhr von D. an Pflanzen und Ökosystemen entstehen (↑ Eutrophierung).

Dungeness [engl. dʌndʒɪˈnɛs] ↑ Romney Marsh.

Dungfliegen (Sphaeroceridae), mit etwa 250 Arten weit verbreitete Fam. meist kleiner, schwarzer Fliegen mit kurzem, schnellem Flug; ihre Larven leben in faulenden Stoffen sowie in tier. und menschl. Exkrementen.

Dungkäfer (Aphodiinae), Unterfam. 2–15 mm großer Blatthornkäfer mit über 1 000 Arten in den nördl. gemäßigten Gebieten; leben hauptsächlich in Dung.

Dungmücken (Scatopsidae), mit etwa 150 Arten weltweit verbreitete Fam. 1,5–3 mm großer Mücken; meist schwarz, kahl, mit kurzen Fühlern; Larvenentwicklung in tier. und pflanzl. Abfallstoffen.

Düngung, die Zuführung von organischen und mineralischen Stoffen in den Boden; planmäßiger Einsatz von Düngemitteln steigert den Ertrag. – ↑ Düngemittel.

Dunham, Katherine [engl. ˈdʌnəm], * Chicago 22. Juni 1912, amerikan. Tänzerin und Choreographin. – Entwickelte einen eigenen Tanzstil aus Elementen der akadem. Balletttechnik und der afrokarib. Folklore; trat auch als Regisseurin von Musicals und Revuen hervor.

Dunhuang [chin. dụənxu̯aŋ] (Tunhwang), chin. Oasenstadt im NW der Prov. Gansu; rd. 80 000 E; nahebei die Mogaogrotten („Grotten der Tausend Buddhas"), die größten und ältesten buddhist. Höhlentempelanlagen Chinas (gegr. 366) mit Wandmalereien (5. Jh. bis um 1300), Rollbildern, Handschriften, u. a. der sog. Diamant-Sutra (datiert 868; heute London, Brit. Museum), Skulpturen.

Dunkeladaptation, Anpassung des Auges vom Tag- zum Nachtsehen; beruht auf der Änderung der Lichtempfindlichkeit der Sehzellen, die beim menschl. Auge auf das 1 500–8 000fache gesteigert werden kann.

Dunkelblitz ↑ Infrarotblitzlampe.

Dunkelfeldmikroskopie, mikroskop. Verfahren, bei dem das Bild nur durch am Objekt gebeugte Lichtstrahlen erzeugt wird. Die Objekte erscheinen hell auf dunklem Grund, die Objektstrukturen treten besser hervor.

Dunkelkäfer ↑ Schwarzkäfer.

Dunkelkammer, abgedunkelter Raum zum Arbeiten mit lichtempfindl. Material.

Dunkelmännerbriefe ↑ Epistolae obscurorum virorum.

Dunkelnebel, svw. ↑ Dunkelwolken.

Dunkelreaktion ↑ Photosynthese.

Dunkeltiere, Tiere, die (im Ggs. zu den ↑ Dämmerungstieren) in völliger Dunkelheit leben, z. B. in den lichtlosen Wassertiefen unter 1 000 m, im Erdboden, in Höhlen oder in anderen Organismen; charakteristisch ist die Rückbildung der Lichtsinnesorgane.

Katherine Dunham, um 1940

Dunkelwolken (Dunkelnebel), dichte und ausgedehnte Ansammlungen von interstellarer Materie, die das Licht der dahinterliegenden Sterne so stark absorbiert, daß der Eindruck einer Sternleere entsteht. Etwa ein Drittel der Fläche der Milchstraße ist mit D. bedeckt.

Dunkelziffer, die (geschätzte) Zahl derjenigen tatsächl. begangenen Straftaten, die, weil sie als solche nicht erkannt, nicht ermittelt oder nicht zur Anzeige gebracht werden können, statistisch nicht erfaßt werden können; bes. hoch z. B. bei der sog. Wirtschaftskriminalität.

Dunkerque [frz. dœˈkɛrk] ↑ Dünkirchen.

Dünkirchen (frz. Dunkerque), frz. Hafenstadt an der Nordsee, Dep. Nord, 73 000 E. Kunstmuseum; Theater. Drittgrößter frz. Hafen; Autofähren nach Dover; Hochofen-, Stahl- und Walzwerk, Schiffbau und -reparaturen, Erdölraffinerie. – 1218 erhielt D. Stadtrecht; kam 1384 an das Haus Burgund, 1477 an Habsburg und gehörte ab 1555 zu den span. Niederlanden, seit 1662 zu Frankreich. Von Vauban befestigt. Schwere Verwüstungen während der Kesselschlacht von D. (1940; Einschiffung von etwa 340 000 brit. und frz. Soldaten nach Großbritannien) und erneut 1944/45, als das zur Festung erklärte D. bis Kriegsende von dt. Truppen gehalten wurde. – Spätgot. Kirche Saint-Éloi (16. Jh.), Belfried von 1440. – 1947 schlossen Frankreich und Großbritannien einen Bündnis- und Beistandsvertrag von mindestens 50jähriger Dauer mit dem Zweck einer Sicherung beider Staaten gegen die Wiederaufnahme einer dt. Angriffspolitik (**Bündnisvertrag von Dünkirchen**).

Dun Laoghaire [ir. dən ˈleərə], ir. Hafenstadt bei Dublin, 54 000 E. Seebad und Segelsportzentrum.

Dunlap, William [engl. ˈdʌnləp], * Perth Amboy (N. J.) 19. Febr. 1766, † New York 28. Sept. 1839, amerikan. Schriftsteller und Maler. – Gilt mit Inszenierungen, Bearbeitungen frz. und dt. Dramen und eigenen Stücken als Begründer des amerikan. Theaters; begr. 1828 die „National Academy of Design".

Dunlop Ltd. [engl. ˈdʌnləp ˈlɪmɪtɪd], brit. Unternehmen zur Herstellung von Luftreifen aller Art, techn. Gummiwaren und Sportartikeln, Sitz London, gegr. 1889 von John Boyd Dunlop (* 1840, † 1921), dem Erfinder des pneumat.

Dunhuang. Apsaras (geflügelte Gottheiten), Wandmalerei aus der Mogaogrotte 290, 556–581

Dünkirchen
Stadtwappen

Reifens; seit 1966 jetzige Firma, seit 1971 durch Minderheitsbeteiligung **Dunlop Pirelli Union.**

Dünndarm ↑Darm.

Dünndruckpapier, Druckpapier aus Hadern und Zellstoff mit hohem Anteil an Füllstoffen, damit Undurchsichtigkeit erzielt wird; Flächengewicht etwa 25–45 g/m².

dünne Schichten, in der Physik Bez. für durch Aufdampfen auf einen Träger (Glas, Metall) erhaltene Schichten eines Stoffes, deren Dicken so gering sind (Größenordnung 0,01–1 µm), daß ihr physikal. Verhalten (z. B. elektr. Leitfähigkeit, Farbe) stark von dem einer massiven Probe des gleichen Materials abweicht; von großer wiss. und techn. Bedeutung.

Dünnfilmtechnik, Verfahren zur Herstellung miniaturisierter (passiver) Schaltungen mittels Aufdampfens oder Aufstäubens von etwa 1 µm dicken Schichten im Vakuum auf nichtleitende Träger (aus Glas, Keramik, Saphir). Widerstände werden durch Aufdampfen von z. B. Chrom-Nickel-Legierungen oder Metall-Keramik-Verbindungen, Leitungsbahnen aus Kupfer-, Aluminium- oder Goldschichten hergestellt. Kondensatoren lassen sich durch aufeinanderfolgendes Bedampfen mit Aluminium, Siliciumoxid als Dielektrikum und wieder Aluminium erzeugen.

Dünnsäure, Bez. für Abfallsäuren aus der chem. Ind., v. a. verdünnte Schwefelsäure aus der Titandioxidherstellung. Die Verklappung von D. hat schädlichste Auswirkungen auf Meeresflora und -fauna; die Schwermetalle reichern sich in der Nahrungskette an.

Dünnschichtchromatographie, physikalisch-chem. Trennverfahren, v. a. zur Analyse kleinster Substanzmengen. Die aus feinkörnigem Material (Kieselgel, Aluminiumoxid) bestehende Trennschicht (stationäre Phase) wird auf einer Platte aufgezogen. Am unteren Rand wird die zu trennende gelöste Substanz punkt- oder bandförmig aufgetragen. Die Trägerplatte wird dann in eine dichtschließende Trennkammer gestellt, die unten mit einem Laufmittel (mobile Phase) gefüllt ist. Die Substanzteile werden auf Grund unterschiedlich starker Adsorption an die Trennschicht der stat. Phase durch das Laufmittel unterschiedlich weit transportiert.

Dünnschliff, dünn (0,01 bis 0,03 mm) geschliffenes Plättchen biolog. oder anderer Objekte (z. B. Knochen-, Mineral-, Gesteinsplättchen), das unter dem Mikroskop in durchfallendem Licht untersucht werden kann.

Dunois, Jean Graf von [frz. dy'nwa], gen. Bastard von Orléans, *Paris 1403, †24. Nov. 1468, frz. Heerführer. – Illegitimer Sohn Herzog Ludwigs von Orléans; kämpfte im Hundertjährigen Krieg erfolgreich gegen die Engländer; verteidigte 1429 Orléans bis zum Entsatz durch Jeanne d'Arc.

Duns Scotus, Johannes, *Maxton (Duns[?]), Schottland um 1265/66, †Köln 8. Nov. 1308, schott. scholast. Philosoph und Theologe. – Um 1280 Franziskaner, lehrte in Oxford, Paris und ab 1307 in Köln. D. S. versuchte Traditionen des Augustinismus mit dem Aristotelismus zu verbinden. Mit seinem Individuationsprinzip rückte D. S. die Erkenntnis des Individuellen, der individuellen (konkreten) Dinge in den Vordergrund, die ihm unmittelbar erkennbar sind. Dem Willen, dessen Freiheit D. S. hervorhob, nicht dem Intellekt komme (v. a. in der Ethik) die Vorrangstellung zu, Glaube und Wissen sind für D. S. nicht identisch mit Theologie und Philosophie. – Wegen seiner scharfsinnigen Kritik erhielt er den Beinamen „Doctor subtilis".

Dunst, Trübung der Atmosphäre, die durch in der Luft schwebende Beimengungen aus Staub, Rauch, Pollen, Salzkristallen oder feinsten Wassertropfen bewirkt wird. An Sperrschichten (↑Inversion) der Atmosphäre sammelt sich der D.; die **Dunstschicht** ist dann durch eine ziemlich scharf ausgeprägte D.grenze (**Dunsthorizont**) nach oben abgeschlossen. Über Großstädten und Industriegebieten bilden sich **Dunsthauben (Dunstglocken),** die Wetter und Klima dieser Gebiete beeinflussen. – ↑Smog.

Dunstable, John [engl. 'dʌnstəbl], *um 1380, †London 24. Dez. 1453, engl. Komponist. – D. verband engl. Klanglichkeit mit frz. polyphoner Setzweise; eine neue Dissonanzbehandlung, ein melodischer Verlauf der Stimmen und eine textgemäßere Deklamation kennzeichnen seine Werke. Erhalten sind etwa 55 drei- und vierstimmige, meist liturg. Kompositionen (Messen, Motetten); gilt als Schöpfer der Tenormesse.

Dünsten, Erhitzen und Garen von Lebensmitteln in einem geschlossenen Gefäß mit ihrem eigenen Saft, evtl. unter Hinzufügen von wenig Fett und Wasser.

Dünung, durch den Wind erzeugte, weitschwingende Wellenbewegung der Meeresoberfläche, die auch nach Aufhören des Windes noch lange andauert.

Duo [italien.; zu lat. duo „zwei"], im Ggs. zu ↑Duett wird mit D. heute allg. ein Musikstück für 2 Instrumente bezeichnet.

Duodenalgeschwür [lat./dt.], svw. ↑Zwölffingerdarmgeschwür.

Duodenalsonde [lat./dt.], dünner Gummischlauch für die Untersuchung des Magen-Darm-Traktes. Die Sonde, die an ihrer Spitze eine Olive aus Metall trägt, wird vom Patienten geschluckt.

Duodenitis [lat.], Entzündung des Zwölffingerdarms.

Duodenum [lat.], Zwölffingerdarm (↑Darm).

Duodez [zu lat. duodecim „zwölf"], in Zusammensetzungen übertragen für: klein, lächerlich; z. B. **Duodezfürst,** Herr über ein kleines Gebiet (**Duodezstaat**), insbes. spött. Bez. für die dt. Kleinstaaten und deren Fürsten.
▷ ↑Buchformat.

Duodezimalsystem [lat./griech.] (Dodekadik), Zahlensystem mit der Grundzahl 12 (statt 10 wie beim Dezimalsystem). Das D. war in der Antike verbreitet. Reste kommen noch in der Zeitmessung, als Zählmaße (Dutzend, Gros) und in engl. Maß- und Gewichtssystemen vor.

Duodezime [lat.], Intervall von zwölf diaton. Tonstufen (Oktave und Quinte).

Duole [italien.], eine Folge von zwei Noten, die für drei Noten gleicher Gestalt bei gleicher Zeitdauer eintreten.

Dupen, in der Filmtechnik Kurzbez. für die Herstellung von Duplikaten.

düpieren [frz.; zu dupe „Narr"], foppen, betrügen, täuschen.

Dupin, Aurore [frz. dy'pɛ̃], frz. Schriftstellerin, ↑Sand, George.

Dupleix, Joseph-François [frz. dy'plɛks], *Landrecies (Nord) 1. Jan. 1697, †Paris 13. Nov. 1763, frz. Kolonialpolitiker. – 1742–54 Generalgouverneur der frz. Besitzungen in Indien; konnte die frz. Position im Kampf gegen die brit. Ostind. Kompanie nur bis 1751 behaupten.

Duplessis-Mornay, Philippe [frz. dyplɛsimɔr'nɛ] ↑Mornay, Philippe de.

Duplex... [lat.], Bestimmungswort von Zusammensetzungen mit der Bed. „Doppel...".

Duplexbetrieb, Betriebsart bei der Nachrichten- und Datenübertragung: die Übertragung kann ohne gegenseitige Beeinträchtigung gleichzeitig in beiden Richtungen erfolgen (z. B. im Fernsprechverkehr); Ausweichen auf ein zweites System gleicher Art bei Ausfall.

Duplexbremse ↑Bremse.

Duplik [frz., zu lat. duplicare „verdoppeln"], Zweitantwort, im Zivilprozeß die Einrede des Beklagten, mit der er sich gegenüber der ↑Replik des Klägers verteidigt.

Duplikat [zu lat. duplicare „verdoppeln"], Zweitausfertigung; Abschrift.

Duplikation [lat.], in der Genetik Bez. für das zweimalige Vorhandensein eines Chromosomenabschnitts (einschl. der Gene) im haploiden Chromosomensatz als Folge einer ↑Chromosomenaberration.

duplizieren [lat.], verdoppeln.

Duplizität [lat.], doppeltes Vorkommen, zeitl. Zusammentreffen zweier ähnl. Vorgänge (D. der Ereignisse).

Duplone, Goldmünze, ↑Dublone.

Dupont, Pierre Antoine [frz. dy'pɔ̃], *Lyon 23. April 1821, †ebd. 25. Juli 1870, frz. Liederdichter. – Schrieb (und komponierte) populäre Lieder, v. a. über das Landleben, 1848 den „Chant des ouvriers" (die sog. Arbeitermarseillaise).

Johannes
Duns Scotus

Duodezime

Duole.
Oben: ältere
Schreibung.
Unten: neuere
Schreibung

Dünnschliff.
Gestein (Dunit) im
nichtpolarisierten
(oben) und
polarisierten Licht
(unten)

du Pont de Nemours & Co., E. I.

Dura-Europos. Das Opfer des Konon, Fresko aus dem Tempel der palmyrenischen Götter, nach 75 (Damaskus, Nationalmuseum)

du Pont de Nemours & Co., E. I. [engl. 'ɪːaɪ'djuːpɔnt dənə'muə ənd 'kʌmpənɪ], weltgrößter amerikan. Chemiekonzern, Sitz Wilmington (Del.), gegr. 1802 von Éleuthère Irénée du Pont de Nemours (*1771, †1834). Hauptprodukte: Chemiefasern, Lacke, Folien, photochem. Erzeugnisse; nach Erwerb der Conoco 1981 auch Erdölförderung und -verarbeitung.

Düppeler Schanzen, befestigte Stellung der dän. Armee zum Schutz des Alsensundes bei dem Dorf Düppel in Nordschleswig in den Dt.-Dän. Kriegen; 1864 von preuß. Truppen erobert.

Duprat (Du Prat), Antoine [frz. dy'pra], *Issoire (Puy-de-Dôme) 17. Jan. 1463, †Nantouillet (Seine-et-Marne) 9. Juli 1535, frz. Kanzler und Kardinal (seit 1527). – 1515 zum Kanzler ernannt; schloß 1516 das Konkordat von Bologna ab; führte zur Deckung der Staatskosten die Käuflichkeit der Richterstellen und hohen Ämter ein.

Dupré [frz. dy'pre], Jules, *Nantes 5. April 1811, †L'Isle-Adam bei Paris 6. Okt. 1889, frz. Maler. – Mgl. der Schule von Barbizon; Waldlandschaften und Seestücke.

D., Marcel, *Rouen 3. Mai 1886, †Meudon (Hauts-de-Seine) 30. Mai 1971, frz. Organist und Komponist. – Bed. Improvisator und Bach-Interpret; komponierte zahlr. Werke für Orgel und Klavier sowie Vokalmusik.

Dupuytren, Guillaume Baron [frz. dypɥi'trɛ̃], *Pierre-Buffière 5. Okt. 1777, †Paris 8. Febr. 1835, frz. Mediziner. – Leibchirurg der Könige Ludwig XVIII. und Karl X., Prof. in Paris; vorzügl. Diagnostiker; nach ihm ben. ist die **Dupuytren-Kontraktur,** eine durch Schrumpfung der Hohlhandsehne hervorgerufene Krallenstellung der Finger.

Duque [span. 'duke; zu lat. dux „Führer"], span. Adelsprädikat, dem Herzog vergleichbar; weibl. Form **Duquesa.**

Duquesnoy, François (Frans) [frz. dykɛ'nwa], gen. il Fiammingo, *Brüssel 12. Jan. 1597, †Livorno 12. Juli 1643, fläm. Bildhauer. – Schüler seines Vaters Hieronimus D. d. Ä. (*vor 1570, †1641 oder 1642; Schöpfer des „Manneken-Pis", Brüssel); seit 1618 in Rom. Seine Marmorstatuen in einem klassizist. Barock wurden schulbildend für den fläm. Hochbarock. Auch Kleinplastik.

Dur [zu lat. durus „hart"], Bez. des sog. „harten" oder „männl." Tongeschlechts im Bereich der tonalen Musik.

François Duquesnoy. Die heilige Susanna, 1629–33 (Rom, Santa Maria di Loreto)

Der Begriff D. ist aus der ma. Hexachordlehre (↑Hexachord) abgeleitet, die den Tonraum g–e „hexachordum durum" benannte, da der dritte Ton des Hexachords ein „b durum" (= h) war. Eine D.tonart ist (ausgehend vom Grundton) durch die Intervalle große Terz, große Sexte und große Septime definiert; der auf dem Grundton einer D.tonart stehende Dreiklang (z. B. c–e–g in C-Dur) heißt **Durdreiklang.** – Ggs. ↑Moll.

Dura-Europos, Ruinenstätte in O-Syrien, am rechten Ufer des Euphrat, 80 km sö. von Dair As Sur; bereits vorhellenist. Siedlung. Als Europos durch Seleukos I. um 290 v. Chr. neu angelegt; in der Folgezeit unter parth. und röm. Herrschaft; Veröduung im 3. Jh. – Bei Grabungen 1922–36 Funde bed. Wandmalereien u. a. im Tempel der palmyren. Götter (1. Jh. n. Chr.), in der Synagoge sowie in einer christl. Hauskirche (beide 3. Jh. n. Chr.).

dural [lat.], zur ↑Dura mater gehörend.

Duralumin Ⓦ [Kw. aus lat. durus „hart" und Aluminium] (Dural), Handelsbez. für harte Aluminiumlegierungen mit etwa 93 bis 95 % Aluminium und Zusätzen an Kupfer, Magnesium, Mangan oder Silicium; wegen geringer Dichte (2,75 bis 2,87 g/cm³) häufig im Flugzeugbau verwendet.

Dura mater [lat.], svw. harte Hirnhaut (↑Gehirnhäute).

Durance [frz. dy'rɑ̃ːs], linker Nebenfluß der Rhone, Frankreich, entspringt in den Cott. Alpen, mündet bei Avignon, 304 km lang; am Oberlauf der Stausee Serre-Ponçon.

Durand-Nicolas-Favre-Krankheit [frz. dy'rɑ̃ niko'la 'favr], svw. ↑Lymphogranuloma inguinale.

Durango (offiziell Victoria de D.), Hauptstadt des mex. Staates D., im Tal des Río Tunal, 1925 m ü.d.M., 321 000 E. Sitz eines Erzbischofs; Univ. (gegr. 1957); Zentrum eines Bergbau- und Bewässerungsfeldbaugebietes mit Stahl-, Glas- und Nahrungsmittelind. Unmittelbar nördlich von D. liegt der 210 m hohe Cerro del Mercado, der aus fast reinem Hämatit besteht. – Im 16. Jh. gegr.

D., Staat in N-Mexiko, 119 648 km², 1,4 Mill. E (1989); Hauptstadt D. Bergbau auf Eisenerz, Gold, Silber u. a.

Đuranović, Veselin [serbokroat. dzu,ra:nɔvitɕ], *Martinići (Montenegro) 17. Mai 1925, jugoslaw. Politiker. – Seit 1944 Mgl. der KPJ (seit 1952 BdKJ); seit 1964 Mgl. des ZK des BdKJ; 1977–82 jugoslaw. Min.präsident.

Durant, Will [engl. 'djʊərənt], eigtl. William James D., *North Adams (Mass.) 5. Nov. 1885, †Los Angeles 7. Nov. 1981, amerikan. Kulturhistoriker und Philosoph. – Bed. sind „Die großen Denker" (1926) und die weitverbreitete „Kulturgeschichte der Menschheit" (11 Bde., 1935–75).

Durante (Ser D.), italien. Dichter des 13. Jh. – Als Schöpfer von „Il fiore", der auf 232 Sonette reduzierten italien. Bearbeitung des altfrz. „Rosenromans", überliefert.

Duras, Marguerite [frz. dy'ras], *Gia Đinh (Vietnam) 4. April 1914, frz. Schriftstellerin, Drehbuchautorin und Regisseurin. – Hauptthemen ihres Werkes sind die Unmöglichkeit der Liebe und der Tod. Erprobte experimentelle Stilformen und näherte sich dann dem ↑Nouveau roman; verfaßte Romane und Erzählungen, Dramen, Hörspiele und Drehbücher (u. a. zu „Hiroshima mon amour", 1959). Führte Regie u. a. in den Filmen „Zerstören, sagt sie" (1969), „India song" (1975). – Weitere Werke: Moderato Cantabile (R., 1958), Der Liebhaber (R., 1984), Der Schmerz (Texte, 1985), Blaue Augen schwarzes Haar (R., 1986), Emily L. (R., 1987), Im Sommer abends um halb elf (R., 1960, dt. 1990).

Durazzo ↑Durrës.

Durban [engl. 'dəːbən], Stadt im Ind. Ozean, Prov. Natal, Republik Südafrika, 982 000 E. Kath. Erzbischofssitz; Fakultäten der Univ. von Natal, Univ.-College für Inder (1960 gegr.); Theater, Museen, Kunstgalerie; Aquarium (mit Delphinarium), botan. Garten, Zoo, Schlangenpark. U. a. Werften, Docks, Maschinenbau, Automobilwerk, Erdölraffinerie. Der Hafen ist der bedeutendste des Landes; internat. ✈. – 1824 von brit. Kaufleuten angelegt.

Durchblutungsstörungen, meist auf Arteriosklerose, selten auf Arterienentzündung beruhende verminderte Blutversorgung bestimmter Körperteile, z. B. des Gehirns, des Herzens, der Beine und des Darms. D. äußern sich in belastungsabhängigen, später auch Ruheschmerzen, schließlich in Gewebsuntergang (↑ Nekrose, Brand, Infarkt) des betroffenen Gebietes.

durchbrochene Arbeit, in der Wiener Klassik ausgebildete Kompositionstechnik, bei der die Motive einer Melodielinie nacheinander auf mehrere Stimmen (Instrumente) verteilt sind (in Sinfonien, Quartetten u. a.).

Durchbruch, in der *Halbleitertechnik* Bez. für das starke Anwachsen des Stromes, das im wesentl. nur noch durch äußere Schaltungselemente begrenzt wird. Bei Halbleiterbauelementen treten bei zu großen Werten der Kollektor-Emitter-Spannung D. erscheinungen auf, die wegen zu starker lokaler Konzentration des Stromes zur Schädigung des Bauelements führen.
▷ *militär. Angriff,* der in einem Abschnitt die gegner. Front aufreißt und in die Tiefe des feindl. Raumes eindringt.

Durchbrucharbeit, Nadelarbeit, bei der Fadengruppen in einer oder in beiden Richtungen aus dem Gewebe gezogen und die stehenbleibenden Fäden und ggf. Stoffelder (beim doppelten Durchbruch) gebündelt und umstickt werden. – ↑ Hohlsaum.
▷ Bez. für durchbrochene kunstgewerbl. Arbeiten in Metall, Elfenbein, Holz und Stein.

Durchbruchblutung, während einer Hormonbehandlung auftretende Blutung aus der Gebärmutter bei zu geringer Zufuhr von Östrogen, z. B. bei Einnahme von empfängnisverhütenden Mitteln als kurzdauernde Schmierblutung („Spotting") zw. zwei Menstruationsblutungen. – ↑ Abbruchblutung.

Durchbruchspannung, die elektr. Spannung, bei der eine Isolationsstrecke in den leitenden Zustand übergeht; bes. die Spannung, bei der ein in Sperrichtung gepolter pn-Übergang seine Sperrfähigkeit verliert.

Durban. Das im Kolonialstil errichtete ehemalige Rathaus, 1885–1910

Durchfall (Diarrhö), gehäufte breiige oder flüssige Stuhlentleerung mitunter mit Schleim oder/und Blut. Häufigste Ursachen eines D. sind: 1. bakterielle oder Virusinfektion des Darms, v. a. Typhus, Ruhr, Cholera; 2. Nahrungsmittelallergien, außerdem auch Nahrungsunverträglichkeiten infolge Enzymmangels; 3. nervös bedingte Übererregbarkeit des Darmkanals; 4. akute und chron. Entzündungen des Dünn- und Dickdarms; 5. Tumoren des Magen-Darm-Kanals; 6. Resorptionsstörungen; 7. hormonelle Fehlsteuerungen und Stoffwechselerkrankungen; 8. Mißbrauch von verdauungsfördernden oder abführenden Medikamenten, ferner Unverträglichkeit oder Überdosierung von Digitalispräparaten, Zytostatika und Antibiotika. – *Behandlung:* Bei akutem D. leichten Grades genügen die Einnahme stopfender Mittel (v. a. medizin. Kohle), der Genuß von schwarzem Tee, auch von geschälten rohen, geriebenen Äpfeln; bei schweren infektiösen D. erkrankungen werden Antibiotika und Sulfonamide gegeben.

Durchflußmessung, die Messung eines fließenden Stoffes (Gas, Flüssigkeit, Schüttgut), der in der Zeiteinheit einen Querschnitt passiert. Der Durchfluß als abgeleitete Größe kann durch Messung von Volumen oder Masse und Zeit bestimmt werden.

Durchflutungsgesetz, svw. ↑ Ampèresches Verkettungsgesetz.

Durchforstung, in der Forstwirtschaft der rechtzeitige Aushieb zu dicht stehender oder kranker Bäume.

Durchfuhr, Beförderung von Sachen aus fremden Wirtschaftsgebieten, ohne daß die Sachen in den freien Verkehr des Wirtschaftsgebietes gelangen.

Durchführung, in der *Musik* allg. die motivisch-themat. Verarbeitung eines Themas; in der ↑ Fuge der einmalige Durchgang des Themas (Dux) und seiner Beantwortung (Comes) durch alle (in der ↑ Exposition) oder mehrere Stimmen; im ↑ Sonatensatz die freie Verarbeitung von Motiven der in der Exposition aufgestellten Themen.
▷ Isolierkörper aus z. B. Porzellan oder Hartpapier, die zum Hindurchführen elektr. Leitungen von einem Raum in einen anderen bzw. vom Innern eines Gerätes nach außen dienen.

Durchführungsverordnung, Abk. DVO, eine Rechtsverordnung, die der Durchführung einer Gesetzesbestimmung dient.

Durchgangsarzt, speziell zugelassener Unfallchirurg oder Orthopäde zur Beratung und Untersuchung von [Betriebs]unfallverletzten.

Durchgangslager, Lager zur vorläufigen Unterbringung von Vertriebenen, Flüchtlingen, Aussiedlern und heimkehrenden Kriegsgefangenen.

Durchgangswiderstand, elektr. Widerstand im Innern eines Isolierstoffes.

durchgegoren, als d. werden Weine bezeichnet, deren Gärungsprozeß, ohne gestoppt zu werden, zum Abschluß gekommen ist. Erhalten bleibt die Restsüße; eine „Süßreserve" darf nicht zugegeben werden.

Durchgriffshaftung, haftungsrechtl. Verantwortlichkeit der hinter einer jurist. Person (GmbH, AG) stehenden (natürl.) Person (Gesellschafter, Aktionäre). Begründet durch die rechtl. Selbständigkeit der jurist. Person, haften ihre Mgl. grundsätzlich nicht persönlich für die Schulden, die das Vermögen der jurist. Person übersteigen. Nach der Rechtsprechung wird die D. ausnahmsweise herangezogen, wenn das Berufen auf die Selbständigkeit der jurist. Person gegen Treu und Glauben verstoßen würde.

Durchlässigkeit der Bildungswege, Schlagwort der Bildungsreform für die Erleichterung des Übergangs von einer Schulart zu einer anderen.

Durchlaucht, Anredetitel fürstl. Personen, von spätmittelhochdt. durchlüht als Lehnübersetzung der lat. Ranganrede perillustris („sehr strahlend, sehr berühmt").

durchlaufende Kredite (Treuhandkredite), Darlehen, bei denen die weiterleitende Bank kein Kreditrisiko (Haftung für Verzinsung und Rückzahlung des Kredits) trägt, sondern lediglich die Darlehensanträge für den Treugeber (zumeist öff. Hand) bearbeitet und die Mittel verwaltet.

durchlaufende Posten, i. e. S. nicht umsatzsteuerpflichtige Beträge, die ein Unternehmen in fremdem Namen und für fremde Rechnung vereinnahmt und verausgabt; i. w. S. Beträge, die im Betrieb eingehen, in gleicher Höhe jedoch an einen Dritten weitergegeben werden.

Durchlauferhitzer, mit Gas oder elektrisch betriebene Erhitzungsvorrichtung für durchlaufendes Wasser; wird nur während der Wasserentnahme aufgeheizt, heißes Wasser steht also sofort zur Verfügung; Ausführung drucklos oder als Druckgeräte.

Durchleuchtung, svw. Röntgendurchleuchtung (↑ Röntgenuntersuchung).

Durchlichtmikroskop ↑ Mikroskop.

Durchlüftungsgewebe (Aerenchym), pflanzl. Gewebe, das von einem System großer, miteinander verbundener, lufterfüllter Hohlräume (Interzellularräume) durchzogen ist und durch bes. Poren (z. B. Spaltöffnungen) im Abschlußgewebe mit der Außenluft in Verbindung steht.

Giullaume Dupuytren

Marguerite Duras

Durchmesser

Durchmesser (Diameter), jede durch den Mittelpunkt von Kreis oder Kugel verlaufende Verbindungsstrecke zweier Punkte der Kreisperipherie oder der Kugeloberfläche (**Kreis-** bzw. **Kugeldurchmesser**). Die Länge des D. ist doppelt so groß wie der Radius des Kreises bzw. der Kugel. Der D. eines Kegelschnitts (**Ellipsen-, Hyperbel-** bzw. **Parabeldurchmesser**) ist der geometr. Ort für die Mittelpunkte einer Schar paralleler Sehnen; alle D. einer Ellipse oder Hyperbel verlaufen durch ihren Mittelpunkt, die D. einer Parabel liegen parallel zu ihrer Achse. Verbindet man die Mittelpunkte aller zu einem Ellipsen- oder Hyperbeldurchmesser parallelen Sehnen, so erhält man einen zu ihm **konjugierten Durchmesser**.

Durchmusterung, Sternkatalog, dessen Angaben über Ort, Helligkeit oder Spektralklasse auf Schätzungen beruhen. D. geben eine möglichst umfassende Bestandsaufnahme bis zu einer vorgegebenen Grenze (z. B. ↑Bonner Durchmusterung).

durchscheinend (diaphan), lichtdurchlässig, jedoch so stark lichtzerstreuend, daß die Konturen eines Körpers hinter dem d. Medium nicht mehr erkennbar sind.

durchschießen, in der *Buchbinderei* zw. bedruckte Blätter eines Buches jeweils ein unbedrucktes einfügen.

Durchschlagfestigkeit (elektrische Festigkeit), Kenngröße für die elektr. Festigkeit von Isolierstoffen; angegeben in kV/cm oder kV/mm. Die D. ist z. B. von der Elektrodenform, von Gasdruck und Feuchtigkeit (bei Luft als Isolator), vom Grad der Verunreinigung eines Isolierstoffes u. a. abhängig.

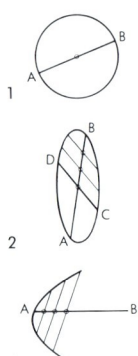

Durchmesser.
1 Durchmesser AB eines Kreises;
2 konjugierte Durchmesser CD einer Ellipse;
3 Durchmesser AB einer Parabel

Durchschlagfestigkeit in kV/cm	
Hartpapier .... bis 100	Porzellan .... bis 300
Preßspan	Glas, Glimmer .... bis 600
lufttrocken ...... bis 120	Epoxidharz .... bis 1 000
ölgetränkt .... bis 400	Isolierfolien .... bis 1 500

Durchschlagskraft, die Fähigkeit eines Geschosses, ein Ziel zu durchschlagen; von Auftreffgeschwindigkeit sowie Geschoßform und -härte abhängig.

Albrecht Dürer. Die vier Apostel (von links: Johannes, Petrus, Markus, Paulus), 1526 (München, Alte Pinakothek)

Durchschlagsröhre (Pipe, Tuffschlot), mit vulkan. Lokkermassen und Brocken des Nebengesteins angefüllter kegelförmiger oder zylindr. vulkan. Schlot, entstanden durch Gasausbruch.

Durchschnitt, svw. arithmet. Mittel (↑Mittelwert).
▷ (Durchschnittsmenge) der D. $M_1 \cap M_2$ (gelesen: M_1 geschnitten mit M_2) zweier Mengen M_1 und M_2 ist die Menge der Elemente, die sowohl zu M_1 als auch zu M_2 gehören. Beispiel: $\{a, b, c, d\} \cap \{b, d, e\} = \{b, d\}$.

Durchschnittsverdienst, gewogenes Mittel aus dem Bruttoverdienst eines Arbeitnehmers innerhalb eines bestimmten Zeitabschnitts ohne Zuschläge für Mehr-, Nacht-, Sonntags- und Feiertagsarbeit, wobei der D. aus gleichbleibender oder wechselnder sowie aus Arbeit mit verschiedenen Entlohnungsformen resultieren kann.

Durchschuß, im Bleisatz Blindmaterial, durch das der Zeilenabstand über das gegebene Maß hinaus vergrößert werden kann; auch der Zeilenzwischenraum selbst.

Durchstarten, Flugmanöver, bei dem durch Erhöhung der Triebwerksleistung ein Landeanflug abgebrochen wird (in Notfällen bzw. zu Versuchszwecken) und der Steigflug wie beim Start beginnt.

Durchsuchungsrecht, 1. objektiv die Rechtsnormen, die die Zulässigkeit der Durchsuchung von Räumen (**Hausdurchsuchung, Haussuchung**), Sachen und Personen regeln; 2. subjektiv die Befugnis einer Person, im konkreten Fall eine Durchsuchung durchzuführen. Gemäß Art. 13 Abs. 2 GG dürfen Durchsuchungen von Wohnungen nur durch den Richter, bei Gefahr im Verzuge auch durch die in den Gesetzen vorgesehenen anderen Organe angeordnet und nur in der gesetzlich vorgeschriebenen Form durchgeführt werden. Auch die Durchsuchung von Sachen und Personen ist nur auf Grund gesetzl. Ermächtigung zulässig, weil hierdurch in die Freiheit des Eigentums (Art. 14 GG) bzw. der Person (Art. 2 Abs. 2, Art. 104 Abs. 1 GG) eingegriffen wird. Das D. ist u. a. in §§ 102 ff. StPO, in Landesgesetzen und in § 758 ZPO geregelt. In *Österreich* und in der *Schweiz* gelten ähnl. Voraussetzungen und Schranken.

Durchsuchung von Schiffen, im Völkerrecht die Prüfung, ob in Kriegszeiten ein Schiff Konterbande transportiert. Zur Ausübung sind nur Kriegsschiffe der kriegführenden Parteien berechtigt. Auf hoher See können feindl. und neutrale Handelsschiffe durchsucht werden; eine Durchsuchung in neutralen Gewässern ist unzulässig.

Durchzugsrecht, im Völkerrecht das vertragl. Recht eines Staates, mit seinen Streitkräften das Gebiet eines anderen Staates zu überqueren. Ein Rechtsanspruch auf Einräumung des D. besteht nach allg. Völkerrecht nur für Mgl. der UN, wenn Truppen und Hilfsmittel gegen einen Friedensbrecher eingesetzt werden.

Durdreiklang ↑Dreiklang, ↑Dur.

Düren, Krst. in NRW, an der Rur, 129 m ü. d. M., 82 900 E. Papier-, Textil-, Glas-, Fahrzeugbau- und chem. Ind. – 748 zuerst erwähnt; im frühen 13. Jh. Entwicklung zur Stadt; wurde in der Folgezeit wichtige Festungsstadt. – Moderne Kirchen, u. a. Christuskirche (1953–54) und Annakirche (1954–56). Reste der Stadtbefestigung (14.–16. Jh.).

D., Kreis in Nordrhein-Westfalen.

Durendal ['du:rəndaːl, frz. dyrā'dal] (Durandart), Schwert Rolands, von übernatürl. Kraft.

Dürer, Albrecht, *Nürnberg 21. Mai 1471, †ebd. 6. April 1528, dt. Maler, Graphiker und Kunstschriftsteller. – 1485/86 erlernte D. das Goldschmiedehandwerk in der Werkstatt seines aus Ungarn nach Nürnberg zugewanderten Vaters Albrecht D. d. Ä. (*1427, †1502), v. a. eine virtuose Grabsticheltechnik, die später seine Kupferstiche auszeichnet. Schüler M. Wolgemuts, dann Aufenthalt am Oberrhein, 1494 ∞ mit Agnes Frey (†1539), 1494/95 in Venedig (Landschaftsaquarelle). 1498 erschienen 15 Holzschnitte zur Apokalypse, 1504 der Kupferstich „Adam und Eva", der ein erstes Ergebnis seiner Beschäftigung mit der Proportionslehre war. 1501–10 entstand der Holzschnittzyklus „Marienleben", 1496–98 und 1510 die „Große Passion", 1509–11 die „Kleine Passion", 1508–12 die „Kup-

Albrecht Dürer. Bildnis des Hieronymus Holzschuher, 1526 (Berlin, Staatliche Museen)

ferstichpassion". Seit 1509 Ratsherr in Nürnberg; seit 1512 für Kaiser Maximilian tätig: Zeichnungen für Holzschnitte der „Ehrenpforte" von 1515 und des „Großen Triumphwagens" von 1522 (Zeichnung 1518) sowie farbige Randfederzeichnungen zum Gebetbuch des Kaisers (1515; München, Bayer. Staatsbibliothek). Die humanistisch geprägten großen Kupferstiche „Ritter, Tod und Teufel" (1513), „Hl. Hieronymus" (1514) und „Melencolia I" (1514) zählen zu seinen bedeutendsten Leistungen. – Als Maler schuf er mehrere Altäre, u. a. den sog. Dresdner Altar (um 1496; Dresden, Gemäldegalerie), den Paumgartner-Altar (zw. 1498/1504; München, Alte Pinakothek), die „Anbetung der Könige" (1504; Uffizien) sowie Andachtsbilder, z. B. „Beweinung Christi" (um 1500; München, Alte Pinakothek), „Rosenkranzfest" (1506; Prag, Nationalgalerie), „Madonna mit der Birne" (1512; Wien, Kunsthistor. Museum), „Anna Selbdritt" (1519; New York, Metropolitan Museum of Art) und das Gemälde „Hl. Hieronymus" (1521; Lissabon, Museu de Arte Antigua). D. hat wesentl. Anteil an der Bildnismalerei, das dahinterstehende Persönlichkeitsbewußtsein drückt sich in seinen Selbstbildnissen aus (1493, Louvre; 1498, Prado; 1500, München, Alte Pinakothek). Während bzw. nach seiner zweiten Venedigreise (1505–07) entstanden „Junge Venezianerin" (1505; Wien, Kunsthistor. Museum), „Michael Wolgemut" (1516; Nürnberg, German. Nationalmuseum), „Hieronymus Holzschuher", „Jakob Muffel" (beide 1526; Berlin-Dahlem). 1520/21 Reise in die Niederlande (Tagebuchaufzeichnungen). 1526 vermachte D. seiner Vaterstadt die sog. „Vier Apostel" (München, Alte Pinakothek). Die beiden Tafeln tragen gegen Bilderstürmer und Schwarmgeister gerichtete Beischriften.
Ab 1500 bis zu seinem Tod beschäftigte sich D. mit Fragen der Kunsttheorie, bes. der Proportionslehre. Er versuchte die Kunst aus der Erkenntnis ihrer Formgesetze zu erneuern. Ihr höchstes Ziel, die Schönheit, erschien ihm normativ, mit „Zirkel und Richtscheit" konstruierbar. Das Ergebnis eingehender Proportionsstudien ist die 1528 postum erschienene Proportionslehre, die mit der „Underweysung der Messung mit dem Zirckel und Richtscheyt ..." (1525) und seiner Befestigungslehre („Etliche Underricht zur Befestigung der Stett, Schloß und Flecken", 1527) einen Meilenstein der dt. Kunstliteratur darstellt. – Dürers grundlegende Leistung bestand darin, gewissermaßen als Scharnier in Auseinandersetzung mit der italien. Renaissance die noch der spät-ma. Malerei verhaftete Kunst nördlich der Alpen um eine freiere geistige und künstler. Dimension bereichert zu haben.

Durg, Stadt im ind. Bundesstaat Madhya Pradesh, auf dem nö. Dekhan, 200 000 E. Im Distrikt D. liegt das mit sowjet. Hilfe erbaute Stahlwerk **Bhilai.**

Durga [Sanskrit „die schwer Zugängliche"], auch als **Kali, Parwati** oder **Dewi,** Göttin schlechthin, verehrte hinduist. Göttin, Gattin des Schiwa. Ihr Kult ist von z. T. sexuell geprägten Riten begleitet und durch Darbringung blutiger Tieropfer, früher auch Menschenopfer, gekennzeichnet. Die meisten Darstellungen zeigen D. mit 4–16 waffentragenden Armen.

Durgapur, Stadt im ind. Bundesstaat West Bengal, am Damodar, 312 000 E. Staatl. Großstahlwerk.

Durham, John George Lambton, Earl of (1833) [engl. ˈdʌrəm], *London 12. April 1792, †Cowes (auf Wight) 28. Juli 1840, brit. Politiker (Whig). – Ab 1830 Lordsiegelbewahrer; mit dem Entwurf der Parlamentsreform (von 1832) betraut; 1838/39 Generalgouverneur von Britisch-Nordamerika; sein Konzept kolonialer Selbstverwaltung wurde später Grundlage der brit. Commonwealthpolitik.

Durham [engl. ˈdʌrəm], engl. Stadt am Wear, 26 000 E. Verwaltungssitz der Gft. D.; anglikan. Bischofssitz (seit 1561; Bischofssitz seit 995); Univ. (gegr. 1646; Neugründung 1832). – Stadtrecht seit 1836. – Die Kathedrale (1093 als Querhausbasilika begonnen; vermutlich erstmals durchgehend vollendete Kreuzrippengewölbe; 12.–14. Jh. erweitert) ist ein bed. Bauwerk normannisch-roman. Architektur; Burg (1072), zahlr. Häuser des 16.–18. Jh.; Burg und Kathedrale wurden von der UNESCO zum Weltkulturerbe erklärt.

Durham. Innenansicht der Kathedrale, 1093 begonnen

D., Gft. in NO-England.

D., Stadt im nördl. North Carolina, USA, 100 000 E. Univ. (gegr. 1838); Tabakhandel und -verarbeitung.

Durieux, Tilla [frz. dyˈrjø], eigtl. Ottilie Godefroy, *Wien 18. Aug. 1880, †Berlin 21. Febr. 1971, dt. Schauspielerin. – Kam 1903 zu M. Reinhardt nach Berlin. Ihre erotisch-sensible Wirkungskraft prädestinierte sie für Rollen von Wedekind, Hebbel, Strindberg; schrieb Erinnerungen, u. a. „Meine ersten neunzig Jahre" (1971).

Duris, griech. Vasenmaler des 5. Jh. – Tätig von etwa 500–465, Vertreter des streng-rotfigurigen Stils.

Durkheim, Émile [frz. dyrˈkɛm], *Épinal (Vosges) 15. April 1858, †Paris 15. Nov. 1917, frz. Soziologe. – Lehrte 1902–17 an der Sorbonne in Paris; seine Bemühungen galten der Begründung der Soziologie als eigenständiger positiver Wiss., die soziale Tatsachen wie reale Dinge behandelt. Seine Thesen wurden in der modernen Soziologie im Strukturalismus und im Funktionalismus rezipiert.

Dürkheim, Bad ↑Bad Dürkheim.

Dur-Kurigalsu, altbabylon. Stadt westlich von Bagdad, Irak; heutige Ruinenstätte **Durdsch Akarkuf.** Gegr. und benannt von Kurigalsu I. (um 1400 v. Chr.) aus der babylon. Kassitendyn. Residenz der Kassiten. Freigelegt die noch 57 m hoch erhaltene Zikkurrat (fast quadrat. Grundriß) sowie Teile von Hofsystemen eines Heiligtums und des Palastes.

Dur-Kurigalsu. Durdsch Akarkuf, die Zikkurrat

Durlach, Stadtteil von ↑Karlsruhe.

Durmitor, Bergmassiv im nördl. Teil der Republik Montenegro (Jugoslawien), bis 2 522 m hoch, Nationalpark (320 km²).

Dürnkrut, Marktgemeinde in Niederösterreich, 40 km nö. von Wien, 160 m ü. d. M., 2 300 E. – Auf dem **Marchfeld** nahe D. siegte 1278 König Rudolf I. über König Ottokar II. von Böhmen, der auf der Flucht getötet wurde.

Dürnstein, niederöstr. Stadt in der Wachau, am linken Ufer der Donau, 209 m ü. d. M., 1 000 E. – Anlage von Burg und Stadt Mitte des 12. Jh. (Stadtrechtsbestätigung 1491). – Ehem. Chorherrenstift der Augustiner (gegr. 1410, barocker Neubau von 1718), urspr. got., 1721–25 barock erneuerte Pfarrkirche Maria Himmelfahrt, ehem. Klarissenkloster (1300–1571), Bürgerhäuser (16. Jh.). Ruine der Burg, auf der 1193 der engl. König Richard Löwenherz gefangengehalten wurde; Schloß (1622).

Durocortorum, antike Stadt, ↑Reims.

Duroplaste [Kw.] ↑Kunststoffe.

Durovernum ↑Canterbury.

Dürr, Heinz, *Stuttgart 16. Juli 1933, dt. Manager. – 1980–90 Vorstandsvors. der AEG; seit Jan. 1991 Vorstandsvors. der Dt. Bundesbahn.

D. (Dirr), Johann Georg *Weilheim i. OB. (in Oberbayern) 2. April 1723, †Mimmenhausen bei Überlingen 9. Okt. 1779, dt. Bildhauer und Stukkator. – Schüler, Mitarbeiter und Nachfolger J. A. Feuchtmayers; schuf große Teile der Alabasterausstattung in Salem (1766–79).

D., Ludwig, *Stuttgart 4. Juni 1878, †Friedrichshafen 1. Jan. 1956, dt. Luftschiffkonstrukteur. – Wirkte beim Bau des ersten Luftschiffes mit, übernahm 1904 den Bau des zweiten Luftschiffes LZ 2 und leitete den Bau aller weiteren Zeppelin-Luftschiffe.

Dürre, Trockenperiode, eine Zeit des Niederschlagsmangels bei gleichzeitig hoher Lufttemperatur und daher großer Verdunstung, die sich, von starkem, trockenem Wind verstärkt, schädigend auf die Vegetation auswirkt.

Durrell, Lawrence [engl. 'dʌrəl], *Darjeeling (Indien) 27. Febr. 1912, †Sommières (bei Nîmes) 7. Nov. 1990, angloir. Schriftsteller. – Eigenwilliger, ausdrucksstarker Stilist; in seinem Roman in 4 Bänden „Alexandria Quartett" (1957–60: „Justine", „Balthazar", „Mountolive", „Clea") stellt D. Ereignisse und Personen von wechselnder Warte aus dar; Reiseberichte, auch Lyrik, Dramen. – *Weitere Werke:* Monsieur oder Fürst der Finsternis (1976), Livia oder lebendig begraben (1979), Sebastian (1986).

Dürrenmatt, Friedrich, *Konolfingen bei Bern 5. Jan. 1921, †Neuenburg 14. Dez. 1990, schweizer. Dramatiker und Erzähler. – D. bevorzugte die Komödie als „die einzig mögl. dramat. Form, heute das Tragische auszusagen"; er vergegenwärtigte mit beißendem Humor, Witz, Zynismus, bisweilen auch Sarkasmus, mit Ironie und Satire alle erstarrten Konventionen eines selbstgefälligen Spießbürgertums. D. Interesse galt dem mutigen Menschen, den er in Gegensatz zur heroischen Heldengestalt sieht. Seine meist unscheinbaren Helden sind ohne Illusionen über die Veränderbarkeit der Welt oder erfahren dies im Handeln oder im Rückzug aus ihr und bestehen sie durch Nichtverzweifeln, Nichtresignieren, Erkennen. Die Nichtberechenbarkeit der Welt ist insbes. auch ein Thema seiner Erzählungen und „Kriminalromane". Auch bed. Hörspielautor; das „Unternehmen der Wega" (1955) wurde Vorläufer des Dramas „Porträt eines Planeten" (1971) über den Untergang der Erde – 1986 Georg-Büchner-Preis.

Weitere Werke: Es steht geschrieben (Dr., 1947, Neufassung 1967 u. d. T. Die Wiedertäufer), Romulus der Große (Kom., Uraufführung 1948, Neufassung 1958), Die Ehe des Herrn Mississippi (Kom., 1952, Neufassung 1957), Der Richter und sein Henker (R., 1952), Der Verdacht (R., 1953), Ein Engel kommt nach Babylon (Kom., 1954, Neufassung 1957), Herkules und der Stall des Augias (Kom., 1954, Neufassung 1963), Grieche sucht Griechin (Prosa-Kom., 1955), Der Besuch der alten Dame (Kom., 1956), Die Panne (E., 1956), Das Versprechen (R., 1958), Frank der Fünfte (Kom., 1960), Die Physiker (Kom., 1962), Der Meteor (Kom., 1966), Theater-Schriften und Reden (2 Bde., 1966–1972), Der Mitmacher (Kom., 1973), Die Frist (Kom., 1977), Achterloo (Kom., 1983), Justiz (R., 1985), Der Auftrag ... (E., 1986), Achterloo IV. (Kom., 1988), Durcheinandertal (R., 1989).

Dyrrës (italien. Durazzo), Stadt in Albanien, an der N-Küste der Bucht von D. (Adria), 72 000 E. Hauptstadt des Bez. D.; Museum; bedeutendster Hafen Albaniens; Werft, metall- und holzverarbeitende, Textil- und Nahrungsmittelind.; Seebad. – D. geht auf die um 625 v. Chr. von Kerkyra und Korinth auf illyr. Gebiet gegr. Kolonie **Epidamnos** zurück. Die seit der Antike **Dyrrhachium** genannte Stadt kam 395 zum Byzantin. Reich; 1501–1912 unter osman. Herrsch.

Dürrfleckenkrankheit, durch den Deuteromyzeten **Alternaria solani** hervorgerufene Krankheit der Kartoffeln und Tomaten; meist schwärzlichbraune, scharf begrenzte, konzentrisch gezonte Blattflecken, die schließlich das ganze Blatt erfassen, so daß dieses vertrocknet; Übergreifen auf Knollen bzw. Früchte.

Dyrrha [arab.] ↑Mohrenhirse.

Dürnstein. Hofseite des ehemaligen Augustiner-Chorherrenstifts, gegründet 1410

Dürrheim, Bad ↑Bad Dürrheim.

Dürrnberg, eine der bedeutendsten eisenzeitlichen (6.–2. Jh.) Fundstätten M-Europas, bei Hallein (Salzburg), mit bes. reich ausgestattetem Gräberfeld; vermutlich kelt. Fürstensitz.

Dur-Scharrukin ↑Chorsabad.

Lawrence Durrell

Friedrich Dürrenmatt

Eleonora Duse

Durst, eine Empfindung, die mit dem Verlangen verbunden ist, Flüssigkeit in den Körper aufzunehmen. D. tritt normalerweise dann auf, wenn durch Wasserverluste (z. B. Schwitzen, Durchfall) oder durch Erhöhung des osmot. Drucks des Blutes (z. B. reichl. Kochsalzaufnahme) die Sekretion der Speichel- und Mundschleimhautdrüsen nachläßt und der Mund- und Rachenraum trocken wird. Das übergeordnete, den Wasserbedarf des Körpers kontrollierende Zentrum ist das **Durstzentrum** im Hypothalamus, dessen ↑Osmorezeptoren auf Änderungen des osmot. Drucks des Blutes ansprechen. Der tägl. Wasserbedarf des Menschen beträgt etwa 2 l, den er in Form von Flüssigkeit oder mit der aufgenommenen Nahrung decken kann. **Schwerer Durst** (mit Wasserverlusten zw. 5–12 % des Körpergewichtes) erzeugt bei gestörtem Allgemeinbefinden und quälendem Trinkbedürfnis u. a. Schleimhautrötungen und Hitzegefühl im Bereich von Augen, Nase, Mund und Rachen, Durstfieber und schließlich Versagen der Schweiß- und Harnsekretion. Der Tod durch **Verdursten,** beim Menschen nach einem Wasserverlust von 15–20 % des urspr. Körpergewichtes, tritt im Fieberzustand bei tiefer Bewußtlosigkeit ein.

Du Ry. Jean Paul und Simon Louis Du Ry, Museum Fridericianum in Kassel, 1769–76

Durstfieber, durch ungenügende Flüssigkeitszufuhr hervorgerufene Temperaturerhöhung, v. a. bei Säuglingen.
Du Ry [frz. dy'ri], frz. Baumeisterfamilie, deren Mgl. *Jean Paul* (* 1640, † 1714) und *Simon Louis* (* 1726, † 1799) als hess. Hofbaumeister den Ausbau von Kassel durchführten; neben der Stadtplanung bed. klassizist. Bauten (Museum Fridericianum, 1769–76).
Dušan [serbokroat. ‚duʃan], serb. Zar, ↑Stephan Dušan.
Duschanbe, Hauptstadt Tadschikistans, im Hissartal, 595 000 E. Univ. (gegr. 1948), Tadschik. Akad. der Wiss., mehrere Hochschulen, Museen und Theater, Philharmonie; Planetarium; botan. Garten; Textil- und Nahrungsmittelind.; Verkehrsknotenpunkt, internat. ✈. – Seit 1924 Hauptstadt der Tadschik. ASSR bzw. SSR.
Dusche [italien.-frz.] (Brause), zu Reinigungs- und Massagezwecken sowie zur Behandlung verschiedener Erkrankungen (u. a. funktionelle Durchblutungsstörungen) dienende Wasseranwendung, bei der neben dem Temperaturreiz (kalte, warme, wechselwarme D.) auch der mechan. Reiz wesentlich ist.
Duse, Eleonora, *Vigevano (bei Pavia) 3. Okt. 1858, † Pittsburgh (Pa.) 21. April 1924, italien. Schauspielerin. – Bed. Tragödin, verkörperte den feinnervigen, sensiblen Frauentyp der Jh.wende. Wandte sich u. a. den Dramen Maeterlincks und ihres Freundes D'Annunzio zu.
Düse [zu tschech. duše „Inneres eines Rohres", eigtl. „Seele"], Strömungskanal mit sich stetig änderndem Querschnitt, in dem das hindurchströmende Medium (Gas, Dampf, Flüssigkeit) möglichst verlustfrei beschleunigt wird (in *Laval-D.* mit einem sich zunächst kontinuierlich vermindernden und sich danach erweiterndem Strömungsquerschnitt auf Überschallgeschwindigkeit). Verwendung z. B. in Dampf- und Wasserturbinen, Vergasern (zum Zerstäuben des Kraftstoffs), in Einspritzmotoren und Strahltriebwerken (*Einspritz-D.*). Der Querschnitt der D.bohrung kann durch eine konische *D.nadel* verändert werden.
Düsenflugzeug, umgangssprachl. Bez. für ein Flugzeug mit Antrieb durch Luftstrahltriebwerk[e].
Düsentriebwerk, umgangssprachl. Bez. für ↑Strahltriebwerk.
Düsenwebmaschine ↑Weben.
Dyssek, Johann Ladislaus (Dusík, Jan Ladislav), *Tschaslau (Čáslav, Mittelböhm. Bez.) 12. Febr. 1760, † Saint-Germain-en-Laye 20. März 1812, böhm. Pianist und Komponist. – Komponierte v. a. Werke für oder mit Klavier (u. a. 13 Klavierkonzerte, 62 Klaviersonaten, 80 Violinsonaten).
Düsseldorf, Hauptstadt von NRW, am W-Rand des Berg. Landes und am Niederrhein, 36–100 m ü. d. M., 525 000 E. Verwaltungssitz des Reg.-Bez. D. mit zahlr. Behörden; Handels- und Kongreßstadt mit Fachmessen; Max-Planck-Inst. für Eisenforschung GmbH, Univ. (gegr. 1965), Staatl. Kunstakad., Akad. für öff. Gesundheitswesen, Verwaltungs- und Wirtschaftsakad., Dt. Akad. für Städtebau und Landesplanung, Dt. Krankenhausinst., Werkkunstschule, Schauspielschule, Konservatorium, Ev. Landeskirchenmusikschule; Oper, Schauspielhaus; zahlr. Museen, u. a. Goethe-Museum, Naturkundl. Museum, Bibliotheken, Hauptstaatsarchiv, Heinrich-Heine-Archiv; Rhein.-Westfäl. Börse, Sitz nat. und internat. Firmen, zahlr. Wirtschaftsverbände und -organisationen sowie des Dt. Gewerkschaftsbundes. Bed. Ind.standort der eisen- und stahlschaffenden sowie eisen- und stahlverarbeitenden Ind. mit Spezialisierung auf Röhren und Rohrleitungen; chem. Großind., graph. Ind. u. a.; hervorragende Verkehrslage, Hafen, ✈.
Geschichte: Zw. 1135 und 1159 zuerst erwähnt; 1189 an die Grafen von Berg; 1283 mit Stadtrecht, Markt- und Zollfreiheit ausgestattet; ab Ende 15. Jh. berg. Residenz, nach 1521 der vereinigten Länder Jülich, Berg, Kleve, Mark und Ravensberg; Haupt- und Residenzstadt 1614–1716; Kurfürst Johann Wilhelm II. gründete eine südl. Neustadt (1699, „Neue Extension"), erst unter Karl Theodor als Carlstadt (geplant ab 1772) angelegt. 1801–06 bayrisch regiert, danach frz. beherrscht, 1815 zu Preußen; Hauptstadt eines Reg.bez., ab 1824 Sitz des rhein. Provinziallandtags. – **Benrath** (1929 in D. eingemeindet) entstand bei der Burg der Herren von Benrode, die wohl schon im 13. Jh. an die Grafen von Berg fiel, erhielt erst unter dem Schloßbau Bed. – **Gerresheim** (1909 eingemeindet) entstand im Anschluß an das vor 870 gegr. spä-

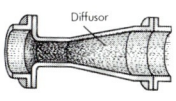
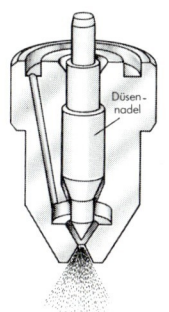

Düse.
Oben: Lavaldüse.
Unten: Einspritzdüse

Düsseldorf
Stadtwappen

Düsseldorf. Das spätgotische Alte Rathaus, 1570–73, davor das Reiterstandbild des Kurfürsten Johann Wilhelm II. von Gabriel de Grupello, 1703–11

Düsseldorfer Abkommen

tere Kanonissenstift St. Hippolyt; vor 1390 zur Stadt erhoben. – Das 1929 eingemeindete **Kaiserswerth**, 877 zuerst erwähnt, entstand bei einem um 700 gegr. Benediktinerkloster, dem späteren Chorherrenstift; Königshof, später Kaiserpfalz; Stadtrecht in der 2. Hälfte des 12. Jh.; wichtig als Zollstätte.

Bauten: D. wuchs erst im 19. Jh. über die ma. Stadtmauer hinaus mit großzügigen Park- und Stadtanlagen des Klassizismus. Die Altstadt (v. a. 17.–19. Jh.) wurde im 2. Weltkrieg stark zerstört, aber z. T. wieder aufgebaut: got. Stiftskirche Sankt Lambertus (1288–1394), Sankt-Andreas-Pfarrkirche (17. Jh.), spätgot. Altes Rathaus (1570–73); am Hofgarten Schloß Jägerhof (1752–63; heute Goethe-Museum). Die moderne Architektur begann mit dem Bau des Kaufhauses Tietz (heute Kaufhof, 1907–09), dem Mannesmann-Haus (1911–12), dem Stumm-Haus (1922) u. a. Nach 1945 entstanden u. a. die Verwaltungsgebäude der Mannesmann-Röhrenwerke (1952–55), der Commerzbank (1960–65) und der Arag (1963–67) sowie die Rochuskirche (1954–56), das Thyssen-Haus (1956–60), das Schauspielhaus (1960–69), Neubau der Landesversicherungsanstalt (1976), Neubau für die Kunstsammlung Nordrhein-Westfalen (1979–86). In der parallel zum Rhein gelegenen Anlage u. a. das Kunstmuseum und der Kuppelbau des ehem. Planetariums, heute Tonhalle. – Spätbarockes Schloß in *D.-Benrath* (1755–73), Innenausstattung im Stil Louis-seize. In der ehem. Stiftskirche in *D.-Gerresheim* (1210–36) ein otton. überlebensgroßes Kruzifix aus dem 10. Jh.; ehem. Stiftskirche in *D.-Kaiserswerth* (12. Jh.) mit dem Suitbertusschrein (vor 1300); ebd. Reste der Burg Kaiser Friedrichs I. Barbarossa (1174–84). In *D.-Wittlaer* Wasserschloß Kalkum (16.–18. Jh.).

D., Reg.-Bez. in Nordrhein-Westfalen.

Düsseldorfer Abkommen, Abkommen zur Vereinheitlichung auf dem Gebiet des Schulwesens in der BR Deutschland, verabschiedet 1955 durch die Min.präs. der Länder in Düsseldorf; in Kraft seit 1. 4. 1957, abgelöst durch das ↑ Hamburger Abkommen.

Düsseldorfer Malerschule, an der Düsseldorfer Akad. unter dem seit 1826 amtierenden Direktor W. von Schadow gebildete Gruppe von Malern (*ältere D. M.,* u. a. C. F. Lessing, E. Bendemann, J. W. Schirmer, J. P. Hasenclever,

Henri Dutilleux

Rudi Dutschke

Jean Duvet. Johannes verschlingt das Buch, Kupferstich zur Apokalypse, 1546–56

J. Hübner), die die nazarenisch-romant. Einflüsse durch realist. Ansätze umformte (v. a. Historienbilder, auch Genrebilder, Landschaften). Etwa 20 Jahre später *jüngere D. M.* (u. a. C. F. Lessing, A. Achenbach, C. W. Hübner) mit realist. Landschaften, Genrebildern sowie Porträts.

Düsseldorfer Tabelle, Richtsätze für die Berechnung des Unterhalts für Kinder und Ehegatten bei der Ehescheidung (am Oberlandesgericht Düsseldorf als Tabelle erarbeitet); besitzt keine rechtlich verbindl. Wirkung.

Düsterbienen (Stelis), Gatt. der Bienen mit etwa 80 Arten, v. a. in den gemäßigten Regionen (in M-Europa 9 Arten); meist dunkel gefärbt mit gelbl. Flecken.

Düsterkäfer (Serropalpidae, Melandryidae), Fam. der Käfer mit rd. 500 Arten; leben meist an und in Baumschwämmen; schlank, bräunlich bis schwarz, 3–18 mm groß.

Duszniki Zdrój [duʃˈniki ˈzdruj] ↑ Bad Reinerz.

Dutilleux, Henri [frz. dytiˈjø], *Angers 22. Jan. 1916, frz. Komponist. – Ohne einer bestimmten Gruppe oder Kompositionsrichtung anzugehören, hat sich D. als einer der bedeutendsten Komponisten seiner Generation v. a. mit Instrumentalmusik durchgesetzt.

Dutschke, Rudolf (Rudi), *Schönefeld bei Luckenwalde 7. März 1940, †Århus 24. Dez. 1979, dt. Studentenführer. – Mgl. des Sozialist. Dt. Studentenbundes und führender Kopf der außerparlamentar. Opposition; seit 1966 an der Organisierung student. Protestaktionen führend beteiligt; 1968 durch Attentat schwer verletzt.

Duttenkragen, svw. ↑ Kröse.

Düttmann, Werner, *Berlin 6. März 1921, †ebd. 26. Jan. 1983, dt. Architekt. – Als Senatsbaudirektor (1960–66) von Berlin (West) war er bei der Planung des Märk. Viertels beteiligt. *Weitere Bauten:* Akad. der Künste im Hansaviertel Berlin (1960), Erweiterungsbau der Kunsthalle Bremen (1977–82).

Duttweiler, Gottlieb, *Zürich 15. Aug. 1888, †ebd. 8. Juni 1962, schweizer. Unternehmer und Sozialpolitiker. – Seit 1925 Aufbau des „Migros"-Lebensmittelkonzerns aus sozialen Motiven (↑ Migros-Genossenschafts-Bund); gründete 1935 die Partei „Landesring der Unabhängigen" und deren Zeitung „Die Tat"; zw. 1936/49 zweimal Nationalrat.

Duty-free-Shop [engl. ˈdjuːti ˈfriːʃɔp], Laden im zollfreien Bereich eines Flughafens, wo Passagiere, die ins Zollausland reisen, Waren zollfrei kaufen können.

Dutzend [altfrz.; zu lat. duodecim „zwölf"], Abk. Dtzd., altes Zählmaß (Stückmaß): 1 Dtzd. = 12 Stück.

Duvalier [frz. dyvaˈlje], François, *Port-au-Prince 14. April 1907, †ebd. 21. April 1971, haitian. Politiker. – 1957 mit Hilfe der USA zum Präs. gewählt; erklärte sich 1964 zum Präs. auf Lebenszeit mit diktator. Vollmachten.

D., Jean-Claude, gen. Baby Doc, *Port-au-Prince 3. Juli 1951, haitian. Politiker. – Sohn von François D.; Ende 1970 zum Nachfolger seines Vaters ernannt, dessen Amt als Staatspräs. auf Lebenszeit er im April 1971 antrat. Nach anhaltenden, teils blutigen Unruhen und Streiks mußte D. im Febr. 1986 das Land verlassen.

Duve, Christian de [frz. dyːv], *Thames-Ditton (Gft. Surrey) 2. Okt. 1917, belg. Biochemiker. – Prof. in Löwen und an der Rockefeller University in New York; entdeckte die Lysosomen und die Peroxysomen. 1974 (zus. mit A. Claude und G. E. Palade) Nobelpreis für Physiologie oder Medizin.

Duvet, Jean [frz. dyˈvɛ], eigtl. J. Drouet, genannt Meister mit dem Einhorn, *Langres (Haute-Marne) um 1485, †ebd. nach 1561, frz. Kupferstecher und Goldschmied. – Stach u. a. Blätter mit der Einhornlegende (Lyon 1561), zur Apokalypse (1546–56) sowie nach Leonardo, Dürer u. a.

Duvetine [dyfˈtiːn; frz.] (Ledersamt), samtartiges Gewebe.

Duvivier, Julien [frz. dyviˈvje], *Lille 8. Okt. 1896, †Paris 29. Okt. 1967, frz. Filmregisseur. – Neben Filmen im Stil des „poet. Realismus" („Pépé le Moko", 1936) Unterhaltungsfilme („Don Camillo und Peppone", 1952).

Dux ↑ Duchcov.

Anthonis van Dyck. König Karl I. mit Reitknecht und Page, um 1635 (Paris, Louvre)

Dux (Mrz. Duces) [lat. „Führer"], im *Röm. Reich* Bez. für militär. Führer, seit Diokletian Rangtitel der Besatzungskommandanten der Prov.; im *MA* lat. Bez. für Herzog.
▷ in der *Fuge* die Grundgestalt des Themas, dem der ↑ Comes [beantwortend] folgt.

Dvořák, Antonín [Leopold] [tschech. ˈdvɔrʒa:k], * Nelahozeves bei Prag 8. Sept. 1841, † Prag 1. Mai 1904, tschech. Komponist. – Zunächst Bratschist und Organist; Förderung durch J. Brahms; 1892–95 Leiter des National Conservatory in New York, seit 1901 des Prager Konservatoriums. In seinen melodisch und klanglich außerordentlich reichen Kompositionen verband D. Einflüsse der Klassiker und Romantiker mit folklorist. Elementen (slaw. Volkstanz) und gelangte zu einem unmittelbaren, temperamentvollen und volkstüml. Stil. – *Werke:* 10 Opern, u. a. „Rusalka" (1900); weltl. und kirchl. Chorwerke mit Orchester, u. a. Stabat mater (1877), Requiem (1890) und Tedeum (1892); Orchesterwerke, u. a. 9 Sinfonien (die 9. „Aus der Neuen Welt" e-Moll, 1893), 5 sinfon. Dichtungen op. 107–111 (1896/1897, nach Balladen von K. J. Erben); Konzerte für Klavier, Violine und Cello, Kammermusik, zahlr. Klavierstücke (u. a. „Slawische Tänze") und Lieder.

DVP, Abk. für: ↑ **D**eutsche **V**olks**p**artei (1918–33).
dw, Abk. für: ↑ **D**ead**w**eight.
Dwarka, Wallfahrtsort der Hindus auf der Halbinsel Kathiawar im ind. Bundesstaat Gujarat; eine der sieben heiligen Stätten Indiens.
dwars [niederdt.], rechtwinklig zur Mittschiffsebene, zur Längsrichtung eines Bootes.
Dwight, Timothy [engl. dwait], * Northampton (Mass.) 14. Mai 1752, † New Haven (Conn.) 11. Jan. 1817, amerikan. Schriftsteller. – Verf. des ersten amerikan. Epos „The conquest of Canaan" (1785) sowie der Reiseberichte „Travels in New England and New York" (4 Bde., 1821–22).
Dwina, Nördliche ↑ Nördliche Dwina.
Dwina, Westliche ↑ Düna.
Dwinger, Edwin Erich, * Kiel 23. April 1898, † Gmund am Tegernsee 17. Dez. 1981, dt. Schriftsteller. – In der Romantrilogie „Die dt. Passion" (1929–32) schilderte er eigene Erlebnisse im 1. Weltkrieg und in russ. Gefangenschaft in z. T. krasser Sprache. Verherrlichung des Krieges und Antikommunismus nat.-soz. Prägung kennzeichnen seine Werke.

Dworjane [zu russ. dvor „Hof"], in Rußland seit dem 12./13. Jh. die Dienstleute, die in der fürstl. bzw. bojar. Gefolgschaft den niederen Dienstadel bildeten und z. T. unfreier Herkunft waren; trugen wesentlich zur Entmachtung des alten Adels bei.
Dy, chem. Symbol für ↑ Dysprosium.
Dyade [griech.], Zusammenfassung zweier Einheiten.
dyadisches System [griech.], svw. ↑ Dualsystem.
Dyba, Johannes, * Berlin 15. Sept. 1929, dt. kath. Theologe. – Seit 1962 im päpstl. diplomat. Dienst; 1979–83 Apostol. Pronuntius in Liberia und Gambia und Apostol. Delegat in Guinea und Sierra Leone; seit 1983 Bischof von Fulda (mit dem persönl. Titel Erzbischof).
Dybowskihirsch [nach dem Zoologen B. T. Dybowski, * 1833, † 1930], Unterart des ↑ Sikahirschs.
Dyck, Sir (seit 1632) Anthonis van [niederl. dɛik], * Antwerpen 22. März 1599, † London 9. Dez. 1641, fläm. Maler. – Einflüsse von Rubens und Tizian (1621–27 Aufenthalt in Venedig) fließen zusammen in der warmtonigen und repräsentativen, distanzierten und lebendigen Bildnismalerei van D. am engl. Hof (1632 ff.), die einen Höhepunkt in der europ. Porträtkunst darstellt: „Gruppenbildnis der engl. Königsfamilie" (Schloß Windsor), „Karl I." (Paris, Louvre), „Kinder Karls I." (Turin, Galleria Sabauda). Schuf auch Zeichnungen, einige Radierungen („Ikonographie", 100 fläm. Porträts nach van D. Vorlage, davon 11 eigenhändig) sowie Landschaftsaquarelle (engl. Motive).
Dye-Transfer-Prozeß ↑ Photographie.
Dyfed [engl. ˈdɪfɛd], Gft. in Wales.
Dyje ↑ Thaya.
Dylan, Bob [engl. ˈdɪlən], eigtl. Robert Zimmermann, * Duluth (Minn.) 24. Mai 1941, amerikan. Rockmusiker (Sänger, Gitarrist, Komponist). – Vom Blues und vom Country and Western beeinflußte Lieder, bed. für die Entwicklung der Protestsongs in der 1. Hälfte der 60er Jahre; Begr. des sog. Folk-Rock.
Dyn [Kw. aus griech. dýnamis „Kraft"], Einheitenzeichen dyn; veraltete Einheit der Kraft; 1 dyn = $1\,\mathrm{g}\cdot\mathrm{cm/s^2} = 10^{-5}$ Newton.
Dynamik [zu griech. dýnamis „Kraft"], Teilgebiet der *Mechanik,* in dem der Zusammenhang zw. Kräften und den durch sie verursachten Bewegungsänderungen von Körpern untersucht wird (im Unterschied zur Statik und Kinematik). Grundlage der D. ist das 2. ↑ *Newtonsche Axiom* (dynam. Grundgesetz). Die D. der Flüssigkeiten ist die ↑ Hydrodynamik, die der Gase die ↑ Aerodynamik bzw. die ↑ Gasdynamik.
▷ in der *Akustik* das Verhältnis zw. der größten und der kleinsten vorkommenden Schallstärke. Für Sprache beträgt die D. etwa $10^5:1$, für ein großes Orchester bis zu $10^7:1$. Das menschl. Ohr vermag eine D. von bis zu $10^{13}:1$ aufzunehmen. In der *Elektroakustik* bezeichnet man als D. das Verhältnis von maximaler unverzerrter Nutzspannung zur Störspannung (Rauschen) eines Gerätes.
▷ in der *Musik* die Differenzierung von Tonstärkegraden. Während in der Barockmusik weitgehend eine flächige „Terrassen-D." herrscht (z. B. Gegenüberstellung von Solo oder Concertino und Orchester), fand seit der Mitte des 18. Jh. (Jommelli, Gluck, Mannheimer Schule) die mit kontinuierl. Veränderungen arbeitende Effekt-D. allg. Verwendung.
Dynamis [griech.], in der Philosophie des Aristoteles das Vermögen, eine Veränderung eines anderen Gegenstandes oder seiner selbst zu bewirken.
dynamisch, die Dynamik betreffend, voller Kraft, bewegt. – Ggs. statisch.
dynamische Geologie ↑ Geologie.
dynamische Psychologie, Bez. für psycholog. Theorien (u. a. von S. Freud, A. Adler), die den Prozeßcharakter des Seelischen betonen. Bes. Beachtung schenkt die d. P. den auslösenden Kräften, Antrieben und Motivationen, die das seel. Geschehen bestimmen, sowie der Analyse des Verlaufs seel. Prozesse.
dynamischer Akzent, in der Sprachwiss. eine Form des ↑ Akzents.

Gottlieb Duttweiler

Christian de Duve

Antonín Dvořák

Johannes Dyba

Bob Dylan

dynamische Rente, in der Sozialversicherung Bez. für die Rente, deren Höhe nicht auf Lebenszeit festgesetzt, sondern periodisch der Entwicklung des Sozialprodukts angepaßt wird (lohnbezogene Rente); in der BR Deutschland 1957 eingeführt.

dynamisches Grundgesetz ↑ Newtonsche Axiome.

Dynamismus [griech.], in Religionswiss. und Völkerkunde Bez. für die Vorstellung einer Lebens- und Zauberkraft (↑ Mana), die überall in der Natur vorhanden ist.

Dynamit [zu griech. dýnamis „Kraft"] ↑ Sprengstoffe.

Dynamit Nobel AG, dt. Chemieunternehmen, Sitz Troisdorf, 1865 von dem schwed. Ingenieur Alfred ↑ Nobel gegr.; gehört zur Feldmühle Nobel AG. Produktionsprogramm: chem. Erzeugnisse, Kunststoffe, Spreng- und Zündmittel.

Dynamo [engl.; zu griech. dýnamis „Kraft"], svw. ↑ Generator.

Dynamoblech, weichmagnet., bis 0,5 mm dickes Eisen-Silicium-Blech zum Aufbau des magnet. Kreises elektr. Maschinen. Um Wirbelstrombildung zu vermeiden, werden die Bleche isoliert.

dynamoelektrisches Prinzip, das von W. von Siemens 1866 gefundene Selbsterregungsprinzip von Gleichstromgeneratoren, wobei der Restmagnetismus zum Aufbau des Magnetfeldes benutzt wird.

Dynamometamorphose ↑ Metamorphose.

Dynamometer, Meßgerät mit einem elast. Element, dessen Verformung (Dehnung, Torsion) zur Bestimmung einer Kraft oder eines Drehmomentes dient.

Dynast [griech.], im antiken Griechenland Mgl. einer aristokrat., an die Macht gekommenen Gruppe; in der histor. Terminologie Bez. für einen dem Fürstenstand ebenbürtigen Adligen.

Dynastie [griech.], Herrscherhaus, fürstl. hochadliges Geschlecht.

Dynode [griech.] ↑ Photomultiplier.

Dyopol [griech.] (Duopol), Begriff aus der Marktformenlehre; einfachste Form des ↑ Oligopols, bei der auf einem Markt nur zwei Anbieter (D.) oder zwei Nachfrager **(Dyopson)** vorhanden sind. Den Spezialfall, zwei Anbieter und zwei Nachfrager auf einem Markt, nennt man **bilaterales Dyopol.**

Dyrrhachium, antike Stadt, ↑ Durrës.

dys..., Dys... [griech.], Vorsilbe mit der Bedeutung „abweichend [von der Norm], übel, schlecht, miß..., krankhaft", z. B. Dysfunktion.

Dysarthrie [griech.], Sprachstörung infolge Schädigung des Nervensystems.

Dysästhesie [griech.], in der *Physiologie* allg. die verfälschte Wahrnehmung von Schmerz-, Temperatur- und Druckempfindungen; in der *Psychiatrie* das betont unangenehme Erleben aller äußeren Reize.

Dysbakterie [griech.], ein durch abnorm veränderte Bakterienflora im Darmkanal hervorgerufener Krankheitsprozeß; kann durch die Einnahme von Breitbandantibiotika verursacht werden. – Ggs.: Eubakterie.

Dysbasie [griech.], Gehstörung, erschwertes Gehen.

Dyschromie [...s-k...; griech.], svw. ↑ Chromatose.

Dysenterie [...s-ɛ...; griech.], svw. ↑ Ruhr.

Dysergie [...s-ɛ...; griech.], abnorme Krankheitsbereitschaft, meist im Sinne einer verminderten Widerstandskraft des Organismus gegenüber Infekten.

Dysfunktion (Fehlfunktion), erblich bedingte oder als Krankheit erworbene Funktionsstörung von Organen.
▷ soziolog. Begriff, ↑ Funktionalismus, ↑ strukturell-funktionale Theorie.

Dysgnathie [griech.], svw. ↑ Kieferanomalie.

Dyshidrose (Dyshidrosis), allg. Bez. für Störungen der Schweißdrüsenfunktion.
▷ meist kleinblasiger, juckender Hautausschlag an Handtellern und Fußsohlen; tritt häufig als allerg. Reaktion und bei Hautpilzerkrankungen auf.

Dyskinesie [griech.], schmerzhafte Störung des Ablaufs und der Gleichmäßigkeit von Bewegungen, bes. im Bereich von Hohlorganen, z. B. der Gallenwege.

Dyskrasie [griech.], fehlerhafte Mischung der Körpersäfte, wodurch nach Auffassung der Medizin die Krankheiten entstehen sollen. – ↑ Humoralpathologie.

Dyskrasit [griech.], svw. ↑ Antimonsilber.

Dyslalie [griech.] ↑ Stammeln.

Dysmelie [griech.], Sammelbez. für Gliedmaßenmißbildungen während der Embryonalentwicklung. – Thalidomidembryopathie.

Dysmenorrhö, Regelblutung mit starken, oft krampfartigen Unterleibsschmerzen, seltener verbunden mit Erbrechen, Migräne und Kreislaufstörungen.

Dysmnesie, svw. ↑ Gedächtnisstörung.

Dysostose [griech.], Störung des Knochenwachstums; mangelhafte Verknöcherung bzw. Knochenbildung.

Dyspepsie [griech.], akute Verdauungsstörung, die mit Appetitlosigkeit, Erbrechen und Durchfall einhergeht, weil infolge mangelhafter Verdauung nicht resorbierte Nahrung in den Dickdarm gelangt, wo sie bakteriell zersetzt wird.

Dysphagie [griech.], Behinderung des Schluckvorganges; Anzeichen bei Speiseröhrenerkrankungen.

Dysphasie [griech.], durch herdförmige Hirnkrankungen bedingte Sprachstörung.

Dysphemie [griech.], svw. ↑ Stottern.

Dysphonie [griech.], Stimmstörung; Symptom der D. ist eine heisere, rauhe, unreine oder belegte Stimme.

Dysphorie [griech.], ängstl., ruhelose, depressive Stimmungslage. – Ggs.: Euphorie.

Dysplasie [griech.], Fehlbildung, -entwicklung, Unterentwicklung (z. B. von Knochen).

Dyspnoe [griech.], svw. ↑ Atemnot.

Dysprosium [griech.], chem. Symbol Dy, metall. Element aus der Reihe der Lanthanoide: Ordnungszahl 66, relative Atommasse 162,50, Dichte 8,55 g/cm³; Schmelzpunkt 1 409 °C, Siedepunkt etwa 2 335 °C. Das silberglänzende Metall kommt v. a. im Monazitsand vor. Gewonnen wird D. aus seinem Fluorid durch Reduktion mit Alkalimetallen oder Calcium. D. ist in seinen Verbindungen drei- und vierwertig. D. wird u. a. für magnet. Legierungen und für Abschirmstoffe beim Reaktorbau verwendet.

Dysproteinämie [...te-i...; griech.], krankhafte Verschiebung in der Zusammensetzung der normalen Bluteiweißkörper (meist Vermehrung der Globuline bei gleichzeitiger Verminderung der Albumine) bei den verschiedensten Erkrankungen.

Dystonie [griech.], Störung des normalen Spannungszustandes von Muskeln und Gefäßen. Als **vegetative Dystonie** bezeichnet man eine Regulationsstörung des vegetativen Nervensystems mit Funktionsstörungen an verschiedenen Organen (und insbes. am Kreislauf) ohne faßbare organ. Erkrankungen. Die geregelte Funktion des vegetativen Nervensystems ergibt sich u. a. als Wechselwirkung seel. Vorgänge und körperl. Funktionen. Daher kann vegetative D. z. B. auch durch seel. Konflikte, Schlafmangel oder hekt. Lebensweise verursacht werden.

dystroph, in der *Medizin:* ernährungsgestört; fehlernährt.
▷ durch Humusstoffe und Torfschlamm braungefärbt; in der Limnologie Bez. für Braunwasserseen **(dystrophe Seen)** mit relativ niedrigem pH-Wert, Sauerstoffarmut in der Tiefe, wenig pflanzl., reichlich tier. Plankton.

Dystrophie [griech.], nach längerer Unterernährung (Hunger-D.) oder infolge einseitiger Ernährung, z. B. bei Eiweiß- oder Vitaminmangel, auftretende Ernährungsstörung.

Dysurie [griech.], erschwertes oder schmerzhaftes Wasserlassen auf Grund verschiedener Erkrankungen im Bereich der ableitenden Harnwege.

Dyula, Volk in der Republik Elfenbeinküste und in Burkina Faso; Savannenpflanzer, Handwerker und v. a. Händler; ca. 140 000.

dz, Einheitenzeichen für Doppelzentner (↑ Dezitonne).

Džamonja, Dušan [ˈdʒɑ...], * Strumica (Makedonien) 31. Jan. 1928, makedon. Bildhauer. – Schuf stelenartige Skulpturen, bei denen ein Holzkern von Nagelstrukturen ummantelt ist; auch Eisen- und Steinplastik.

EAN-System. Artikelnummer und Strichcode

Dzibilchaltún [span. tsiβiltʃalˈtun], bed. Ruinenstätte der Maya im N der Halbinsel Yucatán, Mexiko, 10 km nördlich von Mérida. 1942 entdeckt, 1956–65 ausgegraben; seit 1000 v. Chr. besiedelt, Ort mit längster Besiedlungsdauer im Mayabereich; um 500 v. Chr. Höhepunkt einer selbständigen Kultur.

D-Zug, Kurzform für: **D**urchgangs**z**ug; erstmals 1892 in Preußen eingeführter Schnellzug; bis zu 50 km Entfernung zuschlagpflichtig (wenn im Fahrplan gekennzeichnet). Das heutige D-Zug-System wird im innerdt. Verkehr seit 1988 schrittweise durch das Interregiosystem abgelöst.

E

E, der fünfte Buchstabe des Alphabets, im Griech. ε (↑ Epsilon; archaisch Ϝ,); im Nordwestsemit. (Phönik.) (Hē; diese Bez. für den Buchstaben ist jedoch erst aus dem Hebr. überliefert). Die Bed. des Buchstabennamens (Gitterfenster [⌐] oder bloße Lautbez. [⌐]) ist nicht sicher zu ermitteln. Im Semit. und Griech. hat der Buchstabe den Zahlenwert 5.
▷ (e) in der *Musik* die Bez. für die 3. Stufe der Grundtonleiter C-Dur, durch ♭-(b)-Vorzeichnung erniedrigt zu *es,* durch ♯ (Kreuz) erhöht zu *eis.*
▷ (Münzbuchstabe) ↑ Münzstätte.

E, Abk. und Symbol für ↑ **E**uropastraße.

E, in der *Meteorologie* Abk. für engl.: **E**ast, Bez. für die Windrichtung Ost.

E, Vorsatzzeichen für ↑ Exa (10^{18}).

e, physikal. Symbol für:
▷ die elektr. ↑ Elementarladung.
▷ das ↑ Elektron (e^-) und das ↑ Positron (e^+).

e, mathemat. Symbol für die transzendente Zahl, die als Grenzwert der Folge

$$\left(1+\frac{1}{n}\right)^n \text{ für } n \to \infty \text{ oder durch } \sum_{n=0}^{\infty} \frac{1}{n!}$$

dargestellt werden kann; e = 2,718 281 828 … Die Zahl e ist die Basis der natürl. Logarithmen und der Exponentialfunktion.

E 605 ⓌⓏ, Diäthylnitrophenylthiophosphat, hochwirksames Insektizid (↑ Schädlingsbekämpfungsmittel).

Eagle [engl. iːgl „Adler"], Hauptgoldmünze der USA seit 1792, benannt nach dem Münzbild; 1 E. = 10 Dollar; im Geldverkehr seit 1933 durch Papiergeld ersetzt.

Eakins, Thomas [engl. ˈeɪkɪnz], * Philadelphia 25. Juli 1844, † ebd. 25. Juni 1916, amerikan. Maler. – Einer der bedeutendsten amerikan. Maler des 19. Jh.; betrieb eingehende anatom. Studien, bezog auch die Photographie in seine Arbeit ein; v. a. Porträts und zeitgenöss. Szenen.

EAM, Abk. für: ↑ **E**thnikon **A**peleftherotikon **M**etopon.

Eames, Charles [engl. iːmz, ɛɪmz], * Saint Louis (Mo.) 17. Juni 1907, † ebd. 21. Aug. 1978, amerikan. Designer und Architekt. – Bekannt durch Stuhlentwürfe (v. a. Lounge Chair), die Fertigfabrikation von Standardelementen für den Hausbau, Spielzeuge.

Eanes, António dos Santos Ramalho ↑ Ramalho Eanes, António dos Santos

EAN-System [EAN: Abk. für **E**uropäische **A**rtikel-**N**umerierung], ein in allen Bereichen der Konsumgüterind. verwendbares, maschinell lesbares System zur Artikelnumerierung. Es besteht aus 13 Stellen, von denen die beiden ersten das Herkunftsland kennzeichnen; der restl. Stellen dienen der Kennzeichnung von Hersteller und Artikel. Die EAN-Nummer wird zur Produktkennzeichnung im **EAN-Strichcode** verschlüsselt. Er dient zur automat. Erfassung der Verkaufsdaten an den Computerkassen des Handels.

Earl [engl. əːl] (angelsächs. eorl, dän. jarl), engl. Adelstitel, entspricht dem dt. Graf.

Early Bird [engl. ˈəːlɪ bəːd „Frühaufsteher"], erster kommerzieller (amerikan.) Nachrichtensatellit; Start 1965, abgeschaltet 1969.

Early English [engl. ˈəːlɪ ˈɪŋglɪʃ „frühes Englisch"] ↑ englische Kunst.

East Anglia [engl. iːst ˈæŋglɪə] (Ostanglien), engl. Landschaft zw. Themse und Wash; z. Z. der Angelsachsen Klein-Kgr., das im 7. Jh. die Oberherrschaft in Südengland erlangte.

Eastbourne [engl. ˈiːstbɔːn], engl. Stadt an der Kanalküste, Gft. East Sussex, 78 000 E. Eines der größten Seebäder Englands.

East-Coast-Jazz [engl. ˈiːstkoʊstdʒæz], seit etwa 1953 an der Ostküste der USA mit Zentrum New York bes. von farbigen Musikern geprägter Jazz-Stil.

East Kilbride [engl. iːst ˈkɪlbraɪd], Stadt (New Town) in der schott. Region Strathclyde, 70 000 E. – Gegr. 1947 als Pendlerwohnstadt für Glasgow.

Eastlake, Sir (seit 1850) Charles Lock [ˈiːstleɪk], * Plymouth 17. Nov. 1793, † Pisa 24. Dez. 1865, brit. Maler und Kunsthistoriker. – E. war v. a. in Rom tätig, ab 1830 in London, wo er 1850 Präs. der Royal Academy und 1855 Direktor der National Gallery wurde. Er malte v. a. Historienbilder und Genreszenen.

East London [engl. iːst ˈlʌndən], Stadt am Ind. Ozean, in der Kapprov., Republik Südafrika, 193 000 E. Kunstgalerie, Museum, Aquarium; Kraftfahrzeugmontagewerk, Textil-, Nahrungsmittelind.; Hafen, ⚓. – 1847 gegründet.

Eagle von 1899 (Vorder- und Rückseite)

Thomas Eakins. Die Klinik des Dr. Gross, Ausschnitt, 1857 (Philadelphia, Jefferson Medical College)

George Eastman

Clint Eastwood

Eastman, George [engl. 'i:stmən], *Waterville (N.Y.) 12. Juli 1854, †Rochester (N.Y.) 14. März 1932 (Selbstmord), amerikan. Erfinder und Industrieller. – Entwickelte 1879 ein Verfahren zur Herstellung photograph. Trockenplatten und gründete 1880 seine erste Firma zur Herstellung von Photoplatten und Rollfilmen. 1888 brachte er die Kodak-Rollfilmkamera auf den Markt.

Eastman Kodak Co. [engl. 'i:stmən 'koʊdæk 'kʌmpəni], amerikan. Unternehmen zur Herstellung von Kameras, Projektoren, Filmen u. a., Sitz Rochester (N.Y.), gegr. 1880 von G. Eastman.

East River [engl. 'i:st 'rɪvə], Wasserstraße im Stadtgebiet von New York zw. Long Island Sound und dem Mündungsgebiet des Hudson River, 180 bis etwa 1 200 m breit, 26 km lang, mehrfach untertunnelt und überbrückt; Hafenanlagen.

East Sussex [engl. 'i:st 'sʌsɪks], Gft. in S-England.

Eastwood, Clint [engl. 'i:stwʊd], *San Francisco (Calif.) 31. Mai 1930, amerikan. Filmschauspieler und -regisseur. – Als Darsteller zahlr. Erfolge mit der Verkörperung einsamer Kämpfer („Für eine Handvoll Dollar", 1964; „Dirty Harry", 1971; „Flucht von Alcatraz", 1979; „Erbarmungslos", 1992, auch Regie).

Eau [frz. o; zu lat. aqua „Wasser"], Wasser.

Eau de Cologne ['o:də kɔ'lɔnjə; frz. „Wasser aus Köln"] (Kölnisch Wasser), Toilettenwasser aus mindestens 70 % Alkohol, 2–4 % äther. Ölen (Zitrone, Bergamotte, Lavendel, Rosmarin, Petitgrain und/oder Neroli) und destilliertem Wasser; urspr. nur eine in Köln mit den sog. Messinenser Essenzen hergestellte Mischung. Heute gibt es zahlr. Varianten.

Eau de Javel ['o:də ʒa'vɛl; frz. „Wasser aus Javel" (bei Paris, dem ersten Herstellungsort, 1792)], wäßrige Lösung von Kaliumhypochlorit (KOCl); wurde früher als techn. Oxidations- und Desinfektionsmittel verwendet.

Eau-de-vie [frz. od'vi „Lebenswasser"], frz. Bez. für Weinbrand.

Ebbe (Ebbegebirge), Höhenzug im sw. Sauerland, NRW, zw. Volme und Lenne, bis 663 m hoch (Nordhelle); Naturpark seit 1964; Wintersport.

Ebbe [niederdt.] ↑ Gezeiten.

Ebbinghaus, Hermann, *Barmen (= Wuppertal) 24. Jan. 1850, †Halle/Saale 26. Febr. 1909, dt. Psychologe. – Prof. in Breslau und Halle/Saale. E. wurde v. a. durch lerntheoret. Untersuchungen bekannt, für die er mit gefühls- und wertneutralen „sinnlosen Silben" experimentierte. Mit der sog. **Ebbinghaus-Kurve** beschrieb er den Prozeß des Vergessens. Das sog. **Ebbinghaus-Gesetz** kennzeichnet das Verhältnis von notwendiger Lernzeit und Merkfähigkeit.

E., Julius, *Berlin 9. Nov. 1885, †Marburg 16. Juni 1981, dt. Philosoph. – Sohn von Hermann E.; war seit 1930 Prof. in Rostock, 1940 in Marburg. Versuchte zunächst eine systemat. Weiterentwicklung der Denkansätze Hegels; später entschiedener Anhänger der Philosophie Kants. – *Werke:* Relativer und absoluter Idealismus (1910), Kants Lehre vom ewigen Frieden und die Kriegsschuldfrage (1929), Gesammelte Aufsätze, Vorträge und Reden (1968).

EBCDI-Code [Abk. für engl. **e**xtended **b**inary **c**oded **d**ecimal **i**nterchange code], erweiterter BCD-Code zur Darstellung von Ziffern, Buchstaben und Sonderzeichen, der zur Darstellung eines von 256 Zeichen ein Byte benutzt.

Ebenbürtigkeit, in der Rechtsgeschichte Bez. für die gleichwertige Abkunft von Personen und damit deren Standes- und Rechtsgleichheit; Standesunterschiede **(Unebenbürtigkeit)** spielten v. a. im Eherecht eine große Rolle, daneben im Familien-, Vormundschafts- und Prozeßrecht; durch Art. 109 Weimarer Reichsverfassung (Gleichheitsgrundsatz) gegenstandslos.

Ebene, Grundgebilde der *Geometrie;* eine durch drei nicht auf einer Geraden liegenden Punkte eindeutig bestimmte Fläche, deren Krümmung gleich null ist.
▷ ausgedehnte Landoberfläche mit sehr geringen Höhenunterschieden.

Ebene der Tonkrüge ↑ Tranninhplateau.

Eben-Ezer [hebr. „Stein der Hilfe"], im A. T. (1. Sam. 4, 1; 5, 1; 7, 12) gen. Name eines Ortes, an dem Samuel einen Stein zum Andenken seines Sieges über die Philister setzte.

Ebenholz [ägypt.-griech./dt.] (Ebony), Holz von Arten der Dattelpflaume (Fam. Ebenholzgewächse). E. wird im A. T. und in zahlr. Schriften der griech. und röm. Antike erwähnt; es war wertvolles Handelsobjekt und wurde auch als Arzneimittel verwendet. – ↑ Hölzer (Übersicht).

Ebenholzgewächse (Ebenaceae), Fam. der zweikeimblättrigen Pflanzen mit 4 Gatt. und etwa 450 Arten in den Tropen und Subtropen; Bäume oder Sträucher mit ganzrandigen Blättern und Beerenfrüchten; sehr hartes und schweres Kernholz.

Ebenist [ägypt.-griech.-frz.], Kunsttischler, der Möbel mit Einlegearbeiten aus Ebenholz u. a. Intarsien versah (18. Jh.).

Eber, erwachsenes männl. Schwein.

Eberbach, Stadt in Bad.-Württ., am Neckar, 134 m ü. d. M., 15 100 E. Elektro- und pharmazeut. Ind., Maschinenbau, Drahtwerke; Heilquellen-Kurbetrieb. – Um 1231 Gründung der Stadt. Kam 1330 an die Pfalzgrafen, 1802/03 an die Fürsten von Leiningen, 1806 an das Großhzgt. Baden.

Eberbach. Das Dormitorium mit Kreuzrippengewölbe im ehemaligen Zisterzienserkloster, begonnen um 1270

E., ehem. Zisterzienserkloster bei Eltville am Rhein, Hessen. Das 1135 als Tochterkloster von Clairvaux gegr. Kloster E. besaß v. a. im MA beträchtl. wirtsch. Bed. (Weinbau und -handel). 1803 wurde es säkularisiert. Heute hess. Staatsweingut. – Eine roman. Ringmauer umgibt die gut erhaltenen Baugruppen; neben der roman. Kirche (1140/50–60; 1170–86) sind der Kapitelsaal (um 1190, 1354 umgestaltet) und das Dormitorium (um 1270 bis um 1350) herausragend.

Eberdingen, Gemeinde 6 km südl. von Vaihingen an der Enz, Bad.-Württ., 5 600 E. – Bei E., im Ortsteil **Hochdorf,** wurde 1978 ein vollständig erhaltenes kelt. Fürstengrab (um 500 v. Chr.) mit reichen Gold- und Bronzebeigaben entdeckt.

Eberesche [zu gall. eburos „Eibe"] (Vogelbeerbaum, Sorbus aucuparia), im nördl. Europa und in W-Asien verbreitetes Rosengewächs; strauchartiger oder bis 16 m hoher Baum mit glattem, hell bis dunkelgrau berindetem Stamm; Fiederblätter etwa 30 cm lang, Blättchen scharf gesägt; Früchte (Vogelbeeren) glänzend scharlachrot, kugelig. E.-Holz wird zu Bildhauerarbeiten verwendet.

Eberfische (Caproidae), Fam. der Knochenfische, Körper fast scheibenförmig, Schnauze rüsselartig vorstülpbar. Am bekanntesten die Gatt. *Capros* (E. i. e. S.) mit dem im Mittelmeer und Atlantik lebenden **Eberfisch (Ziegen-**

Eberesche.
Oben: Blüten.
Unten: Früchte
(Vogelbeeren)

fisch, Capros aper): etwa 15 cm lang, braunrot mit heller Unterseite; Seewasseraquarienfisch.

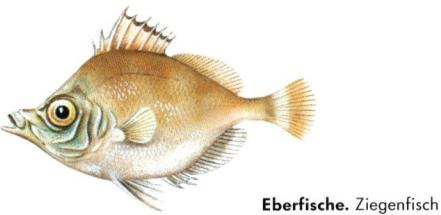

Eberfische. Ziegenfisch

Eberhard, Name von Herrschern:
Franken:
E., ✕ Andernach 2. Okt. 939, Graf (Herzog?; seit 918). – Bruder König Konrads I.; erbte die konradin. Güter und Lehen; beteiligt an den Aufständen des späteren Herzogs Heinrich I. von Bayern und Herzog Giselberts von Lothringen gegen König Otto I.
Salzburg:
E. II., * um 1170, † Friesach (Kärnten) 1. Dez. 1246, Erzbischof (seit 1200). – Ergriff stets die Partei der Staufer gegen das Papsttum; legte die Fundamente zur erzbischöfl. Landesherrschaft.
Württemberg:
E. I., der Erlauchte, * 13. März 1265, † 5. Juni 1325, Graf. – Sohn Ulrichs I.; widersetzte sich erfolgreich der Einziehung des ehem. stauf. Besitzes und des Interregnum usurpierten Reichsgutes sowie der Wiederherstellung der Hzgt. Schwaben. Schuf die Grundlage für ein einheitl. Territorium.
E. II., der Greiner, * 1315, † 15. März 1392, Graf (regierte seit 1344). – Enkel von E. I., dem Erlauchten; setzte sich gegen Teilungspläne seines Bruders Ulrich durch; Hauptgegner des Schwäb. Städtebundes, den er in der Schlacht bei Döffingen 1388 besiegte.
E. I., im Bart (als Graf E. V.; regierte seit 1459), * Urach 11. Dez. 1445, † Tübingen 24. Febr. 1496, Herzog (seit 1495). – Erreichte 1482 die Wiedervereinigung der seit 1442 geteilten Grafschaft; führend an der Gründung des Schwäb. Bundes (1488) und an der Reichsreform beteiligt; 1495 wurde Württemberg zum unteilbaren Reichsherzogtum erklärt; gründete 1477 die Univ. Tübingen, trat für die Reform der Klöster ein.
E. Ludwig, * Stuttgart 18. Sept. 1676, † Ludwigsburg 31. Okt. 1733, Herzog (seit 1677). – Regierte seit 1693; befehligte im Span. Erbfolgekrieg das Reichsheer am Oberrhein gegen Frankreich; ließ Schloß und Stadt Ludwigsburg anlegen.

Eberle, Josef, Pseud. Sebastian Blau, * Rottenburg am Neckar 8. Sept. 1901, † Pontresina 20. Sept. 1986, dt. Schriftsteller. – 1945–71 Hg. der „Stuttgarter Zeitung". Schrieb schwäb. Mundartgedichte, u.a. „Die schwäb. Gedichte des Sebastian Blau" (1946), Epigramme und lat. Gedichte.

Ebernburg ↑ Bad Münster am Stein-Ebernburg.

Eberraute [volksetymologisch umgebildet aus lat. abrotanum] (Zitronenkraut, Artemisia abrotanum), Beifußart aus dem Mittelmeergebiet; bis 1 m hohe, nach Zitronen duftende Staude mit kleinen, gelbl. Blütenköpfchen in schmaler Rispe; alte, nur noch selten angebaute Gewürz- und Heilpflanze.

Ebersbach, Hartwig, * Lichtentanne 17. Mai 1940, dt. Maler und Graphiker. – E. entwickelte eine stark expressiv-dynam. Malerei, die zunehmend eine am Informel geschulte Spontaneität auszeichnet („Kaspar – Abwicklung eines Porträts", 1989); auch Rauminstallationen und multimediale Spektakel („Missa Nigra", 1979).

Ebersberg, Krst. in Bayern, am O-Rand der Münchner Ebene, 558 m ü. d. M., 9000 E. Opt. Ind. – Der bei einem Kloster (934 gegr., 1808 aufgehoben) entstandene Ort erhielt 1343 Marktrecht.
E., Landkr. in Bayern.

Ebersmünster (amtl. frz. Ebersmunster), Ort im Unterelsaß, 8 km nö. von Schlettstadt, 434 E. – Ehem. Benediktinerabtei (gegr. im 7. Jh.) mit Barockkirche (1719–27) und einer Orgel von A. Silbermann (1730–32).

Eberswalde, Landkr. in Brandenburg.

Eberswalde-Finow, Krst. in Brandenburg, im Thorn-Eberswalder Urstromtal, 15–50 m ü. d. M., 54000 E. Forstbotan. Garten; Kranbau, Walzwerk, Rohrleitungsbau. – Die vor 1276 gegr., stets brandenburg. Marktsiedlung Eberswalde erhielt wohl kurz vor 1300 Stadtrecht. – Frühgot. Backsteinkirche Sankt Maria Magdalena (um 1300). – 1913 Fund eines Goldschatzes aus der jüngeren Bronzezeit (11./10. Jh.); 1945 in Berlin verschwunden.

Ebert, Carl, * Berlin 20. Febr. 1887, † Santa Monica (Calif.) 14. Mai 1980, amerikan. Schauspieler, Opernregisseur und Intendant dt. Herkunft. – Spielte in Frankfurt am Main, 1922–27 bei Jessner am Berliner Staatstheater; 1927–31 Intendant in Darmstadt, 1931–33 der Städt. Oper Berlin. In der Emigration 1934–39 künstler. Leiter der Mozartfestspiele in Glyndebourne, die er 1947–59 erneut leitete; 1950–61 in Los Angeles, zugleich 1954–61 Intendant der Städt. Oper in Berlin (West).
E., Friedrich, * Heidelberg 4. Febr. 1871, † Berlin 28. Febr. 1925, dt. Politiker. – Sattlerlehre; seit 1889 Sozialdemokrat; 1893 Redakteur in Bremen, 1900–05 Sekretär des gewerkschaftl. Arbeitersekretariats in Bremen, 1900 Vors. der SPD-Fraktion in der Bremer Bürgerschaft, 1905 Sekretär des SPD-Parteivorstandes. Seit 1912 MdR, 1913–19 Parteivors. (1913/14 neben H. Haase). Im 1. Weltkrieg trat E. für Burgfrieden und Landesverteidigung, aber auch für grundlegende innere Reformen und Verständigungsfrieden ein; 1916 Vors. der SPD-Fraktion und 1918 des Hauptausschusses im Reichstag. Beim Ausbruch der Novemberrevolution übergab ihm Prinz Max von Baden am 9. Nov. 1918 das Amt des Reichskanzlers. Am 10. Nov. 1918 übernahm E. neben H. Haase den Vorsitz im Rat der Volksbeauftragten. Sein Pakt mit General Groener wurde Basis der antirevolutionären Ordnungspolitik. Als erster Reichspräs. (1919–25) trug E. zur relativen Stabilisierung der krisengeschütterten Weimarer Republik bei, indem er auch bürgerl. Parteien zur Mitarbeit in der parlamentar. Demokratie verpflichtete; hierfür nahm er pragmatisch die Kontinuität überkommener gesellschaftl. und polit. Strukturen (Verzicht auf Republikanisierung in Herr und Verwaltung) in Kauf. Seine letzten Amtsjahre waren überschattet von maßloser Hetze polit. Rechtskreise.
E., Friedrich, * Bremen 12. Sept. 1894, † Berlin (Ost) 4. Dez. 1979, dt. Politiker. – Sohn des Reichspräs. Friedrich E.; 1928–33 MdR (SPD) und Mgl. des preuß. Staatsrats; 1946 Mitbegr. der SED; 1948–67 Oberbürgermeister von Berlin (Ost); Mgl. des Politbüros des ZK der SED seit 1949; ab 1960 Mgl. des Staatsrates der DDR.

Eberwurz (Carlina), Gatt. der Korbblütler mit etwa 20 Arten in Europa, Vorderasien und im Mittelmeergebiet; distelartige Pflanzen mit Milchsaft; Blätter dornig gezähnt; innere Hüllblätter verlängert, trockenhäutig, weiß bis gelb. In M-Europa kommen vor: **Gemeine Eberwurz** (Carlina vulgaris), bis 80 cm hoch, mit goldgelben inneren Hüllblättern; **Silberdistel** (Wetterdistel, Stengellose E., Carlina acaulis) mit silberweißen pergamentartigen Hüllblättern.

Ebingen, Ortsteil von ↑Albstadt.

Ebioniten [zu hebr. ebjon „arm"] (Nazoräer), judenchristlich (d. h. die Bedeutung des alttestamentl. Gesetzes betonende) gnostisch beeinflußte Sekte des 2.–4. Jh. im Ostjordanland. Verbanden den Glauben an die Messianität Jesu mit der Ablehnung der Autorität des Apostels Paulus.

Ebisu, einer der sieben jap. Glücksgottheiten.

EBM-Industrie, Kurzbez. für: **E**isen, **B**lech und **M**etall verarbeitende Industrie.

Ebner, Ferdinand, * Wiener Neustadt 31. Jan. 1882, † Gablitz bei Wien 17. Okt. 1931, östr. Philosoph. – Vertrat eine kath. Existenzphilosophie. – *Werke:* Das Wort und die geistigen Realitäten (1921), Wort und Liebe (1935).

Ebner-Eschenbach, Marie Freifrau von, geb. Gräfin Dubsky, * Schloß Zdislavice bei Kroměříž 13. Sept. 1830,

Eberhard I., im Bart

Friedrich Ebert

Marie von Ebner-Eschenbach

Eberwurz. Silberdistel

Ebo

John Carew Eccles

José Echegaray y Eizaguirre

† Wien 12. März 1916, östr. Erzählerin. – Schrieb Erzählwerke mit von tiefer menschl. Anteilnahme geprägtem Realismus, mit sozialem Engagement und psycholog. Durchdringung. Verf. von prägnanten Aphorismen. – *Werke:* Bozena (E., 1876), Dorf- und Schloßgeschichten (1883; darin: Krambambuli), Neue Dorf- und Schloßgeschichten (1886; darin: Er läßt die Hand küssen), Das Gemeindekind (E., 1887), Aus Spätherbsttagen (En., 1901), Meine Kinderjahre (1906).

Ebo (Ebbo) von Reims, * um 775, † Hildesheim 851, Erzbischof von Reims (816–841). – 833 am Sturz Ludwigs I. beteiligt, ab 845 Bischof von Hildesheim; verdient um die Missionierung Nordeuropas.

Éboli, Ana Mendoza y La Cerda, Fürstin von [ˈeːboli; span. ˈeβoli], * Cifuentes (Prov. Guadalajara) 29. Juni 1540, † Pastrana (Prov. Guadalajara) 2. Febr. 1592, span. Hofdame. – Seit 1552 ∞ mit Ruy Gómez de Silva, Fürst von É.; ehrgeizig, intrigant und macht polit. Einfluß strebend; angeblich Geliebte König Philipps II.; 1578 in eine Mordaffäre verwickelt; lebte nach 2 Jahren Gefängnis zurückgezogen auf ihrem Landgut; von Schiller in „Don Carlos" dichterisch frei dargestellt.

Ebonit Ⓦ [ägypt.-griech.-engl.], säure- und basenbeständiges Hartgummi, das durch Vulkanisation mit hohem Schwefelanteil (32 %) aus Kautschuk hergestellt wird; Verwendung für elektrotechn. Artikel, Auskleidung von Chemikalienbehältern.

Ebony [engl. ˈebənɪ], svw. ↑Ebenholz.

Eboracum (Eburacum) ↑York.

Ebrach, Marktgemeinde in Bayern, im mittleren Steigerwald, 329 m ü. d. M., 1800 E. – Das 1127 gegr. Zisterzienserkloster wurde 1803 aufgelöst; seit 1851 ist es Strafanstalt. – Spätroman.-frühgot. Klosterkirche (1285 geweiht) mit barocker Einrichtung.

Ebro, Fluß in NO-Spanien, entspringt im Kantabr. Gebirge (Karstsee), durchfließt die z. T. steppenartige Schicht- und Tafelberglandschaft des *Ebrobeckens* in sö. Richtung, durchschneidet das Katalon. Bergland und mündet mit einem Delta in das Mittelmeer; 910 km lang, Einzugsgebiet 85 000 km².

Ebroin [ˈeːbro-iːn], †680/681 (ermordet), Hausmeier der fränk. Teilreiche Neustrien und Burgund (seit 658). – Trug zum Verfall des merowing. Königtums und zum Aufstieg der karoling. Hausmeier bei.

Ebstorfer Weltkarte, die größte und bedeutendste Erddarstellung des MA (Rundkarte), wohl zw. 1230 und 1240 entstanden, um 1830 im Kloster Ebstorf (Niedersachsen) entdeckt, 1943 in Hannover verbrannt (Nachbildungen im Kloster Ebstorf und in Lüneburg); 30 Pergamentblätter mit Jerusalem als Mittelpunkt der Erdscheibe (= Leib Christi).

EBU, Abk. für engl.: **E**uropean **B**roadcasting **U**nion (↑Union der Europäischen Rundfunkorganisationen).

Ebullioskopie [lat./griech.] ↑Molekülmassenbestimmung.

Eburonen (lat. Eburones), kelt., zu den Belgen gehörendes Volk an Rhein und Maas; Hauptort: Aduatuca (= Tongern); wurden 51 v. Chr. durch Cäsar vernichtet.

EBWE, Abk. für: **E**uropäische **B**ank für **W**iederaufbau und **E**ntwicklung (Osteuropabank), Finanzinstitut zur Unterstützung der Wirtschaftsreformen in den Staaten Mittel- und Osteuropas, gegr. 15. April 1991; Sitz London. Die Bank hat die Aufgabe, Kredite zur Entwicklung der Privatwirtschaft und des öff. Sektors zu vergeben, eine Beraterrolle beim Übergang zur Marktwirtschaft zu spielen sowie Umweltprojekte zu unterstützen. Das Gründungsabkommen wurde im Mai 1990 von 40 Staaten (darunter BR Deutschland, UdSSR, USA) sowie der Europ. Investitionsbank unterzeichnet. Die Stimmenverteilung der Mgl.länder im Gouverneursrat wird, analog den Statuten der Weltbank, durch die Höhe des Einlagekapitals bestimmt.

EC, Abk. für: **E**uro**c**ity (↑Intercity).

ECA [engl. ˈiːsiːˈeɪ], Abk.
▷ für: ↑**E**conomic **C**ooperation **A**dministration.
▷ für: ↑**E**conomic **C**ommission for **A**frica.

Eça de Queirós, José Maria [portugies. ˈɛsɐ ðə kɐiˈrɔʃ], * Póvoa de Varzim 25. Nov. 1845, † Paris 16. Aug. 1900, portugies. Erzähler. – Meister des portugies. realist. Romans. – *Werke:* Das Verbrechen des Paters Amaro (R., 1875), Der Vetter Basilio (R., 1878), Der Mandarin (E., 1880), Os Maias (R., 1881), Die Reliquie (E., 1887).

ECAFE [engl. ˈiːkeɪfɪ], Abk. für: ↑**E**conomic **C**ommission for **A**sia and the **F**ar **E**ast.

Ecaille [frz. eˈkaːj], Schale v. a. von Schildkröten als Material für Einlegearbeiten an Bijouteriewaren.

Écarté [ekarˈteː] ↑Ekarté.

Ecbasis captivi [lat. „Flucht eines Gefangenen"], eigtl. E. cuiusdam c. per tropologiam, allegor., verschlüsseltes Tierepos eines lothring. Autors wohl des 11. Jahrhunderts.

Eccard, Johannes, * Mühlhausen (Thüringen) 1553, † Berlin im Herbst 1611, dt. Komponist. – Schüler von Orlando di Lasso in München, seit 1608 kurfürstl. brandenburg. Kapellmeister in Berlin; komponierte v. a. geistl. und weltl. mehrstimmige Gesänge; bed. Meister des prot. Kirchenlieds.

Ecce-Homo [ˈɛktseˈhomo; lat. „Sehet, welch ein Mensch!"], in der bildenden Kunst Szene, in der Pilatus den gegeißelten Jesus vorführt (Joh. 19, 5). Christus wird im Purpurmantel mit Dornenkrone auf dem Haupt und später einem Stock in den gefesselten Händen dargestellt. Bed. Darstellungen von M. Schongauer, Dürer, Lukas van Leyden, Tizian und Rembrandt.

Eccles, Sir John Carew [engl. ɛklz], * Melbourne 27. Jan. 1903, austral. Physiologe. – Prof. in Canberra, Chicago und Buffalo; entdeckte die Bed. der Ionenströme für die Impulsübertragung an den Synapsen des Zentralnervensystems; 1963 Nobelpreis für Physiologie oder Medizin zus. mit A. L. Hodgkin und A. F. Huxley.

Ecclesia [griech.-lat.], Bez. für Kirche.

Ecclesiastes (Ekklesiastes) [griech.-lat.], das Buch Prediger im A. T.

Ecclesiasticus (Ekklesiastikus) [griech.-lat.], das Buch Jesus Sirach im A. T.

Ecclesia und Synagoge (Kirche und Synagoge), in der ma. Kunst als Paar dargestellte weibl. Gestalten, die das N. T. (Ecclesia) und A. T. (Synagoge) versinnbildlichen; u. a. am Straßburger Münster (nach 1230; Originale im Frauenhausmuseum).

Ecce-Homo. Darstellung aus dem Passionszyklus von Martin Schongauer, undatiert

ECE [engl. 'iːsiː'iː], Abk. für: ↑ **E**conomic **C**ommission for **E**urope.

Ecevit, Bülent [türk. ɛdʒeˈvit], * Konstantinopel 28. Mai 1925, türk. Politiker (Republikan. Volkspartei). – 1966–71 Generalsekretär, 1972–80 Vors. seiner Partei; 1961 Mgl. der verfassunggebenden Versammlung; 1961–65 Arbeitsmin.; 1974, 1977 sowie 1978/79 Min.präsident.

Ecclesia und Synagoge vom Straßburger Münster, nach 1230 (Originale im Straßburger Frauenhausmuseum)

echauffiert [eʃoˈfiːrt; frz.], erhitzt, aufgeregt.

Echegaray y Eizaguirre, José [span. etʃeɣaˈrai i ɛiθaˈɣirrɛ], * Madrid 19. April 1832, † ebd. 14. oder 16. Sept. 1916, span. Dramatiker. – Beeinflußt u. a. von Ibsen; neuromant.-melodramat. Bühnenwerke, u. a. „Wahnsinn oder Heiligkeit" (Dr., 1877), „Der große Kuppler" (Dr., 1881); Nobelpreis 1904 (mit F. Mistral).

Echeverie (Echeveria) [etʃe...; nach dem mex. Pflanzenzeichner A. Echeverría, 19. Jh.], Gatt. der Dickblattgewächse mit über 150 Arten im trop. Amerika; sukkulente, stammlose Stauden oder kurzstämmige Sträucher mit spiralig angeordneten Blättern in Rosetten; Blüten in Blütenständen.

Echeverría, Esteban [span. etʃeβeˈrria], * Buenos Aires 2. Sept. 1805, † Montevideo 19. Jan. 1851, argentin. Dichter. – Stand im Mittelpunkt der Bemühungen um eine nat. (romant.) Literatur; seit 1840 im Exil. Bed. die Erzählung „El matadero" (1840) aus dem Bürgerkrieg.

Echeverría Álvarez, Luis [span. etʃeβeˈrria ˈalβarez], * Mexiko 17. Jan. 1922, mex. Politiker. – 1964–70 Innenmin., 1970–76 Staatspräsident.

Echinit [griech.], versteinerter Seeigel.
Echinodermata [griech.], svw. ↑ Stachelhäuter.
Echinokaktus [griech.], svw. ↑ Igelkaktus.
Echinokokkenkrankheit [griech./dt.] (Blasenwurmkrankheit, Echinokokkose), Erkrankung innerer Organe des Menschen nach Befall mit den Finnen des ↑ Blasenwurms.
Echinus [griech.], ↑ Kapitell.

Echnaton [ägypt. „Es (er☥) gefällt dem Aton"], † um 1348 v. Chr., ägypt. König (seit etwa 1364) der 18. Dynastie. – Sohn Amenophis' III. und der Teje, Gemahl der Nofretete, kam als Amenophis IV. auf den Thron; erhob den Sonnengott Aton zum alleinigen Gott; änderte seinen Namen in E. um.

Echo, Bergnymphe der griech. Mythologie. Durch ihr Geschwätz lenkt sie Hera ab, während Zeus seinen Liebesabenteuern nachgeht, und wird von ihr so bestraft, daß sie weder von selbst reden, noch, wenn ein anderer redet, schweigen kann.

Echo [griech., zu ēchē „Schall"], eine durch Reflexion zum Ursprungsort zurückkehrende Welle; speziell Bez. für eine Schallreflexion, bei der der reflektierte Schall getrennt vom Originalschall wahrnehmbar ist.

Echoenzephalographie, Untersuchungsmethode, die einen Überblick über krankhafte Vorgänge im Schädelinnenraum gestattet. Dazu wird Ultraschall verwendet, der gezielt auf Teile des Schädels gerichtet wird und dessen Reflexion in Form einer Kurve **(Echoenzephalogramm)** elektronisch dargestellt wird.

Echographie, Abbildung von Organen und Organbewegungen mit Hilfe des Ultraschalls (↑ Ultraschalldiagnostik), wobei der an den Organgrenzen reflektierte Anteil des eingestrahlten Ultraschalls ausgenutzt wird.

Echokardiographie (Ultraschallkardiographie), Registrierung der Echos ultraschallreflektierender bewegter Strukturen des Herzens, z. B. Herzklappen, Herzräume, Herzmuskel und Herzbeutel.

Echolalie [griech.] (Echophrasie), sinnlos-mechan. Nachsprechen gehörter Wörter und Sätze, z. B. bei Schizophrenie.

Echolot, elektroakust. Vorrichtung zur Messung der Wassertiefe; mißt die Zeitdifferenz zw. der Aussendung eines Schall- oder Ultraschallimpulses und dessen Wiedereintreffen nach Reflexion am Meeresgrunde und ermittelt so die Tiefe, die vom **Echographen** aufgezeichnet wird; auch zur Ortung von Fischschwärmen verwendet **(Fischlupe)**. Das E. wurde 1913 von dem dt. Techniker Alexander Behm (* 1880, † 1952) erfunden und wird deshalb auch **Behm-Lot** genannt.

Echophrasie [griech.], svw. ↑ Echolalie.
Echos [griech.], in der byzantin. Musik svw. Tonart.
Echoventrikulographie, Darstellen der Hirnkammern unter Verwendung von Ultraschallwellen. Die E. ermöglicht das Erkennen krankhafter Formveränderungen.

ECHO-Viren [Kurzbez. für engl. **e**nteric **c**ytopathogenic **h**uman **o**rphan (viruses) „keiner bestimmten Krankheit zuzuordnende zytopathogene Darmviren"], Sammelbez. für eine Gruppe von Viren, die zahlr. fieberhafte Erkrankungen hervorrufen.

Echsen [durch falsche Worttrennung rückgebildet aus „Eidechse"], (Sauria) weltweit, bes. in den wärmeren Zonen verbreitete Unterordnung der Schuppenkriechtiere mit rund 3 000 etwa 3 cm (kleine Geckoarten) bis 3 m (Komodowaran) langen Arten; meist mit 4 Gliedmaßen, die teilweise oder ganz rückgebildet sein können, wobei jedoch fast stets Reste des Schulter- und Beckengürtels erhalten bleiben; Augenlider sind meist frei beweglich, das Trommelfell ist fast stets äußerlich sichtbar; Unterkieferhälften (im Ggs. zu den Schlangen) sind fest verwachsen.
▷ volkstüml. Bez. für alle gliedmaßentragenden Reptilien, bes. auch für die Saurier.

Echte Barsche, Gattungsgruppe der Barsche mit den einheim. Arten Flußbarsch, Kaulbarsch, Streber und Schrätzer.

Echte Brunnenkresse ↑ Brunnenkresse.
Echte Dattelpalme ↑ Dattelpalme.
Echte Edelraute (Artemisia mutellina), geschützte Beifußart in den Alpen; 10–25 cm hohe Staude mit geteilten Blättern und gelben Blütenköpfchen in kurzer Ähre.

Echter von Mespelbrunn, Julius ↑ Julius, Fürstbischof von Würzburg.

echter Bruch ↑ Bruch.
Echter Dill ↑ Dill.
Echterdingen ↑ Leinfelden-Echterdingen.
Echter Diskus ↑ Diskusfische.

Echternach, luxemburg. Stadt an der unteren Sauer, 4 200 E. Museum; Marktort. Chem. Ind.; Herstellung von Ind.robotern. – Alte Benediktinerabtei; 698 vom hl. Willibrord gestiftet. Berühmt ist die **Echternacher Springprozession,** eine Tanzprozession, die alljährl. am Pfingstdienstag stattfindet und zum Grab des hl. Willibrord in der Abteikirche führt.

Echter Wermut (Artemisia absinthium), Beifußart an trockenen Standorten der gemäßigten Breiten in Europa und Asien; bis 1 m hoher aromatisch duftender, filzig behaarter Halbstrauch mit gefiederten Blättern und gelben Blütenköpfchen in Rispen. E. W. enthält äther. Öle, u. a. das giftige Thujon, und wurde u. a. zur (heute in der BR

Echnaton. Kopf des Echnaton, Höhe 25 cm, um 1355 v. Chr. (Berlin, Ägyptisches Museum)

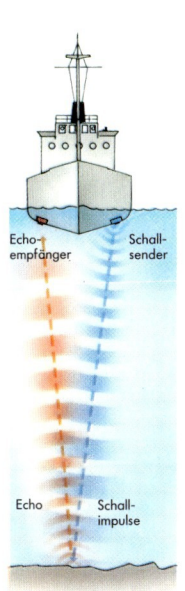

Echolot. Schematische Darstellung

Echtheit

Johannes Eck
(Kupferstich von Peter Weinher d. Ä., um 1570)

Deutschland verbotenen) Herstellung von Absinth verwendet.

Echtheit, Begriff für die Übereinstimmung von Schein und Sein, dafür, daß etwas nicht vorgetäuscht oder imitiert ist. – In der *Psychologie* nach P. Lersch ein Attribut der Antriebe und des Ausdrucksverhaltens, die sich aus der seelisch-geistigen Situation der Person ergeben.

Echtlosigkeit, im ma. Recht Fehlen der Rechtsfähigkeit, z. B. durch Strafurteil (Acht) bewirkter Verlust von Ehre und Rechtsschutz.

Echtmäuse (Altweltmäuse, Murinae), Unterfam. der Langschwanzmäuse mit rund 75 Gatt. und über 300, kleinen bis mittelgroßen Arten in Europa, Afrika, Asien und Australien. Einheim. Arten sind Zwergmaus, Brandmaus, Hausmaus, Hausratte, Wanderratte, Maulwurfsratte.

Echtzeitbetrieb (Realzeitbetrieb), Betriebsart eines Computers (bes. eines Prozeßrechners), bei dem im Ggs. zum Stapelbetrieb alle Aufgaben sofort vom Computer verarbeitet werden müssen, da er in die Abwicklung des Prozesses direkt eingebunden ist.

Eck, Johannes, eigtl. May[e]r oder Mai[e]r aus Eck (Egg), * Egg a. d. Günz 13. Nov. 1486, † Ingolstadt 10. Febr. 1543, kath. Kontroverstheologe. – 1508 Priester, 1510 Prof. der Theologie in Ingolstadt. 1519 Disputation mit Luther und Karstadt in Leipzig; wirkte mit am Prozeß gegen Luther. Nahm an den Religionsgesprächen von Hagenau (1540), Worms (1541) und Regensburg (1541) teil.

Eckart (Ekkehart, Ekkewart), dt. Sagengestalt, gen. „der getreue E.", Behüter, Berater und Warner.

Eckart, Meister ↑ Eckhart.

Eckball, in einigen Torspielen Schlag, Stoß oder Wurf der angreifenden Mannschaft vom Schnittpunkt der Torlinie und der Seitenlinie des Spielfeldes, wenn die verteidigende Mannschaft den Ball über die Torlinie außerhalb des Tores gespielt hat.

Ecke, Punkt, in dem zwei Seiten eines Vielecks oder mehrere Kanten bzw. Flächen eines Polyeders zusammenstoßen.

Eckehart, Meister ↑ Eckhart.

Eckener, Hugo, * Flensburg 10. Aug. 1868, † Friedrichshafen 14. Aug. 1954, dt. Luftfahrtpionier. – Seit 1905 Mitarbeiter des Grafen Zeppelin; 1924 erste Atlantiküberquerung mit dem Luftschiff ZR III (LZ 126), 1928 Amerikafahrt, 1929 erste Weltfahrt, 1931 Nordpolfahrt und 1936/37 planmäßige Fahrten nach N-Amerika mit dem Luftschiff LZ 129 bis zu dessen Zerstörung durch Brand.

Eckenlied (Ecken Ausfahrt), mittelhochdt. Heldenepos über den siegreichen Kampf Dietrichs von Bern mit den [Wetter]riesen Ecke und Fasolt (wohl um 1250, Fassungen des 14. und 15. Jh. überliefert).

Johann Peter Eckermann
(Zeichnung von Joseph Schmeller, um 1830)

Eckermann, Johann Peter, * Winsen (Luhe) 21. Sept. 1792, † Weimar 3. Dez. 1854, dt. Schriftsteller. – Seit 1823 Vertrauter Goethes, an der Ausgabe letzter Hand von Goethes Werken beteiligt. Schrieb die „Gespräche mit Goethe in den letzten Jahren seines Lebens" (1836–48).

Eckernförde, Hafenstadt und Seebad in Schl.-H. auf einer Nehrung zw. dem W-Ende der *Eckernförder Bucht,* einer Förde der westl. Ostsee, und dem *Windebyer Noor,* einem Strandsee, 21 700 E. Jagd- und Sportwaffenind.; Fischverarbeitung, Bootswerft, Marinestützpunkt. – Spätgot. Nicolaikirche (15. Jh.); Dorfkirche in E.-Borby (um 1200).

Eckersberg, Christoffer Wilhelm [dän. 'ɛgərsbɛr], * Blåkrog bei Apenrade 2. Jan. 1783, † Kopenhagen 22. Juli 1853, dän. Maler. – 1813–16 in Rom; bed. Porträts (u. a. von Anna Maria Magnani, 1814, Privatbesitz) sowie klassizist. Landschaften; Marinebilder.

Eckert-Greifendorff, Max, * Chemnitz 10. April 1868, † Aachen 26. Dez. 1938, dt. Geograph und Kartograph. – Prof. in Aachen; Pionier der wiss. fundierten Kartographie; entwickelte eigene Kartennetzentwürfe (Eckertsche Projektionen).

Eckhart (Eckart, Eckehart), gen. Meister E., * Hochheim bei Gotha um 1260, † Avignon (?) vor dem 30. April 1328, dt. Dominikaner. – E. wirkte in verschiedenen Klöstern des Ordens als Oberer und Lehrer; 1302 in Paris Magister der

Umberto Eco

Theologie; ab 1323 in Köln tätig. Wegen Häresieverdachtes angezeigt und seit 1326 in Prozesse verwickelt. Nach seinem Tode verurteilte 1329 Papst Johannes XXII. aus den Schriften 28 Sätze; über 200 Handschriften seiner Predigten bezeugen aber den starken Einfluß auf das geistl. Leben des Spät-MA. – E. verarbeitete unterschiedl. Denkstile (scholast., neuplaton., aristotel.), um das myst. Erlebnis der „Einung" mit Gott beschreibbar zu machen. E. wurde mit seinen dt. Predigten zu einem der gewaltigsten dt. Sprachschöpfer.

Ecklohn, der im Tarifvertrag für eine bestimmte Lohngruppe festgesetzte Normalstundenlohn, nach dem sich die Grundlöhne anderer Lohngruppen mit Hilfe eines tarifl. festgelegten Schlüssels errechnen.

Eckmann, Otto, * Hamburg 19. Nov. 1865, † Badenweiler 11. Juni 1902, dt. Maler und Kunstgewerbler. – Bed. Vertreter des Jugendstils; Schöpfer der sog. „E.schrift", der meistgebrauchten Schrifttype des Jugendstils.

Eckzähne ↑ Zähne.

Eckzins, der Zinssatz, mit dem Einlagen auf Sparkonten mit gesetzl. Kündigung zu verzinsen sind.

ECLA [engl. 'iːsiːɛl'eɪ, 'ɛklə], Abk. für: ↑ **E**conomic **C**ommission for **L**atin **A**merica.

Eco, Umberto [italien. 'ɛːko], * Alexandria 5. Jan. 1932, italien. Kunstphilosoph und Schriftsteller. – Prof. in Florenz, Mailand, seit 1971 für Semiotik in Bologna. Beeinflußte mit seinen Studien zur ma. Ästhetik und Geistesgeschichte, zur allg. literar. und musikal. Semiotik sowie zur Massenkommunikation die Theorie der internat. künstler. und wiss. Avantgarden seit Mitte der 60er Jahre. Bekannt wurde v. a. sein mit den Strukturen der Detektivgeschichte spielender Roman „Der Name der Rose" (1980), der die Welt des 14. Jh. als Gleichnis aktueller Verwirrung entwirft. – *Weitere Werke:* Das offene Kunstwerk (1962), Einführung in die Semiotik (1968), Nachschrift zum „Namen der Rose" (1980), Über Gott und die Welt (dt. 1985), Das Foucaultsche Pendel (R., 1988).

ECO [engl. 'iːsiːʊ], Abk. für ↑ **E**conomic **C**ooperation **O**rganization.

École [frz. e'kɔl; zu lat. schola „Schule"], frz. für: Schule; z. B. **École maternelle** (Vorschule), **École primaire** (Grundschule); **École technique** (Berufsschule), **École Nationale Supérieure des Beaux-Arts** (Hochschule für bildende Künste), **École Polytechnique** (polytechn. Hochschule).

Christoffer Wilhelm Eckersberg. Anna Maria Magnani, 1814 (Privatbesitz)

Ecuador

Ecuador
Fläche: 270 670 km²
Bevölkerung: 10,51 Mill. E (1990), 38,8 E/km²
Hauptstadt: Quito
Amtssprache: Spanisch
Nationalfeiertag: 10. Aug. (Unabhängigkeitstag)
Währung: 1 Sucre (s/.) = 100 Centavos
Zeitzone: MEZ −6 Stunden

École de Paris [frz. ekɔldəpaˈri], nach dem 2. Weltkrieg bis etwa 1960 in Paris bestehender Kreis abstrakter Maler (R. Bissière, J. Bazaine, M. Estève, H. Hartung, A. Manessier, G. Schneider, P. Soulages, N. de Staël, M. E. Vieira da Silva, R. R. Ubac) einschl. Tachisten (Wols, G. Mathieu, S. Poliakoff).
Economic and Social Commission for Western Asia [engl. iːkəˈnɔmɪk ənd ˈsoʊʃl kəˈmɪʃən fə ˈwɛstən ˈɛɪʃə], Abk. ESCWA, 1973 als ECWA (Economic Commission for Western Asia) gegr. Wirtschaftskommission der ECOSOC für Westasien, 1985 umben., Sitz Bagdad.
Economic and Social Council [engl. iːkəˈnɔmɪk ənd ˈsoʊʃəl ˈkaʊnsl], Abk. ECOSOC, Wirtschafts- und Sozialrat, Organ der UN. Aufgaben: Förderung der Wirtschaft, Gesundheit, Erziehung und Kultur. Wahl der Mgl. durch die Vollversammlung für drei Jahre.
Economic Commission for Africa [engl. iːkəˈnɔmɪk kəˈmɪʃən fə ˈæfrɪkə], Abk. ECA, 1958 gegr. Regionalorganisation des ECOSOC in Afrika, Sitz Addis Abeba.
Economic Commission for Asia and the Far East [engl. iːkəˈnɔmɪk kəˈmɪʃən fə ˈɛɪʃə ənd ðə ˈfaː ˈiːst], Abk. ECAFE, 1947 gegr. Regionalorganisation der ECOSOC im Fernen Osten, Sitz Bangkok.
Economic Commission for Europe [engl. iːkəˈnɔmɪk kəˈmɪʃən fə ˈjʊərəp], Abk. ECE, 1947 gegr. Regionalabteilung der ECOSOC für Europa mit Sitz in Genf.
Economic Commission for Latin America [engl. iːkəˈnɔmɪk kəˈmɪʃən fə ˈlætɪn əˈmɛrɪkə], Abk. ECLA, 1948 gegr. Wirtschaftskommission der ECOSOC für Lateinamerika, Sitz Santiago de Chile.
Economic Cooperation Administration [engl. iːkəˈnɔmɪk koʊəpəˈrɛɪʃən ədmɪnɪsˈtrɛɪʃən], Abk. ECA, 1948 entstandene Verwaltungsbehörde, die die Durchführung der Marshallplanhilfe zu überwachen und Hilfsaktionen zu planen hatte; 1952 abgelöst von der Mutual Security Agency.
Economic Cooperation Organization [engl. iːkəˈnɔmɪk koʊəpəˈrɛɪʃən ɔːgənaɪˈzɛɪʃn], Abk. ECO, 1964 von der Türkei, dem Iran und Pakistan gegr. regionale Gemeinschaft islam. Staaten zur wirtsch., techn. und kulturellen Zusammenarbeit; 1985 wiederbelebt; 1992 Aufnahme ehem. sowjet. Republiken Zentralasiens und des Kaukasus.
Economics [engl. iːkəˈnɔmɪks], an amerikan. Hochschulen gelehrte, der dt. Volkswirtschaftslehre vergleichbare Disziplin.
Economist, The [engl. ðɪ ɪˈkɔnəmɪst „der Wirtschaftsfachmann"], 1843 gegr.; gilt als eine der einflußreichsten Wirtschaftszeitschriften; erscheint wöchentlich in London.
Economy-Klasse [engl. ɪˈkɔnəmɪ „Sparsamkeit"], internat. Flugtarifklasse.
Econ Verlag GmbH ↑ Verlage (Übersicht).
ECOSOC [engl. ˈiːkɔsɔk], Abk. für: ↑ **Eco**nomic and **So**cial **C**ouncil.
Ecossaise (Ekossaise) [ekɔˈsɛːzə; frz., eigtl. „(die) Schottische"], urspr. schott. Reigentanz in gemessenem Dreiertakt, nach 1700 in Frankreich Gesellschaftstanz in geradem Takt.

Écouen [frz. eˈkwɛ̃], frz. Ort im Dep. Val-d'Oise, 4 600 E. Bed. Renaissanceschloß (um 1535 bis um 1578), erbaut für den Herzog Anne de Montmorency (heute Museum).
écrasez l'infâme! [ekrazeˈlɛ̃ːfaːm; frz. „rottet den niederträchtigen (Aberglauben) aus!"], programmat. Formel Voltaires für den Kampf gegen die kath. Kirche.
ECU, Abk. für: **E**uropean **C**urrency **U**nit (↑ Europäisches Währungssystem).
Écu [frz. eˈky; zu lat. scutum „Schild"], nach dem Münzbild ben. frz. Münzen: **Écu d'or** („Goldschild") 1266–1653, u. a. die älteste frz. Goldmünze; **Écu blanc** („Weißschild"), auch **Écu d'argent** („Silberschild") oder **Louis blanc** („weißer Ludwig"), erste frz. Talermünze (seit 1641); unter den Nachfolgeformen wurde der **Écu neuf** („neuer Schild") 1726–90, auch **Écu aux lauriers** („Lorbeerschild"), als **Laubtaler** oder **Franzgeld** bed. auch für den innerdt. Geldverkehr.
Ecuador (amtl. Vollform: República del Ecuador), Republik im NW Südamerikas, zw. 1° 27′ n. Br. und 5° s. Br. sowie 75° 12′ und 81° w. L. **Staatsgebiet:** Erstreckt sich vom Pazifik bis ins Amazonastiefland, es grenzt im N an Kolumbien, im O und S an Peru. Zu E. gehören außerdem die Galápagosinseln. **Verwaltungsgliederung:** 20 Prov. **Internat. Mitgliedschaften:** UN, OAS, ALADI, Andenpakt, SELA, OPEC.
Landesnatur: E. hat Anteil an drei Großräumen: Küstentiefland (Costa), Andenhochland (Sierra) und östl. Tiefland (Oriente). Die Costa ist bis 160 km breit und wird von der durchschnittlich 300–600 m hohen Küstenkordillere durchzogen. Die Sierra besteht aus der West- (im Chimborasso 6 267 m hoch) und der Ostkordillere (im Cotopaxi 5 897 m hoch) und einer von beiden eingeschlossenen, 2 300–3 000 m hoch gelegenen Beckenzone. Der Oriente gehört zum Einzugsbereich des Amazonas. E. beansprucht seit 1961 wieder ein 174 565 km² großes Gebiet im Amazonastiefland, das 1942 zu Peru kam. Die fast 1 000 km vor der Küste liegenden Galápagosinseln sind vulkan. Ursprungs.
Klima: E. liegt in den inneren Tropen. Die Temperaturen zeigen geringe Jahresschwankungen, nehmen aber mit der Höhe beträchtl. ab. Der S der Costa liegt im Einflußbereich des Humboldtstroms und des Passats. Die Hochlandbecken haben jährlich bis zu neun Trockenmonate.
Vegetation: Den Niederschlägen entsprechend geht die Halbwüste der südl. Costa über Savannenformationen in den halb- und immergrünen Regenwald des Tieflandes über. Der trop. Berg- und Nebelwald der Kordilleren wird in über 3 500 m Höhe von der baumlosen Páramovegetation abgelöst.
Bevölkerung: Etwa 35 % der Bev. sind Mestizen, 20 % Indianer, 25 % Weiße (Kreolen), 5 % Schwarze und 15 % Mulatten. Die weiße Oberschicht ist seit der Kolonialzeit im Besitz der polit. und wirtsch. Macht. Die Indianer sprechen meist Quechua, z. T. auch Chibcha. Die Mehrzahl der Bev. ist kath. Die Schulpflicht (6–14 Jahre) kann nicht

Ecuador

Staatswappen

Internationales Kfz-Kennzeichen

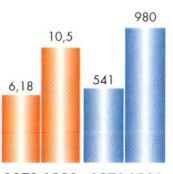

1970 1990   1970 1990
Bevölkerung   Bruttosozial-
(in Mill.)   produkt je E
              (in US-$)

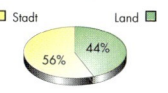

Bevölkerungsverteilung 1990

Bruttoinlandprodukt 1990

Ecuador

Ecuador. Landwirtschaftliche Anbauflächen im Andenhochland, im Hintergrund der Chimborasso

Stefan Edberg

Arthur Stanley Eddington

überall wirksam werden. Die Analphabetenquote betrug 1982 noch 16%. E. besitzt 9 Univ. und 8 TH.

Wirtschaft: Seit dem Erdölpreisverfall 1986 ist das durch den Erdölboom Ende der 70er Jahre stark beschleunigte Wirtschaftswachstum wieder rückläufig. Die 504 km lange Erdölpipeline, die die Felder im N des Oriente mit Esmeraldas an der Küste (Raffinerie und Hafen) verbindet und dabei Höhenunterschiede von 4 000 m überwindet, ist durch das Erdbeben 1987 stark zerstört worden. Die Landw. ist der zweitwichtigste Wirtschaftszweig. In der Sierra werden Mais, Weizen, Gerste, Kartoffeln u. a. ausschließlich für die Selbstversorgung angebaut. Hier sind 80 % aller landw. Betriebe kleiner als 5 ha. An der Costa herrschen Exportkulturen vor: v. a. Bananen (E. ist das führende Bananenexportland der Erde), außerdem Kaffee, Kakao, Zuckerrohr; für den Inlandsbedarf werden auch Baumwolle, Reis, Maniok u. a. angebaut. Die forstwirtsch. Nutzung der Wälder ist noch relativ gering; am wichtigsten ist Balsaholz. Reiche Fischgründe bestehen im Bereich des Humboldtstroms und um die Galápagosinseln (200-Seemeilen-Grenze). Die Ansiedlung von Ind. wird von der Regierung gefördert. Es überwiegen Nahrungs-, Genußmittel- und Textilind. (oft Kleinbetriebe), daneben bestehen Erdölraffinerien, chem.-pharmazeut. Ind. u. a.

Außenhandel: Ausgeführt werden Erdöl und -derivate, Bananen, Kakao, Kaffee, Zucker, Fischprodukte, Balsaholz u. a. Die wichtigsten Handelspartner sind die USA, Japan, Deutschland, Brasilien, Chile und Peru.

Verkehr: Das Eisenbahnnetz hat eine Länge von 965 km, das Straßennetz von 36 600 km, davon entfallen 1 392 km auf die von N nach S durch die Hochbecken verlaufende Carretera Panamericana. Importhafen ist v. a. Guayaquil, Bananenexporthafen Puerto Bolivar, Erdölhafen Esmeraldas. Zw. den größeren Städten bestehen Flugverbindungen, internat. ✈ in Quito und Guayaquil.

Geschichte: Am östl. Andenabfall sind keram. Kulturen ab etwa 50 v. Chr. nachweisbar. Aus dem Hochland stammen die bisher ältesten Funde: in El Inga präkeram. Kulturen ab 8000 v. Chr. In der pazif. Küstenebene gehören die Keramiken der Valdiviaphase (3200–1800) zu den ältesten in Amerika. Die auf die formative Periode (3200–500) folgende Periode der Regionalentwicklung (500 v. bis 500 n. Chr.) stellt den künstler. Höhepunkt in der voreurop. Entwicklung E. dar (z. B. Bahíakultur, Tolitaphase in Esmeraldas). Zw. 1463/71 gliederte Topa Inca Yupanqui die südl. Hochbecken von Loja und Cuenca dem Reiche ein. Huaina Cápac eroberte 1493 das ganze Innere des heutigen E. sowie Teile der Küste. Sein Sohn Atahualpa eroberte von E. aus den Inkathron. Mit der Eroberung des Inkareiches (1531–33) durch die Spanier wurde E. der span. Herrschaft unterworfen: seit 1563 Audiencia des Vize-Kgr. Peru mit Quito als Hauptstadt, gehörte 1717–24, endgültig seit 1739 zum Vize-Kgr. Neugranada. Der Unabhängigkeitskampf E. begann mit der Revolution 1809; beendet war er erst mit General Sucres Sieg über die Spanier am Pichincha (1822). Nach der Loslösung von Groß-Kolumbien 1830 begann eine Reihe von Revolutionen und Putschen, die aus dem Ggs. zw. Liberalen und Konservativen herrührt und bis in die Gegenwart anhält. Nach dem bewaffneten Konflikt mit Peru 1941 mußte E. im Protokoll von Rio de Janeiro (29. Jan. 1942) fast zwei Fünftel seines Staatsgebiets abtreten. Zw. den beiden Staaten kam es Anfang 1981 erneut zu bewaffneten Grenzauseinandersetzungen.

Die Versuche J. M. Velasco Ibarras (mit Unterbrechungen Präs. seit 1934), den Ggs. zw. arm und reich durch Reformen abzubauen, stießen auf heftige Opposition, v. a. konservativer Kreise und des Militärs, und führten 1935, 1947, 1956, 1961 und 1972 zu seinem Sturz. Die nach dem Staatsstreich von 1972 amtierende Militärreg. unter General G. Rodríguez Lara wurde im Jan. 1976 durch eine Junta der Oberkommandierenden der 3 Teilstreitkräfte ersetzt. Im Jan. 1978 wurde durch Referendum eine neue Verfassung angenommen, die nach den Parlaments- und Präsidentschaftswahlen von 1979 in Kraft trat. Im Okt. 1982 wurde wegen der Unruhe in der Bev. der Ausnahmezustand verhängt (bis Nov.). Im März 1986 konnte die Reg. eine Militärrevolte niederschlagen. Die Wahlen 1988 gewann die ID, Präs. wurde im Aug. 1988 R. Borja Cevallos, der auch nach der Aufkündigung der Koalition durch die DP (Christlich-Demokrat. Union) im Juli 1989 weiter deren Unterstützung fand. Borja wurde nach Präs.wahlen im Juli 1992 von S. Duran-Ballen (ehem. PSC) abgelöst.

Ecuador. Bahíakultur, 500 v. Chr.–500 n. Chr., Würdenträger mit Nasenring, großen runden Ohrringen und Kopfschmuck, Terrakottafigur (Privatsammlung)

Politisches System: Nach der Verfassung von 1979 (geändert 1984) ist E. eine Republik mit Präsidialsystem. *Staatsoberhaupt* und oberster Inhaber der *Exekutive* ist der vom Volk auf 4 Jahre gewählte Präs., der die anderen Mgl. seines Kabinetts ernennt. Die *Legislative* liegt beim Einkammerparlament, dem Repräsentantenhaus (für 4 Jahre vom Volk gewählt). Von den im Parlament vertretenen *Parteien* haben bes. Bedeutung die konservative Christlich-Soziale Partei (PSC), die sozialdemokratisch orientierte Demokrat. Linke (ID) und die Sozialist. Partei (PS). In den *Gewerkschaften* sind rd. 10 % der Erwerbstätigen organisiert. *Verwaltungsmäßig* ist E. in 20 Prov. (einschl. der Galápagosinseln) gegliedert, an deren Spitze jeweils ein vom Präs. ernannter Gouverneur steht. Das *Rechtswesen* ist an frz. und span. Vorbild orientiert.

ecuadorianische Literatur, nach einem frühen, mit Bischof Gaspar de Villarroel (* 1587 ?, † 1665) verbundenen Höhepunkt der e. L. während der Kolonialzeit feierte José Joaquín Olmedos (* 1780, † 1847) mit neoklass. Oden die erkämpfte Freiheit. Aus der Romantik ging im 19. Jh. als Vorläufer des Modernismo der Essayist J. Montalvo hervor. Auf die modernist. Lyriker und Romanschriftsteller der Jh.wende folgten im 20. Jh. sozialkrit. Schriftsteller (z. B. D. Aguilera Malta, E. Gil Gilbert, A. Ortiz, J. Icaza). Auch der Lyrik gewann nach der Wirklichkeitsflucht der Modernisten ein ausgeprägtes Realitätsbewußtsein (J. Carrera Andrade), die folgenden Generationen fanden ihre Repräsentanten in C. Dávila Andrade, L. Rumazo, I. Carvalho Castillo, U. Estrella und J. Egüez.

ed., Abk. für: lat. **ed**idit [„herausgegeben hat es ..."].
Ed., Abk. für: ↑**Ed**ition.
Edam, niederl. Stadt 20 km nö. von Amsterdam, 24 km², 24 600 E. Zu E. gehört das Fischer- und Trachtendorf **Volendam;** Museum; Textil-, keram. und Molkereiind.; Fischverarbeitung; Fremdenverkehr. – Entstand im frühen 13. Jh.; 1357 Stadtrecht.
Edamer Käse [nach der Stadt Edam] ↑ Käse.
edaphisch [griech.], bodenbedingt.
Edaphon [griech.], die Gesamtheit der im Boden lebenden Organismen.
Edberg, Stefan, *Västervik 19. Jan. 1966, schwed. Tennisspieler, Wimbledonsieger 1988 und 1990, Sieger der Internat. Meisterschaften von Australien 1985 und 1987 sowie der internat. amerikan. Meisterschaften 1991, Daviscupgewinn 1984, 1985 und 1987 mit der schwed. Mannschaft.
edd., Abk. für lat.: **ed**iderunt [„herausgegeben haben es ..."].
Edda [altnord.], eigtl. Name des mytholog. metr. Lehrbuchs, das der Überlieferung nach um 1230 von Snorri Sturluson verfaßt wurde und als Handbuch der Skaldenkunst gedacht war (sog. **Snorra-Edda,** jüngere E., Prosa-E., in Handschriften des 13. und 14. Jh. überliefert). In der Renaissance von isländ. Gelehrten auch auf eine von Bischof Brynjólfr Sveinsson in einer Handschrift des 13. Jh. entdeckte Liedersammlung, die wegen fälschl. Zuweisung an Saemund den Weisen sog. **Saemundar-Edda** (auch ältere E., poet. E., Lieder-E.), übertragen. In ihr sind etwa 30 Lieder[bruchstücke] in altnord. Sprache enthalten, die zus. mit Ergänzungen aus anderen Handschriften die *eddische Dichtung* ausmachen. Die ältere E. enthält zw. dem 9. und 12. Jh. entstandene, in Island im 13. Jh. aufgezeichnete Götter- und Heldensagen, darunter die ältesten Fassungen der sonst nur durch die mittelhochdt. Dichtung belegten gemeingerman. Sagen, u. a. die Lieder von Sigurd, Brynhild und Gudrun sowie das Lied von Atli (Etzel). Die ältere E. wird eingeleitet mit der „Völuspá" (Weissagung der Seherin; ihre Vision vom Geschick der Götter, von Schöpfung und Untergang der Erde); es folgt eine Sammlung von Lebensregeln, Zauberliedern und Abenteuern Odins. – ↑ altnordische Literatur.
Eddington, Sir (seit 1930) Arthur Stanley [engl. 'ɛdɪŋtən], *Kendal (Westmorland) 28. Dez. 1882, † Cambridge 22. Nov. 1944, brit. Astronom und Physiker. – Leistete zahlr. fundamentale Beiträge zur Astrophysik („Der innere Aufbau der Sterne", 1926), gab 1924 die Masse-Leuchtkraft-Beziehung an, arbeitete auch über allg. Relativitätstheorie und veröffentlichte populärwiss. Bücher.
Eddy, Don, *Long Beach (Calif.) 4. Dez. 1944, amerikan. Maler. – Vertreter des Photorealismus, malt v. a. reflektierende und spiegelnde Gegenstände.
E., Mary, geb. Baker (Baker-Eddy), *Bow (N. H.) 16. Juli 1821, † Boston 3. Dez. 1910, amerikan. Gründerin der ↑ Christian Science. – Bibelstudien und Erfahrungen im „geistigen Heilen" führten 1875 zur Herausgabe ihres Hauptwerks „Science and health with key to the scriptures" (Wissenschaft und Gesundheit mit Schlüssel zur Hl. Schrift), 1879 gründete sie die *Church of Christ, Scientist* (Kirche Christi, Wissenschaftler) in Boston.

Edda. Saemundar-Edda, Seite aus dem Odinslied, isländische Handschrift aus dem 17. Jh. (Kopenhagen, Det Arnamagnæanske Institut)

Edéa, Stadt am Rande des Küstentieflands von Kamerun, am Sanaga, 31 000 E. Aluminiumhütte (Bauxit aus Guinea, Elektroenergie vom nahen Sanagastaudamm).
EDEKA, aus der Abk. EdK (für: **E**inkaufsgenossenschaften **d**t. **K**olonialwaren- und Lebensmittel-Einzelhändler) entstandene Bez. für eine der größten dt. genossenschaftl. Handelsgruppen, Sitz Hamburg, 1907 durch den Zusammenschluß von 13 örtl. Einkaufsgenossenschaften in Leipzig gegründet.
Edelfalter (Fleckenfalter, Nymphalidae), Fam. der Tagfalter mit mehreren Tausend weltweit verbreiteten Arten; mit meist bunt gefärbten Flügeln. In Europa z. B. ↑ Admiral, ↑ Kaisermantel, ↑ Perlmutterfalter, ↑ Scheckenfalter.
Edelfasan ↑ Fasanen.
Edelfäule, Bez. für die durch Schimmelbildung (↑ Grauschimmel) bewirkte Beschaffenheit vollreifer Weintrauben bei warmem, feuchtem Herbstwetter. Die Außenhaut der Weinbeeren wird porös, Wasser verdunstet, die Beeren trocknen rosinenartig ein (Trockenbeere); Fruchtzucker und (teils neugebildete) Geschmacksstoffe werden konzentriert. E. ist in Deutschland und Österreich Voraussetzung zur Herstellung von Ausleseweinen.
Edelfreie (Edelinge), die in höherem Ansehen stehende und durch vornehme Abkunft ausgezeichnete Oberschicht der Freien; heben sich seit dem 11./12. Jh. v. a. vom unfreien Dienstadel ab.
Edelgase, Bez. für die Elemente der VIII. Hauptgruppe des Periodensystems der chem. Elemente: Helium, Neon, Argon, Krypton, Xenon, Radon. Die E. sind einatomige

Mary Eddy

Edelgasschale

farb- und geruchlose Gase; nach der Valenzelektronentheorie sind sie „nullwertig" (↑Atom, ↑Valenztheorie) und entsprechend chem. äußerst reaktionsträge (inert). Erst seit 1962 kennt man einige **Edelgasverbindungen**.

Edelkrebs

Edelgasschale, die äußerste ↑abgeschlossene Schale eines Edelgasatoms. Die E. ist energetisch bes. begünstigt; die Atome anderer chem. Elemente haben daher beim Eingehen einer chem. Bindung das Bestreben, eine E. als äußerste Elektronenschale auszubilden, also eine sog. **Edelgaskonfiguration** zu erreichen.

Edelhagen, Kurt, *Herne 5. Juni 1920, †Köln 8. Febr. 1982, dt. Orchesterleiter. – Seit 1957 beim WDR Köln; sein Orchester gehörte zu den führenden Jazz-Big-Bands Europas.

Edelhirsch, svw. ↑Rothirsch.

Edelinge, svw. Edelfreie.

Edelkastanie (Echte Kastanie, Castanea sativa), Buchengewächs in W-Asien, kultiviert und eingebürgert in S-Europa und N-Afrika, seit der Römerzeit auch in wärmeren Gebieten Deutschlands; sommergrüner, bis über 1000 Jahre alt und über 20 m hoch werdender Baum mit großen, derben länglich-lanzettförmigen, stachelig gezähnten Blättern; die Nußfrüchte (**Eßkastanien** oder **Maroni**) mit stacheliger Fruchthülle sind gekocht oder geröstet eßbar; erste Fruchterträge nach 20 Jahren.

Edelkoralle (Rote Edelkoralle, Corallium rubrum), Art der Rindenkorallen an den Küsten des Mittelmeers, v. a. in Tiefen zw. 30 und 200 m; bildet häufig 20–40 cm hohe, wenig verzweigte Kolonien. Die meist rot gefärbten Achsenskelette aus Kalk werden zu Schmuck verarbeitet. – Abb. S. 82.

Edelkrebs (Flußkrebs, Astacus astacus), etwa 12 (♀)–16 (♂) cm langer Flußkrebs in M-Europa, S-Skandinavien und im mittleren Donaugebiet; bräunlich- bis olivgrün, mit kräftig entwickelten Scheren.

Edelman, Gerald Maurice [engl. ˈɛɪdlmæn], *New York 1. Juli 1929, amerikan. Biochemiker. – E. arbeitete v. a. an der Aufklärung der biochem. Grundlagen der ↑Antigen-Antikörper-Reaktion; erhielt 1972 (zus. mit R. R. Porter) den Nobelpreis für Physiologie oder Medizin.

Edelmann (Mrz. Edelleute), urspr. Angehöriger des altfreien Adels (↑Edelfreie); später und schließlich insbes. des niederen Adels.

Edelmarder (Baummarder, Martes martes), Marderart in Europa und N-Asien; Körperlänge etwa 48–53 cm, Schwanz 22–28 cm lang, buschig; wurde früher seines wertvollen Pelzes wegen stark bejagt; selten.

Edelmetalle, chem. bes. beständige Metalle (speziell gegen Einwirkung von Sauerstoff); dazu gehören Gold, Silber und die sog. Platinmetalle: Platin, Ruthenium, Rhodium, Palladium, Osmium, Iridium.

Edelpapagei (Lorius roratus), bis 40 cm großer Papagei, v. a. in den Regenwäldern N-Australiens und Neuguineas; ♂ fast grasgrün (mit gelbem, an der Basis rotem Schnabel), ♀ feuerrot; Käfigvogel.

Edelpilzkäse ↑Käse.

Edelreis ↑Veredelung.

Edelreizker ↑Milchlinge.

Edelsittiche (Psittacula), Gatt. der Papageien mit 12 Arten von W-Afrika bis Borneo; 30–54 cm lange Vögel mit grünem Gefieder und langem, stufigem Schwanz.

Edelstahl, durch Zugabe von Stahlveredelungsmetallen (z. B. Chrom, Mangan) legierter oder unlegierter Stahl mit geringem Phosphor- und Schwefelgehalt.

Edelsteine ↑Schmucksteine.

Edeltanne, svw. Weißtanne (↑Tanne).

Edelweiß (Leontopodium), Gatt. der Korbblütler mit etwa 50 Arten in Gebirgen Asiens und Europas; niedrige, dicht behaarte, weißl. bis grüne Stauden mit kleinen Blütenköpfchen, die von strahlig abstehenden Hochblättern umstellt sind. – In M-Europa kommt nur die geschützte Art **Leontopodium alpinum** in den Alpen auf Felsspalten und auf steinigen Wiesen ab 1700 m Höhe vor.

Edelwild ↑Rotwild.

Edelzwicker ↑elsässische Weine.

Eden [hebr.], im A.T. (1. Mos. 2, 8 ff.) das ↑Paradies.

Eden, Sir (seit 1954) Robert Anthony [engl. iːdn], Earl of Avon (seit 1961), *Windlestone Hall (Durham) 12. Juni 1897, †bei Salisbury (Wiltshire) 14. Jan. 1977, brit. Politiker. – 1923–57 konservativer Unterhausabg., 1935–38, 1940–45 und 1951–55 Außenmin.; verfolgte nach dem 2. Weltkrieg eine engere, auch militär. Zusammenarbeit der westeurop. Staaten (↑Edenpläne). 1954 maßgeblich beteiligt an der Formulierung des Genfer Indochina-Abkommens und der Gründung der SEATO; legte auf den Konferenzen von Berlin (1954) und Genf (1955) Pläne zur dt. Wiedervereinigung und zur europ. Entspannung vor. 1955–57 Premiermin., erlitt mit der brit.-frz. Intervention in der Sueskrise 1956 eine außenpolit. Niederlage.

Edenkoben, Stadt in Rhld.-Pf., Luftkurort am Abfall der Haardt zur Oberrheinebene, 160 m ü. d. M., 5 700 E. Weinbau. – 769 erstmals gen.; seit 1797 zu Frankreich, kam 1816 an Bayern und wurde 1818 Stadt. – Pfarrkirche (1739/40), Schloß Ludwigshöhe (1845–51; ehem. Sommerresidenz König Ludwigs I., z. T. Slevogt-Museum).

Edelmarder

Edelkastanie. Oben: blühender Zweig. Unten: aufgesprungener Fruchtbecher mit Früchten

Edelweiß. Leontopodium alpinum

Edenpläne [engl. iːdn; nach Sir R. A. Eden], 1. brit. Konzept für den Zusammenschluß des Westens 1952: Unter der übergeordneten Atlant. Gemeinschaft sollten drei Staatengruppierungen – USA und Kanada, Großbritannien und Commonwealth, die Staaten des Europarats – in engere Zusammenarbeit treten; 1952 vom Europarat angenommen. – 2. 1954 unterbreiteter Vorschlag zur Wiedervereinigung Deutschlands auf der Grundlage freier Wahlen, der Ausarbeitung einer Verfassung durch eine Nat.versammlung, der Bildung einer gesamtdt. Regierung zum Abschluß eines Friedensvertrags; blieb bis 1959 Modell westl. Wiedervereinigungspläne.

Eder, linker Nebenfluß der Fulda, entspringt im Rothaargebirge, mündet südlich von Kassel; 175 km lang.

Edirne. Selimiye-Moschee, 1568–74 erbaut von dem osmanischen Baumeister Sinan

Edersee ↑ Stauseen (Übersicht).
Edessa, Hauptstadt des griech. Verw.-Geb. Pella in W-Makedonien, 75 km westlich von Saloniki, 320 m ü.d.M., 16 600 E. Orthodoxer Bischofssitz; Museum; Marktort. – E. war der Name einer Vorstadt von **Aigai,** der alten Hauptstadt Makedoniens, der später auf die ganze Stadt überging.
E., antike syr. Stadt, nach der Eroberung durch Alexander d. Gr. so ben. nach der makedon. Hauptstadt (heute ↑ Urfa). Für die Anfänge des Christentums in E. ist das Wirken des christl. Philosophen Bardesanes (* 154, † 222) bedeutsam gewesen. Unsicher ist, ob die Königsfamilie von E. um 200 christlich und das Christentum Staatsreligion geworden ist. E. entwickelte sich früh zu einem Zentrum theolog. Gelehrsamkeit (entscheidend dafür die Tätigkeit ↑ Ephräms des Syrers).
Edfelt, Johannes, * Kyrkefalla (Västergötland) 21. Dez. 1904, schwed. Lyriker. – Surrealist. beeinflußte Gedichte von hoher (traditionsbestimmter) Formkunst, voller Bitterkeit und Angstgefühlen; Kritiker und Übersetzer bes. dt. Lyrik, auch Essays.
Edfu ↑ Idfu.
Edgeinsel [engl. ɛdʒ] ↑ Spitzbergen.
Edgeworth [engl. ɛdʒwəːθ], Francis Ysidro, * Edgeworthstown (Irland) 8. Febr. 1845, † Oxford 13. Febr. 1926, brit. Nationalökonom und Statistiker. – Seinen bedeutendsten Beitrag zur Wirtschaftstheorie lieferte E. mit der Entwicklung der Indifferenzkurvenanalyse (↑ Indifferenzkurven) und der damit herleitbaren mathemat. Analyse des Kontrakts. Geometr. Darstellung der Kontraktkurve in der sog. „E.-Box".
E., Maria, * Black Bourton (Oxfordshire) 1. Jan. 1767, † Edgeworthstown (Irland) 22. Mai 1849, ir. Schriftstellerin. – Wollte mit ihren realitätsnahen, humorvollen und lehrhaften Erzählwerken zum Verständnis des ir. Volkscharakters beitragen („Castle Rackrent", R., 1800, „The absentee", R., 1812).
edieren [lat.], herausgeben, bes. von Büchern.
Edikt [lat.], im *röm. Recht* öff. Erklärung des Magistrats, bes. der Prätoren zu Grundsätzen der Rechtsanwendung in ihrer Amtszeit; später auch Bez. für Kaisergesetz. In der Neuzeit v. a. von den frz. Königen für das einen einzelnen Gegenstand regelnde Gesetz (Ggs.: ↑ Ordonnanz) verwendet.
▷ nach *östr. Recht* eine amtl. Aufforderung.
Edikt von Nantes ↑ Nantes, Edikt von.
Edinburgh [ˈeːdɪnbʊrk, engl. ˈɛdɪnbərə], Hauptstadt Schottlands und Verwaltungssitz der Lothian Region, am S-Ufer des Firth of Forth, 440 000 E. Zentrum des Landes, mit zahlr. zentralen Institutionen, Sitz der schott. presbyterian. Kirche, kath. Erzbischofssitz; Univ. (gegr. 1583), TU (gegr. 1821, Univ.rang 1966), mehrere Akademien, Observatorium, ozeanograph. Inst., mehrere Forschungsinst.; Museen, u. a. Nationalgalerie; schott. Nationalbibliothek; Theater; internat. Musikfestspiele; botan. Garten (gegr. um 1660), Zoo; Autorennstrecke Ingleston. – Bed. Bank-, Versicherungs- und Geschäftszentrum; traditionelle Gewerbe sind Druckerei- und Verlagswesen sowie das Braugewerbe, Whiskybrennereien, Leinenherstellung, Nahrungsmittelind. Der Hafen **Leith** ist der wichtigste der schott. O-Küste; ✈.
Geschichte: E. entstand unterhalb der auf dem Castle Rock befindl., im 7. Jh. „Edin Burh" gen. Burg, die am Ende des 11. Jh. die Residenz der schott. Könige wurde; seit dem 15. Jh. ständige Hauptstadt von Schottland.
Bauten: In der Altstadt: Kathedrale Saint Giles (12. Jh.; 1387–1500 wieder hergestellt), neben den Ruinen des Klosters Holyrood (12./13. Jh.) Holyrood Palace (1500, Wiederaufbau 1671–79), ehem. Parlamentsgebäude (1633–40; jetzt Oberster Gerichtshof des Landes). Über der Neustadt (im 18./19. Jh. im Schachbrettmuster angelegt) auf einem hohen Felsen die ma. Burg (heutiges Aussehen (16. Jh., mit zahlr. Veränderungen des 19. Jh.) mit der Kapelle Saint Margaret (11. Jh.) im normann. Stil.
Edinger, Ludwig, * Worms 13. April 1855, † Frankfurt am Main 26. Jan. 1918, dt. Neurologe. – Prof. in Frankfurt; Arbeiten auf dem Gebiet der Hirnanatomie.
Edirne (früher Adrianopel), Stadt in der europ. Türkei, 86 700 E. Hauptstadt der Prov. E.; Univ. (gegr. 1982); Leder- und Textilind., Herstellung von Teppichen und Rosenöl. – Thrak. Gründung; vom röm. Kaiser Hadrian als **Hadrianopolis** neu gegr.; bed. u. a. wegen seiner strategisch wichtigen Lage an der Heerstraße von Serdica nach Konstantinopel; 1361 von den Osmanen erobert; 1365–1453 osman. Hauptstadt. – E. hat ein typisch oriental. Stadtbild mit Basaren, Karawansereien und Moscheen; berühmt ist die Selimiye-Moschee (1568–74). – Der **Friede von Adrianopel** (14. Sept. 1829) beendete den Russ.-Türk. Krieg 1828/29 (↑ Türkenkriege) und gab den Donaufürstentümern (↑ Rumänien, Geschichte) eine halbsouveräne Stellung im Osman. Reich sowie freie Schiffahrt und freien Handel auf der Donau.
Edison, Thomas Alva [engl. ˈɛdɪsn], * Milan (Ohio) 11. Febr. 1847, † West Orange (N. J.) 18. Okt. 1931, amerikan. Erfinder mit über 1 000 Patenten. – 1877/78 Entwicklung des Kohlekörnermikrofons, wodurch das 1876 patentierte Telefon von A. G. Bell für große Entfernungen brauchbar wurde. Erfindung des Phonographen, eines Vorläufers des Grammophons (1878); ferner entwickelte er u. a. die Kohlefadenglühlampe (erste brauchbare Glühlampe), Verbundmaschine (Dampfmaschine mit elektr. Generator), Kinematograph (ein mit perforiertem Film arbeitendes Filmaufnah-

Edinburgh
Stadtwappen

Edinburgh
Hauptstadt
Schottlands

440 000 E

Residenz der schott.
Könige seit dem 11. Jh.

kultureller Mittelpunkt
des Landes

ma. Burg mit der
Kapelle Saint
Margaret (11. Jh.)

Autorennstrecke
Ingleston

Edinburgh. Die im 7. Jh. entstandene, mehrmals zerstörte Burg erhielt ihr heutiges Aussehen im 16. Jh.; zahlreiche mittelalterliche Rekonstruktionen aus dem 19. Jahrhundert

Thomas Alva Edison

megerät) sowie Betongießverfahren (zur Herstellung von Zementhäusern in Fertigbauweise). Seine Entdeckung des glühelektr. Effekts war Voraussetzung für die Entwicklung der Elektronenröhre.

Edison-Effekt [engl. 'ɛdɪsn; nach T. A. Edison], svw. ↑glühelektrischer Effekt.

Edison-Schrift [engl. 'ɛdɪsn; nach T. A. Edison], mechan. Tonaufzeichnungsverfahren für Schallplatten mit vertikaler Auslenkung der Graviernadel.

Edition [lat.], insbes. wiss. Herausgabe bzw. krit. Ausgabe eines Werkes.

Editor [lat.], Herausgeber (seltener: Verleger) von Büchern, Zeitschriften, Musikalien.
▷ [engl. 'edɪtə], Computerprogramm zur Bearbeitung von Texten (einschl. Programmen) und Graphiken. Ein E. ermöglicht Eingeben, Verändern, Ergänzen, Umstellen und andere Manipulationen.

Edler (E. von, Edelherr, E. Herr), Adelsprädikat unter der Klasse der Freiherren bzw. Ritter; bes. in Österreich und Bayern bis 1918 gebräuchlich.

Edmonton [engl. 'ɛdməntən], Hauptstadt der kanad. Prov. Alberta, in den Great Plains, 574 000 E. Sitz eines kath. und eines ukrain.-unierten Erzbischofs sowie eines anglikan. Bischofs; Univ. (gegr. 1906). Zentrum eines bed. Agrar- und Erdölgebiets; Erdölraffinerien, Holzverarbeitung, Schlachthöfe; internat. ✈. – Aus einem Fort 1794 entstanden.

Edo ↑Tokio.

Edom, bibl. Gestalt, ↑Esau.

Edom [hebr.], in alttestamentl. Zeit das Land zw. Totem und Rotem Meer. Die **Edomiter** werden als Verwandte Israels betrachtet. Um 1200 v. Chr. nahmen sie ihr Land ein.

Edremit, türk. Stadt in NW-Anatolien, am inneren Ende des **Golfs von Edremit** (32 km breit, 43 km lang), einer Bucht des Ägäischen Meeres, 27 000 E. Seebad.

Kasimir Edschmid

Edschmid, Kasimir, bis 1947 Eduard Schmid, *Darmstadt 5. Okt. 1890, †Vulpera (Schweiz) 31. Aug. 1966, dt. Schriftsteller. – Programmatiker und Theoretiker des Expressionismus, expressionist. Novellen (u. a. „Das rasende Leben", 1916), Romane; später farbige Reisebücher und Romane über verschiedene Kulturen; Büchner-Roman „Wenn es Rosen sind, werden sie blühen" (1950).

Eduard, Name von Herrschern:
angelsächs. Könige:
E. der Bekenner, hl., *Islip um 1005, †Westminster (= London) 5. Jan. 1066, letzter König (seit 1042) aus dem Hause Wessex. – Förderte vorsichtig norman. Einfluß; Gründer von Westminster. – Fest: 13. Oktober.
England/Großbritannien:
E. I., gen. Longshanks, *Westminster (= London) 17. oder 18. Juni 1239, †Burgh by Sands 7. Juli 1307, König (seit 1272). – Sohn Heinrichs III.; schlug 1265 die aufständ. Barone; bed. Gesetzgeber; eroberte Wales und Schottland. 1303 Friedensschluß mit Frankreich.
E. II., *Caernarvon (Wales) 25. April 1284, †Berkeley Castle bei Bristol 21. Sept. 1327, König (seit 1307). – Sohn Eduards I.; seine Günstlingswirtschaft und außenpolit. Mißerfolge bewirkten eine Schwächung des Königtums durch die Adelsopposition, seine Absetzung und Ermordung.
E. III., *Windsor 13. Nov. 1312, †Sheen (Richmond) 21. Juni 1377, König (seit 1327). – Sohn Eduards II.; löste durch Anspruch auf die frz. Krone den ↑Hundertjährigen Krieg aus.
E. IV., *Rouen 28. April 1442, †Westminster (= London) 9. April 1483, König (seit 1461). – Vertrieb 1461 Heinrich VI. aus der Linie Lancaster nach Schottland (den er 1471 vernichtend schlug und dann ermorden ließ) und wurde von den Londonern zum König ausgerufen (↑Rosenkriege); schwächte die Macht des Parlaments.
E. V., *Westminster (= London) 2. oder 3. Nov. 1470, †London 1483, König von England (1483). – Sohn Eduards IV.; von seinem Onkel Richard, Herzog von Gloucester (↑Richard III.), verdrängt und mit seinem Bruder im Tower ermordet.

Eduard VIII. Herzog von Windsor

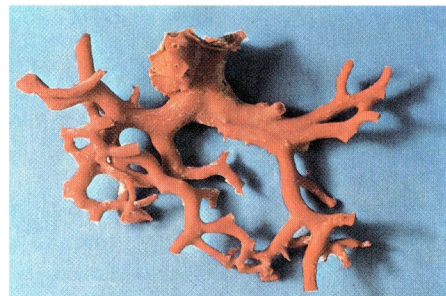

Edelkoralle. Achsenskelett

E. VI., *Hampton Court (= London) 12. Okt. 1537, †Greenwich (= London) 6. Juli 1553, König (seit 1547). – Sohn Heinrichs VIII. und der Johanna Seymour; für ihn regierte sein Onkel Edward Seymour, der spätere Herzog von ↑Somerset.
E. VII., *London 9. Nov. 1841, †ebd. 6. Mai 1910, König von Großbritannien und Irland, Kaiser von Indien (seit 1901). – Sohn der Königin Viktoria; begünstigte die Entstehung der Entente cordiale von 1904.
E. VIII., *White Lodge (= London) 23. Juni 1894, †Neuilly-sur-Seine 28. Mai 1972, König von Großbritannien und Nordirland (1936). – Dankte ab, weil seine bevorstehende Heirat mit der geschiedenen Amerikanerin W. W. Simpson vom Parlament und von der anglikan. Kirche nicht gebilligt wurde; lebte als **Herzog von Windsor** im Ausland.
Eduard, *Woodstock (Oxford) 15. Juni 1330, †Westminster (= London) 8. Juni 1376, Prinz von Wales (seit 1343). – Sohn Eduards III.; seiner schwarzen Rüstung wegen „Der schwarze Prinz" gen.; bewährter Heerführer im Hundertjährigen Krieg, erhielt 1362 als Herzog von Aquitanien die engl. Besitzungen in SW-Frankreich; kehrte 1371 nach England zurück.
Eduardsee (engl. Lake Edward; Rutanzigesee), See im Zentralafrikan. Graben, größtenteils in Zaire, NO-Teil in Uganda, 913 m ü. d. M., 2 200 km², bis 117 m tief, entwässert über den Semliki zum Albertsee.

EDV, Abk. für: ↑**e**lektronische ↑**D**atenverarbeitung.

Edwards, Jonathan [engl. 'ɛdwədz], *East Windsor (Conn.) 5. Okt. 1703, †Princeton (N. J.) 22. März 1758, amerikan. Theologe und Indianermissionar. – Mit seiner Predigt „Sinners in the hands of an angry god" (Sünder in der Hand eines zornigen Gottes, 1741), in der er die sittl. Verantwortung des Menschen betonte, hatte er bed. Einfluß auf die amerikan. Erweckungsbewegung.

Edwards-Syndrom [engl. 'ɛdwədz; nach dem amerikan. Arzt J. Edwards (20. Jh.)], (Trisomie-18-Syndrom), auf dem überzähligen Vorhandensein eines Autosoms, des Chromosoms 18, beruhende schwere Entwicklungsstörung, die bei etwa einer von 5 000 Geburten auftritt; u. a. mit Skelettveränderungen, Lippen-Kiefer-Gaumen-Spalte, angeborenem Herzfehler.

EEA, Abk. für: ↑**E**inheitliche **E**uropäische **A**kte.

EEC [engl. 'iːiːˈsiː], Abk. für: **E**uropean **E**conomic **C**ommunity, ↑Europäische Wirtschaftsgemeinschaft.

EEG, Abk. für: ↑**E**lektro**e**nzephalogramm.

Efate [engl. ɛˈfɑːtɪ] (frz. Île Vaté), Insel des Staates Vanuatu (ehem. Neue Hebriden); 907 km²; auf E. liegt die Hauptstadt Vila.

Efendi (Effendi) [türk. „Herr"], in der osman. Türkei Ehrentitel der gebildeten Stände.

Eferding, Bezirkshauptstadt in Oberösterreich, 25 km westlich von Linz, 3 200 E. Wirtsch. Mittelpunkt des fruchtbaren **Eferdinger Beckens,** einer Auenlandschaft beiderseits der Donau. – 1075 erstmals gen.; im 13. Jh. Stadtrecht. – Pfarrkirche (1451–1505) mit frühbarocker Innenausstattung; Schloß (13.–16. Jh., mit klassizist. Anbau von 1784).

Efeu (Hedera), Gatt. der Araliengewächse mit etwa 7 Arten in Europa, N-Afrika und Asien; immergrüne Sträucher mit lederartigen, gezähnten oder gelappten Blättern und grünlichgelben Blüten in Doldentrauben. – Der **Gemeine Efeu** (Hedera helix) ist in Europa bis zum Kaukasus verbreitet. Er wächst an Mauern und Bäumen, bis zu 30 m hoch kletternd, oder auf dem Erdboden.

Efeuaralie, durch Kreuzung von Zimmeraralie und Efeu entstandenes Gewächs.

Efeugewächse, svw. ↑ Araliengewächse.

Effekt [lat.; zu efficere „hervorbringen, bewirken"], allg. svw. Wirkung; in der *Physik* speziell physikal. Erscheinungen und Wirkungen, z. B. ↑ Compton-Effekt, ↑ Photoeffekt.

Effekten [lat.-frz.], zur Kapitalanlage bestimmte ↑ Wertpapiere (Aktien, Obligationen, Kuxe, Investmentzertifikate), die leicht übertragbar und daher für den Handel an der Börse **(Effektenbörse)** bes. geeignet sind. Die E.urkunde besteht im allg. aus Mantel und Bogen. Der **Mantel** verbrieft das Forderungs- oder Anteilsrecht, während der **Bogen** die Zins- bzw. Gewinnanteilscheine enthält. Nach wirtsch. Gesichtspunkten wird unterschieden zw. festverzinsl. E. (Staats- und Kommunalanleihen, Pfandbriefe, Kommunal-, Industrie- und Bankobligationen) und E. mit variablem Ertrag (Aktien, Kuxe).

Effektenbörse ↑ Effekten.

Effektendiskont, Abzug eines Diskonts beim Ankauf von festverzinsl. Wertpapieren kurz vor ihrer Einlösung durch Kreditinstitute.

Effektengeschäft, Geschäftstätigkeit eines Kreditinstituts, die die Ausgabe von fremden Effekten, den An- und Verkauf (Effektenhandel) und die Verwahrung und Verwaltung von Effekten zum Gegenstand hat.

effektiv [lat.], tatsächlich, wirklich; wirksam.

effektive Leistung, bei Kraftmaschinen die von der Antriebswelle abgegebene Leistung.

Effektivgeschäft, Abschlüsse an Warenbörsen, bei denen der Wille der Parteien zur Erfüllung besteht und der Verkäufer über die Ware tatsächlich verfügt; Ggs. ↑ Differenzgeschäft.

Effektivität [lat.], Wirksamkeit (Ergiebigkeit); Leistungsfähigkeit; svw. ↑ Effizienz.

Effektivklausel, im *Arbeitsrecht* die Regelung in einem Tarifvertrag, nach der dem Arbeitnehmer der bisherige übertarifl. Lohnbestandteil bei Tariflohnerhöhungen weiterzuzahlen ist. Nach umstrittener Rechtsprechung des BAG sind E. unwirksam.

Effektivwert, im Ggs. zum nominellen oder ↑ Nennwert der tatsächl. Wert eines Wertpapiers zu einem bestimmten Zeitpunkt; bemißt sich nach dem Börsenkurs (abzüglich Spesen und Steuern).
▷ die Quadratwurzel aus dem quadrat. Mittelwert einer zeitlich veränderl. period. Größe.

Effektivzins ↑ Zinsen.

Effektor [lat.], in der *Physiologie* Nerv, der einen Reiz vom Zentralnervensystem zum Erfolgsorgan (z. B. Muskel) weiterleitet bzw. das den Reiz beantwortende Organ selbst.
▷ in *Biologie* und *Medizin* ein Stoff, der Enzymreaktionen fördert oder hemmt, ohne an ihrer Auslösung mitzuwirken.

Effel, Jean [frz. ɛˈfɛl], eigtl. François Lejeune, * Paris 12. Febr. 1908, † ebd. 16. Okt. 1982, frz. Zeichner. – Bearbeitete humorvoll v. a. bibl. und mytholog. Themen (u. a. „La création du monde", 4 Bde. [1951–54; Bd. 1 dt. Die Erschaffung der Welt]); auch polit. Karikaturen.

Effelsberg ↑ Bad Münstereifel.

Effemination [lat.], das Annehmen von weibl. Verhaltensweisen durch männl. Personen.

efferent [lat.], wegführend (hauptsächlich von Nervenbahnen oder Erregungen gesagt, die vom Zentralnervensystem zum Erfolgsorgan führen); Ggs. ↑ afferent.

Effet [ɛˈfeː; frz. (zu ↑ Effekt)], einem Ball oder einer Kugel durch speziellen Stoß verliehener Drall.

effetuoso [italien.], musikal. Vortragsbez.: effektvoll, mit Wirkung.

Effizienz [lat.], Wirksamkeit, Leistungsfähigkeit (im Verhältnis zu den aufgewandten Mitteln); [besondere] Wirtschaftlichkeit.

Effloreszenz [lat.], Ausblühungen von Salzen an der Oberfläche von Gesteinen, Mauerwerk und Böden.
▷ (Hautblüte), Oberbegriff für krankhafte Veränderungen der Haut und Schleimhäute. **Primäreffloreszenzen** sind z. B. Flecken, Quaddeln, Knötchen, Bläschen, Pusteln; aus ihnen entwickeln sich **Sekundäreffloreszenzen** wie Schuppen, Krusten, Abschürfungen, Schrunden, Narben.

Effner, Joseph, ≈ Dachau 4. Febr. 1687, † München 23. Febr. 1745, dt. Baumeister, Innendekorateur und Gartengestalter. – Schüler von G. Boffrand, 1718 Italienreise; 1715–30 kurfürstl. Hofbaumeister in München; Umbauten und Umgestaltungen (Gärten, Innenausstattungen): Schloß Dachau (1715–17), Schloß und Park Nymphenburg (1716 ff., mit der Badenburg [1718–21] und der Pagodenburg [1716–19], Schloß Schleißheim (1719 ff.) sowie das Preysing-Palais in München (1723–28).

Effort-Syndrom [engl. ˈɛfət „Anstrengung"] (Da-Costa-Syndrom), meist psychisch bedingte abnorme Reaktion des Organismus; charakteristisch sind u. a. Atemnot, Druck- und Beklemmungsgefühl in der Herzgegend, Herzstiche, oft auch Erhöhung der Pulsfrequenz und Blutdruckschwankungen.

Effusion [lat.], Ausfließen von vulkan. Lava.
▷ Bez. für das Austreten von Gasen durch kleine Öffnungen (Poren).

Eforie, rumän. Kurort an der Schwarzmeerküste, Sand-, Schlamm- und Seebadekuren: besteht aus den beiden Ortsteilen **Eforie Nord** und **Eforie Süd,** zus. 9 300 E. – War bereits in griech., röm. und byzantin. Zeit besiedelt.

EFTA, Abk. für: European Free Trade Association, ↑ Europäische Freihandelsassoziation.

e-Funktion ↑ Exponentialfunktion.

EG, Abk. für: ↑ Europäische Gemeinschaften.

e. G. Abk. für: ↑ eingetragene Genossenschaft.

Egadi, Isole ↑ Ägadische Inseln.

egal [lat.-frz.], gleich; umgangssprachlich gleichgültig, einerlei; **egalisieren,** ausgleichen.

Egalisiermittel [lat.-frz./dt.] ↑ Färben.

Égalité [frz. egaliˈte „Gleichheit", zu lat. aequalitas mit gleicher Bed.], eine der Losungen der Frz. Revolution (Liberté, É., Fraternité).

Egas, Enrique, * Toledo (?) um 1455, † um 1535, span. Baumeister fläm. Abkunft. – Mitbegründer des platéresken Stils; errichtete u. a. das Hospital von Santa Cruz in Toledo (1504–15) und 1506–17 die Capilla Real in Granada als Grabkapelle der Kath. Könige.

Egbert, † 839, König von Wessex (seit 802). – Lebte im Exil 789–792 am Hof Karls d. Gr.; vergrößerte Wessex nach 825 um die übrigen südengl. Teilreiche und Mercia, 838 um Cornwall.

Efeu. Gemeiner Efeu. Oben: Blätter. Unten: blühender Sproß

Joseph Effner. Die Badenburg, 1718–21

Egbert von Trier, * um 950, † Trier 8. oder 9. Dez. 993, Erzbischof (seit 977). – Sohn des Grafen Theoderich II. von Holland, Kanzler Kaiser Ottos II.; förderte nachhaltig die lothring. Klosterreform; Kunstmäzen.

Egbertkodex

Egbertkodex (Codex Egberti), auf der Reichenau geschriebenes, illuminiertes von Egbert von Trier der Abtei Sankt Paulin in Trier geschenktes Evangelistar (heute in der Trierer Stadtbibliothek); eines der wertvollsten Zeugnisse der Reichenauer Malerei der otton. Zeit.

Egel, svw. ↑ Blutegel.

Egell, Paul, * Mannheim (?) 9. April 1691, † Mannheim 10. Jan. 1752, dt. Bildhauer und Zeichner. – Seit 1721 Hofbildhauer in Mannheim. Bed. Werke im Übergangsstil zum Rokoko; u. a. Stukkaturen im Schloß Mannheim (zerstört), Ausstattung der Jesuitenkirche Mannheim (1749–52), Altäre.

Egelschnecken (Schnegel, Limacidae), Fam. z. T. großer Nacktschnecken mit meist vom Mantel vollkommen eingeschlossenem Schalenrest; Schädlinge sind z. B. die ↑ Ackerschnecken und die an Kartoffeln fressende **Große Egelschnecke** (Limax maximus): bis 15 cm lang, hellgrau bis weißlich.

Eger (tschech. Cheb), Bezirkshauptstadt in der ČR, am Oberlauf der Eger, 448 m ü. d. M., 31 400 E. Maschinen- und Fahrradbau, Textil- und Nahrungsmittelind. – 1061 zum ersten Mal erwähnt; 1125 Burg; unter den Staufern Königsstadt sowie Hauptstadt des Egerlandes, 1242 Nürnberger Stadtrecht; 1277 Reichsstadt; seit 1322 böhm. Pfandbesitz. Der **Reichstag in Eger** 1389 bemühte sich um die Befriedung des Reiches (Reichslandfrieden). – Got. Sankt-Nikolaus-Kirche (1230–70), Kirche Sankt Bartholomäus (1414), ehem. Franziskanerklosterkirche (1285 vollendet); ma. Häuserkomplex, gen. das Stöckl (13. Jh.), Reste der alten Kaiserburg (12. Jh.; 1742 zerstört), barockes ehem. Rathaus (1722–28).

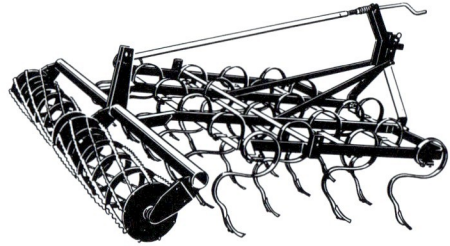

Egge. Federzinkenegge, kombiniert mit einer Rollegge

Eger (dt. Erlau), Hauptstadt des Bez. Heves, Ungarn, am S-Fuß des Bükkgebirges, 180 m ü. d. M., 67 000 E. Kath. Erzbischofssitz; PH; Mittelpunkt eines bed. Weinbaugebietes **(Erlauer Stierblut).** Heilbad mit zahlr. radonhaltigen Quellen. – König Stephan I. gründete, wohl um 1009, das Bistum E.; 1596–1687 stand E. unter osman. Herrschaft. 1804 Erzbistum. – Barockbauten, u. a. ehem. Minoritenkirche (1758–73), Jesuitenkirche (um 1700); Minarett (16./17. Jh., 35 m hoch).

Eger. Blick auf das am Markt gelegene Stöckl, 13. Jahrhundert

Paul Egell. Der heilige Aloysius, um 1735–40 (Mannheim, Reiß-Museum)

Eger (tschech. Ohře), linker Nebenfluß der Elbe, in der BR Deutschland und ČR, entspringt im Fichtelgebirge, mündet bei Litoměřice, 291 km lang.

Egeria, Quellnymphe der röm. Mythologie (urspr. wohl etruskisch).

Egerland, histor. Landschaft in NW-Böhmen, ČR, umfaßt das Egertal bis Karlsbad, den Kaiserwald und das Tepler Hochland. Mittelpunkt die Stadt Eger; etwa im frühen 12. Jh. bayr. Kolonisation; fiel 1167 an Friedrich I. Barbarossa; 1322 an die böhm. Krone verpfändet; 1806 staatsrechtlich Böhmen eingegliedert; bis 1945 (Ausweisung der Deutschen) fast rein dt. besiedelt.

Egerling, svw. ↑ Champignon.

Egestion [lat.], Entleerung von Stoffen und Flüssigkeiten aus dem Körper durch E.öffnungen (z. B. die Ausströmungsöffnungen der Schwämme); Ggs. ↑ Ingestion.

EGG, Abk. für: **E**lektro**g**astro**g**ramm (↑ Elektrogastrographie).

Egge (Eggegebirge), Teil des westl. Weserberglandes, als südl. Fortsetzung des Teutoburger Waldes, im Velmerstot 468 m hoch.

Egge, Gerät zur Bodenbearbeitung (v. a. Zerkrümelung); heute meist **Federzinkenegge,** oft mit **Rollegge** kombiniert; die **Scheibenegge** schneidet den Boden in schmale Streifen.

Eggebrecht, Axel, * Leipzig 10. Jan. 1899, † Hamburg 14. Juli 1991, dt. Journalist und Schriftsteller. – Mitbegr. des öff.-rechtl. Rundfunks der BR Deutschland; Verf. von Erzählungen, Essays, Drehbüchern (u. a. „Bel ami", 1939), Hör- und Fernsehspielen.

E., Hans Heinrich, * Dresden 5. Jan. 1919, dt. Musikforscher. – Seit 1961 Prof. in Freiburg im Breisgau; zahlr. Veröffentlichungen (u. a. „Die Musik Gustav Mahlers", 1982; „Bachs Kunst der Fuge", 1984); Hg. u. a. von „Riemann Musiklexikon – Sachteil" (1967), Mithg. von „Brockhaus-Riemann-Musiklexikon" (1978/79).

Eggenburg, Stadt in Niederösterreich, 30 km nö. von Krems an der Donau, 325 m ü. d. M., 3 700 E. Elektro- und Metallwarenind. – 1125 erstmals gen.; 1277 Stadtrecht. – Got. Pfarrkirche (1482–1537) mit roman. Osttürmen (12. Jh.); Reste der ma. Stadtbefestigung.

Eggenschwiler, Franz, * Solothurn 9. Dez. 1930, schweizer. Objektkünstler. – Stellt alltägl. Gegenstände in einer neuen Bedeutungs- und Realitätsumgebung dar; daneben auch Druckgraphik und Zeichnungen.

Egger-Lienz, Albin, * Stribach (bei Lienz) 29. Jan. 1868, † Sankt Justina (bei Bozen) 4. Nov. 1926, östr. Maler. – Entwickelte in Kriegs- und Bauernbildern einen zum Monumentalen neigenden symbolträchtigen Stil; auch Porträts, Stilleben, Landschaften.

Eggert, John [Emil Max], * Berlin 1. Aug. 1891, † Basel 29. Sept. 1973, dt. Physikochemiker. – Prof. für physikal. Chemie in Berlin und Zürich; trug mit Arbeiten über die chem. Kinetik und die Quantenausbeute bei photograph. Prozessen zur Entwicklung der Photochemie und der Photographie bei.

Eggheads [engl. 'ɛghɛdz; engl.-amerikan. „Eierköpfe"], in den USA spött. Bez. für Intellektuelle.

Eggjum-Stein [norweg. ˌɛiʉm], bei Eggja in SW-Norwegen, 1917 gefundene Steinplatte, wohl Abdeckung eines Grabes, mit 192 Runen z. T. unentschlüsselten Inhalts, die längste bekannte altnord. Inschrift (um 700).

Eggmühl, Teil der Gemeinde Schierling in Bayern, 20 km ssö. von Regensburg. – Hier besiegte am 22. April 1809 Napoleon I. die Österreicher unter Erzherzog Karl.

Egill Skallagrímsson, * um 910, † um 990, isländ. Skalde. – Die „Egils saga" (13. Jh.) stellt sein Leben dar und schreibt ihm zahlr. Dichtungen zu, u. a. das „Höfuðlausn" (Die Hauptlösung) und das erschütternde „Sonatorrek" (Verlust der Söhne).

Eginhard, fränk. Geschichtsschreiber und Gelehrter, ↑ Einhard.

Eginhard und Emma, fiktives ma. Liebespaar; der histor. Kern der Sage von E. u. E. ist wohl die Liebe zw. Karls d. Gr. Tochter Bertha und dem Freund Einhards, Abt ↑ Angilbert.

Egisheim (amtl. Éguisheim), frz. Ort im Oberelsaß, 5 km sw. von Colmar, 1 400 E. Weinbau. – Die um die Burg, den Stammsitz der Grafen von E., entstandene Siedlung kam 1251 an das Hochstift Straßburg. – Inmitten der Burganlage die neuroman. Leokapelle (1886–94); klassizist. Kirche mit Resten der 1807 abgebrochenen roman. Pfeilerbasilika (12. Jh.); Stadtmauer (13. Jh.).

E-Gitarre, Kurzbez. für ↑ Elektrogitarre.

Egk, Werner, urspr. W. Mayer, * Auchsesheim bei Donauwörth 17. Mai 1901, † Inning a. Ammersee 10. Juli 1983, dt. Komponist. – 1936–40 Kapellmeister an der Berliner Staatsoper, 1950–53 Direktor der dortigen Hochschule für Musik. Seine Musik ist von R. Strauss und I. Strawinski beeinflußt, in den 1930er Jahren auch bes. von der bayr. Folklore. Außer durch Orchesterwerke und Klaviermusik v. a. bekannt durch seine Opern, u. a. „Columbus" (1933), „Die Zaubergeige" (1935), „Peer Gynt" (1938, nach Ibsen), „Die Verlobung in San Domingo" (1963, nach Kleist), „17 Tage und 4 Min." (1966) und das Ballett „Abraxas" (1948).

Franz Eggenschwiler. Holzschraube, 1969 (Basel, Kunstmuseum)

Egli, Alphons, * Luzern 8. Okt. 1924, schweizer. Politiker (CVP). – Rechtsanwalt; seit 1975 Mitglied des Ständerats; Jan. 1983 bis Dez. 1986 Bundesrat (Innendepartement), 1986 Bundespräsident.

eglomisieren [frz., nach dem Pariser Kunsthändler J.-B. Glomi (18. Jh.)], nach Auftragen von Lack ausgesparte oder freigekratzte Inschriften und Ornamente mit Metallfolie hinterlegen.

eGmbH, Abk. für: **e**ingetragene **G**enossenschaft **m**it **b**eschränkter **H**aftpflicht.

Egmond (Egmont), Lamoraal Graf von [niederl. 'ɛxmɔnt], Fürst von Gavere, * La Hamaide (Hennegau) 18. Nov. 1522, † Brüssel 5. Juni 1568, niederl. Adliger. – Gehörte als Statthalter von Flandern und Artois (seit 1559) und Mgl. des niederl. Staatsrates zur Spitze der Adelsopposition gegen die span. Politik in den Niederlanden; 1567 ließ ihn Herzog von Alba verhaften und 1568 hinrichten. – Goethe hielt sich in seiner Tragödie „Egmont" (1788) nicht an das histor. Geschehen.

Egmont, Mount [engl. 'maʊnt 'ɛgmɔnt], isolierter Vulkankegel (erloschen) im SW der Nordinsel von Neuseeland, inmitten des **Egmont National Park,** 2 518 m hoch. – Abb. S. 86.

Egnatische Straße ↑ Römerstraßen.

Ego [lat. „ich"], in der psychoanalyt. Theorie S. Freuds neben dem ↑ Es und dem ↑ Über-Ich dasjenige Teilsystem in der Persönlichkeitsstruktur des Menschen, das die Realitätsanpassung ermöglicht.

Ego-Involvement [engl. ɪn'vɒlvmənt „Verwicklung"], Begriff aus der amerikan. Sozialpsychologie für Konflikte, die sich aus der Konfrontation der im Laufe der Persönlichkeitsentwicklung erworbenen Einstellungen gegenüber dem eigenen Ich ergeben.

Egoismus [zu lat. ego „ich"], seit dem 18. Jh. gebräuchl. Kennzeichnung einer Haltung, in der die Verfolgung eigener Zwecke vor anderen (gemeinsamen) Zwecken als das zentrale handlungsbestimmende Motiv gesehen wird. – Ggs. ↑ Altruismus.

Egolzwiler Kultur, nach der prähistor. Siedlung Egolzwil III am ehem. Wauwiler See (Kt. Luzern) ben. älteste neolith. Kulturgruppe der Z-Schweiz (4. Jt. v. Chr.); auf Pfahlrosten stehende Holzhäuser, dünnwandige Keramik, Steinbeile und -äxte, Feuersteingeräte u. a.

Egozentrismus [lat.], Ichbezogenheit; eine Haltung (bes. beim Kleinkind), die alle Ereignisse nur in ihrem Bezug auf die eigene Person wertet.

Éguisheim [frz. egi'sɛm] ↑ Egisheim.

Egyptienne [frz. eʒip'sjɛn, eigtl. „die ägyptische (Schrift)"], Druckschrift, die zu Anfang des 19. Jh. (z. Z. der Ägyptenbegeisterung) in Großbritannien aufkam; charakteristisch sind gleich starke Linienführung und Serifen.

e. h., Abk. für lat.: **e**x **h**onore („Ehren halber"), Zusatz beim Titel des Ehrendoktors.

E. h., Abk. für: **E**hren **h**alber, Zusatz beim Titel des Ehrendoktors.

Ehard, Hans, * Bamberg 10. Nov. 1887, † München 18. Okt. 1980, dt. Politiker (CSU). – 1946–54 bayr. Min.präs.; 1949–54 Vors. der CSU; 1954–60 Landtagspräs.; 1960–62 erneut Min.präs.; 1962–66 Justizminister.

Ehe, die rechtlich anerkannte Verbindung von Mann und Frau zu einer dauernden Lebensgemeinschaft. Sie kommt durch eine vertragl. Einigung (↑ Eheschließung) zustande und stellt ein personenrechtl. Dauerrechtsverhältnis dar. Zweck der E. ist die ↑ eheliche Lebensgemeinschaft. Die E. kann durch gerichtl. Urteil schon zu Lebzeiten der Partner aufgelöst werden, wenn es sich erweist, daß sie nicht geschlossen werden durfte (↑ Ehenichtigkeit, ↑ Eheaufhebung), oder wenn sie wegen Zerrüttung gescheitert ist (↑ Ehescheidung). Von diesen Fällen abgesehen, endet die E. nur durch den Tod eines Partners. Nach *östr. Recht* ist E. die von Rechts wegen bestehende Lebensgemeinschaft zweier Personen verschiedenen Geschlechts mit dem Zweck, Kinder zu zeugen, sie zu erziehen und sich gegenseitig Beistand zu leisten (§ 44 ABGB). Im *schweizer. Recht* besteht eine dem dt. Recht entsprechende Auffassung.

Geschichte: Die *Antike* ist gekennzeichnet durch die von den Griechen als Unterschied zu den Barbaren hervorgehobene Monogamie. Neben der älteren Kauf-E. entwickelte sich die auf Übereinstimmung der Partner beruhende E.; in Rom war die E. an keinen Rechtsakt gebunden und daher jederzeit auflösbar.

Lamoraal Graf von Egmond (Kupferstich von Dominicus Custos, Ende 16. Jh.)

Werner Egk

eheähnliche Lebensgemeinschaft

Mount Egmont

German. Zeit: Nach den spärl. Quellen war die german. E. exogamisch. Polygamie des Mannes kam vor, spielte aber wohl nur beim Adel aus polit. Gründen eine Rolle. Im Einverständnis aller Beteiligten war jede E. lösbar.

MA: Nach der Christianisierung setzte die Kirche den Grundsatz der Ein-E. durch. Seit dem Hoch-MA wurde die gültig geschlossene und durch Beilager vollzogene E. unter Christen als Sakrament betrachtet und war damit grundsätzlich unscheidbar.

Reformation: Die Kirchen der Reformation lehnen den Sakramentscharakter der E. ab. Das E.hindernis der Verwandtschaft wird beschränkt, die Trauung als weltl. Handlung betrachtet, die der Geistliche vor der Gemeinde vornimmt. Unter Bezugnahme auf das N. T. wird die Ehescheidung zugelassen.

Aufklärung und 19. Jh.: Es tritt die völlige Säkularisierung der E. ein, die als reiner Vertrag aufgefaßt wird. Die moderne Zivil-E. entsteht schon in den konfessionell gemischten Niederlanden als fakultative E.schließungsform für Misch-E. (seit 1580). Zivil-E. werden erstmals in England 1653 obligatorisch, durch das ReichspersonenstandsG 1875 in Deutschland (erstmals auch E.scheidung zulässig).

Soziologie: Die Zahl der E.schließungen ist seit den 70er Jahren insgesamt rückläufig, der der E.scheidungen ansteigend. Parallel dazu verschwindet die patriarchal. Gattenbeziehung, was auf die zunehmende ökonom. Unabhängigkeit der Frauen zurückführbar ist. Die v. a. durch die Kirche geprägte E.auffassung veränderte sich mit der modernen Gesellschaft zu der einer individuell geprägten Lebens- und Liebesgemeinschaft.

Völkerkunde: Die *Einehe* (Monogamie) ist an keinen bestimmten Kulturtypus gebunden. Bei der *Vielehe* (Polygamie) kommt v. a. *Vielweiberei* (Polygynie) vor, bei der ein Mann gleichzeitig mit mehreren Frauen verheiratet ist. Seltener ist die *Vielmännerei* (Polyandrie), bei der eine Frau gleichzeitig mit mehreren Männern, meist Brüdern, verheiratet ist.

eheähnliche Lebensgemeinschaft ↑ Lebensgemeinschaft.

Eheaufhebung, die gerichtl. Auflösung der Ehe für die Zukunft wegen Mängeln, die vor der Eheschließung liegen. Aufhebungsgründe sind 1. fehlende Einwilligung des gesetzl. Vertreters eines beschränkt Geschäftsfähigen zur Eheschließung, 2. Willensmängel des anderen Ehegatten (in §§ 31–34 EheG abschließend aufgezählt; z. B. Partner verschwieg auf Befragen schwere Vorstrafen), 3. nicht zutreffende Todeserklärung eines früheren Ehegatten.

Das *östr.* und das *schweizer. Recht* kennen im wesentlichen die gleichen E.gründe wie das dt. Recht.

Eheberatung, die biolog., hygien., eth. und soziale Beratung und Hilfe zur Vorbereitung auf die Ehe und zur Eheführung **(Familienberatung).** Einen wesentl. Teil der vorbereitenden E. bildet die ↑ genetische Beratung, die Klärung von Problemen, die sich aus dem Bestehen von gefährl. Infektionskrankheiten, auch Störungen der Zeugungs- oder Konzeptionsfähigkeit ergeben. Effektive E. kann nur durch Zusammenwirken von Sozialarbeitern, Ärzten, Psychologen und Juristen gegeben werden. Weltanschaulich neutrale Institutionen sind in der Arbeitsgemeinschaft für Jugend- und Eheberatung (Sitz Detmold, gegr. 1948) zusammengeschlossen. Von dieser und von ↑ Pro Familia werden in fast allen Großstädten Beratungsstellen unterhalten, kirchl. E.stellen von dem Kath. Zentralinstitut für Ehe- und Familienfragen e. V. (Sitz Köln, gegr. 1952) und der Ev. Konferenz für Familien- und Lebensberatung e. V. (Sitz Berlin, gegr. 1959).

Ehebruch, der Beischlaf eines in gültiger Ehe lebenden Ehegatten mit einem Dritten; in der BR Deutschland seit dem 1. StrafrechtsreformG (1969) nicht mehr strafbar. – In *Österreich* und in der *Schweiz* wird der E. auf Verlangen des verletzten Partners bei Vorliegen von gesetzlich geregelten Voraussetzungen bestraft, in der Schweiz jedoch nur dann, wenn die Ehe wegen des E. getrennt wurde.

Geschichte: E. galt in patriarchal. Gesellschaften, in denen die Frau Eigentum des Mannes war, als Vergehen der Frau und wurde nur an ihr bestraft (u. a. Todesstrafe im röm. und german. Recht; Abschneiden der Haare und Ausstoßung bei den Germanen; Verstümmelung bei manchen Naturvölkern). Im MA wurde auch der E. des Mannes bestraft (Verbannung, Geldstrafe).

Ehefähigkeit ↑ Eheschließung.

Ehehindernis, i. w. S. alle einer Eheschließung entgegenstehenden Umstände; i. e. S. das Bestehen eines im EheG geregelten Eheverbots (↑ Eheschließung).

Nach *röm.-kath. Kirchenrecht* sind E. die rechtlich festgelegten Umstände, durch die das Recht auf Ehe eingeschränkt ist. Trennende E. sind entweder im göttl. (bestehendes Eheband) oder im kirchl. (z. B. Ordensgelübde) oder im natürl. Recht (z. B. Impotenz) begründet. Die Ehe zw. kath. und nichtkath. getauften Christen wird nicht als E. behandelt, ist aber im Verständnis der kath. Kirche von ihr genehmigungspflichtig.

eheliche Kinder, Kinder, die von miteinander verheirateten Eltern abstammen (auch wenn die Ehe für nichtig erklärt oder aufgehoben wird) oder die Rechtsstellung durch Legitimation oder Ehelicherklärung erlangt haben; gleichgestellt sind die angenommenen Kinder (↑ Annahme als Kind). Die e. K. erwerben die *dt. Staatsangehörigkeit,* wenn ein Elternteil die dt. Staatsangehörigkeit besitzt, und erhalten den *Familiennamen* der Eltern, soweit diese einen gemeinsamen Familiennamen haben. Anderenfalls können die Eltern bestimmen, daß das Kind den Familiennamen des Vaters, der Mutter oder einen aus diesen Namen in beliebiger Reihenfolge gebildeten Doppelnamen erhalten soll. Treffen sie keine Bestimmung, erhält das Kind den Doppelnamen, über dessen Reihenfolge das Los entscheidet (Beschluß des Bundesverfassungsgerichts vom 5. 3. 1991). Sie teilen den *Wohnsitz* der Eltern. Die Kinder haben gegenüber den Eltern einen *Unterhaltsanspruch* (↑ Unterhaltspflicht). Sie sind aber andererseits verpflichtet, in einer ihren Kräften und ihrer Lebensstellung entsprechenden Weise den Eltern im Hauswesen oder Geschäft (unentgeltlich) Dienste zu leisten. Minderjährige Kinder stehen unter der *elterl. Sorge;* leben die Eltern getrennt oder ist ihre Ehe geschieden, so hat der nichtsorgeberechtigte Elternteil das Recht zum Umgang mit den Kindern. Nach dem Tode der Eltern sind die Kinder *erbberechtigt,* gegebenenfalls *pflichtteilsberechtigt.* Ein Kind ist ehelich, wenn es von einer verheirateten Frau oder innerhalb von 302 Tagen nach Auflösung ihrer Ehe geboren ist. Die Ehelichkeit kann vom Ehemann der Mutter, nach dessen Tod von dessen Eltern und unter bestimmten Umständen vom Kind selbst durch Klage innerhalb gesetzl. Ausschlußfristen angefochten werden, mit dem Begehren, die Nichtehelichkeit festzustellen. Das Kind ist erst dann als nichtehelich zu behandeln, wenn die die Nichtehelichkeit feststellende Entscheidung rechtskräftig ist.

Nach *östr.* und *schweizer. Recht* hat das e. K. eine dem dt. Recht ähnl. Rechtsstellung.

eheliche Lebensgemeinschaft, die gemeinsame Lebensführung der Ehegatten, ihr Zusammenleben als Mann und Frau mit den sich daraus ergebenden **ehelichen Pflichten** und **ehelichen Rechten** (personenrechtl. Gemeinschaftsverhältnis). 1. E. L. bedeutet geistige, körperl., häusl. und geschlechtl. Gemeinschaft der Ehegatten, die einander Treue, Achtung, Rücksichtnahme, Mitwirkung in gemeinschaftl. Angelegenheiten, Beistand (auch für die gemeinschaftl. Kinder), Unterhalt (↑ Unterhaltspflicht) schulden. Diese Rechte und Pflichten sind grundsätzlich der abändernden Vereinbarung entzogen, während über sonstige gemeinsame Angelegenheiten (z. B. Wohnsitz, Erwerbstätigkeit) frei bestimmt werden kann. Im eigenen Bereich entscheidet jeder Ehegatte selbst (z. B. über Religion, Weltanschauung, polit. Betätigung, berufl. Tätigkeit, Kleidung), jedoch unter Rücksichtnahme auf den Ehepartner. 2. Die Pflicht zur e. L. entfällt, wenn das Verlangen mißbräuchlich ist oder wenn die Ehe gescheitert ist. 3. Kommt ein Ehegatte seinen ehel. Verpflichtungen nicht nach, so kann der andere klagen: a) bei Nichterfüllung vermögensrechtl. Pflichten (z. B. Unterhalt) auf Erfüllung, b) bei Nichterfüllung nicht vermögensrechtl. Pflichten auf Herstellung der e. L. (keine Vollstreckung), c) sofern die Ehe gescheitert ist, auf Scheidung der Ehe).
Im *östr.* und *schweizer. Recht* gilt im wesentlichen das zum dt. Recht Gesagte.
ehelicher Güterstand ↑ Güterstände.
Ehelicherklärung (Ehelichkeitserklärung) ↑ nichteheliche Kinder.
eheliches Güterrecht ↑ Güterstände.
Ehemakler (Ehevermittler), der Zivilmakler, der Gelegenheiten zur Eingehung von Ehen nachweist oder Eheschließungen vermittelt. Der abgeschlossene Maklervertrag begründet keinen einklagbaren Anspruch auf Maklerlohn, erfolgte Lohnzahlungen an den E. können nicht zurückgefordert werden, ebensowenig i. d. R. Vorschüsse (es sei denn, der E. hat sich um die Ehevermittlung nicht bemüht). – In *Österreich* und in der *Schweiz* gilt Entsprechendes.
Ehename ↑ Familienname.
Ehenichtigkeit, die Ungültigkeit einer Ehe wegen schwerer Fehler bei ihrem Zustandekommen (↑ Eheschließung). Auf die Nichtigkeit kann man sich erst berufen, wenn dies durch gerichtl. Urteil festgestellt ist. Nichtigkeitsgründe: 1. schwere Formverstöße bei der Eheschließung (§§ 13, 17 EheG; z. B. Abwesenheit eines Partners), wirken bei fünfjährigem Zusammenleben nicht mehr als Nichtigkeitsgrund; 2. ein Geschäftsunfähiger ging eine Ehe ein; 3. eine Doppelehe; 4. die Ehe wurde trotz eines Eheverbots (↑ Eheschließung) geschlossen.
Eherecht, die sich auf die Ehe und die Ehegatten beziehenden staatl. und kirchl. Rechtsbestimmungen. Hauptquellen sind das 4. Buch des BGB und das EheG vom 20. 2. 1946, das das Recht der Eheschließung, Eheaufhebung und Ehenichtigkeit regelt. Beide Rechtsquellen gelten seit dem 3. Okt. 1990 auch in den Ländern der früheren DDR mit bestimmten, in Anlage I zum Einigungsvertrag fixierten Sonderregelungen. Die Ehe wird verfassungsrechtlich durch Art. 6 GG geschützt; er verbürgt die Ehe als Rechtsinstitut (Institutsgarantie). Darüber hinaus gewährleistet Art. 6 GG das Recht der Eheschließung mit einem frei gewählten Partner sowie den Schutz vor störenden Eingriffen des Staates in die Ehe (Verbot ihrer Schädigung, z. B. durch stärkere Besteuerung der Ehegatten gegenüber alleinstehenden Personen); Art. 6 enthält außerdem ein Gebot zur Förderung der Ehe.
In *Österreich* beruht das E. weitgehend auf dem 1938 eingeführten dt. EheG, das durch das Gesetz über die Neuordnung der persönl. Rechtswirkungen der Ehe vom 1. 7. 1975 ergänzt und verändert wurde. – In der *Schweiz* ist das E. im ZGB geregelt (Teilrevision zum 1. Jan. 1988); es läßt sich mit den Bestimmungen des BGB vergleichen.
Das E. der *röm.-kath. Kirche* ist im Codex Iuris Canonici zusammengefaßt. Zur gültigen Eheschließung ist gefordert, daß der Ehekonsens bei beiden Partnern nicht nur tatsächlich vorhanden ist, sondern auch in der rechtl. vorgeschriebenen Form kundgetan wird und daß die Partner rechtlich ehefähig (↑ Eheschließung) sind. Fehlt eines dieser Elemente oder ist es fehlerhaft, ist die Eheschließung ungültig. Durch Ehehindernisse kann das Recht auf Ehe aus schwerwiegenden Gründen eingeschränkt sein. Die kanon. *Eheschließungsform* hat sich aus der liturg. Trauung entwickelt. Sie besteht (abgesehen von bestimmten Notfällen) in der Erklärung des Ehekonsenses vor einem bevollmächtigten kirchl. Amtsträger und zwei Zeugen. Zur Einhaltung der Eheschließungsform sind alle Katholiken verpflichtet, auch wenn sie einen Nichtkatholiken heiraten; doch kann in diesem Fall Dispens gewährt werden (↑ Mischehe). Absolut unauflöslich ist nur die gültige und vollzogene Ehe zw. Getauften. Ehen zw. Ungetauften oder zw. einem Getauften und einem Nichtgetauften können in bestimmten Fällen getrennt werden (↑ Privilegium Paulinum).
In den *ev. Kirchen* ist die bibl. Eheverkündigung Grundlage des E.verständnisses. Ein kirchl. E. hat sich nicht herausgebildet. Die Ehe kommt durch die Eheschließung nach weltl. Rechtsordnung zustande, zu ihr gehören der Konsens der Eheschließenden sowie die Öffentlichkeit der Eheschließung. Die kirchl. Trauung hat die Aufgabe, diese Öffentlichkeit auch vor der christl. Gemeinde zu bezeugen.
Eherechtsreform, Reform des Ehe- und Familienrechts der BR Deutschland, bes. des Rechts der Ehescheidung, mit Wirkung vom 1. 7. 1977 durch Gesetz vom 14. 6. 1976. Kernstück des neuen Scheidungsrechts ist der Übergang vom Verschuldens- zum Zerrüttungsprinzip.
ehern [zu althochdt. ēr „Erz"], eisern, aus Erz hergestellt; übertragen für: hart, ewig während, unbeugsam.
Eherne Schlange, nach der Erzählung 4. Mos. 21, 4–9 angebl. von Moses gefertigtes Schlangenabbild aus Metall. Nach 2. Kön. 18, 4 hing ein derartiges, wohl von den Kanaanäern übernommenes, urspr. kult. Gebilde im Tempel von Jerusalem. Zu seiner Erklärung bildete man die Erzählung 4. Mos. 21, in der nach mag. Denken Schlangengift unschädlich wird, sobald der Gebissene die E. S. betrachtet.
ehernes Lohngesetz, durch F. Lassalle 1863 eingeführte Bez. für seine vereinfachte und popularisierte Version der Lohntheorie von D. Ricardo. Nach dem e. L. kann der langfristige Durchschnittslohn nicht über das konventionelle Existenzminimum steigen. Bei einem höheren Lohnsatz würde sich die Bev. vermehren und damit auch das Arbeitsangebot, wodurch der Lohnsatz wieder auf den Existenzminimumlohn fallen müßte; entsprechend würde die Bev. bei einem Lohnsatz unter den natürl. Lohn abnehmen und das entsprechend geringere Arbeitsangebot würde den Lohnsatz wieder auf den Existenzminimumlohn anheben.
Ehernes Meer, Name eines nicht erhaltenen erzenen Reinigungsbeckens, auf 12 erzenen Rindern (= 12 Stämme Israels) ruhend, im Vorhof des Salomon. Tempels (1. Kön. 7, 23–26; 2. Chron. 4, 1–5).
Ehesachen, als Teil der Familiensachen die sich aus der Ehe ergebenden gerichtl. Streitigkeiten zw. den Ehegatten. Dazu gehören: Antrag auf Ehescheidung, Klage auf Eheaufhebung, Klage auf Ehenichtigkeit, Klage auf Feststellung, daß eine Ehe besteht oder nicht besteht (z. B. im Falle der ↑ Nichtehe), Klage auf Herstellung der ehel. Lebensgemeinschaft. Für E. – sie werden im Zivilprozeß durchgeführt – ist das ↑ Familiengericht (Amtsgericht), in dessen Bezirk die Ehegatten ihren gemeinsamen Wohnsitz haben, zuständig. Das Gericht kann in E. von Amts wegen ermitteln (Untersuchungsgrundsatz). Es kann auf Antrag im Wege der einstweiligen Anordnung schon während des Verfahrens z. B. die elterl. Sorge über ein gemeinschaftl. Kind und den persönl. Umgang mit ihm, Unterhaltspflichten, Benutzung der Ehewohnung und des Hausrats, Verpflichtung zur Leistung eines Prozeßkostenvorschusses regeln. Der Ausspruch der Scheidung (Scheidungsurteil) darf grundsätzlich nur zus. mit der Entscheidung über Folgesachen (bes. elterl. Sorge, Unterhalt, Zugewinnausgleich, Versorgungsausgleich, Ehewohnung, Hausrat) erlassen werden. Bei einverständl. Scheidung muß die Antragsschrift [neben dem Scheidungs-

Ehescheidung

Hermann Ehlers

Horst Ehmke

Ida Ehre

Ilja Ehrenburg

begehren] auch enthalten: Mitteilung, daß der Partner der Scheidung zustimmt; gemeinsamer Vorschlag über Regelung der elterl. Sorge und des Umgangsrechts für die gemeinschaftl. minderjährigen Kinder; Einigung über Unterhalt und Rechtsverhältnisse an Ehewohnung und Hausrat.

Ehescheidung, die Auflösung der gescheiterten Ehe durch gerichtl. Urteil auf Antrag eines oder beider Ehegatten. Als Ausnahme vom Grundsatz der Unauflöslichkeit der Ehe ist die Scheidung aus individuellen und sozialen Gründen (Wertlosigkeit der gescheiterten Ehe für Familie und Gesellschaft) gerechtfertigt.

Voraussetzung: Seit der Eherechtsreform gibt es keine Scheidung mehr aus Verschulden, sondern nur noch einen einzigen Scheidungsgrund: die unheilbare Zerrüttung der Ehe (gescheiterte Ehe). Gescheitert ist die Ehe, wenn die ehel. Lebensgemeinschaft nicht mehr besteht und nicht zu erwarten ist, daß die Ehegatten sie wiederherstellen. Das Scheitern der Ehe wird unwiderlegbar vermutet, wenn die Ehegatten ein Jahr getrennt leben und beide Ehegatten die Scheidung beantragen (oder der Gegner zustimmt) oder wenn die Ehegatten seit drei Jahren getrennt leben. Leben die Ehegatten dagegen noch kein Jahr getrennt, so kann die Ehe nur in Ausnahmefällen geschieden werden. Getrennt leben die Ehegatten, wenn die häusl. Gemeinschaft aufgehoben ist; räuml. Getrenntleben ist gegeben, wenn die Ehegatten innerhalb der Ehewohnung eine vollkommene tatsächl. Trennung herbeigeführt haben. Die Scheidung wird auf Antrag durch das Familiengericht im Eheverfahren ausgesprochen.

Wirkung: Mit Rechtskraft und Eintritt der Wirksamkeit des Scheidungsurteils ist die Ehe [für die Zukunft] aufgelöst. Sämtl. persönl. Rechte und Pflichten aus der Ehe entfallen. Über die ↑Unterhaltspflicht, den ↑Versorgungsausgleich, den Hausrat und die Ehewohnung sowie über Ansprüche aus dem Güterrecht wird durch Urteil des Familiengerichts entschieden. Erb- und Pflichtteilsrechte erlöschen. Jeder Ehegatte kann nach der Scheidung eine neue Ehe eingehen.

Im *östr. Recht* ist insbes. die Zerrüttung der Ehe Scheidungsgrund, jedoch kann auch auf Grund von Verschulden geschieden werden. Nach halbjähriger Trennung können sich die Eheleute einvernehmlich scheiden lassen; gegen den Willen des schuldlosen Partners kann geschieden werden, wenn die häusl. Gemeinschaft seit mindestens sechs Jahren aufgelöst ist. Das ehel. Gebrauchsvermögen und die ehel. Ersparnisse werden aufgeteilt. In der *Schweiz* kann, wenn eine Scheidungsklage eingereicht wurde, aber Aussicht auf Wiederherstellung der Ehe besteht, der Richter die Trennung der Ehe, statt Scheidung, aussprechen. Die Ehe bleibt bestehen, aber die Partner verfügen über ein erhöhtes Maß an Unabhängigkeit. Scheidungsgründe sind z. B. Ehebruch, Mißhandlung, Verlassen. Dem schuldigen Ehegatten wird im Scheidungsurteil für ein bis drei Jahre die Neueingehung einer Ehe untersagt.

Soziologie: Die E. hat heute eine regulative Funktion, da sie ein Mittel der Konfliktlösung bei Spannungen zw. den Ehepartnern ist. Dem trägt in der BR Deutschland auch das seit 1977 geltende neue Eherecht Rechnung, das an die Stelle des Verschuldensprinzips das Zerrüttungsprinzip gesetzt hat. Strikt abgelehnt wird die E. nur noch von der kath. Kirche. Als Ursachen für die ansteigende Zahl der E. nimmt man u. a. einen durch den allg. sozialen Wandel bedingten Stabilitätsschwund der Familie an sowie einen Wandel im Rollenselbstverständnis der Frau (wachsende Selbständigkeit und ökonom. Unabhängigkeit).

Eheschließung, die Begründung der Ehe durch Abschluß eines familienrechtl. Vertrags. 1. Eine Ehe kann nur schließen, wer geschäftsfähig und ehemündig ist **(Ehefähigkeit).** Ehemündig ist, wer volljährig (18 Jahre alt) ist; wer 16 Jahre alt ist und eine volljährige Person heiraten will, dem kann das Vormundschaftsgericht Befreiung erteilen. 2. Der E. darf kein **Eheverbot** entgegenstehen: Nicht zulässig ist die Ehe zw. Verwandten in gerader Linie (z. B. Vater-Tochter/Enkelin), zw. vollbürtigen und halbbürtigen Geschwistern sowie zw. Verschwägerten in gerader Linie (hier Befreiung möglich); außerdem ist die Doppelehe verboten. Seit 1875 gilt in Deutschland der Grundsatz der *obligator. Zivilehe:* Rechtsverbindlich ist nur die Ehe, die vor dem Standesbeamten geschlossen ist (ansonsten ↑Nichtehe). 3. **Formerfordernisse:** Beide Partner müssen persönlich (keine Stellvertretung möglich) und gleichzeitig vor dem Standesbeamten erklären, daß sie die Ehe miteinander eingehen wollen. Die Erklärungen müssen unbedingt und unbefristet sein. Der E. soll ein *Aufgebot* vorausgehen. Die E. soll in Gegenwart zweier Zeugen vorgenommen und in das Familienbuch eingetragen werden. Die kirchl. Trauung darf grundsätzlich erst nach der staatl. E. vorgenommen werden. Ausländer sollen ein Zeugnis ihres Heimatstaates vorlegen, daß nach ihrem Heimatrecht kein Ehehindernis besteht **(Ehefähigkeitszeugnis,** gerichtl. Befreiung möglich).

Im *östr.* und *schweizer. Recht* sind die Voraussetzungen für eine E. (Formerfordernisse und Eheverbote) ähnlich geregelt wie im dt. Recht. Die Ehemündigkeit beginnt in Österreich beim Mann mit dem vollendeten 19., bei der Frau mit dem vollendeten 16. Lebensjahr, in der Schweiz muß der Bräutigam 20, die Braut 18 Jahre alt sein.

Eheverbot ↑Eheschließung.

Ehevertrag, der Vertrag, durch den Ehegatten [oder künftige Ehegatten] ihre güterrechtl. Verhältnisse abweichend vom gesetzl. Güterstand regeln. Der E. muß bei gleichzeitiger Anwesenheit beider Teile notariell geschlossen werden.

Ehewirkungen, die allg. privatrechtl. Folgen der Eheschließung in persönl. und vermögensrechtl. Hinsicht. Die E. umfassen: 1. Pflicht zur *ehel. Lebensgemeinschaft,* 2. *Familienname:* Die Ehegatten können den Geburtsnamen des Mannes oder der Frau zum Ehenamen bestimmen. Der Ehegatte, dessen Geburtsname nicht Ehename wird, kann dem Ehenamen seinen Geburtsnamen voranstellen. Treffen die Ehegatten keine Festlegung, behält jeder vorläufig den von ihm z. Z. der Eheschließung geführten Namen (Beschluß des Bundesverfassungsgerichts vom 5. 3. 1991). 3. *Haushaltsführung und Erwerbstätigkeit:* Die Ehegatten müssen die Haushaltsführung gemeinsam regeln, z. B. durch Übertragung auf einen Ehegatten (Haushaltsführungsehe), gegenständl. oder zeitl. Aufteilung (z. B. Doppelverdiener- oder Zuverdienstehe). Zu einer Erwerbstätigkeit sind beide Ehegatten berechtigt, doch hat jeder von ihnen auf den Partner und die Familie Rücksicht zu nehmen. 4. *gegenseitige Vertretung:* Die ehel. Lebensgemeinschaft berechtigt die Ehegatten grundsätzlich nicht ohne bes. Vollmacht zur gegenseitigen Vertretung bei Rechtshandlungen. Jeder Ehegatte darf jedoch die zur angemessenen Deckung des Lebensbedarfs der Familie notwendigen Geschäfte mit Wirkung auch gegenüber dem anderen Ehegatten besorgen (nicht bei Getrenntleben). Beide haften für den Kaufpreis als Gesamtschuldner. 5. *Eigentumsvermutung:* Zugunsten des Gläubigers des Mannes oder der Frau wird vermutet, daß die im Besitz eines Ehegatten oder beider Ehegatten befindl. Sachen (Möbel, Fernsehapparat) dem Schuldner gehören.

Ehingen (Donau), Stadt in Bad.-Württ., im oberen Donautal, am S-Rand der Schwäb. Alb, 515 m ü. d. M., 22 200 E. U. a. Baumwollspinnerei, Kranbau. – Gegr. um 1230 durch die Grafen von Berg; seit 1343 bei Habsburg; 1806 an Württemberg. – In der oberen Stadt Pfarrkirche Sankt Blasius (15. Jh.), in der unteren Stadt spätgot. Liebfrauenkirche (1454), Ritterhaus (17. Jh.), Landhaus der vorderöstr. Stände (um 1750).

Ehlers, Hermann, * Schöneberg (= Berlin) 1. Okt. 1904, † Oldenburg (Oldenburg) 29. Okt. 1954, dt. Jurist und Politiker. – Setzte sich seit Beginn des Kirchenkampfes als Rechtsberater aktiv für die Bekennende Kirche ein; 1939 aus dem Staatsdienst entlassen; nach 1945 jurist. Oberkirchenrat in Oldenburg; 1949–54 MdB (CDU), 1950–54 Bundestagspräsident.

Ehmke, Horst, * Danzig 4. Febr. 1927, dt. Jurist und Politiker (SPD). – 1961 Prof. für öff. Recht in Freiburg im Breisgau; 1969 Bundesjustizmin.; MdB seit 1969; 1969–72

Chef des Bundeskanzleramtes; 1972–74 Bundesmin. für Forschung und Technologie und für das Post- und Fernmeldewesen.

Ehmsen, Heinrich, *Kiel 9. 8. 1886, †Berlin (Ost) 6. Mai 1964, dt. Maler und Graphiker. – Farbig expressive Werke (u. a. Graphiken), oft mit sozialkrit. Tendenz.

Ehre, Ida, *Prerau 9. Juli 1900, †Hamburg 16. Febr. 1989, dt. Schauspielerin und Theaterleiterin. – Seit 1930 in Berlin; 1933–45 Berufsverbot; gründete 1945 die Hamburger Kammerspiele.

Ehre, 1. in einem allg. grundsätzl. Sinn die dem Menschen auf Grund seines Menschseins und der damit verbundenen Würde von Natur aus zukommende, im Rahmen der Menschenrechte und Grundrechte zustehende und garantierte Achtung *(innere E.)*; 2. in einem gesellschaftsbezogenen Rahmen das spezif., individuelle Ansehen einer Person, das ihr u. a. auf Grund ihrer Leistung, ihres Arbeitsbereichs und ihrer sozialen Stellung von der Umwelt, der Gesellschaft, dem Staat zugebilligt wird *(äußere E.)*.
Die E. als unveräußerl. Recht darf keine Einschränkung durch Diskriminierung auf Grund von Rasse, Klasse, Geschlecht erfahren. Als Standes-E., Berufs-E., Familien-E. u. a. grenzt sie in Hinsicht auf Gesellschaft und Situationen Verhaltensformen mit spezif. Akzentuierung von Normen und Forderungen *(E.kodex)* ab.
Im german. *Altertum* wurde die E., die für den Freien als lebensnotwendig galt, grundsätzlich vorausgesetzt. Ihre Verletzung erforderte die Wiederherstellung. Demgegenüber wurde die E. in der *griech. Antike* grundsätzlich durch die Arete in einem auf die Polis bezogenen Handeln erworben. *Strafrechtlich* wird die E. durch die Straftatbestände des 14. Abschnittes des StGB (z. B. Beleidigung, üble Nachrede, Verleumdung) geschützt.
Zivilrechtlich stellt die **Ehrverletzung** als Eingriff in das allg. Persönlichkeitsrecht eine unerlaubte Handlung dar und begründet eine Schadenersatzpflicht. – Im *östr.* und *schweizer. Recht* gilt Entsprechendes.

Ehrenamt, öff., unentgeltl. ausgeübtes Amt in Verbänden oder in Selbstverwaltungskörperschaften; eine Aufwandsentschädigung ist üblich. Zu ehrenamtl. Tätigkeit kann der Bürger gesetzlich verpflichtet sein (z. B. als ehrenamtl. Richter).

ehrenamtliche Richter, in allen Gerichtszweigen neben den Berufsrichtern gleichberechtigt an der Rechtsprechung ehrenamtlich mitwirkende Personen. Sie stehen in keinem Dienstverhältnis zum Staat und erhalten keine Dienstbezüge, sondern eine Entschädigung für Zeitversäumnis und Unkosten. Sie bedürfen keiner jurist. Vorbildung (daher die volkstüml. Bez. **Laienrichter).** In der Strafgerichtsbarkeit führen sie die Bez. **Schöffen.**
In *Österreich* wirken **fachmännische Laienrichter** (in Handels- und in Bergsachen), **Beisitzer** (Schiedsgerichte der Sozialversicherung und der Arbeitsgerichte), **Schöffen** und **Geschworene** (Strafsachen). In der *Schweiz* ist die Mitwirkung e. R. in den kantonalen Gerichtsorganisationen gesetzlich verankert.

Ehrenbeamte, Beamte, die neben ihrem Beruf ehrenamtlich hoheitl. Aufgaben wahrnehmen (z. B. ehrenamtl. Bürgermeister).

Ehrenberg, Herbert, *Collnischken bei Goldap 21. Dez. 1926, dt. Politiker (SPD). – Polizeibeamter; 1971/72 Staatssekretär im B.ministerium für Arbeit und Sozialordnung; MdB 1972–90; Wirtschaftsexperte der SPD-Fraktion; 1976–82 Bundesmin. für Arbeit und Sozialordnung.

Ehrenbreitstein ↑ Koblenz.

Ehrenburg, Ilja (Erenburg, Ilja Grigorjewitsch), *Kiew 27. Jan. 1891, †Nowo-Jerusalem bei Moskau 31. Aug. 1967, russ.-sowjet. Schriftsteller. – Überzeugter Kommunist, scheute jedoch nicht vor offener Kritik am sowjet. System zurück. Der Titel seines Kurzromans „Tauwetter" (2 Teile, 1954–56) gab der polit. veränderten Periode nach Stalins Tod den Namen. – *Weitere Werke:* Die ungewöhnl. Abenteuer des Julio Jurenito ... (R., 1922), Der Fall von Paris (R., 1942), Sturm (R., 1947), Menschen, Jahre, Leben (Erinnerungen, 6 Teile, 1961–65).

Heinrich Ehmsen. Eselskarren bei Pompeji, 1932 (Privatbesitz)

Ehrenbürgerschaft (Ehrenbürgerrecht), Auszeichnung, die von einer *Gemeinde* Personen **(Ehrenbürger)** verliehen werden kann, die sich um sie verdient gemacht haben, aus der sich aber weder Rechte noch Pflichten ableiten. Wegen unwürdigen Verhaltens kann die Auszeichnung entzogen werden. *Hochschulen* können verdienstvolle Personen zu Ehrenbürgern oder *Ehrensenatoren* ernennen. – In *Österreich* und in der *Schweiz* gilt Entsprechendes.

Ehrendoktorwürde ↑ Doktor.

Ehreneintritt (Intervention), die Annahme oder die Zahlung eines Wechsels zur Vermeidung des drohenden Rückgriffs wegen Nichtannahme, Nichtzahlung oder Unsicherheit des Wechsels. Zu Ehren eintreten kann jeder außer dem Wechselannehmer, dem Aussteller des eigenen Wechsels oder deren Bürgen.

Ehrenfest, Paul, *Wien 18. Jan. 1880, †Amsterdam 25. Sept. 1933 (Selbstmord), östr. Physiker. – Seit 1912 Prof. in Leiden; fundamentale Arbeiten über statist. Mechanik und Quantentheorie.

Ehrenfriedersdorf, Stadt in Sa., im Westerzgebirge, 532 m ü. d. M., 6 300 E. Schuh-, Verpackungsmittelind., bis 1990 Zinnerzbergbau. – Ende des 12. Jh. urkundlich erwähnt, seit dem 13. Jh. Erzbergbau, seit Ende des 15. Jh. Stadtrecht. – Spätgot. Stadtkirche St. Nicolai (Schnitzaltar von H. Witten). – Östlich von E. die bis 732 m hohen *Greifensteine* (7 Granitfelsen).

Ehrengerichtsbarkeit, im heutigen dt. Recht svw. Berufsgerichtsbarkeit.

Ehrenhof (frz. Cour d'honneur), urspr. Empfangshof einer barocken (Dreiflügel-)Schloßanlage, der umgeben ist vom Corps de logis (Hauptgebäude) sowie den flankierenden Nebengebäuden.

Ehrenlegion (frz. Légion d'honneur), höchster frz. ↑ Orden (↑ Orden, Übersicht).

Ehrenpreis (Veronica), Gatt. der Rachenblütler mit etwa 300 Arten, v. a. auf der Nordhalbkugel; meist Kräuter mit gegenständigen Blättern und häufig blauen Blüten in Trauben; in M-Europa fast 40 Arten, u. a. **Echter Ehrenpreis** und der ↑ Bachehrenpreis.

Ehrenrechte (bürgerl. E.), die Fähigkeit, öff. Ämter zu bekleiden, zu wählen und gewählt zu werden. Die Aberkennung der E. (früher §§ 31 ff. StGB) ist seit dem 1. StrafrechtsreformG von 1969 grundsätzlich nicht mehr möglich. Nach geltendem Recht tritt jedoch kraft Gesetzes bei Verurteilung zu mindestens 1 Jahr Freiheitsstrafe wegen eines Verbrechens der Verlust des passiven Wahlrechts sowie die Amtsunfähigkeit für 5 Jahre ein. In bes. Fällen kann das aktive Wahlrecht aberkannt werden.

Ehrenpreis.
Echter Ehrenpreis

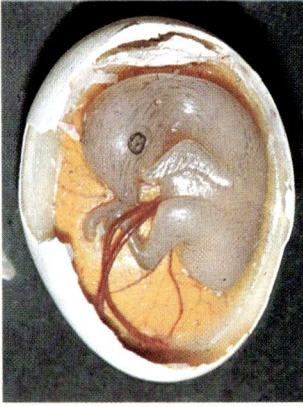

Ei. Bebrütetes Hühnerei, fünf Tage (links), fünfzehn Tage (rechts)

Ehrenschutz ↑ Persönlichkeitsrecht.

Ehrensenator ↑ Ehrenbürgerschaft.

Ehrenstein, Albert, *Wien 23. Dez. 1886, †New York 8. April 1950, östr. Schriftsteller. – 1932 Emigration nach Zürich, 1941 nach New York; schrieb expressionist. hymn. Lyrik und viele phantast. skurrile Geschichten, u. a. „Tubutsch" (E., 1911) und „Der Selbstmord eines Katers" (E., 1912, 1919 u. d. T. „Bericht aus einem Tollhaus"); auch bed. Essayist.

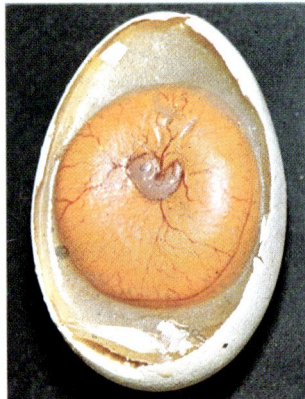
Albert Ehrenstein

Ehrenstein, bei Ulm gelegene Fundstelle eines Dorfes der neolith. Schussenrieder Gruppe (4./3. Jt. v. Chr.); Ausgrabungen ergaben auf einer Fläche von 85×120 m ein Dorf mit vier Bauperioden.

Ehrenwirth Verlag ↑ Verlage (Übersicht).

Ehrenwort, Versprechen mit dem Einsatz der persönl. Ehre und moral. Bindung, ohne rechtl. Verpflichtungswirkung.

Ehrenzeichen, alle sichtbar zu tragenden Auszeichnungen, die nicht ausdrücklich ↑ Orden genannt werden. In der Ordenskunde bezeichnet man mit E. die Zwischenstufe zw. Orden im urspr. Sinn und Medaillen.

Ehrenzeichen der Bundeswehr, gestiftet 1980 vom Bundespräsidenten für Soldaten der Bundeswehr, fremder Streitkräfte und für Zivilpersonen, die sich um die Bundeswehr bes. verdient gemacht haben; verliehen in vier Stufen: Ehrenmedaille, Ehrenkreuz in Bronze, Silber und Gold.

Ehrenzeichen für Verdienste um die Republik Österreich, vom östr. Nationalrat 1952 gestiftete Auszeichnung, die für bes. Verdienste um die Republik Österreich verliehen werden kann; hat fünf mehrfach unterteilte Stufen.

Paul Ehrlich

Ehrenzeichen für Wissenschaft und Kunst, 1955 vom östr. Nationalrat gestiftete Auszeichnung, für bes. Verdienste auf kulturellem und wiss. Gebiet verliehen (maximal an 72 Personen).

Ehrfurcht, höchste Wertschätzung von Personen, Sachen oder Dingen; charakterisiert durch eine Mischung von Respekt und Scheu.

Ehrgeiz, Bestreben, andere durch Eigenleistungen zu übertreffen. Normaler E. ist meist mit dem Bedürfnis nach Anerkennung dieser Leistungen verbunden und wird pädagogisch überwiegend positiv bewertet im Ggs. zum übertriebenen E., bei dem neben dem Hervorheben eigener Leistungen versucht wird, solche anderer unterzubewerten.

Ehrhardt, Hermann, *Diersburg (Ortenaukreis) 29. Nov. 1881, †Brunn am Walde bei Krems (Niederösterreich) 27. Sept. 1971, dt. Marineoffizier. – Beteiligte sich als Führer des Freikorps „Brigade E." 1919 an der Niederwerfung kommunist. Aufstände und 1920 am Kapp-Putsch.

Ehringsdorf, südl. Ortsteil von Weimar, bed. Fundort von mittelpaläolith. Steinwerkzeugen, von Resten pleistozäner Tiere und von Vorneandertalern.

Günter Eich

Ehrismann, Albert, *Zürich 20. Sept. 1908, schweizer. Schriftsteller. – Schlichte Lyrik und Erzählungen über den Menschen in der Großstadt, u. a. „Lächeln auf dem Asphalt" (Ged., 1930), „Schmelzwasser" (Ged., 1978), „Gegen Ende des zweiten Jahrtausends. Postskripte" (1988).

Ehrlich, Paul, *Strehlen (Schlesien) 14. März 1854, †Bad Homburg v. d. H. 20. Aug. 1915, dt. Mediziner. – Prof. in Berlin, Göttingen und Frankfurt am Main; Mitarbeiter von R. Koch. E. leitete seit 1899 das Institut für experimentelle Therapie in Frankfurt am Main. Entdeckte als Begründer der experimentellen Chemotherapie zus. mit S. Hata das Salvarsan (Syphilismittel); bahnbrechende Arbeiten über Hämatologie, Serologie, Immunologie und die Aufstellung der berühmten E.-Seitenkettentheorie (↑ Seitenkettentheorie). E. erhielt 1908 mit I. Metschnikow den Nobelpreis für Physiologie oder Medizin. – Sein Porträt ziert den 200-Mark-Schein der Dt. Bundesbank.

Ehrlosigkeit, svw. ↑ Echtlosigkeit.

Ehrverletzung ↑ Ehre.

Ehrwürden (lat. venerandus), Anrede für kath. Ordensleute und Träger der niederen Weihen; heute kaum noch verwendet.

Ehud (Echud; in der Vulgata Aod), einer der großen Richter in Israel (Richter 3, 11–30).

Ei, (Eizelle, Ovum) unbewegl. weibl. Geschlechtszelle von Mensch, Tier und Pflanze; meist wesentlich größer als die männl. Geschlechtszelle (↑ Samenzelle), z. B. beim Menschen 0,12–0,2 mm, beim Haushuhn etwa 3 cm, beim Strauß über 10 cm im Durchmesser. – Die Bildung des E. erfolgt meist in bes. differenzierten Geschlechtsorganen, bei mehrzelligen Pflanzen u. a. in Samenanlagen, bei mehrzelligen Tieren (einschl. des Menschen) in Eierstöcken. Der Aufbau tier. Eier ist sehr einheitlich. Unter der von der Eizelle selbst gebildeten Eihaut (↑ Dotterhaut) befindet sich das **Eiplasma** (Ooplasma) mit dem relativ großen Eikern („Keimbläschen"). Die im Eiplasma gespeicherten Reservestoffe (u. a. Eiweiße, Lipoproteide, Fette, Glykogen) werden in ihrer Gesamtheit als ↑ Dotter bezeichnet. Nach der *Menge des Dotters* im Eiplasma unterscheidet man sehr dotterarme (**oligolezithale Eier;** bei vielen Wirbeltieren und Säugern) und weniger dotterarme (**mesolezithale Eier;** bei Lurchen, Lungenfischen). Eier E. mit großer Dottermenge werden als **polylezithale Eier** bezeichnet. Bei gleichmäßiger *Verteilung des Dotters* spricht man von **isolezithalen Eiern** (z. B. die sehr dotterarmen, deshalb **alezithalen Eier** der Säugetiere einschl. Mensch). Die nach der Befruchtung durch eine männl. Geschlechtszelle oder durch Wirksamwerden anderer Entwicklungsreize (z. B. bei der Jungfernzeugung) beginnende Eifurchung wird anfangs äußerst stark durch Menge und Verteilung des im E. befindl. Dotters beeinflußt. Im E. ist die gesamte, für die Ausbildung des Organismus notwendige Information gespeichert. Einzelne Eibezirke sind für die Bildung bestimmter Körperabschnitte des späteren Organismus mehr oder weniger ausgeprägt determiniert (↑ Mosaikeier, ↑ Regulationseier). Das E. wird oft von mehreren **Eihüllen** umgeben, die Hafteinrichtungen besitzen oder hornartig, gallertig oder äußerst fest sind. Auch das Eiklar (Eiweiß) der Vogeleier mit den Hagelschnüren und die Kalkschale sind Eihüllen.

▷ gemeinsprachl. Bez. für die Eizelle einschl. aller Eihüllen. Die E. vieler Vögel, bes. der Haushühner, Enten, Gänse, Möwen, Kiebitze, sind teils wichtige Nahrungsmittel, teils kulinar. Leckerbissen. Auch die Eier von Stören, Karpfen, Hechten, Lachsen, Dorschen und Makrelen werden als Nahrungsmittel genutzt (↑ Rogen, ↑ Kaviar).

Geschichte: Die Kenntnis von der Entwicklung des tier. Lebens aus dem E. führte dazu, daß Eier im Fruchtbarkeits- und Heilzauber der meisten Völker eine beachtl. Rolle spielen. Aus der Vorstellung des E. als Lebenssymbol ist die oriental. Lehre vom Sonnen- und Weltei entstanden. Eng verbunden mit Eiopfern ist der österl. Brauch der Eierspende.

Eibe, (Taxus) Gatt. immergrüner, zweihäusiger Nadelhölzer der E.gewächse mit etwa 8 Arten auf der Nordhalb-

kugel. – In Europa wächst die geschützte, giftige Art **Gemeine Eibe** (Taxus baccata), ein bis über 1 000 Jahre alt werdender, bis 15 m hoher Baum mit dunkelgrünen Nadeln, die in 2 Zeilen geordnet sind. Alle Pflanzenteile sind giftig mit Ausnahme des scharlachroten Mantels der erbsengroßen Samen.
▷ ↑Hölzer, Übersicht.

Eibengewächse (Taxaceae), Fam. der Nacktsamer mit 5 Gattungen. – ↑Eibe.

Eibe. Gemeine Eibe

Eibenstock, Stadt in Sa., im oberen Westerzgebirge, 7 400 E. Buntstickerei, Metallwarenind.; in der Nähe zwei Talsperren. – 1378 erstmals urkundlich erwähnt, im 14. Jh. beginnender Erzbergbau (bes. Zinn).

Eibisch [zu lat. (h)ibiscum mit gleicher Bed.] (Hibiscus), Gatt. der Malvengewächse mit über 200, meist trop. Arten.

Eibl-Eibesfeldt, Irenäus, *Wien 15. Juni 1928, dt. Verhaltensforscher. – Prof. für Zoologie in München; zahlr. Forschungsreisen. E.-E. untersucht die verschiedenen Formen inner- und zwischenartl. Kommunikation bei Mensch und Tier. – *Werke:* Grundriß der vergleichenden Verhaltensforschung (1967), Liebe und Haß (1970), Die Biologie des menschl. Verhaltens (1984).

Eibsee, Bergsee am NW-Fuß der Zugspitze, 8 km sö. von Garmisch-Partenkirchen, Bayern, 1,8 km^2, 971 m ü. d. M.

Eich, Günter, *Lebus 1. Febr. 1907, †Salzburg 20. Dez. 1972, dt. Lyriker und Hörspielautor. – Seit 1953 ⚭ mit I. Aichinger. Schrieb neben früher Nachkriegsliteratur (Ged. „Abgelegene Gehöfte", 1948; Kurzgeschichte „Züge im Nebel", 1947) v. a. Hörspiele (u. a. „Träume", 1953; „Die Mädchen aus Viterbo", 1953; „Die Brandung von Setúbal", 1957), die gattungsweisend für die 50er Jahre wirkten, und Gedichte („Botschaften des Regens", 1955). Später wurde eine Vielschichtigkeit der Sprache und Form, die die Satire nicht ausschließt, typisch (Kurzprosa, u. a. „Maulwürfe", 1968; „Ein Tibeter in meinem Büro", 1970).

Eichamt ↑Eichwesen.

Eichäpfel, svw. ↑Galläpfel.

Eichbehörden ↑Eichwesen.

Eichbosonen (Vektorbosonen), Familie von Elementarteilchen mit Spinquantenzahl 1, die als Quanten von Eichfeldern die fundamentalen ↑Wechselwirkungen der Materie übertragen; zu ihnen zählen das Photon für die elektromagnet., die Gluonen für die starke sowie die intermediären Bosonen für die schwache Wechselwirkung.

Eiche, (Quercus) Gatt. der Buchengewächse mit etwa 500 Arten auf der Nordhalbkugel; sommer- oder immergrüne, einhäusige, bis 700 Jahre alt werdende Bäume mit gesägten bis gelappten Blättern. Die im ersten oder zweiten Jahr reifende Nußfrucht wird Eichel genannt. In Europa heimisch ist die **Traubeneiche** (Stein-E., Winter-E., Quer-cus petraea); bis 40 m hoch, Blätter breit-eiförmig, regelmäßig gebuchtet, Eicheln zu zwei bis sechs. Die **Stieleiche** (Sommer-E., Quercus robur) kommt im gemäßigten Europa und in S-Europa bis zum Kaukasus vor; 30–35 m hoch, mit bis über 2 m dickem, oft knorrigem Stamm; Blätter in Büscheln am Ende der Triebe, unregelmäßig gebuchtet; Eicheln walzenförmig, in napfartigen Fruchtbechern steckend, meist zu mehreren an langen Stielen sitzend. Kurz gezähnte Blätter hat die im Mittelmeergebiet wachsende **Korkeiche** (Quercus suber). Die innere Borke, der sog. Kork, wird alle 8–10 Jahre in Platten vom Stamm geschält und z. B. für Flaschenkorken, Linoleum und Isolierungen verwendet.

Religions- und *kulturgeschichtlich* ist die E. von hervorragender Bed. Sie galt v. a. bei indogerman. Völkern, aber auch bei den Japanern als heilig. Am bekanntesten ist die E. als hl. Baum des german. Gottes Donar. Außerhalb der religiösen Sphäre gilt die E. als Sinnbild der Stärke und Standhaftigkeit.
▷ ↑Hölzer, Übersicht.

Eichel, Hans, *Kassel 24. Dez. 1941, dt. Politiker (SPD). – Lehrer; 1969–72 stellv. Jusovors.; 1975–91 Oberbürgermeister von Kassel; seit 1991 Min.präs. von Hessen.

Eichel, Bez. für die runde bis eiförmige, grüne, dunkel- oder rotbraune, stärke- und gerbsäurereiche Frucht der Eichen, die an ihrer Basis von einem napf- oder becherförmigen, beschuppten oder filzig behaarten Fruchtbecher umschlossen wird.
▷ (Glans) der vorderste Teil des männl. Gliedes (↑Penis).
▷ Farbe der dt. Spielkarte.

Eichelentzündung, svw. ↑Balanitis.

Eichelhäher (Garrulus glandarius), etwa 35 cm großer, rötlich-brauner Rabenvogel in Europa, NW-Afrika und Vorderasien; mit weißem Bürzel, schwarzem Schwanz, weißem Flügelfleck, blauschwarz gebänderten Flügeldecken; Standvogel.

Eicheltripper, unkorrekte Bez. für die Eichelentzündung (↑Balanitis).

Eichelwürmer (Enteropneusta), Klasse der Kragentiere mit rd. 70 meist 10–50 cm langen, im Flachwasser der Gezeitenzone lebenden Arten von wurmförmig langgestreckter Gestalt mit einem als **Eichel** bezeichneten Bohrorgan, welches das Vorderende des in 3 Abschnitte gegliederten Körpers bildet; die bekannteste Gattung ist **Balanoglossus.**

eichen [zu spätlat. (ex)aequare (misuras) „(die Maße) ausgleichen"], allg.: durch Vergleich mit bereits bekannten Werten die Abhängigkeit des Ausschlages eines Meßgerätes von der zu messenden Größe bestimmen **(Eichung);** speziell: Maße und Meßgeräte, die im öff. Bereich verwendet werden, mit den Normalen der Eichbehörden abstimmen (↑Eichwesen).

Eichenbock, svw. ↑Heldbock.

Eichendorff, Joseph Freiherr von, *Schloß Lubowitz bei Ratibor 10. März 1788, †Neisse 26. Nov. 1857, dt. Lyriker und Erzähler. – Vollender der dt. romant. Dichtung; glaubte an die Doppelnatur von Religion und Poesie. Schlichtheit und Naturnähe, Heimweh und Sehnsucht, aber auch weltoffene Lebensfreude kennzeichnen sein Werk: Roman „Ahnung und Gegenwart" (1815), Novellen „Aus dem Leben eines Taugenichts" (1826; Höhepunkt lyr.-musikal. Stimmungskunst), „Das Marmorbild" (1819), „Dichter und ihre Gesellen" (1834) und „Schloß Dürande" (1837); als Dramatiker weniger erfolgreich. Bed. auch als Übersetzer von Calderón.

Eichenfarn (Gymnocarpium), Gatt. der Tüpfelfarne; bekannt ist der **Echte Eichenfarn** (Gymnocarpium dryopteris), 15–30 cm hoch, in Laub- und Mischwäldern der nördl. gemäßigten Zonen wachsend.

Eichengallen, svw. ↑Galläpfel.

Eichengallwespen ↑Gallwespen.

Eichenmischwaldzeit ↑Holozän (Übersicht).

Joseph von **Eichendorff** (Zeichnung von Franz Theodor Kugler)

Eichelhäher

Eiche. Oben: Zweig der Stieleiche mit männlichen (links) und weiblichen (rechts) Blüten. Unten: Zweig der Korkeiche mit Frucht

Eichenseidenspinner

Eichenseidenspinner (Chin. Seidenspinner, Antheraea pernyi), bis 15 cm spannender Augenspinner in N- und NO-China; Körper behaart, Flügel gelblichbraun mit Fensterfleck. Aus dem Kokon der Raupen wird Tussahseide gewonnen.

Eichenspinner (Lasiocampa quercus), etwa 7 cm spannender, gelber (♀) oder dunkelbrauner (♂) Schmetterling der Fam. Glucken, v. a. in Eichenwäldern; Vorder- und Hinterflügel mit je einer gelben Querbinde; Raupen fressen v. a. an Eichenblättern.

Eichenwickler (Tortrix viridana), Kleinschmetterling (Fam. Wickler) mit hellgrünen Vorder- und grauen Hinterflügeln; Spannweite 18–23 mm. Die Raupen fressen zuerst an den Knospen von Eichen, dann befallen sie die Laubblätter.

Eichenwidderbock (Plagionotus arcuatus), gelb und schwarz gezeichneter, 6–20 mm großer Bockkäfer; lebt auf den abgestorbenen Ästen von Eiche und Buche.

Eichenwidderbock

Eichfelder, die fundamentalen ↑Wechselwirkungen der Materie vermittelnde Felder, die die inneren Symmetrien der Natur (sog. Eichsymmetrien) repräsentieren, die sich in der Erhaltung der inneren Quantenzahlen der Elementarteilchen widerspiegeln. Die Quanten von E. sind die ↑Eichbosonen. Das einfachste E. ist das elektromagnet. Feld. Die heutige Elementarteilchenphysik strebt danach, alle fundamentalen Wechselwirkungen durch eine umfassende Theorie quantisierter E. zu beschreiben.

Eichgesetz ↑Eichwesen.

Eichhase (Polyporus umbellatus), graubrauner, bis 30 cm hoher Pilz (Fam. Porlinge) an Eichen- und Buchenbaumstümpfen. Jung ist der E. ein angenehm duftender, nach Nüssen schmeckender Speisepilz.

Eichhase

Eichhorn, Karl Friedrich, * Jena 20. Nov. 1781, † Köln 4. Juli 1854, dt. Jurist. – Prof. in Frankfurt/Oder, Göttingen, Berlin; einer der Begründer der histor. Schule der dt. Rechtswissenschaft.

Eichhörnchen. Eurasiatisches Eichhörnchen

Eichhörnchen (Sciurus), Gatt. der Baumhörnchen mit zahlr. Arten in den Wäldern Europas, Asiens sowie N- und S-Amerikas; Körper etwa 20–32 cm lang, mit meist ebenso langem Schwanz; Färbung unterschiedlich, Fell dicht, Schwanz mehr oder weniger stark buschig behaart. Bekannteste Art ist das **Eurasiatische Eichhörnchen,** das in ganz Europa und weiten Teilen Asiens vorkommt; Körperlänge etwa 20–25 cm, Schwanz etwas kürzer, sehr buschig; Ohren (bes. im Winter) mit deutl. Haarpinsel (fehlt bei den Jungtieren); die Färbung variiert je nach geograph. Vorkommen; in M-Europa Fell mit Ausnahme des scharf abgesetzten weißen Bauchs meist hell rotbraun, im Winter dunkel rostbraun mit mehr oder weniger deutlich grauem Anflug. Lebt in selbstgebauten, meist hochgelegenen Nestern **(Kobel)** aus Zweigen, Gras, Moos.

Eichkater, volkstüml. Bez. für das Eichhörnchen.

Eichkurve, in der *Meßtechnik* die graph. Darstellung der Abweichung der Meßwerte eines Meßgeräts von den (durch Eichen erhaltenen) Sollwerten.

Eichmann, Adolf, * Solingen 19. März 1906, † Ramla (Israel) 31. Mai 1962, dt. SS-Obersturmbannführer. – Handelsvertreter; seit 1939 Leiter des Judenreferats im Reichssicherheitshauptamt; ab 1941 verantwortlich für die Transporte von Juden in die Massenvernichtungslager der besetzten Ostgebiete; nach Kriegsende Flucht über Italien nach Argentinien; 1960 vom israel. Geheimdienst nach Israel gebracht, dort angeklagt, 1961 verurteilt und hingerichtet.

Eichrodt, Ludwig, Pseud. Rudolf Rodt, * Durlach (= Karlsruhe) 2. Febr. 1827, † Lahr 2. Febr. 1892, dt. Dichter. – Mit Scheffel befreundet; seinen „Gedichten des schwäb. Schullehrers Gottlieb Biedermaier und seines Freundes Horatius Treuherz" verdankt der Zeitstil des Biedermeiers seinen Namen.

Eichsfeld, Hochfläche am NW-Rand des Thüringer Beckens, in Thür. und Nds., durch die Täler von Leine und Wipper in Oberes (im S) und Unteres E. (im N) gegliedert. Das **Obere Eichsfeld** ist durchschnittlich 450 m hoch, mit einem Steilabfall zum Werratal; wenig erträgreiche Böden. In einer Stufe, dem **Dün,** fällt das Obere E. zum Unteren E. ab; Textilind. (Leinefelde). Das **Untere Eichsfeld** ist durchschnittlich 300–500 m hoch, überragt von Ohmgebirge (bis 535 m), Bleicheröder Berge (453 m) u. a. Fruchtbare Löß- und Lehmböden (**Goldene Mark** um Duderstadt), reich bewaldet. – Das Obere E. kam im 13. Jh. unter kurmainz. Landeshoheit, 1334/42 das Untere E. (durch Verpfändung bis zum Kauf); kam 1803 an Preußen, das 1815 das Untere E. an Hannover abtrat.

Eichstätt, Krst. in Bayern, im Tal der Altmühl, 388 m ü. d. M., 12 000 E. Kath. Bischofssitz; Kath. Univ. (gegr. 1972 durch Ausbau der Philosophisch-theolog. Hochschule, die unter verschiedenen Bez. seit 1564 bestand); Museen, u. a. Naturwiss. Juramuseum; kulturelles Zentrum der sö. Fränk. Alb. – E. war schon in spätröm. Zeit besiedelt. Das um 740 von Willibald gegr. Kloster E. wird 762 erstmals erwähnt; 741 oder 745 Bischofssitz. Im 11. Jh. entstand die Siedlung um den Marktplatz; volle bischöfl. Stadtherrschaft ab 1305. Im 15. Jh. unter Johann von Eich ein Zentrum des Humanismus. Fiel 1805/06 an Bayern. – Got. Dom (Kirchenschiff 1380–96 mit roman. Türmen, spätgot. sind Kreuzgang, Mortuarium und Kapitelsakristei), Klosterkirche der Abtei Sankt Walburg (1626–31); ehem. fürstbischöfl. Residenz (17. Jh.; heute Amtsgericht) mit Treppenhaus von 1767; ehem. Sommerresidenz (1735). Auf hoher Spornlage liegt die Willibaldsburg (14. und 15. Jh.). In einem Vorort das ehem. Augustinerchorherrenstift **Rebdorf** (1156 gegr.).

E., Landkr. in Bayern.

E., ehem. dt. Hochstift; Territorium des 741 oder 745 von Bonifatius gegr. und der Kirchenprov. Mainz unterstellten Bistums; durch das Bistum Bamberg räumlich eingeschränkt; 1802 säkularisiert und von Bayern annektiert; 1803–06 dem Groß-Hzgt. Toskana zugeteilt, kam dann wieder an das Kgr. Bayern, das hieraus das Hzgt. Leuchtenberg als Standesherrschaft errichtete.

E., Bistum ↑katholische Kirche (Übersicht).

Eichung ↑eichen.

Eichwesen, Sicherstellung und Kontrolle redl. Verwendung der Maße. Das E. ist im Gesetz über das Meß- und Eichwesen **(Eichgesetz)** vom 22. 2. 1985 geregelt. Es verankert die **Eichpflicht,** d. h. die Pflicht, alle für den Geschäftsverkehr bedeutenden Meßgeräte zu eichen. Die **Eichordnung** vom 12. 8. 1988 enthält dazu alle wesentl. Vollzugsbestimmungen. Meßwerte müssen in gesetzl. Einheiten angezeigt werden. Geeichte Meßgeräte sind mit bestimmten Zeichen zu stempeln. Zuständig für das E. sind die Physikal.-Techn. Bundesanstalt in Braunschweig sowie die Eichaufsichtsbehörden und **Eichämter** der Länder.

In *Österreich* ergibt sich die Eichpflicht auf Grund des Maß- und Eichgesetzes. In der *Schweiz* ist das E. im BG über Maß und Gewicht sowie in der Vollzugs-VO über die im Handel und Verkehr gebrauchten Längen- und Hohlmaße, Gewichte und Waagen geregelt. Oberste Behörde ist das Eidgenöss. Amt für Maß und Gewicht in Bern.

Eicosansäure, svw. ↑Arachinsäure.

Eichstätt. Das ehemalige Augustinerchorherrenstift Rebdorf, 1156 gegründet

Eid, feierl. Bekräftigung einer Aussage mit oder ohne Verbalanrufung Gottes (sog. **religiöse Beteuerung**). Der E. wird entweder als **Voreid (promissorischer Eid)** vor der Übernahme bestimmter Pflichten (z. B. beim Amtseid, Diensteid) oder als **Nacheid (assertorischer Eid)** im Anschluß an eine Aussage (Zeugen- und Sachverständigeneid vor Gericht) geleistet. Während im Strafprozeß die Zeugen grundsätzlich und die Sachverständigen nach dem Ermessen des Gerichts oder auf Antrag eines Prozeßbeteiligten zu vereidigen sind, erfolgt im Zivilprozeß ihre Beeidigung ebenso wie die einer Partei des Rechtsstreits nur dann, wenn dies wegen der Bedeutung der Aussage zur Herbeiführung einer wahrheitsgemäßen Aussage oder zur richterl. Überzeugungsbildung geboten ist. Der E. wird von dem Eidespflichtigen selbst i. d. R. vor dem Prozeßgericht und nach **Eidesbelehrung** (über die Bed. des E., strafrechtl. Folgen einer falschen Aussage) geleistet.

Das *östr. Recht* ist dem in der BR Deutschland ähnlich, die E.ablegung ist gesetzlich geregelt. Von den *schweizer. Prozeßrechten* kennen den E. in unterschiedl. Ausgestaltung die Bundesstrafprozeßordnung sowie zahlr. kantonale Zivil- und Strafprozeßordnungen. Das Handgelübde ist wahlweise vorgesehen, weil nach der BV niemand gezwungen werden darf, einen E. abzulegen.

Der E. gehört vorchristl. Rechtsmagie an und findet sich bei allen Völkern und Kulturen. Die Wahrheit des E. kann durch ein Gottesurteil (Ordal) überprüft werden. Die religiöse Bekräftigung des E. erfolgt durch symbol. Handlungen oder durch religiöse E.formeln. Zu den symbol. Handlungen zählen der Schwurgestus des Erhebens der Hand, die Berührung machthaltiger Objekte, z. B. eines E.ringes. In Buchreligionen wird oft unter Berührung der entsprechenden hl. Schrift geschworen. Eine Bekräftigung durch das Wort stellt das Nennen eines wertvollen Gegenstandes als Pfand für die Wahrheit der Aussage dar. Polytheist. Religionen kennen häufig bestimmte Schwurgötter, denen visuelle Allwissenheit zugeschrieben wird.

Eidam, veraltete Bez. für Schwiegersohn.

Eidechse ↑ Sternbilder (Übersicht).

Eidechsen (Lacertidae), Fam. der Skinkartigen (Echsen) in Eurasien und Afrika; Körper langgestreckt, ohne Rückenkämme, Kehlsäcke oder ähnl. Hautbildungen, mit langem, schlankem, fast immer über körperlangem Schwanz und stets wohlentwickelten Extremitäten; die Augenlider sind beweglich; der Schwanz kann an vorgebildeten Bruchstellen abgeworfen und mehr oder minder vollständig regeneriert werden (das abgeworfene Schwanzende lenkt durch lebhafte Bewegungen den Verfolger von seinem Beutetier ab). E. sind meist eierlegend, seltener lebendgebärend (z. B. die Bergeidechse). Die Gatt. **Fransenfingereidechsen** (Acanthodactylus) mit 12 Arten kommt in SW-Europa, N-Afrika und W-Asien vor; Zehen seitlich mit fransenartigen Schuppenkämmen, die das Laufen auf lockerem Sand erleichtern. In Europa, W-Asien und Afrika leben die über 50 Arten der Gatt. **Halsbandeidechsen** (Lacerta), die eine Reihe Hornschildchen (Halsband) an der Kehle haben. Hierzu gehören alle einheim. E.arten, u. a.: **Bergeidechse** (Wald-E., Lacerta vivipara), bis 16 cm lang, Oberseite braun mit dunklerem Mittelstreif, Unterseite beim ♂ orangegelb mit schwarzen Tupfen, beim ♀ blaßgelb bis grau; **Mauereidechse** (Lacerta muralis), bis 19 cm lang, oberseits meist graubraun, dunkel gefleckt oder gestreift, unterseits weißlich bis rötlich; **Smaragdeidechse** (Lacerta viridis), bis 45 cm lang, oberseits leuchtend grün, ♀ mit 2–4 weißl. Längsstreifen, ♂ zur Paarungszeit mit blauem Kehlfleck; **Zauneidechse** (Lacerta agilis), bis 20 cm lang, Färbung sehr unterschiedlich, bes. an sonnigen, trockenen Stellen zu finden. In S-Europa und in Afrika leben die 12–23 cm langen Arten der Gatt. **Kielechsen** (Kiel-E., Algyroides). In den Mittelmeerländern leben die Arten der Gatt. **Sandläufer** (Sandläufer-E., Psammodromus). Der **Spanische Sandläufer** (Psammodromus hispanicus) ist bis knapp 15 cm lang und sandfarben.

Eidechsennatter (Malpolon monspessulanus), bis über 2 m lange Trugnatter im Mittelmeergebiet, SO-Europa und Kleinasien; Körperoberseite gelb- oder graubraun bis olivfarben und schwarz, Unterseite blaßgelb.

Eider, Fluß in Schl.-H., entsteht 20 km südlich von Kiel, auf dem Höhenrücken von Bornhöved, mündet bei Tönning in die Nordsee, 188 km lang, z. T. Teil des Nord-Ostsee-Kanals; 108 km schiffbar.

Eiderdänen, Bez. für die 1848–69 herrschenden Nationalliberalen in Dänemark, da diese die Einverleibung Schleswigs (bis zur Eider) in den dän. Staat und die Auflösung der schleswig-holstein. Realunion betrieben.

Eiderente (Somateria mollissima), Meerente an den Küsten der nördl. Meere bis zur Arktis (in Deutschland geschützt); ♂ (etwa 60 cm lang) im Prachtkleid mit schwarzem Bauch und Scheitel, weißem Rücken und moosgrünem Nacken, ♀ (etwa 55 cm lang) braun und dicht schwarz gebändert.

Eiderstedt, Halbinsel an der W-Küste von Schl.-H., springt zw. der Insel Nordstrand und dem Mündungstrichter der Eider in die Dt. Bucht (Nordsee) vor, etwa 340 km^2. – Das etwa seit der Zeitenwende stärker besiedelte E., auch **Eiderfriesland** und **Frisia minor** genannt, das mit Everschop und Utholm die sog. Dreilande oder Uthlande bildete, bewahrte vom Hoch-MA bis 1866 durch seine räuml. Abgeschlossenheit und seinen Wohlstand eine Selbstregierung unter einem vom Herzog von Schleswig bzw. König von Dänemark bestätigten Staller (Statthalter).

Eidesbelehrung ↑ Eid.

Eidesdelikte, nach dem 9. Abschnitt StG (§§ 153–163): falsche uneidl. Aussage, Meineid, falsche Versicherung an Eides Statt, fahrlässiger Falscheid, fahrlässige falsche Versicherung an Eides Statt.

Eidese [griech.] ↑ Eidetik.

Eidesfähigkeit ↑ Eidesmündigkeit.

Eidesformel, im geltenden Recht die vom Eidespflichtigen zu sprechenden Worte: „Ich schwöre es, so wahr mir Gott helfe", nachdem ihm der Richter die je nach dem Gegenstand der Eidesleistung im Gesetz wörtlich vorgeschriebene **Eidesnorm** mit der Eingangsformel: „Sie schwören bei Gott dem Allmächtigen und Allwissenden, daß ..." vorgesprochen hat. Die *religiöse Beteuerung* kann auf Wunsch weggelassen werden.

Eideshelfer (lat. coniurator), im ma. dt. Recht Bez. für eine Person, welche vor Gericht die Glaubwürdigkeit des von einer Partei geleisteten Eides beschwor.

Ei des Kolumbus, sprichwörtlich für die verblüffend einfache Lösung eines scheinbar schwierigen Problems. Nach Benzoni („Geschichten der Neuen Welt", 1565) löste Kolumbus das Problem, ein Ei aufrecht hinzustellen, durch Eindrücken der Eispitze.

Eidesmündigkeit, die altersbedingte Fähigkeit zur Eidesleistung vor Gericht. Die **Eidesfähigkeit** tritt in der BR Deutschland mit der Vollendung des 16. Lebensjahrs ein (*Österreich:* 14., *Schweiz:* 16. Lebensjahr).

Eidesnorm ↑ Eidesformel.

Eidesnotstand ↑ Meineid.

Eidechsen.
Oben: Smaragdeidechse.
Mitte: Zauneidechse.
Unten: Bergeidechse

Eierschlangen. Dasypeltis

Eierbofist

eidesstattliche Versicherung (Versicherung an Eides Statt; früher: Offenbarungseid), die den Eid ersetzende, weniger feierl. Beteuerung, daß eine Tatsachenbehauptung wahr sei. *Arten:* 1. e. V. des *materiellen Rechts:* schuldet der Rechenschafts- oder Auskunftspflichtige, wenn Grund zu der Annahme besteht, daß er die Rechenschaft oder die Auskunft nicht mit der erforderl. Sorgfalt erteilt hat. Bei Weigerung kann geklagt und die e. V. mit Geldstrafe oder Haft erzwungen werden. 2. e. V. des *Prozeß-* und des *Verwaltungsverfahrensrechts:* kein gesetzl. Beweismittel, sondern nur Mittel zur Glaubhaftmachung, zur Führung des Freibeweises und zur Bekräftigung einer schriftl. Zeugenaussage. Sie kann stets von Zeugen, vielfach auch von der Partei oder einem Beteiligten abgegeben werden. 3. e. V. des *Vollstreckungsrechts:* muß der Vollstreckungsschuldner auf Antrag des Gläubigers – bei fruchtloser Pfändung – über die Richtigkeit eines von ihm aufzustellenden Vermögensverzeichnisses und – bei fruchtloser Herausgabevollstreckung – über den Verbleib der herauszugebenden Sache abgeben. Die vorsätzl. oder fahrlässige, vor einer zuständigen Behörde abgegebene falsche Versicherung an Eides Statt ist mit Freiheitsstrafe bis zu 3 Jahren oder mit Geldstrafe strafbar (§ 156, § 163 StGB). – Im *östr.* und *schweizer. Recht* ist die e. V. unbekannt.

Eidesverweigerung, das Nichtleisten des gerichtlich angeordneten Eides. Grundsätzlich sind Zeugen und Sachverständige zur E. nicht berechtigt. Ausnahmen: 1. Zeugen, die ein Zeugnisverweigerungsrecht haben. Wer den Eid aus Glaubens- oder Gewissensgründen ablehnt, bekräftigt die Wahrheit der Aussage mit einem „ja"; steht dem Eid gleich. 2. die zu Beweiszwecken vernommene Partei. Bei grundloser Verweigerung ist der Eid erzwingbar.

Eidetik [griech. (zu ↑Eidos)], von E. R. Jaensch stammende Bez. für das Vorkommen sog. subjektiver Anschauungsbilder, ein (noch ungeklärtes) Phänomen, das bes. bei Kindern und Jugendlichen auftritt. **Eidetiker** können sich Objekte oder Situationen so anschaulich vorstellen **(Eidese),** als ob sie realen Wahrnehmungscharakter hätten.

Eidgenossenschaft (Coniuratio), seit dem 11./12. Jh. Bündnisse der Bürger, die sich durch Eidesleistung zur Erreichung polit. Ziele gegen den Stadtherrn zusammenschlossen, eine der Wurzeln der ma. Stadt als Körperschaft.

Eidgenossenschaft, Schweizerische ↑Schweiz.

Eidgenössische Bankenkommission, in der Schweiz die aus fünf vom Bundesrat gewählten Mgl. bestehende Kommission, die die Aufsicht über Banken und Anlagefonds nach den einschlägigen gesetzl. Bestimmungen ausübt.

Eidgenössische Technische Hochschule Zürich, Abk. ETHZ, techn. Hochschule in Zürich, gegr. 1854; Promotionsrecht seit 1909.

Eidolon [griech.], im griech. Jenseitsglauben Schatten des Menschen in der Unterwelt (Homer); Scheinbild, Schatten; in der Septuaginta und im N. T. Götzenbild.

Eidophor [griech., eigtl. „Bildträger"], Fernsehgroßbild-Projektionsanlage, bei der in dem Strahlengang zw. einer Bogenlampe und der Projektionsfläche eine Lichtsteuereinrichtung angeordnet ist, die aus einer zähen Flüssigkeit auf einer Metallplatte besteht. Durch einen entsprechend dem Bildsignal modulierten Elektronenstrahl wird die Flüssigkeitsoberfläche örtlich deformiert, so daß das durchfallende Licht entsprechend der von der Ladung abhängigen Verbiegung mehr oder weniger abgelenkt wird.

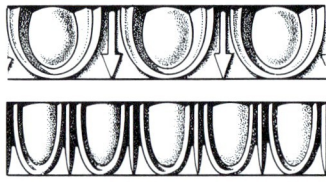

Eierstab. Ionische Formen

Eidos [griech.], Grundgestalt, gemeinsames Wesen artgleicher Dinge; bei Platon die Idee, in der Phänomenologie das reine Wesen eines Gegenstandes.

Eidotter, svw. ↑Dotter.

Eidsvoll [norweg. 'eidsvɔl], norweg. Großgemeinde am S-Ende des Mjøsensees, 15 300 E. Landw. Nutzung, Holzverarbeitung und Elektroind. – In dem 6 km vom Ort E. entfernten Gut E. wurde 1814 die Unabhängigkeit Norwegens von Dänemark ausgerufen (16. Febr.) und die norweg. Verfassung beschlossen.

Eierbofist (Kugelbofist, Schwärzender Bofist, Bovista nigrescens), walnuß- bis hühnereigroßer Pilz der Gatt. Bofist auf Wiesen; mit weißer, glatter Außenhaut, die sich bei der Reife ablöst, so daß die braune, papierdünne Innenhaut sichtbar wird; jung eßbar.

Eierfrucht, svw. ↑Aubergine.

Eierköpfe ↑Eggheads.

Eierlikör, Emulsionslikör aus mindestens 20 Vol.-% Alkohol, Eidotter (mindestens 240 g/l) und Zucker.

Eiermann, Egon, * Neuendorf b. Berlin 29. Sept. 1904, † Baden-Baden 19. Juli 1970, dt. Architekt. – Prof. in Karlsruhe. Kaufhäuser, Industrie- und Verwaltungsbauten sowie Sakralarchitektur (Berlin, Neubau der Kaiser-Wilhelm-Gedächtniskirche, 1959–63). Internat. bekannt wurde␣E. durch den dt. Pavillon auf der Brüsseler Weltausstellung 1958 (mit S. Ruf).

Eierschlangen (Dasypeltinae), Unterfam. bis knapp über 1 m langer Nattern in Afrika **(Dasypeltis)** und in Indien **(Elachistodon);** Körper schlank mit kleinem, kurzem, kaum abgesetztem Kopf, Zähne weitgehend rückgebildet; Bänder des Unterkiefers außergewöhnlich dehnbar. – Die E. ernähren sich von Vogeleiern, wobei die Schale beim Schlingen durch harte, scharfkantige Fortsätze der Halswirbel (die nach unten in die Speiseröhre ragen) angeritzt und zerbrochen wird.

Eierschwamm, svw. ↑Pfifferling.

Eierstab, in der antiken Architektur eine Zierleiste, deren skulptiertes Oberflächenornament aus abwechselnd eiförmigen und pfeilspitzenartigen Gebilden besteht.

Eierstock (Ovar[ium]), Teil der weibl. Geschlechtsorgane bei den mehrzelligen Tieren (mit Ausnahme der Schwämme) und beim Menschen, in dem die weibl. Keim-

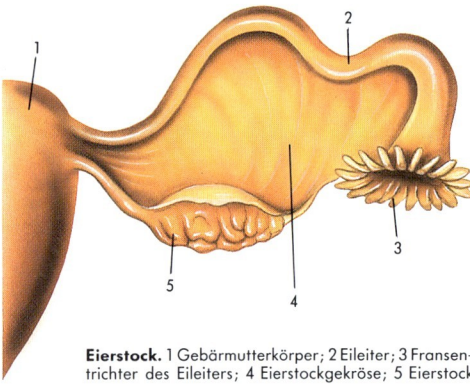

Eierstock. 1 Gebärmutterkörper; 2 Eileiter; 3 Fransentrichter des Eileiters; 4 Eierstockgekröse; 5 Eierstock

zellen (Eizellen) entstehen. Daneben kann der E. (bes. bei Wirbeltieren) eine bed. Rolle bei der Bildung von Geschlechtshormonen spielen (Östrogen im Follikel, Progesteron im Gelbkörper). Meist gelangen die im E. gebildeten Eier über einen eigenen Kanal (↑Eileiter) nach außen oder in die Gebärmutter. Die paarig angelegten Eierstöcke der erwachsenen Frau sind bis zu 3 cm groß und mandel- bis linsenförmig. Jeder E. enthält über 200 000 Follikel in verschiedenen Entwicklungsstadien, von denen jedoch nur etwa 400 aus beiden Eierstöcken zur Reife kommen, jährlich 12 bis 13.

Eierstockerkrankungen, durch die verschiedensten Erreger hervorgerufen wird die **Eierstockentzündung** (Oophoritis), die meist durch Übergreifen einer ↑Eileiterentzündung entsteht. Bei den **Eierstockgeschwülsten** (Ovarialtumoren) lassen sich **Eierstockzysten** und **echte Eierstockgeschwülste** unterscheiden. Erstere entstehen durch Sekretion bestimmter Zellen in bereits vorhandene Hohlräume des Eierstocks. Letztere werden je nach ihrem feingeweb. Aufbau benannt. Deckgewebsgeschwülste machen etwa 70% aller gut- und bösartigen Eierstockgeschwülste aus. Bei rd. 35% handelt es sich um einen **Eierstockkrebs** (Ovarialkarzinom). Dieser entwickelt sich aus Eierstockdeckzellen oder entsteht durch bösartige Umwandlung einer gutartigen Eierstockgeschwulst oder stellt auch (in 25–30% der Fälle) eine Absiedlung organfremder Karzinome dar. Die Beschwerden zu Beginn sind Druck- und Völlegefühl im Unterleib. Die Behandlung besteht in der operativen Entfernung der Eierstöcke, meist auch in Nachbestrahlungen.

Eierstockhormone (Ovarialhormone), die vom Eierstock gebildeten und an das Blut abgegebenen Hormone (↑Östrogene, ↑Gestagene).

Eierstockschwangerschaft (Ovarialgravidität), seltene Form der ↑Extrauterinschwangerschaft, bei der sich das befruchtete Ei im Eierstock einnistet und dort zunächst auch weiterentwickelt.

Eiertanz, urspr. Geschicklichkeitsspiel; übertragen für vorsichtiges, gewundenes Verhalten, Taktieren in heiklen Situationen.

Eifel, nw. Teil des Rhein. Schiefergebirges, zw. Mosel und Mittelrhein im S und O und Niederrhein. Bucht im N; im W Übergang in die Ardennen, höchste Erhebung Hohe Acht (747 m). Westlich einer Senkungszone, der **Kalkeifel,** liegt die Westeifel mit Anstieg zur Westl. Hocheifel, die von der **Schneifel** (Schwarzer Mann, 698 m) überragt wird. Die Kalkeifel zeichnet sich durch ein wechselvolles Relief in meist 500–550 m Höhe aus. Die östlich anschließende Osteifel ist in ihrem zentralen Teil, der Östl. Hocheifel (**Hohe Eifel**), von Vulkanen durchbrochen. Die von den Moselzuflüssen zertalte S-Abdachung (**Vordereifel**) ist im W ebenso wie die südl. Kalkeifel von vulkan. Erscheinungen (Basaltkuppen, Tuffe und Maare) geprägt (**Vulkaneifel**). Teile der E. gehören zum Dt.-Belg. und Dt.-Luxemburg. Naturpark. – Die Besiedlung setzte relativ spät ein. Die Römer erschlossen die E. durch Anlegung von Straßen, Siedlungen und Nutzung der Bodenschätze. Um 400 n. Chr. drangen die Franken ein. Die die Christianisierung (6.–8. Jh.) durchführenden Klöster erweiterten durch Rodung die Siedlungsfläche. Seit 925 gehörte die E. zum Ostfränk.-dt. Reich. Seit 1795/1801 frz., kam 1815 an Preußen. Die rückständige Wirtschaft führte im 19. Jh. zu starker Abwanderung. Die natürl. Ungunst von Klima und Boden begrenzt die landw. Erträge, nur die Kalkeifel (v. a. Weizenanbau) sowie die Randgebiete (Obstbau; im Ahrtal Weinbau) haben fruchtbare Böden. Im NW entwickelte

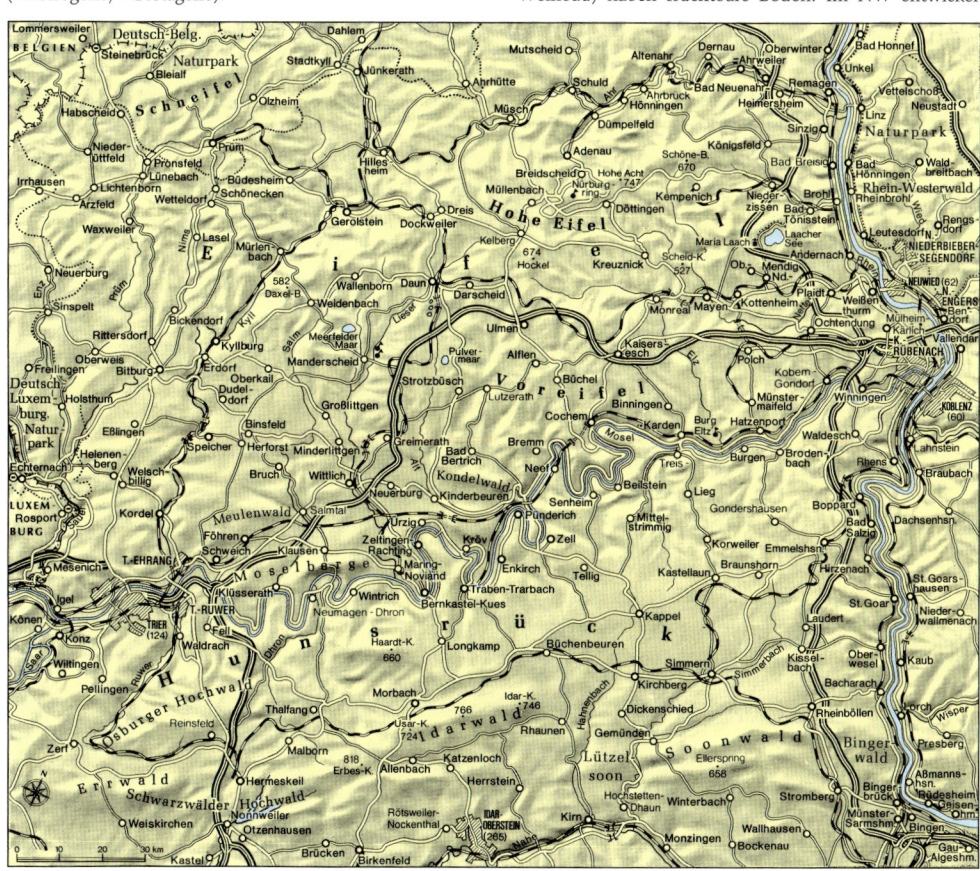

Eifel und Hunsrück

Eifel. Vulkankegel mit der Ruine der Nürburg

sich eine fast reine Milchwirtschaft. Mineralwasserabfüllung in Gerolstein und Sinzig.

Eifersucht, qualvoll erlebtes Gefühl vermeintl. oder tatsächl. Liebesentzugs. Der Eifersüchtige reagiert mit Versuchen, das Liebesobjekt an sich zu binden; wenn dies aussichtslos erscheint, sind Racheakte und sogar kriminelle Handlungen möglich.

Eiffel, [Alexandre] Gustave [frz. ε'fεl], *Dijon 15. Dez. 1832, † Paris 28. Dez. 1923, frz. Ingenieur. – Baute in wegweisender Eisenkonstruktion Brücken und u. a. für die Pariser Weltausstellung von 1889 den 300,5 m hohen, heute mit Antenne 320,8 m hohen **Eiffelturm.**

Eifollikel (Follikel), aus Follikelzellen bestehende Hülle der heranreifenden Eizelle im Eierstock, die v. a. der Ernährung des Eies während der Eireifung dient, daneben aber auch für die Bildung der Östrogene von Bed. ist. Bei Wirbeltieren sind die E. zunächst einschichtig (**Primärfollikel**), dann mehrschichtig (**Sekundärfollikel**). In vielen Fällen bilden sie später eine flüssigkeitserfüllte Höhlung aus (beim Menschen bis zu 2 cm Durchmesser), in die ein das reife Ei enthaltender Follikelpfropf (Eihügel) hineinragt (**Tertiärfollikel, Graaf-Follikel, Bläschenfollikel**).

Eifurchung, svw. ↑ Furchungsteilung.

Eigelb (Dotterkugel), volkstüml. Bez. für die den gelben ↑ Dotter einschließende Eizelle des Vogel- und Reptilieneies im Ggs. zum außenliegenden Eiweiß (↑ Albumen) des Eies. – ↑ Ei.

Eigen, Manfred, *Bochum 9. Mai 1927, dt. Physikochemiker. – Prof. am Max-Planck-Institut für biophysikal. Chemie in Göttingen; wichtige Arbeiten über den Ablauf extrem schneller chem. und biochem. (v. a. enzymat.) Reaktionen; 1967 Nobelpreis für Chemie (mit R. G. W. Norrish und G. Porter). Veröffentlichte ein physikal.-chem. Modell der Entstehung des Lebens.

Eigenbedarf ↑ Kündigungsschutz.

Eigenbesitzer, derjenige, der eine Sache als ihm gehörend besitzt (§ 872 BGB).

Eigenbestäubung ↑ Selbstbestäubung.

Eigenbetriebe, wirtsch. Unternehmen einer Gemeinde, die keine eigene Rechtspersönlichkeit besitzen, insbes. Versorgungs- und Verkehrsbetriebe; zu unterscheiden von jurist. Personen des Privatrechts, an denen Gemeinden beteiligt sind, und Einrichtungen der Gemeinde, die keine wirtsch. Unternehmen sind (z. B. Schwimmbäder, Krankenhäuser, Kanalisation, Schulen).

Eigenbewegung, die scheinbare Bewegung eines Sterns an der Sphäre, d. h. die zeitl. Änderung seines mittleren Ortes, verursacht durch die Relativbewegung zw. Stern und Sonne; gemessen in Bogensekunden pro Jahr oder Jh.

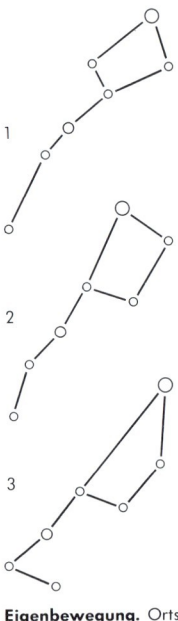

Eigenbewegung. Ortsveränderung der Sterne im Großen Wagen; 1 vor 100 000 Jahren; 2 heute; 3 in 100 000 Jahren

Die größte E. von 10,31 Bogensekunden pro Jahr hat Barnards Stern.

Eigenblutbehandlung ↑ Umstimmungstherapie.

Eigendrehimpuls ↑ Spin.

Eigenfinanzierung, Zuführung von Eigenkapital in ein Unternehmen, im Ggs. zur **Fremdfinanzierung,** bei der Fremd- oder Gläubigerkapital zugeführt wird.

Eigenfrequenz ↑ Eigenschwingung.

Eigenfunktion ↑ Eigenwertproblem.

Eigengewässer ↑ Binnengewässer.

Eigengruppe ↑ Gruppenarbeitsverhältnis.

eigenhändig, Vermerk auf Postsendungen und Postanweisungen, die dem Empfänger in Person zugestellt werden sollen.

eigenhändiges Delikt, mit Strafe bedrohte Handlung, die in ihren Tatbestandsmerkmalen nur vom Täter selbst verwirklicht, nicht aber dadurch begangen werden kann, daß der Täter einen anderen für sich handeln läßt (z. B. Meineid).

Eigenheim, vom Eigentümer bewohntes Haus (Ein- oder Zweifamilienhaus, Eigentumswohnung). In der BR Deutschland wird der Bau von E. aus wohnungs- und vermögenspolit. Gründen gefördert. Negative Auswirkungen des Wohnens im E. liegen v. a. in der Einschränkung der sozialen Mobilität und der Gefahr der Zersiedelung der Landschaft.

Eigenkapital, der Teil des Kapitals eines Unternehmens, der durch den bzw. die Eigentümer dem Unternehmen zugeführt wurde. Das E. ist die Erwerbsgrundlage eines Unternehmens, trägt die Risiken, übernimmt Haftung und Garantie und bildet die Grundlage der Kreditwürdigkeit.

Gustave Eiffel. Eiffelturm, gebaut für die Pariser Weltausstellung von 1889

Eigenkirche, die auf privatem Grund und Boden stehende Kirche, über die der Grundherr (*E.herr*) bestimmte Rechte hatte, v. a. das Recht, den Geistlichen ein- und abzusetzen; heute abgeschafft.

eigenmächtige Abwesenheit ↑ militärische Straftaten.

Eigennutz, das Streben nach eigenem Vorteil, das in der klass. Nationalökonomie als treibende Kraft des Wirtschaftslebens angesehen wurde.

Eigenreflexe, Reflexe, bei denen, im Ggs. zu den Fremdreflexen, die den Reiz aufnehmenden und den Reflexerfolg ausführenden Strukturen (Rezeptoren, Effektoren) im selben Organ liegen; z. B. Kniesehnenreflex.

Eigenschaft (lat. attributum, proprietas, qualitas), die einem Gegenstand wesentlich (substantiell; z. B.: Menschen sind sterbl.) oder zufällig (akzidentell; z. B.: Men-

schen sind groß) zukommende Bestimmung, durch die seine Einordnung in eine Klasse von Gegenständen erfolgt.
▷ in der *Psychologie* Bez. für Verhaltensdispositionen, die die Grundlage der Persönlichkeitsstruktur darstellen und die individuelle Ausprägung und Konstanz des Verhaltens über verschiedene Situationen und Zeitpunkte hinweg gewährleisten.

Eigenschaftsirrtum ↑ Anfechtung.

Eigenschaftswort, svw. ↑ Adjektiv.

Eigenschwingung, die Schwingung, die ein schwingungsfähiges Gebilde (z. B. Saite, Pendel, Membran) ausführt, wenn man es nach einem einmaligen Anstoß sich selbst überläßt. Die Frequenz der E. wird als **Eigenfrequenz** bezeichnet. Die E. ist stets eine gedämpfte Schwingung. Ein System hat im allg. verschiedene Eigenschwingungen: die ↑ Grundschwingung und eine Folge von ↑ Oberschwingungen.

Eigenspannungen, innere Spannungen, die in jedem bleibend verformten Körper ohne äußere Belastung vorhanden sind. In metall. Werkstücken werden E. v. a. durch Kaltformung, ungleichmäßige Erwärmung oder Abkühlung hervorgerufen; E. haben negativen (Rißbildung) oder positiven (Festigkeitserhöhung) Einfluß auf die Werkstoffeigenschaften; Beseitigung von E. durch Spannungsfreiglühen. Nachweis z. B. durch röntgenograph. Methoden.

Eigentum, das absolute dingl. Recht, über eine Sache innerhalb der von der Rechtsordnung gezogenen Grenzen frei zu bestimmen. Es gewährt eine umfassende Herrschaftsmacht, berechtigt den Eigentümer zum Besitz und zu tatsächl. Einwirkungen auf die Sache sowie zur [rechtsgeschäftl.] Verfügung über sein Recht. Bei Verletzung von Sache oder Recht durch einen einzelnen oder die öffentl. Gewalt sind dem Eigentümer Abwehr- und Ausgleichsrechte gegeben (↑ Eigentumsschutz). Vom ↑ Besitz unterscheidet es sich dadurch, daß es eine rechtl. (nicht bloß eine tatsächl.) Sachherrschaft ermöglicht.

Geschichte: Bei Jäger- und Sammlervölkern bestanden nebeneinander das **Kollektiveigentum** insbes. am Territorium und **Privateigentum** an Kleidern, Waffen und Schmuck. Auch nach dem Übergang zu Viehzucht und landw. Produktion blieb das Kollektiv-E. noch vorherrschend, wobei jedoch die Größe der jeweils als Kollektiv zu bezeichnenden sozialen Gruppen nach und nach zurückging vom Stamm über Sippe und Gens zur Großfamilie. Als bes. Form des E. entwickelte sich das E. an Menschen (Sklaverei). Die Entwicklung der handwerkl. Produktion bis zur schließl. Industrialisierung war mit dem privaten E. an den Produktionsmitteln verbunden. Dies führte v. a. im 19. Jh. zu zunehmender Ungleichheit in der Verteilung des E. und damit in den Lebensbedingungen. Daraus resultierten die sozialkrit. Forderungen nach Abschaffung des [Privat-]E., die im Marxismus aufgegriffen wurden mit der Zielsetzung, die Wirtschaft auf dem „Volks-E." an Produktionsmittel aufzubauen, wobei unterschieden wird zw. dem Privateigentum an Produktionsmitteln und dem **persönlichen Eigentum** an Konsumgütern. Mit dem 20. Jh. vollzog sich eine Abkehr von dem liberal-individualist. E.begriff hin zu stärkerer Berücksichtigung der sozialen Folgen der E.verteilung durch eine **Sozialbindung des Eigentums.** Dementsprechend enthält das GG eine ↑ Eigentumsgarantie, erklärt das E. aber zugleich als dem Wohl der Allgemeinheit verpflichtet. Diese Sozialbindung bedeutet eine E.beschränkung, die Eingriffe in das Privat-E. im öff. Interesse bis hin zur Enteignung erlaubt.

Im *bibl. Verständnis* ist die „ganze Erde" Gottes E., das zum rechten Gebrauch verpflichtet. Bibl. Einzelaussagen wurden im Christentum wirksam. Für Thomas von Aquin und die sich auf ihn beziehenden Sozialenzykliken der kath. Kirche zielt das mit der Natur des Menschen gegebene Recht an Privat-E. auf seinen gemeinsamen Gebrauch. Bei stärkerer Betonung des E. als rechenschaftspflichtigem Lehen Gottes anerkennen die reformator. Bekenntnisschriften das natürl. Recht des Menschen, E. zu besitzen. Bei Calvin, v. a. aber im kalvinist. Arbeitsethos, konnten E. und Besitz als himml. Segen und Bestätigung der Erwählung ver-

standen werden. Industrialisierung, Arbeitsverfassung und wirtschaftl. Konzentrationsbewegungen im 19. und 20. Jh. haben in der kath. und ev. Theologie dazu geführt, die Forderung nach Sozialbindung des E. als ihre legitime Aufgabe zu betrachten.

Eigentumsdelikte, strafbare Handlungen, die sich allein oder überwiegend gegen das Eigentum als geschütztes Rechtsgut richten, wie z. B. Diebstahl, Raub.

Eiger. Die Eigernordwand

Eigentumsgarantie, verfassungsrechtliche Gewährleistung des einer Privatperson konkret gehörenden Eigentums und des Eigentums als Institut der Rechtsordnung. So bekennt sich das GG in Art. 14 zum *Privateigentum.* Diese E. gewährleistet als Freiheitsrecht das konkrete Eigentum des einzelnen und auch das Rechtsinstitut Eigentum. Allerdings kann der Gesetzgeber Inhalt und Schranken des Eigentums bestimmen und Sachen der Privatrechtsordnung entziehen und einer öffentl.-rechtl. Sachherrschaft unterstellen (↑ Sozialisierung). Die E. ist für die Wirtschaftsverfassung von bes. Bedeutung. Es darf kein Wirtschaftssystem eingeführt werden, das das Privateigentum negiert. In *Österreich* und der *Schweiz* ist das Recht auf Eigentum ebenfalls in der Verfassung verankert.

Eigentumsherausgabeanspruch ↑ Eigentumsschutz.

Eigentumsschutz, Abwehr und Ausgleich von Eigentumsbeeinträchtigungen. Das bürgerl. Recht gewährt dem Eigentümer z. B. bei unberechtigter Entziehung oder Vorenthaltung des Besitzes einen Eigentumsherausgabeanspruch gegen den Besitzer (§§ 985 ff. BGB), bei anderen Eigentumsstörungen einen Anspruch auf Beseitigung und Unterlassung der Störung (§ 1 004 BGB) sowie bei schuldhafter Verletzung des Eigentums einen Schadenersatzanspruch (§ 823 Abs. 1 BGB).

Eigentumsübertragung (Übereignung), der dingl. Vertrag, auf Grund dessen Eigentum vom Veräußerer auf den Erwerber übergeht. An *bewegl. Sachen* kann Eigentum übertragen werden (§§ 929–931 BGB) i. d. R. 1. durch Einigung und Übergabe, 2. durch bloße Einigung, wenn der Erwerber die Sache schon besitzt. Die E. an *Grundstücken* erfordert eine formgebundene Einigung (Auflassung) und die Eintragung des Erwerbers ins Grundbuch (§§ 925, 873 Abs. 1 BGB). Die *Auflassung* muß bei gleichzeitiger Anwesenheit beider Teile erklärt werden. Sie darf nicht bedingt oder befristet sein und soll nur entgegengenommen werden, wenn die Urkunde über das Grundgeschäft (z. B. Kaufvertrag) vorgelegt oder gleichzeitig errichtet wird.

Das *östr. Recht* geht allg. vom Begriff des **Eigentumserwerbs** aus. Eigentum kann durch Zueignung, durch Zuwachs und durch Übergabe erworben werden. Grundsätz-

Manfred Eigen

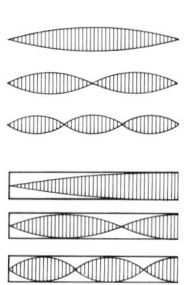

Eigenschwingung. Die Grundschwingung und die beiden ersten Oberschwingungen einer eingespannten Saite (oben) und einer einseitig offenen Pfeife (unten)

Eigentumsvorbehalt

Christiaan Eijkman

Luigi Einaudi

lich gilt, daß ohne Titel und ohne rechtl. Erwerbsart kein Eigentum erlangt werden kann. Dem *schweizer. Recht* ist der dingl. Vertrag unbekannt. Die rechtsgeschäftl. E. setzt voraus: 1. ein gültiges Grundgeschäft; 2. die Verfügung des Veräußerers, die bei beweglichen Sachen durch Übergabe des Besitzes und bei Grundstücken durch eine Eintragung ins Grundbuch erfolgt.

Eigentumsvorbehalt, die beim Verkauf einer bewegl. Sache vereinbarte aufschiebende Bedingung, daß das Eigentum erst mit vollständiger Zahlung des Kaufpreises auf den Käufer übergehen soll. Auf Grund des E. behält der auf Kredit Verkaufende als Sicherheit für seine Kaufpreisforderung auflösend bedingtes Eigentum **(Vorbehaltseigentum)**, das ihm Dritten gegenüber alle Rechte eines Eigentümers gewährt.

Eigentumswohnung ↑ Wohnungseigentum.

Eigenvektor ↑ Eigenwertproblem.

Eigenverbrauch, Entnahmen des Unternehmers aus seinem Unternehmen für Zwecke, die außerhalb des Unternehmens liegen.

Eigenwechsel ↑ Solawechsel.

Eigenwertproblem, Frage nach den nichttrivialen Lösungen $x \neq 0$ einer Gleichung $Lx = \lambda x$, wobei L im allg. ein linearer Operator mit einem Koeffizientenbereich (meist Zahlen) K in einem linearen Raum mit den Elementen x ist. Werte λ aus K, für die solche Lösungen existieren, heißen **Eigenwerte,** die zugehörigen Lösungen selbst **Eigenvektoren** oder **Eigenfunktionen.**

Eiger, vergletscherter Bergstock in der Finsteraarhorngruppe in den Berner Alpen, sw. von Grindelwald, Schweiz, 3 970 m hoch. Die fast 1 800 m hohe Eigernordwand ist die berühmteste Kletterwand der Alpen (Erstdurchsteigung 1938). – Abb. S. 97.

Eignungsuntersuchung, Feststellung und Beurteilung der Eignung einer Person zur Ausübung bestimmter Tätigkeiten oder eines Berufs. Die bei der E. herangezogenen Testverfahren basieren auf einer zuvor durchgeführten Arbeits- oder Berufsanalyse. Neben der Prüfung einzelner spezif. Fertigkeiten oder Funktionen berücksichtigen diese auch allgemeinere intellektuelle und persönlichkeitsspezif. Eigenschaften (z. B. Anpassungsvermögen, Leistungsmotivation, soziale Kontaktbereitschaft).

Nicolai Eigtved. Der achteckige Platz „Amalienborg" mit vier Palais in Kopenhagen, 1754–60

Eigtved, Nicolai, * Egtved (Westseeland) 22. Juni 1701, † Kopenhagen 7. Juni 1754, dän. Baumeister. – War Schüler von M. D. Pöppelmann in Dresden, seit 1735 in Kopenhagen, wo er den frz.-sächs. Barockstil einführte. Erbaute Teile des Residenzschlosses Christiansborg (1733–45), das Prinzenpalais (heute Nationalmuseum, 1743/44) und schuf den achteckigen Platz „Amalienborg" mit vier Palais in Kopenhagen (1754–60).

Eihaut, svw. ↑ Dotterhaut.
▷ beim *Vogelei* Bez. für: 1. ↑ Dotterhaut; 2. ↑ Schalenhaut.
▷ Bez. für die ↑ Embryonalhüllen.

Eijkman, Christiaan [niederl. 'ɛikman], * Nijkerk (Geldern) 11. Aug. 1858, † Utrecht 5. Nov. 1930, niederl. Hygieniker. – Schüler von R. Koch; Prof. in Utrecht; arbeitete über die moderne Ernährungslehre; 1929 (mit F. G. Hopkins) Nobelpreis für Physiologie oder Medizin.

Eike von Repgow [...go] (Repgau, Repegouw), * um 1180, † nach 1233, edelfreier Sachse aus Reppichau (Anhalt). – Nachweisbar zw. 1209 und 1233; schrieb um 1224–31 den Sachsenspiegel; seine Verfasserschaft der Sächs. Weltchronik ist umstritten.

Eiklar, svw. ↑ Albumen.

Eilat, Stadt in Israel, ↑ Elat.

Eileiter (Oviduct, Salpinx, Tuba uterina), bei den meisten mehrzelligen Tieren und dem Menschen ausgebildeter röhrenartiger, meist paariger Ausführungsgang, durch den die Eier aus dem Eierstock nach außen bzw. in die Gebärmutter gelangen. Beim Menschen ist der E. etwa 8–10 cm lang, paarig ausgebildet und nahezu bleistiftstark.

Eileiterentzündung (Salpingitis), Entzündung eines oder (meist) beider Eileiter, oft mit Übergreifen auf die benachbarten Eierstöcke; wird am häufigsten durch Staphylokokken und Streptokokken hervorgerufen. Die *akute* E. setzt plötzlich, mit hohem Fieber und heftigen Schmerzen im gespannten Unterleib, ein. Die *chron.* E. kann zur Sterilität führen; Behandlung mit Antibiotika.

Eileiterschwangerschaft (Tubargravidität), Schwangerschaft, bei der sich das befruchtete Ei im Eileiter einnistet und dort zunächst weiterentwickelt. Meist stirbt die Frucht nach 6 bis 8 Wochen ab und wird dann unter inneren Blutungen in die Bauchhöhle ausgestoßen **(Tubarabort).** Im anderen Fall kann sie die Eileiterwand durchbrechen und zu einer plötzl., lebensgefährl. Blutung in die Bauchhöhle führen.

Eilenburg, Krst. in Sa., an der Mulde, 21 000 E. Chem., Möbelindustrie. – Erhielt wohl zu Beginn des 13. Jh. Stadtrecht; 1402 an Meißen, 1815 an Preußen. – Stadtkirche (1444 begonnen) mit spätgot. Flügelaltar, spätgot. Bergkirche Sankt Marien (1516–22), Rathaus (1544/45). **E.,** Landkr. in Sachsen.

Eilgut, Frachtgut im Eisenbahngüterverkehr, das bes. schnell befördert wird (z. T. gegen erhöhte Fracht).

Eilhart von Oberg[e], mittelhochdt. Dichter der 2. Hälfte des 12. Jh. (?). – Mutmaßl. Verf. des ältesten dt. Tristan-Epos „Tristrant und Isalde".

Eilsen, Bad ↑ Bad Eilsen.

Eilüberweisung, Überweisungsverfahren, bei dem die Gutschriftaufgabe direkt an die kontoführende Stelle des Begünstigten geht.

Eilzug (E-Zug), Reisezuggattung, in einigen Ländern zuschlagpflichtig; durchfährt längere Strecken ohne Halt, hält jedoch häufiger als der Schnellzug (D-Zug).

Eilzustellung, die gebührenpflichtige beschleunigte Zustellung von Briefen, Postkarten, Postanweisungen und Päckchen.

Eimert, Herbert, * Bad Kreuznach 8. April 1897, † Düsseldorf 15. Dez. 1972, dt. Komponist und Musikkritiker. – Gründete das Elektron. Studio des WDR in Köln; als Komponist betätigte sich E. überwiegend auf dem Gebiet der elektron. Musik. Schrieb u. a. „Lehrbuch der Zwölftontechnik" (1950); zus. mit H.-U. Humpert bearbeitete er „Das Lexikon der elektron. Musik" (1973).

Einankerumformer, kaum noch verwendete elektr. Maschine zur Umformung von Wechselstrom in Gleichstrom und umgekehrt.

Einaudi, Luigi [italien. ei'naudi], * Carrù (Prov. Cuneo) 24. März 1874, † Rom 30. Okt. 1961, italien. Finanzwissenschaftler und liberaler Politiker. – 1902–48 Prof. in Turin; ab 1925 Gegner des Faschismus; Gouverneur der Banca d'Italia 1945–48, stabilisierte als stellv. Min.präs. und Haushaltsmin. 1947/48 die italien. Währung und die Staatsfinanzen; Präs. der Republik 1948–55.

Einbahnstraße, bes. gekennzeichnete Straße, die nur in einer Richtung befahren werden darf. Es muß rechts gefahren und links überholt werden, Schienenfahrzeuge dürfen jedoch rechts oder links überholt werden.

Einbalsamieren, ein schon im 3. Jt. v. Chr. geübtes Verfahren, Leichname zum Schutz gegen Verwesung (↑ Mumie) mit Konservierungsstoffen (Natron, Asphalt, Harze) zu behandeln. Seit Ende des 18. Jh. werden Öle und Chemikalien injiziert.

Einbaum, langes schmales Wasserfahrzeug, durch Aushöhlen oder Ausbrennen eines Baumstamms gefertigt.

Einbaum. Herstellung eines Bootes durch Ausbrennen

Einbeck, Stadt in Nds., nw. von Northeim, 114 m ü. d. M., 28 800 E. Fahrradproduktion, Tapeten-, Teppichind., Saatzucht, Brauerei (berühmt das 1351 belegte „Bockbier"). — Im 12. Jh. entstanden, ab 1368 Mgl. der Hanse. 1617 kam E. an Braunschweig-Lüneburg. — Spätgot. ehem. Stiftskirche, spätgot. Marktkirche (beide 13. Jh.), Fachwerkhäuser (16./17. Jh.), Rathaus (1550), Ratswaage (1565), Ratsapotheke (nach 1562) und Brodhaus am Marktplatz.

Einbeere (Paris), Gatt. der Liliengewächse mit etwa 20 Arten in Europa und im gemäßigten Asien. In Laubwäldern M-Europas weitverbreitet ist die Art **Paris quadrifolia,** eine bis etwa 40 cm hohe Pflanze mit vier in einem Quirl zusammenstehenden Blättern, endständiger, bleichgrüner Blüte und schwarzer, giftiger Beere.

Einbettung, svw. ↑ Nidation.

Einbildungskraft, svw. ↑ Phantasie.

Einblattdrucke, einseitig bedruckte Einzelblätter, hergestellt in Holzschnitttechnik oder im Buchdruckverfahren (v. a. im 15. und 16. Jh.).

Einblendung, Einschalten zusätzl. Bild- oder Tonmotive in die laufende Bildszene.

Einbrennlacke, Lacke, die durch Hitzeeinwirkung ihre gewünschte Eigenschaft erhalten (u. a. Härte und Beständigkeit).

Einbruchdiebstahl (Einbruch) ↑ Diebstahl.

Einbruchdiebstahlversicherung, Sachversicherung, die Versicherungsschutz gegen Schäden durch Einbruchdiebstahl (in Gebäude oder Räume) gewährt. Einfacher Diebstahl ist durch die E. nicht abgedeckt; dazu bedarf es einer Diebstahlversicherung, z. B. Fahrradversicherung.

Einbruchsicherung, Sammelbez. für Schutzvorrichtungen gegen Einbruch. Zu den mechan. Sicherungen zählen neben den baul. Gegebenheiten zusätzl. Einrichtungen wie Gitter, bes. Wertbehälter (z. B. Geldschränke) sowie die Schlösser und Verriegelungen. Als Ergänzung dienen elektr. betriebene Alarmanlagen (Raumsicherungen), die mit akust. oder opt. Alarmgeber (Hupen, Blinklicht) oder durch Aufschaltung auf ein Notruftableau der Polizei einen Einbruch melden.

Einbürgerung (Naturalisation), Hoheitsakt, mit dem ein Staat einem Ausländer oder Staatenlosen auf Antrag die Staatsangehörigkeit verleiht und ihn damit rechtlich Inländern gleichstellt (§§ 8–16 des Reichs- und StaatsangehörigkeitsG vom 22. 7. 1913). Voraussetzungen: unbeschränkte Geschäftsfähigkeit; unbescholtener Lebenswandel; eigene Wohnung oder Unterkommen am Orte der Niederlassung; Fähigkeit, sich und seine Angehörigen an diesem Orte zu ernähren. Alle ausländ. Ehepartner dt. Staatsangehöriger können die dt. Staatsangehörigkeit durch E. erwerben. Bei der E. handelt es sich um eine Ermessensentscheidung. In *Österreich* kann nach dem StaatsbürgerschaftsG (Neukundmachung vom 19. 7. 1985) ein Fremder eingebürgert werden, der mindestens 10 Jahre in Österreich wohnt, dort nicht zu einer Freiheitsstrafe (von mehr als 6 Monaten) verurteilt worden ist, gegen den kein Aufenthaltsverbot besteht und der die Republik Österreich bejaht. In der *Schweiz* kann der Ausländer das Schweizer Bürgerrecht nur durch den Erwerb eines Gemeinde- und Kantonsbürgerrechts erlangen, wozu er einer Bewilligung des Eidgenöss. Polizei- und Justizdepartements bedarf.

Eindampfen, Entfernen der flüchtigen Bestandteile (Wasser, Lösungsmittel) einer Lösung; der nichtflüchtige Anteil bleibt als [Eindampf]rückstand übrig.

Eindecker, Flugzeug, das nur einen Tragflügel besitzt. Nach Lage dieses Flügels zum Rumpf bezeichnet man den E. als Tief-, Mittel-, Schulter- bzw. Hochdecker.

eindeutig, eine Zuordnung oder Relation zw. einer Menge M_1 und einer Menge M_2 heißt e., wenn jedem Element a aus M_1 genau ein Element b aus M_2 **(rechtseindeutig)** oder jedem Element b aus M_2 genau ein Element a aus M_1 **(linkseindeutig)** zugeordnet wird. Eine sowohl rechts- als auch linkseindeutige Zuordnung heißt **umkehrbar eindeutig** oder **eineindeutig.**

Eindhoven [niederl. 'ɛintho:və], niederl. Industriestadt 30 km sö. von Herzogenbusch, 191 000 E. TH (gegr. 1956); Akad. für industrielle Formgebung; Museen; Tierpark. Elektro-, Automobil-, Druckind.; ⚒. – Erhielt 1232 Stadtrechte.

Eindicken ↑ Konservierung.

Einehe ↑ Ehe (Völkerkunde).

eineindeutig ↑ eindeutig.

Einem, Gottfried von, *Bern 24. Jan. 1918, östr. Komponist. – Schüler von B. Blacher; bedient sich der erweiterten Tonalität und bemüht sich um formale Klarheit und möglichst eingängige Rhythmik; komponierte neben Instrumental- und Ballettmusik v. a. Opern, u. a. „Dantons Tod" (1947, nach G. Büchner), „Der Prozeß" (1953, nach F. Kafka), „Der Besuch der alten Dame" (1971, nach F. Dürrenmatt), „Kabale und Liebe" (1976, nach Schiller), „Jesu Hochzeit" (1980), „Tulifant" (1990).

Einer (Skiff), Sportruderboot, das von einem Ruderer mittels Skull bewegt wird.

einfache Beschwerde ↑ Beschwerde.
einfache Brandstiftung ↑ Brandstiftung.
einfache Buchführung ↑ Buchführung.
einfacher Diebstahl ↑ Diebstahl.

Einblattdrucke. Illustration zu einem Gedicht von Hans Sachs, 16. Jh. (gedruckt in Augsburg)

einfaches Gesetz, Gesetz, das keine Verfassungsänderung bewirkt.

einfahren, bergmänn. für: sich unter Tage begeben, in die Grube fahren.

Gottfried von Einem

Eindhoven Stadtwappen

Einbeere. Paris quadrifolia

Einfallen

Eingestrichen. Eingestrichene Oktave

▷ eine neue Maschine, insbes. den Motor eines Kfz vorübergehend mit wechselnder mittlerer Belastung und Drehzahl betreiben.

Einfallen, Neigung von Gesteinsschichten zur Horizontalen.

Einfallswinkel, in der *Optik* der Winkel, den ein auf eine reflektierende oder brechende Fläche fallender Lichtstrahl mit der Senkrechten zu dieser Fläche in seinem Auftreffpunkt **(Einfallslot)** bildet.

Einfalt, menschl. Grundhaltung, die in der christl. Tugendlehre der Aufrichtigkeit, Wahrhaftigkeit, Arglosigkeit und Uneigennützigkeit verwandt ist.
▷ geistige Beschränktheit, Arglosigkeit.

Einfangprozeß, eine Kernreaktion, bei der ein Teilchen (Neutron, Proton, α-Teilchen, Elektron) von einem Atomkern absorbiert und gegebenenfalls ein anderes Teilchen bzw. ein Gammaquant emittiert wird. Der wichtigste E. ist der Neutroneneinfang, bei dem z. B. Uran 238 in Uran 239 übergeht.

Einflugschneise, hindernisfreier Geländestreifen mit Anflugbefeuerung vor der Landebahn eines Flughafens, über dem der letzte Teil des Sinkflugs ausgeführt wird.

Einflußzone (Einflußsphäre), im Völkerrecht svw. ↑Interessensphäre.

Einfühlung, 1. Nachvollziehen von Erleben und Gefühlszuständen anderer Personen; 2. intuitives Erfassen eines Kunstwerkes im Unterschied zum rationalen Verstehen; 3. nach dem Kunsthistoriker Wilhelm Worringer (*1881, †1965) eine der beiden möglichen, dem schöpfer. Prozeß zugrundeliegenden Welthaltungen: beseelte Darstellung der Natur und abstrahierte Reduktion der Natur.

Einfuhr ↑Import.

Einfuhrbeschränkung ↑Importbeschränkung.

Einfuhrerklärung, Erklärung, die vom Importeur, Handelsvertreter oder Beförderer vor der genehmigungsfreien Einfuhr in zweifacher Ausfertigung bei der Dt. Bundesbank abgegeben wird, wenn ein Einfuhrvertrag vorliegt.

Einfuhr- und Vorratsstellen, Abk. EVSt, Körperschaften des öff. Rechts, die v. a. der Stabilisierung der inländ. Preise von landw. Erzeugnissen und der Versorgung der Bev. durch Anlage von Vorräten mit Grundnahrungsmitteln dienen.

Einführungsgesetze, Gesetze, die ergänzende Bestimmungen zur Rechtsüberleitung bei umfassender Neuregelung großer Rechtsgebiete treffen und daher oft nur befristete Wirkung entfalten.

Einfuhrzölle ↑Zölle.

Eingabe ↑Petition.

Eingabeeinheit ↑Datenverarbeitung.

Eingabegerät, an einen Computer angeschlossenes Gerät zur Eingabe (Input) von Daten und Programmen. Man unterscheidet E. zur Dateneingabe mittels maschinell lesbarer Datenträger (z. B. Belegleser, Lochbandleser), E. zur manuellen Eingabe (z. B. Tastaturen) sowie Einrichtungen zur automat. Erfassung von Prozeßdaten bei Prozeßrechnern.

Eingang vorbehalten, Abk. E. v., Klausel im Bankgeschäft, wenn Wechsel oder Schecks an Zahlungs Statt angenommen wurden. Die [endgültige] Gutschrift ist vom Eingang des Inkassobetrages abhängig.

Eingebung ↑Inspiration.

Eingemeindung, Eingliederung einer Gemeinde in eine andere auf Grund einer Einigung der beteiligten Gemeinden **(freiwillige Eingemeindung)** oder gegen den Willen der einzugliedernden Gemeinde **(Zwangseingemeindung)** aus Gründen des öff. Wohls. Die freiwillige E. erfolgt zumeist durch Verwaltungsakt der oberen Aufsichtsbehörde nach Abschluß eines E.vertrages. Die Zwangs-E. ist nur zulässig, wenn sich die beteiligten Gemeinden nicht einigen. Zwangs-E. sind mit der Garantie der kommunalen Selbstverwaltung (Art. 28 Abs. 2 GG) vereinbar, da diese nicht den Bestand der einzelnen individuellen Gemeinde gewährleistet. Zwangs-E. können in den meisten Ländern der BR Deutschland nur durch förml. Landesgesetz vorgenommen werden.

Die Regelung der E. im *östr. Recht* ist der im dt. Recht ähnlich. In der *Schweiz* sind Fragen der E. in den Kantonen unterschiedlich geregelt.

Ein-Gen-ein-Enzym-Hypothese, von G. W. Beadle und E. L. Tatum 1940/41 aufgestellte, heute weitgehend bestätigte These, daß jedes Enzym (d. h. Polypeptid) von einem Gen codiert wird *(Ein-Gen-ein-Polypeptid-Hypothese).*

eingepfropft ↑Wappenkunde.

eingestrichen, Bez. für die Töne in dem Tonraum c′–h′ der eingestrichenen Oktave. – ↑Tonsystem.

eingetragene Genossenschaft, Abk. e. G. ↑Genossenschaft.

Einhard. Stahlstich des französischen Kupferstechers Jean Alexandre Allais, 1. Hälfte des 19. Jahrhunderts

eingetragener Verein, Abk. e. V., ↑Verein.

Eingeweide [zu althochdt. weida „Futter, Speise" (die E. des Wildes wurden den Hunden vorgeworfen)] (Splanchna, Viscera), zusammenfassende Bez. für die inneren Organe des Rumpfes, v. a. der Wirbeltiere (einschl. des Menschen). Man unterscheidet: **Brusteingeweide** (v. a. Herz mit Aorta, Lungen, Thymus, Luft- und Speiseröhre) und **Baucheingeweide** (v. a. Magen und Darm, Leber und Gallenblase, Bauchspeicheldrüse, Milz, Nieren, Nebennieren, Harnleiter sowie die inneren Geschlechtsorgane).

Eingeweidefische, svw. ↑Nadelfische.

Eingeweidegeflecht (Sonnengeflecht, Solarplexus, Plexus coeliacus), der Bauchaorta in Zwerchfellnähe aufliegendes, großes Geflecht sympath. Nervenfasern mit zahlr. vegetativen Ganglien, von denen aus die oberen Baucheingeweide mit Nervenfasern versorgt werden.

Eingeweidenervensystem, svw. ↑vegetatives Nervensystem.

Eingeweidewürmer (Helminthen), zusammenfassende Bez. für im Verdauungskanal (einschl. der Gallengänge) von Mensch und Tier lebende Würmer (hauptsächl. Band-, Spul-, Maden-, Hakenwürmer, Leberegel, Kratzer).

Eingliederung, nur in einer AG mögl. engste Verbindung rechtlich selbständiger Unternehmen, die der Verschmelzung nahekommt (§§ 319–327 Aktiengesetz).

Eingliederungsgeld, finanzielle Leistung, die in der BR Deutschland seit 1. 1. 1990 an Aussiedler an Stelle des bis dahin gewährten Arbeitslosengeldes für die Dauer von zwölf Monaten unabhängig von dem im Herkunftsland ausgeübten Beruf gezahlt wird.

Eingliederungshilfe für Behinderte, Teil der Sozialhilfe; im BundessozialhilfeG geregelt. Aufgabe der E. f. B. ist es, eine drohende Behinderung zu verhüten, eine vorhandene oder deren Folgen zu beseitigen oder zu mildern und dem Behinderten die Teilnahme am Gemeinschaftsleben, die Eingliederung in Beruf und Gesellschaft zu ermöglichen.

Eingriffsverwaltung, eine der Grundformen des Handelns der öffentl. Verwaltung, bei der mit Mitteln des hoheitl. Zwangs (durch Verwaltungsakt) Eingriffe in Freiheit und Eigentum des einzelnen möglich sind, z. B. im Polizei-, Gewerbe-, Steuerrecht. Neben die E. ist im modernen Staat die Leistungsverwaltung getreten.

Eingruppierung, 1. im öff. Dienst die Einreihung von Angestellten in eine Vergütungsgruppe, deren Tätigkeitsmerkmalen die ständig von ihnen auszuübende Tätigkeit entspricht; 2. allg. die Einordnung von Arbeitnehmern in bestimmte Tarifgruppen.

Einhandsegler, Bez. für einen Segler, der sein Boot allein über eine Rennstrecke oder über größere Meeresstrecken führt. Auch Bez. für ein Segelboot, das zur Bedienung durch nur einen Mann eingerichtet ist.

Einhard (Eginhard), *in Mainfranken um 770, †Seligenstadt 14. März 840, fränk. Geschichtsschreiber und Gelehrter. – Vertrauter Karls d. Gr., über den er die erste Herrscherbiographie des MA schrieb („Vita Caroli magni", um 835); gründete 828 Kloster Seligenstadt.

Einhäusigkeit, svw. ↑Monözie.

Einheit, der Messung einer Größe dienende Vergleichsgröße derselben Größenart von festem, reproduzierbarem Betrag. Der Betrag der E. ist prinzipiell (einmal) frei wählbar, doch werden aus Zweckmäßigkeitsgründen nur die E. der Grundgrößenarten, die **Grundeinheiten (Basiseinheiten),** frei gewählt; E. für die übrigen Größen lassen sich dann aus diesen Grundeinheiten ableiten. Die Gesamtheit aller E. für die Größenarten eines Gebietes der Physik bezeichnet man als **Einheitensystem.**
Die BR Deutschland hat durch das Gesetz über Einheiten im Meßwesen vom 2. 7. 1969 **(Einheitengesetz)** die im ↑Internationalen Einheitensystem (SI) festgelegten Basiseinheiten (Meter, Kilogramm, Sekunde, Ampere, Kelvin, Candela), bestimmte atomphysikal. E. (Mol, atomare Masseneinheit, Elektronenvolt) sowie daraus abgeleitete E. und deren dezimale Vielfache und Teile als **gesetzliche Einheiten** im geschäftl. und amtl. Verkehr für allgemein verbindlich erklärt. (↑Physikalische Größen und ihre Einheiten [Übersicht]).
▷ unterste militär. Gliederungsform, Kompanie bzw. Batterie.
▷ polit.-soziale Leitidee; erlangte in Verbindung mit der Idee der Nation (E.staat) und der Klasse (E.gewerkschaft, E.front) im 19. und 20. Jh. außerordentl. Bedeutung.
▷ *philosophisch* zus. mit dem Begriff des Einen häufig als Eigenschaft des Seienden auftretender Begriff, wobei die synthet. E. einer unterschiedenen Mannigfaltigkeit in einem gegebenen Ganzen eine wichtige Rolle spielt.

Einheitensystem ↑Einheit.

Einheitliche Europäische Akte, Abk. EEA, Vertragswerk zur Erweiterung der Gründungsverträge von EGKS, EWG und EURATOM, unterzeichnet von den Außenmin. der Mgl.staaten der EG im Jan./Febr. 1986; trat am 1. Juli 1987 in Kraft. Die EEA enthält wesentl. Bestimmungen über Grundlagen und Politik der Gemeinschaft und über Verfahren und Praktiken, die den europ. Einigungsprozeß mit dem Ziel fördern, die EG in eine ↑Europäische Union umzuwandeln.

Einheitliches Kaufrecht, auf der Grundlage des Haager Kaufrechtsübereinkommens vom 1. 7. 1964 erarbeitete Gesetze vom 17. 7. 1973, die das internat. Recht beim Kauf bewegl. Sachen vereinheitlichten; seit 1. 1. 1991 durch die ↑Kaufrechtskonvention abgelöst.

Einheitserde (Fruhstorfer Erde), aus gleichen Teilen Lehm, Ton oder Schlick und Hochmoortorf mit Nährstoffzusatz hergestellte Erde für den Gartenbau.

Einheitsgewerkschaft, Form gewerkschaftl. Organisation von Arbeitnehmern, die das Prinzip einer einheitl. Gewerkschaftsbewegung anstelle von Richtungsgewerkschaften sowie das Industrieverbandsprinzip anstelle des Berufsverbandsprinzips zu verwirklichen versucht.

Einheitsklassen, Segelbootsklassen, bei denen Maße und techn. Einzelheiten festgelegt und verbindlich vorgeschrieben sind.

Einheitskreis, Kreis, dessen Radius eine Einheit (z. B. 1 cm) ist.

Einheitskurs, der börsentäglich für die am amtl. Verkehr teilnehmenden Wertpapiere nur einmal festgestellte Börsenkurs; alle Börsenaufträge werden zu diesem Kurs abgerechnet.

Einheitskurzschrift ↑Stenographie.

Einheitsliste, bei allg. Wahlen Kandidatenliste, auf der die sich zur Wahl stellenden Parteien und Organisationen nach einem zuvor festgelegten Schlüssel vertreten sind; die E. war in sozialist. Staaten üblich und sicherte der herrschenden kommunist. Partei die Führung im Parlament.

Einheitsmietvertrag, das Muster (Formular) eines Mietvertrages über Wohnraum (1934 erarbeitet), dessen Inhalt von den Partnern ausdrücklich vereinbart werden muß.

Einheitsschule, ein Schulsystem, das für alle Kinder einen einzigen, in sich differenzierten Schultyp vorsieht. Die erste christl. Theorie der Schule bei J. A. Comenius ist auf eine E. für das 6.–12. Lebensjahr hin angelegt. Seit 1919 ist in Deutschland die Grundschule als E. eingeführt. Seit den 1960er Jahren wird die E. in Form der ↑Gesamtschule diskutiert. In der ehem. DDR gab es seit 1959 die 10klassige allgemeinbildende polytechn. Oberschule.

Einheitsstaat, Staat mit – im Ggs. zum Bundesstaat und zu anderen Staatenverbindungen – nur einer Staatsgewalt, einer Rechtsordnung und einem Regierungssystem. Im zentralisierten E. ist die öff. Gewalt bei zentralen Behörden zusammengefaßt. Beim dezentralisierten E. ist dagegen die Verwaltung bestimmter Bereiche der Staatstätigkeit eigenständigen und unter der Rechtsaufsicht der Zentralbehörden unterstellten Selbstverwaltungskörperschaften übertragen. Dezentralisierte E. in Europa sind z. B. Belgien, Frankreich, Großbritannien, Italien. Das Dt. Reich war 1934–45 ein dezentralisierter E., der sich jedoch zunehmend zentralisierte.

Einheitsstrafe ↑Strafe.

Einheitswert, einheitl. Steuerwert zur Feststellung der Besteuerungsgrundlagen für die Vermögen-, Erbschaft-, Grund- und Gewerbekapitalsteuer nach bestimmten Bewertungsgrundsätzen. Der E. wird festgestellt für Betriebe der Land- und Forstwirtschaft, Grundvermögen, Betriebsgrundstücke und Gewerbebetriebe. Das Verfahren ist in der Abgabenordnung geregelt.

Einhorn. Einzelstück aus der Bildteppichfolge „Die Dame mit dem Einhorn", Ende des 15. Jh. (Paris, Musée de Cluny)

Einherier [altnord. „Einzelkämpfer"], in der german. Mythologie die auf dem Schlachtfeld gefallenen Krieger, die in Walhall leben, wo sie sich für den Kampf am Tage der Götterdämmerung (Ragnarök) bereithalten.

Einhöckeriges Kamel, svw. ↑Dromedar.

Einhorn ↑Sternbilder (Übersicht).

Einhorn, ein aus dem Orient stammendes Fabeltier, ziegen- oder pferdeähnlich, mit einem langen Horn in der Mitte der Stirn. Es kann nur im Schoß einer Jungfrau Schlaf finden und gilt daher als Symbol der Keuschheit und wurde zum Attribut der Jungfrau Maria. Das sagenumwobene E. hat zu bed. Kunstwerken angeregt, u. a. zur frz. Bildteppichfolge „Die Dame mit dem E." (Ende des 15. Jh.; Paris, Musée de Cluny), zum E.altar im Dom zu Erfurt (um 1420), zur Kupferstichfolge (1561) von J. Duvet, dem „Meister mit dem Einhorn". – Abb. S. 101.

Einhornwal, svw. Narwal (↑Gründelwale).

Einhufer, die ↑Unpaarhufer, bei denen alle Zehen mit Ausnahme der mittleren, auf den sie laufen, zurückgebildet sind; der vergrößerte Mittelzeh trägt einen (einheitl.) Huf. Beispiele: Pferde, Zebras, Esel, Halbesel.

Einhüllende ↑Enveloppe.

Einigung, auf eine dingl. Rechtsänderung gerichteter Vertrag; bei der Übertragung von Grundstückseigentum **Auflassung** genannt. Er enthält das zur Übertragung, Belastung oder inhaltl. Abänderung eines dingl. Rechts erforderl. Willenselement, das zus. mit der ↑Übergabe (bei bewegl. Sachen) oder der Eintragung ins Grundbuch (bei Grundstücken) die dingl. Rechtsänderung bewirkt.

Einigungsstelle, 1. auf Grund des Gesetzes gegen den unlauteren Wettbewerb (UWG) bei den Industrie- und Handelskammern eingerichtete Stellen zur Beilegung von Wettbewerbsstreitigkeiten in der gewerbl. Wirtschaft; 2. im *Arbeitsrecht* nach BetriebsverfassungsG zur Beilegung von Meinungsverschiedenheiten zw. Arbeitgeber und Betriebsrat im Bereich der betriebl. Mitbestimmung bei Bedarf einzurichtende Stelle. Sie besteht aus einem unparteiischen Vorsitzenden und den Beisitzern, die je zur Hälfte von Arbeitgeber und Betriebsrat bestellt werden.

Einigungsvertrag, Kurzbez. für den Vertrag zw. der BR Deutschland und der Dt. Demokrat. Republik über die Herstellung der Einheit Deutschlands (unterzeichnet am 31. Aug. 1990), nach dem die damalige DDR gem. Art. 23 GG der BR Deutschland beitrat. In *Kapitel I* werden Brandenburg, Mecklenburg-Vorpommern, Sachsen, Sachsen-Anhalt und Thüringen als neue Bundesländer aufgeführt und die Neubildung des Landes Berlin bestimmt. Art. 2 benennt zwar Berlin als Hauptstadt Deutschlands, läßt aber die Frage des Parlaments- und Regierungssitzes offen (nach Bundestagsabstimmung vom 20. 6. 1991 wird Berlin Parlaments- und Regierungssitz). *Kapitel II* legt die Änderungen des GG fest und regelt die Finanzverfassung für das neue Bundesgebiet. Art. 7 Abs. 5 bestimmt die Verwendung des Fonds „Deutsche Einheit". *Kapitel III* und *IV* beschäftigen sich mit der Rechtsangleichung und den völkerrechtl. Verträgen. *Kapitel V* regelt den Übergang der öff. Verwaltung und Rechtspflege und legt u. a. fest, daß für die Rehabilitierung der Opfer der SED-Herrschaft eine gesetzl. Grundlage zu schaffen ist. *Kapitel VI* widmet sich dem öff. Vermögen und den Schulden und legt fest, daß die Treuhandanstalt die ehem. volkseigenen Betriebe privatisiert. *Kapitel VII* bestimmt, daß die Sozialgesetzgebung angeglichen wird und bis 31. Dez. 1992 eine Regelung über den Schutz des vorgeburtl. Lebens getroffen sein muß (Art. 31 Abs. 4). *Kapitel VIII* regelt die Verhältnisse bei Rundfunk und Fernsehen, die Anerkennung von Berufsabschlüssen, die begrenzte Weiterführung von Forschungseinrichtungen und das Sportwesen. *Kapitel IX* enthält die Übergangs- und Schlußbestimmungen. In drei Anlagen (2 Protokolle, 1 Erklärung) werden noch nähere Bestimmungen zu einzelnen Art. des E. getroffen. *Anlage III* ist eine Erklärung der beiden dt. Reg. zur Regelung noch offener Vermögensfragen und legt u. a. fest, daß Enteignungen auf dem Gebiet der DDR zw. 1945 und 1949 nicht mehr rückgängig zu machen sind (Regelung wurde durch Urteil des Bundesverfassungsgerichts vom 23. 4. 1991 für nicht verfassungswidrig erklärt). Eine *Denkschrift zum E.* gibt weitere Erläuterungen und geht auf den KSZE-Prozeß sowie die Zwei-plus-vier-Verhandlungen ein.

einjährig ↑annuell.

Einkammersystem ↑Zweikammersystem.

Einkaufsgenossenschaften, Vereinigung kleinerer und mittlerer Einzelhandels-, Handwerks- und Landwirtschaftsbetriebe zu Genossenschaften, die durch gemeinsame Warenbeschaffung die Einkaufskosten verringern wollen. Die E. entstanden meist in der Zeit nach dem 1. Weltkrieg.

Einkaufszentrum, Konzentration von Einzelhandelsbetrieben, Gaststätten, Dienstleistungsunternehmen und oft auch kulturellen Einrichtungen auf engem Raum.

Einkeimblättrige (Einkeimblättrige Pflanzen, Monokotyledonen, Monocotyledoneae), Klasse der Blütenpflanzen, deren Keimling nur ein Keimblatt ausbildet, das als Laubblatt oder (im Samen) als Saugorgan auftreten kann; Laubblätter meist mit unverzweigten, parallel verlaufenden Hauptnerven; Blüten vorwiegend aus dreizähligen Blütenorgankreisen aufgebaut. Die Leitbündel sind geschlossen und meist zerstreut über den Sproßquerschnitt angeordnet. Sekundäres Dickenwachstum kommt nur selten vor. E. sind Kräuter oder ausdauernde Pflanzen, die oft Zwiebeln, Rhizome oder Knollen ausbilden.

einkochen ↑Konservierung.

Einkommen, die einer Person, Gesellschaft oder anderen Körperschaft in einer Zeitperiode zufließenden Geldbeträge, Güter oder Nutzungen. Dabei wird unterschieden in *E. aus unselbständiger Tätigkeit* für die Abgabe von Arbeitsleistungen (Lohn, Gehalt), *Gewinn-E.* für die Ausübung eines freien Berufes oder einer Tätigkeit als Unternehmer, *Besitz-E.* (E. aus Vermögen) aus dem Besitz von Sparguthaben, Aktien, Obligationen u. a. Beteiligungen. E., die aus direkten und indirekten Einkommensströmen am Wirtschaftsprozeß entstehen, sind *originäre E.*; *abgeleitete E.* fließen ohne ökonom. Gegenleistung zu, daher spricht man auch von *Übertragungs-* oder *Transfer-E.* (Sozialrenten, Pensionen, Unterstützungszahlungen). *Brutto-E.* ist die Gesamtsumme der einer Wirtschaftseinheit zufließenden E., das *Netto-E.* erhält man nach Abzug der direkt aus dem E. zu zahlenden Steuern und Sozialabgaben; das *Nominal-E.* ist der in Geld angegebene Wert der E. zu laufenden Preisen; wird das Nominal-E. um die Änderungen des Preisniveaus korrigiert, so erhält man das *Real-E.* (zu konstanten Preisen).

Der *fiskal. E.begriff* ist umfassender als der ökonom., da alle Einkünfte erfaßt werden sollen, die die Leistungsfähigkeit einer Wirtschaftseinheit erhöhen, also auch Vermögenszunahmen. Daher umfaßt das E. im Sinne des Steuerrechts auch den Vermögenszugang. Die urspr. vorherrschende **Quellentheorie** des E., nach der nur solche Einkünfte zum E. zählen, die aus regelmäßigen Quellen fließen, wurde von der **Reinvermögenszugangstheorie** (Georg von Schanz, *1831, †1931) gewichen, nach der das E. einer Wirtschaftseinheit sich aus dem Zugang ihres Reinvermögens in einer Periode ergibt; danach sind alle Vermögenszunahmen E., also auch solche, die auf Schenkungen, Erbschaften, Aussteuern, Lotteriegewinne und ähnliches zurückgehen.

Einkommen
Entwicklung der Bruttoeinkommen (früheres Bundesgebiet)

Jahr	aus unselbständiger Arbeit		aus Unternehmertätigkeit und Vermögen	
	in Mrd. DM	1960 = 100	in Mrd. DM	1960 = 100
1960	144,4	100,0	82,0	100,0
1970	360,6	249,7	155,3	189,4
1980	863,9	598,3	250,8	305,9
1986	1 079,5	747,6	377,5	460,4
1987	1 124,9	778,9	384,1	468,4
1988	1 169,2	809,7	423,8	516,7
1989	1 221,5	845,9	454,5	554,3
1990	1 312,6	909,0	500,2	610,0

Einkommenspolitik, Gesamtheit aller Maßnahmen zur Entwicklung der verschiedenen Einkommensarten. Im wirtsch. Bereich besteht die Aufgabe der E. darin, den Einkommenszuwachs und Produktivitätsfortschritt innerhalb einer Volkswirtschaft in Einklang zu bringen. Auf sozialem Gebiet ist die E. auf eine Verbesserung der ↑ Einkommensverteilung sowie auf die Förderung der ↑ Vermögensbildung ausgerichtet.

Einkommensteuer, Steuer, bei der das Einkommen Grundlage und Gegenstand der Besteuerung ist. Als *Personensteuer,* der natürl. und jurist. Personen unterliegen, wird bei ihrer Ermittlung die persönl. Leistungsfähigkeit der Steuerpflichtigen, v. a. durch Freibeträge, berücksichtigt. Als *direkte Steuer* wird sie direkt bei den Steuerpflichtigen erhoben, die auch die Steuerlast tragen sollen.

Einkommensteuer
(Einnahmen in Mrd. DM)

	Lohn-steuer	Veranlagte E.	Kapital-ertragsteuer	Körper-schaftsteuer
1977	90,8	35,5	3,3	16,8
1978	92,0	37,4	3,3	19,8
1979	92,0	37,5	3,8	22,9
1980	111,5	36,8	4,2	21,3
1981	116,5	32,9	4,6	20,1
1982	123,4	30,6	4,7	21,5
1983	128,9	28,3	4,7	23,7
1984	136,4	26,4	5,6	26,3
1985	147,6	28,6	6,2	31,8
1986	152,2	29,9	8,1	32,3
1987	164,2	30,7	7,9	27,3
1988	167,5	33,2	8,7	30,0
1989	181,8	36,8	12,6	34,2
1990	177,6	36,5	10,8	30,1

Bei der Ermittlung des steuerpflichtigen Einkommens bes. zu berücksichtigen sind Werbungskosten und Sonderausgaben. **Werbungskosten** sind Aufwendungen zur Erwerbung, Sicherung und Erhaltung der Einnahmen, z. B. Aufwendungen für Arbeitsmittel wie Fachliteratur und Berufskleidung. **Sonderausgaben** sind bestimmte Aufwendungen der privaten Lebenshaltung, z. B. Versicherungsbeiträge, Kirchen- und Vermögensteuer, Ausgaben zur Förderung kirchl., religiöser, wiss. und staatspolit. Zwecke bis zu einem bestimmten Höchstbetrag. In weitem Sinne umfaßt die Einkommensteuer:

1. die **Lohnsteuer:** sie wird bei Einkünften aus nichtselbständiger Arbeit durch Abzug vom Arbeitslohn erhoben. Der Arbeitgeber haftet für ihre Einbehaltung und Abführung. Ihre Höhe ergibt sich aus der Lohnsteuertabelle nach Maßgabe der Eintragungen auf der Lohnsteuerkarte. Die Steuerklasse I gilt für Ledige, Geschiedene, dauernd getrennt Lebende sowie Verwitwete, die nicht in Steuerklasse II fallen; II für die unter I genannten, wenn ihnen ein Haushaltsfreibetrag zusteht; III für Verheiratete, wenn der Ehegatte keinen Arbeitslohn bezieht oder in Steuerklasse V ist, und für Verwitwete, wenn der Ehegatte im selben oder im vorangegangenen Jahr verstorben ist und beide nicht dauernd getrennt gelebt haben; IV für Arbeitnehmer, die verheiratet sind, wenn beide Arbeitslohn beziehen, sofern nicht die Kombination der Steuerklassen III und V gewählt wird; V auf Antrag für verheiratete Arbeitnehmer, wobei der Ehepartner dann in die (günstigere) Steuerklasse III fällt; VI für den Arbeitslohn aus einem zweiten Dienstverhältnis. Die die in den Lohnsteuertabellen eingearbeiteten Pauschbeträge übersteigenden Ausgaben für Werbungskosten und Sonderausgaben können vom Finanzamt als Freibeträge auf der Lohnsteuerkarte vermerkt oder über den Lohnsteuerjahresausgleich erstattet werden. Im Lohnsteuerjahresausgleich werden auch die über den sich aus der Jahreseinkommensteuertabelle ergebenden Betrag wegen unregelmäßiger Arbeit oder Änderung der persönl. Verhältnisse zuviel einbehaltenen Beträge zurückerstattet.

2. die **veranlagte Einkommensteuer:** ihr unterliegen alle Steuerpflichtigen, deren Jahreseinkommen mehr als 27 000,– DM beträgt oder die neben Einkünften aus nichtselbständiger Arbeit, die durch die Lohnsteuer erfaßt werden, aus anderen Quellen mehr als 800,– DM im Jahr beziehen. Die Feststellung der Steuerpflicht und Festsetzung der Steuerschuld durch das Finanzamt *(Veranlagung)* erfolgt nach Ablauf des Kalenderjahres entsprechend dem Einkommen, das der Steuerpflichtige in diesem Zeitraum bezogen hat. Ehegatten können zw. Getrennter und Zusammenveranlagung wählen.

3. die **Kapitalertragsteuer:** ihr unterliegen Kapitalerträge wie z. B. Gewinnanteile aus Aktien, Zinsen aus Industrieobligationen, Schatzanweisungen und anderen festverzinsl. Wertpapieren. – ↑Zinsabschlagsteuer.

4. die **Körperschaftsteuer:** ihr unterliegen die jurist. Personen (z. B. Kapitalgesellschaften). Die E. ist eine Gemeinschaftsteuer von Bund und Ländern, wobei die Verteilung der Einnahmen auf Bund, Länder und Gemeinden häufig neu festgelegt wird. Da der E. ein progressiver Steuertarif zugrunde liegt, führen die wegen der Preissteigerungen z. T. nur nominalen Erhöhungen der Einkommen zu prozentual steigenden Abzügen, so daß immer wieder Reformen der E., insbes. Veränderungen der Jahreslohnsteuertabelle erforderlich werden. – ↑Steuerreform, ↑Steuertarif.

Einkommensverteilung, die Aufteilung des Volkseinkommens 1. auf die Produktionsfaktoren Arbeit, Kapital und Boden, das entsprechend als Einkommen aus unselbständiger Arbeit (Lohn, Gehalt) oder aus Unternehmertätigkeit (Profit) bzw. Vermögen (Zins, Rente) bezogen wird, die sog. *funktionelle E.;* 2. auf die Personen, die Eigentümer der Produktionsfaktoren sind, ohne Rücksicht auf die Quelle des Einkommens *(personelle E.).*

Die verschiedenen mögl. Kriterien zur Beurteilung der „Gerechtigkeit" einer E. (Leistungsgerechtigkeit, Bedürfnisgerechtigkeit, Chancengleichheit) sind kaum quantifizierbar. Eine graph. Darstellungsmöglichkeit der Ungleichheit einer E. bietet die **Lorenz-Kurve:** auf der Ordinate werden die relativen kumulierten Häufigkeiten der Einkommen in %, auf der Abszisse der Einkommensbezieher in % abgetragen. In dem so gebildeten Diagramm entspricht die Diagonale einer völligen Gleichverteilung. Je größer die Fläche zw. dieser und der empir. ermittelten Kurve und der Kurve der Gleichverteilung, desto größer ist die Ungleichheit der Einkommensverteilung.

Einkorn (Triticum monococcum), heute kaum mehr angebaute Weizenart mit kurzen, dichten, flachgedrückten Ähren; Ährchen lang begrannt, meist zweiblütig, oft wird jedoch nur eine Frucht ausgebildet.

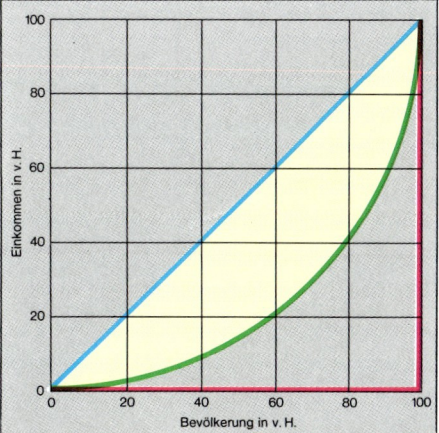

Einkommensverteilung. Lorenz-Kurve (grün); völlige Gleichverteilung (blau); völlige Ungleichverteilung (rot); das gelbe Feld stellt ein Maß für die Ungleichheit der Einkommensverteilung dar

Einkreisbremsanlage

Einsiedeln. Die Gnadenkapelle in der Stiftskirche, 1719–35

Einkreisbremsanlage ↑ Bremse.
Einkreis-Empfänger ↑ Audion.
Einkristall, Bez. für einen Kristall, dessen atomare Bausteine im Idealfall ein einziges homogenes Kristallgitter ohne Gitterbaufehler bilden.
Einkünfte, im Einkommensteuerrecht die Einnahmen bzw. Bruttoerträge abzüglich der wirtsch. mit ihnen zusammenhängenden Ausgaben bzw. Aufwendungen (Betriebsausgaben, Werbungskosten); negative E. sind Verluste. Die Summe aller positiven und negativen E. bildet den Gesamtbetrag der E., und nach Abzug der Sonderausgaben, der außergewöhnl. Belastungen sowie des allg. Tariffreibetrags ergibt sich das zu versteuernde Einkommen.
Einladung, im *Fechtsport* eine Klingenhaltung, durch die eine Blöße angeboten und ein bestimmter Angriff herausgefordert wird.
Einlagen, im *Bankwesen* die Geldbeträge, die die Wirtschaftssubjekte den Banken zur Verfügung stellen (**Depositen**). *Kurzfristige E.* (**Sichteinlagen**) dienen dem Zahlungsverkehr und werden als Buch- oder Giralgeld bezeichnet; *mittel-* und *langfristige E.* (befristete E.) sind vorübergehende Geldanlagen, die nicht dem Zahlungsverkehr dienen (**Termineinlagen**); **Spareinlagen** sind nicht befristete Geldanlagen, die nicht dem Zahlungsverkehr dienen. Das E.geschäft der Banken bezeichnet man als *Passivgeschäft* (Ggs. Kreditgeschäft = Aktivgeschäft).
▷ im *Handelsrecht* die Geld- und/oder Sachleistungen, die ein Wirtschaftssubjekt in ein Unternehmen einbringt.
▷ den Fußsohlen angepaßte Stützkörper zur Korrektur bzw. Abstützung deformierter Füße. – ↑ Fußdeformitäten.
▷ bei Kleidungsstücken zw. Oberstoff und Futter eingebrachte Zwischenlagen (z. B. aus Leinen, Roßhaar) zur Formgebung.
▷ Darbietungen, die in ein Programm eingeschoben werden.
▷ festere Zutaten zu Suppen, z. B. Teigwaren, Reis, Gemüse, Eierstich.
Einlassung, im Zivilprozeß die Stellungnahme des Beklagten, die auf die Klageabweisung aus sachl. Gründen abzielt.
Einlassungsfrist, die Frist, die im Zivilprozeß zw. der Klagezustellung bzw. der Terminbekanntgabe und dem ersten Termin liegen muß; beträgt grundsätzlich 2 Wochen.
Einlauf, das Passieren der Ziellinie bei Geschwindigkeitswettbewerben; auch die Reihenfolge der Beteiligten im Ziel.
▷ Einfüllen von Flüssigkeit in den Mastdarm mit Hilfe eines Darmrohres, das an einen Irrigator angeschlossen wird; als **Reinigungseinlauf** zum Entleeren des Darmes gegeben oder als **Nährklistier (Nährklysma),** um dem Körper tropfenweise z. B. Kochsalz- oder Traubenzuckerlösung zuzuführen.
Einlaufwette, bei Pferderennen Wette auf den Einlauf der ersten Pferde.
Einlegearbeiten ↑ Intarsien.
Einlieger (Hausgenosse, Hintersasse), die sog. unterbäuerl. Schicht, ohne eigenes Haus und ohne Grundbesitz; wohnten bei einem Vollbauern zur Miete, waren Dorfhandwerker oder persönl. freie Landarbeiter, jedoch z. T. bis ins 18. Jh. ohne polit. Rechte.
Einlösungsgarantie, die Verpflichtung der Bank zur Einlösung (Zahlung) eines auf sie gezogenen Schecks, z. B. bei Verwendung einer ↑ Scheckkarte.
Einlösungspflicht ↑ Noteneinlösungspflicht.
einmachen ↑ Konservierung.
Einmanngesellschaft, Kapitalgesellschaft, deren Geschäftsanteile alle in einer Hand (Alleingesellschafter) vereinigt sind; nur bei einer GmbH oder AG möglich.
Einmieter (Inquilinen), Bez. für Tiere, die in Behausungen anderer Lebewesen leben, ohne ihre Wirte zu schädigen oder von diesen verfolgt zu werden (z. B. Insekten in den Wohnhöhlen von Säugetieren).
Einnahmen, 1. im *Steuerrecht* alle Güter, die dem Steuerpflichtigen im Rahmen der Überschußeinkünfte aus nichtselbständiger Arbeit, Kapitalvermögen, Vermietung, Verpachtung und sonstigen Einkünften zufließen; 2. im Bereich der *gewerbl. Wirtschaft* der Zahlungseingang eines Unternehmens. Zu den *öff. E.* ↑ Haushalt.
Einnässen, svw. ↑ Bettnässen.
Einödflur ↑ Flurformen.
Einödriegel, mit 1 126 m höchster Berg des Vorderen Bayer. Waldes.
Einparteiensystem, im Ggs. zum Mehrparteiensystem ein polit. System, in dem der polit. Willensbildungs- und Entscheidungsprozeß in einem Staat (**Einparteienstaat**) von einer einzigen Partei monopolisiert wird.
Einpeitscher (engl. whip), im brit. Parlament der Abg., der für die Anwesenheit der Abg. seiner Partei bei Abstimmungen und anderen wichtigen Gelegenheiten sorgt.
Einpflanzung, svw. ↑ Implantation.
Einphasensteuer, Umsatzsteuer, die auf nur einer Produktions- oder Handelsstufe erhoben wird. – ↑ Allphasensteuer.
Einquartierung, die Unterbringung von Truppen in Privatunterkünften und -räumen auf Grund gesetzl. Bestimmungen (in der BR Deutschland §§ 1, 71 Bundesleistungsgesetz).
Einrede, im *materiellrechtl. Sinn* das Verteidigungs- oder Gegenrecht, das dazu befugt, die Durchsetzung eines anderen Rechts zu hindern oder abzuschwächen; meist gegen einen Anspruch gerichtet (deshalb auch *Leistungsverweigerungsrecht* genannt). Arten: 1. **dauernde (peremptorische Einreden),** z. B. Verjährung, Mängel-E. (§ 478 BGB). Ihre Ausübung schließt die Durchsetzung des Rechts für dauernd aus. 2. **aufschiebende (dilatorische Einreden).** Sie schließen die Durchsetzung des Anspruchs zeitweilig aus (z. B. Stundung) oder führen nur zu einer eingeschränkten Verurteilung (Zug um Zug oder unter Vorbehalt). Im *prozessualen Sinn* alle der Verteidigung dienenden Tatsachenbehauptungen des Beklagten, ausgenommen das Klageleugnen. Sie stellen entweder (wie die prozeßhindernde E.) eine bloß prozessuale oder eine [gegen den Klageanspruch gerichtete] sachl. Verteidigung dar. – Für das *östr.* und *schweizer. Recht* gilt Entsprechendes.

Einsiedlerkrebse. Palmendieb

Einreibung, Einmassieren von Arzneimitteln in flüssiger oder Salbenform in die Haut.
Einrenkung (Einrichtung, Reposition), Wiederherstellung der richtigen Lage und Stellung ausgerenkter Gelenke oder von Knochenfragmenten bei Brüchen.
Einrichten, das Umwandeln einer gemischten Zahl in einen unechten Bruch, z. B. $5^2/_3 = {}^{17}/_3$.
einsalzen ↑ Konservierung.
Einsamkeit, Zustand des Alleinseins, in dem sich ein Individuum befindet, wenn die Bedingungen zum Kontakt mit Lebewesen seiner eigenen Art fehlen bzw. verlorengehen. Beim Menschen entweder Ergebnis sozialer Ausglie-

derungsprozesse (z. B. im Alter) oder selbst gewählt, kann E. als Vereinsamung erlitten oder als Möglichkeit zur Selbstfindung und zur Befreiung von herrschenden gesellschaftl. Lebensnormen empfunden werden.

Einsatzgruppen, Sondereinheiten zur Verfolgung von Juden und Gegnern des Nationalsozialismus in den meisten der von dt. Truppen im 2. Weltkrieg besetzten Gebiete, insbes. in Polen und in der UdSSR.

Einsatzhärten ↑ Wärmebehandlung.

Einsatzstrafe, die nach Art und Höhe schwerste von mehreren *Einzelstrafen,* aus denen eine Gesamtstrafe gebildet wird.

Einsäuerung (Silieren), das Haltbarmachen von saftigen Futterstoffen, die in bes. Gärfutterbehältern der Milchsäuregärung unterworfen werden.

einschalen, die zum Betonieren erforderl. Schalungen bzw. Bauteilformen einschl. der Absteifungen und Schalungsgerüste errichten.

Einschießöfen ↑ Backofen.

Einschlafmittel ↑ Schlafmittel.

Einschlag, svw. ↑ Holzeinschlag.

Einschließung, bes. Strafart des früheren Rechts, die als Freiheitsstrafe ohne entehrenden Charakter die Festungshaft abgelöst hatte; mit der Einführung der Einheitsstrafe 1970 abgeschafft.

Einschluß, in ein Mineral, ein Gestein oder einen Werkstoff eingeschlossener fremder Bestandteil (Gasblasen, Flüssigkeit oder feste Substanzen).

Einschlußkörperchen, außerhalb oder innerhalb des Zellkerns von Zellen des menschl. Körpers gelegene Gebilde; entstehen bei Viruserkrankungen aus der Anhäufung von Viren und Zellreaktionsprodukten.

Einschlußverbindungen, Gruppe kristallisierter Verbindungen, die aus zwei, v. a. durch Van-der-Waals-Kräfte miteinander verbundenen Komponenten bestehen und bei denen die eine Komponente (das Wirtsmolekül) die Fähigkeit hat, die andere Komponente (das Gastmolekül) in die Hohlräume ihres Kristallgitters einzuschließen. Sind die Hohlräume käfigartig, spricht man von **Clathraten** (z. B. Edelgase in Eiskristallen). Techn. Bedeutung haben E. von n-Paraffinen in Kanälen des Harnstoffgitters und in Käfigen von Zeolithen (Molekularsiebe).

Einschmelzrohr, svw. ↑ Bombenrohr.

Einschnitt, durch Abtragen von Erd- oder Gesteinsmaterial entstehende Trasse, bei der der Straßen- oder Gleiskörper in voller Breite unter der natürl. Geländeoberfläche liegt.

Einschnüreffekt (Pinch-in-Effekt), Anstieg der Stromdichte im Zentrum eines Transistors infolge steigender Spannung über der Kollektor-Basis-Sperrschicht mit Zerstörungsmöglichkeit des Transistors.

Einschnürung, Querschnittsverminderung eines Werkstücks oder einer Werkstoffprobe durch Zugbelastung im Zugversuch (Zerreißversuch), wobei spröde Werkstoffe keine oder eine nur minimale, zähe eine starke Einschnürung zeigen.

Einschreiben, Postsendungen (Briefe, Postkarten, Päckchen, Blindensendungen, außerdem im Auslandsverkehr Drucksachen, Warenproben und Phonopostsendungen), die gegen bes. Gebühr bei der Einlieferung von der Post quittiert und dem Empfänger persönl. oder seinem Vertreter gegen Empfangsbescheinigung zugestellt werden.

Einschuß, zu leistende Bareinzahlung eines Kunden bei Wertpapierkäufen auf Kredit.
▷ bei Pferden svw. ↑ Phlegmone.

Einschwingvorgang, Verlauf einer erzwungenen ↑ Schwingung vom Beginn der Erregung bis zur Herausbildung eines stationären Schwingungszustandes. Die Dauer des E. wird als **Einschwingzeit** bezeichnet.

Einseitendiskriminator ↑ Diskriminator.

einseitiges Rechtsgeschäft, das Rechtsgeschäft, das die Willenserklärung nur einer Partei enthält (z. B. Mahnung; Ggs.: ↑ mehrseitiges Rechtsgeschäft). Bedingungen oder Befristungen, die in einen fremden Rechtsbereich eingreifen, sind beim e. R. in der Regel verboten.

Einsiedeln. Die nach Plänen von Kaspar Moosbrugger errichtete Klosteranlage: Kloster, 1704–18, Stiftskirche, 1719–35

Einsenken, Umformverfahren zur Herstellung von Hohlformen in Schmiedegesenken oder Werkzeugen zum Fließpressen bzw. Pressen von Kunststoffen, bei dem ein Stempel (Pfaffe) aus gehärtetem Stahl in einen kalten *(Kalt-E.)* oder erhitzten Stahlblock *(Warm-E.)* eingedrückt wird.

Einsicht, das unmittelbare, spontane Erfassen von Sachverhalten oder Zusammenhängen.

Einsiedeln, Wallfahrtsort im schweizer. Kt. Schwyz, 882–905 m ü. d. M., 10 000 E. Um die Zelle des hl. Meinrad († 861) bildete sich zu Beginn des 10. Jh. eine Klausnergemeinde, die 934 die Benediktregel annahm; 947 wurde das Kloster von König Otto I. mit Immunität und freier Abtwahl ausgestattet; exemt seit 1452/1518; seit 1907 (1947 bestätigt) ist E. Sitz einer unabhängigen Gebietsabtei (Abbatia nullius). – 1704 Grundsteinlegung zum barocken Neubau der Gesamtanlage nach Plänen von K. Moosbrugger (Kloster 1718 vollendet, Stiftskirche 1719–35); reiche Stukkaturen und Malereien (v. a. der Brüder Asam).

Einsiedler (Anachoret, Eremit), Asket oder Mönch, der aus religiösen Gründen in der Einsamkeit für sich allein lebt.

Einsiedlerkrebse (Meeres-E., Paguridae), Fam. der ↑ Mittelkrebse mit rd. 600, fast ausschließlich im Meer verbreiteten Arten mit weichhäutigem Hinterleib, den sie durch Eindringen in ein leeres Schneckenhaus schützen; leben oft mit auf dem Gehäuse sitzenden Seerosen in Symbiose; bekannt der **Bernhardskrebs** (Nordsee) und der bis zu 30 cm lange **Palmendieb** (Pazifik).

Einsiedlerspiele, svw. ↑ Geduldspiele.

Einspänner, Wagen oder Kutsche; mit nur einem Zugtier.

Einsprengling, größerer, oft idiomorph ausgebildeter Einzelkristall in dichter oder feinkörniger Grundmasse eines magmat. Gesteins.

Einspritzmotor, Verbrennungsmotor, bei dem das zündfähige Kraftstoff-Luft-Gemisch nicht im Vergaser, sondern durch Zerstäuben über Einspritzdüsen erzeugt wird. Beim *Dieselmotor* erfolgt Direkteinspritzung unter hohem Druck (bis 300 bar) in den Verbrennungsraum, beim *Ottomotor* erfolgt die Benzineinspritzung in das Ansaugrohr vor den einzelnen Einlaßventilen (Druck 2 bis 30 bar). Bei der elektron. Benzineinspritzung wird meist die angesaugte Luftmenge L von einem Meßfühler erfaßt, in ein analoges elektr. Signal umgewandelt und in einen kleinen Computer eingegeben *(L-Jetronic).* Dieser steuert unter Berücksichtigung von Motordrehzahl, Motor-, Kühlwasser- und Lufttemperatur u. a. die Einspritzventile. Die Vorteile sind geringerer Kraftstoffverbrauch und weniger schädl. Abgasstoffe. – Abb. S. 106.

Einsprengling. Limburgit in natürlichem (oben) und in polarisiertem Licht (unten)

Einspritzpumpe

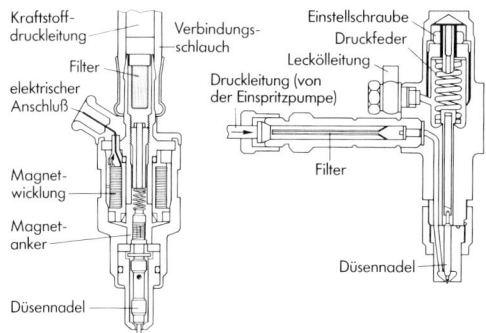

Einspritzmotor. Einspritzdüse für Benzin (links) und Dieselkraftstoff (rechts)

Einspritzpumpe, Einrichtung zur Förderung des von einer Kraftstoffpumpe gelieferten Kraftstoffs eines Einspritzmotors zur Einspritzdüse. Nach der Bauart unterscheidet man u. a. *Verteilerpumpen* (ein Element) und *Reihenpumpen* (Elemente entsprechend der Anzahl der Zylinder).

Einspruch, Rechtsbehelf, der grundsätzlich nicht zur Nachprüfung der Entscheidung oder Maßnahme durch eine übergeordnete Instanz führt. Der E. ist v. a. gegeben: 1. im *Verfassungsrecht* (↑Einspruchsgesetze); 2. im *Zivilprozeß* gegen Versäumnisurteile (bewirkt Verhandlung vor demselben Prozeßgericht) und Vollstreckungsbescheide (führt zur Überleitung in den ordentlichen Prozeß); 3. im *Strafprozeß* gegen Strafbefehle; 4. im *Bußgeldverfahren* gegen den Bußgeldbescheid; auf Grund des E. entscheidet das Amtsgericht über den im Bußgeldbescheid enthaltenen Vorwurf; 5. im *Arbeitsrecht* für den Arbeitnehmer gegen eine sozial ungerechtfertigte Kündigung, einzulegen beim Betriebsrat.

Einspruchsgesetze, Bundesgesetze, die im Ggs. zu den sog. ↑Zustimmungsgesetzen nicht der Zustimmung des Bundesrates bedürfen. Das Gesetzgebungsverfahren bei E. ist in Art. 77 GG wie folgt geregelt: Binnen 3 Wochen nach Eingang des Gesetzesbeschlusses des Bundestages kann der Bundesrat die Einberufung des Vermittlungsausschusses beantragen. Trägt dieser den Einwendungen des Bundesrates nicht Rechnung, so kann der Bundesrat binnen 2 Wochen Einspruch gegen das Gesetz einlegen, den der Bundestag zurückweisen kann.
Nach *östr. Verfassungsrecht* steht dem Bundesrat gemäß Art. 42 BV nur ein aufschiebendes Einspruchsrecht zu. In der *Schweiz* ist für Bundesgesetze stets die Zustimmung von National- und Ständerat erforderlich.

Einstand (Deuce), Bez. aus der Zählweise des Tennis, wenn beide Parteien je drei Punkte gewonnen haben oder wenn nach „Vorteil" die zurückliegende Partei den Punkt aufholt.

Einstandspreis, im Warenhandel der Einkaufspreis zuzüglich Beschaffungskosten abzüglich Skonti, Boni, Rabatte bzw. sonstiger Vergünstigungen.

Einsteigdiebstahl ↑Diebstahl.

Einstein, Albert, *Ulm 14. März 1879, †Princeton (N.J.) 18. April 1955, dt. Physiker (seit 1940 amerikan. Staatsbürger). – Nach Tätigkeit am Patentamt in Bern (1902–09) Prof. für theoret. Physik in Zürich und Prag; seit 1913 hauptamtl. ordentl. Mgl. der Preuß. Akad. der Wiss.; Direktor des 1917 gegr. Kaiser-Wilhelm-Instituts für Physik in Berlin; emigrierte 1933 in die USA und wirkte bis zu seinem Tode am Institute for Advanced Study in Princeton (N.J.). – E. wurde durch seine Arbeiten, von denen einige die Grundlagen der Physik revolutionierten, zum bedeutendsten Physiker des 20. Jh. Nach Vorarbeiten anderer Gelehrter schuf E. 1905 die spezielle Relativitätstheorie, im gleichen Jahr erklärte er den äußeren Photoeffekt durch Einführung der Lichtquanten und trug so entscheidend zur Anerkennung der von M. Planck begründeten Quantentheorie bei. Ebenfalls 1905 veröffentlichte er eine Theorie der Brownschen Bewegung. 1907 wandte er die Quantentheorie auf die Bestimmung der spezif. Wärmekapazität fester Körper an. 1914–16 formulierte E. die allg. Relativitätstheorie; er arbeitete an einer neuen Gravitationstheorie und versuchte ab 1920 (allerdings ohne Erfolg), eine einheitl. Feldtheorie zu schaffen. 1915 entdeckte er den E.-de-Haas-Effekt mit, 1924/25 klärte er die (Bose-E.-)Statistik der elektromagnet. Strahlung. Auf Grund seiner philosoph. Haltung akzeptierte E. jedoch nie die statist. Interpretation der Quantenmechanik. – Seit 1920 waren E. und die Relativitätstheorie heftigen, meist auf Antisemitismus beruhenden Angriffen ausgesetzt. Zunehmend bezog E. von einem pazifist. Standpunkt aus Stellung zu polit. Fragen. 1921 erhielt er für seine Beiträge zur Quantentheorie, bes. für seine Deutung des Photoeffekts, den Nobelpreis für Physik. – In der Befürchtung, daß in Deutschland eine Atombombe entwickelt würde, empfahl E. 1939 in einem Schreiben an F. D. Roosevelt die Entwicklung der Atombombe. Nach 1945 setzte er sich nachhaltig für den Abbau der nuklearen Bedrohung ein.

E., Alfred, *München 30. Dez. 1880, †El Cerrito (Calif.) 13. Febr. 1952, dt.-amerikan. Musikforscher und -kritiker. – Vetter von Albert E.; emigrierte 1933, seit 1939 in den USA; schrieb u. a. „Geschichte der Musik" (1917/18, erweitert 1953), „Mozart" (1945, dt. Neuausgabe 1968), „The Italian madrigal" (1949), auch Hg., u. a. Neubearbeitung des Köchelverzeichnisses.

E., Carl, *Neuwied 26. April 1885, †bei Pau 5. Juli 1940 (Selbstmord), dt. Kunsthistoriker und Schriftsteller. – Sein grotesker Roman „Bebuquin oder die Dilettanten des Wunders" (1912) wirkte auf den Dadaismus. Einflußreiche kunsthistor. Arbeiten: „Negerplastik" (1915) und „Die Kunst des 20. Jh." (1926).

Carl Einstein

Albert Einstein

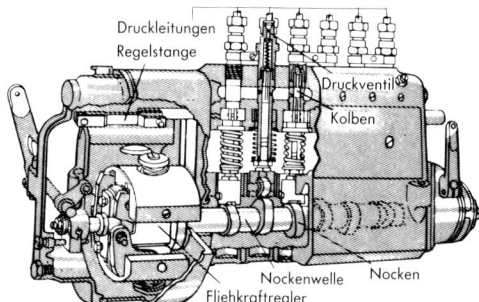

Einspritzpumpe. Schematische Darstellung einer Reihenpumpe für Dieselmotoren

Einstein-Bose-Statistik, svw. ↑Bose-Einstein-Statistik.

Einstein-de-Haas-Effekt, von Albert Einstein und W. J. de Haas 1915 nachgewiesene Drehung eines frei aufgehängten Eisenstabes als Folge plötzl. Magnetisierung; Umkehrung des ↑Barnett-Effekts.

Einstein-Gleichung [nach Albert Einstein], ↑Masse-Energie-Äquivalenz.
▷ Bez. für die zw. der Frequenz ν einer elektromagnet. Strahlung und der Energie E ihrer Quanten (Photonen) bestehende Beziehung $E = h \cdot \nu$ (h Plancksches Wirkungsquantum).

Einsteinium [nach Albert Einstein], chem. Symbol Es; künstlich dargestelltes radioaktives Metall aus der Gruppe der Actinoide; Ordnungszahl 99; Atommasse des stabilsten Isotops 252 (Halbwertszeit 472 Tage). Chemisch verhält sich E. wie das ↑Holmium; in seinen Verbindungen ist es meist dreiwertig.

Einstellung, im *Arbeitsrecht* die vertragl. Begründung eines Arbeits- oder Ausbildungsverhältnisses. Das Recht zur E. steht dem Arbeitgeber zu, der jedoch die Mitbestimmungsrechte des Betriebsrates zu beachten hat. Der Betriebsrat, dem alle Bewerbungsunterlagen vorzulegen sind, kann unter gesetzlich geregelten Voraussetzungen die Zustimmung zur E. verweigern (§ 99 Betriebsverfassungsgesetz).

▷ in der *Filmtechnik* die kleinste Einheit einer Filmaufzeichnung, bestimmt durch die Optik und die Entfernung der Kamera von der aufgenommenen Szene. Gebräuchlich sind Detail-, Groß- und Nahaufnahme, Amerikanisch, Halbnah, Halbtotale und Totale.

▷ in der *Sozialpsychologie* Bez. für relativ überdauernde Verhaltensbereitschaften gegenüber bestimmten Objekten, Personen oder Ideen. E. beeinflussen bewußt oder unbewußt die Auswahl und Wertung von Wahrnehmungsinhalten.

Einstellung des Strafverfahrens, erfolgt durch die Staatsanwaltschaft oder das Gericht, wenn eine Verurteilung nicht zu erwarten, nicht möglich oder aus Zweckmäßigkeits- und Billigkeitsgründen nicht geboten ist. Begründen die Ermittlungen nach ihrem Abschluß keinen hinreichenden Tatverdacht oder ergibt sich, daß ein dauerndes Verfahrenshindernis vorliegt, so stellt die Staatsanwaltschaft oder, falls eine Voruntersuchung stattgefunden hat, das Gericht das Verfahren ein.

In *Österreich* und der *Schweiz* führen im wesentlichen die gleichen Gründe zur E. d. S. wie in der BR Deutschland.

Einstimmigkeitsprinzip, Grundsatz des klass. Völkerrechts, wonach völkerrechtlich verbindl. Beschlüsse der Staatengemeinschaft nur einstimmig getroffen werden können. Die Satzung der UN geht vom E. ab; das Vetorecht der Großmächte im Sicherheitsrat ist jedoch ein Ausdruck dieses Prinzips, da es für bestimmte Beschlüsse die Zustimmung aller Großmächte erforderlich macht.

Einstrahlung, die der Erde von der Sonne zugeführte Strahlung (↑ Atmosphäre).

Einstülpung, svw. ↑ Invagination.

einstweilige Anordnung, gerichtl. Maßnahme (Entscheidung) im Verlauf eines Rechtsstreites zur Gewährung vorläufigen Rechtsschutzes; kann der endgültigen Entscheidung vorausgehen oder nachfolgen. Sie wird v. a. angewendet in Ehesachen (Sorgerecht, Unterhaltspflicht), im Konkursrecht (zur Sicherung der Konkursmasse), in der freiwilligen Gerichtsbarkeit und im Verwaltungsprozeß; sie kann auch durch das Bundesverfassungsgericht ausgesprochen werden.

einstweilige Unterbringung, vorläufige Präventivmaßnahme des Gerichts zur Verhinderung weiterer Straftaten des Täters. Liegen dringende Gründe für die Annahme vor, daß ein Erwachsener eine mit Strafe bedrohte Handlung im Zustand der Schuldunfähigkeit oder der verminderten Schuldfähigkeit begangen hat und daß in dem Strafverfahren seine Unterbringung in einem psychiatr. Krankenhaus oder einer Entziehungsanstalt angeordnet werden wird, so kann das Gericht die e. U. in einer dieser Anstalten anordnen, wenn die öff. Sicherheit es erfordert. Im Jugendgerichtsverfahren kann, falls eine Verurteilung zu einer Jugendstrafe zu erwarten ist, bereits vor der rechtskräftigen Verurteilung die e. U. des Jugendlichen in einem Erziehungsheim angeordnet werden.

Dem *östr. Strafprozeßrecht* ist die Anordnung einer Präventivhaft fremd. In der *Schweiz* fehlt eine einheitl. Regelung der e. U. im Sinne des dt. Rechts.

einstweilige Verfügung, die in einem abgekürzten (summar.) Zivilprozeß oder Arbeitsgerichtsverfahren ergehende vorläufige gerichtl. Anordnung, die der Sicherung eines Anspruchs oder des Rechtsfriedens dient. Vorgesehen: 1. als **Sicherungsverfügung** zur Sicherung eines nicht auf Geld gerichteten Anspruchs, wenn die Gefahr besteht, daß sonst die Verwirklichung eines Rechts vereitelt oder wesentlich erschwert werden könnte; 2. als **Abwehrverfügung** zur Abwehr drohender Rechtsverletzungen, mit der meist die Unterlassung bestimmter Handlungen angeordnet wird; 3. als **Leistungsverfügung** zur sofortigen Erwirkung von Leistungen, wenn der Gläubiger nur so vor schweren Nachteilen geschützt werden kann. – Abgesehen von einigen Besonderheiten gelten für das Verfahren die Vorschriften über den ↑ Arrest.

Im *östr. Recht* gibt es e. V. zur Sicherung von Leistungsansprüchen, zur Sicherung oder Regelung tatsächl. Verhältnisse oder zur vorläufigen Befriedigung. Auch im *schweizer. Recht* sind e. V. vorgesehen, häufig unter der Bez. *vorsorgl. Maßnahme* oder *einstweilige Anordnung*.

Eintagsfieber (Ephemera), 1–3 Tage anhaltendes infektiöses Erkältungsfieber im Herbst und Winter, das häufig von Bläschenausschlag an den Lippen (Herpes labialis) begleitet ist.

Einstellung (Filmtechnik). Bildausschnitte: 1 Detail-; 2 Groß- und Nahaufnahme; 4 amerikanische Einstellung; 5 Halbnahaufnahme; 6 Halbtotale; 7 Totale

Eintagsfliegen (Ephemeroptera), mit etwa 1 400 Arten weltweit verbreitete Ordnung 0,3–6 cm körperlanger Insekten mit meist 2 häutigen, reich geäderten Flügelpaaren und 3 (seltener 2) langen, borstenförmigen Schwanzfäden; Mundwerkzeuge verkümmert oder fehlend, daher keine Nahrungsaufnahme der entwickelten Insekts, das nur wenige Stunden bis einige Tage lebt; in Deutschland etwa 70 Arten, z. B. Uferaas, Rheinmücke, Theißblüte und die von Mai bis August anzutreffende Gemeine Eintagsfliege.

Eintänzer ↑ Gigolo.

Einthoven, Willem [niederl. ˈɛinthoːvə], * Semarang (Java) 21. Mai 1860, † Leiden 29. Sept. 1927, niederl. Physiologe. – Prof. in Leiden; schuf die Grundlagen für die Elektrokardiographie, u. a. durch die Vervollkommnung des Saitengalvanometers; erhielt dafür 1924 den Nobelpreis für Physiologie oder Medizin.

Eintragung, die in einem öff. Register (z. B. Grundbuch) vorgenommene Beurkundung eines Rechtsverhältnisses oder einer rechtserhebl. Tatsache.

Einträufelung, svw. ↑ Instillation.

Eintrittsnachfolge, die gesetzl. Sondernachfolge in ein Wohnraummietverhältnis beim Tod des Mieters. Hat der verstorbene Mieter mit seinem Ehegatten in dem Wohnraum einen gemeinsamen Hausstand geführt, so erwirbt der überlebende Ehegatte – unabhängig von der Erbfolge – die Rechte und Pflichten aus dem Mietvertrag. Er kann jedoch binnen einem Monat die Fortsetzung des Mietverhältnisses ablehnen.

Eintrittsrecht, 1. das Recht der vorgesetzten Behörde, Angelegenheiten, für welche die nachgeordnete Behörde gesetzlich zuständig ist, an sich zu ziehen und anstelle der nachgeordneten Behörde zu entscheiden. Das E. besteht grundsätzlich nur dann, wenn es im Gesetz ausdrückl. vorgesehen ist. 2. Die nach § 145 Abs. 1 Gerichtsverfassungsgesetz den ersten Beamten der Staatsanwaltschaft bei den Oberlandesgerichten und den Landgerichten eingeräumte Befugnis, bei allen Gerichten ihres Bezirks die Amtsverrichtungen der Staatsanwaltschaft selbst zu übernehmen oder

Willem Einthoven

mit ihrer Wahrnehmung einen anderen als den zunächst zuständigen Beamten zu beauftragen.

Einung, in der ma. Rechtssprache 1. Vertrag, Bündnis; 2. die durch beschworene Übereinkunft von Standesgenossen begr. Gemeinschaft (z. B. Zunft); 3. beschworene Verträge und Bündnisse, bes. Landfrieden und städt. Rechtssatzungen.

Einwanderung, der Zuzug aus einem Staatsgebiet in ein anderes zum Zweck der ständigen Niederlassung; gewöhnl. mit der Absicht der Einbürgerung. E. spielen in Europa seit dem 18. Jh. eine vorwiegend wirtschaftspolit. Rolle. Insbes. die absolutist. Staaten begünstigten Einwanderer durch Zunftzwangbefreiungen, Schutz vor religiöser Verfolgung und steuerl. Entlastung. Gleichzeitig mit dieser innereurop. Bev.mobilität setzte seit der Mitte des 18. Jh. von Europa aus auch die Auswanderungswelle nach Übersee ein, zuerst v. a. nach Nordamerika.
Die wichtigsten E.länder seit der Mitte des 19. Jh. sind die USA, Kanada, Argentinien, Brasilien, Australien, Neuseeland, Südafrika und (seit 1919) Palästina/Israel. – Die E.länder versuchen, mögl. polit., wirtsch. und sozialen Gefahren infolge übermäßig starker E. durch Maßnahmen im Rahmen einer E.gesetzgebung zu begegnen: v. a. durch allg. Beschränkung der E. und durch Kontingentierung der E. bestimmter sozialer bzw. ethn. Gruppen. Die zunehmende Wirtschaftsverflechtung und Internationalisierung des Arbeitsmarktes in den hochindustrialisierten Ländern haben seit Beginn der 1950er Jahre in den Staaten W-Europas zu einer bed. Fluktuation von Arbeitskräften über die Staatsgrenzen hinweg geführt, die zuerst zu zeitlich begrenzten Aufenthalten führen, u. U. im Ergebnis jedoch auch E. bedeuten können.

einwecken ↑ Konservierung.

Einwendung, im *materiellrechtl.* Sinn die Geltendmachung von Tatsachen, die entweder die Entstehung eines behaupteten Rechts hindern (**rechtshindernde Einwendung,** z. B. Geschäftsunfähigkeit eines Vertragspartners) oder das Erlöschen eines Rechts bewirken (**rechtsvernichtende Einwendung,** z. B. Erfüllung einer Forderung). – ↑ Einrede.

Einwilligung, 1. im *Strafrecht* das bewußte Einverstandensein des Verletzten mit einer Rechtsverletzung (Körperverletzung). Die E. schließt die Rechtswidrigkeit und somit die Strafbarkeit der Handlung aus, es sei denn, die Tat verstößt trotz E. gegen die guten Sitten (von Bed. bei ärztl. Eingriffen); 2. im *Zivilrecht* die im voraus erteilte Zustimmung zum Zustandekommen eines Rechtsgeschäfts (Ggs.: [nachträgl.] Genehmigung); erlischt im Zweifel mit dem ihr zugrunde liegenden Rechtsgeschäft.

Einwohner, die in einem Gebiet (Gemeinde, Kreis, Land) wohnenden, d. h. im wesentlichen ständig anwesenden Bürger. Der E.begriff hat insbes. Bed. für statist. Zwecke (z. B. Volkszählung).

Einwohnermeldeamt, Meldebehörde, die für die An- und Abmeldung meldepflichtiger Personen zuständig ist.

Einwohnerwert, je Tag und Einwohner im Abwasser enthaltene Normschmutzmenge. Zu ihrem Abbau wird ein biochem. Sauerstoffbedarf (BSB) von 60 g/Tag benötigt. Die Menge und Verschmutzung gewerbl. und industrieller Abwässer gibt man mit dem **Einwohnergleichwert** an, die auf die E. umgerechnete Abwasser- und Schmutzmenge.

Einwurf, Wurf, durch den der ins Seitenaus gegangene Ball vom Gegner wieder ins Spiel gebracht wird.

Einzahl, svw. ↑ Singular.

Einzel, Rückschlagspiel, bei dem ein einzelner Spieler gegen einen anderen spielt. – Ggs. ↑ Doppel.

Einzelakkord ↑ Akkordarbeit.

Einzelaugen, svw. ↑ Punktaugen.

Einzelbewertung, Bilanzierungsgrundsatz, dem zufolge die einzelnen Wirtschaftsgüter grundsätzl. getrennt zu bewerten sind. Beim Umlaufvermögen können annähernd gleichartige Vermögensgegenstände zu Gruppen zusammengefaßt werden.

Einzelfallhilfe ↑ Sozialarbeit.

Einzelfrüchte ↑ Fruchtformen.

Einzelgrabkultur, nach der herrschenden Bestattungssitte (Einzelgrabanlagen unter Hügeln) bezeichnete nordeurop., bes. in Jütland verbreitete endneolith. Kulturgruppe (Mitte des 3. Jt. v. Chr.).

Einzelhandel, Absatz von Gütern v. a. an private Haushalte durch spezielle Handelsbetriebe, die ihre Waren vom ↑ Großhandel oder den Produzenten beziehen und diese ohne wesentl. Bearbeitung an die Verbraucher weitergeben. Bei den Betriebsformen ging der Anteil der „klass." E.geschäfte, der kleinen selbständigen Läden, durch die Konkurrenz der preisgünstigeren Verbrauchermärkte stark zurück. Um ihrerseits in größeren Mengen und damit günstiger einkaufen zu können, schlossen sich die meisten Betriebe des E. in Einkaufsgenossenschaften und freiwilligen Ketten zusammen. Neben den Gemischtwarengeschäften haben sich die Fach- und Spezialgeschäfte gehalten, bei denen jedoch ebenfalls die Entwicklung zu größeren, den Verbrauchermärkten vergleichbaren Betriebsformen führte.

Einzelhof, landw. Betrieb, der mit seinen Wohn- und Wirtschaftsgebäuden auf Grund seiner isolierten Lage eine Siedlungseinheit darstellt. Er kann mit arrondiertem Besitz (Einödhof) oder mit Gemengelage des Besitzes verbunden sein.

Einzelkaufmann (Einzelunternehmung, Einzelfirma), ein als Alleininhaber einer Firma fungierender Kaufmann, der ein Handelsgewerbe betreibt; am weitesten verbreitete Rechtsform von Unternehmen.

Einzelkind, einziges Kind in einer Familie; häufig mit übertriebener Zuwendung bedacht mit mögl. schädl. Folgen für die soziale Anpassungsfähigkeit des Kindes.

Einzelkosten, ↑ Kosten, die sich direkt einem Kostenträger zurechnen lassen. – Ggs.: Gemeinkosten.

Einzeller (Protisten), Bez. für Lebewesen, die nur aus einer Zelle bestehen. Die Aufgaben der Organe der Vielzeller übernehmen bei ihnen ↑ Organellen; pflanzl. E. ↑ Protophyten, tier. E. ↑ Protozoen.

Einzelradaufhängung, getrennte Befestigung, Abfederung und Führung der einzelnen Räder eines Pkw; Vorteil: keine gegenseitige Beeinflussung der Federung.

Eisbär

Einzelrichter, Richter, der im Unterschied zum *Kollegialgericht* allein tätig wird. Beim † Amtsgericht entscheidet der Amtsrichter i. d. R. als E. Bei den Landgerichten (weniger bei den Oberlandesgerichten) kann in Zivilsachen (§ 348 ff., § 524 ZPO) die Zivilkammer den Rechtsstreit einem ihrer Mgl. als E. zur Entscheidung übertragen, wenn die Sache keine bes. Schwierigkeiten aufweist und nicht von grundsätzl. Bed. ist.
In *Österreich* und in der *Schweiz* werden auch den prozeßrechtl. Regelungen entsprechend E. tätig.

Einzelwahn, svw. ↑ Monomanie.

Einziehung, im Strafverfahren können Gegenstände, die durch ein Verbrechen oder Vergehen hervorgebracht wurden (z. B. gefälschte Banknoten) oder zur Begehung bzw. Vorbereitung einer solchen Tat gebraucht worden oder bestimmt gewesen sind (z. B. Einbruchswerkzeuge) mit der Maßgabe eingezogen werden, daß das Eigentum an ihnen auf den Staat übergeht. Die E. ist nur möglich, wenn die Gegenstände dem Täter oder Teilnehmer gehören, es sei denn, es handelt sich um allgemeingefährl. Gegenstände oder solche, bei denen die Gefahr besteht, daß sie wieder zu Straftaten benutzt werden. Die E. ist als Strafe oder als Sicherungsmaßnahme zulässig. Ähnlich ist die E. in *Österreich* und in der *Schweiz* geregelt.

Einziehungsgebühr, Gebühr, die vom Empfänger einer Postsendung zusätzlich zu den fehlenden normalen Gebühren zu entrichten ist, wenn der Absender die Sendung nicht oder nur teilweise freigemacht hat.

Einziehungsgeschäft, svw. ↑Inkassogeschäft.

Einziehungsverfahren, im Kreditwesen ein spezielles ↑Einzugsverfahren.

einzuckern ↑Konservierung.

Einzug, das Einrücken der ersten Zeile eines Absatzes (graph. Technik).
▷ ↑Inkasso.

Einzugsgebiet, in der *Geographie* ↑Fluß.
▷ (Einzugsbereich) in der *Wirtschaft* ein Bereich, (weiterer) Umkreis, aus dem der Zustrom zu einem wirtsch., kulturellen o. ä. Zentrum, z. B. zu Arbeitsplätzen, Schulen, Theatern, Museen oder Einkaufsstätten, erfolgt.

Einzugsverfahren, bes. Verfahren zur Begleichung von Verbindlichkeiten über den bargeldlosen Zahlungsverkehr. Die wichtigsten E.: 1. **rückläufige Überweisung (Einziehungsverfahren):** Der Kontoinhaber ermächtigt die Bank, vom Zahlungsempfänger oder dessen Bank vorgelegte Rechnungen durch Belastung seines Kontos einzulösen (bei regelmäßigen, aber der Höhe nach differierenden Zahlungen); 2. **Rechnungseinzugsverfahren:** Der Kontoinhaber ermächtigt seine Bank, an ihn gerichtete Rechnungen eines bestimmten Zahlungsempfängers bei Abforderung zu begleichen. – ↑Dauerauftrag.

Eiplasma ↑Ei.

Éire [engl. ɛərə], ir. Name für ↑Irland.

Eireifung, svw. ↑Oogenese.

Eirene, bei den Griechen die Personifikation und Göttin des Friedens.

Eis, Wasser in festem Aggregatzustand, kristallin in Form hexagonaler E.kristalle erstarrt (gefroren), Dichte bei Normalbedingungen 0,91674 g/cm³; E. schwimmt daher auf Wasser (wichtig für die Erhaltung des Lebens auf dem Grund von Gewässern). Der Schmelzpunkt von E. dient zur Definition des Nullpunkts der Celsius-Temperaturskala. Die Bildung und das Wachsen von **Eiskristallen** in der Atmosphäre stellt einen wichtigen Faktor bei der Entstehung von Niederschlag dar (Schnee, Eiskörner, Reifgraupeln, Frostgraupeln, Hagel). – Sie entstehen entweder durch Gefrieren von Wolkentropfen unter Mitwirkung von Gefrierkernen (Kristallisationskernen) oder durch Sublimation von Wasserdampf an Sublimationskernen (Kondensationskernen). Ihre Gestalt hängt von der Temperatur und dem Sättigungsgrad der Luft an Wasserdampf ab. An der *Erdoberfläche* entsteht E. durch Gefrieren des Wassers von Flüssen, Seen und Meeren (Eisgang, Treibeis, Packeis), durch Gefrieren von Bodenfeuchtigkeit (Bodenfrost, Eisregen, Glatteis) und durch Anhäufung von Schnee (↑Gletscher). Künstl. E. wird in Kältemaschinen erzeugt zur Kühlung von Lebensmitteln, Getränken u. a. – ↑Speiseeis.

Eisack (italien. Isarco), linker Nebenfluß der Etsch im Trentino-Tiroler Etschland, Italien, entspringt westlich des Brenner, mündet südlich von Bozen, 95 km lang.

Eisbahn, ebene Eisfläche (Natur- oder Kunsteis) zur Ausübung von zahlr. Eissportdisziplinen, v. a. auf Schlittschuhen.

Eisbär (Ursus maritimus), in der Arktis verbreitete Bärenart; Körperbau kräftig, Kopf relativ klein und schmal; Körperlänge etwa 1,8 (♀) – 2,5 m (♂), Schulterhöhe bis etwa 1,6 m; Gewicht durchschnittlich 320–410 kg; Fell dicht, weiß bis (v. a. im Sommer) gelblichweiß; vorwiegend Fleischfresser.

Eisbein [eigtl. „für die Herstellung von Schlittschuhen geeigneter Röhrenknochen"], Dickbein vom Schwein; oberer fleischiger Teil wird **Schweinshaxe** genannt.

Eisberge, im Meer schwimmende, oft riesige Eismassen, die durch Abbrechen („Kalben") von einem bis an das Meer vorgeschobenen Gletscher entstehen. Nur $\frac{1}{5}$ bis $\frac{1}{8}$ der E. befindet sich über der Wasseroberfläche. Sie treiben mit den Meeresströmungen im Nordatlantik bis 40° n. Br., im Südatlantik bis 38° s. Br. und bilden eine Gefahr für die Schiffahrt.

Eisbeutel (Eisblase), mit Eisstückchen gefüllter, verschlossener Gummi- oder Kunststoffbeutel, der äußerlich zur Kühlung bei Blutungen und Entzündungen (z. B. Gallenblasenentzündung) verwendet wird.

Eisblumen, Eisbildung in vielfältigen Kristallisationsformen, meist durch Abkühlung des Wasserdampfes von Raumluft (z. B. an Fensterscheiben).

Eisbrecher, Schiff zum Aufbrechen und Offenhalten einer Fahrrinne im Eis. *Hochsee-E.* dienen dem Einsatz in der nördl. Ostsee und im Nordpolarmeer, *Binnen-* und *Hafen-E.* haben meist Schleppergröße. Kleinere E. haben Diesel-, große dieselelektr. Antrieb. Die sehr großen russ. E. im Nordpolarmeer werden durch Kernenergie angetrieben.

Eischwiele (Caruncula), dem Durchstoßen der Eischale dienende, nach dem Schlüpfen abfallende, schwielenartige, verhornte Epithelverdickung am Oberkiefer schlüpfreifer Embryonen der Brückenechsen, Krokodile und Schildkröten; bei Vögeln im allg. am Oberschnabel.

Eiscreme ↑Speiseeis.

Eiselen, Ernst Wilhelm Bernhard, *Berlin 27. Sept. 1793, †Misdroy auf Wollin 28. Aug. 1846, dt. Turnpädagoge. – Gründete 1832 die erste Turnanstalt für Mädchen.

Eisen, Charles [frz. ɛ'zɛn], *Valenciennes 17. Aug. 1720, †Brüssel 4. Jan. 1778, frz. Zeichner, Kupferstecher und Maler. – Seine 1753 hg. Dekorationsstiche sind ein bed. Dokument der Rocailleornamentik.

Eisblumen

Eisbrecher. Der russische Eisbrecher „Murmansk" in der Karasee

Eisberge. Eisberg in Westgrönland

Eisen

Eisen, chem. Symbol Fe (von lat. ferrum); Schwermetall aus der VIII. Nebengruppe des Periodensystems der chem. Elemente; Ordnungszahl 26; relative Atommasse 55,847, Dichte 7,874 g/cm³; Schmelzpunkt 1 535 °C; Siedepunkt 2 750 °C. Mit 4,7 Masse-% steht E. an vierter Stelle in der Häufigkeit der chem. Elemente in der Erdkruste; Vorkommen kaum gediegen, sondern in Form zahlr. Minerale bzw. Erze. Die wichtigsten E.erze sind Pyrit, Magnetit, Hämatit, Brauneisenstein, Eisenspat. Verwendung findet E. als Metall fast ausschließlich in Form von E.legierungen. Durch geeignete Wärmebehandlung können die mechanisch-therm. Eigenschaften des Metalls in großem Umfange variiert werden. E. ist ein unedles Metall, in seinen Verbindungen tritt es zwei- und dreiwertig, manchmal auch sechswertig auf. Es ist silberweiß, weich, duktil und existiert in drei Modifikationen: α-E. ist kubisch-raumzentriert und ferromagnetisch, γ-E. ist kubisch-flächenzentriert und paramagnetisch, δ-E. ist kubisch-raumzentriert und paramagnetisch. Bes. unreines E. neigt zum Rosten (↑Rost); von verdünnten Mineralsäuren wird E. unter Bildung der entsprechenden Salze leicht gelöst, mit konzentrierten, oxidierenden Säuren bildet E. eine passivierende Oxidschicht.

E. ist Bestandteil lebensnotwendiger Enzyme bei allen Lebewesen, insbes. bei der Atmung (Atmungsfermente, Atmungspigmente) und der Photosynthese; im Blut der Wirbeltiere ist E. in dem roten Blutfarbstoff Hämoglobin enthalten. Der gesamte E.gehalt des menschl. Körpers beträgt 3–5 g. Der Tagesbedarf eines erwachsenen Mannes beträgt 1 mg, die Zufuhr muß jedoch 10 mg betragen, da nicht mehr als 10 % resorbiert werden. Frauen haben einen höheren E.bedarf (etwa 3 mg), da durch den Blutverlust bei jeder Menstruation zw. 15 und 45 mg E. ausgeschieden werden. Der gewöhnl. Bedarf wird bei normaler Mischkost voll gedeckt.

Roheisenerzeugung im Hochofen: Im Hochofen wird aus dem Möller (Erze, Sinter, Pellets, Zuschläge) und Koks **Roheisen,** das Ausgangsprodukt für die Gewinnung von ↑Stahl, erschmolzen. Möller und Koks werden lagenweise aufgegeben (Beschickung). Der Heißwind wird gemeinsam mit Hilfsbrennstoffen (Erdgas, Koksgas, Öl, Feinkohle, Teer) durch Blasformen in den Hochofen eingeblasen und durchströmt die nach unten wandernde Beschickung, wird dabei chem. Veränderungen unterworfen und am oberen Ende, der Gicht, als Gichtgas abgezogen. Der Koks liefert das erforderliche Reduktionsgas ($CO_2 + C \rightarrow 2\,CO$). Erze sowie Zuschläge (v. a. Kalkstein) und Koks werden auf ihrem Weg durch den Hochofen erhitzt, wobei zunächst die anhaftende Feuchtigkeit verdampft; bei etwa 300 °C wird das Hydratwasser abgespalten und im Temperaturbereich von 600 °C bis 1 000 °C läuft v. a. die wichtige **indirekte Reduktion** ab. Dabei reduziert das Kohlenmonoxid bei seinem Aufsteigen durch die Beschickungssäule die oxid. E.minerale zu niederen Oxiden und schließlich teilweise auch zu metall. E., wobei sich Kohlendioxid bildet:

$$3\,Fe_2O_3 + CO \rightarrow 2\,Fe_3O_4 + CO_2;$$
$$FeO + CO \rightarrow Fe + CO_2.$$

Sobald metall. E. entstanden ist, wird es aufgekohlt, d. h., Kohlenstoff löst sich im E. Der Schmelzpunkt reinen E. wird dadurch erniedrigt. Im heißesten Teil des Hochofens vollzieht sich das **Schmelzen** des aufgekohlten E. und die Bildung der Schlacke. Nach der Art des zu erzeugenden Roh-E. richtet sich das Verhältnis von bas. (CaO, MgO) zu sauren Bestandteilen (SiO_2, Al_2O_3) im Möller und damit auch in der Schlacke. Zusammensetzung und Temperatur der Schlacke bestimmen die Reduktion des Mangans, Siliciums, Phosphors und anderer Elemente aus deren Oxiden und damit deren prozentualen Gehalt im Roh-E. Insbes. soll der v. a. vom Koks eingebrachte Schwefel von der Schlacke in Form von CaS aufgenommen werden, was einen erhöhten Anteil von CaO erforderlich macht (bas. Schlacke). Zur Herstellung von 1 t Roh-E. sind je nach Beschaffenheit des Erzes und Art des erzeugten Roh-E. 500–1 000 kg Koks erforderlich. Zur Gewinnung von 1 000 t Roh-E. werden bei einem E.gehalt von 50 % etwa 2 000 t Erz, Sinter oder Pellets und Kalk und rd. 700 t Koks durchgesetzt. – Das Roh-E. (Temperatur 1 390–1 500 °C) wird in fahrbare Pfannen abgestochen und flüssig zu den Stahlwerken transportiert. Die Spezialroheisensorten, manganreiches Stahleisen, Spiegeleisen, Hämatitroheisen und Gießereiroheisen, vergießt man meist über eine Gießmaschine zu Masseln. Die Hochofenschlacke läuft ebenfalls in fahrbare Pfannen. Sie wird zu Straßenbelag, Schotter, Mauersteinen, Pflastersteinen u. a. verarbeitet.

Zur E.gewinnung durch **Direktreduktion,** d. h. ohne Hochofen, wurden mehrere Verfahren entwickelt, die mit minderwertigen Brennstoffen, Erdöl oder -gas, elektr. Energie sowie mit der Wärme des Reaktorkühlmittels von Kernreaktoren arbeiten.

Die Weltproduktion an Roh-E. und Ferrolegierungen betrug 1990 544 Mill. t. Haupterzeugerländer waren: Sowjetunion (110 Mill. t), Japan (80 Mill. t), China (62 Mill. t), USA (49 Mill. t), BR Deutschland (32 Mill. t), Brasilien (21 Mill. t), Süd-Korea (15 Mill. t).

Geschichte: E. wurde seit der E.zeit vom Menschen genutzt. Die Römer verarbeiteten relativ reine Erze nach dem **Rennfeuerverfahren.** Die Rennfeueröfen bestanden meist aus Gruben oder einfachen Schachtöfen, die aus Lehm oder Steinen errichtet wurden. Die Erze wurden mit glühender Holzkohle und natürl. Luftzug bzw. Luft aus dem Blasebalg reduziert. Das reduzierte E. **(Renneisen)** sammelte sich am Boden des Ofens in **Luppen** an, die noch stark mit Schlacke versetzt waren. Um 700 n. Chr. entstand eine E.ind. in der Steiermark, im 9. Jh. auch in Böhmen, Sachsen, Thüringen, im Harz, im Elsaß und am Niederrhein. Im 12. Jh. wurden E.hüttenbetriebe in Holland, im 15. Jh. in England und Schweden errichtet. Sie lieferten ungeschmolzenes stahlartiges Schmiede-E. Flüssiges Roh-E. und damit Guß-E. erhielt man erst nach der Entwicklung des Hochofens.

Eisenach. Blick auf das am Markt gelegene, wohl um 1507 fertiggestellte Residenzhaus (links) und das 1508 begonnene, im 16./17. Jh. in Renaissanceformen erneuerte Rathaus

Eisenach, Krst. in Thür., am NW-Rand des Thüringer Waldes, 222 m ü. d. M., 47 000 E. Ev.-luth. Bischofssitz; Kirchenmusikschule; Landestheater, Thüringer und Bach-Museum, Lutherhaus (Ende 15. Jh.), Fremdenverkehr, bed. Ind.standort, u. a. Automobilwerk. – E. wurde nach 1150 von den thüring. Landgrafen gegr.; 1283 Stadtrechtsbestätigung; 1572–1638, 1640–44 und 1672–1741 Residenz eines Herzogtums der ernestin. Wettiner, danach zu Sachsen-Weimar. 1920 an Thüringen. – Am Markt liegen das Stadtschloß (1742–51), die Pfarrkirche Sankt Georg (Hauptteil nach 1515), das Residenzhaus (wohl 1507), das Rathaus (1508 begonnen, im 16./17. Jh. erneuert) und die Predigerkirche (13. Jh., Skulpturensammlung). Die roman. Nikolaikirche (12. Jh.) ist mit dem Nikolaitor, einem Rest der Stadtbefestigung, verbunden. E. wird von der ↑Wartburg überragt.

E., Landkr. in Thüringen.

Eisenach
Stadtwappen

Eisenbahn

Eisenalaune, Kaliumeisenalaun, $KFe(SO_4)_2 \cdot 12\,H_2O$ und Ammoniumeisenalaun, $NH_4Fe(SO_4)_2 \cdot 12\,H_2O$; Verwendung: Färberei (als Beizmittel) und Photographie.

Eisenbahn, schienengebundenes Verkehrsmittel zum Transport von Personen und Gütern mit einzelnen oder zu Zügen zusammengekuppelten Wagen, die von Lokomotiven gezogen werden oder eigene Antriebsaggregate besitzen und die auf einem Gleisstreckennetz verkehren.

Eisenbahnbau

Gleisanlagen: Geländeverhältnisse und zu erwartendes Verkehrsaufkommen bestimmen die Streckenführung. Die zulässige Geschwindigkeit hängt vom Bogenhalbmesser und der Überhöhung der äußeren Schiene ab. Die Längsneigung soll bei Hauptbahnen höchstens 12,5‰ und bei Nebenbahnen höchstens 40‰ sein. Der *Unterbau*, der Gleis und Bettung aufnimmt, besteht aus Erdkörper und sog. Kunstbauten. Die Unterbaukrone *(Planum)* ist zum Ableiten des Regenwassers dachförmig geneigt. Der *Oberbau* besteht aus Gleisbettung, Gleisanlage und evtl. Schutzschicht. Die Spurweite für *Normal-* bzw. *Regelspur* mißt 1435 mm und ist in Mitteleuropa üblich. 62 % des Welteisenbahnnetzes sind damit ausgerüstet. Abweichende Spurweiten werden als *Breit-* oder *Schmalspur* bezeichnet.
Neuere Erkenntnisse führten zum durchgehend geschweißten Gleis; dadurch Wegfall der Schienenstöße, geringerer Verschleiß und angenehmeres Fahrgefühl. Schienen werden auf Holz- bzw. Betonschwellen aufgesetzt. Die Schwellen übertragen die Belastung auf die Bettung. Scharfkantig gebrochener *Schotter* bildet die Bettung und verteilt die Radlasten gleichmäßig auf eine größere Fläche, damit der zulässige Bodendruck nicht überschritten wird. Für den Gleiswechsel werden *Weichen* benötigt, unterschieden nach einfachen Weichen, einfachen und doppelten Kreuzungsweichen sowie Kreuzungen, die nur die Kreuzung eines anderen Gleises zulassen.
Die Genauigkeit der ↑ Spurweite, Richtung, Überhöhung und Verwindung der Schienen wird mit *Meßtriebzügen* überprüft, die Meßwerte auf Band mit Kilometerangabe aufgezeichnet. Die Auswertung durch Rechner erleichtert Entscheidung über zu treffende Maßnahmen.
Bahnhofsanlagen ↑ Bahnhof.

Betriebsführung

Signaltechnik (früher Sicherungswesen): Signale regeln den Zug- und Rangierbetrieb im Bahnhof und auf der freien Strecke; unterschieden nach Haupt-, Vor- und Nebensignalen. Das *Hauptsignal (Blocksignal)* zeigt an, ob der folgende Abschnitt (Blockstrecke mit Meldestelle bzw. *Blockstelle*) befahren werden darf oder nicht. Im Bremswegabstand (1 000 m bzw. 700 m auf Haupt- bzw. Nebenstrecken) kündigt das *Vorsignal* die Stellung des Hauptsignales an. *Vorsignalbaken* weisen auf den Standort des Vorsignals hin. Früher nur *Formsignale* mit Flügeln bzw. Scheibe, nachts entsprechende farbige Lichter; neuerdings durch *Lichttagessignale* ersetzt.
Stellwerke (Stw): Mechan., elektromechan. und rein elektr. Stellwerke sichern Fahrstraßen der Züge in Bahnhöfen und die Zugfolge auf freier Strecke. Bevor ein Signal auf Fahrt gestellt werden kann, muß die Fahrstraße eingestellt, verschlossen und elektrisch festgelegt sein sowie durch Augenschein bzw. entsprechende Gleisfreimeldeanlagen die Gleis auf Freisein überprüft werden. Auflösung selbsttätig durch den Zug. Die Stellarbeit beim elektromechan. Stw wird von Elektromotoren übernommen. *Drucktastenstellwerke* arbeiten rein elektrisch mit Relais. Große Stellentfernungen erlauben Zusammenfassung vieler Betriebsstellen zu einem Zentralstellwerk. Die Gleisanlage wird durch sogenannte Panorama-Tafeln *(Gleisbildstellwerk)* dargestellt. Wird die Stellentfernung (Signale 6,5 km, Weichen 5 km) bedingt durch Kabelkapazität bzw. -widerstand überschritten, ist Fernsteuerung anzuwenden. Über Fernmeldekabel werden die Überwachungs- und Steuersignale übermittelt.

Gleisschaltmittel ermöglichen die Frei- oder Besetztmeldung der Gleise, die Ortung von Zügen, die Achszählung sowie Kontaktgabe durch Züge zur Steuerung von Betriebsabläufen.

Indusi (Kw. aus **indu**ktive Zug**si**cherung; induktive Zugbeeinflussung): Sicherheitseinrichtung, die das unbeabsichtigte Vorbeifahren an Signalen oder auch Geschwindigkeitsüberschreitungen an Gefahrenpunkten verhindert; bei der DB seit 1970 auf allen Hauptstrecken eingesetzt. – Neben den Schienen sind bei Vor- und Hauptsignalen und vor Langsamfahrstellen Gleismagnete montiert, die aus Spule mit Eisenkern und Kondensator bestehen. Bei „Halt" zeigendem Signal beeinflußt der Gleismagnet („Saugmagnet") beim Überfahren die Fahrzeugmagneten derart, daß über verschiedene Relais die Bremsanlage betätigt wird. Am Vorsignal löst der Gleismagnet in Warnstellung beim Überfahren Schnellbremsung aus, wenn der Fahrzeugführer nicht innerhalb von 4 Sekunden eine *Wachsamkeitstaste* bedient oder in festgelegter Zeit die Fahrgeschwindigkeit erheblich vermindert. Der Magnet am „Halt" zeigenden Hauptsignal löst beim Überfahren sofort eine Zwangsbremsung aus.

Triebfahrzeuge

Lokomotive (Lok): Fahrzeug der Eisenbahn mit eigener Antriebsanlage zum Zug und Schub antriebsloser Schienenfahrzeuge. Je nach Einsatzzweck (Zugkraft, Höchstgeschwindigkeit) unterscheidet man Schnellzug-, Personenzug-, Güterzug- und Rangierlokomotiven. Zur Kennzeichnung der konstruktiven Merkmale benutzt die DB seit 1968 ein 7stelliges Ziffernsystem. Die erste Ziffer bezeichnet die Fahrzeugart: 0 Dampflok (früher 0 oder eine andere Zahl), 1 elektr. Lok (früher E), 2 Diesellok (früher V), 4 elektr. Triebwagen (früher ET), 6 Dieseltriebwagen (früher VT). Die 2. und 3. Ziffer gibt die Baureihe an.

Dampflokomotive: Die Antriebsmaschine der Dampflok nutzt die Expansionskraft des Wasserdampfes aus (Dampfmaschine). Die Kolbendampfmaschine der Dampflok ist doppelwirkend. Der Antrieb erfolgt über mindestens zwei auf dieselbe Achse (Treibachse) wirkende Arbeitszylinder. Zur Erreichung einer möglichst hohen Zugkraft werden mehrere Achsen angetrieben, wobei die Räder über Kuppelstangen mit der Treibachse verbunden sind. Steuerung der Dampfzufuhr zu den Arbeitszylindern erfolgt über einen Kolbenschieber, der von der Treibachse über eine Schwinge zur Umstellung der Drehrichtung und über einen Kreuzkopf mit Hebel angetrieben wird *(Heusinger-Steuerung)*. Regelung der Fahrgeschwindigkeit geschieht durch Veränderung der Zylinderfüllung. Der Heizmittel- und Speisewasservorrat wird in einem *Schlepptender* oder in an der Lok angebrachten Kästen (Tenderlok) mitgeführt.

Diesellokomotive: Die mit einem oder mehreren Dieselmotoren ausgerüstete Diesellok hat auf den nichtelektrifizierten Strecken wegen ihrer besseren Wirtschaftlichkeit, der prompten Betriebsbereitschaft und der größeren Zugkraft die Dampflok weitgehend verdrängt. Die leichten, schnellaufenden, aufgeladenen Dieselmotoren entwickeln eine Motorleistung bis 4 000 PS (rund 3 000 kW). Dieselmotoren können nicht wie Dampfmaschinen oder Elektromotoren unter Last anlaufen. Bei der *dieselhydraul. Lok* ist daher zw. Motor und Achsantrieb ein Flüssigkeitsgetriebe (Drehmoment- bzw. Drehzahlwandler) angeordnet; es erhöht beim Anfahren oder in niedrigem Geschwindigkeitsbereich das Drehmoment des Motors durch Föttinger-Wandler. Die *dieselelektr. Lok* besitzt elektr. Kraftübertragung. Jeder Dieselmotor ist direkt mit einem Dreh- oder Gleichstromgenerator verbunden. Antrieb entweder mit Tatzlagermotoren einzeln für jede Treibachse oder mit einem einzigen Gestellmotor je Drehgestell.

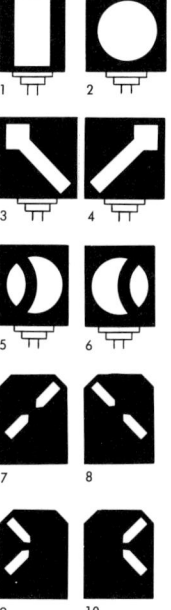

Eisenbahn. Weichensignale: 1 Gerader Zweig; 2 Gebogener Zweig (vom Herzstück aus bei einfachen und Innenbogenweichen); 3 und 4 Gebogener Zweig (von Weichenspitze aus gesehen); 5 und 6 Gebogener Zweig (vom Herzstück aus bei Außenbogenweichen); 7 Gerade von links nach rechts; 8 Gerade von rechts nach links; 9 Bogen von links nach links; 10 Bogen von rechts nach rechts

Eisenbahn

Elektrolokomotive (E-Lok): Diese Antriebsmaschinen beziehen (mit Ausnahme der im Rangierdienst und in Bergwerken verwendeten Akkumulator-Lok) die elektr. Energie aus einem Versorgungssystem: im allg. (Ausnahme: U-Bahn, die mit einer Stromschiene arbeitet) ist dies eine *Oberleitung* (*Fahrleitung,* in etwa 5,5 m Höhe). Energieversorgung durch Kraft- und Umformwerke. *Mechan. Teil:* Mit Ausnahme der langsamfahrenden Rangierloks, bei denen die Treibachsen im Fahrzeugrahmen befestigt sind und deren Antrieb vom Motor aus über Kuppelstangen erfolgt, sind moderne E-Loks als Drehgestellmaschinen mit Einzelachsantrieb ausgeführt. Kraftübertragung vom Fahrmotor zum Radsatz über einen beidseitig angeordneten Gummiringfederantrieb oder Kardan-Gummiringfederantrieb. *Elektr. Teil:* In Europa gibt es im wesentlichen vier verschiedene *Bahnstromsysteme:* Österreich, Schweiz und Bundesrepublik Deutschland einheitl. Einphasen-Wechselstrom (15 kV, $16\frac{2}{3}$ Hz), Frankreich z. T. Einphasen-Wechselstrom (25 kV, 50 Hz), Niederlande und Großbritannien z. T. Gleichstrom (1,5 kV), Belgien und Italien Gleichstrom (3 kV). Bei Triebfahrzeugen, die im Einphasen-Wechselstrombetrieb eingesetzt sind, wird als Fahrmotor der Reihenschlußmotor verwendet. Diese Fahrmotoren entsprechen im allg. den hohen Anforderungen des Eisenbahnbetriebs. Geschwindigkeit und Zugkraft werden über die Motorspannung geregelt (je nach Bedarf zw. 0 und 500 V). Die hohe Fahrdrahtspannung wird auf der Lok über ein Schaltwerk heruntertransformiert und den Fahrmotoren zugeführt. Das erhebl. Verschleiß unterliegende mechan. Schaltwerk wird heute durch leistungslos, zugkraftunterbrechungsfrei und verschleißlos schaltende Thyristoren ersetzt.

Eine neue Generation von E-Loks (bei der DB unter der Baureihenbez. 120 eingeführt) arbeitet unter Verwendung moderner Leistungselektronik mit frequenzgesteuerten Drehstrom-Asynchronmotoren. Die Einphasen-Wechselspannung des Fahrleitungsnetzes wird auf 1 500 V heruntertransformiert und mit Hilfe eines Umrichters in Gleichspannung von 2 800 V umgewandelt. Elektron. gesteuerte Wechselrichter erzeugen aus der konstanten Zwischenkreisgleichspannung die variable Spannung (0–2 200 V) und Frequenz (0–200 Hz) für die Fahrmotoren. Wegen der vielseitigen betriebl. Einsatzmöglichkeiten (u. a. auch in den Triebköpfen der ICE-Züge) werden diese Drehstromlokomotiven auch als *Universallokomotiven* bezeichnet.

Triebwagen: Schienenfahrzeug zur Beförderung von Personen und/oder Gütern. Nach Antriebsart unterscheidet man *elektr.* und *Dieseltriebwagen,* nach dem Einsatzgebiet *Nahverkehrstriebwagen* mit großem Fassungsvermögen für schnellen Fahrgastwechsel und *Schnelltriebwagen* mit hohem Reisekomfort und großer Geschwindigkeit für weite Strecken. Eine Sonderform ist der *Schienenbus* mit omnibusähnl. Aufbau und Dieselmotorantrieb.

Eisenbahn

Oben links: Nachbau der 1835 von der Firma Stephenson gelieferten Lokomotive „Adler", die auf der ersten deutschen Eisenbahnlinie von Nürnberg nach Fürth eingesetzt wurde. Oben rechts: Elektrische Lokomotive der Baureihe 120 der Deutschen Bundesbahn. Unten links: Dampflokomotive der Baureihe 03 (Schnellzuglokomotive), Baujahr 1930–37. Unten rechts: Dieselhydraulische Lokomotive der Baureihe 218 der Deutschen Bundesbahn

Eisenbahn

Eisenbahnwagen

Reisezugwagen: Sammelbez. für die zur Personen- und Gepäckbeförderung dienenden Eisenbahnwagen des Reisezugverkehrs, wobei man zw. *Nahverkehrswagen, D-Zug-Wagen, IR-* und *IC-Wagen* unterscheidet. Nach der Sitzordnung werden Reisezugwagen in *Abteil-* oder *Großraumwagen* unterschieden. In den letzten Jahren werden bei den meisten europ. Bahnen auch im Fernverkehr Großraumwagen mit einer Sitzanordnung beiderseits eines Mittelganges eingesetzt. *Schlafwagen* mit Einzelabteilen (1, 2, oder 3 Bettplätze pro Abteil) können als Mittel- oder Seitengangwagen ausgeführt sein. *Liegewagen* sind Schlafwagen mit geringem Komfortangebot (6 Liegeplätze pro Abteil). *Speisewagen* weisen Küche, Anrichte, Office und Speiseraum mit Mittelgang auf. Wichtigste Bau- und Komfortmerkmale moderner Reisezugwagen sind Laufgüte, Klimatisierung, Geräuschdämmung und bequeme Innenausstattung mit stoffbezogenen, stufenlos ausziehbarn Polstersitzen und Nackenstützen.

Güterwagen: Fahrzeuge zur Beförderung von Gütern aller Art entsprechend den sehr unterschiedl. Transportaufgaben in einer Vielzahl von Bauarten. Unterschieden werden nach ihrer Bauart: mit Dach versehene *gedeckte Güterwagen,* *offene Güterwagen* (z. B. *Rungenwagen, Schemelwagen* u. a.), sonstige Güterwagen z. B. *Behälterwagen* mit Behälter für Feinschütt- oder flüssiges Gut, *Kesselwagen* sowie *Containertragwagen.* Güterwagen sind mit zwei Achsen oder zwei- oder mehrachsigen Drehgestellen ausgerüstet. Die Bremsanlage besitzt wegen des Gewichtsunterschiedes zw. beladenem und leerem Güterwagen von maximal 4,4 zu 1 eine Umstellvorrichtung zur Anpassung der Bremskraft an die veränderl. Achslast. Diese arbeitet bei neueren Güter- und Reisezugwagen automatisch.

Sicherungs- und Bremsanlagen

Sicherheitsfahrschaltung: Triebfahrzeuge mit Einmannbetrieb sind zur Überwachung der Dienstfähigkeit des Triebfahrzeugführers mit einer Sicherheitsfahrschaltung *(Sifa)* ausgerüstet. Hierzu muß ein Bedienungsknopf oder ein Pedal heruntergedrückt werden, das nach spätestens 30 s wieder losgelassen werden muß. Werden diese Bedingungen nicht erfüllt, ertönt nach einer bestimmten Zeit oder einem bestimmten Weg ein Warnsignal; anschließend erfolgt Schnellbremsung.

Linienzugbeeinflussung (LZB): Zugsicherungssystem, das zwei Zielen dient: 1. es schafft Voraussetzung für Geschwindigkeiten von über 160 km/h, für die das herkömml. Signalsystem mit Vor- und Hauptsignalen und einem Bremsweg von höchstens 1 000 m nicht mehr aus-

Oben links: Intercity-Expreß der Deutschen Bundesbahn. Oben rechts: Mittelwagen 1. Klasse des Intercity-Expreß. Unten links: Gleismeßzug. Unten rechts: Elektronisches Stellwerk Orxhausen; von hier erfolgt die Stellung der 171 Haupt- und Vorsignale sowie der 85 Weichen auf dem 70 km langen Streckenabschnitt Hannover-Wülfel bis Edesheim der Neubaustrecke Hannover–Würzburg; Monitore zeigen weitere Informationen, z. B. über Nachbarstrecken, an

Eisenbahn-Bau- und Betriebsordnung

Eisenhut.
Blauer Eisenhut

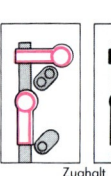 

Zughalt

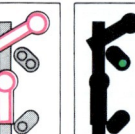

Fahrt

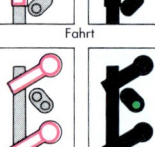

Langsamfahrt

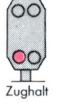  

Zughalt Fahrt Langsam-
fahrt

Notrot bei
Ausfall der
Stromversorgung
für das Signal

Zughalt und   Zughalt und
Rangierverbot Rangierverbot
               aufgehoben

Eisenbahn.
Hauptsignale.
Oben: Formsignal
(links bei Tag,
rechts bei Nacht).
Unten: Lichtsignal

reicht; 2. es ermöglicht Fahren auf *elektr. Sicht,* wobei Fahrzeuge im Bremswegabstand folgen können. Grundgedanke der LZB ist, Informationen über Signalstellungen, Weichenlagen, Bahnübergänge, Langsamfahrstellen und Streckenneigungen in einer Streckenzentrale zu sammeln, dort aus diesen Daten und dem Fahrort des Zuges den freien Bremsweg zu ermitteln und diesen über Linienleiter auf das Triebfahrzeug zu übertragen. Die Streckenzentrale ermittelt den jeweiligen Fahrort aus Meldungen, die von den Zügen in regelmäßigen Abständen über den Linienleiter an die Zentrale gegeben werden. Anhebung der Höchstgeschwindigkeit durch Vorausmeldung der Signalstellungen über mehrere Blockabstände hinweg. Der induktiven Informationsübertragung zw. beiden dient als *Linienleiter,* ein zw. den Schienen verlegtes, alle 100 m gekreuztes einadriges Kupferkabel, das eine höchstens 12,7 km lange Linienleiterschleife bildet. Der Fahrort eines Zuges wird der Zentrale durch Meldung des von der Zugspitze besetzten 100-m-Abschnitts (Grobort) übermittelt. Außerdem wird innerhalb eines 100-m-Abschnittes alle 12,5 m eine Feinortung durch Zählung der Radumdrehungen durchgeführt und der Zentrale gemeldet. Eine Streckenzentrale betreut bis zu 16 Linienleiterschleifen. Mittels *Bedienungsfernschreiber* der Streckenzentrale können vorübergehende Langsamfahrstellen (Baustellen, Schienenbrüche u. a.) in das laufende System eingegeben bzw. gelöscht werden. Die Informationen werden auf der jeweiligen Führerstandsanzeige angezeigt (z. B. Soll-, Ist- und Zielgeschwindigkeit und die Zielentfernung). Die Istgeschwindigkeit des Fahrzeuges wird durch die LZB kontinuierl. überwacht; übersteigt sie einen zulässigen Wert, wird selbsttätig eine Schnellbremsung ausgelöst.
Bahnübergangssicherung: Auf Hauptbahnen ist die techn. Bahnübergangssicherung vorgeschrieben. Dazu dienen mechan. oder elektr. betätigte Schranken oder lokführer- bzw. fernüberwachte Blinklicht- bzw. Halbschrankenanlagen. Betriebsfernsehanlagen ermöglichen Beobachtung des Sperrraumes. Weiterentwicklung zur vollautomatisierten Bahnübergangstechnik (Überwachung des Sperrraumes mit Laser) in der Systemerprobung.
Zug- und Stoßeinrichtung sind Schraubenkupplung und Puffer an den Stirnseiten von Eisenbahnfahrzeugen zur federnden Verbindung und Minderung von Zug- und Stoßbeanspruchungen beim Rangieren und bei Fahrt im Zugverband durch Beschleunigung und Verzögerung. Der Puffer besteht im wesentlichen aus Pufferteller, Hülsenführung und Federelement (Hub 75 bis 105 mm). Die *automat. Kupplung* vereinigt Zug- und Stoßeinrichtung; mit ihr ist die selbsttätige Verbindung der Bremsluftleitung und der elektr. Anschlüsse möglich. Aus Konstruktionselementen verschiedener Bauarten wurde die *UIC-Synthese-Kupplung* entwickelt, die die Vorteile der einzelnen Konstruktionen in sich vereinigt.
Bremsanlage: Zum Abbremsen von Eisenbahnzügen dienen unterschiedl. Bremsanlagen; man unterscheidet sie nach Art der Kraftwirkung: *Radbremsen,* bei denen Reibungskräfte über Bremsklötze auf die Radreifen (Klotzbremse) oder über Bremsbacken auf bes., an den Achsen befestigte Bremskörper (Trommel- oder Scheibenbremse) ausgeübt werden, *Schienenbremsen,* bei denen Bremskräfte unmittelbar auf die Schienen einwirken (z. B. bei Magnetschienenbremsen), *Triebwerksbremsen,* bei denen durch die Bewegung im Triebwerk Kräfte erzeugt werden, die den normalen Antriebskräften entgegengerichtet sind („Kraftbremsen", hydrodynam. oder elektrodynam. Bremsen). Bei Radbremsen unterscheidet man nach Art der Krafterzeugung: *Handbremsen,* bei denen die Bremskraft durch menschl. Kraft, und *Luftbremsen,* bei denen die Bremskraft durch die Wirkung verdichteter (Druckluftbremse) oder verdünnter Luft (Saugluftbremse) in einem Bremszylinder erzeugt wird. Hierbei dient die Luft nicht nur als Energieträger, sondern auch zur Steuerung des gesamten Bremsvorganges. Die mechan., durchgehenden selbsttätigen Druckluftbremsen sind bei E.fahrzeugen gewöhnlich Klotz- oder Scheibenbremsen, bei Triebwagen und Reisezugwagen für mehr als 160 km/h Scheibenbremsen und Magnetschienenbremsen. Bei der DB wird heute fast ausschließlich die *Knorr-Bremse* mit Einheitswirkung (KE-Bremse) verwendet. Die *Hochleistungsbremse* schnellfahrender Reisezugwagen mit gußeisernen Bremsklötzen ist mit einem geschwindigkeitsabhängigen Bremsdruckregler ausgerüstet. Der Haftwert zw. Schiene und Rad wird bei starker Abbremsung fast völlig ausgenutzt. Spezielle (neuerdings auch elektron.) *Gleitschutzregler* verhindern das Festbremsen bzw. Blockieren der Räder. Die *Magnetschienenbremse* wirkt als Zusatzbremse unmittelbar auf die Schiene. Die Fahrmotoren elektr. Triebfahrzeuge werden in der Stellung „elektrisch bremsen" als Generatoren geschaltet, wobei die erzeugte elektr. Energie in Widerständen verbraucht oder bei der *Nutzbremsung* in die Fahrleitung zurückgespeist wird.

Geschichte

Die E. war das erste schnelle Massenverkehrsmittel der Neuzeit und übte größten Einfluß auf die techn., wirtsch. und polit. Entwicklung der industrialisierten Staaten aus. Vorläufer der E. sind die im Bergbau verwendeten Pferdebahnen. Erste Pferdebahn des Kontinents auf der Strecke Linz–Budweis. Stadtpferdebahnen folgten 1860 in London und 1865 in Berlin. R. Trevithick baute 1803/04 die erste Dampflokomotive. 1825 nahm in England eine Dampf-E. („Locomotion Nr. 1" von G. Stephenson; 15 km/h) zw. Darlington und Stockton den Betrieb auf. Die erste Dampfbahn auf dem Kontinent wurde 1835 zw. Brüssel und Mecheln eingeweiht. Am 7. Dez. 1835 wurde mit der 6,1 km langen Ludwigsbahn (Lokomotive „Adler") von Nürnberg nach Fürth die erste dt. Strecke eröffnet, vier Jahre später folgte die 115 km lange Strecke Leipzig–Dresden. 1850 besaß Deutschland 5 470 km E.strecke. Zunächst häufig von Privatgesellschaften betrieben, wurden die meisten Bahnen zw. 1880 und 1900 in den Besitz der Länder überführt. Aus den Länderbahnen entstand 1920 die spätere Deutsche Reichsbahn. Die in verbesserter Form noch heute verwendeten Breitfußschienen wurden erstmals 1832 in England eingesetzt. Neben die Dampflokomotive, die kontinuierlich weiterentwickelt wurde und bis 1945 in Deutschland das wichtigste Zugmittel der E. blieb (Dampftraktion), traten zu Beginn dieses Jh. auch elektrisch angetriebene Fahrzeuge. Erstmals 1879 hatte W. von Siemens eine E-Lok von 3 PS gebaut. Die erste elektrisch betriebene Strecke war die Militär-E. zw. Marienfelde und Zossen (1903). Ein zweiachsiger Dieseltriebwagen verkehrte im Jahre 1900 bei der württemberg. Staatsbahn. Weiterentwicklung von Diesel- und E-Loks, die die Dampflok weltweit verdrängen (1977 Außerdienststellung der letzten Dampflok bei der DB). Die gegenwärtige Entwicklung zielt auf den weiteren Ausbau von Hochgeschwindigkeits-E.netzen und den vermehrten Einsatz entsprechender Hochgeschwindigkeitszüge, z. B. des ICE (die Strecke Hamburg–Hannover–Frankfurt am Main–München ist seit 1991 in Betrieb).
Eisenbahn-Bau- und Betriebsordnung, Abk. EBO, RVO des Bundes vom 8. 5. 1967 (mit Änderungen), die den Bau und den Betrieb von regelspurigen Eisenbahnen des öff. Verkehrs regelt. Sie enthält techn. Vorschriften über die Bahnanlagen, über Bahnbetrieb, über das Personal sowie über die Sicherheit und Ordnung auf dem Gebiet der Bahnanlagen.
Eisenbahnkrankheit ↑ Bewegungskrankheit.
Eisenbahnmonopol, in der Schweiz ein unmittelbar rechtl. Monopol des Bundes, das ihm erlaubt, den Bau und Betrieb von Eisenbahnen der Handels- und Gewerbefreiheit zu entziehen und dem Konzessionssystem zu unterstellen.
Eisenbahnrecht, Gesamtheit der Rechtsnormen, die Bau, Unterhaltung, Betrieb, Haftung und Unternehmensverfassung der Eisenbahnen regeln. Der Begriff Eisenbahn umfaßt die Schienenbahnen, d. h. die Beförderungsmittel, die an feste Spurwege gebunden sind, außer Straßenbahnen und sonstigen Bahnen bes. Bauart. Die Eisenbahnen werden unterteilt in solche des öff. und solche des nicht-

Eisenhüttenstadt

öff. Verkehrs. Dem *öff. Verkehr* dient eine Bahn, wenn sie nach ihrer Zweckbestimmung von jedermann zur Personen- oder Güterbeförderung benutzt werden kann (*Bundeseisenbahnen* [Dt. Bundesbahn] und nichtbundeseigene Bahnen). Das E. ist stark zersplittert. Der Bund hat die ausschließl. Gesetzgebungskompetenz über die Bundeseisenbahnen, während die nichtbundeseigenen Bahnen der konkurrierenden Gesetzgebung von Bund und Ländern unterliegen. Die meisten Länder haben Landeseisenbahngesetze erlassen. Das E. ist v. a. durch das *Allgemeine Eisenbahngesetz* vom 29. 3. 1951 geregelt. Weitere wichtige BG sind das ↑Haftpflichtgesetz, das Eisenbahnkreuzungsgesetz i. d. F. vom 21. 3. 1971, das Gesetz über die vermögensrechtl. Verhältnisse der Dt. Bundesbahn vom 2. 3. 1951, das Bundesbahngesetz und die Verwaltungsordnung der Dt. Bundesbahn vom 13. 5. 1982. Im Verkehr zw. den meisten europ. Staaten gelten das Internat. Übereinkommen über den Eisenbahnfrachtverkehr (CIM) und das Internat. Übereinkommen über den Eisenbahn-Personen- und Gepäckverkehr (CIV), beide vom 7. 2. 1970.

Eisenerz. Der Erzberg

Eisenbahntarif, behördlich festgesetzte Beförderungsbedingungen für Güter, Tiere und Personen bei den Eisenbahnen. Die Beförderungsentgelte sind entweder Festpreise, oder es werden Mindest- und Höchstpreise festgelegt. Voraussetzung für die Gültigkeit des E. ist seine Veröffentlichung. Die Aufstellung, Änderung und Aufhebung von E. bedürfen der Genehmigung der dafür nach Bundes- und Landesrecht zuständigen Verkehrsbehörden.

Eisenbahn-Verkehrsordnung, Abk. EVO, RVO des Dt. Reiches vom 8. 9. 1938, die mit zahlr. Änderungen als Bundesrecht fortgilt. Sie findet Anwendung auf alle dem öff. Verkehr dienenden Eisenbahnen. Sie begründet u. a. eine Pflicht zur Beförderung, zur Ablieferung von Fundsachen und zur Aufstellung von Tarifen und enthält Bestimmungen über die Beförderung von Personen, Reisegepäck, von Gütern usw.

Eisenbakterien, i. e. S. Bakterien, die in sauren, eisenhaltigen Wässern leben und CO_2 in organ. Verbindungen überführen, indem sie die dazu notwendige Energie aus der Oxidation von Fe^{++} in Fe^{+++} gewinnen.
▷ (Eisenorganismen) allg. Bez. für Bakterien (z. B. Brunnenfaden), in deren Kapseln oder Scheiden sich Eisenhydroxidniederschläge bilden können, die aus einer spontanen Oxidation von Eisen (in neutralen und alkal. Wässern) herrühren.

Eisenbarren ↑Eisengeld.

Eisenbarth (Eysenbarth), Johannes Andreas, *Oberviechtach 27. März 1663, †Münden (= Hann. Münden) 11. Nov. 1727, dt. Wundarzt. – Seine Operationsmethoden (bei Hodenbruch, Wasserbruch, Kropf und Star) wurden sogar von der Schulmedizin übernommen. Durch seine marktschreier. Methoden jedoch erschien er als Quacksalber und fahrender Kurpfuscher (gen. „Dr. Eisenbart").

Eisenberg, Krst. in Thür., zw. Gera und Jena, 300 m ü. d. M., 13 000 E. Porzellanind., Möbel-, Pianobau. Im frühen 12. Jh. entstanden; erhielt bis 1219 Stadtrecht. – Barockschloß Christiansburg (1677 ff.), Pfarrkirche Sankt Peter (um 1494), Rathaus (1579–95).
E., Landkr. in Thüringen.

Eisenberg (Pfalz), Stadt am N-Rand des Pfälzer Waldes, Rhld.-Pf., 248 m ü. d. M., 8 100 E. Schamottewerke, Ziegelei, Metallverarbeitung. – Stadt seit 1963.

Eisenbeton ↑Stahlbeton.

Eisencarbid (Zementit), Fe_3C, sehr harte Eisen-Kohlenstoff-Verbindung, u. a. als Gefügebestandteil für die Härte des Stahls bestimmend.

Eisencyanblau, svw. ↑Berliner Blau.

Eisenerz, Stadt in der Steiermark, am Fuße des Erzbergs, 745 m ü. d. M., 9 300 E. Museen. Wichtigster Wirtschaftszweig ist der Eisenerzbergbau (Tagebau 1986 eingestellt). – Der Erzberg (1 465 m ü. d. M.) wurde schon zur Römerzeit abgebaut; Slawen und Deutsche setzten den Abbau fort; 1453 Marktrecht, seit 1948 Stadt. – Kirchenburg (seit Ende des 15. Jh.); zahlr. Häuser des 16. Jh., u. a. das Alte Rathaus (1548); Schlösser Geyeregg und Leopoldstein (17. Jh.).

Eisenerze, mindestens 20 % Fe enthaltende, verhüttbare Eisenerze oder Minerale (↑Eisen).

Eisenerzer Alpen, Gebirgsgruppe der östr. Ostalpen, zw. Niederen Tauern und Hochschwab, im Göseck 2 215 m hoch.

Eisengeld, aus Eisen gefertigte Beile, Speerspitzen, Spieße, Sicheln, Hacken usw. (Gerätegeld) sowie Barren (**Eisenbarren**), die seit dem Aufkommen dieses Metalls geldähnl. in verschiedenen Kulturen dem Handel dienten, bis die Münzprägung einsetzte.

Eisenglanz ↑Hämatit.

Eisenholz, ungenaue Bez. für sehr harte, dichte und schwere Hölzer verschiedener außereurop. Bäume.

Eisenhower, Dwight D[avid] [engl. 'aɪzənhaʊə], *Denison (Texas) 14. Okt. 1890, †Washington 28. März 1969, amerikan. General und 34. Präs. der USA (1953–61). – E. wurde 1942 Oberbefehlshaber der US-Truppen in Europa. Er koordinierte die Invasionen in N-Afrika und Europa (ab Dez. 1943 Oberbefehlshaber der alliierten Invasionstruppen). Juli–Nov. 1945 US-Oberbefehlshaber in Deutschland, danach bis 1948 Generalstabschef, 1950–52 NATO-Oberbefehlshaber. Als gemäßigter Republikaner wurde E. 1952 und 1956 zum Präs. der USA gewählt. Innenpolitisch v. a. wegen des Ausbleibens von Sozialreformen und Bürgerrechtsgesetzen sowie von Erfolgen in der amerikan. Weltraumfahrt kritisiert, profilierte sich E. außenpolitisch durch Beendigung des Koreakrieges (1953), Unterstützung der UN gegen Großbritannien und Frankreich in der Suezkrise (1956) und die ↑Eisenhower-Doktrin (1957). Sein Versuch einer Entspannung mit der UdSSR (Gespräch mit Chruschtschow 1959) hatte nur kurzfristige Erfolge.

Eisenhower-Doktrin [engl. 'aɪzənhaʊə], 1957 nach der Suezkrise vom amerikan. Kongreß dem Präs. der USA erteilte Ermächtigung, im Nahen Osten zur Wahrung lebenswichtiger amerikan. Interessen auf das Hilfeersuchen eines Staates hin militärisch zu intervenieren, auch wenn weder ein unmittelbarer Angriff auf die USA bevorsteht noch eine Kriegserklärung durch den amerikan. Kongreß vorliegt.

Eisenhut, mit 2 441 m höchster Gipfel der Gurktaler Alpen.

Eisenhut (Sturmhut, Aconitum), Gatt. der Hahnenfußgewächse mit etwa 300 Arten, v. a. auf der Nordhalbkugel; alle Arten sind reich an Alkaloiden (u. a. Aconitin) und z. T. sehr giftig; bekannt sind **Blauer Eisenhut** und **Gelber Eisenhut**.

Eisenhutfeh ↑Wappenkunde.

Eisenhüttenstadt, kreisfreie Stadt und Krst. in Brandenburg, 1961 aus der Vereinigung von Fürstenberg/Oder und Stalinstadt entstanden, am W-Ufer der Oder, bis 43 m ü. d. M., 52 000 E. Eisenhüttenwerk; Lebensmittelind.; Jachtwerft; Binnenhafen. – Die Siedlung Fürstenberg/Oder kam 1370 an Böhmen, 1635 an Kursachsen und 1815 an Preußen. Stalinstadt wurde 1951 als „erste sozialist. Wohnstadt" gegründet.
E., Landkr. in Brandenburg.

Dwight D. Eisenhower

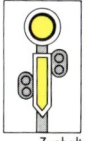 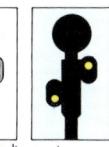

Zughalt erwarten

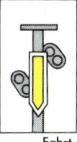 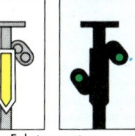

Fahrt erwarten

Langsamfahrt erwarten

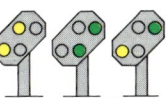

Zughalt erwarten | Fahrt erwarten | Langsamfahrt erwarten

Eisenbahn. Vorsignale. Oben: Formsignal (links bei Tag, rechts bei Nacht). Unten: Lichtsignal

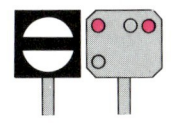

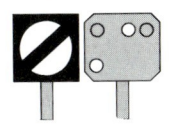

Eisenbahn. Schutzsignale. Oben: Halt! Fahrverbot. Unten: Fahrverbot aufgehoben (links jeweils Form-, rechts Lichtsignal)

Eisenhydroxide

Eisenhydroxide, Hydroxidverbindungen des Eisens. Das *Eisen(II)-hydroxid,* $Fe(OH)_2$, oxidiert rasch zum rotbraunen, amorphen *Eisen(III)-hydroxid,* $Fe(OH)_3$ oder $Fe_2O_3 \cdot xH_2O$, das u. a. die Minerale Brauneisenstein, Raseneisenerz und Goethit bildet.

Eisenkern, in Elektromagneten, Transformatoren u. ä. den Hohlraum einer Spule ausfüllender magnetisierbarer Eisenkörper, der zur Erhöhung der magnet. Induktion dient.

Eisenkies, svw. ↑ Pyrit.

Eisen-Kohlenstoff-Diagramm, die graph. Darstellung der Änderungen des Aggregatzustandes (fest-flüssig) und des kristallinen Gefüges von Eisen-Kohlenstoff-Legierungen bei genügend langsamem Erstarren, Abkühlen und Erhitzen. Abszisse und Ordinate des E.-K.-D. sind der Kohlenstoffgehalt in Prozent und die Temperatur in Grad Celsius. Mit zunehmendem Kohlenstoffgehalt ändern sich die Umwandlungstemperaturen längs charakterist. Kurven, und es kommt zu Mischkristall- und Verbindungsbildung. Teilbereiche des E.-K.-D. geben die Existenzbereiche der verschiedenen Phasen und damit der verschiedenen Gefügearten an. Das E.-K.-D. ist theoret. Grundlage der Eigenschaftsmodifizierung von Stahl in der Industrie.

Eisenkraut (Verbena), Gatt. der Eisenkrautgewächse mit etwa 230 Arten; in Deutschland kommt nur das **Echte Eisenkraut** (Verbena officinalis) vor; bis 1 m hoch, mit kleinen blaßlilafarbenen Blüten; in Amerika u. a. die **Brennende Liebe** (Verbena peruviana), etwa 15 cm hoch, mit zinnoberroten Blüten.

Eisenkrautgewächse (Verbenaceae), Pflanzenfam. mit etwa 100 Gatt. und über 2 600 Arten, v. a. in den Tropen und Subtropen sowie in den südl. gemäßigten Gebieten; Bäume, Sträucher, Lianen, Kräuter mit trichterförmigen Blüten; bekannte Gatt. sind u. a. Eisenkraut, Teakbaum.

Eisenlegierungen, Legierungen mit Eisen als Basismetall; das wichtigste enthaltene oder zugesetzte Legierungselement ist C, ferner N, Cr, Si, Mn, Ti, Wo, Mo und Co; erhöhen v. a. die Festigkeit.

Eisenman, Peter David ['aɪzənmæn], * Newark (N. J.) 11. Aug. 1932, amerikan. Architekt. – Vertreter einer streng geometr. Architektur, die die Funktion den Formen unterordnet, u. a. Eckhaus Friedrichstraße/Kochstraße in Berlin (Beitrag zur Internat. Bauausstellung 1987).

Eisenmangelanämie ↑ Anämie.

Eisenoxide, Verbindungen des Eisens mit Sauerstoff. *Eisen(II)-oxid (Eisenmonoxid),* FeO, ist ein schwarzes, unbeständiges Pulver; *Eisen(III)-oxid,* Fe_2O_3, matt- bis leuchtendrot, dient in sehr reiner Form zur Herstellung von Pigmentfarbstoffen, in geglühtem Zustand als Poliermittel; in der Natur als ↑ Hämatit. Eisen(II,III)-oxid, Fe_3O_4, ist ein schwarzes ferromagnet. Pulver; Bestandteil des Hammerschlags; in der Natur als ↑ Magnetit.

Eisenpigmente, Sammelbez. für eine Gruppe von sehr wetterbeständigen, natürl. (Rötel, Ocker, Terra di Siena) oder künstl. anorgan. Pigmenten (Eisenoxidgelb, FeO(OH); Eisenoxidrot, Fe_2O_3), die Eisen chemisch gebunden enthalten.

Eisenplastik, Skulptur aus geschweißtem bzw. geschmiedetem Eisen; in Europa im 20. Jh. aufgekommen; Vertreter: P. Gargallo, J. González, E. Chillida, Robert Müller, B. Luginbühl, J. Tinguely, Lynn Chadwick. – In Schwarzafrika werden bei einigen Stämmen E. (Figuren, Kultgegenstände u. a.) für rituelle Zwecke gefertigt.

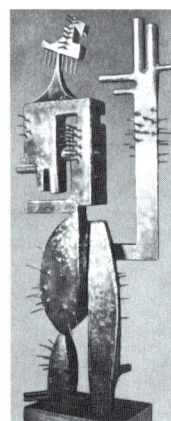

Eisenplastik. Julio González, Kaktusmensch I; 1939–40 (Privatbesitz)

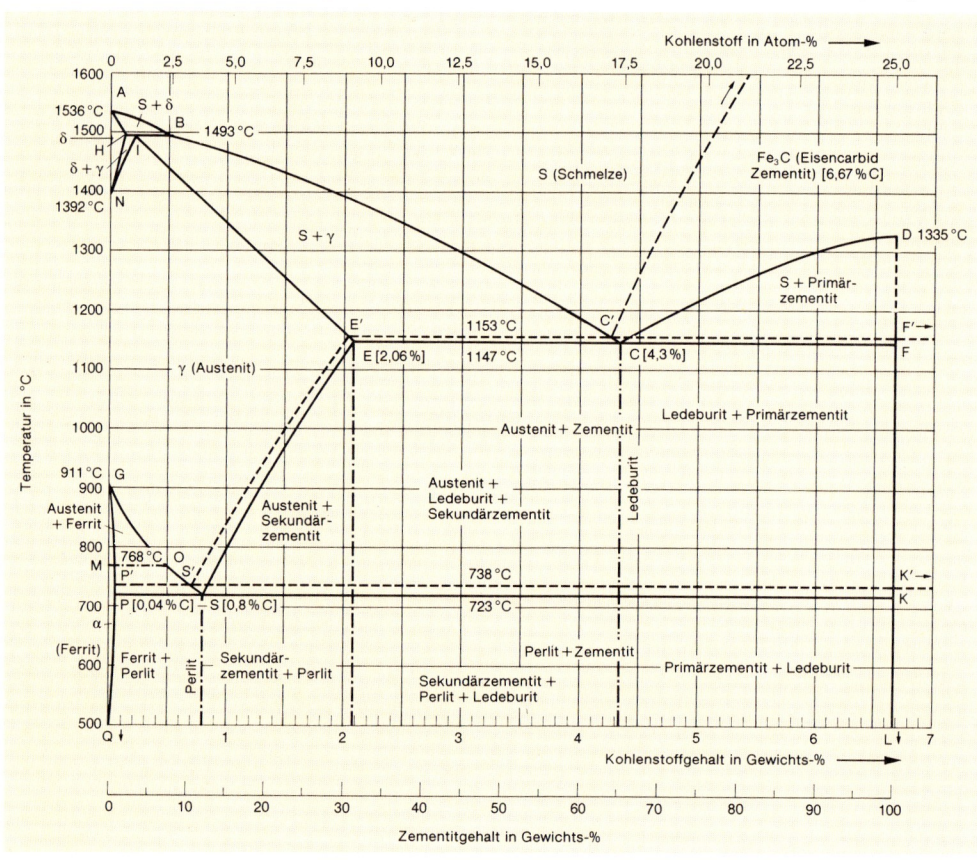

Eisen-Kohlenstoff-Diagramm. Die durchgezogenen Linien und die Buchstaben ohne Strich beziehen sich auf das metastabile System Fe/Fe₃C, die gestrichelten Linien und die Buchstaben mit Strich auf das stabile System Fe/C

Eisenzeit. Eisenwerkzeuge und -waffen aus der nördlich von Brünn gelegenen Höhle Býčiskála, Hallstattzeit (Wien, Naturhistorisches Museum)

Eisenpräparate, zwei- oder dreiwertiges Eisen enthaltende Arzneimittel zur Behandlung der Eisenmangelanämie.

Eisenquelle, eisenhaltige Quelle mit einem Mindestgehalt von 10 mg Eisen je Liter Wasser. – ↑Heilquellen.

Eisenreich, Herbert, *Linz 7. Febr. 1925, †Wien 6. Juni 1986, östr. Schriftsteller. – Lyriker, Essayist, Erzähler und Hörspielautor mit gegenwartsbezogenen Themen; u. a. „Böse schöne Welt" (En., 1957), „Die Freunde meiner Frau" (En., 1968).

Eisenschmuck, abgesehen von vorgeschichtl. Erzeugnissen findet sich in der Neuzeit in bes. Feingußverfahren hergestellter, oft sehr zerbrechl. E. (Broschen, Ketten, Anhänger), zuerst im Frankreich der Frz. Revolution, auch in der Biedermeierzeit.

Eisenspat (Siderit), hell gelbbraunes, trigonales Mineral der chem. Zusammensetzung FeCO$_3$; Dichte 3,96 g/cm^3; Mohshärte 4; wichtiges Eisenerz in sedimentären Lagerstätten, enthält 25–45 % Eisen.

Eisenspeicherkrankheit, svw. ↑Hämochromatose.

Eisenstadt, Hauptstadt des östr. Bundeslandes Burgenland, am S-Rand des Leithagebirges, 182 m ü. d. M., 10 500 E. Kath. Bischofssitz, Pädagog. Akad., Handelsakad.; Landesarchiv, -bibliothek und -museum, Haydn-Museum; bed. Weinbau, Weinkellereien. – Schon zur Römerzeit besiedelt, erstmals 1264 genannt; 1445 unter habsburg. Herrschaft, 1648 königl. ungar. Freistadt; 1925 Landeshauptstadt. – Spätgot. Domkirche (um 1460 begonnen); zahlr. Bürgerhäuser mit spätgot. und barocken Bauelementen, u. a. Haydn-Haus, das der Komponist 1766–78 bewohnte; Schloß Esterházy (urspr. ma. Burg, 1663–72 barock, 1797–1805 z. T. klassizistisch umgestaltet).
E., Bistum ↑katholische Kirche (Übersicht).

Eisenstein, Sergej [Michailowitsch], russ. Sergei Michailowitsch Eisenschtein, *Riga 23. Jan. 1898, †Moskau 11. Febr. 1948, sowjet. Filmregisseur. – Bed. Regisseur, der durch inhaltl. (u. a. Konflikt Masse/Kollektiv – Individuum) und formale Konsequenz (variable, meist dynam. Schnittechnik, spannungsreiche Szenengestaltung, Entwicklung einer „Filmsprache") mit dazu beigetragen hat, den Film als anerkannte Kunstform zu etablieren. E. erlangte Weltruhm durch den Revolutionsfilm „Panzerkreuzer Potemkin" (1925).
Weitere Filme: Streik (1924), Oktober (1927; dt. auch u. d. T. Zehn Tage, die die Welt erschütterten), Das Alte und das Neue (1929; dt. auch u. d. T. Die Generallinie), Que viva Mexico (1931, unvollendet), Alexander Newski (1938), Iwan der Schreckliche (I. Teil, 1944; II. Teil, 1946; in der UdSSR 1958 uraufgeführt).

Eisensulfate, Eisensalze der Schwefelsäure; Eisen(II)-sulfat (**Eisenvitriol,** FeSO$_4$ · 7 H$_2$O) ist das techn. wichtigste Eisensalz zur Darstellung anderer Eisenverbindungen; im Pflanzenschutz, in der Gerberei, zur Desinfektion und Holzkonservierung verwendet.

Eisen und Blut, Ausspruch Bismarcks 1862: „Nicht durch Reden und Majoritätsbeschlüsse werden die großen Fragen der Zeit entschieden, ... sondern durch E. u. B."; oft als Bekenntnis zur Gewaltpolitik gedeutet.

Eisen- und Stahlindustrie, Zweig der Grundstoff- und Produktionsgüterindustrien; hierher gehören Hochofen-, Stahl- und Warmwalzwerke, die Sparte Stahlverformung (Röhren-, Preß-, Schmiede- und Hammerwerke), Drahtziehereien und Kaltwalzwerke sowie Eisen-, Stahl- und Tempergießereien. Hochofen-, Stahl- und Warmwalzwerke und die Betriebe der Stahlverformung faßt man auch unter dem Begriff **eisenschaffende Industrie** zusammen; die übrigen Sparten der E. u. S. zählen zur **eisenverarbeitenden Industrie.**

Produktionsstruktur: Die eisenschaffende Ind. benötigt im wesentlichen drei Rohstoffe: Erz, Kohle oder Koks und Schrott. Die bedeutendsten Ansammlungen eisenschaffender Betriebe finden sich in der Nähe großer Lagerstätten verkokbarer Kohle bei gleichzeitiger Konzentration weiterverarbeitender Industrien in diesem Gebiet (z. B. Oberschlesien, Pittsburgh in den USA, Süd-Wales, Rhein-Ruhr-Gebiet). Häufig werden auch Standorte in der Nähe von Eisenerzlagern gewählt, meist aber nur dann, wenn die Absatzgebiete für die Fertigprodukte genügend nah sind (z. B. Peine und Salzgitter, Grängesberg in Schweden). Eine dritte Möglichkeit, die zunehmend an Bedeutung gewinnt, ist die Wahl von Standorten an der Meeresküste, also unabhängig von Rohstofflagern. Die Rohstoffe werden mehr und mehr in integrierten Werken zu Walzstahlfertigerzeugnissen verarbeitet.

Marktstruktur: Die eisenschaffende Ind. ist infolge der Konzentrationsbewegungen zu großen Unternehmenseinheiten zusammengefaßt; der Markt ist deshalb von der Angebotsseite her oligopolistisch strukturiert, d. h., der Markt wird von einigen wenigen Großunternehmen beherrscht. Die Stahlind. ist gegenüber Konjunkturschwankungen äußerst empfindlich, da sich die Veränderungen der Endnachfrage bes. stark auf die Stahlnachfrage niederschlagen.

Eisenverluste, Energieverluste, die in einem Eisenkörper entstehen, wenn sich ein ihn durchsetzendes Magnetfeld ändert; man unterscheidet Wirbelstromverluste und Ummagnetisierungsverluste.

Eisenvitriol ↑Eisensulfate.

Eisenzeit, nach dem Dreiperiodensystem die Kulturperiode, in der Eisen das vorwiegende Rohmaterial für Werkzeuge, Waffen und Schmuck war. Vor 1200 v. Chr. lagen die Zentren der Eisengewinnung im Hethiterreich (wahrscheinlich O-Anatolien). Dann erreichte die Kenntnis der Eisenverarbeitung den östl. Mittelmeerraum, etwa bis zum 6. Jh. v. Chr. Indien und N-China. Aus dem ägäischen Raum verbreitete sie sich nach 1000 v. Chr. über Italien und die Balkanhalbinsel nach M- und W-Europa. In Afrika südlich der Sahara und weiten Teilen Asiens (z. B. S-Indien, Japan) folgte eine E. unmittelbar auf die Steinzeit. In Amerika spielte Eisen als Werkstoff in vorkolumb. Zeit keine Rolle.

Eiserne Front, als Gegengründung zur Harzburger Front 1931 v. a. gegen den Faschismus proklamierter Zusammenschluß von SPD, freien Gewerkschaften, Reichsbanner Schwarz-Rot-Gold und Arbeitersportverbänden; zerbrach 1933.

Eiserne Garde (rumän. Gardă de fier), 1930–33 Name der aus der 1927 von C. Z. Codreanu gegr. Legion Erzengel Michael hervorgegangenen Partei mit myst., nationalist. und antisemit. Zügen; verstand sich als nat. Erneuerungsbewegung; trat 1940 in die Regierung Antonescu ein; 1941 nach einem Umsturzversuch aufgelöst.

eiserne Hochzeit, der 65. Hochzeitstag.

Eisenkraut.
Oben:
Echtes Eisenkraut.
Unten:
Brennende Liebe

Eisenstadt.
Stadtwappen

Eiserne Krone

Eiserne Krone, karoling. Kronreif im Kirchenschatz des Doms in Monza; Name vom eisernen Innenreif (nach der Legende aus einem Nagel des Kreuzes Christi geschmiedet); galt als langobardisch-italien. Königskrone des MA; mit ihr wurden gekrönt: Konrad III., Karl V., Napoleon I., Ferdinand I. von Österreich.

Eiserne Krone. Karolingischer Kronreif aus dem Kirchenschatz des Doms in Monza

eiserne Lunge ↑künstliche Beatmung.
eiserne Ration, beim Militär die bes. zusammengesetzte und verpackte Verpflegung für Notlagen; heutige Bez. Überlebensration.
eiserner Hut, Verwitterungszone von Erzlagerstätten mit Anreicherung von oxid. oder hydroxid. Eisenerzen.
eiserner Vorhang ↑Bühne.
Eiserner Vorhang, von W. Churchill 1946 geprägtes Schlagwort für die von der UdSSR seit dem 2. Weltkrieg, v. a. in der Zeit des kalten Krieges, betriebene Abriegelung ihres Herrschafts- und Einflußbereiches gegenüber der westl. Welt.

Eisernes Kreuz

Eisernes Kreuz, Abk. E. K., dt. Kriegsauszeichnung für alle Dienstgrade, gestiftet 1813 von König Friedrich Wilhelm III. von Preußen; 1870 durch König Wilhelm I. für die Dauer des Dt.-Frz. Krieges erneuert, 1914 von Kaiser Wilhelm II. für den 1. Weltkrieg und 1939 von Hitler für den 2. Weltkrieg. 1813, 1870 und 1914 eingeteilt in zwei Klassen und ein Großkreuz, 1939 in vier Grade (E. K. II; E. K. I; Ritterkreuz des E. K., zuletzt in 5 Stufen; Großkreuz des E. K.). Laut Gesetz vom 26. 7. 1957 ist in der BR Deutschland nur das Tragen des E. K. ohne Hakenkreuz erlaubt.
Eisernes Tor (serbokroat. Đerdap; rumän. Porțile de Fier), Durchbruchstal der Donau zw. den Südkarpaten (Rumänien) und dem Serb. Erzgebirge (Jugoslawien); 134 km lang. Nach Errichtung des rumän.-jugoslaw. Staudammes (1971) oberhalb von Drobeta-Turnu Severin Entstehung eines 150 km langen Stausees; Kraftwerke von je 1 068 MW Leistung an beiden Ufern.

Eisleben. Das Sterbehaus Martin Luthers am Andreaskirchplatz

Eisessig ↑Essigsäure.
Eisfuchs, svw. Polarfuchs (↑Füchse).
Eisgang, Abschwimmen der winterl. Eisdecke als Treibeis auf fließenden Gewässern.
Eishai, svw. Grönlandhai (↑Dornhaie).
Eishaken, etwa 20 cm langer, mit Widerhaken versehener Metallstift, der beim Bergsteigen zur Absicherung (Seilaufhängung, Griff oder Tritt) in das Eis geschlagen wird.
Eisheilige, volkstüml. Bez. für bestimmte Tage im Mai, an denen Kaltlufteinbrüche in manchen Gegenden Frostschäden verursachen. In Norddeutschland werden die E. vom 11. bis 13. Mai (mit den Tagesheiligen Mamertus, Pankratius, Servatius) erwartet, in Süddeutschland vom 12. bis 15. Mai (Pankratius, Servatius, Bonifatius, „Kalte Sophie").
Eishockey [...hɔke:], auf Eisflächen von ideal 30 m × 60 m Größe auf Schlittschuhen mit Schlägern (Stökken) sowie einer Hartgummischeibe betriebenes hockeyartiges Torspiel zw. Mannschaften von 18 bis 20 Spielern (von denen jeweils 6 auf dem Spielfeld sind). Die *Scheibe,* volkstümlich *Puck,* ist 156–170 g schwer, hat einen Durchmesser von 7,62 cm und ist 2,54 cm dick. Das Spielfeld wird zw. den Toren durch zwei blaue Linien in drei gleich große Felder (Drittel) geteilt. Das Spiel wird von einem Hauptschiedsrichter und zwei Linienrichtern geleitet. Die Spielzeit beträgt 3 × 20 Minuten (Unterbrechungen nicht eingerechnet).
Eishöhle ↑Höhle.
Eisjacht (Eisyacht, Segelschlitten), auf drei Kufen *(Läufern)* gleitendes segelbootartiges Eisfahrzeug, das durch Windkraft vorwärts bewegt wird.

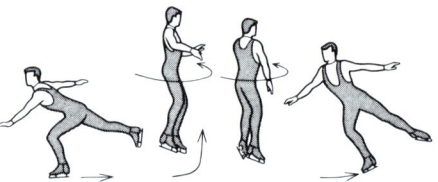

Eiskunstlauf. Schematische Darstellung der Sprungphasen des einfachen Lutz

Eiskrautgewächse (Mittagsblumengewächse, Aizoaceae), Pflanzenfam. mit etwa 2 500 Arten in über 130 Gatt., hauptsächl. in Afrika und Australien; Kräuter, Halbsträucher oder Sträucher mit fleischigen Blättern; bekannte Gatt. sind u. a. Mittagsblume, Fenestraria, Lebende Steine.
Eiskrem ↑Speiseeis.
Eiskunstlauf, künstler. Form des Eislaufs, wird im Wettkampf als Einzel- (für Damen und Herren) und als Paarlauf ausgetragen; zusammengesetzt aus Originalprogramm (33⅓ %) und Kür (66⅔ %). Das **Originalprogramm** besteht aus Pirouetten, Schrittfolgen und Sprüngen (z. B. Axel-Paulsen, Lutz, Rittberger, Salchow, Thorén, Toe-Loop, Flip u. a.), die vorgeschrieben sind. Die Kür der Damen dauert vier, die der Herren fünf, die der Paare viereinhalb Minuten. Der Läufer ist in der Kür bei der Zusammenstellung der Sprünge und Schritte frei. Kür und Originalprogramm werden vom Kampfgericht zweimal beurteilt. In der A-Note wird der techn. (sportl.) Wert, in der B-Note der künstler. Gesamteindruck bewertet.
Eislauf ↑Eiskunstlauf, ↑Eisschnellauf, ↑Eistanz.
Eislawine ↑Lawine.
Eisleben (amtlich Lutherstadt Eisleben), Krst. in Sa.-Anh., im östl. Harzvorland, 118–185 m ü. d. M., 26 000 E. Ingenieurschule für Elektrotechnik und Maschinenbau; Produktion von Schweißgeräten; Samenzucht und -handel. – Um 800 belegt, vor 1180 Stadtrecht. – U. a. zwei Rathäuser (1519–30 und 1571–89), ehem. Bergamt (1500), Marktkirche Sankt Andreas (nach 1498), Pfarrkirche Sankt Nikolai (15. Jh.), ferner Luthers Geburts- und Sterbehaus (beide Museum) und das Lutherdenkmal von R. Siemering (1882).
E., Landkr. in Sachsen-Anhalt.

Eisschnellauf. Sprint auf der Zielgeraden

Eisler, Edmund ↑ Eysler, Edmund.
E., Georg, *Wien 20. April 1928, östr. Maler und Graphiker. – Sohn von Hanns E.; malt von sozialkrit. und polit. Engagement geprägte Gruppenbilder sowie Landschaften, Akte, Porträts.
E., Gerhart, *Leipzig 20. Febr. 1897, †in Armenien 21. März 1968, dt. Journalist und Politiker (SED). – Sohn von Rudolf E., Bruder von Hanns E.; 1933 in der Emigration, zuletzt in den USA; seit 1949 in der DDR; seit 1962 Vors. des Staatl. Rundfunkkomitees; Mgl. des ZK der SED seit 1967.
E., Hanns, *Leipzig 6. Juli 1898, †Berlin 6. Sept. 1962, dt. Komponist. – Sohn von Rudolf E., Bruder von Gerhart E.; 1919–23 Studium bei A. Schönberg. Schuf Werke in unterschiedlichsten Kompositionsarten. Widmete sich vor allem dem revolutionären Arbeiterlied, komponierte Kantaten, Chöre und Orchesterwerke mit polit. Inhalt. In Zusammenarbeit mit B. Brecht vertonte er zahlreiche von dessen Texten (u. a. „Die Maßnahme", 1930). 1933 Emigration, seit 1938 in den USA, 1948 Rückkehr nach Europa, seit 1950 in der DDR. Neben Vokalwerken (u. a. „Ernste Gesänge", 1962) komponierte er etwa 40 Bühnen- sowie Filmmusiken, daneben Orchester-, Kammer- und Klavierwerke sowie die Nationalhymne der DDR.
E., Rudolf, *Wien 7. Jan. 1873, †ebd. 14. Dez. 1926, östr. Philosoph. – Vater von Gerhart und Hanns E.; Schüler W. Wundts; Hg. bed. philosoph. Lexika, so v. a. „Wörterbuch der philosoph. Begriffe" (1899; völlig neu bearbeitete Ausgabe u. d. T. „Histor. Wörterbuch der Philosophie", 1971 ff. [auf 8 Bde. berechnet]), Kant-Lexikon (1930, Nachdruck 1971), die als philosoph. Standardwerke gelten.
Eismeere, die Pack- und Treibeis führenden Meere der Polargebiete der Erde.
Eisner, Kurt, *Berlin 14. Mai 1867, †München 21. Febr. 1919, dt. Publizist und Politiker. – Er schloß sich als Pazifist im 1. Weltkrieg der USPD an; proklamierte am 7./8. Nov. 1918 in München den republikan. „Freistaat Bayern", wurde Vors. eines Arbeiter-, Bauern- und Soldatenrates sowie Min.-präs. der Reg. von SPD und USPD; 1919 von Anton Graf Arco (*1897, †1945) ermordet.
Eispickel, Ausrüstungsgegenstand des Hochalpinisten in der Gletscherregion; v. a. zum Stufenschlagen in Eis und Schnee.
Eispressung, durch den Druck von Eisschollen an Küsten und Ufern hervorgerufene Pressung und Stauchung der Bodenschichten.
Eisprung, svw. ↑ Ovulation.
Eispunkt, Gefrierpunkt des Wassers unter Normalbedingungen (760 Torr bzw. 101 325 Pa; 0 °C bzw. 273,15 K). Der E. ist Nullpunkt der Celsius-Temperaturskala. – ↑Gefrieren.
Eisregen, Niederschlag aus Eiskörnern, der entsteht, wenn Regentropfen aus einer warmen Luftschicht in eine kältere fallen und dabei gefrieren; auch Bez. für unterkühlten Regen, der beim Auftreffen auf Gegenstände sofort zu Eis gefriert.

Eisrevue [...rə'vy:], von Profis auf Schlittschuhen dargebotene Vorführungen, bei denen neben der sportl. Leistung Ausstattung und Choreographie eine bed. Rolle spielen.
Eisriesenwelt, größtes z. Z. bekanntes eisführendes Höhlensystem der Welt, 1 640 m ü. d. M., bei Werfen, Österreich, 42 km lang.
Eisschnellauf, auf einer 333⅓ m oder 400 m langen Doppelbahn (2 Bahnen von mindestens 4 m Breite, auf der Gegengeraden 70 m lange Kreuzungsstrecke, in deren Bereich die Läufer in jeder Runde die Bahnen wechseln müssen) von Männern über 500 m, 1 000 m, 1 500 m, 5 000 m und 10 000 m und von Frauen über 500 m, 1 000 m, 1 500 m, 3 000 m und 5 000 m ausgetragener Wettbewerb (Einzelstrecken und Mehrkämpfe). – ↑Short-Track-Race.
Eissegeln, Segeln mit einer ↑Eisjacht mit Surfbrettern auf Metallkufen **(Eissurfen)** oder auf Schlittschuhen mit einem Handsegel; infolge der geringen Reibung können bei gutem Eis Geschwindigkeiten bis 180 km/h erreicht werden.
Eisspeedway [...spi:dwɛɪ], Kurzbez. für E.rennen (↑Speedwayrennen).
Eissport, zusammenfassende Bez. für alle Sportarten, die auf Eisbahnen ausgetragen werden, u. a. Curling, Eishockey, Eiskunstlauf, Eisschnellauf, Eisstockschießen, Eistanzen, Schlittschuhlaufen.
Eisproß ↑Geweih.
Eisstockschießen, Weitschieß- oder Zielspiel auf Eisflächen, bei dem ein Eisstock (ein mit einem Eisenring umfaßter runder Hohlkörper, der einen schwach gekrümmten Holzgriff hat) auf einer 42 m langen und 4 m breiten Bahn möglichst nahe an das Ziel (*Daube,* ein Holzring) geschoben wird, wobei ein evtl. näher liegender Gegner. Eisstock weggestoßen werden kann. Eine Mannschaft *(Moarschaft)* wird aus 4 Spielern (Mannschaftskapitän ist herkömmlich der *Moar*) gebildet, die in jedem der 4 Gänge eines Spiels je einen Wurf haben.
Eist, Dietmar von ↑Dietmar von Aist.
Eistage, in der Meteorologie die Tage, an denen die Lufttemperatur ständig unter 0 °C liegt. – ↑Frosttage.
Eistanz, seit 1950 selbständige (seit 1976 olymp.) Disziplin des Eislaufs, bei der eine Dame und ein Herr ein Paar bilden. Der Wettbewerb besteht aus 2 ausgelosten Pflichttänzen (bei der Gesamtwertung mit 20 % vom erreichten Platz berücksichtigt), dem Originalspurenbildtanz (30 %) und der Kür (50 %).
Eistaucher, Bez. für zwei etwa gänsegroße Seetaucher: 1. **Gavia immer,** v. a. auf tiefen, fischreichen Binnenseen des nördl. und mittleren N-Amerikas, S-Grönlands und Islands; 2. **Gelbschnäbliger Eistaucher** (Gavia adamsii), auf Seen der nördlichsten Tundren Eurasiens und N-Amerikas.
Eisteddfod [engl. aɪs'tɛðvɔd; walis.], Bez. für die Versammlungen und öff. Wettbewerbe walis. Barden; erneuert 1860.

Hanns Eisler

Kurt Eisner

Eisstockschießen. Eisstock

Eissegeln. Eissurfen

Eisvögel

120

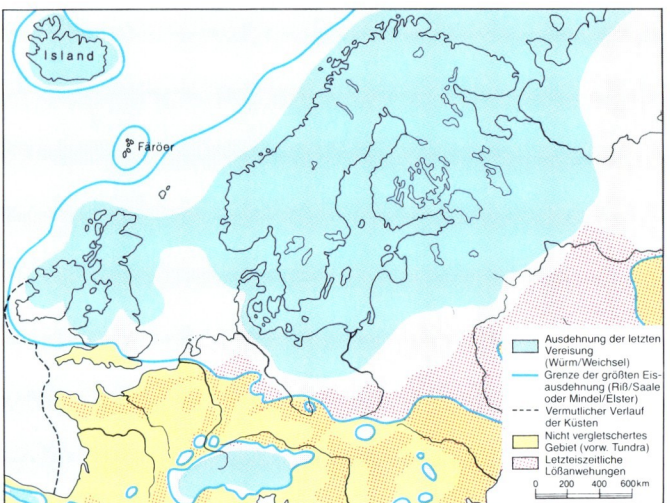

Eiszeit. Verbreitung der pleistozänen Vereisung in Europa

Eisvögel, (Alcedinidae) Fam. der Rackenvögel mit über 80 Arten, v. a. in den Tropen und Subtropen der Alten und Neuen Welt; meist sehr farbenprächtige Vögel mit kräftigem Körper und kurzen Beinen. Bekannt ist der v. a. an Gewässern Eurasiens und N-Afrikas lebende, in Erdhöhlen nistende, von Fischen lebende **Eisvogel** (Alcedo atthis), etwa 17 cm lang, oberseits leuchtend blaugrün, unterseits rotbraun.
▷ Bez. für zwei Edelfalterarten im gemäßigten Eurasien: 1. **Großer Eisvogel** (Limenitis populi), etwa 7 cm spannend, Flügel oberseits dunkelbraun mit weißen Flecken; 2. **Kleiner Eisvogel** (Limenitis camilla), etwa 5 cm spannend, Flügel oberseits schwärzlich mit weißer, mittlerer Fleckenbinde.

Eiswein, ein sehr zuckerreicher Wein aus bei mindestens $-6\,°C$ gefrorenen und gelesenen Trauben.

Eiswolken, Wolken aus Eiskristallen, die meist erst bei Temperaturen unter $-35\,°C$, also in Höhen oberhalb 6 000 bis 7 000 m entstehen.

Eiszeit, Zeitraum der Erdgeschichte mit großer Ausdehnung der Vergletscherung, verursacht durch Klimaverschlechterung, die durch das Zusammentreffen mehrerer Faktoren wie period. Schwankungen der Erdachsenneigung, kleine Veränderungen der Umlaufbahn der Erde, Verringerung des sog. Treibhauseffekts der Atmosphäre u. a. zustande kommt, wobei auch das Relief der Erdoberfläche sowie die Verteilung von Land und Meer entscheidend sind. Zu Beginn und Ende des Paläozoikums sind große Vereisungen nachgewiesen, i. e. S. wird mit E. jedoch die pleistozäne Vereisung bezeichnet. Vom Eis bedeckt waren Antarktis und Patagonien, Arktis und Teile von Sibirien, Nordamerika sowie Nordeuropa und die Alpen. Für den alpinen Bereich lassen sich vier große E. unterscheiden, benannt nach Nebenflüssen der Donau und Isar: Günz-, Mindel-, Riß- und Würmeiszeit; in Norddeutschland entsprechen ihnen Elbe-, Elster-, Saale- und Weichseleiszeit. Zw. je zwei E. lag eine Warmzeit (**Zwischeneiszeit**). Die großen inneralpinen Täler waren von 500–1 200 m dicken Gletschern erfüllt, die sich im Alpenvorland verbreiterten, Zungenbecken ausschürften, die heute von Seen erfüllt sind, Grundmoränen ablagerten. Endmoränen markieren Eisrandlagen. Die Flüsse, die das Schmelzwasser der Gletscher wegführten, lagerten ausgedehnte Kiesmassen ab, die sich heute als Schotterterrassen verfolgen lassen. Durch Auswehung aus Moränen, Sander- und Schotterflächen entstand der Löß, der die ehem. vergletscherten Räume gürtelartig umgibt. Die Vereisung Nordeuropas ging vom skandinav. Hochgebirge aus und reichte bis 50° n. Br. Aus der Zusammensetzung des Moränenmaterials mit z. T. sehr großen Findlingen kann man Rückschlüsse ziehen auf Herkunft und Transportrichtung des Eises. Schwarzwald, Vogesen, Harz, Riesengebirge und Böhmerwald trugen ebenfalls Eiskappen und sandten Gletscher aus. Die Klimazonen waren zum Äquator verlagert, mit erhöhten Niederschlägen in den heutigen subtrop. Trockengebieten, mit Einengung der Wüstengürtel. In nicht ständig vereisten Randgebieten finden sich die Spuren periglazialer Bildungen. Hier breitete sich Tundra aus, in der Mammut, Moschusochse, Wollnashorn, Ren u. a. Tiere lebten. Die Tundra ging in Steppe über, in der auch Birken, Wacholder und Zwergkiefern wuchsen, mit Antilopen, Wildpferd, Bison, Elch und Höhlenbär. An die Steppe schloß Nadel- und Laubwald an. Im Raum zw. den Vereisungsgebieten lebte der Mensch der Altsteinzeit, Jäger und Sammler, nachgewiesen durch Funde und Felsenmalereien.

Eiteilung, svw. ↑Furchungsteilung.

Eiter (Pus), bei eitriger Entzündung abgesonderte zähflüssige Masse aus Serumflüssigkeit, weißen Blutkörperchen und zerfallendem Gewebe. Die E.bildung ist eine Abwehrreaktion des Körpers gegen eingedrungene Krankheitserreger, die von weißen Blutkörperchen vernichtet werden sollen.

Eiterbeule, svw. ↑Furunkel.

Eiterflechte, svw. ↑Impetigo.

Eitoku Kanō [jap. 'e:toku], * Kyōto 1543, † ebd. 1590, jap. Maler. – Leitete die dekorative Periode der Kanōschule ein; Zuschreibungen: die Schiebetüren „Pflaumenbäume am Wasser" des Klosters Shūnkōin (Kyōto, Daitokujitempel) und der Stellschirm „Berge, Wolken und Bäume" (Tokio, Nationalmuseum).

Eiweiße, svw. ↑Proteine.

Eiweißfasern, svw. ↑Proteinfasern.

Eiweißharnen, svw. ↑Proteinurie.

Eiweißminimum, Mindesteiweißmenge, die dem Körper zugeführt werden muß, um die durch Eiweißabbau und Eiweißausscheidungen entstehenden Verluste auszugleichen (↑Ernährung).

Eiweißspaltung ↑Proteine.

Eiweißstoffe, svw. ↑Proteine.

Eiweißstoffwechsel ↑Stoffwechsel.

Eiweißuhr ↑Altersbestimmung.

Eizahn, im Ggs. zur ↑Eischwiele echter, am Zwischenkiefer sitzender Zahn bei schlüpfreifen Embryonen von Eidechsen und Schlangen zum Aufschlitzen der Eischale.

Eizelle ↑Ei.

Ejakulation [lat.] (Samenerguß, Ejaculatio), Ausspritzung von Samenflüssigkeit (**Ejakulat**) aus dem erigierten Penis durch rhythm. Kontraktion der Muskulatur des Samenleiters, der Samenblase, der Schwellkörper und des

Eitoku Kanō. Teil des Stellschirms „Berge, Wolken und Bäume" (Tokio, Nationalmuseum)

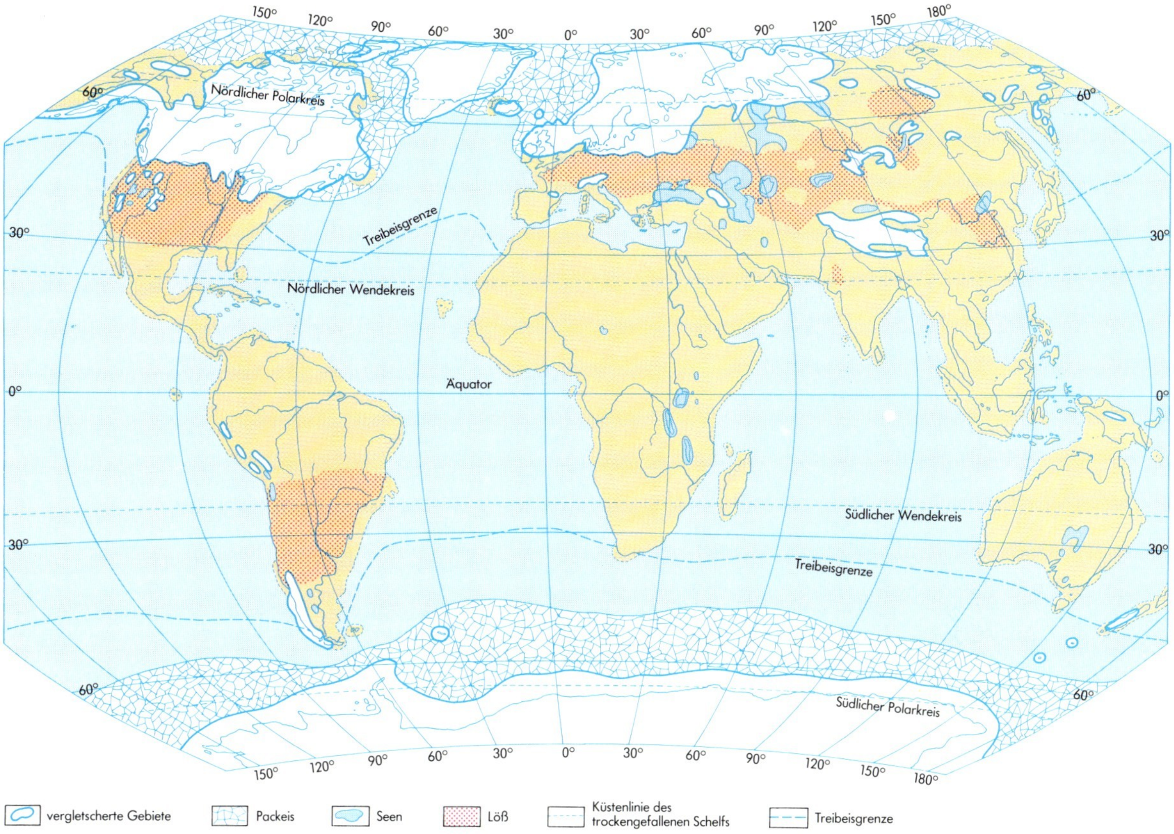

Eiszeit. Maximalvereisung der letzten Eiszeit (vor etwa 18 000 Jahren)

Beckenbodens. – Kommt es bereits vor oder unmittelbar nach Einführung des Penis in die Vagina zum Samenerguß, spricht man von **Ejaculatio praecox.**

ek..., Ek... [griech.], Vorsilbe von Zusammensetzungen mit der Bed. „aus", „aus ... heraus", z. B. Ekstase.

Eka-Elemente [zu Sanskrit eka „eins"], urspr. Bez. für die 1871 von D. I. Mendelejew auf Grund von Lücken in seinem Periodensystem vorausgesagten chem. Elemente.

Ekarté (Ecarté) [ekar'te:; frz.], frz. Karten[glücks]spiel unter zwei Teilnehmern mit 32 Karten. Jeder Spieler erhält 5 Karten, die 11. aufgedeckte Karte bestimmt die Trumpffarbe. E. wird meist an Spielbanken gespielt.

Ekbatana (altpers. Hagmatana; lat. Ecbatana), Hauptstadt des alten Mederreiches und altpers. Residenzstadt; heißt heute ↑Hamadan.

Ekchymose [griech.], kleinflächige begrenzte Blutungen in der Haut oder in Schleimhäuten.

EKD, Abk. für: ↑Evangelische Kirche in Deutschland.

Ekdysis [griech.], svw. ↑Häutung.

Ekel, Gefühl der Abneigung und des Widerwillens. E. kann sich sowohl auf Gegenstände als auch auf Menschen bzw. bestimmte menschl. Verhaltensweisen beziehen.

Ekelöf, Bengt Gunnar, *Stockholm 15. Sept. 1907, †Sigtuna 16. März 1968, schwed. Lyriker. – Schrieb anfangs assoziative, vom frz. Surrealismus und Strawinski geprägte, dann klare, schließlich volksliedhafte Lyrik; auch Kunst- und Literaturkritiker.

Ekelund, Vilhelm, *Stehag (Schonen) 14. Okt. 1880, †Saltsjöbaden bei Stockholm 3. Sept. 1949, schwed. Schriftsteller. – Anfangs symbolist. Stimmungs- und Naturlyrik, dann extrem knappe, schließl. einfache, harmon. Sprache; auch als Essayist und Verfasser von Aphorismen Bahnbrecher der Moderne in der schwed. Literatur.

EKG, Abk. für: ↑Elektrokardiogramm.

Ekhof, Conrad, *Hamburg 12. Aug. 1720, †Gotha 16. Juni 1778, dt. Schauspieler. – Begann 1740 in Schönemanns Truppe, spielte bei H. G. Koch und Ackermann, seit 1767 am Hamburger Nationaltheater (Zusammenarbeit mit Lessing); ab 1771 in Weimar, ab 1774 in Gotha. E. überwand den pathet. Spielstil durch gemäßigten Realismus.

Ekibastus, Ind.stadt im NO Kasachstans, 135 000 E. Zentrum der Steinkohlenförderung und Elektroenergieerzeugung; ⚒.

EKiD, Abk. für: ↑Evangelische Kirche in Deutschland.

Ekkehart (Ekkehard), Name mehrerer Mönche von Sankt Gallen:
E. I., *bei Sankt Gallen um 910, †Sankt Gallen 14. Jan. 973, Stiftsdekan, mittellat. Dichter. – Verf. geistl. Hymnen und Sequenzen, als Autor des Epos „Waltharius" umstritten.
E. II., gen. Palatinus, *um 920, †Mainz 23. April 990, Neffe von E. (*um 910, †973), Leiter der Klosterschule. – Dompropst von Mainz; Lehrer der Herzogin Hadwig von Schwaben; bekannt durch J. V. von Scheffels Roman „Ekkehard".
E. IV., *im Elsaß (?) um 980, †Sankt Gallen 21. Okt. um 1060, mittellat. Dichter. – 1022–32 Leiter der Schule in Mainz, danach wieder in Sankt Gallen. E. setzte die Chronik des Klosters Sankt Gallen von 860 bis 972 und die von Ratpert begonnene „Casus Sancti Galli" fort.

Ekklesia [griech.], im urspr., profanen Sprachgebrauch die ↑Ekklesie; erst in der griech. Übersetzung des A. T. Bez. für die israelit. Kultgemeinde. – Im N. T. (v. a. im Paulin. Schrifttum) bezeichnet E. vorwiegend die Lokalgemeinde, mitunter auch die Gesamtkirche.

Ekklesiastes, griech.-lat. Bez. des Buches Prediger im A. T.

Bengt Gunnar Ekelöf (Ausschnitt aus einem Gemälde)

Vilhelm Ekelund

Ekklesie

Ekklesie [griech.] (lat. ecclesia), in der griech. Antike die mit gesetzgebender Gewalt ausgestattete Volksversammlung der griech. Stadtstaaten.

Ekklesiologie [griech.], die theolog. Lehre von der ↑ Kirche.

Eklampsie [griech.], unmittelbar vor oder während der Geburt plötzlich auftretende, mit Bewußtlosigkeit einhergehende, lebensbedrohende Krampfanfälle der Schwangeren bei nervös-hormoneller Fehlsteuerung und Fehlanpassung des weibl. Organismus an die Schwangerschaft.

Eklat [e'kla:; zu frz. éclater „bersten, krachen"], Aufsehen; ärgerniserregender Auftritt; **eklatant,** aufsehenerregend, auffallend.

Eklektiker [griech.], Vertreter eines ↑ Eklektizismus.

Eklektizismus [griech.], eine *Philosophie,* in der die eigene Position durch die Übernahme fremder Lehrstücke bestimmt ist (z. B. die Ciceros).

▷ eine *künstler. Ausdrucksweise,* die sich bereits entwickelter und abgeschlossener Kunstleistungen bedient.

Eklipse [griech.] (Eklipsis), in der *Sprachwiss.* das Auslassen von Wörtern oder Lauten.

▷ in der *Astronomie* Sonnen- oder Mondfinsternis.

Ekliptik [griech.], der größte Kreis, in dem die Ebene der Erdbahn um die Sonne die als unendlich groß gedachte Himmelskugel schneidet. Die Erdbahnebene, die **ekliptikale Ebene,** ist definiert durch die Verbindungslinie Mittelpunkt der Sonne – Schwerpunkt des Erde-Mond-Systems und die Bewegungsrichtung dieses Systemschwerpunktes um die Sonne. Die E. schneidet im *Frühlings-* und *Herbstpunkt* den *Himmelsäquator* unter einem Winkel von etwa 23° 26', der als **Schiefe der Ekliptik** bezeichnet wird.

Ekliptikalsystem [griech.] ↑ astronomische Koordinatensysteme (Übersicht).

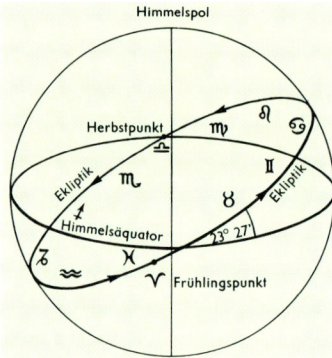

Ekliptik

Ekloge [griech. „Auswahl"], in der röm. Literatur urspr. Bez. für ein kleineres „auserlesenes" Gedicht, später Hirtengedicht.

Eklogit [griech.], metamorphes, massiges bis dickschiefriges Gestein; Hauptbestandteile sind roter Granat und grüner Augit.

Ekofisk ↑ Nordsee.

Ekossaise [ekɔ'sɛ:zə; frz.] ↑ Ecossaise.

Ekphorie [griech.], durch einen Reiz ausgelöstes Wiederauftauchen von Gedächtnisinhalten.

Ekron, einer der fünf Stadtstaaten der Philister; vermutlich die Ruinenstätte Chirbat Al Mukanna (Israel); 701 v. Chr. von Sanherib erobert; wurde erst zur Makkabäerzeit israelit. (1. Makk. 10, 89).

Ekstase [griech.], rauschhafter Zustand der Verzückung bzw. Entrückung; das „Außersichsein" als Erlebnis individueller Entpersönlichung. Zu unterscheiden sind spontane E. und künstlich herbeigeführte (z. B. durch Musik oder Drogen). In der *Religionswiss.* auch Bez. für phys. und psych. Ausnahmezustände eines erweiterten Bewußtseins, die religiös interpretiert werden.

Ektasie [griech.], krankhafte Erweiterung eines Hohlorgans; z. B. des Magens.

Ektenie [zu griech. ektenés „angespannt, inbrünstig"], Wechselgebet im byzantin. Gottesdienst.

ekto..., Ekto... [griech.], Vorsilbe von Zusammensetzungen mit der Bed.: „außen", „außerhalb".

Ektobiologie, svw. ↑ Exobiologie.

Ektoderm [griech.], das äußere der drei ↑ Keimblätter.

Ektohormone (Pheromone), von Tieren in kleinsten Mengen produzierte hochwirksame Substanzen, die, nach außen abgegeben, Stoffwechsel und Verhalten anderer Individuen der gleichen Art beeinflussen.

Ektomie [griech.], operatives Herausschneiden eines ganzen Organs.

Ektoparasit (Außenparasit), Schmarotzer, der sich auf der Körperoberfläche seines Wirtes aufhält. Ggs. ↑ Endoparasit.

Ektopie [griech.], angeborene oder erworbene Verlagerung eines Organs; z. B. Wanderniere.

Ektoplasma (Außenplasma, Ektosark), äußere Zytoplasmaschicht vieler Einzeller.

Ektoskelett (Exoskelett, Außenskelett), im Ggs. zum ↑ Endoskelett den Körper umhüllendes Skelett bei Wirbellosen (z. B. Gliederfüßer, viele Weichtiere) und Wirbeltieren (z. B. manche Fische und Reptilien).

Ektosporen, svw. ↑ Exosporen.

Ektotoxine, svw. ↑ Exotoxine.

Ektromelie [griech.], svw. ↑ Mäusepocken.

Ektropium (Ektropion) [griech.], das Auswärtsgekehrtsein eines (meist des unteren) Augenlids. Das E. kann als Alterserscheinung auftreten, durch Erschlaffung der Lidmuskulatur bei Fazialislähmung oder durch Narbenzug verursacht sein.

EKU, Abk. für: ↑ **E**vangelische **K**irche der **U**nion.

Ekuador ↑ Ecuador.

Ekzem [griech.], schubweise auftretende, juckende, entzündl. Hauterkrankung als Überempfindlichkeitsreaktion auf verschiedenartige Reize. Ein **akutes Ekzem** äußert sich zunächst in einer flächenhaften Rötung und Schwellung der Haut, dann entstehen Knötchen und schließlich Bläschen. Nach deren Platzen bilden sich nässende Hautstellen. Durch Eintrocknen der abgesonderten Flüssigkeit kommt es zur Krustenbildung, im Abheilungsstadium zur Schuppung. Beim **chronischen Ekzem** stehen anstelle der Bläschenbildung Verhornungsprozesse im Vordergrund.

Das allerg. **Kontaktekzem** wird durch bestimmte Substanzen (z. B. Chrom, verschiedene Lösungsmittel) verursacht, die in direkten Kontakt mit der Haut gelangen. Beim **degenerativen Ekzem** geht der Reizung eine Schädigung der Haut voraus, wodurch das Eindringen von schädigenden Stoffen erleichtert wird. – Eine Sonderform stellt das **mikrobielle Ekzem** dar, bei dem Überempfindlichkeit der Haut gegenüber bestimmten Mikroben besteht. – Das **endogene Ekzem** (Neurodermitis constitutionalis) beruht auf einer angeborenen Überempfindlichkeit der Haut. – Bei der Therapie des E. steht die Ausschaltung der auslösenden Faktoren im Vordergrund. Der Juckreiz kann durch Antihistaminika beseitigt oder gemildert werden.

El, höchste Gottheit der meisten semit. Völker, so bereits der vorisraelit., kanaanäischen Bewohner Palästinas.

Elaborat [lat.], schriftlich ausgearbeitetes Werk; heute meist verächtlich: Machwerk.

Elagabal (Marcus Aurelius Antoninus Heliogabalus), eigtl. Varius Avitus Bassianus, *Emesa (= Homs) 204, † Rom 11. März 222 (ermordet), röm. Kaiser (seit 218). – Ab 217 Priester des Lokalgottes E., den er – nach Ermordung Caracallas als dessen vermeintl. Sohn von Truppen zum Kaiser ausgerufen – 219 in Rom als Sonnengott (Sol Invictus Heliogabalus) zur Reichsgottheit erhob.

Elaidinsäure [...la-i...; griech./dt.], die trans-Form der ↑ Ölsäure.

Elaiosom [griech.] (Ölkörper), fett- und eiweißreiches Gewebeanhängsel an pflanzl. Samen, z. B. beim Schöllkraut.

El Al Israel Airlines Ltd. [engl. ... ɛəlaɪnz 'lɪmɪtɪd], israel. Luftverkehrsunternehmen, ↑ Luftverkehrsgesellschaften (Übersicht).

Elam, altoriental. Reich in SW-Iran. E. wurde als eine Art Bundesstaat von einem Oberkönig in Susa regiert. Schon die früheste histor. Nachricht zeigt E. im Kampf mit den Sumerern (nach 2700 v. Chr.). Um 2300 erlag E. dem Angriff Akkads. Seither drang sumer. und akkad. Sprache und Kultur nach E. ein. Unter den Epartiden (seit 1785) konnte sich E. fast unabhängig halten. Obwohl um 1325 der babylon. König Susa eingenommen hatte, erlebte E. im 13. Jh. eine Zeit höchster kultureller Blüte. Um 1110 wurde E. durch den babylon. König Nebukadnezar I. erobert. Im 8. Jh. bildete sich ein neuelam. Reich, das mit der assyr. Eroberung von Susa 646 erlosch (später Teil des Achämenidenreichs).

Religion: An der Spitze des Pantheons stand urspr. die Göttermutter Pinenkir. Im Verlauf des 2. Jt. gewann der Gott Humban als Gottheit der königl. Herrschaft eine vorrangige Stellung. Neben ihm besaßen der Sonnengott Nachchunte („Tagschaffer") und der Mondgott Napir („der Glänzende") eine bes. Bedeutung. Der Glaube an ein Fortleben nach dem Tode war mit der Vorstellung eines Totengerichts verbunden, als dessen göttl. Herr Inschuschinak galt.

Kunst: Sie stand seit neolith. Zeit in Austausch mit Mesopotamien. Herald. Komposition und eine Vorliebe für dämon. Wesen (u. a. Greifen) kennzeichneten die Rollsiegel. Die frühe Gefäßmalerei (seit etwa 4000 v. Chr.) bildete einen Höhepunkt altoriental. Malkunst. Die mittelelam. Kunst, v. a. des 13. Jh., brachte bed. Relief- und Rundplastik hervor, die unabhängig vom Material (Stein, Fritte, Ton, Metallguß) durch naturnahe, vereinfachte Grundformen mit eingeritzter Detailzeichnung charakterisiert ist. Auch die Architektur hat bei meist übernommenen Bauschemata eigene Züge, bes. auffällig in Tschogha Sanbil.

Sprache: Um 3000 v. Chr. entstand in E., parallel zur wenig älteren Schrifterfindung der Sumerer, eine eigene Wortzeichenschrift, die sich im 3. Jt. zur sog. *protoelam. Strichschrift* weiterentwickelte. Um 2250 wurde mit anderen Kulturelementen aus Babylonien auch die sumerisch-babylon. Keilschrift übernommen, die die einheim. Schrift völlig verdrängte. Für die folgende Zeit des Alt-Elamischen sind jedoch nicht-akkad. Texte sehr selten, und erst das Mittel-Elamische seit dem 13. Jh. ist durch Königsinschriften, seit dem 7. Jh. v. Chr. auch durch Wirtschaftsurkunden (bes. aus Susa und Persepolis), besser belegt. Am besten erschlossen wurde das Spät-Elamische der Königsinschriften der Achämeniden. Bisher konnte keine Beziehung zu einer anderen Sprache oder Sprachgruppe eindeutig nachgewiesen werden.

Elam (Sprache). Protoelamische Strichschrift, Steininschrift, etwa Ende des 3. Jt. v. Chr.

Elan [frz., zu s'élancer „sich aufschwingen"], Schwung, Begeisterung.

Élan vital [frz. elāvi'tal], Begriff für „Lebenskraft" in der Lebensphilosophie H. Bergsons.

Eläolith, svw. ↑Nephelin.

Eläolithsyenit, svw. ↑Nephelinsyenit.

El-Argar-Kultur [span. elar'ɣar] (Argar-Kultur), nach einer Nekropole in der Prov. Almería benannte südostspan. bronzezeitl. Kulturgruppe (etwa 18.–15. Jh.); kennzeichnend sind befestigte Höhensiedlungen mit steinernen Ringmauern, Bestattung in großen Gräberfeldern (Steinkisten, seltener Schachtgräber), Stein- und Metallgeräte (Kupfer, Bronze, Silber).

Elasmobranchii […çi-i; griech.] (Quermäuler), Unterklasse überwiegend meeresbewohnender Knorpelfische mit 2 Ordnungen: ↑Haifische, ↑Rochen.

Elam (Kunst). Links: Gefäßmalerei, verzierter Becher aus Susa, Anfang des 4. Jt. v. Chr. Rechts: mittelelamische Kunst, Torso einer Bronzestatue aus Susa, Höhe 1,29 m, um 1250 v. Chr. (beide Paris, Louvre)

Elaste [griech.] ↑Kunststoffe.

Elastik [griech.], Gewebe und Gewirke aus meist Polyurethan-Elastomerfasern.

Elastin [griech.], Gerüsteiweiß (Skleroprotein) der elast. Fasern in Bindegeweben, Gefäßwandungen und manchen Sehnen.

elastisch [griech.], federnd, spannkräftig; dehn- und zusammendrückbar, biegsam; in übertragenem Sinn: beweglich, geschmeidig, widerstandsfähig. – In der *Physik* und *Technik* versteht man unter **elastischen Körpern** solche Körper, die durch äußere Kräfte keine bleibende Verformung erfahren, sondern nach Beendigung der Kraftwirkung ihre urspr. Form wieder annehmen. **Elastische Kräfte** sind Rückstellkräfte, die proportional der Auslenkung aus einer Gleichgewichtslage sind.

elastische Fasern, überwiegend aus ↑Elastin bestehende, stark dehnbare Fasern in elast. Bindegeweben (z. B. in der Lunge, in der Haut).

elastische Schwingungen, in festen Körpern bei Einwirkung äußerer Kräfte auftretende Schwingungen, die auf dem Zusammenwirken von Trägheitskraft und elast. Rückstellkräften beruhen. Derartige e. S. breiten sich im allg. als **elastische Wellen** im Körper aus, z. B. Schall- und Erdbebenwellen.

Elastizität [griech.], Fähigkeit eines Körpers, durch äußere Kräfte verursachte Form- und Volumenveränderungen nach Beendigung der Kraftwirkungen rückgängig zu machen. – In der *Technik* werden Werkstoffe fast immer nur bis zur **Elastizitätsgrenze** beansprucht. Dies ist diejenige elast. Spannung, bis zu der der Werkstoff beansprucht werden kann, ohne daß er nach Entlastung [meßbare] bleibende Formänderungen aufweist. E. bei Flüssigkeiten und Gasen nennt man ↑Kompressibilität.

▷ (Motorelastizität) Bez. für die Drehzahlspanne, innerhalb deren ein Verbrennungsmotor betrieben werden kann; sie bestimmt für ein Kfz die Auslegung seines Schaltgetriebes und die Anzahl der erforderl. Schaltgänge.

▷ in der *Wirtschaftstheorie* eine Meßzahl für die Relationen zw. den Veränderungsraten zweier Größen (Variablen). Die wichtigsten E. sind 1. *Preis-E. des Angebots* (Änderung der Angebotsmenge eines Gutes im Verhältnis zur vorangegangenen Preisänderung dieses Gutes); 2. *Preis-E. der Nachfrage* (Veränderung der nachgefragten Menge eines Gutes

Elastizitätsgrenze

bei Preisänderungen); 3. *Einkommens-E. der Nachfrage* (durch Einkommensänderungen ausgelöste Veränderung der Nachfrage nach einem Gut); 4. *Kreuzpreis-E.* (Änderung der Nachfragemenge nach einem Gut A bei einer vorausgegangenen Änderung des Preises eines Gutes B).

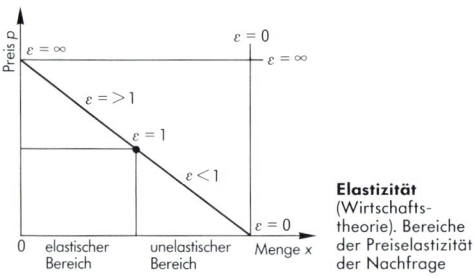

Elastizität (Wirtschaftstheorie). Bereiche der Preiselastizität der Nachfrage

Elastizitätsgrenze ↑Elastizität.
Elastizitätsmodul, Kurzbez. E-Modul, Quotient aus der Änderung der elast. Spannung und der zugehörigen Änderung der Dehnung; wird als Stoffwert fester Körper aus Zug-, Druck- oder Biegeversuchen bestimmt.
Elastizitätstheorie, Theorie von den durch Volumen- und Oberflächenkräfte in elast. Stoffen erzeugten Deformationen und Spannungen, wobei der Stoff als Kontinuum betrachtet wird.
Elastomere (Elaste) [griech.] ↑Kunststoffe.
Elat (Elath, Eilat), Hafenstadt im äußersten S von Israel, am Ende des Golfs von Akaba, 20 400 E. Malachitschleifereien, Fischkonservenfabrik; Fremdenverkehr. Der Hafen dient v. a. dem Güterverkehr, u. a. Import von Erdöl, Pipeline nach Ashqelon und Haifa; ✈. – 1948 als Israels Hafen zum Roten Meer gegr.; die Blockierung der Zufahrt durch den Golf von Akaba am 22. Mai 1967 durch Ägypten war der Anlaß des Sechstagekrieges vom Juni 1967. – Das bibl. **Elath** (Eloth), bed. Hafen- und Handelsstadt der Edomiter, lag in der Nähe des heutigen Akaba (Jordanien).
Elateren [griech.], langgestreckte Schleuderzellen in den Sporenkapseln von Lebermoosen; liegen zw. den Sporen und streuen diese nach dem Öffnen der Kapsel aus.
Elath ↑Elat.
Elativ [lat.], absoluter, d. h. ohne Vergleich stehender Superlativ, z. B. *modernste* Maschinen (d. h. sehr moderne Maschinen).
Elâzığ [türk. ɛla:ˈzi:], Hauptstadt der Prov. E. in der zentralen O-Türkei, 1 020 m ü. d. M., 181 500 E. Univ. (gegr. 1975); Textil-, Zementindustrie.
Elba, italien. Insel im Tyrrhen. Meer, 223,5 km², 29 100 E, im Monte Capanne 1 019 m hoch, mit buchtenreicher Küste, Hauptort Portoferraio. Fremdenverkehr. – Auf E. (griech. **Aithalia,** lat. **Ilva**) gründeten die Römer mehrere Kolonien; im 11. Jh. an Pisa; seit dem 16. Jh. zw. Spaniern und Franzosen umstritten. Im Frieden von Amiens (1802) fiel E. an Frankreich. Vom 3. Mai 1814 bis zum 26. Febr. 1815 Aufenthaltsort von Napoleon I.; 1815 an das Großherzogtum Toskana, mit ihm 1860 an das Kgr. Italien.
Elbasạn, alban. Stadt 35 km sö. von Tirana, 69 900 E. Hauptstadt des Bez. E.; Holzverarbeitung, Erdölraffinerie. – 1466 vom osman. Sultan Mahmud II. als Militärbasis gegen die Albaner und Venezianer gegründet.
Elbe (tschech. Labe), mitteleurop. Fluß (ČR, Deutschland), entspringt im südl. Riesengebirge (zahlr. Quellbäche), durchbricht das Böhm. Mittelgebirge und das Elbsandsteingebirge, folgt im Norddt. Tiefland z. T. dem Lauf von Urstromtälern, mündet bei Cuxhaven, 15 km breit, in die Nordsee. Einzugsgebiet 144 000 km², Länge 1 165 km, 940 km schiffbar von der Nordsee bis ins Böhm. Becken. Kanalverbindungen zu Oder, Weser/Rhein und Ostsee. Die größten E.häfen sind Hamburg und Magdeburg.
Völkerrecht: Die Elbschiffahrtsakte von 1821 bestimmte, daß die Schiffahrt auf der E. bis zur hohen See frei sein solle und Stapelgebühren und Zölle nicht mehr zu erheben seien. Die Art. 340–345 des Versailler Vertrages unterstellten die E. neuerlich einer internat. Kommission; die Elbschiffahrtsakte vom 22. 2. 1922 regelte die Benutzung der E. und das Verfahren bei Streitigkeiten. Durch die Erklärung des Dt. Reiches vom 14. Nov. 1936 wurde das internat. Regime der Elbschiffahrt einseitig aufgehoben. Derzeit fehlt es an vertragl. Regelungen. Im Okt. 1990 wurde eine internat. Kommission zum Schutz und der Sanierung der Elbe eingesetzt.

Elateren. Links: aufgesprungene Sporenkapsel. Rechts: einzelne Elatere

Elbegast ↑Elegast.
Elbe-Havel-Kanal, 56 km langer Kanal von Niegripp an der Elbe bis zum Plauer See bei Brandenburg/Havel, direkte Verbindung vom Mittellandkanal nach Berlin.
Elbe-Lübeck-Kanal, Kanal von Lauenburg/Elbe bis Lübeck, etwa 62 km lang.
Elben ↑Elfen.
Elbeseitenkanal, 1976 – nach Dammbruch 1977 wieder – eröffneter, 113 km langer Nord-Süd-Kanal mit dem größten europ. Schiffshebewerk bei Scharnebeck bei Lüneburg, der die Elbe mit dem Mittellandkanal verbindet.
Elbgermanen, durch archäolog. Funde belegte Volksgruppen des 1.–5. Jh. im Einzugsgebiet der Elbe; zu den E. sind Markomannen, Quaden, Hermunduren, Semnonen und Langobarden zu rechnen.
Elbherzogtümer, 1848–66 gebrauchte Bez. für die Hzgt. Schleswig und Holstein.
Elbing (poln. Elbląg), Hauptstadt der Woiwodschaft E., Polen, oberhalb der Mündung des Elbing in das Frische Haff, 122 000 E. Turbinenbau, Nahrungsmittel- und Holzind., Binnenhafen. – 1237 Anlage einer Burg des Dt. Ordens und einer Siedlung (1246/1343 lüb. Stadtrecht), die 1478 mit der um 1337 gegr. Neustadt (1347 lüb. Stadtrecht) vereinigt wurde. Das 1242 gegr. Hl.-Geist-Spital wurde im 14. Jh. Hauptspital des Dt. Ordens; E. war bis

Elbe. Unterlauf der Elbe bei Haseldorf (östlich von Stade)

Elch

1309 Sitz des Landmeisters und Basis im Kampf gegen die Pruzzen. Seit Ende des 13. Jh. führende Stellung in der Hanse. 1440 Beitritt zum Preuß. Bund, 1454 Abfall vom Ordensstaat, 1466 an Polen. Im 15./16. Jh. wahrte E. seine Selbständigkeit gegenüber beiden. 1772 preuß.; war im 19. Jh. das größte Industriezentrum Ostpreußens. – Die im 2. Weltkrieg zerstörten Baudenkmäler sind z. T. wiederhergestellt, u. a. Sankt-Nikolaus-Kirche (13.–15. Jh.). Erhalten ist das Markttor (14. Jh.) und die spätgot. Sankt-Georgs-Kapelle (15. Jh.); Reste der Ordensburg.

Elbingerode/Harz, Stadt in Sa.-Anh., 450–500 m ü. d. M., 5 000 E. Kalkindustrie. – Bei einer Burg der Herren von Elbingerode entstand im 13. Jh. eine dt. Siedlung, die 1422 an die Welfen fiel.

Elbląg [poln. ɛlblɔŋk] ↑ Elbing.

Elbling, heute nur noch an der Obermosel angebaute weiße Rebsorte.

Elbmarschen, Sammelbez. für die Flußmarschen beiderseits der Elbe von Geesthacht bis zu ihrer Mündung.

Elbogen, Ismar, * Schildberg (= Ostrzeszów, Woiwodschaft Posen) 1. Sept. 1874, † New York 1. Aug. 1943, jüd. Gelehrter. – Wirkte an der Hochschule für die Wissenschaft des Judentums in Berlin (1902–38) und u. a. am Jewish Theological Seminary in New York (1938–43); zahlr. Werke über die jüd. Geschichte, Kultur und Literatur, u. a. „Der jüd. Gottesdienst in seiner geschichtl. Entwicklung" (1913, Nachdr. 1962); Mithg. der „Encyclopedia Judaica" (10 Bde., 1928–34, unvollendet).

Elbrus, höchster Berg des Großen Kaukasus, erloschener Vulkan mit zwei Gipfeln: der westl. 5 642 m, der östl. 5 621 m hoch, stark vergletschert.

Elbsandsteingebirge (tschech. Děčínské stěny), aus gelbgrünen Kreidesandsteinen aufgebautes, bewaldetes Bergland mit bizarren Felsformen zw. Erzgebirge und Lausitzer Bergland, Deutschland und ČR, im Hohen Schneeberg 721 m hoch. Basaltkuppen und Sandsteintafelberge erheben sich über Verebnungsflächen, die in rd. 350 m Höhe liegen. Das dt. Gebiet beiderseits des Elbdurchbruchs wird **Sächsische Schweiz** genannt und ist seit 1990 z. T. Nationalpark; Fremdenverkehr.

Elbslawen, Bez. für die westslaw. Volksstämme im Gebiet zw. Elbe–Saale und Oder–Neiße, v. a. Obotriten, Liutizen und Sorben; im 12. Jh. dem Hl. Röm. Reich angeschlossen.

Elbtunnel, 1. 1911 im Hamburger Hafen erbauter Tunnel, über Personen- bzw. Wagenaufzüge erreichbar; Länge 448,5 m, Sohle 23,5 m unter Wasserspiegel; 2. 1975 eröffneter Straßentunnel in Hamburg; 6 Fahrspuren in 3 Röhren, Länge 2 653 m, Sohle 27 m unter Wasserspiegel; computergesteuerte Verkehrsführung.

Elbursgebirge (pers. Albors), Gebirge in N-Iran, mehrere parallel verlaufende Ketten, als S-Umrahmung des Kasp. Meers, im vergletscherten Demawend 5 671 m hoch.

Elcano, Juan Sebastián, * Guetaria (Prov. Guipúzcoa) 1486 oder 1487, † im Pazifik 4. Aug. 1526, span. Seefahrer. – Nahm seit 1519 an der Weltumseglung des F. de ↑ Magalhães teil, übernahm nach dessen Tod das Kommando über die „Victoria"; führte 1521/22 die Erdumseglung erfolgreich zu Ende.

Elch (Elen, Alces alces), größte Art der Hirsche (Körperlänge bis über 3 m, Schulterhöhe bis 2,4 m) mit mehreren Unterarten im nördl. N-Amerika, N- und O-Europa sowie in N-Asien; massiger Körper, buckelartig erhöhter Widerrist und auffallend hohe Beine; ♂♂ mit oft mächtig entwickeltem (bis 20 kg schwerem), meist schaufelförmigem Geweih; Fell rötlich graubraun bis fast schwarz; Zehen groß, weit spreizbar, ermöglichen Gehen auf sumpfigem Untergrund.

Elche [span. 'ɛltʃe], südspan. Stadt, 20 km sw. von Alicante, 86 m ü. d. M., 176 000 E. Bewässerungsoase mit Dattelpalmen, Apfelsinen-, Feigen-, Ölbaum- und Mandelbaumhainen, Rebkulturen und Getreidebau; Nahrungsmittelind., Herstellung von Alfagras- und Kautschukwaren u. a. – Das römerzeitl. **Ilici Augusta Colonia Inmune** war in westgot. Zeit Bischofssitz. – Oriental. Stadtbild. – Die **Dame von Elche,** die bemalte Kalksteinbüste einer Iberiererin in reicher Festtracht, wurde im 4. oder 1. Jh. v. Chr. geschaffen (Madrid, Museo Arqueológico Nacional).

Elche. Dame von Elche, Höhe 56 cm, 4. oder 1. Jh. v. Chr. (Madrid, Museo Arqueológico Nacional)

Elchhund, Bez. für zwei Hunderassen; 1. **Großer Elchhund** (Jämthund), kräftiger, bis 63 cm hoher, spitzartiger Hund aus Jämtland. 2. **Kleiner Elchhund** (Grahund), mittelgroßer, skand. ↑ Nordlandhund mit breitem Schädel, dunklem Gesicht, spitzen Stehohren und kurz über den Rücken eingerollter Rute.

Elde, rechter Nebenfluß der unteren Elbe, Meckl.-Vorp., entspringt sö. des Plauer Sees, mündet bei Dömitz, Unterlauf kanalisiert und schiffbar; 184 km lang.

Eldena, Stadtteil von Greifswald, am Greifswalder Bodden. – Ehem. Zisterzienserkloster (gegr. 1199), im 17./

Elbsandsteingebirge. Die Schrammsteine in der Sächsischen Schweiz

Eldjárn

Eldena. Caspar David Friedrich, Klosterruine, um 1808 (Berlin, Staatliche Museen)

18. Jh. verfallen. Die maler. Ruine der Kirche (13./14. Jh.) wurde mehrfach von C. D. Friedrich dargestellt.

Eldjárn, Kristján [isländ. 'ɛldjaudn], *Tjörn (Svarfadadal, Island) 6. Dez. 1916, †Cleveland (Ohio) 14. Sept. 1982, isländ. Politiker. – Historiker; 1968–80 Präs. der Republik Island; zahlr. Veröffentlichungen.

El-Djem [ɛl'dʒɛm], tunes. Ort 60 km südlich von Sousse, 110 m ü. d. M., 12 000 E. – El-D. liegt an der Stelle der röm. Stadt **Thysdrus** (15 000–20 000 E), deren dreigeschossiges Amphitheater (Reste erhalten) rd. 35 000 Besucher faßte; von der UNESCO zum Weltkulturerbe erklärt.

ELDO ↑ESA.

Eldorado [span. el dorado (país) „das vergoldete (Land)"] (Dorado), sagenhaftes Goldland im nördl. Südamerika. Die Vorstellung von E. soll auf einen Brauch bei den Muisca zurückgehen: Der Kazike von Guatavita fuhr, mit Goldstaub bedeckt, auf den See hinaus und wusch sich dort das Gold ab. Die Kunde von dieser Sage zog zahlr. Abenteurer aus Europa in die Urwälder des Amazonasgebietes. – In übertragenem Sinne: Traumland, Paradies.

Eldridge, Roy [engl. 'ɛldrɪdʒ], eigtl. Daniel E., *Pittsburgh (Pa.) 30. Jan. 1911, †New York 26. Febr. 1989, amerikan. Jazzmusiker (Trompeter). – E. Spielweise stellt das Bindeglied zw. traditionellem Jazz und Bebop dar.

El-Djem. Das dreigeschossige Amphitheater des römischen Thysdrus

Eleasar, dritter Sohn und Nachfolger Aarons (4. Mos. 20, 26), verteilt mit Josua zusammen das Land (34, 16) und wird in Gibea begraben (Jos. 24, 33).

Eleasar Ben Jehuda Ben Kalonymos (gen. Rokesch), *Mainz um 1165, †Worms zw. 1223 und 1232, Rabbiner und Verfasser liturg. Hymnen. – Rabbiner von Worms, der letzte bed. und literar. fruchtbarste Vertreter der dt. ↑Chassidim.

Eleaten [griech.], an Xenophanes von Elea anknüpfende Philosophen des 6./5. Jh. (v. a. Parmenides, Zenon von Elea und Melissos), die mit ihrer Ontologie eines alles umfassenden, unvergängl. Seins und der Annahme einer Identität von Denken und Sein großen Einfluß auf die weitere Entwicklung der Philosophie hatten.

Electuarium [lat.], svw. ↑Latwerge.

Elefanten [zu griech. eléphas mit gleicher Bed.] (Elephantidae), einzige rezente, seit dem Eozän bekannte Fam. der ↑Rüsseltiere; mit 5,5–7,5 m Körperlänge, 4 m Schulterhöhe und 6 t Gewicht größte und schwerste lebende Landsäugetiere; Nase zu langem, muskulösem Rüssel verlängert (gutes Greiforgan), Haut etwa 2–4 cm dick, jedoch sehr tastempfindlich; obere Schneidezähne können zu etwa 3 m langen und 100 kg schweren ständig nachwachsenden Stoßzähnen ausgebildet sein, die das ↑Elfenbein liefern; Pflanzenfresser. Die mit 8–12 Jahren geschlechtsreifen E. sind mit etwa 25 Jahren ausgewachsen und werden rund 60–70 Jahre alt. ♀♀ mit zwei brustständigen Zitzen; Tragzeit 20–22 Monate, meist ein Junges.

Zwei Gatt. mit jeweils 1 Art: **Afrikanischer Elefant** (Loxodonta africana) in Afrika südlich der Sahara; Stoßzähne meist bei ♂♂ und ♀♀ gut ausgebildet; Rüsselspitze mit 2 gegenständigen Greiffingern. Dem *Großohrigen-* oder *Steppen-E.* (Loxodonta africana africana) steht als zweite Unterart der deutlich kleinere *Rundohrige-* oder *Wald-E.* (Loxodonta africana cyclotis) gegenüber. – **Asiatischer Elefant** (Elephas maximus) in S-Asien; Körperhöhe 2,5–3 m, Körperlänge etwa 5,5–6,4 m, Gewicht bis etwa 5 t; Stoßzähne bei ♀♀, manchmal auch bei ♂♂, fehlend oder wenig entwickelt; Stirn mit deutlich paarigen Wülsten über den Augen; Ohren viel kleiner als beim Afrikan. E., Rüsselspitze mit nur einem Greiffinger. Vier lebende Unterarten: *Ceylon-E.* (Elephas maximus maximus), *Sumatra E.* (Elephas maximus sumatranus), *Malaya-E.* (Elephas maximus hirsutus) und *Ind. E.* (Elephas maximus bengalensis). Der Asiat. E. wird vielfach gezähmt und als Arbeitstier abgerichtet.

Elefantenfarn (Todea barbara), Königsfarngewächs in Neuseeland, Tasmanien, Australien und S-Afrika; Stamm bis 1 m hoch und dick, Blätter ledrig, bis 1,5 m lang.

Elefantenfuß (Schildkrötenpflanze, Dioscorea elephantopus), Jamswurzelgewächs in S-Afrika; knolliger Stamm; bis 6 m lange, dünne Zweige; Knollen eßbar (**Hottentottenbrot**), stärkereich, bis 100 kg schwer.

Elefantengras (Pennisetum purpureum), bis 7 m hohes, bestandbildendes Federborstengras; wird in den afrikan. Savannen als Futterpflanze verwendet.

Elefantenorden, höchster dän. ↑Orden.

Elefantenrobben, svw. ↑See-Elefanten.

Elefantenschildkröten, svw. ↑Riesenschildkröten.

Elefantenspitzmäuse (Elephantulus), Gatt. der ↑Rüsselspringer mit 7 Arten in Afrika.

Elefantiasis (Elephantiasis) [griech.], unförmige Verdickung von Körperteilen (meist der Haut und des Unterhautgewebes im Bereich der Beine) als Folge einer Verlegung von Lymphgefäßen und chron. Lymphstauung.

elegant [frz.; zu lat. elegans „wählerisch"], geschmackvoll, fein, formvollendet, gewandt, geschmeidig; **Eleganz,** Feinheit, unaufdringl. Schick, Gewähltheit, Gepflegtheit (z. B. der Sprache), Anmut.

Elegast (Elbegast), ma. Schelmenfigur, u. a. in dem Sammelroman „Karlmeinet" (um Kaiser Karl d. Gr.).

Elegie [griech., zu élegos „Klagelied"], lyr. Gattung; nach der rein formalen Bestimmung ein Gedicht beliebigen Inhalts in eleg. Distichen, nach der inhaltl. Bestimmung ein Gedicht im Ton verhaltener Klage und wehmütiger Resignation. In der griech. Antike ist die Thematik vielseitig; in

Elefanten. Links: Asiatischer Elefant, Indische Elefanten. Rechts: Afrikanischer Elefant, Großohriger oder Steppenelefant mit Jungtier

der röm. Dichtung zunehmend Einengung auf das Klagelied. Als subjektive, schwermütige, oft einer idealisierten Vergangenheit gewidmete Dichtung in Deutschland aufgekommen seit Opitz. Aber erst mit Nachbildung des griech.-lat. eleg. Distichons in dt. Sprache bei Klopstock ist die formale Voraussetzung für die klass. dt. E. geschaffen: Goethe („Röm. Elegien"), Schiller („Das Ideal und das Leben"), den Höhepunkt bilden die E. Hölderlins („Menons Klage um Diotima", „Der Wanderer"). E. schrieben u. a. auch Mörike („Bilder aus Bebenhausen"), Rilke („Duineser Elegien") sowie Brecht („Buckower Elegien").

elegisch, klagend, wehmütig.

Elektion [lat.], Auswahl; **elektiv,** [aus]wählend.

Elektra, Gestalt der griech. Mythologie. Tochter des Klytämnestra und des Agamemnon, Schwester von Orestes und Iphigenie, Gemahlin des Pylades. Nach der Ermordung ihres Vaters durch Ägisthus und Klytämnestra treibt sie ihren Bruder Orestes dazu, den Ermordeten zu rächen. – Dramen von Aischylos, Sophokles und Euripides; in neuerer Zeit von H. von Hofmannsthal (Vertonung von R. Strauss), E. O'Neill, J. Giraudoux und G. Hauptmann.

Elektrakomplex, nach C. G. Jung der analog dem ↑Ödipuskomplex verdrängte Wunsch der Tochter, mit dem Vater inzestuöse Beziehungen einzugehen.

elektrisch [griech.], auf dem Vorhandensein von ↑Ladung tragenden [Elementar]teilchen oder Körpern beruhend bzw. durch die zw. ihnen herrschenden Wechselwirkungen verursacht; die ↑Elektrizität betreffend.

elektrische Energieerzeugung ↑Kraftwerke.

elektrische Energieübertragung ↑Freileitungen, ↑Kabel, ↑Stromversorgung.

elektrische Feldkonstante ↑Dielektrikum.

elektrische Fische, Bez. für verschiedenartige Knorpel- und Knochenfische mit ↑elektrischen Organen und ↑Elektrorezeptoren. Bei manchen e. F. (z. B. Nilhechte, Messerfische, Himmelsgucker) dienen die Impulse in erster Linie der Orientierung, bei anderen (z. B. Zitterrochen, Zitterwels, Zitteraal) werden durch die Stromstöße auch Feinde abgewehrt und Beutetiere betäubt oder getötet. Die elektr. Schläge sind auch für Menschen sehr unangenehm.

elektrische Flußdichte, svw. ↑Verschiebungsdichte.

elektrische Gitarre ↑Elektrogitarre.

elektrische Ladung ↑Ladung.

elektrische Maschinen, Sammelbez. für sämtl. Arten von Energiewandlern, die mechan. Energie in elektr. Energie (Generatoren), elektr. Energie in mechan. Energie (Motoren), elektr. Energie einer Spannung in eine solche anderer Spannung (Transformatoren) oder elektr. Energie in eine solche anderer Frequenz, Stromart oder Phasenzahl (Umformer) umwandeln.

elektrische Meßgeräte, der Messung elektr. Größen wie Spannung, Stromstärke, Frequenz, Leistung, Widerstand, Leistungsfaktor, Kapazität, Verlustfaktor sowie magnet. Größen dienende Geräte. – Fehler bei elektr. Messungen können vom Meßgerät, von der Meßschaltung oder

beim Ablesen verursacht werden. Für jedes Meßgerät wird der Anzeigefehler in Prozent vom Skalenendwert angegeben. Entsprechend diesem Fehler werden Meßgeräte in verschiedene Güteklassen eingeteilt.

Elektrostatisches Meßinstrument: Anziehungskraft von unter Spannung stehenden Platten bewirkt Anzeige bei Gleich- und Wechselspannungen; sehr kleiner Eigenverbrauch des Meßinstruments.

Vielfachmeßinstrument: Für Laboratoriumszwecke zur Messung von Spannungen, Stromstärken, Widerständen, Kapazitäten, u. a.; mit mehreren umschaltbaren Meßbereichen in verschiedene Güteklassen eingeteilt.

elektrische Musikinstrumente, ältere Bez. für jene ↑elektronischen Musikinstrumente, deren Schwingungen mechanisch erzeugt und mittels Tonabnehmer, Mikrophon oder Photozelle in elektron. Stromschwankungen umgesetzt werden, die dann mit Hilfe elektroakust. Wandler in Klänge umgewandelt werden; u. a. Neo-Bechstein-Flügel und Elektrochord (schwingende Saiten), Wurlitzerorgel und Cembalet (schwingende Zungen), Hammondorgel (rotierendes Zahnrad).

elektrische Organe, am Rumpf oder Schwanz verschiedener Fische (Zitteraal, Zitterrochen, Zitterwels) vorkommende, aus quergestreifter Muskulatur hervorgegangene Organe, die aus hintereinander geschalteten und durch gallertiges Bindegewebe getrennten Platten (elektr. Einheiten) bestehen. Ausgeteilte elektr. Schläge (bis 700 V) lähmen die Beute, dienen aber wahrscheinlich auch der Orientierung und der Kontaktaufnahme mit Artgenossen.

elektrischer Stuhl, in einigen Staaten der USA Vorrichtung zur Vollstreckung der Todesstrafe: durch den Körper des Delinquenten wird über Elektroden ein Gleichstrom hoher Spannung geschickt.

elektrischer Widerstand ↑Widerstand.

elektrisches Feld, physikal. Objekt, das von ruhenden (*elektrostat. Feld*) oder bewegten Ladungen und zeitlich veränderl. magnet. Feldern (*elektromagnet. Feld*) erzeugt wird; gekennzeichnet durch die elektr. Feldstärke E und die elektr. Flußdichte D. – ↑Maxwellsche Gleichungen.

elektrisches Klavier, Klavier, bei dem ein Elektromotor eine von einem Lochstreifen gesteuerte pneumat. Apparatur antreibt, die die Tastatur betätigt.

elektrische Uhr, jede Uhr, die mit elektr. Energie betrieben, weitergeschaltet oder aufgezogen wird. Als Energiequelle werden Primärelemente oder Akkus eingesetzt bzw. Strom des Lichtnetzes verwendet. – ↑elektronische Uhr.

elektrische Wellen, diejenigen elektromagnet. Wellen, die mit Hilfe elektr. Anordnungen (z. B. Schwingkreise) erzeugt werden.

Elektrisiermaschine [griech.-frz./dt.], Demonstrationszwecken dienende Vorrichtung zur Erzeugung hoher

Elektrische Fische. Schematische Darstellung eines Zitterrochens, vom Rücken her gesehen: a Gehirn; b elektrisches Organ

Elektrizität

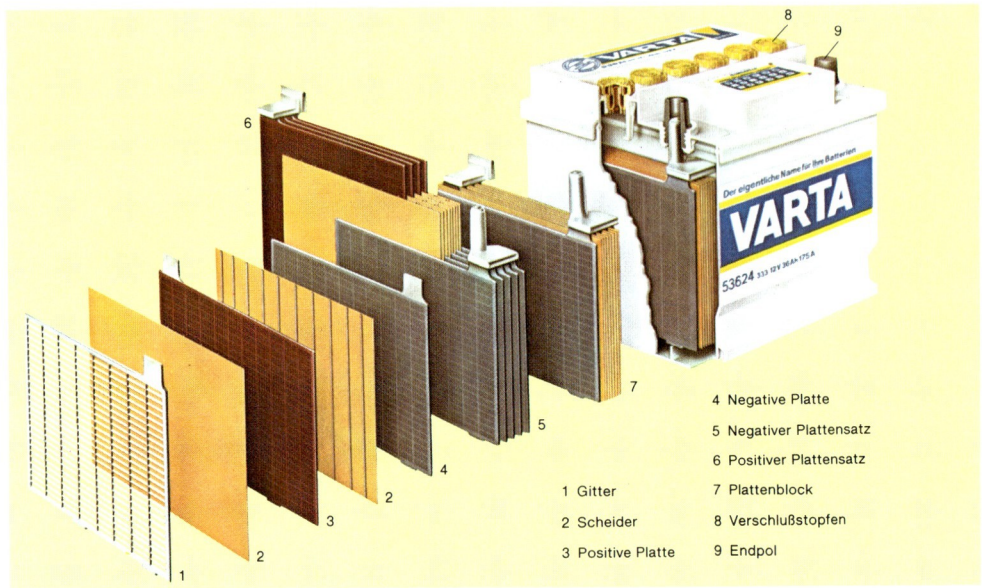

Elektrochemische Elemente. Aufbau eines Bleiakkumulators (Batterie)

1 Gitter
2 Scheider
3 Positive Platte
4 Negative Platte
5 Negativer Plattensatz
6 Positiver Plattensatz
7 Plattenblock
8 Verschlußstopfen
9 Endpol

elektr. Spannungen mit geringer Leistung. Es gibt Reibungs- und Influenz-E.; nur noch historisch interessant.

Elektrizität [frz.; zu griech. élektron „Bernstein" (da dieser sich durch Reiben elektr. auflädt)], Sammelbez. für alle Erscheinungen im Zusammenhang mit ruhenden oder bewegten elektr. Ladungen und den damit verbundenen elektr. und magnet. Feldern; insbes. wird die Bez. E. auf das Auftreten von Ladungen sowie auf die Erscheinungsform der ↑Ladung selbst angewendet (E.menge also gleich Ladung[smenge]). Die E. ist in ihren beiden Erscheinungsformen (positive und negative E. bzw. Ladung) an Materie gebunden. Die negative E. ist v. a. mit den ↑Elektronen verknüpft. Makroskop. Körper haben bei negativer Aufladung einen Elektronenüberschuß, bei positiver Aufladung einen Elektronenmangel. Zw. elektrisch geladenen Körpern treten elektr. Felder und Kräfte (↑Coulombsches Gesetz) bzw. elektr. Spannungen auf. Der Ausgleich unterschiedl. Aufladungen erfolgt z. B. bei Verbindung über einen elektr. Leiter durch Elektronenfluß vom negativ geladenen zum positiv geladenen Körper (elektr. Strom).

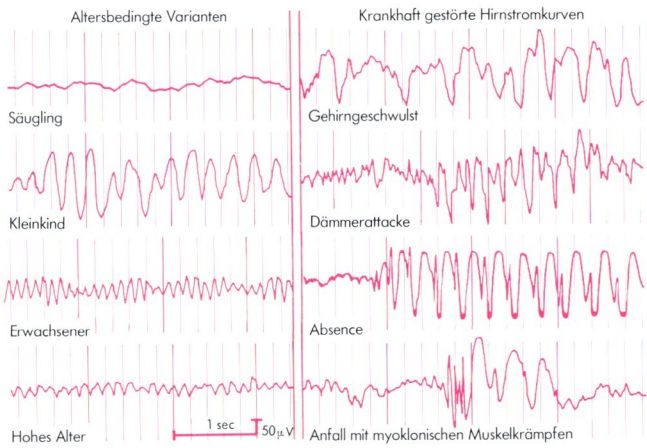

Elektroenzephalogramm. Links: Hirnstromkurven im Zustand geistiger Ruhe bei verschiedenen Altersstufen. Rechts: krankhaft gestörte Hirnstromkurven

Elektrizitätserzeugung ↑Kraftwerke, ↑Energiewirtschaft.

Elektrizitätsmenge, svw. elektrische ↑Ladung.

Elektrizitätsversorgung ↑Stromversorgung.

Elektrizitätswerke, svw. ↑Kraftwerke.

Elektrizitätszähler, Meßgerät für die elektr. Arbeit, unterschieden nach Stromart, Meßgröße, Meßwerk und Verrechnungsart. – ↑Arbeit.

elektro..., Elektro... [griech.], Bestimmungswort von Zusammensetzungen mit der Bed. „elektrisch, die Elektrizität betreffend, durch Elektrizität bewirkt".

Elektroaffinität, svw. ↑Elektronenaffinität.

Elektroakustik, Teilgebiet der Akustik, das sich mit der Erzeugung und Umwandlung akust. in elektr. Signale, mit ihrer Übertragung, Speicherung und Wiedergabe befaßt.

elektroakustischer Wandler, Gerät zur Umwandlung von elektromagnet. Energie in Schallenergie und umgekehrt. Man unterscheidet: elektrodynam. Wandler (dynam. Lautsprecher, Bändchenmikrophon), piezoelektr. Wandler (Ultraschall-Quarzsender, Kristallmikrophon), dielektr. Wandler (elektrostat. Lautsprecher, Kondensatormikrophon) und elektromagnet. Wandler (Freischwinger, magnet. Mikrophon).

Elektroauto, von einem Elektromotor angetriebenes Kfz; E. sind z. Z. im Entwicklungsstadium und stellen ein mögl. Auto der Zukunft für den innerstädt. Verkehr dar. – ↑Elektrofahrzeug.

Elektroblech, Dynamo- und Transformatorenbleche, bei denen mit steigenden Siliciumgehalten (0,7 bis 4,3 %) eine Erniedrigung der Ummagnetisierungsverluste erzielt wird.

Elektrochemie, Teilgebiet der physikal. Chemie; beschäftigt sich mit den Zusammenhängen zw. elektr. Vorgängen und chem. Reaktionen; umfaßt Vorgänge der Elektronenwanderung und Bildung von elektr. Potentialen, z. B. Elektrolyse, Brennstoffzelle.

elektrochemische Elemente, Stromquellen, in denen chem. Energie in elektr. umgewandelt wird.

Primärelemente (galvanische Elemente), die nur für eine einmalige Entladung verwendbar sind, erzeugen eine elektrolyt. Spannung, indem ein fester Leiter (Metallstab, Kohlestab) in einen Elektrolyten taucht; das ↑Trockenelement aus einer Kohle- und einer Zinkelektrode in einem Gefäß mit Salmiaklösung **(Leclanché-Element)** liefert 1,5 Volt; Verwendung z. B. in Taschenlampen. Wichtigstes der

Elektrolyse

Sekundärelemente, die entladen und dann erneut geladen werden können, ist der **Bleiakkumulator;** als Elektrolyt dient verdünnte Schwefelsäure. In geladenem Zustand besteht die negative Elektrode aus reinem Blei, die positive Elektrode aus Bleidioxid. Beim Entladen entsteht an beiden Elektroden Bleisulfat, es wird Schwefelsäure verbraucht und Wasser erzeugt; beim Laden umgekehrt.
Eine Zelle liefert eine Spannung von etwa 2 V. Schaltet man mehrere Zellen in Reihe, so erhält man eine Batterie (6 V, 24 V usw.), z. B. für Kfz und Elektrokarren.

elektrochemisches Äquivalent, diejenige Masse von Ionen, die beim Durchgang der Elektrizitätsmenge 1 Coulomb durch einen Elektrolyten an der Elektrode abgeschieden bzw. umgesetzt wird; entspricht einer Faraday-Ladung.

Elektrochirurgie, Durchtrennen (↑Elektrotomie) oder Verkochen (↑Elektrokoagulation) des Gewebes mit hochfrequenten Wechselströmen. Der Strom wird über eine großflächige, biegsame, meist am Rücken oder den Oberschenkeln befestigte „passive" Elektrode und eine bewegl., etwa in Form eines kleinen Messers oder einer Schlinge gestaltete „aktive" Elektrode, mit der die Eingriffe ausgeführt werden, durch den Körper geleitet. Die Vorzüge der E. bestehen bei der Gewebsdurchtrennung hauptsächlich in einer geringen Blutungsneigung infolge gleichzeitiger Blutstillung durch die Hitzeeinwirkung, ferner in einer Verminderung der Aufnahme giftiger Eiweißabbaustoffe aus dem Wundgebiet.

Elektrochromie [zu griech. chrôma „Farbe"], Verfärbung bestimmter Stoffe, z. B. Wolframtrioxid, bei elektr. Stromdurchfluß; nutzbar für Anzeigebauelemente oder flache Bildschirme.

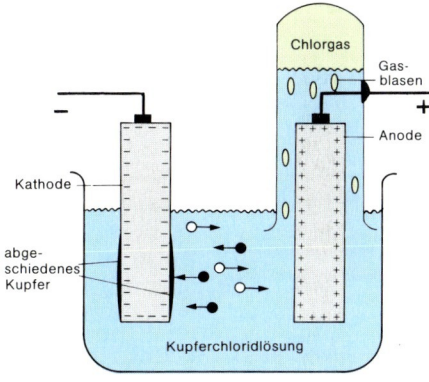

Elektrolyse. Schematische Darstellung der Elektrolyse einer Kupferchloridlösung

Elektrodegen, an einen Elektromelder für Treffer beim Degenfechten angeschlossene Waffe mit isolierten elektr. Hin- und Rückleitungen in der Klinge; bei einem Treffer schließt ein Kontakt an der Degenspitze bei einem bestimmten Druck den Stromkreis, und der Elektromelder zeigt an. Beim **Elektroflorett** wird bei einem Treffer auf der elektrisch leitenden Brokatweste des Gegners der Stromkreis geschlossen. Treffermelder für Säbel sind entwickelt.

Elektroden [griech.], elektrisch leitende, meist metall. Teile, die den Übergang elektr. Ladungsträger zw. zwei Medien vermitteln oder dem Aufbau eines elektr. Feldes dienen. Die positive Elektrode bezeichnet man als **Anode,** die negative als **Kathode.**

Elektrodiagnostik, die Anwendung der Elektrizität zu diagnost. Zwecken (u. a. ↑Elektrokardiogramm, ↑Elektroenzephalogramm, ↑Elektroretinogramm).

Elektrodynamik, im allgemeinsten Sinne die Theorie der Elektrizität bzw. sämtl. elektromagnet. Erscheinungen; i. e. S. die Lehre von den zeitlich veränderl. elektromagnet. Feldern und ihren Wechselwirkungen mit ruhenden und bewegten elektr. Ladungen. – ↑Maxwellsche Gleichungen.

Elektroenzephalogramm [griech.], Abk. EEG, Kurvenbild (Hirnstrombild) des zeitl. Verlaufs der die Gehirntätigkeit begleitenden langsamen elektr. Erscheinungen. Das Aufzeichnungsverfahren **(Elektroenzephalographie)** basiert auf der Ableitung der örtl. Potentialschwankungen. Die Größe und Frequenz der Potentialschwankungen lassen Rückschlüsse auf Erkrankungen des Gehirns zu.

Elektroerosion, abtragendes Bearbeitungsverfahren an elektrisch leitenden Werkstoffen durch elektr. Entladungsvorgänge zw. Elektroden unter einem Arbeitsmedium. Nach der verwendeten Entladungsart und Spannungsgröße wird zw. *Funkenverfahren* (z. B. Funkenlegieren) und (seltener) *Lichtbogenverfahren* (z. B. Lichtbogenerodieren) unterschieden.

Elektrofahrzeug, mit Hilfe eines Elektromotors angetriebenes, nicht schienengebundenes Fahrzeug. Die elektr. Energie kann in einem mitgeführten Generator erzeugt, einer Oberleitung (Oberleitungsomnibusse) oder auch mitgeführten Batterien entnommen werden. Verwendung z. B. als **Elektrokarren** oder **Elektrozugmaschinen** in Werkhallen und auf Bahnhöfen, als Hub- und Stapelfahrzeuge **(Elektrostapler).** Vorteile: keine Abgase, geräuscharm, hoher Wirkungsgrad. – ↑Elektroauto.

Elektroflorett ↑Elektrodegen.

Elektrogastrographie [griech.], Verfahren zur Ableitung und Aufzeichnung der elektr. Potentialschwankungen bei Kontraktionen der Magenwand.

Elektrogitarre (E-Gitarre), Gitarre mit fest am Korpus angebrachten Kontaktmikrophonen und elektromagnet. Tonabnehmer; die Schwingungen der [Stahl]saite werden vom Tonabnehmer „abgegriffen". Entsprechende elektr. Schwingungen gelangen dann über einen Verstärker zum Lautsprecher.

Elektrokardiogramm, Abk.: EKG, Kurvenbild (Herzstromkurve) des zeitl. Verlaufs der mit der Herztätigkeit verbundenen elektr. Vorgänge. Die Aufzeichnung **(Elektrokardiographie)** basiert im Prinzip auf der indirekten Ableitung der Aktionsströme der Herzmuskelfasern. Die im Herzmuskel entstehenden elektr. Spannungen wirken, wenn auch mit stark verminderter Amplitude, bis zur Körperoberfläche. Das EKG ist für die Beurteilung des Erregungsgeschehens im Herzen von großer medizin. Bedeutung.

Elektroklavier (E-Piano), Sammelbez. für elektron. Musikinstrumente mit mechan. Schwingungserzeugung und für spezielle kleinere Elektronenorgeln. Letztere haben die Größe einer Klaviatur; die in ihnen erzeugten Schwingungen werden meist über einen fremden Verstärker oder eine Gesangsanlage wiedergegeben.

Elektrokoagulation [griech./lat.] (Kaltkaustik), chirurg. Verkochung bzw. Zerstörung von Gewebe mittels hochfrequenter Wechselströme; bes. zur Blutstillung und Verschorfung oder bei Tumoren angewandt.

Elektrokrampftherapie (Elektroschocktherapie), in der Psychiatrie selten angewandtes Heilverfahren, bei dem durch die Reizung des Gehirns mit Wechselstrom von etwa 300 mA und 80–100 V Krämpfe der Körpermuskulatur erzeugt werden. Der Wechselstrom bleibt nur so lange (einige Sekunden) eingeschaltet, bis der Krampf **(Elektroschock)** einsetzt.

Elektrolarynx ↑Sprechhilfen.

Elektrolumineszenz, das Auftreten und die Anregung von Leuchterscheinungen in dielektr. Substanzen bei Einwirken elektr. Felder; Anwendung z. B. bei Lumineszenzdioden.

Elektrolyse [griech.], durch elektr. Strom bewirkte chem. Umwandlung (meist Zersetzung) eines Elektrolyten. Beim Anlegen einer elektr. Spannung an die Elektroden einer E.zelle fließen die positiv geladenen Ionen (Kationen) zur Kathode (Minuspol), die negativ geladenen Ionen (An-

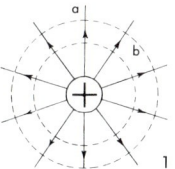

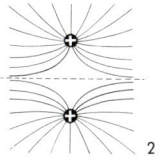

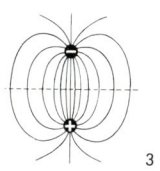

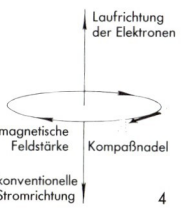

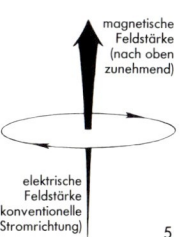

Elektrizität. 1 elektrisches Feld einer geladenen Kugel: a Kraftlinien, b Äquipotentialflächen (gestrichelt); 2 Feldverlauf zweier positiver Ladungen; 3 Feldverlauf einer negativen und einer positiven Ladung; 4 Magnetfeld eines Stroms; 5 elektrisches Feld eines veränderlichen magnetischen Kraftflusses

Elektrolyt

ionen) zur Anode (Pluspol); dort werden sie nach Ladungsabgabe abgeschieden oder gehen mit dem Elektrodenmaterial Sekundärreaktionen ein. Für die E. gelten die ↑ Faradayschen Gesetze. Die Anwendung der E. erfolgt bei der Herstellung sehr reiner Metalle, beim Galvanisieren und bei der Gewinnung von elementaren Gasen.

Elektrolyt [griech.], jeder Stoff, der der elektrolyt. Dissoziation (teilweise, eventuell auch vollständige Aufspaltung der Moleküle eines lösbaren Stoffes in einem Lösungsmittel) unterliegt und demzufolge in der Schmelze oder in Lösungen elektr. Strom leiten kann, z. B. Salze, Säuren, Basen.

Elektrolythaushalt, das für die Erhaltung der Lebensfunktionen notwendige, mit dem ↑ Wasserhaushalt eng verbundene Gleichgewicht an Elektrolyten (v. a. gelöste Salze mit folgenden Ionen: Na^+, K^+, Ca^{2+}, Mg^{2+}, Cl^-, HPO_4^{2-}) im menschl. Körper.

Elektrolytlösungen, Salzlösungen, die alle Elektrolyte des Blutes in der entsprechenden Konzentration enthalten, und zwar v. a. Chloride, Hydrogencarbonate, Phosphate von Kalium, Natrium, Calcium und Magnesium; verwendet bei Elektrolytverlusten, z. B. bei Blutungen, Verbrennungen, Durchfällen und anhaltendem Erbrechen.

Elektromagnet, stromdurchflossene Spule, deren magnet. Wirkung darauf beruht, daß ein elektr. Strom in seiner Umgebung ein Magnetfeld erzeugt. Im Inneren der Spule ist das Magnetfeld weitgehend homogen; außerhalb entspricht es dem eines stabförmigen Magneten. Die magnet. Wirkung einer Spule wird durch einen Eisenkern erhebl. verstärkt. Techn. Anwendungen: Lasthebemagnete, Ablenkmagnete in Teilchenbeschleunigern.

elektromagnetischer Puls (nuklearer e. P.), Abk. EMP bzw. NEMP, kurzzeitig auftretende äußerst starke elektr. Felder (bis zu 50 kV/m) bei Kernwaffenexplosionen in der oberen Atmosphäre. Der e. P. beruht auf einer Ladungstrennung bei den Molekülen der Atmosphäre durch die freigesetzte Gammastrahlung in Elektronen und Ionen. Durch den e. P. sind v. a. elektron. Geräte (z. B. Computer, Radaranlagen) sowie der Funkverkehr gefährdet.

elektromagnetisches Feld, miteinander verknüpfte zeitlich veränderl. elektr. und magnet. Felder, die sich als elektromagnet. Welle ausbreiten; wird durch die ↑ Maxwellschen Gleichungen beschrieben.

elektromagnetische Wellen (elektromagnet. Strahlung), period. elektromagnet. Felder, die sich im freien Raum, in Isolatoren, auf Leitern und im Vakuum mit der Lichtgeschwindigkeit des jeweiligen Mediums ausbreiten. Sie werden von schwingenden elektr. und magnet. Dipolen bzw. Multipolen abgestrahlt. Ihre Frequenzen oder Wellenlängen bilden das **elektromagnetische Spektrum.**

Elektromagnetismus, Sammelbez. für die Gesamtheit der elektr. und magnet. Erscheinungen mit ihren wechselseitigen Verknüpfungen (↑ Elektrodynamik).

Elektromedizin, Teilbereich der Medizin, in dem elektr. Ströme zur ↑ Elektrotherapie oder ↑ Elektrodiagnostik verwendet werden.

Elektromelder ↑ Elektrodegen.

Elektrometer, elektrostat. Meßgeräte zur Spannungs- und Ladungsmessung, deren Wirkungsweise auf den abstoßenden bzw. anziehenden Kräften zw. elektrisch geladenen Körpern beruht.

Elektromotor, elektr. Maschine zur Umwandlung elektr. Energie in mechan. Arbeit; ausgenutzt werden die Kraftwirkungen, die ein Magnetfeld auf stromdurchflossene Leiter ausübt, und die dadurch bewirkten Drehmomente. E. bestehen aus einem feststehenden Teil (Ständer oder Stator) und einem drehbaren Teil (Läufer oder Rotor) mit Antriebswelle; meist sind beide Teile mit von Strom durchflossenen Kupferwicklungen versehen. Die sog. Feld- oder Erregerwicklung erzeugt ein Magnetfeld, das sog. *Hauptfeld,* das auf die stromführende andere Wicklung (sog. Ankerwicklung) Kräfte ausübt; durch die am Läufer wirksam werdenden Drehmomente wird dieser in Drehung versetzt. – Man unterscheidet je nach Betriebsstrom: **Gleichstrommotoren** und **Wechselstrommotoren** sowie **Allstrommotoren** oder **Universalmotoren.** Für die Wirkungsweise der E. ist es im Prinzip gleichgültig, ob die Erregerwicklung oder die Ankerwicklung auf dem rotierenden Teil angebracht ist. Beim Gleichstrommotor können Anker- und Erregerwicklung, entweder in Reihe (Reihenschlußmotor) oder parallel (Nebenschlußmotor) geschaltet, von der gleichen Stromquelle gespeist werden. Bei Drehstrommotoren ist eine Unterscheidung zw. Erreger- und Ankerwicklung nicht möglich; hier wird das Hauptfeld zu etwa gleichen Teilen aus magnet. Primär- und Sekundärdurchflutung gebildet. Bei kleineren E. wird das Hauptfeld oft durch Dauermagnete erzeugt. – Der E. ist in seiner Wirkungsweise die Umkehrung des elektr. Generators; alle E. können auch als Generatoren betrieben werden. Große E. erreichen Wirkungsgrade bis 95%.

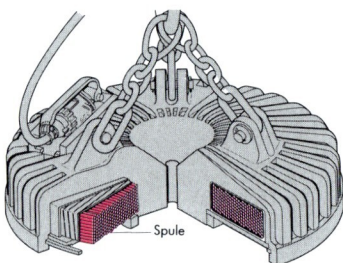

Elektromagnet. Lasthebemagnet

elektromotorische Kraft, Abk. EMK, historisch bedingte Bez. für die elektr. Spannung zw. den Klemmen einer Stromquelle im stromlosen Zustand, bei kontakt- oder thermoelektr. Erscheinungen sowie bei der elektromagnet. Induktion.

Elektromyographie, Verfahren, die Aktionsströme von Muskeln zu diagnost. Zwecken (Erkennung von Muskelerkrankungen) graph. darzustellen. Die Aktionsströme werden dabei von der Haut oder mittels Nadelelektroden unmittelbar vom Muskel abgeleitet und nach Verstärkung in einem Kurvenbild (**Elektromyogramm;** Abk. EMG) aufgezeichnet.

Elektron [ˈeːlɛktrɔn, eˈlɛktrɔn; griech.], physikal. Symbol e, e^- oder $\ominus$; ein leichtes, negativ geladenes, stabiles (d. h. nicht zerfallendes) Elementarteilchen; wichtigster Vertreter der ↑ Leptonen, neben dem Proton und dem Neutron einer der Bausteine der Atome. Das E. hat der Ruhemasse $m_e = 9{,}110 \cdot 10^{-28}$ g (das ist etwa 1/1836,5 der Masse des Wasserstoffatoms) und die elektrische Ladung $e = -1{,}602 \cdot 10^{-19}$ C (Elementarladung). Seine Spinquantenzahl beträgt $1/2$, sein magnet. Moment beträgt $9{,}285 \cdot 10^{-24}$ A $\cdot$ m². Unter Annahme einer kugelförmigen, räuml. Ausdehnung berechnet man den **klassischen Elektronenradius** $r_e = 2{,}8179 \cdot 10^{-15}$ m. In makroskop. Bereichen, für die das Teilchenbild zutreffend ist, z. B. in Elektronenröhren und Betatrons, kann das E. meist in genügender Näherung als geladener Massenpunkt angesehen wer-

Elektromagnetische Wellen (Wellenlängenbereiche)	
Rundfunk und Fernsehen	10 km ... 1 m
Mikrowellen	1 m ... 1 mm
optische Strahlung	1 mm ... 100 nm
Infrarot (IR)	1 mm ... 780 nm
IR-C	1 mm ... 3 μm
IR-B	3 μm ... 1,4 μm
IR-A	1,4 μm ... 780 nm
sichtbares Licht (VIS)	780 nm ... 380 nm
Ultraviolett (UV)	380 nm ... 100 nm
UV-A	380 nm ... 315 nm
UV-B	315 nm ... 280 nm
UV-C	280 nm ... 100 nm
Röntgenstrahlung	10 nm ... 0,001 nm
Gammastrahlung	0,1 nm ... 10^{-5} nm
kosmische Strahlung	10^{-4} nm

Elektronenmikroskop

den, der sich in elektromagnet. Feldern nach den Gesetzen der klass. Physik bewegt. In atomaren Bereichen verhält sich das E. wie eine Welle: Den E. eines Elektronenstrahls ist eine ↑Materiewelle zuzuordnen. Beim Durchgang des Elektronenstrahls durch Kristallgitter treten die für Wellen charakterist. Interferenz- und Beugungserscheinungen auf.
▷ natürlich vorkommende Gold-Silber-Legierung (↑Münzen).

Elektronenaffinität (Elektroaffinität), die Eigenschaft von Atomen mit nicht abgesättigten Elektronenschalen, Elektronen zusätzlich aufzunehmen und sich dadurch zu ionisieren.

Elektronenblitzgerät, Gerät mit einer Gasentladungsröhre (Blitzröhre), durch deren Impulszündung wiederholt Lichtblitze erzeugt werden können. Zur Energieversorgung dient eine Trockenbatterie, ein Akkumulator oder ein Netzgerät. Die Energie für den einzelnen Blitzvorgang wird durch Aufladen eines Blitzkondensators in Form elektr. Energie gespeichert und durch Zünden der Gasentladung mittels eines Hochspannungsimpulses freigesetzt. Bei der Entladung wird ein Teil der elektr. Energie in Lichtenergie umgewandelt. Die maximal erreichbare Blitzfolgefrequenz hängt von der Zeit ab, die für das Laden des Kondensators benötigt wird. Bei der Verwendung für photograph. Aufnahmen werden E. über den Synchronkontakt (X-Kontakt) des Kameraverschlusses gezündet. Die Blitzhelligkeit bzw. Blendenöffnung wird nach der ↑Leitzahl berechnet; E. mit Lichtregelschaltung *(Blitzautomatik, Computerblitz)* messen über eine Photodiode („Sensor") das vom Aufnahmeobjekt reflektierte Licht und stimmen die Leuchtzeit (die im Nahbereich auf 1/50 000 s verkürzt werden kann) auf die eingestellte Blende ab, wobei die gesamte im Blitzkondensator gespeicherte Energie verbraucht oder aber rückgespeichert werden kann (Verkürzung der Blitzfolgezeit, Erhöhung der Blitzkapazität). Ähnl. Geräte werden auch zur Signalgebung mit Blitzleuchten (z. B. in Flugzeugen oder bei Straßenbauarbeiten) und für Stroboskope verwendet.

Elektroneneinfang ↑Betazerfall.

Elektronenemission, der Austritt von Elektronen aus Metallgrenzflächen. Der benötigte Energiebetrag *(Austrittsarbeit)* kann durch Temperaturerhöhung des Metalls *(therm. Emission, Glühemission)*, durch ein starkes elektr. Feld *(Feldemission)*, durch Absorption energiereicher Photonen *(Photoeffekt)* oder durch Elektronen- bzw. Ionenstoß *(Stoßionisation)* auf die Metallelektronen übertragen werden.

Elektronenformel ↑chemische Formeln.

Elektronengas, schwach gebundene äußere Elektronen der Atomhülle in Metallen und Halbleitern (Leitungselektronen), die als frei bewegl. Gasteilchen aufgefaßt werden können.

Elektronenhülle, die Gesamtheit der Elektronen, die einen Atomkern umgeben und mit ihm zusammen das Atom bilden.

Elektronenkanone, Vorrichtung zur Erzeugung scharf gebündelter Elektronenstrahlen, die aus einer Glühkathode austreten und elektronenoptisch gebündelt werden; Anwendung u. a. im Elektronenmikroskop.

Elektronenlinsen ↑Elektronenoptik.

Elektronenmikroskop, Mikroskop, das zur Abbildung an Stelle von Licht gebündelte, durch Hochspannung beschleunigte Elektronen im Hochvakuum benutzt. Die Elektronenlinsen (↑Elektronenoptik) des E. entsprechen in ihrer Funktion Kondensor, Objektiv und Projektiv eines Lichtmikroskops. Die als Kondensor wirkende Linse konzentriert den von der Elektronenquelle kommenden Elektronenstrahl auf das Objekt. Dessen einzelne Bereiche streuen beim **Durchstrahlungs-Elektronenmikroskop** die Elektronen verschieden stark, so daß eine entsprechende Intensitätsverteilung im Elektronenbild die Objektstruktur wiedergibt. Das Elektronenbild wird auf photograph. Platte oder Leuchtschirm aufgefangen. Vergrößerung bis 200 000fach. Das linsenlose **Feld-Elektronenmikroskop** besteht aus einer spitzenförmigen Kathode und einer als Leuchtschirm ausgebildeten Anode. Aus der Spitze treten beim Anlegen eines hinreichend starken elektr. Feldes Elektronen aus. Sie bewegen sich zur Anode und erzeugen dort ein Projektionsbild der Spitze. Die wenig Elektronen emittierenden Teile der Spitze erscheinen im Bild dunkel, die anderen hell. Man erhält so Aufschluß über die Kristallstruktur der Spitze (z. B. Wolframspitze). Beim **Raster-Elektronenmikroskop** wird ein Elektronenstrahl (Ø rd. 10 nm) rasterförmig über das Objekt bewegt. Das Signal der rückgestreuten oder in der Oberfläche der Probe ausgelösten Sekundärelektronen wird mittels eines Szintillators und Photomultipliers verstärkt und der Helligkeitssteuerung einer Bildröhre zugeführt.

Das erste E. mit magnet. Linsen wurde 1931 von E. Ruska und M. Knoll konstruiert, das erste E. mit elektr. Linsen im gleichen Jahr von E. Brüche und H. Johannson.

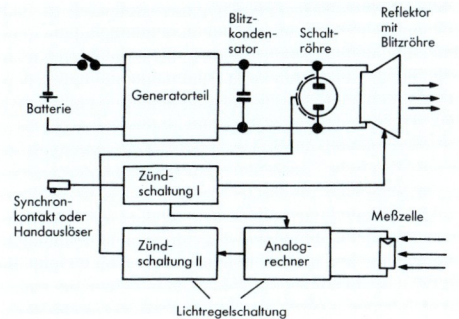

Elektronenblitzgerät. Blockschaltbild eines Computerblitzgerätes

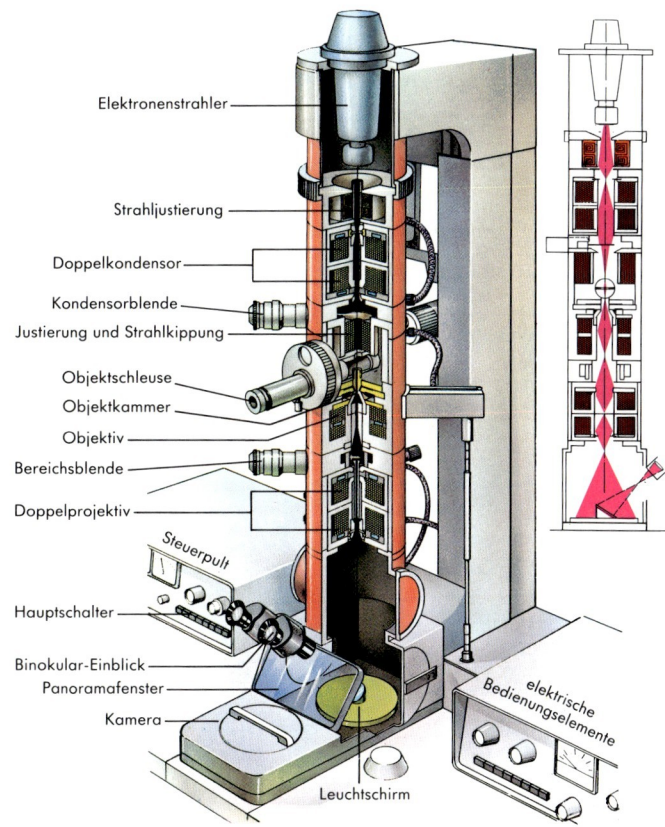

Elektronenmikroskop. Durchstrahlungs-Elektronenmikroskop. Links: Schnittzeichnung. Rechts: Strahlengang

Elektronenoptik

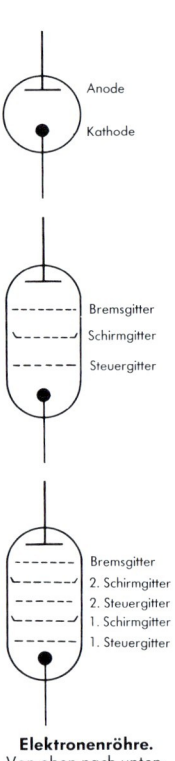

Elektronenröhre.
Von oben nach unten:
Diode, Pentode,
Heptode

Elektronenoptik, Teilgebiet der Physik, das sich mit dem Verhalten von Elektronenstrahlen in ablenkenden magnet. und elektr. Feldern, insbes. mit ihren abbildenden Eigenschaften beschäftigt. Die Gesetze der E. sind mit geringen Abwandlungen auf Ionenstrahlen mit positiver Ladung übertragbar *(Ionenoptik)*. Das wichtigste elektronenopt. Bauelement ist die **Elektronenlinse,** mit der inhomogene rotationssymmetr. elektr. Felder (elektr. Linse) oder magnet. Felder (magnet. Linse) erzeugt werden, die eine Abbildung von Elektronenstrahlen ermöglichen.

Elektronenorgel, das gebräuchlichste der ↑elektronischen Musikinstrumente mit rein elektron. Schwingungserzeugung; sieht wie der Spieltisch einer Pfeifenorgel aus (mehrere Manuale, Register, Pedale), unterscheidet sich im Klang jedoch erheblich von dieser. Mit Hilfe vieler Effektregister und der Rhythmus-Schlagzeug-Automatik lassen sich große Klangwirkungen erzielen.

Elektronenpaar, zwei Valenzelektronen, die von zwei Atomen *(gemeinsames E.)* stammen und durch ihren fortwährenden quantenmechan. ↑Austausch die E.bindung (Atombindung) dieser Atome bewirken. Ein *freies* oder *einsames E.* ist nur an ein Atom gebunden und nicht an der chem. Bindung der Atome beteiligt.

Elektronenpaarbindung ↑chemische Bindung.
Elektronenradius ↑Elektron.
Elektronenresonanz, svw. ↑Elektronenspinresonanz.
Elektronenröhre (Röhre), hochevakuiertes Glas-, Keramik- oder Metallgefäß, in dem Elektronen Träger des elektr. Stromes zw. den Elektroden sind. Die Elektroden (Kathode, Anode und dazwischenliegende Gitter) werden konstruktiv zum Röhrensystem zusammengefaßt und haben herausgeführte Anschlüsse. Die Elektronen treten aus der geheizten Kathode aus und fliegen zur Anode und zu Gittern, die unter positiver Spannung stehen. Steuer-, Schirm- und Bremsgitter dienen zur Steuerung des Elektronenstromes, Abschirmung von Elektroden und Abbremsung von Sekundärelektronen. Bei Empfängerröhren unterscheidet man E. mit 2 *(Diode)*, 3 *(Triode)*, 4 *(Tetrode)*, 5 *(Pentode)*, 6 *(Hexode)*, 7 *(Heptode)*, 8 *(Oktode)* oder 9 *(Enneode)* Elektroden sowie Verbundröhren mit 2 oder mehr Systemen. Als Senderöhren werden Trioden oder Tetroden verwendet. Dioden dienen zur Gleichrichtung oder Demodulation, Trioden, Tetroden und Pentoden zur Verstärkung, Erzeugung, Modulation oder Mischung, Hexoden, Heptoden und Oktoden zur Mischung, Enneoden zum Phasenvergleich elektr. Wechselspannungen bzw. -ströme. Größte Verbreitung fand die E. als Empfängerröhre im Rundfunk- und Fernsehempfänger sowie als Senderöhre. Im Mikrowellenbereich werden Scheiben- und Laufzeitröhren eingesetzt. Die E. bestimmte in der 1. Hälfte des 20. Jh. die Entwicklung der Elektronik und ihrer Anwendungsgebiete, wurde danach durch Halbleiterbauelemente und integrierte Schaltungen (Mikroelektronik) aus dem Bereich niedriger und mittlerer Leistungen weitgehend verdrängt, wird aber weiterhin bei hohen Leistungen (Senderöhren) und hohen Frequenzen (Mikrowellen-Senderöhren), zur Bildaufnahme und Bildwiedergabe (Fernsehaufnahme- und Bildröhre) sowie zur Signaldarstellung (Elektronenstrahlröhre) angewendet.

Elektronensonde (Mikroelektronensonde), Gerät zur Röntgenspektralanalyse mikroskopisch kleiner Oberflächenbereiche: Anregung der Oberflächenatome durch Elektronenstrahlen zu einer Emission von charakterist. Röntgenstrahlung.

Elektronenspinresonanz, durch Mikrowellen ausgelöster Übergang zw. zwei Energieniveaus E_1 und E_2 in einem paramagnet. Material (daher auch als **paramagnetische [Elektronen-]Resonanz** bezeichnet), wobei die verschiedenen Energien den verschiedenen Einstellungsmöglichkeiten des Spins eines ungepaarten Elektrons des Systems in einem stat. Magnetfeld entsprechen. Die Resonanzbedingung ist erfüllt, wenn die Energie des Mikrowellenquants gleich der Energiedifferenz der beiden Zustände E_1, E_2 des Systems ist. Die E.spektroskopie hat große Bedeutung für die Untersuchung komplizierter Moleküle sowie von Festkörperstrukturen.

Elektronenstrahlabtragung, Metallbearbeitungsverfahren, bei dem der Werkstoff unter Vakuum mit einem steuerbaren Elektronenstrahl örtlich aufgeschmolzen wird und verdampft.

Elektronenstrahlen, freie Elektronen, die sich strahlenförmig ausbreiten wie z. B. Kathodenstrahlen oder Betastrahlen.

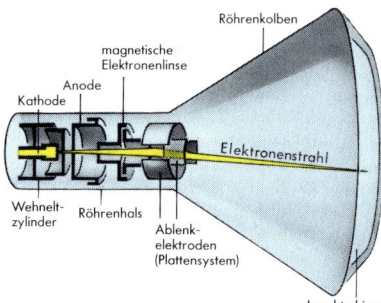

Elektronenstrahlröhre. Schematische Darstellung einer Elektronenstrahlröhre mit magnetischer Bündelung und elektrostatischer Ablenkung des Elektronenstrahls

Elektronenstrahlröhre, spezielle Elektronenröhre, bei der die von der Glühkathode emittierten Elektronen durch elektrostat. oder magnet. Felder gebündelt werden (u. a. mittels des Wehnelt-Zylinders) und durch Steuersignale die Richtung der so entstandenen Elektronenstrahls geändert werden kann. Die technisch bedeutendste E. ist die sog. **Braunsche Röhre,** das Kernstück der Bildschirm- und Fernsehgeräte. Weitere Verwendung findet die E. u. a. in Elektronenstrahloszilloskopen, Sichtgeräten der Radar- und Rechentechnik.

Elektronenstrahlwandlerröhre, Sammelbez. für Elektronenröhren, in denen mit Hilfe eines elektronenoptisch gesteuerten Elektronenstrahls Umwandlungen von lichtopt. Bildern in elektr. Signale oder umgekehrt erfolgen. Zu den E. zählen die Bildwandlerröhren, die Bildspeicherröhren und andere Bildaufnahme- und -wiedergaberöhren (z. B. in der Fernsehtechnik).

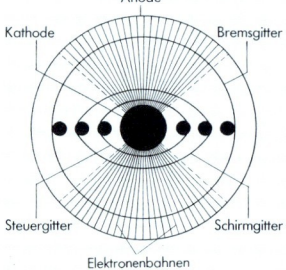

Elektronenröhre.
Querschnitt durch
das Elektrodensystem
einer Pentode

Elektronentheorie, jede Theorie, mit der physikal. Eigenschaften und Erscheinungen auf die Wirkung von Elektronen oder anderer Ladungsträger zurückgeführt werden. Als **klassische** oder **Lorentzsche Elektronentheorie** bezeichnet man die Zurückführung aller makroskop. elektr. und opt. Erscheinungen in der Materie auf die Wirkung der in ihr enthaltenen Ladungsträger. In der **Elektronentheorie der Metalle** werden die Eigenschaften der Metalle mit Hilfe der Vorstellung freier Elektronen (↑Elektronengas) erklärt; sie ist auch auf Halbleiter anwendbar.

Elektronenvervielfacher ↑Photomultiplier.
Elektronenvolt (Elektronvolt), atomphysikal. SI-Einheit (Einheitenzeichen eV) der Energie. *Festlegung:* E. ist die Energie, die ein Elektron beim freien Durchlaufen eines Spannungsgefälles von 1 Volt gewinnt.

Elektrophysiologie

Zw. den Energieeinheiten Elektronenvolt (eV) und ↑Joule (J) besteht die Beziehung: $1\,\text{eV} = 1{,}602\,19 \cdot 10^{-19}\,\text{J}$. V. a. auch die ↑Ruheenergien von Elementarteilchen werden in Elektronenvolt angegeben.

Elektronik [griech.], Teilgebiet der Elektrotechnik, das sich mit der durch elektr. oder magnet. Felder, elektr. Ströme, Licht u. a. Strahlen oder durch Wärme beeinflußten physikal. Vorgängen (Elektrizitätsleitung) von Elektronen im Vakuum, in Gasen, Festkörpern u. a. befaßt und sie bzw. die auftretenden Effekte in technisch realisierbare Anwendungen umzusetzen sucht. Als Teilgebiet der Nachrichtentechnik ist die *Informations-* oder *Signal-E. (Informationselektrik, Informationstechnik)* zu der u. a. die *Unterhaltungs-E.* zählt (Fernseh-, Hörfunk-, sonstige Audio- und Videogeräte u. a.), als Teilgebiet der Starkstromtechnik die *Leistungs-E.* (Phasenanschnittsteuerung, Hochspannungs-Gleichstrom-Übertragung, Thyristoren) zu sehen. Die *Opto-E.* dient der Umwandlung opt. in elektr. Signale- und umgekehrt (z. B. Leuchtdiode, Flüssigkristallanzeige, optoelektron. Anzeigeeinheiten). Bes. Bed. für die *Halbleiter-E.* haben bipolare (z. B. npn- und pnp-Transistoren) und unipolare (z. B. MOS-, FET-Transistoren) Bauelemente. Die große Bed. elektron. Bauteile beruht u. a. auf dem Fehlen mechan. bewegter Teile (Kontakte), auf langer Lebensdauer, großer Schnelligkeit (z. B. in der Datenverarbeitung) und geringem Platzbedarf als Folge weit vorangeschrittener Miniaturisierung. Die E. ergreift ständig weitere Gebiete des tägl. Lebens (z. B. elektron. Kraftstoffeinspritzung im Kfz, Waschmaschinensteuerung). *Integrierte Schaltungen* (IC) für bestimmte Aufgaben werden in zunehmendem Maße durch anpassungsfähige, d. h. programmierbare *Mikroprozessoren* verdrängt.

elektronische Datenverarbeitung ↑Datenverarbeitung.

elektronische Kampfführung, Abk. Eloka, Bez. für alle Maßnahmen, mit denen die elektron. Hilfsmittel des Gegners gestört oder ausgeschaltet (elektron. Gegenmaßnahmen, engl.: electronic countermeasures, Abk. ECM) und die eigenen geschützt werden, im weiteren Sinne auch die Überwachung der von gegner. elektron. Geräten abgestrahlten Signale (Funkverkehr, Funknavigationssysteme, Radarsysteme, elektron. Freund-Feind-Kennung, Lenkwaffenführungssysteme u. a.).

elektronische Musik, um 1950 zunächst Bez. für Musik, deren Klangmaterial ausschließlich synthetisch von elektron. Generatoren erzeugt und auf elektron. (elektroakust.) Wege weiter verarbeitet wird. Die klangl. Grundelemente der synthetisch im Studio hergestellten e. M. sind Sinuston, weißes Rauschen, Knack und Impuls. Durch Filterung, Überlagerung, Verdichtung und Verkürzung können diese Grundelemente ineinander übergeführt, durch Verzerrung, Verhallung, Rückkopplung usw. elektron. weiterverarbeitet werden. Ab 1955 werden auch dann Kompositionen zur e. M. gezählt, wenn sie elektronisch verarbeitete Sprachlaute oder Instrumentalklänge als Ausgangsmaterial enthalten; in den 60er Jahren schließlich wird nicht mehr zwischen e. M. und ↑konkreter Musik unterschieden. Das entscheidende Kriterium e. M. ist nun nicht mehr das „reine" Material, sondern die elektron. Verarbeitungsweise des Materials. Nachdem die ↑Tonbandmusik hinter der ↑Live-Elektronik zurücktreten mußte, wurden die Grenzen zw. e. M. und Musik, die auf elektron. Instrumenten gespielt oder auf herkömml. „E-Instrumenten" (E-Gitarre, E-Piano) gespielt wurde, zunehmend unschärfer. Heute ist der Begriff ein Sammelbez., der ein größeres Spektrum von Kompositions- und Spielweisen umfaßt: 1. alle Arten von Tonbandmusik, sofern das Klangmaterial elektronisch verarbeitet worden ist; 2. vom Synthesizer produzierte oder verarbeitete Musik, sofern der Synthesizer nicht bloß wie ein E-Piano gespielt wird; 3. elektronisch verarbeitete, auf herkömml. – auch elektron. – Musikinstrumenten produzierte Musik, sofern die elektron. Verarbeitung als wichtiger kompositor. Bestandteil gelten kann.

elektronische Musikinstrumente (Elektrophone), 1. Instrumente mit elektron. Schwingungserzeugung, die außer dem Tasten- und Schaltermechanismus keinerlei mechanisch-schwingenden Teile enthalten, mit Ausnahme der Lautsprechermembran, die den Schall abstrahlt. 2. Instrumente mit mechan. Schwingungserzeugung (Zungen, Saiten, Platten usw.) und elektron. Schwingungsverarbeitung. Die wesentl. Bausteine sind in der Übersicht (unten) aufgeführt. Bei Gruppe 1 geschieht die Schwingungserzeugung in ↑Tongeneratoren, die Verarbeitung erfolgt überwiegend in ↑Filtern und Verzerrern; bei Gruppe 2 wird die primäre, mechan. Schwingung von einem Tonabnehmer, Mikrophon oder einer Photozelle in eine elektr. Schwingung umgewandelt. Seit den 30er Jahren wurden zahlr. e. M. entwickelt, u. a. Neo-Bechstein-Flügel, Elektrochord, Wurlitzerorgel, Pianet, Cembalet, Guitaret, Superpianino, Welte-Lichtton-Orgel, ↑Hammondorgel, Ondes Martenot, Hellertion, Trautonium, Mixturtrautonium. Obgleich heute noch einige dieser Instrumente auf dem Markt sind, haben doch die Elektronenorgeln und Synthesizer (daneben auch Elektroklavier und Stringensemble) fast alle anderen Instrumente verdrängt.

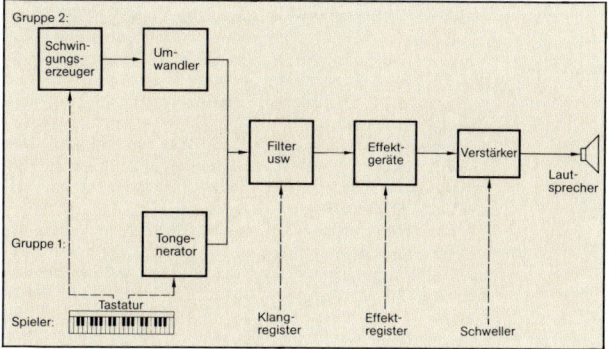

Elektronische Musikinstrumente

elektronische Uhr, elektr. Uhr, die die physikal. Eigenschaften der Elektronen in Halbleiterbauelementen nutzt, um das Schwingsystem anzutreiben und den Ablauf der Uhr zu steuern. – ↑elektrische Uhr.

Elektronvolt, svw. ↑Elektronenvolt.

Elektroofen ↑Schmelzöfen.

Elektrooptik, Gebiet der Physik, das sich mit der Beeinflussung der opt. Eigenschaften eines Stoffes durch elektr. Felder (z. B. beim Kerr-Effekt) befaßt.

elektrophile Reaktion ↑Reaktionsmechanismus.

Elektrophone [griech.], svw. ↑elektronische Musikinstrumente.

Elektrophor [griech.], zur wiederholten Aufladung eines elektr. Leiters durch einen Nichtleiter dienende Vorrichtung.

Elektrophorese [griech.], Wanderung elektr. geladener, suspendierter oder kolloidaler Teilchen in einem elektr. Feld. Angewendet wird die E. in der analyt. und klin. Chemie zur Analyse von Stoffgemischen.

Elektrophotographie, photograph. Verfahren, die photoelektr. und elektrostat. Effekte zur Bilderzeugung benutzen (↑Xerographie). Als Aufnahmematerial dienen Photohalbleiterschichten (Zinkoxid, Selen). Sensibilisierung der Schicht (z. B. durch Koronaentladung), wobei sich eine Schicht negativer Ladung ausbildet. Bei der Belichtung tritt an den belichteten Stellen infolge der Widerstandserniedrigung ein Ladungsausgleich ein; es entsteht ein latentes elektrostat. Bild. „Entwicklung" durch Aufsprühen eines feinkörnigen elektrisch geladenen Pulvers (*Toner*). Durch Erwärmen wird das Pulver zum Schmelzen gebracht und das Bild somit auf der Schicht „fixiert". Das Ladungsbild läßt sich beliebig oft auf andere isolierende Flächen, z. B. Papier, übertragen und dort entwickeln.

Elektrophysiologie, Teilgebiet der Physiologie, das sich mit der Messung elektr. Erscheinungen im Organis-

Elektropolieren

mus, ihrer Entstehung und Veränderung bei Tätigkeit befaßt. Sie reicht u. a. von der Mikro-E., die z. B. das Membranpotential einzelner Zellen und seine Veränderungen mißt, bis zur Elektrokardiographie.

Elektropolieren (anod. Polieren), Glätten metall. Oberflächen durch galvan. Abtragung der Oberflächenrauhigkeiten in einem Elektrolyten; als Vorbereitung für die Aufbringung galvan. Überzüge.

Elektroretinogramm [griech./lat./griech.], Abk. ERG, Registrierung der durch Lichtreizung am Auge entstehenden elektr. Aktionspotentiale; dient u. a. zur Erkennung bestimmter Augenerkrankungen.

Elektrorezeptoren, Sinnesorgane, die zur Wahrnehmung von Veränderungen eines (den betreffenden Organismus umgebenden) elektr. Feldes dienen.

Elektroschock ↑ Elektrokrampftherapie.

Elektroskop [griech.], Nachweisgerät für elektr. Ladungen; ein nicht kalibriertes ↑ Elektrometer.

Elektrostahl, hochwertiger Qualitätsstahl, der im Lichtbogenofen oder Induktionsofen erschmolzen wird.

Elektrostal, russ. Stadt im Gebiet Moskau, 153 000 E. Stahlerzeugung, Schwermaschinenbau. – Seit 1938 Stadt.

Elektrostatik, die Lehre von den ruhenden elektr. Ladungen und ihren Feldern; Teilgebiet der Elektrodynamik. Das Vorhandensein elektr. Ladung äußert sich in Kraftwirkungen zw. den geladenen Körpern; hierfür gilt das ↑ Coulombsche Gesetz.

Elektrostriktion [griech./lat.], die bei Anlegen einer elektr. Spannung auftretende elast. Verformung eines ↑ Dielektrikums. Kristalle mit großer E. verwendet man als Ultraschallgeber.

Elektrotechnik, Wiss. von der techn. Anwendung der Elektrizität. Die E. umfaßt die allg. E. mit Anwendung der physikal. Grundgesetze und der Meßtechnik, die Elektroenergietechnik und i. w. S. auch die Elektronik. Die früher übl. Bez. *Starkstromtechnik* und *Schwachstromtechnik (Kleinspannungstechnik)* für die energie- bzw. informationsorientierten Teilgebiete der E. haben ihre Bed. verloren. Mit der raschen Entwicklung der Halbleitertechnik hat sich die Elektronik als selbständiges Wissensgebiet der Bewegung und Steuerung geladener Teilchen in Festkörpern und im Vakuum sowie für die Kombination elektron. Bauelemente zu Schaltungen, Geräten und Anlagen herausgebildet und umfaßt die *Informationselektronik (Informationselektronik, Informationstechnik)* für die Informationsgewinnung und -verarbeitung sowie die *Leistungselektronik* für die Anwendung der Elektronik in der Elektroenergietechnik zum Umformen und Stellen hoher Leistungen. Da die Elektronik in zahlr. andere Wissenschaftsbereiche, z. B. Raumfahrt-, medizin., Bio-, industrielle Elektronik eingreift, hat sie sich weitgehend verselbständigt, so daß die Bez. E. immer mehr auf die energet. Teilgebiete beschränkt wird. Bei der *Elektroenergietechnik (elektr. Energietechnik, Leistungselektrik)* steht die Wirtschaftlichkeit, bes. die Erzielung eines hohen Wirkungsgrades bei den Energieumwandlungen im Vordergrund. Sie befaßt sich mit der Erzeugung, Fortleitung und Verteilung der Elektroenergie *(Elektrizitätsversorgung)*, darunter auch mit der Beherrschung hoher Spannungen *(Hochspannungstechnik)* sowie mit der Verwertung der Elektroenergie *(Elektroenergieumwandlung)*, hierzu gehören u. a. Elektrowärmetechnik, Lichttechnik, Elektrochemie, elektr. Antriebstechnik.

elektrotechnische Industrie, Industriezweig, der die Herstellung von Gütern und Leistungen, die der Erzeugung, Umwandlung, Verteilung und Anwendung elektr. Energie dienen, umfaßt; in der BR Deutschland die nach dem Maschinenbau zweitgrößte Industriegruppe. Die wichtigsten Produktgruppen innerhalb der e. I. sind die Elektrizitätserzeugung, -umwandlung und -verteilung, die Gruppe der Nachrichten-, Meß- und Regeltechnik sowie Datenverarbeitung, die Elektrohaushaltgerätetechnik, die Audio- und Videotechnik sowie die Beleuchtungstechnik.

Elektrotherapie, in der *Medizin* die Verwendung von elektr. Energie zu Heilzwecken. Die Gleichstrom- und Niederfrequenztherapie in der medizin. Praxis meist noch mit den histor. Begriffen der **Galvanisation** und **Faradisation** bezeichnet, verwenden elektr. Ströme niedriger Spannung (maximal 30–40 V) und Stromstärke (etwa 20 mA). Sie dienen bei einschleichender Durchströmung mittels plattenförmiger, angefeuchteter Elektroden der Behandlung von Nervenschmerzen, Durchblutungsstörungen und Ödemen. Überschwellige (d. h. die Reizschwelle gerade überschreitende) Niederfrequenzströme werden bei der **Reizstromtherapie** verwendet, um eine Reizung neuromuskulärer Strukturen bei Lähmungen hervorzurufen und dadurch Kontraktionen der betreffenden Muskeln auszulösen **(Elektrogymnastik)**. Mit hochfrequenten Wechselströmen wird keine Reizwirkung mehr auf Nerven- und Muskelmembranen ausgeübt; es kommt zur Wärmeentwicklung im Gewebe. Hierzu gehören die **Kurzwellentherapie** (Frequenz 10–300 MHz), bei der hochfrequente Wechselströme im Innern eines Körperteils durch ein entsprechend hochfrequentes elektr. Feld zw. zwei angelegten Elektroden erzeugt werden und die Hochfrequenzerwärmung verursachen. Die **Mikrowellentherapie** (Frequenz 2 450 MHz) wird hauptsächlich zur Behandlung von entzündl. und rheumat. Muskelerkrankungen benutzt.

Elektrotomie [griech.], die Gewebedurchtrennung (Schmelzschnitt) mit Hilfe eines als aktive Elektrode wirkenden, lanzett- oder schlingenförmigen Instruments durch Hochfrequenzströme.

Elektrotrauma (Elektrounfall), Schädigung oder Verletzung des Organismus durch Elektrizität (z. B. Strom, Blitzschlag). Die Gefährlichkeit des Stroms hängt von der Spannung und bes. von der Stromstärke ab; die Stärke des den Körper durchfließenden Stroms hängt u. a. von der Leitfähigkeit des Untergrundes, von der Kleidung und von der Hautfeuchtigkeit ab. Äußerlich sichtbare Schädigungen sind Verbrennungen. Innere Schädigungen treten beim Stromdurchgang auf. Schon 40 V und 0,1 A können tödl. Herzrhythmusstörungen verursachen.

Elektrozaun (Elektroweidezaun), an Isolatoren aufgespannter Glattdraht, durch den periodisch schwache Stromimpulse geschickt werden (Spannung bis zu 5 000 Volt); erteilen Weidetieren leichte elektr. Schläge, so daß sie den Zaun meiden.

Element [lat.], Grundbestandteil, Grundstoff; Bauteil, eins von mehreren Einzelteilen; bei den antiken Naturphilosophen **(Elementenlehre)** die Urstoffe aller Dinge, z. B. Empedokles: Aufbau der Welt aus den 4 E. Erde, Wasser, Luft und Feuer, aus deren Mischung sämtl. Stoffe bestehen sollten. Aristoteles zählte auch den Äther dazu. Der moderne Begriff des chem. E. entwickelte sich erst im 17./18. Jh. (↑ chemische Elemente).
▷ ↑Mengenlehre.

elementar [lat.], grundlegend, ursprünglich.

Elementarbereich, svw. ↑ Elementarstufe.

Elementargeister, nach dem Volksglauben des MA Geister, welche die vier Elemente bewohnen, z. B. Salamander im Feuer, Undinen im Wasser, Sylphen in der Luft, Gnomen in der Erde.

Elementarladung, Formelzeichen e, die kleinste nachgewiesene positive oder negative elektr. Ladung, $e = 1{,}602\ 19 \cdot 10^{-19}$ Coulomb. Träger einer einzelnen E. sind die ↑ Elementarteilchen; alle in der Natur nachweisbaren elektr. Ladungen sind ganzzahlige Vielfache dieser E. – ↑ Quarks.

Elementarmagnet, physikal. Objekt mit magnet. Moment, das durch den Spin von Elektronen und anderen Elementarteilchen bzw. durch die Bahnbewegung von Elektronen in Atomen, Molekülen oder Festkörpern bedingt ist.

Elementarmembran ↑ Zellmembran.

Elementarschadenversicherung (Naturschadenversicherung), Versicherung gegen Schäden durch Naturgewalten; wird in der BR Deutschland z. B. gegen Hagel-, Sturm-, Hochwasser-, Erdbebenschäden angeboten, in der Schweiz u. a. gegen Lawinen- und Bergsturzschäden.

Elementarstufe (Elementarbereich), Bez. (des Dt. Bildungsrats) für vorschul. Erziehung in Vorschulen, auch Kindergärten.

Elementarteilchen, die einfachsten bisher beobachteten physikal. Objekte, die sich nicht in noch einfachere Objekte zerlegen lassen; wandeln sich aber ineinander um oder zerfallen in andere, stabile E.; ihre mittlere Lebensdauer liegt zw. 10^{-23} s für die Resonanzteilchen, die sich in E.reaktionen als Zwischenzustände bemerkbar machen, und unendlich für die stabilen E., ihre linearen Abmessungen sind $< 10^{-15}$ m. Traditionell werden die E. in ↑Leptonen und ↑Hadronen eingeteilt, zu letzteren gehören ↑Mesonen und ↑Baryonen. Heute jedoch sieht man die Hadronen als aus ↑Quarks zusammengesetzt an, so daß Quarks und Leptonen die eigentl. E. sind. Zu den E. zählt man weiter die die elementaren Wechselwirkungen vermittelnden *Feldquanten,* das sind das *Photon* für die elektromagnet., die *Gluonen* für die starke, die *intermediären Bosonen* für die schwache Wechselwirkung und das *Graviton* als Quant des Gravitationsfeldes. Jedes E. ist gekennzeichnet durch Ruhmasse, Spin, magnet. Moment, mittlere Lebensdauer und weitere innere Quantenzahlen. Die E. Proton, Neutron und Elektron sind Bausteine der Atome und aller daraus aufgebauten materiellen Systeme. Ohne Berücksichtigung der verschiedenen Ladungszustände und der Antiteilchen kennt man gegenwärtig weit über 100 E. – Die E. und ihre Wechselwirkungen werden experimentell über ihre Zerfallsprozesse und bei Streuung aneinander untersucht, wozu große Teilchenbeschleuniger und geeignete Detektoren erforderlich sind. Die Entwicklung einer einheitl. Theorie für alle elementaren Wechselwirkungen der E. ist ein Schwerpunkt der physikal. Forschung.

Elementarunterricht, Anfangsunterricht in der Grundschule.

Elementarwellen ↑Huygenssches Prinzip.

Elementary school [engl. ɛlɪˈmentərɪ ˈskuːl], in den USA die 6jährige Grundschule für Kinder vom 6.–12. Lebensjahr; daran schließt die ↑High School an.

elementefremd, svw. ↑disjunkt.

Elementenlehre ↑Element.

Elementumwandlung, Umwandlung eines chem. Elements in ein anderes durch künstl. Kernumwandlungen, die die Ladung (Protonenzahl) der Atomkerne ändern.

Elemi [arab.], Sammelbez. für Harze der trop. Balsambaumgewächse.

Elen [litauisch], svw. ↑Elch.

Elenantilope ↑Drehhornantilopen.

Elenchus [griech.], Widerlegung, Gegenbeweis; **Elenktik,** Kunst der Widerlegung; typ. Moment der sokrat. Argumentationsmethode, nach Aristoteles eines der indirekten Beweisverfahren.

elend, urspr.: in fremdem Land, ausgewiesen; dann: unglücklich, jammervoll; **Elend** (aus dem Adjektiv entstanden), urspr.: Verbannung; dann: Not, Trübsal.

Elendsquartiere ↑Slums.

Eleonore von Aquitanien (E. von Guyenne, E. von Poitou), * um 1122, † Kloster Fontevrault (bei Saumur) 1. April 1204, Erbtochter Herzog Wilhelms X. von Aquitanien. – 1137 als Nachfolgerin ihres Vaters ⚭ mit König Ludwig VII. von Frankreich, seit 1152 ⚭ mit dem späteren König Heinrich II. von England; ihr Hof in Poitiers wurde ein Zentrum höf. Kultur (Troubadourdichtung).

Elephanta (Gharapuri), 10 km von Bombay (Fort) entfernt liegende Insel. Wichtiger Wallfahrtsort der Hindus mit sechs Höhlentempeln (von der UNESCO zum Weltkulturerbe erklärt). Die im Haupttempel aus dem Fels gehauene Kolossalbüste der dreiköpfigen Schiwa sowie die Torwächter sind Hauptwerke der ind. Kunst (8. Jh.).

Elephantine (altägypt. Jeb „Elephantenstadt", „Umschlagplatz für Elfenbein"), griech. Name einer Nilinsel gegenüber von Assuan und der antiken Siedlung auf ihrem S-Ende; schon im 4. Jt. v. Chr. besiedelt, im 3. Jt. befestigt; Sitz eines reichen Gaufürstengeschlechts; Ausgrabungen legten u. a. zwei ausgedehnte Tempelbezirke und Wohnviertel frei. – Die ab 1893 gefundenen **Elephantine-Urkunden** sind in aram. Sprache verfaßte Papyrustexte (494–400 v. Chr.); Privaturkunden, literar. Texte, Bittschriften einer jüd. Gemeinde.

Eleusa [griech. „die Barmherzige"] (Glykophilusa), byzantin. Typ der Muttergottes mit dem sie liebkosenden Kind, häufig in der [russ.] Ikonenmalerei.

Eleusa. Muttergottes von Wladimir, Ikone, Anfang des 12. Jh. (Moskau, Tretjakow-Galerie)

Eleusinische Mysterien, nur Eingeweihten (Mysten) zugängl. antike Mysterienfeiern (Eleusinien) in Eleusis. Sie gehen auf einen Fruchtbarkeitskult zurück und werden mit Demeter und Kore-Persephone in Verbindung gebracht.

Eleusis, griech. Stadt an einer Bucht des Saron. Golfs, 20 km wnw. von Athen, 20 300 E. Museum; Bauxitabbau, Zement-, Sprengstoffabrik, Erdölraffinerie. – Die ältesten Siedlungsspuren gehen auf das 3. Jt. zurück; in myken. Zeit (1600–1200 v. Chr.) wurde E. ein Stadtstaat mit Akropolis; im 7. Jh. v. Chr. mit Athen vereinigt. In der Antike wurde E. berühmt durch den Geheimkult der Demeter und Persephone, die Eleusin. Mysterien. – Die fast ganz verschwundene antike Stadt bedeckte den O-Teil eines Felsrückens, gekrönt von der Akropolis.

Eleutherokokk (Taigawurzel, Eleutherococcus senticosus), meist 2–3 m hoher Strauch aus der Fam. der Araliengewächse, verbreitet in Sibirien, China und Korea. Der Extrakt der E.wurzel wird arzneilich (fördernde Wirkung auf die körperl. und geistige Leistungsfähigkeit) genutzt.

Elevation [lat.], in den christl. Liturgien das Emporheben von Brot und Kelch vor dem Abendmahl (Eucharistie). ▷ der Winkel, der die Höhe eines Gestirns über dem Horizont angibt.

Eleve [lat.-frz. „Schüler"], Schauspiel- und Ballettschüler; Land- und Forstwirt während der prakt. Ausbildung.

Elf, eine Primzahl (althochdt. einlif „eins darüber", d. h. über zehn); gilt vielfach, wie die ↑Dreizehn, als Unglückszahl.

El Fatah ↑Fatah, Al.

Elfen (Elben, Alben, Alfar) [engl.], in der german. Mythologie im Wesen sehr unterschiedl. Zaubergeister hilfreicher, jedoch auch unheilvoller Art, die in verschiedenster Gestalt und Funktion erscheinen. Neben die weibl. Form Elfe tritt die männl. Wortbildung Elf und der E.könig Alberich.

Elfenbein [althochdt. helfantbein „Elefantenknochen"], i. e. S. das Zahnbein der Stoßzähne des Afrikan.

Elfenbeinküste

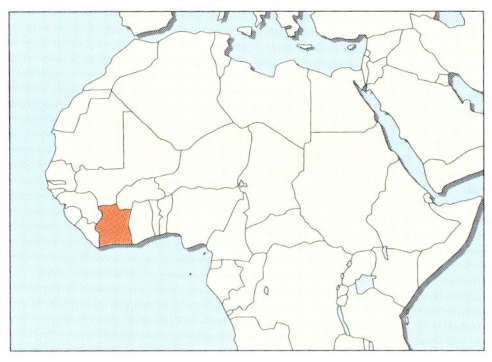

Elfenbeinküste
Fläche: 332 463 km²
Bevölkerung: 12,1 Mill. E (1990), 37,5 E/km²
Hauptstadt: Yamoussoukro
Regierungssitz: Abidjan
Amtssprache: Französisch
Nationalfeiertag: 7. Aug. (Unabhängigkeitstag)
Währung: 1 CFA-Franc = 100 Centimes (c)
Zeitzone: MEZ −1 Stunde

Elfenbeinküste
Staatswappen

Internationales
Kfz-Kennzeichen

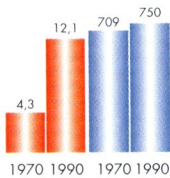

1970 1990   1970 1990
Bevölkerung   Bruttosozial-
(in Mill.)   produkt je E
              (in US-$)

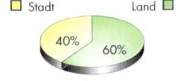

Bevölkerungsverteilung
1990

Bruttoinlandsprodukt
1990

und Ind. Elefanten sowie der ausgestorbenen Mammute, i. w. S. auch das Zahnbein der großen Eck- bzw. Schneidezähne von Walroß, Narwal und Flußpferd. E. ist wegen seiner geringen Härte sehr gut zu bearbeiten; es wird für Schmuckgegenstände (↑Elfenbeinschnitzerei), Klaviertastenbelag und Billardkugeln verwendet. 1989 wurde ein weltweites Handelsverbot für E. verhängt.

Elfenbeinküste (amtl. Vollform: République de Côte d'Ivoire; amtl. Kurzform: Côte d'Ivoire), Republik in Westafrika zw. 5° und 11° n. Br. sowie 3° und 8° w. L. **Staatsgebiet:** E. grenzt im S an den Atlantik, im W an Liberia und Guinea, im N an Mali und Burkina Faso, im O an Ghana. **Verwaltungsgliederung:** 10 Regionen. **Internat. Mitgliedschaften:** UN, OAU, OCAM, ECOWAS, Conseil de l'Entente, CEAO, UMOA, GATT, IWF.

Landesnatur: Das Staatsgebiet ist weitgehend ein von Inselbergen überragtes Hochland in 200–500 m Höhe, das sich an die schmale Küstenebene am Atlantik anschließt und 700 km ins Landesinnere reicht. Im W breiten sich die 1000–1500 m ü. d. M. gelegenen Ausläufer der Guineahochländer aus, die in den Nimbabergen an der Grenze zu Guinea und Liberia bis 1 752 m ansteigen. Von N nach dem S zum Golf von Guinea fließen Sassandra, Bandama und Komoé.

Klima: Der S gehört zum äquatorialen Klimabereich mit ganzjährigen Niederschlägen und geringen jahreszeitl. Temperaturschwankungen. Nach N nehmen die Temperaturunterschiede zu, die Niederschläge ab (Regenzeit von Juni–Okt.). Das Hochland im W hat geringere Temperaturen und Jahresniederschläge von über 2 000 mm.

Vegetation: An der Küste Kokospalmen, in der Lagunenzone Mangrove; der einst im S verbreitete trop. Regenwald ist weitgehend abgeholzt; nach N trop. Feuchtwald, anschließend Feuchtsavanne. Trockensavanne kommt nur im äußersten N vor.

Bevölkerung: Sie setzt sich aus zahlr. ethn. Gruppen der Sudaniden zus., deren wichtigsten Stämme die Akan, Kru, Mande und Senufo sind. 44 % sind Anhänger traditioneller Religionen, 32 % Christen (zu 75 % kath.), 24 % Muslime. Die Analphabetenquote liegt trotz Fernunterrichts bei rd. 60 %. In Abidjan besteht eine Universität.

Wirtschaft: Wichtigster Zweig ist die Landw.; hier arbeiten 80 % der Bev., überwiegend in Klein- und Familienbetrieben. Angebaut werden Kakao, Kaffee, Bananen, Baumwolle, Ölpalmen, Ananas, Zuckerrohr u. a. Ausgebeutet werden Diamantenvorkommen südl. von Korhogo und die Erdöllager im Schelfgebiet vor Abidjan. Dominierender Ind.zweig ist die Nahrungsmittelind., gefolgt von chem. und Textilind. Daneben traditionelle Kunsthandwerke. Ein wichtiger Faktor ist der Fremdenverkehr.

Außenhandel: Kakao und Kaffee sind die wichtigsten Ausfuhrgüter, gefolgt von Baumwolle, Bananen u. a. trop. Früchten. Eingeführt werden Lebensmittel, Maschinen und Kfz, Erdöl und chem. Erzeugnisse. Haupthandelspartner sind die EG-Länder, bes. Frankreich und die BR Deutschland.

Verkehr: In der Republik E. verlaufen 665 km der Eisenbahnstrecke Abidjan–Ouagadougou (Burkina Faso). Das Straßennetz ist 67 000 km lang, davon sind etwa 4 100 km asphaltiert. Die Lagunen sind durch Kanäle miteinander verbunden. Wichtigster Hafen ist Abidjan. E. ist Mgl. der Air Afrique Multinationale; die Air Ivoire bedient zehn Städte im Inlandsdienst. Internat. ✈ ist Port-Bouët bei Abidjan.

Geschichte: Vor der Errichtung der frz. Kolonie E. gehörte das Savannengebiet im N zum Einflußbereich des Reiches Mali, nach dessen Zerfall eigene Herrschaftsgebiete entstanden waren. Im 17. Jh. etablierte sich im NO das Dagombareich Bouna, weiter im W das Handelsreich Kong. Im NW wanderten Malinke ein. Der O-Teil des Gebietes gehörte im 18. Jh. zum Einflußbereich der Aschantikonföderation. Als erste Europäer befuhren wahrscheinlich frz. Kauffahrer im letzten Drittel des 14. Jh. die Küste. Erst Anfang des 19. Jh. errichteten die Franzosen bleibende Handelsniederlassungen und Militärstützpunkte. Zw. 1887/89 schloß Frankreich Protektoratsverträge ab und errichtete 1893 die Kolonie E. Bis 1913 hatten sich die Franzosen im ganzen Gebiet durchgesetzt (v. a. nach härtesten Kämpfen gegen Samory Touré bis 1898) und eine Verwaltung errichtet. Den Unabhängigkeitskampf der E. nach dem 2. Weltkrieg führten F. Houphouët-Boigny und das von ihm gegr. „Rassemblement Démocratique Africain" (RDA). 1956 gestand Frankreich seinen Kolonien innere Autonomie zu. 1958 stimmte die E. dem Beitritt zur „Communauté Française" zu, die den Kolonien die Selbständigkeit gab. Am 7. Aug. 1960 erhielt die E. die völlige Unabhängigkeit, blieb aber in enger wirtsch., kultureller und militär. Verbindung mit Frankreich. Staatspräs. Houphouët-Boigny (seit Nov. 1960) formte sein Land zu einem Einparteienstaat um; im Ggs. zu anderen afrikan. Staaten wurden die alten Stammeshierarchien jedoch nicht gebrochen, sondern in das Reg.system eingebaut. In der wirtsch. Entwicklung orientierte sich die Reg. an marktwirtsch. Gesichtspunkten und öffnete das Land westl. Kapital. Nach relativ ruhiger innenpolit. Entwicklung in den 70er Jahren führte wachsende Kritik der Bev. an der „verbürokratisierten" Führungsschicht 1980 zu starken personellen Veränderungen in der Einheitspartei. Anfang 1990 mußten oppositionelle Kräfte und Gruppierungen zugelassen werden. Bei ersten Präsidentschaftswahlen mit mehreren Kandidaten im Okt. 1990 wurde Houphouët-Boigny im Amt bestätigt. Bei den Parlamentswahlen im Nov. 1990 beteiligten sich neben dem regierenden PDCI etwa 25 Oppositionsparteien, gegen die sich ein im Febr. 1992 erlassenes Demonstrationsverbot richtet.

Politisches System: Nach der Verfassung von 1960 (mit Änderungen 1971, 1975 und 1990) ist die E. eine zentralist. Republik mit den Merkmalen einer präsidialen Demokratie. *Staatsoberhaupt*, Inhaber der obersten *Exekutive* und Oberbefehlshaber der Streitkräfte ist der Staatspräs. Er wird vom Volk auf 5 Jahre gewählt. Das Kabinett, an dessen Spitze seit 1990 ein Premiermin. steht, ist nur ihm verantwörtlich. Die *Legislative* liegt beim Parlament, der Nationalversammlung (z. Z. 175 Abg.), die vom Volk auf 5 Jahre gewählt wird. Einzige zugelassene *Partei* war bis zur Einführung des Mehrparteiensystems 1990 der aus dem „Rassemblement Démocratique Africain" (RDA) hervorgegangene „Parti Démocratique de la Côte d'Ivoire" (PDCI) unter Führung des Staatspräs. Dem *Gewerkschaftsverband* gehören rund 100 000 Mgl. in 190 Einzelgewerkschaften an. Die *Rechtsprechung* ist nach frz. Vorbild (unter beschränkter Berücksichtigung traditioneller Rechte) organisiert.

Elfenbeinpalme (Steinnußpalme, Phytelephas), Gatt. der Palmen mit etwa 15 Arten im trop. Amerika; der bis zu 4 cm (im Durchmesser) große, runde Samen (**Elfenbeinnuß**, Steinnuß) ist steinhart und wird als „vegetabil. Elfenbein" zur Herstellung von Knöpfen und Schnitzerei verwendet.

Elfenbeinschnitzerei, bereits aus dem Jungpaläolithikum kennt man aus Elfenbein geschnitzte Geräte und Figuren (u. a. aus der Vogelherdhöhle). Im *alten Orient* (Ur, Mari) und *Ägypten* lassen sich E. seit dem 3. Jt. v. Chr. nachweisen; im 2. Jt. Zentren der E. in Assyrien, Phönikien und Syrien. – Die E. wurde von der *minoisch-myken. Kultur* des 2. Jt. v. Chr. aus dem Orient übernommen und für Schmuckstücke, als Beschlag und für Kleinplastik angewendet. Im 6. und 5. Jh. findet sich die Goldelfenbeintechnik an Kultbildern (↑ chryselephantin), im Hellenismus auch an Herrscherbildern. In der *röm., byzantin.* und *frühchristl. Kunst* Diptychen, Pyxiden, Reliquienkästchen u. a.; Kathedra des Erzbischofs Maximian in Ravenna (um 550; Ravenna, Erzbischöfl. Museum); Erneuerung der E. in der *karolingischotton. Kunst* (u. a. Buchdeckel des Codex aureus aus Echternach, 985–991; Nürnberg, German. Nationalmuseum). In der *Gotik* entstanden v. a. in Frankreich Marienfiguren, Al-

Elfenbeinschnitzerei. Nackenstütze aus dem Grab des ägyptischen Königs Tutanchamun, um 1337 v. Chr. (Kairo, Ägyptisches Museum)

tärchen sowie Minnekästchen und Spiegelkapseln. Im *Manierismus* erfuhr die E. eine Wiederbelebung im Kunsthandwerk (Möbelintarsien). Im 17. und 18. Jh. trat Deutschland hervor, Hauptwerke der *barocken* E. hinterließen u. a. L. Kern, Bildhauer wie G. Petel und B. Permoser, in Wien M. Rauchmiller, in Düsseldorf I. Elhafen. Im *Rokoko* wurde die Elfenbeindrechslerei Mode (Contrefaitbüchsen der Nürnberger Familie Zick). Bed. E. auch in der *islam. Kunst* (Omaijadenkästchen, Olifantenhörner in fatimid. Stil). In *China* gelangte nur die Kleinplastik der Ming- und frühen Qingzeit zu künstler. Rang. In *Afrika* wurden viele kunstgewerbl. Gegenstände aus Elfenbein gefertigt, bes. im Kongoraum war die E. als Kleinkunst verbreitet (Amulettfigürchen, Anhängermasken). In Benin wurden mit Reliefschnitzereien (Ahnendarstellungen) verzierte Elefantenzähne in die Porträtköpfe verstorbener Fürsten gesteckt. Unter den Naturvölkern sind außerdem noch bes. die *Eskimo* mit ihrer E. zu nennen.

Elfenbeinturm, in der Redewendung „in einem E. leben" Symbol für die Haltung eines Menschen, der in einer eigenen Welt lebt. Urspr. nur in religiöser Bed. belegt: Wurzel ist „turris eburnea" im Hohenlied 7,5; durch die allegorisierende heilsgeschichtl. und mariolog. Deutung (u. a. Turm für Zufluchtsort, Elfenbein Sinnbild für Reinheit, Keuschheit, Schönheit) findet sich das Bild des E. bes. seit dem 12. Jh. in der religiösen, v. a. der Marienliteratur und -ikonographie.

Elfenblauvögel (Irenen, Ireninae), Unterfam. amselgroßer Blattvögel mit 2 Arten in den Wäldern S- und SO-Asiens; am bekanntesten der **Indische Elfenblauvogel** (Irene, Irena puella) in S-Asien: schwarz mit leuchtend blauer Oberseite und roter Iris; Käfigvogel.

Elferrat, Karnevalausschuß (die 11 höchsten Narren), plant und leitet die Karnevalsveranstaltungen.

Elfmänner, athen. Beamtengremium, ↑ Hendeka.

Elfmeter, volkstüml. Bez. für ↑ Strafstoß im Fußballspiel.

Elf Scharfrichter, Kabarett in München 1901–04; Mgl. u. a. F. Wedekind und O. Falckenberg.

Elgar, Sir (seit 1904) Edward [engl. 'ɛlgə], * Broadheath bei Worcester 2. Juni 1857, † Worcester 23. Febr. 1934, engl. Komponist. – Von der dt. Spätromantik beeinflußt; komponierte u. a. Oratorien, 2 Sinfonien, Kantaten, Lieder, Kammermusik, Klaviermusik und Orgelstücke sowie Bühnenwerke.

Elgin Marbles [engl. 'ɛlgɪn 'mɑːblz], von T. Bruce, Earl of Elgin und Kincardine nach Großbritannien gebrachte Marmorskulpturen, vornehmlich des Parthenons. 1816 vom brit. Staat angekauft (Brit. Museum).

El Greco ↑ Greco, El.

Elia (Elija, Elijja, Elias) [hebr. „mein Gott ist Jahwe"], Prophet im Nordreich Israel in der ersten Hälfte des 9. Jh. v. Chr. In der E.überlieferung (1. Kön. 17 bis 2. Kön. 1) erscheint er als Verfechter eines unbedingten Jahweglaubens und „neuer Moses".

Elfenbeinschnitzerei. Kathedra des Bischofs Maximian von Ravenna, um 550 (Ravenna, Erzbischöfliches Museum)

Elfenbeinschnitzerei. Der Tod und das Mädchen, Frankreich um 1450 (München, Bayerisches Nationalmuseum)

Elfenbeinschnitzerei. Armreif aus Benin, 16. Jh. (London, British Museum)

Gertrude Belle Elion

George Eliot

T. S. Eliot

Elisabeth I.,
Königin von England
(Ausschnitt aus einem
Gemälde von Federico
Zuccari, 1575)

Eliade, Mircea, *Bukarest 9. März 1907, †Chicago 23. April 1986, rumän. Religionswissenschaftler und Schriftsteller. – Seit 1956 Prof. für Religionswiss. in Chicago. E. schrieb religionswiss. und kulturphilosoph. Abhandlungen sowie phantast. Romane und Novellen. – *Werke:* Das Mädchen Maitreyi (R., 1933), Das Mysterium der Wiedergeburt (1958), Auf der Mântuleasa-Straße (E., 1976).

Elia Levita (hebr. Elijahu Bachur, Ben Ascher Ha-Levi Aschkenasi), *Neustadt a. d. Aisch 1469, †Venedig 28. Jan. 1549, jüd. Gelehrter und Grammatiker. – Verfasser einer hebr. Grammatik, eines Wörterbuchs zum Targum und eines Werkes zur Textüberlieferung des A. T.

Elias, Norbert, *Breslau 22. Juni 1897, †Amsterdam 2. Aug. 1990, dt. Soziologe. – E. studierte Philosophie und Soziologie, war ab 1930 Assistent von K. Mannheim; 1933 Emigration nach Frankreich, dann nach Großbritannien; 1954–62 Prof. in Leicester. – In seinem Hauptwerk „Über den Prozeß der Zivilisation" (Neuausg. 1969) versuchte E. den Zusammenhang von Sozio- und Psychogenese des Menschen aufzuzeigen und erzielte damit großen Einfluß auf die Sozialpsychologie, Pädagogik und andere Disziplinen. – *Weitere Werke:* Was ist Soziologie? (1970), Die Gesellschaft der Individuen (1987).

Eliasberg, Paul, *München 17. April 1907, †Hamburg 1. Okt. 1983, frz. Maler und Graphiker dt. Herkunft. – Landschaften und Architekturen sind Hauptmotive seiner Aquarelle, Zeichnungen und Radierungen.

Elías Calles, Plutarco [span. e'lias 'kajes], *Guaymas (Sonora) 25. Sept. 1877, †Mexiko 19. Okt. 1945, mex. Politiker. – Indian. Herkunft; 1913–16 Gouverneur von Sonora; betrieb als Staatspräs. 1924–28 eine sozialrevolutionäre Politik; beherrschte durch die Gründung der Nationalrevolutionären Partei 1929–34 Regierungsapparat und Staatspräs.; lebte 1936–41 in den USA.

Eliasfeuer, svw. ↑Elmsfeuer.

Eli, Eli, lema sabachthani [aramäisch „mein Gott, mein Gott, warum hast du mich verlassen"], eines der Worte Jesu am Kreuz (Matth. 27, 46; Mark. 15, 34). Luthers dt. Bibelübersetzung verwendet den Wortlaut des zitierten Psalms (Ps. 22, 2): „Eli, Eli, lama asabthani".

Eligius (frz. Éloi) von Noyon, hl., *Chaptelat bei Limoges um 588, †Noyon 1. Dez. 660, fränk. Bischof. – Am Hof der Merowingerkönige Chlothar II. und Dagobert I., Goldschmied und Münzmeister; verließ 639 den Hof, wurde Priester und 641 Bischof von Noyon; Patron der Schmiede, Goldarbeiter, der Bauern (bes. bei Pferdekrankheiten). – Fest: 1. Dezember.

Elimination (Eliminierung) [lat.], allg.: Ausscheidung, Entfremdung, Beseitigung.
▷ in der *Genetik* allmähl. Verschwinden bestimmter Erbmerkmale im Laufe der stammesgeschichtl. Entwicklung.
▷ in der *Mathematik* die durch geeignete Rechenoperationen bewirkte sukzessive Entfernung einer oder mehrerer unbekannter Größen aus Gleichungen.

Eliminierungsreaktion (Eliminierung), eine chem. Reaktion, bei der jeweils zwei Atome oder Atomgruppen aus einem Molekül austreten und nicht durch andere ersetzt werden, z. B. die Dehydrierung.

Elion, Gertrude Belle [engl. 'ɛljən], *New York 23. Jan. 1918, amerikan. Biochemikerin und Pharmakologin. – Prof. in Chapel Hill (N. C.); erhielt für mit G. H. Hitchings durchgeführte pharmakolog. Grundlagenarbeiten 1988 (mit Hitchings und J. W. Black) den Nobelpreis für Physiologie oder Medizin.

Eliot [engl. 'ɛljət], George, eigtl. Mary Ann Evans, *Arbury Farm (Warwickshire) 22. Nov. 1819, †London 22. Dez. 1880, engl. Schriftstellerin. – Als Vertreterin des psycholog. Romans mit gesellschaftl. Bezug Vorläuferin von H. James. – *Werke:* Adam Bede (R., 1859), Die Mühle am Floss (R., 1859), Silas Marner (R., 1861), Felix Holt (R., 1867), Middlemarch (R., 1871).

E., T[homas] S[tearns], *Saint Louis (Mo.) 26. Sept. 1888, †London 4. Jan. 1965, amerikan.-engl. Dichter. – Bed. für die Entwicklung der modernen angloamerikan. Literatur, v. a. der Lyrik; wurde berühmt durch die Dichtung „Das wüste Land" (1922). Konnte, ausgehend von literar. Klassikern (u. a. Vergil, Dante, Shakespeare), v. a. in freirhythm., abstrakter Lyrik durch musikal. und kompositor. Elemente sowie neuen Wortgebrauch der engl. Sprache neue Impulse geben. Sein christl. Humanismus bestimmt die Dichtung „Vier Quartette" (1936–42) und die Tragödie „Mord im Dom" (1935). Er schrieb auch erfolgreiche Gesellschaftsstücke; Nobelpreis 1948. – *Weitere Werke:* Aschermittwoch (Ged., 1930), Der Familientag (Dr., 1939), Beiträge zum Begriff der Kultur (Essays, 1948), Der Privatsekretär (Dr., 1953), Ein verdienter Staatsmann (Dr., 1959).

Elis, Küstenlandschaft auf der westl. Peloponnes, eines der fruchtbarsten Gebiete Griechenlands. – Ab etwa 570 v. Chr. beherrschte E. Olympia; Mgl. des Peloponnes. (5./4. Jh.) und des Ätol. Bundes (3. Jh.); der erzwungene Beitritt zum Achäischen Bund (191 v. Chr.) beendete die polit. Selbständigkeit.

Elisa (Eluscha, Elisäus), Prophet im Nordreich Israel (2. Hälfte des 9. Jh. v. Chr.); Schüler des Elia und Gegner des Hauses des Königs Achab.

Elisabeth, bibl. Gestalt, Frau des Priesters Zacharias und Mutter Johannes' des Täufers (Luk. 1, 5).

Elisabeth, Name von Herrscherinnen:
Belgien:
E. Gabriele Valeri Marie, *Possenhofen (= Pöcking) 25. Juli 1876, †Brüssel 23. Nov. 1965, Königin der Belgier. – Tochter des Herzogs Karl Theodor in Bayern; seit 1900 ∞ mit dem damaligen belg. Thronfolger Albert (seit 1909 König Albert I.).

England/Großbritannien:
E. I., *Greenwich (= London) 7. Sept. 1533, †Richmond 24. März 1603, Königin (seit 1558). – Nach der Hinrichtung ihrer Mutter Anna Boleyn (1536) von ihrem Vater Heinrich VIII. für illegitim erklärt; 1544 durch Parlamentsbeschluß zur Thronfolge zugelassen; Nachfolgerin ihrer Halbschwester Maria I. Gestützt auf fähige polit. Berater (Baron Burghley) stellte sie eine starke Krongewalt her. 1559 versuchte sie, mit einer Art nat. prot. Sammlungspolitik in Gestalt der Suprematsakte und der Uniformitätsakte die Konsolidierung des religiös und innenpolit. gespaltenen Landes herbeizuführen. Dadurch trat sie dem span. Universalanspruch auf ein kath. Europa entgegen und geriet in Gegensatz zum Spanien Philipps II. Zentrum einer sich seit 1580 bildenden innenpolit. kath. Opposition war Maria Stuart, die das Parlament 1587 mit widerwilliger Zustimmung E. hinrichten ließ. Den offenen Konflikt mit Spanien konnte E. trotz ihrer Unterstützung des niederländ. und des engl. Freibeuterkrieges (F. Drake) bis 1588 hinauszögern. Die Abwehr der span. Armada vor der engl. Küste (1588) bestätigte endgültig die Stellung Englands als prot. Großmacht (beginnender Aufbau eines Empire durch die expansiven Außenhandel monopolisierter Handelsgesellschaften, Anfänge der frühindustriellen Revolution). Dennoch hinterließ E. einen durch Kriege (u. a. die kostspielige Niederwerfung der irischen Rebellion 1595–1603), Mißernten und Arbeitslosigkeit erschöpften Staat. Die außerordentl. kulturelle Blüte (Literatur, Musik, bildende Kunst) während ihrer Reg.zeit findet ihren Ausdruck in der Bez. **Elisabethanisches Zeitalter.**

E. II., *London 21. April 1926, Königin von Großbritannien und Nordirland und Haupt des Commonwealth (seit 1952). – Älteste Tochter des späteren Königs Georg VI.; seit 1947 ∞ mit Philip Mountbatten (↑Philip, Herzog von Edinburgh), vier Kinder: Thronfolger Prinz Charles (*1948), Prinzessin Anne (*1950), Prinz Andrew (*1960), Prinz Edward (*1964).

Nassau-Saarbrücken:
E., *Vézélise bei Nancy (?) um 1394, †Saarbrücken 17. Jan. 1456, Gräfin. – Tochter Herzog Friedrichs V. von Lothringen; führte 1429–38 die Regentschaft für ihren minderjährigen Sohn. Trug mit ihren Übers. und Bearbeitungen frz. Ritterromane zur Entwicklung des dt. Prosaromans bei.

Orléans:
E. Charlotte von der Pfalz, gen. Liselotte von der Pfalz, *Heidelberg 27. Mai 1652, †Saint-Cloud bei Paris 8. Dez.

1722, Gattin Herzog Philipps I. von Orléans (seit 1671). – Tochter des Kurfürsten Karl Ludwig von der Pfalz; bekannt v. a. durch ihre freimütigen, urwüchsigen und oft derben Briefe über das Leben am frz. Hof.

Österreich-Ungarn:

E., *München 24. Dez. 1837, †Genf 10. Sept. 1898, Kaiserin von Österreich und Königin von Ungarn. – Tochter des Herzogs Maximilian in Bayern, seit 1854 ∞ mit Kaiser Franz Joseph I. von Österreich; obwohl sie polit. Entscheidungen fern stand, nutzte Graf G. Andrássy d. Ä. ihre magyar. Sympathien für die amtl. Politik; Opfer des Attentats eines italien. Anarchisten.

Pfalz:

E., *Falkland Castle 19. Aug. 1596, †London 13. Febr. 1662, Kurfürstin, Königin von Böhmen. – Tochter Jakobs I. von England, 1613 ∞ mit Friedrich V. von der Pfalz; mußte mit ihm nach seiner Niederlage am Weißen Berg (1620) ins niederl. Exil fliehen; übersiedelte 1661 nach England.

E. Charlotte ↑ Elisabeth Charlotte, Herzogin von Orléans.

Rußland:

E. Petrowna (russ. Jelisaweta Petrowna), *Kolomenskoje bei Moskau 29. Dez. 1709, †Petersburg 5. Jan. 1762, Zarin und Kaiserin (seit 1741). – Tochter Zar Peters d. Gr. und Katharinas I.; setzte ihren Thronanspruch mit dem Staatsstreich von 1741 durch; in ihrer Reg.zeit großer Einfluß von Günstlingen; beendete 1743 den Krieg mit Schweden, im Östr. Erbfolgekrieg und im Siebenjährigen Krieg mit Österreich gegen Preußen verbündet; gründete 1755 die erste russ. Univ. in Moskau, 1757 die Akad. der Künste in Petersburg.

Spanien:

E. (E. von Valois), *Fontainebleau 22. Nov. 1545(?), †Aranjuez 3. Okt. 1568, Königin. – Tochter Heinrichs II. von Frankreich und Katharinas von Medici. 1559 ∞ mit Philipp II.; Legende ist ein Liebesverhältnis zu Don Carlos.

E. (E. Farnese), *Parma 25. Okt. 1692, †Aranjuez 11. Juli 1766, Königin. – Prinzessin von Parma; seit 1714 ∞ mit König Philipp V.; begünstigte den Aufstieg von J. Alberoni, mit dem sie eine auf Italien gerichtete Politik begann; Begr. der bourbon. Linien in Neapel-Sizilien und Parma-Piacenza (↑ Bourbon).

Elisabeth von Ungarn. Die heilige Elisabeth besucht Kranke, Glasmalerei aus der Elisabethkirche in Marburg, um 1240

Thüringen:

E. (E. von Ungarn), hl. *Sárospatak (Nordungarn) 1207, †Marburg (Lahn) 17. Nov. 1231, Landgräfin. – Tochter des ungar. Königs Andreas II. Schon 1208 mit dem späteren Landgrafen Ludwig IV. von Thüringen verlobt, lebte sie seit 1211 am thüring. Hofe, 1221 ∞ mit Ludwig (drei Kinder). 1227 nach dem Tod Ludwigs verließ sie die Wartburg und kam nach Marburg. Ihr Beichtvater Konrad von Marburg hielt sie zu strenger Askese an; in dem von ihr gegründeten Franziskushospital in Marburg opferte sie sich im Dienst der Armen- und Krankenpflege auf. Schon 1235 wurde sie von Gregor IX. heiliggesprochen. Zu ihrem Grab in der E.kirche in Marburg entstand eine Wallfahrt, die durch die Entfernung der Reliquien aus dem E.schrein von 1249/50 durch Landgraf Philipp I. von Hessen 1539 ihr Ende fand. – Fest: 19. Nov. – Schon sehr früh bildeten sich um E. – z. T. widersprüchl. – Legenden, die erstmals (vor 1240) von Cäsarius von Heisterbach zusammengefaßt wurden und starken Einfluß auf die Darstellungen der hl. E. in der Kunst hatten (E.schrein in Marburg, 1249). Das v. a. seit der Romantik beliebte Motiv des „Rosenwunders" (als E., von ihrem Mann [?] mit einem Korb voller Speisen für die Armen überrascht wird, verwandeln sich diese in Rosen) hat jedoch nur eine späte und spärl. Tradition; 1481 Aufführung des E.spiels in Marburg.

elisabethanischer Stil (Queen Elizabeth Style), Bau- und Dekorationsstil, der um 1530 einsetzte und bis zum Ende der Regierungszeit Königin Elisabeths I. von England (1603) dauerte; eine manierist. Mischung von Formen der engl. Spätgotik und der kontinentalen Renaissance; u. a. Longleat House (Wiltshire; 1567–79), Wollaton Hall (Nottinghamshire; 1580–88).

Elisäus ↑ Elisa.

Elischa ↑ Elisa.

Elision [lat. „Ausstoßung"] (Ekthlipsis) Ausfall eines auslautenden unbetonten Vokals vor einem vokalisch anlautenden Wort, z. B. „hab' ich", oder vor konsonantisch anlautendem Wort im Wortinnern, gekennzeichnet durch Apostroph, z. B. „ich geh' gleich".

Elista, Hauptstadt Kalmückiens innerhalb Rußlands, auf der Jergenihöhe, 85 000 E. Univ. (gegr. 1970); Baustoff-, Nahrungsmittelind., Holzverarbeitung; ⚒. – 1865 gegr., seit 1930 Stadt.

Elite [frz.], die gesellschaftl. Minderheit, die politisch oder sozial führend bzw. herrschend ist und bes. Einfluß auf die Gesellschaft und deren Entwicklung ausübt, wobei *Geburts-E.* (Zugehörigkeit auf Grund der Herkunft), *Wert-E.* (Zugehörigkeit auf Grund allg. anerkannter persönl. Qualitäten) und *Macht-E.* (Inhaber bes. polit., wirtsch. oder militär. Herrschaft) unterschieden werden. *Elitetheorien* hatten meist die Funktion, soziale Ungleichheiten zu begründen bzw. zu rechtfertigen (z. B. Carlyle, Nietzsche, Ortega y Gasset); neuere Theorien verbinden jedoch mit dem E.begriff keinen Qualitäts- oder Wertbegriff mehr, sondern sehen E. als Inhaber von (auf Grund der in der Industriegesellschaft notwendigen Arbeitsteilung entstandenen) bes. wichtigen gesellschaftl. Positionen an; solche *Funktions-E.* widersprechen nur dann nicht demokrat. Prinzipien, wenn diese Positionen Vertretern aller Gesellschaftsschichten offenstehen und diese E. demokratisch legitimiert und kontrolliert werden.

Elitis, Odisseas (Elytis, O.), eigtl. O. Alepudelis, *Iraklion auf Kreta 2. Nov. 1911, neugriech. Lyriker. – Hauptvertreter der modernen griech. Lyrik, steht in der Tradition des Surrealismus; bekannt wurde v. a. die von Verbundenheit mit Natur und Landschaft zeugende Gedichtsammlung „Körper des Sommers" (dt. 1960); als Hauptwerk gilt die z. T. von M. Theodorakis vertonte Dichtung „To axion esti – Gepriesen sei" (1959); erhielt 1979 den Nobelpreis für Literatur.

Elixier [arab. „trockene Substanz mit mag. Eigenschaften", zu griech. xérion „Trockenes"], nur noch selten gebrauchte Bez. für einen alkohol. Pflanzenauszug mit Zusätzen (vom 13.–18. Jh. Arzneimittel für verschiedenste Zwecke, berühmt das „Lebenselixier" von Paracelsus). – In der Alchimie wird der Begriff E. auf einen durch chem. Prozesse zu gewinnenden „Urstoff" bezogen, von dem die Verwandlung (Transmutation) der Metalle in Gold ausgehen sollte.

Elizabeth [engl. ɪˈlɪzəbəθ], Stadt in N. J., USA, im westl. Vorortbereich von New York, 107 000 E. Hafen, Werften, Textil-, chem. Ind. – 1664 entstanden.

Elisabeth II., Königin von Großbritannien und Nordirland

Elisabeth Charlotte von der Pfalz, Herzogin von Orléans (Ausschnitt aus einem zeitgenössischen Gemälde)

Elisabeth, Kaiserin von Österreich und Königin von Ungarn (Ausschnitt aus einem zeitgenössischen Gemälde)

Odisseas Elitis

El-Jadida

El-Jadida [frz. ɛlʒadiˈda], Prov.hauptstadt in Marokko, am Atlantik, wsw. von Casablanca, 81 000 E. Fischverarbeitung; Seebad; Fischereihafen, 15 km südlich Phosphatverladehafen **El-Jorf-Lasfar.** – 1506 durch die Portugiesen gegr. – Unterird. Zisterne (16. Jh.), Stadtmauer (16. Jh.).

Elkesaiten [...za-i...], nach ihrem um die Wende des 1. zum 2. nachchristl. Jh. wirkenden Stifter **Elkesai** (Elchasai) ben. judenchristl. Sekte im Ostjordanland. Die E. verbanden jüd. Bräuche der Sabbatheiligung und der Beschneidung mit dem Glauben an die Messianität Jesu sowie mit gnost. Gedanken und synkretist. Elementen.

Elko, Abk. für: **El**ektrolyt**ko**ndensator (↑ Kondensator).

Ellbogen (Ellenbogen), Bez. für den gesamten Bereich des Ellbogengelenks, i. e. S. auch nur für das über die Gelenkgrube für den Oberarmknochen hinausreichende Olecranon (↑ Arm).

Elle, (Ulna) Röhrenknochen auf der Kleinfingerseite des Unterarms vierfüßiger Wirbeltiere (einschl. Mensch).
▷ alte Längeneinheit, v. a. für Tuche; entsprach urspr. etwa der Länge des Unterarms. Unterschiedl. Festlegung: *Preuß. E.* = 66,8 cm; *Brabanter E.* = 68,02 cm.

Ellenbogen, svw. ↑Ellbogen.

Eller, svw. ↑Erle.

Ellerbekkultur ↑Ertebøllekultur.

Ellesmere Island [engl. ˈɛlzmɪə ˈaɪlənd], die nördlichste Insel des Kanad.-Arkt. Archipels, im Nordpolarmeer, etwa 800 km lang, bis über 500 km breit, reich an Fjorde. Im N bis 2 604 m hoch, im O vergletschert; Wetterstationen. – 1616 von W. Baffin entdeckt.

Elliceinseln [engl. ˈɛlɪs] ↑Tuvalu.

Ellingen, Stadt in Bayern, an der Schwäb. Rezat, 398 m ü. d. M., 3 300 E. Maschinenfabrik. – E. wurde 1216 von Kaiser Friedrich II. dem Dt. Orden geschenkt (Sitz der Ballei Franken). Stadtrechte seit 1378. – Schloß (1718 ff.), Reste der Stadtbefestigung (17. Jh.), u. a. Pleinfelder Tor (1660); Rokokorathaus (1744).

Duke Ellington

Ellington, Edward Kennedy („Duke") [engl. ˈɛlɪŋtən], *Washington 29. April 1899, †New York 24. Mai 1974, amerikan. Jazzmusiker (Orchesterleiter, Komponist, Pianist). – Seit 1918 als Bandleader tätig. Seine Big Band wurde seit den 20er Jahren zum führenden Orchester des Jazz; stilist. Merkmale seiner Musik sind ein sehr differenzierter Umgang mit klangl. Mitteln und die Bevorzugung von suitenartigen Formverläufen anstelle der übl. 3-Minuten-Stücke.

Elliot Lake [engl. ˈɛljət ˈleɪk], kanad. Stadt 130 km westlich von Sudbury, 16 700 E. Zentrum eines Uranerzbergbaugebietes.

Ellipse [zu griech. élleipsis „Mangel" (da die Kreisform „fehlt")], rhetor. Figur: Aussparung von Redeteilen (z. B. [ich] danke schön).

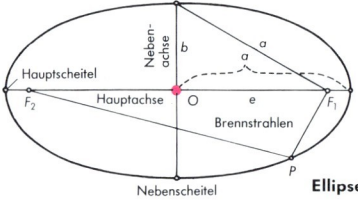
Ellipse

▷ in der *Geometrie* eine zu den Kegelschnitten gehörende geschlossene Kurve, und zwar der geometr. Ort aller Punkte der Ebene, für die die Summe der Abstände zu zwei gegebenen Punkten F_1 und F_2 (den *Brennpunkten*) konstant (= 2a) ist. Der Mittelpunkt O der Strecke zw. F_1 und F_2 (Länge 2e) ist zugleich Mittelpunkt der E., d. h., O halbiert jede durch diesen Punkt verlaufende Sehne; e ist die *lineare Exzentrizität*. Die Gerade durch F_1 und F_2 schneidet die E. in den beiden *Hauptscheiteln*, die von O den Abstand a haben; die dazu senkrechte Gerade durch O schneidet die E. im Abstand $b = \sqrt{a^2 - e^2}$ in den beiden *Nebenscheiteln*. Die Verbindungslinien entsprechender Scheitel heißen *Haupt-* bzw. *Nebenachse*; a bzw. b ist die große bzw. kleine Halb-

El-Jadida. Unterirdische Zisterne, 16. Jahrhundert

achsenlänge. Der Flächeninhalt F der E. ist $F = \pi ab$. Für a = b ergibt sich als Sonderfall der Kreis. – Die E. ist eine algebraische Kurve zweiter Ordnung; liegt der Mittelpunkt im Koordinatenursprung eines kartes. Koordinatensystems, so lautet ihre Gleichung

$$\frac{x^2}{a^2} + \frac{y^2}{b^2} = 1.$$

Ellipsoid [griech.], geschlossene Fläche 2. Ordnung (bzw. der von ihr umschlossene Körper), deren ebene Schnitte Ellipsen, in bestimmten Fällen Kreise sind. Gleichung des E. im kartes. Koordinatensystem (wenn a, b, c die Achsenabschnitte sind):

$$\frac{x^2}{a^2} + \frac{y^2}{b^2} + \frac{z^2}{c^2} = 1.$$

Bei Gleichheit zweier Achsenabschnitte bezeichnet man das E. als *Rotationsellipsoid*.

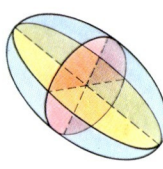
Ellipsoid. Rotationsellipsoid

Ellipsometrie [griech.], Methode zur Untersuchung von Festkörpern, Oberflächen und Schichten durch Messung der Polarisationsänderung von Licht, meist bei Reflexion an der Probe. Aus den Daten ergeben sich Brechzahl und Absorptionskoeffizient der Probe in Abhängigkeit von der Lichtwellenlänge. Diese Eigenschaften lassen Rückschlüsse auf die innere und Oberflächenstruktur der Probesubstanz zu.

Elliptozytose [griech.], dominant erbl. Anomalie der roten Blutkörperchen (Vermehrung der ovalen Formen, der Elliptozyten).

Ellis, Don, eigtl. Donald Johnson E., *Los Angeles 4. Aug. 1934, †ebd. 17. Dez. 1978, amerikan. Jazzmusiker (Trompeter, Komponist). – Spielte u. a. bei M. Ferguson und G. Russel; experimentierte mit komplexen, z. T. aus der ind. Musik entlehnten Rhythmen.

Ellison, Ralph Waldo [engl. ˈɛlɪsn], *Oklahoma City 1. März 1914, amerikan. Schriftsteller. – Bed. sein Roman „Unsichtbar" (1952), in dem er die Rassenfrage vom Standpunkt des Farbigen aus darstellt.

Ellora (Elura), ind. Ort im Bundesstaat Maharashtra, auf dem Hochland von Dekhan; 34 aus dem Fels gehauene Tempel (u. a. der Kailasa-Tempel) und Klöster des Buddhismus, Hinduismus und Dschainismus (5.–8./9. Jh.); von der UNESCO zum Weltkulturerbe erklärt.

Ellsworth, Lincoln [engl. ˈɛlzwəːθ], *Chicago 12. Mai 1880, †New York 26. Mai 1951, amerikan. Polarforscher und Flieger. – Erreichte 1925 mit R. Amundsen in zwei Amphibienflugzeugen 87° 44′ n. Br.; überflog 1935 als erster die Antarktis.

Ellwangen (Jagst), Stadt in Bad.-Württ., im Jagsttal, 440 m ü. d. M., 25 100 E. Zentrum für ein bäuerl. Umland; Elektro-, Textil- u. a. Ind. – Die Stadt, die 1201 erstmals als solche erwähnt wird, entstand aus einer Siedlung um das 764 gegr. Benediktinerkloster Ellwangen, dessen Äbte seit 1215 Reichsfürsten waren und die 1460 in ein exemtes weltl. Chorherrenstift mit einem Fürstpropst an der Spitze umgewandelt wurde und schließlich 1802/03 an Württemberg überging. – Roman. ehem. Stiftskirche Sankt Veit (1182–1233), Wallfahrtskirche Schönenberg (1682–86), Schloß (16.–18. Jh.).

Ellwanger Berge, Teil der Schwäb.-Fränk. Waldberge bei Ellwangen (Jagst), im Hohenberg 570 m hoch.

Ellweiler ↑ Birkenfeld.

Ellwein, Thomas, *Hof 16. Juli 1927, dt. Politik- und Erziehungswissenschaftler. – 1961–70 Prof. in Frankfurt am Main; 1970–74 Direktor des wiss. Instituts für Erziehung und Bildung in den Streitkräften (München); 1974–76 Präs. der Hochschule der Bundeswehr in Hamburg; seit 1976 Prof. in Konstanz.

Ellwood, Charles Abraham [engl. 'ɛlwʊd], *nahe Ogdensburg (N. Y.) 20. Jan. 1873, †Durham (N. C.) 25. Sept. 1946, amerikan. Soziologe. – 1900–30 Prof. an der University of Missouri, 1930–44 in Durham; vertrat eine mit sozialreformer. Absichten verbundene fortschrittsgläubige, individualist., psycholog. Entwicklungsphilosophie.

Elm, Höhenzug 15 km sö. von Braunschweig, im Kuxberg 327 m hoch; große Kalksteinbrüche.

Elmsfeuer [wohl nach dem hl. Erasmus (italien. Santo Elmo)] (Eliasfeuer), büschelförmige elektr. Gasentladung an aufragenden, spitzen Gegenständen bei hohen elektr. Feldstärken, insbes. bei Gewittern.

Elmshorn, Stadt in Schl.-H., am S-Rand der Geest, 42 200 E. Nahrungsmittelind., Metallverarbeitung; Flußhafen, Werft. – 1141 erstmals erwähnt; seit 1870 Stadt. – Sankt Nikolai-Kirche (14. Jh.).

Eloge [eˈloːʒə; griech.-frz.], Lobrede in der frz. Literatur des 17. und 18. Jh.; heute oft ironisch gebraucht (im Sinne von Lobhudelei).

Elogium [griech.-lat.], in der röm. Antike 1. Bez. für eine kurze Grab- bzw. Sarkophaginschrift; 2. kurze Beschriftung gleicher Art unter Ahnenbildnissen („imagines").

Ellora. Der Kailasa-Tempel

Elohim, hebr. Bez. für „Gott" und „Götter"; im A. T. begegnet E. als Bez. für die Götter der Umwelt, meist aber als Bez. des Gottes Israels, Jahwe.

Elohist [hebr.], eine der Quellenschriften des Pentateuchs im A. T.; entstand im Nordreich Israel um 750 v. Chr. und gebraucht im Ggs. zum *Jahwisten* als Gottesnamen vorwiegend *Elohim*.

E-Lok, Kurzbez. für: **E**lektro**lok**omotive (↑ Eisenbahn).

Elongation [lat.], die Winkeldistanz eines Planeten von der Sonne.
▷ der Betrag, um den ein Körper aus einer stabilen Gleichgewichtslage entfernt wird (z. B. bei Schwingungen um diese Lage).

Elsaß. Weinbaugebiet am Fuß der Vogesen

Eloquenz [lat.], Beredsamkeit; **eloquent,** beredt.

Elo-System [nach dem amerikan. Erfinder A. E. Elo, *1903], Wertungssystem *(Ratingsystem)* im Schach zur leistungsmäßigen Einordnung der organisierten Spieler. Die Leistungsstärke wird mit einer Wertungszahl *(Ratingzahl, Elo-Zahl)* ausgedrückt, die durch gute bzw. schlechte Turnierergebnisse steigt bzw. sinkt.

Eloxalverfahren ⓦ [Kw. aus: **el**ektrolyt. **Ox**idation des **Al**uminiums] (Eloxieren), Verfahren zur Erzeugung einer Schutzschicht von Aluminiumoxid auf Aluminium, bei dem die Aluminiumteile in einem Elektrobad (meist Schwefelsäure, Oxalsäure) einer ↑anodischen Oxidation unterworfen werden.

El Paso [engl. ɛl ˈpɑːsoʊ], Stadt in Texas, USA, am Rio Grande, Grenzübergang nach Mexiko, 1 126 m ü.d.M., 464 000 E. Kath. Bischofssitz, Teil der University of Texas (seit 1967). Erdöl- und Kupferraffinerien u. a.; Verkehrsknotenpunkt, internat. ✈. – Der seit 1827 auf dem N-Ufer des Rio Grande entstandene nördl. Stadtteil des damaligen El Paso (heute Ciudad Juárez) kam 1848 durch den Vertrag von Guadalupe Hidalgo an Texas. – Bei El P. liegt Fort Bliss (US-Army) mit Raketenschule der dt. Luftwaffe.

Elpis [griech. „Hoffnung, Erwartung"], in der griech. Mythologie Verkörperung der (trüger.) Hoffnung.

Elritze (Phoxinus phoxinus), bis knapp 15 cm langer, schlanker, nahezu drehrunder Karpfenfisch in klaren Gewässern Europas und Asiens.

El Salvador ↑ Salvador, El.

Elsaß (frz. Alsace), Landschaft in O-Frankreich zw. Vogesenkamm im W, Oberrhein im O, Jura im S und Pfälzer Wald im N; die Region E. umfaßt die Dep. Haut-Rhin und Bas-Rhin; Regionshauptstadt Straßburg. Vom Rheinufer bis zu den Hängen der Vogesen erstreckt sich mit über 20 km Breite das Oberrhein. Tiefland, ein klimatisch bes. begünstigter Raum, intensiv landw. genutzt, u. a. Anbau von Tabak und Hopfen. Im Übergang zu den Vogesen erstreckt sich eine Vorhügelzone, Erzeugergebiet von Obst und der elsäss. Weine. In den Tälern der Vogesen findet sich Milchwirtschaft (Münsterkäse). Auf wirtsch. Sektor hat sich das E. nach dem 2. Weltkrieg zu einem europ. Zentralgebiet entwickelt, konzentriert auf die größeren Städte und das

Elsaß
Wappen

Elsässer Belchen

unmittelbare Rheingebiet, v. a. nach Inbetriebnahme des Rhein-Rhone-Kanals und des Rheinseitenkanals. Die wichtigsten Bodenschätze sind die Kalivorkommen bei Mülhausen, auf denen eine eigene chem. Ind. aufbaut. Neben der Textilind. finden sich Fahrzeug- und Maschinenbau, Erdölraffinerien, Papier-, Druckerei- sowie Nahrungsmittelind., Brauereien und Brennereien. Ganzjähriger Fremdenverkehr.

Gisela Elsner

Geschichte: Das 58 v. Chr. von Cäsar eroberte kelt. Gebiet wurde nach 260 von Alemannen okkupiert, 496 Teil des Frankenreichs (seit 870 ostfränk. bzw. dt.). V. a. in stauf. Zeit ein Kerngebiet der kaiserl. Macht. Im Spät-MA waren die Grafen von Habsburg, die seit 1135 die Landgrafschaft im oberen E. (Sundgau) besaßen, die wichtigsten weltl. Herren im territorial stark zersplitterten E.; an erster Stelle der geistl. Herren stand der Bischof von Straßburg, seit 1359 Inhaber der Landgrafschaft im unteren Elsaß. 1648 wurden der Sundgau und die Vogtei über die 10 Reichsstädte (↑Dekapolis) Frankreich zugesprochen, das sich bis 1697 den größten Teil des restl. E. einverleibte (1681 Straßburg). 1871 wurde das E. mit Ausnahme des Territoire de Belfort Bestandteil des dt. Reichslandes ↑Elsaß-Lothringen, 1918/19 wieder frz.; die frz. Assimilationsbestrebungen (Sprachenkampf) förderten eine autonomist. Bewegung; während der dt. Besetzung (1940–44) nominell bei Frankreich, aber unter dt. Zivilverwaltung.

Elster

Elsässer Belchen (frz. Ballon d'Alsace), Gipfel in den südl. Vogesen, 1247 m hoch.

Elsässer Zehnstädtebund ↑Dekapolis.

Elsässisch ↑deutsche Mundarten.

elsässische Tracht ↑Volkstrachten.

elsässische Weine, AAC-Qualitätsweine (Appellation Alsace Contrôlée, d. h. Weine aus dem Elsaß mit kontrollierter Ursprungsbezeichnung) gibt es aus 6 weißen Rebsorten: Silvaner, Weiß-Clevner (Pinot blanc, Weißburgunder), Elsässer Muskateller, Riesling, Elsässer Tokayer (Pinot gris, Grau-Clevner, Ruländer [Burgunderreben]), Gewürztraminer sowie als einzigen Rotwein Blauer Spätburgunder. Spezialitäten sind der **Zwicker** (Verschnitt, meist aus Gutedel und Silvaner) und der **Edelzwicker** (Verschnitt verschiedener Rebsorten).

Elsaß-Lothringen (amtlich Reichsland E. L.), Bez. der Gebiete, die Frankreich 1871 an das Dt. Reich abtreten mußte. Die aus vorwiegend nat. und militär. Gründen erstrebte Annexion erfolgte gegen den Willen der großen Mehrheit der Bev. Der Gewinn von E.-L. sicherte dem Reich eine strategisch günstigere Grenze, machte es zum eisenerzreichsten Staat des Kontinents und verschaffte ihm das Kalimonopol, bedeutete aber eine schwere polit. Belastung. Staatsrechtlich hatte E.-L. einen Sonderstatus: Zunächst nach dem Muster der preuß. Prov. verwaltet, 1879 erstes Verfassungsgesetz, 1902 Aufhebung des bes. verhaßten Diktaturparagraphen, Teilautonomie durch das Verfassungsgesetz von 1911. Im 1. Weltkrieg ging die vollziehende Gewalt an das Militär über; volle Autonomie erst seit Okt. 1918, kurz darauf Rückkehr zu Frankreich.

Elsbeere (Sorbus torminalis), kalkliebendes Rosengewächs aus der Gatt. ↑Sorbus, in M- und S-Europa in Gebüsch und lichten, warmen Wäldern; Strauch oder bis 15 m hoher Baum mit längl., eiförmigen, zuletzt lederbraunen, hell punktierten Apfelfrüchten.

Elsene ↑Ixelles.

Elser, Johann Georg, *Hermaringen (Landkr. Heidenheim) 4. Jan. 1903, †KZ Dachau 9. April 1945 (erschossen), dt. Widerstandskämpfer. – Tischler; das in einer Einzelaktion von ihm geplante und ausgeführte Attentat auf A. Hitler im Münchner Bürgerbräukeller (8. Nov. 1939) schlug fehl; beim Fluchtversuch in die Schweiz wurde er verhaftet und als „Sonderhäftling des Führers" ins KZ Dachau eingeliefert.

Elsevier [niederl. 'ɛlsəvi:r] (Elsevir; Elzevier), niederl. Buchhändler-, Drucker- und Verlegerfamilie, im 17. Jh. führend im westeurop. Buchgewerbe. Gründer des Hauses (1593) war *Louis (Lodewijk) E.* (*1542, †1617). Sein Sohn *Bonaventura E.* (*1583, †1652) und sein Enkel *Abraham E.* (*1592, †1652) gelten als die eigtl. Begründer des Verlags, den Bonaventuras Sohn *Jan E.* (*1622, †1661) und Nachfolger bis 1713 weiterführten; Zweigbetriebe u. a. in Den Haag, Utrecht, Amsterdam, Venedig.

Elsevier, N. V. Uitgeversmaatschappij [niederl. ɛn-'ve: 'œytxe:vərsma:tsxapɛi'ɛlsəvi:r] ↑Verlage (Übersicht).

Elsgau, Gebiet in der Schweiz, ↑Ajoie.

Elsheimer, Adam, ≈ Frankfurt am Main 18. März 1578, □ Rom 11. Dez. 1610, dt. Maler. – Ging 1598 nach Venedig, 1600 nach Rom. Seine Bilder sind meist kleinformatig, v. a. nächtl. oder dämmrige Landschaften mit bibl. und mytholog. Szenen, in denen verschiedenartige Leuchtquellen neue maler. Qualitäten erschließen, u. a. „Heilige Familie mit Engeln" (wohl zw. 1598/1600; Berlin-Dahlem), „Der Brand von Troja" (wohl nach 1600; München, Alte Pinakothek), „Die Verherrlichung des Kreuzes" (Mittelteil eines Hausaltares, wohl um 1605; Frankfurt am Main, Städel), „Flucht nach Ägypten" (1609, München, Alte Pinakothek).

Elsner, Gisela, *Nürnberg 2. Mai 1937, †München 13. Mai 1992, dt. Schriftstellerin. – Karikiert in der Folge von Erzählungen „Die Riesenzwerge" (1964) u. a. Werken gesellschaftl. Verhaltensweisen. – *Weitere Werke:* Das Berührungsverbot (R., 1970), Die Zerreißprobe (E., 1980), Die Zähmung (R., 1984), Das Windei (R., 1987).

Elsschot, Willem [niederl. 'ɛlsxɔt], eigtl. Alfons de Ridder, *Antwerpen 7. Mai 1882, †ebd. 31. Mai 1960, fläm. Schriftsteller. – Sarkast., dabei mitfühlende Großstadtromane aus dem kleinbürgerl. Milieu; u. a. „Kaas" (R., 1933), „Tschip" (R., 1934).

Elßler, Fanny, eigtl. Franziska E., *Gumpendorf bei Wien 23. Juni 1810, †Wien 27. Nov. 1884, östr. Balletttänzerin. – Die Neuartigkeit ihres Tanzstils, der dem Charaktertanz der Romantik neue Ausdrucksmöglichkeiten eröffnete, und ihre Schönheit machten sie zur gefeiertsten Tänzerin des 19. Jahrhunderts.

Elster (Pica pica), etwa 20 cm langer, mit dem sehr langen, gestuften Schwanz etwa 45 cm messender Rabenvogel in Eurasien, NW-Afrika und im westl. N-Amerika; Gefieder meist an Schultern, Flanken und Bauch weiß, sonst metallisch schwarzblau mit grünl. Schimmer; Standvogel.

Elster, Bad ↑Bad Elster.

Elster, Schwarze ↑Schwarze Elster.

Elster, Weiße ↑Weiße Elster.

Elstereiszeit [nach der Weißen Elster], Phase der Eiszeit in Norddeutschland.

Elstergebirge, Bergland zw. dem Erzgebirge und dem Fichtelgebirge, Deutschland und ČR, der südl. Teil des Vogtlands, im Kapellenberg 758 m hoch.

Adam Elsheimer. Flucht nach Ägypten, 1609 (München, Alte Pinakothek)

Elsterwerda, Stadt in Brandenburg, an der Schwarzen Elster, 10 000 E. Steingutind.; Baumschulen. – Seit dem 14. Jh. belegt. – Barockschloß (1720–37); Pfarrkirche Sankt Katharinen (1718).

El Tajín ↑ Tajín, El.

El Teniente, größtes Kupfererzbergwerk der Welt in Chile, 100 km sö. von Santiago, 2 400 m ü. d. M., Kupferhütte.

elterliche Sorge (früher: elterliche Gewalt), das Recht und die Pflicht der Eltern zur Sorge für das Kind. Die e. S. ist verfassungsrechtl. geschützt (↑ Elternrecht) und umfaßt die Personen- und die Vermögenssorge, jeweils mit der gesetzl. Vertretung (§§ 1626 ff. BGB). Sie ist unvererblich und unübertragbar, doch kann die Ausübung Dritten überlassen werden. Von der Entscheidung einem Elternteil allein zu übertragen. Bei der Ausübung der e. S. über ein ehel. Kind während bestehender Ehe sind beide Elternteile gleichberechtigt. Bei Meinungsverschiedenheiten müssen sie sich um eine Einigung bemühen. Soweit ein Kind schon zur Beurteilung seiner Angelegenheiten in der Lage ist, haben sie darauf Rücksicht zu nehmen. Einigen sich die Eltern in einer wichtigen Angelegenheit nicht, kann das Vormundschaftsgericht auf Antrag die Entscheidung einem Elternteil allein übertragen. Die **Personensorge** umfaßt insbes. die Pflicht und das Recht, das Kind zu pflegen, zu erziehen, zu beaufsichtigen und seinen Aufenthalt zu bestimmen. Zu einer mit Freiheitsentziehung verbundenen Unterbringung des Kindes in einem psychiatr. Krankenhaus oder einem Heim bedürfen die Eltern jedoch der vormundschaftsgerichtl. Genehmigung. Zur Eheschließung bedarf das Kind der Zustimmung der Eltern.

Die **Vermögenssorge,** die Verwaltung des Vermögens des Kindes und die Wahrnehmung seiner vermögensrechtl. Interessen, obliegt den Eltern, soweit nichts anderes bestimmt ist. Die Eltern haben das ihrer Verwaltung unterliegende Geld des Kindes nach den Grundsätzen einer wirtschaftl. Vermögensverwaltung anzulegen, sofern es nicht zur Bestreitung von Ausgaben bereitzuhalten ist. Einkünfte des Kindesvermögens, die zur ordnungsmäßigen Verwaltung nicht benötigt werden, können für den Unterhalt des Kindes, den eigenen Unterhalt und für den Unterhalt der minderjährigen unverheirateten Geschwister des Kindes verwendet werden, soweit dies der Billigkeit entspricht.

Ein Elternteil ist während bestehender Ehe an der gesetzl. Vertretung des Kindes gegenüber dem anderen Elternteil oder seinen Eltern (Großeltern des Kindes) *verhindert,* weil die e. S. grundsätzlich gemeinschaftlich auszuüben ist. – Bei Interessenkollision kann das Vormundschaftsgericht einem Elternteil die gesetzl. Vertretung entziehen, wobei ein Pfleger zu bestellen ist. Doch kann ein getrenntlebender Elternteil Unterhaltsansprüche des Kindes gegen den anderen Elternteil geltend machen. Ruht die e. S. eines Elternteils oder ist er tatsächlich gehindert, sie auszuüben (z. B. durch Krankheit), geht sie auf den anderen Elternteil über.

Leben die Eltern *nicht nur vorübergehend getrennt,* kann das Familiengericht auf Antrag die Ausübung der e. S. regeln, ohne Antrag, wenn andernfalls das Wohl des Kindes gefährdet wäre. Ist die *Ehe der Eltern geschieden, aufgehoben* oder für *nichtig erklärt,* bestimmt das Familiengericht, welchem Elternteil die e. S. zustehen soll; möglich ist auch die gemeinsame Ausübung der e. S.; maßgebend ist das Wohl des Kindes.

Die e. S. endet mit der Volljährigkeit, dem Tode des Kindes oder der Adoption. Verheiratet sich das Kind, so beschränkt sich die e. S. auf die gesetzl. Vertretung in persönl. Angelegenheiten. Stirbt ein Elternteil, geht die e. S. auf den überlebenden über, es sei denn, der verstorbene Elternteil besaß das alleinige Sorgerecht.

Wird das persönl. Wohl eines Kindes gefährdet und sind die Eltern nicht gewillt oder nicht in der Lage, die Gefährdung zu beseitigen oder werden die mit der Vermögenssorge verbundenen Pflichten verletzt und das Vermögen des Kindes dadurch gefährdet, kann einem Elternteil oder beiden durch das Vormundschaftsgericht die e. S. ganz oder teilweise entzogen werden.

In *Österreich* ist das Sorgerecht in §§ 137 ff. ABGB geregelt. Es umschließt das Recht zur Erziehung der minderjährigen Kinder, zur Vermögensverwaltung und zur gesetzl. Vertretung; beide Eltern sind gleichberechtigt und -verpflichtet. Das *schweizer.* ZGB (Art. 296 ff.) verwendet den Begriff der elterl. Gewalt. Unmündige Kinder unterstehen der elterl. Gewalt, die das Recht und die Pflicht zur Erziehung gibt (auch der religiösen Erziehung).

Eltern [eigtl. „die Älteren"], Verwandte ersten Grades, im Recht jedoch nicht nur die leibl. E. (Vater, Mutter einschl. nichtehel. E.), sondern auch andere Personen, die das elterl. Sorgerecht besitzen (Adoptiveltern).

Elternausschüsse ↑ Elternvertretungen.

Elternbeiräte ↑ Elternvertretungen.

Elterngeneration ↑ Filialgeneration.

Elternrecht, das durch Art. 6 Abs. 2 GG garantierte Recht der ehel. Eltern und der nichtehel. Mutter auf Pflege und Erziehung ihrer Kinder, einschl. der weltanschaulichreligiösen Erziehung, der Bestimmung der Art der Schule und der freien Wahl zw. verschiedenen Bildungswegen. Es ist ein Grundrecht und garantiert die Selbstverantwortung der Eltern. Doch ist es pflichtgebunden: Die Eltern haben stets das Wohl des Kindes zu achten (↑ elterliche Sorge). Der Staat hat über die Pflege und Erziehung der Kinder durch die Eltern zu wachen, er hat die Pflege und Erziehung der Kinder sicherzustellen, die selbst als Grundrechtsträger Anspruch auf den Schutz des Staates haben, und einzugreifen, wenn das Wohl eines Kindes gefährdet ist. Versagen die Erziehungsberechtigten oder droht ein Kind aus anderen Gründen zu verwahrlosen, so darf es von der Familie getrennt werden.

Elternrente, Leistung der Unfallversicherung an Eltern und andere Verwandte der aufsteigenden Linie, Stief- oder Pflegeeltern eines durch einen Arbeitsunfall oder an einer Berufskrankheit Verstorbenen, wenn dieser zu aus seinem Arbeitsverdienst wesentl. unterhalten hatte zu ihrem Unterhalt verpflichtet war; E. wird auch im Rahmen der Kriegsopferversorgung gewährt.

Elternvertretungen (Elternbeiräte, Elternausschüsse), beschränken sich an den Schulen in den meisten Ländern der BR Deutschland auf eine beratende Funktion, in Hessen haben sie Mitbestimmungsrecht. In einigen Ländern bestehen Elterngremien, in die auch Lehrer (Elternräte in Hamburg, Schulpflegschaften in Nordrhein-Westfalen) oder Vertreter der Gemeinden und Kirchen (Schulpflegschaften in Bayern und Schleswig-Holstein) einbezogen sind. Die Vors. der E. treffen sich auf Stadt-, Kreis- oder Landesebene. Die Länder-E. haben sich im „Bundeselternrat" zusammengeschlossen.

Eltonsee, Salzsee im nördl. Teil der Kasp. Senke, 150 km nö. von Wolgograd, 152–200 km², etwa 15 m u. d. M.; am O-Ufer liegt der Kurort Elton; Salzgewinnung.

Eltville am Rhein [ɛlt'vɪlə, '–––], hess. Stadt am rechten Rheinufer, 95 m ü. d. M., 15 200 E. Weinbauschule, Weinbauamt; Weinbau, Sektkellerei. – Aus einer alemann. Siedlung der Völkerwanderungszeit entstanden; Stadt seit 1332. – Got. Pfarrkirche (1353–1434), Burg (14. Jh.; 1636 zerstört, Ostflügel wiederaufgebaut), Teile der Stadtbefestigung blieben erhalten.

Eltz, Burg am unteren Elzbach (linker Zufluß der unteren Mosel), onö. von Cochem, Rhld.-Pf.; die vier Burghäuser (12.–16. Jh., z. T. in Fachwerk) wurden nach dem Brand von 1920 wiederhergestellt.

Éluard, Paul [frz. e'lɥaːr], eigtl. Eugène Grindel, * Saint-Denis bei Paris 14. Dez. 1895, † Charenton-le-Pont bei Paris 18. Nov. 1952, frz. Dichter. – In den 1920er Jahren neben A. Breton Haupt der Surrealisten, v. a. während der Résistance polit. aktiv (Mgl. der KPF). Schrieb fast ausschließlich Lyrik in klarer, klass. Sprache. – *Werke:* Hauptstadt der Schmerzen (Ged., 1926), Die öff. Rose (Ged., 1934), Poésie et verité (Ged., 1942), Doubles d'ombre (Ged., 1945), Polit. Gedichte (1948), Le phénix (Ged., 1951).

Elul [hebr.], Name für den 12. und letzten Monat des jüd. Kalenders mit 29 Tagen (etwa Mitte Aug. bis Mitte Sept.).

Paul Éluard

Elvas [portugies. 'ɛlvɐʃ], portugies. Stadt im Alentejo, 13 500 E. Eine der größten und wichtigsten eham. Grenzbefestigungen Portugals gegen Spanien. – Seit 1513 Stadt. – Spätgot. Kathedrale (1537 geweiht); der z. T. vierstöckige Aquädukt (Aqueduto da Amoreira), 1498–1622 auf röm. Basis erbaut, ist heute noch in Funktion.

Elwert'sche Universitäts- und Verlagsbuchhandlung, N. G., ↑Verlage (Übersicht).

Ely [engl. 'i:lɪ], engl. Stadt, Gft. Cambridgeshire, 10 300 E. Anglikan. Bischofssitz; Internat (gegr. im 11. Jh.). Marktzentrum der südl. Fens. – Das Doppelkloster E. wurde 673, das Bistum E. 1109 gegr. – Kathedrale Holy Trinity (1083 ff.), ein bed. Bau der angelsächs.-norman. Schule, Pfarrkirche Saint Mary (13. Jh.).

Elyot, Sir Thomas [engl. 'ɛljət], *in Wiltshire um 1490, †Carleton (Cambridgeshire) 20. März 1546, engl. Humanist. – Freund von Sir T. More, Verf. eines Heinrich VIII. gewidmeten Fürstenspiegels, „Das Buch vom Herrscher" (1531), in dem er die Erziehung zur eth. Grundhaltung des Gentleman darlegte.

Élysée-Palast [frz. eli'ze], Amtssitz der Präs. der Frz. Republik seit 1873. Erbaut 1718 von C. Mollet.

Élysées [frz. eli'ze] ↑Champs-Élysées.

Elysium [griech.], in der griech. Mythologie das Gefilde der Seligen.

Elytren, svw. ↑Deckflügel.

Elzach, Stadt in Bad.-Württ., im Schwarzwald, 361 m ü. d. M., 6 400 E. Holzwirtschaft, Textilind., Edelsteinschleiferei. Traditionelle Fastnachtsbräuche **(Elzacher Schuddig).**

Elzevier [niederl. 'ɛlzəvi:r] ↑Elsevier.

em., Em., Abk. für: ↑**em**eritus.

em..., Em... ↑en..., En...

Email [e'maɪ; frz.; zu mittellat. smeltum „Schmelzglas"] (Emaille), glasharter, gut haftender, korrosions- und temperaturwechselbeständiger, oft farbiger Überzug, der durch Schmelzen oder Fritten auf metall. Oberflächen aufgeschmolzen wird. Bestandteile: feuerfeste Stoffe (Quarzsand, Feldspat), Flußmittel (Borax, Soda, Flußspat u. a.), Deckmittel (Oxide von Ti, Sb, Zr und Zn) und Pigmente (Oxide von Co, Cu, Fe, Cr u. a.). Die Emaillierungsgrundmassen werden naß durch Eintauchen in breiige oder flüssige Aufschwemmungen oder durch Spritzen aufgetragen oder nach Aufpudern eingebrannt. Emailliert werden vorwiegend Gußeisen- und Stahlwaren.

Emailkunst: *Gruben- oder Furchenschmelz,* bei dem E. meist in [in Kupferplatten gegrabene] Furchen eingelassen wird, war im kelt. Kunsthandwerk verbreitet. *Zellenschmelz* (auch Cloisonné), bei dem Metallstege aufgelötet und in die Zwischenräume E.flüsse eingelassen werden, ist seit dem 2. Jt. (Ägäis, Ägypten) bekannt. Nach Europa gelangte er über Byzanz (6. Jh. n. Chr.). Grubenschmelz verbreitete sich seit dem 12. Jh. (Rhein-Maas-Gebiet und Limoges), herausragend die Werke des Nikolaus von Verdun; im 15. Jh. kamen neue Techniken auf. Im frz.-burgund. Bereich wurde *Goldemailplastik* (getriebene oder gegossene Metallgegenstände mit E.überzug) hergestellt, in den Niederlanden, im Alpenvorraum, in Venedig, Limoges *Maler-E.* (auf eine Metallplatte mit einem E.überzug mehrere Schichten nacheinander gemalt und geschmolzen). Im 15. Jh. erlebte in Italien eine Sonderform des Zellenschmelzes ihre Blüte, die Technik des ↑Drahtemails. In der **Emailmalerei** werden Metalloxidfarben auf weißem E.grund aufgetragen (Miniaturbildnisse, Uhrenverzierungen, v. a. im 18. Jh.).

Emailglas [e'maɪ], Hohlglas mit eingebrannten Emailfarben (durch Metalloxide gefärbte Glasflüsse). Bekannt seit der röm. Zeit in Ägypten; gelangte in die islam. Kunst und über Venedig (15./16. Jh.) nach Europa mit Blütezeit im 17. und 18. Jh. (u. a. Typus des Kurfürsten- und Reichsadlerhumpens).

Emanation [lat.], in der theologisch-philosoph. Diskussion um die Weltentstehung Bez. für die Art und Weise des Hervorgehens der Gegenstände aus göttl. Ursprung.

Emanationstherapie, Bade-, Trink- oder Inhalationsbehandlung (v. a. bei Rheuma, Gicht und Ischias) mit radioaktiven Gasen (meist mit Radon), die aus einer in Quellen oder Heilschlamm enthaltenen Muttersubstanz austreten.

Emants, Marcellus, *Voorburg bei Den Haag 12. Aug. 1848, †Baden (Kt. Aargau) 14. Okt. 1923, niederl. Schriftsteller. – Wegbereiter der niederl. naturalist. Dichtung; u. a. „Lilith" (Epos, 1879), „Wahn" (R., 1905).

Emanuel, Name von Herrschern:
Portugal:
E. I. (Manuel I.), genannt der Glückliche, auch d. Gr., *Alcochete 31. Mai 1469, †Lissabon 13. Dez. 1521, König (seit 1495). – Unter ihm Entdeckungsfahrten sowie überseeische Ausdehnung Portugals nach Brasilien, Südafrika und bes. Indien, innenpolit. Stärkung der Kronegewalt und Blütezeit von Wiss. und Kunst; vertrieb 1496 die Juden.
E. II. (Manuel II.), *Belém (= Lissabon) 15. Nov. 1889, †Twickenham (= London) 2. Juli 1932, König (1908–10). – Sohn Karls I.; durch die republikan. Revolution 1910 gestürzt; floh nach Großbritannien.
Savoyen:
E. Philibert, *Chambéry 8. Juli 1528, †Turin 30. Aug. 1580, Herzog (seit 1553). – Erhielt 1559 von Frankreich Savoyen und Piemont zurück; begr. ein absolutist. Regierungssystem und den Aufstieg Savoyens.

Emanuelstil, nach König Emanuel I. (⚭1495–1521) ben. portugies. Baustil, der Elemente der Gotik und Renaissance vereint; Hauptwerke sind u. a. das ehem. Hieronymitenkloster (1502 ff.) im Lissaboner Vorort Belém sowie der Torre di Belém (1515–21).

Emanze [zu ↑Emanzipation], umgangssprachlich abwertende Bez. für Anhängerinnen der Frauenbewegung.

Emanzipation [lat., eigtl. „Freilassung"], die Befreiung von Individuen oder sozialen Gruppen aus rechtl., politisch-sozialer, geistiger oder psych. Abhängigkeit bei ihrer gleichzeitigen Erlangung von Mündigkeit und Selbstbestimmung; wichtigstes polit. Ziel der Demokratie. – Im röm. Recht galt als E. die Entlassung des Sohnes aus väterl. Herrschaft (bei dessen Tod oder durch dessen formelle Erklärung vor einer Behörde). In der Neuzeit erlangte der Begriff v. a. durch die Entstehung eines gegen Ständeordnung und Absolutismus aufbegehrenden Bürgertums und der diese Bewegung ideologisch absichernden ↑Aufklärung eine erweiterte, politisch-soziale Bed., die mit dem Übergang zur Industriegesellschaft seit dem 19. Jh. ausgedehnt wurde auf die politisch-soziale Gleichstellung der Arbeiter sowie der Frau (↑Frauenbewegung). – In der 2. Hälfte des 20. Jh. setzte sich ein erweitertes Verständnis von E. als individuelle Fähigkeit zur krit. Urteilsbildung und relativ eigenver-

Email (Emailkunst). Triptychon (Grisaille), Maleremail aus Limoges, 16. Jh. (Paris, Musée de Cluny)

Embryonalorgane

antwortl. Lebensgestaltung gegenüber Staat und Gesellschaft durch. Das betrifft v. a. die Stellung Jugendlicher in Familie und Ausbildung, die Minderheitenproblematik (z. B. Behinderte und ausländ. Arbeitnehmer) sowie verstärkt die reale Gleichstellung der Frauen.

Emblem. Die Palme als Sinnbild der Stärkung nach Widerstand, aus den 1531 in Augsburg gedruckten „Emblemata" des italienischen Rechtsgelehrten Andrea Alciati

Emaskulation, svw. ↑Entmannung.

Emba, Steppenfluß im NW Kasachstans, entspringt in den Mugodscharen, durchfließt die Kaspisenke, mündet nur zeitweilig ins Kasp. Meer; 712 km. Am Unterlauf Erdölförderung.

Emballage [ãbaˈlaːʒə; frz.], Verpackungen (Kisten, Fässer, Säcke), die Käufern i. d. R. in Rechnung gestellt werden.

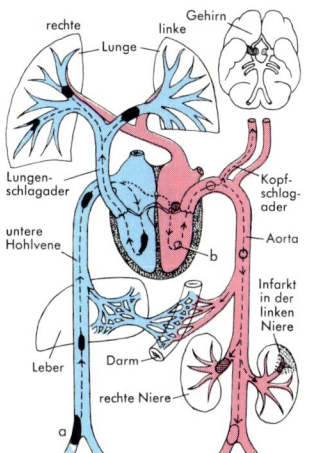

Embolie. a Thrombus im Venensystem führt zu Lungenembolien; b Thrombus an der zweizipfligen Klappe der linken Herzhälfte bewirkt Embolien der Bein-, Nieren-, Milz-, Darm- oder Hirnarterien (die punktierte Linie durch das offen gebliebene Foramen ovale des Herzens zeigt den Weg eines Embolus, der zur paradoxen Embolie führt)

Embargo [span., zu embargar „in Beschlag nehmen, behindern"], im Völkerrecht Maßnahmen eines Völkerrechtssubjektes oder der Staatengemeinschaft zu dem Zweck, ein anderes Völkerrechtssubjekt zu einem bestimmten Tun oder Unterlassen zu veranlassen (z. B. Waffen-E.). Das E. ist eine Repressalie, wenn es als Reaktion auf ein völkerrechtl. Delikt ausgesprochen wird. Auch zur Erzwingung von Empfehlungen oder Beschlüssen der UN kann ein E. als Sanktionsmaßnahme verfügt werden. Das E. umfaßt die Zurückhaltung fremder Staatsbürger und fremden Eigentums (v. a. Handelsschiffe), das Verbot, in den fremden Staat Waren zu liefern oder von dort zu beziehen u. a. *(Handelsembargo).*

Embien [griech.] (Tarsenspinner, Spinnfüßer, Fersenspinner, Embioptera), Insektenordnung mit etwa 150 Arten; schlank, 1,5–20 mm lang, hell bis dunkelbraun gefärbt; hauptsächlich tropisch, nur wenige Arten im Mittelmeergebiet und S-Rußland.

Embla [altnord.], in der altnord. Mythologie der als Gemahlin der Esche gedachte Baum; aus beiden erschaffen Odin, Hönir und Ladur das erste Menschenpaar.

Emblem [εmˈbleːm, ãˈbleːm; frz.; zu griech. émblēma „Eingesetztes"], Kennzeichen, Hoheitszeichen, speziell das im Barockzeitalter bzw. im 16.–18. Jh. gepflegte Sinnbild, das zum allg. Bildungsgut gehörte.

Embolie [zu griech. embolḗ „Hineinwerfen"], plötzl. Blutgefäßverschluß durch einen Embolus bzw. Thrombus, meist durch verschleppte Blutgerinnsel. Entstehen diese im venösen Anteil des Blutkreislaufs, so gelangen sie über die rechte Herzhälfte in die Gefäßaufzweigungen der Lunge und verursachen die **Lungenembolie.** Eine **paradoxe Embolie** wird durch Emboli verursacht, die aus dem Venensystem durch eine Öffnung in der Vorhofscheidewand (Foramen ovale) unter Umgehung des Lungenkreislaufs in das arterielle Gefäßsystem des großen Kreislaufs gelangen. Die v. a. in der linken Herzhälfte und in der Aorta gebildeten Emboli verstopfen hauptsächlich große Arterien von Gehirn, Herz, Nieren, Darm und Extremitäten. – *Folgen* einer E. bei Verstopfung einer großen Lungenarterien sind Atemnot, Erstickungsangst, Krämpfe, u. U. plötzl. Tod **(Lungenschlag);** bei E. der Herzkranzarterien Herzinfarkt, der bei Verstopfung größerer Gefäße zum Tode führt **(Herzschlag);** bei Gehirn-E. Schwindelgefühl, vorübergehende Ohnmacht, u. U. plötzl. Tod **(Hirnschlag).** Die *Behandlung* der E. besteht im wesentlichen in einer genauen Ortung (Angiographie) und operativen Entfernung **(Embolektomie)** des Embolus.

Embolus [griech., Mrz. Emboli], Gefäßpfropf; mit dem Blutstrom verschleppter, körpereigener oder körperfremder Stoff (Fremdkörper), z. B. Blutgerinnsel, Gasblasen, Fetttröpfchen.

Embryo [griech., zu en „darin" und brýein „sprossen"] (Keim, Keimling), in der *Zoologie* und *Anthropologie* der in der Keimesentwicklung befindl., noch von den Embryonalhüllen oder dem mütterl. Körper eingeschlossene Organismus (beim Menschen bis zum Ende des dritten Schwangerschaftsmonats). – ↑Leibesfrucht.

▷ in der *Botanik* die aus der befruchteten Eizelle hervorgegangene, aus teilungsfähigen, zartwandigen Zellen bestehende junge Anlage des Sporophyten der Moose, Farn- und Samenpflanzen.

Embryogenese, svw. ↑Embryonalentwicklung.

Embryologie, Lehre von der ↑Embryonalentwicklung eines Lebewesens.

embryonal [griech.], (embryonisch) in der *Biologie* und *Medizin:* zum Keimling (Embryo) gehörend, im Keimlingszustand befindlich, unentwickelt, unreif; auch svw. ungeboren.

▷ in der *Botanik:* undifferenziert und teilungsfähig.

Embryonalentwicklung (Keimesentwicklung, Embryogenese, Embryogenie), erstes Stadium im Verlauf der Individualentwicklung (Ontogenie) eines Lebewesens; umfaßt beim Menschen die Zeit nach Befruchtung der Eizelle bis zur Entwicklung der Organanlagen, nach anderer Auffassung auch die Fetalzeit bis zur Geburt (↑Fetus).

Embryonalgewebe, svw. ↑Bildungsgewebe.

Embryonalhüllen (Eihüllen, Keimeshüllen, Fruchthüllen), dem Schutz des Keims und dem Stoffaustausch dienende, vom Keim selbst gebildete Körperhüllen.

Embryonalorgane, nur beim Embryo auftretende Organe, die meist vor oder während des Schlüpfens bzw. der

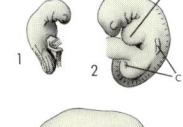
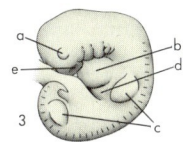
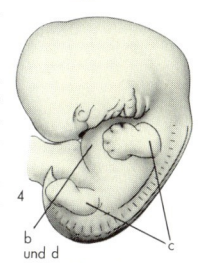
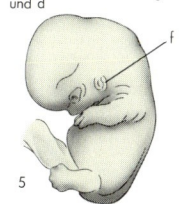
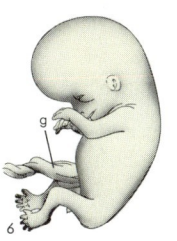

Embryo. Schematische Darstellung eines menschlichen Embryos in verschiedenen Wachstumsphasen; 1 Alter 25–27 Tage, Größe 3,4 mm: der am Kopfende leicht nach vorn gekrümmte Embryo zeigt im Kopfgebiet drei Beugefalten; 2 Alter etwa 4 Wochen, Größe 4,2 mm: die Krümmung ist verstärkt, die Anlage der Gliedmaßen (c) sichtbar, der Herzwulst (b) tritt deutlich hervor, das Kopfgebiet zeigt vier Beugefalten; 3 Alter etwa 5 Wochen, Größe 6,3 mm: maximale Krümmung nach vorn, hinter dem Herzwulst (b) tritt der Leberwulst (d) hervor, die Gliedmaßenknospen (c) sind stärker ausgebildet, die Augenanlage (a) liegt noch seitlich, die Nasengrube (e) ist angelegt; 4 Alter etwa 6 Wochen, Größe 10 mm: beginnende Streckung, der Bauchumfang ist durch die weitere Entwicklung der Leber vergrößert, am Ende der oberen Gliedmaßenknospe sind Fingeranlagen zu erkennen; 5 Alter etwa 7 Wochen, Größe 17,5 mm: weitere Streckung des Embryos, die Finger sind deutlicher, die Zehenanlagen angedeutet, Ohrmuschel (f) und Nasenrücken sind ausgebildet, die Augen nach vorn verlagert; 6 Alter Beginn des 3. Monats, Größe 3,0 cm: das Gesicht ist bereits stark entwickelt, die Augenlider sind geschlossen, die Stirn ist infolge der Entwicklung des Großhirns stärker vorgewölbt, die Geschlechtsorgane sind zu erkennen, die Nabelschnur (g) ist gedreht

Embryonenschutzgesetz

Geburt, seltener erst kurze Zeit danach rückgebildet oder abgeworfen werden, z. B. Embryonalhüllen, Allantois, Dottersack, Nabelschnur, Eizahn.

Embryonenschutzgesetz, seit 1. 1. 1991 gültiges BG vom 13. 12. 1990 zum Schutz des menschl. Lebens von seinem Beginn an. Als Embryo im Sinne des E. gilt bereits die befruchtete, entwicklungsfähige Eizelle vom Zeitpunkt der Kernverschmelzung an. Unter Strafe verboten sind u. a. die mißbräuchl. Anwendung von Fortpflanzungstechniken (z. B. die Übertragung einer fremden unbefruchteten Eizelle auf eine Frau), die mißbräuchl. Verwendung menschl. Embryonen (z. B. die Veräußerung eines extrakorporal erzeugten menschl. Embryos), die künstl. Veränderung menschl. Keimbahnzellen (z. B. die künstl. Veränderung der Erbinformation der menschl. Keimbahnzelle vor der Befruchtung).

Embryopathie [griech.], Entwicklungsstörung des Embryos, die auf eine Fruchtschädigung während der ersten 3 Schwangerschaftsmonate zurückzuführen ist. Die E. wird v. a. durch Virusinfektionen (Röteln) und chem. Substanzen (Arzneimittel) hervorgerufen. Als Folgen können u. a. angeborene Herzfehler, Hirnmißbildungen (Wasserkopf), Taubheit und mißgebildete Gliedmaßen auftreten.

Embryosack ↑ Samenanlage.

Embryotransfer, Übertragen des außerhalb des Körpers entstandenen Embryos **(Retortenbaby)** und Einnisten in die Gebärmutter der Frau nach entsprechender Behandlung; angewendet bei Sterilität durch Eileiterverschluß. In der *Tierzucht* das Ausspülen der im Muttertier entstandenen Embryonen aus dem Genitaltrakt und das Übertragen auf Ammentiere mit dem Ziel, viele Nachkommen von wertvollen Zuchttieren zu gewinnen.

Emden, Stadt in Nds., am Ausgang des Dollarts in die Außenems, 4 m ü. d. M., 50 100 E. Die moderne wirtsch. Entwicklung setzte mit der Fertigstellung des Dortmund-Ems-Kanals (1899) ein. E. wurde Seehafen für das Rhein.-Westfäl. Ind.gebiet und Umschlagplatz, v. a. für Massengüter; Automobilind. und -verschiffung, Gasturbinenkraftwerk; Erdölraffinerie, Werften, Reedereien, fischverarbeitende Ind.; Kunsthalle. – Um 800 als Handelsniederlassung gegr.; Entwicklung zur Stadt im 15. Jh. Die wirtsch. Blütezeit begann mit der Verleihung des Stapelrechts 1494. Bis 1536 wurde der Hafen ausgebaut; wurde nach 1570 zeitweise zu einer führenden Seehandels- und Reedereistadt. Wirtsch. Rückgang seit dem 17. Jh. Seit 1683 Sitz der kurbrandenburg. Admiralität und der afrikan. Handelskompagnie. – Von den im 2. Weltkrieg zerstörten Bauten wurden wiederaufgebaut u. a. die Neue Kirche (1643–48) und das Renaissancerathaus (1574–76).

Emei Shan (Omei Shan) [chin. ʌmɛiʃan], einer der vier heiligen Berge des Buddhismus in China, am SW-Rand des Sichuanbeckens, mit 70 Tempeln; 3 092 m hoch.

Ralph Waldo Emerson

Emden Stadtwappen

Emden. Blick auf die Hafenanlage

Emendation [lat.], in der Textkritik Bez. für bessernde Eingriffe in einen nicht authentisch überlieferten Text an verderbt oder unvollständig erscheinenden Stellen.

Emene ↑ Enugu.

emer., Abk. für: ↑ emeritus.

emergieren [lat.], auftauchen, emporsteigen.

emerit., Abk. für: ↑ emeritus.

Emeritierung [lat.], nach heutigem Hochschulrecht die Versetzung von Professoren an wiss. Hochschulen in den Ruhestand bei Erreichen der Altersgrenze (wie bei Beamten). Nach früherem Recht die Entbindung von der Verpflichtung zur Lehrtätigkeit und zur Teilnahme an der Selbstverwaltung unter Belassung der Amts-Bez., der Dienstbezüge, des Rechts, Vorlesungen und Seminare zu halten sowie bei Promotionen mitzuwirken. Für bereits emeritierte Hochschullehrer gilt der alte Rechtszustand.

emeritus [lat. „ausgedient"], Abk. em., emer., emerit., von der Lehrtätigkeit entbunden (wird dem Titel entpflichteter Hochschullehrer angefügt). **Emeritus,** entpflichteter Hochschullehrer.

emers [lat.], über der Wasseroberfläche lebend; z. B. von Organen der Wasserpflanzen (Blätter und Blüten der Seerose) gesagt, die über den Wasserspiegel hinausragen. – Ggs. ↑ submers.

Emerson, Ralph Waldo [engl. ˈɛməsn], * Boston 25. Mai 1803, † Concord (Mass.) 27. April 1882, amerikan. Philosoph und Dichter. – Einer der Begründer der klass. amerikan. Literatur; Quintessenz seines Werkes ist der Glaube an die Wirkungskraft des Geistes. E. war Führer der amerikan. Transzendentalphilosophen. – *Werke:* Essays (1841, 1844), Repräsentanten der Menschheit (1850), Engl. Charakterzüge (1856).

Emerson, Lake & Palmer [engl. ˈɛməsn ˈleɪk ənd ˈpɑːmə], 1970 gegr. brit. Rockmusikgruppe, bestehend aus dem Keyboardmusiker Keith Emerson (* 1944), dem Gitarristen und Sänger Greg Lake (* 1947) und dem Schlagzeuger Carl Palmer (* 1950); spielt mit ihrer elektron. Ausrüstung zeitgenöss. Popinterpretationen klass. Musik (u. a. Mussorgskis „Bilder einer Ausstellung") und konzertante eigene Kompositionen (u. a. „Tarkus"); zeitweise mit dem Schlagzeuger Cozy Powell unter der Bez. **Emerson, Lake & Powell** neu formiert.

Emesa (Emissa), antike Stadt, ↑ Homs.

Emesis [griech.], svw. ↑ Erbrechen.

Emetika [griech.], svw. ↑ Brechmittel.

Emetin [griech.], giftiges Alkaloid aus den Wurzeln der Brechwurzel.

EMG, Abk. für: **E**lektro**my**o**g**ramm (↑ Elektromyographie).

Emigranten [lat.], Personen, die aus polit., sozialen, ökonom., religiösen oder rass. Gründen ihren Heimatstaat verlassen.

Emigrantenliteratur ↑ Exilliteratur.

Emigration [zu lat. emigratio „das Wegziehen"], freiwilliges oder erzwungenes Verlassen des Heimatlandes aus religiösen, polit., ökonom. oder rass. Gründen. – Rechtlich ein Fall der ↑ Auswanderung. Die Abgrenzung zw. Emigranten und Flüchtlingen oder Vertriebenen ist nicht eindeutig. E.-Wellen wurden ausgelöst u. a. im 16. Jh. durch die Verfolgung der Hugenotten in Frankreich, im 20. Jh. durch die russ. Oktoberrevolution, durch die Verfolgung der Juden in den 1930er Jahren in Deutschland, durch kommunist. Regime oder durch die fundamentalistisch-islam. Revolution in Iran, jedoch auch durch äußere Faktoren (u. a. Gründung des Staates Israel). – ↑ Vertreibung.

Emil, eigtl. Emil Steinberger, * Luzern 6. Jan. 1933, schweizer. Komiker und Kabarettist. – Urspr. Postbeamter; erfolgreich mit Soloauftritten, Schallplatten und Filmen („Die Schweizermacher", 1979).

Emilia-Romagna [italien. eˈmiːli̯aroˈmaɲɲa], italien. Region, begrenzt durch den Unterlauf des Po im N, den Hauptkamm des nördl. Apennin im S und SW sowie das Adriat. Meer im O, 22 123 km², 3,92 Mill. E (1990); Hauptstadt Bologna. Im siedlungsarmen Bergland v. a. Weidewirtschaft, intensive Landw. in der weiten Poebene. Die bedeutendsten Städte liegen fast alle an der röm. Via Aemilia, der heute noch wichtigsten Verkehrslinie am Apenninfuß. Textil-, Nahrungsmittel-, metallverarbeitende und chem. Ind., Erdgasförderung. – In vorröm. Zeit von Etruskern und (im 4. Jh. v. Chr.) von Bojern besiedelt (seit 1. Jh. n. Chr. **Aemilia**); stand im MA bis auf den O (byzantin. bis Mitte 8. Jh.; Exarchat) unter langobard. Herrschaft; Bologna kam 1201 an den Kirchenstaat; später bildeten sich v. a. zwei große, im 15. bzw. 16. Jh. zu Hzgt. erhobene Signorien heraus: Modena und Reggio [nell'Emilia] sowie Parma und Piacenza (beide 1860 zum Kgr. Italien).

EMI Limited [lımıtıd] ↑ Thorn EMI Ldt.

Emin [türk., zu arab. amin „zuverlässig"], Amtsbez. in der osman. Türkei für Reg.kommissare.

eminent [lat.], hervorragend, außerordentlich, vorzüglich.

Eminenz [zu lat. eminentia „das Hervorragen"], Ehrentitel und Anrede für Kardinäle und den Großmeister des Malteserordens.

Eminescu, Mihai (Mihail), eigtl. Mihail Eminovici, * Ipoteşti bei Botoşani 15. Jan. 1850, † Bukarest 15. Juni 1889, rumän. Dichter. – Schöpfer der rumän. Literatursprache, von dt. Kultur u. a. von der dt. Romantik und Schopenhauer) geprägte Werke, die sich durch musikal. Wohlklang, Empfindungs-, Gedanken- und Bilderreichtum auszeichnen; auch Erzähler und Essayist.

Emin Pascha, Mehmed, eigtl. Eduard Schnitzer, * Oppeln 28. März 1840, † Kinena (im Gebiet des heutigen Zaire) 23. Okt. 1892 (ermordet), dt. Afrikareisender. – Trat 1865 als Quarantänearzt in osman. Dienste; nach 1875 Militärarzt bei den Briten; seit 1878 Gouverneur der ägypt. Äquatorialprov. des Sudans (Expeditionen zur geograph. Erforschung); trat 1890 in dt. Staatsdienste; errichtete Handelsstationen in Ostafrika.

Emir [arab. amir „Befehlshaber"], arab. Fürstentitel, urspr. Titel für Heerführer; in neuerer Zeit auch für die Fürsten von Afghanistan, die Drusenfürsten und (1921–46) die Herrscher von Transjordanien.

Emir el-Muminin [arab. amir al muminin „Beherrscher der Gläubigen"], Titel und Anrede des Kalifen.

Emissär [lat.-frz.], Abgesandter mit bestimmtem (geheimem) Auftrag.

Emission [lat.], Aussendung einer Wellen- oder Teilchenstrahlung. *Spontane E.* elektromagnet. Strahlung erfolgt ohne weitere äußere Einwirkung, *induzierte E.* wird durch Einwirkung einer Strahlung (z. B. Licht beim Laser, Mikrowellen beim Maser) ausgelöst. Eine E. von Teilchen erfolgt u. a. bei radioaktiven Zerfällen und beim Photoeffekt.

▷ Ausströmen luftverunreinigender Stoffe in die Außenluft, das Wasser oder in andere Umweltbereiche; i. w. S. auch Geräusche, Erschütterungen, Licht, Wärme, radioaktive Strahlen. Verursacher der E. heißen *Emittenten.* Je nach Schädlichkeit der emittierten Stoffe werden unterschiedl. *E.grenzwerte* festgelegt. – ↑ Immission.

▷ Ausgabe von Wertpapieren durch private Unternehmer, öff. Körperschaften und Banken. Die E. besteht in der Unterbringung der Wertpapiere im Publikum und ihrer Einführung an der Börse. Sie bedarf staatl. Genehmigung, die bei Überbeanspruchung des Kapitalmarkts verweigert werden kann *(E.sperre).* Sofern die E. nicht von einer Bank oder auch von einer öff. Körperschaft selbst als Emittent vorgenommen wird *(Selbst-E.),* wird sie als *Fremd-E.* von einer Bank bzw. einer Bankengruppe *(E.konsortium)* für den Emittenten besorgt *(E.geschäft).*

Emissionskurs, Ausgabekurs von Wertpapieren; bei festverzinsl. Werten mit einem Abschlag (Disagio), dadurch Erhöhung der Effektivverzinsung; bei Aktien mindestens zum Nennwert (pari), oft mit einem Aufschlag (Agio).

Emissionsnebel (Gasnebel), wolkige Verdichtungen der interstellaren Materie in der Nähe extrem heißer Sterne, deren UV-Strahlung das Gas zu eigenem Leuchten anregt.

Emissionsspektrum, ein Spektrum, das (im Ggs. zum ↑ Absorptionsspektrum) unmittelbar durch die Atome eines Stoffes ausgesandt wird. Ein E. kann aus einzelnen Spektrallinien **(Emissionslinien)** bestehen, aus einer Vielzahl eng benachbarter Linien **(Emissionsbande)** oder als kontinuierl. Spektrum auftreten.

Emissionsvermögen, die Energie, die von der Flächeneinheit der Oberfläche eines Körpers pro Zeiteinheit abgestrahlt wird.

Emittent [lat.], Herausgeber von Wertpapieren.

Emitter [lat.-engl.], der Teil des bipolaren ↑ Transistors, der die Elektronen aussendet.

EMK, Abk. für: ↑ elektromotorische Kraft.

Emma, nach der Sage Tochter Karls d. Gr. – ↑ Eginhard und Emma.

Emma von Gurk ↑ Hemma von Gurk.

Emmanuel, Pierre [frz. ɛma'nɥel], eigtl. Noël Mathieu, * Gan bei Pau 3. Mai 1916, † Paris 22. Sept. 1984, frz. Lyriker. – Von Baudelaire und Mallarmé beeinflußt, christlich inspirierte, bilderreiche Lyrik, u. a. „Tombeau d'Orphée" (1941).

Emmaus ['ɛma-ʊs], bibl. Ort, heute arab. Amwas, rd. 25 km von Jerusalem entfernt.

Emme, rechter Nebenfluß der Aare, Schweiz, entspringt am Brienzer Rothorn, mündet nö. von Solothurn; 80 km lang.

Emmen [niederl. 'ɛmə], niederl. Stadt in der Prov. Drente, 92 000 E. Chemiefaser-, Textil-, Metallwaren-, elektrotechn. und pharmazeut. Industrie.

E., Stadt im schweizer. Kt. Luzern, im nördl. Vorortbereich von Luzern, 427 m ü. d. M., 23 200 E. Textil-, Metall-, elektrotechn. Ind., Flugzeugwerke.

Emmendingen, Krst. in Bad.-Württ., am NO-Rand der Freiburger Bucht, 201 m ü. d. M., 22 800 E. Psychiatr. Landeskrankenhaus; Spinnerei, Kessel- und Kupferschmiede u. a. Ind. – Seit 1590 Stadt. – Landvogtei (um 1500), Rathaus (1727), Neues Schloß (1789); in der Nähe Ruine des Klosters Tennenbach (12. Jh.).

E., Landkr. in Baden-Württemberg.

Emmental, Talschaft der Emme und Ilfis im Napfbergland, Kt. Bern, mit bed. Milchwirtschaft (Käseproduktion); in den Tälern Äcker und Wiesen, die Hänge sind meist mit Nadelwald bedeckt, oberhalb 800 m Bergweiden. – 1653 war das E. eines der Zentren des Bauernaufstandes.

Emmentaler Käse, vollfetter Schweizer Käse, urspr. aus dem Emmental; kommt als Hartkäselaib (40–130 kg) auf den Markt; charakteristisch die kirschgroßen Löcher; Lagerzeit 3–10 Monate; mild aromatisch.

Emmer (Flachweizen, Gerstenspelz, Zweikorn, Stärkeweizen, Triticum dicoccum), Kulturweizenart mit abgeflachter Ähre, lang begrannten, 2–3blütigen Ährchen; heute nur noch auf dem Balkan angebaut.

Emmeram (Emmeran, Haimrham, Heimeran), hl., lebte um 700 als Missionsbischof in Regensburg. – Gesichert ist sein Martyrium in Kleinhelfendorf bei Bad Aibling. Bei seinem Grab in Regensburg wurde im frühen 8. Jh. eine Benediktinerabtei gegr., *Sankt Emmeram.* – Fest: 22. September.

Emmerich (Imre), * um 1174, † 30. Nov. 1204, König von Ungarn (seit 1196). – Ältester Sohn König Bélas III.; dehnte 1201/02 sein Reich auf Serbien aus, besiegte 1202 die Bulgaren.

Emmerich, Stadt in NRW, am Niederrhein, 18 m ü. d. M., 27 900 E. Rheinmuseum; Nahrungsmittel-, Metall-, Textil- u. a. Ind. Bed. Verkehrs- und Grenzlage (dt.-niederl. Grenze); Ind.hafen, Containerumschlag. Die Rheinbrücke E. ist die größte Hängebrücke der BR Deutschland. – 828 erstmals erwähnt; seit 1233 Stadt. Das Wappen von E., das älteste dt. Stadtwappen, ist bereits 1237 belegt. – Im 2. Weltkrieg stark zerstört, wiederaufgebaut u. a. die Pfarrkirche Sankt Aldegundis (15. Jh.); moderne Heilig-Geist-Kirche (1966).

Emmetropie [griech.], svw. ↑ Normalsichtigkeit.

EMNID-Institut GmbH & Co. (EMNID, Abk. für **Er**forschung der öff. **M**einung, Marktforschung und Meinungsforschung, **N**achrichten, **I**nformationen, **D**ienstleistungen), Unternehmen für nat. und internat. Markt-, Meinungs- und Sozialforschung, gegr. 1945; Sitz: Bielefeld.

Mihai Eminescu

Mehmed Emin Pascha

Emodine

Emodine [türk.], Aglukone (Nichtzuckeranteile) der Anthrachinone, die in abführenden Drogen (z. B. Faulbaumrinde, Aloe, Rhabarberwurzel) vorkommen.

E-Modul, Kurzbez. für ↑Elastizitätsmodul.

Emotion [lat., zu emovere „erschüttern"], Gemütsbewegung, seel. Erregung, Gefühlsbewegung; **emotional,** gefühlsmäßig.

EMP ↑elektromagnetischer Puls.

Empedokles, * Akragas (= Agrigent, Sizilien) 483 oder 482, † zw. 430 und 420, griech. Philosoph. – War aktiv am Sturz der oligarch. Regierung beteiligt; Arzt und Wanderprediger; soll sich nach einer Legende in den Krater des Ätna gestürzt haben. E. sah in den vier Elementen den Urgrund aller Dinge und erklärte Werden und Vergehen als durch Anziehung und Abstoßung, Liebe und Haß bewirkte Mischung und Trennung dieser Elemente.

Empereur [frz. ã'prœːr; zu ↑Imperator], Kaiser, frz. Herrschertitel.

Empfänger, in der *Nachrichtentechnik* Bez. für ein Gerät, das Informationen in Form elektr. Impulse oder elektromagnet. Wellen aufnimmt und in akust. oder opt. Signale zurückverwandelt. *Funkempfänger* wandeln die modulierten elektromagnet. Wellen in hörbare Signale (z. B. in Sprache oder Musik beim ↑Hörfunk), sichtbare Signale (z. B. vertonte Bewegtbilder beim ↑Fernsehen) oder lesbare Zeichen (z. B. beim Funkfernschreiber) um. Wichtige Funktionen eines Funk-E. sind Selektion entsprechend der Frequenz des zu empfangenden Senders, Demodulation, d. h. Abtrennung der Information von der Trägerfrequenz, Verstärkung und Umwandlung der Signale in die gewünschte Form.

Empfängnis (Conceptio, Konzeption), Eintritt der Befruchtung bei der Frau.

Empfängnis, Unbefleckte ↑Unbefleckte Empfängnis.

Empfängnishügel ↑Befruchtung.

Empfängnisverhütung (Schwangerschaftsverhütung, Antikonzeption, Konzeptionsverhütung, Kontrazeption), Maßnahmen zur Verhütung der Befruchtung einer Eizelle oder zur Verhinderung der Einnistung einer befruchteten Eizelle in die Gebärmutterschleimhaut zum Zweck der Geburtenregelung. Zur E. werden z. T. kombiniert mechan., chem. und hormonale (**empfängnisverhütende Mittel, antikonzeptionelle Mittel, Kontrazeptiva**) sowie natürl. Maßnahmen (ohne Hilfsmittel) angewandt, die allerdings einen unterschiedl. Grad an Zuverlässigkeit aufweisen (Versagerquote gemessen am **Pearl-Index** [nach dem amerikan. Biologen Raymond Pearl, *1879, †1940]). Zu den *natürl. Methoden* gehört v. a. der **Coitus interruptus,** bei dem der Geschlechtsakt vor dem Samenerguß unterbrochen wird. Bei der *period. Enthaltsamkeit* müssen die fruchtbaren Tage, d. h. die Zeitspanne einer mögl. Befruchtung nach dem Eisprung berechnet werden. Dies geschieht v. a. nach der **Knaus-Ogino-Methode,** die eine „fruchtbare Zeitspanne" vom 8. bis 19. Zyklustag errechnet. Zuverlässigere Daten für den wahrscheinl. Zeitpunkt des Eisprungs bietet die ↑Basaltemperatur. Die ↑Temperaturmethode. steigt zw. den Monatsblutungen innerhalb von 1–2 Tagen um ungefähr 0,5 °C an. Bis zum Beginn der nächsten Regelblutung bleibt sie auf dieser Höhe. Der Eisprung erfolgt im Durchschnitt 1–2 Tage vor dem Temperaturanstieg. Zw. dem 2. Tag nach dem Temperaturanstieg und der folgenden Regelblutung ist mit einer Empfängnis nicht zu rechnen. Unter den *mechan. Methoden* ist in erster Linie das **Kondom** (Präservativ, ein über das Glied gestreifter Gummischutz) zu nennen. – Die **Muttermund-** oder **Portiokappe,** aus gewebefreundl. Kunststoff, wird nach der Regelblutung vom Arzt über den äußeren Muttermund gestülpt und einige Tage nach dem Eisprung oder erst kurz vor Beginn der nächsten Regelblutung entfernt. – Das **Scheidenpessar** (Scheidendiaphragma), eine gummiüberzogene Drahtspirale mit einer elast. Gummimembran, wird vor dem Geschlechtsverkehr in die Scheide eingeführt und danach wieder entfernt. – **Intrauterinpessare** sind aus gewebefreundl. Kunststoff gefertigte Ringe oder Spiralen, die vom Arzt in die Gebärmutter eingeführt werden. Nachteile sind Blutungen, Schmerzen und Entzündungen, die bei rd. 15 % der Frauen auftreten. – *Chem. Mittel* zur E. sind Salben, Tabletten, Sprays oder Zäpfchen, die vor dem Geschlechtsverkehr in die Scheide eingeführt werden. Ihre Wirkung beruht darauf, daß sie die Samenzellen abtöten oder bewegungsunfähig machen, so daß diese nicht mehr in die Gebärmutter aufsteigen können. – Die *hormonale E.* verhindert den Eisprung durch abgewandelte Eierstockhormone (Östrogene, Gestagene). Diese allg. unter dem Namen **Antibabypille** bekannt gewordenen Präparate beeinflussen die Hirnanhangsdrüse dahingehend, daß sie zum Eisprung notwendige Hormone nicht bildet. Die Östrogene und Gestagene werden entweder gemeinsam in einer Tablette (**Kombinationsmethode**) oder in einem bestimmten Turnus nacheinander eingenommen (**Zweiphasenmethode**). – Die sicherste Methode der E. ist die ↑Sterilisation.

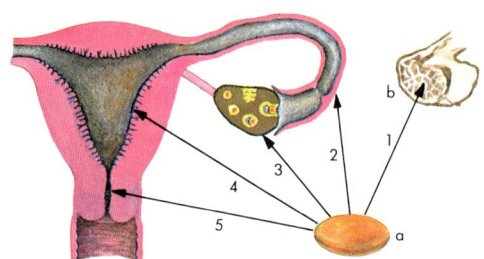

Empfängnisverhütung. Wirkungsweise der Antibabypille (a Antibabypille, b Vorderlappen der Hirnanhangsdrüse): 1 Einwirkung auf die Hirnanhangsdrüse und ihre übergeordneten Zentren; 2 Beschleunigung der Eileiterkontraktionen; 3 direkte Einwirkung auf den Eierstock; 4 Veränderung der Gebärmutterschleimhaut; 5 Veränderung des Gebärmutterhalsschleims

Empfängnisverhütung Versagerrate (Pearl-Index) verschiedener empfängnisverhütender Methoden	
Methode	Schwangerschaften auf 100 Frauenjahre
orale Ovulationshemmer (Anti-Baby-Pille) und Depotpräparate (Dreimonatsspritze)	0,2–0,5
orale Gestagenpräparate (Minipille)	1,0–3,0
Intrauterinpessar	1,5–2,0
Scheidenpessar	6,0–17,0
Scheidenpessar mit Spermizid	0,7–4,0
spermizide Scheidentabletten (Cremes und Sprays)	0,8–5,0
Zeitwahl nach Knaus-Ogino	18,0–20,0
Zeitwahl bei Messung der Basaltemperatur	1,0–3,0
Zeitwahl nach Billings-Methode	15,0–25,0
Kondom	3,0–4,0
Coitus interruptus	8,0–25,5
Sterilisation bei der Frau, je nach Methode	0,0–2,8
Sterilisation beim Mann	0,0

Die Stellung des *Christentums* zur E. war bis ins 20. Jh. hinein negativ. Heute gilt in der kath. Kirche (nicht unumstritten) nur die Methode der period. Enthaltsamkeit als erlaubt, während in der ev. Theologie die Frage nach den Mitteln der E. als sittlich belanglos bewertet wird. – Zu den sozialen Aspekten der E. ↑Geburtenregelung.

Empfängniszeit, im Recht die Zeit vom 181. bis 302. Tag (jeweils einschl.) vor dem (nicht mitgerechneten) Tag der Geburt des Kindes, bei nachgewiesener längerer Tragezeit auch eine über den 302. Tag hinausgehende Zeit. Eine kürzere Schwangerschaftsdauer (als 181 Tage) wird dage-

Empfängnisverhütung. 1 Knaus-Ogino-Methode; 2 Temperaturmethode; 3 Kondom; 4 Scheidenpessar; 5a gebräuchliche Formen des Intrauterinpessars (Spirale); b Lage des Intrauterinpessars in der Gebärmutter; 6a Sterilisation bei der Frau (a) und beim Mann (b)

gen nicht anerkannt (strittig). Von Bed. für die Ehelichkeit des Kindes sowie für die Feststellung der Vaterschaft.

Empfindlichkeit, Kenngröße einer photograph. Schicht, die über die erforderl. Belichtung Auskunft gibt; nach verschiedenen Normstandards (DIN, ISO) sensitometr. definiert (nach DIN 4512) als das Zehnfache derjenigen Graukeildichte, mit der bei einer Standardbelichtung die Dichte 0,1 über dem Schleier erzielt wird; die früheren DIN-Werte und ASA-Nummern (E.kenngrößen der American Standards Association) werden heute zur ISO-Norm (E.kenngrößen der International Organization for Standardization) zusammengefaßt.

Empfindsamkeit, literar. Strömung innerhalb der Aufklärung (2. Hälfte des 18. Jh.); nach der J. J. Bode von Lessing vorgeschlagenen Übers. „empfindsam" für das engl. Wort „sentimental" im Titel von Sternes „Sentimental journey…" (1768) benannt. Neu ist die gefühlsbestimmte, enthusiast. Weltsicht, zunächst im religiösen Bereich des Pietismus, dann säkularisiert, v. a. bezogen auf die sittl. Ideale und die Natur. Zeittypisch sind Freundschaftszirkel. Das Naturgefühl mit idyllisch-heiteren wie elegisch-düsteren Stimmungen und Reflexionen ist nicht naiv, sondern bewußt und reflektiert (sentimentalisch). Vorbild ist v. a. England mit den ↑moralischen Wochenschriften, den Naturdichtungen von J. Thomson bis zu E. Youngs „Klagen und Nachtgedanken…" und Macphersons „Ossian", v. a. mit den moralisierenden Tugendromanen S. Richardsons, später den humoristisch-idyll. Romanen von O. Goldsmith, L. Sterne u. a. Auch Frankreich gibt mit Romanen (Abbé Prévost und v. a. J. J. Rousseau, „Julie oder die neue Heloise") sowie mit der ↑Comédie larmoyante Anregungen. In der dt. Literatur vertreten die E. im Drama C. F. Gellert, A. W. Iffland und A. von Kotzebue mit ↑Rührstücken, im Roman Gellert, der die Flut der [Familien]romane in der Nachfolge Richardsons eröffnet, dann v. a. J. I. Hermes, der auch den empfindsamen Reiseroman einführt, und S. La Roche, in der Lyrik v. a. Klopstock („Der Messias", 1748–73; „Oden", 1771). Höhepunkt und zugleich Überwindung der empfindsamen Dichtung ist Goethes Roman „Die Leiden des jungen Werthers" (1774).

Empfindung, der als Folge einer Reizeinwirkung durch neurale Erregungsleitung vermittelte und vermutlich im Großhirn eintretende einfache Sinneseindruck. Entsprechend den verschiedenen Sinnesfunktionen unterscheidet man: Gesichts-, Gehörs-, Geruchs-, Geschmacks-, Tast-, Temperatur-, Schmerz-, Bewegungs-, Gleichgewichts- und Organempfindungen. E. werden sowohl durch Reize außerhalb wie auch durch Reize innerhalb des Körpers ausgelöst.

Empfindungsnerven, svw. ↑Sinnesnerven.

Emphase [zu griech. émphasis, eigtl. „Verdeutlichung"], Nachdruck, der auf eine sprachl. Äußerung durch phonet. oder syntakt. Hervorhebung gelegt wird, z. B. „sei ein Mann!".

Emphysem [griech.], krankhafte Aufblähung von Geweben oder Organen durch Luft oder (seltener) Fäulnisgase. Letztere werden von gasbildenden Bakterien gebildet, die durch eine Infektion in den Körper gelangen. – Ein **Hautemphysem** entsteht durch eine offene Verbindung mit lufthaltigen Körperhöhlen, wodurch Luft in das lockere Unterhautbindegewebe eindringt. – Das **Lungenemphysem** ist eine Überdehnung des inneren Lungengewebes (Lungenblähung). Dadurch kommt es an vielen Stellen zur Verdünnung und schließlich zum Verschwinden der Lungenbläschenwand. Der lebenswichtige Gasaustausch in der Lunge wird dadurch eingeschränkt. Symptome: Atemnot bei körperl. Anstrengung, chron., trockener Husten mit Schwindelgefühl. Die Behandlung besteht (da die Veränderungen an den Lungenbläschen nicht rückgängig gemacht werden können) in Atemgymnastik und Inhalationen.

Empire [engl. 'ɛmpaɪə] ↑Britisches Reich und Commonwealth.

Empire [frz. ã'piːr; zu lat. imperium „Herrschaft"], Bez. für das Kaisertum Napoleons I. 1804–15 *(Premier E.)* und Napoleons III. 1852–70 *(Second E.).*

▷ bes. in der Innenraumdekoration, der Möbelkunst und Mode Variante des Klassizismus in der Zeit Napoleons I. und den folgenden Jahren (etwa 1800 bis 1830). Das E. folgt auf das Directoire und wendet sich ins Repräsentative. In der Mode wurde die hochgegürtete Taille beibehalten.

Empirekonferenzen [engl. 'ɛmpaɪə] (Imperial Conferences), die Konferenzen der Min.präs. Großbritanniens und der Dominions seit 1907 (seit 1917 Teilnahme Indiens, seit 1931 auch Südrhodesiens); entstanden aus den früheren **Kolonialkonferenzen** (Colonial Conferences, seit 1887); seit 1944 fortgesetzt durch die period. Treffen der Min.präs. des modernen, polit., kulturell und wirtsch. heterogenen Commonwealth.

Empire State Building (Bildmitte) von William Frederick Lamb, 1931

Empire State Building [engl. 'ɛmpaɪə 'steɪt 'bɪldɪŋ], bis 1970 das höchste Gebäude der Erde, Bürohochhaus in New York (Manhattan), 381 m (mit Fernsehturm fast 449 m) hoch; 1931 von W. F. Lamp erbaut.

Empirie [griech.] ↑Erfahrung.

Empiriokritizismus [griech.], durch R. Avenarius und E. Mach begr. Variante des Positivismus, die sich unter Ablehnung der Metaphysik allein auf die krit. Erfahrung beruft; von Lenin stark kritisiert.

empirisch [zu griech. émpeiros „erfahren, kundig"], erfahrungsgemäß, aus Beobachtung und Experiment gewonnen.

empirische Sozialforschung, die erfahrungswiss. Untersuchung gesellschaftl. Sachverhalte; da „reine Empirie" unvorstellbar ist, bedarf e. S. immer eines begriffl. Rahmens und letztlich einer erklärenden Theorie, die Hypothesen über die Zusammenhänge von untersuchten Sachverhalten liefert; als wichtigste Techniken gelten teilnehmende und nichtteilnehmende Beobachtung, Laboratoriums- und Feldexperiment, schriftl. und mündl. Befragung (Interview, Fragebogen) und Inhaltsanalyse schriftl. Quellen.

Empirismus [griech.], in der *Philosophie* die methodisch an den Naturwissenschaften orientierte erkenntnistheoret. Position, die im Ggs. zum Rationalismus behauptet, daß jedes Wissen von der (begriffsfreien) Erfahrung abhänge und ihrer Kontrolle unterliege. Locke, Berkeley und Hume gelten als Hauptvertreter eines sog. *klass. E.,* der sich gegen die rationalist. Annahme „angeborener Ideen" (Descartes) wandte. Wo Erkenntnis als allein durch die Sinne vermittelte Erfahrung verstanden wird, spricht man von ↑Sensua-

Emplatrum

lismus. – Von bes. wissenschaftstheoret. Bedeutung ist v. a. der *logische Empirismus* des Wiener Kreises.
▷ in der *Psychologie* Theorien, die von der ausschließl. Gebundenheit des Wissens an die Erfahrung ausgehen. Die Seele wird dabei gleichsam als eine „Tabula rasa" angesehen, die nur durch Sinneseindrücke mit Inhalt gefüllt werden kann; damit wird das Vorhandensein entwicklungsgeschichtlich angesammelter und im Erbgut gespeicherter Informationen geleugnet.

Emplatrum [griech.], svw. ↑Pflaster.

Empoli, italien. Stadt in der Toskana, am Arno, 27 m ü. d. M., 44 400 E. Glas- und Textilind., Töpfereien, Strohflechtereien. – Dom Sant'Andrea (6. und 11. Jh.).

Empore [gekürzt aus „Emporkirche, Porkirche" (zu althochdt. bor „oberer Raum")], in der kirchl. Baukunst über den Seitenschiffen gelegenes, zum Kirchenraum geöffnetes galerieartiges Obergeschoß. Die E. waren bestimmten Personen oder Zwecken vorbehalten (Frauen, Nonnen, Sängern, Hofstaat).

Emporion (lat. Emporiae) ↑Ampurias.

Empyem [griech.], Eiteransammlung in einer natürl. Körperhöhle (z. B. Herzbeutel-, Nasennebenhöhlenempyem).

Empyreum [griech.], im Weltbild der antiken und scholast. Philosophie der oberste Himmel, der sich über der Erde wölbt; Bereich des Feuers oder des Lichtes; Wohnung der Seligen.

Ems, Rudolf von ↑Rudolf von Ems.

Ems, Fluß in NW-Deutschland, entspringt in der Senne, mündet in den Dollart, 371 km lang, über 238 km schiffbar, mit Anschluß an das niederl. Kanalnetz und Verbindung zw. Dollart und Jadebusen über den 72 km langen **Ems-Jade-Kanal.**

E., Bad ↑Bad Ems.

Emscher, rechter Nebenfluß des Niederrheins; entspringt östlich von Dortmund, mündet (seit 1950; durch Flußregulierung) bei Dinslaken; größtenteils kanalisiert, 81 km lang.

Emscherbrunnen ↑Kläranlage.

Emsdetten, Stadt in NRW, an der Ems, 40 m ü. d. M., 31 000 E. Juteverarbeitungs-, Bekleidungs-, Eisen-, Kunststoffind., Maschinenfabriken. – 1178 erstmals erwähnt; seit 1938 Stadt.

Emser Depesche, von Bismarck durch Kürzungen und Umformulierungen verschärfte Fassung des von H. Abeken formulierten Telegramms vom 13. Juli 1870 aus Bad Ems, mit dem der Kanzler über die Unterredungen König Wilhelms I. mit V. Graf Benedetti und über die er span. Thronkandidatur betreffenden frz. Forderungen unterrichtet wurde. Die Publikation der E. D. wurde zum auslösenden Moment für den Dt.-Frz. Krieg 1870/71.

Emser Punktation, Ergebnis der Verhandlungen von Deputierten der dt. Metropoliten (Köln, Mainz, Trier, Salzburg) 1786 in Bad Ems **(Emser Kongreß)**; beschäftigte sich mit dem Streit um die Rechte der päpstl. Nuntien in Deutschland und um die Errichtung einer Nuntiatur in München; strebte größere Selbständigkeit für die kath. Kirche in Deutschland und nationalkirchl. Ziele an; die Frz. Revolution verhinderte die Verwirklichung dieser Bestrebungen.

Emser Salz, urspr. aus den Quellen von Bad Ems gewonnenes, heute auch in entsprechender Zusammensetzung künstlich hergestelltes Salzgemisch; enthält hauptsächlich Natriumverbindungen; wird bei Erkrankungen des Magen-Darm-Kanals und [kultiviertes] Moor, auf 125 km Länge Grenzlandschaft gegen die Niederlande. Auf der Grundlage des 1951 begonnenen Emslandplanes erfolgt eine verstärkte Erschließung auf agrar., verkehrstechn. und gewerbl. Sektor. Landw. Nutzung, Torfbau, Erdöl- und Erdgasförderung sowie -verarbeitung.

E., Landkr. in Niedersachsen.

Johann Franz Encke

Michael Ende

Emu [engl., zu portugies. ema di gei „Kranich der Erde" (wegen der Flugunfähigkeit)] (Dromaius novaehollandiae), bis 1,5 m hoher, flugunfähiger, straußenähnlicher Laufvogel der austral. Buschsteppe; Gefieder dicht herabhängend, bräunlich; Schwanzfedern fehlen.

Emu mit Jungtieren

Emulator [zu lat. aemulari „nacheifern"], Funktionseinheit (Programme und techn. Einrichtungen), die es ermöglicht, auf einem Computer ein Programm für einen anderen Computer zu entwickeln und auszuführen.

Emulgatoren [lat.], Stoffe, die in Emulsionen das Zusammentreten der dispergierten Tröpfchen durch Herabsetzen der Grenzflächenspannung verhindern, z. B. Tenside.

Emulsion [zu lat. emulgere „aus-, abmelken"], eine Dispersion, bei der eine Flüssigkeit in Form feiner Tröpfchen (Durchmesser 10 mm bis 0,1 mm) in einer nicht mit ihr mischbaren anderen Flüssigkeit verteilt ist, z. B. Öl in Wasser. Viele Produkte (z. B. Kosmetika, Medikamente) werden in Form von E. verwendet.
▷ in der *Photographie* unexakte Bez. für die lichtempfindl. Schicht.

E-Musik, Abk. für „ernste Musik", im Ggs. zu U-Musik (↑Unterhaltungsmusik).

en..., En... (vor Lippenlauten em..., Em...) [griech.], Vorsilbe mit der Bed. „ein..., hinein, innerhalb"; z. B. endemisch.

-en, Suffix aus der chem. Nomenklatur, das in Verbindungsnamen das Vorhandensein einer $-C=C-$ Doppelbindung kennzeichnet (z. B. Alkene); bei mehreren Doppelbindungen: -dien, -trien, -polyen.

Enanthem [griech.], Ausschlag der Schleimhaut.

Enantiomorphie [...tio...; griech.], spiegelbildl. Bau von Kristallen, z. B. Rechts- und Linksquarz.

Enantiotropie [...tio...; griech.], Form der ↑Allotropie, bei der die Modifikationen in beiden Richtungen ineinander umwandelbar sind.

Enargit [zu griech. enargés „sichtbar" (wegen der deutlich erkennbaren Spaltbarkeit)], metall. glänzendes, schwarzes, rhomb. Mineral, Cu_3AsS_4; wichtiges Kupfererz. Dichte 4,4 g/cm³; Mohshärte 3,5.

Enarthron, svw. ↑Gelenkmaus.

en bloc [frz. ã'blɔk], im ganzen, mit allem Zubehör, so wie es steht und/oder liegt, in Bausch und Bogen.

Encarnación [span. eŋkarna'sion], Hauptstadt des Dep. Itapúa, Paraguay, Hafen am Paraná, gegenüber von Posadas (Argentinien), 28 000 E. Handels- und Verkehrszentrum. – 1615 als **Itapúa** gegründet.

Enceladus [griech., nach Enkelados, einem Giganten der griech. Sage], ein Mond des Planeten Saturn; mittlere Entfernung vom Planeten 238 100 km, Umlaufzeit 1,370 Tage, Durchmesser 500 km.

Encephalitis, svw. ↑Gehirnentzündung.

Encephalon [griech.], svw. ↑Gehirn.

Enchiridion [griech., eigtl. „in der Hand (Gehaltenes)"], Handbuch, Lehrbuch, Leitfaden, Quellensammlung.

Enchyträen (Enchytraeidae) [griech.], Fam. 1–4 cm großer, langgestreckter, überwiegend im Erdboden lebender, meist weißl. oder gelbl. Borstenwürmer.

Encina, Juan del [span. eṇ'θina], * bei Salamanca (?) 12. Juli 1468, † León 1529, span. Dichter und Komponist. – „Vater des span. Dramas"; er schrieb geistl. und weltl. Dramen mit Gestalten aus dem Volksleben. Mehr als 60 seiner Kompositionen finden sich im „Cancionero musical de Palacio" (um 1500).

Encke, Johann Franz, * Hamburg 23. Sept. 1791, † Spandau (= Berlin) 28. Aug. 1865, dt. Astronom. – Prof. in Berlin; berechnete die Bahn des nach ihm benannten E.schen Kometen und zahlr. Bahnen von Planetoiden und Kometen; erste genaue Bestimmung der Sonnenparallaxe.

Enckell, Carl, * Petersburg 7. Juni 1876, † Helsinki 27. März 1959, finn. Industrieller und Politiker. – Mgl. der schwed. Volkspartei, 1918/19, 1922, 1924 und 1944–50 Außenminister.

Encomienda [span. eŋko'mi̯enda „Auftrag"], urspr. kirchl. Benefizium in breitem Sinn, dann im Rahmen der span. Ritterorden eine Komturei, mit der ein Caballero belehnt wurde; im span. Amerika Zwangszuteilung freier Indianer zur Arbeitsleistung an die Siedler und ihre seelsorger. Betreuung; 1720 endgültig aufgegeben.

Encounter-Gruppen [ɛn'kaʊntə; engl. „Begegnung"], in der Psychologie Bez. für eine Form von [therapeut.] Gruppen; unter der Leitung eines Therapeuten versuchen die Gruppenmgl. spontan und ungehemmt Aggressionen, Sympathien und Antipathien auszudrücken (u. a. mit Hilfe des sog. Psychodramas) und so zu einem neuen Verhältnis zu sich und anderen zu kommen.

Encyclopédie [frz. ãsiklɔpe'di] ↑ Enzyklopädie.

Endara, Guillermo, * Panama-Stadt 12. Mai 1936, panamaischer Politiker. – Seit 1984 Generalsekretär der Partido Panameñista. Nach der militär. Invasion der USA in Panama wurde E. am 21. Dez. 1989 zum Präs. ernannt.

Enddarm ↑ Darmtrakt.

Ende, Edgar, * Altona (= Hamburg) 23. Febr. 1901, † Bayern bei Rosenheim 27. Dez. 1965, dt. Maler. – Aus seiner Beschäftigung mit myst. und mytholog. Schrifttum erwuchsen surrealist. Bilder.

E., Michael, * Garmisch-Partenkirchen 12. Nov. 1929, dt. Schriftsteller. – Sohn von Edgar E.; schreibt v. a. abenteuerlich-phantast. Erzählungen für Kinder (und Erwachsene), u. a. „Jim Knopf und Lukas, der Lokomotivführer" (1960), „Momo" (1973), „Die unendl. Geschichte" (1979, verfilmt 1984 und 1990), „Das Gauklermärchen" (1982), „Der satanarchäolugenialkohöllische Wunschpunsch" (1989).

Ende ↑ Geweih.

Endeavour [engl. ɪn'dɛvə] ↑ Raumtransporter.

August Endell. Das Photoatelier „Elvira" in München, 1895–98 (zerstört)

Endell, August, * Berlin 12. April 1871, † ebd. 13. April 1925, dt. Architekt und Designer. – Schuf Jugendstilhäuser und Entwürfe für Möbel, Textilien und Schmuck. Sein Hauptwerk war das Photoatelier „Elvira" in München (1895–98).

Endemie [griech.] ↑ Epidemie.

endemisch, in der *Biologie:* in einem bestimmten Gebiet verbreitet.
▷ in der *Medizin:* örtlich begrenzt auftretend (von Krankheiten).

Ender, Otto, * Altach (Vorarlberg) 24. Dez. 1875, † Bregenz 25. Juni 1960, östr. Jurist und Politiker. – Landeshauptmann von Vorarlberg (1918–34; mit Unterbrechung), Bundeskanzler 1930/31 (christlich-sozial); als Mgl. der Regierung Dollfuß (1933/34) Mitverfasser der ständ. Bundesverfassung von 1934.

Enders, John Franklin [engl. 'ɛndəz], * West Hartford (Conn.) 10. Febr. 1897, † Waterford (Conn.) 8. Sept. 1985, amerikan. Virusforscher. – Prof. an der Harvard University; bed. Virusforschungen, bes. über das Poliomyelitis- und Mumpsvirus; erhielt 1954 zus. mit F. C. Robbins und T. Weller den Nobelpreis für Physiologie oder Medizin.

en détail [frz. ãde'taj], im kleinen, einzeln, im Einzelverkauf.

Endhirn ↑ Gehirn.

Endingen, Stadt in Bad.-Württ., am N-Abhang des Kaiserstuhls, 178 m ü. d. M., 7 000 E. Weinbauzentrum. – 763 erstmals urkundl. erwähnt, 1290 Stadtrecht.

Endivie [ägypt.-griech.-roman., eigtl. „im Januar wachsende Pflanze"] (Binde-E., Winter-E., Cichorium endivia), einjährige Kulturpflanze aus der Gatt. Wegwarte; entwickelt in der Jugend eine Rosette aus breiten **(Eskariol)** oder schmalen, krausen, zerschlitzten Blättern **(Krause Endivie),** die oft oben zusammengebunden wird, damit die als Salat verwendeten Blätter bleich und zart bleiben.

Endlagerung ↑ radioaktiver Abfall.

Endler, Adolf, * Düsseldorf 10. Sept. 1930, dt. Schriftsteller. – 1955 Übersiedlung in die DDR. Schreibt v. a. Lyrik und Prosa; seit Mitte der 60er Jahre kritisch zu polit. und literar. Vorgängen in der DDR eingestellt; 1979 aus dem Schriftstellerverband ausgeschlossen, Nov. 1989 rehabilitiert. – *Werke:* Erwacht ohne Furcht (Ged., 1960), Das Sandkorn (Ged., 1974), Akte Endler (Ged., 1981), Ohne Nennung von Gründen (Prosa, 1985), Den Tiger reiten (Essay, 1990).

endlich, Eigenschaft einer Menge, nur so viele Elemente zu haben, daß zur Durchnumerierung dieser Elemente die natürl. Zahlen 1, 2, ..., n (mit $n \geq 1$) ausreichen.

Endlichkeit, Begrenztheit, v. a. im Quantitativen (Raum, Zeit); metaphys. das Relative, Nichtabsolute, nicht durch sich selbst Bestimmte.

Endlösung der Judenfrage, nat.-soz. Umschreibung für die auf der ↑ Wannseekonferenz 1942 beschlossene Ermordung der europ. Juden. Juden in bestimmten Vernichtungslagern. Diese Aktion (1942–45) markierte den Höhepunkt des nat.-soz. Genozids (Völkermord) an den europ. Juden.

Endmaß, Körper (meist gehärteter Stahl), bei dem ein festes Maß durch den Abstand gegenüberliegender ebener oder gekrümmter Flächen mit hoher Genauigkeit gegeben ist *(Parallel-, Zylinder-, Kugel-E.).* Anwendung als Eich- und Präzisionsnormal.

Endmoräne ↑ Gletscher.

endo..., Endo... [griech.], Vorsilbe mit der Bed. „innen..., innerhalb...", z. B. endogen.

Endobiose [griech.], Sonderform der ↑ Symbiose; der **Endobiont** lebt im Inneren eines anderen Lebewesens (z. B. Bakterien im Darm der Tiere).

Endodermis [griech.], innerste, meist einzellige Schicht der Rinde der Wurzeln.

Endogamie [griech.] (Binnenheirat), Heiratsordnung, der zufolge die Ehepartner (im Ggs. zur Exogamie) nur innerhalb der eigenen engeren sozialen Gruppe bzw. sozialen Kategorie gewählt werden darf.

endogen, allgemein svw. im Innern eines Körpers entstehend, von innen, aus dem Inneren kommend. – Ggs. ↑ exogen.
▷ innenbürtige Kräfte betreffend, ↑ Geologie.

John Franklin Enders

Adolf Endler

Endivie.
Oben: Eskariol.
Unten: Krause Endivie

Endokannibalismus

▷ in der *Biologie* und *Medizin:* Vorgänge und Krankheiten betreffend, die ihren Ursprung im Körperinnern haben bzw. durch die Erbanlagen bedingt sind.

▷ in der *Psychologie:* anlagebedingt, nicht durch äußere Einflüsse bestimmt, z. B. endogene ↑Depression.

Endokannibalismus ↑Kannibalismus.

Endokard (Endocardium) [griech.], die Hohlräume des Herzens auskleidende glatte Innenwand.

Endokarditis, Entzündung der Herzinnenhaut; häufigste Form ist die Herzklappenentzündung (↑Herzkrankheiten).

Endokarp [griech.] ↑Fruchtwand.

endokrin [griech.], mit innerer Sekretion.

endokrine Drüsen ↑Drüsen.

Endokrinologie [griech.], Lehre von der Funktion der endokrinen Drüsen.

Endolymphe, Flüssigkeit im Innenohr (↑Labyrinth) der Wirbeltiere.

Endometriose [griech.], pathol. Vorkommen von funktionstüchtiger Gebärmutterschleimhaut außerhalb der Gebärmutter. In den E.herden kommt es zyklisch zu Blutungen und Spannungsschmerzen.

Endometritis, Entzündung der Gebärmutterschleimhaut; meist mit leichten Blutungen verbunden.

Endometrium [griech.], svw. Gebärmutterschleimhaut (↑Gebärmutter).

Endomitose, während der Differenzierung von Gewebszellen innerhalb des Zellkerns ablaufende Chromosomenvermehrung durch mehrmalige Verdopplung der Chromatiden; führt zur ↑Polyploidie.

Endoneurium [griech.] ↑Nervenfaser.

Endoparasit (Entoparasit), im Innern (in Geweben oder Körperhöhlen) eines Wirtsorganismus lebender Schmarotzer; z. B. Eingeweidewurm. – Ggs. ↑Ektoparasit.

Endophyten (Entophyten) [griech.], meist niedere (Algen), sehr selten höhere Pflanzen (Rafflesiengewächse), die im Innern anderer Organismen als ↑Endoparasiten leben.

endophytisch [griech.], in der Medizin nach innen wachsend (auf Tumore bezogen).

endoplasmatisches Retikulum, in fast allen tier. und pflanzl. Zellen ausgebildetes System feinster Kanälchen (Zisternen) aus etwa 5 nm dünnen [Elementar]membranen; Funktionen: Proteinsynthese, Stofftransport, Reizleitung.

Endopodit [griech.] ↑Spaltfuß.

Endoprothese ↑Prothetik.

Endor [hebr.], alte kanaanäische Stadt im N-Teil Israels, südl. des Tabor, nahe dem heutigen En Dor. Nach 1. Sam. 28, 7–25 Wohnort einer kanaanäischen Totenbeschwörerin (sog. **Hexe von Endor**).

Endoradiosonde (Intestinalsender), Mikrosender (z. B. die Heidelberger Kapsel), der geschluckt wird und beim Durchlaufen des Magen-Darm-Kanals mittels Meßwertfühler Informationen z. B. über Temperatur, Säureverhältnisse, Enzymgehalt und Peristaltik übermittelt.

Endorphine [Kw. aus **end**ogen und M**orphin**], Sammelbez. für verschiedene Peptide mit opiatähnl. Wirkung, die im Gehirn gebildet werden. Man unterscheidet im wesentlichen zwei Substanzgruppen: die Enkephaline und die E. i. e. S. Die **Enkephaline** wurden als erste E. 1975 aus Schweinehirn isoliert und als aus fünf Aminosäuren aufgebaute Peptide **(Met-Enkephalin** und **Leu-Enkephalin)** identifiziert, die sich in einer endständigen Aminosäure unterscheiden. Die eigtl. E. wurden erstmals 1976 von R. Guillemin aus Schafshirn isoliert, bisher wurden drei als α-, β- und γ-Endorphin bezeichnete Substanzen identifiziert. Sie sind längerkettige Peptide, die immer die Aminosäuresequenz des Met-Enkephalins enthalten und selbst, wie auch die Enkephaline, Bestandteile des aus 90 Aminosäuren aufgebauten Hypophysenhormons Lipotropin sind. Alle E. besitzen eine schmerzstillende Wirkung. Daneben wird vermutet, daß die E. an der Kontrolle des Blutdrucks und der Körpertemperatur, der Regulation der Hormonsekretion und der Überwachung der Körperbewegungen beteiligt sind.

Endoskelett, knorpeliges oder knöchernes Innenskelett der Wirbeltiere.

Endoskope [zu griech. éndon „innen" und skopeĩn „betrachten"], mit elektr. Lichtquellen (Niedervoltlampe oder Glasfasern [Kaltlichtbeleuchtung]) und Spiegelvorrichtung versehene Instrumente zur direkten Untersuchung von Hohlorganen oder Körperhöhlen. Die Bildübertragung erfolgt mit Linsen oder über Glasfiberleitkabel (Fibroskope). Die Möglichkeit eines gleichzeitigen operativen Eingriffs (Entfernung von Gallensteinen u. a.) findet in zunehmendem Maße Anwendung. – Zur Betrachtung des Magen-Darm-Kanals werden *Enteroskope* benutzt. Das biegsame **Gastroskop** zur Untersuchung des Magens (auch das starre **Ösophagoskop** zur Untersuchung der Speiseröhre) wird durch den Mund eingeführt. Das starre und gerade **Bronchoskop** zur Betrachtung des Kehlkopfes, der Luftröhre und des Bronchialraums wird in örtl. Betäubung oder Narkose durch den Mund eingeführt. Das **Thorakoskop** zur Untersuchung der Brusthöhle wird operativ eingeführt. Das **Laparoskop** zur Untersuchung der Bauchhöhle wird in örtl. Betäubung durch die Bauchdecken eingeführt. Das **Choledochoskop** dient zur Untersuchung der Gallenwege während einer Operation. Mit dem **Kuldoskop** werden die weibl. Geschlechtsorgane nach Durchstoßung des hinteren Scheidengewölbes untersucht. Zur Mastdarmspiegelung wird ein **Rektoskop** benutzt. **Urethroskop** (zur Spiegelung der Harnröhre) und **Zystoskop** (zur Spiegelung der Blase) werden über die vordere Harnröhrenmündung eingeführt.

Endoskopie [griech.], Untersuchung von Körperhöhlen und Hohlorganen mit einem Endoskop, u. U. verbunden mit operativen Eingriffen mittels durch das Endoskop eingeführten Miniaturinstrumenten.

Endosperm [griech.], den pflanzl. Embryo umgebendes Nährgewebe der Samenanlage und Samen.

Endospermkern ↑doppelte Befruchtung.

Endosporen, Sporen, die sich im Innern einer Zelle oder eines Organs (z. B. im Sporangium) bilden.

Endothel [griech.], von plattenförmigen Zellen (Plattenepithel) gebildete innere Auskleidung des Herzens sowie der Blut- und Lymphgefäße.

Endotheliom [griech.], vom Endothel ausgehende Geschwulst.

endotherm [griech.], wärmebindend; bei e. Prozessen nimmt das reagierende System Wärme aus der Umgebung auf. – Ggs. ↑exotherm.

Endotoxine (Entotoxine), Bakteriengifte, die (im Ggs. zu den Ektotoxinen) fest an Membranstrukturen haften und daher erst nach dem Untergang der Erreger frei werden.

Endozoen [griech.] (Entozoen), in anderen Tieren lebende Tiere, z. B. manche Parasiten und Symbionten.

Endplatte (motor. E.), plattenförmiges Gebilde der quergestreiften Muskeln, auf dessen Oberfläche die motor. Nervenfasern enden; an den E. erfolgt die Übertragung der Nervenimpulse auf die Muskulatur; Übertragerstoff (sog. Neurotransmitter) ist Acetylcholin.

Endprodukthemmung, Hemmung eines oder mehrerer ↑Enzyme einer Enzymkette durch das entstehende Stoffwechselendprodukt.

Endrumpffläche, Endstadium der Abtragung eines Gebirges.

Endsee, abflußloser See in ariden Gebieten, in den mindestens ein Fremdlingsfluß mündet; unterliegt starker Verdunstung und damit der Versalzung.

Endter, Buchdrucker- und Buchhändlerfamilie in Nürnberg. Georg E. gründete Anfang des 17. Jh. eine Buchdruckerei. Wolfgang E. d. Ä. (* 1593, † 1659) leitete ab 1612 den väterl. Betrieb, druckte u. a. 1641 die reich illustrierte prot. „Kurfürstenbibel" (auch „Ernestin. Bibel" gen.). Das Unternehmen kam 1717 an J. H. Ernesti und erlosch 1855.

Endtermin, der Zeitpunkt, bis zu dem ein Rechtsgeschäft nach seinem Inhalt Wirkungen entfaltet.

Endurteil, ein Urteil, das die Endentscheidung über einen Rechtsstreit für die jeweilige Instanz enthält. Im E.

kann über alle Streitgegenstände oder über einen von mehreren bzw. einen Teil eines Streitgegenstandes (Teilurteil) entschieden werden.

Endwirt ↑Wirtswechsel.

Endymion, Gestalt der griech. Mythologie, Sohn des Zeus und der Kalyke. Von Zeus mit ewigem Schlaf und ewiger Jugend beschenkt. Geliebter der Mondgöttin Selene.

Endzeit ↑Eschatologie.

Eneolithikum [griech.] ↑Chalkolithikum.

Energetik [griech.], Lehre von der Energie; speziell die von W. Ostwald begründete, auch **energetischer Monismus** oder **Energetismus** gen. Auffassung, nach der die Energie das Wirkliche in der Welt und Grundlage allen Geschehens ist.

energico [italien. eˈnɛrdʒiko], musikal. Vortragsbez.: energisch, kraftvoll.

Energide [griech.], die Funktionseinheit eines einzelnen Zellkerns und von ihm beeinflußten Zellplasma.

Energie [zu griech. enérgeia „wirkende Kraft" (zu érgon „Werk")], Formelzeichen E oder W, die in einem physikal. System gespeicherte ↑Arbeit oder Fähigkeit eines physikal. Systems, Arbeit zu verrichten. Beispielsweise hat eine gespannte Feder die Fähigkeit, beim Entspannen Arbeit zu verrichten: sie besitzt ↑potentielle Energie. Die ↑kinetische Energie eines fahrenden Autos kommt bei einem Zusammenstoß in den auftretenden Deformationen *(Verformungsarbeit)* zum Ausdruck. Die verschiedenen in der Natur vorkommenden E.formen (z. B. mechan., therm., elektr., magnet., chem. und Kern-E.) können ineinander umgerechnet und weitgehend auch umgewandelt werden. So wird z. B. in einem Wärmekraftwerk chem. E. bei der Verbrennung in Wärme-E., diese in der Dampfturbine in mechan. E. und schließlich im Generator in elektr. E. umgewandelt. Für die E. gilt ein Erhaltungssatz (↑Energiesatz) und die ↑Masse-Energie-Äquivalenz. – Die SI-Einheit der E. ist das Joule (J). Für elektr. E. wird häufig die Einheit Kilowattstunde (kWh) verwendet. Es gilt: 1 kWh = 3 600 000 J. Atomphysikal. Einheit der E. ist das Elektronenvolt (eV). – ↑Energieträger.

▷ in der *Chemie* der zur Bildung einer chem. Bindung benötigte bzw. bei deren Spaltung freiwerdende Energiebetrag **(Bindungsenergie).**

Energieband ↑Bändermodell.

Energiedirektumwandlung, Sammelbez. für moderne (unkonventionelle) Methoden zur Erzeugung elektr. Energie aus einer anderen Energieform. Eine Umwandlung von Wärmeenergie *(Energiekonversion)* erfolgt bei der *thermoelektr. E.* in Thermoelementen, bei der *magnetohydrodynam. E.* in MHD-Generatoren. Galvan. Brennstoffelemente liefern Gleichstrom, mit Radionuklidbatterien (unexakt Isotopenbatterien) erfolgt eine direkte Umwandlung von Kernenergie, in Solargeneratoren (Sonnenbatterien) von elektromagnet. Strahlungsenergie (Licht).

Energiedosis ↑Dosis.

Energieeinsparungsgesetze, Gesetze und Verordnungen, die den Energieverbrauch einschränken sollen; z. B. das E. vom 22. 7. 1976 und dazu erlassene Durchführungsverordnungen zum Wärmeschutz an Gebäuden, zu Heizungsanlagen, zum Heizungsbetrieb, zur Heizkostenabrechnung. Nach dem Modernisierungs- und EnergieeinsparungsG i. d. F. von 1978 können baul. Maßnahmen, die Einsparungen von Heizenergie bewirken, unter gewissen Bedingungen gefördert werden.

Energieentziehung (Stromentwendung), Form des ↑Diebstahls.

Energieerhaltungssatz ↑Energiesatz.

Energielücke ↑Bändermodell.

Energie-Masse-Äquivalenz, svw. ↑Masse-Energie-Äquivalenz.

Energieniveau [...nivoː], diskreter Energiewert von Quantensystemen, z. B. für Nukleonen im Kern oder für Elektronen in der Hülle eines Atoms oder Moleküls. Durch Absorption von Energiequanten erfolgt ein sprunghafter Übergang in höhere, durch Emission in tiefere E. – Als **Energieterm (Spektralterm, Term)** bezeichnet man die dem Niveau E_n zugeordnete Wellenzahl $T_n = -E_n/(hc)$ (h Plancksches Wirkungsquantum, c Lichtgeschwindigkeit). Die entsprechende graph. Darstellung heißt **Energieniveauschema** bzw. **Termschema.**

Energiepolitik, Gesamtheit der Maßnahmen, mit denen ein Staat Einfluß sowohl auf den Umfang des inländ. Energiebedarfs als auch auf die Form der Energieversorgung durch die in- und ausländ. Energiewirtschaft nimmt, um angesichts der natürl. Begrenztheit des Angebots an Energieträgern (v. a. Kohle, Erdöl, Erdgas, Wasser) den ständig steigenden Energiebedarf zu sichern. E. ist Teil der allg. Wirtschaftspolitik, jedoch mit enger Affinität zur Außen-, Umwelt-, Forschungs- und Sozialpolitik. Widerstreitende Ziele können v. a. Wirtschaftlichkeit, saubere Umwelt einerseits und ein möglichst hoher inländ. Selbstversorgungsgrad andererseits sein. Die E. der BR Deutschland legte seit Ende der 50er Jahre zu Lasten der inländ. Selbstversorgung mit Steinkohle den Schwerpunkt auf (v. a. ausländ.) Erdöl und förderte die Schließung unwirtsch. gewordener Zechen. Der Versuch arab. Ölförderländer 1973, mit Embargos und preispolit. Maßnahmen Einfluß auf den israelisch-arab. Krieg zu nehmen, schwächte über in den betroffenen Ländern entstandene Energiekrisen deren Konjunktur erheblich und stürzte diese Länder in Wirtschaftskrisen. 1973–82 erhöhte die ↑OPEC kontinuierlich die Ölpreise; die betroffenen Abnehmerländer versuchen seither, sich mit alternativen Energieträgern (v. a. Kernenergie und Sonnenenergie durch Solarzellentechnik) aus ihrer Abhängigkeit vom Öl zu lösen. Zur generellen Energieeinsparung wurden eine Vielzahl spezieller ordnungspolit. Regelungen und interventionspolit. Eingriffe vorgenommen. Auf internat. Ebene koordinierten verschiedene OECD-Länder ihre E. und gründeten die Internat. Energie-Agentur. Daneben wurden auf internat. Konferenzen die Möglichkeiten beschleunigter Energieerschließung, neuer Energiequellen und der Zusammenarbeit bei Energieforschung und -entwicklungsprogrammen erörtert. – ↑Energiewirtschaft.

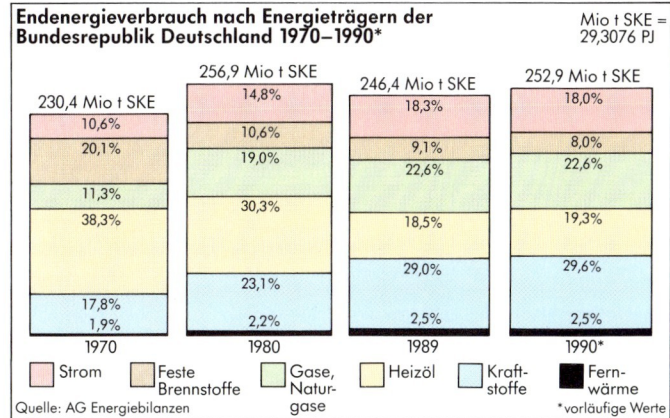

Energiewirtschaft. Endenergieverbrauch nach Energieträgern der Bundesrepublik Deutschland, 1970–1990

Energiesatz (Energieerhaltungssatz, Energieprinzip), ein allgemeingültiges, grundlegendes Naturgesetz, nach dem bei einem physikal. Vorgang ↑Energie weder erzeugt noch vernichtet, sondern lediglich von einer Energieform in eine andere umgewandelt werden kann. In einem abgeschlossenen System ist die Summe aller vorhandenen Energien konstant. Verringert sich in einem solchen System beispielsweise der Anteil der vorhandenen mechan. Energie um den Betrag ΔW, so nehmen die übrigen Energieformen zusammen um eben diesen Energiebetrag ΔW zu. Als Folgerung des E. ergibt sich die Unmöglichkeit, ein ↑Perpetuum mobile 1. Art zu konstruieren.

Energiespektrum, die Verteilung einzelner Energiewerte (bzw. ihrer Häufigkeit) innerhalb eines bestimmten

Energiestoffwechsel

Engadin. Schloß Tarasp im Unterengadin, die Ruine des um 1200 errichteten Baus wurde 1900–16 wiederaufgebaut

Bereiches, z. B. der kinet. Energie von Neutronen in einem Kernreaktor.

Energiestoffwechsel, svw. Betriebsstoffwechsel (↑Stoffwechsel).

Energietechnik (techn. Energetik), die Gesamtheit der Verfahren, Vorrichtungen u. a., die dazu dienen, in möglichst optimaler Weise jede anfallende bzw. erzeugte Primärenergie in eine der unmittelbar nutzbaren Sekundärenergieformen umzuwandeln und diese dem Verbraucher als End- bzw. Nutzenergie zur Verfügung zu stellen.

Energieträger, Stoffe, deren Energiegehalt nutzbar gemacht werden kann, sowie Medien zum Speichern oder Fortleiten von Energie. *Primär-E.* sind Kernbrennstoff, Kohle, Erdöl, Erdgas, Wasser- und Windkraft, auch Erdthermen, wie Geysire und Dampfquellen. *Sekundär-E.* sind Briketts, Koks, Erdöl- und Erdgasprodukte, Elektrizität u. ä. Hierzu zählen auch die *Zwischen-E.,* wie Dampf, Edelgase, Druckluft.

Energieversorgung, Sammelbegriff für die verschiedenen Einrichtungen und Vorgänge, die der Erzeugung und Verteilung von v. a. elektr. Energie (Stromversorgung) dienen. Die verschiedenen ↑Energieträger sind in großem Maße austauschbar.

Energiewirtschaft, Wirtschaftszweig, der i. w. S. alle Bereiche der Energiebedarfsdeckung, i. e. S. die Produktion, Verarbeitung und Verteilung von Energie umfaßt. Die E. gehört neben dem Bergbau sowie der Eisen- und Stahlind. zur Grundstoffind. Der Energiebedarf zeigt weltweit steigende Tendenz. Die Dringlichkeit der Energieversorgung für das öff. und private Leben, die der E. eine hohe polit. Stellung gibt, sowie die Standortgebundenheit der Energieproduktion, die den Anbietern ein natürl. Monopol verleihen könnte, haben in allen Ländern einen starken Einfluß des Staates auf die E. zur Folge (↑Energiepolitik). In einzelnen Ländern (Großbritannien, Frankreich) hat das zur teilweisen Verstaatlichung der Energieversorgung (Kohle-, Gas- und Elektrizitätswirtschaft) geführt. In der BR Deutschland besteht die E. aus privaten, gemischtwirtsch. und öff. Energieversorgungsunternehmen, die zur Sicherung von Wegen für Leitungen, von Konzessionen und Gebietsabgrenzungen mit den Gemeinden Verträge schließen, in denen die Bedingungen für Lieferung und Verteilung von Energie geregelt sind. Die Strukturwandlungen in der E. infolge veränderter techn. Möglichkeiten der Produktion und der Verwendung machen mittel- und langfristige Energiebedarfsprognosen unzuverlässig. Die wichtigsten Energiequellen sind jedoch auch für die überschaubare Zukunft Kohle, Mineralöle, Gas und Wasser. Der Ausbau der Kernenergie ist wegen der damit verbundenen Umweltrisiken sehr umstritten und z. T. auch auf Grund heftiger Proteste (v. a. von Bürgerinitiativen) in Frage gestellt. – Abb. S. 153.

Enervierung (Enervation) [lat.], Überbeanspruchung der Nerven, Belastung der seel. Kräfte; Ausschalten der Verbindung zw. Nerv und dazugehörendem Organ.

Erich Engel

Enescu, George (frz. Georges Enesco [frz. enɛsˈko]), * Liveni (= George Enescu, bei Botoşani) 19. Aug. 1881, † Paris 4. Mai 1955, rumän. Komponist und Violinist. – Bed. Bachinterpret; v. a. bekannt durch seine von folklorist. Elementen angeregten „Rumän. Rhapsodien" für Orchester (1901/02).

en face [frz. ãˈfas], von vorn gesehen.

en famille [frz. ãfaˈmij „in der Familie"], in engem Kreise.

Enfant terrible [ãfãtɛˈribl; frz. „schreckl. Kind"], jemand, der seine Umgebung ständig in Verlegenheit bringt und schockiert.

Enfilade [frz. ãfiˈla:də], Zimmerflucht, geradlinige Raumabfolge, charakteristisch für die frz. Schloßbaukunst im 17./18. Jahrhundert.

Engadin [ɛŋgaˈdi:n, ˈɛŋgadi:n], Talschaft im schweizer. Kt. Graubünden, der oberste, etwa 95 km lange Abschnitt der Längstalfurche des Inns vom Malojapaß (1 815 m ü. d. M.) bis zur Schlucht bei Martina (1 035 m ü. d. M.); strahlungsreiches, mildes und sonniges Höhenklima. Die Waldgrenze liegt bei 2 300 m ü. d. M., darüber erstrecken sich Hochweiden. Durch die Talenge unterhalb von Zernez (1 472 m ü. d. M.) gliedert sich das E. in Ober- und Unterengadin. Im Unter-E. liegt der Schweizer Nationalpark (169 km²). – Das *Ober-E.* kam 1139 durch Kauf an den Bischof von Chur; das *Unter-E.* war schon seit dem 10. Jh. in dessen grundherrl. Gewalt.

Engagement [ãgaʒəˈmã:; frz.], persönl. Einsatz aus [weltanschaul.] Verbundenheit.
▷ berufl. Verpflichtung, Anstellung eines Künstlers, Artisten usw.

En Gedi, Oase in Israel, am W-Ufer des Toten Meeres, 300 m u. d. M.; Kibbuz mit Landw.schule; Gemüseanbau; Süßwasserquelle mit dreifach terrassiertem Wasserfall; die Umgebung von En G. ist Nationalpark; Fremdenverkehr. – Nach En G. floh David vor Saul (1. Sam. 24); in der israelit. Königszeit Festung, später durch Babylonier und Edomiter zerstört; reiche archäolog. Funde.

En Gedi. Der dreifach terrassierte Wasserfall

Engel, Erich, * Hamburg 14. Febr. 1891, † Berlin (West) 10. Mai 1966, dt. Regisseur. – An den Hamburger Kammerspielen 1918–21 bed. Inszenierungen expressionist. Dramatiker, seit 1924 am Dt. Theater in Berlin; leitete das Theater am Schiffbauerdamm, wo er v. a. Shakespeare und

Engel (Kunst). Matthias Grünewald, Isenheimer Altar, 1512–16, Ausschnitt „Engelskonzert" (Colmar, Unterlindenmuseum)

Bernt Engelmann

Friedrich Engels

Brecht (1928 die „Dreigroschenoper") inszenierte; Filmregisseur, u. a. „Der Maulkorb" (1938), „Affäre Blum" (1948).

E., Ernst, * Dresden 26. März 1821, † Radebeul bei Dresden 8. Dez. 1896, dt. Statistiker. – 1860–82 Direktor des Königl. Preuß. Statist. Büros; kam auf Grund seiner Untersuchungen auf dem Gebiet der Konsumstatistik zu dem Ergebnis, daß mit steigendem Wohlstand ein fallender Prozentsatz des Einkommens für die Ernährung ausgegeben wird (sog. **Engelsches Gesetz**).

E., Johann Carl Ludwig, * Berlin 3. Juli 1778, † Helsinki 14. Mai 1840, dt. Baumeister. – Seit 1816 in Helsinki, dessen Stadtbild er durch zahlr. streng klassizist. Gebäude prägte (u. a. Univ., 1828–32; Univ.bibliothek, 1836 bis 1845; Nikolaikirche, 1830–52).

Engel [zu griech. ángelos „Bote"], Bote und Diener Gottes, Mittler zw. der Gottheit und den Menschen. Die E. sind der Gottheit untergeordnet, stellen aber die höchste Stufe der Schöpfung in personaler Gestalt dar. Sie gelten nicht als völlig körperlos, sondern als Gestalten mit einem Körper aus Licht oder Äther (Astralleib) oder einem Feuerleib. Unter sich können die E. eine hierarch. Ordnung bilden, an deren Spitze oft Erzengel stehen. Als gefallene E. (z. B. ↑Luzifer) gelten häufig die widergöttl. Mächte der Dämonen. Religionsgeschichtlich findet sich die E.vorstellung v. a. in monotheist. Religionen. Der Parsismus kennt neben seinem nahezu monotheist. verehrten Gott eine uranfängl. Macht des Bösen und ordnet in diesen antagonist. Dualismus die E. einerseits und die Dämonen andererseits ein. Im A. T. treten E. als Boten (z. B. 1. Mos. 19, 1; Ps. 103, 20) und als Söhne Gottes (Hiob 1,6) auf. Als bes. E.namen finden sich Michael (Daniel 10, 13), Gabriel (Daniel 8, 16) und Raphael (Tob. 3, 17). Im N. T. findet sich zusätzlich zu Vorstellungen des A. T. die Gestalt des Schutzengels (Matth. 18, 10); die E. erscheinen ferner als Begleiter des Messias beim Endgericht (Matth. 16, 27). Die christl. Kirchen haben eigene Engellehren **(Angelologien)** ausgebildet. Der Islam übernahm die E.vorstellung vom Judentum und Christentum.

Kunst: In frühchristl. Zeit wurden E. zunächst wohl nach dem Vorbild der Genien gestaltet, seit dem späten 4. Jh. als geflügelte Wesen in weißem Gewand. In der byzantin. und in der abendländ. Kunst tragen sie auch Hoftracht (Purpurmantel über hellblauem Untergewand). Cherubim werden etwa seit dem 6. Jh. mit sechs Flügeln dargestellt; zwei und mehr Flügel (oft mit Augen besetzt) haben die Seraphim, die auch nur als Kopf mit Flügeln dargestellt werden. Die ma. Malerei und Plastik schuf E.figuren meist in der Tracht von Diakonen. Seit der Spätgotik und Frührenaissance treten allmählich liebl. E.typen in den Vordergrund, sehr oft musizierend, sowie ↑Putten.

Engelamt, in der kath. Liturgie Hochamt zu Ehren der Engel sowie das Votivamt zu Ehren der Muttergottes im Advent (Rorate), die Mitternachtsmesse in der Hl. Nacht und das Begräbnisamt für unmündige Kinder.

Engelberg, Gemeinde im schweizer. Kt. Obwalden, 30 km ssö. von Luzern, 1 020 m ü. d. M., 3 500 E. Luftkurort und Wintersportplatz. – Das Benediktinerkloster E. wurde 1120 von Konrad von Selenbüren gegr.; es erlebte früh eine große Blüte seiner Schreib- und Malschule.

Engelbert I., * um 1185, † bei Schwelm 7. Nov. 1225 (ermordet), Graf von Berg, Erzbischof von Köln (seit 1216). – Seit 1220 Reichsverweser und Vormund Heinrichs (VII.); seine Territorialpolitik, die Kölns Vorrangstellung am Niederrhein festigte, führte zum Mordanschlag durch Friedrich von Isenburg; als Heiliger verehrt.

Engelbrekt Engelbrektsson (Engelbrecht Engelbrechtsson), * um 1390, † Hjälmarsee 4. Mai 1436 (ermordet), schwed. Volksführer und Reichshauptmann (seit 1435). – Entfachte im Herbst 1435 (nach erfolgreichen Aktionen seit 1432) neuen Aufruhr gegen Erich XIII., scheiterte jedoch bei dem Versuch, Stockholm zu erobern.

Engelhaie (Engelfische, Meerengel, Squatinoidei), Unterordnung 1–2,5 m langer Haie mit 12 Arten vorwiegend im flachen küstennahen Meereswasser der gemäßigten Breiten; Vorderkörper auffallend abgeplattet, Brustflossen flügelartig verbreitert; am bekanntesten ist der 2,5 m lange, meist grüngraue, für den Menschen ungefährl. **Meerengel** (NO-Atlantik und Mittelmeer).

Engelhard, Hans Arnold, * München 16. Sept. 1934, dt. Politiker (FDP). – Rechtsanwalt; seit 1972 MdB, 1982–91 Bundesminister der Justiz.

Engelhaie. Meerengel

Engelhardt, Klaus, * Schillingstedt (heute zu Ahorn, Main-Tauber-Kreis) 11. Mai 1932, dt. ev. Theologe. – Seit 1982 Landesbischof der Ev. Landeskirche in Baden, seit 1991 Ratsvors. der EKD.

Engelke, Gerrit, eigtl. Gerriet E., * Hannover 21. Okt. 1890, † in Frankreich 13. Okt. 1918, dt. Dichter. – Arbeiterdichter des Nylandkreises; expressionist. Lyrik; u. a. „Rhythmus des neuen Europa" (Ged., hg. 1921).

Engelmacherin, urspr. Frau, die vorwiegend unehel. Kinder in Pflege nahm und sie umkommen ließ; auch Abtreiberin.

Engelmann, Bernt, * Berlin 20. Jan. 1921, dt. Schriftsteller. – Begann als Journalist; schrieb zahlr. engagierte und populärwiss. Bestseller, in denen er beißende Sozialkritik übt; 1977–83 Präs. des Schriftstellerverbands (VS). – *Werke:* Meine Freunde, die Millionäre (1963), Die Macht am Rhein I und II (1968), Großes Bundesverdienstkreuz (1976), Schwarzbuch: Strauß, Kohl & Co. (1976), Vorwärts und nicht vergessen (1985), Geschichte in Geschichten (1989).

Engels, Friedrich, * Barmen (= Wuppertal) 28. Nov. 1820, † London 5. Aug. 1895, dt. Philosoph und Politiker. – Mußte als Sohn eines pietist. Textilfabrikanten 1838–41 in Bremen eine kaufmänn. Lehre absolvieren, hatte dort Kontakte zur literar. Bewegung „Junges Deutsch-

Engels

Louis Antoine Henri de Condé, Herzog von Enghien (anonymer Punktierstich, um 1830)

Björn Engholm

land"; veröffentlichte 1839–42 religions-, literatur- und philosophiekrit. Schriften unter dem Pseud. Oswald. 1842–44 Beendigung der Ausbildung in Manchester, wo er mit der engl. Arbeiterfrage konfrontiert wurde und zum Sozialrevolutionär wurde. Sein auf Studien dieser Zeit beruhendes Werk „Die Lage der arbeitenden Klasse in England" (1845) gehört zu den frühen Grundlagen der polit. Ökonomie des Marxismus. E. wurde durch eine enge Verbindung zu K. Marx geprägt, mit dem ihn seit 1844 eine lebenslange Freundschaft verband. Beide verfaßten neben anderen Schriften („Dt. Ideologie", 1845/46, veröffentlicht erst 1932) 1848 für den Bund der Kommunisten das ↑Kommunistische Manifest. E. war während der Revolution 1848 Redakteur der „Neuen Rhein. Zeitung" in Köln, nahm 1849 am Pfälzer Aufstand teil und emigrierte nach Großbritannien, wo er 1850–69 im väterl. Zweigwerk in Manchester tätig war, um Marx finanziell unterstützen zu können. Ab 1870 widmete er sich ausschließlich der Theorie und Praxis des Sozialismus. Mit zahlr. Schriften hatte E. großen Anteil an der Begründung des Marxismus und v. a. an dessen Ausbreitung und Entwicklung zur Massenbewegung. – *Weitere Werke:* Herrn Eugen Dührings Umwälzung der Wiss. (1878), Der Ursprung der Familie, des Privateigentums und des Staats (1884), Ludwig Feuerbach und der Ausgang der klass. dt. Philosophie (1888).

Engels, russ. Stadt im Gebiet Saratov, 182 000 E. Autobus- und Chemiefaserwerk. – 1747 gegr.; 1924–41 Hauptstadt der Wolgadeutschen Republik.

Engelsburg (Castel Sant'Angelo), 135–139 als Mausoleum für Kaiser Hadrian am rechten Tiberufer in Rom erbauter Rundbau; seit dem 3. Jh. als Festung benutzt. Die Bez. „E." wurde nach der legendären Erscheinung des Erzengels Michael bei einer Pestprozession Papst Gregors d. Gr. 590 gebräuchlich. Um die Jt.wende war die E. Kastell der Crescentier, dann in päpstl. Besitz. 1277 ließ Papst Nikolaus III. einen Verbindungsgang zum Vatikan. Palast errichten (Fluchtburg). Die Renaissancepäpste Alexander VI. und Julius II. ließen die E. im Innern luxuriös ausstatten; seit 1870 in staatl. Besitz (heute Museum).

Engelsches Gesetz ↑Engel, Ernst.

Engelstrompete (Datura suaveolens), aus Mexiko stammende Stechapfelart; bis 5 m hoher, baumartiger Strauch mit eiförmigen, bis 30 cm langen Blättern und wohlriechenden, weißen, trichterförmigen, 20–30 cm langen, hängenden Blüten.

Engelwurz (Brustwurz, Angelica), Gatt. der Doldenblütler mit etwa 50 Arten auf der Nordhalbkugel und Neuseeland; zwei- bis mehrjährige, meist stattl. Kräuter mit doppelt fiederteiligen Blättern und großen Doppeldolden. – In M-Europa in Wäldern und auf feuchten Wiesen häufig die bis 1,5 m hohe **Waldengelwurz** (Angelica silvestris) mit weißen oder rötl. Blüten.

Engen, Stadt im Hegau, Bad.-Württ., 520 m ü. d. M., 8 800 E. Zement-, Textil-, Tabakind., Elfenbeinschnitzerei. – Erstmals 1050 erwähnt; zw. 1240 und 1280 Stadterhebung. – Spätroman. Pfarrkirche (1746 barockisiert), spätgot. Rathaus mit Staffelgiebel von 1556, Krenkinger Schloß (16. Jh.).

Enger, Stadt im Ravensberger Land, NRW, 85–100 m ü. d. M., 16 300 E. Textil-, Möbel-, Kunststoffind. – 948 erstmals gen., wahrscheinlich Sitz des Sachsenführers Widukind in der 2. Hälfte des 8. Jh.; erhielt 1719/21 Stadtrecht; 1815 preußisch. – Pfarrkirche (12./13. Jh.) mit dem Grabmal von Hzg. Widukind.

Engerling [zu althochdt. *engiring* „Made"], Bez. für die Larve der Blatthornkäfer. E. sind weichhäutig, bauchwärts gekrümmt, ihr Hinterleibsende ist stark verdickt. Die E. einiger Arten (z. B. des Maikäfers) sind schädlich durch Fraß an Wurzelfasern.

Engern, westgerman. Völkerschaft, auch Angrivarier genannt.

Engers, Stadtteil von ↑Neuwied.

Enghaus, Christine, eigtl. C. Engehausen, *Braunschweig 9. Febr. 1817, †Wien 30. Juni 1910, dt. Schauspielerin. – Mgl. des Wiener Burgtheaters (1840–75); seit 1845

Engelwurz. Waldengelwurz

Engelsburg in Rom

mit F. Hebbel verheiratet; spielte v. a. Frauengestalten seiner Dramen.

Enghien, Louis Antoine Henri de Condé, Herzog von [frz. ã'gɛ̃], *Chantilly 2. Aug. 1772, †Vincennes 21. März 1804, frz. Adliger. – Kämpfte im Emigrantenheer seines Großvaters, Louis Joseph de Bourbon, Prince de Condé; lebte ab 1801 in Ettenheim (Baden); Napoleon ließ ihn nach Frankreich verschleppen und nach einem Scheinprozeß erschießen.

Engholm, Björn, *Lübeck 9. Nov 1939, dt. Politiker (SPD). – Schriftsetzer, dann Dozent in der Jugend- und Erwachsenenbildung. 1969–82 MdB, 1977–81 parlamentar. Staatssekretär im Bundesministerium für Bildung und Wiss., Jan. 1981–Okt. 1982 Bundesmin. für Bildung und Wiss. Seit 1983 MdL, bis 1988 Fraktionsvors. der SPD in Schl.-H.; 1988–93 dort Min.präs.; Mai 1991–Mai 1993 Bundesvors. der SPD.

Engl, Joseph Benedict, *München 6. Aug. 1893, †New York 8. April 1942, dt. Physiker. – Erfand mit J. Massolle und H. Vogt 1918–22 das Triergon-Lichttonverfahren zur Aufnahme und Wiedergabe von Tonfilmen.

Engelstrompete

England, Teil von ↑Großbritannien und Nordirland.
Engländer ↑Schraubenschlüssel.
Engler, Adolf, *Sagan 25. März 1844, †Berlin 10. Okt. 1930, dt. Botaniker. – Prof. in Kiel und Breslau, dann Direktor des Botan. Gartens in Berlin; bed. Pflanzensystematiker; sein Standardwerk, „Natürl. Pflanzenfamilien" (19 Bde., 1887–1909), basiert auf der Deszendenztheorie.

E., Carl [Oswald Viktor], *Weisweil (Kr. Emmendingen) 5. Jan. 1842, †Karlsruhe 7. Febr. 1925, dt. Chemiker. – Prof. in Karlsruhe; stellte 1870 erstmals künstl. Indigo dar und trug wesentlich zur Entwicklung der Chromatographie bei. E. entwickelte Verfahren zur Messung der ↑Viskosität.

Engler-Grad [nach C. Engler] Abk. °E, konventionelle, nicht gesetzl. Einheit für die kinemat. ↑Viskosität einer Flüssigkeit.

Englische Fräulein (offiziell lat. Institutum Beatae Mariae Virginis; Abk. IBMV), nach Art des Jesuitenordens aufgebaute weibl. Kongregation, 1609 von der Engländerin *Mary Ward* (*1585, †1645) in Saint-Omer in Nordfrankreich gestiftet. Die E. F. widmen sich vornehmlich der Erziehung und dem Unterricht junger Mädchen. Das Generalat der Kongregation befindet sich in Rom. Ihr gehören (1992) rund 2 650 Schwestern an.

englische Geschichte ↑Großbritannien und Nordirland (Geschichte), ↑Britisches Reich und Commonwealth.

englische Komödianten, engl. Berufsschauspieler, die als Wandertruppen im 17. Jh. in Deutschland auftraten. Sie spielten v. a. freie Prosabearbeitungen elisabethan. Dramen; ihr Aufführungsstil war der des Aktionstheaters mit fest integrierten theatral. Effekten sowie der Gestalt des Pickelherings (Hanswurst).

englische Krankheit, svw. ↑Rachitis.

englische Kunst, die Kunst der Brit. Inseln von der anglonormann. Zeit bis heute. Die spezielle geograph. Lage hat eine Kunst von bes. Eigenart gefördert, die ihrerseits immer wieder Anregungen vom Festland übernommen, aber auch zahlr. Einflüsse an das westl. Europa vermittelt hat.

Anglonormannische Kunst

Sie umfaßt die angelsächs. Frühzeit mit ihrer Synthese von kelt. und röm. Überlieferung und die Epoche der Normannen (1066ff.), die Elemente der nordfrz. Romanik mitbrachten. In der Baukunst übernahm der Kirchenbau der angelsächs. Epoche das Vorbild der röm. Basilika und führte diese nach kelt. Tradition auch in Holzbauweise aus (Greensted, Essex; um 1013). Nach der Christianisierung Ende des 6. Jh. setzte sich die Steinbaukirche durch (Durham, 7. Jh.). In der normann. Zeit begann der Bau der großen Kathedralen, die roman. und anglisierte Formen miteinander verbanden; Basiliken mit zweitürmigem Westfassaden, Vierungsturm über einem weit vorspringenden Querhaus, Chöre von großer Ausdehnung. In der Profanbaukunst erhielt der Festungsbau vorrangige Bed. (Blütezeit in der 2. Hälfte des 12. Jh.). Die Plastik der angelsächs. Zeit setzte gegen Ende des 7. Jh. mit monumentalen Hochkreuzen einen eigenständigen Akzent. Die Bauplastik entwickelte eine reichhaltige eigene ornamentale Bildersprache. Bed. wurde auch die Elfenbeinkunst. Die eigenständigste Kunstleistung ist die Buchmalerei. Sie griff im 7. Jh. von Irland auf die brit. Hauptinsel über (Schreib- und Malschulen in den Klöstern, v. a. Canterbury und Winchester). Die Wandmalereien der Romanik sind bis auf wenige Reste verlorengegangen.

Gotik

Die Gotik wurde zum bedeutendsten engl. Nationalstil, der bis ins 19. Jh. wirkte. Obwohl die Baukunst von der frz. Kathedralgotik ausging, war das *Early English* (1175 bis um 1250) bereits durch Betonung der Horizontalen gekennzeichnet: Breitenausdehnung der Fassaden, Verlängerung des Chores durch die „Lady Chapel" (Marienkapelle), die Türme blieben niedriger und gedrungener als etwa in Frankreich und Deutschland. Hauptwerke u. a. Neubau des Chores von Canterbury (1175 ff.), Wells (um 1180 ff.), Lincoln (1192 ff.), Salisbury (1220 ff.), York (südl. Querhaus; 1230 ff.). Im *Decorated style* (bis um 1350) wuchs die Tendenz zu dekorativen Schmuckformen. Im *Perpendicular style* (bis um 1520) wurden senkrechtes Stabwerk als Gliederungsordnung für hohe und breite Fenster, Fächergewölbe und in Flammenform aufgelöstes Maßwerk (Flamboyant-stil) charakteristisch. Neben Umbauten von Kathedralen (Winchester, Gloucester, Canterbury) wurden auch Profanbauten (Colleges in Oxford und Cambridge) errichtet. Die got. Plastik bestimmten Kathedralskulptur (Wells) und Grabfiguren. In der Malerei dominierte bis zum Ende des 15. Jh. die Buchmalerei, nun von frz. Vorbildern beeinflußt. Bedeutsam wurde gegen Ende des 14. Jh. die Glasmalerei (wichtige Meister: Thomas von Oxford und John Thornton von Coventry), während Wand- und Tafelmalerei (Wilton-diptychon, um 1380) sich nur vereinzelt nachweisen lassen. Von frz. Vorbildern beeinflußt blieb die Buchmalerei (u. a. Psalter der Königin Mary, 14. Jh.).

Renaissance

Die Aufnahme von Elementen der festländ. Renaissance setzte bereits im Perpendicular style ein. Der nachfolgende *Tudor style* (1520–58) nahm noch bewußter Formen der europ. Renaissance in die Baukunst auf, doch erst im *Queen Elizabeth style* des 16. Jh. wurden die Neuerungen der Renaissance mit der eigenen Tradition zu einer typisch engl. Ausdrucksart verschmolzen (Schlösser und Landsitze des Hofadels). Hier setzten sich bes. frz. Vorbilder durch. Frz. und italien. Einflüsse wurden auch für die Entwicklung der nachma. Plastik in England entscheidend. Heinrich VIII. verpflichtete auswärtige Künstler. Neben italien. Meistern war es v. a. der 1536 zum Hofmaler ernannte Hans Holbein d. J., der die Malerei in England vor N. Hilliard nachhaltig beeinflußte, obwohl er nicht i. e. S. schulbildend wirkte.

Klassizismus und Neugotik

Die engl. Baukunst des 17. und 18. Jh. wurde von dem von I. Jones eingeführten palladian. Klassizismus beherrscht (Schloß Whitehall, 1619–22), seit etwa 1750 breitete sich daneben die Neugotik aus. Jones' Schüler C. Wren und J. Webb entwickelten die Architektur Palladios in England weiter. Wrens Hauptwerk, die Saint Paul's Cathedral in London (1675–1711), bot nach dem Vorbild des Petersdoms in Rom eine Synthese zw. traditionellem Langhaus, Zentralbauweise und palladian. Klassizismus. Barocke Stilelemente wurden durch klassizist. Grundhaltung überlagert (Queen Anne style). Eine bis heute weiterwirkende Entwicklung durchlief der engl. Garten bzw. Park seit den 30er Jahren des 18. Jh. Als Hofmaler Karls I. wurde der Flame A. van Dyck zum prägenden Porträtmaler des 17. Jh., bis sein Stil im 18. Jh. von der Porträtkunst J. Reynolds und T. Gainsboroughs abgelöst wurde. Gainsboroughs Bildnisse mit meist ausgeprägtem Landschaftshintergrund wurden zum Auftakt für eine neue engl. Landschaftsmalerei. W. Hogarth leitete mit seinen Graphikzyklen die Ära der polit.-satir. Illustration ein.

Mit der zunehmenden Bed. des privaten Innenraums erlebten Möbel (v. a. im Chippendalestil), Keramik (z. B. aus der Manufaktur von J. W. Wedgwood) und Tafelsilber im 18. Jh. eine Blüte.

Englische Kunst. Vase von Josiah Wedgwood, nach einem Entwurf John Flaxmans, Höhe etwa 32 cm (London, Victoria and Albert Museum)

19. und 20. Jahrhundert

In der viktorian. Epoche (1837–1901) dominierte in der Baukunst die Neugotik („Gothic revival"); u. a. Parlamentsgebäude (1840 ff.). Den neuen Eisenskelettbau zeigte der Kristallpalast für London (1851). Einen eigenständigen Beitrag zu städtebaul. Reformbestrebungen stellte um 1900 die Idee der ↑Gartenstadt dar, die noch im Plan von Groß-London (1945) nachwirkte (7 Satellitenstädte, 1956). 1960 Programm der New Cities (u. a. Milton Keyes). Neue Wege suchen L. Martin, A. und P. Smithson, J. L. Womersley, J. Stirling (nach seinen Plänen entstand der Erweiterungsbau der Tate Gallery in London, 1982–87), J. Gowan. Die Malerei wirkte mit der neuen Freilichtkunst des frühen 19. Jh. (W. Turner, J. Constable) auf die Entwicklung festländ. Kunstströmungen (Schule von Barbizon, Impressionismus), während in der Jahrhundertmitte in England

Englische Kunst. Das südliche Querhaus der Kathedrale von York, 1230 begonnen

englische Literatur

selbst die Präraffaeliten die Malerei der Gotik zum Vorbild nahmen (D. G. Rossetti). Die Erneuerung des Kunsthandwerks (W. Morris, J. Ruskin, Arts and Crafts Exhibition Society) strahlte wieder auf die europ. Entwicklung aus (Jugendstil). Im 20. Jh. brachte die engl. Plastik in H. Moore einen ihrer bedeutendsten Vertreter hervor, neben ihm arbeiteten L. Chadwick, E. Paolozzi, R. Butler, J. Davies, B. Hepworth. Den akademisch empfundenen abstrakten Plastiken von A. Caro, P. King u. a. begegneten B. Flanagan, T. Cragg (* 1949) oder B. Woodrow (* 1948) mit organ. Plastik und Rauminstallationen. R. Long gilt als bedeutendster europ. Vertreter der plastiknahen Land-art. Anerkennung fanden auch A. Gormley (* 1950), J. Opie (* 1958) und R. Deacon (* 1949). In der Malerei traten hervor B. Nicholson, G. Sutherland, F. Bacon, V. Pasmore. Die Malerin B. Riley zeigte in der Op-art, R. Hamilton, D. Hockney, P. Blake und A. Jones in der engl. Pop-art einen eigenständigen Beitrag. Neben abstrakten Malern unterschiedl. Intention, wie R. Danny, H. Hodgkin (* 1932), A. Charlton (* 1948), A. Green (* 1932), behaupten sich Vertreter einer expressiven, figurativen und pastosen Malerei, so F. Auerbach, L. Freud (* 1922), L. Kosso (* 1926). In der Concept-art trat die Gruppe „Art & Language" hervor, auf dem Gebiet von Performance, Photo- und Videokunst machten B. McLean (* 1944), Latham, S. Brisley (* 1933), M. Boyle (* 1934), J. Hills, Gilbert & George und D. Graham (* 1942) auf sich aufmerksam.

englische Literatur, die englischsprachige Literatur der Brit. Inseln. Der Sprachentwicklung entspricht die histor. Gliederung in die altengl. (7.–11. Jh.), die mittelengl. (12.–15. Jh.) und die neuengl. Periode (seit dem 16. Jahrhundert).

Englische Kunst

Links: Kathedrale von Salisbury, begonnen 1220, Ansicht von Südwesten. Rechts: Saint Paul's Cathedral in London, 1675–1711, durch Christopher Wren erbaut

Links: Blenheim Palace bei Oxford, 1705–22. Rechts: der Schreiber Eadwine aus dem Eadwine-Psalter, Buchmalerei aus der Schule von Canterbury, um 1150 (Cambridge, Trinity College)

englische Literatur

Altenglische und mittelenglische Periode

Die frühesten altengl. Zeugnisse nach der Germanisierung im 5. Jh. sind Gesetzestexte, Merkverse, Rätselsprüche. Versdichtung in Stabreim wie der Schöpfungshymnus Caedmons und später westsächs. aufgezeichnete heroisierte Bibelparaphrasen waren in Nordengland im 7. Jh. christlich inspiriert. Nach 800 folgten Bibel- und Legendenepen Cynewulfs und seiner Schule. Im weltl. Epos „Beowulf" ist german. Sagengut geformt. Erhalten sind auch Fragmente weiterer Heldenepen, eleg. Gedichte sowie Lieder über die Schlachten von Brunanburgh (937) und von Maldon (991). Prosaliteratur größeren Umfangs wurde zuerst im 9. Jh. von König Alfred gefördert, der die „Angelsachsenchronik" redigieren und lat. Werke übersetzen ließ. Im Gefolge der Benediktinerreform bildete sich in den Predigten Ælfrics und Wulfstans eine Kunstprosa aus.

Mit der normann. Eroberung (1066) verdrängte die frz. Sprache der nun herrschenden Schicht (und das Latein. der Kirche) das Engl. als Literatursprache. Nur vereinzelt finden sich ab etwa 1200 engl. Texte für ein Laienpublikum. Erst im 14. Jh. gelangte die e. L. des MA zu einer Fülle der Gattungen, Stil- und Versformen. Religiöses Schrifttum ging sowohl aus der Bewegung der Mystik hervor als auch aus der Aktivität der Lollarden um J. Wyclif. Weltl. Unterhaltungsbedürfnis stillten Verserzählungen („Romanzen"); dazu zählen breton. „Lais", Rittergeschichten sowie Alexander-, Troja- und Artusromane. In Mittelengland wurde die Stabreimdichtung wiedererweckt („Sir Gawain and the green knight"; W. Langlands „Piers the Plowman"). In polit. Kampflyrik (u. a. von L. Minot) spiegelte sich soziale

 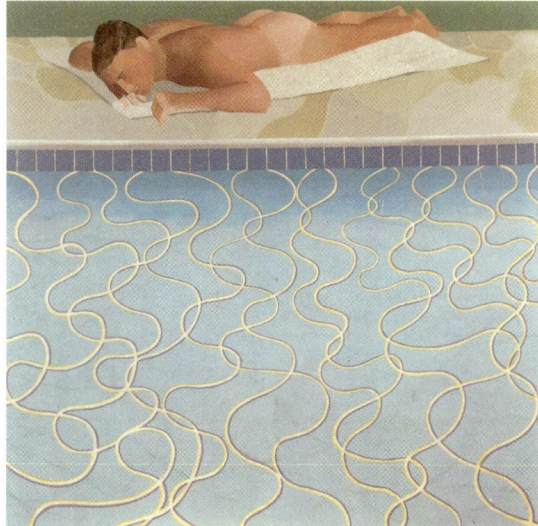

Links: Thomas Gainsborough, Der Morgenspaziergang, 1785/86 (London, National Gallery). Rechts: David Hockney, Sonnenbadender, 1966 (Köln, Museum Ludwig)

Links: William Turner, Fighting Téméraire, 1838 (London, National Gallery). Rechts: Henry Moore, Innere und äußere Form, 1950 (Hamburg, Kunsthalle)

englische Literatur

Unruhe. Aus liturg. Anfängen ging das ma. geistl. Drama hervor (Mysterien- und Mirakelspiele). G. Chaucer verschaffte der Sprache Londons und des Hofes literar. Rang und entfaltete bes. in „The Canterbury tales" Wirklichkeitssinn und Humor. J. Gower bezeugt mit seinem engl., lat. und frz. geschriebenen Werk die verbliebene Bed. aller drei Sprachen. Namentlich an Chaucers Dichtkunst orientierten sich im 15. Jh. führende Autoren in oft lehrhaften Werken (C. J. Lydgate, T. Occleve, S. Hawes; in Schottland W. Dunbar, R. Henryson). 1477 wurde durch W. Caxton der Buchdruck eingeführt. Ebenfalls aus dem 15. Jh. dürften zahlr. Volksballaden (z.B. über Robin Hood) stammen.

Neuenglische Periode

Renaissance (1500 bis 1630): Im 16. Jh. brach die Renaissance zögernd in die ma. Traditionen ein. Für den Humanismus wirkten u. a. J. Colet in Oxford und T. Morus, der in der „Utopia" (1516) das Konzept eines Idealstaates schuf. T. Wilson machte die klass. Rhetorik zum Prinzip literar. Stils. J. Knox in Schottland und R. Hooker in England rechtfertigten Reformation und Protestantismus. In der Dichtung entwickelte sich, bedingt durch den Lautwandel des 15. Jh., eine neue Verskunst. T. Wyatt und H. Howard, Earl of Surrey, führten nach italien. Vorbild das Sonett ein. Eine reiche Lieddichtung orientierte sich an der aufblühenden Musikkultur. Den kulturellen Höhepunkt bildete die Zeit Elisabeths I. (1558–1603). Sonettzyklen wurden die Mode (Sir P. Sidney, E. Spenser, M. Drayton, Shakespeare u. a.). Aus Mythen der Ovid-Tradition wurden sinnl. Kleinepen. Spenser bezog auch die Schäferdichtung in die e. L. ein („The shepheardes calender"). Bed. sein allegor. Epos „The faerie queene". Sidney legte seinen Schäferroman „Arcadia" als Prosaepos an. Hier und noch einflußreicher in J. Lylys „Euphues" (1578) wurde die Erzählprosa manieristisch überhöht. F. Bacon führte den Essay ein (1597). In der Dramatik traten neben die Wandertruppenaufführungen von Zwischenspielen, die im frühen 16. Jh. das allegor. Drama des 15. Jh. (Moralitäten) weiterführten, Mitte des 16. Jh. in akadem. Kreisen die klass. Formen der Komödie und der Tragödie. Seit 1576 ermöglichten die Errichtung öffentl. Theaterbauten und das Aufstreben professioneller Schauspielertruppen in London den lebhaften Spielbetrieb (Elisabethan. Drama), den J. Lyly mit höf. Komödien, R. Greene, G. Peele, A. Munday u. a. mit romanesken Lustspielen, T. Kyd, C. Marlowe u. a. mit leidenschaftl. Tragödien belieferten. Shakespeare blieb von dauerhaftester Wirkung. Ben Jonson begründete die realist. Typenkomödie („Comedy of humours"). T. Heywood, T. Decker (u. a. bürgerl. Tragödien), J. Webster, J. Marston (u. a. Blut- und Rachetragödien), F. Beaumont und J. Fletcher (bes. Tragikomödien) schrieben für die Theater, bis diese 1642 auf Betreiben der Puritaner geschlossen wurden.

Puritanismus und Restauration: In der Lyrik kündigte sich schon um die Wende zum 17. Jh. ein Stilwandel an. Daraus ging einerseits die barocke Bildhaftigkeit der Metaphysical poets (J. Donne, G. Herbert, H. Vaughan u. a.), andererseits die wendige sprachl. Eleganz der Cavalier poets (Ben Jonson, R. Herrick u. a.) hervor. Das Epos gelangte auf religiöser Grundlage durch J. Milton („Paradise lost", 1667) zur bedeutendsten Leistung. Aus der puritan. Erbauungsliteratur ragt J. Bunyan („The pilgrim's progress", 1678, Teil 2 1684) heraus, der die allegor. Belehrung durch realist. Erfahrungsbeschreibung verlebendigte. – In der Restaurationszeit prägte den Einfluß frz. Kultur ein elitäres Literaturverständnis, das in J. Dryden seinen Wortführer hatte. Neben Dryden war u. a. S. Butler ein bed. Satiriker („Hudibras"). Eine neue Theaterkultur brachten die heroischen Tragödien von Dryden, N. Lee, T. Otway u. a. sowie geistreich-frivole Sittenstücke (Dryden, G. Etheredge, W. Congreve) hervor.

Das Zeitalter der Aufklärung: Im frühen 18. Jh. bestimmten Klassizismus und Aufklärung die Dichtung, die A. Pope glänzte und für deren rationalist. Ziele sich noch S. Johnson einsetzte. Während die Poesie auch in rokokohafte Verspieltheit ausuferte, wurde die Dramatik von R. Steele, R. B. Sheridan, G. Lillo u. a. verfeinert und sentimentalisiert oder ins Burleske gewendet. Gleichzeitig steigerte sich das Niveau der Prosaliteratur von den essayist. Plaudereien der moral. Wochenschriften (J. Addison, R. Steele) über die journalist. Erzähl- und Beschreibungstechnik D. Defoes (z. B. „Robinson Crusoe") und die satir. Prosa J. Swifts (z. B. „Gullivers Reisen") bis zum Einsetzen des bürgerl. Romans um die Mitte des 18. Jh. mit S. Richardsons sentimentalen Briefromanen und dem fiktiven Realismus von H. Fielding, T. Smollett und O. Goldsmith, den alsbald L. Sterne mit Formexperimenten („Tristram Shandy", 1760–67) wieder durchbrach. Eine Gegenströmung kam im späteren 18. Jh. mit der Welle „got." Schauerromane (↑Gothic novel) auf. Sie wurde freilich schon um 1800 in J. Austens gesellschaftsanalyt. Romanen parodiert. In der Lyrik bahnte sich unterdes eine Hinwendung zu emotionalem Naturerleben und zu ma. Inspirationsquellen an (J. Thomson, E. Young, T. Gray). J. Macpherson veröffentlichte die Ossian. Gesänge; T. Percy sammelte alte engl.-schott. Balladen; der Schotte R. Burns schrieb volksnahe Naturlyrik und W. Blake visionär-symbol. Dichtungen. Dies bereitete die *Romantik* vor, deren ältere Vertreter, bes. W. Wordsworth, S. T. Coleridge und R. Southey, zunächst die Ideen der Frz. Revolution aufgriffen. Die „Lyrical ballads" von Wordsworth und Coleridge und die Vorrede dazu (1800) sind das Manifest für eine imaginativ-schöpfer. Gefühlsdichtung. Zur jüngeren Romantikergeneration gehören P. B. Shelley, J. Keats und Lord Byron. Die histor. Romane Sir W. Scotts prägten eine ganze Gattung. C. Lamb, T. de Quincey u. a. pflegten den Essay.

In der *Viktorian. Ära* (um 1830–1900) kennzeichnet den geistesgeschichtl. Hintergrund ein Gegensatz zw. wiss. Fortschrittsdogmen, vertreten etwa durch J. S. Mill, C. Darwin, H. Spencer, und idealist. Strömungen, etwa in der Kulturkritik von T. Carlyle, in der Kunstkritik und den volkswirtsch. Konzepten von J. Ruskin, in der Literaturkritik des Dichters M. Arnold und im religiösen Oxford Movement des Kardinals Newman. In der Versdichtung knüpfte A. Lord Tennyson an die Romantik an; R. Browning schuf meisterhafte dramat. Monologe. Die Gruppe der Präraffaeliten um D. G. Rossetti sowie W. Morris und A. C. Swinburne bezogen mit sinnl. Dichtung eine Gegenposition zur bürgerl. Kultur. Die umfassendste Leistung aber lag auf dem Gebiet des realist. Romans. C. Dickens zeichnete humorvolle und sozialkrit. Bilder vom Londoner Leben; W. M. Thackeray entwarf ironisch reflektierte Gesellschaftspanoramen; die Schwestern C., E. J. und A. Brontë eröffneten die Reihe der Frauenromane; E. Bulwer-Lytton u. a. führten den histor. Roman weiter; A. Trollope zeichnete Bilder aus Kleinstadt und Politik; G. Eliot spürte intellektuell und psycholog. die Verflechtungen menschl. Schicksale auf; B. Disraeli verarbeitete polit. Erfahrungen und G. Meredith brachte komödienhafte Weltdeutungen. – In der Unruhe der Jh.wende (Fin de siècle) kündigte sich der Aufbruch zur Moderne an: in den Schicksalsromanen von T. Hardy, in den impressionist. Erzählungen von R. L. Stevenson, in den Abenteuerromanen von R. Kipling, in der Lyrik von G. M. Hopkins und bei W. Pater. Die Dramatik gewann unter dem Einfluß Ibsens bei H. A. Jones und A. W. Pinero und v. a. durch die dialekt. Stücke von G. B. Shaw wieder literar. Gewicht. Aus der von W. B. Yeats, Lady A. Gregory, J. M. Synge u. a. getragenen ir. Theaterbewegung ging eine Erneuerung poet. Dramatik hervor.

Im *20. Jahrhundert* wurde in der Lyrik zunächst Yeats' mythisch-symbol. Dichten bedeutsam. Neuorientierungen brachten dann die traditionsbewußte ↑Georgian poetry, der auf Präzision bedachte ↑Imagismus (T. E. Hulme, E. Muir, E. Pound), ferner der esoter. Kreis um E. Sitwell. Am nachhaltigsten wirkte T. S. Eliot. In den dreißiger Jahren bekannten sich W. H. Auden, C. D. Lewis und S. Spender zu einer politisch engagierten Dichtung. Aus jüngerer Zeit kommen der Wortrausch des Walisers D. Thomas, die nüchtern analysierende Lyrik der „New Lines"-Dichter (R. Conquest, T. Gunn, P. Larkin u. a.), die Vitalität von

T. Hughes, der strenge Formwille von J. Enright, C. Tomlinson u. a. – Der *Roman* blieb die produktivste Literaturgattung und tendierte zunächst vom Realismus zum Naturalismus, zur Milieuschilderung (G. Moore, A. Bennett, J. Galsworthy, W. S. Maugham, H. G. Wells). Stärkere Wirkung auf die Weiterentwicklung des modernen Romans hatten J. Conrad, D. H. Lawrence und der Ire J. Joyce, der eine Romanform entwickelte („Ulysses", 1922), in der auch die flüchtigsten Bewußtseinsinhalte protokolliert sind („Bewußtseinsstromroman"), woran d. h. V. Woolf eigenständig anknüpfte. Beachtung fanden auch die Romane von E. M. Forster, G. Greene und B. Marshall, die satir. Romane von A. Huxley, E. Waugh, G. Orwell u. a., ironisierende Schilderungen von I. Compton-Burnett, M. Spark u. a. sowie die Intellektuellenromane von C. P. Snow. Nach dem 2. Weltkrieg setzte sich ein z. T. traditionelleres Erzählen mit der Gegenwartserfahrung auseinander (A. Wilson, W. Golding, L. Durrell u. a.), das die jüngere Generation auch mit auf die Schelmenromane zurückgehenden Elementen und Formexperimenten verbindet (K. Amis, A. Sillitoe, J. Wain, D. Lessing, M. Drabble, J. Fowles, M. Bradbury, S. Hill, J. McEwan u. a.), während I. Murdoch skurril eine Dialektik von Zufall und Zwangsläufigkeit präsentiert. Aus Irland kommt zudem, auch in Kurzgeschichten, eine nationalbewußte Fabulierkunst (S. O'Faoláin, F. O'Connor, L. O'Flaherty, W. Macken, E. O'Brien u. a.). Von den populären Erzählgattungen haben bes. der ↑Detektivroman sowie die ↑Science-fiction weite Verbreitung gefunden. – In der *Dramatik* gingen seit Anfang des 20. Jh. mit dem sozialkrit. Realismus (H. Granville-Barker, J. Galsworthy, W. S. Maugham, J. B. Priestley), der beim Iren S. O'Casey revolutionäre Züge annahm, auch Ansätze zur poet. Dramatik einher (T. S. Eliot, C. Fry u. a.). Für eine vitale Theatererneuerung sorgten um 1960 die ↑Angry young men, teils mit realist. und polit. engagierten Stücken (J. Osborne, A. Wesker, J. Arden), teils, in Aufnahme des absurden Dramas bes. des Iren S. Beckett, in surrealist. Manier (H. Pinter, N. F. Simpson). Aus neuester Zeit sind die Dramen von E. Bond, die gesellschaftl. Machtstrukturen verdeutlichen, sowie u. a. Stücke von T. Stoppard, J. Orton, D. Storey, P. Terson, C. Wood, P. Shaffer, S. Gray zu nennen.

englische Manier, svw. ↑Schabkunst.

englische Musik, die e. M. vor dem 12. Jh. ist weitgehend nur durch literar. und bildl. Zeugnisse belegt. Aus dem 11. Jh. gibt es Beispiele früher Mehrstimmigkeit („Winchester Tropar" mit zweistimmigen Organa). Im 13. Jh. war die Mehrstimmigkeit über die Brit. Inseln verbreitet, im frühen 14. Jh. arbeitete eine Gruppe von Komponisten unter dem Einfluß frz. Vorbilder. Charakterist. Merkmale des engl. Stils sind Durmelodik, Ostinatotechniken sowie der Gebrauch paralleler Terz-Sext-Klänge. Bedeutendster Komponist der 1. Hälfte des 15. Jh. war J. Dunstable.
In der Tudor-Zeit (1485–1603) entstanden v. a. weltl. Gesänge für zwei oder drei Singstimmen und Instrumentalstücke. Daneben wurde die lat. und die anglikan. Kirchenmusik bes. gepflegt. Beide Arten wurden von W. Byrd beherrscht. Das höf. Lied entwickelte sich zu dem von Instrumenten begleiteten „Consort Song" sowie zu Madrigal, Ballette und Kanzonette (T. Watson und T. Morley). Daneben trat die Virginalmusik hervor; bed. Komponisten der Zeit waren W. Byrd, T. Morley, J. Dowland und O. Gibbons.
Barock: Nach 1600 übernahm das stroph. Lautenlied die Rolle des Madrigals. Hauptvertreter war J. Dowland. Auf dem Gebiet der Instrumentalmusik behauptete sich das Violenconsort. Violen wirkten auch in einer neuen kirchenmusikal. Form mit, dem „Verse Anthem" (zu unterscheiden vom „Full Anthem" für A-cappella-Chor), das nach Einführung von Violinen anstelle der Violen seinen Höhepunkt erreichte, hauptsächlich unter J. Blow und H. Purcell, der auch Oden, Theater- und Kammermusik komponierte. Als engl. Form des Singspiels entwickelte sich die Balladopera; bekanntestes Beispiel die „Beggar's opera" von J. Gay und J. C. Pepusch (1728). Von G. F. Händel, der nach seiner Übersiedlung nach London weiterhin italien. Opern komponierte, überdauerten v. a. seine engl. Oratorien.
Nach 1760 waren erfolgreiche Bühnenkomponisten T. Arne, T. Linley, C. Dibdin und J. Hook. J. Field komponierte kleinere (Nocturnes) und größere Klavierwerke (Konzerte). Nat. Tendenzen zeigten die Chor- und Orchesterwerke von W. S. Bennett, H. Parry und E. Elgar.
Im 20. Jh. fand F. Delius zunächst in Deutschland geneigtere Aufnahme als in seiner Heimat. R. Vaughan Williams gelang eine Synthese von engl. Volksmusik, Tudor-Musik und Kirchengesang. J. Ireland war am erfolgreichsten mit Klaviermusik und sinfon. Dichtungen, während A. Bax vorwiegend Sinfonien komponierte. A. Bliss, der Musik für Orchester, Chor, Ballett und Film komponierte, hat W. Walton und B. Britten maßgebl. beeinflußt. Beide fanden mit Opern weltweite Anerkennung. In der neuesten Musik verbindet sich engl. Tradition mit modernsten Kompositionsmitteln, doch werden auch weiter offene Formen einbezogen, wie in den Werken von E. Lutyens, H. Searle, P. R. Fricker, M. Arnold und R. R. Bennett. Wichtige Beiträge zur Oper lieferten A. Goehr, P. M. Davies und H. Birtwistle. Neueste Tendenzen, einschließl. der elektron. Musik, sind bei R. Smalley, J. Tavener, T. Souster, C. Cardew und B. Ferneyhough vertreten.

englische Philologie, ↑Anglistik.
englischer Garten, ↑Gartenkunst.
Englischer Gruß, im allg. svw. ↑Ave-Maria; seltener auch Bez. für den ↑Angelus Domini. Für die bildende Kunst ↑Verkündigung Mariä.
Englischer Setter, ↑Setter.
Englischer Spinat, svw. ↑Gartenampfer.
Englischer Vorstehhund, svw. ↑Pointer.
englische Sprache, zur westgerman. Gruppe der indogerman. Sprachen gehörende Sprache mit etwa 340 Mill. Sprechern, davon etwa die Hälfte in den USA, rd. 60 Mill. Sprecher auf den Brit. Inseln, die übrigen in Kanada, Australien, Neuseeland, der Rep. Südafrika und anderen ehem. brit. Kolonien. Darüber hinaus ist die e. S. für weitere etwa 350 Mill. Sprecher in Indien, Pakistan, Nigeria, Kenia u. a. Staaten offizielle Zweitsprache und einziges überregionales Verständigungsmittel. Die e. S. ist die am weitesten verbreitete Fremdsprache der Erde. – Die e. S. hat einen sehr umfangreichen und heterogenen **Wortschatz** (600 000–800 000 Wörter). Daneben kennt sie eine große Anzahl von z. T. sehr produktiven Wortbildungsprozessen, wie Komposition, Neubildungen durch Präfixe und Suffixe sowie durch Kürzungen und Wortmischungen. Die spontane Bildung neuer Wörter zeigt sich im Gebrauch eines Wortes in einer anderen Wortklasse („to father"), in Rückbildungen („to babysit") und in Akronymen (UNESCO). Charakteristisch ist auch die häufige Verwendung komplexer idiomat. Strukturen, wie z. B. Verb plus Partikel („to blow up"). In der Orthographie zeigten sich nach Einführung des Buchdrucks durch W. Caxton (1477) erste Tendenzen zur Vereinheitlichung. Mit S. Johnsons „Dictionary of the English Language" (1755) war die engl. Rechtschreibung bereits weitgehend festgelegt. Die engl. Orthographie spiegelt den Lautstand des späten Mittelengl., d. h. der Zeit um 1500 wider. Lautung und Schreibweise weichen sehr stark ab. In der **Entwicklung** der e. S. unterscheidet man drei Perioden: *Altenglisch* (etwa 450–1100), *Mittelenglisch* (1100–etwa 1500) und *Neuenglisch*. Der weitaus größte Teil der erhaltenen *altengl.* Sprachdenkmäler ist im westsächs. Dialekt abgefaßt. Nur das westsächs. Reich konnte gegen die Wikingereinfälle seine Unabhängigkeit bewahren, so daß seit etwa 900 Westsächsisch zur literar. Standardsprache des ganzen Landes aufstieg. Mit der Christianisierung durch die ir. Mönchskirche übernahmen die Angelsachsen das leicht abgewandelte lat. Alphabet. Das Englische ist (im Ggs. zum modernen Engl.) eine Sprache mit stark strukturiertem Flexionsbestand und gleicht in dieser Hinsicht dem Neuhochdeutschen. Beim Nomen (ähnlich beim Adjektiv) unterscheidet es drei grammat. Geschlechter, Singular und Plural sowie fünf Kasus. Ein nicht geringer Anteil des altengl. Wortguts ist lat. Ursprungs. Kelt. Sprach-

englisches Recht

gut läßt sich außer in geograph. Eigennamen kaum nachweisen.
Die Eroberung durch die Normannen beeinflußte die Entwicklung der e. S. nachhaltig. Von nun an war Frz. die Sprache des Hofes, des Rechts, der Kirche und der Universitäten, während die breite Bevölkerung weiterhin die Sprache der Vorfahren sprach. Als Sprache des niederen Volkes wurde sie nur gelegentlich schriftl. festgehalten. Eine einzige allgemeinverbindl. Form des *Mittelengl.* hat es nie gegeben, wohl aber eine große Zahl von Dialekten. Nachdem sich London im 14. Jh. zum polit. und kulturellen Zentrum des Landes entwickelt hatte, erlangte der Dialekt dieses Sprachraums überregionale Bedeutung. Aus der Sprache der Londoner Kanzleien ging die *neuengl. Sprache* hervor. Ein hoher Prozentsatz des heutigen Vokabulars ist frz. Ursprungs. Zahlr. sind auch die Entlehnungen aus dem Lat., Griech., Niederl., Span. und Deutschen. In der Schrift der frz. Schreiber zeigte sich das Ausmaß der Lautentwicklung. In der Aussprache kam es in der Entwicklung vom Altenglischen zu starken qualitativen und quantitativen Veränderungen, die z. T. spontan, d. h. ohne Einfluß der Lautgebung, erklärt wurden. Durch den „Great Vowel Shift" kam es dann zu einer tiefgreifenden Veränderung aller langen Monophthonge. Mittelengl. [iː], [eː], [ɛː], [aː], [ɔː], [oː] und [uː] entwickelten sich zum neuengl. [aɪ], [iː], [iː], [ɛɪ], [oʊ], [uː] und [aʊ]; mit Ausnahme von [u], das zu [ʌ] wurde, blieben die kurzen Vokale jedoch unverändert. Viele weitere lautl. Veränderungen sind nachweisbar, sie fanden aber keine Berücksichtigung in der Orthographie. Das grammat. Geschlecht war bereits aufgegeben. Nahezu jedes Substantiv bildete den Genitiv mit -s. Wichtige Änderungen im Formenbestand zeigten sich im Verdrängen von „thou", „thy", „thee" durch „you", „your". Beim Verb verdrängte das -s („he finds") endgültig das -eth (von „he findeth"). Die strikte Wortstellung von „Subjekt-Verb-Objekt" erfuhr durch einige normative Grammatiken des 18. Jh. ihre endgültige Fixierung.

englisches Recht ↑angelsächsisches Recht, ↑Common Law.

Englisches Vollblut, edle Pferderasse; Widerristhöhe 155–170 cm; Kopf klein, leicht, mit großen Augen und weiten Nüstern.

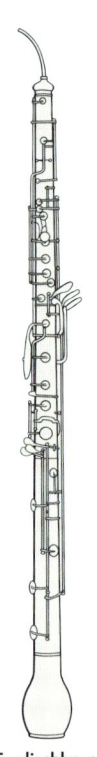

Englischhorn. Heutige Bauart

Englisches Vollblut

Englischhorn (italien. corno inglese; frz. cor anglais), Bez. für die Altoboe in F (Umfang es-b″; klingt eine Quinte tiefer als notiert) mit ↑Liebesfuß; bis zum Beginn des 19. Jh. in gebogener Form gebaut.

Englischleder, svw. ↑Moleskin.

englisch-niederländische Seekriege, drei Kriege des 17. Jh. zw. England und den Niederlanden um die maritime Vorherrschaft. In dem wegen der niederl. Weigerung, die Navigationsakte anzuerkennen, ausgebrochenen **1. Krieg** (1652–54) wurden die Niederlande zur Respektierung der Akte gezwungen (Friede von Westminster). Im **2. Krieg** (1664/65–67) gegen König Karl II. erreichten die mit Frankreich verbündeten Niederlande einen kolonialpolit. Kompromiß und eine Modifikation der Navigationsakte (Friede von Breda). Der **3. Krieg** (1672–74) führte zur Ausrufung Wilhelms III. von Oranien zum Statthalter der Niederlande und zur Bestätigung des Friedens von Breda.

Englischrot, svw. ↑Caput mortuum.

englisch-spanische Seekriege, krieger. Auseinandersetzungen zw. England und Spanien im 16./17. Jh. (offener Krieg 1585–1603; Sieg Englands über die span. Armada 1588); 1655–58 führte O. Cromwell einen See- und Kolonialkrieg gegen Spanien.

Englischunterricht ↑neusprachlicher Unterricht.

English-Waltz (engl. 'ɪŋglɪʃ 'wɔːls), ein vom nordamerikan. Boston abgeleiteter langsamer Walzer; kam zw. 1920 und 1930 in Europa in Mode; zählt zu den Standardtänzen.

Engpaß, im wirtsch. Sinne Tatbestand der mangelnden Abstimmung betriebl. Teilkapazitäten, so daß sich an einer Stelle (Arbeitsplatz, Maschine, Werkstatt) eine im Verhältnis zu den anderen Stellen zu geringe Kapazität (Unterkapazität) ergibt, die eine sonst mögl. höhere Produktion be- oder verhindert.

Engramm [griech.], nach R. Semon (*1859, †1918) Gedächtnisspur; Gedächtniseindruck, der durch Sinneseindrücke bzw. Empfindungen zustande kommt und bei späteren Reizen eine gleiche Wirkung wie beim Originalreiz hervorruft.

en gros [frz. ãˈgroː], im großen, in großen Mengen. – Ggs.: ↑en détail.

Engürü ↑Ankara.

Enharmonik [griech.], seit dem MA Bez. für das Verhältnis zweier Töne, die durch Erhöhung bzw. Erniedrigung zweier im Abstand einer großen Sekunde stehenden Töne gebildet werden, z. B. gis-as (gis als Erhöhung von g und as als Erniedrigung von a). **Enharmonische Verwechslung** nennt man das bloße schreibtechn. Auswechseln von ♯ und ♭, während der Begriff **enharmonische Umdeutung** sich auf die Möglichkeit einer modulator. Veränderung enharmonisch gleicher Töne oder Akkorde bezieht.

ENI, Abk. für: ↑Ente Nazionale Idrocarburi.

Eniwetok ↑Marshallinseln.

Enjambement [ãʒãbəˈmã; frz.] (Zeilensprung), Übergreifen des Satzgefüges über das Versende hinaus in den nächsten Vers.

Enkaustik [griech.], Maltechnik, bei der die Pigmentstoffe durch reines Wachs gebunden sind. Die Wachsfarben werden hart oder flüssig aufgetragen und mit heißem Eisenspachtel o. ä. überarbeitet. Berühmt die Mumienporträts aus dem 1. bis 4. Jh. von Al Faijum.

Enkel, Kindeskind; im Althochdt. (enikel) Verkleinerung zu ano (Ahn, Großvater), da der E. als der wiedergeborene Großvater galt.

Enkephaline [griech.] ↑Endorphine.

Enkhuizen [niederl. ɛŋkˈhœyzə], von Grachten durchzogene niederl. Hafenstadt am IJsselmeer, 15 900 E. Zuiderseemuseum; Fischerei, Blumenzwiebelzucht; Papierverarbeitung. – Got. Westerkerk (15. Jh.), Rathaus (1686–88); Stadtwaage von 1559; Reste der Verteidigungsanlagen.

Enki [sumer. „Herr des Unten"], Gott des unterird. Süßwasserozeans und der Fruchtbarkeit spendenden Quellen, Herr der Weisheit und der Beschwörung.

Enklaven [frz., eigtl. „festgenagelte Gebiete" (zu lat. clavus „Nagel")], Gebietsteile eines fremden Staates, die völlig vom Staatsgebiet des eigenen Staates umgeben sind oder infolge natürl. Schranken nur über das Gebiet des eigenen Staates erreicht werden können. Vom Standpunkt des fremden Staates aus betrachtet handelt es sich um **Exklaven.**

Enklise [griech.], Verschmelzung eines unbetonten Wortes mit einem vorausgehenden betonten (z. B. „zum", aus „zu dem"). Das unbetonte Wort, das sich an das vorhergehende betonte anlehnt, heißt **Enklitikon.**

Enkolpion [griech. „auf der Brust"], 1. auf der Brust getragene Reliquienkapsel; 2. von kirchl. Würdenträgern der orth. Kirche auf der Brust getragenes Kreuz.

Enkomion [griech.], Lobrede, Schrift, in der jemand gelobt wird.

Enköping [schwed. 'ɛ:ntçø:piŋ], schwed. Stadt, 60 km nw. von Stockholm, 19 000 E. Elektro-, Bekleidungsindustrie; Garnisonstadt. – Erhielt 1300 Stadtrecht.

Enkulturation [lat.], das Hineinwachsen des einzelnen in die Kultur der ihn umgebenden Gesellschaft.

Enlil [sumer. „Herr Wind"], sumer. Gott des Luftraums und vernichtender Stürme.

en masse [frz. ã'mas], in Massen, gehäuft.

en miniature [frz. ãminja'ty:r], im kleinen, in kleinem Maßstab.

Enna, italien. Stadt in M-Sizilien, 948 m ü. d. M., 29 200 E. Hauptstadt der Prov. E.; archäolog. Museum; Marktort, Fremdenverkehr. – E., im Altertum auch **Henna,** war unter den Staufern (Friedrich II.) und den Aragonesen (Friedrich II. und III.) Residenz. – Dom (1307 begonnen; im 16. Jh. umgebaut); Torre di Federico II (14. Jh.), normann.-stauf. Castello di Lombardia (12.–14. Jh.).

Ennedi, Tafelbergland in der Sahara, im NO der Republik Tschad, bis 1 450 m ü. d. M.; zahlr. prähistor. Felszeichnungen.

Enkaustik. Mumienporträt zweier Brüder, 2. Jh. n. Chr. (Kairo, Ägyptisches Museum)

Ennepe-Ruhr-Kreis, Kreis in Nordrhein-Westfalen.

Ennepetal, Stadt im Sauerland, NRW, 180–360 m ü. d. M. 33 600 E. Kleineisen-, Maschinenbau-, Kunststoffind. Die **Kluterthöhle** im Stadtgebiet dient als Heilstätte (u. a. bei Asthma). – Das Amt Milspe-Voerde, bestehend aus den Orten **Milspe** und **Voerde,** wurde 1949 unter dem Namen E. zur Stadt erhoben.

Ennepetalsperre ↑Stauseen (Übersicht).

Ennius, Quintus, *Rudiae (Kalabrien) 239, †Rom 169, röm. Dichter. – Gilt als der eigtl. Begründer der lat. Literatursprache. Fragmentarisch erhalten ist sein histor. Epos „Annales" in 18 Büchern, eine Geschichte Roms, mit dem er den Hexameter in die röm. Lit. einführte.

Enns, Stadt in Oberösterreich, etwa 5 km oberhalb der Mündung der Enns in die Donau, 9 700 E. Mittelpunkt eines Agrargebiets mit Nahrungsmittelind. und Gablonzer Glas- und Bijouteriefabrikation. – Die Ungarneinfälle Ende des 9. Jh. führten zur Anlage der Ennsburg. Die Ende des 12. Jh. angelegte heutige Stadt E. erhielt 1212 als vermutlich erste östr. Stadt das Stadtrecht. – Ehem. Rathaus (16. Jh.; heute Stadtmuseum); Stadtturm (1564–68) und Häuser mit Laubengängen; Schloß Ennsegg (16. Jh.).

E., rechter Nebenfluß der Donau, entspringt in den Radstädter Tauern, durchbricht in einer Schlucht die Ennstaler Alpen **(Gesäuse),** mündet bei Mauthausen; 254 km lang.

Ennstaler Alpen, stark zertalter Abschnitt der Nördl. Kalkalpen, Österreich, im Hochtor 2 372 m hoch.

Enoch ↑Henoch.

Enole [Kw.], ungesättigte Alkohole, in denen die Atomgruppierung —C(OH)=CH— vorliegt.

Enophthalmus [griech.], durch Erkrankung der Augenhöhle bedingtes Einsinken des Augapfels.

enorm [lat.-frz.], außerordentlich, erstaunlich.

Enosis [neugriech. „Vereinigung" (mit Griechenland)], Volksbewegung der Griechen auf Zypern unter Leitung der orth. Kirche seit dem 19. Jh. mit dem Ziel des Anschlusses Zyperns an Griechenland.

en passant [frz. ãpa'sã], nebenbei, im Vorübergehen.

Enquete [ã'kɛ:t(ə); frz., zu lat. inquirere „untersuchen"] (engl. inquiry), 1. eine (oft statist.) Untersuchung v. a. sozial- oder wirtschaftspolit. Verhältnisse durch Befragung von zahlr. Beteiligten; 2. Untersuchung von Mißständen oder Verhältnissen im Zusammenhang mit einem Gesetzgebungsvorhaben durch einen Parlamentsausschuß.

Enquist, Per Olov, *Hjoggböle (Västerbotten) 23. Sept. 1934, schwed. Schriftsteller. – Verfaßte anfangs Dokumentarromane, dann auch Dramen und Romane zu histor. Stoffen, u. a. „Die Ausgelieferten" (R., 1968), „Die Nacht der Tribaden" (Dr., 1975), „Gestürzter Engel" (R., 1985).

Ens [lat.], philosoph. Bez. für das Seiende, Existierende; im weitesten Sinne alles, dem in irgendeiner Weise Sein zukommt; **Ens reale,** das wirklich Seiende, real Existierende; **Ens rationis,** ein Seiendes, das nur in Gedanken, nicht aber in der Wirklichkeit besteht; **Ens realissimum,** Gott als die Wirklichkeit.

Enschede [niederl. 'ɛnsxəde:], niederl. Stadt in SO-Twente, 145 000 E. TU (gegr. 1961), Textilschule, Akad. der Sozialwiss., Kunstakad., Theater, Reichsmuseum Twente, Textilmuseum. Woll- und Baumwollind. – E. erhielt 1325 Stadtrechte.

Ensdorf, Gemeinde in Bayern, ssö. von Amberg, 1 900 E. Ehem. Benediktinerkloster (1121–1525) mit barocker Kirche (1695 bis 1717; Fresken von C. D. Asam [1712 und 1716] und Stukkaturen der Wessobrunner Schule).

Ensemble [ã'sã:bəl; frz., zu lat. insimul „zusammen, zugleich"], in der *Musik* das solist. Zusammenspiel einer instrumentalen oder vokalen Gruppe, auch die kleine Besetzung im Ggs. zu Orchester bzw. Chor.
▷ Gesamtheit der an einem Theater, einer Opernbühne oder bei einer Truppe engagierten Schauspieler bzw. Sänger.

Ensenada, Zenón de Somodevilla y Bengoechea, Marqués de la E. (seit 1736), *Alesanco (Prov. Logroño) 2. Juni 1702, †Medina del Campo 2. Dez. 1781, span. Minister. – Seit 1737 Kriegsmin., seit 1743 auch Marine-, Kolonial- und Finanzmin.; gilt als bedeutendster span. Staatsmann im 18. Jahrhundert.

Ensenada, mex. Hafenstadt am Pazifik, 175 000 E. Fischfang und -verarbeitung; starker Fremdenverkehr aus den USA.

Ensinger, Ulrich (U. von Ensingen), *Einsingen bei Ulm oder Oberensingen bei Nürtingen um 1350 oder 1360, †Straßburg 10. Febr. 1419, dt. Baumeister. – Seit 1392 Münsterbaumeister in Ulm (Turmriß erhalten), seit 1399 gleichzeitig Baumeister am Straßburger Münster (1419 das Oktogongeschoß des Nordturms). Sohn *Matthäus E.* (*1395 ?, †1463) und Enkel *Moritz E.* (*um 1430, †1483) schufen den Berner Münsterbau (1420 ff.) und waren Münsterbaumeister in Ulm.

Ensor, James, *Ostende 13. April 1860, †ebd. 19. Nov. 1949, belg. Maler, Zeichner und Radierer. – Hauptvertreter des belg. Symbolismus, übte einen starken Einfluß auf die Expressionisten aus und war ein Vorläufer des Surrealismus wie des phantast. Realismus, malte grellfarbige, gespenstisch anmutende Szenen, in denen er den monströsen Gauklerzug einer aus den Fugen geratenen Gesellschaft demaskiert, u. a. „Der Einzug Christi in Brüssel im Jahre 1888" (1888; Malibu [Calif.], Paul Getty Museum). – Abb. S. 164.

Per Olov Enquist

Enschede
Stadtwappen

Enstatit

James Ensor. Der Einzug Christi in Brüssel im Jahre 1888, 1888 (Malibu, Kalifornien, Paul Getty Museum)

Enstatit [zu griech. entstátēs „Gegner" (wegen der angebl. Schwerschmelzbarkeit)], zu den rhomb. Augiten gehörendes, grauweißes bis grünl. Mineral; $Mg_2[Si_2O_6]$; kann bis 5 % FeO enthalten. Dichte 3,1–3,3 g/cm³; Mohshärte 5,5.

ent..., Ent... ↑ento..., Ento...

Entamoeba [...'mø:ba; griech.], Gatt. der Amöben, parasit. oder kommensal (von der gleichen Nahrung lebend) in Wirbeltieren; beim Menschen kommt u. a. die **Ruhramöbe** (E. histolytica) vor, Erreger der ↑Amöbenruhr; tritt in 2 Modifikationen auf, der nicht pathogenen, bakterienfressenden, bis etwa 20 μm großen Minutaform im Hohlraum des Darms, und der pathogenen, von Erythrozyten lebenden, bis 30 μm großen Magnaform, die in das Gewebe eindringt und dieses auflöst.

entartete Kunst, während der nat.-soz. Herrschaft offizielle, auf der Rassentheorie beruhende Bez. für nahezu das gesamte moderne Kunstschaffen. Viele Werke wurden als „artfremd", „ungesund", „entartet" zerstört oder beschlagnahmt. Eine Auswahl der beschlagnahmten Kunstwerke wurde 1937 im Münchner Haus der Kunst gezeigt. 1938 fand eine öff. Auktion der beschlagnahmten Werke in der Galerie Fischer in Luzern statt. In Berlin wurden 1939 über 1 000 Werke öff. verbrannt. Die betroffenen Künstler erhielten Ausstellungs- und Schaffensverbot.

Entartung, in der Quantenmechanik das Auftreten mehrerer zu einem Energieeigenwert der Schrödinger-Gleichung gehörender Eigenfunktionen. – ↑Gasentartung.

▷ in der Biologie svw. ↑Degeneration.

Entasis [griech.], in der griech. Baukunst die kaum merkl. Schwellung des bogenförmig verjüngten Säulenschafts.

Entbindung, die ↑Geburt eines Kindes.

Entbindungspfleger, svw. Geburtshelfer (↑Hebamme).

Entdeckungsgeschichte ↑Forschungs- und Entdeckungsreisen.

Ente, umgangssprachl. für: Gerücht, Falschmeldung („Zeitungsente").

Ente ↑Enten.

Entebbe, Stadt in Uganda, auf einer Halbinsel am N-Ufer des Victoriasees, 21 000 E. Sitz des Staatspräs., mehrerer Ministerien und Forschungsinst., botan. Garten, Zoo, Museen (u. a. für Geologie und Holzarten); Hafen; internat. ✈. – 1893 als Militärposten gegründet.

Entebbe Stadtwappen

enteignender Eingriff, nach der Rechtsprechung ein dem einzelnen auferlegtes Sonderopfer, das als Nebenfolge rechtmäßigen hoheitl. Handelns entstanden ist (keine Enteignung), z. B. Beeinträchtigung von Anwohnern durch öff. Anlagen (Straßen).

Enteignung, ein unmittelbarer Eingriff der öff. Gewalt in vermögenswerte Rechte einzelner zum Wohle der Allgemeinheit, z. B. ein Eingriff in ein privates Grundeigentum, der den Bau einer Straße ermöglichen soll. Als in der Verfassung vorgesehene Durchbrechung der Eigentumsgarantie ist E. nur dann zulässig, wenn im jeweiligen E.gesetz selbst zugleich Art und Umfang der Entschädigung geregelt ist. Die Entschädigung erfolgt zwar i. d. R. in Geld, ist aber auch durch Naturalrestitution (z. B. durch Ersatzland) möglich. Für Streitigkeiten über die Höhe der Entschädigung sind die Zivilgerichte zuständig; Streitigkeiten über die Zulässigkeit der E. selbst werden dagegen von den Verwaltungsgerichten entschieden. Von der E. zu unterscheiden sind ↑enteignender Eingriff und ↑enteignungsgleicher Eingriff.

E. kann im totalen Entzug eines vermögenswerten Rechts *(Voll-E.)* und einer Belastung oder Beschränkung des Eigentums *(Teil-E.)* bestehen. Der Bundesgerichtshof stellte nach der sog. Sonderopfertheorie fest, daß charakteristisch für eine E. der Verstoß gegen den Gleichheitsgrundsatz durch das Abverlangen eines ungleichen Sonderopfers sei, wogegen das Bundesverwaltungsgericht allein auf Schwere und Tragweite des Eingriffs der öff. Gewalt abstellt, eine E. demnach dann vorliegt, wenn der Wesensgehalt des Eigentums angetastet wird. Das Bundesverfassungsgericht unterscheidet in neuerer Rechtsprechung wieder stärker zw. E. und übermäßiger, deshalb unzulässiger Beschränkung des Eigentums (der Betroffene muß dagegen vorgehen).

▷ Entzug privaten Eigentums an Produktionsmitteln (Betriebe, Grund und Boden) als Maßnahme im Zusammenhang mit grundlegenden sozioökonom. Veränderungen. So kam es in der sowjet. Besatzungszone nach dem 2. Weltkrieg zur entschädigungslosen E. großer Teile der gewerbl. Wirtschaft und der Landw. mit Betrieben über 100 ha. Im Einigungsvertrag zw. der BR Deutschland und der DDR wurde vereinbart, daß die E. auf besatzungsrechtl. und besatzungshoheitl. Grundlage (1945/49) nicht rückgängig gemacht werden (durch Urteil des Bundesverfassungsgerichts vom 23. 4. 1991 für nicht verfassungswidrig erklärt).

Entartete Kunst. Umschlag des Münchner Ausstellungsführers von 1937

enteignungsgleicher Eingriff, rechtswidriger (nicht durch eine gültige Rechtsvorschrift abgedeckter), zur Entschädigung verpflichtender Eingriff der öff. Gewalt in Vermögensrechte des einzelnen. Es ist streitig, ob an der Rechtsprechung zum e. E. festgehalten werden kann.

Enteisungsanlage, Vorrichtung zur Entfernung von Eiseinsatz an äußeren Teilen (z. B. Tragflächen, Leitwerk- und Luftschraubenvorderkanten) eines Flugzeugs; elektrisch oder mit Warmluft aus den Triebwerken beheizt.

Entelechie [griech.], Begriff der Aristotel. Philosophie zur Unterscheidung von Wirklichkeit und Möglichkeit. E. ist die in einer bestimmten Wirklichkeit angelegte Möglichkeit.

Enten (Anatinae), mit etwa 110 Arten weltweit verbreitete Unterfam. der Entenvögel; Hals kürzer als bei den Gänsen; Beine setzen oft weit hinter der Körpermitte an; ♂♂ (Erpel) meist wesentlich bunter gefärbt als die oft unscheinbaren ♀♀. Zu den E. gehören: **Schwimmenten** (Gründel-E., Anatini), die im allg. nicht tauchen, sondern die Nah-

Enten. Reiherente (Männchen)

rung durch Gründeln aufnehmen. Bekannte, auch auf Süß- und Brackgewässern, in Sümpfen und an Küsten Eurasiens lebende Arten sind: **Stockente** (Anas platyrhynchos), etwa 60 cm groß, ♂ mit dunkelgrünem Kopf, weißem Halsring, rotbrauner Brust, graubraunem Rücken und hellgrauer Unterseite; Stammform der ↑Hausente. **Knäkente** (Anas querquedula), etwa 38 cm groß, ♂ mit rotbraunem Kopf und breitem, hellem Überaugenstreif, Hals und Rücken heller braun, Flanken weißlichgrau. **Krickente** (Anas crecca), etwa 36 cm groß, ♂ grau mit rotbraunem Kopf und gelblich, braun getupftem Hals. **Löffelente** (Anas clypeata), etwa 50 cm groß, mit löffelartigem Schnabel. **Schnatterente** (Anas strepera), etwa 50 cm groß, ♂ grau mit dunkelbraunen Flügeldecken, schwarz gefleckter Hals und Kopf, weißem Spiegel und schwarzem Schwanz. **Spießente** (Anas acuta), etwa so groß wie die Stockente, mit spießartig verlängerten mittleren Schwanzfedern. – Die **Tauchenten** (Aythyini) tauchen bei der Nahrungssuche sowie bei der Flucht. Zu ihnen gehören u. a.: **Reiherente** (Aythya fuligula), etwa 43 cm groß, kontrastreich schwarzweiß, besitzt als einzige Tauchente eine lange, schwarze Haube (♂); **Tafelente** (Aythya ferina), etwa 45 cm groß, ♂ grauweiß mit schwarzer Brust und rotbraunem Kopf und Hals. Von den **Ruderenten** (Oxyurini) kommt in Eurasien nur die **Weißkopfruderente** (Oxyura leucocephala) vor; fast 50 cm groß, ♂ braun, mit weißem Kopf. – Zu den E. gehören außerdem noch die ↑Halbgänse.

Ente Nazionale Idrocarburi S. p. A., Abk. ENI, staatl. italien. Mischkonzern, gegr. 1953, 1992 Umwandlung in eine AG; Sitz Rom. Tätigkeitsschwerpunkte von ENI mit über 290 Tochtergesellschaften in 40 Ländern sind die Gewinnung **(AGIP S. p. A.),** Verarbeitung, Verteilung (Betrieb von Fernleitungen) und der Handel **(SNAM)** mit Erdöl und Erdgas. Darüber hinaus ist ENI tätig im Chemiebereich, im NE-Metall-Bergbau (einschl. Verarbeitung) und im Geräte- und Maschinenbau.

Entenbühl, mit 901 m höchster Berg des Oberpfälzer Waldes.

Entenflugzeug, Flugzeug mit vor den Tragflügeln liegendem Höhenleitwerk (Bug- oder Kopfleitwerk). Bei dieser Bauart ist die zur Erhaltung des Momentengleichgewichts erforderl. Leitwerkskraft aufwärts gerichtet und erhöht damit den Gesamtauftrieb, wodurch die Flugeigen-

schaften bes. von Flugzeugen mit Deltaflügeln bei Flugmanövern, die hohen Auftrieb erfordern (Start und Landung), verbessert werden.

Entenmuscheln (Lepadidae), Fam. meeresbewohnender Krebse; bekannt ist die meist bis 30 cm lange (davon Stiel 25 cm) **Gemeine Entenmuschel** (Lepas anatifera).

Entente [ā'tā:t(ə); lat.-frz.], Bez. für das Verhältnis engen Einverständisses und weitgehender Interessenidentität in polit. Fragen zw. zwei oder mehreren Staaten; kann Ausdruck in einem formellen Bündnis finden.
▷ im 1. Weltkrieg Bez. für die Kriegsgegner der ↑Mittelmächte; 1920/21 entstand die ↑Kleine Entente.

Entente cordiale [frz. ātātkɔr'djal „herzl. Einverständnis"], das einem Bündnis nahekommende brit.-frz. Verhältnis, das seit 1904 entstand; später militär. Absprachen für den Fall eines Krieges gegen das Dt. Reich; 1907 zur ↑Tripelentente erweitert.

Entenvögel (Anatidae), weltweit verbreitete Vogelfam. mit 150 z. T. eng ans Wasser gebundenen Arten; Schnabel innen mit Hornlamellen oder -zähnen, dient vielen Arten als Seihapparat; zw. den Vorderzehen Schwimmhäute; man unterteilt die E. in ↑Gänse, ↑Enten, ↑Spaltfußgans.

Entenwale (Hyperoodon), Gatt. etwa 7,5 (♀) bis 9 m (♂) langer, oberseits meist dunkelgrauer, unterseits weißl. Schnabelwale mit nur zwei Arten, v. a. im N-Atlantik (**Dögling;** Nördl. E., Hyperoodon ampullaris, bis über 9 m lang) und in Meeresteilen, die Australien und die Südspitze S-Amerikas umgeben (**Südlicher Entenwal;** Südmeerdögling, Hyperoodon planifrons).

enteral [griech.], den Darm oder die Eingeweide betreffend.

Enterbung, der Ausschluß eines gesetzl. Erben von der Erbfolge oder des ↑nichtehelichen Kindes vom Erbersatzanspruch durch Verfügung von Todes wegen (§§ 1938, 1941 BGB). Auf Grund der Testierfreiheit kann der Erblasser seine gesetzl. Erben, den Fiskus ausgenommen, von der Erbfolge ausschließen (jedoch Sonderregelungen für den ↑Pflichtteil. Enterbt der Erblasser einen gesetzl. Erben, tritt der Nächstberufene für ihn ein (z. B. bei Enterbung des Sohnes der Enkel); der Erblasser kann auch statt des Nächstberufenen eine andere Person einsetzen (↑Erbeinsetzung).

Nach östr. und schweizer. Recht ist E. die teilweise oder vollständige Entziehung des Pflichtteils durch den Erblasser.

Enterich, svw. ↑Erpel.

Enteritis [griech.], svw. Darmentzündung.

Entern [span.-niederl., zu lat. intrare „hineingehen"], das Erklettern der Takelung eines Schiffes.
▷ Angriffsart in der Seeschlacht; durch die von den Römern eingeführte **Entertaktik** (Rammen des feindl. Schiffes und Erstürmen durch eingeschiffte Soldaten) in der Seekriegführung bis ins 16. Jahrhundert.

entero..., Entero... [griech.], Vorsilbe mit der Bed. „im Darm".

Enterobakterien, Fam. der Bakterien; gramnegative, fakultativ anaerobe Stäbchen, die Zucker zu Säuren und Alkoholen vergären; mehrere Arten sind gefährl. Krankheitserreger (Typhus, Paratyphus, Pest).

enterogen, im Darm entstanden, vom Darm ausgehend.

Enterokinase [griech.], svw. ↑Enteropeptidase.

Enterokokken, Bez. für grampositive, kugelige bis ovale (Durchmesser 0,8–1,2 µm), meist zu Ketten angeordnete Milchsäurebakterien mit nur 2 Arten (**Streptococcus faecalis** und **Streptococcus durans**) im Darmtrakt des Menschen und von warmblütigen Tieren, wo sie normalerweise nicht krankheitserregend sind.

Enterokolitis (Enterocolitis) ↑Darmentzündung.

Enterolithen [griech.], svw. ↑Kotsteine.

Enteron [griech.], svw. ↑Darm.

Enteropeptidase (Enterokinase), in der Dünndarmwand gebildete Proteinase, die die Umwandlung des Trypsinogens in das aktive Verdauungsenzym ↑Trypsin katalysiert.

Enterorezeptoren

Enterorezeptoren [lat.], svw. ↑ Propriorezeptoren.
Enteroskope [griech.] ↑ Endoskope.
Enterostomie [griech.], operatives Anlegen einer künstl. Darmöffnung, meist seitlich am Bauch, z. B. zur Schaffung eines ↑ Kunstafters. Hierbei wird nach Bauchschnitt die an die Bauchwand gezogene und angenähte Darmschlinge geöffnet (künstl. äußere Fistel).
Enterotomie [griech.], operative Eröffnung des Darms.
Enterotoxämie, svw. ↑ Breinierenkrankheit.
Enteroviren (enterale Viren, Darmviren), Gruppe kleiner (knapp 30 nm messender), RNS-haltiger Viren mit mindestens 60 verschiedenen Typen (u. a. Polio-, Coxsackie-, ECHO-, Reo- und Hepatitisviren). Viele E. verursachen beim Menschen Erkrankungen, u. a. Kinderlähmung, nicht durch Bakterien hervorgerufene Gehirnhautentzündung und Schnupfen.
Enterozele [griech.] (Darmbruch), häufigste Form des Eingeweidebruchs, bei der der Inhalt des Bruchsacks aus Darmschlingen besteht.
Entertainer [...te:nər; lat.-engl.], [Allein]unterhalter.
Entfernungsmesser, Meßanordnungen bzw. Geräte zur Messung der Entfernung eines terrestr., naut. oder Luftziels vom eigenen Standort aus (im Ggs. zur ↑ Längenmessung). Meßprinzipien sind neben der bei der opt. Entfernungsmessung angewandten Triangulation die Laufzeitmessung, bei der die Laufzeit eines elektromagnet. Impulses zum Ziel und (nach Reflexion) zurück als Maß für die Entfernung dient, und die Phasendifferenzmessung, bei der die Differenz der Phasenlage zwischen ausgesandten und reflektierten elektromagnet. Wellen zur Entfernungsmessung herangezogen wird. Die Grundlagen der Laufzeitmessung wurden in der Radartechnik entwickelt, die v. a. in der Luft- und Seefahrt zur Entfernungsmessung angewendet wird (↑ Radar). **Elektroopt. E.** nutzen diese Prinzipien unter Verwendung von Lichtimpulsen bzw. modulierten Lichtstrahlen. Sie wurden als **Laser-E.** zunächst für militär. Zwecke entwickelt, finden heute jedoch u. a. auch in der Geodäsie Anwendung. **Opt. E.** nutzen die trigonometr. Beziehungen, die in einem vom (sichtbaren) Zielpunkt und zwei verschiedenen Beobachterstandpunkten gebildeten Meßdreieck gelten.
E. an photograph. Sucherkameras arbeiten ebenfalls nach dem Prinzip des Meßdreiecks (Triangulation): im rechtwinkligen Dreieck ist bei bekannter Ankathete („Meßbasis") die Größe des Hypotenusenwinkels ein direktes Maß für die Länge der Gegenkathete (zu messende Gegenstandsweite). Dabei wird ein Motivdetail über je einen Einblick an den Enden der Meßbasis anvisiert, und die beiden Teilbilder werden über einen halbdurchlässigen Spiegel zur Koinzidenz (**Koinzidenz-E., Mischbild-E.**) gebracht, bzw. es werden ein oberes und ein unteres Teilbild zum Vollbild vereinigt (**Schnittbild-E.**), und zwar durch Verdrehung des den Meßwinkel verändernden Umkehrspiegels (**Drehspiegel-E.**) oder (exakter) durch Verdrehung eines in dessen Strahlengang angeordneten Schwenkkeilpaars (**Schwenkkeil-E.**). Diese Verdrehungen werden durch die Einstellbewegung des Objektivs bewirkt. Der E. ist zumeist mit der Sucheroptik zum Meßsucher kombiniert. – Bei Spiegelreflexkameras erfolgt die Scharfeinstellung nach Mattscheibenbeobachtung. Diese wird durch wie E. wirkende sog. Einstellhilfen erleichtert, die jedoch nicht nach dem Meßwinkelprinzip arbeiten, sondern die Lage der Bildebene bestimmen. Beim **Schnittbildindikator** („Meßkeile") sind zwei kleine Klarglaskeile unter bestimmtem Winkel zueinander in die Einstellscheibe eingekittet, so daß ihr Kreuzungspunkt genau in der Einstellebene liegt. Ist das Bild scharf eingestellt, sind sie ohne Wirkung, liegt die Bildebene jedoch vor oder hinter der Einstellebene, werden gegenüberliegende Randstrahlenbündel durch die Meßkeile so abgelenkt, daß wie beim Schnittbild-E. zwei gegeneinander verschobene Halbbilder sichtbar werden. Das **Mikrospaltbildfeld** (Mikroprismenraster) ist eine Einstellfläche mit mehreren tausend pyramidenförmig eingeschliffenen Prismen (Kantenlänge 0,08 mm), die jedes nicht scharf eingestellte Bild stark streuen und in Flimmern auflösen.

Für die *automat. Scharfeinstellung* wurden verschiedene Systeme („Autofocus") entwickelt: Nach dem **Koinzidenzprinzip** wird wie beim Koinzidenz-E. die Koinzidenz der Teilbilder durch Kontrastmessung bestimmt (passive Triangulation), wobei die Kamera einen vom Objekt reflektierten Infrarotstrahl aussendet (aktive Triangulation). Nach dem **Sonarprinzip** sendet die Kamera ein Ultraschallsignal aus, das vom Objekt reflektiert und von einem Schallempfänger wieder aufgenommen wird; die Zeitdifferenz zw. Aussendung und Aufnahme ergibt die Stellgröße. Bei einäugigen Spiegelreflexkameras wird der Ort des höchsten Bildkontrasts durch CCD-Sensoren ermittelt. – Prinzip der **Pupillenteilung:** Strahlenbündel aus der oberen und der unteren Pupillenhälfte werden von Photozellen über eine bewegte Rasterscheibe analysiert; nur bei scharfer Einstellung sind die Bildsignale identisch, die Spannungsdifferenz der Photoempfänger ergibt die Stellgröße.
Geschichte: Die Triangulationsmethode mit dem Zweistand-E. war bereits der klass. Antike (Thales von Milet zugesprochen) bekannt.

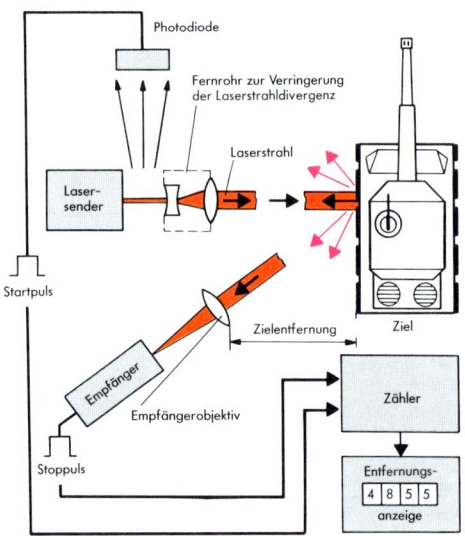

Entfernungsmesser. Funktionsprinzip der Laufzeitentfernungsmessung bei einem Laserentfernungsmesser

Entfettung ↑ Oberflächenbehandlung.
Entflechtung, Spaltung von Großunternehmen mit marktbeherrschender Stellung in mehrere rechtlich und wirtsch. selbständige Teilunternehmen. E.maßnahmen wurden nach dem Zweiten Weltkrieg in Deutschland von den Alliierten durchgeführt, um einen polit. Mißbrauch der wirtsch. Macht zu verhindern, jedoch mit Ende der Besatzungszeit zunehmend revidiert.
Entfremdung, Begriff zur Kennzeichnung eines gesellschaftl. Zustands, in dem eine als urspr. organisch gedachte Beziehung zw. Menschen untereinander, zw. Menschen und ihrer Arbeit, zw. Menschen und dem Produkt ihrer Arbeit sowie von Menschen zu sich selbst für aufgehoben, verkehrt oder zerstört angesehen wird. Wesentl. Bed. erlangte der E.begriff bei Marx, der an Hegel anknüpfend E. als Vergegenständlichung und Entäußerung menschl. Eigenschaften und Möglichkeiten zur Selbstentfaltung und -verwirklichung im Arbeitsprozeß bestimmte. Er stellte E. (v. a. in den „Ökonomisch-philosoph. Manuskripten", 1844, und in „Grundrisse der Kritik der polit. Ökonomie", 1857/58) in den histor. Zusammenhang kapitalist. Produktionsverhältnisse. Durch das Privateigentum an Produktionsmitteln im Kapitalismus wird der Arbeiter in dem Maße als Mensch „entwirklicht", als er Werte schafft, die auf Grund fremder Aneignung zu ihm „fremden" Gegenständen werden. Durch die Fremdbestimmtheit seiner

Arbeit wird der Mensch gleichzeitig den anderen Menschen entfremdet, da die Gleichzeitigkeit ihrer Arbeit ebenfalls fremdbestimmt und damit, vom einzelnen ungewollt, diesem als zufällig erscheint. Nach Marx erfuhr das E.problem in der philosophisch-sozialwiss. Diskussion eine starke inhaltl. Ausweitung und Differenzierung (v. a. durch M. Weber, T. Adorno, A. Schaff).

Entführung, allg. Verschleppung in räuber. Absicht. I. e. S. rechtswidriges Verbringen einer Frau an einen anderen Ort; unter Strafe gestellt (Geld- oder Freiheitsstrafe bis zu fünf Jahren), wenn dies gegen ihren Willen durch List, Drohung oder Gewalt geschieht und eine dadurch entstandene hilflose Lage zu außerehel. sexuellen Handlungen ausgenutzt wird (§ 237 StGB) oder wenn aus den gleichen Gründen eine minderjährige unverheiratete Frau zwar mit ihrem Willen, aber ohne Einwilligung des Personensorgeberechtigten dessen Einfluß entzogen wird (§ 236 StGB). E. wird nur auf Antrag strafrechtlich verfolgt. – ↑ Menschenraub, ↑ Freiheitsberaubung, ↑ Luftpiraterie, ↑ Geiseln.
Nach *östr. Recht* sind als E. strafbar: die E. einer geisteskranken oder widerstandsunfähigen weibl. Person zum Zwecke der Unzucht, erpresser. E., Überlieferung an eine ausländ. Macht, Sklavenhandel. Das *schweizer. StGB* stellt E. durch Gewalt, List oder Drohung, Geiselnahme, Frauen- und Kinderhandel, E. ins Ausland unter polit. Gefährdung unter Strafe.

Entgasung ↑ Kohleveredlung.
▷ Abgabe des in Metall- oder Glasschmelzen gelösten Gases durch Unterdruck, Ultraschalltauchschwinger oder chem. Zusätze.

Entgelt, Bezahlung, Vergütung für eine Leistung; oft verkürzt für Arbeitsentgelt.

Entgiftung, in der Medizin Sammelbez. für alle Behandlungsverfahren, die dazu dienen, im Körper vorhandene Giftstoffe zu entfernen oder unschädlich zu machen. Je nach Gift, Art der Giftaufnahme und Vergiftungsdauer kommen u. a. in Betracht: Magen- und Darmspülungen, Verabreichung von Brechmitteln, Abführmitteln und harntreibenden Substanzen, Blutaustausch, Dialyse.

Entgraten ↑ Grat.

Enthaarung, Entfernung unerwünschter Körperhaare unter Verwendung mechan. und chem. Mittel **(Enthaarungsmittel, Haarentfernungsmittel, Depilatoria).** Eine vorübergehende oberflächl. E. **(Depilation)** ist durch Auszupfen, Rasieren oder Abbrechen (nach Anwendung erhärtender Pasten) möglich. Chem. E.mittel bestehen z. B. aus Oxidationsmitteln, die einen allmähl. Abbau des Haarkeratins verursachen, oder Verbindungen, die zu einer Auflösung führen (danach Abschaben oder Abwaschen). Eine Dauer-E. **(Epilation)** ist durch Zerstörung der Haarpapillen (z. B. mittels Elektrokoagulation) möglich.

Enthalpie [griech.] (Gibbssche Wärmefunktion), von J. W. Gibbs eingeführte thermodynam. Zustandsgröße H, definiert als Summe von innerer Energie U und Verdrängungsarbeit pV eines Systems vom Volumen V unter dem Außendruck p; also $H = U + pV$.

Enthärtung ↑ Wasserversorgung.

Enthusiasmus [zu griech. éntheos „gottbegeistert" (eigtl. „worin ein Gott ist")], Zustand seel. Ergriffenheit voller Leidenschaft und Begeisterung; im religiösen Sinne die Empfindung, von der Gottheit erfüllt zu sein, bei der gleichzeitig das Bewußtsein der eigenen Identität schwindet.

Entität [mittellat.], scholast. Begriff, die „Seiendheit" (*daß* etwas ist) eines Dings.

Entkalkung, (biogene E.) durch Kohlendioxidassimilation der Wasserpflanzen hervorgerufene Ausfällung von Calciumcarbonat.
▷ ↑ Kesselstein.

Entkeimen, in der *Lebensmitteltechnik* Abtöten oder Entfernen krankheitserregender oder den Verderb der Lebensmittel fördernder Mikroorganismen.

Entkolonisation (Dekolonisation), Aufhebung von Kolonialherrschaft und Rückgängigmachung der Folgen des ↑ Kolonialismus. Heute wird der Begriff v. a. auf den nach

Entkolonisation

Kolonie	Jahr der Unabhängigkeit bzw. der Entkolonisation	heutiger Name
Nordamerika	1776	USA
Hispaniola (Westteil)	1804	Haiti
Neugranada	1810	Kolumbien
Paraguay	1811	
Generalkapitanat Caracas	1811	Venezuela
Rio de La Plata	1816	Argentinien
Chile	1818	
El Salvador	1821	
Nicaragua	1821	
Generalkapitanat Guatemala	1821	geteilt in Guatemala und Costa Rica
Peru	1821	
Brasilien	1822	
Neuspanien	1823/24	Mexiko
Bolivien	1825	
Hispaniola (Ostteil)	1865	Dominikanische Republik
Australien	1901*	Austral. Bund
Kuba	1902	
Panama	1903	
Neuseeland	1907*	
Südafrika	1910*	
Island	1918	
(Bismarckarchipel	1920	zum Austral. Bund)
(Dt.-Südwestafrika	1920	zu Südafrika)
(Kiautschou	1920	zu China)
Ägypten	1922	
Irland	1922	
Kanada	1931*	
Irak	1932	
Neufundland	1934	1948 zu Kanada
Indonesien	1945	
(Molukken	1950	zu Indonesien)
Südmolukken	1950/51	heute zu Indonesien
Malakka	1946	Malaysia
Libanon	1944/46	
Transjordanien	1946	Jordanien
Syrien	1946	
Philippinen	1946	
Brit. Indien	1947	geteilt in: Indien und Pakistan sowie seit 1971 Bangladesch
Birma	1948	
Ceylon	1948	Sri Lanka
Korea	1948	geteilt in: Republik Korea und Demokrat. VR Korea
Palästina	1948	Israel Ostpalästina: zu Jordanien Gasa: zu Ägypten
Libyen	1951	
Indochina	1954	geteilt in: Kambodscha, Laos, Nord- und Süd-Vietnam (heute Vietnam)
Tunesien	1956	
Marokko	1956	
Sudan	1956	
Goldküste, Westtogo	1957	Ghana
Guinea	1958	
Togo (Ostteil)	1960	
Tschad	1960	
Dahomey	1960	Benin
Elfenbeinküste	1960	
Gabun	1960	
Oubangui-Chari	1960	Zentralafrikan. Republik
Frz. Kongo	1960	Kongo
Belg. Kongo	1960	Zaire
Kamerun	1960	
Madagaskar	1960	
Mauretanien	1960	
Niger	1960	
Nigeria	1960	
Obervolta	1960	Burkina Faso
Senegal	1960	
Italien. und Brit. Somaliland	1960	Somalia
Soudan	1960	Mali
(Daman, Diu, Goa	1961	zu Indien)
Tanganjika	1961	Tansania

* Ein eindeutiges Datum der Unabhängigkeit läßt sich für diese Länder nicht feststellen, die Jahreszahlen beruhen auf Angaben der Botschaften bzw. nennen das Statut von Westminster 1931 als Jahr der Unabhängigkeit.

Entladung

Entkolonisation (Fortsetzung)		
Kolonie	Jahr der Unabhängigkeit bzw. der Entkolonisation	heutiger Name
Sierra Leone	1961	
Zypern	1961	
Westsamoa	1962	
Uganda	1962	
Ruanda-Burundi	1962	geteilt in: Burundi und Rwanda
Trinidad und Tobago	1962	
Algerien	1962	
Jamaika	1962	
Kenia	1963	
(Sabah und Sarawak	1963	zu Malaysia)
(Sansibar	1963	seit 1964 zu Tansania)
Malta	1964	
Njassaland	1964	Malawi
Nordrhodesien	1964	Sambia
Aden	1965	Jemen
Gambia	1965	
Malediven	1965	
Singapur	1965	
Betschuanaland	1966	Botswana
Guyana	1966	
Basutoland	1966	Lesotho
Barbados	1966	
Fernando Póo / Río Muni	1968	Äquatorialguinea
Mauritius	1968	
Nauru	1968	
Swasiland	1968	
(West-Neuguinea [Westirian]	1969	zu Indonesien)
Tonga	1970	
Bahrain	1970	
Fidschiinseln	1970	Fidschi
Oman	1970	
Befriedetes Oman	1971	Vereinigte Arab. Emirate
Katar	1971	
Guinea-Bissau	1974	
Grenada	1974	
Moçambique	1975	
Kapverdische Inseln	1975	Kap Verde
Komoren	1975	
São Tomé und Príncipe	1975	
Nordostguinea	1975	Papua-Neuguinea
Angola	1975	
Surinam	1975	
(Spanische Sahara	1976	seit 1978 zu Marokko)
(Portugies.-Timor	1976	zu Indonesien)
Seychellen	1976	
Frz. Afar-und-Issa-Küste	1977	Dschibuti
Dominica	1978	
Elliceinseln	1978	Tuvalu
Saint Lucia	1979	
Gilbertinseln	1979	Kiribati
Saint Vincent	1979	
Rhodesien	1980	Simbabwe
Neue Hebriden	1980	Vanuatu
Britisch-Honduras	1981	Belize
Antigua	1981	Antigua und Barbuda
Saint Christopher and Nevis	1983	
Brunei	1984	
Namibia	1990	

1945 einsetzenden Verfall der Herrschaft europ. Kolonialmächte in Afrika und Asien angewendet.
E. kann 1. durch die Integration ehem. Kolonien in den Staatsverband des Kolonisten (z. B. Hawaii als Bundesstaat der USA), 2. durch freiwillige Entlassung der Kolonie in die Unabhängigkeit oder 3. durch gewaltsame Aktion (i. d. R. durch antikoloniale Befreiungsbewegungen) erfolgen. Ergebnisse der E. können die Wiedererlangung der Freiheit und Selbständigkeit der vorkolonialen Bev. oder der Nachkommen der ehem. Kolonisatoren sein, die entweder die Bev.mehrheit stellen (v. a. in Südamerika) oder (z. B. in Südafrika) als Minderheit die vorkolonialen Einwohner weiter beherrschen. – Ursachen der E. nach 1945 waren u. a. die Schwächung und der Prestigeverlust vieler Kolonialmächte während des 2. Weltkriegs (Belgien, Frankreich, die Niederlande waren besetzt gewesen; Japan und Italien zählten zu den Verlierern des Kriegs), Steigerung des Selbstbewußtseins und Emanzipationswillens der Bev. der Kolonien, die zunehmende Ablehnung der Kolonisation durch die öff. Meinung in den europ. Staaten sowie der zunehmende Druck der USA und der UdSSR auf die Kolonialmächte. Obwohl die meisten ehem. Kolonien die Unabhängigkeit erlangt haben, ist für diese der Vorgang der E. oft noch nicht abgeschlossen, da die von den Kolonialregimen geschaffenen innenpolit., sozialen und wirtsch. Strukturen meist nur langfristig aufgelöst werden können, zumal häufig die während der Kolonialzeit privilegierten Gruppen oder Schichten ihren Einfluß behalten haben.

Entladung, elektr. Ladungsausgleich zw. entgegengesetzt aufgeladenen Körpern; eine E. ist stets mit dem Fließen eines elektr. Stromes verbunden.

Entlassung des Arbeitnehmers, Beendigung des Arbeitsverhältnisses durch ↑Kündigung des Arbeitgebers (↑Kündigungsschutz).

Entlassung des Beamten, Beendigung des Beamtenverhältnisses durch Gesetz (z. B. bei Verlust der dt. Staatsangehörigkeit) oder Verwaltungsakt (z. B. wegen Erreichen der Altersgrenze).

Entlastung, im *Recht* 1. die förml. Erklärung des Einverständnisses mit der Geschäftsführung durch die Gesellschaft, i. d. R. verbunden mit dem Verzicht auf etwaige Schadenersatzansprüche (außer bei der E. des Vorstands und des Aufsichtsrats der AG gemäß § 120 AktienG); 2. Rechnungslegung des Bundesfinanzmin. im nächsten Rechnungsjahr gegenüber Bundestag und Bundesrat zur E. der Bundesregierung.
▷ im *Bauwesen* das Abfangen von Belastungen.

Entlastungsbeweis ↑unerlaubte Handlung.

Entlastungsbogen, gemauerte Bogen zur Entlastung des Sturzes über Maueröffnungen.

Entlehnung ↑Lehnwort.

Entlüftungsventil, meist an der höchsten Stelle von Behältern, hydraul. Systemen, Rohrleitungen, Zentralheizungen o. ä. eingebautes Ventil *(Entlüftungsschraube, Entlüftungshahn)* zum Entweichenlassen störender Lufteinschlüsse.

Entmagnetisierung, 1. Zurückführung einer ferromagnet. Substanz in einen völlig unmagnet. Zustand; 2. Schwächung eines äußeren Magnetfeldes im Innern eines nicht geschlossenen magnet. Kreises.

Entmannung (Emaskulation), in der Medizin: 1. Entfernung der männl. Keimdrüsen (↑Kastration); 2. operative Entfernung des Penis und der Hoden, v. a. bei Krebserkrankungen dieser Organe.

Entmilitarisierung (Demilitarisierung), im Völkerrecht die vertragl. Verpflichtung, in einem Gebiet oder einem Teil desselben keine militär. Kräfte, Anlagen und Ausrüstungen zu unterhalten.

Entmischung ↑Seigerung.

Entmündigung, der Entzug oder die Beschränkung der ↑Geschäftsfähigkeit durch Gerichtsbeschluß. Entmündigungsgründe (§ 6 BGB) sind: 1. Geisteskrankheit oder Geistesschwäche, wenn der Betroffene ihretwegen seine Angelegenheiten nicht mehr zu besorgen vermag; 2. Verschwendung, durch die der Betroffene sich oder seine Familie der Gefahr des Notstandes aussetzt; 3. Trunk- oder Rauschgiftsucht, wenn der Süchtige entweder seine Angelegenheiten nicht zu besorgen vermag oder sich oder seine Familie der Gefahr des Notstandes aussetzt oder die Sicherheit anderer gefährdet. *Folgen:* Geschäftsunfähigkeit bzw. beschränkte Geschäftsfähigkeit, Bestellung eines Vormundes.
In *Österreich* gilt für E. das Gesetz über die Sachwalterschaft für behinderte Personen, das zus. mit der Neufassung der §§ 273, 273a ABGB am 1.7.1984 in Kraft getreten ist. Das *schweizer. Recht,* das den Begriff „Bevormundung" verwendet, entspricht im wesentlichen dem dt. Recht. Ein weiterer E.grund ist z. B. Freiheitsstrafe von mindestens einem Jahr.

Entmündigungssachen, das in den §§ 645–686 ZPO geregelte gerichtl. Verfahren, in dem über die Entmündigung oder ihre Wiederaufhebung entschieden wird. 1. Das *Anordnungsverfahren* erfordert einen Antrag, den der Ehe-

gatte, der personensorgeberechtigte gesetzl. Vertreter des zu Entmündigenden, ein Verwandter, bei Entmündigung wegen Geistesstörung auch der Staatsanwalt stellen können. Zuständig: Amtsgericht; Entscheidung nach Ermittlung von Amts wegen durch Beschluß. 2. Die *Wiederaufhebung* der Entmündigung erfolgt auf Antrag bei Wegfall des Entmündigungsgrundes.
Im *östr.* und *schweizer. Recht* gilt Entsprechendes.

Entmythologisierung, von R. ↑Bultmann 1941 geprägter Begriff für das programmat. Versuch, mytholog. Vorstellungen und ein von Mythologie geprägtes Weltbild wie das der Bibel in der Weise zu verstehen, daß die zeitbedingten mytholog. Rede- und Denkweisen in moderne Rede- und Denkweisen übersetzt werden können. Der E. zugeordnet ist die **existentiale Interpretation,** der Versuch, das in der Bibel „zum Ausdruck kommende Verständnis der menschl. Existenz" herauszuarbeiten.

Entnahmen, alle Wirtschaftsgüter (Bargeld, Sachgüter, Nutzungen), die der Steuerpflichtige im Laufe des Wirtschaftsjahres für private und andere betriebsfremde Zwecke aus dem Unternehmen entnommen hat.

Entnazifizierung, Maßnahmen der alliierten Siegermächte in Deutschland nach 1945 zur möglichst raschen Zerstörung aller nat.-soz. Organisationen und zur Ausschaltung von Nationalsozialisten aus staatl., wirtsch. und kulturellen Schlüsselpos.; zu unterscheiden von den Prozessen gegen Kriegsverbrecher. 1945 auf den Konferenzen von Jalta und Potsdam beschlossen, wurde in den einzelnen Besatzungszonen in unterschiedl. Intensität (am stärksten in der US-Zone) und mit unterschiedlich großer Beteiligung dt. Spruchkammern betrieben. Die in der US-Zone 1945 entwickelte Einstufung Beschuldigter wurde im Okt. 1946 auch in den übrigen Zonen verbindlich: 1. Hauptschuldige, 2. Belastete (Aktivisten), 3. Minderbelastete, 4. Mitläufer, 5. Entlastete. Sanktionen waren u. a. Freiheitsentzug, Vermögenseinziehung, Berufsverbot, Amts- oder Pensionsverlust, Geldbuße, Verlust des Wahlrechts. Unmut in der Bev. erregte u. a. die Praxis der Spruchkammern, die zunächst eine große Zahl von Bagatellfällen zum (meist entlastenden) Abschluß brachten, während die wichtigeren Beschuldigten von der Verzögerung ihrer Verfahren bis in die Zeit des kalten Krieges nach 1948 profitierten. Insgesamt waren in den westl. Besatzungszonen rd. 6,08 Mill. Menschen von der E. betroffen, die nach 1949 rasch an polit. Bed. verlor. – In der SBZ benutzte die UdSSR die E. zur grundlegenden Änderung der Sozialstruktur in ihrer Zone. Adel und Besitzbürgertum sollten als politisch wirksame Faktoren ausgeschaltet werden. Polit. Straftaten verdächtigte Personen wurden von Sonderkammern der Landgerichte verurteilt. Bis Aug. 1947 wurden über 800 000 frühere NSDAP-Mgl. überprüft, etwa 500 000 verloren ihren Arbeitsplatz. Im Zuge der E. entledigte man sich auch zahlr. politisch Andersdenkender.
In *Österreich* begann die E. mit dem Verbotsgesetz vom 8. 5. 1945, das die NSDAP und ihre Gliederungen verbot und für deren Mgl. Registrierung und Sühnefolgen anordnete. Das Kriegsverbrechergesetz vom 26. 6. 1945 berief zur strafrechtl. Verfolgung von NS-Verbrechen Volksgerichte. Das Nationalsozialistengesetz vom 6. 2. 1947 nahm eine Abstufung der Belasteten und Minderbelasteten vor. Die sog. NS-Amnestie vom 14. 3. 1957 beendete Registrierungspflicht und alle Sühnefolgen.

ento..., Ento... [griech.] (vor Vokalen ent..., Ent...), Vorsilbe mit der Bed. „innerhalb", z. B. Entoderm.

Entoderm (Entoblast) [griech.], das innere der drei ↑Keimblätter.

Entomologie [griech.] (Insektenkunde), Wissenschaft und Lehre von den Insekten.

Entoparasit, svw. ↑Endoparasit.

Entophyten, svw. ↑Endophyten.

entoptische Erscheinungen (entopt. Wahrnehmungen), durch normale (z. B. Blutkörperchen, Netzhautgefäße) bzw. krankhafte Strukturen (z. B. Glaskörpertrübungen) des Augeninneren verursachte opt. Wahrnehmungen (sog. fliegende Mücken).

entotisch [griech.], im Innern des Ohrs.
Entozoen, svw. ↑Endozoen.
Entpersönlichung, svw. ↑Depersonalisation.
Entpolitisierung, Bez. für die Tendenz der Ausklammerung und Verschleierung des Polit. in bestimmten staatl. und sozialen Bereichen, i. e. S. die Ausschaltung polit. Instanzen von der inhaltl. oder personellen Steuerung bestimmter Institutionen (z. B. Justiz, Rundfunkanstalten usw.).

Entrada, svw. ↑Intrada.

entrappen, Weinbeeren von den Traubenstielen (Rappen) vor der Kelterung abtrennen.

Entreakt [ātrəˈakt; frz. entracte „Zwischenakt"], Musik- oder Tanzeinlage zw. den Aufzügen theatral. Darbietungen (Oper, Schauspiel).

Entrecôte [ātrəˈkoːt; frz.], Zwischenrippenstück vom Rind, das in Scheiben gegrillt oder gebraten wird. Im Ganzen zubereitetes E. nennt man Roastbeef.

Entree [āˈtreː; lat.-frz.], Eintritt, Eingang; Vorzimmer; auch Eintrittsgeld.
▷ im *Ballet de cour* der einzelne Szenenauftritt der Tänzer innerhalb einer Handlung, im übertragenen Sinne die Szene selbst, ferner die dazugehörige Musik; im späteren *Opéraballet* svw. Akt.
▷ Vorspeise oder Zwischengericht.

Entremés [span.], span. Bez. für Zwischenspiel; meist schwankhaft-realist. oder satir. Einakter, der zw. den Akten eines Dramas oder zw. Vorspiel und Auto sacramental eingeschoben wurde.

entre nous [frz. ātrəˈnu], unter uns, ungezwungen.

Entre Ríos [span. ˈentre ˈrrios], Prov. in NO-Argentinien, 78 781 km², 1 Mill. E (1989). Hauptstadt Paraná. Südl. Teil des Zwischenstromlandes mit Rinder- und Schafzucht, Anbau von Flachs, Mais, Hafer.

Entresol [frz. ātrəˈsɔl], Zwischengeschoß, v. a. zw. Erdgeschoß und erstem Stock; im 17. Jh. in der frz. Baukunst aufgekommen.

entrez! [frz. āˈtre], herein!

Entropie [griech.], Zustandsgröße thermodynam. Systeme und Maß für die Irreversibilität der in ihnen ablaufenden Prozesse. In einem abgeschlossenen System kann die Gesamt-E. nie abnehmen, bei reversiblen Vorgängen (Idealfall) bleibt sie konstant (**Entropiesatz).** In der unbelebten Welt herrscht gewöhnlich die natürl. Tendenz, sich auf einen Zustand immer größerer Unordnung (z. B. gleichmäßige Durchmischung zweier Gase) hinzubewegen. Normalerweise ist ein Zustand mit größerer Unordnung auch ein wahrscheinlicherer Zustand und damit ein Zustand höherer E. (da die E. dem natürl. Logarithmus der thermodynam. Wahrscheinlichkeit proportional ist). Die E. ist daher ein Maß für diese Unordnung.

Entropium [griech.], krankhafte Einstülpung der freien Lidrandfläche zum Augapfel hin, meist infolge Altersschlaffheit der Lidhaut.

Entrückung, übernatürl. und ohne Tod bewirkter Weggang eines Menschen aus seiner ird. Lebenswelt in ein Paradies oder an einen verborgenen Ort, meist im Innern von Bergen. Häufig tritt der Glaube an eine spätere Rückkehr hinzu. Im europ. Bereich knüpft er sich zunächst an die kelt. Artussage und verbindet sich später als sog. „Kyffhäusermotiv" mit der dt. Kaisersage.

Entsatz, Befreiung belagerter Festungen oder eingeschlossener Truppenteile durch neu herangeführte Truppen (E.truppen).

entsäuern, unerwünschte Säure im Wein durch Kalkzusatz verringern.

Entschädigung, Ersatz für erlittenen Schaden. E.ansprüche sind in zahlr. Rechtsvorschriften geregelt. – ↑Haftentschädigung, ↑Enteignung, ↑Wiedergutmachung.

Entscheidung, allg. das Ergebnis der Reaktion auf eine Alternative; Akt menschl. Verhaltens, sich auf eine von verschiedenen Möglichkeiten festzulegen; Abschluß bzw. Beendigung einer (u. a. militär., polit., sozialen) Auseinandersetzung um gegensätzl. Positionen. – E.situationen bzw. -prozesse lassen sich modellhaft (**Entscheidungsmodell**)

Entlastung (Bauwesen). Entlastungsbogen

Entscheidungshöhe

und graph. als Weggabelungen (**Entscheidungsbaum** oder **Entscheidungslabyrinth**) darstellen, wobei jeder Pfad einer Alternative entspricht; gesucht sind solche Alternativen (Lösungswege), die zu einem gewünschten Zustand, dem Ziel des E.problems, führen. Als Lehre von E.inhalten und -prozessen wird die v. a. in Statistik, Politologie und Wirtschaftswiss. angewandte, aus **Entscheidungslogik** und **beschreibender Entscheidung** bestehende **Entscheidungstheorie** bezeichnet. Die Frage, ob der Mensch objektiv eine Möglichkeit zur Auswahl und damit zur E. hat, führt in eine philosoph. Kontroverse über Willensfreiheit und Determinismus.

▷ im *gerichtl. Verfahren* der Ausspruch der im jeweiligen Fall eingetretenen oder anzuordnenden Rechtsfolge. E. sind: Urteil, Beschluß, Verfügung. Im *Europarecht* ein für den Adressaten (Einzelperson, Unternehmen, Mgl.staat) verbindlicher Rechtsakt des Rates oder der Kommission der Europ. Gemeinschaften, der einen Einzelfall regelt.

Entscheidungshöhe ↑Allwetterlandung.

Entscheidungsverfahren, in der mathemat. Logik jedes System von Regeln, mit dessen Hilfe die Entscheidung eines bestimmten Problems (in Form einer endgültigen Antwort auf eine gestellte Frage) in endlich vielen Schritten gefällt werden kann.

entschiedene Schulreformer ↑Bund entschiedener Schulreformer.

Entschlackung, in der *Medizin* 1. durch therapeut. Maßnahmen angeregte Ausscheidung von Stoffwechselprodukten zur Entgiftung und Reinigung des Körpers; u. a. durch Rohkost- und Schwitzkuren, Abführmittel, Blutreinigungsmittel; 2. die Entfernung von Giften oder Stoffwechselendprodukten mit einer künstl. Niere.

Entschließung, Beschluß einer Behörde, eines Parlaments oder eines Verbandes ohne unmittelbare rechtl. Außenwirkung.

Entschließungsantrag ↑Antrag.

Entschwefelung, Entfernung des Katalysatorgiftes Schwefelwasserstoff (H_2S) aus techn. Gasen, bzw. Entfernung von Schwefel aus dem schmelzflüssigen Eisen, Stahl und Gußeisen wegen seiner überwiegend schädl. Einflüsse auf die technolog. Eigenschaften.

▷ (Rauchgas-E.) Entfernung von Schwefeldioxid (SO_2) aus den bei der Verbrennung von Kohle, Heizöl und Erdgas entstehenden Abgasen; erfolgt durch Naßwaschverfahren, bei denen das SO_2 durch wäßrige Lösungen in Form von Ammoniumsulfat, Gips, Schwefel oder Schwefelsäure gebunden und aus dem Rauchgas abgeschieden wird, oder durch Adsorption an imprägnierter Aktivkohle bzw. anderen Absorptionsmitteln, aus denen es anschließend ausgetrieben und zu Schwefel oder Schwefelsäure verarbeitet wird.

Entseuchung, svw. ↑Desinfektion.

entsichern, Handfeuerwaffen durch Lösen einer Sperrvorrichtung (Sicherung) schußfertig machen.

Entsorgung, der Abtransport und die Beseitigung (Aufbereitung und/oder Deponierung, gegebenenfalls Verbrennung oder auch Recycling) von Abfallstoffen aller Art (↑Müll, ↑radioaktiver Abfall, ↑Abwasser, ↑Kanalisation).

entspanntes Wasser, Wasser, bei dem durch geeignete, in ihm aufgelöste ↑Netzmittel die Oberflächenspannung verringert ist.

Entspannung, Zustand des Gelöstseins; Aufhebung von phys. und psych. Anspannung.

▷ (thermodynam. E.) Übergang eines Gases von einem Zustand höheren Drucks in einen mit niedrigerem Druck.

Entspannungspolitik, polit. Bemühungen um einen Abbau von polit. und militär. Spannungen zw. Machtblöcken, insbes. seit Ende der 1950er Jahre das Streben um Spannungsminderung zw. den USA und der UdSSR durch bestimmte Vereinbarungen zur Sicherung des Friedens: Vereinbarungen zur Rüstungskontrolle, Intensivierung der polit., wirtsch. und kulturellen Beziehungen. Die sowjet. Reformpolitik in der 2. Hälfte der 1980er Jahre (Perestroika, Glasnost, friedenspolit. Initiativen) ermöglichte eine grundsätzl. Verbesserung der Beziehungen zw. den USA und der UdSSR (u. a. regelmäßige Gipfeltreffen, 1987 Abschluß des INF-Vertrages, Unterzeichnung des START-Vertrags im Juli 1991). Diese Entwicklung führte – insbes. seit der gesellschaftl. Umwälzung in Mittel- und Osteuropa 1989/90 – zum Abbau der starren militär. Blockkonfrontation und zum Ende des kalten Krieges und wurde zu einer wichtigen Voraussetzung (erfolgreiche Zwei-plus-Vier-Gespräche) für die Wiederherstellung der Einheit Deutschlands 1990. Die Fortschritte in der E. förderten auch nachhaltig die ↑Abrüstung. – ↑Koexistenz, ↑KSZE.

Entspannungstherapie, in der Medizin: 1. Behandlungsmethode zur Lösung muskulärer Spannungen und Verkrampfungen, v. a. durch bes. Formen der Massage; 2. psychotherapeut. Methode zur Beseitigung psych. bzw. psychogener körperl. Spannungszustände, die mit Organstörungen einhergehen.

Entspiegelung ↑Vergütung.

Entstalinisierung, im Westen geprägtes Schlagwort, das den nach Stalins Tod 1953 in der Sowjetunion und ihrem Machtbereich eingeleiteten Prozeß bezeichnet, durch teilweise Abkehr von Richtlinien und Methoden der persönl. Diktatur Stalins (sog. ↑Stalinismus) v. a. das Herrschaftsmonopol der Partei im leninist. Ursprungssinn zu restaurieren bzw. erneut zu legitimieren; i. e. S. gehören zur E. u. a. Verurteilung des Personenkults (sog. Geheimrede Chruschtschows auf dem XX. Parteitag der KPdSU 1956), Rehabilitierung von Opfern des stalinist. Terrors, Betonung des Prinzips der kollektiven Führung, Ächtung führender Stalinisten als Parteifeinde, Beseitigung der persönl. Verfügungsgewalt eines einzelnen über den Sicherheitsapparat; seit der 2. Hälfte der 60er Jahre von der partiell gegenläufigen Politik des Neostalinismus überlagert. Ausgelöst durch die Politik Gorbatschows, begann in der 2. Hälfte der 80er Jahre in der Sowjetunion eine 2. Etappe der E. (u. a. umfassende Rehabilitierung der Opfer stalinist. Repressalien, krit. Auseinandersetzung mit den gesellschaftl. Folgen des Stalinismus, staatl. Vorgehen gegen Planbürokratismus und Korruption). Durch die gesellschaftl. Umwälzung in Mittel- und Osteuropa 1989/90 wurden die dort vorhandenen stalinist. Strukturen formell weitgehend beseitigt (Abschaffung des Machtmonopols der KP, beginnende Einführung der Marktwirtschaft, polit. Pluralismus).

Entstaubung, Entfernung von Stäuben, d. h. von kleinen Feststoffpartikeln, aus Gasströmen. Stäube werden wegen ihres wirtsch. Wertes zurückgewonnen, meist jedoch zur Reinhaltung der Luft. Als *Staub* bezeichnet man alle Festteilchen mit einer Größe von 1 bis 200 μm.

Die **Trockenentstaubung** beruht auf der Einwirkung von Schwerkraft auf die Staubteilchen. Beim einfachsten Verfahren wird der Gasstrom in einen großen Raum, die *Staubkammer,* geleitet; dabei verlangsamt sich die Strömungsgeschwindigkeit so stark, daß der Staub auf Grund der Schwerkraft auf den Boden der Kammer absinken kann. Bei der *Filterentstaubung* gelangt der staubhaltige Gasstrom in *Sack-* oder *Schlauchfilter* aus gewebten oder vliesartigen Filterstoffen; Abscheidung auf Grund von Massenträgheit. Bei der **Naßentstaubung** wird eine Waschflüssigkeit, meist Wasser, im Gasstrom fein zerstäubt. Die mit hoher Geschwindigkeit ausgeschleuderten Wassertropfen werden vom Gas umströmt, wobei die Staubteilchen infolge ihrer Massenträgheit auf die Tropfen aufprallen und gebunden werden. Die Staub-Wasser-Partikel müssen dann von dem Gasstrom getrennt werden. Die **Elektroentstaubung** oder **Elektrogasreinigung** umfaßt alle Verfahren zur E. von Gasen durch elektrostat. Aufladung der Staubteilchen. Ein *Elektrofilter* besteht prinzipiell aus einer geerdeten, röhrenförmigen Niederschlagselektrode (Anode). In der Achse befindet sich ein Sprühdraht (Kathode), an dem eine hohe, negative Gleichspannung liegt (etwa -50 kV). Staubteilchen werden in dem elektr. Feld elektrostat. aufgeladen. Negative Teilchen wandern zur Niederschlagselektrode, positive zur Sprühelektrode. An beiden Elektroden lagert sich Staub an, der von dort entfernt werden muß. Elektrofiltern ist immer eine Trocken- oder Naßentstaubung vorgeschaltet.

Entwicklungsländer

Entstickung, die Entfernung von Stickstoffoxiden, die v. a. bei der Verbrennung bei hohen Temperaturen entstehen, aus Abgasen von Kraftwerken und Kfz-Motoren; erfolgt in Kraftwerken z.B. unter Zugabe von Ammoniakgas durch katalyt. Umsetzung zu Stickstoff und Wasserdampf oder durch Auswaschen mit Ammoniakwasser (unter Zugabe von Ozon), wobei Ammoniumnitrat entsteht. Die E. von Kfz-Abgasen erfolgt im Abgaskatalysator durch katalyt. Umsetzung mit im Abgas enthaltenem Kohlenmonoxid zu Stickstoff und Kohlendioxid.

Entstörung ↑ Funkentstörung.

Entsühnung, Befreiung von Sünde, die je nach Sündenverständnis mit verschiedenen Mitteln herbeigeführt wird. Wenn die Sünde materiell gedacht wird, gibt es E.riten, die u. a. in Waschungen, Räucherungen und dem Durchschreiten von Feuer bestehen können. Das Verständnis von Sünde als dämon. Besessenheit erfordert Riten zur Austreibung der Dämonen. In Religionen, die Sünde als Vergehen gegen eine Gottheit verstehen, sind Gebet, Opfer, Beichte, Bußübungen sowie Askese Mittel der Entsühnung. Nach jüd. Brauch (3. Mos. 16, 8. 10. 26) wurden am ↑Versöhnungstag die Verfehlungen des Volkes durch den Hohepriester auf einen Bock übertragen, den man dann in die Wüste jagte („Sündenbock").

Entwarnung ↑ Alarm.

Entwässerung, in der *Medizin* die Entfernung von krankhaften Wasseransammlungen im Gewebe durch therapeut. Maßnahmen.

Entweichgeschwindigkeit (Fluchtgeschwindigkeit), Geschwindigkeit, die einem Raumflugkörper erteilt werden muß, damit er ohne weiteren Antrieb den Anziehungsbereich eines Planeten oder eines anderen Himmelkörpers verlassen kann. – Die E. beträgt für die Erde 11,2 km/s, die solare E. zum Verlassen unseres Planetensystems etwa 16,5 km/s.

Entweihung, in den *Religionen* eine Handlung, die einen Menschen oder eine Sache aus der Sphäre des Heiligen entfernt. E. setzt den Ggs. von heilig und profan voraus.

Entwesung (Desinfestation), Vernichtung schädl. Kleinlebewesen, z. B. von Läusen, Flöhen oder Ratten.

Entwickler, Lösung reduzierender Substanzen, die das unsichtbare (latente) Bild der belichteten photograph. Schicht sichtbar macht (die belichteten Silberhalogenidkristalle schwärzen sich, werden zu metall. Silber reduziert). Ein E. enthält gewöhnlich mehrere E.substanzen, Wasser, Konservierungs-, Aktivierungs-, Klär-, Kalkschutz-, Netzmittel u. a. Unterschieden werden nach Wirkungsweise und Verwendung a) Negativ- (Schwarzweiß-) E. (Ausgleichs-E. für unterschiedlich belichtete Aufnahmen auf einem Film, Feinkorn-E., Oberflächen-E., Tiefen-E.); b) Positiv- (Schwarzweiß-) E. (Papier-E.); c) Farb-E. (für Farbfilme und -papiere).

▷ (Gasentwickler) ↑ Kippscher Apparat.

Entwicklung, Grundbegriff zur Kennzeichnung des (gesetzmäßigen) Prozesses der Veränderung von Dingen und Erscheinungen als Aufeinanderfolge von verschiedenen Formen oder Zuständen. In den älteren Leitbegriffen von E. wie ↑ Fortschritt und ↑ Verfall wurde im 18. Jh. säkularisiertes Heilsgeschichtsdenken auf die geschichtl. E. übertragen. Herder setzte seine Auffassung der E. aus der Naturentwicklung ab; Kant setzte seine Konzeption von der Andersartigkeit geschichtl. E. der menschl. Gattung dagegen und erhob das Postulat des Fortschritts. Diese Ansätze wurden durch Hegels Auffassung von der dialekt. E. des Geistes (↑ Dialektik) und Darwins Evolutionstheorie (↑ Darwinismus) zur grundlegenden historisch-sozialwiss. Verstehenskategorie. V. a. durch die historisch ausgerichtete Soziologie, ihre Typen-, Stufen- und Zyklenlehren, fand der E.gedanke Eingang in alle histor. Wissenschaften.

▷ (E. des Menschen), die gerichtete, zeitlich geordnete und in sich zusammenhängende Abfolge von Veränderungen im Verhalten von Menschen; sie können in funktioneller, organisator. oder in struktureller Hinsicht erfolgen. In ihrer Gesamtheit stellen sie zu einem bestimmten Zeitpunkt den **Entwicklungsstand** dar. Aussagen über die steuernden und regulierenden Faktoren des E.prozesses versucht die **Entwicklungstheorie** zu machen. Man weiß heute, daß die E. das Ergebnis einer Wechselwirkung von Anlage- und Umweltfaktoren, von Reifungs- und Lernprozessen darstellt, wie es in der Konvergenztheorie (↑ Konvergenz) von W. Stern formuliert wurde.

Unter einer **Entwicklungsstufe** versteht man einen zeitlich begrenzten Abschnitt des Lebensablaufs, der durch einen charakterist. von anderen E.stufen abweichenden E.stand gekennzeichnet ist.

▷ in der *Biologie* der Werdegang der Lebewesen von der Eizelle bis zum Tod. Mit der E. des einzelnen Individuums beschäftigt sich die **Individualentwicklung** (Ontogenie, Ontogenese). Beim Menschen und bei mehrzelligen Tieren gliedert sie sich in 4 Abschnitte: 1. **Embryonalentwicklung;** umfaßt beim Menschen die Zeit nach der Befruchtung der Eizelle bis zur E. der Organanlagen (nach anderer Auffassung auch die Fetal-E. bis zur Geburt). 2. **Jugendentwicklung** (Juvenilstadium); dauert von der Geburt bzw. vom Schlüpfen aus dem Ei bzw. den Embryonalhüllen bis zum Erreichen der Geschlechtsreife. 3. **Reifeperiode** (adulte Periode); gekennzeichnet durch das geschlechtsreife Lebewesen, wobei zu Beginn dieser Phase die Körper-E. noch nicht endgültig abgeschlossen zu sein braucht. 4. **Periode des Alterns;** in ihr vollziehen sich im Körper Abbauprozesse, bis der natürl. Tod den Abschluß bringt. – Dieser Individual-E. steht die **Stammesentwicklung** (Phylogenie) gegenüber, d. h. die E. der Lebewesen von wenigen einfachen Formen bis zur heute bestehenden Mannigfaltigkeit mit dem Menschen als höchstentwickeltem Lebewesen. – Mit der kausalanalyt. Untersuchung der E. eines Individuums aus dem Ei, d. h. der Entfaltung der genetisch fixierten Anlagen unter Einfluß von inneren und äußeren Umweltfaktoren, beschäftigt sich die **Entwicklungsphysiologie.**

▷ in der *Industrie* als Zweckforschung die E. neuer Produkte und Technologien.

Entwicklungshelfer, Berater und freiwillige Helfer in der techn. Entwicklungshilfe in Entwicklungsländern; Rechtsgrundlage ist das E.gesetz vom 18. 6. 1969. Getragen u. a. von der Dt. Förderungs-Gesellschaft für Entwicklungsländer (GAWI) und dem Dt. Entwicklungsdienst (DED).

Entwicklungshilfe, Unterstützung der Entwicklungsländer durch private und öff. nat. und internat. Organisationen in Form von *techn. Hilfe* (Bildungshilfe, Beratungshilfe), *Kapitalhilfe* (Kredite, Bürgschaften), *Güterhilfe* (Nahrungsmittel, Medikamente, Investitionsgüter) und *handelspolit. Maßnahmen* (Abbau von Zöllen, Kontingenten, internat. Stabilisierungsabkommen). Die Formen und Ziele der E. sind je nach Träger verschieden. Unter E. im engeren Sinne werden die staatl. Transaktionen verstanden, wobei techn. Hilfe und die Gewährung von Krediten, häufig für genau bestimmte Maßnahmen zur Verbesserung der Infrastruktur, überwiegen. Die von den UN empfohlene Höhe für die E. der Ind.länder von 0,7 % des Bruttosozialprodukts wird nur von wenigen Ländern tatsächlich erreicht. Die Auswahl der Empfänger erfolgt meist nach polit., strateg., kommerziellen und traditionellen Bindungen. Häufig noch mit polit. Auflagen verknüpft ist schließlich jedoch Ziel staatl. E., die Empfänger in die Lage zu versetzen, im Rahmen eines selbst bestimmten Wirtschaftssystems ohne E. auszukommen.

Entwicklungsländer, Anfang der 1950er Jahre geprägter Begriff für eine nicht einheitlich definierte Gruppe von

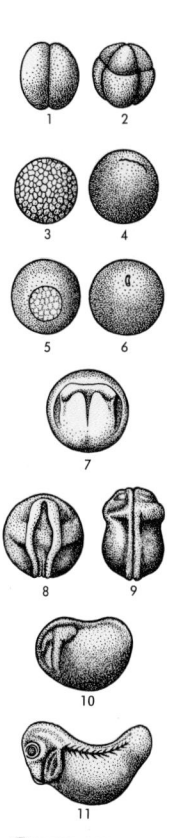
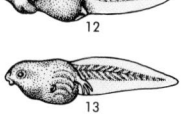
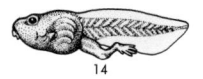

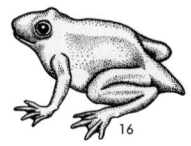

Entwicklung (Biologie). Schematische Darstellung der Embryonalentwicklungsphasen eines Grasfroschs: 1 und 2 Zwei- und Achtzellenstadium (punktiert Pigment); 3 Morula; 4 beginnende Gastrula mit Urmundspalt (schwarz); 5 und 6 Gastrula mit Dotterpfropf; 7 Ausbildung der Medullarplatte (Anlage von Hirn und Rückenmark); 8 und 9 Neurula (Rückenansicht); 10 Neurula (Seitenansicht); 11 Embryo mit Anlagen der Augen; 12 junge Larve mit äußeren Kiemen und Schwanzflosse; 13 das Einziehen der äußeren Kiemen, Haftorgane in Rückbildung; 14 ausgewachsene Kaulquappe mit langen Hinterbeinen, Vorderbeine unter dem Kiemendeckel verborgen; 15 Umgestaltung von Kopf und Rumpf, Durchtritt der Vorderbeine durch verdünnte Stellen der Kiemendeckel nach außen, Abbau von Kiemen und Ruderschwanz; 16 junger Frosch

Entwicklungspolitik

Environment. Edward Kienholz, Five Cars Stud, Szene gegen die Rassendiskriminierung, 1972 (Kassel, documenta 5)

Ländern, deren Entwicklungsstand im Vergleich zu den Industriestaaten gering ist (↑ dritte Welt). Kriterien für die Zuordnung zu den E. sind niedriges Pro-Kopf-Einkommen, geringe Arbeitsproduktivität, hohe Arbeitslosen- und Analphabetenquote, mangelhafte Infrastruktur, hoher Anteil der Produktion landw. Erzeugnisse, Abhängigkeit von Rohstoffexporten und damit vom Preisniveau des Weltmarktes u. a. Indikatoren. Dramatisch ist die Verschuldung vieler E., die bis zur Zahlungsunfähigkeit reicht. Die UN führten 1970 für die E. die Bez. **Less developed countries** (wenig entwickelte Länder; Abk. **LDC**) ein. Kriterien für die Einordnung in die Gruppe der **Least developed countries** (am wenigsten entwickelten Länder; Abk. **LLDC**), zu der etwa 30 Länder gehören, sind ein Bruttoinlandsprodukt (BIP) je Einwohner von maximal 250 Dollar, ein Anteil von höchstens 10 % des BIP an der industriellen Produktion und eine Rate des Analphabetismus von mehr als 80 % der Bev. über 15 Jahre. Nach 1973 (starke Erhöhung der Erdölpreise) definierten die UN die Kategorie der **Most seriously affected countries** (am schwerwiegendsten betroffene Länder; Abk. **MSAC**); niedriges Pro-Kopf-Einkommen, hohe Verschuldung durch Preisanstieg bei wichtigen Importen und geringe Exporterlöse. Die Grenze zw. LLDC und MSAC ist fließend; die Untergruppen wurden geschaffen, um die betroffenen Staaten durch differenzierte Entwicklungsprogramme v. a. der UN-Spezialorganisationen fördern zu können. Die E. treten seit 1967 als Gruppe der 77 bei Verhandlungen internat. Organisationen auf. Ein Teil der E. gehört zur ↑ OPEC und kann durch Erlöse aus Erdölexporten seine Industrialisierung selbst finanzieren oder zählt bereits zu den ↑ Schwellenländern.

Um den wegen der Konzentration von E. in der südl., von Industrieländern in der nördl. Hemisphäre so gen. **Nord-Süd-Konflikt** zu mildern, fanden zahlr. Konferenzen statt, die teilweise zu Abkommen in Richtung auf eine von den E. geforderte Änderung der Weltwirtschaftsordnung hinsichtlich der Stabilisierung und Steigerung ihrer Exporterlöse führten.

Entwicklungspolitik, alle Maßnahmen, die zu sozialem Fortschritt und zu einer anhaltenden Erhöhung des Pro-Kopf-Einkommens in Entwicklungsländern führen. E. befaßt sich mit den Fragen der Finanzierung der wirtsch. Entwicklung und des Einsatzes der finanziellen Mittel. Die Finanzierungsmittel können aufgebracht werden: 1. aus inländ. Quellen, d. h. aus freiwilliger privater Ersparnis, aus Steuern, durch Zwangssparen; 2. aus Exporterlösen; 3. aus ausländ. Quellen, d. h. aus Kapitalimporten und ↑ Entwicklungshilfe. Die Probleme dieser Art der Finanzierung liegen in der starken Verschuldungszunahme der Entwicklungsländer. Die insgesamt recht begrenzten Erfolge auf dem Gebiet der E. rechtfertigen eine krit. Überprüfung der bisher angewandten Entwicklungsstrategien und eine stärkere Besinnung darauf, daß E. das Ziel haben muß, den Entwicklungsländern auf der Grundlage von Solidarität und Partnerschaft einen Weg zur Selbsthilfe zu weisen, der es ihnen ermöglicht, ihre ökonom. und soziale Rückständigkeit zu überwinden, ihre Gesellschaft nach eigenen Zielen zu modernisieren und in der weltweiten Interdependenz die gemeinsame Zukunft mitzugestalten.

Entwicklungspsychologie, Teilgebiet der Psychologie, dessen Gegenstandsbereich die Beschreibung und Erforschung vorwiegend der ontogenet. Entwicklung des Verhaltens von Individuen und Gruppen ist. Die E. entstand Ende des 19. Jh. durch den Einfluß der Darwinschen Evolutionstheorie als selbständige Teildisziplin der Psychologie.

Entwicklungsroman, Romantypus, in dem eine geistige Entwicklung der Hauptgestalt dargestellt wird; oft mit Bildungsroman und Erziehungsroman synonym gebraucht.

Entwicklungsstand ↑ Entwicklung.

Entwicklungsstörungen, Bez. für im Verlaufe der Entwicklung eintretende Ereignisse, die ein Stehenbleiben der Entwicklung oder ein Zurückfallen auf das Organisationsniveau einer früheren Entwicklungsstufe zur Folge haben. – ↑ Akzeleration, ↑ Retardation.

Entwicklungsstufe ↑ Entwicklung.

Entwicklungszentrum, in der Tier- und Pflanzengeographie Bez. für ein Gebiet, das durch das Vorkommen zahlr., nahe miteinander verwandter Arten gekennzeichnet ist und als Ursprungsgebiet der betreffenden systemat. Kategorie angesehen werden kann.

Entwidmung ↑ Widmung.

Entwöhnen, svw. ↑ Abstillen.

Entwöhnungskur, svw. ↑ Entziehungskur.

entwürdigende Behandlung, militärstrafrechtl. Tatbestand, der die Würde des Untergebenen gegen seel. Mißhandlung durch einen Vorgesetzten schützt (§ 31 WehrstrafG). Die Tat wird mit Strafarrest oder mit Freiheitsstrafe bis zu 5 Jahren bestraft.

Entzerrung, in der *Photographie* die Beseitigung stürzender Linien, d. h. konvergierender Senkrechten, und ähnl. perspektiv. Verzeichnungen, die entstehen, wenn die Aufnahmerichtung nicht exakt senkrecht zur Objektebene läuft.

Entziehung, im Recht der zur Aufhebung, Übertragung oder Wegnahme führende Zugriff auf ein Recht oder einen anderen Gegenstand (z. B. E. des Pflichtteils, E. der Fahrerlaubnis, E. der elterl. Sorge).

Entziehung der Staatsangehörigkeit ↑ Ausbürgerung.

Entziehungserscheinungen (Abstinenzerscheinungen, Entzugssyndrom), durch körperl. Abhängigkeit von Rauschgiften, Schlafmitteln, Alkohol u. a. erzeugte Reaktion des Körpers, wenn diese Drogen dem Körper vorenthalten werden. E. sind abhängig von der Art des Suchtstoffs, der gewohnten Dosis und persönl. Faktoren; sie äußern sich u. a. in Erregungszuständen, Niedergeschlagenheit, Angst, Blutdruckabfall, Schweißausbruch, Tremor, Schlafstörungen und Halluzinationen.

Entziehungskur (Entwöhnungskur, Entzugskur), klin. Behandlung zur Entwöhnung von suchterzeugenden Mitteln (z. B. Morphin, Kokain, Alkohol [Alkoholentziehungskur]) bei Süchtigen, um sie von der psych. bzw. körperl. Abhängigkeit vom Suchtmittel zu befreien. Die E. erfolgt stationär; freiwilliger Entschluß zur E., psychotherapeut. Behandlung und Nachbehandlung verkürzen bzw. erleichtern die Kur und verbessern die Erfolgsaussicht (vermindern die Rückfallgefahr) bei Süchtigen. – Eine E. kann vom Gericht angeordnet werden, wenn bei einem Straftäter zu befürchten ist, daß er erhebl. rechtswidrige Taten infolge seines Hanges zu übermäßigem Genuß alkohol. Getränke oder anderer berauschender Mittel begehen wird.

entziffern ↑ dechiffrieren.

Entzündung, (Inflammatio) typ. Abwehrreaktion des Organismus auf schädl. Einflüsse (z. B. Krankheitserreger). Ziel der E. ist es, die weitere Ausbreitung der Schädlichkeit zu hemmen, sie zu entschärfen, das Gewebe zu reinigen und schließlich Voraussetzungen für die Beseitigung des entstandenen Schadens zu schaffen. – Ursache von E. sind meist pathogene (krankheitserregende) Bakterien; aber auch eingedrungene Fremdkörper, Hitze, Kälte, Gewebsgifte oder abgestoßene, zu Fremdkörpern gewordene Gewebestücke können zu E. führen. Die **akute Entzündung** weist immer vier Symptome auf: Rötung, Schwellung, Wärme und Schmerzen. Unmittelbare Ursache der Rötung und Erwärmung um den E.herd ist die entzündl. Mehrdurchblutung (Hyperämie) der Kapillaren. Sie entsteht dadurch, daß der erhöhte Kapillarinnendruck größere Mengen Plasmaflüssigkeit ins Gewebe abpreßt. Die aus den Kapillaren austretende eiweißhaltige Flüssigkeit, die sich im Verlauf der E. im Gewebe ansammelt und später auch zelluläre Elemente aufnimmt, heißt *Exsudat.*
Chronische Entzündungen können als solche entstehen oder sich aus abklingenden akuten E. entwickeln. Im Ggs. zum Flüssigkeitsaustritt ins Gewebe (Exsudation) bei akuter E., kommt bei chron. E. verstärkt Gewebsneubildung bzw. -wucherung vor. – Die *Behandlung* der E. ist unterschiedlich. Neben Ruhigstellung und chirurg. Maßnahmen (bes. bei eitriger E.) kommen bei bakteriellen E. hauptsächlich Antibiotika und Chemotherapeutika, bei oberflächl. E. auch unspezifisch entzündungshemmende Mittel in Betracht.
▷ das Einsetzen der Verbrennung eines Stoffes beim Überschreiten einer bestimmten Temperatur *(E.temperatur).*
entzündungshemmende Mittel (Antiphlogistika), Arzneimittel, die örtlich begrenzten Entzündungen entgegenwirken; werden bes. bei entzündl. Hauterkrankungen und bei rheumat. Erkrankungen angewandt.
Enugu, Hauptstadt des nigerian. Bundesstaates Anambra, nö. von Onitsha, 228 000 E. Kath. Bischofssitz, Fakultäten der Univ. von Nsukka, Colleges; Steinkohlenbergbau. Nahebei in **Emene** Walzstahlwerk, in **Nkalagu** größtes Zementwerk Nigerias. – 1909 gegr.; während der Separation Biafras dessen Zentrum.
Enukleation (Enucleatio) [lat.], die operative Ausschälung eines Tumors, Organs oder Fremdkörpers ohne Beeinträchtigung der Umgebung.
Enuma elisch [akkad. „als droben"], das auf die Taten des Gottes Marduk ausgerichtete babylon. Weltschöpfungsepos, nach seinen Anfangswörtern benannt.
Enumerationsprinzip [lat.], gesetzgebungstechn. Verfahren, Einzeltatbestände aufzuzählen, anstatt sie mit einer globaleren Bez. (Generalklausel) zu umfassen.
E-Nummern, nach der Lebensmittelkennzeichnungs-VO vom 22. Dez. 1981 Bez. für ↑Zusatzstoffe.
Enuresis [griech.], svw. ↑Bettnässen.
Envalira, Port d', mit 2 407 m ü. d. M. höchster Paß der Pyrenäen, in Andorra.

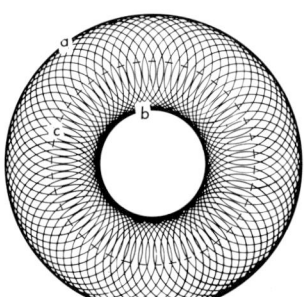

Enveloppe. Zwei Kreise (*a* und *b*) als Hüllkurven einer Schar von Kreisen, deren Mittelpunkte auf einem Kreis (*c*) liegen

Enveloppe [ãvəˈlɔp(ə); frz.], Hülle, Decke, [Brief]umschlag.
▷ (Hüllkurve, Einhüllende) in der *Mathematik* eine Kurve, die alle Kurven einer gegebenen Schar berührt und umgekehrt in jedem ihrer Punkte von einer Kurve der Schar berührt wird.
Enver ↑ Enwer Pascha.
Environment [engl. ɪnˈvaɪərənmənt, zu frz. environ „um herum"], die Gestaltung einer bühnenartigen Szene, die auch einen ganzen Raum einnehmen kann; von der Pop-art entwickelt als eine Ausweitung der Plastik in den Umraum; steht auch in Zusammenhang mit ↑Happenings und kann Teil oder Zeugnis von Aktionen sein. Bed. Vertreter: A. Kaprow, R. Rauschenberg, C. Oldenburg, G. Segal, E. Kienholz und J. Beuys.
Environtologie [frz.-engl./griech.] ↑Umweltforschung.
en vogue [frz. ãˈvɔg], modern, beliebt, in Mode.
Enweri, andere Namensform des pers. Dichters und Gelehrten ↑Anwari.
Enwer Pascha (türk. Enver, arab. Anwar), *Konstantinopel 22. Nov. 1881, †Baldschuan (Tadschikistan) 4. Aug. 1922, türk. General und Politiker. – An der Revolution 1908/09 maßgeblich beteiligt; erneut führend beim Putsch 1913, der die Jungtürken endgültig an die Macht brachte; 1914 Kriegsmin.; modernisierte die Armee, setzte den dt.-türk. Bündnisvertrag 1914 durch; im 1. Weltkrieg stellv. Oberbefehlshaber; versuchte die Turkvölker Z-Asiens zum Aufstand gegen die sowjet. Herrschaft zu bewegen; kam bei diesen Kämpfen um.

Enwer Pascha

Enz, linker Nebenfluß des Neckars, entspringt (Quellflüsse Große und Kleine E.) im nördl. Schwarzwald, mündet bei Besigheim; 103 km lang.
Enzensberger, Hans Magnus, *Kaufbeuren 11. Nov. 1929, dt. Schriftsteller. – Sieht die Kommunikationsmittel im Dienst der gesellschaftl. Progressivität; schmucklose, klare Gegenwartssprache in Lyrik (u. a. „verteidigung der wölfe", 1957; „landessprache", 1960; „blindenschrift", 1964; „Mausoleum. Siebenunddreißig Balladen aus der Geschichte des Fortschritts", 1975; „Der fliegende Robert", 1989), Dramatik („Der Untergang der Titanic. Eine Komödie", 1978; „Der Menschenfreund", 1984) und z. T. dokumentar. Prosa („Das Verhör von Habana", 1970; „Der kurze Sommer der Anarchie. Buenaventura Durrutis Leben und Tod", 1972; „Ach Europa!", 1987; „Mittelmaß und Wahn", 1988). Auch bed. Essayist („Baukasten zur Theorie der Medien", 1971; „Polit. Brosamen", 1982); Hg.; Übersetzer und Hörspielautor. – Georg-Büchner-Preis 1963.

Hans Magnus Enzensberger

Enzephalitis (Encephalitis) [griech.], svw. ↑Gehirnentzündung.
Enzephalographie [griech.], svw. Elektroenzephalographie (↑Elektroenzephalogramm).
▷ die Darstellung der Raumverhältnisse im Schädelinneren, z. B. der Hirnkammern durch den Negativkontrast einer Gasfüllung im Röntgenbild. Inzwischen weitgehend durch die ↑Computertomographie ersetzt.
Enzephalomalazie [griech.], svw. ↑Gehirnerweichung.
Enzephalomyelitis [griech.] ↑Gehirnentzündung.
Enzephalon [griech.], svw. ↑Gehirn.
Enzephalopathie [griech.], allg. Bez. für organ. Erkrankungen des Gehirns.
Enzephalorrhagie [griech.], svw. ↑Gehirnblutung.
Enzian [zu lat. gentiana (mit gleicher Bed.)] (Gentiana), Gatt. der Enziangewächse mit über 200 Arten, v. a. in den Gebirgen der Nordhalbkugel und in den Anden; einjährige oder ausdauernde Kräuter. In M-Europa kommen etwa 17, unter Naturschutz stehende Arten vor. Zu den blaublühenden Arten gehören u. a.: **Stengelloser Enzian** (Großblütiger E., Gentiana clusii), Stengel kurz, mit einer 5–6 cm langen Blüte; **Frühlingsenzian** (Gentiana verna), lockere Rasen bildend, mit grundständiger Blattrosette und kurzstieli ten, tief azurblauen Einzelblüten; **Lungenenzian** (Gentiana pneumonanthe), mit mehreren großen, blauen, innen grün längsgestreiften Blüten; **Schnee-Enzian** (Gentiana nivalis), mit kleinen sternförmigen, azurblauen, einzelnen Blüten; **Schwalbenwurzenzian** (Gentiana asclepiadea), bis 80 cm hoch, mit mehrblütigen Stengeln und dunkelazurblauen Blüten in den oberen Blattachseln. Eine dunkelpurpurfarben blühende Art ist der **Braune Enzian**

Enziangewächse

(Ungar. E., Gentiana pannonica) mit trübpurpurfarbenen, schwarzrot punktierten Blüten in den oberen Blattachseln; **Gelber Enzian** (Gentiana lutea), bis 2 m hoch, mit großen, breiteiförmigen Blättern und gelben Blüten in Scheinquirlen.
▷ (Enzianbranntwein), klarer Trinkbranntwein, aus den Wurzelstöcken des Gelben Enzians hergestellt.

Enzian. Stengelloser Enzian

Enziangewächse (Gentianaceae), Fam. zweikeimblättriger Samenpflanzen mit etwa 70 Gatt.; über die ganze Erde verbreitet; bekannteste Gatt.: ↑Enzian, ↑Tausendgüldenkraut.

Enzianwurzel (Bitterwurzel), Bez. für die bitterstoffhaltigen Wurzeln des Gelben Enzians; medizinisch als appetitanregendes Mittel, ferner zur Herstellung von Enzianbranntwein und Kräuterlikören verwendet.

Enzio (Enzo), * vor 1220, † Bologna 14. März 1272, König von Sardinien (seit 1239). – Unehel. Sohn Kaiser Friedrichs II.; von ihm 1239 zum Generalvikar der Romagna und Generallegaten für ganz Italien eingesetzt; gewann die Mark Ancona und das Hzgt. Spoleto dem Kaiser zurück; 1249 von den Bolognesern gefangengenommen und bis zum Tod in Haft gehalten; Dichter italien. Kanzonen und Sonette.

Enzkreis, Landkr. in Baden-Württemberg.

Enzootie [...tso-o-...; griech.] ↑Tierseuchen.

Enzyklika [griech., zu kýklos „Kreis"], kirchl. Rundschreiben, seit dem 18. Jh. Bez. für Lehrschreiben des Papstes an die gesamte kath. Kirche. Eine E. ist keine absolut bindende Aussage; sie verlangt jedoch die Zustimmung der Gläubigen und entzieht sich der freien Diskussion. Enzykliken sind meist in lat. Sprache abgefaßt und werden nach ihren Anfangsworten zitiert.

Enzyklopädie [zu griech. kýklos „Kreis" und paideía „Bildung"], 1. nach Hippias von Elis, einem Sophisten des 5. Jh. v. Chr., Begriff für die universale Bildung, später allg. die Alltagsbildung, die nach Isokrates (* 436, † 338) auf die wahre Bildung vorbereitet; seit Marcus Terentius Varro (* 116, † 27) organisiert im System der Artes liberales als Propädeutik der Philosophie, im MA zudem auch der Theologie; in der Neuzeit dann seit dem 17./18. Jh., zunächst unter Einfluß der ↑Enzyklopädisten, Begriff für die Gesamtheit des menschl. Wissens. – 2. die Darstellung der Bildungsinhalte und Wissensgebiete bzw. -bereiche sowie einzelner -gegenstände. Zu unterscheiden sind die systemat. E. und die alphabet. E., oft unter dem Namen *Allg. E., Universal-E.* und *Real-E.* oder *Reallexikon, Sachwörterbuch* und, bes. im 19. Jh., *Konversationslexikon.*

Geschichte: Die Anfänge der **systematischen Enzyklopädie** gehen wohl auf Speusippos (* um 408, † 339) zurück. Varro verfaßte eine Art enzyklopäd. Handbuch der Staatswiss. In dieser Tradition steht die „Naturgeschichte" des älteren Plinius (* 23, † 79). Martianus Capella (5. Jh.) lieferte die für das MA grundlegende Darstellung der Artes liberales, Cassiodor (* um 490, † 583) verband mit ihr bibl. und kirchlich-histor. Wissen. Die als „Origines" oder auch „Etymologiae" bezeichneten Kompilationen des Isidor von Sevilla (* um 570, † 636), der das gesamte Wissen seiner Zeit und die heidn. Spätantike zusammenfaßte, beeinflußten die gesamte enzyklopäd. Literatur des MA. Im Hoch-MA erschien eine Fülle von E., mit dem „Hortus deliciarum" der Herrad von Landsberg (* 1125 ?, † 1195) auch die erste E. einer Frau. Höhepunkt ma. enzyklopäd. Literatur ist das „Speculum maius" des Vinzenz von Beauvais († 1264), die umfassendste, aus etwa 2 000 Quellen zusammengestellte Wissenssammlung mit den Themenbereichen Gott, Schöpfung, Mensch und Gott, Sprache, Grammatik, Logik, Rhetorik, Ethik, Familie, Ökonomie, Politik, Recht, Handwerk, Architektur, Krieg, Sport, Seefahrt, Medizin, Mathematik, Metaphysik, Theologie, Geschichte, Kulturgeschichte. Ihr Einfluß auf das Spät-MA und die Renaissance ist kaum abzuschätzen. Das „Compendium philosophiae ..." (entstanden vor 1320) gilt als die erste moderne E., da es die im 13. Jh. erfolgte Verschmelzung des Aristotelismus mit der Kirchenlehre gattungsgemäß widerspiegelt, Objektivität in der Wissensvermittlung anstrebt und über die neuesten naturwiss. Entdeckungen informiert. – Die Anzahl nat.-sprachl. E. des MA bleibt erheblich hinter der in lat. Sprache zurück; in den meisten Fällen sind es für ein Laienpublikum vulgarisierte Bearbeitungen lat. Vorlagen. Bes. im MA stand die arab. und chin. enzyklopäd. Literatur in hoher Blüte. Die E. „Quellen der Geschichte" Ibn Kutaibas (* 828, † 889) in 10 Büchern mit je einem Themenkreis: Souveränität, Krieg, Adel, Charakter, Gelehrsamkeit und Rhetorik, Askese, Freundschaft, Gebet, Nahrung, Frauen wird für viele spätere arab. Werke richtungweisend. Die E. „Tong-dian" (T'ung-tien) des Do You (Tu Yu) (8. Jh.) informiert über Wiss., Bildungswesen, Reg., Sitten und Bräuche, Musik, Armee, Rechtsprechung, polit. Geographie, Verteidigung.

Eine der wenigen bed. systemat. E. der Neuzeit ist J. H. Alsteds „Encyclopaedia ..." (1630). Die in systemat. Ordnung gebrachte, erweiterte „Encyclopédie" Diderots und d'Alemberts wird als „Encyclopédie méthodique par ordre des matières" (166 Bde., 1782–1832) von Panckoucke und

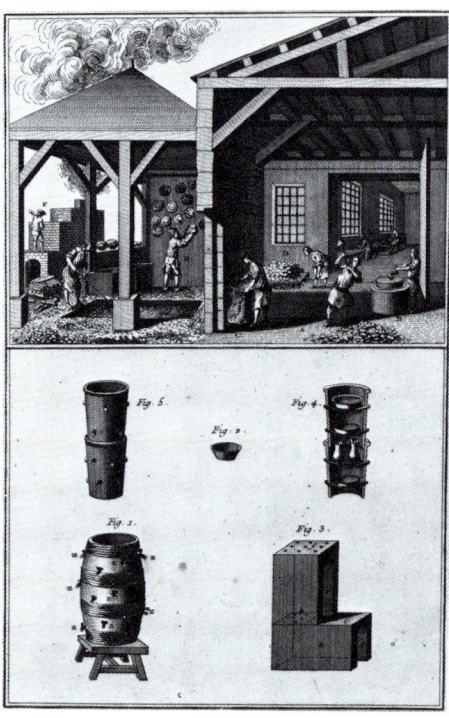

Enzyklopädie. Kupferstichtafel „Art de faire la Porcelaine" aus Denis Diderots und Jean le Rond d'Alemberts „Encyclopédie ou Dictionnaire raisonné des sciences, des arts et des métiers", 35 Bände, 1751–80

Agasse herausgegeben. Die „Encyclopédie française" (1935 ff., unvollendet) ist nach umfassenden Sachgruppen geordnet. „Rowohlts dt. E." (seit 1955 erscheinend) stellt monograph. Abhandlungen über Einzelprobleme aus allen Wiss.bereichen durch beigegebene „enzyklopäd. Stichwörter" und Register in einen enzyklopäd. Zusammenhang. Zu den systemat. E. gehören auch die *philosoph. E.*, die nach dem Zusammenhang der Wiss. fragen, so F. Bacons „Magna instauratio..." (1620–23), D. G. Morhofs „Polyhistor

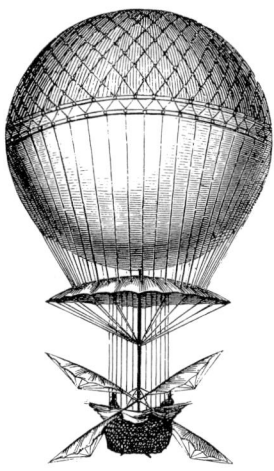

Enzyklopädie. Holzstich aus der Tafel „Luftschiffahrt" aus „Brockhaus'-Conversations-Lexikon.", 16 Bände, 1882–87

literarius, philosophicus et practicus..." (postum 1708), G. Sulzers „Kurzer Begriff aller Wiss." (1745) und mit Abstand am bedeutendsten Hegels „Enzyklopädie der philosoph. Wiss. im Grundrisse" (1817), eine Zusammenfassung aller Teile seines Systems. Die in der Neuzeit eindeutig dominierende **alphabetische Enzyklopädie** hat im Altertum nur wenige Vorläufer. Im 17. Jh. ragen drei alphabet. E. heraus: L. Moréris „Grand dictionnaire historique..." (1674), A. Furetières „Dictionnaire universel des arts et sciences" (1690) als erste moderne E. und P. Bayles „Dictionnaire historique et critique" (1696/97); zahlr. Übers., u. a. die dt. Fassung von J. C. Gottsched u. d. T. „Histor. und Crit. Wörterbuch" (1741–44) zeigen die Ausstrahlung dieser E. Im 18. Jh. erscheint das unter dem Namen des Verlegers bekannte Zedler'sche „Große vollständige Universal-Lexicon aller Wiss. und Künste" (64 Bde., 1732–54) als erste dt. E. von Bed., in England die v. a. Technik und Naturwiss. berücksichtigende „Cyclopædia..." (2 Bde., 1728) von E. Chambers. Diderots und d'Alemberts „Encyclopédie ou Dictionnaire raisonné des sciences, des arts et des métiers" (35 Bde., 1751–80) wird durch die Mitarbeit führender Philosophen und Wissenschaftler zum Standardwerk der frz. Aufklärung. Bleibende internat. Bed. errang auch die „Encyclopædia Britannica" (3 Bde., 1768–71; sie wurde 1976 gegliedert in die sog. „Macropædia" [19 Bde.] mit den Großartikeln und die sog. „Micropædia" [10 Bde.] mit den kleineren Artikeln). Das bisher umfangreichste europ. Lexikon, J. S. Erschs und J. G. Grubers „Allg. Encyclopädie der Wiss. und Künste" (167 Bde., 1818–89), blieb unvollendet. An die Stelle der großen wiss. E. trat im 19. Jh. das *Konversationslexikon.* Das „Conversationslexikon..." des Verlegers K. G. Löbel wurde 1808 von F. A. Brockhaus erworben, der es 1809 neu herausbrachte und 1810/11 ergänzen ließ. Die 5. Auflage (1819/20) wurde erstmals unter Zugrundelegung einer wiss. Systematik von einer großen Anzahl Fachgelehrter bearbeitet. Das „Große Conversations-Lexicon für die gebildeten Stände" (46 Bde., 1840–55) hatte – nach der Intention seines Verlegers J. Meyer – das polit. Ziel der intellektuellen Emanzipation breiter Volksschichten. Die dt. lexikograph. Großverlage Bertelsmann LEXIKOTHEK Verlag GmbH und Bibliograph. Institut & F. A. Brockhaus AG ent-

wickeln alte enzyklopäd. Traditionen zeitentsprechend fort. Versuche, mit Hilfe des *Bildschirmlexikons* den Forderungen nach schnellen und aktuellen Informationen gerecht zu werden, sind angelaufen. Daneben bestehen zahlr. *Spezial-E.* zu den verschiedensten Wissensgebieten.

Enzyklopädisten [griech.], i. w. S. die nahezu 200 Mitarbeiter an der von Diderot und d'Alembert 1751–80 hg. „Encyclopédie..." (↑ Enzyklopädie). I. e. S. die frz. Philosophen, die die „Encyclopédie" zum Sprachrohr der Aufklärung machten. Neben Diderot und d'Alembert waren dies Rousseau, Holbach, Montesquieu, Quesnay, Turgot und Condorcet.

enzymatisch [griech.], von ↑ Enzymen bewirkt.

Enzymdiagnostik, Diagnostik, die auf der Messung von Enzymaktivitäten in Körperflüssigkeiten, bes. im Blutserum, beruht; durch Gewebszerfall, z. B. bei Leberentzündung, Herzinfarkt, treten Enzyme aus den Zellen in das Blut über, die normalerweise nur in Spuren nachweisbar sind **(Enzymaktivitätstest).**

Enzyme [zu griech. en „darin" und zýmē „Sauerteig"] (Fermente), hochmolekulare Eiweißverbindungen (Proteine und Proteide), die biochem. Vorgänge (als Biokatalysatoren) beschleunigen oder erst ermöglichen und im allg. nur von lebenden Zellen gebildet werden. Sämtliche in Lebewesen ablaufenden Stoffwechselvorgänge sind allein durch das Wirken von E. möglich. Jedes E. beeinflußt nur einen ganz bestimmten Vorgang *(Wirkungsspezifität)* und die Reaktion nur eines speziellen Stoffes *(Substratspezifität).* E. sind in der Zelle in bestimmten Reaktionsräumen (Kompartimenten) und an Membranen fixiert, wo sie häufig zu Enzymkomplexen (Multienzymsystemen) zusammengefaßt sind, die nur als Ganzes wirken und eine Kette von Reaktionen steuern. E. sind entweder reine Proteine, oder sie bestehen aus einem Proteinanteil und einer spezif. Wirkgruppe **(prosthetische Gruppe).** Diese nicht eiweißartige Gruppe wird auch **Koenzym** (Coenzym) gen. Das Protein allein wird als **Apoenzym,** seine Verbindung mit dem Koenzym als **Holoenzym** bezeichnet. Koenzyme haben selbst keine biokatalytische Wirkung. Die wichtigsten Koenzyme sind die gruppenübertragenden, v. a. die wasserstoffübertragenden Koenzyme der Oxidoreduktasen. Sehr wichtig ist das **Koenzym A,** das im Zellstoffwechsel als Transportmetabolit für Acylreste fungiert. Seine wichtigste Verbindung mit einem Acylrest ist das **Acetyl-Koenzym A** (Acetyl-CoA), die sog. *aktivierte Essigsäure,* die u. a. beim oxidativen Abbau von Kohlenhydraten und bei der β-Oxidation der Fettsäuren anfällt sowie Acetylreste in den Zitronensäurezyklus einschleust; sie wird auch zu Synthesen (u. a. Aminosäuren, Steroide) gebraucht. Für die Wirkungsweise der E. ist ihre charakteristische räumliche Struktur (Konformation; bedingt durch die Tertiärstruktur des Proteins) entscheidend. Das Substrat lagert sich an einer be-

Enzyklopädie. Holzstich aus der Tafel „Gaskraftmaschinen" aus „Brockhaus'-Conversations-Lexikon.", 16 Bände, 1882–87

Enzymgifte

stimmten Stelle *(Schlüssel-Schloß-Prinzip)* des Enzyms, dem aktiven Zentrum, an unter Bildung eines *Enzym-Substrat-Komplexes*. Dadurch wird die Aktivierungsenergie der Reaktion (↑ Katalyse) herabgesetzt. Das Substrat reagiert mit der prosthetischen Gruppe (bzw. dem Koenzym), die in einer weiteren gekoppelten Reaktion wieder regeneriert wird. Die *Regulation* der Enzymwirkung und damit die Reaktionsgeschwindigkeit einer enzymgesteuerten Reaktion wird durch verschiedene Hemmstoffe reguliert. Wird der aktive Bereich eines E.moleküls durch ein Molekül mit substratähnlicher Konformation im zeitl. Mittel teilweise oder ganz blockiert, spricht man von **kompetitiver Hemmung**. Gelegentlich zeigen auch gewisse Moleküle eine positive oder negative Beeinflussung der E.aktivität, obwohl sie keine dem Substrat ähnliche Konformation aufweisen **(allosterischer Effekt)**. Sie reagieren offenbar mit einer anderen Stelle des E.moleküls, beeinflussen seine Konformation und kontrollieren so die E.aktivität. Man bezeichnet derartige Stoffe als **Effektoren** und je nach ihrer Wirkung als **Aktivatoren** bzw. **Inhibitoren**.

József Eötvös (Punktierstich, um 1850)

Entsprechend ihrer Wirkung unterscheidet man 6 Enzymgruppen: 1. **Oxidoreduktasen** übertragen Elektronen oder Wasserstoff. 2. **Transferasen** übertragen Molekülgruppen. 3. **Hydrolasen** katalysieren Bindungsspaltungen unter Anlagerung von Wasser. 4. **Lyasen** katalysieren Gruppenübertragung unter Ausbildung von C=C-Doppelbindungen oder Addition an Doppelbindungen. 5. **Isomerasen** katalysieren intramolekulare Umlagerungen. 6. **Ligasen** katalysieren die Verknüpfung von zwei Substratmolekülen unter gleichzeitiger Spaltung von Adenosintriphosphat.
E. werden auch in *techn. Prozessen.* Arzneimittel, in der Brauerei und Bäckerei, in der Lederind., bei der ↑ Fermentierung sowie in Waschmitteln und in der Medizin.
Geschichte: Einige Enzymwirkungen (Gärung, Verdauung, Atmung) waren schon vor dem 19. Jh. bekannt, ohne daß ihre Ursachen geklärt waren. 1897 entdeckten E. und H. Buchner, daß Gärung rein chemisch bedingt ist. Als erstes E. wurde 1833 von A. Payen und J.-F. Persoz die stärkespaltende Diastase aus Malzextrakt gewonnen, 1836 wurde von T. Schwann aus Magenflüssigkeit das Pepsin gewonnen. 1926 isolierte J. B. Sumner eine Urease als erstes reines und kristallines E. 1969 gelang R. G. Denkewalter und H. Hirschmann sowie B. Gutte und R. B. Merrifield die erste Synthese eines E., einer Ribonuklease.
Enzymgifte (Enzymblocker, Enzyminhibitoren), chem. Substanzen, auch Zwischenprodukte des Stoffwechsels, die Enzymreaktionen teilweise oder vollständig blockieren.
Enzymopathie [griech.], Erkrankung des Organismus, die auf einem angeborenen Mangel, dem Nichtvorhandensein oder auf der Blockierung von Enzymfunktionen beruht, z. B. Glykogenspeicherkrankheit, Phenylketonurie.
Enzympräparate, Arzneimittel, die wichtige Verdauungsenzyme (v. a. des Eiweiß- und Kohlenhydratstoffwechsels) enthalten und bei unzureichender oder völlig fehlender körpereigener Enzymproduktion zur Unterstützung der Verdauung gegeben werden.
enzystieren [griech.], um sich herum eine ↑ Zyste bilden; bei vielen Einzellern und Wirbellosen, die bes. zum Überstehen von ungünstigen Lebensbedingungen eine feste Kapsel abscheiden.
Eohippus [zu griech. ēós „Morgenröte" (= Anfang der Entwicklungsgeschichte) und híppos „Pferd"] (Hyracotherium), älteste fossile Gatt. der Pferde im unteren Eozän N-Amerikas und Europas; primitive, nur hasen- bis fuchsgroße Urpferde, mit vierzehigen Vorderbeinen und dreizehigen Hinterbeinen.
eo ipso [lat.], von selbst, selbstverständlich.
EOKA, Abk. für: ↑**E**thniki **O**rganosis **K**iprion **A**goniston.
Eolithen [zu griech. ēós „Morgenröte" (= Anfang der Menschheitsgeschichte) und líthos „Stein"], Bez. für die vermeintl. ältesten Steinwerkzeuge; heute fast ausschließlich für Stücke natürl. Formgebung gebraucht, für die nicht nachgewiesen werden kann, daß sie bearbeitet worden sind.

Eolithikum [griech.], auf Grund der Funde von ↑ Eolithen angenommene frühere Periode der Kulturgeschichte. Der Begriff wird in der neueren Forschung nur noch zur Kennzeichnung eines forschungsgeschichtl. überholten Stadiums verwendet.
Eos, griech. Göttin der Morgenröte, Schwester des Helios und der Selene.
Eosander, Johann Friedrich Nilsson, seit 1713 Freiherr Göthe, ≈ Stralsund 23. Aug. 1669, † Dresden 22. Mai 1728, schwed. Baumeister. – Seit 1699 Hofbaumeister in Berlin; u. a. 1704–13 Leitung der Umbauten am Schloß Lützenburg (seit 1705 Charlottenburg gen.), 1706–08 von Schloß Monbijou in Berlin (Mittelbau; zerstört), 1706–09 von Schloß Oranienburg bei Berlin; 1713 trat er in schwed., 1722 in kursächs. Dienste.
Eosin [griech.], roter, kristalliner, in Wasser und Alkohol lösl. Farbstoff, der u. a. zur Herstellung von roter Tinte, Lippenstiften, Lacken, Likören sowie in der mikroskop. Technik verwendet wird.
eosinophil [griech.], mit Eosin oder anderen sauren Anilinfarbstoffen anfärbbar, gesagt von Zellbestandteilen und Geweben.
Eosinophilie [griech.], Vermehrung der eosinophilen Leukozyten im Blut über den Normalwert von 4 % hinaus; Zeichen einer Wurmerkrankung oder allerg. Reaktion im Blut oder Gewebe. E. tritt auch in der Heilphase von Infekten auf.
Eötvös [ungar. 'øtvøʃ], József, Freiherr von Vásárosnamény, * Ofen (= Budapest) 13. Sept. 1813, † Pest (= Budapest) 2. Febr. 1871, ungar. Schriftsteller und Politiker. – War seit 1840 der liberale geistige Führer der ungar. Reformbewegung; kämpfte seit 1861 für den östr.-ungar. ↑ Ausgleich; 1848 und 1867–71 Unterrichtsmin.; schrieb gefühlvolle Vaterlandsgedichte, polit. Abhandlungen und Romane, realist. sein gesellschaftskrit. Roman „Der Dorfnotar" (1845).
E., Loránd Baron (meist Roland Baron von), * Pest (= Budapest) 27. Juli 1848, † Budapest 8. April 1919, ungar. Physiker. – Ab 1872 Prof. in Budapest; führte mit der nach ihm ben. Drehwaage Untersuchungen zur Gravitation durch; die dabei bewiesene Gleichheit von träger und schwerer Masse wurde fundamental für die allg. Relativitätstheorie.
Eozän [griech.], zweitälteste Abteilung des Tertiärs.
Eozoikum [griech.], Erdfrühzeit.
ep..., **Ep...** ↑ epi..., Epi...
Epagoge [griech.], eigtl. „Heranführung", aristotelischer Begriff für ein logisches Schlußverfahren vom Einzelnen zum Allgemeinen.
Epaminondas, * um 420, ✕ Mantineia (Arkadien) 362, theban. Staatsmann und Feldherr. – Schlug 371 bei Leuktra durch erstmalige Anwendung der sog. schiefen Schlachtordnung Sparta vernichtend, wodurch Theben zur führenden Macht in Griechenland aufstieg.
Epanalepse [griech.], rhetor. Figur: Wiederholung eines Wortes oder einer Wortgruppe: „Mein Vater, mein Vater, jetzt faßt er mich an" (Goethe, „Erlkönig").
Epanodos [griech.], eigtl. „Rückkehr", rhetor. Figur: die Wiederholung eines Satzes in umgekehrter Wortfolge: „Ihr seid müßig, müßig seid ihr" (2. Mos. 5, 17).
Eparch [zu griech. éparchos „Befehlshaber"], Amtstitel der röm. Kaiserzeit (Übersetzung von lat. Praefectus); im Byzantin. Reich Titel des Stadtpräfekten von Konstantinopel.
Eparchie [griech.] (Episkope, Metropolie), zunächst ein Verwaltungsgebiet im Byzantin. Reich; im kirchl. Sinn der Aufsichtsbezirk, der einem orth. Bischof untersteht.
Epaulette (Epaulett) [epo...; lat.-frz., zu épaule „Schulter"], Schulterstück bei Uniformen und uniformähnl. Kleidungsstücken.
Épée, Charles Michel de l' [frz. dəle'pe], * Versailles 25. Nov. 1712, † Paris 23. Dez. 1789, frz. Taubstummenlehrer. – Gründete 1770 die erste Taubstummenschule in Paris; entwickelte eine Gebärdensprache.
Epeios, Gestalt der griech. Mythologie; einer der Griechen von Troja; Erbauer des „Trojanischen Pferdes".

Ependym [griech.], feinhäutige Auskleidung der Hirnventrikel und des Rückenmarkkanals.

Ependymom [griech.], aus Ependymzellen bestehende meist gutartige Gehirn- oder Rückenmarksgeschwulst.

Eperies [ˈɛpɛrjɛs] ↑ Prešov.

Épernay [frz. epɛrˈnɛ], frz. Stadt an der Marne, Dep. Marne, 29 000 E. Neben Reims Zentrum der Weinind. der Champagne (Champagnerherstellung). Wein- und prähistor. Museum. – Stadtrecht seit 1231.

Epheben [griech.], im 4. Jh. v. Chr. die athen. Wehrpflichtigen im Alter zw. 18 und 20 Jahren; erhielten eine militär. und sportl. Ausbildung; die Institution **(Ephebie)** hielt sich bis ins 3. Jh. n. Chr.

Ephedragewächse [griech./dt.] (Ephedraceae), Pflanzenfam. der Nacktsamer mit etwa 40 Arten, v. a. im Mittelmeerraum und in den Trockengebieten Asiens und Amerikas; einzige Gattung **Ephedra**: bis 2 m hohe Rutensträucher mit kleinen Blüten in Zapfen; z. T. Heilpflanzen wie das ↑ Meerträubel mit dem Alkaloid ↑ Ephedrin.

Ephedrin [griech.], dem Hormon Adrenalin sehr ähnl. Alkaloid einiger Ephedragewächse; medizinisch wird es bes. als Antiallergikum (Heuschnupfen, Bronchialasthma) und bei zu niedrigem Blutdruck angewendet.

Epheliden [griech.], svw. ↑ Sommersprossen.

ephemer (ephemerisch) [griech.], eintägig, vorübergehend, kurzfristig, von kurzlebigen Organismen (z. B. Eintagsfliegen).

Ephemeriden [griech.], astronom. Tafeln mit vorausberechneten geozentr. Gestirnsörtern an der Himmelskugel; dienen zum raschen Auffinden der Gestirne (Planeten), aber auch zur genauen Positions-, Orts- und Zeitbestimmung. Die E. werden in *Jahrbüchern* veröffentlicht, die ebenfalls E. genannt werden. Die **Ephemeridenzeit** ist eine streng gleichförmig ablaufende Zeit. Man erhält sie aus einem Vergleich der beobachteten scheinbaren Örter der Sonne und des Mondes mit den auf Grund der Bewegungsgleichungen der Himmelsmechanik berechneten E. von Sonne und Mond.

▷ Tagebücher, Zeitschriften, periodisch erscheinende Organe.

Epheserbrief (Abk. Eph.), neutestamentl. Brief, dessen Autor und Adressat umstritten sind; wahrscheinlich ist er ein Sendschreiben des Apostels Paulus aus der Gefangenschaft an die Gemeinde in Ephesus.

Ephesus (Ephesos, türk. Efes), antike griech. Stadt in W-Anatolien, urspr. an der Kaystrosmündung (Verlandung in nachchristl. Zeit). E. wurde zum Mittelpunkt ion. Griechentums und dank seiner Lage sowie durch seinen Artemiskult zum wichtigsten Handelsplatz W-Kleinasiens mit bed. Hafen. Obwohl Mgl. des Att.-Del. Seebunds, ab 412 Teilnahme am Peloponnes. Krieg auf seiten Spartas. Um 290 Verlegung von E. **(Arsinoeia)**, das in der Folgezeit seleukidisch, 190–133 pergamenisch, dann römisch war (Hauptstadt der Prov. Asia). Verfall seit dem 3./4. Jh.; vom 4. Jh. bis 1403 Metropolitansitz; gehörte 1307–91 und 1402–25 und durch Mongolen und Osmanen zerstört. Auf den Trümmern entstand das Dorf Aya Suluǧ (= Selçuk).

Östr. Ausgrabungen seit 1895 dauern heute noch an. Freigelegt u. a. das neron. Stadion, die Marienkirche (431 Tagungsort des 3. ökumen. Konzils), Ruine des griech.-röm. Theaters, südlich die Agora (Celsusbibliothek an der S-Seite [117–125]), Serapeion (2. Jh.), Marmorprachtstraße (Arkadiane) vom Theater zum Hafen, Kuretenstraße nach SO (u. a. Hadrianstempel an der N-Seite), Domitiansterrasse, Verwaltungskomplex, Gymnasien, Thermen, im N das berühmte ↑ Artemision. Außerhalb der Stadt liegen im N das byzantin. Kastell (mit Kuppelbasilika des hl. Johannes Theologos [6. Jh.]), sw. davon die große Isa-Bei-Moschee (seldschukisch, 1375).

E., Konzil von, drittes allg. Konzil, Pfingsten (7. Juni) 431 durch Kaiser Theodosius II. berufen angesichts der Gegensätze in der christolog. Frage zw. der antiochen. und alexandrin. Theologie. Die Anhänger der letzteren unter Kyrill von Alexandria erreichten die Absetzung des Nestorius. Bestätigt wurde die Lehre des Konzils von Nizäa über die Menschwerdung Christi. – Von Christus wird sowohl Göttliches und Menschliches ausgesagt. Wegen der Identität des Menschgewordenen mit dem Gottessohn kann Maria, die Mutter Jesu, „Gottesmutter" (Theotokos) genannt werden. – Das Konzil konnte die Gegensätze nicht überbrücken, sie traten auf der **Räubersynode von Ephesus** (449) erneut zutage.

Ephod [ˈeːfoːt, eˈfoːt; hebr.], priesterl. Gewand im A. T., das beim Erteilen von Orakeln angelegt wurde (1. Sam. 2, 18).

Ephorat [griech.], die Institution der ↑ Ephoren.

Ephoren [zu griech. éphoros, eigtl. „Aufseher"], die jährlich von der ↑ Apella gewählten fünf höchsten Beamten in Sparta, die das **Ephorat** bildeten, die wichtigste polit. Institution in Sparta, deren Anordnungen sich auch die Könige beugen mußten.

Ephoros von Kyme, griech. Geschichtsschreiber des 4. Jh. v. Chr. aus Kyme in Kleinasien. – Verfaßte eine Universalgeschichte, „Historíai", in 30 Büchern (von der dor. Wanderung bis 340 v. Chr.).

Ephraim [...a-ɪ...; hebr.], Sohn Josephs, Bruder des Manasse; Name des israelit. Stammes E., dessen Siedlungsgebiet das gleichnamige Gebirge zw. Bethel und der Jesreel-Ebene war.

Ephräm der Syrer [eˈfrɛːm, ˈeːfrɛm] (Afrem), hl., * Nisibis (= Nusaybin) um 306, † Edessa (= Urfa) (nach der

Epidaurus. Das im 3. Jh. v. Chr. erbaute, heute noch bespielte Theater

Ephesus. Arkadiane mit dem griechisch-römischen Theater

epi...

Chronik von Edessa) 9. Juni 378, Diakon, theolog. Lehrer. – Wirkte zuerst in Nisibis, seit 363 in Edessa. Durch seine Bibelkommentare, Reden und Hymnen wurde er zum fruchtbarsten Schriftsteller der syr. Kirchen. – 1920 zum Kirchenlehrer erklärt. – Fest: 9. Juni.

epi..., Epi... [griech.] (vor Vokalen ep..., Ep...), Vorsilbe mit der Bed. „darauf, daneben, bei, darüber", z.B. Epigramm, Episkopat.

E-Piano, svw. ↑ Elektroklavier.

Epicharmos (Epicharm), *um 550, †Syrakus um 460, griech. Komödiendichter. In wenigen Fragmenten erhaltene Dramen und Komödien; realist. Darstellung des Alltags.

Epidamnos ↑ Durrës.

Epidauros (neugriech. Epidavros [neugriech. εˈpiðavrɔs]), griech. Ort auf der Peloponnes, am Saron. Golf. – Bis Anfang 6. Jh. v. Chr. eine bed. Hafen- und Handelsstadt; im Altertum berühmt wegen seines 10 km sw. gelegenen **Asklepieions** (Heiligtum des Gottes Asklepios), aus dem 4. Jh. v. Chr.; im SO liegt im Hang das besterhaltene griech. Theater (3. Jh.; 55 Reihen, 14 000 Plätze). In E. tagte 1821/22 und 1826 die griech. Nationalversammlung. – Von der UNESCO zum Weltkulturerbe erklärt. – Abb. S. 177.

Epidemie [zu griech. epidēmía (nósos) „im ganzen Volk verbreitete (Krankheit)"] (Seuche), vorübergehende, stärkere Ausbreitung einer Infektionskrankheit in einem größeren umgrenzten Gebiet. Sind nur kleinere, örtl. Bezirke betroffen, spricht man von **Endemie.** Erstreckt sich die Seuche hingegen auf ein ganzes Land oder einen Großraum von mehreren Ländern, spricht man von **Pandemie.** Manche Infektionskrankheiten neigen zu jahreszeitlich epidemieartiger Häufung (**Saisonkrankheiten**; z. B. Grippe, Masern).

Epidemiologie [griech.] (Seuchenlehre), Wiss. von der Entstehung und Verbreitung übertragbarer epidem. Krankheiten.

Epidendrum [griech.], Gatt. der Orchideen mit etwa 800 Arten in den Tropen und Subtropen Amerikas.

Epidermis [griech.], svw. Oberhaut (↑ Haut).
▷ in der *Botanik:* primäres, meist einschichtiges Abschlußgewebe der höheren Pflanzen; umhüllt Sproßachse, Blätter und Wurzeln.

Epidermophytie [griech.], übertragbare Fadenpilzerkrankung der Haut; tritt bes. an Füßen, Händen sowie in der Genital- und Afterregion auf.

Epidiaskop [griech.] ↑ Projektionsapparate.

Epididymis [griech.], svw. ↑ Nebenhoden.

Epididymitis [griech.], svw. ↑ Nebenhodenentzündung.

Epidot [griech.] (Pistazit), meist dunkelgrünes, auch braunes oder gelbes, monoklines Mineral, $Ca_2(Al, Fe)_3[OH(SiO_4)_3]$; Schmuckstein. Dichte 3,35 bis 3,38 g/cm^3; Mohshärte 6 bis 7.

Epiduralraum (Extraduralraum, Cavum epidurale), von Fett und lockerem Bindegewebe, Venen und Lymphgefäßen ausgefüllter Raum zw. der äußeren Rückenmarkhaut und der Knochenhaut des Rückenmarkkanals.

epigäisch [griech.], oberirdisch (↑ Keimung).

Epigastralgie [griech.], Schmerzen in der Oberbauchgegend (**Epigastrium**).

Epigenese (Epigenesis, Postformationstheorie), von C. F. Wolff 1759 der ↑ Präformationstheorie entgegengestellte, heute allg. anerkannte Lehre, nach der der Organismus sich von der befruchteten Eizelle zum Lebewesen über eine Kette vielgestaltiger Zelldifferenzierungsvorgänge entwickeln muß.

epigenetisch, jünger als die Umgebung (z. B. bei Lagerstätten, Tälern u. a.).

Epiglottis, svw. Kehldeckel (↑ Kehlkopf).

epigonal [zu griech. epígonos „Nachkomme"], unschöpferisch, nachahmend (bes. von Kunst und Literatur gesagt); **Epigone,** schwächerer Nachkomme, Nachahmer; **Epigonentum,** der Nachahmung von Vorbildern verhaftete Art ohne eigene Ideen.

Epidot. Kristallstufe

Epigonen, in der griech. Mythologie die „Nachkommen" der ↑ Sieben gegen Theben, die 10 Jahre nach dem fehlgeschlagenen Versuch ihrer Väter Theben erobern.

Epigramm [zu griech. epígramma „Aufschrift"], Gattung der Gedankenlyrik, in der eine zugespitzt formulierte oder überraschende Sinndeutung des aufgegriffenen Gegenstandes gegeben wird. Meistgebrauchte Form ist das Distichon. In der griech. Antike waren E. urspr. knappe Aufschriften auf Weihegeschenken, Grabmälern u. a.; als Begründer der poet. Form im 5. Jh. gilt Simonides von Keos. Im antiken Rom gab bes. Martial dem E. den straffen, satir. Charakter, der in Humanismus und Barock vorbildhaft wurde. In die dt. Literatur führte M. Opitz das E. ein (1625); Logau, Fleming, Gryphius, Hofmann von Hofmannswaldau u. a. legten nachfolgend E.sammlungen meist zeitsatir. Inhalts vor, wobei sie den Alexandriner bevorzugten. Satir. war das E. der Aufklärung (A. G. Kästner, Lessing). Klopstock und Herder führten für ihre mehr philosoph. E. wieder Distichen ein, die auch Goethe und Schiller verwendeten. Als Literatursatire nutzten Kleist, Platen und Grillparzer das E. im 19. Jh., als polit. Waffe die Autoren des Jungen Deutschland. Seit etwa 1850 trat die Gattung in den Hintergrund.

Epigrammatik [griech.], Kunst des Epigramms.

Epigraph, [antike] Inschrift.

Epigraphik [zu griech. epigráphein „daraufschreiben, einritzen"], Inschriftenkunde; die wiss. Disziplin zur Sammlung, Erforschung und Edition von Inschriften (*Epigraphen*), die auf Stein, Metall, Knochen, Holz, Ton und an Mauerwänden durch Bemalung mit Farbe (Dipinto), Einritzen (Sgraffito), Einhauen, Ziselieren, Gießen oder erhabene Herausarbeitung angebracht wurden. Zur Beschriftung dienten bes. Tafeln, Denkmäler, Weg- und Grabsteine, Gebäude, Gefäße, Waffen, Schmuckgegenstände sowie Haus- und Handwerksgerät.

Geschichte: Die ältesten epigraph. Sammlungen sind für die griech.-röm. Antike nachweisbar. Die eigtl. Geschichte der E. begann mit den von der Preuß. Akad. der Wiss. hg. großen Inschriftensammlungen „Corpus Inscriptionum Graecarum" (CIG; 4 Bde., 1825–59; Indizes 1877, seit 1873 ersetzt durch die auf 15 Bde. geplanten „Inscriptiones Graecae" [IG]) und „Corpus Inscriptionum Latinarum" (CIL; 1863 ff.).

Bedeutung der Inschriften: Sie geben Kunde vom staatl., wirtsch., religiösen und privaten Leben. In manchen Fällen sind sie die einzigen histor. Quellen für bestimmte Sachverhalte und für einige Sprachen. Die Inschriften aus dem öff.-staatl. Bereich enthalten z. B. Berichte über Taten der Herrscher, Staatsverträge, Gesetze, Senats- und Volksbeschlüsse, Verleihung von Ehrungen und Privilegien, Abgabenverzeichnisse, Beamtenlisten. Die Inschriften aus dem religiösen Leben bieten meist Weihungen an Gottheiten, rituelle Bestimmungen und Gebetstexte. Die Privatinschriften zeugen vom Handels- und Geschäftsverkehr, von Baumaßnahmen, Hypothekenaufnahmen, Pachtabschlüssen, Testamenten wie von Lebensabläufen.

Epik [zu ↑ Epos], eine der drei literar. Grundgattungen, von der neueren Poetik im Anschluß an Goethe oft eingestuft als die mittlere der drei „Naturformen der Poesie", und zwar wie die „klar erzählende", d. h. weniger subjektiv als die Lyrik, aber auch nicht so objektiv wie die Dramatik. Die E. vergegenwärtigt äußere und innere Geschehnisse, die als vergangen gedacht sind.

Der **Erzähler** fungiert als Vermittler zw. den dargebotenen Vorgängen und den Zuhörern oder Lesern und begründet so von seinem Erzählerstandpunkt her die jeweilige *Erzählhaltung:* Die Art, wie er Vorgänge und Gestalten sieht, wie er über ihr Äußeres (Außensicht) oder aber auch über ihr Inneres (Innensicht) Auskunft gibt, wie er über sie urteilt, bestimmt die (opt., psycholog., geistige) *Erzählperspektive.* Ein Rollenerzähler ist wie jeder Ich-Erzähler an den dargestellten Vorgängen als erlebendes Ich intensiver, als erzählendes Ich weniger intensiv beteiligt; zahlreicher sind freilich Er-Erzähler und Formen der ep. Einkleidung (Rahmenerzählung, Tagebuch, Brief o. a.). So ergibt sich jeweils eine

Epiktet. Auletenspieler und Tänzerin mit Klappern, Innenbild einer Schale, um 520 v.Chr. (London, British Museum)

bestimmte *Erzählsituation;* sie ist *auktorial,* wenn der Erzähler allwissend ist und gestaltend in das Geschehen eingreift, *personal,* wenn das Geschehen durch das Medium einer oder mehrerer Figuren erschlossen wird, *neutral,* wenn weder ein Erzähler noch ein personales Medium erkennbar sind. Neutrale und personale Erzählsituationen traten erst in einem relativ fortgeschrittenen Stadium der E. auf und entwickelten entsprechende Darbietungsformen wie ↑ erlebte Rede, ↑ inneren Monolog, komplizierte Einkleidungen, Veränderungen der Chronologie.
Die Art der Darbietung in der E. führt zu den **epischen Grundformen** (Erzählweisen; Grundformen des Erzählens), die meist vermischt auftreten. Sie umfassen die sog. einfachen Formen, wie z. B. Legende, Sage, Märchen sowie Kunstformen in unterschiedlich differenzierten **Gattungen,** die als histor. Erscheinungsweisen der E. ihre jeweils eigenen Gesetze ausgebildet und überliefert haben.
Nach äußeren Kriterien gliedern sich die Gattungen in *Vers-E.* und *Erzählprosa,* nach inneren Kriterien in *Lang-* oder *Großformen:* Epos (in Versen), Saga (in Prosa), beide früh, und als späteste Form Roman (in Versen, aber vorwiegend in Prosa) sowie in *Klein-* oder *Kurz-E.:* Novelle, Kurzgeschichte, Anekdote, Fabel, Parabel, daneben auch Idylle (überwiegend in Prosa), Romanze, Ballade und allg. die Verserzählung; die Bez. Erzählung, insbes. für Prosawerke ist bewußt unspezifisch, doch neigt sie eher zu den Kurzformen. Die Großformen ergeben sich meist aus der Auffächerung der erzählten Vorgänge in Vordergrundhandlung und Hintergrundgeschehen, oft auch in mehrere Handlungsstränge und selbständige Episoden; dazu kommen Figurenreichtum (selbst bei Konzentration auf eine Hauptgestalt), eine Fülle von Ereignissen, gelegentlich auch reine gedankl. Einlagen und große Ausführlichkeit im einzelnen, die sog. *ep. Breite.* Das alles gilt als bes. charakteristisch für die E., während die Kurzformen oft auch mit anderen Grundgattungen in Verbindung gebracht werden, so Romanze, Ballade und Idylle mit der Lyrik und die Novelle mit dem Drama.
Ansätze zu einer **Theorie** der E. finden sich schon bei Platon und insbes. Aristoteles, doch bleibt sie bis ins 18. Jh. auf normative oder beschreibende Angaben zum ↑ Epos i. e. S. beschränkt. Seitdem wurde sie entweder als Abgrenzung der E. von anderen Grundgattungen, insbes. von der Dramatik, versucht, so etwa von Goethe und Schiller („Über ep. und dramat. Dichtung", 1827, und im Briefwechsel) oder im Blick auf einzelne Erscheinungsformen und Gattungen ausgebaut.

Epikanthus [griech.], svw. ↑ Mongolenfalte.

Epikard (Epicardium) [griech.], inneres Blatt des Herzbeutels, das dem Herzen und dem herznahen Abschnitt der großen Blutgefäße unmittelbar anliegt.

Epiklese (Enteuxis, Ekklesis) [griech.], in der Liturgie das Gebet in der Eucharistiefeier, mit dem der Priester die Verwandlung von Brot und Wein erfleht.

Epikondylitis [griech.], schmerzhafter Zustand im Bereich des Ellbogens, bedingt durch Reizung der Knochenhaut oder der Sehnenansatzstellen am Rollkörper des ellbogennahen Oberarmknochens; verursacht durch Überlastung der Hand- und Fingermuskulatur (sog. *Tennisellbogen*) oder Funktionsstörungen der Halswirbelsäule.

epikontinental, in der Geologie flache Meere bezeichnend, die vorübergehend Festlandsgebiete überfluteten.

Epikrise [griech.], abschließender, zusammenfassender Bericht über einen Kranken.

Epiktet, att. Vasenmaler des 6. Jh. (tätig um 530–500). – Vertreter des spätschwarzfigurigen und neben Oltos Wegbereiter des frührotfigurigen Stils. Meister von Rundbildern auf Schalen und Tellern.

E., *Hierapolis (Phrygien) um 50, †Nikopolis (Epirus) um 138, griech. Philosoph. – Sklave, von Nero freigelassen; im Mittelpunkt seiner Lehre steht die Forderung nach Genügsamkeit und nach Unabhängigkeit des Geistes. Die u. d. T. „Enchiridion" bekannte Schrift und die „Diatriben" (4 Bücher) sind durch seinen Schüler Arrian überliefert (nur fragmentar. erhalten).

Epikur, *auf Samos 341, †Athen 270, griech. Philosoph. – Lehrte in Mytilene, Lampsakos und Athen; gründete hier 306 eine eigene Schule. Seine Hauptschriften (etwa 300) sind verloren; erhalten sind nur 3 Lehrbriefe und eine Sammlung von 40 Lehrsätzen. Die Lehre E. ist bestimmt von dem Ziel des Glücks durch ein Leben der Freude und der Lust sowie der Freiheit von Schmerz und Unruhe. Jede Erkenntnis beruht nach E. auf Wahrnehmungen, die durch „Ausfluß" (Emanation) aus den Gegenständen hervorgerufen werden. Götter sind unvergängl. Atomgebilde, die weder zu fürchten noch zu verehren sind.

Epikureer, die Anhänger der Lehre Epikurs, Vertreter des Epikureismus.

Epikureismus, Bez. für eine an der Philosophie Epikurs ausgerichtete Lebenshaltung, die nur das persönl. Glück des einzelnen als Ideal anerkennt, das durch ↑ Ataraxie, vernünftige Einsicht und Vermeidung Leid verursachender Momente erreicht werden soll. Vertreter waren u. a. Lukrez, Horaz, Diderot und Nietzsche.

Epikutantest [griech./lat./engl.] (Epikutanprobe) ↑ Hauttest.

Epilation [lat.] ↑ Enthaarung.

Epilepsie [zu griech. *epílēpsis* „das Ergreifen; Anfall"] (Fallsucht), Anfallskrankheit, die meist mit Bewußtseinsstörungen einhergeht und von abnormen Bewegungsabläufen begleitet ist. Ursachen sind Erkrankungen (Entzündungen, Tumoren), traumat. Schädigungen und Fehlbrechungen des Gehirns selbst oder mit Hirnfunktionsstörungen verbundene Allgemeinkrankheiten (Stoffwechselstörungen) wie auch erblich bedingte Faktoren.
Formen des epilept. Anfalls: Der große Krampfanfall (**Grand mal**) setzt meist mit einem plötzl. Bewußtlosigkeit ein. Dann folgt ein schwerer Krampfzustand der gesamten Körpermuskulatur. Die Krampfphase wird von Zuckungen abgelöst, wobei es zum Auftreten von Schaum vor dem Mund, zum Zungenbiß und zum Abgang von Harn und Stuhl kommen kann. Der kleine Anfall (**Petit mal**) ist durch kurzzeitige Trübung des Bewußtseins ohne eigtl. Krämpfe gekennzeichnet. Die *Absencen* (Bewußtseinspausen von 5–30 Sekunden, bei denen nur die Geistesabwesenheit mit starrem Gesichtsausdruck und verschwommenem Blick auffällt) treten v. a. im Schulkindalter auf. Die *Herdanfälle* (Jackson-Anfälle) beginnen meist mit dem Zucken einer Gesichts- und Körperhälfte und entwickeln sich unter Bewußtseinsverlust manchmal zu allg. Anfällen. Die Behandlung des Grundleidens oder eine fortlaufende medikamentöse Behandlung ist notwendig.

Epileptiker [griech.], an Epilepsie Erkrankter.

Epilog [griech.], Schlußteil einer Rede; in Theaterstücken Schlußwort nach Beendigung der Handlung; Nachwort in literar. Werken; Ggs. ↑ Prolog.

Epikur
(hellenistische Büste)

Epimenides

Épinal. In der Bildmitte die vom 11.–14. Jh. erbaute Basilika mit dem vom 9.–11. Jh. erbauten romanischen Westturm

Epimenides, legendärer griech. Priester und Seher; vermutlich Ende des 7. Jh. – Soll in einen 57 Jahre dauernden Schlaf gefallen sein (Goethes Festspiel: „Des E. Erwachen", 1814) und später ein Bündnis zw. Athen und Knossos gestiftet haben.

Epimetheus ↑ Pandora.

Épinal, frz. Stadt an der Mosel, 340 m ü. d. M., 41 000 E. Verwaltungssitz des Dep. Vosges; internat. Bilderbogenmuseum. Handelsstadt mit Fachmessen; eines der Zentren der Textilind. S-Lothringens. – Die nahe einem um 980 gegr. Kloster entstandene Stadt wurde mit Lothringen 1766 frz. – Basilika Saint-Maurice (11.–14. Jh.) mit roman. Westturm (9.–11. Jh.), Rathaus (18. Jh.).

Epinephrektomie svw. ↑ Adrenalektomie.

Epinephrin [griech.], svw. ↑ Adrenalin.

Epineurium [griech.] ↑ Nervenfaser.

Épinglé [epɛ̃'gle:; frz.], Ripsgewebe mit verschieden breiten Querrippen, in Kettsamttechnik gewebter Möbelstoff mit nicht aufgeschnittenen Schlingen.

Epipactis [griech.] ↑ Sumpfwurz.

epipaläolithische Kulturen (Epipaläolithikum), Bez. für steinzeitl. Fundgruppen, die zeitl. jünger sind als das Ende des Paläolithikums (in Europa nach etwa 8000 v. Chr.), aber in allen wesentl. Kulturzügen dessen Traditionen weiterführen; meist mit gleichzeitigen, mehr oder weniger stark protoneolith. beeinflußten Gruppen zum Mesolithikum zusammengefaßt.

Epiphanes [griech. „sichtbar"], antiker Beiname einzelner Götter, im Hellenismus Teil der Herrschertitulatur.

Epiphanias [griech.] ↑ Epiphanie.

Epiphanie [zu griech. epipháneia „Erscheinung"], in der Antike Bez. für das plötzl. Sichtbarwerden einer Gottheit. Im Herrscherkult ist E. das Erscheinen des als Gott verehrten Herrschers. Für den christl. Glauben ist E. das Erscheinen Gottes in der Welt in Christus. – Das christl. Fest der E. (Fest der Erscheinung des Herrn, in den ev. Kirchen **Epiphanias**; 6. Jan.) wurde volkstümlich zum Fest der Hl. Drei Könige **(Dreikönigsfest).**

Epiphora [griech.], rhetor. Figur: Wiederholung eines oder mehrerer Wörter am Ende aufeinanderfolgender Sätze oder Satzteile. – Ggs. ↑ Anapher.

▷ in der *Medizin* svw. Tränenfluß.

Epiphyllum [griech.], svw. ↑ Blattkaktus.

Epiphyse [griech.], die zunächst vollknorpeligen Gelenkenden eines Röhrenknochens; zw. E. und Mittelstück des Röhrenknochens (Diaphyse) liegt (als Wachstumszone des Knochens) die knorpelige **Epiphysenfuge.**

▷ svw. ↑ Zirbeldrüse.

Epiphyten [griech.] (Aerophyten, Aufsitzer, Scheinschmarotzer), Pflanzen, die auf anderen Pflanzen (meist Bäumen) wachsen und keine Verbindung mit dem Erdboden haben. Die Unterpflanzen werden nicht parasitisch ausgenutzt, dienen aber der besseren Ausnutzung des Lichts. E. sind z. B. Flechten, Moose Bromelien, Tillandsien und Orchideen.

Epipolai, Stadtteil des antiken ↑ Syrakus.

Epirogenese [griech.], Bewegungsvorgang der Erdkruste, bei dem über längere geolog. Zeiträume hinweg ausgedehnte Krustenteile aufsteigen oder absinken. Sie äußert sich in der Gegenwart durch Niveauänderungen in der Größenordnung von mm bis cm pro Jahr, in der Vergangenheit durch Vorandringen und Zurückweichen der Meere sowie durch Einsenkung und sedimentäre Auffüllung weitgespannter Becken oder langfristige Heraushebung und Abtragung von Teilen der Erdkruste.

Epirus, Gebirgslandschaft in NW-Griechenland, im N an Albanien grenzend, bis 2 637 m hoch. Wirtsch. Mittelpunkt des meist landw. Gebietes ist Ioannina.

Geschichte: Die mit Illyrern vermischte Bev. des antiken E. (griech. épeiros „Festland") wurde bes. unter makedon. Oberhoheit (ab etwa 350 v. Chr.) hellenisiert. Das von Pyrrhus I. (⚭ 306–272) gebildete Kgr. E. brach um 233 zusammen; seit 148 v. Chr. stand E. unter röm. Provinzialverwaltung. Seit dem 7. Jh. n. Chr. drangen Slawen ein. Im 13. Jh. erlebte E. unter den ↑ Angeloi (bis 1318) den Höhepunkt seiner ma. Geschichte. 1348 fiel es an Serbien, unter dessen Herrschaft sich Albaner im W und N ansiedelten. Im 15. Jh. bildete das restl. E., bevor es von den Osmanen erobert wurde, eine unabhängige Gft., der W blieb unter alban. Herrschaft. Zu Beginn des 19. Jh. war E. Herrschaftsgebiet des Paschas von Janina (= Ioannina). 1834/84 kam der SO von E. an Griechenland, der größte Teil jedoch erst 1912. Der Konflikt um Nord-E. wurde bis 1923 zugunsten Albaniens entschieden (nat. Minderheiten in beiden Staaten).

episches Theater, von B. Brecht in den 20er Jahren geprägter Begriff für eine dem aristotel. Theater entgegengesetzte Form des Theaters, bei der der Zuschauer sich nicht mit Gestalten und Geschehen identifizieren soll, sondern in Distanz davon zum Nachdenken über gesellschaftl. Verhältnisse, ihre Veränderbarkeit und die Notwendigkeit ihrer Veränderung geführt werden soll. Mittel ist die *Verfremdung* der dramat. Handlung z. B. durch argumentierende Kommentierung der szen. Aktion durch einen Erzähler oder durch Heraustreten des Schauspielers aus seiner Rolle. Der Schluß des Dramas bleibt offen. Der Zuschauer soll die Antwort auf die aufgeworfenen Fragen selbst finden.

Episcopus [griech.-lat.], lat. Bez. für Bischof.

Episiotomie [griech.], svw. Dammschnitt (↑ Dammriß).

Episiten [griech.], räuberisch lebende Tiere, z. B. Raubfische, Greifvögel.

Episkleritis [griech.], schmerzhafte Entzündung der äußeren Lederhautschicht **(Episklera)** des Auges, u. a. bei Rheuma, Gicht, Tuberkulose.

Episkop [griech.] ↑ Projektionsapparate.

episkopal [griech.], bischöflich.

Episkopalismus [griech.], Bewegung, die die Kirchengewalt vom Papst stärker auf die Bischöfe verlagern will.

Episkopalisten [griech.], aus der engl. Reformation hervorgegangene Kirchen mit bischöfl. Verfassung im Gegensatz zu Presbyterianern und Kongregationalisten.

Episkopalsystem, Anfang des 17. Jh. entwickeltes System und kirchenjurist. Rechtfertigung des landesherrlichen Kirchenregiments. Die Jurisdiktionsgewalt der kath. Bischöfe in prot. Territorien gehe treuhänderisch auf die Landesherren über **(Summepiskopat).**

Episkopat [griech.], das Amt des Bischofs; auch die Gesamtheit der Bischöfe oder eine Gruppe von ihnen.

Episode [zu griech. epeisódion „Einschiebsel"], allg.: unbed. Begebenheit; Ereignis von kurzer Dauer.

▷ in dramat. oder ep. Werken Einschub oder Nebenhandlung.

Episomen [griech.], aus DNS bestehende genet. Elemente bei Bakterien, die entweder außerhalb der Chromosomen vorkommen (autonome E.) oder in das Chromosom eingebaut werden (integrierte E., d. h. Plasmide).

Epistaxis [griech.], svw. ↑Nasenbluten.
Epistel [griech.-lat.], Brief, speziell Apostelbrief (Sendschreiben).
▷ in der kath. Liturgie früher Bez. für die erste Lesung der Messe.
▷ als *antike literar. Form* in der Regel in Versen, bes. von Horaz und Ovid gepflegt; wieder aufgegriffen bei den Humanisten.
Epistemologie [griech.], Wissenslehre; weitgehend synonym mit Erkenntnistheorie.
Epistolae obscurorum virorum [lat. „Dunkelmännerbriefe"; in Anlehnung an die „Clarorum virorum epistolae" (Briefe berühmter Männer; Briefwechsel des Humanisten Reuchlin, 1. Teil 1514) gen.], fingierte Briefsammlung (1515, 1517) ungenannter Autoren (U. von Hutten u. a.) zur Verteidigung Reuchlins in dessen Streit mit den Kölner Theologen.
Epistyl [griech.] ↑Architrav.

Epitaph für die Gründer des Benediktinerklosters in Ellwangen (Hariolf und Erlolf) von Peter Vischer d. Ä., um 1496 (Ellwangen, Krypta der ehemaligen Stiftskirche)

Epitaph [griech.], Grabinschrift (v. a. in der Antike).
▷ Gedenktafel mit Inschrift für einen Verstorbenen, an Kirchenwänden (innen oder außen), seit dem 14. Jahrhundert; nicht identisch mit der Begräbnisstätte.
Epitaxie [griech.], die gesetzmäßige, orientierte Verwachsung von Kristallen, die chemisch und strukturmäßig gleich (**Homoepitaxie**) oder verschieden sein können (**Heteroepitaxie**). Das epitaktische Aufwachsen von einkristallinen Halbleiterschichten wird besonders bei der Herstellung von Halbleiterbauelementen angewendet. Bei der **Molekularstrahlepitaxie** werden die elementaren Bestandteile des aufwachsenden Kristalls durch Molekülstrah-

len auf die Unterlage transportiert und in extrem dünnen Schichten abgelagert; damit sind sehr perfekte Einkristalle herstellbar.
Epithel [griech.] (Epithelgewebe, Deckgewebe), ein- oder (v. a. bei Wirbeltieren) mehrschichtiges, flächenhaftes Gewebe, das die Körperober- und -innenflächen der meisten tier. Vielzeller bedeckt. Nach ihrer Form unterscheidet man: 1. **Plattenepithel** aus flachen, plattenförmigen Zellen; kleidet u. a. Blut- und Lymphgefäße aus; 2. **Pflasterepithel** aus würfelförmigen Zellen; kleidet die Nierenkanälchen aus; 3. **Zylinderepithel** aus langen, quaderförmigen Zellen; kleidet u. a. das Innere des Magen-Darm-Kanals aus. Nach der jeweiligen hauptsächl. Funktion unterscheidet man: **Deckepithel** (Schutz-E.) mit Schutzfunktion; **Drüsenepithel** mit starker Sekretausscheidung; **Sinnesepithel** (Neuro-E.), aus einzelnen Sinneszellen bestehend (z. B. Riech-E.); **Flimmerepithel**, dessen Zellen Geißeln tragen, die entweder einen Flüssigkeitsstrom erzeugen (z. B. E. der Bronchien) oder, außen am Körper liegend, der Fortbewegung dienen.
Epitheliom [griech.], Sammelbez. für alle von den Zellen der Oberhaut ausgehenden Geschwülste.
Epithelkörperchen, veraltet für ↑Nebenschilddrüsen.
Epitheton [griech., eigtl. „das Hinzugefügte"], attributiv gebrauchtes Adjektiv oder Partizip; als **Epitheton ornans** („schmückendes E.") ein formelhaft kennzeichnendes E., z. B. grüne Wiese.
Epitome [griech.], Auszug aus einem umfangreichen Schriftwerk, wiss. oder geschichtl. Abriß.
Epizentrum, senkrecht über einem Erdbebenherd liegendes Gebiet der Erdoberfläche.
Epizoen [griech.], auf der Oberfläche anderer Tiere lebende Tiere (z. B. Läuse).
Epizone ↑Metamorphose.
Epizootie […tso-o…; griech.] ↑Tierseuchen.
Epizykeltheorie [griech. epíkyklos „Nebenkreis"], im Altertum aufgestellte Theorie zur Erklärung der scheinbaren Planetenbewegungen am Himmel, wonach sich ein Planet gleichförmig auf einem kleinen Kreis *(Epizykel)* bewegt, dessen Mittelpunkt sich gleichförmig auf einem anderen Kreis *(Deferent)* um die Erde bewegt. Die so entstehende schleifenförmige Kurve ist eine *Epizykloide*.
Epizykloide, Kurve, die von einem Punkt *P* auf einem Kreis *k* mit dem Radius *r* beschrieben wird, wenn *k* auf der Außenseite eines Kreises *K* mit dem Radius *R*, dem **Deferenten,** gleitfrei abrollt *(gemeine Epizykloide).*
Epoche [zu griech. epoché, eigtl. „das Anhalten", (übertragen:) „Haltepunkt in der Zeitrechnung"], bed. Abschnitt des histor. Entwicklungsablaufes. Zur Problematik ↑Periodisierung.
▷ Zeitpunkt, auf den astronom. Beobachtungen oder Größen bezogen werden.
Epoche [zu griech. epoché „das Anhalten"], in der Philosophie 1. zentraler Begriff der griech. Skepsis, bedeutet das Sichenthalten von Urteilen wegen der Ungewißheit allen Erkennens; 2. bei E. Husserl der Verzicht auf eine naiv realist. Einstellung, eine Unabhängigkeit des „Seins" vom „Bewußtsein" unmittelbar annimmt.
Epode [griech. „Nachgesang"], 1. die dritte Strophe im griech. Chorlied; 2. Distichon, bei dem ein kurz gebauter Vers einem längeren folgt.
Epona, kelt. Göttin, Patronin der Pferde, Esel und Maultiere.
Eponym [griech.], Gattungsbez., die von einem Personennamen abgeleitet ist, z. B. Zeppelin für Luftschiff.
Epoophoron [griech.], svw. ↑Nebeneierstock.
Epos [griech. „Wort, Rede, Erzählung, Lied, Gedicht"], früh ausgebildete Großform erzählender Dichtung in gleichartig gebauten Versen oder Strophen (**Versepos**), meist mehrere Teile (Gesänge, Bücher, Aventiuren) umfas-

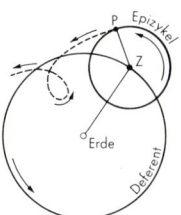

Epizykeltheorie. Epizyklische Bewegung eines Planeten (P Planet, Z Mittelpunkt, gestrichelte Linie Epizyklide)

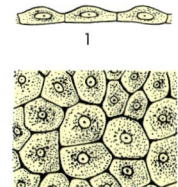

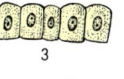

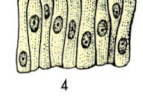

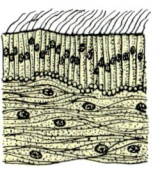

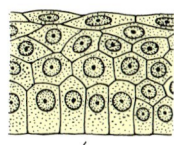

Epithel. 1 und 2 Plattenepithel eines Kalkschwamms im Querschnitt und von oben gesehen; 3 und 4 Pflasterepithel und Zylinderepithel einer Schnecke; 5 Flimmerepithel vom Darm der Teichmuschel; 6 mehrschichtiges Epithel von der Hornhaut eines Wirbeltiers (untere Schicht zylindrisch, folgende Schichten mit zunehmender Abplattung)

Epoxide

Epos. Miniatur zu Dantes Epos „Göttliche Komödie", Handschrift aus dem 15. Jh. (Florenz, Nationalbibliothek)

Rainer Eppelmann

Hanns Wilhelm Eppelsheimer

send. Kennzeichen sind gehobene Sprache, typisierende Gestaltungsmittel (ep. Breite, Wiederholungen, Gleichnis, Formel), auf Erzählerebene die „ep. Distanz", ein Leitgedanke oder eine zentrale Gestalt.
Das E. hat seinen **Ursprung** in jenem Stadium früher Epochen, in dem neben dem myth. Weltbild ein spezif. Geschichtsbewußtsein von der herrschenden, kulturtragenden Gruppe eines Volkes ausgebildet wurde. Seine Voraussetzung und zugleich sein Publikum war eine einheitl. (z. B. feudalistisch) strukturierte Gesellschaft. Als literar. Vorstufe gelten kult. Einzelgesänge (Götter-, Helden-, Preislieder), die von anonymen Dichtern zu den sog. Volksepen ausgestaltet und mündlich vorgetragen wurden. Es entwickelten sich Einzelgattungen wie Nationalepen, Lehr-, Tier- und Scherzepen. Spätere Differenzierungen haben zu Überschneidungen mit Nachbargattungen wie Versnovelle, Romanze und Ballade geführt.
Die **Geschichte** der E.überlieferung beginnt im Orient mit dem babylon. „Gilgamesch-Epos" (2. Jt. v. Chr.). „Mahabharata" (4. Jh. v. Chr.–4. Jh. n. Chr.) und „Ramajana" (4. Jh. v. Chr.– 2. Jh. n. Chr.) entstanden in Indien. Höhepunkt des neupers. E. ist die Sammlung des Ferdausi, „Schahnamah" (Königsbuch). Die Hexameterdichtungen „Ilias" und „Odyssee" des Homer sind die frühesten Zeugnisse (8. Jh. v. Chr.) des westl. E. Weiterer Höhepunkt des antiken E. ist Vergils „Äneis" (Ende des 1. Jh. v. Chr.). Fortsetzung finden lat. und griech. E. im MA in den byzantin. Geschichts- und Preisepen (7.–12. Jh.), im mittellat. geistl. E. (Bibel-E., [Heiligen]legenden) sowie in mittellat. Herrscherviten, Chroniken oder Bearbeitungen auch german. Stoffe („Waltharius", 9. oder 10. Jh.) und schließlich im neulat. E. seit Petrarcas „Africa" (1338–42). Daneben sind aber auch parallele Formen in der jeweiligen Volkssprache überliefert, z. B. die frühmittelhochdt. „Kaiserchronik" (um 1145). – Neue Leistung der Zeit ist das volkssprachl. Heldenepos. Stoffe aus der Zeit der Völkerwanderung verarbeitet das german. Helden-E. (der altengl. „Beowulf", wahrscheinlich 10. Jh.; das mittelhochdt. „Nibelungenlied", um 1200); die karoling. Grenz- und Glaubenskämpfe und der Kreuzzugsgeist des hohen MA finden Niederschlag im roman. Helden-E. (das altfrz. „Rolandslied", um 1100, u. a. Chansons de geste; der altspan. „Poema del Cid", um 1140). Die meisten slaw. Volksepen wurden erst seit dem 19. Jh. schriftlich fixiert.

Das Abenteuer-E. der Spielmannsdichtung steht zw. Helden-E. und dem höf. E. des hohen MA (Chrétien de Troyes, Wolfram von Eschenbach, Gottfried von Straßburg, Hartmann von Aue, Heinrich von Veldeke). Dantes „Göttliche Komödie" (1307–21), die das Weltbild des MA noch einmal zusammenfaßt, wird als Schwelle zur Renaissance gesehen, in der die Gattung mit dem National-E. als bewußter Kunstschöpfung einen neuen Höhepunkt erlebt, u. a. „Der rasende Roland" (1516) von Ariosto, Tassos „Das befreite Jerusalem" (1581) in Italien, den „Lusiaden" (1572) von A. de Camões in Portugal, der „Araucana" (1569–89) von A. de Ercilla y Zúñiga in Spanien, E. Spensers „The faerie queene" (1590–96) in England, die kroat. „Judita" (1521) von M. Marulić in Osteuropa.
Zunehmende Subjektivierung und Verbürgerlichung der Weltansicht stehen der weiteren Entfaltung des E. entgegen, das aber von einigen Dichtern noch als oppositionelle Form gegen Verflachung von Leben und Poesie genutzt wird (Milton, Klopstock). Die Wiederbelebungsversuche im 19. und bis zur Mitte des 20. Jh. sind zahlreich und traten meist in Form von Nationalepen oder Weltanschauungsepen auf, die sich mit ihrer Neigung zur lyrisch-ep. Verdichtung (Shelley, Keats und Lord Byron in England; Whitman und Pound in Amerika; Saint-John Perse in Frankreich; Brentano, Dehmel in Deutschland; A. S. Puschkin in Rußland) von der rein ep. Gattung abheben. Die ep. Großform E. scheint zum großen Teil von der ep. Großform Roman abgelöst.

Epoxide (Epoxyde), die Epoxidgruppe enthaltende sehr reaktionsfähige organ. Verbindungen, die aus Chlorhydrinen durch Abspalten von Chlorwasserstoff oder aus Alkenen durch Anlagerung von Sauerstoff an die Doppelbindung (**Epoxidation**, u. a. mit Peroxiden) erhalten werden.

Epoxidgruppe (Epoxygruppe), Bez. der chem. Nomenklatur für die Gruppe

$$-CH-CH-$$
$$\diagdown O \diagup$$

Epoxidharze, härtbare flüssige oder feste Kunstharze, die durch Kondensation von Epichlorhydrin mit aromat. Hydroxyverbindungen entstehen und zwei oder mehr Epoxidgruppen enthalten; Verwendung als Gießharz, Lackrohstoff, Klebstoff.

Jacob Epstein. Porträtbüste, 1921 (London, Tate Gallery)

Epp, Franz Ritter von (seit 1917), *München 16. Okt. 1868, † ebd. 31. Dez. 1946, dt. General und Politiker. – Mit dem Freikorps E. am Sturz der bayr. Räterepublik beteiligt; 1928–45 MdR (NSDAP), 1933–45 Reichsstatthalter in Bayern.

Eppan (italien. Appiano), italien. Gemeinde in Südtirol, 10 km sw. von Bozen, 411 m ü. d. M., 10 400 E. Wein- und

Obstbau; in der Kapelle der Burg Hoch-E. Freskenzyklus (um 1300).

Eppelmann, Rainer, *Berlin 12. Febr. 1943, dt. Theologe und Politiker. – Pfarrer in Berlin; Pazifist, wegen Aktivitäten in der Bürger- sowie Friedensbewegung der DDR Repressalien ausgesetzt; im Sommer 1989 Mitbegr. des Demokrat. Aufbruchs, einer seiner Sprecher und März–Okt. 1990 dessen Vors.; Febr.–April 1990 Min. ohne Geschäftsbereich, April–Okt. 1990 Min. für Abrüstung und Verteidigung der DDR; seit Nov. 1990 stellv. Landesvors. der CDU in Brandenburg; seit Dez. 1990 MdB; seit 1992 Vors. der Enquete-Kommission zur Aufarbeitung der Geschichte und der Folgen der SED-Diktatur.

Eppelsheimer, Hanns Wilhelm, *Wörrstadt bei Mainz 17. Okt. 1890, †Frankfurt am Main 24. Aug. 1972, dt. Bibliothekar und Literaturwissenschaftler. – 1947–59 Direktor der Dt. Bibliothek in Frankfurt am Main; 1963–66 Präs. der Dt. Akademie für Sprache und Dichtung.

Eppingen, Stadt im Kraichgau, Bad.-Württ., 203 m ü. d. M., 15 500 E. Museum; Maschinen- und Apparatebau, Zigarrenind., Brauerei. – 985 erstmals erwähnt, Ende des 13. Jh. Reichsstadt; seit 1803 zu Baden. – Spätgot. Pfarrkirche, Fachwerkhäuser (14. bis 17. Jh.), u. a. „Alte Universität" (15. Jh.).

Eppler, Erhard, *Ulm 9. Dez. 1926, dt. Politiker. – 1952–55 in der GVP, seit 1956 Mgl. der SPD, 1961–76 MdB; 1968–74 Bundesmin. für wirtsch. Zusammenarbeit; 1973–81 Landesvors. der SPD in Bad.-Württ.; 1973–82 und 1984–89 Mgl. des SPD-Bundespräsidiums; 1981–83 und 1989–91 Präs. des Dt. Ev. Kirchentages; Wortführer der Friedens- sowie der Ökologiebewegung in der BR Deutschland.

EPPO [e:pe:pe:ˈoː, engl. ˈiːpiːpiːˈoʊ], Abk. für engl.: **E**uropean and Mediterranean **P**lant **P**rotection **O**rganization, Pflanzenschutzorganisation für Europa und den Mittelmeerraum mit über 30 Mgl.staaten; Sitz Paris; setzt sich für die Entwicklung biolog. und integrierter Bekämpfungsmethoden gegen Pflanzenschädlinge ein.

EPROM [Abk. für engl.: **e**rasable **p**rogrammable **r**ead-**o**nly **m**emory] ↑Halbleiterspeicher.

Epsilon, fünfter Buchstabe des griech. Alphabets: E, ε.

Epsom and Ewell [engl. ɛpsəm and ˈjuːəl], engl. Stadt in der Gft. Surrey, 69 000 E. Wohnstadt und Erholungsgebiet für London; Pferderennen (seit 1780, u. a. Epsom-Derby).

Epsonit, svw. ↑Bittersalz.

Epstein, Sir (seit 1954) Jacob [engl. ˈɛpstaɪn], *New York 10. Nov. 1880, †London 19. Aug. 1959, brit. Bildhauer russ.-poln. Abstammung. – Von nervöser Spannung erfüllte [Bronze]plastik (Figurengruppen mit religiöser Thematik, Porträts).

E., Jean [frz. ɛpˈstɛn], *Warschau 26. März 1897, †Paris 2. April 1953, frz. Filmtheoretiker und -regisseur. – Zahlr. bed. filmtheoret. Veröffentlichungen (u. a. „Cinéma" 1921; „Esprit du cinéma", 1955); seine Filme zeigen psycholog. Milieuschilderungen, Landschaftsstudien, neue Techniken.

Epulis [griech.], dem Zahnfleisch aufsitzende Granulationsgeschwulst, deren Entfernung meist mit der Extraktion des Zahnes kombiniert werden muß.

Epyllion (Mrz. Epyllien) [griech.], in der Antike kürzeres Epos meist in daktyl. Hexametern; auch allg. für Verserzählung.

Equilibrist, svw. ↑Äquilibrist.

Equipage [ek(v)iˈpaːʒə, frz. ekiˈpaːʒ], 1. eleganter Kutschwagen; 2. (veraltet) Schiffsbesatzung; 3. (veraltet) Ausrüstung (eines Offiziers).

Equipe [eˈkɪp; frz.], ausgewählte Mannschaft, bes. im Reitsport.

Equisetum [lat.], svw. ↑Schachtelhalm.

Equites (Einz. Eques) [lat.], der röm. Ritterstand, den es in Rom seit der Königszeit gab; wurde neben dem Senatorenstand der 2. Stand im Staate, der alle größeren Handels- und Kapitalgeschäfte in seiner Hand vereinigte und zum Kennzeichen des kaiserl. Dienstes wurde.

Equity [engl. ˈɛkwɪtɪ; zu lat. aequitas „Gleichheit"], im angloamerikan. Recht die Rechtsnormen, die durch die *Courts of E.* entwickelt worden sind; ergänzen das ↑Common Law mit dem Ziel des Ausgleichs von Härten.

Equuleus [lat.] ↑Sternbilder (Übersicht).

Er, chem. Symbol für ↑Erbium.

ER, Abk. für: ↑Europarat.

Erasistratos, *Julis (auf Kea) um 300, †in Kleinasien um 240, griech. Arzt. – Gilt als der Begründer der patholog. Anatomie; führte die meisten Krankheiten auf ein Übermaß unverdauter Nahrung, die zur venösen Blutüberfüllung (Plethora) führe, zurück.

Erasmus von Rotterdam. Kupferstich von Albrecht Dürer, 1526

Erasmus von Rotterdam, seit 1496 Desiderius E., *Rotterdam 28. Okt. 1466 (1469?), †Basel 12. Juli 1536, niederl. Humanist und Theologe. – 1492 Priesterweihe; 1495–99 Studium an der Univ. Paris. 1499–1524 Aufenthalte in Italien, England, der Schweiz und den Niederlanden. – E. veröffentlichte die bed. Sprichwörtersammlung „Adagia" (1500), 1511 die berühmte Satire „Encomion moriae" (Lob der Torheit), die in Form einer iron. Lobrede auf das Laster gegen die Rückständigkeit der Scholastik und die Verweltlichung der Kirche gerichtet ist. 1516 gab E. die erste griech. Druckausgabe des N. T. mit einer Einleitung heraus, der 1517–24 Paraphrasen zum gesamten N. T. (mit Ausnahme der Apokalypse des Johannes) folgten. Diese Ausgabe wurde zur Grundlage von Luthers Bibelübersetzung. 1524–35 bemühte sich E. um Abgrenzung zur Reformation, als deren Zeuge er vielfach gesehen wird. In der Kontroverse mit Luther über den Willen („De libero arbitrio Diatribe...", 1524; dt. „Vom freien Willen"; Luthers Gegenschrift: „De servo arbitrio", 1525) wurde die bisherige Verbindung von Humanismus und Reformation gelöst. E. wirkte v. a. durch seine historisch-philologisch orientierte Schriftstellertätigkeit, mit der er im Namen der Selbständigkeit des Geistes die Grenzen autoritärer Traditionen überwand, weniger durch ein geschlossenes theolog. System. 3 000 Briefe zeugen von seinen Beziehungen zur europ. Geisteswelt.

Erasmus-Preis ↑Praemium Erasmianum.

Erastus (Erast), Thomas, eigtl. T. Liebler, Lieber oder Lüber, *Baden (Kt. Aargau) 7. Mai 1524(?), †Basel 1. Jan. 1583, schweizer.-dt. Humanist und Mediziner. – Seit 1555 Prof. in Heidelberg; Zwinglianer; forderte gegen den Kalvinismus absolute Herrschaft des Staates über die Kirche.

Erhard Eppler

Erato

Eratosthenes von Kyrene. Bestimmung des Erdumfangs (S Sonne)

Wilhelm Heinrich Erb

Erato [e'ra:to, 'e:rato; griech., zu eratós „geliebt"], eine der ↑Musen.

Eratosthenes von Kyrene, *Kyrene (= Schahhat, Libyen) um 284 (oder 274), †Alexandria um 202 (oder um 194), griech. Gelehrter. – Entwarf eine Erdkarte mit Hilfe eines Koordinatennetzes von Parallelkreisen und Meridianen, bestimmte den Erdumfang und erfand ein Verfahren zur Auffindung der Primzahlen („Sieb des E.").

Erb, Elke, *Scherbach (= Rheinbach) 18. Febr. 1938, dt. Schriftstellerin. – 1949 Übersiedlung in die DDR; schreibt v. a. Poesie und Prosa in sehr privater metaphor. und aphorist. Sprache, zuletzt in starker Distanz zum SED-Regime. – Werke: Gutachten (1975); Der Faden der Geduld (1978); Trost (1982); Vexierbild (1983, alle Ged. und Prosa); Kastanienallee. Texte und Kommentare (1989).

E., Karl, *Ravensburg 13. Juli 1877, †ebd. 13. Juli 1958, dt. Sänger (Tenor). – Wirkte 1913–25 an der Staatsoper in München, seit 1930 v. a. Lied- und Oratoriensänger; geschätzter Interpret von Schubert-Liedern.

E., Wilhelm Heinrich, *Winnweiler (Donnersbergkreis) 30. Nov. 1840, †Heidelberg 29. Okt. 1921, dt. Mediziner. – Prof. in Leipzig und Heidelberg; Mitbegr. der Elektrotherapie und Entdecker zahlr. Krankheitsbilder und Phänomene, die seinen Namen tragen.

Erbach, rheinfränk. Uradelsgeschlecht, 1148 erstmals erwähnt; die Herrschaft E. im Odenwald wurde 1532 zur Reichsgrafschaft erhoben und 1556 erweitert; seit 1748 geteilt in E.-E., E.-Fürstenau und E.-Schönberg; 1806 an Hessen-Darmstadt (Standesherrschaft).

Erbach, Krst. in Hessen, 200–400 m ü. d. M., 10 600 E. Verwaltungssitz des Odenwaldkr.; Elfenbeinmuseum; Fachschule für Elfenbeinschnitzer; Schmuckwarenherstellung. – 1321 als Stadt bezeichnet, 1748 Residenz der Grafen von E.-E.; 1806 an Hessen. – Pfarrkirche (1747–50), Schloß (1736) an der Stelle einer ma. Wasserburg, Rathaus (1545) mit offener Erdgeschoßhalle (1593) und Obergeschoß aus Fachwerk (1754).

Erbämter ↑Reichserbämter.

Erbänderung, svw. ↑Mutation.

Erbanfall, der Erwerb der Erbschaft. Er vollzieht sich mit dem Tode des Erblassers von selbst (§ 1922 BGB). Durch Ausschlagung kann der Erbe den E. rückwirkend beseitigen.

Erbanlage, (Anlage) die auf dem Genbestand bzw. den in ihm gespeicherten Informationen beruhende, der Vererbung zugrunde liegende „Potenz" eines Organismus, im Zusammenwirken mit den Umweltfaktoren charakterist. Merkmale entstehen zu lassen.
▷ svw. ↑Gen.

Erbärmdebild, Darstellung Christi als Schmerzensmann; Art des Andachtsbildes.

Erbauung, Begriff der christl. Frömmigkeit; in Anlehnung an das „Aufbauen" des Volkes Jahwes (A. T.), dann an die „Auferbauung" der christl. Gemeinde (N. T.), später zunehmend individuell verstanden als innere Stärkung des Glaubens. – Zur **Erbauungsliteratur** zählen Schriften, die ausdrücklich der Stärkung von Glauben und Frömmigkeit dienen sollen, auch als Anweisung für die häusl. Andacht; u. a. Andachtsbuch, Traktat, Predigtsammlung (Postille), Historienbibel, Vexierbild, Trost- und Erbebüchlein; oft wurden mehrere Arten zu sog. Spiegeln oder (seit der Reformation) in Hausbüchern vereinigt; seit dem Pietismus gibt es auch erbaul. Zeitschriften. Beispiele für Erbauungsliteratur sind die „Nachfolge Christi" (1410/20; Thomas à Kempis zugeschrieben), die „Theologia Deutsch" (1516), F. von Spees „Trutz-Nachtigall" (1649) und Angelus Silesius' „Cherubin. Wandersmann" (1675).

Erbbauer, 1. bis zur Neuordnung der Agrarverhältnisse im 19. Jh. ein Bauer, der ein ↑Erbe, d. h. ein Gut von bestimmter Mindestgröße und dadurch im Dorf volles Gemeinderecht besaß; 2. ein Bauer, der sein Gut zu Erbleihe (↑Erbpacht) besitzt.

Erbbaurecht, das veräußerl. und vererbl. dingl. Recht, auf oder unter der Oberfläche eines fremden Grundstücks ein Bauwerk zu haben; geregelt in der VO über das E. vom 15. 1. 1919. Es gewährt eigentumsähnl. Befugnisse und wird deshalb wie Grundstückseigentum behandelt. Für die Überlassung des E. übernimmt der Erbbauberechtigte i. d. R. ein Entgelt in wiederkehrenden Leistungen **(Erbbauzins).**

Erbbild, svw. ↑Idiotyp.

Erbbiologie, svw. ↑Genetik.

erbbiologisches Gutachten ↑Vaterschaftsgutachten.

Erbe [zu althochdt. erbi, eigtl. „verwaister Besitz"], allg. svw. Erbschaft, Hinterlassenschaft, Nachlaß. In der älteren dt. Rechtssprache das von den Vorfahren ererbte Gut, über das nicht frei verfügt werden durfte.
▷ die (jurist. oder natürl.) Person, auf die mit dem Tode eines Menschen dessen Vermögen als Ganzes (↑Nachlaß) übergeht; der E. tritt in die Rechtsstellung des Erblassers ein, während dem Vermächtnisnehmer (↑Vermächtnis) sowie dem Pflichtteilsberechtigten (Pflichtteil) nur schuldrechtl. Ansprüche gegen den Nachlaß zustehen. Erbfähig ist neben jeder rechtsfähigen Person auch die Leibesfrucht (sog. nasciturus; § 1923 Abs. 2 BGB), vorausgesetzt, daß das Kind nach dem Erbfall lebend zur Welt kommt. Der E. kann die Erbschaft ausschlagen (↑Ausschlagung). Bis zur Annahme der Erbschaft, längstens bis zum Ablauf der Ausschlagungsfrist, ist der E. **vorläufiger Erbe,** der zur Verwaltung des Nachlasses berechtigt, aber nicht verpflichtet ist.
Nach östr. Recht sind für die Erbeneigenschaft ein Erbrechtstitel (Berufung kraft Testaments, Erbvertrags oder des Gesetzes) und persönl. Erbfähigkeit (Fähigkeit, Vermögen zu erwerben) erforderlich. Das schweizer. Recht folgt im wesentlichen dem dt.

Erbeinsetzung, die Bestimmung einer (Alleinerbe) oder mehrerer Personen (Erbengemeinschaft) zu Gesamtrechtsnachfolgern durch den Erblasser im Wege der letztwilligen Verfügung. Sie bedeutet die Zuwendung des ganzen Nachlasses oder eines Bruchteils davon; sind die Bruchteile nicht bestimmt, gelten die Personen als zu gleichen Teilen eingesetzt. E. und Anordnung eines Vermächtnisses werden danach abgegrenzt, ob der Bedachte Gesamtrechtsnachfolger des Erblassers (Eintritt in dessen Rechtsstellung einschließlich der Haftung für Verbindlichkeiten – dann E.) werden oder nur einen einzelnen Nachlaßgegenstand erwerben soll (dann ↑Vermächtnis). Die E. kann unter einer Bedingung oder befristet erfolgen, dann liegt einen Ersatzerben für den Fall einsetzen, daß ein [in erster Linie] berufener anderer Erbe vor (z. B. durch Tod, Erbverzicht) oder nach dem Erbfall (z. B. durch Ausschlagung, Erbunwürdigkeit) wegfällt. Auch nach östr. Recht wie nach schweizer. Recht ist E. zulässig, doch kennt das schweizer. ZGB den Erbersatzanspruch nicht.

Erben, Johannes, *Leipzig 12. Jan. 1925, dt. Germanist. – Mitarbeiter am Dt. Wörterbuch (1949–59), seit 1965 Prof. in Innsbruck; arbeitete zum Frühneuhochdt. und zur dt. Gegenwartssprache. 1970 Dudenpreis.

E., Karel Jaromír, *Miletín (Ostböhm. Gebiet) 7. Nov. 1811, †Prag 21. Nov. 1870, tschech. Dichter und Übersetzer. – Sammelte und übertrug im Geiste der Romantik Volkslieder, Märchen und Sagen.

Erbengemeinschaft, die Gemeinschaft der Miterben am Nachlaß. Sie tritt kraft Gesetzes mit dem Tode des Erblassers ein, der mehrere Erben hinterläßt. Jeder Miterbe ist am Nachlaß mit einer bestimmten Quote, seinem Erbteil, beteiligt. Über einzelne Nachlaßgegenstände können die Erben nur gemeinsam verfügen. Die Verwaltung des Nachlasses erfolgt durch die Miterben gemeinschaftlich; einigen sich diese nicht, entscheidet Stimmenmehrheit, berechnet nach der Quote der Erbteile. Zur Erhaltung des Nachlasses notwendige Maßnahmen (nicht aufschiebbare Reparatur) kann jeder Miterbe allein veranlassen, ebenso darf er vom Nachlaßschuldner Leistung an alle Miterben fordern. Die E. endet mit der ↑Auseinandersetzung.
Im östr. Recht ist zur Verwaltung einer mehreren Erben zugefallenen Erbschaft der Erbe berufen, den das Gericht bei der Einantwortung (Übertragung der Erbschaft in den rechtl. Besitz der Erben) dazu bestimmt. Im schweizer. Recht

gilt im wesentl. eine dem dt. Recht entsprechende Regelung.

Erbenhaftung, das Einstehenmüssen (Haftung) des (der) Erben für Nachlaßverbindlichkeiten. Der Erbe haftet nach dem BGB grundsätzlich unbeschränkt (mit dem Nachlaß und dem eigenen Vermögen), kann die Haftung aber auf den Nachlaß beschränken (durch Nachlaßkonkurs, Nachlaßverwaltung, Nachlaßvergleichsverfahren gemäß § 1975 BGB). Ist eine die amtl. Kosten der Nachlaßabwicklung deckende Masse nicht vorhanden, kann der Erbe die Haftung auf den Nachlaß (auch gegenüber Vermächtnisnehmern und Auflagebegünstigten) mittels der Dürftigkeitseinrede beschränken (§ 1990 BGB). Beschränkte Haftung besteht auch gegenüber Gläubigern, die ihre Forderung später als fünf Jahre nach dem Erbfall geltend machen (§ 1974 BGB). Unbeschränkt haftet der Erbe, wenn er die ihm vom Nachlaßgericht gesetzte Frist zur Errichtung eines ↑Inventars versäumt oder das Inventar absichtlich falsch erstellt. Mehrere Erben (Erbengemeinschaft) haften für Nachlaßverbindlichkeiten als Gesamtschuldner. Nach der Teilung besteht grundsätzlich unbeschränkte Haftung der Erben.
Nach *östr. Recht* ist beschränkte und unbeschränkte E. möglich. – Im *schweizer. Recht* besteht unbeschränkte und solidar. Haftung der Erben, wenn sie die Erbschaft vorbehaltlos angenommen haben.

Erbersatzanspruch, nach § 1934a BGB der bei der gesetzl. Erbfolge an die Stelle des gesetzl. Erbteils eines nichtehel. Verwandten (nichtehel. Vater, nichtehel. Kind) tretende Geldanspruch gegen die Miterben (seit 1.7.1970 geltendes Recht). Das nichtehel. Kind wird nach Mgl. der Erbengemeinschaft. Der E. besteht in Höhe des Wertes, der seinem gesetzl. Erbteil entspräche, wenn es Erbe würde. Das nichtehel. Kind kann auch unter bestimmten Voraussetzungen einen ↑vorzeitigen Erbausgleich verlangen. Die Regelung zum E. gilt nicht in den Ländern der ehem. DDR, wenn das nichtehel. Kind vor deren Beitritt zur BR Deutschland geboren ist. Hier sind die Vorschriften über das Erbrecht des nichtehel. Kindes anzuwenden.

Erbeserbe, der Erbe eines Erben, der mit dem Nachlaß seines Erblassers das darin enthaltene Erbe, das dieser geerbt hatte, erwirbt. Für beide Erbschaften besteht das Recht auf Ausschlagung getrennt voneinander.

Erbeskopf, mit 818 m höchste Erhebung des Hunsrücks.

Erbfaktor, theoret. Begriff für ein deutlich in Erscheinung tretendes erbl. Merkmal.

Erbfolge, im *Staatsrecht* die ↑Thronfolge, die auf Erbnachfolge beruht (im älteren Recht Erbteilung oder Regelung durch Hausgesetze, heute durch Verfassungsgesetze). ▷ im *bürgerl. Recht* die Gesamtnachfolge eines (der) Erben in die vermögensrechtl. Stellung des Erblassers. Sie tritt mit dem Tode eines Menschen von selbst ein und umfaßt – abgesehen von Vermögensteilen, die einer Sonder-E. unterliegen – das gesamte Vermögen des Erblassers einschl. der Verbindlichkeiten. Die E. kann auf Erbeinsetzung durch den Erblasser (**gewillkürte Erbfolge**; ↑Erbvertrag, ↑Testament) oder auf gesetzl. Regelung (gesetzl. E.) beruhen. **Gesetzliche Erbfolge** tritt ein, wenn eine [wirksame] Erbeinsetzung fehlt oder wenn der eingesetzte Erbe durch Ausschlagung der Erbschaft oder infolge Erbunwürdigkeit rückwirkend wegfällt und kein Ersatzerbe und keine ↑Anwachsung eintreten. **Gesetzliche Erben** sind: 1. die *Verwandten* des Erblassers in folgender Reihenfolge (§§ 1924–1930 BGB): in der *ersten Ordnung* die Abkömmlinge (Kinder, Kindeskinder); in der *zweiten Ordnung* die Eltern und ihre Abkömmlinge (Geschwister, Neffen, Nichten); in der *dritten Ordnung* die Großeltern und ihre Abkömmlinge; in der *vierten und folgenden Ordnungen* die entfernteren Vorfahren (Urgroßeltern und ihre Abkömmlinge, entferntere Verwandte). Ein beim Erbfall lebender Verwandter einer vorgehenden Ordnung schließt die Verwandten einer entfernteren Ordnung aus (**Parentelsystem**). Innerhalb derselben Ordnung gilt: In den ersten 3 Ordnungen verdrängen beim Erbfall lebende Abkömmlinge, Eltern und Großeltern des Erblassers ihre Abkömmlinge (**Repräsentationssystem**). Fällt jedoch ein Abkömmling, Eltern- oder Großelternteil vor dem Erbfall (z.B. durch Tod) oder nach dem Erbfall (z.B. durch Ausschlagung) weg, so treten an seine Stelle die durch ihn mit dem Erblasser verwandten Abkömmlinge, die nach Stämmen erben. Geschwister, Eltern und Großeltern erben stets zu gleichen Teilen. Von der vierten Ordnung an aufwärts gilt die Berufung nach dem Verwandtschaftsgrad (**Gradualsystem**), gleichnahe Verwandte erben zu gleichen Teilen. Nichtehel. Verwandte sind grundsätzlich zur gesetzl. Erbfolge berufen, haben aber u.U. nur einen Erbersatzanspruch. 2. Der *Ehegatte* des Erblassers (§§ 1931–1934 BGB): Neben Verwandten der ersten Ordnung erbt er grundsätzlich ein Viertel des Nachlasses, neben Verwandten der zweiten Ordnung und neben Großeltern die Hälfte des Nachlasses (bei Wegfall eines Großelternteils zusätzlich den auf dessen Abkömmlinge entfallenden Anteil), neben allen übrigen Verwandten den gesamten Nachlaß. Bestand beim Erbfall Gütertrennung und sind als gesetzl. Erben der ersten Ordnung ein oder zwei Kinder berufen, so erben der Ehegatte und jedes Kind zu gleichen Teilen. Lebten die Ehegatten im gesetzl. Güterstand der Zugewinngemeinschaft, so erhöht sich der gesetzl. Erbteil des Ehegatten um ein Viertel, und zwar zum Ausgleich des Zugewinns. Neben Verwandten der zweiten Ordnung oder Großeltern steht dem Ehegatten der ↑Voraus zu. Der überlebende Ehegatte hat kein gesetzl. Erbrecht, wenn im Zeitpunkt des Todes des Erblassers die Voraussetzungen für die Scheidung der Ehe erfüllt waren und der Erblasser die Scheidung beantragt oder ihr zugestimmt hatte. 3. Der *Staat* (Fiskus), wenn kein Verwandter oder Ehegatte vorhanden ist (§ 1936 BGB).
Das *östr. Recht* gliedert die gesetzl. Erbfolge ebenfalls nach Ordnungen wie das dt. Recht (§ 730ff. ABGB). Der Umfang des gesetzl. Erbrechts des Ehegatten hängt davon ab, welche Verwandten neben ihm als Erben berufen sind (z.B. neben ehel. Kindern und deren Nachkommen ein Drittel). Das *schweizer. Recht* (Art. 457ff. ZGB) läßt sich mit den Bestimmungen des BGB vergleichen, begrenzt aber das gesetzl. Erbrecht der Verwandten auf die ersten drei Ordnungen. Hinsichtlich des Erbrechts des Ehegatten sind güterrechtl. und erbrechtl. Auseinandersetzung zu trennen.

Erbfolgekrieg (Sukzessionskrieg), krieger. Auseinandersetzung auf Grund von Thronfolgestreitigkeiten, z.B. Bayer., Östr., Span. Erbfolgekrieg.

Erbgesundheitsgesetz, nat.-soz. Gesetz zur Verhütung erbkranken Nachwuchses vom 14.7.1933, das die zwangsweise Unfruchtbarmachung (Kastration oder Sterilisation) von Personen ermöglichte; teils durch die Länder, 1974 durch den Bund aufgehoben.

Erbgesundheitslehre (Erbhygiene), svw. ↑Eugenik.

Erbgrind (Kopfgrind, Wabengrind, Favus), ansteckende Pilzerkrankung der Haare, Federn, Nägel bei Mensch und Haustieren, die durch Wucherung des Fadenpilzes Trichophyton schoenleinii verursacht wird und meist auf die Epidermis übergreift.

Erbgut, svw. ↑Idiotyp.

Erbisdorf ↑Brand-Erbisdorf.

Erbium [nlat., nach einem Bestandteil des schwed. Ortsnamens Ytterby], chem. Symbol Er; Element aus der Reihe der Lanthanoide. Ordnungszahl 68; relative Atommasse 167,26 (mehrere natürl. Isotope); Dichte 9,066 g/cm³; Schmelzpunkt 1522 °C; Siedepunkt 2510 °C. In seinen rosafarbenen bis rötl. Verbindungen tritt das sehr seltene und schwer gewinnbare Metall dreiwertig auf.

Erbkaiserliche Partei, kleindeutsche polit. Gruppierung der Frankfurter Nationalversammlung (1848/49); erstrebte einen Bundesstaat ohne Österreich mit dem preuß. König als Kaiser.

Erbkrankheiten (Heredopathien), durch Mutationen hervorgerufene Änderungen der Erbanlagen, die sich als Erkrankungen des Organismus auswirken. Die mutierten Gene werden nach den Mendelschen Gesetzen auf die Nachkommen vererbt. Rezessive krankhafte Anlagen werden erst offenbar, wenn sie von beiden Eltern übernom-

Erblande

men, homozygot, d.h. in beiden einander entsprechenden Chromosomen gleichermaßen vorhanden sind. Daher kann eine rezessive krankhafte Erbanlage auch mehrere Generationen überspringen, bevor sie sich wieder klinisch als Krankheit offenbart. Dominant vererbte krankhafte Anlagen dagegen führen bei den Betroffenen mit einer Wahrscheinlichkeit von 50 % zu einer Erkrankung ihrer Kinder. Manche E. sind geschlechtsgebunden, d.h., sie treten entweder nur bei Männern oder nur bei Frauen auf.

Erblande (Erbstaaten), seit dem MA Bez. der ererbten Stammlande einer Dynastie.

Erblasser, die (natürl.) Person, deren Vermögen mit ihrem Tode auf eine oder mehrere Personen übergeht.

Erblehen, ein vererbl. Lehen.

Erblehre, svw. ↑Genetik.

Erbleihe ↑Erbpacht.

Erblichkeit (Heredität), die Übertragbarkeit bestimmter, nicht umweltbedingter elterl. Merkmale auf die Nachkommen.

Erbmasse, svw. ↑Idiotyp.

Erbpacht, im MA entstandene Form der Pacht, bei der der Eigentümer dem Pächter erblich das Gut gegen jährl. Zins überließ. Ähnlich gestaltet war die **Erbleihe** (vererblich und veräußerlich), die den Leiher berechtigte, ein fremdes Grundstück in Besitz zu nehmen und zu nutzen. Die Erbleihe war das übl. bäuerl. Besitzrecht beim ma. Landesausbau und der dt. Ostsiedlung. Die meisten E.- und Erbleiheverhältnisse wurden im Zuge der Bauernbefreiung und der Grundentlastung im 19. Jh. aufgehoben.

Erbprinz, Titel des ältesten Sohnes und Thronfolgers eines regierenden wie auch eines mediatisierten Herzogs oder Fürsten; in Bayern auch Titel des ältesten Sohns des Kronprinzen.

Erbprognose, insbes. die Angabe des Erwartungsrisikos hinsichtlich des Auftretens von Erbkrankheiten des Menschen in der nächsten Generation. Die *empir.* E. hat die Analyse von verwandtschaftsspezif. Wiederholungsfällen in zahlr., mit der gleichen Krankheit belasteten Familien zur Grundlage.

Erbpsychologie, Teilgebiet der Psychologie, das die Erblichkeit von Eigenschaften (z.B. mit Hilfe familienstatist. Untersuchungen) erforscht. Auf dem Gebiet der Charakterkunde hat sich G. Pfahler bemüht, angeborene und umweltunabhängige Charaktereigenschaften zu ermitteln.

Erbrechen (Vomitus, Emesis), plötzl. schubweise Entleerung von Mageninhalt durch die Speiseröhre, den Schlund und den Mund nach außen. – E. wird vom Brechzentrum im Rautenhirn kontrolliert. Ausgelöst wird das E. durch Vorgänge im Gehirn (z.B. Erhöhung des Gehirndrucks bei verschiedenen Krankheiten), emotionale Faktoren sowie vasomotor. Vorgänge (z.B. bei der Migräne). Außerdem können Geruchseindrücke sowie mechan. Reizung des Rachenraums zu E. führen. Neben dem Brechzentrum ist die sog. Triggerzone, die bes. durch chem. Reize (Bakteriengifte, Schwangerschaftstoxine sowie bei Behandlung mit Röntgenstrahlen) erregt wird, für das. E. verantwortlich. E. kündigt sich gewöhnlich durch Unwohlsein, vermehrten Speichelfluß, Beschleunigung der Atmung und des Herzschlags, Schweißausbruch, Gesichtsblässe und Ohnmachtsgefühl an.

Erbrecht, die Rechtsnormen, welche die privatrechtl., vermögensrechtl. Folgen des Todes eines Menschen regeln. Das E. ist ein Teil des bürgerl. Rechts und im wesentlichen im 5. Buch des BGB (§§ 1922–2385) geregelt. Das E. des BGB gilt für Erbfälle, die nach dem Wirksamwerden des Beitritts der DDR (3. Okt. 1990) auftreten, auch in den neuen Ländern. Die Errichtung oder Aufhebung einer Verfügung von Todes wegen vor dem 3. Okt. 1990 wird nach dem zu diesem Zeitpunkt gültigen Recht beurteilt. An Stelle der §§ 1934 a bis e und § 2338 a BGB (Erbersatzanspruch des nichtehel. Kindes) gelten die Vorschriften über das E. des ehel. Kindes, wenn das nichtehel. Kind vor dem Wirksamwerden des Beitritts geboren ist.

Das *Internat.* E. regelt die Frage des jeweils anwendbaren Erbrechts. Das dt. Internat. Erbrecht knüpft an die Staatsangehörigkeit des Erblassers an: dt. Erblasser werden nach dt. Erbrecht, ausländ. nach ihrem Heimatrecht, Staatenlose nach dem Recht ihres gewöhnl. Aufenthalts beerbt. Das E. ist durch Art. 14 GG verfassungsrechtlich gewährleistet. Garantiert ist das E. als Rechtsinstitut sowie als Individualrecht. Im *östr.* E. (geregelt im ABGB) gelten die gleichen Grundprinzipien wie im dt. Recht, d.h. Universalsukzession, Testierfreiheit (eingeschränkt durch Pflichtteilsrecht) und Verwandten-E. Im *schweizer.* E. (Bestandteil des ZGB) gilt eine dem dt. Recht vergleichbare Regelung.

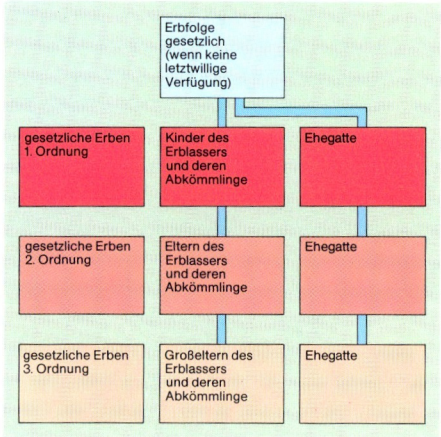

Erbrecht. Gesetzliche Erbfolge

Erbreichsplan, 1196 von Heinrich VI. den dt. Fürsten vorgelegtes, von diesen abgelehntes Projekt; sah die Erblichkeit der Reichskrone vor und bot dafür die Erblichkeit der Reichslehen an.

Erbschäden, durch Mutationen verursachte Anomalie bei Lebewesen.

Erbschaft (Nachlaß), das Vermögen des Erblassers, das mit dessen Tod auf den oder die Erben übergeht (§ 1922 Abs. 1 BGB).

Erbschaftkauf, notarieller Vertrag, durch den sich der Erbe (auch Miterbe) zur Übertragung der gesamten ihm zustehenden Erbschaft auf den Käufer gegen Entgelt verpflichtet. Den Nachlaßgläubigern gegenüber haften Verkäufer und Käufer.

Erbschaftskonkurs ↑Nachlaßkonkurs.

Erbschaftsteuer, eine öff. Abgabe, die unter bestimmten Voraussetzungen entrichten muß, wer einen Erwerb von Todes wegen erlangt (einschl. einer Lebensversicherungssumme). Rechtsgrundlage ist das E.- und Schenkungssteuer-Gesetz vom 17. 4. 1974 (später mehrfach geändert). Auszugehen ist danach von dem Wert des Erlangten nach Abzug der Verbindlichkeiten. Dem überlebenden Ehegatten steht ein allg. Freibetrag von DM 250 000,–, den Kindern allg. Freibeträge von je DM 90 000,–, den Enkeln von DM 50 000,– zu.

Erbschein, ein auf Antrag durch das Nachlaßgericht erteiltes Zeugnis über die erbrechtl. Verhältnisse. Es gibt den Namen des Erblassers und der Erben an sowie die Größe der Erbteile, außerdem, welchen erbrechtl. Beschränkungen der Erbe unterliegt. Der E. begründet die (widerlegbare) Vermutung, daß der in ihm bezeichnete Erbe zu Verfügungen über den Nachlaß berechtigt ist. Das *östr. Recht* kennt als Legitimationsurkunde für den Erben die **Einantwortungsurkunde.** Das *schweizer. Recht* sieht die Ausstellung von E. (auch **Erbenbescheinigung** oder **Erbgangsbeurkundung**) vor.

Erbschleicher, jemand, der auf unmoral. Weise Einfluß auf einen vermutl. Erblasser nimmt; Erbschleicherei ist als solche kein Straftatbestand und selten anfechtbar.

Erbse (Pisum), Gatt. der Schmetterlingsblütler mit etwa 7 Arten, vom Mittelmeergebiet bis Vorderasien; einjährige,

Erbse.
Gemüseerbse.
Oben: Blüte.
Unten: Frucht

kletternde Pflanzen mit kantigem Stengel und paarig gefiederten Blättern, die in Ranken auslaufen. Die rötl., gelben, weißen oder grünl. Blüten stehen in Trauben; Frucht eine zweiklappige Hülse, in der die kugeligen oder würfelförmigen, grünen, gelben oder weißl. Samen zu 5–10 stehen. E.arten werden in verschiedenen Kulturformen angebaut, deren eiweiß- oder stärkereiche Samen *(Erbsen)* als Gemüse gegessen werden und deren Laub bzw. Stroh ein wertvolles Futtermittel ist. Eine bekannte Kulturpflanze ist die Saaterbse, aus der u. a. die *Ackererbse* und *Gartenerbse* hervorgegangen sind.

Erbsenbein ↑ Handwurzel.

Erbsenmuscheln (Pisidium), in Süßgewässern mit über 100 Arten weltweit verbreitete Gatt. 2–10 mm langer Muscheln.

Erbsenstein ↑ Aragonit.

Erbstaaten ↑ Erblande.

Erbsünde (lat. Peccatum originale), Begriff der christl. Heilslehre: durch die Ursünde Adams und Evas von deren Erben, d.h. von allen Menschen ererbter Zustand der Ungnade vor Gott, der Sterblichkeit, Unwissenheit und Begierde zur Folge hat. Nach *kath.* Verständnis befreit die Taufe vom Zustand der Ungnade, nicht jedoch von dessen Folgen (z. B. vom Hang zum Bösen und sündigen Taten). Die Theologie der *ev. Kirchen* faßt E. als das grundsätzlich gestörte Verhältnis zw. Mensch und Gott, das nur durch Gnade überwunden werden kann.

Erbteil, der Anteil des Miterben an der Erbschaft. – ↑ Erbengemeinschaft.

Erbtochter, Tochter, i. w. S. auch die nächste direkte Verwandte des letzten Inhabers eines vorrangig im Mannesstamm erbl. Reiches, Landes o. a. Besitztums.

Erbuntertänigkeit (Gutshörigkeit, Schollenpflichtigkeit), in den Gebieten der dt. Ostsiedlung im 16. Jh. entstandenes Verhältnis der Bauern zu ihren adligen oder geistl. Grundherren: Die Bauern hatten Besitzrecht zu ungünstigen Bedingungen, waren in ihrer Freizügigkeit beschränkt, benötigten zur Heirat die Zustimmung der Herrschaft, ihre Kinder unterlagen dem Gesindezwang; in Preußen 1807 beseitigt, in Österreich erst 1848.

Erbunwürdigkeit, die Unwürdigkeit, Erbe, Vermächtnisnehmer oder Pflichtteilsberechtigter zu sein (§ 2 339 ff. BGB). Gründe sind: 1. Trachten nach dem Leben des Erblassers; 2. vorsätzl. widerrechtl. Herbeiführung der Testierunfähigkeit des Erblassers; 3. Vereitelung der Errichtung oder Aufhebung einer Verfügung von Todes wegen; 4. Begehung eines Urkundendelikts (Urkundenfälschung) in bezug auf eine Verfügung von Todes wegen.

Erbverbrüderung (Konfraternität), das durch einen Erbvertrag zugesicherte wechselseitige Erbrecht zweier oder mehrerer regierender Häuser für den Fall ihres Aussterbens.

Erbvertrag, nach §§ 1941, 2 274 ff. BGB eine Verfügung von Todes wegen, in der mindestens ein Vertragsteil als Erblasser eine ihn bindende Anordnung (vertragsmäßige Verfügung) für seinen Todesfall trifft **(einseitiger Erbvertrag)**. Treffen beide Vertragsteile vertragsmäßige Verfügungen von Todes wegen **(zweiseitiger Erbvertrag)**, sind also beide Erblasser, so sind die Verfügungen grundsätzlich wechselbezüglich. Der E. kann nur zur Niederschrift eines Notars bei gleichzeitiger Anwesenheit beider Vertragsteile geschlossen werden. Der E. hebt alle früheren Verfügungen von Todes wegen des Erblassers auf, soweit sie den durch eine vertragsmäßige Verfügung Bedachten beeinträchtigen. Rechtsgeschäfte des Erblassers unter Lebenden über sein Vermögen bleiben unberührt.
Nach *östr.* Recht ist der E. nur unter Ehegatten zulässig. Nach *schweizer.* Recht gelten als E. der Erbzuwendungsvertrag und der Erbverzichtsvertrag.

Erbverzicht, der vor Eintritt des Erbfalls mit dem Erblasser vereinbarte vertragl. Verzicht der künftigen Erben auf ihr Erb- oder Pflichtteilsrecht. Der Vertrag bedarf der notariellen Beurkundung. Der Verzicht auf das gesetzl. Erbrecht erstreckt sich grundsätzlich auf die Abkömmlinge des Verzichtenden.

Erbzinsgüter, Güter, für die ein erbl. (ewiger) Zins zu zahlen war.

Ercilla y Zúñiga, Alonso de [span. ɛrˈθiʎa i ˈθuɲiɣa], * Madrid 7. Aug. 1533, † ebd. 29. Nov. 1594, span. Dichter. – Sein bed., vom lat. Epos und von Ariosto beeinflußtes Epos in Stanzen, „Die Araucana" (1569–89), schildert in 37 Gesängen die Kämpfe zw. den span. Eroberern und den Araukanern.

Erciyas daği [türk. ˈɛrdʒijas daːˈi], mit 3 917 m höchster Berg Innenanatoliens, bei Kayseri, erloschener Vulkan, z. T. vergletschert.

Erckmann-Chatrian [frz. ɛrkmanʃatriˈã], gemeinsamer Name für zwei frz. Schriftsteller: **Erckmann**, Émile, * Phalsbourg (Moselle) 20. Mai 1822, † Lunéville 14. März 1899; **Chatrian**, Alexandre, * Abreschviller 18. Dez. 1826, † Villemomble bei Paris 3. Sept. 1890. – Schrieben und veröffentlichten zus. erfolgreiche Romane aus der napoleon. Zeit; u. a. „Freund Fritz" (1864), „Erlebnisse eines Conscribirten des Jahres 1813" (1865).

ERDA, Abk. für: **E**nergy **R**esearch and **D**evelopment **A**dministration, Nachfolgeorganisation der ↑ Atomic Energy Commission.

Erdachse ↑ Erde.

Erdalkalimetalle, Sammelbez. für die Elemente der II. Hauptgruppe des Periodensystems der chem. Elemente: Calcium, Strontium, Barium, Radium. Die E. sind sehr reaktionsfähig. Zur **Erdalkaligruppe** zählen außerdem Beryllium und Magnesium. Alle Elemente dieser Gruppe gehören, mit Ausnahme des Radiums, zu den Leichtmetallen.

Erdaltertum (Paläozoikum) ↑ Geologie, Tab. Geologische Systeme.

Erdapfel, landschaftlich für Kartoffel.

Erdbeben, Erschütterungen, die sich, von einem E.herd ausgehend, über einen großen Teil der Erdoberfläche und des Erdinnern oder die ganze Erde *(Weltbeben)* ausbreiten. Die eigtl. E. sind natürl. Ursprungs. Künstl. Großsprengungen und unterird. Kernexplosionen rufen physikalisch ähnl. Wirkungen hervor. Die Registrierung von E. erfolgt mit Hilfe hochempfindl. Meßinstrumente, den ↑ Seismographen. Sie messen die vom E.herd *(Hypozentrum)* ausgehenden E.wellen und zeichnen ihren Verlauf in einem *Seismogramm* auf. Aus den Einsätzen im Seismogramm können Richtung, Entfernung und Energie des E. abgeleitet werden. Die E.energie wird ausgedrückt durch die Magnitude M. Bei den energiereichsten Beben hat M Werte zw. 8,5 und 9. Die Magnitudenskala ist im Ggs. zu älteren E.skalen, die auf der zerstörenden Wirkung der E. beruhen, unabhängig von der Besiedelungsdichte über dem Herdgebiet. Im Durchschnitt ereignen sich jährlich auf der Erde etwa zwei Beben mit Magnituden zw. 8 und 9, 800 Beben zw. 5 und 6 und 50 000 Beben zw. 3 und 4. Die Verteilung der Epizentren zeigt Häufungen in den sog. Erdbebengebieten. Alle starken Beben sind um zwei T-förmig zusammenstoßende Bögen gruppiert. Ein Bogen umrandet den Pazif. Ozean *(zirkumpazif. Zone)*. Der zweite *(mittelmeerisch-transasiat. Zone)* verläuft im wesentlichen westöstlich, von den Azoren durch das Mittelmeer, längs der zentralasiat. Hochgebirgsketten und trifft bei Sumatra auf die zirkumpazif. Zone. Über 90 % aller E. sind **tektonische Beben.** Sie stellen ruckartige Ausgleiche von Spannungen dar, die durch die gebirgsbildenden (tekton.) Kräfte entstanden sind. Gelegentlich erfolgt der Ausgleich nicht auf einmal, sondern in mehreren Stößen *(Bebenschwarm).*

Einsturzbeben bei Einbruch von Hohlräumen und vulkan. Beben als Folge vulkan. Tätigkeit sind viel seltener als tekton. Beben und nie sehr energiereich. Wegen ihrer Folgen können Beben unter dem Meeresgrund **(Seebeben)** bes. Bedeutung erlangen. Sie lösen seism. Meereswogen (Tsunamis) aus, die noch an weitab vom Bebenherd gelegenen Küsten schwere Verwüstungen anrichten können. – Karte S. 188.

erdbebensichere Bauweisen, Leichtbauweisen oder seitensteife, erschütterungsfeste, meist hochgradig statisch unbestimmte Stahl- und Stahlbetonkonstruktionen mit möglichst geringen Dachlasten.

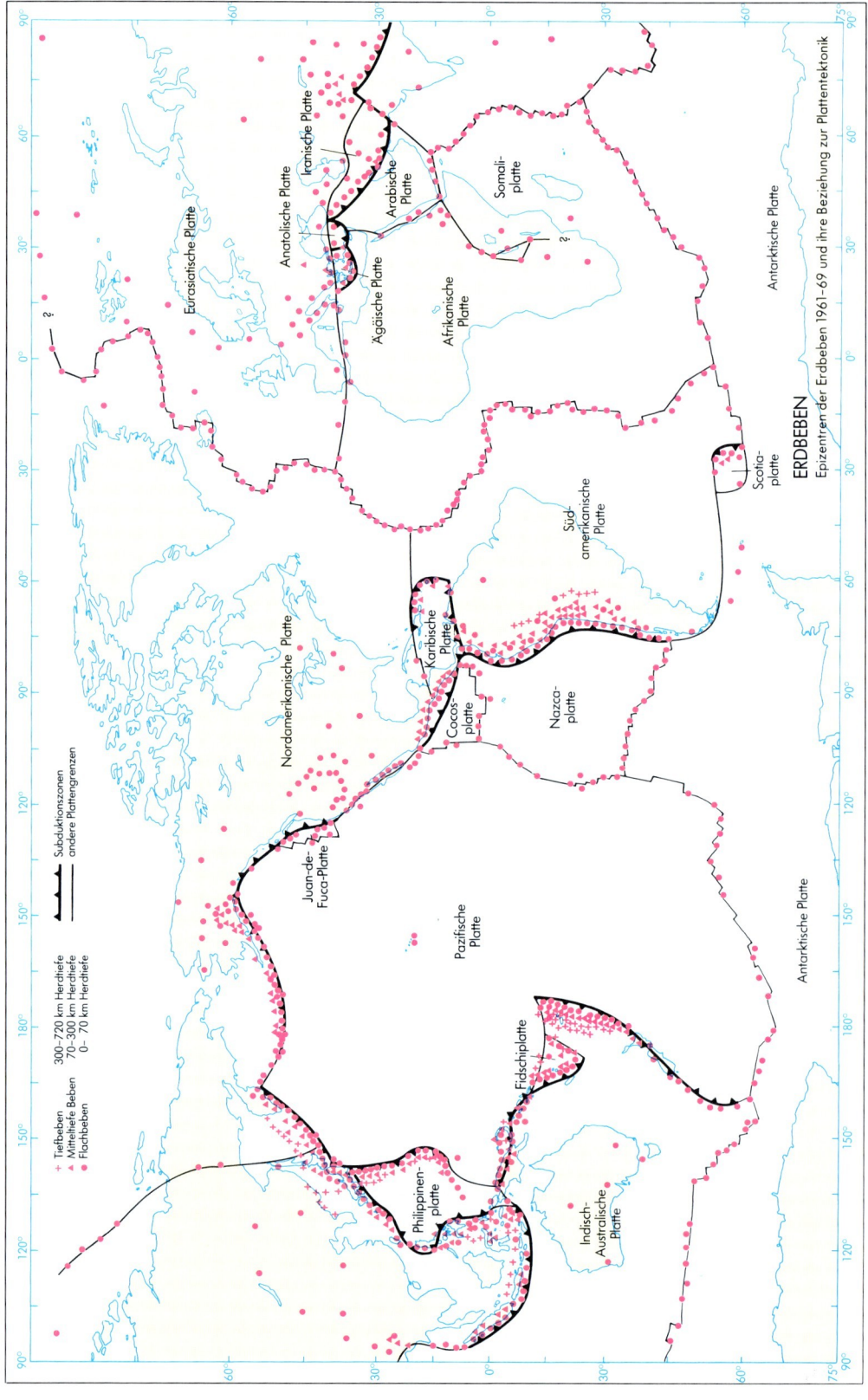

ERDBEBEN
Epizentren der Erdbeben 1961–69 und ihre Beziehung zur Plattentektonik

Erdbebenskala, zur Kennzeichnung der örtl. Stärke von Erdbeben verwendete Stufenskala.

Erdbebenwarten, Institute, in denen mit Seismometern bzw. Seismographen laufend die örtl. Bodenbewegungen bei Erdbeben, Kernexplosionen und bei mikroseism. Bodenunruhe aufgezeichnet und ausgewertet werden. Weltweit arbeiten rd. 1 500 E., von denen etwa 500 Daten austauschen.

Erdbeerbaum (Arbutus), Gatt. der Heidekrautgewächse mit etwa 20 Arten im Mittelmeergebiet, auf den Kanar. Inseln und in N- und M-Amerika; immergrüne Sträucher oder Bäume mit kugeligen oder urnenförmigen Blüten in Rispen; Beerenfrüchte; nicht winterharte Zierpflanzen.

Erdbeere (Fragaria), Gatt. der Rosengewächse mit etwa 30 Arten in den gemäßigten und subtrop. Gebieten der Nordhalbkugel und in den Anden; Ausläufer treibende Stauden mit grundständiger, aus dreizählig gefiederten Blättern bestehender Blattrosette und weißen, meist zwittrigen Blüten. Die meist eßbaren Früchte **(Erdbeeren)** sind Sammelnußfrüchte (↑Fruchtformen), die aus der stark vergrößerten, fleischigen, meist roten Blütenachse und den ihr aufsitzenden, kleinen, braunen Nüßchen bestehen. – Die formenreiche **Walderdbeere** (Fragaria vesca) wächst im gemäßigten Eurasien häufig in Kahlschlägen, Gebüschen und an Waldrändern. Eine Kulturform, die **Monatserdbeere,** blüht und fruchtet mehrmals während einer Vegetationszeit. Die **Muskatellererdbeere** (Zimt-E., Fragaria moschata) wächst im wärmeren Europa; die eßbaren Früchte sind birnenförmig verdickt. Aus Kreuzungen verschiedener Erdbeerarten entstand die **Gartenerdbeere** (Ananas-E., Fragaria ananassa) mit großen, leuchtend roten Früchten, die in vielen Sorten angebaut wird.

Erdbeerfröschchen ↑Färberfrösche.

Erdbeerspinat, Bez. für zwei Arten der Gatt. Gänsefuß mit fleischigen, rötl., an Erdbeeren erinnernden Fruchtständen: der aus S-Europa bis M-Asien verbreitete **Echte Erdbeerspinat** (Chenopodium foliosum) und der aus S-Europa stammende **Ährige Erdbeerspinat** (Chenopodium capitatum); beide Arten werden als Blattgemüse angebaut.

Erdbeerzunge, svw. ↑Himbeerzunge.

Erdbeschleunigung ↑Fall.

Erdbestattung ↑Bestattung.

Erdbienen, svw. ↑Grabbienen.

Erdbildmessung ↑Photogrammetrie.

Erddruck, die vom Erdboden auf eine abstützende Wand ausgeübte Kraft. Der E. je Flächeneinheit wird in der Bautechnik als E.spannung bezeichnet.

Charakteristische Daten der Erde	
Oberfläche	510,07 Mill. km^2
Volumen	1 083,21 · 10^9 km^3
Masse	5,974 · 10^{24} kg
mittlere Dichte	5,516 g/cm^3
Masse der Erdatmosphäre	5,157 · 10^{18}

Erde, der (von der Sonne gesehen) nach Merkur und Venus dritte Planet unseres Sonnensystem, Zeichen ♁. Sie ist der einzige Planet im Sonnensystem, auf dessen Oberfläche sich flüssiges Wasser befindet.

Bahnbewegung der Erde

Die E. bewegt sich wie alle Planeten auf einer leicht ellipt. Bahn, in deren einem Brennpunkt die Sonne steht. Durch die Massenanziehung (Gravitation) der Sonne wird die E. auf ihrer Bahn gehalten. Ihr Umlauf um das Zentralgestirn erfolgt rechtläufig, d. h., vom Nordpol der Erdbahnebene aus betrachtet, entgegen dem Uhrzeigersinn. Die numer. Exzentrizität beträgt etwa 0,017, d. h., daß die Bahn nahezu kreisförmig ist. Die mittlere Entfernung der E. von der Sonne beträgt 149,6 Mill. km. Im sonnennächsten Punkt ihrer Bahn *(Perihel)* ist die E. 147,1 Mill. km, im sonnenfernsten Punkt *(Aphel)* 152,1 Mill. km von der Sonne entfernt. Das Perihel wird Anfang Januar, das Aphel Anfang Juli durchlaufen. Der Umfang der Erdbahn beträgt 940 Mill. km, diese Strecke wird von der E. mit einer mittleren Geschwindigkeit von 29,8 km/s in einem Jahr zurückgelegt. Die Geschwindigkeit der E. ist in Sonnennähe größer, in Sonnenferne kleiner als die mittlere Geschwindigkeit. Die Bahnebene der E., genauer gesagt die durch den Mittelpunkt der Sonne und den Schwerpunkt des E.-Mond-Systems gehende Ebene, wird *Ekliptikalebene* genannt. Der Schnittpunkt dieser Ebene mit der Himmelskugel, ein Großkreis, ist die *Ekliptik*.

Drehbewegung der Erde

Neben der Bewegung in ihrer Bahn führt die E. eine Rotation um ihre eigene Achse *(Erdachse)* aus, deren gedachte Verlängerung zum Himmelspol (Polarstern) zeigt. Die Rotation erfolgt von West nach Ost, also im gleichen Drehsinn wie die Bewegung in ihrer Bahn. Diese Drehbewegung spiegelt sich in der scheinbaren Drehung des Himmelsgewölbes von Ost nach West wider. Die Rotationsdauer um die Erdachse (Drehung um 360°), gemessen an der Wiederkehr der Kulmination eines Sterns, beträgt 23 h 56 min 4 s *(Sterntag),* gemessen an derjenigen der Sonne 24 h *(mittlerer Sonnentag).* Die Rotationsgeschwindigkeit der E. unterliegt kleinen, unregelmäßigen sowie period. Veränderungen, für die vor allem drei Gründe erkannt wurden: die Gezeitenreibung, Verlagerungen im Erdinnern und jahreszeitl., meteorologisch bedingte Verlagerungen auf der Erdoberfläche. Über Jahrzehnte gehende Untersuchungen haben ergeben, daß auch die drei Erdpole nicht absolut festliegen, sondern wandern. Entsprechend variiert auch die Lage des Erdäquators. Diese Polbewegung kann aufgespalten werden in säkulare Polwanderungen und in period. Polbewegungen. Die Erdrotation wird weiterhin durch Gravitationskräfte des Mondes, der Sonne und in bestimmten Maße durch die Wirkungen der Planeten beeinflußt.

Solar-terrestrische Beziehungen

Die gravitative Wechselwirkung mit der Sonne sowie deren Teilchen- und elektromagnet. Wellenstrahlung bedingen zahlr. Vorgänge auf der Erde und in der Erdatmosphäre. Durch die gravitative Wechselwirkung mit der Sonne wird die Erde auf einer stabilen Bahn gehalten, womit eine hinreichend gleichmäßige Bestrahlung der Erde gewährleistet ist. Schwankungen der tägl. Dauer und des Einfallswinkels der Sonnenstrahlung innerhalb eines Tages und während eines Jahres führen, entsprechend der geograph. Breite, zur Bildung unterschiedl. Tageslängen und der Jahreszeiten. Zu den irdischen Vorgängen, die insbes. auf die durch die Sonnenaktivität hervorgerufene Störstrahlung zurückgehen, gehören Polarlichter und andere Leuchterscheinungen in der Hochatmosphäre, Schwankungen der Leitfähigkeit der Ionosphäre, magnet. Stürme und Änderungen der Intensitäten im Van-Allen-Gürtel.

Dimensionen der Erde

Die E. ist nahezu kugelförmig, genauer: sie hat die Gestalt eines abgeplatteten Rotationsellipsoids; in aller Strenge ist der Erdkörper jedoch nicht durch eine einfache geometr. Figur beschreibbar, denn neben geometr. müssen physikal. Messungen (Schweremessungen) treten, die dazu führen, von der Erdfigur auch dem Geoid zu sprechen. Die in jüngster Zeit betriebene Satellitengeodäsie hat neue Werte für die Abplattung der E. erbracht (1:298,85) und den Erdäquatorradius zu 6 378 137 m ermittelt. Ferner wurde festgestellt, daß das Rotationsellipsoid nur eine erste Näherung für das Geoid darstellt.
Der Nordpol der E. steht etwa 40 m weiter vom Erdmittelpunkt ab als der Südpol, und der Erdäquator ist eine Ellipse mit der großen Achse in Richtung 15° westlicher Länge. Die große Achse dieser „Äquatorellipse" ist etwa 200 m länger als die kleine Achse.

Erdbeerbaum

Erdbeere.
Gartenerdbeere

Erdbeerspinat.
Echter Erdbeerspinat

Erde

Schwerefeld der Erde

Da die Materie im Erdinneren nachgiebig gegen langandauernde Kräfte ist, fällt die Erdfigur im Großen mit einer Äquipotentialfläche der Massenanziehung und der durch die Erdrotation hervorgerufenen Zentrifugalkraft zusammen. Diejenige Äquipotentialfläche, die durch das Meeresniveau (= Normal Null; Abk. NN) geht, heißt *Geoid*. Als Schwerkraft bezeichnet man die zusammengesetzte Wirkung von Massenanziehung und Zentrifugalkraft. Die durch sie hervorgerufene Schwerebeschleunigung g wird in der Geophysik in Galilei (Gal) gemessen: 1 Gal = 1 cm/s². Da sowohl die Massenanziehung als auch die Zentrifugalkraft von der geograph. Breite abhängen, gilt dies auch für die Schwerebeschleunigung; sie nimmt vom Äquator zu den Polen hin zu und beträgt im Meeresniveau am Äquator 978,049 Gal, in 45° geograph. Breite 980,629 Gal, an den Polen 983,221 Gal; die Schwerebeschleunigung nimmt mit der Höhe ab.

Aufbau der Erde

Da nur die obersten Teile der E. der direkten Beobachtung zugängl. sind, werden für die Erforschung des Erdinneren Untersuchungen über das Schwerefeld, das Magnetfeld und das Temperaturfeld der E. herangezogen sowie, bes. wichtig, die Auswertung von Seismogrammen. Daraus ergibt sich ein schalenförmiger Aufbau in Erdkruste, Erdmantel und Erdkern. Die einzelnen Schalen werden durch Unstetigkeitsflächen, sog. Diskontinuitäten, an denen sich die Dichte sowie die Geschwindigkeit der Erdbebenwellen sprunghaft ändert, voneinander getrennt. Eine neuere Gliederung spricht von Zonen, wobei die Zone A der Kruste, die Zonen B–D dem Mantel und E–G dem Kern entsprechen. Die *Erdkruste* selbst wird in die granit. kontinentale Oberkruste und die basalt. ozean. Unterkruste unterteilt. Das Material, aus dem die Oberkruste zusammengesetzt ist, besteht v. a. aus Verbindungen von Silicium und Aluminium (69 % SiO_2, 14 % Al_2O_3), weshalb man auch von *Sial*

Erde

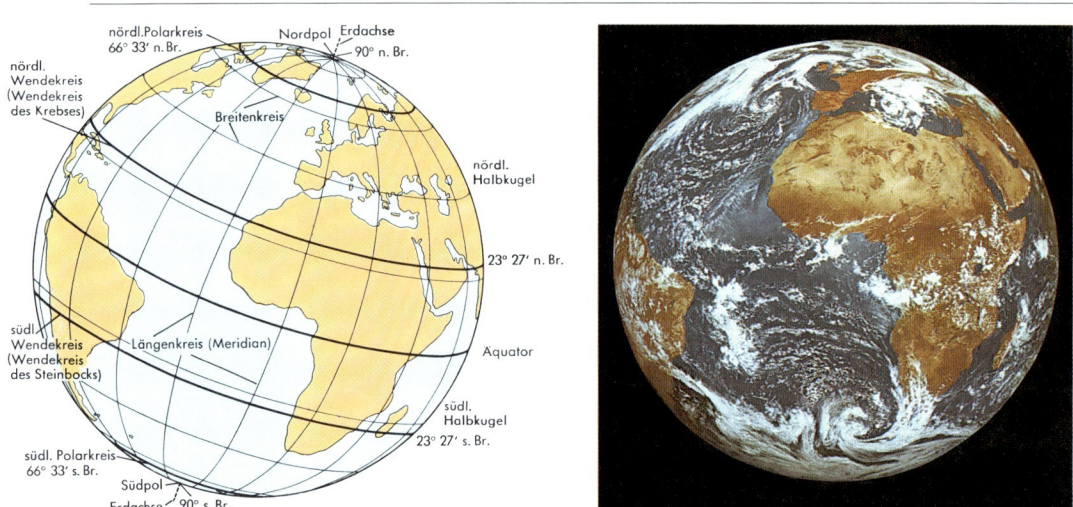

Links: Schematische Darstellung der Erdkugel. Breiten- und Längenkreise dienen der Orientierung. Über den Wendekreisen des Krebses bzw. Steinbocks steht die Sonne zur Sommer- oder Wintersonnenwende senkrecht. Rechts: Die Erde aus einer Höhe von rund 36 000 km

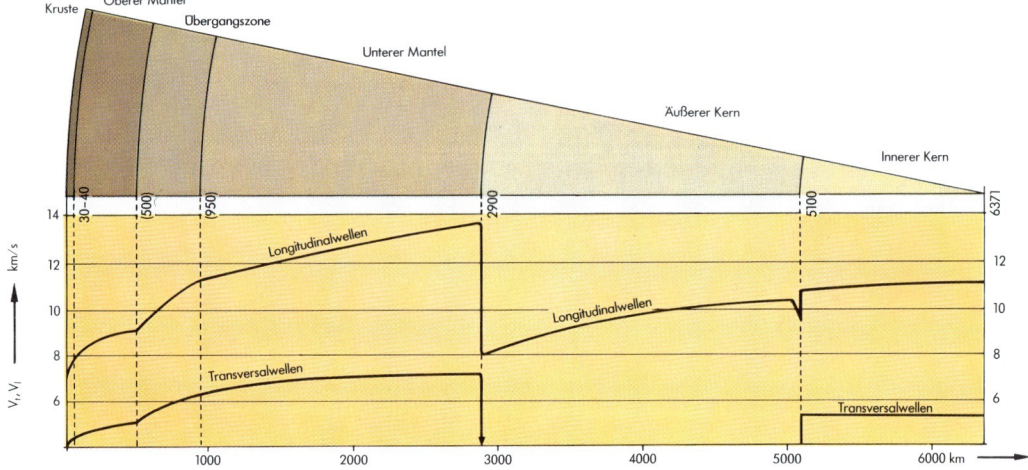

Seismischer Befund zum Aufbau der Erde. Oben: Erdsektor. Unten: Geschwindigkeit der Erdbebenwellen

spricht (Kurzwort aus den Anfangsbuchstaben beider Elemente). Die durchschnittl. Dichte beträgt 2,7 g/cm³. Bei der Zusammensetzung der Unterkruste sind v. a. Verbindungen von Silicium und Magnesium (48 % SiO_2, 9 % MgO) beteiligt, sie wird deshalb auch mit dem Kurzwort *Sima* bezeichnet. Die Dichte beträgt 2,9 g/cm³. In der Kruste nimmt die Temperatur im Mittel um 1 °C auf 30 m zu (↑geothermische Tiefenstufe). Die Kruste wird nach unten von der *Mohorovičić-Diskontinuität* begrenzt. Beim Material des folgenden *Erdmantels* spricht man von *Sifema* (Kurzwort aus den Anfangsbuchstaben von Silicium, Eisen [= Ferrum] und Magnesium, deren Verbindungen hier überwiegen [43 % SiO_2, 12 % Fe_2O_3 und FeO, 38 % MgO]). Die Erdkruste bildet mit den obersten Teilen des Erdmantels, die auch als *Peridotitschicht* oder *Ultrasima* bezeichnet werden, die Lithosphäre, darunter folgt eine fließfähigere Zone, die sog. Asthenosphäre mit verringerter Fortpflanzungsgeschwindigkeit der Erdbebenwellen und steigender Temperatur. Unter einer rd. 500 km mächtigen Übergangsschicht (Zone C) liegt der untere Erdmantel. Im oberen Mantel beträgt die Dichte 3,3 g/cm³, im unteren 4,3–5,5 g/cm³. Bei 2 900 km liegt die Grenze Mantel/Erdkern (= *Wiechert-Gutenberg-Diskontinuität*). Die Dichte springt auf 10,0 g/cm³. Der Erdkern besteht wohl aus Nickel- und Eisenverbindungen, dem sog. *Nife* (8 % NiO, 90 % Fe_2O_3 und FeO). Den äußeren Kern, der bis 5 154 km Tiefe reicht, stellt man sich quasiflüssig vor, da sich hier die Transversalwellen nicht fortpflanzen, den inneren Erdkern dagegen fest. Die Dichte steigt zum Erdmittelpunkt (6 371 km) auf 13,6 g/cm³ an. Gestützt werden diese Schlüsse auf die Zusammensetzung des Erdinneren durch die vier vorkommenden Arten von Meteoriten: dem Sial entsprechen die Glasmeteoriten, dem Sima die Steinmeteoriten, dem Sifema die Eisensteinmeteoriten und dem Nife die Eisenmeteoriten. Nach anderer Ansicht könnte der innere Erdkern auch aus einer an Wasserstoff und Helium stark verarmten Sonnenmaterie bestehen, d. h. einem sehr heißen, unter hohem Druck stehenden, vollständig ionisierten Gas. Dieses verhält sich Erdbebenwellen gegenüber wie ein fester Körper.
Die Oberfläche der Erde gliedert sich in Land- (29 %) und Wasserfläche (71 %). Während auf der N-Halbkugel die Landfläche 39 % und die Wasserfläche 61 % ausmachen, betragen die Werte für die S-Halbkugel 19 % bzw. 81 %. Die höchste Erhebung ist der Mount Everest (8 872 m ü. d. M.), die größte bekannte Tiefe liegt im Marianengraben (11 034 m u. d. M.). Die mittlere Höhe der Erdteile beträgt 875 m ü. d. M., die mittlere Tiefe der Weltmeere liegt im Bereich von 3 800 m u. d. M.

Entwicklung der Erde

Allg. wird für die E. wie auch für die anderen Planeten ein Alter von 4,5–5 Mrd. Jahren angenommen. Aus der wasserdampf- und kohlendioxidreichen Uratmosphäre setzte die Bildung der ersten Ozeane ein, eine Reihe aktiver Phasen mit weltweiter Gebirgsbildung läßt sich nachweisen. Die Untersuchung der zeitl. und räuml. Entwicklung der E. ist Aufgabe der histor. Geologie. Die Zuordnung von Gesteinen und geolog. Vorgängen führte sowohl zur Aufstellung von Zeittafeln, die von den Anfängen bis zur Erdneuzeit reichen (↑Geologie, Tabelle), als auch zur Anfertigung paläogeograph. Karten, die über die Verteilung von Land und Meer in den jeweiligen Abschnitten der Erdgeschichte informieren. So zerfiel z. B. der große Südkontinent Gondwanaland im Erdmittelalter in einzelne Teile; seine Reste sind die Kontinentalkerne von Südamerika, Afrika, Vorderindien, Australien und Antarktika. Südamerika und Afrika rücken noch jetzt während eines Menschenalters (= 70 Jahre) um etwa 1,80 m auseinander. Die wichtigsten neueren geotekton. Hypothesen, die sich mit der Wanderung der Erdteile befassen, sind die von A. Wegener 1912 aufgestellte Theorie der ↑Kontinentalverschiebung und die 1962 von H. Hess auf Grund der Erforschung der Weltmeere formulierte Theorie der ↑Plattentektonik.

Erdefunkstelle ↑Satellitenfunk.
Erdély, Miklós [ungar. 'ɛrdeːj], * Budapest 4. Juli 1928, † ebd. 22. Mai 1986, ungar. Künstler. – Mit Environments, Happenings und experimentellen Filmen wurde er zu einer zentralen Persönlichkeit der ungar. Avantgarde der 60er und 70er Jahre.
erden, eine ↑Erdung vornehmen.
Erderkundungssatellit, künstl. Erdsatellit für geolog., kartograph., ozeanograph. u. a. Erkundungen.
Erdfarben, natürl. Mineralpigmente, die nach meist mechan. Behandlung in den Handel kommen, z. B. Umbra und Ocker.
Erdferkel (Orycteropus afer), einzige rezente Art der Röhrenzähner, in Afrika südl. der Sahara; Körperlänge bis 1,4 m, mit etwa 60–70 cm langem, sehr dickem, nacktem Schwanz; Kopf unbehaart, langgestreckt, mit schweineartiger Schnauze; lebt in einem selbstgegrabenen Erdbau.
Erdfließen ↑Solifluktion.
Erdflöhe, svw. ↑Flohkäfer.
Erdfrüchte, Bez. für Früchte, die unter der Erde reifen (z. B. Erdnuß).
Erdfrühzeit, svw. ↑Proterozoikum.
Erdgas, Naturgas, vielfach mit ↑Erdöl zus. in porösen Gesteinen der Erdkruste vorkommend. E. ist ein Gasgemisch, Hauptbestandteil ist Methan (80–95 %), daneben enthält es gesättigte Kohlenwasserstoffe (z. B. Äthan, Propan, Butan, Pentan), Kohlendioxid, Stickstoff, Schwefelwasserstoff, Wasser und Helium. E. ist gemeinsam mit Erdöl entstanden und hat sich im Laufe der Inkohlung aus Kohle gebildet. Die größten E.vorkommen liegen in den USA (Texas, Kansas, Oklahoma), in Usbekistan und in W-Sibirien. Aus angebohrten Lagerstätten strömt E. durch Eigendruck aus. Nach Entfernen von Verunreinigungen durch Kühlen, Waschen und fraktionierte Destillation dient es als Stadt-, Heiz- und Treibgas sowie als wertvoller Rohstoff für die ↑Petrochemie. E. deckt den weltweiten Energiebedarf zu rd. einem Fünftel und steht damit hinter Erdöl und Kohle an dritter Stelle. In der BR Deutschland wurden 1990 22,3 Mrd. m³ E. gefördert.
Erdgeister, die in der Erde beheimateten Dämonen (↑chthonische Mächte).
Erdglöckchen (Moosglöckchen, Linnaea), Gatt. der Geißblattgewächse mit der einzigen Art Linnaea borealis; in Nadelwäldern, Tundren und Hochgebirgen der Nordhalbkugel; Halbstrauch mit kleinen, ledrigen Blättchen und glokkigen, weißen, innen rotgestreiften, wohlriechenden Blüten.
Erdgottheiten ↑chthonische Mächte.
Erdharz, svw. ↑Asphalt.
Erdhaus, überwiegend im arkt. Bereich Asiens und Nordamerikas anzutreffende unterird. Behausung.
Erdhörnchen (Marmotini), weit verbreitete Gattungsgruppe am Boden und in unterird. Höhlen lebender Hörnchen; z. B. Murmeltiere, Präriehunde, Ziesel, Burunduk.
Erdhummel ↑Hummeln.
Erdhund, wm. Bez. für Rassen kleinerer Haushunde, die bei der Jagd zum Aufstöbern von Tieren in ihren Erdbauen (bes. von Fuchs und Dachs) verwendet werden.
Erdhündchen, svw. ↑Erdmännchen.
Erding ['eːɐdɪŋ, 'ɛrdɪŋ], Krst. in Bayern, am S-Rand des **Erdinger Mooses,** eines kultivierten Niedermoorgebietes im NO des Münchener Beckens, 462 m ü. d. M., 23 900 E. Mühlen- und Brauegewerbe. – Gegr. von Herzog Otto II. von Bayern 1228, seit 1314 Stadt. – Pfarrkirche Sankt Johannes (14. und 15. Jh.), Wallfahrtskirche Hl. Blut (1675), spätgot. und Renaissancehäuser.
E., Landkr. in Bayern.
Erdkabel ↑Kabel.
Erdkastanie, volkstüml. Bez. für die Erdknolle und den Knolligen Kälberkropf.
Erdkirschen, eßbare Beerenfrüchte einiger in den Subtropen und Tropen angebauter Arten der Gatt. Lampionblume, z. B. die **Ananaskirsche** (Physalis peruviana).
Erdknolle (Erdkastanie, Bunium), Gatt. der Doldengewächse mit etwa 30 Arten in Europa bis W-Asien; Stauden mit eßbaren Knollen.

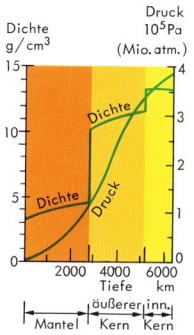

Erde. Dichte und Druck im Erdinnern

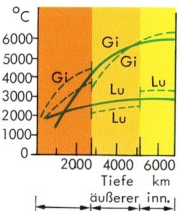

Erde. Temperatur im Erdinnern

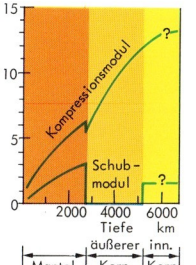

Erde. Elastizitätskonstanten im Erdinnern

Erdkröte

Erdkröte (Bufo bufo), bis 20 cm große (in M-Europa deutlich kleinere) Krötenart, in mehreren Unterarten über Europa, Eurasien und NW-Afrika verbreitet; ♂ kleiner und schlanker als ♀.

Erdkröte

Erdkruste ↑Erde.
Erdkunde ↑Geographie.
Erdkundeunterricht, in allen Schulstufen und -arten unterrichtetes Fach (als Wissenschaft: Geographie), heute oft im Rahmen des Sachunterrichts (Grundschule) und später der Sozialkunde.
Erdläufer (Geophilomorpha), mit über 1000 Arten nahezu weltweit verbreitete Ordnung der Hundertfüßer; etwa 1 cm bis über 20 cm lang, wurmförmig bis fadenartig dünn, meist hellbraun bis gelblich, mehr als 30 (maximal 173) Beinpaare, Augen fehlen.
erdmagnetischer Sturm, svw. magnetischer Sturm (↑Erdmagnetismus).
Erdmagnetismus (Geomagnetismus), die mit dem Magnetfeld der Erde zusammenhängenden Erscheinungen. Man kann das auf der Erdoberfläche gemessene Magnetfeld zerlegen in einen Anteil, dessen Ursache im Erdinnern liegt, und einen von außen stammenden Anteil. Der innere Anteil enthält v. a. das Permanentfeld und die Magnetfelder der im Erdinnern fließenden elektr. Ströme. Der äußere Anteil rührt von variablen elektr. Strömen in der Ionosphäre und der Magnetosphäre her.
Das erdmagnet. Feld gleicht annähernd dem Feld eines Dipols im Erdmittelpunkt, dessen (gegenüber der Rotationsachse wandernde) Achse die Erdoberfläche in den Punkten 77° 18′ n. Br., 101° 48′ w. L. (Arktis 1980) und 65° 18′ s. Br., 140° 02′ ö. L. (Antarktis 1986) durchstößt.
Wie man aus jahrhundertelangen Beobachtungen weiß, sind Richtung und Stärke des erdmagnet. Feldes veränderlich; sie unterliegen der sog. Säkularvariation. Diese zeigt sich u. a. in der zeitl. Änderung der Mißweisung am Kompaß. Außer der Säkularvariation zeigt das Magnetfeld der Erde noch weitere, meist örtlich begrenzte period. und unregelmäßige Schwankungen, die jedoch in der Regel unter 1 % der Feldstärke des Permanentfeldes bleiben.
Starke Schwankungen des erdmagnet. Feldes nennt man **magnetische Stürme.** Sie erfassen gewöhnlich die ganze Erde und sind unabhängig von meteorolog. Erscheinungen. Sie werden ausgelöst durch verstärkte Partikelstrahlung von der Sonne (solarer Wind) und hängen eng mit der Sonnenaktivität zusammen.
Erdmandel (Chufa), die eßbaren, braunen, stärke-, öl- und zuckerreichen, nach Mandeln schmeckenden Ausläuferknollen des etwa 20–90 cm hohen Riedgrases **Erdmandelgras** (Cyperus esculentus), das im Mittelmeergebiet und im trop. Afrika, in Asien und Amerika kultiviert und als Kakao- und Kaffee-Ersatz verwendet wird.
Erdmann, Benno, *Guhrau bei Glogau 30. Mai 1851, †Berlin 7. Jan. 1921, dt. Philosoph und Psychologe. – 1878 Prof. in Kiel, 1884 Breslau, 1890 Halle, 1898 Bonn, 1909 Berlin. Bed. Arbeiten zur Interpretation Kants, zur Denkpsychologie, Logik und Philosophiegeschichte. – *Werke:* Kants Kritizismus (1878), Logik (1892), Umrisse zur Psychologie des Denkens (1900).

E., Johann Eduard, *Wolmar (Livland) 13. Juni 1805, †Halle/Saale 12. Juni 1892, dt. Philosophiehistoriker und Religionsphilosoph. – Seit 1836 Prof. in Halle. Stand in der Nachfolge Hegels; Arbeiten v. a. zur Philosophiegeschichte, u. a. Hg. der philosoph. Schriften von Leibniz.
E., Karl Dietrich *Köln 29. April 1910, †Kiel 23. Juni 1990, dt. Historiker. – Von 1953 an Prof. in Kiel; 1966–70 Vors. des Dt. Bildungsrats; verfaßte u. a. „Die Zeit der Weltkriege" („Handbuch der dt. Geschichte", Bd. 4, ⁹1976).
Erdmännchen (Erdhündchen, Scharrtier, Surikate, Suricata suricatta), bis 35 cm körperlange Schleichkatzenart in den Trockengebieten S-Afrikas; mit graubrauner bis gelblich-weißgrauer Oberseite und etwa 25 cm langem Schwanz; v. a. die Vorderfüße mit auffallend langen, starken Krallen.
Erdmannsdorff, Friedrich Wilhelm von, *Dresden 18. Mai 1736, †Dessau 9. März 1800, dt. Baumeister. – Bed. Vertreter des dt. Frühklassizismus. Sein Hauptwerk ist Schloß und Park Wörlitz bei Dessau (1769–73).
Erdmaus ↑Wühlmäuse.
Erdmessung ↑Geodäsie.
Erdmetalle, nicht nomenklaturgerechte Sammelbez. für folgende Metalle der 3. Haupt- bzw. Nebengruppe des Periodensystems der chem. Elemente: Aluminium, Scandium, Yttrium, Lanthan und die Lanthanoide.
Erdmittelalter (Mesozoikum) ↑geologische Systeme (Übersicht).
Erdmolche ↑Salamander.
Erdnaht ↑Lineament.
Erdneuzeit (Känozoikum, Neozoikum) ↑Geologie, Formationstabelle.

Erdmännchen mit Jungtier

Erdnuß (Arachis hypogaea), einjähriger südamerikan. Schmetterlingsblütler; in den Tropen und Subtropen in verschiedenen Sorten angebaut; Blüten gelb, in wenigen Stunden abblühend. Nach der Befruchtung entwickelt sich ein bis 15 cm langer Fruchtstiel, der sich zur Erde krümmt und den Fruchtknoten 4–8 cm tief ins Erdreich drückt, wo dann die 2–6 cm lange, strohgelbe Frucht (Erdnuß) heranwächst. Diese hat eine zähfaserige, sich nicht öffnende Fruchtwand und meist zwei länglich-ovale Samen (enthalten etwa 50 % Öl, 24–35 % Eiweiß, 3–8 % Kohlenhydrate, hoher Vitamin B- und Vitamin-E-Gehalt). – Die Erdnüsse werden geröstet, gesalzen oder gezuckert gegessen. Durch Pressen gewinnt man das fast geruch- und geschmacklose **Erdnußöl.** Der Preßrückstand (E.preßkuchen) ist ein hochwertiges Viehfutter. Außerdem werden Erdnüsse zu Mehl (E.mehl) oder zu E.mark („E.butter") verarbeitet.
Erdnußbutter, umgangssprachl. Bez. für Erdnußmark, eine aus gemahlenen Erdnüssen gewonnene, streichfähige Masse von hohem Fett- und Eiweißgehalt.
Erdofen, mit heißen Steinen gefüllte und mit Blättern überdeckte Grube, in der Nahrung gegart wird (bes. in Ozeanien).

Erdnuß

Erdöl

Erdöl (Petroleum), ein hauptsächlich aus verschiedenen Kohlenwasserstoffen bestehendes, helles bis schwarzgrünes, dünn- bis dickflüssiges öliges Gemenge, das als Rohstoff in natürl. Lagerung vorkommt (Rohöl). Die Analyse verschiedener E.sorten ergibt als Hauptbestandteile 80,4–87 % Kohlenstoff, 9,6–13,8 % Wasserstoff, 0–3 % Sauerstoff, 0–5 % Schwefel, 0–2 % Stickstoff sowie Spuren weiterer Elemente.

Mit größter Wahrscheinlichkeit ist E. aus tier. und pflanzl. Organismen entstanden, die bei der in Randmeeren oder Binnenseen herrschenden Sauerstoffarmut nicht verwesten, sondern Faulschlamm bildeten, der durch anaerobe Bakterien und Enzyme in die im heutigen E. vorhandenen Stoffe umgewandelt wurde. Durch den Druck des Deckgebirges wurde das E. aus dem *Muttergestein* herausgepreßt und sammelte sich in porösen Kalk- oder Sandsteinschichten *(Speichergestein)* an, wo es heute eingeschlossen zw. undurchlässigen Schichten in sog. „Ölfallen" erbohrt werden kann.

Bohrverfahren und Verarbeitung

Häufigstes Verfahren bei der Erschließung von E.- bzw. Erdgasvorkommen ist das **Drehbohr-** oder **Rotaryverfahren;** man erreicht Bohrtiefen bis 10 000 m. Hauptbestandteile einer Bohranlage: 1. *Hebeeinrichtung:* Bohrturm, ein meist 40 m hohes Stahlgerüst mit Flaschenzug und Drehzapfen, an dem das gesamte Bohrgestänge hängt. 2. *Bohreinrichtung:* Drehtisch (rotary table) mit erforderl. Antriebsaggregaten (bis 5 000 PS) zum Antrieb der Mitnehmerstange, Spülkopf (zum Einleiten der Spülflüssigkeit ins Bohrloch) samt Spülungspumpe, Vierkantmitnehmerstange (kelly), Bohrgestänge (9 m lange Rohre mit Gewindeverschraubung), Schwerstange und daran befestigtem Bohrmeißel der Bohrkrone. 3. *Sicherheitseinrichtungen:* Bohrlochverschlüsse (Blow-out-preventer).

Die Bohrung erfolgt stufenweise mit abnehmendem Durchmesser (30"–6" oder 76–15 cm). Nach dem Herausziehen („Ziehen") des gesamten Bohrgestänges wird das Bohrloch mit Futterrohren (casings) ausgekleidet, der Ringraum auszementiert und mit der nächstkleineren Bohrkrone weitergebohrt. Die Spülflüssigkeit kühlt den Bohrkopf und transportiert das Bohrklein nach oben. Ist die Bohrung fündig (etwa jede 10. Bohrung), beginnt die Förderung. – ↑Offshore-Bohrung.

Die Verarbeitung dient der Gewinnung von Treibstoffen, Schmier- und Heizölen sowie in großem Umfang der Gewinnung von Rohstoffen für die chem. Ind. Die ersten Verarbeitungsschritte, denen das geförderte E. unterworfen wird, sind Reinigungsprozesse wie Abfiltrieren von Sand oder Schlamm, Entfernen von gelösten Gasen, Abtrennen von Wasser und gelösten Salzen. Danach gelangt das Rohöl zur Aufbereitung in die Raffinerie. Hier wird es allg. zunächst einer Destillation unter atmosphär. Druck, der sog. **Topdestillation,** unterworfen und dabei in Fraktionen unterschiedl. Siedebereiche zerlegt. Man erhitzt das Rohöl hierzu in Röhrenöfen auf etwa 370 °C und leitet die entstehenden Dämpfe in eine Destillationskolonne, aus der dann die Fraktionen unterschiedl. Siedetemperatur in verschiedenen Höhen der Kolonne abgezogen werden. An der Spitze der Destillationskolonne entweichen die am leichtesten flüchtigen E.bestandteile als sog. **Topgase.** Danach folgt bei Temperaturen bis etwa 100 °C das **Leichtbenzin,** etwa zw. 100 und 180 °C das **Schwerbenzin,** zw. 180 und 250 °C das **Petroleum** und zw. 250 und 350 °C das **Gasöl.** Am Boden der Destillationskolonne sammeln sich diejenigen Bestandteile des E. an, die erst oberhalb 350 °C sieden. Dieser Destillations- oder Toprückstand wird entweder direkt als **schweres Heizöl** verwendet oder durch therm. Kracken oder Vakuumdestillation zu weiteren Produkten, insbes. Schmierölen, verarbeitet. Der hierbei verbleibende Rückstand kann je nach dem eingesetzten Rohöl als Bitumen oder als Zusatz zu schwerem Heizöl verwendet werden. Alle Destillate, einschl. der Topgase, müssen vor der Abgabe an den Verbraucher oder vor der weiteren Verarbeitung einer Nachbehandlung (Raffination) unterworfen werden, um sie den Marktanforderungen hinsichtl. Lagerstabilität, Geruch und Farbe anzupassen, z. T. auch um korrosiv wirkende Komponenten und Katalysatorgifte (v. a. Schwefelverbindungen) zu entfernen. Da der Bedarf an Treibstoffen, insbes. hochwertigen Vergaserkraftstoffen (Motorenbenzinen), mit der immer stärker zunehmenden Motorisierung sprunghaft gestiegen ist und aus den bei der Topdestillation anfallenden Benzinfraktionen (den sog. *Straight-run-Benzinen*) nicht mehr ausreichend gedeckt werden kann, wurden mehrere Verfahren entwickelt, durch die die Ausbeute an qualitativ hochwertigen Motorenbenzinen gesteigert wird. Eines dieser Verfahren ist das **Kracken (Cracken),** d. h. das Spalten höhermolekularer E.bestandteile (v. a. Gasöl, Toprückstand, Rohöl) in niedrigmolekulare. Das **thermische Kracken** ist für die Benzingewinnung unbedeutend, jedoch wichtig für die Verarbeitung von hochviskosen E.fraktionen (z. B. des Toprückstands), aus denen man auf diese Weise niederviskose, als leichte Heizöle geeignete Produkte erhält. Große Bed. für die Herstellung von Motorenbenzinen hat dagegen das **katalytische Kracken (Katkracken, Catcracken);** es wird meist bei niederen Drücken (etwa 2 bar) und Temperaturen von etwa 550 °C in der Dampfphase durchgeführt. Als Katalysatoren lassen sich aktivierte natürl. Tone, synthet., saure Aluminiumsilicate, Magnesium- und Molybdänsilicate verwenden. Die Reaktion wird meist im Wirbelschichtverfahren vorgenommen, wobei ein Teil des Katalysators ständig abgezogen wird. Das dabei anfallende **Krackbenzin** zeichnet sich durch eine hohe Oktanzahl aus; es enthält v. a. niedermolekulare aromat. Verbindungen und Isoparaffine. – Ein weiteres wichtiges Verfahren zur Gewinnung von hochwertigen Motorenbenzinen ist das **Reformieren,** bei dem wenig klopffeste Kohlenwasserstoffe (v. a. Paraffine und Naphthene) durch Isomerisierungs-, Cyclisierungs- und Aromatisierungsreaktionen in hochklopffeste Kohlenwasserstoffe (v. a. Isoparaffine, Aromaten und Alkene) umgewandelt werden. Dadurch ist es möglich, aromatenreiche wertvolle Flug- und Motorenbenzine *(Reformate, Reformatbenzine)* mit Oktanzahlen zw. 90 und 100 zu gewinnen. Als Nebenprodukte treten wasserstoffreiche, zu Synthesen geeignete Spaltgase auf. Beim **Reformieren nach dem Festbettverfahren** wird ein feinkörniger, fest im Reaktor auf Trägermaterial angebrachter Platinkatalysator verwendet *(Platforming)*, beim **Reformieren nach dem Wirbelschichtverfahren** besteht der Katalysator aus feinkörnigen Molybdän- und Aluminiumoxidteilchen oder Gemischen

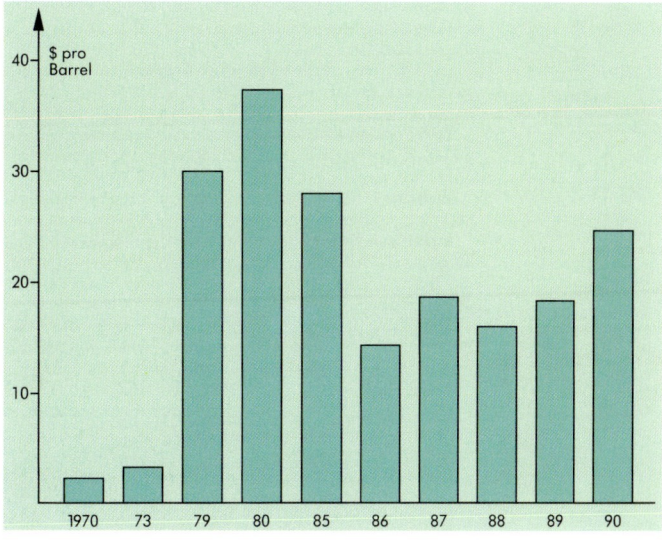

Erdöl. Entwicklung des Rohölpreises 1970–90

Erdpech

aus Kobalt-, Molybdän- und Aluminiumoxid, die von unten her vom Einsatzgut durchströmt werden *(Hydroforming, Hyperforming)*. Die Reaktion vollzieht sich bei Drücken zw. 10 und 30 bar bei Temperaturen von mehr als 500 °C.

Wirtschaft

Die wirtsch. Ausbeute von E. setzte zwar erst in der 2. Hälfte des 18. Jh. ein, doch wurde E. mit fortschreitender Industrialisierung zum wichtigsten Primärenergieträger in den meisten Ind.ländern, wobei seine Bed. auch durch den zunehmenden Einsatz von Benzinmotoren schnell stieg. Die E.unternehmen entwickelten sich zu großen Konzernen, die auch polit. Einfluß und Einsatz ihrer wirtsch. Macht erlangten. Mit der Gründung der ↑OPEC bzw. OAPEC suchten die größten Förderländer – mit Ausnahme der USA und der UdSSR – ein Rohstoffkartell zu errichten, um Preiserhöhungen und auch Absprachen über die Fördermengen durchsetzen zu können. Bereits in den 1960er Jahren begann in vielen OPEC-Ländern die Nationalisierung der Ölquellen, wobei jedoch meist den E.konzernen weiter Verarbeitung und Vertrieb überlassen wurde. Während des 4. Israelisch-Arab. Krieges wurde das E. als polit. Waffe eingesetzt, indem Lieferungen eingeschränkt und die Preise erhöht wurden; außerdem wurden die Verstaatlichungen forciert. Die steigenden Einnahmen der OPEC-Länder führten auf der Gegenseite zu verschärften Zahlungsbilanzproblemen vieler ölimportierender Länder. In den folgenden Jahren wurde von den OPEC-Ländern versucht, ihre Überschüsse zur Industrialisierung zu nutzen, während die ölimportierenden Länder die Importenergie durch Sparmaßnahmen und Förderung anderer Energieträger (↑Energiepolitik) zu reduzieren suchten.

Die größten E.- und Erdgaslagerstätten der Erde liegen im Mittleren Osten (Iran, Saudi-Arabien) und im Mittelmeerraum (Libyen), in Venezuela, in den USA, in Rumänien und in der ehem. UdSSR. Die Welt-E.förderung betrug 1990 rd. 3,1 Mrd. t. In der BR Deutschland stehen der eigenen Förderung von nur 3,6 Mill. t Importe von 72,4 Mill. t (jeweils 1990) gegenüber. Es wurden internat. Abkommen (↑Internationale Energie-Agentur) getroffen, um gegen kurzfristige Unterbrechungen der E.importe besser geschützt zu sein.

Erdpech, svw. ↑Asphalt.

Erdpyramiden, säulen- bis pyramidenförmige, bis mehrere Meter hohe Abtragungsformen in Moränen und vulkan. Tuffen, oft von Decksteinen geschützt.

Erdrauch (Fumaria), Gatt. der Erdrauchgewächse mit etwa 50 Arten in M-Europa und vom Mittelmeergebiet bis Z-Asien; einjährige Kräuter mit gefiederten Blättern und kleinen Blüten in Trauben. – In M-Europa als Ackerunkraut v. a. der 10–30 cm hohe **Gemeine Erdrauch** (Fumaria officinalis) mit purpurroten, an der Spitze schwärzl., kleinen Blüten.

Erdrauchgewächse (Fumariaceae), Pflanzenfam. mit 5 Gatt. und etwa 400 Arten; Blüten abgeflacht, mit einem oder zwei meist gespornten Blumenkronblättern.

Erdrutsch (Bergrutsch, Bergschlipf), an steilen Hängen plötzlich abgehende stark durchnäßte Lockermassen.

Erdsalamander (Plethodon cinereus), bis etwa 12 cm lange Alligatorsalamanderart v. a. in Wäldern und Gärten des östl. N-Amerika; Körper sehr schlank, walzenförmig; Terrarientier.

Erdschein (Erdlicht), indirekte Beleuchtung des Mondes durch Reflexion von Sonnenlicht an der Tagseite der Erde.

Erdschluß, durch einen Fehler entstandene leitende Verbindung eines Betriebsstromkreises mit Erde oder einem mit ihr in leitender Verbindung stehenden Gegenstand.

Erdstern (Geastrum), Gatt. der Bauchpilze, in M-Europa mit etwa 15 Arten, v. a. in Nadelwäldern; Fruchtkörperaußenhülle bei der Reife sternförmig aufspringend.

Erdstrahlen, die Alpha-, Beta- oder Gammastrahlen aus radioaktiven Bestandteilen des Bodens oder des Gesteins.

▷ physikalisch nicht nachweisbare „Strahlen", die Einflüsse auf Mensch und Tier ausüben sollen und angeblich von bestimmten Personen mit Hilfe von Wünschelruten oder Pendeln wahrgenommen werden.

Erdströme, elektr. Ströme in der Erdrinde, die durch Schwankungen des Erdmagnetfeldes induziert werden oder beim Ausgleich von Spannungen entstehen, die durch luftelektr. oder chem. Vorgänge erzeugt werden. **Vagabundierende Erdströme** werden durch elektr. Anlagen mit geerdetem Nulleiter und durch die Stromrückführung in den Schienen elektrisch betriebener Bahnen verursacht. Die E. beeinflussen Fernmeldeanlagen, Gas- und Wasserleitungen durch Induktion und Korrosion.

Erdteil ↑Kontinent.

Erdumlaufbahn ↑Raumflugbahnen.

Erdung, Verbindung elektr. Geräte mit elektr. gut leitenden Erdschichten (z. B. Grundwasser), hauptsächlich zur Vermeidung von Unglücksfällen durch elektr. Schlag bei Defekten an elektr. Geräten.

Erdungsanlage ↑Blitzschutz.

Erdwachs (Ozokerit, Bergwachs), natürl. Gemenge hochmolekularer fester Kohlenwasserstoffe (Alkane). E. entsteht durch teilweise Verharzung des Erdöls; gereinigtes E. wird als Ceresin (Zeresin) bezeichnet.

Erdwanzen (Cydnidae), mit vielen Arten nahezu weltweit verbreitete Fam. 3–15 mm großer Wanzen, u. a. die **Schwarzweiße Erdwanze;** saugen an Wurzeln; z. T. schädlich an Kulturpflanzen.

Erdwärme, Wärmeenergie aus dem Innern der Erde. ↑geothermische Tiefenstufe.

Erdwolf (Zibethyäne, Proteles cristatus), bis 80 cm körperlange Hyäne in den Steppen und Savannen O- und S-Afrikas; frißt vorwiegend Termiten.

Erdwolf

Erdwanzen. Schwarzweiße Erdwanze

Erdrauch. Gemeiner Erdrauch

Erdstern

Erdzeitalter, Ära der Erdgeschichte.

Erebus, Mount [engl. maʊnt ˈɛrɪbəs], tätiger Vulkan auf der Rossinsel, Antarktis, 3 794 m hoch, z. T. vergletschert.

Erec, ma. Sagengestalt; Ritter der Artusrunde, der mit seiner Frau Enite zur Bewährung auf die Aventiurefahrt auszieht. Nach breton. Quellen im 12. Jh. von Chrétien de Troyes und von Hartmann von Aue gestaltet.

Erechtheion, Tempel ion. Ordnung auf der Akropolis von Athen, errichtet zw. 421 und 406 an Stelle eines älteren Tempels (des ↑Erichthonios). An der S-Mauer Korenhalle.

Erechtheus ↑Erichthonios.

Erede, Alberto, *Genua 8. Nov. 1909, italien. Dirigent. – Schüler von F. Busch und F. Weingartner; v. a. bed. Verdi- und Puccini-Interpret.

Erektion [aus lat. erectio „Aufrichtung"], reflektor., durch Blutstauung bedingte Anschwellung, Versteifung und Aufrichtung von Organen, die mit Schwellkörpern versehen sind. Der Begriff bezieht sich in erster Linie auf die Versteifung des männl. Gliedes (Penis), aber auch auf die des Kitzlers (Klitoris) der Frau.

Eremit [griech., zu érēmos „einsam"] ↑Einsiedler.

Eremitage (Ermitage) [eremiˈtaːʒə]; griech.-frz. „Einsiedelei"], seit dem 18. Jh. ein bewußt schlicht gehaltenes, einsam gelegenes, kleines Land- oder Gartenhaus.

Eremitage [eremiˈtaːʒə], Museum in St. Petersburg, ben. nach dem 1764–67 für Katharina II. erbauten kleinen Schloß („Kleine E."); das Museum umfaßt heute darüber hinaus das Winterpalais (sog. Vierter Winterpalast, 1754–63) von B. F. Rastrelli, die „Alte E." (1775–84) und die „Neue E." (von L. von Klenze, 1839–52).

Erenburg ↑Ehrenburg.

Eresburg, größte der sog. altsächs. Volksburgen, von Karl d. Gr. mehrfach angegriffen und 772 erobert; lag wahrscheinlich im Gebiet der heutigen Stadt Marsberg (NRW).

Ereschkigal [sumer. „Herrin der großen Erde (d. h. der Unterwelt)"], sumer. Unterweltsgöttin, Schwester der Inanna, Gemahlin des Nergal.

Erethismus [griech.], krankhaft gesteigerte Erregbarkeit, z. B. bei bestimmten Schwachsinnsformen.

Eretria, bed. antike Stadt auf Euböa; Blütezeit im 8. Jh. v. Chr.; 490 von den Persern, 198 v. Chr. durch die Römer zerstört; u. a. Reste des Apollon-Daphnephoros-Tempels (6. Jh. v. Chr.), eines Theaters (4. Jh. v. Chr.) mit einem Dionysostempel; Goldschmiedewerkstatt (um 700 v. Chr.).

Erfahrung, allg. die erworbene Fähigkeit sicherer Orientierungen, das Vertrautsein mit bestimmten Handlungs- und Sachzusammenhängen ohne Rückgriff auf ein hiervon unabhängiges theoret. Wissen. E. führt, sich auf endlich viele Beispiele und Gegenbeispiele „in der Anschauung" stützend, in einem elementaren Wissen **(Empirie),** auf das auch jedes theoret. Wissen bezogen bleibt. E. setzt sowohl Beobachtung als auch Begriffe der Einordnung voraus.

Erfassungsstelle Salzgitter ↑Zentrale Erfassungsstelle der Länderjustizverwaltungen in Salzgitter.

Erfinderrecht, ein mit Vollendung einer Erfindung in der Person des Erfinders entstehendes absolutes, übertrag- und vererbbares Recht mit persönlichkeitsrechtl. und verwertungsrechtl. Komponenten (auch bei Arbeitnehmererfindungen): das Recht, als Erfinder benannt (beim Patent) und anerkannt zu werden, über die Erfindung zu entscheiden (Veröffentlichung oder Geheimhaltung, Anmeldung als Patent oder Gebrauchsmuster) und die Erfindung zu verwerten.

Erfindung, im Sinne des Patent- und Gebrauchsmusterrechts die schöpfer. Lösung eines naturwiss.-techn. Problems, die unter Ausnutzung natgesetzl. Kräfte oder Vorgänge erfolgte. Voraussetzung für die Erteilung eines ↑Patents oder die Eintragung als ↑Gebrauchsmuster ist die gewerbl. Verwertbarkeit und die Neuheit der Erfindung.

Erfolg, allg. positives Ergebnis einer Bemühung.
▷ in der *Psychologie* das Erreichen eines Ziels. Das E.erlebnis hängt v. a. von der Übereinstimmung der Leistung mit den selbstgesetzten Erwartungen ab. Liegt die Leistung unter dem erwarteten Niveau, so wird dies als **Mißerfolg,** liegt sie darüber, wird dies als E. gewertet.
▷ Gewinn oder Verlust einer wirtsch. Tätigkeit.

Erfolgsbilanz, svw. Gewinn-und-Verlust-Rechnung.

Erfolgsethik, Ethik, die den sittl. Wert von Personen und Handlungen nicht an der Qualität des subjektiven Willens, sondern an der (erfolgreichen) Zielrealisierung bestimmt.

Erfolgskonten, den Unternehmenserfolg (Gewinn oder Verlust) ausweisende Konten. – Ggs. ↑Bestandskonten.

Erfolgsrechnung, bei Unternehmen die Ermittlung des Unternehmenserfolgs als Differenz zw. dem in Geld bewerteten Ertrag und Einsatz der Produktionsfaktoren innerhalb eines bestimmten Zeitraums, insbes. als Jahres-E. für das Geschäftsjahr und als kurzfristige E. zur Betriebskontrolle.

Erfrieren (Congelatio), allg. oder örtl. Schädigung des Organismus durch Kälteeinwirkung. Bei einem **allgemeinen Erfrieren** sinkt die Körpertemperatur (Bluttemperatur kann bis auf 27 °C, Rektaltemperatur noch einige Grade tiefer absinken) ab, und es kommt zu einer Unterkühlung des gesamten Organismus. Durch die kältebedingte Stoffwechselsenkung der Gewebe, v. a. des Gehirns, kommt es zu zunehmender Verwirrtheit des Erfrierenden und schließlich zur Ohnmacht. In der Folge tritt eine nicht rückbildungsfähige Schädigung des Atemzentrums und dadurch der **Kältetod** ein. Das **örtliche Erfrieren** betrifft v. a. Nase, Oh-

Eremitage. Sogenannter Vierter Winterpalast in Sankt Petersburg, 1754–63 von Bartolomeo Francesco Rastrelli erbaut

ren, Wangen, Finger, Zehen. Hierbei unterscheidet man drei Schweregrade: 1. Grad: starke Rötung der Haut durch reaktive Mehrdurchblutung; 2. Grad: Blasen- und Ödembildung infolge erhöhter Durchlässigkeit der geschädigten Gewebe; 3. Grad: Nekrosebildung, d. h. völlige, nicht mehr rückbildungsfähige Schädigung der Gewebe mit nachfolgendem Absterben. – *Behandlung:* langsames Erwärmen; bei E. 1. und 2. Grades kann die Durchblutung des betroffenen Gebietes durch hautreizende Frostsalben gefördert werden. – ↑Erste Hilfe.

Erft, linker Nebenfluß des Rheins, entspringt in der Eifel, mündet bei Neuss; 113 km lang.

Erftkreis, Kr. in Nordrhein-Westfalen.

Erftstadt, Stadt in NRW, am W-Rand der Ville, 90 m ü. d. M., 43 900 E. Wirtschaftsseminar; Maschinen-, Textil-, Nahrungsmittelind. – 1969 durch Zusammenschluß der Stadt Lechenich mit 13 Gem. entstanden. – Schloß Gymnich ist Gästehaus der Bundesregierung.

Erftstadt. Schloß Gymnich

Erfüllung, die Tilgung der Schuld durch Bewirken der geschuldeten ↑Leistung (§ 362 BGB). Von Ausnahmen abgesehen, können auch E.gehilfen des Schuldners oder Dritte die Schuld erfüllen. Geleistet werden muß grundsätzl. an den Gläubiger oder seinen Vertreter. Leistungen an Dritte befreien den Schuldner nur unter bes. zusätzl. Voraussetzungen. Über die erhaltene Leistung hat der Gläubiger auf Verlangen des Schuldners Quittung zu erteilen. Hat der Gläubiger eine Leistung vorbehaltlos angenommen, so trifft ihn die Beweislast für Mängel.

Erfüllungsgehilfe, derjenige, der mit Willen des Schuldners bei der ↑Erfüllung einer Verbindlichkeit tätig wird. Für ein schuldhaftes Verhalten des E. in Ausführung der Vertragsleistung haftet der Schuldner gegenüber dem Gläubiger wie für eigenes Verschulden (§ 278 BGB).

Erfüllungsort ↑Leistungsort.

Erfüllungspolitik

Erfüllungspolitik, urspr. interne Sprachregelung im Auswärtigen Amt für eine mit dem Versailler Vertrag konforme Politik der Reichsregierungen, dann demagog. Schlagwort der Kritiker und Gegner der Weimarer Republik; war seit 1921 Richtschnur dt. Politik, mit dem Ziel verknüpft, die Nichterfüllbarkeit des Versailler Vertrags, speziell seiner wirtsch. Bestimmungen, nachzuweisen; daher im Kern Revisionspolitik.

Erfurt. Der um 1154 begonnene Dom mit dem nach 1452–65 erbauten spätgotischen Langhaus und die um 1280 bis um 1400 erbaute dreitürmige Severikirche

Erfurt
Stadtwappen

Erfurt, Hauptstadt von Thür., im südl. Teil des Thüringer Beckens, 200 m ü. d. M., 217 000 E. Kreisfreie Stadt und Krst.; Sitz eines Weihbischofs von Fulda; PH E./Mühlhausen, kath. Priesterseminar, medizin. Akad., Akad. gemeinnütziger Wissenschaften; Museen, u. a. für Gartenbau; Thüringer Zoopark; Städt. Bühnen mit mehreren Theatern; Internat. Gartenbauausstellung, Zentrum eines hochentwickelten Erwerbsgartenbaus (Blumenstadt E.); Büromaschinenbau und elektrotechn./elektron. Ind., Werkzeugmaschinenbau, Schuhfabrik, opt. Werke, Bekleidungsind.; Verkehrsknotenpunkt, ✈. – An einer Furt über die Gera gegr.; 741 errichtete Bonifatius das Bistum E. (um 752 zugunsten des Erzbistums Mainz aufgehoben). 852, 936 und 1181 fanden in E. wichtige Reichstage statt. 1392–1816 Univ., Hochburg des dt. Humanismus. 1802/03 an Preußen, 1806–13 eine Napoleon I. reservierte Domäne, der sich hier mit Alexander I. von Rußland und den Fürsten des Rheinbundes traf, um Unterstützung und militär. Entlastung zu suchen (**Erfurter Fürstentag** bzw. **Erfurter Kongreß**). 1815–1944 zur preuß. Prov. Sachsen, dann zu Thüringen. 1952–90 Hauptstadt des gleichnamigen DDR-Bezirks. – Die Stadt wird überragt vom Dom (1154 begonnen, 1372 Vollendung des got. Chores, nach 1452–65 spätgot. Neubau des Langhauses) und der dreitürmigen Severikirche (um 1280–um 1400); erhalten sind mehrere ma. Kirchen, u. a. Peterskirche (12.–14. Jh.), Klosterkirche der Ursulinerinnen (13. Jh.), Barfüßerkirche (14. Jh.). Der spätgot. Bau der Alten Univ. brannte 1945 aus; mit Häusern überbaut ist die Krämerbrücke (14. Jh.); in der Altstadt zahlr. Häuser aus der Gotik und Renaissance; am Stadtrand zwei Festungen.

Erfurter Fürstentag (Erfurter Kongreß) ↑ Erfurt.

Erfurter Programm, Programm der SPD von 1891; ersetzte das Gothaer Programm von 1875 (↑ Sozialdemokratie).

Erfurter Unionsparlament, 1850 in Erfurt tagendes Parlament dt. Staaten, das im Rahmen der preuß. Unionspolitik die Unionsverfassung von 1849 samt Additionalakte (1850) verabschieden sollte.

Erfurth, Hugo, *Halle/Saale 14. Okt. 1874, †Gaienhofen bei Radolfzell 14. Febr. 1948, dt. Photograph. – Bedeutendster Porträtphotograph der 20er Jahre. Schuf mit psycholog. Eindringlichkeit individuelle Bildnisse bed. Persönlichkeiten.

Erg [arab.], aus der nördl. Sahara stammende Bez. für Sandwüste.

Erg [Kw. aus griech. érgon „Werk, Arbeit"], Einheitenzeichen erg; Einheit der Energie bzw. Arbeit; Festlegung: 1 erg ist gleich der Arbeit, die verrichtet wird, wenn die Kraft 1 dyn längs eines Weges von 1 cm wirkt: 1 erg = 1 dyn · cm. Mit dem ↑ Joule (J) hängt das Erg wie folgt zusammen: $1 \text{ erg} = 10^{-7}$ J bzw. $1 \text{ J} = 10^{7}$ erg.

ERG, Abk. für: ↑ **E**lektro**r**etino**g**ramm.

Ergänzungsfarben, svw. ↑ Komplementärfarben.

Ergebnisabführungsvertrag ↑ Gewinnabführungsvertrag.

Ergine, svw. ↑ Ergone.

ergo [lat.], also, folglich.

Ergologie [zu griech. érgon „Werk, Arbeit"], die Lehre von den materiellen und techn. Erzeugnissen menschl. Kultur. Forschungsgegenstand der E. sind im Zusammenhang mit der Herstellungstechnik Tracht, Nahrung, Obdach, Geräte und Verfahren, Verkehr, Waffen. – ↑ Volkskunde.

Ergometrie [griech.], Verfahren zur Prüfung der Leistungsfähigkeit des Organismus, bes. des Herz-Kreislauf-Systems, der Lunge (Atmung) und der Muskulatur nach meßbarer Belastung mit dem **Ergometer.** Bei dem am häufigsten gebräuchl. Fahrradergometer wird die zu leistende Tretarbeit in eine in verschiedenen Belastungsstufen (mechanisch oder elektromagnetisch gebremste Schwungmasse) meßbare elektr. Energie umgesetzt. Dabei wird gleichzeitig mit angeschlossenem Elektrokardiographen eine Herzstromkurve aufgezeichnet (Belastungs-EKG); mit der **Ergospirometrie** können Atemvolumen, Atemfrequenz und Sauerstoffverbrauch geprüft werden.

Ergone (Ergine) [griech.], in kleinsten Mengen hochwirksame biolog. Wirkstoffe wie Vitamine, Hormone und Enzyme.

Ergonomie [griech.], Wiss. von der Anpassung der Arbeit[sbedingungen] an den Menschen.

Ergosterin [frz./griech.], weitverbreitetes, v. a. in Hefen, im Mutterkorn und im Hühnerei vorkommendes Mykosterin; Provitamin des Vitamins D_2, in das es bei Bestrahlung mit UV-Licht übergeht.

Ergosterin

Ergotamin [Kw.] ↑ Mutterkornalkaloide.

Ergotherapie [griech.] ↑ Arbeitstherapie.

Ergotismus [frz.] ↑ Mutterkorn.

ergotrop [griech.], alle Energien des Organismus mobilisierend; speziell auf die Erregung des Sympathikus bezogen.

Ergußgesteine ↑ Gesteine.

Erhaltungssätze, grundlegende physikal. Gesetze, nach denen bestimmte physikal. Größen (z. B. Drehimpuls, Energie, Impuls, Lage des Schwerpunkts) in abgeschlossenen Systemen bei jeder zeitl. Zustandsänderung ihren Wert beibehalten.

Einer der ältesten E. ist der **Satz von der Erhaltung der Masse** (bzw. der Materie oder Stoffmenge). Er war v. a. für die Entwicklung der Chemie von Bed. (wegen der Masse-Energie-Äquivalenz wird er vom Energie-E. abgedeckt, zugleich aber auch relativiert). Die Relativitätstheorie vereinigt den Energie- und den Impuls-E. zu einem einzigen E. Neben diese klass. E. treten weitere, zum Teil nicht uneingeschränkt gültige E., u. a. für ↑Spin und ↑Parität sowie für die elektr. ↑Ladung. Jedem E. entspricht eine Invarianzeigenschaft der physikal. Gesetze (↑Invarianz).

Erhaltungsumsatz, svw. ↑Grundumsatz.

Erhängen, Form des Selbstmordes, Mordes oder der Todesstrafe durch Strangulation des Halses. Der Tod kann durch plötzl. Genickbruch mit Zerstörung des Atemzentrums oder durch die Drosselung der Halsschlagadern eintreten.

Erhard, Ludwig, *Fürth 4. Febr. 1897, †Bonn 5. Mai 1977, dt. Politiker (CDU). – Nach Teilnahme am 1. Weltkrieg Studium der Volks- und Betriebswirtschaft; seit 1928 wiss. in Nürnberg tätig. 1945/46 bayer. Min. für Handel und Gewerbe. Seit März 1948 Direktor für Wirtschaft des Vereinigten Wirtschaftsgebiets, erklärte E. am 20. Juni 1948 (Währungsreform) das Ende der Zwangswirtschaft und setzte in der Folgezeit das Konzept der sozialen Marktwirtschaft durch („Vater des dt. Wirtschaftswunders"). 1949–76 MdB, bis Okt. 1963 Wirtschaftsmin., 1957–63 zugleich Vizekanzler. Gegen den Widerstand Adenauers wurde E. im Okt. 1963 dessen Nachfolger als Bundeskanzler, 1966/67 auch CDU-Vors. (danach Ehrenvors.). Nach wachsender innerparteil. Kritik seit Juli 1966 und dem Austritt der FDP-Min. aus dem Kabinett im Okt. Rücktritt als Bundeskanzler im Dez. 1966.

Erhart, Gregor, *Ulm um 1465/70, †Augsburg 1540, dt. Bildhauer. – Ausbildung in der Werkstatt seines Vaters *Michel E.* (*um 1440, †nach 1522); seit 1494 in Augsburg tätig. Stilistisch steht sein Werk am Übergang von der Spätgotik zur Frührenaissance; gesicherte Arbeit E. ist nur die Kaisheimer Schutzmantelmadonna (1502–04, in Berlin 1945 verbrannt).

Erhebung, in der Statistik die Beschaffung des sog. Urmaterials für eine Auswertung. Als *Primär-E.* bezeichnet man die erstmalige Beschaffung von Material, i. d. R. durch Befragung. Die *Sekundär-E.* geht von bereits vorhandenem, sekundärstatist. Zahlenmaterial aus.

Erhöhungszeichen, in der musikal. Notation das Zeichen (♯ [Kreuz]), das die Erhöhung eines Tones um einen Halbton vorschreibt.

Erholung, Wiederherstellung der normalen Leistungsfähigkeit nach einer Ermüdung oder wieder aufhebbaren, krankhaften Schädigung; auf den gesamten Organismus oder auf einzelne Organe oder Gewebe bezogen.

Eria, das nordatlant. Festland, das im älteren Paläozoikum existierte.

Erica [ˈeːrika, eˈriːka; griech.-lat.] ↑Glockenheide.

Erich, Name von Herrschern:
Dänemark:
E. VII. (E. der Pommer), *um 1382, †Rügenwalde 3. Mai 1459, Herzog von Pommern-Stolp, König von Dänemark (1397/1412–39), als E. IV. König von Norwegen (1389/1412–41), als E. XIII. König von Schweden (1397/1412–39). – Großneffe Margaretes I. wurde 1397 in Kalmar zum Unionskönig gekrönt; regierte seit Margaretes Tod (1412) selbständig; geriet wegen seiner Großmachtpolitik und Erbreichspläne in zunehmenden Gegensatz zur Ratsaristokratie der nord. Reiche; 1439 bzw. 1441 abgesetzt.
Norwegen:
E. IV. ↑Erich VII. von Dänemark.
Schweden:
E. IX., der Hl., †Uppsala 5. oder 18. Mai 1160 (ermordet), Teilherrscher (seit 1158). – Regierte in polit. Gegensatz zum Sverkergeschlecht in Västergötland; nach der Legende Vorkämpfer des Christentums.
E. XIII. ↑Erich VII. von Dänemark.
E. XIV., *Stockholm 13. Dez. 1533, †Örbyhus bei Uppsala 26. Febr. 1577 (möglicherweise vergiftet), König (1560–68). – Sohn Gustavs I. Wasa; erwarb Reval und Estland und führte den Dreikronenkrieg; nach Anzeichen einer Geisteskrankheit von seinen Brüdern abgesetzt und inhaftiert.

Erich der Rote, *Jaeren (S-Norwegen) um 950, †Brattahlid (S-Grönland) um 1002, norweg. Wikinger. – Suchte 982 die O-Küste Grönlands auf; gründete 986 im S der Insel eine Siedlung, von der aus sein Sohn Leif Eriksson um 1000 die Küste Nordamerikas (Vinland) entdeckte.

Erichthonios (Erechtheus), Gestalt der griech. Mythologie; König von Athen, errichtete der Athena den ersten Tempel auf der Akropolis, an dessen Stelle später das bis heute teilweise erhaltene Erechtheion trat.

Eridanus [griech.] ↑Sternbilder (Übersicht).

Eridu, altoriental. Stadt (heute Ruinenhügel Abu Schahrain) in S-Irak. Prähistor. Schichten seit dem 6. Jt. v. Chr.; vor- und frühgeschichtl. Tempelanlage mit 18 Bauphasen. In histor. Zeit war E. Hauptkultort des ↑Enki, dessen Tempel und Tempelturm bis ins 6. Jh. v. Chr. erneuert wurden.

Eridu. Tempel nach der Freilegung durch irakische Ausgrabungen, 1946–49

Erie [engl. ˈɪərɪ], Stadt in NW-Pennsylvania, Hafen am Eriesee, 117 000 E. Kath. Bischofssitz; Colleges. Umschlagplatz für Eisenerz, Kohle, Erdöl, bed. Fischereihafen; Elektrogeräte-, Schiffbau.

Erie Canal [engl. ˈɪərɪ kəˈnæl], 584 km lange Wasserstraße zw. Hudson River und Eriesee; 1825 eröffnet, ab 1903 Ausbau zum ↑New York State Barge Canal.

Eriesee [engl. ˈɪərɪ], einer der Großen Seen N-Amerikas, USA/Kanada, 390 km lang, 90 km breit, 174 m ü. d. M., Zufluß durch den Huronsee, Abfluß durch den Niagara River zum Ontariosee, Febr.–Dez. eisfrei.

Erigena, Johannes Scotus ↑Johannes Scotus Eriugena.

Erigeron [griech.], svw. ↑Berufkraut.

erigieren [lat.], anschwellen, sich aufrichten (↑Erektion).

Erikagewächse, svw. ↑Heidekrautgewächse.

Erikson, Erik [Homburger], *Frankfurt am Main 15. Juni 1902, dt.-amerikan. Psychologe. – Schüler von S. Freud; emigrierte 1933 in die USA; Prof. in Berkeley (Calif.), Pittsburgh (PA.) und an der Harvard University; führender Vertreter der Jugendpsychologie. – *Werke:* Kindheit und Gesellschaft (1950), Jugend und Krise (1963).

Erinnerung, in der *Psychologie* Bewußtwerden und insbes. aktives Insbewußtseinheben von im Gedächtnis gespeicherten Wahrnehmungen, Erlebnissen und Vorgängen.
▷ im *Recht* der ↑Rechtsbehelf gegen Entscheidungen des beauftragten oder ersuchten Richters, des Rechtspflegers oder des Urkundsbeamten, gegen Maßnahmen eines Vollstreckungsorgans (Vollstreckungs-E.).

Erinnerungsposten (Erinnerungswert), Merkposten in der Bilanz (meistens in Höhe von 1,– DM) für bereits abgeschriebene, aber noch im Unternehmen vorhandene Vermögensgegenstände.

Erinnyen (Erinyen), Rachegöttinnen der griech. Mythologie, bei den Römern **Furiae** genannt. Urspr. die racheheischenden Seelen der Ermordeten, dann als Töchter der Nyx (Nacht) oder der Gäa (Erde) oft als Dreizahl gedacht: Al-

Ludwig Erhard

lekto, Teisiphone und *Megaira.* Sie verfolgten Frevler und straften sie mit Wahnsinn. Euphemistisch wurden sie auch **Eumeniden** (die Wohlgesinnten) oder **Semnai** (die Erhabenen) genannt.

Eris, bei den Griechen die Personifikation und Göttin der Zwietracht, Schwester des Ares. Zur Hochzeit des Peleus und der Thetis nicht geladen, wirft sie aus Rache einen goldenen Apfel mit der Aufschrift „Der Schönsten" unter die Göttinnen Aphrodite, Hera und Athena, veranlaßt so deren Streit, das Urteil des Paris und damit mittelbar den Trojan. Krieg.

erische Phase [nach Eria] ↑ Faltungsphasen (Übersicht).

Eritrea, autonome Region Äthiopiens, am Roten Meer, 117 600 km², 3,04 Mill. E (1988). An die niederschlagsarme, feuchtheiße Küstenebene schließen sich südlich die Danakilberge, nördlich das Äthiop. Hochland an. Letzteres ist das Hauptsiedlungsgebiet, in dem auch die Hauptstadt Asmara liegt. – Mit Äthiopien seit ältesten Zeiten eng verbunden; wurde 1890 italien. Kolonie; 1934/35 Basis für die Annexion Äthiopiens durch das faschist. Italien; 1941 von brit. Truppen erobert, 1952 auf dem Wege einer Föderation mit Äthiopien zusammengeschlossen, 1962 als Prov. eingegliedert; dagegen entwickelte sich eine separatist. Bewegung für ein unabhängiges E., die insbes. von der Eritreischen Befreiungsfront (Eritrean Liberation Front, Abk. ELF; gegr. 1961) und der marxist. Eritreischen Volksbefreiungsfront (Eritrean People's Liberation Front, Abk. EPLF) getragen wird und ab den 70er Jahren bis 1991 die äthiop. Zentralreg. militärisch bekämpfte. Seit 1987 autonome Region, ist E. seit 1992 faktisch unabhängig.

Eriugena (Erigena), Johannes Scotus ↑ Johannes Scotus Eriugena.

Eriwan ↑ Jerewan.

Erizzo, venezian. Adelsfamilie, aus Capodistria stammend, seit 805 oder 966 in Venedig, bed. im Levantehandel und im öff. Leben; u. a. *Francesco E.* (* 1565, † 1646, Doge seit 1631); 1847 erloschen.

Erk, Ludwig, * Wetzlar 6. Jan. 1807, † Berlin 25. Nov. 1883, dt. Volksliedsammler. – Einer der bedeutendsten Volksliedsammler des 19. Jh., u. a.: „Die dt. Volkslieder mit ihren Singweisen" (1838–45, mit W. Irmer) und „Dt. Liederhort" (1856).

Erkältung, meist durch Virusinfektionen bei Unterkühlung verursachte katarrhal. Erscheinungen an den Schleimhäuten der Atemwege.

Erkel, Ferenc (Franz), *Gyula (Bezirk Békés) 7. Nov. 1810, † Budapest 15. Juni 1893, ungar. Komponist. – Komponierte die ungar. Nationalhymne (1844) sowie 8 Opern (u. a. „ Bánk bán", 1861); gilt als Schöpfer der ungar. Nationaloper.

Erkelenz, Stadt in NRW, im N der Jülicher Börde, 95 m ü. d. M., 36 000 E. Bohrgeräteherstellung, Textil-, Möbel-, Nahrungsmittelind. – 966 erstmals gen.; 1326 Stadtrechte. – Im 2. Weltkrieg stark zerstört, wiederaufgebaut u. a. das Alte Rathaus (1541–46). Nahe E. wurden die Reste eines rd. 7 000 Jahre alten Brunnens (ältester Holzbau der Welt) gefunden.

Erkennen, in der Buchführung die Entlastung eines Kontos durch Haben-Buchung.

Erkenntnis, begründetes Wissen eines Sachverhaltes. Die Tradition unterscheidet zw. *diskursiver* und *intuitiver* E., je nachdem, ob es sich um ein method. und begriffl. ausgebautes Wissen oder um ein in diesem Sinne unvermitteltes Wissen handelt.

Erkenntnistheorie (Gnoseologie), philosoph. Disziplin, deren Gegenstand die Frage nach den Bedingungen und Grenzen von Erkenntnis ist. Im modernen Sinne besteht E. aus den Teilbereichen Logik, Sprachphilosophie, Wissenschaftstheorie und Hermeneutik (als Theorie des Verstehens). – In der transzendentalen E. Kants erfuhr die E. ihre entscheidende neuzeitl. Wende. Das ↑ Subjekt-Objekt-Problem, das bereits die E. Descartes' bestimmte, führte, indem unter E. nicht mehr nur in erster Linie Methodologie naturwiss. Wissens verstanden wurde, zu der auch heute noch fundamentalen Unterscheidung zw. Realismus und Idealismus. Zugleich wurde die E. aus der Einsicht in die histor. Bedingtheit des Erkennens (↑ Historismus) durch die Hermeneutik ergänzt, d. h. wissenschaftstheoret. um die Unterscheidung von Verstehen und Erklärung. Die heute erkannte Bed. der Sprachphilosophie gilt angesichts der sprachl. Verfaßtheit aller Erkenntnis auch für die Begründung des sog. exakten Wissens (Mathematik, Naturwissenschaft).

Erkenntnisverfahren (Streitverfahren), der Teil des Zivilprozesses, der über den Streitgegenstand (meist durch Urteil) entschieden wird.

Erkennungsdienst, kriminalpolizeil. Dienststelle, die mit techn. und wiss. Methoden (Daktyloskopie, Photographie, Spurenauswertung) der Identifizierung von Personen und Sachen im Strafverfahren dient.

Erkennungsmarke, vorwiegend beim Militär gebräuchl. Metallmarke zur Identifizierung des Trägers, in die Personenkennziffer, Blutgruppe (mit Rhesusfaktor), Nationalität und Bekenntnis eingeprägt sind.

Erker, ein- oder mehrgeschossiger Vorbau (im Obergeschoßbereich); in Europa beliebt seit der Spätgotik.

Erklärung, argumentative Rückführung auf bekannte bzw. anerkannte Sachverhalte; philosophisch wird der Begriff E. dem Begriff Verstehen gegenübergestellt.

Erklärungsirrtum ↑ Anfechtung.

Erl, östr. Gemeinde am Inn, Tirol, 475 m ü. d. M., 1 200 E. Sommerfrische; Passionsspiele seit 1610. – Passionstheater (1958).

Erlach, schweizer. Ritter- und Patriziergeschlecht: urspr. Ministerialen der Grafen von Neuenburg und Kastellane von E. am Bieler See; traten Ende 13. Jh. ins Berner Patriziat; stellten zahlr. Ratsherren, Schultheißen und militär. Führer von Bern.

Erlander, Tage, *Ransäter (Värmland) 13. Juni 1901, † Stockholm 21. Juni 1985, schwed. Politiker. – Lexikonredakteur; 1933–73 sozialdemokrat. Abg. im Reichstag; 1946–69 Min.präs. und zugleich Parteivors.; vertrat außenpolitisch eine Politik der Bündnisfreiheit, verwirklichte innenpolitisch weitgehend die Ideen eines sozialen Wohlfahrtsstaates.

Erlangen, Stadt in Bayern, an der Mündung der Schwabach in die Regnitz, 280 m ü. d. M., 99 800 E. Verwaltungssitz des Landkr. Erlangen-Höchstadt; Univ. E.-Nürnberg; Bayer. Landesanstalt für Bienenzucht E.; Stadtmuseum, Gemäldegalerie; Theater. Elektro-, Maschinenbau-, Feinmechanik- und Textilind.; Hafen am Rhein-Main-Donau-Großschiffahrtsweg (seit 1970). – 1002 erstmals erwähnt; 1398 Stadtrechtsbestätigung. E. kam durch Kauf 1402 an die Burggrafen von Nürnberg; nach 1686 Ansiedlung von Hugenotten und Bau der rechtwinklig angelegten Neustadt; 1699 Gründung einer Ritterakademie, die in der 1743 von Bayreuth nach E. verlegten Univ. aufging. 1791 preuß., 1810 bayer. – Zahlreiche Baudenkmäler, u. a. ev.-ref. Kirche (1686–92), Altstädter Dreifaltigkeitskirche (1706–21), Altstädter Rathaus (1733–36), Schloß (1700–1704), Orangerie (1705/06).

Erlangen-Höchstadt, Landkr. in Bayern.

Erlanger, Joseph [engl. 'ɑːlæŋə], * San Francisco 5. Jan. 1874, † Saint Louis 5. Dez. 1965, amerikan. Neurophysiologe. – Prof. in Wisconsin und Washington; entdeckte mit H. S. Gasser differenzierte Funktionen einzelner Nervenfasern und erhielt 1944 mit ihm den Nobelpreis für Physiologie oder Medizin.

Erlaß, 1. im *öff. Recht* interne Weisung eines staatl. Exekutivorgans, die nur die Behörden, nicht aber den Bürger bindet, der aus ihr auch keine Rechte herleiten kann; 2. im *Schuldrecht* der [vertragl.] Verzicht des Gläubigers auf die Forderung (Schuld-E.); 3. im *Steuerrecht* der unter bestimmten Voraussetzungen durch den Steuergläubiger ausgesprochene Verzicht auf die Steuerschuld.

Erlaßjahr, svw. ↑ Jobeljahr.

Erlau, dt. Name der ungar. Stadt ↑ Eger.

Erlaubnis (Genehmigung), im Recht ein begünstigender, antragsgebundener Verwaltungsakt, der das gesetzl. Verbot einer bestimmten Betätigung (z. B. Bauen, Betreiben

Erker

Ferenc Erkel

Joseph Erlanger

eines Gewerbes) nach Durchlaufen eines behördl. Kontrollverfahrens im Einzelfall aufhebt. Die E. kann Auflagen enthalten.

Erlaucht, urspr. gleichwertig mit Durchlaucht; bis ins 17./18. Jh. Prädikat der regierenden Reichsgrafen; 1829 den Häuptern der mediatisierten gräfl. Häuser zuerkannt.

Erle (Eller, Alnus), Gatt. der Birkengewächse mit etwa 30 Arten in der nördl. gemäßigten Zone und in den Anden; Bäume oder Sträucher mit am Rande leicht gelappten oder gesägten Blättern; weibl. Blüten in Kätzchen, die zu mehreren unterhalb der der männl. Kätzchen stehen; rundl., verholzende Fruchtzapfen mit kleinen, schmal geflügelten Nußfrüchten; Wurzeln mit ↑Wurzelknöllchen. – Wichtige Arten: **Schwarzerle** (Rot-E., Alnus glutinosa), ein bis 25 m hoher, oft mehrstämmiger Baum mit schwarzbrauner, rissiger Borke; **Grauerle** (Weiß-E., Alnus incana), ein bis 20 m hoher Baum mit heller, grauer Rinde; **Grünerle** (Berg-E., Alnus viridis), ein 1–3 m hoher Strauch mit glatter, dunkelaschgrauer Rinde mit bräunl. Korkwülsten. – ↑Hölzer (Übersicht).

Erle. Schwarzerle

Erleben, jeder im Bewußtsein ablaufende unmittelbare und unreflektierte Vorgang.

Erlebensfallversicherung ↑Lebensversicherung.

Erlebenswahrscheinlichkeit ↑Lebenserwartung.

Erlebnis, der Inhalt des Erlebens; i. e. S. jedes beeindruckende Geschehen.

erlebte Rede (erlebte Reflexion), ep. Stilmittel; Gedanken- oder Rededarstellung im Indikativ statt im Konjunktiv (↑indirekte Rede) und meist im Präteritum, z. B.: „Der Konsul ging ... umher ... *Er hatte keine Zeit. Er war bei Gott überhäuft. Sie sollte sich gedulden*" (T. Mann, „Buddenbrooks").

Erlenzeisig ↑Zeisige.

Erler, Fritz, *Berlin 14. Juli 1913, †Pforzheim 22. Febr. 1967, dt. Politiker (SPD). – Wegen illegaler sozialdemokrat. Aktivität 1939 zu 10 Jahren Zuchthaus verurteilt. 1945–49 Landrat und 1946 MdL von Württemberg-Hohenzollern; seit 1949 MdB; außen- und militärpolit. Sprecher seiner Partei; führend an der Durchsetzung des Reformkurses der SPD beteiligt; seit 1964 stellv. Vors. der SPD und Fraktionsvors. im Bundestag.

Erleuchtung, in der Religionsgeschichte v. a. die E. Buddhas (Sanskrit „Bodhi"), in den Mysterien die zweite Stufe der Einweihung, in der Mystik die zweite Stufe des myst. Lebens (lat. „via illuminativa"), seit dem christl. Philosophen Justinus Martyr auch Bez. für die Taufe.

Erlkönig (eigtl. Elfenkönig), vermeintl. dän. Sagengestalt, die J. W. Goethe mit seiner bekannten Ballade (1782) volkstümlich machte; zurückzuführen auf eine mißverständl. Übersetzung durch J. G. Herder.
▷ (noch geheimgehaltener) getarnter Probewagen eines Autotyps, der auf öff. Straßen erprobt wird.

Erlös, der geldl. Gegenwert für die produzierten Güter und Leistungen einer Wirtschaftsperiode.

Erlöser ↑Heiland.

Erlösung, im weitesten Sinne als Hilfe und Heil verstanden, ein allen Religionen eigenes Anliegen. Als spezielle **Erlösungsreligionen** gelten das Christentum, die ind. Religionen und die Religionen der Spätantike. Während das christl. Heilsziel Befreiung von Schuld und Sünde sowie Vollendung im ewigen Leben ist, herrscht im Buddhismus und Hinduismus das Streben nach E. aus einer leidvollen Scheinwelt vor. Die gnost. Religionen der Spätantike (v. a. der Manichäismus) erstrebten eine Befreiung von den Fesseln der Materie. Vermittelt wird die E. im Christentum durch die Heilstat Jesu Christi; im Judentum, dessen E.sehnsucht auf die Gesamtheit des jüd. Volkes gerichtet ist, wird der Messias als Erlöser erwartet. Der Hinduismus kennt neben der Selbst-E. durch Askese und myst. Erkenntnis das gläubige Vertrauen (Bhakti) zur erlösenden Gottheit.

Ermächtigung, die Befugnis, ein fremdes Vermögensrecht in eigenem Namen auszuüben; wird erteilt durch Einwilligung des Berechtigten, kann aber auch auf Gesetz oder Gerichtsbeschluß beruhen.

Ermächtigungsgesetz, Gesetz, mit dem die Legislative der Exekutive unter Durchbrechung des Prinzips der Gewaltentrennung die Befugnis zum Erlaß von Gesetzen oder gesetzesvertretenden Verordnungen einräumt. – E. wurden seit dem 1. Weltkrieg mehrfach erlassen. Hitler legalisierte mit dem am 23. März 1933 gegen die Stimmen der SPD verabschiedeten (am 24. März verkündeten, 1937, 1939 und 1943 verlängerten) „Gesetz zur Behebung der Not von Volk und Reich" die nat.-soz. Herrschaft nach innen und außen. – In der BR Deutschland ist nach Art. 80 GG ein E. verboten.

Erman, Adolf, *Berlin 31. Okt. 1854, †ebd. 26. Juni 1937, dt. Ägyptologe. – 1892 Prof. in Berlin und Direktor des Ägypt. Museums, Begründer der modernen ägypt. Sprachforschung. – *Werke:* Neuägypt. Grammatik (1880), Ägypten und ägypt. Leben (1886), Ägypt. Grammatik (1894), Die Literatur der Ägypter (1923), Wörterbuch der ägypt. Sprache (12 Bde., 1926 ff.).

Ermanarich [ˈɛrmanarıç, ɛrˈmaːnarıç] (lat. Ermenricus, Hermanaricus; Ermenrich, Ermanrich), †375 oder 376, ostgot. König. – Erster historisch belegter König aus dem Geschlecht der Amaler. Sein Reich, das er von der Ukraine bis zur Wolga und Ostsee ausdehnte, wurde 375/376 von den Alanen und Hunnen zerstört, worauf er sich tötete. – In der german. Heldensage mit der Gestalt Odoakers verschmolzen.

Ermatinger, Emil, *Schaffhausen 21. Mai 1873, †Zürich 17. Sept. 1953, schweizer. Literarhistoriker. – Prof. in Zürich; einer der Hauptvertreter geistesgeschichtl. Literaturbetrachtung. – *Werke:* Das dichter. Kunstwerk (1921), Dichtung und Geistesleben der dt. Schweiz (1933), Dt. Dichter 1700 bis 1900. Eine Geistesgeschichte in Lebensbildern (2 Bde., 1948–49).

Ermessen, die einem Verwaltungsbeamten oder Richter durch Gesetz eingeräumte Befugnis, bei Vorliegen eines bestimmten Tatbestandes die Rechtsfolge im Rahmen einer pflichtgemäßen Wertung eigenständig zu bestimmen; bes. bedeutsam im Hinblick auf das den Verwaltungsbehörden eingeräumte sog. **Verwaltungsermessen.** Das E. kann sich darauf beziehen, ob die Verwaltung bei Vorliegen eines Tatbestandes überhaupt tätig werden soll **(Entschließungsermessen)** oder welche von mehreren gesetzlich zulässigen Entscheidungen sie treffen will **(Auswahlermessen).** Das E. ist „pflichtgemäß" auszuüben, indem die öff. Interessen und die Belange des einzelnen billig und gerecht gegeneinander abgewägt, nach sachl. Gesichtspunk-

Erle. Zweig der Schwarzerle mit männlichen und weiblichen Kätzchen

Erlangen Stadtwappen

Emil Ermatinger

Fritz Erler

Erminonen ↑ Herminonen.

Ermittlungsgrundsatz ↑ Inquisitionsprinzip.

Ermittlungsrichter, Richter, der im Ermittlungsverfahren für alle Untersuchungshandlungen (z. B. Haftbefehle) zuständig ist, die das Gesetz dem Richter vorbehält.

Ermittlungsverfahren, im Strafverfahren das der öff. Klageerhebung vorgeschaltete Verfahren. Sobald die Staatsanwaltschaft von dem Verdacht einer strafbaren Handlung Kenntnis erhält, hat sie im E. den Sachverhalt zu erforschen. Zur Durchführung des E. bedient sie sich der Hilfe der Polizei bzw. des Ermittlungsrichters. Nach Abschluß des E. erfolgt entweder die Einstellung des Strafverfahrens, oder es wird Anklage erhoben. Im *östr. Recht* gibt es kein vergleichbares E. In der *Schweiz* ist das E. dem dt. Verfahren vergleichbar ausgestaltet.

Ermland, histor. Landschaft im westl. Ostpreußen, Polen, umfaßt das Einzugsgebiet sowie das Land beiderseits der Passarge, erstreckt sich vom Frischen Haff bis auf die Höhen des Preuß. Landrückens; überwiegend landw. genutzt. – Seit der Mitte des 13. Jh. wurde der Pruzzengau *Warmien* v. a. von niederdt. und schles. Einwanderern besiedelt. 1466/79 kam das E. unter poln. Oberhoheit und blieb katholisch; es fiel 1772 an Preußen. Die Diözese E., 1243 gegr., umfaßte im MA einen großen Teil des späteren Ostpreußen. Kathedralsitz war 1284–1945 Frauenburg, Bischofsresidenz Heilsberg.

Ermüdung, nach längerer Tätigkeit auftretende Abnahme der körperl. und geistigen Leistungsfähigkeit und -bereitschaft.
▷ (Materialermüdung) bei starker Dauerbeanspruchung eintretende Veränderung von Werkstoffen auf Grund geringfügiger plast. Verformungen in ihrem Innern; kann zum **Ermüdungsbruch** führen.

Ermunduren ↑ Hermunduren.

Ermupolis, griech. Hafenstadt, Hauptort der Kykladeninsel Siros, an der O-Seite der Insel, 13 900 E. Orth. Bischofssitz; Museum; Reedereien, Werften, Fischerei.

Ernährung, die Aufnahme der Nahrungsstoffe für den Aufbau, die Erhaltung und Fortpflanzung eines Lebewesens. – Die *grünen Pflanzen* können die körpereigenen organ. Substanzen aus anorgan. Stoffen (CO_2, Wasser, Mineralsalze) aufbauen, sie sind ↑ autotroph. Ihre Energiequelle ist dabei die Sonne. Durch ihre ständige Synthesetätigkeit liefern die grünen Pflanzen allen heterotrophen, auf organ. Nährstoffe angewiesenen Organismen (Bakterien, Pilze, nichtgrüne höhere Pflanzen, Tiere, Mensch) die Existenzgrundlage. Wichtigster Ernährungsvorgang bei diesen Pflanzen ist die ↑ Photosynthese. – Die *nichtgrünen Pflanzen* (Saprophyten, Parasiten) decken ihren Energie- und Kohlenstoffbedarf aus Abbau von toter organ. Substanz. Im Ggs. zur E. der meisten Pflanzen ist die E. bei *Tieren* und beim *Menschen* durch die Notwendigkeit gekennzeichnet, organ. Verbindungen aufzunehmen. Die Nahrung soll sich aus den Grundnährstoffen Eiweiß, Kohlenhydrate und Fett im geeigneten Verhältnis zusammensetzen, genügend Mineralstoffe, Vitamine, Spurenelemente sowie Ballaststoffe enthalten und durch sachgemäße Zubereitung für den Organismus gut aufschließbar und damit gut verwertbar sein. Die aufgenommenen Nährstoffe werden im Verdauungstrakt in eine lösl. und damit resorbierbare Form gebracht, mit dem Blut in die verschiedenen Gewebe transportiert und dort in einzelnen Zellen mit Hilfe von Enzymen oxidiert. Dieser Vorgang ist einer Verbrennung vergleichbar, die einerseits Bewegungsenergie und andererseits Wärme liefert. Die Abfallprodukte dieser Verbrennung werden aus dem Körper v. a. durch die Atmung, den Harn und den Stuhl ausgeschieden. Kohlenhydrate und Fette dienen hauptsächl. als Energiespender, während Eiweiße vorwiegend zum Aufbau und Ersatz von Zellen und zur Bildung von Enzymen und Hormonen benötigt werden. Bei einer richtig zusammengestellten Kost sollen etwa 55–60 % des Joulebedarfs (Kalorienbedarf) aus Kohlenhydraten, 25–30 % aus Fetten und 10–15 % aus Eiweißen gedeckt werden. Die Eiweißzufuhr sollte täglich 1 g je kg Körpergewicht betragen. Bei Jugendlichen und Schwangeren sowie während der Stillperiode erhöht sich der Eiweißbedarf auf 1,5 g je kg Körpergewicht und Tag. Beim Erwachsenen sollten (nach einer Empfehlung der Dt. Gesellschaft für Ernährung) 0,4 g Eiweiß je kg Körpergewicht, mindestens aber 20 g je Tag tier. Herkunft sein. Die unterschiedl. biolog. Wertigkeit der Nahrungseiweiße hängt mit ihren unterschiedl. Anteilen an essentiellen Aminosäuren zusammen. – Das wichtigste Kohlenhydrat ist die Stärke, die u. a. in Getreideprodukten und Kartoffeln enthalten ist. Bei einem Überangebot an Nahrungsstoffen wird die nicht verbrauchte Menge in Form von Fett angelagert. Umgekehrt kann Fett im Bedarfsfall jederzeit abgebaut und verbrannt werden. Fette sind wegen ihres hohen Energiegehaltes die wichtigste Energiereserve des Körpers. 1 g Kohlenhydrate und 1 g Eiweiß liefern jeweils 17,2 kJ (4,1 kcal); 1 g Fett dagegen 39 kJ (9,3 kcal). Einige lebenswichtige Fettsäuren wie Linolsäure und Linolensäure kann der Organismus nicht selbst aufbauen. Die Zufuhr dieser essentiellen Fettsäuren sollte täglich etwa 4–6 g betragen (enthalten in 2 Teelöffeln Sonnenblumenöl oder in 45 g Margarine bzw. 150 g Butter). Fette sind außerdem wichtig für die Resorption der fettlösl. Vitamine A, D und K, die nur zus. mit Fetten die Darmwand passieren können.

Der tägl. Energiebedarf eines gesunden Menschen ist v. a. von der körperl. Beanspruchung abhängig. Der Mehrbedarf durch körperl. Tätigkeit erhöht den Ruheumsatz von rd. 7 500 kJ (1 800 kcal) bei mäßiger Arbeit und sitzender Lebensweise auf etwa 9 660 bis 10 500 kJ (2 300–2 500 kcal), bei stärkerer körperl. Arbeit etwa 12 600 kJ (3 000 kcal), bei sehr schwerer Arbeit auf 16 700 kJ (4 000 kcal) und mehr in 24 Stunden.

ernährungsbedingte Krankheiten, durch übermäßige, falsch zusammengesetzte, bezügl. der Inhaltsstoffe unzureichende oder mit Schadstoffen verunreinigte Nahrung verursachte Krankheiten, z. B. Bluthochdruck, Arteriosklerose, Karies, Gicht, Fettleibigkeit sowie durch die Ernährungsweise beeinflußte Erkrankungen, z. B. Krankheiten der Verdauungsorgane (Blinddarmentzündung, Divertikulose, Obstipation), rheumat. Erkrankungen, mangelnde Infektabwehr. Weiterhin wird ein Zusammenhang zw. der Entstehung oder dem Verlauf einiger Krankheiten (z. B. bestimmten Krebserkrankungen) und der Ernährung vermutet.

Ernährungstherapie, Behandlung von ↑ ernährungsbedingten Krankheiten sowie Erkrankungen, die auf einer Störung der Aufnahme, des Abbaus oder der Ausscheidung bestimmter Nahrungsbestandteile oder ihrer Folgeprodukte beruhen (z. B. Diabetes, Phenylketonurie).

Ernährungswissenschaft (Ökotrophologie), wiss. Disziplin, die sich fachübergreifend (unter Einbeziehung von Biochemie, Medizin u. a.) mit Fragen der Ernährung befaßt. Sie untersucht u. a. den quantitativen und qualitativen Nahrungsbedarf unter verschiedenen Lebensbedingungen und in unterschiedl. Lebensphasen sowie die Zusammensetzung von Lebensmitteln im Hinblick auf den Bedarf des Organismus.

Ernennung, im Beamtenrecht ein Verwaltungsakt, durch den ein Beamtenverhältnis begründet oder verändert wird (z. B. Beförderung).

Ernestinische Linie ↑ Wettiner.

Erneuerungsknospen ↑ Knospe.

Erneuerungsschein (Talon, Zinsleiste), Teil eines Wertpapiers, der dem Bezug eines neuen Zins- oder Dividendenbogens nach Verbrauch der alten Zins- bzw. Dividendenscheine dient.

Erni, Hans, *Luzern, 21. Febr. 1909, schweizer. Maler und Graphiker. – Schuf surrealist. Bilder („Die Schweiz, das Ferienland der Völker", Wandbild für die Schweizer. Landesausstellung in Zürich, 1939), klar gestaltete Buchillustrationen und Plakate; seit 1979 H.-E.-Museum in Luzern.

Zusammensetzung und Nährwert verschiedener Nahrungsmittel					
In 100 g eßbarem Anteil sind enthalten:					
Nahrungsmittel	Kohlenhydrate (g)	Fett (g)	Eiweiß (g)		verwertbare Energie	
			enthalten	verwertbar	(kJ)	(kcal)
Butter	0,7	81	0,7	0,68	3 171	755
Buttermilch	4	0,5	3,5	3,4	151	35,9
Camembertkäse 45% Fett i.T.	1,85	22,8	18,7	18,1	1 264	301
Edamerkäse 45% Fett i.T.	3,91	28,3	24,8	24,1	1 621	386
Margarine	0,4	78,4	0,51	0,49	3 079	733
Speiseöl	Spuren	99,8	–	–	3 898	928
Speisequark mager	1,82	0,58	17,2	16,7	371	88,3
Vollmilch	4,8	3,7	3,1	3	284	67,7
Hühnerei	0,7	11,2	12,9	12,5	701	167
Hammelfleisch	–	12,5	18,2	17,7	836	199
Hirschfleisch	–	3,34	20,6	20	517	123
Kalbfleisch mager	–	5,4	20,5	19,9	596	142
Kalbfleisch fett	–	13,1	18,9	18,3	869	207
Rindfleisch mager	–	13,7	18,8	18,2	895	213
Rindfleisch fett	–	28,7	16,3	15,8	1 449	345
Schweinefleisch mager	–	35	14,1	13,7	1 659	395
Schweinefleisch fett	–	55	9,8	9,5	2 377	566
Brathuhn	–	5,6	20,6	20	605	144
Gans	–	31	15,7	15,2	1 529	364
Fleischwurst	–	27,1	13,2	12,8	1 323	315
Zervelatwurst	–	43,2	16,9	16,4	2 033	484
Aal	–	25,6	12,7	12,3	1 256	299
Brathering	3,8	15,2	16,8	16,3	983	234
Forelle	–	2,1	19,1	18,5	437	104
Hering	–	18,8	17,3	16,8	1 071	255
Kabeljau	–	0,3	17	16,5	326	77,7
Makrele geräuchert	–	15,5	20,7	20,1	1 000	238
Miesmuschel	3,92	1,34	9,84	9,55	302	72
Brötchen	57,5	0,5	6,8	6,1	1 168	278
Knäckebrot	77,2	1,4	10,1	6,77	1 609	383
Roggenvollkornbrot	46,4	1,2	7,3	5	1 004	239
Weißbrot	50,1	1,2	8,2	7,3	1 088	259
Nudeln, Makkaroni, Spaghetti	72,4	2,9	13	11,2	1 424	339
Reis poliert	78,7	0,62	7	5,9	1 546	368
Weizenmehl Type 405	74	0,98	10,6	9,43	1 546	368
Zwieback	75,6	4,3	9,9	8,8	1 693	404
Blumenkohl	3,93	0,28	2,46	1,6	119	28,3
Bohnen grün	5	0,26	2,24	1,75	140	33,4
Karotten	7,27	0,2	1	0,74	146	34,8
Kartoffeln	18,9	0,15	2	1,5	357	85
Kohlrabi	4,45	0,1	1,94	1,26	109	26
Kopfsalat	1,66	0,25	1,56	1,01	63	15
Tomaten	3,28	0,21	0,95	0,81	79	18,8
Bohnen getrocknet	57,6	1,6	21,3	16,6	1 478	352
Erbsen getrocknet	60,7	1,4	22,9	17,9	1 554	370
Linsen	56,2	1,4	23,5	18,3	1 487	354
Champignons in Dosen	3	0,5	2,25	2,25	105	25
Steinpilze frisch	4,84	0,4	2,77	2,77	142	33,9
Steinpilze getrocknet	43,6	3,2	19,7	19,7	1 189	283
Äpfel	12,1	0,3	0,3	0,26	220	52,4
Apfelsinen	9,14	0,26	0,96	0,82	228	54,4
Bananen	21	0,2	1,1	0,95	379	90,3
Erdbeeren	8	0,4	0,9	0,77	165	39,3
Pflaumen	12,3	0,1	0,7	0,6	222	52,9
Erdnüsse	19	6,6	26,5	21,1	2 650	631
Haselnüsse	12,6	61,8	13,9	10,8	2 898	690
Mandeln	16	54,1	18,3	14,3	2 734	651
Honig	80,8	–	0,38	0,32	1 281	305
Vollmilchschokolade	54,7	32,8	9,1	7,12	2 365	563
Zucker	99,8	–	–	–	1 655	394

Erniedrigungszeichen, in der musikal. Notation das Zeichen (♭ [B]), das die Erniedrigung eines Tones um einen Halbton vorschreibt.

Ernst, Name von Herrschern:
Braunschweig-Lüneburg:
E. August, Herzog, † Ernst August I., Kurfürst von Hannover.
E. August, * Penzing (= Wien) 17. Nov. 1887, † Schloß Marienburg bei Hildesheim 30. Jan. 1953, Herzog (1913–18). – Sohn von Ernst August, Herzog von Cumberland und zu Braunschweig-Lüneburg, Enkel König Georgs V. von Hannover; seit 1913 ∞ mit Prinzessin Viktoria Luise von Preußen.
E. August, Herzog von Cumberland und zu Braunschweig-Lüneburg, †Cumberland, Ernst August Herzog von Cumberland und zu Braunschweig-Lüneburg.
Hannover:
E. August I., * Herzberg am Harz 30. Nov. 1629, † Herrenhausen (= Hannover) 2. Febr. 1698, Herzog von Braunschweig-Lüneburg, ev. Bischof von Osnabrück (seit 1660),

Ernst

Kurfürst von Hannover (seit 1692). – Regierte seit 1679 in Calenberg; setzte 1682 die Primogenitur durch; erreichte 1692 für Hannover die Kurwürde; sicherte seinem Haus durch seine Ehe mit ↑Sophie von der Pfalz die Anwartschaft auf die engl. Krone.

E. August II., *London 5. Juni 1771, †Hannover 18. Nov. 1851, Herzog von Braunschweig-Lüneburg, Herzog von Cumberland (seit 1799), König (seit 1837). – Sohn König Georgs III. von Großbritannien; enthob die protestierenden 7 Göttinger Prof. (↑Göttinger Sieben) ihres Amtes.

Paul Ernst

Hessen-Darmstadt:
E. Ludwig, *Darmstadt 25. Nov. 1868, †Schloß Wolfsgarten bei Langen 9. Okt. 1937, Großherzog von Hessen und bei Rhein (1892–1918). – Liberalkonstitutionell eingestellter Landesfürst; gründete u. a. die Darmstädter Künstlerkolonie.

Mansfeld:
E. II. ↑Mansfeld (Grafengeschlecht).

Sachsen:
E., *Meißen 24. März 1441, †Colditz 26. Aug. 1486, Kurfürst (seit 1464). – Sohn des Kurfürsten Friedrich II. von Sachsen; regierte seit 1464 zus. mit seinem jüngeren Bruder Albrecht dem Beherzten; wurde mit der Teilung der wettin. Lande 1485 Begr. der Ernestin. Linie der ↑Wettiner.

Sachsen-Coburg und Gotha:
E. II., *Coburg 21. Juni 1818, †Schloß Reinhardsbrunn bei Friedrichroda 22. Aug. 1893, Herzog (seit 1844). – Optierte in der dt. Frage für Preußen und den kleindt. Nationalstaat.

Richard Ernst

Sachsen-Gotha-Altenburg:
E. I., der Fromme, *Altenburg 25. Dez. 1601, †Gotha 26. März 1675, Herzog. – 1631 Oberst in schwed. Kriegsdienst; baute eine vorbildl. landesbehördl. Verwaltung auf, betrieb eine rationale Wirtschaftspolitik und führte die Schulpflicht (1642) ein.

Schwaben:
E. II., *um 1010, ✕ Burg Falkenstein im Schwarzwald 17. Aug. 1030, Herzog (seit 1015). – 1024 auf seiten der Opposition gegen seinen Stiefvater Konrad II.; verfiel wegen seiner Weigerung, seinen geächteten Freund, Graf Werner von Kyburg, zu bekämpfen, der Reichsacht und dem Kirchenbann.

Ernst, Max, *Brühl bei Köln 2. April 1891, †Paris 1. April 1976, frz. Maler und Plastiker dt. Herkunft. – Rief 1919 den Kölner Dada (mit H. Arp) ins Leben; lebte seit 1922 in Paris und gehörte hier dem Kreis der Surrealisten an (1941–53 emigriert). Zus. mit P. Éluard verfertigte er

Max Ernst. Der Elefant Celebes, 1921 (London, Privatbesitz)

1922 den Collagenroman „Les malheurs des immortels" und malte für Éluard den Zyklus „L'histoire naturelle" (1923; Öl auf Leinwand); Ausgangspunkt der Bildfindung sind seit 1924 oft automat. Techniken, u. a. entwickelte er die ↑Frottage und die ↑Grattage. Seinen Collagenromanen der 30er Jahre legte er Drucke des 19. Jh. aus illustrierten Zeitschriften u. ä. zugrunde, denen er ausgeschnittene Figurationen (v. a. Tierköpfe) einfügte. Von 1928 an schuf E. auch Plastiken („Capricorne"; 1964, Mannheim, Kunsthalle). Von seinen Schriften zur Kunst wurde v. a. „Au-delà de la peinture" (1936) bekannt.

Weitere Bilder: Der Elefant Celebes (1921; London, Privatbesitz), Das Rendezvous der Freunde (1922; Köln, Museum Ludwig), Die ganze Stadt (1935/36; Kunsthaus Zürich), Europa nach dem Regen II (1940–42; Hartford, Conn., Wadsworth Atheneum), Frühling in Paris (1950; Köln, Wallraf-Richartz-Museum), Mundus est fabula (1959; New York, The Museum of Modern Art).

E., Otto, eigtl. O. E. Schmidt, *Ottensen (= Hamburg) 7. Okt. 1862, †Groß Flottbek (= Hamburg) 5. März 1926, dt. Schriftsteller. – Schrieb Komödien aus dem Leben des Kleinbürgers („Flachsmann als Erzieher", 1901) und Erzählungen aus dem Kinderleben („Appelschnut", 1907).

E., Paul, *Elbingerode/Harz 7. März 1866, †Sankt Georgen an der Stiefing (Steiermark) 13. Mai 1933, dt. Schriftsteller. – Einer der Hauptvertreter der Neuklassik. Auf der Grundlage seiner kunst- und kulturkrit. Theorien (u. a. „Der Weg zur Form", Essays, 1906) erneuerte er v. a. die Novelle nach dem Vorbild der formstrengen Renaissancenovelle; auch kurze Romane sowie Dramen. – *Weitere Werke:* Der Tod des Cosimo (Novellen, 1912), Komödiantengeschichten (1920), Das Glück von Lautenthal (R., 1933).

E., Richard, *Winterthur 14. Aug. 1933, schweizer. Chemiker. Seit 1976 Prof. an der ETH Zürich. Für seine systemat. Verbesserungen der kernmagnet. Resonanz-Spektroskopie (engl. Nuclear Magnetic Resonance, Abk. NMR; Erhöhung der Empfindlichkeit, des Auflösungsvermögens) und die Entwicklung der zweidimensionalen NMR, mit der nicht nur die Struktur komplexer Moleküle, sondern auch deren Formveränderungen (z. B. in Lösungen) analysiert werden können, erhielt E. den Nobelpreis für Chemie 1991.

Ernte, das Einbringen von Feld- und Gartenfrüchten, auch von anderen verwertbaren Pflanzenteilen (z. B. von Heu); dann auch Bez. für den Ertrag.

Max Ernst. Capricorne, Bronze, 1964 (Mannheim, Kunsthalle)

erotische Literatur

Brauchtum: Die verschiedenen E.bräuche orientierten sich v. a. am Beginn der ersten Fuhre durch den Bauern selbst, Fest am Ende der E. mit E.kirmes und E.bier. E.bräuche hielten sich bis zum Ende des 19. Jh. in der dörfl. Arbeitswelt, sind jedoch heute, mit Ausnahme des Erntedankfestes, durch die Umstrukturierung der Landw. fast völlig geschwunden.

Ernteameisen, Bez. für subtrop. Knotenameisen, die Früchte und Pflanzensamen (als Vorräte) in ihre Nester eintragen.

Erntedankfest, kirchl. Feier beim Abschluß des Einbringens der Ernte, allg. am ersten Sonntag im Okt. begangen. Zur Feier des Festes werden meist auf den Altären der Kirchen Feldfrüchte ausgebreitet, die anschließend verschenkt werden.

Erntemilbe (Trombicula autumnalis), bis etwa 2 mm große Milbe, deren 0,25 mm lange Larven Menschen und andere Warmblüter befallen, bei denen sie durch ihr Blutsaugen einen unerträgl. Juckreiz hervorrufen können.

Erntemonat, alter dt. Name für den Monat August.

Ernteversicherung, Versicherung gegen Ertragsausfälle durch Naturgefahren wie Hagel, Sturm, Brand (Elementarschadenversicherung) oder abnorme Witterungseinflüsse wie Trockenheit, Nässe, Kälte.

Eroberung, im Völkerrecht die krieger. Besitzergreifung und Einverleibung (↑ Annexion) fremden Territoriums.

erodieren [lat.], abtragen, auswaschen.

Eröffnung, im *Schach* die erste Phase einer Partie.

Eröffnungsbeschluß, im Strafverfahren der das Hauptverfahren einleitende („eröffnende") und damit das Eröffnungsverfahren abschließende Gerichtsbeschluß; ergeht bei hinreichendem Tatverdacht.

Eröffnungsbilanz, Bilanz eines Unternehmens bei der Gründung oder zu Beginn eines neuen Geschäftsjahres.

Eröffnungsverfahren (Zwischenverfahren), im Strafprozeß das mit dem Eröffnungsbeschluß beendete Verfahren zw. Ermittlungs- und Hauptverfahren, in dem das Gericht prüft, ob die eingereichte Anklage zur Hauptverhandlung zuzulassen ist.

erogene Zonen [griech.], Körperstellen, deren Berührung oder Reizung geschlechtl. Erregung auslöst; z. B. Geschlechtsteile und ihre Umgebung, Mund, Hals.

eroico [italien.], musikal. Vortragsbez.: heldisch, heldenmäßig.

Erongoberge, Gebirge im westl. Namibia, im Bockberg 2 350 m hoch; zahlreiche Felsbilder.

Erörterungstermin, Bestandteil des Genehmigungsverfahrens für die Errichtung von Kernkraftwerken; beim E. werden Einsprüche in Anwesenheit des Antragstellers (Energieversorgungsunternehmen und Reaktorind.), der Gutachter, der Einsprecher und der Genehmigungsbehörde öff. diskutiert.

Eros, griech. Gott der sinnl. Liebe, Sohn des Ares und der Aphrodite, dem bei den Römern Amor (oder Cupido) entspricht. Urspr. als ordnendes Urprinzip der Weltentstehung gedacht, wurde E. später nackt als der geflügelte schöne Knabe vorgestellt, als der er in Dichtung und bildende Kunst einging. Er wird häufig mit Pfeil und Bogen dargestellt.

Eros [griech.], Planetoid (Durchmesser rd. 20 km), der wegen seiner außergewöhnl., zw. Erde und Mars verlaufenden Bahn zur Bestimmung der Sonnenparallaxe (Maß für die Entfernung Erde–Sonne) herangezogen wurde. Die mittlere Entfernung des E. von der Sonne beträgt 1,46 AE, seine numer. Exzentrizität 0,23.

Eros-Center [griech./engl.], behördlich genehmigtes und kontrolliertes Haus, in dem Prostitution betrieben wird.

Erosion [lat., zu erodere „zerfressen"], i. w. S. Abtragung, d. h. die abtragende Tätigkeit des Eises (↑ Glazialerosion), des Meeres (↑ Abrasion), des Windes (↑ Deflation, die auch bei der ↑ Bodenerosion eine große Rolle spielt); i. e. S. die abtragende Tätigkeit der fließenden Gewässer (**fluviatile Erosion**). Sie ist abhängig von Wasserführung, Strömungsgeschwindigkeit, Turbulenz sowie Gesteinshärte,

Gefälle und mitgeführter Schuttmenge. Die E. sucht, indem Fließrinnen in die Tiefe erweitert werden (Tiefen-E.), das Gefälle auszugleichen. Bei steilem Gelände sowie bei sehr harten Gesteinen bilden sich Stromschnellen oder Wasserfälle, hier erhöhen sich Strömungsgeschwindigkeit und Turbulenz, die Steilstufe wird verstärkt erodiert, sie wandert stromaufwärts (**rückschreitende Erosion**). Durch Verringerung des Gefälles läßt die Tiefen-E. nach. Die Seiten-E. unterspült die Ufer. Das Niveau des Meeresspiegels ist die absolute **Erosionsbasis,** bis zu der die E. wirksam werden kann. Lokale E.basis kann ein See, eine Ebene sein, für einen Nebenfluß ist sie seine Mündung in den Hauptfluß.

Erosion. Die Hinterrheinschlucht Via Mala als Beispiel für Tiefenerosion

▷ in der *Medizin* oberfläch., narbenlos abheilende Hautabschürfung. – In der *Gynäkologie* Epitheldefekt am Scheidenteil der Gebärmutter (E. der Portio); kann Fluor genitalis und Blutungen verursachen. Die E. erfordert laufende Kontrolle durch den Gynäkologen, da ähnl. Erscheinungen zu Beginn einer Krebserkrankung auftreten können.

Eroten [griech.], geflügelte Liebesgötter der hellenist. und röm. Kunst, meist in Kindergestalt (**Amoretten**); Vorläufer der Putten der Renaissance und des Barock.

Erotik [griech.], semantisch vieldeutiger Begriff für i. w. S. alle geistigen und körperl. Erscheinungsformen der Liebe; auch Liebeskunst. Im eingeengten Sinn wird E. auch synonym zu Sexualität gebraucht, bedeutet jedoch meistens deren stilisierte Umsetzung in Sitten, Mode, Werbung und Kunst, ist somit Ausdrucksform zwischenmenschl. Kommunikation. – Abb. S. 204.

erotische Literatur, literar. Werke aller Gattungen, in denen das Erotische dargestellt wird; nicht immer ist die Abgrenzung gegenüber einer das Gefühlhafte, den seelischgeistigen Bereich der Liebe artikulierenden Liebesdichtung oder aber gegenüber pornograph. Literatur eindeutig zu ziehen. Nicht selten ist in e. L. Gesellschaftskritik enthalten. – Berühmte Beispiele e. L. stammen aus Indien aus den ersten nachchristl. Jh. („Kamasutra") sowie aus dem Orient (für „Tausendundeine Nacht" ist für das 10. Jh. schon eine Sammlung bezeugt). Das „Hohelied" des A. T. dürfte zum überwiegenden Teil nach dem Babylon. Exil entstanden sein (wohl 5. Jh. v. Chr.). China („Jin Ping Mei" [„Chin-p'ing-mei"]) und Japan (Ihara Saikaku, „Yonosuke, der dreitausendfache Liebhaber") entfalten seit dem 16. bzw.

Eros auf einem attischen Weinkrug, 460–450 v. Chr.

Erotomanie

Erotik (Kunst). Erotische Gruppe (Symplegma), Isis empfängt Horus nach dem Tod ihres Gatten Osiris, Kalkstein, Ptolemäerzeit, 330–323 v. Chr. (New York, Brooklyn Museum)

17. Jh. eine reiche e. L. In der europ. antiken Literatur wird die e. L. durch die „Miles. Geschichten" von Aristides von Milet um 100 v. Chr. eingeleitet, sie wirken noch auf röm. Schriftsteller wie Petronius und Apulejus. Zur e. L. der röm. Literatur tragen auch Lukian, Catull, Ovid und Martial bei. Berühmt wurden die Renaissancedichter Italiens, Boccaccio, Aretino, M. Bandello, in England G. Chaucer, in Frankreich Margarete von Navarra, im 17. Jh. J. de La Fontaine, im galanten 18. Jh. Crébillon, Choderlos de Laclos, Restif de La Bretonne, de Sade, Voltaire, Mirabeau sowie der Italiener Casanova und der Engländer J. Cleland. Auch Goethe und Balzac trugen zur e. L. bei. In der Dekadenzdichtung wird die Erotik psychologisch begründet: C. Baudelaire, P. Verlaine, A. Schnitzler, A. Sacher-Masoch. Mit A. Strindbergs „Okkultem Tagebuch" (hg. 1963) setzt eine sog. Selbstentblößungsliteratur ein (u. a. H. Miller). Teilweise oder ganz der e. L. zuzurechnen sind im 20. Jh. auch die Werke von J. Joyce, D. H. Lawrence, V. Nabokov, L. Durrell, J. Genet, C. Rochefort.

Erotomanie [griech.], krankhaft übersteigertes sexuelles Verlangen.

ERP [engl. ˈiːaˈpiː], Abk. für engl.: **E**uropean **R**ecovery **P**rogram (↑Marshallplanhilfe).

Erpel (Enterich), Bez. für das ♂ der Enten (mit Ausnahme der Halbgänse und der Säger).

erpresserischer Menschenraub ↑Menschenraub.

Erpressung, gemäß § 253 StGB begeht eine E., wer einen anderen rechtswidrig mit Gewalt oder durch Drohung mit einem empfindl. Übel zu einer Handlung, Duldung oder Unterlassung nötigt und dadurch dem Vermögen des Genötigten Nachteil zufügt, um sich oder einen Dritten zu Unrecht zu bereichern. Der Täter einer E. wird mit Freiheitsstrafe bis zu fünf Jahren oder mit Geldstrafe bestraft (↑räuberische Erpressung).
Nach *östr.* und *schweizer. Strafrecht* wird E. ähnl. bestraft. Das schweizer. StGB enthält als bes. Fall die E. eines Schweigegeldes.

Errachidia [frz. ɛrraʃiˈdja] (früher Ksar es Souk), marokkan. Prov.hauptstadt am S-Fuß des Hohen Atlas, 1 060 m ü. d. M., 27 000 E. Olivenölgewinnung.

errare humanum est [lat.], „irren ist menschlich", lat. Sprichwort (von Seneca d. Ä. zitiert, sinngemäß schon von Cicero gebraucht und auf griech. Dichter, u. a. Sophokles, Euripides, zurückgehend).

Errata [lat. „Irrtümer"], 1. svw. Druckfehler; 2. Verzeichnis von Druckfehlern.

erratische Blöcke [zu lat. erraticus „umherirrend"] ↑Geschiebe.

Erregbarkeit, in der *Physiologie* die bes. Fähigkeit lebender Strukturen, auf Reize zu reagieren (↑Erregung).
▷ im *psycholog. Sinn* die mehr oder minder große Ansprechbarkeit eines Individuums auf affektive, emotionale Reize.

Erregung, durch äußere Reize oder autonome Reizbildung hervorgerufene Zustandsänderung des ganzen Organismus oder seiner Zellen, Gewebe und Organe (Nerven, Muskeln), die durch Verminderung des Membranpotentials gekennzeichnet ist.
▷ in der *Psychologie* ↑Affekt.

Erregung öffentlichen Ärgernisses ↑Ärgernis.

Erregungsleitung, Fortleitung einer ↑Erregung entlang einer erregbaren Struktur (Nerv, Muskel). Die E. erfolgt an Muskelfasern und markarmen Nervenfasern kontinuierlich, an markreichen Nervenfasern mit erhöhter Geschwindigkeit als saltator. E., bei der Aktionspotentiale nur an den ↑Ranvier-Schnürringen auftreten, während die dazwischenliegenden Strecken durch Stromschleifen überwunden werden.

Erregungsleitungssystem (Reizleitungssystem), die aus umgewandelten, bes. glykogenhaltigen Muskelfasern bestehende, für die Überleitung und Ausbreitung der Erregung zuständige Verbindung zw. dem rechten Vorhof und den beiden Kammern des Herzens. Die normalerweise im Sinusknoten entstehende Erregung gelangt über die Vorhofmuskulatur zum Aschoff-Tawara-Knoten und von diesem über das His-Bündel, die beiden Kammerschenkel des E. (Tawara-Schenkel) und deren Ausläufer, die Purkinje-Fasern, zur Arbeitsmuskulatur der Herzkammern. Ist das E. geschädigt, kommt es zu Störungen der Erregungsleitung.

Er-Riad ↑Rijad, Ar.

Ersatzansprüche, Forderungen, u. a. in der Sachversicherung, die dem geschädigten Versicherungsnehmer gegen den Schädiger zustehen und auf den Versicherer nach dessen Leistung übergehen.

Ersatzbefriedigung ↑Ersatzhandlung.

Ersatzdienst ↑Zivildienst.

Ersatzerbe ↑Erbeinsetzung.

Ersatzfreiheitsstrafe, Strafe, die gemäß § 43 StGB an die Stelle einer nicht eintreibbaren Geldstrafe tritt. Einem Tagessatz entspricht ein Tag Freiheitsstrafe.
Für das *östr. Strafprozeßrecht* gilt Entsprechendes. – In der *Schweiz* wird die E. **Umwandlungsstrafe** genannt.

Ersatzhandlung, bei Frustration (durch Verbot, Fehlen eines Objektes u. a.) oder Verdrängung an die Stelle der eigtl. angestrebten Handlung tretende Handlung. Wenn die E. auf das Individuum triebbefriedigend wirkt, spricht man von **Ersatzbefriedigung**.

Ersatzkassen, neben den Allg. Ortskrankenkassen einer der Träger der gesetzl. Krankenversicherung; seit 1937 Körperschaften des öff. Rechts. Die Mitgliedschaft bei E. berechtigt zur Befreiung von der Pflichtkrankenkasse. Man unterscheidet E. für Angestellte und Arbeiter; E. sind nicht zulässig für Seeleute und Beschäftigte in landw. und knappschaftl. Betrieben.

Erotik (Kunst). Ausschnitt mit erotischen Darstellungen vom Fries der Terrasse des Lakshmanatempels in Khajurota, 954 n. Chr.

Ersatzknochen (primäre Knochen), Knochen, die im Ggs. zu ↑Deckknochen durch Verknöcherung knorpelig vorgebildeter Skeletteile entstehen; fast alle Skelettknochen der Wirbeltiere mit Ausnahme der Schädelknochen.

Ersatzmutter, svw. ↑Leihmutter.

Ersatzrevision, durch die StPO oder die Verwaltungsgerichtsordnung ausdrücklich zugelassene Revision gegen Gerichtsurteile, bei denen die eigtl. zulässige Berufung ausnahmsweise ausgeschlossen ist.

Ersatzvornahme ↑Zwangsmittel.

Ersatzwert, im Schadenfall vom Versicherer zu ersetzender Wert des versicherten Interesses. – ↑Neuwertversicherung, ↑Zeitwertversicherung.

Ersatzzeiten, in der sozialen Rentenversicherung für die Begründung und die Höhe eines Leistungsanspruchs auf Antrag anrechnungsfähige Versicherungszeiten, in denen keine Beiträge entrichtet werden, z. B. Zeiten des Militärdienstes, wenn zuvor oder danach ein Pflichtbeitrag entrichtet wurde oder Halbdeckung besteht.

Ersatzzwangshaft ↑Zwangsmittel.

Erscheinung, seit Platon Bez. für den sinnl. wahrgenommenen Gegenstand. – ↑Phänomen.

Erscheinung des Herrn ↑Epiphanie.

Erscheinungsbild, svw. ↑Phänotyp.

Erschleichung, nach §265a StGB jedes ohne Täuschung eines anderen bewirkte unbefugte oder unrechtmäßige Erreichen eines Erfolges, z. B. der Leistung eines Automaten oder eines Verkehrsmittels („Schwarzfahren"); mit Freiheits- oder Geldstrafe bedroht.

Erschließung (Baulanderschließung), Maßnahmen, die die baul. Nutzung eines Grundstücks durch Herstellung von Straßen, Versorgungsleitungen usw. (E.anlagen) ermöglichen. Die E. ist nach Baugesetzbuch Gemeindeaufgabe.

Erschließungsbeiträge ↑Anliegerbeiträge.

Erschöpfung, Zustand verminderter körperl. und psych. Leistungsfähigkeit nach länger andauernder Überbeanspruchung.

Erschütterungssinn, svw. ↑Vibrationssinn.

Ershad, Hussain Mohammad, *Rangpur 1. Febr. 1930, General und Politiker in Bangladesch. – wurde 1978 Stabschef der Streitkräfte; nach Staatsstreich 1982 zunächst Oberster Kriegsrechtsadministrator, 1983–90 Staatspräs. (durch Massenproteste zum Rücktritt gezwungen); 1991 inhaftiert.

Ersitzung, der kraft Gesetzes sich vollziehende Eigentumserwerb an einer *bewegl. Sache* durch fortgesetzten Eigenbesitz (§§ 937–945 BGB). Voraussetzungen: 1. 10jähriger ununterbrochener Besitz als Eigenbesitzer; 2. guter Glaube an das eigene Recht. Entsprechendes gilt auch für den gesetzl. Erwerb eines Nießbrauchrechtes (§ 1033 BGB). – ↑Buchersitzung.
Nach *östr. Recht* ist die E. bewegl. Sachen nach dreijährigem Besitz unter bestimmten Voraussetzungen möglich. Nach *schweizer. Recht* werden Mobilien durch fünfjährigen gutgläubigen Besitz ersessen.

Erskine, John [engl. ˈəːskɪn], *New York 5. Okt. 1879, †ebd. 2. Juni 1951, amerikan. Schriftsteller, Literaturhistoriker. – Schrieb autobiograph. Schriften und Essays; persiflierte in Romanen Stoffe der Weltliteratur und Geschichte, u. a. „Das Privatleben der schönen Helena" (1925).

Ersoy, Mehmet Akif [türk. ɛrˈsɔj], *Konstantinopel (= Istanbul) 1873, †ebd. 27. Dez. 1936, türk. Lyriker. – Anhänger panislam. Gedanken; schloß sich zunächst Kemal Atatürk an, entwickelte sich später zum Gegner der Republik und ging 1925 für 10 Jahre ins Exil nach Ägypten. Schrieb in den klass. Metren gestaltete Gedichte mit vorwiegend religiös-didakt. Thematik; verfaßte den Text zur türk. Nationalhymne.

Erstarrungsgesteine ↑Gesteine.

Erstarrungspunkt, Temperatur, bei der ein flüssiger Stoff in den festen Aggregatzustand übergeht.

Erstattung, Rückgabe von Leistungen, die ohne Rechtsgrund erbracht worden sind; Rückzahlung (z. B. von zuviel gezahlten Steuern). Für die E. gelten die Vorschriften der ↑ungerechtfertigten Bereicherung. Gesondert geregelt ist das E.verfahren bei Verlust öff. Vermögens, der durch schuldhaftes Verhalten eines Bediensteten im öff. Dienst entstanden ist.

Erstaufführung ↑Uraufführung.

Erstausgabe, erste selbständige Buchveröffentlichung eines literar. Werkes.

Erstdruck, der erste Korrekturabzug eines Werkes, Probedruck. – ↑Erstausgabe.

Erste Donau-Dampfschiffahrts-Gesellschaft, Abk. DDSG, östr. Binnenschiffahrtsunternehmen, gegr. 1829, Sitz Wien.

Erste Hilfe ↑Übersicht S. 206 ff.

Erste Kammer ↑Zweikammersystem.

erster Eindruck, das undifferenzierte Gesamtbild, das man nach einem ersten Kontakt von einer Person hat. Der erste E. liefert i. d. R. ein abgerundetes, in sich stimmiges Menschenbild. Es ist gekennzeichnet durch Hervorhebung eines zentral erscheinenden Charakterzuges, dem weitere, im Wertsystem des Beobachters ähnlich bewertete Eigenschaften zugeordnet werden, ohne daß diesen Zuordnungen Beobachtungen zugrunde liegen. Darüber hinaus unterliegt der e. E. in bes. hohem Maße auch den entstellenden Einflüssen von Vorurteilen, Erwartungen, Wahrnehmungsselektivität usw.

Erste Republik, (Première République) Name des durch den Konvent begründeten frz. Staates 1792–1804. ▷ Bez. für die Republik Österreich 1918–38.

Erster Mai, gesetzl. Feiertag in zahlr. Ländern der Erde; von der Zweiten Internationale auf ihrem Gründungskongreß (1889) als „Kampftag der Arbeit" begr. und 1890 mit Massendemonstrationen für die Ziele der Arbeiterbewegung zum ersten Mal begangen.

Erster Offizier (I. O.), nach dem Kommandanten dienstältester, für den inneren Dienst verantwortl. Offizier an Bord eines Schiffes.

Erster Orden, in großen kath. Ordensfamilien mit verschiedenen Zweigen (Männer, Frauen und Laien beiderlei Geschlechts) Bez. für den männl. Ordenszweig.

Erster Weltkrieg ↑Weltkrieg.

Erstgeborener Sohn der Kirche (Fils aîné de l'église), Ehrentitel des frz. Königs, 1495 vom Papst verliehen.

Erstgeburt, bes. Stellung des Erstgeborenen bei zahlr. Völkern, bes. bei den Israeliten. Das Recht des Erstgeborenen gilt auch in der Erbfolge fürstl. Häuser (↑Primogenitur), auch im Anerben- und Majoratsrecht.

Ersticken, Tod infolge mangelnden Sauerstoffangebots an die lebenswichtigen Organe, v. a. an das Gehirn; entweder durch Behinderung der äußeren Atmung **(äußeres Ersticken),** z. B. bei Erwürgen, oder durch Behinderung der Zellatmung **(inneres Ersticken),** z. B. bei Vergiftung.

Erstkommunion, in der kath. Kirche der erste Empfang der Eucharistie (zw. 7. und 10. Lebensjahr, als **Frühkommunion** auch im Vorschulalter).

Erstlingsopfer ↑Opfer.

Erstmilch, svw. ↑Kolostrum.

Erststimme ↑Wahlsystem.

Ersttagsbrief (First-day cover), Brief oder auch Postkarte, die am ersten Tag der Gültigkeit einer oder mehrerer Briefmarken abgestempelt worden ist. In einigen Ländern wird ein **Ersttagssonderstempel** verwendet.

ersuchter Richter, auf Grund eines Ersuchens um Rechtshilfe tätig werdender Richter.

Erté, eigtl. Romain de Tirtoff, *Petersburg 1892, †Paris 21. April 1990, frz. Maler, Graphiker, Modeschöpfer und Designer russ. Herkunft. – Kostümentwürfe, Bühnen-, Revue- und Filmausstattungen im Stil des Art déco, der auch seine Skulpturen prägt.

Ertebøllekultur, nach Funden aus einem Muschelhaufen bei Ertebølle am Limfjord ben. älteste neolith. Kulturgruppe Dänemarks (Anfang 4. Jt. v. Chr.); gekennzeichnet durch aus Feuerstein geschlagene Kern- und Scheibenbeile, große Klingen, Stichel, Kratzer, Messer, Bohrer, Sägen, Walzenbeile aus Felsgestein, Hirschgeweihbeile, Knochengeräte und Keramik (Kruken und Schalen); auch **Ellerbekkultur** genannt.

Erste Hilfe

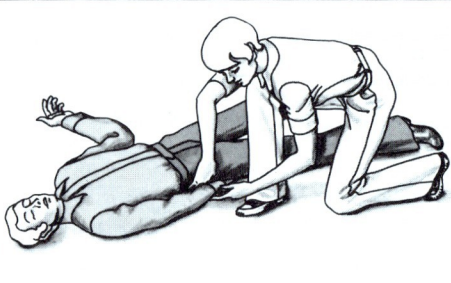

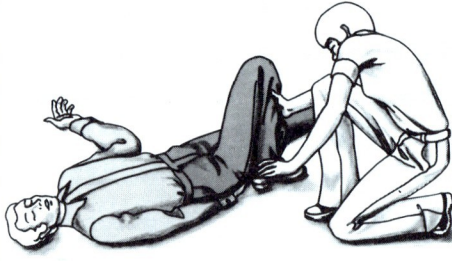

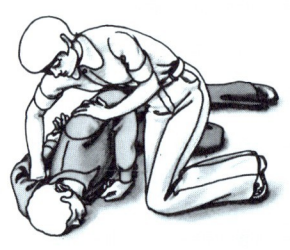

Erste Hilfe. Seitenlagerung eines Bewußtlosen. Von oben nach unten: die einzelnen Schritte der stabilen Seitenlage

Als E. H. bezeichnet man die sofortige, vorläufige Hilfeleistung bei Unfällen oder plötzlich auftretenden Erkrankungen, bis ein Arzt die weitere medizin. Versorgung übernimmt. Jedermann ist gesetzlich verpflichtet (§ 330c StGB), E. H. zu leisten. – Kurse zum prakt. Erlernen der E. H. veranstalten das Dt. Rote Kreuz, die Johanniter-Unfall-Hilfe, der Malteser-Hilfsdienst und der Arbeiter-Samariter-Bund.

Grundsätzlich beschränkt sich die E. H. an Unfallbetroffenen oder Erkrankten auf: Rettung aus unmittelbarer Gefahr, Versorgung und Lagerung bis zum Eintreffen des Rettungsdienstes oder Notarztes, Überwachung und Abwehr lebensbedrohl. Zustände (Ersticken, Atemstillstand, Verblutung, Schock). Bei der *Bergung eines Bewußtlosen* aus einem Unfallfahrzeug oder allg. aus einer Gefahrenzone stellt sich der Helfer mit gespreizten Beinen hinter den Verletzten, den Oberkörper nach vorn gebeugt. Der Helfer greift dann von hinten mit beiden Armen unter den Achselhöhlen des Verletzten hindurch und erfaßt mit beiden Händen einen rechtwinklig vor der Brust abgewinkelten Arm des Verletzten (**Rautek-Griff**). Im Rückwärtsgehen zieht er den Verletzten aus der Gefahrenzone. Da Bewußtlosen Ersticken durch Verlegung der Atemwege mit Blut, Schleim oder Erbrochenem droht, müssen sie in eine Seitenlage gebracht werden, aus der sie nicht zurücksinken können und bei der das Gesicht so zur Erde gewendet ist, daß Blut und Schleim abfließen können, ohne daß die Atmung behindert ist. Um diese **stabile Seitenlage** (auch **stabile Seitenlagerung** oder **NATO-Lage** genannt) zu erreichen, wird der Verletzte in Hüfthöhe etwas angehoben und der dem Helfer naheliegende Arm des Betroffenen gestreckt unter das Gesäß geschoben. Das naheliegende Bein wird gebeugt. Der Helfer faßt an Schulter und Hüfte der fernen Seite und dreht den Verletzten zu sich herum. Der unter dem Körper liegende Arm wird am Ellenbogen etwas nach hinten gezogen. Der Kopf des Verletzten wird in den Nacken zurückgebeugt, das Gesicht erdwärts gewendet. Die Finger der oben liegenden Hand werden unter die Wange geschoben, Handfläche nach unten, damit der Kopf seine zurückgebeugte Lage behält. Danach nochmals die Atmung des Betroffenen überprüfen, z. B. durch Ertasten des Zwerchfells (eine Hand am Rippenbogen, die andere etwas gegen den Magen verschoben). Die Abwehr akuter Lebensgefahr und die Versorgung schwerer Verletzungen haben Vorrang vor der Behandlung leichterer bzw. nicht unmittelbar lebensbedrohl. Verletzungen. Alle weitergehenden Maßnahmen (Umlagerung, Transport, Knochenbruchbehandlung) sollten dem Notarzt und den Rettungssanitätern überlassen werden, da sie, von ungeübten Helfern durchgeführt, zusätzl. Schädigungen herbeiführen können.

Notsituation	Symptome	1. Maßnahmen
Atemstillstand, Atmungsversagen	flache, unregelmäßige Atmung bzw. keine Atembewegung feststellbar, blaue Verfärbung der Haut, erweiterte Pupillen, Bewußtlosigkeit	Freimachen bzw. Freihalten der Atemwege, nachdem der Bewußtlose in die stabile Seitenlage gebracht wurde; bei Atemstillstand künstlich beatmen

Künstliche Beatmung: Freimachen der Atemwege, Schleim, Erbrochenes, Zahnprothesen oder andere Fremdkörper aus der Mundhöhle entfernen. Diese mit einem um zwei Finger gewickelten Taschentuch auswischen. Durch Krampf der Kiefermuskulatur fest verschlossenen Mund vorher durch **Kieferöffnungsgriff** (**Esmarch-Griff**) öffnen (Vorschieben des Unterkiefers durch Zufassen am senkrecht stehenden Unterkieferast). Da bei Bewußtlosen der Mund jetzt noch immer durch den zurückgesunkenen Zungengrund verschlossen ist, muß der Kopf nackenwärts überstreckt und gleichzeitig der Unterkiefer angehoben werden. Zum Freihalten der Atemwege sollte diese Lage beibehalten werden. Man kniet nun seitlich neben den Kopf des Verletzten, faßt mit einer Hand an dessen Stirn-Haargrenze und schiebt den Kopf weit zurück. Unterstützung dieser Lage durch die zweite Hand, die man unter den Unterkieferrand legt und diesen hochdrückt. Daumen dieser Hand bei **Mund-zu-Nase-Beatmung** längs über den Mund legen, um Wiederausströmen der Luft zu verhindern. Zur Beatmung wird die Luft im Rhythmus der Eigenatmung, d. h. beim Erwachsenen etwa 16mal pro Minute, eingeblasen. Bei der **Mund-zu-Mund-Beatmung** werden die Nasenlöcher mit den Fingern der Hand verschlossen, und die Atemluft wird in den geöffneten Mund geblasen. Zur Kontrolle wird der Brustkorb beobachtet, der sich nun heben und senken muß.

Erste Hilfe (Fortsetzung)

Notsituation	Symptome	1. Maßnahmen
Herzversagen, Herzstillstand	Bewußtlosigkeit, Pupillenerweiterung, Pulslosigkeit, Atemstillstand	äußere Herzmassage, Atemspende

Die **äußere Herzmassage** darf nur von dazu bes. ausgebildeten Ersthelfern ausgeführt werden. Dabei wird die Herztätigkeit durch kräftiges Zusammenpressen (etwa 60mal pro Minute) des Herzens zwischen Brustbein und Wirbelsäule ersetzt. Dadurch wird das Blut aus den Herzhohlräumen ausgepreßt und eine künstl. Blutzirkulation hervorgerufen. Bei erfolgreicher Herzmassage läßt sich an der Handwurzel wieder ein Puls fühlen. Da bei minutenlangem Herzstillstand immer auch das Zentralnervensystem und mit diesem die Atmung gelähmt wird, muß gleichzeitig bzw. abwechselnd mit der Herzmassage eine Atemspende erfolgen. Steht ein zweiter Helfer zur Verfügung, so führt einer die Herzmassage, der andere die Atemspende im 5:1-Rhythmus (auf fünf Herzkompressionen folgt ein Atemstoß) durch. Ist nur ein Helfer da, gilt im 15:2-Rhythmus.

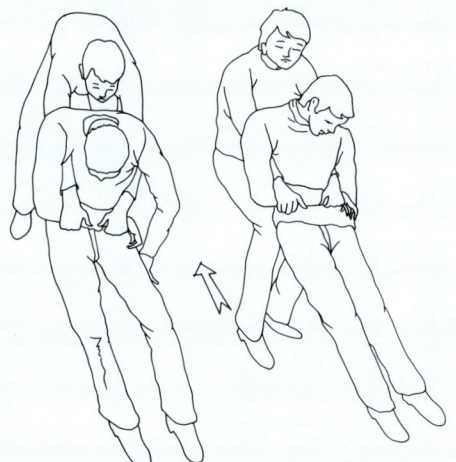

Erste Hilfe. Anwendung des Rautek-Griffs zum Transport eines Bewußtlosen

Notsituation	Symptome	1. Maßnahmen
Kreislaufversagen, Schock	Unruhe, Angst, Verwirrtheit; schwacher, beschleunigter Puls; feuchte, blasse, kalte Haut	Hochlagerung der Beine (nicht bei Kopf- und Brustverletzungen sowie bei Knochenbruch der Beine), Schutz vor Unterkühlung, Beruhigung

Bei Bewußtlosigkeit und Atemstillstand ist sofort mit der Atemspende, bei Herzversagen mit der kombinierten Wiederbelebung zu beginnen.

Notsituation	Symptome	1. Maßnahmen
Bewußtlosigkeit	Erschlaffung der Muskulatur, Fehlen der Schutzreflexe	stabile Seitenlage, Überwachung von Atmung und Herztätigkeit

Im Notfall die Atemspende bzw. Herzmassage durchzuführen.

Notsituation	Symptome	1. Maßnahmen
Ohnmacht	plötzl. Zusammensinken, kurzdauernde Bewußtlosigkeit, feuchtkalter Schweiß, langsamer Puls	flache Rückenlage, Hochlagerung der Beine

Das Bewußtsein kehrt innerhalb weniger Sekunden (bis Minuten) wieder zurück.

Notsituation	Symptome	1. Maßnahmen
Schlagaderblutung	pulsierender Blutaustritt, hellrote Farbe des Blutes	Druckkompression im Wundbereich, Abdrücken der Schlagader von Hand

Der Druck hat fest, stetig und so zu erfolgen, daß die Blutung zum Stillstand kommt. Eine Abbindung an Arm oder Bein darf nur im äußersten Notfall angelegt werden (z. B. Abtrennung; große Fremdkörper in stark blutenden Wunden; großflächige, zerfetzte, stark blutende Wunden). In diesem Fall muß der Verletzte mit einem Zettel versehen werden, auf dem der Zeitpunkt der Abbindung vermerkt ist. Ärztl. Versorgung ist schnellstens notwendig.

Notsituation	Symptome	1. Maßnahmen
Herzinfarkt	Schmerzen in der Brust, „Vernichtungsangst", rote bis blaue Gesichtshaut, prall gefüllte Halsvenen, schnappende Atmung	halbsitzende Lagerung, eventuell Atemspende und Herzmassage
epilept. Krampfanfall	krampfartige Zuckungen der Gliedmaßen, röchelnde Atmung, Schaum vor dem Mund	Entfernung harter oder scharfkantiger Gegenstände aus der Umgebung des Betroffenen
Schlaganfall	meist Bewußtlosigkeit bei meist normaler Atmung und verlangsamtem bis normalem Puls, Lähmungserscheinungen im Bereich einer Körperhälfte	Hochlagerung des Kopfes
diabet. Koma	Müdigkeit, vertiefte Atmung, trockene, warme, meist leicht gerötete Haut, Ausatmungsluft riecht nach Aceton („Obstgeruch")	Freihalten der Atemwege

Schneller Transport in ein Krankenhaus. Bei Unterzuckerung (hypoglykäm. Koma, Anzeichen u. a. kalter, klebriger Schweiß) sollte, sofern der Betroffene bei Bewußtsein ist, Zucker oder Zuckerlösung gegeben werden.
In allen diesen Notfällen ist der Rettungsdienst und der Notarzt zu rufen (bundeseinheitliche Telefonnummer **19222**).

Augenverletzungen

Bei *Verätzungen* Ober- und Unterlid auseinanderspreizen und mit Wasser ausspülen; beide Augen verbinden und den Verletzten zum Arzt begleiten. Bei Fremdkörpern hinter dem Unterlid läßt man den Verletzten nach oben sehen, zieht das Unterlid nach unten und streicht mit einem sauberen Tuchzipfel den Fremdkörper in Richtung Nasenrücken heraus. Bei Fremdkörpern unter dem Oberlid läßt man den Verletzten nach unten sehen, klappt das Oberlid vorsichtig nach außen und wischt den Fremdkörper in Richtung Nasenrücken aus dem Bindehautsack heraus. – *Offene Augenverletzungen* werden mit einem sterilen Verband abgedeckt, sofortiger Transport zum Arzt oder in eine Klinik.

Bauchverletzungen

Bei *stumpfen Bauchverletzungen* sollte der Verletzte mit erhöhtem Kopf, angewinkelten Knien und abgestützten Füßen gelagert werden, um die Bauchdecke zu entspannen. *Offene Bauchverletzungen* sind keimfrei abzudecken. Auf keinen Fall eventuell hervorquellende Darmteile zurückschieben oder eingedrungene Fremdkörper entfernen.

Blutungen

Kleinere Blutungen nach Verletzung der Haut kommen meist kurze Zeit nach Auflegen eines keimfreien Verbandes zum Stillstand. – *Nasenbluten* läßt sich durch festes Andrücken des Nasenflügels gegen die Nasenscheidewand stillen. Zur reflektor. Gefäßverengung kann man auch ein nasses, kaltes Tuch oder einen Eisbeutel auf Stirn und Nacken legen. – *Innere Blutungen*

Erste Hilfe (Fortsetzung)

aus Lunge (Bluthusten), Magen (Bluterbrechen), Darm (schwarzer, flüssiger Stuhl), Niere oder Blase (blutiger Harn) müssen unverzüglich in einem Krankenhaus ärztlich versorgt werden.

Brustkorbverletzungen

Bei *stumpfen Brustkorbverletzungen* kann das Durchatmen sehr schmerzhaft sein (Rippenbruch). Bei Verletzungen des Lungengewebes durch gebrochene Rippen hustet der Verletzte schaumig durchmischtes Blut aus. Zunehmender Lufthunger kommt hinzu. Lagerung mit erhöhtem Oberkörper, beengende Kleidungsstücke öffnen (Unterkühlung vermeiden), schonenden Transport in eine Klinik veranlassen. – *Offene Brustkorbverletzungen* müssen mit einem keimarmen Verband bedeckt werden. Der Verletzte wird mit erhöhtem Oberkörper auf der verletzten Seite gelagert und schnellstens in ein Krankenhaus gebracht. Eventuell eingedrungene Fremdkörper dürfen nicht entfernt werden.

Elektrische Unfälle

Vor Berührung des Verletzten Stromzufuhr unterbrechen. Bei Herzversagen und Atemstillstand ist sofort mit der Wiederbelebung zu beginnen. Eventuelle Strommarken keimfrei abdecken. Sofortiger Transport in ein Krankenhaus ist notwendig.

Erfrierungen

Bei *Erfrierungen 1. Grades* (blasse, gefühllose Haut) Erwärmung durch Massage und aktive Bewegung der Gliedmaßen; wenn möglich Wechselbäder; anschließend Abdeckung der erfrorenen Körperteile mit einem Polsterverband. – Bei *Erfrierungen 2. Grades* (Blasenbildung) und *3. Grades* (Gewebstod mit blauschwarzer Verfärbung der Haut) einen Polsterverband anlegen; Wiedererwärmung nur unter Aufsicht des Arztes.

Ertrinken

Bei Atemstillstand sofort Atemspende; bei Herzstillstand gleichzeitig Herzmassage; unverzüglich in eine Klinik bringen.

Fremdkörper

Fremdkörper in der Nase können eventuell durch Zuhalten der nicht betroffenen Nasenseite und kräftiges Schneuzen entfernt werden. – Bei *Fremdkörpern im Gehörgang* Kopf zur betroffenen Seite neigen, dabei Hüpf- oder Springbewegungen ausführen. – Bei *Fremdkörpern in der Luftröhre* Kopf vornüber neigen lassen, durch kräftige Schläge auf den Rücken den Betroffenen zum Husten bringen. Kleine Kinder hebt man an den Beinen hoch, so daß der Kopf nach unten hängt, und schüttelt sie kräftig oder schlägt ihnen mit der flachen Hand auf den Rücken. Hilft dies nicht, muß der Betroffene sofort ins Krankenhaus gebracht werden.

Hitzschlag

Den Betroffenen an einen kühlen, schattigen Ort bringen, bei blassem Gesicht flach, bei rotem Gesicht mit erhöhtem Kopf lagern; bei Bewußtlosigkeit Seitenlagerung, eventuell Atemspende, Kleider öffnen.

Insektenstiche

Den eventuell steckengebliebenen Stachel entfernen; bei stärkerer örtl. Rötung, Schwellung und Schmerzen Kühlung mit Wasser oder Eisstückchen. Insektenstiche im Mund-Rachen-Raum erfordern unverzügl. Transport in ein Krankenhaus (Erstickungsgefahr).

Knochenbrüche

Sie sind gewöhnlich an einer schmerzhaften Schwellung, der Gebrauchseinschränkung, der unnatürl. Form und einer abnormen Beweglichkeit des betroffenen Körperteils erkennbar. Ist durch den Bruch auch die Haut verletzt *(offener Bruch)*, so wird zunächst ein keimfreier Verband über die Wunde und eventuell herausragende Knochensplitter gelegt. Sind größere Schlagadern verletzt, muß zunächst die Blutung durch Abdrücken oder Druckverband gestillt werden. Die Ruhigstellung der gebrochenen Gliedmaßen erfolgt bei Beinbrüchen mit Schienen, bei Armbrüchen mit Dreiecktüchern. Mit dem gebrochenen Knochen müssen gleichzeitig auch die benachbarten Gelenke ruhiggestellt werden. – *Verschobene Brüche* (kenntlich an der unnatürl. Form der Gliedmaßen) dürfen vom Helfer nicht eingerichtet werden; die Schiene soll der veränderten Form der Gliedmaßen angepaßt werden. – Bei *Schlüsselbeinbrüchen* wird der Arm mit einem Dreiecktuch ruhiggestellt. – Bei *Wirbelbrüchen* ist zunächst zu prüfen, ob Hände, Arme und Beine beweglich sind. Sind Hände und Arme unbeweglich, liegt wahrscheinlich eine Verletzung der Halswirbelsäule vor. Sind die Beine und Zehen gelähmt, so sind tiefere Wirbelsäulenabschnitte verletzt. Bei der Lagerung ist darauf zu achten, daß der Kopf immer stabil in einer waagerechten Linie mit dem Körper gehalten wird. – Bei *Beckenbrüchen* darf der Verletzte nur sehr vorsichtig und auf harter Unterlage (eventuell mit gebeugten Knien) transportiert werden.

Schädelverletzungen

Sie sind meist die Folge einer äußeren Gewalteinwirkung bei Unfällen, müssen jedoch nicht in jedem Fall äußerlich sichtbar sein. Charakterist., ein- oder beidseitig auftretende Blutungen aus Mund, Nase und Ohr sowie Brillenhämatom deuten auf einen *Schädelbasisbruch* hin. – Maßnahmen: Seitenlagerung; Freihalten der Atemwege, da Schädelverletzte zu Erbrechen neigen; prompter, schonender Transport ins Krankenhaus.

Schlangenbiß

Schlangenbisse sind an zwei kleinen, nebeneinanderliegenden, punktförmigen Stichen (fast immer am Fuß oder Knöchel) zu erkennen. Die betroffene Extremität schwillt an. Der Verletzte wird müde und benommen, später zeigen sich Herz- und Atemstörungen. – An dem betroffenen Glied wird körperwärts eine Stauung angelegt; der Verletzte ist unverzüglich in ein Krankenhaus zu bringen.

Verätzungen

Verätzungen der Haut mit Säuren oder Laugen werden sofort mit viel Wasser abgespült, Wunden werden keimfrei abgedeckt. – *Innerl. Verätzungen* sind je nach dem Grad der Schädigung mit heftigen Schmerzen im Mund, im Rachen und im Magen, ferner mit blutigem Erbrechen und schließlich mit Schock und Bewußtlosigkeit verbunden. Schneller Transport in ein Krankenhaus ist notwendig.

Verbrennungen (Verbrühungen)

Verbrennungen 1. Grades (schmerzhafte Rötung der Haut) werden zuerst mit kaltem Wasser behandelt, ebenso *Verbrennungen 2. Grades* (Rötung und Blasenbildung) an kleineren Hautflächen. Brandblasen dürfen nicht geöffnet werden. Bei *großflächigen Verbrennungen 3. Grades* (Verkohlung der Haut) werden die Wunden mit keimfreien Tüchern abgedeckt. – Bei Verbrühungen muß unbedingt die Kleidung entfernt werden.

Vergiftungen

Magenspülungen dürfen nur durchgeführt werden, wenn der Vergiftete nicht bewußtlos ist, die Giftaufnahme (durch den Mund) nicht länger als 3–4 Stunden zurückliegt und keine Vergiftung mit Säuren oder Laugen vorliegt. Zur *Magenspülung* läßt man Erwachsene $1/2$ Liter warmes Salzwasser, Kinder reichlich Himbeersaft trinken und reizt danach die Rachenhinterwand mit dem Finger oder einem Löffelstiel, bis Erbrechen eintritt. Das wird wiederholt, bis der Vergiftete klare Flüssigkeit erbricht. Bei Bewußtlosigkeit u. U. Atemspende und äußere Herzmassage, stabile Seitenlage; sofortige ärztl. Hilfe in Anspruch nehmen bzw. Krankenhauseinweisung veranlassen. Bei Vergiftungen mit Pflanzenschutzmitteln (Kontaktgiften) nur mit Beatmungsgeräten beatmen.

Verrenkungen und Verzerrungen

Diese sind erkennbar an der raschen, schmerzhaften Schwellung und Beweglichkeitseinschränkung des betroffenen Gelenks. Das Gelenk wird ruhiggestellt; feuchtkühle Umschläge.

Wunden

Wunden werden mit einem keimfreien Verband abgedeckt, eingedrungene Fremdkörper dürfen nicht entfernt werden. Bei stärkeren Blutungen ist ein Druckverband anzulegen. Alle größeren Schnitt- und Schürfwunden sowie Stich-, Platz-, Quetsch-, Riß-, Schuß-, Kratz- und Bißwunden müssen einem Arzt gezeigt werden.

Ertl, Josef, *Oberschleißheim bei München 7. März 1925, dt. Politiker (FDP). – Diplomlandwirt; seit 1961 MdB; 1969–83 Bundesmin. für Ernährung, Landw. und Forsten.

Ertrag, die Menge der (in Geld bewerteten) produzierten Güter und Leistungen einer Periode (z. B. Monat, Jahr). Es werden unterschieden: *Betriebs-E.* und *betriebsfremder E.,* der mit dem Betriebszweck nicht in unmittelbarem Zusammenhang steht; in beiden Fällen kann es sich um periodenzugehörigen oder periodenfremden E. handeln. Periodenfremder Betriebsertrag und betriebsfremde Erträge bilden den **neutralen Ertrag.**

Ertragsgesetz, zuerst von J. Turgot als **Gesetz vom abnehmenden Ertragszuwachs** (Grenzertrag) in der Landwirtschaft formulierter Zusammenhang zw. Faktoreinsatz und Ertrag; besagt, daß der Mehreinsatz eines Produktionsfaktors bei konstantem Einsatz aller anderen Faktoren zunächst zu steigenden, dann zu sinkenden und schließlich sogar zu negativen Ertragszuwächsen führt.

Ertragsteuern, Abgaben, durch die Erträge aus Objekten besteuert werden ohne Rücksicht darauf, wem die Erträge zufließen; z. B. Grundsteuer, Gewerbesteuer, Kapitalertragsteuer.

Ertragswert, Wert einer Unternehmung, einer Anlage oder einer Beteiligung, der sich ergibt aus der Kapitalisierung der erwarteten zukünftigen (geschätzten) Reinerträge.

Ertrinken, Tod durch der Aufnahme (Aspiration) von Wasser in die Lungenbläschen mit entsprechender Behinderung von Gasaustausch und Atmung, verschiedenen Blut- bzw. Kreislaufveränderungen und schließl. Ersticken. – ↑ Erste Hilfe.

ERTS [engl. ˈiːɑːtiːˈɛs], Abk. für: **E**arth **R**esources **T**echnology **S**atellite, Bez. für amerikan. Forschungssatelliten, die zur genauen Kartierung der Erde, zur Kontrolle von Anbauflächen u. a., Auffindung von Fischgründen, Meeresströmungen und für andere ozeanograph. und meteorolog. Aufgaben sowie zur Lagerstättenerkundung eingesetzt werden; später *Landsat* genannt.

eruieren [lat.], herausfinden, ermitteln.

Eruler ↑ Heruler.

Eruption [zu lat. eruptio „Ausbruch"], in der *Geologie* Sammelbez. für alle Arten vulkan. Ausbruchstätigkeit.
▷ Ausbruch eines Hautausschlags.

eruptiv [lat.], in der *Geologie:* durch vulkan. Ausbruchstätigkeit entstanden.

Eruptivgesteine ↑ Gesteine.

Ervi, Aarne [finn. ˈɛrvi], *Tammela 19. Mai 1910, † Helsinki 26. Sept. 1977, finn. Architekt. – Führte den sozialen Wohnungsbau in Finnland auf ein bes. hohes Niveau. Seine Entwürfe für Einfamilienhäuser wie für Wohnsiedlungen (z. B. in Papiola 1959–62) sind in die landschaftl. Struktur eingebettet.

Erwachsenenbande ↑ Bande.

Erwachsenenbildung, der institutionalisierte Prozeß des Einwirkens auf Erwachsene zur Erlangung größerer Befähigung und vielseitiger Informiertheit, getragen von gruppenungebundenen (Volkshochschulen) und gruppenbundenen Institutionen (konfessionelle, gewerkschaftl., parteipolit. Bildungsarbeit und E. der Wirtschaft). E. ist historisch verknüpft mit philosoph., polit. und gesellschaftl. Emanzipationsprozessen. Heute steht der Gedanke berufl. Bildung und Weiterbildung stärker im Vordergrund, und es werden zahlr. systematisierte Kursprogramme mit Abschlüssen angeboten, womit sich die Volkshochschule zugleich als Teil des öffentl. Bildungswesens etabliert. In zunehmendem Maße wird der Begriff „Weiterbildung" dem Begriff E. vorgezogen.

Erwählter Römischer Kaiser (lat. Electus Romanorum imperator), Titel des regierenden (dt.) Kaisers seit 1508.

Erwärmung, die Erhöhung des Wärmeenergieinhalts und der Temperatur eines Körpers durch Zuführung von Wärmeenergie, durch Absorption von Strahlung, durch die Stromwärme hindurchfließender elektr. Ströme (*elektr. E.* oder *Elektrothermie*), durch Einwirkung hochfrequenter elektr. oder magnet. Wechselfelder (*dielektr.* bzw. *induktive E.*) oder durch Reibung.

Erwartung, gedankl. Vorwegnahme zukünftiger Ereignisse. Die E. kann sowohl den Charakter eines diffusen „Angemutetwerdens" als auch den einer präzisen Vorstellung annehmen. Je nach der Art des erwarteten Ereignisses wird sie etwa von Hoffnung, Furcht oder Ungewißheit begleitet.

Erwartungswert ↑ Wahrscheinlichkeitsrechnung.
▷ (quantenmechan. E.) ↑ Quantenmechanik.

Erweckung, im religiösen Sprachgebrauch das Erlebnis des Gewahrwerdens einer religiösen Orientierung und Motivation des gesamten eigenen Lebens; auch als Bekehrung bezeichnet. Wird die E. method. organisiert, entstehen E.bewegungen.

Erweichung (Malazie), krankhafte Verminderung der Dichte und Widerstandsfähigkeit von Geweben, die bis zur Verflüssigung reichen kann (z. B. Gehirnerweichung, Knochenerweichung).

Erweichungspunkt, mehr oder weniger scharf begrenzter Bereich, der den Übergang vom festen zum flüssigen Aggregatzustand bei amorphen Stoffen umfaßt.

erweitern, Zähler und Nenner eines Bruches mit derselben Zahl multiplizieren; der Wert der dargestellten Bruchzahl bleibt dabei unverändert.

Erweiterte Oberschule, Abk.: EOS, ↑ polytechnische Bildung.

Erwerbseinkünfte (öff. Erwerbseinkünfte), Einnahmen, die der öff. Hand aus der Teilnahme am wirtsch. Prozeß (v. a. aus öff. Unternehmungen, Anstalten, aus Grundbesitz und Vermögen) zufließen, ohne daß sie auf Grund von Hoheitsakten festgesetzt wurden.

Erwerbsfähige ↑ Erwerbsquote.

Erwerbsintensität, Anteil der Erwerbstätigen an den Erwerbspersonen (volkswirtschaftl. Beschäftigungsgrad des Faktors Arbeit).

Erwerbslose ↑ Erwerbspersonen.

Erwerbspersonen, Begriff der amtl. Statistik; umfaßt in der BR Deutschland alle Personen mit Wohnsitz im Bundesgebiet, die mindestens 15 Jahre alt sind und eine unmittelbar oder mittelbar auf Erwerb gerichtete Tätigkeit auszuüben pflegen, unabhängig von der Bed. des Ertrags dieser

Eruption. Ausbruch des Vulkans Mount Saint Helens im Jahr 1980, im Vordergrund die 80 km entfernte Stadt Portland (Oregon)

Erwerbsquote

Tätigkeit für ihren Lebensunterhalt; rd. 40 Mill. (1992). Die Gruppe der E. setzt sich zusammen aus den **Erwerbstätigen** (Selbständige und Abhängige, die einen Beruf zu Erwerbszwecken ausüben sowie mithelfende Familienangehörige) und den **Erwerbslosen** (zeitweilig Arbeitslose und Schulabgänger, die noch keine Erwerbstätigkeit aufgenommen haben).

Erwerbsquote, volkswirtschaftl. Beschäftigungsgrad: in der Bevölkerungsstatistik der Anteil der **Erwerbsfähigen** (= alle Personen im Alter von 15 bis 65 Jahren) an der Gesamtbevölkerung; in der Berufsstatistik der Anteil der Erwerbspersonen an der Wohnbevölkerung.

Erwerbstätige ↑ Erwerbspersonen.

Erwerbsunfähigkeit, in der sozialen Rentenversicherung die – bis 1957 **Invalidität** gen. – wegen Krankheit oder Schwäche der körperl. oder geistigen Kräfte auf nicht absehbare Zeit bestehende Unfähigkeit, eine Erwerbstätigkeit in gewisser Regelmäßigkeit auszuüben oder mehr als nur geringfügige Einkünfte durch die Erwerbstätigkeit zu erzielen; die E. ist eine der Voraussetzungen für die Gewährung einer **Erwerbsunfähigkeitsrente.** – ↑ Berufsunfähigkeit.

Erwerb von Todes wegen, Erwerb vermögenswerter Rechte infolge des Todes eines Menschen. Dazu zählen der Erwerb kraft Erbrechts und Sondererbfolge, die auf den Todesfall abgestellte Schenkung, Zahlungen aus einer Lebensversicherung.

Erwin von Steinbach, * um 1244, † Straßburg 17. Jan. 1318, dt. Baumeister. – Leiter der Straßburger Münsterbauhütte; sein Anteil an Entwurf (Aufriß B) und Ausführung der unteren Teile der Westfassade (1276 begonnen) ist umstritten; einflußreich v. a. in Schwaben und im Donaugebiet.

erworbene Rechte (lat. iura acquisita), 1. von den Naturrechtsdenkern (u. a. H. ↑ Grotius) entwickelte Kategorie: An den e. R. (z. B. durch Privileg, Vertrag erworben) der Untertanen findet die Macht des Souveräns, des Staates, ihre Grenze; Eingriffe sind nur ausnahmsweise für Zwecke des Gemeinwohls und gegen Entschädigung zulässig. Die geschichtl. Bed. der Kategorie liegt darin, daß sie erstmals Hoheitsakte gerichtlich nachprüfbar und Enteignungen entschädigungspflichtig machte; 2. im *geltenden Recht* eine schutzwürdige Rechtsposition, die eine gesicherte Anwartschaft verleiht.

Erxleben, Dorothea [Christiane], geb. Leporin, * Quedlinburg 13. Nov. 1715, † ebd. 13. Juni 1762, dt. Ärztin. – Erwarb am 12. Juni 1754 an der Univ. Halle als erste Frau in Deutschland den medizin. Doktorgrad.

Erysipel [griech.], svw. ↑ Wundrose.

Erysipeloid [griech.], svw. ↑ Rotlauf.

Erythem (Erythema) [griech.], entzündl. oder nichtentzündl. Hautrötung durch vermehrte Blutfülle der Gefäße, z. B. bei Sonnenbrand. Ein E. verschwindet im Ggs. zu andersartigen Hautrötungen auf Fingerdruck.

Erythematodes [griech.] (Lupus erythematodes, Schmetterlingsflechte), Hauterkrankung ungeklärter Ursache. Der **chronische Erythematodes** ist gekennzeichnet durch erhabene nichtjuckende Hautrötungen hauptsächlich im Gesicht. – Der **akute Erythematodes** verläuft schubweise; Hauptsymptome: starkes Krankheitsgefühl, Gewichtsabnahme, Fieber, Beschwerden rheumat. Art, geringe Hauterscheinungen (Rötung und Schwellung, v. a. im Gesicht).

Erythr... ↑ Erythro...

Erythrai ↑ Çeşme.

Erythrämie [griech.] (Erythroblastose), Auftreten zahlr. kernhaltiger (unreifer) roter Blutzellen im Blut; a) als Begleiterscheinung verschiedener Erkrankungen, b) als Blutkrankheit infolge bösartig wuchernder roter Blutzellen.

Erythrin [griech.] (Kobaltblüte), pfirsichblütenrotes monoklines Mineral, $Co_3(AsO_4)_2 \cdot 8H_2O$; Dichte 3,0–3,1 g/cm³; Mohshärte 2,0.

erythro... [griech.], in der Stereochemie verwendete Vorsilbe zur Kennzeichnung der Konfigurationsgleichheit zweier benachbarter ↑ asymmetrischer Kohlenstoffatome.

Erythrin

Erythro... (Erythr...) [griech.], Vorsilbe mit der Bed. „rot, rotgefärbt, rötlich".

Erythroblasten [griech.], kernhaltige Bildungszellen der im fertigen Zustand kernlosen roten Blutkörperchen.

Erythromyzin [griech.] (Erythromycin), aus dem Strahlenpilz Streptomyces erythreus gewonnenes Breitbandantibiotikum; es wird v. a. bei Penicillinallergie und gegen penicillinresistente Staphylokokken- und Enterokokkenstämme gegeben.

Erythropathie [griech.], zusammenfassende Bez. für Blutkrankheiten, die meist mit einer Schädigung oder Fehlbildung der roten Blutkörperchen verbunden sind, v. a. die Formen der hämolyt. Anämie.

Erythrophobie, krankhafte Angst vor roten Gegenständen.

▷ krankhafte Angst vor dem Erröten.

Erythropoese [griech.], Bildung der roten Blutkörperchen (Erythrozyten, ↑ Blut) über verschiedene kernhaltige Vorstufen im („roten") Knochenmark.

Erythropoetin [...po-e; griech.], die Neubildung roter Blutkörperchen im Knochenmark anregender hormonartiger Stoff; wird v. a. in der Niere gebildet.

Erythropsie [griech.] (Rotsehen), nach Staroperation oder Blendung auftretende Sehstörung mit krankhafter Wahrnehmung roter Farbtöne; Form der ↑ Chromatopsie.

Erythropsin [griech.], svw. ↑ Rhodopsin.

Erythrosin [griech.], rotbrauner Farbstoff (zur Plasmafärbung in der mikroskop. Technik und als Indikator).

Erythrozyten [griech.], rote Blutkörperchen (↑ Blut).

Erythrozytose [griech.], svw. ↑ Polyglobulie.

Eryx, Berg in NW-Sizilien (= Monte Erice) oberhalb des heutigen Trapani; im 1. Pun. Krieg wichtiger Stützpunkt des Hamilkar Barkas; berühmte Kultstätte einer Göttin wohl phönik. Ursprungs, griech. als Aphrodite, röm. als Venus verehrt.

Erz, in der Natur vorkommendes Mineralgemenge. Bestandteile des E. sind neben Verbindungen der nutzbaren Metalle auch andere Minerale, wie Kalk, Dolomit, Quarz, Schwerspat, die man als **Gangart** oder **taubes Gestein** bezeichnet.

erz..., Erz... [zu griech. ↑ archi...], Vorsilbe mit der Bed. „Ober-, Haupt-, Meister-".

Erzählung, ep. Form, mündl. oder schriftl. Darstellung von realen oder fiktiven Ereignisfolgen, meist in Prosa, aber auch in Versform. Als literar. Gattung ist die E. von Offenheit der Form und Vielseitigkeit der Möglichkeiten bestimmt; sie ist kürzer, weniger figurenreich und weniger komplex als der Roman, aber nicht so knapp wie Skizze und Anekdote.

Erzämter, im Hl. Röm. Reich oberste Reichswürden und v. a. bei der Krönung geübte Ehrenämter; seit dem Interregnum mit den Kurfürsten verbunden; wurden im 13. Jh. erbl. Reichslehen; **Erztruchseß:** Pfalzgraf bei Rhein, **Erzmarschall:** Herzog von Sachsen, **Erzkämmerer:** Markgraf von Brandenburg, **Erzschenk:** König von Böhmen; dazu kamen die drei rhein. Erzbischöfe (Mainz für das Reich, Köln für Italien, Trier für Gallien und Burgund) als **Erzkanzler,** neue E. seit dem 17. Jh.: 1652 Amt des **Erzschatzmeisters,** bis 1777 für die restituierte Kurpfalz (8. Kur), seit 1778 für Hannover, dessen Kurfürst ab 1692/1708 (9. Kur) **Erzbannerherr** war; ohne Kurwürde blieb das Amt des **Erzjägermeisters** der Markgrafen von Meißen.

Erzberg ↑ Eisenerz (Österreich).

Erzberger, Matthias, * Buttenhausen (= Münsingen) 20. Sept. 1875, † bei Bad Griesbach (= Bad Peterstal-Griesbach) 26. Aug. 1921, dt. Politiker. – Seit 1903 MdR (Zentrum); urspr. Anhänger eines Siegfriedens, beteiligte er sich 1917 im Sinne eines Verständigungsfriedens maßgeblich an der Friedensresolution des Reichstags. Seit Okt. 1918 Staatssekretär, unterzeichnete am 11. Nov. 1918 den Waffenstillstand, dessen Durchführung er leitete (Febr.–Juni 1919 Min. ohne Geschäftsbereich). Als Reichsfinanzmin. und Vizekanzler (Juni 1919 bis März 1920) initiierte er die *Erzbergersche Finanzreform,* die dem Reich eine eigene

Finanzverwaltung und eigene Einnahme aus direkten Steuern gab. Bei der nationalist. Rechten verhaßt, wurde E. von zwei ehem. Offizieren ermordet.

Erzbischof (Archiepiscopus), in der kath. Kirche Amtstitel des Leiters einer **Kirchenprovinz** oder ein Bischof, der einer **Erzdiözese** vorsteht; auch vom Papst verliehener Ehrentitel einzelner Bischöfe. – Auch die luth. Kirchen in Schweden und Finnland kennen den Titel E.; in der anglikan. Kirche gibt es die E. von Canterbury und York.

Erzengel, in der Bibel die bedeutendsten Engel, v. a. Michael, Gabriel und Raphael.

Erzeugende, in der Geometrie eine gerade oder krumme Linie, bei deren Bewegung im Raum sich eine bestimmte Fläche ergibt.

Erzgänge, Anreicherung von Erzen in Gesteinsspalten und -klüften durch aufsteigende heiße Wässer oder Gase.

Erzgebirge (tschech. Krušné hory), Teil der östl. dt. Mittelgebirgsschwelle, 130 km lang, bis 35 km breit, Deutschland (Sa.) und ČR. – Das *West-E.* hat eine Kamm- und Gipfelflur bei 800 bis 1 000 m ü. d. M. mit den höchsten Erhebungen (Keilberg 1 244 m, Fichtelberg 1 214 m) und ist stark von steilwandigen Tälern zerschnitten; es reicht bis zum Flöhatal. Das östlich davon gelegene *Ost-E.* ist weniger stark zertalt und allg. niedriger (Kahler Berg 905 m). In den höheren Teilen ist Wald verbreitet, jedoch durch Rauchgasemissionen bes. im Ost-E. stark geschädigt. Die Niederschläge sind hoch. – Mit der Ostkolonisation begann im 12. Jh. die Besiedlung. Seit Mitte des 12. Jh. erfolgte von Bergleuten aus dem Harz die bergmänn. Erschließung. Der Bergbau auf Silber- und Eisenerz hatte im 15./16. Jh. seine Blütezeit, verbunden mit Hammerwerken. Im 18. Jh. drang arbeitsorientierte Ind. ein (Papier- und Holzwarenherstellung, Glasind., Woll- und Leineweberei), mit einem starken Anteil von Heimarbeit. Nach der Entdeckung von Uranerz begann 1946 dessen Abbau (bis 1990). Von wirtsch. Bed. ist der Fremdenverkehr (Radiumbäder, Thermalquellen, Wintersport) sowie Spitzenklöppelei und Schnitzkunst.

erzgebirgische Phase ↑ Faltungsphasen (Übersicht).

Erzherzog (Archidux), 1358/59 bzw. 1453 (anerkannt) bis 1918 Titel der Prinzen des Hauses Österreich.

Erziehung, E. (als Prozeß) bzw. Erziehen bezeichnet eine soziale Interaktion zw. Menschen, in der ein oder mehrere Erzieher in Idealfall planvoll und zielgerichtet (intentional) versuchen, bei dem zu Erziehenden unter Berücksichtigung seiner menschl. Eigenart ein erwünschtes Verhalten zu entfalten oder zu verstärken. Ziel ist die Anpassung an die gültigen sozialen Normen (Verhaltenserwartungen), aber auch die Entwicklung einer krit. Haltung diesen gegenüber. Die geplanten und gesteuerten E.prozesse sind einbezogen in die Gesamtheit weiterer Einflüsse der Umwelt auf den zu Erziehenden. Erzwungene Anpassung bzw. Gehorsam führt nicht zu echter, freier Menschenbildung, sondern entweder zu Autoritätsgebundenheit oder zu einer blinden Protesthaltung. – ↑ Sozialisation.

Erziehungsbeistandschaft, Unterstützung des Personensorgeberechtigten (↑ Personensorge) bei der Erziehung eines Minderjährigen durch einen **Erziehungsbeistand,** der auf Antrag des Personensorgeberechtigten oder auf Anordnung des Vormundschaftsgerichts vom Jugendamt oder durch das Jugendgericht als Erziehungsmaßregel bestellt wird, wenn eine dem Wohl des Kindes oder des Jugendlichen entsprechende Erziehung nicht gewährleistet ist und die Hilfe für seine Entwicklung notwendig ist. Im *östr.* und *schweizer. Recht* ist die **Erziehungshilfe** ähnlich gestaltet.

Erziehungsberatung, in der BR Deutschland in vielen Mittel- und Großstädten angebotene Beratung für Eltern durch Psychologen und Ärzte an E.stellen, die von Jugendwohlfahrtsbehörden oder Wohlfahrtsverbänden getragen werden. Die Ursachenanalyse von Störungen der seel. und geistigen Entwicklung der Kinder führt in komplizierten Fällen zu einer Familientherapie.

Erziehungsberechtigte, diejenigen, denen die ↑ elterliche Sorge für einen Minderjährigen zusteht, i. d. R. die Eltern.

Erziehungsgeld, Geldleistung auf der Grundlage des Bundeserziehungsgeldgesetzes i. d. F. vom 25. 1. 1992 an Mütter oder Väter, die sich der Erziehung ihres neugeborenen Kindes widmen und nicht oder nur teilweise erwerbstätig sind. E. wird auf Antrag bis zur Vollendung des 18. Lebensmonats (ab 1. 1. 1993 des 24. Lebensmonats), auch wenn vor der Geburt des Kindes keine Erwerbstätigkeit vorlag, in Höhe von monatlich 600 DM gezahlt (ab 7. Lebensmonat einkommensabhängige Kürzungen möglich). Für die Zeit des Anspruchs auf E. wird **Erziehungsurlaub** gewährt. Seit dem 1. 1. 1991 besteht Anspruch auf E. auch in den der BR Deutschland beigetretenen Ländern.

Erziehungshilfe ↑ Erziehungsbeistandschaft.

Erziehungsmaßregeln, im Vormundschaftsrecht und im Jugendstrafrecht Erziehungsmittel, die vom Vormundschaftsrichter oder vom Jugendrichter angeordnet werden können, wenn beide Eltern oder ein Elternteil schuldhaft entweder ihr Sorgerecht (↑ elterliche Sorge) mißbrauchen oder das Kind vernachlässigen oder ein Jugendlicher straffällig geworden ist. E. sind ↑ Weisungen (u. a. zur Heimerziehung oder Erziehung in einer sonstigen betreuten Wohnform) sowie die ↑ Erziehungsbeistandschaft.

Erziehungsregister, Register, in das jugend- und vormundschaftsgerichtl. Entscheidungen eingetragen werden, die keinen Strafcharakter haben (z. B. Jugendarrest, Verwarnung). Das E. wird beim Bundeszentralregister geführt.

Erziehungsrente, Rente, die in der gesetzl. Rentenversicherung insbes. an einen Geschiedenen nach dem Tod des ehem. Ehegatten für die Dauer der Erziehung von waisenrentenberechtigten Kindern unter gesetzlich geregelten Voraussetzungen gewährt werden kann.

Erziehungsroman, Variante der Entwicklungs- und Bildungsromans, wobei der Entwurf oder die exemplar. Veranschaulichung eines Erziehungsprogramms im Mittelpunkt steht.

Erziehungsurlaub ↑ Erziehungsgeld.

Erziehungswissenschaft, häufig ganz allg. für Pädagogik als Wiss., i. e. S. Teilbereich der Pädagogik: im Ggs. zu anderen pädagog. Disziplinen eine Sozialwiss., die die Erziehungsprozesse empirisch untersucht.

Erziehungsziele, die dem erzieher. Handeln zugrunde liegenden Vorstellungen von einer menschl. Haltung, die den Wertvorstellungen bzw. Normen einer Gesellschaft oder auch Gesellschaftsschicht entspricht.

Erziehungszoll ↑ Zölle.

Erzjägermeister ↑ Erzämter.

Erzkämmerer ↑ Erzämter, ↑ Kämmerer.

Erzkanzler (Archicancellarius), Leiter des königl. Kanzleiwesens; um 820 erstmals erwähnt, verdrängte seit dem 10. Jh. den Titel des Erzkaplans; ↑ Erzämter.

Erzkaplan (Archicapellanus), Haupt der fränk. Hofgeistlichkeit, als Amt 854 mit dem des ↑ Erzkanzlers vereinigt.

Erzlagerstätten, natürl. Anhäufung von Erzen in der Erdrinde. Die Abbauwürdigkeit von Erzen ist abhängig vom Wert des betreffenden Metalls, vom Metallgehalt der Erze, von der Gewinnungsmethode, von der Verhüttbarkeit und von der verkehrsgeograph. Lage des Fundortes. Hinsichtlich ihrer Entstehung unterscheidet man daher E. der magmat. und der sedimentären Folge sowie Verwitterungs- und Umwandlungslagerstätten (metamorphe Lagerstätten). *E. der magmat. Folge* bilden sich beim Abkühlen und Erstarren silicatschmelzflüssiger Massen in der Erdkruste im Gefolge der magmat. Differentiation und als Niederschlag aus heißen, wäßrigen Lösungen aus der Tiefe. *Lagerstätten der sedimentären Folge* entstehen durch Verwitterung von primären Erzvorkommen (Trümmer-, Ausscheidungslagerstätten). *Metamorphe E.* finden sich bei Gesteins- und Mineralumwandlungen durch Metamorphose. *Metasomat. E.* (Verdrängungslagerstätten) bilden sich durch Metasomatose. Durch Eindringen von Lösungen in die Poren schwerlösl., aber durchlässiger Gesteine entstehen die *Imprägnationslagerstätten.* Bei Ausbrüchen am Meeresboden werden Schwermetallausscheidungen durch chem. Vorgänge wieder abgesetzt. Das Ergebnis sind *Exhalationslagerstätten.*

Matthias Erzberger

Erzlaute

Erzlaute, Baßlaute mit je einem Wirbelkasten für die Griff- und die Bordunsaiten.
Erzmarschall ↑ Erzämter, ↑ Marschall.
Erzschatzmeister ↑ Erzämter.
Erzschenk ↑ Erzämter, ↑ Schenk.
Erzschleiche ↑ Walzenskinke.
Erzstift ↑ Stift.
Erztruchseß ↑ Erzämter, ↑ Truchseß.
Erzurum [türk. 'ɛrzurum], Hauptstadt der türk. Prov. E., rd. 700 km östlich von Ankara, 1950 m ü. d. M., 253 000 E. Univ. (gegr. 1957), archäolog. Museum, Garnison; Nahrungsmittelind., Zementfabrik; Verkehrsknotenpunkt; ⌦. – In der Antike **Theodosiopolis** bzw. **Arsani Rum** (Römisch-Arsan). 1201 an die anatol. Seldschuken, 1514 osmanisch. Am 23. Juli 1919 trat in E. der 1. türk. Nationalkongreß unter Kemal Atatürk zusammen. Auf einer Anhöhe die Zitadelle von E. (angelegt im 5. Jh., zuletzt in osman. Zeit umgebaut), aus seldschuk. Zeit stammt u. a. die Çifte-Minare-Medrese (nach 1291, heute Musem).
Erzväter, im A. T. die Stammväter Israels, die ↑ Patriarchen.
Erzwespen (Zehrwespen, Chalcidoidea), mit etwa 30 000 Arten weltweit verbreitete Überfam. 0,2 – 16 mm langer Hautflügler, davon etwa 5000 Arten in Europa; mit häufig metallisch schillernder Färbung und meist ziemlich langem Legebohrer.
Erzwingungshaft, svw. Beugehaft.
Es, chem. Zeichen für ↑ Einsteinium.
Ęs, Tonname für das um einen chromat. Halbton erniedrigte E.

Leo Esaki

Es, in der Tiefenpsychologie (↑ Psychoanalyse) Bez. für das Unbewußte, den Bereich der Antriebe, der einer bewußten Kontrolle des Individuums entzogen ist.
ESA, Abk. für engl.: **E**uropean **S**pace **A**gency, am 31. Mai 1975 gegr. europ. Weltraumorganisation, die die zuvor von **ESRO** (*European Space Research Organization, Europ. Organisation zur Erforschung des Weltraums,* gegr. 1962) und **ELDO** (*European [Space Vehicle] Launcher Development Organization, Europ. Organisation für die Entwicklung von Trägerraketen;* gegr. 1964) wahrgenommenen Aufgaben der Entwicklung und des Baus von Satelliten bzw. Trägerraketen für friedl. Zwecke übernahm und der Kooperation der europ. Staaten in der Weltraumforschung und Raumfahrttechnologie dient. Die ESA umfaßt neben dem Hauptquartier in Paris folgende Einrichtungen: das *European Space Research and Technology Centre* (**ESTEC,** Europ. Zentrum für Weltraumforschung und -technologie) in Noordwijk (Niederlande), das *European Space Operations Centre* (**ESOC,** Europ. Operationszentrum für Weltraumforschung) in Darmstadt, das *European Space Research Institute* (**ESRIN,** Europ. Institut für Weltraumforschung) in Frascati (Italien) und die *ESA Sounding Rocket Range* (**ESRANGE,** Startbasis für Höhenforschungsraketen) in Kiruna (Schweden).
Esaki, Leo, *Ōsaka 12. März 1925, jap. Physiker. – Er wies das Auftreten des Tunneleffekts beim Durchgang von Elektronen durch extrem dünne Sperrschichten zw. verschieden dotierten Halbleitern nach und entwickelte nach ihm ben. Tunneldiode. Nobelpreis für Physik 1973 (gemeinsam mit I. Giaever und B. Josephson).
Esau (Edom), bibl. Gestalt (1. Mos. 25, 25), Sohn Isaaks und Rebekkas, Zwillingsbruder Jakobs.
Esbjerg [dän. 'ɛsbjɛrˀ], dän. Hafenstadt an der W-Küste Jütlands, 81 500 E. Maschinenbau, Werft, Export- und Fischereihafen; Fährverbindungen nach England. – 1868 gegr., 1899 Stadt.
Escapeklausel [engl. ɪsˈkeɪp „das Entrinnen"], Ausweichklausel im internat. Handel zw. freien Handelspartnern, die die beiderseitige (protektionist.) Möglichkeit einer Zollerhöhung bzw. einer Einschränkung der Außenhandelskonzessionen vorsieht; soll inländ. Produzenten vor übermäßigen Importen schützen.
Esch, in NW-Deutschland und den östl. Niederlanden Bez. für einen alten, häufig in Langstreifen untergliederten Gemengeflurteil mit meist lockerer Gruppensiedlung, dem sog. **Drubbel.**
Ęsch an der Ạlzette (amtl. Esch-sur-Alzette), luxemburg. Stadt an der Alzette, 15 km sw. von Luxemburg, 290 m ü. d. M., 23 700 E. Hauptort des Kt. E. an d. A.; chem., Eisen- und Stahlindustrie.
Eschatologie [ɛsça...; griech., zu éschata „letzte Dinge"], die Lehre von den letzten Dingen; Glaubensvorstellungen, die sowohl das Endschicksal des Einzelmenschen *(Individual-E.)* als auch eine universale Enderwartung *(Universal-E.)* betreffen. Innerhalb der universaleschatolog. Anschauungen ist zu unterscheiden zw. solchen, die auf der Grundlage eines zykl. Geschichtsdenkens einen periodisch wiederkehrenden Weltuntergang annehmen, und denen, die von der Einmaligkeit des Weltendes am Abschluß einer linear verlaufenden Geschichtsentwicklung ausgehen. Für die Individual-E. der *ind. Religionen* ist die Lehre vom Kreislauf der Wiedergeburten (sog. Seelenwanderung), ferner im Brahmanismus der Eingang ins Brahman, im Buddhismus das völlige „Verwehen" (im Nirwana) charakteristisch. Die Idee von einem individualeschatolog. Endgericht ist v. a. in der ägypt. Religion (Totengericht) sowie im *Parsismus* und im *Islam* ausgebildet. Viele Religionen kennen bes. gedachte Totenreiche (↑ Jenseits). – Im zykl. Geschichtsverständnis, das für das ind. Denken typisch ist, folgt auf den jeweiligen Untergang eine period. Welterneuerung. Für eine lineare Geschichtsauffassung, die ein einmaliges Ziel der Geschichte kennt (Teleologie), ist die Endzeit mit der Auferstehung der Toten und mit einem Weltgericht verbunden, auf die die Schöpfung einer neuen, „besseren" Welt folgt. Diese E. ist konsequent vom *Parsismus* ausgebildet worden und hat das *Judentum* zw. der Ab-

Erzurum. Blick von der Zitadelle auf die Stadt, links die Çifte-Minare-Medrese, nach 1291, heute Museum

El Escorial. Die Klosteranlage San Lorenzo, 1563–84 von Juan Bautista de Toledo und Juan de Herrera erbaut

fassung des A. T. und des N. T., das Christentum und den Islam beeinflußt. Die *christl. E.* hat zudem die in der Religion des A. T. entwickelten Gedanken eines Friedensreiches des Messias als universales Geschehen in ihre endzeitl. Vorstellungen aufgenommen, das mit der Erlösungstat Jesu Christi bereits begonnen hat, jedoch noch nicht vollendet ist. So steht die christl. Existenz in der ständigen eschatolog. Spannung zw. „Schon" und „Noch-nicht", die in fast allen tragenden Begriffen der Botschaft Jesu (Reich Gottes, Heil, neue Gerechtigkeit u. a.) zum Ausdruck kommt.

eschatologische Gemeinschaften [εsça...], christl. Gemeinschaften mit Sonderlehren in der ↑Eschatologie, z. B. ↑Adventisten, ↑Zeugen Jehovas.

Esche (Fraxinus), Gatt. der Ölbaumgewächse mit etwa 65 Arten, v. a. in der nördl. gemäßigten Zone; Bäume mit gegenständigen, meist unpaarig gefiederten Blättern und unscheinbaren, vor dem Laub erscheinenden Blüten in Blütenständen; Früchte mit zungenförmigem Flügelfortsatz (Flügelnuß). Bekannte Arten: **Gemeine Esche** (Fraxinus excelsior), bis 30 m hoch und 250 Jahre alt werdender Baum der Niederungen und Flußtäler; ferner die 6–8 m hohe **Mannaesche** (Blumen-E., Fraxinus ornus) in S-Europa und Kleinasien und die bis 25 m hohe **Weißesche** (Fraxinus americana) im östl. N-Amerika.
▷ ↑Hölzer (Übersicht).

Eschenahorn (Acer negundo), nordamerikan. Ahornart; bis 20 m hoch werdender, raschwüchsiger Baum mit eschenähnlich gefiederten Blättern; beliebter Park- und Gartenbaum.

Eschenbach, Wolfram von ↑Wolfram von Eschenbach.

Eschenburg, Johann Joachim, *Hamburg 7. Dez. 1743, †Braunschweig 29. Febr. 1820, dt. Literarhistoriker. – Schrieb Handbücher über Rhetorik und klass. Literatur; Verf. der ersten vollständigen Shakespeare-Übersetzung (1775–82).

E., Theodor, *Kiel 24. Okt. 1904, dt. Politikwissenschaftler und Publizist. – Seit 1952 Prof. in Tübingen; befaßte sich v. a. mit dem demokrat. System der BR Deutschland. – *Werke:* Die improvisierte Demokratie (1963), Zur polit. Praxis in der Bundesrepublik (1964–72, 3 Bde.), Jahre der Besatzung 1945–1949 (Geschichte der BR Deutschland, Bd. 1 [1983]).

Escher, Züricher Ratsgeschlecht, das sich im ausgehenden 14. Jh. in die Zweige E. vom Glas und E. vom Luchs (seit 1433 zum Reichsadel) teilte; bed.:

E. vom Glas, Alfred, *Zürich 20. Febr. 1819, †ebd. 6. Dez. 1882, liberaler Politiker und Wirtschaftsführer. – 1847 Präs. des Großen Rats in Zürich, seit 1848 Reg.präs. (bis 1869) und Nationalrat; Mitbegr. des Eidgenöss. Polytechnikums 1854 (spätere ETH Zürich); 1871–78 Präs. des Direktoriums der Gotthardbahn; schuf u. a. die Schweizer. Kreditanstalt (1856).

Escher, Maurits Cornelis [niederl. 'εsər], *Leeuwarden 17. Juni 1898, †Hilversum 27. März 1972, niederl. Graphiker. – Spielt in mathematisch durchdachten „Gedankenbildern" mit perspektiv. „Fehlern".

Escherich, Georg, *Schwandorf i. Bay. 4. Jan. 1870, †Isen bei Erding 26. Aug. 1941, dt. Forstmann und Politiker. – Gründete 1919 eine gegen die Rätebewegung gerichtete bayr. Einwohnerwehr, die sich als „Organisation E." („**Orgesch**") über ganz Deutschland und Österreich ausbreitete (etwa 1 Mill. Mgl.), 1921 aufgelöst.

Escherichia [nach dem dt. Mediziner T. Escherich, *1857, †1911], Gatt. der Bakterien mit 4 Arten; weltweit verbreitet, v. a. im Boden, im Wasser (Indiz für Wasserverunreinigung), in Fäkalien und im Darm der Wirbeltiere (einschl. Mensch). Bekannteste Art ist **Escherichia coli** in der Darmflora des Dickdarms; wichtiges Forschungsobjekt, v. a. der Biochemie, Genetik und Molekularbiologie.

Escher von der Linth, Arnold, *Zürich 8. Juni 1807, †ebd. 12. Juli 1872, schweizer. Geologe. – Prof. in Zürich. Gab 1835 zus. mit B. Studer die erste geolog. Karte der Schweiz heraus.

E-Schicht (E-Gebiet), stark ionisierte Luftschicht in der Ionosphäre.

Eschkol, Levi (urspr. russ. Scholnik), *Oratowo bei Kiew 25. Okt 1895, †Jerusalem 26. Febr. 1969, israel. Politiker. – Wanderte 1914 nach Palästina aus; nach Gründung der Arbeiterpartei (Mapai) eines ihrer führenden Mgl.; als Min.präs. (seit 1963, 1963–67 zugleich Verteidigungsmin.) um friedl. Ausgleich mit den arab. Staaten bemüht.

Eschnunna ↑Tall Al Asmar.

Eschstruth, Nataly von ['εʃtru:t], *Hofgeismar 17. Mai 1860, †Schwerin 1. Dez. 1939, dt. Schriftstellerin. – Schrieb v. a. rührselige Unterhaltungsromane (u. a. „Gänseliesel", 2 Bde., 1886).

Eschwege, Wilhelm Ludwig von, *Aue bei Eschwege 10. Nov. 1777, †Kassel 1. Febr. 1855, dt. Geograph und Geologe. – Erforschte 1810–21 den brasilian. B.staat Minas Gerais; schrieb „Brasilien, die Neue Welt ..." (1824).

Eschwege, Krst. in Hessen, an der Werra, 165 m ü. d. M., 21 600 E. Verwaltungssitz des Werra-Meißner-Kr.; Heimatmuseum; u. a. Maschinen-, Textil-, Pharmaind. – 974 erwähnt, 1236 Stadtrecht. – Das Schloß, im 16.–18. Jh. ausgebaut, ging aus einer Burg (1386–89) hervor; Dünzebacher Turm der ehem. Stadtbefestigung (1531); Fachwerkhäuser (17.–19. Jh.), Altes Rathaus (1660).

Eschweiler, Stadt am O-Rand des Aachener Ind.reviers, NRW, 120–260 m ü. d. M., 53 100 E. Braunkohlentagebau, Eisen- und Stahlerzeugung, Maschinen- und Apparatebau. – 830 gen.; seit dem 14. Jh. bis 1944 Abbau von Steinkohle; 1858 Stadt.

Escorial, El [span. el esko'rial „die Schlackenhalde"], span. Ort nw. von Madrid, 6 200 E. Weitläufige Klosteranlage San Lorenzo (1563–84 von J. B. de Toledo und J. de Herrera erbaut), Grablege der span. Könige; große Gemäldesammlung, Bibliothek. Die Anlage des El E. wurde von der UNESCO zum Weltkulturerbe erklärt.

Escudo [span. und portugies., zu lat. scutum „Schild"], 1. (E. d'oro) eine im 16. Jh. eingeführte span. Goldmünze, den doppelten E. nannte man **Dublone**, den halben **Escudillo;** 2. span. Silbermünze, Hauptmünze 1864–68; 3. portugies. Goldmünze bis 1854; 4. Währungseinheit in Portugal, Abk. Esc; 1 Esc = 100 Centavos (c, ctvs).

Esche.
Gemeine Esche.
Oben: Blüten.
Unten: Fruchtstände

Maurits Cornelis Escher. Relativität, Lithographie, 1953 (Privatbesitz)

Escuintla, Hauptstadt des Dep. E. im südl. Guatemala, 340 m ü. d. M., 74 000 E. Handelszentrum eines Agrargebietes; Erdölraffinerie.

ESCWA, Abk. für engl.: ↑Economic and Social Commission for Western Asia.

Esdras ↑ Esra.

Esel [zu lat. asinus (asellus) „Esel"], (Afrikan. Wildesel, Equus asinus) bis 1,4 m schulterhohe Art der Unpaarhufer (Fam. Pferde) in N-Afrika; mit großem Kopf, langen Ohren, kurzer, aufrechtstehender Nackenmähne und langem Schwanz, der in eine Endquaste ausläuft; Grundfärbung gelblich-graubraun bis grau mit dunklem Aalstrich, Bauch weißlich. – Von den drei Unterarten ist der **Nordafrikanische Wildesel** (Equus asinus atlanticus) wahrscheinlich ausgerottet, der **Nubische Wildesel** (Equus asinus africanus) bedroht. Vom **Somali-Wildesel** (Equus asinus somalicus) leben noch einige hundert Tiere in Äthiopien und Somalia; auffallend ist die schwarze Beinringelung. – Der **Nordafrikanische Wildesel** (v. a. die nub. Unterart) ist die Stammform des heute in vielen Rassen existierenden **Hauseselts.** Dieser läßt sich mit dem Hauspferd kreuzen (Pferde-♂ × Esel-♀ = **Maulesel**; Esel-♂ × Pferde-♀ = **Maultier**), doch sind die Nachkommen fast stets unfruchtbar und müssen immer wieder neu gezüchtet werden. – Die Domestikation des E. begann um 4000 v. Chr. im unteren Niltal. Der E. als Reittier ist in Ägypten seit 2500, in Syrien im 2. Jt. v. Chr. belegt. In Griechenland und Rom war der E. das Arbeitstier (in Mühlen und Wasserschöpfanlagen) der Handwerker und Kleinbauern. – In der *christl. Kunst* häufig dargestellt, insbes. mit dem Ochsen an der Krippe (nach Jes. 1, 3), als Reittier auf der Flucht nach Ägypten und beim Einzug Christi in Jerusalem.
▷ (Asiat. Wildesel) svw. ↑ Halbesel.

Eseler, Niklas, d. Ä., * Alzey, † Frankfurt am Main vor Mai 1482 (?), dt. Baumeister. – War 1442–61 Bauleiter an Sankt Georg in Nördlingen, 1444–61 an Sankt Georg in Dinkelsbühl (zwei der schönsten spätgot. Hallenkirchen) und schuf danach an Sankt Jakob in Rothenburg ob der Tauber den Westchor. E. gehört zu den bedeutendsten Kirchenbaumeistern des 15. Jahrhunderts.

Eselsdistel (Onopordum), Gatt. der Korbblütler mit etwa 40 Arten in Europa, N-Afrika und W-Asien; distelartige Pflanzen, Blätter mit randständigen Stacheln; Blüten mit flachem, fleischigem Köpfchenboden, purpurfarben, violett oder weiß.

Eselsfeige, svw. ↑ Maulbeerfeigenbaum.

Eselsgurke, svw. ↑ Spritzgurke.

Eselsohr (Otidea onotica), rötlich-ockergelber, rosa- oder orangefarbener, eßbarer Schlauchpilz mit kurzgestieltem, unterseits bereiftem, bis 8 cm hohem Fruchtkörper, der einseitig ohrförmig ausgezogen ist.

Eselsrücken, svw. ↑ Ablaufberg.

Esens, Stadt in Nds., 5 m ü. d. M., 6 200 E. Zentraler Ort des Harlinger Landes mit starker wirtsch. Verknüpfung zu den Sielhäfen der Küste. – In der 1. Hälfte des 16. Jh. Stadt. – Klassizist. Kirche (1848–54).

Eserin [afrikan.], svw. ↑ Physostigmin.

Eskadron [italien.-frz.], seit dem 18. Jh. kleinste takt. Einheit der Kavallerie, 4–5 E. bildeten ein Kavallerieregiment; 1935 in Deutschland durch „Schwadron" ersetzt.

Eskalade [frz.], Erstürmung von Festungsmauern mit Hilfe von Sturmleitern.

Eskalation [engl., zu lat. scala „Treppe"], *polit. Schlagwort* für die Ausweitung v. a. polit. Auseinandersetzungen und militär. Konflikte durch sich wechselseitig verschärfende Aktionen und Reaktionen.
▷ *militärstrateg. Konzeption,* die die Möglichkeit der stufenweisen Steigerung eines bewaffneten Konfliktes bis zum selektiven nuklearen Krieg vorsieht (kontrollierte Eskalation).

Eskamotage [...'ta:ʒə; frz.], Taschenspielertrick, Verschwindenlassen von Gegenständen; **eskamotieren,** wegzaubern.

Eskapade [italien.-frz.], urspr. Seitensprung eines Schulpferdes; übertragen für: unüberlegter, mutwilliger Streich, Seitensprung.

Eskapismus [zu engl. to escape „entfliehen"], Flucht vor der Wirklichkeit in eine imaginäre Scheinwelt.

Eskariol [italien.-frz.] ↑ Endivie.

Esker [ir.] ↑ Os.

Eselsdistel

Eskil, * um 1100, † Clairvaux (Aube) 6. (7. ?) Sept. 1181, Erzbischof von Lund (1137–1177). – Führte die Reformideen Papst Gregors VII. in Dänemark durch; geriet dadurch in Gegensatz zu König Waldemar I., 1161–67 verbannt.

Esel. Nubischer Wildesel mit Jungtier

Eskilstuna, schwed. Stadt südl. des Mälarsees, 89 000 E. Hauptsitz der schwed. Kleineisenind. – Die Bed. E.s als Handelsplatz reicht bis ins 11. Jh. zurück, als dort der hl. Eskil (Grabkirche, vollendet vor 1185) wirkte.

Eskimo [indian., eigtl. „Rohfleischesser" (Eigenbez. in Kanada Inuit „Mensch"], mongolide Bev. der arkt. und subarkt. Zone (Sibirien, Aleuten, Alaska, N-Kanada, Grönland), mit einer dem arkt. Milieu angepaßten Kultur; heute ca. 100 000 mit einheitl. Sprache (↑ Eskimo-Aleutisch); urspr. Jäger und Fischer. Die Isolation der Arktis wurde während und nach dem 2. Weltkrieg durch Militärbasen, meteorolog. und Radiostationen, Prospektion und Ausbeutung von Bodenschätzen aufgebrochen. An Stelle von Kajak und Umiak trat z. T. das Motorboot. Iglu und Zelt werden nur noch von nomadisierenden Gruppen bewohnt. Die Staaten, in denen die E. leben, gehen unterschiedl. Wege, um den E. in einer sich verändernden Umwelt neue Lebensgrundlagen zu verschaffen. Weitgehend christianisiert, kam auch in ihre Abhängigkeit von der Natur zum Ausdruck: Tiergeister mußten wohlwollend gestimmt werden, bei Verletzung von Tabus oder bei Krankheit vertraute man auf die Hilfe des Schamanen.

Eskimo-Aleutisch, in Kanada, Alaska, Grönland (Amtssprache) und Sibirien verbreitete Sprachfamilie; die Verwandtschaft des Aleutischen mit dem Eskimoischen ist erst seit 1951 wiss. belegt. Die wenig erforschten Aleutsprachen sind im Aussterben begriffen. Die Eskimosprachen gehören zum agglutinierenden Sprachtyp und werden in zwei Sprachen eingeteilt: 1. **Yupik** (Sibirien und S-Alaska); 2. **Inupik** gliedert sich von N-Alaska bis nach O-Grönland in verschiedene Dialekte. Die sibir. Eskimo erhielten in den 1930er Jahren eine eigene Rechtschreibung. In S-Alaska wurden um 1900 lokale Schriftsysteme entwickelt; in N-Alaska bildete sich die sog. Iñupiat-Rechtschreibung heraus (beide auf der Grundlage des lat. Alphabets). In Grönland entwickelte sich eine eskimoische (grönländ.) Literatur größeren Umfangs.

Eskimohund, svw. ↑ Polarhund.

Eskimorolle, im Kanuslalom und Wildwasserrennen die Technik des Wiederaufrichtens eines gekenterten Bootes mit speziellem Paddelzug, ohne das Boot zu verlassen.

Eskişehir [türk. ɛs'kiʃɛˌhir], türk. Ind.stadt im westl. Inneranatolien, 367 000 E. Hauptstadt der Prov. E. Univ. (gegr. 1982); nahebei Meerschaumvorkommen.

Eskola, Pentti, * Lellainen 8. Jan. 1883, † Helsinki 14. Dez. 1964, finn. Mineraloge. – Prof. in Helsinki, untersuchte v. a. die metamorphen Gesteinsarten Skandinaviens und entwickelte die „Fazieslehre" zur Einteilung metamorpher Gesteine auf Grund des jeweiligen chem. Gleichgewichtes.

Eskorte [italien.-frz.], Geleit für Personen und Sachen; heute Ehrengeleit für eine hochgestellte Persönlichkeit, meist durch motorisierte Polizei.

Esmarch, Johann Friedrich August von (seit 1887), *Tönning 9. Jan. 1823, †Kiel 23. Febr. 1908, dt. Chirurg. – Direktor der chirurg. Klinik in Kiel; bed. Arbeiten über Unfall- und Kriegschirurgie, v. a. Einführung der Methode des Abbindens von Extremitäten bei Blutungen oder Operationen (E.-Blutleere).

Esmeraldas, Hauptstadt der ecuadorian. Prov. E., an der Mündung des Río E. in den Pazifik, 141 000 E. Endpunkt einer Erdölpipeline aus dem Amazonastiefland, Erdölraffinerie; Hafen.
E., Prov. in N-Ecuador, am Pazifik und an der Grenze gegen Kolumbien, 15 162 km^2, 307 200 E (1990), Hauptstadt E.; größtenteils Küstentiefland. Im Küstensaum werden Kokosnüsse und Bananen erzeugt; daneben Viehzucht, Fischfang.

Esna ↑ Isna.

ESO [engl. 'iːsoʊ], Abk. für: **E**uropean **S**outhern **O**bservatory (↑Südsternwarte).

ESOC ↑ESA.

esoterisch [zu griech. esóteros „innerer"], nur für einen ausgesuchten Kreis von Eingeweihten bestimmt. **Esoterische Literatur** verbindet meist unterschiedl. Elemente aus Astrologie, Okkultismus und Religion.

España [span. es'paɲa] ↑Spanien.

Esparsette, [frz.] (Onobrychis), Gatt. der Schmetterlingsblütler mit etwa 170 Arten in Europa, Asien und N-Afrika. In M-Europa häufig als Kulturpflanze oder verwildert die **Futteresparsette** (Ewiger Klee, Hahnenkopf, Onobrychis viciifolia), Stengel bis 1 m hoch, Blüten rosarot, in Trauben angeordnet; Futterpflanze, Bienenweide.

Espartero, Joaquín Baldomero Fernández Álvarez, Herzog von Victoria (seit 1839), Fürst von Vergara (seit 1870), *Granátula (Prov. Ciudad Real) 27. Febr. 1792, †Logroño 8. (9. oder 10.?) Jan. 1879, span. General und Politiker. – Entschied den 1. Karlistenkrieg zugunsten der Regentin Maria Christine; erzwang 1840 den Rücktritt der restaurativen Regentin; Min.präs., seit 1841 Regent und Vormund Isabellas II.; 1843 gestürzt, bis 1849 im brit. Exil; 1854–56 erneut Min.präsident.

Espe (Aspe, Zitterpappel, Populus tremula), Pappelart in Europa und Asien; bis 25 m hoher Baum; Blätter eiförmig bis kreisrund, gezähnt, mit langem, seitlich zusammengedrücktem Stiel; Blüten zweihäusig, in dicken, hängenden, pelzig behaarten Kätzchen.

Eskimorolle

Espenhain, Ind.gemeinde in Sa., in einem Braunkohlengebiet südlich von Leipzig, 2 000 E. Stark umweltschädigende Braunkohlenind. und -chemie (1990 beginnende Sanierung).

Esperanto, von dem poln. Arzt L. Zamenhof 1887 entwickelte Welthilfssprache, ben. nach dessen Pseud. „Dr. Esperanto" („der Hoffende"). E. hat 16 grammat. Grundregeln, einen kleinen Grundwortschatz (hauptsächlich auf den roman. und german. Sprachen aufbauend) sowie 10 Vorsilben und 25 Nachsilben zur Bildung neuer Wörter.

Espinel, Vicente, ≈ Ronda (Prov. Málaga) 28. Dez. 1550, †Madrid 4. Febr. 1624, span. Schriftsteller. – Verf. des Schelmenromans „Leben und Begebenheiten des Escudero Marcos de Obregón..." (1618), der Lesage als Vorlage für seinen „Gil Blas" diente.

Espírito Santo [brasilian. is'piritu 'sẽntu], brasilian. Bundesstaat an der O-Küste, 45 733 km^2, 2,48 Mill. E (1989), Hauptstadt Vitória. Reicht von der lagunenreichen Küste bis zum Brasilian. Bergland mit dem 2 890 m hohen Pico da Bandeira. Hauptanbau- und Siedlungsgebiet sind die fruchtbaren Täler des Berglandes südlich des Rio Doce; im nördl. E. S. bed. Kakaoanbau.

Espiritu Santo [engl. ɛs'pɪrɪtuː 'sɑːntoʊ], größte Insel der Neuen Hebriden (↑Vanuatu), 3 626 km^2, 12 000 E, bis 1 879 m ü. d. M.

Esplanade [frz.; zu italien. spianare „ebnen"], großer, freier Platz.

espressivo [italien.], musikal. Vortragsbez.: ausdrucksvoll.

Espresso [lat.-italien., urspr. auf „ausdrückl." Wunsch eigens zubereiteter Kaffee], starker Kaffee aus dunkel gerösteten Kaffeebohnen, bei dessen Herstellung das Wasser unter hohem Druck durch das Kaffeemehl gepreßt wird.

Esprit [ɛs'pri; frz.; zu lat. spiritus „Hauch"], Geist, Witz, Scharfsinn.

Espriu, Salvador [katalan. əs'priu], *Santa Coloma de Farnés (Gerona) 10. Juni 1913, †Barcelona 22. Febr. 1985, katalan. Schriftsteller. – Schrieb Dramen, Erzählungen und v. a. Lyrik.

Espronceda y Delgado, José Leonardo de [span. esprɔn'θeða i ðel'ɣaðo], *zw. Villafranca de los Barros und Almendralejo (Prov. Badajoz) 25. März 1808, †Madrid 23. Mai 1842, span. Dichter. – Sein Leben und Werk stehen ganz im Zeichen der europ. Romantik und der zeitgenöss. Freiheitsbewegungen; schrieb Romane, Liebeslieder, Freiheitsgedichte und ein lyr. Versepos.

Esq., Abk. für: ↑Esquire.

Esquilinischer Hügel (lat. urspr. Esquiliae, später Esquilinus mons; Esquilin), einer der sieben Hügel Roms.

Esquire [engl. ɪsˈkwaɪə; zu lat. scutarius „Schildträger"], seit dem 16. Jh. engl. Titel für Angehörige des niederen Adels und wappenführende Bürger, dann für Inhaber höherer Staatsämter; seit dem 19. Jh. allg. in der Briefanschrift verwendet: abgekürzt (Esq.), ohne vorangestelltes Mr. und dem Namen nachgestellt.

Esra [hebr.] (griech. Esdras), 1. alttestamentl. Priester aus dem babylon. Judentum; 2. Name für mehrere in die Vulgata aufgenommene Schriften: a) das kanon. *Buch E.* (= 1. E.); b) das kanon. *Buch Nehemia* (= 2. E.); c) das *apokryphe Buch E.* (= 3. E.); d) die apokryphe *E.-Apokalypse* (= 4. E.); e) die sog. *Christl. Apokalypse des E.* (= 5. E.).

ESRIN ↑ESA.
ESRO ↑ESA.

Essad Pascha Toptani, *Tirana 1863 (um 1875?), †Paris 13. Juni 1920, alban. General und Politiker. – Leiter der Delegation, die Prinz Wilhelm zu Wied den alban. Krone antrug; arbeitete als Kriegs- und Innenmin. gegen ihn; 1914–16 Staatspräs. Albaniens; als Vertreter Albaniens auf der Pariser Friedenskonferenz erschossen.

Essäer ↑Essener.

Essaouira [frz. ɛsawi'ra], marokkan. Prov.hauptstadt und Seebad am Atlantik. 42 000 E. Fischereihafen; Kunsthandwerk. – Reste portugies. Festungswerke.

Essay ['ɛse; engl. 'ɛseɪ; eigtl. „Versuch", zu lat. exagium „das Wägen"], ein meist nicht sehr umfangreicher, stilistisch anspruchsvoller Prosatext, in dem ein beliebiges Thema unsystematisch, aspekthaft dargestellt ist, und der nicht unbedingt zu einem klaren Ergebnis kommen muß; mit Prosaformen wie Bericht, Abhandlung, Traktat, Feuilleton verwandt. Neuere Ansätze einer Definition des E. gehen aus von allg. phänomenolog. Überlegungen (Lukács,

Esparsette. Futteresparsette. Oben: Blüte. Unten: Frucht

Espe. Von oben: männliche und weibliche Blütenstände

Esse

Robert Devereux, Earl of Essex (Ausschnitt aus einem anonymen Gemälde, 1597; London, National Portrait Gallery)

Essen Stadtwappen

Essen. Goldene Madonna, Ende des 10. Jh. (Münsterschatzmuseum)

Bense, Adorno) oder von konkreten Merkmalsammlungen (Friedrich, Traeger). Charakteristisch sind stilist. Eleganz und Geschliffenheit. Die Geschichte des E. als eigenständige literar. Form beginnt mit M. E. de Montaigne, 1597 übernahm F. Bacon die Bez. für seine Betrachtungen („Essayes"). Bes. im englischsprachigen Bereich, aber auch in Frankreich setzte sich Bacons traktatnahe Ausprägung des E. durch. Erst mit H. Grimm gewinnt die dt. Essayistik (über R. W. Emerson) den Anschluß an die europ. Tradition. – Zu den Autoren, die seit Mitte des 19. Jh. u. a. als Verfasser von E. bekannt wurden, gehören F. Nietzsche, A. Huxley, M. de Unamuno y Jugo, J. Ortega y Gasset, H. Bergson, W. Benjamin, K. Jaspers, E. Bloch, T. W. Adorno, G. Lukács, G. G. Gervinus, J. Burckhardt, T. S. Eliot, V. Woolf, A. Gide, H. und T. Mann, K. Kraus, S. Zweig, G. Benn, E. R. Curtius, H. Broch, R. Musil, S. Sontag, A. Camus, U. Eco, J. M. Eça de Queirós, J. L. Borges, O. Paz, R. Vallejos. – Variationen der Gattung in den Medien Hörfunk und Fernsehen sind Film-E. und ↑Features.

Esse, landschaftl. svw. Schornstein.

Ẹsseg ↑Osijek.

Ẹssen, Stadt im Ruhrgebiet, NRW, 36–202 m ü. d. M., 623 000 E. Kath. Bischofssitz: Gesamthochschule (Univ. seit 1972), Folkwang-Hochschule, Verwaltungs- und Wirtschaftsakad., Forschungsinst. für Luftreinhaltung, Landesanstalt für Immissions- und Bodennutzungsschutz; kath. und ev. Priesterseminare, Museen, u. a. Museum Folkwang, Dt. Plakatmuseum; Grugapark (mit Grugahalle und -stadion), städt. Vogelpark, botan. Garten; Wetteramt; Sitz zahlr. Wirtschaftsverbände. Der industrielle Schwerpunkt lag bis die Mitte des 20. Jh. bei Stahl und Kohle, heute dominieren Handel, Dienstleistungsbetriebe, Verwaltung; internat. Fachmessen; Maschinen- und Fahrzeugbau, Elektro-, Textil-, Glas- und chem. Ind.; Häfen am Rhein-Herne-Kanal.

Geschichte: Erstmals Mitte 9. Jh. anläßlich des Baus eines Stifts gen.; in der Nähe des Stifts bildeten sich die Bauerschaft **Altenessen** und im 11. Jh. die Marktsiedlung E. (Stadterhebung nicht überliefert), die 1377 die Reichsunmittelbarkeit zugesichert bekam. Nach Aufhebung des Stifts gelangte E. 1803 und endgültig 1815 an Preußen. Seit Beginn des 19. Jh. Ausbau des Kohleabbaus, Verhüttung von Eisenerz in großem Maßstab im Raum E., Intensivierung der Eisenverarbeitung und Stahlerzeugung (v. a. Krupp); schwere Zerstörungen im 2. Weltkrieg.

Bauten: Got. Münster (1275–1327) mit spätotton. Krypta und bed. Münsterschatz; Auferstehungskirche (1929); Villa Hügel der Familie Krupp (1870–72; Kunstausstellungen), Rathaus (1979), Oper (1983–88, Entwurf von Alvar Aalto, 1989 eröffnet). Im Stadtteil Borbeck Schloß Borbeck (18. Jh.; urspr. Wasserburg). – Im Stadtteil **Werden** (799 erstmals erwähnt; zeitweilig reichsunmittelbares Benediktinerkloster; 1857 Stadt; 1929 mit E. vereinigt) ehem. spätroman. Abteikirche Sankt Liudger mit Hallenkrypta des 11. Jh. Im 1975 eingemeindeten **Kettwig** (1052 erstmals gen., 1857 Stadt) Schloß Hugenpoet (17. Jh.; heute Hotel), Wasseranlage in niederl. Stil.

Essen. Die Oper, 1983–88 nach einem Entwurf von Alvar Aalto erbaut, 1989 eröffnet

E., Bistum, aus Teilen der Erzbistümer Köln und Paderborn und des Bistums Münster 1957 errichtete dt. Diözese. – ↑katholische Kirche (Übersicht).

Ẹssener (Essäer), ordensähnl. jüd. Gemeinde, die im 2. Jh. v. Chr. am Toten Meer entstand (↑Kumran). Die E. waren durch strenge Gesetzesbefolgung und Reinigungsriten sowie Sabbatheiligung bekannt; sie lebten in Gütergemeinschaft, feierten ihre Mahlzeiten in sakramentaler Weise, forderten Askese und Ehelosigkeit.

Essẹntia (Essenz) [lat.], Begriff in der röm. und v. a. scholast. Philosophie zur Bez. 1. für die Eigenschaften eines Gegenstandes, sein „Sosein", und 2. für sein „Wesen". E. als Sosein (lat. auch „quidditas") wird der **Existẹntia,** dem „Dasein", und das Wesen (v. a. in der thomist. Philosophie) dem Sein („esse") gegenübergestellt.

Essentiạlien [lat.], die Hauptpunkte bei Rechtsgeschäften, im Ggs. zu Akzidentalien.

Essentialịsmus [lat.] ↑Wesensphilosophie.

Essentials [engl. ɪˈsenʃls], 1. wesentl. Punkte, wesentl. Sachen; 2. unentbehrl., lebenswichtige Güter.

essentiẹll [lat.-frz.], in der *Medizin:* ohne erkennbare Ursache, z. B. **essentieller Bluthochdruck, essentieller niedriger Blutdruck** (↑Blutdruck); in der *Physiologie:* unentbehrlich, lebensnotwendig, z. B. e. Aminosäuren. **essentielle Aminosäuren** ↑Aminosäuren. **essentielle Fettsäuren** ↑Fettsäuren.

Essẹnz [lat.] ↑Essentia.

▷ konzentrierte, meist alkohol. Lösungen von äther. Ölen oder anderen, meist pflanzl. Stoffen zur Geschmacks- und Geruchsverbesserung.

▷ in der *Homöopathie:* nach Vorschrift aus frischen Pflanzen hergestellter Preßsaft.

Essequibo [engl. esəˈkwiboʊ], Fluß in Guyana, entspringt im Bergland von Guayana, mündet 20 km wnw. von Georgetown in den Atlantik, fast 1 000 km lang.

Ẹsser, Josef, * Schwanheim (= Frankfurt am Main) 12. März 1910, dt. Jurist. – Prof. für bürgerl. Recht, Rechtsvergleichung, Zivilprozeßrecht in Greifswald, Innsbruck, Mainz und Tübingen (seit 1961). – Werke: Lehrbuch des Schuldrechts (1949, ⁶1984), Grundsatz und Norm in der richterl. Fortbildung des Privatrechts (1956).

Ẹssex [engl. ˈesɪks], engl. Grafentitel, 1140 erstmals 1540 an T. Cromwell verliehen, 1572–1646 im Besitz der Familie Devereux, 1661 erhielt ihn die Familie Capel; bed.:

E., Robert Devereux, Earl of (seit 1576), * Netherwood (Hereford) 10. Nov. 1567, † London 25. Febr. 1601, engl. Befehlshaber. – Günstling Königin Elisabeths I.; 1599 als Statthalter in Irland entsandt; wurde abgesetzt, als er in einen Waffenstillstand einwilligte; nach einem von ihm angezettelten, aber mißlungenen Aufstand hingerichtet.

Ẹssex [engl. ˈesɪks], Gft. in SO-England.

Ẹssig [zu lat. acetum (mit gleicher Bed.)], sauer schmeckendes, flüssiges Würz- und Konservierungsmittel; eine verdünnte Lösung von Essigsäure [und Aromastoffen] in Wasser, die durch Essigsäuregärung aus alkoholhaltigen Flüssigkeiten **(Gärungsessig)** oder durch Verdünnen synthet. Essigsäure **(Essigessenz)** gewonnen wird. Der handelsübl. E. hat einen Gehalt von 5–15,5 g E.säure in 100 cm³ und wird als *Speise-, Tafel-* oder *Einmach-E.* bezeichnet. Je nach verwendeten Rohstoffen unterscheidet man *Branntwein-E., Wein-E., Malz-, Bier-E., Kartoffel-E., Obst-E., Kräuter-E.* (Gewürz-E.). Letzteren erhält man durch Auslaugen von Gewürzkräutern in E. – Die Herstellung von Gärungs-E. erfolgt heute v. a. nach dem **Generatorverfahren (Rundpumpverfahren),** bei dem die alkoholhaltige Maische bei automatisch geregelter Temperatur und Luftzufuhr mehrfach durch 4–5 m hohe, mit Holzspänen gefüllte Behälter (E.generatoren) gepumpt wird, bis der Alkohol durch ↑Essigsäurebakterien in E.säure umgewandelt ist. Da die im E. enthaltene E.säure viele Metalle angreift und zur Bildung von z. T. gesundheitsschädl. Metallsalzen führt, darf E. nicht in Metallgefäßen hergestellt oder aufbewahrt werden.

Geschichte: E. wurde bereits im Altertum zur Konservierung von Fleisch und Gemüse und als Arzneimittel verwendet. Bis zur Entdeckung der Mineralsäuren war E. auch das einzige Mittel, Metalle zur Herstellung pharmazeut. Präparate in Lösung zu bringen. – Der E. in der Antike war ungereinigter Wein-E.; reineren E. gewannen erst die Alchimisten des MA durch Destillation.

Essigälchen (Anguillula aceti), Fadenwurm, der v. a. von Bakterien in Essig lebt.

Essigbaum ↑Sumach.

Essigessenz ↑Essig.

Essigester, Trivialbez. für ↑Essigsäureäthylester.

Essigfliegen, svw. ↑Tauffliegen.

Essigsäure (Äthansäure, Ethansäure), CH_3-COOH, wichtigste organ. Monocarbonsäure (Fettsäure); E., deren Salze und Ester als ↑Acetate bezeichnet werden, ist in der Natur sehr verbreitet; Grundbestandteil des Essigs; im menschl. und tier. Stoffwechsel spielt die sog. **aktivierte Essigsäure** eine Rolle (↑Enzyme). Sie wird technisch in großen Mengen aus Acetylen hergestellt und in wasserfreier Form **Eisessig** genannt, da sie bei 16,6 °C zu eisähnl. Kristallen erstarrt. Verwendet wird E. als Veresterungskomponente bei der Herstellung u. a. von Farbstoffen, Riechstoffen, Arzneimitteln, Acetaten (u. a. Vinylacetat), Aceton.

Essigsäureanhydrid, $(CH_3CO)_2O$, stechend riechende Flüssigkeit, die bei vielen techn. Synthesen eingesetzt wird (v. a. als Acetylierungsmittel).

Essigsäureäthylester (Äthylacetat, Essigäther, Essigester), $CH_3COOC_2H_5$, eine farblose, angenehm riechende Flüssigkeit; Lösungsmittel für Fette und Kunststoffe.

Essigsäurebakterien (Essigbakterien), eine (ökolog.) Gruppe von Bakterien, die zu den Gatt. **Acetobacter** und **Acetomonas** gehören; gramnegative, bewegl. oder unbewegl. Stäbchen, die hauptsächlich in freigesetzten Pflanzensäften leben. Charakterist. ist ihre Fähigkeit zu unvollständigen Oxidationen. Techn. dienen E. zur Erzeugung von Sorbose aus Sorbit (bei der Vitamin-C-Synthese), von Gluconsäure aus Glucose und von Essigsäure (bzw. Essig) aus alkoholhaltigen Flüssigkeiten (bzw. Maischen).

essigsaure Tonerde, Lösung von Aluminiumacetat; schwach desinfizierend und zusammenziehend. Anstelle von e. T. wird heute **essigweinsaure Tonerde** (Aluminiumtartratlösung) zur Wundbehandlung, für Umschläge u. a. verwendet.

Eßkastanie ↑Edelkastanie.

Eßkohle ↑Steinkohle.

Eßling ↑Aspern.

Esslingen, Landkr. in Baden-Württemberg.

Esslingen am Neckar, Krst. in Bad.-Württ., 230–498 m ü. d. M., 90 600 E. Fachhochschulen; bed. Ind.-stadt am S-Rand des Großraums Stuttgart (Stahl-, Maschinen- und Fahrzeugbau, elektrotechn., feinmechan. und opt. Ind.). – 777 erstmals urkundl. erwähnt; 1212 Stadtrecht (freie Reichsstadt) durch Friedrich II.; kam 1802 an Württemberg. – 1524 wurde in der Reichsmünzordnung von E. der Taler erstmals Reichsmünze. – Stadtkirche Sankt Dionys mit roman. Osttürmen (etwa 1220–30, Langhaus 13. Jh.); got. Frauenkirche (1340–1420), Dominikanerkirche Sankt Paul (1268 geweiht); Reste der Burganlage (12./13. Jh., 1515–27 erweitert); Altes Rathaus (1430), Neues Rathaus (1842), zahlr. Bürgerhäuser (16.–18. Jh.).

Esso AG, phonetisch gebildete Bez. (aus der Abk. S. O. für **S**tandard **O**il Co.) für ein Unternehmen der mineralölverarbeitenden Ind.; gegr. 1890; Sitz Hamburg. Das Aktienkapital der E. AG ist im Besitz der ↑Exxon Corp.

Essonne [frz. ɛˈsɔn], Dep. in Frankreich.

Eßstäbchen, im Fernen Osten übl. Eßwerkzeug: zwei Stäbchen aus Bambus, [Eben]holz, Elfenbein oder Plastik, die in einer Hand gehalten werden.

Establishment [engl. ɪsˈtæblɪʃmənt „Einrichtung", zu lat. stabilire „befestigen"], heute polit. Begriff (auch polemisch gebrauchtes Schlagwort) zur Kennzeichnung 1. der Oberschicht der polit., wirtsch. und gesellschaftlich einflußreichen Personen, 2. der etablierten bürgerl. Gesellschaft, die auf Erhaltung des Status quo bedacht ist.

Estampie [frz.] (italien. istampita, lat. stantipes), im 13./14. Jh. ein ein- oder mehrteiliges, meist instrumentales Tanz- oder Vortragsstück, dessen formaler Aufbau ähnl. Sequenz und Leich auf fortschreitender Wiederholung beruht.

Estancia ↑Estanzia.

Estang, Luc [frz. ɛsˈtã], eigtl. Lucien Bastard, *Paris 12. Nov. 1911, †Paris 25. Juli 1992, frz. Schriftsteller. – Lyriker und Erzähler des „Renouveau catholique"; schrieb u. a. die Romantrilogie „Gezeichnete", „Und suchet, wen er verschlinge", „Brunnen der Tiefe" (1949–54), außerdem „Le loup meurt en silence" (R., 1984), „Le démon de pitié" (R., 1987).

Estanzia (Estancia) [span.], landw. Großbetrieb (v. a. Viehzucht) im span. Südamerika.

Estaunié, Édouard [frz. ɛstoˈnje], *Dijon 4. Febr. 1862, †Paris 2. April 1942, frz. Schriftsteller. – Schildert in psycholog. Romanen den Alltag und das dahinter verborgene Leben seiner Gestalten (u. a. „Der Fall Clapain", 1932).

Esslingen am Neckar. Blick auf die Stadt mit Teilen der Burganlage, 12.–13. Jh., 1515–27 erweitert

Este, italien. Adelsgeschlecht, hervorgegangen aus der karoling. Reichsaristokratie; ben. nach der Burg bei der gleichnamigen Stadt; im 10./11. Jh. kaiserl. Pfalzgrafen, Inhaber mehrerer Gft. **Azzo II.** († 1097) war in 1. Ehe ⚭ mit Kunigunde, der Erbin der älteren Welfen. Seine Söhne, **Welf IV.** und **Fulco I.** (aus 2. Ehe), begründeten die beiden Zweige des Geschlechts: *Welf-Este* (jüngere Welfen) im Reich und *Fulc-Este* in Italien. Die italien. Linie erhielt unter Markgraf **Borso** (*1413, †1471) von Kaiser Friedrich III. 1452 die Hzgt. Modena und Reggio als Reichslehen, 1471 von Papst Paul II. das Hzgt. Ferrara (bis 1598). **Ercole I.** (*1431, †1505) machte seinen Hof zum Mittelpunkt der Renaissancekultur; seine Tochter **Isabella** (*1474, †1539), seit 1490 ⚭ mit Francesco Gonzaga, Markgraf von Mantua, wurde als Frauenideal der Renaissance gefeiert. Ercole folgte 1505 **Alfons I.** (*1476, †1534), als großzügiger Mäzen u. a. von Ariosto gepriesen und seit 1502 ⚭ mit Lucrezia Borgia. Unter ihrem Sohn **Ercole II.** (*1508, †1559), Herzog seit 1534, wurde der Hof von Ferrara Zentrum für die Verbreitung der reformierten Lehre in Italien. Mit **Alfons II.** (*1533, †1597), Herzog seit 1559, für den sein Onkel **Ippolito (II.)** (*1509, †1572) – italien. Kardinal seit 1538/39, mehrfach Kandidat bei Papstwahlen und Erbauer der Villa d'E. in Tivoli – 1566 die Regentschaft übernommen hatte, starb die direkte Linie Fulc-E. aus. Ihr folgte mit **Cesare** (*1552, †1628) eine Bastardlinie, seit 1598 auf Modena und Reggio beschränkt. 1796 verlor das Haus E. auch diese Hzgt., wurde aber 1801 durch Breisgau und Ortenau entschädigt. 1803 erlosch das Haus E. im Mannesstamm. Die Erbtochter **Ercoles III.** (*1727, †1803), **Maria Beatrix** (*1750, †1829), war seit 1771 ⚭ mit Erzherzog Ferdinand Karl, dem 3. Sohn Kaiser Franz' I. Stephan. **Franz IV.** (*1779, †1846; Haus *Österreich-Este*) verlor 1805

Esslingen am Neckar
Stadtwappen

Isabella d'Este

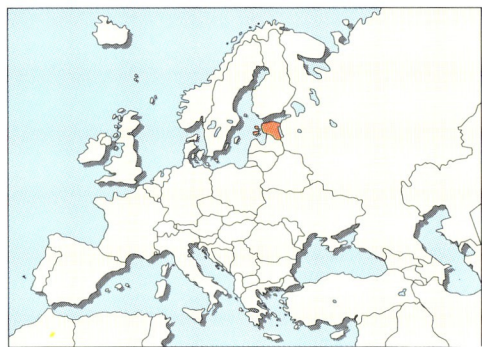

Estland
Fläche: 45 215 km²
Bevölkerung: 1,57 Mill. E (1989), 34,7 E/km²
Hauptstadt: Reval (estn.: Tallinn)
Amtssprache: Estnisch
Währung: 1 Kroon = 100 Senti
Zeitzone: MEZ +1 Stunde

Estland
Staatswappen

Internationales
Kfz-Kennzeichen

Paul Fürst Esterházy von Galántha

zwar Breisgau und Ortenau, erhielt aber 1814 Modena zurück (1859 dem Einheitsstaat Italien eingegliedert). Der Name Österreich-E. ging von Herzog **Franz V.** von Modena (*1819, †1875) auf den Erzherzog **Franz Ferdinand** über, nach dessen Ermordung 1914 auf **Robert** (*1915), den 2. Sohn des späteren Kaisers Karl I. von Österreich.

Este, italien. Stadt in Venetien, Prov. Padua, 18 000 E. Bedeutendes Museum im Palazzo Moncenigo; chem. Ind., Töpfereien und Kunstgewerbe; Fremdenverkehr. – **Ateste** war Hauptsiedlung der Veneter und Zentrum der venet. Kultur (reiche Ausgrabungen); ab 49 v. Chr. röm. Munizipium; wurde im 11. Jh. Sitz der Familie ↑Este; 1275 an Padua, 1405 an Venedig. – Von der Stammburg der Este (1056 erbaut, 1338/39 wiederaufgebaut) stehen noch Mauern und Türme; Dom (1690–1708).

Este, Villa d' ↑Villa d'Este.

Esteban Echeverría [span. esˈteβan etʃeβɛˈrria], argentin. Stadtgemeinde im S von Groß-Buenos-Aires, 377 km², 189 000 E, mit dem internat. ✈ von Buenos Aires nördlich des Stadtteiles Ezeiza.

ESTEC ↑ESA.

Estekultur, mehrphasige eisenzeitl. Kulturgruppe (8.–2. Jh.) in Venetien und Westslowenien, ben. nach Funden aus großen Gräberfeldern in der Umgebung der Stadt Este; war ein Mittelpunkt der Situlenkunst.

Esten, überwiegend in Estland lebendes Volk der finnougr. Sprachfamilie, 1,027 Mill. (1989); Volkskunst und -bräuche haben sich in ländl. Gebieten erhalten.

Ester [Kw. aus **Ess**igä**ther**], chem. Klasse von organ. Verbindungen, die unter Wasserabspaltung aus organ. Säuren und Alkoholen entstehen:

$$R-COOH + R'OH \rightarrow RCOOR' + H_2O$$

(R, R' organ. Reste). Die langsam ablaufende Veresterung ist reversibel, die Rückreaktion heißt ↑Verseifung. – E. werden für Parfüme und Fruchtessenzen sowie als Lösungsmittel, Sprengstoffe und zur Kunststoffherstellung verwendet. Eine bes. wichtige Gruppe von E. sind die ↑Fette und fetten Öle.

Esterasen [Kw.], Enzyme, die im menschl. und tier. Organismus Ester hydrolyt. spalten, z. B. die fettspaltenden Lipasen.

Esterházy von Galántha (ungar. Eszterházy [ungar. ˈɛsterhaːzi]), ungar. Magnatengeschlecht; nachweisbar bis auf den ungar. König Salomon; dessen Söhne begr. 1238 die Linien Illésházy und Zerház (erwarb 1421 die ungar. Herrschaft Galántha im Komitat Preßburg [= Galanta/SR]). 1594 entstanden die drei Linien Csesznek, Zólyom (Altsohl = Zvolen/SR) und Forchtenstein (Frakno; 1687/1783 in den Reichsfürstenstand erhoben; begr. 1683 auch einen gräfl. Zweig); bis 1945 Eigentümer des größten ungar. Fideikommiß, noch heute wesentl. Besitzungen im Burgenland (Eisenstadt).

E. v. G., Nikolaus II. Fürst, *Wien 12. Dez. 1765, †Como 25. Nov. 1833, östr. Feldzeugmeister. – Lehnte Napoleons I. Angebot der ungar. Krone 1809 ab; begründete eine bed. Gemälde- und Kupferstichsammlung (jetzt Teil der ungar. Nationalgalerie).

E. v. G., Nikolaus Joseph Fürst, *18. Dez. 1714, †Wien 28. Sept. 1790, östr. Feldmarschall. – Errichtete 1766–69 mit Schloß Eszterháza (= Fertőd) südlich des Neusiedler Sees ein Zentrum für Kunst und Wiss. („ungar. Versailles"); seit 1761 Mäzen J. Haydns.

E. v. G., Paul Fürst, *Eisenstadt 7. Sept. 1635, †ebd. 26. März 1713, östr. Feldherr, Palatin von Ungarn (seit 1681). – Teilnahme an Türkenkriegen (u. a. 1683 Wien); Schriftsteller, Maler, Komponist und Kunstsammler.

E. v. G., Paul Anton Fürst, *10. März 1786, †Regensburg 21. Mai 1866, östr. Diplomat. – Botschafter in London (1815–42); versuchte als ungar. Außenmin. 1848 zw. Magyaren und Kroaten zu vermitteln.

Estes [engl. ˈɛstɪs] Richard, *Kewanee (Ill.) 1936, amerikan. Maler. – Bevorzugt Darstellungen u. a. von Straßen- und Reklamefronten, Schaufensterfassaden in einer auf photographisch-exakte Naturwiedergabe gerichteten Malweise.

E., Simon, *Centerville (Ia.) 2. März 1938, amerikan. Sänger (Baßbariton). – Sang u. a. an der Dt. Oper Berlin, war Mgl. verschiedener amerikan. Opergesellschaften und trat auch bei Festspielen (Bayreuth, Glyndebourne) auf; gilt als einer der führenden Wagnerinterpreten der Gegenwart; auch Konzertsänger.

Esther (Ester, Hadassa), bibl. Gestalt des A. T., Nichte und Pflegetochter des Mardechai, Heldin des Buches E.; von Xerxes I. zur Gemahlin erwählt, vereitelt sie die geplanten Judenverfolgungen des Haman. – Das **Buch Esther**, wahrscheinlich zw. 300 und 80 v. Chr. entstanden, gibt eine Begründung für das vermutlich aus der pers. Diaspora stammende Purimfest.

Estienne [frz. eˈtjɛn] (Étienne, latinisiert Stephanus), frz. Drucker- und Verlegerfamilie in Paris und Genf, tätig v. 1502 und 1664; Signet: Ölbaum. – Bed. Vertreter:
E., Henri II., *Paris 1528, †Lyon März 1598. – Sohn von Robert I. E.; seit 1557 Drucker in Genf; verfaßte den „Thesaurus graecae linguae" (1572).
E., Robert I., *Paris 1503, †Genf 7. Sept. 1559. – Wurde 1539 königl. Drucker für Hebräisch und Lateinisch, 1540 auch für Griechisch; auf ihn geht die heutige Einteilung der Bibel in Verse zurück. Verfaßte den „Thesaurus linguae latinae" (1531). Zog 1530 nach Genf (Übertritt zur Reformation).

Estland (amtl. Eesti), Republik im O Europas, zw. 57° 30' und 59° 40' n. Br. sowie 21° 45' und 28° 15' ö. L. Staatsgebiet: E. grenzt im W an den Rigaischen, im N an den Finn. Meerbusen, im O an Rußland, im S an Lettland.
Verwaltungsgliederung: 15 Rayons und 6 der Republik unmittelbar unterstellte Städte. Internat. Mitgliedschaften: UN.
Landesnatur: E. liegt im NW der Osteurop. Ebene. Die glazial geformte, teils flache, teils hüglige, zu 90 % unter 100 m ü. d. M. gelegene Oberfläche ist mit Sumpfland (über

20 % der Fläche) und Seen (Peipussee, Wirzjärw) durchsetzt. Im S treten isolierte kuppige Erhebungen auf (bis 318 m ü. d. M.). Der stark gegliederten Küste sind etwa 1 520 Inseln (bes. Ösel, Dagö, Moon und Worms) vorgelagert; sie fällt in einer steilen Kalksteinstufe, dem Glint, zum Finn. Meerbusen ab.
Klima: Es ist maritim beeinflußt. Der heiße Sommer wird öfter von kühleren, der kalte Winter von milden Witterungsperioden mit Tauwetter unterbrochen.
Vegetation: Etwa $^1/_3$ der Gesamtfläche ist bewaldet. Auf sandigen Böden stehen meist Kiefern- und Fichtenwälder, sonst Mischwälder mit Birken; verbreitet Strauchwiesen.
Tierwelt: Sie ist mit Arten der Mischwald- und Taigazone (Rehe, Füchse, Hasen, Elche, Bären, Wölfe, Luchse, Marder, Iltisse u. a.) vertreten. Im Meer und den Binnengewässern sind über 70 Fischarten vorhanden. In E. bestehen 4 Naturschutzgebiete und ein Nationalpark.
Bevölkerung: 1989 waren von den Bewohnern 61,5 % Esten, 30,3 % Russen, 3,1 % Ukrainer, 1,8 % Belorussen, und 1,1 % Finnen. Von den Gläubigen gehören rd. 75 % der ev.-luth., 20 % der russ.-orth. Kirche an. Neben der Estn. Akad. der Wiss. gibt es in E. eine Univ. (gegr. 1632), die sich in Dorpat befindet, und sechs Hochschulen.
Wirtschaft: Wichtigster Wirtschaftszweig ist die Landw. mit Anbau von Kartoffeln, Getreide, Flachs sowie Milchvieh- und Schweinezucht. Die Nahrungsmittelind. (bes. Milch-, Fleisch-, Fischverarbeitung) ist wertmäßig mit $^1/_3$ an der Ind.produktion beteiligt. Große Bedeutung hat die Hochseefischerei. Ihre Fänge werden v. a. in Reval verarbeitet. Die Phosphorite bei Reval werden zur Herstellung von Düngemitteln genutzt. V. a. dem Hausbrand dienen die Torflager. Im N wird Ölschiefer abgebaut; z. T. wird er zur Gewinnung elektr. Energie verwendet, z. T. bildet er die Grundlage großer chem. Betriebe. Aus den alten Textilmanufakturen entstand in Narva und Reval die Baumwollind. Wichtige Zweige sind außerdem der Bau elektro-, rundfunktechn. und elektron. Anlagen, der allg. Geräte- sowie der Maschinen- und Schiffbau.
Außenhandel: Ausgeführt werden Baumwollgewebe, Nahrungsmittel, Elektrogeräte, Ober- und Untertrikotagen, eingeführt Roh- und Brennstoffe, Maschinen und Ind.anlagen sowie Fahrzeuge. Die wichtigsten Handelspartner sind Rußland, die Ukraine sowie Lettland, Litauen, verschiedene skandinav. und EG-Staaten.
Verkehr: E. hat ein dichtes Verkehrswegenetz. Am besten entwickelt ist der Kfz-Verkehr. Das Autostraßennetz ist 30 100 km (davon 28 900 km asphaltiert), das Eisenbahnnetz 1 030 km lang. $^4/_5$ des Außenhandels von E. gehen über den Hochseehafen Reval. Hier befindet sich auch der bedeutendste internat. ✈. Die größten estn. Inseln sind auf dem Luftweg erreichbar. An der Ostseeküste liegen mehrere Bade- und Kurorte (u. a. Pärnu).
Geschichte: Die im 9. Jh. den Warägern tributpflichtigen Esten verbündeten sich 860 mit den Nowgoroder Slawen und Kriwitschen; seit dem 11. Jh. (Feldzüge Jaroslaws des Weisen) fielen russ. Fürsten in E. ein, ohne sie unterwerfen zu können. Anfang des 13. Jh. wurden die Esten durch Deutsche und Dänen unterworfen und christianisiert; seit 1346 unterstand E. dem Dt. Orden. Städtegründungen (auch durch die Hanse) sowie der Ausbau der Verwaltung führten zu kulturellem Aufschwung. 1561 kam E. an Schweden. 1584 wurden die vier Landschaften Harrien, Wierland, Jerwen und Wiek zum Hzgt. „Esthen" erhoben. Die Herrschaft der Schweden wurde erst durch den Sieg Zar Peters I. über Karl XII. im 2. Nord. Krieg (1700–21) beendet (Frieden von Nystad, 1721). Seit dem Ende des 18. Jh. Schritte zur Einfügung in das russ. Reich, seit Mitte des 19. Jh. Maßnahmen zur Russifizierung. Nach der Februarrevolution 1917 wurde ein Estn. Nationalrat gebildet, der am 24. Febr. 1918 die Unabhängigkeit des von dt. Truppen besetzten Landes proklamierte (Anerkennung der Estn. Republik durch Sowjetrußland erst 1920). Danach Blütezeit bis 1925, u. a. wurde die Minderheitenfrage beispielhaft gelöst. Die Wirtschaftskrise 1929–32 mündete 1934 in einen faschist. Umsturz; K. Päts führte ein autoritäres Präsidialregime. Die dt.-sowjet. Annäherung (Dt.-Sowjet. Nichtangriffspakt vom Aug. 1939) bot der Sowjetunion freie Hand für ihre Politik gegenüber den balt. Staaten. Auf Grund des Beistandspaktes vom 28. Sept. 1939 besetzten sowjet. Truppen im Juni 1940 E. (am 6. Aug. 1940 unter sowjet. Druck Beitritt zur UdSSR). Umfangreiche sowjet. Deportationen 1941 und nach 1944 (1941–44 dt. Besetzung) trafen v. a. die estn. Intelligenz.
Im Rahmen der sowjet. Reformpolitik erstarkte seit Mitte der 80er Jahre die nat. Bewegung. E. versuchte, den russ. Einfluß zurückzudrängen; ein 1989 erlassenes Wahlgesetz weist den im Land lebenden Russen eine Minderheitenposition zu. Im Febr. 1990 wurde aus der Verfassung der Führungsanspruch der KP gestrichen, die sich im März 1990 von der KPdSU abspaltete. Das Streben nach staatl. Unabhängigkeit wurde insbes. von der 1988 gegr. estn. „Volksfront" getragen, die bei den Parlamentswahlen im März 1990 eine deutl. Mehrheit erreichte. A. Rüütel wurde zum Parlamentspräs. (Staatsoberhaupt) gewählt, E. Savisaar zum Min.präs. (Rücktritt im Jan. 1992). Am 30. März 1990 proklamierte das neue Parlament die Unabhängigkeit E., was zum Konflikt mit der Unionsregierung führte. Am 8. Mai 1990 wurden Teile der Verfassung von 1938 wieder in Kraft gesetzt und die Estn. SSR in „Republik Estland" umbenannt. Gemeinsam mit Lettland und Litauen unterzeichnete E. am 12. Mai 1990 ein Abkommen zur Neugründung des bereits 1934–40 existierenden „Balt. Rates". Bei einem Referendum am 3. März 1991 stimmten 78 % der Teilnehmer für die Wiederherstellung der staatl. Unabhängigkeit. Nachdem während des Staatsstreiches gegen Unionspräs. M. Gorbatschow (19. Aug. 1991) sowjet. Truppen in E. einmarschiert waren, setzte die Republik am 20. Aug. 1991 ihre Unabhängigkeitserklärung in Kraft, die von Rußland unter Präs. B. Jelzin am 24. Aug. anerkannt wurde. Nachfolgend kam es zur Anerkennung durch zahlr. andere Staaten (Deutschland am 28. Aug.). Im Juni 1992 wurde eine neue Verfassung durch ein Referendum angenommen. Nach den Parlaments- und Präs.wahlen im Sept. 1992 wählte die Reichsversammlung im Okt. 1992 L. Meri zum Staatsoberhaupt, Min-präs. wurde M. Laar.
Politisches System: Nach der am 28. Juni 1992 durch Referendum gebilligten *Verfassung* ist E. eine Republik. *Staatsoberhaupt* ist der vom Volk direkt gewählte Präs.; erreicht bei der Präs.wahl keiner der Kandidaten die absolute Mehrheit, wählt die Reichsversammlung den Präsidenten. Die *Legislative* liegt bei der Reichsversammlung (Riigikogu), deren 101 Abg. (1992) alle vier Jahre direkt von der Bev. gewählt werden. Für die Parlamentswahlen 1992 schlossen sich mehrere *Parteien* zu Wahlbündnissen zusammen: u. a. „Vaterland" (Isamaa) um L. Meri, „Sicheres Heim" u. a. der Reformkommunisten um A. Rüütel und „Volksfront" um E. Savisaar. – Karte ↑ Lettland.

estnische Kunst, älteste Kunstdenkmäler reichen bis ins 3. Jt. v. Chr. zurück. *Romanik* und *Gotik* erfuhren insbes. im N eine eigenwillige Ausprägung (glatte Formen, sparsames Dekor). Es entstanden Festungen mit Konventshäusern (Kingisepp [Kuressaare]) und mächtigen Wehrtürmen (Vastseliina), einschiffige Wehrkirchen (Karja) und dreischiffige Hallenkirchen (Ambla). Aus dem 15./16. Jh. sind Flügelaltäre norddt. (H. Rode, B. Notke) niederländ. Meister erhalten. Bekanntestes Beispiel der Renaissancearchitektur ist das „Schwarzhäupterhaus" in Reval. Im 17. Jh. zeigen sich im *Barock* holländ. Formen im Rathaus von Narva (1665/71, S. Teuffel), italien. Einflüsse im Schloß Kadriorg in Reval (1718–23; N. Michetti, M. G. Semzow). Unter dem Einfluß des russ. *Klassizismus* entstanden Bauensembles in Dorpat (Rathaus, 1778/84; Universität 1803/09) sowie zahlr. Herrenhäuser und Landsitze. Um 1900 fanden dort dt., russ. und finn. Architekten *Historismus, Jugendstil* und *Funktionalismus* Verbreitung. Die Entwicklung einer nat. bildenden Kunst wurde durch die 1803 an der Universität Dorpat gegr. Malschule gefördert. Das seit Anfang des 20. Jh. sich entfaltende Spektrum westeuropäisch beeinflußter Stilrichtungen wird ergänzt durch den Rückgriff auf traditionelle Elemente.

estnische Literatur

Paul Balluat Baron de Constant de Rebecque d'Estournelles

Gabrielle d'Estrées (Ausschnitt aus einem Gemälde, 1594)

Estragon

estnische Literatur, die alte estn. Volksdichtung besteht im wesentl. aus ma. und frühneuzeitl. Liedgut. F. R. Kreutzwald formte, in romant. Geiste das finn. „Kalevala" nachahmend, aus alten und jungen Liedern, Sagen und seiner eigenen Phantasie das Epos „Kalevipoeg" (1857–61). Eine sich zu europ. Bewegungen in Beziehungen setzende Literatur entstand erst mit dem Realismus der Jh.wende (J. Liiv und E. Vilde) und mit den neuromant. Gruppen der ersten Hälfte des 20. Jh.; es traten u. a. der Lyriker G. Suits, die Erzähler F. Tuglas und A. H. Tammsaare sowie die Lyrikerin M. Under hervor. Seit 1944 entwickelte sich eine sowjet.-estn. Literatur und eine estn. Emigrantenliteratur. Bekannte Vertreter der sich seit den 60er Jahren entfaltenden estn. Gegenwartsliteratur sind u. a. J. Kross, L. Meri, M. Traat, M. Unt, A. Valton, E. Vetemaa, A. Beekman, P. Kuusberg.

estnische Musik, früheste Zeugnisse estn. Volksmusik sind aus dem 11. Jh. erhalten. Im 19. Jh. begann man mit dem Sammeln und Aufzeichnen der Musikfolklore. Zur gleichen Zeit verbreitete sich auch der mehrstimmige Chorgesang. Die Basis für die Entwicklung der professionellen Tonkunst in Estland bildete die Laienchorbewegung. Große Bed. für die Entwicklung der nat. Musikkultur erlangten die seit 1869 alle 5 Jahre veranstalteten Sängerfeste, an denen sich über 30 000 Volkssänger sowie Tänzer und Musiker beteiligten. Begründer des estn. Chorliedes waren M. Saar und K. Kreek. Erste sinfon. Werke und Kammermusik komponierten A. Kapp und H. Eller; die erste estn. Oper („Die Wikinger", 1928) schrieb E. Aav. E. Kapp schuf mit seinen musikdramat. Werken die Grundlage für das moderne estn. Musiktheater. Zu den führenden Komponisten der Gegenwart zählen v. a. E. Tamberg, J. Rääts und A. Pärt. Die Chortradition Saars wurde von G. Ernesaks und V. Tormis fortgesetzt.

estnische Sprache, zur ostseefinn. Gruppe der finnougr. Sprachen gehörende Sprache, in lat. Schrift geschrieben; sie wird von rd. 1 Mill. Esten v. a. in Estland (seit 1989 wieder Amtssprache) gesprochen.

Estomihi [lat. „sei mir"], in den ev. Kirchen der Sonntag vor Aschermittwoch (kath.: **Quinquagesima**), ben. nach den lat. Anfangsworten des Introitus des Sonntags (Ps. 31, 3).

Estoril [portugies. iʃtuˈril], portugies. Seebad 20 km westl. von Lissabon; 24 300 E.

Estournelles, Paul Balluat Baron de Constant de Rebecque d' [frz. ɛsturˈnɛl], *La Flèche (Sarthe) 22. Nov. 1852, †Paris 15. Mai 1924, frz. Politiker. – Pazifist; 1904 Senator; erhielt 1909 zus. mit A. M. F. Beernaert den Friedensnobelpreis.

Estrada Cabrera, Manuel, *Quezaltenango 21. Nov. 1857, †Guatemala 24. Sept. 1924, guatemaltek. Politiker. – 1898–1920 Präs.; starb nach dem Sturz als Diktator in Haft.

Estrada-Doktrin, von dem mex. Außenmin. Jenaro V. Estrada (* 1887, † 1937) 1930 abgegebene Erklärung zur Frage der Anerkennung ausländ. Reg.; ermöglicht die Aufnahme diplomat. Beziehungen usw. ohne Präjudiz für Recht- oder Verfassungsmäßigkeit der betreffenden Reg.; nicht vertraglich verankert.

Estrade [frz., zu lat. stratum „Fußboden"], podiumartig erhöhter Teil des Fußbodens, z. B. für ein Orchester.

Estragon [arab.-frz.] (Dragon, Dragun, Artemisia dracunculus), in Sibirien und N-Amerika heim. Beifußart; stark duftende, sehr vielseitig verwendete Gewürzpflanze.

Estrées [frz. eˈtre, ɛsˈtre], frz. Adelsgeschlecht seit dem 14. Jh. (Stammsitz E.-Saint-Denis, Dep. Oise), 1771 erloschen; bed. v. a.: *Gabrielle d'E.,* Marquise von Montceaux (seit 1595), Herzogin von Beaufort (seit 1597) (* um 1571, † 1599), Geliebte König Heinrichs IV. von Frankreich.

Estrêla, Serra da [portugies. ˈsɛrrɐ ðɐ iʃˈtrelɐ] ↑ Portugiesisches Scheidegebirge.

Estremadura [portugies. iʃtrɐmɐˈðurɐ], histor. Prov. in Portugal, an der W-Küste südlich der Mondegomündung im N bis jenseits des Tejomündungsgebietes, einschließlich der Halbinsel von Setúbal im S.

E. (span. Extremadura), histor. Prov. und Region in Spanien, an der Grenze gegen Portugal, umfaßt die Prov. Badajos und Cáceres.

Estrich [zu mittellat. astracum „Pflaster"], fugenloser Bodenbelag, Unterboden aus einer schnell abbindenden Masse; je nach Art des Bindemittels Zement-E., Steinholz usw. genannt. Wird der E. durch eine Dämmschicht von der Rohdecke getrennt, spricht man von **schwimmendem Estrich.**

Estrup, Jacob Brønnum Scavenius [dän. ɛsdrɔb], *Sorø 16. April 1825, † Skaføgård (Ostjütland) 24. Dez. 1913, dän. Politiker. – 1865–69 Innenmin., prägte die Verfassung von 1866; 1875–94 Premierminister.

Esztergom [ungar. ˈɛstɛrɡom] (dt. Gran), ungar. Stadt am rechten Ufer der Donau, an der Grenze zur SR, 156 m ü. d. M., 33 000 E. Kath. Erzbischofssitz; Museen; Werkzeugmaschinenfabrik, Elektroind.; Mineralquellen. – In E. errichtete König Stephan I. Burg und Komitat und, kurz nach 1000, das Erzbistum seines Reiches; ausgenommen 1595–1605 war E. 1543–1683 unter osman. Herrschaft. – Klassizist. Dom (1822–69); ehem. Königl. Burg (1173–95) mit Burgkapelle (12. Jh.).

Eszterháza [ungar. ˈɛstɛrhɑːz] ↑ Fertőd.

Eta, siebter Buchstabe des griech. Alphabets (H, η).

ETA, Abk. für: **E**uzkadi **t**a **A**zkatasuna [bask.„Baskenland und Freiheit"], 1959 gegr. terrorist. bask. Untergrundorganisation; fordert einen selbständigen bask. Staat. 1976 Spaltung in eine parteiähnl. Organisation (ETA politico-militar) und eine Guerillagruppierung (ETA militar), die seitdem v. a. die terrorist. Aktivitäten (Attentate, Entführungen, Bombenanschläge) fortführt. Polit. Arm der ETA ist die „Herri Batasuna" (Volksgemeinschaft).

etablieren [frz., zu lat. stabilire „befestigen"], [be]gründen, festsetzen; **sich etablieren,** sich niederlassen, selbständig machen.

Etablissement [etablis(ə)ˈmãː; lat.-frz.], Einrichtung; Gaststätte, Vergnügungslokal.

Etage [eˈtaːʒə; lat.-frz., urspr. „Aufenthalt, Rang"], Stockwerk, Gebäudegeschoß.

Etalon [etaˈlõː; frz.], Eich-, Normalmaß.

Étampes [frz. eˈtãːp], frz. Stadt 50 km südlich von Paris, Dep. Essonne, 19 000 E. Marktort der Beauce, Fremdenverkehr. – Kirche Saint-Basile (12., 15./16. Jh.) mit roman. Portal, Kirche Notre-Dame-du-Fort (12. Jh.; Krypta 11. Jh.), Rathaus (16. Jh.).

Etappe [frz., urspr. „Warenniederlage, Handelsplatz" (verwandt mit „Stapelplatz")], Teilstrecke, Abschnitt, Stufe.
▷ im *Militärwesen* früher Bez. für das Versorgungsgebiet hinter der Front.

Etappenrennen, Einzel- oder Mannschaftsrennen im Rad- bzw. Motorsport über Teilstrecken mit Tages- und Gesamtwertung.

Etat [eˈtaː; lat.-frz., eigtl. „Zustand, Beschaffenheit"] ↑ Haushalt.

État Français [frz. etafrãˈsɛ], 1940–44 amtl. Bez. für Frankreich.

Etatismus [lat.-frz.], um 1880 in Frankreich aufgekommene Bez. für eine polit. Doktrin, die die Ausdehnung der Rolle und der Zuständigkeit des Staates auf alle Bereiche von Wirtsch. und Gesellschaft fordert.

États généraux [frz. etaʒeneˈro] ↑ Generalstände.

Etazismus, [nach dem griech. Buchstaben Eta], die schriftgetreue Aussprache des Altgriech., am entschiedensten gefordert von Erasmus von Rotterdam („Erasmische Aussprache"). – ↑ Itazismus.

et cetera [lat. „und das übrige"], Abk. etc., „und so weiter"; **etc. pp.:** „etc. perge, perge": „usw. fahre fort, fahre fort".

Eteokles, Gestalt der griech. Mythologie. Sohn des Ödipus und der Iokaste, Bruder von Antigone, Ismene und Polyneikes (die Brüder töten sich gegenseitig).

Eteokreter, nach der „Odyssee" (19, 176) einer der Stämme Kretas; nach moderner Auffassung Nachfahren der Träger der minoischen Kultur Kretas.

Eteokretisch, nichtgriech. Sprache von etwa 8 bruchstückhaften Inschriften in griech. Alphabet aus O-Kreta, den Eteokretern zugeschrieben und nach ihnen benannt.

Eteokyprisch, nichtgriech. (vorgriech.) Sprache, von der sich Reste auf der Insel Zypern bis etwa 300 v. Chr. lebendig erhalten haben; überliefert sind mehrere Inschriften.

etepete [aus niederdt. öte „geziert" und frz. peut-être „vielleicht"], umgangssprachlich für geziert, zimperlich, übertrieben empfindlich.

Etesien [griech.-lat., zu griech. étos „Jahr"], die mit großer Regelmäßigkeit Mai bis Okt. über Griechenland, der Ägäis und dem östl. Mittelmeer wehenden N- bis NW-Winde.

Esztergom. Blick auf die 1173–95 erbaute ehemalige Königliche Burg und den 1822–69 erbauten klassizistischen Dom

Etesienklima (Winterregenklima), das Mittelmeerklima, das durch heiße Sommer und milde Winter mit Niederschlägen gekennzeichnet ist.

Ethan, nach der neueren chem. Nomenklatur fachsprachl. Schreibweise für ↑Äthan; entsprechend steht in Zusammensetzungen Ethan... für Äthan..., z. B. **Ethanol** für ↑Äthanol.

Ether, nach der neueren chem. Nomenklatur fachsprachl. Schreibweise für ↑Äther.

Etherege (Etheredge), Sir George [engl. 'εθərɪdʒ], * um 1635, † Paris 1691, engl. Dramatiker. – Mitbegr. des engl. Sittenstücks.

Ethik [griech.], philosoph. Disziplin, die Lehre von den Normen menschl. Handelns und deren Rechtfertigung. Ausgangspunkt der E. ist die Frage nach einer Moral, die gutes Leben, gerechtes Handeln und vernünftige, freie Entscheidungen ermöglicht. – Die antike E. beginnt bei Sokrates und Platon mit der Frage nach der Lehrbarkeit von Tugend und dem Versuch, eine universell gültige Theorie dieser aufzustellen. In der prakt. Philosophie des Aristoteles war vernunftgemäßes und tugendhaftes Handeln durch die Mitte bzw. das rechte Maß bestimmt. Die Stoa forderte eine Übereinstimmung des Handelns der Menschen mit dem von ihnen erkannten sittl. Gesetz der Natur. An Plotin anknüpfend, erarbeitete Thomas von Aquin mit der Verbindung dieses „Naturgesetzes" und der christl. Offenbarung (↑Moraltheologie, ↑theologische Ethik) eine philosophischtheolog. Systematik, die im wesentlichen bis zur Aufklärung gültig blieb, jedoch unter allmähl. Ausgliederung ihrer theolog. Begründung. T. Hobbes führte mit einem rationalist. Ansatz die prakt. Philosophie auf die mechanisch determinierte Natur des Menschen zurück (Naturrecht). Für ihn gab es keinen Wesensbegriff des Guten, keine irrtumsfreie Vernunft. Dem gegenüber stand eine v. a. in England aufkommende Gewissens- und Gefühls-E. (A. A. C. Earl of Shaftesbury, F. Hutcheson, A. Smith). I. Kant sah von allen Bedürfnissen ab und fakt. Zwecksetzungen ab und gründete seine E. auf den ↑kategorischen Imperativ, der auf dem Prinzip der Pflicht sowie der Freiheit des Menschen als eines autonomen Vernunftwesens basiert. Für J. Bentham und J. S. Mill hingegen war die oberste Maxime ihres utilitarist. E. das größtmögl. Glück für die größtmögl. Zahl von Menschen. Im 20. Jh. entstanden eth. Theorien, die das rein formale Prinzip der E. Kants durch unterschiedl. Systeme „materialer" Wertprinzipien zu ergänzen bzw. zu ersetzen suchten (M. Scheler, N. Hartmann). Ebenfalls entwickelten sich soziologisch, kulturphilosophisch, sprachanalytisch und existentialistisch orientierte Richtungen der Ethik.

Je nach Erkenntnisinteresse sind heute 3 Formen der E. zu unterscheiden: Die Beschreibung und Erklärung der vielfältigen Ausprägungen von Moral und Sittlichkeit ist Sache der **deskriptiven** oder **empirischen Ethik.** Die **normative Ethik** versucht, die jeweils herrschende Moral kritisch zu überprüfen sowie Formen und Prinzipien rechten Handelns zu begründen. Die krit. Analyse sprachl. Elemente und Formen moral. Aussagen ist Aufgabe der **Metaethik,** die auch Methoden zu deren Rechtfertigung zu entwickeln versucht.

Die **sprachanalytische (linguistische) Ethik,** beeinflußt von G. E. Moore und L. Wittgenstein, beschreibt, erklärt und kommentiert, auf welche Weise moral. Ausdrücke verwendet werden und wie moralisch argumentiert wird. Vertreter dieser als Meta-E. angewandten Methode ist u. a. G. Ryle. Ausgehend von sittl. Urteilen vernünftiger und lebenserfahrener Menschen sucht die **normative analytische Ethik** diese Urteile in ein widerspruchsfreies System zu bringen; ausgehend von obersten sittl. Grundsätzen werden Überzeugungen erklärt und korrigiert. Die **konstruktive Ethik** der sog. Erlanger Schule (P. Lorenzen, O. Schwemmer, W. Kamlah) beschränkt sich auf Analyse und Begründung jener Regeln einer Beratung, die zu vernünftigem, gemeinsamen Handeln führen sollen.

ethische Indikation ↑Schwangerschaftsabbruch.

Ethmoidale [lat.], svw. ↑Siebbein.

Ethnarch [griech.], Titel von Stammesfürsten in Gebieten unter röm. Oberhoheit; seit dem 2. Jh. v. Chr. auch Titel des Hohenpriesters in Jerusalem.

Ethnie [griech.], Gruppe von Personen, die der gleichen Kultur angehören.

Ethniki Organosis Kiprion Agoniston [neugriech. εθni'ki ɔr'ɣanɔsis ki'priɔn aɣɔnis'tɔn „Nat. Vereinigung zypriot. Kämpfer"], Abk. EOKA, griech. Widerstandsorganisation auf Zypern; 1955 von J. Griwas gegr.; erreichte 1959 die Unabhängigkeit; betreibt seit 1963 den Anschluß („Enosis") Zyperns an Griechenland; 1974 verboten.

Ethnikon Apeleftherotikon Metopon [neugriech. εθni'kɔn apɛlɛfθɛrɔti'kɔn 'mɛtɔpɔn „Nat. Befreiungsfront"], Abk. EAM, griech. Widerstandsbewegung; 1941 gegr.; wie sie kämpfte auch der EDES (**Ethnikos Dimokratikos Ellinikos Sindesmos** „Nat. demokrat. griech. Vereinigung") gegen die dt. und italien. Besatzung.

ethno..., Ethno... [griech.], Vorsilbe mit der Bedeutung „Völker, Volks...".

Ethnologie (Völkerkunde), die Wiss. von den Kulturen der schriftlosen, außereurop. Völker. Die beschreibende Völkerkunde **(Ethnographie,** die sich auf Beobachtung und Darstellung einzelner Kulturen beschränkt, wurde bereits in der Antike (Herodot u. a.) betrieben. Sie lebte im Zeitalter der Entdeckungen wieder auf, als zahlr. Völkerbeschreibungen aus der Neuen in die Alte Welt gelangten. Erste werturteilsfreie Beobachtungen, die weder das Bild vom „edlen Wilden" noch seine Verteufelung malten, fallen ins 18. Jh.; Ansätze zu einer vergleichenden E. finden sich in frz. und engl. Werken der Aufklärung. Das starke Anwachsen des ethnograph. Materials durch die Erschließung des pazif. Inselraums in der 2. Hälfte des 18. Jh. führte zu neuen Formen systemat. Verarbeitung, in denen phys. Anthropologie, Kultur- und Naturgeschichte als Einheit behandelt wurden. Mit der Konsolidierung der europ. Kolonial-

Etruskische Schrift. Links: archaisches Alphabet, 7.–5. Jh. v. Chr. Mitte: jüngeres Alphabet, 5.–1. Jh. v. Chr. Rechts: Transliteration

Ethnosoziologie

Etrusker. Archäologische Stätten

Etruskische Kunst.
Apoll aus Veji,
Terrakottaplastik,
Höhe 1,75 m,
um 500 v. Chr.
(Rom, Villa Giulia)

mächte ging die Herausbildung moderner Feldforschungstechnik einher (angewandte E.). Im 19. Jh. bildeten sich akadem. ethnolog. Gesellschaften, gleichzeitig wurden die ersten Völkerkundemuseen eingerichtet. Die E. wurde in der 2. Hälfte des 19. Jh. eine eigene Univ.disziplin. Es bildeten sich Schulen heraus, bei denen sich die E. unterschiedlich stark und nat. verschieden orientierte an Anthropologie, Geographie, Geschichte, Linguistik, Psychologie, Ökonomie und Soziologie. Ein neues Aufgabengebiet erwuchs der E. im 20. Jh. durch die Transformation vieler Stammeskulturen in moderne Industriegesellschaften, d. h. durch den damit verbundenen sozialen Wandel, wobei sie sich verstärkt an Soziologie und Ökonomie orientierte.

Ethnosoziologie, Zweig der Ethnologie, untersucht die kausalen Beziehungen des sozialen Geschehens in ethn. Gruppen.

Ethnozentrismus [griech.], soziolog., oft gesellschaftskritisch gebrauchter Begriff, der die Tendenz bezeichnet, die Eigengruppe (Volk, Religionsgemeinschaft, Rasse u. a.) anderen gegenüber für überlegen zu halten und zum Maßstab aller Bewertungen zu nehmen.

Ethologie [griech.], svw. ↑Verhaltensforschung.

Ethos [griech. „Gewohnheit, Herkommen, Sitte"], sittl. Grundhaltung und Gesinnung, moral. Gesamthaltung eines einzelnen oder einer Gemeinschaft.

Ethyl-, nach der neueren chem. Nomenklatur fachsprachl. Schreibweise für ↑Äthyl-; entsprechend **Ethylen, Ethylen-** für ↑Äthylen, ↑Äthylen-.

Étienne [frz. eˈtjɛn], frz. Buchdruckerfamilie, ↑Estienne.

Etikett [frz., eigtl. „Markierung an einem Pfahl"], Zettel (auch Stoffstück u. a.) an Waren; die E.aufschrift kann Material bzw. Inhalt, Herkunft, Hersteller, Preis, Pflegekennzeichen u. a. angeben.

Etikette [frz., eigtl. „Zettel mit Hinweisen auf das Zeremoniell" (zu ↑Etikett)], die Gesamtheit der guten und angemessenen gesellschaftl. Umgangsformen und ihrer Regeln.

Etmal [niederdt.], Seemannssprache: die Zeit von Mittag bis Mittag und die in dieser Zeit von einem Schiff zurückgelegte Strecke.

Eton [engl. iːtn], engl. Schulstadt an der Themse, Gft. Berkshire, 3500 E. Das **Eton College,** die berühmteste Schule Englands, wurde von Heinrich VI. 1440/41 gegr.; das Collegegebäude wurde im 15./16. Jh. erbaut.

Etoschapfanne, ausgedehnte, flache Salztonpfanne im nördl. Namibia.

Etoschawildpark, größtes Wildschutzgebiet der Erde, im NW von Namibia, 22 270 km².

Etrich, Ignaz (gen. Igo), * Horní Staré Město (bei Trautenau) 25. Dez. 1879, † Salzburg 4. Febr. 1967, östr. Flugzeugkonstrukteur. – Entwickelte das Gleitflugzeug O. Lilienthals weiter zum Motorflugzeug (E.taube, erster Flug 1909), das ab 1910 von E. Rumpler in Lizenz gebaut wurde (E.-Rumpler-Taube).

Etrurien (lat. Etruria, später Tuscia; heute Toskana), im Altertum nach den Etruskern ben. Landschaft im westl. Italien; im W vom Tyrrhen. Meer, im N von Arno und Apennin, im O und S vom Tiber begrenzt; bed. wegen seiner Fruchtbarkeit und seines Metallreichtums.

E., 1801–07/08 auf dem Gebiet des Großherzogtums Toskana bestehendes, vom Napoleon. Frankreich abhängiges Königreich.

Etrusker (lat. Etrusci, Tusci; etrusk. Rasna), eine nichtindogerman. Bev.schicht Italiens (Herkunft umstritten, Blütezeit 7.–4. Jh.), die als Kernland Etrurien beherrschte. Sie bildeten Stadtstaaten, die bis gegen Ende des 6. Jh. v. Chr. unter Königen, seit dem 5. Jh. unter Oberbeamten standen. Die Stadtstaaten schlossen sich zu einem lockeren Zwölfstädtebund aus Caere (heute Cerveteri), Tarquinii (Tarquinia), Populonia, Rusellae (Roselle), Vetulonia, Volaterrae (Volterra), Arretium (Arezzo), Cortona, Perusia (Perugia), Clusium (Chiusi), Volsinii (Bolsena) und Veji (Ruinen von Veio) zusammen, der seinen kult. Mittelpunkt im Heiligtum des Voltumna (lat. Vertumnus) in Volsinii hatte. Als die E. im 6. Jh. in die Poebene und nach Kampanien ausgriffen, kam es hier zur Konstituierung entsprechender Bünde. Etwa 575–470 hatte das etrusk. Geschlecht der Tarquinier das Königtum in Rom inne und wurde zum Schöpfer des röm. Stadtstaates und der meisten seiner polit. und vieler seiner religiösen Einrichtungen. 424 verdrängten die Samniten die E. aus Capua (Zusammenbruch des kampan. Städtebunds); um 400 fiel der Städtebund des Pogebiets den in Italien eingedrungenen Kelten zum Opfer. Im 4. Jh. führte Roms Aufstieg zum weiteren Niedergang der etrusk. Macht; 264 (Einnahme von Volsinii durch die Römer) wurde die Unterwerfung Etruriens im wesentlichen vollendet.

etruskische Kunst, eine eigenständige, aber deutlich vom Orient und der archaischen griech. Kunst beeinflußte Kunst; folgte in Italien auf die ↑Villanovakultur.

Die e. K. ist aus **Grabanlagen** bekannt. Im 7. Jh. entstanden in S-Etrurien, seit dem 6. Jh. auch in N-Etrurien Tumuli: Kammergräber aus Steinblöcken unter Erdhügeln (Caere [Cerveteri], Vulci, Vetulonia), in jüngerer Zeit Felsgräber (Norchia, San Giuliano, Orvieto). Die Grabkammern waren oft mit reicher Malerei, aus dem Fels geschlagenen Einrichtungsgegenständen und Totenbetten sowie Sarkophagen (mit gelagerten Figuren; seit dem 6. Jh.), ↑Kanopen, Schmuck, Waffen und Gerät als Grabbeigaben ausgestattet. Die **Wandmalerei** gab im 6. und 5. Jh. sehr dekorativ landschaftl. Motive und Szenen aus dem tägl. wie festl. Leben, im 4. und 3. Jh. dagegen Todesdämonen und Unterweltsszenen wieder. Die **Kleinkunst** umfaßt granulierte und ziselierte Goldschmiedearbeiten, Elfenbeinschnitzereien, ziselierte Bronzegeräte (Spiegel, Zisten). Seit dem 6. Jh. dominierte in der **Plastik** die Tonplastik (Terrakotta; Zentren: Caere, Vulci und Veji). Als eines ihrer bedeutendsten Zeugnisse gilt der „Apollo von Veji" (Rom, Museo Nazionale di Villa Giulia). Von den Bronzearbeiten ragen die ↑Kapitolinische Wölfin, „Chimära" aus Arezzo (5./4. Jh.; Florenz, Museo Archeologico) und der „Arringatore" (um 80 v. Chr.; ebd.) hervor. Die etrusk. **Tempel** standen auf hohem steinernen Sockel und waren aus Holz (Säulen, Gebälk) und Lehm errichtet und mit Tonplatten verkleidet. Zu den großartigen **technischen Bauten** der Etrusker gehören die Hafenanlagen (Tagliata Etrusca) bei Ansedonia südlich von Grosseto und die Wasserleitungen.

etruskische Religion, die e. R. war mit oriental. und griech. Elementen durchsetzt. Im Mittelpunkt standen offenbar Vorstellungen, die den Tod des Menschen und das Leben nach dem Tod zum Inhalt hatten. Der religiöse Glaube war polytheistisch. In dem bei Volsinii (Bolsena) gelegenen Zentralheiligtum Etruriens wurde der wahrscheinlich zweigeschlechtl. Voltumna verehrt. Nicht allein röm. Gottheiten sind hinsichtlich ihrer Namen und Qualitäten teilweise von den etrusk. abhängig. Von den Etruskern übernahmen die Römer vielmehr in reicher Fülle auch Kenntnisse der **Weissagung** (Mantik), die die Etrusker v. a. an der Beobachtung des Vogelflugs entwickelt hatten, ferner die Gladiatorenkämpfe, denen Riten des etrusk. Totenopfers zugrunde lagen. Die Hüter etrusk. Geheimwissens waren die als Lukumonen bekannten Priesterfürsten. Die Beziehungen der Menschen zu den Göttern wurden nach bestimmten Gesetzen geregelt und der Wille der Götter nach bestimmten Regeln erforscht, die zusammen die Bez. **Disciplina Etrusca** tragen.

etruskische Schrift, die bei den Etruskern gebräuchl. Alphabetschrift ist abgeleitet aus einem westgriech. Alphabet (Übernahme der Schrift von den Griechen in der 2. Hälfte des 8. Jh. v. Chr.). Im Gebrauchsalphabet, das bis ins 4. Jh. v. Chr. erhebl. lokale Unterschiede zeigt, ist als Charakteristikum am Ende ein Zeichen $8 = f$ (für den im Griechischen fehlenden Laut) angefügt. Die Schriftrichtung ist fast durchgehend linksläufig, nur gelegentlich rechtsläufig oder wechselnd rechts- und linksläufig. Eine Worttrennung kennen die archaischen Inschriften nicht. – Abb. S. 221. – ↑ Schrift (Tafel).

etruskische Sprache, die e. S. ist vermutlich mit keiner Sprache der Erde sicher verwandt und nicht indogermanisch. Sie ist fast ausschließlich auf Inschriften überliefert. Als indirekte Quellen kommen knapp 60 Glossen bei antiken Schriftstellern hinzu. An zweisprachigen Inschriften liegen nur etwa zwei Dutzend kurze lat.-etrusk. Grabinschriften vor, aus denen kaum mehr als einige Verwandtschaftsnamen zu erschließen sind. Nur rd. 50 Wörter sind völlig sicher deutbar; am weitaus besten bekannt ist der Bau des Personennamensystems, das enge Berührung mit

Etruskische Kunst. Grabstele, 2. Hälfte des 5. Jh. v. Chr. (Bologna, Museo Civico Archeologico).

Etruskische Kunst

Links: Sarkophag der Larthia Seianti aus Martinella bei Chiusi, um 200 v. Chr. (Florenz, Museo Archeologico). Rechts: Flötenspieler, Wandmalerei, um 480 v. Chr. (Tarquinia, Grab der Leoparden)

Links: Kriegerkopf aus einer Nekropole bei Orvieto, Stein, Höhe 43 cm, um 525 v. Chr. (Florenz, Museo Archeologico). Mitte: Kopf des Hermes vom Portonaccioheiligtum in Veji, Terrakotta, um 500 v. Chr. (Rom, Villa Giulia). Rechts: einhenkelige Kanne, Mitte des 6. Jh. v. Chr. (Florenz, Museo Archeologico).

Etsch

Ettal. Das 1330 gegründete Benediktinerkloster und die 1370 geweihte Kloster- und Wallfahrtskirche Sankt Marien, ab 1710 von Enrico Zuccalli und Joseph Schmuzer barock umgebaut

dem röm. aufweist. – Die Sprache, die der e. S. strukturell näherzustehen scheint, ist die der ↑Stele von Lemnos.

Etsch (italien. Adige), zweitgrößter Fluß Italiens, entspringt am Reschenpaß (Ostalpen), tritt nach der Veroneser Klause in die Poebene ein, mit dem Po durch Kanäle verbunden; mündet am N-Rand des Podeltas in das Adriat. Meer; 410 km lang. Ihr Tal ist als Verkehrsweg für Straße und Schiene zum Brenner- und Reschenpaß von großer Bed.; zahlr. Kraftwerke.

Etschmiadsin, armen. Stadt 15 km westl. von Jerewan, 53 000 E. Sitz des Katholikos der armen. Kirche; Kunststoffwerk, Weinkellerei. – Im 2. Jh. v. Chr. gegr., als **Wagarschapat** später Hauptstadt Armeniens. Das 303 errichtete Kloster ist seit 1441 Sitz des Katholikos der armen. Kirche. – Kathedrale (1. Bau aus dem 4. Jh.; 495/496 neu erbaut, im 7. Jh. wiederhergestellt mit Glockenturm [17. Jh.] und Fresken [1720]).

Ett, Caspar, *Eresing (bei Landsberg a. Lech) 5. Jan. 1788, †München 16. Mai 1847, dt. Komponist. – Bed. für die Erneuerung der kath. Kirchenmusik im Sinne der klass. Vokalpolyphonie des 16./17. Jh.

Ettal, Gemeinde in Bayern, im Ammergebirge, 878 m ü. d. M., 911 E. – 1330 gegr. Benediktinerkloster, Kloster- und Wallfahrtskirche Sankt Marien (1370 geweiht, ab 1710 von E. Zucalli und J. Schmuzer barock umgebaut; nach einem Brand 1744 mit einem Kuppelgewölbe versehen; Stukkaturen von J. B. Zimmermann). – Schloß **Linderhof**, 1874–78 im frz. Rokokostil von G. von Dollmann für König Ludwig II. von Bayern errichtet.

Etter, Philipp, *Menzingen (Kt. Zug) 21. Dez. 1891, †Bern 23. Dez. 1977, schweizer. Politiker. – Mgl. der Konservativ-christlichsozialen Volkspartei; 1934–59 Bundesrat (Chef des Departements des Innern); 1939, 1942, 1947 und 1953 Bundespräsident. Förderte die Stiftung „Pro Helvetia".

Ettlingen, Krst. in Bad.-Württ., am Austritt der Alb in die Rheinebene, 136 m ü. d. M., 37 200 E. Heimatmuseum; Papier-, Textil-, Pharma-, Nahrungsmittelind. – Seit der Römerzeit besiedelt; um 1227 Stadtrecht, 1234 an Baden. – Kath. Pfarrkirche Sankt Martin (12.–15. Jh.); Barockschloß (1725–33), Rathaus (1737/38). Das Bildungszentrum mit der Albgauhalle wurde 1975–82 errichtet.

Etüde [lat.-frz., eigtl. „Studium"], in der Musik ein Instrumentalstück zum Studium bestimmter spieltechn. oder Vortragsprobleme; daneben entwickelte sich die virtuose **Konzertetüde** für Klavier und Violine.

Etui [ɛt'vi:; frz.], Futteral, Hülle, flacher Behälter.

Etymologie [zu griech. étymos „wahr"], Forschungsrichtung der Sprachwiss., die sich mit dem Ursprung und der Geschichte der Wörter befaßt. In der Antike verstand man unter E. die Lehre von der durch die Natur den Dingen beigelegten, wahren Bedeutung der Worte, und noch in spätantiker Zeit wurden Sammlungen entsprechender etymolog. Interpretationen einzelner Wörter angelegt. Das bed. etymolog. Werk des MA ist Isidor von Sevillas „Etymologia".

Mit der Entwicklung der historisch-vergleichenden Sprachwiss. im 18./19. Jh. gewann die E. eine wiss. Grundlage, auf der sie sich – unter Bezugnahme auf Herkunft und sprachl. Verwandtschaft – zunehmend den hist. Bedeutungsveränderungen von Wörtern widmet und Volkskunde, Kultur- und Geistesgesch. berücksichtigt.

etymologische Schreibung ↑Rechtschreibung.
etymologisches Wörterbuch ↑Wörterbuch.

Etzel, mittelhochdt. Form des Namens des Hunnenkönigs ↑Attila; edler, ritterl. Heidenkönig der mittelhochdt. Heldenepik (im „Nibelungenlied" als Gemahl Kriemhilds); in der altnord. Literatur Atli.

Etzel, Karl von (seit 1853), *Heilbronn 6. Jan. 1812, †Kemmelbach (Niederösterreich) 2. Mai 1865, dt. Eisenbahningenieur. – E. entwarf ein Eisenbahnnetz für Württemberg; 1852 übernahm er die Bauleitung der schweizer. Zentralbahn. Sein größtes Projekt, der Bau der Brennerbahn, wurde erst nach seinem Tod vollendet (1864–67).

Etzlaub, Erhard, *um 1462, †1532, dt. Kartograph. – Stellte u. a. eine Umgebungskarte von Nürnberg und eine Landstraßenkarte von Mitteleuropa für Rompilger her.

Eu, chem. Symbol für ↑Europium.

eu..., Eu... [griech.], Vorsilbe mit der Bed. „gut, schön".

Eubakterie, normale Zusammensetzung der Bakterien auf der Haut und in den Organen des Menschen (z. B. Verdauungskanal, Luftwege).

Eubiotik [griech.], Lehre vom geistig, körperlich und sozial gesunden Leben.

Euböa, mit 3 655 km² zweitgrößte griech. Insel, parallel der O-Küste M-Griechenlands, von der sie durch den **Golf von Euböa** (eine Brücke und Fähren) getrennt ist; 186 000 E; bis 1 743 m hoch. Der gebirgige Kern geht in Hügelland über, dem Schwemmlandebenen vorgelagert sind. Anbau von Wein, Oliven, Getreide, Zitrusfrüchten, Kartoffeln, Hülsenfrüchten, Melonen. Abgebaut werden Braunkohle, Magnesit, Blei- und Eisenerze und Marmor.

Geschichte: Von Ioniern bewohnt. Im Lelant. Krieg (etwa 700–650 v. Chr.) gelang es Chalkis (neben Eretria bedeutendste Stadt), die Hegemonie auf E. zu erringen. Seit dem 5. Jh. v. Chr. stand E. meist unter Fremdherrschaft (u. a. athen., makedon., röm., byzant.). 1204 an latein. Feudalherren, als **Negroponte** 1366 an Venedig; 1470 von den Osmanen erobert, im griech. Freiheitskampf bis 1830 heftig umkämpft.

Euböischer Bund, Vereinigung der Städte Euböas um 411 v. Chr., 341 durch Athen, 196 durch Rom neu gegr.; 146 v. Chr. aufgelöst.

Eucalyptol [griech./lat.] (Eukalyptol, Cineol), ein intramolekularer Äther; stark antiseptisch wirkend, wird in der Medizin bei Entzündungen und Katarrhen der oberen Luftwege inhaliert (schleimlösend).

Eucharistie [ɔyça...; griech.-lat.], seit Ausgang des 1. Jh. Begriff für das christl. ↑Abendmahl, in der frühen christl. Kirche zunächst Bez. für das Dankgebet, das bei der Abendmahlsfeier vor der Weihe (Konsekration) von Brot und Wein gesprochen wurde.

Eucharistischer Kongreß [ɔyça...], kath. internat. Tagung zur Feier und Verehrung der Eucharistie in Verbindung mit Konferenzen und Seminaren. Der erste E. K. fand 1881 in Lille statt.

Euchologion [griech. „Buch der Gebete"], liturg. Buch der orth. Kirchen; sein Inhalt entspricht dem lat. Missale, Rituale und Pontificale.

Euchromatin, diejenigen Chromosomenabschnitte, die sich (im Ggs. zum sog. *Heterochromatin*) im Interphasenkern nur sehr schwach, während der Zellteilung (Ruhekern) jedoch gut anfärben lassen.

Eucken, Rudolf, *Aurich (Ostfriesland) 5. Jan. 1846, †Jena 14. Sept. 1926, dt. Philosoph. – 1871 Prof. in Basel

Eugen,
Prinz von
Savoyen-Carignan
(Gemäldeausschnitt)

Eugénie,
Kaiserin der Franzosen
(Stich nach einem
Gemälde von Franz
Xaver Winterhalter,
um 1860)

1874 in Jena; 1908 Nobelpreis für Literatur. E. war Vertreter einer sozialethisch orientierten neuidealist. Philosophie des „schöpfer. Aktivismus". – *Werke:* Geschichte und Kritik der Grundbegriffe der Gegenwart (1878; ab 3. Auflage u. d. T. Geistige Strömungen der Gegenwart), Die Einheit des Geisteslebens in Bewußtsein und Tat der Menschheit (1888), Grundlinien einer neuen Lebensanschauung (1907), Mensch und Welt (1918), Lebenserinnerungen (1921).

E., Walter, *Jena 17. Jan. 1891, †London 20. März 1950, dt. Nationalökonom. – Sohn von Rudolf E.; verfocht die Idee der Marktwirtschaft, deren Funktionsfähigkeit allerdings durch ordnungspolit. Maßnahmen gewährleistet werden müsse. Er begründete die neoliberale ↑Freiburger Schule.

Eudämonie [zu griech. eudaimonía „Glückseligkeit"], philosoph. Begriff für Glück als Zustand sowie als oberste Norm und Ziel menschl. Handelns.

Eudämonismus [griech.], philosoph. Lehre und Form einer Ethik des Glücks, nach der das höchste Gut in der Erreichung des privaten Glücks des einzelnen besteht. – Unterschieden werden können *hedonist.* E. (Glück in der Lust), *aretolog.* E. (in der Tugend), *ontolog.* E. (in der Aufhebung menschl. Unvollkommenheit), *voluntarist.* E. (in der Erfüllung menschl. Willens).

Eudemos von Rhodos, griech. Philosoph des 4. Jh. v. Chr. – Schüler des Aristoteles, dessen Lehren er systematisierte.

Eudokia ↑Athenais.

Eudoxia (Aelia E., Eudokia), †6. Okt. 404 n. Chr., oström. Kaiserin. – Tochter des Franken Bauto; seit 395 Gattin des Kaisers Arcadius; Mutter Theodosius' II.; nahm nachhaltigen Einfluß auf die Politik des Reiches.

Eudoxos von Knidos, *Knidos 408(?), †Athen 355(?), griech. Mathematiker, Naturforscher und Philosoph. – Zu seinen größten Leistungen gehört die Schaffung einer Proportionen- und Ähnlichkeitslehre sowie seine Lehre von den Kegelschnitten. Sein System der ↑homozentrischen Sphären beherrschte die kosmolog. Vorstellungen bis 16. Jh.; beschrieb die drei „Erdteile" Europa, Asien, Afrika. Von E. stammen auch empir. Argumente für die Kugelgestalt der Erde.

Euklid.
Relief von Andrea Pisano am Kampanile des Florentiner Doms, um 1340 (Original im Dommuseum)

Eugen, Name von Päpsten:
E. II., †Rom 27. (?) Aug. 827, Papst (seit 5. [?] Juni 824). – Ging 824 mit Lothar I. die „Constitutio Romana" ein und erkannte damit die fränk. Schutzherrschaft über Rom an, die jeden neugewählten Papst zum Treueid auf den Kaiser verpflichtete.
E. IV., *Venedig um 1383, †Rom 23. Febr. 1447, vorher Gabriele Condulmer, Papst (seit 3. März 1431). – Das von ihm eröffnete Basler Konzil (1431) mußte er nach gescheitertem Auflösungsversuch anerkennen; gegen den Willen der Mehrheit verlegte er es 1438 nach Ferrara, 1439 nach Florenz (Union mit den Griechen). Die Basler Restsynode erhob Felix V. als Gegenpapst.

Eugen, Prinz von Savoyen-Carignan, *Paris 18. Okt. 1663, †Wien 21. April 1736, östr. Feldherr und Staatsmann. – Als Sohn eines frz. Prinzen von Geblüt für die geistl. Laufbahn bestimmt, floh E. 1683 nach Wien. Im kaiserl. Heer nahm er am Großen Türkenkrieg (1683–99; seit 1697 als Oberbefehlshaber) teil; erfolgreiche Beteiligung an der Schlacht am Kahlenberg (1683), der Einnahme Budas (= Budapest; 1686) und der Schlacht bei Zenta (= Senta; 1697). Weitere Erfolge im Span. Erbfolgekrieg (1701 bis 1713/14; z. T. mit dem Hzg. von Marlborough). Seit 1707 Reichsfeldmarschall, kaiserl. Bevollmächtigter bei den Friedensverhandlungen. Den Türkenkrieg von 1714/1716–18 entschied er mit der Einnahme Belgrads. Er gilt als fähigster Feldherr seiner Zeit, als weitschauender Politiker war er der Idee der Staatsräson verpflichtet und förderte auch Wiss. und Kunst (Schloß Belvedere, Wien).

Eugénie [frz. øʒeˈni], *Granada 5. Mai 1826, †Madrid 11. Juli 1920, Kaiserin der Franzosen. – Tochter des Grafen von Montijo; seit 1853 ⚭ mit Napoleon III., spielte eine glanzvolle und v. a. in der 2. Hälfte seiner Herrschaft politisch bedeutsame Rolle; 1870 (wie 1859 und 1865) Regentin, mußte nach der militär. Niederlage und der Proklamation der Dritten Republik aus Paris fliehen.

Eugenik [griech.] (Erbhygiene, Erbgesundheitslehre), Teilgebiet der Humangenetik; Ziel ist es, einerseits die Ausbreitung von Genen mit ungünstigen Wirkungen in menschl. Populationen möglichst einzuschränken (*negative* oder *präventive* E.), andererseits erwünschte Genkonstellationen zu erhalten oder zu vermehren (*positive* E.). Das nationalsozialist. Regime hatte unter Berufung auf angeblich genet. Erkenntnisse eine polit. Irrlehre über die E. verbreitet und eine willkürl. Selektion betrieben.

eugenische Indikation ↑Schwangerschaftsabbruch.

Euglena [griech.] (Schönauge), Gatt. mikroskopisch kleiner, freischwimmender, einzelliger Geißelalgen (↑Flagellaten) mit etwa 150 Arten, v. a. in nährstoffreichen Süßgewässern.

Euhemerismus, nach Euhemeros von Messene ben. religionskrit. Theorie zur Entstehung des Mythos, der zufolge die myth. Inhalte urspr. histor. Geschehen gewesen seien und später in den Rang des Mythos erhoben wurden.

Euhemeros, *um 340, †um 260, griech. Philosoph und Schriftsteller aus Messene. – Verfaßte um 300 die nur fragmentar. erhaltene „Heilige Aufzeichnung", eine Art utop. Reiseroman. E. berichtet darin, daß auf Inschriften die ehemalige ird. Existenz von Göttern bewiesen sei, insofern sie als Könige der Vorzeit gepriesen werden.

Eukalyptus [griech. „der Wohlverhüllte" (nach dem haubenartig geschlossenen Blütenkelch)], (Eucalyptus), Gatt. der Myrtengewächse mit etwa 600 Arten, v. a. in Australien und Tasmanien; bis 150 m hohe, immergrüne Bäume und Sträucher mit einfachen, ganzrandigen Blättern. Die vier Blumenkronblätter der achselständigen Blüten sind zu einer deckelartigen, zur Blütezeit abfallenden Mütze verwachsen. Die Frucht ist eine holzige Kapsel. Die Rinde, das Harz und die Blätter mancher Arten werden wirtsch. genutzt.
▷ ↑Hölzer (Übersicht).

Eukalyptusöl, aus Blättern und Holz einiger Eukalyptusarten gewonnenes äther. Öl; Mittel zum Inhalieren und Einreiben bei Krankheiten der Atmungsorgane.

Eukaryonten (Eukaryoten) [griech.], zusammenfassende Bez. für alle Organismen, deren Zellen durch einen Zellkern charakterisiert sind. – Ggs. ↑Prokaryonten.

Euklid, *um 365, †um 300, griech. Mathematiker. – Sein Handbuch „Elemente" war über 2000 Jahre lang Grundlage der Geometrie und gehörte zu den am weitesten verbreiteten Büchern. Das darin enthaltene Axiomensystem erwies sich als in sich geschlossen; erst die vergebl. Versuche, das ↑Parallelenaxiom zu beweisen, führten im 19. Jh. zum Aufstellen nichteuklid. Geometrien. Weitere Werke E. befassen sich mit geometr. Optik, Kegelschnitten, Musiktheorie und astronom. Problemen.

Euklidischer Lehrsatz (Kathetensatz), Satz über das rechtwinklige Dreieck: Das Quadrat über einer Kathete (a) ist flächengleich dem Rechteck aus der Hypotenuse (c) und der Projektion der Kathete auf die Hypotenuse (p).

euklidischer Raum ↑Raum.

Rudolf Eucken

Eukalyptus.
Zweig mit Blütenknospen

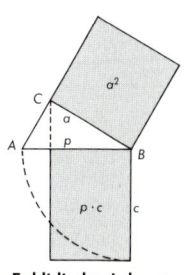

Euklidischer Lehrsatz
($a^2 = p \cdot c$)

Eukrasie

Eukrasie [griech.], in der Humoralpathologie Bez. für die ausgewogene Mischung der Körpersäfte; Ggs. ↑ Dyskrasie.

Eulaliasequenz, ältestes erhaltenes frz. Gedicht, vermutlich um 880: behandelt den Märtyrertod der hl. Eulalia zur Zeit des röm. Kaisers Maximian.

Eulen ↑ Eulenvögel.

▷ svw. ↑ Eulenfalter.

Eulenburg, dt. Uradelsgeschlecht, erstmals 1170 erwähnt: 1709 in den preuß. Freiherrenstand, 1786 in den preuß. Grafenstand erhoben; spaltete sich in die Zweige Gallingen, Wicken und Prassen; der Zweig Prassen-Liebenberg wurde 1900 gefürstet.

E., Botho Graf zu, *Wicken bei Bartenstein (Ostpr.) 31. Juli 1831, †Berlin 5. Nov. 1912, preuß. Politiker. – Vetter von Philipp Fürst zu E. und Hertefeld; 1878–81 preuß. Innenmin., 1892–94 preuß. Min.präs. und Innenminister.

E., Friedrich Albrecht Graf zu, *Königsberg (Pr) 29. Juni 1815, †Berlin 2. April 1881, preuß. Politiker. – Onkel von Botho Graf zu E. und Philipp Fürst zu E. und Hertefeld; 1862–78 preuß. Innenmin., unterstützte Bismarck im preuß. Verfassungskonflikt und in der Reformpolitik.

E., Philipp Fürst (seit 1900) zu E. und Hertefeld, Graf von Sandels, *Königsberg (Pr) 12. Febr. 1847, †Schloß Liebenberg bei Templin 17. Sept. 1921, dt. Politiker und Diplomat. – Politisch einflußreich als Vertrauter Wilhelms II. (seit 1886); nach 1903 Zentralfigur der durch Polemiken M. Hardens (Vorwürfe: Homosexualität und Meineid) ausgelösten E.-Affäre.

Philipp Fürst zu Eulenburg und Hertefeld

Eulenfalter (Eulen, Noctuidae), mit über 25 000 Arten umfangreichste, weltweit verbreitete Fam. 0,5–32 cm spannender Schmetterlinge; meist dicht behaart und unscheinbar dunkel gefärbt; Vorderflügel mit einem einheitl. Zeichnungsmuster („Eulenzeichnung") mit zwei Querbinden und drei hellen, ringförmigen Zeichnungen; Nachtfalter. – Die meist nackten Raupen sind in Land- und Forstwirtschaft gefürchtete Schädlinge (z. B. die der Saateule, Kiefernsaateule, Hausmutter, Gammaeule). – Die Gatt. **Ordensbänder** (Catocala) kommt mit sieben Arten in Deutschland vor; Vorderflügel rindenfarbig, bedecken in Ruhestellung (an Baumstämmen) die leuchtend roten, gelben, blauen oder weißen, schwarz gebänderten Hinterflügel; u. a. **Rotes Ordensband** (Bachweideneule, Catocala nupta), Flügelspannweite etwa 6 cm, mit roten, breit schwarz gesäumten Hinterflügeln mit schwarzer Mittelbinde. – Alljährlich wandert über die Alpen nach M-Europa die **Ypsiloneule** (Agrotis ypsilon) ein; knapp 4 cm spannend, Vorderflügel braun, mit dunkler Y-förmiger Zeichnung, Hinterflügel weißlich.

Eulengebirge, Gebirge der Mittelsudeten, zw. Waldenburger Bergland und Reichensteiner Gebirge, Polen; etwa 40 km lang; in der Hohen Eule 1 015 m hoch.

Eulen nach Athen tragen, sprichwörtlich für: etwas Überflüssiges tun. Die Herkunft wird unterschiedlich gedeutet.

Eulenspiegel, Till oder Tile (niederdt. Ulenspegel, vermutlich von ülen „fegen" und weidmänn. Spiegel „Hinterteil"), Schalk aus Norddeutschland; Held eines Schwankromans. Histor. Zeugnisse fehlen, doch dürfte E. in Kneitlingen bei Braunschweig geboren und 1350 in Mölln gestorben und dort begraben worden sein (seinen Tod verzeichnet gegen Ende des 15. Jh. H. Bote in einer Weltchronik). Die erste Fassung des **Eulenspiegelbuches** ist verloren, die erste hochdt. (Straßburg 1515) erhalten: E. erscheint als bäuerl. Schelm, dessen Streiche die städt. Bürger, aber auch weltl. und geistl. Herren treffen. Ausstrahlung auf fast alle europ. Literaturen; Bearbeitungen u. a. von H. Sachs, J. Nestroy, C. de Coster, F. Wedekind und G. Hauptmann; sinfon. Dichtung von R. Strauss.

Eulenvögel (Strigiformes), mit etwa 140 Arten weltweit verbreitete Ordnung 15–80 cm langer, meist in der Dämmerung oder nachts jagender Vögel; mit großem, oft um 180° drehbarem Kopf, nach vorn gerichteten, unbewegl. Augen und deutlich abgesetztem Gesichtsfeld; Augen von einem Federkranz umsäumt (Gesichtsschleier); Gefieder weich, Flug geräuschlos, sehr gutes Gehör; Hakenschnabel, Greiffüße. – Unverdaul. Beutereste werden als *Gewölle* ausgewürgt. Man unterscheidet die beiden Fam. **Schleiereulen** (Tytonidae) und **Eulen** (Echte Eulen, Strigidae). Von den zehn Arten der Schleiereulen kommt in M-Europa nur die etwa 35 cm lange (bis knapp 1 m spannende) **Schleiereule** (Tyto alba) vor; oberseits bräunlich, unterseits bräunlichgelb oder weiß. – Die wichtigste einheim. Art der zehn Arten umfassenden Gatt. Bubo (Uhus) ist der **Eurasiatische Uhu** (Bubo bubo); etwa 70 cm lang, mit gelbbraunem, dunkelbraun längsgeflecktem oder gestricheltem Gefieder, langen Ohrfedern am dicken, runden Kopf und großen, orangeroten Augen. In Wäldern Europas, NW-Afrikas sowie der gemäßigten Regionen Asiens und N-Amerikas kommt die etwa 35 cm lange **Waldohreule** (Asio otus) vor; mit langen, spitzen Ohrfedern und orangefarbenen Augen. Die etwa starengroße **Zwergohreule** (Otus scops) lebt im südl. M-Europa, S-Europa, Afrika und in den gemäßigten Regionen Asiens vor; mit dunklen Längsflecken auf der bräunlich-grauen Ober- und hellbräunl. Unterseite. V. a. an Sümpfen und Mooren der nördl. und gemäßigten Regionen Eurasiens, N- und S-Amerikas lebt die etwa 40 cm lange, ober- und unterseits dunkel längsgestrichelte bis gestreifte **Sumpfohreule** (Asio flammeus). Etwa uhugroß und überwiegend schneeweiß ist die **Schnee-Eule** (Nyctea scandiaca), die v. a. in den Tundren N-Eurasiens und nördl. N-Amerika lebt. – Keine Ohrfedern haben: **Sperlingskauz** (Glaucidium passerinum), etwa 16 cm lang, oberseits auf braunem Grund hell getupft, unterseits weißlich, in N-, M- und S-Europa sowie der nördl. gemäßigten Regionen Asiens; **Habichtskauz** (Uralkauz, Strix uralensis), etwa 60 cm lang, Gefieder oberseits grau, unterseits weißlich mit dunklen Längsflecken, im gemäßigten N-Eurasien; **Rauhfußkauz** (Aegolius funereus),

Eulenvögel. Rauhfußkauz

etwa 25 cm lang, unterscheidet sich vom Steinkauz durch großen, weißen Schleier und dicht weißbefiederte Beine, in den nördl. und gemäßigten Regionen Eurasiens und N-Amerikas; **Steinkauz** (Athene nocuta), kaum amselgroß, in felsigen Gegenden N-Afrikas, Europas und der gemäßigten Regionen Asiens; **Waldkauz** (Strix aluco), etwa 40 cm lang, auf gelbbraunem bis grauem Grund dunkel längsgestreift oder gefleckt, Kopf auffallend groß und rund, in Europa, S-Asien und NW-Afrika. – Alle Eulen stehen unter Naturschutz.

Geschichte: Seit alters galt die Eule als Symbol der Wiss. und Weisheit (hl. Tier der Athena), doch werden Eulen und der Eulenruf auch in Zusammenhang mit Tod und Unglück gebracht.

Euler, August, *Oelde 20. Nov. 1868, †Feldberg (Schwarzwald) 1. Juli 1957, dt. Flugpionier. – Begründer einer Flugzeugfabrik in Frankfurt am Main; erwarb 1909 den

Till Eulenspiegel. Denkmal vor dem Geburtshaus in Kneitlingen, 1950

ersten dt. Flugzeugführerschein; 1918 Leiter des neugegr. Reichsluftamtes.

E., Leonhard, * Basel 15. April 1707, † Petersburg 18. Sept. 1783, schweizer. Mathematiker. – Wirkte an den Akademien in Berlin und Petersburg; er hinterließ fast 900 Arbeiten zur Mathematik, Astronomie und Physik. E. baute die analyt. Methode aus und wandte sie nicht nur auf die Geometrie, sondern auch auf mechan. Probleme an. Er war einer der Begründer der Hydrodynamik bzw. der Strömungslehre und stellte die nach ihm ben. Gleichungen für die Kreiselbewegung auf. E. formulierte als erster exakt das Prinzip der kleinsten Wirkung, begründete die mathemat. Teilgebiete der Variationsrechnung und lieferte bedeutende Beiträge zur Zahlentheorie, Geometrie, Reihenlehre und zur Theorie der Differentialgleichungen.

Euler, Sprung beim Eiskunstlauf, ↑ Thorén.

Euler-Chelpin [ˈkɛlpiːn], Hans von, * Augsburg 15. Febr. 1873, † Stockholm 6. Nov. 1964, schwed. Chemiker dt. Herkunft. – Prof. in Stockholm; untersuchte v. a. Struktur und Wirkungsweise der Enzyme, bes. der Koenzyme (u. a. 1935 Isolierung und Aufklärung der Struktur von NAD); erhielt 1929 mit A. Harden den Nobelpreis für Chemie.

E.-C., Ulf Svante von, * Stockholm 7. Febr. 1905, † ebd. 10. März 1983, schwed. Physiologe. – Sohn von Hans von E.-C.; entdeckte u. a. die Prostaglandine und deren Fettsäurecharakter, ferner die Funktion des Noradrenalins als Informationsübermittler im Nervensystem, wofür er 1970 (mit B. Katz und J. Axelrod) den Nobelpreis für Physiologie oder Medizin erhielt.

Eulersche Formel [nach L. Euler], Zusammenhang zw. der komplexen Exponentialfunktion und trigonometr. Funktionen; $e^{ix} = \cos x + i \cdot \sin x$; wird z. B. in der Theorie der Wechselströme angewendet.

Eulersche Gerade [nach L. Euler] ↑ Dreieck.

Eulerscher Polyedersatz [nach L. Euler], geometr. Lehrsatz: Für ein konvexes Polyeder mit e Ecken, k Kanten und f Flächen gilt die Beziehung $e - k + f = 2$.

Eumenes, Name hellenist. Herrscher von Pergamon aus der Dynastie der Attaliden; bed.:

E. II. Soter, * vor 221, † 159, König (seit 197). – Sohn Attalos' I.; Verbündeter Roms; Pergamon wurde unter ihm zum Kulturmittelpunkt der hellenist. Welt (u. a. Bau des Pergamonaltars).

Eumenes von Kardia, * um 362, † in der Gabiene (Persien) 316 (hingerichtet), Kanzler Alexanders d. Gr., Feldherr und Diadoche. – Übernahm nach Alexanders Tod Kappadokien, trat für die Erhaltung der Reichseinheit in den Diadochenkämpfen ein.

Eumeniden [griech. Eumenídes „die Wohlwollenden, Gnädiggesinnten"], euphemist. Name der ↑ Erinnyen.

Eunomia [griech. „Wohlgesetzlichkeit"], in der griech. Antike als Göttin personifizierte Vorstellung von einer gerechten staatl. Ordnung mit Friede und Wohlstand.

Eunuch [zu griech. eunûchos „Kämmerer", eigtl. „Betthüter"], der durch Kastration zeugungsunfähig gemachte Mann; Kastrat. Im Altertum wurden Sklaven für bestimmte Aufgaben kastriert, z. B. als Sängerknaben und als Haremswächter; einige gelangten zu polit. Einfluß (etwa in China und im Byzantin. Reich).

Eunuchismus [griech.] ↑ Kastration.

Eupatoria ↑ Jewpatorija.

Eupatriden [griech.], oberster Stand der drei angeblich von Theseus geschaffenen att. Stände, d. h. für den auf Macht und Ansehen beruhenden grundbesitzenden Geburtsadel.

Eupen, belg. Gemeinde östlich von Lüttich, 17 100 E. Woll-, Röhren-, Elektroind., Brauerei, Großmolkerei. – 1808 Stadtrecht, 1814 preußisch; 1919 kam es zus. mit Malmedy an Belgien.

Eupen-Malmedy [...di], belg. Grenzgebiet zw. der niederl. S-Grenze (westlich von Aachen), der luxemburg. N-Grenze und der dt. Grenze im O, Teil der Prov. Lüttich (Kantone Eupen, Malmedy und Saint-Vith, sog. Ostkantone); rd. 1 036 km²; gehörte seit dem Wiener Kongreß zu Preußen; auf Grund einer 1920 unter dem Druck der belg. Besatzungsmacht durchgeführten öffentl. „consultation" („Meinungsäußerung"), die eine probelg. Majorität der überwiegend deutschsprachigen Bev. brachte, bestätigte der Völkerbund die Abtretung durch den Versailler Vertrag; 1925 zur Prov. Lüttich; 1940–45 durch das Dt. Reich annektiert; endgültige Grenzziehung 1956 durch ein Abkommen zw. der BR Deutschland und Belgien.

Euphemismus [zu griech. euphēmeĩn „(Unangenehmes) mit angenehmen Worten sagen"] (Hüllwort), beschönigende Umschreibung von Unangenehmem, Anstößigem, von Tabus, z. B. „geistige Umnachtung" für „Wahnsinn".

Euphonie [griech.], Wohlklang, Wohllaut, Harmonie der Töne oder Worte. – Ggs. ↑ Kakophonie.

Euphorbia [griech.-lat.], svw. ↑ Wolfsmilch.

Euphorie [zu griech. eúphoros „leicht tragend", „geduldig"], heitere Gemütsverfassung, Hochstimmung; z. B. als situative Veränderung des Affektes ohne krankhafte Bedeutung, aber auch nach Einnahme von Genußmitteln (z. B. Kaffee, Alkohol) und bes. von Rauschgiften und bestimmten Medikamenten sowie bei Hirnerkrankungen.

Euphorion, Gestalt der griech. Mythologie; Sohn des Achilleus und der Helena. Der geflügelte Knabe weist die Liebe des Zeus zurück, der ihn mit einem Blitz erschlägt.

euphotisch [griech.] (polyphotisch), der vollen Sonnenenergie ausgesetzt und damit optimale Bedingungen für eine reichl. Entfaltung des Phytoplanktons bietend; auf die obersten Wasserschichten der Süß- und Meeresgewässer bezogen. – Ggs. ↑ aphotisch.

Euphranor, griech. Maler und Bildhauer vom Isthmus von Korinth in der 1. Hälfte des 4. Jh. v. Chr. – Erhalten ist das Fragment eines überlebensgroßen marmornen Kultbilds des Apollon Patroos (Athen, Agoramuseum).

Euphrasia [griech.], svw. ↑ Augentrost.

Euphrat, größter Strom Vorderasiens, entsteht aus den Quellflüssen *Karasu* (Westl. E.) und *Murat* (Östl. E.) im Hochland O-Anatoliens, Türkei, durchbricht den Ostaurus, umschließt mit dem Tigris Mesopotamien, vereinigt sich mit diesem bei Al Kurna, Irak, zum Schatt Al Arab, der in den Pers. Golf mündet; mit dem Murat rd. 3 380 km lang. Zur Bewässerung und Energiegewinnung wurden Staudämme in der Türkei bei Keban (seit 1974, Kraftwerksleistung: 1 240 MW), Karakaya (seit 1987; 1 800 MW) sowie bei Urfa (Atatürkstaudamm [1983–90 gebaut] 2 400 MW), in Syrien bei Madinat At Tawra (seit 1978; 800 MW; Assadstausee: 630 km²), in Irak bei Haditha (seit 1986; 600 MW) sowie umfangreiche Wasserregulierungsanlagen im irak. Tiefland errichtet. Seit 1988 ist der Tharthatkanal zw. E. und Tigris fertiggestellt.

Euphronios, att. Töpfer und Vasenmaler Ende des 6. Jh. v. Chr. – Einer der Hauptmeister der frührotfigurigen att. Vasenmalerei; u. a. Kelchkrater mit der Darstellung von He-

Leonhard Euler

Hans von Euler-Chelpin

Ulf Svante von Euler-Chelpin

Euphronios. Kelchkrater mit der Darstellung von Herakles und Antaios, zwischen 510 und 505 v. Chr. (Paris, Louvre)

Euphrosyne

rakles und Antaios (zw. 510 und 505 v. Chr.; Paris, Louvre).

Euphrosyne, eine der ↑ Chariten.

Euphuismus, engl. literar. Ausprägung des Manierismus; namengebend der Roman „Euphues" (1578–80) von J. Lyly. Kennzeichnend sind u. a. reichgegliederte Sätze.

Eupnoe [griech.], regelmäßige, ruhige Atmung; Ggs.: Dyspnoe (↑ Atemnot).

Eupolis, * Athen 446, † nach 412, griech. Komödiendichter. – Freund, später Rivale des Aristophanes; Vertreter der alten att. Komödie; hochpolit. Tendenz.

Eupraxia [ɔypraˈksi:a, ɔyˈpraksia], Adelheid (fälschl. Praxedis), * um 1070, † Kiew 10. Juli 1109, röm.-dt. Kaiserin. – In 2. Ehe seit 1089 ⚭ mit Kaiser Heinrich IV.; stellte sich 1094 auf die Seite seiner Gegner.

Eurasien, zusammenfassende Bez. für Europa und Asien.

Eurasier, Mensch, dessen einer Elternteil Europäer, der andere Asiate ist.

Eurasier (Wolf-Chow), spitzartige Hunderasse mit kräftigem Körperbau, keilförmigem Wolfsschädel, kleinen Stehohren und buschiger Ringelrute; Schulterhöhe bis 60 cm; Fell mittellang, dicht.

Eurasischer Braunbär (Ursus arctos arctos), mit 1,7–2,2 m Körperlänge kleinste Unterart des Braunbären in Eurasien.

EURATOM, Kurzbez. für: **Eur**op. **Atom**-gemeinschaft, vertragl. Zusammenschluß der EG-Mitgliedsländer zum Zweck der friedl. Nutzung der Kernenergie und der Bildung und Entwicklung von Kernindustrien vom 25. März 1957, Sitz Brüssel. Gründungsstaaten waren Frankreich, Italien, die Benelux-Länder und die BR Deutschland; am 1. Jan. 1973 traten Dänemark, Großbritannien und Irland bei. Der Vertrag trat zus. mit dem über die Europ. Wirtschaftsgemeinschaft am 1. Jan. 1958 in Kraft. Eine unter der Aufsicht der EG-Kommission stehende Euratom-Versorgungsagentur hat die ausschließl. Befugnis zur Einfuhr von Erzen und Ausgangsstoffen, die zur Herstellung von Kernbrennstoffen dienen.

Eure [frz. œːr], Dep. in Frankreich.

E., linker Nebenfluß der Seine, entspringt bei Marchainville, mündet bei Pont-de-l'Arche, 225 km lang.

Eureca, Abk. für engl.: **Eu**ropean **re**trievable **ca**rrier, wiederverwendbarer, unbemannter Raumtransporter der ESA; 1992 in Umlaufbahn gebracht; gedacht als Nachfolger des europ. Raumlabors Spacelab.

Eure-et-Loir [frz. œrəˈlwaːr], Dep. in Frankreich.

Euregio (Abk. für: **Eur**opäische **Regio**n), Gebiet zw. Rhein, Ems, IJssel und Vechte, in dem seit 1965 Gemeinden und Städte über die Grenzen hinweg auf wirtsch., sozialem und kulturellem Gebiet zusammenarbeiten. Im April 1978 trat in Gronau als erste parlamentar. Versammlung dieser Art in Europa der **Euregio-Rat,** das erste gemeinsame dt.-niederl. Regionalparlament mit je 25 Mgl. von beiden Seiten, zusammen.

EUREKA, Abk. [z. T. eingedeutscht] für engl.: **Eu**ropean **R**esearch **C**oordination **A**gency, zunächst als Agentur geplante (west-)europ. Forschungskoordination ziviler Technologie; gegr. 1985, Sitz des Sekretariats: Brüssel. Im Rahmen des E.-Programms existierten 1990 über 200 Projekte der Roboter-, Bio-, Informationstechnologie mit einem Auftragswert von mehr als 10 Mrd. DM.

Eurhythmie [zu griech. eū „gut" und rhythmós „Rhythmus"], in der *Medizin* regelmäßige Herzschlagfolge. ▷ in der (tänzer.) *Gymnastik* und *Heilgymnastik* Ausgeglichenheit, Harmonie der Bewegung; i. e. S. die anthroposoph. ↑ Eurythmie.

Eurich (Euricus), † Arles Dez. 484, westgot. König (seit 466). – Sohn Theoderichs I.; erweiterte in verschiedenen Kriegen sein Reich, das sich schließlich von Loire und Rhone bis über fast ganz Spanien erstreckte; Arianer; ließ den **Codex Euricianus** (um 475) als erste Kodifikation german. Rechts schaffen.

Euripides, * auf Salamis 485/484, † vermutl. am Hof von König Archelaos in Pella (Makedonien) 406, griech.

Euripides. Kopf einer Herme, um 300 v. Chr. (Neapel, Nationalmuseum)

Tragiker. – Integrierte seinem dramat. Werk die Ideen der zeitgenöss. griech. Aufklärung (Sophistik), wodurch er insbes. auch auf Ablehnung des auf Restauration bedachten Aristophanes stieß. E. erzielte (bei 88 ihm zugeschriebenen Dramen) mit nur 4 Tetralogien je einen Sieg im athen. Dichterwettstreit, einen fünften gewann er postum. Außer zahlr. Fragmenten (der „Rhesos" gilt als unecht) sind das Satyrspiel „Kyklops" und 17 Tragödien erhalten: „Alkestis" (438), „Medea" (431), „Herakliden" (um 430), „Andromache" (wohl um 429), „Hippolytos" (428), „Hekabe" (wohl um 425), „Hiketiden" (wohl nach 424), „Elektra" (nach 423, vor 412), „Helena" (412), „Iphigenie bei den Taurern" (um 412), „Ion" (um 412), „Phönikierinnen" (nach 412, vor 408), „Orest" (408), „Iphigenie in Aulis" (nach 407), „Bakchen" (nach 407). – Die mytholog. Stoffe der Tragödie werden dem menschl. Erfahrungsbereich eingefügt, der Mythos verliert seine Unantastbarkeit und seine trag. Erhabenheit. Wenn E. dennoch oft durch das dramat. Mittel des Deus ex machina den Handlungsablauf scheinbar in Übereinstimmung mit dem Mythos abschließt, so verdeutlicht die harmon. Scheinlösung den Widerspruch zw. menschl. Konflikten und mythisch-heroischer Problembewältigung nur um so schärfer.

Eurobonds (Euroanleihen), Anleihen, die von internat. Bankenkonsortien gleichzeitig in mehreren (europ.) Ländern aufgelegt werden.

eurocheque (Euroscheck) [ʃɛk; zu engl. cheque „Scheck"], Scheck, dessen Einlösung (auch bei Nichtdeckung) bis zu einem Betrag von 400 DM auf Grund einer Garantieverpflichtung der Banken erfolgt.

Eurocity [...sɪti] ↑ Intercity.

EUROCONTROL, Kurzbez. für engl.: European Organization for the Safety of Air Navigation, europ. Organisation zur Sicherung der Luftfahrt. Gegr. 1960; Sitz Brüssel; Mitgliedsstaaten: Belgien, BR Deutschland, Frankreich, Großbritannien, Irland, Luxemburg, Niederlande, Portugal. Aufgabe: Koordination der nationalen Luftverkehrssicherungsdienste.

Eurodollar, Guthaben in Dollar, aber auch anderen Währungen, die bei nichtamerikan. Banken bzw. bei Banken außerhalb des Währungsgebietes gehalten und befristet ausgeliehen werden.

Eurogeldmarkt, Markt, der den Inhabern von Dollarbeträgen die Möglichkeit bietet, diese kurzfristig anzulegen. Der Markt wird v. a. von europ. Geschäftsbanken und Niederlassungen von US-Banken in Europa betrieben.

EUROGROUP [...gru:p], Kurzbez. für **Euro**pean **Group** („Europ. Gruppe"), Konsultations- und Koordinationsorgan zur innereurop. Zusammenarbeit in der ↑ NATO.

Eurokommunismus, Bez. für den von westeurop. kommunist. Parteien, v. a. Italiens, Frankreich und Spaniens eingeschlagenen autonomen Weg; erstrebt unter Berücksichtigung des Schutzes der bürgerl. Freiheiten, des demokrat. Wechsels der Regierungen und in Zusammenarbeit mit anderen polit. Kräften eine Regierungsbeteiligung.

Euronet, Abk. für: **Euro**p. Daten**net**z, ein Datenfernübertragungsnetz über Breitbandkabel.

Euronet-DIANE [Kw.], ein europ. Datenbanken-Verbundsystem für wiss.-techn. Information, das aus einem Verbundsystem der von den Informationsanbietern (**Hosts**) betriebenen Datenbanken (**DIANE,** Abk. für engl. **D**irect **i**nformation **a**ccess **n**etwork for **E**urope) und einem neuen Fernmeldenetz für Datenübertragung (**Euronet**), das Hosts und Benutzer verbindet, besteht.

Europa, Gestalt der griech. Mythologie. Tochter des Phönix und der Perimede (oder des phönik. Königs Agenor und der Telephassa [Argiope]); sie wird beim Spielen am Strand von Zeus (in Gestalt eines Stiers) geraubt und über das Meer nach Kreta entführt, wo sie ihm Minos, Rhadamanthys und Sarpedon gebiert. – Der „Raub der E." ist ein häufiges Motiv der bildenden Kunst.

Europa, tief gegliederte westl. Halbinsel Asiens, die jedoch auf Grund ihrer histor. Rolle als selbständiger Kontinent betrachtet wird; einschl. der europ. Teile von Rußland und der Türkei 10,531 Mill. km². Konventionell wird E. seit

Europa

Europa

dem 18. Jh. durch den Gebirgszug des Ural und seine nördl. Fortsetzung sowie den Fluß Ural, das Kasp. Meer, die Manytschniederung und das Schwarze Meer gegen Asien abgegrenzt. Im W bilden der Atlantik, im N seine Neben- bzw. Randmeere, im S das Mittelmeer die Grenzen.

Gliederung

E. zeigt in Umriß und Reliefgliederung ein komplizierteres Bild als die anderen Kontinente. Vom Uralgebirge erstreckt sich ein breites Tiefland, das keilförmig bis nach N-Frankreich reicht. Es ist überwiegend von eiszeitl. Ablagerungen überdeckt. Skandinavien wird von einem fast 2 500 m hohen alten Gebirgsrumpf (Kaledon. Gebirge) durchzogen, der auf den Brit. Inseln seine Fortsetzung findet (1 343 m). In Mittel- und West-E. einschließlich S-England herrschen niedere Mittelgebirge (Rumpfschollengebirge, unter 2 000 m), Beckenlandschaften und Hügelländer vor, im S begrenzt durch einen Zug junger Faltengebirge vom Atlant. Ozean bis zum Schwarzen Meer: Pyrenäen 3 404 m, Alpen (höchste Erhebung E. Montblanc 4 807 m), Karpaten 2 663 m, Balkan 2 375 m und Zweige auf der Apennin- und Balkanhalbinsel. In Süd-E. kommen jungvulkan. Bildungen vor (Vesuv, Ätna, Santorin). Tieflandbecken in Andalusien und N-Italien (Po-Ebene), ausgedehntes Hochland in Kastilien. – *Gewässer:* Der längste Strom E., die Wolga (3 530 km), mündet in das Kasp. Meer, der zweitgrößte, die Donau (2 850 km), in das Schwarze Meer. Die Zuflüsse des Mittelmeers (Po, Rhone, Ebro), der Ostsee (Weichsel, Oder), der Nordsee (Elbe, Rhein, Themse) und des offenen Atlant. Ozeans (Loire, Duero, Tajo) sind wasserreich bei mäßigen jahreszeitl. Schwankungen, daher schiffbar und z. T. durch Kanäle verbunden. Seen sind bes. zahlreich in N E., die größten sind Ladoga- und Onegasee. Auch das Alpengebiet hat viele Seen (Genfer See, Bodensee, Gardasee u. a.), das Ungar. Tiefland den Plattensee.

Klima

Durch seine Ausdehnung von rd. 71°–35° n. Br. liegt E. überwiegend im Westwindgürtel der gemäßigten Breiten. Drei umfangreiche Luftdrucksysteme steuern das Klima: das Islandtief, das Azorenhoch und das jahreszeitl. wechselnde Druckgebiet über Asien (im Sommer ein Wärmetief, im Winter ein ausgedehntes Kältehoch); letzteres von grundlegender Bed. als Klimascheide zw. dem Klima Mittel- und Nord-E. und dem Mittelmeerklima. Man unterscheidet im wesentl. vier Hauptklimagebiete: 1. Das maritime west- und nordwesteurop. Klimagebiet mit kühlen Sommern und relativ milden Wintern; es umfaßt den Küstenbereich bis N-Spanien. Meist stark bewölkt, hohe Windgeschwindigkeiten; 2. das mitteleurop. Übergangsklima mit kühlen Wintern und warmen Sommern reicht von S-Schweden und S-Norwegen bis zur Weichsel im O und zum Schwarzen Meer; Niederschläge zu allen Jahreszeiten, Maximum im Sommer; 3. kontinentales nord- und osteurop. Klimagebiet; kühle bis sehr heiße Sommer, Niederschlagsmaximum im Sommer (N-Skandinavien, O-Polen, europ. Teil der GUS und Baltikum); 4. Mittelmeerklima mit trockenen Sommern, Winterregen, im N Frühjahrs- und Herbstregenmaxima; sehr milde Winter und heiße Sommer, reichlich Sonnenschein.

Vegetation und Tierwelt

Entsprechend dem Klima unterscheidet man mehrere Zonen: Das nordeurop. Tundrengebiet ist der westl. Ausläufer des großen eurasiat. Tundrengürtels. Die nördl. Waldgrenze verläuft im europ. Rußland knapp nördlich des Polarkreises, in Lappland erreicht sie die Waldgrenze 70° n. Br. Nach S folgt der Nadelwaldgürtel; hier wachsen Kiefern-, Fichten- und Birkenarten, Zwergsträucher, Moose und Flechten. Der Nadelwaldgürtel geht über in den mitteleurop. Gürtel der temperierten sommergrünen Laubwälder. Dieser ist der einzige unter den großen Vegetationsgürteln des Erdteils, der in seinem Charakter rein europ. und in seiner Ausdehnung fast ganz auf E. beschränkt ist. Die Alpen sind ein Lebensraum mit spezif. alpinen Pflanzengemeinschaften. Nach einem Übergangsgürtel folgt das Gebiet der mediterranen Hartlaubvegetation, nach S und SO verzahnt mit Vegetationseinheiten der subtrop. Trockengebiete, nach O mit Trockenwäldern und -steppen des anatol. Hochlandes. Sowohl in Mittel- als auch in Süd-E. ist die urspr. Bewaldung durch Rodung und Raubbau stark dezimiert.
Die Tierwelt ist außerordentlich artenarm; geht kontinuierl. in die asiat. Tierwelt über. Die Mittelmeerländer haben v. a. im W auch afrikan. Faunenelemente. Bes. starke Einbußen hat die Tierwelt durch die frühe, intensive und dichte Besiedlung durch den Menschen erfahren. Weitgehend ausgerottet sind v. a. Wolf, Braunbär, Fischotter, Nerz und Lachs. Auf den N beschränkt sind Elch und Ren; die Hochgebirge stellen für zahlr. Tierarten Rückzugsgebiete dar.

Staatliche Gliederung[1]
(Stand: 1990, administrative Gliederung Januar 1993)

Staat	Fläche (km²)	E (in 1 000)	E/km²	Hauptstadt
Albanien	28 748	3 281	114	Tirana
Andorra	453	47	104	Andorra la Vella
Belgien	30 518	9 977	327	Brüssel
Bosnien und Herzegowina	51 129	4 479[2]	88	Sarajevo
Bulgarien	110 912	9 020	81	Sofia
Dänemark	43 069	5 147	119	Kopenhagen
Deutschland	357 042	79 701	223	Berlin
Estland	45 215	1 570[2]	35	Reval (Tallinn)
Finnland	338 145	4 974	15	Helsinki
Frankreich	543 965	56 540	104	Paris
Griechenland	131 957	10 200	77	Athen
Großbritannien und Nordirland	244 110	57 478	235	London
Irland	70 283	3 512	51	Dublin
Island	103 000	253	2	Reykjavik
Italien	301 278	57 739	192	Rom
Jugoslawien[3]	102 173	10 469[2]	102	Belgrad
Kroatien	56 538	4 683[2]	83	Zagreb
Lettland	64 500	2 680[2]	42	Riga
Liechtenstein	160	28	175	Vaduz
Litauen	65 200	3 690[2]	57	Wilna (Vilnius)
Luxemburg	2 586	381	147	Luxemburg
Makedonien	25 713	2 111[2]	82	Skopje
Malta	316	344	1 089	Valletta
Moldawien	33 700	4 340[2]	129	Chişinău
Monaco	1,95	29	14 872	Monaco
Niederlande	41 864	15 010	359	Amsterdam
Norwegen	323 895	4 214	13	Oslo
Österreich	83 856	7 520	90	Wien
Polen	312 683	38 343	123	Warschau
Portugal	92 389	10 393	113	Lissabon
Rumänien	237 500	23 250	98	Bukarest
Rußland (europ. Teil)	4 377 170	122 616	28	Moskau
San Marino	61,19	23	376	San Marino
Schweden	449 964	8 362	19	Stockholm
Schweiz	41 293	6 501	157	Bern
Slowak. Republik	49 035	5 290	108	Preßburg
Slowenien	20 251	1 984[2]	96	Ljubljana
Spanien	504 750	38 994	77	Madrid
Tschech. Republik	78 864	10 360	123	Prag
Ungarn	93 032	10 543	113	Budapest
Ukraine	603 700	51 704[2]	86	Kiew
Vatikanstadt	0,44	1	2 273	–
Weißrußland	207 600	10 200[2]	49	Minsk
abhängige Gebiete				
von Dänemark				
Färöer	1 399	48	34	Tórshavn
von Großbritannien				
Gibraltar	6,5	30	4 615	–
Kanalinseln	194	140	722	Saint Hélier bzw. Saint Peter Port
Man	572	64	112	Douglas

[1] ohne den europ. Teil der Türkei (23 764 km²). – [2] Stand 1989. – [3] umfaßt Serbien und Montenegro.

Europa

EUROPA IM SPÄTEN 6. JH.

Bevölkerung

Mit einer mittleren Bev.dichte von 100 E/km² steht E. an der Spitze aller Erdteile, doch ist die Bev. sehr ungleich verteilt, z. B. 2,2 E/km² auf Island, 356 E/km² in den Niederlanden. Bes. dünn besiedelt sind Gebiete, in denen keine oder nur wenig Ind. vorhanden ist, im Ggs. zu den industriellen Ballungsräumen, deren Anziehungskraft (bessere Arbeitsbedingungen, höhere Verdienstmöglichkeiten, kulturelles Angebot) ständig steigt. Ein relativ hoher Prozentsatz der Bev. wohnt in Städten; dabei liegen Belgien, Schweden, Dänemark, die BR Deutschland, die Niederlande und Großbritannien mit 65 bis über 80 % städt. Bev. an der Spitze, während Albanien, Portugal, Rumänien, Bulgarien und Irland mit 35–46 % am Ende stehen. – In E. werden heute über 60 überwiegend indogerman. Sprachen gesprochen. Rd. 35 % der Europäer sprechen slaw. Sprachen (östl. Mittel-E., Ost-E. und Südost-E.). Slaw. Minderheiten leben u. a. in der BR Deutschland (Sorben), Italien (Friaul), Ungarn und Österreich (Slowenen). Rd. 30 % sprechen german. Sprachen (Skandinavien, nordatlant. Inseln, Niederlande, Belgien, Deutschland, NO-Schweiz, Österreich und Südtirol). Dt. Sprachinseln gibt es in Rumänien (Siebenbürgen, Banat), in der ČR und SR, in Polen, Ungarn und in der GUS. Rd. 27 % sprechen roman. Sprachen (Frankreich, Belgien [z. T.], Spanien, Portugal, Italien, Rumänien, Schweiz [z. T.]). In nur wenigen Ländern gesprochene Sprachen sind Baskisch, die kelt. Sprachen (Bretonisch, Irisch, Schottisch-Gälisch, Walisisch), die balt. Sprachen (Lettisch, Litauisch), Neugriechisch, Albanisch, die ural. Sprachen (Finnisch, Lappisch, Ungarisch), Maltesisch und die Turksprachen (in Südost-E. gesprochen). Über ganz E. verbreitet sind das Jiddische und Romani.

Geschichte

Vorgeschichte und Altertum: Die *Iber. Halbinsel* war seit dem Altpaläolithikum besiedelt; aus dem Mittelpaläolithikum stammen u. a. die Skelettreste des Neandertalers von Gibraltar, aus dem Jungpaläolithikum die Malereien und Zeichnungen von Altamira. Montserrat- und Fossakultur markieren das Neolithikum. Die Iber. Halbinsel war ein Schwerpunkt der Megalithkulturen (z. B. Almeríakultur). Die weitverbreitete Glockenbecherkultur leitete zur frühbronzezeitl. El-Argar-Kultur über. Breite Beziehungen zu Mittel-E. wies bereits die Mesetakultur auf.

Auch *Italien* war seit dem Altpaläolithikum besiedelt. Im Jungpaläolithikum sind neben Werkzeugen des Aurignacien und Gravettien auch Kunstwerke bekannt. Das Neolithikum wird durch Cardiumkeramik, Regionalkulturen, Diana- und Lagozzakultur gekennzeichnet. Felskammer- und Megalithgräber sowie kupferführende Kulturen leiten zur Bronzezeit (u. a. apennin. Kultur), die oberitalien. Uferrandsiedlungen und Terramaren zur früheisenzeitl. Protovillanovakultur und zur Villanovakultur über.

Die vorgeschichtl. Bed. *Südosteuropas* liegt in der Mittelstellung zw. dem östl. Mittelmeerraum und Mittel-E. Bed. Fundstellen des Paläolithikums liegen in Ungarn, Slowenien, Kroatien und Rumänien. Die Starčevokultur gehört ins Neolithikum, in dessen Spätphase zum ersten Mal Kupfer verarbeitet wurde. Für Mittel-E. wurde die Vučedolkultur bedeutsam. Die bronzezeitl. Entwicklung (ab 2. Jt.) wurde aus dem myken. Bereich beeinflußt. In der Eisenzeit (ab 8. Jh.) bestanden Beziehungen des übrigen Balkan zum klass. Griechenland.

In *Osteuropa* sind aus dem Altpaläolithikum Abschläge und Faustkeile bekannt. Die Funde des Mittel- und Jungpaläolithikums stammen v. a. aus Höhlen und Freilandstationen. Im Mesolithikum war das Tardenoisien in Polen, im Baltikum, in Westrußland und der nw. Ukraine verbreitet, nördlich davon die Kundakultur. Die neolith. Kulturen im westl. Ost-E. basieren auf donauländisch-balkan. Kulturen, während in S-Polen und im anschließenden Rußland die bandkeram. Kultur vertreten ist. Erste Kupfererzeugnisse kennt die spätneolith. Tripoljekultur. Im O schloß sich die Dnjepr-Donez-Gruppe an, weiter östlich die endneolith. Ockergrabkultur, im N-Kaukasus die Kubankultur, im Bereich der oberen Wolga die Fatjanowokultur und nördl. davon Gruppen der kammkeram. Kultur. Von den zahlr. bronzezeitl. Gruppen sind die Andronowo-, Poltawka-, Trzciniec- und Lausitzer Kultur zu nennen. In der Eisenzeit geriet Ost-E. unter den Einfluß der Skythen, die mit den antiken Hochkulturen in Kontakt standen.

In *Mitteleuropa* wird das erste Auftreten von Menschen durch Skelettfunde der Homo-erectus-Gruppe und durch

Europa

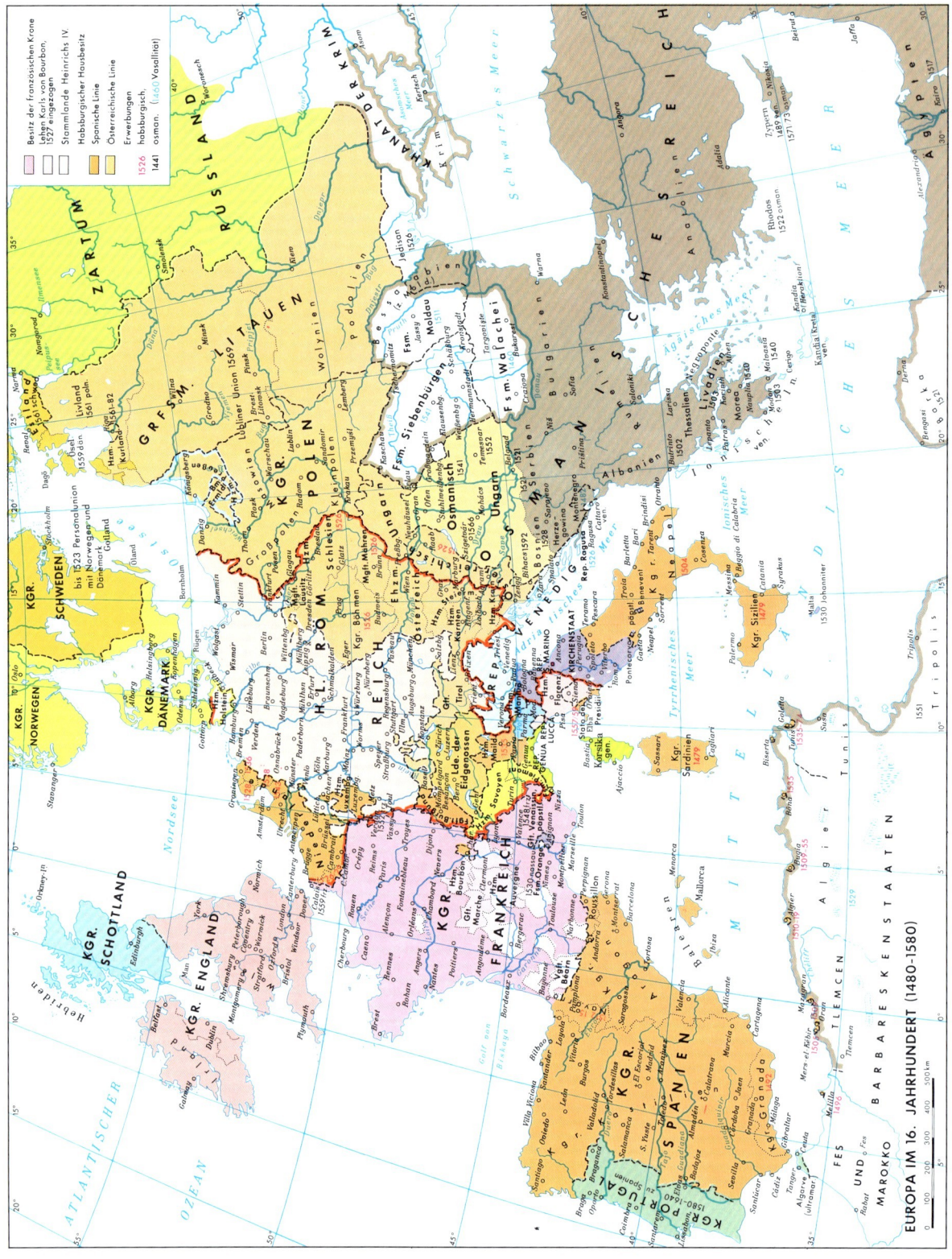

EUROPA IM 16. JAHRHUNDERT (1480–1580)

Europa

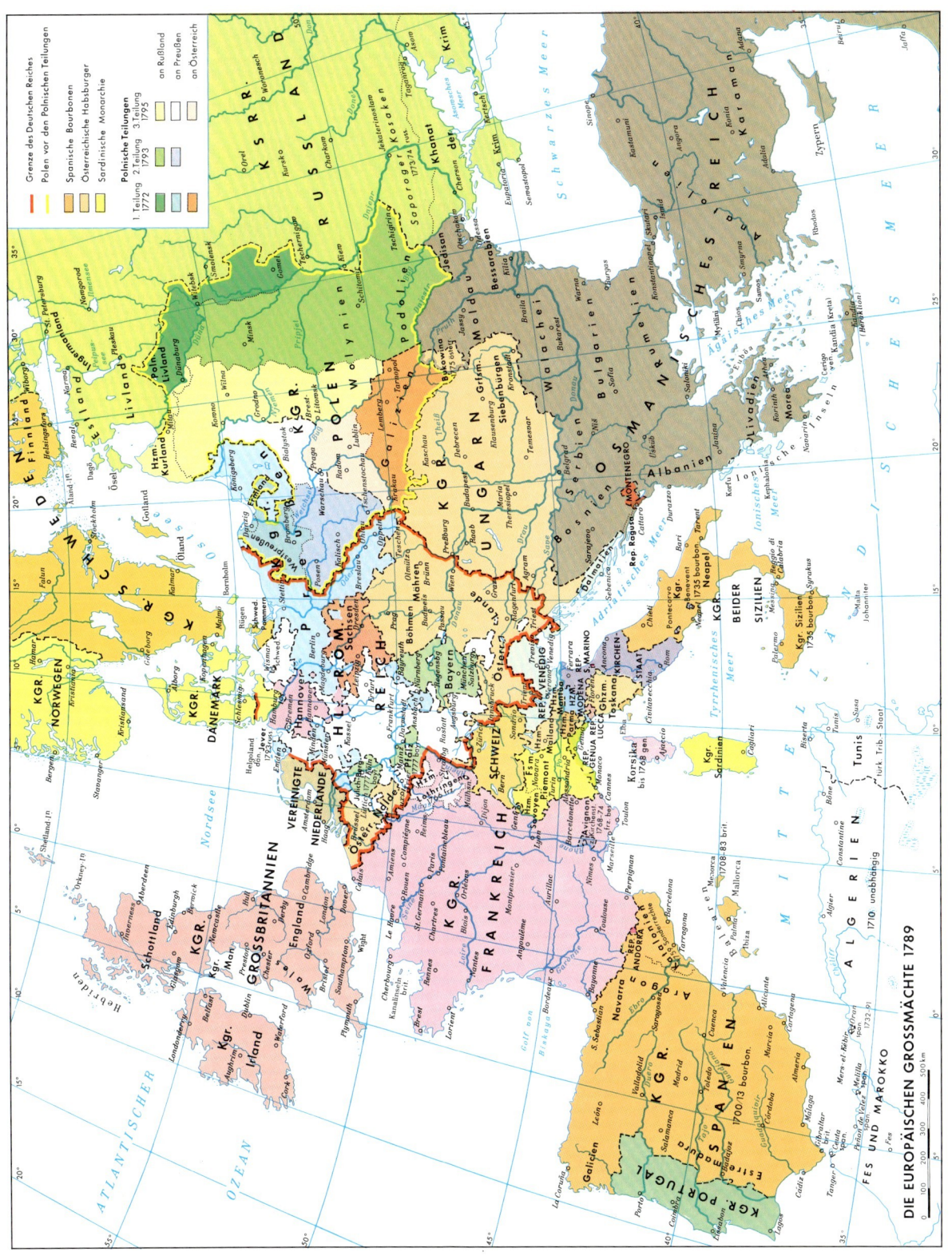

DIE EUROPÄISCHEN GROSSMÄCHTE 1789

Europa

die ältesten altpaläolith. Steinwerkzeuge belegt. Die mittelpaläolith. Funde stammen aus Höhlen und Abris. Neu im Jungpaläolithikum sind eine seßhafte Lebensweise und bessere Jagdtechniken. Als älteste neolith. Kultur hat sich die bandkeram. Kultur weit über den Bereich des südl. Mittel-E. hinaus verbreitet. Später zerfiel sie in regionale Kulturgruppen: im östl. Mittel-E. die Stichbandkeramik, im westl. Mittel-E. die Hinkelsteingruppe, in Mittel- und N-Deutschland die Trichterbecherkultur. Im westl. Mittel-E. ist in dieser Zeit außerdem die Michelsberger Kultur verbreitet. Die Glockenbecherkultur leitete über zur Bronzezeit. V. a. im südl. Mittel-E. war die sich anschließende Hallstattkultur verbreitet, in deren Schlußphase sich der Kontakt zur klass. Mittelmeerwelt verstärkte (Höhepunkt in der frühen La-Tène-Zeit).

Die ältesten Funde *Westeuropas* sind aus S-Frankreich bekannt; dort und bei London wurden auch menschl. Überreste aus dem Altpaläolithikum gefunden. Im Jungpaläolithikum erreichte der jäger. Lebensweise ihren Höhepunkt. Das nacheiszeitl. Mesolithikum ist durch das Sauveterrien und das Tardenoisien bestimmt, in NO-England durch die Maglemosekultur. Das Neolithikum wurde in mitteleurop. und mediterranen Einflüssen geprägt (Cardiumkeramik, bandkeram. und Rössener Kultur); die Chasseykultur war in S-, W- und M-Frankreich verbreitet. Um 3000 v. Chr. setzten die Megalithkulturen (Windmill-Hill-, Carlingford-, Boyne-, Seine-Oise-Marne-Kultur) mit ihren Großsteinanlagen (Avebury, Stonehenge, Carnac) ein, die um 2000 u. a. von der Glockenbecherkultur abgelöst wurden. Die mittlere und späte Bronzezeit war von den Hügelgräber- und Urnenfelderkulturen beeinflußt. Von der jüngeren Eisenzeit an (etwa ab 500 v. Chr.) war der größte Teil West-E. keltisch.

Die eigtl. Besiedlung *Nordeuropas* erfolgte erst mit dem vollständigen Rückzug des Eises. Ins ausgehende Jungpaläolithikum gehören die Hamburger Gruppe und die Brommekultur, die in die Lyngbykultur überging. Weite Verbreitung in Dänemark sowie S- und W-Schweden weist die mesolith. Maglemosekultur auf, der frühneolith. Ertebøllekultur vorausging. Mit dieser zugleich sind Gruppen von Fischern und Jägern in S-Norwegen (Fosnakultur), N-Norwegen (Komsakultur), Finnland und im Baltikum (Askola-, Suomusjärvi- und Kundakultur) verbreitet. Die jungneolith. Trichterbecherkultur im südl. Nord-E. wurde durch die Bootaxtkultur und die Einzelgrabkultur abgelöst. Im nördl. Nord-E. war während des Jungneolithikums die kammkeram. Kultur verbreitet. In der Bronzezeit bestanden Kontakte mit Mitteleuropa.

Der histor. Raum der klass. *Antike* rund um das Mittelmeer gehört zwar zu 3 Erdteilen, die griech. Kultur, von den Römern übernommen und umgeformt, bildet jedoch in Verbindung mit dem Christentum die prägende Grundlage der europ. Geschichte.

Mittelalter: Durch Germanen und Araber wurde die Kultureinheit der antiken Welt zerbrochen. Die 3 Halbinseln Süd-E. blieben aber kulturell durch das Christentum, politisch zeitweise durch die byzantin. Oberhoheit verbunden. In Italien traten zunehmend die röm. Päpste hervor, die sich jedoch erst im 8. Jh. polit. von Byzanz dem westl., german. bestimmten E. zuwandten. In der Völkerwanderung gerieten die Ostgermanen in den Einflußbereich der röm.-antiken Kulturwelt. Im westgot. Reich finden sich Frühformen der für das MA charakterist. Verbindung von Antike, Germanentum und Christentum, doch wurde durch den Arabereinbruch 711 der Großteil der Iber. Halbinsel E. entfremdet. Eigtl. Wegbereiter des abendländ. MA wurden die westgerman. Franken, die im 5./6. Jh. das röm. Gallien unterwarfen und auch nach dem german. Mittel-E. ausgriffen, so daß sich ein Miteinander von Romanen und Germanen entfalten konnte. 754 ging das Fränk. Reich jenes enge Bündnis mit der Röm. Kirche ein, das mit der Kaiserkrönung Karls d. Gr. 800 für das ma. Reich bestimmend wurde.

Das Reich Karls d. Gr. umfaßte als große polit. Einheit mit Hegemonialstellung das langobard. Italien, Mittel-E. und dessen Vorfeld sowie Spanien bis zum Ebro. Seine polit., sozialen und kulturellen Strukturen (Lehnswesen, Grundherrschaft, Kirchen- und Verwaltungssystem, karoling. Schrift) wirkten sich ebenfalls in den christl. Klein-Kgr. des nördl. Spaniens, in England und in Dänemark aus. Auch nach den Teilungen des Fränk. Reiches 843–880 blieben die Nachfolgestaaten noch lange einander zugeordnet. Durch die Verbindung der Röm. Kaiserwürde mit dem dt. Regnum 962 leitete Otto I., d. Gr., für mehrere Jh. die polit. Vormachtstellung des Hl. Röm. Reiches in E. ein. Doch gab es neben dem Byzantin. Reich bis dahin noch ein 3., das heidn. E. Im späten 9. Jh. brachen die Magyaren über die Karpaten in den Donau-Theiß-Raum ein und durchstreiften Mittel-E. bis zur Schlacht auf dem Lechfeld 955, ehe sie ein einheitl. (christl.) Staatsgebilde aufbauten. Vom N her plünderten die Normannen Küsten und Flußlandschaften. Kennzeichnend für die bis zum 11. Jh. an vielen Stellen E. seßhaft – und christlich – gewordenen Normannen war ihre staatsbildende Kraft, die bes. in England und auf Sizilien Vorbilder für die Staaten des Spät-MA schuf.

Die Spannungen zw. der östl. und westl. Kirche führten 1054 zum Morgenländ. Schisma. Byzanz hatte im Zeitalter der Kreuzzüge neue Kontakte mit dem W. Doch der 4. Kreuzzug führte 1204 zur vorübergehenden Zerstörung des Byzantin. Reiches (1261 teilweise Wiederherstellung, ohne die alte Macht restaurieren zu können) und zur Errichtung des Latein. Kaiserreichs von Konstantinopel bzw. der „fränk." Kreuzfahrerstaaten in Griechenland. Der offene Kampf zw. römisch-dt. Kaiser und Papst (Investiturstreit) endete mit der Erschütterung des universalen Anspruchs des Kaisertums (Ende des 13. Jh.).

Neue Formen des Fernhandels und des städt. Lebens waren in Italien und Frankreich am stärksten ausgeprägt, von wo auch die Klosterreformen des 11./12. Jh. ausgingen.

Das Papsttum, unter Innozenz III. auch politisch führend, geriet nach 1250 unter frz. Einfluß und schließlich in die völlige Abhängigkeit im Avignonischen Exil (1305/09–76). Das Kaisertum war seit dem Ende der Staufer (1254/1268) durch Wahlkönigtum und Erstarken der Territorialfürsten politisch geschwächt. In Frankreich und England, die im †Hundertjährigen Krieg (1337–1453) um die Vorherrschaft in West-E. kämpften, vollzogen sich umfassende Strukturwandlungen: Zerfall des Feudalismus, beginnende Ausformung des neuzeitl. Staates, Zusammenschluß der polit. Stände. Mit den portugies. und span. Entdeckungsfahrten des 15. Jh. wurde das Ausgreifen E. nach Übersee eingeleitet. Zunehmend trat das Bürgertum hervor. Alte und zahlr. neue Städte wurden Zentren der Kultur, v. a. aber der Wirtschaft, die im 15. Jh. auch Züge des Frühkapitalismus annahm. Von Italien strahlten Frühhumanismus (seit dem 14. Jh.) und Renaissance (seit 1450) ins übrige E. aus; nur im östl. E. verlief eine keiner solchen Entwicklung, v. a. auf Grund äußerer Bedrohungen durch die Mongolen (Goldene Horde) und Osmanen. Mit der Eroberung Konstantinopels durch die Osmanen 1453 endete die tausendjährige Geschichte des Byzantin. Reiches.

Neuzeit: Die Auseinandersetzungen der europ. Großmächte um die Vorherrschaft in Italien bestimmten dessen Geschichte bis ins 19. Jh. Damit verbunden war der Machtkampf zw. Frankreich und dem zur europ. Großmacht aufsteigenden Haus Österreich, den Kaiser Karl V. bis 1544 für sich entscheiden konnte. Er herrschte über einen halb E. umfassenden Machtblock mit Besitzrecht in der Neuen Welt. Nach der Teilung des Hauses Österreich 1556 blieb die europ. Hegemoniestellung Spaniens. Doch Karl V. scheiterte in seinem universalist. Anspruch auf die Führung der Christenheit sowohl bei der Abwehr der (mit Frankreich verbündeten) Osmanen als auch im Versuch, gemeinsam mit dem Papst die Einheit der Kirche gegen die Reformation wiederherzustellen. Mit den frz. Hugenottenkriegen (1562–98) begann eine Reihe konfessioneller Bürgerkriege, die im machtpolit. Ringen bald europ. Dimension annahmen, den †Dreißigjährigen Krieg (1618–48) bestimmten und erst mit dem 1. Nord. Krieg (1655–60) endeten.

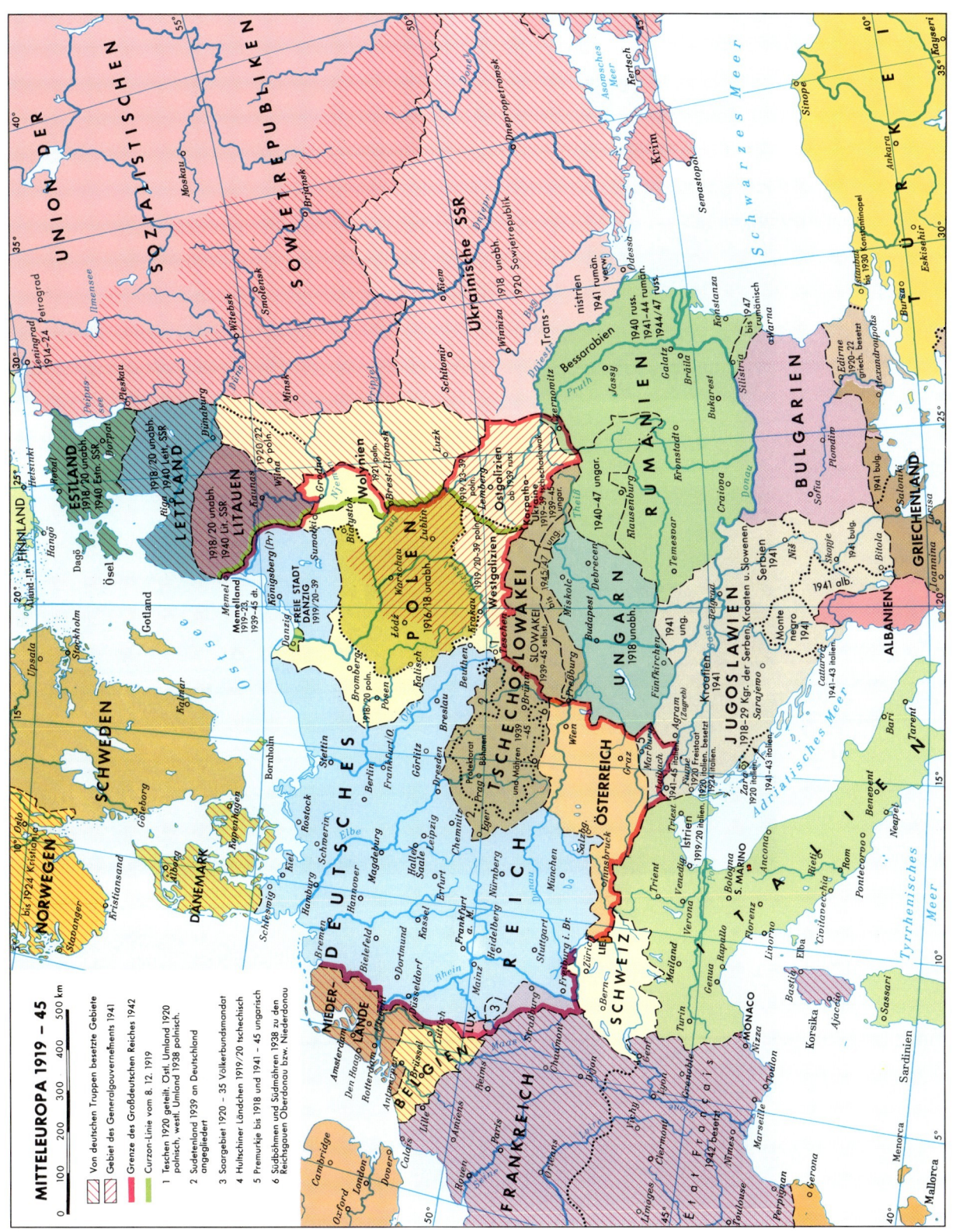

Europa

Links: Französische Revolution (1789–99), Hinrichtung Ludwigs XVI. in Paris auf der Place de la Concorde am 21. Januar 1793, zeitgenössisches Gemälde eines anonymen französischen Malers. Rechts: Zweiter Koalitionskrieg (1798–1801/02), Kampf der Österreicher, Russen und Franzosen auf der Teufelsbrücke am Sankt Gotthardpaß im Jahre 1799, Gemälde des deutschen Malers Johann Baptist Seele, 1802 (Stuttgart, Staatsgalerie)

Hochkonjunktur der deutschen Industrie im Wilhelminischen Zeitalter (1890–1918), Teilansicht der 1811 von Friedrich Krupp gegründeten Gußstahlfabrik, Gemälde, 1912

Erster Weltkrieg (1914–18) an der Westfront; als Mittel der Kriegsführung wurde erstmals Gas eingesetzt. Links: Maulesel und Soldaten mit Gasmaske. Rechts: Blick in einen Schützengraben

Links: Adolf Hitler und Benito Mussolini am 3. August 1938 in Rom. Rechts: Zweiter Weltkrieg (1939–45), Landung der alliierten Truppen der Anti-Hitler-Koalition in der Normandie im Juni 1944

 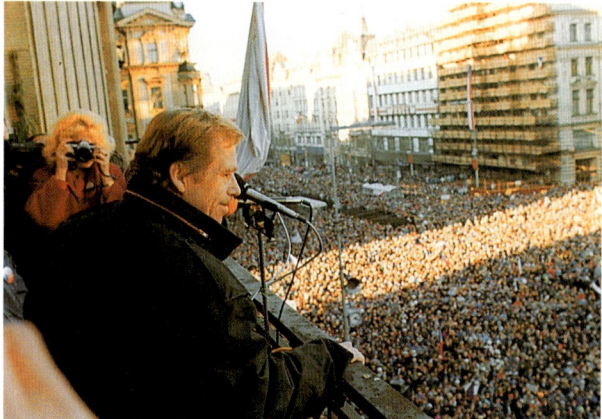

Links: Deutsch-französische Aussöhnung, Charles de Gaulle und Konrad Adenauer am 5. September 1962 in Bonn. Rechts: Wende in der Tschechoslowakei, Václav Havel spricht am 10. Dezember 1989 vor der Bürgerrechtsbewegung auf dem Prager Wenzelsplatz

Links: Dänemark, Demonstration am 1. Mai 1992 in Kopenhagen gegen den EG-Vertrag von Maastricht. Rechts: das 1977 fertiggestellte Europahaus in Straßburg, in dem das Europaparlament tagt

Europa

Die Niederlage der Armada 1588 signalisierte den Niedergang der europ. Hegemonie Spaniens und den beginnenden Aufstieg Englands als Seemacht. Frankreich hatte gegen den E. beherrschenden Machtblock des Hauses Österreich Erfolg, noch ehe es 1635 in den Dreißigjährigen Krieg eintrat. Der Westfäl. Friede (1648) schrieb eine neue Friedens- und Staatenordnung fest; in ihr nahm Frankreich eine Vorrangstellung im kontinentalen West-E. und Schweden in Nord-E. ein. Frankreich schuf einen beispielgebenden modernen Machtstaat des Absolutismus, der auf neuen Herrschaftsmitteln (Bürokratie, stehendes Heer), Merkantilismus, Abbau der altständ. Gesellschaft bei Aufstieg des Bürgertums und einer Disziplinierung der Gesellschaft beruhte. Das Frankreich Ludwigs XIV. eröffnete auch den Kampf um die europ. Hegemonie, einmal gegen die entstehende Großmacht Österreich, die seit 1683 die offensive Phase der Türkenkriege einleitete, zum anderen gegen England, das 1688 richtungweisend zum Konstitutionalismus übergegangen war. Das im Span. Erbfolgekrieg 1713/14 von Großbritannien durchgesetzte Prinzip des Gleichgewichts der europ. Mächte verhinderte bis zu Napoleon I. jeden Versuch, E. imperial zu beherrschen. Dazu trug auch der gleichzeitige Aufstieg Rußlands zur europ. Großmacht bei. Der Siebenjährige Krieg (1756–63), in dem Preußen gegen Österreich seine europ. Großmachtposition und Großbritannien gegen den frz. Rivalen seine Weltmachtstellung erkämpfte, war ein Doppelkrieg mit weltweiter Dimension.

Die Frz. Revolution, die im Erbe der Aufklärung die Proklamation universaler Menschenrechte, die Entstehung von Nationalismus, Liberalismus und Demokratie brachte, erschütterte E. fundamental. Der Napoleon. Versuch der Beherrschung E., der die europ. Staatenordnung nachhaltig gefährdete und das Ende des Hl. Röm. Reiches (1806) besiegelte, scheiterte am Widerstand der Mächte. Hauptmächte und der in den Befreiungskriegen erwachenden nat. Kräfte. Die Restauration des Mächtegleichgewichts und des Legitimitätsprinzips auf dem Wiener Kongreß 1814/15 blieb unbefriedigend. Metternichs antirevolutionär-sozialkonservative Sicherheitspolitik trug der Dynamik der bürgerl. Konstitutions- und Nationalbewegung nicht Rechnung. Die frz. Julirevolution 1830 wurde von West-E. bis Skandinavien Anstoß für die Errichtung moderner Verfassungsstaaten. Die europ. Revolutionsbewegung 1848 endete in konstitutionellen Kompromissen mit den alten Fürstenstaaten bzw. in neoabsolutist. Ansätzen.

Die Spannung zw. Staat und Gesellschaft blieb im Bereich Mittel-E. ungelöst. Seitdem stand mit der Industrialisierung im Vordergrund. Noch blieb Großbritannien hier wie im Handel führend in der Welt, doch gewann Preußen mit dem Dt. Zollverein an wirtsch. Potential. Die infolge des Industrialisierungsprozesses rasch anwachsenden Arbeitermassen organisierten sich seit 2. Hälfte des 19. Jh. allmählich in gewerkschaftl. und polit. Vereinigungen. Der Ggs. von agrarisch-konservativen und bürgerlich-liberalen Kräften wurde nun durch den Antagonismus von Besitzenden und Nichtbesitzenden überlagert. Das labile europ. Mächtegleichgewicht (nach 1870 bei dt. Vormachtstellung) wurde zunehmend belastet durch nat. Autonomiebewegungen v. a. in Ostmittel-E., in der Donaumonarchie und in Rußland; insgesamt war es durch den Niedergang des Osman. Reiches bedroht und wurde durch den Berliner Kongreß 1878 nur vorübergehend gesichert. Das in Südost-E. angewachsene Konfliktpotential wurde Auslöser des 1. Weltkrieges (1914–18), zu dessen tieferen Ursachen die von den europ. Mächten seit Ende des 19. Jh. betriebene Politik des Imperialismus gehörte. Die überall praktizierte Wirtschaftsplanung und Notstandsdiktatur hatte v. a. in Rußland und bei den Mittelmächten die Monarchie ausgehöhlt und nach der Niederlage zur Revolution beigetragen. Die weltgeschichtl. Bed. des Jahres 1917 beruht auf der Wirkung der russ. Revolution (Oktoberrevolution) sowie auf dem Kriegseintritt der USA, wodurch sich der Übergang vom europ. bestimmten zu einem globalen Staatensystem anbahnte. Die Zwischenkriegszeit war geprägt von dem Versuch der Siegermächte, durch Selbstbestimmungsrecht der Völker, Völkerbund und ergänzende politisch-militär. Allianzen die europ. Sicherheit zu gewährleisten.

Auf nationalist., rass. bzw. antisemit. Ideologien basierend, konnten sich vor dem Hintergrund der wirtsch. Dauerkrise in einigen europ. Ländern autoritäre bzw. faschist. Herrschaftssysteme etablieren; in Italien übernahm 1922 der Faschismus die Macht, 1933 in Deutschland der Nationalsozialismus, dessen außenpolit. Ziel eine auf Raumgewinn (v. a. in Ost-E.) und Autarkie beruhende Weltmachtstellung war. Die daraus folgende aggressive Expansion führte zum 2. Weltkrieg (1939–45); an seinem Ende stand zwar die Zerschlagung der faschist. Systeme in Deutschland und Italien, jedoch auch die fakt. Teilung E. (Eiserner Vorhang) in eine überwiegend an der UdSSR ausgerichtete osteurop., sozialistisch-kommunist. Staatenwelt (Ostblock) mit eigenen militär. und wirtsch. Zusammenschlüssen (Warschauer Pakt, COMECON) und die überwiegend an den USA orientierten westeurop., kapitalist. Ind.staaten (NATO-Staaten). Im Zuge der Europ. Bewegung und Aktualisierung des E.gedankens fanden diese ebenfalls Formen wirtsch. Zusammenschlüsse (EWG, EFTA) und polit. Kooperationen (E.rat, Europ. Parlament), die ihnen im Ost-West-Konflikt (kalter Krieg) in der Folge zunehmendes Gewicht verliehen. Die seit den 60er Jahren in Gang gekommene Entspannungspolitik (u. a. KSZE-Schlußakte von Helsinki 1975, sog. Ostverträge) schien durch den sowjet. Einmarsch in Afghanistan (1979) und die dadurch bedingte Abkühlung im Ost-West-Verhältnis gefährdet. Erneute Bewegung kam in die polit. Entwicklung E. durch die nach einem Führungswechsel in der Sowjetunion (Machtantritt M. Gorbatschows) eingeleitete Politik von ↑ Glasnost und ↑ Perestroika; sie schuf Voraussetzungen für substantielle Fortschritte in der Abrüstungspolitik (u. a. Abbau der atomaren Kurz- und Mittelstreckenraketen in E. auf Grund des INF-Vertrages, zugleich strahlte sie auf die anderen kommunist. Länder E. aus und bewirkte (trotz des Versuchs der dortigen orthodoxen Führungskräfte, ihre Länder von der sowjet. Reformpolitik abzuschirmen) 1989/90 tiefgreifende polit. Veränderungen. In Polen, Ungarn, der DDR, der Tschechoslowakei, Rumänien und Bulgarien mußten die kommunist. Regierungen zurücktreten. Die kommunist. Parteien verzichteten auf ihr verfassungsrechtlich abgesichertes Machtmonopol, sie versuchten sich neu zu profilieren bzw. zu organisieren und gerieten dabei in die Rolle der polit. Opposition. Die ehem. Volksrepubliken lösten sich von ihrer sozialist. Zielsetzung (entsprechende Änderung der Staatsnamen) und begannen mit der Einführung marktwirtsch. Elemente und eines pluralist. Parteiensystems; teilweise strebten sie die politisch-wirtsch. Integration in die Europ. Gemeinschaften an (im Nov. 1990 wurde Ungarn erstes osteurop. Mitgl. des E.rates).

Die gesellschaftl. Umwälzungen in Mittel- und Ost-E. und das Festhalten der sowjet. Führung an der Entspannungs- und Abrüstungspolitik hatten das Ende des kalten Krieges und der starren militär. Blockkonfrontation in E. zur Folge. Die Auflösung der „sozialist. Staatengemeinschaft" führte zum Zerfall ihrer in der Nachkriegszeit gebildeten gemeinsamen wirtsch. und militär.-polit. Strukturen wie COMECON und Warschauer Pakt. Mit der Wiederherstellung der Einheit Deutschlands im Okt. 1990 fand eines der zentralen Nachkriegsprobleme in E. (sog. dt. Frage) eine friedl. Lösung.

Zunehmende wirtsch. Schwierigkeiten und das Aufbrechen zahlr. Nationalitätenkonflikte in bzw. zw. den Sowjetrepubliken erschütterten die UdSSR seit Ende der 80er Jahre in starkem Maße; die wachsende Autonomiebewegung der Unionsrepubliken, ausgelöst durch die balt. Republiken, führte zum Zerfall der Sowjetunion. Der Gedanke des „gemeinsamen europ. Hauses" gewann in jüngster Zeit eine neue Dimension. Die noch unter den Bedingungen des Ost-West-Konfliktes in den 80er Jahren zunächst für die westeurop. Staaten konzipierte wirtsch.-polit. Einigung (u. a. Einrichtung des EG-Binnenmarktes bis Ende 1992) wird zunehmend ein gesamteurop. Anliegen. Die auf dem

Europäische Freihandelsassoziation

KSZE-Gipfeltreffen in Paris (Nov. 1990) verabschiedete „Charta für ein neues Europa" (Charta von Paris; Grundsätze: Demokratie, Marktwirtschaft, friedl. Beilegung von Konflikten) stellte die Beziehungen der europ. Staaten auf eine neue programmat. Grundlage; der außerdem unterzeichnete Vertrag über die Verringerung der konventionellen Streitkräfte in E. (KSE) war ein weiterer bedeutsamer Schritt zur Entspannung. Das zeitgleiche Erwachen neuer nationalist. Strömungen (Bürgerkrieg im ehem. Jugoslawien, Entwicklung in der GUS und der ehem. Tschechoslowakei, Volksabstimmungen über den Maastrichter Vertrag) stellte jedoch die europ. Einigung und die Verwirklichung der ↑Europäischen Union in Frage.

Europa [griech.], ein Mond des Planeten Jupiter; mittlere Entfernung vom Jupiter 670 900 km, Umlaufzeit 3,551 Tage, Durchmesser 3 126 km.

Europabrücke, Brücke der Brennerautobahn, südlich von Innsbruck, Österreich; 785 m lang, bis 198 m hohe Pfeiler; erbaut 1959–63.

Europadörfer, Einrichtungen der 1950 gegr. „Hilfe für heimatlose Ausländer", Sitz Huy (Belgien); dienen dazu, heimatlose Familien seßhaft zu machen. E. entstanden in der BR Deutschland (u. a. Aachen, Augsburg), in Österreich, Belgien und Norwegen.

Europäerreben, die aus europ. und vorderasiat. Wildrassen der Echten Weinrebe hervorgegangenen Kultursorten der Weinrebe. – ↑Amerikanerreben.

Europaflagge, Flagge 1. der Europ. Bewegung seit 1949; 2. der Europ. Gemeinschaften und des Europarats seit 1955.

Europahymne, 1972 von der Beratenden Versammlung des Europarates zur europ. Hymne erklärte „Hymne an die Freude" aus der 9. Sinfonie Beethovens.

Europäische Artikelnumerierung ↑EAN-System.
Europäische Äsche ↑Äschen.
Europäische Atomgemeinschaft ↑EURATOM.
Europäische Auster ↑Austern.
Europäische Bank für Wiederaufbau und Entwicklung ↑EBWE.

Europäische Bewegung, eine 1948 gegründete internat. Organisation im westl. Europa zur Förderung des Europagedankens mit dem Ziel der Errichtung der Vereinigten Staaten von Europa. Organisator. Spitze der E. B. ist der in Brüssel residierende Internat. Rat. Symbol: Europaflagge.

Europäische Demokratische Union, Abk. EDU, im April 1978 gegr. Vereinigung von 19 christl.-demokrat. bzw. anderen konservativen Parteien, die sich nicht nur auf den Raum der EG beschränkt.

Europäische Freihandelsassoziation, Abk. EFTA (für engl. European Free Trade Association; auch Europ. Freihandelszone gen.), am 4. Jan. 1960 in Stockholm (Sitz Genf) gegr. handelspolit. Zusammenschluß mehrerer europ. Staaten, dem Norwegen, Österreich, Schweden, die Schweiz, Liechtenstein, Island (seit 1970) und Finnland (1961 assoziiert; 1986 Vollmgl.) angehören. Die früheren Mgl. Dänemark und Großbritannien wurden mit Wirkung vom 1. Jan. 1973 Vollmgl. der EWG, Portugal mit Wirkung vom 1. Jan. 1986.

Das im EFTA-Vertrag enthaltene Ziel des Abbaues der Handelsschranken wurde mit der völligen Abschaffung der Zölle auf Ind.erzeugnisse bis Ende 1969 erreicht. Bis 1977 verwirklichte die EFTA auch die Ausweitung des Freihandels mit Ind.erzeugnissen auf die Mgl.staaten der EG.

Langfristig strebt die EFTA gemeinsam mit den EG-Staaten die Schaffung eines großen europ. Binnenmarktes an (↑Europäischer Wirtschaftsraum).

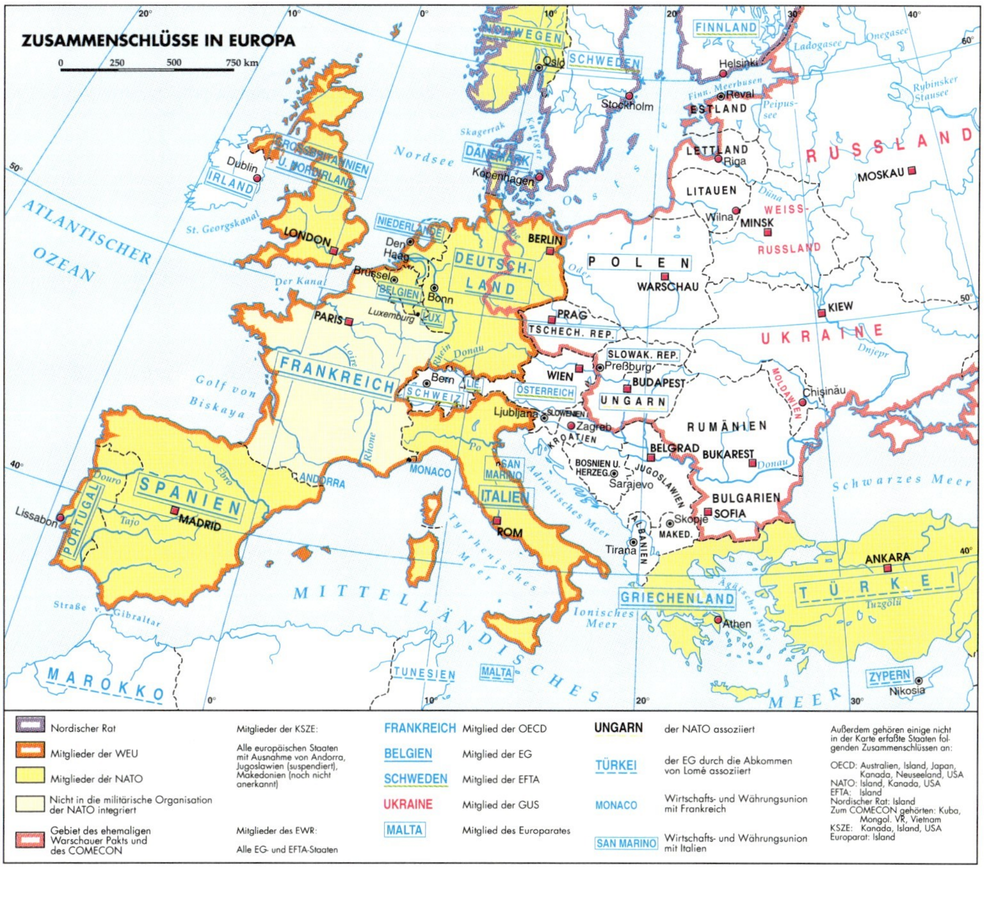

Europäische Bewegung. Flagge

Europäische Gemeinschaften 240

Wichtigstes Organ der EFTA ist der EFTA-Rat, der aus mit gleichem Stimmrecht versehenen Reg.vertretern der Mgl.staaten zusammengesetzt ist und für die Herbeiführung von Beschlüssen i. d. R. Einstimmigkeit erzielen muß. Beschlüsse oder Empfehlungen des Rats sind rechtlich nicht verbindlich. Die Hauptaufgabe des EFTA-Sekretariats liegt in der Beratung und Koordinierung der vom Rat gebildeten Spezialausschüsse. Zum 1. 1. 1993 wurden zur Verwirklichung des ↑Europäischen Wirtschaftsraums neue Organe (EFTA-Überwachungsbehörde, EFTA-Gerichtshof, Ständiger Ausschuß) geschaffen.

Europäische Gemeinschaften (Europäische Gemeinschaft), Abk. EG, Sammelbez. für die im Zuge der europ. Einigungsbewegung nach dem 2. Weltkrieg entstandene ↑Europäische Wirtschaftsgemeinschaft (EWG), die Europ. Atomgemeinschaft (↑EURATOM) und die ↑Europäische Gemeinschaft für Kohle und Stahl (EGKS). Die 6 Gründerstaaten (in den 50er Jahren) sind die BR Deutschland, Frankreich, Italien, Belgien, die Niederlande, Luxemburg. Am 1. Jan. 1973 wurden Großbritannien, Dänemark und Irland Vollmgl., Griechenland wurde am 1. Jan. 1981, Portugal und Spanien am 1. Jan. 1986 in die EG aufgenommen. Weitere Länder (z. B. Aufnahmeantrag Österreichs vom Juli 1989) zeigen wachsendes Interesse an einem EG-Beitritt. – Langfristiges Ziel der EG ist (↑Einheitliche Europäische Akte) über die Wirtschaftsintegration ihrer Mgl. hinaus der polit. Zusammenschluß (↑Europäische Politische Zusammenarbeit) zu einer ↑Europäischen Union sowie die Schaffung eines großen europ. Binnenmarktes gemeinsam mit der EFTA. – Obwohl nach wie vor formalrechtlich diese drei E. G. nebeneinander mit eigener Rechtspersönlichkeit und Zuständigkeit bestehen, sind sie bereits seit dem 1. Juli 1967 durch gemeinsame Organe miteinander verbunden. Die wichtigsten gemeinsamen Organe der EG sind: das ↑Europäische Parlament; der *Rat (Min.rat)*, der als oberstes Organ der EG aus den jeweiligen Fachmin. der Mgl.staaten besteht und der gemeinsame Positionen in EG-Grundsatzfragen erarbeitet; seit 1975 sind die Tagungen der Staats- und Reg.chefs im *Europ. Rat* institutionalisiert; die *Kommission (Europ. Kommission)* als Exekutivorgan der EG mit dem Recht, Verordnungen zu erlassen, und der Befugnis, Recht zu sprechen (z. B. bei Kartellverboten). Weitere Organe: ↑Europäischer Gerichtshof, Europ. Rechnungshof, Wirtschafts- und Sozialausschuß.

Europäische Gemeinschaft für Kohle und Stahl (Montanunion), Abk. EGKS, europ. gemeinsamer Markt für Kohle und Stahl, der auf Grundlage des Vertrags vom 18. 4. 1951 gebildet wurde. Gründungsmitglieder waren Belgien, die BR Deutschland, Frankreich, Italien, Luxemburg und die Niederlande. Heute gehören alle Mgl. der EWG der EGKS an. Die urspr. Organe der Montanunion sind weitgehend in den gemeinsamen Organen der EG aufgegangen.

Europäische Investitionsbank, Abk. EIB, auf Grund der EWG-Verträge 1958 gegr., rechtlich selbständige Bank, Sitz Luxemburg. Die Aufgabe der EIB als Kreditinstitut der EWG besteht in der Gewährung von Darlehen und Bürgschaften, v. a. für die wirtsch. Erschließung wenig entwickelter Gebiete und für die Modernisierung oder Umstellung von Unternehmen in EG-Ländern sowie für Vorhaben von gemeinsamem Interesse für mehrere Mgl.staaten. Zw. 1958 und 1990 wurden rd. 88 Mrd. Europ. Währungseinheiten (ECU) ausgeliehen. Seit 1963 unterstützt die EIB mit Darlehen auch Investitionsprojekte in mit der EWG assoziierten oder kooperierenden Ländern.

Europäische Kernenergie-Agentur ↑Nuclear Energy Agency.

Europäische Kommission ↑Europäische Gemeinschaften.

Europäische Kommission für Menschenrechte ↑Europäischer Gerichtshof für Menschenrechte.

Europäische Liberale Demokraten ↑Föderation der liberalen und demokratischen Parteien der Europäischen Gemeinschaften.

Europäische Organisation für die Entwicklung von Trägerraketen ↑ESA.

Europäische Organisation für Kernforschung ↑CERN.

Europäische Organisation zur Erforschung des Weltraums ↑ESA.

Europäische Organisation zur Sicherung der Luftfahrt ↑EUROCONTROL.

Europäische Parlamentarier-Union, Zusammenschluß europ. Parlamentarier zur Förderung der europ. Einigung; 1947 gegr.; schloß sich 1952 mit der Parlamentar. Gruppe der Europ. Bewegung zum **Parlamentarischen Rat der Europäischen Bewegung** zusammen.

Europäische Politische Zusammenarbeit (Abk. EPZ), die institutionalisierte Zusammenarbeit der Außenmin. und auswärtigen Dienste der Mitgliedsstaaten der Europ. Gemeinschaften (EG). Ihr Ziel ist, daß Europa auch auf außenpolit. Gebiet den Grad an Handlungsfähigkeit erreicht, den der gegenwärtige Stand der europ. Einigung erfordert. Die EPZ entstand im Zusammenhang mit den Bemühungen der beiden europ. Gipfelkonferenzen von Den Haag (1969) und Paris (1972) und ist ein wesentl. Schritt auf dem Wege zur Weiterentwicklung der EG zur ↑Europäischen Union.

Europäischer Aal, svw. Flußaal (↑Aale).

	Europäische Gemeinschaften (USA und Japan zum Vergleich)				
	E (in Mill.) 1989	BIP[1] zu jeweiligen Marktpreisen (in Mrd. ECU) 1989	BIP[1] pro Kopf, Index des Volumens 1989	Preise des privaten Verbrauchs (Veränderung in Prozent) 1989 zu 1988	Bruttoinvestitionsquote (in Prozent des BIP[1]) 1989
Belgien	9,862	131,0	102,0	3,15	17,8
Dänemark	5,140	95,7	143,1	4,9	17,3
BR Deutschland	61,887	1 069,7	132,8	2,8	20,0
Frankreich	56,076	838,0	114,8	3,2	20,1
Griechenland	10,086	47,4	36,1	13,6	19,2
Großbritannien	57,016	730,4	98,4	7,2	19,1
Irland	3,522	28,3	61,7	4,5	17,4
Italien	57,342	741,2	99,3	6,3	20,1
Luxemburg	0,372	5,9	120,8	3,4	21,8
Niederlande	14,840	195,7	101,3	1,1	20,4
Portugal	9,813	38,3	30,0	13,7	28,2
Spanien	39,159	310,7	60,9	6,7	22,7
EG	325,116	4 232,2	100,0	5,2	20,1
USA	248,535	4 607,9	142,5	4,7	17,2
Japan	123,710	2 656,7	165,0	2,6	30,8

[1] BIP = Bruttoinlandsprodukt

Europäischer Ausrichtungs- und Garantiefonds für die Landwirtschaft, Abk. EAGFL, Fonds zur Finanzierung agrarpolit. und agrarstrukturpolit. Maßnahmen im Rahmen der EWG. Aus der *Abteilung Garantie* werden Interventionen auf dem Binnenmarkt zur Regulierung der Preise sowie Ausfuhrrückerstattungen finanziert. Die *Abteilung Ausrichtung* finanziert Maßnahmen u. a. zur Verbesserung der Agrarstruktur.

Europäischer Binnenmarkt ↑ Europäische Union.

Europäischer Bitterling ↑ Bitterling.

Europäischer Blattfingergecko ↑ Blattfingergeckos.

Europäischer Filmpreis, seit 1988 jährlich von einer Jury europ. Filmschaffender vergebener Preis für die besten Filme und Einzelleistungen (auch Gesamtwerk) im europ. Film in Form einer Statuette („Felix").

Europäischer Gerichtshof (amtl. Gerichtshof der Europ. Gemeinschaften), Abk. EuGH, 1957 errichtetes einheitl. Gericht der drei Europ. Gemeinschaften, Sitz Luxemburg; fungiert als Staaten-, Verwaltungs- und Zivilgericht. Der EuGH ist u. a. zuständig für die Auslegung der Gründungsverträge und des sekundären Gemeinschaftsrechts (↑ Europarecht). Er entscheidet über die Rechtmäßigkeit des Handelns von Rat und Kommission sowie von Mgl.staaten der EG. Mit Wirkung vom 25. 9. 1989 wurde der EuGH durch ein „Gericht erster Instanz" verstärkt. Es soll sich zur Entlastung des EuGH v. a. mit Klagen von Beamten oder Bediensteten der EG sowie mit Wettbewerbssachen befassen; gegen seine Entscheidung ist Revision beim EuGH möglich.

Europäischer Gerichtshof für Menschenrechte, gemäß der Europ. Menschenrechtskonvention errichtetes internat. Gericht, das als oberstes Organ über die Einhaltung der in jener Konvention garantierten ↑ Menschenrechte wacht. Die (nebenberufl.) Richter werden auf Vorschlag der Mgl.staaten des Europarats von der Beratenden Versammlung gewählt. Das Gericht kann von den Mgl.staaten oder der **Europäischen Kommission für Menschenrechte** mit einem Fall befaßt werden.

Europäischer Gewerkschaftsbund, Abk. EGB, Spitzenorganisation von 36 nat. Arbeitnehmerorganisationen aus 21 europ. Staaten (1990); 1973 gegr.; Sitz Brüssel.

Europäischer Hummer ↑ Hummer.

Europäischer Rat ↑ Europäische Gemeinschaften.

Europäischer Sozialfonds, EG-Fonds, der einer europ. Beschäftigungspolitik dienen soll. Er wurde 1960 errichtet, um die berufl. Verwendbarkeit und die örtl. und berufl. Freizügigkeit der Arbeitnehmer innerhalb der Gemeinschaft zu fördern.

Europäische Rundfunk-Union ↑ Union der Europäischen Rundfunkorganisationen.

Europäischer Wirtschaftsraum, Abk. EWR, im Mai 1992 unterzeichneter Vertrag zw. den Mitgliedstaaten von EG und EFTA mit dem langfristigen Zielen einer vollständigen Integration der beiden Zusammenschlüsse und der Schaffung eines großen europ. Binnenmarktes (Einführung zum 1. Jan. 1993).

Europäisches Alpenveilchen ↑ Alpenveilchen.

Europäisches Atomforum (frz. Forum Atomique Européen), Abk. FORATOM, gemeinnützige Vereinigung, zu der sich Organisationen aus 15 Ländern zusammengeschlossen haben. Gründung: 12. Juli 1960 in Paris; Sitz London. Zweck der Vereinigung ist die Förderung der friedl. Nutzung der Kernenergie.

europäische Sicherheit, die Erhaltung des Kräftegleichgewichts und Vermeidung militär. Konflikte in Europa. Nach dem 1. Weltkrieg war e. S. nicht mehr allein im europ. Rahmen erreichbar. Die Widersprüchlichkeit der 3 bestimmenden Grundsätze – kollektive Sicherheit durch den Völkerbund, Verhinderung erneuter dt. Hegemoniebestrebungen, Abwehr des (sowjet.) Kommunismus – verhinderte vor dem 2. Weltkrieg die Verwirklichung einer e. S. Nach 1945 zunächst im Rahmen der UN angestrebt, wurde e. S. während des kalten Krieges auf westl. wie östl. Seite in militär. Bündnissen (NATO, Warschauer Pakt) und wirtsch. Integration (EWG, COMECON) gesucht. Seit Beginn der 70er Jahre wurden im Rahmen der Entspannungspolitik verstärkt Versuche unternommen, die e. S. durch Übereinkommen zw. Ost und West (und Neutralen) abzustützen (KSZE 1975/77, MBFR seit 1973). Mit den tiefgehenden demokrat. Veränderungen in den europ. ↑ Ostblockstaaten Ende der 80er Jahre und der Beendigung des kalten Krieges eröffneten sich völlig neue Möglichkeiten zur dauerhaften Zusammenarbeit der europ. Staaten. Grundlegende Schritte auf diesem Weg wurden durch den auf dem Pariser KSZE-Gipfeltreffen (Nov. 1990) unterzeichneten Vertrag über die Verringerung der konventionellen Streitkräfte in Europa (KSE) und die ebenfalls dort verabschiedete „Charta für ein neues Europa" getan. Die Schwierigkeiten bei der Verwirklichung einer umfassenden e. S. manifestierten sich zuletzt angesichts des Bürgerkriegs im ehem. Jugoslawien.

Europäische Sicherheitskonferenz, svw. Konferenz über Sicherheit und Zusammenarbeit in Europa, ↑ KSZE.

Europäisches Laboratorium für Molekularbiologie (EMBL), 1974 gegr. multinationales Forschungszentrum für Molekularbiologie; Sitz Heidelberg.

Europäisches Nordmeer, Nebenmeer des nördl. Atlantik, zw. Grönland und Island im W, Spitzbergen im NO und der Skand. Halbinsel im SO; der nördlichste Teil wird als **Grönlandsee,** der SO-Teil vor der mittelnorweg. Küste als **Norwegensee** bezeichnet.

Europäische Sozialcharta, im Rahmen des Europarates geschlossener völkerrechtl. Vertrag über soziale Rechte; am 18. Okt. 1961 von den meisten Mgl.staaten des Europarates in Turin unterzeichnet; für die BR Deutschland am 26. Febr. 1965 in Kraft getreten. Von den in der E. S. genannten insgesamt 19 sozialen Rechten sind 7 bindende „Kernrechte": das Recht auf Arbeit, das Vereinigungsrecht, das Recht auf Kollektivverhandlungen, das Recht auf soziale Sicherheit, das Recht auf Fürsorge, das Recht der Familie auf sozialen, gesetzl. und wirtsch. Schutz, das Recht der Wanderarbeitnehmer und ihrer Familien auf Schutz und Beistand.

Europäisches Parlament (Europaparlament), Versammlung der EG; Verwaltungssitz Luxemburg; Parlamentssitz Straßburg (seit der konstituierenden Sitzung 1958, offiziell seit 1992); Tagungsort der Ausschüsse und zusätzl. Plenarsitzungen Brüssel. Mit der Europawahl 1994 wurde die Zahl der Abg. (seit 1986 518 Mgl.), die seit 1979 aus allg. und unmittelbaren Wahlen (nach einem von jedem Mgl.staat bestimmten Verfahren) hervorgehen, auf 567 Mgl. erhöht: 99 (1986–94: 81) aus der BR Deutschland, je 87 (81) aus Großbritannien, Frankreich und Italien, 64 (60) aus Spanien, 31 (25) aus den Niederlanden, je 25 (24) aus Belgien, Griechenland und Portugal, 16 (16) aus Dänemark, 15 (15) aus Irland und 6 (6) aus Luxemburg. Aus den neuen Bundesländern der BR Deutschland waren 1990–94 18 Abg. mit Beobachterstatus vertreten. Die Abg. dürfen weder der Reg. eines Mitgliedstaates noch einem leitenden Verwaltungs- oder Gerichtsorgan noch einer Institution der Gemeinschaften angehören. Die parteipolitisch gebildeten Fraktionen des E. P. sind teils übernat., teils nat.; das E. P. besitzt nur kontrollierende und beratende, keine legislativen Befugnisse, hat u. a. das Recht, den eigenen Haushalt zu beschließen (seit 1973) und kann nach Art. 144 EWG-Vertrag mit Zweidrittelmehrheit der Kommission das Mißtrauen aussprechen und sie zum Rücktritt zwingen. – Nach Fraktionen setzt sich das E. P. nach den Europawahlen vom Juni 1989 folgendermaßen zusammen (Stand Juli 1992): Sozialisten 180 Sitze, Christl. Demokraten 162, Liberale 45, Grüne 27, Vereinigte Linke 29, Sammlungsbewegung der Europ. Demokraten 21, Europ. Rechte 14, orthodoxe Kommunisten 13, Regionalisten und EG-Gegner 15 und 12 Fraktionslose.

Europäisches Patent, wird auf Grund einer einzigen Anmeldung beim Europ. Patentamt erteilt; bietet Schutz in den Signatarstaaten des Europ. Patentübereinkommens (EPÜ). Das E. P. besteht neben dem Gemeinschaftspatent und dem nat. Patent.

Europäisches Patentamt, Abk. EPA, als Organ der Europ. Patentorganisation 1977 errichtete Behörde zur Er-

Europäische Südsternwarte

teilung und Verwaltung von europ. Patenten nach dem Europ. Patentübereinkommen (EPÜ) von 1973; Sitz München. Es ist insbes. zuständig für die Prüfung und Erteilung des Europ. Patents, für die Bearbeitung von Einsprüchen, für die Führung des europ. Patentregisters.

Europäische Südsternwarte ↑Südsternwarte.

Europäisches Währungsabkommen, Abk. EWA, am 27. 12. 1958 in Kraft getretenes Abkommen, das die Durchführung der Handelspolitik und die Liberalisierung des Waren-, Dienstleistungs- und Kapitalverkehrs erleichtern sollte; das EWA trat Ende 1972 außer Kraft.

Europäisches Währungssystem, Abk. EWS, am 13. 3. 1979 in Kraft getretenes Abkommen zw. den Mgl.staaten der EG mit dem Ziel, eine stabile Währungszone in Europa zu schaffen. Kernstück des EWS bildet die *Europ. Währungseinheit* (European Currency Unit, Abk. ECU), die innerhalb des EWS als Rechengröße, als Bezugsgröße für Wechselkurse sowie als Zahlungsmittel und Reservewährung der Zentralbanken verwendet wird. Die nationalen Währungen haben auf den ECU bezogene Leitkurse, die zur Festlegung eines Gitters bilateraler Wechselkurse mit einer Bandbreite von ±2,25 % dienen (Ausnahme Italien [bis 1989], Großbritannien, Portugal und Spanien mit einer Bandbreite von ±6 %). Großbritannien und Italien setzten 1992 ihre Mgl.schaft im EWS aus. – ↑Europäische Union.

Europäisches Wiederaufbauprogramm ↑Marshallplanhilfe.

Europäische Wirtschafts- und Währungsunion ↑Europäische Union.

Europäische Union, geplante Endstufe des europ. polit. Einigungsprozesses im Rahmen der ↑Europäischen Gemeinschaften. Diese von den Außenmin. der EG-Staaten in der 1986 unterzeichneten ↑Einheitlichen Europäischen Akte niedergelegte Zielstellung basiert auf einem Einigungsprogramm, das über Zollunion, gemeinsamen Agrarmarkt, Vollendung des einheitl. integrierten EG-Binnenmarktes (ab 1993 in Kraft), die Schaffung eines weiterentwickelten ↑Europäischen Währungssystems sowie, ausgehend von der ↑Europäischen Politischen Zusammenarbeit, die Verwirklichung der polit. Union anstrebt. Ende 1991 einigten sich die Staats- und Regierungschefs der EG-Staaten auf zusätzl. Fortentwicklung (zusätzl. Kompetenzen für das Europ. Parlament, Ausweitung der gemeinsamen Politikbereiche u. a. auf Außen- und Verteidigungspolitik) und auf einen Stufenplan zur Verwirklichung der **Europ. Wirtschafts- und Währungsunion (EWWU);** am 7. Febr. 1992 wurde daraufhin der **Maastrichter Vertrag** über die E. U. unterzeichnet. In drei Stufen sollen u. a. das Europ. Währungssystem ausgebaut, die Außen-, Sicherheits-, Rechts-, Verkehrs-, Sozial- und Wirtschaftspolitik besser aufeinander abgestimmt werden. Nach Erfüllung bestimmter wirtschafts- und finanzpolit. Konvergenzkriterien durch die Mgl.-Staaten sollen frühestens ab dem 1. 1. 1997 das Europ. System der Zentralbanken und die Europ. Zentralbank gegründet werden. Am Ende des Stufenplans steht die Einführung einer gemeinsamen Europ. Währung frühestens 1999. – Eine zusätzl. Dimension gewinnt die E. U. durch die Zusammenarbeit mit der EFTA (Einführung des Europ. Wirtschaftsraumes [EWR] zum 1. Jan. 1993) und das noch offene Verhältnis zu den osteurop. Staaten.

Europäische Verteidigungsgemeinschaft, Abk. EVG, 1952 in Paris abgeschlossener Vertrag, der die Verschmelzung der Streitkräfte Frankreichs, Italiens, Belgiens, der Niederlande, Luxemburgs und der BR Deutschland unter einem gemeinsamen Oberbefehl vorsah; scheiterte in der frz. Nationalversammlung 1954 an den Bedenken gegen einen Souveränitätsverzicht. Die militärpolit. Konsequenzen wurden durch die Aufnahme der BR Deutschland in die Westeuropäische Union und die NATO aufgefangen.

Europäische Volkspartei, Abk. EVP, 1976 gegr. Föderation der christl.-demokrat. Parteien in den EG; Sitz Brüssel.

Europäische Währungseinheit ↑Europäisches Währungssystem.

Europäische Weltraumorganisation ↑ESA.

Europäische Wirtschaftliche Interessenvereinigung, Abk. EWIV, Typ einer jurist. Person des europ. Rechts zur Förderung der grenzüberschreitenden Zusammenarbeit (z. B. auf den Gebieten Forschung und Entwicklung, Produktion, Vertrieb). Gründungsmgl. können natürl. und jurist. Personen aus EG-Staaten sein, wobei mindestens zwei von ihnen ihren Sitz in verschiedenen EG-Staaten haben müssen. Grundlage der EWIV ist eine VO des Rates der EG vom 31. Juli 1985 mit Wirkung vom 1. Juli 1989.

Europäische Wirtschaftsgemeinschaft (frz. Communauté Économique Européenne, Abk. CEE; engl. European Economic Community, Abk. EEC), Abk. EWG, vertragl. Zusammenschluß auf unbegrenzte Zeit zum Zweck der wirtsch. Integration. Die EWG ist die wichtigste Teilorganisation der ↑Europäischen Gemeinschaften. Gründungsmgl.: Belgien, BR Deutschland, Frankreich, Italien, Luxemburg, Niederlande; vom 1. Jan. 1973 an erweitert um die Staaten Dänemark, Großbritannien und Irland, seit 1. 1. 1981 um Griechenland, seit 1. 1. 1986 um Spanien und Portugal. Die Unterzeichnung des Vertrags erfolgte am 25. März 1957 in Rom (daher auch **Römische Verträge**); seit 1. Jan. 1958 in Kraft. Als vorläufiger Sitz wurden Brüssel und Luxemburg vereinbart. Die Wirtschafts- und Währungsunion soll Vorstufe zur ↑Europäischen Union sein. Die erste Stufe der wirtsch. Integration der Gemeinschaft war die Errichtung eines **gemeinsamen Marktes.** Sie umfaßt alle Maßnahmen, die einen freien Waren-, Dienstleistungs-, Personen- und Kapitalverkehr gewährleisten, die Freizügigkeit der Arbeitnehmer innerhalb der Gemeinschaft sichern und zur Vereinheitlichung des Wirtschaftsrechts beitragen. Der einheitl. integrierte EG-Binnenmarkt wurde 1993 vollendet.

Bes. wichtig für die Errichtung eines freien Warenverkehrs innerhalb der Gemeinschaft war die Bildung einer **Zollunion.** Diese führte zu einem schrittweisen Abbau der Ein- und Ausfuhrzölle aller Waren und zum Verbot mengenmäßiger Einfuhrbeschränkungen der Mgl.staaten untereinander. Dazu gehören ferner Bestimmungen über einheitl. Zolltarife im Warenaustausch mit Drittländern (Außenzölle). Die Einbeziehung der Erzeugung von und des Handels mit landw. Produkten **(gemeinsamer Agrarmarkt)** in den Integrationsprozeß des gemeinsamen Marktes hat auf Grund der unterschiedl. Strukturen und Organisationen der einzelstaatl. Märkte bes. Probleme mit sich gebracht, die nicht mit den Mitteln zur Herstellung eines allg., freien Warenverkehrs gelöst werden konnten. Um die vertragl. Zielsetzungen der Gemeinschaft auf landw. Gebiet erreichen zu können, einigten sich die Mgl.staaten auf die Grundlinien einer gemeinsamen Agrarpolitik, die die simultane Errichtung europ. Marktorganisationen („Marktordnungen"), den Abbau der innergemeinschaftl. Handelsbeschränkungen und die Herstellung gleicher Bedingungen im Warenaustausch mit Drittländern sicherstellen sollte. Durch garantierte Mindestpreise sollen die Erzeuger bei Überproduktion vor den Folgen mögl. Preissenkungen geschützt werden. Drohen die Preise unter die Interventionspreise zu sinken, so werden die Produkte mit öff. Mitteln aufgekauft und eingelagert. Zur Finanzierung der gemeinsamen Agrarpolitik wurde der **Europäische Ausrichtungs- und Garantiefonds für die Landwirtschaft** (EAGFL) gegr., der Bestandteil des EG-Haushaltes ist.

Im Sinne einer größeren Freizügigkeit im **Personenverkehr** und **Niederlassungsrecht** verpflichten sich die Mgl.staaten, alle rechtl. Bestimmungen zu beseitigen, durch die Personen und Gesellschaften aus Mgl.ländern an der Ausübung ihrer wirtsch. Tätigkeiten gehindert werden. Zur Herstellung der Freizügigkeit gehört auch die Verwirklichung jener Bedingungen, die es den Arbeitnehmern innerhalb der EWG ermöglichen, ungeachtet ihrer Staatszugehörigkeit unter gleichen Voraussetzungen hinsichtlich Beschäftigung, Entlohnung und sozialer Sicherheit ihren Arbeitsplatz zu wählen.

Weitere Festlegungen und Aktivitäten regeln den Bereich der Steuer-, Sozial-, Wettbewerbs-, Regional-, Verkehrs- und Ind.politik. Eine enge währungspolit. Zusammenarbeit führte zur Schaffung des ↑Europäischen Währungssystems. An Bed. gewinnt in der EG eine gemeinsame Bildungs-, Wiss.-, Gesundheits-, Kultur- und Rechtspolitik sowie abgestimmte Maßnahmen im Umweltschutz.

Die **Außenhandelspolitik** enthält als ein wesentl. Element die Bestimmung eines gemeinsamen Zolltarifsystems gegenüber Drittländern, das durch den Min.rat der EG festgelegt wird und an das die Mgl.staaten ihre Tarifsysteme so anpassen, daß sie den Warenaustausch mit Drittländern unter gleichen Bedingungen durchführen. Ein weiteres bed. Element der gemeinsamen Außenhandelspolitik ist die schrittweise Abtretung einzelstaatl. Rechte an die Kommission, Handelsabkommen mit Drittländern zu vereinbaren. Mit zahlr. Ländern im Mittelmeerraum und mit nicht beitrittswilligen EFTA-Mgl. sind entsprechende Abkommen abgeschlossen worden. Staaten, die intensivere wirtsch. Beziehungen zur Gemeinschaft pflegen wollen, als das durch Handelsabkommen erreichbar ist, wird von der EWG die Möglichkeit der Assoziierung eingeräumt. Eine gemeinsame Entwicklungspolitik fördert die Entwicklungsländer. Mit den Staaten des Mittelmeerraumes wurden Assoziierungsabkommen geschlossen (Türkei: 1964; Malta: 1971; Zypern: 1973; 69 Länder (1990) des afrikan., karib. und pazif. Raumes (↑AKP-Staaten) sind seit 1975 durch das Lomé-Abkommen mit der EWG verbunden. Verträge über Zusammenarbeit bestehen u. a. auch mit der ASEAN und dem Andenpakt. Zur Finanzierung gemeinsamer Einrichtungen und zur Förderung der Investitionstätigkeit in den assoziierten Ländern wurde ein Europ. Entwicklungsfonds (EEF) eingerichtet.

Europäische Zahlungsunion, Abk. EZU, 1950 gegr. Institution, die nach dem 2. Weltkrieg die Rückkehr zur vollen Multilateralität des Handels erleichtern und zur Wiedereinführung der allg. Konvertibilität der Währungen aller Mgl.länder der OEEC (jetzt OECD) beitragen sollte. Die techn. Arbeiten wurden durch die Bank für Internat. Zahlungsausgleich (BIZ) ausgeführt. Das Abkommen über die EZU wurde 1958 durch das ↑Europäische Währungsabkommen ersetzt.

Europäisierung, weltweite Ausbreitung der vom 17. Jh. an in W- und M-Europa sich ausbildenden wiss.-techn. Zivilisation, die v. a. in Asien und Afrika zu tiefen sozialen und kulturellen Spannungen zw. traditionalist. und westlich-modernist. Elementen des Gesellschafts- und Wertgefüges führte.

Europakanal, Teilstück des ↑Rhein-Main-Donau-Großschiffahrtswegs.

Europaparlament ↑Europäisches Parlament.

Europapläne, Konzeptionen, die auf Einigung bzw. Zusammenschluß der europ. Staaten hinzielen. Nach Ansätzen im MA begleiteten sie das nach 1648 entstandene europ. Staatensystem, so z. B. W. Penns Vorschlag der Friedenssicherung durch ein europ. Parlament (1693). C. Makkays Idee der „Vereinigten Staaten von Europa" (1848) fand in der Publizistik großen Beifall. Erst nach dem 1. Weltkrieg begann die Entwicklung konkreter E. Doch die Ansätze der Paneuropa-Bewegung wie auch A. Briands Vorschlag eines europ. Bundes souveräner Staaten (1930) wurden von der Hoffnung auf die Bewährung des umfassenderen Völkerbundes überlagert. Die E. nach dem 2. Weltkrieg standen bald im Zeichen des Ost-West-Konflikts und beschränkten sich meist auf W-Europa. So gelang es zwar mit der Bildung der ↑Europäischen Gemeinschaften, auf dem Weg zur Europ. Union große Fortschritte zu erreichen, doch erst mit dem Ende des kalten Krieges in Europa (Charta von Paris, 1990) wurden Möglichkeiten sichtbar, den ganzen Kontinent umfassende E. des friedl. Zusammenlebens zu verwirklichen.

Europapokal (Europacup), Pokalwettbewerb für europ. Mannschaften; im Fußball seit 1955/56 E. der Landesmeister, seit 1960/61 E. der Pokalsieger, seit 1971/72 UEFA-Pokal. – ↑Fußball (Übersicht).

Europaraketen, Name der von der ELDO (↑ESA) entwickelten Trägerrakete. 1973 durch die europ. Trägerrakete Ariane ersetzt.

Europarat, 1949 geschaffene internat. Organisation von derzeit (1992) 27 europ. Staaten mit der Aufgabe, eine engere Verbindung zw. ihren Mgl. zum Schutze und zur Förderung ihrer gemeinsamen Ideale und Grundsätze herzustellen und ihren wirtsch. und sozialen Fortschritt zu fördern. Dies soll erfolgen durch gemeinsame Beratungen, durch Abkommen (bisher wichtigstes: Europ. Menschenrechtskonvention) und durch gemeinsames Vorgehen auf wirtsch., sozialem, kulturellem und wiss. Gebiet sowie auf den Gebieten des Rechts und der Verwaltung; weiter durch die Garantie und die Fortentwicklung der Menschenrechte und Grundfreiheiten. Organe: das Ministerkomitee (die Außenmin. aller Mgl.staaten), die Beratende Versammlung (die entsprechend der Größe der einzelnen Staaten von den nat. Parlamenten entsandten Abg.), das [General]sekretariat. Sitz: Straßburg.

Europarecht, Bez. i. w. S. für das Recht der zwischenstaatl. Integration Europas; im wesentl. seit dem Ende des 2. Weltkrieges sich entwickelndes Rechtsgebiet; i. e. S. für das Recht der Europ. Gemeinschaften, sog. Gemeinschaftsrecht. Das Gemeinschaftsrecht ist eine autonome Rechtsordnung, die mit der intensiven Integration der Mgl. der EG entstand. Es wird untergliedert: a) in das *primäre Gemeinschaftsrecht,* das aus den Gründungs-, Beitritts- und Änderungsverträgen zu den EG besteht (z. B. EWG-Vertrag von 1957); b) in das *sekundäre Gemeinschaftsrecht,* d. h. das von den Organen der Gemeinschaften erlassene Folgerecht, bes. Verordnungen, Richtlinien und Entscheidungen. Ziel der gemeinschaftsrechtl. Regelungen ist die Rechtsangleichung zw. den Mgl.staaten, die der Errichtung und dem Funktionieren des gemeinsamen Marktes bzw. des Binnenmarktes dient. Das Gemeinschaftsrecht hat vor dem nat. Recht der Gemeinschaftsmgl. Vorrang. Die Klärung von Zweifelsfragen bei der Auslegung des Gemeinschaftsrechts ist Aufgabe des Europ. Gerichtshofes.

Europareservat, Bez. für bes. wichtige und hinreichend geschützte Landschaftsteile, i. d. R. ausgewiesene Naturschutzgebiete und Feuchtgebiete von internat. Bedeutung. Der Titel E. wird vom Internat. Rat für Vogelschutz vergeben, kann aber, wenn sich die Schutzbedingungen verschlechtern, wieder aberkannt werden.

Europaschiff, Schiffstyp der europ. Binnenschiffahrt; Länge 85 m, Breite 9,5 m, Tiefgang 2,5 m, Tragfähigkeit 1 350 t.

Europaschulen, in Städten, die Sitz der EG sind, eingerichtete mehrsprachige Schulen einschl. Kindergärten, die mit 5 Primar- und 7 Sekundarschuljahren zur sog. **europäischen Reifeprüfung** führen (in den Mgl.ländern der EG sowie in Österreich, der Schweiz und den USA anerkannt).

Europastraßen, Straßen des internat. Verkehrs, die durch Verkehrsschilder (weißes E auf grünem Grund) gekennzeichnet sind. E. werden seit 1975 in Straßen des Haupt- und Zwischenrasters (A-Straßen mit zwei Ziffern) sowie in Abzweigungen-, Zubringer- und Verbindungsstraßen (B-Straßen mit drei Ziffern) untergliedert.

Europawahlen, die Wahlen zum Europ. Parlament.

European Economic Community [engl. jʊərəˈpiːən iːkəˈnɒmɪk kəmˈjuːnɪtɪ], Abk. EEC, engl. Bez. für die Europ. Wirtschaftsgemeinschaft.

European Free Trade Association [engl. jʊərəˈpiːən friː ˈtreɪd əsəʊsɪˈeɪʃən], Abk. EFTA, engl. Bez. für die Europ. Freihandelsassoziation.

European Nuclear Energy Agency [engl. jʊərəˈpiːən ˈnjuːklɪə ˈenədʒɪ ˈeɪdʒənsɪ], Abk. ENEA, Europ. Kernenergie-Agentur, ↑Nuclear Energy Agency.

European Recovery Program [engl. jʊərəˈpiːən rɪˈkʌvərɪ ˈprəʊɡræm], Abk. ERP, ↑Marshallplanhilfe.

European Space Research Organization [engl. jʊərəˈpiːən ˈspeɪs rɪˈsɜːtʃ ɔːɡənaɪˈzeɪʃən], Abk. ESRO, ↑ESA.

Europide [griech.] (europider Rassenkreis), Gesamtheit der in Europa, N-Afrika und dem Westteil Asiens einheim. Menschenrassen, deren auffälligstes Kennzeichen die Pigmentarmut von Haut, Haar und Augen ist. Die E. lassen sich in vier Gruppen zu je zwei einander stammesgeschichtlich nahestehenden Rassen untergliedern: 1. ↑Nor-

Europarat. Flagge

Europastraßen. Verkehrsschild

Europium

dide und ↑Fälide bzw. Dalonordide; 2. Alpinide (↑alpine Rasse) und ↑Osteuropide; 3. Dinaride (↑dinarische Rasse) und Anatolide (↑vorderasiatische Rasse); 4. ↑Mediterranide und ↑Orientalide. – ↑Menschenrassen.

Europium [nach dem Erdteil Europa], chem. Symbol Eu, das seltenste Element aus der Reihe der Lanthanoide; Ordnungszahl 63; relative Atommasse 151,96; Schmelzpunkt 822 °C, Siedepunkt 1 597 °C. Das graue, gut verformbare Metall tritt in seinen Verbindungen zwei- (farblos) oder dreiwertig (rosafarben) auf; dient u. a. zur Herstellung spezieller Leuchtstoffe.

Europoort [niederl. 'ø:ro:po:rt], Hafengebiet von Rotterdam, Niederlande.

Euroscheck ↑eurocheque.

Eurosignal ↑Funkrufdienst.

EUROSPACE [engl. 'jʊərəspɛɪs], Abk. für engl.: **Euro**pean Industrial Group for **Space** Studies (dt. Europ. Industriegruppe für Raumfahrtstudien), Verband europ. Raumfahrtunternehmen, gegr. 1961, Sitz Paris. Aufgabe: Untersuchung techn., wirtsch. und jurist. Probleme hinsichtlich der Raumfahrt.

Eurotunnel, im Bau befindl. unterird. Landverbindung zw. Großbritannien und Frankreich (Dover und Calais); 25–40 m unter dem Meeresboden, bestehend aus zwei Verkehrstunnels für Eisenbahnzüge (Gesamtlänge 50 km) und einem Servicetunnel. Durchstich Dez. 1990, geplante Eröffnung für den Pendelverkehr Ende 1993, für den Fernverkehr 1994.

Eurovision [Kw. aus **euro**päisch und Tele**vision**], Organisation der Europ. Rundfunk-Union zum grenzüberschreitenden Austausch von Fernsehprogrammen, gegr. 1954, Sitz der Programmkoordination in Genf, der techn. Koordination in Brüssel, dt. Zentrale in Köln.

Eurovision

Eurybiades, spartan. Feldherr im Perserkrieg 480 v. Chr. – Kommandant der griech. Flotte bei Artemision und Salamis; ließ sich durch Themistokles zur Entscheidungsschlacht von Salamis bewegen.

Eurydike [ɔy'ry:dike, ɔyry'di:ke] ↑Orpheus.

euryhalin [griech.], unempfindlich gegen Schwankungen des Salzgehaltes im Boden oder in Gewässern, auf Organismen bezogen (z. B. Aale, Lachse).

Eurymedon ↑Aspendos.

euryök [griech.] (euryözisch, eurytop), anpassungsfähig; von Tier- und Pflanzenarten gesagt, die in sehr unterschiedl. Biotopen leben können (z. B. Aale, viele Gräser).

euryphag [griech.], nicht auf eine bestimmte Nahrung spezialisiert; auf Tiere bezogen.

euryphot [griech.], unempfindlich gegen Veränderlichkeit der Lichtintensität; von Tieren und Pflanzen gesagt.

Eurypontiden, neben den Agiaden das zweite spartan. Königsgeschlecht (benannt nach dem sagenhaften König Eurypon), zu dem u. a. Agesilaos II., Agis II., Agis IV., Archidamos II., Archidamos III., Leotychidas II. gehörten.

eurytherm [griech.], unempfindlich gegenüber beträchtl. Temperaturdifferenzen des umgebenden Mediums; auf Tiere und Pflanzen bezogen.

Eurythmie [Schreibweise R. Steiners; ↑Eurhythmie], von den Anthroposophen gepflegte Bewegungskunst und -therapie, bei der Laute, Wörter oder Gedichte, Vokal- und Instrumentalmusik in raumgreifende Ausdrucksbewegungen umgesetzt werden.

Eusebios von Caesarea, *zw. 260 und 265, † im Mai 339, griech. Kirchenschriftsteller. – Neben Bibelkommentaren und theolog. Werken verfaßte er die erste Kirchengeschichte („Vater der Kirchengeschichte").

Euskirchen, Krst. in NRW, im S der Zülpicher Börde, 170 m ü. d. M., 47 000 E. U. a. Textil-, Leder-, Glasind. – Stadtrecht seit 1302; kam 1355 an Jülich, 1614/66 an Pfalz-Neuburg. – Pfarrkirche St. Martin (12.–15. Jh.).

E., Kreis in Nordrhein-Westfalen.

Eustachi, Bartolomeo [italien. eus'ta:ki] (Eustachio), *San Severino Marche im März 1520, †auf einer Reise nach Fossombrone im Aug. 1574, italien. Anatom. – Nach ihm benannt wurde die **Eustachi-Röhre** (Ohrtrompete, ↑Gehörorgan).

Eustachius (Eustasius), hl., legendärer Märtyrer; einer der 14 Nothelfer; seit 1979 nicht mehr im Heiligenkalender erwähnt.

Eustathios von Thessalonike, *wahrscheinlich Konstantinopel 1125, †Thessalonike 1195 oder 1196, byzantin. Gelehrter und Metropolit von Thessalonike (seit etwa 1174). – Kommentare zu Ilias und Odyssee, zu Dionysios dem Periegeten und zu Pindar; zahlr. reformer. Schriften, auch histor. Abhandlungen.

eustatische Schwankungen, weltweite Hebungen und Senkungen des Meeresspiegels, verursacht durch Veränderungen des Wasserhaushalts, bes. bei Eiszeiten.

Eutektikum [griech.], feinkristallines Gemenge, das zwei oder mehrere Stoffe (z. B. Metalle in einer Legierung) in dem Verhältnis enthält, das den niedrigsten Erstarrungspunkt aller denkbaren Mischungen dieser Stoffe hat (eutekt. Temperatur, eutekt. Punkt). Beim Abkühlen seiner Schmelze oder Lösung erstarrt es deshalb einheitlich.

Euter, in der Leistengegend gelegener, in Stützgewebe eingebetteter und von einer bindegewebigen Kapsel umgebener Milchdrüsenkomplex bei Unpaarhufern, Kamelen und Wiederkäuern; mit je zwei (bei Pferden, Kamelen, Ziegen, Schafen) bzw. vier (bei Rindern) unabhängig voneinander arbeitenden Drüsensystemen, deren milchausführende Gänge in Zisternen münden, an die die **Zitzen (Striche)** anschließen.

Euterentzündung (Mastitis), bes. bei Hausrindern und Hausschafen auftretende, durch Infektion mit Strepto- oder Staphylokokken hervorgerufene ansteckende Erkrankung des Euters; bei Rindern der ↑gelbe Galt.

Euterpe [zu griech. euterpés „wohl erfreuend"], eine der ↑Musen.

Euthanasie [zu griech. euthanasía „schöner Tod"], Sterbehilfe für unheilbar Kranke und Schwerstverletzte mit dem Ziel, ihnen ein qualvolles Ende zu ersparen. – Bereits die griech.-röm. Antike kennt den Begriff E., meint damit jedoch immer den „guten", d. h. schnellen und schmerzlosen Tod, der ohne Eingreifen eines Arztes oder anderer Menschen in den Sterbeverlauf eintritt. In der *Rechtsgeschichte* gilt die E. mit bewußt herbeigeführter Lebensverkürzung als Tötungsdelikt. Seit Anfang des 20. Jh. begann die Diskussion um die Straffreiheit einer E. mit gezielter Lebensverkürzung als Tötung auf Verlangen von unheilbar Kranken und Sterbenden. Unter nat.-soz. Herrschaft diente die Bez. „E." zur Verschleierung der Vernichtung sog. „lebensunwerten Lebens" (↑Euthanasieprogramm). – In der *christl. Ethik* wird die E. als bewußte Lebensverkürzung unter schöpfungstheolog. und naturrechtl. Gesichtspunkten als Mord beurteilt und verworfen. – Im *Strafgesetzbuch* der BR Deutschland wird der Begriff nicht verwendet. Die absichtl. und aktive Lebensverkürzung ist als Tötungsdelikt

Euskirchen. Romanisches Taufbecken in der Pfarrkirche Sankt Martin, 12. Jahrhundert

Evangeliar. Initial L aus dem Evangeliar Ottos III., um 1000 (München, Bayerische Staatsbibliothek)

strafbar, auch wenn sie auf ausdrückl. und ernstl. Verlangen eines Sterbenden erfolgt (↑Tötung auf Verlangen). Sehr umstritten ist die ↑Sterbehilfe (z. B. durch Abschalten lebensverlängernder Apparate oder Unterlassen entsprechender ärztl. Maßnahmen bei völliger Aussichtslosigkeit weiterer Behandlung des unwiderruflich bewußtlosen Patienten).

Euthanasieprogramm, nat.-soz. Programm zur Vernichtung sog. „lebensunwerten Lebens"; ab 1940 auf Befehl Hitlers durchgeführt. Bis Aug. 1941 wurden in speziellen „Tötungsanstalten" schätzungsweise mehr als 100 000 Menschen getötet. Proteste v. a. von kirchl. Seite führten zur Einstellung der Massenmorde; Einzeltötungen, Kindereuthanasie und die Ermordung sog. „lebensunwerter" KZ-Häftlinge wurden jedoch fortgesetzt.

Euthymides, att. Vasenmaler an der Wende des 6. zum 5. Jh. – Einer der führenden Meister der att. rotfigurigen Vasenmalerei.

Euthynen [griech.], svw. ↑Richtachsen.

Eutin, Krst. in Schl.-H., zw. Großem und Kleinem Eutiner See, 43 m ü. d. M., 16 600 E. Verwaltungssitz des Landkr. Ostholstein; Landespolizeischule, Museen, Freilichtbühne; Fremdenverkehr. – 1143 gegr. und mit Holländern besiedelt; seit 1257 Stadt. – Michaelskirche (13. Jh.), Schloß (17./18. Jh.), auf Resten älterer Vorgängerbauten).

Eutonie [griech.], normaler Spannungszustand (Tonus) der Muskeln; Ggs. ↑Dystonie.

eutroph [griech.], nährstoffreich; auf Gewässer bezogen, die reich an Nährstoffen sind.

Eutrophie [griech.], guter Ernährungszustand des Organismus, bes. von Säuglingen (Ggs. ↑Dystrophie).

Eutrophierung [griech.], die unerwünschte Zunahme eines Gewässers an Nährstoffen (z. B. durch Einleitung ungeklärter Abwässer, Stickstoffauswaschungen aus dem Boden in landw. intensiv genutzten Gebieten) und das damit verbundene schädl. Wachstum von Pflanzen (v. a. Algen) und tier. Plankton (erhebl. Verminderung des Sauerstoffgehaltes des Wassers).

Eutropius, röm. Geschichtsschreiber des 4. Jh. – Verfaßte 10 Bücher röm. Geschichte bis zum Jahre 364; fortgesetzt in 6 Büchern (bis 553) durch Paulus Diaconus, in 8 Büchern (bis 820) durch Landolfus Sagax; im MA wichtiges Lehrbuch.

Euwe, Machgielis (Max) [niederl. ˈøːwə], *Watergrafsmeer (= Amsterdam) 20. Mai 1901, †Amsterdam 26. Nov. 1981, niederl. Schachspieler. – 1935–37 Weltmeister.

ev., Abk. für: **ev**angelisch.

eV, Einheitenzeichen für ↑Elektronenvolt.

e. V., Abk. für: **e**ingetragener **V**erein (↑Verein).

Ev., Abk. für: **Ev**angelium.

Eva [ˈeːva, ˈeːfa; zu hebr. Chawwa, eigtl. „das Leben"], bibl. Gestalt, Name des ersten weibl. Menschen (1. Mos. 3, 20 und 4, 1), der ebenso wie Adam stellvertretend zu verstehen ist.

EVA, Abk. für: **E**uropäische **V**erlags**a**nstalt (↑Verlage, Übersicht).

evakuieren [lat., zu vacuus „leer"], eine Wohnung, Stadt oder ein Gebiet aus militär. oder Sicherheitsgründen ganz oder teilweise – insbes. von der Zivilbevölkerung – räumen.

▷ ein Gas (speziell Luft) aus physikalisch-techn. Apparaturen entfernen, ein Vakuum herstellen.

Evaluation [engl.; zu lat. valere „stark sein"], Bewertung, Bestimmung des Wertes.

▷ Beurteilung insbes. von Lehrplänen oder Unterrichtsprogrammen.

Evangeliar (Evangeliarium) [griech.-mittellat.], urspr. Bez. für das liturg. Buch mit dem vollständigen Text der vier Evangelien, später auch für das Perikopenbuch. Bes. aus dem frühen MA sind eine Reihe prachtvoll geschmückter E. erhalten.

Evangelien (Einz. Evangelium) [griech.], zusammenfassende Bez. für die vier ersten Schriften des N. T.: Matthäus-E., Markus-E., Lukas-E., Johannes-E.; ferner für einige apokryphe, nicht in den Kanon der Bibel aufgenommene Texte über das Leben Jesu.

Evangelienharmonie, seit A. Osiander Bez. für den Versuch, aus dem Wortlaut der vier Evangelien einen einheitl. Bericht vom Leben und Wirken Jesu zusammenzustellen. Die erste bekannte E. schuf im 2. Jh. der Syrer Tatian in seinem „Diatessaron". Eine Harmonisierung, d. h. Glättung der unterschiedl. oder widersprüchl. Aussagen in den Evangelien ist nach dem heutigen Stand der Bibelkritik deshalb nicht möglich, weil die Evangelien nicht histor. Texte sind und sein wollen, sondern in unterschiedl. Weise ein christl. Bekenntnis ablegen wollen.

evangelikal [griech.-mittellat.], die unbedingte Autorität des N. T. im fundamentalist. Sinne vertretend.

Evangelisation [griech.-mittellat.], Verkündigung des Evangeliums auch über den kirchl. Bereich hinaus.

evangelisch, ein Begriff, mit dem zunächst alles bezeichnet werden kann, was mit dem christl. Evangelium zusammenhängt. In der konfessionellen Abgrenzung gegenüber der kath. Kirche eine allg. Kennzeichnung der Gesamtheit des ↑Protestantismus.

Evangelische Akademien, seit 1945 entstandene Einrichtungen der ev. Kirchen zur Diskussion von Fragen der Zeit im Lichte des Evangeliums, zur Zusammenarbeit von Laien und Theologen auf Tagungen und in Vorträgen. Die erste Tagung einer E. A. fand 1945 in Bad Boll statt. Nach dem Vorbild dieser Akademie wurden von anderen Kirchen weitere E. A. gegründet, u. a. in Arnoldshain, Karlsruhe, Loccum, Mülheim a. d. Ruhr, Tutzing, Erfurt, Magdeburg, Meißen und u. a. in Österreich, Südafrika, Japan. Die Leitungen der E. A. sind zusammengeschlossen im „Leiterkreis der E. A. in Deutschland e. V." (Sitz Bad Boll).

Evangelische Allianz, unter dem Einfluß der Erweckungsbewegung 1846 in England entstandener Zusammenschluß ev. Christen mit dem Ziel der Vereinigung der ev. Christenheit. In Deutschland seit 1857 der „Dt. Zweig der E. A." und die „Blankenburger Allianz" (in der ehem. DDR).

Evangelische Arbeitervereine ↑Arbeitervereine.

Evangelische Brüderkirche ↑Brüdergemeine.

evangelische Bruderschaften ↑Kommunitäten.

Evangelische Gemeinschaft, aus der Erweckungsbewegung hervorgegangene, von J. ↑Albrecht 1800 gegr. ev. Freikirche (bis 1816: „Albrechts Leute"), dem Methodis-

Evangelische Kirche der Union

mus nahestehend, Tochterkirche der Evangelical United Brethren Church; dringt v. a. auf prakt. Lebensheiligung ihrer Mgl. und unterhält ausgedehnte Evangelisationsarbeit. Predigerseminar in Reutlingen.

Evangelische Kirche der Union, Abk. EKU, hervorgegangen aus der „Ev. Kirche der altpreuß. Union", der Vereinigung der luth. und ref. Kirchen in Preußen (1817). Die EKU versteht sich als Union selbständiger Landeskirchen: Ev. Kirche Anhalts, Ev. Kirche in Berlin-Brandenburg, Ev. Kirche des Görlitzer Kirchengebiets, Ev. Kirche Greifswald, Ev. Kirche im Rheinland, Ev. Kirche der Kirchenprovinz Sachsen, Ev. Kirche von Westfalen. 1972 erfolgte eine Regionalisierung in die Bereiche DDR, BR Deutschland und Berlin (West), die im April 1991 auf der Synode der EKU wieder aufgehoben wurde. Die EKU ist Gliedkirche der EKD. Organe und Dienststellen sind Synode, Rat, Kirchenkanzlei; Sitz in Berlin.

Evangelische Kirche in Deutschland, Abk. EKD, rechtl. Überbau, zu dem sich 26 luth., ref. und unierte Kirchen (einschließl. der Ev. Kirche der Union) in der BR Deutschland zusammengeschlossen haben. Die EKD ist ein Kirchenbund und umfaßt mit ca. 30 Mill. (1991) den größten Teil der ev. Christen in der BR Deutschland.

Die **Gliedkirchen** der EKD lassen sich in den drei Gruppen luth., unierte und ref. Gliedkirchen zusammenfassen (↑Übersicht). Zusammenschlüsse innerhalb der EKD sind die ↑Vereinigte Evangelisch-Lutherische Kirche Deutschlands, die ↑Evangelische Kirche der Union, der ↑Reformierte Bund und die ↑Arnoldsheimer Konferenz.

Die EKD und ihre Gliedkirchen verstehen sich als Volkskirche, d. h. als Kirchen, in der die Bev. zum überwiegenden Teil nach Herkommen und Gewohnheit der Kirche angehört und sich die Arbeit der Kirche auf eben diesen Großteil der Bev. richtet. Die EKD ist im Verhältnis zu ihren Gliedkirchen mit relativ geringen Kompetenzen ausgestattet, insbes. sind alle Glaubens- und Bekenntnisfragen den Gliedkirchen vorbehalten. Hauptaufgabe der EKD ist es, die Gemeinschaft unter den Gliedkirchen zu fördern. Sie vertritt die gesamtkirchl. Anliegen gegenüber allen Inhabern öff. Gewalt und arbeitet in der Ökumene mit. Gesetzl. Bestimmungen mit Wirkung für die Gliedkirchen kann die EKD nur mit deren Zustimmung erlassen.

Organe: Die *Synode* der EKD, bestehend sowohl aus von den Synoden der Gliedkirchen gewählten als auch vom Rat der EKD berufenen Mgl., hat die Aufgabe, kirchl. Gesetze zu beschließen und Stellungnahmen zu kirchl. und gesellschaftl. Fragen abzugeben. Sie tritt i. d. R. einmal jährlich zu einer ordentl. Tagung zusammen. Ihre Legislaturperiode dauert sechs Jahre. Die *Kirchenkonferenz* wird von den Kirchenleitungen der Gliedkirchen gebildet. Jede Gliedkirche ist mit einer Stimme vertreten. Die Kirchenkonferenz hat die Aufgabe, die Arbeit der EKD und die gemeinsamen Anliegen der Gliedkirchen zu beraten und Vorlagen oder Anregungen an die Synode und den Rat zu geben. Sie wirkt bei der Wahl des Rates und bei der Gesetzgebung mit. Der *Rat* der EKD übt die Leitung und Verwaltung der EKD aus und vertritt sie nach außen. Seine Mgl. werden von der Synode und der Kirchenkonferenz auf sechs Jahre gewählt. Er bedient sich der Beratung durch *Kammern* und *Kommissionen,* die aus sachverständigen kirchl. Persönlichkeiten gebildet werden. Am Sitz der BR Deutschland wird der Rat der EKD durch einen Bevollmächtigten vertreten. *Amtsstellen* der EKD sind die Kirchenkanzlei der EKD in Hannover (mit Außenstellen in Bonn und Berlin) und das Kirchl. Außenamt in Frankfurt am Main. Die Belange der Bundeswehrsoldaten vertritt ein *Militärbischof.*

Die evangelischen Kirchen in Deutschland
(Stand November 1992)[1]

Gliedkirche	Mitglieder	Kirchengemeinden	Theologinnen und Theologen	Leitung[2]
lutherische Gliedkirchen				
Ev.-Luth. Kirche in Bayern	2 637 000	1 521	2 288	LB Johannes Hanselmann
Ev.-Luth. Landeskirche in Braunschweig	506 000	389	331	LB Gerhard Müller
Ev.-Luth. Landeskirche Hannover	3 389 000	1 559	2 075	LB Horst Hirschler
Ev.-Luth. Landeskirche Mecklenburgs	350 000	320	340	LB Christoph Stier
Nordelbische Ev.-Luth. Kirche	2 599 000	678	1 476	B Hans-Christian Knuth (Sprengel Schleswig) B Maria Jepsen (Sprengel Hamburg) B Karl Ludwig Kohlwage (Sprengel Holstein-Lübeck)
Ev.-Luth. Kirche in Oldenburg	496 000	124	280	B Wilhelm Sievers
Ev.-Luth. Landeskirche Sachsens	1 000 000	1 146	934	LB Johannes Hempel
Ev.-Luth. Landeskirche Schaumburg-Lippe	65 000	23	46	LB Heinrich Herrmanns
Ev.-Luth. Kirche in Thüringen	500 000	1 478	650	LB Roland Hoffmann
Ev. Landeskirche in Württemberg	2 451 000	1 418	2 159	LB Theo Sorg
unierte Gliedkirchen				
Ev. Landeskirche Anhalts	120 000	200	80	KP Eberhard Natho
Ev. Landeskirche in Baden	1 357 000	548	1 154	LB Klaus Engelhardt
Ev. Landeskirche in Berlin-Brandenburg	1 700 000	1 776	1 200	B Martin Kruse
Bremische Ev. Kirche	320 000	69	159	P Heinz Hermann Brauer
Ev. Kirche der schles. Oberlausitz	70 000	73	69	B Joachim Rogge
Ev. Kirche in Hessen und Nassau	2 053 000	1 201	1 718	KP Helmut Spengler
Ev. Kirche von Kurhessen-Waldeck	1 018 000	947	822	B Christian Zippert
Ev. Kirche der Pfalz (Prot. Landeskirche)	670 000	426	527	KP Werner Schramm
Pommersche Ev. Kirche	300 000	356	200	B Eduard Berger
Ev. Kirche im Rheinland	3 268 000	833	2 365	PR Peter Beier
Ev. Kirche der Kirchenprovinz Sachsen	600 000	2 000	850	B Christoph Demke
Ev. Kirche von Westfalen	2 943 000	653	2 000	PR Hans-Martin Linnemann
reformierte Gliedkirchen				
Ev.-ref. Kirche (Synode ev.-ref. Kirchen in Bayern und Nordwestdeutschland)	201 000	137	149	PR Hinnerk Schröder
Lippische Landeskirche	225 000	70	139	LS Ako Haarbeck

[1] Die Angaben zu den Kirchen in den fünf neuen Bundesländern sind z.T. geschätzt. – [2] B Bischof; KP Kirchenpräsident; LB Landesbischof; LS Landessuperintendent; P Präsident; PR Präses.

Geschichte: Die Bemühungen um einen engeren Zusammenschluß der in der Reformation entstandenen Landeskirchen führten nach verschiedenen Versuchen im 19. Jh. erst 1933 mit der Gründung der „Dt. Ev. Kirche" zum Ziel. Kurz darauf griff jedoch das nat.-soz. System in das innere Leben der Kirche ein, um aus der „Dt. Ev. Kirche" eine dem nat.soz. Regime willfährige Staatskirche zu machen (↑ Deutsche Christen). – Als Gegenbewegung gegen die damit verbundenen Versuche der Verfälschung von Lehre und Verkündigung entstand die ↑Bekennende Kirche (↑ Kirchenkampf). Die Neuordnung der Gesamtkirche wurde nach dem Zusammenbruch 1945 unter dem Namen EKD verwirklicht. – Die 8 Landeskirchen auf dem Gebiet der DDR gehörten zunächst zur EKD; 1969 bildeten sie einen eigenen Zusammenschluß, den Bund der Ev. Kirchen in der DDR. Organe waren die Synode (Theologen und Laien) und die Kirchenkonferenz. Die ev. Kirchen boten oppositionellen Gruppen in der DDR lange Zeit Schutz und Entfaltungsmöglichkeiten und hatten großen Anteil an der friedl. Revolution im Herbst 1989 in der DDR. Ungeachtet dessen fanden seit der Trennung von der EKD fortgesetzt innerkirchl. Diskussionen über die Haltung der Kirche zum Sozialismus in der DDR statt. Am 24. Febr. 1991 wurde gemeinsam mit der EKD das Kirchengesetz zur Vereinigung mit dieser beschlossen. 19 weitere dt. Landeskirchen, Provinzialkirchen bzw. Kirchen dt. Sprache in Ost- und Südosteuropa sind als Folge des 2. Weltkrieges untergegangen oder haben große Verluste erlitten.

Kirchenmitgliedschaft: Der ev. Christ ist Mgl. seiner Gemeinde und seiner Landeskirche (Mgl. der EKD sind allein die Gliedkirchen). Die Mitgliedschaft ist an Taufe und Wohnsitz geknüpft: Wer in einer ev. Kirche die Taufe empfangen und seinen Wohnsitz im Bereich einer EKD-Gliedkirche hat, ist damit Mgl. dieser Kirche. Verlegt er seinen Wohnsitz in das Gebiet einer anderen EKD-Gliedkirche, so wird er dort Kirchenmitglied.

evangelische Presse, Sammelbez. konfessionell-kirchl. Zeitschriften und Serienschriften ev. Prägung (seit dem 19. Jh.), die die christl. Botschaft aktualisieren und verkündigen sowie der innerkirchl. Kommunikation dienen; in der BR Deutschland erscheinen im Rahmen der e. P. offizielle Organe der EKD, Mitteilungen kirchl. Verbände, theolog.-wiss. Zeitschriften, Gemeindeblätter, volksmissionar. Blätter, Jugend- sowie ökumen. Zeitschriften und Wochenzeitungen wie das „Dt. Allg. Sonntagsblatt".

Evangelische Räte (Consilia evangelica), in der kath. Kirche Bez. für Empfehlungen im Geist des Evangeliums, die für das christl. Leben nicht unbedingt geboten sind: Ehelosigkeit, Armut und Gehorsam.

Evangelischer Bund, Vereinigung innerhalb der Ev. Kirche in Deutschland, 1886 von W. Beyschlag u. a. gegründet. Nach heutigem Verständnis will der E. B. die Botschaft der Reformation in den konfessionellen, weltanschaul. und gesellschaftl. Verhältnissen der Gegenwart vermitteln. Dieser Arbeit dient v. a. das 1947 gegr. Konfessionskundl. Institut in Bensheim.

Evangelischer Kirchentag ↑Deutscher Evangelischer Kirchentag.

Evangelischer Pressedienst ↑Nachrichtenagenturen (Übersicht).

evangelische Soziallehre ↑Sozialethik.

Evangelische Volkspartei, schweizer. polit. Partei, 1917 gegr. als konfessionell orientierte christl. Partei auf Kantonsebene in Zürich; auch Bundespartei *(E. V. der Schweiz);* Aktionszentrum: Kt. Zürich.

Evangelische Zentralstelle für Weltanschauungsfragen, Abk. EZW, 1960 gegr. Einrichtung der EKD mit Sitz in Stuttgart. Sie hat die Aufgabe, die religiösen und weltanschaul. Strömungen der Zeit zu beobachten und die geistige Auseinandersetzung der Kirche mit der Zeit zu fördern. Vorläufer war 1919–35 die „Apologet. Centrale".

Evangelisch-Johannische Kirche nach der Offenbarung St. Johannis, eschatolog. christl. Glaubensgemeinschaft, 1926 gegr. von J. Weißenberg; er verband die christl. Lehre mit gnostisch-dualist. und spiritist. Ideen und bezeichnete sich selbst als letzte und höchste Gottesoffenbarung.

evangelisch-lutherisch, Abk. ev.-luth., einem prot. Bekenntnis angehörend, das sich ausdrücklich an Luther und seiner Theologie orientiert.

evangelisch-reformiert, einem prot. Bekenntnis angehörend, das v. a. auf die Reformatoren Zwingli und Calvin zurückgeht.

Evangelisch-sozialer Kongreß, Abk. ESK, unter dem Einfluß der christl.-sozialen Bewegung des 19. Jh. von dt. Theologen, Nationalökonomen und Soziologen (A. Stoekker, A. Wagner, L. Weber) 1890 gegr. Verein, der sich aus christl. Geist um die Lösung sozialer Probleme bemühte; unter A. Stoecker 1897 Abspaltung der Rechten in der „Kirchlich-sozialen Konferenz"; 1933 verboten.

Evangelist. Darstellung der vier Evangelisten (mit Evangelistensymbolen) im Aachener karolingischen Evangeliar, um 810 (Aachen, Domschatz)

Evangelist [griech.], in der christl. Urgemeinde Bez. für Mitarbeiter, Gehilfen der Apostel; seit dem 3. Jh. Bez. für die mutmaßl. Verfasser der vier Evangelien: Matthäus, Markus, Lukas, Johannes; im heutigen Sprachgebrauch Bez. für den Prediger, v. a. in Freikirchen.

Evangelistar [griech.-mittellat.], liturg. Buch, das die Abschnitte aus den Evangelien, die bei der Messe verlesen werden, enthält.

Evangelistensymbole, die den Darstellungen der Evangelisten seit dem 5. Jh. beigegebenen Symbole (nach Ezech. 1, 10; Apk. 4, 7), vier geflügelte Wesen: Mensch oder Engel für Matthäus, Löwe für Markus, Stier für Lukas und Adler für Johannes.

Evangelisti, Franco [italien. evan'dʒe'listi], * Rom 21. Jan. 1926, † ebd. 28. April 1980, italien. Komponist. – Gründete 1961 in Rom das Ensemble „Nuova Consonanza" und lehrte elektron. Musik an der Accademia di Santa Cecilia in Rom; komponierte auch Musik für herkömml. Instrumentarium.

Evangelium [zu griech. evangélion „frohe Kunde, Heilsbotschaft"], die Botschaft Jesu vom Kommen des Gottesreiches, ferner die Überlieferung von Leben und Wirken Jesu, bes. deren schriftl. Festlegung in den entsprechenden Texten des N. T., den Evangelien.

Evans [engl. 'ɛvənz], Sir (seit 1911) Arthur John, * Nash Mills (Hertforshire) 8. Juli 1851, † bei Oxford 11. Juli 1941, brit. Archäologe. – Prof. in Oxford; Erforscher der minoischen Kultur; begann seine Studien auf Kreta 1893, 1900 die Ausgrabungen von Knossos.

Franco Evangelisti

Mount Everest. Blick von Süden

Gil Evans

August Everding

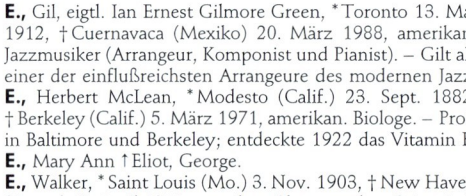

Evolute einer Ellipse

E., Gil, eigtl. Ian Ernest Gilmore Green, *Toronto 13. Mai 1912, †Cuernavaca (Mexiko) 20. März 1988, amerikan. Jazzmusiker (Arrangeur, Komponist und Pianist). – Gilt als einer der einflußreichsten Arrangeure des modernen Jazz.
E., Herbert McLean, *Modesto (Calif.) 23. Sept. 1882, †Berkeley (Calif.) 5. März 1971, amerikan. Biologe. – Prof. in Baltimore und Berkeley; entdeckte 1922 das Vitamin E.
E., Mary Ann ↑ Eliot, George.
E., Walker, *Saint Louis (Mo.) 3. Nov. 1903, †New Haven (Conn.) 10. April 1975, amerikan. Photograph. – Seine Aufnahmen vom Leben in den USA während der Weltwirtschaftskrise beeinflußten die Entwicklung der Dokumentarphotographie.

Evans-Pritchard, Sir Edward Evan [engl. 'ɛvənz 'prɪtʃəd], *Crowborough 21. Sept. 1902, †Oxford 11. Sept. 1973, brit. Ethnologe. – Prof. in Oxford; bed. soziolog. Feldforschungen in Afrika. Schrieb u. a. „The Nuer" (1940), „Social anthropology" (1951).

Evaporation [lat.], Verdunstung von einer freien Wasseroberfläche oder von der vegetationsfreien Erdoberfläche.

Evaporite [lat.], in abgeschnürten Meeresbecken und festländ. Salzpfannen durch ↑ Evaporation entstandene Sedimente.

Evaporographie, Verfahren zum Sichtbarmachen von Wärmestrahlung; das vom Objektiv erzeugte Bild fällt auf einen dünnen Ölfilm, dessen Interferenzfarbe die Wärmeverteilung anzeigt.

Even, Johannes, *Essen 10. Dez. 1903, †Köln 24. Nov. 1964, dt. Gewerkschafter und Politiker. – 1945 Mitbegr. der CDU (MdB seit 1949) und der Einheitsgewerkschaft; 1955 Mitbegr. der Christl. Gewerkschaftsbewegung Deutschlands, deren Präs. 1956–59.

Eventualantrag [lat./dt.] (Hilfsantrag), im Zivilprozeß ein Klageantrag, den der Kläger hilfsweise zumeist für denjenigen Fall stellt, daß er mit dem Hauptantrag nicht durchdringt.

Eventualhaushalt [lat./dt.] (Eventualbudget), Leertitel im Bundeshaushaltsplan, aus dem im Falle einer Abschwächung der allg. Wirtschaftstätigkeit Ausgaben geleistet werden können; bedarf der Zustimmung des Bundestages.

eventuell [lat.-frz.], möglicherweise; gegebenenfalls, unter Umständen, vielleicht.

Everding, August, *Bottrop 31. Okt. 1928, dt. Regisseur und Intendant. – 1963 Intendant der Münchner Kammerspiele, 1973–77 der Hamburgischen Staatsoper, 1977–82 Intendant der Bayer. Staatsoper, seither Generalintendant der Bayer. Staatstheater. Bed. Inszenierungen an der Metropolitan Opera (1971 „Tristan und Isolde", 1976 „Lohengrin").

Everdingen, Allaert van, ≈ Alkmaar 18. Juni 1621, □ Amsterdam 8. Nov. 1675, niederl. Maler. – Entdeckte die nord. Gebirgslandschaft als Motiv und beeinflußte damit Jacob von Ruisdael und die dt. Romantiker.

Everest, Sir (seit 1861) George [engl. 'ɛvərɪst], *Gwernvale (Brecknockshire) 4. Juli 1790, †London 1. Dez. 1866, brit. Ingenieur und Geodät. – Leitete 1823–43 die Vermessung Indiens. Nach ihm wurde der Mount E. benannt.

Everest, Mount [engl. 'maʊnt 'ɛvərɪst] (tibet. Chomolungma, Tschomolungma; nepales. Sagarmatha), höchster Berg der Erde und höchstes Bergmassiv im Himalaja, an der Grenze zw. Nepal und China (Tibet), nach offiziellen Angaben 8 848 m hoch (nach Neuvermessung [1987] durch eine italien. Expedition 8 872 m). Das ganzjährig schneebedeckte Massiv (Schneegrenze bei rd. 5 800 m Höhe) ist Nährgebiet für vier bed. Gletscher. Die Erstbesteigung glückte am 29. Mai 1953 dem Neuseeländer E. P. Hillary und dem Sherpa Tenzing Norgay, die Besteigung ohne Sauerstoffgeräte am 8. Mai 1978 R. Messner und P. Habeler und nochmals am 20. Aug. 1980 R. Messner im Alleingang.

Everglades [engl. 'ɛvəɡleɪdz], Sumpfgebiet in S-Florida, USA, z. T. Nationalpark, mit Mangroven und Riedgräsern bestanden; randtrop. Klima, bed. Fremdenverkehr.

Evergreen [engl. 'ɛvəɡriːn „immergrün"], ein Schlager, der lange Zeit beliebt ist und immer wieder neu interpretiert wird.

Evertebrata [lat.], svw. ↑ Wirbellose.

EVG, Abk. für: ↑ **E**uropäische **V**erteidigungs**g**emeinschaft.

Évian-les-Bains [frz. evjãle'bɛ̃], frz. Heilbad und Klimakurort am S-Ufer des Genfer Sees, Dep. Haute-Savoie, 410 m ü. d. M., 6 200 E. Alkal. Quellen (Nieren-, Gefäßerkrankungen, Gelenkentzündungen), Flaschenabfüllung als Tafelwasser; Kongreßstadt, Festspielhaus. – Am 18. März 1962 wurde in É.-l.-B. das Abkommen zw. Frankreich und der alger. Befreiungsfront (FLN) unterzeichnet, das Algerien Frieden und Unabhängigkeit brachte.

Evidenz [lat.], Augenscheinlichkeit, Deutlichkeit, Gewißheit; eine Einsicht, die ohne method. Vermittlungen geltend gemacht wird, insbes. für die Legitimation unbeweisbarer oder unbewiesener Sätze.

Evidenzzentrale, Stelle bei der Dt. Bundesbank, an die die Kreditinstitute zweimonatlich diejenigen Kreditnehmer melden müssen, deren Gesamtverschuldung im Berichtszeitraum 1 Mill. DM überschritten hat.

Evokation [lat., zu evocare „hervorrufen"], die (suggestive) Erweckung von Vorstellungen oder Assoziationen, z. B. durch ein Kunstwerk.
▷ Abforderung eines rechtshängigen Prozesses durch ein höheres Gericht; nach dem Reichsrecht des MA konnte der König als oberster Richter jede noch nicht rechtskräftig entschiedene Rechtssache an sich ziehen (Prozesse abfordern) und zur Entscheidung vor das Reichshofgericht (später Reichsgericht) ziehen (Jus evocandi, E.recht). In der Goldenen Bulle (1356) verzichtete der König auf E. gegenüber den Kurfürsten. – Im heutigen Recht hat der Generalbundesanwalt gemäß § 74 a Abs. 2 GerichtsverfassungsG ein E.recht in Staatsschutzsachen.

evolut [lat.], aneinanderliegend gewunden; bezeichnet Schneckengehäuse, deren Windungen eng ineinanderliegen (bei den meisten Schnecken).

Evolute [lat.], der geometr. Ort der Krümmungsmittelpunkte einer ebenen Kurve. Die Ausgangskurve selbst ist eine ↑ Evolvente ihrer Evolute.

Evolution [lat., zu evolvere „herauswickeln"], Bez. für kontinuierl. Entwicklungsprozesse in verschiedenen Zusammenhängen und Beziehungen.
▷ in der *Biologie* die stammesgeschichtl. Entwicklung (Phylogenie) der Lebewesen von einfachen, urtüml. Formen zu hochentwickelten (↑ Evolutionstheorie).

Evolutionismus [lat.], eine sich am Darwinismus orientierende Lehre von der Entwicklung nicht nur biolog., sondern u. a. auch psycholog., noolog., soziolog. und ethnolog. Verhältnisse aus einfachen Anfängen zu immer komplexeren Formen.

Evolutionsrate, das Maß für die Geschwindigkeit, mit der sich die Evolution einer systemat. Einheit vollzieht.

Evolutionstheorie, Theorie in der Biologie, die besagt, daß die heute existierenden Lebewesen einer Evolution unterworfen waren bzw. sich aus sich selbst heraus entwickelt haben (↑Deszendenztheorie).

Evolvẹnte [lat.], eine ebene Kurve, die man erhält, wenn man in sämtl. Punkten einer gegebenen Kurve die Tangenten konstruiert und auf ihnen die Länge des Bogens vom Berührungspunkt bis zu einem bestimmten festen Punkt der Kurve (Ausgangspunkt der E.) abträgt. Auf Kreis-E. bewegen sich z. B. alle Punkte eines Fadens, den man straff gespannt von einer Kreisscheibe abwickelt.

Évora. Die römische Tempelruine, 2. oder 3. Jh. n. Chr.

Évora [portugies. ˈɛvurɐ], portugies. Stadt im Alentejo, 35 000 E. Verwaltungssitz des Distrikts É.; kath. Erzbischofssitz (seit 1540); Museum; landw. Markt- und Handelszentrum; Univ. – In röm. und westgot. Zeit **Liberalitas Julia;** ab 1279 häufig königl. Residenz und Tagungsort der Cortes. – Röm. Tempelruine (2. oder 3. Jh., irrtümlich als „Dianatempel" bezeichnet). Das histor. Zentrum der Stadt wurde von der UNESCO zum Weltkulturerbe erklärt.

Evorsion [lat.], aushöhlende Wirkung von wirbelndem Wasser.

evozieren [lat.], Vorstellungen, Erinnerungen erwecken., ↑Evokation.

Evren, Kenan, * Alaşehir (Manisa) 1. Jan. 1918, türk. General (seit 1964). – 1978–83 Oberbefehlshaber der Armee; nach Putsch im Sept. 1980 bis Nov. 1989 Staatspräsident.

Évreux. Engel mit Orgel, Glasfenster in der Kathedrale Notre-Dame, 14. Jahrhundert

Évreux [frz. eˈvrø], frz. Stadt 50 km südlich von Rouen, 48 700 E. Verwaltungssitz des Dep. Eure; kath. Bischofssitz; archäolog. Museum; bed. Marktzentrum mit wachsender Ind.aktivität. – Als **Mediolanum Aulercorum** Hauptstadt der kelt. Aulerker-Euroviker; ab 52 v. Chr. röm., eine der blühendsten Städte Galliens; wurde am Ende des 4. Jh. Bischofssitz. 911 kam É. zum Hzgt. Normandie und im 12. Jh. (endgültig 1404) zur frz. Krondomäne. Seit 1790 Hauptstadt des Dep. Eure. – Kathedrale Notre-Dame (12./13. Jh.) mit bed. Glasfenstern (14. Jh.), ehem. Bischofspalast (15. Jh.), Uhrturm (15. Jh.).

Évry, [frz. eˈvri], frz. Stadt 25 km südlich von Paris, 29 500 E. Verwaltungssitz des Dep. Essonne, eine der Neuen Städte in der Region Paris; Univ. (gegr. 1991), staatl. Ausbildungsinst. von Führungskräften des Post- und Fernmeldewesens, Forschungsinstitute für Informatik und Raumfahrt. Seinehafen.

EVSt, Abk. für: **E**infuhr- und **V**orrats**st**ellen.

evtl., Abk. für: **ev**en**t**ue**ll**.

Ew., Abk. in der Anrede für „Euer" (frühneuhochdt. „Ewer") in Titeln, z. B. Ew. Majestät, Ew. Gnaden.

Ewald, Johannes, * Kopenhagen 18. Nov. 1743, † ebd. 17. März 1781, dän. Dichter. – Wählte nord. Sagenstoffe als Vorlagen für seine Tragödien und legte damit (sog. nord. Renaissance) den Grund für die dän. Romantik. Dem Singspiel „Die Fischer" (1779) entstammt die dän. Nationalhymne.

Ewe, sudanides Volk in O-Ghana, S-Togo und S-Benin; zahlr. Stämme, ca. 1,3 Mill.; überwiegend Ackerbauern, auch Jäger, Fischer, Handwerker und Händler. Ihre Sprache, das Ewe, gehört zur Gruppe der Kwasprachen. Unter der dt. Kolonialverwaltung wurde sie zu Missions- und Schulzwecken gefördert; reiches Schrifttum.

Ewẹnken (Tungusen), eine mandschutungus. Sprache (Ewenkisch) sprechendes Volk in Sibirien, östlich des Jenissei bis zum Ochotsk. Meer; 28 000; Renzüchter, Jäger, Fischer, heute auch geringer Ackerbau.

Ewẹnken, Autonomer Kreis der, autonomer Kreis innerhalb der Region Krasnojarsk, Rußland, im Mittelsibir. Bergland, 767 600 km², 24 000 E (1989; Ewenken, Jakuten, Russen), Verwaltungssitz Tura. Wirtsch. Grundlage sind v. a. Pelzgewerbe, Renzucht, Fischerei, Graphitbergbau. – Errichtet 1930.

Ewer [niederdt., zu fläm. envare „Schiff, das nur ein Mann führt"], ein- bis zweimastiger Küstensegler mit flachem Boden.

Ewers, Hanns Heinz, * Düsseldorf 3. Nov. 1871, † Berlin 12. Juni 1943, dt. Schriftsteller. – Schrieb phantast. Erzählungen und Romane, in denen er routiniert erot., sadist. und okkultist. Motive verwendet, u. a. „Alraune" (R., 1911), „Vampir" (R., 1921); auch Lyriker, Dramatiker und Essayist.

EWG, Abk. für: ↑**E**uropäische **W**irtschafts**g**emeinschaft.

Ewige Anbetung (Vierzigstündiges Gebet, Ewiges Gebet), in der kath. Kirche die auf ein 40stündiges Fasten in der Karwoche zu Ehren der Grabesruhe Jesu zurückgehende liturg. Verehrung des ausgesetzten Allerheiligsten, die in kontinuierl. Folge in Klöstern und Kirchen stattfindet; seit dem 2. Vatikan. Konzil in ihrer Bed. zurückgegangen.

ewige Anleihe, Sonderform der Anleihe; der Schuldner ist nur zur Zinszahlung verpflichtet; die Tilgung ist nicht im voraus festgelegt oder nicht vorgesehen.

ewige Gefrornis ↑Dauerfrostboden.

Ewige Lampe ↑Ewiges Licht.

ewiger Friede, die immerwährende, allumfassende Beseitigung aller inneren und äußeren Friedensstörungen in einem offenen Frieden (gegenüber der nur vertraglich vereinbarten geschlossenen Friedensordnung); als spätantikes Erbe v. a. im MA in eschatolog. und chiliast. Endzeiterwartungen lebendig; nach der Frz. Revolution wurden Projekte eines e. F. von Plänen der Friedenssicherung abgelöst bzw. in Systeme geschichtsphilosophisch-wiss. Prognose verwiesen.

Ewige Richtung, 1474 in Konstanz geschlossener Vertrag zw. Herzog Sigmund von Tirol und der Schweizer. Eidgenossenschaft über deren endgültigen Verzicht auf die ehemals östr. Gebiete.

Ewiger Jude, der zu ewiger Wanderung verurteilte Jude **Ahasverus.** Verschmolzen sind in dieser Gestalt die Legende des Kriegsknechtes Malchus (Joh. 18, 4–10), seit dem 6. Jh. bekannt, und die Vorstellung, daß Johannes

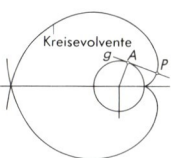

Evolvente. Der Punkt P beschreibt eine Kreisevolvente, wenn die Gerade g auf dem Kreis abrollt (A Berührungspunkt)

Kenan Evren

Ewiger Landfriede

nicht stirbt, bis Jesus wiedererscheint (Joh. 21, 20–23). In einer italien. Quelle findet sich 1223 die Mitteilung, christl. Pilger hätten in Armenien einen Juden gesehen, der einst den kreuztragenden Christus angetrieben und von Christus die Antwort erhalten habe: „Ich werde gehen, aber du wirst auf mich warten, bis ich zurückkomme". Seit der Mitte des 19. Jh. wird das Motiv auch mit dem Schicksal des jüd. Volkes identifiziert.

Ewiger Landfriede, Kernstück der Gesetzgebung des Wormser Reichstags 1495 zur ständ. Reichsreform und Grundgesetz des Hl. Röm. Reiches; verbot die Fehde als Rechtsmittel vollständig und drohte dem Friedensbrecher mit der Reichsacht; seine Wahrung oblag dem Reichskammergericht.

ewiges Leben ↑ Ewigkeit.

Ewiges Licht (Ewige Lampe), ununterbrochen brennende Lampe (Öl, Bienenwachs) in kath., z. T. auch anglikan. Kirchen in der Nähe des Tabernakels als Zeichen der Gegenwart Christi in der Eucharistie. Im Judentum ↑ Ner tamid.

Ewige Stadt, Beiname der Stadt Rom.

Ewigkeit, in der Religionsgeschichte eine Kategorie, die sehr oft, jedoch nicht unbedingt, primär der Existenz der Götter zugeordnet ist. Für die Menschen verbindet sich mit dem Begriff E. der Glaube an Auferstehung und jenseitiges Leben **(ewiges Leben).** Religiöse Werte und Manifestationen besitzen, wenn ihnen E. zugesprochen wird, absolute, „ewige" Gültigkeit. Dies betrifft religiöse Wahrheiten und ihre Offenbarung, den Mythos, hl. Texte (bes. den „Koran"), eth. Normen, oft auch kult. Handlungen.

Ewigkeitssonntag, neuere Bez. in den dt. ev. Kirchen für den letzten Sonntag im Kirchenjahr (früher Totensonntag).

EWR, Abk. für: ↑ Europäischer Wirtschaftsraum.

ex..., Ex... [lat.], Vorsilbe mit der Bed. „aus, weg, zu Ende, aus ... heraus, ehemalig".

Exa..., Vorsatzzeichen E, Vorsatz vor physikal. Einheiten, bezeichnet das 10^{18}fache der betreffenden Einheit.

exakt [lat.], genau, sorgfältig, pünktlich.

exakte Wissenschaften, Wissenschaften, deren Ergebnisse auf log. oder mathemat. Beweisen oder auf genauen Messungen (Experiment) beruhen, z. B. Mathematik, Physik und Astronomie. Der Begriff e. W. ist wissenschaftstheoretisch umstritten.

Exaltation [lat.], Überschwenglichkeit, u. U. krankhaft gehobene Allgemeinstimmung mit Selbstüberschätzung und hochgradiger Erregtheit.

exaltiert, künstlich übersteigert, hysterisch erregt, überspannt.

Examen [lat.], svw. Prüfung, insbes. als Studienabschluß; **Examinand,** Prüfling; **Examinator,** Prüfer; **examinieren,** prüfen.

Exanthem [griech.], endogen bedingter, rasch entstehender, auf größere Körperpartien sich erstreckender Hautausschlag bei Infektionskrankheiten (z. B. Masern, Scharlach, Röteln) und Allergie.

Exanthema subitum [griech./lat.], svw. ↑ Dreitagefieber.

Exarch [griech.], ab Ende 6. Jh. Titel der Statthalter der afrikan. und italien. Besitzungen des Byzantin. Reiches (Exarchat von Karthago bis 697 und von Ravenna bis 751). ▷ bis zum 5. Jh. ein dem Patriarchen vergleichbarer, unabhängiger Oberbischof über mehrere Bistümer; heute in den *Ostkirchen* ein übergeordneter Leiter von Kirchengemeinden, die nicht im Territorium ihres Patriarchats liegen.

Exarchat [griech.], Amt und Amtsbereich eines Exarchen.

Exaudi [lat. „erhöre!"], im Sprachgebrauch der ev. Kirchen der Sonntag nach dem Fest Christi Himmelfahrt; so genannt nach den lat. Anfangsworten des Introitus des Sonntags (Ps. 27, 7 [Vulgata 26, 7]).

ex cathedra ↑ Cathedra.

Exceptio [lat. „Ausnahme"], Einspruch, Einrede (aus dem antiken röm. Prozeßrecht). – Zum geltenden Recht ↑ Einrede.

Exceptio doli [lat.], im röm. und gemeinen Recht Einrede der Arglist, des Betrugs. – Heute wird mißbräuchl. Rechtsausübung durch § 242 BGB (Grundsatz von Treu und Glauben) untersagt. Die Einhaltung dieses Grundsatzes ist vom Richter von Amts wegen zu beachten.

Exchequer [engl. ɪksˈtʃɛkə; mittellat.-frz.-engl.], Schatzamt, in England die seit spätestens 1118 bestehende oberste und zentrale Finanzbehörde (seit dem 13. Jh. mit eigenem Gerichtshof). In Kanada ist der E. Court die oberste Berufungsinstanz in Urheber- und Patentstreitigkeiten sowie für Seerechts- und Amtshaftungsklagen.

Exciton, svw. ↑ Exziton.

excudit [lat. „er hat (es) verlegt"], Abk. exc., bei (älteren) Graphikblättern Vermerk hinter dem Namen des Verlegers.

Exedra [griech.], in der Antike nischenartiger offener oder überdachter Raum als Erweiterung eines größeren; bevorzugt als Sitzrunde.

Exegese [zu griech. exḗgēsis „das Erklären"], die Interpretation von Texten, i. e. S. die Auslegung der bibl. Schriften. Diese zielt darauf, die Bed. und den Sinn des in den bibl. Texten Gemeinten zu verdeutlichen. Hauptprobleme dieser Bemühung sind zum einen der überlieferte normative Charakter der bibl. Schriften als hl. Schrift (die Texte gelten als Offenbarung und sprechen damit für sich selbst, bedürfen also von diesem Anspruch her keiner Auslegung), zum anderen die hermeneut. Problematik, daß die Texte Zeugnis für eine bestimmte geschichtl. Situation sind, gleichwohl für allgemeingültig gehalten werden, d. h. auch für alle Zeiten in gleicher Weise verbindlich (↑ Hermeneutik) sein sollen. Diese Spannungen wurden u. a. durch die allegor. Schriftdeutung (↑ Allegorese) gelöst, die hinter dem wörtl. einen tieferen Sinn vermutet und zu erforschen versuchte. In der Neuzeit setzte sich die historisch-krit. Methode durch, mit der die histor. Bedingtheit aller Texte anhand der Erforschung von deren allg. histor., geistesgeschichtl. und sozialgeschichtl. Entstehungsbedingungen herausgearbeitet wird.

Exekias, att. Töpfer und Vasenmaler der 2. Hälfte des 6. Jh. v. Chr. – Herausragender Meister der spätarchaischen schwarzfigurigen Vasenmalerei, schuf u. a. die Bauchamphora mit Ajax und Achilleus beim Brettspiel/Heimkehr der Dioskuren (nach 530 v. Chr.; Vatikan. Sammlungen) und die Schale mit der Meerfahrt des Dionysos (um 530 v. Chr.; München, Staatl. Antikensammlung).

Exekias. Schale mit der Darstellung der Meerfahrt des Dionysos, um 530 v. Chr. (München, Staatliche Antikensammlung)

Exekution [zu lat. exsecutio „Ausführung"], allgemein svw. Hinrichtung. – Im Recht (bes. in Österreich gebräuchl. Begriff) die staatl. Durchsetzung eines vollstreckbaren Anspruchs. – ↑ Zwangsvollstreckung.

Exekutionsordnung, Abk. EO, Kurzwort für das östr. Gesetz über das Exekutions- und Sicherungsverfahren von 1896; regelt dem 8. Buch der dt. ZPO vergleichbar die ↑Zwangsvollstreckung.

exekutiv [lat.], ausführend, vollstreckend.

Exekutive [lat.], svw. ↑vollziehende Gewalt.

Exempel [lat.], allg. [abschreckendes] Beispiel, Muster, Lehre; **ein Exempel statuieren,** eine warnende Strafe vollziehen. – Bes. beliebt war das E. im MA als der Veranschaulichung dienende lehrhafte Einfügung in didakt., aber auch ep. Werken und v. a. in Predigten **(Predigtmärlein).**

exemplarisch [lat.], beispiel-, musterhaft; positiv und negativ herausragend.

exemplarischer Unterricht (exemplar. Lehren), didakt. Prinzip, ein Fach in der [höheren] Schule durch Schwerpunktbildungen beispielhaft zu erschließen. Charakter, Methodik und Problemstellung des Faches sollen auf diese Weise erfaßbar werden.

Exemtion [lat.], im *alten dt. Recht* Ausgliederung einzelner Reichsteile aus der Hof- bzw. Reichsgerichtsbarkeit. ▷ im *kath. Kirchenrecht* die Befreiung natürl. und jurist. Personen und kirchl. Verwaltungseinheiten von der Jurisdiktion der an sich für sie zuständigen kirchl. Amtsträger und die Unterstellung unter die nächsthöhere kirchl. Instanz.

Exequatur [lat. „er vollziehe"], 1. im *Prozeßrecht* svw. Vollstreckungsurteil; 2. im *Völkerrecht* die vom Empfangsstaat einem Konsul erteilte förml. Erlaubnis, seine Befugnisse auszuüben; 3. im *Staatskirchenrecht* das ↑Plazet als Erlaubnis zur Publikation kirchl. Akte.

Exequien [lat., zu ex(s)equi „(einer Leiche) nachfolgen"], in der kath. Liturgie die Riten, mit denen ein Verstorbener zum Grab begleitet wird (Requiem, Prozession zum Grab, Begräbnis).

Exergie [griech.] (techn. Arbeitsfähigkeit), derjenige Anteil der einer Anlage zur Energieumwandlung zugeführten Energie, der in die wirtsch. verwertbare Form (z. B. elektr. Energie) umgewandelt wird. Der verlorengehende Anteil (z. B. dabei entstehende Wärme) heißt **Anergie.**

exerzieren [lat.], das Einüben von Tätigkeiten im Rahmen der militär. Ausbildung.

Exerzierknochen, Verknöcherung von Muskelgewebe durch mechan. Überbeanspruchung oder wiederholte Verletzungen.

Exerzitien [lat.] (Exercitia spiritualia), in der kath. Kirche Zeiträume, in denen sich einzelne Gläubige auf die Grundlagen des christl. Lebens besinnen, sowie die dazu dieser Besinnung erforderl. Praktiken (Meditation, Vorträge), die meist in Abgeschiedenheit unter Anleitung eines E.meisters durchgeführt werden. Ihre klass. Form erhielten die E. durch das „Exerzitienbüchlein" des Ignatius von Loyola (1547).

Exeter [engl. ˈɛksɪtə], engl. Stadt 60 km nö. von Plymouth, 95 600 E. Verwaltungssitz der Gft. Devon; Sitz eines anglikan. Bischofs; Univ. (gegr. 1955), Museum, Kunstgalerie. U. a. Maschinen- und Fahrzeugbau, Papier-, Druckind. ⚓. – Hauptstadt der kelt. Dumnonier; im 7. Jh. zu Wessex, 1050 Bischofssitz (seit 1560 anglikanisch); 1537 selbständige Grafschaft. – Die Kathedrale Saint Peter ist ein Hauptwerk des „Decorated style" (1275–1365) mit turmloser dreitoriger W-Fassade; Guildhall (15. Jh.), Tucker's Hall (1471).

Exhalation [lat.], Ausströmen von Gasen und Dämpfen aus Vulkanen, Lavaströme, Spalten.

Exhalationslagerstätten ↑Erzlagerstätten.

Exhaustion [lat.], allg. Erschöpfung oder Erschöpfung einer Organfunktion.

Exhaustionsmethode, ein bereits in der Antike entwickeltes Verfahren zur Bestimmung von Flächen- bzw. Rauminhalten gekrümmter Figuren und Körper.

exhaustiv [lat.], vollständig, alle Möglichkeiten berücksichtigend.

Exhibitionismus [zu lat. exhibere „(vor)zeigen"], bes. bei Männern vorkommende, auf sexuellen Lustgewinn gerichtete Neigung zur Entblößung der Geschlechtsteile in Gegenwart anderer Personen. Nach § 183 StGB wird ein Mann, der eine andere Person durch exhibitionist. Handlungen belästigt, mit Freiheitsstrafe bis zu einem Jahr oder mit Geldstrafe bestraft.

Exhumierung [lat.], Ausgrabung von Leichen; nach der StPO zulässig, wenn im Rahmen der Ermittlung einer strafbaren Handlung die Leiche zur Beweiserhebung besichtigt oder geöffnet werden muß.

Exil [zu lat. exsilium „Verbannung"], der meist durch polit. Gründe bedingte Aufenthalt im Ausland nach Verbannung, Ausbürgerung, Flucht, Emigration.

Exeter. Die Kathedrale Saint Peter, 1275–1365 erbaut

Exilliteratur (Emigrantenliteratur), Literatur, die während eines (meist aus polit. oder religiösen Gründen) erzwungenen oder freiwilligen Exils entstand. E. in diesem Sinne gibt es seit frühesten Zeiten, wenn staatl. Unterdrückung, Zensur, Schreibverbot oder Verbannung Schriftsteller u. a. zur Emigration zwangen (z. B. Hipponax, Ovid, Dante). Bed. moderne E. ist ein zu großer Teil der Werke G. Büchners, H. Heines und die politisch-publizist. Tätigkeit L. Börnes, ebenso Werke des poln. Dichters A. Mickiewicz und die Werke der während oder nach der russ. Oktoberrevolution 1917 emigrierten russ. Dichter.

Eine große Gruppe bildet die literar. Produktion der während des Nationalsozialismus aus rass. oder polit. Gründen im Exil lebenden v. a. dt. und östr. Schriftsteller, Wissenschaftler, Politiker (T. Adorno, W. Benjamin, E. Bloch, B. Brecht, H. Broch, A. Döblin, L. Feuchtwanger, E. Lasker-Schüler, H., K., T. Mann, R. Musil, E. M. Remarque, J. Roth, A. Seghers, E. Weiß, P. Weiss, F. Wolf, P. Zech, A. Zweig, S. Zweig, C. Zuckmayer u. a.). In den Zentren Paris, Amsterdam, Stockholm, Zürich, Prag und Moskau (nach Ausbruch des Krieges in den USA, Mexiko, Argentinien und Palästina) entstanden neue Verlage, Emigrantenvereinigungen und v. a. Emigrantenzeitungen und -zeitschriften, u. a. „Pariser Tageblatt" (Paris, 1933–40; ab 1936 u. d. T. „Pariser Tageszeitung"), „Der Aufbau" (New York, 1939 ff.), „Die neue Weltbühne" (Prag, Zürich, Paris, 1933–39), „Das Wort" (Moskau, 1936–39), „Die Sammlung" (Amsterdam, 1933–35). Die veröffentlichte E. ist künstlerisch, inhaltlich und formal uneinheitlich; häufig gewinnt die Idee der Humanität und die entschiedene Opposition gegen den Nationalsozialismus Gewicht.

Die E. kann als die repräsentative dt. Literatur der Jahre 1933–45 angesehen werden, da im Heimatland fast ausschließlich nat.-soz. Literatur Anerkennung fand und auch

Exilregierung

die Werke der Schriftsteller der ↑inneren Emigration (u. a. E. Wiechert, R. Schneider, W. Bergengruen, E. Kästner) unterdrückt wurden. Der E. ist es zu verdanken, daß Deutschland mit der Rückwanderung vieler emigrierter Schriftsteller seit etwa 1947/48 wieder an den Anschluß an die internat. künstler. Strömungen fand. – Auch nach 1945 entstand eine umfangreiche E., insbes. die russ. und ukrain. E. (A. Amalrik, A. D. Sinjawski, A. I. Solschenizyn), die poln. E. (C. Miłosz), die tschech. (P. Kohout, M. Kundera) und die E. der balt. Länder, in der außereurop. Literatur die chilen. E. (A. Skármeta, I. Allende).

Exilregierung, nach dem Völkerrecht ein außerhalb des eigenen Staatsgebiets tätig werdendes Organ, das für sich in Anspruch nimmt, die höchsten staatl. Funktionen im eigenen Staatsgebiet auszuüben und diesen Anspruch auch mit Zustimmung oder Mitwirkung des Aufenthaltsstaates verwirklicht oder zu verwirklichen versucht. Der E. stehen alle Rechte zu, die ihr bei einer Tätigkeit auf eigenem Staatsgebiet zukämen.

existent [lat.], wirklich, vorhanden.

Existentia [lat., zu existere „zum Vorschein kommen"] ↑Essentia.

Existentialismus [lat.] ↑Existenzphilosophie.

Existenz [zu lat. existere „heraus-, hervortreten, vorhanden sein"], Dasein, Leben, Vorhandensein, Wirklichkeit (↑Existenzphilosophie); auch: materielle Lebensgrundlage, Auskommen, Unterhalt; *abwertend für:* Mensch, dessen Lebensumstände undurchsichtig sind.

Existenzanalyse, von V. E. Frankl begründete psychoanalyt. Methode, bei der die Geschichte eines Individuums unter dem Gesichtspunkt von Sinn- und Wertbezügen durchforscht wird. Dabei liegt der Gedanke zugrunde, daß neben einem Willen zur Lust (S. Freud) und einem Willen zur Macht (A. Adler) ein Wille zum Sinn das Verhalten des einzelnen weitgehend beeinflußt. Wenn dieses Sinngebungsbedürfnis unerfüllt bleibt **(existentielle Frustration),** entstehen nach dieser Theorie Neurosen.

Existenzaussage (Existentialaussage), eine Aussage, in der behauptet wird, daß es mindestens einen Gegenstand gibt, dem ein bestimmter (d.h. ein in der Aussage ausdrücklich genannter) Prädikator zukommt, z.B. „es gibt Berge, die höher sind als 6 000 m".

Existenzminimum, das zur Erhaltung des Lebens unabdingbar erforderl. Versorgungsniveau, meist als Geldeinkommen ausgedrückt, mit dem die erforderl. Mengen an Gütern und Leistungen erworben werden. Neben diesem sog. **physischen Existenzminimum** spricht man auch von **kulturellem Existenzminimum,** das, ausgehend vom erreichten techn. und kulturellen Stand der wirtsch. Entwicklung des Landes, den „konventionellen" Lebensstandard des einzelnen berücksichtigt. – ↑Armut, ↑Sozialhilfe.

Existenzphilosophie, die wesentl. Richtungen der E., repräsentiert durch ihre Hauptvertreter K. Jaspers, M. Heidegger, J.-P. Sartre und die frz. Existentialisten, bauen (in Anknüpfung an S. ↑Kierkegaard) auf einem subjektivist., individualist. Begriff der menschl. Existenz auf; des weiteren orientieren sie sich an der ↑Lebensphilosophie des 19. Jh. (F. Nietzsche, H. Bergson, W. Dilthey). Die Existenz wird erfahren in der „Grunderfahrung" oder in dem „existentiellen Erlebnis": bei Kierkegaard der Angst, bei Heidegger des Todes, bei Sartre des „Ekels" und bei Jaspers in den „Grenzsituationen" des Scheiterns (Leid, Schuld, Tod) des Menschen. – Heidegger besonders sieht es in der Klärung des „Existentialen", das „Seinkönnen" erst ermöglicht. Jaspers versteht wie Kierkegaard die Existenz, die immer nur möglich, niemals notwendig ist, als den „Entwurf" des Individuums. Diesen Entwurf, mit dem der Mensch zur „Eigentlichkeit" seiner Existenz gelangen kann, leistet die Philosophie als sog. „Existenzerhellung". Die frz. Variante der E., meist **Existentialismus** genannt, findet sich von Anfang an über die Philosophie hinaus in Literatur, Kunst und Film und hatte umfassenden, z. T. moderatigen Einfluß bis hin zur äußeren Lebensgestaltung ihrer Anhänger. Sartre sieht in betont atheist. Wendung den Menschen als zur Freiheit verurteilt, der sich in unüberwindbarer Subjektivität den Sinn seiner Existenz selbst geben muß. Die einzige Möglichkeit einer Sinngebung bietet sich im totalen (auch polit.) Engagement. Weitere Vertreter des Existentialismus sind: S. de Beauvoir, M. Merleau-Ponty, A. Camus und G. Marcel. Einflüsse des frz. Existentialismus sind in der italien. E. u. a. bei N. Abbagnano, E. Grassi greifbar. Die E. beeinflußte teilweise die ev. und kath. Theologie und die Psychologie.

Exite [griech.] ↑Spaltfuß.

Exitus [lat.], Ausgang, Tod; **Exitus letalis:** tödl. Ausgang einer Krankheit.

Exkavation (Excavatio) [lat.], in der Anatomie svw. Aushöhlung, Ausbuchtung.

Exklaustrierung (Exklaustration) [lat.], Entbindung von Ordensleuten vom Leben in der klösterl. Gemeinschaft.

Exklave [Analogiebildung zu Enklave], eigenstaatl. Gebiet in fremdem Staatsgebiet; zum *Völkerrecht* ↑Enklaven. ▷ in der *Biologie* kleineres, vom Hauptverbreitungsgebiet isoliertes Areal einer Tier- oder Pflanzenart.

exklusiv [lat.], ausschließend; nur wenigen zugänglich, abgesondert; **Exklusivität,** Ausschließlichkeit, [gesellschaftl.] Abgeschlossenheit; **exklusive,** ausschließlich, mit Ausschluß von.

Exkommunikation, in der kath. Kirche der strafweise Ausschluß eines Kirchenangehörigen aus der Gemeinschaft der Kirche (Bann, Kirchenbann) mit gesetzlich im einzelnen festgelegten Wirkungen, z. B. Ausschluß vom Gottesdienst und dem Empfang der Sakramente. Sie ist immer einstweilig, da der Exkommunizierte nach Aufgabe seiner „verstockten" Haltung einen Rechtsanspruch auf Lossprechung von der E. hat.

Exkoriation [zu lat. excoriare „abhäuten"], Hautabschürfung; tritt häufig als Kratzeffekt bei juckenden Dermatosen auf.

Exkrement [lat.], svw. ↑Kot.

Exkrete [lat.], die über Exkretionsorgane ausgeschiedenen oder an bestimmten Stellen im Körper abgelagerten, für den pflanzl., tier. oder menschl. Organismus nicht weiter verwertbaren Stoffwechselendprodukte der Körperzellen. E. der Pflanzen sind z. B. äther. Öle, Gerbstoffe, Harze, Wachse, Alkaloide. Die E. der Tiere sind Harnstoff (auch beim Menschen), Harnsäure und Guanin, Wasser. – ↑Sekrete.

Exkretion [lat.] (Ausscheidung, Absonderung), die Ausscheidung wertloser oder schädl. Stoffe aus dem Organismus.

Exkretionsgewebe ↑Absonderungsgewebe.

Exkretionsorgane (Ausscheidungsorgane), bei fast allen Tieren und beim Menschen ausgebildete, der Exkretion dienende Organe. Bei den wirbellosen Tieren sind dies die ↑Nephridien, bei den Insekten die ↑Malphigi-Gefäße, bei den Wirbeltieren und beim Menschen die ↑Niere und Schweißdrüsen. Den E. der Mehrzeller entsprechen bei den Einzellern (als Exkretionsorganellen) die pulsierenden Vakuolen. Bei Pflanzen kommen neben bes. Exkretionsgeweben auch einzelne Exkretzellen vor.

Exkurs [lat.], bewußte Abschweifung vom eigtl. Thema, in sich geschlossene Behandlung eines Nebenthemas; bei Vorträgen, in wiss. oder in ep. Werken, als Einschub in den Text oder als Anhang.

Exkursion [lat.], Studienfahrt; wiss. Ausflug; Besichtigungsfahrt oder -reise.

Exlibris [lat. „aus den Büchern"], meist auf der Innenseite des Vorderdeckels eines Buches eingeklebtes Bucheignerzeichen, das mit den Wörtern „ex libris" beginnt. Das **Supralibros** ist außen auf den Buchdeckel gepreßt, das **Donatoren-Exlibris** bezeichnet den Schenker.

Exmatrikulation [lat.] Streichung eines Studenten aus der ↑Matrikel einer Hochschule bei Beendigung des Studiums oder beim Wechsel der Hochschule.

Emission [lat.], Zwangsräumung, (gerichtl.) Ausweisung aus einem Haus oder Grundstück.

exmittieren [lat.], hinausbefördern, hinauswerfen, ausweisen.

Exner von Ewarten, Felix Maria Ritter, *Wien 23. Aug. 1876, †ebd. 7. Febr. 1930, östr. Meteorologe und Physiker. – Direktor der Zentralanstalt für Meteorologie und Geodynamik in Wien; Arbeiten über atmosphär. Optik und Bewegungsformen der festen Erdoberfläche.

ex nihilo nihil fit [lat. „aus nichts entsteht nichts"], in der griech. Philosophie Begründung für die Ewigkeit der Welt.

exo..., Exo... [griech.], Vorsilbe mit der Bed. „außerhalb", „von außen".

Exobiologie (Ektobiologie), Wiss. vom Leben außerhalb unseres Planeten.

Exodermis [griech.], bei Pflanzenwurzeln das ein- oder mehrschichtige, lebende, sekundäre Abschlußgewebe, das sich nach Zugrundegehen der dünnen Epidermis (Rhizodermis) durch Verkorken der Zellwände vom Rindengewebe bildet.

Exodus [griech.-lat.], Auszug der Israeliten aus Ägypten um 1200 v. Chr.; auch Name des 2. Buch Mose, das hiervon berichtet; danach allg. Bez. für Auszug.

ex officio [lat.], Abk. e. o., von Amts wegen, amtlich, kraft Amtes.

Exogamie [griech.], in der Völkerkunde Bez. für eine Heiratsordnung, die verbietet, den Ehepartner aus der Gruppe zu wählen, der man selbst angehört. – Ggs. ↑ Endogamie.

exogen, in der *Medizin:* von Stoffen, Krankheitserregern oder Krankheiten gesagt, die außerhalb des Organismus entstehen; von außen her in den Organismus eindringend.
▷ in der *Psychologie:* umweltbedingt.
▷ in der *Botanik:* außen entstehend (bes. von Blattanlagen und Seitenknospen).
▷ in der *Geologie:* von Kräften ableitbar, die auf die Erdoberfläche einwirken, wie Wasser, Atmosphäre, Organismen; ↑ Geologie.

Exlibris. Albrecht Dürer, Exlibris Willibald Pirckheimer, mit dem Ehewappen Pirckheimers und Crescentia Rieters, 1504

Exokarp [griech.] (Epikarp) ↑ Fruchtwand.
exokrin [griech.], das Sekret nach außen bzw. in Körperhohlräume ausscheidend; **exokrine Drüsen** ↑ Drüsen.
Exophthalmus [griech.] (Glotzauge), Hervortreten des Augapfels aus der Augenhöhle, u. a. bei Tumoren und v. a. bei der Basedow-Krankheit.
Exopodit ↑ Spaltfuß.
exorbitant [lat.], übertrieben, außerordentlich, gewaltig.

ex oriente lux [lat.], „aus dem Osten (kommt) das Licht" (zunächst auf die Sonne bezogen, dann übertragen auf Christentum und Kultur).

Exorzismus [zu griech. exorkeízein „beschwören"], in allen Religionen bekanntes Verfahren, die Dämonen auszutreiben. Grundlage des E. ist der Glaube an Geister und der Wille des Menschen, auf diese einen Zwang auszuüben. Der **Exorzist** sucht, durch mag. oder kult. Handlungen böse Mächte oder Geister zu vertreiben. Im Christentum ist der E. ein an den Dämon (Teufel) im Namen Jesu (oder Gottes) und der Kirche gerichteter Befehl, Menschen oder Sachen zu verlassen. Bedeutung kommt heute noch dem E. bei der Taufe zu (↑ Abschwörung). Die kath. Kirche hat einen differenzierten Katalog von Exorzismen. Der „Exorcismus solemnis" („feierl. E.") darf nur mit bischöfl. Erlaubnis von einem Priester vollzogen werden.

Exosat [Abk. für engl.: **E**SA's **X**-ray **o**bservatory **sat**ellite], ein 1983 gestarteter Satellit der ESA zur astronom. Beobachtung im Röntgenstrahlenbereich; Betriebsende 1986.

Exoskelett, svw. ↑ Ektoskelett.
Exosphäre ↑ Atmosphäre.
Exosporen (Ektosporen), Sporen, die im Ggs. zu den ↑ Endosporen nicht in bes. Sporenbehältern entstehen, sondern durch Abschnürung gebildet werden; z. B. die Basidiosporen vieler Pilze.

Exostose [griech.], gutartiger Knochenauswuchs.
Exote [griech.], veraltet für: Angehöriger ferner Länder, bes. trop. oder fernöstl. Gebiete; auch Bez. für Tiere, Pflanzen u. a. aus fernen Ländern.

exoterisch [griech.], für Außenstehende, allg. verständlich.

exotherm [griech.], wärmeabgebend; **exotherme Prozesse** sind Vorgänge, bei denen Energie als Wärmeenergie frei wird.

Exotik [griech.], fremdartiges Wesen; Anziehungskraft, die von allem Fremdartigen ausgeht; **exotisch,** fremdartig, fremdländisch, ungewöhnlich.

Exotoxine (Ektotoxine), von (meist grampositiven) Bakterien ausgeschiedene Gifte (im Ggs. zu den ↑ Endotoxinen).

Expander [engl., zu lat. expandere „ausdehnen"], aus Metallspiralen oder Gummizügen bestehendes Sportgerät zur Kräftigung der Arm- und Oberkörpermuskulatur.

Expansion [lat.], Volumenvergrößerung eines Körpers oder physikal. Systems, speziell die eines Gases.
▷ Ausdehnung des Einfluß- und/oder Herrschaftsbereichs eines Staates unter Einsatz ökonom., polit. und militär. Mittel.
▷ Aufschwungsphase im Konjunkturzyklus.
▷ (E. des Weltalls) ↑ Ausdehnung.

Expedient [lat.], Stelleninhaber innerhalb der Versandabteilung eines Betriebes (Expedition), der mit der Abfertigung von Versandgütern und der Auswahl der Beförderungsmittel und -wege betraut ist.

Expedition [zu lat. expeditio „Erledigung, Feldzug"], eine Forschungsreise (z. B. Polar-E.), ein Erkundungsvorhaben, in krieger. Unternehmen; auch die Gesamtheit der Teilnehmer eines solchen Unternehmens.
▷ Versandabteilung eines Unternehmens.
▷ *aktenkundlich* die Gesamttätigkeit der Abfertigung und Beförderung eines Schriftstücks.

Expektoranzien (Expektorantia) [lat.], auswurfördernde Arzneimittel, die bes. bei chron. Bronchitis, Bronchiektasen und Bronchialasthma verwendet werden.

Experiment [zu lat. experimentum „Versuch, Erfahrung"], methodisch-planmäßige Herbeiführung von meist variablen Umständen zum Zwecke wiss. Beobachtung; wichtigstes Hilfsmittel aller Erfahrungswissenschaften, v. a. Physik, Chemie. In der Mikrophysik stellt die Beobachtung in Form des E. einen derart schweren Eingriff in das beobachtete System dar, daß ein wichtiges Charakteristikum des klass. E., die prinzipielle Wiederholbarkeit (am selben Objekt), aufgegeben werden mußte. Dagegen glaubt man z. B. in der Psychologie oder Pharmakologie die Einflüsse der Experimentiersituation auf das Ergebnis beseitigen oder doch

Experimentalphysik

berücksichtigen zu können. Bei *sozialpsycholog.* E. wird die *Experimentiergruppe* einer bes. Behandlung unterworfen und mit einer nicht behandelten Kontrollgruppe verglichen; unter künstl. Bedingungen: **Laboratoriumsexperiment**; unter natürl. Bedingungen: **Feldexperiment.** Das **Ex-post-facto-Experiment** ist eine method. Konstruktion im nachhinein.

Experimentalphysik [lat./griech.] ↑ Physik.

experimentell (experimental) [lat.], auf Experimenten beruhend.

experimentelle Dichtung, freier dichter. Umgang mit Sprache und Erprobung neuer (bes. formaler) literar. Ausdrucksmöglichkeiten; charakteristisch sind Strukturdurchbrechungen in Grammatik, Syntax und Semantik, Experimente mit stilist. Mitteln, Metaphern, Themen, Collage- und Montagetechniken, Aufnahme musikal. und bildl. Darstellung (daher auch **akustische** oder **visuelle Dichtung** gen.), Veränderung der Autorenrolle durch Computereinsatz (aleator. und zufallsabhängige Verfahren, automat. Niederschrift) und insbes. Aufhebung des traditionellen Erzählprinzips (keine kausale und psycholog. Erklärbarkeit von Vorgängen und Handlungen, ident. Personen und konsistente Wirklichkeit). – Bereits die Romantiker Novalis und E. Schlegel bemühten sich um eine Verbindung von Experiment und Literatur. É. Zola forderte 1880, im Roman das Handeln von Personen unter naturwiss. Experimentalbedingungen zu beschreiben. Die e. D. im engeren Sinn wurde erst im Zuge der tiefgreifenden Krise der europ. Kultur zu Beginn des 20. Jh. möglich. Wichtige Autoren: u. a. H. Ball, C. Einstein, J. Joyce, M. Proust, G. Stein; nach dem 2. Weltkrieg: ↑ Nouveau roman, in der deutschsprachigen Literatur: u. a. H. Heißenbüttel, E. Jandl, F. Mayröcker, F. Mon. Die verschiedenen Erscheinungsformen der e. D. finden sich u. a. als *absolute, aleator., automat., elementare, konsequente* Dichtung und v. a. als ↑ **konkrete Poesie.**

experimentelle Psychologie, Forschungsrichtung in der Psychologie, bei der das Experiment im Vordergrund steht. Die von G. T. Fechner (1860) begründete e. P. wurde von W. Wundt weitergeführt. Gegenwärtig ist das Experiment eine bevorzugte Erkenntnismethode der Psychologie. Im angewandten Bereich werden Experimente v. a. in der Arbeitspsychologie, der betriebl. Sozialpsychologie, der Verkehrspsychologie, der klin. Psychologie sowie in der Markt- und Werbeforschung durchgeführt.

Experte [frz.; lat. expertus „erprobt"], Sachverständiger, Kenner, Fachmann.

Expertensystem, Programmsystem eines Computers mit umfangreichem Datenbestand, in dem die Kenntnisse von Experten gesammelt sind; zeichnet sich durch einfache Bedienung aus und ermöglicht im Dialogbetrieb Auskünfte über Sachverhalte und deren Beziehungen.

Expertise [lat.-frz.], fachmänn. Begutachtung, Untersuchung.

Explantation [lat.], svw. ↑ Gewebezüchtung.

Explikation [lat.], Darlegung, Erklärung, Erläuterung; **explizieren,** erklären, darlegen.

explizit [lat.], erklärt, ausdrücklich, ausführlich dargestellt (Ggs. ↑ implizit).

Exploitation [...ploa...; frz.] ↑ Ausbeutung.

Exploration [lat.], in der *Medizin* Befragung eines Patienten zur Aufstellung einer ↑ Anamnese; sie ist in der *Psychotherapie* integrierender Teil der Behandlung. Der Psychotherapeut versucht dabei, den Betroffenen zu ungehemmten Äußerungen zu bewegen.

▷ in der *Geophysik* das Aufsuchen und die Erforschung von Lagerstätten.

Explorationsstudie ↑ Leitstudie.

Explorer [engl. ıks'plɔ:rə „Kundschafter", zu lat. explorare „erforschen"], Name einer Reihe amerikan. Forschungssatelliten; Messungen von E. 1 (erster Satellit der USA, gestartet am 1. Febr. 1958) führten zur Entdeckung des Van-Allen-Gürtels.

Explosion [zu lat. explodere „klatschend heraustreiben"], plötzl. Volumenvergrößerung eines Stoffes durch sich ausdehnende Gase oder Dämpfe, die z. B. infolge sehr rasch verlaufender chem. Reaktionen entstehen. E. sind mit beträchtl. mechan. und akust. Wirkungen verbunden.

Explosiv [lat.] (Explosivlaut), in der Phonetik ↑ Verschlußlaut.

Explosivstoffe, chem. Verbindungen oder Gemenge, die zur plötzl. chem. Umwandlung bei starker Gas- und Wärmeentwicklung geeignet sind; werden als Spreng-, Zünd- oder Treib-(Schieß-)Mittel (↑ Sprengstoffe) und in der Pyrotechnik verwendet.

Exponat [lat.-russ.], Ausstellungs-, Museumsstück.

Exponent [lat.], herausgehobener Vertreter, z. B. einer Richtung oder einer Partei.

▷ (Hochzahl) die hochgesetzte Zahl bei ↑ Potenzen und ↑ Wurzeln.

Expressionismus. Edvard Munch, Vier Mädchen auf der Brücke, 1905 (Köln, Wallraf-Richartz-Museum)

Exponentialfunktion [lat.], Funktion $f(x) = a^x$ mit positiver reeller Basis a, bei der die unabhängige Veränderliche x im Exponenten einer Potenz auftritt. Wählt man als Basis $a = e$ (↑ e), die Basis der natürl. Logarithmen, so erhält man die spezielle E. (e-Funktion) $y = \exp x = e^x$.

Exponentialgleichung [lat./dt.], Gleichung, bei der die Unbekannte im Exponenten einer Potenz vorkommt.

exponentiell [lat.], gemäß einer ↑ Exponentialfunktion verlaufend.

exponieren [lat.], hervorheben; einer Gefahr, Kritik, Angriffen aussetzen.

Export [engl., zu lat. exportare „hinaustragen"] (Ausfuhr), Warenlieferungen ins Ausland und Dienstleistungen für Ausländer; Ggs. Import (Einfuhr). – Zur wirtsch. Bed. ↑ Welthandel.

Exporteur [...'tø:r] (Ausführer), jemand, der Waren in das Ausland verbringt oder verbringen läßt. Nicht als E. gelten die dabei tätigen Spediteure und Frachtführer.

Exportfinanzierung (Ausfuhrfinanzierung), die Beschaffung von Kreditmitteln seitens der Exporteure zur Finanzierung ihrer Ausfuhrgeschäfte. Kurzfristige E. erfolgt v. a. durch Wechselkredite und Auslandsakzepte; langfristige Kredite gewähren bes. Außenhandelsbanken.

Exportförderung, Gesamtheit meist staatl. Maßnahmen, die darauf zielen, die Ausfuhr zu steigern. Gängige Mittel sind u. a. Steuererleichterungen, Kreditvergünstigungen, Exportprämien, Exportgarantien und -bürgschaften.

Exportgarantien, staatl. Maßnahmen der Exportförderung durch Übernahme von Bürgschaften zur Erleichterung der Exportfinanzierung.

Exportprämie (Exportsubvention, Ausfuhrprämie), Prämie für die Ausfuhr bestimmter Waren, als offene (z. B. durch Zollpolitik) oder versteckte E. (z. B. durch Zollrückvergütungen, Steuererleichterungen).

Exportquote, Verhältnis zw. dem Wert der Exporte und dem Sozialprodukt, bzw. der Gesamterzeugung bei einzelnen Gütern oder dem Gesamtumsatz in einzelnen Unternehmen und Wirtschaftszweigen.

Exportrestriktionen, Beschränkungen der Ausfuhr durch Zölle, Kontingente, Ausfuhrverbote; angeordnet v. a. aus polit. Gründen und bei Rohstoffmangel.

Exportrisiko, die Gefahr von Verlusten für den Käufer und/oder Verkäufer beim Export durch nicht vorhersehbare bzw. nicht exakt voraus zu kalkulierende Ereignisse, die polit. (z. B. Ausbruch eines Krieges) oder wirtsch. Natur (z. B. Zahlungsunfähigkeit des Käufers) sein können.

Exportüberschuß, ein Übersteigen des Wertes der Importe einer Volkswirtschaft durch den Wert der Exporte in der gleichen Periode; führt zu einem Aktivsaldo der Handelsbilanz.

Exportverbot, staatl. Verbot des Exports bestimmter Waren in bestimmte Länder, z. B. von Waffen in Kriegsgebiete; in der BR Deutschland rechtlich möglich auf Grundlage des Außenwirtschaftsgesetzes.

Exposé [ɛkspo'ze:; frz., zu lat. exponere „auseinandersetzen"], [Rechenschafts]bericht, Darlegung eines Sachverhalts in Grundzügen, Erläuterung, Entwurf; Handlungsskizze, insbes. als Vorstufe eines ↑Drehbuchs.

Exposition [lat., zu exponere „auseinandersetzen"], erster Teil eines Dramas, in dem die Bedingungen des dramat. Konflikts dargelegt werden.

▷ in der *Medizin* die Gesamtheit der Umwelteinflüsse, denen der Körper ausgesetzt ist; äußere Krankheitsbedingungen.

▷ in der *Musik* die Themenaufstellung in der Sonatensatzform sowie das erste Auftreten des Themas in der Fuge.

▷ svw. ↑Belichtung.

Express, L' [frz. lɛks'prɛs], frz. Nachrichtenmagazin (seit 1964), 1953 als polit. Wochenblatt gegr.; Organ des linken Bürgertums.

Expressen, schwed. Zeitung, ↑Zeitungen (Übersicht).

Expreßgut [lat./dt.], gemäß bes. E.tarif zu beförderndes [Stück]gut. E. wird an Personenbahnhöfen angenommen und gelangt mit dem nächsten Zug zur Beförderung.

Expressionismus [zu lat. expressio „Ausdruck"], eine alle Künste erfassende Stilrichtung des frühen 20. Jh., v. a. in Deutschland.

Bildende Kunst: i. w. S. auch Bez. für jede Kunstrichtung, die eine spezifisch subjektive Ausdruckssteigerung mit bildner. Mitteln zu erreichen sucht; i. e. S. Stilbez. für eine zu Beginn des 20. Jh. v. a. in der dt. Kunst einsetzende Bewegung. Den Begriff E. prägte H. Walden 1911 in seiner Zeitschrift „Der Sturm". Die Mittel des E. sind vereinfachende Zeichnung einschl. der Deformation, Flächigkeit, starke Farbkontraste und eine nicht an das Naturvorbild gebundene Farbgebung. Vorläufer des E. waren V. van Gogh, P. Gauguin, H. de Toulouse-Lautrec, J. Ensor und E. Munch. Der Beginn liegt im Jahre 1905 mit der Gründung der Dresdner Malervereinigung „Die ↑Brücke". Auch frühe Werke von Künstlern des Blauen Reiters zählen zum E. (W. Kandinsky, G. Münter, A. Jawlenski, F. Marc), und schließlich werden die Österreicher O. Kokoschka und A. Kubin sowie M. Beckmann zum E. gezählt. Verwandte Erscheinungen zeigen sich in Belgien (C. Permeke, G. de Smet) und Frankreich (G. Rouault, C. Soutine). Mit Einschränkung ist auch im frz. Fauvismus eine Parallele zu sehen. Innerhalb der Plastik zeigen die Werke von E. Barlach und K. Kollwitz expressionist. Züge. In der Architektur äußerten sich expressionist. Tendenzen u. a. im Werk von H. Poelzig, E. Mendelsohn, B. Taut.

Literatur: Geprägt von K. Hiller im Juli 1911, steht der Begriff E. für vielfältige Strömungen bes. in der dt. Literatur (etwa 1910–25), die sich schroff vom Naturalismus, Impressionismus, Jugendstil, von Neoromantik und Neuklassizismus abhoben. Gemeinsam ist ihnen der Protest gegen eine allg. Selbstentfremdung und das in autoritären Strukturen erstarrte Wilhelmin. Bürgertum (thematisiert u. a. im Vater-Sohn-Konflikt), gegen eine zunehmende Mechanisierung des Lebens (deshalb z. B. ekstat. Bekenntnis zu individuellem Menschsein) sowie die Angst vor einer Bedrohung des Geistes und die Vorahnung einer apokalypt. gesellschaftl. Katastrophe („Weltende"). Literar. Vorbilder waren v. a. A. Strindbergs Mysterien-, Traum- und Visionsspiele

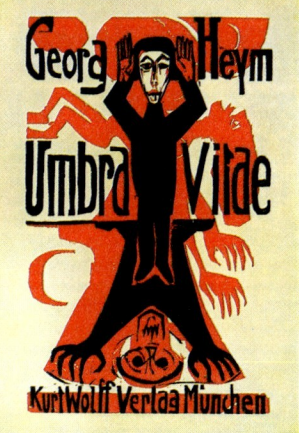

Expressionismus. Titelblatt der Gedichtsammlung „Umbra vitae" von Georg Heym mit einem Holzschnitt von Ernst Ludwig Kirchner (1924)

(„Nach Damaskus"), die Langverse W. Whitmans und Themen der Gedichte C. Baudelaires und des frz. Symbolismus. Das innere Erlebnis wurde über das äußere Leben gestellt, die Dichter wollten Künder sein, sie bedienten sich einer oft alle Gefüge sprengenden expressiven Sprache. Der E. artikulierte sich zunächst v. a. in der Lyrik (z. B. G. Trakl, G. Heym, E. Stadler, A. Stramm, ferner u. a. G. Benn, J. R. Becher, T. Däubler, Y. Goll, J. van Hoddis, E. Lasker-Schüler, K. Otten, C. Rubiner, P. Zech). In der Phase nach 1915 wurde die politisch-soziale Dichtung bestimmend (Zäsur des 1. Weltkrieges), ihre wesentl. Leistung war das Drama (G. Kaiser, E. Toller, H. H. Jahnn, W. Hasenclever, O. Kokoschka, R. Schickele, F. Werfel, C. Sternheim, später E. Barlach). Um den expressionist. Inszenierungsstil machte sich bes. Max Reinhardt verdient. Während des 1. Weltkrieges wurden auch die kürzere erzählende Prosa, später der Roman (A. Döblin, L. Frank, M. Brod, G. Benn, F. Werfel und K. Edschmid) bedeutsam. – ↑deutsche Literatur.

Musik: Der E. ist hier eine in Reaktion auf den Impressionismus in der Malerei und Dichtung zu Beginn des 20. Jh. entstandene Kunstrichtung, die nicht mehr vom Objekt-Eindruck, sondern vom Subjekt-Ausdruck getragen ist. Entsprechend treten alle musikal. Elemente in einer bisher nicht gekannten Loslösung von überkommenen Bindungen auf. Rhythmik und Dynamik lassen extrem gesteigerte Bewegungskräfte hervortreten (Strawinsky, „Le sacre du printemps", 1913), Melodik und Harmonik lösen sich endgültig von der Tonalität (A. Schönberg, „George-Lieder"

Expressionismus. Max Beckmann, Die Nacht, 1918/19 (Düsseldorf, Kunstsammlung Nordrhein-Westfalen)

op. 15, 1908/09), Form wird zum jeweils individuellen Gestaltungsproblem, neuartige Instrumentation führt zu erregenden Klangfarben (Schönberg, „Fünf Orchesterstücke" op. 16, 1909). Insgesamt ist der E. keine einheitl. Stilphase. Schönberg und seine Schüler, Strawinsky, Hindemith, Bartók u. a., die sie durchliefen, gelangten zu jeweils verschiedenen kompositor. Ergebnissen.

Expressionismus. Szene aus dem Film „Das Cabinet des Dr. Caligari" unter der Regie von Robert Wiene (1920)

Film: Der film. E. entstand als Protest gegen klischeehaften Ausstattungs- und Kostümfilme der Zeit sowie gegen die beschwerl. Produktionsbedingungen für junge Regisseure wie R. Wiene, P. Wegener, P. Leni, F. W. Murnau, F. Lang. Er ist geprägt von einem pessimist. Gesellschaftsbild. Das graphisch gestaltete expressionist. Filmbild, gemalte Kulissen, gezeichnete Perspektiven sowie die effektvolle Lichtregie mit genau konzipiertem Helldunkel sollten eine rigorose Künstlichkeit und Verzerrung der äußeren Welt schaffen als Entsprechung des psych. Zustands der dargestellten Menschen. – ↑ Film (Geschichte).

expressis verbis [lat. „mit ausdrückl. Worten"], ausdrücklich, deutlich.

expressiv [lat.], ausdrucksstark, betont ausgedrückt.

Expressivität [lat.], in der Genetik Ausprägungsgrad eines Merkmals im Erscheinungsbild.

Expropriation [lat.], marxist. Begriff für Enteignung von Eigentümern (↑ Ausbeutung).

exquisit [lat.], ausgesucht, erlesen.

Exsikkator [lat.], Gerät zum Trocknen oder zum trockenen Aufbewahren von Chemikalien.

Exsikkose [lat.], Austrocknung des Körpers durch erhebl. Wasser- und Salzverluste (z. B. bei Erbrechen oder Durchfall).

Exspiration [lat.], svw. Ausatmung (↑ Atmung).

Exstirpation [lat.], operative Entfernung eines Organs oder einer in sich abgeschlossenen Geschwulst.

Exsudat [lat.], bei entzündl. Vorgängen aus den Blut- und Lymphgefäßen abgesonderte eiweißreiche und zellhaltige Flüssigkeit in Körperhöhlen und Gewebsspalten; z. B. Erguß bei feuchter Rippenfellentzündung. – Ggs. ↑ Transsudat.

Exsudation [lat.], Verdunstung der Bodenfeuchtigkeit durch die Sonneneinstrahlung in Trockengebieten sowie die Ausscheidung von Mineralstoffen wie Gips und Salze, z. B. bei der Krustenbildung.

Exsultet [lat. „es jauchze..."], Lobgesang auf die brennende Osterkerze in der kath. Osternachtsfeier, ben. nach den Anfangsworten.

Extemporale [lat.], eine unvorbereitet anzufertigende schriftl. (Klassen-)Arbeit.

ex tempore [lat.], unvorbereitet, aus dem Stegreif.

extemporieren [lat.], etwas aus dem Stegreif tun.

Extension [zu lat. extensio „Ausdehnung"], in der *Logik* der Umfang eines Begriffes; Gesamtheit der Objekte, die unter diesen Begriff fallen.
▷ in der *Medizin* mechan. Streckung eines gebrochenen, verrenkten oder operierten Gliedes zur Wiederherstellung der Ausgangslage.

Extensionsverband (Streckverband), Spezialverband v. a. bei Knochenbrüchen (zur Ruhigstellung, Dehnung der Weichteile und richtigen Einstellung der Bruchenden).

Extensität (Extensivität) [lat.], Ausdehnung, Umfang; **extensiv,** ausgedehnt; räumlich; nach außen wirkend; erweiternd.

Extensoren [lat.], svw. ↑ Streckmuskeln.

Exter, Alexandra, *Belestok (bei Kiew) 6. Jan. 1882, †Paris 17. März 1949, russ. Malerin. – Lebte seit 1924 in Paris. Bed. Künstlerin der russ. Avantgarde. Als Bühnen- und Kostümbildnerin schuf sie zahlr. Arbeiten für Theater und Film, daneben auch Entwürfe für Stoffe, Bekleidung sowie Ausstellungsdekorationen.

extern [lat.], auswärtig, draußen, fremd, von außen.

Externe [lat.], Schüler, die nicht im Internat der von ihnen besuchten Schule wohnen.
▷ Schüler, die eine Abschlußprüfung an einer Schule ablegen, die sie nicht besucht haben.

Externsteine, in einzelne Felstürme (bis fast 40 m Höhe) aufgelöste Schichtrippe aus Sandstein im Teutoburger Wald, unweit von Horn-Bad Meinberg; urspr. wohl german. Kultstätte, 1093 vom Paderborner Benediktinerkloster Abdinghof erworben; Felsenkapelle (um 1000), in den Fels gehauenes Relief mit der Kreuzabnahme Christi (um 1130).

Exterorezeptoren [lat.], alle Rezeptoren, die auf Reize aus der Umwelt reagieren und die Orientierung im Raum ermöglichen. – Ggs. ↑ Propriorezeptoren.

exterritorial, außerhalb der Geltung der innerstaatl. Rechtsordnung.

Exterritorialität [lat.], im Völkerrecht die vollständige oder teilweise Unanwendbarkeit der innerstaatl. Rechtsordnung auf bestimmte Personen oder Sachen. E. genießen im einzelnen: 1. Staaten: Für Hoheitsakte der diplomat. Vertretungen besteht vollständige E.; 2. Staatsoberhäupter: Sie sind bei Reisen in das Ausland unverletzlich; 3. fremde Truppenabteilungen bei erlaubtem Durchzug durch fremdes Staatsgebiet und eingeschränkt bei einer vertraglich geregelten Stationierung; 4. Kriegsschiffe; 5. der Papst; 6. diplomat. Vertreter für ihre amtl. wie auch für ihre privaten Handlungen. Eine Verletzung der Rechtsordnung durch einen diplomat. Vertreter ist rechtswidrig und ermöglicht es, seine Abberufung vom Sendestaat zu verlangen; 7. Gebäude der diplomat. Vertretung (eingeschränkt); 8. internat. Organisationen.

Extinktion [lat.], allgemein die Schwächung einer Strahlung beim Durchgang durch ein Medium infolge von

Externsteine. Außenfront der um 1000 entstandenen Felskapelle im Teutoburger Wald mit der Kreuzabnahme Christi, Relief, um 1130

Absorption und Streuung; speziell die atmosphär. E. – Für homogene Medien gilt das für die Sichttheorie und Gewässeroptik grundlegende **Bougersche** (auch **Lambertsche**) **Gesetz** $I = I_0 \exp(-\sigma s)$, wobei I_0 die Intensität der Lichtquelle, I die Intensität im Abstand s ist, σ ist der E.koeffizient. Für Lösungen gilt das **Beersche Gesetz** $\sigma = \sigma_c c$ bzw. das **Lambert-Beersche Gesetz** $I = I_0 \exp(-\sigma_c c s)$, wobei σ_c der molekulare E.koeffizient und c die Konzentration des gelösten Stoffes ist.

extra [lat.], besonders, zusätzlich, außergewöhnlich.

Extra..., extra... [lat.], Bestimmungswort in Zusammensetzungen mit der Bed. „außerhalb, außerdem, besonders", z. B. Extrablatt.

extra dry [engl. 'ɛkstrə 'draɪ „extra trocken"], bezeichnet alkohol. Getränke, die nur eine äußerst geringe Süße aufweisen.

Extraduralraum, svw ↑Epiduralraum.

extra ecclesiam nulla salus (extra ecclesiam non [est] salus) [lat. „außerhalb der Kirche ist kein Heil"], von Cyprianus von Karthago geprägter Glaubenssatz der kath. Kirche, ↑alleinseligmachend zu sein; mit Augustinus und durch Pius XII. bestätigt, gilt heute, daß eine unverschuldete Nichtzugehörigkeit zur Kirche dem Heil des einzelnen nicht im Wege steht, sofern er nur gewillt ist, nach dem ihm durch das Gewissen bekannten Gebot Gottes zu leben.

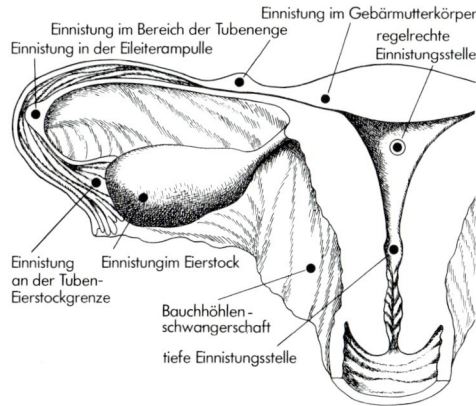

Extrauterinschwangerschaft. Schematische Darstellung der möglichen Einnistungsstellen des befruchteten Eies

extragalaktisch, außerhalb der Milchstraße (Galaxis) liegend; Ggs. galaktisch.

extrahieren [lat.], eine Extraktion vornehmen, herausziehen (z. B. einen Zahn).

extrakorporale Befruchtung, svw. ↑In-vitro-Fertilisation.

Extrakt [zu lat. extractum, eigtl. „Herausgezogenes"], allg.: Auszug (z. B. aus Büchern), Hauptinhalt, Kern.
▷ in der *Pharmazie* und *Lebensmitteltechnologie:* eingedickter Auszug aus tier., pflanzl. und techn. Stoffen.

Extraktion [lat.], (Auslaugung), Trennverfahren, bei dem durch geeignete Lösungsmittel aus festen oder flüssigen Stoffgemischen selektiv bestimmte Bestandteile herausgelöst werden.
▷ in der *Medizin:* operatives Herausziehen (Herauslösen) eines Körperteils, z. B. eines Zahns; auch das geburtshilfl. Herausziehen des Kindes.

Extraktivstoffe [lat./dt.], in Pflanzen oder Tieren vorkommende Stoffe, die durch Lösungsmittel extrahiert werden können und dann z. B. als Würz- oder Arzneimittel Verwendung finden.

extra muros [lat.], außerhalb der Mauern, d. h. außerhalb der Stadt.

extraordinär, außergewöhnlich, außerordentlich.

Extraordinariat, der außerordentl., planmäßige Lehrstuhl eines außerordentl. ↑Professor (Extraordinarius); wird nicht mehr eingerichtet.

Extrapolation [lat.], näherungsweise Bestimmung von Funktionswerten außerhalb eines Intervalls auf Grund der Kenntnis von Funktionswerten innerhalb dieses Intervalls.

extrapyramidal [lat.], in der Anatomie: außerhalb der Pyramidenbahn befindlich. – Das **extrapyramidale System** ist die Gesamtheit von Nervenzellen, die in bestimmten Gehirnabschnitten liegen und zus. mit dem Pyramidenbahnsystem die Skelettmuskulatur innervieren.

Extrasystole, innerhalb der normalen rhythm. Herzschlagfolge durch anomale Erregungsbildung ausgelöste, vorzeitige Zusammenziehung des Herzens.

extraterrestrisch, außerhalb der Erde auftretend, außerird. Vorgänge betreffend.

extrauterin [...a-u...], außerhalb der Gebärmutter gelegen bzw. lokalisiert.

Extrauterinschwangerschaft [...a-u...] (Extrauteringravidität, Graviditas extrauterina), Schwangerschaft, bei der sich das befruchtete Ei außerhalb der Gebärmutter (↑Eileiterschwangerschaft, ↑Eierstockschwangerschaft, ↑Bauchhöhlenschwangerschaft) einnistet und entwickelt. Die E. endet fast immer in den ersten vier Schwangerschaftsmonaten durch Absterben und operative Entfernung der Frucht.

extravagant [mittellat.-frz.], überspannt, übertrieben, ausgefallen, ungewöhnlich; **Extravaganz,** Überspanntheit.

Extraversion [lat.], von C. G. Jung eingeführte Bez. zur Charakterisierung der Grundeinstellung von Menschen, die sich stärker als andere an ihrer Umwelt orientieren (Ggs. ↑Introversion). Der **extravertierte Typ** ist aufgeschlossen, kontaktfreudig und vertrauensvoll, akzeptiert die Realität und setzt sich mit ihr auseinander.

extrem [lat.], äußerst, übertrieben, radikal; **Extrem,** höchster Grad, Übertreibung, äußerster Standpunkt; **Extreme,** einander entgegengesetzte Dinge oder Meinungen.

Extremadura [span. estremaˈðura] ↑Estremadura (Spanien).

Extremale [lat.] ↑Variationsrechnung.

extremarid ↑arid.

Extremismus [lat.] ↑Radikalismus.

Extremistenbeschluß (Radikalenerlaß), Bez. für den Beschluß des Bundeskanzlers (W. Brandt) und der Regierungschefs der Länder in der Frage der Überprüfung von Bewerbern für den öff. Dienst und zur Mgl.schaft von Beamten in extremist. Organisationen am 28. Jan. 1972. Auf Grund der Verpflichtung von Beamten, Angestellten und Arbeitern des öff. Dienstes nach dem Beamtenrecht (bzw. entsprechenden Bestimmungen für Angestellte und Arbeiter), sich positiv zum GG zu bekennen und für die freiheitlich demokrat. Grundordnung jederzeit einzutreten, entscheidet der Dienstherr bei Pflichtverstoß über Maßnahmen im Einzelfall. Dementsprechend rechtfertigen begründete Zweifel an der Verfassungstreue eines Bewerbers für den öff. Dienst i. d. R. eine Ablehnung. Die Anwendung des Beschlusses ist umstritten, das Verfahren wird in den einzelnen Bundesländern unterschiedlich gehandhabt (z. B. Routineüberprüfung durch den Verfassungsschutz); im Saarland wurde eine Einstellungsprüfung 1985 abgeschafft. Bewerber unter 18 Jahren werden nicht überprüft.

Extremitäten [lat.], svw. ↑Gliedmaßen.

Extremwert (Extremum), Wert einer Funktion, in dessen Umgebung alle benachbarten Funktionswerte entweder kleiner (Maximum) oder größer (Minimum) sind.

Extruder [lat.-engl.], Maschine zur kontinuierl. Verarbeitung von plast. Kunststoffen. Der als Pulver, Agglomerat oder Granulat aufgegebene Rohstoff wird kontinuierlich geschmolzen, gemischt und zur Formgebung durch eine in der Form veränderl. Düse gedrückt. – Abb. S. 258.

Extrusion [lat.], Bez. für den Ausfluß von Lava auf die Erdoberfläche.

Exulanten [zu lat. exsul „Verbannter"], die im 16. und 17. Jh. aus den Ländern der habsburg. Monarchie, im 18. Jh aus dem Erzstift Salzburg ausgewiesenen Protestanten.

Exulzeration [lat.], svw. ↑Geschwürbildung.

ex voto [lat.], auf Grund eines Gelübdes (Inschrift auf Votivgaben).

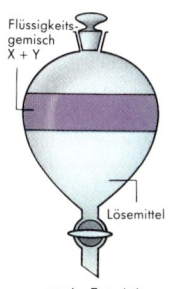
vor der Extraktion

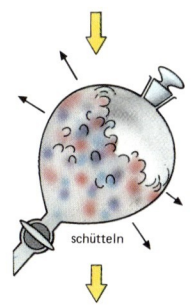
schütteln

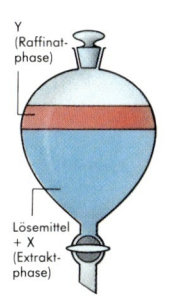
nach der Extraktion

Extraktion. Schematische Darstellung der einstufigen Flüssig-flüssig-Extraktion im Scheidetrichter

Exxon Corp.

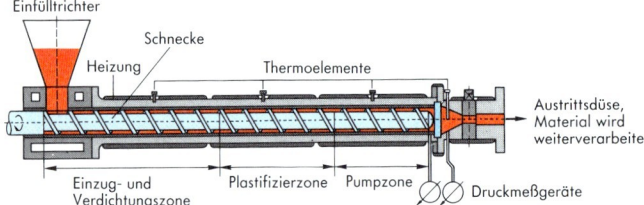

Extruder. Schematische Darstellung eines Extruderplastifizierzylinders

Exxon Corp. [engl. ˈɛksɔn kɔːpəˈreɪʃən], umsatzstärkster Erdöl- und Industriekonzern der Erde; Sitz New York; gegr. 1882 (durch Fusion) als *Standard Oil Comp. of New Jersey* (Esso-Gruppe), 1892–1972 Firmierung unter *Standard Oil Comp. (New Jersey)*; besitzt etwa 300 Tochtergesellschaften, rd. 30 Raffinerien in 17 Ländern, ein ausgedehntes Pipelinenetz und eine eigene Tankerflotte (9 Mill. tdw).

exzellent [lat.], hervorragend, vortrefflich.

Exzellenz [lat.-frz.], Hoheitstitel, vom Früh-MA bis Mitte 17. Jh. fürstl. Titel, dann für hohe Militär- und Zivilpersonen; nach dem 1. Weltkrieg in Deutschland und in Österreich abgeschafft. Der Titel steht als Anrede den Botschaftern zu und ist auch für Gesandte üblich.

Exzenter [griech.] (Exzenterscheibe), scheibenförmiges Antriebselement, das, außermittig (**exzentrisch**) auf einer Welle befestigt, bei deren Drehung an einer mit dem E. gekoppelten Stange (**Exzenterstange**) eine hin- und hergehende Bewegung erzeugt.

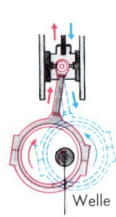

Exzenter

Exzentertheorie, von Hipparchos von Nizäa entwickelte Theorie zur Deutung der ungleichförmigen Bewegungen der Sonne und der Planeten mittels gleichförmiger Kreisbewegungen; wurde später mit der ↑Epizykeltheorie kombiniert.

exzentrisch, außerhalb des Mittelpunktes liegend, nicht den gleichen Mittelpunkt besitzend (Geometrie); Ggs.: konzentrisch.
▷ verschroben, überspannt.

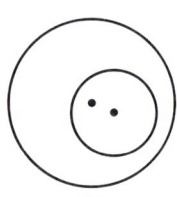
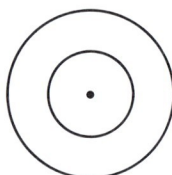

Exzentrisch. Exzentrische (oben) und konzentrische Kreise (unten)

Exzentrizität [griech.], zwei zur Charakterisierung eines ↑Kegelschnitts verwendete Größen: *lineare E.,* der Abstand der Brennpunkte eines Mittelpunktskegelschnittes vom Mittelpunkt; *numer. E.,* das Verhältnis der linearen E. zur halben Hauptachse.

Exzerpt [zu lat. excerptum, eigtl. „Herausgepflücktes"], knappe Zusammenstellung der wichtigsten Gesichtspunkte eines Buches oder einer Abhandlung; **exzerpieren,** ein E. anfertigen.

Exzeß [lat., zu excedere „(ein bestimmtes Maß) überschreiten"], Ausschweifung, Unmäßigkeit, Überschreitung sittl. oder gesetzl. Grenzen; **exzessiv,** maßlos ausschweifend.

Exzision [lat.], operatives Herausschneiden eines Organs- oder Gewebsbezirks, auch einer Geschwulst. – Die **Probeexzision** mit anschließender mikroskop. bzw. histolog. Untersuchung dient diagnost. Zwecken.

Exziton [lat.] (Exciton), Anregungszustand eines Halbleiters, bei dem ein Elektron nicht ganz ins Leitungsband (↑Bändermodell) gehoben wird, sondern mit dem von ihm zurückgelassenen Loch eine dem Wasserstoffatom ähnl. Einheit bildet. Bei der Zerstrahlung (Elektron-Loch-Rekombination) ergeben sich charakterist. Emissionslinien.

Eyadéma, Étienne Gnassingbe [frz. ejadeˈma], * Pya (Bezirk Lama-Kara) 26. Dez. 1935, togoles. Politiker. – 1963 einer der Führer des Putsches gegen Präs. S. Olympio (1963) und gegen Präs. N. Grunitzky (1967). Seit 1967 Staatspräs.; Vors. der Einheitspartei Rassemblement du Peuple Togolais (RPT).

Étienne Gnassingbe Eyadéma

Eyb, Albrecht von ↑Albrecht von Eyb.

Eyck, Erich [aɪk], * Berlin 7. Dez. 1878, † London 23. Juni 1964, dt. Historiker. – Zunächst Rechtsanwalt und Publizist; emigrierte 1937 nach Großbritannien. Sein Hauptwerk ist eine krit., vom Standpunkt strenger Rechtlichkeit und freiheitl. Verfassung urteilende Biographie Bismarcks (3 Bde., 1941–44).

E., Jan van [niederl. ɛik], * Maaseik (?) um 1390, □ Brügge 9. Juli 1441, niederl. Maler. – Seit 1424 für Herzog Philipp den Guten von Burgund tätig, seit etwa 1430 in Brügge. Sein Werk ist für die Entwicklung des Realismus in spätma. Zeit von entscheidender Bedeutung. Es öffnet den Blick für das Individuelle der menschl. Erscheinung, für den alltägl. Innenraum und die Landschaft. Sein Sinn für die Natur führte den Maler nicht nur zur sorgfältigen Beobachtung der Pflanzenwelt, sondern machte ihn auch zu einem Wegbereiter auf dem Gebiet der Aktdarstellung. Vermutlich von der Miniaturmalerei (Turin-Mailänder Stundenbuch, vor 1417 bis 1424, mit seinem nicht sicher nachweisbaren Bruder Hubert van Eyck, * 1370 [?], † 1426 [?]) zur Tafelmalerei übergehend, erweiterte van E. die Öltechnik (Farbskala und Lichtbehandlung). 1432 (oder wenig später) vollendete er den Genter Altar (Gent, Sint-Baafs). Epochale Wirkung zeitigten auch van E. Porträts.
Weitere Werke: Madonna des Kanzlers Nicholas Rolin (um 1435, Louvre), Giovanni Arnolfini und seine Frau Giovanna Cenami (1434, London, National Gallery), Madonna des Kanonikus Georg van der Paele (1436, Brügge, Stedelijk Museum voor Schone Kunsten), Marienaltar (1437, Dresden, Gemäldegalerie).

Jan van Eyck. Die Madonna des Kanzlers Nicholas Rolin, um 1435 (Paris, Louvre)

E., Peter van [aɪk], * Steinwehr (Pommern) 16. Juli 1913, † Zürich 15. Juli 1969, dt.-amerikan. Filmschauspieler. – Spielte in zahlr. Filmen (in Hollywood, seit 1948 auch in Frankreich, Italien und Deutschland), u. a. in „Lohn der Angst" (1953) und „Shalako" (1968).

Eyke von Repgow ↑Eike von Repgow.

Eyrehalbinsel [engl. ɛə], Halbinsel in Südaustralien, zw. Großer Austral. Bucht und Spencergolf; im S Weizenanbau; im NO Eisenerzförderung.

Eyresee [engl. ɛə], 8500–15000 km² große, selten mit Wasser gefüllte Salzpfanne im sö. Südaustralien, tiefste Stelle des austral. Kontinents, bis 12 m unter Meeresniveau.

Eysenck, Hans Jürgen [engl. ˈaɪsɛŋk], * Berlin 4. März 1916, brit. Psychologe dt. Herkunft. – Emigrierte 1934 nach Großbritannien; 1955–84 Prof. in London, war E. maßgeblich an der Entwicklung der modernen Persönlichkeitsforschung („The scientific study of personality", 1952) und Verhaltenstherapie („Experiments in behavior therapy", 1964) beteiligt.

Eyskens, Gaston [niederl. ˈɛiskəns], * Lier 1. April 1905, † Löwen 3. Jan. 1988, belg. Politiker (Christl. Volkspartei). – Staats- und Wirtschaftswissenschaftler; seit 1939

Abg. im belg. Parlament; 1945 und 1947–49 Finanz- (erneut 1965/66) sowie 1950 Wirtschaftsmin.; 1947–49 und 1965/66 Gouverneur der Weltbank; 1949/50, 1958, 1958–61 und 1968–72 Ministerpräsident.

E., Mark, *Löwen 29. April 1933, belg. Politiker (Christl. Volkspartei). – Sohn von Gaston E.; Rechts- und Wirtschaftswissenschaftler; seit 1977 Abg., 1981 Min.präs., 1981–85 Wirtschaftsmin., 1980 und 1985–88 Finanzmin., 1989–92 Außenminister.

Eysler, Edmund, eigtl. E. Eisler, *Wien 12. März 1874, †ebd. 4. Okt. 1949, östr. Komponist. – Komponierte etwa 60 Operetten (u. a. „Die gold'ne Meisterin", 1927; „Wiener Musik", 1947) im überlieferten Stil der Wiener Liedoperette.

Eysturoy [färöisch 'ɛstʊrɔːi], eine der Hauptinseln der ↑Färöer.

Eyth, Max von (seit 1896), *Kirchheim unter Teck 6. Mai 1836, †Ulm 25. Aug. 1906, dt. Techniker, Schriftsteller. – Arbeitete 1861–82 bei J. Fowler in Leeds, dessen Dampfpflug er in vielen Ländern heimisch machte; schrieb Erzählwerke aus der Welt der Technik und die populäre Autobiographie „Hinter Pflug und Schraubstock" (1899, 2 Bde.).

Ezechiel [eˈtseːçiɛl] (Hesekiel), Prophet im Babylon. Exil; zunächst Priester in Jerusalem, bei der ersten Deportation (597) nach Babylonien geführt, dort zum Propheten berufen und bis 571 tätig. Das **Buch Ezechiel** enthält überwiegend auf E. selbst zurückgehende Worte und Berichte. Die jetzige Komposition ist mit Sicherheit später entstanden.

Ezinge [niederl. 'eːzɪŋə], vorgeschichtl. Wurt nw. von Groningen (Niederlande), deren systemat. Ausgrabung die Kenntnis des Siedlungsablaufes von der vorröm. Eisenzeit bis zum Ende des frühen MA sicherte.

EZU, Abk. für: ↑Europäische Zahlungsunion.

Ezzelino III. da Romano, *Onara (= Tombolo) bei Padua 25. April 1194, †Soncino 1. Okt. 1259, Ghibellinenführer. – Stadtherr von Verona, Vicenza, Padua und Treviso; heiratete 1238 Kaiser Friedrichs II. natürl. Tochter Selvaggia und schloß sich noch enger den Staufern an; 1259 bei Soncino von den Guelfen besiegt.

Ezzolied, von Ezzo, einem Bamberger Chorherrn und Teilnehmer am Pilgerzug des Bischofs Gunther von Bamberg nach Jerusalem (1064/65), um 1060 verfaßtes, ältestes frühmittelhochdt. Gedicht. Thema ist die Heilsgeschichte nach dem Johannes-Evangelium.

Gaston Eyskens

F

F, der sechste Buchstabe des lat. und dt. Alphabets, im Griech. ϝ (nach seiner Form ↑Digamma, urspr. wohl Vau, genannt), im Nordwestsemit. (Phönik.) Υ teils ꓮ (Waw; diese Bez. für den Buchstaben ist jedoch erst aus dem Hebr. überliefert). Die Ableitung des griech. Zeichens (auf Kreta ꓮ) von dem phönik. Waw (in Samaria ꓮ) darf heute als gesichert gelten.
▷ (f) in der *Musik* die Bez. für die 4. Stufe der Grundtonleiter C-Dur, durch ♯ (Kreuz) erhöht zu *fis,* durch ♭-(b-)Vorzeichnung erniedrigt zu *fes.*
▷ (Münzbuchstabe) ↑Münzstätten.
▷ chem. Symbol für ↑Fluor.
F, Einheitenzeichen für: Fahrenheit bei Temperaturangaben in Grad Fahrenheit (↑Fahrenheit-Skala).
▷ für die Kapazitätseinheit ↑Farad.
F *(F),* Formelzeichen für die ↑Kraft.
f, Abk. für: ↑forte.
f, Vorsatzzeichen für ↑Femto...
▷ Einheitenzeichen für ↑Fermi.
f *(f),* Formelzeichen: für die ↑Frequenz.
▷ für die Brennweite (z. B. von Linsen).
f., Abk.:
▷ für: **f**emininum.
▷ für: **f**olgende Seite.
▷ für: **F**orma (↑Form [Biologie]).

Fa, die vierte der Solmisationssilben (↑Solmisation); in den roman. Sprachen Bez. für den Ton F.

Faaker See, See in Kärnten, Österreich, 8 km sö. von Villach, 560 m ü. d. M., 2,2 km², bis 30 m tief; Badesee (bis 27 °C warm).

Fabbri, Diego, *Forlì 2. Juli 1911, †Riccione 14. Aug. 1980, italien. Dramatiker. – Von L. Pirandello und U. Betti beeinflußte Dramen mit christl. Grundhaltung, u. a. „Prozeß Jesu" (1955). Auch Drehbuchautor.

Fabel [zu lat. fabula „Erzählung, Sage"], 1. das Handlungsgerüst eines literar. Werks, heute oft ersetzt durch das engl. „story". 2. i. e. S. alte ep. Kleinform, in der in Vers oder Prosa ein Beispiel typ. menschl. Verhaltens vorgestellt wird, dessen eth. Konsequenzen den Leser zu sittl. Verhalten auffordern sollen. Bes. aus der Übertragung menschl. Eigenschaften auf nichtmenschl. Figuren (Tiere, Pflanzen, Dinge) zieht die F. ihre satirische oder moralisch belehrenden Effekte. – F. finden sich im volkstüml. Erzählgut vieler Völker. Als Vater der europ. F. gilt Äsop. Als ma. Schullektüre weit verbreitet. Sammlungen in Europa verbreitet. Nach großer Beliebtheit in Humanismus und Reformation (H. Sachs) wurde die dt. F. erst im 18. Jh. wieder bevorzugt, während J. de La Fontaine im Jh. davor die frz. F. zum Höhepunkt literar. Kleinkunst erhoben hatte. An die Stelle der moral. Belehrung trat nun die Betonung bürgerl. Lebensklugheit. Als dt. Fabeldichter ragen hervor F. von Hagedorn, C. F. Gellert und J. W. L. Gleim. Der auf die äsop. Tradition zurückgreifende G. E. Lessing beschloß zugleich die Entwicklung der dt. Fabel.

Fabeltiere, Tiere, die in der Wirklichkeit nicht existieren, an deren Existenz aber vielfach geglaubt wurde, von phantast. Gestalt wie Drache, Einhorn, Greif, Phönix, auch Mischwesen aus Mensch und Tier wie Kentauren, Meerfrauen, Sirenen, Sphinx. – Abb. S. 260.

Faber, Jacobus, gen. Stapulensis, eigtl. Jacques Lefèvre d'Estaples [frz. ʒaklǝfɛvrǝdeˈtapl], *Étaples um 1450 oder 1455, †Nérac 1536 oder 1537, frz. Humanist und Theologe. – Lehrer in Paris und in Meaux. Nach Indizierung seiner Schriften und Flucht 1526 Prinzenerzieher in Blois. – F. erstellte eine Gesamtausgabe der Werke seines Lehrers Nikolaus von Kues (1514). Ohne mit dem Katholizismus zu brechen, beeinflußte F. den frz. und schweizer. Protestantismus und die reformator. Bibelexegese.

Faber von Creuznach, Conrad, früher Meister der Holzhausen-Bildnisse genannt, *Bad Kreuznach (?) um 1500, †Frankfurt am Main 1552/53, dt. Maler und Zeichner. – Bed. Porträtmaler v. a. Frankfurter Patrizier und Ratsherren; u. a. Doppelbildnis des Justinian von Holzhausen und seiner Gattin mit Amor (1536; Frankfurt, Städel), Belagerungsplan des spätma. Frankfurt.

Faber & Faber Ltd. [engl. ˈfeɪbə ənd ˈfeɪbə ˈlɪmɪtɪd] ↑Verlage (Übersicht).

Fabian Society [engl. ˈfeɪbjən səˈsaɪətɪ], 1883/84 durch führende linksliberale Intellektuelle Londons (v. a. G. B. Shaw, S. und B. Webb) gegr. Gesellschaft brit. Sozialisten

Fabier

(1903 Beitritt von H. G. Wells), die bei Ablehnung revolutionärer Mittel Wirtschaftsdemokratie und Gesellschaftsreform anstrebte; Namengebung nach dem röm. Feldherrn Quintus Fabius Maximus Verrucosus, gen. Cunctator; unterstützte die Gründung der ↑ Labour Party; von der F. S. ging die Gründung der London School of Economics and Political Science aus; 1938 als intellektueller Arbeitskreis innerhalb der Labour Party erneuert.

Fabier, röm. Patriziergeschlecht, ↑ Fabius.

Fabiola, geb. de Mora y Aragón, *Madrid 11. Juni 1928, Königin der Belgier. – Seit 1960 ⚭ mit König ↑ Baudouin I.

Fabius, altröm. Patriziergeschlecht (Fabier); gehörte seit dem 5. Jh. v. Chr. zu den bed. Familien Roms; war im 4. und 3. Jh. maßgebl. am Aufstieg Roms beteiligt; bed.:

F., Quintus F. Maximus Rullianus, röm. Konsul (322, 310, 308, 297, 295), Diktator (315, 313) und Zensor (304). – Erfocht im großen Samnitenkrieg (326–304) mehrere Siege; errang 295 mit Publius Decius Mus den entscheidenden Sieg über Etrusker, Samniten, Umbrer und Kelten bei Sentinum.

F., Quintus F. Maximus Verrucosus, gen. Cunctator („der Zauderer"), *um 280, †203, röm. Konsul (233, 228, 215, 214, 209), Diktator (221, 217) und Zensor (230). – Im 2. Pun. Krieg nach der röm. Niederlage am Trasimen. See (217) zum Diktator ernannt, verhinderte F. durch seine Hinhaltetaktik weitere Niederlagen gegen Hannibal.

Fabliau [fabli'o:; frz., zu ↑ Fabel], seit dem 16. Jh. Bez. für die altfrz. Schwankerzählung in 8silbigen Reimpaaren, ben. nach der Gattung im Pikardischen. Bezeugt sind sie seit der Mitte des 12. Jh.; überliefert sind 147 Fabliaux. Wichtige Quelle für Boccaccio.

Fábri, Zoltan, *Budapest 15. Okt. 1917, ungar. Filmregisseur. – Wirkte zunächst beim Theater. Drehte die Filme, meist zur jüngsten ungar. Geschichte, „Professor Hannibal" (1956), „Das fünfte Siegel" (1976), „Die Ungarn" (1977), „Bálint Fábián begegnet Gott" (1980).

Fabricius, Gajus F. Luscinus, Konsul (282 und 278) und Zensor (275 v. Chr.). – Aus plebej. Geschlecht; suchte 284 das Abfallen der Bundesgenossen Roms zu verhindern; erreichte 280 die Auslösung der röm. Kriegsgefangenen von Pyrrhus; maßgeblich an dessen Abzug aus Italien beteiligt; in der Überlieferung das Vorbild röm. Tugenden.

Fabricius, Ernst, *Darmstadt 6. Sept. 1857, †Freiburg im Breisgau 22. März 1942, dt. Althistoriker. – 1888–1926 Prof. in Freiburg im Breisgau, seit 1902 als Leiter der Reichslimeskommission Hg. des Werkes „Der obergermanisch-raet. Limes des Römerreiches" (1894–1938).

F., Johan, *Bandung (Java) 24. Aug. 1899, †Glimmen (Prov. Groningen) 21. Juni 1981, niederl. Schriftsteller. – Spannend geschriebene Abenteuerromane, Dramen und Jugendbücher, u. a. „Kapitän Bontekoes Schiffsjungen" (E., 1924), „Halbblut" (R., 1946).

Fabricius Hildanus, Wilhelm, eigtl. W. Fabry von Hilden, *Hilden 25. Juni 1560, †Bern 14. Febr. 1634, dt. Chirurg. – Seit 1615 Stadtarzt von Bern; verbesserte verschiedene Operationstechniken.

Fabrik [frz., zu lat. fabrica „Werkstätte"], vorherrschende Form des Industriebetriebes, die durch die Be- und Verarbeitung von Werkstoffen unter Einsatz spezieller mechan. und maschineller Hilfsmittel bei räuml. Zentralisation der Arbeitsplätze, jedoch hohe Arbeitsteilung innerhalb einer Fertigungsstätte (im Gegensatz etwa zur Heimarbeit) gekennzeichnet ist. Wegen des relativ hohen Kapitaleinsatzes ist eine hohe Ausnutzung der Maschinenkapazitäten erforderlich. Das F.system ist historisch aus dem *Verlagssystem* hervorgegangen.

Fabrikhandel, Direktvertrieb der Ware vom Produzenten zum Konsumenten ohne Einschaltung eines Handelsunternehmens.

Fabrikmarke, dem Warenzeichen entsprechendes Emblem eines Herstellungsbetriebes (Schrift- und/oder Bildzeichen); sichert dem Konsumenten Echtheit und gleichbleibende Qualität des Produktes zu.

Fabrikschulen ↑ Industrieschulen.

Fabritius, Carel [niederl. faː'briːtsiːʏs], ≈ Middenbeemster 27. Febr. 1622, †Delft 12. Okt. 1654, niederl. Maler. – 1640–43 Schüler von Rembrandt, seit 1650 in Delft tätig. Perspektiv. Durchblicke, lichte Gründe (wie beim „Distelfink", 1654; Den Haag, Mauritshuis) und stille Einzelfiguren in genrehaften Landschaften wirkten auf P. de Hooch und v. a. auf J. Vermeer van Delft.

Carel Fabritius. Distelfink, 1654 (Den Haag, Mauritshuis)

Fabry, Charles [frz. fa'bri], *Marseille 11. Juni 1867, †Paris 11. Dez. 1945, frz. Physiker. – Konstruierte mit A. Pérot das F.-Pérot-Interferometer; führte die Definition des Meters auf opt. Wellenlängenmessungen zurück.

Fabry-Pérot-Interferometer [frz. fabripe'ro], ein von C. Fabry und dem frz. Physiker Alfred Pérot (*1863, †1925) 1897 entwickeltes, auf dem Prinzip der Mehrfachstrahlinterferenz beruhendes Interferometer. Das F.-P.-I. gestattet die absolute Messung einzelner Wellenlängen und wird vorwiegend zur Feinstrukturuntersuchung von Spektrallinien verwendet.

Fabula [lat.], Bez. für das röm. Drama.

fabula docet [lat. „die Fabel lehrt"], die Moral von der Geschichte ist ...; die Lehre, die man aus einer Geschichte ziehen soll.

fabulieren [lat.], erfundene Geschichten phantasievoll ausgeschmückt erzählen; lügen; plaudern.

Fabulit, Handelsname für synthetisch hergestelltes, farbloses Strontiumtitanat, $SrTiO_3$, das kubisch kristallisiert und eine fünfmal so große Dispersion wie Diamant besitzt, so daß Schmucksteine aus F. ein bes. wirkungsvolles Feuer zeigen.

Facelifting [engl. 'feɪs,lɪftɪŋ] (Lifting), operative Straffung der Gesichtshaut, bei der altersbedingte Hautfalten hauptsächlich durch Herausschneiden von Hautstreifen (am Haaransatz, vor und hinter dem Ohr, unter dem Kinn) operativ beseitigt werden.

Faces, The [ðə 'feɪsɪz; engl. „die Gesichter"], brit. Rockmusikgruppe, 1965 gegr., bis 1969 „The Small Faces"; spielten bluesgefärbten Hard Rock und trugen ihre Songs im Londoner Vorstadtslang vor.

Facette [fa'sɛtə; frz.; zu lat. facies „Gestalt, Gesicht"], die kleine Fläche, die durch das Schleifen (**Facettieren**) eines Edelsteines oder eines Gegenstands aus Glas oder Metall entsteht.

Facettenauge [fa'sɛtən] (Komplexauge, Netzauge, zusammengesetztes Auge), hochentwickeltes, paariges, mehr oder weniger kugeliges bis flachgewölbtes, von Epidermiszellen ableitbares Lichtsinnesorgan der Gliederfüßer (mit Ausnahme der Spinnentiere und der meisten Tausendfüßer). F. bestehen aus zahlr. einzelnen Richtungsaugen, den **Ommatidien,** von denen 700 (Laufkäfer) bis 10 000 (Libellen) zu einem F. zusammengefaßt sind. Jedes Ommatidium besitzt außen eine Korneallinse; darunter liegen der

Fabeltiere. Von oben: Drache, Basilisk, Einhorn, Greif, Kentaur, Sphinx

Kristallkegel und die Sehzellen, die einen feinen, lichtempfindl. Stäbchensaum (**Rhabdom**) tragen. Die einzelnen Stäbchensäume bilden zus. das **Rhabdomer**.

Beim **Appositionsauge** sind die einzelnen Ommatidien durch Pigmentzellen optisch voneinander getrennt. Ihre Sehfelder überdecken sich nur wenig. Die Einzelaugen rastern das Bild sehr stark. Je mehr ein F. davon besitzt, um so größer wird das Auflösungsvermögen.

Im **Superpositionsauge** liegen die Sehzellen etwas tiefer und sind bei Dunkelanpassung nicht durch Pigmente vom nächsten Einzelauge getrennt. So können Lichtstrahlen, die von einem Punkt ausgehen, von mehreren Kristallkegeln auf einen Punkt gelenkt werden. Dadurch erhöht sich die Lichtempfindlichkeit sehr stark. Bei Hellanpassung wandert Pigment in die Ommatidiengrenzen. Dann wird das Superpositionsauge zum Appositionsauge.

Während der Mensch nur rd. 16 Lichtreize je Sekunde auflösen kann, liegt diese Grenze bei schnell fliegenden Insekten bei 200–300 Reizen je Sekunde.

Fach, abgeteilter Raum in einem Behältnis (z. B. Schrank).

▷ (Webfach) Zwischenraum, durch den der Webschützen eingetragen wird (Schußeintrag) und der durch Heben und Senken der Kettfäden in der Webmaschine oder im Webstuhl gebildet wird.

▷ Untergliederungseinheit im Bereich des Wissens, der Forschung und Lehre, des schul. Unterrichts, die sich in Relation zur Entwicklung der Wissenschaften unter theoret. und prakt. Gesichtspunkten herausbildet.

Fachakademie, bayr. Schulform; Voraussetzung: Realschulabschluß und berufl. Ausbildung und/oder Berufstätigkeit. Nach Abschluß kann in einer Ergänzungsprüfung die Fachhochschulreife oder fachgebundene Hochschulreife erworben werden.

Facharbeiter, Arbeiter, der nach meist dreijähriger Ausbildung (auch nach mehrjähriger Tätigkeit in dem Beruf) in einem staatl. anerkannten Ausbildungsberuf die F.prüfung bestanden und den F.brief ausgestellt bekommen hat.

Facharzt, Arzt, der nach Approbation durch mehrjährige Weiterbildung eingehende Kenntnisse und Erfahrungen auf einem Spezialgebiet der Medizin erworben hat und nach Anerkennung durch die Ärztekammer als Spezialist auf dem betreffenden Fachgebiet (z. B. Arzt für Chirurgie, aber auch der Arzt für Allgemeinmedizin) tätig ist. – In *Österreich* wird die F.anerkennung durch die Ärztekammer erteilt. – In der *Schweiz* lautet die Bez. für einen F. Spezialarzt FMH (nach Anerkennung der Qualifikation durch die Foederatio Medicorum Helveticorum).

Fachaufsicht ↑Aufsicht.

Fachausbildung ↑Grundausbildung.

Fachbereich, organisator. Zusammenfassung von wenigen, wissenschafts- oder ausbildungssystematisch zusammengehörenden Fächern als Untergliederung oder an Stelle einer Fakultät an wiss. Hochschulen.

Fächel ↑Blütenstand.

Fächer [wohl zu frühneuhochdt. focher „Blasebalg" (zu mittellat. focarius „Heizer")], Wedel, mit dem ein leichter Luftzug erzeugt wird. Auf langem Stiel mit Straußenfedern, Palmblättern u. a. spielte er im alten Orient im Zeremoniell eine Rolle. Spätantike und MA benutzten v. a. den *Fahnen-* oder *Rad-F.* mit Geflecht, Stoff- oder Pergamentfahne oder -rad (im liturg. Gebrauch als *Flabellum* zur Vertreibung der Insekten). In Ostasien sind der *Klapp-* und der *Falt-F.* beheimatet. Letzterer gelangte aus China nach Europa, wo er v. a. im 17. und 18. Jh. und bis ins 19./20. Jh. Mode war. Daneben gab es auch den *Klapp-F.* japan. Herkunft aus aufsteckbaren Stäbchen (Elfenbein, Perlmutt u. a.).

Fächerflügler (Kolbenflügler, Strepsiptera), Insektenordnung mit etwa 300, meist 1–5 mm großen Arten, v. a. in den gemäßigten und kalten Gebieten der Nordhalbkugel; schmarotzen zeitweilig oder dauernd in anderen Insekten.

Fächergewölbe ↑Gewölbe.

Fächerkäfer (Rhipiphoridae), Fam. meist unter 1 cm langer, häufig bunter Käfer mit über 400 Arten, v. a. in den Tropen und Subtropen (in M-Europa nur drei Arten); ♂ mit fächerartig gekämmten Fühlern.

Fächerlungen, svw. ↑Fächertracheen.

Fächertracheen (Fächerlungen, Tracheenlungen), v. a. bei Spinnentieren vorkommende Atmungsorgane; dünne, dicht aneinanderliegende Einfaltungen der Außenhaut, die paarig an den Hinterleibssegmenten angeordnet sind. Die Luft gelangt durch eine Atemöffnung in eine größere Einstülpung, von dieser in die Einfaltungen, wo der Gasaustausch über das Blut erfolgt.

fachgebundene Hochschulreife, Abschluß der techn. Oberschule (Bad.-Württ.) sowie der bayr. Berufsoberschule und (als Ergänzungsprüfung) der Fachakademie.

Fachgeschäft, Betriebsform des Einzelhandels mit einer Beschränkung des Warenangebots auf einen bestimmten, got sortierten Bereich (z. B. Uhren, Schmuckwaren), verbunden mit qualifizierter Beratungs- und Serviceleistung.

Fachgymnasium (berufl. Gymnasium), Gymnasium in Aufbauform, das unter Voraussetzung eines Realschul- bzw. gleichwertigen Abschlusses mit einem Schwerpunkt zur allg. oder fachgebundenen Hochschulreife führt.

Fachhochschulen, Hochschulform, die die praxisorientierte Ausbildung in mindestens einer Fachrichtung anbietet (Technik, Wirtschaft, Landw., Verwaltung, Sozialwesen, Gestaltung). Zulassung nach mindestens 12jähriger Schulbildung (Fachhochschulreife), Studiendauer 6 Semester, z. T. ergänzt durch 2 Praxissemester, Übergang zu Universität bzw. wiss. Hochschulen unter Anrechnung einer bestimmten Anzahl von Semestern. Verliehen wird der Diplomgrad, in Bayern, Bad.-Württ. und Rhld.-Pf. mit dem Zusatz (FH).

Fachhochschulreife, die i. d. R. an Fachoberschulen, berufl. oder Fachgymnasien vermittelte Voraussetzung für das Studium an einer Fachhochschule.

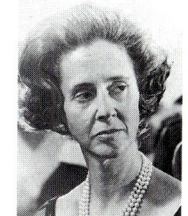

Fabiola, Königin der Belgier

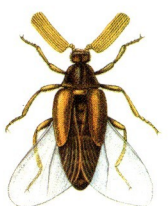

Fächerkäfer. Schabenfächerkäfer

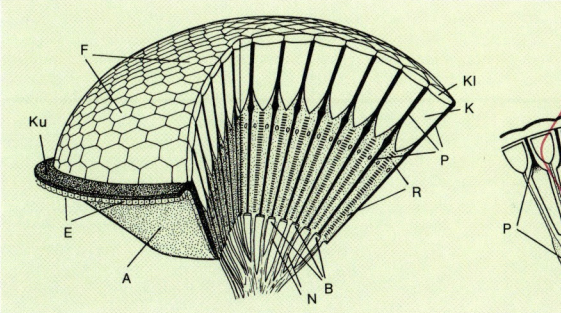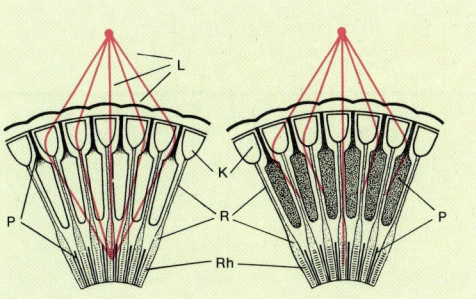

Facettenauge. Links: Appositionsauge. Rechts: Superpositionsauge bei Dämmerung (links) und bei Helligkeit (rechts). A Augenkapsel; B Basalmembran; E Epidermis; F Facetten der Einzelaugen (Ommatidien); K Kristallkegel; Kl Korneallinse; Ku Kutikula der Kopfkapsel (mit Epithelschicht); L Lichtstrahlenverlauf; N Nervenfasern; P Pigment der Pigmentzellen; R Retinula (Sehzellen mit Rhabdom); Rh Rhabdom

Fachinformation

Fachinformation, Abk. FI, veröffentlichtes Wissen, das zum Zwecke der Erfüllung fachl. Aufgaben erfaßt, aufbereitet und zur Verfügung gestellt wird. Beispiele für FI-Dienste: Fach- und Spezialbibliotheken, aber auch Referatsdienste (Besprechung von Neuerscheinungen) und sog. Fachinformationszentren. FI wird außer in gedruckten Diensten heute zunehmend in elektron. Form (elektron. FI, ↑Datenbanken) bereitgestellt.

Fachwerkbau. Niedersächsischer Fachwerkbau, Hof Wehlburg, 1750, früher Wehdel, Niedersachsen, seit 1972 im Museumsdorf Cloppenburg

Fackellilie. Kniphofia uvaria

Fachlehrer, Lehrkraft mit einer Lehrbefähigung für bestimmte (meist 2) Fächer oder eine Fächergruppe an Gymnasien, Real-, Fach-, Berufs- und Hauptschulen. Häufig auch Bez. für Lehrer, die nur ein Fach, z. B. Hauswirtschaft oder Handarbeit u. a., erteilen. – ↑Stufenlehrer.

Fachoberschulen, umfassen die Klassen 11 und 12, bieten theoret. Unterricht und fachprakt. Ausbildung; Voraussetzung ist ein Realschulabschluß; die 11. Klasse erübrigt sich bei Nachweis einer Lehre. F. gibt es z. Z. für die Bereiche Wirtschaft, Technik, Hauswirtschaft, Gestaltung und Erziehung. Sie vermitteln Berufsabschlüsse (z. B. Erzieherin) sowie die Fachhochschulreife.

Fachr Ad Dīn, * 1572, † Konstantinopel 13. April 1635, Drusenfürst. – Gilt als Begr. des Libanon; vereinigte zw. 1598 und 1624 die Stammesgebiete der Drusen und der christl. Maroniten; dehnte 1633 sein Herrschaftsgebiet bis Damaskus und Aleppo aus; später auf Befehl des Sultans gefangengenommen und hingerichtet.

Fachschaft, Zusammenschluß der Studierenden einer Fachrichtung oder eines Fachbereichs an einer Hochschule mit gewählten Vertretern zwecks Wahrung der student. Interessen.

Fachschule, berufsbildende Tages- oder Abendschulen, die nach Berufsausbildung in einem staatlich anerkannten Ausbildungsberuf und einigen Jahren Berufspraxis (oder nach Besuch einer Berufsaufbauschule) besucht werden können. Abschluß u. a.: Meisterprüfung, staatlich geprüfter Techniker, Fachwirt.

Fachschulreife, Abschlußzeugnis, das in den Berufsaufbauschulen und z. T. Berufsfachschulen erworben werden kann; berechtigt zum Besuch einer Fachschule oder der Oberstufe (Klasse 12) der Fachoberschulen.

Fachsprachen, Verständigungssysteme („Sondersprachen") innerhalb bestimmter Fachgebiete; es bestehen enge Beziehungen zu den Berufssprachen sowie den sozial gebundenen Gruppensprachen (Jargon). Eine F. ist strenggenommen nur der „Fachwortschatz" eines wiss. Bereichs mit den syntakt. und morpholog. Gesetzen der Gemeinsprache, die lediglich in extremen Bereichen (z. B. Mathematik, Logistik, Linguistik) mit ihren formalisierten Zeichen und Operationsregeln verlassen werden.

Fachverband, in der Wirtschaft freiwilliger Zusammenschluß von Unternehmen nach fachl. Kriterien zur koordinierten Erfüllung gemeinsam interessierender Aufgaben.

Fachwerkbau, eine Holzbauweise, bei der ein Rahmenwerk errichtet wird, dessen offene Gefache nach dem Abbund mit einer über Zweige oder Latten geworfenen Lehmschicht oder [Back]steinen ausgefüllt werden. Das Rahmenwerk ergibt sich aus dem Gefüge von waagrechten Schwellen, senkrechten Ständern (oder Stielen) und abbindenden Rähmen (oder Rahmen). Dazu treten die verschiedensten Verstrebungen. Die Rähme tragen die querlaufenden Deckbalken, die das Dachgestühl oder das nächste Stockwerk tragen. Sicherung durch Zapfen bzw. Zapflöcher oder durch Blattung (d. h. die Balken werden in ein angepaßtes Bett gelegt, „angeblattet").
Der F. ist im Mittelmeerraum bereits im 7. Jh. v. Chr. belegt. Die ältesten noch stehenden Häuser in F. gehören dem 15. Jh. an. Als durchgängige Einheit des F. gilt das Überhängen (Vorkragen) der oberen Stockwerke über die unteren.
In Deutschland unterscheidet man: den *alemann.* F. mit weit voneinander gestellten Stielen, dazu enggereihte Balkenköpfe (Altes Rathaus in Esslingen am Neckar, 1430); den *fränk.* F. mit engerer Ständerstellung, Zapfung statt Blattung, gegen Ende des 16. Jh. reichverzierte Verstrebungen und „fränk. Fenstererker" („Deutsches Haus" in Dinkelsbühl); den *niedersächs.* F. mit engen Ständern. Die Balkenköpfe der Obergeschosse werden von reich profilierten und figürlich gezierten Konsolen oder Knaggen unterstützt. Zierverstrebungen bleiben unterhalb der Riegel (Goslar, Braunschweig und Celle). An der Niederelbe und in *Schleswig-Holstein* liegt der Akzent auf den Zierverbänden in den Backsteinfüllungen der Felder. Der *ostdt.* F. beschränkt sich auf die Wirkung des Gefüges der Ständer, Riegel und der sich verkreuzenden Streben.

Fachwerkträger, fachwerkartig konstruiertes Tragwerk, bei dem gerade Stäbe im Dreiecksverband miteinander verbunden sind (hauptsächlich für freitragende Konstruktionen).

Fachwirt, nach Fachrichtung bzw. Branche differenzierte Berufsbez., die einen Fachschulbesuch voraussetzt; z. B. Industrie-F., Wirtschafts-F., Handels-F., Versicherungs-F., Bank-F., Rechnungswesen-Fachwirt.

Fachzeitschrift, periodisch erscheinende Publikation, deren Inhalt der Orientierung und Weiterbildung innerhalb einer berufl. Sparte dient oder einem Wissenschaftsbereich gewidmet ist.

Facies ['faːtsiɛs; lat. „Gesicht"], in der *Anatomie:* 1. svw. Gesicht; 2. [Außen]fläche an Organen oder Körperteilen; z. B. *F. articularis,* Gelenkfläche.
▷ in der *Medizin:* für bestimmte Krankheiten bezeichnender Gesichtsausdruck; z. B. *F. gastrica,* typ. Gesichtsausdruck Magenkranker mit starker Ausprägung der Nasen-Lippen-Falten.
▷ in der *Geologie* ↑Fazies.

Fachwerkbau. Saint William's College in York, 1453

Fackel [zu lat. facula „kleine Fackel"], zum Leuchten dienender Stab mit frei brennender Flamme, entweder harzige Kiefern- oder Fichtenspäne oder am oberen Ende mit leicht und hell brennenden Stoffen (Teerprodukten, Harz, Wachs) versehener Holzstab.
▷ in der *Astronomie* ↑ Sonne.

Fackel, Die, 1899–1936 von K. Kraus in Wien (922 Nummern) hg. satirisch-krit. Zeitschrift; von 1912 an enthielt die Zeitschrift nur noch Beiträge von K. Kraus.

Fackellilie (Kniphofia), Gatt. der Liliengewächse in S-Afrika und auf Madagaskar mit über 70 Arten; Blüten in dichten Trauben oder Ähren am Ende eines bis 1,2 m langen, unverzweigten Stengels. Mehrere Arten werden kultiviert, u. a. **Kniphofia uvaria**, eine über 1 m hohe Pflanze mit anfangs korallenroten, später orangeroten (verblüht grünlich-gelben) Blüten.

Fackeltanz, zunächst urgemeinschaftl. mag. Tanz mit brennenden Fackeln zur Verhütung bzw. Heilung von Krankheiten; im antiken Griechenland Ehren- oder Hochzeitstanz; im Feudalismus höf. Hochzeitstanz.

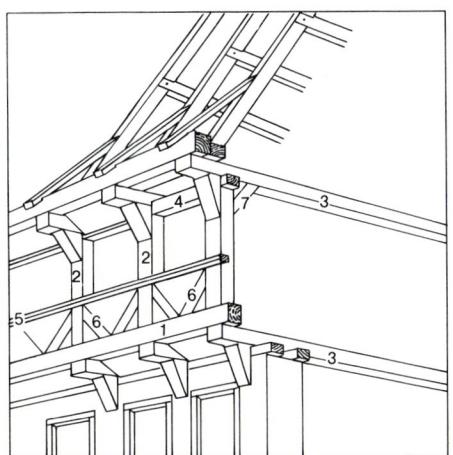

Fachwerkbau. 1 Schwelle; 2 Ständer; 3 Deckenbalken; 4 Rahmen; 5 Riegel; 6 Fußband; 7 Kopfband

Faction-Prosa [engl. ˈfækʃən „Partei(nahme)"] (auch Factography), Bez. für Dokumentarliteratur in der amerikan. Literatur (seit Mitte der 60er Jahre).

Factoring [engl. ˈfæktərɪŋ, zu lat.-engl. factor „Vertreter"], Methode der Absatzfinanzierung. Eine Herstellerbzw. Händlerfirma verkauft ihre Forderungen aus Warenlieferungen und Dienstleistungen an ein spezielles Finanzierungsinstitut, den sog. Factor, der die Verwaltung (Fakturierung, Mahnwesen, Inkasso u. a.) übernimmt. Neben den Zinsen erhält der Factor eine Vergütung für die Risikoübernahme und den geleisteten Service.

Fadejew, Alexandr Alexandrowitsch, *Kimry bei Twer 24. Dez. 1901, †Peredelkino bei Moskau 13. Mai 1956 (Selbstmord), russ. Schriftsteller. – Beeinflußt von Tolstois psycholog. Menschendarstellung; bis zum Tode Stalins entscheidender Einfluß auf die sowjet. Literatur; die Romane „Die Neunzehn" (1927) und „Die junge Garde" (1946, umgearbeitete Auflage 1951) gelten als Musterbeispiele für den sozialist. Realismus. Im Ggs. zu dem knappen Erzählstil dieser Werke steht der vierbändige Roman „Der letzte Udehe" (1929–36). Sein Bericht über Leningrad in den Tagen der Blockade (1944) ist ein Dokumentarwerk.

Faden, ein in bestimmter Feinheit vorliegendes, meist aus miteinander verdrillten (versponnenen) Natur- oder Kunstfasern bestehendes dünnes, langes Gebilde; F. und Garn werden häufig synonym verwendet.
▷ Längenmaß in der Schiffahrt; 1 F. = 6 engl. Fuß = 1,829 m.
▷ (Heraldik) ↑ Wappenkunde.

Fadenfische, (Polynemidae) Fam. der Barschartigen mit etwa 85 Arten, v. a. in den Flußmündungen der trop. Meeresküsten; bis 40 cm lange Fische mit auffallend großen Augen und zweigeteilten Brustflossen, von denen der vordere Teil in 4–9 dünne Fäden ausgezogen ist.
▷ (Guramis, Trichogasterinae) Unterfam. der Labyrinthfische mit etwa 20 Arten in den Süßgewässern S- und SO-Asiens; etwa 4–50 cm lang, Bauchflossen mit einem einzigen Strahl oder wenigen Strahlen, von denen einer sehr stark fadenförmig verlängert ist und Sinneszellen trägt.

Fadenglas (Petinetglas), eine im 16. Jh. entwickelte Technik der venezian. Glasbläserei; die Gefäße werden aus Glasstäbchen, die mit einer Glasblase verschmolzen werden, hergestellt. Die Stäbe ihrerseits sind aus Milchglas- und farblosen Glasfäden zusammengeschmolzen und spiralig gedreht. Das **Netzglas** entsteht aus zwei Glasblasen (mit eingeschmolzenen Stäben).

Fadenkiemen ↑ Kiemen.

Fadenkiemer (Filibranchia), Ordnung mit Fadenkiemen ausgestatteter Weichtiere.

Fadenkraut, svw. ↑ Filzkraut.

Fadenkreuz, Ziel-, Markier- oder Einstellvorrichtung in Form zweier sich rechtwinklig schneidender Linien, z. B. bei opt. Geräten.

Fadenmolch (Triturus helveticus), bis etwa 9 cm langer Wassermolch, v. a. in W-Europa und großen Teilen Deutschlands; Oberseite olivbraun bis olivgrünlich, häufig mit dunklen Flecken, Unterseite gelblich.

Fadenmoleküle, svw. ↑ Kettenmoleküle.

Fadenwürmer (Nematoden, Nematodes), mit fast 15 000 Arten weltweit verbreitete Klasse etwa 0,1 mm–1 m langer Schlauchwürmer; Körper wurmförmig fadenartig dünn, mit fester Kutikula. F. kommen frei im Boden, im Süß- oder Meereswasser vor oder parasitieren in pflanzl. und tier. Organismen (einschl. Mensch), z. B. Älchen, Trichine, Spulwürmer, Madenwürmer und Hakenwürmer.

Fading [ˈfeːdɪŋ, engl. ˈfeɪdɪŋ „Schwund"], in der Funktechnik ↑ Schwund.

Fadinger, Stephan, †vor Linz 5. Juli 1626, oberöstr. Bauernführer. – Initiator des oberöstr. Bauernaufstandes 1625/26 gegen die bayr. Pfandschaftsbesatzung und ihre gegenreformator. Maßnahmen.

Fadrus, Victor, *Wien 20. Juli 1884, †Villach 23. Juni 1968, östr. Pädagoge und Schulreformer. – 1945–49 mit dem Wiederaufbau des östr. Schulwesens betraut.

Faeces [ˈfɛːtsɛs; lat.] (Fäzes), svw. ↑ Kot.

Faenza, italien. Stadt in der Emilia-Romagna, 50 km sö. von Bologna, 55 000 E. Bischofssitz; Fachschule für Keramik, Museum (Keramiken), Gemäldegalerie, Bibliothek; Herstellung von berühmten ↑ Fayencen nach arab. und span. Vorbildern seit dem 15. Jh. – F. geht zurück auf das 82 v. Chr. erstmals erwähnte röm. **Faventia,** berühmt wegen seines Weinbaus. Im 11. Jh. Kommune; fiel 1509 an den Kirchenstaat, bei dem es bis 1860 (ausgenommen 1797–1814) verblieb. – Die Stadtmitte wird beherrscht vom Dom (15./16. Jh.), vom Palazzo del Podestà (12. Jh.) und vom Palazzo del Municipio (13.–15. Jh.).

Fafner (Fafnir), nord. Sagengestalt; wird in einen Drachen verwandelt und hütet einen Goldhort, wird von Sigurd getötet. Das Motiv wurde von R. Wagner im „Ring des Nibelungen" verwendet.

Făgăraş [rumän. fəgəˈraʃ] (dt. Fogarasch), rumän. Stadt 55 km wnw. von Kronstadt, 41 900 E. Histor. und ethnograph. Museum; chem. Kombinat. – Bereits im 12. Jh. Marktort; vom 14. bis zum 17. Jh. gehörte es zum Besitz der Herrscher der Walachei. Burg (16. Jh.), Kirche des hl. Nikolaus (1697).

Fagopyrum [lat./griech.], svw. ↑ Buchweizen.

Fagott [italien.] (italien. Fagotto; frz. Basson; engl. Bassoon; im 17. Jh. auch Dulzian), Holzblasinstrument mit sehr langer (etwa 260 cm), geknickter Röhre und S-förmigem Metallansatzröhrchen, dem ein Doppelrohrblatt aufgesteckt wird. Die nebeneinanderliegenden, verschieden langen Teile der Röhre sind durch ein U-förmig gebohrtes Unterstück verbunden. Die Bohrung ist eng und schwach

Fadenfische (Guramis). Mosaikfadenfisch

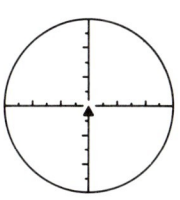

Fadenkreuz

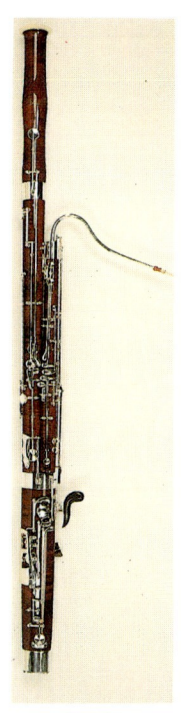

Fagott

Fagus

konisch. Das F. ist mit Grifflöchern und einem komplizierten Klappenmechanismus versehen. Der Tonumfang beträgt $_1B-es^2$. – Das F. entstand im 16. Jh. und bestand zunächst aus einem einzigen Holzstück mit zweifacher Bohrung; im 17. Jh. setzte sich die Knickung durch. Es war zunächst Generalbaßinstrument, übernahm ab der 2. Hälfte des 18. Jh. im Orchester die Baßlage der Holzbläser. Seine heutige Form erhielt das F. im 19. Jahrhundert.

Fagus [lat.], svw. ↑ Buche.

Fahd, Ibn Abd Al Asis [arab. faxt], *Ar Rijad 1923 (?), König von Saudi-Arabien (seit Juni 1982). – Jüngerer Bruder König Faisals; 1962–75 Innenmin.; von König Chalid 1975 zum Kronprinzen und 1. stellv. Min.präs. ernannt, übte er die eigtl. Regierungsgewalt aus.

Fahd, König von Saudi-Arabien

Fähe (Fähin, Fehe, Föhe), wm. für die weibl. Tiere bei Fuchs, Dachs und Marder.

Fähigkeit, Gesamtheit der zum Erbringen einer Leistung notwendigen Bedingungen; sowohl die angeborenen (Begabung) als auch die durch Lernprozesse erworbenen (Ausbildung) Bedingungen.

Fähin, svw. ↑ Fähe.

Fahlberg, Constantin, *Tambow 22. Dez. 1850, †Nassau 5. Aug. 1910, dt. Chemiker. – Entdecker des Süßstoffs Saccharin.

Fahlcrantz, Carl Johan, *Stora Tuna (Dalarna) 29. Nov. 1774, †Stockholm 9. Jan. 1861, schwed. Maler. – Vertreter der romant. Landschaftsmalerei.

Fahlerze (Fahle), kubisch-hexakistetraedrisch kristallisierende, oft metallisch glänzende, in ihren physikal. Eigenschaften sich ähnelnde Kupfersulfidminerale mit wechselnden Anteilen von Antimon- und Arsensulfid, die außerdem in größeren Mengen Ag, Zn, Fe oder Hg enthalten; Mohshärte 3,5 bis 4,5; Dichte 4,6 bis 5,2 g/cm³; Bruch muschelig, spröd.

Fahlström, Öyvind, *São Paulo 28. Dez. 1928, †Stockholm 9. Nov. 1976, schwed. Maler und Dichter. – F. lebte ab 1961 meist in New York, wo er eine gesellschaftskritisch engagierte Form der Pop-art entwickelte.

Fahndung, Maßnahmen zur Ermittlung gesuchter oder flüchtiger Personen (*Personenfahndung* nach Tätern, Zeugen) oder von Gegenständen, die für ein Strafverfahren von Bed. sind (*Sachfahndung*). Die F. im Strafverfahren wird durch die Staatsanwaltschaft veranlaßt, i. d. R. durch die Kriminalpolizei durchgeführt. Die F.maßnahmen müssen im angemessenen Verhältnis zur Bed. der Sache (Straftat) stehen. F. i. w. S. sind auch die Steuer- und Zollfahndung. Globale F. erfolgt durch ↑ Interpol. – ↑ Rasterfahndung.

Fahne [eigtl. „Tuch" (gekürzt aus althochdt. gundfano „Kampftuch")], ein nur einseitig und direkt an einer Stange **(Fahnenstange)** befestigtes Tuch, das ein- oder mehrfarbig ist und auch mit Bildern bzw. herald. Figuren versehen sein kann. Die F. als Kampf- und Siegeszeichen und als Herrschaftssymbol war schon den altoriental. Völkern, den Römern (Feldzeichen), Germanen und Arabern bekannt. Seit dem 10. Jh. wurden F. auch in der Kirche zu liturg. Zwecken verwendet (Kirchenfahnen) und mit den Kreuzzügen als krieger. Feldzeichen in Gebrauch genommen. Im Hl. Röm. Reich wurde die F. im 12. Jh. Belehnungssymbol (Fahnlehen). Mit der Herrschaftssymbolik verwandt ist die F. als Hoheitssymbol, als eines der Wahrzeichen der Gerichtsbarkeit, v. a. des Blutbanns (Blutfahne). V. a. aber war die F. bis zur Einführung der modernen Kriegstechnik ein militärisch-takt. Richtungs- und Sammelzeichen für die Mannschaften. Die heutigen Bataillons-F. der Bundeswehr (seit 1965) haben lediglich die Funktion eines Identifikationssymbols.

▷ wm. und kynolog. Bez. für die lange Schwanzbehaarung bei Hunden.

▷ (Federfahne) ↑ Vogelfeder.

▷ (Vexillum) das größte Blütenblatt bei Schmetterlingsblüten.

▷ in der *graph. Technik* Bez. für den Abzug von dem noch nicht zu Buchseiten „umbrochenen" Satz (ohne Abbildungen). Auf der F. können meist noch Korrekturen angebracht werden.

Fahneneid, Treueid und Gehorsamseid des Soldaten. Seit Beginn der Neuzeit leistete der einzelne Söldner einen Eid, zuerst nur in Gegenwart, seit dem 17. Jh. unter körperl. Berührung der Fahne, daß er bei der Fahne bleiben und seinen Vorgesetzten gehorchen werde. Nach 1871 war der F. ein reiner Gehorsamseid auf den Kaiser als obersten Kriegsherrn; wurde 1919 geteilt in einen Verfassungs- und einen militär. Gehorsamseid, war 1933–45 ein militär. Gehorsamseid. In der Bundeswehr trat an die Stelle des F. für Berufssoldaten und Soldaten auf Zeit der Diensteid, der wörtlich dem feierl. Gelöbnis der Wehrpflichtigen entspricht. Seit Einführung der Truppenfahnen in die Bundeswehr 1965 werden Diensteid und Gelöbnis symbolisch auf diese abgelegt.

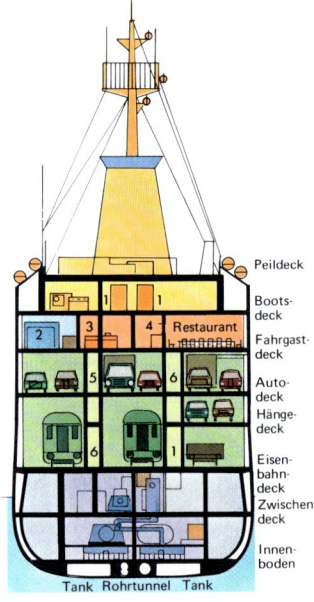
Fähre. Schematischer Querschnitt einer Eisenbahn-Kraftwagen-Fähre

Fahnenflucht (Desertion), das eigenmächtige Verlassen oder Fernbleiben von der Truppe oder Dienststelle in der Absicht, sich der Verpflichtung zum Wehrdienst dauernd oder für die Zeit eines bewaffneten Einsatzes zu entziehen oder die Beendigung des Wehrdienstverhältnisses zu erreichen. Fehlt diese Absicht, liegt *eigenmächtige Abwesenheit* vor. F. ist nach § 16 WehrstrafG mit Freiheitsstrafe bis zu fünf Jahren bedroht. Strafmilderung ist möglich, wenn sich der Täter innerhalb eines Monats stellt und wehrdienstwillig ist. – Bei anerkannten Kriegsdienstverweigerern liegt im entsprechenden Fall *Dienstflucht* vor.

Fahnenjunker ↑ Offizieranwärter.

Fahnenschwingen (Fahnenschlagen, Fahnenschwenken), Brauch bei feierl. Aufzügen und Handwerkerfesten. Dabei werden Fahnen kunstvoll geschwungen, hochgeworfen und wieder aufgefangen.

Fahnenwuchs, einseitige Kronenentwicklung bei Bäumen, die unter dauerndem Windeinfluß stehen und sich deshalb nur nach der Leeseite verzweigen.

Fahnlehen ↑ Lehnswesen.

Fähnlein, Truppeneinheit im 16./17. Jh. (durchschnittlich 300 Mann stark).

Fähnrich, urspr. der Fahnenträger; zur Bundeswehr ↑ Offizieranwärter.

Fahrbahn, in erster Linie für den Kfz-Verkehr bestimmter Teil einer befestigten Straße, einschl. der befahrbaren Seitenstreifen. Die F. besteht in jeder Richtung aus einer oder mehreren Fahrspuren, die zur Verbesserung der Verkehrsführung F.markierungen erhalten, z. B. Leit- oder Trennlinien, Sperrflächen sowie Pfeile und Schriftzeichen in weißer oder gelber Farbe. Gelb hat in der BR Deutschland vorübergehenden Charakter und bei gleichzeitigem Auftreten Vorrang vor Weiß. Die F.breite liegt bei Landstraßen im allg. zw. 7,5 und 15 m; bei Autobahnen je Fahrspur 3,75 m Breite.

Fahrdienstvorschriften, Abk. FV, Dienstvorschriften der Dt. Bundesbahn für den Eisenbahnbetriebsdienst mit Vorschriften über die Handhabung insbes. der Eisenbahn-Bau- und Betriebsordnung und der Eisenbahn-Signalordnung.

Fahrdynamik, Teilgebiet der Fahrzeugmechanik, das sich mit der Wirkung von Antriebs- und Bremskräften, mit dem Verhalten des Fahrzeugs in der Kurve, bei Seitenwind und bei Straßenunebenheiten sowie mit dem Einfluß der Reifen- und Wagenfederung auf das Fahrverhalten befaßt.

Fähre, Wasserfahrzeug zum Transport von Personen, Vieh, Gütern, Fahrzeugen auf Binnengewässern oder auf See (Fährschiff, See-F.). Man unterscheidet v. a. Personen-, Auto- und Eisenbahn-F., wobei Landungsstellen oder -brücken (bei Eisenbahn-F. mit Gleisanschlüssen) den Übergang vom Land zur F. und umgekehrt erlauben.

Fahrende (fahrende Leute), im MA dt. Bez. für Nichtseßhafte aller Bildungsstufen, die bei Hof und auf Märkten ihre Dienste und Künste u. a. als Gaukler, Bärenführer, Spaßmacher, Musikanten, Sänger, Dichter anboten; eingeschlossen sind auch Quacksalber und Händler sowie Studenten. – Das fahrende Volk wurde bis in die Neuzeit als unehrl. Gewerbe eingestuft (außerhalb der Stände stehend). Die ältesten literar. Zeugnisse finden sich im 12. Jh. in dem sog. Spielmannsepos „Orendel".

Fahrenheit, Daniel Gabriel, *Danzig 24. Mai 1686, †Den Haag 16. Sept. 1736, dt. Physiker und Instrumentenbauer. – Begründete die wiss. Thermometrie durch Konstruktion seiner Thermometer mit 3-Punkte-Eichung (↑Fahrenheit-Skala).

Fahrenheit-Skala, in den USA und häufig noch in Großbritannien verwendete, von D. G. Fahrenheit 1714 eingeführte Temperaturskala, bei der der Abstand zw. dem Gefrierpunkt (Eispunkt) und dem Siedepunkt des Wassers bei Normaldruck in 180 gleiche Teile unterteilt ist. Die Temperatur des Eispunktes wurde auf 32 °F (Grad Fahrenheit) festgelegt, die des Siedepunktes auf 212 °F. Es gilt: $n\,°F \triangleq (5/9)(n-32)\,°C$.

Fahren ohne Fahrerlaubnis, Führen eines Kfz. ohne die dafür erforderl. Fahrerlaubnis zu besitzen; mit Freiheitsstrafe bis zu einem Jahr oder Geldstrafe bedroht (§ 21 StraßenverkehrsG); bestraft wird auch die Zuwiderhandlung gegen ein Fahrverbot und die Duldung oder Anordnung einer solchen Fahrt durch den Halter.

Fahren ohne Führerschein, das Führen eines Kfz. auf öffentl. Straßen ohne Mitführung der amtl. Bescheinigung über die Erteilung der Fahrerlaubnis (= Führerschein); als Ordnungswidrigkeit mit Geldbuße bedroht (oder Verwarnung).

Fahrerflucht ↑Unfallflucht.

Fahrerlaubnis, behördl. Erlaubnis, auf öff. Straßen ein Kfz mit einer durch die Bauart bestimmten Höchstgeschwindigkeit von mehr als 6 km/h zu führen (Ausnahmen: Krankenfahrstühle bis 10 km/h, Fahrräder mit Hilfsmotor bis 25 km/h und Mofa, Prüfbescheinigung erforderlich). Die F. wird durch amtl. Bescheinigung **(Führerschein)** dokumentiert. Es besteht Rechtsanspruch auf Erteilung der F., wenn nichts vorliegt, was den Bewerber zum Führen eines Kfz als ungeeignet erscheinen läßt (insbes. geistige und körperl. Mängel), das erforderl. Mindestalter erfüllt und eine Fahrprüfung bestanden ist. Die F. wird in 7 Klassen erteilt, die Klassen 1 bis 3 setzen eine Fahrprüfung voraus. Bewerber für die F. der Klasse 2 müssen eine Ausbildung in Erster Hilfe nachweisen, Bewerber für die übrigen Klassen eine Unterweisung in Sofortmaßnahmen am Unfallort. Die F. kann durch die Verwaltungsbehörde entzogen werden (*Führerscheinentzug*, § 4 StraßenverkehrsG), wenn der Inhaber sich als ungeeignet zum Führen von Kfz erweist, oder durch strafgerichtl. Entscheidung (§ 69 ff. StGB). Nach Ablauf der festgesetzten Sperrfrist kann eine neue F. beantragt werden. Gericht und Verwaltungsbehörde können u. U. bei Straftaten geringerer Schwere bzw. Ordnungswidrigkeiten auch ein sog. **Fahrverbot** von 1 bis 3 Monaten Dauer verhängen. Ab dem 1. 11. 1986 wird die neuerworbene F. auf Probe (2 Jahre) erteilt. Nach östr. *Recht* entspricht der F. die *Lenkerberechtigung*. In der *Schweiz* braucht, wer ein Motorfahrzeug führt, den *Führerausweis*. Für die Erteilung des Führerausweises gelten dem dt. Recht entsprechende Regelungen.

Fahrgastschiff (Passagierschiff), Schiff zur Beförderung von Fahrgästen. Man unterscheidet: *Fracht-und-Fahrgast-Schiffe* mit Einrichtungen für Fahrgäste und mit Laderäumen; *Fährschiffe,* meist ohne Kabinen, jedoch mit Gesellschaftsräumen, Cafeterias und offenen Deckspromenaden und, je nach Fahrtbereich, mit Autodecks, Waggondecks, Post-, Gepäck- und kleinen Laderäumen; reine *Fahrgastschiffe,* im Liniendienst oder für Kreuzfahrten.

Fahrgestell, svw. ↑Fahrwerk.

Fahrlässigkeit, allg.: Mangel an gebotener Aufmerksamkeit. – Im *Zivilrecht* Form des Verschuldens neben ↑Vorsatz. Fahrlässig handelt, wer die im Verkehr erforderl. Sorgfalt außer acht läßt (§ 276 BGB). Welche Sorgfalt erforderlich ist, bestimmt sich nach der konkreten Situation und nach den objektiven Fähigkeiten der jeweiligen Berufs-, Alters- oder Bildungsgruppe des Handelnden. Das Gesetz unterscheidet: *leichte (normale) F., grobe F.* (ungewöhnlich grobe Sorgfaltspflichtverletzung), *konkrete F.* (Verletzung der in eigenen Angelegenheiten übl. Sorgfalt). Im allg. haftet der Schuldner sowohl für leichte wie für grobe F. Im *Strafrecht:* bes. Form der Schuld. Man unterscheidet: *unbewußte F.* (negligentia), wenn der Täter nicht erkennt, daß er den Tatbestand verwirklicht, obwohl er dazu objektiv und persönlich in der Lage gewesen wäre, *bewußte Fahrlässigkeit* (luxuria), wenn der Täter die Verletzung des Tatbestandes zwar für möglich hält, aber pflichtwidrig darauf vertraut, daß ein rechtswidriger Erfolg nicht eintreten werde.

Fahrnis [zu fahren], im Recht svw. bewegl. Sachen (↑Sache).

Fahrrad. Oben: Niederrad mit Kettenantrieb, 1879 eingeführt. Unten: Hochrad aus England, 1882

Fahrplan

Fahrplan, Aufstellung der Abfahrts-, Ankunfts- und Streckenfahrzeiten von Verkehrsmitteln, mit der der Betriebsablauf im voraus festgelegt wird; von bes. Bedeutung im Eisenbahnwesen. Zur Information der Reisenden dienen **amtliche Taschenfahrpläne** und **Kursbücher** sowie die auf allen Bahnhöfen aushängenden F. mit Ankunfts- und Abfahrtszeiten der Reisezüge. Das **Güterkursbuch** und das **internationale Güterkursbuch** unterrichten über den Güterzugverkehr.

Fahrrad, zweirädriges, über Tretkurbelmechanismus angetriebenes Fahrzeug. Bauformen: u. a. Tandem (zweisitzig), Damenrad (das obere Rohr des Dreieckrahmens ist nach unten gebogen), Kinderrad, Klapprad, Rennrad (bes. leichte Bauweise), Kunst-F. (mit ungekröpfter Vorderradgabel), Mountainbike (Gelände-F.). Wesentlich für die Stabilisierung des F. ist die Kreiselwirkung der Räder, die durch die Konstruktion der Lenksäule und die Kröpfung der Vorderradgabel (bewirkt Nachlauf) verstärkt wird. Die Antriebskraft wird über eine Kette auf einen Zahnkranz an der Hinterachse übertragen (Übersetzung 1:2 bis 1:4); Gangschaltungen, die als Kettenschaltung mit unterschiedl. Zahnkränzen oder als Nabenschaltungen mit mehreren Planetenradsätzen arbeiten, erlauben eine Abstufung der Übersetzungsverhältnisse. Ein (meist mit einer Rücktrittbremse kombinierter) Freilauf erlaubt antriebsloses Rollen. Frühester Vorläufer des heutigen Fahrrads ist die ↑Draisine; eine Weiterentwicklung war das Velozipéd (mit Pedalen und Bremse) des Franzosen E. Michaux (1867). Das zeitweilig v. a. in Großbritannien sehr verbreitete Hochrad wurde um 1880 vom sog. Niederrad abgelöst; seit 1888 wurden Luftreifen verwendet, seit 1898 der Freilauf. – Abb. S. 265.

Fahrrinne, für die Schiffahrt bestimmtes Gebiet in einem Fluß und vor der Küste; durch Seezeichen gekennzeichnet.

Fahrschule, Betrieb zur gewerbsmäßigen Ausbildung von Personen, die eine Erlaubnis zum Führen von Kfz der Klassen 1 bis 5 erwerben wollen. Der *Fahrlehrer* bedarf einer bes. Fahrschulerlaubnis (§ 10 FahrlehrerG vom 25. 8. 1969).

Fahrstuhl, svw. ↑Aufzug.
▷ ↑Krankenfahrstuhl.

Fahrt, Geschwindigkeit eines [Luft]fahrzeuges in bezug auf die umgebende Luft.
▷ Geschwindigkeit eines Schiffes in Knoten, d. h. Seemeilen pro Stunde.

Fahrtbereich, Bereich, innerhalb dessen ein Schiff eingesetzt werden darf. Schiffe ohne Begrenzung des F. haben **Große Fahrt,** d. h. sie können alle Meere befahren.

Fährte, wm. für (im Boden oder Schnee hinterlassene) aufeinanderfolgende Fußabdrücke (Trittsiegel) von Schalenwild, Bär, Wolf, Luchs, Otter, Großtrappe und Auerwild. Die Abdrücke des Federwilds heißen **Geläuf;** die von Hase, Dachs, Fuchs **Spur.**

Fahrtenbuch, Dokument zum Nachweis darüber, wer ein bestimmtes Fahrzeug im Straßenverkehr jeweils geführt hat. Vom F. zu unterscheiden ist der Fahrtennachweis, der bes. für den gewerbl. Kraftverkehr und zur Überwachung der Arbeitszeit von Berufskraftfahrern erforderlich ist (sog. **persönliches Kontrollbuch**).

Fahrtrichtungsanzeiger ↑ Kraftfahrzeugbeleuchtung.

Fahrtschreiber (Fahrtenschreiber, Tachograph), selbstschreibender Geschwindigkeitsmesser, mit dem nach der StVZO in der BR Deutschland alle Kfz ab 3,5 t Gesamtmasse, ferner Zugmaschinen ab 40 kW sowie Busse ausgerüstet sein müssen. Auf einem scheibenförmigen Registrierblatt (Laufzeit 24 Stunden) wird der Fahrtverlauf (Geschwindigkeit, Haltezeiten u. a.) aufgezeichnet.

Fahruntüchtigkeit, die Unfähigkeit, ein Fahrzeug im Verkehr sicher zu führen. Die F. kann auf körperl. oder geistigen Mängeln oder auf dem Genuß alkohol. Getränke oder anderer berauschender Mittel beruhen. Das Fahren trotz vorliegender F. wird als Ordnungswidrigkeit oder Vergehen geahndet.

Fahrverbot ↑ Fahrerlaubnis.

Fahrwasser, Bez. für alle zusammenhängenden Bereiche eines Gewässers, die von Wasserfahrzeugen bis zu einem bestimmten maximalen Tiefgang befahren werden können, aber außerhalb der ↑Fahrrinne im allg. nicht dafür ausgebaut sind.

Fahrwerk (Fahrgestell), Gesamtheit aller Baugruppen eines Kfz, der die Fahrtüchtigkeit dienen, bestehend aus Rahmen oder dem ihn ersetzenden Teil (z. B. Rahmenbodenanlage einer selbsttragenden Karosserie), Federung mit Stoßdämpfern, Vorder- und Hinterachse, Lenkung, Bremsen und Rädern mit Bereifung. Die richtige Abstimmung dieser einzelnen Konstruktionselemente ist maßgebend für gute Fahreigenschaften. Die **Achsen** dienen zur Aufhängung der Räder. Je nach Erfordernis sowie Art der Federung und des Radantriebs werden verschiedene Achskonstruktionen und Radaufhängungen verwendet. Die älteste – in Nutzfahrzeugen heute teilweise noch gebräuchliche Form – ist die **Starrachse,** wobei die beiden Räder einer Achse starr miteinander verbunden sind. Bei Personenwagen herrscht die *Einzelradaufhängung* vor. Dabei ist von wesentl. Vorteil, daß die Masse der ungefederten Teile sehr gering gehalten werden kann. Beim Überrollen eines Hindernisses wird das andere Rad nicht beeinflußt. Durch Einzelfederung des Rades wird eine weiche Gesamtfederung mit besserer Bodenhaftung erreicht, verbunden mit guter Straßenlage. Zur Vermeidung einer zu großen Neigung des Fahrzeugaufbaus bei Kurvenfahrt und zur weiteren Anlenkung der Radaufhängung wird häufig ein *Drehstab-Stabilisator* verwendet, der in der übl. Ausführung an beiden abgewinkelten Enden mit den Radanlenkungen und am senkrecht zur Fahrzeuglängsachse verlaufenden Teil mit dem Fahrgestell befestigt ist. Die heute im Automobilbau wichtigsten Arten von Einzelradaufhängungen sind: **Längslenkerachsen (Kurbelachsen),** wobei die Lenker parallel zur Fahrzeuglängsachse schwingen. Die Radaufhängungen an Einfachlängslenkerachsen und Doppellängslenkerachsen sind bei Personenwagen sehr verbreitet, wobei als Federelemente häufig Drehstäbe verwendet werden; bei Einfederung bleiben Spurweite und Sturz unverändert. Die Doppellängslenkerachse wird oft als [lenkbare] Vorderachse verwendet. **Pendelachse (Schwingachse):** Hierbei können die beiden Achshälften um ein am Fahrgestell befestigtes Gelenk schwingen, wobei sich Sturz und Spurweite während des Federungsvorgangs ändern; sie ist als Vorderachse ungeeignet. Bei der **Eingelenkpendelachse** schwingt das Ausgleichsgetriebe (Differential) mit der einen Achshälfte. Bei der **Zweigelenkpendelachse** ist das Ausgleichsgetriebe fest mit dem Fahrgestell verbunden und weist beiderseits Pendelgelenke auf. Dadurch wird eine noch geringere ungefederte Masse erreicht. **Querlenkerachse:** Einzelradaufhängung mittels quer zur Fahrtrichtung liegendem Lenker. Im Kfz-Bau ist diese Art als vordere Radaufhängung in Form der **Doppelquerlenkerachse** weit verbreitet; Abfederung meist durch Schraubenfedern. Auch findet man häufig die *Einfachquerlenkerachse mit Blattfeder* sowie die *Einfachquerlenkerachse mit McPherson-Federbein (Achsschenkelfederbein),* welches das Federungselement, den Stoßdämpfer und Lenkungsteile in einer Einheit zusammenfaßt. **Schräglenkerachse:** Hier liegt die Drehachse der Lenker horizontal oder leicht geneigt (schräg). Durch Abstimmung der Schräge wird eine geringe Spurveränderung beim Einfedern erreicht. Eine wenig verbreitete hintere Radaufhängung stellt die **De-Dion-Achse** dar. Die Anlenkung der Räder wird durch Schubstreben in Längsrichtung und ein Achsrohr quer zur Fahrtrichtung erreicht. Die Seitenkräfte werden von einem Lenker übertragen. Vom Prinzip her liegt eine Starrachse vor.
Wichtige Begriffe bezüglich der *Radstellung:* **Nachlauf:** Neigungswinkel des Achsschenkelbolzens in der Fahrzeuglängsebene gegenüber der Senkrechten durch den Radmittelpunkt. Das Rad läuft nach, es wird gezogen und hat das Bestreben, sich selbst in gerade Fahrtrichtung zu stellen.

Fährte. Abdrücke verschiedener Tiere im Ziehen (a) und bei der Flucht (b): 1 Edelhirsch; 2 Reh; 3 Schwarzwild

Faijumbecken. Große unterschlächtige Wasserräder zur Bewässerung der Beckenlandschaft am Josefkanal

Vorteil: Verringerung der Flatterneigung. **Spreizung:** Neigungswinkel des Achsschenkelbolzens in der Fahrzeugquerebene durch Verringerung des *Lenkrollhalbmessers* (= Abstand zw. Mittelpunkt der Reifenaufstandsfläche und Schnittpunkt der Achse des Achsschenkelbolzens auf der Fahrbahn). **Sturz:** Neigungswinkel des Rades zur Senkrechten in der Fahrzeugquerebene. Durch Verkleinerung des Lenkrollhalbmessers auch hier Verminderung der Lenkkräfte. Häufig ist ein positiver Sturz, d. h. die Räder stehen oben nach außen. **Vorspur:** Differenz zw. den Abständen der vorderen und hinteren Felgenränder, dadurch Verringerung der Flatterneigung, jedoch Erhöhung des Rollwiderstandes.

Fahrwiderstand, Summe aller an einem Fahrzeug bei der Fortbewegung angreifenden und die Hauptbewegung bremsenden Kräfte; setzt sich zusammen aus Roll-, Luft-, Steigungs- und Beschleunigungswiderstand. Der **Rollwiderstand** ist abhängig von der Beschaffenheit der Fahrbahn, der Bereifung, Reifenluftdruck, Fahrgeschwindigkeit und Radlast. Der **Luftwiderstand** ist abhängig von der Projektionsfläche des Fahrzeugs in Fahrtrichtung, der Luftdichte, der Luftgeschwindigkeit relativ zum Fahrzeug und der Luftwiderstandszahl. Die Luftwiderstandszahl ist sehr stark von der Form des Fahrzeugs (Windschnittigkeit) abhängig. Der **Steigungswiderstand** ist von der Fahrzeugmasse und dem Steigungswinkel abhängig. Der **Beschleunigungswiderstand** hängt in der Hauptsache von der Gesamtmasse des Fahrzeugs ab.

Fahrzeug, Transportmittel für Personen und Lasten mit Eigen- oder Fremdantrieb; Bauarten hauptsächlich abhängig vom zurückzulegenden Verkehrsweg, der gewünschten Geschwindigkeit und Ladefähigkeit, der geforderten Bequemlichkeit sowie vom Ladegut; Einteilung in Land-, Wasser-, Luft- und Raumfahrzeuge.

Faial, portugies. Insel der Azoren, 173 km², 21 000 E, im Vulkan Pico Gordo 1 043 m hoch; üppige Vegetation; Hauptort ist Horta.

Faible [frz. fɛbl, eigtl. „schwach" (zu lat. flebilis „beweinenswert")], Vorliebe, Schwäche, Neigung.

Faijum, Al, Governoratshauptstadt in Ägypten, im Faijumbecken, 227 000 E. Baumwoll- und Wollverarbeitung, Zigarettenherstellung. – Al F. liegt an der Stelle einer seit dem 3. Jt. v. Chr. belegten altägypt. Stadt und des antiken **Crocodilopolis** (später **Arsinoe**).

Faijumbecken, Depressionsgebiet in Ägypten, sw. von Kairo, 1 800 km² groß, Verwaltungszentrum Al Faijum, im NW vom 233 km² großen Karunsee (45 m u. d. M.) eingenommen. Fruchtbare Beckenlandschaft, vom Josefkanal bewässert. – Das ehemalige Sumpfgebiet wurde von den Pharaonen der 12. Dynastie kultiviert. Ruinen zahlr. Städte, Pyramiden und Grabanlagen (berühmte Mumienporträts).

Faijumkultur, nach Fundstellen im Faijumbecken ben. älteste vollneolith. Fundgruppe in Unterägypten; auch Faijum „A" und Faijum-Merimde-Kultur genannt (2. Hälfte 5. und Anfang 4. Jt. v. Chr.); kennzeichnend u. a.: unverzierte Tongefäße, kleine Walzenbeile.

Fail-safe-Prinzip [engl. 'feɪl'seɪf], sicherheitstechn. Konstruktionsprinzip, durch das bei Ausfall eines Bauteils oder Gerätes ein gefahrloser Zustand hervorgerufen wird; v. a. im Eisenbahnsignalwesen, Luftfahrzeugbau und in Kernkraftwerken.

Fairbanks, Douglas [engl. 'fɛəbæŋks], eigtl. D. Elton Thomas Ulman, *Denver (Colo.) 23. Mai 1883, †Santa Monica (Calif.) 12. Dez. 1939, amerikan. Filmschauspieler. – Darsteller von Abenteurer- und Liebhaberrollen, Idol des amerikan. Stummfilmpublikums, u. a. in „Das Zeichen des Zorro" (1920), „Die drei Musketiere" (1921), „Robin Hood" (1922), „Der Dieb von Bagdad" (1924), „Der schwarze Pirat" (1926). Mit seiner Frau M. Pickford, C. Chaplin und D. W. Griffith Begründer der United Artists Corporation Inc. Sein Sohn *Douglas F. jr.* (*1909) ist ebenfalls Filmschauspieler, auch Produzent.

Fairbanks [engl. 'fɛəbæŋks], Stadt in Alaska, USA, am Chena River, 22 600 E. Sitz eines kath. und eines anglikan. Bischofs; Univ. (seit 1935); Handels- und Versorgungszentrum für Z-Alaska; Endpunkt der Eisenbahnlinie von Seward (756 km) und des Alaska Highway, internat. ✈. – 1902 nach Goldfunden gegr., Höhepunkt des „Goldrausches" 1906 (18 000 Goldschürfer).

Fair Deal [engl. 'fɛə 'di:l „gerechte Verteilung"], Schlagwort zur Bez. eines umfassenden, in ein weltweites Freihandels- und Entwicklungshilfekonzept eingebetteten wirtschafts- und sozialpolit. Programms des amerikan. Präs. Truman, nach dem in Anknüpfung an Roosevelts New Deal der einzelne einen gerechten Anteil am volkswirtschaftl. Gesamtertrag erhalten sollte; wurde nur z. T. durchgesetzt und verlor nach Ausbruch des Koreakrieges an Aktualität.

Fairfax, Thomas [engl. 'fɛəfæks], Baron (seit 1648) F. of Cameron, *Denton (Yorkshire) 17. Jan. 1612, †Nun Appleton (Yorkshire) 12. Nov. 1671, engl. General. – Führte als Oberbefehlshaber 1645–50 das Parlamentsheer bei Naseby und Langport (1645) zum Sieg über die Royalisten; wirkte seit 1659 für die Restauration des Königtums.

Fairneß ['fɛːrnɛs; engl.], ehrenhaftes, anständiges Verhalten; urspr. von weiterer Bedeutung, wurde der Begriff, bes. als **Fair play,** ganz auf den Sport eingeengt, später jedoch auf weitere Bereiche des Verhaltens im tägl. Leben ausgedehnt.

Faisal (Feisal), Name arab. Herrscher:

Irak:
F. I., *Mekka 20. Mai 1885, †Bern 8. Sept. 1933, König. – Aus der Familie der Haschimiden; maßgeblich am Aufstand der Araber gegen die Türken im 1. Weltkrieg beteiligt; 1920 zum König eines großsyr. Reichs proklamiert, mußte er der frz. Armee weichen; wurde mit brit. Hilfe 1921 König des Irak.

F. II., *Bagdad 2. Mai 1935, †ebd. 14. Juli 1958, König. – Sohn und Nachfolger von König Ghasi (1939); bis 1953 unter der Regentschaft seines Onkels Abd Allah; nach Bildung der Arab. Föderation, die die Herrschaft der Haschimiden stärken sollte, beim Putsch unter Führung General Kasims ermordet.

Saudi-Arabien:
F. Ibn Abd Al Asis Ibn Saud, *Ar Rijad Nov. 1906, †ebd. 25. März 1975 (ermordet), König. – Bruder König Sauds; 1926 Vizekönig des Hedschas; 1953 Außenmin. und Min.präs.; bewirkte 1964 die Absetzung Sauds und übernahm als König die volle Regierungsgewalt.

Thomas Fairfax (zeitgenössischer Kupferstich)

Faisal I., König von Irak

Fahrwiderstand als Summe der Gegenkräfte gegen die Hauptbewegung des Fahrzeugs: Fahrwiderstand F_w = Rollwiderstand F_{Ro} + Luftwiderstand F_L + Steigungswiderstand F_{St}; G Gewichtskraft; S Schwerpunkt

Faisalabad

Otto Falckenberg

Adalbert Falk

Johan Petter Falkberget

Erich von Falkenhayn

Faisalabad (bis 1979 Lyallpur), pakistan. Stadt auf dem Zwischenstromland von Chenab und Ravi, 1,1 Mill. E. Landw.-Univ. (seit 1961), Colleges; Düngemittel-, Textilind., Landmaschinenbau. – Gegr. 1890.

Faistauer, Anton, *Sankt Martin (Salzburg) 14. Febr. 1887, †Wien 13. Febr. 1930, östr. Maler. – Von Cézanne ausgehend, gelangte F. zu einem freien Kolorismus; u. a. Dekorationen im Festspielhaus Salzburg (1926).

Faistenberger, aus Tirol stammende Künstlerfamilie der Barockzeit:
F., Andreas, ≈ Kitzbühel 29. Nov. 1647, †München 8. Dez. 1736, Bildhauer. – Hofbildhauer in München. Schuf u. a. die Kanzel (1686) und das „Opfer Abrahams" (1691) für die Theatinerkirche.
F., Simon Benedikt, ≈ Kitzbühel 27. Okt. 1695, † ebd. 22. April 1759, Maler. – Eigenwillige Altarbilder, Decken- und Wandmalereien in Tirol; beeinflußt von Rottmayr.

Fait accompli [frz. fɛtakõ'pli], vollendeter Tatbestand, Tatsache.

Faith and Order ['fɛɪθ ənd 'ɔːdə; engl. „Glauben und Kirchenverfassung"], urspr. selbständige, seit der Gründung des ↑Ökumenischen Rates der Kirchen (1948) mit ständigem Sekretariat in Genf etablierte Einigungsbewegung, deren Ziel es ist, die Trennung der Christenheit dogmatisch und rechtlich zu überwinden. – Der Schwerpunkt gegenwärtiger Arbeit liegt in der Erörterung der für alle Konfessionen wichtigen „nichttheolog." Faktoren der Trennung (u. a. Rassismus, Nationalismus, Armut, Generationskonflikte).

Faizabad, ind. Stadt im Bundesstaat Uttar Pradesh, im Gangestiefland, 142 000 E. Distrikthauptstadt; Veterinär-College. – Als Hauptstadt des muslimischen Staates Oudh 1719/20 von Saada Khan gegründet.

Faizabad, Stadt im NO Afghanistans, 1 200 m ü. d. M., 9 600 E. Hauptstadt der Prov. Badakhshan; Handelszentrum; Straße von Kunduz, ✈.

Fajans, Kasimir, *Warschau 27. Mai 1887, †Ann Arbor 18. Mai 1975, amerikan. Physikochemiker poln. Herkunft. – Prof. in München und Ann Arbor (Mich.). F. stellte 1912 die nach ihm und F. Soddy benannten F.-Soddyschen Verschiebungssätze des radioaktiven Zerfalls auf; wichtige Arbeiten über Probleme der chem. Bindung.

Fäkalien [zu lat. faex „Bodensatz", „Hefe"], die durch den Darm ausgeschiedenen Exkremente von Tieren und des Menschen.

Fakir [arab. „Armer"], frommer Asket und Bettler in islam. Ländern; urspr. nur Muslime. Später übertrug man in Indien die Bez. F. auf alle betteind umherziehenden, auch nichtmuslim. Asketen. Als Bez. für die mit „Kunststücken" hervortretenden Asketen (z. B. Liegen auf Nagelbrettern) wurde die Bez. F. über das Engl. in Europa bekannt.

Faksimile [engl., zu lat. fac simile „mach ähnlich!"], der mit einem Original in Größe und Ausführung genau übereinstimmende Nachdruck, bes. von Handschriften.

Faktion (lat. factio), im antiken Rom urspr. Renngesellschaft, die Pferde, Ausrüstung und Wagen stellte, dann polit. Parteiung, z. B. Patrizier – Plebejer.

faktische Vertragsverhältnisse [lat./dt.], Rechtsverhältnisse, die vertragl. Rechte und Pflichten erzeugen, jedoch nicht durch einen (wirksamen) Vertrag, sondern durch ein tatsächl. Verhalten begründet werden (z. B. Benutzung der Straßenbahn).

Faktor [zu lat. factor „Macher"], wichtiger Gesichtspunkt, maßgebl. Umstand (Bestandteil).
▷ Zahl oder Größe, mit der eine andere multipliziert wird (Faktor × Faktor = Produkt).

Faktorei [lat.], größere Handelsniederlassung bes. europ. Kaufleute in Übersee. Im 19. Jh. setzte sich dafür die Bez. Agentur durch.

Faktorenanalyse, statist. Forschungsmethode zur Ermittlung der einer Mannigfaltigkeit verschiedener Eigenschaften gemeinsam zugrunde liegenden Faktoren. Die F. gewann außer in der Psychologie (v. a. der Testpsychologie) auch in der Morphologie (z. B. der Wachstumsanalyse) größere Bedeutung.

Faktorenaustausch (Genaustausch, Segmentaustausch, auch Crossing-over, Crossover), wechselseitiger, im Prophasestadium der ersten meiot. Teilung stattfindender Stückaustausch zw. homologen Chromatidenpartnern bei der Chromosomenpaarung.

Faktorenkopplung (Genkopplung), die Bindung von (im gleichen Chromosom lokalisierten) Erbfaktoren bzw. Genen an ein und dasselbe Chromosom, wodurch sich diese bei der Meiose nicht unabhängig voneinander weitervererben, d. h. keine freie Rekombination zeigen.

Faktorkosten, in der Kostentheorie das Produkt aus Preis und Einsatzmenge eines Produktionsfaktors. – ↑Sozialprodukt.

Faktotum [zu lat. fac totum „mach alles!"], Bez. für jemanden, der alles besorgt, zu allem zu gebrauchen ist.

Faktum [zu lat. factum, eigtl. „das Getane"], unabänderliche Tatsache; Ereignis, mit dem man sich abfinden muß.

Faktura [lat.-italien.], svw. Rechnung.

Fakultas [lat.], Lehrbefähigung.

Fakultät [zu lat. facultas „Möglichkeit", „Wissens-, Forschungsgebiet"], traditionelle Gliedkörperschaft der Univ. (heute vielfach abgelöst durch Fachbereiche oder Abteilungen), urspr. vier, eine theolog., jurist., medizin. und philosoph. F., von letzterer hat sich später die naturwiss. F. abgespalten. Die F. als Selbstverwaltungsorgan ist in der Hauptsache für Lehre und Forschung, für Berufungen und akadem. Prüfungen zuständig. Die Leitung einer F. liegt beim Dekan.
▷ in der *Mathematik* Bez. für ein endl. Produkt der natürl. Zahlen (Formelzeichen: !; sies: Fakultät): $n! = 1 \cdot 2 \cdot 3 \cdots (n-1) \cdot n$, wobei $0! = 1$ definiert ist.

Fakultäten (Facultates) [lat.], im kath. Kirchenrecht die von einer oberen Instanz einer unteren delegierten Rechte.

fakultativ [lat.], nach eigenem Ermessen, nach eigener Wahl, freigestellt.

Falaises [frz. fa'lɛːz „Klippen"], felsige Steilküsten, bes. die bis 130 m hohen Kliffs der Normandie und Picardie.

Falange Española Tradicionalista y de las J.O.N.S. (J.O.N.S., Abk. für Juntas de Ofensiva Nacional-Sindicalista) [span. fa'lanxe espa'ɲola traðiθjona'lista i ðe las 'xuntaz ðe ofen'siβa naθjo'nalsindika'lista], Kurzform: Falange [eigtl. „Stoßtrupp" (zu Phalanx)], ehem. span. Staatspartei; entstand 1934 durch Zusammenschluß der 1933 begr. Falange Española mit den 1931 geschaffenen J.O.N.S. (nationalsyndikalist. Angriffsgruppen); 1936 als Partei faschist. Typs verboten, unter General Franco Bahamonde 1937 mit anderen Gruppierungen, insbes. den traditionalist. Karlisten, zur Einheitspartei als „Sammelbecken aller patriot. Kräfte" vereinigt, wurde die urspr. Falange zunehmend politisch einflußlos, 1976/77 aufgelöst.

Falange-Partei (Libanon) ↑Phalange-Partei.

Falascha (Falaschen), äthiopider Stamm, nö. des Tanasees; Pflanzer und Viehzüchter; sprechen Amharisch, Tigrinja, vereinzelt Agaudialekte. Die F., die sich selbst „Haus Israel" nennen, verstehen sich als Juden, obwohl ihnen nachbibl. Traditionen und die hebr. Sprache fremd sind. Möglicherweise zeigen sich bei ihnen Reste einer vorchristlich-äthiop., durch jüd. Mission beeinflußten Kultur. 10 000 der ca. 25 000 F. wurden Mitte der 80er Jahre in Israel aufgenommen, die letzten 15 000 im Mai 1991.

falb, gelblich, graugelb, grau.

Falbe, fahlgelbes bis graugelbes Pferd mit schwarzer Mähne, schwarzem Schweif und schwarzen Hufen und Aalstrich auf dem Rücken.

Falbel [frz.], dicht gefältelter oder gereihter Besatzstreifen aus leichtem Stoff oder Spitze, v. a. in der Mode des Rokokos.

Falbkatze (Afrikan. Wildkatze), Sammelbez. für eine Gruppe etwa 45–70 cm körperlanger Unterarten der Wildkatze, v. a. in den Steppen und Savannen Afrikas und der Arab. Halbinsel; Körper schlank, gelblichgrau bis rötlichbraun mit meist dunkler Querstreifung; Ohren ziemlich groß. Zu den F. gehört die **Nubische Falbkatze** (Felis silvestris libyca; gilt als Stammform der Hauskatze).

Falckenberg, Otto, *Koblenz 5. Okt. 1873, †München 25. Dez. 1947, dt. Regisseur. – Der Durchbruch gelang F. mit der Uraufführung von Strindbergs „Gespenstersonate" (1915) an den Münchner Kammerspielen, die er 1917–44 leitete. Neben zahlr. Uraufführungen expressionist. Dramen (G. Kaiser, E. Barlach) stilbildende Shakespeare-Inszenierungen. Bed. Schauspielerlehrer.

Falco [lat.], nahezu weltweit verbreitete Gatt. der Falken mit 35 Arten; in Europa 10 Arten, die meist unter Naturschutz stehen.

Falcón, Staat in Venezuela, am Karib. Meer, 24 800 km², 611 000 E (1988), Hauptstadt Coro.

Falcone, Aniello, *Neapel 1607, †ebd. 1656, italien. Maler. – Von Caravaggio und Domenichino beeinflußte Fresken sowie Schlachtenbilder und Bambocciaden.

Falconet, Étienne [Maurice] [frz. falkɔ'nɛ], *Paris 1. Dez. 1716, †ebd. 24. Jan. 1791, frz. Bildhauer. – Bed. Vertreter der frz. Rokokoplastik, der klass. Formenstrenge mit Anmut und Eleganz verbindet. 1757–66 künstler. Leiter der Porzellanmanufaktur in Sèvres; anschließend bis 1780 in Petersburg. Auch Kunstschriftsteller. – *Werke:* La Baigneuse (Die Badende, 1757; Louvre), Pygmaliongruppe (1763; Marmor, Eremitage), Reiterdenkmal Peters d. Gr. in St. Petersburg (1766–82).

Falconieri, florentin. Patrizierfam. (Tuchhändler und Bankiers); finanzierte im 13. Jh. die päpstl. Politik.

Falerner [nach dem von den Römern Falernus ager genannten Gebiet im N Kampaniens], in röm. Zeit berühmter Wein aus Kampanien; heute Bez. für einfache weiße und rote Tischweine aus der Gegend um Formia.

Fälide (fälische Rasse), Unterform der Europiden; gekennzeichnet durch deutl. stammesgeschichtl. Züge des Cro-Magnon-Typus; Haar- und Augenfarben sind weitgehend aufgehellt. Die F. sind v. a. in Westfalen und Nordhessen verbreitet.

Faliero, Marino, *1274, †Venedig 17. April 1355 (hingerichtet), Doge von Venedig (seit 1354). – Sein Versuch, 1355 durch Staatsstreich die Adelsrepublik in eine erbl. Signoria umzuwandeln, scheiterte durch Verrat.

Falin, Valentin, *Leningrad 3. April 1926, sowjet. Diplomat und Journalist. – 1950–52 Mitarbeiter der Sowjet. Militäradministration in Deutschland; 1952–71 verschiedene Funktionen im Außenministerium, 1971–78 Botschafter in Bonn; 1988–91 Leiter der Internat. Abteilung des ZK der KPdSU (Deutschland-Berater M. Gorbatschows).

Faliskisch, die indogerman., zur Gruppe des Italischen gehörende Sprache der südetrusk. Stadt Falerii; dem Lat. sehr nahe verwandt; bekannt aus knapp 300 Inschriften (vom Ende des 7. Jh. bis ins 1. Jh. v. Chr.).

Falbkatze

Falk, Adalbert, *Metschkau (Kr. Neumarkt [in Niederschlesien]) 10. Aug. 1827, †Hamm 7. Juli 1900, preuß. Jurist und Politiker. – Führte als preuß. Kultusmin. (1872–79) in Bismarcks Auftrag den Kulturkampf; verbesserte Ausbildung und beamtenrechtl. Stellung der Lehrer.
F., Johannes Daniel, Pseud. Johannes von der Ostsee, *Danzig 28. Okt. 1768, †Weimar 14. Febr. 1826, dt. Schriftsteller und Pädagoge. – U. a. Verf. von „O du fröhliche". Nahm sich seit 1813 verwahrloster Jugendlicher an, erzog im Sinne Pestalozzis für eine Berufstätigkeit. Seine Goethe-Erinnerungen erschienen 1832.

Falkberget, Johan Petter [norweg. 'falkbærgə], eigtl. J. P. Lillebakken, *Rugeldalen bei Røros 30. Sept. 1879, †Tyvoll bei Røros 5. April 1967, norweg. Schriftsteller. – Schrieb v. a. histor., religiös-sozial geprägte Romane über das Leben der Bergarbeiter. Sein Hauptwerk ist die Trilogie „Im Zeichen des Hammers" (1927–35). – *Weitere Werke:* Brandopfer (1918), Nattens brød (R.zyklus, 1940–59; dt. 4 Bde.: Brot der Nacht, 1953; Die Pflugschar, 1955; Johannes, 1957; Wege der Liebe, 1962).

Falke, Otto von, *Wien 29. April 1862, †Schwäbisch Hall 15. Aug. 1942, dt. Kunsthistoriker. – 1895–1908 Direktor des Kölner, seit 1908 Direktor des Berliner Kunstgewerbemuseums, 1920–27 Generaldirektor der Berliner Museen. Einflußreiche Arbeiten über fast alle Gebiete des Kunstgewerbes; 1927–41 Hg. des „Pantheon".

Falke (Falkaune, Falkone, Falkonett[e]), im 16. und 17. Jh. übl., kleinkalibriges Feldgeschütz (Kugelgewicht 1,5–3 kg).

Falken (Falconidae), weltweit verbreitete, etwa 60 Arten umfassende (davon 10 in Europa) Fam. der Greifvögel mit schlankem, etwa 10–35 cm langem Körper (mit Schwanz 15–60 cm lang) und schmalen, spitz zulaufenden Flügeln; Schnabel hakig gebogen, mit 1 Paar Hornzähnen am Oberschnabel **(Falkenzahn);** Zehen mit kräftigen Krallen. – F. töten ihre Beute durch Schnabelbiß in die Halswirbel. Nach ihrer Jagdweise unterscheidet man: 1. *Flugjäger,* die sich im Sturzflug auf fliegende Vögel stürzen (Wanderfalke, Baumfalke). Die Flugjäger wurden früher wie die Jagdfalken zur Beizjagd verwendet. 2. *Rüttejäger,* die ihre Beute (v. a. Mäuse) im Rüttelflug (Standrütteln) am Boden erspähen (Turmfalke). – Zu den 4 Unterfam. der F. gehören u. a. die ↑Geierfalken und ↑Zwergfalken.

Falken (eigtl. Sozialist. Jugend Deutschlands „Die Falken"), der SPD zugeordnete polit. Jugendorganisation, in die Jugendliche ab 14 Jahren aufgenommen werden; 1946 [wieder]gegr.; Sitz Frankfurt am Main.

Falken, während des Vietnamkrieges entstandene Bez. der Befürworter einer unnachgiebigen Vietnampolitik in den USA; dann allg. für die Vertreter einer militanten Außenpolitik; Ggs. Tauben.

Falkenauge, Varietät des Quarzes, Schmuckstein; feinfaseriger Quarz ist mit feinen dunkelblauen bis grünen Hornblendeasbestfasern verwachsen.

Falkenbeize ↑ Beizjagd.

Falkenberg [schwed. ,falkənbærj], schwed. Hafenstadt und Badeort am Kattegat, 35 500 E. Holzverarbeitung, Waggonfabrik, Werft. – F. war schon im MA eine bed. Handelsstadt (1256 erstmals erwähnt, 1525 erstes Stadtrecht). – Kirche (12. Jh.; Malereien 17. Jh.), ma. Zollbrücke.

Falkenhausen, Alexander Ernst von, *Gut Blumenthal bei Neisse 29. Okt. 1878, †Nassau 31. Juli 1966, dt. General. – 1934–39 Chef der Militärmission bei Chiang Kaishek; 1940 Militärbefehlshaber in den Niederlanden, 1940–44 in Belgien und N-Frankreich; kam nach dem 20. Juli 1944 ins KZ; 1951 in Belgien zu 12 Jahren Zwangsarbeit verurteilt (im gleichen Jahr begnadigt und entlassen).

Falkenhayn, Erich von, *Burg Belchau bei Graudenz 11. Nov. 1861, †Schloß Lindstedt bei Potsdam 8. April 1922, dt. General. – 1913–15 preuß. Kriegsmin.; 1914–16 Chef des Generalstabs des Feldheeres, übernahm damit prakt. die Führung der dt. Landstreitkräfte; seiner Kriegsführung fehlte jedoch eine politisch-strateg. Gesamtkonzeption; seine Strategie, im W eine „Ausblutung" Frankreichs und die Kriegsentscheidung zu erreichen, schlug 1916 fehl; danach Oberbefehlshaber der 9. Armee gegen Rumänien, 1917/18 der Heeresgruppe F. (Syrien, Mesopotamien).

Falkenstein/Vogtland, Stadt in Sa., im östl. Vogtland, an der Göltzsch, 10 000 E. Gardinen-, Spitzenherstellung. – Entstanden im 14. Jh. Seit 1463 Stadtrecht.

Falkenzahn ↑ Falken.

Falklandinseln (engl. Falkland Islands; Malvinen [span. Islas Malvinas]), brit. Inselgruppe im S-Atlantik, 600 km sö. der Küste Argentiniens, 12 173 km² (nach argentin. Angaben 11 718 km²), 2 121 E (1991), Hauptort Stanley (auf Ostfalkland) mit 1 557 E. – Die F. bestehen aus den

Falken.
Oben: Falkenzahn.
Unten: Zehen

Falklandinseln
Wappen

Falkland Islands

Hauptinseln West- und Ostfalkland und über 200 kleinen unbewohnten Inseln. Westfalkland (5 413 km²) und Ostfalkland (6 760 km²), die durch den Falklandsund getrennt sind, zeigen gerundete Oberflächenformen (bis 705 m ü. d. M.), die Küsten sind stark gegliedert. – Das Klima ist hochozeanisch und nebelreich, charakteristisch ist starker Westwind. Die Vegetation der F. bilden baumlose Grasflächen, Heiden und Moose, dabei ist die natürl. Pflanzenbedeckung durch die extensive Schafweidewirtschaft weitgehend verdrängt worden. – Die Bev. ist überwiegend brit. Abstammung. Die Wirtschaft wird von der Schafzucht bestimmt; exportiert werden Wolle und Häute. Seit 1985 ✈ für schwere Transportflugzeuge 50 km von Stanley.
Geschichte: 1592 entdeckt; 1764 ließen sich Franzosen auf Ostfalkland nieder; 1765 Briten auf Westfalkland; beide wurden kurz darauf von Spanien vertrieben, das auf die Inseln Ansprüche erhob, 1820 nahm die La-Plata-Konföderation (Argentinien) die 1811 von den Spaniern aufgegebenen F. in Besitz; 1833 nahm Großbritannien die F. wegen ihrer strateg. Bed. in Besitz und räumte sie trotz der Proteste Argentiniens, das zuletzt 1990 Ansprüche auf die F. erhob, nicht wieder. Der daraus mit Großbritannien entstandene Streit verschärfte sich seit dem Bekanntwerden von Erdölvorkommen bei den Inseln und eskalierte zum bewaffneten Konflikt, als Argentinien im April 1982 die F. militärisch besetzte, Großbritannien daraufhin eine 200-Meilen-Zone um die Inseln zum militär. Sperrgebiet erklärte; im Mai begannen brit. Truppen mit der Rückeroberung der Inseln; die argentin. Truppen kapitulierten am 14. Juni. Im Okt. 1986 richtete Großbritannien eine Fischereizone um 150 Meilen und Argentinien eine solche von 50 Meilen um die Inseln ein. – In der **Seeschlacht** bei den F. 1914 wurde das dt. Kreuzergeschwader von brit. Seestreitkräften vernichtend geschlagen. – Unter dem Namen Falkland Islands and Dependencies werden die F. mit Südgeorgien und den Süd-Sandwich-Inseln als brit. Kronkolonie verwaltet.

Falkland Islands [engl. 'fɔːklənd 'aıləndz] ↑ Falklandinseln.

Falklandstrom, kühle Meeresströmung vor der Küste Argentiniens, driftet nach N bis etwa vor die La-Plata-Mündung.

Falknerei, wm. Bez. für die Kunst, Greifvögel für die Beizjagd abzurichten und mit ihnen zu jagen.
▷ (Falkenhof) Anlage, in der Jagdfalken gehalten werden.

Leo Fall

Fall, Leo, *Olmütz 2. Febr. 1873, †Wien 16. Sept. 1925, östr. Komponist. – Komponierte v. a. Operetten, u. a. „Der fidele Bauer" (1907), „Die Rose von Stambul" (1916), „Madame Pompadour" (1922).

Fall, die im allg. beschleunigt erfolgende Bewegung eines Körpers in einem Schwerefeld, speziell im Schwerefeld der Erde. Wirkt ausschließlich die Schwerkraft, so spricht man vom **freien Fall.** Er kann realisiert werden, indem man einen Körper in einer weitgehend luftleeren Röhre fallen läßt. Dabei zeigt sich, daß alle Körper unabhängig von Gestalt, Stoffzusammensetzung und Masse gleich schnell fallen. Der freie F. ist – sofern es sich um geringe F.höhen handelt – eine gleichmäßig beschleunigte Bewegung; die **Fallbeschleunigung** (*Gravitations-* oder *Schwere-B.*) hat in der Nähe der Erdoberfläche den Wert $g = 9,80665$ m/s² **(Erdbeschleunigung).** Ist h der vom fallenden Körper in der Zeit t zurückgelegte Weg und v die Geschwindigkeit des Körpers, so gelten die Beziehungen **(Fallgesetze)**

$$h = \tfrac{1}{2} g \cdot t^2, \quad v = g \cdot t \text{ bzw. } v = \sqrt{2 g \cdot h}.$$

Ist der fallende Körper dem Luftwiderstand ausgesetzt, so strebt seine Geschwindigkeit nach anfänglich beschleunigter Bewegung einem Grenzwert zu.
▷ in der *Sprachwiss.* ↑ Kasus.

Manuel de Falla

Falla, Manuel de [span. 'faʎa], eigtl. M. Maria de F. y Matheu, *Cádiz 23. Nov. 1876, †Alta Cracia (Argentinien) 14. Nov. 1946, span. Komponist. – Lebte seit 1907 in Paris, seit 1914 in Granada, seit 1939 in Argentinien. Sein Werk erwuchs im wesentlichen aus dem Geist der span. Volksmusik. Zu seinen bekanntesten Werken zählen die Oper „La vida breve" (1905), das Ballett „Der Dreispitz" (1919) und „Nächte in span. Gärten" (1911–15) für Klavier und Orchester.

Fallada, Hans, eigtl. Rudolf Ditzen, *Greifswald 21. Juli 1893, †Berlin 5. Febr. 1947, dt. Schriftsteller. – Schilderte in den sozialkrit. Romanen „Kleiner Mann – was nun?" (1932) und „Wer einmal aus dem Blechnapf frißt" (1934) mit präziser Beobachtungsgabe die „kleinen Leute" in ihrer tägl. Not. – *Weitere Werke:* Bauern, Bonzen und Bomben (R., 1931), Wolf unter Wölfen (R., 1937), Der eiserne Gustav (R., 1938), Jeder stirbt für sich allein (R., 1947).

Fallbeil ↑ Guillotine.

Fallbö, kräftige, abwärts gerichtete, räumlich begrenzte Luftströmung.

Fälldin, Thorbjörn, *Högsjö (Gemeinde Ramvik, Ångermanland) 24. April 1926, schwed. Politiker. – 1958–85 (mit Unterbrechung) Parlamentsabg.; 1971–85 Vors. des Zentrums; 1976–78 und 1979–82 Min.präsident.

Falle, Vorrichtung zum Fang von Tieren; zugelassen sind in der BR Deutschland nach dem Bundesjagdgesetz nur Fallen, die entweder lebend fangen oder sofort töten.

Fallen, in der *Geologie* Neigungswinkel einer Schichtfläche gegen die Horizontale.

Fallersleben ↑ Wolfsburg.

Fallgitter (Fallgatter), hochziehbares Gitter aus meist unten zugespitzten Balken oder Stäben zum Sperren von Stadt-, Burg- oder Festungstoren.

Fallhammer, Maschinenhammer zum Schmieden, dessen Schlagenergie nur von der Masse (bis 3 t) des Fallgewichts, der sog. Bären, und der Fallhöhe (bis 3 m) abhängt.

Fallhöhe ↑ Drama.

Fallières, Armand [frz. fa'ljɛːr], *Mézin (Lot-et-Garonne) 6. Nov. 1841, †ebd. 21. Juni 1931, frz. Politiker. – Gehörte als Vizepräs. der Republikan. Linken 1882–92 den meisten Kabinetten an; 1883 Min.präs.; 1899–1906 Senatspräs.; 1906–13 Präs. der Republik.

Fälligkeit ↑ Leistungszeit.

Fallingbostel, Krst. in Nds., in der Lüneburger Heide, 10 400 E. Verwaltungssitz des Landkr. Soltau-F.; Luftkurort und Kneippheilbad; Nahrungsmittelind. – Um 990 zuerst erwähnt; 1949 Stadt.

Fall Line [engl. 'fɔːl 'laın], Grenzzone zw. Piedmont Plateau und Atlant. Küstenebene in den USA, erstreckt sich von New Jersey bis Alabama; nur z. T. als Geländestufe ausgebildet. – ↑ Appalachen.

Hans Fallada

Fallmerayer, Jakob Philipp, *Tschötsch bei Brixen 10. Dez. 1790, †München 25. apper. 26. April 1861, östr. Schriftsteller und Historiker. – 1848 Prof. in München, als Demokrat und Mgl. der Frankfurter Nationalversammlung entlassen; arbeitete v. a. zur ma. Geschichte Griechenlands (u. a. „Geschichte des Kaiserthums von Trapezunt", 1827).

Fallmethode (Case-method), eine spezielle Ausbildungsmethode auf dem Gebiet der Betriebswirtschaftslehre: In Arbeitsgruppen versucht man durch Diskussion wirkl. oder gestellte Probleme aus der betriebl. Praxis gemeinsam zu lösen.

Fallot-Kardiopathien [frz. fa'lo; nach dem frz. Arzt E. L. A. Fallot, *1850, †1911], Sammelbez. für die in verschiedenen Krankheitsbildern zusammengefaßten angeborenen Herzfehler. Die **Fallot-Trilogie** (Fallot III) besteht in einer Verengung der Lungenschlagader (Pulmonalstenose), einem Defekt der Vorhofscheidewand und einer durch Überlastung hervorgerufenen Vergrößerung (Hypertrophie) der rechten Herzkammer. Charakteristisch für die **Fallot-Tetralogie** (Fallot IV) ist neben dem Kammerscheidewanddefekt, der Pulmonalstenose und der Hypertrophie der rechten Herzkammer eine Rechtsverlagerung der Aorta (sog. *reitende Aorta*). Diese Mißbildung liegt in etwa 25 % aller angeborenen Herzfehler vor. Die **Fallot-Pentalogie** (Fallot V) zeigt außer den Merkmalen der Fallot-Tetralogie zusätzlich einen Defekt der Vorhofscheidewand. *Symptome* der F. sind u. a. eine Sauerstoffminderversorgung des Organismus (Zyanose) durch Übertritt von venösem Blut aus der rechten in die linke Herzkammer. Trommelschle-

Thorbjörn Fälldin

gelfinger, allg. Leistungsminderung und eine Verzögerung der körperl. und geistigen Entwicklung. Die operative Behandlung, ohne die eine stark eingeschränkte Lebenserwartung besteht, weist bei der Trilogie die geringsten Risiken auf.

Fallout [engl. 'fɔːlaʊt; zu to fall out „herausfallen"], in Niederschlägen (Regen, Schnee, Staub) enthaltene radioaktive Stoffe, die durch Explosion von Kernwaffen oder durch Betriebsunfälle in Kernkraftwerken in die freie Atmosphäre gelangt sind.

Fallrecht ↑ Case Law.

Fallreep, an der Bordwand angebrachte Außentreppe zum Betreten eines Schiffes von dem Pier (Landungsbrücke) oder von einem längsseits liegenden Boot aus.

Fallschirm, schirmartige Vorrichtung, mit deren Hilfe Menschen oder Lasten von Flugzeugen aus mit Sinkgeschwindigkeiten von etwa 5 m/s zum Erdboden gebracht werden können. Standardform ist der nahezu halbkugelförmige **Rundkappenfallschirm** mit einer rd. 30 cm großen Öffnung im Scheitelpunkt (z.T. auch mit Steuerschlitzen). Im F.sport wird v. a. der rechteckige **Gleitfallschirm** verwendet, der bei Sinkgeschwindigkeiten von 4–5 m/s einen steuerbaren Gleitflug mit Horizontalgeschwindigkeiten von 9–13 m/s ermöglicht.

Fallschirmjäger, zu Sprungeinsatz und Luftlandung speziell ausgerüsteter und ausgebildeter Soldat. Die F. zählen in der Bundeswehr zu den Kampftruppen.

Fallschirmsport ↑ Luftsport.

Fallstreifen, dünne Wolken aus Eis- oder Wasserteilchen, die in streifiger, haarähnl. Form vertikal aus darüberliegenden Wolken heraushängen. F. sind Niederschlag, der verdunstet, bevor er den Erdboden erreicht.

Fallstudie (Case-study, Einzelfallstudie), sozialwiss. Verfahrensweise, die sich bewußt auf die möglichst detaillierte Beschreibung von Einzelfällen konzentriert und stark reduzierte Generalisierbarkeit in Kauf nimmt. Dient v. a. der Hypothesenfindung und -illustrierung.

Fallsucht, svw. ↑ Epilepsie.

Fällungsmaßanalyse (Fällungstitration), Methode zur maßanalyt. Bestimmung von Stoffen durch quantitatives Ausfällen in Form einer wohldefinierten chem. Verbindung, die anschließend getrocknet und gewogen wird.

Fällungsreaktionen, qualitative Nachweisreaktionen für Elemente oder chem. Gruppen, bei denen ein in den Eigenschaften charakterist. Niederschlag entsteht.

Fallwind, auf der Leeseite von Gebirgen mit großer Geschwindigkeit absteigende Luftmassen; warme F. sind ↑ Föhn u. der ↑ Chinook, ein kalter F. ist die ↑ Bora.

Falschaussage ↑ falsche uneidliche Aussage.

Falschbeurkundung, Herstellen einer echten, aber inhaltlich falschen Urkunde. Strafrechtlich geschützt wird nur die inhaltl. Beweiskraft öff. Urkunden. Die F. durch einen Privatmann (schriftl. Lüge), die nicht über den Urheber täuscht (sonst Urkundenfälschung), steht nicht allg. unter Strafe, ist jedoch oft nach anderen Vorschriften strafbar (z. B. Betrug). – Strafrechtlich relevant ist 1. die **Falschbeurkundung im Amt** durch einen Amtsträger (§ 348 StGB), Freiheitsstrafe bis zu fünf Jahren oder Geldstrafe; 2. die **mittelbare Falschbeurkundung:** Nach § 271 StGB wird mit Freiheitsstrafe bis zu einem Jahr oder Geldstrafe bestraft, wer vorsätzlich (z.B. durch falsche Angaben) bewirkt, daß beweiserhebl. Umstände in öff. Urkunden falsch beurkundet werden. Wird die Tat in der Absicht begangen, sich oder einem anderen einen Vermögensvorteil zu verschaffen, so tritt gemäß § 272 StGB Strafverschärfung ein.

Falsche Akazie ↑ Robinie.

falsche Anschuldigung, svw. ↑ falsche Verdächtigung.

Falscheid (fahrlässiger F.), objektiv falsche eidl. Aussage, die der Schwörende – im Ggs. zum Meineid – für wahr hält; bei Fahrlässigkeit mit Freiheitsstrafe bis zu einem Jahr oder mit Geldstrafe bedroht.

Falscher Hederich, svw. ↑ Ackersenf.

Falscher Jasmin ↑ Pfeifenstrauch.

falsche uneidliche Aussage (uneidl. Falschaussage, Falschaussage), die uneidl., vorsätzlich falsche Aussage eines Zeugen oder Sachverständigen vor Gericht oder einer anderen zur eidl. Vernehmung von Zeugen oder Sachverständigen zuständigen Stelle (z.B. parlamentar. Untersuchungsausschuß, nicht Polizei); nach § 153 StGB mit Freiheitsstrafe bis zu 5 Jahren bedroht. Die fahrlässige uneidl. Falschaussage ist straflos. Strafmilderung oder Straffreiheit ist möglich, wenn der Täter die Unwahrheit gesagt hat, um von einem Angehörigen oder von sich selbst die Gefahr einer gerichtl. Bestrafung abzuwenden (§ 157 StGB [Aussagenotstand]), oder bei rechtzeitiger Berichtigung der f. u. A. (§ 158 StGB). Die versuchte Anstiftung sowie die Verleitung zur f. u. A. sind ebenfalls strafbar. – Ähnl. Regelungen enthalten auch das *östr.* und *schweizer. StGB*.

falsche Verdächtigung (falsche Anschuldigung), nach § 164 StGB wird mit Freiheitsstrafe bis zu fünf Jahren oder mit Geldstrafe bestraft, wer einen anderen bei einer Behörde oder öff. wider besseres Wissen einer rechtswidrigen Tat oder der Verletzung einer Amts- und Dienstpflicht in der Absicht verdächtigt, ein behördl. Verfahren gegen ihn herbeizuführen oder fortdauern zu lassen. Strafbar ist auch die Aufstellung sonstiger tatsächl. Behauptungen in der gleichen Absicht und derselben Art.

falsche Versicherung an Eides Statt ↑ eidesstattliche Versicherung.

Falschfarbenfilm, svw. ↑ Infrarotfarbfilm.

Falschgeld, nachgeahmte oder verfälschte Banknoten oder Münzen (↑ Geld- und Wertzeichenfälschung).

Falschgelenk, svw. ↑ Pseudoarthrose.

Falschmünzerei ↑ Geld- und Wertzeichenfälschung.

Fälschung, allg.: das Herstellen eines unechten Gegenstandes oder das Verändern eines echten Gegenstandes zur Täuschung im Rechtsverkehr. – ↑ Imitation.

Das *Strafrecht* enthält zahlr. F.tatbestände, u. a. Geld- und Wertzeichen-F., Wahl-F., Urkunden-F.

Im Bereich der *Geschichtsquellen* und *literar. Erzeugnisse* lassen sich zwei Kategorien von F. unterscheiden: 1. F. zur Durchsetzung jurist. oder polit. Ziele (meist Urkunden). Neben reinen Fiktionen (z.B. ↑ Konstantinische Schenkung) stehen verschiedene F.- und Verfälschungsmethoden, die bestehende Rechtsverhältnisse zugrunde legen. 2. F. von Quellen aus Gelehrtenehrgeiz (oft zugleich zur Förderung polit. Ziele). Häufig ist die Fiktion von Gewährsleuten, aber auch die F. von Geschichtswerken und von Ur-

Fallschirm. Links: Gleitfallschirm (Rechteckgleiter). Rechts: Rundkappenfallschirm mit Steuerschlitzen.

 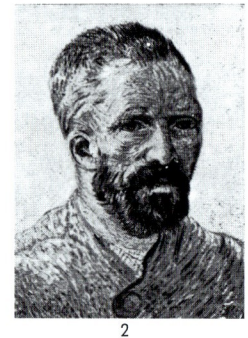  

Fälschung. 1 gefälschtes Selbstporträt des Vincent van Gogh; 2 echtes Selbstporträt van Goghs als Vergleich; 3 Röntgenaufnahme der Fälschung; 4 Röntgenaufnahme des echten Vergleichsbildes

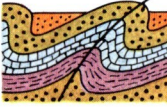
Stehende Falte

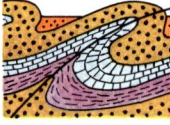
Schiefe Falte

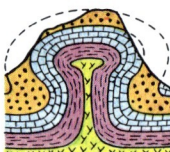
Liegende Falte

Pilzfalte

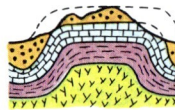
Kofferfalte

- Sand
- Sandstein
- Schieferton
- Kalkstein
- Steinsalz

Falte

kunden bes. zu Beginn der modernen Geschichtsforschung. Berühmteste *literar. Fälschung* ist das angebl. Werk Ossians (J. Macphersons „Fragments of ancient poetry, collected in the highlands of Scotland", 1760), das bed. Wirkung auf den Sturm und Drang ausübte.

In der *bildenden Kunst* entstehen F. durch die betrüger. Nachbildung oder Veränderung eines Kunstwerkes oder die bewußte falsche Angabe über Herkunft, Alter und Künstler, um einen größeren Kunstwert vorzutäuschen. Nachahmungen wie eindeutige F. sind bereits aus der Antike bekannt. In der Renaissance wurden Antiken gefälscht oder auch bed. Zeitgenossen (z. B. Dürers Graphik). Als gewandte Fälscher der Neuzeit wurden H. van Meegeren mit Werken J. Vermeers und L. Malskat mit got. Wandmalereien im Dom zu Lübeck bekannt. Bei Zweifeln an der Echtheit von Kunstwerken können Materialuntersuchungen durchgeführt werden: ↑ Altersbestimmung, Materialvergleiche, Alterssprünge im Unterschied zu künstl. Brüchen, bei Bildern Infrarot-, Ultraviolett-, Röntgenaufnahmen (bringen u. U. jüngere, übermalte Bilder oder spätere Ergänzungen zum Vorschein).

Fälschung technischer Aufzeichnungen, Herstellung einer unechten techn. Aufzeichnung oder Verfälschung einer techn. Aufzeichnung sowie deren Gebrauch zur Täuschung im Rechtsverkehr; gemäß § 268 StGB mit Geld- oder Freiheitsstrafe bis zu fünf Jahren bedroht. *Techn. Aufzeichnungen* sind Darstellungen von Daten, Meß- oder Rechenwerten, Zuständen oder Geschehensabläufen, die durch ein techn. Gerät bewirkt werden, den Gegenstand der Aufzeichnung erkennen lassen und zum Beweis einer rechtlich erhebl. Tatsache bestimmt sind (z. B. Aufzeichnungen durch Strom- und Gasuhren).

Falschwerbung ↑ unlauterer Wettbewerb.

False Bay [engl. 'fɔːls 'beɪ], Bucht des Atlantiks östlich des Kaps der Guten Hoffnung (Südafrika).

Falsett [lat.-italien.], männl. mit Brustresonanz verstärkte Kopfstimme. – **Falsettisten** (italien. alti naturali) sangen bis ins 17. Jh. die Altpartien v. a. in der geistl. Chormusik.

Falsifikat [lat.], Fälschung, gefälschter Gegenstand.

Falsifikation [lat.], allg. Widerlegung einer wiss. Aussage durch ein Gegenbeispiel; **falsifizieren,** eine wiss. Aussage widerlegen. – Ggs. ↑ Verifikation.

Falstaff, Sir John ['falstaf, engl. 'fɔːlstaːf], kom. Dramenfigur Shakespeares („Heinrich IV.", „Die lustigen Weiber von Windsor").

Falster, dän. Ostseeinsel, 514 km², 45 000 E, von hügeligem Moränengelände eingenommen; die Bev. lebt überwiegend von der Landw.; südlich von Gedser (Fährhafen) liegt Kap Gedser Odde, der südlichste Punkt Dänemarks.

Faltboot, zerlegbares Paddelboot aus leichtem Gerüst und Haut.

Faltbuch, in Ostasien gebräuchl. Buchform; die nur einseitig beschriebenen oder bedruckten Blätter werden aneinandergeklebt und gefaltet.

Faltdipol, Antenne mit angenähertem Doppelkreis wie der gestreckte Dipol.

Falte, Struktur, die durch bruchlose Verformung von Sedimentgesteinen bei seitl. Einengung von Erdkrustenteilen entsteht. Jede F. besteht aus zwei Schenkeln und der Umbiegung (Scharnier). Bei einer **Mulde** (Synklinale) fallen die Schenkel aufeinander zu, bei einem **Sattel** (Antiklinale) weisen sie voneinander weg. Nach der Lage unterscheidet man stehende, schiefe, überkippte und liegende Falten. Bei einer liegenden F. können die Schichten an der Stelle der größten Ausdünnung völlig abreißen, aus der F. wird eine Überschiebungsdecke.

Faltengebirge ↑ Gebirge (Geologie).

Faltenwespen (Vespidae), mit über 300 Arten weltweit verbreitete Fam. 7–40 mm großer stechender Insekten, davon etwa 50 Arten in M-Europa; man unterscheidet 11 Unterfam., darunter die Echten ↑ Wespen.

Falter, svw. ↑ Schmetterlinge.

Faltstuhl (Klappstuhl), in seiner Grundform auf das 2. Jt. v. Chr. zurückgehendes Möbel aus zwei scherenförmig verbundenen Teilen, bei deren Auseinanderklappen Leder, Stoff u. a. als Sitzfläche aufgespannt wird.

Faltungsphasen, Zeiten verstärkter gebirgsbildender Aktivität der Erde.

Faltversuch, Materialprüfverfahren zur Bestimmung der Kaltformbarkeit von Blechen. Die Probe wird um einen Dorn bis zu einem bestimmten Winkel gebogen; auf der Zugseite (Falzlinie) dürfen keine Risse sichtbar werden.

Falun, Hauptstadt des schwed. Verw.-Geb. Kopparberg, 52 400 E. Bergbauschule und -museum; chem., Maschinenbau-, Textil-, Lederind. Förderung v. a. von Schwefelkies, Blei- und Zinkerz. Der frühere Tagebau v. a. auf Kupfer, durch Bergstürze behindert, wurde vom Untertageabbau abgelöst. 1992 wurden die Kupfererzgruben geschlossen. – F. entstand im 13. Jh.; 1608/24 Stadtrechte; bis zum großen Bergsturz von 1687 war es die zweitgrößte Stadt Schwedens.

Falzen, allg. Umbiegen von blattförmigem Material entlang einer Linie (Falzlinie), so daß Fläche auf Fläche zu liegen kommt.
▷ ein- oder mehrmaliges Falten der Druckbogen oder der Materialbahn; die Knickstelle wird als *Falz, Bruch* oder *Falzbruch* bezeichnet.
▷ Fügeverfahren zum unlösbaren Verbinden dünner Blechteile. Die Ränder werden ein- oder mehrfach abgebogen, miteinander verhakt und zusammengedrückt. – Abb. S. 274.

Fama, in der röm. Dichtung die Personifikation des Gerüchts.

Famagusta, Hafenstadt an der Ostküste Zyperns; seit 1974 unter türkisch-zypr. Verwaltung; 19 400 E. – Die Stadt, urspr. **Arsinoe,** hieß nach Verlegung der Ansiedlung an die Küste **Ammochostos** („Sandküste"; durch Verballhornung zu Famagusta); 58 v. Chr. röm., 395–1184 oströmisch bzw. byzantinisch; 1191 von Richard I. Löwenherz erobert, seit 1489 in venezian. Besitz, seit 1571 osmanisch, 1914–60 britisch. – Ummauerte Altstadt mit drei Stadttoren, Kastell (v. a. 15. Jh.), Moschee (got., ehem. Kathedrale 14. Jh.), ehem. Zwillingskirche der Ordensritter (wohl 14. Jh.).

Fames, in der röm. Dichtung die Personifikation des Hungers.

Familia [lat.], im antiken Rom die durch patriarchal. Ordnung entstandene Lebensgemeinschaft, zu der außer dem Familienvater (Paterfamilias), der Frau und den Kindern auch alle zum Hause gehörenden Freien und Sklaven sowie der gesamte Besitz gehörten.

familiär [lat.], Familien...; vertraut, zwanglos.

Familie [zu ↑Familia], bes. bed. Form der sozialen Gruppe, die in der heutigen Ind.gesellschaft i. d. R. aus den in einem Eheverhältnis lebenden Eltern und ihren (unselbständigen) Kindern besteht **(Kernfamilie** oder **Kleinfamilie).** Im allg. Sprachgebrauch wird oft auch die Verwandtschaft als F. bezeichnet. Beschränkt sich die F. allein auf die Ehepartner (auch wenn die [erwachsenen] Kinder das Haus verlassen haben), spricht man von **Gattenfamilie,** fehlt ein Elternteil, von **unvollständiger Familie,** leben über die Kern-F. hinaus noch (verwandte) Personen im Haushalt, von **erweiterter Familie.** – Die F.formen sind abhängig von der jeweiligen Wirtschafts- und Sozialstruktur. In der Agrargesellschaft waren v. a. Formen der erweiterten F. vorherrschend: 1. die **generationale Familie,** in der die Söhne mit Frauen und Kindern unter der Herrschaft des Vaters verblieben, und 2. Gemeinschaft mehrerer Kern-F., die **Großfamilie,** die dadurch entstand, daß die Söhne nach dem Tod des Vaters nicht auseinandergingen, sondern mit ihren Frauen und Kindern gemeinsam Grund und Boden des Vaters bewirtschafteten. In früheren Gesellschaften hatte die F. häufig Kultfunktionen (z. B. Ahnenkult), Gerichtsfunktionen (z. B. Blutrache), Schutzfunktionen (auch Altersversorgung durch hohe Kinderzahl) und wirtsch. Funktionen. Auf Grund zunehmender berufl. Tätigkeit der Frau wird heute immer mehr die strikte Arbeitsteilung durch partnerschaftl. Lösung sich stellender Aufgaben ersetzt **(Gefährtenfamilie).**

Im *Recht* 1. als *Groß-F.* (Sippe, Stamm) der Kreis der durch Ehe, Verwandtschaft und Schwägerschaft miteinander verbundenen Menschen; von rechtl. Bed. bei der gesetzl. Erbfolge und der Unterhaltspflicht zw. Verwandten. – 2. als *Klein-F.* die aus den Ehegatten und den im Haushalt lebenden (minderjährigen und erwachsenen) Kindern bestehende Gemeinschaft. Sie ist eine natürl. Gemeinschaft, aber keine Rechtsgemeinschaft. Die Mgl. der F. stehen vielmehr untereinander und zu Dritten in grundsätzlich selbständigen Rechtsbeziehungen. – ↑Familienrecht.

▷ (Familia) in der *Biologie* systemat. Kategorie, in der näher miteinander verwandte Gatt. zusammengefaßt werden.

Familienbeihilfe, in Österreich Bez. für ↑Kindergeld.

Familienberatung, Beratung von Familien v. a. in pädagog., wirtsch. und rechtl. Fragen sowie in Fragen der Sexualität und der Familienplanung; Einrichtungen der F. sind öff. (Sozialämter usw.) oder privater Art, gehören zum großen Teil den freien Wohlfahrtsverbänden (insbes. „Pro familia, Dt. Gesellschaft für Sexualberatung und Familienplanung e. V.", Sitz Frankfurt am Main), v. a. den konfessionellen, an: Das „Ev. Zentralinstitut für F. GmbH", Sitz Stuttgart, betreibt Forschungsarbeit auf dem Gebiet der F. und bildet Berater und Dozenten für F. aus; die kath. F. ist seit 1952 zusammengeschlossen im „Kath. Zentralinstitut für Ehe- und Familienfragen e. V.", Sitz Köln.

Familienbuch ↑Personenstandsbücher.

Familienforschung, svw. ↑Genealogie.

Familiengericht, als bes. Abteilung des Amtsgerichts eingerichtetes Gericht, das mit einem Richter, dem *Familienrichter,* besetzt und für die Entscheidung in Familiensachen zuständig ist. Über Rechtsmittel gegen Entscheidungen (Urteile, Beschlüsse) des Amtsgerichts als F. entscheidet (abweichend von der sonstigen Regelung) das Oberlandesgericht, gegen dessen Entscheidungen ggf. Revision beim Bundesgerichtshof eingelegt werden kann.

Faltungsphasen (Übersicht)

Alpidische Faltungsära

Quartär		pasadenisch	Andauern der tekton. Bewegungen, Hebung der Gebirge
Tertiär	Pliozän	wallachisch	
		rhodanisch	anhaltende Gebirgsbildung im mediterranen Faltengebirgsgürtel
		attisch	
	Miozän	steirisch	
		savisch	
	Oligozän		
		pyrenäisch	Höhepunkt der alpid. Gebirgsbildung
	Eozän		
	Paleozän		
Kreide	Ober-	laramisch	
		subherzynisch	
		austrisch	Einsetzen der alpid. Gebirgsbildung
	Unter-		
		jungkimmerisch	
Jura			Eintiefen der alpid. Geosynklinalen
Trias		altkimmerisch labinisch	Entstehung der alpid. Geosynklinalen

Variskische Faltungsära

	pfälzisch	
Perm		Abklingen der varisk. Gebirgsbildung
	saalisch	
Karbon	asturisch erzgebirgisch sudetisch	Höhepunkt der varisk. Gebirgsbildung
	bretonisch	
Devon		Einsetzen der varisk. Gebirgsbildung Entstehung der varisk. Geosynklinalen

Kaledonische Faltungsära

		Abklingen der kaledon. Gebirgsbildung
	erisch ardennisch	
Silur		Höhepunkt der kaledon. Gebirgsbildung
	takonisch	
Ordovizium		Einsetzen der kaledon. Gebirgsbildung
	sardisch	
Kambrium		Entstehung der kaledon. Geosynklinalen

Assyntische Faltungsära

Präkambrium	Gebirgsbildungen verschweißen die einzelnen Schilde zu Kontinentalblöcken

Familiengesellschaft

einfacher Falz

doppelter Falz

stehender Falz

Rundfalz

Falzen

Famille jaune. Porzellanvase, zwischen 1662 und 1723 (Köln, Museum für Ostasiatische Kunst)

Familiengesellschaft (Familienunternehmen), Gesellschaftsform, bei der zw. den Gesellschaftern verwandtschaftl. Beziehungen bestehen. Der Rechtsform nach sind F. meist Personen-, weniger Kapitalgesellschaften.

Familienheim, gemäß § 7 des zweiten WohnungsbauG i. d. F. vom 11. 7. 1985 Bez. für Eigenheime, Kaufeigenheime und Kleinsiedlungen, die dem Eigentümer und seiner Familie oder einem Angehörigen und dessen Familie als Heim dienen.

Familienhilfe, Leistungen der gesetzl. Krankenversicherung an den Versicherten für dessen unterhaltsberechtigte Familienangehörige (Familienkrankenpflege, Familienmutterschaftshilfe und Familiensterbegeld).

Familienlastenausgleich, svw. ↑ Kindergeld.

Familienname, der Name einer Person, der im Gegensatz zum Vornamen die Zugehörigkeit zu einer Familie kundgibt. Der F. wird bei Ehegatten auch als Ehename (↑ Ehewirkungen) bezeichnet. Zum Ehenamen können die Ehegatten den Geburtsnamen des Mannes oder der Frau bestimmen (§ 1355 Abs. 2 Satz 1 BGB). Das Bundesverfassungsgericht beschloß am 5. 3. 1991 des weiteren folgendes: Treffen die Ehegatten bei einer Eheschließung keine Entscheidung, behält jeder seinen z. Z. der Eheschließung geführten Namen. In diesem Fall können die gesetzl. Vertreter für ein ehel. Kind bestimmen, daß es den F. des Vaters, der Mutter oder auch einen aus diesen in beliebiger Reihenfolge gebildeten Doppelnamen erhalten soll. Treffen sie keine Bestimmung, erhält das Kind den Doppelnamen; über die Reihenfolge entscheidet das Los. Das nichtehel. Kind erhält den F., den die Mutter zur Zeit der Geburt des Kindes führt. Heiratet die Mutter, so können sie und ihr Ehemann dem (nichtehel.) Kind ihren Ehenamen erteilen *(Einbenennung).* Auch der Vater des nichtehel. Kindes kann diesem (mit dessen und der Mutter Zustimmung) seinen F. erteilen. Das angenommene Kind erhält als Geburtsnamen den F. des (der) Annehmenden.

Im *östr.* und *schweizer. Recht* gilt im wesentlichen Entsprechendes.

Familienplanung ↑ Eheberatung.

Familienpolitik, Gesamtheit der Maßnahmen, mit denen der Staat Einfluß auf die Gestaltung und Größe der Familie zu nehmen sucht; in der BR Deutschland v. a. Familienlastenausgleich, steuerl. Entlastung sowie Ausbildungsbeihilfen für die Kinder.

Familienrecht, umfaßt das *Eherecht,* das *Recht der Verwandten* (Eltern-Kind-Verhältnis) und das *Vormundschaftsrecht.* Es ist im wesentlichen im 4. Buch des BGB geregelt, das auch für alle familienrechtl. Verhältnisse gilt, die am Tag des Wirksamwerdens des Beitritts in den Ländern der ehem. DDR bestanden. Einige Ausnahmen sind im Art 234 EinführungsG zum BGB fixiert worden. Das BGB behandelt individuelle Rechtsbeziehungen einzelner Familienmgl. zueinander; eine echte Familienverfassung fehlt ihm. Seine erste Aufgabe besteht für das F. darin, den ↑ Personenstand zu bestimmen, mithin festzulegen, welche Menschen in familienrechtl. Beziehung stehen. Hierzu regelt es die Abstammung, durch die das ehel. Kind seinen Eltern, das nichtehel. Kind zunächst nur der Mutter und erst nach Feststellung der Vaterschaft auch seinem Vater zugeordnet wird. Es regelt auch die durch Staatsakt erfolgende Begründung eines Eltern-Kind-Verhältnisses (Annahme als Kind) sowie das Verlöbnis, die Eheschließung und die Eheauflösung durch Ehescheidung und Eheaufhebung. Außerdem behandelt das F. den Inhalt der einzelnen F.verhältnisse. Dabei geht es von dem verfassungsrechtl. Grundsatz der Gleichberechtigung von Mann und Frau für das Rechtsverhältnis der Ehegatten untereinander aus; für das Rechtsverhältnis zw. Eltern und Kind gilt der Grundsatz der Gleichstellung nichtehel. mit ehel. Kindern. Für das eigtl. Familienleben stellt es nur allg. Regeln auf, z. B. für das Eherecht die Pflicht zur ehel. Lebensgemeinschaft (↑ elterliche Sorge). Im übrigen beschränkt sich das F. auf die vermögensrechtl. Wirkungen der familienrechtl. Beziehung (↑ Unterhaltspflicht) und auf Vorschriften für den Fall der Störung innerhalb der Familie (↑ Ehescheidung).

Neben den durch Eheschließung, Geburt oder Staatsakt begr. F.verhältnissen regelt das F. auch die Rechtsbeziehungen zw. Vormund (Pfleger) und seinem Mündel (↑ Vormundschaft).

Die wesentl. Bestimmungen des *östr. F.* finden sich in den §§ 44–283 ABGB. Neuerungen gab es 1978 beim Ehegattenrecht, Ehegüterrecht und Ehescheidungsrecht sowie 1983 durch das Gesetz über Änderungen des Personen-, Ehe- und Kindschaftsrechts.

Hauptquelle des *schweizer. F.* ist der zweite Teil des ZGB, dessen Regelungen zur Adoption (1973), Kindesrecht (1978), Recht der Ehewirkungen und Güterrecht (mit Wirkung vom 1. 1. 1988) revidiert wurden.

Familiensachen, ehebezogene Streitigkeiten, für die das Familiengericht zuständig ist. Sie umfassen ↑ Ehesachen und Scheidungsfolgesachen, z. B.: 1. Regelung der elterl. Sorge für ein ehel. Kind bei Getrenntleben der Ehegatten oder nach Auflösung der Ehe. 2. Regelung des Umgangsrechts (Besuchsrecht) des nicht sorgeberechtigten Elternteils. 3. Entscheidung über die Pflicht zur Herausgabe eines Kindes an den anderen Elternteil. 4. Regelung der gesetzl. Unterhaltspflicht gegenüber einem ehel. Kinde und zw. den Ehegatten, auch nach Auflösung der Ehe. 5. Entscheidungen über den ↑ Versorgungsausgleich. 6. Verteilung des Hausrats (einschl. Wohnungseinrichtung) und Zuweisung der Ehewohnung bei Getrenntleben der Ehegatten oder nach Auflösung der Ehe. 7. Ansprüche aus dem ehel. Güterrecht.

Das Gericht darf die Scheidung grundsätzlich erst dann aussprechen, wenn es gleichzeitig eine Entscheidung über die Folgesachen trifft (Verbundentscheidung).

Familienstand ↑ Personenstand.

Familienverbände, Organisationen, die die Förderung der Familie zum Ziel haben. Erster der dt. F. war der 1918 entstandene „Bund der Kinderreichen". – In der BR Deutschland bilden die „Ev. Aktionsgemeinschaft für Familienfragen" (1953 gegr.; Sitz Bonn) und der „Familienbund der Dt. Katholiken" (1953 gegr., Sitz München) gemeinsam die „Arbeitsgemeinschaft der Dt. Familienorganisationen" (gegr. 1969, Sitz München). – Internat. Familienverband, dem 1990 F. aus 55 Ländern angeschlossen waren, ist die „Union Internationale des Organismes Familiaux" (gegr. 1947 in Paris).

Familienversicherung, Zusammenfassung von Versicherungen, die als bes. wichtig für die finanzielle Absicherung von Familien angeboten werden; meist eine Bündelung von Hausrat-, Haftpflicht-, Lebens- und Unfallversicherung.

Familienwappen ↑ Wappenkunde.

Famille jaune [frz. famij'ʒoːn „gelbe Familie"], chin. Porzellangruppe der Kangxi-Periode (1662–1723) mit gelbem Fond; nicht glasiert.

Famille noire [frz. famij'nwaːr „schwarze Familie"], chin. Porzellangruppe der Kangxi-Periode (1662–1723) mit schwarzgrün schimmerndem Fond; nicht glasiert.

Famille rose [frz. famij'roːz „rosa Familie"], chin. Porzellangruppe der Perioden Kangxi (1662–1723), Yong Zheng (1723–36) und Qian Long (1736–96), bei der in der über der Glasur aufgetragenen Malerei rubin- bis rosarote Töne überwiegen.

Famille verte [frz. famij'vɛrt „grüne Familie"], chin. Porzellangruppe der Kangxi-Periode (1662–1723), sowohl unglasiert mit grünem Grund als auch in Überglasurmalerei (mit Schmelzfarben) mit meist grünen Tönen.

Family of Love ['fæmɪlɪ əv 'lʌv, engl. „Familie der Liebe"], bis 1978 Children of God (Kinder Gottes), 1968 aus der Jesus-People-Bewegung in den USA entstandene Gemeinschaft, die seitdem von ihrem Gründer „Moses" David Berg (*1919) geleitet wird. Die Mgl. leben von der sozialen Umgebung abgeschlossen in Wohngemeinschaften und verbreiten die in Endzeitvisionen mündenden Interpretationen der Bibel durch ihren Führer.

famos [zu lat. famosus „viel besprochen" (zu fama „Gerede")], umgangssprachlich für großartig, herrlich, ausgezeichnet.

Famulus [lat. „Diener", „Gehilfe"], früher allg. ein Student, der einem Hochschullehrer assistierte, heute gelegentlich Bez. für einen Medizinstudenten, der sein Praktikum im Krankenhaus ableistet **(Famulatur).**

Fan [engl. fæn; Kw. aus fanatic „Fanatiker"], begeisterter Anhänger, überschwengl. Verehrer (z. B. von Sportlern, Filmstars).

Fana, südl. Nachbargemeinde von Bergen, Norwegen. ⚔ von Bergen. – Stabkirche Fantoft (um 1150) und Troldhaugen, die Villa E. Griegs (Museum).

Fanal [frz. zu griech. phanós „Fackel"], Feuer-, Flammenzeichen; eine Tat oder ein Ereignis, das einen Umbruch ankündigt.

Fanarioten ↑ Phanarioten.

Fanatismus [zu lat. fanaticus „von einer Gottheit in Entzücken versetzt" (zu fanum „Tempel")], psychopath. Verhaltensform, die der leidenschaftl. und oft kompromißlosen Durchsetzung eines Vorstellungskomplexes zugeordnet ist; **fanatisch,** sich übertrieben und rücksichtslos einsetzend.

Fancy ['fɛnsi; engl.], beidseitig gerauhter Flanell, rechts- und linksseitig verschiedenfarbig.

Fandango [span.], span. Volkstanz, in lokalen Abwandlungen auch **Rondeña, Malagueña, Granadina** oder **Murciana** gen.; begleitet von Gitarre und Kastagnetten in mäßig bis lebhaftem Dreiertakt und scharf akzentuiertem Rhythmus.

Fanfani, Amintore [italien. fanˈfaːni], * Pieve Santo Stefano (Arezzo) 6. Febr. 1908, italien. Politiker. – Wirtschaftshistoriker; 1946 Abg. der Verfassunggebenden Versammlung, 1948–68 Parlamentsabg.; seit 1968 Senator (seit 1972 auf Lebenszeit); seit 1947 mehrfach Min. (u. a. 1953 und 1987/88 Innenmin.; 1965 und 1966–68 Außenmin.); 1954, 1958/59, 1960–63, 1982/83 und 1987 Min.präs.; 1954–59 und 1973–75 Generalsekretär der DC; 1965/66 Präs. der UN-Vollversammlung; 1968–73, 1976–82 und 1985–87 Präs. des Senats.

Fanfare [frz.], 1. lange, gerade Trompete ohne Ventile; 2. das Trompetensignal (auf Töne des Dreiklangs); 3. kurzes Musikstück, meist für Trompeten und Pauken.

Fanganlage (Fangvorrichtung), Seile und Netze (Fangnetze) sowie Fanghaken, mit deren Hilfe beim Fehlstart oder bei der Landung zu weit rollende Flugzeuge (z. B. auf Flugzeugträgern) zum Stillstand gebracht werden.

Fangarme ↑ Tentakel.

Fangeisen (Schlageisen), wm. Bez. für (verbotene) eiserne Fanggeräte (z. B. Schwanenhals, Tellereisen).

Fangfäden ↑ Tentakel.

Fangfrage, eine listige Frage, die eine bestimmte (falsche) Antwort suggerieren bzw. erreichen soll, daß der Befragte ungewollt etwas preisgibt.

Famille verte. Teller mit der Darstellung dreier Götter und ihrer Symbole, zwischen 1662 und 1723 (London, University of London)

Fangheuschrecken (Fangschrecken, Gottesanbeterinnen, Mantodea), Insektenordnung mit etwa 2 000, hauptsächlich trop. und subtrop., 1–16 cm langen Arten; Vorderbeine zu Fangbeinen umgebildet; lauern regungslos mit erhobenen, zusammengelegten Fangbeinen (daher „Gottesanbeterinnen") auf Insektenbeute. Die 4–6 cm (♂) bzw. 4–8 cm (♀) lange, grüne **Gottesanbeterin** (Mantis religiosa) kommt in der BR Deutschland nur noch vereinzelt vor.

Fangleine, an Bord eines Schiffes befestigte Leine, die das Abtreiben oder eine zu starke Bewegung beim Aussetzen oder Anlegen und Verholen verhindert.

Fang Lizhi, * Peking 12. Febr. 1936, chin. Astrophysiker. – Wiss. Tätigkeit auf dem Gebiet der Theorien der modernen Kosmologie; 1955–58 und erneut 1978–87 Mgl. der KP (beide Male ausgeschlossen); wurde 1978 Prof. an der Techn. Univ. Hefei, 1985 deren Vizepräs.; war Symbolgestalt einer student. Bewegung (1986/87) für Demokratisierung; 1987 Amtsenthebung; trat weiterhin für umfassende polit. Reformen ein; flüchtete nach Niederschlagung der Demokratiebewegung im Juni 1989 zus. mit seiner Frau, der Physikerin Li Shuxian, in die Pekinger US-Botschaft, konnte im Juni 1990 ausreisen.

Fanglomerat [zu engl. fan „Fächer"; Analogiebildung zu ↑ Agglomerat], Sediment mit v. a. eckigen Gesteinsbruchstücken.

Fango [italien.], vulkanischer Mineralschlamm; wird als *F. bad* oder *F. packung* u. a. bei chron. Gelenkerkrankungen verwendet.

Fangschnur, aus Metallgespinst bestehendes Uniformstück (Zierschnur), das aus einer vor Verlust der Kopfbedeckung der Kavalleristen schützenden Sicherungsschnur entstand.

Fangschrecken, svw. ↑ Fangheuschrecken.

Fangschuß, wm. Bez. für einen (meist aus naher Entfernung) auf angeschossenes oder krankes Wild abgegebenen, tödl. Schuß.

Fangzähne, die Eckzähne der Raubtiere.

Fan Kuan (Fan K'uan), * Huayuan (Prov. Shaanxi), tätig etwa vor 990–1030, chin. Maler. – Die signierte Hängerolle „Reisende zw. Strömen und Bergen" (Taipeh, Nat. Palastmuseum) ist eines der wenigen original erhaltenen Werke der monochromen Landschaftsmalerei aus der Zeit der Songdynastie.

Fano, italien. Hafenstadt und Seebad in der Prov. Pesaro e Urbino, an der Adria, 52 400 E. Bischofssitz; Seiden- und Nahrungsmittelind., Fischfang; Fremdenverkehr. – F. ist das antike **Fanum Fortunae,** das unter Augustus als **Julia Fanestris** Veteranenkolonie wurde; 538 von den Ostgoten zerstört; durch Pippin und Karl d. Gr. dem Papst geschenkt, blieb jedoch faktisch unabhängig; 1463–1860 zum Kirchenstaat. – In der Altstadt röm. Augustusbogen, roman.-got. Dom (1113–40), Kirchen und Paläste (13.–15. Jh.).

Fanø [dän. ˈfaːnøː], dän. Nordseeinsel sw. der Hafenstadt Esbjerg, 56 km², 3 100 E; im W Dünenküste mit sehr breitem Sandstrand, auf der O-Seite Marsch und Waldanpflanzungen. Fischerei und Fremdenverkehr.

Fanon, Frantz [faˈnõ], * Fort-de-France (Martinique) 20. Juli 1925, † New York 3. Dez. 1961, afro-amerikan. Schriftsteller. – F. verfocht die Notwendigkeit gewaltsamer Revolutionen zur Beseitigung des Kolonialismus; Buch „Die Verdammten der Erde" (1961); schloß sich 1956 der alger. Unabhängigkeitsbewegung (FLN) an. Von F. stammen die Parolen „Black power" und „Black America".

Fantasia, [griech.-italien.] italien. Bez. für Fantasie. ▷ [griech.-span.] Reiterspiele nordafrikan. Araber und Berber sowie innerasiat. Völker.

Fantasie [griech.-italien.], in der Musik Bez. für ein Instrumentalstück mit freier, häufig improvisationsähnl. Gestaltung ohne feststehende formale Bindung. Seit dem 16. Jh. gebräuchlich, war die F. noch bis zum Beginn des 18. Jh. mit Formen wie Ricercar, Präludium, Tokkata oder Capriccio weitgehend identisch. Als Opern-, Walzer-, Marsch-F. u. ä. bezeichnete man seit dem 19. Jh. potpourriartige Bearbeitungen entsprechender Werke. Im 20. Jh.

Amintore Fanfani

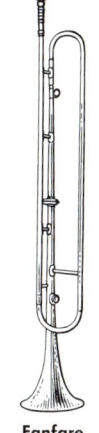
Fanfare

Fangheuschrecken. Gottesanbeterin

kommt der Titel F. (außer in der Orgelmusik) nur noch selten vor.

Fantasy [engl. 'fæntəsɪ], Nebenzweig der ↑ Science Fiction. Als Fantasy werden die Romane, Filme, Rollenspiele u. a. bezeichnet, die ihre Themen und Motive aus den Sagen und Mythen überwiegend kelt., skandinav. und oriental. Herkunft beziehen. F. spielt v. a. in idealisierten archaischen und ma. Welten, in exot. Gefilden oder in einer Zukunft nach dem Untergang der Erde. Begegnungen mit fremden Kulturen oder der ewige Kampf zw. Gut und Böse gehören zu den beliebtesten Stoffen. Zu ihrer Tradition kann die F. fast alle großen Nationalepen Europas oder des Orients zählen (Gilgamesch-Epos, Ilias, Artusdichtung). Als unmittelbare Vorläufer und Begründer der F. gelten u. a. L. Carroll („Alice im Wunderland", 1865) und L. F. Baum („Der Zauberer von Oz", 1900). Der Erfolg der F.-Literatur in neuerer Zeit geht u. a. auf den zunächst unbeachteten J. R. R. Tolkien („Der Herr der Ringe", 1954/55) zurück. Neben dieser **High Fantasy** besteht die sog. **Heroic Fantasy** mit Autoren wie L. Hubbard in Magazinen wie den „Weird Tales" (1923–54); barbar. Helden setzen sich hier mit dem Schwert gegen mag. Kräfte durch, ohne vor Gewalt, Diskriminierung und einer sadomasochistisch ausgelebten Sexualität zurückzuschrecken. Bemerkenswert an der F.-Literatur der Gegenwart (u. a. M. L. Peake, G. Bradshaw, B. Bates) ist die vergleichsweise große Zahl an Autorinnen (u. a. M. Z. Bradley, „Die Nebel von Avalon", 1982). Bei den zahlr. Verfilmungen nehmen Animationsfilme (u. a. nach Tolkien R. Bakshi mit „Der Herr der Ringe", 1978) breiten Raum ein.

Fantin-Latour, Henri [frz. fãtɛla'tuːr], * Grenoble 14. Jan. 1836, † Buré (Orne) 25. Aug. 1904, frz. Maler und Graphiker. – Er wurde bekannt durch Gruppenporträts mit Lebenden und Verstorbenen („Hommage à Delacroix", 1864; Musée d'Orsay, Paris); seine „peinture mélomane" will musikal. Eindrücke wiedergeben (Wagner, Berlioz); heute wird er bes. wegen seiner subtilen Blumenstilleben geschätzt.

Fanum Fortunae, antike Stadt, ↑ Fano.

FAO [ɛf'aːoː; engl. 'ɛfɛɪ'oʊ], Abk. für: ↑ **F**ood and **A**griculture **O**rganization of the United Nations.

Fara, Tall ↑ Schuruppak.

Farabi, Al, Abu Nasr Muhammad (Alfarabi, Avennasar, lat. Alpharabius), * Wasidsch (Farab, Turkestan) um 873, † bei Damaskus um 950, arab. Philosoph, Mathematiker und Musiktheoretiker türk. Herkunft. – A. F. übersetzte Werke Platons und Aristoteles' ins Arab. und kommentierte sie. Seine Philosophie ist beeinflußt von der christl. Platon- und Aristotelesrezeption. Als Musiktheoretiker versuchte er vergeblich, das griech. Tonsystem einzuführen. Seine Wirkung erstreckte sich u. a. auf Avicenna, Dominicus Gundissalinus und Albertus Magnus.

Farad [fa'raːt, 'farat; nach M. Faraday], Einheitenzeichen F, SI-Einheit der Kapazität. Ein Kondensator hat die Kapazität 1 F, wenn eine Ladung von 1 Coulomb eine Spannung von 1 Volt an ihm erzeugt, 1 F = 1 C/V.

Faraday, Michael [engl. 'færədɪ] * Newington (= London) 22. Sept. 1791, † Hampton Court (= London) 25. Aug. 1867, brit. Physiker und Chemiker. – Seit 1825 Direktor des Laboratoriums der Royal Institution, seit 1827 auch Prof. der Chemie. F. schrieb zahlr. bed. Werke, bes. „Experimental-Untersuchungen über Elektrizität" (1839–55); arbeitete über Gasdiffusion und Gasverflüssigung und entdeckte Chlor-Kohlenstoff-Verbindungen sowie 1825 das Benzol; 1831 gelang ihm der Nachweis der elektromagnet. ↑ Induktion und die Konstruktion des ersten Dynamos; grundlegende Arbeiten u. a. zur Elektrolyse, zur elektr. Elementarladung, zur Kristalloptik.

Faraday-Effekt [engl. 'færədɪ; nach M. Faraday] ↑ magnetooptische Effekte.

Faraday-Käfig [engl. 'færədɪ; nach M. Faraday], metall. Umhüllung (Bleche, Metallgitter oder Drahtgeflechte) zur Abschirmung eines begrenzten Raumes gegen äußere elektr. Felder; z. B. als Schutz empfindl. [Meß]geräte gegen elektr. Störungen.

Michael Faraday

Faraday-Konstante [engl. 'færədɪ; nach M. Faraday], die Ladungsmenge (96 485 C, **Faraday-Ladung**), die erforderlich ist, um 1 Mol eines chemisch einwertigen Stoffes elektrolytisch abzuscheiden; entspricht dem Produkt aus Avogadro-Konstante und elektr. Elementarladung.

Faradaysche Gesetze [engl. 'færədɪ], von M. Faraday aufgefundene Gesetzmäßigkeiten bei der Elektrolyse. **1. Faradaysches Gesetz:** Die bei der Elektrolyse abgeschiedenen Stoffmengen sind der Stromstärke und der Zeit proportional. **2. Faradaysches Gesetz** *(Äquivalentgesetz):* Die durch gleiche Elektrizitätsmengen aus verschiedenen Elektrolyten abgeschiedenen Stoffmengen sind den Äquivalentmassen proportional.

Faradisation [nach M. Faraday] ↑ Elektrotherapie.

Farandole [frz.] (provenzal. Farandoulo), provenzal. Volkstanz, bei dem ein Anführer eine lange Kette von Paaren in Schlangen- und Spiralfiguren durch die Straßen leitet.

Farandschijja, Sulaiman [faran'dʒiːja] (Frandschijja, Frandschijeh, Frangieh, Frangijeh), * Sgharta (Nordlibanon) 14. Juni 1910, † Beirut 23. Juli 1992, libanes. Politiker. – Seit 1960 Mgl. des Parlaments; 1960/61, 1968/69 und 1969/70 Min., 1970–76 Präs. des Libanon.

Farasaninseln, Inselgruppe im Roten Meer vor Kisan, Saudi-Arabien; Erdölvorkommen.

Farbart, gemeinsame Eigenschaft von Farben, die sich nur durch ihre Helligkeit voneinander unterscheiden; Übereinstimmung in Farbton und Sättigung.

Farbauszug, in der *Drucktechnik* ein photographisch oder elektronisch hergestelltes Teilfarbendurchsichtsbild zur Fertigung von Druckformen. Für den Vierfarbdruck sind Gelb-, Purpur-, Cyan- sowie Schwarzauszüge notwendig; sie ergeben übereinandergedruckt die Originalfarben.

Farbband, farbgetränktes oder einseitig beschichtetes Seiden-, Baumwoll- oder Kunststoffband; Farbträger v. a. für Schreibmaschinen.

Farbbücher (Buntbücher), im diplomat. Sprachgebrauch von der Farbe des Bucheinbands hergeleitete Bez. für amtl. Dokumentensammlungen, die Regierungsstellen der Öffentlichkeit zu bestimmten Anlässen unterbreiten. So veröffentlichen z. B. zuerst (seit 1624) Großbritannien **Blaubücher,** das Dt. Reich (auch Portugal) **Weißbücher,** Österreich-Ungarn, Spanien und die USA **Rotbücher,** Frankreich, China **Gelbbücher,** die Niederlande und Rußland (bis 1917) **Orangebücher.**

Farbdiapositiv (Farbdia), nach einem farbphotograph. Verfahren (↑ Photographie) hergestelltes Diapositiv.

Farbdruck ↑ Drucken.

Farbe ↑ Farblehre.

▷ (Farbmittel) Stoffe, die den Farbeindruck von Gegenständen verändern (z. B. Anstrich-, Druck-, Öl-F.), insbes. aber für einen Farbstoff oder ein Pigment.

Faraday-Käfig. Künstlich erzeugter Blitzeinschlag in einen mit einer Person besetzten Faraday-Käfig

Farbensehen

 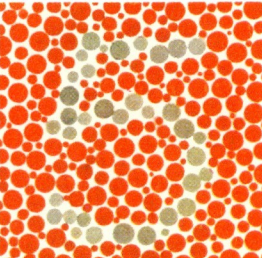 

Farbenfehlsichtigkeit. Links: Normalsichtige erkennen in erster Linie die Farbunterschiede und lesen CH; Farbenfehlsichtige lesen nach den Helligkeitsunterschieden 31. Mitte: Die graue 5 wird bei Rot-Grün-Störung infolge der hierbei erhöhten Kontrastwirkung als grünlich angesehen. Rechts: Bei Blau-Gelb-Störung ist die 92 nicht erkennbar

▷ durch die gleichen Zeichen gekennzeichnete Serie von Spielkarten eines Kartenspiels.

Farbechtheit, Widerstandsfähigkeit von Färbungen bes. bei Textilien gegen Einwirkungen, denen sie bei der Fabrikation (z. B. Säuren, Alkalien) und im Gebrauch (z. B. Licht, Wasser) ausgesetzt sind.

Färbeindex, Abk. FI, der relative Hämoglobingehalt der roten Blutkörperchen, der sich als Quotient von Hämoglobinwert (in Prozent der Norm) und Erythrozytenzahl ergibt. Normalbefund: 0,9–1,1; heute ersetzt durch ↑ Färbekoeffizient.

Färbekoeffizient (Hb$_E$-Wert), der durchschnittl. (absolute) Hämoglobingehalt (Hb) der einzelnen roten Blutkörperchen (E, von Erythrozyt); wichtiger Laborwert des Blutbildes zur Diagnose von Anämien. Normalbefund: 1,68–2,11 fmol (1 fmol = 10^{-15} mol) oder 27–34 pg (1 pg = 10^{-12} g).

Farbempfindung, die subjektive, von einem ↑ Farbreiz ausgelöste und von physiol. und psycholog. Faktoren beeinflußte Elementarempfindung des Gesichtssinns. – ↑ Farbensehen.

Farben, ↑ Farbe (Farbmittel), ↑ Farblehre.
▷ (herald. F.) ↑ Wappenkunde.

Färben, techn. Vorgang zum Einfärben von Textilien in der *Färberei;* die heiße *Farbflotte* oder *Färbeflotte* (wäßrige Lösung von Farbstoffen oder farberzeugenden Komponenten) wird mit dem Färbegut in innige Berührung gebracht. Dabei durchdringen die Farbstoffe das Färbegut. Um ein gleichmäßiges Anfärben des Färbegutes zu erreichen, werden Hilfsstoffe, sog. **Egalisiermittel,** verwendet (z. B. Retarder, die die Färbegeschwindigkeit vermindern). Gegebenenfalls muß die Färbung durch eine Nachbehandlung (z. B. durch Hitze) fixiert werden. In verschiedenen Fällen werden die Farbstoffe erst während des Färbevorganges auf der Faser erzeugt (Entwicklungsfarbstoffe, Eisfarben, Küpenfarbstoffe).

Farbenamblyopie ↑ Farbenfehlsichtigkeit.
Farbenanomalie ↑ Farbenfehlsichtigkeit.
Farbenasthenopie ↑ Farbenfehlsichtigkeit.
Farbenblindheit (totale F.), ↑ Farbenfehlsichtigkeit.

Farben dünner Blättchen, durch Interferenz des an sehr dünnen Schichten (Seifenblasen, Oxid-, Ölschichten) reflektierten weißen Lichtes entstehende Mischfarben (Komplementärfarben zu den jeweils ausgelöschten Farben).

Farbenfabriken Bayer AG ↑ Bayer AG.

Farbenfehlsichtigkeit (Farbensehstörung, Farbensinnstörung), meist angeborene Abweichung vom normalen Farbempfinden bzw. Farbenunterscheidungsvermögen. Man unterscheidet: **Farbenasthenopie,** schnelle Ermüdbarkeit des (sonst normalen) Farbensehens; **Farbenamblyopie,** selektiv herabgesetztes Farbenunterscheidungsvermögen; **Farbenanomalie,** als F. i. e. S. entweder mit verminderter Empfindungsfähigkeit für eine bestimmte Farbe (anomale Trichromasie), vollständig fehlender Empfindungsfähigkeit für eine Farbe (Dichromasie) oder aber mit dem völligen Verlust des Unterscheidungsvermögens für Farben überhaupt durch Ausfall der Farbensehfunktion der Netzhautzapfen (Monochromasie, Achromatopsie, totale Farbenblindheit). Nach der Young-Helmholtz-Theorie des ↑ Farbensehens beruht die **anomale Trichromasie** gewöhnlich auf einer verminderten Empfindungsfähigkeit der rot- oder grünempfindl. Elemente (Protanomalie = Rotschwäche; Deuteranomalie = Grünschwäche), wesentlich seltener der blauempfindl. (Tritanomalie = Blauschwäche). Bei der **Dichromasie** ist ein Zapfentyp vollständig ausgefallen (Protanopie = Rotblindheit, Deuteranopie = Grünblindheit, Tritanopie = Blaublindheit). Die Rot-Grün-Blindheit wird auch **Daltonismus** genannt. Bei der **Monochromasie** sind die Zapfen entweder nur farb- oder völlig sehuntüchtig.

Die **angeborenen Farbensinnstörungen** werden geschlechtsgebunden rezessiv vererbt und kommen bei Männern wesentlich häufiger vor als bei Frauen. – Prakt. Bed. hat die F. v. a. bei der Berufswahl und bei Anforderungen, die ein funktionstüchtiges Farbenunterscheidungsvermögen, speziell für Rot und Grün, verlangen.

Farben-Helligkeits-Diagramm ↑ Hertzsprung-Russell-Diagramm.

Farbenhören, svw. ↑ Audition colorée.

Farbenindex, Maß für die spektrale Intensitätsverteilung in der Strahlung von Himmelskörpern; durch Bestimmung der Helligkeitsdifferenz in zwei verschiedenen spektralen Bereichen (Farben) gewonnen.

Farbenkarte, Zusammenstellung von Farbmustern, die eine nach Material, Zweck oder systematisch getroffene Auswahl aus der Gesamtheit der *Körperfarben* darstellen.

Farbenkreisel, Scheibe mit verschiedenfarbigen Sektoren, die bei Rotation jenseits der Flimmerfrequenz dem Auge nach dem Gesetz der additiven Farbmischung einen neuen Farbeindruck vermittelt.

Farbenlehre, svw. ↑ Farblehre.

Farbenmusik (Farblichtmusik, Farbe-Ton-Kunst), die künstler. Verbindung von Farblicht und Musik. Nach Spekulationen seit dem 17. Jh. über Analogien von Farben und Klängen kam es Anfang des 20. Jh. zu Versuchen mit Farbenklavieren (A. N. Skrjabin, A. László). Eine weniger starre, aber theoretisch fundierte Verbindung von Ton und Farbe versuchte W. Kandinsky mit seiner Bühnenkomposition „Der Gelbe Klang" (1912). In der Nachfolge Kandinskys und Skrjabins stehen nicht nur die „abstrakte Oper", sondern auch zahlr. Versuche der letzten Jahre: J. A. Riedels audiovisuelle Elektronik, D. Schönbachs Environments und Multimedia-Opern, P. Sedgleys Light-Sound-Demonstrationen u. ä. – Farbe-Ton-Kombinationen bei Popshows und Multimediaveranstaltungen dienen v. a. zur Steigerung der musikal. Wirkung.

Farbenperspektive, durch Farbwahl bewirkter Tiefeneffekt bei der Bildgestaltung, indem man für die Nähe aggressive Farben (Rot und Gelb), für das Entfernte regressive Farben (blaue Töne) bevorzugt.

Farbensehen (Farbensinn), die beim Menschen, bei den Wirbeltieren und bei vielen Wirbellosen (v. a. Insekten) vorhandene Fähigkeit ihres Sehapparats, Licht unterschiedl. Wellenlänge bzw. Frequenz als „verschiedenfarbig" bzw. zu unterschiedl. „Farben" gehörig zu unterscheiden. Träger

Kreuz

Pik

Herz

Karo

Farbe (Spielkarten)

Farbensehstörung

dieser Funktion sind die für das Tagessehen bestimmten Zapfen in der Netzhaut des Auges.
Das **menschliche Auge** kann innerhalb eines bestimmten Frequenzbereiches ($8 \cdot 10^{14}$ Hz bis $4 \cdot 10^{14}$ Hz) bzw. Wellenlängenbereichs (400 nm bis 780 nm) der elektromagnet. Strahlung (sichtbarer Spektralbereich) etwa 160 reine Farbtöne und 600 000 Farbnuancen unterscheiden. Eine Farbempfindung kommt nur zustande, wenn bestimmte Bedingungen erfüllt sind: 1. Der Reiz muß eine Mindestintensität besitzen. Unterhalb dieser **Farbschwelle** gibt es nur farblose Helligkeitsempfindung. 2. Der zur Farbempfindung führende Lichtreiz muß eine Mindestzeit andauern (**Farbenzeitschwelle**). 3. Das auf die Netzhaut fallende Licht muß zur Reizauslösung eine bestimmte Netzhautfläche treffen (**Farbenfeldschwelle**). Die verschiedenen Farbempfindungen können durch Mischung der drei Grundfarben Rot, Grün und Blauviolett hervorgerufen werden. Wenn für alle drei Grundfarben ein bestimmtes Mischungsverhältnis gegeben ist, wird Weiß empfunden.
Das Zustandekommen der Farbwahrnehmung ist bis heute noch nicht in allen Einzelheiten geklärt. T. Young stellte 1801 die Hypothese auf, daß das Auge drei verschiedene Typen von Rezeptoren besitzt, von denen jeder nur für eine der drei Grundfarben Blauviolett, Grün und Rot reagiert (**Trichromasie**), und daß die übrigen Farbqualitäten durch additive Mischung unterschiedl. Grundfarben erzeugt werden. Diese Hypothese wurde von H. von Helmholtz physiologisch untermauert und zur **Dreikomponententheorie (Dreifarbentheorie, Young-Helmholtz-Theorie)** ausgebaut. Danach werden drei verschiedene Zapfentypen postuliert, die als unabhängige Empfängersysteme (Rezeptoren) arbeiten, deren Signale jedoch gemeinsam in einem neuronalen Helligkeitssystem und einem neuronalen Farbensystem verarbeitet werden. Für diese Theorie spricht u. a. der Befund, daß an der unteren Empfindlichkeitsgrenze für F. nur die Farbtöne Rot, Grün und Blau unterschieden werden können. Die **Gegenfarbentheorie (Vierfarbentheorie)** von K. E. Hering fordert zwei antagonist. physiol. Systeme, die auf vier Urfarben (Rot, Gelb, Blau, Grün) aufbauen: ein Grün-Rot-System und ein Gelb-Blau-System. Entsprechende neuronale Mechanismen sorgen dafür, daß, wenn z. B. Gelb eine Erregung an den farbspezif. Neuronen auslöst, Blau (als Komplementärfarbe) diese Neuronen hemmen müßte. Tatsächlich hat man u. a. entsprechende Hyper- und Depolarisierungen von Rot-Grün- oder Gelb-Blau-Horizontalzellen bei Wirbeltieren experimentell nachgewiesen. Für die unbunten Farben (die gesamte Skala zw. Schwarz und Weiß) wird ein drittes antagonist. Schwarz-Weiß-System vorausgesetzt. Auf Grund der Ergebnisse vieler neurophysiol. und sinnespsycholog. Versuche werden mittlerweile die beiden Theorien als sich ergänzende theoret. Deutungen des F. angesehen.
Bei **tagaktiven Säugetieren** entspricht der mit dem Sehorgan wahrnehmbare Spektralbereich etwa dem des Menschen; bei manchen Vögeln ist er zu Rot hin verschoben, bei Fischen zu Blau und Ultraviolett. Die Augen von **Nachttieren** und **Dämmerungstieren** enthalten wenige oder gar keine Netzhautzapfen, so daß sie zum F. nicht befähigt sind, während einige Insekten (z. B. Bienen) diese Fähigkeit besitzen.

Farbensehstörung (Farbensinnstörung), svw. ↑ Farbenfehlsichtigkeit.

Farbensymbolik, vornehmlich in Kult und Brauchtum lebendige Bed. der Farben, heute meist nur noch sinnbildlich verstanden. Die Sinngebung der Farben ist uneinheitlich in den verschiedenen Kulturen, z. T. auch innerhalb derselben (den Teufel stellt man sich *schwarz* oder auch *rot* vor). Gelegentlich sind Farben zum Symbol bestimmter Religionen geworden. So charakterisiert z. B. *Grün* den Islam und *Gelb* den Lamaismus. Die christl. Orthodoxie des Ostens kennt als Festfarbe das *Weiß,* als Bußfarbe das *Violett* und als Trauerfarbe das *Schwarz.* Im westl. Christentum hat sich im wesentlichen der folgende liturg. Gebrauch der Farben herausgebildet: *Weiß* für Herren-, Marien- und Heiligenfeste, *Rot* für Pfingsten und die Tage der Apostel und Märtyrer, *Violett* für Advent und Fastenzeit, *Schwarz* für Karfreitag und Trauertage, *Grün* für Zeiten ohne Festcharakter. – Auf nichtreligiösem Gebiet tritt die symbol. Bed. von Farben vorrangig in den Fahnen der Nationen zutage sowie zur Kennzeichnung polit. Bewegungen: *Rot* für Kommunismus und Sozialismus, *Schwarz* für Anarchismus und den italien. Faschismus, *Blau* z. B. für die span. Falange, *Braun* für den NS, *Grün* für landw. oder Umweltorganisationen. Auch zur Bez. psych. Befindlichkeiten: z. B. *Grün* für Hoffnung, *Gelb* für Neid, *Schwarz* für Trauer.

Farbentherapie ↑ Farbklima.
Farbentwickler ↑ Photographie.
Färberei ↑ Färben.
Färberfrösche (Farbfrösche, Baumsteigerfrösche, Dendrobatinae), Unterfam. meist etwa 2 cm großer, schlanker, im allg. leuchtend bunt gezeichneter Frösche in den trop. Urwäldern M- und S-Amerikas. Von den 4 Gatt. sind am bekanntesten die **Baumsteigerfrösche** (Dendrobates) mit beliebten Terrarientieren: z. B. **Erdbeerfröschchen** (Dendrobates typographicus), leuchtend rot, und **Färberfrosch** (Dendrobates tinctorius) mit großen, metallisch blauen Flecken auf glänzend schwarzem oder kastanienbraunem Grund.

Färberfrösche. Erdbeerfröschchen

Färberginster ↑ Ginster.
Färberhülse (Baptisia), Gatt. der Schmetterlingsblütler im östl. und südl. N-Amerika mit über 20 Arten; Stauden mit dreizähligen Blättern und end- oder seitenständigen Blütentrauben.
Färberkamille ↑ Hundskamille.
Farberröte ↑ Röte.
Färberwaid ↑ Waid.
Färberwau ↑ Reseda.
Farbe-Ton-Kunst ↑ Farbenmusik.
Farbfehler (chromat. Abbildungsfehler, chromat. Aberrationen), bei der Abbildung eines Gegenstandes durch ein opt. System auftretende Fehler, die ihre Ursache in der Abhängigkeit der Brechzahl von der Wellenlänge haben. Die F. bewirken Unschärfe bzw. Farbränder beim Bild. Sie lassen sich durch Linsen mit unterschiedl. Abbescher Zahl korrigieren.
Farbfeldmalerei (Color-field-painting), eine auf den abstrakten Expressionismus folgende Richtung der amerikan. Malerei der 1960er Jahre. Bei den großflächigen Farbkompositionen in dünnem Farbauftrag sind die einzelnen Farbflächen homogen gehalten; auf raumillusionist. Wirkungen wird verzichtet. Vertreter u. a. Helen Frankenthaler, B. Newman, A. Reinhardt, F. Stella.
Farbfernsehen ↑ Fernsehen.
Farbfilm ↑ Film, ↑ Photographie.
Farbflotte ↑ Färben.
Farbfotografie ↑ Photographie.
Farbfrösche, svw. ↑ Färberfrösche.
Farbgläser, techn. Flachglasprodukte, deren Farbe durch Zugabe färbender Oxide, Sulfide oder Selenide entsteht. – ↑ Anlaufgläser, ↑ Rubingläser.
Farbhölzer, auffällig gefärbte Hölzer, deren meist in den Kernholzzellen eingelagerte Farbstoffe früher zum Färben verwendet wurden.

Farbkernhölzer, Kernholzbäume, bei denen der innere, verkernte Holzteil durch Färbung (Farbkern) deutlich vom unverkernten Holzteil abgesetzt ist; z. B. bei der Eiche und der Akazie.

Farbklima, Sammelbez. für die psycholog. Wirkung der Farbgestaltung eines Orts auf Stimmung und Leistungsfähigkeit von Menschen; wird u. a. zu therapeut. Zwecken **(Farbentherapie)** verwendet. „Kalte Farben" (Violett, Blau, Grün) wirken beruhigend, „warme Farben" (Rot, Orange, Gelb) anregend.

Farbkomponenten ↑ Photographie.

Farbkreis (Farbtonkreis), Folge von Farbtönen, die kreisförmig in sich zurückläuft (unter Einfügung von Purpur zw. Rot und Violett); gegenüberliegende Farbtöne ergeben bei subtraktiver Farbmischung als Mischfarbe Weiß.

Farbkuppler ↑ Photographie.

Farblacke, durch Umsetzung von lösl. Farbstoffen (meist Beizenfarbstoffe) mit Metallsalzen, Tannin oder Brechweinstein auf der Faser erzeugte Pigmente.

Farbladung (Color), in der Quantenchromodynamik eine dreiwertige ladungsartige Quantenzahl (meist gekennzeichnet durch die Farbwerte „Rot", „Blau", „Grün") zur Unterscheidung sonst gleicher ↑ Quarks. Auch ↑ Gluonen tragen Farbladungen.

Farblehre, Wiss. von der Farbe 1. als opt. Erscheinung (Gesichtsempfindung), 2. als farbgebende Substanz (Anstrichfarbe, Farbstoff, Pigment), 3. als Buntheit (im Ggs. zu unbunt = weiß, grau, schwarz), 4. als elektromagnet. Strahlungsart (blaue oder rote Strahlung statt kurz- oder langwellige Strahlung). Eine Farbempfindung wird im allg. durch Einwirkung von sichtbarem Licht (Wellenlänge 380–780 nm) auf die farbempfindl. Zäpfchen in der Netzhaut des Auges hervorgerufen. Die Erscheinungsform der Farben ist die des farbigen Lichts (Selbstleuchter) und der Körperfarben (Nichtselbstleuchter). Den *unbunten Farben* (Weiß, Grau, Schwarz) fehlt der **Farbton,** der Merkmal aller *bunten Farben* ist; das mehr oder weniger starke Hervortreten des Farbtons in einer bunten Farbe bestimmt die **Sättigung.** Jeder Farbe kommt die **Helligkeit** zu; mit Hilfe dieser 3 Merkmale läßt sich jede einzelne Farbe eindeutig beschreiben. Die **Farbmetrik** ist die Lehre von den Maßbeziehungen der Farben untereinander. Während in der *niederen Farbvalenzmetrik* als Kriterium nur das Gleichheitsurteil des Auges gilt, werden in der *höheren* oder *Farbempfindungsmetrik* darüber hinaus Urteile über Ähnlichkeit, Farbabstand usw. gefällt. Die Gesetze der Farbvalenzmetrik sind im *farbmetr. Grundgesetz* zusammengefaßt: Die drei Zapfentypen des Auges bewerten das einfallende Licht nach drei voneinander unabhängigen, spektral verschiedenen Wirkungsfunktionen linear und stetig, wobei sich die Einzelwirkungen zu einer Gesamtwirkung zusammensetzen, die **Farbvalenz** genannt wird. Dieses Gesetz bezieht sich nur auf die *additive Farbmischung* im Sinne der Mischung opt. Eindrücke: als Überlagerung von Farbvalenzen (z. B. durch Übereinanderprojektion verschiedenfarbiger Lichter), als in schneller Folge (oberhalb der Flimmerverschmelzungsfrequenz) dargebotene Farbvalenzen oder durch in einem Winkelabstand unterhalb des räuml. Auflösungsvermögens des Auges dargebotene Farbvalenzen. Die *subtraktive* oder *multiplikative Farbmischung* ist keine Farbmischung im eigtl. Sinn, sondern eine multiplikative Beeinflussung der spektralen Durchlässigkeit von Filterkombinationen.

Farbsysteme: In einem Farbsystem wird aus der Gesamtheit aller mögl. Farben eine gesetzmäßige Auswahl getroffen, so daß diese Farben, die durch *Farbmaßzahlen* festgelegt sind, empfindungsgemäß gleichabständig sind. Das *DIN-Farbsystem* benutzt zur Kennzeichnung der Farben drei Merkmale: *Farbton (T), Sättigungsstufe (S)* und *Dunkelstufe (D).* Dem idealen Weiß wurde die Dunkelstufe $D = 0$, dem idealen Schwarz $D = 10$ zugeordnet. Eine Farbe ist hiernach durch das Farbzeichen $T:S:D$ (z. B. 3:6:2) gekennzeichnet.

Die **Farbmessung** dient der Ermittlung der drei *Farbmaßzahlen,* die eine *Farbvalenz* kennzeichnen. Die unterschiedl.

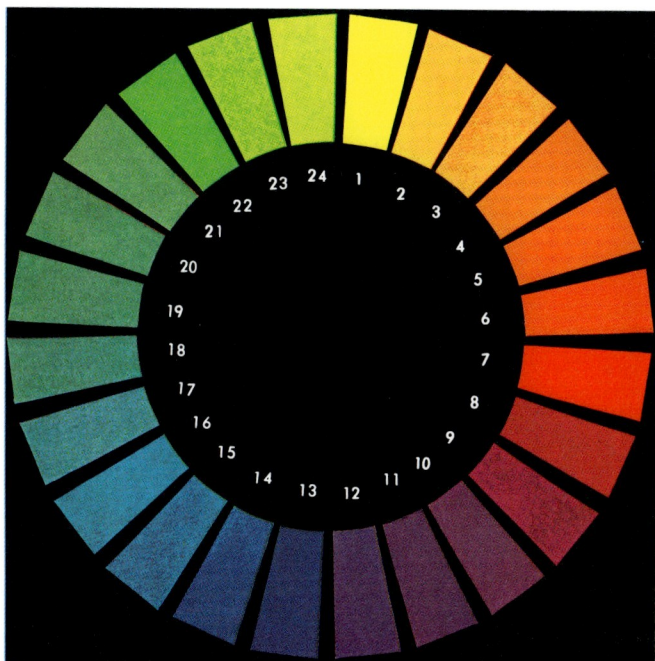

Farbkreis. Der 24teilige Farbtonkreis entsteht durch Zusammenbiegen des Spektrums von weißem Licht unter Einschaltung von Purpur zwischen Violett und Rot

Farblehre. Links: Die additive Farbmischung kann durch Übereinanderprojektion verschiedenfarbiger Lichter auf eine Tafel am einfachsten demonstriert werden. So entsteht z. B. aus Rot und Grün in der additiven Farbmischung Gelb, aus bunten Farben kann Weiß oder Grau entstehen. Rechts: Die subtraktive Farbmischung ergibt sich beim Durchgang von Licht durch verschiedenfarbige Filter. Bei der Durchstrahlung hintereinandergestellter Blaugrün- und Gelbfilter entsteht z. B. aus einfallendem weißem Licht grünes Licht

Beschaffenheit der Probenoberflächen (Struktur, Glanz) erfordert bestimmte Meßgeometrien. Die Farbmaßzahlen werden allg. auf genormtes Tages- oder Glühlampenlicht, d. h. auf bestimmte Farbtemperaturen bezogen. Bestimmung u. a. nach folgenden Verfahren: *Gleichheitsverfahren:* Zu der zu messenden Farbvalenz wird eine genau gleich aussehende aus einer Farbenkarte ausgesucht. *Spektralverfahren:* Beruht auf der spektralphotometr. Untersuchung des ausgesandten bzw. reflektierten Lichts. *Dreibereichsverfahren:* Die Wirkung der zu messenden Farbvalenz wird auf drei Photoempfängern (für verschiedene Wellenlängenbereiche) festgestellt. Methoden der Farbmessung sind von großer prakt. Bed. in der Beleuchtungstechnik, Farbenind. (Färberezepturen).

Farblichtmusik

Geschichte: Ansätze für eine F. reichen bis in die Antike zurück und finden sich zahlr. in den Anfängen der neuzeitl. Naturwiss. I. Newton versuchte auf physikal. Grundlage das Phänomen der Farbe in allen seinen Erscheinungsformen zu erfassen (1704). Gegen diese Überbetonung der physikal. Seite der F. wandte sich u. a. J. W. von Goethe in seiner Schrift „Zur Farbenlehre" (1810). – Der eigtl. Begründer der modernen F. ist H. von Helmholtz, der, an die Untersuchungen von T. Young über die Grundfarben (Farbdreieck) anknüpfend, bis 1867 eine Theorie der Farbempfindungen unter Berücksichtigung physikal. und physiolog. Gesichtspunkte entwickelte (Young-Helmholtz-Theorie). Von W. Ostwald stammen eine Systematik der Körperfarben, Prinzipien und Verfahren zur Farbmessung und Teile einer Farbmetrik, die durch Arbeiten v. a. von E. Schrödinger (1920) und R. Luther (1927) vorangetrieben wurden.

Farblichtmusik ↑ Farbenmusik.
Farbmessung ↑ Farblehre.
Farbmetrik ↑ Farblehre.
Farbmischung ↑ Farblehre.
Farbphotographie ↑ Photographie.

Farbreiz, eine durch elektromagnet. Strahlung des sichtbaren Wellenlängenbereichs bewirkte unmittelbare Reizung der funktionsfähigen Netzhaut, die eine primäre Farbempfindung (Farbvalenz) hervorrufen kann.

Farbsatz, Gesamtheit der von einer farbigen Vorlage gewonnenen Farbauszüge für den Mehrfarbendruck (↑ Drukken).

Farbskala, die Gesamtheit der in Farbtönung, Farbsättigung und Druckreihenfolge abgestimmten Druckfarben für den Mehrfarbendruck.

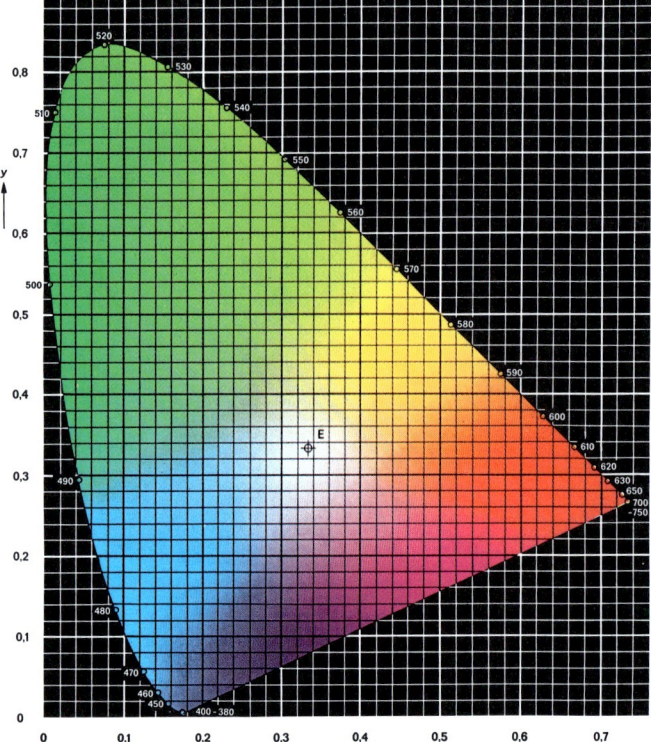

Farbtafel. Normfarbtafel nach DIN 5033 (Farbdreieck), in die die sichtbaren Farben ihrer Farbart nach eindeutig zugeordnet sind; die Normfarbwertanteile x und y bestimmen den Farbort einer Farbart; beim Farbort E der Mittelpunktsvalenz ($x = 0,333$; $y = 0,333$) liegt Unbunt (Weiß, Grau bis Schwarz je nach Helligkeit); die durch höchste Farbsättigung ausgezeichnete Randkurve setzt sich aus dem Spektralfarbenzug (mit Lichtwellenlängen in nm) und der Purpurlinie zusammen

Farbstich, in der Farbphotographie Abweichung der Farbwiedergabe von den Objektfarben; i. e. S. (einheitl.) Farbfehler eines Films oder Bildes infolge Emulsions- oder Entwicklungsmängeln, fehlender Anpassung des Aufnahmematerials an die Farbtemperatur der Aufnahmebeleuchtung, Kopierfehler oder ↑ Schwarzschildeffekts.

Farbstift, Schreib- bzw. Zeichenstift, dessen Mine feingemahlene Teer- und Mineralfarbstoffe enthält.

Farbstoffe, meist organ. Verbindungen, die andere Stoffe mehr oder weniger waschecht färben können. Man unterscheidet zw. *natürl. F. (Natur-F.),* z. B. Karmin, Purpur, Indigo, Alizarin, sowie *künstl. (synthet.) F.,* die im wesentlichen aus aromat. und heterocycl. Verbindungen hergestellt werden, die früher v. a. aus den Teeren der Steinkohle- und Braunkohleveredlung stammten und deshalb auch *Anilin-* oder *Teerfarben* genannt wurden. Die für die Farbe verantwortl. Gruppen in ihren Molekülen werden als *chromophore Gruppen* (Chromophor) bezeichnet; durch sie werden farblose Verbindungen zu F. (Chromogenen); Gruppen mit bas. oder saurem Charakter haben farbverstärkende Wirkung (sie werden als *auxochrome Gruppen* oder Auxochrome bezeichnet). Nach dem Verhalten unterscheidet man *substantive F.,* die selbständig aus wäßriger Lösung aufziehen; *Entwicklungs-F.,* die aus lösl. Komponenten auf der Faser erzeugt werden; sehr wasch- und lichtechte, wasserunlösl. *Küpen-F.,* die nur in reduzierter Form auf die Faser aufziehen und durch Luftoxidation in den Farbstoff zurückverwandelt werden; *Beizen-F.,* die mit Hilfe von Metallkomplexen auf der Faser haften; *Reaktiv-F.* bilden mit funktionellen Gruppen der Faser selbst Hauptvalenzbindungen aus. Nach der chem. Struktur unterscheidet man *Azo-F.* mit der Azogruppe $-N=N-$ als charakterist. Merkmal, z. B. Alizaringelb 2G, *Anthrachinon-F.,* die auf fast allen Faserarten Färbungen höchster Echtheit ergeben, z. B. Indanthrenblau RS, die bes. zur Wollfärbung geeigneten *Indigo-F.* (↑Indigo); die *Di-* und *Triphenylmethan-F.* (Auramin, Fuchsin) sind wenig lichtecht und dienen bes. als Druck- und Stempelfarben. Das zu den *Phthalsäure-F.* zählende Phenolphthalein ist ein wichtiger Indikator; die sehr licht-, säure- und alkalibeständigen *Phthalocyanin-F.* (Heliogenblau) dienen als wichtige Pigmentfarbstoffe in der Kunststoffindustrie.

Farbstoffmangel ↑Alleinismus, ↑Vitiligo.
Farbstoffträger, svw. ↑Chromatophoren.
Farbsysteme ↑Farblehre.

Farbtafel, ebene graph. Darstellung der Mischungsbeziehungen der Farbarten, bei der jeder Farbart ein Punkt *(Farbort)* in der F. eindeutig zugeordnet ist. Die F. ist eine perspektiv. Abbildung des Farbenraums, bei der die Helligkeit nicht dargestellt wird.

Farbtemperatur, die in Kelvin (K) angegebene Temperatur eines ↑schwarzen Strahlers, bei der dieser Licht gleicher Wellenlänge, also gleicher Farbe aussendet wie der zu kennzeichnende Strahler.

Farbton ↑ Farblehre.
Farbtonungsverfahren, svw. ↑Tonungsverfahren.
Farbumkehrfilm ↑ Photographie.

Färbung, bes. in der mikroskop. Technik die Durchtränkung von histolog. Objekten (meist Schnitten) oder von Mikroorganismen mit organ. Farbstoffen zur Hervorhebung und Unterscheidung verschiedener Strukturen. – Die Anfärbung lebenden unfixierten Gewebes bezeichnet man als **Vitalfärbung.**

Farbvalenz ↑ Farblehre.

Farbwechsel, Änderung der Körperfärbung bei Tieren. Man unterscheidet zwei Formen: 1. den langsam ablaufenden **morphologischen Farbwechsel,** bei dem es durch Veränderung der Chromatophorenzahl (bzw. Pigmentmenge) oder durch Einlagerung neuer, anderer Pigmente (wie bei der Mauser) zu einem relativ lange andauernden Zustand kommt, und 2. den **physiologischen Farbwechsel,** der auf einer Wanderung schon vorhandener Pigmente in den Chromatophoren beruht. Dieser F. erfolgt relativ schnell und kann sich rasch wieder umkehren. Physiolog. F. zeigen viele wirbellose Tiere und einige kaltblütige Wir-

Farnesischer Stier

Farnesischer Stier

beltiere. Beide Formen des F. dienen der Tarnung durch farbl. Anpassung an die wechselnde Umgebung.

Farbwerk, der aus einem Farbbehälter und mehreren Farbübergabewalzen bestehende Teil einer Druckmaschine zur Einfärbung der Druckform.

Farbwerke Hoechst AG [hø:çst], vormals Meister Lucius & Brüning, bis 1973 Firmenbezeichnung der ↑Hoechst AG.

Farce ['farsə; frz.; eigtl. „Füllsel" (zu lat. farcire „hineinstopfen")], derb-kom. Lustspiel. In Frankreich seit dem Ende des 14. Jh. belegt, urspr. für volkstüml. Einlagen in geistl. Mysterien- und Mirakelspielen. Heute wird F. oft gleichbedeutend mit Posse verwendet, sie kann auch in die Nähe der Groteske oder Satire rücken.
▷ Masse zum Füllen *(Farcieren)* von Fleisch- oder Fischspeisen.

Far East [engl. 'fɑː 'iːst] ↑Ferner Osten.

Fareghan (Ferraghan) ↑Orientteppiche (Übersicht).

Farel, Guillaume [frz. faˈrɛl], *Gap 1489, †Neuenburg 13. Sept. 1565, schweizer. Reformator. – Führte 1534/35 in Genf die Reformation ein, veranlaßte 1536 Calvin, in Genf zu bleiben. Seit 1538 lebte F. in Neuenburg, von wo aus er die Reformation der frz. Schweiz und der frz. Nachbargebiete durchführte. Schuf die erste frz. ref. Liturgie.

Farghani, Al, latinisiert Alfraganus (Abul Abbas Ahmed Ibn Muhammad Ibn Kathir Al F.), aus Fergana, † nach 861, arab. Astronom. – Lebte und wirkte in Bagdad; er verbesserte verschiedene astronom. Berechnungen des C. Ptolemäus, bestimmte den Durchmesser der Erde und die Entfernung der Planeten. Seine „Elemente der Astronomie" wurden ins Lat. übersetzt und u. a. von N. Kopernikus benutzt.

Fargo [engl. 'fɑːgoʊ], Stadt in N-Dak., USA, 62 000 E. Sitz eines kath. und eines anglikan. Bischofs; Univ. (gegr. 1890), Handelszentrum eines Getreide- und Kartoffelanbaugebiets; Flußhafen, ⚒. – 1871 gegründet.

Fargue, Léon-Paul [frz. farg], *Paris 4. März 1876, † ebd. 24. Nov. 1947, frz. Dichter. – Lyriker im Umkreis von Mallarmé, Valéry und Larbaud; in dt. Übers.: „Unter der Lampe" (1930), „Der Wanderer durch Paris" (1939).

Faridabad, ind. Stadt im Bundesstaat Haryana, 30 km südl. von Delhi, 327 000 E. Als F. New Township planmäßig angelegte Stadt für pakistan. Flüchtlinge. – 1607 gegründet.

Farin [zu lat. farina „Mehl"] (Farinzucker), gelblich-brauner, nicht vollständig gereinigter Zucker.

Farinacci, Roberto [italien. fariˈnattʃi], *Isernia (Prov. Campobasso) 16. Okt. 1892, †Vimercate (Prov. Mailand) 28. April 1945, italien. Politiker. – Zunächst Reformsozia-

list; 1919 Mitbegr. der „Fasci di combattimento", organisierte 1919–22 den Partito Nazionale Fascista (PNF) und dessen Kampforganisationen in Cremona; Generalsekretär des PNF 1925/26, 1928 Staatsmin., 1935 Mgl. des Großrats des Faschismus; Befürworter einer engen Zusammenarbeit mit Deutschland und einer faschist. Rassenpolitik; 1943 politisch weitgehend kaltgestellt; auf der Flucht von Partisanen erschossen.

färingische Sprache ↑färöische Sprache.

Farini, Luigi Carlo, *Russi (Prov. Ravenna) 22. Okt. 1812, † Quarto dei Mille (= Genua) 1. Aug. 1866, italien. Politiker. – Abg. im piemontes. bzw. italien. Parlament (1849–65), Mitarbeiter Cavours; 1860 Innenmin., 1862/63 italien. Min.präsident.

Farlow, Tal [engl. 'fɑːloʊ], eigtl. Talmadge Holt F., *Greensboro (N. C.) 7. Juni 1929, amerikan. Jazzmusiker (Gitarrist). – Seit den 1950er Jahren einer der bedeutendsten Gitarristen des Modern Jazz.

Farm [engl., zu lat.-frz. ferme „Pachthof"], in angelsächs. Ländern Bez. für einen größeren landw. Betrieb.
▷ in Deutschland Bez. für einen Spezialbetrieb mit Geflügel- und Pelztierzucht.

Farmerlunge (Drescherkrankheit, Dreschfieber), durch Inhalieren des Staubes von schimmeligem Getreide oder Heu hervorgerufene, akute Lungenkrankheit mit Fieber, Atemnot, Husten; führt bei chron. Auftreten zu Lungenfibrose, -emphysem und Bronchiektasie; anerkannte Berufskrankheit.

Farne (Filicatae, Filicopsida), Klasse der Farnpflanzen mit rd. 10 000 Arten; meist krautige Pflanzen mit großen, meist gestielten und gefiederten Blättern (Farnwedel). Auf der Unterseite der (in der Jugend stark eingerollten) Blätter befinden sich in kleinen Häufchen (Sori) oder größeren Gruppen die Sporenbehälter (Sporangien). – Charakteristisch für die F. ist der Wechsel von 2 Generationen. Beide Generationen, *Gametophyt* und *Sporophyt* (die eigtl. Farnpflanze), leben selbständig. Aus einer Spore entwickelt sich ein Gametophyt (Prothallium); auf ihm bilden sich die männl. und weibl. Geschlechtsorgane. Die Befruchtung der Spermatozoid- und Eizellen ist nur in Wasser (feuchter Untergrund, Tautropfen) möglich. Aus der befruchteten Eizelle entsteht der ungeschlechtl. Sporophyt. Aus seinen Sporangien lösen sich die Sporen, die wieder zu Gametophyten auswachsen. – Bekannte Arten sind z. B. Wurm-, Adler- und Tüpfelfarn.

Farnese, italien. Adelsgeschlecht und Dynastie, ben. nach dem Sitz „Castrum Farneti" bei Orvieto; seit dem 11. Jh. nachweisbar. *Pier Luigi F.* (*1503, † 1547) erhielt 1545 Parma und Piacenza zu erbl. Hzgt.; 1547 wurden die Hzgt. von Kaiser Karl V. eingezogen und 1552/56 seinem Schwiegersohn *Ottavio F.* (*1524, † 1586) übertragen. 1731 erloschen die F. im Mannesstamm. Bed.:

F., Alessandro d. Ä. ↑Paul III., Papst.

F., Alessandro d. J., *Valento 10. Okt. 1520, †Rom 4. März 1589, Kardinal. – Leitete seit 1538 die päpstl. Staatsgeschäfte, führte 1546 das päpstl. Hilfskorps in den Schmalkald. Krieg. 1555 entschied er die Wahl Papst Pauls IV. Bed. als Kunstmäzen.

F., Alessandro ↑Alexander, Herzog von Parma und Piacenza.

F., Elisabeth ↑Elisabeth (Spanien).

F., Ottavio ↑Ottavio, Herzog von Parma und Piacenza.

Farnesischer Stier, eine 1547 bei den Ausgrabungen der Farnese in den Caracallathermen in Rom gefundene röm. Nachbildung eines um 50 v. Chr. gearbeiteten Werkes der Bildhauer Apollonios und Tauriskos von Tralleis; Teil der **Farnesischen Sammlungen,** die sich heute im Museo Nazionale in Neapel befinden.

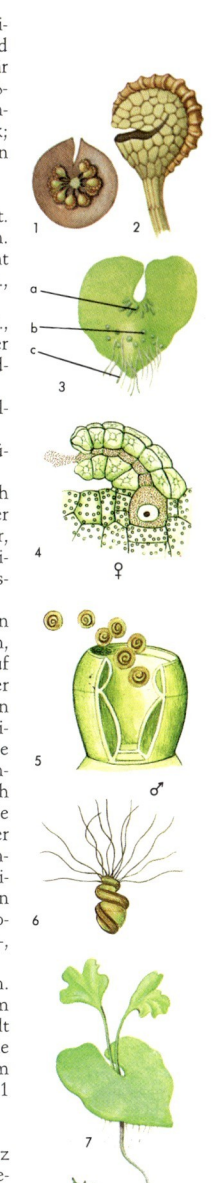

Farne. Entwicklung des Wurmfarns: 1 Schleier von der Innenseite mit Sporenkapseln; 2 aufgesprungene Sporenkapsel; 3 Vorkeim von der Unterseite mit weiblichen (a) und männlichen Geschlechtsorganen (b) sowie Wurzelhaaren (c); 4 weibliches Geschlechtsorgan mit befruchteter Eizelle; 5 männliches Geschlechtsorgan mit Spermatozoiden; 6 einzelnes Spermatozoid; 7 Vorkeim mit junger Pflanze; 8 Wurzelstock mit jungem und ausgewachsenem Blatt; 9 Blattfieder von der Unterseite mit Schleiern

Farnpflanzen

Färöer. Blick von Weststreymoy auf die Inseln Hestur, Koltur und Vágar

Färöer

Wappen

Flagge

Fasanen.
Oben: Blauer Ohrfasan.
Unten: Glanzfasan

Farnpflanzen (Pteridophyta), Abteilung der Pflanzen mit vier Klassen: ↑Urfarne, ↑Bärlappe, ↑Schachtelhalme, ↑Farne.

Faro [portugies. 'faru], portugies. Stadt an der Algarveküste, 28 200 E. Bischofssitz; Museen. Fischereihafen; Korkverarbeitung; Fremdenverkehr.

Faro, Kartenglücksspiel, ↑Pharao.

Färöer [fɛ'røːər, 'fɛːrøɐr], dän. Inselgruppe im Europ. Nordmeer, rd. 475 km sö. von Island, 1 399 km²; 47 600 E (1989). Die Hauptinseln sind Streymoy, Eysturoy, Suðuroy, Sandoy und Vágar. Hauptort ist Tórshavn auf Streymoy. Die Küsten sind durch Fjorde stark gegliedert. Die Moränendecke über den Basalt- und Tuffschichten ist baumlos, mit Gras und Heide überzogen. Schafzucht, Fischerei.
Seit dem 7. Jh. von Kelten besiedelt, im 8./9. Jh. von norweg. Wikingern erobert; gehörten bis ins 19. Jh. zu Norwegen. Bei der Lösung Norwegens von Dänemark 1814 verblieben die F. bei Dänemark; seit 1948 weitgehende innere Selbstverwaltung mit eigenem Parlament und eigener Flagge.

färöische Sprache (färingische Sprache), zur Gruppe der nordgerman. Sprachen gehörend, von etwa 40 000 Menschen auf Färöer gesprochen; urspr. von norweg. Mundarten ausgehend, stellt die f. S. heute ein eigenes System dar. Neben Dänisch ist sie öff. gebrauchte Landessprache. Im 19. Jh. begann mit der Tätigkeit von V. U. Hammershaimb die Grundlegung einer nat. färöischen Schriftsprache, deren Orthographie noch heute weitgehend gilt.

Farrell, James Thomas [engl. 'færəl], * Chicago 27. Febr. 1904, † New York 22. Aug. 1979, amerikan. Schriftsteller. – Seine naturalist. Romane stellen eine düstere, quälende und kalte Welt dar. In dem stark autobiograph. Hauptwerk, der Trilogie „Studs Lonigan" (1932–35), schildert er den Untergang eines ir. Einwanderers in einer amerikan. Großstadt; auch literaturkrit. Essays.

Farrère, Claude [frz. fa'rɛːr], eigtl. Frédéric Charles Bargone, * Lyon 27. April 1876, † Paris 21. Juni 1957, frz. Schriftsteller. – Schrieb zahlr. exot. Romane, deren Handlung meist vor dem Hintergrund gegensätzl. europ. und oriental. Zivilisationen spielt, u. a. „Opium" (R., 1904), „Kulturmenschen" (R., 1906), „Die Schlacht" (R., 1909).

Farrow, Mia [engl. 'færəʊ], * Los Angeles (Calif.) 9. Febr. 1945, amerikan. Schauspielerin. – ∞ 1966–68 mit F. Sinatra, 1970–79 mit A. Previn. Begann 1963 beim Off-Broadway-Theater und 1964 bei Film und Fernsehen; wurde 1968 mit R. Polanskis „Rosemaries Baby" bekannt; nach 1982 v. a. in Filmen ihres ehem. Lebenspartners W. Allen. – *Weitere Filme:* Der große Gatsby (1978), Tod auf dem Nil (1978), Zelig (1983), The Purple Rose of Cairo (1985), Hannah und ihre Schwestern (1986), Alice (1990), Schatten und Nebel (1992), Ehemänner und Ehefrauen (1993).

Farrukhabad (Farrukhabad-Fatehgarh), Stadt im ind. Bundesstaat Uttar Pradesh, im Gangestiefland, 161 000 E. Agrarhandelszentrum. – 1714 gegründet.

Fars, Prov. in S-Iran, in den südl. Ketten des Sagrosgebirges, 133 298 km², 3,19 Mill. E (1986); Hauptstadt Schiras. – Das Gebiet von F. war nach pers. Besiedlung im 8. Jh. v. Chr. der Kernraum des pers. Reiches **(Persis).**

Färse [niederl.] (Sterke), geschlechtsreifes weibl. Rind vor dem ersten Kalben bis zum Ende der nach dem ersten Kalben folgenden Laktationsperiode.

Farthing [engl. 'fɑːðɪŋ] „vierter Teil"], Münze der Brit. Inseln; 1 F. = ¼ Penny; zuerst in Silber, seit dem 17. Jh. in Kupfer.

Faruk I., * Kairo 11. Febr. 1920, † Rom 18. März 1965, König von Ägypten (1937–52). – Nachfolger seines Vaters Fuad I.; 1952 nach einem Militärputsch des Generals Nagib gestürzt; lebte nach Ausweisung aus Ägypten in der Emigration.

Farvel, Kap (grönländ. Uummanarsuaq), der südlichste Punkt Grönlands, auf der der Hauptinsel im S vorgelagerten Eggersinsel.

Fasanen (Phasianinae) [griech.-lat., eigtl. „am Phasis (einem Schwarzmeerzufluß, heute Rioni) lebende Vögel"], Unterfam. der Fasanenartigen mit 48 urspr. in Asien (Ausnahme: ↑Kongopfau) beheimateten Arten; farbenprächtige Bodenvögel mit meist langem Schwanz, häufig unbefiederten, lebhaft gefärbten Stellen am Kopf und kräftigen Läufen, die im ♂ Geschlecht Sporen aufweisen. – Bekannte Arten oder Gruppen: **Edelfasan** (Jagdfasan, Phasianus colchicus), ♂ etwa 85 cm lang, Gefieder metallisch schillernd, Hinterkopfseiten mit beiderseits einem Büschel verlängerter, aufrichtbarer Ohrfedern; ♀ rebhuhnbraun. Zur Gatt. **Kragenfasanen** (Chrysolophus) gehören der in M-China vorkommende **Goldfasan** (Chrysolophus pictus) und der

Fasanen. 1 Silberfasan; 2 Edelfasan; 3 Goldfasan

in SW-China und Birma vorkommende **Diamantfasan** (Amherstfasan, Chrysolophus amherstiae). Das Goldfasan-♂ ist bis 1 m lang, farbenprächtig, mit goldgelbem Federschopf und abspreizbarem, rotgelb und schwarz gebändertem Halskragen; ♀ unauffällig braun gescheckt. Der Diamantfasan ist mit Schwanz bis 1,7 m lang; ♂ prächtig bunt gefärbt; ♀ unscheinbar braun gesprenkelt. In Hinterindien und O-Asien lebt der bis 1 m lange **Silberfasan** (Gennaeus nycthemerus); ♂ oberseits weiß mit feiner, schwarzer Zeichnung, Unterseite und Schopf blauschwarz. Der bis 85 cm lange **Kupferfasan** (Syrmaticus soemmeringii) kommt in Japan vor; ♂ hellbraun und kupferrot. In SO-China verbreitet ist der **Elliotfasan** (Syrmaticus ellioti); ♂ (mit Schwanz) etwa 80 cm lang. Die Gatt. **Ohrfasanen** (Crossoptilon) hat drei Arten in Z-Asien; mit weißen Ohrfedern und nackten, roten Hautstellen um die Augen. Im Himalaja und angrenzenden Gebirgen kommen die drei Arten der Gatt. **Glanzfasanen** (Monals, Lophophorus) vor; etwa 70 cm lang, kurzschwänzig; ♂ oberseits rot, gold, grün und blau schillernd, unterseits samtschwarz; ♀ unscheinbar braun. Am bekanntesten ist der **Himalajaglanzfasan** (Lophophorus impejanus), dessen ♂ ähnlich wie der Pfau balzt und pfauenartige Kopfschmuckfedern hat. Die Gattungsgruppe **Hühnerfasanen** (Fasanenhühner) umfaßt rd. 10 Arten in Z- und S-Asien. Zu den F. gehören außerdem die zwei asiat. Arten der ↑ Pfauen und der ↑ Kongopfau.

Fasanenartige (Phasianidae), mit über 200 Arten fast weltweit verbreitete Fam. 0,12–1,3 m langer Hühnervögel; ♂♂ häufig auffallend gefärbt, mit großen Schmuckfedern und bunten Schwellkörpern an Kopf und Hals. Zu den F. gehören: ↑ Rauhfußhühner, ↑ Feldhühner, ↑ Truthühner, ↑ Satyrhühner, ↑ Fasanen, ↑ Pfaufasanen, ↑ Perlhühner.

Fasanerie [griech.-lat.-frz.], meist großes, unterholzreiches Gehege, das zur Aufzucht von Jagdfasanen dient.

Fasano, italien. Stadt, 50 km nw. von Brindisi, Apulien, 37 200 E. Zentrum eines Wein- und Olivenanbaugebiets. 5 km nördl. liegen die Ruinen der antiken Hafenstadt **Egnatia**. – F. war Feudalbesitz des Johanniterordens von Rhodos. – Palast (1509).

Fasces ['fastses] ↑ Faszes.

Fasch, Christian Friedrich Carl (Carl Friedrich), * Zerbst 18. Nov. 1736, † Berlin 3. Aug. 1800, dt. Komponist. – Sohn von Johann Friedrich F.; Cembalist am Hof Friedrichs II. in Berlin, 1791 Gründer der Berliner Singakademie.

F., Johann Friedrich, * Buttelstedt bei Weimar 15. April 1688, † Zerbst 5. Dez. 1758, dt. Komponist. – 1722 Hofkapellmeister in Zerbst. Seine Werke stehen am Übergang vom Barock zur Frühklassik (Ouvertüren, Sinfonien, Konzerte, Triosonaten, Kantaten, Messen).

Faschinen [frz., zu lat. fascis „Rutenbündel"], zusammengeschnürte Bündel aus Reisig, die zur Böschungssicherung dienen.

Fasching [zu mittelhochdt. vas(t)schanc „Ausschenken des Fastentrunks"], bayrisch-östr. Bez. für die Wochen, die der Fastenzeit vorangehen. – ↑ Fastnacht.

Faschir, Al, Hauptstadt des Bundesstaates Darfur, Rep. Sudan, 60 000 E. Straßenknotenpunkt; ✈. – Residenz der Sultane von Darfur 1787–1916.

Faschismus [italien., zu fascio „Rutenbündel" (von ↑ Faszes)], 1. das von B. Mussolini geführte Herrschaftssystem in Italien (1922–45); 2. i. w. S. Bez. für extrem nationalist., nach dem Führerprinzip organisierte antiliberale und antimarxist. Bewegungen und Herrschaftssysteme in verschiedenen Ländern Europas nach dem 1. Weltkrieg; 3. nach marxist. Auffassung eine in kapitalist. Industriegesellschaften bei sozialer, wirtsch. und polit. Krisenlage angewandte Form bürgerl. Herrschaft. – Mit ↑ Neofaschismus bezeichnet man Strömungen und Parteien, die nach 1945 an die Tradition des F. anknüpften. Heute wird „faschistisch" häufig unreflektiert auf Phänomene angewandt, auf die diese Bez. gar nicht oder nur tendenziell zutrifft.

Der Faschismus in Italien

In der 1919 von Mussolini als „Fasci di combattimento" begr. Bewegung von Syndikalisten, Frontkämpfern und Interventisten verband sich militanter Nationalismus mit einem lautstarken politisch-sozialen Erneuerungswillen. Doch erst als die Nachkriegskrise Italiens (Unzufriedenheit des Bürgertums mit den Ergebnissen des Krieges, mangelnde Koalitionsbereitschaft zw. Liberalen, Kath. Volkspartei und Sozialisten, soziale Auseinandersetzungen) im Sept. 1920 in mehrwöchigen Fabrikbesetzungen einen Höhepunkt erreichte, fand die militante, antisozialist. Taktik des F. die Unterstützung von Ind., Grundbesitz, Kirche, Bürokratie und liberaler Presse. Anfangs eine kleinbürgerl. Protestbewegung, griff der F. nun auf die Gebiete des sozialist. ländl. Genossenschaftswesens in N-Italien über. Bewaffnete Kampfgruppen führten einen Vernichtungskampf gegen die organisierte Linke, oft mit Duldung, z. T. mit offener Unterstützung staatl. Stellen. Bei den Wahlen 1921 erhielt der F. innerhalb des gegen Sozialisten und Volkspartei (Popolari) gerichteten „Nat. Blocks" eine erste parlamentar. Vertretung (35 Abg. von insgesamt 535). Um die regionalen Gruppen im F. besser beherrschen zu können, formte Mussolini die Bewegung im Nov. 1921 zum **Partito Nazionale Fascista** (PNF) um (Mgl. Ende Mai 1922: 322 000). Loyalitätserklärungen gegenüber der kath. Kirche und der Monarchie sowie ein liberalist. Wirtschaftsprogramm erhöhten die Koalitionsfähigkeit gegenüber den bürgerl. Parteien. Im vorhandenen Machtvakuum vermochte der F. sich als einzige polit. Alternative zum zerbrechenden liberalen System zu etablieren. Ende Okt. 1922 bahnte sich Mussolini mit Gewalt, Erpressung und Überredung den Weg zur Macht (**Marsch auf Rom** 27./28. Okt.

Faschismus. Italienische Faschisten beim Marsch auf Rom am 28. 10. 1922; im Vordergrund (mit Krawatte) Benito Mussolini

1922). Am 30. Okt. ernannte Viktor Emanuel III. Mussolini zum Min.präs. eines Kabinetts aus 4 Faschisten und insgesamt 10 Nationalisten, Liberalen, Demokraten und Popolari. Das wenig umrissene Programm des F. beruhte großenteils auf Ressentiments und Negationen (Antimarxismus, Antiliberalismus usw.). Mussolini war v. a. von F. Nietzsche, G. Sorel und V. Pareto beeinflußt. Auf die Lehre des F. wirkten neben dem Futurismus und dem Aktionismus D'Annunzios v. a. der revolutionäre Syndikalismus (im linken Flügel des F.) und der Nationalismus ein. Die nationalist. Partei wurde 1923 mit dem F. verschmolzen. Die faschist. Idee des „stato totalitario" bedeutete Unterordnung des einzelnen unter die Zwecke des Staates zur machtpolit. Entfaltung der Nation.

Ein auf ein Jahr befristetes Ermächtigungsgesetz (3. 12. 1922) gab der Reg. weitgehende Vollmachten. Mit der Gründung des Großrats des Faschismus (15. Dez. 1922) und der Institutionalisierung der faschist. Kampfgruppen in einer parastaatl. Parteiarmee begann die Umwandlung des liberalen Systems. Kapitalfreundl. Maßnahmen sicherten das Wohlwollen der besitzenden Schichten. Ein neues Wahlgesetz gab dem PNF und seinen rechtsliberalen Listenverbündeten in den Wahlen vom April 1924 eine Zweidrittelmehrheit. Das durch die Ermordung des Sozialisten G. Matteotti (10. Juni 1924) signalisierte Drängen des radikalen Flügels des F. nach der Parteidiktatur führte zu einer tiefen Krise des F. (auch zur Formierung einer ersten, streng legalen, antifaschist. Oppositionsbewegung), die Mussolini mit dem Übergang zum Einparteienstaat beantwortete. 1925/26 wurden die individuellen Grundrechtsgarantien und die Gewaltenteilung beseitigt, die nichtfaschist. Parteien verboten, Verwaltung und Justiz gleichgeschaltet und die Pressefreiheit aufgehoben. Mussolini erhielt praktisch unumschränkte Vollmachten. Die Errichtung eines polit. Sondergerichts und einer Geheimpolizei institutionalisierte die terrorist. Seite des Systems. Ein Netz von Berufs-, Frauen-, Jugend-, Freizeitorganisationen u. a. sollte alle Altersstufen und Lebensbereiche erfassen. Das Führerprinzip wurde auf allen polit. und sozialen Ebenen durchgesetzt. Freiräume bestanden im totalitären Staat auf Grund der unangetasteten Existenz von Kirche (Lateranverträge 1929), Monarchie und Heer.

Rainer Werner Fassbinder

Mit der Ausschaltung der kath., sozialist. und kommunist. Gewerkschaften und der Errichtung des Korporationensystems erhob der F. den Anspruch, eine transkapitalist. Wirtschaftsordnung geschaffen zu haben. Faktisch kam jedoch die Neuregelung mit der Aufhebung des Achtstundentages, der Betriebsvertretungen und mehrfachen Lohnsenkungen weitgehend der Arbeitgeberseite zugute. Beim Aufbau des PNF verließ man schon bald das Konzept einer Eliten- zugunsten einer Massenpartei (1943: 4,75 Mill. Mgl.). Außenpolitisch ordnete sich das faschist. Italien anfangs in die von Frankreich und Großbritannien bestimmte europ. Nachkriegsordnung ein. Die Hinwendung zum nat.-soz. Deutschland (gemeinsame Intervention im Span. Bürgerkrieg, Achse Berlin–Rom 1936) gipfelte im Kriegseintritt Italiens (Juni 1940) auf dt. Seite. Nach den raschen militär. Niederlagen 1940–43 schritt der konservativ-monarchist. Flügel des F. zum Mißtrauensvotum im Großrat des Faschismus (24./25. Juli 1943), das dem König Entlassung und Verhaftung Mussolinis ermöglichte. Nach seiner Befreiung durch die Deutschen inszenierte Mussolini in Oberitalien das kurzlebige Experiment der Republik von Salò.

Die faschistischen Bewegungen

In fast allen Staaten Europas gab es in den 1920er und 1930er Jahren faschist. Bewegungen: *Deutschland:* Nationalsozialismus, *Spanien:* Falange Española Tradicionalista y de las J. O. N. S., *Großbritannien:* British Union of Fascists, *Frankreich:* Croix de feu, Francismus, Parti Populaire Français, *Niederlande:* Nationaal-Socialistische Beweging, *Belgien:* Rexbewegung, *Norwegen:* Nasjonal Samling, *Schweiz:* Frontismus, *Österreich:* Heimwehren, *Ungarn:* Pfeilkreuzler, *Rumänien:* Eiserne Garde, *Slowakei:* Hlinka-Garde, *Kroatien:* Ustascha. Auslöser waren die sozialen und polit. Veränderungen nach dem 1. Weltkrieg und die Furcht vor der seit der russ. Oktoberrevolution 1917 offenen Möglichkeit einer sozialen Revolution. Die Anhänger des F. stammten aus dem alten und neuen Mittelstand (Handwerker, Kaufleute, Bauern, Angestellte, Beamte), die sich durch das Anwachsen der Arbeiterbewegung wie durch die fortschreitende Industrialisierung in ihrer materiellen Existenz und in ihrem Status bedroht fühlten. Auf dem Weg zur Macht ging der F. unter Ausschaltung der linken Flügel vielfache Kompromisse mit den bisherigen Machtträgern (rechtsbürgerl. Parteien, Heer, Bürokratie, Großindustrie, Kirchen usw.) ein. Die Ideologie war gekennzeichnet durch Antimarxismus, Antiliberalismus, Militarismus und übersteigerten Nationalismus. Mit Gemeinschaftsparolen versuchte man, die sozialen Spannungen – unter Verfolgung polit., religiöser und rass. Minderheiten – auf Randgruppen abzulenken. Als Organisationsform wurde ein hierarchisch aufgebautes, von einem „Führer" geleitetes Einparteiensystem proklamiert. Im Kampfstil verbanden sich Propaganda und Terror, ausgeübt durch paramilitär. Verbände und Geheimpolizei.

Faschismustheorien

Während in der bürgerlich-liberalen F.theorie F. und Kommunismus wesentl. Gemeinsamkeiten aufweisen (Totalitarismus), bildet der F. nach marxistisch-leninist. Auffassung eine in bürgerl. Demokratien in ökonom. oder bürgerl. Krisenlage angewandte neuartige Form polit. Herrschaft. Der F. ermögliche die Zerschlagung der Arbeiterparteien und der Gewerkschaften, Senkung der Lohnkosten und Erhöhung der Rentabilität. Seine Funktion sei es, auch in einer Krisenlage die bestehenden Eigentums- und Privilegienverhältnisse unter Preisgabe der polit., aber Beibehaltung der sozialen Herrschaftsstruktur aufrechtzuerhalten.

faschistoid [lat.-italien.], dem Faschismus ähnlich, faschist. Züge zeigend.

Faschodakrise, brit.-frz. Kolonialkonflikt um die Herrschaft über den Sudan 1898/1899; entstand, als brit. Kolonialtruppen den Oberlauf des Nils unter brit. Herrschaft zu bringen suchten und 1898 bei Faschoda (= Kodok) auf frz. Truppen stießen. Die internat. isolierte frz. Reg. ließ das Niltal bedingungslos räumen. Das Abkommen von 1899 regelte die Besitzverhältnisse am oberen Nil, sicherte Frankreich das Tschadseebecken und erleichterte schließlich die Bildung der Entente cordiale.

Fasci di combattimento [italien. 'faʃʃi di kombatti-'mento] ↑ Faschismus.

Fasciola [lat.] (Distomum), weit verbreitete Gatt. der Saugwürmer mit einigen in Säugetieren parasitierenden Arten, z. B. Großer Leberegel.

Fasciolose [lat.], svw. ↑ Leberegelkrankheit.

Fase, durch Bearbeiten einer Kante entstandene, abgeschrägte Fläche.

Faser ↑ Fasern.

Fasergeschwulst, svw. ↑ Fibrom.

Faserhanf (Kulturhanf, Cannabis sativa ssp. sativa), aus Asien stammende Kulturform des Hanfs, angebaut in Asien, Europa, N-Afrika, N-Amerika, Chile und Australien; wird bei weitem Pflanzabstand bis 3 m hoch und großfaserig (**Riesenhanf, Schließhanf, Seilerhanf**), bei dichter Aussaat niedrig und feinfaserig (**Spinnhanf**); Fasergewinnung ähnlich wie beim Gespinstlein. Die Fasern sind für Segeltuche, Netze und Seile geeignet.

Faserknorpel ↑ Knorpel.

Faserkrebs (Szirrhus), harter Drüsenepithelkrebs mit reichl. Entwicklung von derbem, schrumpfendem Bindegewebe (Stroma), v. a. bei Brustdrüsen- und Magenkrebs.

Faserkristall, svw. ↑ Haarkristall.

Faserlein, svw. Gespinstlein (↑ Flachs).

Fasern, langgestreckte Strukturen im pflanzl. und tier. Organismus, als Zellen, Zellstränge, Zellstrangbündel oder auch als Zellanteile (Nervenfasern, Muskelfasern).
▷ (Textilfasern) in der *Textiltechnik* lange feine Gebilde, die zu Garnen versponnen werden können. Man unterscheidet zw. Naturfasern (z. B. Baumwolle, Flachs, Wolle) und Chemiefasern.

Fasernessel, Zuchtform der Großen Brennessel, die zur gewerbl. Gewinnung von Nesselfasern für Nesseltuch angebaut wird.

Faseroptik, svw. ↑ Glasfaseroptik.

Faserpflanzen, Bez. für Pflanzen, die Rohstoffe für die Spinnerei- und Seilerind. zur Herstellung von Polstern, Geflechten, Besen, Pinseln liefern. Größere wirtsch. Bedeutung haben nur Baumwolle, Faserhanf, Kapok, Sisal und Flachs.

Faserplatten ↑ Holzfaserplatten.

Faserstoffe, Stoffe mit einer ausgeprägten Faserstruktur; sie zeichnen sich durch eine parallele Anordnung aller an ihrem Aufbau beteiligten Moleküle oder kleinen Kristallbereiche aus.

Faservlies, Faserverbundstoff, dessen Zusammenhalt durch eine den Fasern eigene oder durch Präparation erzielte Haftung bewirkt wird. Verwendung u. a. als Einlagestoffe für Bekleidungsstücke.

Fashion [engl. 'fæʃən; zu frz. façon (↑ Fasson)], Mode, Vornehmheit, gepflegter Lebensstil.

fashionable [engl. 'fæʃənəbl], modisch, elegant, vornehm.

Fasnacht ↑ Fastnacht.

Fasolt, german. Sagengestalt, ↑ Eckenlied.

Faß, früher meist aus Eichenholzdauben gefertigter Behälter für die Bereitung, Lagerung und den Transport u. a. von Wein, Branntwein und Bier. An die Stelle der traditio-

nellen Fässer aus Holz sind heute weitgehend säurefeste Metallfässer, Kunststoffbehälter, zur Lagerung oder als Gärbehälter auch Stahltanks oder mit Glas ausgekleidete Betonräume getreten.
▷ alte dt. Volumeneinheit unterschiedl. Größe, z. B. in Bayern für Bier 17,1 hl.

Fassade [frz., zu lat. facies „Aussehen"], Schauseite eines Gebäudes, meist die Haupteingangsseite; gelegentlich auch zum Garten (Barockschlösser) o. a.; bei modernen Bauten auch svw. Hauswand (Fensterwand).

Fassatal, italien. Hochgebirgstallandschaft des oberen Avisio in den Dolomiten, zw. Rosengarten und Marmolada; Hauptorte sind Vigo di Fassa, Campitella di Fassa und Canazei.

Faßbender, Joseph, *Köln 14. April 1903, †ebd. 5. Jan. 1974, dt. Maler und Graphiker. – Steht im Übergang zw. zeichenhafter Abstraktion und reinen Farb-Form-Werten.

Fassbinder, Rainer Werner, *Bad Wörishofen 31. Mai 1945, †München 10. Juni 1982, dt. Regisseur und Filmproduzent. – Leitete Theaterkommunen in München und Frankfurt am Main. In eigenen Stücken und Filmen stellt er Menschen, v. a. aus sozialen Randgruppen, in ihrer oft verständnislosen und feindl. Umwelt dar. – *Filme:* Katzelmacher (1969), Warum läuft Herr R. Amok? (1970), Warnung vor einer hl. Nutte (1971), Händler der vier Jahreszeiten (1972), Die bitteren Tränen der Petra von Kant (1972), Martha (1972), Angst essen Seele auf (1974), Fontane Effi Briest (1974), Der Müll, die Stadt und der Tod (1976), Satansbraten (1977), Die Ehe der Maria Braun (1978), Berlin Alexanderplatz (1980; Fernsehserie in 14 Folgen, nach dem Roman von A. Döblin), Lili Marleen (1980), Lola (1981), Die Sehnsucht der Veronika Voss (1982), Querelle (1982).

Faßbinder (Böttcher), ehem. Handwerk. – ↑Böttcherei.

Fasern (Auswahl)		
Name	Vorkommen und Gewinnung bzw. Herstellung	Verwendung
Pflanzenfasern		
Baumwolle	Samenhaare von Arten der Baumwollpflanze	Textilfaser
Flachs (Lein)	Bastfasern aus den Stengeln von Echtem Lein	Textilfaser
Hanf	Bastfasern aus den Stengeln von Faserhanf	Segeltuche, Netze, Seile
Jute	Bastfasern aus den Stengeln verschiedener Jutearten	Verpackungsgewebe, Bespannstoffe, Gurte, Läufer
Kokos	Hartfasern aus der faserigen Schicht der Fruchthülle der Kokospalmenfrüchte	Seile, Netze, Matten, Polstermaterial, Säcke
Manilafaser (Abakafaser)	Hartfasern aus den Blattscheiden des Stamms der Faserbanane und verwandter Arten	Seile, Taue, Netze, Säcke
Ramie	Bastfasern aus den Blattstengeln von Boehmeriaarten	Nähzwirne, Fallschirmstoffe, Schlauchgewebe
Sisal	Bastfasern aus den Blättern der Sisalagaven	Garne für Schnüre, Seile, Taue, Läufer, Teppiche
Tierfasern		
Alpakawolle	Woll- und Deckhaare vom Alpaka	Textilfaser
Angorawolle	Haare der Angorakaninchen	Textilfaser, bes. leicht und fein, meist zus. mit Schafwolle verwendet
Kamelwolle (Kamelhaar)	Woll- und Deckhaare des Kamels	Textilfaser; Wollhaare v. a. für Decken und Mantelstoffe, Deckhaare für Teppiche
Kaschmirwolle	Woll- und Deckhaare der Kaschmirziege	Textilfaser für bes. feine, dichte Wollgewebe
Mohair[wolle]	Haare der Angoraziege	Textilfaser, bes. stark glänzend, wenig filzend, für Gewebe, Strick- und Wirkwaren
Roßhaar	Schweif- und Mähnenhaare des Pferdes	Polstermaterial
Schafwolle (Wolle)	Wollhaare der Merino-, Lincoln- und Crossbredschafe	Textilfaser für Wollgewebe aller Art
Vikunjawolle	Wollhaare des Vikunja	Textilfaser für bes. feine und leichte Wollgewebe
Seide	Kokonfasern der Seidenspinner, insbes. des Maulbeerseidenspinners	Textilfaser, bes. für Stoffe, Nähgarne, Stickgarne
Chemiefasern		
Acetat[faser]	Acetylierung von Zellulose	Textilfaser für Stoffe, Futterstoffe, Stickgarn
Cupro	Kupferoxid-Ammoniak-Verfahren	Textilfaser für Stoffe und Futterstoffe
Viskose (früher: Reyon)	Viskoseverfahren	Textilfaser, ähnlich wie Baumwolle für Stoffe; ferner für Autoreifeneinlagen (Kord)
Polyacryl[faser]	Polymerisation von Acrylnitril; Verspinnen im Trocken- oder Naßspinnverfahren	Textilfaser, bes. Strick- und Wirkwaren
Polyamid[faser]	Polykondensation von Dicarbonsäuren mit Diaminen, von ω-Aminocarbonsäuren oder von Lactamen; Verspinnen im Trockenspinnverfahren	Textilfaser für Stoffe, Seile
Polyester[faser]	Polykondensation von Terephthalsäure und einem zweiwertigen Alkohol (Diol)	Textilfaser, bes. für Oberbekleidungsstoffe
Polyurethan[faser]	Polyaddition von zweiwertigen Isocyanaten (Diisocyanate) und zweiwertigen Alkoholen (Diolen)	Textilfaser, bes. für elast. Gewebe
Anorganische Fasern		
Glasfasern	Schmelzen von Quarzsand mit Zuschlägen	Isoliermaterial, Verstärkungsmaterial für Kunststoffe
Kohlenstoffasern	Verkohlung von organ. Fasern (v. a. Polyacryl und Viskose)	Verstärkungsmaterial für Kunststoffe und Gläser
Metallfasern	Ziehen der Metalle, Drahtziehverfahren	Dekorationsstoffe, Verstärkungsmaterial für Kunststoffe, Kabelherstellung

Fasson

Fasson (Façon) [fa'sõ:; frz., zu lat. factio „das Machen"], Art, Muster, Form; Schnitt (bei Kleidungsstücken); Haltung (die F. bewahren).

Faßschnecke (Tonnenschnecke, Tonna galea), räuberisch lebende Meeresschnecke mit bis 25 cm langer, bräunl., eiförmiger Schale.

Fassung, genormte Vorrichtung zum Einsetzen von elektr. Glühlampen und Elektronenröhren bei gleichzeitigem Herstellen des elektr. Kontaktes. Bei **Schraubfassungen** ist v. a. die *Edison-F.* mit einzuschraubendem Edison-Sockel gebräuchlich. Auf dem Prinzip des Bajonettverschlusses beruht die **Bajonettfassung,** die wegen des festeren Sitzes v. a. in Fahrzeugen verwendet wird.

▷ die farbige Bemalung der Bildwerke aus Stein und Holz; im Altertum und MA üblich (z. T. in schlechtem Erhaltungszustand), seit Renaissance und Barock in eingeschränktem Maße gebräuchlich. Die F. führte der **Faßmaler,** nicht der Schnitzer aus.

▷ die einem literar. Text vom Autor bei der Niederschrift gegebene Form.

Fast, Howard, Pseud. Walter Ericson, * New York 11. Nov. 1914, amerikan. Schriftsteller. – Verf. sozial engagierter histor. Romane u. a. – *Werke:* Die letzte Grenze (R., 1941), Spartacus (R., 1952), Versuchung der Macht (1962), The Jews (1968), Romantrilogie: Die Einwanderer (1977), Der Außenseiter (1984), Die Tochter des Einwanderers (1985).

Fastebene (engl. Peneplain), in der *Geomorphologie* eine Verebnungsfläche, Endstadium der Abtragung, die in sehr langen Zeiträumen wirksam war.

Fasten [eigtl. „an den (Fasten)geboten festhalten" (verwandt mit fest)], in der Religionsgeschichte die weit verbreitete, individuell oder gemeinschaftlich vollzogene Abstinenz von bestimmten Nahrungsmitteln und Getränken, z. T. auch totale Enthaltung von Nahrungsaufnahme, die zu bestimmten F.zeiten oder – wie gelegentlich im Dschainismus – dauernd geübt wird. Ihr Ziel kann in der Abwehr schädl. Kräfte, in eigener Kraftgewinnung oder ekstat. Steigerung bestehen. In einigen Religionen dient das F. der Buße und Heiligung, der Freiheit zum Gebet, der Vision und Erleuchtung, der Vorbereitung auf kult. Handlungen, insbes. auf den Genuß hl. Speisen. – So gibt es in der *kath. Kirche* zwei Fastenzeiten jeweils vor den Hochfesten (Ostern und Weihnachten). Gebotene **Fasttage** sind (seit 1966) nur noch Aschermittwoch und Karfreitag, die zugleich **Abstinenztage** sind (Verbot des Genusses von Fleisch warmblütiger Tiere). Zum F. verpflichtet sind alle Kirchenangehörigen, die das 18. Lebensjahr vollendet und das 60. noch nicht begonnen haben. – In den *Ostkirchen* gibt es mehrere F.zeiten (vor höheren Festen) und Fasttage. Das F. besteht in der Abstinenz von Fleisch, Eiern, Milch (auch Butter, Käse usw.), Fisch, Öl und Wein. Beschränkung in der Quantität der erlaubten Speisen gibt es nicht. – In den *ev. Kirchen* wurde v. a. die Ansicht bekämpft, F. sei als gutes Werk verdienstvoll.

Fastenkur (Heilfasten), eingreifende, unter ärztl. Anleitung und nur zeitlich begrenzt durchzuführende diätet. Maßnahme; als *Voll-F.* (völliger Nahrungsentzug) oder *Saft-F.* möglich.

Fastenmonat ↑ Ramadan.

Fasti [lat. „Tage des Rechtsprechens" (zu fari „sprechen")], die Werktage des röm. Kalenders, lat. Dies fasti; Ggs.: Dies nefasti.

▷ der röm. Kalender, d. h. Listen aller Tage des Jahres mit Angabe ihres jeweiligen Rechtscharakters und weiteren Kommentaren.

▷ Namenslisten der höchsten Jahresbeamten, der Priester und Verzeichnis der röm. Siegesfeiern; führte zur Entwicklung der Annalen.

Fastnacht (Fasnacht), urspr. der Abend vor der Fastenzeit, später v. a. die letzten drei Tage, auch die vorhergehende Woche, seit dem 19. Jh. meist die Zeit vom Dreikönigstag bis Aschermittwoch. Während der prot. Länder keine eigtl. F.feier heute kaum mehr kennen, begeht das Rheinland den **Karneval,** Mainz und Umgebung **Fastnacht,** das

schwäbisch-alemann. Gebiet die **Fasnet,** Franken die **Fosnat,** der bayr.-östr. Raum den **Fasching.** Grundlegendes Motiv der verschiedenen F.bräuche dürften die bevorstehenden, zur Enthaltsamkeit mahnenden Fasten- und Bußwochen sein. Die F.bräuche des MA sind bes. gut in den Städten faßbar und hier wesentlich von Erscheinungsformen des öff. Festwesens geprägt. Bis ins 14. Jh. dominieren zur F. Reiterspiele der Patrizier, dann entwickelt sich ein vielgestaltiges Maskenbrauchtum. Den vielfach groben und exzessiven Brauchhandlungen des Spät-MA folgen im 16. Jh. neue Schau- und Vorführbräuche der Handwerker. In der Barockzeit blüht die F. als prunkvolles Kostümfest an den Fürstenhöfen und beeinflußt mit ihren motiv. Ausformungen, z. B. in mytholog. und allegor. Figuren, die bürgerl. F. der Städte bis ins 19. Jh. Wichtige Einflüsse auf die künstler. Ausgestaltung kamen seit etwa 1700 aus Italien. – Öff. Feiern mit Tanz, Spiel, Umzügen, Heischebräuchen und mannigfachen Formen der Verkleidung charakterisieren die F. als Zeit, in der die gewohnte Ordnung außer Kraft gesetzt ist und im Gewand des Narren verspottet wird (z. B. Etablierung einer „Gegenregierung" [Elferrat], Übergabe des Rathausschlüssels an die Narren), und es dem einzelnen gestattet ist, gegen tradierte Verhaltensnormen zu verstoßen. Vielfach wurde in der Geschichte diese „Ventilfunktion" der F. bedeutsam, etwa im satirisch gewendeten Widerstand gegen kirchl. Institutionen seit dem 15. Jh. oder gegen die frz. Besatzung im W Deutschlands im 19. Jh., wovon sich v. a. in Rosenmontagsumzügen zeitkrit. Elemente erhalten haben.

Fastnachtsspiel, ältester gattungsmäßig ausgebildeter Typ des weltl. Dramas in dt. Sprache, in Nürnberg entwickelt im Rahmen stadtbürgerl. Fastnachtsfeiern, d. h. vermummter Fastengesellschaften; literarisch greifbar etwa zw. 1430 und 1600; gelegentl. Bez. für das dt.sprachige weltl. Drama des Spät-MA und des 16. Jh. überhaupt. – Es lassen sich zwei Typen unterscheiden: das *Reihenspiel* (H. Rosenplüt), hervorgegangen aus einer Folge derb-kom. Sprüche, und das *Handlungsspiel* (H. Folz), das oft an spätma. Schwänke anknüpft. Die Tradition des Nürnberger F. greift im 16. Jh. H. Sachs auf.

Fasttage ↑ Fasten.

Fasces (Fasces) [lat.], in Rom von den Liktoren getragenes Rutenbündel mit Beil, Symbol der Amtsgewalt der röm. Magistrate (imperium) und des damit verbundenen Rechts, zu züchtigen und die Todesstrafe zu verhängen; seit der Frz. Revolution mit der Jakobinermütze Sinnbild des Republikanismus; im italien. Faschismus ab 1926 offizielles Staatssymbol.

Faszie (Fascia) [lat.], bindegewebige Umhüllung von Muskeln oder Muskelgruppen sowie von Organen.

Faszikel [lat.], Aktenbündel, Heft.

Faszination [zu lat. fascinatio „Beschreiung, Behexung"], Bezauberung, Berückung, Bann (von einer Person oder Sache aus).

Fatah, Al (arab. Al Fath), militante palästinens. Kampforganisation; spielte, seit Jan. 1965 tätig, unter der Leitung von J. Arafat nach dem Sechstagekrieg 1967 die führende Rolle unter den Exilorganisationen der Palästinenser. Ihre „Al Asifa" („Sturm") gen. Partisanengruppen führten Terroraktionen v. a. im israel. besetzten Gebiet aus, nach der fast vollständigen Zerschlagung durch die jordan. Armee 1971 hauptsächlich vom Libanon aus. Streitigkeiten um den polit. Kurs der PLO führten zu zahlr. Abspaltungen, u. a. der Terrororganisationen „Schwarzer September" oder „F.-Revolutionskommando" um S. C. Banna (* 1937), gen. Abu Nidal.

fatal [lat. „vom Schicksal bestimmt"], verhängnisvoll; widerwärtig, peinlich, unangenehm.

Fatalismus [lat. (zu ↑ Fatum)], eine Haltung, in der die Annahme einer von den Zwecksetzungen des Menschen unabhängigen „blinden" Notwendigkeit allen Geschehens das Handeln bestimmt.

Fata Morgana [italien. „Fee Morgana" (auf die der Volksglaube die in der Straße von Messina häufige Erscheinung zurückführte)], Luftspiegelung, die in Wüstengebie-

Faßschnecke

Fastnachtsspiel. Zwei Figurinen zum Fastnachtsspiel „Disz ist die Gouchmat" von Pamphilus Gengenbach, Holzschnitte, 1516 oder 1521

Fastnacht. Alemannische Fastnachtsmasken

ten Wasserflächen vorgaukelt und entfernte Teile einer Landschaft näherrückt.

Fatehpur-Sikri, ind. Stadt im Bundesstaat Uttar Pradesh, 18 000 E. – Von Akbar ab 1569 erbaut, 1574–86 Hauptstadt des Mogulreiches. – Die erhaltene Mogulstadt mit Stadtmauer, Palast, Moschee u. a. (alle 16. Jh.) wurde von der UNESCO zum Weltkulturerbe erklärt.

Fatiha [arab. „die Eröffnende"], die erste Sure (d. h. Abschnitt) des Korans, Grundgebet des Islams.

Fatima, * Mekka um 606, † Medina 632, Tochter Mohammeds und Chadidschas. – ∞ mit dem Vetter Mohammeds, dem späteren Kalifen Ali Ibn Abi Talib; von ihr stammen die einzigen männl. Nachkommen des Propheten ab (Fatimiden). Von Schiiten wird sie deshalb wie eine Heilige verehrt.

Fátima, portugies. Wallfahrtsort 20 km sö. von Leiria, 800 m ü. d. M., 6 400 E. Drei Kinder hatten hier 1917 jeweils am 13. der Monate Mai–Okt. Erscheinungen Marias; 1930 von der kath. Kirche für glaubwürdig erklärt. Am Ort der ersten Erscheinung entstand ein großer Versammlungsplatz mit Basilika, Klosterbauten und Unterkünften.

Fatimiden, von ↑ Fatima abstammende islam. Dynastie schiit. Richtung (909–1171); unterwarfen nach Sturz der Aghlabiden 909 ganz Nordafrika und Sizilien; 969 Eroberung Ägyptens (Verlegung der Residenz in das neugegr. Kairo 973); bei Ausdehnung der F.herrschaft vom Atlantik bis Arabien begann das westl. Nordafrika wieder selbständig zu werden; ab Anfang 11. Jh. Niedergang. 1171 übernahm Saladin, der Gr. der Dyn. der Aijubiden begr., nach dem Tode des letzten F. die Herrschaft in Ägypten.

Fatjanowokultur, nach einem Gräberfeld bei dem russ. Dorf Fatjanowo in der Nähe von Jaroslawl ben. endneolith. Kulturgruppe, in die Zeit um 2000 v. Chr. zu datieren; Kennzeichen: u. a. schnur-, strich- und stempelverzierte Gefäße, Streitäxte aus Felsgestein und Kupfer, kupferne Ringe und Perlen, Knochenschmuck.

Fatra ↑ Große Fatra, ↑ Kleine Fatra.

Fattori, Giovanni, * Livorno 6. Sept. 1825, † Florenz 30. Aug. 1908, italien. Maler und Graphiker. – F. malte anfangs Historien- und Schlachtenbilder, später, angeregt von den frz. Realisten und Frühimpressionisten, Landschaften, Tier- und Figurenbilder sowie Porträts.

Fatzke, umgangssprachl. für: arroganter, eitler Mensch.

Faubourg [frz. fo'bu:r; zu lat. foris „draußen"], in Frankreich außerhalb der Befestigungsanlagen erbaute Vorstadt; heute oft Name von Straßen und Stadtteilen, die früher Vorstädte waren (z. B. in Paris F. Saint-Germain).

Faulbaum, zwei Arten der Kreuzdorngewächse; **Gemeiner Faulbaum** (Rhamnus frangula), bis 5 m hoher Strauch oder kleiner Baum in feuchten Wäldern Europas und NW-Asiens; Blätter bis 7 cm lang, breitelliptisch, ganzrandig; Steinfrüchte erbsengroß, erst grün, dann rot, zuletzt schwarz, ungenießbar. Aus dem Holz wird Zeichenkohle hergestellt. **Amerikanischer Faulbaum** (Rhamnus purshianus), im westl. N-Amerika, dem Gemeinen F. ähnlich, jedoch mit größeren Blättern; liefert Cascararinde.

Faulbaumgewächse, svw. ↑ Kreuzdorngewächse.

Faulbehälter (Faulkammer) ↑ Kläranlage.

Faulbrand ↑ Brand.

Faulbrut, durch Bakterienbefall hervorgerufene, seuchenartige Krankheit der Bienenbrut; gekennzeichnet durch schleimige Zersetzung der Larven in ihren Waben.

Faulenbach, Bad, Ortsteil von ↑ Füssen.

Faulgas, svw. ↑ Biogas.

Faulhaber, Michael von (seit 1913), * Heidenfeld bei Schweinfurt 5. März 1869, † München 12. Juni 1952, dt. kath. Theologe. – 1892 Priester, 1903–10 Prof. für A. T. in Straßburg, 1911–17 Bischof von Speyer; seit 1917 Erzbischof von München und Freising, 1921 Kardinal. Stellte sich entschieden gegen Rassismus (Verteidigung des A. T.) und Kirchenfeindlichkeit des Nationalsozialismus.

Faulkner, William [engl. 'fɔ:knə], * New Albany (Miss.) 25. Sept. 1897, † Oxford (Miss.) 6. Juli 1962, amerikan. Schriftsteller. – Stammte aus einer Pflanzerfamilie der Südstaaten, lebte seit 1926 als Farmer in Oxford (Miss.). Mit „Sartoris" (1929) gelang ihm der erste seiner großen Romane, die die Schicksale einer Reihe von aristokrat. Südstaatenfamilien zw. Pionierzeit und Niedergang im Bürgerkrieg bis zur Gegenwart verfolgen; sie spielen im imaginären Yoknapatawpha County des nördl. Mississippi. F. verwendet eine verrätselnde Erzähltechnik, bes. bedient er sich der Fiktion mehrerer Erzähler und gibt innere Monologe wieder. Dem anfängl. Fatalismus folgte ein durch Resignation nuancierter Optimismus („Eine Legende", 1954; „Requiem für eine Nonne", szen. R., 1951), wobei F. Auflehnung und Ergebung in das menschl. Schicksal darstellt. F. erhielt 1949 den Nobelpreis für Literatur. – *Weitere Werke:* Schall und Wahn (R., 1929), Als ich im Sterben lag (R., 1930), Licht im August (R., 1932), Absalom, Absalom! (R., 1936), Wilde Palmen (R., 1939), Das Dorf (R., 1940), Das verworfene Erbe (E., 1942), Griff in den Staub (R., 1948), Die Stadt (R., 1957), Das Haus (R., 1959), Die Spitzbuben (R., 1962).

Fäulnis, die Zersetzung von stickstoffhaltigem pflanzl. oder tier. Material (bes. Eiweiße) durch Mikroorganismen (hauptsächlich Bakterien) bei Sauerstoffmangel, wobei ein unangenehmer Geruch auftritt (Ammoniak, Schwefelwasserstoff).

Fäulnisbewohner, svw. ↑ Saprobien.

Faulschlamm (Sapropel), schwarzer Schlamm am Boden nährstoffreicher (eutropher) Gewässer, bes. solcher, die stark abwasserbelastet sind. Das Überangebot an organ. Stoffen führt zu starker Sauerstoffzehrung und zur Ausbildung anaerober Zonen, wo anaerobe Bakterien unter Bildung von Gasen (v. a. Schwefelwasserstoff, ferner Methan, Stickstoff, Kohlensäure, Wasserstoff) abbauen; führt zum Absterben vieler Mikroorganismen und Fische; am Boden können feste organ. Sedimente (**Sapropelite**) entstehen, die als wesentl. Erdölmuttergesteine angesehen werden. Aus F.-Sedimenten entstehen u. a. auch Kohle, Ölschiefer und Kupferschiefer.

Faultiere (Bradypodidae), Fam. der Säugetiere mit etwa 5 Arten in den Wäldern S- und M-Amerikas; Körperlänge etwa 50–65 cm, Kopf rundlich, sehr weit drehbar, mit sehr kleinen, runden Ohren; Zehen mit stets 3, Finger mit 2 oder 3 langen, sichelförmigen, als Klammerhaken dienenden Krallen, Arme deutlich länger als Beine; Fell dicht, aus langen, harten Haaren bestehend, einheitlich blaß- bis dunkelbraun oder mit heller und dunkler Zeichnung, Haarstrich „verkehrt" von der Bauch- zur Rückenmitte verlaufend. Das Fell ist oft von Blaualgen besiedelt, die den Tieren eine hervorragende Tarnung bieten; die beiden Gatt. sind ↑ Ai und ↑ Unau.

Faun ↑ Faunus.

Fauna [nach der röm. Göttin Fauna, der Gemahlin des Faunus], die Tierwelt eines bestimmten, begrenzten Gebietes.

Michael von Faulhaber

William Faulkner

Faulbaum. Gemeiner Faulbaum. Oben: Blüten. Unten: Früchte

Faunenreich

Edgar Faure

Félix Faure
(Holzstich, 1899)

Gabriel Fauré

▷ systemat. Zusammenstellung der in einem bestimmten Gebiet vorkommenden Tierarten (in erster Linie zu deren Bestimmung).

Faunenreich ↑ Tierreich.

Faunenregionen, svw. ↑ tiergeographische Regionen.

Faunus, röm. Wald-, Flur- und Herdengott. Sohn des Picus, Enkel des Saturnus, Gemahl der Fauna (bzw. Fatua, Luperca, die mit ↑ Bona Dea identifiziert wurde), zeugt mit der Nymphe Marica den Latinus. Von ambivalentem Charakter; wie der ihm gleichgesetzte Pan (und wie dieser bocksgestaltig und in der Vielzahl gedacht) äfft er den Wanderer und quält die Menschen als Alp im Traum. Der **Faun** symbolisiert in Kunst und Literatur starke, ungehemmte sexuelle Triebhaftigkeit.

Faure [frz. foːr], Edgar, *Béziers (Hérault) 18. Aug. 1908, †Paris 30. März 1988, frz. Jurist und Politiker. – 1943/44 Mgl. des Nat. Befreiungskomitees in Algier; 1945/46 einer der frz. Anklagevertreter im 1. Nürnberger Kriegsverbrecherprozeß; 1946–89 Abg. der Nat.versammlung; ab 1950 mehrfach Min., 1952 und 1955/56 Min.präs.; aus der Radikalsozialist. Partei ausgeschlossen, blieb Chef des Rassemblement des Gauches Républicaines; leitete vor dem Hintergrund der Studentenunruhen 1968 als Unterrichtsmin. eine Univ.reform ein; 1973–78 Präs. der frz. Nat.versammlung; 1962–66 Prof. in Dijon, seit 1978 Mgl. der Académie française, 1979–81 MdEP. – Unter dem Pseud. **E. Sandoz** auch schriftstellerisch tätig.

F., Félix, *Paris 30. Jan. 1841, †ebd. 16. Febr. 1899, frz. Politiker. – Gemäßigter Republikaner; seit 1881 Abg., dreimal Staatssekretär für die Kolonien, 1894/95 Marinemin.; 1895–99 Präs. der Republik.

F., Maurice, *Azerat (Dordogne) 2. Jan. 1922, frz. Politiker (Radikalsozialist). – 1951–81 Abg.; 1953–55 Generalsekretär, 1961–65 und 1969–71 Vors. seiner Partei; 1961–68 Präs. der Europ. Bewegung; 1959–67 und 1973–81 MdEP, 1981 Justizmin., seit 1983 Senator.

Fauré, Gabriel [Urbain] [frz. fɔˈre], *Pamiers (Ariège) 12. Mai 1845, †Paris 4. Nov. 1924, frz. Komponist. – Organist, Kapellmeister und Musikpädagoge. Seine Werke zeigen bei deutl. klassizist. Tendenzen eine lyr. fließende, geschmeidige Harmonik, deren Klänge dem Impressionismus den Weg bereiteten, u. a. Opern „Prométhée" (1900) und „Pénélope" (1913), Bühnenmusiken (u. a. „Pelléas et Mélisande", 1898), Kammermusik, Lieder.

Fausi, Mahmud, *Schubra Buchum 19. Sept. 1900, †Kairo 12. Juni 1981, ägypt. Politiker. – Seit 1926 im auswärtigen Dienst; 1952–64 Außenmin., 1964–67 stellv. Min.präs. für auswärtige Angelegenheiten, dann außenpolit. Berater Nassers im Min.rang; 1970–72 Min.präs. 1972–74 1. Vizepräs. und polit. Berater von Staatspräs. Sadat.

Faust, Johannes, wahrscheinlich eigtl. Georg F., *Knittlingen (Württ.) um 1480, †Staufen (Breisgau) 1536 oder kurz vor 1540, dt. Arzt, Astrologe und Schwarzkünstler. – Nach 1507 wohl Theologiestudium in Heidelberg. War u. a. 1513 in Erfurt, 1520 in Bamberg, 1528 in Ingolstadt, 1532 in Nürnberg. F. stand in Verbindung mit humanist. Gelehrtenkreisen und hatte anscheinend Kenntnisse auf dem Gebiet der Naturphilosophie („magia naturalis") der Renaissance.

Aus Berichten über F., verschmolzen mit älteren Zaubergeschichten, entstand die **Faustsage,** die zur Grundlage eines Volksbuches wurde (Erstausgabe „Historia von D. Joh. Fausten" 1587 bei J. Spies in Frankfurt am Main, geht mit einer um 1575 niedergeschriebenen Wolfenbüttler Handschrift auf eine gemeinsame, nicht erhaltene Vorlage zurück; 1599 neu bearbeitet von G. Widmann in Hamburg, 1674 von J. N. Pfitzer gekürzt). Das älteste überlieferte dt. F.drama ist „The tragical history of Doctor Faustus" (1604, entstanden wohl vor 1589) von C. Marlowe; es schließt sich eng an das (Spiessche) F.buch an. Den Anfang bildet der F.monolog, in dem F. sich der Magie verschreibt (festes Bauelement fast aller späterer F.dramen). F.spiele waren bei den engl. Komödianten in Deutschland (zuerst 1608 in Graz bezeugt) und später bei den dt. Wandertruppen beliebt, worauf dann das Puppenspiel vom Doktor F., das seit 1746 bezeugt ist, fußt. G. E. Lessing sah in seinem F.drama in F. Streben nach Wissen erstmals nicht Vermessenheit und Aufbegehren gegen Gott. Die Dichter des Sturm und Drang faßten F. als titan. Persönlichkeit auf (Maler Müller, F. M. Klinger, der sog. „Urfaust" des jungen Goethe [entstanden 1772–75, erhalten in einer Abschrift des Fräuleins von Göchhausen; erschienen 1887]). Durch Goethe wird das F.drama zum Menschheitsdrama, verwirklicht in der Endfassung des Werkes (Teil I, 1808; Teil II, 1832): in einer doppelten Wette Mephistopheles' mit dem „Herrn" und mit F. geht es um das Streben des Menschen nach Selbstverwirklichung, das für den Nihilisten Mephistopheles nur Selbsttäuschung ist und daher in dumpfem Genuß enden muß. Im 19. Jh. bearbeiteten u. a. C. D. Grabbe und N. Lenau, im 20. Jh. P. Valéry und T. Mann den Stoff. – Unter den musikal. Bearbeitungen zu Goethes „F." sind neben Bühnenmusiken und Ouvertüren (R. Wagner) C. Gounods Oper „F." (1859; auch als „Margarete" bekannt), die „F.-Sinfonie" von F. Liszt (1857), die dramat. Legende „F. Verdammnis" von H. Berlioz (1846) sowie Chorwerke, Lieder, Ballette und Operetten zu nennen. Die Opern „F." von L. Spohr (1816) und „Doktor F." von F. Busoni (1925) knüpfen direkt an die Volkssage an. – Verfilmungen von Goethes „F." erfolgten durch F. Murnau (1926) und G. Gründgens (1960).

Faust (geballte F.), aus einer kommunist. Großform hervorgegangenes visuelles Klassenkampfsymbol, speziell als Sinnbild der Diktatur des Proletariats.

Fausta (Flavia Maxima F.), *wohl 298, †Trier 326, röm. Kaiserin. – Als Tochter Maximians 307 mit Konstantin d. Gr. vermählt; vielleicht wegen eines Liebesverhältnisses mit ihrem Stiefsohn Crispus auf Befehl ihres Gatten getötet.

Faustball, Rückschlagspiel zw. zwei Mannschaften zu je fünf Spielern auf einem 50 m langen und 20 m breiten Spielfeld, das durch eine 3–5 mm starke Leine (2 m über der Mittellinie an 2 Pfosten befestigt) in zwei gleiche Hälften geteilt ist. Ziel ist es, den Lederhohlball (Umfang 62–68 cm, Masse 320–380 g) mit der Faust oder dem Unterarm so in das gegner. Feld zu schlagen, daß dem Gegner ein Rückschlag unmöglich ist. Der Ball darf nur einmal auf den Boden aufspringen und nur von 3 Spielern der gleichen Mannschaft hintereinander berührt werden. Die Wertung des Spiels (2 × 15 Min.) erfolgt nach Punkten.

Johannes Faust. Johann Wolfgang von Goethe, Erscheinung des Erdgeistes in Fausts Studierstube, Bleistiftzeichnung, um 1811 (Weimar, Goethe-Nationalmuseum)

Fauvismus. Henri Matisse, Dame mit Hut, 1905 (Privatbesitz)

Fäustel, bergmänn. Werkzeug (Gezähe), Hammer mit schlankem, leicht gekrümmtem Hammerkörper.
▷ kleiner ↑ Faustkeil.

Faustfeuerwaffe, leichte Schußwaffe für Einhandbedienung, Kaliber 5,6–12,4 mm, bestimmt zum Einsatz auf kurze Entfernungen. Man unterscheidet Pistolen und Revolver. **Pistolen** haben eine Patronenkammer im Lauf, in die bei modernen **Selbstladepistolen** (meist mit Stangenmagazin im Pistolengriff) nach jedem Schuß automat. eine neue Patrone eingeführt wird. **Revolver** sind mehrschüssige F. mit sich selbsttätig drehenden Walzen (Trommeln) als Patronenmagazin.

Faustkampf ↑ Boxen.

Faustkeil (Fäustel), kennzeichnendes Steinwerkzeug vieler Gruppen des Alt- und Mittelpaläolithikums (↑ Faustkeilkultur); charakteristisch die beidflächige Bearbeitung.

Faustkeilkultur, nach dem kennzeichnenden Werkzeugtypus ben. Komplex alt- und z. T. mittelpaläolith. Kulturen; *ältere Phase:* Abbevillien, Acheuléen mit der Hauptverbreitung in Afrika, Westeuropa, Vorderasien und Indien; *jüngere Phase:* Spät- bzw. Jungacheuléen, Micoquien, Fauresmithkultur und Sangoankultur.

Faustpfandrecht ↑ Pfandrecht.

Faustrecht, in der älteren Rechtssprache (16. Jh.) Bez. für tätl. Streitigkeiten und die darauf gesetzte Strafe; seit dem 19. Jh. in der Umgangssprache Synonym für Fehde und für (unzulässige) Selbsthilfe.

Faustulus, nach der röm. Sage der Hirte, der ↑ Romulus und Remus fand.

faute de mieux [frz. fotdə'mjø], in Ermangelung eines Besseren; im Notfall.

Fauteuil [fo'tœj; frz., zu altfrz. faldestoel „Faltstuhl"], seit dem 18. Jh. geläufige Bez. für einen vollständig gepolsterten Sessel mit Arm- und Rückenlehne.

Fautfracht [frz.] ↑ Fehlfracht.

Fautrier, Jean [frz. fotri'e], * Paris 16. Mai 1898, † Châtenay-Malabry bei Paris 21. Juli 1964, frz. Maler und Graphiker. – Vertreter der informellen frz. Malerei. Zyklus „Otages" (Geiseln; 1943–45).

Fauvismus [fo...; frz.], Stilrichtung der frz. Malerei Anfang des 20. Jh. Der impressionist. Farbzergliederung und -differenzierung setzen die fauvist. Maler Bildkompositionen in reinen Farben entgegen, dem impressionist. Illusionismus die dekorative Flächigkeit. Anläßlich des Herbstsalons 1905 in Paris wurde eine dort vertretene lose Gruppe von Malern wegen dieser als grell empfundenen Farbgebung in der Presse als die „**Fauves**" („Wilde") bezeichnet; heute ist ihre Verwurzelung in der frz. Farbkultur deutlicher. Vertreter: H. Matisse, A. Marquet, H. Manguin, A. Derain, M. de Vlaminck, O. Friesz, R. Dufy, G. Braque und K. van Dongen. Ab 1907 löste sich die Gruppe auf.

Fauxbourdon [fobur'dõ:; frz.], in der frz. Musik des 15. Jh. eine Aufführungsanweisung, durch die zwei in Oktaven und Sexten verlaufende Stimmen durch eine in parallelen Quarten zur Oberstimme verlaufende Mittelstimme klangl. ergänzt wurden.

Fauxpas [frz. fo'pa „Fehltritt"], bildungssprachlich für: Taktlosigkeit, gesellschaftlicher Verstoß.

Favart, Charles Simon [frz. fa'va:r], * Paris 13. Nov. 1710, † ebd. 12. Mai 1792, frz. Dramatiker. – Einer der Schöpfer des frz. Singspiels; schrieb etwa 150 Vaudevilles und Operetten, u. a. „Bastien und Bastienne" (1753).

Favelas [portugies.], Elendsquartiere in südamerikan. Großstädten.

Faventia, antike Stadt, ↑ Faenza.

Favoris [favo'ri:; lat.-frz.], im Biedermeier aufgekommener Backenbart, der knapp bis zum Kinn reicht.

favorisieren [lat.-frz.], begünstigen, bevorzugen.

Favorit [lat.-frz.], bevorzugter Günstling, Liebling; als Sieger erwarteter Teilnehmer eines sportl. Wettkampfes; in übertragener Bedeutung: jemand, der die größten Chancen hat, etwas zu erringen; **Favoritin,** weibl. Entsprechung zu Favorit.

Favosites [lat.], ausgestorbene Gatt. der Korallen; Leitfossil des oberen Silurs; teils verzweigte Kolonien, teils massige Stöcke.

Favre [frz. fa:vr], Jules, * Lyon 21. März 1809, † Versailles 19. Jan. 1880, frz. Politiker. – Jurist; Gegner Napoleons III. und Führer der demokrat. Republikaner; handelte als Außenmin. der „Regierung der nat. Verteidigung" (1870/71) den Waffenstillstand von 1871 aus und unterzeichnete den Frankfurter Frieden.

F., Louis, * Chêne-Bourg bei Genf 26. Jan. 1826, † im Sankt-Gotthard-Tunnel bei Göschenen 19. Juli 1879, schweizer. Ingenieur. – Erbaute den Mont-Cenis-Tunnel; übernahm 1872 den Bau des Sankt-Gotthard-Tunnels.

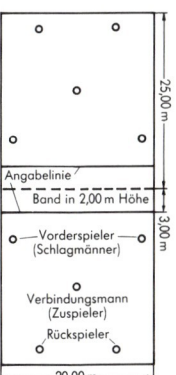

Faustball. Spielfeld

Faustkeil aus dem Abbevillien

Fauvismus. Maurice de Vlaminck, Das Haus von Chatou, 1908 (Privatbesitz)

Fayence.
Stockelsdorfer Ofen, 1773 (Hamburg, Museum für Kunst und Gewerbe)

F., Pierre (Lefèvre), latinisiert Petrus Faber, sel., *Villaret (Savoie) 13. April 1506, † Rom 1. Aug. 1546, frz. Theologe, Mitbegr. des Jesuitenordens. – Legte als erster Priester der Jesuiten 1534 mit Ignatius und fünf Gefährten die Ordensgelübde ab; gründete 1544 die erste dt. Ordensniederlassung in Köln.

Favus [lat.], svw. ↑ Erbgrind.

Faw, Al, irak. Erdölexporthafen am inneren Ende des Pers. Golfes, ständig versandend; der Endpunkt der südirak. Pipeline liegt deshalb heute 30 km vor der Küste auf einer künstl. Insel mit Tiefwassergraben.

Fawkes, Guy [engl. fɔ:ks], ≈ York 18. April 1570, † London 31. Jan. 1606, engl. Verschwörer. – Haupt der ↑ Pulververschwörung; nach deren vorzeitiger Entdeckung verurteilt und hingerichtet. Der Tag des mißlungenen Anschlags (5. Nov.) wird bis heute als **Guy Fawkes Day** mit Feuerwerk gefeiert.

Faxabucht, Bucht an der W-Küste Islands, zw. den Halbinseln **Snæfellsnes** (rd. 100 km lang) und **Reykjanes** (65 km lang). An der S-Küste liegt Reykjavík.

Faya-Largeau [frz. faˈja larˈʒo] (früher Largeau), Oasenort in der Landschaft Borkou, Republik Tschad, 268 m ü. d. M., 10 000 E. Verwaltungssitz einer Region; ✈. – L. wurde 1913 von Oberst Largeau bei der Oase Faya gegründet.

Fayalit ↑ Olivin.

Faydherbe (Faidherbe), Lucas [frz. fɛˈdɛrb], ≈ Mecheln 19. Jan. 1617, † ebd. 31. Dez. 1697, fläm. Bildhauer und Baumeister. – Gründer der Mechelner Bildhauerschule, die die Rubenstradition bis ins 18. Jh. bewahrte; zahlr. Elfenbeinarbeiten, v. a. aber Skulpturen und Terrakottareliefs. Auch Bauaufträge (Frauenkirche in Mecheln, 1663–81).

Faye, Jean-Pierre [frz. faj], *Paris 19. Juli 1925, frz. Schriftsteller. – Experimentelle Gedichte, Dramen, Romane und v. a. sprachtheoret. sowie ideologiekrit. Essays. – *Werke:* Pulsschläge (R., 1962), Die Schleuse (R., 1974), Inferno (R., 1975), Verres (Ged., 1977), Dictionnaire politique portatif en cinq mots (1982).

Fayence [faˈjãːs; frz.], weißglasierte, bemalte Irdenware, benannt nach Faenza, einem Hauptort der italien. F.produktion (**Majolika** bezeichnet technisch dasselbe; von dem Haupthandelsplatz der span. F.erzeugung, der Insel Mallorca, abgeleitet; heute einengend verwendet für die italien. zinnglasierte Töpferware). Werkstücke aus feingeschlämmten Tonsorten werden an der Luft getrocknet, darauf in Öfen bei 800 bis 900 °C verfestigt, dann in ein mit Zinndioxid angereichertes Glasurbad getaucht und noch feucht blau, grün, braun, gelb und rot bemalt. In einem zweiten Brand verschmelzen bei hoher Temperatur (bis etwa 1 100 °C) die weißdeckende Glasur und die sich in ihr einbettenden Scharffeuerfarben zu einem glänzenden Überzug. ↑ Muffelfarben ergeben eine breitere Farbpalette, sind aber nicht festhaftend und ohne große Leuchtkraft.
Geschichte: Schon das Ägypten des 4. Jt. v. Chr. kannte Farbglasuren. Die Zinnglasur, F. im engeren Sinne, stammt aus Mesopotamien, wurde aber auch in China und im Indusgebiet erfunden. Im 2. Jt. v. Chr. war F. im ganzen Vorderen Orient verbreitet (Fliesen). Die islam. Kunst, ausgehend von Persien, brachte mit der metallisch glänzenden Glasur (Lüster) eine neue Blüte der F., deren Technik im 15. Jh. in Italien bekannt wurde (Faenza und Florenz; im 16. Jh. u. a. Siena, Deruta, Gubbio, Castel Durante, Urbino, Venedig). Über die angewandte Kunst hinaus gingen z. T. die Arbeiten der Familie Della Robbia. In Frankreich entfalteten sich im 16.–18. Jh. Manufakturen (Rouen, Moustiers-Sainte-Marie), in den Niederlanden im 17. Jh. (↑ Delfter Fayencen), auch zahlr. dt. Manufakturen (die ersten in Hanau 1661 und Frankfurt am Main 1662, weitere in Berlin, Kassel, Braunschweig, Straßburg, Ansbach, Nürnberg, Bayreuth, Erfurt, Durlach, Fulda, Künersberg, Höchst, Schrezheim, Stralsund, Flörsheim). Gegen das seit dem Ende des 18. Jh. von England den Kontinent überflutende Steingut konnte sich die F. nicht halten, im Kunsthandwerk des Jugendstils hat sie jedoch wieder an Bedeutung gewonnen.

FAZ, Abk. für: **F**rankfurter **A**llgemeine **Z**eitung [für Deutschland], ↑ Zeitungen (Übersicht).

Fazenda [faˈzɛnda; portugies.], landw. Großbetrieb mit Dauerkulturanbau oder Viehwirtschaft in Brasilien.

Fäzes [lat.], svw. ↑ Kot.

Fazetie [zu lat. facetia „Witz, Scherz"], pointierte Kurzerzählung in lat. Prosa, von dem Humanisten F. G. ↑ Poggio Bracciolini eingeführt. In Deutschland sind H. Bebel (*1472, †1518) („Libri facetiarum iucundissimi", 3 Bde. 1509–14) und J. Wickram („Rollwagenbüchlein", 1555) zu nennen.

Fazialis [lat.], svw. Gesichtsnerv (↑ Gehirn).

Fazialislähmung (Fazialisparese), svw. ↑ Gesichtslähmung.

Fazialisphänomen, svw. ↑ Chvostek-Zeichen.

Fazies [...tsi-es; lat.] (Facies), in der *Geologie* die unterschiedl. (petrograph. und/oder paläontolog.) Merkmale gleichzeitig entstandener Gesteine.
▷ in der *Medizin* und *Anatomie* ↑ Facies.

Fazilettlein (Fazelet) [lat.-italien.], Taschentuch als Ziertuch im 15./16. Jh.

Fazilität [zu lat. facit „(es) macht"], Ergebnis; Resultat, Schlußfolgerung; Quintessenz.

F. B. A., [engl. ˈɛfbiːˈeɪ], Abk. für engl.: **F**ellow of the **B**ritish **A**cademy („Mgl. der Brit. Akad.").

FBI [engl. ˈɛfbiːˈaɪ], Abk. für: **F**ederal **B**ureau of **I**nvestigation, Bundeskriminalpolizei der USA, Sitz der Zentrale: Washington, D. C. Gegr. 1908 als **Bureau of Investigation,** heutige Bez. seit 1. Juli 1935. Es untersteht dem Bundesjustizminister. Aufgaben: u. a. Aufklärung von Verstößen gegen Bundesstrafrecht, Sammlung von erkennungsdienstl. Unterlagen und Beweismaterial, Spionage- und Sabotageabwehr, Staatsschutz und Schutz des Präsidenten.

FCKW, Abk. für: ↑ Fluorchlorkohlenwasserstoffe.

F'Derik, Regionshauptstadt in NW-Mauretanien, 10 000 E. ✈; Abbau der Eisenerze des Bergmassivs **Kédia d'Idjil,** an dessen W-Seite F'D. liegt.

FDGB, Abk. für: ↑ **F**reier **D**eutscher **G**ewerkschaftsbund.

FDJ, Abk. für: ↑ **F**reie **D**eutsche **J**ugend.

FdP, übl., jedoch nicht parteioffizielle Abk. für: ↑ **F**reisinnig-**d**emokratische **P**artei der Schweiz.

FDP (F.D.P.), Abk. für: ↑ **F**reie **D**emokratische **P**artei.

Fe, chem. Symbol für ↑ Eisen.

Fearnley, Thomas [norweg. ˈfærnli], *Frederikshald (= Halden) 27. Dez. 1802, † München 16. Jan. 1842, norweg. Maler und Radierer. – F. begr. mit J. C. Dahl die norweg. Landschaftsmalerei.

Feature [ˈfiːtʃə; engl. „Aufmachung" (zu lat. factura „das Machen")], Bericht, der die wesentl. Punkte eines Sachverhaltes skizziert; im *Zeitungswesen* mit den Stilmitteln der Reportage zur Erläuterung von Zusammenhängen; im *Hörfunk* Sendetyp ohne Spielhandlung, der aktuelle Er-

Fayence. Apothekerkanne aus Castel Durante, Italien, um 1535 (Privatbesitz)

Fécamp. Likörfabrik der Benediktinerabtei im Stil der Gotik und Renaissance, 1892

eignisse publikumswirksam aufbereitet; gestaltet bei *Film* und *Fernsehen* undramat. Stoffe und Sachverhalte, hat primär dokumentar. Charakter.

febril [lat.], fieberhaft, fiebrig, mit Fieber einhergehend (auf Krankheiten bezogen).

Febris [lat.], svw. ↑Fieber; **Febris quintana,** svw. ↑Fünftagefieber; **Febris recurrens,** svw. ↑Rückfallfieber.

Febronianismus [nlat.], nach dem Pseud. J. N. von Hontheims (Justinus Febronius) ben., im 18. Jh. entstandene kirchenpolit. Richtung; Betonung der Rechte und Freiheiten der dt. Reichskirche; Versuch, die päpstl. Primatansprüche zurückzudrängen, um günstigere Voraussetzungen für die Wiedervereinigung der christl. Kirchen zu schaffen. Der F. anerkannte zwar grundsätzlich die Unabhängigkeit der Kirche, führte aber in der Praxis zu einer Oberhoheit des Staates über die Kirche. Hauptvertreter des F. waren die Erzbischöfe von Köln, Mainz, Trier und Salzburg. Seine Wirkung auf die Kirchen- und Geistesgeschichte des 18. und 19. Jh. war beachtlich. Dabei fand nicht der Unterstützung der Bischöfe, die die Macht der Metropoliten entschiedener ablehnten als die des Papstes.

Febronius, Justinus ↑Hontheim, Johann Nikolaus von.

Februar (lat. Februarius [mensis] „Reinigungsmonat"), 2. Monat des Jahres; hat 28, in Schaltjahren 29 Tage; alter dt. Name: **Hornung.** – Im alten Rom mit 28 Tagen letzter Monat des bürgerl. Jahres.

Februarpatent, im Febr. 1861 von Kaiser Franz Josef erlassene östr. Gesamtverfassung, die ein zentralist. System schuf und das Fundament des Konstitutionalismus von 1867 legte; teilte die Legislative zw. Krone und den 2 Kammern des Reichsrats; 1865 aufgehoben.

Februarrevolution, am 24. Febr. 1848 in Paris ausgebrochene Revolution; führte zum Sturz der Julimonarchie, zur Errichtung der Zweiten Republik und, in europ. Ausweitung, zur Märzrevolution.
▷ die erste Phase der russ. Revolution im März (nach dem damals in Rußland gültigen Kalender Febr.) 1917, die zum Sturz der Zarenherrschaft (Ende der Dynastie Romanow) und zur Ausrufung der Republik führte; ausgelöst durch den für Rußland katastrophalen Verlauf des 1. Weltkrieges. Das Nebeneinander (sog. „Doppelherrschaft") von bürgerl. Provisor. Reg. und revolutionären Räteorganen (v. a. Petrograder Sowjet der Arbeiterdeputierten) mündete in die ↑Oktoberrevolution.

Februarunruhen (Februarputsch), die z. T. bürgerkriegsähnl. Unruhen im Febr. 1934 in Österreich zw. dem (1933 verbotenen) sozialdemokrat. Schutzbund einerseits und den Heimwehren sowie der Reg. Dollfuß andererseits; führten zur Zerschlagung der östr. Sozialdemokratie.

fec., Abk. für: **fec**it [lat. „hat (es) gemacht"], häufig hinter dem Namen des Künstlers auf Bildwerken.

Fécamp [frz. fe'kã], frz. Hafenstadt in der Normandie, Dep. Seine-Maritime, 21 700 E. Fischereihafen; Likördestillerie der Benediktiner; Seebad und Segelsportzentrum. – Die Benediktinerabtei, um 600 gegr., war seit 1001 Zentrum monast. Reform. – Frühgot. Kirche der ehem. Abtei (12. Jh.).

Fechner, Gustav Theodor, *Groß-Särchen bei Muskau (Lausitz) 19. April 1801, †Leipzig 18. Nov. 1887, dt. Physiker, Psychologe und Philosoph. – 1834–39 Prof. für Physik, ab 1843 für Naturphilosophie und Anthropologie in Leipzig. Seinen Bemühungen, für das Psychische ein physikal. Maß zu finden, entspringt die Erweiterung des von E. H. Weber aufgestellten Gesetzes zum ↑Weber-Fechnerschen Gesetz (1860). Begr. der experimentellen Psychologie und der psycholog. Ästhetik.

F., Max, *Rixdorf (= Berlin) 27. Juli 1892, †Berlin (Ost) 13. Sept. 1973, dt. Politiker. – Ab 1911 Mgl. der SPD (1917–22 der USPD), 1928–33 preuß. MdL; 1933/34 und 1944 im KZ; 1945 Vors. des Zentralausschusses der SPD; ab 1946 Mgl. der SED, ab 1950 Mgl. des ZK der SED; 1949–53 Justizmin. der DDR; 1953 als Staatsfeind inhaftiert (bis 1956) und aus der SED ausgeschlossen; seit 1958 wieder SED-Mitglied.

Fechnersches Gesetz, svw. ↑Weber-Fechnersches Gesetz.

Fechser [zu althochdt. fahs „Haar"], unterird. Abschnitte vorjähriger Triebe, aus deren Knospen sich im Frühjahr die neuen Laubsprosse bilden.

Fechten, sportl. Zweikampf auf einer 14 m langen Fechtbahn, bei dem der Gegner mit einer bestimmten Waffe regelgerecht zu treffen ist. Man unterscheidet **Florettfechten,** bei dem mit dem Florett, einer leichten Stoßwaffe, ausschließlich der Rumpf zu treffen ist, **Degenfechten** (beides auch für Damen), bei dem mit dem Degen der ganze Körper getroffen werden kann, und **Säbelfechten,** bei dem mit einem leichten Säbel auf Hieb und Stoß nur Oberkörper, Kopf und Arme Trefffläche sind. Fünf Treffer auf einer Seite oder 6 Minuten reine Kampfzeit beenden in Vorrunden das Gefecht; in Direktausscheidungen wird im K.-o.-System auf 2 Siegegefechte zu 5 Treffern weitergefochten.

Fechter, Paul, *Elbing 14. Sept. 1880, †Berlin 9. Jan. 1958, dt. Journalist, Schriftsteller und Literarhistoriker. – Kritiker führender Berliner Blätter, verfaßte als Literarhistoriker u. a. „Der Expressionismus" (1914), „Geschichte der dt. Literatur" (3., umgearbeitete Auflage 1952), „Das europ. Drama" (3 Bde., 1956–58); Verf. humorvoller Berlin- und Ostpreußenromane; Erinnerungen.

Fedajin (arab. Fidaijjun „die sich Opfernden"; Einz. Fidai), Name der im Untergrund gegen Israel kämpfenden palästinens. Araber.

Fédala ↑Mohammedia.

Feddersen, Berend Wilhelm, *Schleswig 26. März 1832, †Leipzig 2. Juli 1918, dt. Physiker. – Sein Nachweis, daß in einem aus Induktivität, Kapazität und ohmschem Widerstand bestehenden Stromkreis elektr. Schwingungen entstehen, wurde grundlegend für die Entwicklung der elektr. Nachrichtentechnik.

Feddersen Wierde, im Marschgebiet nördl. von Bremerhaven gelegene vorgeschichtl. Wurt (200 m breit, bis zu 4 m ü. d. M. hoch, Fläche von fast 4 ha). Ausgrabungen 1955–61 belegten die mehrphasige Besiedlung vom 1. Jh. v. Chr. bis Anfang des 5. Jh. n. Chr.

Feder, Gottfried, *Würzburg 27. Jan. 1883, †Murnau 24. Sept. 1941, dt. Politiker (NSDAP). – Beeinflußte Hitler mit seinen Thesen von der „Brechung der Zinsknechtschaft des Geldes"; MdR 1924–36; verlor an Einfluß, als Hitler die Unterstützung der Unternehmer zu gewinnen suchte.

Feder, svw. ↑Vogelfeder.
▷ ↑Schreibfeder.

Gustav Theodor Fechner

Max Fechner

Florettfechten

Säbelfechten

Degenfechten

Fechten. Trefflächen

Federal Bureau of Investigation

▷ Maschinenelement, das sich bei Belastung elastisch verformt; dient zur Stoßdämpfung, Energiespeicherung, Kraftmessung, Massesteuerung, Verspannung, Schwingungstilgung und zum Kraftausgleich. Benannt werden F. nach ihrem Verwendungszweck (Uhr-F., Fahrzeug-F. usw.), ihrer Beanspruchung (Zug-, Druck-, Biege-, Torsions- bzw. Verdreh-F.) und/oder Gestalt (Rechteck-, Blatt-, Dreieck-, Trapez-, Spiral-, Schrauben-, Kegel-, Kegelstumpf-, Ring-, Teller-F., Drehstab). Die **Federkennlinie (Federcharakteristik)** stellt den Zusammenhang zw. Federkraft und Federweg (bei Verdreh-F. zw. einwirkendem Drehmoment und dem hervorgerufenen Verdrehwinkel) dar.
▷ ↑ Nut.

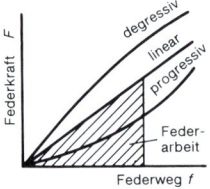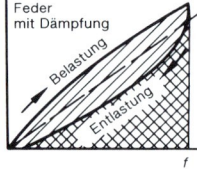

Feder. Federkennlinie

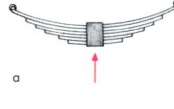
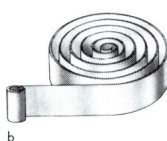
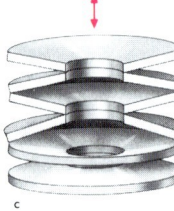

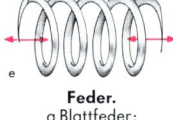

Feder.
a Blattfeder;
b Spiralfeder;
c Tellerfeder (Schnittbild);
d Schraubenzugfeder;
e Schraubendruckfeder

Federal Bureau of Investigation [engl. 'fɛdərəl bjʊ-'roʊ əv ɪnvɛstɪ'geɪʃən „bundesstaatl. Ermittlungsabteilung"] ↑ FBI.

Federalist Party [engl. 'fɛdərəlɪst 'pɑːtɪ „föderalist. Partei"], polit. Gruppe in den USA 1791–1817, die unter Führung G. Washingtons, A. Hamiltons und J. Adams' für eine starke Bundesregierung kämpfte; Vorläufer der Republikan. Partei.

Federal Reserve System [engl. 'fɛdərəl rɪ'zɜːv 'sɪstɪm, „Bundes-(Währungs-)Reserven-System"], Abk. FRS, das zweistufige Notenbanksystem in den USA; es besteht aus dem *Board of Governors* (BOG), der für die Geld- und Kreditpolitik zuständig ist (vom Präsidenten der USA mit Zustimmung des Senats ernannte Mgl.), und den 12 *Federal Reserve Banks* (FRB), deren wichtigste Funktionen die Geld- und Kapitalversorgung (Notenausgaberecht) der ihnen angeschlossenen Mitgliedsbanken *(Member banks)* und deren Überwachung sind. Die FRB sind gemeinwirtschaftlich organisierte Aktiengesellschaften, deren Grundkapital von den Mitgliedsbanken (National banks und ein Teil der State banks) aufgebracht wird.

Federal style [engl. 'fɛdərəl 'staɪl], Bez. einer frühen Phase in der amerikan. Architektur (1790–1820), entstanden aus dem engl. „Georgian style". Die Ziegelsteinhäuser sind weiß gestrichen oder haben weiße Türen und Fensterrahmen. Der F. s. ging in den Neoklassizismus über.

Fédération de la Gauche Démocrate et Socialiste [frz. federa'sjɔ̃ dəla'goʃ demɔ'kratesɔsja'list], Abk. FGDS, „Vereinigung der demokrat. und sozialist. Linken" in Frankreich; 1965–68 Dachverband der nichtkommunist. sozialist. Parteien SFIO (Section Française de l'Internationale Ouvrière), der CIR (Convention des Institutions Républicaines), von Teilen der Radikalsozialist. Partei und verschiedenen Linksklubs; erster Vors. war F. Mitterrand.

Fédération Nationale des Républicains Indépendants [frz. federa'sɔ̃ nasjɔ'nal derepybli'kɛz ɛ̃depɑ̃'dɑ̃], Abk. FNRI, „Nat. Vereinigung der Unabhängigen Republikaner", 1966 von V. Giscard d'Estaing gegr. frz. Partei; 1977 umbenannt in **„Parti Républicain"**.

Federbalg ↑ Vogelfeder.
Federball ↑ Badminton.
Federboa, Halsschmuck aus Straußenfedern.
Federborstengras (Pennisetum), Gatt. der Süßgräser mit etwa 150 Arten, v. a. in Afrika; Ährchen an Grund von einem Kranz langer Borsten umgeben. Nutzpflanzen sind das bis 7 m hohe **Elefantengras** (Pennisetum purpureum) und die formenreiche Art **Negerhirse** *(Perl-, Pinsel-, Rohrkolbenhirse,* Pennisetum spicatum; Brei- und Bierbereitung).
Federbrett, federndes Sprungbrett für Sprünge über Pferd, Bock, Kasten usw.

Federbusch, eine schon im Altertum übliche Helmverzierung.
Federgewicht ↑ Sport (Gewichtsklassen, Übersicht).
Federgras (Pfriemengras, Stipa), Gatt. der Süßgräser mit etwa 250 Arten in Steppen und Wüsten der ganzen Welt; meist hohe, rasenbildende Gräser mit schmalen Rispen und langen, pfriemförmigen oder federig behaarten Grannen. Die in M-Europa vorkommenden Arten, u. a. **Echtes Federgras** (Stipa pennata) mit bis über 30 cm langen, federigen Grannen und **Haarfedergras** (Stipa capillata) mit 10–25 cm langen, kahlen Grannen, sind geschützt.
Federgrassteppe, Form der Steppe, die sich an die Grassteppe anschließt und in die Wermutsteppe übergeht, gekennzeichnet durch zahlr. Federgrasarten.
Federighi, Antonio [italien. fede'riːgi] (A. di Federigo dei Tolomei), *Siena um 1420, †ebd. um 1490, italien. Baumeister und Bildhauer. – 1451 übernahm er die Bauleitung der Domfassade in Orvieto, für die er u. a. die Statuennischen entwarf und einige Apostel ausführte. Ab 1456 war er Leiter der Dombauhütte in Siena, wo er die Statuen der Loggia della Mercanzia (1456–63) und die beiden Weihwasserbecken für den Dom (Einfluß Iacopo della Quercias) schuf.
Federkennlinie ↑ Feder.
Federkiel ↑ Vogelfeder.
Federkiemenschnecken (Valvatidae), Fam. der Vorderkiemer mit zahlr. Arten, v. a. in den Süßgewässern der Nordhalbkugel; sehr kleine Schnecken mit etwa 7 mm hohem, kugeligem bis scheibenförmigem Gehäuse.
Federkleid, svw. ↑ Gefieder.
federlesen, sich einschmeicheln, liebedienern; **nicht viel Federlesens machen,** keine Umstände machen.
Federlinge (Haarlinge, Läuslinge, Kieferläuse, Mallophaga), mit etwa 3000 Arten weltweit verbreitete Ordnung flachgedrückter, 0,8–11 mm großer, flügelloser Insekten, die ektoparasitisch im Federkleid der Vögel und im Fell der Säugetiere leben. Die F. fressen Keratin der Hautschuppen, Feder- und Haarteile.
Federman, Raymond [engl. 'fɛdəmən], *Paris 15. Mai 1928, amerikan. Schriftsteller frz. Herkunft. – Wanderte 1947 nach den USA aus. Seine Romane „Alles oder Nichts" (1971), „Take it or leave it" (1976), „Eine Liebesgeschichte oder sowas" (1985) verbinden autobiograph. Themen und experimentelle Erzähltechniken. Auch Hg. postmoderner Literaturkritik.
Federmann, Nikolaus, *Ulm um 1505, †in Spanien Febr. 1542, dt. Handelsbeauftragter und Konquistador. – Kam 1530, erneut 1534/35 im Dienste der Welser nach Venezuela; unternahm einen Zug zum nördl. Stromgebiet des Orinoko bzw. 1536/37 auf die Hochfläche des Chibchareiches, wo er das heutige Bogotá gründete.
F., Reinhard, *Wien 12. Febr. 1923, †ebd. 29. Jan. 1976, östr. Schriftsteller. – Erzähler und Dramatiker, oft in Zusammenarbeit mit Milo Dor. Schrieb u. a. „Das Himmelreich der Lügner" (R., 1959).
Federmoos, (Ptilium crista-castrensis) hell- bis gelbgrünes, kalkmeidendes Laubmoos mit bis 20 cm langen Stengeln, die dicht zweizeilig gefiedert sind.

Federmoos. Ptilium crista-castrensis

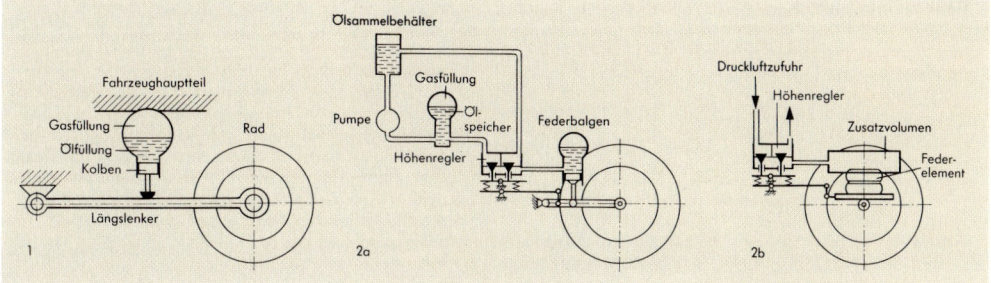

Federung. 1 hydropneumatische Feder an einer Längslenkerachse; 2 Niveauregelung bei einer hydropneumatischen (a) und bei einer einfachen Luftfederung (b); der Höhenregler ist zwischen Achse oder Lenker und Fahrzeughauptteil eingebaut

▷ (Amblystegium riparium) Art der Gatt. Stumpfdeckelmoos; hellgrünes, zierlich gefiedertes Moos, das in und an Gewässern zu finden ist; beliebte Aquarienpflanze.

Federmotten, (Federgeistchen, Pterophoridae) mit etwa 600 Arten weltweit verbreitete Fam. 1–2 cm spannender Kleinschmetterlinge; Vorderflügel meist in zwei, die Hinterflügel in drei Zipfel mit Fransen gespalten.
▷ (Geistchen, Orneodidae) mit etwa 100 Arten weltweit verbreitete Fam. 1–2 cm spannender Kleinschmetterlinge; Vorder- und Hinterflügel in je 6 Federn gespalten.

Federn (F. und Teeren) ↑Teeren und Federn.
Federnelke ↑Nelke.
Federpapille ↑Vogelfeder.
Federring, Schraubensicherung in Form eines geschlitzten Rings, dessen Enden in axialer Richtung aufgebogen sind.
Federscheide ↑Vogelfeder.
Federsee, See in Oberschwaben, Bad.-Württ., 1,4 km², bis 3,15 m tief; 1939 samt Röhrichtgürtel unter Naturschutz gestellt, um die einzigartige Flora und Fauna zu erhalten.
Vorgeschichte: Das Gebiet des F. gehört seit der Entdeckung des ersten Freilandwohnplatzes von Rentierjägern des Magdalénien an der Schussenquelle 1866 und der ersten Ausgrabung neolith. Hausgrundrisse 1875 im Steinhauser Ried zu den archäolog. am besten erforschten in M-Europa; von überregionaler Bed.: spätmesolith. Wohnplatz Tannstock, Fundplätze der mittelneolith. Aichbühler Gruppe und der jungneolith. (1. Hälfte 3. Jt. v. Chr.) Schussenrieder Gruppe (bes. durch eine verzierte Henkelkrugform gekennzeichnet) u.a., die fälschlich als „Wasserburg Buchau" bezeichnete spätbronzezeitl. Moorsiedlung und der Depotfund von Kappel aus der späten La-Tène-Zeit.
Federseele ↑Vogelfeder.
Federspiel, Jürg, * Zürich 28. Juni 1931, schweizer. Schriftsteller. – Schreibt v.a. kurze Prosastücke, u.a. „Orangen und Tode" (En., 1961), „Der Mann, der Glück brachte" (En., 1966), „Museum des Hasses. Tage in Manhattan" (Bericht, 1969), „Partuga kehrt zurück" (En., 1973), „Die Liebe ist eine Himmelsmacht. 12 Fabeln" (1985), „Geographie der Lust" (R., 1989).
Federspiel, wm. Bez. für einen an einer langen Schnur befestigten, befiederten Köder, der den zur Beizjagd verwendeten Greifvogel zur Faust des Falkners zurücklockt.
Federspule ↑Vogelfeder.
Federstahl, bes. kohlenstoffarmer Stahl, der wegen seiner Elastizität zur Herstellung von Federn geeignet ist; z.B. Silicium-Stahl, Silicium-Chrom-Stahl, Nickel-Chrom-Molybdän-Stahl.
Federstrahlen ↑Vogelfeder.
Federung, Element der Rad- bzw. Achsaufhängung bei Fahrzeugen, insbes. bei Kfz; federt die Räder bzw. die Achsen gegenüber der Karosserie ab. Sie ist notwendig zur Erhöhung des Fahrkomforts, zur Verbesserung des Fahrverhaltens (Lenkung, Bremsen, Kraftübertragung) und zum Schutz der transportierten Menschen und Güter. Die F. soll Fahrbahnstöße auffangen und in kontrollierte, gedämpfte Schwingungen ableiten. In der Kfz-Technik finden Verwendung: [geschichtete] Blattfedern, Drehstäbe, Schraubenfedern, Federbeine, Gummiblöcke u.a. Bei der Luftfederung wird Luft in einem Gummibalg, bei der hydropneumat. Federung Gas in einem ansonsten mit Hydrauliköl gefüllten Druckgefäß komprimiert; gleichbleibende Bodenfreiheit durch zusätzl. Einpumpen von Luft bzw. Öl.
Federwaage ↑Waagen.
Federwechsel, svw. ↑Mauser.
Federweißer, bei der alkohol. Gärung des Traubenmosts entstehender milchtrüber, moussierender, alkohol-, hefe- und vitaminreicher und stoffwechselfördernder Saft.
Federwild, svw. ↑Flugwild.
Federwolken, svw. Zirrus (↑Wolken).
Federzeichnung, mit Feder und Tusche oder Tinte (auch farbig, z.B. Sepia) ausgeführte Zeichnung auf (früher oft grundiertem) Papier, z.T. ein- oder mehrfarbig getönt (laviert) oder weiß gehöht.

Federzeichnung. Pisanello, Allegorie der Luxuria, um 1425/1430 (Wien, Albertina)

Federzinkenegge ↑Egge.
Federzoni, Luigi [italien. feder'tso:ni], * Bologna 27. Sept. 1878, † Rom 24. Jan. 1967, italien. Journalist und Politiker. – 1910 Mitbegr. der nationalist. Bewegung; seit 1913 Abg., 1922 als Ratgeber Viktor Emanuels III. beteiligt an der Machtergreifung Mussolinis; sorgte 1923 für die Verschmelzung von nationalist. und faschist. Partei; Innenmin. 1924–26, Senatspräs. 1929–39; stimmte 1943 im Großrat des Faschismus gegen Mussolini.
Fedin, Konstantin Alexandrowitsch, * Saratow 24. Febr. 1892, † Moskau 15. Juli 1977, russ. Schriftsteller. – In seinem ersten Roman, „Städte und Jahre" (1924), ist der Einfluß der dt. Expressionisten spürbar. Die Romane „Frühe Freuden" (1945), „Ein ungewöhnl. Sommer" (1947/48) und „Die Flamme" (1961) bilden eine Trilogie über die Zeit des vorrevolutionären Rußlands bis in die ersten Jahre des 2. Weltkriegs.

Federlinge. Hundehaarlinge

Jürg Federspiel

Fedtschenkogletscher

Fedtschenkogletscher, mit rd. 77 km längster außerarkt. Gletscher auf dem Gebiet der GUS, im Pamir, vom Pik Revolution ausgehend; Eismächtigkeit bis 1 000 m.

Feedback [engl. 'fiːdbæk, eigtl. „Rückfütterung"], svw. ↑Rückkopplung.

Feeling [engl. 'fiːlɪŋ], Verständnis durch Einfühlung; Einfühlungsvermögen, Gefühl.

Feen [zu lat. fatum „Schicksal"], meist als gütig gedachte weibl. Geister, die in das menschl. Schicksal eingreifen. F. spielen im Volksglauben, in der altfrz. Dichtung und im Märchen eine bed. Rolle.

Feerie [feəˈriː; lat.-frz.], szen. Aufführung einer Feengeschichte (auch als Singspiel, Oper, Ballett, Pantomime) mit großem Ausstattungsaufwand; seit dem 18. Jh. beliebt, u. a. die Zauberstücke F. Raimunds.

Feet [engl. fiːt], Mrz. von ↑Foot.

Fegefeuer [zu mittelhochdt. vegen „reinigen"] (Fegfeuer, Reinigungszustand, lat. Purgatorium), in der kath. Kirche Zustand der Läuterung des Menschen nach dem Tod. Die Lehre vom F. geht davon aus, daß im Tode endgültig über das Schicksal des Menschen entschieden wird. Sie löst die Spannung zw. einer mögl. Vollendung und der tatsächl. Unfertigkeit des Menschen durch den Glauben, daß diejenigen, die in der Gnade Gottes sterben, durch die Sühnetat Christi und die Fürbitte der Kirche gereinigt und vollendet werden. – Die bedeutendste dichter. Darstellung des F. findet sich in Dantes „Divina Commedia".

fegen, wm. für: den ↑Bast abscheuern.

Feh (Grauwerk), Handelsbez. für den Pelz aus den oberseits einfarbig grauen, unterseits weißen Fellen nordosteurop. und sibir. Unterarten des Eichhörnchens.

Fehde, in der german. Zeit und im MA tätl. Feindseligkeit bzw. Privatkrieg zw. Einzelpersonen, Sippen oder Familien zur Durchsetzung von Rechtsansprüchen; seit der germanisch-fränk. Zeit neben dem ordentl. Rechtsweg als legitimes Mittel anerkannt; durch das Waffenverbot für Bürger und Bauern und durch verschiedene Vorschriften eingeschränkt, v. a. die Forderung nach vorheriger Erschöpfung des Rechtsweges, nach förml. Ankündigung **(Fehdebrief)** und den Sühnezwang; Bestrebungen zur Eindämmung des F.wesens seit dem 11. Jh. in verschiedenen Gottes- und Landfrieden; im Ewigen Landfrieden von 1495 absolutes Verbot.

Fehdehandschuh, bei der ritterl. Fehde der Handschuh, der dem zum Zweikampf Herausgeforderten zugeworfen wurde.

Fehlbelegungsabgabe, Abgabe, die die Differenz zw. der Sozialmiete und der entsprechenden Durchschnittsmiete auf dem freien Wohnungsmarkt ausgleichen soll (1982 in der BR Deutschland eingeführt). Die F. gilt für Mieter öff. geförderter Wohnungen von einer bestimmten Einkommensgrenze an; die Bundesländer regeln ihre Einforderung.

Fehlbildung, svw. ↑Mißbildung.

Fehldruck, mangelhafter, mit textl. und techn. Fehlern behafteter Auflagendruck. Die F. von Kleindrucken (Briefmarken) sind Sammelgegenstand.

fehlerhafte Gesellschaft (auch faktische Gesellschaft), Personengesellschaft, die auf einem nichtigen Gesellschaftsvertrag beruht oder der kein Gesellschaftsvertrag zugrunde liegt. Die Rechte gutgläubiger Dritter, die mit der f. G. in Rechtsverkehr treten, werden geschützt.

Fehlerrechnung (Fehlertheorie), Teilgebiet der angewandten Mathematik, das sich mit den Methoden zur Erfassung der bei der Messung einer Größe auftretenden Fehler befaßt. Diese **Fehler** teilt man ein in systemat. und in zufällige Fehler. **Systematische Fehler** sind die durch Unvollkommenheiten der Meßvorrichtungen, durch Umwelt (z. B. Temperatur) oder durch den Beobachter selbst verursachten Fehler. Sie lassen sich weitgehend beseitigen oder doch hinreichend genau berücksichtigen; Methoden dafür liefert die **Ausgleichsrechnung,** mit deren Hilfe aus einer Reihe von streuenden Meßwerten der wahrscheinlichste Wert ermittelt wird. **Zufällige Fehler** werden durch nicht unmittelbar erfaßbare Einflüsse bewirkt. Sie lassen sich nur im Mittel mit statist. Methoden bestimmen.

Fehlfarbe, im Kartenspiel die Farbe, die nicht Trumpf ist bzw. die der Spieler nicht hat.

▷ Zigarre mit Schönheitsfehlern (fleckig, marmoriert) auf dem Deckblatt; i. d. R. ohne Qualitätsverlust.

Gesetzliche Feiertage

	Deutschland	Baden-Württemberg	Bayern	Berlin	Brandenburg	Bremen	Hamburg	Hessen	Mecklenburg-Vorpommern	Niedersachsen	Nordrhein-Westfalen	Rheinland-Pfalz	Saarland	Sachsen	Sachsen-Anhalt	Schleswig-Holstein	Thüringen	Österreich	Schweiz
Neujahr (1.1.)	×	×	×	×	×	×	×	×	×	×	×	×	×	×	×	×	×	×	×
Hl. Drei Könige (6.1.)		×	×															×	×[1]
Karfreitag	×	×	×	×	×	×	×	×	×	×	×	×	×	×	×	×	×	—	×[1]
Ostermontag	×	×	×	×	×	×	×	×	×	×	×	×	×	×	×	×	×	×	×[1]
1. Mai	×	×	×	×	×	×	×	×	×	×	×	×	×	×	×	×	×	×	×[1]
Christi Himmelfahrt	×	×	×	×	×	×	×	×	×	×	×	×	×	×	×	×	×	×	×[2]
Pfingstmontag	×	×	×	×	×	×	×	×	×	×	×	×	×	×	×	×	×	×	×[1]
Fronleichnam		×	×					×			×	×	×					×	×[1]
Bundesfeier (1.8.)																			×[1]
Mariä Himmelfahrt (15.8.)			+										×					×	×[1]
Tag der dt. Einheit (3.10.)	×	×	×	×	×	×	×	×	×	×	×	×	×	×	×	×	×		
Nationalfeiertag (26.10)																		×	
Reformationstag (31.10)					×				×					×	×		×		
Allerheiligen (1.11.)		×	×								×	×	×					×	×[1]
Buß- und Bettag	×	×	×	×	×	×	×	×	×	×	×	×	×	×	×	×	×		×[3]
Mariä Empfängnis (8.12.)																		×	
1. Weihnachtstag (25.12.)	×	×	×	×	×	×	×	×	×	×	×	×	×	×	×	×	×	×	×[1]
2. Weihnachtstag (26.12.)	×	×	×	×	×	×	×	×	×	×	×	×	×	×	×	×	×	×	×[1]

× in allen Gemeinden bzw. Kantonen; + nur in Gemeinden mit überwiegend kath. Bev.; — nur für Angehörige der ev. Kirche; [1] nicht in allen Kantonen; [2] in der Schweiz „Auffahrt" genannt; [3] in der Schweiz als Eidgenöss. Buß- und Bettag am 3. Sonntag im September.

Fehlfracht (Fautfracht, Forfeit, Reugeld), Abstandssumme, die ein Befrachter an eine Speditionsfirma bzw. Reederei zahlen muß, wenn er vom Vertrag zurücktritt.

Fehlgeburt (Abort), Abgang einer Frucht mit Nachgeburt (mit einem Gewicht unter 1 000 g) ohne nachweisl. Lebenszeichen (Herzschlag, Atmung) innerhalb der ersten 28 Schwangerschaftswochen. Die **unvollständige Fehlgeburt** (Abortus incompletus) ist eine F., bei der Teile der Frucht oder Nachgeburt nicht ausgestoßen werden; die **vollständige Fehlgeburt** (Abortus completus) führt zum Abgang der Frucht und der gesamten Nachgeburt.

Fehlhandlung, svw. ↑ Fehlleistung.

Fehling, Hermann von (seit 1854), *Lübeck 9. Juni 1812, † Stuttgart 1. Juli 1885, dt. Chemiker. – Prof. in Stuttgart. F. befaßte sich u. a. mit den Aldehydsynthesen und führte die **Fehlingsche Lösung** (Kupfersulfat- oder -tartratlösung) als Nachweismittel für reduzierend wirkende Stoffe (z. B. Traubenzucker) in die analyt. Chemie ein.

Fehlleistung (Fehlhandlung), Handlung, bei der auf Grund unterschiedl. Störungen das erstrebte Handlungsziel nicht erreicht wird. Typ. F. sind das Sichversprechen und das Sichverschreiben.

Fehlordnung (Gitterbaufehler, Kristallbaufehler), Abweichungen realer Kristalle in ihrem strukturellen Aufbau sowie in ihrer chem. Zusammensetzung von den sog. Idealkristallen. *Nulldimensionale* F. (Punktdefekte) sind Gitterleerstellen, besetzte Zwischengitterplätze, Fremdatome und Unordnungen in binären Kristallen. Sie beeinflussen bes. viele physikal. Eigenschaften von Metallen und Halbleitern. *Eindimensionale* F. sind Versetzungen, die bes. das elast. Verhalten ändern. *Zweidimensionale* F. sind Kristalloberflächen, Korngrenzen und Stapelfehler, *dreidimensionale* F. Phaseneinschlüsse. Zwei- und dreidimensionale F. bestimmen meistens die mechan. Eigenschaften.

Fehlschluß (Paralogismus), in der Logik ein Schluß, der die Gesetze der Logik verletzt und bei dem aus wahren Prämissen (irrtümlich oder bewußt) auf eine falsche Konklusion geschlossen wird.

Fehlsichtigkeit, auf Refraktionsanomalien (↑ Brechungsfehler) des Auges beruhende Verminderung der Sehleistung bei bestimmten Augeneinstellungen, z. B. Kurzsichtigkeit, Weitsichtigkeit, Alterssichtigkeit.

Fehlweisung (Mißweisung) ↑ Deklination.

Fehlzündung, die Entzündung des Luft-Kraftstoff-Gemischs bei einem Ottomotor erst im heißen Auspuffrohr und nicht im Zylinder.

Fehmarn, Ostseeinsel, 185,4 km², 12 000 E, Schl.-H., durch den 18 km breiten **Fehmarnbelt** von der dän. Insel Lolland, durch den 1 km breiten, seit 1963 von einer Hochbrücke (Straßen- und Eisenbahnverkehr) überspannten **Fehmarnsund** von der Halbinsel Wagrien getrennt. Getreide- und Feldgemüsebau; Fremdenverkehr. Fährhafen Puttgarden (Vogelfluglinie nach Skandinavien). Einzige Stadt ist Burg auf Fehmarn. – F. (von slaw. vemorje „im Meere") wurde um 1075 erstmals erwähnt, seit Mitte 12. Jh. von dt. Bauern besiedelt, gehörte schon 1231 zum Hzgt. Schleswig. Die Landschaft F. besaß bis ins 19. Jh. die Selbstverwaltung. 1866 mit Schleswig an Preußen.

Fehn (Venn) [niederdt.; zu niederl. veen „Morast"], sumpfiges, mooriges Gelände, oft in Hochmoor übergehend.

Fehnkultur, Ende des 16. Jh. aufgekommene Methode zur Gewinnung landw. Nutzflächen auf Moorböden; die oberste Weißtorfschicht wird nach Abtorfung der restl. Moorschichten zur Gewinnung des Kulturbodens mit dem sandigen, mineral. Untergrund vermischt.

Fehrbellin, Stadt in Brandenburg, 3 000 E. Herstellung von techn. Textilien und Förderbändern. – Das seit 1217 belegte Bellin erhielt im 17. Jh. den Namen F.; v. a. bekannt durch den Sieg Kurfürst Friedrich Wilhelms von Brandenburg über die Schweden (28. Juni 1675) unter Feldmarschall W. Wrangel.

Fehrenbach, Konstantin, *Wellendingen (= Bonndorf im Schwarzwald) 11. Jan. 1852, † Freiburg im Breisgau 26. März 1926, dt. Politiker (Zentrum). – Namhafter Strafverteidiger; 1885–87 und 1901–13 bad. MdL (2. Kammer; Präs. 1907–09), seit 1903 MdR; 1918 Reichstagspräs. und Präs. der Weimarer Nat.versammlung; 1920/21 Reichskanzler; seit 1924 Vors. der Reichstagsfraktion.

Feichtmair ↑ Feuchtmayer.

Feierabendheim, regionale Bez. für Altersheim.

feierliches Gelöbnis, durch § 9 SoldatenG festgelegtes Gelöbnis der auf Grund der Wehrpflicht ihren Wehrdienst ableistenden Soldaten in der BR Deutschland, mit dem sie ein Bekenntnis zu ihren Pflichten ablegen.

Feierschicht, vorübergehendes Aussetzen der Arbeit im Ggs. zu vorübergehender Kürzung der normalen Arbeitszeit (Kurzarbeit). Grundsätzlich ist ein Arbeitgeber, der F. anordnet, zur Fortzahlung des Lohnes verpflichtet, sofern nicht eine entgegenstehende Vereinbarung im Tarifvertrag, der Betriebsvereinbarung oder im Arbeitsvertrag getroffen wurde.

Fehmarn. Brücke über den Fehmarnsund, 1963 vollendet

Feiertage, Tage, die einen bes. rechtl. Schutz genießen. Die i. d. R. durch Landesrecht festgelegten **gesetzliche Feiertage** sind Tage allg. Arbeitsruhe. Einige F. (wie z. B. je nach Landesrecht Karfreitag, Allerheiligen, Buß- und Bettag sowie der 1. Weihnachtstag) sind durch das Verbot bzw. die Einschränkung von öff. Tanz- u. a. Veranstaltungen, öff. Versammlungen und Umzügen, soweit sie nicht mit dem Charakter der F. vereinbar sind, bes. geschützt. Die **kirchliche Feiertage**, die nicht gesetzl. F. sind und deshalb nicht der allg. Arbeitsruhe unterliegen, können landesrechtlich als *staatl. geschützte Feiertage* ausgestaltet sein (z. B. Freistellung von Arbeitnehmern für die Zeit des Gottesdienstes). – In *Österreich* ist an F. Arbeitsruhe einzuhalten. – In der *Schweiz* ist die Bestimmung der F. Sache der Kantone.

Feiertagskrankheit, svw. ↑ Lumbago.

Feiertagsvergütung, der für Arbeitszeit, die infolge eines gesetzl., nicht auf einen Sonntag fallenden Feiertages ausfällt, vom Arbeitgeber den Arbeitnehmern zu zahlende Arbeitsverdienst, den sie ohne den Arbeitsausfall erhalten hätten.

Feiertagszuschlag, eine zusätzl. Vergütung zum vollen Lohn, die der Arbeitnehmer für seine Arbeit an einem gesetzl. Feiertag erhält; i. d. R. durch Tarifvertrag oder betriebl. Regelung vereinbart.

Feige [lat.], (Ficus) Gatt. der Maulbeergewächse mit etwa 1 000, hauptsächlich trop. Arten; Holzpflanzen mit sommer- oder immergrünen Blättern und krug- bis hohlkugelförmigen Blütenständen. Bekannte Arten sind ↑ Feigenbaum, ↑ Gummibaum, ↑ Maulbeerfeigenbaum.

▷ Frucht des ↑ Feigenbaums.

Feigenbaum (Ficus carica), kultivierte Art der Gatt. Feige; wild wachsend vom Mittelmeergebiet bis NW-In-

Fehrbellin Stadtwappen

Feigenkaktus

Feigenbaum.
Oben: Seitenast mit Früchten.
Unten: Längsschnitt durch eine Frucht, Länge 3–10 cm

dien, kultiviert und eingebürgert in vielen trop. und subtrop. Ländern; Milchsaft führende Sträucher oder kleine Bäume mit großen, derben, fingerförmig gelappten Blättern. – Der wildwachsende F. bildet 3 Feigengenerationen mit unterschiedl. Früchten pro Jahr, davon eßbare im Sept. **(Fichi)** und ungenießbare im April/Mai **(Mamme)** und Juli **(Profichi).** – Die aus dem wilden F. entwickelte Kulturform tritt in zwei Varietäten auf, wovon die **Bocksfeige** (Holzfeige, Caprificus) ♂ und ♀ Blüten hat, aber keine eßbaren Früchte hervorbringt. Die **Kulturfeige** (Eßfeige) hat nur ♀ Blüten und bildet 3 Generationen **(Fiori di fico** [April bis Juni], **Pedagnuoli** [Juni bis Nov., Haupternte] und **Cimaruoli** [Sept. bis Jan.].). Die Früchte entstehen parthenogenetisch, doch werden Zweige der Bocksfeige zur Befruchtung (durch Feigenwespen) in die Kulturen gehängt. – Die **Feige** genannte Frucht des F. ist ein grüner oder violetter Steinfruchtstand. Feigen werden frisch oder getrocknet gegessen und zur Herstellung von Alkohol, Wein und Kaffee-Ersatz verwendet.
Geschichte: Im 1. Jh. n. Chr. kultivierte man im westl. Mittelmeerraum 29 Feigensorten. Die Frucht wurde ein so wichtiges Nahrungsmittel, daß der F. in allen alten Mittelmeerkulturen als Symbol der Fruchtbarkeit und des Wohlbefindens galt. In Griechenland war der F. dem Dionysos heilig; vielfach in der Volksmedizin verwendet.

Feigenkaktus ↑ Opuntie.
Feigenwespen (Agaontidae), Fam. der Erzwespen mit etwa 500 Arten, v. a. in den Tropen und Subtropen; entwickeln sich in Feigenblüten, in denen sie Gallen erzeugen. Einzige europ. Art ist die **Gemeine Feigenwespe** (Blastophaga psenes), knapp 1 mm groß, ♂ hellgelb, flügellos, ♀ schwarz mit gelbbraunem Kopf, geflügelt.
Feigenwinter, Ernst, *Reinach (BL) 16. März 1853, †Bern 15. Sept. 1919, schweizer. Sozialpolitiker. – Im schweizer. Kulturkampf Führer der Basler Katholiken (1917 Nationalrat); 1887 Mitbegr. des Schweizer. Arbeiterbundes.
Feigheit vor dem Feind, als vorsätzl. Verletzung der Dienstpflicht aus Furcht vor persönl. Gefahr im Militärstrafrecht neben Fahnenflucht bis Mitte des 19. Jh. genereller Straftatbestand; mit der Todesstrafe bedroht. Im geltenden *dt.* und *östr. Militärstrafrecht* besteht dieser Tatbestand nicht; im *schweizer. Militärstrafgesetz* eine mit der Todesstrafe oder Zuchthaus bedrohte Dienstverletzung.
Feigwarze, svw. ↑ Kondylom.
Feijoo y Montenegro, Benito Jerónimo [span. fɛɪˈxoo i mɔnteˈneɣro], *Casdemiro (Orense) 8. Okt. 1676, †Oviedo 26. Sept. 1764, span. Gelehrter. – Hauptvertreter der span. Aufklärung; setzte sich in seinem breiten publizist. Werk für den Anschluß an die naturwiss.-techn. Errungenschaften W-Europas und die Verwendung experimenteller Methoden ein, ohne nat. Eigenart und kath. Glauben preisgeben zu wollen.
feilbieten, svw. ↑ feilhalten.
Feile, gezahntes oder gerieftes Werkzeug aus gehärtetem Stahl zur spanenden Bearbeitung von Metall, Holz, Kunststoff u. a. Materialien; **Grobfeilen (Schruppfeilen)** dienen der Grobbearbeitung, **Schlichtfeilen** der Nachbearbeitung und dem Glätten, **Präzisionsfeilen** der Feinbearbeitung. Man unterscheidet **Einhieb-** und **Doppelhieb-** oder **Kreuzhiebfeilen.**
Feilenfische (Monacanthidae), Fam. bis 1 m langer Knochenfische in allen trop. Meeren; Körper langgestreckt, mit meist feilenartig rauher Haut.
Feilenmuscheln (Limidae), Fam. meeresbewohnender Muscheln v. a. der wärmeren Regionen; Schalen häufig gerippt, Mantelrand in zahlr., meist leuchtendrote Tentakel ausgezogen.
feilhalten (feilbieten) [zu althochdt. feili „käuflich"], zum Verkauf anbieten, ausstellen; auch übertragen: **Maulaffen feilhalten,** zusehen, angaffen.
Feime [niederdt.], svw. ↑ Schober.
Feinbrennen (Feinen), in der *Hüttentechnik* svw. Reinigen, Raffinieren von Metallen.
Feinchemikalien ↑ Chemikalien.

Feindpflanzen, Pflanzen, die zur Bekämpfung von Schädlingen angebaut werden (v. a. Roggen und Luzerne gegen Rübennematoden).
Feindschaft, zw. Individuen bzw. Gruppen bestehende (z. T. einseitig gerichtete) Beziehung, die durch Ablehnung des bzw. der anderen bestimmt ist und auf einem Widerstreit materieller und/oder ideeller Interessen beruht.
Feindstaatenklausel (Feindstaatenartikel), Bez. für die zur Friedenssicherung in bezug auf sog. Feindstaaten erlassenen Bestimmungen der UN-Charta. Hiernach wurden diejenigen Maßnahmen, die infolge des 2. Weltkriegs in bezug auf einen Staat getroffen wurden, der während des 2. Weltkriegs Feind **(Feindstaat)** eines Unterzeichnerstaats der Charta war, 1945 weder außer Kraft gesetzt noch untersagt (Art. 107). Darüber hinaus wurde in dem Art. 53 Abs. 1 Satz 3 auf Art. 107 verwiesen und bestimmt, daß [bis zum Eingreifen der UN] Zwangsmaßnahmen gegen Feindstaaten auf Grund regionaler Abmachungen oder seitens regionaler Einrichtungen nicht der an sich erforderl. Ermächtigung durch den Sicherheitsrat unterlägen, wenn sie in Art. 107 oder in regionalen, gegen die Wiederaufnahme der Angriffspolitik eines Feindstaates gerichteten Abmachungen vorgesehen seien. Die F. hat inzwischen ihre prakt. Bed. verloren.
Feineisen, Handelsbez. für Stahlstäbe kleinen Querschnitts.
Feinen, svw. ↑ Feinbrennen.
Feingehalt (Feine), Anteil eines Edelmetalls in Legierungen; früher bei Goldlegierung in Karat, heute in Promille ausgedrückt (18 Karat entspricht „750er" Gold).
Feingewicht, die Masse des in einer Edelmetallegierung enthaltenen Edelmetalls.
Feinheit, die Beziehung der Länge von Garnen zu ihrer Masse (↑ Garnnumerierung).
Feininger [engl. ˈfaɪnɪŋə], Andreas, *Paris 27. Dez. 1906, amerikan. Photograph. – Sohn von Lyonel F.; 1943–62 Bildjournalist des „Life"-Magazins; veröffentlichte Bildbände und Fachbücher.
F., Lyonel, *New York 17. Juli 1871, †ebd. 13. Jan. 1956, dt.-amerikan. Maler und Graphiker. – Seit 1913 stand F. dem ↑Blauen Reiter nahe, 1919–33 Lehrer am Bauhaus. 1936 Rückkehr in die USA. Die prismat. Struktur seiner Bilder wird in den Gemälden durch eine nuancierte, transparente Farbgebung erreicht, im Holzschnitt durch Kontrastierung von positiven und negativen Flächen.

Lyonel Feininger. Der Grützturm in Treptow a. d. Rega, 1928

Feinmechanik, Teilgebiet der Feinwerktechnik, das sich mit der Herstellung mechanisch arbeitender Geräte hoher Präzision befaßt, z. B. mechan. Meßgeräte.
Feinstrahl, svw. ↑ Berufkraut.
Feinstruktur, geometr. Aufbau der Materie im Bereich submikroskop. Dimension.
▷ in der *Atom-* und *Kernspektroskopie* allg. die in einem Spektrum bei Messung mit hoher Auflösung auftretende Aufspaltung einer zunächst einheitlich erscheinenden

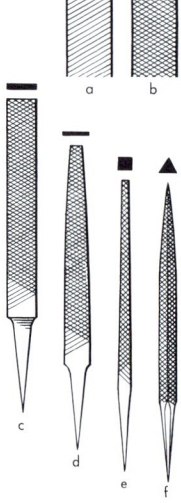

Feile.
a Einhiebfeile;
b Kreuzhiebfeile;
c flachstumpfe Feile;
d flachspitze Feile;
e Vierkantfeile

Spektrallinie in mehrere Komponenten; das bekannteste Beispiel ist die gelbe Natrium-D-Linie mit ihren beiden Komponenten D_1 und D_2 (Natriumdublett). – ↑Hyperfeinstruktur.

Feinwaage ↑Waagen.

Feinzeiger, Längenmeßgerät, bei dem der Weg eines Meßbolzens durch mechan., opt., elektr. oder pneumat. Übertragungsglieder vergrößert und analog oder digital angezeigt wird.

Feira de Santana [brasilian. ˈfeira di senˈtena], brasilian. Stadt 90 km nw. von Salvador, 289 500 E. Kath. Bischofssitz; Viehhandelsplatz, im Umland Tabakanbau; ⚒.

Feisal, Name arab. Könige, ↑Faisal.

Feiung, natürl. aktive Immunisierung durch Krankheitserreger im Verlauf einer Krankheit, bei der **stillen Feiung** ohne äußere Krankheitszeichen.

Fel [lat.], svw. ↑Galle.

Felber, René, *Biel 14. März 1933, schweizer. Politiker (Sozialdemokrat. Partei). – Lehrer; 1967–81 Abg. im Nationalrat, 1988–93 Mgl. des Bundesrats und Außenmin., 1992 Bundespräsident.

Felbiger, Johann Ignaz von, *Glogau 6. Jan. 1724, †Preßburg 17. Mai 1788, östr. Schulreformer. – Abt in Sagan (seit 1758); reformierte die Schulverhältnisse im (preuß.) Hzgt. Schlesien und in der Gft. Glatz (1765) sowie das östr. Volksschulwesen im Sinne der kath. Aufklärung (Allg. Schulordnung für die dt. Normal-, Haupt- und Trivialschule, 1774).

Felchen (Maränen, Renken, Coregonus), Gatt. bis 75 cm langer, meist heringsartig schlanker Lachsfische mit 7 Arten, v. a. in küstennahen Meeresteilen des N-Atlantiks und des nördl. Stillen Ozeans sowie in den Süß- und Brackgewässern N-Amerikas und der nördl. und gemäßigten Regionen Eurasiens; Körper häufig silberglänzend mit relativ kleinen Schuppen und Fettflosse; z. T. Wanderfische. Man unterscheidet die beiden Gruppen Boden- und Schwebrenken. Die **Bodenrenken** leben in Grund- und Ufernähe der Gewässer. Bekannt sind: **Kilch** (Kleine Bodenrenke, Coregonus acronius), 15–30 cm lang, schlank; im Bodensee, Ammersee, Chiemsee und Thuner See. **Sandfelchen** (Große Bodenrenke, Coregonus fera), bis 80 cm lang; v. a. in Seen des Alpen- und Voralpengebietes. Beide sind gute Speisefische. Die **Schwebrenken** leben vorwiegend in den oberen Wasserschichten. Sie unterteilen sich in zwei Formenkreise: 1. **Große Schwebrenken** (Große Maränen) mit den bekannten Arten ↑Blaufelchen und **Schnäpel** (Strommaräne, Coregonus oxyrhynchus); bis 50 cm lang, in der sö. Nordsee *(Nordseeschnäpel)* und in der westl. Ostsee *(Ostseeschnäpel)*. 2. **Kleine Schwebrenken,** u. a. mit **Gangfisch** (Silber-F., Form des Schnäpels), bis etwa 30 cm lang, v. a. in den Uferzonen der Alpenseen und des Bodensees.

Feld, agrarisch genutztes Stück Land.

▷ svw. Schlachtfeld; v. a. in Wendungen wie *im Feld* (an der Front, im Krieg) und in Komposita, z. B. Feldpost.

▷ in der *Physik* Gesamtheit der allen Punkten des leeren oder stofferfüllten Raumes zugeordneten Werte einer physikal. Größe, der **Feldgröße.** Der F.begriff ist fundamental für die gesamte Physik. Nach der mathemat. Natur der F.größen unterscheidet man *skalare F.* (z. B. Temperatur, Massendichte), *Vektor-F.* (Kraft, elektr. oder magnet. F.stärke), *Tensor-F.* (mechan. Spannung) und *Spinor-F.* **Vektorfelder** spielen in der Physik eine bes. Rolle; sie können anschaulich dargestellt werden mit Hilfe von **Feldlinien,** orientierten Linien, deren Tangente in jedem Raumpunkt die Richtung und deren Dichte den Betrag der dort wirkenden F.größe angeben. Die F.linien eines **Kraftfeldes** heißen **Kraftlinien;** dabei sollen die **Feldstärke** bestimmen die Kraft, die das F. in einem betrachteten Raumpunkt auf eine Einheitsquelle ausübt. Nach der Struktur eines Vektor-F. unterscheidet man zw. *Quellen-F.* (die F.linien haben ihren Ursprung in sog. Quellen und enden in sog. Senken) und *Wirbel-F.* (F.linien sind in sich geschlossen). Wirbelfreie Vektor-F. können mathematisch hergeleitet werden aus einem skalaren ↑Potential. Ein beliebiges F. heißt *homogen,* wenn jedem Raumpunkt die gleiche F.größe zugeordnet ist, andernfalls heißt es *inhomogen.* Felder (bes. auch das ↑elektromagnetische Feld) sind wie stoffl. Materie eine Erscheinungsform der Materie; der F.begriff steht durch die Existenz von F.quanten (↑Elementarteilchen) in engem Zusammenhang mit dem Begriff des Teilchens. – ↑Feldtheorie.

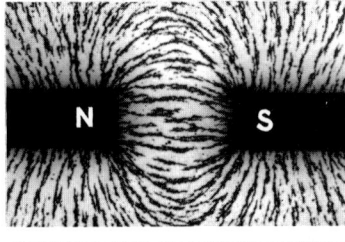
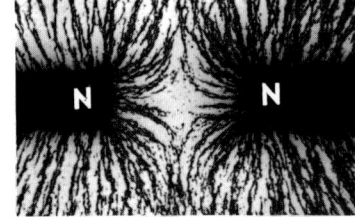

Feld. Magnetische Feldlinien zwischen einem Nord- und einem Südpol sowie in der Nähe zweier Nordpole

▷ in der *Sprachwissenschaft* ein System, in dem ein Wort oder eine größere sprachl. Einheit seinen bestimmten Platz hat und aus dem heraus die Bed. dieses Wortes oder dieser sprachl. Einheit herausgearbeitet werden kann. Die Wörter eines sprachl. F. stehen in Wechselbeziehung; die Bed. eines Wortes wird durch die Bedeutung der F.nachbarn festgelegt.

▷ im *Sport* abgegrenzte und nach bestimmten Regeln eingeteilte und gekennzeichnete Bodenfläche [zum Austragen von Sportspielen]; auch Bez. für eine geschlossene größere Gruppe (z. B. von Gehern, Läufern, Motor- und Radsportlern, Pferden) bzw. für die Gesamtheit der Teilnehmer an einem Wettkampf.

Feldahorn (Maßholder, Acer campestre), europ. Ahornart in Laubwäldern, Feldgehölzen und an Waldrändern; bis 20 m hoher Baum mit kurzem Stamm und unregelmäßiger Krone oder 1–3 m hoher Strauch; Blätter grob fünflappig, gegenständig, langgestielt, Blüten gelbgrün.

Feldartillerie, in motorisiertem Zug durch Rad- oder Kettenfahrzeuge bewegte Geschütze (Haubitzen oder Kanonen).

Feldbahn, schnell verlegbare schmalspurige Schienenbahn; v. a. in Steinbrüchen.

Feldberg, mit 1 493 m höchster Gipfel des Schwarzwaldes, Bad.-Württ. An seinem NO-Abhang liegt der **Feldsee,** ein 10 ha großer, 32 m tiefer Karsee.

Feldberg, Großer ↑Großer Feldberg.

Feldbinde, militär. Abzeichen: urspr. vor dem Aufkommen einer einheitl. Uniform Erkennungszeichen, später (in Form eines Leibgurts) anstelle der Offiziersschärpe Teil des Dienst- und Paradeanzugs.

Felddiebstahl, Diebstahl von Früchten und geringwertigen Gegenständen von Feld und Wald; wird grundsätzlich als Diebstahl (§ 242 StGB) bestraft. Landesrechtl. Vorschriften können jedoch bestimmen, daß eine Tat in unbedeutenden Fällen nicht bestraft oder verfolgt wird.

Felddienst, früher Bez. für den gesamten Dienst der Truppe im Gelände (Felde) und für den Gefechtsdienst im Kriege.

Feldeffekt, Änderung des elektr. Stromes in einer Halbleiterschicht durch ein elektr. Querfeld, das an der Halbleiteroberfläche Ladungen influenziert; wird im F.transistor angewendet.

Feldeffekttransistor, Abk. FET, ↑Transistor.

Johann Ignaz von Felbiger

Feldelektronenemission

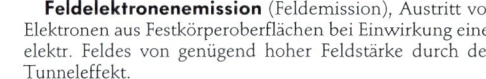
Feldkirch
Stadtwappen

Feldelektronenemission (Feldemission), Austritt von Elektronen aus Festkörperoberflächen bei Einwirkung eines elektr. Feldes von genügend hoher Feldstärke durch den Tunneleffekt.

Feldelektronenmikroskop ↑ Elektronenmikroskop.

Felderbse, svw. ↑ Ackererbse.

Felderwirtschaft, Fruchtfolgesystem, bei dem weniger als 25 % der Ackerfläche für den Anbau von Futterpflanzen verwendet werden; am bekanntesten die ↑ Dreifelderwirtschaft.

Feldexperiment ↑ Experiment.

Feldforschung (Feldstudie; engl. Fieldresearch, Fieldwork, Field-study), in der empir. Soziologie, v. a. auch in der Ethnologie und Anthropologie verwendetes Erhebungs- und Experimentierverfahren, das unter nichtmanipulierten Bedingungen der sozialen Wirklichkeit angewendet wird.

Feldfrüchte, Ernteerzeugnisse des Ackerbaus (z. B. Getreide, Futterpflanzen, Kartoffeln, Mais) im Unterschied zu Garten- und Waldfrüchten.

Feldgemeinschaft, Agrarverfassung, in der die von Einzelpersonen oder Familien genutzten Grundstücke im Kollektiveigentum einer Siedlungsgemeinschaft stehen und/oder kollektiv bewirtschaftet werden, z. B. der russ. Mir, die südslaw. Zadruga.

Feldgendarmerie, 1866 aus Gendarmen und aktiven Unteroffizieren gebildete Truppe mit militärpolizeil. Aufgaben (bis 1945).

Feldgeschrei, früher Bez. für den Erkennungsruf im Felde.

Feld-Gras-Wirtschaft, Art der landw. Bodennutzung, bei der auf derselben Bodenfläche turnusmäßig die Nutzung als Ackerland und als Grünland abwechseln.

Feldgrille ↑ Grillen.

Feldgröße ↑ Feld (Physik).

Feldhamster ↑ Hamster.

Feldhase ↑ Hasen.

Feldhaubitze ↑ Geschütze.

Feldhauptmann, Truppenführer im Heer der Landsknechte.

Feldhausmaus ↑ Hausmaus.

Feldherrnhalle, Bauwerk in München, errichtet 1841–44 von F. Gärtner; hier endete Hitlers „Marsch zur F." am 9. Nov. 1923.

Feldheuschrecken (Acrididae), heute mit über 5000 Arten (davon etwa 40 in Deutschland) weltweit verbreitete Fam. 1–10 cm großer Insekten; mit kräftig entwickelten hinteren Sprungbeinen, ♂♂ zirpen, indem sie die Hinterschenkel mit gezähnter Leiste über vorspringende Adern der Flügeldecke streichen. Zu den F. gehören u. a. ↑ Wanderheuschrecken, ↑ Schnarrheuschrecke, ↑ Grashüpfer, ↑ Sumpfschrecke, ↑ Sandschrecke und ↑ Sandheuschrecken.

Feldhühner (Perdicinae), weltweit verbreitete Unterfam. der ↑ Hühnervögel mit etwa 130 Arten; Schnabel kurz, Schwanz meist kurz, Gefieder in der Regel tarnfarben. Zu den F. gehören z. B.: **Steinhuhn** (Alectoris graeca), mit Schwanz über 30 cm lang, in felsigen Gebirgslandschaften der subtrop. Regionen Eurasiens; die bekannteste Unterart ist das **Alpensteinhuhn** (Alectoris graeca saxatilis) im Alpengebiet; **Rothuhn** (Alectoris rufa), mit Schwanz etwa 35 cm lang, oberseits graubraun, auf Feldern, Wiesen und Heiden NW- und SW-Europas; **Rebhuhn** (Perdix perdix), etwa 30 cm lang, v. a. auf Feldern und Wiesen großer Teile Europas; mit dunkelbrauner Oberseite, rotbraunem Schwanz, rostfarbenem Gesicht und großem, hufeisenförmigem Bauchfleck. Die Gatt. **Frankoline** (Francolinus) hat etwa 40 Arten in den Wäldern, Steppen und Savannen Afrikas sowie Vorder- und S-Asiens; bis 45 cm lang, rebhuhnartig, ♂ mit 1 oder 2 Spornen. Vier altweltlich verbreitete Arten hat die Gatt. **Wachteln**; kleine bodenbewohnende Hühnervögel mit sehr kurzem, durch die Oberschwanzfedern verborgenem Schwanz. Die bekannteste, auf Gras- und Brachland vorkommende Art ist die bis 18 cm lange **Wachtel** (Coturnix coturnix), mit braunem, oberseits gelbl. und schwarz gestreiftem Gefieder.

Feldhummel ↑ Hummeln.

Feldhühner.
Oben: Rothuhn.
Mitte: Rebhuhn.
Unten: Wachtel

Feldjäger, Angehöriger des in Preußen 1740 gebildeten berittenen F.korps, das sich aus Jägern und Forstbeamten rekrutierte; v. a. für Kurierdienste eingesetzt.
▷ in der *Bundeswehr* Truppengattung innerhalb der Führungstruppen; den F. obliegt der militär. Verkehrsdienst und der militär. Ordnungsdienst.

Feldkirch, östr. Bez.hauptstadt in Vorarlberg, an der Ill, 458 m ü. d. M., 25 100 E. Kath. Bischofssitz; Mus.-Pädagog. Akademie, Konservatorium; Heimatmuseum in der Schattenburg (12. Jh.). Textil-, Holzind. – F. wurde vor 1200 planmäßig angelegt, erhielt 1208 Stadtrechte und kam 1375 in den Besitz der Habsburger. – Spätgot. Domkirche (1478), Rathaus (1493), Patrizierhäuser (15./16. Jh.).
F., Bistum, 1968 für das in Vorarlberg gelegene Bundesland Vorarlberg gegr.; Suffraganbistum von Salzburg. – ↑ katholische Kirche (Übersicht).

Feldkirchen in Kärnten, östr. Stadt, 550 m ü. d. M., 12 700 E. U. a. Textil- und lederverarbeitende Ind. – 888 erstmals genannt; seit 1930 Stadt. – Romanisch-got. Pfarrkirche mit Fresken (12. Jh.).

Feldkonstante, (elektr. Feldkonstante) ↑ Dielektrikum.
▷ (magnet. Feldkonstante) ↑ Permeabilität.

Feldküche, Küchenfahrzeug (volkstüml. **Gulaschkanone**) zur Zubereitung warmer Verpflegung für die Streitkräfte bei Übungen und im Einsatz; auch als Einrichtung des Roten Kreuzes und des zivilen Bev.schutzes.

Feldlazarett ↑ Lazarett.

Feldlerche ↑ Lerchen.

Feldlinien ↑ Feld.

Feldman [engl. 'fɛldmən], Marty, * London 1933, † Mexiko 2. Dez. 1982, brit. Komiker. – Ab 1962 Fernsehauftritte; seit 1968 Autor und Darsteller skurril-kom. Fernsehserien; auch erfolgreiche Remakes, z. B. „Frankenstein Junior" (1975); „Silent Movie" (1977) ist eine Persiflage auf den Stummfilm.
F., Morton, * New York 12. Jan. 1926, † Buffalo (N. Y.) 3. Sept. 1987, amerikan. Komponist. – Bedeutsam für sein Schaffen wurde die Begegnung mit J. Cage; komponierte zahlr. Orchesterwerke („Structures", 1962; „Coptic light", 1986) sowie die Oper „Neither" (1977).

Feldmarschall, in den Streitkräften vieler Länder höchster militär. Dienstgrad; vom Hofamt des Marschalls abgeleitet; im 16. Jh. oberster Befehlshaber der Reiterei eines Heeres, im Dreißigjährigen Krieg Befehlshaber selbständiger Korps; seit dem 17. Jh. war der **Reichsgeneralfeldmarschall** Oberkommandierender der Reichsarmee; der **Generalfeldmarschall** wurde (abgesehen vom Reichsmarschall) seit Ende des 17. Jh. zur höchsten Dienststellung in allen dt. Heeren.

Feldmaße (Ackermaße), Flächeneinheiten zur Bemessung landw. genutzter Flächen. Gesetzl. Einheit ist der **Quadratmeter** (Einheitenzeichen m²); außerdem sind **Ar** und **Hektar** zulässig.

Feldmaus ↑ Wühlmäuse.

Feldmühle Nobel AG, aus der Flick-Gruppe 1986 entstandener Mischkonzern; Sitz Düsseldorf. Das Produktionsprogramm umfaßt Papiere und Karton (v. a. durch die *Feldmühle AG,* gegr. 1885), Spreng- und Zündstoffe (v. a. durch die *Dynamit Nobel AG,* gegr. 1865), weiterhin Stahl- und Gießereierzeugnisse.

Feldplatte (Fluxistor), Halbleiterbauelement, bei dem die Abhängigkeit des elektr. Widerstands der verwendeten Halbleitermaterialien vom [äußeren] Magnetfeld ausgenutzt wird.

Feldpolizei, im Krieg gebildeter eigener polizeil. Vollzugsdienst zur Aufrechterhaltung der öff. Sicherheit und Ordnung im Kriegsgebiet.
▷ (Feld- und Forstpolizei) Gesamtheit der staatl. Vollzugsorgane (**Feldhüter, Forsthüter**) zum Schutz von Feld und Forst.

Feldpost, Bez. für das (tariffreie) militär. Postwesen während eines Krieges; stellt die Postverbindungen innerhalb der Truppe und zw. Truppe und Zivilbev. her; erstmals um 1500 eingerichtet; unterstand im 1. Weltkrieg dem Reichspostamt, im 2. Weltkrieg direkt der Wehrmacht.

Feldposten, Teil der Gefechtssicherung; soll die Truppe sichern, alarmieren sowie Anlagen und Einrichtungen schützen.

Feldquanten ↑ Elementarteilchen.

Feldrose ↑ Rose.

Feldrüster, svw. Feldulme (↑ Ulme).

Feldsalat (Ackersalat, Valerianella), Gatt. der Baldriangewächse mit etwa 60 Arten auf der Nordhalbkugel; einjährige Kräuter mit grundständiger Blattrosette. Die bekannteste Art ist die **Gemeine Feldsalat** (Rapunzel, Valerianella locusta), ein Unkraut auf Äckern und Wiesen, das in seiner Kulturform als Blattsalat gern gegessen wird.

Feldscher [verkürzt aus frühneuhochdt. Feldscherer (zu scheren „schneiden, rasieren")], bis ins 18. Jh. unterste Stufe der Militärärzte, später *Kompaniechirurg* genannt.

Feldschlange (Schlangenbüchse, Kolubrine), spätma. Geschütz mit relativ langem Rohr (Kaliber 5–14 cm) zum Verschießen eiserner Vollkugeln (bis 10 kg).

Feldschwirl ↑ Schwirle.

Feldspäte, Gruppe von gesteinsbildenden Mineralen mit mehreren gemeinsamen Eigenschaften; Mohshärte 6 bis 6,5; Dichte 2,53 bis 2,77 g/cm³; spaltbar in zwei senkrecht zueinander stehenden Spaltebenen. Chem. sind die F. Alumosilicate (Gerüstsilikate). Sie bilden zwei Reihen von Mischkristallen, die *Kalknatron-F.* (**Plagioklase,** triklin und „schiefspaltend") und *Alkali-F.* (**Orthoklase,** monoklin und „geradspaltend"). Die triklin kristallisierenden Kalknatron-F. haben die Grenzzusammensetzungen *Albit* (Natron-F.), $Na[AlSi_3O_8]$, und *Anorthit* (Kalk-F.), $Ca[Al_2Si_2O_8]$; als Zwischenglieder unterscheidet man mit steigendem Anorthitgehalt Oligoklas, Andesin, Labradorit, Bytownit. Grenzzusammensetzung der monoklin oder triklin kristallisierenden Alkali-F. ist der Kalifeldspat, $K[AlSi_3O_8]$. Er tritt in den Formen *Orthoklas* (monoklin), *Sanidin* (monoklin) und *Mikroklin* (triklin) auf. Zwischenglieder, (Na, K) $[AlSi_3O_8]$, sind Perthit (Orthoklas mit Albitschnüren), Natronsanidin (monoklin) und Anorthoklas (triklin). Die F. sind meist weiße bis grauweiße oder auch unscheinbar gefärbte Minerale. Einige Varietäten der F. mit bes. opt. Effekten eignen sich als Schmuckstein, z. B. der **Aventurinfeldspat** (*Sonnenstein;* Varietät des Oligoklas mit metall. Schimmer), der **Labrador** (*Labradorit;* mit blaugrünem Farbenspiel), der **Adular** (*Mondstein;* Varietät des Orthoklas mit bläul. Schimmer), der **Amazonit** (blaugrün gefärbte Varietät des Mikroklins).

Feldspatvertreter (Feldspatoide, Foide), meist farblose oder weiße, glasglänzende, gesteinsbildende Minerale, die aus magmat. Schmelzen entstehen, deren Kieselsäuregehalt nicht zur Bildung von Feldspäten ausreicht.

Feldsperling ↑ Sperlinge.

Feldspitzmaus ↑ Weißzahnspitzmäuse.

Feldstärke ↑ Feld.

Feldstecher ↑ Fernrohr.

Feldstudie ↑ Feldforschung.

Feldtauben ↑ Haustauben.

Feldtheorie, Beschreibung der physikal. Realität, bes. auch der Wechselwirkung von Teilchen, mit Hilfe von Feldgrößen, die Feldgleichungen genügen. Jede speziell-relativist. F. ist eine *Nahewirkungstheorie,* da sich alle Wirkungen nur mit endl. Geschwindigkeit (Lichtgeschwindigkeit) ausbreiten; so wird die Kraftwirkung zw. zwei Raumpunkten vermittels des Feldes zeitlich nacheinander über alle dazwischenliegenden Punkte übertragen. In einer F. werden jedem Raumpunkt die zur Beschreibung der betreffenden Erscheinung notwendigen Feldgrößen zugeordnet, deren raum-zeitl. Änderungen durch die Feldgleichungen beschrieben werden. In der klass. F. findet der Teilchenaspekt der Materie keine befriedigende Erklärung. Durch die Quantisierung der klass. F. (↑ Quantenfeldtheorie) läßt sich dieser Teilchenaspekt und die Wechselwirkung erfassen. Wichtige F. sind die Maxwellsche Theorie des elektromagnet. Feldes und die Diracsche Theorie des Elektron-Positron-Feldes. Es ist bisher nicht gelungen, eine einheitl. F. aufzustellen, die aller wechselwirkenden Materie nur ein einziges Feld zuschreibt.

▷ in der *Psychologie* die histor. auf die Gestaltpsychologie zurückgehende (umstrittene) Auffassung, nach der das Verhalten eines Lebewesens durch die Bedingung des Feldes oder Lebensraums, in dem es erfolgt, bestimmt wird.

Feldthymian ↑ Thymian.

Feldulme ↑ Ulme.

Feldverweis, in Sportspielen Ausschluß eines Spielers vom weiteren Spiel wegen eines groben Regelverstoßes.

Feldwaldmaus (Waldmaus, Apodemus sylvaticus), Art der Echtmäuse in Eurasien; Körperlänge etwa 8–11 cm, Schwanz meist ebenso lang; Oberseite grau- bis gelblichbraun, Bauchseite grauweiß.

a

Feldwebel [zu althochdt. weibil „Gerichtsbote"], militär. Dienstgrad (vom Feldweibel der Landsknechte abgeleitet); im Dt. Reich bis 1918 höchster Unteroffiziersdienstgrad; bei Kavallerie und Artillerie **Wachtmeister** gen.; in der Bundeswehr unterster Dienstgrad, in dem ein Soldat zum Berufssoldaten ernannt werden kann. – ↑ Dienstgradbezeichnungen (Übersicht).

Feldweibel, Bez. des Feldwebels bei den Landsknechten; heute schweizer. Dienstgrad. – ↑ Dienstgradbezeichnungen (Übersicht).

b

Feldwespen (Polistinae), mit etwa 100 Arten weltweit verbreitete Unterfam. sozial lebender, schlanker Insekten; bauen Papiernester.

Feldzeichen, takt. Hilfsmittel zur Kennzeichnung von Truppenverbänden und Einzelkriegern sowie zur Befehlsgebung; bei den Römern unter verschiedenen Bez. (z. B. „vexillum", „signum") bekannt; Embleme waren v. a. Tierzeichen; daneben traten im MA auf den Kreuzzügen Fahnen; im Ritterheer dienten Schild des Wappens und Helmzier, bei den Söldnerheeren des späten MA an den Kopfputz gesteckte Federn, Zweige, Laub und Stroh als F.; Feldbinden, Kokarden, Uniformen waren F. i. e. S.; seit dem 19. Jh. zugleich für Fahnen und Standarten verwendet.

Feldzeitungen, vorwiegend für die Truppe hergestellte, z. T. periodisch erscheinende Informationsblätter; entstanden in bed. Ausmaß erst seit Napoleon I.

c

Feldzeugmeister, in den Landsknechtsheeren und bis in die neuere Zeit der Befehlshaber der Artillerie; in *Österreich* bis 1908 (Abk. FZM) der zweithöchste Generalsrang. In Deutschland ab Ende 19. Jh. bis 1919 Titel eines Generals als Chef der für Beschaffung und Verwaltung von Waffen, Munition und Gerät zuständigen Feldzeugmeisterei, in der Wehrmacht **Heeresfeldzeugmeister** und entsprechend **Luftzeugmeister.**

Feldzug, Gesamtheit der militär. Kampfhandlungen und Operationen, örtlich und zeitlich bezogen auf einen bestimmten Kriegsschauplatz.

f-Elektronen, Atomelektronen mit der Nebenquantenzahl $l = 3$.

d

Felge, Teil des Rades zur Aufnahme der Bereifung; **Holzfelge** mit aufgezogenem Eisenreifen bei Fuhrwerken und Kutschen, **Metallfelge** aus gepreßtem Stahlblech und [leichte] **Alufelge** aus Aluminiumguß für Kfz mit Gummibereifung. Nach der Form des F.profils bzw. der Tiefe des F.betts unterscheidet man: *Flachbett-F., Tiefbett-F., Kasten-F.;* Angabe der F.größe: Maulweite $a \times$ Durchmesser d (auch a–d); Maße in Zoll bzw. Inch (1 Zoll = 2,54 cm).

▷ turner. Übung an Reck, Barren, Stufenbarren und an den Ringen, bei der der Turner eine ganze Drehung aus dem Stand oder Hang zum Stütz ausführt. Beim **Felgumschwung** beginnt und endet der Turner im Stütz. Bei der **freien Felge** darf die Stange nicht vom Körper berührt werden. Felgumschwünge im Streckhang nennt man **Riesenfelgen. Felgabschwung,** Abschwung vom Gerät mit einer halben Drehung um die Querachse des Körpers. **Felgaufschwung,** Aufschwung auf das Gerät mit einer ganzen Drehung um die Querachse des Körpers.

e

Félibres [frz. fe'libr], Gruppe provenzal. Schriftsteller (F. Mistral, T. Aubanel u. a.); gründeten 1854 auf Schloß Fontségugne bei Avignon den Bund „Félibrige".

f

Feldspäte. a Orthoklas, Karlsbader Zwilling; b Adular (Mondstein), Kristallstufe; c Amazonit, Spaltstück; d Mikroklin; e Perthit, Kristallstufe; f Labrador, angeschliffen

Feliciano, José Monserate [span. feli'θja:no], * Larez (Puerto Rico) 10. Sept. 1945, puertorican. Popmusiker. – Blind; als Gitarrist von der span. Folklore und vom Jazz, als Sänger von R. Charles beeinflußt.

Felicitas, bei den Römern Personifikation und Göttin des Glücks.

Felicitas, hl., † Karthago 7. März 202 oder 203, Märtyrerin. – Wurde als Sklavin mit der vornehmen Frau Perpetua u. a. Christen aus Karthago hingerichtet. – Fest (zus. mit dem der hl. Perpetua): 7. März.

Felix, Name von Päpsten:
F. II. (III.), hl., † Rom 1. März 492, Papst (seit 13. März 483). – Da F. die Absetzung des Patriarchen von Alexandria verlangte und über den Patriarchen Akakios von Konstantinopel Bann und Absetzung aussprach, kam es zum ersten Schisma zw. lat. und östl. Kirche.
F. V., * Chambéry 1383, † Genf 7. Jan. 1451, Gegenpapst (5. Nov. 1439 bis 7. April 1449). – Graf, seit 1416 Hzg. Amadeus VIII. von Savoyen; das Basler Konzil wählte ihn nach Absetzung Eugens IV. zum Papst. F. konnte nur einen Teil der Christenheit gewinnen, geriet in Konflikt mit der Basler Restsynode; er war der letzte Gegenpapst.

Felix, Bez. des ↑Europäischen Filmpreises.

Felixmüller, Conrad, * Dresden 21. Mai 1897, † Berlin (West) 24. März 1977, dt. Maler und Graphiker. – Sein Werk ist wesentlich vom dt. Expressionismus (Brücke) bestimmt, bes. in Holzschnitt und Illustration; im Mittelpunkt seiner Kunst steht, v. a. in den 20er Jahren, sozialkrit. Milieuschilderung; auch zahlr. [Holzschnitt]porträts.

Felix und Regula, nach legendärer Überlieferung ein Geschwisterpaar, das während der Diokletian. Verfolgung in Zürich das Martyrium erlitten haben soll. Patrone von Zürich. – Heilige (Fest: 11. Sept.).

Felke, Emanuel, * Kläden bei Stendal 7. Febr. 1856, † Sobernheim 16. Aug. 1926, dt. ev. Geistlicher und Naturheilkundler. – Wurde bekannt wegen seiner Augendiagnostik und seiner naturheilkundl. Behandlungsmethoden mit Lehmbädern und -packungen.

Fell, Haarkleid der Säugetiere, auch die abgezogene behaarte Haut vor der Verarbeitung.

Fellachen [arab. „Pflüger"], die ackerbautreibende Landbev. in den arab. Ländern. Als Pächter wirtsch. von Großgrundbesitzern abhängig.

Fellatio [zu lat. fellare „saugen"] (Penilingus), Form des oral-genitalen sexuellen Kontaktes, bei der der Penis mit Lippen, Zähnen und Zunge gereizt wird. – ↑Cunnilingus.

Fellbach, Stadt im östl. Bereich des Großraums Stuttgart, Bad.-Württ., 39 100 E. Volkskundl. Museum; mit der Ind.zone des Neckartales eng verknüpfte Ind.; Weinbau. – Schon in röm. Zeit besiedelt, 1121 erstmals erwähnt, 1191 staufischer Besitz, um 1291 an Württemberg. Seit 1933 Stadt. – Got. Lutherkirche (14./15. Jh.), Schwabenlandhalle (1976).

Felleisen [zu italien.-frz. valise „Koffer"], veraltet für: Rucksack, Reisesack der wandernden Handwerksgesellen.

Fellenberg, Philipp Emanuel von, * Bern 15. Juni 1771, † Gut Hofwil bei Münchenbuchsee 21. Nov. 1844, schweizer. Sozialpädagoge. – Erwarb 1799 unter dem Einfluß Pestalozzis das Gut Hofwil, das als landw. Musterbetrieb Träger mehrerer schul. Einrichtungen wurde. Sein „Erziehungsstaat" war Vorbild für Goethes „pädagog. Provinz" in „Wilhelm Meisters Wanderjahren".

Fellgiebel, Erich, * Pöpelwitz bei Breslau 4. Okt. 1886, † Berlin 4. Sept. 1944 (hingerichtet), dt. General. – Seit 1939 Chef des Wehrmacht-Nachrichtenverbindungswesens und Chef des Heeresnachrichtenwesens. Maßgeblich an den Vorbereitungen des Attentats vom 20. Juli 1944 gegen Hitler beteiligt.

Fellini, Federico, * Rimini 20. Jan. 1920, italien. Filmregisseur. – Zunächst Journalist, Karikaturist und Schauspieler; als Drehbuchautor und Regieassistent maßgeblich an der Entwicklung des Neorealismus beteiligt. ∞ seit 1943 mit G. Masina, Hauptdarstellerin in „La Strada – Das Lied der Straße" (1954), der F. internat. Ruhm begründete. Viele seiner Filme tragen autobiograph. Züge, z. B. „Die Müßiggänger" (1953), „Il bidone" (1955), „Die Nächte der Cabiria" (1957), „8½" (1963), „Amarcord" (1974). Kritik an der Äußerlichkeit des Glaubens und an der Dekadenz der italien. Oberschicht übte er in „Das süße Leben" (1960); „Julia und die Geister" (1965) beschreibt die Geschichte der Selbstbefreiung einer Frau. – *Weitere Filme:* „Satyricon" (1969), „Roma" (1972), „Casanova" (1976), „Ginger und Fred" (1986), „Die Stimme des Mondes" (1989).

Conrad Felixmüller. Porträt von Carl Sternheim, 1926

Fellow [engl. 'fɛləʊ; eigtl. „Geselle"], in Großbritannien mit Pflichten (Verwaltung) und Rechten (Bezüge, Lehrberechtigung, Forschungsauftrag) ausgestattetes Mgl. eines College (bes. in Oxford oder Cambridge); auch Mgl. einer wiss. Gesellschaft.
▷ in den USA Student höherer Semester, der ein Stipendium **(Fellowship)** erhält, meist verbunden mit Lehraufgaben.

Felmayer, Rudolf, * Wien 24. Dez. 1897, † ebd. 27. Jan. 1970, östr. Lyriker. – Z. T. umgangssprachl. Gedichte, u. a. die Bände „Die stillen Götter" (1936), „Gesicht des Menschen" (1948), „Der Spielzeughändler aus dem Osten" (1958), „Eine wiener. Passion" (1964) sowie „Barocker Konduktʼʼ (1968).

Felmy, Hansjörg [...mi], * Berlin 31. Jan. 1931, dt. Schauspieler. – Bühnenengagements in Braunschweig, Aachen und Köln; begann beim Film als Typ des jugendl. Helden u. a. in „Wir Wunderkinder" (1958). Seit 1973 auch in Fernsehfilmen, v. a. aber 1974–80 in der „Tatort"-Serie.

Felonie [mittellat.-frz.], verräter. Treuebruch; im MA vorsätzl. Bruch des Treueverhältnisses zw. Lehnsherrn und Lehnsträger.

Felsbilder, in allen Erdteilen vorkommende, in Höhlen und Nischen oder freiliegenden Felsflächen und Blöcken gemalte oder gravierte bildhafte Darstellungen. Die jungpaläolith. F. (frankokantabr. Kunst) sind nur aus den der Erhaltung zuträglicheren Höhlen bekannt. Die dem Mesolithikum zugehörigen Felsmalereien (O-Spanien, N-Afrika [↑Tassili der Adjer], Australien) finden sich dagegen auch in offenen Nischen und unter Überhängen, während die Gravierungen in Skandinavien, Karelien, Italien oder S-Afrika ungeschützt im Freien auf Felsflächen und Blöcken angebracht sind.
Techniken: Bei den Malereien sind 3 Techniken des Farbauftrags bekannt: 1. Zeichentechnik mit Verwischen, 2. Auftrag gelöster pulverisierter Farbstoffe mit Pinseln aus Tierhaaren, 3. Aufstäuben mittels dünner Röhrenknochen. Bei den Gravierungen treten neben reinen Ritzzeichnungen breit und tief ausgeschliffene Darstellungen linearer Art auf (Skandinavien) oder eine flächenhafte Bearbeitung in sog. „Picktechnik" (Lombardei). Verwendet wurden mineralische neben pflanzl. Farben.
Darstellung: Die Motive reichen von verist. Tierbildern (Quelle für die Kenntnis heute ausgestorbener Tiere, u. a. Mammut) zu Gegenständen (u. a. Schiffe) und „abstrak-

Philipp Emanuel von Fellenberg (zeitgenössische Lithographie)

Federico Fellini

ten" Gebilden; häufig wird auch der Mensch in seinem Lebensumfeld dargestellt, im *Röntgenstil* mit anatom. Genauigkeit sogar äußerlich unsichtbare Körperteile.

Deutung: Dem unterschiedl., häufig überschätzten Alter der F., deren Anbringung in Australien noch heute fortlebt, entspricht eine Vielzahl von Deutungsmöglichkeiten; Rituale (Fruchtbarkeits-, Jagd-, Initiationsriten), Beschwörungen, Mythologie und Naturbeobachtung stehen im Vordergrund. In vielen Fällen war das Entscheidende die Herstellung und Erhaltung der F. selbst, denen als Bild unter Umständen nur noch geringe Bed. zugemessen wurde.

Felsecker, Nürnberger Buchhändler-, Drucker- und Verlegerfamilie, ↑Felssecker.

Felsenbein (Petrosum, Os petrosum), Teil des Schläfenbeins; härtester Abschnitt der Schläfenknochen; bildet die knöcherne Hülle für das Gehör- und Gleichgewichtsorgan.

Felsenbirne (Felsenmispel, Amelanchier), Gatt. der Rosengewächse mit etwa 25 Arten in N-Amerika, Eurasien und N-Afrika; Sträucher oder kleine Bäume mit ungeteilten Blättern. In M-Europa heim. ist die **Gemeine Felsenbirne** (Amelanchier ovalis) mit weißen, an der Spitze oft rötl. Blüten und kugeligen, bläulichschwarzen Früchten.

Felsenblümchen (Draba), Gatt. der Kreuzblütler mit etwa 270 Arten, v. a. in Hochgebirgen und Polargebieten; meist kleine, Rasen oder Polster bildende, behaarte Kräuter mit grundständiger Blattrosette und kleinen, weißen oder gelben Blüten in Trauben.

Felsendom, Moschee im Tempelbezirk von Jerusalem, irrtümlich oft **Omar-Moschee** genannt. 691–692 von dem Kalifen Abd Al Malik über dem hl. Felsen, auf dem Abraham das Isaak-Opfer vorbereitet haben soll, erbaut, Hauptheiligtum des Islams (seit dem 16. Jh. mehrfach restauriert). Reicher Mosaikschmuck.

Felsengarnele ↑Garnelen.

Felsengebirge ↑Rocky Mountains.

Felsengräber, natürlich oder künstlich ausgehauene Felshöhlen, die als Begräbnisplatz genutzt wurden; am bekanntesten die ägypt. F.; meist ein offen zugängl. Teil (Gang oder mehrere Kammern), mit Reliefs und Wandgemälden geschmückt, und ein unzugängl. Teil mit einer oder mehreren Grabkammern. Die ältesten F. stammen aus dem 3. Jt. v. Chr. (↑Gise, ↑Bani Hasan, ↑Assuan u. a.), die bekanntesten liegen in Theben-West (Beamtengräber) und im Tal der Könige sowie im Tal der Königinnen. Repräsentative F. kannten insbes. auch die Achämenidenherrscher (Naghsch e Rostam bei Persepolis) und die Nabatäer (Petra).

Felsenheide ↑Garigue.

Felsenkamm ↑Kaukasus.

Felsenkänguruhs ↑Felskänguruhs.

Felsenkirchen, in Felshöhlen oder -nischen angelegte Kirchen, v. a. in Äthiopien (z. B. in Lalibäla), 5./7. bis 14. Jh. (⚲), und in der östl. Zentraltürkei (Kappadokien), im wesentl. 8.–12. Jahrhundert.

Felsbilder

Links: Elefant, Malerei, Philippshöhle in den Erongobergen, Namibia. Rechts: Weiße menschliche Figur, dahinter ein weißer Emu und eine Geisterfigur mit langen Armen, Malerei, Laura, Nordqueensland, Australien

Links: Rentier, Gravierung, Norwegen. Rechts: Antilope, Malerei, Nswatugihöhle in den Matopo Hills, Simbabwe

Felsenkirsche

Fenchel.
Blüten des Gartenfenchels

Fenestraria.
Fenestraria rhopalophylla
(Höhe der Blätter 2–5 cm)

Felsenkirsche (Steinweichsel, Weichselkirsche, Prunus mahaleb), Art der Rosengewächse in Europa und W-Asien, in lichten Wäldern und Gebüschen; sperriger Strauch oder bis 6 m hoher Baum mit weißen Blüten und kugeligen, schwarzen, bitteren Früchten.

Felsenmeer ↑ Blockmeer.

Felsennelke, svw. ↑ Nelkenköpfchen.

Felsenpython ↑ Pythonschlangen.

Felsenrebe (Vitis rupestris), amerikan. Art der Gatt. Weinrebe; Pfropfunterlage für europ. Rebsorten.

Felsenreitschule, Freilichtbühne in Salzburg, die in einen alten Steinbruch 1694 als Arena für Reiterspiele eingebaut wurde.

Felsenschwalbe ↑ Schwalben.

Felsenstein, Walter, *Wien 30. Mai 1901, †Berlin (Ost) 8. Okt. 1975, östr. Regisseur. – Seit 1947 Intendant der Kom. Oper in Berlin, auch zahlr. internat. Gastinszenierungen. Realist. Musiktheater mit text- und partiturtreuer Darstellung, bes. erfolgreich „Das schlaue Füchslein" (L. Janáček), „Othello", „La Traviata" (G. Verdi), „Ein Sommernachtstraum" (B. Britten), „Hoffmanns Erzählungen" (J. Offenbach), Opern von Mozart.

Felsentaube ↑ Tauben.

Felsentempel, in den Fels geschlagene Tempel; verbreitet als buddhist. und hinduist. Heiligtümer in Indien (↑ Ajanta, ↑ Elephanta, ↑ Ellora) und China; Teil größerer Anlagen. Auch ägypt. (↑ Abu Simbel) und hethit. (Yazılıkaya bei ↑ Boğazkale) sowie altamerikan. F. (↑ Malinalco) sind bekannt.

Felsina, antike Stadt, ↑ Bologna.

felsisch, bei magmat. Gesteinen werden die *hellen Minerale* (Quarz, Feldspat, Feldspatvertreter) f. genannt, die *dunklen* (Glimmer, Pyroxen, Amphibol, Olivin) **mafisch**.

Felskänguruhs (Felsenkänguruhs, Petrogale), Gatt. der Känguruhs mit acht Arten in felsigem Gelände Australiens und auf einigen vorgelagerten Inseln; Körperlänge etwa 50–80 cm mit rd. 40–70 cm langem Schwanz, der nicht als Sitzstütze dient; Färbung meist bräunlich, oft mit dunkler und heller Zeichnung. Bekannte Arten sind **Pinselschwanzkänguruh** (Petrogale penicillata) mit fast körperlangem, schwach buschig behaartem Schwanz; **Gelbfußkänguruh** (Ringelschwanz-F., Petrogale xanthopus), etwa 65 cm lang, mit fast körperlangem, gelb und schwarzbraun geringeltem Schwanz; Fußwurzelregion gelb.

Felsreliefs, Darstellungen auf Felswänden, v. a. im alten Orient; dargestellt sind meist siegreiche Könige, später auch Götterweihungen, häufig mit Inschriften. Älteste F. befinden sich im Sagrosgebirge (Ende 3. Jt. v. Chr.), F. ägypt., assyr. und babylon. Könige am Nahr Al Kalb nördlich von Beirut, assyr. Götterreliefs nördlich von Ninive (um 720 v. Chr.), neuelam. (7. Jh. v. Chr.) in SW-Iran, achämenid. in ↑ Behistan und in ↑ Naghsch e Rostam (wo auch die Sassanidenkönige Ardaschir I. und Schapur I. F. aushauen ließen), wie auch mittelelam. F. des 2. Jt. v. Chr. Um Schami finden sich parth. F. (110 v. Chr. bis 2. Jh. n. Chr.); in Kleinasien entstanden hethit. Reliefs.

Felssecker (Felsecker), Nürnberger Buchhändler-, Drucker- und Verlegerfamilie. *Wolfgang Eberhard F.* (*1626, †1680) druckte Gebet- und Erbauungsbücher, Zeitungen und Flugblätter sowie Grimmelshausens „Simplicissimus" (1669). Die Firma bestand bis 1847.

Felssturz, ↑ Bergsturz mit geringerer Massenverlagerung.

Feltre, italien. Stadt in Venetien, 30 km sw. von Belluno, 325 m ü. d. M., 20 600 E. Kath. Bischofssitz; Museum; Seidenspinnereien. – In der Antike **Feltria;** fiel 1404 an Venedig, gehörte 1797–1866 zu Österreich. – Aus dem 16. Jh. stammen z. T. freskenverzierte Renaissancepaläste, die Kathedrale San Pietro, die Kirche San Rocco.

Feltrinelli, Giangiacomo, *Mailand 19. Juni 1926, †bei Segrate nahe Mailand 14. März 1972, italien. Verleger. – Gründete 1954 in Mailand den Verlag Giangiacomo Feltrinelli Editore. Sympathisierte insbes. mit den südamerikan. Befreiungsbewegungen sowie den student. Protestbewegungen. Von 1969 an im Untergrund tätig; starb dem Anschein nach bei dem Versuch, einen Hochspannungsleitungsmast zu sprengen. Neben Belletristik (darunter viele Übers.) und wiss. Literatur erschienen in seinem Verlag vor allem sozialrevolutionäre Schriften.

Femelbetrieb (Femelschlagbetrieb), forstwirtschaftl. Form des Hochwaldbetriebes, bei der Ernte und Verjüngung des Baumbestandes so erfolgen, daß nur Einzelstämme oder kleine Baumgruppen entnommen werden, um auf einer Fläche möglichst viele Altersstufen im Baumbestand zu erhalten.

Fememorde, polit., von Geheimgesellschaften in illegaler Privatjustiz durchgeführte Morde, in Deutschland v. a. seit 1920, als rechtsradikale Organisationen und sog. Schwarze Reichswehr gegen Republikaner, Linke (v. a. Kommunisten) und eigene Mgl. vorgingen; ähnl. Erscheinungen finden sich u. a. im Ku-Klux-Klan.

Femgerichte [Herkunft ungeklärt, wohl ident. mit niederl. veem „Genossenschaft, Zunft"], seit dem 13. Jh. nachweisbare Bez. für Gerichte in Westfalen u. a. niederdt. Landschaften (auch Schlesien), die Kompetenzen zur Aburteilung schwerer Verbrechen beanspruchten (v. a. 14. und 15. Jh.). Während in den ost- und mitteldt. Gebieten Territorialgewalten im Zuge der Landfriedensbestrebungen F. errichteten, gingen die westfäl. F. (auch **Freiding, Freigericht, Freistuhl** gen., da sie nur für die persönlich freie Bev. zuständig waren; wegen der geheimbünd. Organisation spätere Bez. **heimliches Gericht**) aus alten Grafschafts- und Vogteigerichten hervor. Wegen ihres (aus dem Königsbanns hergeleiteten) Anspruchs auf Zuständigkeit im ganzen Reich wurden sie von König Sigismund als Instrument zur Stärkung der Reichsgerichtsbarkeit begünstigt, verloren aber später ihren Einfluß. Ende des 18. Jh. wurden sie dann aufgelöst.

Feminierung, svw. ↑ Feminisierung.

feminin [lat.], weiblich.

Femininum [lat.], Abk. f., weibl. Geschlecht eines Substantivs; weibl. Substantiv, z. B. *die Uhr, eine Frau*.

Feminisierung (Feminierung) [zu lat. femina „Frau"], Verweiblichung, Gesamtheit der körperl. und psych. Veränderungen beim Mann als Folge einer Minderleistung der männl. Keimdrüsen oder der Nebennierenrinde; gekennzeichnet durch Nachlassen von Libido und Potenz, Hodenatrophie, Ausfall der Geschlechtsbehaarung sowie erhöhte Hormonausscheidung. Krankheitsbedingt tritt F. am häufigsten bei Nebennierenrindentumoren auf.

Feminismus [lat.], Richtung der Frauenbewegung, die die Befreiung der Frau von gesellschaftl. Diskriminierung und Unterdrückung durch Veränderung der gesellschaftl. Verhältnisse und damit der geschlechtsspezif. Rollen erstrebt. **Feministin (Feminist),** Anhängerin (Anhänger) des Feminismus.

Felsreliefs. Teil des Götterzuges von Yazılıkaja, Türkei, Felsrelief in der sogenannten Kleinen Kammer des Felsenheiligtums, Höhe 80 cm, 14./13. Jh. v. Chr.

feministische Kunst ↑ Frauenkunst.

Femme fatale [frz. famfa'tal „verhängnisvolle Frau"], verführer. Frau mit Charme und Intellekt, exzessivem Lebenswandel und betörendem Wesen, die ihren Partnern oft zum Verhängnis wird.

Femto... [zu schwed. femton „fünfzehn"], Vorsatz vor physikal. Einheiten, Vorsatzzeichen f; bezeichnet das 10^{-15}fache der betreffenden Einheit.

Femur [lat.], svw. Oberschenkelknochen (↑ Bein).
▷ drittes Glied der Extremitäten von Spinnentieren und Insekten.

Fenchel [zu lat. feniculum (mit gleicher Bed.); von fenum „Heu" (wegen des Duftes)] (Foeniculum), Gatt. der Doldenblütler mit 3 Arten im Mittelmeergebiet und Orient; gelbblühende, würzig riechende, bis 1,5 m hohe Stauden. Bekannteste Art ist der **Gartenfenchel** (Foeniculum vulgare), eine seit dem Altertum kultivierte Gewürzpflanze mit bis 8 mm langen, gefurchten Spaltfrüchten, die zum Würzen und zur Herstellung von F.öl und F.tee verwendet werden.

Fenchelöl (Oleum Foeniculi), aus den Früchten des Gartenfenchels gewonnenes äther. Öl mit den Hauptbestandteilen Anethol, Fenchon, Pinen und Methylchavicol. F. wird als Aromastoff in der Süßwaren- und Spirituosenind. und medizinisch bei Husten und Blähungen angewendet.

Fendant [frz. fã'dã], svw. ↑ Gutedel.

Fender [engl., zu lat. defendere „abwehren"], aus Tauen geflochtenes, tonnenförmiges Kissen *(Kissen-F., Tau-F.)* oder luftgefüllte Polyäthylenkörper zum Auffangen von Stößen an die Bordwand von Schiffen z. B. beim Anlegen; häufig auch abgefahrene Autoreifen oder Rundhölzer *(Rundholz-F.).*

Fendi, Peter, * Wien 4. Sept. 1796, † ebd. 28. Aug. 1842, östr. Maler. – F. war mit seinen anmutigen Genrebildern ein beliebter Künstler des Wiener Biedermeiers.

Fenek, svw. Fennek (↑ Füchse).

Fénelon, eigtl. François de Salignac de La Mothe-F. [frz. fen'lõ], * auf Schloß Fénelon (Dordogne) 6. Aug. 1651, † Cambrai 7. Jan. 1715, frz. Schriftsteller. – Schüler des Seminars Saint-Sulpice in Paris; um 1675 Priester. 1689 mit der Erziehung des Thronfolgers, des Enkels von Ludwig XIV., beauftragt; später Erzbischof von Cambrai; wurde Anhänger des Quietismus und fiel deshalb in Ungnade. Als Hauptwerk gilt der staatspolitisch-pädagog. Bildungsroman „Die Abenteuer des Telemach", 1699 ohne F. Wissen gedruckt, bis 1717 verboten (dt. 1734–39). Gilt als Wegbereiter der Aufklärung. – *Weitere Werke:* Totengespräche (1700), Lettre sur les occupations de l'Académie française (hg. 1716), Fables (hg. 1734), L'examen de conscience d'un roi (1734).

Fenestella [lat.], vom unteren Silur bis Perm weltweit verbreitete Gatt. riffbildender Moostierchen, die netz- oder fächerartige Stöcke bildete; bes. häufig im mitteleurop. Zechstein.

Fenestraria [lat.], Gatt. der Eiskrautgewächse in S-Afrika; Polsterpflanzen mit grundständigen, langen, zylindr. oder keulenförmigen, verdickten Blättern, von denen nur der blattgrünfreie, fensterartig lichtdurchlässige Spitzenteil aus dem Sandboden herausragt; Blüten groß, weiß oder orangefarben.

Feng Youlan [chin. fənjɔuˈlan] (Feng Yu Lan, Fung Yu-lan), * Tanghe (Prov. Henan) 4. Dez. 1895, † Peking 26. Nov. 1990, chin. Philosoph und Philosophiehistoriker. – Entwickelte ein System in neokonfuzianist. Tradition mit daoist. und westl. Elementen. Näherte sich später marxist. Positionen; bekannt wurde seine Geschichte der chin. Philosophie.

Fen He (Fenho), linker Nebenfluß des Hwangho, China, entspringt im Bergland von N-Shanxi, mündet bei Hancheng, 695 km lang; im Oberlauf gestaut.

Fenier (engl. Fenians [ˈfiːnjənz]) [nach Fionu (Finn), einem Helden der ir. Sage], Mgl. eines 1858 in den USA gegr. ir. Geheimbunds; wirkten seit 1861 in Irland mit der Irish Republican Brotherhood für die gewaltsame Trennung von Großbritannien und die Errichtung einer Republik Irland; ihre Aufstände (u. a. März 1867) wurden unterdrückt; im frühen 20. Jh. erneut von Bed., mitverantwortlich für den ir. Aufstand von 1916 (↑ Sinn Féin).

Fenken (Fengge), Wald- und Felsgeister („wilde Leute") der Alpen, bes. in Vorarlberg und Tirol, auch in der Schweiz.

Fennek [arab.] ↑ Füchse.

Fennosarmatia [nach Finnland und lat. Sarmatia „poln.-russ. Tiefland"], nordeurop. Urkontinent, umfaßte Skandinavien (außer Norwegen), die russ. Tafel, die Barentssee.

Fennoskandia (Fennoskandien) [nach Finnland und lat. Scandia (wohl „Schweden")], zusammenfassende Bez. für Dänemark, Norwegen, Schweden (ohne alle Inseln im Nordatlantik) und Finnland.

Fenrir (Fenriswolf), in der nord. Mythologie gefährlichster aller Dämonen in Wolfsgestalt. Von den Asen aus Furcht gefesselt, befreit er sich bei der Götterdämmerung, tötet Odin und stirbt selbst durch dessen Sohn.

Fens, The [engl. ðə ˈfɛnz], rd. 3300 km² große ostengl. Marschlandschaft an der Nordseeküste. Bereits in der Bronzezeit besiedelt, von den Römern z. T. kultiviert, seit 1637 Trockenlegung; Anbau von Weizen, Kartoffeln; Obstbau und Blumenzucht.

Fenster [lat.], aus einer verglasten Rahmenkonstruktion bestehender Abschluß einer F.öffnung. Nach der Konstruktion unterscheidet man v. a. *Einfach-, Doppel-, Verbund-* und *Blendrahmenfenster.* Nach dem Anschlag der Flügel und deren Funktion unterscheidet man *Dreh-, Kipp-, Klapp-, Wende-, Falt-* und *Schwingflügelfenster* sowie *Schiebe-* und *Hebefenster,* außerdem *Dreh-Kippflügelfenster.* Material für F.rahmen: Holz, Kunststoff, Leichtmetall (eloxiertes Aluminium). Zur besseren Wärmeisolierung werden beschichtete F.scheiben verwendet (gute Lichtdurchlässigkeit und hohes Reflexionsvermögen für Wärme- bzw. Infrarot-Strahlung), häufig auch Doppel- oder Isolierverglasung bei gleichzeitig gutem Lärmschutz.

Geschichte: In prähistor. Zeit gab es lediglich Licht- und Abzugsöffnungen, wie sie auch noch durch frühgriech. und altital. (bes. etrusk.) Zeugnisse belegt sind. In der minoischen Kultur auf Kreta gab es Aussichts-F., F. zu den Innenhöfen sind bes. aus der hellenist. Zeit, v. a. aus Delos und von Priene, bekannt, nach der Straße wie zum Garten hinaus in Herculaneum und Pompeji. Die Römer verwendeten als F.füllung seit dem 1. Jh. n. Chr. als erste Glas. – War in der altchristl. und frühma. kirchl. Architektur i. d. R. das F. rundbogig geschlossen und aus einer senkrecht in die Mauer eingeschnittenen Laibung entstanden, so kam in der Romanik das schräg zur Mauerstärke eingeschnittene F.gewände auf. Der Verschluß der F.öffnung erfolgte v. a. in Kirchen mit Glas (Glasmalerei), das in Bleistege gefaßt war und meist in einem in die Mauer eingelassenen Holzrahmen saß. Auf das roman. Rundbogen-F. folgte das spitzbogige der Gotik; dieses löste, größer werdend, die Wand zunehmend auf. In der Renaissance wurde das F. für die Fassade bestimmendes Element, neben dem Rundbogen wurde der gerade F.sturz gleichberechtigt verwendet, und die F. erhielten häufig eine Umrahmung bzw. Verdachung, welche im Barock Giebel- oder Segmentbogenformen annahm, während der Klassizismus wieder gerade Formen bevorzugte.

▷ (Fenestra) in der *Anatomie* Bez. für eine Öffnung in einem Organ, die meist durch Bindegewebe vollständig oder unvollständig verschlossen ist.

▷ in der *Geologie* Bez. für die Erscheinung, daß innerhalb einer Überschiebungsdecke der Untergrund sichtbar wird, verursacht durch Abtragung.

Fensterblatt (Monstera deliciosa), Art der Aronstabgewächse aus Mexiko; Kletterstrauch mit zahlr. Luftwurzeln, herzförmigen, ganzrandigen Jugendblättern und ovalen, fensterartig durchlöcherten oder fingerig gelappten, bis 100 cm langen und etwa 70 cm breiten Altersblättern; Blüten mit Hüllblatt; Früchte violett, beerenartig, eßbar und wohlschmeckend; beliebte Zimmerpflanze.

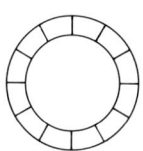
Rundfenster

Radfenster

Rosettenfenster

Spitzbogenfenster

Lanzettfenster

Giebelfenster

Fenster. Historische Beispiele

Fensterfliegen

Ferdinand I.,
Kaiser des Heiligen
Römischen Reichs

Ferdinand III.,
Kaiser des Heiligen
Römischen Reichs

Ferdinand II.,
der Katholische,
König von Aragonien

Ferdinand I.,
Kaiser von Österreich

Fensterfliegen (Omphralidae), mit etwa 50 Arten fast weltweit verbreitete Fam. kleiner, bis 4 mm langer, meist schwarzer, metallisch glänzender, häufig an Fenstern vorkommender Fliegen.

Fensterln (Fenstern), bayr. Bez. für den früher in ländl. Gegenden weit verbreiteten Brauch nächtl. Besuche junger Männer an und hinter den Fenstern der Mädchen. Der Brauch ist landschaftlich unter verschiedenen Bez. bekannt, z. B. als **Gasseln** (Österreich), als **Kiltgang** (Schweiz) oder als **Fugen** (Schwaben).

Fensterrose, im Sakralbau der Spätromanik und Gotik Rundfenster mit radial angeordnetem Maßwerk und Glasmalerei; meist über den Westportalen.

Fenstersturz (Defenestration), Gewaltakt zur Liquidierung des polit. Gegners, v. a. in Böhmen geübt, z. B. Prager F. (1419, 1618).

▷ oberer, waagerechter Abschluß der Fensteröffnung.

Fenstertechnik, Technik für den Dialogbetrieb Computer/Nutzer, wobei der Bildschirm in mehrere rechteckige Fenster **(windows)** aufgeteilt wird und somit verschiedene Texte (Programme) gleichzeitig betrachtet werden können.

Fenton, Roger [engl. fentən], *Heywood (= Manchester) 1819, †London 8. Aug. 1869, brit. Photograph. – F. nutzte als erster die Photographie zur Kriegsberichterstattung (Krimkrieg, 1855); auch Landschaften und Stilleben.

Feodossija, Stadt am Schwarzen Meer, auf der Krim, Ukraine, 83 000 E. Gemäldegalerie; Weinkeltereien, Strumpf-, Tabakfabrik; Kurort, Badestrand; Hafen. – Das griech. **Theodosia** wurde im 6. Jh. v. Chr. von Siedlern aus Milet gegr.; Anfang des 4. Jh. v. Chr. Anschluß an das Bosporan. Reich, gold. militär. und wirtsch. Bed. bis ins 4. Jh. n. Chr.; im 13. Jh. von den Tataren erobert; vom 13. bis zum 15. Jh. Verwaltungszentrum der Genueser Kolonie am Schwarzen Meer **(Kafa)**; 1475 Eroberung durch die Osmanen **(Kefe)**, wurde 1783 unter dem Namen F. russisch.

Feofan (Theophanes) **der Klausner**, eigtl. Georgi Goworow, Beiname Satwornik, *Tschernawa (Gouv. Orel) 10. Jan. 1815, †Kloster Wyscha bei Tambow 6. Jan. 1894, russ. orth. Theologe. – 1859 Bischof von Tambow, 1863 von Wladimir; bed. Prediger, seit 1866 in strenger Klausur.

Feofan Grek (Theophanes der Grieche), *wohl um 1340, †um 1410, griech. Maler. – F. G. kam um 1370 nach Rußland und führte dort den spätbyzantin. Stil ein (bewegte Komposition); u. a. Ikonostase der Verkündigungskathedrale im Kreml (1405).

Feraoun, Mouloud [frz. fera'un], *Tizi-Hibel (Kabylei) 8. März 1913, †Algier 15. März 1962, alger. Schriftsteller. – Befreundet u. a. mit A. Camus; stand auf der Seite der Befreiungsfront, von der OAS ermordet. Schrieb Romane („Die Heimkehr des Ameru-Karci", 1953; „Die Wege hügelan", 1955) und hinterließ ein Tagebuch der Jahre 1955–62 („Journal", hg. 1963).

Ferber, Edna [engl. 'fə:bə], *Kalamazoo (Mich.) 15. Aug. 1887, †New York 16. April 1968, amerikan. Schriftstellerin ungar. Herkunft. – [Familien]romane und Bühnenstücke, u. a. „Das Komödiantenschiff" (R., 1926), „Giganten" (R.), 1952).

Ferberit [nach dem dt. Mineralogen R. Ferber, *1805, †1875] ↑Wolframit.

Ferdausi, Abol Ghasem Mansur [pers. ferdou'si:] (Firdausi), *Was bei Tus (NO-Iran) um 940, †Tus 1020 oder 1026, pers. Dichter. – Schrieb etwa 975 bis 1010 das pers. Nationalepos „Schahnamah" („Königsbuch"), eine legendenhafte Verdichtung über die Geschichte Persiens bis zur Eroberung durch die Araber (651).

Ferdinand, Name von Herrschern:
Hl. Röm. Reich:
F. I., *Alcalá de Henares (Spanien) 10. März 1503, †Wien 25. Juli 1564, Kaiser (seit 1556). – Enkel Maximilians I. und Bruder Karls V.; erhielt 1521 die fünf östr. Hzgt., 1522 Tirol, die östr. Vorlande und Württemberg (bis 1534); in Abwesenheit des Kaisers Statthalter; 1526 zum König von Böhmen und Ungarn, 1527 von Kroatien, 1531 zum Röm. König gewählt; vermittelte zw. Kaiser und Fürsten (Passauer Vertrag 1552), ermöglichte den Augsburger Religionsfrieden; 1556 Kaiser, zuletzt um Überwindung der Glaubensspaltung bemüht.

F. II., *Graz 9. Juli 1578, †Wien 15. Febr. 1637, Kaiser (seit 1619). – Enkel F. I.; von Jesuiten erzogen, rekatholisierte rücksichtslos die östr. Länder und leitete nach seinem Regierungsantritt in Böhmen (1617) und Ungarn (1618) auch dort gegenreformator. Maßnahmen ein; damit trug er zum Böhm. Aufstand bei, der zum Dreißigjährigen Krieg führte.

F. III., *Graz 13. Juli 1608, †Wien 2. April 1657, Kaiser (seit 1637). – Sohn Kaiser F. II.; 1625 König von Ungarn, 1627 König von Böhmen; 1634 Oberbefehlshaber des kaiserl. Heeres (Sieg bei Nördlingen); suchte seit 1641 den Frieden anzubahnen und im Ausgleich mit den Kurfürsten die kaiserl. Machtstellung zu stärken, konnte jedoch die Zersplitterung durch den Westfäl. Frieden nicht verhindern; kunstliebend und kulturfördernd.

Aragonien:
F. II., der Katholische, *Sos (Aragonien) 10. März 1452, †Madrigalejo 23. Jan. 1516, König von Aragonien (seit 1479), von Sizilien (seit 1468), von Kastilien-León (seit 1474 als F. V.), von Neapel (seit 1504 als F. III.). – Sohn Johanns II. von Aragonien, seit 1469 ⚭ mit Isabella von Kastilien (Verbindung ihrer Länder in „Matrimonialunion"); schuf durch die Eroberungen Granadas (1492), Neapels (1504) und Navarras (1512) Grundlagen des span. Weltreiches; unter seiner Herrschaft Wiederentdeckung Amerikas durch Kolumbus, Aufkommen der Inquisition, Vertreibung der Juden und Verfolgung der Mauren in Kastilien.

Bayern:
F. Maria, *München 31. Okt. 1636, †Schleißheim 26. Mai 1679, Kurfürst (seit 1651). – Sohn Maximilians I.; führte die allmähl. Abwendung von Habsburg und die Anlehnung an Frankreich (Bündnis von 1670) herbei; zeigte erste Ansätze zu einem fürstl. Absolutismus.

Bulgarien:
F. I., *Wien 26. Febr. 1861, †Coburg 10. Sept. 1948, König (Zar). – Sohn des östr. Generals August von Sachsen-Coburg-Koháry; 1887 zum Fürsten gewählt; proklamierte 1908 Bulgarien zum unabhängigen Kgr.; trat im 1. Weltkrieg auf die Seite der Mittelmächte; dankte 1918 ab.

Kastilien und León:
F. I., der Große, *1016 oder 1018, †León 27. Dez. 1065, König (seit 1035). – Sohn Sanchos III. von Navarra; eroberte León, Asturien, Galicien, einen Teil Navarras und N-Portugal; als Oberherr des christl. Spaniens seit etwa 1054 Kaiser genannt.

F. III., der Heilige, *Juni 1201, †Sevilla 31. (?) Mai 1252, König von Kastilien (seit 1217) und León (seit 1230). – Sohn Alfons' IX. von León und Enkel Alfons' VIII. von Kastilien; vereinigte endgültig beide Kgr.; führte die Reconquista auf ihren Höhepunkt. – Fest: 30. Mai.

F. V. ↑Ferdinand II., König von Aragonien.

Mexiko:
F. Maximilian ↑Maximilian, Kaiser von Mexiko.

Neapel:
F. I. (Ferrante), *Valencia 2. Juni 1431, †Neapel 25. Jan. 1494, König (seit 1458). – Sohn Alfons' V. von Aragonien, mußte sich seinen Thronfolgeanspruch in Neapel gegen das Haus Anjou erkämpfen; sein Hof wurde zu einem Zentrum der Renaissance und des Humanismus.

F. III. ↑Ferdinand II., König von Aragonien.

F. IV., *Neapel 12. Jan. 1751, †ebd. 4. Jan. 1825, König (seit 1759), als König beider Sizilien F. I. – Sohn des span. Königs Karl III. Regierte unter der Leitung eines Regentschaftsrats; nahm an allen Koalitionskriegen gegen Frankreich teil; verlor dabei Neapel 1798/99 und 1805–15; vereinigte 1816 Neapel und Sizilien zum Kgr. beider Sizilien.

Österreich:
F. I., *Wien 19. April 1793, †Prag 29. Juni 1875, Kaiser (1835–48), als König von Böhmen und Ungarn F. V. – Folgte trotz körperl. Gebrechen seinem Vater, Franz I., um den Grundsatz der Legitimität zu wahren; die Regierungsgeschäfte übernahm die sog. Staatskonferenz (v. a. Staatskanzler Metternich und Min. Graf Kolowrat-Liebsteinsky); dankte 1848 zugunsten Franz Josephs ab.

F. Maximilian, Erzherzog, ↑Maximilian, Kaiser von Mexiko.
Portugal:
F. I., der Schöne, auch **F. der Unbeständige,** *Lissabon 31. Okt. 1345, †ebd. 22. Okt. 1383, König (seit 1367). – Sohn Peters I. und letzter Herrscher aus dem portugies. Haus Burgund; führte Portugal in der Absicht, es mit Kastilien zu vereinen, in wirtsch. Krisen.
Rumänien:
F. I., *Sigmaringen 24. Aug. 1865, †Sinaia 20. Juli 1927, König (seit 1914). – Sohn Leopolds von Hohenzollern-Sigmaringen; Neffe König Karls I. von Rumänien, 1889 als Thronerbe adoptiert; trat unter außenpolit. Druck 1916 in den 1. Weltkrieg ein; 1922 zum „ersten König aller Rumänen" gekrönt.
Sizilien:
F. I. ↑Ferdinand IV., König von Neapel.
F. II., *Palermo 12. Jan. 1810, †Caserta 22. Mai 1859, König (seit 1830). – Sohn unter Franz Xaver I.; fiel nach anfängl. innenpolit. Reformen in einen antiliberalen Absolutismus zurück; unterdrückte die Revolution von 1848 mit grausamen Maßnahmen; starb an den Folgen eines Attentats.
Spanien:
F. VII., *San Ildefonso 14. Okt. 1784, †Madrid 29. Sept. 1833, König (1808 und ab 1814). – Sohn Karls IV. und Maria Luises von Parma. Die Besetzung Spaniens durch Napoleon I. führte zur sog. Revolution von Aranjuez, bei der F. zum König ausgerufen wurde, zur Entthronung der Bourbonen im Mai 1808 in Bayonne und zum span. Unabhängigkeitskrieg. F. restaurierte nach seiner Rückkehr aus Frankreich 1814 das absolutist. Königtum und unterdrückte die liberale Revolution von 1820 mit frz. Hilfe (1823); öffnete seiner Tochter Isabella II. durch die Pragmat. Sanktion von 1830 die Thronfolge, veranlaßte damit die Karlistenkriege.
Tirol:
F. II., *Linz 14. Juni 1529, †Innsbruck 24. Jan. 1595, Erzherzog von Österreich, Landesfürst in Tirol und den östr. Vorlanden (seit 1564). – Sohn Kaiser Ferdinands I.; 1548–67 Statthalter in Böhmen; begr. die Sammlungen auf Schloß Ambras; heiml. Ehe mit Philippine Welser.
Toskana:
F. III., *Florenz 6. Mai 1769, †ebd. 18. Juni 1824, Großherzog (seit 1790). – Mußte 1801 auf sein Land verzichten. 1803–05 Kurfürst von Salzburg; 1806–14 Großherzog von Würzburg, nach Napoleons I. Sturz wieder Großherzog von Toskana.
Ferdinand, F. der Standhafte (in Portugal **F. der Heilige**), *Santarém 29. Sept. 1402, †Tanger 5. Juni 1443, Infant von Portugal. – Sohn Johanns I., mußte sich nach mißlungener Expedition gegen Tanger 1437 als Geisel in maur. Gewalt begeben; vorbild für das Scheitern einer Auslösung; Vorbild für Calderóns Drama „Der standhafte Prinz". 1470 seliggesprochen. – Fest: 5. Juni.
Ferenczy [ungar. ˈfɛrɛntsi], István, *Rimaszombat (= Rimavská Sobota) 23. Febr. 1792, †ebd. 4. Juli 1856, ungar. Bildhauer. – Angeregt von seinem Lehrer B. Thorvaldsen schuf er v. a. treffende Porträtbüsten.
F., Károly, *Wien 8. Febr. 1862, †Budapest 18. März 1917, ungar. Maler. – Schuf Landschaften, Porträts und bibl. Zyklen. F. war Initiator der Künstlerkolonie Nagybánya (= Baia-Mare), die sich einer naturalist. Freilichtmalerei widmete.
Fergana [russ. fɪrgaˈna], Gebietshauptstadt im O von Usbekistan, 200 000 E. PH, polytechn. Hochschule, Theater; Seidenfabrik, Textil-, Stickstoffdüngerwerk, Erdölraffinerie, ⚒. – 1877 gegründet.
Ferganabecken [russ. fɪrgaˈna], etwa 300 km langes, bis 170 km breites Becken innerhalb der mittelasiat. Hochgebirge. Im N vom Tian Shan, im S vom Alaigebirge und der Turkestankette, im O von der **Ferganakette** (etwa 200 km lang, bis 4692 m hoch) begrenzt, im W Zugang im Tiefland von Turan. Der nördl. Teil wird vom Syrdarja durchflossen, der zentrale Teil ist Wüste. Das Klima ist kontinental und sehr trocken. Mit Hilfe künstl. Bewässerung Baumwollanbau, Garten- und Weinbau, am Gebirgsrand Weidewirtschaft; daneben werden hier Erdöl und Erdgas gefördert.

Ferguson [engl. ˈfəːgəsn], Adam, *Logierait bei Perth 20. Juni 1723, †Saint Andrews 22. Febr. 1816, schott. Geschichtsschreiber und Philosoph. – 1759 Prof. für Naturphilosophie, 1764 für Moralphilosophie in Edinburgh; gilt als Mitbegr. der Soziologie; sein „An essay on the history of civil society" (1766) ist seine frühe Geschichte der durch Arbeitsteilung und soziale Konflikte geprägten bürgerl. Gesellschaft.
F., Maynard, *Montreal 4. Mai 1928, kanad. Jazzmusiker (Trompeter und Orchesterleiter). – Brillanter Techniker des ↑Modern Jazz.
F., Sir (seit 1878) Samuel, *Belfast 10. März 1810, †Howth bei Dublin 9. Aug. 1886, ir. Gelehrter und Dichter schott. Herkunft. – Bed. sind seine Übersetzungen und Paraphrasen ir. Gedichte sowie seine Sammlung alter keltischer Inschriften.
Fergusson, Robert [engl. ˈfəːgəsn], *Edinburgh 5. Sept. 1750, †ebd. 16. Okt. 1774, schott. Dichter. – Seine humorist. Dialektgedichte beeinflußten R. Burns.
Feriae [lat.], altröm. Feiertage.
Ferienkurse [lat.], drei- bis vierwöchige Veranstaltungen europ. Hochschulen in der vorlesungsfreien Zeit. Sie sollen ausländ. Studenten mit Land, Sprache und Kultur des Gastlandes bekannt machen.
Feriensachen, Prozesse, in denen auch während der Gerichtsferien gerichtl. Handlungen vorgenommen werden, z. B. Straf-, Wohnungsmiet-, Kindschaftssachen, Streitigkeiten über gesetzl. Unterhaltspflicht.
Ferkel, Bez. für das junge Schwein von der Geburt bis zum Alter von 14–16 Wochen.
Ferkelkraut (Hypochoeris), Gatt. der Korbblütler mit etwa 70 Arten in Eurasien, im Mittelmeergebiet und S-Amerika; Rosettenpflanzen mit gabelig verzweigten Stengeln, gelben Zungenblüten und langgestreckten Früchten mit federigem Haarkelch.
Ferlinghetti, Lawrence [engl. fəˈlɪŋɡɛtɪ], *Yonkers (N. Y.) 24. März 1920, amerikan. Schriftsteller und Verleger. – Seine Buchhandlung in San Francisco wurde zum Treffpunkt der ↑Beat generation und der ↑San Francisco Renaissance in Poetry; gesellschaftskrit., politisch engagierte Lyrik, u. a. „Ein Coney Island des inneren Karussells" (1958). Verlegt avantgardist. Autoren. Schrieb auch „Seven days in Nicaragua" (Reisebericht, 1984).
Ferman [pers.], Erlaß islam. Herrscher.
Fermanagh [engl. fəˈmænə], heute Distrikt, ehem. Gft. im sw. Nordirland.
Fermat, Pierre de [frz. fɛrˈma], *Beaumont-de-Lomagne (Tarn-et-Garonne) 17. (?) Aug. 1601, †Castres bei Toulouse 12. Jan. 1665, frz. Mathematiker. – Stellte u. a. wichtige Sätze auf dem Gebiet der Zahlentheorie und der Infinitesimalrechnung auf. Die **Fermatsche Vermutung,** ein noch nicht bewiesener Satz, besagt, daß die diophant. Gleichung $x^n + y^n = z^n$ (n natürl. Zahl > 2) keine positiven ganzzahligen Lösungen besitzt; das **Fermatsche Prinzip** der Optik sagt aus, daß Licht zw. zwei Punkten den Weg zurücklegt, für den es die kürzeste Zeit braucht.
Fermate [italien., zu lat. firmare = „festmachen"], Zeichen der musikal. Notation (∩) über einer Note oder Pause, die dadurch auf eine nicht genau festgelegte Zeit, oft bis zum doppelten Wert, verlängert wird.
Fermentation, svw. ↑Fermentierung.
Fermente [lat.], veraltet für ↑Enzyme.
Fermentierung (Fermentation) [lat.], in der Lebensmitteltechnik biochem. Verarbeitungsverfahren zum Zwecke der Aromaentwicklung in Lebens- und Genußmitteln unter Mithilfe von Enzymen spezieller Mikroorganismen, z. B. bei der Tabak-, Tee-, Kaffee-, Kakao- und Gewürzverarbeitung. – ↑Gärung.
Fermi, Enrico, *Rom 29. Sept. 1901, †Chicago (Ill.) 28. Nov. 1954, italien. Physiker. – Prof. für theoret. Physik in Rom, New York und Chicago; lieferte entscheidende Bei-

Adam Ferguson

Lawrence Ferlinghetti

Pierre de Fermat

Enrico Fermi

Fermi

träge zur Entwicklung der modernen Physik; begründete 1926 die **Fermi-Dirac-Statistik,** eine Quantenstatistik für ↑Fermionen; entwickelte 1934 die Theorie des ↑Betazerfalls, in der er eine ganz neue Art von Kräften, die schwache Wechselwirkung, einführte. F. errichtete in Chicago den ersten Kernreaktor, mit dem am 2. Dez. 1942 erstmals eine kontrollierte Kernkettenreaktion gelang; er war auch an der Atombombenentwicklung beteiligt. Nobelpreis für Physik 1938.

Fermi [nach E. Fermi], nicht gesetzl. Längeneinheit in der *Kernphysik;* Einheitenzeichen f; $1 \text{ f} = 10^{-15}$ m. – ↑Femto...

Fermi-Dirac-Statistik ↑Fermi, Enrico.

Fermionen, (Elementar-)Teilchen mit halbzahliger Spinquantenzahl; sie genügen dem Pauli-Prinzip und der Fermi-Dirac-Statistik. F. sind die Leptonen, Baryonen und alle Atomkerne mit ungerader Massenzahl.

Fermium [nach E. Fermi], chem. Symbol Fm; künstlich dargestelltes, radioaktives Metall aus der Gruppe der Actinoide. Ordnungszahl 100, Massenzahl des langlebigsten Isotops 257. In seinem chem. Verhalten ist F. dem Erbium sehr ähnlich.

Fermo, italien. Stadt in den südl. Marken, 33 100 E. Kath. Bischofssitz; Museum, Gemäldegalerie, Bibliothek; Handel mit Getreide und Wein. – F. ist das antike **Firmum Picenum,** das 264 v. Chr. röm. Kolonie wurde; fiel durch die Pippinische Schenkung an den Papst. – In der ma. Altstadt u. a. Rathaus (1446), Palazzo degli Studi (16. Jh.), auf dem Rocca roman.-got. Dom (13./14. Jh.) mit röm.-byzantin. Fußbodenmosaik.

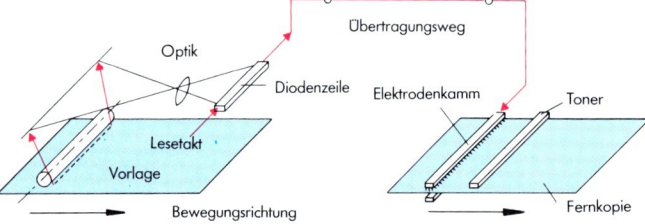

Fernkopieren. Prinzip eines Fernkopierverfahrens. Links: Flachbettabtastung. Rechts: Flachbettaufzeichnung

Fernambukholz, svw. Pernambukholz; ↑Hölzer (Übersicht).

Fernamt ↑Fernvermittlungsstelle.

Fernandel [frz. fɛrnaˈdɛl] eigtl. Fernand Joseph Désiré Contandin, *Marseille 8. Mai 1903, †Paris 26. Febr. 1971, frz. Filmschauspieler. – Zuerst grotesk-kom. Rollen, wurde weltberühmt als Charakterkomiker in Filmen wie „Der Bäcker von Valorgue" (1953) und v. a. in den „Don-Camillo-und-Peppone"-Filmen der 50er Jahre.

Fernández, Macedonio [span. fɛrˈnandes], *Buenos Aires 1. Juni 1874, †ebd. 10. Febr. 1952, argentin. Schriftsteller. – Vertreter der avantgardist. Tendenzen der 20er Jahre in Argentinien (Ultraismo); verfaßte Gedichte und lyr.-philosoph. Prosa.

Fernández de Córdoba y Aguilar, Gonzalo [span. fɛrˈnandeð ðe ˈkɔrðoβa i aɣiˈlar], gen. El Gran Capitán, *Montilla bei Córdoba 1. Sept. 1453, †Granada 2. Dez. 1515, span. Feldherr. – Reformator des span. Heeres; kämpfte gegen die Mauren; gewann 1503 das Kgr. Neapel für die Krone Aragonien; Vizekönig von Neapel bis 1506.

Fernández de Lizardi, José Joaquín [span. fɛrˈnandez ðe liˈsarði], *Mexiko 15. Nov. 1776, †ebd. 21. Juni 1827, mex. Schriftsteller. – Schuf mit „El Periquillo Sarniento" (1816) den ersten hispano-amerikan. Roman (ein bed. Schelmenroman mit satir. Zügen).

Fernández de Navarrete, Juan [span. fɛrˈnandeð ðe naβaˈrrete], gen. el Mudo („der Stumme"), *Logroño um 1526, †Toledo 28. März 1579, span. Maler. – V. a. für König Philipp II. im Escorial tätig; von Tizian beeinflußter monumentaler maler. Stil.

Fernández Retamar, Roberto [span. fɛrˈnandeð rretaˈmar], *Havanna 9. Juni 1930, kuban. Schriftsteller. – Schreibt direkte, metaphernlose, politisch engagierte Lyrik.

Fernando de Noronha [brasilian. fɛrˈnendu di noˈrɔɲa], brasilian. Insel im Atlantik, 550 km nö. von Recife, einschl. Nebeninseln zum Bundesstaat Pernambuco gehörend, 26 km², rd. 1 300 E, Hauptort Remédios. Bewohnt ist nur die Hauptinsel. – Entdeckt zu Beginn des 16. Jh. durch den Seefahrer Fernando de Noronha; seit dem 18. Jh. Strafkolonie.

Fernando Póo ↑Bioko.

Fernbedienung, Einrichtung zur Steuerung verschiedener Funktionen elektr. und elektron. Geräte und Anlagen ohne direkte manuelle Einwirkung auf das Gerät. F. arbeiten mit Ultraschall oder Infrarotsignalen.

Fernbestrahlung ↑Strahlentherapie.

Ferner ↑Gletscher.

Ferner Osten, (engl. Far East) Bez. für die von Europa aus betrachtet östl. Randländer und Inseln Asiens. ▷ in Rußland Bez. für dessen östl. Randgebiete, v. a. für die zum Pazifik entwässernden Gebiete.

Ferngas, Erdgas, das über ein landesweites Rohrleitungsnetz direkt zum Verbraucher geliefert wird; Betriebsdruck 6,0 MPa.

Fernglas ↑Fernrohr.

Fernhandel ↑Handel.

Fernheizung ↑Heizung.

Fernkopieren (Telekopieren), die originalgetreue Übertragung von Schriftstücken, techn. Zeichnungen u. a. Vorlagen in Schwarzweiß oder mit begrenzter Anzahl von Graustufen (auch Farben) unter Benutzung des Fernsprechnetzes. Die Kopiergeräte (Fernkopierer, Telekopierer) tasten die Schriftvorlage zeilenweise optisch ab und verwandeln die Schwarzweiß- und Grauwerte in analoge oder digitale elektr. Signale. Auf der Empfangsseite werden die Signale wieder in Lichtwerte umgesetzt, die das Aufbringen eines Farbpulvers auf einem Spezialpapier steuern. – Das F. ist seit 1979 über das öff. Fernsprechnetz der Dt. Bundespost möglich **(Telefax).**

Fernkorn, Anton Dominik Ritter von (seit 1860), *Erfurt 17. März 1813, †Wien 15. Nov. 1878, dt. Bildhauer. – Schuf u. a. die Denkmäler auf dem Wiener Heldenplatz „Erzherzog Carl" (1853–59) und „Prinz Eugen" (1860–65).

Fernlenkung, Steuerung eines [unbemannten] Land-, Luft- oder Wasserfahrzeugs durch Signale, die meist auf dem Funkwege, seltener auf mechan., akust. oder opt. Wege übertragen werden.

Fernlenkwaffen, Lenkflugkörper (Raketen, Marschflugkörper) und Torpedos, deren Flug- oder Laufbahn durch Fernlenkung beeinflußt werden kann.

Fernlicht ↑Kraftfahrzeugbeleuchtung.

Fernling ↑Restberg.

Fernmeldeanlagen, nach dem Gesetz über F. vom 14. 1. 1928 i. d. F. vom 3. 7. 1989 zusammenfassende Bez. für Telegrafen-, Fernsprech- und Funkanlagen. Das Recht zur Errichtung und zum Betrieb von F. steht ausschließlich dem Bund zu und wird vom Teilunternehmen TELEKOM der Dt. Bundespost wahrgenommen. Genehmigungsfrei sind z. B. Telegrafen- und Fernsprechanlagen für behördeninterne Zwecke oder innerhalb eines Grundstücks. Als Ausgleich für das staatl. Fernmeldemonopol gewährt das Gesetz jedermann gegen Zahlung der Gebühren das Recht auf Teilnahme am Fernmelde- und Telegrammverkehr. Das Errichten oder Betreiben von F. ohne Genehmigung durch die Dt. Bundespost ist strafbar.

Fernmeldeaufklärung, Erfassung des Fernmeldeverkehrs des militär. Gegners mit dem Ziel, diesen auszuwerten.

Fernmeldegeheimnis, Grundrecht aus Art. 10 GG, sich auf alle durch die Post beförderten Mitteilungen außer solchen bezieht, die schriftlich von Person zu Person gehen und damit unter das ↑Briefgeheimnis fallen, also auf Telefongespräche, Telegramme oder Fernschreiben. Das F. umfaßt auch die näheren Umstände des Fernmeldeverkehrs,

Fernschreiber

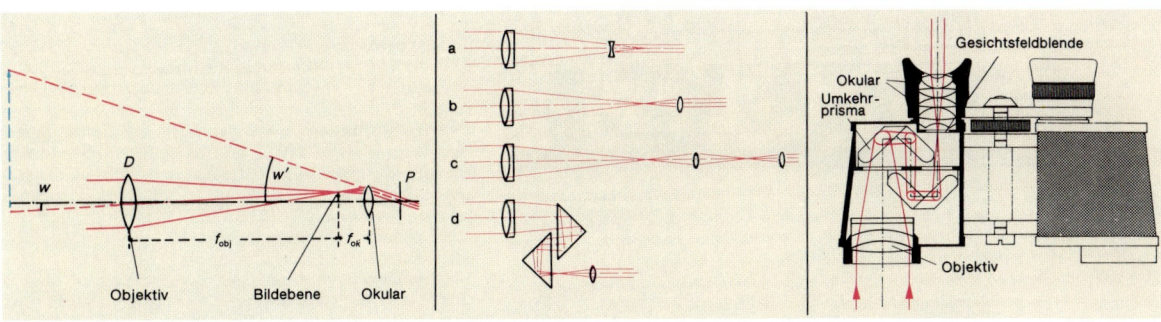

Fernrohr. Links: Die Anordnung der Linsen in einem Fernrohr (Objektivsystem langer Brennweite f_{obj} und Okularsystem kurzer Brennweite f_{ok} im Abstand der Summe der Brennweiten) ergibt eine Vergrößerung des Winkels w auf w' entsprechend dem Brennweitenverhältnis; diese Winkelvergrößerung ist die Fernrohrvergrößerung; im gleichen Verhältnis zueinander stehen die Durchmesser des Objektivs (D) und der Austrittspupille (P). Mitte: schematische Darstellung von Fernrohrarten; a holländisches oder Galilei-Fernrohr (1608), b astronomisches oder Kepler-Fernrohr (1611), c Fernrohr mit Linsenumkehrsystem (Kepler, 1611), d Fernrohr mit Prismenumkehrsystem (Porro, 1854). Rechts: schematische Darstellung des Strahlengangs beim Feldstecher mit zwei Umkehrprismen

insbes. ob und zw. welchen Personen ein Fernmeldeverkehr stattgefunden hat. Das F. wird geschützt durch §§ 201, 354 StGB (Abhörverbot) und § 10 des Gesetzes über Fernmeldeanlagen i. d. F. vom 3. 7. 1989. Zu den Einschränkungen ↑ Abhörgesetz.

Fernmeldeordnung ↑ Telekommunikationsordnung.

Fernmeldesatellit ↑ Kommunikationssatelliten.

Fernmeldetechnisches Zentralamt (FTZ), mittlere, dem Bundesministerium für Post und Telekommunikation nachgeordnete Bundesbehörde, Sitz: Darmstadt. Aufgabenbereich u. a.: Verbesserung der Fernmeldetechnik durch Forschung und Entwicklung neuer techn. Einrichtungen und Betriebsverfahren, zentrale Beschaffung.

Fernmeldetruppe, in der Bundeswehr zu den Führungstruppen gehörende Truppengattung; zu ihren Hauptaufgaben gehört das Herstellen, Betreiben und Unterhalten von Fernmeldeverbindungen zum Übermitteln von Befehlen, Meldungen und Informationen sowie die Durchführung der elektron. Kampfführung.

Fernmeldeverkehr, Sammelbez. für Telegrafen-, Fernsprech- und Funkverkehr.

Fernmeldewesen ↑ Post- und Fernmeldewesen.

Fernpaß ↑ Alpenpässe (Übersicht).

Fernrohr ↑ Sternbilder (Übersicht).

Fernrohr (Teleskop), opt. Instrument, mit dem man entfernt liegende Gegenstände in einem vergrößerten Sehwinkel sieht, wodurch sie scheinbar näher gerückt sind. Die *F.vergrößerung* ist das Verhältnis der Winkel, unter dem das Objekt dem Beobachterauge mit bzw. ohne F. erscheint. Der *Objektivdurchmesser* bestimmt den Lichtstrom, der in das F. eintreten kann. Vergrößerung und Objektivdurchmesser (in mm) werden meist auf dem F. angegeben (z. B. 8 × 30). Das *Sehfeld* (Gesichtsfeld) ist das durch das F. abgebildete und mit diesem übersehbare Feld.
Man unterscheidet **dioptrische Fernrohre (Linsenfernrohre, Refraktoren)** mit Linsen und **katoptrische Fernrohre (Spiegelteleskope, Reflektoren)** mit Spiegeln als Bauelementen.
Die wesentl. opt. Baugruppen eines *Linsen-F.* sind Objektiv, Okular und ggf. Umkehrsystem. Das *Objektiv* (Sammellinse) entwirft ein Bild eines weit entfernten Objektes in seiner Brennebene (Zwischenbildebene), wo es sich mit einem sammelnden Okular wie mit einer Lupe vergrößert betrachten läßt. Für einfache, schwach vergrößernde F. kann man als Okular jedoch eine Streulinse verwenden **(holländisches oder Galileisches Fernrohr).** Die Vergrößerung ergibt sich stets aus dem Verhältnis der Brennweite des Objektivs zur Brennweite des Okulars. Das Galileische F. liefert ein aufrechtes, virtuelles Bild. Das einfachste F. mit sammelndem Okular, das **astronomische oder Keplersche Fernrohr,** liefert ein umgekehrtes, reelles Bild. Ordnet man in einer Zwischenbildebene eine Marke an, so wird durch das Objektiv und diese Marke eine Ziellinie bestimmt, z.B. im *Zielfernrohr.* Das **terrestrische** oder **Erdfernrohr** ist ein Keplersches F., bei dem das reelle, umgekehrte Zwischenbild durch eine Sammellinse zw. Objektiv und Okular aufgerichtet wird.

Das **Opernglas** ist ein kleines, meist Galileisches Doppel-F. (bis 4fache Vergrößerung); **Feldstecher** (Ferngläser, Prismengläser) sind **Doppelfernrohre** mit meist 8- bis 10facher, gelegentlich bis 20facher Vergrößerung; meist auf die Pupillendistanz (Augenabstand) des Beobachters einstellbar. Die Bildschärfe ist häufig mit Mitteltrieb für beide F. gemeinsam einstellbar; Bildumkehrung durch Prismensysteme, Objektivdurchmesser zw. 18 und 60 mm. **Jagd**- oder **Nachtgläser** sind Feldstecher mit mindestens 7facher Vergrößerung und 50 mm Objektivdurchmesser. Für geodät. und militär. Zwecke wurden zahlr. verschiedene Bauformen entwickelt: *Nivellier, Theodolit, Tachymeter, Scherenfernrohr, Periskop*. Die opt. *Entfernungsmesser* sind im wesentlichen Doppel-F. mit sehr stark erweitertem Abstand der Objektive und Winkelmeßeinrichtungen.
Sonderformen sind die mit elektronenopt. Bildwandlern und Lichtverstärkern ausgestatteten *Infrarot-F.* sowie *Nachtsehgeräte.* Eine bes. Gruppe bilden die mit Spiegelobjektiven verschiedenster Bauart versehene F. für astronom. Beobachtungen (↑ Astrograph, ↑ Refraktor, ↑ Spiegelteleskop).

Geschichte: Erfindung des Linsen-F. um 1608 wahrscheinlich von dem niederl. Brillenmacher J. Lipperhey. Galilei baute 1609 sein F. nach ihm zugegangenen Informationen aus den Niederlanden. Die Theorie des F. wurde 1610/11 durch J. Kepler geliefert; 1611 Bau des Keplerschen F. von C. Scheiner. Im 17. Jh. Entwicklung des Spiegelteleskops (N. Zucchi, 1616; I. Newton, 1671; N. Cassegrain, 1672). Seit 1776 Bau der ersten größeren Spiegelteleskope (mit Spiegeln bis 122 cm Durchmesser) durch W. Herschel. 1931 komafreies Spiegelteleskop durch B. Schmidt (Schmidt-Spiegel).

Fernrohrbrille ↑ Brille.

Fernschach (Korrespondenzschach), Form des Schachspiels zw. räumlich voneinander entfernten Partnern.

Fernschreiber, schreibmaschinenähnl. Telegrafieeinrichtung, die sowohl auf der Sende- als auch auf der Empfangsseite die Nachrichten auf Streifen *(Streifenschreiber)* oder Papierrolle *(Blattschreiber)* aufzeichnet. Grundbestandteile des F. sind Tastatur, Sendeteil, Empfangsteil mit Druckwerk und Antrieb; Lochbandgeräte können mit F. konstruktiv verbunden sein. Damit ist es möglich, Texte, die als Lochbänder vorliegen, zu übertragen. Die zum Betreiben im öffentl. Telexnetz notwendigen Einrichtungen werden von der Dt. Bundespost gestellt. Der F. arbeitet nach dem *Start-Stop-Prinzip,* d. h. nach der Übertragung eines Zeichens schaltet der Sende- und Empfangsteil immer wieder ab, der Motor läuft jedoch weiter. Jeder Buchstabe besteht aus einer Kombination von Rechteckimpulsen; gemäß dem *Internat. Telegrafenalphabet 2* sind 5 Impulse,

Fernschreibnetz

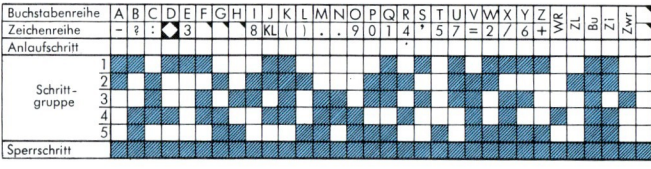

Fernschreiber. Internationales Telegraphenalphabet Nr. 2 (Fünferalphabet)

hinzu kommen ein *Anlauf-* und *Sperrschritt* (Start und Stop). Die Schrittgeschwindigkeit beträgt 50 Baud, d.h. 396 Zeichen pro Minute. In Fernschreibsondernetzen (z. B. Dt. Bundesbahn, Polizei, Banken) werden z. T. F. mit Schrittgeschwindigkeiten von 75 Baud (594 Zeichen pro min) und 100 Baud (auch 200 Baud) benutzt. Für die Dateldienste der Dt. Bundespost sind noch höhere Schrittgeschwindigkeiten möglich.

Bes. Bedeutung hat neben den drahtgebundenen F. der **Funkfernschreiber** erlangt. Hierbei wird das als Stromstoß oder Strompause vorliegende Fernschreibzeichen über Zusatzgeräte in ein Funksignal umgewandelt und über eine Antenne abgestrahlt.

Fernschreibnetz, die Gesamtheit der Vermittlungs- und Übertragungseinrichtungen, die es den Teilnehmern ermöglichen, beliebig miteinander fernschriftlich zu verkehren. Neben den F. für die Abwicklung des Telegrammdienstes **(Gentexnetz)** und für den öff. Teilnehmer-Fernschreibverkehr **(Telexnetz)** entstanden zahlr. private und Behördennetze.

Fernsehen (Television, TV), die Aufnahme, Übertragung und Wiedergabe sichtbarer, bewegter Vorgänge oder ruhender Vorlagen (eines „Bildfeldes") mit Hilfe elektromagnet. Wellen (drahtlos) oder über Kabel.

Technische Grundlagen

Grundprinzip: 1. Umwandlung der Helligkeitswerte (beim Schwarzweiß-F.) oder der Helligkeits- und Farbwerte (beim Farb-F.) innerhalb eines Bildfeldes in elektr. Signale; 2. Weiterleitung dieser Signale (Videosignale) an bestimmte Stellen (z. B. Ind.-F., Verkehrsüberwachung) oder Ausstrah-

Fernsehen

Links: Live-Sendung im Aufnahmestudio mit Zuschauern. Rechts: Schaltraum für Empfangs- und Sendeleitungen

Links: Aufnahmestudio der Tagesschau beim Norddeutschen Rundfunk in Hamburg. Rechts: aktuelle Berichterstattung durch einen Nachrichtenkorrespondenten (anläßlich der Öffnung des Brandenburger Tors in Berlin am 22. Dezember 1989)

Fernsehen

lung über Sendeanlagen zum allg. Empfang; 3. Rückwandlung der elektr. Signale in entsprechende Helligkeits- oder Farbwerte. – Beim Schwarzweiß-F. wird nur ein Helligkeitsauszug des Bildfeldes zur Signalumwandlung benötigt gegenüber mindestens *drei* Farbauszügen beim Farb-F. Ein Bildfeld enthält eine Vielzahl örtlich und zeitlich wechselnder Helligkeits- oder Farbinformationen, die auf den Stäbchen- und Zapfenzellen des menschl. Auges gleichzeitig abgebildet und im Großhirn ausgewertet werden. Da die elektr. Nachrichtentechnik nur mit unvorstellbarem Aufwand eine entsprechende Anzahl von Kanälen gleichzeitig zur Verfügung stellen könnte, müssen die einzelnen Helligkeits- oder Farbwerte eines Bildfeldes nacheinander übermittelt werden. Im Ggs. zum Punktraster der Drucktechnik wird das Bildfeld in Zeilen zerlegt. Ihre Anzahl ist durch das Verhältnis des Sehwinkels des Auges zur maximalen Sehschärfe gegeben. Dies ergibt 600 Zeilen. In M-Europa gilt seit 1952 die Normzahl von 625 Zeilen auf Beschluß des Comité Consultatif International de Radiodiffusion (**CCIR**). Bei gleichem Auflösungsvermögen in Zeilen- und Bildrichtung (senkrecht zur Zeilenrichtung) können bei einem Format von 4:3 (Breite:Höhe) $4/3 \cdot 625 \cdot 625 \approx 500\,000$ Einzelheiten („Bildpunkte") wahrgenommen werden. Zur Darstellung bewegter Vorgänge sind mindestens 16 Einzelbilder/s erforderlich. Wegen des dabei noch auftretenden Flimmerns erhöht man die Zahl jedoch auf 50 und mehr Bilder/s, insbes. bei hellem Bildschirm. Besteht das Bildfeld schachbrettartig aus Bildpunkten von Zeilenhöhe und gleicher Breite, so ergibt jedes schwarzweiße Bildpunktpaar eine volle Wechselspannungsperiode als Sinuswelle nach der elektr. Umwandlung. Bei 50 Bildern dieser Art in 1 s entsteht eine Frequenz von 12,5 MHz. Dieses breite Frequenzband ist nur mit unwirtsch. Aufwand übertragbar, daher wird heute allg. das *Zeilensprungverfahren* angewendet: Je Sekunde werden nur 50 Halbbilder abgetastet, und zwar zuerst alle ungeraden Zeilen 1, 3, 5, ... und dann alle geraden Zeilen 2, 4, 6, ..., so daß zwei ineinandergeschachtelte Zeilenraster entstehen. Das Frequenzband wird dadurch halbiert und im prakt. Betrieb nochmals um den Faktor 0,8 auf 5 MHz herabgesetzt. Eine Zeile dauert 64 µs, ein Halbbild 20 ms und ein Vollbild 40 ms. Die Bildzerlegung und die Bildzusammensetzung erfordern einen sehr genauen Gleichlauf zw. Sender und Empfänger, der durch mitübertragene Bild- und Zeilensynchronimpulse zu Beginn jedes Halbbildes und jeder Zeile erreicht wird.

Signalumwandlung: Zur Umwandlung der Helligkeits- bzw. Farbwerte des Bildfeldes in elektr. Signale dient die **Fernsehkamera.** Über ein photograph. Objektiv wird das

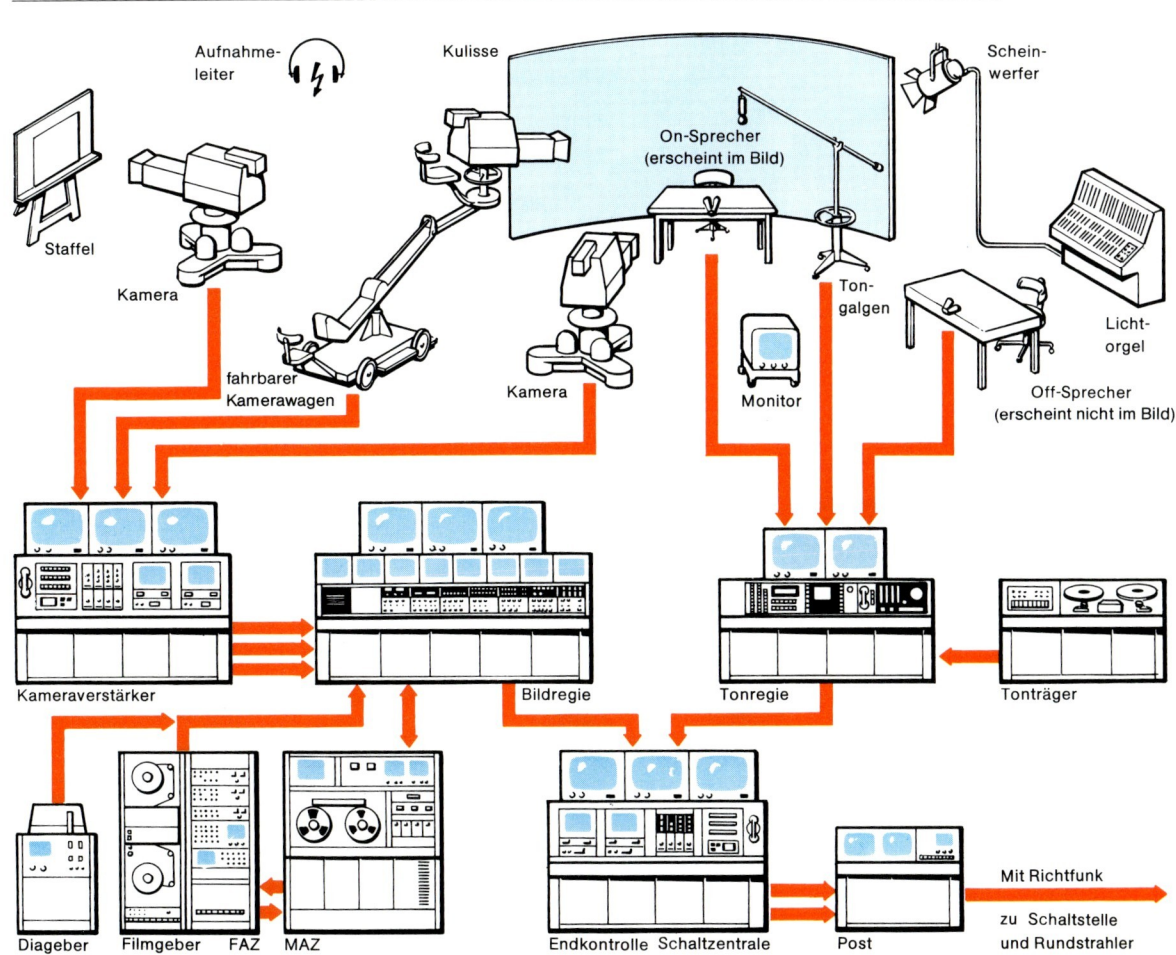

Schematische Darstellung der technischen Einrichtungen und der Abläufe in einem Aufnahmestudio für Ansagen (FAZ: Filmaufzeichnung; MAZ: magnetische Bildaufzeichnung)

Fernsehen

Bildfeld auf die Photokathode der Aufnahmeröhre abgebildet und mittels eines Elektronenstrahles zeilen- und bildweise abgetastet. Während der Zeilen- und Bildrückläufe wird das Kamerasignal „ausgetastet", d. h., die Rückläufe bleiben unsichtbar.

Das Fernsehsignal wird im Bildkontrollraum auf seine techn. Qualität überprüft. Die Bildgüte ist abhängig von der richtigen Wiedergabe der Helligkeitsstufen (Gradation; Kontrastumfang bis 1:100) und vom Auflösungsvermögen. Das Signal wird einem Sender zugeführt oder auf Film bzw. Magnetband gespeichert *(magnet. Bildaufzeichnung)*, z. B. auf der Ampex-Maschine ⓦ. Zur Übertragung eines [Spiel-]Films dient ein **Filmgeber** mit einer sehr leistungsfähigen Kathodenstrahlröhre als Lichtquelle, deren Bildschirmraster jedes Filmbildchen in zwei Halbbildern durchleuchtet, so daß in einer Photozelle hinter dem Film das elektr. Fernsehsignal entsteht. Zur Sendung von Standbildern, Testbildern, Störungsmeldungen dient ein **Diapositivgeber**, dessen elektr. Fernsehsignal in ähnl. Weise wie beim Filmabtaster erzeugt wird. Das *Testbild* wird in elektron. Schaltungen erzeugt, es dient Ind. und Fachhandel zur Justierung der Fernsehempfänger.

Übertragung der Fernsehsignale: Die Verbindung zw. Fernsehstudios und Sendern erfolgt über Richtfunkstrecken im 2- oder 4-GHz-Band, vereinzelt über Kabelstrecken. Die Knotenpunkte dieses Netzes, meist Fernmeldetürme im Abstand von 50–200 km, sind Relaisstationen, die das Richtfunksignal mit Parabolspiegelantennen empfangen und verstärkt über gleichartige Antennen weitergeben. Das Netz besitzt einen Sternpunkt auf dem Großen Feldberg im Taunus. Für weltweites F. müssen Kontinente und Ozeane mit (geostationären) *Kommunikationssatelliten* überbrückt werden *(Satellitenfernsehen)*. Die allg. Fernsehversorgung erfolgt über *Fernsehsender* mit Rundstrahlung. Ein erhöhter Standort ist wichtig wegen der opt. Gesetzen gehorchenden Ausbreitung der Trägerfrequenzen *(VHF-Bereich:* Band I mit 41–68 MHz sowie Band III mit 175–230 MHz; *UHF-Bereich:* Band IV/V mit 471–853 MHz). Ein Videosignal mit 5 MHz Bandbreite bedeckt nach Amplitudenmodulation der Trägerfrequenz ein Frequenzband von 2×5 MHz, zuzüglich 0,75 MHz für den Tonkanal. Da in den festgelegten Fernsehbändern viel zu wenige Sender Platz finden würden, führte man das *Restseitenbandverfahren* ein, durch das fast 40 % des Frequenzbedarfs des Bildsenders eingespart werden, so daß ein Fernsehkanal nur 7 MHz bedeckt. Der Fernsehtonsender gleicht einem frequenzmodulierten UKW-Sender. Seine Trägerfrequenz liegt bei der westeurop. Norm 5,5 MHz oberhalb des Bildsenders.

Die *Fernsehsendeantennen* bestehen aus Gruppen von Dipolen und strahlen entweder horizontal (waagrechte Stäbe) oder vertikal polarisiert; dadurch geringere Störung zweier Sender im selben Kanal. Die *Empfangsantennen* bestehen aus Dipolgruppen in senkrechter oder waagrechter Lage.

Der **Fernsehempfänger** arbeitet nach dem *Überlagerungsprinzip*, sowohl im Bild- als auch im Tonteil. Die Frequenzen des gewünschten Bild-Ton-Senderpaares werden mit einem Kanalwähler ausgewählt und mittels eines Oszillators auf feste Zwischenfrequenzen (ZF; 38,9 MHz für den Bildträger, 33,4 MHz für den Tonträger) umgesetzt. Nach Gleichrichtung (Demodulation) des ZF-Signals entsteht das Videosignal mit Bild- und Synchronanteil. Nach der Verstärkung wird das Videosignal der Steuerelektrode der Bildröhre zugeführt, die Synchronzeichen werden in einem Amplitudensieb zur Steuerung des Ablenkteiles abgetrennt. Die 5,5-MHz-Ton-ZF wird durch einen Verhältnisrichter in Tonfrequenz umgewandelt (demoduliert) und über den Niederfrequenzverstärker dem Lautsprecher zugeführt. Das sichtbare Bild entsteht auf dem Leuchtschirm der Bildröhre durch Abbremsung eines schnellen Elektronenstrahls, der von einer Kathode erzeugt, mittels elektr. Linsen fokussiert und durch eine Hochspannung (12 bis 18 kV) beschleunigt wird und der zeilenweise das Bildfeld überstreicht. Der sehr feine, aber intensive Elektronenstrahl wird in der evakuierten Bildröhre durch zwei Ablenkspulenpaare *(Ablenkeinheit)* in waagrechter (Zeilen-) und senkrechter (Bild-)Richtung im Gleichlauf (Synchronismus) zum Abtastvorgang in der Kameraröhre in zwei ineinandergeschachtelten Halbbildern nach dem *Zeilensprungverfahren* über das Bildfeld geführt und gleichzeitig in seiner Stärke gesteuert. An der Entwicklung serienreifer Bildröhren, die wesentlich flacher als die bisher üblichen sind, wird gearbeitet. Seit etwa 1980 ist Stereotonempfang bei dafür ausgelegten Geräten möglich. Für das Angebot an Schriftinformationen (Bildschirmtext, Videotext) sind moderne Fernsehempfänger geeignet. Die Nutzung neuer Übertragungswege (Satellit, ↑Kabelfernsehen) erweiterte den Empfang der Programme quantitativ wie qualitativ.

Farbfernsehen

Jede Farbe ist durch Mischung der drei Primärfarben Rot (R), Grün (G) und Blau (B) darstellbar. Die Umformung des Spektralfarbenzuges von B über G nach R zu einem „Farbkreis" oder einer „Farbuhr" erlaubt die Zuordnung von Farbsättigung und Farbton zu zwei voneinander unabhängigen Größen, wie z. B. Betrag und Phase einer Schwingung. Hierauf beruhen die beiden Farbfernsehübertragungssysteme NTSC und PAL.

Grundprinzip: 1. Umwandlung der Farbtöne („Farben") und der Farbsättigung („Farbstärke") in elektr. Signale; 2. elektr. Übertragung (über Leitungen oder drahtlos) an den Empfangsort; 3. Rückwandlung in ein farbiges Bild. Zur Umwandlung werden mindestens drei Farbauszüge – wie z. B. beim Farbdruck – in den Grundfarben Rot (R), Grün (G) und Blau (B) mit drei Aufnahmeröhren unter Verwendung von Farbfiltern hergestellt. Die einzelne Aufnahmeröhre gleicht der in einer Schwarzweißfernsehkamera. Die Größe der elektr. Farbsignale E_R, E_G, E_B ist ein Maß für die Farbsättigung der drei Farbauszüge. Während die Probleme der Aufnahmetechnik relativ leicht zu lösen waren, wurden an das Übertragungssystem und an den *Rückwandler* (Empfänger) höchste Anforderungen gestellt: das vorhandene Fernsehverbindungsnetz (Richtfunkstrecken) mit den angeschlossenen Sendern für das Schwarzweiß-F. mußte auch Farbsendungen mit dem gleichen Frequenzbandbedarf von 5 MHz nach der CCIR-Norm übernehmen können. Die vorhandenen Schwarzweißempfänger müssen Farbsendungen als normale Schwarzweißbilder wiedergeben können und umgekehrt Farbempfänger Schwarzweißsendungen als Schwarzweißbilder (Grundsatz der „Verträglichkeit" [Kompatibilität]).

NTSC-System: Der in etwa fünfjähriger Arbeit vom „Nat. Fernsehsystem-Ausschuß" der USA (National Television System Committee, Abk. NTSC) ausgearbeitete Kompromißvorschlag setzte sich seit Ende 1953 als NTSC-System in Nordamerika und in Japan durch. Beim NTSC-System wird aus den E_R–E_G–E_B-Signalen nach einem Schlüssel (Code) entsprechend der Augenempfindlichkeitskurve in einem „Coder" ein Helligkeitssignal **(Luminanzsignal)** E_Y gebildet, das mit voller Bandbreite von 5 MHz übertragen wird und am normalen Fernsehempfänger als Schwarzweißbild einer farbigen Vorlage erscheint. Dieses Frequenzband ist jedoch nicht durchgehend vom Fernsehsignal besetzt, sondern zeigt gleichmäßig verteilte Lücken im Abstand der Zeilenfrequenz, in die die Farbinformation **(Chrominanzsignal)** eingeschaltet wird. Hierzu dient ein *Farbhilfsträger,* dessen Frequenz ein ungeradzahliges Vielfaches (567) der halben Zeilenfrequenz ist. Sie liegt am oberen Ende des Übertragungsbereiches, im CCIR-System bei 4,4296875 ($\approx$ 4,43) MHz. Dadurch wird die feine Perlschnurstörung des Farbhilfsträgers im Schwarzweißbild infolge der Trägheit des Auges nahezu ausgelöscht, weil in aufeinanderfolgenden Zeilen eines Halbbildes die Stellen größter und kleinster Helligkeit der Perlschnur übereinander liegen. Das NTSC-System ist für Schwarzweißempfänger vollverträglich *(kompatibel).* Zur Farbinformation genügt es, im Coder zwei **Farbdifferenzsignale** (z. B. E_R-E_Y und E_B-E_Y) zu bilden und diese über den in Amplitude *(Farbsättigung)* und Phase *(Farbton)* doppelt modulierten Farbhilfsträger zu übertragen. Das fehlende grüne Differenz-

Fernsehen

signal E_G-E_Y läßt sich am Empfangsort aus den beiden anderen leicht wieder gewinnen. In der Praxis des NTSC-Systems werden statt E_R-E_Y und E_B-E_Y zwei neue Kombinationen E_I-E_Q wegen ihrer besseren Übertragungseigenschaften benutzt. Dabei genügt für E_I eine Bandbreite von 1,5 MHz und für E_Q von 0,6 MHz, weil das Auge Farbübergänge Orange→Blaugrün (E_I) etwas schlechter und solche von Grün→Purpur (E_Q) wesentl. schlechter als Helligkeitsübergänge auflösen kann. E_Y, E_I und E_Q modulieren die Bildträgerfrequenz eines Fernsehsenders. Am Empfangsort entsteht das Helligkeitssignal E_Y unmittelbar nach der ersten Demodulation, während E_I und E_Q in einer zweiten Demodulation mittels des im Empfänger phasenrichtig zugesetzten Farbhilfsträgers gewonnen werden. Ein „Entschlüßler" *(Decoder)* bildet aus E_I und E_Q die Farbdifferenzsignale E_R-E_Y, E_G-E_Y und E_B-E_Y, von denen jeweils das Helligkeitssignal E_Y abgezogen wird, so daß die urspr. drei *Farbauszugssignale* E_R, E_G und E_B wieder zur Verfügung stehen. Nachteile des NTSC-Verfahrens im prakt. Betrieb: 1. hohe Empfindlichkeit gegen amplitudenabhängige Phasenfehler, verursacht Farbtonänderungen, 2. Schwierigkeiten bei Magnetbandaufzeichnung, Gleichlaufschwankungen rufen Farbtonänderungen hervor. Daher sind zwei europ. Systeme entwickelt und eingeführt worden: das PAL-System von Bruch/Telefunken (1961) und das SECAM-System von H. de France/CSF-Paris (1958).
PAL-System: PAL (Abk. für engl. „Phase Alternating Line") bedeutet, daß die Phase des Farbhilfsträgers im I- oder Q-Kanal des Farbmodulators beim NTSC-System von Zeile zu Zeile mittels eines einfachen Schalters umgepolt wird. Im Empfänger wird die Umpolung rückgängig gemacht. Das in der urspr. Polung und das in der umgekehrten Polung übertragene Farbbild werden im Auge oder in einer Schaltung über eine Verzögerungsleitung von 64 μs (Zeilendauer) addiert, wobei sich praktisch alle Übertragungsfehler gegenseitig aufheben. Transcodierung (Umwandlung) von NTSC in PAL und umgekehrt ist ohne Güteverlust möglich wegen der Ähnlichkeit beider Systeme (PAL- und NTSC-System benutzen die gleichen Signale).
SECAM-System: SECAM (aus frz. séquentiel à mémoire) bedeutet, daß die beiden Farbsignale E_I und E_Q im Ggs. zu NTSC und PAL nicht dauernd (simultan), sondern abwechselnd von Zeile zu Zeile (sequentiell) übertragen werden. Die Doppelmodulation (in Betrag und Phase) des Farbhilfsträgers wird durch eine Einfachmodulation (in der Frequenz) ersetzt. Zur gleichzeitigen (simultanen) Darstellung aller drei Farben muß im Speicher für das jeweils nicht übertragene zweite Farbsignal vorhanden sein (Ultraschallspeicher über 64 μs). Nachteil: Störempfindlichkeit ab einer bestimmten Entfernung vom Fernsehsender und Qualitätsverlust bei Transcodierung von NTSC/PAL. Zweinormengeräte NTSC/PAL und SECAM sind nötig. Das SECAM-System wird in Frankreich, Griechenland, den osteurop. Staaten einschl. der GUS sowie in einigen afrikan. und asiat. Staaten verwendet. Infolge des zunehmenden Einsatzes von Fernsehsatelliten und der damit gegebenen Möglichkeit, weiträumig grenzüberschreitend Fernsehsendungen auszustrahlen und [direkt] zu empfangen, wurden Systeme entwickelt, die im Ggs. zu PAL und SECAM einen direkten europ. Satellitenempfang ohne techn. Hürden ermöglichen sollen und überdies die Möglichkeit bieten, mehrere Tonkanäle gleichzeitig zu übertragen (z. B. Fernsehton in mehreren Sprachen). Die Dt. Bundespost hat sich 1985 entschieden, von den unter der Bez. **MAC-Systeme** (Abk. für engl. „Multiplex Analog Components") bekannten Verfahren für Programmausstrahlungen über Fernsehsatelliten das Verfahren **D2 MAC** einzuführen, dessen Einsatz als europaeinheitl. künftige Farbfernsehnorm auch die Techn. Kommission der Europ. Union für das Rundfunkwesen (UER) zugestimmt hatte. Hierbei werden die Helligkeits- und Farbinformationen sowie der Fernsehbegleitton nacheinander, d. h. im Zeitmultiplexverfahren, gesendet, und zwar derart, daß der Fernsehempfänger innerhalb von 64 μs (Zeilendauer) für jede Zeile die jeweiligen Helligkeits- und Farbwerte erhält sowie die (digitalen) Toninformationen, die (zusammengefaßt) den Fernsehbegleitton ergeben. Dieses Verfahren, das mögl. Störungen zw. Farb- und Helligkeitssignal praktisch ausschließt, erlaubt auch die gleichzeitige Verwendung von 4 Tonkanälen, so daß z. B. jeweils 2 Stereokanäle für Stereoempfang oder 4 Kanäle für Monoempfang (z. B. in verschiedenen Sprachen) zur Verfügung stehen. Die Einführung der hochauflösenden **HDTV-Technik** wird erst Mitte der 90er Jahre erwartet.
Farbbildröhren: Man unterscheidet hauptsächlich 2 Typen von Bildröhren. **Deltaröhre:** Sie enthält 3 Elektronenstrahlquellen, die in Form eines gleichseitigen Dreiecks angeordnet sind (ähnlich dem griech. Buchstaben Delta = Δ). Ihre Strahlen gehen gemeinsam durch jedes der 357 000 Löcher (⌀ 0,35 mm) der Schatten- bzw. Lochmaske und treffen auf je eine Dreiergruppe von rot, grün und blau aufleuchtenden Farbleuchtpunkten (⌀ 0,43 mm) der Phosphorbeschichtung des Leuchtschirms; Abstand Leuchtschirm–Lochmaske ca. 1 cm. **In-Line-Röhre:** Die Elektronenstrahlquellen sind in einer Linie, d. h. nebeneinander angeordnet. Die Schattenmaske ist eine Schlitzmaske, bestehend aus Dreiergruppen von senkrechten Schlitzen.

Geschichte

Auf die Möglichkeit, elektrisch zu übertragende Bilder punkt- und zeilenweise abzutasten, wies 1843 A. Bain hin. Eine Lösung fand 1884 P. Nipkow mit dem ersten brauchbaren mechan. Bildfeldzerleger, der *Nipkow-Scheibe*. Bereits 1906 benutzten M. Dieckmann und G. Glage die Braunsche Röhre zur Wiedergabe von 20zeiligen Schwarzweißbildern. Die ersten Sendungen wurden 1928 mit einem von der Firma General Electric entwickelten System ausgestrahlt. 1929 begann die British Broadcasting Corporation (BBC) mit regelmäßigen Übertragungen. Den ersten brauchbaren elektron. Bildabtaster schuf 1923/24 W. K. Zworykin. Seine „Ikonoskop-Röhre" wurde seit 1934 serienmäßig hergestellt. In Berlin konstruierte M. von Ardenne einen Leuchtschirmabtaster und führte 1930 das erste vollelektron. Fernsehbild vor. Das Reichspostzentralamt in Berlin begann 1929 mit der Ausstrahlung von Versuchssendungen. Die ersten großen Übertragungen anläßlich 1936 den Olymp. Spielen („Fernsehsender Paul Nipkow", Berlin). 1952 konnte das öff. F. in der BR Deutschland aufgenommen werden (1955 in der DDR). Die Geschichte des Farbfernsehens beginnt mit einem 1902 an O. von Bronk erteilten Patent. J. L. Baird und die Bell Company stellten 1928 prakt. Versuche an. In Deutschland unternahmen W. Bruch und O. von Bronk 1936 bei Telefunken erste Versuche. Von 1956 an beschäftigte man sich in Europa mit dem Farb-F., nachdem in Amerika 1954 die NTSC-Norm eingeführt worden war. Gewisse Mängel dieses Systems waren in dem von H. de France entwickelten System SECAM überwunden worden. 1963 schlug W. Bruch sein bei Telefunken erarbeitetes Verfahren PAL vor. Es wurde 1966/67 von den meisten westeurop. Ländern übernommen, während Frankreich, die UdSSR und die übrigen osteurop. Staaten am SECAM-System festhielten. 1967 offizieller Beginn des Farb-F. in der BR Deutschland.

Recht

Die Hörfunk- und Fernsehfreiheit (Rundfunkfreiheit) als institutionelle Garantie (Art. 5 Abs. 1 GG) ist ein Wesenselement der freiheitlich demokrat. Staatsordnung und unerläßl. Voraussetzung für eine freie Bildung der öff. Meinung. Die Verfassung verlangt deshalb, daß Hörfunk und F. weder dem Staat noch einer gesellschaftl. Gruppe ausgeliefert werden. In der BR Deutschland war die Veranstaltung von Hörfunk- und Fernsehsendungen bis vor wenigen Jahren ausschließlich eine öff. Aufgabe, die dem privatwirtsch. Wettbewerb entzogen und von öff.-rechtl. Anstalten betrieben wurde. Im Zuge des Ausbaus von Kabelnetzen (↑ Kabelfernsehen) traten in den letzten Jahren zunehmend auch private Programmanbieter auf, deren Zulassung durch

Fernsehfilm

die Landesmediengesetze der einzelnen Bundesländer geregelt wird. Nach Art. 73 Nr. 7 GG ist der Bund nur für den sendetechn. Bereich des Hörfunks und F. zuständig (Zuteilung von Wellenbereichen, Festlegung von Standort und Sendestärke der Sender u. a.), nicht aber für die Regelung der Organisation von Fernseh- und Hörfunksendungen.

Das Bundesverfassungsgericht hat im sog. Fernsehurteil vom 28. 2. 1961 das bis dahin bestehende Oligopol der öff.-rechtl. Rundfunk- und Fernsehanstalten als verfassungsgemäß bestätigt; gleichzeitig hat es aber betont, daß auch eine rechtsfähige Gesellschaft des privaten Rechts Träger von Fernseh- und Hörfunkveranstaltungen sein könnte, wenn ihre Organisationsform gewährleiste, daß in ihr alle gesellschaftlich relevanten Kräfte zu Wort kämen und die Freiheit der Berichterstattung unangetastet bliebe. Der Medienstaatsvertrag der Bundesländer (1987) und das Bundesverfassungsgericht (1986/87) regelten nach dem Auftreten privater Anbieter deren Verhältnis zu den öff.-rechtl. Anstalten.

In *Österreich* bildet die Rechtsgrundlage für den Betrieb des F. das Rundfunkgesetz 1974 (mehrfach geändert). Danach obliegen dem „Österreichischen Rundfunk" (ORF) die [alleinige] Herstellung und Sendung von Fernsehprogrammen.

Die *schweizer. BV* kennt bislang keinen Fernsehartikel. Der Bundesrat hat eine Fernsehkonzession allein der als privatrechtl. Verein organisierten Schweizer. Radio- und Fernsehgesellschaft (SRG) erteilt.

Wirtschaftliche Grundlagen

Das F. ist ein Massenkommunikationsmittel, dem in der BR Deutschland über 96 % der Haushalte angeschlossen sind; diese haben den Betrieb von 24,7 Mill. Fernsehgeräten bei der Dt. Bundespost angemeldet (1990). Die Kosten des F. werden in der BR Deutschland aus Gebühren und Werbeeinnahmen gedeckt. Da die Sendegebiete der ARD-Anstalten und damit die Gebührenaufkommen der Sender unterschiedlich groß sind, führen die Anstalten untereinander einen Finanzausgleich durch. Das Werbefernsehen, das von den ARD-Anstalten im jeweiligen Regionalprogramm und im ZDF als Vorabendprogramm ausgestrahlt wird, besteht aus Werbespots, eingebettet in ein Rahmenprogramm, das Unterhaltung sowie regionale bzw. lokale polit. Information bietet. Die Werbeeinnahmen dienen bei den ARD-Anstalten bislang v. a. dem Ausgleich von Finanzierungslücken, sind beim ZDF hingegen eine tragende Säule des Haushalts. Die privaten Programmanbieter finanzieren ihre (über Kabelnetze verbreiteten) Programme im wesentlichen durch Werbeeinnahmen. Trotz des erhebl. Aufwands für redaktionelles und techn. Personal können die Anstalten nicht alle Sendungen selbst planen und produzieren. Die Anteile fremdproduzierten Materials (Auftragsproduktion) betrugen z. B. 1985 beim ZDF 17,5 % der Gesamtsendezeit (ohne Werbespots und Programmverbindungen).

Programme

Das *1. Fernsehprogramm* wird von den nach der Neugründung von Landesrundfunkanstalten in den neuen Bundesländern Anfang 1992 insgesamt 11 in der ARD zusammengeschlossenen *Landesrundfunkanstalten* als Gemeinschaftsprogramm *Erstes Dt. F.* veranstaltet. Daneben unterhalten die einzelnen Rundfunkanstalten eigene Fernsehprogramme (*Regionalprogramme* und die sog. *Dritten Fernsehprogramme*). Seit dem 29. März 1986 strahlt die ARD (unter Beteiligung der Schweizer. Radio- und Fernsehgesellschaft [SRG]) über einen Kommunikationssatelliten ein zusätzl. Programm „Eins Plus" aus, das in die Kabelnetze eingespeist wird. Die Zusammenarbeit der Landesrundfunkanstalten auf dem Gebiet des 1. Fernsehprogramms beruht auf einer am 27. März 1953 geschlossenen Verwaltungsvereinbarung, dem sog. *Fernsehvertrag*. Die *Zusammenarbeit der Anstalten* ist wie folgt geregelt: Aus den Intendanten der Rundfunkanstalten oder ihren Beauftragten sowie einem

312

von den Rundfunkanstalten auf mindestens 2 Jahre zu wählenden Vorsitzenden (Programmdirektor Dt. F., München) wird eine *Ständige Programmkonferenz* gebildet, die das Gemeinschaftsprogramm unter Beachtung der den einzelnen Rundfunkanstalten nach dem Fernsehvertrag obliegenden prozentualen Pflichtanteile am Gemeinschaftsprogramm erarbeitet. Die Ständige Programmkonferenz wird durch einen *Programmbeirat* beraten. Dieser setzt sich aus je einem Vertreter der Rundfunkanstalten zusammen, der von den Aufsichtsgremien entsandt wird und dem Rundfunkrat, dem Verwaltungsrat oder dem Programmbeirat der Rundfunkanstalt angehören muß.

Das *2. Fernsehprogramm* wird vom *Zweiten Dt. Fernsehen (ZDF)* in Mainz ausgestrahlt, das seit dem 1. Dez. 1984 zus. mit dem Östr. Rundfunk (ORF) und der Schweizer. Radio- und Fernsehgesellschaft (SRG) auch ein in die Kabelnetze eingespeistes Satellitenfernsehprogramm („3SAT") sendet. – Das ZDF ist ebenfalls eine Anstalt des öff. Rechts mit dem Recht der Selbstverwaltung. Sie ist durch Staatsvertrag sämtl. Bundesländer vom 6. 6. 1961 errichtet worden. Die Landesrundfunkanstalten und das ZDF sind dem staatl. Einfluß entzogen und unterstehen nur einer beschränkten staatl. Rechtsaufsicht. Ihre kollegialen Organe sind in einem angemessenen Verhältnis aus Repräsentanten aller bedeutsamen polit., weltanschaul. und gesellschaftl. Gruppen zusammengesetzt.

ARD und ZDF, die der Eurovision angehören, strahlen seit 1988 ein gemeinsam gestaltetes Vormittagsprogramm, seit 1992 auch ein gemeinsames Frühinformationsprogramm aus. Zur Programmabstimmung haben 1. und 2. Programm zudem seit 1963 mehrfach erneuerte Koordinierungsabkommen geschlossen (zuletzt 18./20. Dez. 1985), die die Auswahlfreiheit des Zuschauers sichern sollen, indem Kontraste von Sendeinhalten und -formen realisiert werden. Seit dem Start des Kabelfernsehens (1984) und des Satellitenfernsehens (1985) etablierten sich neben den öff.-rechtl. Anstalten zahlr. private Konkurrenten, darunter RTL plus (Sitz: Köln), SAT 1 (Sitz: Mainz) oder der Pay-TV-Sender Premiere (Sitz: Hamburg). 1990 konnten in Westdeutschland rd. 65 % der Haushalte die eher an Unterhaltungssendungen orientierten privaten Anbieter empfangen. Der Marktanteil aller ARD- und ZDF-Fernsehprogramme an der tägl. Schdauer der Kabel-Zuschauer (ab 14 Jahren) lag 1991 mit 48 % erstmals unter 50 %. Die Dauer der tägl. Sendezeit hat sich dabei ebenso beständig ausgeweitet wie die tägl. Einschaltdauer (1991 durchschnittlich 160 Minuten).

Wirkungen

Zu den Folgen der sozialen Institution F. gehört v. a. der Wandel des Verhaltens durch das gestiegene Angebot an Wahrnehmungsimpulsen: F. bietet einerseits die Chance zur Weiterbildung (z. B. Telekolleg) und zur Verbesserung von Kommunikation und Informationsstand; andererseits kann die Ausrichtung des Freizeitverhaltens an den Programmen und die Reizüberflutung zu einer Beschleunigung und Beeinflussung des Erlebens und Handelns, zu Orientierungslosigkeit und Isolierung führen.

Fernsehfilm, ein eigens für die Wiedergabe im Fernsehen hergestellter Dokumentar- oder Spielfilm; auch Synonym für das Fernsehspiel.

Fernsehoper, für das Fernsehen bearbeitete oder eigens geschriebene Oper, die den besonderen künstler. und techn. Bedingungen von Studioinszenierungen angepaßt ist. F. komponierten u. a. E. Křenek, H. Poser, B. Britten, H. Sutermeister.

Fernsehsatellit ↑ Kommunikationssatelliten.

Fernsehserie, vielteilige Sendung im Fernsehen; charakteristisch sind lose verbundene Handlungen und in einzelnen Folgen wiederkehrende Figuren. Hauptformen sind die *Familienserien* und „Krimi"-*F.*; daneben das zur Serie erweiterte ↑ Fernsehspiel.

Fernsehspiel, für das Fernsehen produziertes Stück. Unterschieden werden: das *eigtl. F.* als eine eigens für das Fernsehen entwickelte Spielform mit dafür konzipierten

Stoffen; die *F.-Adaption* eines Theaterstücks, eines Hörspiels oder einer ep. Vorlage; der *Fernsehfilm,* das *Live-Spiel,* das auf die techn. Möglichkeiten der Aufzeichnung verzichtet; daneben das *dokumentar. F.* und das Informationen aufbereitende *Fernsehfeature.* – Dem theater- und literaturorientierten F. der 1950er Jahre folgten historisch-polit. F. der 1960er und soziale Problem- bzw. Themen-F. der 1970er Jahre, seitdem herrschen erzählende und psycholog. F. vor. Mehrteilige F. („Mehrteiler") bilden den Übergang zur ↑ Fernsehserie.

Fernsprechansagedienst, Serviceleistung der Post; durch Ansagegeräte werden z. B. Uhrzeit, Veranstaltungsprogramme, Lotto- und Totozahlen, Wetter- und Sportnachrichten mitgeteilt.

Fernsprechauftragsdienst, Einrichtung der Dt. Bundespost, die Anrufe für abwesende Fernsprechteilnehmer entgegennimmt oder den Auftraggeber fernmündlich weckt.

Fernsprechauskunftsdienst, Auskunftsstelle der Dt. Bundespost; erteilt Auskünfte über Rufnummern, Gesprächsgebühren und sonstige Angelegenheiten des Fernsprechdienstes.

Fernsprechen, die auf elektr. Wege erfolgende Übermittlung von Sprache.
Prinzip: 1. *Signalumwandlung* der vom Sprecher erzeugten Schallwellen über die Membranbewegungen in einem Mikrophon in ein elektr. Signal, 2. *elektr. Übertragung* dieses Signals über eine Vermittlungseinrichtung zum zweiten Teilnehmer, 3. *Rückwandlung* des elektr. Signals durch die Membranbewegungen in der Hörkapsel in Schallwellen. Fernsprecher, die anstelle der Wählscheibe *Drucktasten* haben, unterscheiden sich grundsätzlich von der herkömml. *Nummernscheibenwahl.* Beim Drücken einer Taste sendet ein Transistorgenerator von acht möglichen jeweils zwei Tonfrequenzen über die Leitung zur Vermittlungsstelle; Auswahl durch Umschalten der Schwingkreiskondensatoren der Transistorgeneratoren. Die Rückwandlung der Tonfrequenzwählsignale in Schaltimpulse findet in der Vermittlungsstelle statt. Vorteil: Verkürzung des Wählablaufs und damit Ausnutzung der hohen Schaltgeschwindigkeit moderner Vermittlungseinrichtungen; Sprech- und Weckerschaltung sind unverändert.
Teilnehmervermittlung: Aufgabe einer *Fernsprechvermittlung* ist es, Teilnehmer miteinander zu verbinden. Erfahrungsgemäß möchten nie alle Teilnehmer gleichzeitig sprechen, sondern im statist. Mittel 5 % bis 12 %; entsprechend ist die Zahl der Leitungen und Schaltmöglichkeiten einer Vermittlung. Im handvermittelten Dienst werden diese Schaltungen von Hand ausgeführt. 1906 wurde in Deutschland der *Selbstwählferndienst* eingeführt. Zunächst benutzte man Schrittschalter, z. B. den *Hebdrehwähler*. Die Steuerung erfolgt mit Hilfe von Stromstößen von 40 ms Dauer, dazwischen Pause von 60 ms. Die Impulsfolge löst der Teilnehmer durch Drehen der Nummernscheibe selbst aus, die beim Rücklauf einen Unterbrecherkontakt betätigt. Weiterentwicklungen stellen *Motorwähler* und *EMD-Wähler* (Edelmetall-Motor-Wähler) dar. Bei Tastenwahl werden in einem Generator jeweils 2 Tonfrequenzen erzeugt und der Vermittlungsstelle zugeleitet, wo eine Rückwandlung in Schaltimpulse folgt. Beim 1977 bei der Dt. Bundespost (DBP) eingeführten *Elektron. Wähl-System* (EWS) werden mechan. Kontakte durch Halbleiterbauteile ersetzt. Das Vermittlungsnetz ist sternförmig aufgebaut. In der obersten Netzebene gibt es 8 *Zentralvermittlungsstellen* (ZVS). An jeder ZVS sind sternförmig 8 *Hauptvermittlungsstellen* (HVS) angeschlossen, an diese 8 *Knotenvermittlungsstellen* (KVS) mit maximal je 8 *Endvermittlungsstellen* (EVSt); acht deshalb, weil von den 10 Kennziffern (0 bis 9) die 0 für die Wahl von Ferngesprächen und die 1 für die Fernsprechsonderdienste (Auskunft u. a.) im Ort erforderl. sind. *Fernwahl* ist die unmittelbare automat. Anwahl eines Teilnehmers aus einem anderen Ortsnetz über eine Fernverbindung. Die Gesprächsgebühren werden durch sog. *Zeitzonenzähler* erfaßt. Im Selbstwählferndienst werden Zählimpulse während des Gespräches auf den Gebührenzähler gegeben, die um so rascher aufeinander folgen, je weiter die Gesprächspartner voneinander entfernt sind. *Freizeichen* und *Besetztzeichen* werden in den Endvermittlungsstellen durch Tonfrequenzgeneratoren erzeugt.

Übertragung des Fernsprechsignals: Die Fernsprechleitungen stellen den teuersten Teil der Fernmeldeanlagen dar: früher oberirdisch als Freileitung, heute meist unterdisch als Kabel. Zur besseren Ausnutzung der Leitungen überträgt man heute mehrere Gespräche gleichzeitig. Das Verfahren heißt **Trägerfrequenztechnik**. Hierbei werden die Sprachfrequenzen (zw. 300 Hz und 3400 Hz) einer höheren Frequenz (Trägerfrequenz TF) aufmoduliert. Über Sendefilter (Einseitenbandfilter) werden die Gespräche auf ein *Koaxialkabel* geschaltet und am anderen Ende durch Empfangsfilter getrennt und wieder demoduliert. Für den Sprechverkehr in Gegenrichtung muß ein zweites System bereitgestellt werden. *Trägerfrequente Vielkanalsysteme* (z. B. V 10 800 mit 10 800 Kanälen oder 4 322–59 684 kHz für 5 400 Gegengespräche auf einer Koaxialleitung) werden im Inlandverkehr über *Richtfunkstrecken* und im Überseeverkehr über *Kommunikationssatelliten* (Nachrichtensatelliten) im Frequenzbereich zw. 2 und 12 GHz übertragen. Die Relaisstationen der Richtfunksysteme werden auf Fernmeldetürmen in Abständen von 50 bis 200 km errichtet; kennzeichnend sind Parabolantennen von ca. 3 m Durchmesser. In der Weiterentwicklung der Fernsprechtechnik zeichnet sich die Tendenz ab, die Fernsprechsignale bereits in der Nähe der Teilnehmerapparate in schnelle Folgen von Stromimpulsen, in sog. *digitale Signale,* umzuwandeln. Ihre Verwendung würde die Technik der Fernsprechvermittlungsämter merklich vereinfachen. Digitale Signale sind auch Voraussetzung für den mögl. Ersatz der Kupferleiter in den Nachrichtenkabeln durch Glasfaserleitungen. Zunehmende Bed. gewinnt der drahtlose ↑ Mobilfunk.

Geschichte: 1861 Apparat zur Tonübertragung („Telephon"), vorgestellt von P. Reis. 1872 Bau eines elektromagnet. Telefons durch A. G. Bell in Boston, USA; 1876 Patent und 8,5 km lange Versuchsstrecke. Ab 1877 Versuche der Dt. Reichspost mit dem Bellschen Apparat; Telefonie als Ergänzung zur Telegrafie. Erste Ortsnetze 1881 in Mülhausen (Elsaß) und Berlin. 1928 Fernsprechdienst (über Funk) Deutschland–USA. 1956 erstes Transatlantikkabel (TAT 1) Europa–Nordamerika. Seit 1960 Fernmeldesatelliten. – 1990 bestanden in den alten Bundesländern rd. 29 Mill. Telefonanschlüsse mit rd. 14 Mill. Nebenstellen sowie 162 000 öff. Telefonstellen.

Fernsprecher ↑ Fernsprechen.

Fernsprechgeheimnis, Unterform des ↑ Fernmeldegeheimnisses.

Fernsteuerung, Überwachung, Bedienung und Steuerung von Anlagen von einer entfernt liegenden Stelle aus. – ↑ Fernbedienung, ↑ Fernlenkung.

Fernstraßen (Fernverkehrsstraßen), Straßen, die über größere Entfernungen hinweg Städte, Ind.zentren oder Ballungsgebiete miteinander verbinden.

Fernstudium, jedes durch Medien vermittelte Studium, meist mittels Studienbriefen, bei weiteren Medien und v. a. zusätzl. personaler Betreuung spricht man von F. im Medienverbund. In der BR Deutschland wird das (Voll)studium an der Fernuniversität Hagen in Studienzentren betreut, ↑ Funkkollegs werden vielfach in Volkshochschulkursen begleitet, pädagog. Weiterbildung in Lehrerfortbildungseinrichtungen, auf Studienbriefen aufbauende Anfangsstudien (1. und 2. Semester) an wiss. und pädagog. Hochschulen in Proseminaren. Studienbriefe erarbeitet neben Hagen v. a. das *Dt. Institut für Fernstudien* an der Univ. Tübingen, gegr. 1967. – ↑ Fernunterricht, ↑ Telekolleg.

Fernuniversität, Bez. für die Univ., an der das Studium ausschließlich als ↑ Fernstudium möglich ist. Beispiele sind die Correspondence University in Ithaca, N. Y. (seit 1883), die University of South Africa in Pretoria (F. seit 1951), die Open University in Bletchley/Großbritannien (seit 1969) sowie die F. Hagen (1975 eröffnet). Bes. in den USA und in osteurop. Staaten bieten reguläre Univ. häufig auch Fernstudien an.

1900

1914

1920

1938

1975

1981

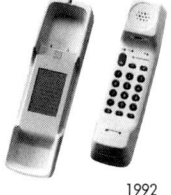
1992

Fernsprechen. Entwicklung des Fernsprechers seit 1900

Fernunterricht

Fernunterricht, von privaten Fernlehrinstituten angebotener, meist berufl. Unterricht (auch Abiturlehrgänge), der mittels Studienbriefen erfolgt, die auch Tests zur Selbstkontrolle (mit Lösungen im Anhang) enthalten. Am Ende des Kurses kann der Lernende eine Schlußprüfung ablegen. Die Staatl. Zentralstelle für F. (Köln) und das Bundesinstitut für Berufsbildungsforschung (Berlin) überprüfen und bewerten die Fernlehrgänge und Fernlehrinstitute.

Fernverkehrsstraßen, svw. ↑Fernstraßen.

Fernvermittlungsstelle (früher Fernamt), Vermittlungsstelle für Ferngespräche zw. verschiedenen Ortsnetzen, für Auslandsgespräche und für Gespräche zw. ortsfesten Sprechstellen des öff. Netzes und bewegl. Sprechfunkstellen.

Fernwärme, in einer zentralen Anlage (z. B. einem Kraftwerk, speziell einem Heizkraftwerk) erzeugte, in einem Rohrleitungsnetz (F.netz) einer Vielzahl von Wärmeverbrauchern zur Heizung **(Fernheizung)** zugeleitete Wärme.

Fernwirkanlagen, 1. elektr. Einrichtungen zur Übertragung von Steuerbefehlen und zur Meldung von Schalterstellungen und Betriebszuständen über große Entfernungen; 2. die Fernübertragung elektr. und anderer Meßwerte über große Entfernungen auf drahtgebundenem oder drahtlosem Weg.

feroce [italien. fe'ro:tʃe], musikal. Vortragsbez.: wild, ungestüm, stürmisch.

Ferrara
Stadtwappen

Ferrara, italien. Stadt in der Emilia-Romagna, 10 m ü. d. M., 143 000 E. Hauptstadt der Prov. F.; Erzbischofssitz; Univ. (gegr. 1391); Museen und Bibliotheken; Nahrungsmittelind., petrochem. und chem. Werke; Obstmesse „eurofrut". – Sitz eines langobard. Hzg., fiel nach 774 an die Päpste, Ende 10. Jh. an die Markgrafen von Tuszien. Im 12. Jh. Mgl. des Lombardenbundes; seit 1240 im Besitz der Familie Este (seit 1471 Herzöge von F.); 1598 dem Kirchenstaat einverleibt; gehörte seit 1797 zur Zisalpin. Republik, dann bis 1814 zum Napoleon. Kgr. Italien; nach 1815 wieder zum Kirchenstaat, 1860 zum Kgr. Italien. – In der von einer Mauer umschlossenen Altstadt befindet sich das Castello Estense mit Wassergräben (14. und 16. Jh.), die romanisch-got. Kathedrale (begonnen 1135; unvollendeter Kampanile) und verschiedene Adelspaläste, v. a. aus der Renaissance.

Ferrara, Konzil von ↑Basler Konzil.

Ferrari, Enzo, *Modena 20. Febr. 1898, †ebd. 14. Aug. 1988, italien. Automobilfabrikant. – Entwickelte Renn- und Sportwagen, die seit 1943 seinen Namen tragen.

Enzo Ferrari

F., Gaudenzio, *Valduggia (Piemont) um 1475, †Mailand 31. Jan. 1546, italien. Maler und Bildhauer. – Verband die ausklingende got. Tradition mit Stilelementen des Manierismus.

Ferras, Christian, *Le Touquet-Paris-Plage (Pas-de-Calais) 17. Juni 1933, †Paris 15. Sept. 1982, frz. Violinist. – Bed. Interpret v. a. klass. Violinkonzerte.

Christian Ferras

Ferrassie, La [frz. lafra'si], Felsüberhang (Abri) bei Le Bugue (Dordogne, Frankreich) mit einer für die Chronologie des frz. Paläolithikums aufschlußreichen Schichtenabfolge.

Ferrate [lat.], anion. Koordinationsverbindungen mit Eisen als Zentralion: Ferrate(III), [FeO₂]⁻, Ferrate (IV), [FeO₄]⁴⁻, und die stark oxidierenden Ferrate (VI), [FeO₄]²⁻.

Ferreira, António [portugies. fə'rrɐiɾɐ], *Lissabon 1528, †ebd. 29. Nov. 1569, portugies. Dichter. – Mitbegründer der klass. portugies. Literatur; schrieb neben Oden, Epigrammen und Sonetten u. a. die erste portugies. Tragödie nach klass. Muster, „Inês de Castro" (1587).

Ferreira de Castro, José Maria [portugies. fə'rrɐiɾɐðə 'kaʃtru] ↑Castro, José Maria Ferreira de-

Ferrer, José [engl. fə'rɛə], *Santurce (Puerto Rico) 8. Jan. 1912, †Coral Gables (Fla.) 26. Jan. 1992, amerikan. Schauspieler und Regisseur. – Differenzierter Charakterschauspieler in Filmen wie „Cyrano von Bergerac" (1951), „Moulin Rouge" (1953), „Die Caine war ihr Schicksal" (1954), „Das Narrenschiff" (1964), „Dune" (1984).

F., Vinzenz [span. fɛ'rrɛr] ↑Vinzenz Ferrer.

Ferreri, Marco, *Mailand 11. Mai 1928, italien. Filmregisseur. – Gelangt durch makabre bzw. satir. Übersteigerung des Alltäglichen zu teilweise scharfen gesellschaftskrit. Aussagen, z. B. in „Der Rollstuhl" (1960), „Dillinger ist tot" (1968), „Die Audienz" (1971), „Das große Fressen" (1973), „Laß die weiße Frau in Ruh" (1976), „Die Geschichte der Piera" (1983), „I love you" (1986).

Ferrara. Castello Estense, 1385 begonnen

Ferri, Enrico, *San Benedetto Po (bei Mantua) 25. Febr. 1856, †Rom 12. April 1929, italien. Jurist und Politiker. – Prof. in Bologna, Siena, Pisa und Rom; führte die von C. Lombroso begr. positivist. Schule der Kriminologie fort; hatte maßgebl. Anteil am italien. StGB (1921).

Ferri- [zu lat. ferrum „Eisen"], veralteter Namensbestandteil in der chem. Nomenklatur für Eisen(III)-Verbindungen.

Ferrière, Adolphe [frz. fɛ'rjɛːr], *Genf 30. Aug. 1879, †ebd. 16. Juni 1960, schweizer. Pädagoge. – Gründete 1921 mit E. Rotten die New Education Fellowship, seit 1927 Weltbund für Erneuerung der Erziehung.

Ferrimagnetismus, magnet. Verhalten bestimmter Festkörper (Spinell, Granat), bei denen die ungleichen magnet. Momente benachbarter Gitterbausteine antiparallel ausgerichtet sind, sich in ihrer Wirkung also teilweise aufheben. Bei ihnen treten deshalb ähnl. Erscheinungen auf wie bei ferromagnet. Stoffen, jedoch zeigen sie eine viel geringere Sättigungsmagnetisierung. Ferrimagnete finden techn. Verwendung als Permanentmagnete.

Ferritantenne (Ferritstabantenne), Rahmenantenne mit stabförmigem Ferritkern; in Heimrundfunkempfängern meist drehbar, in Reiseempfängern fest eingebaut.

Ferrite [lat.], reine, magnet., kohlenstofffreie Eisenkristallchen (α-Eisen); bilden die unterhalb 911 °C beständige Gefügeart in Eisenlegierungen.

▷ Verbindungen von Eisen(III)-oxid mit Mangan-, Nickel-, Zinkoxiden u. a.; hochwertige Magnetwerkstoffe.

Ferritin [lat.], Eisenproteid, das bis zu 25 % Eisen enthält; kommt in der Dünndarmschleimhaut (Eisenresorption) und v. a. in der Leber vor und dient als Eisenspeicher.

Ferritkern, aus Ferriten hergestellter magnetisierbarer Kern für Hochfrequenzspulen; früher auch für Ferritkernspeicher.

Ferritstabantenne, svw. ↑Ferritantenne.

Ferro [portugies. 'fɛru], früherer Name der Insel ↑Hierro.

Ferro- [zu lat. ferrum „Eisen"], Bez. in Legierungsnamen, die Eisen als überwiegenden Bestandteil enthalten (z. B. Ferromangan).

Ferrochrom […'kroːm], aus je einer Schicht Eisenoxid und Chromdioxid bestehende Beschichtung hochwertiger Tonbänder.

Ferroelektrizität (Seignetteelektrizität), Eigenschaft bestimmter Stoffe (z. B. Bariumtitanat, Seignettesalz), ihre elektr. Polarisation nach Abschalten des verursachenden elektr. Feldes beizubehalten. **Ferroelektrika** sind daher das elektr. Analogon zu den ferromagnet. Stoffen. Sie sind piezoelektrisch.

Ferroflüssigkeit, svw. ↑magnetische Flüssigkeit.

Ferrol, El [span. ɛl fɛˈrrɔl], span. Hafenstadt an der Küste NW-Galiciens, 88 100 E. Kriegshafen mit Arsenal und Werften; Badestrände.

Ferrolegierung, Eisenlegierung mit großem Anteil anderer Metalle. F. werden Stahl und Gußeisen zugesetzt, um bes. Materialeigenschaften zu erzielen, z. B. Ferromangan (bis 95 % Mn), Ferrosilicium (bis 90 % Si).

Ferromagnetismus, Magnetismus kristalliner Modifikationen von Eisen, Kobalt, Nickel und manchen Legierungen **(Ferromagnetika)**. Bei diesen Stoffen sind Permeabilität und Suszeptibilität keine Konstanten, sondern von einem äußeren Magnetfeld abhängig. Die Elementarmagnete der Ferromagnetika, die zunächst ungeordneten ↑Weiss-Bezirke, stellen sich bei wachsender Feldstärke immer mehr in Richtung des Feldes ein bis zum Erreichen eines Sättigungswertes. Durch irreversible Wandverschiebungen zw. diesen Bezirken bleibt eine (permanente) Magnetisierung zurück, die aber durch Erhitzen bei der Curie-Temperatur verschwindet.

Ferrum [lat.], lat. Bez. für ↑Eisen.

Ferry, Jules [frz. fɛˈri], *Saint-Dié (Vosges) 5. April 1832, †Paris 17. März 1893, frz. Politiker. – Journalist; seit 1869 Parlamentsmgl. (Linksrepublikaner); 1879–83 (mit Unterbrechungen) Unterrichtsmin.; bemühte sich als Min.-präs. (1880/81, 1883–85), durch koloniale Expansion die Zerrissenheit der frz. Innenpolitik zu überwinden.

Ferryville [frz. fɛriˈvil] ↑Menzel Bourguiba.

Ferse, bei Mensch und Säugetieren der hintere Teil des Fußes. Die knöcherne Grundlage bildet das **Fersenbein** (Calcaneus), der größte Fußwurzelknochen. – ↑Fuß.

Fersengeld geben [zu mittelhochdt. versengelt „Abgabe" (vielleicht Bußgeld eines Flüchtigen)], umgangssprachlich für: weglaufen, vor etwas fliehen.

Fersensporn (Kalkaneussporn), dornartiger Auswuchs am Fersenbein im Bereich einstrahlender Sehnen (Achillessehne, Fußsohlenband) als Überlastungsfolge.

Ferstel, Johann Heinrich Freiherr von (seit 1879), *Wien 7. Juli 1828, †Grinzing (=Wien) 14. Juli 1883, östr. Baumeister. – V. a. neogot. Bauten, u. a. Votivkirche in Wien (1856–79).

Fertigbauweise, svw. ↑Fertigteilbau.

Fertighäuser, im Fertigteilbau errichtete Häuser.

Fertigteilbau (Fertigbauweise), die Errichtung von Bauten unter Verwendung serienmäßig hergestellter, typisierter größerer Bauteile **(Fertigbauteile)** aus Beton, Holz, Kunststoff u. a. Fundament und Keller werden in herkömml. Bauweise gefertigt.

Fertigung, svw. ↑Produktion.

Fertilität [lat.], svw. ↑Fruchtbarkeit.

Fertőd (bis 1950 Eszterháza), ungar. Ort sö. des Neusiedler Sees, 3 000 E. Barockschloß, Residenz des Fürsten Esterházy (1766–69; heute landw. Versuchsanstalt).

Fertő-tó, ungar. für Neusiedler See.

Ferula [lat.], im MA gebräuchl., heute nur noch bei bes. liturg. Handlungen vorgeschriebener Hirtenstab der Päpste.

Fes [türk., wohl nach der Stadt Fès], Filzkappe in Form eines Kegelstumpfs mit dunkelblauer Quaste (arab. Mittelmeerländer), in der Türkei 1925 verboten; auch Bestandteil von Nationaltrachten (Balkanländer, Italien) und Uniformen.

Fès (Fez), marokkan. Provinzhauptstadt im nördl. Vorland des Mittleren Atlas, 370 m ü. d. M., 590 000 E. Wichtigstes religiöses Zentrum des Landes, zeitweise Residenz; zwei Univ. (gegr. im 9. Jh. bzw. 1973); Museen; Kunsthandwerk (bes. Teppichweberei), Metall-, Textil- und Nahrungsmittelind.; internat. ✈. – Geogr. 789. – Qarawijjīn-Moschee (859 gegr., v. a. 12. Jh.), Große Moschee (1276–79), Palast Dar Batha (17. Jh.; heute Museum für marokkan. Kunst). Die Altstadt F. el-Bali wurde 1981 von der UNESCO zum Weltkulturerbe erklärt. – Abb. S. 316.

Fesch, Joseph, *Ajaccio 3. Jan. 1763, †Rom 13. Mai 1839, frz. Kardinal. – Onkel Napoleons I.; von ihm 1796 zum Kriegskommissar der italien. Armee ernannt; 1802 Erzbischof von Lyon, 1803 Kardinal, 1804 frz. Gesandter beim Hl. Stuhl; fiel 1811 wegen seiner unabhängigen Leitung des Pariser Nationalkonzils bei Napoleon in Ungnade; zog sich 1814 nach Rom zurück.

Fessan, vollaride Landschaft in der nördl. Sahara, Libyen; vulkan. Gebirgsmassive mit Felsschutt- und Sandwüsten. – Das Garamantenland **Phazania,** 19 v. Chr. röm., wurde 660 n. Chr. von Arabern erobert. Bis 1951 unter Fremdherrschaft; seit 1951 Bestandteil Libyens.

Fessel, bei Huftieren der die beiden ersten Zehenglieder umfassende Teil des Fußes zw. ↑Fesselgelenk und Huf.
▷ beim Menschen der Übergang von der Wade zur Knöchelregion.

Fesselballon ↑Ballon.

Fesselgelenk, in der Anatomie Bez. für das Scharniergelenk zw. dem distalen Ende der Mittelfußknochen und dem ersten Zehenglied (Fesselbein) bei Huftieren.

Fesselung, im Strafverfahren zulässige Maßnahme, wenn der Verhaftete Gewalt anwendet, Widerstand leistet, zu fliehen oder sich zu befreien droht, bei Selbstmord- oder Selbstbeschädigungsgefahr. F. während der Hauptverhandlung soll möglichst vermieden werden (§ 119 Abs. 5 StPO).

Fessenheim, frz. Ort 20 km sö. von Colmar, 2 000 E. Wasserkraftwerk am Rheinseitenkanal, nahebei Kernkraftwerk.

Fest [zu lat. festus „feierlich"], seiner Sinngebung nach eine religiöse Feier, die weitgehender Säkularisierung unterliegen kann, aber auch in urspr. Form, wie die häufige Verbindung von Märkten mit religiösen F. zeigt, bereits profane Elemente an sich zog. Anlaß *religiöser F.* sind zunächst die großen Einschnitte des menschl. Lebens: die Geburt, die mit Übergangsriten (Rites de passage) verbundene Pubertät, die Hochzeit und der Tod. In *Jägerkulturen* veranlassen Beginn und Abschluß der Jagd große F. Die F. *bäuerl. Kulturen* richten sich nach dem Vegetationsrhythmus und haben damit als Termine Aussaat und Ernte. Diejenigen Religionen, die der Geschichte eine religiöse Wertung beimessen, sehen den Sinn des F. in einem meist jährlich wiederholten Gedenken an ein Datum ihrer Heilsgeschichte. Das *höfische F.,* v. a. im Barock, war eine Staatsaktion und Demonstration der Größe des Veranstalters; hierin war es nach der Aufklärung Grundlage und Gegenmodell für die durch die Frz. Revolution geprägten *polit. Feste* (u. a. Hambacher Fest 1832) seit dem 19. Jahrhundert. – Den unterschiedlich angeregten F. gemeinsam ist die (mehr oder we-

Jules Ferry

Fertőd. Innenhof des Barockschlosses der Fürsten Esterházy, 1766–69

Feste

niger starke) Abwendung von den Gepflogenheiten des Alltags, wie sie sich u. a. in der Kleidung oder in den Speisen ausdrückt.

Feste (Veste), 1. befestigte Burg, Festung; 2. Befestigung.

feste Funkdienste, über ortsfeste Funkstellen betriebene Funkdienste, z. B. Überseefunkdienst.

feste Lösungen, kristalline oder amorphe, homogene feste Körper, die aus zwei oder mehr Elementen oder Verbindungen bestehen, z. B. die meisten Legierungen und Mischkristalle.

Festgeld (feste Gelder), Einlagen, die den Kreditinstituten von ihren Kunden für einen von vornherein bestimmten Zeitraum (mindestens für 1 Monat) überlassen werden.

Festigkeit, in der Mechanik Widerstandsfähigkeit eines Werkstoffs oder Bauteils gegen Bruch; ist vom Werkstoff, von der Form des beanspruchten Körpers, von der Beanspruchungsart (Zug, Druck, Schub, Biegung, Verdrehung) sowie von Temperatur und Verlauf der Beanspruchung abhängig. Die **Bruchfestigkeit** ist die Spannung, die den Bruch bewirkt; Angabe in N/mm^2.

Festigkeitslehre, Teilgebiet der techn. Mechanik, das sich mit der Aufgabe befaßt, für Körper gegebener Gestalt die bei Belastung auftretenden Verformungen und inneren elast. Spannungen zu bestimmen; dies erfolgt entweder rechnerisch, durch Messungen am fertigen Bauteil oder am Modell.

Festigungsgewebe (Stützgewebe), Dauergewebe der Sproßpflanzen aus Zellen mit verdickten Wänden zur Erhaltung der Form, Tragfähigkeit und Elastizität. – ↑Kollenchym, ↑Sklerenchym.

Festival [ˈfɛstival, engl. ˈfɛstɪvəl; zu lat. festivus „festlich"], kulturelle Großveranstaltung (Filmfestspiele, Jazz-, Pop-, Musik-, Sportveranstaltung). – ↑Festspiel.

Festival Strings Lucerne [engl. ˈfɛstɪvəl ˈstrɪŋz luːˈsəːn], 1955 von R. Baumgartner und W. Schneiderhan in Luzern gegr. Kammermusikensemble, das barocke und klass., aber auch zeitgenöss. Musik pflegt.

Festkommadarstellung, bei Computern z. T. verwendete Zahlendarstellung, bei der die Position des Kommas unveränderlich ist.

Festkonto ↑Währungsreform.

Festkörper, Stoff im kondensierten Zustand mit fester Gestalt und festem Volumen. *Kristalline F.* haben ein Kristallgitter, in *amorphen F.* sind die Bausteine unregelmäßig angeordnet. Viele Eigenschaften der kristallinen F. werden durch Art, Anzahl und Wechselwirkung von Gitterfehlern bestimmt. – ↑Aggregatzustand.

Festkörperphysik, Teilgebiet der Physik, das sich mit den physikal. Eigenschaften der Festkörper, insbes. der Kristalle, sowie mit der theoret. Deutung dieser Eigenschaften beschäftigt. Wichtige Themen der F. sind Halbleiter-, Metall-, Oberflächenphysik, Supraleitung sowie die Wechselwirkungen zw. Licht und Materie, die bei der Entwicklung optoelektron. Bauelemente techn. Anwendung finden.

Festkörperschaltkreis, in der Mikroelektronik die eine vollständige Schaltung darstellende integrierte Anordnung gemeinsam gefertigter aktiver und passiver Bauelemente auf oder/und in einem Halbleitersubstrat.

Festlandsockel ↑Schelf.

Festmeter, Einheitenzeichen fm, Raummaß für Holz: 1 m^3 feste Holzmasse (ohne Schichtungszwischenräume), im Ggs. zu Raummeter.

Festnahme ↑vorläufige Festnahme.

Feston [fɛsˈtõː; italien.-frz.], Schmuckmotiv von bogenförmig durchhängenden Gewinden aus Früchten, Blättern oder Blumen.

Festplattenspeicher, magnetomotor. Speicher mit einem fest montierten Stapel rotierender Magnetplatten und positionierbaren Lese-Schreib-Köpfen in einem hermetisch abgeschlossenen Gehäuse. Speicher mit nur einer Festplatte werden in Verbindung mit Diskettenspeichern v. a. bei Personalcomputern eingesetzt.

Festpreis, staatlich oder vertraglich festgelegter Preis, der über oder unter dem sich bei funktionierendem Wettbewerb ergebenden Marktpreis liegen **(echte Taxe)** bzw. diesem entsprechen kann **(Ordnungstaxe).** Ist ein F. vereinbart, so geht das Risiko von Kostenerhöhungen zu Lasten des Unternehmers.

Festpunkt, markierter Bezugspunkt für Messungen im Gelände.
▷ Bezugspunkt für eine Temperaturskala (z. B. Siedepunkt und Gefrierpunkt des Wassers).

Festrechnung ↑Zeitrechnung.

Festschrift, Schrift mit Beiträgen verschiedener Autoren zu einem Jubiläum.

Festspeicher ↑Halbleiterspeicher.

Festspiel, meist periodisch wiederkehrende Veranstaltung von festl. Tagen oder Wochen zur Pflege von Musik, Oper, Tanz, Theater, Film u. a. (auch **Festival** genannt). Durch Verpflichtung bed. Interpreten („Starbesetzungen") wird versucht, exemplar. Aufführungen von hoher künstler. Qualität darzubieten und das Interesse eines internat. Publikums zu wecken.
▷ ein eigens für eine F.aufführung verfaßtes Bühnenwerk.

Feststellungsbescheid, Bescheid des Finanzamtes, durch den bestimmte Besteuerungsgrundlagen, nicht aber die Steuerschuld festgelegt werden.

Feststellungsklage, eine der Klagearten. 1. Im Zivil- und *Arbeitsgerichtsverfahren* kann der Kläger mit der F. die Feststellung begehren, daß ein Rechtsverhältnis (z. B. eine Ehe) besteht **(positive Feststellungsklage)** oder nicht besteht **(negative Feststellungsklage)** oder daß eine Urkunde echt oder unecht ist. Bei Zulässigkeit einer Leistungsklage ist die F. i. d. R. unzulässig. 2. Im *Verwaltungs-* und *Finanzgerichtsverfahren* kann sich die F. außer auf Bestehen oder Nichtbestehen eines Rechtsverhältnisses auch auf die Nichtigkeit eines Verwaltungsaktes richten. Die Entscheidung ergeht durch Feststellungsurteil. – Im *östr.* und *schweizer. Recht* gilt für den Bereich des Zivilprozeßrechts eine entsprechende Regelung.

Feststellungsurteil, ein Urteil, das eine Feststellungsklage bescheidet; i. w. S. auch solche Urteile, die eine Klage abweisen.

Feststoffraketen ↑Raketen.

Festung, sehr starke, früher aus Erde, Steinen, Ziegeln, im 20. Jh. aus Beton oder Panzerplatten und dergleichen errichtete Ortsbefestigung an strategisch wichtiger Stelle. An die Stelle der senkrechten Mauer trat bald der geböschte Wall; mit der zunehmenden Reichweite und Sprengwirkung der Belagerungsartillerie wurde der Böschungswinkel der Wälle immer flacher, die F.anlage tiefer in den Boden gebaut. A. Dürer entwickelte ein F.system mit polygonalem Hauptwall, flankiert durch kasemattierte Bastionen. Die „niederl. Manier" begnügte sich mit Wällen, die aus Erde aufgeschüttet und mit zusammengeschnürten Reisigbündeln (Faschinen) befestigt wurden. Breite, tiefe Wassergräben bzw. vorgelagerter Erdaufschüttung (Glacis) und Hauptwall erschwerten den Angriff. Mit dem Franzosen Vauban, dem ersten Ingenieuroffizier, erreichte die F.baukunst in Europa ihren Höhepunkt: Neubreisach bietet heute noch den unverfälschten Eindruck einer barocken Festungsanlage. In Preußen wurden seit 1748 von Oberst Wallrawe Werke mit flankierten Gräben, Reversgalerien und Wohnkasematten angelegt. Friedrich d. Gr. ließ beim Ausbau von Neisse, Glatz und Graudenz detachierte (vorgeschobene) Forts, kasemattierte Batterien im Vorfeld und ebensolche Grabenflankierungen anlegen. Unter dem Glacis wurde ein Minensystem als Annäherungshindernis vorbereitet. Die Fortschritte der Kriegstechnik im 19. Jh. führten zu einer bes. stürm. Entwicklung im F.bau (Außenforts, Drehtürme mit Panzerkuppeln sowie betonierte, stahlarmierte Kasematten). Die **Festungskämpfe** in der 2. Hälfte des 19. Jh. (1855 Sewastopol, 1864 Düppel, 1870/71 Metz und Paris), bes. aber im 1. Weltkrieg (Antwerpen 1914) zeigten, daß selbst stark armierte moderne F. der gesteigerten Feuerkraft der Artillerie nicht standhalten konnten. Im 2. Weltkrieg wurden durch massierte Luftangriffe, panzerbrechende Artillerie und neuartige Pionierkampfmittel stärkste F.anlagen (Maginotlinie 1940, Sewastopol 1942, Atlantikwall 1944)

Fetisch. Nommo, ein lebenspendendes Urwesen, fleht mit erhobenen Armen um Regen, Holzfigur aus Westafrika, Höhe 41,5 cm (Wien, Museum für Völkerkunde)

in kurzer Zeit niedergerungen. Wenn F. erfolgreich verteidigt wurden (u. a. Verdun 1916, Stalingrad 1942/43), war dies mehr der Stärke der Deckungstruppen zu verdanken. Auf den Neubau von F. herkömml. Art wird beim heutigen Stand der Militärtechnik allg. verzichtet.

Festungshaft (Festungsarrest), früher nicht entehrende Freiheitsstrafe; 1953 durch die Einschließung ersetzt.

Festwertspeicher ↑Halbleiterspeicher.

Festzahl ↑Zeitrechnung.

Fet, Afanassi Afanassjewitsch [russ. fjɛt], eigtl. A. A. Schenschin, *Nowossjolki bei Mzensk (Gouv. Orel) Okt. oder Nov. 1820, †Moskau 3. Dez. 1892, russ. Lyriker. – Musikal. impressionist. und symbolist. Lyrik; auch Übersetzer (u. a. Goethe).

FET, Abk. für: **F**eld**e**ffekt**t**ransistor (↑Transistor).

fetal [lat.], zum Fetus gehörend, den Fetus betreffend.

Fete [frz. 'fɛːt; zu lat. festivus „festlich"], fröhl. Feier in kleinerem Rahmen.

Feti, Domenico ↑Fetti, Domenico.

Fétis, François-Joseph [frz. fe'tis], *Mons 25. März 1784, †Brüssel 26. März 1871, belg. Musikforscher und Komponist. – Einer der Begründer der modernen histor. Musikwiss.; veröffentlichte „Biographie universelle des musiciens et bibliographie de la musique" (8 Bde., 1837 bis 1844; Nachdr. 1963).

Fetisch [portugies.-frz.; zu lat. facticius „nachgemacht"], beliebiger Gegenstand, der, im Ggs. zum Amulett, nicht aus sich heraus, sondern erst durch einen Zauber schützend oder helfend wirken soll.

Fetischismus, von ↑Fetisch abgeleiteter, von den Portugiesen gebrauchter Ausdruck zunächst speziell für westafrikan. Götterbilder, dann generell zur abwertenden Kennzeichnung der nichtchristl. Religionen, die künstlich hergestellte Dinge verehrt hätten. Der frz. Historiker und Geograph C. de Brosses (*1709, †1777), der im F. die Urform aller Religion zu erkennen glaubte, führte den Begriff in den wiss. Sprachgebrauch ein und verlieh ihm zugleich einen spezif., bis heute gültigen Sinn. Danach ist der F., dessen klass. Verbreitungsgebiete sich in Westafrika finden, der Glaube an einen machtgeladenen Gegenstand, der als Fetisch bezeichnet wird.

▷ in der *klin. Psychologie* sexuelle Perversion, bei der Gegenstände (z. B. Schuhe, Taschen, Wäschestücke, Haare) als einzige oder bevorzugte Objekte sexueller Erregung und schließlich Befriedigung dienen.

Fetopathie [lat./griech.], Schädigung der Leibesfrucht nach Abschluß der Organentwicklung, d. h. nach dem 3. Schwangerschaftsmonat; verursacht durch Infektionen, Blutgruppenunverträglichkeit zw. Mutter und Kind sowie Stoffwechselstörungen.

Fetscher, Iring, *Marbach am Neckar 4. März 1922, dt. Politikwissenschaftler. – Seit 1963 Prof. in Frankfurt am Main; befaßt sich u. a. mit der Gesch. der polit. Theorien, bes. des Marxismus.

Fettalkohole, von höheren Fettsäuren abgeleitete, einwertige Alkohole, mit 8 bis 20 Kohlenstoffatomen; v. a. die Schwefelsäureester (**Fettalkoholsulfate**) haben große Bedeutung als biologisch abbaubare Tenside.

Fette, Ester des Glycerins mit ein bis drei Molekülen Fettsäure; Kettenlänge von 16 oder 18 C-Atomen. In den tier. F. überwiegen *Palmitin-, Stearin-* und *Ölsäure*, pflanzl. F. enthalten zudem noch mehrfach ungesättigte und damit leichter verdaul. Fettsäuren, die die tier. Zelle nicht zu synthetisieren vermag. Ein hoher Anteil an ungesättigten Fettsäuren erniedrigt den Schmelzpunkt; bei Zimmertemperatur flüssige F. bezeichnet man als **fette Öle**. Die verschiedenen F. haben eine Dichte zw. 0,90 und 0,97 g/cm³, lösen sich nicht in Wasser, aber gut in organ. Lösungsmitteln. Beim Kochen mit Lauge tritt ↑Verseifung ein. Fette als kalorienreichste Grundnahrungsstoffe sind von großer Bed. für die menschl. ↑Ernährung. Sie sind in jeder Pflanzen- und Tierzelle als ideales Nähr- und Reservematerial vorhanden.

fette Gase ↑Brenngase.

Fettembolie, durch Fetttröpfchen in der Blutbahn verursachte ↑Embolie.

fette Öle ↑Fette.

Fettflosse (Adipose), zw. Rückenflosse und Schwanzflosse gelegene, fleischige Flosse, v. a. bei Lachsfischen sowie bei vielen Salmlern.

Fettgeschwulst, svw. ↑Lipom.

Fettgewebe, lockeres, an verschiedenen Stellen des Wirbeltierkörpers auftretendes umgewandeltes Bindegewebe, das aus **Fettzellen** besteht, die z. T. von großen Fettkugeln erfüllt sind. In der Unterhaut und an den Eingeweiden dient das F. v. a. der Bereitstellung energiereicher Reserven, an Gelenken, Gesäß und als mechan. Schutz in Form eines druckelast. Polsters (Fettpolster).

Fetthärtung, Herstellung von Fetten mit höherem Schmelzpunkt (d. h. festerer Konsistenz) durch Wasserstoffanlagerung an ungesättigte Fettsäuren.

Fetthenne (Sedum), Gatt. der Dickblattgewächse mit etwa 500 Arten auf der Nordhalbkugel, von diesen etwa 25 Arten in M-Europa; meist ausdauernde Stauden oder Halbsträucher mit fleischigen Blättern. Bekannte einheim. Arten sind u. a. die bis 80 cm hohe, breitblättrige **Große Fetthenne** (Sedum maximum) mit gelblichgrünen Blüten; ferner die niedrigen, z. T. polsterwüchsigen Arten, wie z. B. **Weiße Fetthenne** (Sedum album) mit weißen Blüten, auf Felsen, Mauern und steinigen Böden, **Rosenwurz** (Sedum rosea) mit gelbl., rot überlaufenen Blüten, auf Wiesen und im Gebüsch und **Mauerpfeffer** (Scharfe F., Sedum acre) mit goldgelben Blüten, an trockenen, sonnigen Standorten.

Fettherz, ungenaue Bez. für die v. a. bei Fettleibigkeit auftretende funktionelle Störung und Leistungsminderung des Herzens durch Mehrbelastung, auch die Veränderung des Herzmuskels durch Fettauflagerung oder fettige Degeneration der Muskelfasern (**Herzverfettung** oder **Adipositas cordis**).

Fetti (Feti), Domenico, *Rom um 1589, †Venedig 16. April 1623, italien. Maler. – Einer der Hauptmeister des venezian. Hochbarock. Schuf neben großformatigen Figurenbildern v. a. kleine mytholog. und bibl. Bilder (u. a. acht bibl. „Gleichnisse", Dresden, Gemäldegalerie).

Fetting, Rainer, *Wilhelmshaven 31. Dez. 1949, dt. Maler. – Vertreter der ↑Neuen Wilden; lebt in New York. Neben männl. Aktdarstellungen entstehen seit 1986 auch Bronzeplastiken und Combinepaintings.

Fettkohle ↑Steinkohle.

Fettkraut (Pinguicula), Gatt. der Wasserschlauchgewächse mit etwa 35 Arten auf der nördlichen Erdhalbkugel; insektenfressende Pflanzen auf moorigen Stellen. – In M-Europa 4 Arten, darunter das **Gemeine Fettkraut** (Pinguicula vulgaris) mit blauvioletten Blüten.

Fettleber (Leberverfettung, Hepar adiposum), krankhaft erhöhter Fettgehalt des Lebergewebes infolge vermehrten Fettangebotes bei Überernährung oder Beeinträchtigung der Fettverwertung durch Stoffwechselstörungen (Diabetes, chron. Infektionskrankheiten u. a.) und bei chron. Alkoholismus.

Fettmännchen, geringhaltige niederrhein. Silbermünze des 16.–18. Jahrhunderts.

Fettmark, svw. gelbes ↑Knochenmark.

Fettsäuren, einbasische Carbonsäuren, die in der Natur hauptsächlich an Glycerin gebunden in Form tier. und pflanzl. Fette vorkommen. Wichtige *gesättigte F.* sind z. B. die Palmitin- und die Stearinsäure. Zu den ungesättigten F. gehören z. B. die Ölsäure sowie einige höher *ungesättigte F.*, die für den tier. Organismus bes. Bed. haben, z. B. Linol-, Linolen- und Arachidonsäure (**essentielle**, d. h. für den Organismus unentbehrl. F.). Die techn. Herstellung von F. erfolgt hauptsächlich durch Fettspaltung (↑Verseifung) natürlich vorkommender Fette und Öle; techn. sind sie wichtig für die Herstellung von Kunststoffen, Seifen, Lacken u. a.

Fettschwalm ↑Nachtschwalben.

Fettspaltung, die Aufspaltung (Verseifung) der Fette und fetten Öle in Fettsäuren und Glycerin, z. B. im menschl. und tier. Stoffwechsel (bewirkt durch Lipasen). Bei der techn. F. unterscheidet man Autoklaven-, Säure-, Reaktiv-, Enzymspaltung und Verseifung mit Alkalilaugen.

Fetthenne. Felsenmauerpfeffer (Höhe 5–30 cm)

Fettkraut. Gemeines Fettkraut (Höhe 5–20 cm)

Iring Fetscher

Joseph Anton Feuchtmayer. Wallfahrtskirche Sankt Maria, Birnau, 1748 ff.

Ernst Freiherr von Feuchtersleben
(Stahlstich nach einer Zeichnung von Joseph Danhauser)

Lion Feuchtwanger

Ludwig Feuerbach

Fettsteiß (Steatopygie), verstärkte Fettablagerung im Bereich des Steißbeins; bei den Hottentottenfrauen gilt der F. als Schönheitsmerkmal **(Hottentottensteiß).**
Fettstoffwechsel ↑ Stoffwechsel.
Fettsucht (Fettleibigkeit, Adipositas, Obesitas), [krankhafte] Neigung zur übermäßigen Fettanhäufung im Körper, erkennbar an Übergewicht. F. entsteht durch zuviel aufgenommene Nahrung oder allzu geringen Energieverbrauch bei normaler Ernährung. Für 90 % der F.fälle fehlen faßbare körperl. Ursachen; es liegt die Annahme leiblich-seel. Entstehungsbedingungen nahe (so beim sog. „Kummerspeck"). Die F. ist ein Risikofaktor für eine Reihe von Erkrankungen, z. B. Bluthochdruck, Gicht, Nierensteinleiden und die damit verbundenen Gefäßerkrankungen, bes. Arteriosklerose. Die Behandlung Fettsüchtiger besteht v. a. in einer deutl. Reduzierung der Nahrungsmenge.
Fettwiese ↑ Wiese.
Fettzellen, das ↑ Fettgewebe bildende Zellen.
Fetus (Fötus) [lat.], mit der Geburt abschließendes Entwicklungsstadium; beim Menschen etwa vom 5. Schwangerschaftsmonat an.
Fetzenfische (Phyllopteryx), Gatt. meeresbewohnender Seenadeln mit zwei Arten in Australien. Die Art **Großer Fetzenfisch** (Phyllopteryx eques) ist bis 22 cm lang, meist rotbraun, mit verzweigten, lappigen Anhängen.
Feuchtböden, Böden des humiden Klimabereichs, bei denen die im Boden vorhandenen Mineralsalze durch Sickerwässer ausgewaschen werden, so daß oft Bleicherden entstehen.
feuchter Brand ↑ Brand.
Feuchtersleben, Ernst Freiherr von, *Wien 29. April 1806, †ebd. 3. Sept. 1849, östr. Schriftsteller. – Studierte Medizin; 1844 Dozent für Psychiatrie. F. verfaßte populärphilosoph. und ästhet. Schriften, Aphorismen und didaktisch bestimmte Lyrik.
Feuchtgebiete, unter Natur- bzw. Landschaftsschutz stehende Landschaftsteile, deren pflanzl. und tier. Lebensgemeinschaften an das Vorhandensein von Wasser gebunden sind; z. B. natürl. Gewässer, Moore, Feuchtwiesen, Küsten, Wattflächen. Großflächige F. in Deutschland sind u. a. Dümmer, Steinhuder Meer, Ammersee, Spreewald.
Feuchtigkeit (Feuchte), Gehalt an Wasserdampf in einem Gas, z. B. in Luft (↑ Luftfeuchtigkeit). *Absolute F.:* Wasserdampf (in Gramm) in 1 m^3 Gas. *Relative F.:* Prozentsatz des der herrschenden Temperatur maximal mögl. Wasserdampfgehalts (100 % entspricht Sättigung).
Feuchtigkeitsmesser ↑ Hygrometer.
Feuchtmayer (Feichtmair), Künstlerfamilie aus Wessobrunn (Oberbayern), deren Mgl. im 17. und 18. Jh. als Stukkatoren, Bildhauer, Maler und Baumeister in Süddeutschland, Tirol und der Schweiz arbeiteten.

F., Johann Michael, *Haid bei Wessobrunn, ≈ 5. Aug. 1709 oder 25. Sept. 1710, †Augsburg 4. Juni 1772. – Rokokostukkaturen, u. a. für die ehem. Abteikirchen Amorbach (1744–47) und Zwiefalten (1747–58), die Wallfahrtskirche Vierzehnheiligen (1760er Jahre) und die Klosterkirche in Ottobeuren (um 1760 ff.).
F., Joseph Anton, *Linz 1696, †Mimmenhausen bei Überlingen 2. Jan. 1770, Schnitzer und Stukkator. – Schüler von D. F. Carlone. Bewegter Rokokostil. Sein Meisterwerk ist die Gesamtausstattung der Wallfahrtskirche ↑ Birnau, letztes Werk sind Chorgestühl und Beichtstühle der Stiftskirche in Sankt Gallen (v. a. 1762/63 und 1768/69).
Feuchtsavanne, Vegetationstyp der Savannen in Gebieten mit nahezu einfacher Regenzeit. Der geschlossene Graswuchs erreicht 2–4 m Höhe, die Bäume werden bis 10 m hoch; v. a. in Afrika südlich und nördlich des trop. Regenwaldes anzutreffen.
Feuchtwald, Bez. für einen Wald, der eine Zwischenstellung zw. dem trop. Regenwald und dem Trockenwald einnimmt.
Feuchtwangen, Stadt in Bayern, 23 km sw. von Ansbach, 449 m ü. d. M., 10 600 E. Kunststoffherstellung und -verarbeitung, Textil- und Papierindustrie. – Das wahrscheinlich im 8. Jh. gegr. Benediktinerkloster F. wird 817 erstmals erwähnt, wurde zur Reichsabtei und erscheint seit 1197 nur noch als ein Kollegiatstift (1563 aufgelöst). Der um 1000 entstandene Ort F. wurde 1285 Reichsstadt, kam aber 1376 mit dem Stift durch Verpfändung an die Burggrafen von Nürnberg. – Got. ehem. Stiftskirche mit spätroman. Kreuzgang (13. Jh., nur z. T. erhalten), spätgot. Johanniskirche; Marktplatz mit Fachwerkhäusern und Röhrenbrunnen (1727).
Feuchtwanger, Lion, Pseud. J. L. Wetcheek, *München 7. Juli 1884, †Los Angeles 21. Dez. 1958, dt. Schriftsteller. – Nahm 1918/19 an der Revolution teil; 1933 Ausbürgerung, 1933–40 in S-Frankreich, 1940 Flucht in die USA. Seine erfolgreichen histor. Romane und Dramen sind zumeist pazifistisch und gesellschaftskritisch geprägt. – *Werke:* Jud Süß (R., 1925), Die Brüder Lautensack (R., 1944), Goya (R., 1951), Josephus-Trilogie (drei Romane, 1932, 1935, 1945), Jefta und seine Tochter (R., 1957).
feudal [althochdt.-mittellat.], den Feudalismus, das Lehnswesen betreffend.
▷ vornehm, herrenmäßig, herrschaftlich, reichhaltig ausgestattet (erst seit Ende des 19. Jahrhunderts).
Feudalismus [mittellat.], im 17. Jh. in Frankreich entstandener Begriff (frz. féodalité), der zunächst den Gesamtkomplex lehnsrechtl. Normen bezeichnete, Ende des 18. Jh. kritisch als die dem Staat des Ancien régime entsprechende Gesellschaft aufgefaßt wurde, die durch adligen Grundbesitz und damit verbundene Herrschaftsrechte und Standesprivilegien gekennzeichnet war. Im 19. Jh. wurde F. – als Gegenbegriff zu Kapitalismus – zum Typenbegriff erweitert und so auch auf außereurop. Gebiete (Asien, Altamerika) anwendbar. In ähnl. Weise wird im Marxismus-Leninismus F. als historisch notwendige sozioökonom. Formation zw. Sklavenhaltergesellschaft und Kapitalismus gesetzt. Die nichtmarxist. Sozialgeschichte schränkt F. auf die durch das Lehnswesen strukturierten Gemeinwesen im fränkisch-abendländ. Raum ein (10.–13. Jh.). Grundlage des F. war die Ausstattung des Adels als herrschender Schicht mit nichterbl., dem Herrscher zu Dienst und Treue verpflichtendem Landbesitz (neben präfeudalem Allodialbesitz) und Ämtern und damit verbundenen polit., militär. und gerichtshoheitl. Vorrechten.
Feudel, niederdt. für Scheuerlappen.
Feudum [althochdt.-mittellat.], Bez. für Lehngut (↑ Lehnswesen).
Feuer, Verbrennung (Brennstoffoxidation) mit Flammen- und/oder Glutbildung. Das F. kam erst spät in der stammesgeschichtl. Entwicklung des Menschen (Pekingmensch) in Gebrauch. Die kontrollierte Verwendung und Erzeugung des F. (urspr. aus Bränden als Folge von Blitzeinschlägen) bildete einen der entscheidendsten Schritte der kulturellen Entwicklung des Menschen. In der *antiken Wiss.*

wurde das F. als materiell gedacht; Empedokles, Aristoteles u. a. zählten es zu den vier Elementen. – Im *religiösen Verständnis* wird F. vielfach als eine göttl. Macht angesehen, die, wie in der griech. Sage von Prometheus, nur durch Raub zu den Menschen gelangen kann. Das F. besitzt ambivalenten Charakter: es ist eine zerstörende, aber auch eine reinigende Größe. Beide Aspekte treten in Vorstellungen zutage, die einen Weltbrand am Ende der Zeiten erwarten. Der *Kult des F.* als wärmender und erhaltender Kraft wird mit dem häusl. Herd-F. wie mit dem Stammes- und Staats-F. gepflegt.

▷ *militärisch:* Hauptelement des bewaffneten Kampfes neben der Bewegung; die Einwirkung durch konventionelle Waffen, Kernwaffen oder chem. Kampfstoffe auf den Gegner, um dessen Material und Personal zu bekämpfen, zu stören oder zu vernichten.

▷ das Farbenspiel bei manchen Kristallen (insbes. bei Schmucksteinen).

Feuerameisen, zwei Arten 3–4 mm langer ↑Knotenameisen aus der Gatt. **Solenopsis** (Solenopsis geminata, Solenopsis saevissima), hauptsächlich in S-Amerika; ihr Stich ist für den Menschen brennend und sehr schmerzhaft.

Feuerfalter. Kleiner Feuerfalter, Spannweite 3 cm

Feuerbach, Anselm, * Speyer 12. Sept. 1829, † Venedig 4. Jan. 1880, dt. Maler. – Enkel von Paul Johann Anselm Ritter von F.; orientierte sich an einem idealisierten Bild der Antike. Seine bedeutendsten Werke entstanden in Rom, 1863 die „Pieta" (München, Schack-Galerie), 1862 und 1871 die Iphigenienbilder (Darmstadt, Hess. Landesmuseum; Stuttgart, Staatsgalerie), 1869 und 1873 „Das Gastmahl des Plato" in zwei Fassungen (Karlsruhe, Kunsthalle; Berlin, Museumsinsel). – *Weitere Arbeiten:* Fassungen der „Medea", Nana-Porträts, Selbstbildnisse, Porträt seiner Stiefmutter Henriette F. (1878).

F., Ludwig, * Landshut 28. Juli 1804, † auf dem Rechenberg bei Nürnberg 13. Sept. 1872, dt. Philosoph. – Sohn von Paul Johann Anselm Ritter von F.; 1828 Privatdozent in Erlangen; seine Theologie- und Religionskritik verhinderte eine akadem. Laufbahn; lebte seit 1836 als Privatgelehrter auf Schloß Bruckberg bei Ansbach, seit 1868 auf dem Rechenberg in ärmsten Verhältnissen. Der Beginn seiner Theologie- und Religionskritik steht in engem Zusammenhang mit der Kritik an Hegels Philosophie, insbes. an dessen Konzeption vom „absoluten Geist", in der F. eine verkappte Form tradierter Theologie erkennt. Das sinnl. Einzelwesen sei die wahre Wirklichkeit; die Wahrheit werde nicht durch Denken erkannt, sondern durch sinnl. Erfahrung, Anschauung und u. a. durch Liebe. F. will Religion und Theologie nicht negieren, sondern in Anthropologie auflösen, um die Zerrissenheit des Menschen in seinem Verhalten zur Welt und seinen Wünschen zu überwinden. F. Anthropologie wirkte auf K. Marx und F. Engels, den dt. Realismus, M. Buber und K. Löwith. – *Werke:* Das Wesen des Christentums (1841), Grundsätze der Philosophie der Zukunft (1843), Das Wesen der Religion (1845).

F., Paul Johann Anselm Ritter von (seit 1808), * Hainichen bei Jena 14. Nov. 1775, † Frankfurt am Main 29. Mai 1833, dt. Jurist. – Großvater von Anselm F. und Vater von Ludwig F.; Prof. in Jena (1801), Kiel (1802) und Landshut (1804); trat 1805 in das bayer. Justizdepartement in München; seit 1817 Präs. des Appellationsgerichts Ansbach. Unter dem Einfluß der Philosophie I. Kants begründete er die Straftheorie des psycholog. Zwanges: Nicht erst die Strafvollstreckung, sondern bereits die Strafdrohung des Gesetzes soll den Bürger von der Begehung von Verbrechen abschrecken (Präventionswirkung). Daraus folgt, daß die Gesetze allg. bekannt, die Tatbestände klar sein und die Unrechtsfolgen von vornherein feststehen müssen, also nicht im Ermessen des Richters stehen dürfen: „Nulla poena sine lege" (Keine Strafe ohne Gesetz). F. formulierte damit einen der wichtigsten rechtsstaatl. Grundsätze (in: „Lehrbuch des gemeinen in Deutschland gültigen Rechts", 1801). Das bayr. Strafgesetzbuch von 1813 wurde von ihm verfaßt. – *Weitere Werke:* Kritik des natürl. Rechts ... (1796), Actenmäßige Darstellung neuer merkwürdiger Criminal-Rechtsfälle (1827), Kaspar Hauser. Beispiel eines Verbrechens am Seelenleben des Menschen (1832).

Feuerbeschau ↑Brandschau.

Feuerbestattung ↑Bestattung.

Feuerbeton, aus feuerfesten Zuschlagstoffen (Schamotte u. a.) hergestellter Beton zum Bau von Öfen für hohe Temperaturen.

Feuerbock (Feuerhund, Feuerroß), Gestell, das vor einem Kamin zum Auflegen v. a. von Holz und Feuerzangen dient, bereits aus dem Neolithikum bekannt, aber in M-Europa erst in der Urnenfelder- und Hallstattzeit geläufig; ben. nach der oft als plast. Tierköpfen gestalteten Enden.

Feuerbohne (Türkenbohne, Prunkbohne, Phaseolus coccineus), wohl aus M-Amerika stammende Bohnenart; mit windenden Sprossen, scharlachroten oder weißen Blüten in Trauben und langen Fruchthülsen.

Feuerdorn (Pyracantha), Gatt. der Rosengewächse mit etwa 8 Arten in Eurasien. Ein beliebter Zierstrauch aus S-Europa ist die Art **Pyracantha coccinea,** ein 1 bis 2 m hoher Strauch, der im Herbst und Winter leuchtend hell- bis scharlachrote Früchte trägt.

Feuerfalter, Gattungsgruppe der ↑Bläulinge mit 7 Arten, v. a. der Gatt. Heodes und Lycaena in Europa, Asien und N-Afrika.

feuerfeste Stoffe, Materialien aus schwer schmelzbaren Oxiden, Carbiden, Siliciden, Boriden oder Nitriden, sind bis 1 500 °C beständig; v. a. zur Auskleidung von [Industrie]öfen (z. B. Schamottesteine).

Feuerflunder, volkstüml. Bez. für den Gewöhnl. Stechrochen (↑Rochen).

Feuerfuchs, svw. Kamtschatkafuchs (↑Füchse).

feuerhemmend, Eigenschaft von Stoffen, die bei Normbrandversuchen von 30 min Dauer nicht entflammen und Feuerdurchgang verhindern.

Feuerhund, svw. ↑Feuerbock.

Feuerkäfer (Pyrochroidae), etwa 150 Arten umfassende Fam. 1–2 cm großer, schwarzer Käfer mit meist blut- bis orangeroten Flügeldecken, z. B. die Feuerfliege.

Feuerkraut (Chamaenerion), Gatt. der Nachtkerzengewächse mit 4 Arten, z. B. das **Schmalblättrige Feuerkraut** (Chamaenerion angustifolium), eine bis über 1,2 m hohe Staude auf Kahlschlägen und Lichtungen in Wäldern, mit purpurfarbenen Blütentrauben.

Feuerkreuzler, Bez. für die Mgl. des ↑Croix de feu.

Feuerland, 47 000 km² große, stark vergletscherte Insel vor dem S-Ende des südamerikan. Kontinents, von diesem durch die Magalhãesstraße getrennt; bildet mit zahlr. kleineren Inseln den **Feuerlandarchipel** (73 746 km²). Der argentin. Anteil ist im Nationalterritorium Tierra del Fuego

Feuerameise (Solenopsis geminata)

Feuerdorn. Früchte und Blätter von Pyracantha coccinea

Feuerkäfer. Feuerfliege, Körperlänge 14–15 mm

Anselm Feuerbach. Medea, 1870 (München, Neue Pinakothek)

Feuerleiter

zusammengefaßt, der chilen. gehört zur Region Magallanes. – Im N Fortsetzung des ostpatagon. Tafellandes, im W und S erstreckt sich die stark vergletscherte Hauptkordillere (im Cerro Yogan 2 469 m ü. d. M.). Das Klima ist ozeanisch, kühl-gemäßigt, reich an Niederschlägen. Wirtsch. bed. ist v. a. Schafzucht sowie Erdöl- und Erdgasförderung. – 1520 erstmals von Magalhães gesichtet und nach den immer brennenden Feuern der indian. Bev. (Alakaluf, Ona, Yahgan) benannt. Um Territorien am Beaglekanal kam es 1978/79 zu größeren Differenzen zw. Argentinien und Chile (da im Festlandsockel vor Kap Hoorn Erdöl vermutet wird). Unter vatikan. Vermittlung (seit 1979) schlossen beide Staaten ein Grenzabkommen (seit dem 2. Mai 1985 in Kraft), nach dem Chile die Souveränität über die drei Inseln Lennox, Picton und La Nueva, nicht aber über die zugehörigen Territorialgewässer, erhielt.

Feuerleiter, außen an einem Haus fest montierte Leiter als Fluchtweg oder „Angriffsweg" für die Feuerwehr.

Feuerlilie ↑ Lilie.

Feuerlöschanlagen, ortsfeste Einrichtungen zur Feuerbekämpfung. Man unterscheidet Wasserlöschanlagen (Wandhydranten, Regenwand-, Sprinkleranlagen u. a.) und Sonderlöschanlagen (Schaum-, Kohlendioxid- und Pulverlöschanlagen). – ↑ Alarmanlagen.

Feuerlöschboot, Boot mit Wasserwerfern, Schaumrohren u. a. zur Bekämpfung von Bränden im Hafengebiet und auf Schiffen.

Feuerlöscher (Handfeuerlöscher), tragbares Feuerlöschgerät, das seinen Inhalt durch gespeicherten und beim Einsatz freigesetzten oder auch erst erzeugten [Gas]druck selbsttätig ausstößt. Die Art des verwendeten Löschmittels richtet sich nach der wahrscheinlichsten ↑ Brandklasse, zu deren Bekämpfung der F. herangezogen wird.

Feuerlöschgeräte ↑ Feuerwehr.

Feuerlöschmittel, Sammelbez. für alle festen, flüssigen oder gasförmigen Stoffe, die zum Löschen von Bränden geeignet sind. Sie werden nach ↑ Brandklassen eingesetzt. Das wichtigste F. ist **Wasser** (Kühleffekt). Es ist v. a. für die Brandklasse A geeignet. Durch Zusatz von **Schaummitteln** wird die weitere Sauerstoffzufuhr zum Brandobjekt wirksamer und schneller verhindert. Für die Brandklassen B, C, E, z. T. auch für A und D, werden **Pulverlöschmittel** (Trockenlöschmittel) verwendet. Sie enthalten v. a. Kaliumsulfat, Natriumhydrogencarbonat oder Ammoniumphosphate. Sie werden mit einer Treibgasanlage als Pulverstrahl gezielt auf den Brandherd geblasen und löschen durch den Stickeffekt. Ebenfalls für die Brandklassen B, C, E werden **Halogenkohlenwasserstoffe** (z. B. Tetrachlorkohlenstoff) benutzt. Die sich bei der Verdampfung bildenden unbrennbaren Dämpfe verhindern die weitere Luftzufuhr. – **Kohlendioxid** wird, da es rückstandslos verdampft, v. a. zur Bekämpfung von Bränden in elektr. u. a. Anlagen verwendet. Es ist in Gasform etwa $1\frac{1}{2}$ mal schwerer als Luft, verdrängt diese und kann so den Verbrennungsprozeß beenden, sobald etwa $\frac{1}{4}$ der Luft verdrängt ist.

Feuermal ↑ Hämangiom.

Feuermelder (Feuermeldeanlagen) ↑ Alarmanlagen.

Feuermohn, svw. Klatschmohn (↑ Mohn).

Feuerprobe (Feuerordal) ↑ Gottesurteil.

Feuerroß, svw. ↑ Feuerbock.

Feuersalamander (Salamandra salamandra), bis 20 cm lange, ziemlich plumpe Salamanderart mit zahlr., in Färbung und Lebensweise z. T. stark voneinander abweichenden Unterarten, v. a. in feuchten Wäldern Europas (mit Ausnahme des N), des westl. N-Afrikas und des westl.

Feuerwanzen.
Flügellose Feuerwanze

Feuersalamander

Kleinasiens; Oberseite glänzend schwarz mit sehr variabler, zitronen- bis orangegelber, unregelmäßiger oder in Längsreihen angeordneter Fleckenzeichnung; steht in der BR Deutschland unter Naturschutz.

Feuerschiff, mit Leucht- und Funkfeuer, Nebelsignalanlagen u. a. naut. Einrichtungen ausgerüstetes Schiff, das an Seewasserstraßen in Küstennähe ankert und der Schiffahrt zur Standortbestimmung dient; heute weitgehend durch Leuchttürme oder Baken ersetzt.

Feuerschutz, Vorkehrungen zum Schutz von Gebäuden und Bauteilen gegen Feuer: Stahl wird mit Mörtel, Beton oder gebrannten Steinen verkleidet, Holz mit Putz versehen oder mit Flammschutzmittel imprägniert. – *Recht:* Beinhaltet die Gesamtheit aller staatl. Maßnahmen zur Verhütung von Gefahren für Leben, Gesundheit, Eigentum oder Besitz durch Brand; geregelt durch Landesrecht, durch bau- und gewerberechtl. Vorschriften.

Feuerschwamm (Phellinus igniarius), zur Fam. der Porlinge gehörender Ständerpilz mit hartem, holzigem, huf- bis konsolenförmigem Fruchtkörper; gefährl. Parasit an Pappeln und Weiden, Erreger der Weißfäule (↑ Kernfäule).

Feuerstein (Flint), Abart des Jaspis; in der Steinzeit v. a. zur Herstellung von Steinwerkzeugen und Steinwaffen sowie zum Feuerschlagen verwendet.

Feuertaufe, verharmlosende Bez. für die erste Teilnahme des Soldaten an einem Gefecht.

Feuerton, keram. Werkstoff zur Herstellung sanitärer Erzeugnisse.

Feuerung (Feuerungsanlage), Verbrennungsanlage für feste, flüssige oder gasförmige Brennstoffe zur Energiegewinnung.

Feuervergoldung, [histor.] Verfahren zur Veredelung von Metallgegenständen (↑ Amalgame).

Feuerversicherung, Schadenversicherung, die der Vorsorge des Versicherungsnehmers gegen Brand-, Explosions- und Blitzschlagschäden, aber auch der Sicherung des Realkredits (bes. der Absicherung von Hypotheken) dient. Der Umfang der F. ergibt sich aus den Allg. F.bedingungen (AFB) und dem Gesetz über den Versicherungsvertrag (VVG). Brand im Sinne des Gesetzes ist ein Feuer, das ohne einen bestimmungsmäßigen Herd entstanden ist und sich aus eigener Kraft auszubreiten vermag (Schadenfeuer). Der Versicherer hat Ersatz für den Schaden zu leisten, der durch Zerstörung oder Beschädigung der versicherten Gegenstände verursacht wurde, aber nur, wenn der Schaden eine unvermeidl. Folge eines der genannten Ereignisse ist. Der Versicherer hat außerdem Ersatz für den durch Löschen, Niederreißen, Ausräumen oder durch das Abhandenkommen versicherter Sachen entstandenen Schaden zu leisten. Die Entschädigungssumme wird im allg. nach dem Zeitwert (= Neuwert abzüglich Abnutzung) berechnet. Die Höhe der Versicherungsprämie hängt von der Schadenswahrscheinlichkeit und dem Wert des Versicherungsgegenstandes ab. Sonderformen der F.: Waldbrandversicherung, Rohbauversicherung, Versicherung von Gebäuden gegen Schäden durch Hausbockkäfer und Hausschwamm. – In Deutschland entwickelten sich speziell in Schl.-H. seit dem 16. Jh. als Einrichtungen zur Deckung der Feuergefahr die **Brandgilden,** welche nach dem Gegenseitigkeitsprinzip auf genossenschaftlicher Basis organisiert waren. In einzelnen Bundesländern der BR Deutschland kann eine F. für Gebäude nur bei öff.-rechtl. Pflicht- und Monopolanstalten abgeschlossen werden.

Feuerwaffen, Sammelbez. für alle Waffen, die die chem. Energie des Schießpulvers und andere Treibmittel zum Verschießen von Geschossen ausnutzen.

Feuerwalzen (Pyrosomatida), mit 10 Arten weltweit verbreitete Ordnung der ↑ Salpen; die farblosen F. (in Kolonien) enthalten Leuchtbakterien, die ein intensives, meist gelbl. bis blaugrünes Leuchten („Meeresleuchten") erzeugen können.

Feuerwanzen (Pyrrhocoridae), etwa 400 Arten umfassende, weltweit verbreitete Fam. der ↑ Wanzen; in Deutschland am häufigsten die schwarzrote, 9–11 mm große **Flügellose Feuerwanze** (Pyrrhocoris apterus).

Feuerwehr. Links: Tanklöschfahrzeug. Rechts: Wechselladerfahrzeug mit Abrollbehälter für Gefahrguteinsätze

Feuerwehr, Einrichtung zur Abwehr von Gefahren durch Schadenfeuer und zur Hilfeleistung bei anderen öff. Notständen bzw. bei Unfällen. Die F. gliedern sich in Berufs-, freiwillige, Pflicht-, Werks- und Betriebs-F., von denen die drei ersten Einrichtungen der Gemeinden sind. Gemeinden über 1 000 000 E müssen, Gemeinden unter 100 000 E und Landkreise können **Berufsfeuerwehren** aufstellen. Die Angehörigen der Berufs-F. sind Beamte im staatsrechtl. Sinne oder Angestellte. Gemeinden ohne Berufs-F. müssen eine **freiwillige Feuerwehr** aufstellen. Die Mitgliedschaft in ihr ist freiwillig, der Dienst ehrenamtlich. Eine **Pflichtfeuerwehr** ist aufzustellen, wenn in einer Gemeinde eine freiwillige F. nicht zustande kommt oder nicht die erforderl. Mindeststärke erreicht. Zum Dienst in der Pflicht-F. sind die männl. Gemeindeeinwohner im Alter von 18 bis 60 Jahren verpflichtet. Größere Betriebe können oder müssen zur Sicherstellung ihres Feuerschutzes haupt- oder nebenberufl. **Werksfeuerwehren** aufstellen (von staatl. Seite nicht geforderte private F. werden als **Betriebsfeuerwehren** bezeichnet).
In *Österreich* ist das F.recht landesgesetzlich geregelt. Die einzelnen Landesgesetze unterscheiden dabei zw. öff. und freiwilligen F.; die Organisation der F. obliegt meist der Gemeinde. In der *Schweiz* bestehen dem dt. Recht weitgehend entsprechende Regelungen.
Geschichte: Im antiken Rom gab es auf kaiserl. Anordnung seit Augustus eine Nacht- und Feuerpolizei („cohortes vigilum"). Die frühesten ma. F.ordnungen sind aus Meran (1086) und London (1189) erhalten. – Erste Berufs-F. wurden in Wien (1689), London (1698) und Paris (1701) aufgestellt.
Feuerwehrausrüstung: Die dem Schutz des F.mannes dienende *persönl. Ausrüstung* besteht aus einheitl. Schutzkleidung, Helm mit Nackenschutz, F.gurt und Beil, Fangleine, Atemschutzgerät mit Filtereinsatz und Signalpfeife. Die *techn. Ausrüstung* besteht aus den Angriffs- oder Löschgeräten, das sind [Groß]geräte für die Brandbekämpfung (Feuerlöschgeräte, Kübelspritze), den Rettungsgeräten (tragbare Leitern, Fangleinen, Sprungtuch oder -kissen) und Geräten zur Ersten Hilfe (Wiederbelebungsgeräte, Sanitätskästen, Krankentragen), den Geräten für techn. Hilfeleistungen (Hebezeuge, Winden u. a.) und Hilfsgeräten (Beleuchtungsgeräte, Werkzeuge). Außerdem gehören dazu die verschiedenen F.fahrzeuge und techn. Einsatzmitteln: 1. Löschfahrzeuge, darunter v. a. das Löschgruppenfahrzeug mit Kreiselpumpe (Wasserförderung 1 600 bis 2 400 l/min.); außerdem Tragkraftspritzen (200 bis 800 l/min), Tanklöschfahrzeuge und Trockenlöschfahrzeuge mit Pulverwerfern; 2. fahrbare Drehleitern, die mit Seilzügen oder hydraulisch aufgerichtet werden (maximal 60 m); 3. zahlr. Spezialfahrzeuge für bes. Schadensfälle und Unfälle (z.B. ausgelaufene Mineralöle), Unfallrettungswagen, Seuchenwagen, Strahlenschutzfahrzeuge, Kommandowagen. Die von Berufs-, Werks-, Flughafen- u. a. F. verwendeten Löschfahrzeuge sind in steigendem Maße Großlöschfahrzeuge zum kombinierten Einsatz von Löschpulvern und Luftschaum (bis 12 t Pulver, 20 000 l Wasser und Schaumextrakt). In Häfen kommen die Feuerlöschboote zum Einsatz. *Löschzüge* der Berufs-F. bestehen heute meist aus einem Löschgruppenfahrzeug (Wassertank 1 600 l; Besatzung: 9 Mann), einem Tanklöschfahrzeug (Wassertank 2 400 l; besetzt mit 6 Mann) sowie einer Drehleiter. Wichtiger Bestandteil der F.ausrüstung sind *F.schläuche* und wasserführende Armaturen. Bei den F.schläuchen unterscheidet man *Saugschläuche* (zur Wasserentnahme aus offenen Gewässern) und *Druckschläuche* zur Beförderung des Wassers zur Brandstelle; normierte Durchmesser 110, 75, 52 (bzw. 42) und 25 mm (A-, B-, C-, D-Schlauch).

Feuerwerk, das Abbrennen von ↑ Feuerwerkskörpern bei bes. festl. Veranstaltungen. – Feuerwerkskörpern sollen in China bereits vor über 1 000 Jahren verwendet worden sein. In Europa entwickelte sich das F. bei höf. Spielen im späten MA. Die Briten lernten 1757 in Ostindien die weißen und bunten F. kennen, die zu Signalzwecken abgebrannt wurden (sog. bengal. Feuer).

Feuerwerkskörper, pyrotechn. Körper; Grundbestandteil aller F. ist meist Schwarzpulver mit Zusätzen für Leucht-, Knall- und Raucheffekte; intensive, karminrote Färbung durch Strontiumsalze, Grünfärbung durch Bariumsalze, Gelbfärbung durch Natriumsalze.

Feuerwerkstechnik, svw. ↑ Pyrotechnik.

Feuerzangenbowle, alkohol. Heißgetränk, das mit dem Abbrennen (Abschmelzen) eines mit Alkohol (Rum,

Feuerwehr. Ausgefahrene Drehleiter bei einem Löscheinsatz

Richard Phillips Feynman

Georges Feydeau

Sigmund Feyerabend

Arrak) getränkten Zuckerhutes bereitet wird, der sich auf einer Feuerzange über den Bowlengefäß befindet.

Feuerzeug, Vorrichtung zur Erzeugung einer Flamme, v. a. in Form des handl. *Taschen-F.* Das heute übl. *Gas-F.* enthält einen Tank mit Flüssiggas (Butan- oder Propangas), aus dem das Gas durch eine feine, regulierbare Düse ausströmen kann. Der Zündfunke entsteht durch Reiben eines geriffelten Stahlrädchens an einem Zündstein oder auf elektr. Weg unter Ausnutzung des piezoelektr. Effekts.

Feuillade, Louis [frz. fœ'jad], *Lunel (Hérault) 19. Febr. 1873, † Paris 26. Febr. 1925, frz. Regisseur. – F., der zu den Filmpionieren zählt, drehte mehr als 800 Filme; Serienfilme „La vie telle qu'elle est" (kurze, realist. Szenen aus dem Kleinbürgermilieu, 1911–13), „Fantomas" (5 Episoden, 1913/14) und „Les vampires" (12 Episoden, 1915).

Feuillants [frz. fœ'jã], nach dem Versammlungsort im Kloster der **Feuillanten** (reformierte Zisterzienser) in Paris ben. revolutionärer frz. Klub; 1791 durch die Mehrheit der Jakobiner gegr.; Sammelpunkt des liberalen früheren Adels und des Großbürgertums; wollten die Frz. Revolution mit der Verfassung von 1791 beenden.

Feuilleton [fœj(ə)'tõ:; frz., eigtl. „Beiblättchen" (einer Zeitung), zu feuille (vulgärlat. folia) „Blatt"], kultureller Teil einer Zeitung; enthält Kritiken über kulturelle Ereignisse (Theater, Filme, Konzerte, Ausstellungen, Bücher usw.), Betrachtungen, Kurzgeschichten, Auszüge aus literar. Werken (Fortsetzungsroman), Gedichte.
▷ kleine literar. Form; der einzelne kulturelle u. a. Fragen behandelnde, anregend geschriebene Beitrag des F.teils der Zeitung.

feuilletonistisch [fœj(ə)...; frz.], das ↑ Feuilleton betreffend; im Stil eines Feuilletons, im Plauderton geschrieben.

Feulgen, Robert, *Werden (= Essen) 2. Sept. 1884, † Gießen 24. Okt. 1955, dt. Chemiker und Physiologe. – Prof. für physiolog. Chemie in Gießen; arbeitete v. a. über die Chemie und Physiologie der Zelle; entwickelte ein Verfahren zum Nachweis von Zellkernen in Gewebsschnitten **(Feulgen-Färbung).**

Feure, Georges de [frz. fœ:r], *Paris 6. Sept. 1868, † ebd. 1928, frz. Kunstgewerbler und Illustrator. – Das umfangreiche kunstgewerbl. Schaffen de F.s (u. a. Möbel, Schmuck, Illustrationen, Plakate) zeigt einen reinen, ornamentalen Jugendstil.

Fey, Emil, *Wien 23. März 1886, † ebd. 16. März 1938 (Selbstmord), östr. Politiker. – Bed. Heimwehroffizier; 1933 Sicherheitsmin., 1933/34 Vizekanzler, danach wieder Sicherheitsmin., an der Niederwerfung der Februarunruhen (1934) beteiligt; 1934/35 Innenmin.; ungeklärt ist seine Rolle beim Juliputsch gegen Dollfuß (1934).

Feydeau, Georges [frz. fɛ'do], *Paris 8. Dez. 1862, † Rueil (= Rueil-Malmaison, Hauts-de-Seine) 5. Juni 1921, frz. Schriftsteller. – Herausragender Vertreter des Boulevardstückes („comédie légère"), u. a. „Le tailleur pour dames" (1887), „La dame de chez Maxim" (1899), „On purge bébé" (1910).

Feyder, Jacques [frz. fɛ'dɛ:r], eigtl. J. Frédérix, *Ixelles (Brabant) 21. Juli 1888, † Rives-de-Prangins (Schweiz) 25. Mai 1948, belg. Filmregisseur. – Hauptvertreter der „realist. frz. Schule". Drehte in Berlin „Thérèse Raquin" (1928), in Hollywood „Der Kuß" (1929), in Frankreich „Das große Spiel" (1934), „Spiel in Monte Carlo" (1935).

Feyerabend, Paul Karl, *Wien 13. Jan. 1924, östr. Philosoph. – 1958–79 Prof. in Berkeley (Calif.), seitdem in Zürich; für F. ist wiss. Denken nur ein Weg unter vielen anderen zur Erkenntnis. Dem Rationalismus seines einstigen Lehrers K. R. Popper setzt er einen Methodenpluralismus entgegen, wonach alle mögl. Denkmuster zugelassen und miteinander konfrontiert werden müssen. Verfaßte u. a. „Wissenschaft als Kunst" (1984), „Wider den Methodenzwang" (revidierte Fassung 1985).

F., Sig[is]mund (Feierabendt), *Heidelberg 1528, † Frankfurt am Main 22. April 1590, dt. Verleger. – Seit 1559 in Frankfurt am Main; einer der bedeutendsten Verleger des 16. Jh. V. Solis, J. Amman u. a. Künstler arbeiteten für seine hervorragenden Holzschnittwerke.

Feynman, Richard Phillips [engl. 'feɪnmən], *New York 11. Mai 1918, † Los Angeles 15. Febr. 1988, amerikan. Physiker. – Leistete grundlegende Beiträge zur Quantenelektrodynamik; weitere Arbeiten zur Theorie der Suprafluidität und des flüssigen Heliums II sowie des Betazerfalls; Nobelpreis für Physik 1965 (gemeinsam mit Tomonaga Shin'ichirō und J. Schwinger).

Fez [frz. fɛːz] ↑ Fès.

Fez [vermutlich zu lat.-frz. fête „Fest"], svw. lustiger Streich, Unfug.

ff, Abk. für: fortissimo (↑ forte).
▷ Handelsbez. für „beste Qualität", svw. „sehr fein", „hochfein".

ff., Abk. für: folgende, z. B. Buchseiten (beim Buch).

fff, Abk. für: forte fortissimo (↑ forte).

FFFF, Zeichen für den Wahlspruch der Dt. Turnerschaft (1860–1934) und des Dt. Turner-Bundes (seit 1950): **F**risch – **F**romm – **F**röhlich – **F**rei.

FGG, Abk. für: Gesetz über die Angelegenheiten der freiwilligen Gerichtsbarkeit.

FI, Abk. für: ↑ Färbeindex.

FIAF [frz. efia'ɛf, fjaf], Abk. für: **F**édération **I**nternationale des **A**rchives du **F**ilm; internat. Vereinigung der Filmarchive; Sitz Paris, 1939 gegründet.

Fiaker [frz.], bes. in Österreich Bez. für eine [zweispännige] Pferdedroschke, auch für ihren Kutscher.

Fiale [griech.-italien.], Ziertürmchen der got. Baukunst mit meist 4 Giebeln und einem mit einer Kreuzblume abgeschlossenen Helm (Riese).

Fialho de Almeida, José Valentim [portugies. 'fiaʎu ðɐ alˈmɐjðɐ], *Vila-de-Frades (Alentejo) 7. Mai 1857, † Cuba bei Vila-de-Frades 4. März 1911, portugies. Schriftsteller. – Schrieb v. a. sozialkrit. Erzählungen; seine satir. Pamphlete trugen maßgeblich zum Sturz der portugies. Monarchie bei.

Fianarantsoa [madagass. fianarants̩ua], Prov.hauptstadt im Z-Hochland von Madagaskar, 1 200 m ü. d. M., 111 000 E. Kath. Erzbischofssitz; Textil-, Nahrungsmittelind.; Bahnlinie zum Hafen Manakara; ✈.

Fianna Fáil [engl. 'fiənə 'fɔɪl; ir. „Schicksalskämpfer"], ir. polit. Partei; seit 1926 Name der Partei E. de Valeras, die sich 1922 im Kampf gegen den britisch-ir. Vertrag aus der republikan. Mehrheit der ↑ Sinn Féin bildete; bis 1932 größte Oppositionspartei; stellte seitdem meist den Premiermin.; Parteiführer ist seit 1992 A. Reynolds.

Fiasko [italien.], Reinfall, Mißerfolg, Zusammenbruch.

Fiat SpA [italien. 'fi:at ɛsseepi'a], italien. Konzern der Metall-, insbes. der Automobilind., Sitz Turin, gegr. 1899 als **F. I. A. T.** (Abk. für: **F**abbrica **I**taliana **A**utomobili **To**rino). Produktionsprogramm: alle Stufen vom Erzbergbau bis zur Fertigproduktion (Kraftwagen, Schiffs- und Eisenbahntriebwerke, Lokomotiven, Schienenfahrzeuge, Flugzeuge, Kernkraftwerke); zahlr. Beteiligungen und Auslandsgesellschaften.

Fibel [zu lat. fibula (mit gleicher Bed.), verkürzt aus figibula (zu figere „heften")], vor- und frühgeschichtl. metallene Nadelkonstruktion (Nadel, Bügel und Feder) zum Zusammenheften der Kleidung; wegen ihrer Zuordnung zur Tracht und ihres Formenreichtums eines der wichtigsten Hilfsmittel zur Unterscheidung chronolog. Stufen und regionaler Gruppen. Die F.typen werden häufig nach ihrer Form (z. B. Adlerfibel, Armbrustfibel, Augenfibel, Bogenfibel, Brillenfibel, Bügelfibel), ihrem Verbreitungsgebiet oder einem Fundort benannt. Als älteste F. gilt die zweigliedrige goldene Platten-F. aus dem anatol. Fürstengrab von Alaca Hüyük (Ende des 3. Jt. v. Chr.). In Europa kommen gegen

Fibel. Etruskische Fibel mit Tiermotiven aus dem Littore-Grab, Vetulonia, Goldblech, 7. Jh. v. Chr. (Florenz, Museo Archeologico)

Ende der älteren Bronzezeit (etwa 14./13.Jh.) eingliedrige (S- und SO-Europa) und zweigliedrige F. in Gebrauch (N-Deutschland, Skandinavien). Letzter künstler. Höhepunkt im Frühmittelalter.

Fibel. Adlerfibel, 10. Jh. (Mainz, Mittelrheinisches Landesmuseum)

▷ [kindersprachl. entstellt aus ↑ Bibel (da der Inhalt der F. früher der Bibel entnommen war)], das Lesebuch für den Anfangsunterricht in der Schule (Abc-Buch, Abecedarium), dann auch Lehrbuch, das in die Anfangsgründe eines Fachgebiets einführt. Die heutige F. ist auf die Lautiermethode oder Ganzheitsmethoden eingestellt, ihre Inhalte entstammen der Alltagswelt des Kindes.

Fiber [lat.], allg. svw. Faser.

Fiberoptik, svw. ↑ Glasfaseroptik.

Fibich, Zdeněk, * Všebořice bei Čáslav 21. Dez. 1850, † Prag 15. Okt. 1900, tschech. Komponist. – Einer der bed. tschech. Komponisten des 19. Jh.; von Wagner beeinflußt, komponierte Opern, Orchester-, Kammer- und Klaviermusik, Lieder.

Fibiger, Johannes, * Silkeborg (Jütland) 23. April 1867, † Kopenhagen 30. Jan. 1928, dän. Pathologe. – Prof. in Kopenhagen; war hauptsächlich in der Krebsforschung tätig. 1912 gelang ihm die erste experimentelle Krebserzeugung aus gesunden Zellen (sog. Spiropterakrebs). Hierfür erhielt er 1926 den Nobelpreis für Physiologie oder Medizin.

Fibonacci, Leonardo [italien. fibo'nattʃi] (Leonardo Pisano, Leonardo Pisano), * Pisa um 1170, † ebd. nach 1240, italien. Mathematiker. – Erster bedeutender Mathematiker des Abendlandes, dem er seine im Orient gesammelten mathemat. Kenntnisse vermittelte.

Fibrille [lat.], feine, v. a. aus Eiweißen oder Polysacchariden bestehende, nur mikroskopisch erkennbare, langgestreckte Struktur in pflanzl. und tier. Zellen; wesentl. Bestandteile der pflanzl. Zellwände sowie der Muskeln und der Grundsubstanz des Bindegewebes.

Fibrin [lat.] (Blutfaserstoff, Plasmafaserstoff), Eiweißkörper, der bei der ↑ Blutgerinnung (durch die Einwirkung von Thrombin) aus dem Globulin **Fibrinogen** entsteht.

Fibrinkleber, in der Chirurgie zur Blutstillung, Verklebung von Organrissen (z. B. Milzruptur) oder Verödung von Hohlräumen verwendeter Gewebekleber aus menschl. Fibrinogenkonzentrat.

Fibrinolysin [lat./griech.] (Plasmin), im Blut vorkommendes Enzym, das Fibrin, bei krankhaften Zuständen auch dessen Vorstufen, zu lösl. bzw. gerinnungsunwirksamen Bruchstücken abbaut **(Fibrinolyse).** F. wird therapeutisch zur Auflösung von frischen Blutgerinnseln (↑ Fibrinolytika) angewandt.

Fibrinolytika [lat./griech.] (Thrombolytika), Arzneimittel, die direkt oder indirekt fibrinauflösend wirken und deswegen zur Auflösung von v. a. frischen, höchstens vier Stunden alten Blutgerinnseln (z. B. beim Herzinfarkt, bei Thrombose oder Embolie) verwendet werden.

fibrinös [lat.], fibrinhaltig, fibrinreich.

Fibroin [lat.] ↑ Seide.

Fibrom [lat.] (Fasergeschwulst), gutartige, gewöhnlich nur sehr langsam wachsende Geschwulst aus gefäßreichem Bindegewebe. F. kommen an den verschiedensten Stellen des Körpers vor und sind von unterschiedl. Größe; operative Entfernung ist nur bei Beschwerden erforderlich. Die seltene, bösartige Form wird als **Fibrosarkom** bezeichnet.

Fibromyom [lat./griech.], gutartige Geschwulst aus Binde- und Muskelgewebe.

fibrös [lat.], aus derbem Bindegewebe bestehend.

Fibrosarkom [lat./griech.] ↑ Fibrom.

Fibrose [lat.], meist entzündlich bedingte Vermehrung des Bindegewebes in einem Organ, z. B. in der Lunge (↑ Lungenfibrose).

Fibroskop [lat./griech.] ↑ Endoskope.

Fibula [lat.], svw. Wadenbein (↑ Bein).

FICE [frz. ɛfise'ə, fi'se], Abk. für: **F**édération **I**nternationale des **C**ommunautés d'**E**nfants (Internat. Verband der Kinder- und Jugenddörfer), eine der UNESCO angeschlossene Organisation; gegr. 1948 in Paris.

Fiche [fi:ʃ; lat.-frz.], Spielmarke.

Fichte, Hubert, * Perleberg 21. Mai 1935, † Hamburg 8. März 1986, dt. Schriftsteller. – Schrieb bevorzugt aus der Sicht von Menschen, die am Rand der Gesellschaft stehen; u. a. „Der Aufbruch nach Turku" (En., 1963), „Das Waisenhaus" (R., 1965), „Detlevs Imitationen ‚Grünspan'" (R., 1971), „Versuch über die Pubertät" (R., 1974), „Xango" (1976), „Lazarus und die Waschmaschine" (1985), „Schwarze Stadt. Glossen" (1991).

F., Immanuel Hartmann von (seit 1867), * Jena 18. Juli 1796, † Stuttgart 8. Aug. 1879, dt. Philosoph. – Sohn von Johann Gottlieb F.; 1836 Prof. in Bonn, 1842–63 in Tübingen; vertrat einen „spekulativen" bzw. „ethn. Theismus". In Auseinandersetzung mit Hegel entwarf F. eine Erkenntnislehre ausgehend von Bewußtsein als dem „allein schlechthin Gewissen" und „Nichtabstrahierbaren". Auch seine Ethik, Anthropologie und sog. Seelenlehre sind durch seine spekulative Theologie bestimmt. – *Werke:* Grundzüge zum System der Philosophie (1833–46), System der Ethik (1850–53), Psychologie (1864–73).

F., Johann Gottlieb, * Rammenau (Oberlausitz) 19. Mai 1762, † Berlin 29. Jan. 1814, dt. Philosoph. – Sohn eines Bandwirkers; studierte seit 1780 Theologie in Jena; 1791 Bekanntschaft mit der Philosophie Kants. 1792 erschien anonym sein „Versuch einer Kritik aller Offenbarung", der zunächst für die allg. erwartete (1793 u. d. T. „Die Religion innerhalb der Grenzen der bloßen Vernunft" erschienene) Religionskritik Kants gehalten wurde und ihm seinen ersten literar. Ruhm brachte. 1794 Prof. in Jena, das er v. a. im Zusammenhang mit dem ↑ Atheismusstreit verlassen mußte; 1805 in Erlangen, 1806/07 in Königsberg. In seinen „Reden an die Nation" im Winter 1807/08 forderte F. die geistige Erneuerung durch eine allg. Nationalerziehung. 1811/12 Rektor der neu gegr. Universität Berlin. Bedeutendster Vertr. des dt. Idealismus neben Schelling und Hegel. Seine als „Wissenschaftslehre" bezeichnete Philosophie soll als „pragmat. Geschichte des menschl. Geistes", das „allg. und absolute Wissen" in seiner Entstehung aufzeigen; im Mittelpunkt steht dabei der Gedanke von der zentralen Bed. des Ichs, das schöpferisch sich selbst setzt und der Vervollkommnung durch Pflichterfüllung fähig ist. F. erhob als erster den dialekt. Dreischritt (These – Antithese – Synthese) zur grundlegenden Methode philosoph. Denkens. In seiner Sitten- und Rechtslehre forderte er die Festlegung von Recht, um die Freiheit des einzelnen und der Gesellschaft zu ermöglichen. Eine eigene Konzeption von einem sozialist. Staat legte F. zudem in seiner Schrift „Der geschlossene Handelsstaat" (1800) vor. Auch seine religions- und geschichtsphilosoph. Schriften haben Auslegungen der Vernunftautonomie zum Gegenstand. Die Geschichte teilte F. in fünf „Grundepochen" ein, in denen die Vernunft sich immer mehr zunächst von dem sie beherrschenden Naturinstinkt löst und sich dann von den verschiedenen Formen der Autorität befreit.

Hubert Fichte

Johannes Fibiger

Fichte

Johann Gottlieb Fichte

Marsilio Ficino

Werke: Über den Begriff der Wissenschaftslehre (1794), Grundlage der gesamten Wissenschaftslehre (1794), Grundriß des Eigentüml. der Wissenschaftslehre (1795), Grundlage des Naturrechts nach Prinzipien der Wissenschaftslehre (1796), Die Grundzüge des gegenwärtigen Zeitalters (1800), Rechtslehre (1812).

Fichte (Picea), Gatt. der Kieferngewächse mit über 40 Arten auf der nördl. Erdhalbkugel; immergrüne Nadelhölzer mit einzelnstehenden, spiralig um den Zweig gestellten Nadeln und hängenden Zapfen. Die F. i. e. S. ist die **Rottanne** (Picea abies), der wichtigste Waldbaum N- und M-Europas; wird bis 60 m hoch und 1 000 Jahre alt; mit spitzer Krone und flacher, weitreichender Bewurzelung; Borke des bis 1,50 m starken Stammes rötlich bis graubraun; Nadeln vierkantig, glänzend grün, stachelspitzig; reife Zapfen braun, hängend. Im nw. N-Amerika heimisch ist die **Sitkafichte** (Picea sitchensis), ein raschwüchsiger, starkstämmiger anspruchsloser Baum mit 1–2 cm langen, etwa 1 mm breiten Nadeln mit bläulichweißen Längsstreifen auf der Oberseite; Zapfen 6–10 cm lang, matt- bis ockergelb. Die bis 40 m hohe **Omorikafichte** (Picea omorika) wächst in Bosnien und Serbien; Nadeln flach, lang und breit mit einem weißen Streifen auf der Oberseite. Hellgraugrüne, v. a. auf der Oberseite der Zweige stehende Nadeln hat die bis 20 m hohe, im nördl. N-Amerika heim. **Weißfichte** (Picea glauca); Zapfen rötlich und zylindrisch. – ↑Hölzer (Übersicht).

Fichtelberg, mit 1 214 m ü. d. M. nach dem Keilberg zweithöchste Erhebung des Erzgebirges, in Sa.; Wintersportgebiet, Wetterwarte, Schwebebahn.

Fichtelgebirge, Mittelgebirge in Bayern, im Schneeberg 1 051 m hoch; zentraler Gebirgsknoten der mitteldt. Gebirgsschwelle, von dem Frankenwald, Oberpfälzer Wald und Erzgebirge ausgehen; nach SW fällt das F. entlang einer Bruchzone zum 300 m tiefer gelegenen obermain. Hügel- und Schollenland ab. Hufeisenförmig umschließen Granitzüge die durchschnittlich 600 m hohe Selb-Wunsiedler Hochfläche mit charakterist. Teichwirtschaft. Eger, Weißer Main, Fichtelnaab und Saale entspringen im F. – Rauhes Gebirgsklima, nur 4–5 Monate sind frostfrei. Der Anbau, v. a. von Futterpflanzen, Roggen, Hafer und Kartoffeln, reicht bis etwa 700 m ü. d. M.; darüber geschlossene Wälder (v. a. Fichte) und Hochmoorgebiete. – Der seit dem 11. Jh. betriebene Bergbau auf Gold, Silber und Zinn ist im 17. Jh. erloschen; vom 14.–18. Jh. Eisenerzabbau und -verarbeitung. Glaserzeugung, Textilgewerbe, Naturstein (Granit, Basalt) und Holzverarbeitung sowie die Porzellanind. (Zentrum Selb) sind früh, heute zu hochspezialisierten Ind.zweigen entwickelte, z. T. auf ausländ. Rohstoffe angewiesene Nachfolgegewerbe des Bergbaus; der Abbau reicher Uranerzvorkommen wird vorbereitet; ganzjähriger Fremdenverkehr.

Fichtel & Sachs AG, Hersteller von Fahrradteilen (bes. Freilaufnaben), Automobilteilen und Motoren, Sitz Schweinfurt, gegr. 1895.

Fichtengespinstblattwespe (Cephaleia abietis), 11–14 mm große Art der ↑Gespinstblattwespen; Kopf und Brust schwarz mit gelben Flecken; Hinterleib hauptsächlich rotgelb; die grünl. Larven fressen v. a. an älteren Nadeln.

Fichtenkreuzschnabel (Loxia curvirostra), etwa 15 cm großer Finkenvogel mit gekreuztem Schnabel in den gemäßigten und kalten Gebieten der Nordhalbkugel; ♀ olivfarben, Unterseite und Bürzel gelblich; ♂ ziegelrot, Schwanz und Flügel dunkel.

Fichtenmarder (Amerikan. Marder, Martes americana), Marderart im nördl. und westl. N-Amerika; Körperlänge etwa 35 (♀)– 45 cm (♂), Schwanz buschig, von etwa halber Körperlänge: Fell sehr dicht und weich, gelblich bis dunkelbraun, mit blaß ockergelbem Brustlatz; liefert geschätztes Pelzwerk **(amerikanischer Zobel),** daher durch übermäßige Bejagung gebietsweise selten geworden.

Fichtenmarder

Fichtennadelextrakt, aus jungen Trieben von Fichten (auch von anderen Nadelbäumen) gewonnener, eingedickter, wäßriger Extrakt, der wegen seines würzigen Geruchs als Badezusatz verwendet wird.

Fichtennadelöl, Sammelname für die durch Destillation aus den Nadeln, Zweigspitzen und Fruchtzapfen von Nadelhölzern gewonnenen äther. Öle, die als Badezusätze, zur Inhalation und als Seifenöle verwendet werden.

Fichtenspargel (Monotropa), Gatt. der Wintergrünwächse mit vier Arten, davon zwei in M-Europa: der mehr oder weniger behaarte **Echte Fichtenspargel** (Monotropa hypopitys) in Nadelwäldern und der kahle **Buchenspargel** (Monotropa hypophegea) in Laubwäldern; bleiche, blattgrünlose, spargelähnl. Schmarotzerpflanzen.

Fichu [fiʃy:; lat.-frz], großes dreieckiges Tuch, das über der Brust gekreuzt und im Rücken verknotet wird.

Ficino, Marsilio [italien. fi'tʃi:no], *Figline Valdarno (Toskana) 19. Okt. 1433, †Careggi (= Fiesole-Careggi) 1. Okt. 1499, italien. Arzt und Philosoph. – Lehrte in der von Cosimo de' Medici gegr. Platon. Akademie in Florenz; bemühte sich um die Harmonisierung von christl. Theologie und antiker Philosophie.

Fick, Adolf, *Kassel 3. Nov. 1829, †Blankenberge (Belgien) 21. Aug. 1901, dt. Physiologe. – Prof. in Zürich und Würzburg; schuf 1872 die als **Ficksches Prinzip** bezeichnete erste exakte Methode der Herzminutenvolumenbestimmung durch Messung des Sauerstoffverbrauchs des Organismus und der arteriovenösen Sauerstoffdifferenz.

Ficker, Julius von (seit 1885), *Paderborn 30. April 1826, †Innsbruck 10. Juli 1902, dt. Historiker. – 1852–79 Prof. in Innsbruck; Arbeiten v. a. zum Verfassungsleben des MA und zur Urkundenlehre; beurteilte die ma. Kaiserpolitik vom großdt. Standpunkt.

Fiction [engl. 'fıkʃən; lat.], engl. Sammelbez. für fiktive Erzählliteratur; Ggs.: Nonfiction; im dt. Sprachraum eingebürgert ↑Science-fiction. – ↑Fiktion.

Ficus [lat.], svw. ↑Feige.

Fidanza, Johannes ↑Bonaventura.

Fidschi. Zuckerrohrfelder auf Viti Levu

Fieber

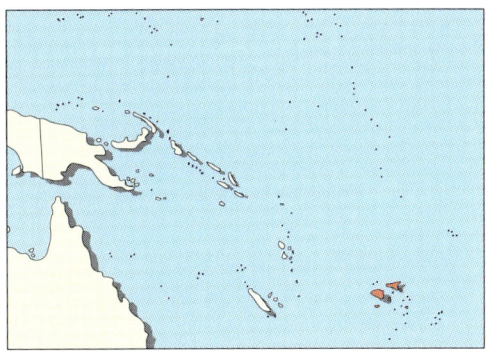

Fidschi
Fläche: 18 272 km²
Bevölkerung: 772 000 E (1990), 42 E/km²
Hauptstadt: Suva (auf Viti Levu)
Amtssprachen: Englisch und Fidschianisch
Nationalfeiertag: 10. Okt. (Unabhängigkeitstag)
Währung: 1 Fidschi-Dollar ($F) = 100 Cents
Zeitzone: MEZ +11 Stunden

Fideikommiß [fide-i...; zu lat. fidei comissum „zu treuen Händen überlassen"], Vermögen, bestehend aus einem einzelnen Gegenstand oder einer Mehrzahl von Sachen und/oder Rechten, das einer Familie dauernd erhalten bleiben soll und daher ungeteilt einer (i. d. R. männl.) Person zugewandt wird (selten zur gesamten Hand mehrerer), die die Nutzungsrechte, aber keine Verfügungsrechte (Veräußerung, Belastung) hat. Die Rechtsfigur des F. entstand im Hoch-MA, als zunächst der Adel durch Familienverträge bzw. Hausgesetze Erbteilungen ausschloß. Die Weimarer Reichsverfassung bestimmte die Auflösung der Fideikommisse.

fidel [lat.], lustig, heiter, gutgelaunt.

Fidel (Fiedel), wichtigste Gruppe bogengestrichener Saiteninstrumente des MA, nachweisbar seit Ende des 8. Jh. Die nach Größe, Form (Spaten-, Flaschen-, Birnenform) und Saitenzahl verschiedenen Arten wurden im 13. Jh. abgelöst durch einen 5saitigen Typus mit ovalem, oft eingebuchtetem Körper, Zargen, geradem, abgesetztem Hals, scheibenförmigem Wirbelkasten und zwei Schallschlitzen. Vorläufer der Violine.

Fidenza, italien. Stadt in der Emilia-Romagna, nw. von Parma, 75 m ü. d. M., 23 400 E. Bischofssitz; Ind.- und Handelszentrum. – F. liegt etwa an der Stelle des antiken **Fidentia Julia,** das seit dem 1. Jh. v. Chr. röm. Munizipium war; hieß vom Früh-MA bis 1927 **Borgo San Donnino;** gehörte 1545–1859 zum Hzgt. Parma. – Lombardischroman. Dom San Donnino (begonnen um 1200).

Fides [lat. „Treue, Glaube"], im alten Rom Treueverhältnis zw. Patron und Klient; personifiziert im röm. Staatskult als Göttin des Eides.

Fidibus, Holzspan oder gefalteter Papierstreifen zum Feuer- oder Pfeifeanzünden.

Fidschi (amtl. Fiji; Viti), Republik im sw. Pazifik zw. 15° und 22° s. Br. sowie 177° w. L. und 174° ö. L. Staatsgebiet: Umfaßt die östlich von Australien gelegenen, zu Polynesien gehörenden Fidschiinseln sowie als Außengebiet die Insel Rotuma (47 km²); insgesamt 332 Inseln, davon etwa 110 bewohnt. **Verwaltungsgliederung:** 14 Prov. **Internat. Mitgliedschaften:** UN, SPF, Colomboplan.

Landesnatur: Die größeren Inseln (↑Fidschiinseln) sind vulkan. Ursprungs und gebirgig, im Mount Victoria auf Viti Levu bis 1 323 m ü. d. M., die übrigen sind Koralleninseln.

Klima: Das Klima ist tropisch-maritim.

Vegetation: Die Luvseiten sind mit trop. Regenwald bestanden, an den Leeseiten finden sich Savannen, an den Küsten Mangroven.

Bevölkerung: Die urspr. Bev. sind Fidschianer, die zu den Melanesiern gehören und rd. 48 % der Bewohner ausmachen. Nachfahren von Feldarbeitern sind die Inder (rd. 46 %), die großen Einfluß auf das Wirtschaftsleben ausüben. Unter den Christen (53 % der Bev.) sind Methodisten (rd. 38 %) und Katholiken (9 %) die stärksten Gruppen; 38 % sind Hindus, rd. 8 % Muslime. Die Grundschulzeit beträgt 8 Jahre (keine allg. Schulpflicht). F. verfügt über die University of the South Pacific (gegr. 1968) in Suva.

Wirtschaft: Wichtigster Zweig ist die Landw. Für den Export werden Zuckerrohr, Kokospalmen, Bananen, Zitrusfrüchte, Ingwer, für den Eigenverbrauch v. a. Maniok, Reis, Taro und Jams angebaut. Die Ind. verarbeitet bes. landw. Produkte und Holz (umfangreicher Sandelholzeinschlag). Gefördert werden Gold, Silber und Manganerze. Fischfang und Fremdenverkehr gewinnen an Bedeutung.

Außenhandel: Ausgeführt werden v. a. Rohrzucker u. a. Agrarerzeugnisse, Gold, Fischkonserven, eingeführt Erdölprodukte, Lebensmittel, Maschinen, Geräte und Transportmittel. Die wichtigsten Handelspartner sind Australien, Großbritannien, Japan und Neuseeland.

Verkehr: Die Zuckergesellschaft auf Viti Levu und Vanua Levu verfügt über 595 km Eisenbahn (Schmalspur). Das Straßennetz hat eine Gesamtlänge von 2 996 km. Wichtigster Verkehrsträger ist die Schiffahrt. Der internat. ✈ Nadi liegt auf Viti Levu.

Geschichte: 1643 von A. J. Tasman entdeckt; seit 1874 brit. Kronkolonie; seit 1879 Einwanderung ind. Zuckerrohrarbeiter. F. erhielt 1966 die Selbstverwaltung, wurde 1970 unabhängiges Mgl. des Commonwealth. Übergriffen der Reg., polit. Vorrechte der melanes. Ureinwohner abzubauen, führten im Mai 1987 zu einem Militärputsch. Im Okt. 1987 wurde F. aus dem Commonwealth ausgeschlossen, nachdem die Militärreg. die Republik ausgerufen und die Verfassung suspendiert hatte. Im Jan. 1990 zog sich das Militär aus der Reg. zurück. Die im Juli 1990 verabschiedete Verfassung erklärte den Inselstaat zur „Souveränen Demokrat. Republik Fidschi". Staatspräs. (seit 1987) ist Ratu Sir Penaia Ganilau. Nach den Parlamentswahlen vom Mai 1992 wurde S. Rabuka (FPP) Premierminister.

Politisches System: Nach der Verfassung vom 25. Juli 1990 ist F. eine souveräne demokrat. Republik. *Staatsoberhaupt* ist der Präs., zuvor war es der brit. Monarch. Die *Exekutive* liegt bei der Reg. unter Führung des Premierministers, die *Legislative* beim Zweikammerparlament. Die Verfassung garantiert den Melanesiern 37 der insges. 70 Sitze im Repräsentantenhaus und 24 der insges. 34 Sitze im Oberhaus. Die wichtigsten Parteien sind die Fidschi Polit. Partei (FPP), die Nat. Föderationspartei (NFP) und die Arbeitspartei Fidschis (FLP). Das *Gerichtswesen* ist vierstufig.

Fidschianer, Bewohner der Fidschiinseln; Melanesier nach Rasse und Sprache, jedoch mit polynes. Kultur; zählen ca. 330 000 Angehörige.

Fidschiinseln, zum Staat ↑Fidschi gehörende Inselgruppe im sw. Pazifik. Hauptinseln sind **Viti Levu** (10 388 km²), **Vanua Levu** (5 535 km²), **Taveuni** (435 km²) und **Kandavu** (407 km²).

fiduziarisch [lat.], treuhänderisch.

Fieber [von lat. febris (in gleicher Bed.)] (Febris, Pyrexie), erhöhte Körpertemperatur (beim Menschen über 37,5 °C, im After [rektal] gemessen), meist als Abwehrreaktion des Organismus gegen Krankheitserreger ausgelöst. **Ursachen:** Die F. sind (in der Reihenfolge der Häufigkeit): allg. oder örtl. Infektionen (v. a. Infektionskrankheiten), bei denen die Bakterien, ihre Toxine oder Zerfallsprodukte als

Fidschi

Staatswappen

Internationales Kfz-Kennzeichen

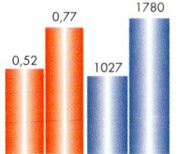

1970 1990 1970 1990
Bevölkerung Bruttosozial-
(in Mill.) produkt je E
             (in US-$)

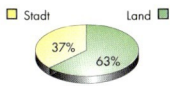

Bevölkerungsverteilung 1988

Bruttoinlandsprodukt 1987

Henry Fielding
(Stich nach einem
Gemälde von William
Hogarth)

W. C. Fields

Zdeněk Fierlinger

Gerhard Fieseler

fiebererzeugende (pyrogene) Stoffe wirken, immunbiolog. oder allerg. Reaktionen auf artfremdes Eiweiß *(Nessel-F.)*, körpereigene Abbaustoffe *(asept.* oder *Resorptions-F.)*, z. B. bei Eiweißzerfall nach großen Blutergüssen, Verbrennungen (auch Sonnenbrand), Knochenbrüchen u. a. Verletzungen, Infarkten, Tumorzerfall; seltener ist die Auslösung durch Krankheitsprozesse (Tumoren), Blutungen, Verletzungen, die das Zwischenhirn (Hypothalamus) betreffen *(zentrales F.)*, des weiteren durch Austrocknung des Körpers *(Durst-F.)*, übermäßige Salzzufuhr und -rückhaltung im Körper *(Salz-F.)*, auch tox. Reizung des Wärmeregulationszentrums durch Gifte (z. B. *Arzneimittelfieber*).
Verlauf: Infektionskrankheiten gehen häufig mit einem typ. Verlauf der Fieberkurve einher, z. B.: gleichbleibendes F. (Febris continua) bei Typhus, intervallartig schwankendes, nachlassendes F. (remittierendes F.) bei Tuberkulose, aussetzendes F. (intermittierendes F.) mit normalen Morgentemperaturen bei Nierenbeckenentzündung, unregelmäßig wellenförmiges, „undulierendes" F. (Febris undulans) bei Brucellose, regelmäßige period. Temperatursteigerungen bei Malaria, Fünftage-F. und Rückfall-F. – Plötzl. F. beginnt mit Schüttelfrost; in der Folge kommt es je nach der Höhe des F. zu Schwächegefühl, Hinfälligkeit und Schwere mit Benommenheit, Kopfdruck und Kopfschmerzen. Der Schlaf ist meist unruhig und von lebhaften Träumen unterbrochen *(Fieberphantasien, Fieberdelirien)*.
Behandlung: Da das F. keine Krankheit, sondern ein Symptom ist, wird zuerst die Ursache des F. behandelt. Eine medikamentöse Senkung ist mit fiebersenkenden Mitteln möglich.
Fieberklee (Menyanthes), Gatt. der **Fieberkleegewächse** (Menyanthaceae, 5 Gatt. und etwa 40 Arten) auf der nördl. Erdhalbkugel mit der einzigen Art Menyanthes trifoliata; auf Sumpfwiesen und an Ufersäumen wachsende, kriechende Staude mit dreizählig gefiederten Blättern und hellrosa bis weißen Blüten in aufrechten Trauben.
Fieberkraut, volkstüml. Bez. für verschiedene Heilpflanzen gegen Fieber.
Fiebermücken, svw. ↑ Malariamücken.
Fieberrinde, svw. ↑ Chinarinde.
Fieberrindenbaum, svw. ↑ Chinarindenbaum.
fiebersenkende Mittel (Fiebermittel, antifebrile Mittel, Antipyretika), Arzneimittel (z. B. Pyrazolon und -derivate, Salicylsäure und -derivate, Phenacetin), die die erhöhte Körpertemperatur herabsetzen.
Fieberthermometer, geeichtes Maximumthermometer zur Messung der Körpertemperatur (Meßbereich 35–42 °C). Neben der traditionellen Form der Quecksilber-Glas-F. gibt es inzw. Instrumente mit elektron. Temperatursensoren und digitaler Anzeige sowie stark verkürzter Meßzeit (unter einer Minute).
Fiebig, Eberhard, *Bad Harzburg 1. März 1930, dt. Bildhauer. – Seit 1974 Lehrtätigkeit in Kassel. Schuf Metallskulpturen aus vorgefertigten Stahlteilen, entwarf auch Möbel und Spielplatzelemente; trat u. a. als Photograph und Publizist hervor.
Fiedel ↑ Fidel.
Fiederblatt, Laubblatt, dessen Blattfläche aus mehreren voneinander getrennten Fiedern (Fiederblättchen) besteht.
Fiederkiemen ↑ Kiemen.
Fiedler, Conrad, *Oederan 23. Sept. 1841, †München 3. Juni 1895, dt. Kunsttheoretiker. – Vertreter des ästhet. Idealismus; betonte in seinen Schriften den autonomen Charakter des Kunstwerks und legte die Grundlage für die formale Kunstbetrachtung.
Field [engl. fi:ld], John, *Dublin 26. Juli 1782, †Moskau 23. Jan. 1837, ir. Pianist und Komponist. – Schüler M. Clementis; seine Nocturnes beeinflußten Chopin.
F., Rachel, *New York 19. Sept. 1894, †Beverly Hills (Calif.) 15. März 1942, amerikan. Schriftstellerin. – Schrieb vielgelesene Unterhaltungsromane („Hölle, wo ist dein Sieg", 1938), Einakter und Kinderbücher.
Fielding, Henry [engl. ˈfi:ldɪŋ], *Sharpham Park bei Glastonbury (Somerset) 22. April 1707, †Lissabon 8. Okt. 1754, engl. Schriftsteller. – Unbegüterter Adliger; erfolg-

loser Theaterleiter, dann Richter. Schrieb nach Cervantes Vorbild seinen ersten Roman „Geschichte der Abenteuer Joseph Andrews" (1742) als Parodie auf den empfindsamen Roman von S. Richardson. Gestaltet in der Struktur des Schelmen- und Reiseromans, trägt das Werk auch Züge des Entwicklungsromans und ist der erste große humorist. Roman der engl. Literatur. Weiterbildung der stilist. und formalen Elemente in seinem Hauptwerk „Tom Jones oder die Geschichte eines Findelkindes" (1749). – *Weitere Werke:* Die Lebensgeschichte des Jonathan Wild, des Großen (satir. Biogr., 1743), Amelia (R., 1752), Tagebuch einer Reise nach Lissabon (1755).
Field-Research [engl. ˈfi:ld-rɪˌsə:tʃ], svw. ↑ Feldforschung.
Fields, W. C. [engl. fi:ldz], eigtl. Claude William Dukenfield, *Philadelphia 29. Jan. 1880, †Pasadena 25. Dez. 1946, amerikan. Filmschauspieler. – Beliebter Komiker des amerikan. Films. – *Filme:* Alice im Wunderland (1934), David Copperfield (1934), Der Bankdetektiv (1940).
Field-Work [engl. ˈfi:ldwə:k], svw. ↑ Feldforschung.
Fieravanti, Aristotele (A. Fioravanti), gen. Aristotele da Bologna, *Bologna um 1415, †Moskau 1485/86, italien. Baumeister. – Seit 1474 in Moskau, wo F. den Kreml umbaute und die Uspenski-Kathedrale errichtete.
Fieren [niederl.], das Herablassen eines Segels, eines Boots u. a. mit einem Tau.
Fierlinger, Zdeněk, *Olmütz 11. Juli 1891, †Prag 2. Mai 1976, tschech. Politiker. – Seit 1918 enger Mitarbeiter von Beneš; 1945/46 Vors. der Sozialdemokrat. Partei und Min.präs., 1946/47 stellv. Min.präs.; beteiligte sich aktiv am Prager Umsturz 1948 und betrieb die Fusion der Sozialdemokrat. mit der Kommunist. Partei; danach in weiteren hohen Staats- und Parteifunktionen.
Fiescher Gletscher, mit einer Länge von 16 km zweitlängster schweizer. Gletscher, in den Berner Alpen.
Fieschi [italien. ˈfjeski], altes genues. Adelsgeschlecht; als entschiedene Guelfen waren die F. führende Vertreter der frz. orientierten Partei. *Giovanni Luigi de Fieschi,* Graf von Lavagna, gen. **Fiesco** (*1522, †1547) leitete eine Verschwörung gegen die kaisertreuen Doria, die scheiterte und bei der er umkam; Trauerspiel von Schiller: „Die Verschwörung des Fiesko zu Genua" (1783).

Gerhard Fieseler. Fieseler-Storch

Fieseler, Gerhard, *Glesch bei Köln 15. April 1896, †Kassel 1. Sept. 1987, dt. Flugzeugkonstrukteur. – 1934 Weltmeister im Kunstflug; 1930 gründete er in Kassel die spätere F.-Flugzeugbau-GmbH, die 1937 unter seiner Leitung das erste Kurzstart- und Langsamflugzeug der Welt, den **Fieseler-Storch** (Fi 156, Landegeschwindigkeit 38 km/h), baute, später das Tragflügel-Ferngeschoß Fi 103 mit Pulsostrahltriebwerk, das als V 1 bekannt wurde.
Fieser, Louis [Frederick] [engl. ˈfi:zə], *Columbus (Ohio) 7. April 1899, †Cambridge (Mass.) 25. Juli 1977, amerikan. Chemiker. – Prof. an der Harvard University; synthetisierte das Vitamin K$_1$ und erfand den Kampfstoff Napalm.
Fiesole, italien. Stadt in der Toskana, 5 km nö. von Florenz, 295 m ü. d. M., 15 000 E. Kath. Bischofssitz; Priesterseminar, europ. Univ. (gegr. 1976), Museum. – F., das antike **Faesulae,** war bereits in voretrusk. Zeit eine städt.

Siedlung; unter Sulla Militärkolonie. 405 schlug hier Stilicho das Heer der Goten unter Radagais; seit dem 5. Jh. Bischofssitz. In langobard. Zeit begann F. zu verfallen. – Z. T. erhaltene etrusk. Stadtmauer, Reste des röm. Theaters (80 v. Chr.), der Thermen und eines Tempels, roman. Dom (1028–32, im 13. Jh. erweitert), got. Kirche San Francesco (15. Jh.).

Fiẹsta [lat.-span.], Fest, Feiertag.

> **DIE TRICHTER**
>
> Zwei Trichter wandeln durch die Nacht.
> Durch ihres Rumpfs verengten Schacht
> fließt weißes Mondlicht
> still und heiter
> auf ihren
> Waldweg
> u. s.
> w.

Figurengedicht. Christian Morgenstern, Die Trichter, 1904

Fiesta de la Raza [span. ˈfi̯esta ðela ˈrraθa „Fest der Rasse"] (Día de la Hispanidad), Jahrestag der Entdeckung Amerikas durch Kolumbus (12. Okt. 1492); seit 1911 in den lateinamerikan. Republiken sowie in Spanien und Portugal nat. Feiertag.

Fietz, Gerhard, *Breslau 25. Juli 1910, dt. Maler. – Ausbildung u. a. bei O. Schlemmer; seit 1947 Hinwendung zur Abstraktion; Gründungs-Mgl. der Gruppe ↑ Zen.

FIFA, Abk. für: **F**édération **I**nternationale de **F**ootball **A**ssociation, Internat. Fußballverband, gegr. 1904 in Paris, Sitz Zürich.

FIFO-Speicher [Abk. für engl.: **f**irst **i**n **f**irst **o**ut], Speicher, aus dem Daten in genau der Reihenfolge ausgelesen werden, in der sie eingegeben wurden.

fifty-fifty [engl. „fünfzig-fünfzig"], umgangssprachlich für: halbe-halbe (halbpart).

Figaro, Dienerfigur in Komödien von P. A. Caron de Beaumarchais, auf die sich die Libretti für Mozarts Oper „Figaros Hochzeit" und Rossinis „Barbier von Sevilla" stützen. Danach auch scherzhafte Bez. für den Herrenfriseur.

Figaro, Le, frz. Zeitung, ↑ Zeitungen (Übersicht).

Fight [engl. faɪt], verbissen geführter Kampf (in einem sportl. Wettbewerb).

Figl, Leopold, *Rust 2. Okt. 1902, †Wien 9. Mai 1965, östr. Politiker. – Als Gegner des Anschlusses Österreichs an das Dt. Reich zw. 1938 und 1945 in verschiedenen KZ; 1945 Mitbegr. der ÖVP, 1945–51 deren Obmann; 1945 Vizekanzler und Landeshauptmann von Niederösterreich (erneut 1962 bis 1965); 1945–53 Bundeskanzler; unterzeichnete als Außenmin. (1953–59) 1955 den östr. Staatsvertrag; 1959–62 Präs. des östr. Nationalrats.

Figner, Wera Nikolajewna, *Kristoforowka (Gouv. Kasan) 7. Juli 1852, †Moskau 15. Juni 1942, russ. Revolutionärin. – 1881 an der Ermordung Zar Alexanders II. beteiligt; 1883 zum Tode, dann zu lebenslängl. Haft verurteilt, 1904 amnestiert.

Figueres Ferrer, José (Pepe) [span. fiˈɣeres fɛˈrrɛr], *San Ramón (Prov. Alajuela) 25. Sept. 1906, †San Rosé 8. Juni 1990, costarican. Politiker. – Führte 1948/49 die Regierungsgeschäfte mit umfassendem Reformprogramm; 1953–55 und 1970–74 Präs. der Republik.

Figueroa, Francisco de [span. fiɣeˈroa], gen. „El Divino", *Alcalá de Henares 1536, †ebd. um 1620, span. Dichter. – Schrieb v. a. sprachlich meisterhafte (span. und italien.) petrarkist. Lyrik.

Figur [lat., zu fingere „formen, bilden"], die äußere Gestalt eines Körpers oder einer Fläche, z. B. die Erscheinung eines Menschen in Hinblick auf ihre Proportioniertheit, die einzelne handelnde Person in ihrer Wirkung auf die Umgebung, die einzelne handelnde Person in einem Werke der Dichtung, auch die künstler. Darstellung eines Körpers; in der Musik ist F. eine melodisch oder rhythmisch zusammengehörende Notengruppe, in der Stilistik eine von der normalen Sprechweise abweichende sprachl. Form, die als Stilmittel eingesetzt wird (rhetor., grammat. F.); auch geschlossene Bewegungsabläufe (z. B. beim Tanz, Eiskunstlauf) und geometr. Gebilde werden als F. bezeichnet.

Figura etymologica [lat.] (Akkusativ des Inhalts), Redefigur, bei der sich ein intransitives Verb mit einem Substantiv gleichen Stammes oder verwandter Bedeutung als Objekt verbindet, z. B. einen Schlaf schlafen.

Figuralmusik [lat./griech.], svw. Cantus figuratus (↑ Cantus).

Figuration [lat.], die Auflösung einer Melodie oder eines Akkords in rhythmisch, meist auch melodisch untereinander gleichartige Notengruppen.
▷ im Ggs. zu Abstraktion Gegenständlichkeit (Malerei, Graphik, auch Plastik).

figurativ [lat.], in Malerei und Graphik im Ggs. zu abstrakt gegenständlich; meist, aber nicht unbedingt, ist Menschendarstellung gemeint.

Figurengedicht (Bildgedicht), Gedicht, das durch entsprechende metr. Anlage im Schrift- oder Druckbild einen Gegenstand im Umriß nachbildet, der zum Inhalt (meist) in direkter oder symbol. Beziehung steht. Früheste Ausbildung als Kunstform im Hellenismus (3. Jh. v. Chr.), Blüte in karoling. Zeit, erneut im span. und dt. Barock verbreitet, auch in der Moderne („visuelle Dichtung").

Figur-Grund-Verhältnis, grundlegendes Prinzip der Wahrnehmungsorganisation, nach dem im Verlauf eines jeden Wahrnehmungsprozesses eine räuml. Gliederung des Wahrnehmungsfeldes derart stattfindet, daß sich ein Teil des Feldes als „Figur" von dem restl. Teil des Feldes als „Grund" abhebt. Das F.-G.-V. ist von entscheidender Bed. dafür, daß der Mensch keine chaot. Anhäufung einzelner unzusammenhängender Reizelemente (z. B. Farbflecke, Helligkeitsabstufungen) wahrnimmt, sondern strukturierte und sinnvolle, sich räumlich voneinander abhebende Formen (visuelle Objekte, Melodien usw.). Die Unterscheidung im F.-G.-V. scheint schon in den ersten Lebenstagen möglich zu sein.

Figurine [lat.-frz.], kleine Statue; Staffagefigur auf Gemälden (v. a. bei Landschaften); Kostümzeichnung oder Modellbild für Theateraufführungen.

Fiji [engl. ˈfiːdʒiː] ↑ Fidschi.

Fikh [arab. „Kenntnis, Gelehrsamkeit"], die Rechtswiss. des Islams, bestehend aus der Lehre von der Methodik der Gesetzesfindung und von den gesetzl. Einzelbestimmungen.

Fiktion [lat., zu fingere „formen, bilden"], allg. eine Annahme, für die (im Ggs. zur Hypothese) kein Wahrheitsoder Wahrscheinlichkeitsbeweis angetreten wird, oder bei der (noch) nicht gesagt werden kann, ob die sie darstellende Aussage wahr oder falsch ist.
In der *Literatur* das Grundelement der mimet. (erzählenden und dramat.) Dichtungsarten, die reale oder nichtreale (erfundene) Sachverhalte als wirklich darstellen, aber keine feste Beziehung zw. dieser Darstellung und einer verifizierbaren Wirklichkeit behaupten.
Im *Recht* versteht man unter F. die gesetzlich festgelegte Annahme eines Sachverhalts als wahr, der in Wirklichkeit nicht gegeben ist, um daraus sonst nicht mögl. Rechtsfolgen ableiten zu können (z. B. gilt der beim Erbfall Erzeugte als bereits geboren, so daß er gegebenenfalls Erbe sein kann). Von der F. zu unterscheiden ist die Vermutung.

fiktiv [lat.], angenommen, erdichtet, nur in der Phantasie existierend.

Filament (Filamentum) [lat.], in der *Botanik* svw. Staubfaden (↑ Staubblatt).
▷ *morpholog. Bez.* für dünne, fadenförmige Organteile oder Zellstrukturen, z. B. Muskelfilamente.

Filarẹt, eigtl. Fjodor Nikititsch Romanow, *um 1553, †11. Okt. 1633, Patriarch von Moskau (seit 1619). – Wurde als Romanow 1601 von Zar Boris Godunow gezwungen, Mönch zu werden. 1605 zum Metropoliten von Rostow ernannt, unterstützte F. den 1. und 2. falschen Demetrius (↑ Dmitri Iwanowitsch); übte als Patriarch von

Figur-Grund-Verhältnis

Leopold Figl

Filarete

Moskau für seinen 1613 zum Zaren gewählten Sohn Michael auch die Selbstherrschaft über den Staat aus.
F., eigtl. Kyrill Warfolomejewitsch Wachromejew, *Moskau 21. März 1935, Geistlicher der Russisch-Orthodoxen Kirche. – Studierte Theologie, wurde 1961 Priester; 1968–71 Patriarch von Moskau; seit 1981 Mgl. des Hl. Synod der Russisch-Orthodoxen Kirche und Leiter seines Außenamtes.

Filarete, eigtl. Antonio di Pietro Averlino (Averulino), *Florenz um 1400, †Rom 1469, italien. Bildhauer, Baumeister und Kunsttheoretiker. – Schuf die Bronzetür von Sankt Peter in Rom (1433–45) und das Ospedale Maggiore (1457–65) in Mailand. Sein berühmter „Trattato d'architettura" (1464 vollendet) enthält Pläne einer Idealstadt „Sforzinda" über sternförmigem Grundriß.

Filarien (Filariidae) [lat.], Fam. der Fadenwürmer, die v. a. im Bindegewebe und Lymphsystem von Säugetieren (einschließlich Mensch) schmarotzen, wo sie verschiedene Krankheiten (Filariosen) hervorrufen können.

Filariosen [lat.] (Filarienkrankheiten), auf das Gebiet der Tropen und Subtropen beschränkte, durch Filarien hervorgerufene Bindegewebs- oder Lymphgefäßsystemerkrankungen des Menschen; u. a. die ↑Drakunulose, Elephantiasis, ↑Kalabarbeule.

Filbinger, Hans, *Mannheim 15. Sept. 1913, dt. Politiker (CDU). – Jurist; 1960–66 Innenmin., ab 1966 Min.-präs. in Bad.-Württ.; Rücktritt 1978 v. a. wegen seiner umstrittenen Tätigkeit als Marinerichter in der NS-Zeit; 1971–79 Landesvors. der CDU in Baden-Württemberg.

Filchner, Wilhelm, *München 13. Sept. 1877, †Zürich 7. Mai 1957, dt. Forschungsreisender. – Geodät; 1903–06 mit A. Tafel (*1877, †1935) Forschungsreise nach NO-Tibet und China; leitete 1911/12 die Zweite Dt. Südpolarexpedition; drei Expeditionen dienten erdmagnet. Messungen: China und Tibet 1926–28, Tibet 1934–38, Nepal 1939/40; Veröffentlichungen, darunter zahlr. populär gewordene Erlebnisberichte.

Filchner-Ronne-Schelfeis, Schelfeistafel mit eingeschlossenen Inseln, im S des Weddellmeeres, Antarktis, mit Filchnerschelfeis im O und Ronneschelfeis im W, etwa 500 000 km². Mobile Forschungsstation der BR Deutschland zur Untersuchung der Dynamik und des Massenhaushalts des Filchner-Ronne-Schelfeises.

Filder, südlich von Stuttgart gelegene, im O und SO vom Neckartal begrenzte und im W durch den Schönbuch abgeschlossene, reliefschwache, größtenteils lößbedeckte Schichtstufenfläche (Lias). Überwiegend Ackerbau; im nördl. Teil Verstädterung und Industrialisierung (Großraum Stuttgart).

Filderkraut, Weißkohlsorte mit spitz zulaufendem, längl. Kopf.

Filderstadt, Stadt auf den Fildern, Bad.-Württ., 357–472 m ü. d. M., 36 300 E. Maschinenbau, elektron. und Nahrungsmittelind., Wohngebiet im Großraum Stuttgart. – 1975 aus 5 Gemeinden gebildet, seit 1976 Stadt.

file [engl. faɪl], svw. ↑Datei.

Hans Filbinger

Wilhelm Filchner

Filet [fiˈleː; lat.-frz., eigtl. „kleiner Faden"], zartes, mageres, saftiges Fleisch aus dem Rücken oberhalb der Nieren von Schlachttieren oder Wild; wird geschmort oder als **Filetsteak** zubereitet. **Fischfilet:** von der Hauptgräte abgetrennte [enthäutete] Fischschnitte; **Geflügelfilet:** entbeintes Bruststück vom Geflügel.

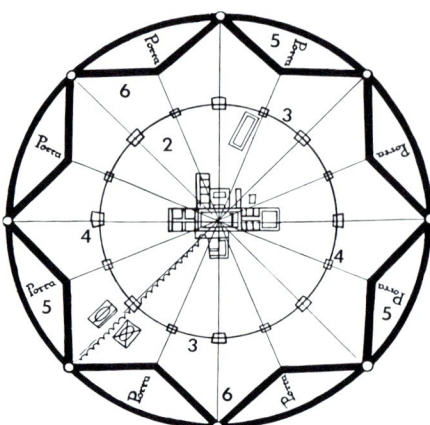

Filarete. Idealstadt „Sforzinda": 1 zentraler Platz; 2 Radialstraßen; 3 innere Ringstraße; 4 Straßenkreuzungen mit kleinen Plätzen und Kirchen; 5 Stadttore; 6 befestigte Stadtmauer

Filetarbeit [fiˈleː], Handarbeit, die aus dem Knüpfen eines Filetgrundes (die Technik gleicht dem Knüpfen von Netzen) und dem Besticken desselben Grundes besteht.

Filethäkelei [fiˈleː], Handarbeit, mit der Filetarbeit nachzuahmen versucht wird. In nur einem Arbeitsgang werden der offene Gittergrund und die gefüllten Kästchen, die die Muster bilden, gehäkelt.

Filetspitze [fiˈleː], ungenaue Bez. für Filetarbeit.

Fil-fil [afrikan.], Wuchsform des Kopfhaares bei Khoisaniden: Die kurzen, stark gewundenen Haare wachsen in kleinen Büscheln und lassen Teile der Kopfhaut frei.

Filialbetrieb [zu kirchenlat. filialis „kindlich (abhängig)"] (Zweigniederlassung), im Einzelhandel eines aus einer Gruppe gleichartiger Geschäfte, die zentral geführt und zwecks Absatzvergrößerung an verschiedenen Orten betrieben werden. F. beschränken sich auf festumrissene Warengruppen.

Filialgeneration [lat.] (Tochtergeneration), Abk. F (bzw. F_1, F_2, F_3 usw.), in der Genetik Bez. für die direkten Nachkommen (F_1) eines Elternpaars (Elterngeneration) und für die weiteren, auf diese folgenden Generationen (F_2 usw.).

Filiation [lat.], in der Genealogie die Abstammung einer Person von den beiden Eltern (doppelte F.), wobei legitime und illegitime unterschieden werden.

Filibuster [engl. ˈfɪlɪbʌstə; engl.-amerikan.], Art der Verschleppungstaktik im Senat der USA: Eine Minderheit versucht die Mehrheit daran zu hindern, ihren Willen durch Gesetze auszudrücken, v. a. durch lange Debatten und langatmige Reden.
▷ ↑Flibustier.

filieren [lat.-frz.], Karten beim Kartenspiel unterschlagen.

filiform [lat.], fadenförmig.

Filigran [italien., eigtl. „Faden" (lat. filum) und „Korn" (lat. granum)], eine Goldschmiedearbeit, die aus gezwirnten Metallfäden (Gold, Silber) besteht oder aus Metalldraht mit aufgelöteten Körnern. Auf Goldschmiedearbeiten aufgelötetes F. ist bezeugt in Troja, Mykene, in der Völkerwanderungszeit (Spangen, Fibeln), in der byzantin. wie in der roman. Kunst (Bucheinbände; Arbeiten des Roger von Helmarshausen). Eine eigene Entwicklung und Technik hat das F. im Orient genommen (bes. in Indien und China).

Filchner-Ronne-Schelfeis. Luftschächte und Antennenanlagen der Filchner-Sommerstation, einer unter Eis gelegenen Antarktisstation der Bundesrepublik Deutschland

Filioque [lat. „und vom Sohn"], durch die Theologie des Kirchenvaters Augustinus angeregter Zusatz der abendländ. Kirche zum christl. Glaubensbekenntnis, wonach der Hl. Geist vom Vater „und vom Sohn" ausgeht. Von der Ostkirche abgelehnt, war das F. seit 589 in der span., seit 767 in der fränk. Kirche in Geltung; Karl d. Gr. ließ es 809 auf einer Synode in Aachen anerkennen. In Rom wurde es 1014 offiziell eingeführt.

Filip, Ota, *Ostrau 9. März 1930, tschech. Schriftsteller. – Emigrierte 1974 in die BR Deutschland. Gesellschaftskrit., oft burleskes Erzählwerk. – *Romane:* Das Café an der Straße zum Friedhof (1968), Ein Narr für jede Stadt (1969), Maiandacht (1977), Wallenstein und Lukretia (1978), Café Slavia (1985); Judäa, Jahr Eins bis Null (Dr., 1987).

Filipino, nach der philippin. Verfassung von 1973 Name der aus den etwa 180 einheim. Regionalsprachen neu zu schaffenden Nationalsprache auf den Philippinen. – ↑Tagalog.

Filipinos [span.], i.w.S. die Bewohner der Philippinen. – I. e. S. die christl. Bevölkerung der Philippinen (etwa 90 %), die aus jungmalaiischen Völkern besteht, wie den Tagalen auf Luzon (auf deren Sprache, dem Tagalog, seit 1949 die Nationalsprache der Philippinen basiert), den Ilokano im N von Luzon, den Bicol und Visaya im S des Landes. Sie waren seit dem 8. Jh. ind., chin. und islamischmalaiischen Kultureinflüssen ausgesetzt, wurden bes. im 19. Jh. jedoch von der span. Herrschaft (seit 1564) und der Mission der kath. Kirche geprägt. Trotz der dabei entstandenen einheitl. Grundkultur unterscheiden sich die verschiedenen Volksstämme der F. bis heute in Sprache, bildender Kunst, Architektur und Ernährungsgewohnheiten. Die Wirtschaft der F. umfaßt den Anbau von Reis (mit Bewässerung auf terrassierten Steilhängen), Mais und Knollenfrüchten; die Häuser werden oft noch im malaiischen Stil auf Pfählen errichtet.

Filipowicz, Kornel [poln. fili'pɔvitʃ], *Tarnopol 27. Okt. 1913, †Krakau 28. Febr. 1990, poln. Schriftsteller. – 1944/45 in KZ; schrieb v. a. Romane, Erzählungen, Impressionen u. a. über die Kriegs- und Okkupationszeit; dt. erschienen „Tagebuch eines Antihelden" (Kurzroman, 1961), „Männer sind wie Kinder" (3 Kurzromane, 1960–66), „Der Garten des Herrn Nietschke" (R., 1965), „Meine geliebte stolze Provinz" (En., 1976).

Filius [lat.], Sohn (umgangssprachlich und scherzhaft gebraucht).

Filla, Emil, *Chropyně 4. April 1882, †Prag 7. Okt. 1953, tschech. Maler. – Lebte 1907–14 vorwiegend in Paris. Unter dem Eindruck der Werke P. Picassos schuf er kubist. Stilleben, später malte er v. a. realist. Landschaftsbilder und Kriegsszenen.

Fillér [ungar. 'fille:r], die ungar. Bez. für Heller; 1 F = $1/100$ Forint.

Fillmore, Millard [engl. 'fɪlmɔ:], *bei Locke (N.Y.) 7. Jan. 1800, †Buffalo (N.Y.) 8. März 1874, 13. Präs. der USA (1850–53). – Anwalt; 1847/48 Gouverneur des Staates New York, 1848 zum Vizepräs. gewählt; trat nach Taylors Tod die Präsidentschaft an.

Film [engl., von altengl. filmen „Häutchen" (verwandt mit neuhochdt. Fell)], allg. sowie dünne Schicht (z. B. Ölfilm auf Wasser). Im heutigen Sprachgebrauch hat F. die überwiegende Bedeutung von lichtempfindl. Aufnahmematerial (in der ↑Photographie) bzw. von Aufnahme- und Wiedergabematerial (in der *Filmtechnik*) in allen Bearbeitungsstadien, d. h. projizierbare, teils vertonte, farbige bzw. schwarzweiße Bilder von Bewegungsabläufen; auch Bez. für eine Gattung der Massenmedien.

Filmtechnik

Der Eindruck einer Bewegung beruht einerseits auf der *stroboskop. Bewegungstäuschung,* andererseits auf der *Nachbildwirkung* infolge der Trägheit des Auges; während für den stroboskop. Effekt ein Bildwechsel innerhalb von $1/16$–$1/18$ s hinreichend kurz ist, erfordert eine flimmerfreie Bildverschmelzung infolge der Nachbildwirkung eine Bildfrequenz von mindestens 48 Bildern/s *(Flimmerverschmelzungsfrequenz).* Aufnahme und Wiedergabe erfolgen zwar mit der niedrigeren Frequenz, bei der Projektion unterbricht jedoch die *Flügelblende* des Filmprojektors das stehende Bild so oft, daß die Flimmerverschmelzungsfrequenz erreicht wird.

Aufnahmeformate und Filmarten: *Normalfilm* (35 mm breit, beidseitig perforiert, Bildgröße 17 × 22 mm; v. a. für Spielfilme), *16-mm-Film* (ein- oder beidseitig perforiert, Bildgröße 7,5 × 10,3 mm; für Fernsehfilme, Lehrfilme); für den Amateurgebrauch *8-mm-Film (Super-8-Film* bzw. *Single-eight-Film,* einseitig perforiert 4,22 × 5,69 mm; der *Normal-8-Film,* 3,6 × 4,9 mm, ist veraltet); für verschiedene Breitbildverfahren wird *65-* oder *70-mm-Film* verwendet. Während Amateure und Fernsehanstalten den nach der Umkehrentwicklung sofort vorführbereiten *Umkehrfilm* bevorzugen, verwenden Filmgesellschaften *Negativfilm,* der die Herstellung von *Massenkopien* gestattet, wobei die Arbeitsgänge im Kopierwerk nicht an den Originalnegativen, sondern an Arbeitskopien erfolgen, die bei Schwarzweißfilmen von einem „*Master*" oder „*Lavendel*" (wegen der blauen Anfärbung) genannten *Dup-Positiv,* bei Farbfilmen von sog. *Zwischenpositiv* gezogen werden. Nach der vom *Cutter* am Schneidetisch fertiggeschnittenen Arbeitskopie werden im Kopierwerk die Dup-Negative für die zur Kinovorführung bestimmten *Theaterkopien* hergestellt: Titel, Blenden, Überblendungen u. ä. werden an den vorgesehenen Stellen in den F. eingefügt.

Prinzip des Tonfilms: Der Begleitton wird in (für Breitwandfilm mehrkanaligen) opt. oder magnet. Randspuraufzeichnungen festgehalten, die wegen des nicht kontinuierl., ruckhaften Filmtransports am Bildfenster dem Bild voraus- (Lichtton) oder nachlaufen (Magnetton) müssen. Während das *Magnettonverfahren* (Spurbreiten 5 und 2 mm, bei Super-8-Film 0,7–0,8 mm) mit dem des normalen Tonbandgeräts identisch ist, beruhen die *Lichttonverfahren* auf der Umwandlung der Tonfrequenzen in period. photograph. Schwärzungen auf einer Filmrandspur, die von einer lichtempfindl. Zelle abgegriffen und elektroakustisch in Tonschwingungen rückverwandelt werden. Die heute veraltete *Sprossenschrift* (Intensitätsschrift) zeigt unterschiedlich geschwärzte Zonen, die von einer Lampe erzeugt werden, deren Helligkeit sich im Rhythmus der Tonfrequenzen ändert. Bei der *Zackenschrift* (Transversal-, Amplitudenschrift) werden der Randspur zackenförmige Schwärzungen gleicher Dichte, aber unterschiedl. Größe mit einem Lichtspalt und einer im Rhythmus der Tonfrequenzen schwingenden Zackenblende aufbelichtet. Lichtton kopiert bei der Herstellung der Theaterkopien auf einfache Weise mit und muß nicht, wie Magnetton, eigens auf die Randspur überspielt werden.

Der Ton wird vom Tonaufnahmegerät (im Studio die sog. Tonkamera) zunächst auf perforierten Magnetfilm aufgenommen; die Magnetfilme werden am Schneidetisch parallel zum Bild bearbeitet; der *Tonmeister* stellt sowohl ein Geräusch- und Musikband ohne Sprache *(IT-Band* für Fremdsprachensynchronisierungen) als auch ein Sprachband her und überspielt beide auf das Lichttonnegativ oder die Magnetrandspur der Theaterkopien. Vielfach werden Außenaufnahmen im Studio nachsynchronisiert. V. a. bei Musikaufnahmen wird der Ton ohne Bild im Studio aufgenommen und während des Filmens der Handlung als *„Playback"* hörbar gemacht; bei Orchesteraufnahmen o. ä. sind auch mehrere Filmkameras im Einsatz, die mit den Fernseheinrichtungen gekoppelt sind und deren Einstellungswechsel von einem Monitorraum aus geschaltet wird; diese *Electronic-Cam-Aufnahmegeräte* laufen während der Musikaufführung.

Spezielle Aufnahmeverfahren: Animation: Zeichentrickfilme werden auf dem Tricktisch im *Einergang* (Einzelbildschaltung) aufgenommen, wobei für jede Bewegungsphase z. B. eine Einzelzeichnung auf transparentem Grund vorhanden sein muß. **Rückprojektion:** Ausblicke aus fahrenden Fahrzeugen u. ä. werden von einem zweiten Filmstreifen bildsynchron von hinten auf einen hinter der

Ota Filip

Film

Fahrzeugattrappe befindl. großen Bildschirm projiziert. **Begleitfahraufnahmen:** Kamerakräne, -wagen *(Dollys)* werden auf Betonfahrbahnen oder Schienen längs des zu filmenden Bewegungsvorgangs bewegt; einen verminderten Fahreffekt ergibt die kontinuierl. Brennweitenverstellung des Zoomobjektivs. **Zeitraffer, Zeitlupe:** durch Verminderung oder Erhöhung der Aufnahmefrequenz bei normaler Wiedergabefrequenz ergibt sich eine zeitl. Verkürzung bzw. Verlängerung von Bewegungen; zu geringe Bildfrequenzen mit zu großen Differenzen zw. den Einzelbildern stören allerdings den stroboskop. Bewegungseindruck *(Shutter-Effekt).* **Breitbildverfahren:** Breitwandfilme mit [pseudo]stereoskop. Bild- und Raumtoneffekt haben an Bed. verloren, soweit sie aufwendige Aufnahme- und Wiedergabesysteme erfordern (mehrere Kameras bzw. Projektoren für das breite Bild); geblieben sind die mit nur einer Wiedergabeeinheit arbeitenden *Cinemascope* (anamorphotische Optik) und *Todd-AO* (überbreiter Film). Das Seitenverhältnis beträgt 1:2,55 gegenüber 1:1,37 beim Normalfilm (1:1,33 beim Fernsehbild).

Amateurtechnik: Die dt. Amateurfilmtechnik bediente sich anfangs v. a. des Doppel-8-Formats (Normal-8-Format), wobei ein 16 mm breiter Film zweimal durch die Kamera lief, jeweils halbseitig belichtet und nach dem Entwickeln auseinandergeschnitten wurde. Ihm folgte der Super-8-Film mit einer erhöhten Normfrequenz von 18 Bildern/s (gegenüber 16 im Doppel-8-System). Heute ist Filmmaterial bei Amateuren weitgehend durch ↑Video ersetzt.

Tonaufnahme: Neben dem Einbandverfahren (Bild und Ton auf demselben Träger) ist auch die Originaltonaufnahme mit separatem Tonbandgerät oder Kassettenrecorder (Zweibandverfahren) gebräuchlich (Synchronität durch elektron. Impulse der Kamera; z. B. *Casy-System, Einheitstonsystem).* Bei der Nachvertonung über den Tonprojektor kann der Film mit einer zweiten Randspur (für Stereoton) versehen werden.

Geschichte der Filmtechnik: Um 1645 verbesserte der Jesuit A. Kircher die Laterna magica und erfand einen Guckkasten mit rotierenden Bildern. 1829–32 entstanden gleichzeitig das „Phaenakistiskop" des Belgiers J. Plateau und das „Stroboskop" des östr. Physikers S. Stampfer: eine Scheibe mit Bewegungsdarstellungen, die durch Sehschlitze in der Scheibe in einem Spiegel sichtbar werden **(Lebensrad).** Um 1845 kombinierte der östr. Ingenieur F. von Uchatius die Laterna magica mit dem verbesserten Stampferschen Lebensrad. Der brit. Ingenieur Beale entwickelte 1866 mit dem „Choreutoskop" ein an jede Laterna magica ansetzbares Gerät, das Bilder auf Glasscheiben und -streifen ruckhaft transportierte. Der amerikan. Photograph

Film

Sergej Eisenstein, vierte Szene „Die Treppe von Odessa" aus „Panzerkreuzer Potemkin", 1925

Links unten: Federico Fellini, Szene mit Giulietta Masina und Anthony Quinn aus „La Strada", 1954. Rechts: Charlie Chaplin als Stummfilmkomiker in der legendären Rolle des Tramps

E. Muybridge machte 1878 erstmals echte Serienphotos, die er 1879 im „Zoopraxiskop" (eine Art Projektor) vorführte. 1889 legte T. A. Edison die Maße des „Normalfilms" fest; er baute eine 35-mm-Aufnahmekamera („Kinetograph") und führte 1892 ein Wiedergabegerät („Kinetoskop") nach dem Guckkastenprinzip vor. 1893 kombinierte er das Kinetoskop mit dem Phonographen zum „Kinetophon". M. Skladanowsky baute 1892–94 eine schrittweise transportierende Kamera für Rollfilm, kopierte die Aufnahmen auf Zelloidinpapier und führte sie mit seinem Projektor „Bioskop" (8 Bilder/s) vor (1. Nov. 1895 im Berliner „Wintergarten"). 1895 stellten A. und L. J. Lumière den „Cinématographe" vor. Das Gerät war Kamera, Kopiereinrichtung und Projektor in einem; es vereinigte erstmals alle kinematograph. Forderungen: Bildfrequenz 16 Bilder/s, ruckhafter Filmlauf mit Stillstand während der Projektion und verdunkelter Transportphase, Transport des Edison-Films durch Greifer. Dieses Gerät bauten O. Meßter und T. Pätzold weiter aus. 1898 ließ sich A. Baron ein Tonfilmaufnahmegerät patentieren, gleichzeitig setzte sich – bis zum Aufkommen des Stummfilms mit Musikbegleitung – die bildsynchrone Schallplattenwiedergabe durch.

Am Beginn der Farbfilmepoche stehen „Gaumontcolor", ein additives Dreifarbenverfahren, und „Cinemacolor" von Kodak (Zweifarbenfilm, 1915). 1921 erscheint der 9,5-mm-Amateurfilm (Pathé Baby); 1922 kam ein ausgereiftes Lichttonverfahren („Triergon", V. H. Vogt, J. Masolle und J. Engl) auf den Markt. Der doppelt perforierte 16-mm-Film setzte sich 1923, der 8-mm-Amateurfilm (Doppel-8-Film) seit 1932 durch. Das erste neuzeitl., bis in die jüngste Zeit angewandte Farbverfahren war das *Technicolor-Verfahren* von H. Kalmus, D. F. Comstock und W. B. Westcott (1922 Zweifarbenfilm, 1932 Dreifarbenfilm), ein subtraktives Verfahren, bei dem getrennt aufgenommene (später vom Dreischichtennegativfarbfilm gewonnene) Teilfarbauszüge auf Gelatine umgedruckt wurden. Daneben erlangten die Entwicklungsfarbfilme „Kodachrome" (1935) und „Agfacolor" (1936) Weltgeltung. Seit 1952 wurden Breitbildverfahren verwendet. Die Amateurfilmformate sind seit 1965 Super-8 und Single-eight.

Herstellung

Die Filmhandlung wird zunächst meist in einem *Exposé* dargestellt, nächste Stufe ist das *Treatment,* in dem Schauplätze und Charaktere umrissen sind. Das *Rohdrehbuch* enthält die für die Filmaufnahmen wesentl. Angaben; der Regisseur arbeitet mit den Autoren danach das *Drehbuch* aus. Die Produktionsfirma engagiert den Stab (für Kamera, Filmarchitektur [Bauten] und Ausstattung, Schnitt, Musik) und

Links oben: Pier Paolo Pasolini, Szene mit Toto und Nino Davoli aus „Große Vögel, kleine Vögel", 1966. Rechts oben: Wim Wenders, Szene mit Bruno Ganz aus „Der Himmel über Berlin", 1986/87. Unten: William Wyler, Wagenrennensequenz aus „Ben Hur", 1959

Film

die Besetzung der Haupt- und Nebenrollen. Im *Drehplan* sind die numerierten Kameraeinstellungen und die an den einzelnen Drehtagen aufzunehmenden Szenen enthalten. Die Filmaufnahmen erfolgen im Freien oder im Filmatelier (Studio). Mit Hilfe der *Filmmontage (Filmschnitt)* werden die einzelnen Szenen nach künstler. Gesichtspunkten zusammengesetzt. Der zumeist vom Bild getrennt aufgenommene Ton (Dialog, Musik, Geräuschkulisse) ist im fertigen F. auf einem Filmstreifen mit dem Bild vereinigt.

In der kommerziellen Filmproduktion äußert sich vielfach die Ästhetik von Massenmedien. Im Gegensatz dazu wird der *Kunstfilm* als selbständiges künstler. Medium anerkannt. Die spezifischen film. Ausdrucksmöglichkeiten entdeckte der Stummfilm: Mimik und Gestik als Ersatz für Wort und Dialog, Licht und Schatten als raum- und stimmungsschaffende Faktoren, Bildkomposition und -montage als Symbol der auch inneren Vorgänge, die Großaufnahme, Perspektive und Kamerabewegungen (sogenannte „Fahrten" oder „Schwenks") als Ausdrucksmittel zur Spannungs- und Bewegungssteigerung sowie zur Hinlenkung auf bestimmte Details. Die Erkenntnis des vorwiegend erzählenden (ep.) Charakters des F. setzte sich durch: Anders als im Schauspiel wird das Interesse des Zuschauers durch ständigen, raschen Szenenwechsel wachgehalten; der F. kann mit Ort und Zeit relativ freizügig verfahren; beliebt sind Rück- und Einblendungen oder Rahmenhandlungen.

Filmwirtschaft

Dieser um 1900 entstandene Wirtschaftszweig gliedert sich in die Bereiche filmtechn. Betriebe, Filmproduktion, Verleih und Lichtspieltheater. Der Verleih schließt mit Produktions- oder Vertriebsfirmen Lizenzverträge, mit den F.theatern Mietverträge ab, nach denen meist etwa 40 % der Nettoeinnahmen an den Verleih bezahlt werden. 1990 gab es in der BR Deutschland 3 754 ortsfeste Filmtheater. Die 102,5 Mill. F.besucher (1980: 143,8 Mill.) bedeuten einen Durchschnitt von 1,6 Filmbesuchen je E im Jahr.

Die Interessen der einzelnen Sparten der Filmwirtschaft werden von Verbänden wahrgenommen, die sich in der Spitzenorganisation der Filmwirtschaft (Abk. SPIO, mit der Freiwilligen Selbstkontrolle der Filmwirtschaft, Abk. FSK, als einer Abteilung; Sitz Wiesbaden) zusammengeschlossen haben. Auf Antrag von der Filmbewertungsstelle Wiesbaden (Abk. FBW) begutachtete und mit Prädikat versehene Filme (Prädikate: „wertvoll" und „bes. wertvoll") haben Ansprüche auf Steuervergünstigungen und Vorteile bei der Inanspruchnahme von finanziellen Hilfen nach dem Filmförderungsgesetz, neben dem es allerdings weitere Maßnahmen der ↑ Filmförderung gibt.

Das **Filmrecht** ist bisher bundesgesetzlich nicht geregelt, außer der ↑ Filmförderung. – ↑ Urheberrecht.

Filmgattungen

Der Begriff *Spielfilm* bezeichnet eine Filmgattung von unterschiedl. Länge, bei der das Geschehen vor der Kamera mit dem Ziel der Gestaltung einer vorher im ↑ Drehbuch festgelegten Handlung in Szene gesetzt wird, wobei Darsteller bestimmte Rollen spielen. Der *Dokumentarfilm* gibt im Unterschied zum Spiel-F. mit dokumentar. Material die Realität unmittelbar berichtend wieder; häufig wird er durch gesprochenen Text kommentiert. Ein *Kurzfilm* ist im allg. kürzer als eine Stunde. Die *Wochenschau* als period. aktuelle Filmberichterstattung enthält neben dokumentar. auch unterhaltende Beiträge. Arten des *Trickfilms (Animationsfilm)* sind der Zeichentrickfilm und der Puppentrickfilm. Inhaltlich-thematisch untergliedert man v. a. die Spielfilme u. a. in Abeneuer-, Ausstattungs-, Heimat-, Horror-, Kriminal-, Kriegs-, Liebes-, Märchen-, Musik- und Revue-, Sex- und Pornofilme, Western (Italowestern); nach der Funktion z. B. in Unterhaltungs-, Werbe-, Wirtschafts-, wiss. Filme; nach dem angestrebten Publikum in Frauen-, Kinder- und Jugendfilme. Bis zur Erfindung des Tonfilmverfahrens und dessen prakt. Durchsetzung (erste *Tonfilme,*

Film.
Max Schreck in
„Nosferatu – eine
Symphonie des
Grauens" von
Friedrich Wilhelm
Murnau, 1922

1926–29) wurden alle F. stumm vorgeführt *(Stummfilm),* meist begleitet von Klavier-, Orgel- oder Orchestermusik. In den 1930er Jahren kam zuerst in den USA, dann in Europa der Farbfilm auf, zunächst in „Technicolor", später auch in anderen Farbverfahren.

Geschichte

Anfänge (1895–1929): 1895 gilt offiziell als Beginn der Kinematographie. Im Nov. 1895 zeigten die Brüder M. und E. Skladanowsky im Berliner „Wintergarten" mit dem „Bioscop" ein Programm kurzer F., im Dez. folgten die Brüder L. und A. Lumière mit Filmvorführungen im Pariser „Grand Café" und setzten eine Produktion meist dokumentar. Streifen in Gang, mit denen sie den Dokumentarfilm begründeten; als Urvater des Fiktionfilms gilt G. Méliès („Die Reise zum Mond", 1902). – Zw. 1899 und 1903 experimentierte in *Großbritannien* die „Schule von Brighton" mit Einstellungsformen, Kamerafahrten und Montage. Nach 1905 entwickelte sich eine florierende Filmindustrie. Das ep. Prinzip einer durchgehenden Erzählung prägte seit 1915 die Produktion der Filmländer. Vorherrschende Genres waren Melodramen, sozialkrit. F. und Komödien. – Das führende Filmland der Anfangsjahre war *Frankreich,* das bes. mit Kriminalfilmen („Fantomas"-Serie von L. Feuillade, 1913 ff.) und Filmburlesken (G. Durand, M. Linder) Weltgeltung erlangte. – Bed. erlangte *Italien* mit monumentalen histor. Ausstattungsfilmen wie „Die letzten Tage von Pompeji" (L. Maggi, 1908). Zur Generation nach 1920 gehörten A. Gance („Napoleon", 1927) sowie J. Epstein. R. Clair drehte die experimentellen Spielfilme „Der Florentiner Hut" (1927) und „Die Million" (1931), L. Buñuel (mit S. Dalí) den surrealist. Film „Der andalusische Hund" (1928). – In *Dänemark* arbeitete die Produktionsfirma Nordisk schon vor dem 1. Weltkrieg. Mit „Afgrunden" (von U. Gad, 1911) wurde A. Nielsen zum Star des dän. F. Bedeutendster dän. Regisseur war C. T. Dreyer („La passion de Jeanne d'Arc", 1928). – In *Schweden* drehte V. Sjöström myth. Landschaftsfilme („Terje Vigen", 1916; „Körkarlen", 1920) und Historienfilme („Gösta Berling", 1924). M. Stiller spezialisierte sich auf Gesellschaftskomödien („Erotikon", 1920) und begründete (1924) die Karriere von G. Garbo. – Ab 1914 wurden die *USA* marktbeherrschende Filmnation. E. S. Porter schuf mit „Der große Zugraub" (1903) das Urbild des Western. Pionier des amerikan. Stummfilms war D. W. Griffith („Geburt einer Nation", 1915), der den amerikan. Geschichtsfilm und das lyr. Film-Melodrama („Gebrochene Blüten", 1919) begründete. Von ihm sind die amerikan. Regisseure der ersten Generation beeinflußt: C. B. De Mille, E. von Stroheim, R. Flaherty, J. von Sternberg, F. Copra, H. Hawks, J. Ford, K. Vidor. 1912 entwickelte M. Sennett die spezif. amerikan. Schule der Slapstick-Comedy. Dieser Schule entstammte auch C. Chaplin, der 1915–17 zunächst mit Kurzfilmen, später mit Spielfilmen („Goldrausch", 1925, und „Der Zirkus", 1928) hervortrat. Andere Vertreter der Komikerschule waren B. Keaton, H. Lloyd sowie S. Laurel und O. Hardy (Dick und Doof). In den 20er Jahren exponierte sich auch E. Lubitsch. 1926–28 begann die Umstellung auf das Tonfilmverfahren (ab 1929 auch in Europa). – Nach dem Krieg wurde *Deutschland* zum künstlerisch bed. Filmland. 1917 begründete E. Ludendorf den Film-Großkonzern Universum-Film AG (Ufa). Der F. nach dem 1. Weltkrieg zeigte eine Vorliebe für irreale Sujets, u. a. „Das Kabinett des Dr. Caligari" (1920) von R. Wiene und „Dr. Mabuse der Spieler" (1922) von F. Lang. Insgesamt übte der Expressionismus eine starke Anziehungskraft auf die Regisseure und Schauspieler aus. Zur Avantgarde des dt. F. der 20er Jahre gehörte L. Reiniger mit Silhouettenfilmen. Die zumeist im kleinbürgerl. Milieu spielenden Kammerspielfilme („Die Hintertreppe" von L. Jessner, 1921) strebten die Psychologisierung der Figuren an. Eine Tendenzwende kündigte sich in den Filmen F. W. Murnaus an (z. B. „Nosferatu ...", 1922). Dem Realismus waren bes. „Die freudlose Gasse" (1925) von C. W. Pabst, „Menschen am Sonntag" (1928) von B. Wilder (mit E. Ulmer und R. Siodmak) sowie „Mutter Krausens Fahrt ins Glück" (1929) von P. Jutzi verpflichtet. – *Sowjetunion:* Eine eigenständige Filmproduktion entwickelte sich schon in zarist. Zeit. 1919 wurde das Filmwesen verstaatlicht. Zunächst wurden nur Agitationsfilme und Wochenschauen produziert, u. a. die „Kinoprawdas" des Dokumentarfilmpioniers D. Wertow. S. M. Eisenstein drehte 1924 „Streik" und 1925 „Panzerkreuzer Potemkin", der durch den meisterhaften Gebrauch der Montage Filmgeschichte gemacht hat. Die Entstehung der letzten Werke Eisensteins war z. T. mit polit. Schwierigkeiten verbunden („Iwan der Schreckliche", 2 Teile, 1944–46). Bed. Exponenten des Stummfilms waren auch W. I. Pudowkin („Die Mutter", 1926) sowie A. P. Dowschenko („Erde", 1930), auch G. Kosinzew, J. Trauberg.

Die Zeit von 1930 bis 1945: Die Einführung des Tonfilms beendete seit 1927 die Weiterentwicklung der stummen Filmkunst. Das gesteigerte Massenbedürfnis nach ablenkender Unterhaltung führte zur Massenproduktion von Musikfilmen („Broadway Melody", 1929). – In den *USA* bewirkte die neue Ästhetik des Tonfilms tiefgreifende Veränderungen. Kennzeichnend war die Ausprägung fester Genres: Die Gangsterfilme mit ihrem Pessimismus („Scarface" von H. Hawks, 1932; „Der kleine Caesar", 1930, von M. LeRoy) waren der Versuch einer Antwort auf die Krisenhaftigkeit der sozialen Verhältnisse. E. Lubitsch („Ninotschka", 1939) und R. Mamoulian brillierten mit Komödien. J. Ford spezialisierte sich auf den Western („Höllenfahrt nach Santa Fé", 1939; „Rio Grande", 1950). C. Chaplin setzte die Linie seiner gesellschaftskrit. Komik mit „Lichter der Großstadt" (1931) und „Moderne Zeiten" (1936) fort, in „Der große Diktator" (1940) attackierte er Hitler und den Nationalsozialismus. Mit „Jesse James" (H. King, 1939) und „Vom Winde verweht" (V. Fleming, 1939) setzte sich der Farbfilm durch. W. Disney begründete in den 30er Jahren eine umfangreiche Produktion von Zeichentrickfilmen, v. a. mit Mickey Mouse und Donald Duck. Vertreter des Horrorfilms war J. Whale mit „Frankenstein" (1931). Während der Kriegsjahre entstanden zahlr. Dokumentarfilme (u. a. die Serie „Why we fight" von F. Capra). – Der *poet. Realismus* der 30er Jahre in *Frankreich* verband impressionist. und naturalist. Strömungen mit romant. Ironie und Skepsis zu poesievollen Milieuschilderungen. R. Clair drehte „Unter den Dächern von Paris" (1930) und „Es lebe die Freiheit" (1931), M. Carné „Hafen im Nebel" (1938). J. Renoir ließ Literaturverfilmungen wirken („Die große Illusion", 1937; „Bestie Mensch", 1938; „Die Spielregel", 1939). Unter illegalen Bedingungen drehte der d. Okkupation drehte M. Carné (mit J. Prévert) 1943–45 den legendären F. „Kinder des Olymp". – Auch in *Deutschland* führte die Entwicklung des Tonfilms zur Produktion zahlr. Musikfilme, z. B. „Der blaue Engel" (J. von Sternberg, 1930). Bis 1933 konnten sich gesellschaftskrit. F. durchsetzen, u. a. von G. W. Pabst („Westfront 1918", 1930; „Die Dreigroschenoper", 1931), P. Jutzi („Berlin – Alexanderplatz", 1931) und S. Dudow („Kuhle Wampe", 1932). – Nach 1933 lenkte Goebbels den d. Film auf den Kurs angebl. unpolit. Unterhaltung, indirekt dienten jedoch die meisten F. der faschist. Ideologie. Die Machtübernahme Hitlers hatte über 500 führende Regisseure und Schauspieler zur Emigration gezwungen: P. Czinner und Elisabeth Bergner, W. Dieterle, F. Kortner, F. Lang, M. Ophüls, O. Preminger, Detlev Sierck (Douglas Sirck), R. Wiene, B. Wilder, F. Zinnemann u. a. Die nat.-soz. Propaganda gipfelte in monumentalen Dokumentarfilmen („Triumph des Willens", L. Riefenstahl, 1934) und tendenziös-dramat. Spielfilmen („Hitlerjunge Quex", H. Steinhoff, 1933). V. Harlan unterstützte den Antisemitismus („Jud Süß", 1940) und drehte den „Durchhalte-Film" („Kolberg" 1945). – In *Großbritannien* entwickelte sich in den 30er Jahren die „Brit. Dokumentarfilmschule" v. a. mit L. Grierson. Vertreter des Kriegsdokumentarfilms war H. Jennings („Listen to Britain", 1941; „A diary for Timothy" [„Ausgestoßen"], 1947]), es entstanden die Komödien „Adel verpflichtet" (1949, von R. Hamer) und „Ladykillers" (1955, von A. MacKendrick).

Die Zeit von 1945 bis 1960: In *Italien* zeichnete sich gegen Kriegsende die neue Stilrichtung des *Neorealismus* ab, die von L. Viscontis Erstlingsfilm „Von Liebe besessen" (1942) eingeleitet wird, ihm folgten R. Rossellini („Rom, offene Stadt", 1945; „Paisà", 1946) und V. de Sica („Fahrraddiebe", 1948; „Umberto D.", 1952). Typisch für diese F. ist die sozialkrit. Darstellung menschl. Leidens und proletar. Elends. – Bed. Filmautoren nach 1950 waren u. a. F. Fellini („La Strada", 1954; „La dolce vita", 1959) und M. Antonioni („Der Schrei", 1957). C. Zavattini hat bes. Anteil auch als Theoretiker und Drehbuchautor. – Der Nachkriegsfilm in *Deutschland,* dessen Filmindustrie zunächst darniederlag, behandelte Schicksale im nat.-soz. Deutschland und in „Trümmer-Filmen" die dt. Ruinenlandschaft. Es entstanden weitere unverbindl. Unterhaltungsfilme. W. Staudte („Die Mörder sind unter uns", 1946), der zunächst für die DEFA arbeitete, und H. Käutner („In jenen Tagen", 1947) versuchten sich an zeitkrit. Reflexionen. Der F. in der *BR Deutschland* wandte sich bis auf wenige Ausnahmen („Des Teufels General", 1955, von H. Käutner; „Wir Wunderkinder", 1958, von K. Hoffmann; „Die Brücke", 1959, von B. Wicki) der Unterhaltung zu. – Die durch Stalins Tod ausgelöste „Tauwetter"-Periode ermöglichte in *Osteuropa* neue Ansätze realist. Gestaltung: „Die Kraniche ziehen" (1959) von M. Kalatosow (UdSSR), „Asche und Diamant" (1959) von A. Wajda (Polen). – In *Frankreich* trat eine Vielzahl von Regisseuren mit F. verschiedener Stilrichtungen hervor: romantisch-surrealist. F. wie „Orphée" (1945; J. Cocteau) auf der einen Seite oder die Serie der „*schwarzen F.*" (z. B. „Lohn der Angst", 1952; H.-G. Clouzot). Einzelgänger waren der Komiker Tati („Die Ferien des Herrn Hulot", 1953) und R. Bresson. Bed. Regisseure waren Y. Allégret, M. Carné, R. Clair. Die Ende der 50er Jahre entstandene „*Neue Welle*" („*nouvelle vague*") strebte den unkonventionellen Autorenfilm an; wichtige Vertreter sind F. Truffaut, C. Chabrol, J.-L. Godard und E. Rohmer. – Um 1960 erregte in *Großbritannien* für kurze Zeit das „*Free cinema*", u. a. um die Regisseure K. Reisz („Samstagnacht bis Sonntagmorgen", 1960) und T. Richardson („Bitterer Honig", 1962), Aufsehen. Sie gingen jedoch bald zum kommerziellen F. über, der Ende der 50er/Anfang der 60er Jahre mit dem Horrorfilm und dem Spionagethriller („James Bond"-Serie) große Erfolge hatte. L. Olivier verfilmte Shakespearesche Werke. – Prägend für den F. in *Schweden* waren nach 1940 A. Sjöberg („Fräulein Julie", 1950) und I. Bergman („Abend der Gaukler", 1953; „Wilde Erdbeeren", 1957; „Das Schweigen", 1962). – Im *amerikan.* F. entstanden Parallelen zum Neorealismus („Sunset Boulevard", B. Wilder, 1950); das neue Medium Fernsehen führte zu einem stärker reportagehaften Stil, der sich u. a. den Problemen der „großen Masse" widmete („Die Faust im Nacken", E. Kazan, 1957). Daneben konsolidierte sich das „Showbusineß"; der Western („High Noon", F. Zinnemann, 1952) und das Musical (S. Donon, V. Minelli) fanden neue Formen.

Die Zeit nach 1960: In den *USA* drehte A. Hitchcock einige seiner besten F. („Psycho", 1960; „Die Vögel", 1962). Von S. Kubrick kam 1968 der Science-fiction-Film „2001 – Odyssee im Weltraum" heraus; J. Lewis, W. Allen und M. Brooks etablierten in den 60er und 70er Jahren eine Komödienschule. Nach 1960 formierte sich das „*New American Cinema*" als eine dem Hollywood-Kommerzialismus entgegengesetzte Richtung, die sich dem Dokumentarfilm und dem Experimentalfilm verbunden fühlte. Ende der 60er Jahre entstand die „New-Hollywood"-Bewegung, die größere gestalter. Freiheiten beanspruchte. Wichtige Regisseure des „New Cinema" sind D. Hopper („Easy rider", 1969), J. Cassavetes („Schatten", 1960; „Rosemaries Baby", 1967), A. Penn („Bonnie and Clyde", 1967), R. Altman („The Player", 1992), F. F. Coppola („Der Pate", 1972; „Apocalypse now", 1979), P. Bogdanovich („Die letzte Vorstellung", 1971; „Paper Moon", 1972), M. Scorsese („Taxi Driver", 1975; „Die letzte Versuchung Christi", 1988), M. Forman („Einer flog übers Kuckucksnest", 1975; „Amadeus", 1984), S. Pollack („Tootsie", 1982), W. Allen

Film.
Jean-Louis Barrault in „Kinder des Olymp" von Marcel Carné, 1945

Film.
Alain Delon in „Der eiskalte Engel" von Jean-Pierre Melville, 1967

("Der Stadtneurotiker", 1977; "Zelig", 1983; "Hannah und ihre Schwestern", 1985), W. Beatty ("Dick Tracy", 1990). – *Italien:* Die wesentl. F. schufen neben L. Visconti ("Rocco und seine Brüder", 1960; "Der Leopard", 1962; "Tod in Venedig", 1970), F. Fellini ("8½", 1963; "Roma", 1972; "Amarcord", 1973) und M. Antonioni ("Die rote Wüste", 1964; "Blow up", 1966), P. P. Pasolini ("Accatone", 1961; "Das 1. Evangelium – Matthäus", 1964; "Die 120 Tage von Sodom", 1975), B. Bertolucci ("Der letzte Tango in Paris", 1972; "1900", 1974/75; "Der letzte Kaiser", 1987; "Himmel über der Wüste", 1990), F. Rosi ("Wer erschoß Salvatore Giuliano", 1962; "Christus kam nur bis Eboli", 1979) die Brüder P. und V. Taviani ("Good morning – Babilonia", 1986), E. Scola ("Le Bal", 1983) und Lina Wertmüller ("Liebe und Anarchie", 1973). – Mit dem Italowestern sind die Namen S. Leone ("Spiel mir das Lied vom Tod", 1968) und S. Corbucci verknüpft. – *Frankreich:* Abgesehen von R. Bresson ("Zum Beispiel Balthasar", 1966; "Das Geld", 1984) und L. Buñuel ("Viridiana", 1961; "Der diskrete Charme der Bourgeoisie", 1972) prägen die Regisseure, die 1959 mit der sog. Neuen Welle angetreten sind, bis heute den frz. F.: F. Truffaut ("Sie küßten und sie schlugen ihn", 1959; "Die letzte Metro", 1980), C. Chabrol ("Schrei, wenn du kannst", 1959; "Die Fantome des Hutmachers", 1982; "Dr. M.", 1990), J.-L. Godard ("Außer Atem", 1959; "King Lear", 1987), A. Resnais ("Hiroshima mon amour", 1959; "Letztes Jahr in Marienbad", 1961; "Mélo", 1986), L. Malle ("Zazie", 1960; "Viva Maria", 1965; "Auf Wiedersehen Kinder", 1987). Wesentlich sind auch: E. Rohmer ("Die Marquise von O.", 1975; "Wintermärchen", 1991), C. Lelouch ("Voyou – Der Gauner", 1970), A. Mnouchkine ("Molière", 1978), A. Varda ("Vogelfrei", 1985). C. Costa-Gavras drehte die weltbekannten Kriminal- und Politthriller "Mord im Fahrpreis inbegriffen" (1965), "Z" (1968), "Vermißt" (1982). – F. von internat. Bedeutung drehten in *Großbritannien* u. a. J. Losey ("Accident", 1967), S. Kubrick ("Uhrwerk Orange", 1971), K. Russell ("Lisztomania", 1975), R. Attenborough ("Gandhi", 1982; "Schrei nach Freiheit", 1987), J. Ivory ("Zimmer mit Aussicht", 1986), P. Greenaway ("Der Kontrakt des Zeichners", 1982; "Properos Bücher", 1991). – Überragende Gestalt in *Schweden* ist weiterhin I. Bergman, von besonderer Bed. auch Mai Zetterling ("Amorosa", 1986), daneben sind B. Widerberg und Jan Troell ("Das Märchenland", 1988) getreten. – In der *Sowjetunion* sind nach langer Zeit der Unterdrückung der Filmkunst seit etwa 1986 F. von Weltrang wieder zugelassen; zahlr. Filmemacher werden rehabilitiert, die Zahl der in den letzten Jahrzehnten beschlagnahmten F., die heute nach und nach die Archive verlassen, ist noch unüberschaubar. Als Exponenten des russ. F. sind v. a. A. Tarkowski (1984 Emigration: "Der Stalker", 1979; "Nostalghia", 1983; "Opfer", 1985), E. Klimow ("Agonia – Rasputin", 1981 veröffentlicht; "Abschied von Matjora", 1983), T. Abuladse ("Reue", 1984) sowie A. Askoldow ("Die Kommissarin", 1987 freigegeben) internat. bekannt geworden. – Bes. Aufschwung nahm in den 1970er Jahren der *schweizer.* F. durch A. Tanner ("Der Salamander", 1971; "Jonas", 1976), M. Soutter ("James ou pas", 1970), C. Goretta ("Die Spitzenklöpplerin", 1977; "Die Verweigerung", 1981) und D. Schmid ("Jenatsch", 1987). – In *Spanien* haben v. a. C. Saura ("Carmen", 1983) und M. Camus ("Der Bienenkorb", 1982) internat. Ruf. – *BR Deutschland:* Unter dem Motto "Papas Kino ist tot" präsentierte die Oberhausener Gruppe (1966, u. a. A. Kluge, "Abschied von gestern"; V. Schlöndorff, "Der Junge Törless"; U. Schamoni, "Es") den *"Jungen dt. Film".* Internat. Anerkennung fanden V. Schlöndorff ("Die Blechtrommel", 1978/79), A. Kluge ("Die Macht der Gefühle", 1983), R. W. Fassbinder, W. Herzog ("Nosferatu", 1979; "Fitzcarraldo", 1982; "Cobra Verde", 1987), H. J. Syberberg ("Hitler – Ein Film aus Deutschland", 1978), M. von Trotta, R. von Praunheim, H. Achternbusch, R. van Ackeren ("Die flambierte Frau", 1983), W. Wenders ("Paris, Texas", 1984; "Der Himmel über Berlin", 1987), E. Reitz ("Die zweite Heimat", 1992), D. Dörrie ("Männer", 1985), D. Graf ("Die Katze", 1987), P. Adlon ("Out of Rosenheim", 1987), H. Bohm ("Yasemin", 1988), M. Verhoeven ("Das schreckliche Mädchen", 1990). – Die Filmkunst in der *DDR* war eng mit der Geschichte der 1946 gegr. DEFA verbunden, deren erste F. "Die Mörder sind unter uns" (1946, W. Staudte) und "Ehe im Schatten" (1947, K. Maetzig) internat. Bedeutung erlangten. In den 1950er Jahren entstanden F. wie "Der Rat der Götter" (1950, K. Maetzig), "Das kalte Herz" (1950, P. Verhoeven), "Der Untertan" (1951, W. Staudte), "Berlin – Ecke Schönhauser" (1957, G. Klein), "Sterne" (1959, K. Wolf) und die Filmkomödie "Karbid und Sauerampfer" (1964, F. Beyer). Die Wirklichkeitssuche der F. ab Mitte der 1960er Jahre führte zum offiziellen Vorwurf der ungenügenden positiven Würdigung des "sozialist. Menschen". Ergebnis der Konfrontationen war das Verbot von 12 DEFA-Spielfilmen der Jahre 1965/66, u. a. "Spur der Steine" (F. Beyer), "Das Kaninchen bin ich" (K. Maetzig). Nach der polit. Zäsur 1971 entstanden F. mit dem formulierten Recht auf Verwirklichung individueller Lebensansprüche, u. a. "Paul und Paula" (1973, H. Carow), "Der Dritte" (1973, E. Günther). Zunehmende künstler. und polit. Restriktionen und die Ausbürgerung W. Biermanns waren die Ursachen für den Weggang vieler Schauspieler, Regisseure und Autoren, u. a. M. Krug, A. Domröse, H. Thate, E. Günther, A. Mueller-Stahl, M. Bieler, J. Becker. Trotzdem entstanden wichtige F., auch F. nach literar. Vorlagen, z. B. "Levins Mühle" (1980, H. Seemann), "Der Aufenthalt" (1982, F. Beyer), "Die Verlobte" (1980, G. Rücker und G. Reisch), Kinder- und Jugendfilme (u. a. "Sieben Sommersprossen", 1978, H. Zschoche). F. der 1980er Jahre widerspiegeln zunehmendes "Unbehagen am Alltag" und krit. Suche nach bewußter Reflexion gesellschaftl. Realität, zugleich aber auch die Aufgabe des Anspruchs: F. als geistige und menschl. Utopie. Es entstanden "Solo Sunny" (1979, K. Wolf), "Jardup und Boel" (1987, R. Simon), "Insel der Schwäne (1982, H. Zschoche). Filme der letzten Jahre tendierten symptomatisch zu Endzeitstimmung, u. a. "Abschiedsrisiko" (1989, R. Losansky), "Letztes aus der DaDaeR" (1989, J. Foth). Kriminalfilm, Komödie und Musikfilm waren als Genre kaum vertreten. Wichtige Beiträge leistete der Dokumentarfilm ("Winter ade", 1988, H. Misselwitz). Die Jahre 1989/90 waren geprägt von der Wieder- und Erstaufführung sog. "Kellerfilme", es entstand die Kriminalkomödie "Der Bruch" (1989, F. Beyer), 1990 "Der Tangospieler" (R. Gräf) und 1991 "Stein" von E. Günther. – In *Polen* vollzieht sich eine ähnl. Entwicklung. R. Polanski arbeitet seit dem F. "Das Messer im Wasser" (1962) im Ausland. Internat. gegenwärtig sind A. Wajda ("Der Mann aus Eisen", 1981; "Dantons Tod", 1983; "Die Dämonen", 1987), K. Zanussi ("Illumination", 1973; "Blaubart", 1984) und K. Kieslowski ("Ein kurzer Film über das Töten", 1987). – In *Ungarn* drehten neben Z. Fábri ("Zwanzig Stunden", 1965) v. a. I. Szabó ("Vater", 1966; "Mephisto", 1980; "Oberst Redl", 1985; "Hanussen", 1988) und Márta Mészáros ("Tagebuch für meine Lieben", 1986) für den internat. F. – In *Lateinamerika* setzte 1968 der F. "Die Stunde der Hochöfen" des Argentiniers F. E. Solanas ein Fanal des polit. Kampfes. Das brasilian. "Cinema nóvo" der 1960er Jahre war vertreten durch G. Rocha ("Gott und Teufel im Land der Sonne", 1964); in den 1970er Jahren erschien als wichtigster F. "Sao Bernardo" (1972) von L. Hirszman. – Die großen Regisseure *Japans* sind Yasujirō Ozu ("Spätherbst", 1960), Akira Kurosawa ("Rashomon", 1950; "Sieben Samurai", 1954; "Kagemusha", 1980) und Kenji Mizoguchi ("Ugetsu – Erzählungen unter dem Regenmond", 1953).

Filmarchiv, geordnete Sammlung von Filmen sowie filmhistorisch bed. Dokumenten: insbes. Cinémathèque Française (Paris), British Film Institute (London), Museum of Modern Art (New York), Film Library (New York), Gosfilmofond (Moskau), Dt. Institut für Filmkunde (Wiesbaden), Dt. Kinemathek (Berlin), Bundesarchiv (Koblenz; 1990 wurde das ehem. Staatsarchiv der DDR in Berlin übernommen), Institut für den Wiss. Film (Göttingen).

Filmbewertungsstelle Wiesbaden, Abk. FBW, 1951 in Wiesbaden gegr. Länderbehörde zur Beurteilung der von Verleih und Herstellung eingereichten Kurz- und Spielfilme. Der Bewertungsausschuß vergibt die Prädikate „wertvoll" und „bes. wertvoll", die steuerl. Vergünstigungen und Subventionen nach dem Filmförderungsgesetz zur Folge haben.

Filmdosimeter (Filmplakette) ↑ Dosimeter.

Filmdruck, andere Bez. für Siebdruck (↑ Drucken).

Filmemacher, jemand, der zugleich als Regisseur und Drehbuchautor Filme in eigener Verantwortung macht; die Bez. betont einerseits mehr den Warencharakter des Films, andererseits das Engagement (Autorenfilme).

Filmessay, mit den Möglichkeiten des Mediums Fernsehen aufbereitete filmische Betrachtung zu bestimmten Themen des Zeitgeschehens, zu Personen oder histor. Themen, in die Dokumentationen, Kommentare und z. T. auch Spielszenen einbezogen werden. – ↑ Fernsehspiel.

Filmfestspiele, i. d. R. jährlich abgehaltene internat. Wettbewerbe mit Preisverleihung für die besten Filme, Regisseure, Darsteller u. a. Die Regeln der großen F. werden kontrolliert von der „Fédération Internationale des Associations de Producteurs de Films" (FIAPF). Die wichtigsten F. sind in Cannes (gegr. 1946, Hauptpreis „Goldene Palme"), Berlin (gegr. 1951, Hauptpreis „Goldener Bär"), Venedig (gegr. 1932), Locarno (gegr. 1946), Karlsbad (gegr. 1946), San Sebastián (gegr. 1954), Moskau (gegr. 1959); F. für Kurz- und Experimentalfilme werden veranstaltet in Oberhausen (seit 1955), Mannheim (seit 1952), Leipzig (seit 1957). Daneben gibt es zahlr. F., die auf einzelne Gattungen spezialisiert sind.

Filmförderung, Förderung der Filmwirtschaft durch staatl. Subventionen, Schutzbestimmungen sowie durch Selbsthilfemaßnahmen. Rechtl. Grundlage ist das FilmförderungsG i. d. F. vom 18. 11. 1986. Die Förderungsaufgaben (Steigerung der Qualität des dt. Films, Verbesserung der Struktur der Filmwirtschaft, Unterstützung dt.-ausländ. Gemeinschaftsproduktionen und der Zusammenarbeit zw. Film und Fernsehen, Gewährung von Förderungshilfen) wurden der Filmförderungsanstalt in Berlin übertragen. Die Anstalt wird aus Haushaltsmitteln sowie über die sog. *Filmabgabe,* die von Veranstaltern entgeltl. Filmvorführungen erhoben wird, finanziert. – 1988 wurde in Paris von 13 Staaten ein multinat. Filmfonds „Eurimag" gegründet.

Filmkamera, photograph. Kamera zur Aufnahme kinematograph. Bilder von bewegten Objekten. Von der Stehbildkamera unterscheidet sie sich konstruktiv in der Verschluß-, der Filmtransport- und der Filmspuleneinrichtung, die es ermöglichen, eine bestimmte Anzahl Bilder in einer Sekunde zu belichten und weiterzuschalten. Erforderlich ist, daß das einzelne Bild bei der Belichtung stillsteht; der Filmtransport muß also ruckweise geschehen, oder das vom Objektiv erzeugte Bild muß bei kontinuierl. Filmlauf (z. B. in der Hochgeschwindigkeitskinematographie für extreme Zeitlupeneffekte) durch ein Drehspiegel- oder Prismensystem dem Film nachgeführt werden. Ruckweiser Filmtransport *(Bildschrittschaltung)* i. d. R. durch Greifergetriebe, dessen Klaue in die Perforation des Films eingreift und diesen nach jeder Belichtung um eine Bildhöhe weiterschaltet. Der *Verschluß* ist synchron mit der Greiferbewegung umlaufende Sektorenscheibe *(Umlaufblende, Sektorenblende)*. Die Belichtungszeit wird einerseits durch die Bildfrequenz, andererseits durch die Breite des (veränderl.) Hellsektors bestimmt, der zum Ausblenden des Bildes (vor Szenenübergängen) ganz geschlossen werden kann. Schmalfilmkameras haben häufig eine unveränderl. Sektorenblende mit auf ca. 230° vergrößertem Hellsektor für Aufnahmen unter ungünstigem Licht (sog. **XL-Kameras;** engl. e**x**isting **l**ight). Bei einem Hellsektor von 180° ist die Belichtungszeit dadurch gegeben, daß man das Doppelte der Gangzahl als Sekundenbruchteil nimmt, d. h., sie beträgt bei einer Frequenz von 16 Bildern $\frac{1}{32}$ s. Durch Erniedrigen und Erhöhen der Bildfrequenz bei beibehaltener Wiedergabefrequenz ergeben sich *Zeitraffer-* und *Zeitlupeneffekte.* Extreme Zeitraffereffekte sind mit der Einzelbild-schaltung möglich. Filmkameras haben heute überwiegend elektromotor. Antrieb. Da der Greifer den Filmtransport ruckweise vornimmt, die Filmspulen den Film aber kontinuierlich ab- bzw. aufwickeln, müssen zwi. den beiden Bewegungsarten vermittelnde Filmschleifen vor und hinter der Bildbühne gebildet und der Film über kontinuierlich umlaufende Zahntrommeln geführt werden. Auch die Aufwickelspule muß angetrieben werden, und zwar, da ihre Drehzahl mit wachsender Zahl der Filmwindungen immer geringer werden muß, über eine Friktionskupplung. Auf Filmschleifen und Transportrolle[n] können 8-mm-Schmalfilmkameras (Super-8, Single-eight) mit ihrer geringen Bildschritthöhe von etwa 4 mm verzichten. Bes. bei Fernsehfilm- und Schmalfilmkameras ist das Zoomobjektiv an die Stelle der Wechselobjektive getreten. Für Außenaufnahmen werden bes. in der Fernsehproduktion 16-mm-Kameras eingesetzt, die Film in Tageslichtspulen oder -kassetten (60–365 m) verwenden. Einige Systeme lassen sich durch Platinenwechsel für Magnettonaufnahmen auf vorbespurten Film umrüsten. Studiokameras benötigen für Tonfilmaufnahmen ein Schallschutzgehäuse *(Blimp).* Schmalfilmkameras sind meist **automatische Kameras** mit Blendenautomatik, wobei die photoelektr. Belichtungsmessung durch das Objektiv erfolgt.

Filmlet [engl.], kurzer Werbefilm von etwa 10–30 m Länge.

Filmmusik, von Beginn der Stummfilmzeit an wurde versucht, die Wirkung der stummen Bilder durch Musik zu erhöhen. Zunächst blieb es Klavierspielern, kleinen Ensembles oder Salonorchestern überlassen, die Vorführung mit Arrangements bekannter Melodien und realist. Geräuscheffekten zu begleiten. Originale F. schufen später z. B. C. Saint-Saëns („L'assassinat du Duc de Guise", 1908), D. Milhaud („Le bœuf sur le toit", 1913), A. Honegger („La roue", 1922), E. Meisel („Panzerkreuzer Potemkin", 1925). – Der erste dt. Tonfilm mit Musik war „Melodie der Welt" (1929, Musik W. Zeller). Wertvolle Tonfilmmusik, die Handlung und Dialog untermalt, kommentiert und psychologisch vertieft, wurde vereinzelt von namhaften Komponisten geschrieben, so von G. Auric, A. I. Chatschaturjan, A. Copland, P. Dessau, W. Egk, H. Eisler, W. Fortner, H. W. Henze, J. Ibert, S. S. Prokofjew, D. D. Schostakowitsch, M. Theodorakis, W. Zillig. Zur Werbung und Finanzierung der Filmprojekte wird F. seit 1950 auch auf Schallplatten als sog. „Soundtracks" verkauft.

Filmographie [engl./griech.], chronolog. Verzeichnis von Filmen eines Regisseurs bzw. Schauspielers mit genauen Titel- und Jahresangaben.

Filmothek [engl./griech.] ↑ Kinemathek.

Filmplakette ↑ Dosimeter.

Filmprojektor ↑ Projektionsapparate.

Filmkamera

Filmtechnik

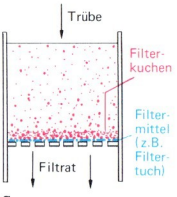

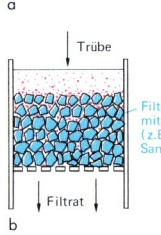

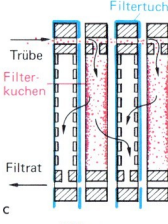

Filter.
a Oberflächenfiltration;
b Tiefenfiltration;
c Funktionsweise einer Rahmenfilterpresse

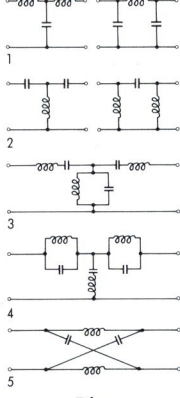

Filter
(Elektrotechnik).
1 Tiefpaß; 2 Hochpaß;
3 Bandpaß;
4 Bandsperre; 5 Allpaß

Filmtechnik ↑ Film.
Filmwerbung, Werbung mit Mitteln des Films, v. a. in Filmtheatern; Vorteile dieser Form der Werbung liegen in der erzwungenen Aufmerksamkeit und in der Verteilung der Filmtheater. Der Gedanke der Verwendung von Filmen für Werbezwecke wurde schon 1910 patentamtlich geschützt. 1912 wurde in Berlin die erste Filmwerbegesellschaft gegründet.
Filmwirtschaft ↑ Film.
Filopodien [lat./griech.] ↑ Scheinfüßchen.
Filou [fi'lu:; frz.], raffinierte oder leichtfertige Person, Spitzbube.
Filow, Bogdan Dimitrov [bulgar. 'filɔf], *Stara Sagora 10. April 1883, †Sofia 1. Febr. 1945, bulgar. Archäologe und Politiker. – Prof. in Sofia; 1940–43 Min.präs., 1943 Mgl. des Regentschaftsrats; steuerte einen deutschfreundl. Kurs; nach dem Einmarsch der Roten Armee hingerichtet.
Fils, rechter Nebenfluß des Neckars, Bad.-Württ., entspringt in der Schwäb. Alb, mündet bei Plochingen, 63 km lang.
Fils [arab., zu lat. follis „Geldbeutel"] (arab. Fals; Mrz. Fulus; Fels), 1. arab. Bez. für Kupfermünzen; 2. arab. Bez. für Geld; 3. verschiedentlich auch arab. Münzeinheit wechselnder Wertstellung (z. B. in Irak, in Bahrain, in Jordanien und Kuwait).
Filter [mittellat., eigtl. „Durchseihgerät aus Filz"], poröses Material (z. B. Papier, Ton, Bimsstein, Sand- oder Kiesschichten) zum Ausscheiden bestimmter Gemischanteile, zum Abtrennen fester, ungelöster Teilchen von Gasen oder Flüssigkeiten; durch **Filtrieren** erhält man feste (Stäube, Schwebstoffe) oder ungelöste Teilchen (Niederschläge, Schwebstoffe), getrennt vom Gas oder der nun wieder klaren Flüssigkeit **(Filtrat).**
▷ elektron. Schaltung mit stark frequenzabhängigen Eigenschaften; F. bestehen aus *Induktivitäten* (Spulen; induktiver Widerstand steigt mit der Frequenz) und *Kapazitäten* (Kondensatoren; kapazitiver Widerstand nimmt ab mit wachsender Frequenz). Der *Tiefpaß* läßt alle Frequenzen unterhalb einer Grenzfrequenz durch und dämpft alle höheren Frequenzen. Der *Hochpaß* läßt alle Frequenzen oberhalb einer Grenzfrequenz durch und dämpft alle niedrigeren Frequenzen. Der *Bandpaß* hat einen Durchlaßbereich für das Frequenzband zw. zwei Grenzfrequenzen. Die *Bandsperre* sperrt einen Frequenzbereich und läßt tiefere oder höhere Frequenzen passieren. Der *Allpaß* überträgt alle Frequenzen, dreht jedoch den Phasenwinkel zw. Eingangs- und Ausgangsspannung in Abhängigkeit von der Frequenz.
▷ (akust. F.) Vorrichtung zur Schallanalyse oder zum Aussieben bestimmter Schallfrequenzbereiche.
▷ in der *Photographie* werden in der Masse gefärbte, planparallel geschliffene und vergütete Glasscheiben oder [zw. Glasplatten gekittete] Gelatinefolien verwendet, die vor der Frontlinse des Objektivs, bei Fernbildlinsen auch innerhalb des Objektivs angebracht werden **(Aufnahmefilter).** Bei Schwarzweißaufnahmen dienen **Kontrastfilter** (Gelb-, Grün-, Orange-, Blaufilter) dazu, Helligkeitskontraste zw. Farben zu erzielen, die mit demselben oder ähnl. Grauwert wiedergegeben würden. Bei Farbaufnahmen auf Umkehrfilm sind **Farbtemperatur-Korrekturfilter (Colorfilter)** erforderlich, um die Farbtemperatur der Beleuchtung an die Abstimmung des Films anzupassen (z. B. **Skylightfilter** zur Erniedrigung der hohen Farbtemperaturen um die sommerl. Mittagszeit, **Konversionsfilter** zur Anpassung von Tageslicht an Kunstlichtfilm oder Kunstlicht an Tageslichtfilm). **Sperrfilter** schließen bestimmte Wellenlängenbereiche (und die mit ihnen gegebenen Sichthindernisse) aus, z. B. **Ultraviolett-Sperrfilter** *(UVa-Filter, Hazefilter)* die bes. im Hochgebirge herrschende UV-Strahlung, **Dunkelrot-** bzw. **Schwarzfilter** das sichtbare Licht bei Infrarotaufnahmen (beide Typen wirken auch gegen Dunst und atmosphär. Trübungen). **Graufilter (Neutralfilter)** verringern allg. die Beleuchtungsstärke bei der Aufnahme (z. B. für Aufnahmen mit geringer Schärfentiefe bei offener Blende). **Graufilter** mit Zonen abgestufter Dichte *(Verlauf-*

Kontrastfilter	gibt heller wieder	gibt dunkler wieder
Gelb	Gelb, Rot	Blau
Orange	Rot	Blau, Grün
Rot	Rot, Gelb	Blau, Grün, Violett
Gelbgrün	Gelbgrün, Gelb	Blau, Rot
Grün	Grün, Gelb	Blau, Rot
Blau	Blau	Gelb, Rot

filter) beeinflussen dabei nur bestimmte Bildpartien (z. B. den Himmel). **Polarisationsfilter** *(Polfilter)* lassen nur polarisiertes Licht hindurch; sie löschen Reflexe auf glänzenden Oberflächen (nicht Metall), Fensterscheiben u. a.
Für die Herstellung von Farbkopien bzw. -vergrößerungen sind **Kopierfilter** mit sehr engem Durchlaßbereich in den additiven oder subtraktiven Grundfarben notwendig, die häufig als *dichroit. F.* mit mehreren dünnen aufgedampften Schichten versehen sind, die bestimmte Farbbereiche durch Interferenz ausfiltern *(Interferenzfilter).*
Filterentstaubung ↑ Entstaubung.
Filterpapier (Filtrierpapier), weißes, meist ungeleimtes Papier mit geringem Aschegehalt, „aschefreies" F. für quantitative chem. Analysen; für Spezialzwecke werden F. auch präpariert oder beschichtet.
Filterzigaretten ↑ Zigaretten.
Filtrationsenzyme, Enzympräparate aus Schimmelpilzen, die Pektine zu lösl. Verbindungen abbauen; erleichtern das Abpressen von Obst- bzw. Beerenmaischen.
Filum [lat.], in der Anatomie Bez. für fadenförmige Strukturen.
Filz [eigtl. „gestampfte Masse"], Faserverbundstoff aus losen, nicht gesponnenen [Tier]haaren **(Haarfilz)** oder Wollen **(Wollfilz),** die zusammengepreßt, gewalkt, gewebt oder genadelt werden.
▷ umgangssprachlich für ↑ Filzokratie.
filzen, umgangssprachlich für: jemanden [auf Ungeziefer oder versteckte Gegenstände] durchsuchen, untersuchen.
Filzen, Fähigkeit der Wollhaare, sich unter der Einwirkung von Druck, Feuchtigkeit, Wärme oder beim Reiben zu einer unentwirrbaren Fasermasse formen zu lassen. Dies wird beim *Walken* von Wollstoffen ausgenutzt, wodurch diese höhere Reißfestigkeit, Scheuerfestigkeit und Wärmedämmvermögen erlangen.
Filzkraut (Fadenkraut, Filago), Gatt. der Korbblütler mit etwa 20 Arten; kleine Kräuter mit filzig behaarten Stengeln und Blättern und sehr kleinen, wenigblütigen Köpfchen in Knäueln; in M-Europa 7 Arten, meist Ackerunkräuter, u. a. **Zwergfilzkraut** (Filago minima), **Ackerfilzkraut** (Filago arvensis), beide gelbblühend, auf Sandböden.
Filzlaus (Schamlaus, Phthirius pubis), etwa 1–3 mm lange Art der Läuse, v. a. in der Schambehaarung des Menschen; wird bes. durch Geschlechtsverkehr übertragen.
Filzokratie, verfilzte, ineinander auf nicht durchschaubare Weise verflochtene Machtverhältnisse, die durch Begünstigung (z. B. von Parteifreunden) bei der Ämterverteilung o. ä. zustande kommen.
Filzpappe, textilfaserhaltige Pappe mit lockerem und weichem Gefüge; v. a. als Unterlage von Bodenbelägen, zur Wärme- und Schalldämmung.
Filzschreiber, Schreibgerät, das aus einem Speicher mit Schreibflüssigkeit und einer Schreibspitze aus einem relativ breiten, hartgepreßten Filzdocht besteht; der **Faserschreiber** enthält eine Schreibspitze aus Glasfasern.
Fimbrien [lat.], fransenförmige Gewebsbildungen, z. B. am Eileiter.
▷ bei Bakterien svw. ↑ Pili.
FINA [frz. fi'na], Abk. für: **F**édération **I**nternationale de **N**atation **A**mateur, Internationaler Schwimm-Verband; gegr. 1908 in London; Sitz Barcelona.
final [lat.], die Absicht, den Zweck angebend; **finale Konjunktion,** eine Konjunktion (Bindewort), die die Absicht, den Zweck angibt, im Dt. z. B. damit, daß.
▷ das Ende, den Schluß von etwas bildend.

Finale [italien., zu lat. finalis „das Ende betreffend"], der Schlußsatz mehrsätziger Kompositionen wie Sinfonien, Sonaten und Konzerte; in der Oper die einen Akt abschließende Szene.
▷ abschließender Durchgang eines Wettkampfes.
Finale Ligure, italien. Seebad in Ligurien, an der Riviera di Ponente, 13 600 E. Flugzeugind. – Im MA Reichslehen, seit 1598 spanisch; 1713 an Genua verkauft. – In der Umgebung zahlr. Höhlen (prähistor. Funde).
Finalismus [lat.], naturphilosoph. Lehre, nach der alles von Zwecken bestimmt ist bzw. zielstrebig verläuft.
Finalität [lat.], im Ggs. zur Kausalität die Bestimmung eines Geschehens und einer Handlung nicht durch ihre Ursachen, sondern ihre Zwecke.
Finalsatz, Nebensatz, der angibt, zu welchem Zweck heraus sich das Geschehen im übergeordneten Satz vollzieht, z. B.: Gib acht, *daß du dich nicht verletzt.*
Financial Times [engl. faɪˈnænʃəl ˈtaɪmz], brit. Zeitung, ↑ Zeitungen (Übersicht).
Finanzamt, unterste Behörde der Finanzverwaltung, zuständig für die Verwaltung der Steuern mit Ausnahme der Zölle und der bundesgesetzlich geregelten Verbrauchsteuern, soweit die Verwaltung nicht den Gemeinden übertragen worden ist.
In *Österreich* sind F. in den Bundesländern eingerichtete erstinstanzl. Bundesbehörden, die mit der Bemessung und Erhebung bundesgesetzl. Abgaben und Gebühren betraut sind.
Finanzausgleich, i. w. S. die Regelungen der finanziellen Beziehungen zw. mehreren Gemeinwesen; i. e. S. die Verteilung der gesamten öff. Einnahmen und Ausgaben auf verschiedene Gebietskörperschaften. Dabei wird die *Aufgabenverteilung* auf die verschiedenen Gebietskörperschaften als passiver, die *Verteilung der Einnahmen* als aktiver F. bezeichnet. Die *Ausgleichszuweisungen* können grundsätzlich sowohl von übergeordneten zu nachgeordneten als auch von nachgeordneten zu übergeordneten Körperschaften fließen. Erfolgt der F. zw. gleichgeordneten Körperschaften, so spricht man von *horizontalem F.*; erfolgt der F. zw. über- und untergeordneten Körperschaften, so spricht man von *vertikalem F.* Beim vertikalen F. zw. Land und Gemeinden fließen rd. 97 % der F.masse als Schlüsselzuweisungen an die Gemeinden, rd. 3 % werden für einen *Ausgleichsstock* reserviert, aus dem Bedarfszuweisungen in Härtefällen gegeben werden. Entsprechend dem Grad der Finanzautonomie der untergeordneten Körperschaft ergeben sich verschiedene Systeme des F.: Beim *freien Trennsystem* ist jede Körperschaft frei in der Wahl ihrer Steuerquellen und in der Art der Ausgestaltung der Steuern. Beim *gebundenen Trennsystem* werden jeder Körperschaft nur bestimmte Steuerquellen zugewiesen, auf deren Ausnutzung sie beschränkt ist. Beim *totalen Verbundsystem* fließen alle Einnahmen einer Körperschaft zu, wovon dann ein bestimmter Anteil den anderen Körperschaften zugewiesen wird. In der Praxis werden v. a. Mischsysteme verwendet. Den verschiedenen Körperschaften werden teils eigene Quellen überlassen, teils Finanzierungsmittel zugewiesen. In der BR Deutschland wird ein solches Mischsystem praktiziert. Bund, Ländern und Gemeinden sind bestimmte Steuern ganz zur eigenen Verwaltung überlassen, andere werden vom Bund und von den Ländern gemeinsam verwaltet. Das Aufkommen aus der Lohn- und der veranlagten Einkommensteuer wird auf Bund, Länder und Gemeinden verteilt, das Aufkommen aus der Körperschaftsteuer und Kapitalertragsteuer auf Bund und Länder. Der horizontale F. zw. den Ländern wird nach dem Verhältnis zw. der Steuerkraftmeßzahl und der Ausgleichsmeßzahl geregelt. Die *Steuerkraftmeßzahl* eines Landes ergibt sich aus der Summe seiner Steuereinnahmen, die *Ausgleichsmeßzahl* aus der Multiplikation der Anzahl der E des Landes mit dem Verhältnis von Steuereinnahmen zu E im Bundesdurchschnitt. Ausgleichszahlungen müssen solche Länder leisten, deren Steuerkraftmeßzahl größer ist als die Ausgleichsmeßzahl. Die neuen Bundesländer werden laut Einigungsvertrag bis zum 31. Dez. 1994 nicht in den Länder-F. einbezogen; anstelle eines gesamtdt. Länder-F. wurde zugunsten der neuen Länder bis 1995 der ↑ Fonds „Deutsche Einheit" eingerichtet.

Finanzbuchhaltung ↑ Buchführung.

Finanzen [frz., zu mittellat. finantia „fällige Zahlung", eigtl. „was zu Termin steht"], Geldangelegenheiten, Vermögenslage; i. e. S. Einnahmen und Ausgaben (der öff. Hand).

Finanzgerichtsbarkeit, Gerichtsbarkeit zur Entscheidung von Streitigkeiten über Abgaben-, insbes. Steuer- und verwandte Angelegenheiten; Rechtsgrundlagen sind die Finanzgerichtsordnung (FGO) vom 6. 10. 1965 und (vorerst bis Ende 1992 befristet) das Gesetz über die Entlastung der Gerichte in der Verwaltungs- und F. vom 31. 3. 1978. Die F. ist zweistufig, in den Ländern bestehen Finanzgerichte, im Bund der Bundesfinanzhof. Die **Finanzgerichte** entscheiden durch Senate in der Besetzung mit 3 Berufs- und 2 ehrenamtl. Richtern. Der **Bundesfinanzhof** (BFH) entscheidet durch Senate in der Besetzung mit 5 Berufsrichtern, bei Beschlüssen außerhalb der mündl. Verhandlung mit 3 Berufsrichtern. Grundsätzl. Fragen können dem Großen Senat zur Entscheidung über die Rechtsfrage vorgelegt werden.

Finanzgerichtsverfahren, Verfahren der Gerichte in Streitigkeiten, für die der Finanzrechtsweg gegeben ist (bes. öff.-rechtl. Streitigkeiten über Abgabenangelegenheiten, berufsrechtl. Streitigkeiten). Dem F. muß ein Beschwerdeverfahren vorhergehen. Zuständig ist i. d. R. das Finanzgericht, in dessen Bezirk die Behörde ihren Sitz hat, gegen die die Klage gerichtet ist. Das Gericht entscheidet im Rahmen der von den Beteiligten gestellten Anträge i. d. R. auf Grund mündl. Verhandlung durch Urteil. Die Revision ist i. d. R. nur möglich, wenn sie vom Finanzgericht oder Bundesfinanzhof zugelassen wird.

Finanzierung [mittellat.-frz.], Bereitstellung oder Beschaffung von Finanzierungsmitteln zur Deckung des Finanzbedarfs eines Unternehmens oder Haushalts. Nach der Herkunft der Mittel unterscheidet man Außen- und Innenfinanzierung.

Finanzkapital, nach R. Hilferding Bez. für das bei wenigen Großbanken angesammelte Geldkapital, das seinen Besitzern auf Grund ihrer ökonom. Macht auch großen polit. Einfluß verleiht.

Finanzmonopol, das Recht des Staates auf alleinige Herstellung und Vertrieb bestimmter Güter unter Ausschluß des Wettbewerbs. In *Deutschland* gibt es das Branntweinmonopol, in *Österreich* das Branntwein-, Glücksspiel-, Salz- und Tabakmonopol, in der *Schweiz* sowohl F. des Bundes (Alkohol u. a.) als auch der Kantone (Salz u. a.).

Finanzplan, 1. *ordentl. F.*: die Gegenüberstellung der zu erwartenden Einnahmen und Ausgaben sowie deren zeitl. Abstimmung untereinander; 2. *außerordentl. F.*: umfaßt die in einer bestimmten Periode beabsichtigten Investitionen und die Mittel zu deren Finanzierung.

Finanzplanung, Planung der Größen, die eine Haushaltswirtschaft ausmachen, für einen bestimmten Zeitraum in der Zukunft. In der BR Deutschland wurde die F. 1967

Filzkraut.
Ackerfilzkraut
(Höhe 10–35 cm)

Filzlaus.
Oben: Weibchen.
Unten: Ei mit Larve

Finanzausgleich Anteile der ausgleichspflichtigen (−) und ausgleichsberechtigten (+) Bundesländer zw. 1970 und 1990 (in Mill. DM)				
	1970	1980	1985	1990[1]
Baden-Württemberg	−314,4	−1504,1	−1444,1	−2503,3
Bayern	+148,2	+402,6	+7,5	+36,1
Bremen	+89,5	+178,2	+332,7	+641,1
Hamburg	−294,0	−313,2	−406,7	−7,0
Hessen	−290,0	−297,7	−724,6	−1446,1
Niedersachsen	+407,3	+753,5	+826,8	+1937,2
Nordrhein-Westfalen	−316,9	−76,3	+90,7	−55,9
Rheinland-Pfalz	+228,4	+246,7	+374,3	+493,3
Saarland	+142,8	+287,3	+359,2	+370,2
Schleswig-Holstein	+199,1	+323,0	+564,1	+606,5

[1] vorläufige Zahlen

Finanzplanungsrat

durch das Stabilitätsgesetz für die Haushaltswirtschaft des Bundes vorgeschrieben.

Finanzplanungsrat, 1968 eingerichtetes, aus dem Bundesmin. der Finanzen sowie Vertretern der Länder und Gemeinden bestehendes Gremium zur Koordinierung der Finanzplanung von Bund, Ländern und Gemeinden.

Finanzpolitik (öff. F.), Gesamtheit aller staatl. Maßnahmen, die gewollt und direkt auf die Finanzwirtschaft einwirken. Ziele der F. sind neben der Beschaffung öff. Einnahmen auch die [nichtfiskal.] Ziele des Wohlstands, der Gerechtigkeit und der sozialen Sicherheit. Die staatl. Interventionen richten sich dabei auf die Höhe des Volkseinkommens, auf seine Verteilung und auf die Stabilität des Einkommens, der Preise und der Beschäftigung. Die Mittel des Staates sind die öff. Einnahmen und Ausgaben sowie deren Kombination im öff. Haushalt.

Bei der F. als Mittel der Stabilisierung des Volkseinkommens, der Beschäftigung und des Preisniveaus (↑ Konjunkturpolitik) sollte der Staat nach der klass. Lehre nur einen Haushaltsausgleich anstreben; die Haushaltspolitik nach dem Modell von J. M. Keynes nimmt Defizite und Überschüsse bewußt in Kauf, um durch **antizyklische Finanzpolitik** die Konjunkturausschläge zu verringern.

Bei einer antizykl. F. kommt in einer Phase der Depression, die durch Unterbeschäftigung und zu geringe Gesamtnachfrage gekennzeichnet ist, die entscheidende Rolle den staatl. Ausgaben zur Konjunkturbelebung zu. Gleichzeitig sollte der Staat durch eine Steuersenkung die private Wirtschaftstätigkeit anzuregen versuchen. In einer Phase der Prosperität, die durch hohe Beschäftigung und steigendes Preisniveau gekennzeichnet ist, fällt den Steuern und öff. Ausgaben gemeinsam die Rolle zu, die Gesamtnachfrage zu reduzieren. Dabei steht die Steuer als Instrument der Stabilisierung den öff. Ausgaben nicht nach. Erzielte Einnahmenüberschüsse des Staates müssen bei der Zentralbank stillgelegt und dem wirtschaftl. Kreislauf entzogen werden. Unumgänglich für den Erfolg der F. ist weiterhin eine Koordination mit den Entscheidungsträgern der Geldpolitik, wo diese, wie in der BR Deutschland die Dt. Bundesbank, bei der Ausübung ihrer Befugnisse von Weisungen der Regierung unabhängig sind.

Finanzreform, Bestrebungen, durch eine Umgestaltung der Finanzverfassung ein einheitl. und übersichtl. Steuersystem zu erreichen sowie eine Neuverteilung der Steuereinnahmen zw. den Gebietskörperschaften zu schaffen (↑ Steuerreform).

Finanzreformgesetz, Kurzbez. für das 21. Gesetz zur Änderung des GG vom 12. 5. 1969. Es führte das Institut der ↑ Gemeinschaftsaufgaben ein (Art. 91a, 91b GG) und änderte durchgreifend die Finanzverfassung, v. a. bezüglich der Verteilung der Steueraufkommens.

Finanzsoziologie ↑ Finanzwissenschaft.
Finanzstatistik ↑ Finanzwissenschaft.
Finanztheorie ↑ Finanzwissenschaft.

Finanzverfassung, die Gesamtheit der Bestimmungen, die das öff. Finanzwesen in einem Staate regeln, insbes. das Recht, Steuern zu erheben **(Finanzhoheit),** die Verteilung der Einnahmen und die Haushaltswirtschaft. In der BR Deutschland ist die Finanzhoheit zw. Bund, Ländern und Gemeinden aufgeteilt. Der *Bund* hat die Gesetzgebungskompetenz über die Zölle, Finanzmonopole und die meisten Steuern, die *Länder* über die örtl. Verbrauchsteuern und Aufwandsteuern, solange und soweit sie nicht bundesgesetzlich geregelten Steuern gleichartig sind. Dem Bund steht der Ertrag der Finanzmonopole, der Zölle, gewisser Verbrauchsteuern, der Kapitalverkehrsteuern und anderer Steuern und Abgaben zu. Den Ländern steht der Ertrag zu aus Vermögen-, Erbschaft-, Kraftfahrzeug- und gewissen Verkehrsteuern. Das Aufkommen der Einkommensteuer, der Körperschaftsteuer und der Umsatzsteuer steht Bund, Ländern und Gemeinden gemeinsam zu (sog. **Gemeinschaftsteuern**). Den *Gemeinden* steht darüber hinaus das Aufkommen der Realsteuern und der örtl. Verbrauch- und Aufwandsteuern zu. Die unterschiedl. Finanzkraft der Länder wird durch den Finanzausgleich ausgeglichen.

Nach österr. *Verfassungsrecht* ist zu unterscheiden zw. Finanzausgleich und der Einteilung der Abgaben in ausschließl. Bundesabgaben, zw. Bund und Ländern geteilte Abgaben, ausschließl. Landesabgaben, zw. Ländern und Gemeinden geteilte Abgaben und ausschließl. Gemeindeabgaben. Im *schweizer. Recht* ist die Finanzhoheit zw. Bund, Kantonen und Gemeinden aufgeteilt.

Finanzvermögen, Vermögen im Eigentum öff. Planträger. Zum F. gehören u. a.: die Domänen und Staatsforsten, das Erwerbsvermögen und Beteiligungen.

Finanzverwaltung, der Teil der öff. Verwaltung, der sich insbes. mit der Festsetzung und Erhebung von Steuern **(Steuerverwaltung),** der Vermögensverwaltung der öff. Hand und der Einziehung von Strafen, Beiträgen und Gebühren befaßt. Die Steuerverwaltung ist zw. Bund und Ländern aufgeteilt. Bundesfinanzbehörden sind das Bundesministerium der Finanzen, die Bundesschuldenverwaltung, die Bundesmonopolverwaltung für Branntwein, das Bundesamt für Finanzen und die Bundesbaudirektion. Landesfinanzbehörden sind das Landesfinanzministerium, die Oberfinanzdirektionen als Mittelbehörden und die Finanzämter als örtl. Behörden.

Für *Österreich* gilt bezüglich der Organisation der F. das Abgabenorganisationsgesetz von 1974, wonach in erster Instanz Finanz- und Zollämter, in zweiter Instanz die Finanzlandesdirektionen tätig werden. In der *Schweiz* ist die Steuerverwaltung zw. Bund, Kantonen und Gemeinden aufgeteilt.

Finanzwechsel ↑ Wechsel.

Finanzwirtschaft, die Wirtschaft der öff. Körperschaften: alle Einrichtungen und Tätigkeiten, die auf die Beschaffung und Verwendung von Mitteln für öff. Zwecke gerichtet sind. Träger sind Gebietskörperschaften sowie Hilfs- oder Nebenfisken wie die Sozialversicherungen und Landschaftsverbände. Die F. ist eine Bedarfsdeckungswirtschaft: sie verfolgt nicht den Zweck, einen Gewinn zu erzielen; alle Maßnahmen unterliegen aber dem ökonom. Prinzip, den gegebenen Bedarf mit dem kleinsten Aufwand zu befriedigen, über dessen Einhaltung Bundesrechnungshof, Landesrechnungshöfe und Parlamente als Organe der **Finanzkontrolle** zu wachen haben.

Finanzwissenschaft, Gebiet der Wirtschaftswissenschaften, dessen Gegenstand die Wirtschaft der öff. Körperschaften und deren Beziehungen zu den anderen Bereichen der Volkswirtschaft ist. Die F. analysiert v. a. die Wirkungen der finanzpolit. Maßnahmen auf das Einkommen, die Beschäftigung, die Preise und die Einkommensverteilung. Teilgebiete der F.: Die **Finanzgeschichte** befaßt sich mit der Sammlung und systemat. Darstellung des finanzwirtschaftl. Geschehens der verschiedenen Zeiten, Völker und Länder. Die **Finanzstatistik** besorgt die zahlenmäßige Darstellung der Ausgaben, Einnahmen und Schulden der öffentl. Körperschaften. Die **Finanzsoziologie** untersucht die Einflüsse der Gesellschaft auf die öff. Finanzwirtschaft und umgekehrt. Die **Finanzpsychologie** sammelt die finanzpolit. Erfahrungen verschiedener Völker, Länder und Zeiten, ordnet sie systematisch unter psycholog. Gesichtspunkten und untersucht die typ. Einstellungen und Verhaltensmotive der Bürger zur öff. Finanzwirtschaft, so daß die Finanzpolitik die zu erwartenden Verhaltensweisen und Reaktionen auf finanzwirtschaftl. Maßnahmen berücksichtigen kann. Die **Finanztheorie** behandelt die Arten und ökonom. Wirkungen finanzwirtschaftl. Maßnahmen, der öff. Einnahmen und Ausgaben, des öff. Haushalts. **Finanzpolitik** befaßt sich mit der Frage, welche Maßnahmen der Staat einsetzen soll, wenn er unter gewissen Voraussetzungen bestimmte Ziele erreichen will.

Finca, span. für Grundstück, Landhaus mit Garten; in Mittelamerika kleiner Pflanzungsbetrieb.

Finch, Peter (eigtl. Peter Ingle-F.) [engl. ˈfɪntʃ], * London 28. Sept. 1916, † Los Angeles 14. Jan. 1977, austral. Schauspieler. – Bühnendebüt 1949 in London; Darsteller erfolgreicher Persönlichkeiten mit widersprüchl. Gefühlsleben wie in „Das Mädchen mit den grünen Augen" (1963), „Sunday, bloody Sunday" (1971), „Network" (1976).

Peter Finch

Finck, Werner [Walter], *Görlitz 2. Mai 1902, †München 31. Juli 1978, dt. Schauspieler und Kabarettist. – Leitete 1929–35 das Berliner Kabarett „Die Katakombe" (dann zeitweilig inhaftiert), 1948–51 in Stuttgart „Die Mausefalle"; schrieb u. a. „Das Kautschbrevier" (1938) Fin(c)kenschläge" (1963), „Alter Narr, was nun?" (1972).

Finckh, Ludwig, *Reutlingen 21. März 1876, †Gaienhofen bei Radolfzell 8. März 1964, dt. Schriftsteller. – Gestaltete in volkstüml. Erzählwerken Themen aus schwäb. Landschaft und Geschichte.

Findelkind, meist als Säugling ausgesetztes Kind, dessen Angehörige unbekannt sind.

Finderlohn ↑ Fund.

Fin de siècle [frz. fɛ̃d'sjɛkl „Ende des Jh."], Epochenbegriff nach einem Lustspieltitel von F. de Jouvenot und H. Micard (1888), in dem sich das Selbstgefühl der Décadence des ausgehenden 19. Jh. ausgedrückt fand. – ↑ Dekadenz.

Findlinge ↑ Geschiebe.

Fine [italien.], Ende eines Musikstückes; steht bes. bei Sätzen mit Da-capo-Form, wenn die Wiederholung des ersten Teiles nicht ausgeschrieben ist.

Fine Champagne [frz. finʃã'paɲ], echter Cognac.

Fine Gael [engl. 'fin 'geɪl; ir. „Stamm der Gälen"] (engl. United Ireland Party), ir. polit. Partei, die sich aus den Befürwortern des anglo-ir. Vertrags von 1922 innerhalb der ↑ Sinn Féin bildete; konstituierte sich 1923 unter W. T. Cosgrave als eigene Partei (**Cumann na nGaedheal**), fusionierte 1933 mit der National Guard und der Centre Party zur F. G.; konservativ-demokrat. Grundorientierung.

Finesse [lat.-frz.], Feinheit, Kunstgriff.

Fingalshöhle

Fingalshöhle [engl. 'fɪŋɡəl], Basaltgrotte in Meereshöhe an der SW-Küste der unbewohnten schott. Insel Staffa, 70 m lang, bei Ebbe bis 36 m hoch.

Finger (Digitus), der urspr. in Fünfzahl ausgebildete, häufig zahlenmäßig reduzierte, bewegl., distale Teil der Vordergliedmaße bzw. der Hand v. a. bei Affen und beim Menschen; wird durch ein Skelett, die **Fingerknochen** (Phalangen), gestützt. Jeder F. besteht mit Ausnahme des Daumens (zwei) urspr. aus drei F.gliedern. Zw. den Menschen sind die Gelenke zw. den einzelnen F.knochen Scharniergelenke, zw. den F.knochen und den Mittelhandknochen (mit Ausnahme des Daumens) Kugelgelenke. Das letzte F.glied trägt auf der Oberseite den F.nagel, auf der Unterseite die **Fingerbeere** (Fingerballen), deren Hautleistennetz in Form von Schlaufen, Wellen und Wirbeln bei jedem Menschen individuell charakteristisch angeordnet ist und zahlr. Tastkörperchen enthält („Fingerspitzengefühl").

Fingerabdruck (Daktylogramm), der Abdruck der Fingerbeere (↑ Finger) auf Gegenständen. Im Bereich der Kriminalistik ist die ↑ Daktyloskopie ein wichtiges Hilfsmittel zur Personenfeststellung und zur Aufklärung von Straftaten. Da in den Hautleisten der Fingerbeere ständig Schweiß abgesondert wird, können die auf den berührten Flächen zurückbleibenden Schweißspuren durch verschiedene Methoden sichtbar gemacht werden und mit den F. von Straftätern oder Verdächtigen, die in den Sammlungen der Kriminalämter gespeichert sind, verglichen werden; mit Hilfe des Computers ist eine schnelle Auswertung möglich.

Fingerbeere ↑ Finger.

Fingerhakeln, Wettkampf (v. a. in Alpenländern), bei dem sich zwei Männer mit eingehaktem Mittelfinger oder mit diesen einen Hanfstreifen mit weicher Lederhülle umklammernd über einen zw. ihnen stehenden Tisch zu ziehen versuchen; dt. Meisterschaften seit 1959.

Fingerhirse (Digitaria), Gatt. der Süßgräser mit etwa 90 Arten in den Tropen und Subtropen, davon zwei in M-Europa.

Fingerhut (Digitalis), Gatt. der Rachenblütler mit etwa 25 Arten in Eurasien und im Mittelmeergebiet; oft hohe Stauden mit zweilippigen, langröhrigen, meist nickenden, roten, weißen oder gelben Blüten in langen Trauben. In M-Europa kommen 3 Arten (alle giftig und geschützt) vor: **Großblütiger Fingerhut** (Digitalis grandiflora), bis 1 m hoch, Blüten groß, gelb, innen netzförmig braun geadert, außen behaart; **Gelber Fingerhut** (Digitalis lutea), Blüten bis 2 cm groß, gelb, auf der Innenseite purpurfarben geadert; **Roter Fingerhut** (Digitalis purpurea), filzig-behaarte Pflanze mit bis 6 cm langen, meist purpurroten, auf der Innenseite behaarten Blüten. Als Zierpflanze kultiviert wird der **Wollige Fingerhut** (Digitalis lanata), Stengel im oberen Teil filzig behaart, Blüten bräunlich, innen braun oder violett geadert.

Fingerkraut (Potentilla), Gatt. der Rosengewächse mit über 300 Arten, hauptsächlich auf der nördl. Erdhalbkugel; meist Kräuter mit fingerförmig gefiederten Blättern und gelben oder weißen Blüten; in M-Europa etwa 30 Arten, u. a.: ↑ Blutwurz; **Kriechendes Fingerkraut** (Potentilla reptans), mit bis zu 1 m langen Ausläufern und gelben, einzelnstehenden Blüten; **Goldfingerkraut** (Potentilla aurea), Blüten goldgelb mit silbrig behaarten Kelchblättern; **Frühlingsfingerkraut** (Potentilla tabernaemontani), mit bis 1,5 cm breiten, gelben Blüten im Blütenstand; **Silberfingerkraut** (Potentilla argentea), mit weißfilzigen Stengeln, unterseits weißfilzigen Blättern und gelben Blüten.

Fingerlutschen, Angewohnheit von Kleinkindern, an den Fingern, bes. am Daumen (**Daumenlutschen**), zu saugen; wird häufig über das Kleinkindalter hinaus beibehalten. Psychoanalytisch wird F. als ein Symptom der Fixierung oder auch Regression auf die ↑ orale Phase frühkindl. Entwicklung gedeutet.

Fingernagel ↑ Nagel.

Fingersatz (Applikatur), durch Zahlen meist über den Noten angegebene Anweisung zum zweckmäßigen Einsatz der einzelnen Finger beim Spielen eines Streich- oder Tasteninstrumentes.

Fingersprache ↑ Zeichensprache.

Fingertang ↑ Laminaria.

Fingertier (Aye-Aye, Daubentonia madagascariensis), etwa 45 cm körperlanger, schlanker Halbaffe in den Küstenwäldern O-Madagaskars; mit etwa 0,5 m langem, stark buschigem Schwanz, langhaarigem, überwiegend schwarzem, rötlich schimmerndem Fell, blaßgelbl. Gesicht und ebensolcher Brust; Finger und Zehen stark verlängert (bes. der extrem dünne Mittelfinger).

Fingervereiterung (Umlauf, Panaritium), im Anschluß an meist geringfügige Fingerverletzungen entstehende, v. a. durch Staphylokokken hervorgerufene eitrige Entzündung. Die **oberflächliche Fingervereiterung** hat ihren Sitz in Haut und Unterhautfettgewebe der Beugeseiten der Finger, auch unter dem Nagel oder im Nagelfalz; sie geht mit Rötung, Schwellung und starken Schmerzen einher und hat große Tendenz zum tieferen Fortschreiten (**tiefe Fingervereiterung**). – Die Behandlung erfolgt durch Ruhigstellung, Anwendung von Antibiotika, operative Eröffnung des Eiterherdes und Einlegen einer Drainage.

Fingerzittern (Fingertremor), rhythm., unwillkürl. Hin- und Herbewegen der Finger, u. a. durch Einwirkung zentralerregender Substanzen (Koffein, Nikotin), bei Schilddrüsenüberfunktion, bei Gehirnsklerose.

Fingerhut.
Großblütiger Fingerhut

1

2

3

4

Fingerabdruck.
1 Wirbel; 2 Schleife;
3 Bogen; 4 Ausschnitt

fingieren

Albert Finney

fingieren [lat.], erdichten, ersinnen, vortäuschen.

Finis [lat.], Ende, Schluß; früher Schlußvermerk in Büchern.
▷ *scholast. Philosophie* und *Theologie:* Zweck, Ziel.

Finish [ˈfɪnɪʃ; engl., zu lat. finire „enden"], Endkampf, Endspurt (Sport).
▷ letzter Arbeitsvorgang, der einem Produkt die endgültige Form gibt; auch svw. letzter Schliff, Vollendung.

Finistère [frz. finisˈtɛːr], Dep. in Frankreich.

Finisterre, Kap, Landspitze an der span. NW-Küste, sw. von La Coruña.

Finite-Elemente-Methode, computerorientiertes Verfahren bes. zur Ermittlung von Spannungen und Verformungen an analytisch nicht berechenbaren belasteten Bauteilen, wobei diese durch eine Anzahl von Teilstücken (Elementen) endlicher (finiter) Größe idealisiert werden.

finite Form [lat.], Verbform, die Person und Numerus angibt und die grammat. Merkmale von Person, Numerus, Tempus und Modus trägt, z. B. ich *lebe,* du *lebst,* er *lebt.*

Fink, Ulf, * Freiberg/Sachsen 6. Okt. 1942, dt. Politiker (CDU). – Übersiedelte 1950 in die BR Deutschland; 1979–81 CDU-Bundesgeschäftsführer; 1981–89 Senator in Berlin; seit Okt. 1987 Vors. der Christlich-Demokrat. Arbeitnehmerschaft und der CDU-Sozialausschüsse, seit Mai 1990 stellv. DGB-Vors.; seit Nov. 1991 CDU-Vors. in Brandenburg.

Finke, Heinrich, * Krechting bei Borken 13. Juni 1855, † Freiburg im Breisgau 19. Dez. 1938, dt. Historiker. – 1891 Prof. in Münster, 1899–1928 in Freiburg im Breisgau; änderte auf Grund neu aufgefundener Quellen in Edition und Darstellung das Bild des 14. und 15. Jh. entscheidend; überwand die konfessionelle Geschichtsschreibung.

Finken, svw. ↑ Finkenvögel.

Finkenvögel (Finken, Fringillidae), mit Ausnahme der austral. Region und Madagaskars weltweit verbreitete, etwa 440 Arten umfassende Fam. 9–23 cm langer Singvögel, davon etwa 30 Arten in M-Europa; vorwiegend Körnerfresser mit kurzem, kräftigem, kegelförmigem Schnabel und Kropf. Zu den F. gehören u. a. Ammern, Buchfink, Bergfink, Grünfink, Stieglitz, Dompfaff, Zeisige, Girlitz, Hänfling, Kreuzschnäbel, Kirschkernbeißer, Darwin-Finken. F. sind z. T. beliebte Stubenvögel, v. a. der Kanarienvogel.

Finkenwerder Prinzenapfel ↑ Äpfel (Übersicht).

Finn, zentrale Figur des südir. Sagenzyklus (F.zyklus oder nach seinem Sohn Oisín [Ossian] Ossian. Zyklus genannt), Anführer einer Schar von Männern („fianna"; Fenier), die nach ihren eigenen Gesetzen lebten.

Finnair O/Y [ˈfɪnɛːr] ↑ Luftverkehrsgesellschaften (Übersicht).

Finnbogadóttir, Vigdís, * Reykjavík 15. April 1930, isländ. Philologin und Politikerin. – Seit 1980 Staatspräsidentin (erstes gewähltes weibl. Staatsoberhaupt in Europa).

Finn-Dingi (Finn-Dinghi) [„finn. Dingi"], Einheitsjolle für den Rennsegelsport; mit einem Mann Besatzung, Länge 4,50 m, Breite 1,51 m, Tiefgang 0,85 m (mit herabgelassenem Schwert); Segelfläche 10 m², Kennzeichen: zwei übereinanderliegende Wellenlinien im Segel.

Finne [zu mittelhochdt. vinne „fauler Geruch"], Bez. für meist mikroskopisch kleine, seltener stecknadelkopfgroße, häufig kapsel- oder blasenförmige Larven von Bandwürmern; fast stets in Wirbeltieren. Häufig gelangt die F. durch Genuß rohen (oder nicht durchgebratenen) Fleisches in einen Endwirt, bevor sie zum fertigen Bandwurm heranwächst.
▷ [niederdt.] (Rücken-F.) Bez. für die Rückenflossen der Haie und analoge Bildungen der Wale.
▷ die keilförmige Seite eines Hammers.

Finnen (Selbstbez. Suomalaiset), das finn. Staatsvolk.

Finnenausschlag, svw. ↑ Akne.

Finnenschweinswal ↑ Schweinswale.

Finney, Albert [engl. ˈfɪnɪ], * Salford (Lancashire) 9. Mai 1936, engl. Schauspieler und Regisseur. – Spielte u. a. in der Royal Shakespeare Company und am Londoner National-Theatre. Bed. Filmrollen in „Samstagnacht bis Sonntagmorgen" (1960) und „Tom Jones" (1963), „Mord im Orient-Express" (1974), „Unter dem Vulkan" (1984).

finnische Kunst, Finnland hat seine künstler. Einflüsse aus N- und M-Europa erhalten. Die frühesten Kirchen wurden im 12. Jh. auf den Alandinseln erbaut. Ende des 13. Jh. wurden die im Kern spätroman. Domkirche in Turku, die als Backsteinbau auf norddt. oder balt. Einfluß verweist, die Burgen von Turku (Umbau 17. Jh.), Häme und Viipuri (heute Wyborg) errichtet, im 15. Jh. die Burg Olavinlinna in Savonlinna. Altäre (z. B. der Barbaraaltar des Meisters Francke) und Plastik kamen aus Deutschland, Volkskunstcharakter hat die kirchl. Wandmalerei. Zur Zeit Gustavs I. Wasa wurden zahlr. Burgen erneuert. Wichtig wurde der Renaissancehof des Herzogs Johann am Turkuer Schloß, wo sich u. a. eine reiche Textilkunst entfaltete. Im 17. Jh. entstanden v. a. Gutshöfe und prot. Predigerkirchen; neben die Langkirche aus Holz tritt die Kreuzkirche. Beachtlich sind die Grabdenkmäler in Holzornamentik. In der 2. Hälfte des 18. Jh. begann man die Städte neu auszubauen, ab 1778 wurde die Helsinkier Hafenfestung Suomenlinna errichtet. Die Malerei blühte im 18. Jh., bes. die Kirchenmalerei mit M. Toppelius (* 1734, † 1821) sowie das Porträt. Der Ausbau Helsinkis erfolgte 1816 ff. nach klassizist. Plänen von C. L. Engel. Die Malerei blieb im 19. Jh. zunächst an Schweden orientiert, Mitte des Jh. wurde Düsseldorf und schließlich Paris für die finn. Landschaftsmalerei wichtig, wo A. Edelfelt (* 1854, † 1905) studierte (Freilichtmalerei),

Finnische Kunst. Akseli Gallén-Kallela, Die Mutter von Lemminkäinen, 1897 (Helsinki, Kunstmuseum Athenaeum)

sowie der bekannteste Maler des finn. Jugendstils und Symbolismus bzw. der finn. Nationalromantik, A. Gallén-Kallela. Neben ihm arbeitete v. a. H. Simberg (* 1873, † 1917). Um 1910 entstanden einflußreiche impressionist. und expressionist. (T. K. Sallinen, * 1879, † 1955) Gruppen. Die Jugendstilarchitektur ist durch den Hauptbahnhof in Helsinki von Eliel Saarinen repräsentiert, der internat. Stil fand u. a. in E. Bryggman (* 1891, † 1955) einen wichtigen Vertreter. Weltruhm erlangte die Architektur durch A. Aalto. Als Nestor der finn. Bildhauerei dieses Jh. gilt W. Aaltonen (* 1894, † 1966). Den Anschluß an die internat. bildhauer. Entwicklung fanden in den 60er Jahren A. Tukiainen (* 1917), E. Hiltunen (* 1922), M. Hartman (* 1930) oder K. Tappar (* 1930). Bereits seit den 50er Jahren übernahm Finnland internat. eine führende Rolle auf dem Gebiet des Industriedesigns, u. a. mit Entwürfen für Möbel (Aalto; Yrjö Kukkapuro, * 1933), Kunstglas und Porzellan (T. Wirkkala, * 1915, † 1985; T. Sarpaneva, * 1926), Keramik (B. Kaipiainen, * 1915; R. Bryk, * 1916) und Textilien (u. a. D. Jung, * 1906; U. Simberg, * 1914; K. Ilvessalo, * 1920). Die Malerei öffnete sich in den 60er Jahren der abstrakten Kunst (u. a. A. Lavonen, * 1928, K. Kaivanto, * 1932).

Finite-Elemente-Methode. a finite Elemente: Stabelement (zwei Endknoten), Dreieckelement (drei Eckknoten), Viereckelement (vier Eckknoten) und Hexaeder (acht Eckknoten); b Approximation eines Ringsegments durch finite Elemente (verschiedene Hexaeder)

finnische Literatur, bed. Anteil an der f. L. (d. h. hier der finnischsprachigen Literatur) hat die Literatur der mündl. Überlieferung (Lieder, Balladen, Zaubersprüche, Legenden, Sagen, Märchen), die z. T. bis ins 20. Jh. lebendig geblieben ist. Weltliterar. Geltung erringt das Epos ↑„Kalevala". Die schriftlich fixierte finnischsprachige Literatur spielt bis zum 20. Jh. eine geringe Rolle. Noch die sog. Turkuer und Helsinkier Romantik (1810 bis etwa 1860) artikuliert sich schwedisch, bis A. Kivi mit seinem bed. dramat., lyr. und erzähler. Werk hervortritt. Mit der Wende zum 20. Jh. wird der Anschluß an die gesamteurop. Bewegungen gewonnen, wobei die f. L. v. a. in der Lyrik bed. Namen aufzuweisen hat: M. Lassila (* 1868, † 1918), der erst spät in seiner Bedeutung erkannt wird, O. Manninen (* 1872, † 1950), V. A. Koskenniemi (* 1885, † 1962), E. Leino (* 1878, † 1926). In der Erzählliteratur ragt das Werk von F. E. Sillanpää hervor. Eine internat. Leserschaft fand auch M. Waltari (* 1908, † 1979) mit seinen histor. Romanen. Eine starke autodidakt. Erzählerbegabung ist V. Linna (* 1920). Als bedeutendster moderner finn. Prosaist gilt V. Meri mit seiner grotesk-absurden Darstellung des Krieges. Lyriker sind u. a. V. Kirstinä (* 1936), L. Numi (* 1928), P. Saarikeski (* 1937), P. Haavikko (* 1931). – ↑schwedische Literatur.

finnische Musik, früheste Zeugnisse hielten sich in mündl. Überlieferung bis in das 20. Jh. lebendig, v. a. in den Runenliedern, die u. a. im ↑„Kalevala" gesammelt sind, vielfach mit pentaton. Melodik und tetrachord. Gliederung. Allg. verbreitetes Nationalinstrument ist die früher 5-, heute bis 30saitige Kantele. Im 16. Jh. entwickelte sich das finn. Kirchenlied. Seit dem 19. Jh. begann sich eine eigenständige Kunstmusik herauszubilden. 1882 wurden in Helsinki ein Musikinstitut (heute die Sibelius-Akademie) und ein Städt. Orchester gegründet. Die finn. Kunstmusik stand in ihren Anfängen unter starkem Einfluß aus Schweden und Norddeutschland. Eigene Strömungen verstärkten sich nach der Trennung Finnlands von Schweden (1809), aber noch in der Jh.mitte beherrschte ein Deutscher, F. Pacius (* 1809, † 1891), das Musikleben in Helsinki. Nach ihm traten bes. hervor: A. G. Ingelius, M. Wegelius (* 1846, † 1906) und R. Kajanus (* 1856, † 1933). Der bedeutendste Vertreter der f. M., J. Sibelius, beeinflußte mit seinem auf nationalen Grundlagen entwickelten eigenen Stil die gesamte Musik seines Landes, u. a. auch I. Krohn (* 1867, † 1960), O. Merikanto (* 1868, † 1924), A. Järnefelt, E. Melartin (* 1875, † 1937), S. Palmgren, T. Kuula (* 1883, † 1918), L. Madetoja (* 1887, † 1947), Y. Kilpinen und A. Merikanto (* 1893, † 1958). Von der nachfolgenden Generation traten J. Kokkonen (* 1922), A. Sallinen (* 1935) und P. Heininen (* 1938) v. a. als Opernkomponisten hervor. E. Bergman (* 1911) nahm als erster finn. Komponist kontinentale Anregungen der Neuen Musik und bes. der Reihentechnik auf. Weitere bed. Komponisten sind E. J. Rautavaara (* 1928), E. Salmenhaara und M. Lindberg (* 1958).

Finnische Kunst. Eila Hiltunen, Sibeliusdenkmal in Helsinki, 1961–67

Finnische Kunst. Alvar Aalto, Konzert- und Kongreßhaus Finlandia in Helsinki, 1962–71

finnische Religion ↑finnisch-ugrische Religionen.
Finnischer Meerbusen, östl. Seitenarm der Ostsee zw. Finnland und Estland bzw. Rußland, etwa 430 km lang, zw. 60 und 120 km breit, im Winter Festeis.
finnisches Bad, svw. ↑Sauna.
finnische Sprache, sie gehört zur Familie der finnougrischen Sprachen und letztlich zu den ural. Sprachen. Heute wird sie von etwa 5 Mill. Menschen gesprochen, außer in Finnland (etwa 4,6 Mill.) von Minderheiten in Schweden, Estland und Rußland. Die schriftl. Überlieferung beginnt mit dem 16. Jh. (altes Schriftfinnisch 1540–1820). Die Entwicklung bis zum 19. Jh. ist gekennzeichnet durch den Ausbau zur Schriftsprache. Für das 20. Jh. sind kennzeichnend die Entlehnung internat. Verkehrswörter und die Anreicherung des abstrakten Wortgutes. Die f. S. gehört zur Gruppe der agglutinierenden Sprachen, hat aber starke Merkmale des flektierenden Sprachtypus. Das lautl. System zeigt weit entwickelte Quantitätsopposition, Vokalreichtum (18 verschiedene Diphthonge), Vokalharmonie und Stufenwechsel; die Formenlehre zeigt Kasusreichtum (15 Kasus).

Finnisch-Sowjetischer Winterkrieg, Verteidigungskrieg Finnlands gegen die Sowjetunion (1939/40) als Folge der Zuerkennung Finnlands zur sowjet. Interessensphäre im Dt.-Sowjet. Nichtangriffspakt 1939; begann, nachdem sich Finnland ultimativen Gebietsforderungen Moskaus widersetzt hatte. Im **Frieden von Moskau** (1940) mußte Finnland u. a. die Karel. Landenge und das Gebiet an der N-Bucht des Ladogasees an die Sowjetunion abtreten sowie in der Ostsee und im Nördl. Eismeer militär. Sicherheitsgarantien für Leningrad und Murmansk erfüllen; von Finnland im Juni 1941 annulliert.

finnisch-ugrische Religionen, die alten Religionen der finnisch-ugrischen Völker sind gekennzeichnet durch die Verehrung eines Hochgottes, der als Herr des Himmels galt. Er hieß bei den Finnen Ukko („der alte Mann"); die Wotjaken verehrten ihn unter dem Namen Inmar („der Himmlische"). Die Mordwinen nannten ihren Himmelsgott Schkaj („Schöpfer"). Im estn. Bereich fanden sich verschiedene Bez., u. a. Pikne („Blitz"). Nach ungar. Vorstellung trieb Magyar Isten („Gott der Ungarn") mittels der Flügelschläge großer Adler sein Volk an, die Karpaten zu überschreiten, um ihre heutigen Wohngebiete zu erreichen. – Über die vorchristl. Religion der Finnen orientiert am ausführlichsten das 1551 veröffentlichte Götterverzeichnis des Missionars Finnlands, Mikael Agricola (* um 1509, † 1557). Als Gattin des Hochgottes Ukko galt Rauni, eine Göttin des Donners, die zugleich als Erdmutter verehrt wurde. Ilmarinen war Herr des Windes und Beschützer der Reisenden. Väinämöinen, eine Zentralgestalt des finn. Nationalepos „Kalevala", trug Züge eines Kulturheros. Im Kult

Finnland

342

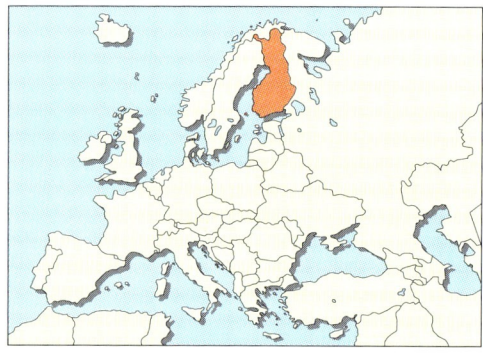

Finnland
Fläche: 338 145 km² (Wasserfläche: 33 522 km²)
Bevölkerung: 5 Mill. E (1991), 15 E/km²
Hauptstadt: Helsinki
Amtssprachen: Finnisch und Schwedisch
Nationalfeiertag: 6. Dez.
Währung: 1 Finnmark (Fmk) = 100 Penniä (p)
Zeitzone: MEZ +1 Stunde

Finnland

Staatswappen

Internationales
Kfz-Kennzeichen

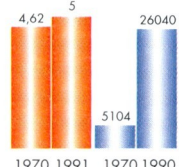

1970 1991   1970 1990
Bevölkerung Bruttosozial-
(in Mill.)   produkt je E
              (in US-$)

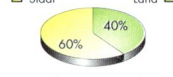

Bevölkerungsverteilung
1990

Bruttoinlandsprodukt
1990

dominierte die Feier des Bärenfestes (Bärenkult). Geisterglaube war weit verbreitet. Die Jenseitsvorstellungen waren uneinheitlich. Neben dem Glauben an ein Fortleben im Grabe stand die Vorstellung von einem unterird. Totenreich.

Finnland (amtl. Vollform: Suomen Tasavalta, Republiken Finland), parlamentar. Republik in N-Europa, zw. 59° 48′ und 70° 05′ n. Br. sowie 20° 33′ und 31° 35′ ö. L. **Staatsgebiet:** F. besitzt gemeinsame Landgrenzen mit Rußland im O sowie mit Norwegen und Schweden im NW; im W grenzt es an den Bottn. Meerbusen und im S an den finn. Meerbusen der Ostsee. Zum Staatsgebiet gehören die Ålandinseln. **Verwaltungsgliederung:** 12 Prov. **Internat. Mitgliedschaften:** UN, OECD, Nord. Rat, Europarat, GATT; EFTA.
Landesnatur: F., das mit seiner Fläche zu einem Viertel nördlich des Polarkreises liegt, erstreckt sich über fast 1 200 km in N-S- und über 500 km in W-O-Richtung. Das Landschaftsbild ist von der Eiszeit und ihren Rückzugsstadien geprägt. Den Küsten sind rd. 30 000 Inseln und Schären vorgelagert. Der für die Besiedlung wichtigste Teil ist die finn.-karel. Seenplatte in M- und S-F. mit rd. 55 000 Seen. Das durchweg niedrige Land (um 150 m durchschnittl. Höhe) steigt im N bis 700 m Höhe an; die größte Höhe wird im äußersten NW am Haltiantunturi mit 1 324 m Höhe erreicht.
Das **Klima** ist kontinental mit subpolaren Zügen, die sich in der Mitternachtssonne des Sommers, in der langen Dunkelheit des Winters, in seiner Verlängerung durch Polarlufteinfälle bis in den nur kurzen Frühling, in sommerl. Schadenfrösten und in der bes. im N geringen Niederschlagsergiebigkeit zeigen. Die gegen Jahresende beginnende Vereisung der Küstengewässer schreitet im Hochwinter meist rasch fort, so daß von Ende Jan.–Mitte März eine Festeisbrücke die Ålandinseln mit SW-F. verbindet.
Vegetation: F. gehört dem borealen Nadelwaldgürtel an mit Ausnahme des über die Waldgrenze ab 300–400 m Höhe hinausragenden Berglandes in Lappland, wo die Wälder von Zwergstrauchheide mit Vertretern des arktoalpinen Florenelementes abgelöst werden. 68,7 % des Landes sind bewaldet, große Landstrecken sind versumpft.
Die **Tierwelt** ist relativ artenarm. Es finden sich u. a. Elch, Halsbandlemming, Polarfuchs und Schneehase. Selten sind Wolf, Braunbär, Luchs und Vielfraß.
Bevölkerung: Neben den Finnen leben Schweden und Lappen im Land. Am dichtesten besiedelt sind die Ebenen im SW, hier leben 110 E/km², dagegen in Lappland nur 1–3 E/10 km². Fast 90 % der Bev. gehören der Staatskirche an. Schulpflicht besteht von 7–16 Jahren. F. verfügt über 20 Univ. und Hochschulen.
Wirtschaft: Ackerbaulich genutzt werden 8,1 % der Landfläche; Kleinbetriebe überwiegen. Wichtigster Zweig der Landw. ist die Milchwirtschaft; im N wird Rentierzucht betrieben. Bei Fleisch, Eiern, Molkereiprodukten und Futtergetreide deckt F. den Eigenbedarf. Forstwirtschaftl. genutzt werden die ausgedehnten Wälder. Abgebaut werden Eisen-, Kupfer-, Nickel-, Zink-, Chrom-, Titan-, Blei-, Vanadium-, Kobalterze sowie Pyrit, Selen, Asbest und Torf. Führend ist die holzverarbeitende Ind. (Papierherstellung), gefolgt von Metall-, chem., Textilind. u. a. Auch der Fremdenverkehr spielt wirtsch. eine Rolle.
Außenhandel: Ausgeführt werden Papier und Pappe, Schnittholz und Hobelware, Schiffe und Boote, Maschinen, Zellstoff, Holzwaren, Kupfer, Zink und Nickel; eingeführt Erdöl und -produkte, Kohle, Maschinen, Fahrzeuge, Nahrungsmittel, Eisen und Stahl. Die wichtigsten Handelspartner sind die EG- und EFTA-Länder, gefolgt von Rußland und anderen Staaten der GUS sowie den USA.
Verkehr: Das Schienennetz (russ. Breitspur) hatte 1990 eine Länge von 5 846 km, das Straßennetz von 77 671 km, rd. 46 318 km mit fester Decke. Herausragende Bed. im grenzüberschreitenden Verkehr hat die Schiffahrt. Größte Luftfahrtgesellschaft ist Finnair; internat. ⚓ in Helsinki.
Geschichte: Zur *Vor-* und *Frühgeschichte* ↑ Europa (Vorgeschichte).
Seit dem 11. Jh. erfolgte die christl. Missionierung von Schweden aus. 1238–49 erklärte Birger Jarl Tavastland (das heutige Häme) zum Teil des schwed. Reiches. 1323 wurde Karelien zw. Schweden und Nowgorod aufgeteilt und erstmals die finn. O-Grenze festgelegt; schwed. Kolonisten schoben sie jedoch immer weiter nach O und N vor. Unter König Gustav I. (⚭ 1523–60) führte M. Agricola die Reformation in F. ein. 1713–21 war F. von Rußland besetzt, das 1721 das sw. Karelien mit Viborg (= Wyborg) erhielt. 1808 eroberten russ. Truppen erneut das Land. Im Frieden von Fredrikshamm (1809) mußte Schweden auf F. verzichten, das vom russ. Zaren Alexander I. als Groß-F. einen autonomen Status im Russ. Reich erhielt. 1812 wurde die Hauptstadt von Turku nach Helsinki verlegt. Ende des 19. Jh. wurde F. von der inzwischen allg. Russifizierungspolitik gegenüber der nichtruss. Bev. im Zarenreich erfaßt; 1899 beseitigte das Februarmanifest Nikolaus' II. die Autonomie des Großfürstentums. Als die Revolution von 1905 auch auf F. übergriff, gestand Nikolaus II. diese jedoch wieder zu. 1906 wurde der Vierständelandtag durch ein Einkammerparlament abgelöst, zugleich das allg. und gleiche Wahlrecht festgesetzt. Nach der russ. Oktoberrevolution 1917 übernahm der finn. Landtag am 15. Nov. 1917 die Regierungsgewalt (Souveränitätserklärung am 6. Dez. 1917). Zur Vertreibung der russ. Truppen und zur Niederwerfung der sie unterstützenden Roten Garde wurde ein bürgerl. Schutzkorps, die Weiße Garde, organisiert und Frhr. von Mannerheim unterstellt. Im Jan. 1918 brach der finn. Bürgerkrieg aus. Nach dem Sieg der „Weißen", die durch ein dt. Expeditionskorps unter General R. Graf von der Goltz Unterstützung erhielten, wurde am 21. Juni 1919 eine republikan. Verfassung angenommen. Sowjetrußland erkannte 1920 (Frieden von Dorpat) die Selbständigkeit F. an und gestand ihm einen schmalen Korridor zum Eismeer mit Petsamo (= Petschenga) als eisfreiem Hafen zu. Im Dez. 1920 trat F. in den Völkerbund ein, der F. 1921 die Ålandinseln zusprach.

Die Bürgerkriegssituation bzw. ihre Nachwirkungen wie der Gegensatz zw. der finn. und schwed. Volksgruppe prägten die finn. Innenpolitik (23 Kabinette 1917–39). Durch den Finn.-Sowjet. Winterkrieg 1939/40 verlor F. etwa ein Zehntel seiner Ind., seines Acker- und Waldareals. Nach dem dt. Überfall auf die UdSSR 1941 nahm F. bis 1944 auf dt. Seite am 2. Weltkrieg teil. Danach hatte es außer den 1940 verlorenen Gebieten den Korridor zur Eismeerküste mit Petschenga an die UdSSR abzutreten, ihr die Halbinsel Porkkala auf 50 Jahre als Flottenstützpunkt zu überlassen (die F. jedoch schon 1956 zurückerhielt) und innerhalb von 6 Jahren Reparationen in Höhe von 300 Mill. Dollar zu leisten. F. hielt nach dem 2. Weltkrieg zwar unnachgiebig an seiner Selbständigkeit fest, gestaltete die auswärtigen Beziehungen aber so, daß sich in erster Linie ein gutnachbarl. Verhältnis zur UdSSR entwickelte. Diese sog. Paasikivi-Linie (nach Staatspräs. Paasikivi) wurde 1948 untermauert durch einen Freundschafts- und Beistandspakt mit der UdSSR auf 10 Jahre (1955, 1970 und 1983 verlängert) und war maßgebend für die Politik des langjährigen Staatspräs. U. Kekkonen (1956–81), die auch von dessen Nachfolger M. Koivisto (seit Jan. 1982) fortgeführt wird. 1955 wurde F. Mgl. der UN. 1955 Beitritt zum Nord. Rat, 1961 Anschluß an die EFTA. Das ab 1983 regierende Koalitionskabinett aus Sozialdemokraten, Zentrumspartei, Schwed. Volkspartei und Kleinbauernpartei wurde nach der Wahl von 1987 durch eine Koalition aus Konservativen, Sozialdemokraten, Schwed. Volkspartei und Landwirtepartei unter H. Holkeri (Nat. Sammlungspartei) abgelöst. Die Zentrumspartei wurde erstmals nach 50 Jahren in die Opposition verwiesen; im Mai 1989 Aufnahme F. in den Europarat. Aus den Parlamentswahlen 1991 ging die Zentrumspartei als stärkste Partei hervor. Neuer Min.präs. wurde Esko Aho, dessen Reg. im März 1992 ein Beitrittsgesuch zur EG stellte.

Politisches System: Nach der Verfassung vom 17. Juli 1919 (Teilrevision 1991) ist F. eine parlamentarisch-demokrat. Republik mit starker Stellung des Präs. Der Präs. wird auf die Dauer von 6 Jahren direkt gewählt (falls kein Kandidat die absolute Mehrheit erhält, ist ein 2. Wahlgang erforderlich); er kann nur in 2 direkt aufeinanderfolgenden Amtsperioden regieren. Der Präs. ist oberster Träger der *Exekutive,* ist Oberbefehlshaber der Streitkräfte, ernennt den Staatsrat (Reg.) unter Führung des Min.präs. und bestimmt die Richtlinien der Außenpolitik. Die Auflösung des Reichstags und die Anordnung von Neuwahlen durch den Präs. ist nur auf Antrag des Min.präs. und nach Anhörung des Parlamentsvors. und aller im Reichstag vertretenen Parteien möglich. Die *Legislative* liegt beim Präs. und dem Reichstag (Eduskunta, Riksdag), dessen 200 Abg. alle 4 Jahre nach Verhältniswahlrecht gewählt werden.
Parteien: Zur konservativen Parteigruppierung gehören die Nat. Sammlungspartei, die Schwed. Volkspartei, die Christl. Union, zur Mitte die Liberale Volkspartei, die Zentrumspartei (bis 1965: Agrarunion) und die Finn. Landwirtepartei; zum „linken" Spektrum zählen die Sozialdemokrat. Partei, der Verband der Linksparteien und die Grüne Partei; die Kommunist. Partei löste sich 1990 auf.
Zu den einflußreichsten *Interessenorganisationen* in F. zählt die Zentralorganisation der finn. Gewerkschaften e.V. (SAK) mit über 1 Mill. Mitgliedern.
Verwaltung: An der Spitze der 12 Prov. steht jeweils ein vom Präs. ernannter Landeshauptmann. Die Ålandinseln haben einen weitgehend autonomen Status mit eigenem Landtag und Schwedisch als Amtssprache.
Recht: Die finn. Rechtsordnung ist nach schwed. Vorbild aufgebaut. Die Gerichtsbarkeit wird von Stadt- und Dorfgerichten, Berufungsgerichten und dem Obersten Gerichtshof sowie dem Obersten Verwaltungsgericht ausgeübt. Der Justizkanzler ist oberstes Aufsichtsorgan über Behörden und Beamte; ihm obliegt die Prüfung von Regierungsvorlagen auf ihre Vereinbarkeit mit der Verfassung; der vom Reichstag ernannte Ombudsmann sorgt für die Gesetzmäßigkeit der Rechtsprechung und der Behördenaktivitäten. – Abb. S. 344.

Finnlandisierung, polit. Schlagwort, kennzeichnete die Entspannungsdiplomatie der Sowjetunion als Versuch – analog ihrer Politik gegenüber Finnland –, bes. die europ. NATO-Staaten zu einer Politik des Wohlverhaltens ihr gegenüber zu verpflichten.

Finnmark, Prov. im N Norwegens, 48 649 km², 74 000 E, Hauptstadt Vadsø. Von der Steilküste binnenwärts abfallende felsige Hochfläche (Finnmarksvidda) zw. 1 100 und 300 m; Tundraklima; Waldtundra; Eisenerzabbau auf der Halbinsel Sør-Varanger; Fischfang, Rentierhaltung.

Finnmark, Abk.: Fmk, Währungseinheit in Finnland; 1 Fmk = 100 Penniä (p).

finnougrische Sprachen, Sprachfamilie mit etwa 25 Mill. Sprechern, heute weit gestreut auf Gebieten zw. der finn. Halbinsel im W, dem nordwestl. Sibirien im O und der ungar. Steppe im S. Mit den samojed. Sprachen bilden die f. S. die Gruppe der ural. Sprachen. Die weitere Verwandtschaft mit dem Jukagirischen und den altaischen Sprachen ist wahrscheinlich, ein Verwandtschaftsverhältnis mit dem Indogerman. ist unbewiesen. Nach überwiegender Meinung entwickelten sich die mundartlich stark untergliederten f. S. aus einer finnougr. Grundsprache.
Am frühesten gliederten sich die ugr. Sprachen aus (die obugr. Sprachen Ostjakisch und Wogulisch sowie, später,

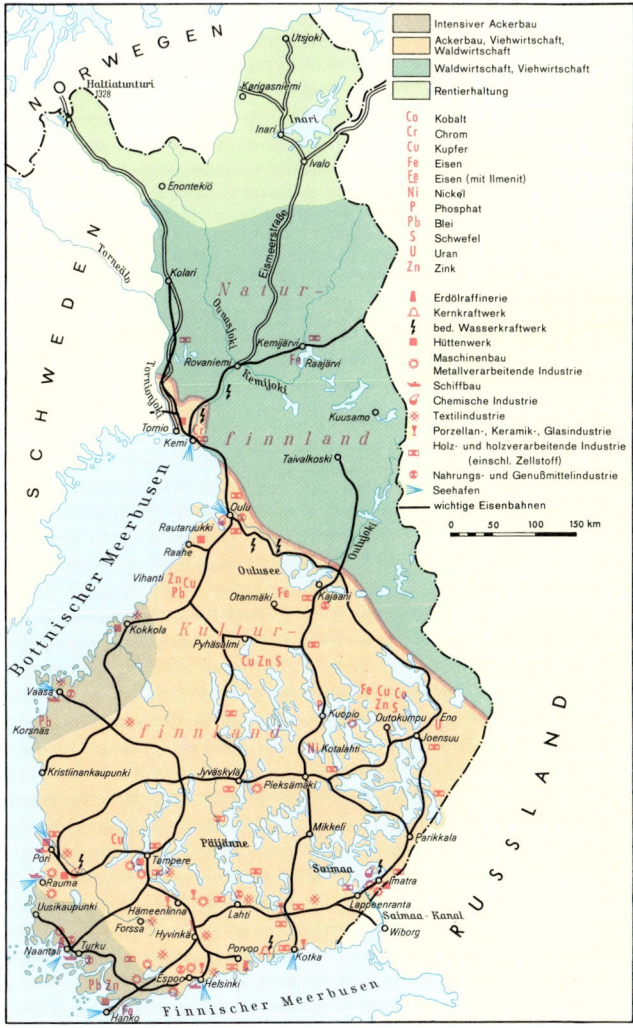

Finnland. Wirtschaftskarte

Finnland. Blick auf den schmalen Moränenrücken Punkaharju zwischen den Seen Puruvesi und Pihlajavesi

Fiorino
(Vorder- und Rückseite)

Niels Ryberg Finsen

Ungarisch), danach das Permische (dazu heute Syrjänisch und Wotjakisch) und die wolgafinn. Sprachen (Tscheremissisch und Mordwinisch), schließlich das sog. Frühurfinnische (dazu das heutige Lappische) und das Ostseefinnische (dazu das Finnische, Estnische, Wotische, Livische, Wepsische und Karelische).
Zu den spezif. Merkmalen der f. S. gehören Vorherrschen eines zweisilbigen Grundworttypus mit fester Betonung auf der ersten Silbe, nominales Prädikat (im Nominalsatz), Artikellosigkeit und kein nominales Genus, gegenüber den indogerman. Sprachen zentralere Stellung der lokalen Kasus im System, Bez. possessiver Verhältnisse durch Suffixe. Die f. S. gehören typologisch zu den agglutinierenden Sprachen.

Finnougristik [...o-u...], die Wiss. von der Erforschung der finnougrischen Sprachen, Altertumskunde und Volksüberlieferung. Im 19. Jh., als die Wiss. im strengen Sinne sich konstituierte, wurde die Indogermanistik das method. Vorbild.

Finnwal ↑ Furchenwale.

Finow ['fiːno] ↑ Eberswalde-Finow.

Finsch, Otto, *Bad Warmbrunn 8. Aug. 1839, † Braunschweig 31. Jan. 1917, dt. Völkerkundler und Vogelforscher. – Bereiste u. a. mit A. Brehm Westsibirien (1876); zwei Forschungsfahrten in die Südsee (1879–82 und 1884/85) führten zur Gründung der dt. Kolonie Kaiser-Wilhelms-Land; gründete 1885 **Finschhafen** (Papua-Neuguinea; bis 1918 Sitz der dortigen dt. Verwaltung).

Finsen, Niels Ryberg [dän. 'fenˈsən], *Tórshavn (Färöer) 15. Dez. 1860, † Kopenhagen 24. Sept. 1904, dän. Mediziner. – Entwickelte Methoden der Lichtbehandlung bei Hauttuberkulose sowie bei Pocken; 1903 Nobelpreis für Physiologie und Medizin.

FINSIDER, Kurzwort für italien. Società **Fin**anziaria **Sider**urgica per Azioni; Holdinggesellschaft, die große Teile der italien. Eisen- und Stahlind. umfaßt; Sitz Rom, gegr. 1937.

Finsteraarhorngruppe, Gebirgsstock in den zentralen Berner Alpen, im Finsteraarhorn 4274 m hoch, bildet die Wasserscheide zw. Aare und Rhone; stark vergletschert, u. a. Großer Aletschgletscher.

Finsternis, in der Astronomie die Erscheinung, bei der für einen Beobachter ein Himmelskörper zeitweilig von einem anderen ganz *(totale F.)* oder teilweise *(partielle F.)* abgedunkelt wird, entweder durch Eintritt in den Schatten des anderen (z. B. bei einer **Mondfinsternis** der Mond in den Schatten der Erde) oder durch das Dazwischenbewegen des anderen, z. B. des Mondes vor die Sonne **(Sonnenfinsternis).**

Finsterwalde, Krst. in Brandenburg, in der westl. Niederlausitz, 106 m ü. d. M., 23 000 E. Maschinenbau, elektrotechn., Textil-, Glas- sowie Holzind. – Entstand vor 1282 und erhielt noch im 13. Jh. Stadtrecht. – Spätgot. Dreifaltigkeitskirche (1578 ff.); Renaissanceschloß (Hauptbauzeit 1553–97) und Kurtsburg (16. Jh.).

F., Landkr. in Brandenburg.

Finte [italien., zu lat. fingere „ersinnen"], Ausflucht, Vorwand.

▷ im *Sport* allg. eine vorgetäuschte Bewegung; beim *Fechten* und *Boxen* vorgetäuschter Stoß oder Hieb, bei dem die Reaktion des Gegners erwartet und für eigene Zwecke ausgenutzt wird; beim *Ringen* ein angedeuteter Griff.

Fioravanti, Valentino, *Rom 11. Sept. 1764, † Capua 16. Juni 1837, italien. Komponist. – Einer der führenden Meister der neapolitan. Opera buffa; u. a. „Le cantatrici villane" (Die Dorfsängerinnen; 1799).

Fiore, Joachim von ↑ Joachim von Fiore.

Fioretten ↑ Fioriturien.

Fiorino [lat.-italien.], italien. Bez. des Guldens; hieß urspr. (auch *F. d'oro;* Goldgulden) Floren; *F. d'argento* (Silbergulden), zuerst 1296 in Florenz als Groschenmünze geprägt, hieß ab 1305 Popolino.

Fioriturien (Fioretten) [lat.-italien.], Bez. für Gesangsverzierungen, die v. a. in den Opernarien des 18. Jh. beliebt waren.

Firdausi ↑ Ferdausi.

Firenze ↑ Florenz.

Firenzuola, Agnolo, eigtl. Michelangelo Girolamo Giovannini, *Florenz 28. Sept. 1493, † Prato 27. Juni 1548, italien. Dichter. – Schönheit und Lebensgenuß verherrlichend, schrieb er in volkstüml. und lebendiger Sprache Lustspiele, Gedichte, von Boccaccio beeinflußte Novellen.

Firlefanz [zu mittelhochdt. firli-fanz (Bez. für einen lustigen Springtanz)], Flitterkram; Torheit, Possen.

firm [lat.], sicher, geübt, erfahren.

Firma [italien., urspr. „bindende, rechtskräftige Unterschrift" (eines Geschäftsinhabers); zu lat.-italien. firmare „befestigen, bekräftigen"], 1. allg. svw. kaufmänn. Betrieb; 2. der Handelsname des Vollkaufmanns, unter dem er seine Handelsgeschäfte betreibt sowie klagen und verklagt werden kann (§ 17 HGB). Die F. kann sein: **Personalfirma** (in der ein Familienname enthalten ist), **Sachfirma** (die auf den Gegenstand des Unternehmens hinweist), **gemischte Firma** (die sowohl einen Familiennamen als auch einen Hinweis auf den Gegenstand des Unternehmens enthält). Die F. bezeichnet eine [natürl. oder jurist.] Person, nämlich den Inhaber des Handelsunternehmens, der Träger der unter der F. erworbenen Rechte und Pflichten ist. Die F. entsteht mit der Kaufmannseigenschaft, kann mit dem Handelsunternehmen übertragen werden und erlischt, wenn der Handelsbetrieb eingestellt wird. Jeder Vollkaufmann ist verpflichtet, eine F. nach folgenden Grundsätzen zu führen: **Firmenwahrheit:** Die F. muß bezeichnen: bei einem Einzelkaufmann den Familiennamen mit mindestens einem ausgeschriebenen Vornamen, bei einer OHG den Namen wenigstens eines Gesellschafters mit einem das Gesellschaftsverhältnis andeutenden Zusatz, bei einer KG den Namen wenigstens eines persönlich haftenden Gesellschafters mit einem das Gesellschaftsverhältnis andeutenden Zusatz, bei einer Kapitalgesellschaft i. d. R. den Gegenstand des Unternehmens und die Gesellschaftsform. Lediglich die mit einem Handelsunternehmen übernommene (abgeleitete) F. braucht – im Interesse der **Firmenbeständigkeit** – diesen Regeln nicht zu entsprechen. Ebenso kann bei einer

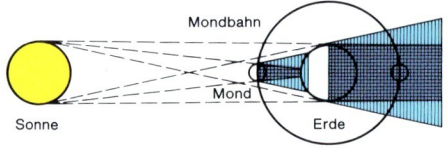

Finsternis. Schematische Darstellung der Sonnen- und Mondfinsternis (nicht maßstabsgetreu)

Namensänderung des Geschäftsinhabers oder bei einem teilweisen Inhaberwechsel die bisherige F. unverändert fortgeführt werden. **Firmeneinheit:** Für dasselbe Unternehmen darf nur eine F. geführt werden, auch wenn mehrere Niederlassungen bestehen. **Firmenausschließlichkeit:** Jede neue F. muß sich von am selben Ort bereits bestehenden Firmen eindeutig unterscheiden. **Firmenöffentlichkeit:** Die F. und ihre Änderungen sind beim zuständigen Amtsgericht (Registergericht) zur Eintragung in das Handelsregister anzumelden.

Im östr. und im *schweizer.* Recht gilt eine dem dt. Recht im wesentlichen entsprechende Regelung.

Firmament [lat.] ↑ Himmel.

Firmenwert, svw. ↑ Goodwill.

firmieren, unter einem bestimmten Namen bestehen (Firmen, Unternehmen).

Firmin-Didot & Cie [frz. fir'mɛ̃ di'do e kõpa'ɲi] ↑ Didot.

Firmung [zu lat. (con)firmare „festmachen, bestätigen"], mit Aussagen aus dem N. T. (Apg. 8, 14–17) begr. Sakrament der kath. Kirche, das Jugendlichen im Alter von 7–12 Jahren in der Regel vom Bischof durch Handauflegung, Salbung, Gebet und einem leichten Backenstreich gespendet wird.

Firmware [ˈfəːmwɛə; zu engl. firm „fest"], über einen längeren Zeitraum in allg. festbleibende Programmabläufe eines Computers oder Teile davon, die in Form von Festwertspeichern in den Computer eingebaut werden.

Firn [zu althochdt. firni „alt"], alter, mehrjähriger Schnee des Hochgebirges, der durch vielfaches Auftauen und Wiedergefrieren körnig geworden ist; wird zu wasserundurchlässigem Firneis, das unter zunehmendem Druck in **Gletschereis** übergeht.

Firnberg, Hertha, *Wien 18. Sept. 1909, östr. Politikerin (SPÖ). – Mgl. des Bundesrates 1959–62, des Nationalrats seit 1963; 1966–83 stellv. Vors. der SPÖ; führte als Min. für Wiss. und Forschung (1970–84) die östr. Hochschulreform durch.

Firne [↑ Firn], Altersstadium des Weins, bei dem eine Dunkelfärbung (Hochfarbigkeit) eintritt, später auch eine Beeinträchtigung des Geschmacks.

Firnis [frz.], nicht pigmentiertes, rasch trocknendes, dauerhaftes Anstrichmittel; Gemisch aus trocknenden Ölen (Leinöl) und Sikkativen.

Firnisbaum (Melanorrhoea usitata), Anakardiengewächs in Hinterindien; Baum mit verkehrt eiförmigen Blättern und großen Blüten; aus dem Rindensaft wird Firnis gewonnen.

Firnlinie, die Schneegrenze auf dem Gletscher, sie trennt dessen Nährgebiet vom Zehrgebiet.

First, svw. ↑ Dachfirst.

First-day-Cover [engl. 'fəːst 'deɪ 'kʌvə], Abk. FDC, svw. ↑ Ersttagsbrief.

First Lady [ˈfəːst ˈleɪdɪ; engl. „erste Dame"], die Frau eines Staatsoberhauptes.

First National City Bank [engl. 'fəːst 'næʃənəl 'sɪtɪ 'bæŋk] ↑ Citicorp.

Firstpfette, Teil des Dachstuhls; trägt die Sparren am Dachfirst.

Firstziegel ↑ Dachziegel.

Firth [engl. fəːθ (vgl. Fjord)], engl. Bez. für ↑ Fjord; ↑ entsprechende Eigennamen.

Firusabad, Ort in S-Iran, im Sagrosgebirge, 90 km südl. von Schiras, 19 900 E. Nw. von F. die Ruinen einer von Ardaschir I. (⋈ 224–241) gegr. kreisförmig angelegten Stadt, in deren Zentrum ein Feuertempel stand, sowie eines Palastes mit riesigen, überwölbten Empfangsräumen. Nahebei Felsrelief mit der Darstellung des Sieges Ardaschirs über den Partherkönig Artabanos V.

FIS, Abk. für: **F**édération **I**nternationale de **S**ki, Internat. Skiverband; gegr. 1924 in Chamonix-Mont-Blanc; Sitz Gümlingen.

Fisch ↑ Fische.

Fischadler (Pandion haliaetus), fast weltweit verbreiteter, v. a. an Seen, Flüssen und Meeresküsten vorkommender, etwa bussardgroßer Greifvogel; die Oberseite ist schwärzlich, die Bauchseite schneeweiß mit dunklem Brustband; Flügelspannweite etwa 1,10 m. Ernährt sich hauptsächlich von Fischen.

Fischart, Johann, eigtl. J. Fischer, genannt Mentzer (Mainzer), *Straßburg um 1546, †Forbach bei Saarbrücken um 1590, dt. Satiriker und Publizist. – Moralsatiriker, derbhumorvoller Volksschriftsteller aus humanist. Geist, der Sittenverfall und Modetorheiten, das Papsttum und die Jesuiten bekämpfte, u. a. „Das Glückhafft Schiff von Zürich" (1576), „Floeh Haz, Weiber Traz" (1573); sein Hauptwerk, „Affentheurlich Ungeheurliche Geschichtsschrift ..." (1575, 1582 u. d. T. „Affentheurlich Naupengeheurlich Geschichtklitterung ...") ist eine freie Bearbeitung von Rabelais' „Gargantua".

Fischau, Bad ↑ Bad Fischau-Brunn.

Fischbacher Alpen, Teil der östr. Zentralalpen zw. Bruck an der Mur und Semmering; Mittelgebirgscharakter, im Stuhleck 1 782 m hoch.

Fischbandwurm (Breiter Bandwurm, Grubenkopf, Diphyllobothrium latum), mit 10–15 m Länge größte im Menschen (nach dem Genuß von rohem, finnigem Fisch) vorkommende Bandwurmart; hat bis über 4 000 Glieder, die sich in Gruppen ablösen.

Fischbeck (Weser), Ortsteil von Hessisch Oldendorf, Nds. – Ehem. Kanonistift (gegr. 955) mit roman. Kirche (12. Jh.), Stiftsgebäude (13.–18. Jh.).

Fischbein, hornartige, sehr elast., leichte, widerstandsfähige Substanz aus den Barten der Bartenwale; diente früher zur Herstellung von Schirmgestellen, Korsettstäben.

Fischblase, Schwimmblase der Fische.
▷ (Schneuß), spätgot. Maßwerkform mit fischblasenartigem Umriß (in Frankreich eher flammenartig).

Fischchen (Lepismatidae), mit etwa 250 Arten fast weltweit verbreitete Fam. bis 2 cm langer Borstenschwänze mit flachem, meist blaß gefärbtem, von silbrigen Schuppen bedecktem Körper; z. B. ↑ Silberfischchen.

Fische ↑ Sternbilder (Übersicht).

Fische (Pisces), mit etwa 25 000 Arten in Süß- und Meeresgewässern weltweit verbreitete Überklasse 0,01 bis 15 m langer Wirbeltiere; wechselwarme, fast stets durch (innere) Kiemen atmende Tiere mit meist langgestrecktem Körper, dessen Oberfläche im allg. von Schuppen oder Knochenplatten bedeckt ist; [flossenförmige] Extremitäten sind die paarigen Flossen (Brustflossen, Bauchflossen), daneben kommen unpaarige Flossen ohne Extremitätennatur vor (Rückenflossen, Afterflosse, Fettflosse, Schwanzflosse); Körperfärbung bisweilen (bes. bei ♂♂) sehr bunt, Farbwechsel oft stark ausgeprägt; Silberglanz wird durch Reflexion des in den Schuppen abgelagerten ↑ Guanins hervorgerufen. Mit Ausnahme der Knorpel- und Plattfische haben die meisten F. eine Schwimmblase, durch deren verschieden starke Gasfüllung das spezif. Gewicht verändert werden kann, wodurch ein Schweben in verschiedenen Wassertiefen ohne Energieaufwand ermöglicht wird. F. besitzen einen Strömungs- und Erschütterungssinn durch die Seitenlinienorgane. – Die meisten F. sind eierlegend, selten lebendgebärend. Die Entwicklung der F. erfolgt meist direkt, manchmal über vom Erwachsenenstadium stark abweichenden Larvenformen (z. B. Aale, Plattfische) mit anschließender Metamorphose. – Die F. gliedern sich in die beiden Klassen ↑ Knorpelfische und ↑ Knochenfische.

In vielen alten *Religionen* waren F. Symbole sowohl des Todes als auch der Fruchtbarkeit, als Glückszeichen ist F. in Indien schon im 5. Jh. v. Chr. nachweisbar. Auf Grund der Symbolik des Menschenfischens im N. T. (Matth. 4, 19) ist der Fisch ein altchristl. Symbol; außerdem ist er Symbol für Christus, dessen griech. Bez. mit **I**ēsoũs **Ch**ristós **Th**eoũ **H**yiòs **S**otḗr (Jesus Christus, Gottes Sohn, Erlöser) das aus den Anfangsbuchstaben gebildete Wort ICHTHYS (griech. „Fisch") ergibt.

Fischechsen (Fischsaurier, Ichthyosaurier), weltweit verbreitete Ordnung ausgestorbener, langschwänziger Meeresreptilien mit paddelförmigen Flossen, bis 15 m lang; lebten in der Trias und Kreidezeit.

Johann Fischart
(Bildnis aus dem „Philosophisch Ehzuchtbüchlin" von 1578)

Fischblase
(Architektur)

Fischadler
(Größe bis 58 cm)

Fischegel

Fischegel (Piscicola geometra), bis etwa 5 cm langer Blutegel v. a. in Süß-, aber auch in Brack- und Meeresgewässern Europas und N-Amerikas; schmarotzt an Fischen.

Fischer, Aloys, * Furth im Wald 10. April 1880, † München 23. Nov. 1937, dt. Pädagoge. – Prof. in München. Zog die Husserlsche Phänomenologie ebenso wie die Webersche Soziologie und die empir. Psychologie zur Lösung erziehungswiss. Probleme heran.
Werke: Deskriptive Pädagogik (1914), Theorie der emotionalen Bildung (1923), Pädagog. Soziologie (1933).

Edmond Henri Fischer

F., Edmond Henri, * Schanghai 20. April 1920, amerikan. Biochemiker. – Seit 1961 Prof. in Seattle (Wash.); entdeckte anhand von Arbeiten zur Muskeltätigkeit die Bed. von Enzymen (Kinasen, Phosphatasen) als Botenmoleküle, die als grundsätzl. Regulationsmechanismen bei Zellvorgängen gelten; erhielt hierfür 1992 zus. mit E. G. Krebs den Nobelpreis für Physiologie oder Medizin.

F., Edwin, * Basel 6. Okt. 1886, † Zürich 24. Jan. 1960, schweizer. Pianist und Dirigent. – Feinsinniger, werketreuer Interpret der Klavierwerke Bachs, Mozarts und Beethovens; Hg. von Bachs Klavierwerken.

Emil Fischer

F., Emil, * Euskirchen 9. Okt. 1852, † Berlin 15. Juli 1919, dt. Chemiker. – Prof. in München, Erlangen, Würzburg und Berlin; gehört zu den bedeutendsten Naturstoffchemikern des 19./20. Jh. F. ermittelte Konstitution und Konfiguration der wichtigsten Zucker und erforschte und synthetisierte zahlr. Verbindungen der Puringruppe; erhielt 1902 den Nobelpreis für Chemie.

F., Ernst Otto, * München 10. Nov. 1918, dt. Chemiker. – Prof. in München; arbeitete hauptsächlich über metallorgan. Verbindungen; entwickelte bei Untersuchungen über Ferrocen die – von G. Wilkinson unabhängig bestätigte – Vorstellung, daß bestimmte Verbindungen zw. Metallen und organ. Stoffen „sandwichartigen" Molekülaufbau besitzen; erhielt 1973 (mit Wilkinson) den Nobelpreis für Chemie.

F., Eugen, * Karlsruhe 5. Juni 1874, † Freiburg im Breisgau 9. Juli 1967, dt. Anthropologe. – Prof. in Würzburg, Freiburg im Breisgau und Berlin; begr. mit F. Muckermann das Kaiser-Wilhelm-Institut für Anthropologie, menschl. Erblehre und Eugenik in Berlin.

Ernst Otto Fischer

F., Franz, * Freiburg im Breisgau 19. März 1877, † München 1. Dez. 1947, dt. Chemiker. – Prof. in Berlin, Direktor des Kaiser-Wilhelm-Instituts für Kohleforschung in Mülheim a. d. Ruhr; entwickelte die ↑Fischer-Tropsch-Synthese (gemeinsam mit H. Tropsch, 1926).

F., Fritz, * Ludwigsstadt 5. März 1908, dt. Historiker. – Seit 1942 Prof. in Hamburg; gab durch seine Publikationen zur Geschichte des 1. Weltkrieges den Diskussionen um das Problem von Kontinuität und Diskontinuität preuß.-dt. Politik wesentl. Impulse.

F., Hans, * Höchst (= Frankfurt am Main) 27. Juli 1881, † München 31. März 1945, dt. Chemiker. – Prof. in Innsbruck, Wien und München. F. erhielt für Konstitutionsaufklärung und Synthese der Porphinfarbstoffe Hämin und Chlorophyll 1930 den Nobelpreis für Chemie.

F., Johann Caspar Ferdinand, * bei Ostrov (Westböhm. Bez.) um 1665, † Rastatt 27. Aug. 1746, dt. Komponist. – Mit seinen Orchester- und Cembalowerken bed. Vermittler frz. Musik in Deutschland; Einfluß auf J. S. Bach.

F., Johann Martin, * Bebele bei Hopfen (Allgäu) 2. Nov. 1740, † Wien 27. April 1820, östr. Bildhauer. – 1815 Direktor der Wiener Akad. der bildenden Künste; Schüler von G. R. Donner, leitete den F. den Klassizismus ein.

F., Johann Michael, * Burglengenfeld (Oberpfalz) 18. Febr. 1692, † München 6. Mai 1766, dt. Barockbaumeister. – Verband bei seinen Kirchenbauten Langhaus- und Zentralbaugedanken: axial gereihte Einzelräume mit einem beherrschenden Mittelraum; u. a. ehem. Stiftskirche in Dießen am Ammersee (1732 ff.), Hofkirche in Berg am Laim, München (1737 ff.), ehem. Abteikirche in Zwiefalten (1741 ff.), Abteikirche in Ottobeuren (1748 ff.), ehem. Benediktinerkirche in Rott am Inn (1759 ff.; vollständiger Neubau).

Eugen Fischer

F., Joseph („Joschka"), * Langenburg 12. April 1948, dt. Politiker. – März 1983–März 1985 MdB (Grüne); in der Koalitionsreg. von SPD und Grünen in Hessen 1985–87 und seit 1991 Min. für Umwelt und Energie, seit 1991 auch stellv. Min.präsident.

F., Kuno, * Sandewalde bei Guhrau 23. Juli 1824, † Heidelberg 5. Juli 1907, dt. Philosoph. – 1856 Prof. in Jena, 1872 in Heidelberg. Bed. Philosophiehistoriker („Geschichte der neueren Philosophie", 8 Bde., 1852–93); versuchte in seiner Schrift „System der Logik und Metaphysik oder Wissenschaftslehre" (1852) eine Verbindung der Dialektik Hegels mit Elementen des modernen Evolutionismus. Vermittelte dem Neukantianismus wichtige Impulse.

F., Oskar, * Asch (tschech. Aš) 19. März 1923, dt. Politiker. – Mgl. des ZK der SED 1971–89. F. war 1965–73 stellv. und 1974 amtierender Außenmin., 1975–89 Außenmin. der DDR.

F., O[tto] W[ilhelm], * Klosterneuburg bei Wien 1. April 1915, östr. Theater- und Filmschauspieler. – Bekannt durch kom. Rollen in den Filmen „Ein Herz spielt falsch" (1953), „Solange du da bist" (1953), „Ludwig II." (1955), „Herrscher ohne Krone" (1957), „Peter Voß, der Millionendieb" (1958).

F., Robert James, gen. „Bobby", * Chicago 9. März 1943, amerikan. Schachspieler. – Wurde 1958 jüngster Internat. Großmeister der Schachgeschichte, 1972–75 Weltmeister.

F., Ruth, eigtl. Elfriede Golke, geb. Eisler, * Leipzig 11. Dez. 1895, † Paris 13. März 1961, dt. Politikerin und Publizistin. – Schwester von G. und H. Eisler; 1918 Mitbegr. der KPÖ; übersiedelte 1919 nach Berlin; führte die KPD seit 1924 auf ultralinken Kurs; 1925 von Thälmann abgelöst, 1926 aus der KPD ausgeschlossen; 1924–28 MdR; flüchtete 1933 nach Paris, 1940 in die USA; lebte nach 1945 als polit. Publizistin in Paris.

F., Samuel, * Liptovský Mikuláš 24. Dez. 1859, † Berlin 15. Okt. 1934, dt. Verleger. – Gründete 1886 den S. Fischer Verlag in Berlin, förderte den Naturalismus (H. Ibsen, E. Zola, G. Hauptmann u. a.), H. von Hofmannsthal, A. Schnitzler, T. Mann, H. Hesse, G. B. Shaw, O. Wilde. Verlegte (als Nachfolgerin der „Freien Bühne") seit 1894 die „Neue Dt. Rundschau" (seit 1903 „Die Neue Rundschau"). – ↑Verlage (Übersicht).

F., Theodor, * Schweinfurt 28. Mai 1862, † München 25. Dez. 1938, dt. Architekt. – Schuf Monumentalbauten, deren Raumgliederung klar im Außenbau erscheint (z. B. Elisabethschule in München, 1901–03; Pfullinger Hallen, 1904–05; Garnisonkirche in Ulm, 1906–12; Universität Jena, 1906 ff.).

Fischer-Dieskau, Dietrich, * Berlin 28. Mai 1925, dt. Sänger (Bariton). – Wurde 1948 Mgl. der Städt. Oper Berlin, gastierte an fast allen großen Opernhäusern der Welt sowie bei den Festspielen. Berühmtheit erlangte er als Lieder- (bes. Schubert, H. Wolf) und Oratoriensänger; auch Dirigent; 1981 als Prof. an die Hochschule der Künste Berlin (West) berufen.

Fischerei, der gewerbsmäßige Fang von Fischen u. a. Wassertieren. Man unterscheidet die küstenferne große Hochsee-F., die mehr oder weniger weit von der Küste entfernt (bis in die Flußmündungen hinein) ausgeübte kleine Hochsee- F.und Küsten-F. sowie die Binnenfischerei.
Die **große Hochseefischerei** verwendet Logger und Trawler sowie Fischfabrikschiffe. *Logger* sind meist Seitenfänger (speziell zum Heringsfang mit Schleppnetz). *Trawler* arbeiten stets mit Grundschleppnetz *(Trawl)* oder Schwimmschleppnetz. Durch die Verlagerung der Fangzonen in entferntere Gebiete ergab sich der Zwang zu hochwertigeren Konservierungsverfahren; daher wuchs die Bed. des Tiefgefrierens von vorverarbeitetem Fang. Die erforderl. Fabrikationseinrichtungen eines solchen *Gefriertrawlers* ließen sich nur in einem Zweideckschiff unterbringen, was zur Einführung der Heckaufschleppe und des Heck-Fischgalgens führte. Der so entstandene *Hecktrawler* ist also stets ein Fang- und Verarbeitungsschiff *(Fabriktrawler)*. – Die UdSSR und andere Länder haben in größerem Umfang *Fangflotten* eingesetzt, deren Fabrikschiffe (**Fischfabrikschiffe**) gleichzeitig Mutterschiff für 8–16 Fangboote sind.

Fischvergiftung

In der **kleinen Hochseefischerei** (Nord- und Ostsee) und der **Küstenfischerei** werden Kutter verwendet. Gebräuchlichste Arbeitsgeräte der Kutter sind *Scherbrettnetze* und *Schwimmschleppnetze*, die meistens im Gespann gezogen werden. Fanggeräte sind Stell- und Treibnetze, Strand- und Bootswaden, Körbe, Garnelen- und Aalreusen, Fischzäune, Angeln sowie Fangleinen. Der Ertrag der Küsten-F. sind v.a. Krabben, Aale, Garnelen, Heringe und Schollen.

Die **Binnenfischerei** deckt den Bedarf an Edelfischen (Aal, Hecht, Zander, Karpfen, Schlei, verschiedene Salmoniden- und Felchenarten sowie Weißfischarten). Die Fanggeräte sind dieselben wie bei der Küsten-F., dazu kommen Elektrofanggeräte. V.a. Karpfen und Forellen werden auch in künstlich angelegten Teichen gezüchtet.

Geschichte: F.geräte sind bereits aus dem Paläolithikum bekannt. Angelhaken, Speere und Harpunen waren aus Knochen, Horn, Holz, später aus Metall gefertigt; Angeln mit Widerhaken und Dreizack zum Stechen der Fische kamen in Europa in der Bronzezeit (etwa ab 1900 v. Chr.) auf. Die ältesten erhaltenen Reusen sind 8 000 bis 9 000 Jahre alt, konisch geflochtene Weidenkörbe (etwa 4 m lang, 90 cm Durchmesser). In Ägypten wie in Griechenland war im Altertum neben der Reuse auch das Netz in Gebrauch.

Johann Bernhard Fischer von Erlach. Karlskirche in Wien, begonnen 1716

Fischereigrenze, im Völkerrecht jene im Meer verlaufende Grenzlinie, die die hohe See und den Teil des Küstenmeeres (Fischerei- und Wirtschaftszone) voneinander trennt, in dem u.a. die Ausübung des Fischereirechts den Staatsangehörigen des Uferstaates vorbehalten ist (Küstenfischerei). In neuester Zeit wurde die F. von einigen Staaten in Richtung hohe See erheblich (z.T. bis zu 200 sm) verschoben, u.a. um den Fischbestand zu schützen.

Fischereirecht, als *nationales F.* 1. im subjektiven Sinn (privatrechtlich) das absolute Recht, in einem Gewässer Fische und andere nutzbare Wassertiere (soweit sie nicht dem Jagdrecht unterliegen) zu hegen und sich anzueignen. Das F. steht dem Eigentümer (Staat oder Anlieger) zu, kann aber je nach Landesrecht auch ein selbständiges Recht eines Dritten an einem fremden Gewässer sein und übertragen werden. 2. im objektiven Sinn die Gesamtheit der öff.-rechtl. Normen, die Umfang und Ausübung der Fischerei regeln. Das F. der Hochsee- und der Küstenfischerei sind bundesgesetzlich im SeefischereiG vom 12.7.1984 und in der VO zur Durchsetzung gemeinschaftsrechtl. F. vom 17.1.1989 geregelt. Beides sind Vorschriften zur Durchsetzung des F. der Europ. Gemeinschaften im Inland. Die Binnenfischerei ist landesrechtlich geregelt.

Das östr. (Binnen-)*F*. ist in Gesetzgebung und Vollziehung Landessache. Nach den einschlägigen Landesgesetzen steht das F. gewöhnlich dem Grundeigentümer zu. – In der *Schweiz* gilt das BG über die Fischerei vom 14.12.1973. Die Kantone können bundesrechtl. Bestimmungen zum F. bei Notwendigkeit erlassen. Im *Völkerrecht* steht auf der hohen See die Ausübung des F. jedem zu. Im Küstenmeer (Fischerei- und Wirtschaftszone) regelt der Uferstaat die Ausübung des F. (Küstenfischerei).

Fischereischein, behördl. Erlaubnis zur Ausübung der Binnenfischerei.

Fischerhalbinsel, in die Barentsee vorspringende Halbinsel an der Murmanküste, Rußland, bis 299 m ü.d.M.; Tundrenvegetation.

Fischerring, Amtsring des Papstes, im 13. Jh. erstmals erwähnt, seit dem 15. Jh. regelmäßig getragen. Der F. trägt das Bild des Apostels Petrus (mit Fischernetz) und den Namen des jeweiligen Papstes.

Fischerstechen (Schifferstechen), Geschicklichkeitsübung in Form eines Zweikampfes zw. Fischern, bei der von einem leichten Boot aus mit langen Stangen versucht wird, sich gegenseitig ins Wasser zu stoßen.

Fischer-Tropsch-Synthese, ein von Franz Fischer und H. Tropsch 1923–25 entwickeltes großtechn. Verfahren zur Synthese von Kohlenwasserstoffen aus Kohlenmonoxid und Wasserstoff; v.a. für die Benzin-, Paraffin- und Motorenölherstellung bedeutsam.

Fischer-Verlag, S. (S. F. V. GmbH) ↑ Verlage (Übersicht).

Fischer von Erlach, Johann Bernhard (geadelt 1696), * Graz 20. Juli 1656, † Wien 5. April 1723, östr. Baumeister. – Begründer der spätbarocken dt. Baukunst, des sog. Reichsstils, der von Wien ausging. 1693 ff. Architekt des Erzbischofs von Salzburg; 1705 Oberaufsicht über alle kaiserl. Bauten. Die Salzburger Kollegienkirche (1696 bis 1707) zeigt den für F. von E. charakterist. raumhaften Baukörper auf ovalem Grundriß. In Wien entstanden Schloß Schönbrunn (1695/96 ff.), Palais Trautson (um 1710–12), Karlskirche (1716 ff.) und Hofbibliothek (1723 ff.).

Fischfabrikschiff ↑ Fischerei.

Fischinger, Oskar, * Gelnhausen 22. Juli 1900, † Hollywood (Calif.) 31. Jan. 1967, amerikan. Filmregisseur dt. Herkunft. – Bedeutendster Vertreter des abstrakten Zeichentrickfilms. Seine Filme, u.a. „Komposition in Blau" (1933) und „Motion painting No. 1" (1947), sind Versuche, Musik durch Bilder zu interpretieren.

Fischkutter ↑ Kutter.

Fischl, Eric, * New York 9. März 1948, amerikan. Maler. – Sein Hauptmotiv sind Menschen in Einsamkeit und Lethargie.

Fischland ↑ Darß.

Fischleder, Bez. für die von der Lederwarenind. verarbeiteten Häute v.a. von Rochen und Haien.

Fischlupe ↑ Echolot.

Fischmehl, Handelsbez. für eiweißreiche Futtermittel aus getrockneten, zermahlenen Fischabfällen; enthält etwa 8 % Stickstoff und 12–14 % Phosphorsäure; dient bes. zur Schweine- und Geflügelfütterung.

Fischmilch ↑ Milch.

Fischotter ↑ Otter.

Fischpaß (Fischtreppe), künstlich angelegter Fischweg zur Erhaltung der natürl. Fischwanderungen; an Schleusen, Wehren und Kraftwerken wird ein kleiner Wasserlauf mit kleinen Staubecken vorbeigeleitet, in dem die Fische das Hindernis überwinden können.

Fischreiher ↑ Reiher.

Fischrogen ↑ Rogen.

Fischsaurier, svw. ↑ Fischechsen.

Fischschuppenkrankheit, svw. ↑ Ichthyose.

Fischsterben, Massensterben von Fischen in Gewässern, verursacht v.a. durch Sauerstoffmangel infolge starker Wasserverschmutzung, Vergiftung des Wassers durch eingeleitete oder eingeschwemmte Chemikalien (z.B. Schädlingsbekämpfungsmittel) oder Infektionskrankheiten.

Fischteich, für die Vermehrung und Haltung von bestimmten Speisefischen (v.a. Karpfen, Forellen) meist künstlich angelegte oder ausgebaute Teiche.

Fischtreppe, svw. ↑ Fischpaß.

Fischvergiftung (Ichthyismus), meist schwere, akute Erkrankung nach dem Genuß verdorbener, infizierter oder giftiger Fische (↑ Botulismus).

Hans Fischer

Joseph (Joschka) Fischer

Ruth Fischer

Dietrich Fischer-Dieskau

Fischwanderungen

Fischwanderungen, meist in großen Schwärmen erfolgende, ausgedehnte Wanderungen von Fischen (z. B. Heringe, Sardinen, Thunfische) bes. zum Aufsuchen der Laichplätze *(Laichwanderungen),* vielfach auch als *Nahrungswanderungen.*

Fischwilderei, das Fischen unter Verletzung fremden Fischereirechts oder die Zueignung, Beschädigung oder Zerstörung einer Sache, die dem Fischereirecht unterliegt; wird mit Geld- oder Freiheitsstrafe bis zu zwei, in bes. schweren Fällen bis zu fünf Jahren bestraft. Verbotenes Fischen in Teichen ist Diebstahl.

Fischwirtschaft, Wirtschaftszweig, der den Fang und die Verarbeitung von Fisch und anderen Wassertieren betreibt; eingeteilt in Seefischerei (Hochsee- und Küstenfischerei), Binnenfischerei und Fischverarbeitung.

Fischzucht, die vom Menschen gelenkte kommerzielle Erzeugung von Fischbrut, Setzlingen und Speisefischen. Durch Abstreichen (die Hand wird unter leichtem Druck von vorn nach hinten über den Bauch der Laichfische geführt) werden Eier (Rogen) und Samen (Milch) gewonnen und anschließend miteinander vermischt. Die auf diese Weise „künstlich" befruchteten Eier werden in schwach durchströmten Kästen oder Gläsern erbrütet. Die Brut wird entweder zur Bestandsvermehrung in offenen Gewässern ausgesetzt oder in Becken, Teichen (Brutteichen) oder Anlagen der Aquakultur zu Setzlingen und weiter zu marktfähigen Speisefischen herangezogen.

Fisettholz, svw. ↑ Gelbholz.

Fisher [engl. 'fɪʃə], Irving, *Saugerties (N. Y.) 27. Febr. 1867, †New York 29. April 1947, amerikan. Nationalökonom. – 1898 bis 1935 Prof. an der Yale University; F., Vertreter der mathemat. Richtung der Nationalökonomie, lieferte wichtige Beiträge zur Preis- und Zinstheorie (mit grundlegender Bedeutung für die moderne Investitionstheorie) sowie zur Geldtheorie; schrieb u. a. „Die Zinstheorie" (1907), „Die Kaufkraft des Geldes" (1911).

F., John, hl., *Beverley (York) um 1459, †London 22. Juni 1535, engl. Humanist. – Bischof von Rochester, Kanzler der Cambridge University, einer der schärfsten Gegner Luthers in England; widersprach der Ehescheidung Heinrichs VIII. von Katharina von Aragonien und wurde nach Verweigerung des Suprematseides 1535 hingerichtet. 1935 heiliggesprochen. – Fest: 22. Juni.

F., John Arbuthnot, Baron F. of Kilverstone (seit 1909), *Rambodde (Ceylon) 25. Jan. 1841, †London 10. Juli 1920, brit. Admiral. – 1904–10 und 1914/15 Erster Seelord; prägte die brit. Flottenpolitik vor dem 1. Weltkrieg (u. a. Bau der Dreadnoughts).

F., Sir (seit 1952) Ronald Aylmer, *East Finchley (Middlesex) 17. Febr. 1890, †Adelaide 29. Juli 1962, brit. Statistiker und Genetiker. – Prof. in London und Cambridge; gilt als Begr. der modernen, mathematisch orientierten Statistik.

Fishta, Gjergj [alban. 'fiʃta], *Fishta bei Skutari 23. Okt. 1871, †Skutari 30. Dez. 1940, alban. Dichter. – Steht am Beginn der alban. Schriftsprache und gilt als bedeutendster alban. Dichter; Hauptwerk ist das Versepos „Die Laute des Hochlandes" (3 Tle., 1905–30) über den alban. Befreiungskampf.

Fisimatenten [Herkunft unsicher], leere Flausen, Ausflüchte, Winkelzüge.

Fiskal [lat.], Amtsträger, der vor Gerichten die (vermögenswerten) Rechte des Kaisers oder eines Landesherrn zu vertreten hatte (13./14.–19. Jh.).

Fiskalismus [lat.], urspr. eine einseitig auf die Beschaffung finanzieller Mittel zur Deckung des Staatsbedarfs ausgerichtete Finanzpolitik; heute Bez. für den Keynesianismus im Ggs. zum Monetarismus.

Fisker, Kay [dän. 'fisgər], *Kopenhagen 14. Febr. 1893, †ebd. 21. Juni 1965, dän. Architekt. – Führte die dän. Architektur aus dem internat. Stil in ihre spezif. dän. Eigenart zurück (v. a. Backsteinbauten); u. a. Univ. in Århus (1932 ff.).

Fiskus [zu lat. fiscus, eigtl. „Geldkorb, Kasse"], nach verbreiteter Anschauung: der Staat als Privatrechtssubjekt (Ggs.: der Staat als Träger hoheitl. Gewalt); nach W. Jellinek: der Staat als Vermögenssubjekt (der u. U. auch hoheitl. Wesenszüge zeigt, z. B. als sog. Steuer-F., Zoll-F.).

Fisole [roman.], svw. ↑ Gartenbohne.

Fissur [lat.], in der *Medizin:* 1. Einriß, Schrunde, bes. der unelastisch gewordenen, spröden Haut oder Schleimhaut, z. B. am After. 2. Knochenriß, Spaltbruch eines Knochens.

Fistel [lat.], angeborener, durch entzündl. Prozesse oder Verletzungen entstandener oder operativ angelegter (z. B. bei Harnleiter- oder Darmverschluß) röhrenförmiger Gang, der Körperorgane oder -hohlräume entweder untereinander *(innere F.)* oder mit der äußeren Körperoberfläche *(äußere F.)* verbindet.
▷ ↑ Fistelstimme.

Fistelstimme (Fistel), die männl. hauchige Kopfstimme, im Ggs. zum ↑ Falsett.

fit [engl.-amerikan.], in guter körperl. Verfassung, leistungsfähig, sportlich durchtrainiert.

Fitch, Val Logsdon [engl. fɪtʃ], *Merriman (Nebr.) 10. März 1923, amerikan. Physiker. – Entdeckte 1964 mit J. W. Cronin die Verletzung einer grundlegenden Symmetrie (*CP*-Invarianz) beim Zerfall neutraler K-Mesonen, wofür beide 1980 den Nobelpreis für Physik erhielten.

Fitis ↑ Laubsänger.

Fitness (Fitneß) ['fɪtnɛs], durch planmäßiges sportl. Training erreichte gute körperl. Verfassung bzw. Leistungsfähigkeit. Im **Fitnesscenter** kann die F. verbessert werden.

Fittig, Rudolf, *Hamburg 6. Dez. 1835, †Straßburg 19. Nov. 1910, dt. Chemiker. – Prof. in Göttingen, Tübingen und Straßburg; entdeckte das Penanthren; 1864 wandte er die Wurtzsche Synthese zur Synthese aromat. Kohlenwasserstoffe an **(Fittigsche Synthese).**

Fittings [engl.], Sammelbez. für Verbindungsstücke zum Verschrauben oder Verlöten z. B. von Wasserleitungsrohren (Muffen, T-Stücke, 90°-Bögen u. a.).

Fitzgerald [engl. fɪtsˈdʒɛrəld], Ella, *Newport News (Va.) 25. April 1918, amerikan. Jazzsängerin. – Begann ihre Laufbahn 1934 im Orchester Chick Webb; herausragende Sängerin des Swing („the first lady of Jazz"). Ihr Repertoire umfaßt sowohl Blues-Balladen als auch die rhythm.-prägnanten „scat-vocals" des Bebop, in denen ihre Musikalität, Gesangstechnik und Improvisationskunst bes. zum Ausdruck kommen.

F., F[rancis] Scott [Key], *Saint Paul (Minn.) 24. Sept. 1896, †Los Angeles 21. Dez. 1940, amerikan. Schriftsteller. – Einer der Hauptvertreter der „verlorenen Generation", gibt F. in Romanen (u. a. „Der große Gatsby", 1925, „Zärtlich ist die Nacht", 1934) und Short stories (in dt. Übers.: „Die besten Stories", 1954) eine Darstellung des hekt. Lebens der 20er Jahre.

FitzGerald, Garret [engl. fɪtsˈdʒɛrəld], *Dublin 9. Febr. 1926, ir. Politiker (Fine Gael). – Seit 1969 Unterhausabg. und einer der Führer seiner Fraktion und Partei; 1973–77 Außenmin., danach Oppositionsführer; Premiermin. 1981/82 und 1982–87.

Fiume ↑ Rijeka.

Five o'clock tea [engl. 'faɪvəˈklɔktiː], Fünfuhrtee, Nachmittagstee.

fix [lat.], fest, feststehend; z. B. fixe Kosten.
▷ umgangssprachlich für: schnell, gewandt.

Fixage [fɪˈksaːʒə; lat.-frz.] (Fixierprozeß), abschließender Arbeitsgang bei der Entwicklung photograph. Materialien, bei dem das Bild im Fixierbad durch Herauslösen des unbelichteten und nicht entwickelten Silberhalogenids aus der Schicht lichtbeständig gemacht wird. Als **Fixierbad** dient die wäßrige Lösung eines **Fixiersalzes,** oft Natriumthiosulfat, $Na_2S_2O_3$.

Fixativ [lat.], Lösung, mit der man Bleistift-, Kohle-, Kreide- und Pastellzeichnungen besprüht, damit sie wischfest werden (z. B. Schellack, Zaponlack).

fixe Idee (überwertige Idee), Vorstellung oder Meinung, die das Bewußtsein und Verhalten einer Person beherrscht und durch rationale Argumente kaum zu beeinflussen ist. Die f. I. tritt als *Zwangsvorstellung* (z. B. Waschzwang) oder als *Wahnidee* (z. B. Eifersuchtswahn) auf.

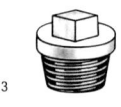

Fittings.
1–5 Gußeiserne Formstücke mit Gewindeanschluß:
1 Kreuzstück;
2 Reduktionsmuffe;
3 Stopfen;
4 45°-T-Stück;
5 T-Stück;
6–8 Lötfittings aus Kupfer:
6 90°-Winkelstück;
7 Reduktionsmuffe;
8 T-Stück

fixe Kosten (feste Kosten) ↑ Kosten.
fixen [lat.], im *Börsenwesen:* Leerverkäufe tätigen; der **Fixer** verkauft Wertpapiere, die er erst zu einem späteren Termin kaufen will, in der Erwartung, sich bis zum Erfüllungstag billiger als abgeschlossen eindecken zu können.
▷ umgangssprachlich: dem Körper Rauschmittel, insbes. Heroin, durch Injektion zuführen; **Fixer,** Drogenabhängiger, der sich Rauschmittel einspritzt.
Fixfokusobjektiv, photograph. Objektiv mit unveränderl. Entfernungseinstellung.
Fixgeschäft, 1. das *absolute Fixgeschäft,* ein schuldrechtl. Rechtsgeschäft, bei dem die Nichteinhaltung der vereinbarten Leistungszeit zur Unmöglichkeit der Leistung führt, so z. B., wenn der für den Umzug bestellte Packer den Umzug versäumt; 2. beim *relativen (einfachen) Fixgeschäft* ist die nicht rechtzeitig erbrachte Leistung zwar nachholbar, jedoch soll das Geschäft nach dem Willen der Vertragschließenden mit der Einhaltung der Leistungszeit stehen oder fallen. Versäumung der Leistungszeit begründet deshalb im Zweifel – auch ohne [verschuldeten] Verzug des Schuldners – ein Recht des Gläubigers zum Rücktritt vom Vertrag. – Für das *östr.* und *schweizer. Recht* gilt Entsprechendes.

Fjord. Geirangerfjord in Norwegen

Fixierbad ↑ Fixage.
fixieren [lat.], widerstandsfähig, beständig, unveränderlich machen; festlegen.
Fixiersalz ↑ Fixage.
Fixierung [lat.], (Fixation) in der *biolog. Technik* die Haltbarmachung von tier. oder pflanzl. Material (ganze Organismen, Körper- oder Gewebeteile u. a.) durch Behandlung mit F.mitteln (z. B. Alkohol, Formalin) für spätere mikroskop. Untersuchungen.
▷ in der *Medizin* die Ruhigstellung der Bruchenden eines gebrochenen Knochens auf mechan. Weise (durch Gipsverband, Schienen, Schrauben).
▷ in der *Psychologie* das mit einem Verlust an Flexibilität des Denkens, Fühlens und Handelns verbundene Festhalten an bestimmten Einstellungen, Denkstilen und Verhaltensweisen; in der *Psychoanalyse* nach S. Freud das Stehenbleiben auf bestimmten frühkindl. psych. Entwicklungsstufen (Phasen).
▷ in der *Sinnesphysiologie* die Einstellung des Auges auf ein bestimmtes Wahrnehmungsobjekt (F.punkt) derart, daß dieses an der Stelle des schärfsten Sehens (dem gelben Fleck) auf der Netzhaut abgebildet wird.
Fixing [zu engl. to fix „festmachen, bestimmen"], die an der Börse (dreimal täglich) erfolgende Feststellung der Devisenkurse.
Fixpunkt (thermometrischer F.), fester Bezugspunkt bei Messungen der Temperatur.
Fixsterne [zu lat. *fixa stella* „feststehender Stern"], Bez. für die von den Astronomen des Altertums als an der Himmelskugel befestigt (als fixiert) angenommenen Sterne im Ggs. zu den Wandelsternen (Planeten).
Fixum [lat.], festes Entgelt im Ggs. zum variablen, nach Leistung oder Arbeitszeit bemessenen Entgelt; auch Bez. für ein garantiertes Mindesteinkommen, meist auf ein erfolgsabhängiges Einkommen angerechnet.
Fizeau, Hippolyte [frz. fi'zo], * Paris 23. Sept. 1819, † Venteuil 18. Sept. 1896, frz. Physiker. – Führte 1849 die erste terrestr. Messung der Lichtgeschwindigkeit durch; fand 1850, daß die Lichtgeschwindigkeit in Wasser kleiner ist als in Luft.
Fizz [fɪs, engl. fiz; zu to fizz „zischen, sprühen"], Drink aus Spirituosen, Fruchtsirup, Soda oder Sekt, z. B. *Gin Fizz.*
Fjärd [schwed.], Bez. für einen meist schmalen, weit in das Land eingreifenden, aber nicht sehr tiefen Meeresarm.
Fjell (Fjäll) [skand.], die Region oberhalb des borealen Nadelwaldgürtels auf der skand. Halbinsel, etwa 300 bis 700 m ü. d. M., bestimmt durch eine Vegetationsformation aus Moosen, Flechten, Stauden und Zwergsträuchern.
Fjodor, Name russ. Herrscher:
F. I. Iwanowitsch, * Moskau 31. Mai 1557, † ebd. 17. Jan. 1598, Zar (seit 1584). – Folgte seinem Vater Iwan IV., dem Schrecklichen; zu selbständiger Regierung unfähig; sein Schwager Boris Godunow übte die Macht aus.
F. III. Alexejewitsch, * Moskau 9. Juni 1661, † ebd. 7. Mai 1682, Zar (seit 1676). – Beendete 1681 ergebnislos den ersten russisch-türk. Krieg; schaffte 1682 die komplizierte Rangordnung des Dienstadels ab und förderte eine Modernisierung des Heerwesens.
Fjord [skand.] (engl. Firth), infolge Meeresspiegelanstieges überflutetes, glazial überformtes Trogtal, mit übersteilen Hängen und typ. Schwelle vor der Mündung.
FK, Abk. für: **Flugk**örper.
FKK, Abk. für: ↑ **F**rei**k**örper**k**ultur.
Fl. (fl.), Abk. für: ↑ **Fl**oren und ↑ **Fl**orin.
Fla, Abk. für: **Fl**ug**a**bwehr.
Flaccus, Gajus Valerius ↑ Valerius Flaccus, Gajus.
Flachbauweise, Bez. für die Bebauung eines Gebietes mit ein- bis zweistöckigen Häusern im Ggs. zur mehrgeschossigen **Hochbauweise.**
Flachdach, Dach mit Neigung unter 25°.
Flachdruck ↑ Drucken.
Fläche, allg. ebenes Gebiet; in der *Elementargeometrie* ein beliebig gekrümmtes oder ebenes Gebilde im Raum, insbes. jede Begrenzung (Oberfläche) einer räuml. Figur.
Flächeninhalt, die Größe eines von einem geschlossenen Linienzug begrenzten Teiles einer ebenen oder gekrümmten Fläche. SI-Einheit des F. ist Quadratmeter (m²). Die rechner. Bestimmung des F. einfacher Flächenstücke (z. B. Dreieck, Kreis) erfolgt aus einzelnen Bestimmungsstücken dieser Figuren (z. B. Seiten, Höhen beim Dreieck) mit Hilfe bekannter Formeln oder durch Zerlegung der Flächenstücke in derart berechenbare Flächenstücke. Den F. beliebig begrenzter Flächenstücke berechnet man mit Methoden der Integralrechnung.
Flächennutzungsplan, sog. vorbereitender Bauleitplan nach dem Baugesetzbuch. Im F. ist für das ganze Gemeindegebiet die beabsichtigte Art der Bodennutzung nach den voraussehbaren Bedürfnissen der Gemeinde in den Grundzügen darzustellen, insbes. die für die Bebauung vorgesehenen Flächen. Aus dem F. ist der Bebauungsplan zu entwickeln.
Flächenprämie, Ausgleichszahlung für Landwirte, die ungünstige landw. Flächen bewirtschaften (z. B. in großen Höhenlagen); 1975 vom EG-Ministerrat beschlossen. Die F. soll eine umwelterhaltende Bewirtschaftung fördern.
Flächensatz ↑ Keplersche Gesetze.
Flachglas, durch Gießen, Walzen oder Ziehen erzeugtes plattenförmiges Glas.
Flachland, ausgedehnte Landoberfläche mit geringen, jedoch größeren Höhenunterschieden als bei der Ebene. Nach der Lage über dem Meeresspiegel unterscheidet man **Tiefland** (bis etwa 200 m ü. d. M.) und **Hochland.**
Flachrelief (Basrelief) ↑ Relief.

Ella Fitzgerald

F. Scott Fitzgerald

Garret FitzGerald

Fjodor III. Alexejewitsch

Flachs

Flagellanten. Flagellantenzug 1349, zeitgenössische Miniatur

Flachs

Flachs, (Echter Lein, Linum usitatissimum) vorwiegend in der nördl. gemäßigten Zone verbreitete Leinart; einjähriges, 30–120 cm hohes Kraut mit lanzenförmigen Blättern und himmelblauen oder weißen, selten rosafarbenen Blüten in Wickeln; fünffächerige Kapselfrüchte mit 5–10 öl- und eiweißhaltigen Samen mit quellbarer, brauner Schale. Nach Wuchs und Verwendung unterscheidet man zw. **Gespinstlein** (Faserlein) und **Öllein.** Ersterer wird v. a. in O- und W-Europa angebaut; mit 60–120 cm langen, nicht oder kaum verzweigten Stengeln, die zur Gewinnung von F.fasern verwendet werden. Der Öllein wird 40–80 cm hoch, ist stark verzweigt und hat große Samen, aus denen Leinöl gewonnen wird.
▷ (Flachsfasern, Lein[en]fasern) Bastfasern aus dem Stengel von Gespinstlein. Gewinnung: Durch Riffeln werden die Blätter und Samenkapseln von den Stengeln entfernt. Durch ↑Rotten wird der Bast von Rinde und Holzkern gelöst; der getrocknete Röststrohflachs wird gebrochen oder geknickt, die Holzteile des Stengels werden dabei zerstört und fallen als Schäben heraus. Das gewonnene Fasermaterial heißt Brech-F. Durch das Schwingen werden die restl. Schäben entfernt, es bleibt der Schwingflachs. Beim Hecheln werden die groben Fasern in Längsrichtung aufgeteilt und ergeben die technisch verwendbare Langfaser, den Hechelflachs, der zu Flachsgarnen (Leinengarnen) versponnen wird. Kurzes Fasermaterial wird als Werg bezeichnet. Eigenschaften: Länge der Langfaser bis zu 70 cm; Farbe grau bis gelblich; F. können rein weiß gebleicht werden; Reißfestigkeit und Wasseraufnahmefähigkeit sind hoch.

Flachsee, Meeresbereich bis zu 200 m Tiefe. – ↑Schelf.

Flachslilie (Phormium), Gatt. der Liliengewächse; ausdauernde Rosettenpflanzen mit langen, harten, schwertförmigen Blättern und großen, glockigen Blüten in einer Rispe; bekannteste Art **Neuseeländer Flachs** (Phormium tenax) mit rotem bis gelbem Blütenstand.

Flachsproß (Platykladium), Bez. für eine abgeflachte bis blattähnl. Sproßachse, z. B. beim Feigenkaktus und Mäusedornarten.

Flachstanzen ↑Blechverarbeitung.

Flacius, Matthias, eigtl. Matija Vlačić (auch M. Franković), gen. Illyricus, *Labin (Istrien) 3. März 1520, † Frankfurt am Main 11. März 1575, dt. ev. Theologe kroat. Herkunft. – 1544 Prof. für Hebräisch in Wittenberg; seine Kompromißlosigkeit brachte in Luthertum schwere innere Kämpfe und ihm selbst Verfolgung. 1561 verlor er seine 1557 übernommene Professur in Jena; auch bed. Kirchenhistoriker (Quellenforschungen, Planung und Organisation der ↑Magdeburger Zenturien) und Bibelwissenschaftler („Clavis scripturae sacrae", 1567).

Flacourtie [flaˈkurtsiə; nach dem frz. Kolonisator E. de Flacourt, *1607, †1660] (Flacourtia), Gatt. der Fam. **Flacourtiengewächse** (Flacourtiaceae), 86 Gatt. mit über 1 300 Arten in den Tropen und Subtropen; Sträucher oder Bäume mit kleinen Blüten und gelben bis purpurroten, kirschenartigen, eßbaren Steinfrüchten; mehrere Arten werden kultiviert.

Fladen [zu althochdt. flado „Opferkuchen"], flaches, brotartiges Gebäck aus Gersten- oder Hafermehl ohne Treibmittel.

Fladerung, svw. ↑Maserung.

Flagellanten [lat.] (Flegler, Geißler, Kreuzbrüder), Angehörige schwärmerisch-frommer Laienbewegungen des 13.–15. Jh., die morgens und abends zur Buße Selbstgeißelung (↑Flagellation) übten. Die Bewegung entstand im Herbst 1260 in Mittelitalien, hervorgerufen v. a. durch chiliast. Endzeiterwartung (↑Chiliasmus), und breitete sich in ganz West- und Mitteleuropa aus (bes. in den Niederlanden). Im Zusammenhang mit dem Ausbruch der Pest kam es 1348/49 zu neuen Geißlerzügen bis nach England. Klemens VI. versuchte, die F. zu unterdrücken; endgültig verschwanden sie nach dem Verbot durch das Konstanzer Konzil (1417).

Flagellaten [lat.] (Geißelträger, Geißelinfusorien, Flagellata, Mastigophora), Sammelbez. für eine nicht systematische Gruppe von Einzellern, rd. 10 Ordnungen, von denen die Hälfte auf Grund des Vorkommens von Plastiden und der dadurch bedingten Fähigkeit zur Assimilation als *pflanzl. F.* (Phytoflagellaten, Geißelalgen), die andere Hälfte wegen des Fehlens von Plastiden und der heterotrophen Ernährung als *tier. F.* (Zooflagellaten, Geißeltierchen) zusammengefaßt werden. Der Zellkörper der F. ist langgestreckt bis rundlich, mit einer Geißel oder mehreren als Fortbewegungsorganelle. F. besiedeln Gewässer, feuchte Orte, auch Schnee. Einige befallen als Parasiten Mensch und Tier und rufen gefährl. Erkrankungen hervor.

Flagellation [lat.], Selbstgeißelung oder Auspeitschung des menschl. Körpers. Im MA war die F. eine weitverbreitete Form der religiösen Buße, die sich in Europa vom 13. bis 15. Jh. bis zur psych. Epidemie, dem **Flagellantismus,** steigerte (↑Flagellanten). In ihrer masochist. Ausprägung **(Flagellomanie)** zählt F. zu den sexuellen Perversionen.

Flagellum [lat.], svw. ↑Geißel.

Flageolett [flaʒoˈlɛt; frz., zu lat. flare „blasen"], kleine Blockflöte mit schmalem Schnabel, 4 (später 6) vorderständigen Grifflöchern und 2 Daumenlöchern (später 1), auch mit Klappen.
▷ ein hohes, engmensuriertes Flötenregister der Orgel im Zweifuß oder Einfuß.
▷ flötenähnl. Ton bei Saiten-, bes. Streichinstrumenten, der durch leichtes Aufsetzen des Fingers (auf die vom Bogen gestrichene Saite) an den ganzzahligen Teilungspunkten der Saitenlänge erzeugt wird.

Flageolett-Clusters [flaʒoˈlɛt ˈklʌstəz] ↑Cluster.

Flaggen [engl.-niederdt.], drei- oder viereckige, im allg. mit herald. Farben bzw. Bildern bedruckte Tücher; können im Unterschied zu Fahnen mit einer Leine an F.masten oder -stöcken gehißt werden und sind Erkennungszeichen. **Nationalflaggen** bzw. **Staatsflaggen** sind Hoheits- und Ehrenzeichen eines Staates; ihre Beschreibung ist meist durch Gesetz oder in der Verfassung festgelegt; teils mit der Handels- oder der Kriegsflagge eines Staates identisch. Das F.wesen wurde als F.recht internat. 1958 im Genfer Übereinkommen über die hohe See geregelt. Zur Führung einer F. (Ausweis für die Nationalität) ist jedes Schiff verpflichtet, das die hohe See befährt (nicht jedoch zum ständigen Zeigen). Zum dt. F.recht ↑Hoheitszeichen.
Das allg. anerkannte internat. Protokoll beim Hissen von National- bzw. Staats-F. regelt u. a.: F. werden bei Sonnenaufgang gehißt, bei Sonnenuntergang niedergeholt, rasch aufgezogen, aber langsam eingeholt; beim gleichzeitigen Hissen der F. mehrerer Staaten müssen Maße und Höhe der F. gleich sein, sie werden meist nach dem Alphabet plaziert; die F. werden bei Trauer auf halbmast gesetzt.

Flaggenalphabet ↑Signalflaggen.

Flaggensignale ↑Signalflaggen.

Flaggschiff, Kriegsschiff, von dem aus ein Admiral **(Flaggoffizier)** einen Verband bzw. die Flotte befehligt; gekennzeichnet durch eine Flagge als Kommandozeichen; auch Bez. für das größte Schiff einer Reederei.

flagrant [frz., zu lat. flagrans „brennend"], offenkundig, ins Auge fallend; **in flagranti**, auf frischer Tat [ertappen].

Flaherty, Robert [engl. 'flɛətɪ], *Iron Mountain (Mich.) 16. Febr. 1884, †Dummerston (Vt.) 23. Juli 1951, amerikan. Filmregisseur. – Schöpfer des künstler. Dokumentarfilms; drehte seinen ersten Film „Nanuk, der Eskimo" (1922) auf einer seiner zahlr. Expeditionen. Es folgten u. a. „Moana" (1926), „Tabu" (1931; mit F. W. Murnau).

Flair [flɛːr; lat.-frz.], Fluidum, Atmosphäre, gewisses Etwas; selten für: feiner Instinkt.

Flaischlen, Cäsar, *Stuttgart 12. Mai 1864, †Gundelsheim 16. Okt. 1920, dt. Schriftsteller. – 1895–1900 Redakteur der Kunstzeitschrift „Pan"; anfangs vom Naturalismus beeinflußt, später Hinwendung zum Impressionismus. – *Werke:* Martin Lehnhardt (Dr., 1895), Von Alltag und Sonne (Ged., 1898), Jost Seyfried (R., 1905).

Flak, Abk. für: **Fl**ug**a**bwehr**k**anone.

Flake, Otto, Pseud. Leo F. Kotta, *Metz 29. Okt. 1880, †Baden-Baden 10. Nov. 1963, dt. Schriftsteller. – Zunächst vom Impressionismus und Expressionismus beeinflußt; schrieb neben den Bildungsromanen „Fortunat" (1946; Fortsetzung „Ein Mann von Welt", 1947), „Die Sanduhr" (1950) und „Die Monthivermädchen" (urspr. 2 Romane, 1934/35, zusammengefaßt 1952) auch Essays, Biographien, Märchen und Dramen. Bed. als Vermittler zw. Deutschland und Frankreich. – *Weitere Werke:* Die Romane um Ruland (5 Bde., 1926–28), Ulrich von Hutten (1929), Hortense (R., 1933), Schloß Ortenau (R., 1955).

Flakon [fla'kõː; frz.], [Parfüm]fläschchen.

Flamberg [frz.], beidhändig geführtes Landsknechtschwert mit welliger (flammenförmiger) Klinge.

flambieren [lat.-frz.], Speisen mit Spirituosen übergießen und anzünden, um den Geschmack zu verfeinern.

Flamboyant [flãboa'jãː; lat.-frz. „flammend"] (Delonix regia), bis 12 m hohes Caesalpiniengewächs auf Madagaskar mit scharlachroten, gelb gestreiften Blüten in Blütenständen; als prächtig blühender Zierbaum in den Tropen und Subtropen häufig angepflanzt (z. B. in Spanien).

Flamboyantstil [flãboa'jãː] (flammender Stil), Stilform der engl. und frz. Spätgotik zw. 1350 und 1500, ben. nach dem flammenartigen Maßwerk, dessen Grundform die ↑Fischblase bildet.

Flamen (Mz. Flamines) [lat. „Anbläser"], Titel röm. Opferpriester bestimmter Götter.

Flamen, Name des niederl. Mundarten sprechenden Bev.teils in Belgien, rd. 5,90 Mill.; ansässig v. a. in den Prov. Antwerpen, Brabant, Limburg, O- und W-Flandern.

Flamenco [span., eigtl. „flämisch"; (andalus.) Zigeuner" (zu niederl. vlaminc „Flame")] (span. cante flamenco), Gattung volkstüml. andalus. Tanzlieder eleg. Inhalts, gesungen mit oder ohne Gitarrenbegleitung zu einem Solo- oder Paartanz, dessen schnell wechselnder Rhythmus durch Stampfen, Klatschen oder auch Kastagnetten akzentuiert wird.

Flamines ↑Flamen.

Fläming, Landrücken nördlich und östlich der mittleren Elbe, Sa.-Anh. und Brandenburg, erstreckt sich über 100 km lang von SO nach NW, im Hagelberg 201 m hoch; eiszeitlich geformt. Überwiegend mit Kiefernwald bestanden, Anbau von Roggen und Kartoffeln.

Flamingoblume (Anthurium), Gatt. der Aronstabgewächse mit über 500 Arten im trop. Amerika; mehrjährige, stammlose oder stammbildende Pflanzen mit kolbenförmigen, von einer offenen, oft lebhaft gefärbten Blütenhülle umhüllten Blütenständen und langgestielten, herzförmigen Blättern.

Flamingos [span.] (Phoenicopteridae), seit dem Oligozän bekannte, nur 5 Arten umfassende Fam. stelzbeiniger, bis 1,4 m hoher Wasservögel, v. a. an Salzseen und Brackgewässern S-Europas, S-Asiens, Afrikas sowie M- und S-Amerikas; grazile, gesellig lebende, im wesentl. (bei ♂ und ♀) weiß, rot oder rosafarben befiederte Vögel mit langen Beinen, sehr langem Hals und vorn abgebogenem Schnabel, mit dem sie Krebschen, Algen, Protozoen aus dem Wasser filtern.

Flamininus, Titus Quinctius, *um 228, †174, röm. Feldherr und Politiker aus patriz. Geschlecht. – Vor 199 Quästor, 198 Konsul, 197–194 Prokonsul in Griechenland, 189 Zensor; besiegte Philipp V. von Makedonien 197 bei Kynoskephalai und erklärte 196 alle griech. Städte, die unter makedon. Oberhoheit gestanden hatten, für frei.

Flaminische Straße ↑Römerstraßen.

Flaminius, Gajus, ✕ am Trasimen. See (Toskana) 217 v. Chr., röm. Politiker plebej. Herkunft. – Volkstribun 232, Konsul 223 und 217, Zensor 220. Setzte 232 in Ggs. zur Nobilität ein Gesetz zur Aufteilung des eroberten gall. und picen. Landes an röm. Bürger durch; besiegte 223 die kelt. Insubrer; legte als Zensor die Via Flaminia an und erbaute den Circus Flaminius auf dem Marsfeld.

Flämische Bewegung, nach der belg. Staatsgründung 1830 und in Reaktion auf das (auch wirtsch.) Übergewicht der frz. sprechenden Wallonen entstandene Bestrebungen, die sprachlich-kulturelle, wirtsch.-soziale und polit. Position der Flamen zu sichern bzw. auszubauen. Von romantisch-literar. Anfängen erkämpfte die F. B. bis 1900 die Anerkennung des Niederl. als Amtssprache, setzte 1930 die Flamisierung der Univ. Gent und 1932 ein Sprachengesetz durch. Ein Teil der F. B. vertrat auch im 2. Weltkrieg eine großniederl. Zielsetzung, ein anderer Teil den Anschluß an das Dt. Reich. 1962/63 wurden in Belgien zwei homogene Sprachgebiete festgelegt (bei Zweisprachigkeit Brüssels). Radikale Vertreter der F. B. ist gegenwärtig die „Volksunie". Eine Lösung des wallon.-fläm. Gegensatzes (sog. Sprachenstreit) wurde durch die Regionalisierung (1970) und Föderalisierung (1980–91) Belgiens angestrebt.

flämische Kunst ↑niederländische Kunst.
flämische Literatur ↑niederländische Literatur.
flämische Musik ↑niederländische Musik.
flämische Sprache ↑niederländische Sprache.

Flamme [lat.], unter Leuchterscheinungen und Hitzeentwicklung brennendes Gas; entsteht oft durch Hitzezersetzung fester Stoffe (z. B. Holz, Kohle, Papier u. a.) in Kohlenmonoxid, Kohlenwasserstoffe und Wasserstoff, die dann mit Luftsauerstoff zu Kohlendioxid und Wasser verbrennen. Die auftretenden Temperaturen hängen von der Verbrennungswärme und den verschiedenen spezif. Wärmen der Reaktionsprodukte ab. Das Leuchten einer F. ist auf glühende Stoffteilchen oder auf die ↑Flammenfärbung zurückzuführen.

Flammenblume, svw. ↑Phlox.

Flammendes Herz ↑Tränendes Herz.

Flammenfärbung, durch charakterist. Emissionslinien bestimmter Elemente beim Hineinhalten einer Substanz in die Flamme [eines Bunsenbrenners] sich ergebende Färbung; liefert bei der **Flammenspektroskopie** Hinweise auf die qualitative Zusammensetzung der betreffenden Substanz (so z. B. Natrium: gelb, Lithium: rot, Barium: grün).

Flammenmelder ↑Alarmanlagen.

Flammenspektroskopie ↑Flammenfärbung.

Flammenwerfer, militär. Einsatzmittel zum Versprühen (bis 70 m) bzw. Verschleudern (bis 200 m) von brennenden Stoffen (z. B. Napalm; Verbrennungstemperatur über 2 000 °C). Verwendung von F. seit dem 1. Weltkrieg.

Flammeri [engl.] ↑Pudding.

Flammpunkt, Abk. FP, Entzündungstemperatur von Dämpfen brennbarer Flüssigkeiten durch eine herangeführte Flamme; Maß für die Feuergefährlichkeit eines Stoffes.

Flammrohrkessel ↑Dampfkessel.

Flammspritzen, das Aufbringen von metall. (Spritzmetallisieren) oder nichtmetall. Spritzgut in geschmolzenem oder plast. Zustand auf Metalloberflächen mittels einer druckluftbetriebenen Spritzpistole.

Flamsteed, John [engl. 'flæmstiːd], *Denby (Derbyshire) 19. Aug. 1646, †Greenwich 31. Dez. 1719, engl. Astronom. – Gründer der Sternwarte von Greenwich; erstellte einen Sternenkatalog **(Flamsteed-Nummern)**.

Flanagan [engl. 'flænəgən], Barry, *Prestatyn (Wales) 11. Jan. 1941, brit. Bildhauer. – Nach Versuchen mit insta-

Robert Flaherty

Otto Flake

Flamingoblume

Flamingos.
Rosaflamingo

Flandern

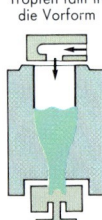
Tropfen fällt in die Vorform

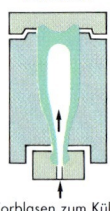
Festblasen

Vorblasen zum Külbel

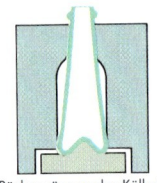
Schwenken des Külbels von der Vor- in die Fertigform

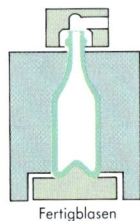
Rückerwärmen des Külbels in der Fertigform

Fertigblasen

Fertige Getränkeflasche

Flasche. Herstellung einer Flasche nach dem Blas-Blas-Verfahren

bilen Materialien (Leinwand, Sand) wandte er sich der Stein- und Bronzeplastik zu.
F., Edward Joseph, *Roscommon (Irland) 13. Juli 1886, † Berlin 15. Mai 1948, amerikan. kath. Priester und Sozialpädagoge. – Gründete die Jungenstadt ↑Boys Town; verfaßte pädagog. Schriften.

Flandern (niederl. Vlaanderen, frz. Flandre), histor. Landschaft in den sw. Niederlanden, NW-Belgien und N-Frankreich; erstreckt sich von der Küste bis etwa zur Schelde bzw. den Ardennenvorbergen, im Kemmelberg (sw. von Ypern) 156 m ü. d. M. – Bed. Viehwirtschaft, Anbau von Getreide, Kartoffeln und Gemüse. An der Dünenküste zahlr. Seebäder und Hafenstädte. Die heutige Textilind. entwickelte sich aus der traditionellen fläm. Tuchmacherei.

Geschichte: Vom 9. Jh. an Bez. für eine Gft. zw. Schelde, Canche und Nordseeküste (frz. Lehen, daher „Kron-F."), zu der zeitweise auch das Artois, der Hennegau und die Gft. Aalst (daher „Reichs-F.") gehörten. Das einheim. Grafenhaus der Balduine regierte (mit Unterbrechung 1119–91) vom 9. Jh. bis 1280; seit dem Früh-MA blühende Tuchherstellung; durch den Export nach England ein Zentrum der europ. Wirtschaft. Die flandr. Städte verteidigten 1302 in der „Sporenschlacht" von Kortrijk (= Courtrai) durch die Vernichtung eines frz. Ritterheeres ihre ständ. Rechte. 1384/85 fiel F. an Burgund, 1477 an die Habsburger, 1556 an den span. Linie. Der N („Staats-F.") kam 1648 als Teil der Prov. Seeland an die Generalstaaten, die südl. Grenzgebiete wurden 1659–79 frz., der Hauptteil wurde 1714 östr., 1794 frz., 1814/15 niederl.; 1830/31 zu Belgien. Im 1. Weltkrieg Schauplatz schwerer Kämpfe (Schlacht um F., 1917).

Flandes, Juan de ↑Juan de Flandes.
Flandin, Pierre Étienne [frz. flã'dɛ̃], *Paris 12. April 1889, †Saint-Jean-Cap-Ferrat (Alpes-Maritimes) 13. Juni 1958, frz. Politiker. – Einer der Führer der Demokrat. Allianz; 1924–36 mehrmals Min., 1934/35 Min.präs.; Vizepräs. und Außenmin. der Vichy-Regierung 1940/41; 1945 wegen Kollaboration verurteilt, jedoch 1948 rehabilitiert.
Flandre [frz. flã:dr], frz. für ↑Flandern.
Flandrin, Hippolyte [frz. flã'drɛ̃], *Lyon 23. März 1809, † Rom 21. März 1864, frz. Maler. – Schuf zahlr. Wandgemälde, u. a. in Saint-Vincent-de-Paul, Paris (1849–53), sowie Porträts.
flandrische Transgression ↑Holozän (Übersicht).
Flanell [engl.-frz., zu kelt. gwlan „Wolle"], leinwand- oder köperbindige Gewebe aus Baumwolle, Viskosefasern oder Wolle, z. B. für Hemden, Blusen und Anzüge.
flanieren [frz.], müssig umherschlendern; **Flaneur,** Müßiggänger.
Flanke [german.-frz.], Bez. für die seitl. Teile des Tierkörpers, bes. bei Säugetieren.
▷ im Geräteturnen ein Übersprung des Gerätes mit gestrecktem Körper, bei dem eine Körperseite dem Gerät zugekehrt ist.
▷ bei *Ballspielen* Ballabgabe aus Seitenliniennähe vor das gegner. Tor.
▷ *militärisch:* von der Front her gesehen die seitlich-räuml. Ausdehnung hinter dem linken oder rechten Flügel einer Formation.
flankieren [frz.], von der Seite her decken bzw. schützen, seitlich begleiten bzw. stützen; wird im militär., auch wirtschaftspolit., insbes. im finanzpolit. Bereich **(flankierende Maßnahmen)** verwendet.
Flansch [eigtl. „Zipfel"], runde oder ovale Ringscheibe am Ende von Rohren zum Verbinden **(Anflanschen)** ebenfalls mit F. versehener Rohre, Absperrventile u. a. Frei endende Rohre werden mit **Blindflansch** verschlossen.
Fla-Raketen, Flugkörper (Raketen) zur Bekämpfung feindl. Luftziele.
Flasche [eigtl. „umflochtenes Gefäß"], Gefäß mit enger Öffnung zur Aufnahme von Flüssigkeiten, Gasen oder pulverförmigen Materialien. Die häufigste Form ist die *Glas-F.;* urspr. mundgeblasen, heute meist vollautomatisch hergestellt.

Flaschenbaum, Bez. für einen Baum mit flaschenförmigem, wasserspeicherndem Stamm; ist typisch für die Gatt. Flaschenbaum (Brachychiton) mit 11 Arten in Australien.
Flaschenbofist (Lycoperdon gemmatum), Art der Bauchpilze auf Wiesen, Weiden und in lichten Baumbeständen; Fruchtkörper etwa 6 cm hoch und 3–7 cm dick, in der Jugend weiß, im Alter gelblich bis gelbbraun, dicht besetzt mit Stacheln und Warzen; jung ein wertvoller Speisepilz.
Flaschenfrucht, Gatt. der Kürbisgewächse mit der einzigen Art Flaschenkürbis.
Flaschengärung ↑Schaumwein.
Flaschenkürbis (Kalebasse, Calabasse, Lagenaria vulgaris), Kürbisgewächs der Tropen Afrikas und Asiens; einjährige, krautige Windepflanze mit weißen Blüten; Früchte bis kopfgroß und flaschenförmig, mit holziger Schale und schwammigem Fruchtfleisch; werden zur Anfertigung von Gefäßen (↑Kalebasse) verwendet.
Flaschenpost, Nachricht in wasserfest verschlossener Flasche, die in der Hoffnung auf späteres Auffinden in Gewässer geworfen wird. 1802 erstmals auch zur Erforschung von Meeresströmungen (Golfstrom) verwendet.
Flaschenzug, manuell oder elektrisch betriebenes Lastenhebegerät, bei dem ein Seil oder eine Kette über Rollengruppen (zu „Flaschen" vereinigt) geführt wird. Der Weg der Kraft ist entsprechend größer als der der Last: Kraft × Kraftweg = Last × Lastweg. Die aufzuwendende Kraft ist gleich dem n-ten Teil der Last, wobei n die Anzahl der Rollen ist, wenn die obere Flasche fest, die untere bewegl. ist; der häufig verwendete **Differentialflaschenzug** besteht aus zwei festen oberen Rollen mit verschiedenen Durchmessern, einer bewegl. unteren Rolle und endlosem Seil.

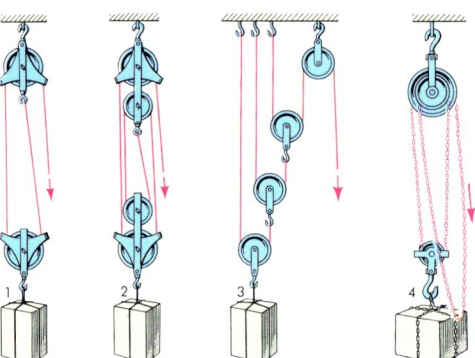

Flaschenzug. 1 einfacher Flaschenzug (die Kraft beträgt ¹/₂ der Last); 2 vierrolliger Flaschenzug (die Kraft beträgt ¹/₄ der Last); 3 Potenzflaschenzug (die Kraft beträgt ¹/₈ der Last); 4 Differentialflaschenzug (die Kraft beträgt ¹/₂ der Last, multipliziert mit dem Verhältnis der Differenz der Radien der beiden oberen Rollen zum Radius der größeren dieser Rollen)

Flaserschichtung, für Ablagerungen im Watt bes. typische, unstetige Schichtung zw. Ton und Sand.
Flash [flæʃ; engl. „Blitz"], im Film svw. kurze Einblendung in eine Szene; Rückblende. In der Drogenszene Bez. für die Empfindung in dem Moment, in dem das [gespritzte] Rauschgift zu wirken beginnt.
Flashbar [engl. flæʃ] ↑Blitzlicht.
Flatterbinse (Juncus effusus), in allen gemäßigten Zonen der Erde verbreitete, 30–80 cm hohe Binsenart mit langen, grundständigen Rundblättern und kleinen, trockenhäutigen Blüten in einer Rispe.
Flattergras (Milium effusum), in Laubwäldern verbreitetes, mit kurzen Ausläufern kriechendes, etwa 1 m hohes Süßgras; Ährchen 1 mm lang, meist hellgrün, in großen Rispen; zeigt guten Bodenzustand an. In Deutschland kommt u. a. die **Waldhirse** vor.

Flattermarke, eine auf dem Rücken des gefalzten Druckbogens (Falzbogen) angebrachte kurze Linie, deren Lage sich von Bogen zu Bogen verschiebt, so daß sich vor dem Binden Vollständigkeit und richtige Reihenfolge der Bogen prüfen läßt.

Flattersatz, meist linksbündiger Schriftsatz mit ungleichmäßig langen Zeilen.

Flattertiere (Fledertiere, Handflügler, Chiroptera), mit rd. 900 Arten weltweit (bes. in den Tropen und Subtropen) verbreitete Ordnung der Säugetiere; Körperlänge etwa 3–40 cm, Schwanz meist kurz, Flügelspannweite etwa 18–150 cm; Ober- und Unterarm sowie bes. Mittelhandknochen und Finger (mit Ausnahme des bekrallten Daumens) sehr stark verlängert. Eine dünne, wenig behaarte Flughaut (Patagium) spannt sich von den Halsseiten bis zur Spitze des zweiten Fingers, von dort über die Hinterextremität bis meist zur Schwanzspitze. Die F. werden in die beiden Unterordnungen ↑ Flederhunde und ↑ Fledermäuse unterteilt.

Flatterulme ↑ Ulme.

Flatulenz [lat.], svw. ↑ Blähungen.

Flaubert, Gustave [frz. floˈbɛːr], * Rouen 12. Dez. 1821, † Croisset bei Rouen 8. Mai 1880, frz. Dichter. – Literar. Durchbruch mit dem Roman „Madame Bovary" (1857), in dem er das Schicksal einer jungen Frau in der Provinz, die an dem Mißverhältnis ihres (von der Romantik geprägten) Gefühls und nüchterner Umwelt zugrundegeht, unerbittlich und in streng gefeilter Sprache erzählt. Mit diesem Werk wurde F. zum Überwinder der Romantik und Begründer des Realismus in Frankreich. F. schrieb seine Werke mit geradezu wiss. Genauigkeit, strebte nach größter Vollendung der Form bei extremer Unpersönlichkeit der Darstellung. „Salambo" (R., 1862) spielt in Karthago, in der Gegenwart die psychologisch äußerst nuancierte zweite Fassung des Romans „L'éducation sentimentale" (1869, dt. 1904 u. d. T. „Die Schule der Empfindsamkeit", u. a. auch als „Die Erziehung des Herzens"). „Die Versuchung des hl. Antonius" (R., 1874) behandelt die verschiedenen Religionen, „Bouvard und Pécuchet" (Romanfragment, hg. 1881) ist eine Satire auf die Arroganz und Dummheit der Bürger. Wesentlich zum Verständnis von F.s Kunstauffassung sind seine Briefe und Tagebücher.
Weitere Werke: Erinnerungen eines Verrückten (entstanden 1838, hg. 1901), November (R., entstanden 1840–42, hg. 1901).

Flaumfedern, svw. ↑ Dunen.

Flauto [italien.], bis ins 18. Jh. gebräuchl. italien. Name für die ↑ Blockflöte (auch flauto dolce); **flauto traverso** ↑ Querflöte; **flauto piccolo** ↑ Pikkoloflöte.

Flavier, röm. Kaiserdynastie, ↑ Flavius.

Flavin, Dan [engl. ˈfleɪvɪn], * New York 1. April 1933, amerikan. Licht- und Environmentkünstler. – Schafft mittels Leuchtröhren durch farbiges Licht akzentuierte Raumkonstellationen (Environments).

Flavinadenindinukleotid [flaˈviːnadeˈniːndɪ,nukleoˈtiːd; lat./griech./lat.], Abk. FAD, ein Koenzym der Flavoproteide.

Flavinmononukleotid (Riboflavinphosphorsäure), Abk. FMN, ein Koenzym der Flavoproteide.

Flavius, plebej. röm. Geschlechtername; Name kaiserl. Dynastien: der *1. flav. Dyn.* 69–96 (Flavier; zu ihr gehörten Vespasian, Titus und Domitian) und der *2. flav. Dyn.* 293–363 (Konstantin d. Gr., Konstantin II., Konstans I., Konstantius II., Julian).

Flavius Josephus, jüd. Geschichtsschreiber, ↑ Josephus Flavius.

Flavone [zu lat. flavus „gelb"] (Flavonfarbstoffe), in höheren Pflanzen vorkommende farblose oder gelb gefärbte chem. Verbindungen, die sich vom farblosen *Flavon* (2-Phenylchromon, $C_{15}H_{10}O_2$) ableiten. Die F. sind strukturell den ↑ Anthozyanen verwandt. Einige F. dienten bis zur Einführung künstl. Farbstoffe als wichtige Färbemittel, z. B. Fisetin, Luteolin und Quercetin.

Flavoproteide [lat./griech.] (Flavoproteine, Flavinenzyme, gelbe Fermente), Gruppe natürl. Enzyme, die bei der biolog. Oxidation als Wasserstoffüberträger wirksam werden.

Flavour-Ladung [engl. ˈfleɪvə] ↑ Quarks.

Flaxman, John [engl. ˈflæksmən], * York 6. Juli 1755, † London 7. Dez. 1826, engl. Zeichner und Bildhauer des Klassizismus. – 1788–94 in Rom. Neben Bildwerken (v. a. Grabmäler in der Londoner Saint Paul's Cathedral und der Westminster Abbey) schuf er bed. Illustrationsfolgen, u. a. zur „Ilias" und „Odyssee" (1793) und zu Dantes „Göttl. Komödie" (1802).

Flechsig, Paul, * Zwickau 29. Juni 1847, † Leipzig 22. Juli 1929, dt. Psychiater und Neurologe. – Prof. in Leipzig; arbeitete über Gehirn und Rückenmark, teilte die Gehirnoberfläche in Sinnes- und Assoziationsfelder ein und versuchte, geistige Vorgänge zu lokalisieren.

Flechtband, Ornament aus verschlungenen Bändern (Schlangen ♀), das bereits in der sumer. Kunst des 3. Jt. v. Chr., in Vorderasien und seit der Eisenzeit in S- und M-Europa belegt ist. Das griech. F. (Gefäßdekoration) wirkte über das röm., kopt., byzantin. und german. F. bis in die Romanik.

Flechte, volkstüml. Bez. für verschiedene chron., v. a. schuppende oder krustenbildende Hautkrankheiten (↑ Schuppenflechte, ↑ Ekzem).

flechten, dünne und biegsame Materialien von Hand oder maschinell durch regelmäßiges Verkreuzen oder Verschlingen zu einem *Geflecht (Flechtwerk)* verbinden; Herstellung von Matten, Hüten, Gürteln, Korbwaren u. a. aus Bast, Stroh, Schilfrohr, Weidenruten, Lederstreifen und Metalldrähten.

Flechten (Lichenes), Abteilung der Pflanzen mit über 20 000 Arten in etwa 400 Gattungen. Sie stellen einen aus Grün- oder Blaualgen und Schlauchpilzen bestehenden Verband (↑ Symbiose) dar, der eine morpholog. und physiolog. Einheit bildet. Die Alge versorgt den Pilz mit organ. Nährstoffen (Kohlenhydrate), während das Pilzgeflecht der Alge als Wasser- und Mineralstoffspeicher dient. – Die Vermehrung der F. erfolgt meist ungeschlechtlich. – Nach der Gestalt unterscheidet man **Krustenflechten** (haften flach auf der Unterlage), **Laubflechten** (großflächige, blattartige Ausbildung) und **Strauchflechten** (ähneln den höheren Pflanzen). – Da fast alle F.arten zum Leben saubere Luft benötigen, werden sie heute als Indikatorpflanzen für die Beurteilung der Luftqualität in Ballungsräumen benutzt. Bekannte F. sind ↑ Mannaflechte, ↑ Rentierflechte und ↑ Isländisch Moos. – Abb. S. 354.

Flechtheim, Ossip Kurt, * Nikolajew bei Odessa 5. März 1909, dt. Politikwissenschaftler. – Emigrierte 1935 in die Schweiz, 1939 in die USA, dort 1940–51 Dozent und Prof.; 1952 als Prof. an die Hochschule für Politik in Berlin (West) berufen; Forschungsschwerpunkte: Geschichte des Parlamentarismus und polit. Parteien sowie Futurologie.

Flechtlinge, svw. ↑ Rindenläuse.

Fleck, Konrad, mittelhochdt. Epiker der 1. Hälfte des 13. Jh. – Wohl aus der Gegend um Basel. Schrieb um 1220 nach dem frz. Vorbild ↑ Floire et Blancheflor einen Versroman.

Fleck (Flecke), svw. ↑ Kaldaunen.

Flecken, histor., in Nds. heute noch übl. Bez. für eine ländl. Siedlung mit gewissen städt. Rechten, wie z. B. das Marktrecht (Marktflecken).

Fleckenfalter, svw. ↑ Edelfalter.

Fleckentfernungsmittel, zum Entfernen von Flecken v. a. auf Textilien dienende Chemikalien, die je nach Fleckenart (Fett, Farben, Gras, Rost, Tinte u. a.) und Stoffmaterial (Wolle, Seide, Baumwolle, Kunststoffe) zu wählen sind; meist Gemische von flüssigen Lösungsmitteln für Fette und Mineralöle, z. B. Aceton, Äther, Chloroform, Tetrachlorkohlenstoff.

Fleckfieber (Flecktyphus, Läusetyphus, Typhus exanthematicus), sehr ansteckende Infektionskrankheit des Menschen (Erreger Rickettsia prowazeki), die v. a. durch Kleiderläuse bzw. Läusekot vom Darm der Parasiten aus in Hautwunden übertragen wird. Inkubationszeit 10–14 Tage; Symptome sind hohes Fieber, **Fleckfieberausschlag**

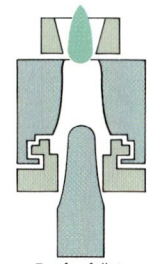

Tropfen fällt in die Vorform

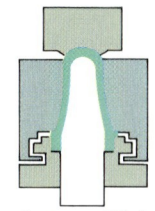

Pressen zum Külbel

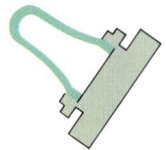

Schwenken des Külbels von der Vor- in die Fertigform

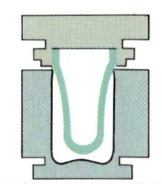

Rückerwärmen des Külbels in der Fertigform

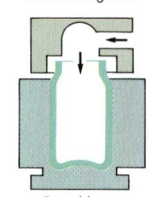

Fertigblasen

Fertiger Weithalsbehälter

Flasche. Herstellung einer Flasche nach dem Preß-Blas-Verfahren

Fleckvieh

Flechten.
1 Flechte (Lobaria pulmonaria) mit Fruchtkörper;
2 Krustenflechte (Buellia sororia)

(dichter, kleinfleckiger Hautausschlag), Bewußtseinsstörungen und Lähmungen. Unbehandelt sterben mehr als 50% der Befallenen; Behandlung mit Antibiotika; zur Vorbeugung Schutzimpfung.

Fleckvieh ↑ Höhenvieh.

Flederhunde (Großfledertiere, Großfledermäuse, Megachiroptera), Unterordnung der ↑ Flattertiere mit etwa 150 Arten; Schwanz fast stets kurz oder rückgebildet; Kopfform häufig hundeähnlich; Augen groß, hoch lichtempfindlich, ermöglichen die Orientierung bei Nacht; überwiegend Früchtefresser. Im Ggs. zu den Fledermäusen ist am 2. Finger eine kleine Kralle ausgebildet. – Die bekannteste Fam. sind die **Flughunde** (Pteropidae) mit etwa 130 Arten in den altweltl. Tropen und Subtropen; Flügelspannweite rd. 25–150 cm; Körperlänge 6–40 cm. In Afrika, S-Arabien und auf Madagaskar kommt der **Palmenflughund** (Eidolen helvum) vor; Körperlänge rd. 20 cm, Flügelspannweite bis 75 cm; Färbung gelblichbraun bis braun. Der graubraune **Hammerkopfflughund** (Hypsignathus monstrosus) ist rd. 20 cm lang und hat eine Spannweite von etwa 90 cm; Kopf durch mächtig aufgetriebene Schnauze hammerkopfartig, in W- und Z-Afrika. Bekannte Arten der Gatt. **Flugfüchse** (Fliegende Hunde, Pteropus), Kopf mit fuchsähnlich langgestreckter Schnauze, sind: **Flugfuchs** (Pteropus giganteus), vom Himalaja über Indien bis Ceylon vorkommend; Flügelspannweite bis 1,2 m, Körperlänge etwa 30 cm, hell bis schwarzbraun; **Kalong** (Pteropus vampyrus), größtes (40 cm lang) Flattertier, auf den Philippinen, den Sundainseln und auf Malakka; Flügelspannweite bis 1,5 m; Fell schwarzbraun mit orangebraunen Schultern.

Fledermäuse. Mausohr

Fledermäuse [zu althochdt. fledarmus, eigtl. „Flattermaus"] (Kleinfledermäuse, Kleinfledertiere, Microchiroptera), weltweit verbreitete Unterordnung der ↑ Flattertiere mit etwa 750 Arten; Körperlänge etwa 3–16 cm, Flügelspannweite rd. 18–70 cm; Kopf stark verkürzt bis extrem lang ausgezogen; Nase oft mit bizarr geformten, häutigen Aufsätzen (z. B. bei ↑ Blattnasen); Ohren mittelgroß bis sehr groß, manchmal über dem Kopf verwachsen, häufig mit Ohrdeckel (Tragus); Augen klein; Orientierung erfolgt durch Ultraschallortung (Laute werden durch Nase oder Mund ausgestoßen). Die einheim. F. halten sich tagsüber und während des Winterschlafs u. a. in Baum- und Felshöhlen, Mauerspalten, Boden- und Kellerräumen und hinter Fensterläden auf. – Von den 50 Arten der Fam. **Hufeisennasen** (Rhinolophidae) kommen in M-Europa vor: **Großhufeisennase** (Rhinolophus ferrumequinum), bis 7 cm (mit Schwanz bis 11 cm) lang, oberseits fahlbraun, unterseits bräunlichweiß, Flügelspannweite bis über 35 cm; **Kleinhufeisennase** (Rhinolophus hipposideros), bis 4,5 cm (mit Schwanz bis 7 cm) lang. Die Fam. **Glattnasen** (Vespertilionidae) hat rd. 300 Arten; überwiegend Insektenfresser. In M-Europa kommen 19 Arten vor, u. a. ↑ Abendsegler; **Spätfliegende Fledermaus** (Breitflügelfledermaus, Vespertilio serotinus), bis 8 cm (mit Schwanz 10–13 cm) lang, Oberseite dunkelbraun, Bauchseite gelblichgrau, Flügel breit, Spannweite bis knapp 40 cm; **Mausohr** (Myotis myotis), 7–8 cm lang, Flügelspannweite rd. 35 cm, oberseits graubraun, unterseits heller, großohrig; **Braune Langohrfledermaus** (Plecotus auritus), 4–5 cm lang, Ohren bis 4 cm lang; **Graue Langohrfledermaus**

Marieluise Fleißer

(Plecotus austriacus), ähnlich der ersteren, erst 1960 entdeckt; **Mopsfledermaus** (Barbastella barbastellus), 4–6 cm lang, bis 27 cm spannend, Ohren breit, am Grunde verwachsen, Schnauze breit und kurz, Oberseite schwarzbraun, Unterseite etwas heller. Die in der BR Deutschland vorkommenden Arten sind nach der Roten Liste sämtlich vom Aussterben bedroht oder stark gefährdet. – Zu den F. gehören auch die ↑ Vampire.

Fledertiere, svw. ↑ Flattertiere.

Fleet [niederdt.], Graben, Kanal, Zweigkanal, v. a. innerhalb einer Stadt.
▷ ein beim Heringfang senkrecht im Wasser stehendes und von Korken getragenes großes Treibnetz.

Fleet Street [engl. ˈfliːt ˈstriːt], Straße in London; Sitz großer brit. Zeitungsverlage und Nachrichtenagenturen.

Fleetwood [engl. ˈfliːtwʊd], engl. Hafenstadt 13 km nördlich von Blackpool, Gft. Lancashire, 28 500 E. Navigationsschule; Fischereihafen, petrochem. Ind.; Fischmarkt und -verarbeitung; Schiffsreparaturen.

Flegel Georg, *Olmütz (Mähren) 1566, □ Frankfurt am Main 23. März 1638, dt. Maler. – Wandte sich unter niederl. Einfluß als erster dt. Künstler dem Stilleben zu.

Flegler ↑ Flagellanten.

Fleiner, Fritz, *Aarau 24. Jan. 1867, †Ascona 26. Okt. 1937, schweizer. Jurist. – Prof. in Zürich, Basel, Tübingen und Heidelberg; erarbeitete die erste moderne Darstellung des schweizer. Staatsrechts.

Fleisch, allg. Bez. für die Weichteile von Tieren (auch bei Pflanzen, z. B. Frucht-F.); insbes. die Teile warmblütiger Tiere, die zur menschl. Ernährung geeignet sind, nämlich Muskelgewebe mit Fett- und Bindegewebe und Sehnen sowie innere Organe (Herz, Lunge, Milz, Leber, Niere, Gehirn u. a.). F. hat einen hohen Nährwert auf Grund seines Gehaltes an leicht verdaul. und biologisch hochwertigem Eiweiß. Es enthält neben Muskeleiweiß leimgebende Bindegewebssubstanzen (Kollagen), Fett, Mineralsalze, Extraktivstoffe, Enzyme, Vitamine (u. a. B_1, B_2, B_6, B_{12}, D, E) und wenig Kohlenhydrate. – Das Muskel-F. von Säugetieren ist je nach Myoglobingehalt dunkelrot bis weißlich (beim Wild-F. beruht die Rot- bis Braunfärbung auf dem Bluthalt infolge geringer Ausblutung). Das F. von Geflügel, Fischen, Krebsen, Muscheln und Schnecken ist meist weiß (niedriger Myoglobingehalt). – Der süßl. Geschmack von Pferde-F. beruht auf dessen relativ hohem Glykogengehalt. Fisch-F. entspricht in seinem biolog. Wert dem Warmblüter-F.; da es jedoch schneller verdaut wird, ist sein Sättigungsgrad geringer.

Fleischbeschau (Fleischuntersuchung), vor und nach der Schlachtung durchgeführte amtl. Untersuchung warmblütiger Tiere, die für den menschl. Verzehr bestimmt sind. Die wichtigste Rechtsgrundlage ist das Fleischhygienegesetz i. d. F. vom 24. 2. 1987 **(Schlachttier- und Fleischbeschau).** Die F. erfaßt v. a. den Befall durch Trichinen **(Trichinenschau),** die Finnen des Schweinebandwurms und des Rinderbandwurms.

Fleischextrakt, eingedickter Auszug aus frischem Fleisch. Herstellung: Mageres Fleisch wird zerkleinert und mit 90 °C heißem Wasser in Extrahierungskolonnen ausgelaugt. Das durch Extraktstoffe angereicherte Wasser (Brühe) wird von Fett, Albumin und Fibrin gereinigt und bis zu einem Wassergehalt von 20 % eingedickt. 100 kg Fleisch ergeben 4 kg Extrakt. Zusammensetzung: bis 23 % Wasser, bis 62,5 % organ. Stoffe, bis 23 % Mineralstoffe.

Fleischfäulnis, Zersetzung von Fleisch unter Geruchs- und Geschmacksänderung durch aerobe und anaerobe Bakterien. Angefaultes Fleisch braucht nicht ungenießbar zu sein (z. B. beruht der typ. Wildgeschmack [„Hautgout"] auf F.), doch können Fäulnisgifte auftreten. Die schnellere Zersetzung von Fischfleisch **(Fischfäulnis)** beruht v. a. auf dessen relativ hohem Wassergehalt und seiner lockeren Struktur (Bakterien dringen schneller ein).

Fleischfliegen (Sarcophagidae), etwa 600 Arten umfassende, weltweit verbreitete Fam. der Fliegen; Hinterleib oft mit Schachbrettmuster; die Larven entwickeln sich häufig in Fleisch, Aas und Exkrementen.

fleischfressende Pflanzen (tierfangende Pflanzen, Karnivoren), auf nährstoffarmen, v. a. stickstoffarmen Böden wachsende Pflanzen, die Vorrichtungen wie Tentakel (↑Sonnentau), Fallenblätter (↑Venusfliegenfalle) oder Fangblasen (↑Wasserschlauch) besitzen, mit deren Hilfe sie v. a. Insekten fangen, festhalten und verdauen, um sie als zusätzl. Stickstoffquelle auszunutzen.

Fleischmann, Peter, * Zweibrücken 26. Juli 1937, dt. Filmregisseur und Drehbuchautor. – Begann 1957 mit Kurzfilmen, ab 1967 Dokumentarfilme; danach Spielfilme „Jagdszenen aus Niederbayern" (1969), „Die Hamburger Krankheit" (1979), „Der Frevel" (1984).

Fleischreifung, durch autolyt. Eiweißabbauprozesse, die die Muskelfasern an bestimmten Stellen auflockern, sowie durch die Tätigkeit von Bakterien bewirkte Vorgänge, die das zähe Fleisch frisch geschlachteter Tiere zart und saftig machen.

Fleischseite, svw. ↑Aasseite.

Fleischuntersuchung, svw. ↑Fleischbeschau.

Fleischvergiftung, Erkrankung durch den Genuß von verdorbenem Fleisch und -erzeugnissen (↑Botulismus).

Fleißer, Marieluise, * Ingolstadt 23. Nov. 1901, † ebd. 2. Febr. 1974, dt. Schriftstellerin. – Lebte bis 1933 in Berlin, dann wieder in Ingolstadt (ab 1935 Schreibverbot); schrieb sozialkrit. Dramen („Fegefeuer", 1926; „Pioniere in Ingolstadt", 1929) und Erzählungen („Abenteuer aus dem Engl. Garten", 1969) sowie einen Roman („Mehlreisende Frieda Geier", 1931), die fast stets in ihrer bayr. Heimat spielen und sich durch realistisch-drast. Milieuschilderung auszeichnen.

Fleißiges Lieschen, volkstüml. Bez. für verschiedene Zierpflanzen, bes. für Impatiens walleriana (↑Springkraut) und bestimmte Begonien.

flektieren [lat.], beugen (↑Flexion).

flektierende Sprachen, Sprachen, in denen die grammat. Kategorien und syntakt. Beziehungen durch Veränderung der Wurzel oder des Stammes oder durch ↑Flexion angezeigt werden, z. B. indogerman. Sprachen. Ggs.: ↑agglutinierende Sprachen, ↑isolierende Sprachen.

Flémalle, Meister von ↑Meister von Flémalle.

Fleming, Sir (seit 1944) Alexander, * Lochfield Darvel 6. Aug. 1881, † London 11. März 1955, brit. Bakteriologe. – Prof. in London; wurde berühmt durch die Entdeckung und Erforschung des Penicillins; dafür zus. mit H. W. Florey und E. B. Chain 1945 Nobelpreis für Physiologie oder Medizin.

F., Ian [Lancaster], * London 28. Mai 1908, † Canterbury 12. Aug. 1964, engl. Schriftsteller. – Während des 2. Weltkrieges im brit. Geheimdienst tätig; Verf. erfolgreicher, durch Übersetzungen und Verfilmungen bekannter Spionageromane um die Gestalt des Geheimagenten James Bond (Nr. 007).

F. (Flemming), Paul, * Hartenstein (Erzgebirge) 5. Okt. 1609, † Hamburg 2. April 1640, dt. Dichter. – Der persönlichste unter den Barocklyrikern und der bedeutendste Opitz-Schüler. Sein Werk umfaßt u. a. liedhafte Sonette, Liebes-, Trink-, Fest- und Gelegenheitsgedichte, Vaterlandslieder und geistl. Gesänge; auch lat. Gedichte.

F., Victor, * Pasadena (Calif.) 23. Febr. 1883, † Cottonwood (Ariz.) 6. Jan. 1949, amerikan. Regisseur. – Nach zahlr. Stummfilmen, u. a. „Der Weg allen Fleisches" (1927), brachte ihm „Vom Winde verweht" (1939) Weltruhm.

Flemming, Paul ↑Fleming, Paul.

F., Walther, * auf dem Sachsenberg bei Schwerin 21. April 1843, † Kiel 4. Aug. 1905, dt. Anatom und Zellforscher. – Prof. in Prag und Kiel; klärte die Vorgänge bei der Zellteilung; prägte die Begriffe Mitose und Chromatin und verbesserte die histolog. Färbe- und Konservierungstechnik.

Flensburg, Hafenstadt an der dt.-dän. Grenze, Schl.-H., zu beiden Seiten der etwa 50 km langen **Flensburger Förde,** einer Bucht der westl. Ostsee, 86 500 E. Marinestützpunkt; Nord. Univ. (private Univ., seit 1986), PH, Fachhochschule für Technik, Marineschule, Seemaschinistenschule, Werkkunstschule; Städt. Museum, naturwiss. Heimatmuseum, Städt. Bühnen, Dän. Zentralbibliothek,

Kraftfahrt-Bundesamt; Messe; u. a. Schiffbau, Spirituosenind., Maschinenbau, Papierind. – Gründungsjahr vermutlich 1169; 1284 Stadtrecht; bis 1435 als erbl. Lehen bei Holstein, 1460 wurde der dän. König Oberherr. Handelsprivilegien verhalfen der Stadt im 16. Jh. zur führenden Stellung im Handel des Kgr. Dänemark; 1867 preußisch. – Got. Marienkirche aus Backstein mit bed. Altar (1598; Spätrenaissance); spätgot. Nikolaikirche (14./15. Jh.) mit berühmtem Orgelprospekt (1604–09). Reste der Stadtbefestigung, u. a. Nordertor (1595), zahlr. Bürgerhäuser (15. Jh.–19. Jh.); in der Altstadt sind zahlr. typ. Kaufmannshöfe erhalten.

Flensburg
Stadtwappen

Flesch, Carl, * Moson (= Mosonmagyaróvár) 9. Okt. 1873, † Luzern 15. Nov. 1944, ungar. Violinist. – Einer der bedeutendsten Violinvirtuosen seiner Zeit, spielte oft im Trio mit H. Becker und A. Schnabel (später C. Friedberg); schrieb u. a. „Die Kunst des Violinspiels" (2 Bde., 1923–28).

Fletcher [engl. ˈflɛtʃə], John, ≈ Rye (East Sussex) 20. (?) Dez. 1579, † London 28. Aug. 1625, engl. Dramatiker. – 1609–16 vorwiegend Zusammenarbeit mit Francis Beaumont (* 1584, † 1616), später mit P. Massinger u. a., vielleicht mit Shakespeare in „The two noble kinsmen" (1634).

F., John Gould, * Little Rock (Ark.) 3. Jan. 1886, † ebd. 10. Mai 1950 (Selbstmord), amerikan. Dichter. – Einer der Begründer des Imagismus in England (wo er 1908–22 lebte); später Gedichte über die Landschaft Amerikas und seine Geschichte.

Flettner, Anton, * Eddersheim (MainTaunus-Kreis) 1. Nov. 1885, † New York 29. Dez. 1961, dt. Ingenieur und Erfinder. – Konstruierte den nach ihm benannten **Flettner-Rotor** zum Antrieb von Schiffen. An einem im Wind um eine senkrechte Achse rotierenden Zylinder tritt auf Grund des *Magnus-Effekts* eine Kraft senkrecht zur Achse und Windrichtung auf, die das Schiff antreibt; bisher ohne prakt. Bedeutung.

Fleuron, Svend [dän. fløˈrɔn], * Gut Katrinedal (auf Møn) 4. Jan. 1874, † Humlebæk 5. April 1966, dän. Schriftsteller. – Schöpfer des modernen (beobachtenden) Tierromans, u. a. „Schnipp Fidelius Adelzahn" (1917).

Fleuron [fløˈrõː; lat.-frz.], Ornamentform in Baukunst und Buchdruck, urspr. Blumenkorb oder -bukett.

Fleurop GmbH, durch Abk. von: **fl**ores **Europ**ae („Blumen Europas") gebildeter Name einer Organisation von Blumenhändlern zur überregionalen Vermittlung von Blumenpräsenten in der BR Deutschland, Sitz Berlin; gegr. 1908. Internat. verbunden mit: *F.-Interflora* (Europa) und *Interflora Inc.* (Welt).

Alexander Fleming

Flensburg

Fleury

André Hercule de Fleury

Fleury, André Hercule de [frz. flœˈri], * Lodève (Languedoc) 22. Juni 1653, † Issy bei Paris 29. Jan. 1743, frz. Kardinal und Staatsmann. – Seit 1698 Bischof von Fréjus; seit 1715 Erzieher Ludwigs XV., der ihn 1726 zum leitenden Min. ernannte. Bekämpfte religiöse Unruhen und ließ das Zivilrecht kodifizieren; konnte die Verwicklung Frankreichs in den Östr. Erbfolgekrieg nicht verhindern.

Fleury [frz. flœˈri], Benediktinerabtei im Dep. Loiret (zeitweise: **Saint-Benoît-sur-Loire**), 651 gegr.; berühmter Wallfahrtsort wegen der dort angeblich liegenden Gebeine des hl. Benedikt. Von der Klosteranlage blieb nur die im 11. und 12. Jh. erbaute Kirche (romanisch-frühgotisch) erhalten.

Flevoland, Prov. in den Niederlanden, 1412 km² (Landfläche), 211 500 E (1990), Verwaltungssitz Lelystad. F. wurde am 1. 1. 1986 aus den IJsselmeerpoldern Ost- und Südflevoland sowie aus den vorher zur Prov. Overijssel gehörenden Gem. Nordostpolder und Urk gebildet.

Theodor Fliedner

Flex, Walter, * Eisenach 6. Juli 1887, ✕ auf Ösel 15. (16. ♀) Okt. 1917, dt. Schriftsteller. – Schrieb Gedichte, Dramen, Novellen. Mit „Der Wanderer zw. beiden Welten" (1917) beeinflußte er stark die dt. Jugend.

Flexa [mittellat.] (Clivis), mittelalterl. Notenzeichen, ↑ Neumen.

flexibel [lat.], biegsam; wendig, anpassungsfähig.

flexible Altersgrenze ↑ Rentenversicherung.

Flexible response [engl. ˈflɛksəbl rɪsˈpɔns „flexible Reaktion"] ↑ nukleare Strategie.

Flexion [lat.], in der *Medizin* aktive oder passive Beugung des Körpers oder eines Körperteils; auch die Abknickung eines Organs, z. B. der Gebärmutter **(Flexio uteri)**, bei der zw. Ante-F. (nach vorn) und Retro-F. (nach hinten) unterschieden wird.

▷ in der *Sprachwissenschaft* Formveränderung („**Beugung**") der flektierbaren, d. h. konjugierbaren, deklinierbaren und steigerungsfähigen Wortarten (Verb, Substantiv, Artikel, Adjektiv, Pronomen, Numerale; dient zur Kennzeichnung der grammat. Kategorien (Genus, Numerus, Kasus, Tempus usw.) und der syntakt. Beziehungen.

Flexner, Simon [engl. ˈflɛksnə], * Louisville (Ky.) 25. März 1863, † New York 2. Mai 1946, amerikan. Pathologe und Bakteriologe. – Prof. in Baltimore und Philadelphia; der von ihm entdeckte Ruhrbazillus wird als **Flexner-Bakterium**, die entsprechende Krankheit als **Flexner-Dysenterie** bezeichnet.

Simon Flexner

Flexodruck [lat./dt.] (Flexographie) ↑ Drucken.

Flexoren [lat.], svw. ↑ Beugemuskeln.

Flexur [lat.], S-förmige Verbiegung von Gesteinsschichten.

▷ (Flexura) in der *Anatomie* Biegung, Krümmung, gebogener Abschnitt (eines Organs).

Flibustier [fliˈbʊstiɐ; engl.-niederl.], Freibeuter und Seeräuber an den Küsten der Westind. Inseln und Mittelamerikas 17.–19. Jh.: 1. **(Bukanier)** urspr. Jäger und Häutehändler, v. a. frz., engl. und niederl. Herkunft, im 18. Jh. unterdrückt; 2. **(Filibuster)** gesetzlose Abenteurer aus den USA, die zw. 1850 und 1860 auf Kuba und in Nicaragua einfielen.

Flic [frz. flik], volkstüml. frz. Bez. für Polizist.

Flick, Friedrich, * Ernsdorf (= Kreuztal) 10. Juli 1883, † Konstanz 20. Juli 1972, dt. Industrieller. – Baute nach der Weltwirtschaftskrise den Montankonzern Mitteldt. Stahlwerke auf. Während der nationalsozialist. Herrschaft erlangte er als bed. Rüstungsindustrieller Kontrolle über die Montanind. in den besetzten europ. Ländern. 1947 wurde er in Nürnberg zu 7 Jahren Gefängnis verurteilt; 1950 vorzeitig entlassen; baute danach einen Mischkonzern auf (↑ Flick-Gruppe).

Elisabeth Flickenschildt

Flickenschildt, Elisabeth, * Hamburg 16. März 1905, † Stade 26. Okt. 1977, dt. Schauspielerin. – Spielte Charakterrollen, z. B. Frau Marthe („Faust"), Elisabeth („Maria Stuart"); auch zahlr. Filmrollen. Memoiren: „Kind mit roten Haaren" (1972).

Flickflack [frz.], in der Sprungakrobatik und beim Bodenturnen Handstandüberschlag rückwärts.

Flick-Gruppe, bed. dt. Unternehmensgruppe, gegr. von F. Flick. Geführt wurde die F.-G. von der „Friedrich Flick KG", Düsseldorf, und der Holdinggesellschaft „VG-Verwaltungsgesellschaft für industrielle Unternehmungen Friedrich Flick GmbH", ab 1978 „Friedrich Flick Industrieverwaltung KGaA", Düsseldorf; zahlreiche Beteiligungen. Die F.-G. wurde 1985 verkauft und 1986 umgewandelt in die **Feldmühle Nobel AG.**

Flieder, (Syringa) Gatt. der Ölbaumgewächse mit etwa 30 Arten in SO-Europa und Asien; Sträucher oder kleine Bäume mit vierzähligen, duftenden Röhrenblüten in Rispen und mit längl., ledrigen Kapselfrüchten. Die bekannteste Art ist der **Gemeine Flieder** (Syringa vulgaris) aus SO-Europa, der heute in mehr als 500 Sorten (weiß, lila, bläulich oder rot, auch mit gefüllten Blüten) kultiviert wird.

▷ (Deutscher F.) volkstüml. Bez. für Schwarzer Holunder (↑ Holunder).

Fliedertee ↑ Holunder.

Fliedner, Theodor, * Eppstein 21. Jan. 1800, † Kaiserswerth (= Düsseldorf) 4. Okt. 1864, dt. ev. Theologe. – Gründete 1836 ein Krankenhaus und ein Diakonissenmutterhaus, die zum Vorbild für zahlr. diakon. Einrichtungen in Deutschland und im Ausland wurden.

Fliege ↑ Sternbilder (Übersicht).

Fliege, als Querschleife gebundene Krawatte.

▷ schmales, gestutztes Bärtchen über der Oberlippe oder am Kinn.

▷ in der *Schneiderei* gesticktes Dreieck zur Befestigung z. B. einer Falte.

fliegen, sich frei im Luftraum bewegen. Das Fliegen (der Flug) wird durch Ausnutzung verschiedener physikal. Erscheinungen möglich: 1. stat. Auftrieb, z. B. beim Ballon und Luftschiff; 2. dynam. Auftrieb (Tragfläche, Rotor), z. B. beim Flug der Vögel und beim Flugzeug; 3. hohe Anfangsgeschwindigkeit, z. B. bei Geschossen. Hierbei wird die Schwerkraft kurzzeitig überwunden.

Fliegen, volkstüml. für ↑ Zweiflügler.

▷ (Brachycera) weltweit verbreitete Unterordnung kleiner bis großer Zweiflügler mit über 50 000 bekannten, mehr oder weniger gedrungen gebauten Arten; Fühler kurz; Larven (Maden) ohne Beine, Kopfkapsel reduziert oder fehlend. – Die erwachsenen F. leben teils von pflanzl. (v. a. Pflanzensäfte), teils von tier. Nahrung (als Außen- oder Innenschmarotzer oder räuberisch).

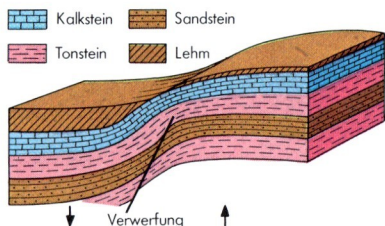

Flexur über einer Verwerfung

fliegende Blätter, svw. Flugblätter und Flugschriften.

Fliegende Blätter, illustrierte humorist. Zeitschrift des Verlags Braun & Schneider, München. Erschien 1844–1944, karikierte zeittyp. Verhaltensformen des dt. Bürgertums. Graphiken und Texte lieferten bed. Mitarbeiter, u. a. W. Busch, A. Oberländer, M. von Schwindt, C. Spitzweg, F. Dahn, F. Freiligrath, E. Geibel, V. von Scheffel.

Fliegende Fische (Flugfische, Exocoetidae), Fam. heringsähnl. Knochenfische mit rund 40, etwa 20–45 cm langen Arten, v. a. in trop. und subtrop. Meeren; Brustflossen stark bis extrem tragflächenartig vergrößert; Schwanzflosse asymmetrisch mit verlängerter unterer Hälfte. – Die F. F. schnellen nach sehr raschem Schwimmen oft mehrmals hintereinander aus dem Wasser, um bis 50 m weite Gleitflüge auszuführen. Die Brustflossen dienen dabei als Gleitfläche; Antriebsorgan ist bis zum Verlassen des Wassers der untere, verlängerte Teil der Schwanzflosse.

fliegende Hitze, svw. ↑Hitzewallung.
Fliegende Hunde, svw. Flugfüchse (↑Flederhunde).
Fliegender Fisch ↑Sternbilder (Übersicht).
Fliegender Holländer, der Sage nach ein frevelhafter Kapitän, der dazu verdammt ist, ewig auf seinem Geisterschiff das Meer zu durchkreuzen. Literar. Gestaltungen u. a. von S. T. Coleridge, W. Hauff, H. Heine, F. Marryat; romant. Oper von R. Wagner.
fliegender Start ↑Start.
fliegendes Personal, Beschäftigte an Bord eines Flugzeuges, insbes. Pilot, Flugingenieur, Stewardessen. – Ggs.: Bodenpersonal.
fliegende Untertasse ↑UFO.
Fliegengewicht ↑Sport (Gewichtsklassen, Übersicht).
Fliegengott (hebr. Baal Sebub [„Herr der Fliegen"]), Spottname für Baal Sebul („erhabener Herr"), ↑Beelzebub.
Fliegenpilz (Narrenschwamm, Fliegentod, Amanita muscaria), häufiger, sehr giftiger Lamellenpilz; Hut etwa 6–20 cm breit, halbkugelig bis ausgebreitet, scharlachrot, orangerot oder feuerfarben (im Alter verblassend), mit weißen, losen Hautschuppen; Lamellen weiß; Stiel weiß, bis 25 cm lang. Der F. enthält die Gifte Muskarin und Muskaridin.
Fliegenragwurz ↑Ragwurz.
Fliegenschnäpper (Schnäpper, Muscicapidae), mit über 300 Arten fast weltweit verbreitete Fam. 9–55 cm langer Singvögel, in u. a. in Wäldern, Gärten und Parkanlagen. – Die F. fangen fliegende Insekten mit hörbarem Schnappen. In M-Europa kommen vier Arten vor: **Trauerschnäpper** (Ficedula hypoleuca), etwa 13 cm groß, ♂ oberseits (mit Ausnahme eines weißen Stirnflecks und eines großen weißen Flügelflecks) tiefschwarz bis graubraun, ♀ oberseits olivbraun mit weißem Flügelfleck, unterseits rahmfarben; **Grauschnäpper** (Muscicapa striata), etwa 14 cm groß, Gefieder bräunlichgrau mit geflecktem Scheitel und weißl. Brust; **Halsbandschnäpper** (Ficedula albicollis), etwa 13 cm groß; **Zwergschnäpper** (Ficedula parva), etwa 12 cm groß.
Flieger, militär.: der niedrigste Mannschaftsdienstgrad in der dt. Luftwaffe (seit 1935).
▷ im *Pferderennsport* Bez. für Pferde, die über eine kurze Distanz ihre Höchstleistung erbringen.
▷ im *Radrennsport* Bahnfahrer über die Sprintstrecken (Malfahren).
Fliegerhorst, Bez. für einen Militärflugplatz mit allen Anlagen für Start und Landung sowie Wartung und Instandsetzung von Flugzeugen und zur Betreuung der Besatzungen.
Fliegerkarten, svw. ↑Luftfahrtkarten.
Fliegerkrankheit, svw. ↑Höhenkrankheit.
Fliehburgen (Fluchtburgen, Refugien), vor- und frühgeschichtl. Befestigungsanlagen, die i. d. R. nur in Notzeiten von der Bev. zum Schutz aufgesucht wurden.
Fliehkraft ↑Zentrifugalkraft.
Fliehkraftkupplung ↑Kupplung.
Fliehkraftregler, mechan. Drehzahlregler z. B. an Dampfmaschinen. Unter dem Einfluß von Fliehkräften *(Zentrifugalkraft)* entfernen sich rotierende, z. B. von Federn gehaltene Fliehgewichte radial von der Drehachse und steuern so über ein Hebelsystem ein Regelorgan (z. B. Drosselklappe).
Fliesen [niederdt.], Wand- und Bodenplatten u. a. aus Steingut bzw. Steinzeug (keram. F.), aus Glas, Stein, Kunststoff. – *Keram. Wand-F.* (Steingutplatten, Wandplatten, -kacheln) weisen einen feinkörnigen, kristallinen, porösen Scherben auf und sind mit einer meist farbigen Glasur versehen. Für *keram. Boden-F.* (Steinzeug-, Boden-, Mosaikplatten) ist der feinkörnige, gesinterte Scherben kennzeichnend; meist unglasiert, äußerst hart, frost- und säurebeständig, mit ebener oder profilierter Oberfläche.
Kunstgeschichte: Um 2600 v. Chr. kamen glasierte keram. Plättchen erstmals als Wandschmuck in der Pyramide des Djoser in Ägypten vor, seit der Mitte des 2. Jt. v. Chr. auch in der altiran., assyr. und babylon. Baukunst. Bei den Römern wurden bemalte F. als Bodenmosaike verwendet. Seit dem 9. Jh. n. Chr. neue Blüte der Wand-F. im islam. Bereich, Einflüsse bis auf die Iber. Halbinsel. Im übrigen Europa wurden keram. F. seit dem 16. Jh. hergestellt, berühmt sind die Kacheln der niederl. Fayencemanufakturen des 17. und 18. Jh. in Delft.

Fließarbeit, örtlich fortschreitende, zeitlich bestimmte, lückenlose Folge von Arbeitsvorgängen; in Fertigungsbetrieben spricht man von **Fließfertigung** (↑Fließbandfertigung). Eine Weiterentwicklung der Fließfertigung ist die vollständige Automatisierung der Arbeitsgänge bei Transferstraßen und flexiblen Fertigungssystemen.

Fließband, ein bei der Fließarbeit verwendeter Bandförderer oder eine ähnl. Anlage, auf der die zu bearbeitenden bzw. zu montierenden Teile (Montageband) von Arbeitsplatz zu Arbeitsplatz transportiert werden.

Fließbandfertigung, Form der industriellen Fließfertigung, bei der der Transport der Werkstücke durch Fließbänder erfolgt. *Vorteile:* Zwischenlager vermeidbar, kontinuierl. Produktion mit vorgegebenem, also kalkulierbarem Takt. *Nachteile:* hoher organisator. Aufwand bei der Planung und Durchführung sowie Störanfälligkeit, Monotonie und rasche Taktfolge führen zu Arbeitsunlust und nicht selten auch zu psych. Schäden und phys. Erschöpfung. Neuerdings versuchen insbes. einige Automobilfabriken, die F. in einigen Bereichen durch Gruppenfertigung zu ersetzen. Dabei werden mehrere Arbeitsvorgänge zusammengefaßt und von einer Arbeitsgruppe gemeinsam verrichtet.

Fließbild, schemat. Darstellung aufeinanderfolgender verfahrenstechn. Vorgänge und Anlagen; zeigt die Grundzüge eines Verfahrens.

Fließen, Wasserbewegung in rinnenden Gewässern. Man unterscheidet: laminares F. (Gleiten), turbulentes F. mit Wasserwalzen und Fließwirbeln, das Stürzen bei Stromschnellen und Wasserfällen.
▷ plast. Verformung unter Schub- oder Zugspannung, stark temperaturabhängig. In der Technik bezeichnet man als **Fließgrenze** die Spannung, bei der ein Körper eine *bleibende Dehnung* von 0,2 % seiner Ausgangslänge erleidet.

Fließerde ↑Solifluktion.

Fließgefüge (Fluidaltextur), Einregelung von früh ausgeschiedenen Kristallen, Schlieren und Einschlüssen in magmat. Gesteinen in Fließrichtung der urspr. Schmelze.

Fließgleichgewicht, Bez. für das trotz dauernder Stoff-, Energie- und Entropiezufuhr und -abfuhr bestehende Gleichgewicht in offenen physikal. Systemen; von großer Bed. für die Erhaltung lebender Organismen.

Fließgrenze ↑Fließen.

Fließpapier (Löschpapier), ungeleimtes Papier mit hoher Saugfähigkeit.

Fließpressen, Verfahren der Massivumformung zur Herstellung von Voll- oder Hohlkörpern und Profilen, bei dem Werkstoff durch einen Stempel aus einer Matrize verdrängt wird und dabei seinen Querschnitt ändert. Je nach Richtung des Werkstoffflusses in bezug auf die Stempelbewegung unterscheidet man *Vorwärts-, Rückwärts-, kombiniertes* und *Quer-F.* Es wird bei Raumtemperatur *(Kalt-F.),* zw. Raum- und Warmformtemperatur *(Halbwarm-F.)* oder bei Warmformtemperatur *(Warm-F.)* durchgeführt.

Fließpunkt, svw. Schmelzpunkt (↑Schmelzen).

Fließzone (Asthenosphäre), im Schalenbau der Erde der Bereich zw. rd. 100 und 250 km Tiefe, auf dem die Lithosphäre „schwimmt".

Flimmerepithel ↑Epithel.

Flimmern, durch Überhitzung der bodennahen Luftschicht infolge starker Sonneneinstrahlung hervorgerufene Erscheinung; beruht auf aufsteigender Warmluft, die sich von ihrer Umgebung durch Dichte und Brechzahl unterscheidet.

Flimmern, svw. ↑Zilien.

Flimmerskotom, anfallsweise auftretende Sehstörung mit Augenflimmern und zentraler Teilverdunklung des Ge-

Flieder. Gemeiner Flieder (Höhe bis 10 m)

Fliegenpilz

Fliegenschnäpper. Trauerschnäpper

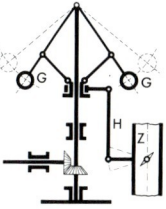
Fliehkraftregler. Schematische Darstellung der Wirkungsweise: je größer die Umdrehungsgeschwindigkeit, um so höher werden durch Zentrifugalkraft die Gewichte (G) gehoben, wodurch der Hebel (H) die Dampfzufuhr (Z) mindert

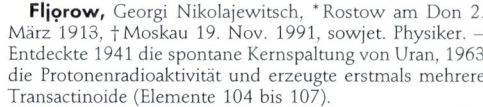

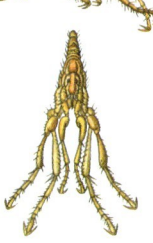

Flöhe. Seitenansicht (oben) und Vorderansicht eines Menschenflohs (unten)

Flohkäfer. Großer Gelbstreifiger Kohlerdfloh

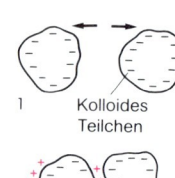

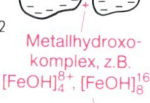

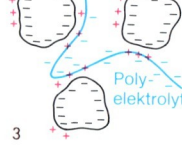

Flockung. 1 Abstoßung kolloidaler Teilchen; 2 Kompensation der Oberflächenladung durch Aluminium- oder Eisenhydroxokomplexe und Anziehung der Teilchen; 3 Ausbildung von Adsorptionsbrücken mit Polyacrylamid als Flockungshilfsmittel

sichtsfeldes infolge zerebraler Durchblutungsstörungen, v. a. bei Migräne.

Flims (rätoroman. Flem) schweizer. Gemeinde im Vorderrheintal, Kt. Graubünden, am Rande eines in vorgeschichtl. Zeit niedergegangenen Bergsturzes, 1080 m ü. d. M., 2400 E. Luftkurort, Wintersportplatz.

Flinders, Matthew [engl. ˈflɪndəz], * Donington (Lincolnshire) 16. März 1774, † London 19. Juli 1814, brit. Seefahrer und Hydrograph. – Erforschte 1795–1803 die Küsten Australiens; schlug für den bisher Neuholland gen. Kontinent den Namen Australien vor.

Flinders Island [engl. ˈflɪndəz ˈaɪlənd] ↑ Furneauxgruppe.

Flinders Ranges [engl. ˈflɪndəz ˈreɪndʒɪz], Gebirgsketten im östl. Südaustralien, etwa 800 km lang, im Saint Mary Peak 1165 m hoch; Abbau von Kupfer- und Uranerz.

Flindt, Flemming [dän. flen'd], * Kopenhagen 30. Sept. 1936, dän. Tänzer und Choreograph. – 1965–78 Ballettdirektor in Kopenhagen; seit 1981 in Dallas; eigene Choreographien, v. a. nach E. Ionesco: „Die Unterrichtsstunde" (1963), „Triumph des Todes" (1971), ferner „Salome" (1978), „Aschenbrödel" (1985).

Flint, Stadt in sö. Michigan, USA, 90 km nw. von Detroit, 149 000 E. College für Ingenieure; Automobilproduktion.

Flint [niederl., urspr. „Steinsplitter"], svw. ↑ Feuerstein.

Flinte, urspr. Bez. für langläufige Handfeuerwaffe, bei der ein *Flint* (Feuerstein) den Zündfunken lieferte; heute Bez. für ein Jagdgewehr mit glattem Lauf, das für den Schrotschuß bestimmt ist. **Doppelflinten** mit zwei nebeneinanderliegenden Läufen bezeichnet man als **Querflinten;** liegen die Läufe übereinander, spricht man von **Bockflinten.**

Flintgläser, sehr reine, für opt. Zwecke verwendete bleioxidhaltige Gläser mit hoher Brechzahl.

Flip [engl.], alkohol. Mischgetränk mit Ei.
▷ im *Eis-* und *Rollkunstlauf* nach einem Anlauf rückwärts einwärts ausgeführter Sprung mit einer vollen Drehung und Landung rückwärts auswärts auf dem Bein, mit dem abgesprungen wurde.

Flipflop [engl.], elektron. Schaltung mit zwei stabilen Zuständen, entweder stromführend oder gesperrt (bistabile Kippschaltung); ein einzelner Steuerimpuls ändert den Zustand, der folgende stellt den urspr. Zustand wieder her. Verwendung als Frequenzuntersetzer, Impulszähler, bes. in der Datenverarbeitung als Speicherelement für binär dargestellte Zeichen.

Flipper [engl.], Spielautomat, bei dem eine Kugel durch geschicktes Zurückschlagen möglichst lange auf einem abschüssigen Spielfeld gehalten werden muß.

Flirt [engl. flə:t], spieler. Form der erot. Werbung.

Flissigkeit, svw. ↑ Weißährigkeit.

Flitner, Andreas, * Jena 28. Sept. 1922, dt. Pädagoge. – Sohn von Wilhelm August F.; Prof. in Tübingen; beschäftigt sich u. a. mit Problemen der pädagog. Anthropologie, der Sozialpädagogik und der Bildungspolitik, u. a. „Brennpunkte gegenwärtiger Pädagogik" (1967), „Spielen – Lernen. Praxis und Bedeutung des Kinderspiels" (1972).

F., Wilhelm August, * Berka (= Bad Berka) 20. Aug. 1889, † Tübingen 21. Jan. 1990, dt. Philosoph und Pädagoge. – Prof. u. a. in Hamburg; Vertreter der von W. Dilthey angeregten geisteswiss. Pädagogik. – *Werke:* Theorie des pädag. Wegs und der Methode (1950), Allg. Pädagogik (1950), Die Geschichte der abendländ. Lebensformen (1967; 1961 u. d. T. Europ. Gesittung).

Flitter, dünne gelochte Metallscheibchen zum Aufnähen auf Kleidungsstücke; auch: wertloser Schmuck.

Flittergold, svw. ↑ Rauschgold.

Flitterwochen [zu mittelhochdt. vlittern „flüstern, liebkosen"], erstmals im 16. Jh. bezeugte Bez. für die erste Zeit nach der Eheschließung.

Fljorow, Georgi Nikolajewitsch, * Rostow am Don 2. März 1913, † Moskau 19. Nov. 1991, sowjet. Physiker. – Entdeckte 1941 die spontane Kernspaltung von Uran, 1963 die Protonenradioaktivität und erzeugte erstmals mehrere Transactinoide (Elemente 104 bis 107).

FLN, Abk. für: **F**ront de **L**ibération **N**ationale („Nat. Befreiungsfront" [Algeriens]), gegr. 1954 in Kairo als Sammlungsbewegung aller für die Unabhängigkeit Algeriens von Frankreich arbeitenden Gruppen; bildete 1958 in Tunis die provisor. Reg. der alger. Republik; nach Erlangung der Unabhängigkeit 1962 zur Einheits- und Kaderpartei mit sozialist. und arabisch-nationalist. Programm umgeformt.

Floatglas [engl. ˈfloʊt] ↑ Glas.

Floating [engl. ˈfloʊtɪŋ „schwimmend, schwebend"], durch Wechselkursfreigabe eingeleitete Schwankungsmöglichkeit des Außenwertes einer Währung in einem System fester Wechselkurse durch das freie Spiel von Angebot und Nachfrage am Devisenmarkt. *Block-F.* oder *Gruppen-F.* bedeutet, daß Währungen mehrerer Länder, die in einem festen Wechselkursverhältnis zueinander stehen, frei schwankende Kurse gegenüber Drittwährungen haben.

Flobert (Flobert-Gewehr) [nach dem frz. Waffentechniker N. Flobert, * 1819, † 1894], leichte Handfeuerwaffe mit glattgebohrtem oder gezogenem Lauf.

F-Löcher, Schallöcher in f-Form (ƒ) bei Streichinstrumenten, neben dem Steg in die Decke eingelassen.

Flocke, kleine Zusammenballung faden- oder faserartiger Stoffe (Woll-F., Staub-F.), von Kolloidteilchen (beim Koagulieren) oder kleinen Kristallen (Schnee-F.); auch Bez. für blättchenartige Gebilde, v. a. bei Nahrungs- und Futtermitteln (Hafer-, Kartoffelflocken).

Flockenbast ↑ Bast.

Flockenblume (Centaurea), Gatt. der Korbblütler mit über 500 Arten, v. a. in den gemäßigten Zonen; meist flockig behaarte Kräuter mit in Köpfchen stehenden, großen Röhrenblüten; bekannte mitteleurop. Arten sind u. a. ↑ Alpenscharte, ↑ Bergflockenblume; **Kornblume** (Centaurea cyanus), bis 60 cm hoch, mit einzelstehenden Blütenköpfchen; Randblüten leuchtend blau, Scheibenblüten purpurfarben; auf Getreideäckern, an Feldrainen; **Wiesenflockenblume** (Gemeine F., Centaurea jacea), 10–80 cm hohe Staude mit rötl. Blütenköpfchen; auf Wiesen und Trockenrasen.

Flockung, Abscheidung von in einer Flüssigkeit schwebenden Stoffen als Flocken durch Zugabe von F.(hilfs)mitteln, z. B. Eisensalze, Polyacrylamid. Anwendung z. B. bei der Trinkwasseraufbereitung.

Flodoard von Reims, * Épernay (?) 894 † Reims (wohl 28. März) 966, fränk. Domkleriker und Geschichtsschreiber. – Hauptwerk sind seine sehr ausführl. Annalen (919–966).

Flöha, Krst. in Sa., am Rande des Erzgebirges, 280 m ü. d. M., 13 000 E. Textilind., Dampfkesselbau. – Im 12. Jh. entstanden, seit 1933 Stadt. – Stadtkirche Sankt Georg (15. Jh.).

F., Landkr. in Sachsen.

Flöhe (Siphonaptera, Aphaniptera), weltweit verbreitete Ordnung 1–7 mm großer, flügelloser Insekten, von den 1100 Arten etwa 80 in M-Europa; Körper seitlich stark zusammengedrückt, braun bis schwärzl., mit breit am Brustabschnitt ansitzendem Kopf, kurzen Fühlern und reduzierten Augen; Mundteile zu Stechborsten ausgebildet; Hinterbeine lang, dienen als Sprungbeine. – F. leben als blutsaugende Parasiten auf Säugetieren (einschließl. Mensch) und Vögeln. Sie sind z. T. Übertrager gefährl. Krankheiten wie Fleckfieber und Pest. Bekannte Arten sind: **Menschenfloh** (Pulex irritans), etwa 2 mm (♂) bis 4 mm (♀) groß, dunkelbraun glänzend; kann bis 40 cm weit und bis 20 cm hoch springen; blutsaugend am Menschen (auch an anderen Säugern); an der Saugstelle bildet sich ein juckender, dunkelroter Punkt mit hellrotem Hof. **Hundefloh** (Ctenocephalides canis), 1,5–3 mm lang, saugt v. a. an Haushunden. **Katzenfloh** (Ctenocephalides felis), 1,5–3 mm lang, saugt an Haus- und Wildkatzen. **Hühnerfloh** (Ceratophyllus gallinae), 1,2–3 mm lang, dunkelbraun bis schwarz; parasitiert

Florenz

Florenz. Blick über die Stadt mit dem Dom Santa Maria del Fiore rechts im Hintergrund, 1296–1436, und dem Palazzo Vecchio links im Hintergrund, 1298–1314

auf Vögeln; geht gelegentlich auch auf den Menschen. **Sandfloh** (Jigger, Tunga penetrans), etwa 1 mm lang, hellgelb; urspr. in Z-Amerika, von dort ins trop. Afrika verschleppt; Weibchen bohrt sich in die Haut von Säugetieren und von Menschen (v. a. zw. Zehen und Fingern) ein.

Flohkäfer (Erdflöhe, Erdflohkäfer, Halticinae), über 5000 1–6 mm große Arten umfassende Unterfam. der ↑Blattkäfer mit stark verdickten Hinterschenkeln, die den Tieren das Springen ermöglichen; Färbung meist schwarz, blau oder braun, häufig mit metall. Schimmer oder hellen Längsstreifen. Viele Arten sind Schädlinge, v. a. an Gemüsepflanzen. In Deutschland kommen rd. 230 Arten vor, u. a. die Gatt. **Kohlerdflöhe** (Phyllotreta); fressen v. a. an Kohlarten.

Flohkraut (Pulicaria), Gatt. der Korbblütler mit etwa 45 Arten, v. a. im Mittelmeergebiet; behaarte Kräuter mit gelben Zungen- und Röhrenblüten. – In M-Europa an feuchten Stellen das **Große Flohkraut** (Ruhrwurz, Pulicaria dysenterica) mit zahlr., 15–30 mm breiten Blütenköpfchen, ferner das **Kleine Flohkraut** (Pulicaria vulgaris) mit wenigen, etwa 10 mm breiten Köpfchen.

Flohkrebse (Amphipoda), Ordnung der höheren Krebse (Malacostraca) mit rund 2700 meist um 2 cm großen, fast stets seitlich zusammengedrückten Arten ohne Chitinpanzer; gekennzeichnet durch 6 Beinpaare am Hinterleib, von denen die 3 vorderen als Schwimmbeine, die 3 hinteren als Sprungbeine dienen; leben im Meer und in Süßwasser; bekannt sind ↑Brunnenkrebse, ↑Strandflöhe, ↑Bachflohkrebs.

Flohzirkus, zirkusähnl. Vorführungen mit Flöhen. Dabei handelt es sich um die geschickte Ausnutzung von Verhaltensweisen der Flöhe, die (damit sie nicht wegspringen können) mit einem hauchdünnen Silber- oder Golddraht „gefesselt" sind.

Floire et Blancheflor [frz. flwarəbläʃˈflɔːr], altfrz. Liebesroman, älteste erhaltene Fassung um 1160; schildert Trennung und Wiedervereinigung eines heidn. Königssohns und der Tochter einer christl. Sklavin.

Flomen [niederdt.] (Flom, Liesen, Schmer), das Bauchwandfett vom Schwein, aus dem Schmalz gewonnen wird.

Flop [engl. „das Hinplumpsen"], salopp für Mißerfolg; Niete.

Floppy disk [engl.], svw. ↑Diskette.

Flor [niederdt.], 1. feines, durchscheinendes Gewebe, meist Seide; 2. schwarzes Band **(Trauerflor)** am Ärmel oder Jackenaufschlag; 3. aufrechtstehende Faserenden bei Samt oder Plüsch.

Flora [zu lat. flos „Blume"], röm., urspr. altital. Göttin der Blüte und des Frühlings.

Flora, Paul, *Glurns (Südtirol) 29. Juni 1922, östr. Graphiker und Karikaturist. – Von der Linienstruktur bestimmter Zeichenstil; schuf u. a. „Floras Fauna" (1953), „Die Raben von San Marco"(1985). Auch Karikaturen zur Tagespolitik (v. a. in „Die Zeit").

Flora [nach dem Namen der röm. Göttin], die systematisch erfaßte Pflanzenwelt eines bestimmten Gebietes.
▷ Bakterienwelt eines Körperorgans (z. B. Darmflora).

Floréal (Floreal) [frz. „Blütenmonat"], 8. Monat des Kalenders der Frz. Revolution (20. bzw. 21. April bis 19. bzw. 20. Mai).

Floreat! [lat.], möge er (sie, es) blühen, gedeihen!; mögen seine (ihre) Unternehmungen gedeihen!

Floren (mittellat. Florenus, italien. Fiorino d'oro), Abk. Fl., fl. älteste Bez. des florentin. Goldguldens, später auch anderer Sorten des Guldens. – ↑Florin.

Florenreich [lat./dt.], in der Geobotanik Bez. für die höchste Einheit einer räuml. Gliederung der Pflanzendecke der Erde auf der Grundlage botanisch-systemat. Einheiten (u. a. Fam.). Diese werden zu Gruppen etwa gleicher geograph. Verbreitung zusammengefaßt. Das sich aus der ungleichen Verteilung der verschiedenen Florenelemente ergebende mosaikartige Bild der Vegetation der Erde ist die Folge verschiedener geolog.-tekton. Veränderungen und unterschiedl. Klimabedingungen. Im allg. unterscheidet man ↑holarktisches Florenreich, ↑paläotropisches Florenreich, ↑neotropisches Florenreich, ↑australisches Florenreich, ↑kapländisches Florenreich und das artenarme, die Antarktis und die S-Spitze Amerikas umfassende **antarktische Florenreich**.

Florentiner, (Florentiner Hut) Damenstrohhut mit breiter, schwingender Krempe.
▷ Feingebäck mit Mandeln, Zitronat, Ingwer; auf der Rückseite überzogen mit Kuvertüre.

Florenz (italien. Firenze), Hauptstadt der mittelitalien. Region Toskana, am Arno, 49 m ü. d. M., 421300 E. Kath. Erzbischofssitz; Univ. (gegr. 1321), militärgeograph. Inst.; Kunst- und Musikakad., Inst. für Etrusk. Studien, Dt. Kunsthistor. Inst., bed. Museen (u. a. Archäolog. Museum, Nationalmuseum Bargello, Uffizien, Galleria dell'Accademia, Palazzo Pitti); Nationalbibliothek, Biblioteca Medicea Laurenziana; Sternwarte. – Bed. traditionelles Kunsthandwerk und graph. Gewerbe; Fremdenverkehr; Handel; Mode-, Pelz-, Antiquitäten- und Buchmessen.

Geschichte: Seit prähistor. Zeit besiedelt; röm. Neugründung **(Florentia)** etwa 2. Jh. v. Chr. Im 4. Jh. Bischofssitz; Sitz eines langobard. Hzgt., einer otton. Gft., im 11. Jh. der Markgrafen von Tuszien. Städt. Autonomie um 1100, im 13./14. Jh. Aufstieg zur führenden Macht in M-Italien (bed. Tuchind., Handel, Geldverkehr). Neben der Rivalität zw. Guelfen und Ghibellinen (F. wurde führende guelf. Macht) standen die sozialen Auseinandersetzungen zw. Adel, „popolo grasso" (städtisch-zünftische Oberschicht) und

Florenz
Stadtwappen

Florenz
Hauptstadt der Region Toskana
·
421 300 E
·
röm. Neugründung (Florentia)
·
1865–71 Hauptstadt des Kgr. Italien
·
Dom Santa Maria del Fiore
·
Piazza della Signoria
·
zahlr. bed. Kirchen und Renaissancepaläste
·
Uffizien

Florenz, Konzil von

Howard Walter Florey

Florin.
Britische Silbermünze von 1853
(Vorder- und Rückseite)

Florfliegen.
Oben: Imago.
Unten links: Eier.
Unten rechts: Larve

„popolo minuto" (niedere Zünfte) sowie Kämpfe gegen auswärtige Feinde. 1282 ging die Reg.gewalt auf die oberen Zünfte („arti maggiori") über. 1378–82 Erhebung des niederen Volkes (Aufstand der „Ciompi" [Wollkämmer]). 1434 Machtantritt der Medici. Unter Lorenzo (I) il Magnifico (⚭ 1469–92), unter dem die Stadt ihre Glanzzeit erlebte, wurde F. faktisch eine Monarchie. Nach zweimaliger Vertreibung (1494–1512, 1527–30) wurden die Medici 1531 erbl. Herzöge von F., 1569 Großherzöge von Toskana. 1737–1859 (mit Ausnahme der Napoleon. Zeit 1801–14; Hauptstadt des Kgr. Etrurien 1801–08) stand F. unter habsburg. Herrschaft und kam dann an das neue Kgr. Italien (1865–71 dessen Hauptstadt).

Bauten: Dom Santa Maria del Fiore (1296–1436) mit Kampanile (1334ff.), Kuppel von Brunelleschi (1421ff.), Fassade 1875–87, Baptisterium (11.–13. Jh.) mit Bronzetüren von A. Pisano und Ghiberti; Piazza della Signoria mit dem Palazzo Vecchio (1298ff.) und der Loggia dei Lanzi (1376–81); Platz der Uffizien. Zahlr. bed. Kirchen, fast alle, abgesehen von San Miniato al Monte (1018–63), teilweise oder ganz von der Frührenaissance geprägt, u.a. Santa Maria Novella (13.–15. Jh.), Santa Croce (14. Jh.; Fassade von 1875) mit dem Verkündigungstabernakel von Donatello (um 1435) sowie Fresken des Giotto (um 1317), Pazzikapelle von Brunelleschi (1430–46), Or San Michele (1337–1404), San Lorenzo (seit 1420/21 erbaut; Neue Sakristei Michelangelos, 1520–33), Santo Spirito (1436ff.), Santa Maria del Carmine mit Fresken Masaccios (1427/28) in der Brancaccikapelle. Renaissancepaläste mit typ. Fassaden aus Rustikaquadern: Palazzo Strozzi, Palazzo Pitti, Palazzo Medici Riccardi, Palazzo Rucellai (alle v.a. 15. Jh.). Älteste Brücke ist der Ponte Vecchio (erstmals 1080 in Stein), beiderseits flankiert von Goldschmiedeläden. – Die Altstadt von F. wurde von der UNESCO zum Weltkulturerbe erklärt.

Florenz, Konzil von (Konzil Basel-Ferrara-Florenz) ↑Basler Konzil.

Flores, Juan José, * Puerto Cabello 19. Juli 1800, † auf See bei Santa Rosa 1. Okt. 1864, ecuadorian. Politiker. – Waffengefährte von S. Bolívar; erklärte 1830 die Unabhängigkeit Ecuadors; 1831–35 erster Präs. der neuen Republik. 1839–45 erneut Präsident.

Flores, Insel der Azoren, 143 km², bis 941 m hoch; Hauptort Santa Cruz das Flores.

F., zweitgrößte der Kleinen Sundainseln, Indonesien, zw. Sumbawa und Sumba im W und den Solorinseln im O, etwa 360 km lang (W–O), bis 60 km breit, bis 2400 m hoch; im S aktive Vulkane (1987 Ausbruch des Mandosawa). Hauptort ist Endeh (Hafen an der S-Küste). – Gehörte im 13. Jh. zum Reich von Madjapahit, seit dem 14. Jh. zum Ft. Makassar; um 1570 ließen sich die Portugiesen nieder; seit 1667 unter niederländ. Oberhoheit; 1942–45 von Japan besetzt.

Floressee, Teil des Australasiat. Mittelmeeres, im S des Malaiischen Archipels.

Florettfechten [lat.-frz./dt.] ↑ Fechten.

Florey, Sir (seit 1965) Howard Walter [engl. ˈflɔːrɪ], * Adelaide 24. Sept. 1898, † Oxford 21. Febr. 1968, brit. Pathologe. – Prof. in Sheffield und Oxford; entwickelte mit E. B. Chain das Penicillin zur Therapiereife und wandte es erstmals erfolgreich gegen verschiedene Infektionskrankheiten beim Menschen an; erhielt 1945 mit A. Fleming und E. B. Chain den Nobelpreis für Physiologie oder Medizin.

Florfliegen (Goldaugen, Perlaugen, Chrysopidae) mit 800 Arten weltweit verbreitete Fam. 1–2 cm langer Netzflügler, davon 22 Arten in Deutschland; sehr zarte, meist grüne oder gelbe Insekten mit großen, durchsichtigen, dachförmig über dem Körper zusammengelegten Flügeln, goldgrünen Augen und langen, dünnen Fühlern; Larven (**Blattlauslöwen**) und Imagines sehr nützlich, da sie sich vorwiegend von Blattläusen ernähren. In M-Europa ist am häufigsten das **Goldauge** (Gemeines Goldauge, Gemeine F., Chrysopa carnea), etwa 1,5 cm lang.

Florian (Florianus), hl., röm. Offizier und Staatsbeamter in Noricum. – Soll unter Diokletian (um 304) in Lorch bei Enns (Oberösterreich) das Martyrium erlitten haben. Patron gegen Feuersbrunst. – Fest: 4. Mai.

Florianópolis, Hauptstadt des brasilian. Bundesstaates Santa Catarina, auf einer Nehrung am Atlantik, 188 000 E. Kath. Erzbischofssitz; 2 Univ. (gegr. 1960 bzw. 1966); Akad. der Geisteswissenschaften; Straßenbrücke zum Festland, ✈. – 1542 gegründet.

Floribunda-Rosen [lat.] ↑Rose.

Florida, Bundesstaat im SO der USA, 151 939 km², 12,94 Mill. E (1990), Hauptstadt Tallahassee; 67 Counties. **Landesnatur:** F. umfaßt die gleichnamige, rd. 650 km lange Halbinsel zw. Atlantik und Golf von Mexiko und einen Teil der im NW anschließenden Golfküstenebene. Im N erreicht ein seenreiches, verkarstetes Hügelland 100 m ü.d.M. Die Golfküste ist reich an Buchten und Haffs; an die Sandstrände und Nehrungen der Atlantikküste schließt sich nach S das Sumpfgebiet der Everglades an. Die S-Spitze F. setzt sich in der Koralleninselkette F. Keys fort.
Klima: Subtrop.; die Randlage zu den Tropen bedingt die Gefahr von Hurrikans.
Vegetation: Im nördl. und zentralen Teil herrschen weite, lichte Kiefernwälder vor, im S Sumpfgebiete und Mangroven.
Bevölkerung: 84 % der Bev. leben in Städten. Mit 13,9 % liegt der Anteil der Schwarzen unter dem Prozentsatz in anderen Südstaaten der USA. Neben indian. und asiat. Minderheiten leben zahlr. kuban. Emigranten in F. Univ. u.a. in Gainesville (gegr. 1853) und Tallahassee (gegr. 1857).
Wirtschaft: Begünstigt durch das Klima entwickelte sich der Fremdenverkehr (Vergnügungspark „Walt Disney World" bei Orlando, Everglades National Park, Miami) zu einem wichtigen Wirtschaftszweig. Seit Ende der 70er Jahre profiliert sich F. zunehmend mit chem., elektrotechn., Raumfahrt- (Kap Canaveral an der O-Küste) und Papierind.; sitz zahlr. Banken. Nur etwa 5 % der Fläche dienen der Landw.; wichtigste Anbauprodukte sind Zitrusfrüchte, Gemüse, Tabak, Zuckerrohr u.a.; in Zentral-F. intensive Viehzucht. Bed. haben auch Forstwirtschaft und Fischerei. Das im Tagebau geförderte Phosphat deckt 80 % des Bedarfs der USA.
Verkehr: F. verfügt über ein gut ausgebautes Eisenbahn- und Straßennetz. Jacksonville ist der wichtigste Hafen; internat. ✈ u.a. in Miami und Tampa.
Geschichte: 1513 von J. Ponce de León entdeckt (O-Küste); im 17. und 18. Jh. zw. Spaniern, Briten und Franzosen umstritten; wurde 1763 brit., kam aber schon 1783 infolge des amerikan. Unabhängigkeitskrieges wieder in span. Besitz. 1819 verkaufte Spanien F. an die USA; seit 1822 Territorium, 1845 als 27. Staat in die Union aufgenommen; gehörte 1861 zu den Gründungsstaaten der Konföderierten Staaten von Amerika; 1868 wieder in die Union eingegliedert.

Florida Keys [engl. ˈflɔrɪdə ˈkiːz], Inselkette vor der S-Küste Floridas, USA, erstreckt sich etwa 240 km in sw. Richtung.

Floridastraße, Meeresstraße zw. Florida im N, Kuba im S und den Bahamainseln im SO; verbindet den Golf von Mexiko mit dem Atlantik, vom **Floridastrom** durchflossen.

florieren [lat.], blühen, gedeihen.

Florigen [lat./griech.] (Blühhormon), physiologisch nachgewiesener, chemisch jedoch noch unbekannter Wirkstoff (oder Stoffgruppe), der in den Laubblättern gebildet und in die Sproßknospe transportiert wird, und der diese dann zur Blütenbildung anregt.

Florin [floˈriːn, frz. flɔˈrɛ̃; engl. ˈflɔrɪn; mittellat.] (Florin d'or), 1. frz. Name des Florens und später des Guldens; 2. Name der nur 1343 geprägten, ältesten engl. Goldmünze; 3. 1848–1936 offizielle Bez. der brit. Silbermünze zu 2 Schilling.

Florina, griech. Stadt 130 km westlich von Saloniki, 12 600 E. Hauptort des Verw.-Geb. F.; orth. Bischofssitz. – Die Anfänge von F. (im MA **Chloros**) liegen in vorchristl. Zeit. – Fundamente eines Häuserviertels aus dem 3. Jh. v. Chr.; Reste byzantin. Befestigungsanlagen.

Floris, seit Ende des 15. Jh. nachweisbare fläm. Familie bildender Künstler:
F., Cornelis, *Antwerpen 1514, †ebd. 20. Okt. 1575, Baumeister, Bildhauer, Ornamentstecher. – Bruder von Frans F.; verschmolz italien. und nord. Elemente zum fläm. Renaissancestil, u. a. im Rathaus von Antwerpen, seinem architekton. Hauptwerk (1561–65). Schulebildender Dekorationsstil (↑Florisstil). U. a. Grabmäler und Lettner der Kathedrale von Tournai (1570–73).
F., Frans, *Antwerpen zw. 1516 und 1520, †ebd. 1. Okt. 1570, Maler. – Leiter einer großen Werkstatt in Antwerpen. Vertreter des Romanismus mit großen manierist. Kompositionen, u. a. „Engelssturz" (1554; Antwerpen, Königl. Museum), auch Porträts („Der Falkenjäger", 1558; Braunschweig, Herzog-Anton-Ulrich-Museum).
Floris, Joachim von ↑Joachim von Fiore.
Florisstil, von C. Floris geschaffener Ornamentstil: Grotesken sind mit Knorpel- und Rollwerk u. a. in phantast. Verschlingungen verbunden.
Flörsheim am Main, Stadt in Hessen, 20 km sw. von Frankfurt am Main, 94 m ü. d. M., 16 500 E. Papier-, pharmazeut. Ind., Tanklager; Mainhafen. – Seit dem 5. Jh. n. Chr. belegt; 1270 vom Mainzer Domkapitel gekauft und befestigt; 1803 fiel F. an Nassau und ist seit 1953 Stadt. – Kath. Pfarrkirche (17./18. Jh.) mit Barockorgel.
Flory, Paul John [engl. ˈflɔːrɪ], *Sterling (Ill.) 19. Juni 1910, †Big Sur (Calif.) 9. Sept. 1985, amerikan. Chemiker. – Prof. an der Cornell University in New York, danach an der Stanford University in Kalifornien. Grundlegende Arbeiten auf dem Gebiet der Polymerchemie und der physikal. Chemie der Makromoleküle. Hierfür erhielt er 1974 den Nobelpreis für Chemie.
Flos (Mrz.: Flores) [lat.], Blüte, Blume.
Floskel [zu lat. flosculus, eigtl. „Blümchen"], höfl., aber nichtssagende formelhafte Redewendung.
Floß, flaches Wasserfahrzeug aus zusammengebundenen Schwimmkörpern (z. B. Baumstämmen, Binsen, Papyrus, Bambus oder Schilf); wird noch bei Naturvölkern zur Beförderung von Personen und Waren benutzt. – ↑Flößerei.
Flosse, feststehender Teil des Leitwerks an Flugzeugen, Luftschiffen und [Unter]wasserfahrzeugen.
▷ im *Tauchsport* ↑Schwimmflosse.
▷ ↑Flossen.
Flössel, Bez. für hintereinandergereihte kleine Rückenflossen bei Fischen.
Flösselaale (Calamoichthys), Gatt. der Flösselhechte mit der einzigen, bis etwa 90 cm langen Art **Calamoichthys calabaricus** in schlammigen Süß- und Brackgewässern W-Afrikas; aalförmiger Raubfisch mit einer aus 7–13 Flösseln bestehenden Rückenflosse, Bauchflossen fehlen; Färbung oberseits graugrün bis gelblichbraun, unterseits gelblich.
Flösselhechte (Polypteriformes), primitive, seit der Kreidezeit bekannte Ordnung bis 1,2 m langer, hecht- bis aalförmiger Knochenfische mit 10 Arten in Süß- und Brackgewässern der westl. und mittleren Afrikas; Raubfische, die zusätzlich atmosphär. Luft aufnehmen (ihre Schwimmblase fungiert als Lunge), auch können sie kurze Trockenperioden im Schlamm überdauern; z. T. Warmwasseraquarienfische
Flossen (Pinnae), der Fortbewegung dienende Organe oder Hautsäume im Wasser lebender Chordatiere und mancher Weichtiere. Als F. i. e. S. bezeichnet man die fast stets durch F.strahlen gestützten Fortbewegungsorgane der Fische, bei denen paarige F. (Brust- und Bauch-F.), die Extremitäten darstellen, und unpaare F. (Rücken-, Fett-, Schwanz- und After-F.), die keine Extremitätennatur haben, unterschieden werden.
Flossenfüßer, svw. ↑Robben.
Flossenstrahlen (Radien), Stützelemente der Flossen der Fische, die von knorpeligen oder knöchernen durch Muskeln beweg!. Skelettstücken (**Flossenträger**) abgehen. Bei den Knorpelfischen treten **Hornstrahlen** auf, bei den Knochenfischen **knöcherne Strahlen.**

Cornelis Floris. Figur vom Grabmal des Erzbischofs Adolf von Schauenburg, 1561 (Köln, Dom)

Flößerei (Holzflößerei, Flöße), Transport von zusammengebundenen Baumstämmen auf Wasserläufen. – Als **Trift** (Wildflöße, Schwemme) werden zunächst einzelne lose Hölzer – meist auf [Wild]bächen, seltener auf künstl. Triftstraßen – abgeschwemmt, an Dämmen oder Wehren gesammelt und zu **Gestören (Flügeln** oder **Tafeln)** verbunden, von der Strömung fortbewegt oder mit Hilfe von **Flößerstangen (Staken)** abgestoßen und gelenkt oder von Schleppschiffen gezogen. Die F. wird heute noch in Skandinavien, in Rußland und Kanada betrieben, seltener in M-Europa, wo sie früher große Bed. besaß.
Flotation [engl.] ↑Aufbereitung.
Flöte [altprovenzal.] (italien. flauto), wahrscheinlich eines der ältesten Blasinstrumente, das bereits im Jungpaläolithikum bezeugt ist. Der Ton wird durch Anregung von Eigenschwingungen einer in einem zylindr. oder kon. Rohr schwingenden Luftsäule beim Anblasen erzeugt. Man unterscheidet die F. nach der Spielhaltung in Längs- (↑Panflöte) und Quer-F., nach der Bauart in Block- oder Schnabel-, Kerb- und Gefäß-F. (↑Okarina). Bis zur Mitte des 18. Jh. verstand man unter F. (ohne Zusatz) die Blockflöte, seither allg. die Querflöte. – Bei der *Orgel* ist F. der gemeinsame Name für alle Labialpfeifen.
Flötenwerk, kleine Orgel, die im Gegensatz zum ↑Regal ausschließlich Flötenstimmen hat; auch Bez. für die Gesamtheit der Flötenstimmen einer großen Orgel.
Flötner, Peter, *im Thurgau zw. 1486/95, †Nürnberg 23. Okt. 1546, dt. Bildschnitzer, Holzschneider und Zeichner schweizer. Herkunft. – Mit seinen Entwürfen für Möbel, für Goldschmiedearbeiten, Brunnen, Bauornamente verhalf er der Renaissance in Deutschland zum Durchbruch. Führend auch als Medailleur. Erhalten u. a. einige Holzbildwerke und Modelle sowie Handzeichnungen und Holzschnitte (Musterbuch, hg. 1549).
Flotow, Friedrich von [...to], *Gut Teutendorf (Mecklenburg) 27. April 1812, †Darmstadt 24. Jan. 1883, dt. Komponist. – Komponierte zahlr. Opern, die der Tradition der frz. Opéra comique nahestehen, u. a. „Alessandro Stradella" (1844), „Martha" (1847).
Flotte, Gesamtheit der Schiffe eines Staates (Handels-, Kriegs-, Fischerei-F.); i. e. S. größerer Schiffsverband.
Flotte [niederdt.], Flüssigkeit, in der Textilien gewaschen, gebleicht, gefärbt und imprägniert werden.
Flottenabkommen ↑Deutsch-Britisches Flottenabkommen 1935, ↑Washingtoner Flottenabkommen.
Flottenverein ↑Deutscher Flottenverein.
Flottille [flɔˈtɪl(j)ə; span.], früher Bez. für einen takt. Verband kleinerer Kriegsschiffe; in der dt. Bundesmarine ein fast ausschließlich administrativer Verband von Schiffen bzw. Booten der gleichen Kriegsschiffgattung.
flottmachen, ein auf Grund gelaufenes Schiff wieder zum freien Schwimmen bringen.
Flotzmaul, die durch Drüsenabsonderungen stets schleimig feuchte Hautpartie zw. den Nasenlöchern und der Oberlippe des Rindes.
Flower-power [engl. ˈflauəpauə „Blumengewalt"], Ende der 60er Jahre Schlagwort der Hippies, die in der Kon-

Paul John Flory

Friedrich von Flotow

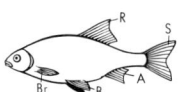

Flossen eines Knochenfisches. A After-, B Bauch-, Br Brust-, R Rücken-, S Schwanzflosse

Flöz

frontation mit der bürgerl. Gesellschaft Blumen als Symbol für ihr Ideal einer humanisierten Gesellschaft verwendeten.

Flöz [urspr. „geebneter Boden" (zu althochdt. flaz „flach, breit")], bergmänn. Bez. für eine Schicht nutzbarer Gesteine oder Minerale (z. B. Kohle, Kalisalze).

Fluate [Kw.] (Fluorosilicate), Salze der ↑ Kieselfluorwasserstoffsäure; $H_2[SiF_6]$; dienen v. a. zum Wasserdichtmachen von Zement (**fluatieren**), wobei unlösl. Calciumfluorid (CaF_2) und Siliciumdioxid (SiO_2) entsteht.

Fluch, in der Religionsgeschichte gegen Menschen, auch gegen Tiere oder Sachen gerichteter Unheilswunsch, Gegenteil des Segens; oft unterstützt durch symbol. Gesten. Häufig wird auch die Erfüllung des Unheilswunsches von einer richtenden Gottheit erfleht.

Flucht, (heiml.) Enteilen. Zum *Recht* ↑ Haftbefehl, ↑ vorläufige Festnahme.

Flucht [niederdt.], vertikale Ebene, entlang der Gebäude (↑ Baulinie) oder Innenräume oder Bauteile aneinandergereiht werden.

Fluchtbewegung, im Selbsterhaltungstrieb verankerte Reaktion eines Lebewesens zum Verlassen des Bereichs unangenehmer Reize.

Fluchtburgen ↑ Fliehburgen.

Fluchtdistanz, der Abstand, von dem ab ein Tier keine weitere Annäherung eines mögl. Feindes mehr duldet, sondern die Flucht ergreift.

Fluchtgeschwindigkeit, svw. ↑ Entweichgeschwindigkeit.

Flüchtigkeit, allg. die Eigenschaft flüssiger und fester Stoffe, mehr oder weniger stark durch Verdunstung in den Dampfzustand überzugehen.

Flüchtlinge, Personen, die v. a. aus polit., religiösen oder rass. Gründen, durch polit. Maßnahmen, Krieg oder andere existenzgefährdende Notlagen ihren Heimatstaat vorübergehend oder auf Dauer verlassen haben. Die Staatenpraxis wurde mit dem Problem der F. erstmals nach dem 1. Weltkrieg befaßt. Nach dem 2. Weltkrieg wurde innerhalb der UN die Internat. Flüchtlingsorganisation gegr. Seit 1951 erfolgt eine Betreuung der F. durch den Flüchtlingskommissar der UN. Das Genfer Abkommen über die Rechtsstellung der F. vom 28. 7. 1951 enthält u. a. eine Definition des Begriffs (polit.) F. (Art. 1) und regelt deren Status. Danach richtet sich der Personalstatus eines F. in erster Linie nach dem Recht des Landes seines Wohnsitzes (Art. 12). Bezüglich des Erwerbs von bewegl. und unbewegl. Vermögen und in der Ausübung einer nichtselbständigen Erwerbstätigkeit sind die F. den am günstigsten behandelten Ausländern gleichgestellt (Art. 13, 17). Der Zugang zu den Gerichten des Aufenthaltsstaates ist gewährleistet (Art. 16). F. haben Anspruch auf Ausstellung eines Reise- bzw. Personalausweises durch den Aufenthaltsstaat. Eine Ausweisung oder Zurückweisung über die Grenzen eines Staates, in dem ihr Leben oder ihre Freiheit wegen Rasse, Religion, Staatsangehörigkeit, Zugehörigkeit zu einer bestimmten sozialen Gruppe oder polit. Überzeugung gefährdet wäre, ist untersagt. Die Zahl der F. ist derzeit weltweit im Steigen begriffen. Dabei wächst neben der Zahl der polit. F. auch die Zahl derer, die vor unerträgl. wirtsch. und sozialen Notständen fliehen.

Fluchtpunkt ↑ Perspektive.

Fludd (Flud), Robert [engl. flʌd], latinisiert Robertus de Fluctibus, *Milgate Park (= Bearsted, Kent) 1574, †London 8. Sept. 1637, engl. Arzt. – Neben Paracelsus bekanntester Arzt und Okkultist; gilt als geistiger Vater der Freimaurerei. Schrieb u. a. eine Kosmologie und eine Krankheitslehre; verteidigte die Rosenkreuzer.

Flüe, Nikolaus von ↑ Nikolaus von Flüe.

Flüelapaß ↑ Alpenpässe (Übersicht).

Flüelen, Gemeinde im schweizer. Kt. Uri, am S-Ende des Vierwaldstätter Sees, 1 700 E. Fremdenverkehr; Tellskapelle (1879) mit vier Fresken aus der Tellsage (1878–82).

Flug, in der *Biologie* ↑ Fortbewegung.
▷ in der *Physik* ↑ fliegen.

Flugabwehr, Abk. Fla, Bestandteil der Luftverteidigung; Aufgabe der FlugabwehrRaketenverbände der Luftwaffe und der Heeresflugabwehrtruppe.

Flugalarmdienst ↑ Flugsicherung.

Flugangelei ↑ Angelfischerei.

Flugball, beim Tennis ein Ball, der vor der Bodenberührung zurückgeschlagen wird.

Flugbenzin ↑ Flugkraftstoffe.

Flugbetankung, svw. ↑ Luftbetankung.

Flugbeutler, Beuteltiere (Fam. Kletterbeutler), die durch eine zw. Vorder- und Hinterbeinen ausspannbare Flughaut zum Gleitflug befähigt sind; z. B. Gleithörnchenbeutler, Riesenflugbeutler.

Flugbild, charakterist. Erscheinungsbild eines fliegenden Vogels.

Flugblatt, ein- oder zweiseitig bedrucktes Blatt, das aus aktuellem Anlaß verbreitet wird. Inhalt: polit. Propaganda, kommerzielle Werbung, Ankündigungen, Aufrufe u. a. – ↑ Einblattdrucke, ↑ Flugschrift.

Flugboot, ein Wasserflugzeug, dessen Rumpf als Schwimmkörper ausgebildet ist, meist mit zusätzl. Stützschwimmern unter den Tragflächen; heute v. a. verwendet als U-Boot-Jäger und Seenotflugzeug.

Flugbrand (Staubbrand, Ustilago), durch verschiedene Brandpilzarten hervorgerufene Getreidekrankheiten; z. B. der F. des Hafers, bei dem der Keimling von Ustilago avenae befallen wird. Der Pilz wächst mit der Pflanze empor und entwickelt in den Blütenständen eine Fülle dunkelbrauner Sporen, die durch den Wind auf gesunde Blütenstände übertragen werden; Bekämpfung erfolgt durch Saatgutbeizung.

Flugdatenschreiber (Flugschreiber), automat. Registriergerät, mit dem fortlaufend Flugdaten (z. B. Fluglage, -höhe, -geschwindigkeit) auf Metallmagnetband festgehalten werden. F. werden v. a. von Verkehrsflugzeugen zur nachträgl. Kontrolle mitgeführt und dienen als sog. **Unfallschreiber** in einem bruch- und feuersicheren Gehäuse zur Rekonstruktion eines Unfallhergangs.

Flugdrachen (Draco), Gatt. 20–27 cm langer Agamen mit etwa 15 Arten in den Regenwäldern SO-Asiens und des Malaiischen Archipels; an den Seiten des schlanken Rumpfs beiderseits ein großer, flügelartiger Hautlappen, der mit Hilfe der stark verlängerten letzten 5–7 Rippen gespreizt werden kann, wodurch die F. zu (bis über 100 m weiten) Gleitflügen befähigt werden.

Flugechsen, svw. ↑ Flugsaurier.

Flügel, (Alae) dem Fliegen dienende Gliedmaße verschiedener Tiere. F. sind Umbildungen der Vorderextremitäten (wie bei den Flugsauriern, Vögeln und Flattertieren) oder Ausstülpungen der Körperoberfläche (z. B. bei den Insekten).
▷ (Alae) in der *Botanik* Bez. für die beiden kleineren seitl. Blütenblätter bei Schmetterlingsblütlern.
▷ in der *Luftfahrt* svw. Tragflügel (↑ Flugzeug).
▷ Baukörper, der [im Winkel] an den Hauptbau anschließt.
▷ *militärisch:* der äußerste rechte oder linke Teil einer zum Gefecht formierten Truppe; nicht zu verwechseln mit dem Begriff Flanke.
▷ Bez. für Klavierinstrumente (in der Form einem Vogelflügel ähnl.), bei denen die Saiten in Richtung der Tasten verlaufen (↑ Klavier).

Flügeladern, versteifte, röhrenförmige Längs- und Querfalten der Insektenflügel.

Flügeladjutant, urspr. Offizier zur Befehlsübermittlung an die Flügel des Heeres, später Offizier „im persönl. Dienst" regierender Fürsten.

Flügelaltar (Wandelaltar), spätgot. Altarform (15./16. Jh.) nördlich der Alpen, mit feststehendem Mittelteil (gemalter Tafel oder geschnitztem Schrein; Corpus) und zwei oder mehr bewegl. Flügeln; als Untersatz eine ↑ Predella (Staffel); als Aufbau oft ein ↑ Gesprenge.

Flügeldecken, svw. ↑ Deckflügel.

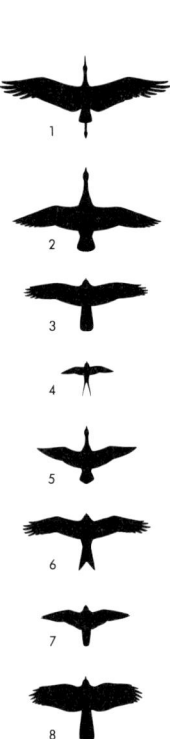

Flugbild. 1 Weißer Storch; 2 Graugans; 3 Kornweihe; 4 Rauchschwalbe; 5 Stockente; 6 Roter Milan; 7 Wanderfalke; 8 Habicht; 9 Rabenkrähe; 10 Lachmöve; 11 Mäusebussard

Flügelfell (Pterygium), Wucherung der Augapfelbindehaut; auf die Hornhaut übergreifend.

Flügelhorn, das Sopraninstrument der Bügelhornfamilie, dem Kornett verwandt, meist in B-Stimmung.

Flügelnuß, Bez. für eine Nußfrucht mit einem oder mehreren flügelartigen Auswüchsen oder Anhängseln, z. B. die der Esche.

Flügelschnecken (Stromboidea), Überfam. meerbewohnender Vorderkiemer mit bis 30 cm langem Gehäuse, dessen Mündungsrand bei erwachsenen Tieren oft flügelartig verbreitert ist; Schale schwer, außen meist weißlich, innen porzellanartig glänzend, oft rosa- bis orangefarben. Bekannteste Arten sind: **Pelikanfuß** (Aporrhais pespelecani), bis 5 cm lang, auf Schlamm- und Sandböden der europ. Küsten; Schale außen gelblich bis braun. **Fechterschnecke** (Riesen-F., Strombus gigas), etwa 20–30 cm groß, in der Karib. See; Gehäuse dickwandig, bräunlich gemustert, innen rosafarben, porzellanartig glänzend. Größeren Arten sind bei Sammlern begehrt und in ihrem Bestand bedroht.

Flugenten, wm. Bez. für eben flügge gewordene Wildenten.

Flugfrösche, svw. ↑ Ruderfrösche.

Flugfuchs ↑ Flederhunde.

flügge [niederdt.], flugfähig (von jungen Vögeln gesagt).

Flughaare, Haarbildungen an Früchten oder Samen, die die Verbreitung durch den Wind begünstigen, z. B. bei Löwenzahnarten.

Flughafen (engl. Airport), größerer Flugplatz für den zivilen, insbes. für den Linien- und Charterflugverkehr **(Verkehrsflughafen).** Der militär. Flugbetrieb wird auf den **Militärflughäfen** (Luftbasis, engl. Airbase) abgewickelt. **Landeplätze** (ohne Einrichtungen zur Personen- oder Güterabfertigung) dienen Sport-, Segel- und häufig auch Geschäftsflugzeugen. Mit Rücksicht auf eine möglichst häufige Benutzbarkeit werden auf den F. eine oder mehrere betonierte Hauptpisten **(Start-Lande-Bahnen)** in der im Jahresdurchschnitt vorherrschenden Windrichtung angelegt und gegebenenfalls durch zusätzl. [Querwind]pisten zu einem Parallel-, Triangular- oder Tangentialsystem ergänzt. Die im internat. Luftverkehr angeflogenen F. werden nach der Pistenlänge klassifiziert. Üblich sind Längen von 2 000–4 000 m und Pistenbreiten von 45–60 m. Die Pisten sind durch betonierte **Rollwege** mit dem Vorfeld des F. verbunden, an dem das Abfertigungsgebäude liegt. Auf dem **Vorfeld** befinden sich die Abfertigungsposition und Abstellplätze für die Flugzeuge. Der Bodenverkehr auf dem Vorfeld (rollende oder durch Flugzeugschlepper bewegte Flugzeuge, Borddienstfahrzeuge, Tankwagen und Fluggastomnibusse) wird von der Verkehrsleitung des F. überwacht. Die Betankung der Flugzeuge wird entweder durch Tankfahrzeuge oder durch ein unterird. Hydrantensystem (Unterflurbetankungssystem) vorgenommen. – Der Komplex des **Abfertigungsgebäudes** enthält neben den Räumen und Einrichtungen, die direkt der Abfertigung der Passagiere (Flugscheinkontrolle) und ihres Gepäcks dienen, noch Dienststellen des Zolls, der Grenzpolizei, der Gesundheitsbehörde, Geschäftsräume von Dienstleistungsbetrieben, Flugleitungsbüros der Luftverkehrsgesellschaften, die Verkehrsleitung, die Flugwetterwarte und die F.verwaltung. Die Dienststellen der Flugsicherung sind in einem bes. Teil des Gebäudes, dem **Tower,** untergebracht, von dem aus sich das gesamte Vorfeld und die Pisten beobachten lassen. Die Abfertigungsgebäude sind als Zentralgebäude mit offenem Vorfeld bzw. als Zentralgebäude mit in den Vorfeldbereich hineinragenden „Fingern", Flugsteigköpfen oder Satellitengebäuden angelegt; die Verkehrsführung innerhalb der Gebäude erfolgt getrennt für ankommenden und abfliegenden Verkehr, damit ein schneller, überschneidungsfreier Passagier-, Gepäck- und Frachtfluß von und zu den Flugzeugen gewährleistet werden kann. F. brauchen wegen Art und Umfang des vorgesehenen Flugbetriebs eine Sicherung durch einen *Bauschutzbereich* (Bereich, in dem bestimmte Baubeschränkungen, z. B. Beschränkung der Bauhöhen, gelten). Landeplätze brauchen diesen Schutzbereich nicht. Weitere Einzelheiten über die Errichtung von Flugplätzen regelt die Luftverkehrszulassungsordnung. In *Österreich* und in der *Schweiz* bestehen dem dt. Recht entsprechende Regelungen.

Flughähne (Dactylopteridae), artenarme Knochenfischfam. in trop. und subtrop. Meeren; in der Gestalt den Knurrhähnen ähnlich, Körper länglich mit plumpem, gepanzertem Kopf; hinterer Abschnitt der Brustflossen extrem flügelartig vergrößert. F. können mit Hilfe der ausgebreiteten Brustflossen (nach schnellen Schlägen der Schwanzflosse) ohne weiteren Antrieb durch das Wasser gleiten.

Flughaut (Patagium), ausspannbare, durch das Extremitätenskelett oder bes. Skelettbildungen gestützte Hautfalte bei Wirbeltieren, die zum Gleitflug oder (bei den Flattertieren) zum aktiven Flug befähigt und bei Vögeln das Flugprofil verbessert.

Flughörnchen (Gleithörnchen, Pteromyinae), Unterfam. 7–60 cm langer Hörnchen mit etwa 40 Arten in den Wäldern NO-Europas, Asiens und des Malaiischen Archipels, zwei Arten in N- und M-Amerika; Schwanz meist körperlang und buschig, dient als Steuerorgan; mit großer Flughaut (ermöglicht über 50 m weite Gleitflüge); Augen groß, vorstehend; Pflanzenfresser. – Bekannte Arten sind: **Ljutaga** (Eurasiat. F., Pteromys volans), etwa 15 cm (mit Schwanz bis 30 cm) lang, oberseits silbrig graubraun, unterseits weiß; **Nordamerikanisches Flughörnchen** (Glaucomys volans), etwa 13–15 cm (mit Schwanz bis 25 cm) lang, oberseits grau, unterseits weißlich bis cremefarben; **Taguan** (Riesen-F., Petaurista petaurista), etwa 60 cm lang, kastanienbraun mit grauschwarzem Rücken.

Flughühner (Pteroclidae), seit dem Oligozän bekannte Fam. amsel- bis krähengroßer Vögel mit 16 Arten, v. a. in den Steppen und wüstenartigen Trockenlandschaften der Alten Welt; meist sandfarben braune Bodenvögel mit kurzem Schnabel, kurzen Füßen, spitzen, langen Flügeln und spitzem Schwanz. In den Steppen zw. Kasp. Meer und Z-Asien kommt das bis 40 cm lange **Steppenhuhn** (Syrrhaptes paradoxus) vor. Das über 30 cm lange **Spießflughuhn** (Pterocles alchata) ist in S-Europa, Vorder- und M-Asien verbreitet. Rd. 35 cm lang ist das v. a. in Steppen und wüstenartigen Landschaften S-Spaniens, N-Afrikas und SW-Asiens vorkommende **Sandflughuhn** (Pterocles orientalis).

Flughunde ↑ Flederhunde.

Fluginformationsdienst ↑ Flugsicherung.

Flugdrache

Flughafen. Terminal des Rhein-Main-Flughafens bei Frankfurt am Main

Fluginsekten

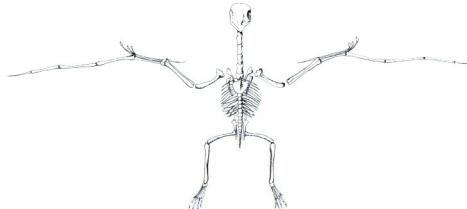

Flugsaurier. Skelettrekonstruktion des Pterodactylus spectabilis, Länge bis 15 cm, Flügelspannweite bis über 1 m

Fluginsekten (Pterygota), mit etwa 750 000 Arten weltweit verbreitete Unterklasse der Insekten; mit urspr. je 1 Flügelpaar am mittleren und hinteren Brustsegment, sekundär mitunter flügellos (bes. bei extrem parasit. lebenden Arten, wie Federlingen, Läusen, Flöhen); zwei Flügelpaare haben z. B. Libellen, Schmetterlinge, Hautflügler, Käfer.

Flugkörper (engl. missiles), militär. Sammelbez. für unbemannte Geräte, die sich mit oder ohne Eigenantrieb auf einer Flugbahn bewegen (Rohrwaffengeschosse und frei fallende Bomben zählen nicht zu den F.); Einteilung nach Lenkbarkeit, Antrieb oder Verwendungszweck (Boden-Luft-, Luft-Luft-, Luft-Boden-F. usw.).

Flugkraftstoffe, Destillationsprodukte des Erdöls, die sich zum Betrieb von Flugtriebwerken eignen; für Flugmotoren Benzine der Oktanzahl 100 bis 130 **(Flugbenzin)**, für Turboluftstrahl- und Staustrahltriebwerke Kerosin oder ein Mischkraftstoff aus 65 % Benzinanteilen und 35 % Kerosin.

Flugleistungen, alle charakterist. Eigenschaften (meßbare Größen) eines Flugzeugs, z. B. Flug- und Steiggeschwindigkeit in Abhängigkeit von Flughöhe und Belastung, Gipfelhöhe, Reichweite, Startstrecke.

Fluglotse, allgemeinsprachl. für Flugleiter bzw. ↑Flugsicherungsbeamter.

Flugmechanik, die Wiss. von den Bewegungen, Flugeigenschaften und -leistungen von Luftfahrzeugen bzw. Flugkörpern unter der Einwirkung von Antriebs-, Luft-, Massen- und Steuerkräften sowie den von ihnen herrührenden Drehmomenten.

Flugmotor, zum Antrieb eines Luftfahrzeugs verwendete Verbrennungskraftmaschine, die den bes. Erfordernissen des Flugbetriebs entspricht. Die Vortriebserzeugung erfolgt dabei durch eine vom F. direkt oder über ein Getriebe angetriebene Luftschraube (Propeller). F. werden heute nur noch für Sport-, Landwirtschafts- und kleine Reiseflugzeuge verwendet; sie werden als Viertakt-Ottomotoren ausgeführt, meist als luftgekühlte Reihenmotoren mit vier bis sechs Zylindern. Für größeren Leistungsbedarf sind Strahltriebwerke erforderlich.

Flugnavigationsdienst ↑Flugsicherung.

Flugplatz, für Start und Landung von Luftfahrzeugen bestimmte und behördlich zugelassene Land- oder Wasserfläche; unterschieden werden Flughäfen, Landeplätze, Hubschrauberlandeplätze und Segelfluggelände. In der BR Deutschland dürfen nach dem LuftverkehrsG i. d. F. vom 14. 1. 1981 Flugplätze nur mit Genehmigung angelegt oder betrieben werden. Die Genehmigung wird von der Luftfahrtbehörde desjenigen Landes erteilt, in dem das Gelände liegt; insbes. ist zu prüfen, ob die geplante Maßnahme die Erfordernisse der Raumordnung, der Landesplanung und des Städtebaus sowie den Schutz vor Fluglärm angemessen berücksichtigt.

Flugregler, Systemteil (Datenverarbeitungsanlage) einer automat. Flugzeugsteuerung, das die von Meßgebern ermittelten Ist-Werte der Flugbewegung mit vorgewählten oder von Navigationsanlagen, Landeführungssystemen, Fernlenkanlagen oder Flugprogrammen vorgegebenen Soll-Werten vergleicht und daraus Korrektursignale bestimmt, die über eine Servosteuerung die Ist-Bewegung in die Soll-Bewegung überführen.

Flugsand, vom Wind transportierter Sand, bei dessen Ablagerung eine Sortierung nach Korngrößen erfolgt; je weiter vom Ausgangsort entfernt, desto feinkörniger.

Flugsaurier (Flugechsen, Pterosauria), ausgestorbene, von der Oberen Trias bis zur Oberen Kreide weltweit verbreitete Kriechtierordnung; von etwa Sperlingsgröße bis 8 m Flügelspannweite, Körper entfernt fledermausähnlich, Rumpf dicht behaart; vierter Finger extrem verlängert, zw. diesem und den Hinterextremitäten je eine große, ausspannbare Flughaut; Skelettknochen lufthaltig, Schädel meist sehr stark schnabelartig verlängert. F. werden in langschwänzige (z. B. *Rhamphorhynchus*) und kurzschwänzige (z. B. *Pterodactylus*) Gatt. unterschieden. *Pteranodon* war mit über 8 m Spannweite das größte Flugtier.

Flugschein (Luftfahrerschein), vorgeschriebenes Dokument zum Führen eines Luftfahrzeugs; Voraussetzungen: Mindestalter, Flugtauglichkeit, charakterl. Zuverlässigkeit, Bestehen einer Prüfung.

Flugschrauber ↑Hubschrauber.

Flugschreiber, svw. ↑Flugdatenschreiber.

Flugschriften, publizist. Erzeugnisse meist polit., auch konfessionellen u. a. Inhalts, umfassen etwa 3–40 Seiten meist kleineren Formats, sind ungebunden und werden wie ↑Flugblätter unter Umgehung von Verlag oder Buchhandlung (und Zensur) verbreitet. F. bes. während der Reformation und im Dreißigjährigen Krieg häufig verwendet (u. a. M. Luther, T. Müntzer, J. Cochläus). F. und Flugblätter wurden erneut in der Frz. Revolution, in den Befreiungskriegen und der Revolution um 1848 weit verbreitet. Im 20. Jh. wurden F. und Flugblätter zu einem der wichtigsten Werbe- und Propagandamittel polit. Parteien und Gruppierungen unterschiedl. Charakters.

Flugsicherung, Organisation (F.dienst) und Maßnahmen zur Gewährleistung der Sicherheit im Luftverkehr, im Rahmen der Vereinbarungen des Weltverbandes des Luftverkehrs (IATA) internat. geregelt. In der BR Deutschland obliegt die F. der *Bundesanstalt für F.* (BFS), Sitz Frankfurt am Main. Die Aufgaben der F. erstrecken sich v. a. auf den **Flugverkehrskontrolldienst** (u. a. Flugplatzkontrolle, Anflugkontrolle, Bezirkskontrolle), den **Fluginformationsdienst** (u. a. Wettermeldungen und -vorhersagen), den **Flugverkehrsberatungsdienst** (u. a. Höhenstaffelung der Flugzeuge im oberen Luftraum [rund 8 000 bis 15 000 m]), den **Flugalarmdienst** (u. a. Such- und Rettungsaktionen) und den **Flugnavigationsdienst** (Einrichtung, Betrieb und Überwachung der Bodenanlagen zur Navigation [Funkfeuer, Radar]). Der Luftraum über dem größten Teil der Erdoberfläche und über den Weltmeeren ist in Fluginformationsgebiete eingeteilt, in denen *F.kontrollbezirke* bestehen, die die Luftstraßen und Nahverkehrsbereiche umfassen. Alle von Verkehrsflugzeugen regelmäßig angeflogenen

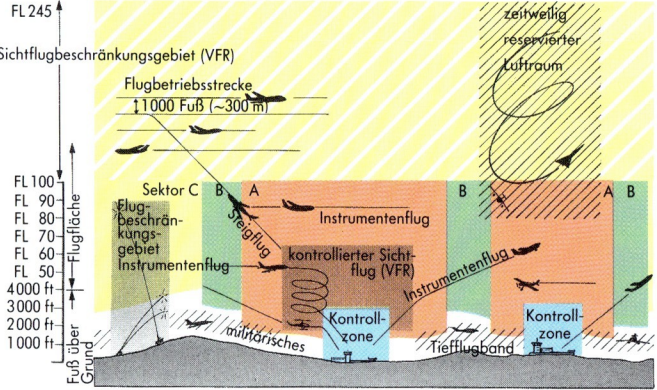

Flugsicherung. Schematische Darstellung des unteren Luftraums über der Bundesrepublik Deutschland, der bis zur Flugfläche FL245 (= 24 500 ft ≈ 7 500 m) reicht. Der obere Luftraum ist ähnlich, jedoch einfacher gegliedert, v. a. wegen des Wegfalls der Flughafenkontrollzonen und des militärischen Tieffluglbandes

Flugzeug

Flughäfen haben *F.stellen*. Auf dem jeweils größten Flughafen eines Staates befindet sich eine *F.zentrale*.

Flugsicherungsbeamter (Fluglotse), Beruf bei der Bundesanstalt für Flugsicherung im techn. und nichttechn. Dienst (Überwachen und Lenken des Flugverkehrs).

Flugsimulator, Gerät, das einen Teil oder alle bei einem Flug auftretenden Bedingungen zur Pilotenschulung nachbilden (simulieren) kann (insbes. Gefahrenzustände, wie Triebwerksausfall).

Flugsport, svw. ↑ Luftsport.

Flugtriebwerke (Flugzeugtriebwerke), zum Antrieb von Luftfahrzeugen verwendete ↑ Triebwerke.

Flugüberwachungsinstrumente, Bordinstrumente zur Überwachung der Fluglage und des Flugzustands: Neigungsmesser, Wendezeiger, Kreiselkompaß, Höhenmesser, Fahrtmesser.

Flugverkehrsberatungsdienst ↑ Flugsicherung.

Flugverkehrskontrolldienst ↑ Flugsicherung.

Flugwetterdienst, Teil des prakt. Wetterdienstes; im Vordergrund steht die *meteorolog. Flugberatung* durch die Flugwetterwarten der Verkehrsflughäfen.

Flugwild (Federwild), wm. Bez. für alle jagdbaren Vögel.

Flugzeug, Luftfahrzeug, das während des Fluges durch den aerodynam. Auftrieb feststehender bzw. umlaufender Flügel getragen wird; der Übergang vom Boden in die Luft wird bei den meisten F.typen durch eine beschleunigte Rollbewegung bis zum Erreichen der zum Fliegen erforderl. Abhebegeschwindigkeit bewirkt. Zur Überwindung des durch die Bewegung des F. und die Auftriebserzeugung hervorgerufenen Luftwiderstands ist Antriebsenergie erforderlich, die von Flugtriebwerken geliefert wird bzw. bei triebwerkslosen F. (Segelflugzeug) aus der Verminderung potentieller Energie (Flughöhe, Gleitflug) oder der Energie aufsteigender Luft (Aufwind, Thermik) gewonnen wird.

Flugzeugkunde

Die Vielzahl der F.typen läßt sich nach verschiedenen Gesichtspunkten ordnen. Entsprechend dem *Verwendungszweck* unterscheidet man Sport-F., Schul-F., Geschäftsreise-F., Verkehrs- und Fracht-F., Militär-F. sowie Versuchsflugzeuge. Nach der *Start- und Landetechnik* sind zunächst Land-, Wasser- und Amphibien-F. zu unterscheiden. Gemeinsam gehören die genannten Arten zu den Flachstartern (HTOL, Abk. für engl.: **h**orizontal **t**ake-**o**ff and **l**anding). Werden Start- und Landestrecke durch bes. Einrichtungen zur Schubsteigerung und/oder Auftriebserhöhung verkürzt, so handelt es sich um STOL-F. (Abk. für engl.: **s**hort **t**ake-**o**ff and **l**anding). VTOL-F. (Abk. für engl.: **v**ertical **t**ake-**o**ff and **l**anding) können senkrecht aufsteigen und in den horizontalen Reiseflug übergehen (Transition) bzw. aus diesem heraus zur senkrechten Landung ansetzen. In diese Gruppe gehören Hubschrauber, Heckstarter, Kippflügel-F. und F. mit Hubtriebwerken und/oder Schwenktriebwerken. Die *Auftriebserzeugung* kann gleichfalls als Gruppierungsmerkmal dienen. Danach gibt es Starrflügel-F., bei denen der fest mit dem Rumpf verbundene Flügel infolge seiner geometr. Gestaltung und Anstellung aerodynamisch vorwiegend als Quertriebkörper wirkt, und Drehflügel-F. (Hubschrauber), bei denen die umlaufenden Flügel von Rotoren den Auftrieb erzeugen. Nach der *Vortriebserzeugung*

Flugzeug

Links: Doppeldecker-Gleitflugzeug von Otto Lilienthal, 1894. Rechts: Erster Motorflug der Gebrüder Wright, 1903

Oben links: Junkers F 13, erstes Ganzmetall-Verkehrsflugzeug, 1919. Oben rechts: Douglas DC-3, 1936. Unten links: Jagdflugzeug Messerschmitt Bf 109 G (ME 109), Erstflug 1934. Unten rechts: De Havilland „Comet", erstes Strahlverkehrsflugzeug, 1953

Flugzeug

Flugzeug. Airbus A 320, ein Passagierflugzeug für Kurz- und Mittelstrecken

unterscheidet man F. mit Propeller-, F. mit Strahl- und F. mit Raketenantrieb. Entsprechend der *Flügel-Rumpf-Zuordnung* unterscheidet man Eindecker und Mehrdecker. Weitere Unterscheidungsmerkmale ergeben sich aus Aufbau und Gestaltung der F. und ihrer Baugruppen.

Baugruppen

Ein F. besteht aus verschiedenen Baugruppen. Tragwerk, Leitwerk und Rumpf ergeben die tragende Konstruktion, die **Flugzeugzelle.**
Am **Tragwerk** sind die zur Steuerung um die Längsachse erforderl. Querruder, die Vorflügel und Klappen zur Auftriebserhöhung sowie Klappen zur Auftriebsverringerung (Spoiler, Lift-dumpers) und zur Begrenzung der Endgeschwindigkeit im Sturzflug angebracht.
Nach der Art der **Tragflügel** unterscheidet man *Geradflügel-* und *Ringflügel-*F. Der oder die Tragflügel können durch Verstrebung oder Spannkabel zum Rumpf abgestützt oder freitragend sein. Das *Tandemflügel-*F. besitzt zwei hintereinanderliegende Flügel, während F. ohne Rumpf und Leitwerk *Nurflügel-*F. genannt werden. – Als Grundrißformen werden *Rechteck-* und bes. *Trapezflügel* bevorzugt. Durch große Flügelstreckung (das Verhältnis von Spannweite zur mittleren Flügeltiefe) kann im Unterschallbereich der auftriebsabhängige Widerstandsanteil (der induzierte Widerstand) klein gehalten werden; im Überschallbereich hingegen sind kleine Flügelstreckungen günstiger. Durch *Pfeilflügel*, d. h. Zurückverlegung (positive Pfeilung) oder Vorverlegung (negative Pfeilung) der Flügelspitzen gegenüber der Flügelwurzel (Rumpfanschlußstelle) kann die krit. Geschwindigkeit, bei der eine starke Widerstandszunahme infolge des Auftretens von Verdichtungsstößen beginnt, zu höheren Werten verschoben werden. Starke Pfeilung der Flügelvorderkante und kleine Flügelstreckung führen schließlich zum dreieckförmigen *Deltaflügel* (oder dem mit gewinkelter Vorderkante versehenen *Doppeldeltaflügel*), der neben günstigem Widerstandsverhalten im Schallgrenz- und Überschallbereich auch baul. Vorteile (große Steifigkeit bei geringer Baumasse) bietet und derzeit als bestgeeigneter Flügel für den Überschallflug gilt.
Die **Leitwerke** bestehen aus Flosse und Ruder; das Höhenleitwerk dient zur Stabilisierung, Dämpfung und Steuerung der Bewegungen um die F.querachse, das Seitenleitwerk übernimmt diese Aufgabe für die Hochachse. Normalerweise ist das Leitwerk (Höhenleitwerk, Seitenleitwerk) am Rumpfende oder an einem Leitwerksträger hinter dem Tragflügel angeordnet. Ein V-Leitwerk, das den vergleichsweise geringsten Luftwiderstand ergibt, hat nur zwei in einem Winkel von etwa 90° zueinander angeordnete Teilflügel, die die Aufgaben von Höhen- und Seitenleitwerk übernehmen. Bei T-Leitwerken ist das Höhenleitwerk oben auf das Seitenleitwerk aufgesetzt; es wird vorwiegend bei F. mit am Heck angebrachten Luftstrahltriebwerken angewendet. – Delta-F. haben kein separates Höhenleitwerk; zur Höhensteuerung werden Flügelruder benutzt, die zugleich als Querruder dienen (Elevons).

Flugzeug. Umrißformen von Tragflügeln: Pfeilflügel mit positiver (a) und mit negativer Pfeilung (b); c Deltaflügel

Der **Rumpf,** meist mit rundem oder ovalem Querschnitt, nimmt außer der Besatzung die Ausrüstung und die Nutzlast (Passagiere, Gepäck, Fracht, Waffen) auf. Bei F., die regelmäßig in Höhen über 3 000 m eingesetzt werden, wird der Rumpf insgesamt oder teilweise als Druckkabine gestaltet. Bei Fracht-F. können vielfach zum Laden sperriger Güter die Rumpfnase bzw. das -heck mit dem Leitwerk aufgeklappt werden, so daß der gesamte Rumpfquerschnitt freigegeben wird, oder es sind in der Rumpfseitenwand bzw. im -heck große Ladeluken vorhanden.
Das **Fahrwerk** ist eine mit luftbereiften Rädern ausgestattete Vorrichtung, die das F. am Boden tragen, Bodenbewegungen ermöglichen und die insbes. beim Aufsetzen auftretenden Kräfte aufnehmen und das F. abbremsen soll. Das früher viel verwendete *Spornradfahrwerk,* mit zwei Radsätzen kurz vor dem Schwerpunkt und einem schwenkbaren Spornrad am Heck, ist nur noch bei Leicht-F. zu finden. Das heute überwiegend verwendete *Bugradfahrwerk* ist mit einem lenkbaren Radsatz am F.bug und zwei Radsätzen kurz hinter dem F.schwerpunkt ausgestattet. – Beim seltenen *Tandemfahrwerk* sind zwei Radsätze hintereinander unter dem Rumpf und leichte Stützräder unter den Tragflächen angeordnet. Das Fahrwerk kann starr am Trag- oder Rumpfwerk angeschlossen sein, oder es wird zur Minderung des Luftwiderstandes im Flug in Flügel oder Rumpf oder in besondere Fahrwerksgondeln eingezogen (*Einziehfahrwerk*). Hubschrauber haben teilweise nur ein starres *Kufenfahrwerk*. Unebenheiten der Rollbahnen und bes. der Landestoß werden von der *Federung* abgefangen. Zum Abbremsen des F. nach dem Aufsetzen ist das Fahrwerk heute fast ausschließlich mit Scheibenbremsen versehen. Häufig werden bes. Einrichtungen zum *Blockierschutz* (*Bremskraftregler*) eingebaut, die volle Bremsleistung ohne Gefahr des Radblockierens und damit kürzesten Bremsweg ermöglichen.
Bei der **Triebwerksanlage** unterscheidet man zw. *Luftschrauben (Propeller),* die einer großen Luftmenge eine kleine Zusatzgeschwindigkeit erteilen, und *Strahltriebwerken,* die einer kleinen Luftmenge eine große Zusatzgeschwindigkeit erteilen. Propeller werden durch Kolbenmotoren oder Gasturbinentriebwerke angetrieben; als Strahltriebwerke kommen v. a. luftatmende Triebwerke, z. T. auch Raketentriebwerke zur Anwendung. Propellertriebwerke werden meist in der Rumpfspitze oder an den Tragflügelvorderkanten eingebaut; Strahltriebwerke befinden sich in den Tragflügeln, in Gondeln unter oder über dem Tragflügel, im Rumpf oder in Gondeln meist seitlich des Rumpfhecks. Strahltriebwerke ermöglichen die Überwindung des im Schallgrenz- und Überschallbereich sehr hohen Luftwiderstandes; an konkurrenzfähigen Propellerantrieben (Propfan-Antriebe) wird gearbeitet.
Die **Ausrüstung** umfaßt Energieversorgungsanlagen, Überwachungsgeräte, Nachrichten- und Navigationsgeräte, Rettungsgeräte (Fallschirme, Schleudersitze u. a.) und Sonderausrüstungen (Fluggastsitze, Bordküchen u. a.).

Werkstoffe und Bauweisen

Unter den Werkstoffen des konventionellen F.baus stehen Aluminiumlegierungen an erster Stelle; ihre hohen Festigkeiten und die Tatsache, daß sie bei tiefen Temperaturen weder an Zähfestigkeit noch an Kerbschlagzähigkeit einbüßen, machen sie zu idealen Leichtbauwerkstoffen. Die vorhandene natürl. Passivierung gegen Korrosionseinflüsse wird durch anod. Oxidation, oft zusammen mit bes. Imprägnierung, oder durch Plattieren verbessert. – In zunehmendem Maße werden kohlefaserverstärkte Kunststoffe (CFK) verwendet, die Gewichtseinsparungen von 30 % ermöglichen. Für Geschwindigkeiten über Mach 2,5 ist wegen der dann verstärkten kinet. Erwärmung die Warmfestigkeit der Aluminiumlegierungen nicht mehr ausreichend; in diesem Fall werden Titan- und Stahl-Nickel-Legierungen verwendet. – Im Leichtflugzeugbau (Sport- und Segel-F.) werden bes. glasfaserverstärkte Kunststoffe und Holz bevorzugt; Rumpfgerüste werden aus Stahlrohren hergestellt. Für

Flugzeug

Frontscheiben, Fenster und Kabinenhauben werden v. a. Acrylgläser (mit Zwischenschichten aus speziellen Kunststoffen) verwendet.

Rumpf, Tragwerks- und Leitwerksflügel sind röhrenartige Gebilde von großer Biege- und Verdrehsteifigkeit, die alle durch die Belastungen des F. hervorgerufenen Kräfte aufnehmen müssen; sie sind meist aus Spanten (Rippen), Stringern (Gurten) und mittragender Außenbeplankung aufgebaut *(Schalenbauweise).* Die Verbindung der einzelnen Bauteile miteinander erfolgt durch Nieten und Verschrauben, durch Kleben und Schweißen. Werden die Versteifungen (Stringer) der Außenbeplankung zus. mit dieser in einem Stück durch Pressen oder Fräsen aus dem Vollen hergestellt, so spricht man von *Integralbauweise.* In *Sandwichbauweise* hergestellte Bauteile (z. B. Bodenplatten, Flügeldeckbleche und ganze Ruder) zeichnen sich durch hohe Belastbarkeit bei niedrigem Eigengewicht aus (bes. für den militär. Bereich).

Geschichte

Dem F.bau liegt die Idee der Imitation des Vogelflugs zugrunde, die schon in der antiken Sage (Dädalus, Ikarus) auftaucht. Um 1500 entwarf Leonardo da Vinci Flugapparate, deren Flügel durch Muskelkraft bewegt werden sollten. In Großbritannien begann 1792 G. Cayley mit Modellen starrflügeliger Flugapparate zu experimentieren. Er entwickelte die noch heute übl. F.form und erprobte 1852/53 das erste Gleit-F., das einen Menschen trug. Unter den Pionieren des Gleitflugs ragt O. Lilienthal heraus, dessen bis 300 m weiten Versuchsflüge (1891–96) die Grundlage für den erfolgreichen Segelflug legten. In Amerika setzten O. Chanute und A. M. Herring die Gleitflugversuche fort. Chanutes Werk „Progress in flying machines" (1894) diente den Gebrüdern Wright als Lehrbuch. Nachdem ihnen die Beherrschung des Segelflugs gelungen war, führten sie 1903 mit dem von einem 12-PS-Benzinmotor angetriebenen Doppeldecker die ersten Motorflüge durch. 1905 nahmen die Gebrüder Voisin in Paris den F.bau auf. Im August 1909 wurde in Reims bereits der erste Weltflugtag abgehalten, nachdem schon im Juli L. Blériot den Ärmelkanal überflogen hatte. Die durch den 1. Weltkrieg beschleunigte Weiterentwicklung leitete die Spezialisierung in der F.konstruktion ein. H. Junkers stellte 1915 das erste Ganzmetall-F. (F-13) her. Damit war im wesentlichen die zukünftige F.form vorgezeichnet: der mit einem Leichtmetallrumpf ausgestattete, freitragende Eindecker mit vorn angebrachten Luftschrauben und am Ende des Rumpfs befindl. Leitwerk. – Nach dem 1. Weltkrieg gelang erstmals die Atlantiküberquerung mit F. (1919 J. W. Alcock und A. W. Brown, Strecke Neufundland-Irland; 1927 Nonstopflug C. A. Lindberghs von New York nach Paris; 1928 Nonstopflug H. Köhls in O–W-Richtung). Mit der zunehmenden Erkenntnis der wirtsch. Bedeutung des F. wurde der F.bau immer stärker auf wiss. Grundlagen gestellt. Die Propeller der F. wurden anfangs mit wassergekühlten, bald aber mit luftgekühlten Motoren angetrieben. Das erste mit einem Turboluftstrahltriebwerk ausgerüstete F. (Heinkel He-178) führte 1939 seinen Jungfernflug durch. In den 50er Jahren fanden Strahl-F. auch Eingang in den zivilen Luftverkehr, 1968/69 wurden erstmals Überschallflugzeuge im Passagierliniendienst eingesetzt (die brit.-frz. „Concorde" und

Flugzeug

Links: Boeing 747 F, die Frachtversion des vierstrahligen Langstreckenverkehrsflugzeugs. Rechts: Dornier 228-200, ein zweimotoriges Mehrzweck- und Zubringerflugzeug

Links: BAC-Aerospatiale „Concorde", ein seit 1976 im Linienverkehr eingesetztes Langstreckenüberschallverkehrsflugzeug. Rechts: Piper Aztec E, ein Reiseflugzeug für 6 Personen

Flugzeugbewaffnung

die sowjet. „Tupolew Tu-144"), die sich aber wegen großer Lärmbelastung v. a. im Flughafenbereich nicht durchsetzen konnten. – ↑Hubschrauber.

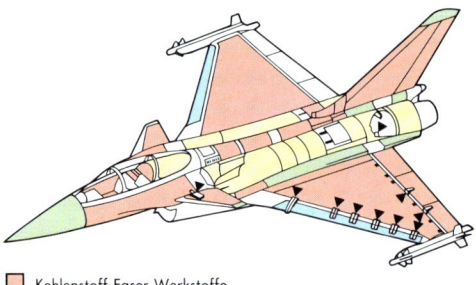

☐ Kohlenstoff-Faser-Werkstoffe
☐ Aramid-Faser-Werkstoffe
☐ superelastisch verformte Titanlegierungen
☐ Aluminium-Lithium-Legierungen
▲ Titanbeschläge

Flugzeug. Verwendung neuer Werkstoffe im Flugzeugbau, vereinfacht dargestellt am Beispiel des französischen Kampfflugzeugs „Rafale"; die ungetönten Bereiche bestehen entweder aus konventionellen Aluminiumlegierungen oder Nickellegierungen

Flugzeugbewaffnung, Gesamtheit der Angriffs- und Verteidigungswaffen eines Flugzeugs (in der Zelle oder außerhalb in Behältern untergebrachte Rohrwaffen, gelenkte und ungelenkte Raketen, Bomben).

Flugzeugentführung ↑Luftpiraterie.

Flugzeugführer ↑Pilot.

Flugzeugträger, Kriegsschiff mit Flugdeck (erstreckt sich über die gesamte Schiffslänge) und Flugzeughalle unter dem Flugdeck. Die modernen F. sind mit Dampfkatapulten, Fangseilen und Winkeldeck ausgestattet, um Start- und Landebetrieb gleichzeitig zu ermöglichen.

Flugzeugvereisung, Eisansatz an einem Luftfahrzeug; entsteht als *Klareis* und *Rauheis.* Wird durch ↑Enteisungsanlagen beseitigt.

Fluh, schweizer. Bez. für Felswand.

fluid [lat.], flüssig, fließend.

fluidal [lat.], Fließstrukturen aufweisend.

Fluidaltextur, svw. ↑Fließgefüge.

Fluidics [lat.-engl.] ↑Pneumatik.

Fluidik [zu lat. fluidus „fließend"], Wiss., die sich mit der Signalerfassung und -verarbeitung mittels flüssiger oder gasförmiger Medien (anstelle elektron. Bauelemente) befaßt.

Fluidum [lat. „das Fließende"], naturwiss. Begriff des 17./18. Jh. zur Bez. hypothetisch angenommener flüchtiger Stoffe, denen die Fähigkeit zugeschrieben wurde, Eigenschaften oder Wirkungen zu übertragen. Im allg. Sprachgebrauch die bes., von einer Person oder Sache ausgehende Wirkung oder Ausstrahlung.

Fluktuation [lat.], allg. Schwankung, Schwanken, Wechsel.

▷ in der *Medizin* beim Abtasten von Flüssigkeitsansammlungen entstehende wellenförmige Flüssigkeitsbewegung.

▷ in der *Biologie* svw. ↑Massenwechsel.

▷ Bez. für die Gesamtheit aller Arbeitsplatzwechsel in einer Volkswirtschaft oder in einem Betrieb.

fluktuieren [lat.], schnell wechseln, schwanken.

Flums, Gem. im schweizer. Kt. Sankt Gallen, 454 m ü. d. M., 4 400 E. Baumwollspinnerei, Maschinen- und elektrochem. Ind. Westlich von F. das Kur- und Wintersportgebiet der *Flumserberge.* – F. gehörte seit dem frühen MA den Bischöfen von Chur. – Justuskirche (um 1654) mit spätgot. Chor.

Flunder ↑Schollen.

Fluor [lat.], chem. Symbol F; Element aus der VII. Hauptgruppe des Periodensystems der chem. Elemente, Ordnungszahl 9; relative Atommasse 18,998403, Halogen; F. ist ein grünlichgelbes, giftiges Gas, das in Form dimerer Moleküle vorliegt (F_2). Schmelzpunkt $-219{,}62$ °C, Siedepunkt $-188{,}14$ °C, Dichte 1,696 g/l; Vorkommen als Flußspat, Kryolith und F.-Apatit, aus denen es nur durch Elektrolyse gewonnen werden kann. Als reaktionsfähigstes Element bildet F. mit fast allen Elementen (sogar Platin) Verbindungen, die ↑Fluoride. F. wird als Raketentreibstoff (im Gemisch mit Wasserstoff, Sauerstoff oder Hydrazin), zum Schweißen (Temperaturen bis 5 000 °C) und zur Fluoridierung des Trinkwassers zum Schutz gegen ↑Karies verwendet.

Fluorchlorkohlenwasserstoffe, Abk. FCKW, auch als *Chlorfluorkohlenwasserstoffe* (Abk. CFKW), *Chlorfluorkohlenstoffe* (Abk. CFK), *Fluorchlorkohlenstoffe* (Abk. FCK) bezeichnete niedere Kohlenwasserstoffe, in denen die H-Atome durch Cl- und F-Atome ersetzt sind; unter Druck verflüssigbare Gase oder niedrig siedende Flüssigkeiten von hoher chem. und therm. Beständigkeit; dienen als Treibmittel für Spraydosen, als Kältemittel und zum Schäumen von Kunststoffen. – In die Stratosphäre gelangende F. können durch die kurzwellige solare UV-Strahlung zerlegt werden und Chlorradikale freisetzen, die mit dem Ozon weiter reagieren und die Ozonschicht schädigen. Als Folge davon kann die kurzwellige UV-Strahlung bis zur Erdoberfläche gelangen, wodurch sich u. a. die Gefahr von Hautkrebs erhöht. Die BR Deutschland strebt einen Verzicht auf F. bis 1994 an; innerhalb der EG sollen Verbrauch und Produktion bis 1996 eingestellt werden.

Fluorescein [...restse...; lat.], Farbstoff, dient wegen seiner kräftigen, gelbgrünen Fluoreszenz u. a. zum Nachweis unterird. Wasserläufe und als Indikator.

Fluoreszenz [lat., nach dem Fluorit, an dem sie zuerst festgestellt wurde], charakterist. Leuchterscheinung von festen Körpern, Flüssigkeiten oder Gasen während der Bestrahlung mit Licht, Röntgen- oder Korpuskularstrahlung; eine Art der Lumineszenz. Im Ggs. zur ↑Phosphoreszenz spricht man von F. bei den Stoffen, die kein Nachleuchten zeigen, d. h., das F.licht erlischt gleichzeitig mit der Bestrahlung oder ganz kurze Zeit (z. B. 10^{-8} s) danach. Gewöhnlich ist die emittierte Strahlung langwelliger, d. h. energieärmer als die absorbierte. Man spricht von **Resonanzfluoreszenz,** wenn aus dem einfallenden Spektrum gerade die Wellenlänge absorbiert wird, die anschließend als F.licht emittiert wird.

Fluoreszenzangiographie, Methode zur speziellen Darstellung kleinster Gefäße im Augeninnern durch Einspritzung einer Natriumfluoresceinlösung; beruht auf der Eigenschaft des Fluoresceins, Fluoreszenzlicht auszustrahlen.

Fluoreszenzmikroskop ↑Mikroskop.

Fluor genitalis [lat.] ↑Ausfluß.

Fluoride [lat.], Salze der Fluorwasserstoffsäure (↑Flußsäure); die meist leicht flüchtigen Nichtmetall-F. sind starke Ätzgifte.

fluorieren [lat.], Fluor in organ. Verbindungen einführen (Ersatz von Chlor, Wasserstoff u. a. durch Fluor).

Fluorit [lat.], svw. ↑Flußspat.

Fluorkohlenwasserstoffe, organ. Verbindungen, die sich aus Kohlenwasserstoffen durch Ersatz der Wasserstoffatome durch Fluor ableiten (Perfluorierung). Wird das Chlor nicht vollständig gegen Fluor ausgetauscht, entstehen ↑Fluorchlorkohlenwasserstoffe. F. dienen als Kältemittel, Aerosoltreibgas, hydraul. Flüssigkeiten, Schmiermittel und zur Herstellung hochwertiger Kunststoffe.

Fluorochrome [...'kro...; lat./griech.], [Farb]stoffe, die ein an sich nicht fluoreszierendes Objekt fluoreszieren lassen.

Fluorose [lat.], chron., durch Fluor oder Fluorverbindungen hervorgerufene entschädigungspflichtige Berufskrankheit, etwa durch langjähriges Einatmen von Fluoridstäubchen oder Fluorwasserstoff; zeigt sich in Kurzatmigkeit, Gelenksteifigkeit und weißfleckigen Zahnverfärbungen (**Dentalfluorose**) u. a. Letztere können auch durch Überdosierung von Fluorverbindungen bei der Kariesprophylaxe auftreten.

Fluorwasserstoffsäure, svw. ↑Flußsäure.

Flur, 1. (die) im allg. Sprachgebrauch das offene Kulturland einer Siedlung im Ggs. zum Wald; 2. agrar- und siedlungsgeographisch die parzellierte landw. Nutzfläche eines Siedlungs- und Wirtschaftsverbandes; 3. (der), langgestreckter Raum innerhalb einer Wohnung oder eines Hauses mit Türen zu den angrenzenden Räumen.

Flurbereinigung, die Zusammenlegung und wirtschaftl. Gestaltung von zersplittertem oder unwirtschaftlich geformten ländl. Grundbesitz nach neuzeitl. betriebswirtschaftl. Gesichtspunkten zur Förderung der landw. und forstwirtschaftl. Erzeugung und der allg. Landeskultur; geregelt im FlurbereinigungsG vom 14. 7. 1953 (i. d. F. vom 16. 3. 1976) und in den Ausführungsgesetzen der Länder. Dabei sind Wege, Gräben u. a. gemeinschaftl. Anlagen zu schaffen, Bodenverbesserungen vorzunehmen, die Ortslagen aufzulockern und alle sonstigen Maßnahmen zu treffen, durch die eine Bewirtschaftung erleichtert wird. Alle Grundeigentümer im F.gebiet haben den zu den *gemeinschaftl.* und zu den *öff.* Anlagen erforderl. Grund nach dem Verhältnis des Wertes ihrer alten Grundstücke zu dem Wert aller Grundstücke des Gebietes aufzubringen. Nach Abzug dieser Flächen ist jeder Grundeigentümer mit Land von gleichem Wert abzufinden. Maßnahmen der F. führen nicht selten zur Zerstörung der alten Kulturlandschaft und zu Veränderungen im biolog. Gleichgewicht.

Flurbereinigungsverfahren, behördlich geleitetes Verfahren zur Durchführung der Flurbereinigung innerhalb eines bestimmten Gebietes **(Flurbereinigungsgebiet)** unter Mitwirkung der Gesamtheit der beteiligten Grundeigentümer auf der landw. Berufsvertretung. Zuständig sind die Flurbereinigungsbehörden **(Flurbereinigungsämter, Kulturämter, Siedlungsämter)** und die oberen Flurbereinigungsbehörden der Länder. Die sog. **Teilnehmer** (die Grundeigentümer und Erbbauberechtigten) am F. bilden die **Teilnehmergemeinschaft,** eine Körperschaft des öff. Rechts, die die gemeinschaftl. Angelegenheiten wahrzunehmen hat. Im **Flurbereinigungsplan** wird der Wege- und Gewässerplan aufgenommen, die gemeinschaftl. und öff. Anlagen sowie die alten Grundstücke und Berechtigungen der Beteiligten und ihre Abfindungen nachgewiesen und die sonstigen Rechtsverhältnisse geregelt. Über die Anfechtung von Verwaltungsakten, die im Laufe des F. ergehen, entscheidet der **Flurbereinigungssenat** beim Oberverwaltungsgericht.

Flurformen, man unterscheidet beim Grundriß der Flur nach Form der Parzellen (Streifen, Blöcke), nach Größe (kurz, lang, breit, schmal) und nach Anordnung (gleich- oder kreuzlaufend, gereiht, radial). **Streifenfluren** bestehen aus Kurz- bzw. Langstreifenverbänden. Dazu gehört die **Hufenflur** *(Breitstreifenflur),* d. h. gereihte Streifen mit Hofanschluß; bei der **Einödflur** kommen die Besitzparzellen jedes einzelnen landw. Betriebes in geschlossener (arrondierter) Lage vor; der inmitten seines Besitzes liegende Einzelhof wird als *Einödhof* bezeichnet. Bei **Gemengelage** wird für einen Verband gleichlaufender Streifen der Begriff Gewann verwendet. Eine **Gewannflur** besteht ganz oder überwiegend aus Gewannen; ist sie planmäßig angelegt, z. B. bei der dt. Ostsiedlung, spricht man von **Plangewannflur.** Bei den **Blockfluren** herrscht Gemengelage vor, oft mit einem Nebeneinander von Groß- und Kleinblöcken. Reine Großblockfluren sind charakteristisch für Güter, Kolchosen, Plantagen und Kibbuzim.

Flurkarten, svw. Katasterkarten, ↑Karte.

Flurnamen, Namen für einzelne Teile der Landschaft. Die F.forschung unterstützt die Namenforschung und Sprachwissenschaft, die Volkskunde sowie die Erforschung der Siedlungs- und Sozialgeschichte.

Flurprozession ↑Flurumgang.

Flurstück (veraltet Katasterparzelle), Buchungseinheit des Katasters; ein zus.hängender Teil der Erdoberfläche, der vermessungstechnisch abgegrenzt und in Flurkarten und Katasterbüchern gesondert nachgewiesen wird.

Flurumgang, rituelles Umgehen der Felder, symbol. Erneuerung der Besitzergreifung und mag. Brauch zum Schutz der Fruchtbarkeit des Bodens. Durch die kirchl. **Flurprozession** soll der Segen Gottes auf Flur und Feldfrüchte herabgefleht werden.

Flurverfassung, die Regelung der Besitz- und Bodennutzungsverhältnisse in der bäuerl. Feldflur. In Deutschland ist im Alpenraum, im Schwarzwald und im Odenwald sowie im gesamten NW die Siedlung in Einzelhöfen und Höfegruppen vorherrschend, die i. d. R. mit Blockfluren verbunden. Diese im früheren MA noch weiter verbreitete weilerartige Siedlungsweise wurde im übrigen Deutschland seit dem 13./14. Jh. mehr und mehr von größeren Dörfern abgelöst. Eine F. erübrigte sich hier bei den Marsch- und Waldhufendörfern, bei denen die Grundstücke in ihrer Gesamtheit unmittelbar ans Gehöft angrenzten. Eine feste Regelung mußte dagegen bei Gemengelage eintreten, d. h., wenn die Feldflur in Gewanne aufgeteilt war.

Flurwüstung ↑Wüstung.

Flush [engl. flʌʃ „das Erröten, Aufwallung"], anfallsweise auftretende Hautrötung im Bereich des Gesichtes (auch an Hals, Brust und Oberarmen), u. a. hervorgerufen durch übermäßige Ausschüttung von ↑Serotonin als Teilerscheinung des ↑Karzinoidsyndroms.

Fluß, in der *Geographie* i. w. S. Bez. für jedes fließende Gewässer des Festlandes. I. e. S. unterscheidet man, ohne strenge Grenzen, nach der Größe Bäche, Flüsse und Ströme. Bäche und Flüsse, die in einem Strom zusammenfließen, bilden ein *F.-* oder *Stromsystem.* Das von einem F. oder Strom mit allen seinen Nebenflüssen oberird. und unterird. entwässerte Gebiet nennt man **Einzugsgebiet;** es wird von Wasserscheiden begrenzt. In ebenen Gegenden sind diese häufig sehr wenig ausgeprägt, so daß das Wasser nach zwei verschiedenen F.gebieten abfließen kann **(Bifurkation).** Vom Haupt-F. aus werden die Zuflüsse als **Nebenflüsse** bezeichnet. Das Verhältnis der Gesamtlänge aller fließenden Gewässer eines bestimmten Gebietes zu seiner Fläche wird durch die **Flußdichte** ausgedrückt. Sie ist abhängig vom Untergrund und Klima. Je feuchter das

Flurformen. 1 Kleinblockgemengeflur; 2 Langstreifengemengeflur; 3 Waldhufenflur; 4 Gewannflur

Flußaal

Klima, desto größer die F.dichte; aber auch in feuchten Gebieten kann sie den Wert Null erreichen, wenn durch Karsterscheinungen kein Abfluß an der Oberfläche mehr möglich ist. Versickert ein F. im durchlässigen Gestein, so spricht man von *Versinkung* oder *Versickerung*, die Versickerungsstelle ist die sog. **Flußschwinde (Ponor).** In feuchten Gebieten führen fast alle Flüsse ständig Wasser, wenn auch mit jahreszeitl. Schwankungen **(Dauerflüsse, permanente Flüsse).** In Gebieten mit scharf ausgeprägten Trockenzeiten führen viele Flüsse nur zur Regenzeit Wasser **(periodische Flüsse).** Flüsse, die in großen Zeitabständen für kurze Zeit einmal Wasser führen, werden als **episodische Flüsse** bezeichnet; **Fremdlingsflüsse** durchqueren ein trockenes Gebiet. Das **Flußgefälle** nimmt im allg. von der Quelle zur F.mündung ab. Das aus dem **Flußbett** (der von Ufern begrenzten Wasserrinne) gerissene Gesteinsmaterial wird flußabwärts transportiert und bei nachlassendem Gefälle bzw. an der Mündung des F. abgelagert (so entstehen Deltas und Mündungsbarren). – Zur *Religionsgeschichte* ↑ Wasser, ↑ Flußgottheiten.

Flußaal ↑ Aale.
Flußbarbe, svw. ↑ Barbe.
Flußbarsch (Barsch, Kretzer, Schratzen, Perca fluviatilis), meist 15–30 cm lange Barschart in fließenden und stehenden Süßgewässern Eurasiens; Grundfärbung des relativ hohen Körpers oberseits meist dunkelgrau bis olivgrün, an den helleren Körperseiten dunkle Querbinden oder gegabelte Streifen; Bauchflossen und Afterflosse rot; Speisefisch.
Flußblindheit ↑ Onchozerkose.
Flußdelphine (Süßwasserdelphine, Platanistidae), Fam. 1,5–3 m langer Zahnwale in den Süßgewässern Asiens und S-Amerikas; im Küstenbereich der Río-de-la-Plata-Mündung kommt der schmutzigweiße **La-Plata-Delphin** (Stenodelphis blainvillei) vor. In kleinen Gruppen im Indus, Ganges und Brahmaputra lebt der **Gangesdelphin** (Susu, Platanista gangetica); blei- bis schwarzgrau, Schnauze stark verlängert, schnabelartig. Im Stromgebiet des Amazonas und Orinoko lebt der bis über 2 m lange, oberseits graue, unterseits rosafarbene **Inia** (Amazonasdelphin, Inia geoffrensis).

Flußdelta ↑ Delta.
Flußdiagramm, in der *Mathematik* allg. die graph. Darstellung der Ablaufstruktur eines Algorithmus, die die zweckmäßige Aufeinanderfolge log. und arithmet. Operationen sichtbar macht. F. speziell in der *Datenverarbeitung* sind Datenflußplan und Programmablaufplan.

Flußbarsch

Flußdichte (geogr. F.) ↑ Fluß.
▷ (magnet. F.), svw. ↑ magnet. Induktion.
Fluß Eridanus ↑ Sternbilder (Übersicht).
Flußgottheiten, Gottheiten und Geistwesen (z. B. Nymphen), deren Sitz in Flüssen gedacht wird. Der Glaube an F. war bes. in der kelt. Religion verbreitet. Die Ägypter verehrten Hapi als Gott des Nils, die Griechen kannten den Flußgott Acheloos.
Flußgründling ↑ Karpfen.
flüssige Kristalle, svw. ↑ Flüssigkristalle.

Flüsse (Auswahl)

Name	Länge (in km)	Einmündungsgewässer	Name	Länge (in km)	Einmündungsgewässer
Europa			**Nordamerika**		
Wolga	3530	Kaspisches Meer	Mississippi (mit Missouri)	6021	Golf von Mexiko
Donau	2850	Schwarzes Meer	Yukon River	3185	Beringmeer
Dnjepr	2200	Schwarzes Meer	Rio Grande	3034	Golf von Mexiko
Don	1870	Asowsches Meer	Colorado	2334	Golf von Kalifornien
Petschora	1809	Barentssee	Ohio (mit Allegheny River)	2102	Mississippi
Rhein (mit Vorderrhein)	1320	Nordsee	Columbia River	1953	Atlantik
Elbe	1165	Nordsee	St.-Lorenz-Strom	1290	Atlantik
Weichsel	1047	Ostsee	**Südamerika**		
Donez	1053	Don	Amazonas	6400	Atlantik
Loire	1020	Atlantik	Paraná	3700	Río de la Plata
Tajo (Tejo)	1007	Atlantik	Paraguay	2200	Paraná
Theiß	970	Donau	Orinoko	2140	Atlantik
Save	940	Donau	Uruguay	1600	Río de la Plata
Maas	925	Nordsee	Rio Magdalena	1550	Karibisches Meer
Ebro	910	Mittelmeer	**Asien**		
Oder	866	Ostsee	Jangtsekiang	6300	Ostchin. Meer
Rhone	812	Mittelmeer	Hwangho	5464	Gelbes Meer
Seine	776	Kanal	Ob (mit Irtysch)	5410	Karasee
Po	652	Adriatisches Meer	Mekong	4500	Südchin. Meer
Garonne	647	Golf von Biskaya	Lena	4400	Laptewsee
Mosel	545	Rhein	Jenissei (mit Kleinem Jenissei)	4102	Karasee
Maritza	525	Ägäisches Meer	Euphrat (mit Murat)	3380	Persischer Golf
Main	524	Rhein	Indus	3200	Arabisches Meer
Inn	510	Donau	Brahmaputra	3000	Golf von Bengalen
Weser	440	Nordsee	Amur	2824	Ochotskisches Meer
Tiber	405	Tyrrhenisches Meer	Ganges	2700	Golf von Bengalen
Themse	338	Nordsee	Ural	2428	Kaspisches Meer
Afrika			Irawadi	2000	Indischer Ozean
Nil (mit Kagera)	6671	Mittelmeer	Tigris	1900	Persischer Golf
Kongo	4320	Golf von Guinea	Jordan	330	Totes Meer
Niger	4160	Golf von Guinea	**Australien**		
Sambesi	2660	Indischer Ozean	Darling	2720	Murray
Oranje	1860	Atlantik	Murray	2589	Indischer Ozean
Limpopo	1600	Indischer Ozean			
Senegal (mit Bafing)	1430	Atlantik			

flüssige Luft, auf Temperaturen unter ihrem Siedepunkt (−194,5 °C) gebrachte und dadurch verflüssigte Luft, z. B. nach dem ↑ Linde-Verfahren.

Flüssiggas, Gas, das bei bestimmten Drücken und Temperaturen verflüssigt worden ist; Lagerung und Transport in Druckflaschen oder Drucktanks.

Flüssigkeit, ein Stoff im flüssigen ↑ Aggregatzustand. Eine F. unterscheidet sich von Gasen dadurch, daß ihr Volumen (weitgehend) vom Druck unabhängig ist, von festen Körpern dadurch, daß ihre Form veränderl. ist und sich der Form des jeweiligen Gefäßes anpaßt. Eine *ideale F.* ist eine inkompressible F. ohne merkl. Viskosität.

Flüssigkeitsgetriebe ↑ Strömungswandler.

Flüssigkristalle (flüssige Kristalle, kristalline Flüssigkeiten), organ. Substanzen, bestehend aus langgestreckten Molekülen; F. stellen Flüssigkeiten mit kristallinen Strukturen dar. Man unterscheidet: 1. *smekt.* Strukturen: gegeneinander verschiebbare Schichten aus Molekülen (Längsachse senkrecht zur Schichtebene); 2. *nemat.* Strukturen: alle Moleküle sind in eine Richtung orientiert, jedoch nicht in Schichten angeordnet; 3. *cholesterin.* Strukturen: monomolekulare Schichten, in denen die Moleküle gegeneinander liegen; Schichten gegeneinander gedreht. *Eigenschaften* der F.: 1. Änderung der Farbe bei Temperaturänderung; 2. Änderung der Molekülorientierung und damit der Transparenz im magnet. oder elektr. Feld. *Verwendung* von F. insbes. in **Flüssigkristallanzeigen** (LCD, **l**iquid **c**rystal **d**isplay; z. B. in Digital[armband]uhren). Dazu wird eine dünne Zelle aus planparallelen Platten mit einem elektrisch leitenden, lichtdurchlässigen Raster versehen. Beim Anlegen einer Spannung an ein Paar gegenüberliegender Rasterpunkte ändert sich im damit verbundenen elektr. Feld die Transparenz des F. in der Zelle, d. h. er trübt ein. Für die Digital- bzw. Ziffernanzeige bei Uhren, Taschenrechnern u. a. sind die Elektroden so gestaltet, daß sich Gruppen von je sieben balkenartigen Segmenten ergeben, die jeweils in Form einer stilisierten Acht angeordnet sind (**Siebensegmentanzeige**).

Flüssigmetalle, als Wärmeübertragungsmittel verwendete Metalle, deren Schmelzpunkt unter 350 °C liegt, z. B. Natrium.

Flußjungfern (Gomphidae), mit etwa 350 Arten weltweit verbreitete Fam. der Großlibellen; v. a. an fließenden Gewässern und klaren Seen, darunter fünf Arten in Deutschland; Körper schlank, meist schwarz mit gelber bis grüner Zeichnung; Komplexaugen am Scheitel breit voneinander getrennt; Hinterleib meist 3–4 cm lang, ohne gekantete Seitenränder; Eiablage im Fluge.

Flußkarten, überwiegend großmaßstäbige Spezialkarten für Binnenschiffahrt und Wassersport mit bes. Eintragungen wie Schleusen, Staustufen, Untiefen, Brücken.

Flußkrebse (Astacidae), Fam. bis 25 cm großer Zehnfußkrebse mit etwa 100 Arten, v. a. in Süßgewässern der Nordhalbkugel. In M-Europa kommen u. a. vor: ↑ Edelkrebs, ↑ Steinkrebs, ↑ Sumpfkrebs; daneben der **Nordamerikanische Flußkrebs** (Oronectes limosus), bis 12 cm lang, meist hell- bis dunkelbraun, jedes Hinterleibssegment mit zwei Flecken.

Flußmarschen ↑ Marschen.

Flußmittel, Gemischzusatz bei Schmelzprozessen zur Erniedrigung des Schmelzpunktes sowie zur Erzielung dünnflüssiger Schlacken.

Flußmuscheln (Unio), Gatt. überwiegend im fließenden Süßwasser lebender Muscheln mit außen gelbl., grünl. oder dunkelbraunen bis schwärzl. Schalen; bekannt v. a. die in Seen und ruhig strömendem Wasser lebende **Malermuschel** (Unio pictorum), etwa 7–10 cm lang und 3–4 cm hoch, mit zungenförmiger Schale.

Flußnapfschnecke ↑ Ancylus.

Flußneunauge ↑ Neunaugen.

Flußoase ↑ Oase.

Flußperlmuschel (Margaritifera margaritifera), etwa 10–15 cm lange Muschel, v. a. in kühlen, schnellfließenden, kalkarmen Süßgewässern M- und N-Europas, Sibiriens und N-Amerikas; Schalen schwer, außen schwarz, nierenförmig, dickwandig. – Die 60–80 Jahre alt werdende F. erzeugt Perlen, die alle 5–7 Jahre geerntet werden können.

Flußpferde. Nilpferd

Flußpferde (Hippopotamidae), Fam. nicht wiederkäuender Paarhufer mit zwei Arten, v. a. in stehenden und langsam fließenden Gewässern Afrikas südlich der Sahara; Körper plump, walzenförmig, etwa 1,5–4,5 m lang, bis über 3 t schwer; mit kurzen Beinen, deren vier Zehen durch kleine Schwimmhäute verbunden sind; Kopf sehr groß und breit, mit großem Maul; Haut dick; Pflanzenfresser; relativ nahe Verwandtschaft zur Familie der Schweine. – In W-Afrika kommt das 1,5–1,7 m lange **Zwergflußpferd** (Choeropsis liberiensis) vor, überwiegend dunkelbraun, Bestand bedroht. In oder an Gewässern großer Teile Afrikas (im Nil bereits zu Beginn des 19. Jh. ausgerottet) kommt das **Nilpferd** (Großflußpferd, Hippopotamus amphibius) vor, über 4 m lang, oberseits schwärzlichbraun, an den Seiten kupferfarben, unterseits heller.

Flußregenpfeifer ↑ Regenpfeifer.

Flußsäure (Fluorwasserstoffsäure), sehr stechend riechende, giftige, farblose Lösung von Fluorwasserstoff (HF) in Wasser; aggressive Säure, die nahezu alle Metalle (außer Gold, Silber, Platin und Blei) unter Bildung von Fluoriden auflöst; wird verwendet zum Glasätzen, Entkieseln von Rohren und zur Herstellung von Fluorkohlenwasserstoffen.

Flußschwein (Potamochoerus porcus), etwa 1–1,5 m körperlanges, rund 60–90 cm schulterhohes Schwein, v. a. in Wäldern und buschigen Landschaften (bes. an Flußufern) Afrikas südlich der Sahara; Kopf groß, mit (bes. bei alten ♂♂) starken Auftreibungen am Nasenbein; Fell schwarz bis fuchsrot, mit weißer und dunkler Zeichnung.

Flußschwinde (Ponor) ↑ Fluß.

Flußseeschwalbe ↑ Seeschwalben.

Flußspat (Fluorit), meist auf Erzgängen vorkommendes kub. Mineral, CaF$_2$; Dichte 3,1 bis 3,2 g/cm^3; Mohshärte 4. Kristalle vielfach bunt (fast alle Farben); Würfel, Oktaeder oder Kombinationen. Verwendung bei der Herstellung von Flußsäure, Email und Glas.

Flußspat. Würfelförmige Kristalle

Flußtrübe (Schweb), vom fließenden Wasser mitgeführtes, zerriebenes Gesteinsmaterial sowie organ. Schwebstoffe.

Flußuferläufer ↑ Uferläufer.

Flußzeder (Libocedrus), Gatt. der Zypressengewächse mit 9 Arten, hauptsächl. in Amerika; bis 50 m hohe, immer-

Flußjungfern. Gemeine Keiljungfer

Flußmuscheln. Malermuschel

Flußperlmuschel

Flüstergewölbe

Errol Flynn

Dario Fo

Ferdinand Foch

Henrich Focke

grüne Bäume mit schuppenförmigen Blättern und runden bis längl. Zapfen. Die winterharte Art **Kalifornische Flußzeder** (Libocedrus decurrens) wird als Zierbaum angepflanzt.

Flüstergewölbe (Flüstergalerie), Bez. für einen mit einem Gewölbe versehenen Raum, in dem an bestimmten Stellen geflüsterte Worte (durch Reflexion des Schalls am Gewölbe) an entfernten Stellen deutl. wahrgenommen werden können, während sie im übrigen Raum nicht zu hören sind.

Flüsterwitz, Form des polit. Wortwitzes; entsteht meist unter den Bedingungen totalitärer Herrschaft (v. a. bei Unterdrückung der anderen Formen der Meinungsäußerung); ben. nach der vertraul. Weitergabe („hinter der vorgehaltenen Hand geflüstert").

Flut ↑ Gezeiten.

fluten, spezielle Schiffsräume oder Fluttanks zum Verändern des Tiefgangs oder bei Tauchmanövern mit Wasser füllen.

Flutkraftwerk, svw. Gezeitenkraftwerk (↑ Kraftwerke).

Flutlichtanlage, Beleuchtungsanlage aus mehreren breit abstrahlenden Einzelscheinwerfern oder Scheinwerfergruppen, meist auf Masten, z. B. von Sportanlagen.

Flutsagen ↑ Sintflut.

Flutwelle, sprunghafter Anstieg des Wasserspiegels als Auswirkung der Flut, v. a. im Mündungsbereich von Flüssen; mit verheerenden Wirkungen auch bei Seebeben, untermeer. Vulkanausbrüchen und Wirbelstürmen auftretend.

fluvial (fluviatil) [lat.], zum Fluß gehörend, von ihm geschaffen, abgelagert.

fluvioglazial [lat.], durch das Zusammenwirken von fließendem Wasser und Gletschereis entstanden.

Fluxistor [Kw.], svw. ↑ Feldplatte.

Fluxus [lat. „das Fließen"], Begriff in der zeitgenöss. Kunst für eine Form der Aktionskunst; v. a. um 1960 große Veranstaltungen mit akust. und visuellen Arrangements.

Flying Dutchman [engl. 'flaɪɪŋ 'dʌtʃmən „fliegender Holländer"], internat. Einheitsjolle für den Rennsegelsport, mit zwei Mann Besatzung. Länge 6,05 m, Breite 1,85 m, Tiefgang 1,20 m, Segelfläche 15 m², Zeichen im Segel FD.

Flynn, Errol [engl. flɪn], * Antrim (Nordirland) oder nach eigener Angabe * Hobart (Tasmanien) 20. Juni 1909, † Los Angeles-Hollywood 14. Okt. 1959, amerikan. Filmschauspieler. – Helden- und Liebhaberrollen in zahlr. Hollywoodfilmen, u. a. „Unter Piratenflagge" (1935), „Robin Hood, der König der Vagabunden" (1938).

Fly River [engl. 'flaɪ 'rɪvə], Fluß auf Neuguinea, entspringt im Zentralgebirge, mündet mit langem Ästuar in den Papuagolf, 1 120 km lang; etwa 800 km schiffbar.

fm, Einheitenzeichen für: ↑ **F**est**m**eter.

Fm, chem. Symbol für: ↑ Fermium.

FM, Abk. für: ↑ **F**requenz**m**odulation (UKW).

FMN, Abk. für: ↑ **F**lavin**m**ono**n**ukleotid.

Fo, Dario, * Sangiano (Varese) 24. März 1926, italien. Dramatiker, Schauspieler, Regisseur und Theaterleiter. – Begann 1952 mit politisch-satir. Revuen und Filmszenarien; schrieb ab 1958 zus. mit seiner Frau Franca Rame (* 1929) volkstüml. Farcen; ab 1970 polit. Volkstheater, realisiert von einem Theaterkollektiv, das v. a. in Betrieben, auf Plätzen und Straßen in Arbeitervierteln auftritt. – *Werke:* Mistero buffo (1969), Bezahlt wird nicht (1974), Einer für alle, alle für einen (dt. Erstaufführung 1977), Der zufällige Tod eines Anarchisten (dt. Erstaufführung 1978), Offene Zweierbeziehung (1983), Zufällig eine Frau: Elisabeth (1984), Der Papst und die Hexe (1990).

Fo, chin. Name für ↑ Buddha.

Fobkalkulation [Abk. für engl.: **f**ree **o**n **b**oard „frei an Bord"], Berechnung des Ausfuhrpreises nach den Fobrichtlinien (↑ Handelsklauseln). Die auf Grund der F. entstandenen Preise dienen der Außenhandelsstatistik als sog. Basiswerte.

Foch, Ferdinand [frz. fɔʃ], * Tarbes 2. Okt. 1851, † Paris 20. März 1929, frz. Marschall. – Führte zu Beginn des 1. Weltkriegs in der Marneschlacht die 9. Armee, leitete 1916 die frz. Angriffe in der Sommeschlacht; 1917 als Nachfolger P. Pétains Chef des Armeegeneralstabs; 1918 Oberkommandierender aller Truppen der Entente einschl. des amerikan. Expeditionskorps; befehligte im Juli 1918 die entscheidende Offensive an der W-Front, die zum militär. Zusammenbruch Deutschlands führte; forderte erfolglos auf der Pariser Friedenskonferenz, die frz. Militärgrenze bis zum Rhein vorzuschieben.

Fock, Gorch, eigtl. Hans Kinau, * Finkenwerder (= Hamburg) 22. Aug. 1880, ✕ im Skagerrak 31. Mai 1916, dt. Schriftsteller. – Verfaßte von der Verbundenheit mit der See sowie der heimatl. Landschaft und ihren Menschen geprägte realist. Romane, u. a. „Seefahrt ist not!" (1913) und Erzählungen, z. T. in niederdt. Sprache.

Fock [niederdt.], das unterste Rahsegel am Fockmast (vorderster Mast) eines rahgetakelten Segelschiffes; bei Segelbooten das Segel unmittelbar vor dem (vordersten) Mast.

Focke, Henrich, * Bremen 8. Okt. 1890, † ebd. 25. Febr. 1979, dt. Flugzeugkonstrukteur. – F. konstruierte zahlr. Flugzeuge; Pionier des Hubschrauberbaus.

Focșani [rumän. fok'ʃanj], Hauptstadt des rumän. Verw.-Geb. Vrancea, am Rande der Ostkarpaten, 86 400 E. Museen; Nahrungs- und Genußmittelindustrie.

Focus, dt. Nachrichtenmagazin, hg. seit 1993 von der Burda GmbH.

Föderales Konsolidierungsprogramm ↑ Solidarpakt.

Föderalismus [lat.-frz., zu ↑ Foedus], ein Gestaltungsprinzip sozialer Gebilde, v. a. von Staaten; soll der Sicherung von Eigenständigkeit und Selbstverantwortung gesellschaftl. Teilbereiche dienen in dem Sinne, daß der übergeordneten Gewalt jeweils nicht mehr Regelungsbefugnisse gegenüber nachgeordneten Gewalten (z. B. dem Gesamtstaat gegenüber den Gliedstaaten) eingeräumt werden, als im Interesse des Ganzen geboten sind. Älteste Form ist der **Stammesföderalismus,** der auf dem Prinzip ethn. Zusammengehörigkeit aufbaut (z. B. die bibl. Organisation der 12 Stämme Israels). Der **dynastische Föderalismus** beruht auf einem Zusammenschluß von Fürsten (z. B. Dt. Reich 1871–1914). Typen des F. auf völkerrechtl. Grundlage (völkerrechtl. Staatenverbindungen) sind v. a. der **Staatenbund,** aber auch Personal- und Realunion (z. B. USA 1778–87, Dt. Bund 1815–66): Die Souveränität der Mgl. bleibt unangetastet (keine gemeinsame Staatsgewalt), aber die Verbindung stellt ein völkerrechtl. Subjekt dar. Als dauerhafteste polit. Gestaltung des F. hat sich der F. auf staatsrechtl. Grundlage im **Bundesstaat** erwiesen, der aus Gliedstaaten zusammengesetzt ist, die teilweise Staatsgewalt behalten (z. B. USA, Schweiz, Deutschland, Österreich, Australien). Gesetzgebungs-, Regierungs- und Rechtsprechungsorgane sind im Gesamtstaat und in den Gliedstaaten vorhanden. Die gesamtstaatl. Vertretung nach außen liegt stets bei der Zentralgewalt. Die Institutionen der europ. Integration, völkerrechtlich als supranat. Gemeinschaften bezeichnet, haben nur Elemente eines staatsrechtl. Föderalismus. Der **korporative Föderalismus** geht vom Genossenschaftsgedanken aus und findet in Real-, Personal- und Gebietskörperschaften mit Selbstverwaltung seinen Ausdruck (z. B. kommunale Körperschaften einschl. der übergemeindl. Zweckverbände). Ihr Wirkungskreis steht in der BR Deutschland unter der ausdrückl. Garantie des Grundgesetzes (Art. 28, Abs. 2).

Föderaltheologie ↑ Coccejus, Johannes.

Föderaten ↑ Foederati.

Föderation [zu lat. foederatio „Vereinigung"], ein Staatenbündnis, dessen Partner unabhängig bleiben und sich nur zu einem sachlich oder zeitlich begrenzten Zweck verbinden. – ↑ Konföderation.

Föderation Arabischer Republiken, 1971 beschlossener Staatenbund zw. Ägypten, Libyen und Syrien; blieb ohne polit. Wirkung.

Föderation der liberalen und demokratischen Parteien der Europäischen Gemeinschaften (Europ. Liberale Demokraten, Abk. ELD), 1976 gegr. Organisation zur Zusammenführung der liberalen Parteien der EG.

Föderierte Staaten von Mikronesien ↑ Mikronesien.
Foe, Daniel [De] [engl. fou] ↑ Defoe, Daniel.
Foederati (Föderaten) [fø...; lat.], im antiken Rom auswärtige Gemeinden oder Volksstämme, die durch einen Vertrag (Foedus) mit Rom i. d. R. auf Ewigkeit verbunden sowie zur Waffenhilfe auf eigene Kosten und unter eigenem Kommando verpflichtet waren; urspr. Name: **Socii** (Bundesgenossen).
Foerster, Friedrich Wilhelm [fœrstər], *Berlin 2. Juni 1869, †Kilchberg (ZH) 9. Jan. 1966, dt. Erziehungswissenschaftler und Politiker. – Ab 1912 Prof. in Wien, 1914 Prof. in München; legte 1920 sein Amt nieder, lebte dann u. a. in der Schweiz und in Frankreich, 1942–64 in den USA; nahm in seinem ethisch rigorosen, christlich und pazifistisch fundierten Werk entschieden Stellung gegen die Trennung von Recht und Macht; zahlr. pädagog. und polit. Schriften.
Foetor ↑ Fötor.
Fogarasch ↑ Făgăraș.
Fogarascher Gebirge, Gebirgsgruppe der Südkarpaten, Rumäniens; im Moldoveanu mit 2 544 m höchste Erhebung des Landes.
Fogazzaro, Antonio [italien. fogat'tsa:ro], *Vicenza 25. März 1842, †ebd. 7. März 1911, italien. Schriftsteller. – Humor und treffende Charakterisierung kennzeichnen sein umfangreiches Romanwerk, das um eine Synthese der offiziellen kath. Lehre mit den neuen Ideen des Darwinismus bemüht ist. – *Werke:* Miranda (Epos, 1874), Die Kleinwelt unserer Väter (R., 1895), Die Kleinwelt unserer Zeit (R., 1900), Der Heilige (R., 1905).
Foggara [arab.] (pers. Kares, arab. Kanat), unterird., bis zu 20 km langer Kanal, über den in Trockengebieten, heute v. a. in N-Afrika und Vorderasien, Grundwasser vom Gebirgsfuß oder von Wadis in die zu bewässernde Oase geleitet wird.
Foggia [italien. 'fɔddʒa], italien. Stadt in Apulien, 70 m ü. d. M., 159 200 E. Hauptstadt der Prov. F., kath. Bischofssitz; Dieselmotorenwerk, Nahrungsmittel-, Textilind.; Handel mit Agrarprodukten, Landw.messe. – Erstmals zu Beginn des 11. Jh. erwähnt, wichtige Residenz der Staufer. – Ein Erdbeben zerstörte 1731 fast alle ma. Bauwerke. Die Kathedrale (12. Jh.) wurde nach 1731 im Barockstil neu errichtet.
Fogo, eine der Kapverdischen Inseln, 476 km², im noch tätigen Vulkan Pico de Cano 2 829 m hoch.
Fohlen (Füllen), Bez. für ein junges Pferd von der Geburt bis zum Alter von 2 Jahren.
Fohlenlähme, Bez. für zwei Infektionskrankheiten bei neugeborenen Fohlen: 1. **Frühlähme:** durch Bacterium pyosepticum hervorgerufene Erkrankung, die unter Bildung zahlr. Abszesse in den Nieren meist innerhalb der ersten vier Lebenstage zum Tod führt; 2. **Spätlähme:** eine meist vom Nabel aus erfolgende Streptokokkeninfektion, die sich nach dem 8. Lebenstag v. a. in eitrigen Entzündungen der Gelenke äußert.
Föhn [zu lat. favonius „lauer Westwind"], Luftströmungen, die an der Luvseite von Gebirgen Feuchtigkeit abgeben und sich im Lee (Fallwind) beim Absteigen stärker erwärmen, als sie sich beim Aufstieg abgekühlt haben. Voraussetzung: ausreichende Gebirgshöhe; föhnartige Strömungen auch an niedrigeren Gebirgen; **Föhnmauer,** die von der Leeseite her sichtbaren oberen Teile der bis über den Gebirgskamm reichenden Staubewölkung der Luvseite; **Föhnwolken,** linsenförmige Wolken (Lenticulariswolken).
Föhnkrankheit, Beeinträchtigungen des körperl. Wohlbefindens wetterfühliger Menschen bei Föhn (z.B. in den Alpen und im Alpenvorland, in den dt. Mittelgebirgen); neben Schlaflosigkeit, Kopfschmerzen, Schwindelgefühl, Ohrensausen, Erbrechen, Einschränkungen der körperl. und geistigen Leistungsfähigkeit, Reizbarkeit, Angst, Unlust und Depressionen kann es vermutlich auch zu einer Verschlimmerung bestehender Krankheiten und zu einem gehäuften Auftreten von Herz- und Kreislaufattacken kommen.
Fohnsdorf, Gemeinde in der Steiermark, Österreich, 60 km wnw. von Graz, 736 m ü. d. M., 10 300 E. Tiefstes Braunkohlenbergwerk Europas (bis 1 200 m); 1979 stillgelegt; Elektroind., Maschinenbau.
Fohr, Carl Philipp, *Heidelberg 26. Nov. 1795, †Rom 29. Juni 1818, dt. Maler und Zeichner. – Vertreter der Heidelberger Romantik. Schloß sich 1816 den Nazarenern an; hinterließ neben Landschaftsgemälden v. a. bed. Landschafts- und Porträtzeichnungen.
Föhr, eine der Nordfries. Inseln, vor der W-Küste Schl.-H. im Wattenmeer gelegen, 82 km², 9 800 E. Hauptort ist Wyk auf F.; Landw. (Grünlandnutzung), Fremdenverkehr; Fährverbindung zum Festland und nach Wittdün auf Amrum. – In *Boldixum,* einem Stadtteil von Wyk auf F., steht die Nikolaikirche, eine got. Backsteinkirche. Die Johanniskirche in *Nieblum* ist ein einschiffiger got. Backsteinbau, die Laurentiuskirche in *Süderende* eine roman. Kirche (Ende 12. Jh.).
Föhre, svw. Waldkiefer (↑Kiefer).
Foide, svw. ↑Feldspatvertreter.
Foix [frz. fwa], frz. Stadt in den Pyrenäen, an der Ariège, 10 100 E. Verwaltungssitz des Dep. Ariège; Fremdenverkehr; eisenverarbeitende Industrie. – Stadt seit 1244. – Burg (11.–15. Jh.; heute Museum).
F., ehem. frz. Gft., etwa dem Dep. Ariège entsprechend; Besitz einer Seitenlinie der Grafen von Carcassonne Mitte 11. Jh.; erhielt 1290 die Gft. Béarn, fiel 1398 an das Haus Grailly, 1484 an das Haus Albret; durch König Heinrich IV. 1607 mit der Krone von Frankreich vereinigt.
fokal [lat.], in der *Optik* und *Teilchenoptik* den Fokus (Brennpunkt) betreffend.
▷ in der *Medizin* auf einen Krankheitsherd bezogen, von ihm ausgehend.
Fokalinfektion, svw. ↑Herdinfektion.
Fokin, Michail Michailowitsch (frz. Michel Fokine [fɔ'kin]), *Petersburg 25. April 1880, †New York 22. Aug. 1942, russ. Tänzer und Choreograph. – 1909–14 Chefchoreograph bei Diaghilews „Ballets Russes", wo seine wichtigsten Choreographien entstanden, u. a. Uraufführung von Strawinskis „Feuervogel" (1910) und „Petruschka" (1911) sowie Ravels „Daphnis und Chloe" (1912). Danach war er in Rußland, W-Europa und Amerika tätig. F. gilt als Wegbereiter des modernen Balletts, in dem er eine konzeptionelle Einheit von Musik, Malerei und Bewegung anstrebte.
Fokker, Anthony [Herman Gerard], *Kediri (Java) 6. April 1890, †New York 23. Dez. 1939, niederl. Flugzeugkonstrukteur. – F. gründete 1912 eine Flugzeugfabrik und baute während des 1. Weltkriegs Jagdeinsitzer, die er mit durch den Propellerkreis schießenden Maschinengewehren ausstattete. Ging 1922 in die USA und errichtete dort mehrere Flugzeugwerke.
Fokometer [lat./griech.], Meßeinrichtung zur Bestimmung der Brennweite von opt. Systemen.
Fokus [lat. „Feuerstätte, Herd"], in der *Optik* und *Teilchenoptik* svw. ↑Brennpunkt.
▷ in der *Medizin* svw. Krankheitsherd (↑Herd).
Fokussierung [lat.], allg. das Zusammenführen von divergierenden oder parallelen Strahlen in einem Punkt, v. a. bei photograph. Objektiven (Scharfeinstellung); in der *Teil-*

Antonio Fogazzaro

Carl Philipp Fohr (Selbstbildnis, 1816; Heidelberg, Kurpfälzisches Museum)

Anthony Fokker

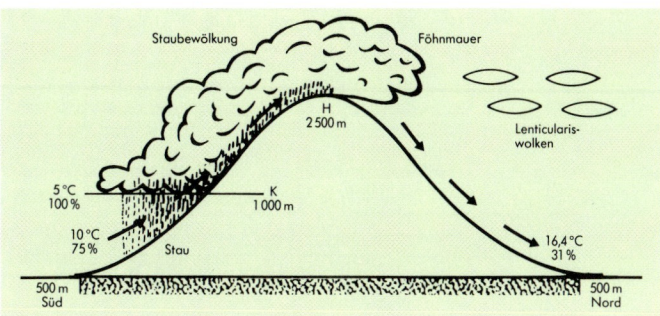

Föhn. Schematische Darstellung: K Kondensationsniveau; H Scheitelhöhe des Gebirges (Luftfeuchte in Prozent)

fol.

chenoptik das Sammeln von Strahlen geladener Teilchen durch geeignete elektr. und magnet. Felder.

fol., Abk. für: ↑**Fol**io (Buchformat).

Foldes, Andor, eigtl. A. Földes, *Budapest 21. Dez. 1913, †Herrliberg (bei Zürich) 9. Febr. 1992, amerikan. Pianist und Dirigent ungar. Herkunft. – Bekannt v.a. als Bartók- und Beethoven-Interpret; schrieb u.a. „Keys to the keyboard" (1948; dt. „Wege zum Klavier").

Folengo, Teofilo, Pseud. Merlin Cocai, *Mantua 8. Nov. 1491 (1496 ?), †Campese (= Bassano del Grappa) 9. Dez. 1544, italien. Schriftsteller. – Benediktiner; in seinem Hauptwerk, dem burlesken Epos „Baldus" (erstmals erschienen 1517) verspottet er die literar. Modeströmungen seiner Zeit, die Nachahmung der Antike und die Verwendung der latein. Sprache.

Folge, in der *Mathematik* eine ↑Abbildung, deren Definitionsbereich die Menge der natürl. Zahlen ist, z.B. Zahlen-, Funktionen- und Punktfolgen.

▷ ↑Lehnswesen.

Folgerecht, Anspruch des bildenden Künstlers (§26 UrheberrechtsG) gegen den Weiterveräußerer eines seiner Werke auf einen Erlösanteil von 5%, wenn an der Veräußerung ein Kunsthändler oder Versteigerer beteiligt war und der Erlös mindestens 100 DM betragen hat.

Folgerung, 1. die aus bestimmten Hypothesen (Gründen, Prämissen) gefolgerte These (auch Folge, Konklusion); 2. die Beziehung zw. den Hypothesen und der These, wenn in der Wahrheit der Hypothesen auch die Wahrheit der These verbürgt ist; 3. die Schlußregel, kraft derer von der Hypothese zu der These übergegangen werden darf; 4. ein log. Schluß.

Folgesatz, svw. ↑Konsekutivsatz.

Folgeschaden, mittelbarer ↑Schaden.

Foliant [lat.], großes Buch (Folioformat).

Folie [zu lat. folium „Blatt"], dünnes Metall- oder Kunststoffblatt; Herstellung im allg. durch Auswalzen oder Kalandrieren.

Folies-Bergère [frz. fɔliberˈʒɛːr], Revuetheater in Paris. Unter der Direktion von E. Marchand (1886–1901) weltbekannt.

Foligno [italien. foˈliɲɲo], italien. Stadt in Umbrien, Prov. Perugia, 53 300 E. Bischofssitz; archäolog. Museum; Maschinenbau, Papier- und Lederind.; Bahnknotenpunkt. – F. geht zurück auf das antike **Fulginiae (Fulginium).** 1439–1860 gehörte es zum Kirchenstaat. – An der Piazza della Repubblica liegen der Palazzo Comunale (13.–17.Jh.), der roman. Dom (1133–1201) und der Palazzo Trinci (1389–1407).

Folinsäure [lat./dt.] ↑Folsäure.

Folio [zu lat. in folio „in einem Blatt"], Abk. fol., Format eines nur einmal gefalzten Bogens (= 2 Blatt). – ↑Buchformat.

Folkestone [engl. ˈfoʊkstən], engl. Hafenstadt und Seebad an der Kanalküste, Gft. Kent, 10 km wsw. von Dover, 43 700 E., Fährverkehr nach Boulogne-sur-Mer.

Folketing [dän.], das dän. Parlament.

Folkevise [dän. „Volksweise"] (Mrz.: Folkeviser), die dän. Volksballade des MA (Blütezeit ist das 13./14.Jh.); Zwei- und Vierzeiler mit Refrain u.a. über Mythos, Legende, geschichtl. Ereignisse.

Folklore [ˈfɔlkloːr, fɔlkˈloːrə; zu engl. folk „Volk" und lore „(überliefertes) Wissen"], zunächst die mündl. Volksüberlieferung (z.B. Märchen, Sage, Sprichwort), bes. Volksmusik, -tanz und Gesang; i.w.S. die gesamte volkstüml. Überlieferung; im angelsächs. Bereich für Volkskunde.

Folkloristik [engl.], Bez. für die Wissenschaft von den Volksüberlieferungen, insbes. von den sprachlich vermittelten Traditionen.

Folksong [engl. ˈfoʊksɔŋ], zunächst engl. Bez. für Volkslied; später das aus der amerikan. F.bewegung hervorgegangene und von den Massenmedien verbreitete Lied, oft mit sozialkrit. Text.

Folkunger, schwed. Königsgeschlecht, das 1250–1363 in Schweden, 1319–87 in Norwegen und 1375–87 in Dänemark regierte; starb 1387 aus.

Henry Fonda

Jane Fonda

Peter Fonda

Folkwangmuseum ↑Museen (Übersicht).

Follen, Karl Theodor Christian, *Romrod (Vogelsbergkreis) 4. Sept. 1796, †bei Schiffsunglück im Long Island Sound (USA) 13. Jan. 1840, dt. Politiker und Schriftsteller. – Einer der Führer des radikalen burschenschaftl. Flügels; nach Anklage wegen demagog. Umtriebe Flucht bis in die USA (1824), wo er als Prof. an der Harvard University und später als unitar. Prediger wirkte.

Follikel [lat.], in der Anatomie Bez. für bläschen- oder balgförmige Gebilde, z.B. Haar-F.; i.e.S. Kurzbez. für Eifollikel.

Follikelhormone, ältere Bez. für die u.a. in den Follikeln des Eierstocks gebildeten Östrogene.

Follikelpersistenz, Ausbleiben des Follikelsprungs bei einem reifen Follikel. Die F. ist oft Ursache für das Entstehen von Zysten im Eierstock sowie unregelmäßige Blutungen und Dauerblutungen.

Follikelreifungshormon ↑Geschlechtshormone.

Follikelsprung, svw. ↑Ovulation.

follikelstimulierendes Hormon ↑Geschlechtshormone.

follikular (follikulär) [lat.], bläschenartig; von einem Follikel ausgehend.

Fölling-Krankheit [nach dem norweg. Physiologen A. F. Fölling, *1888, †1964], svw. ↑Phenylketonurie.

Follis [lat. „der Geldbeutel"], 1. mit Kupfergeld gefüllter Beutel, dessen Inhalt ein Siegel garantierte; seit Diokletian als Großgeld verwendet; nach dessen Münzreform 294–346 geprägte, leicht versilberte Kupfermünze. 2. byzantin. Kupfermünze, eingeführt durch die Münzreform Anastasios' I. (✉ 491–518).

Folsäure [lat./dt.] (Pteroylglutaminsäure), wie ihr Derivat **Folinsäure** Substanz mit Vitamincharakter, von großer Bed. im Zellstoffwechsel, v.a. in Leber, Niere, Muskeln, Hefe und Milch vorkommend; ihr Fehlen im Körper bewirkt Verzögerung der Zellteilung und v.a. eine Störung der Blutbildung.

Folsomspitzen [engl. ˈfoʊlsəm], altindian. vorkeram. Pfeilspitzen in den USA, ben. nach dem ersten Fundort Folsom im nö. New Mexico, USA, 250 km nö. von Santa Fe. Die steinernen Geschoßspitzen mit beidseitiger langer Auskehlung entwickelten sich aus den Clovisspitzen (↑Cloviskomplex) und sind etwa zw. 9000 und 8000 v. Chr. zu datieren (Teil der Lindenmeiertradition).

Folter (Tortur, peinl. Befragung), Zufügung körperl. Schmerzen zur Erzwingung einer Aussage. F. des Verdächtigen, seltener des nicht aussagewilligen Zeugen, ist uralt; sie erlangte traurige Bed. im Strafprozeß, seit zur Verurteilung das Geständnis des Verdächtigen verlangt wurde (v.a. im Inquisitionsprozeß); ärgster Mißbrauch seit Ende des 15. Jh. in den Prozessen gegen „Hexen". Zur Verhinderung wahlloser Anwendung entwickelte erstmals die italien. Strafrechtswiss. des 14./15. Jh. Regeln; einschränkende Festlegungen erfolgten in der Carolina (1532). Die F. wurde unter dem Einfluß der Aufklärung, als das Geständnis seine prozeßentscheidende Funktion verloren hatte und durch Zeugen- und Indizienbeweise ersetzt werden konnte, hauptsächlich im 19. Jh. aus den Rechtsordnungen beseitigt. Um die Wende zum 20. Jh. setzte sich die Tendenz durch, die F. auch als Mittel des Krieges zu ächten (u.a. in der Haager Landkriegsordnung). Die F. ist jedoch bis heute eine weltweit festzustellende Form polit. Verfolgung und Unterdrückung geblieben (bes. in Staaten, die totalitär oder von Militärdiktaturen regiert werden). – **Folterwerkzeuge** waren bis in die Neuzeit u.a. Daumenschrauben und span. Stiefel (zum Quetschen der Daumen bzw. Waden), Folterstuhl (an Sitzfläche und Lehne mit spitzen Nägeln bestückt), Winde und Rad (der Delinquent wurde an seinen auf dem Rücken zusammengebundenen Händen in die Höhe gezogen bzw. „aufgeflochten"). – **Moderne Foltermethoden** sind insbes. die Zwangseinnahme von (u.U. die Aussagen beeinflussenden) Medikamenten, die Anwendung von Elektrizität, von Lärmgeräten, Nahrungsmittelbeschränkung, Schlafentzug, Methoden des Psychoterrors und der Gehirnwäsche.

Folz (Foltz), Hans, gen. „der Barbierer", *Worms um 1450, †Nürnberg um 1515, dt. Meistersinger. – Zu den Tönen der „12 alten Meister" forderte er die Aufnahme neuer Weisen und erfand selbst 27. Neben vorwiegend religiösen Liedern und Sprüchen Schwänke von derb-drastischer Komik sowie Fastnachtsspiele, die die Tradition Rosenplüts fortsetzen.

Fön Ⓦ [zu ↑Föhn] (Haartrockner), Heißluftgebläse zum Trocknen des Haars.

Fond [fõ; lat.-frz.], Rücksitze eines Pkw.
▷ Hintergrund eines Gemäldes oder einer Bühne.
▷ beim Braten, Dünsten oder Schmoren von Fleisch sich in der Pfanne bildender Satz, Grundlage für Soßen oder Suppen.

Fonda [engl. 'fɔndə], Henry, *Grand Island (Nebr.) 16. Mai 1905, †Los Angeles 12. Aug. 1982, amerikan. Filmschauspieler. – Verkörperte klass. Westernrollen in „Jesse James – Mann ohne Gesetz" (1940), „Der Ritt zum Ox-Bow" (1943), „Faustrecht der Prärie" (1946). Seine schauspieler. Wandelbarkeit zeigte sich in „Die Früchte des Zorns" (1940), „Krieg und Frieden" (1956), „Die 12 Geschworenen" (1957), „Spiel mir das Lied vom Tod" (1968), „Am goldenen See" (1981).

F., Jane [Seymour], *New York 21. Dez. 1937, amerikan. Filmschauspielerin. – Tochter von Henry F.; 1964–73 ⚭ mit R. Vadim, Regisseur ihrer Filme „Der Reigen" (1964), „Die Beute" (1966), „Barbarella" (1968). Bes. Leistungen in der Darstellung von Frauen in Außenseiterrollen, v. a. in „Klute" (1971), „Nora" (1973, nach H. Ibsen), „Coming Home" (1978), „Das China-Syndrom" (1979), „Bright Stining Lie" (1991).

F., Peter, *23. Febr. 1939, amerikan. Filmschauspieler. – Sohn von Henry F.; weltbekannt durch den von ihm selbst produzierten Film „Easy Rider" (1969), in dem er zus. mit D. Hopper dem Lebensgefühl eines Teils der jungen amerikan. Generation adäquaten Ausdruck gab. – *Weitere Filme:* „Open season – Jagdzeit" (1974), „92 Grad im Schatten" (1975), „Mach' ein Kreuz und fahr' zur Hölle" (1976), „Peppermint Frieden" (1982).

Fondaco [arab.-italien.], alte Bez. für die Kaufhäuser in den Mittelmeerländern und im Alten Orient, v. a. für die Niederlassungen auswärtiger Kaufleute; bes. bekannt ist der *F. dei Tedeschi,* das Kauf- und Lagerhaus der Deutschen in Venedig (um 1200 bis 1806).

Fondant [fõ'dã; frz. „schmelzend"], unter Zugabe von Farb- und Geschmacksstoffen hergestellte sirupartige Zuckermasse, häufig als Bonbon- und Pralinenfüllung.

Fonds [fõ; lat.-frz.], für einen bestimmten Zweck gebildete und verwaltete Geldmittel oder Vermögenswerte (z. B. ↑Investmentfonds, ↑Immobilienfonds).

Fonds „Deutsche Einheit", nach dem Gesetz vom 25. 6. 1990 aus Mitteln des Bundes und der alten Bundesländer gebildeter Sonderfonds von 115 Mrd. DM, die den neuen Bundesländern von 1990 bis 1994 als Finanzhilfe zum Aufbau zur Verfügung gestellt werden. Der größte

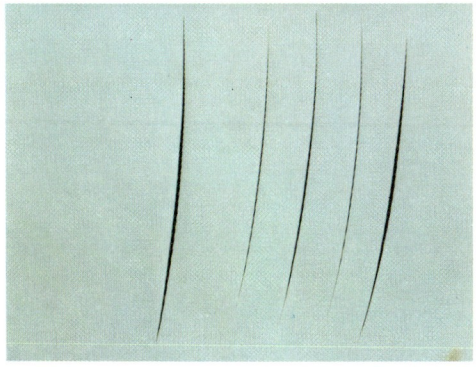

Lucio Fontana. Raumkonzept: Kleines Theater, 1966 (Köln, Museum Ludwig)

Fontainebleau. Blick auf die Schloßanlage, 1528 ff.

Teil des Sonderfonds wird als Kredit auf dem Kapitalmarkt aufgenommen.

Fondue [fõ'dy; frz., eigtl. „geschmolzen"], urspr. geschmolzene Käsemasse, in die Weißbrotwürfel getaucht werden, dann auch für Fleischgerichte **(Fleischfondue),** bei denen Fleischwürfel am Eßtisch in einem Fonduegerät in Öl oder [Hühner]brühe gegart, in verschiedene Tunken getaucht und mit Beilagen (Brot) verzehrt werden.

Fons (Fontus), röm. Quellgottheit.

Fonseca, Manuel Deodoro da, *Alagoas (= Marechal Deodoro) 5. Aug. 1827, †Rio de Janeiro 23. Aug. 1892, brasilian. Politiker. – Führend an der Revolution von 1889 beteiligt; 1890/91 erster Präs. von Brasilien.

Fontaine, Pierre François Léonard [frz. fõ'tɛn], *Pontoise 20. Sept. 1762, †Paris 10. Okt. 1853, frz. Baumeister. – F. war Hofarchitekt Napoleons I. und begr. in Zusammenarbeit (1794–1814) mit C. Percier den Empirestil; u. a. Restaurierung von Schloß Malmaison (1802 ff.); Arc de Triomphe du Carrousel (1806–08) und die Fassadenfront des Louvre an der Rue de Rivoli (1806).

Fontainebleau [frz. fõtɛn'blo], frz. Stadt im Dep. Seine-et-Marne, 18 800 E. Europ. Inst. für Unternehmensführung; Militärsportschule, nat. Reitschule, Militärmuseum: Naherholungsgebiet für Paris (17 000 ha großer *Wald von F.).* – Das Schloß F. (1528 ff.), eine um 5 Höfe gruppierte Anlage, wurde von der UNESCO zum Weltkulturerbe erklärt. – Das **Revokationsedikt** von F. König Ludwigs XIV. (18. Okt. 1685) hob das Edikt von Nantes auf. Bis 1791 geltend, verbot es das ref. Bekenntnis (↑Hugenotten), verwies die ref. Geistlichen des Landes, bedrohte aber die Auswanderung von Laien mit schweren Strafen.

Fontainebleau, Schule von [frz. fõtɛn'blo], eine Künstlergruppe, die im 16. Jh. an der Innenausstattung von Schloß Fontainebleau arbeitete und dabei den italien. Manierismus nach Frankreich verpflanzte (Rosso Fiorentino, F. Primaticcio, Nicolò dell'Abate). Die *2. S. v. F.* Anfang des 17. Jh. unterlag eher fläm. Einflüssen (T. Du Breuil, M. Fréminet, A. Dubois).

Fontana, Carlo, *Bruciate (Tessin) 1634, †Rom 5. Febr. 1714, italien. Baumeister schweizer. Herkunft. – Schüler von Bernini; prägte den strengen Stil des röm. Spätbarock. Entwarf u. a. die Fassade von San Marcello (1682/83) und den Palazzo Montecitorio (Obergeschoß, 1694 ff.).

F., Domenico, *Melide (Tessin) 1543, †Neapel 1607, italien. Baumeister schweizer. Herkunft. – Hauptmeister des röm. Frühbarock; für Papst Sixtus V. tätig (u. a. Lateranspalast, 1586 ff.; Flügel des Papstpalastes und Vatikan. Bibliothek, 1587 ff.), führte städtebaul. Neuerungen ein, vollendete (mit G. della Porta) 1588–90 Michelangelos Kuppel der Peterskirche. Seit 1592 in Neapel.

F., Lucio, *Rosario di Santa Fe (Argentinien) 19. Febr. 1899, †Comabbio (Prov. Varese) 7. Sept. 1968, italien. Maler. – Seine eigtl. Leistung liegt in meist monochromen Bildern, die er mit Durchlöcherungen oder Einschnitten versah; er verstand sie als „Raumkonzepte".

Theodor Fontane

Fontane, Theodor, *Neuruppin 30. Dez. 1819, †Berlin 20. Sept. 1898, dt. Schriftsteller. – Stammte aus einer Hugenottenfamilie; 1864, 1866 und 1870 Kriegsberichterstatter; 1870–89 Theaterkritiker bei der „Voss. Zeitung" in Berlin. Begann mit Balladen im Stil des Spätrealismus; im Alter schrieb er in der Berliner Gesellschaft oder im märk. Adel spielende realist. Gesellschaftsromane, in denen er das Bild einer innerlich brüchigen Zeit entwarf, z. B. „Irrungen, Wirrungen" (1888) über die Fragwürdigkeit der Standeshierarchie, „Effi Briest" (1895) über die lebenszerstörenden Folgen des Ehren- und Sittenkodexes seiner Zeit, „Der Stechlin" (hg. 1899) mit starker sozialer Kritik. F. hat den dt. Roman auf die Höhe des europ. krit. Gesellschaftsromanes geführt. Im Zurückdrängen der Handlung zugunsten des Dialogs und der Abbildung eines formbewußten Erzählens, für das leise Skepsis und Ironie typisch sind, wirkte er entscheidend auf die Entwicklung des Romans. *Weitere Werke:* Wanderungen durch die Mark Brandenburg (4 Bde., 1862–82), Grete Minde (R., 1880), L'Adultera (Nov., 1882), Schach von Wuthenow (E., 1883), Cécile (R., 1887), Stine (R., 1890), Frau Jenny Treibel (R., 1892), Die Poggenpuhls (R., 1896).

Bernard Le Bovier de Fontenelle

Fontäne [frz., zu lat. fons „Quelle"], Wassersäule, vorwiegend bei Springbrunnen.

Fontanellen [lat.-frz., eigtl. „kleine Quellen"], von Bindegewebe erfüllte Lücken im knöchernen Schädel neugeborener Wirbeltiere und des Menschen. Beim Säugling befinden sich die F. zw. den Stirnbeinhälften und den Scheitelbeinen **(große Fontanelle)** sowie zw. den Scheitelbeinen und dem Hinterhauptsbein **(kleine Fontanelle).** Im Laufe des Wachstums schließen sich die F. und werden durch Knochen ersetzt (kleine F. nach etwa zwei Monaten, große F. im 2. Lebensjahr).

Fontange [fõˈtãːʒə; frz.] ↑ Haube.

Fontenay [frz. fõtˈnɛ], ehem. Zisterzienserabtei in Burgund, nw. von Dijon, Frankreich; 1119 von Clairvaux aus gegr., bestand bis 1791. Die 1147 geweihte Kirche ist ein Prototyp der frühen Kirchenbaukunst der Zisterzienser (heute Museum). Die UNESCO erklärte die Abtei zum Weltkulturerbe.

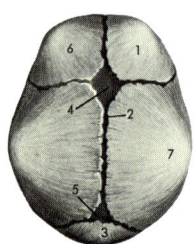

Henry Ford

Fontenelle, Bernard Le Bovier de [frz. fõtˈnɛl], *Rouen 11. Febr. 1657, †Paris 9. Jan. 1757, frz. Schriftsteller und Philosoph. – Neffe von P. Corneille; 1699–1740 Sekretär der Académie des sciences. Bed. Vorläufer der Aufklärung. Schrieb Dramen, Gedichte und v. a. schulemachende populärwiss. Dialoge. – *Werke:* Gespräche von mehr als einer Welt (1686), Gespräche in der Unterwelt (1683).

Fontevrault [frz. fõtəˈvro], ehem. frz. Benediktinerabtei sö. von Saumur; 1101 von Robert von Arbrissel als Doppelkloster gegr. Die ehem. Klosterkirche ist eine bed. roman. Kuppelkirche (12. Jh.), Grablege der Plantagenets aus dem 12. und 13. Jh. (u. a. Heinrich II. von England, seine Gemahlin Eleonore von Aquitanien und Richard Löwenherz).

Fonteyn de Arias, Dame (seit 1956) Margot [engl. fɔnˈteɪn], eigtl. Margaret Hookham, *Reigate 18. Mai 1919, †in Panama 21. Febr. 1991, engl. Tänzerin. – Tanzte die großen Rollen des klass. Repertoires und kreierte zahlr. Ballette von F. Ashton. Primaballerina des Royal Ballet, seit 1962 häufig mit R. Nurejew als Partner. Memoiren „Die zertanzten Schuhe" (1975).

Fonwisin, Denis Iwanowitsch, *Moskau 14. April 1745, †Petersburg 12. Dez. 1792, russ. Dramatiker. – Legte in von Molière und Holberg formal beeinflußten satir. Komödien Korruption, Sittenlosigkeit, Unbildung und Arroganz der Beamten und des Landadels bloß; u. a. „Der Landjunker" (Kom., 1783).

Food and Agriculture Organization of the United Nations [engl. ˈfuːd ənd ægrɪˈkʌltʃə ɔːgənaɪˈzeɪʃən ɔf ðə

juˈnaɪtɪd ˈneɪʃənz], Abk. FAO, zwischenstaatl. Fachorganisation (UN-Sonderorganisation) für Ernährung, Landw., Forsten und Fischerei; gegr. 1945 in Quebec; Sitz: Rom; 160 Mgl.staaten (1992). Die FAO tritt v. a. für eine Steigerung der landw. Produktion in Entwicklungsländern ein.

Foot [fuːt, engl. fʊt „Fuß"] (Mrz.: feet [engl. fiːt]), Einheitenzeichen ft, in Großbritannien und in den USA verwendete Längeneinheit: 1 ft = 12 inches = 0,3048 m.

Football [engl. ˈfʊtbɔːl] (American Football), rugbyähnl., 1874 zum ersten Mal gespieltes (erste Regeln 1880) amerikan. Ballspiel zw. 2 Mannschaften (je 11 Spieler, bis 34 Auswechselspieler) auf einem 109,75 m langen und 48,80 m breiten Feld, das durch 4,57 m voneinander entfernte Linien (sog. Yardlinien) in 20 gleich große Abschnitte eingeteilt ist. Ein eiförmiger Lederball (Längsachse 28,58 cm, Masse 396–424 g) muß über die gegner. Grundlinie getragen oder mit dem Fuß über die Torlatte befördert werden. Die Tore (Male) bestehen aus zwei Torstangen mit einer Querlatte in 3,05 m Höhe; effektive Spielzeit: 4 × 12 Minuten; Punktwertung.

Foppa, Vincenzo, *Brescia zw. 1427/30, †ebd. 1515 oder 1516, italien. Maler. – Begründer und Hauptvertreter der lombard. Schule des 15. Jh. Der Reiz seiner Bilder liegt in der Lichtführung. U. a. „Maria mit dem Buch" (1464–68, Mailand, Castello Sforcesco), Marien-Polyptychon (1476, Mailand, Brera).

Foramen [lat.], in der Anatomie: Loch bzw. Öffnung in einem Knochen, Knorpel oder Organ; z. B. *F. magnum,* svw. Hinterhauptsloch.

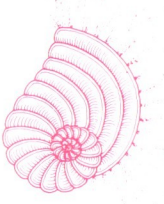

Foraminiferen. Rekonstruktion einer Foraminifere mit vielkammeriger Schale, aus deren Öffnungen Scheinfüßchen austreten

Foraminiferen [lat.] (Kammerlinge, Foraminifera), seit dem Kambrium bekannte Ordnung mariner Urtierchen mit etwa 20 µm bis über 10 cm großer, vielgestaltiger Schale aus organ. Grundsubstanz, der Kalk und Fremdkörper (v. a. Sandkörnchen) auf- oder eingelagert sein können; meist von Poren durchbrochen. Die meisten F. leben am Grund, einige leben schwebend in großer Tiefe der Meere. F. finden sich in rezenten marinen Ablagerungen oft in sehr großer Zahl **(Foraminiferensand;** bis zu 50 000 Gehäuse in 1 g Sand), daneben sind sie z. T. wichtige Leitfossilien (z. B. Globigerinen, Fusulinen, Nummuliten) und Gesteinsbildner, bes. im Karbon und in der Kreide **(Foraminiferenkalke).**

Force [ˈfɔrs(ə); lat.-frz.], Kraft, Stärke, Zwang, Gewalt.

Force de frappe [frz. fɔrsdəˈfrap „Schlagkraft"] (Force de dissuasion [„Abschreckungsmacht"]), veraltete Bez. für die seit den 50er Jahren aufgebaute frz. strateg. Atomstreitmacht (Forces nucléaires stratégiques, Abk. FNS).

Forchheim, Krst. in Bayern, an der Mündung der Wiesent in die Regnitz, 260 m ü. d. M., 28 600 E. Pfalzmuseum, Metall-, Textil- und Papierind. – 805 als Königshof erwähnt, seit dem 9. Jh. als Pfalz belegt. Die Königswahlen von 900 (Ludwig das Kind), 911 (Konrad I.) und 1077 (Gegenkönig Rudolf von Rheinfelden) fanden in F. statt; seit 1007 zum Bistum Bamberg, vor 1300 Stadt, 1802 an Bayern. – Mittelalterl. Stadtbild mit zahlr. Fachwerkhäusern, u. a. Rathaus (1491 und 1535); Pfarrkirche Sankt Martin (14. Jh.). Die Pfalz ist eine Wasserburg mit spätgot. Hauptbau (14. Jahrhundert).

F., Landkr. in Bayern.

Fontanellen. Schädel eines Neugeborenen (von oben gesehen): 1 Stirnbein; 2 Scheitelbein; 3 Hinterhauptsbein; 4 große und 5 kleine Fontanelle; 6 Stirnhöcker; 7 Scheitelhöcker

forcieren [fɔrs...; frz., zu lat. fortis „stark"], etwas mit Nachdruck betreiben, vorantreiben, beschleunigen, steigern, übertreiben.

Forck, Gottfried, *Ilmenau 6. Okt. 1923, dt. ev. Theologe. – 1947–51 Ausbildung in Bethel und Heidelberg; 1989–91 Bischof von Berlin-Brandenburg (Ostregion). Bemühte sich bis zur Wende in der DDR v. a. um eine ausgewogene Kirchenpolitik im Interesse menschl. Lösungen, seitdem bes. um eine betont soziale Demokratie. 1989/90 Mitarbeit in einer Kommission zur Auflösung der Stasi.

Ford, Aleksander [poln. fɔrt], *Łódź 24. Nov. 1908, †Los Angeles (Calif.) 29. April 1980, poln. Filmregisseur. – Drehte zunächst Dokumentarfilme wie „Im Morgengrauen" (1929), floh 1939 in die UdSSR, wo er eine Gruppe von Filmberichterstattern gründete. 1946/47 bis zu seiner Emigration nach Israel 1968 Leiter der staatl. Film- und Theaterakademie in Łódź. Drehte 1948 den Film über den Aufstand in einer Warschauer Ghetto „Die Grenzstraße". – *Weitere Filme:* „Chopins Jugend" (1952), „Der achte Wochentag" (1957), „Der erste Tag der Freiheit" (1964), „Der erste Kreis der Hölle" (1972, nach A. Solschenizyn).

F., Ford Madox [engl. fɔːd], eigtl. F. Hermann Hueffer, *Merton (= London) 17. Dez. 1873, †Deauville (Calvados) 26. Juni 1939, engl. Kritiker und Schriftsteller. – U. a. 1924 Gründer der Zeitschrift „Transatlantic Review"; Beziehungen u. a. zu J. Conrad, D. H. Lawrence, H. James, H. G. Wells, J. Galsworthy, E. Pound, G. Stein, J. Joyce, E. Hemingway; krit. Essayist; auch Romane.

F., Gerald Rudolph [engl. fɔːd], *Omaha (Nebr.) 14. Juli 1913, 38. Präs. der USA (1974–77). – Seit Jan. 1949 Abg. der Republikan. Partei im Repräsentantenhaus; seit 1965 deren Fraktionsführer; 1973 Nachfolger des zurückgetretenen Vizepräs. S. T. Agnew; wurde im Aug. nach dem Rücktritt R. M. Nixons Präs. der USA; erließ eine Amnestie für Vietnamdeserteure; unterlag bei den Präsidentschaftswahlen im Nov. 1976 knapp dem demokrat. Kandidaten J. E. Carter.

F., Glenn [engl. fɔːd], eigtl. Gwyllyn F., *Quebec 1. Mai 1916, amerikan. Filmschauspieler. – Populärer Westernheld, u. a. in „Himmel hinter Stacheldraht" (1939). – *Weitere Filme:* „Die Saat der Gewalt" (1955), „Die unteren Zehntausend" (1961), „Santee" (1972).

F., Harrison [engl. fɔːd], *Chicago 13. Juli 1942, amerikan. Filmschauspieler. – Spielte Rollen in Abenteuerfilmen (u. a. „Indiana Jones"-Trilogie, 1981–89), aber auch im anspruchsvollen Genre („Der einzige Zeuge", 1985; „Aus Mangel an Beweisen", 1990).

F., Henry [engl. fɔːd], *Dearborn (Mich.) 30. Juli 1863, †Detroit 7. April 1947, amerikan. Automobilindustrieller. – Konstruierte 1892 seinen ersten Motorwagen, gründete 1903 die Ford Motor Co. Er war bis 1919 und von 1943–45 Präs. der Gesellschaft. F. verwirklichte den Gedanken, durch rationalisierte Massenfertigung bei günstigen Arbeitsbedingungen die Herstellung hochwertiger Produkte zu verbilligen, um den Absatz zu steigern **(Fordismus).** Er errichtete bed. Stiftungen (↑ Ford Foundation). Schrieb u. a. „Mein Leben und Werk" (1922).

F., Henry II [engl. fɔːd], *Detroit 4. Sept. 1917, †ebd. 29. Sept. 1987, amerikan. Automobilindustrieller. – Enkel von Henry F., 1945–60 Präs., dann Verwaltungsratsvorsitzender der Ford Motor Co.

F., John [engl. fɔːd], ≈ Ilsington (Devonshire) 17. April 1586, †1640(?), engl. Schriftsteller. – Verf. von Elegien und Dramen, gekennzeichnet durch melancholische und makabre Elemente. – *Dramen:* Die Hexe von Edmonton (1621), Giovanni und Arabella (1633, auch u. d. T. Schade ... sie war eine Dirne), Das gebrochene Herz (1633), Die Chronik des Perkin Warbeck (1634).

F., John [engl. fɔːd], eigtl. Sean Aloysius O'Fearna, *Cape Elizabeth (Maine) 1. Febr. 1895, †Palm Springs (Calif.) 31. Aug. 1973, amerikan. Filmregisseur ir. Herkunft. – Gab der Gattung des Western als erster künstler. Niveau, z. B. in „Stagecoach" (1939, dt. u. d. T. „Höllenfahrt nach Santa Fe" und „Ringo"), „My darling Clementine" (1946, dt. u. d. T. „Faustrecht der Prärie"), „Der Mann, der Liberty Valance erschoß" (1962), „Cheyenne autumn" (1964). – 1939 entstand „Der junge Mr. Lincoln", F. subtilster Film. Nach John Steinbeck drehte F. „Früchte des Zorns" (1940) sowie „Tobacco Road" (1941). – *Weitere Filme:* „Bis zum letzten Mann" (1948), „Rio Grande" (1950), „Das letzte Hurrah" (1956).

Ford AG ↑ Ford Motor Co.

Förde [niederdt.], weit ins Flachland eindringende, langgestreckte Meeresbucht; charakteristisch für die O-Küste von Jütland und Schleswig-Holstein.

Förderband (Bandförderer) ↑ Fördermittel.

Fördergebläse ↑ Fördermittel.

Fördergerüst, im *Bergwesen* Gerüst aus Stahl oder Stahlbeton über Förderschächten zur Aufnahme der Seilscheiben, die der Umlenkung des Förderseiles aus dem Schacht zur neben dem Schacht stehenden Fördermaschine dienen.

Fördermittel, allg. Bez. für Maschinen oder Geräte zum kontinuierl. (Stetigförderung) oder diskontinuierl. (Pendelförderung) Transport von flüssigem oder festem Material sowie von Personen auf einem [festgelegten] Förderweg.

Für den Transport von Massengütern verwendet man *Stetig-, Dauer-* bzw. *Fließförderer.* Hierzu gehören als *Schwerkraftförderer* z. B. **Fallrohre** und **Rutschen,** bei denen die Schwerkraft die Förderung von Getreide, Säcken, Kohle, Salz usw. übernimmt. **Rollenbahnen** fördern auf hintereinanderliegenden Rollen Güter mit ebener Bodenfläche schon bei dem geringen Gefälle von 3° von selbst, bei waagerechten oder ansteigenden Bahnen durch Verschieben von Hand oder durch Mitnehmerkette. **Schneckenförderer** besitzen eine angetriebene Schneckenwelle als Schubmittel für alle Arten von Schüttgütern. **Bandförderer** unterscheidet man nach der Ausbildung der Förderbänder in Gummigurt-, Textilgurt-, Drahtgurt- und Stahlbandförderer. **Kettenförderer** besitzen als Zugorgan eine oder mehrere Ketten, an die Trag- bzw. Mitnehmerorgane angehängt sind. **Fahrsteige (Rollsteige)** zum Transport von Personen zählen zu den Band- bzw. Kettenförderern. *Doppelkettenförderer* dienen zur Förderung unter Tage, bes. als *Kohlenhobel* oder *Schrämmaschine.* **Kreisförderer** tragen das Stückgut an einer endlosen und angetriebenen Kette in Haken, Gabeln, Klammern, Mulden. **Schaukelförderer** sind an Kettensträngen aufgehängte Tragschalen. **Warenpaternoster** transportieren Stückgut in senkrechter Richtung. **Becherwerke** besitzen zum Transport von Schüttgut Becher als Tragorgane. Stetigförderer sind auch die *pneumat.* und *hydraul. Förderanlagen.* Bei den **Fördergebläsen** nimmt der Luftstrom, bei den hydraul. Förderanlagen die Flüssig-

Plattenbandförderer

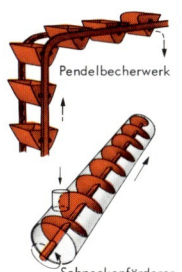
Pendelbecherwerk

Schneckenförderer

Fördermittel

Forchheim. Fachwerkhäuserzeile am Marktplatz mit dem Rathaus, 1491 begonnen

Förderstufe

keitsströmung das Fördergut mit. **Druckluftförderer** verteilen das Fördergut auf mehrere Orte, **Saugluftförderer** fördern von mehreren Stellen nach einem Sammelpunkt. Ebenfalls pneumatisch werden in **Rohrpostanlagen** z. B. Schriftstücke oder kleinere Waren befördert. Zu den **Flurförderern** rechnet man Fahrzeuge für Transportaufgaben im Betrieb. Hierzu gehören z. B. Elektrokarren und Gabelstapler zum Auf- und Übereinandersetzen von Paletten (Stapelplatten). **Aufzüge** dienen der Personen- und Lastenförderung in vorwiegend senkrechter Richtung. **Personenumlaufaufzüge** bzw. **Paternoster[aufzüge]** weisen zwei dauernd umlaufende Gelenkketten auf, an denen mehrere Fahrkörbe für je zwei Personen aufgehängt sind (Fördergeschwindigkeit unter 0,3 m/s; dürfen in Deutschland seit 1. 1. 1974 nicht mehr neu errichtet werden). **Fahrtreppen** bzw. **Rolltreppen** dienen dem Massenverkehr in Bahnhöfen, Warenhäusern usw.

Förderstufe ↑ Orientierungsstufe.

Förderturm, turmartiges Bauwerk aus Stahl oder Beton, das unmittelbar über einem Schacht errichtet ist und die Fördermaschine aufnimmt.

Förderung, in der *Technik* allg. die Bewegung von Lasten oder Gütern (seltener von Personen) mit Hilfe von Fördermitteln oder Hebezeugen.

▷ im *Bergbau* der Abtransport der unter oder über Tage gewonnenen mineral. Rohstoffe.

Forderungen (Außenstände), hauptsächlich aus Warenlieferungen und Leistungen resultierende Ansprüche an Geschäftspartner, die in der Kontokorrentbuchhaltung als Debitoren bezeichnet werden.

Ford Foundation [engl. 'fɔ:d faʊn'deɪʃən], 1936 von H. und E. B. Ford gegr. Stiftung, größte Stiftung der USA. Die F. F. will die Lebensqualität („human welfare") v. a. durch Förderung des Erziehungs- und Ausbildungswesens und durch Unterstützung geeigneter Forschungsprojekte verbessern. Die F. F. besitzt rd. 13 % des Kapitals der Ford Motor Co.

Ford Motor Co. [engl. 'fɔ:d 'məʊtə 'kʌmpəni], zweitgrößter Automobilhersteller der Welt, gegr. 1903 in Dearborn (Mich.), seit 1919 Sitz Wilmington (Del.). Das Produktionsprogramm umfaßt v. a. Pkw, daneben u. a. Lkw, Traktoren, Ausrüstungen für Raumfahrt sowie Rüstung (v. a. Kommunikations- und Wettersatelliten) und Datenverarbeitungsanlagen. Unter den zahlr. Tochtergesellschaften befindet sich die **Ford AG**, Köln, gegr. 1925.

Forechecking [engl. 'fɔ:tʃɛkɪŋ], im Eishockey das Stören des gegner. Angriffes bereits im gegner. Verteidigungsdrittel.

Foreign Office [engl. 'fɔrɪn 'ɔfɪs], das brit. Außenministerium in London; entstand 1782. Chef ist als Min. mit Kabinettsrang der Secretary of State for Foreign Affairs. Neuer Name seit Angliederung des Commonwealth Office: **Foreign and Commonwealth Office.**

Forel, Auguste [frz. fɔ'rɛl], *La Gracieuse (= Morges) 1. Sept. 1848, †Yvorne 27. Juli 1931, schweizer. Psychiater. – Prof. in Zürich; bed. Arbeiten über Gehirnanatomie, Hypnotismus, Alkoholismus, Sozialethik und Gerichtsmedizin. F. setzte sich nachdrücklich für die Alkoholabstinenz ein und führte in diesem Zusammenhang den Guttemplerorden in der Schweiz ein.

Forellen [zu althochdt. forhana, eigtl. „die Gesprenkelte"], zusammenfassende Bez. für 1. **Europ. Forelle** (Salmo trutta), bis 1 m langer Lachsfisch in den Süß- und Meeresgewässern Europas; die bekanntesten Unterarten sind ↑Bachforelle, **Seeforelle** (Salmo trutta f. lacustris), meist 40–80 cm lang, in Seen N- und O-Europas sowie im Bodensee und in Alpenseen; Rücken dunkelgrau, Seiten heller, mit kleinen, schwarzen und rötl. Flecken. **Meerforelle** (Lachs-F., Salmo trutta trutta), bis 1 m lang, in küstennahen Meeres- und Süßgewässern N- und W-Europas; erwachsen meist mit dunklem Rücken und schwarzen Flecken an den silbrigen Seiten; 2. **Regenbogenforelle** (Salmo

Forellen. Regenbogenforelle

gairdneri), 25–50 cm langer Lachsfisch in stehenden und fließenden Süßgewässern des westl. N-Amerika; seit 1880 in M-Europa eingeführt, hier v. a. in Zuchtanlagen; Rücken dunkelgrün bis braunoliv, Seiten heller, meist mit breitem, rosa schillerndem Längsband und zahlr. kleinen schwarzen Flecken. Beide Arten sowie die Unterarten sind geschätzte Speisefische.

Forellenbarsch, eine Art der Schwarzbarsche (↑Sonnenbarsche).

Forellenregion, oberste Flußregion zw. Quelle und ↑Äschenregion; gekennzeichnet durch starke Strömung, klares, sauerstoffreiches, konstant kaltes Wasser; Charakterfische sind v. a. Bachforelle, Groppe, Bachsaibling, Regenbogenforelle.

forensisch [lat.], gerichtlich.

forensische Medizin, svw. ↑Rechtsmedizin.

Forester, Cecil Scott [engl. 'fɔrɪstə], *Kairu 27. Aug. 1899, †Fullerton (Calif.) 2. April 1966, engl. Schriftsteller. – Schrieb spannende Soldaten-, Marine- und Abenteuerromane, humorvolle Reisebeschreibungen und Biographien (z. B. über Nelson, 1944); u. a. Romanzyklus (11 Bände, 1937–64) um die Gestalt des brit. Seeoffiziers Horatio Hornblower.

Forez, Monts du [frz. mõdyfɔ're], kristallines Bergland im frz. Zentralmassiv zwischen Loire und Dore, im Pierre-sur-Haute 1 634 m hoch.

Forggensee ↑Stauseen (Übersicht).

Forint, Abk. Ft., ungar. Bez. für den Gulden; Währungseinheit in Ungarn; 1 Ft. = 100 Filler (f).

Forkel, Johann Nikolaus, *Meeder bei Coburg 22. Febr. 1749, †Göttingen 20. März 1818, dt. Musikforscher. – Erster Vertreter der aus dem prot. Musikschrifttum des 18. Jh. herauswachsenden Musikwiss.; schrieb u. a. „Musikalisch-krit. Bibliothek" (3 Bde., 1772/1779), „Ueber J. S. Bachs Leben, Kunst und Kunstwerke" (1803).

Forlana [italien.] (Furlana, Friauler), schneller Werbetanz im Friaul, im $^6/_8$-, später auch im $^6/_4$-Takt, der ↑Tarantella ähnlich.

Forlani, Arnaldo, *Pesaro 8. Dez. 1925, italien. Politiker (Democrazia Cristiana). – 1969–73 und 1989–92 Parteisekretär der DC; u. a. 1976–79 Außenmin., 1980/81 Min.präs., 1983–87 stellv. Min.präsident.

Forlì, italien. Prov.hauptstadt in der Emilia-Romagna, 110 300 E. Bischofssitz, Museen, Gemäldegalerie, Bibliothek; Ind.- und Handelszentrum der Romagna, Messen. – In der Antike **Forum Livii;** gehörte im MA zum Exarchat von Ravenna, 1504–1860 zum Kirchenstaat. – Zahlr. Kirchen und Paläste in der Altstadt, u. a. Dom (12. Jh. ff.), roman. Kirche San Mercuriale (12. Jh.), Palazzo del Podestà (1459/60) und die Festungsanlage der Rocca di Ravaldino (1472–82).

Form [lat.], in der *Gießereitechnik* Hohlkörper, dessen Gestalt der des herzustellenden Gußstückes entspricht.

▷ in der *Philosophie* eine im Zusammenhang mit dem Problem von Werden, Bewegung, Veränderung von Aristoteles eingeführte Bez. für den Zustand, den das sich Verändernde annimmt; neben *Materie* als dem, das dem Sich-Verändernden „zugrundeliegt", und *Steresis,* dem Zustand vor oder zu Beginn des Werdens, eines der drei Grundprinzipien des Werdens.

Cecil Scott Forester

Arnaldo Forlani

Forlì
Stadtwappen

Forellen. Meerforelle

▷ in der *kath. Sakramentenlehre* das sinngebende Wort, das eine bestimmte Handlung des Priesters zum Sakrament werden läßt.
▷ in der *Literaturwiss.* unterschiedlich verwendeter Begriff, insbes. Gegenüberstellung des Gegensatzpaares *F. und Gehalt*. Die neuere Literaturwiss. vermeidet die Unterscheidung von vorgegebener F. und primär gegebenem Inhalt; das literar. Kunstwerk ersteht als Gestalt. F. wird gelegentlich auch in diesem Sinne verwendet.
▷ in der *bildenden Kunst* bzw. *Kunstwiss.* von A. Riegl und H. Wölfflin eingeführter Begriff. Danach werden die F. betreffende Faktoren isoliert von bedeutungsmäßigen Elementen registriert und in ihrem Stellenwert für die Gesamtkonzeption analysiert.
▷ in der *Sprachwiss.* die akustisch oder graphisch wahrnehmbare Seite der Sprache, die der Struktur der Sprache gemäße äußere Gestalt.
▷ in der *Musik* ist F. einerseits das mit Tönen Gestaltete (Thema, Motiv, Affekt, Stimmung), andererseits das als Ganzes überschaubare einzelne Werk mit seiner spezif. Struktur (Lied, Arie usw.).
▷ (Forma, in fachsprachl. Fügungen: forma) Abk. f., in der *biolog. Systematik* die niedere Einheit, die der Art untergeordnet ist.

Forlì. Innenraum der Kirche San Mercuriale, errichtet nach 1173

▷ im *Rechtswesen* bei Willenserklärungen das Mittel zur wirksamen Äußerung *(Erklärung)* des Geschäftswillens. – I. d. R. kann der Geschäftswille auf beliebige Art und Weise (formlos) erklärt werden, z. B. durch Worte, u. U. auch durch Schweigen (Grundsatz der *F.freiheit*). Gewisse Geschäfte von bes. Bed. (v. a. solche des Familien- und Erbrechts) sind jedoch kraft Gesetzes formgebunden, d. h., die zum Zustandekommen des Geschäfts erforderl. Willenserklärungen müssen in einer bestimmten F. abgegeben werden. Außer durch Gesetz kann eine F.bindung auch durch Rechtsgeschäft (meist Parteivereinbarung) angeordnet werden *(gewillkürte F.)*. Gesetzlich vorgeschriebene F.: **Schriftform:** Sie erfordert eine Urkunde, welche die wesentl. Teile der Erklärung enthält und von dem Erklärenden eigenhändig unterzeichnet sein muß. Die Unterschrift muß die Urkunde i. d. R. räumlich abschließen. Bei einem Vertrag muß die Urkunde die Unterschrift sämtl. Parteien tragen. **Öff. Beglaubigung:** Bei ihr sind nötig: eine schriftl. Erklärung sowie die Beglaubigung der Unterschrift, die ein amtl. Zeugnis über die Echtheit der Unterschrift oder des Namenszeichens darstellt. Zuständig für die Beglaubigung ist i. d. R. der Notar. **Notarielle Beurkundung:** Sie erfordert die Aufnahme einer *Niederschrift (Protokoll)*, welche die Namen der Beteiligten und des Notars sowie die Erklärungen der Beteiligten enthalten und in Gegenwart des Notars und der Beteiligten vorgelesen, von ihnen genehmigt und eigenhändig unterschrieben werden muß. Ort und Tag der Verhandlung sollen angegeben werden. Die notarielle Beurkundung ersetzt jede andere F., sie selbst kann durch den gerichtl. Vergleich ersetzt werden.

Mangel der Form: Die Nichtbeachtung gesetzl. F.vorschriften hat die Nichtigkeit des Rechtsgeschäfts zur Folge, desgleichen im Zweifel der Mangel der gewillkürten Form. Formlos getroffene Nebenabreden eines formgebundenen Geschäfts sind grundsätzlich ungültig und führen zur Nichtigkeit des ganzen Geschäfts.
Für das *östr.* Recht ist die F.freiheit der Verträge die Regel. Verträge, für die das Gesetz Schriftlichkeit vorsieht, kommen durch Fertigung der Urkunde zustande. F. sind: einfache Schriftlichkeit, Notariatsakt. In der *Schweiz* gilt eine dem dt. Recht im wesentlichen entsprechende Regelung.

formal [lat.], auf die Form, nicht auf den Inhalt bezogen. In der *Logik* Terminus u. a. zur Charakterisierung der Geltung von Aussagen allein auf Grund der Form ihrer Zusammensetzung mit log. Partikeln; von daher die Bez. *formale Logik*. In der *Sprachwiss.:* gesagt von linguist. Aussagen, die auf einem angegebenen Regelsystem fußen, wohl definiert und daher nachprüfbar sind.

Formalbeleidigung ↑ Beleidigung.

Formaldehyd [fɔrm-al...; Kw. aus Acidum **form**icicum („Ameisensäure") und **Aldehyd**] (Methanal), H – CHO, einfachster, sehr reaktionsfähiger Aldehyd; ein stechend riechendes farbloses Gas, dessen wäßrige Lösung, das **Formalin** Ⓦ (35–40 %ig) in der Medizin als Desinfektionsmittel und zur Konservierung histolog. Präparate dient. F. bildet leicht Polymerisationsprodukte; techn. dient er v. a. als Rohstoff für viele Kunststoffe, z. B. Phenolharze, Aminoplast. – F. wirkt stark reizend auf die Schleimhäute und verursacht Entzündungen der Atemwege; Verdacht auf mutagene und karzinogene Wirkung.

Formaldienst (früher: Formalausbildung, Exerzierausbildung), Unterweisung des einzelnen Soldaten und geschlossener Abteilungen im militär. Dienstkanon (Gruß, Kommandos, Marsch u. a.).

formale Logik ↑ Logik.

Formalien [lat.], Förmlichkeiten, Äußerlichkeiten, Formvorschriften.

Formalin Ⓦ [Kw.] ↑ Formaldehyd.

formalisierte Sprache (formelle Sprache), ein semantisch interpretierter Kalkül. Eine f. S. besteht aus einem *Alphabet* von Grundzeichen, *Formregeln* zum Aufbau von Ausdrücken, *Ableitungsregeln* für den Übergang von Ausdrücken zu anderen Ausdrücken und *Interpretationsregeln*, die den Ausdrücken Bedeutungen verleihen und den Wahrheitsbegriff festlegen.

Formalismus [lat.], im allg. Sprachgebrauch die ausschließl. Berücksichtigung, Überbetonung der Form, des Formalen.
▷ in *Logik* und *Mathematik* eine Theorie, deren Sätze durch einen Kalkül aus Axiomen erzeugt werden.
▷ russ. *literaturwiss.* und *literaturkrit. Schule,* entwickelt zw. 1915 und 1928. Sie lehnte biograph., psycholog., soziolog. Methoden, „religiöse und philosoph. Tendenzen" ab. Das literar. Werk wurde als „die Summe aller darin angewandten stilist. Mittel" („Kunstgriffe") aufgefaßt. Diese wurden beschrieben und ihre jeweilige Funktion erklärt (Untersuchungen von Prosa, Metrik, literar. Evolution, Gattungsproblematik und Filmtheorie). In der UdSSR 1930 unterdrückt, wurde das Gedankengut des F. aber im sog. Prager Strukturalismus, in der poln. „integralen Literaturbetrachtung" und im New criticism der USA weiterentwickelt und ist wesentl. theoret. Fundament für den frz. Strukturalismus und die Vertreter der Nouvelle critique.
▷ im *marxist.-leninist. Sprachgebrauch* politisch-polem. Bez. zur Kennzeichnung „sinnentleerter Spielerei" der Künstler mit Formenelementen und Gestaltungsmitteln (Abweichung vom sozialist. Realismus) sowie einseitig formal begründeter Verwaltungsmethoden (Bürokratismus).

Formamid [fɔrm-a...; Kw. aus Acidum **form**icicum („Ameisensäure") und **Amid**], als Lösungsmittel, auch zur Darstellung von Ameisensäure, Vitaminen u. a. verwendete farblose Flüssigkeit, CH_3NO.

Forman, Miloš, * Čáslav 18. Febr. 1932, tschech. Filmregisseur. – Fand internat. Beachtung mit seinen satir. Filmkomödien „Der schwarze Peter" (1964), „Die Liebe einer

Formant 380

Miloš Forman

Blondine" (1965). In der polit. Parabel „Einer flog über das Kuckucksnest" (1975) versuchte er, gesellschaftl. Verhaltensmuster in den USA, wo F. seit 1968 lebt, mit den Zuständen in einer Nervenheilanstalt gleichzusetzen. – *Weitere Filme:* „Hair" (1979), „Ragtime" (1981), „Amadeus" (1984), „Valmont" (1989).

Formant (Formans, Formativ) [lat.], in der Sprachwissenschaft gebundenes, d. h. nicht freistehend vorkommendes Morphem als grammat. Bildungselement, z. B. trag-*bar*.

Format [zu lat. formatum „das Geformte"], Seiten- und Größenverhältnisse einer Fläche bzw. eines Gegenstands, auch deren Anordnung (Hoch-, Querformat).
▷ das hohe Niveau der Fähigkeiten einer stark ausgeprägten Persönlichkeit.

formatieren [lat.-frz.], Daten nach bestimmten Vorschriften zusammenstellen bzw. anordnen; bei plattenförmigen Datenspeichern (z. B. Disketten) durch Einteilung der Platte in Spuren und Sektoren, auf die (nach der Formatierung) als Speicherbereiche möglichst rasch zurückgegriffen werden kann.

Formation [lat.], *militärisch:* für einen bestimmten Zweck oder Auftrag bestehende oder zu bildende Gliederung oder Aufstellung von Truppen, Schiffsverbänden u. a.
▷ (Pflanzenformation) in der *Botanik* höhere Einheit bei Pflanzengesellschaften; wird durch das Vorherrschen einer bestimmten Wuchs- oder Lebensform (z. B. immergrüne Hartlaubgehölze) gekennzeichnet.
▷ in der *Geologie* Bez. für eine Gesteinsschichtenfolge, die sich in einem größeren erdgeschichtl. Zeitraum gebildet hat; veraltete Bez. für den heute **System** genannten erdgeschichtl. Zeitraum (↑ Geologie, Übersicht).

Damián Forment. Hochaltar in der Klosterkirche Santa María des Zisterzienserklosters Poblet bei Valls, Provinz Tarragona, 1526–31

Formationsregel, in der ↑ generativen Grammatik Regel zur Erzeugung von Sätzen, ausgedrückt durch formalisierte Zeichenfolgen, dargestellt in Stammbäumen, Klammerausdrücken oder Formeln.

Formativ [lat.], in der ↑ generativen Grammatik die bedeutungstragenden Elemente der Tiefenstruktur.

Formel [zu lat. formula „kleine Form, Gestalt"], *allg.* feststehender Ausdruck, feste Redewendung für einen bestimmten Begriff oder Gedanken (z. B. „Tag und Nacht" = immer); auch Gruß-, Segens-, Gebets-, Brief-, Eingangs-, Schluß-, Demutsformeln.
▷ eine Aussage bzw. Aussageform, die meist unter Verwendung bestimmter Zeichen **(Formelzeichen)** wiedergegeben wird. Physikal. und techn. F. haben oft die Form einer Gleichung, in der die F.zeichen für physikal. Größen (z. B. *c* für Lichtgeschwindigkeit) durch mathemat. Zeichen verknüpft sind. – ↑ chemische Formeln.
▷ ↑ Motorsport.

Formelbücher (Formelsammlungen, Formularbücher), Zusammenstellung von Mustern rechtl. Schriftstücke (v. a. Klageschriften, Urteile, Verträge, Privilegien); zur jurist. Ausbildung, bes. zur Erleichterung der Tätigkeit von An-

wälten, Richtern, Notaren seit alters angelegt. F. i. w. S. heißen auch die zur Erlernung schulgerechten Briefstils angelegten Briefsammlungen des Mittelalters.

formelfreie Rennwagen ↑ Motorsport.

formell [lat.-frz.], förmlich, die Formen streng beachtend; ausdrücklich.

formelle Beschwer ↑ Beschwer.

formelle Rechtskraft ↑ Rechtskraft.

Formelsammlungen, svw. ↑ Formelbücher.
▷ Zusammenstellung von Formeln aus einem bestimmten Bereich (z. B. Mathematik).

Formelzeichen ↑ Formel.

Formenkreis (Rassenkreis, Collectio formarum), Abk. cf., in der biolog. Systematik erweiterter Artbegriff, der nahe miteinander verwandte Arten und Unterarten (geograph. Rassen) umfaßt.

Formenlehre, in der *Biologie* svw. ↑ Morphologie.
▷ in der *Grammatik* Teilgebiet der Morphologie, das sich mit der Formenbildung der Wörter (Deklinations-, Konjugations- und Komparationsformen) befaßt.
▷ in der *Musik* die Beschreibung formaler Schemata (z. B. Fuge, Sonatensatz). Die F. entstand im 18. Jh. aus der theoret. Betrachtung der Instrumentalmusik und wird seit dem 19. Jh. an den Konservatorien als Teil der Kompositionslehre neben Harmonielehre und Kontrapunkt gelehrt; die Vielfalt der Gestaltungsmöglichkeiten in der neueren Musik drängte jedoch die Bedeutung der F. für die Kompositionstechnik zurück.

Forment, Damián, *Valencia (?) um 1480, † Santo Domingo de la Calzada (Prov. Logroño) 1541, span. Bildhauer. – Verhalf der italien. Renaissance in Spanien (plateresker Stil) zum Durchbruch. 1509 ff. entstand u. a. der Hochaltar für Nuestra Señora del Pilar in Zaragoza.

Formentera, Insel der Balearen, Spanien, südl. von Ibiza, 115 km^2, im La Mola 192 m hoch; Hauptort San Francisco Javier.

Formgeschichte (formgeschichtliche Methode), eine Methode der Untersuchung und Interpretation bibl. Texte, die davon ausgeht, daß die Texte aus bestimmten erzähler. Einheiten bestehen, die ihrer Form nach unterschieden und als Gattungen typisiert werden können. Diese Formen sind abhängig von bestimmten typ. Situationen (dem sog. „Sitz im Leben"), in denen die Texte hervorgebracht und verwendet wurden.

Formholz (Biegeholz), durch Dämpfen oder Kochen bleibend verformbares Massivholz (z. B. für Bugholzmöbel).

Formia, italien. Hafenstadt und Seebad in Latium, 110 km sö. von Rom, 31 900 E. Fremdenverkehr, Fischerei. – Das antike **Formiae** an der Via Appia erhielt 188 v. Chr. das Vollbürgerrecht. Seit dem Ende der Republik beliebter Erholungsort vornehmer Römer; seit dem 9. Jh. **Mola di Gaeta** nahm die Stadt 1862 den Namen F. an. – Ruinen eines röm. Theaters (4. Jh.), Kastell der Caetani (1377), Kastell Mola (14. Jh.).

formidabel [lat.-frz.], außergewöhnlich, erstaunlich, großartig; (veraltet) furchtbar.

formieren [lat.], bilden, gestalten, aufstellen.

Formosa, Hauptstadt der argentin. Prov. F., am Paraguay, 95 000 E. Kath. Bischofssitz; Hafen. – Seit 1874 argentinisch.
F., argentin. Prov. im zentralen Gran Chaco, 72 066 km^2, 354 500 E (1989), Hauptstadt F.; Rinderzucht, Anbau von u. a. Baumwolle.

Formosa ↑ Taiwan.

Formosastraße, rd. 350 km lange Meeresstraße zw. der Insel Taiwan und dem chin. Festland; engste Stelle 135 km breit.

Formschneider, Kunsthandwerker, der die zur Wiedergabe durch Holzschnitt bestimmte Zeichnung in den Holzstock schneidet.

Formstanzen ↑ Blechverarbeitung.

Formula [lat.], im antiken röm. Prozeßrecht gesetzlich oder gewohnheitsrechtlich vorgeschriebenes Schema (bestimmte Worte), dessen sich die Parteien für prozessuale

Handlungen bedienen mußten (v. a. im sog. Formularprozeß).

Formularbücher ↑ Formelbücher.

Formularverträge [lat./dt.], Verträge, deren Inhalt formularmäßig typisiert ist (z. B. Mietverträge). Die im Schuldrecht geltende Gestaltungsfreiheit wird dadurch reduziert.

Formulierung [lat.], in die richtige sprachl. Form gebrachte, einen Sachverhalt angemessen ausdrückende Aussage.

Formyl- [lat./griech.], Bez. der chem. Nomenklatur für die Atomgruppierung —CHO; Strukturformel:

Formylierung [lat./griech.], Einführung der Formylgruppe —CHO in organ. Verbindungen; führt zur Bildung von Aldehyden (z. B. ↑ Oxosynthese).

Formzylinder, zylindr. Druckformträger in der Druckmaschine.

Fornax [lat.] ↑ Sternbilder (Übersicht).

Forschung, Summe systemat. Bemühungen um Erkenntnisse in allen Bereichen der Wiss. Seit der industriellen Revolution wird F. als Grundlagen- wie als angewandte F. bes. in Naturwiss. und Technik vorangetrieben, ihre Ergebnisse sind heute von zentraler Bedeutung für Wirtschaft und Gesellschaft. F. und F.ergebnisse können heute nicht mehr schlechthin als positiv gewertet werden, ihre mögl. (umwelt-)zerstörer. Aspekte müssen in die Überlegungen einbezogen werden.

Zuständigkeiten: Die F. wird, abgesehen von der F. durch Einzelpersonen, in staatl., halbstaatl. und privaten F.einrichtungen betrieben. Nach dem GG sind die staatl. Zuständigkeiten im Bereich der Wissenschaftspolitik zw. Bund und Ländern aufgeteilt. Der Bund verfügt nach Art. 74 Nr. 13 GG über weitgehende Befugnisse bei der Gesetzgebung, die beispielsweise auf das Gebiet der Erzeugung und Nutzung der Kernenergie (Art. 74 Nr. 11a GG) ausgedehnt wurden. Im Hinblick auf eine gemeinsame F.politik von Bund und Ländern wurden Verwaltungsabkommen getroffen, durch die gemeinsame Organe bestellt worden sind: die Ständige Kommission von Bund und Ländern, ein Verwaltungsausschuß zur Prüfung und Festsetzung des jährlich von Bund und Ländern gemeinsam aufzubringenden Zuschußbedarfs der Dt. Forschungsgemeinschaft und der Max-Planck-Gesellschaft sowie der Wissenschaftsrat. Die ministerielle Verantwortung für Wissenschafts- und F.politik liegt auf Bundesebene (seit 1973) bei dem Bundesmin. für Bildung und Wissenschaft (Hochschul-F., Dt. Forschungsgemeinschaft) und bei dem Bundesmin. für F. und Technologie (übrige F.förderung). Daneben ist noch insbes. das Verteidigungsministerium mit F.förderung befaßt.

Forschungseinrichtungen des Bundes: Der Bund verfügt – wie auch in geringerem Umfang die Länder – über eine Reihe eigener F.einrichtungen, die den jeweiligen Fachmin. zwecks Ressort-F. unterstehen (Bundesanstalten bzw. Bundesforschungsanstalten). Als selbständige, vom Staat geförderte Organisationen wurden überwiegend vom Bund 16 Großforschungseinrichtungen für naturwiss. und techn. F. und Entwicklung geschaffen (u. a. Stiftung Dt. Krebsforschungszentrum [DKFZ] in Heidelberg), zusammengeschlossen in der Arbeitsgemeinschaft der Großforschungseinrichtungen (AFG). In der Hochschulforschung wurde 1968 auf Empfehlung des Wissenschaftsrats begonnen, Schwerpunkte zu bilden und in den Hochschulen auf deren jeweiligen Antrag Sonderforschungsbereiche einzurichten.

Die ↑ Max-Planck-Gesellschaft zur Förderung der Wissenschaften e. V. betreibt in eigenen, z. T. sehr großen und speziellen Instituten selektiv Forschung, die ↑ Deutsche Forschungsgemeinschaft e. V. unterstützt in erster Linie F.vorhaben in den Hochschulen, die ↑ Fraunhofer-Gesellschaft zur Förderung der angewandten Forschung e. V. fördert in eigenen Instituten die angewandte und anwendungsorientierte F., auch als Vertragsforschung. Wiss. Akademien führen neben interdisziplinären Kolloquien längerfristige F.vorhaben durch.

Schließlich ist zu erwähnen, daß der Bund an einer Reihe von internat. Organisationen im Bereich von F. und Entwicklung beteiligt ist. Zu unterscheiden sind Organisationen mit eigener F.kapazität (EURATOM, CERN, ESA u. a.), Organisationen mit Förderungs- und Koordinierungsaufgaben (z. B. OECD) und internat. Einzelprojekte.

Nichtstaatliche Forschung: Hier handelt es sich um Industrie-F., die sinngemäß als produktschaffende F. bezeichnet werden muß und der Erhaltung der Wettbewerbsfähigkeit der einzelnen Unternehmen dient. Man unterscheidet: 1. die unternehmenseigene F. (bes. Stahl-, Maschinen- und Fahrzeugind., Elektrotechnik, chem. und pharmazeut. Industrie); 2. Lizenzvergabe und Spezialisierungsabkommen, die den beteiligten Firmen eine Art von Arbeitsteilung ermöglichen; 3. industrielle Gemeinschafts-F. durch F.vereinigungen von Branchen. In der Arbeitsgemeinschaft industrieller F.vereinigungen (AIF) in Köln sind 70 derartige Vereinigungen (v. a. weniger forschungsintensiver Wirtschaftsgruppen) zusammengeschlossen; sie unterhalten eigene F.stätten oder vergeben F.aufträge; 4. Vertrags-F. ist der Begriff für die Vergabe von F.aufträgen; sie hat zur Errichtung des Battelle-Instituts in Frankfurt am Main und zum Ausbau der Fraunhofer-Gesellschaft als Trägergesellschaft geführt.

Finanzierung: Im Rahmen der finanziellen Förderung wurden in den alten Bundesländern der BR Deutschland 1990 insgesamt rd. 53 Mrd. DM für F. und Entwicklung aufgewendet; der Anteil der Wirtschaft lag etwa in gleicher Höhe.

Forschungsanstalt für Meeresgeologie und Meeresbiologie „Senckenberg" ↑ biologische Stationen.

Forschungsreaktor, ein Kernreaktor, der v. a. Forschungszwecken in Physik, Chemie, Nuklearmedizin, Biologie u. a. dient.

Forschungssatelliten, Sammelbez. für Raumflugsysteme für ausschließlich wiss. Aufgabenstellungen.

Forschungsschiff, hochseetüchtiges Schiff mit Einrichtungen zur Erforschung u. a. des Meerwassers, der wassernahen Luftschichten, des Meeresbodens, der Lebewesen des Meeres, der Meeresströmungen.

Forschungsschiff „Polarstern" des Alfred-Wegener-Instituts für Polar- und Meeresforschung

Forschungs- und Entdeckungsreisen, Reisen, die der Erforschung und Entdeckung eines im Kulturkreis des Entdeckers bzw. Erforschers nicht bekannten Teils der Erde dienen oder dazu führen. Die älteste schriftlich überlieferte Reise ist die von der ägypt. Königin Hatschepsut veranlaßte Expedition nach Punt Anfang des 15. Jh. v. Chr. Die Griechen, Phöniker, Karthager und später die Römer erweiterten durch Entdeckungsfahrten das Weltbild. Um 100 n. Chr. hatten die Römer Kenntnis von Britannien und von der norweg. Küste, der S-Küste der Ostsee bis Ostpreußen, der Iber. Halbinsel und dem W des Atlant. Ozeans bis zu

Forschungs- und Entdeckungsreisen. Volcans d'air de Turbaco, Aquatinta von Marchais und Bouquet nach einer Skizze von Louis de Riens, aus Alexander von Humboldts Reisewerk „Vue de cordilliers", 1810–15

den Kanar. Inseln, N-Afrika, Arabien, Indien und China. Seit dem 7. Jh. sind neue Entdeckungsreisen von China aus (u. a. Indien, Japan), vom 10. bis 14. Jh. arab. Händler und Reisende am nördl. Eismeer bezeugt. Auch die Sahara, der Sudan und Teile Innerafrikas waren den Arabern bekannt. Im 9./10. Jh. entdeckten die Normannen Island, Grönland und (um 1000) Nordamerika. Doch erweiterte erst der Bericht von Marco Polo über seine Reisen (1271–95) nach China und bis zum Pazif. Ozean die abendländ. Weltkenntnis. Ähnl. Bed. hatten die Reisen Ibn Battutas 1325–49 für Arabien.

Das 15./16. Jh. war das eigtl. Zeitalter der Entdeckungen, nun verbunden mit der weltweiten europ. Expansion. Die Verträge von Tordesillas und Zaragoza (1494/1529) bestätigten mit der Teilung der Welt in eine östl., portugies. und eine westl., span. Interessensphäre die geograph. Orientierung der großen Entdeckungsfahrten: 1487–92 kam P. da Covilhã über Aden nach Indien, von dort nach Moçambique und Abessinien. B. Diaz entdeckte 1487/88 das Kap der Guten Hoffnung und damit den Seeweg nach Indien; 1497/98 reiste V. da Gama nach Indien. 1492 entdeckte Kolumbus in span. Diensten die Westind. Inseln, 1498 Südamerika und 1502 Mittelamerika; 1497–1504 bereiste A. Vespucci die mittel- und südamerikan. Küstengebiete. P. A. Cabral entdeckte 1500 Brasilien, G. Caboto 1497/98 das nordamerikan. Festland. Span. Konquistadoren (u. a. H. Cortez, F. Pizarro) eroberten 1519–43 die indian. Reiche in Mexiko, Kolumbien und Peru. 1513 hatte V. Núñez de Balboa den Pazif. Ozean entdeckt, 1519–22 F. de Magalhães die Erde umsegelt.

Der Fortschritt der Kartographie förderte F.- u. E. in den neuentdeckten Gebieten der Erde, nun in stärkerem Umfang getragen von den aufstrebenden Seemächten England und Niederlande, deren Ostind. Kompanien (gegr. 1600/1602) in Indien und auf dem Malaiischen Archipel Kolonialreiche errichteten. Australien wurde wohl schon im 16. Jh. von Portugiesen besucht, namentlich bekannt ist als erster G. de Eredia (1601), dem 1605 der Niederländer W. Janszoon folgte. Die Ostküste fand 1770 der Engländer J. Cook. Der neue Erdteil wurde – wie schon vorher das in seiner allg. Struktur bis 1804 bekannte N-Amerika – zunehmend von Siedlern (zunächst jedoch meist Sträflingskolonien) erschlossen. Die wiss. Erforschung der Erde i. e. S. begann mit A. von Humboldts Süd- und Mittelamerikareise (1799–1804). Im 19./20. Jh. wurden die letzten großen unbekannten Gebiete der Erde erforscht: bis etwa 1880 Innerafrika (v. a. durch R. A. Caillié, H. Barth, G. Rohlfs, D. Livingstone, Sir H. M. Stanley, G. Nachtigal, G. Schweinfurth, Emin Pascha), Ende 19./Anfang 20. Jh. Z-Asien (v. a. durch N. M. Prschewalski, S. Hedin, A. Tafel und W. Filchner). Den Nordpol erreichte 1908 (nach eigenen Angaben) F. A. Cook, 1909 R. E. Peary, den Südpol im Dez. 1911 R. Amundsen vor R. F. Scott im Jan. 1912. Die heutigen Forschungsexpeditionen, die mit modernsten techn. Mitteln durchgeführt werden, dienen neben wiss. Zwecken insbes. der Erschließung von Rohstoffen in unzugängl. Gebieten (auch im Meer; z. B. internat. Transantarktis-Expedition 1990). Daneben trat die Raumfahrt. – ↑ die einzelnen Kontinente (Entdeckungsgeschichte).

Forseti (Forsite, fries. Fosite), in der german. Mythologie als Sohn Baldrs und Nannas einer der Asen, der als Gerichtsgott Rechtsuchende schützt und Fehden beilegt. Sein Heiligtum soll auf **Fositesland** (Helgoland) gestanden haben.

Forßmann, Werner, *Berlin 29. Aug. 1904, †Schopfheim 1. Juni 1979, dt. Chirurg und Urologe. – Prof. in Mainz und Düsseldorf; führte 1929 im Selbstversuch erstmals den ↑Herzkatheterismus durch. 1956 erhielt F. für diese wiss. Pionierleistung den Nobelpreis für Physiologie oder Medizin (mit A. Cournand und D. W. Richards).

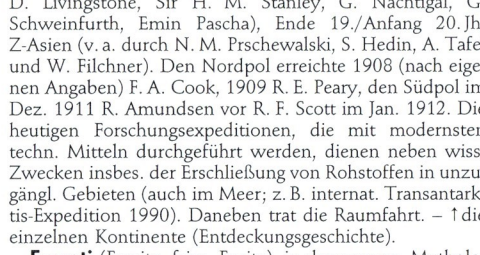
Werner Forßmann

Forst, Willi, eigtl. Wilhelm Froß, *Wien 7. April 1903, †ebd. 11. Aug. 1980, östr. Schauspieler und Filmregisseur. – Seine erste große Filmrolle übernahm er 1930 in „Atlantik". Bekannter Regisseur des dt. Vorkriegsfilms, u. a. „Maskerade" (1934), „Bel Ami" (1939), „Operette" (1940).

Forst, Landkr. in Brandenburg.

Forst, heute nach forstwirtschaftl. Grundsätzen bewirtschafteter und abgegrenzter Wald (im Ggs. zum Urwald). Früher war der F. königl. Wald (Herrenwald, Bannforsten), im Unterschied zum Märkerwald, wo zumindest das Nutzungsrecht den Dorfgenossen gemeinsam zustand.

Forstamt, unterste Verwaltungs- und Organisationseinheit zur hoheitl. und wirtschaftl. (**Forstbetrieb**) Durchführung der Forstverwaltung. Die vorwiegend staatl. Forstämter sind für Wälder aller Besitzarten zuständig; in 5–15 **Forstreviere** (Reviere) unterteilt.

Forstbeamter (Forstbetriebsbeamter), fachl. ausgebildeter Angehöriger der Forstverwaltung; höherer Dienst *(Forstverwaltungsbeamter):* nach dem Studium der Forstwissenschaft und Erlangung des Titels Diplomforstwirt *Forstmeister (Forstrat);* gehobener Dienst: nach Realschulabschluß Ausbildung an einer Forstschule der Bundesländer zum *Revierförster;* mittlerer Dienst: Ausbildung an einer Forstschule zum *Forstwart,* häufig aus dem Waldfacharbeiter oder Haumeister hervorgehend; einfacher Dienst: *Forsthüter* (Waldhüter), *Revierjäger, Jagdaufseher.*

Forstbehörden, Behörden, die die staatl. Hoheitsgewalt über Forsten (**Forstaufsicht** und forstl. Betreuung) ausüben. Aufbau und Zuständigkeiten sind landesrechtlich unterschiedlich geregelt.

Forster, Albert ['– –], *Fürth 26. Juli 1902, †in Polen 28. April 1948 (hingerichtet), dt. Bankkaufmann und Politiker. – Trat 1923 der NSDAP bei; 1930–45 MdR; 1930 Gauleiter von Danzig, 1939 von Danzig-Westpreußen und Reichsstatthalter von Danzig, 1940 Reichsverteidigungskommissar, 1943 SS-Obergruppenführer; 1947 in Warschau zum Tode verurteilt.

F., Edward Morgan [engl. 'fɔːstə], *London 1. Jan. 1879, †Coventry 7. Juni 1970, engl. Schriftsteller. – Bed. Romancier; gründete sein Werk auf Liberalismus, individualist. Humanismus und moralist. Tendenzen. Stellte mit Ironie und Skepsis Schwierigkeiten menschl. Zusammenlebens dar. – Werke: Howards End (R., 1910), Auf der Suche nach Indien (R., 1924), Ansichten des Romans (1927).

F., Friedrich ['– –], eigtl. Waldfried Burggraf, *Bremen 11. Aug. 1895, †ebd. 1. März 1958, dt. Dramatiker. – Begann als Schauspieler, schrieb bühnenwirksame Schauspiele mit teils histor., teils zeitkrit. Stoffen; u. a. „Robinson soll nicht sterben" (Dr., 1932).

F., Georg ['– –], *Amberg um 1510, †Nürnberg 12. Nov. 1568, dt. Komponist. – Hg. einer u. d. T. „Frische teutsche

[Johann] Georg Forster

Liedlein" (5 Tle., 1539–56) bekannten Sammlung mit hauptsächlich weltl., 4- und 5stimmigen Liedsätzen von ihm selbst und etwa 50 anderen zeitgenöss. Komponisten.

F., [Johann] Georg ['--], *Nassenhuben bei Danzig 27. Nov. 1754, †Paris 10. Jan. 1794, dt. Reiseschriftsteller. – Begleitete seinen Vater Johann Reinhold F. (*1729, †1798; einer der Begr. der vergleichenden Völker- und Länderkunde) und J. Cook auf Forschungsreisen, 1790 A. von Humboldt; 1792/93 Mgl. des jakobin. Mainzer Klubs; trat für den Anschluß des linksrhein. Deutschlands an Frankreich ein. Begründer der künstler. Reisebeschreibung und der vergleichenden Länder- und Völkerkunde. – *Werke:* Reise um die Welt (engl. 1777, dt. 2 Bde., 1778/80; mit Johann Reinhold F.), Ansichten vom Niederrhein (3 Bde., 1791–94).

F., Rudolf ['--], *Gröbming (Steiermark) 30. Okt. 1884, †Bad Aussee 26. Okt. 1968, östr. Schauspieler. – Ab 1914 an der Wiener Volksbühne. In Berlin (1920–32) bed. Erfolge in der Rolle des aristokrat. Lebemannes und als Mackie Messer in G. W. Pabsts Verfilmung der „Dreigroschenoper" (1931).

Förster, Ludwig Christian Ritter von, *Bayreuth 8. Okt. 1797, †Bad Gleichenberg 16. Juni 1863, östr. Architekt. – Seit 1839 an der Ausarbeitung des neuen Bebauungsplans für Wien beteiligt. In seinen Bauten bevorzugte er italien. Renaissanceformen.

F., Wieland, *Dresden 12. Febr. 1930, dt. Bildhauer, Graphiker und Schriftsteller. – F. sucht in der Darstellung der menschl. Gestalt wesentl. sinnl. und geistige Prozesse zu verdichten (Große Neeberger Figur, 1971–74); schuf auch Radierungen und Zeichnungen sowie Bühnen- und Kostümausstattungen und ist schriftstellerisch tätig (u. a. „Sieben Tage in Kuks", 1985; „Labyrinth", 1988).

Forsterit ↑ Olivin.

Förster-Nietzsche, Elisabeth, *Röcken bei Leipzig 10. Juli 1846, †Weimar 8. Nov. 1935, Schwester von F. Nietzsche. – Ihre Verdienste um den Nachlaß ihres Bruders wurden in Frage gestellt durch die u. a. von K. Schlechta nachgewiesenen Eingriffe in das Nachlaßmaterial durch Manipulation, Fälschung und Vernichtung für die Nietzsche-Forschung wichtiger Briefe (v. a. an seine Mutter und an F.-N.); schrieb u. a. „Das Leben F. Nietzsches" (3 Bde., 1895–1904).

Förster-Sonde [nach dem dt. Physiker F. Förster], 1938 entwickeltes Gerät zur Messung magnet. Felder (bis zu ein Millionstel der Stärke des Magnetfeldes der Erde). Anwendung z. B. zum Messen schwacher magnet. Felder und in der Werkstoffprüfung.

Forsthoff, Ernst, *Laar (= Duisburg) 13. Sept. 1902, †Heidelberg 13. Aug. 1974, dt. Staats- und Verwaltungsrechtslehrer. – Prof. in Frankfurt am Main (1933), Hamburg, Königsberg (Pr), Wien und Heidelberg (ab 1943). 1960–63 Präs. des Obersten Verfassungsgerichts der Republik Zypern. Seine Schriften aus der Zeit des NS sind z. T. umstritten. – *Werke:* Dt. Verfassungsgeschichte der Neuzeit (1940, ⁴1972), Lehrb. des Verwaltungsrechts (1950, ¹⁰1973), Der Staat in der Industriegesellschaft (1971).

Forst/Lausitz, Krst. in Brandenburg, am Westufer der Lausitzer Neiße, 78 m ü. d. M., 25 000 E. Tuchind. – Im 12. Jh. gegr., Stadtrecht 1428. Der östl. Stadtteil Zasieki gehört seit 1945 zur Woiwodschaft Grünberg, Polen.

Forstrecht, die öff.-rechtl. Normen, die das Privateigentum am Wald wegen des Allgemeininteresses an der Erhaltung ausreichend großer und gesunder Wälder bes. Bindungen unterwerfen und die dem Schutz, der Überwachung und Förderung der Forstwirtschaft dienen. Das F. ist bundeseinheitlich durch das BundeswaldG vom 2. 5. 1975 geregelt, das Maßnahmen zur Sicherung der Nutz-, Schutz- und Erholungsfunktion des Waldes vorsieht (Rahmenvorschriften für die landesrechtl. Waldgesetze). Für eine sinnvolle Bewirtschaftung des Waldes schreibt das Gesetz die Bildung von privatrechtl. Forstbetriebsgemeinschaften und forstwirtschaftl. Vereinigungen und von öff.-rechtl. Forstbetriebsverbänden vor. Zum F. gehören auch Forstschutzvorschriften der Länder.

In *Österreich* wurde mit dem ForstG vom 3. 7. 1975 erstmals eine umfassende Kodifikation des F. erlassen. Das *schweizer. F.* wurde durch das BG betreffend die eidgenöss. Oberaufsicht über die Forstpolizei vom 11. 10. 1902 sowie in der darauf gestützten VO vom 11. 10. 1965 geregelt.

Forstrevier ↑ Forstamt.

Forstschädlinge, pflanzl. und tier. Organismen, die das biolog. Gleichgewicht des Waldes empfindlich stören und großen wirtsch. Schaden verursachen können.
Unter den *tier. F.* unterscheidet man Wurzel-, Stamm- und Blattschädlinge. Zu den ersteren gehören die Larven des Schwarzen Rüsselkäfers, die Erdmaus und die Rötelmaus, die speziell in jungen Baumbeständen Schäden hervorrufen. Stammschädlinge, die im Rindengewebe oder im Holzteil leben, sind v. a. Arten der Borkenkäfer (Buchdrukker), der Rüsselkäfer (Kieferrüßler, Fichtenrüsselkäfer), Raupen der Gespinstmotten, der Wickler und Larven der Holzwespen. Blätter und Triebe (v. a. in Reinbeständen von Nadelbäumen) können durch Fraß von Raupen verschiedener Schmetterlingsarten (Kiefernspinner, Kiefernneule) und von Larven verschiedener Blattwespen (Fichtenblattwespe, Lärchenblattwespe) restlos zerstört werden. *Pflanzl. F.* sind u. a. Pilze (Zunderschwamm, Hallimasch, Eichenwirrling), die die Korrosionsfäule hervorrufen.

Forstverwaltung, jede Tätigkeit privater oder öff.-rechtl. Körperschaften zur Erhaltung und Pflege des Waldes sowie zur wirtschaftl. Vermarktung des Holzes. Die F. wird v. a. durch die staatl. Forstbehörden ausgeübt. Der große Privatwaldbesitz hat seine eigene Forstverwaltung.

Forstwirtschaft, Zweig der Landw., der sich mit der wirtschaftl. Nutzung und Pflege sowie dem Anbau des Waldes beschäftigt. Je nach den Eigentumsverhältnissen unterscheidet man öff. (Domäne) und private F. Die F. in der BR Deutschland hat v. a. wirtschaftl., aber auch soziale (Erholungs-, Schutzwald) sowie angesichts zunehmender Umweltverschmutzung auch verstärkte Bed. für die Erhaltung des ökolog. Gleichgewichts.

Forstwissenschaft, Wiss. und Lehre von den biolog. Gesetzmäßigkeiten im Wachstum von Bäumen und Wäldern, der planmäßigen und nachhaltigen Nutzung von Holzerträgen, der Anwendung von Technik und Mechanisierung in der Forstwirtschaft sowie von der Abgrenzung und Auslotung aller rechtl. und gesetzl. Probleme zw. Mensch und Wald. Die forstl. Fachwissenschaften gliedern sich in die Bereiche forstl. Betriebslehre, forstl. Produktionslehre sowie Forst- und Holzwirtschaftspolitik.

Forsyth, Frederick [engl. fɔːˈsaɪθ], *Ashford (Kent) Aug. 1938, engl. Schriftsteller. – War Pilot, Nachrichtenkorrespondent, Fernsehreporter. Schrieb die Bestsellerromane „Der Schakal" (1971), „Die Akte Odessa" (1972), der im Naziuntergrund spielt, „Die Hunde des Krieges" (1974) sowie „Der Lotse" (E., 1975), „Das vierte Protokoll" (R., 1984), „Der Unterhändler" (R., 1989).

Forsythe, William [engl. fɔːˈsaɪθ], *New York 30. Dez. 1949, amerikan. Tänzer und Choreograph. – Ab 1973 Tänzer und ab 1976 Choreograph beim Stuttgarter Ballett, 1980 freischaffend, seit 1984 Künstler. Direktor des Balletts Frankfurt am Main. F. schuf eigenwillige Choreographien modernen Tanztheaters, u. a. „Steptext" (1985), „Die Befragung des Robert Scott" (1986), „New Sleep" (1987), „Impressing the Czar" (1988).

Forsythie [...i-ɛ; nach dem brit. Botaniker W. Forsyth, *1737, †1804] (Goldflieder, Forsythia), Gatt. der Ölbaumgewächse mit nur wenigen Arten in O-Asien und einer Art in SO-Europa; frühblühende, sommergrüne Sträucher mit leuchtend gelben, vor den Blättern erscheinenden, achselständigen Blüten; als Ziergehölze kultiviert.

Fort, Gertrud von Le ↑ Le Fort, Gertrud von.

Fort [foːr; frz., zu lat. fortis „stark"], Befestigungsanlage; selbständiges Einzelwerk *(Sperr-F.)* zur Verteidigung strategisch wichtiger Geländepunkte, oder relativ selbständiges Außenwerk *(detachiertes* oder *vorgeschobenes F.)* im System ausgedehnter Festungen.

Fortaleza, Hauptstadt des brasilian. Bundesstaates Ceará, Hafen an der brasilian. NO-Küste, 1,59 Mill. E. Kath.

Forsythie.
Blüten der
Forsythia europaea
(Höhe bis 3 m)

Fort Bayard

Erzbischofssitz; 2 Univ. (gegr. 1955 bzw. 1973), histor., ethnolog. Museum, vielfach aber auch an Land ist die **Schlängelbewegung** des Körpers (z. B. bei Aalen, Schwanzlurchen, Schlangen, Ottern, Robben, Delphinen). Wechselseitige Kontraktion von Längsmuskeln erzeugt eine Verbiegung des Körpers nach den Seiten oder nach oben und unten, die wellenförmig nach hinten läuft. Die Verbiegung erzeugt eine nach hinten gerichtete Kraft. Bei der **peristaltischen Bewegung** des Regenwurms läuft zunächst durch Zusammenziehen der Ringmuskulatur eine Verdünnungswelle nach rückwärts über den Körper, die die Segmente streckt. Ihr folgt eine Verdickungswelle durch Kontraktion der Längsmuskeln. Das **Kriechen** der Landschnecken erfolgt durch querliegende, von vorn nach hinten verlaufende Kontraktionswellen über die Fußunterseite. Dabei gleitet die Sohle auf einem Schleimfilm, der aus einer Fußdrüse abgesondert wird.

Fortbewegung über Gliedmaßen: Diese Form der F. funktioniert nach dem Hebelprinzip. Das **Schwimmen** erfolgt nach dem Ruderprinzip, d. h., im Wasser schlagen die Gliedmaßen mit großer Kraft nach hinten, wodurch der Körper gegen den Wasserwiderstand nach vorn bewegt wird. – Beim **Gehen** und **Laufen** ist der *Diagonal-* oder *Kreuzgang* bei Vierbeinern das primitivste Bewegungsmuster. Dabei werden die Beine in der Reihenfolge links vorn, rechts hinten, rechts vorn, links hinten bewegt. Bei *schnellem Lauf* fallen die Schritte von Vorder- und gegenüberliegendem Hinterbein zeitlich zusammen (z. B. Trab beim Pferd). Daneben gibt es noch den *Paßgang* (z. B. bei Kamelen), bei dem Vorder- und Hinterbein derselben Seite gleichzeitig eingesetzt werden, und den *Galopp,* bei dem abwechselnden Einsatz beider Vorder- und Hinterbeine erfolgt. Die Bewegungskoordination wird bei Wirbeltieren hauptsächlich durch nervöse Zentren im Rückenmark gesteuert.

Laufen beim Menschen: Durch Strecken im Fersengelenk und Vorneigen des Oberkörpers verlagert sich der Schwerpunkt nach vorn, und der Körper verharrt in dieser Stellung. Um den vermeintl. Fall aufzufangen, wird ein Bein vorgestellt. – ↑ Körperhaltung.

Beim **passiven Flug** von Tieren wird aus dem Fallen ein Gleiten. Als Gleitflächen dienen Flughäute, Flossen und Flügel. Der **aktive Flug** verläuft nach denselben aerodynam. Prinzipien wie der Gleitflug. Die Flügel sind zugleich Tragflächen und Antriebsorgane. Am häufigsten ist der **Ruderflug** (Schlagflug). Dabei wird beim Abschlag der Armteil von vorn angeblasen, der Handteil von unten. Beim Übergang zum Aufschlag ändern sich die Anstellwinkel der Hand und des Arms; der der Hand wird annähernd null, der des Arms wird etwas stumpfer, so daß der Arm von unten angeströmt wird (starker Auftrieb, leichter Rücktrieb). Beim Aufschlag ist somit nur der Arm belastet, der allein den Vortrieb erzeugt. Beim **Rüttelflug** werden auch im Aufschlag durch Anströmung der Flügeloberseiten Vortriebskräfte erzeugt. – Beim **Insektenflug** entstehen die tragenden und vorwärtstreibenden Kräfte prinzipiell in gleicher Weise wie beim Vogelflug. Die Kleinheit der Insekten und ihrer Flügel erfordert eine wesentlich höhere Schlagfrequenz zur Erzeugung ausreichenden Vor- und Auftriebs (z. B. Stechmücken 300 Schläge in der Sekunde). – Schließlich können sich einige Tiere durch **Rückstoß** fortbewegen. Tintenfische nehmen dabei Wasser in die Mantelhöhle auf, das sie dann stoßweise durch die Atemhöhle nach außen abgeben.

Fortbildungsschulen, Vorläufer der heutigen ↑ Berufsschulen.

Fort Collins [engl. 'fɔːt 'kɔlɪnz], Stadt in Colorado, USA, 90 km nördl. von Denver, 1520 m ü. d. M., 81700 E. Univ. (gegr. 1870); Metall- und Baustoffindustrie.

Fort-Dauphin [frz. fɔrdo'fɛ̃], früherer Name der madegass. Hafenstadt ↑ Taolanaro.

Fort-de-France [frz. fɔrdə'frɑ̃s], Hauptstadt der Insel Martinique, an der W-Küste, 100700 E. Erzbischofssitz; Forschungsinstitute, Museen; Handelszentrum und Exporthafen für die Hauptprodukte der Insel; internat. ⚓.

Fortdruck, der eigtl. Produktionsvorgang (im Ggs. zum Andruck) in der Druckmaschine (Herstellung der Auflage).

forte [italien.], Abk. f, musikal. Vortragsbez.: laut, stark, kräftig (Ggs. ↑ piano); **fortissimo,** Abk. ff, sehr stark; **forte fortissimo,** Abk. fff, mit allerhöchster Lautstärke; **mezzoforte,** Abk. mf, mittelstark; **fortepiano,** Abk. fp, laut und sofort wieder leise.

Fortescue [engl. 'fɔːtɪskjuː], alte engl. Familie, der 1789 der Titel eines Earl of F. verliehen wurde; bed.: der Jurist Sir **John Fortescue** (* 1394, † 1476), der als Richter durch seine wegweisende Interpretation der Rechte des engl. Parlaments als Teil der „legal monarchy" (1472) histor. Bed. erlangte.

Fortezza ↑ Franzensfeste.

fortgesetzte Handlung (fortgesetztes Delikt), von der Rechtsprechung aus prakt. Bedürfnissen entwickelte Form der rechtl. Handlungseinheit. Von einer solchen spricht man, wenn mehrere Geschehensabläufe, die jeder für sich einen Straftatbestand erfüllen, rechtlich als eine Handlung betrachtet werden. Eine f. H. liegt unter folgenden Voraussetzungen vor: 1. Verletzung desselben rechtl. Verbots; 2. gleichartige Begehungsweise; 3. zeitlich-räuml. Zusammenhang; 4. Gesamtvorsatz des Täters, d. h., dieser muß von vornherein mehrere Einzelakte zur Erreichung eines Gesamterfolges planen. Strafrechtl. Konsequenz: Es ist keine Gesamtstrafe zu bilden, sondern nur wegen einer einzigen Tat zu verurteilen. – Im östr. und *schweizer. Recht* gilt im wesentlichen das zum dt. Recht Gesagte.

Forth [engl. 'fɔːθ], Fluß in Schottland, entspringt (zwei Quellflüsse) am Ben Lomond, strömt bei Alloa (bis hier 105 km lang) in den **Firth of Forth,** seine 83 km lange, 2–31 km breite, von einer Straßenbrücke und zwei Eisenbahnbrücken überspannte Mündungsbucht an der Nordsee. Schiffbar bis Stirling.

FORTH [engl. 'fɔːθ], Programmiersprache v. a. für Gerätesteuerungen, bes. durch Maschinennähe und die Möglichkeit zur Entwicklung komplexer Befehle gekennzeichnet; F.-Programme laufen sehr schnell ab.

Fortifikation [lat.-frz.], veraltet für Befestigungs-, Festungswerk.

Fort Knox [engl. 'fɔːt 'nɔks], Militärlager in N-Kentucky, USA, 50 km sw. von Louisville; hier lagern die Goldreserven der USA.

Fort-Lamy [frz. fɔrla'mi], bis 1973 Name von ↑ N'Djamena.

Fort-Laperrine [frz. fɔrlapɛ'rin] ↑ Tamanrasset.

Fort Lauderdale [engl. 'fɔːt 'lɔːdədeɪl], Stadt und Seebad in Florida, USA, am Atlantik, 150100 E. – Die Stadt entwickelte sich seit 1895 um ein 1838 errichtetes Fort.

fortlaufende Notierung (variable Notierung), Art der Kursfestsetzung im amtl. Börsenverkehr, bei der mehrmalig je Börsentag die tatsächl. Kurse aller zustandegekommenen Geschäfte notiert werden.

Fort Matanzas [engl. 'fɔːt məˈtænzəs] ↑ Saint Augustine.

Fort McMurray [engl. 'fɔːt məkˈmʌrɪ], kanad. Bergbaustadt in Alberta, am Athabasca River, 33700 E. Seit 1967 bzw. 1978 Abbau und Aufbereitung von Ölsanden; Pipeline nach Edmonton.

Fort Nelson [engl. 'fɔːt 'nɛlsn], kanad. Ort in British Columbia, am Alaska Highway, 2300 E. Holzind.; ⚓. Südl. von F. N. Erdgasgewinnung; Pipeline nach Vancouver.

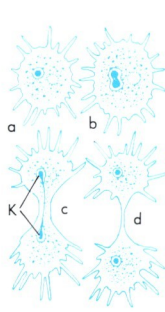
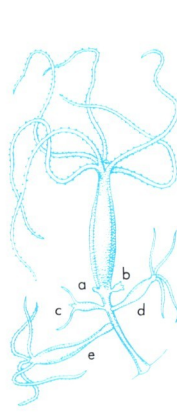
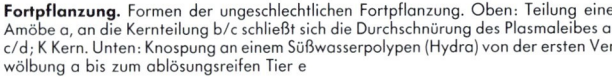

Fortpflanzung. Formen der ungeschlechtlichen Fortpflanzung. Oben: Teilung einer Amöbe a, an die Kernteilung b/c schließt sich die Durchschnürung des Plasmaleibes an c/d; K Kern. Unten: Knospung an einem Süßwasserpolypen (Hydra) von der ersten Verwölbung a bis zum ablösungsreifen Tier e

Fortner, Wolfgang, *Leipzig 12. Okt. 1907, †Heidelberg 5. Sept. 1987, dt. Komponist. – Lehrer am Kirchenmusikal. Institut Heidelberg (1931–54); seit 1957 in Freiburg i. Br.; nach dem 2. Weltkrieg einer der profiliertesten Lehrer atonal-zwölftoniger, später auch postserieller Komposition; u. a. die García-Lorca-Opern „Bluthochzeit" (1957) und „In seinem Garten liebt Don Perlimplin Belisa" (1962), Oper „Elisabeth Tudor" (1972), Orchesterwerke, u. a. „Mouvements" (1953) und „Triplum" (1966), Vokalwerke, u. a. „Petrarca-Sonette" (1980).

Fort Peck Dam [engl. ˈfɔːt ˈpɛk ˈdæm], 76 m hoher Staudamm in Montana, USA, mit 6400 m Kronenlänge; staut den Missouri zu dem etwa 300 km langen **Fort Peck Reservoir;** 1933–40 erbaut.

Fortpflanzung (Reproduktion), die Erzeugung von Nachkommen durch Eltern bzw. durch eine Mutterpflanze. Durch F. wird i. d. R. die Zahl der Individuen erhöht (Vermehrung) und die Art erhalten.
Die **ungeschlechtliche Fortpflanzung** (asexuelle F., vegetative F., Monogonie) geht von Körperzellen des mütterl. Organismus (bei Einzellern von deren einziger Körperzelle) aus und vollzieht sich über mitot. Zellteilungen, wobei die Tochterzellen den gleichen Chromosomensatz und somit dasselbe Erbgut wie der elterl. Organismus bzw. die Mutterzelle haben. Bei der **geschlechtliche Fortpflanzung** entsteht aus zwei geschlechtlich unterschiedl. Keimzellen durch deren Verschmelzung (↑ Befruchtung) und anschließender mitot. Teilung ein neues Individuum. Die geschlechtl. F. bedingt eine Neukombination der Erbanlagen. Eine sog. eingeschlechtige F. ist die **Jungfernzeugung** (Parthenogenese), bei welcher aus unbefruchteten Eizellen Nachkommen hervorgehen (z. B. bei Blattläusen; Nachtkerze).

Fortpflanzungsorgane, svw. ↑Geschlechtsorgane.
Fortpflanzungszellen, svw. ↑Geschlechtszellen.
FORTRAN [Kw. aus engl. **For**mula **tran**slator „Formelübersetzer"], im wesentlichen von der Firma IBM entwickelte problemorientierte Programmiersprache zur Formulierung wiss. und techn. Rechenprogramme.

Fort Ross [engl. ˈfɔːt ˈrɔs], hölzern aufgebaute, ehem. russ. Handelsstation an der W-Küste Kaliforniens, 140 km nw. von San Francisco. – Original erhalten u. a. die orth. Kapelle (1812).

Fortschreibung, in der amtl. Statistik i. w. S. die Weiterführung eines statist. Verzeichnisses, insbes. von Bestandsmassen; i. e. S. die Berechnung der Größe einer Bestandsmasse für einen Zeitpunkt, für den keine Zählung vorliegt, durch Saldierung des letzten Erhebungsergebnisses mit inzwischen erfaßten Zu- oder Abgangsmassen.

Fortschritt, i. w. S. jede Entwicklung von niederen zu höheren Zuständen als gradliniger, zielgerichteter, nicht umkehrbarer Prozeß; i. e. S. insbes. der **evolutionäre Fortschritt:** die stetig wachsende Fähigkeit der Menschheit, die Natur zu beherrschen und von ihr möglichst unabhängig zu werden; der **evolutionär-soziale Fortschritt:** die stetig wachsende Anpassungsfähigkeit gesellschaftl. Systeme an die sich wandelnde Umwelt; der **wiss.-technische Fortschritt:** das stetige, in ständig kürzeren Zeiträumen erfolgende Anwachsen eines theoret. Wissens (v. a. in den Naturwiss.) und seiner eventuellen techn. Nutzung; der **soziale Fortschritt:** der durch die Aufklärung (mit ihren Zielen allg. Vernunftbestimmtheit und Naturbeherrschung durch Vernunft) in Gang gebrachte Prozeß sozialen Wandels, der zur Humanisierung der Gesellschaft, zur Befreiung des Individuums von Fremdbestimmung, zum Abbau sozialer Ungerechtigkeiten und Ungleichheiten führen soll.

Fortschrittliche Volkspartei, dt. polit. Partei, entstand 1910 aus der Freisinnigen Volkspartei, der Freisinnigen Vereinigung und der v. a. in SW-Deutschland vertretenen Dt. Volkspartei (1868–1910); bildete 1918 mit dem linken Flügel der Nationalliberalen Partei die Dt. Demokrat. Partei.

Fortschrittspartei ↑Deutsche Fortschrittspartei.
Fortsetzungsroman, Roman, der regelmäßig abschnittsweise in Zeitungen und Zeitschriften abgedruckt wird, oft eigens hierfür nach und nach verfaßt.

Fortuna, röm. Schicksals- und Glücksgöttin, der griech. Tyche entsprechend. Mit Glücksrad, Füllhorn, Steuerrad und Flügeln dargestellt; Symbol der Willkür und Wechselhaftigkeit des Lebens.

Fortunatus, Gestalt des gleichnamigen dt. Volksbuchs, das anonym in einem Augsburger Druck von 1509 überliefert ist. F. weiß sein unerschöpfl. Geldsäckchen und Wunschhütchen (im Unterschied zu seinen Söhnen) mit Glück zu gebrauchen; alte Schwank- und Zaubermotive sind mit einer Fülle von Abenteuern verwoben.

Fort Victoria [engl. ˈfɔːt vɪkˈtɔːrɪə], früher Name von ↑Masvingo, Simbabwe.

Fort Wayne [engl. ˈfɔːt wɛɪn], Stadt in Indiana, USA, 179 800 E. Kath. Bischofssitz; Indiana Institute of Technology; Elektroind., Fahrzeugbau; ⚙. – Gegr. um 1680 als frz. Pelzhandelsstation, wurde 1760 brit., seit 1840 Stadt.

Fort Worth [engl. ˈfɔːt ˈwəːθ], Stadt in Texas, USA, westl. von Dallas, 414 600 E. Kath. Bischofssitz, Univ. (gegr. 1873), Museen; bedeutendster Viehhandelsplatz in den Südstaaten, größtes Getreidehandelszentrum in Texas; Erdölraffinerie, Luftfahrtind., ⚙. – Mit der Errichtung von Camp Worth 1849 begann die Besiedlung des Gebietes.

Forum [lat. „Markt, Marktplatz"], in der Antike der Mittelpunkt jeder von den Römern gegr. Stadt; Zentrum für alle städt. Behörden und Regierungsorgane wie des Geschäftsverkehrs; Magistratsgebäude, Wandelgänge sowie zahlr. Tempel und z. T. Markthallen umgaben den Platz, auf dem Altäre, Statuen, Siegessäulen und Triumphbögen errichtet wurden. – Im heutigen Sprachgebrauch svw. Plattform, geeigneter Ort (z. B. Zeitschrift) oder Personenkreis, der eine sachverständige Erörterung von Problemen oder Fragen garantiert.

Das **Forum Romanum** (der Stadt Rom) entstand im 6. Jh. v. Chr. durch Entwässerung einer urspr. sumpfigen Senke. Ausgrabungen (1803 ff.) legten v. a. Reste des kaiserzeitl. Baubestands frei sowie auch ältere Fundamente. Seit dem frühen 5. Jh. erfolgten Tempelgründungen: Tempel des Saturn (497; neu erbaut 42 v. Chr.), des Castor und Pollux (484; zuletzt erneuert im 2. Jh. n. Chr.), der Concordia (367; mehrmals erneuert). In die Frühzeit gehören auch die Regia, Sitz des Pontifex Maximus, und der Rundtempel der Vesta (zuerst Holzbauten, Steinbau 200 v. Chr., mehrmals erneuert), der das ewige Feuer auf dem hl. Staatsaltar barg. Zentrum des polit. Lebens war im NW das Comitium (Volksversammlungsplatz) mit der Curia (Tagungsort des Senats) und der Rednerbühne (Rostra). Aus dem 1. Jh. v. Chr. stammt die Basilica Julia (Gericht, Börse), aus dem 1. Jh. n. Chr. der Tempel für Antoninus Pius und Faustina, Triumphbogen des Titus 81 n. Chr., des Septimus Severus 203 n. Chr. Nördlich schließen die ehem. reich ausgestatteten *Kaiserforen* an.

Wolfgang Fortner

Forum. Forum Romanum. Blick von West nach Ost, im Vordergrund die Vorhalle des Saturntempels, neu erbaut 42 v. Chr.

Ugo Foscolo

Léon Foucault
(anonymer Stahlstich, um 1850)

Michel Foucault

Joseph Fouché
(Kupferstich, um 1810)

Forum Iulii ↑ Cividale del Friuli.

Forum Stadtpark (Grazer Forum), im ehem. Grazer Stadtpark-Café seit 1960 durch Initiative des Grazer Dichterkreises eingerichtetes Kulturzentrum. Veranstaltung von Konzert-, Film- und Kabarettabenden, Vorträgen und Ausstellungen bildender Künstler und Herausgabe der Literaturzeitschrift „manuskripte" (hg. von A. Kolleritsch). 1968 gingen von diesem Kreis wesentl. Impulse für die Einrichtung des „Steir. Herbstes", Festspiele der Avantgarde, aus. 1968 erstmals auch Lesungen der „Grazer Gruppe". Dem F. S. bes. eng verbunden sind u. a. Barbara Frischmuth, P. Handke, M. Scharang, es beteiligten sich aber sämtl. avantgardist. östr. Schriftsteller und fanden hier Förderung. 1973 um E. Jandl Zusammenschluß der „Grazer Autorenversammlung" (gegen den Östr. PEN-Club).

Forum Verlag Leipzig Buch-Gesellschaft mbH ↑ Verlage (Übersicht).

forzato (forzando) [italien.], Abk. fz, svw. ↑ sforzato.

Forzeps [lat.], svw. ↑ Geburtszange.

Fos, Golf von [frz. fo:s, fɔs], Bucht im Golfe du Lion, unmittelbar östlich der Rhonemündung, durch einen Nehrungshaken teilweise verschlossen. – ↑ Fos-sur-Mer.

Fosbury-Flop [engl. 'fɔzbərɪ,flɔp], nach dem Amerikaner Richard Fosbury (*1947) ben. Hochsprungtechnik (engl. flop bedeutet eigtl. „Hinplumpsen"): der Springer überquert die Latte nach schnellem, eine Kurve beschreibenden Anlauf und Drehung mit Kopf und Rücken voraus; er landet auf Schultern und Rücken.

Foscari, Francesco, *1373, †Venedig 1. Nov. 1457, Doge von Venedig (ab 1423). – Konnte den Machtbereich Venedigs weit nach W (Brescia, Bergamo) und S (Crema, Ravenna) verschieben.

Foscolo, Ugo, eigtl. Niccolò F., * auf Sakinthos 6. Febr. 1778, †Turnham Green bei London 10. Sept. 1827, italien. Dichter. – Durch polit. Verhältnisse bedingtes wechselvolles Schicksal, zuletzt Exil in England; Vorläufer des Risorgimento, schrieb Tragödien nach V. Graf Alfieris Vorbild („Tieste", 1797; „Aiace", 1802; „Ricciarda", 1813), den lyrisch-philosoph. Hymnus „Gedicht von den Gräbern" (1807), 1802 einen Briefroman nach dem Vorbild von Goethes „Werther" („Die letzten Briefe des Jacopo Ortis"), Sonette und Oden.

Foshan [chin. fɔʃan], chin. Stadt in der Prov. Guangdong, wsw. an Kanton grenzend, 285 000 E. Zentrum der Seiden- und Porzellanfabrikation, chem. Ind. – In der Mingzeit (1368–1644) durch Seidenmanufaktur und Eisenwarenherstellung bed. Handelsplatz, in der Qing(Ch'ing)-Zeit eines der „Vier größten Dörfer des Reiches".

Foss, Lukas, eigtl. L. Fuchs, *Berlin 15. Aug. 1922, amerikan. Komponist, Pianist und Dirigent dt. Herkunft. – Emigrierte mit seinen Eltern 1933; stilistisch von Hindemith und Strawinsky ausgehend, seit 1960 Einbeziehung serieller Techniken, u. a. Kantate „Song of songs" (1946), Märchenoper „Griffelkin" (1955); „Echoi" (1963), „Paradigm" (1968), „Tashi" (1986) für Kammerensemble; Orchesterwerke, Konzerte.

Fossa Carolina [lat.] (Karlsgraben), auf Veranlassung Karls d. Gr. 793 unternommener Kanalbau zur Verbindung von Main und Donau, der unvollendet blieb; erhaltene Baustrecke (1 230 m lang) zw. Altmühl und Schwäb. Rezat beim Dorf Graben (heute zu Treuchtlingen).

Fossa Magna [lat.] ↑ Honshū.

Fossano, Ambrogio da, italien. Maler, ↑ Bergognone.

Fossanova, zur italien. Gemeinde Priverno (Latium) gehörende berühmte Zisterzienserabtei (1135–1812). 1274 starb in F. Thomas von Aquin. Die 1208 geweihte got. Kirche ist eine der bedeutendsten Zisterzienserkirchen Italiens.

fossil [lat.], aus der erdgeschichtl. Vergangenheit stammend. – Ggs.: rezent.

fossile Böden ↑ Reliktböden.

Fossilien [zu lat. fossilis „ausgegraben"], Überreste von Tieren oder Pflanzen, auch von deren Lebensspuren, durch ↑ Fossilisation erhalten. Reste auch als Einschlüsse in Harz (Bernstein) und im Dauerfrostboden des arkt. Bereichs (Mammutleichen) erhalten. F. von geologisch kurzer Lebensdauer sind für die stratigraph. Bestimmung von Sedimentgesteinen von großer Bed. **(Leitfossilien),** gleichgültig, ob es sich um Makro- oder Mikro-F. handelt. V. a. in der Erdölind. spielt die Bestimmung von Mikro-F. wie Foraminiferen eine Rolle.

Fossilien. Samenfarn, Alter etwa 200 Millionen Jahre, gefunden in Lebach

Als **lebende Fossilien** werden oft (fälschlich) rezente Tiere und Pflanzen bezeichnet, die bekannten fossilen Formen aus weit zurückliegenden erdgeschichtl. Perioden weitgehend gleichen, z. B. Ginkgobaum, Mammutbaum.

Fossilisation [lat.], Vorgang der Bildung von Fossilien. Voraussetzung ist die schnelle Einbettung abgestorbener Pflanzen und Tiere in Schlamm, Sand u. a., so daß es zu keiner [vollständigen] Verwesung kommen kann. Erhalten bleiben v. a. Hartteile wie Zähne, Knochen und Schalen. Sie können bei der ↑ Diagenese eine Umkristallisation erfahren. Werden Hohlräume abgestorbener Lebewesen (z. B. von Muscheln) mit Sediment ausgefüllt, so entstehen **Steinkerne,** bei denen der innere Abdruck der Schale zu sehen ist. Kriech- und Laufspuren können als **Abdruck** im Sediment erhalten sein.

Fos-sur-Mer [frz. fossyr'mɛ:r, fɔs...], frz. Ort am Golf von Fos, Dep. Bouches-du-Rhône, 9 000 E. Erdölhafen für Großtanker, Erdölraffinerie, Produktpipeline nach Genf, Hüttenwerk und Kokerei. – Wehrkirche (1213 erstmals genannt), roman. Friedhofskapelle, Reste einer Burg (14. Jh.).

Foster [engl. 'fɔstə], George Murphy („Pops"), *McCall (La.) 18. Mai 1892, † San Francisco 6. Nov. 1969, amerikan. Jazzmusiker (Bassist). – Wurde bes. durch seine „Slapping-Bass"-Technik bekannt (Wechsel zw. Zupfen der Saiten und Schlag mit der Hand auf das Griffbrett); einer der wichtigsten Bassisten des New-Orleans-Jazz.

F., Jodie, eigtl. Alicia Christian F., *Los Angeles 19. Nov. 1962, amerikan. Filmschauspielerin. – Sensible darstellerische Leistungen u. a. in „Taxi Driver" (1976), „Angeklagt" (1988), „Das Schweigen der Lämmer" (1990); auch Regisseurin („Das Wunderkind Tate", 1991).

F., Norman Robert, *Manchester 1. Juni 1935, brit. Architekt. – Seine Bauten demonstrieren unter Anwendung moderner Technologien die ästhet. Dimension der Technik; u. a. Verwaltungsgebäude der Hongkong and Shanghai Banking Corp. (1980–86).

fötal ↑ fetal.

foto..., Foto... ↑ photo..., ↑ Photo...

Fötor (Foetor) [lat.], in der Medizin: übler Geruch, v. a. Foetor ex ore (↑ Mundgeruch).

Fötus ↑ Fetus.

Foucauld, Charles Eugène Vicomte de [frz. fu'ko], *Straßburg 15. Sept. 1858, †Tamanrasset (Algerien) 1. Dez. 1916, frz. kath. Missionar. – Offizier; seit 1890 Trappist, seit 1901 Priester; lebte als Missionar unter den Tuareg. Seine Missionsmethode (vorbildl. christl. Leben statt direkter Beeinflussung) regte missionar. Gemeinschaften an (u. a. Kleine Brüder Jesu, Kleine Schwestern Jesu). – Erforschte die Sprache der Tuareg („Dictionnaire abrégé touareg-français de noms propres", 2 Bde., hg. 1918–20).

Foucault [frz. fu'ko], [Jean Bernard] Léon, * Paris 18. Sept. 1819, † ebd. 11. Febr. 1868, frz. Physiker. – Bestimmte die Lichtgeschwindigkeit mit einem Drehspiegel. – ↑ Foucaultscher Pendelversuch.

F., Michel, * Poitiers 15. Okt. 1926, † Paris 25. Juni 1984, frz. Philosoph. – 1960 Prof. in Clermont-Ferrand, 1968 in Paris-Vincennes, ab 1970 am Collège de France in Paris. Versuchte mit Methoden des Strukturalismus die Geschichte („Archäologie") der Zivilisation zu schreiben, wobei Bewußtsein, Ideologien, gesellschaftl. Einrichtungen und Einstellungen als sprachähnl. Systeme und in Wechselwirkung mit Sprache dargestellt werden. – *Werke:* Die Geburt der Klinik (1963), Die Ordnung der Dinge (1966), Die Ordnung des Diskurses (1971), Überwachen und Strafen (1975), Die Geschichte der Sexualität (3 Bde., 1976–1984).

Foucaultscher Pendelversuch [frz. fu'ko], erstmals im Jahre 1661 von V. Viviani, dann von L. Foucault 1850 in der Pariser Sternwarte und 1851 im Pariser Panthéon durchgeführter Pendelversuch, mit dem sich die Erdrotation auf Grund der Tatsache nachweisen läßt, daß sich die Schwingungsebene des Pendels infolge der Coriolis-Kraft relativ zur Erdoberfläche dreht.

Fouché, Joseph [frz. fu'ʃe], Herzog von Otranto (seit 1809), * Le Pellerin (bei Nantes) 21. Mai 1759, † Triest 26. Dez. 1820, frz. Politiker. – Urspr. Lehrer des Oratorianerordens; während der Frz. Revolution Mgl. des Konvents (Bergpartei); machte sich 1793 v. a. durch blutige Säuberungsaktionen in der Prov. (1 600 Todesurteile in Lyon) einen berüchtigten Namen; 1794 am Sturz Robespierres beteiligt; bereitete den 18. Brumaire vor. Als Polizeimin. Napoleons (1799–1802, 1804–10 und 1815) baute er eine gut organisierte Geheimpolizei und ein feingeknüpftes Spitzelsystem auf, mit deren Hilfe er große Macht erlangte; 1813 Gouverneur der illyr. Prov.; nahm Verbindung mit den Bourbonen und Metternich auf; bereitete 1815 die Rückkehr Ludwigs XVIII. vor und trat für kurze Zeit an die Spitze der provisor. Regierung; 1816 als „Königsmörder" verbannt.

Fouchet, Christian [frz. fu'ʃe], * Saint-Germain-en-Laye 17. Nov. 1911, † Genf 11. Aug. 1974, frz. Diplomat und Politiker. – 1951–55 und seit 1968 gaullist. Abg.; 1954/55 Min. für Marokko und Tunesien, 1962 letzter frz. Hochkommissar in Algerien, 1962–67 Erziehungs-, 1967/68 Innenmin.; setzte sich für die europ. Einigung ein **(Fouchet-Pläne).**

Fougères [frz. fu'ʒɛːr], frz. Stadt 45 km nö. von Rennes, Dep. Ille-et-Vilaine, 24 400 E. Zentrum der frz. Schuhind. – Erlitt Zerstörungen im 2. Weltkrieg, erhalten sind die Kirchen Saint-Sulpice (13.–16. Jh.) und Saint-Léonard (15./16. Jh.) sowie Teile der Stadtummauerung (13./14. Jahrhundert).

foul [engl. faʊl, eigtl. „schmutzig, häßlich"], im Sport regelwidrig, gegen die Spielregeln verstoßend.

Foulard [fu'laːr; frz.], feines Seidengewebe, meist in Atlas- oder Köperbindung.

Foumban [frz. fum'ban], Dep.hauptstadt in Kamerun, im südl. Adamaua, 1 070 m ü. d. M., 60 000 E. Sitz des Königs der Bamum (Palast mit ethnolog. Museum); Handelszentrum für Arabica-Kaffee; Kunsthandwerk.

Fountains Abbey [engl. 'faʊntɪnz 'æbɪ] ↑ Ripon.

Fouqué, Friedrich [Heinrich Karl] Baron de la Motte [dəlamɔtfu'ke:], * Brandenburg/Havel 12. Febr. 1777, † Berlin 23. Jan. 1843, dt. Dichter. – Romantiker; von seinem umfangreichen Werk blieb nur „Undine" (E., 1811) im literar. Bewußtsein.

Fouquet, Jean [frz. fu'kɛ], * Tours zw. 1415/20, † ebd. (?) zw. 1477/81, frz. Maler. – In seinen Miniaturen (u. a. „Stundenbuch des Estienne Chevalier", etwa 1453; Chantilly, Paris und London) zeigt er sich als hervorragender Landschaftsmaler aus der Schule van Eycks; auch beeinflußt von der italien. Frührenaissance. Bed. Porträts: E. Chevalier mit dem hl. Stephan (Berlin, Staatl. Museen), Teil eines Diptychons für die Kathedrale von Melun, dessen andere Hälfte, die berühmte „Madonna mit Engeln", ein Porträt der Agnes Sorel sein soll (zw. 1450/53; Antwerpen, Königl. Kunstmuseum).

Fouquier-Tinville, Antoine [Quentin] [frz. fukjetɛ̃'vil], * Hérouel (Aisne) 1746, † Paris 7. Mai 1795, frz. Revolutionär. – Seit 1793 öff. Ankläger des Revolutionstribunals, das er zu einem Hauptinstrument der Revolution machte (rd. 2 400 Hinrichtungen); nach Robespierres Sturz selbst angeklagt und guillotiniert.

Four-Freedoms [engl. 'fɔː'friːdəmz] ↑ Vier Freiheiten.

Fourier [frz. fu'rje], Charles, * Besançon 7. April 1772, † Paris 10. Okt. 1837, frz. Sozialphilosoph. – Vertreter des utop. Sozialismus; entwickelte in seiner Sozialutopie eine Neuordnung der Gesellschaft auf der Basis und mit dem Ziel des Glücks, der Einheit und Harmonie; forderte zu ihrer Realisierung autarke Lebensgemeinschaften („familistères") von je 300 Familien und Aufteilung des Staatsgebiets in autonome, agrar. orientierte Genossenschaftsgebiete („phalanstères"); wirkte auf Marx und Engels und beeinflußte stark die spätere Genossenschaftsbewegung.

F., [Jean-Baptiste] Joseph Baron de (seit 1808), * Auxerre 21. März 1768, † Paris 16. Mai 1830, frz. Mathematiker und Physiker. – Mgl. der Académie des sciences. Die von F. im Rahmen seiner Arbeiten über die Theorie der Wärmeausbreitung systematisch angewandte Methode der Entwicklung von Funktionen in Fourier-Reihen erwies sich als außerordentlich fruchtbar.

Fourier-Analyse [frz. fu'rje; nach J. Baron de Fourier] ↑ harmonische Analyse.

Fourier-Reihe [frz. fu'rje; nach J. Baron de Fourier] (trigonometr. Reihe), eine unendl. Funktionenreihe der Form

$$S(x) = \frac{a_0}{2} + \sum_{n=1}^{\infty} (a_n \cos nx + b_n \sin nx)$$

mit konstanten Koeffizienten a_0, a_n, b_n. Unter gewissen Voraussetzungen läßt sich eine period. Funktion in eine F. entwickeln, d. h. durch eine F. darstellen.

Four-letter-word [engl. 'fɔːlɛtəwəːd „Vierbuchstabenwort" nach engl. (to) fuck „ficken"], vulgäres (Schimpf)wort.

Fournier [frz. fur'nje], Pierre [Léon Marie], * Paris 24. Juni 1906, † Genf 8. Jan. 1986, frz. Cellist. – Galt als einer der hervorragendsten Cellisten seiner Zeit.

Foumban. Königstrommel der Bamum

Jean Fouquet. Estienne Chevalier mit dem heiligen Stephan, um 1450 (Berlin, Staatliche Museen)

Fouta Djalon

William Alfred Fowler

F., Pierre Simon, * Paris 15. Sept. 1712, † ebd. 8. Okt. 1768, frz. Schriftschöpfer. – Legte seinen Schriften die „Romain du roi" des P. Grandjean zugrunde.

Fouta Djalon [frz. futadʒa'lõ], Tafelgebirgsland in Guinea; im S bis 1 425 m hoch.

Foveauxstraße [engl. 'foʊvoʊ], Meeresstraße zw. der Südinsel von Neuseeland und Stewart Island, 38 km breit.

Fowler [engl. 'faʊlə], Sir (seit 1890) John, * Wadsley Hall bei Sheffield 15. Juli 1817, † Bournemouth 20. Nov. 1898, brit. Ingenieur. – F. plante und erbaute (1860–63) die unterird. Dampfeisenbahn in London; zus. mit Sir B. Baker errichtete er 1882–90 die Eisenbahnbrücke über den Firth of Forth.

F., Sir (seit 1942) Ralph Howard, * Fedsden bei Royden (Essex) 17. Jan. 1889, † Cambridge 28. Juli 1944, brit. Physiker. – Prof. in Cambridge; bed. Arbeiten zur statist. Mechanik, zur Quantenmechanik und zur Theorie der elektrolyt. Lösungen.

F., William Alfred, * Pittsburgh (Pa.) 9. Aug. 1911, amerikan. Physiker. – Prof. am California Institute of Technology in Pasadena; Arbeiten zur Kernphysik und ihrer Anwendung in der Astrophysik (Sternentwicklung, Entstehung der schweren chem. Elemente, Energieerzeugung in den Sternen). Erhielt 1983 (zus. mit S. Chandrasekhar) den Nobelpreis für Physik.

Fowles, John [engl. 'faʊlz], * Leight-on-Sea (Essex) 31. März 1926, engl. Schriftsteller. – Von Erkenntnissen der Tiefenpsychologie C. G. Jungs, von Mythen und Werken der bildenden Kunst inspirierte Romane und Novellen; verbindet traditionelle Erzählweisen mit experimentellen Formen; schrieb auch Texte für Photobücher. – *Werke:* Der Magus (R., 1965; überarbeitet 1978), Dies Herz für Liebe nicht gezähmt (R., 1969; dt. 1974 u. d. T. „Die Geliebte des frz. Leutnants"; verfilmt 1981), Der Ebenholzturm (Novellen, 1974), Die Grille (R., 1985).

John Fowles

Fox, Charles James, * London 24. Jan. 1749, † Chiswick (= London) 13. Sept. 1806, brit. Politiker. – 1770 Lord der Admiralität, 1772–74 Schatzkanzler; wechselte 1774 von den Tories zu den Whigs über; setzte sich als Anhänger E. Burkes für die Rechte der amerikan. Kolonien, Abschaffung des Sklavenhandels und eine Verfassungsreform ein; 1782/83 und 1806 Außenmin.; führte seit 1784 neben Burke die Opposition der Whigs; büßte durch sein Bekenntnis zu den Idealen der Frz. Revolution 1791 dessen Freundschaft ein.

F., George, * Drayton (Leicestershire) im Juli 1624, † London 13. Jan. 1691, engl. Laienprediger, Begründer der Quäker. – Urspr. Schuhmacher, verkündete F. auf Grund von Visionen, daß allein das „innere Licht", die innerlich wahrgenommene „Stimme Gottes", zum Heil führe. Seit 1652 sammelten sich Anhänger um ihn, die bald den Spottnamen Quäker („Zitterer") erhielten.

Fox, zu den Algonkin zählender Indianerstamm am Lake Winnebago (Wis.) und Fox River (Mich.); nur noch etwa 650 Menschen.

Foxe Channel [engl. 'fɔks 'tʃænl] ↑ Hudsonbai.

Foxterrier [engl.], kleiner, hochläufiger Haus- und Jagdhund mit keilförmigem, flachem Schädel, kleinen, nach vorn fallenden Hängeohren und hoch angesetzter, kupierter Rute; Behaarung beim *Kurzhaar-F.* dicht, glatt und flach anliegend, beim *Rauhhaar-F.* hart drahtig.

Foxtrott [engl., eigtl. „Fuchsgang"], Gesellschaftstanz im ⁴/₄-Takt; langsam **(Slowfox)** oder rasch **(Quickstep)** getanzt, einer der Standardtänze.

Foyer [foa'je:; frz., eigtl. „Herd" (zu lat. focus „Brennpunkt")], Wandelhalle, Wandelgang (im Theater), Vorhalle.

fp, Abk. für: **f**orte**p**iano (↑ forte).

Fp, Abk. für: **F**ließ**p**unkt (↑ Schmelzen).

FP, Abk. für: ↑ **F**lamm**p**unkt.

FPÖ, Abk. für: ↑ **F**reiheitliche **P**artei **Ö**sterreichs.

FPOLISARIO, Abk. für span.: **F**rente **Po**pular para la **Li**beración de **Sa**guia el Hamra y **Rí**o de **O**ro, 1973 gegr. Befreiungsbewegung für (span.) Westsahara; stellte sich, nachdem Marokko und Mauretanien Einigung über die

Charles James Fox (zeitgenössisches Schabkunstblatt)

Aufteilung der Westsahara erzielt hatten, auf die Seite Algeriens und rief nach einem Guerillakrieg im Febr. 1976 eine unabhängige Demokrat. Arab. Republik Sahara in Algerien aus; schloß 1979 einen Friedensvertrag mit Mauretanien.

Fr, chem. Symbol für ↑ Francium.

Fra [italien., Kw. für Frate (von lat. frater „Bruder")], Anrede und Bez. für Klosterbrüder in Italien.

Fra Angelico [italien. fra an'dʒɛ:liko] (auch Beato Angelico), als Mönch Fra Giovanni da Fiesole, eigtl. Guido di Pietro, * Vicchio (Prov. Florenz) um 1400, † Rom 18. Febr. 1455, italien. Maler. – Dominikanermönch (Fiesole, ab 1436 San Marco in Florenz); v. a. unter dem Einfluß Masaccios entwickelte sich Fra A. nach noch spätgotisch bestimmten Anfängen zu einem bed. Vertreter der Frührenaissance (zarte, gewählte Farbgebung, fließende Linienführung). Altar der Leinweber (Madonna dei linaioli) von 1433 (Florenz, Museo di San Marco), Verkündigung (Diözesanmuseum in Cortona), Fresken für den Konvent von San Marco (1436–43, mit Gehilfen), Kreuzabnahme (1437–40) sowie Szenen aus dem Leben Jesu, u. a. Beweinung Christi (um 1448; Museo di San Marco), Fresken im Vatikan (Cappella Niccolina; mit B. Gozzoli, 1448–50). – 1984 seliggesprochen. – Fest: 18. Februar.

Fra Bartolomeo, eigtl. Bartolomeo (Baccio) della Porta, * Florenz 28. März 1472, † Pian di Mugnone 6. Okt. 1517, italien. Maler. – Trat 1500 in den Dominikanerorden ein und leitete die Malerwerkstatt im Kloster San Marco in Florenz (bis 1512, mit M. Albertinelli); 1508 in Venedig, 1514 in Rom (Einfluß Michelangelos und Raffaels). – *Werke:* Vision des hl. Bernhard (Florenz, Galleria dell'Accademia), Gottvater erscheint der hl. Maria Magdalena und der hl. Katharina (1509; Lucca, Pinakothek), Verlobung der hl. Katharina (1511; Paris, Louvre), Pietà (1516; Florenz, Palazzo Pitti).

Fracastoro, Girolamo, * Verona um 1483 (1478?), † Incaffi (= Affi, Prov. Verona) 8. Aug. 1553, italien. Humanist und Arzt. – Sein Lehrgedicht „Syphilis sive de morbo gallico" (gedruckt 1530), das in mytholog. Einkleidung Symptome und Therapie der Syphilis beschreibt, wurde für diese Krankheit namengebend. In seinem bed. Werk „De contagione" (1546) gelang F. die erste zusammenfassende Darstellung der Infektionskrankheiten.

Fracht [niederdt.], 1. Preis für den gewerbl. Transport einer Ware, 2. allg. svw. ↑ Frachtgut.

Frachtbrief, die vom Absender eines Transportgutes ausgestellte Beweisurkunde über Abschluß und Inhalt eines Frachtvertrages (§ 426 HGB). Der F. unterrichtet den Frachtführer über Gut und Empfänger und wird dem Empfänger ausgehändigt. Auch bei der Güterbeförderung mit der Eisenbahn ist der F. vorgeschrieben. Für das *östr.* und *schweizer. Recht* gilt Entsprechendes.

Foxterrier. Rauhhaar-Foxterrier, Schulterhöhe bis etwa 39 cm

Frachtenausschuß, Ausschuß, der paritätisch mit Vertretern der Schiffahrt und der verladenden Wirtschaft besetzt ist und die Aufgabe hat, Entgelte für Verkehrsleistungen auf dt. Wasserstraßen festzusetzen.

Frachtenbörse, Dienstleistungsbörse, an der Schiffs- und Luftfrachtverträge sowie Schiffsschleppverträge abgeschlossen werden. In der BR Deutschland besteht die **Schifferbörse** in Duisburg-Ruhrort sowie eine F. in Hamburg (See- und Luftfracht).

Frachter, svw. Frachtschiff (↑Schiff).

frachtfrei ↑franko.

Frachtführer, Kaufmann, der gewerbsmäßig Güter (transportfähige Sachen) zu Lande oder auf Binnengewässern befördert.

Fra Angelico. Papst Sixtus II. übergibt dem heiligen Laurentius den Kirchenschatz, Fresko, 1448–50 (Vatikan, Cappella Niccolina)

Frachtgeschäft (Frachtvertrag), der Werkvertrag über die Beförderung von Gütern durch einen Frachtführer (§§ 328 BGB, 425–452 HGB). Er verpflichtet den Frachtführer, das Gut innerhalb der vereinbarten, übl. oder angemessenen Frist zum Bestimmungsort zu befördern und es dem Empfänger auszuliefern. Für Verlust oder Beschädigung des Gutes sowie für Schäden infolge Versäumung der Lieferzeit hat der Frachtführer vertraglich einzustehen. Der Absender hat auf Verlangen des Frachtführers einen Frachtbrief zu erteilen. Der Empfänger wird durch Annahme des Gutes und des Frachtbriefs (soweit darin nichts anderes bestimmt ist) zur Zahlung verpflichtet. Hinsichtlich seiner Forderungen aus dem F. steht dem Frachtführer ein gesetzl. Pfandrecht am Frachtgut zu.

Für das *östr. Recht* gilt Entsprechendes. In der *Schweiz* ist das F. allg. im Obligationenrecht geregelt.

Frachtkosten, die durch Inanspruchnahme von Frachtführern und Spediteuren entstandenen Eingangs- und Ausgangsfrachten. Die F. sind Bestandteil der Beförderungskosten.

Frachtschiff (Frachter) ↑Schiff.

Frachtvertrag ↑Frachtgeschäft.

Frack [zu engl. frock „Rock" (von altfrz. froc „Mönchsgewand")], abendl. Festanzug, mit steigendem Revers (mit Seide belegt), hinten mit langem F.schoß; Weste und Schleife weiß (beim Kellneranzug schwarz).

Fra Diavolo (Bruder Teufel), eigtl. Michele Pezza, *Itri 7. April 1771, †Neapel 11. Nov. 1806, neapolitan. Freischärler. – Urspr. Straßenräuber, kämpfte in der von Kardinal Ruffo geleiteten „Banda della Santa Fede" im Dienst Ferdinands IV. von Neapel gegen die frz. Herrschaft; 1806 von den Franzosen gefangengenommen und hingerichtet. Die kom. Oper von D. F. E. Auber hat mit ihm wenig mehr als den Namen gemein.

Fraenger, Wilhelm, *Erlangen 5. Juni 1890, †Potsdam 19. Nov. 1964, dt. Kunsthistoriker und Volkskundler. – Verfaßte Schriften und Aufsätze u. a. über H. Bosch, P. Bruegel, J. Ratgeb, M. Grünewald; Begr. und Hg. des „Jahrbuchs für histor. Volkskunde" (1925–37) und des „Jahrbuchs für Volkskunde" (1955 ff.).

Fraenkel [ˈfrɛŋkəl], Ernst, *Köln 26. Dez. 1898, †Berlin (West) 28. März 1975, dt. Politologe. – 1926–38 Rechtsanwalt in Berlin; emigrierte in die USA; seit 1951 Prof. in Berlin; Forschungsschwerpunkte: Demokratietheorie und vergleichende Regierungslehre; Verfasser u. a. von „Das amerikan. Regierungssystem" (1960), „Deutschland und die westl. Demokratien" (1964).

F., Eugen, *Neustadt O. S. 28. Sept. 1853, †Hamburg 20. Dez. 1925, dt. Pathologe und Bakteriologe. – Prof. in Hamburg; entdeckte den Gasbranderreger (F.-Bazillus).

Fraga Iribarne, Manuel [span. ˈfraɣa iriˈβarne], *Villalba (Prov. Lugo) 23. Nov. 1922, span. Politiker. – Ab 1948 Prof. für Staats- und Verfassungsrecht in Madrid; 1962–69 Min. für Information und Tourismus; Verfechter einer „europäischen Öffnung" Spaniens; 1975/76 Innenmin.; 1976–86 und 1989/90 Vors. der konservativen Volksallianz (1989 in Volkspartei umben.); seit 1989 Regionalpräs. von Galicien.

Fragaria [lat.] ↑Erdbeere.

Frage, Aufforderung zur Antwort; 1. Entscheidungs-F., die einen Sachverhalt klären soll: *Kommst du?* 2. Ergänzungs-F., die nach einer Person, einer Sache oder einem Umstand fragt: *Wer ist krank?* 3. Rhetor. F., die der Sprechende nur stellt, um zur Anerkennung einer bereits vorhandenen Meinung zu bewegen: *Willst du wirklich kommen?*

Fragebogen, Hilfsmittel für statist. Erhebungen und Untersuchungen, liefern primärstatist. Datenmaterial; als Einzel- oder Kollektiv-F. (Omnibusverfahren) ausgebildet. In den *Sozialwissenschaften* und in der *Psychologie* als techn. Hilfsmittel zur Vereinheitlichung von Interviews oder schriftl. Befragungen bei der Erhebung von Daten benutzt, wobei in den Fällen, in denen sich Sachverhalte nicht direkt erfragen lassen, die Untersuchungsaufgaben (Programmfragen) in Testfragen (F.fragen) „übersetzt" werden.

Frager, Malcolm [engl. ˈfreɪɡə], *Clayton (Mo.) 15. Jan. 1935, †Lennox (Mass.) 20. Juni 1991, amerikan. Pianist. – Interpret v. a. klass. und romant. Klaviermusik.

Fragerecht, 1. im *Zivilprozeßrecht* Befugnis des Gerichts, Fragen an die Parteien, Zeugen und Sachverständigen zu richten, um das für den Prozeß erforderl. Tatsachenmaterial zu beschaffen, die Stellung sachdienl. Anträge und die Bez. der Beweismittel zu veranlassen. Bei der Vernehmung von Zeugen, Sachverständigen und Parteien haben auch Anwälte und Parteien ein F. Über die Zulässigkeit einer Frage entscheidet das Gericht; 2. im *Strafprozeßrecht* das Recht der Beisitzer, der Staatsanwaltschaft, des Angeklagten und seines Verteidigers, in der Hauptverhandlung Fragen an den Angeklagten, die Zeugen und Sachverständigen zur Klärung des Beweisgegenstandes zu stellen. Ungeeignete und nicht zur Sache gehörende Fragen kann der Vorsitzende i. d. R. zurückweisen.

Fragesatz, svw. ↑Interrogativsatz.

Fragestunde, parlamentar. Einrichtung, in der MdB während bestimmter Plenarsitzungen zuvor eingereichte Fragen zur Beantwortung an die Regierung bzw. ihre Vertreter stellen können.

Fragezeichen, Satzzeichen, das eine Frage kennzeichnet: ?; span.: ¿ ... ?; griech.: ;.

fragil [lat.], zerbrechlich; gebrechlich, zart.

Fragment [zu lat. fragmentum „Bruchstück"], 1. unvollständig überliefertes Werk, sowohl Teile eines (alten) Kunstwerks wie eines literar. Werkes; 2. unvollendet gebliebenes oder aufgegebenes literar. Werk; 3. literar. Form, die bewußt unvollendet sein will, v. a. in der Romantik.

fragmentarisch [lat.], bruchstückhaft, unvollendet.

Fragonard, Jean Honoré [frz. fraɡɔˈnaːr], *Grasse (Alpes-Maritimes) 5. April 1732, †Paris 22. Aug. 1806, frz. Maler. – Schüler von F. Boucher; 1756–61 in Italien (1760 Landschaftsstudien der Villa d'Este); seine Malweise

Frack

Fra Guittone

(Rokoko) nimmt Elemente des Impressionismus vorweg.

Fra Guittone ↑ Guittone d'Arezzo.

fraise [frz. frɛːz; zu lat. fragum „Erdbeere"], erdbeerfarben.

fraktale Geometrie, Geometrie, die sich nicht mit „einfachen" Figuren befaßt, sondern mit bestimmten komplexen Gebilden und Erscheinungen, die ähnlich in der Natur vorkommen (z. B. das Adernetz der Lunge, die Oberfläche von Gebirgen, eine Küstenlinie, Luftwirbel). Solche **Fraktale** besitzen 1. die Eigenschaft der *Selbstähnlichkeit* (jeder kleine Teil hat die gleiche Struktur wie das Gesamtobjekt) und 2. eine *gebrochene (fraktale) Dimension;* z. B. liegt die Dimension eines Gebirges zw. 2 (der einer Ebene) und 3 (der eines Körpers). Mit der f. G. lassen sich komplexe Naturerscheinungen mathematisch erfassen und am Computer simulieren; von B. Mandelbrot 1975 eingeführt.

Fraktion [zu lat. fractio „das Brechen"], ständige Gliederung einer Volksvertretung, in der sich politisch gleichgesinnte Abg. organisieren, um die Parlamentsarbeit zu erleichtern und in ihrem Sinne zu beeinflussen; sind im modernen Parteienstaat die Bindeglieder zw. den polit. Parteien und dem Parlament. – In den Volksvertretungen der BR Deutschland bilden i. d. R. Vereinigungen von mindestens 5 % der Mgl. des Parlaments eine F., die derselben Partei oder Parteien mit (im wesentlichen) gleichgerichteten polit. Zielen angehören. Politisch gleichgesinnte Abg., die F.stärke nicht erreichen, können als *Gruppe* anerkannt werden, die jedoch die bes. Rechte (v. a. Besetzung der Ausschüsse und des Ältestenrates des Bundestages, finanzielle Zuwendungen aus Haushaltsmitteln) der F. nicht genießt. Jede F. gibt sich eine eigene *Geschäftsordnung* und bildet eigene *Organe* (F.vollversammlung, F.vorsitzender mit Stellvertretern, parlamentar. Geschäftsführer, F.vorstand, Arbeitskreise). – In *Österreich* (hier ↑ Klub gen.) und in der *Schweiz* gelten für die Bildung der F. ähnl. Regeln.

▷ bei einem Trenn- oder Reinigungsverfahren (Destillation, Kristallisation, Chromatographie) anfallender Teil eines Substanzgemisches; **fraktionieren,** Gemische mit verschiedenen Siedepunkten in Fraktionen zerlegen.

Fraktionszwang, Verpflichtung der Abg. zur einheitl. Stimmabgabe entsprechend den vorherigen Festlegungen der Fraktion. Die Ausübung von F. verstößt gegen den in Art. 38 Abs. 1 Satz 2 GG niedergelegten Grundsatz des freien Mandats, wird aber nicht als unzulässig angesehen. Bei Verstoß gegen den F. darf ein Abg. aus der Fraktion oder Partei ausgeschlossen werden, die Niederlegung des Mandats darf jedoch nicht erzwungen werden.

In *Österreich* und in der *Schweiz* gelten für die Führung einer Fraktion ähnl. Regeln.

Fraktur [zu lat. fractura „das Brechen"], eine in Deutschland im 16. Jh. geschaffene Form der ↑ gotischen Schrift, die jahrhundertelang in Deutschland gegenüber der ↑ Antiqua den Vorrang behauptete; auch im poln., tschech., litauischen, schwed. und finn. Sprachbereich verbreitet. Sie entstand auf der Grundlage der ↑ Bastarda als Teuerdankschrift (Entwurf von V. Rockner für den Druck des „Teuerdank", 1517) und als „Dürerfraktur" (1522, 1525 ff.), der Schrift in Dürers Veröffentlichungen, von J. Neudörffer d. Ä. entworfen (geschnitten von Hieronymus Andreae). Charakteristika: „Elefantenrüssel" an verschiedenen Majuskeln (𝔄, 𝔅, 𝔐, 𝔑, 𝔓, 𝔚 u. a.) und „Entenfüßchen" an den Minuskeln, gebrochene Wirkung. Die F. verlor seit dem 19. Jh. zunächst in wiss. Werken, allg. im 20. Jh. ihre Bed., obwohl gerade Anfang des 20. Jh. vorzügl. Frakturschriften geschnitten wurden, die sog. *deutsche Schrift:* R. Koch (u. a. „Dt. Kochschrift", 1908).

▷ in der *Medizin* svw. Knochenbruch (↑ Bruch).

Jean Honoré Fragonard. Die Schaukel, 1766 (London, Wallace Collection)

Fram [norweg. „vorwärts"], Name des Schiffes, mit dem F. Nansen 1893–96 im Eis der Arktis driftete. Heute auf ↑ Bygdøy.

Fra Mauro, †Venedig 1460, italien. Kartograph. – Kamaldulensermönch. Die von ihm angefertigte kreisförmige Weltkarte (1459; Durchmesser 1,96 m) ist verlorengegangen. Ein von seinen Gehilfen 1460 hergestelltes Duplikat befindet sich in der Markusbibliothek in Venedig.

Frambösie [zu frz. framboise „Himbeere" (wegen des Aussehens des Ausschlags)] (Framboesia tropica, Yaws), syphilisähnl. trop. Hautkrankheit, hervorgerufen durch das über Schmierinfektionen, gelegentlich auch durch Fliegen, nur ausnahmsweise durch Geschlechtsverkehr übertragene Bakterium Treponema pertenue; wird nicht zu den Geschlechtskrankheiten gerechnet.

Franc [frã:], in Zusammensetzungen Bez. für die Währungseinheiten verschiedener Staaten, z. B. Belgiens (Belg. F.), Frankreichs (Frz. F.). – ↑ CFA-Franc.

Franc [frz. frã:; nach der Devise „Francorum rex" („König der Franken") auf erstmals 1360 geprägten Münzen] (italien. franco; dt. Franken oder Frank), Name verschiedener Münzen, bes.: 1. Feingoldmünze Frankreichs 1360–80; 2. frz. Silbermünze 1577–1641; 3. frz. Währungseinheit seit 1795, 1 F. = 100 Centimes, geprägt in Silber, 1808–13 auch im Kgr. Westfalen und im Großherzogtum Berg; seit 1921 in unedlen Metallen und fortlaufend abgewertet; als Währungseinheit von anderen Ländern übernommen, bes. im Latein. Münzbund. – Der Goldfranc ist seit 1920 Rechnungseinheit im Weltpostverein; als solche diente er auch im Völkerbund.

Française [frã'sɛːzə; frz. „der französische (Tanz)"], in Deutschland übl. Bez. für die im 18. Jh. in Frankreich verbreiteten Ausprägungen des engl. ↑ Country dance (↑ Contredanse); i. e. S. ein Kettentanz in Doppelreihe.

Françaix, Jean [René] [frz. frã'sɛ], *Le Mans 23. Mai 1912, frz. Komponist und Pianist. – Seine Kompositionen bewegen sich im Rahmen der Tonalität und umfassen Opern, Ballette („Le roi nu", 1936; „Les demoiselles de la nuit", 1948), Orchester-, Kammer- und Klaviermusik sowie Filmmusiken.

Fraktale Geometrie. Das Schema zeigt die Erzeugung eines „Sierpinski-Teppichs", eines Fraktals mit der fraktalen Dimension von aufgerundet 1,8928; man erhält ihn, indem man die Fläche eines Quadrats in 9 gleiche Quadrate unterteilt, von diesen das mittlere ausläßt, mit den verbleibenden 8 Quadraten ebenso verfährt und diesen Prozeß endlos fortsetzt; dadurch verschwindet die Fläche des Teppichs, während der Gesamtumfang seiner Löcher gegen Unendlich geht; seine Selbstähnlichkeit zeigt sich darin, daß bei der dreifachen linearen Vergrößerung zum Beispiel der Teil, der von dem linken oberen der ursprünglichen 9 Teilquadrate überdeckt wird, mit dem Vorgänger identisch ist

Francavilla, Pietro ↑ Francheville, Pierre de.

France, Anatole [frz. frɑ̃:s], eigtl. Jacques-François-Anatole Thibault, * Paris 16. April 1844, † Gut La Béchellerie bei Saint-Cyr-sur-Loire (Indre-et-Loire) 12. Okt. 1924, frz. Schriftsteller. – Unternahm ausgedehnte Reisen durch Südamerika; trat als Sozialist für Dreyfus ein; erhielt 1921 den Nobelpreis für Literatur. F. verkörpert als einer der bedeutendsten frz. Erzähler, Essayisten und Literaturkritiker seiner Zeit die humanist. Tradition der frz. Aufklärung; Gegner jeder irrationalen Strömung, auch des Symbolismus, dabei geistreich, ironisch, skeptisch, humorvoll und undogmatisch. Höhepunkt seines Schaffens bildet das Romanwerk; mit Vorliebe wählte er Stoffe aus Epochen im Umbruch: der Spätantike („Thais", 1890), der Zeit der Frz. Revolution („Die Götter dürsten", 1912), des späten MA (krit. Bericht „Das Leben der hl. Johanna", 1908). F. schrieb auch Dramen, Aphorismen und literaturkrit. Abhandlungen.

Francesca, Piero della [italien. fran'tʃeska] ↑ Piero della Francesca.

Francesca da Rimini [italien. fran'tʃeska dar'ri:mini], † um 1284, italien. Adlige. – Mit G. Malatesta, Signore von Rimini, verheiratet, der sie und seinen Bruder Paolo wegen Ehebruchs ermordete; Dante, der beide in seiner „Göttl. Komödie" (Inferno V) büßen läßt, machte das Liebespaar berühmt. Der Stoff wurde v. a. im 19. Jh. vielfach bearbeitet.

Francescatti, Zino [italien. frãseska'ti], eigtl. René F., * Marseille 9. Aug. 1902, † La Ciotat 16. Sept. 1991, amerikan. Violinist frz. Herkunft. – Erlangte als Interpret virtuoser Violinmusik Weltruhm.

Francesco di Giorgio Martini [italien. fran'tʃesko di 'dʒordʒo mar'ti:ni] ↑ Martini, Francesco di Giorgio.

France-soir [frz. frãs'swa:r, „Frankreich am Abend"], frz. Zeitung, ↑ Zeitungen (Übersicht).

Franche-Comté [frz. frãʃkõ'te] (Freigrafschaft Burgund), histor. Prov. und Region in Frankreich, zw. oberer Saône und frz.-schweizer. Grenze, umfaßt die Dep. Doubs, Haute-Saône, Jura und Territoire de Belfort, 16 202 km², 1,1 Mill. E (1990), Regionshauptstadt Besançon.
Geschichte: Zur Zeit der röm. Eroberung von kelt. Sequanern bewohnt, gehörte seit 27 v. Chr. zur Prov. Belgica, seit Ende 3. Jh. zur Maxima Sequanorum; seit 442 von den Burgundern, 534 vom Fränk. Reich in Besitz genommen; kam 888 zum Kgr. Hochburgund und mit dem gesamten Kgr. Burgund 1032/34 zum Hl. Röm. Reich; schied erst 1674/78 mit der Anerkennung als frz. Besitz aus dem Burgund. Reichskreis aus.

Franches-Montagnes [frz. frãʃmõ'taɲ], Teil des Schweizer Jura, ↑ Freiberge.

Francheville [frz. frãʃ'vil] (Francqueville, Francavilla), Pierre de, * Cambrai 1548 (?), † Paris 25. Aug. 1615, frz. Bildhauer. – War lange in Italien tätig (Florenz, Genua, Pisa), seit 1604 in Paris; Vertreter des Manierismus.

Franchise [frã'ʃi:zə; frz., zu franc „frei"], bes. Form der Selbstbeteiligung des Versicherungsnehmers (v. a. in der Transportversicherung). Vereinbarungsgemäß trägt der Versicherungsnehmer die Schäden bis zu einer bestimmten Höhe selbst.

Franchising [engl. 'fræntʃaɪzɪŋ, eigtl. „Vorrechtgeben"], Form der vertikalen Kooperation im Absatzbereich zw. jurist. und wirtsch. selbständigen Unternehmen. Im Rahmen eines Dauerschuldverhältnisses gewährt der *Franchisegeber* (mit weitgehendem Weisungs- und Kontrollrecht) dem *Franchisenehmer* gegen Entgelt das Recht, Waren und/oder Dienstleistungen (aus seinem Bereich) unter Verwendung von bestimmten Schutzrechten (z. B. Namen, Marken, Patente), Erfahrungen sowie unter Nutzung bestimmter Organisations- und Handlungsschemata herzustellen und/oder zu vertreiben.

Francia, José Gaspar Tomás Rodríguez de [span. 'fransja], gen. Doctor Francia, * Asunción 6. Jan. 1766, † ebd. 20. Sept. 1840, paraguayischer Politiker. – Advokat, Mgl. der Junta, die 1811 die Unabhängigkeit Paraguays erklärte. 1814 Diktator, seit 1817 auf Lebenszeit; brach die Macht von Kirche und Adel; förderte die Landwirtschaft.

Francia, latinisierte Bez. für Franzien, das Hauptsiedlungsgebiet der Franken zw. Rhein und Loire im Früh-MA (Kernraum des Fränk. Reiches); bezeichnete seit den Reichsteilungen des 9. Jh. bes. das Gebiet zw. Seine und Maas. Die F., das einzige Teilreich des Westfränk. Reiches, in dem der König unmittelbar (nicht durch Stellvertreter) regierte, wurde zum Ausgangsgebiet der späteren Krondomäne. Mit der frz. Form „France" entstand schließlich der Gesamtname des frz. Staates.

Francia, il [italien. il 'frantʃa], eigtl. Francesco Raibolini, * Bologna um 1448, † ebd. 5. Jan. 1517, italien. Maler. – War zunächst als Goldschmied und Medailleur tätig, wandte sich seit etwa 1480 der Malerei zu (zahlr. Altarbilder und Madonnen), beeinflußt von Lorenzo di Credi und Perugino.

Francis [engl. 'frɑːnsɪs], James Bicheno, * Southleigh 18. Mai 1815, † Lowell (Mass.) 18. Sept. 1892, brit. Ingenieur. – F. ging 1833 in die USA; schuf hervorragende hydraul. und wasserbautechn. Anlagen und konstruierte 1849 die **Francis-Turbine,** eine radial beaufschlagte Wasserkraftmaschine für Fallhöhen bis 450 m, die nach dem Überdruckprinzip arbeitet.

F., Sam, * San Mateo (Calif.) 25. Juni 1923, amerikan. Maler und Graphiker. – F. gehört zum weiteren Umkreis der abstrakten Expressionisten; seine starkfarbige Malerei in oft großen Formaten betont den Duktus des Farbauftrags in einer fleckenartigen Technik.

Francisco Javier [span. fran'θisko xa'βiɛr] ↑ Franz Xaver.

Francium [nach Francia („Frankreich"), der Heimat der Entdeckerin M. Perey], chem. Symbol Fr, sehr seltenes und schnell radioaktiv zerfallendes Alkalimetall aus der I. Hauptgruppe des Periodensystems; Ordnungszahl 87; langlebigstes Isotop ist Fr 223 mit einer Halbwertszeit von 21,8 Minuten.

Franck, César [frz. frãːk], * Lüttich 10. Dez. 1822, † Paris 8. Nov. 1890, frz. Komponist belg.-dt. Herkunft. – Seit 1872 Prof. für Orgel am Pariser Conservatoire (Schüler u. a. V. d'Indy, C. Debussy); bahnbrechend für den frz. instrumentalen Impressionismus; beeinflußt von der kontrapunkt.-polyphonen Kompositionskunst Bachs und der Harmonik der dt. Spätromantik; komponierte u. a. Opern, Oratorien (u. a. „Les béatitudes", 1869–79), sinfon. Dichtungen (u. a. „Les Éolides" (1876), Sinfonie d-Moll (1886–88), „Variations symphoniques" für Klavier und Orchester (1885); Kammer-, Orgel- und Klaviermusik, Messen und Motetten.

F., James, * Hamburg 26. Aug. 1882, † Göttingen 21. Mai 1964, dt. Physiker. – 1916 Prof. in Berlin, 1920–33 in Göttingen; emigrierte 1933 in die USA, 1938–47 Prof. in Chicago; nahm im 2. Weltkrieg an der Entwicklung der Atombombe teil, warnte aber 1945 die Regierung der USA vor deren Einsatz **(Franck-Report).** Führte zus. mit G. Hertz den Nachweis diskreter Anregungsstufen der Atome des Quecksilberdampfes **(Franck-Hertz-Versuch)** und bestätigte damit die Quantenhypothese und Atomtheorie. Nobelpreis für Physik 1925 (mit G. Hertz).

F., Sebastian, auch gen. Frank von Wörd, * Donauwörth 20. Jan. 1499, † Basel 1542 oder 1543, dt. Schriftsteller. – Prediger. Lehnte jegl. dogmatisch geprägtes Christentum ab und wandte sich den Täufern zu; unstetes Wanderleben. Vorkämpfer der Toleranz, volkstümlicher freimütiger Predigtstil; bed. Prosaist, u. a. „Chronica, Zeytbuch und Geschychtbibell" (1531).

Francke, August Hermann, * Lübeck 22. (12. ?) März 1663, † Halle/Saale 8. Juni 1727, dt. ev. Theologe und Pädagoge. – Von P. J. Spener beeinflußter Vertreter des Pietismus; seit 1689 Dozent in Leipzig, 1692 Pfarrer und Prof. für oriental. Sprachen in Halle. Gründete dort die ↑ Franckeschen Stiftungen. Im Mittelpunkt seiner Arbeit stand die Erziehung der Jugend, gekennzeichnet durch strenge Beaufsichtigung der Zöglinge und Beschäftigung mit den Realien (Ansatz zur Realschule) mit den Zielen Frömmigkeit und Fleiß. Gründete 1710 zus. mit C. H. von Canstein eine Bibelanstalt zur Verbreitung preiswerter Bibeln.

Anatole France

César Franck

James Franck

Franche-Comté
Historisches Wappen

Francke, Meister

Francisco Franco Bahamonde

André François-Poncet

Anne Frank

Ilja Michailowitsch Frank

F., Ernst, *Coburg 10. Nov. 1852, †Freiburg im Breisgau 23. Dez. 1921, dt. Sozialreformer. – 1897–1921 Hg. der Zeitschrift „Soziale Praxis", 1901–13 Generalsekretär, 1920/21 Vors. der „Gesellschaft für Soziale Reform"; gründete 1904 deren „Bureau für Sozialpolitik" in Berlin.

Francke, Meister ↑ Meister Francke.

Francken [niederl. 'fraŋkə], weit verzweigte fläm. Malerfamilie, aus Herentals stammend, tätig im 16. und 17. Jh.; u. a. **Frans Francken d. J.** (*1581, †1642), Kabinettformate; im Spätwerk Übergang vom Historienzum Genrebild.

Franckesche Stiftungen, von A. H. Francke in Halle/Saale gegr. Erziehungsanstalten, Zentrum des Pietismus. Sie umfaßten Armenschule mit Waisenhaus (1695), Pädagogium für Adlige mit Internat (1696), Bürgerschule und Lateinschule für Bürgerkinder mit Internat (1697), Gynaeceum, d. h. höhere Mädchenschule (1698). Den Schulen angegliedert waren die Ostind. Missionsgesellschaft (1705) und die Cansteinsche Bibelanstalt (1710) sowie eine Reihe „erwerbender Anstalten" (Verlag, Druckerei, Buchhandlung, Apotheke u. a.). Bei Franckes Tod hatten die Anstalten etwa 2300 Zöglinge. 1946 wurden die F. S. der Universität Halle eingegliedert.

Francke Verlag (A. Francke AG) ↑ Verlage (Übersicht).

Franck-Hertz-Versuch, berühmter atomphysikal. Versuch (↑ Franck, James).

Franckh'sche Verlagshandlung W. Keller Co. ↑ Verlage (Übersicht).

Franco Bahamonde, Francisco, *El Ferrol 4. Dez. 1892, †Madrid 20. Nov. 1975, span. General und Politiker. – Schlug 1934 den sozialist. Aufstand in Asturien nieder; wurde 1935 Generalstabschef, jedoch nach dem Sieg der Volksfront 1936 kaltgestellt. Nach dem Militäraufstand vom 17./18. Juli 1936 zum Befehlshaber in Span.-Marokko, im Sept. 1936 zum Chef der sog. nat. Reg. und zum Generalissimo ausgerufen; baute im Span. Bürgerkrieg, in dem er mit dt.-italien. Militärhilfe die republikan. Reg. stürzte, seine Führungsrolle („Caudillo") aus. Innenpolitisch stützte sich der Diktator auf die Armee, die Einheitspartei der Falange und die kath. Kirche. Trotz Anlehnung an die Achsenmächte hielt F. B. Spanien offiziell aus dem 2. Weltkrieg heraus, duldete jedoch die Entsendung militär. Einheiten (Blaue Division) auf dt. Seite in den Krieg gegen die UdSSR. Mit dem Nachfolgegesetz (1947) führte F. B. die Monarchie wieder ein, blieb jedoch Staatsoberhaupt auf Lebenszeit; war außerdem Reg.chef (bis 1973), militär. Oberbefehlshaber und Führer der Einheitspartei; bestimmte Juan Carlos (Haus Bourbon) 1969 zu seinem Nachfolger und Anwärter auf den span. Königsthron.

François [frz. frã'swa], Jean-Charles, *Nancy 4. Mai 1717, †Paris 21. März 1769, frz. Kupferstecher. – Erfand die ↑ Krayonmanier zur Wiedergabe weicher Modellierungen.

F., Marie Luise von, *Herzberg/Elster 27. Juni 1817, †Weißenfels 25. Sept. 1893, dt. Schriftstellerin. – Schrieb Romane und Novellen, u. a. „Die letzte Reckenburgerin" (R., 1871); Briefwechsel mit C. F. Meyer.

François de Sales [frz. fräswad'sal] ↑ Franz von Sales.

François-Poncet [frz. fräswapõ'sɛ], André, *Provins (Seine-et-Marne) 13. Juni 1887, †Paris 8. Jan. 1978, frz. Diplomat und Politiker. – 1931–38 frz. Botschafter in Berlin, 1938–40 in Rom; 1940–43 Mgl. des Nationalrats, 1943–45 in dt. Haft; seit 1948 Beauftragter beim frz. Oberbefehlshaber in Deutschland; 1949–53 Hochkommissar, 1953–55 Botschafter in Bonn; 1955–67 Präs. des Internat. Roten Kreuzes, 1955–60 des frz. Rats der Europ. Bewegung.

Françoisvase [frz. frã'swa], von dem frz. Kupferstecher Alphonse François (*1811, †1888) 1844 in Chiusi gefundener Volutenkrater (Töpfer Ergotimos, Maler Klitias; um 570 v. Chr.; Florenz, Museo Archeologico); bed. Werk hocharchaisch-att. Keramik.

Franconia, latinisierte Form des geograph. Namens Franken.

Francqueville [frz. fräk'vil] ↑ Francheville.

Francs-tireurs [frz. frãti'rœ:r] ↑ Franktireurs.

Frangipane [italien. frandʒi'pa:ne], seit 1014 urkundlich nachweisbares röm. Adelsgeschlecht; stieg dank der Verbindung mit dem Reformpapsttum des späten 11. Jh. zu einer der mächtigsten Familien Roms auf; schwankte seit dem 12. Jh. zw. päpstl. und kaiserl. Partei. *Giovanni F.* lieferte 1268 Konradin an Karl von Anjou aus.

Franju, Georges [frz. frã'ʒy], *Fougères 12. April 1912, †Paris 15. Nov. 1987, frz. Filmregisseur. – Mitbegr. der Cinémathèque Française (1936); Kurz- und Dokumentarfilme („Le sang des bêtes", 1949; „Hôtel des Invalides", 1951).

frank [nach den Franken, die als „freie" Herren galten], frei, gerade, offen (noch in der Wendung **frank und frei**).

Frank, Adolf, *Klötze/Altmark 20. Jan. 1834, †Charlottenburg (= Berlin) 30. Mai 1916, dt. Chemiker. – Begründer der dt. Kaliindustrie, entwickelte mit N. Caro 1899 das **Frank-Caro-Verfahren** zur Gewinnung von Kalkstickstoff aus Calciumcarbid.

F., Anne, eigtl. Annelies Marie F., *Frankfurt am Main 12. Juni 1929, †KZ Bergen-Belsen im März 1945, Tochter eines jüd. Bankiers. – Emigrierte 1933 mit den Eltern in die Niederlande; bekannt durch ihre Tagebuchaufzeichnungen im Versteck ihrer Familie in Amsterdam während der dt. Besetzung vom 14. Juni 1942 bis 1. Aug. 1944, einem erschütternden Dokument jüd. Schicksals („Das Tagebuch der Anne Frank", dt. 1950); 1944 entdeckt und verschleppt.

F., Bruno, *Stuttgart 13. Juni 1887, †Beverly Hills (Calif.) 20. Juni 1945, dt. Schriftsteller. – Emigrierte 1933; in seiner Lyrik anfangs von Rilke beeinflußt; als Erzähler in der Nachfolge der großen Romanciers des 19. Jh., v. a. Turgenjews; verfaßte u. a. „Trenck" (R., 1926), „Polit. Novelle" (1928), „Cervantes" (1934); Lustspiel „Sturm im Wasserglas" (1930).

F., Hans, *Karlsruhe 23. Mai 1900, †Nürnberg 16. Okt. 1946 (hingerichtet), dt. Jurist und Politiker (NSDAP). – 1930–45 MdR, 1933/34 bayer. Justizmin., seit 1934 Reichsmin. ohne Geschäftsbereich; als Generalgouverneur von Polen seit 1939 verantwortl. für die brutale Besatzungspolitik; als Hauptkriegsverbrecher angeklagt.

F., Ilja Michailowitsch, *Petersburg 23. Okt. 1908, †Moskau 22. Juni 1990, sowjet. Physiker. – Entwickelte gemeinsam mit I. J. Tamm eine Theorie des Tscherenkow-Effekts. Nobelpreis für Physik 1958 (zus. mit I. J. Tamm und P. A. Tscherenkow).

F., Jacob, eigtl. Jankiew Lejbowicz, *Korolowka (Ukraine) 1726, †Offenbach am Main 10. Dez. 1791, jüd. Sektierer. – Wirkte seit 1756 in Polen im Anschluß an die pseudomessian. Bewegung des ↑ Sabbatai Zwi; ab 1786 in Offenbach. F., von seinen Anhängern, den **Frankisten,** als Inkarnation des Sabbatai Zwi und des verborgenen Gottes angesehen, vertrat nihilist. religiöse Anschauungen.

F., Johann Peter, *Rodalben (Landkreis Pirmasens) 19. März 1745, †Wien 24. April 1821, dt. Mediziner. – Prof. in Göttingen, Pavia, Wien, Wilna und Petersburg. Begründer der wiss. Hygiene und der öff. Gesundheitspflege.

F., Karl Hermann, *Karlsbad 24. Jan. 1898, †Prag 22. Mai 1946, sudetendt. Politiker. – 1933 Propagandachef K. Henleins; als Staatssekretär beim Reichsprotektor (ab 1939) und als Staatsmin. für Böhmen und Mähren (ab 1943) für die dort begangenen Greueltaten der SS (Lidice) verantwortlich; als Kriegsverbrecher hingerichtet.

F., Leonhard, *Würzburg 4. Sept. 1882, †München 18. Aug. 1961, dt. Schriftsteller. – Lebte 1915–18 in der Schweiz, 1933–49 Emigration u. a. nach Frankreich und den USA. Wandte sich nach seinem Erstlingsroman „Die Räuberbande" (1914) unter dem Einfluß des Expressionismus sozialrevolutionären Themen zu („Das Ochsenfurter Männerquartett", R., 1927; „Bruder und Schwester", R., 1929; „Die Jünger Jesu", 1949); Autobiographie „Links, wo das Herz ist" (1952).

F., Robert, *Zürich 9. Nov. 1924, amerikan. Photograph schweizer. Herkunft. – Seine Dokumentarphotographien von Amerika („Les Américains", 1958) wirkten stilbildend auf die nachfolgende Photographengeneration.

Frankfurt am Main

Franken (lat. Franci), westgerman. Stammesgruppe, seit dem 3. Jh. n. Chr. literarisch bezeugt. Östlich des Niederrheins siedelnd, nahmen die F. selbständige Stämme (Chamaven, Brukterer, Sugambrer, Attuarier) in sich auf und drangen in röm. Gebiet vor. Im 5. Jh. stießen einzelne Fürsten – teils in röm. Dienst – nach S vor und besetzten das Gebiet des heutigen Belgien, das Mosel- und Rheingebiet. Die durch Chlodwig I. um 500 eingeleitete Großmachtbildung des Fränk. Reiches wurde zum wichtigsten polit. Faktor des beginnenden MA. Die bis 500 unterworfenen Länder im W zw. Somme und Loire, im O an Mittelrhein, Main und unterem Neckar wurden fränk. überschichtet, jedoch relativ dünn, was im W bis zum 8. Jh. zur Assimilation des german. Elements durch das roman. und zur Ausbildung der seitdem geltenden Sprachgrenze führte.

Franken, histor. Landschaft in Bayern und Bad.-Württ.; F. hat im wesentlichen Anteil am süddt. Schichtstufenland (Buntsandstein-Keuper) sowie am Fichtelgebirge, am Frankenwald und nördl. Oberpfälzer Wald. Klimatisch sind das westl. Steigerwaldvorland und das Schweinfurter Becken bes. begünstigt. Anbau v. a. von Getreide und Zuckerrüben (Zuckerfabriken in Ochsenfurt und Zeil a. Main); in günstigen Lagen Weinbau (↑Frankenweine). Überregionale wirtsch. und kulturelle Bed. haben das Städtedreieck Nürnberg–Fürth–Erlangen sowie Würzburg und Schweinfurt. Demgegenüber hat das Ind.gebiet um Hof nach 1945 erheblich an Bed. verloren. Bed. hat die im Fichtelgebirge beheimatete Porzellanindustrie. **Geschichte:** Bis ins 6. Jh. Spannungsfeld zw. Thüringern und Alemannen, dann dem Fränk. Reich lose angegliedert und seit etwa 720 fränk. Königsprov.; 1168–1803 waren die Bischöfe von Würzburg Herzöge von F., im Spät-MA vielgestaltige Territorienbildung. Mit Errichtung des Fränk. Reichskreises (1500) und seiner geograph. Ausdehnung entstand echtes fränk. Gemeinschaftsbewußtsein. Durch die territoriale Neugliederung 1805–10 wurde der größte Teil Bayern zugeteilt; Hohenlohe-F. kam an Württemberg, das Bauland und Taubertal an Baden, das ehem. mainz. Aschaffenburg an Bayern; 1920 kam zu F. auch die ehem. sächs. Pflegschaft Coburg.

F., Region in Baden-Württemberg.

Franken (Frank), Münzname, ↑Franc.

Frankenalb ↑Fränkische Alb.

Frankenberg (Eder), Stadt in Hessen, am Eintritt der oberen Eder in den Kellerwald, 300 m ü. d. M., 16 500 E. U. a. Textilind., Möbelfabriken, Lederverarbeitung; Fachschule für Umweltschutztechnik. – 1240 erstmals erwähnt; die 1294 ist Stadt gen. Siedlung gehörte meist zu Hessen. – Got. Liebfrauenkirche (1286 ff.); Fachwerkrathaus (1421 erbaut, 1509 erneuert) mit oktogonalem Fachwerktreppenturm (1535).

Frankenhausen/Kyffhäuser, Bad ↑ Bad Frankenhausen/Kyffhäuser.

Frankenhöhe, südlichster Teil des fränk. Keuperberglandes, bis 552 m hoch, erhebt sich über dem Gäuland von Crailsheim und Rothenburg ob der Tauber in einer rd. 150 m hohen Doppelstufe.

Frankenspiegel (Kaiserrecht), ein in Hessen entstandenes dt. Rechtsbuch (vermutl. 1328/38 im Frankfurter Bereich).

Frankenstein, urspr. Gestalt eines Romans von Mary W. Shelley (1818), in dem das von F. geschaffene Monster die getretene soziale Unterschicht symbolisiert. Ab 1910 bis heute häufig verfilmt; berühmt v. a. J. Whales „F." (1931) mit B. Karloff in der Rolle des Monsters.

Frankenstein in Schlesien (poln. Ząbkowice Śląskie), Kleinstadt im sö. Vorland des Eulengebirges, Polen, 280 m ü. d. M., 17 000 E. Glasind., elektrotechn. Ind., Holzverarbeitung. – 1287 gegr., seit der Mitte des 14. Jh. zu Böhmen; 1742 an Preußen, 1945 zu Polen. – Spätgot. Pfarrkirche (14./16. Jh.), Ruine der Burg (14. Jh.).

Frankenthaler, Helen [engl. ˈfræŋkənˌdɛːlər], *New York 12. Dez. 1928, amerikan. Malerin. – Ihr Werk steht am Übergang vom abstrakten Expressionismus zur ↑Farbfeldmalerei.

Frankenthaler Maler, fläm. Künstler, die wegen ihres reformierten Bekenntnisses ihre Heimat verlassen mußten und sich ab 1562 in Frankenthal (Pfalz) niederließen; unter ihnen G. van ↑Coninxloo.

Frankenthaler Porzellan, Erzeugnisse der in Frankenthal (Pfalz) von 1755 bis 1800 betriebenen Porzellanmanufaktur. Bed. die figürl. Arbeiten.

Frankenthal (Pfalz), Stadt in Rhld.-Pf., am Oberrhein, 96 m ü. d. M., 44 700 E. Maschinenbau, metall- und kunststoffverarbeitende Ind. – Urkundlich erstmals 772 erwähnt; Kurfürst Friedrich III. siedelte 1562 ref. Glaubensflüchtlinge aus den habsburg. Niederlanden an; 1577 Stadtrechte; 1689 von frz. Truppen völlig niedergebrannt; erneuter Aufschwung unter Kurfürst Karl Theodor (seit 1755; u. a. Porzellanmanufaktur); seit 1797 frz., 1814–16 unter östr.-bayr. Verwaltung, 1816 an Bayern. – Von der Stadtbefestigung sind das Wormser (1772) und das Speyerer Tor (1773) erhalten. Zwölfapostelkirche mit Säulenvorhalle (1820–23; wieder aufgebaut).

Frankenwald, Teil der mitteldt. Gebirgsschwelle zw. Fichtelgebirge und Thüringer Wald, im Döbraberg 795 m hoch; bricht im SW entlang einer markanten Verwerfungszone **(Fränkische Linie)** steil zum obermain. Hügelland ab. Die **Münchberger Hochfläche** bildet den Übergang zum Fichtelgebirge. Reich an Niederschlägen; stark bewaldet (Fichten). Hausweberei, Hausierergewerbe, Flößerei und Holzwirtschaft waren jahrhundertelang neben dem schon im 17. Jh. entstandenen Bergbau wichtige Erwerbszweige der Bev.; heute v. a. Textil-, Holz-, Glas-, Elektro- und feinmechan. Ind. sowie Fremdenverkehr. Naturpark F., 1 116 km².

Frankenweine, am Main und in dessen Seitentälern bis zu den Abhängen des Steigerwaldes und Spessarts angebaute Weine, von O nach W: 1. *Keupergebiet* an den Hängen des Steigerwaldes von Zeil a. Main bis zum Aischgrund Mittelfrankens (Iphofen, Rödelsee), bes. Silvanerweine; 2. *Muschelkalkgebiet* im Maindreieck Schweinfurt–Ochsenfurt–Gemünden a. Main, v. a. Silvaner und Müller-Thurgau; 3. *Buntsandsteingebiet* in Unterfranken: an Spessarthängen gedeihen Blauburgunder- und Rieslingweine, die bereits zu den Rheingauweinen überleiten.

Frankfort [engl. ˈfræŋkfət], Hauptstadt von Kentucky, USA, am Kentucky River, 26 000 E. Univ.; histor. Museum, Bibliothek; Whiskeyherstellung; elektron. Ind.; ⌖. – Ehem. Capitol (1836; heute Museum).

Frankfurt, ehem. Großherzogtum, Rheinbundstaat, 1810–13 von Napoleon I. für den ehem. Mainzer Kurfürsten Karl Theodor (Reichsfreiherrn von Dalberg) errichtet; umfaßte außer schon zu Dalbergs Primatialstaat gehörenden Gebieten (F. am Main, Amt Aschaffenburg, Wetzlar) die Ft. Fulda und Hanau.

Frankfurt am Main, größte Stadt in Hessen, beiderseits des Untermains, 88–212 m ü. d. M., 618 300 E. Max-Planck-Inst. für europ. Rechtsgeschichte, für Biophysik und für Hirnforschung, zahlr. naturwiss.-techn. Gesellschaften und Forschungsinst. (u. a. Batelle-Inst., Paul-Ehrlich-Inst.), Univ. (eröffnet 1914), Philosophisch-Theolog. Hochschule, Hochschulen für Musik und für bildende Künste, Dt. Akad. der Darstellenden Künste, Freies Dt. Hochstift, Dt. Inst. für Internat. Pädagog. Forschung, Inst. für Angewandte Geodäsie; zahlr. Fachschulen, Dt. Buchhändlerschule; Sitz mehrerer Bundesbehörden, u. a. Bundesanstalt für Flugsicherung, Bundesrechnungshof, Zentralstelle für Arbeitsvermittlung; Verwaltung des Main-Taunus-Kreises im Stadtteil Höchst; Städt. Bühnen u. a. Theater, Museen; Dt. Bibliothek, Palmengarten, Zoo. – F. am M. ist eines der wichtigsten Handels- und Finanzzentren der BR Deutschland: Sitz der Dt. Bundesbank und der Dt. Großbanken, Zentrum des dt. Pelzhandels, Sitz des Börsenvereins des Dt. Buchhandels, zahlr. Verlage; Messen und Fachausstellungen (u. a. Buchmesse, Internat. Pelzmesse, Internat. Automobil-Ausstellung). Wichtigster Ind.standort des Ballungsgebietes am Untermain, u. a. chem., metallverarbeitende und Elektroind.; Verkehrsknotenpunkt (Bahn und Straße), Flußhäfen, internat. ⌖ mit Luftfrachthafen.

Johann Peter Frank

Leonhard Frank

Frankfurt am Main
Stadtwappen

Frankfurt an der Oder

Frankfurt am Main
Handels-, Finanz- und Verkehrszentrum der BR Deutschland
·
618 300 E
·
um 500 fränk. Königshof
·
im MA bed. Messeplatz und Ort der Königskrönung
·
1848/49 Frankfurter Nationalversammlung in der Paulskirche
·
histor. Zentrum mit „Römer"
·
Geburtshaus von J. W. von Goethe

Geschichte: Zunächst röm. Militärlager, nach 110 röm. Zivilsiedlung **Nida,** Mitte des 3. Jh. von den eindringenden Alemannen zerstört. Um 500 fränk. Königshof; der Name **Franconovurd** (Furt der Franken) ist seit 794 belegt. An der Stelle der karoling., später stauf. Pfalz entwickelte sich die Marktsiedlung, die noch vor 1200 Stadt wurde. F. am M. bildete eine eigene Stadtrechtsfamilie, zu der u. a. Friedberg, Gelnhausen, Hanau, Limburg und Wetzlar gehörten. Seit dem 12. Jh. war F. am M. häufig Ort von Königswahlen (in der Goldenen Bulle 1356 reichsrechtlich festgesetzt), seit 1562 war der Dom auch Stätte der Kaiserkrönung. Die Stadt (seit 1372 reichsunmittelbar) entwickelte sich im 13. und 14. Jh. zum überregionalen Handels- und Messeplatz. Die Frankfurter Messe erhielt durch die Frühjahrsmesse seit 1330 internat. Bedeutung. Nach der Erfindung des Buchdrucks fand die Frankfurter Buchmesse europ. Bedeutung. 1535 schloß sich die Stadt förmlich dem luth. Bekenntnis an und wurde Mgl. des Schmalkald. Bundes. 1612 erhoben sich die Zünfte, um Anteil am Stadtregiment zu erhalten (Fettmilchaufstand). 1792 und 1796 frz. besetzt, verlor F. seine reichsstädt. Freiheit 1806, wurde 1810 Hauptstadt des Groß-Hzgt. Frankfurt, 1813 Freie Stadt, erhielt 1816 eine Gesetzgebende Versammlung (bis 1866); seit 1815/16 Sitz des Dt. Bundestages und der Frankfurter Nationalversammlung 1848/49. Durch die 1928 erfolgte Eingemeindung von Höchst (1355 Stadtrechte) und Fechenheim wuchs die Bed. als Ind.stadt. Im 2. Weltkrieg schwer zerstört (völlige Vernichtung der Altstadt). 1977 Eingemeindung von Bergen-Enkheim.

Bauten: Zahlr. Kirchen, u. a. Sankt Justinus (spätkaroling.) in Höchst, got. Dom (13./14. Jh.), Liebfrauenkirche (14./15. Jh.), Leonhardskirche (15. Jh.), Paulskirche (1789 bis 1833). Erhalten bzw. wiederaufgebaut sind u. a. der Saalhof (12. Jh.), das Steinerne Haus (1464), der Römer, der als Rathaus aus verschiedenen Patrizierhäusern entstand, die Hauptwache von 1729/30. Bed. öff. Bauten der Gründerzeit (19. Jh.) sind u. a. die Oper (nach Wiederaufbau der Ruine 1980 als Konzert- und Kongreßhaus eröffnet, nach Brand 1987–91 wiederaufgebaut), die Neue Börse und der Hauptbahnhof. Reste der Stadtbefestigung, u. a. Eschenheimer Turm (1400–28). Zu den wegweisenden Bauten zw. beiden Weltkriegen zählen verschiedene Wohnsiedlungen (v. a. Römerstadt, 1927/28) sowie das ehem. Verwaltungsgebäude der Firma I. G. Farben (1928–30). Nach dem 2. Weltkrieg entstanden u. a. der U-Bahnhof Hauptwache, Verwaltungshochhäuser, der Terminal Mitte des Flughafens, der Fernmeldeturm (1978), Messeturm (1990), mit 256 m höchstes Bürohaus Europas. Museumsviertel am Mainufer mit dem Liebighaus (1909), dem Städelschen Kunstinst. (1816/1878), dem Dt. Architekturmuseum (1984), dem Museum für Kunsthandwerk (1985), dem Dt. Filmmuseum (1984), dem Dt. Postmuseum (1990). Im weiteren Stadtgebiet u. a. Jüd. Museum, Museum für Moderne Kunst (1991), Goethehaus und -museum, Histor. Museum.

Frankfurt an der Oder ↑ Frankfurt/Oder.

Frankfurter, Philipp, Wiener Schwankdichter des 15. Jh. – Seine gereimte, ironisch-satir. Schwanksammlung vom „Pfarrer vom Kalenberg" wurde um 1473 in Augsburg erstmals gedruckt.

Frankfurter, Der, unbekannter Verfasser der ↑ „Theologia deutsch" (14. Jh.).

Frankfurter Allgemeine [Zeitung für Deutschland], dt. Zeitung, ↑ Zeitungen (Übersicht).

Frankfurter Buchmesse, seit 1949 jährlich in Frankfurt am Main veranstaltete größte internat. Buchausstellung.

Frankfurter Dokumente (1948) ↑ Londoner Konferenzen, Protokolle und Verträge.

Frankfurter Friede, Friedensvertrag vom 10. Mai 1871, beendete den Dt.-Frz. Krieg 1870/71.

Frankfurter Fürstentag, durch den östr. Kaiser Franz Joseph im Aug. 1863 mit dem Ziel der Reform des Dt. Bundes bei Anerkennung des Föderativprinzips einberufene Versammlung der dt. Monarchen und Freien Städte; scheiterte v. a. am Fernbleiben König Wilhelms I. von Preußen.

Frankfurter gelehrte Anzeigen, literar. und wiss. Zeitschrift, die von 1772 bis 1790 erschien und zuerst von J. H. Merck und J. G. Schlosser, dann von K. F. Bahrdt geleitet wurde; berühmt ist der Jahrgang 1772 (Mitarbeit u. a. von Goethe und Herder).

Frankfurter Goethe-Preis, von der Stadt Frankfurt am Main seit 1927 jährlich, seit 1949 alle 3 Jahre an Goethes Geburtstag (28. Aug.) verliehener, z. Z. mit 50 000 DM dotierter kultureller Preis; erster Preisträger war 1927 S. George, seither u. a. A. Schweitzer (1928), S. Freud (1929), M. Planck (1945), H. Hesse (1946), T. Mann (1949), C. Zuckmayer (1952), A. Kolb (1955), C. F. von Weizsäcker (1958), E. Beutler (1960), W. Gropius (1961), B. Reifenberg (1964), C. Schmid (1967), G. Lukács (1970), A. Schmidt (1973), I. Bergmann (1976), R. Aron (1979), E. Jünger (1982), Golo Mann (1985), Peter Stein (1988), Wisława Szymborska (1991).

Frankfurter Hefte, 1946 in Frankfurt am Main von W. Dirks und E. Kogon gegr. dt. kulturpolit. Monatsschrift; seit 1985 mit der Zeitschrift „Die neue Gesellschaft" vereinigt.

Frankfurter Horizontale, svw. ↑ Ohr-Augen-Ebene.

Frankfurter Hypothekenbank, größte reine Hypothekenbank in Deutschland, Sitz Frankfurt am Main; gegr. 1862 als erste dt. private Hypothekenbank, Tochtergesellschaft der Dt. Bank AG.

Frankfurter Nationalversammlung, 1848/49 in der Paulskirche zu Frankfurt am Main tagendes (daher auch „Paulskirche" gen.) gesamtdt. verfassunggebendes Parlament; nach der Märzrevolution 1848 hervorgegangen aus freien, allg. und gleichen Wahlen (Abg. v. a. Vertreter des gebildeten Besitzbürgertums und Intellektuelle).
Die am 18. Mai 1848 gebildete F. N. suchte eine gesamtdt. Verfassung zu entwerfen und einen dt. Nationalstaat zu schaffen, der die preuß. und östr. Sonderinteressen bei Erhaltung der staatl. Vielfalt Deutschlands aufheben sollte. Mit der Absage der F. N. an eine zu enge Verbindung des angestrebten Nationalstaats mit den nichtdt. Teilen wurde die Vielvölkerstaat Österreichs zum entscheidenden, unlösbaren Problem. Am 28./29. Juni 1848 schuf die F. N. mit der Wahl des Reichsverwesers Erzherzog Johann von Österreich eine provisor. Reg., der jedoch eine wirksame Exekutivgewalt fehlte. In der Septemberrevolution 1848 wandte sich die gemäßigt-liberale Mehrheit der F. N. gegen den revolutionären Weg zu Volkssouveränität und Nationalstaat und verhalf mit dem Einsatz einzelstaatl. (v. a. preuß.) Truppen den alten Ordnungsmächten zum entscheidenden Erfolg. Während es der F. N. gelang, sich auf ein umfassendes Gesetz über die Grundrechte des dt. Volkes (27. Dez. 1848) zu einigen, standen sich in der dt. Frage

Frankfurt am Main. Blick auf den Römer (Mitte), erbaut um 1400, rechts die Paulskirche, 1789–1833, im Hintergrund die Hochhäuser des Bankenviertels

die Kleindeutschen, die den Ausschluß Österreichs befürworteten, und die Großdeutschen gegenüber. Am 28. März 1849 wurde schließlich der preuß. König Friedrich Wilhelm IV. zum Kaiser eines kleindt. Reiches gewählt (290 Stimmen bei 248 Enthaltungen). Mit seiner Weigerung, die Erbkaiserkrone anzunehmen, war die F. N. gescheitert. Die liberal geprägte Reichsverfassung vom 28. März 1849 wurde nur von 28 kleineren Staaten, aber u. a. nicht von Preußen und Österreich anerkannt. Die Maiaufstände zur Durchsetzung der Verfassung in Sachsen, Baden und in der Rheinpfalz wurden niedergeschlagen. Konstitutionelle Überlegungen der F. N. beeinflußten spätere Diskussionen.

Frankfurter Rundschau, dt. Zeitung, ↑Zeitungen (Übersicht).

Frankfurter Tests, Schulreifetests (bes. Lern- und Denktests), Schulleistungstests und Sozialtests (Motivations- und Gruppensituationstests), die Eignung und Leistung von Schulanwärtern und Schülern untersuchen.

Frankfurter Wachensturm, die am 3. April 1833 erfolgte Erstürmung der Hauptwache und der Konstablerwache in Frankfurt am Main durch eine Gruppe von Studenten und Handwerkern, mit der eine revolutionäre Erhebung in SW-Deutschland ausgelöst werden sollte, was aber mißlang.

Frankfurter Zeitung, ehem. dt. Tageszeitung mit internat. Bedeutung; entwickelte sich aus der von L. Sonnemann 1856 hg. „Frankfurter Handelszeitung" (seit 1866 „F. Z."); 1943 verboten.

Frankfurt/Oder, kreisfreie Stadt in Brandenburg, am W-Ufer der Oder, 25–80 m ü. d. M., 87 000 E. Europa-Univ. (gegr. 1991), Kleist-Theater, Kleist-Gedenkstätte; u. a. Halbleiterwerk, Baustoff-, Metall-, Lebensmittelind.; Grenzübergang nach Polen; Flußhafen. – Auf Veranlassung Markgraf Johanns I. von Brandenburg wurde die wohl um 1226 auf dem westl. Oderufer gegr. dt. Marktsiedlung 1253 zur Stadt erweitert; 1368 bis zum Anfang des 16. Jh. Mgl. der Hanse. 1505 wurde in F./O. die erste brandenburg. Univ. gegr. (1811 nach Breslau verlegt). Seit 1945 bilden die östlich der Oder gelegenen Stadtteile, die *Dammvorstadt,* die zu Polen gehörende Gemeinde *Słubice.* 1952–90 Hauptstadt des gleichnamigen DDR-Bezirks. – Erhalten bzw. wiederaufgebaut u. a. spätgot. Rathaus (1607–10 umgebaut), Chor- und Südschiff der spätgot. Pfarrkirche Sankt Marien (um 1400), got. Friedenskirche (13. Jh. und 15. Jh.), ehem. Franziskanerkirche (13. Jh. und 16. Jh., heute Konzerthalle).

Frankiermaschine (Freistempler), Büromaschine zum Freimachen von Postsendungen durch einen Stempelabdruck, der Gebühr, Ort, Datum und Absenderfirma und/oder Werbetext enthält.

Frankisch ↑ deutsche Mundarten.

Fränkische Alb (Frankenalb), Teil des süddt. Schichtstufenlands mit bis 280 m hohem Stufentrauf des Weißen Jura, von der Schwäb. Alb durch das Nördlinger Ries getrennt, im Poppberg 657 m hoch. Von N nach S unterscheidet man drei naturräuml. Einheiten: 1. südlich des Mains liegt die Nördl. *Frankenalb,* in deren zentralem Teil die sog. **Fränkische Schweiz;** 2. zw. Hersbruck und Schwarzer Laber folgt die *Mittlere Frankenalb;* 3. anschließend erstreckt sich bis zum Ries die *Südl. Frankenalb* mit dem Donaudurchbruch zw. Weltenburg und Kelheim. Die F. A. ist stark verkarstet (u. a. zahlr. Höhlen), auf Grund des Wassermangels, des rauhen Klimas und unfruchtbarer Böden dünn besiedelt. Die Ind. ist gering (in Sulzbach-Rosenberg Eisenverhüttung, bei Solnhofen Gewinnung von Plattenkalken als Baustoff, bei Treuchtlingen Marmorabbau). Forstwirtschaft, Holzverarbeitung. Im N liegt der Naturpark Fränk. Schweiz/Veldensteiner Forst, im S der Naturpark Altmühltal.

Fränkische Rezat ↑ Rednitz.

Fränkischer Reichskreis ↑ Reichskreise.

Fränkische Saale, rechter Nebenfluß des mittleren Mains, entspringt in den Haßbergen, mündet unterhalb von Gemünden a. Main, 142 km lang.

Fränkisches Reich

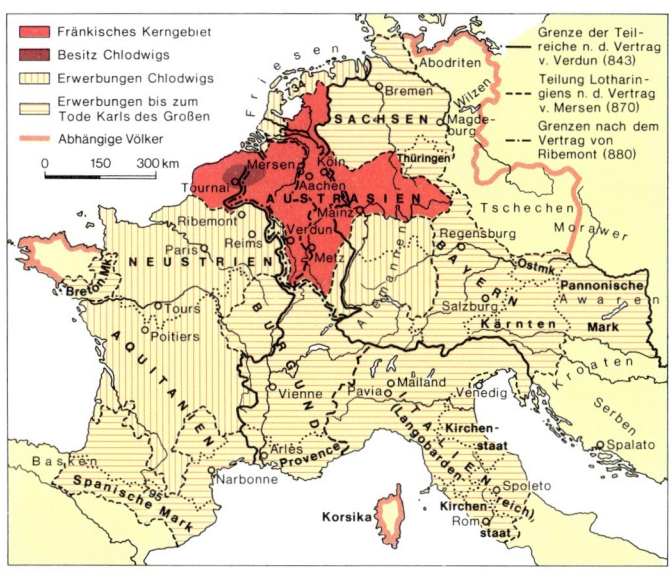

Fränkisches Reich

Fränkische Schweiz ↑ Fränkische Alb.
fränkisches Recht ↑ germanische Volksrechte.
Fränkisches Reich (lat. Regnum Francorum), die bedeutendste german. Reichsgründung der Völkerwanderungszeit. Das von den sal. Franken im 5. Jh. um Tournai gebildete Kleinkönigtum der Merowinger wurde durch die Eroberungen Chlodwigs I. ab 486/487 zum Großreich. Unter seinen Söhnen kamen 531 das Thüringer- und 532/534 das Burgunderreich hinzu. Der Übertritt Chlodwigs zum kath. Christentum schuf die Voraussetzung für eine wirkl. Integration der roman. Bevölkerung. Die so gewonnene Stabilität des F. R. wurde jedoch geschwächt durch die häufigen Reichsteilungen, die bereits nach Chlodwigs Tod (511) ihren Anfang nahmen (4 Reichsteile mit den Zentren Paris, Soissons, Orléans und Metz). Hinzu kamen Spannungen zw. W-Teil (Neustrien) und O-Teil (Austrien), zw. Königtum und Aristokratie, aus deren Mitte die Hausmeier hervorgingen. Letztere übten nach dem endgültigen Verfall der königl. Macht der Merowinger nach dem Tod Dagoberts I. (639) die eigtl. Herrschaft im F. R. aus. Mit dem Aufstieg der austr. Hausmeier aus dem Geschlecht der Karolinger, die 687 mit Pippin dem Mittleren die Alleinherrschaft im F. R. erlangten, rückte der Schwerpunkt des Reichs in den O. 751 setzte Pippin d. J. den letzten merowing. König, Childerich III., ab und ließ sich mit Unterstützung des Papsttums selbst zum König erheben. 754 übernahm er seinerseits als Patricius Romanorum den Schutz des Papstes und die Garantie seines Besitzes (↑Pippinische Schenkung). Damit war die fränk. Politik fortan auf Rom ausgerichtet und der Boden bereitet, auf dem Karl d. Gr. 800 im Einvernehmen mit dem Papsttum und schließl. (812) auch unter Anerkennung durch Byzanz das abendländ. Kaisertum errichten konnte. Dieser Schritt war auch durch eine Reihe von territorialen Erwerbungen (Eroberung des Langobardenreiches 774, Unterwerfung der Sachsen 772–804) und Sicherung des F. R. (Sieg über die Awaren 796, Errichtung der Span. Mark) vorbereitet worden. Doch schon in den Kämpfen Ludwigs des Frommen zeichneten sich Auflösungstendenzen ab, die in den Teilungsverträgen von Verdun (843), Meerssen (870) und Ribemont (880) bestätigt wurden: Nach vorübergehender Dreiteilung des F. R. verselbständigten sich mit der Teilung des Mittelreiches („Lotharingien") 870/80, endgültig nach der Absetzung Karls III., des Dicken, der 885–87 das F. R. noch einmal vereinigt hatte, das Westfränk. und das Ostfränk. Reich, ferner Burgund und Italien.

Frankfurt/Oder
Stadtwappen

Benjamin Franklin

fränkische Trachten

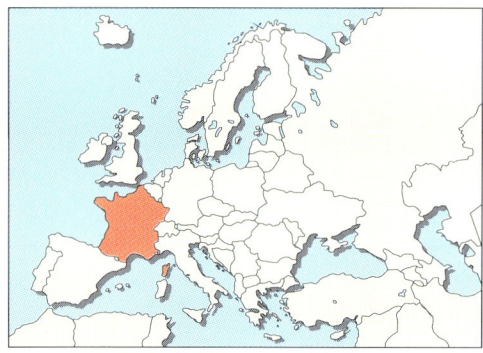

Frankreich
Fläche: 543 965 km²
Bevölkerung: 56,56 Mill. E (1990), 104 E/km²
Hauptstadt: Paris
Amtssprache: Französisch
Nationalfeiertag: 14. Juli
Währung: 1 Frz. Franc (FF) = 100 Centimes (c)
Zeitzone: MEZ

Frankreich

Staatswappen

Internationales
Kfz-Kennzeichen

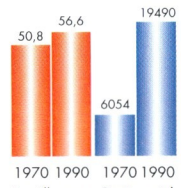
1970 1990   1970 1990
Bevölkerung   Bruttosozial-
(in Mill.)   produkt je E
              (in US-$)

Bevölkerungsverteilung 1990

Bruttoinlandsprodukt 1990

Das F. R. war die Ausgangsbasis für *Kultur* und Institutionen aller ma. Staatengebilde Europas. Die Vielfalt der ma. Bevölkerungsstruktur (Geburts- und Dienstadel, Freie, Halbfreie, Unfreie) war bis zu einem gewissen Grade schon vorhanden, jedoch noch bei starkem Überwiegen der allg. Freienschicht. Seit dem 8. Jh. schufen die fränk. Könige mit der Verbindung von Vasallität, Treueid und Vergabe von Landbesitz (Lehen, lat. feudum) die Grundlage des hochma. Lehnswesens. Die fast ausschließlich agrar. Wirtschaftsstruktur basierte auf der Grundherrschaft mit Fronhofverfassung. Klöster und Bischofssitze wurden zu den eigtl. Kulturzentren.

fränkische Trachten ↑Volkstrachten.
Frankisten ↑Frank, Jacob.
Frankland, Sir Edward [engl. ˈfræŋklənd], *Churchtown bei Lancaster 18. Jan. 1825, †Golå, Gudbrandsdal (Norwegen) 9. Aug. 1899, brit. Chemiker. – Prof. in Manchester und London; entdeckte die metallorgan. Verbindungen und trug entscheidend zur Begründung der ↑Valenztheorie bei.
Franklin [engl. ˈfræŋklɪn], Aretha, *Memphis (Tenn.) 25. März 1942, amerikan. Popmusikerin (Gesang und Klavier). – Zählt zu den besten Soul- und Gospelinterpreten („Lady Soul").
F., Benjamin, *Boston 17. Jan. 1706, †Philadelphia 17. April 1790, amerikan. Politiker, Schriftsteller und Naturwissenschaftler. – Gab in Philadelphia ab 1729 die „Pennsylvania Gazette" heraus; 1736–51 Schriftführer des Parlaments von Pennsylvania (Pennsylvania Assembly), dem er 1751–64 als Mgl. angehörte. 1754 unterbreitete er Pläne zur Bildung einer Union der nordamerikan. Kolonien. 1757–62 und wiederum 1764–75 vertrat er die Interessen von Pennsylvania, 1768–70 die Georgias und danach die Massachusetts' gegen die brit. Krone in London; gehörte zu den Mitunterzeichnern der Unabhängigkeitserklärung von 1776 und der Verfassung von 1787. Als Gesandter in Frankreich (1776–85) bemühte er sich v. a. um die Herstellung eines frz.-amerikan. Bündnisses gegen Großbritannien. 1783 war er am Abschluß des Friedens von Paris beteiligt. 1785 wurde F. Gouverneur von Pennsylvania. – Bed. sind seine wiss. Arbeiten, die im wesentlichen aus den Jahren 1746–52 stammen. 1746 begann er mit Experimenten zur Elektrizität. Untersuchungen der elektr. Spitzenwirkung gipfelten in der Konstruktion von Blitzableitern. Mit seinen Drachenversuchen wies er 1752 die elektr. Natur der Gewitter nach. Weitere Untersuchungen galten u. a. der Wärmestrahlung. – Abb. S. 395.
F., Sir (seit 1829) John, *Spilsby (Lincolnshire) 16. April 1786, †King William Island 11. Juni 1847, brit. Admiral und Polarforscher. – Konteradmiral; leitete 1819–22 und 1825–27 zwei Landexpeditionen im Polargebiet; brach 1845 mit den Schiffen „Erebus" und „Terror" zur Suche nach der Nordwestpassage auf, bei der alle Besatzungsmgl. ums Leben kamen; seit 1846 vom Eis eingeschlossen; Tagebuchaufzeichnungen und Überreste der Ausrüstung wurden gefunden.

Franklinton [engl. ˈfræŋklɪntən] ↑Columbus.
franko (franco, frachtfrei) [gekürzt aus italien. porto franco „Beförderung frei"], Abk. fr, Lieferungsklausel im Handelsverkehr: Alle Transportkosten gehen zu Lasten des Verkäufers, während die Transportgefahr schon ab Werk auf den Käufer übergeht.
franko-flämische Schule ↑niederländische Musik.
Frankokanadier, französischsprachige Einwohner Kanadas (etwa 6,5 Mill.), leben v. a. im O und SO des Landes.
Frankopani (Frankapani) [serbokroat. ˈfraŋkɔpaːni], kroat. Adelsgeschlecht, seit dem 12. Jh. genannt, seit 1430 unter dem Namen F.; bed. Stellung bei ungar. Königen und Röm. Kaisern vom 13.–15. Jh.; 1671 nach Hinrichtung des Dichters Fran Krsto **Frankopani,** Graf von Tersat (*1643, †1671) wegen Teilnahme an einer Verschwörung und dem Aufstand in Kroatien (1670) gegen Kaiser Leopold I. erloschen.
frankophil (gallophil), allem Französischen zugetan, französenfreundlich.
frankophob [mittellat./griech.] (gallophob), allem Französischen abgeneigt, französenfeindlich.
frankophon [mittellat./griech.], französisch sprechend.
Frankoprovenzalisch ↑Galloromanisch.
Frankreich (amtl. Vollform: La République Française), Republik in Westeuropa zw. 42° 30′ und 51° n. Br. sowie 4° 30′ w. L. und 9° 30′ ö. L. (Korsika). **Staatsgebiet:** Umfaßt das zw. Kanal und Pyrenäen bzw. Mittelmeer sich erstreckende frz. Mutterland einschl. der Insel Korsika; zum Staatsverband gehören außerdem die Überseedep. Guadeloupe, Französisch-Guayana, Martinique, Réunion und Saint-Pierre-et-Miquelon; das festländische F. grenzt im W an den Atlantik, im NW an den Kanal, im NO an Belgien und Luxemburg, im O an Deutschland, die Schweiz und Italien, im S an das Mittelmeer und Spanien bzw. Andorra. **Verwaltungsgliederung:** 96 Dep. (ohne Überseedep.). **Internat. Mitgliedschaften:** UN, NATO (aus den militär. NATO-Organen trat F. 1966 aus), OECD, EG, Europarat, WEU, GATT.

Landesnatur

Kernraum ist das Pariser Becken, ein Schichtstufenland, das sich zw. den alten Massiven der Ardennen und Vogesen im O, dem Zentralmassiv im S und dem armorikan. Massiv im W erstreckt. Das AngloFläm. Becken greift in Flandern nur randlich auf F. über. Jenseits der zw. Burgund. Pforte und Zaberner Steige gelegenen Vogesen hat F. im Elsaß noch Anteil am Oberrhein. Tiefland. Über die niedrige Schwelle von Poitou steht das Pariser Becken mit dem Aquitan. Becken (mit dem Sand- und Dünengebiet des Landes an der Küste des Golfs von Biskaya) in Verbindung. Den Abschluß nach S bildet hier der Pyrenäenhauptkamm. Der Mittelmeerküstensaum ist relativ schmal; von N her wird er über die Rhone-Saône-Furche, eine Senke zw. Zentralmassiv und Westalpen, erreicht. Diese Grabenzone, die durch die Burgund. Pforte mit dem Oberrheingraben verbunden ist,

Frankreich

ist der südl. Teil der wichtigsten tekton. Leitlinie Europas (Mittelmeer-Mjösen-Zone) und bildet eine ausgezeichnete meridionale Verkehrsachse. Im O hat F. Anteil am Jura und den Westalpen, die in der Montblancgruppe mit 4 808 m ü. d. M. den höchsten Punkt des Landes erreichen.

Klima und Vegetation

F. hat Anteil am Klima der gemäßigten Breiten und, in weit geringerem Maße, an dem der Subtropen. Die Reliefgestaltung macht das Land auf der W-Seite sehr offen, so daß sich der atlant. Klimatypus mit seinen Großwetterlagen weit nach O auswirken kann. Niederschläge fallen im W zu allen Jahreszeiten, mit Maximum im Herbst und Winter, überwiegend in Form langdauernder Nieselregen. Der Midi, Bereich des Mediterranklimas, weist Niederschlagsmaxima im Herbst und Frühjahr auf; der Sommer ist sehr trocken. Extreme Verhältnisse weisen Alpen und Pyrenäen, aber auch Jura, Zentralmassiv und Vogesen auf, in denen in über 1 000 m Höhe der Schnee mehr als 100 Tage liegen bleibt. Selbst in Lothringen gibt es mehr als 80 Frosttage. Das Rhonetal, eingeengt zw. Zentralmassiv und Alpen, wird v. a. im Winter und Frühjahr von kalten Nordwinden (Mistral) heimgesucht. Entsprechend den klimat. Gegebenheiten sind sowohl die eurosibir. als auch die mediterrane Florenprovinz vertreten. Kriterium für die letztere ist im allg. die Verbreitung der Olive; da hier Wälder degradiert oder ganz verschwunden sind, sind Macchie und Garriguen weit verbreitet. Im größten Teil des Landes finden sich Buche, Stiel- und Traubeneiche, Birke, Ahorn, Esche und Eberesche, in der Bretagne sind atlant. Heiden verbreitet.

Bevölkerung

80 % der überwiegend kath. (rd. 94 %) Bev. leben in städt. Ballungsräumen. Außer Französisch und zahlr. Dialekten wird Katalanisch, Baskisch, Bretonisch, Niederländisch, Italienisch und Deutsch gesprochen. Schulpflicht besteht von 6–16 Jahren. F. verfügt über 69 staatl. Univ. (1990) sowie zahlr. Hochschulen und Fachhochschulen.

Wirtschaft und Verkehr

In der Landw. sind rd. 9 % der Erwerbstätigen beschäftigt. F. ist neben Italien das bedeutendste Weinbauland der Erde; exportiert werden neben Wein und Spirituosen v. a. Getreide, Zucker, Molkereiprodukte, Fleisch. Als waldreichstes Land der EG steht der Holzeinschlag an 4. Stelle in Europa. Die Fischerei spielt ebenfalls eine bed. wirtsch. Rolle. Die wichtigsten Bodenschätze sind Eisenerze (Schwerpunkt in Lothringen), Steinkohle (v. a. in der Region Nord-Pas-de-Calais und in Lothringen und Süd-F.) und

Verwaltungsgliederung (Stand: 1990)

Département (Verwaltungssitz)	Fläche (km²)	E (in 1 000)	Département (Verwaltungssitz)	Fläche (km²)	E (in 1 000)
Ain (Bourg-en-Bresse)	5762	470	Indre (Châteauroux)	6791	237
Aisne (Laon)	7369	537	Indre-et-Loire (Tours)	6127	529
Allier (Moulins)	7340	357	Isère (Grenoble)	7431	1015
Alpes-de-Haute-Provence (Digne)	6925	131	Jura (Lons-le-Saunier)	4999	249
Alpes-Maritimes (Nizza)	4299	976	Landes (Mont-de-Marsan)	9242	311
Ardèche (Privas)	5529	277	Loire (Saint-Étienne)	4781	745
Ardennes (Charleville-Mézières)	5229	296	Loire-Atlantique (Nantes)	6815	1051
Ariège (Foix)	4890	136	Loiret (Orléans)	6775	580
Aube (Troyes)	6004	289	Loir-et-Cher (Blois)	6343	306
Aude (Carcassonne)	6139	298	Lot (Cahors)	5217	155
Aveyron (Rodez)	8735	272	Lot-et-Garonne (Agen)	5361	305
Bas-Rhin (Straßburg)	4755	951	Lozère (Mende)	5167	73
Belfort, Territoire de (Belfort)	609	134	Maine-et-Loire (Angers)	7166	706
Bouches-du-Rhône (Marseille)	5087	1761	Manche (Saint-Lô)	5938	479
Calvados (Caen)	5548	618	Marne (Châlons-sur-Marne)	8162	557
Cantal (Aurillac)	5726	158	Mayenne (Laval)	5175	278
Charente (Angoulême)	5956	342	Meurthe-et-Moselle (Nancy)	5241	711
Charente-Maritime (La Rochelle)	6864	526	Meuse (Bar-le-Duc)	6216	196
Cher (Bourges)	7235	322	Morbihan (Vannes)	6823	619
Corrèze (Tulle)	5857	239	Moselle (Metz)	6216	1011
Corse-du-Sud (Ajaccio)	4014	109	Nièvre (Nevers)	6817	233
Côte-d'Or (Dijon)	8763	494	Nord (Lille)	5742	2527
Côtes-d'Armor (Saint-Brieuc)	6877	538	Oise (Beauvais)	5861	724
Creuse (Guéret)	5565	131	Orne (Alençon)	6103	294
Deux-Sèvres (Niort)	5999	346	Pas-de-Calais (Arras)	6672	1433
Dordogne (Périgueux)	9060	387	Puy-de-Dôme (Clermont-Ferrand)	7970	597
Doubs (Besançon)	5234	484	Pyrénées-Atlantiques (Pau)	7645	580
Drôme (Valence)	6530	414	Pyrénées-Orientales (Perpignan)	4116	362
Essonne (Évry)	1804	1084	Rhône (Lyon)	3249	1507
Eure (Évreux)	6039	514	Saône-et-Loire (Mâcon)	8575	559
Eure-et-Loir (Chartres)	5880	396	Sarthe (Le Mans)	6206	514
Finistère (Quimper)	6733	838	Savoie (Chambéry)	6028	348
Gard (Nîmes)	5853	584	Seine-et-Marne (Melun)	5915	1075
Gers (Auch)	6257	174	Seine-Maritime (Rouen)	6278	1223
Gironde (Bordeaux)	10000	1211	Seine-Saint-Denis (Bobigny)	236	1382
Haute-Corse (Bastia)	4666	132	Somme (Amiens)	6170	549
Haute-Garonne (Toulouse)	6309	925	Tarn (Albi)	5758	342
Haute-Loire (Le Puy)	4977	206	Tarn-et-Garonne (Montauban)	3718	200
Haute-Marne (Chaumont)	6211	204	Val-de-Marne (Créteil)	245	1218
Hautes-Alpes (Gap)	5549	112	Val-d'Oise (Cergy-Pontoise)	1246	1048
Haute-Saône (Vesoul)	5360	230	Var (Toulon)	5973	813
Haute-Savoie (Annecy)	4388	568	Vaucluse (Avignon)	3567	467
Hautes-Pyrénées (Tarbes)	4464	224	Vendée (La Roche-sur-Yon)	6720	510
Haute-Vienne (Limoges)	5520	354	Vienne (Poitiers)	6991	381
Haut-Rhin (Colmar)	3525	671	Ville de Paris (Paris)	105	2147
Hauts-de-Seine (Nanterre)	176	1391	Vosges (Épinal)	5874	386
Hérault (Montpellier)	6101	793	Yonne (Auxerre)	7427	323
Ille-et-Vilaine (Rennes)	6775	798	Yvelines (Versailles)	2285	1306

Frankreich

Kalisalz (im Oberelsaß). Kohlen- und Eisenerzbergbau sind fast vollständig eingestellt worden. Die Erdölförderung aus Feldern im Aquitan. und Pariser Becken sowie aus Offshore-Bohrungen deckt nur 1 % des Bedarfs. Als Nebenprodukt der Erdgasaufbereitung – überwiegend aus Feldern im Aquitan. Becken – wird Schwefel gewonnen. Die Suche nach Uranerzen wurde verstärkt; 1991 waren 57 Kernreaktoren in Betrieb. Das erste Sonnenkraftwerk arbeitet in der Provence. Führende Industriezweige sind die Hütten- und die Automobilind., gefolgt von Flugzeugind., Schiffbau, chem. Ind., Textil- und Bekleidungsind. sowie Nahrungs- und Genußmittelind., Uhrenind. und Herstellung von Luxusartikeln. Der Fremdenverkehr ist bed., v.a. an den Küsten, in den Gebirgen und Heilbädern sowie in Paris, dem kulturellen Mittelpunkt des Landes.

Wichtige Ausfuhrgüter sind Produkte der Landw. und der Nahrungsmittelind., der Grundstoffind., des Maschinen- und Fahrzeugbaus, der Rüstungs- und Luftfahrtind. sowie der kosmet. und pharmazeut. Ind. Eingeführt werden mineral. Brennstoffe, elektron. und elektrotechn. Erzeugnisse, Kfz, Konsumgüter und Produkte der Grundstoffind. Haupthandelspartner sind die EG-Staaten und die USA.

Das staatl. Eisenbahnnetz hat eine Länge von 34 322 km, das Straßennetz (mit fester Decke) von rd. 805 000 km. Beide sind überwiegend auf Paris ausgerichtet. Von den 8 500 km Binnenwasserstraßen sind 75 % nur für kleinere Lastkähne befahrbar. Die größten Seehäfen sind Marseille (zugleich einer der bedeutendsten europ. Erdölhäfen mit Pipelines nach Karlsruhe und Genf), Le Havre, Dünkirchen, Rouen, Saint-Nazaire und Bordeaux. Die nat. Air France und die private Union de Transports Aériens teilen sich die internat. Luftfahrtlinien. Mehrere Gesellschaften bedienen den innerfrz. Luftverkehr. Neben acht großen ✈ im Land verfügt F. über drei internat. ✈ in Paris.

Geschichte

Zur **Vorgeschichte** ↑ Europa.

Karolingische Anfänge (843–987): Mit dem Vertrag von Verdun 843 wurde die Selbständigkeit des Westfränk. Reiches (↑ Fränkisches Reich) eingeleitet. Der Karl II., dem Kahlen (⚭ 843–877), zuerkannte Bereich, im O begrenzt durch die Linie Schelde-Maas-Saône-Rhone, bildete die territoriale Grundlage des späteren F. Die Normandie mußte 911 den Normannen als Lehnsfürstentum überlassen werden. Da der Abwehrkampf gegen die einfallenden Normannen v. a. von führenden Angehörigen der Reichsaristokratie geführt worden war und diese sich bes. durch Burgen- und Festungsbau umfangreiche Herrschaftsrechte gesichert hatten, konnten sich bis zur Mitte des 10. Jh. die großen, zwei Jh. das Schicksal F. bestimmenden selbständigen Lehnsfürstentümer (Aquitanien, Normandie, Burgund, Blois-Tours,

Frankreich. Wirtschaft

Frankreich

Anjou, Flandern, Toulouse) entwickeln. Dadurch wurde die Machtbasis des Königtums außerordentlich eingeschränkt, durch die Wahl nichtkaroling. Könige sogar in Frage gestellt.

Früh- und Hochmittelalter (987–1328): Hugo Capet (⚭ 987–996), der Dyn. der Kapetinger begründete, setzte mit der sofortigen Wahl seines Sohnes Robert II. die Erblichkeit des frz. Königtums durch. Obwohl die schwache frz. Monarchie während des 10. und 11. Jh. stets im Schatten des in dieser Zeit starken römisch-dt. Königtums stand, dem 962 die erneuerte Kaiserwürde zufiel, erlebte F. einen bed. kulturellen, sozialen und wirtsch. Aufschwung. Wesentl. Anstöße in der monast. Bewegung (Cluny), in der Baukunst (burgund. und normann. Romanik bzw. später die Gotik) sowie in Wiss. und Bildung (Schulen von Chartres, Orléans, Paris) gingen von hier aus; in den frz. Städten blühten Handel und Gewerbe auf. Vor diesem Hintergrund vollzog sich dann v. a. im Bund mit den Päpsten der Aufstieg des kapeting. Königtums, dem es gelang, die partikularen Feudalgewalten allmählich auszuschalten, deren Ansehen im 12. Jh. als wichtigste Träger der Kreuzzüge einen letzten Höhepunkt erreichte. Seit Philipp I. (⚭ 1060–1108) wurde die Krondomäne gefestigt und ausgeweitet, wobei die folgenden Könige, Ludwig VI. (⚭ 1108–37) und Ludwig VII. (⚭ 1137–80), sich v. a. auf Kirche und Bürgertum stützten. Nachdem 1154 das Haus Anjou-Plantagenet durch Heirat und Erbschaft mehr als die Hälfte F. mit England vereinigt hatte, konnte Philipp II. August (⚭ 1180–1223) 1202 dem engl. König Johann ohne Land alle frz. Lehen entreißen, der sich nach der Schlacht von Bouvines (1214) trotz der Unterstützung durch den welf. Kaiser Otto IV. endgültig geschlagen geben mußte. England blieb lediglich der Besitz in Südwest-F., die frz. Krondomäne dagegen hatte sich gebietsmäßig mehr als verdoppelt. Die Bemühungen Ludwigs IX., des Heiligen (⚭ 1226–70), um innere Einheit, insbes. durch die gewaltsame Eingliederung des von der Abspaltung bedrohten Languedoc (Albigenser) und die Schaffung zentraler Behörden (Staatsrat, Hofgericht, Rechenkammer) mit Sitz in Paris, schufen die Grundlage der frz. Vormachtstellung in Europa unter Philipp IV., dem Schönen (⚭ 1285–1314). Im Konflikt mit Papst Bonifatius VIII. konnte sich Philipp letztlich überlegen durchsetzen (Gefangennahme des Papstes 1303). Durch die erzwungene Übersiedlung nach Avignon (1309) geriet das Papsttum für nahezu ein Jh. unter frz. Einfluß. Philipp löste die großen Grundherrschaften auf, band den Adel durch Schaffung von Hofämtern an die Krone und stellte die Beratung der Reichsangelegenheiten durch Berufung der Generalstände (États généraux: Adel, Geistlichkeit, Vertreter des städt. Bürgertums; erstmals 1302) sicher.

Spätmittelalter (1328–1461): Als die Kapetinger in männl. Linie ausstarben, fiel die Krone an Philipp VI. (⚭ 1328–50) aus dem Hause Valois. Der dagegen erhobene Einspruch des engl. Königs Eduard III. (⚭ 1327–77) wurde Anlaß des †Hundertjährigen Krieges (1337 bis 1453). Eine Reihe militär. Niederlagen F. (zur See bei Sluys 1340, zu Lande bei Crécy 1346 und Maupertuis 1356) und die Dauer des Krieges hatten 1358 Aufstände der Pariser Bürger unter Étienne Marcel und der nordfrz. Bauern (Jacquerie) zur Folge sowie schwere innere Krisen zw. den um die Regentschaft rivalisierenden Häusern Burgund und Orléans: Gegen die aristokrat. Armagnacs unter Führung des Herzogs von Orléans standen die Bourguignons unter Führung der Herzöge von Burgund, die in ihrer Politik eine mehr bürgerfreundl. Haltung mit burgund. Sonderinteressen gegen die frz. Krone verbanden. In den innerfrz. Bürgerkrieg griff 1415 der engl. König Heinrich V. (⚭ 1413–22) ein, dessen Truppen 1415 das frz. Heer bei Azincourt vernichtend schlugen. Heinrich V. heiratete eine Tochter Karls VI. (⚭ 1380–1422) und wurde 1420 im Vertrag von Troyes als Nachfolger in F. anerkannt; nach seinem Tode 1422 eroberte der Hzg. von Bedford ganz F. nördlich der Loire. Die Wende des Krieges brachte Jeanne d'Arc bei der Belagerung von Orléans (1429). Durch die Pragmat. Sanktion von Bourges 1438 wurde Karl VII. (⚭ 1422–61) zum Begründer der frz. Nationalkirche. Nachdem 1435 im Frieden von Arras der Ausgleich mit Burgund erreicht worden war, dauerten die Kämpfe gegen die Engländer, von Waffenstillständen unterbrochen, bis 1453; sie endeten ohne förml. Friedensvertrag, jedoch mit der fast vollständigen Vertreibung der Engländer aus Frankreich.

Renaissancekönigtum und religiös-politische Krise (1461–1589): Ludwig XI. (⚭ 1461–83) gelangte 1475 zu einer endgültigen Friedensregelung mit England. Durch Zahlung hoher Summen erreichte er den Abzug der engl. Truppen vom Festland, mit Ausnahme von Calais. Das Bürgertum, aus dem sich die am Ende des 15. Jh. rd. 80 000 Amtsträger der königl. Verwaltung rekrutierten, gewann an wirtsch. Macht. Beim Tode des Burgunders Karls des Kühnen (1477) wurden die frz. Lehen eingezogen, was zu jah-

Jeanne d'Arc

Frankreich, Staatsoberhäupter (Könige: 843–1792 und 1814–48)	
Karolinger	
Karl II., der Kahle	843–877 (875 Kaiser)
Ludwig II., der Stammler	877–879
Ludwig III.	879–882
Karlmann	879–884 (881 Kaiser)
Karl der Dicke	885–887
Robertiner	
Odo von Paris	888–898
Karolinger	
Karl III., der Einfältige	898–923
Robertiner	
Robert I. von Franzien	922–923
Haus des Boso	
Rudolf von Burgund	923–936
Karolinger	
Ludwig IV., der Überseeische	936–954
Lothar	954–986
Ludwig V., der Faule	986–987
Kapetinger (Robertiner)	
Hugo Capet	987–996
Robert II., der Fromme	996–1031
Heinrich I.	1031–1060
Philipp I.	1060–1108
Ludwig VI., der Dicke	1108–1137
Ludwig VII., der Junge	1137–1180
Philipp II. August	1180–1223
Ludwig VIII., der Löwe	1223–1226
Ludwig IX., der Heilige	1226–1270
Philipp III., der Kühne	1270–1285
Philipp IV., der Schöne	1285–1314
Ludwig X., der Zänker	1314–1316
Johann I., das Kind	1316
Philipp V., der Lange	1317–1322
Karl IV., der Schöne	1322–1328
Haus Valois (Kapetinger)	
Philipp VI.	1328–1350
Johann II., der Gute	1350–1364
Karl V., der Weise	1364–1380
Karl VI., der Wahnsinnige	1380–1422
Karl VII., der Siegreiche	1422–1461
Ludwig XI., der Grausame	1461–1483
Karl VIII.	1483–1498
Ludwig XII. von Orléans	1498–1515
Franz I. von Angoulême	1515–1547
Heinrich II.	1547–1559
Franz II.	1559–1560
Karl IX.	1560–1574
Heinrich III.	1574–1589
Haus Bourbon (Kapetinger)	
Heinrich IV. von Navarra	1589–1610
Ludwig XIII.	1610–1643
Ludwig XIV.	1643–1715
Ludwig XV.	1715–1774
Ludwig XVI.	1774–1792
(Ludwig XVII., Dauphin)	
Erste Republik	
Nationalkonvent	1792–1795
Direktorium	1795–1799
Konsulat	1799–1804
Erstes Kaiserreich	
Napoleon I.	1804–1814 (1815)
Haus Bourbon (Kapetinger)	
Ludwig XVIII.	(1814) 1815–1824
Karl X.	1824–1830
Haus Orléans	
Louis Philippe	1830–1848
Zweite Republik (Präsident)	
Charles Louis Napoléon Bonaparte	1848–1851 (1852)
Zweites Kaiserreich	
Napoleon III.	1852–1870
Dritte Republik (Präsidenten)	
A. Thiers	1871–1873
M. E. P. M. Mac-Mahon	1873–1879
J. Grévy	1879–1887
M. F. S. Carnot	1887–1894
J. P. P. Casimir-Périer	1894–1895
F. Faure	1895–1899
É. Loubet	1899–1906
C. A. Fallières	1906–1913
R. Poincaré	1913–1920
P. Deschanel	1920
A. Millerand	1920–1924
G. Doumergue	1924–1931
P. Doumer	1931–1932
A. Lebrun	1932–1940
État Français (Staatschef)	
P. Pétain	1940–1944/45
Provisorische Regierung der Französischen Republik (Präsidenten)	
C. de Gaulle	1944/45–1946
F. Gouin, G. Bidault, L. Blum	1946–1947
Vierte Republik (Präsidenten)	
V. Auriol	1947–1954
R. Coty	1954–1959
Fünfte Republik (Präsidenten)	
C. de Gaulle	1959–1969
G. Pompidou	1969–1974
V. Giscard d'Estaing	1974–1981
F. Mitterrand	seit 1981

Frankreich

Armand-Jean du Plessis, Herzog von Richelieu

relangen Auseinandersetzungen mit den in Burgund erbberechtigten Habsburgern führte. Mit der 1492 einsetzenden Erwerbspolitik (Neapel) Karls VIII. (⚭ 1483–98) beteiligte sich F. an den europ. Machtkämpfen in Italien. Ludwig XII. (⚭ 1498–1515) eroberte 1499 das Hzgt. Mailand; sein Nachfolger Franz I. (⚭ 1515–47) bewarb sich 1519 vergeblich um die dt. Krone; in insges. 5 Kriegen gegen die spanisch-habsburg. Übermacht Kaiser Karls V. konnten er und Heinrich II. (⚭ 1547–59) nur den Besitzstand F. wahren. Durch das von Franz I. mit Papst Leo X. 1516 geschlossene Konkordat (Ausbildung eines absolutist. Staatskirchentums) wurde die frz. Kirche für fast 300 Jahre zu einem monarch. Herrschaftsinstrument. Nach 1540 gewann der Kalvinismus in F. zunehmend an Einfluß in Bürgertum und Adel. An der Spitze der Reformierten oder ↑ Hugenotten standen Mgl. des Hauses Bourbon (Condé). Die kath. Partei wurde von Angehörigen der Familie Guise geleitet. Vergeblich versuchte die Krone im religiösen Streit zu vermitteln und die Einheit F. zu wahren. Der im Auftrage der Guise geschehene blutige Überfall auf die Hugenotten im März 1562 löste die religiösen Bürgerkriege aus. Zwar zeigte sich Karl IX. (⚭ 1560–74) bereit, sich dem Führer der Hugenotten, G. de Coligny, anzuschließen, das Blutbad der ↑ Bartholomäusnacht 1572 machte jedoch diese Absicht zunichte; die darauf folgenden insgesamt 8 Hugenottenkriege dauerten bis 1598.

Aufstieg im Zeichen des Absolutismus (1589–1715): Nach der Ermordung Heinrichs III. (⚭ 1574–89), des letzten Valois, war der Hugenottenführer Heinrich von Navarra erbberechtigt. Mit ihm als Heinrich IV. (⚭ 1589–1610) kam das Haus Bourbon (1589–1792) auf den frz. Thron; Heinrich IV. trat 1593 zum Katholizismus über. Der Religionskrieg mündete in einen Krieg gegen Spanien, der mit dem Frieden von Vervins (1598) seinen Abschluß fand. Die religiösen Gegensätze in F. wurden mit dem Edikt von Nantes (1598), das den Hugenotten Sonderrechte gewährte, überbrückt. Unter Heinrich IV. begann der zielgerichtete Aufbau der absolutist. Monarchie; sein prot. Min. Sully (1597–1610) ordnete Finanzen und Wirtschaft. In Kanada wurden die ersten frz. Siedlungen gegr. (1608 Quebec). Der absolutist. Ausbau der Königsmacht wurde 1624 von Kardinal Richelieu als leitendem Min. Lud-

Frankreich

Oben: Lavendelfelder bei Puimoisson nahe Digne, Provence. Unten links: Vulkanstotzen in der Auvergne. Unten rechts: Ferienzentrum La Grande-Motte an der Mittelmeerküste, Languedoc

Frankreich

wigs XIII. (⚭ 1610–43) fortgeführt; er brach den Widerstand des frz. Adels und beseitigte die polit. Sonderstellung der Hugenotten mit der Eroberung von La Rochelle, einer ihrer Hauptfestungen (1628). Außenpolit. Erfolge waren im ↑Mantuanischen Erbfolgekrieg und dann an der Seite Schwedens im Dreißigjährigen Krieg (1618–48) zu verzeichnen. Für den fünfjährigen Sohn Ludwigs XIII., Ludwig XIV. (⚭ 1643–1715), übernahm Kardinal Mazarin 1643–61 die Regierung. Im Westfäl. Frieden (1648) gewann Mazarin für F. die habsburg. Gebiete im Elsaß und im Pyrenäenfrieden (1659) Roussillon und Artois von Spanien. Innenpolit. Stabilität erreichte Mazarin durch die Zerschlagung der ständisch-aristokrat. Fronde (1653/54). Nach seinem Tod führte Ludwig XIV. die absolute Monarchie zur Vollendung. Sein Min. Colbert (1661–72) mobilisierte nach den Maximen des Merkantilismus die Finanz- und Wirtschaftspolitik, förderte Ind., Handel, öffentl. Arbeiten, den Ausbau des Kolonialreiches in Kanada, Louisiana und Westindien sowie die Schaffung einer frz. Kriegsflotte. Die außerordentlich hohen Staatseinnahmen ermöglichten den Aufbau der größten Landstreitkraft Europas. Im Kampf um die europ. Hegemonie führte Ludwig XIV., der „Sonnenkönig", in Erweiterung der frz. N- und O-Grenzen drei Eroberungskriege (Devolutionskrieg 1667/68, Niederl.-Frz. Krieg [auch Holländ. Krieg] 1672–78, Pfälz. Erbfolgekrieg 1688–97). Europ. Große Allianzen zwangen ihn jedoch bis 1697 (Friede von Rijswijk) in die Defensive. Im Span. Erbfolgekrieg (1701–14) zerbrach F. Vormachtstellung und Hegemonieanspruch in Europa; das Gleichgewicht der Mächte mußte anerkannt werden.

Niedergang der absoluten Monarchie (1715–89): Unter Ludwig XV. (⚭ 1715–74) kam es trotz der von Kardinal Fleury (leitender Min. 1726–43) herbeigeführten wirtsch.-finanziellen Konsolidierung und dessen Wirken für die Befriedung Europas zu einem allmähl. Machtverfall der Krone, v. a. verursacht von Ludwigs Günstlings- und Mätressenwirtschaft (Marquise de Pompadour, Gräfin Dubarry) und seiner kostspieligen sowie verlustreichen Kriegs- und Kolonialpolitik. F. erlitt im Östr. Erbfolgekrieg und als Folge des Offensivbündnisses mit Österreich (1757) und Spanien im Siebenjährigen Krieg (1756–63) gegen Preußen schwere Niederlagen. Im Frieden von Paris (1763) mußte

Ludwig XIV., König von Frankreich (Marmorbüste von Gian Lorenzo Bernini, 1665)

Oben links: Sisteron mit der Zitadelle über der Durance. Oben rechts: Bocagelandschaft in der Bretagne an der Nordküste bei Locquénolé. Unten links: Loiretal mit Schloß Sully-sur-Loire. Unten rechts: Landschaft der Champagne bei Langres

Frankreich

Ludwig XVI.,
König von Frankreich

Charles de Secondat,
Baron de La Brède et
de Montesquieu

es seine Besitzungen in Kanada an Großbritannien abtreten und war bis 1830 als Kolonialmacht bedeutungslos. Die Staatsschulden wuchsen bis zum Tode Ludwigs XV. auf 4 Mill. Livres an. Gegen die gesellschaftl. Zustände des ↑ Ancien régime begann das wirtsch. erstarkende und sozial aufsteigende frz. Bürgertum als 3. Stand immer stärker zu opponieren; geistige Wortführer der polit. Aufklärung des 18. Jh. waren Montesquieu, Voltaire und Rousseau, die die absolute Monarchie bekämpften. Halbherzige bzw. unzureichende Reformen Ludwigs XVI. (⚭ 1774–92) und seiner Min. (v. a. A. R. J. Turgot, J. Necker und E. C. de Loménie de Brienne) scheiterten am Widerstand der Privilegierten (Notabelnversammlung). Mit der Einberufung der Generalstände 1789, die (seit 1614 nicht mehr getagt hatten, ergriff man die letzte Möglichkeit, den unauflösbaren Gegensatz zw. absolutistisch-feudalist. Staat und bürgerl. Gesellschaft durch grundlegende Reformen zu beheben.

Französische Revolution (1789–99): Der Zusammenbruch der frz. Monarchie in der ↑ Französischen Revolution erwies nicht nur in F. die Schwäche absolutist. Herrschaft und stellte dort Staat (Errichtung der Ersten Republik 1792) und Gesellschaft innerhalb weniger Jahre auf neue Grundlagen, sondern erschütterte durch die frz. Revolutionskriege (↑ Koalitionskriege) auch das europ. Staatensystem. In der Dynamik der Revolution scheiterte jedoch die Realisierung der Errungenschaften von 1789. Mit dem Staatsstreich des 18. Brumaire (9. Nov.) 1799, dem Sturz des Direktoriums, versuchte Napoléon Bonaparte, die revolutionären Errungenschaften F. zu sichern.

Konsulat und Erstes Kaiserreich (1799–1814/15): Gestützt auf militär. Macht, ließ Bonaparte ein umfassendes modernes Polizeisystem durch J. Fouché aufbauen, legalisierte die revolutionäre Besitzumschichtung (den Erwerb der Nationalgüter, der enteigneten adligen Güter) und verständigte sich mit der kath. Kirche durch das mit Papst Pius VII. abgeschlossene Konkordat von 1801. Bed. Rechtsschöpfungen gelangen u. a. mit dem Code civil (1804). Die plebiszitär gebilligte Änderung der Konsularverfassung 1802 brachte die lebenszeitl. Ernennung Bonapartes zum einzigen Konsul. Hatte er mit der erfolgreichen Beendigung des 2. Koalitionskrieges (Frieden von Lunéville 1801 und Amiens 1802) zugleich den erwünschten äußeren Frieden gebracht, so stieß die von ihm betriebene Umwandlung der frz. Republik in ein erbl. Kaiserreich (1804 Krönung zum Kaiser der Franzosen als Napoleon I.) auf keinen Widerstand. Sein Machtwille, gegen den Außenmin. Talleyrand bis 1807 vergebens ankämpfte, bewirkte die Fortsetzung der Revolutionskriege im Kampf um hegemonielle Beherrschung Europas; in den Koalitionskriegen bis 1806/07 erreichte er nach den Niederlagen Österreichs und Preußens, dem Ende des Hl. Röm. Reichs, dem Einordnungsversuch M-Europas in das frz. Staatssystem (Napoleon. Rheinbund), mit der Kontinentalsperre 1806 als Kampfansage gegen Großbritannien und der in Tilsit 1807 erzwungenen Partnerschaft des russ. Zaren Alexander I. den Gipfel seiner Macht. Aber in den folgenden Napoleon. Kriegen (1807–12) gegen Portugal und Spanien (1807/08), gegen Österreich (1809), mit der Besetzung und Annexion des Kirchenstaates (1808/09) stieß die Napoleon. Fremdherrschaft auf den Widerstand der Völker und Staaten, wobei der span. Unabhängigkeitskrieg (seit 1808) europ. Signalwirkung hatte. Die 1810–12 F. erschütternde Wirtschaftskrise infolge stockenden Absatzes und der Last der Kontinentalsperre sowie der drückenden indirekten Steuern ließ bei wachsender Kriegsmüdigkeit zuerst die Großbourgeoisie der Napoleon. Politik den Rücken kehren und zugleich bis 1812 die kath.-royalist. Opposition wachsen. Die Katastrophe des Rußlandfeldzuges 1812 brachte den Zusammenbruch des Napoleon. F. und die Wiederherstellung des Königtums der Bourbonen auf maßgebl. Betreiben Talleyrands, dem es gelang, beim 1. und 2. Pariser Frieden wie auf dem Wiener Kongreß (1814/15) größere frz. Gebietsverluste zu verhindern.

Restauration und Revolution (1814–48): Die Restaurationsphase (1814 bis 1830) basierte auf der konstitutionellen Monarchie Ludwigs XVIII. (⚭ 1814/15–24) mit ihren Kennzeichen Zensuswahlrecht, Zweikammersystem mit Budgetbefugnissen und Verantwortlichkeit der Min. gegenüber der Kammer. Nach der Ermordung des Hzg. C. F. von Berry (1820), des einzigen dynast. Nachfolgers, gewannen die Ultraroyalisten erheblich an Einfluß. Auf dem Aachener Kongreß (1818) erreichte F. den Rückzug der Alliierten aus dem frz. Gebiet und die völkerrechtl. Gleichstellung. Nach dem Tode Ludwigs XVIII. übernahm dessen Bruder Karl X. (⚭ 1824–30) die Reg. Infolge reaktionärer Entscheidungen des Königs, z. B. der 1825 verfügte Entschädigung der Emigranten, kam es zu einer immer stärker werdenden Opposition des liberalen Bürgertums. Der Erlaß der verfassungswidrigen Juliordonnanzen sowie die Auflösung der neu gewählten Kammer führten am 27. Juli 1830 zum Ausbruch der Julirevolution. Karl X. dankte ab; der Streit zw. Bürgertum und Arbeiterschaft um eine konstitutionell-monarchist. oder republikan. Staatsform wurde mit der Wahl des „Bürgerkönigs" Louis Philippe von Orléans (⚭ 1830–48) zugunsten der Monarchie entschieden. Während seiner Reg.zeit, in der das Finanzbürgertum die wichtigsten Ämter besetzte, begannen Industrialisierung und Entwicklung der kapitalist. Wirtschaft. Mit der Entstehung des Arbeiterproletariats und der Herausbildung frühsozialist. Theorien (C. Fourier, P. J. Proudhon, L. A. Blanqui) kam es zu großen sozialen Unruhen (1. und 2. Weberaufstand von Lyon 1831/34, Blanquistenerhebung von 1835). In den Jahren 1845–47 wuchs infolge schlechter Ernten und wirtsch. Depression die Unruhe unter der Bev. Als die von den Republikanern organisierten öffentl. Bankette für die Erweiterung des Wahlrechts im Febr. 1848 verboten wurden, brach in Paris am 24. Febr. 1848 die Februarrevolution aus, die zur Einsetzung einer provisor. Reg. führte, die teils aus Republikanern, teils aus Sozialisten sowie einem Arbeitervertreter bestand. Der König dankte ab und floh nach Großbritannien; die neue Reg. proklamierte die Zweite Republik. Hatten sich anfangs sozialist. Tendenzen durchgesetzt (Errichtung von Nationalwerkstätten zur Verwirklichung des „Rechts auf Arbeit"), gewannen in den anschließenden Wahlen die gemäßigten Republikaner die Mehrheit in der Kammer, die am 21. Juni 1848 die Auflösung der Nationalwerkstätten beschloß. Ein darauffolgender Aufstand der Pariser Arbeiterschaft (24. bis 26. Juni) wurde blutig niedergeschlagen. Am 10. Dez. 1848 wurde Louis Napoléon Bonaparte durch Plebiszit zum Staatspräs. gewählt.

Industrieller Aufschwung und Zweites Kaiserreich (1848–70): Die antiparlamentar. Zermürbungspolitik des

Napoleon I., Kaiser der Franzosen (Gemälde von Jacques-Louis David, 1820; Washington D.C., National Gallery of Art)

Frankreich

neuen Präs. kulminierte im Staatsstreich des 2. Dez. 1851 (Auflösung der Kammer und Massenverhaftung oppositioneller Politiker). Louis Napoléon ließ sich zunächst zum Präs. auf 10 Jahre wählen und 1852 vom Senat als Napoleon III. zum Kaiser ausrufen und durch eine neue Volksabstimmung bestätigen. Entscheidend für die innere Festigung des Kaisertums war sowohl die mit polizeistaatl. Mitteln erzwungene Niederhaltung der Opposition wie auch die Kontrolle der öffentl. Meinung und der internat. Konjunkturwelle, die, ausgelöst durch Edelmetallfunde in Übersee, den europ. Exportländern einen breiten, wenn auch unterschiedlich verlaufenden industriellen Aufschwung sicherte. Die erfolgreichen Aktionen, die Napoleon III. zur Revision der außenpolit. Stellung F. unternahm, sahen ihn bereits als umworbenen Bündnispartner. Im Krimkrieg (1853–56) führte er F. an der Seite Großbritanniens aus der Isolierung, die frz. Beteiligung im italien. Einigungskrieg 1859 an der Seite Sardiniens gegen Österreich brachte mit Nizza und Savoyen auch territorialen Gewinn. Dem Ausbau Algeriens als Kornkammer und Siedlungsraum folgten weitere Eroberungen in Afrika (1854–65 in Senegal, Besetzung der Kabylei); 1860 erfolgte die Landung in Beirut, die Syrien dem frz. Einfluß öffnete. Der zus. mit Großbritannien unternommene Kolonialkrieg gegen China 1858–60 sicherte die frz. Hegemonialstellung in Indochina. Der Fehlschlag der mex. Expedition (1861–67) erwies jedoch bereits die Anfälligkeit des Regimes für außenpolit. Mißerfolge. Der Dt.-Frz. Krieg 1870/1871, dessen Ausbruch seitens F. aus Furcht vor dem Verlust der hegemonialen Stellung in Kauf genommen wurde, führte mit der Niederlage der frz. Armee bei Sedan am 2. Sept. 1870 (Gefangennahme Napoleons III.) zum Zusammenbruch des Zweiten Kaiserreiches.

Dritte Republik (1870–1940): Durch Straßendemonstrationen genötigt, riefen die republikan. Führer L. Gambetta und J. Favre am 4. Sept. 1870 in Paris die Republik aus und bildeten eine „Reg. der nat. Verteidigung", die den Kampf gegen die Deutschen fortsetzte; Gambetta organisierte die

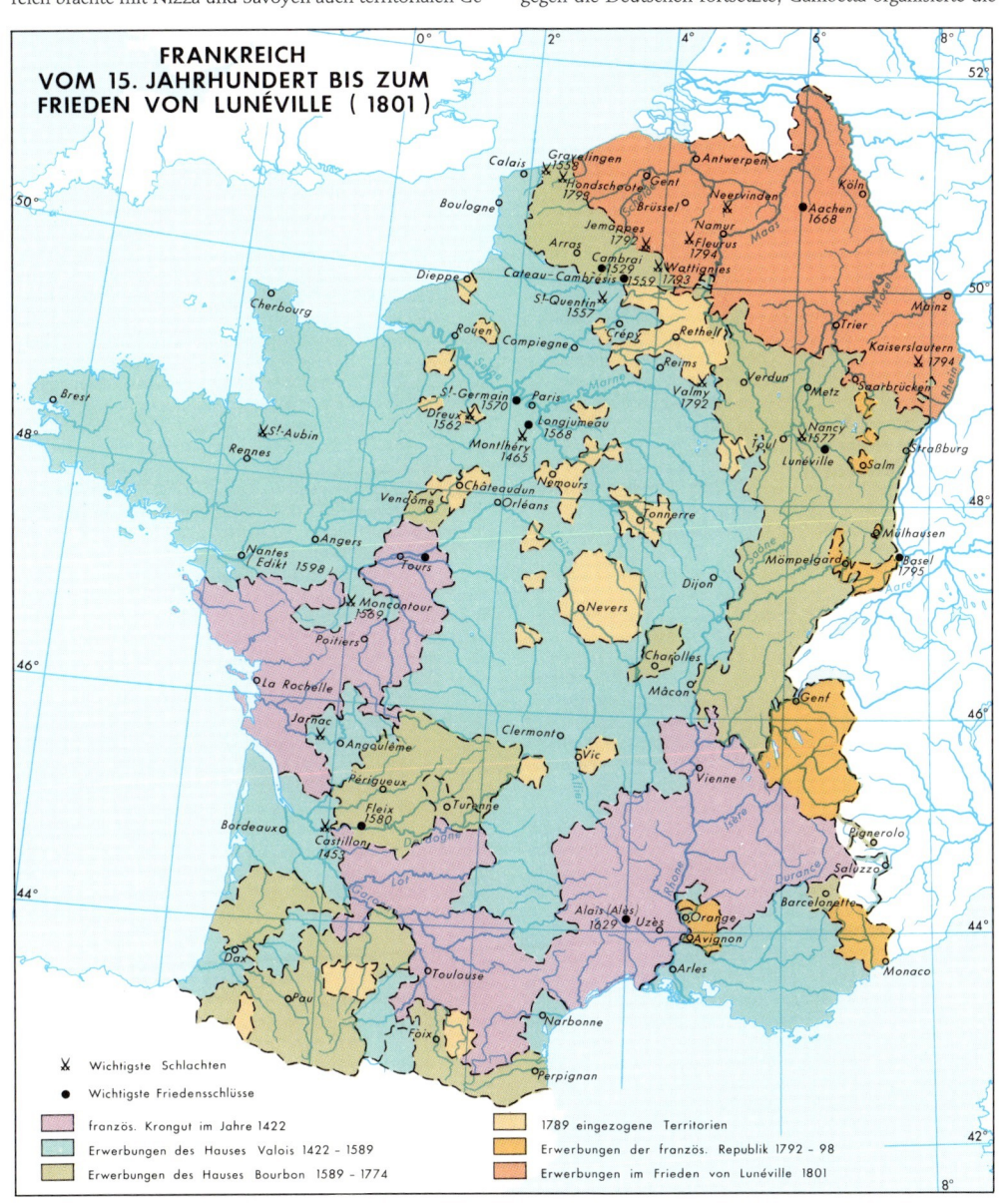

Frankreich

Georges Benjamin Clemenceau
(Ausschnitt aus einem Gemälde von Édouard Manet, 1879/80; Paris, Louvre)

Raymond Poincaré

Volksbewaffnung (Levée en masse) in den Prov., konnte aber die Kapitulation (Waffenstillstand am 28. Jan. 1871) nicht verhindern. Die Wahlen zur verfassunggebenden Nat.versammlung am 8. Febr. 1871 erbrachten eine monarchist.-bonapartist. Mehrheit; Reg.chef wurde A. Thiers, der am 10. Mai 1871 den Frankfurter Frieden (Abtretung des Elsaß und Lothringens, 5 Mrd. Franc Kriegsentschädigung) unterzeichnete. Teils aus patriot. Protest gegen den Waffenstillstand, teils aus sozialem Widerstand gegen die konservative Republik entstand die Erhebung der Pariser ↑ Kommune; als lokale Reg. im März 1871 errichtet und schon im Mai in militär. Massaker durch Reg.truppen liquidiert. Die Dritte Republik bedeutete nur verfassungspolitisch (durch Einführung des Parlamentarismus 1875) einen Bruch mit dem Empire; wirtsch. und gesellschaftlich stand sie im Zeichen der Kontinuität. In der Anfangsphase lag die polit. Führung bei der großbürgerl. Oberschicht mit Thiers (bis 1873, ihm folgte Mac-Mahon). Der tief in der Sozial- und Verfassungsgeschichte F. seit 1789 wurzelnde Dualismus von Präsidialverfassung und parlamentar. Führung blieb bis 1879 erhalten; erst die 3 Verfassungsgesetze von 1875 stabilisierten das labile Gleichgewicht der das politisch-soziale System abstützenden Kräfte, da die Stellung des Präs. gestärkt wurde (Wahl auf 7 Jahre, Unabsetzbarkeit, Recht der Gesetzesinitiative, Kammerauflösung). Nachdem die Republikaner 1876 die Mehrheit in der Kammer, 1879 auch im Senat erlangt hatten, trat Mac-Mahon zurück (Jan. 1879). Staatl. Verwaltung, hohe militär. Kommandos und Spitzenposten der Diplomatie waren mit Vertrauensleuten der Republikaner besetzt worden; die Schlüsselstellungen der Wirtschaft und des Banksystems wurden vom Großbürgertum gehalten; der Landadel blieb anerkannte Führungsschicht und hatte v.a. auch in der Armee weiterhin die wichtigsten Kommandos inne. Der Verzicht auf grundlegende Sozialreformen trug den gemäßigten Republikanern den Vorwurf des Opportunismus ein (deshalb „opportunist." Republik, 1879–98), wenngleich am Anfang der 1880er Jahre ein Kurs schrittweiser Reform und inneren Ausgleichs stand, der u.a. zur Liberalisierung des Pressegesetzes und zur Amnestierung der Kommunarden führte, zur Zulassung von Gewerkschaften und zu einem Programm öffentl. Arbeiten. Außenpolitisch, v.a. in der Kolonialpolitik, gewann F. durch Expansion in N-Afrika und Indochina die 1870 verlorene Großmachtrolle und Bündnisfähigkeit wieder, geriet jedoch in offenen Gegensatz zu Großbritannien, am deutlichsten in der Faschodakrise (1898/99). Durch die große wirtsch. Depression der 1880er Jahre wurde die Stellung der „Opportunisten" geschwächt; in den Wahlen von 1885 gelangten Monarchisten und Bonapartisten, die den Parlamentarismus ablehnten und außenpolitisch auf den revanchist. Patriotismus setzten, in die Nähe der absoluten Mehrheit. Die Krise um den populären General Boulanger, der um ein plebiszitäres Mandat der Massen warb, die Armee mit den Arbeitern fraternisieren ließ und zum Haupt der „Partei der Unzufriedenen" aufgestiegen war, brachte durch dessen Entscheidung, keinen Staatsstreich zu inszenieren, eine klare Frontstellung der Rechten (zus. mit dem Militär) gegen die sich auf dem Boden der opportunist. Republik zurückziehenden Radikalen. Weitere große polit. Krisen zeigten die Risse, die unter der Oberfläche die frz. Gesellschaft zerteilten: 1893 der Panamaskandal und 1894 die Dreyfusaffäre.

Von der Jh.wende bis zum Ende der Dritten Republik stellte der Radikalsozialismus des mittleren Bürgertums die entscheidende politische Kraft dar. Die „radikale" Republik (1898–1914) war bestimmt von der Annäherung der Radikalsozialisten, die zu bescheidenen Sozialreformen fanden, und der Sozialisten, die unter J. Jaurès auf reformist. Kurs einschwenkten. Die neue Koalition wurde unter Min.präs. E. Combes (1902–05) v.a. durch die radikal antikirchl. Schulpolitik, Bruch des Konkordats, Trennung von Staat und Kirche (9. Dez. 1905) zusammengehalten; Combes folgte (nach den Kabinetten M. Rouvier und F. Sarrien) unter stärkerer Anlehnung nach rechts 1906–09 G. B. Clemenceau. Die frz. Politik unter A. Briand (1909–11, 1913) und J. Caillaux (1911/12) war im Innern durch den Kampf um die Modernisierung des Steuersystems und die Änderung des Wahlsystems (Proporzwahl), nach außen durch den Ggs. zu Deutschland (2. Marokkokrise, Übergang zu dreijähriger Wehrpflicht) geprägt. Nachdem schon die Marokkokrise 1905 den Chauvinismus wiederbelebt hatte, wurde mit R. Poincaré 1913 ein Mann Staatspräs., der als Symbolfigur des Revanchedenkens galt und dessen außenpolit. Kurs sich auf das frz.-russ. Bündnis sowie die Entente cordiale, v.a. aber auf einen alle Schichten der frz. Gesellschaft umfassenden Nationalismus stützte.

Offizielles frz. Kriegsziel im 1. Weltkrieg war die Wiedergewinnung Elsaß-Lothringens gewesen. In den Versailler Friedensverhandlungen (1919/20) gelang es Clemenceau, die 1870 verlorengegangene kontinentale Vormachtposition F. zurückzugewinnen, die er durch eine harte Eindämmungspolitik gegenüber Deutschland abzusichern versuchte, mit dem Ziel, ein Erstarken Deutschlands zu verhindern und durch den Abschluß von Bündnisverträgen mit Belgien (1920), Polen (1921), der Tschechoslowakei (1924), Rumänien (1926), Jugoslawien (1927) und der UdSSR (1932) eine dt. Revisionspolitik unmöglich zu machen. V.a. ungelöste Probleme der frz. Finanzen führten im Zeichen einer rechten Kammermehrheit (Bloc national, 1919–24) zu R. Poincarés Politik der „produktiven Pfänder", die mit der Ruhrbesetzung 1923 ihren Höhepunkt erreichte. Die von É. M. Herriot und A. Briand eingeleitete Verständigungspolitik brachte jedoch keinen vollständigen Ausgleich des dt.-frz. Gegensatzes, da die Revisionspolitik der Weimarer Republik auf die Wiedergewinnung einer Großmachtstellung Deutschlands abzielte, was dem Sicherheitsbedürfnis F. entgegenstand. Auf Grund der Weltwirtschaftskrise sah sich F. gezwungen, 1932 einer Einstellung der Reparationen (Lausanner Konferenz 1932) und der prinzipiellen Gleichberechtigung des Dt. Reiches auf dem Rüstungssektor zuzustimmen. Innenpolitisch hatten die durch die Kriegsereignisse verschärften Wirtschafts- und Finanzprobleme nach Kriegsende zu großen Streiks und 1920 zur Spaltung der Séction Française de l'Internationale Ouvrière (SFIO) und der Gewerkschaften durch die Bildung einer kommunist. Partei und eines kommunist. Gewerkschaftsbundes geführt. Die inflationäre Entwicklung wurde zwar 1926/28 unter Poincaré gestoppt, es kam aber zu keiner dauerhaften Sanierung der öff. Finanzen. Die Weltwirtschaftskrise verschärfte die sozialen Spannungen und führte bei häufig wechselnden Kabinetten zu einer Dauerkrise des parlamentar. Systems, die sich sowohl von faschist. Sammlungsbewegungen (Croix de feu, Action française) als auch von der äußersten Linken bedroht sah. Im Zusammenhang mit der Stavisky-Affäre kam es am 6. Febr. 1934 in Paris zu Demonstrationen der Rechten und zu blutigen Zusammenstößen mit der Linken (Februarunruhen), die den Rücktritt des Kabinetts É. Daladier zur Folge hatten. Diese Entwicklung führte im Frühjahr 1936 zu einem Wahlerfolg des aus Radikalsozialisten, Sozialisten und Kommunisten gebildeten Volksfront, deren Reg. unter L. Blum (1936/37, 1938) weitreichende soziale Reformen durchführten (u.a. 40-Stunden-Woche, bezahlter Urlaub, kollektive Arbeitsverträge, Anerkennung des Gewerkschaftsrechts, Bildung von Arbeitervertretungen in den Betrieben, Lohnerhöhungen um 15%). Auf die Machtergreifung Hitlers reagierte die frz. Reg. mit dem Versuch, durch internat. Abmachungen und Allianzen der Offensive Deutschlands entgegenzutreten: Beteiligung am Viermächtepakt vom 15. Juli 1933, Förderung der Balkanentente, Bildung der Stresafront im April 1935 mit Großbritannien und Italien, Beistandspakt mit der UdSSR (1935). Nach dem Scheitern der Stresafront setzte die frz. Reg. der Remilitarisierung der Rheinlande im März 1936 keinen Widerstand entgegen; im Span. Bürgerkrieg ließ sie sich vom Prinzip der Nichteinmischung leiten. Auf Grund des zunehmenden militär. Übergewichts Deutschlands tolerierte das im April 1938 von Daladier gebildete bürgerl. Kabinett den Anschluß Österreichs und beteiligte sich 1938 am Münchner Abkommen. Nach dem Angriff der dt. Truppen auf Po-

Frankreich

len erklärte F. am 3. Sept. 1939 gemeinsam mit Großbritannien Dt. Reich den Krieg. Zum Schutz der ↑Maginotlinie verhielt sich die frz. Armee jedoch defensiv und erlitt gegen die angreifende dt. Wehrmacht (Offensive vom 10. Mai 1940) eine militär. Niederlage. Die neugebildete Reg. P. Pétain unterzeichnete am 22. Juni 1940 das Waffenstillstandsabkommen mit dem Dt. Reich, am 24. Juni mit Italien, das am 10. Juni in den Krieg eingetreten war. Dt. Truppen besetzten den größten Teil F. unter Einschluß von Paris; Elsaß und Lothringen wurden faktisch dem Dt. Reich angegliedert.

État Français (1940–44): In dem neuen Reg.sitz Vichy übertrug das Parlament am 10. Juli 1940 mit großer Mehrheit Marschall Pétain die unumschränkte Gewalt über das noch unbesetzte F., womit sich der autoritär-korporative État Français etablierte. Während Pétain gegenüber dem dt. Sieger auf Zeitgewinn setzte (Treffen mit Hitler in Montoire-sur-le-Loir am 24. Okt. 1940), suchten P. Laval und F. Darlan durch begrenzte Kollaboration, F. eine günstigere Position in der von Hitler proklamierten neuen Ordnung Europas zu sichern. Auf Grund der harten dt. Besatzungspolitik sowie in Reaktion auf die antirepublikan. Politik des Vichy-Regimes trat die frz. Widerstandsbewegung (Résistance) zunehmend in Erscheinung. Auf sie gewann General C. de Gaulle wachsenden Einfluß, dessen Londoner Aufruf zur Fortführung des Kampfes (18. Juni 1940) zunächst ohne wesentl. Resonanz im Mutterland geblieben war. Als Chef des „Freien F." und des Frz. Nat.komitees setzte er sich 1943 in Algier auch gegen Darlan und im „Frz. Komitee der Nat. Befreiung" durch, dem sich nach und nach die Mehrheit der frz. Überseegebiete unterstellte und das am 3. Juni 1944 zur Provisor. Reg. der Frz. Republik umgewandelt wurde. Die Landung der Briten und Amerikaner an der Kanal- und Mittelmeerküste im Juni bzw. Aug. 1944 führte zur Befreiung F. und zum Zusammenbruch des Vichy-Regimes.

Frankreich. Nach der Befreiung von der deutschen Herrschaft übernahm Charles de Gaulle die Führung der provisorischen Regierung; hier mit dem britischen Premierminister Winston Churchill und dem französischen Außenminister Georges Bidault vor dem Arc de Triomphe de l'Étoile am 11. November 1944

Vierte Republik (1944–58): Nach Einzug de Gaulles in Paris (25. Aug. 1944) nahm dort die von ihm geführte Provisor. Reg. der Frz. Republik ihre Tätigkeit auf; sie sah zunächst ihre Aufgabe in der Verurteilung und Bestrafung der Kollaborateure sowie in der Durchsetzung der gleichberechtigten Teilnahme an den Entscheidungen der Alliierten über die Zukunft Deutschlands und in der Wiederherstellung der frz. Herrschaft in den Kolonien. Von der (ersten) Konstituante im Okt. 1945 einstimmig zum Min.präs. gewählt, trat de Gaulle am 16. Jan. 1946 wieder zurück, da er seine Pläne zur Neuordnung des Staates und für die künftige Verfassung nicht hatte durchsetzen können. Eine neugewählte Verfassunggebende Versammlung erlangte für ihren Verfassungsentwurf am 13. Okt. 1946 eine knappe Mehrheit, womit die Vierte Republik formell begründet war. Bis 1947 wurden die Reg. im wesentlichen von den 3 großen Parteien der Sozialisten, Kommunisten und Volksrepublikaner getragen. Ihre wichtigsten Maßnahmen waren die Verstaatlichung der Kredit- und Versicherungsgesellschaften, der Energiequellen, der Handelsmarine und zahlr. Ind.betriebe sowie die Einrichtung von Betriebsräten und die Ausarbeitung eines Modernisierungsplans für die Wirtschaft. Gegensätze in der Indochina-, Wirtschafts- und Finanzpolitik sowie der kalte Krieg führten am 5. Mai 1947 zum Ausschluß der Kommunisten durch Min.präs. P. Ramadier, der die Kabinette der „dritten Kraft" aus Sozialisten, Volksrepublikanern, Radikalsozialisten und gemäßigt linken Gruppen einleitete, die bis 1951 eine relativ stabile Reg.tätigkeit gegen die Opposition der Kommunisten und Gaullisten erreichten. Außenpolitisch suchte F. erneut sein Sicherheitsbedürfnis durch die Teilnahme an der Besetzung Österreichs und Deutschlands sowie dessen wirtsch. Schwächung und durch den Abschluß von Defensivbündnissen (Westeuropäische Union, Abk. WEU) zu befriedigen. Angesichts der Verschärfung der Ost-West-Spannungen schloß F. 1949 der NATO, im Hinblick auf seine ostasiat. Interessen 1954 der SEATO an. Seit dem kalten Krieg beteiligt sich F. führend an den europ. Einigungsbestrebungen (Beitritt zum Europarat 1949, zur Montanunion 1951, zu EWG und EURATOM 1957). Die supranat.-militär. Integration in die Europ. Verteidigungsgemeinschaft (EVG) wurde zwar 1954 abgelehnt, die Pariser Verträge 1955 über die Aufnahme der BR Deutschland in die WEU und in die NATO dagegen angenommen. Angesichts der innenpolit. Labilität (1951–58 zwölf Kabinette) und der krisenhaften Situation in den frz. Kolonien übernahm am 1. Juni 1958 de Gaulle die letzte Reg. der Vierten Republik, die am 28. Sept. 1958 mit der Annahme der neuen Verfassung durch Volksabstimmung ihr formelles Ende fand.

Fünfte Republik (seit 1958): Die polit. Entwicklung F. wurde bis 1969 wesentlich von der Persönlichkeit de Gaulles (seit Dez. 1958 Staatspräs.) bestimmt, der die Präsidialmacht stark ausbaute. Die Absicht des Generals, in der Algerienfrage 1959 mit der Anerkennung des Selbstbestimmungsrechts die Assoziierung des autonomen Algerien an F. zu erreichen, führte zu scharfen Auseinandersetzungen mit den Anhängern eines „frz. Algerien" (OAS, Barrikadenaufstand von Algier 24. Jan. 1960, Generalsputsch vom 21./22. April 1961, Attentat bei Petit-Clamart vom 22. Aug. 1962), schließlich zur Hinnahme der alger. Unabhängigkeit (Abkommen von Évian-les-Bains vom 18. März 1962). Die angestrebte Großmachtrolle F. veranlaßte de Gaulle, die Entwicklung einer eigenen frz. Atomstreitmacht (Force de frappe) voranzutreiben. Diesem Ziel dienten auch die (allerdings nicht völlige) Lösung F. aus der NATO, die langjährige Blockierung eines brit. EWG-Beitritts und die Reduzierung der europ. Einigungsbemühungen auf rein wirtsch. Integration. Seit Mitte der 1960er Jahre bemühte sich die frz. Außenpolitik verstärkt um eine bilaterale Annäherung an die Staaten des Ostblocks (1964 Anerkennung der VR China, Eintreten für die Neutralität Vietnams seit 1963) sowie um einen dt.-frz. Ausgleich (Dt.-Frz. Vertrag vom 22. Jan. 1963). Dem allmähl. Zerfall der Massenbasis für de Gaulle und den wirtsch. und sozialen Mißständen, die seine Politik unter dem Primat der Außenpolitik forciert hatte, wurde nur mit unzureichenden Mitteln begegnet. Die soziale Unzufriedenheit breiter Bev.schichten kulminierte in den Maiunruhen 1968, die sich durch einen Generalstreik zu einer ernsthaften Staatskrise ausweiteten. Angesichts seines Prestigeverlusts und des negativen Ausgangs eines Referendums zur Senats- und Regionalreform trat de Gaulle am 28. April 1969 zurück. Sein Nachfolger G. Pompidou leitete auf Grund weiterbestehender wirtsch. und so-

Philippe Pétain

Frankreich

zialer Ungleichheiten und wachsender Krisenerscheinungen innerhalb des Gaullismus eine Reformpolitik ein. Neuer Min.präs. wurde J. M. P. Chaban-Delmas (1969 bis 1972). In ihrer Europapolitik befürwortete die frz. Reg. den Eintritt v. a. Großbritanniens in die EG. Im Juni 1972 schlossen sich Kommunisten, Sozialisten und linksgerichtete Radikalsozialisten zur „Union de la Gauche" (Linksunion) zusammen und verabschiedeten ein gemeinsames Reg.programm in der Absicht, die gaullist. Parlamentsmehrheit abzulösen. Bei den Wahlen zur Nat.versammlung März 1973 konnten sich jedoch die Gaullisten und ihre Koalitionspartner behaupten. Zuvor schon war eine Reg. P. Messmer (1972–74) gebildet worden, die allerdings den polit. Machtverlust des Gaullismus nicht verhindern konnte. Nach dem Tod Pompidous im April 1974 wurde der Liberalkonservative V. Giscard d'Estaing zum Präs. gewählt; die Wahlen zur Nat.versammlung 1978 gewann die Reg.mehrheit aus Gaullisten, Giscardisten, Zentrum und Radikalsozialisten gegen die Linksunion.
Die Präsidentschaftswahlen 1981 gewann der Sozialist F. Mitterrand; bei den nachfolgenden Parlamentswahlen erreichte die Sozialist. Partei die absolute Mehrheit. In die Reg. P. Mauroy (1981–84) wurden auch kommunist. Minister aufgenommen (bis 1983/84). Mit der Verstaatlichung von Industrieunternehmen und Banken wurde Anfang 1982 begonnen. 1984 übernahm der Sozialist L. Fabius das Amt des Premiermin. In der Außenpolitik leitete Mitterrand eine engere Zusammenarbeit mit den USA ein; zugleich erreichte er eine Verbesserung der Beziehungen zur Sowjetunion (Abschluß eines Grundlagenvertrages im Nov. 1990). Nach dem Wahlerfolg der Gaullisten (RPR) und der bürgerl. Mittelparteien (UDF) 1986 sah sich Mitterrand zu einer Zusammenarbeit (sog. „Cohabitation") mit diesen Kräften gezwungen und ernannte J. Chirac zum Premiermin. (1986–88). Angesichts der Tatsache, daß Staatspräs. und Premiermin. gegensätzl. polit. Richtungen angehörten, bemühten sich beide, in der innenpolit. Auseinandersetzung ihre Kompetenzen als Verfassungsorgane gegeneinander abzugrenzen und verfassungspolit. zu sichern. 1988 wurde Mitterrand als Präs. mit großer Mehrheit wiedergewählt; Premiermin. wurde M. Rocard (PS). Bei den Wahlen zur Nat.versammlung 1988 verfehlten sowohl die Sozialisten als auch die in der URC (Union du Rassemblement et du Centre) vereinigten Gaullisten und bürgerl. Mittelparteien die absolute Mehrheit. Rocard bildete ein Kabinett aus sozialist., linksliberalen (MRG), parteilosen Politikern und Mgl. der UDF. Nach seinem Rücktritt wurde 1991 Edith Cresson (PS) Premiermin., die nach hohen Verlusten der Sozialisten in Regional- und Kantonalwahlen im April 1992 durch P. Bérégovoy (PS) abgelöst wurde. Im September 1992 wurde das Vertragswerk von Maastricht mit knapper Mehrheit durch ein Referendum gebilligt. Nach dem deutl. Sieg ($^4/_5$ der Sitze) der bürgerl. Parteien bei den Wahlen zur Nat.versammlung im März 1993 wurde E. Balladur (RPR) Premierminister.

François Mitterrand

Politisches System

Staatsgrundgesetz der Fünften Republik ist die Verfassung vom 4. Okt. 1958; kennzeichnend ist eine Vermischung klass. Verfassungsdoktrinen in der Vereinigung repräsentativer (Parlament) mit plebiszitären Elementen (Referendum) und der Verknüpfung des parlamentar. mit dem präsidialen Prinzip. Es hängt weitgehend von der Persönlichkeit des als *Staatsoberhaupt* fungierenden Staatspräs. ab, ob die Verfassungswirklichkeit mehr dem einen oder mehr dem anderen Verfassungstyp zuneigt. Der Staatspräs. wird vom Volk direkt gewählt (seit 1962 auf 7 Jahre); erreicht im ersten Wahlgang keiner der Kandidaten die absolute Mehrheit, findet eine Stichwahl statt. Der Staatspräs. ernennt und entläßt den Premiermin. und auf dessen Vorschlag die übrigen Reg.mitglieder; er führt den Vorsitz im Min.rat, kann eine Gesetzesvorlage über die Organisation der öff. Institutionen oder die Ratifizierung eines Vertrags einem Referendum unterziehen und kann die Nat.versammlung auflösen; er darf ohne Befragung des Parlaments, nach Konsultation nur des Premiermin. und der Präs. von Nat.versammlung, Senat und Verfassungsrat, Notmaßnahmen anordnen, wenn die Institutionen der Republik, die Unabhängigkeit der Nation, ihre territoriale Integrität oder die Erfüllung ihrer internat. Verpflichtungen in einer ernsten und unmittelbaren Weise bedroht werden. Er verkündet die vom Parlament verabschiedeten Gesetze, unterzeichnet die Anordnungen des Min.rates, ernennt die Beamten, Richter und Offiziere und repräsentiert F. auf internat. Ebene.
Die *Exekutive* liegt bei der Reg., an deren Spitze der Premiermin. steht; sie ist der Nat.versammlung verantwortlich und von ihrem Vertrauen abhängig. Die *Legislative* liegt beim Parlament; es besteht aus der Nat.versammlung und dem Senat. Die 577 Abg. der Nat.versammlung werden bei allg. Wahlrecht (ab 18 Jahre) für 5 Jahre gewählt. In einem Wahlkreis ist als Abg. gewählt, wer die absolute Mehrheit (über 50 %) der abgegebenen Stimmen von mindestens $^1/_4$ der Wahlberechtigten erhält. Kommt diese Mehrheit im ersten Wahlgang nicht zustande, findet eine Woche später ein 2. Wahlgang statt, in dem die relative Mehrheit entscheidet. Die 319 Mgl. des Senats, der mehr die „territorialen Einheiten" des Landes vertreten soll und gegenüber Reg. und Nat.versammlung eine Art suspensives Veto hat, werden für 9 Jahre (alle 3 Jahre Neuwahl von $^1/_3$ der Senatoren) indirekt in den Departements von Wahlmännerkollegien gewählt.
Die in der Nat.versammlung (1993) vertretenen *Parteien* sind der Parti Socialiste (PS), der gaullist. Rassemblement pour la République (RPR), die Union pour la Démocratie Française (UDF; ein Wahlbündnis von Centre des Démocrates Sociaux [CDS], Parti Radical-Socialiste [PRS] und Parti Républicain [PR]) sowie der Parti Communiste Français (PCF); der rechtsextreme Front National und die beiden ökolog. Parteien stellen keine Abgeordneten.
Neben den polit. Parteien sind *Verbände* im polit. Raum wichtige Interessenvertretungen. Spitzenorganisation der Arbeitgeber ist der Conseil National du Patronat Français (CNPF). Der wichtigste Agrarverband ist die Fédération Nationale des Syndicats d'Exploitants Agricoles (FNSEA), deren Funktionäre und Mgl. aus allen polit. Gruppierungen kommen. Die frz. Gewerkschaftsbewegung weist 3 große Gruppierungen auf: Die mit der Kommunist. Partei eng verbundene Confédération Générale du Travail (CGT), der 38 Einzelgewerkschaften angeschlossen sind, die gemäßigte Force Ouvrière (FO), die 28 Einzelgewerkschaften umfaßt, sowie die linkssozialist. Confédération Française Démocratique du Travail (CFDT) mit 23 Einzelgewerkschaften.
Zur regionalen und kommunalen *Verwaltung* ist F. in 22 Regionen, 96 Départements, 325 Arrondissements, 3 714 Kantone und über 36 400 Gemeinden gegliedert. An der Spitze jeder Departementsverwaltung steht seit dem Dezentralisierungsgesetz von 1982 ein vom Präs. ernannter „Kommissar der Republik", der den Präfekten mit seinen weitgehenden Befugnissen abgelöst hat.
Die *Rechtsprechung* gliedert sich horizontal in die ordentl. Gerichtsbarkeit und die Verwaltungsgerichtsbarkeit, vertikal in 6 bzw. 3 Stufen. Das System der ordentl. Gerichte umfaßt auf der untersten Stufe eine Art von Schiedsgerichten, die bei Arbeits- und bei kommerziellen Konflikten tätig werden. Die übrigen 5 Stufen in der Hierarchie der ordentl. Gerichtsbarkeit sind die lokalen Gerichte erster Instanz, die höheren Gerichte erster Instanz, die Geschworenengerichte, die Appellationsgerichte und schließl. an der Spitze der Pyramide der Kassationshof in Paris. Die Verwaltungsgerichtsbarkeit beginnt auf der untersten Stufe mit den nach Sachbereichen unterschiedenen Gerichten. Darüber stehen die allg. Verwaltungsgerichte, höchste Instanz ist hier der Staatsrat. Die Verfassungsgerichtsbarkeit wird vom Verfassungsrat ausgeübt (9 Mgl., je 3 Mgl. ernennt der Staatspräs., der Präs. der Nat.versammlung und der Präs. des Senats), ohne dessen Zustimmung kein Verfassungsgesetz in Kraft tritt.
Die frz. *Streitkräfte* unterstehen dem Staatspräs.; er ist Vors. des Obersten Verteidigungsrates. Bei allg. Wehrpflicht be-

trägt die Dienstzeit seit 1992 10 Monate. Die Gesamtstärke der frz. Streitkräfte betrug 1991 438 700 Soldaten (darunter 14 400 Frauen). Außerdem gibt es die seit den 1950er Jahren aufgebaute frz. strateg. Atomstreitmacht (Force Nucléaire Stratégique, Abk. FNS), schlagwortartig als „Force de frappe" bezeichnet. Neben den Streitkräften existieren paramilitar. Verbände von insgesamt rd. 89 800 Mann Stärke (Gendarmerie und Sicherheitskräfte, die dem Innenmin. unterstellt sind).

Franktireurs (Francs-tireurs) [frãti'rø:rs; frz. „Freischützen"], bewaffnete Zivilisten, die hinter der Front Kleinkrieg führen. F. gab es insbes. während des Dt.-Frz. Krieges 1870/1871 in Frankreich und während des 1. Weltkrieges in Belgien. „Francs-Tireurs et Partisans français" war 1940–45 der Name der militär. Organisation der ↑Résistance.

Fransenfingereidechsen ↑Eidechsen.
Fransenflügler, svw. ↑Blasenfüße.
Františkovy Lázně [tschech. 'frantjiʃkovi 'la:znjɛ] ↑Franzensbad.

Frantz, Justus, * Hohensalza 18. Mai 1944, dt. Pianist. – Seit 1986 Prof. an der Hamburger Musikhochschule; organisiert alljährlich das Schleswig-Holstein-Musikfestival.

Franz, Name von Herrschern:
Hl. Röm. Reich:
F. I. Stephan, * Nancy 8. Dez. 1708, † Innsbruck 18. Aug. 1765, Kaiser (seit 1745). – 1729 Herzog von Lothringen und des schles. Hzgt. Teschen; 1730 Statthalter von Ungarn; mußte 1736 auf Lothringen verzichten, 1737 mit dem Großherzogtum Toskana entschädigt; heiratete 1736 ↑Maria Theresia und wurde 1740 ihr Mitregent; als Kaiser besaß er zwar wenig polit. und militär. Einfluß, machte sich aber durch administrative und finanzielle Reformen verdient.
F. II. Joseph Karl, * Florenz 12. Febr. 1768, † Wien 2. März 1835, Kaiser (1792–1806), als F. I. Kaiser von Österreich (1804–35). – Akzeptierte als Antwort auf die Selbsternennung Napoleons I. zum Kaiser der Franzosen die Errichtung des Kaisertums Österreichs 1804; konnte damit und mit der Erklärung (in Verbindung mit der Niederlegung der Röm. Kaiserkrone) 1806, das Hl. Röm. Reich sei erloschen, Napoleons Streben nach der Röm. Kaiserkrone zunichte machen; billigte Österreichs Erhebung gegen Napoleon 1806–09 und widerstrebte nach deren Scheitern zunächst einer polit. Schwenkung, v. a. aber der polit. Heirat seiner Tochter Marie Louise mit Napoleon; vertrat mit Beharren auf Tradiertem nach 1815, außen- und innenpolitisch teils starrer als Metternich, dessen „System".
Frankreich:
F. I., * Cognac 12. Sept. 1494, † Rambouillet 31. März 1547, König (seit 1515). – Gewann durch den Sieg über die im Dienste Mailands stehenden Schweizer bei Marignano (1515) das Hzgt. Mailand. Schloß 1516 mit den Schweizern den „Ewigen Frieden" (alleiniges Recht Frankreichs, Söldner aus der Eidgenossenschaft zu ziehen) und mit Papst Leo X. das Konkordat von Bologna. Als er 1519 bei der Kandidatur um die Kaiserwürde Karl I. von Spanien unterlag, kämpfte er in 4 Kriegen (1521–26, 1527–29, 1534–36, 1542–44) mit diesem (nunmehr Kaiser Karl V.) um das Ausg. Erbe und Italien sowie gegen die habsburg. Umklammerung. Im 1. Krieg wurde F. bei Pavia (1525) vernichtend geschlagen und geriet in Gefangenschaft; in span. Haft 1526 zum Frieden von Madrid gezwungen, verweigerte er nach seiner Freilassung die Ratifikation. Die Friedensschlüsse von Cambrai (1529) und Crépy (1544) bestätigten seine Niederlage.
F. II., * Fontainebleau 19. Jan. 1544, † Orléans 5. Dez. 1560, König (seit 1559). – Sohn Heinrichs II. und Katharinas von Medici, Enkel F.' I.; seit 1558 ∞ mit Maria Stuart von Schottland; seine kurze Regierung stand vollkommen unter dem Einfluß seiner Mutter und der Herzöge von Guise.
Liechtenstein:
F. Joseph II., * Schloß Frauenthal (Steiermark) 16. Aug. 1906, † Grabs (Schweiz) 13. Nov. 1989, Fürst (seit 1938).

Lothringen:
F. Stephan, Herzog ↑Franz I. Stephan, Kaiser des Hl. Röm. Reiches.
Österreich:
F. I. ↑Franz II. Joseph Karl, Kaiser des Hl. Röm. Reiches.
Österreich-Ungarn:
F. Joseph I., * Schönbrunn (= Wien) 18. Aug. 1830, † ebd. 21. Nov. 1916, Kaiser von Österreich (seit 1848) und König von Ungarn (seit 1867). – Nach der Märzrevolution von 1848 sah er in der Aufrichtung und Sicherung unbeschränkter Autorität der Zentralgewalt die Lebensfrage der Monarchie und der Dynastie. Unter dem Einfluß von Fürst Schwarzenberg liquidierte er 1851 die Verfassungszugeständnisse der Revolutionszeit und ersetzte sie durch das System des neoabsolutist. Zentralismus. Er trug daher mehr als nur formale Verantwortung für die internat. Isolierung Österreichs im Krimkrieg und das Desaster des Sardin.-Frz.-Östr. Krieges 1859. Die Niederlage im Dt. Krieg 1866 führte zur problemat. Entscheidung des östr.-ungar. ↑Ausgleichs. Die Gefahr der wachsenden Rivalität zu Rußland in der Balkanfrage vermochte er nicht voll zu erkennen. Den Wirkungszusammenhang von ungelöster Verfassungskrise (Badenikrise), Verwicklung in der Balkanfrage und sich ergebendem Zugzwang zu einer längst über die Verhältnisse gehenden Politik der Stärke (Annexionskrise 1908/09) erfaßte F. J. in seinen Konsequenzen nicht mehr.
F. Ferdinand, * Graz 18. Dez. 1863, † Sarajevo 28. Juni 1914, Erzherzog. – Neffe Kaiser Franz Josephs I.; nach dem Selbstmord des Kronprinzen Rudolf Thronfolger; seit 1899 General der Kavallerie, sah seine Hauptaufgabe in Ausbau und Modernisierung der östr. Land- und Seestreitkräfte; entwickelte Konzeptionen für einen Staatsumbau in föderalist. und liberal-demokrat. Sinne, blieb von den Regierungsgeschäften aber strikt ausgeschlossen; seine Ermordung durch serb. Verschwörer löste den 1. Weltkrieg aus.
Siebenbürgen:
F. II. Rákóczi (Ferenc R.), * Borsi 27. März 1676, † Rodosto (= Tekirdağ) 8. April 1735, Fürst (seit 1704). – Vertrat mit Nachdruck die antihabsburg. Tradition seines Hauses; wegen Vorbereitungen für einen Aufstand verhaftet, konnte aber nach Warschau fliehen. Proklamierte 1703 von Polen aus die Sonderrechte Ungarns und trat an die Spitze eines Heeres der Kurutzen; 1704 wurde er in Alba Iulia zum Fürsten von Siebenbürgen ausgerufen (1707 Absetzung des Kaisers als König von Ungarn), erlitt 1708 die entscheidende Niederlage bei Trenčín und floh nach Polen; lebte 1714–17 in Frankreich, danach in Konstantinopel.

Franz von Assisi (Francesco d'Assisi) hl., eigtl. Giovanni Bernardone, * Assisi 1181 oder 1182, † ebd. 3. Okt. 1226, italien. Ordensstifter. – Stammte aus wohlhabender Familie in Assisi. Nach Krankheit und Bekehrungserlebnissen pflegte F. v. A. Aussätzige und führte ein Bettlerleben. Seit 1209 schlossen sich ihm einige Gefährten an. Er gab ihnen Texte des N. T. als Lebensnorm (erste Regel) und verpflichtete sie als „Mindere Brüder" zum Dienst an Menschheit und Kirche in Armut und Buße. Innozenz III. billigte diese Lebensform 1210 mündlich, und es entstand eine rasch wachsende Brüdergemeinschaft, zu der 1212 nach der Bekehrung der adligen Klara von Assisi eine Schwesterngemeinschaft hinzukam. Über die eigenen Gemeinschaften hinaus zog F. v. A. Frauen und Männer in seinen Bann, die sich im Dritten Orden zusammenfanden und mitten in der Welt nach seinem Programm lebten. 1223 erhielt der Orden von F. v. A. eine endgültige Regel (durch Bulle Honorius' III. bestätigt). F. v. A. selbst trat 1220 von der Leitung des Ordens zurück. Seine Frömmigkeit fand in seinen Schriften (Regeln, Worte der Ermahnung, Sendschreiben, Gebete und bes. im „Sonnengesang") ihren Ausdruck. F. v. A. wurde 1228 von Gregor IX. heiliggesprochen. In der von Elias von Cortona erbauten Kirche San Francesco in Assisi wurde er begraben. – Fest: 4. Oktober. – Sein Leben lieferte schon früh den Stoff für viele literar. Werke, die z. T. in der Tradition der Legenden „I fioretti di San Francesco" stehen. Es entstanden nach dem Vorbild von J. G. Herder („Christenfreunde", 1780) zahlr. Vers- und Prosa-

Franz I. Stephan, Kaiser des Heiligen Römischen Reichs (anonymer Kupferstich, 18. Jh.)

Franz II. Joseph Karl, Kaiser des Heiligen Römischen Reichs (Stahlstich von Jakob Hyrtl, um 1820)

Franz Joseph I., Kaiser von Österreich und König von Ungarn

Franz Ferdinand, Erzherzog von Österreich

Franz

legenden, Gedichte, Erzählungen, Romane und Dramen. – Unter den zahlr. zykl. Darstellungen der Legenden aus dem Leben des Heiligen in der italien. Kunst sind die berühmtesten: der Zyklus in der Oberkirche von San Francesco in Assisi von Giotto und seinen Schülern (zw. 1296 und 1304) und der Zyklus von Giotto in der Bardikapelle in Sante Croce, Florenz (entstanden nach 1317).

Franz von Assisi. Der heilige Franziskus teilt seinen Mantel, Fresko in der Oberkirche von San Francesco in Assisi, 1296–99

Franz von Borgia [italien. ˈbɔrdʒa] (span. Francisco de Borja), hl., *Gandía (Prov. Valencia) 28. Okt. 1510, †Rom 1. Okt. 1572, span.-italien. kath. Theologe, dritter Ordensgeneral der Jesuiten (seit 1565). – 1539–43 Vizekönig von Katalonien; als Generalkommissar der Jesuiten in Spanien und Rom und als Ordensgeneral um Ausdehnung des Ordens (in S-Amerika und M-Europa) und um straffere zentrale Leitung bemüht. – Fest: 10. Oktober.

Franz von Paula (Paola), hl., *Paola (Prov. Cosenza) 1436 (1416?), †Plessis-lez-Tours 2. April 1507, italien. Ordensgründer. – Gründete den Orden der Minimen, der 1474 päpstl. bestätigt wurde. Ab 1482 einflußreicher Ratgeber am frz. Königshof Ludwigs XI. und seiner Nachfolger. 1519 heiliggesprochen. – Fest: 2. April.

Franz von Sales (François de Sales) [ˈzaːləs, sal], hl., *Schloß Sales bei Annecy 21. Aug. 1567, †Lyon 28. Dez. 1622, frz. Theologe und Schriftsteller. – 1594 Priester, 1602 Bischof von Genf; 1610 gründete er mit J. F. F. de Chantal den Orden der Salesianerinnen; 1665 heiliggesprochen, 1877 zum Kirchenlehrer erklärt; Fest: 24. Jan. – Seine berühmtesten literar. Werke sind das u. d. T. „Philothea" bekanntgewordene Andachtsbuch „Introduction à la vie dévote" (1608, dt. 1699), und sein auch als „Theotimus" bekannter Traktat „Traité de l'amour de Dieu" (1616).

Franz von Sales

Franz, Günther, *Hamburg 23. Mai 1902, †Stuttgart 22. Juli 1992, dt. Historiker. – Prof. seit 1930 in Marburg, Heidelberg, Jena und Straßburg, seit 1957 in Stuttgart-Hohenheim; Arbeiten v. a. zur Agrargeschichte.

Franzband [eigtl. „frz. Band"], Einbandart mit Buchdeckeln, die auf tiefem Falz angesetzt sind; Buchdecke oft lederüberzogen.

Franzbranntwein [eigtl. „frz. Branntwein"], kampferhaltige alkohol. Lösung für Einreibungen und Umschläge.

Franzensbad (tschech. Františkovy Lázně), Heilbad in der ČR, 5 km nördlich von Eger, 448 m ü. d. M., 4800 E. Mineral- und Moorbad (Rheuma, Herzkrankheiten).

Franzensfeste (italien. Fortezza), italien. Gemeinde in Südtirol, 7 km nw. von Brixen, 801 m ü. d. M., 1700 E. – F. trägt seinen Namen nach den unter Kaiser Franz I. von Österreich 1833–38 zur Sicherung des wichtigen transalpinen Verkehrsweges gebauten mächtigen Befestigungen an der Eisackenge („Brixener Klause", die „Sachsenklemme" des MA).

Franzien ↑Francia.

Franzisch ↑französische Sprache.

Franziskaner (offiziell lat. Ordo Fratrum Minorum; Abk. OFM), Mitglieder des „Ordens der Minderen Brüder", die nach der 1223 von Papst Honorius III. bestätigten Regel des ↑Franz von Assisi leben, wonach sie ihr Leben nach dem Evangelium führen, auf jegl. persönl. und gemeinsamen Besitz verzichten und sich zum Dienst am Menschen durch Arbeit und Predigt verpflichten sollen. Sie gehören zu den sog. ↑Bettelorden; zu ihrer Ordenstracht zählt braunes Habit mit Kapuze, weißer Strick als Gürtel, oft auch Sandalen. Der Orden ist bis heute in Seelsorge, Schule, Wissenschaft und Mission tätig; 19 000 Mgl. (1992). – Die Ausbreitung des Ordens erfolgte trotz interner Auseinandersetzungen, die im 13. Jh. zw. den *Spiritualen,* die auf wörtl. Regelbefolgung drangen, und den *Konventualen,* die eine Angleichung an die älteren Orden erstrebten, entstanden waren.

Franziskanerbrüder, die zum franziskan. Dritten Orden gehörenden Brüdergemeinschaften, die sich der Krankenpflege, Karitas und Erziehungsarbeit, z. T. in den Missionen, widmen.

Franziskanerinnen, Ordensgemeinschaften, die nach der Regel des franziskan. Dritten Ordens und ergänzenden Statuten leben. Ihre Tätigkeit liegt v. a. auf sozialem und pädagog. Gebiet.

Franziskanerschule, Richtung innerhalb der scholast. Philosophie und Theologie, in erster Linie im Franziskanerorden verbreitet. *Ältere F.:* Robert Grosseteste (*um 1175, †1253), Alexander von Hales (*um 1170/85, †1245). *Mittlere F.:* Bonaventura (*um 1221, †1274), Johannes Peckham (*um 1220, †um 1292) und Richard von Middletown (*um 1249, †um 1308). Charakteristisch ist der scharfe Gegensatz zu den Lehren des Thomas von Aquin. Die *jüngere F.* wurde von Johannes Duns Scotus (*um 1265/66, †1308) begr., der die Lehren der vorhergehenden Schulen zu einem einheitl. System ausbaute (Skotismus).

Franz-Joseph-Land [nach dem östr. Kaiser Franz Joseph I.], eine zum größten Teil eisbedeckte Inselgruppe (etwa 190 Inseln) im Nordpolarmeer, östlich von Spitzbergen, 16 090 km², bis 620 m hoch; gehört zu Rußland; Polarstation. – 1873 von einer östr. Expedition unter K. Weyprecht und J. Payer entdeckt, seit 1928 sowjetisch.

Franzose ↑Schraubenschlüssel.

Franzosenkraut, svw. ↑Knopfkraut.

Französisch-Äquatorialafrika (Afrique-Équatoriale française), 1910–58 frz. Generalgouvernement bzw. Föderation von Territorien der Frz. Union auf dem Gebiet der heute unabhängigen Staaten Gabun, Tschad, Kongo und Zentralafrikan. Republik. Die frz. Kolonisation in diesem Gebiet begann 1842. Zum eigtl. Gründer der Kolonie wurde P. S. de Brazza, der mit Brazzaville 1880 die Verwaltungszentrale und spätere Hauptstadt (seit 1904) von F.-Ä. schuf. Das 1910 gebildete Generalgouvernement wurde 1946 in eine territoriale Föderation der Frz. Union umgestaltet. 1958 erlangten die 4 Territorien im Rahmen der Frz. Gemeinschaft ihre Autonomie, 1960 die Unabhängigkeit.

Französische Afar-und-Issa-Küste, ehem. frz. Überseeterritorium; ↑Dschibuti.

französische Broschur, Broschur mit einem an den Rändern angeklebten Doppelvorsatz und einem ringsum eingeschlagenen Schutzumschlag um den Umschlag.

Französische Gemeinschaft, 1958 bis 1960 bestehende Nachfolgeorganisation der Frz. Union auf staatsrechtl. Grundlage (Communauté); umfaßte Frankreich und die meisten seiner ehem. afrikan. Kolonien: Senegal, Sudan (seit 1960 Mali), Dahomey, Elfenbeinküste, Gabun, Kongo (Brazzaville), Madagaskar, Mauretanien, Niger, Obervolta, Tschad, Zentralafrikan. Republik, außerdem die UNO-Treuhandgebiete Kamerun und Togo. Bei innerer Autonomie der Mgl.staaten war die F. G. insbes. zuständig für Außen-, Verteidigungs-, Währungs- und Wirtschaftspolitik. 1960 bildete Frankreich mit den meisten seiner ehem. Kolonien auf völkerrechtl. Basis eine neue F. G. (Communauté rénovée), die heute aber nur noch formell besteht.

französische Kolonien, das frz. Kolonialreich, das im wesentlichen in zwei Expansionswellen im 17. und 19. Jh. entstand und nach 1945 im Zuge der Entkolonisation bis auf kleine Restbestände aufgelöst wurde; erreichte zw. den beiden Weltkriegen seine größte Ausdehnung (12,154 Mill. km² mit rd. 35,273 Mill. E in Afrika; 861 000 km² mit rd. 21,05 Mill. E in Asien; 91 248 km² mit rd. 522 000 E in Amerika und 22 449 km² mit rd. 80 000 E in der Südsee). – J.-B. Colbert wurde zum eigtl. Begründer der frz. Kolonialmacht; 1682 besaß Frankreich die Insel Réunion, die Küstengebiet von Senegal, Cayenne, eine östl. Gruppe der Antillen mit Guadeloupe und Martinique, den westl. Teil von Haiti, das Mississippi-Becken (1682 Louisiane gen.), Neufundland und Kanada entlang dem Sankt-Lorenz-Strom. Die frz. ostind. Kompanie hatte erste Stützpunkte in Indien gewonnen (Frz.-Indien). Im Span. Erbfolgekrieg (Frieden von Utrecht 1713) verlor Frankreich das Gebiet an der Hudsonbai, den größten Teil von Akadien und Neufundland, im Siebenjährigen Krieg (Frieden von Paris, 1763) fast alle Besitzungen in N-Amerika und Indien an Großbritannien. Das westl. Louisiane kam 1762 an Spanien; 1800 Rückgabe an Frankreich, das dieses Gebiet 1803 an die USA verkaufte, die das östl. Louisiane bereits seit dem Ende des Unabhängigkeitskrieges (1783) besaßen. Beim Sturz Napoleons I. waren nur noch die Inseln Saint-Pierre-et-Miquelon bei Neufundland, Martinique, Guadeloupe, Cayenne, Senegal, Réunion und 5 Kontore in Indien in frz. Besitz. 1830 begann mit der Eroberung von Algier eine neue Phase der frz. Kolonialexpansion. 1830–48 drangen die Franzosen in das Hinterland der Elfenbeinküste vor, erweiterten ihren Einflußbereich in Gabun und sicherten sich Stützpunkte auf den Komoren, auf Tahiti und den Marquesasinseln (Frz.-Polynesien). In den 1850er und 1860er Jahren wurden Plätze in Somaliland und Neukaledonien erworben. Mit der Eroberung von Cochinchina 1858–62 und dem Protektorat über Kambodscha wurde die Grundlage für die frz. Herrschaft über ↑ Indochina gelegt. Im Zuge der imperialist. Expansion der europ. Großmächte erwarb die Dritte Republik seit den 1870er Jahren ein riesiges überseeisches Reich in Form von Kolonien, Protektoraten und Militärterritorien: Tunis 1881, Annam 1883/84, Tonkin 1885, Madagaskar 1885–97, Laos 1886, Frz.-Westafrika 1887–1909, Frz.-Äquatorialafrika 1880–1914, Marokko 1912. Nach dem 1. Weltkrieg erhielt Frankreich die größten Teile der dt. Kolonien Togo und Kamerun sowie das Völkerbundsmandat über Syrien und den Libanon. Die siegreichen nat. Emanzipationsbestrebungen in der Folge des 2. Weltkrieges führten zur vollständigen Auflösung des ehem. frz. Empire. Die frz. Niederlage im Vietnamkrieg (Diên Biên Phu) und der Algerienkrieg beschleunigten die Desintegration der ↑ Französischen Union Ende der 1950er Jahre und ihre partielle Umwandlung in die lockere ↑ Französische Gemeinschaft. Folgende Gebiete des ehem. frz. Kolonialreichs zählen heute noch zur Frz. Republik: Frz.-Guayana, Guadeloupe, Martinique, Réunion als **Überseedepartements**, die als Teil des Mutterlandes gelten; Frz.-Polynesien, Neukaledonien, Wallis et Futuna, die Terres Australes et Antarctiques Françaises als **Überseeterritorien** mit beschränkter Selbstverwaltung sowie Saint-Pierre-et-Miquelon und Mayotte als **Gebietskörperschaften.**

französische Kunst, die Geschichte der f. K. setzt um die Jt.wende ein, als sich die Kunst des Westfränk. Reiches von der dt. Kunst abzuheben begann; beeinflußte die künstler. Entwicklung in Europa nachhaltig.

Mittelalter

In der **Romanik** führten die südl. Regionen die antike Tradition weiter. In der *Baukunst* wurden die Innenräume der Kirchen mit einer Tonne überwölbt (Saint-Trophime, Arles), während in Burgund und in der Normandie bald protogot. Formen entwickelt wurden (Spitzbogen, Aufgliederung der Wand, Staffelchor, Chor mit Umgang und Kapellenkranz, Doppelturmfassade). Charakteristisch für die Plastik (meist Bauplastik, v. a. Reliefs) war in der ersten Hälfte des 12. Jh. ein visionär-ekstat. Stil von starker ornamentaler Wirkung (Moissac, Vézelay, Autun u. a.). Der Schöpfungsbau der **Gotik,** mit der die f. K. die führende Rolle in der europ. Kunst übernahm, war die Abteikirche Saint-Denis bei Paris (1132–44). Kernlandschaft der Gotik wurde mit der Île-de-France die Krondomäne. Kathedralen der Frühgotik sind Chartres, Sens, Laôn, Noyon und Notre-Dame in Paris. In der Hochgotik (Chartres [Neubau], Amiens, Reims, Soissons u. a.) erhielt der Chor fast die gleiche Länge wie das Mittelschiff. Die Spätgotik (Bourges, Le Mans, Beauvais, Coutances u. a.) hatte in Grundriß und Höhe der Kathedralbauten einen Hang zum Überdimensionalen. Im Flamboyantstil klang das MA aus. Die *Skulptur* blieb in der Gotik Bauplastik, obgleich sie sich bereits vollplastisch von der Wand löste (Königsportal, Chartres, um 1145). Dies erforderte eine neue Statuarik der Statue, die in der Hochgotik in freier, gelöster Körperhaltung gipfelte. Gleichzeitig entstanden neue Bildtypen, die über das MA hinaus wirksam blieben (stehende Madonna mit Kind). In der Spätgotik bildeten sich durch die Tätigkeit des Niederländers C. Sluter und seiner Nachfolger in Burgund sowie durch M. Colombe in Nantes Zentren der Monumentalplastik, die bereits zur Renaissance überleiteten. In der *Malerei* wurde im Süden (Avignon) unter italien. und in Burgund unter fläm. Einfluß die [Altar]tafelbild entwickelt. Unter niederl. Einfluß stand auch der zunehmend erzähler., realist. Stil der Buchmalerei (Brüder Limburg).

16.–18. Jahrhundert

Mit der **Renaissance** übernahm Italien die Führungsrolle, Frankreich nahm v. a. manierist. Einflüsse auf und fand dann im 17. Jh. seine eigenen klass. Formen. Bis ins späte 18. Jh. stand v. a. die frz. [Schloß]architektur im Zeichen polit. Repräsentation, die dem Künstler Gefühl für Maßstäbe, für das „Angemessene" („convenance"), für Würde und Geschmack („bon goût") abverlangte. Renaissanceschlösser entstanden v. a. an der Loire. Schloß Vaux-le-Vicomte (1655–62) war die Vorstufe für eines der bedeutendsten Bauwerke des frz. **Barock,** die Residenz von Ludwig XIV. in Versailles (1661–82), eine Dreiflügelanlage mit Ehrenhof. In Paris entstanden neben dem königl. Bauvorhaben (Louvre, Tuilerien, Palais du Luxembourg, Palais Royal u. a.) zahlr. adlige Stadtsitze („Hôtels"). Die *Plastik,* im Manierismus durch F. Primaticcio (Stuckdekoration in Fontainebleau), J. Goujon (Reliefs) und G. Pilon (Grabmäler) vertreten, bevorzugte seit dem 17. Jh. Standbild, Reiterstatue, Büste, meist in klassizist. Formsprache (A. Coysevox), Ausnahmen bildeten P. Puget, J.-A. Houdon. In der *Malerei* wurde die manierist. Schule von Fontainebleau bedeutend. Meisterwerke der frz. Kunst seit dem charakterist. frz. **Klassizismus** (Classicisme) schufen N. Poussin (heroische Landschaft), Claude Lorrain (ideale Landschaft), P. de Champaigne (Porträt), die Brüder Le Nain oder G. de La Tour (bäuerl. Genre). Das **Rokoko** in Malerei und Kunstgewerbe im 18. Jh. signalisierte den Rückzug in den Bereich des Privaten. Charakteristisch für den Rokokodekor sind geschwungene, muschelartige Formen („Rocaille"). Die Rokokomalerei fand in ihren besten Werken Ausdrucksmöglichkeiten kapriziöser Frische und heiterer Natürlichkeit und ließ im lichtdurchfluteten Kolorit und im weichen, großzügigen Pinselduktus mitunter schon den Impressionismus ahnen (A. Watteau, F. Boucher, J. H. Fragonard). Bereits gegen Ende des 18. Jh. kam es in Architektur, Plastik und Kunstgewerbe zu einem ausgeprägten Neoklassizismus, während in der Malerei bürgerlich einfache Themen aufgegriffen wurden (J.-B. S. Chardin; J.-B. Greuze). **Klassizismus** als programmat. Annäherung an die demokrat. Ideale der Antike brach sich Bahn mit der Frz. Revolution im **Directoire** und in der Malerei J. L. Davids. Im darauffolgenden napoleon. **Empire** traten klassizist. Formen, bereichert durch altägypt. und assyr. Motive, wieder in den Dienst herrscherl. Repräsentation (Schloß Malmaison).

französische Kunst

19. und 20. Jahrhundert

Architektur: Restauration und Zweites Empire begünstigen den Historismus. Parallel dazu wurde der aus England übernommene Eisenskelettbau weiter entwickelt. Der erste reine Eisenskelettbau war der Eiffelturm (1889). Bedeutendster frz. Vertreter avantgardist. Architektur in der ersten Hälfte des 20. Jh. war Le Corbusier, der sowohl eine neue, expressive Kühnheit (v. a. im Sakralbau) wie das funktionelle Bauen beherrschte, das den frz. Wohnungs- und Städtebau weitgehend prägte (u. a. G. Candilis). Individuellere Gestaltungen u. a. bei E. Aillaud, F. Spoerry, R. Simounet, R. Schweitzer. R. Piano und R. Rogers setzten mit dem Bau des Centre National d'Art et de Culture Georges Pompidou (1971–77) avantgardist. Akzente in der Pariser Altstadt. In seiner Nachbarschaft entstand 1972–87 ein modernes Einkaufszentrum („Forum des Halles"). 1983–86 erfolgte der Umbau der Gare d'Orsay in ein Museum. 1984 wurde mit der Erweiterung des Louvre begonnen (1989 Eingangszone in Form einer Glaspyramide fertiggestellt). *Plastik:* Die Bildhauerkunst des 19. Jh. blieb der klassizist. Tradition verpflichtet und fand selbst im 20. Jh. bed. Vertreter (A. Maillol), das expressive Werk A. Rodins stieß vielfach auf Ablehnung. *Malerei:* Deutlicher noch als die Plastik stand die Malerei bis weit ins 19. Jh. hinein im Spannungsfeld zw. Klassizismus (J. A. Ingres) und romant. Strömungen (E. Delacroix, Historienmalerei und Symbolismus [G. Moreau]). Gesellschafts- und Sozialkritik trat v. a. in der Graphik zutage (G. Doré, H. Daumier). Landschaft wurde neu, realistisch erfaßt (G. Courbet; die Freilichtmaler der Schule von Barbizon). Freilichtmalerei, insbes. das Werk C. Corots, bereitete den Impressionismus vor, für den Licht und Farbe eine bes. Bedeutung gewannen

Französische Kunst

Links: Westfassade der Kathedrale Notre-Dame in Reims, 1211 begonnen, um 1300 vollendet. Rechts: Renaissanceschloß Azay-le-Rideau im Loiretal, 1518–27

Links: Claude Lorrain, Einschiffung der Königin von Saba, 1648 (London, National Gallery). Rechts: Brüder Limburg, Der Monat Februar, Miniatur aus dem Stundenbuch „Les très riches heures du Duc de Berry", 1413–16 (Chantilly, Musée Condé)

französische Kunst

(C. Monet, A. Renoir, A. Sisley, C. Pissarro u. a.). Eine Verfestigung der Konturen trat wieder ein bei H. Toulouse-Lautrec und der Schule von Pont Aven, deren Vorbilder P. Gauguin und V. van Gogh waren, sowie bei den Fauvisten. Die Farbe wird zum eigtl. Bildträger. Eine innere Strukturverfestigung über die Farbverteilung auf der Bildfläche verfolgte P. Cézanne, wobei er an Impressionisten wie C. Pissarro und É. Manet anknüpfen konnte. Damit bereitete er die kompositor. Bildzerlegung des Kubismus vor, den G. Braque und P. Picasso 1907 in Paris begründeten und der mit J. Gris 1912 zum synthet. Kubismus erweitert wurde. R. Delaunay, F. Léger u. a. knüpften an den Kubismus an. Dada und Surrealismus waren wieder eher emotionsbetonte Stilrichtungen (M. Ernst, M. Duchamp, H. Arp, S. Dalí, J. Miró, A. Masson). M. Duchamp gilt als Klassiker der Objektkunst. Die abstrakte Malerei etablierte sich in Frankreich nur zögernd. Der Durchbruch kam erst nach 1944 mit der École de Paris (R. Bissière, J. Bazaine, M. Estève, A. Manessier, G. Schneider, P. Soulages, N. de Staël). Aus ihr ging auch die informelle Malerei des frz. Tachismus (↑ abstrakter Expressionismus) hervor (R. Mathieu, S. Poliakoff). Es breitete sich eine Welle der Objektkunst aus („Assemblagen"; César, Arman, J. Dubuffet), begleitet von Sand- und Sackbildern (A. Burri, Dubuffet) u. a. Erscheinungen („Nouveau realisme"). Y. Klein begründete die monochrome Malerei. In den 60er Jahren entfalten sich einerseits neokonstruktivist. Strömungen (Op-art [V. de Vasarély, J. R. Soto], Minimal-art und kinet. [Licht]kunst), andererseits schafft Y. Klein die Verbindung der f. K. zu Fluxus, Happening und Konzeptkunst. Sehr bekannt in den 70er Jahren wurde Niki de Saint-Phalle mit ihren Riesendamen-Objekten. In den 80er Jahren vollzog die „figuration libre" eine Wendung zu unkritisch-gefühlvoller, naiv-volkstüml. Ausdrucksweise (R. Combas, R. Blanchard, J. C. Blais).

Links: Claude Monet, Felder im Frühling, 1887 (Stuttgart, Staatsgalerie). Rechts: Auguste Rodin, Honoré de Balzac, 1893–97 (Paris, Musée Rodin)

Links: Victor de Vasarély, Opus 3, 1969 (Musée d'Art Moderne de la Ville de Paris). Rechts: Claude Vasconi und Georges Pencreac'h, Forum des Halles in Paris, 1972–87

französische Literatur

französische Literatur, die in frz. Sprache verfaßte Literatur in Frankreich, Belgien und deren ehem. kolonialen Besitzungen (↑ Literaturen der jeweiligen Länder).

Alt- und mittelfranzösische Literatur

Das erste literar. Zeugnis in frz. Sprache, die „Eulaliasequenz" (um 880), ist ein Beweis für die prägende Kraft, die Sprache und Lehrinhalte der Kirche für die ma. Literatur Frankreichs besaßen. Die f. L. bis etwa 1200 schöpfte einerseits aus gelehrten Konventionen (z. B. die hagiograph. Texte oder der sog. „antike" Roman [Alexanderromane]) und andererseits aus der reichen Quelle der volkstüml. Überlieferung. So wurden ep. und lyr. Formen und Gattungen schriftl. fixiert wie die „Chansons de geste", Heldenlieder, die von den Kämpfen histor. teilweise identifizierbarer Krieger und Herrscher berichten. Sie fanden ihr berühmtestes Beispiel im „Rolandslied" (um 1100), das vom Tod des Neffen Karls des Gr. im August 778 berichtet. Auch die zweite große Gattung der frz. Literatur des 12. Jh., der höf. Roman, nahm volkstüml. Überlieferungsgut auf, das bes. aus dem kelt. Sagenkreis um König Artus stammte. Zugleich war der bedeutendste Verf. höf. Romane, Chrétien de Troyes, auch mit Werken antiker Autoren, v. a. Ovids, sehr gut vertraut. Nach der Blüte der provenzal. Lyrik (ab 1100) eroberte sich von etwa 1160 an die altfrz. Literatur diese Ausdrucksform (↑ Troubadours, ↑ Trouvères). Zum Ende des 12. Jh. wurde der Gralstoff aus dem Rahmen der ritterl. Erzählung herausgenommen und Element eschatolog. Seinserklärung. Aus den Versfassungen des 12. Jh. entstand zw. 1220/1235 der große Prosa-Lancelot-Gral-Zyklus, der eine der Vorlagen der später ausufernden Ritter- und Abenteuerromane wurde. Mit der großbürgerl. Gesellschaft der Städte gewann die f. L. vom 13. Jh. an einen realistischeren, auch satir. skept. Ton. Neben der Darstellung der Selbstzerstörung der höf. Welt in der Versnovelle „La chastelaine de Vergi" (Die Schloßherrin von Vergi) gewannen die Stadt Arras und ihre Bürger in den Abschiedsliedern des Jean Bodel und bei Adam de la Halle krit. Kontur. Die Satire, im „Roman de Renart", bei Rutebeuf und bei Jean de Meung im „Rosenroman", und deren burleske Überzeichnung in den Fabliaux oder der Epenparodie „Audigier" bereicherten nun zusehends Ausdrucks- und Formenwelt der ma. f. L. Andererseits entstand die erste normative frz. Poetik („Art de dictier" [1392] des E. Deschamps). Diese Tendenzen setzten sich in den „Arts de seconde rhétorique" vom Anfang des 15. Jh. fort. Die Literatur sprengte jedoch ständig die normativen Bemühungen, insbes. die Passionsspiele (A. Gréban) und die persönlich getönte Lyrik F. Villons, deren Wirkung bis ins 20. Jh. ungebrochen blieb.

16. und 17. Jahrhundert

Durch den Humanismus wurden die antiken Autoren in ihren Urtexten neu entdeckt und von den Wucherungen der ma. Auslegungen befreit. Griech. und röm. Dichter gewannen Modellfunktion für die nationalsprachliche Literatur. Die Literatur des italien. Trecento gewann dabei Vorbildcharakter. Von unerschöpfl. Gelehrsamkeit und von Volkstraditionen zugleich inspiriert, lieferte F. Rabelais mit seinen Geschichten um Gargantua und Pantagruel den satirisch-utop. Entwurf einer idealen humanist. Welt, wobei er alle Möglichkeiten der gelehrten sprachl. Spiels und Nonsens ausnutzte. 1549 legte J. Du Bellay das Sprach- und Literaturmanifest einer Autorengruppe vor, die sich nach alexandrin. Vorbild „Pléiade" nannte: die „Défense et illustration de la langue française". Das Französische sollte formal und inhaltl. in die Schule antiker und italien. Werke gehen. Du Bellay selbst und P. de Ronsard nahmen sich zeitweilig Petrarca, Horaz und Anakreon zum Vorbild. Die antike Tragödie wurde zögernd wiederentdeckt und imitiert (R. Garnier), ausführl. Diskussionen über die Dramentheorie des Aristoteles in Italien bereiteten die frz. Klassik vor. Die Grauen der Religionskriege zeichneten die Literatur der Zeit, so das Epos „Les tragiques" (1616) A. d'Aubignés, wie die „Essais" (1580–95) M. de Montaignes.

Der sprachlich kühne, Neologismen und Dialektformen nicht scheuende literar. Aufbruch der frz. Renaissanceliteratur erhielt in F. de Malherbe einen strengen Zensor, er schrieb aber auch einige der schönsten Verse der f. L. überhaupt. Der vorklassisch-barocken Strenge öffneten sich nicht alle Gattungen in gleicher Weise. Im Umkreis der Salonkultur hochgebildeter Aristokratinnen verwilderte der Roman: Als arkad., galantes Epos überwand er endgültig den Ritterroman. Herkunft, ohne allerdings dessen zahllose Abschweifungen aufzugeben (H. d'Urfé, M. de Scudéry). Der literar. Barock in Frankreich entdeckte die span. Literatur als Inspirationsquelle, P. Corneilles Tragikomödie „Der Cid" (1637) ist dafür ein Jahrhunderte überdauerndes Zeugnis. An ihm schieden sich jedoch die Geister: Er erfüllte nicht die Regeln der drei Einheiten von Ort, Zeit und Handlung. Die aristotel. Theorie wurde zum immer präziseren Maßstab des literar. noch Gestatteten. Neben den gesellschaftlich-moralisch bedingten Regeln („bienséances") hatte der Autor dem Kriterium der Wahrscheinlichkeit zu genügen, das durch P. D. Huets „Traité de l'origine des romans" (1670; Abhandlung über den Ursprung der Romane) eine der Grundlagen der künstler. Emanzipation des Romans wurde, der in der „Prinzessin von Clèves" der Madame de La Fayette (1678) seinen ersten Höhepunkt erreichte. Der Streit der Dichtungstheoretiker vertrieb Corneille mit aus der Gunst des nun vom normierenden Glanz des absoluten Königtums Ludwigs XIV. faszinierten Publikums. J. Racine hieß der neue Stern der Tragödienbühne, Molières Komödien entlarvten Zeit und Zeitloses („Tartuffe", 1669). Die vollkommene Übernahme antiker Literaturtheorien und antiker Literatur machte die Zeit reif für das Lehrgedicht „Die Dichtkunst" (1674) von N. Boileau-Despréaux'. Der Widerstand artikulierte sich schon bald: In seiner Akademierede vom Jan. 1687 löste C. Perrault die „Querelle des anciens et des modernes" (Streit zw. den Anhängern einer an der Antike bzw. an bewußter Zeitgenossenschaft orientierten literar. Norm) aus, mit der zugleich der Beginn eines epochenspezifisch deutenden Literaturverständnisses markiert wurde.

18. und 19. Jahrhundert

Der frz. Klassik folgten Tendenzen, die auf die Aufhellung von Bewußtseins- und Empfindungsvorgängen gerichtet waren. Bes. in den Romanen P. de Marivaux' und des Abbé Prévost, in denen ein allmählich selbstbewußter werdender dritter Stand seine Stimme erhob, wurde dieses Phänomen deutlich. Neben der gelehrten Diskussion über Rolle und Funktion der Literatur, in der neben der Fortsetzung der klass. Poetik zunehmend der Bedeutung des Publikums Rechnung getragen wurde, galt die Aufmerksamkeit Voltaires und D. Diderots der Erfassung und Bestimmung von Zufall und Glück, Freiheit und Vorherbestimmung des einzelnen (Voltaire, „Candide", 1759; Diderot, „Jacques der Fatalist", entstanden 1773–75, hg. 1796). Mit der großen „Encyclopédie" (1751–80), deren Elan wesentlich von J.-J. Rousseau mitgetragen wurde, setzten die Herausgeber J. Le Rond d'Alembert und D. Diderot die Zeichen für die Ausweitung der Fähigkeiten des Individuums. Literaturtheoretisch und literarhistorisch nahmen D. Diderots Dramentheorie und die Naturschilderungen J. J. Rousseaus und J. H. Bernardin de Saint-Pierres Entwürfe von Romantik und Nachromantik vorweg.

Aus der unmittelbaren Begegnung mit der Geschichte während der Revolution von 1789 gewann die Literatur des 19. Jh. bedeutsame Impulse zu einer Neuorientierung: Auf der Ebene ihrer Theorie wurde die einseitige Ausrichtung an klass. (antiken und nat.) Modellen ersetzt durch die Deutung des Einzelwerkes (zusammenfassend V. Hugo in seinem Vorwort zum Drama „Cromwell", 1827). Dadurch gewann auch das MA den ihm gebührenden Rang, erlangte z. T. mod. Attraktivität. In der literar. Praxis erfolgte die Entdeckung des bes. Individuums in Selbstinszenierungen

(H. B. Constant de Rebecque, É. P. de Senancour, F. R. de Chateaubriand; A. de Musset, G. de Nerval, A. de Vigny) sowie durch Enthüllung des Genius in der Geschichte (H. de Balzac, V. Hugo, P. Mérimée). Neben Drama und Lyrik weitete v. a. der Roman sein Ausdrucksspektrum aus. Der Realismus, der an die Stelle der Nachahmung der klass. Dichtung trat, fand in der bewußt als Sittengeschichte konzipierten „Comédie humaine" (1829–54) H. Balzacs ebenso seinen Ausdruck wie im rational-leidenschaftl. Werk M. H. B. Stendhals („Rot und Schwarz", 1830) und der nur scheinbar distanzierten Seelenanatomie G. Flauberts („Madame Bovary", 1857). Die Entwicklung der Wissenschaften begünstigte in der zweiten Jh.hälfte den Versuch der Präzisierung des romant. Realismusbegriffs durch die Einbeziehung naturwiss., auf soziolog. (H. Taine) und medizin. (C. Bernard) Untersuchungen basierender Erkenntnisse im naturalist. Werk É. Zolas und seiner Schüler (Kreis von Médan). Der Lyrik aber war dieser Weg zu direkt. Die vielfältig vorbereitete poet. Revolution C. Baudelaires entwarf nicht nur eine neue Ästhetik des Häßlichen, sondern deutete das Universum als eine Fülle von Chiffren, die wechselseitig aufeinander verweisen und einander deuten. Aus diesem Aspekt seiner Dichtung schöpften die Symbolisten (P. Verlaine, A. Rimbaud, S. Mallarmé, z. T. Lautréamont). Auswege aus der Eindimensionalität des herrschenden Rationalismus suchten auch religiös inspiriert P. Claudel, der damit zum Initiator einer neuen Bedeutung des Katholizismus in der frz. Literatur wurde („Renouveau catholique"), okkultist. und esoter. J. K. Huysmans und farcenhaft grotesk und absurd Alfred Jarry, der mit seinem „König Ubu" (1896) zum Ahnvater des sog. absurden Theaters wurde.

20. Jahrhundert

Die Vielfalt von Formen und Inhalten, die die Literatur des 19. Jh. hervorgebracht hatte, schien zunächst in einer Art klassizist. Neubesinnung gehalten, wie sie bes. von den Autoren um die einflußreiche Literaturzeitschrift „La Nouvelle Revue Française" (1909 ff.) – unter ihnen als Haupt A. Gide – gepflegt wurde. Aber bereits M. Proust durchbrach mit dem Romanzyklus „Auf der Suche nach der verlorenen Zeit" (1913–27) jede enge Normvorstellung und eröffnete dem Roman des 20. Jh. neue Horizonte. Das Erlebnis des 1. Weltkriegs verwandelte die literar. Szene vollkommen. Aus der Erfahrung des Bankrotts bürgerl. Wertvorstellungen entstanden ebenso die Nonsensausbrüche des Dadaismus wie der um die Aktivierung unbewußter schöpfer. Potenzen bemühte Surrealismus, dem G. Apollinaire den Namen gab. Sie wurden die Anreger moderner sprachexperimenteller („visueller" oder „konkreter") Lyrik, die sich in Frankreich als „lettrisme" (I. Isou) oder „spatialisme" (P. Garnier) artikulierte. Einen immer bedeutenderen Platz nahmen im 20. Jh. die Autoren ein, die neben ihrem literar. auch intensiv ein literaturtheoret.-essayist. Werk pflegten, in dem sie Erkenntnisse aus Surrealismus und Psychoanalyse (G. Bataille, M. Blanchot; als Literaturkritiker G. Bachelard), aus Phänomenologie, strukturaler Sprachwiss. und russ. Formalismus (C. Lévi-Strauss, R. Barthes) verarbeiteten. Im Umkreis des phänomenolog. Existenzialismus entstand das Werk J.-P. Sartres, S. de Beauvoirs und in An- und Ablehnung zugleich dasjenige A. Camus', das histor. von den Erfahrungen des 2. Weltkrieges und der Résistance mitgeprägt ist. Die neuen Erfahrungen des Schreibens (F. Ponge) wurden in den 50er und 60er Jahren im sog. Neuen Roman (Nouveau roman) greifbar (N. Sarraute, A. Robbe-Grillet, z. T. M. Duras). Er verdrängte das humane, sich in seinem Willen begründende Subjekt ebenso endgültig aus dem Zentrum wie das gleichzeitige „absurde Theater" S. Becketts und E. Ionescos. Die polit. Entwicklungen in der 2. Hälfte der 60er Jahre brachten teilweise eine Hinwendung zu maoist. Gedankengut (J.-P. Sartre; Gruppe „Tel Quel"). Spezif. Weiterentwicklungen im Bereich von Strukturalismus und Semiotik sind für die Werke von R. Barthes, J. Derrida, M. Foucault und J. Lacan kennzeichnend. Nach der Hinwendung zu marxist. Vorstellungen wird durch die „Neuen Philosophen" (z. B. A. Glucksmann, J.-M. Benoist) die Vielfalt des Individuellen zur Wiedererlangung schöpfer. Freiräume angestrebt. Verbreitet in der erzählenden Prosa ist die Hinwendung zur Retrospektive (histor. und autobiograph. R., Tagebücher, Memoiren), die mit universalen existentiellen Themen sowie der Suche nach eigener Identität verbunden wird (P. Modiano, M. Yourcenar, J. Cabanis, A. Cohen, Le Clezio, C. Mauriac). Innovationen in bezug auf Inszenierung und Dramaturgie des Literarischen werden weniger von der zeitgenöss. dramat. Literatur als vom aktuellen Filmschaffen erwartet, dessen Entwicklung Autoren wie A. Robbe-Grillet und M. Duras mitbestimmen. Die lebendige Vielfalt in der Lyrik wird u. a. von M. Deguy, D. Roche, M. Chapsal geprägt.

Belgien

Die belg. Literatur in frz. Sprache gehört unabhängig von der Begründung des selbständigen Staates 1830 seit dem MA bis heute fest zum Bestand der frz. Lit. Im 19. Jh. nahmen belg. Autoren ebenso wie die anderer Länder Europas Tendenzen des frz. Realismus und bes. des Symbolismus auf. Im 20. Jh. lassen sich u. a. Einflüsse von Surrealismus und Neuem Roman beobachten. Bekannte belg. Autoren: E. Verhaeren, M. Maeterlinck, H. Michaux, G. Simenon.

Frankophonie

In den ehem. frz. Kolonien entwickelte sich z. T. eine selbständige Literatur in frz. Sprache, die die Überlieferungen des jeweiligen Landes mit denen Frankreichs verbindet oder konfrontiert (Algerien, Marokko, Tunesien, Schwarzafrika).

französische Literatur in der Schweiz ↑ schweizerische Literatur.

französische Literatur in Kanada ↑ kanadische Literatur.

französische Musik, das musikal. Schaffen innerhalb Frankreichs.

Mittelalter und Renaissance: Neben liturg. Gesängen entstanden um 970 zu großen kirchl. Festen kurze, gesungene geistl. Spiele mit Tropen zu Texten dieser Gesänge. Am Anfang des 12. Jh. nahm die weltl. Einstimmigkeit im Zusammenhang mit der Lyrik der ↑Troubadours und ↑Trouvères ihren Aufschwung. Im Bereich der Mehrstimmigkeit wurden an der ↑ Notre-Dame-Schule die ersten großen Kunstwerke geschaffen. Seit Adam de la Halle breitete sich die Mehrstimmigkeit auch auf weltl. Formen, wie Rondeau, Virelai und Ballade, aus.

Im 14. Jh. eröffnete die ↑Ars nova den Musikern neue techn. Möglichkeiten. Bed. geistl. und weltl. Werke schuf Guillaume de Machault. Einflüsse aus England und Italien schlugen sich im Werk von G. Dufay nieder, der mit Messen, Motetten und geistl. Chansons neben G. Binchois als Hauptmeister des 15. Jh. gilt. Diese Musiker bereiteten den Weg für den Höhepunkt der Polyphonie, deren unerreichte Vertreter J. Ockeghem und Josquin Desprez waren. Daneben sind u. a. noch L. Compère, P. de la Rue und A. Brumel zu nennen. Orlando di Lasso stand mit einem Teil seiner Kompositionen in der frz. und fläm. Tradition. Nach 1500 wurde der polyphone Satz durch den neuen harmon. Stil verdrängt.

Klassische Periode: Im 17. und 18. Jh. wurde v. a. das Ballet de cour gepflegt, ein theatral. Werk aus Musik und Tanz ohne dramat. Einheit. J.-B. Lully schuf in Zusammenarbeit mit Molière die Tragédie lyrique, die, vom Gedanken des Gesamtkunstwerks getragen, eine stark von der Sprache bestimmte Vokalkunst der Deklamation nahestehende Vokalkunst mit instrumentalen Partien verbindet. Zeitgenossen und Nachfolger Lullys, wie M.-A. Charpentier, griffen die Tragédie lyrique auch auf, jedoch verbreitete sich nach 1697 die Opéra-ballet, deren Handlung dem Tanz weiten Raum gewährte. A. Campra, M. Pinolet de Montéclair, A. C. Destouches waren die großen Vertreter vor J.-P. Rameau, der

Französische Revolution

alle dramat. Gattungen pflegte. Die frz. Opéra-comique von A. d'Auvergne, F. A. Philidor und A. E. M. Grétry wies einen Zug zur Einfachheit auf, der sich gegen die Werke von Lully und Rameau stellte und in C. W. Glucks Opernreform aufgegriffen wurde.

Vom Ende des 16. Jh. bis 1660 vollzog sich in der geistl. Musik eine allmähl. Veränderung. Wurde zunächst noch doppelchörig komponiert, so führte H. Du Mont den Generalbaß ein. Mit M.-R. Delalande erreichte die Motette ihren Höhepunkt. Die Musik für Tasteninstrumente wurde erst relativ spät selbständig, so in den Werken für Orgel von J. Titelouze, für Cembalo von J. Champion de Chambonnières und L. Couperin. F. Couperin vereinigte in seinen Orgel- und Cembalokompositionen die Eigenheiten der frz. Klaviermusik mit Klangsinn und stark ausgeprägter Ornamentation, während die Cembalostücke von Rameau die bis dahin noch spürbare Verbindung zur Lautenmusik aufgaben und einen neuen frz. Klavierstil begründeten.

19. und 20. Jahrhundert: Nach der Frz. Revolution waren italien. Musiker führend, bes. Spontini und Cherubini: v. a. die italien. Oper nahm nach 1830 eine alles beherrschende Stellung ein. H. Berlioz war der einzige Vertreter der musikal. Romantik in Frankreich. Die Oper erfuhr eine Erneuerung mit den Werken des von R. Wagner beeinflußten C. Gounod. Nat. Tendenzen prägte die Musik u. a. von C. Saint-Saëns und É. Lalo. Einflüsse R. Wagners waren noch bei A. E. Chabrier bestimmend, während G. Bizet als Gegenpol Wagners gilt. G. Fauré war der bedeutendste Vertreter der Spätromantik. – C. Debussy leitete mit seinem lyr. Werk einen Wendepunkt in der f. M. ein. Der mit seinem Namen verbundene Impressionismus ist eine Einzelleistung der f. M., an der auch noch M. Ravel und P. Dukas teilhatten. Der mit dem 1. Weltkrieg markierte Einschnitt wird von der Gruppe der „Six" (D. Milhaud, A. Honegger, F. Poulenc, G. Tailleferre, G. Auric, L. Durey) gekennzeichnet, die sich von Wagner und Debussy ebenso abzusetzen versuchte wie die von E. Satie ausgehende „École d'Arcueil" (H. Sauguet, H. Cliquet-Pleyel, M. Jacob, R. Désomière) mit ihrem Streben nach Einfachheit und Klarheit. Eigene Ziele setzten sich O. Messiaen, A. Jolivet, D. Lesur und Y. Baudrier in der Gruppe „Jeune France". Nach dem 2. Weltkrieg wurde R. Leibowitz zum Hauptvertreter der an Schönberg und seine Schule anschließenden frz. Zwölftonmusik, während seit 1948 – ausgehend von E. Varèse – P. Schaeffer und P. Henry mit ihrer ↑konkreten Musik neue Klangdimensionen eröffneten. Ihre Bestrebungen stehen in enger Verbindung mit den zahlr. Werken der elektron. Musik, zu denen L. Ferrari wichtige Beiträge lieferte. I. Xenakis benutzt seit 1955 hauptsächlich mathemat. Verfahren beim Komponieren (↑stochastische Musik); mit Problemen von „Metatonalität" und „offener Form" beschäftigten sich C. Ballif und J. Barraqué. Als wichtigster Vertreter der seriellen Musik gilt P. Boulez, in dessen Werk alle entscheidenden avantgardist. Richtungen vertreten sind. In seinem Umkreis experimentieren auf der Suche nach neuen musikal. Ausdrucksmitteln u. a. G. Amy, J. C. Éloy, A. Louvier und P. Mestral.

Französische Revolution, epochemachende gesellschaftl. Umwälzung in Frankreich 1789–99. Gedanklich in der Aufklärung wurzelnd, hervorgerufen durch wirtsch.-soziale Mißstände (ab 1787 Teuerungswellen und Hungerrevolten), beseitigte die F. R. gewaltsam das ↑Ancien régime und ersetzte die Herrschaft der bevorrechtigten Stände Adel und Klerus durch die bürgerl. ↑dritten Standes. Sie wirkte über Frankreich hinaus auf die kontinentaleurop. Staatenwelt.

Die angesichts des drohenden Staatsbankrotts 1787/88 einberufene Notabelnversammlung verhinderte wirksame Reformen, so daß die Einberufung der seit 1614 nicht zusammengetretenen Generalstände durch Ludwig XVI. als letzter Ausweg erschien (am 5. Mai 1789 eröffnet). Da die Forderung nach gemeinsamer Beratung und Abstimmung aller 3 Stände unentschieden blieb, erklärte sich der dritte Stand zur arbeitsfähigen Teilversammlung der Generalstände (12. Juni) und konstituierte sich, um einen großen Teil des niederen Klerus erweitert, zur Nationalversammlung (17. Juni). Den Auflösungsbefehl der Krone beantwortete sie mit dem Schwur im ↑Ballhaus (20. Juni). Mit ihrer Erhebung zur Verfassunggebenden Nationalversammlung (9. Juli) stellte sie die Legitimität der monarch. Herrschaft in Frage. Der Pariser Volksaufstand (Sturm auf die Bastille, 14.

Französische Revolution. Der Sturm auf die Bastille am 14. Juli 1789, zeitgenössischer Stich

Juli) zwang Ludwig XVI. zur Bestätigung der Konstituante als Souverän Frankreichs. Die Erhebung der Massen in den Prov. führte zur Annullierung der Feudalrechte u. a. Privilegien (4./5. Aug.). Die Einziehung der Kirchengüter (2. Nov.) bedeutete das Ende der Kirche als größter und mächtigster Körperschaft des Ancien régime. Dies sowie die Entmündigung der Krone (Zwangsaufenthalt der königl. Familie in Paris seit Okt.) und bes. die Verkündung der Menschen- und Bürgerrechte (26. Aug. 1789) forderte das aristokrat. Europa heraus. Doch erst die in Varennes (21. Juni 1791) gescheiterte Flucht der königl. Familie bedeutete einen Wendepunkt. Der Klub der Jakobiner, der nach der polit. Ausschaltung der Sansculotten durch das von der Konstituante beschlossene Zensuswahlrecht (22. Dez. 1789) zum Zentrum der Opposition geworden war und dessen radikale Minderheit schon die Abschaffung des Erbadels durchgesetzt hatte (19. Juni 1790; 1. Emigrationswelle), spaltete sich in Gemäßigte (Klub der Feuillants) und Radikale (u. a. Danton, Marat, Desmoulins, Saint-Just, Robespierre). Letztere verwarfen die durch die Verfassung vom 3. Sept. 1791 errichtete konstitutionelle Monarchie und forderten die Republik. In der auf 2 Jahre gewählten Gesetzgebenden Versammlung (am 1. Okt. 1791 konstituiert) verschärften sich die Gegensätze, schließl. auch innerhalb der Linken (Girondisten und radikalere Bergpartei). Die Girondisten setzten die Kriegserklärung (20. April 1792) an Österreich und Preußen durch, mußten aber nach dem Sturm auf die Tuilerien (10. Aug. 1792, Suspendierung der Monarchie und Inhaftierung der königl. Fam. im Temple) der demokrat. Wahl eines Nationalkonvents zustimmen, der am 21. Sept. die Republik ausrief. Im Nationalkonvent dominierte die Bergpartei, die den König hinrichten ließ (21. Jan. 1793) und das Revolutionstribunal errichtete (10. März). Robespierre warf die Girondisten nieder (31. Mai/2. Juni; 30. Okt. Liquidierung ihrer Elite). Im Zuge seiner Schreckensherrschaft (Machtausübung durch Sicherheits- und Wohlfahrtsausschuß, Sistierung der demokrat. Verfassung vom 24. Juni 1793) eliminierte Robespierre auch die radikalen Enragés und Hébertisten (13./14. März 1794), so daß er die soziale Stütze seines Programms verlor. Nach seinem Sturz (9. Thermidor = 27. Juli [1794]) etablierte sich die Großbourgeoisie als herrschende Klasse.

Die liberale Verfassung vom 22. Aug. 1795 erneuerte die Zensuswahl. Die Reg. des Direktoriums (26. Okt. 1795 bis 9. Nov. 1799) beendete erfolgreich den 1. Koalitionskrieg, mußte aber den Staatsbankrott erklären und zur Diktatur zurückkehren; sie wurde durch den Staatsstreich Napoléon Bonapartes (18. Brumaire = 9. Nov. [1799]) gestürzt.

französische Revolutionskriege ↑ Koalitionskriege.

Französischer Franc [frä:], Abk. FF, Währungseinheit in Frankreich; 1 FF = 100 Centimes (c).

französische Schweiz (Suisse romande), das französischsprachige Gebiet der Schweiz.

Französisches Komitee der Nationalen Befreiung (Comité Français de Libération Nationale), Abk. CFLN, 1943 in Algier gegr. Ausschuß zu führenden Mgl. des (1941 von de Gaulle in London als polit. Führungsorgan des Freien Frankreich gegr.) **Französischen Nationalkomitees** (Comité National Français, Abk. NF) und der sich vom Vichy-Regime absetzenden politisch-militär. Kräfte in Nordafrika; entwickelte sich zu einer von den frz. überseeischen Gebieten anerkannten Reg.; 1944 Umwandlung in die Provisor. Reg. der Frz. Republik unter de Gaulle.

französische Sprache, roman. Sprache, von rd. 100 Mill. (davon 56 Mill. in Frankreich) gesprochen; entwickelte sich aus dem Volkslatein Galliens nördlich der Loire *(Langue d'oïl).* Südlich davon entstand die provenzal. Sprache *(Langue d'oc).* Früher als in der übrigen Romania zog man in N-Frankreich offizielle Konsequenzen aus dem Unterschied zw. Latein und Volkssprache: 813 gestattete das Konzil von Tours die Predigt in der roman. Sprachform. Die ersten sprachl. Zeugnisse dieser Anerkennung der Volkssprache sind die Straßburger Eide. Schneller als die anderen roman. Sprachen wandelte sich die f. S. Während das Altfranzösische (11.–13. Jh.) ihnen noch nahesteht, führten die raschen Veränderungen des Mittelfranzösischen (13.–16. Jh.) zu dem in seiner Struktur von der übrigen Romania stark abweichenden Neufranzösischen (ab 17. Jh.).

Das Alt- und Mittelfranzösische: Das nördlich der Loire gesprochene Volkslatein unterschied sich früh vom Latein südlich der Loire. Dies war dadurch bedingt, daß der N später und weniger latinisiert wurde, so daß das Gallische länger im Gebrauch bleiben konnte. Die Sonderentwicklung N-Galliens wurde durch die weitere Isolierung, die durch die Gründung der Germanenreiche erfolgte, gefördert: Südlich der Loire entstand in der 1. Hälfte des 5. Jh. das Tolosan. Reich der Westgoten, nördlich, in der 2. Hälfte des 5. Jh. das Fränk. Reich. Die Franken kamen zahlr. und siedelten sich als Bauern an. Die röm. Stadtkultur ging unter; german. Gewohnheitsrecht verdrängte das röm. Recht. Das Fränk. Reich wurde und blieb bis ins 9. Jh. zweisprachig. Die roman. Sprache unterlag nun stark dem Einfluß german. Aussprachegewohnheiten. Den Entlehnungen aus dem Gallischen und Fränkischen verdankt die f. S. die charakterist. Färbung ihres Wortschatzes. Hinzuzunehmen sind die wenigen Wörter, die mit den im 9. Jh. die Normandie besetzenden Normannen eindrangen. Das Französische unterscheidet sich seit den frühesten Literaturzeugnissen deutlich vom Provenzalischen und damit von den übrigen roman. Sprachen durch die stärkere Veränderung der Tonvokale und den weitgehenden Schwund von Konsonanten. Das Altfranzösische des 11. und 12. Jh. kennzeichnet eine große Vielfalt im phonet., morpholog. und syntakt. Bereich, die erst im Laufe des 13.–15. Jh. grammat. Vereinfachungen Platz macht.

Das Neufranzösische: Seine Eigenart ist nur erkennbar, wenn man vom Lautbild ausgeht. Im Vergleich mit den übrigen roman. Sprachen ist die extreme Reduktion des Wortkörpers am auffälligsten. Durch die Verkürzung des Wortes gibt es nur noch Wörter, die auf den letzten Vokal betont sind. Dieses Prinzip wird auch auf Entlehnungen aus anderen Sprachen übertragen. Der Erbwortschatz ist dadurch gekennzeichnet, daß er vorwiegend einsilbig, höchstens zweisilbig ist. Die Folge im Satzzusammenhang ist ein Zurücktreten des Worttons hinter den Satzton; betont wird jeweils das Ende des Satzes oder der Sinngruppe.

Die Beseitigung von Konsonantengruppen und der Abfall der Endkonsonanten hat dazu geführt, daß 80 % der Silben auf Vokal enden. Das Vokalsystem ist reich (16 Vokale); es besitzt zwei Serien, die das Italienische und Spanische nicht kennen: die gerundeten vorderen Vokale und die Nasalvokale. Die Reduktion des lautl. Inventars hatte auch die kompensator. Verwendung des Artikels (auch auf Grund der phonetisch meist ident. Singular- und Pluralformen), in der Verbalflexion die Markierung der Verbformen durch das Personalpronomen zur Folge.

Ausbildung der **Schriftsprache** und **Verbreitung** des Französischen: Um 1300 setzt sich das Französische unter den ma. Dialekten als Schriftsprache durch. Die einsetzende Festigung und Anerkennung der Volkssprache unterstützen im 16. Jh. das Edikt von Villers-Cotterêts (15. Aug. 1539), das die Verwendung der f. S. als Gerichtssprache festlegte, und die Betonung von Wert und Bed. der Volkssprache gegenüber dem Griechischen und dem Lateinischen durch die Pléiade-Autoren (1549). Während die heutige etymologisierende Schreibweise ebenfalls auf das 16. Jh. zurückgeht, wurde die Systematik der neufrz. Grammatik vor allen Dingen im 17. und 18. Jh. entwickelt. Abgesehen von geringfügigen Neuerungen bestimmt die damals geprägte Norm noch heute die Bewertung der Korrektheit der Sprache. Das Sprachgebiet des Französischen umfaßt gegenwärtig Frankreich, die frz. Schweiz, einen Teil Belgiens, das sö. Kanada, die Kanalinseln, das Aostatal; in Luxemburg und Monaco ist Französisch Amtssprache, in Kanada und auf den Kanalinseln Amtssprache neben dem Englischen, in Belgien neben dem Niederländischen; Amtssprache ist es ferner in den zur Frz. Gemeinschaft gehörenden ehem. frz. Kolonien (außer Algerien [seit 1990]). In Schwarzafrika gewinnt es bes. als Verkehrssprache an Bedeutung.

Französische Union (Union Française), 1946 gebildete Gemeinschaft, die das frz. Mutterland, die frz. Überseedepartements und -territorien sowie die assoziierten Gebiete und Staaten umfaßte; 1958 von der ↑ Französischen Gemeinschaft abgelöst.

französische Weine, bed. Weinbaugebiete sind: Elsaß, Champagne, Loire, Burgund, Côtes du Rhône, Midi, Bordelais, Charente. Frankreich ist nach Italien zweitgrößter europ. Weinerzeuger mit durchschnittlich rd. 70 Mill. hl pro Jahr und bedeutendster Produzent von Qualitätsweinen (30 % der Ernte). – Karte S. 416.

Französisch-Guayana (amtl. Guyane Française), frz. Überseedepartement an der NO-Küste Südamerikas, 91 000 km², 114 800 E (1990), Hauptstadt Cayenne; in zwei Arrondissements geteilt. – An die 320 km lange Küste schließt eine 15–40 km breite Küstenebene an. Nach S folgt ein niedriges, von flachen Bauxitrücken durchzogenes Hügelland, das in das Bergland von Guayana (bis 690 m Höhe) übergeht. Etwa 90 % des Territoriums sind von trop. Regenwald bedeckt. – Die Bev. setzt sich aus Kreolen sowie einer schwarzen und weißen Minderheit zus., im Landesinnern leben Buschneger und Indianer. Rd. 90 % der überwiegend kath. Bev. wohnen in der Küstenebene. Frz. ist Amtssprache. – Zuckerrohranbau (Verarbeitung zu Rum) im Küstentiefland, Krabbenfischerei, Forstwirtschaft und Goldbergbau bilden die ökonom. Grundlage. In Kourou befindet sich das frz. Raumforschungszentrum mit Raketenbasis.

Geschichte: 1498 erkundete Kolumbus die Küste Guayanas. Niederländer und Briten eroberten wiederholt frz. Besitzungen aus dem 16. Jh. Im Frieden von Utrecht (1713) verlor Frankreich das Gebiet zw. Rio Oiapoque und Amazonas. 1808 eroberten Briten und Portugiesen das Frankreich verbliebene Guayana, das dieses sich erst 1816 sichern konnte; 1854–1938 frz. Sträflingskolonie; seit 1946 frz. Überseedepartemente.

Politische Verhältnisse: F.-G. ist Überseedepartement, damit Bestandteil der Republik Frankreich und entsendet zwei Abgeordnete in die Nat.versammlung und ein Mgl. in den Senat des frz. Parlaments. Die *Verwaltung* liegt in Händen eines Präfekten. Ein aus 19 gewählten Mgl. zusammen-

Französisch-Indien

Französische Weine. Weinbaugebiete in Frankreich mit den wichtigsten Anbaugebieten für Qualitätsweine und Herkunftsbezeichnung (Appellation Contrôlée)

gesetzter Generalrat hat beratende Befugnisse in bestimmten Fragen der Gesetzgebung.
Französisch-Indien (Inde Française oder Établissements Français dans l'Inde), bis 1954 die Restbestände des frz. Kolonialbesitzes in Indien, der auf die Tätigkeit der ostind. Kompanie zurückging (seit 1668 Errichtung von Handelsniederlassungen); schmolz im Siebenjährigen Krieg im wesentl. auf die fünf Städte Chandernagore im Gangesdelta, Pondicherry, Karikal und Yanam an der Ostküste sowie Mahe an der Westküste des ind. Subkontinents zusammen, die 1950–54 zu Indien kamen.
Französisch-Indochina ↑ Indochina.
Französisch-Polynesien (amtl. Polynésie Française), frz. Überseeterritorium im zentralen Pazifik, umfaßt zus. 130 Vulkan- oder Koralleninseln mit einer Gesamtfläche von etwa 4 000 km² in einem Meeresgebiet von fast 2 Mill. km², etwa 191 000 E (1989), Hauptstadt Papeete auf Tahiti. Hauptexportgüter sind Kopra, Vanille und Perlmutt; Fremdenverkehr. – 1903 erhielt F.-P. den Status einer Kolonie. Die Einheimischen bekamen 1945 frz. Bürgerrecht; seit 1959 Überseeterritorium; in den Statuten von 1977 und 1984 erhielt F.-P. innere Autonomie.
Französisch-Somaliland, bis 1967 Name des ehem. frz. Überseeterritoriums Frz. Afar- und Issa-Küste (↑ Dschibuti).

Französisch-Westafrika (Afrique-Occidentale Française), 1895–1958 frz. Generalgouvernement bzw. Föderation von Territorien der Frz. Union (umfaßte die heutigen Staaten Senegal, Elfenbeinküste, Mali, Guinea, Niger, Benin, Mauretanien und Burkina Faso). Die koloniale Durchdringung setzte ab 1659 von der W-Küste aus ein, seit Anfang 19. Jh. begann eine etappenweise Expansion, die 1854 zur Konstituierung der Kolonie Senegal und 1857 zur Gründung der späteren Hauptstadt von F.-W., Dakar, führte und nach 1900 endete. 1946 wurde F.-W. ein Überseeterritorium der Frz. Union. Die Indochina- und die Algerienkrise führten zur Auflösung von F.-W.; 1958 lehnte Guinea den Verbleib in der Frz. Gemeinschaft ab und konnte seine volle Unabhängigkeit durchsetzen. Die übrigen Staaten auf dem Gebiet des ehem. F.-W. blieben, ab 1960 unabhängig, mit gewissen Schwankungen Frankreich eng verbunden.

Franz Xaver, eigtl. Francisco de Jassu y Xavier (Javier), *Schloß Xaviero (Prov. Navarra) 7. April 1506, † auf Sankian bei Kanton 3. Dez. 1552, span. kath. Theologe, Jesuit. – Mitbegründer des Jesuitenordens; 1541 als päpstl. Legat im Auftrag des portugies. Königs Johann III. in Indien, von wo aus er weitere Missionsreisen unternahm. Seine Bed. liegt in der planmäßigen Erforschung des Missionsfeldes und einer Anpassung an die Landessitten

(u. a. Sprachstudium). 1622 heiliggesprochen, Fest: 3. Dez.; Patron der kath. Missionen.

frappieren [zu frz. frapper „schlagen"], in die Augen fallen, auffallen; stutzig machen, überraschen; befremden.

Frascati, italien. Stadt in Latium, sö. von Rom, 322 m ü. d. M., 19 400 E. Bischofssitz; Kernforschungszentrum, Europ. Raumforschungsinstitut; Weinbau, Ölmühlen; Fremdenverkehr. – Zahlr. Barockvillen, u. a. Villa Aldobrandini (oder Belvedere), 1598–1603 erbaut für Papst Klemens VIII.; sö. Ruinen der Römerstadt **Tusculum.**

Frasch (Frash), Hermann [engl. fræʃ], * Oberrot (Rems-Murr-Kreis) 25. Dez. 1851, † Paris 1. Mai 1914, amerikan. Chemiker und Technologe dt. Herkunft. – Entwickelte 1876 ein Paraffinraffinationsverfahren, ein Entschwefelungsverfahren für Erdöl und das nach ihm ben. **Frasch-Verfahren** zur Gewinnung von Schwefel durch Einpressen von Heißwasser (170 °C) und Preßluft in die Lagerstätte.

Fräse [lat.-frz.] (Fraise), schmaler Backen- und Kinnbart (von Ohr zu Ohr); ohne Schnurrbart getragen.

Fräsen [lat.-frz.], spanende Bearbeitung von Werkstücken mit rotierenden Fräswerkzeugen (Fräser) zur Herstellung planer Flächen, von Nuten, Profilen usw.; **Fräser** sind Schneidwerkzeuge mit mehreren Schneiden auf der Außen- und/oder Stirnseite (Walzen-, Stirn- oder Walzenstirnfräser).

Fraser, John Malcolm [engl. ˈfreɪzə], * Melbourne 21. Mai 1930, austral. Politiker. – 1955–83 für die Liberal Party Abg. im Repräsentantenhaus; seit 1966 mehrfach Minister (u. a. 1969–71 für Verteidigung); 1975–83 Führer seiner Partei und Premierminister.

Fraser River [engl. ˈfreɪzə ˈrɪvə], Fluß in W-Kanada, entspringt in den Rocky Mountains, mündet bei Vancouver in die Georgia Strait (Pazifik), 1 368 km lang.

Frashëri, Naim [alban. ˈfraʃəri], * Frashër 25. Mai (?) 1846, † Kızıltoprak bei Istanbul 20. Okt. 1900, alban. Dichter. – Vorkämpfer der alban. nat. Bewegung. Begann mit pers. Lyrik, verfaßte dann in alban. Sprache Lyrik, Epen, Schulbücher und Übersetzungen.

Fraßgifte ↑ Schädlingsbekämpfungsmittel.

Frater [lat. „Bruder"], im frühen Mönchtum Selbstbez. der Mönche. Nach der Unterscheidung in Priester- und Laienmönche Bez. für Laienmönche.

Fraternisation [lat.-frz.], Verbrüderung; **fraternisieren,** sich verbrüdern, vertraut machen.

Fraternité [frz. fratɛrni'te: „Brüderlichkeit"; zu lat. frater „Bruder"], eines der drei Losungsworte der Frz. Revolution (Liberté, Égalité, F.).

Fratizellen [zu mittellat. fraticelli, eigtl. „Mönchlein"], Name für verschiedene Gruppen der ↑ Armutsbewegungen des MA.

Fratres Minores [lat. „Mindere Brüder"], offizielle Bez. für die Franziskaner.

Fratzenorchis (Ohnsporn, Aceras), Gatt. der Orchideen mit der einzigen einheim. Art **Aceras anthropophorum;** Blüten ohne Sporn, klein, gelblich-grün bis bräunlich, in dichter Traube mit vierzipfeliger Unterlippe; geschützt.

Frau [zu althochdt. frouwe „Herrin, Dame"], erwachsener Mensch weibl. Geschlechts. Neben den Chromosomen, den inneren und äußeren Geschlechtsorganen und den Keimdrüsenhormonen sind es die geschlechtsspezif. Besonderheiten der F. v. a. auf das äußere Erscheinungsbild. Im *Skelettsystem* bestehen im Mittel deutl. Unterschiede zu dem des Mannes. Das Becken der F. ist breiter und niedriger, die vorderen Schambeinäste bilden einen stumpferen Winkel, die Beckenschaufeln werden durch ein breiteres, nach hinten stärker gewölbtes Kreuzbein verbunden, der Beckeneingang ist, funktionsabhängig, absolut größer. Am *Schädel* sind die Überaugenwülste schwächer ausgebildet, die Stirn ist meist steiler und gleichmäßiger gewölbt. Der Kehlkopf ist durchschnittlich um fast ein Drittel kleiner. Die *Muskulatur* ist im Mittel schwächer ausgebildet, das Unterhautfettgewebe dagegen stärker ausgeprägt. Letzteres wird bes. an den Oberschenkeln, der Hüfte und der Brust angelagert. Die sekundäre *Körperbehaarung* ist schwächer, die obere Begrenzung der Schamhaare verläuft meist gradlinig horizontal, das Kopfhaar erreicht bei ungehindertem Wachstum eine größere Länge. – **Physiologische Merkmale** beziehen sich bes. auf die Hormone (↑ Geschlechtshormone) und das blutbildende System. Der Eisenspiegel ist (durch die Menstruation bedingt) prozentual geringer, die Blutkörperchensenkungsgeschwindigkeit liegt im Mittel etwas höher. In **psychologischer Hinsicht** sind Unterschiede zw. Mann und F., da weitgehend aus den in verschiedenen Gesellschaftsformen vorherrschenden Rollen der Geschlechter resultierend, zurückhaltend zu interpretieren. Wechselbeziehungen zw. den psych. und den primären sowie sekundären weibl. Geschlechtsmerkmalen sind nach bisherigen Untersuchungen nur in geringem Maße vorhanden.

Soziologie: Der zahlenmäßige Anteil der F. an der Bev. variiert in den einzelnen Ländern. In europ. Ländern besteht ein F.überschuß, bedingt v. a. durch die höhere Lebenserwartung der F. Die soziale, polit., rechtl. und ökonom. Stellung der F. ist wesentlich durch die gesellschaftl. Bewertung ihrer Mutterrolle sowie durch ihre Verfügungsgewalt über Eigentum bestimmt. Trotz der v. a. mit der Industrialisierung einsetzenden Veränderung der Rolle der F. in der Gesellschaft (z. B. wachsende Integration in das Berufsleben und zunehmende Teilnahme am öff. Leben) sowie einer formalen Gleichstellung zw. Mann und Frau im modernen europ. Recht, ist mit wenigen Ausnahmen die Stellung der F. als unterprivilegiert zu bezeichnen (↑ Frauenbewegung).

Kulturgeschichte: Antike Mythologien und archäolog. Funde lassen die Vermutung zu, daß F. in den frühgeschichtl. Kulturen eine gesellschaftlich starke, wenn nicht beherrschende Stellung innehatten. Beginnend mit dem 7.–6. Jh. v. Chr. erfährt jedoch das patriachal. Prinzip mit der Auflösung der bäuerl. Sippengemeinschaft im antiken Griechenland eine zunehmende Aufwertung. In Philosophie und Dichtung erscheint die F. als „verfehlter Mann" (Aristoteles) bzw. Verkörperung der „niedrigen Seelenkräfte" (Platon). Die frühchristl. und ma. Kirche und Theologie bestimmten die Rolle der F. in der Gesellschaft unter Berufung auf Textstellen des A. T. und N. T., jedoch unter Verzicht auf die in der Bibel enthaltenen positiven Wertungen der F. (Preislied auf die F. in den Sprüchen Salomons; das Hohelied). Das Bild der F. schwankte zw. den Gestalten der amoral., den Mann vom Weg des Heils abbringenden Verführerin *Eva* und der mütterl. Heiligen *Maria.* Thomas von Aquin begründete die Gehorsamspflicht der F. gegenüber dem Mann mit aristotel. Argumenten. Diese Unterwerfung der F. unter den Mann galt jedoch nur für ihr weltl. Dasein, in ihrer spirituellen Existenz galt die F. als prinzipiell gleichgestellt. Erst im 13. Jh. erlangte die F. ihre Anerkennung als Rechtssubjekt und v. a. in den Städten Zugang zu Handel und gewerbl. Produktion. In der vorreformator. Zeit gab es im Textilhandwerk sogar Frauenzünfte. Die gesellschaftl. Prozesse des 14./15. Jh. (Aufkommen neuer Produktionstechniken, Erstarken der Geldwirtschaft, Verelendung breiter Bevölkerungsschichten usw.) verschlechterten Ansehen und Stellung der F. immer mehr, bis zw. 1560 und 1630 die systematisch betriebenen Hexenverfolgungen Tausende F. das Leben kosteten. Seit der Frz. Revolution und der wirtsch. Umwälzung durch die Industrialisierung im 19. Jh. drangen F., wenn auch unter großen Schwierigkeiten, in alle gesellschaftl. Bereiche vor, organisierten sich und kämpften z. T. mit erhebl. Militanz (Suffragetten) um ihre gesellschaftl. Rechte.

Religionsgeschichte: Spezif. religiösen Funktionen der F. lag urspr. die Annahme einer bes. engen Beziehung der F. zu übersinnl. Mächten zugrunde (Schamanin, Seherin, Prophetin). Das weibl. Priestertum war häufig mit den zwei entgegengesetzten Keuschheitsopfern verbunden: dem Gelöbnis der Jungfräulichkeit oder der Ausübung der Tempelprostitution. Die historisch späteren Religionen weisen eine sukzessive Zurückdrängung religiöser Funktionen der F. auf, die erst in neuester Zeit durch die weitgehende Gleichstellung der Geschlechter rückläufige Tendenzen zeigt (↑ Pfarrerin).

Fräsen. Fräsertypen: a Walzenfräser; b Stirnfräser

Frau Ava

Frau Ava, † bei Melk 7. Febr. 1127, dt. Dichterin. – Das Todesdatum ist das der Klausnerin Ava, mit der die Dichterin vermutlich identisch war. Schrieb zw. 1120/25 eine von Laienfrömmigkeit geprägte frühmittelhochdt. Heilsgeschichte.

Frauenarzt, svw. ↑ Gynäkologe.

Frauenbeauftragte, Frauen, die die Aufgabe haben, die Benachteiligung von Frauen im öff. Leben aufzudecken und abzubauen. Die F. sind meist in sog. Gleichstellungsstellen bei Kommunen, anderen öff. Arbeitgebern (z. B. Univ.), z. T. auch in Betrieben, eingesetzt. Zu ihren Aufgaben gehören u. a. die Prüfung von Gesetzes- und anderen Vorhaben auf mögl. Benachteiligung von Frauen, Erstellung von Frauenförderplänen, Beratung ratsuchender Frauen.

Frauenbewegung. Demonstration gegen den § 218; unter dem Motto „Keine Kriminalisierung. Keine Zwangsberatung. Keine Entmündigung" demonstrierten circa 2000 Menschen im Juni 1992 in Berlin im Rahmen der Diskussionen um die gesetzliche Neuregelung des Schwangerschaftsabbruchs nach der Wiedervereinigung für eine ersatzlose Streichung des Paragraphen

Frauenhaarfarn

Frauenbewegung, organisierte Form des Kampfes um polit., soziale und kulturelle Gleichstellung der Frau, häufig im Zusammenhang mit anderen sozialen Reformbewegungen. Während der Frz. Revolution entstanden zahlr. Veröffentlichungen zu den Rechten der Frau sowie in Frankreich revolutionäre Frauenklubs (ähnlich in Deutschland um 1848). Die mit der industriellen Revolution verbundenen sozialen Umwälzungen gaben der F. nach 1850 in vielen Ländern neue Impulse. 1865 wurde der Allg. Dt. Frauenverein gegr., der sich v. a. mit Frauenarbeit und Frauenbildung beschäftigte. Die sozialist. Interpretation der Frauenemanzipation (A. Bebel, C. Zetkin) betonte, daß die Befreiung des Proletariats die Befreiung der Frau beinhalte. Das Hauptanliegen der frühen F., das Frauenwahlrecht, wurde schließlich zu ganz unterschiedl. Zeitpunkten erreicht: z. B. Finnland 1906, UdSSR 1917, Deutschland 1918, USA 1920, Großbritannien 1928, Frankreich 1944, Schweiz 1971. Im 1. Weltkrieg nahm die Frauenarbeit und damit die Integration der Frau in Politik und Gesellschaft zu. Einen starken Rückschritt brachte in Deutschland die NS-Ideologie von der Rolle der Frau als Gattin und Mutter. – Trotz Frauenwahlrecht und verfassungsrechtl. Gleichstellung ist bis heute die volle Integration der Frauen in das polit., wirtsch., soziale und kulturelle Leben nicht verwirklicht (z. B. Benachteiligung bei der Entlohnung, geringe Vertretung in den Parlamenten). So entstand in den letzten Jahren eine neue, radikalere F. (z. B. in den USA „Women's Liberation Movement"). In der BR Deutschland entwickelten sich nach 1968 aus der Studentenbewegung – v. a. auch im Zusammenhang mit dem Kampf um die Abschaffung des § 218 (Verbot des Schwangerschaftsabbruchs) – alternative Frauengruppen. In vielen Großstädten wurden sog. Frauenhäuser eingerichtet. Im Unterschied zur histor. F. versteht sich die heutige F. in den Ind.nationen nicht in erster Linie als Frauenrechts-, sondern als feminist. Frauenbefreiungsbewegung.

Frauenburg (poln. Frombork), Stadt im Ermland, Polen, östl. von Danzig, 25 m ü. d. M., 1500 E. Kopernikus-archiv und -museum (N. Kopernikus wirkte 1512–43 in F.); Fremdenverkehr. – Um 1270 gegr.; 1310 Lübecker Stadtrecht, 1466–1772 unter poln. Oberhoheit, 1772 an Preußen, 1945 an Polen. – Got. Dom (1329–88).

Frauenchiemsee [...'ki:mze:] (Frauenwörth), Benediktinerinnenkloster auf der Fraueninsel im Chiemsee, Bayern, gegr. Mitte des 8. Jh.; 1803 säkularisiert, 1831 den Benediktinerinnen wieder überlassen, 1901 Abtei. Die roman. Kirche geht auf einen karoling. Bau zurück, Langhaus und Chorumgang um 1150, freistehender Glockenturm (1395). In der Basilika und in der Torkapelle bed. roman. und got. Wandmalereien.

Frauenemanzipation ↑ Frauenbewegung.

Frauenfachschulen, ↑ Berufsfachschulen hauswirtsch. und gewerbl. (Textilgewerbe) Richtung.

Frauenfarn (Athyrium), Gatt. der Tüpfelfarngewächse mit etwa 200 Arten in den gemäßigten Zonen; in M-Europa in Wäldern und auf Bergweiden nur zwei Arten, davon am bekanntesten der **Waldfrauenfarn** (Athyrium filix-femina) mit feinzerteilten, bis 1 m langen, hellgrünen Wedeln, deren Unterseite längl. Sporangienhäufchen aufweist.

Frauenfeld, Hauptort des schweizer. Kt. Thurgau, 15 km nö. von Winterthur, 411 m ü. d. M., 19 000 E. Kantonsbibliothek, -museum. Metall- und Lederverarbeitung, Zukkerraffinerie, Textilind., Verlage und Buchdruckereien. – Im 13. Jh. auf Reichenauer Gebiet gegr.; wurde habsburgisch, erwarb 1415 die Reichsfreiheit, 1442 bis zur Eroberung des Thurgaues durch die Eidgenossen erneut unter östr. Herrschaft; 1712–98 Tagsatzungsort der Eidgenossenschaft. – Die got. Laurentiuskapelle besitzt Glasmalereien aus dem 14. Jh.; Rathaus (1790–94); Schloß F. (13. Jh.).

Frauenflachs, svw. ↑ Leinkraut.

Frauenhaar (Polytrichum commune), bis 40 cm hohes, lockere Polster bildendes Laubmoos auf sauren Wald- und Heideböden.

Frauenhaarfarn (Adiantum), Gatt. der Tüpfelfarngewächse mit über 200 Arten in allen wärmeren Gebieten der Erde; am bekanntesten ist der **Echte Frauenhaarfarn** (Adiantum capillus-veneris) mit vielen haarfein gestielten Fiederchen.

Frauenhandel (Mädchenhandel), das Anwerben, Verschleppen oder Entführen von Mädchen oder Frauen ins Ausland mittels Täuschung oder unter Anwendung von Zwangsmitteln, um sie zur Prostitution zu mißbrauchen. Zur Bekämpfung des F. wurden mehrere internat. Abkommen abgeschlossen; in der BR Deutschland gemäß § 181 StGB (Menschenhandel) unter Strafe gestellt. Nach § 6 Ziff. 4 StGB unterliegt der Frauen- und Kinderhandel dem Weltrechtsgrundsatz und wird von dt. Gerichten unabhängig von Tatort und Nationalität des Täters verfolgt.

Für das *östr.* und das *schweizer. Recht* gilt das zum dt. Recht Gesagte.

Frauenhaus, in Deutschland Bez. für Einrichtungen, in denen von Männern mißhandelte Frauen [mit ihren Kindern] vorübergehend Aufnahme finden.

▷ Bez. für die Schlafstätte unverheirateter Mädchen außerhalb des elterl. Hauses, u. a. auf Südseeinseln und in O-Afrika.

Frauenheilkunde, svw. ↑ Gynäkologie.

Fraueninsel ↑ Chiemsee, ↑ Frauenchiemsee.

Frauenkauf ↑ Kaufheirat.

Frauenkrankheiten, Erkrankungen der weibl. Geschlechtsorgane und Brustdrüsen.

Frauenkunst (feminist. Kunst), um 1970 aufgekommener Begriff, als zahlr. Künstlerinnen, zunächst in den USA, dann auch in Europa, feminist. Forderungen auf die Kunst ausweiteten. F. setzt sich mit der gesellschaftl. Stellung der Frau auseinander, baut herkömml. Rollenklischees ab und entwirft ein neues Bild der befreiten Frau, die sich mit sich selbst identifiziert. Leitfiguren der F.bewegung sind Künstlerinnen wie H. Höch, F. Kahlo, M. Oppenheim, N. de Saint Phalle. Zu den wichtigsten Vertreterinnen der F. gehören: E. Antin, J. Chicago, V. Export, R. Horn, A. Messager, F. Pezold, U. Rosenbach, K. Sieverding, H. Wilke, C. Sherman.

1981 wurde in Bonn das erste Frauenmuseum eröffnet. 1987 in Washington D. C. das „National Museum for Women in the Arts".

Frauenlob ↑ Heinrich von Meißen.

Frauenmantel (Alchemilla), Gatt. der Rosengewächse mit über 20 Arten vorwiegend in gemäßigten und kühlen Gebieten und Hochgebirgen; meist Stauden mit kleinen, gelbl. oder grünen Blüten und rundl., häufig fingerförmig eingeschnittenen Blättern; bekannt der **Gemeine Frauenmantel** (Marienmantel, Alchemilla vulgaris), auf feuchten Wiesen und in lichten Wäldern, Blätter mit 9–13 stark gesägten Lappen.

Frauenmilch, svw. ↑ Muttermilch.

Frauenpresse, die frühesten Frauenzeitschriften stammen aus der 1. Hälfte des 18. Jh. Um die Wende 18./19. Jh. entstanden die ersten Modezeitschriften. Nach 1848 entwickelte sich die F. in zwei Richtungen: reine Unterhaltungspresse, meist als Familienzeitschrift (z. B. „Die Gartenlaube"); zum anderen Blätter, die sich mit speziellen Problemen der Frauen befaßten, z. B. mit Frauenberufen oder mit der Frauenbewegung. Daneben entstanden konfessionelle Frauenzeitschriften. Nach 1933 wurde die F. der NS-Propaganda dienstbar gemacht und gleichgeschaltet. – Die auflagenstarken Frauenzeitschriften nach dem 2. Weltkrieg gehören vorwiegend zur Gruppe der Illustrierten und Modezeitschriften. Mit der Gründung von „Ms." (1972) in den USA, von „Courage" (1976) und „Emma" (1977) in der BR Deutschland entstand ein neuer Typ der Frauenzeitschrift, der sich umfassend und in radikal-reformerischer Zielsetzung der Emanzipation der Frauen widmet.

Frauenraub, gewaltsame Entführung eines Mädchens gegen oder mit dessen Willen zur Eheschließung; i. d. R. dort verbreitet, wo entweder der hohe Brautpreis oder die Kosten einer Hochzeitsfeier die Mittel der Eltern übersteigen oder wo sozialer Schranken einer Eheschließung Schwierigkeiten im Wege stehen. F. ist heute noch verbreitet bei Naturvölkern sowie in Restformen (z. B. Verstecken der Braut) u. a. bei Türken und Tartaren. – F. war ein beliebtes Thema der antiken Mythologie, bereits in der griech. Vasenmalerei und Plastik mehrfach dargestellt; Wiederaufnahme bes. seit dem Manierismus; häufig auch im Barock.

Frauenschaft ↑ Nationalsozialistische Frauenschaft.

Frauenschuh (Cypripedium), Gatt. der Orchideen mit etwa 50 Arten auf der nördl. Erdhalbkugel; Blüten einzeln oder in wenigblütigen Trauben mit großer, schuhförmiger Unterlippe; in Europa in lichten Wäldern auf Kalk nur der geschützte **Rotbraune Frauenschuh** (Cypripedium calceolus) mit bis 10 cm langen, rotbraunen Blütenhüllblättern und goldgelber Lippe.

Frauensport ↑ Mädchen- und Frauensport.

Frauenverbände, Interessenverbände von Frauen; sie entwickelten sich bes. seit der Industrialisierung, ausgelöst einerseits durch das Bewußtwerden der Unterprivilegierung der Frauen in der Ausbildung, in sozialer und polit. Hinsicht, und andererseits durch ein starkes sozialpolit. Engagement v. a. von Frauen mittelständ. Herkunft. Um die Jh.wende beschäftigten sich in den USA zahlr. F. mit Friedenspolitik, Ausbildung und Beruf sowie dem Schutz von Minderheiten. In den meisten europ. Ländern setzten sich seit etwa 1850 F. für die Lösung sozialer Fragen (z. B. Schutz lediger Mütter, Problem der Prostitution), das Frauenwahlrecht und die Gleichberechtigung ein. Es bestehen nat. Dachverbände (Deutschland: Dt. Frauenrat, Österreich: Bund östr. Frauenvereine, Schweiz: Bund schweizer. Frauenvereine).

Frauenwahlrecht ↑ Wahlrecht.

Frauenzimmer, im späten MA das Frauengemach und die Gesamtheit der darin wohnenden weibl. Hausgenossen; seit Anfang des 17. Jh. für die einzelne Person verwendet; seit dem 19. Jh. in verächtl. Sinn.

Fräulein, urspr. als Verkleinerungsbildung zu „Frau", seit dem 12. Jh. Bez. und Anrede für die Jungfrau hochadligen Standes; die Bez. war bis ins 18./19. Jh. als „gnädiges F." dem Adel vorbehalten. Heute wird F. für die unverheiratete Frau nur noch sehr eingeschränkt verwendet. – Früher auch Bez. für weibl. Angestellte in Dienstleistungsberufen (z. B. in der Gastronomie).

Fraunhofer, Joseph von (seit 1824), * Straubing 6. März 1787, † München 7. Juni 1826, dt. Optiker und Physiker. – Obwohl F. keinerlei akadem. Ausbildung hatte, wurde er zum Mgl. der Bayer. Akad. der Wiss. ernannt. 1819 wurde er Prof. und 1823 Konservator des Physikal. Kabinetts der Akad. – F. entwickelte neue Verfahren des Glasschmelzens sowie neue Schleif-, Berechnungs- und Prüfmethoden für Linsen. Seine opt. Geräte (Mikroskope, Refraktoren, Spektrometer) waren weit verbreitet. 1814 entdeckte er die nach ihm ben. Absorptionslinien im Sonnenspektrum **(Fraunhofer-Linien).** Mit seinen Untersuchungen zur Beugung verhalf F. der Wellentheorie des Lichts zum endgültigen Durchbruch. Er erfand das Beugungsgitter und führte damit absolute Wellenlängenmessungen von Spektrallinien durch.

Fraunhofer-Gesellschaft zur Förderung der angewandten Forschung e. V. [nach J. von Fraunhofer], Abk. FhG, 1949 gegr. gemeinnützige Gesellschaft (Sitz München), die z. Zt. mit etwa 40 wiss. Einrichtungen in Deutschland angewandte und anwendungsorientierte Forschung, v. a. auf dem Gebiet der Natur- und Ingenieurwiss., betreibt.

Frawaschi [awest.], im Parsismus der persönl. Schutzgeist jedes Menschen, der sich nach dessen Tod mit seiner Seele vereinigt.

Fraxinus [lat.], svw. ↑ Esche.

Frazer, Sir (seit 1914) James George [engl. ˈfreɪzə], * Glasgow 1. Jan. 1854, † Cambridge 7. Mai 1941, brit. Ethnologe. – Prof. in Liverpool und Cambridge; befaßte sich v. a. mit der Religion von Naturvölkern sowie der Antike aus ethnolog. Sicht („Der goldene Zweig", 2 Bde., 1890; 12 Bde., ³1907–15).

Frea ↑ Frigg.

Freak [fri:k; engl.], 1. jemand, der sich nicht ins normale bürgerl. Leben einfügt; 2. jemand, der sich übertrieben für etwas begeistert, z. B. Computerfreak.

Frechen, Stadt im Braunkohlenrevier der Ville, NRW, 60–120 m ü. d. M., 42 300 E. Galerie Keramion, internat. Graphik-Biennale. Braunkohlenbergbau, Brikettfabriken, Baustoff- und Steinzeugind. – 877 erstmals erwähnt; 1230 an die Herzöge von Jülich und 1609/14 mit Jülich-Berg an Pfalz-Neuburg, 1815 an Preußen; seit 1951 Stadt.

Freckenhorst, Ortsteil von Warendorf.

Fredegar, seit dem 16. Jh. fälschl. Name für den angebl. Verf. einer fränk. Weltchronik des 7. Jh., die mehrere Autoren wohl in Burgund geschrieben und um 660 abgeschlossen haben; für die Zeit bis 584 Kompilation aus älteren Vorlagen, für 584–642 eigenständige und wichtigste Geschichtsquelle dieser Zeit, ebenso die Fortsetzungen bis 768.

Fredegunde, * um 550, † 597, fränk. Königin. – Unfrei geborene Nebenfrau König ↑ Chilperichs I. von Neustrien, dessen Gemahlin 567 nach der Ermordung Königin Galswindas, der Schwester Brunhildes; übernahm nach der Ermordung Chilperichs (584) die Regentschaft für ihren Sohn Chlotar II.

Frauenmantel. Gemeiner Frauenmantel (Höhe 15–50 cm)

Frauenschuh. Rotbrauner Frauenschuh (Höhe 15–80 cm)

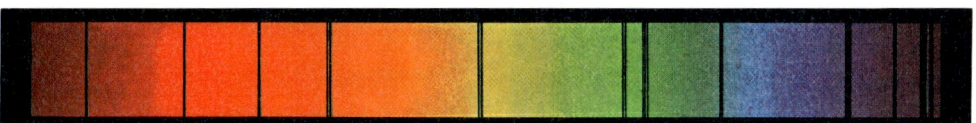

Joseph von Fraunhofer. Fraunhofer-Linien im Sonnenspektrum

Fredensborg [dän. 'fre:'ðənsbɔr], dän. Schloß am Esrumsø, im NO der Insel Seeland, 1720–24 erbaut; Sommersitz der dän. Könige.

Fredericia [dän. frɛðə're(d)sja], dän. Hafenstadt an der O-Küste Jütlands, 46 000 E. Eisenbahnknotenpunkt, Erdölraffinerie, chem.-, Eisen-, Textilind.; Brücke über den Kleinen Belt. – 1649 von König Friedrich III. als Festungsstadt mit rechtwinkliger Straßenanlage erbaut.

Fredericton [engl. 'frɛdrɪktən], Hauptstadt der kanad. Prov. New Brunswick, am Saint John River, 43 700 E. Sitz eines anglikan. Bischofs; Univ. (gegr. 1785), Bootswerften, Schuhind.; Hafen, ✈. – Gegr. 1783.

Frederiksberg [dän. frɛðrəgs'bɛr], dän. Gemeinde auf Seeland, Enklave in der Stadt Kopenhagen, 85 000 E. Königl. Hochschule für Veterinärmedizin und Agrikultur, Handelshochschule, Militärakad., dän. Rundfunk, Zoo; Königl. Porzellanmanufaktur.

Frederiksborg [dän. frɛðrəgs'bɔr], Renaissanceschloß im NO der Insel Seeland, 1602–20 erbaut, mit bed. Parkanlage (1720–24); 1859 z. T. abgebrannt, nach Wiederaufbau nationalhistor. Museum, bed. Orgel von Esaias Compenius (1605–10/16). – Der am 3. Juli 1720 zw. Schweden und Dänemark geschlossene **Friede von Frederiksborg** beendete den 2. Nord. Krieg. Dänemark gab seine Eroberungen in Pommern (Stralsund, Greifswald, Rügen) und Wismar an Schweden gegen Zahlung von 600 000 Reichstalern und Anerkennung des dän. Sundzolls zurück.

Frederikshåb [dän. frɛðrəgs'hɔ:'b] (Paamiut), Hafenort an der SW-Küste Grönlands, 2 300 E. Radio- und meteorolog. Station; Fischfang und -verarbeitung. – Gegr. 1742.

Frederikshavn [dän. frɛðrəgs'hau'n], dän. Hafenstadt am Kattegat, 35 000 E. Fischereihafen, Werft, Eisen-, Fischkonservenind., Fährverkehr u. a. nach Oslo, Göteborg. – Ab 1627 als Festung angelegt; Stadt seit 1818.

Fredrikstad [norweg. ‚fredriksta], Hafenstadt in SO-Norwegen, 26 500 E. Luth. Bischofssitz; u. a. Werft, Textil-, Elektroind.; Fährverbindung nach Frederikshavn. Im Stadtgebiet liegt **Gamlebyen,** eine 1567 gegr. Festungsstadt (unter Denkmalschutz).

Fredro, Aleksander Graf, *Surochów bei Jarosław 20. Juni 1793, †Lemberg 15. Juli 1876, poln. Dramatiker. – Schöpfer und bedeutendster Vertreter des poln. Lustspiels (u. a. „Herr Geldhab", 1821), bed. Memoiren.

Free Cinema [engl. 'fri: 'sɪnəmə „freies Kino"], Bewegung des engl. Films der späten 50er und frühen 60er Jahre, u. a. von den Regisseuren L. Anderson, K. Reisz und T. Richardson getragen; Gegenströmung zur Kommerzialisierung des Films, Hervorhebung alltägl. Themen (u. a. T. Richardsons „Blick zurück im Zorn", 1959).

Freehold [engl. 'fri:hould], bezeichnet im engl. Recht das freie Eigentum und bestimmte Arten des gebundenen Eigentums an Grund und Boden. Urspr. die Leiheform für den Freien, der dafür nur Ritterdienst schuldig war, im Ggs. zum zinspflichtigen Lehnsbesitz der abhängigen Bauern. Die **Freeholders** hatten seit dem Jahre 1429 Wahlrecht für das Unterhaus.

Free Jazz [engl. fri: 'dʒæz „freier Jazz"], ein um 1960 entstandener Stilbereich des Jazz. Der F. J. stellt den radikalsten stilist. Bruch in der Geschichte des Jazz dar, da in ihm alle herkömml. Gestaltungsprinzipien aufgehoben werden: an die Stelle der bis dahin gültigen harmonischmetr. Formschemata tritt die „offene Form", die tonalen Bezüge werden verschleiert oder negiert, der den Rhythmus regulierende ↑ Beat wird weitgehend aufgehoben und die Tonbildung führt durch starke Geräuschanteile z. T. zu amelod., klangl. Improvisationsverläufen. – Seit 1965 beginnen sich im F. J. drei auseinanderstrebende Entwicklungen abzuzeichnen: 1. der sog. „Mainstream" des F. J., der an die Musik der Wegbereiter O. Coleman, C. Taylor und J. Coltrane anknüpft und bluesbetont ist, 2. ein an der europ. Neuen Musik orientierter Stil und 3. ein an die außereurop. („exot.") Musik angelehnter Stil.

Freese, Heinrich *Hamburg 13. Mai 1853, †Strausberg 29. Sept. 1944, dt. Industrieller und Sozialpolitiker. – Führte als einer der ersten dt. Industriellen in seinem Berliner Unternehmen Arbeitervertretung und Tarifvertrag (1884), Gewinnbeteiligung für Angestellte und Arbeiter (1889/91) und Achtstundentag (1892) ein.

Freesie (Freesia) [nach dem dt. Arzt F. H. T. Freese, †1876], Gatt. der Schwertliliengewächse mit nur wenigen Arten in S-Afrika; Stauden mit schmalen, langen Blättern und weißen oder bunten, duftenden Blüten in nach einer Seite gerichteten Wickeln.

Freetown [engl. 'fri:taun], Hauptstadt von Sierra Leone, an der Küste der Halbinsel Sierra Leone, 470 000 E. Sitz eines kath. und eines anglikan. Bischofs; Univ. (gegr. 1967); Nat.museum; größtes Ind.zentrum des Landes; wichtigster Handelshafen des Landes; internat. ✈ in Lungi. – 1787 als Ansiedlungsplatz für befreite Sklaven von Engländern gegr.; wurde 1808 brit. Kolonie.

Freeze-Bewegung [engl. fri:z] ↑Friedensbewegung.

Fregatte [roman.], urspr. ein als Beiboot dienendes Ruderboot mit Besegelung. Seit dem 17. Jh. Bez. für ein aus der Galeere entwickeltes bewaffnetes Segelschiff mit drei vollgetakelten Masten, das als Geleit- oder Aufklärungsschiff diente. Der heutige F.typ entstand im 2. Weltkrieg: ein wendiges Kriegsschiff u. a. zum Geleitschutz und zur U-Boot-Jagd. Wasserverdrängung zw. 2 000 und 3 000 t, Geschwindigkeit etwa 30 Knoten.

Fregattenkapitän ↑Dienstgradbezeichnungen (Übersicht).

Fregattvögel. Prachtfregattvogel

Fregattvögel (Fregatidae), Fam. sehr fluggewandter, ausgezeichnet segelnder, etwa 0,8–1,1 m langer Vögel mit fünf Arten, v. a. an den Küsten und Inseln trop. und subtrop. Meere; Flügelspannweite bis 2,3 m, Schwanz tief gegabelt; Gefieder einfarbig schwarz oder mit weißen Zonen auf der Bauchseite; ♂ mit Kehlsack, den es während der Balz zu einem mächtigen, knallroten Ball aufbläst.

Frege, [Friedrich Ludwig] Gottlob, *Wismar 8. Nov. 1848, †Bad Kleinen (Landkr. Wismar) 26. Juli 1925, dt. Mathematiker und Philosoph. – 1879–1918 Prof. in Jena; Mitbegründer der modernen formalen Logik; leistete auch wichtige Vorarbeiten für die Sprachphilosophie.
Werke: Begriffsschrift... (1879), Grundgesetze der Arithmetik (1893–1903).

Frei, Eduardo ↑Frei Montalva, Eduardo.

Freibad ↑Schwimmbad.

Freiballon ↑Ballon.

Freibank, volkstüml. (früher auch offizielle) Bez. für die (kommunale) Abgabestelle des Schlachthofs für Freibankfleisch, d. h. für auf Grund der Fleischbeschau als bedingt tauglich oder minderwertig deklariertes Fleisch. Bedingt taugl. Fleisch muß vor dem Verkauf durch Erhitzen

Freesie. Hybriden (Höhe 30–60 cm)

Fregatte „Bremen" der deutschen Bundesmarine

Freiburger Münster

sterilisiert werden. Minderwertiges Fleisch kann auch roh verkauft werden.

Freibauer, im Ggs. zu einem grundherrschaftlich gebundenen Bauern derjenige, der seinen Hof zum günstigsten Leiherecht besaß oder im Besitz eines Freihofs war. ▷ im *Schachspiel* Bez. für einen Bauern, der nicht mehr durch gegner. Bauern aufgehalten werden kann; kann leichter als andere Bauern umgewandelt werden.

Freiberg. Die vom Vorgängerbau erhaltene spätromanische Goldene Pforte, um 1230, des spätgotischen Doms

Freiberg, Krst. in Sa., am Nordfuß des Erzgebirges, nahe der F.er Mulde, 400–420 m ü. d. M., 48 000 E. Älteste Bergakad. der Welt (1765 gegr.) mit Mineraliensammlung, mehrere Forschungsinst., Stadt- und Bergbaumuseum; Theater; Präzisionsinstrumentenbau, Elektro-, Porzellanind., Verhüttung von Bleierz und Zinkblende. – Seit dem 12. Jh. Silberbergbau (bis 1913), erhielt im 13. Jh. Stadtrecht. – Spätgot. Dom (15./16. Jh.) mit der Goldenen Pforte (um 1230), Orgel von G. Silbermann (1711–14); spätgot. Rathaus (1470–74); zahlr. Wohnhäuser (16. bis 19. Jh.), Reste der Stadtbefestigung (13.–17. Jh.).
F., Landkr. in Sachsen.

Freiberge (frz. Franches-Montagnes), verkarstetes Hochplateau im Schweizer Jura, Rinder- und Pferdezucht, Uhrenind. Hauptort ist Saignelégier.

Freiberger Mulde, 102 km langer Quellfluß der Mulde.

Freibetrag, steuerfreier Betrag, der bei der Berechnung der Steuerbemessungsgrundlage unberücksichtigt bleibt.

Freibeuter, früher svw. Seeräuber.

Freibeweis, Beweis, der keine förml. Beweisaufnahme erfordert und auch mit anderen als mit den gesetzl. Beweismitteln geführt werden kann (z. B. mit schriftl. Auskünften). Er ist z. B. zulässig zum Nachweis der Prozeßvoraussetzungen und anderer prozeßerhebl. Tatsachen. Ggs.: Strengbeweis, bei dem das Gericht an bestimmte gesetzl. Formen der Beweisaufnahme gebunden ist.

freibleibend, Klausel im Geschäftsverkehr, die die Bindung des Anbietenden an das Angebot oder an einzelne vertragl. Abreden (z. B. Preis) ausschließt.

Freibord, der senkrechte Abstand zw. F.deck (↑ Deck) und Schwimmwasserlinie eines Seeschiffes. Um einen Restauftrieb des beladenen Schiffes und somit die Seetüchtigkeit sicherzustellen, sind Mindest-F. international festgelegt. *F.marke* an der Außenhaut des Schiffes.

Freibrief, im älteren Recht: 1. Urkunde über eine erteilte Erlaubnis oder Befreiung von einem Verbot (Privileg), 2. Urkunde über die Entlassung aus der Leibeigenschaft, 3. Urkunde, die freie Geburt bescheinigte.

Freiburg, Reg.-Bez. in Bad.-Württemberg.

Freiburg (Freiburg in Uechtland, frz. Fribourg), Hauptstadt des schweizer. Kt. F. und des Bez. La Sarine, 27 km sw. von Bern, 588 m ü. d. M., 34 000 E. Bischofssitz; einzige kath. Univ. der Schweiz (gegr. 1889), Priesterseminar; Museum für Kunst und Geschichte, naturhistor. Museum. Schul-, Markt-, und Ind.stadt; Verkehrsknotenpunkt. – 1157 durch Herzog Berthold IV. von Zähringen gegr.; 1487 Reichsfreiheit; 1481 Aufnahme in die Eidgenossenschaft mit beschränkten Rechten, 1502 Voll-Mgl. Durch P. Canisius nach dem Konzil von Trient Zentrum der Gegenreformation; seit 1613 Sitz des Bischofs von Lausanne. – Hochgot. Kathedrale Sankt Nikolaus (im 18. Jh. vollendet), Franziskanerkirche (13. Jh.), im Kreuzgang Fresken (15. und 17. Jh.), Basilika Notre Dame (1201/02; wiederholt umgestaltet), Rathaus (1500–21); Reste der Befestigungsanlagen sind die Porte de Morat und die Porte de Berne (beide 14./15. Jh.); zahlr. Brunnen (16. Jh.).

F. (frz. Fribourg), Kanton in der W-Schweiz, 1 670 km², 207 700 E (1990; $^2/_3$ frz.-sprachig), Hauptstadt Freiburg; erstreckt sich im S über weite Gebiete der Voralpen und erreicht hier im Moléson 2 002 m ü. d. M., nach N Anteil am Schweizer Mittelland; weitgehend agrar. orientiert; Milchwirtschaft (Grundlage für Käserei und Schokoladenherstellung); im Mittelland Ackerbau; am Neuenburger See und Murtensee Obst- und Weinbau. Wichtigste Branchen sind Nahrungsmittel- und Genußmittel- sowie holzverarbeitende Industrie.
Geschichte: Der Kanton F. wurde 1803 aus dem ehem. Untertanenland der Stadt und der gemeinsam von F. und Bern regierten ref. Herrschaft Murten gebildet. Der Kanton, der sich 1846 dem Sonderbund anschloß, wurde 1847 von Bundestruppen erobert.
Verfassung: Nach der Verfassung vom 7. Mai 1857 (mit Änderungen) liegt die Exekutive beim vom Volk auf 5 Jahre gewählten Staatsrat (7 Mgl.). Die Legislative bildet der vom Volk auf 5 Jahre gewählte Große Rat (130 Mgl.) und das Volk selbst (obligator. Referendum). Seit 1971 besitzen die Frauen im Kanton F. das aktive und passive Wahlrecht.
F., Bistum ↑Lausanne-Genf-Freiburg, Bistum.

Freiburger Bucht, Schwarzwaldrandbucht westl. von Freiburg im Breisgau, reicht von Emmendingen im N bis nach Staufen im Breisgau im S und wird im W vom Kaiserstuhl und Tuniberg begrenzt.

Freiburger Münster, Bischofskirche (seit 1821) in Freiburg im Breisgau. Nach roman. Vorgängerbau um 1120 erfolgte um 1200 ff. der Neubau (Querhaus mit der Vierungs-

Freiburger Münster. Das Langhaus des Münsters, erbaut ab 1220

Freetown
Stadtwappen

Freiberg
Stadtwappen

Freiburg
Kantonswappen

Freiburger Schule

kuppel und die „Hahnentürme" erhalten). Ab 1220 folgten Langhaus und Turmunterbau. Das frz. hochgot. Wandsystem wurde reduziert: statt des Triforiums große Wandflächen im Obergaden. Der hochgot. Westturm wird von einem oktogonalen Helm in durchbrochenem Maßwerk gekrönt. Seit 1354 Neubau des hohen spätgot. Chors: dreischiffig mit Kapellenkranz. Bed. Skulpturenschmuck v. a. in der Turmvorhalle (um 1300), bed. Ausstattung, insbes. Glasfenster des 13. und 14. sowie 16. Jh.; Hochaltar von H. Baldung gen. Grien (1512–16).

Freiburger Schule, an der Univ. Freiburg im Breisgau in den 1930er Jahren von einigen Wirtschaftswissenschaftlern (v. a. W. Eucken, F. Böhm und H. Grossmann-Doerth) begr. wirtsch.polit. Lehre, die Fragen der Wirtschaftsordnung, des Wettbewerbs und der Freiheit des einzelnen zum Gegenstand hat und als wiss.theoret. Grundlage des sog. Neoliberalismus angesehen wird.

Freiburger Thesen (Freiburger Programm), auf dem 22. Parteitag der FDP in Freiburg im Breisgau (25.–27. Okt. 1971) beschlossenes Programm zur Gesellschaftspolitik von grundsätzl. Bed. Zentrale Aussagen betreffen die Sozialbindung des Eigentums, Beteiligungsrechte am Vermögenszuwachs bzw. Nachlaßabgabe für Großvermögen, Mitbestimmung sowie Umweltschutz (vor Gewinnstreben). Die F. T. dienten in der sozialliberalen Koalition der Annäherung an die SPD; sie verloren in den 80er Jahren an Rückhalt innerhalb der FDP.

Freiburg im Breisgau, Stadt am Austritt der Dreisam aus dem S-Schwarzwald, Bad.-Württ., 278 m ü.d.M., 178 700 E. Verwaltungssitz der Region Südl. Oberrhein, des Reg.-Bez. F. und des Landkr. Breisgau-Hochschwarzwald; Sitz eines kath. Erzbischofs; Univ. (gegr. 1457), PH, Staatl. Hochschule für Musik, Verwaltungs- und Wirtschaftsakad., erzbischöfl. Theologenkonvikt; Max-Planck-Inst. für Immunbiologie sowie für ausländ. und internat. Strafrecht, Fraunhofer-Inst., Arnold-Bergstraesser-Inst.; Museen, u. a. Augustinermuseum, Museum für Vor- und Frühgeschichte; Theater. Wirtsch. bed. sind v. a. Verwaltung, Handwerk, Handel und Fremdenverkehr, Kunstfaser- und Kunstseideproduktion, holzverarbeitende und elektro-

Freiburg im Breisgau
Stadtwappen

Freiburg im Breisgau. Das Martinstor, Rest der Stadtbefestigung, ursprünglich aus dem 13. Jahrhundert

techn. Ind., Verlage. – 1120 auf zähring. Eigengut gegr.; fiel 1218 an die Grafen von Urach, die sich seitdem Grafen von Freiburg nannten. 1368 kauften sich die Bürger vom Grafen los, um sich unter die Herrschaft der Habsburger zu begeben. Die 1678 an Frankreich abgetretene und vom frz. Baumeister Vauban zur Festung ausgebaute Stadt (1744 geschleift) fiel 1697 wieder an Österreich; kam 1805 an Baden, 1821 wurde F. i. B. Erzbischofssitz; 1944 wurde die Altstadt durch einen Bombenangriff in weiten Teilen zerstört. – Das bedeutendste Bauwerk ist das ↑Freiburger Münster. Erhalten bzw. wiederaufgebaut u. a.: Pfarrkirche Sankt Martin (13. Jh.), Universitätskirche (1683 vollendet), Kaufhaus (gegen 1520). Altes Rathaus (1558), daneben das Neue Rathaus, aus 2 Gebäuden 1898 zusammengefügt. Im Landgericht wurde die Fassade des ehem. großherzogl. Palais (1769–73) in den Neubau (1962–65) einbezogen. In der Altstadt offene „Bächle" (ma. Kanalisation) und Brunnen. Schwaben- und Martinstor sind Reste der Stadtbefestigung (beide urspr. 13. Jh.); zahlr. Bürgerhäuser und Palais.

F. im B., Erzbistum, 1821 für Baden und Hohenzollern aus Teilen der ehem. Bistümer Konstanz, Worms, Speyer, Straßburg, Mainz und Würzburg errichtet. – ↑katholische Kirche (Übersicht).

F. im B., Reg.-Bez. in Baden-Württemberg.

Freiburg im Üechtland ↑Freiburg.

Freidank (mittelhochdt. Frîdanc, Vrîdanc, Frîgedanc), † Kaisheim bei Donauwörth 1233, mittelhochdt. fahrender Spruchdichter wohl oberdt. Herkunft. – Verf. einer Spruchsammlung „Bescheidenheit" (d. h. Bescheidwissen, Einsicht), die Lebensweisheiten, Sprichwörter und Exempel enthält.

Freidenker, Begriff, der auf die engl. Bez. „Freethinker" (seit 17. Jh.) zurückgeht und im engl. Sprachgebrauch zunächst diejenigen bezeichnet, die den christl. Glauben dem Urteil der Vernunft unterwarfen, dann allg. für diejenigen, die das Denken unabhängig von jeder Autorität allein von der Evidenz des Gegenstandes leiten lassen wollten, in der Folge (irrtümlich) auch weitgehend synonym für die Anhänger des engl. Deismus verwendet, schließlich im 19./20. Jh. [Selbst]bez. für die atheist. Denker, die die Emanzipation des Denkens von jeder religiösen Vorstellung anstrebten. Als F. galten in England J. Toland, A. A. C. Shaftesbury, der die systemat. Klärung des Begriffs einleitete, und A. Collins. In Frankreich gaben einige Enzyklopädisten (D. Diderot, P. H. D. Holbach, C. A. Helvétius) dem Begriff F. („libre-penseur"; bei Voltaire auch „franc-penseur") eine atheist. Wendung. In Deutschland, zunächst als **Freigeister** bezeichnet und dadurch in die Nähe religiösen Sektierertums gerückt, gewannen die F. im 19. Jh. weitreichenden Einfluß im liberalen Bürgertum in einer naturphilosoph., monist. Richtung einerseits, in der Arbeiterschaft in einer sozialrevolutionären Richtung im Anschluß an den dialekt. Materialismus von Marx andererseits. Gegen Ende des 19. Jh. und im frühen 20. Jh. kam es zu zahlr. Zusammenschlüssen in mehreren Ländern: **Fédération Internationale de la Libre Pensée** („Internationaler F.-Verband" oder **„Brüsseler Freidenker-Internationale",** gegr. 1880), **Deutscher Freidenker-Bund** durch L. Büchner 1881; **Deutscher Monistenbund** durch E. Haeckel 1906 (1933 verboten, 1947 neu entstanden, seit 1956 **Freigeistige Aktion – Deutscher Monistenbund),** in Österreich Zusammenschluß von 13 Einzelgruppierungen im **Zentralsekretariat der österreichischen Freidenker** (1914; Sitz: Wien), in der Schweiz **Kartell freigesinnter Vereinigungen der Schweiz** (1913). – Die Entwicklung einer marxistisch orientierten F.bewegung ist gekennzeichnet durch Gründung des **Vereins der Freidenker für Feuerbestattung** (1905), des **Zentralverbands der proletarischen Freidenker Deutschlands** (1908). In der Sowjetunion wurde 1925 der **Bund der Gottlosen** (seit 1929 „Bund der kämpfenden Gottlosen") gegründet, der 1942 aufgelöst wurde. 1945 entstand die **Allunionsgesellschaft zur Verbreitung politischer und wissenschaftlicher Erkenntnisse.**

Freideutsche Jugend, aus 13 Jugendverbänden 1913 auf dem Hohen Meißner bei Kassel gebildete dt. Jugendorganisation; erstrebte Entwicklung der Jugend nach deren eigenen Gesetzen. Die ↑Meißnerformel wurde für die ganze Jugendbewegung wichtig, ein Zusammenschluß aller Gruppen gelang aber nicht. Zersplitterte bis 1923 restlos.

Freiding ↑Femgericht.

Freie (Freihälse, Frilinge), nach den german. Volksrechten des frühen MA der Stand derer, die volle Rechtsfähigkeit und polit. Rechte besaßen (Gemeinfreie, Altfreie, Volksfreie). Die polit. Rechte der **Minder-** oder **Halbfreien** (Liten, Barschalken) waren gemindert, die **Unfreien** (Leibeigene) hatten keinerlei Rechte, konnten aber durch Freilassung in den Stand der F. oder Minderfreien übergehen. Die **Edelfreien** näherten sich dem Adel an, während große Teile der altfreien bäuerl. Bev. im Laufe des MA in immer stärkere Abhängigkeit von der sich ausbreitenden Grundherrschaft gerieten; neue Gruppen von F. entstanden durch bes. Zuordnung zum Herrscher und Königsdienst (↑Königsfreie, Wehrbauern) oder durch bes. Vergünstigung in Neusiedelgebieten (Rodungsfreiheit).

freie Assoziation ↑Assoziation.

freie Atmosphäre, meteorolog. Bez. für die Schichten der Atmosphäre, die nicht mehr dem unmittelbaren Einfluß der Erdoberfläche unterliegen.

freie Benutzung, ohne Zustimmung zulässige Benutzung eines urheberrechtlich geschützten Werkes zur Herstellung eines neuen, selbständigen Werkes. Das neue Werk muß eine eigenschöpfer. Leistung darstellen, die ihrerseits urheberrechtsfähig ist.

freie Berufe, Berufstätigkeiten, die i. d. R. wiss. oder künstler. Vorbildung voraussetzen und selbständig ausgeübt werden können, z. B. die Tätigkeit als Arzt, Apotheker, Architekt, Rechtsanwalt, Kunstmaler, Schriftsteller, Musiklehrer. Freiberufl. Tätige sind weder Arbeitnehmer noch Gewerbetreibende, sie arbeiten gegen Honorar. Sie sind zusammengeschlossen in eigenen Berufsverbänden, haben eigene Gebührenordnungen, Berufsgerichtsbarkeit sowie gesetzlich geschützte Berufstitel und Prüfungen. In *Österreich* und in der *Schweiz* gilt eine entsprechende Regelung.

Freie Bühne, Theaterverein in Berlin nach dem Vorbild von A. Antoines „Théâtre libre"; führte in geschlossenen Vorstellungen v. a. (meist durch Zensur verbotene) naturalist. Dramen auf. Vorsitzender bis 1889–94 O. Brahm, bis 1898 P. Schlenther, ab 1898 L. Fulda, der auch die 1890 gegr. Zeitschrift der F. B. herausgab. Ähnl. Vereine entstanden u. a. in Berlin („Freie Volksbühne", 1890; „Dt. Bühne", 1890), München („Akademisch-dramat. Verein", 1894), Leipzig („Litterar. Gesellschaft", 1895), London, Wien.

Freie Demokratische Partei, Abk. FDP, seit 1968/69 parteioffiziell F.D.P., 1948 aus dem Zusammenschluß nat.-liberaler und linksliberaler Gruppen entstandene dt. polit. Partei. Sie stellte mit ihrem ersten Vors. (1948/49) T. Heuss 1949–59 den ersten B.präs. der BR Deutschland und war 1949–56 an den CDU/CSU-geführten B.reg. beteiligt. Vors. waren 1949–54 F. Blücher, 1954–57 T. Dehler, 1957–60 R. Maier. Unter E. Mende (1960 bis 1968) bildete die FDP 1961–66 erneut eine Koalition mit der CDU/CSU. 1968 setzte eine linksliberale Umorientierung ein, die unter dem neuen Vors. W. Scheel weiterverfolgt wurde (↑Freiburger Thesen). 1969–82 bildete die FDP mit der SPD eine sozialliberale Koalitionsreg. Der Wechsel zur Koalition mit der CDU/CSU im Okt. 1982 wurde in der B.tagswahl vom März 1983 von den Wählern bestätigt. Nach dem Wahl W. Scheels 1974 zum B.präs. waren 1974–85 H.-D. Genscher, 1985–88 M. Bangemann, 1988–93 O. Graf Lambsdorff, seit 1993 K. Kinkel Parteivors. Im Aug. 1990 vollzog sich die Vereinigung mit den liberalen Parteien der DDR (Bündnis Freier Demokraten, Dt. Forumpartei). Die FDP hat in 16 Landesverbänden rd. 110 000 Mgl. (1992). Nahestehende Jugendorganisation sind die Jungen Liberalen. – ↑Bundestag (Übersicht).

Freie Deutsche Jugend, Abk. FDJ, 1946 gegr. „sozialist. Massenorganisation" der DDR für Jugendliche ab 14 Jahren; bis 1989 als einzig zugelassener Jugendverband Nachwuchsorganisation der SED, deren führende Rolle sie anerkannte; ihre Aufgaben waren die polit. Organisierung der Jugend, deren ideolog. und fachl. Erziehung sowie Freizeitgestaltung; ihr oblag auch die Betreuung des Kinderverbandes der DDR, der Pionierorganisation „Ernst Thälmann" (die sog. **Jungen Pioniere**).

freie Gewerkschaften, Bez. für die sozialistisch orientierten dt. Gewerkschaften, im Ggs. z. B. zu den christl. Gewerkschaften; standen bis 1906 in enger organisator. Verbindung zur dt. Sozialdemokratie; im Mai 1933 zwangsaufgelöst. Nach 1945 organisierten sich die dt. Gewerkschaften in Abkehr vom Prinzip der Richtungsgewerkschaft als Einheitsgewerkschaft.

freie Hansestädte ↑freie Städte.

Freie Künste ↑Artes liberales.

Freienwalde/Oder, Bad ↑Bad Freienwalde/Oder.

Freier, urspr. Bez. für den eine Heirat vermittelnden Boten (Freiwerber), dann für den Bräutigam; heute auch abschätzig für den Kunden von weibl. oder männl. Prostituierten.

Freier Deutscher Gewerkschaftsbund, Abk. FDGB, 1945 entstandene Einheitsgewerkschaft der DDR; Aufgaben: die Arbeitnehmer im Sinne und unter Führung der SED zur Bejahung des Gesellschafts- und Staatssystems der DDR zu erziehen, die Produktionssteigerung zu fördern (lehnte das Streikrecht ab), die Interessen der Arbeiter und Angestellten in den Betrieben zu vertreten; zuständig für Sozialversicherung, Gesundheits- und Arbeitsschutz, Abschluß von Betriebskollektivverträgen und Organisierung des Wettbewerbs; hatte 1989 etwa 9,5 Mill. Mgl.; setzte sich aus 15 Industriegewerkschaften zusammen, für die die FDGB-Beschlüsse bindend waren. Der FDGB war seit 1949 Mgl. des kommunist. Weltgewerkschaftsbundes. Mit den demokrat. Veränderungen in der DDR 1989 geriet der FDGB in eine tiefe Krise und löste sich 1990 selbst auf.

freie Rechtsfindung, richterl. Rechtsschöpfung bei der Entscheidung von Rechtsstreitigkeiten, für die eine gesetzl. Regelung weder im Wege der Auslegung noch im Wege der Lückenfüllung durch Analogie oder Umkehrschluß zu ermitteln ist. – Eine ausdrückl. Ermächtigung zu f. R. kennt das dt. Recht nicht, jedoch ist deren prakt. Bed. infolge bewußter und unbewußter Gesetzeslücken oder gesetzl. Mehrdeutigkeiten groß.

freie Rhythmen, metrisch gebundene, reimlose Verse mit wechselnder Anzahl der Hebungen und Senkungen, bestimmt vom Rhythmus, häufig sinngemäß in Versgruppen gegliedert. In der dt. Literatur v. a. bei Klopstock, dem jungen Goethe, Novalis, Heine, Rilke, Benn, Brecht. – ↑freie Verse.

freie richterliche Überzeugung, die ohne jegl. Bindung seiner Meinungsbildung im Laufe des Verfahrens gewonnene subjektive Gewißheit des Richters über die Wahrheit einer Tatsache. Nach seiner freien Überzeugung entscheidet der Richter v. a. über den Wert der Beweise.

freie Rücklagen ↑Rücklagen.

Freies Deutsches Hochstift Frankfurter Goethe-Museum, 1859 gegr. Inst. zur Pflege von Wissenschaft, Kunst und Bildung, insbes. zur Erforschung der Goethezeit. Zugehörig das Frankfurter Goethehaus, eine Bibliothek (18. und 19. Jh.), ein Archiv (Goethe-Kreis und Romantiker), Museum und graph. Sammlung. Herausgabe des „Jahrbuchs des Freien Dt. Hochstifts" sowie krit. Ausgaben.

Freies Frankreich, Bez. für diejenigen Kräfte des frz. Volkes und des frz. Imperiums 1940–44, die die Autorität der Vichy-Regierung nicht anerkannten und sich de Gaulles Führung anschlossen, um den Krieg gegen die Achsenmächte fortzusetzen. Emblem des F. F. und seiner Truppen (Forces Françaises Libres [Abk. FFL]) war die Trikolore mit dem Lothringer Kreuz.

freies Geleit, 1. als sog. **sicheres Geleit** die gerichtl. Zusage im Strafprozeß an einen abwesenden Beschuldigten, ihn wegen einer bestimmten strafbaren Handlung nicht in Untersuchungshaft zu nehmen. **2.** Im *Völkerrecht* umfaßt das **Geleitrecht** den Schutz vor rechtmäßigen Eingriffen sowohl in das persönl. Eigentum als auch in die persönl. Freiheit. Es kann auf Grund zwischenstaatl. vertragl. Vereinbarungen gewährt werden. Üblich ist es v. a. im diplomat. Verkehr (z. B. bei Kriegsausbruch).

freie Städte, (Freistädte) im MA eine Reihe von bischöfl. und/oder Hansestädten (Augsburg, Basel, Köln, Worms u. a.), die im Verlauf des 13. und 14. Jh. die Unabhängigkeit von ihren königl., bischöfl. oder adeligen Stadtherren erlangten.

Freie und Hansestädte

▷ die vier Stadtrepubliken Hamburg, Bremen, Lübeck und Frankfurt am Main; seit 1815 (nicht mediatisiert) Mgl. des Dt. Bundes; Frankfurt wurde 1866 von Preußen okkupiert; die „Freien und Hansestädte" Lübeck und Hamburg sowie die „Freie Hansestadt" Bremen wurden Mgl. des Norddt. Bundes und 1871 des Dt. Reiches; Lübeck verlor 1937 seine Eigenständigkeit an Preußen, Bremen wurde dem Reichsstatthalter in Oldenburg unterstellt, bildet aber nach 1945 wie Hamburg ein Land der BR Deutschland.

Freie und Hansestädte ↑ freie Städte.

Freie Universität Berlin, Abk. FU, die 1948 in Berlin (West) eröffnete Universität: gegr. von Studenten und Dozenten der Humboldt-Universität, die ihre im Ostsektor liegende Univ. aus polit. Gründen verließen; betont körperschaftl. Verfassung mit Sitz und Stimme der Studenten in allen Organen.

freie Verse, 1. Verse von verschiedener Länge, aber mit gleichen Versfüßen, stets gereimt (so bei Gellert, Wieland u. a.); 2. Verse ungleicher Füllung, nur durch den Reim von Prosa oder ↑ freien Rhythmen unterschieden.

Freie Volkspartei, Abk. FVP, rechtsliberale Splitterpartei in der BR Deutschland; ging 1956 aus der FDP hervor; schloß sich 1957 der Dt. Partei an.

freie Wohlfahrtsverbände, Verbände, die neben dem Staat (Gemeinden und Kommunalverbände) Wohlfahrtspflege und soziale Fürsorge betreiben und für ihre Arbeit Anspruch auf staatl. Unterstützung haben. Zu den f. W. in der BR Deutschland gehören: ↑Arbeiterwohlfahrt e. V., ↑Deutscher Caritasverband, ↑Deutscher Paritätischer Wohlfahrtsverband e. V., Deutsches ↑Rotes Kreuz, ↑Diakonisches Werk der Evangelischen Kirche in Deutschland e. V. und Zentralwohlfahrtsstelle der Juden in Deutschland e. V. Internat. Zusammenarbeit besteht in der *„Liga der f. W."* (gegr. 1924) und in der *„Internat. Konferenz für Sozialarbeit"* (gegr. 1928).

Freifallmischer ↑Betonmischmaschine.

Freifrau, Ehefrau des Freiherrn.

Freifräulein, svw. ↑Freiin.

Freigänger, im modernen Strafvollzug ein Häftling, der wegen guter Führung tagsüber ohne bes. Aufsicht in einem normalen Betrieb arbeiten darf und abends in die Vollzugsanstalt zurückkehrt.

Freigehege ↑Gehege.

Freigelassene ↑Freilassung.

Freigericht ↑Femgerichte.

Freigrafschaft Burgund ↑Franche-Comté.

Freigrenze, Höchstbetrag der Steuerbemessungsgrundlage, bis zu dem keine Steuer erhoben wird. Überschreitet die Bemessungsgrundlage die F., wird die gesamte Bemessungsgrundlage besteuert.

Freihäfen (Freigebiete, Freibezirke, Freizonen; engl. free ports, foreign trade zones; frz. ports francs, zones franches), im Völkerrecht Hafenbezirke, in denen zur Förderung des Handels zollpflichtige Güter und Vorgänge (alle oder einzelne) von der Erfüllung der innerstaatl. zollrechtl. Vorschriften ganz od. T. ausgenommen sind.

Freihandel, im Rahmen der klass. Außenhandelstheorie entwickeltes Prinzip der vollkommenen Handelsfreiheit.
Die Entstehung des F. ist auf der Grundlage des Wirtschaftsliberalismus in Abkehr vom Protektionismus der Merkantilisten zu sehen. Nach der F.lehre führt die Befreiung des internat. Güteraustausches von Kontrollen und Regulierungen (z. B. Zölle, Kontingente, Devisenbewirtschaftung) und die Durchsetzung des freien Wettbewerbs zu einer internat. Arbeitsteilung mit optimaler Produktion und größtmögl. Wohlstand. Theoret. Grundlage dabei ist die *Theorie der komparativen Kosten* von D. Ricardo, nach der sich die einzelnen Länder bei freier internat. Konkurrenz auf die Produktion der Güter mit den – internat. gesehen – relativ größten Kostenvorteilen spezialisieren. Die F.idee war v. a. im 19. Jh. von großer Bedeutung. Nach 1945 entstanden neue Ansätze in den Liberalisierungsbemühungen des GATT und der OECD, in der wirtschaftl. Integration der EG und EFTA.

Freihandelszone, durch den Zusammenschluß mehrerer Länder entstandener Wirtschaftsraum, in dem Freihandel herrscht, d. h., der Handel der beteiligten Länder untereinander ist keinerlei Zöllen und sonstigen Beschränkungen unterworfen (z. B. Europ. Freihandelsassoziation, Lateinamerikan. Integrationsvereinigung).

freihändiger Verkauf (Verkauf aus freier Hand, Freihandverkauf), der nicht in öff. Versteigerungen, sondern auf Grund freier Übereinkunft zustandegekommene Verkauf einer verpfändeten, gepfändeten oder im Wege des Selbsthilfeverkaufs zu veräußernden bewegl. Sache.

Freiheit, 1. Unabhängigkeit von äußerem, innerem oder durch Menschen oder Institutionen (Staat, Gesellschaft, Kirche usw.) bedingtem Zwang; 2. svw. ↑Willensfreiheit.
In der **Antike** ist F. zunächst ein polit. Begriff: Frei ist, wer Bürger der ↑Polis ist. Bei Sokrates, Platon und Aristoteles wird die individuelle F. definiert als Einsicht in das Vortreffliche, die in der polit. Praxis um den theoret. Lebensvollzug verwirklicht werden kann. In der **Neuzeit** wird F. bei Hobbes, Locke und Rousseau im Unterschied zu der Polisvorstellung der Antike als individuelle Unabhängigkeit von tradierter oder selbst auferlegter Autorität und Fremdbestimmung (Heteronomie) verstanden. Der F.begriff, der zus. mit dem Willensbegriff auf Vernunft gründet, kommt im dt. Idealismus bei Kant, Hegel, Fichte zur vollen Entfaltung. Kant unterscheidet die empir. psych. F., die in der Unabhängigkeit von äußeren Faktoren besteht, und die sittl. F.; diese zeichne sich aus einerseits durch Unabhängigkeit des Willens von inneren psych. Faktoren, andererseits durch Befolgung des undeterminierten Sittengesetzes, das seinerseits auch eine Tatsache der Vernunft sei. Für Hegel ist F. insbes. das Vermögen, Inhalte auf Grund von Denken im Willen setzen zu können. Für Marx ist F. erst jenseits der bedürfnisbestimmten gesellschaftl., auf materielle Produktion ausgerichteten Praxis voll zu verwirklichen. F. in der Sicht des Marxismus ist die bewußt selbstbestimmte, gesellschaftlich organisierte Kontrolle der Menschen über ihre materiellen Existenzbedingungen, die Aufhebung der verselbständigten Macht der Menschen. Im Marxismus-Leninismus gilt die einsichtig-freiwillige Unterordnung unter die objektiven Gesetze der gesellschaftl. Entwicklung als Inbegriff menschl. F., die in Aufhebung sozialer und individueller Unfreiheit allein im Sozialismus zu realisieren sei. – In der Existenzphilosophie wird F. Grundbestimmung des Daseins.
Die **Soziologie** geht von einem menschl. F.bedürfnis aus, das gesellschaftlich bedingt, aber relativ unabhängig von kultureller Konformität ist. Die Charakterisierung einer Gesellschaft oder Gruppe als „freiheitlich" bezieht sich nicht nur auf deren Wert- und Normsystem, sondern ebenso auf institutionell abgesicherte F.räume (z. B. Grundrechte). Der politisch-geschichtl. Begriff F. des MA umfaßte nicht eine Gesamtheit von Grund- und Menschenrechten, sondern bezeichnete die aus Herkommen und Verleihung einem einzelnen, einer Gemeinschaft oder einer Örtlichkeit jeweils eigentüml. Rechtsstellung und stand daher in enger Beziehung zum Begriff Herrschaft (verstanden als rechtmäßige Machtausübung), die in der ma. Welt „konkurrierender Gewalten" durch die Gewährung von Schutz (Munt) die Entfaltung von F. erst ermöglichte. Seit den religiösen Bürgerkriegen des 16. und 17. Jh. entstand im Kampf um ständ. und persönl. F.rechte der moderne (liberale) F.begriff, der auf dem modernen, die Emanzipation des Einzelnen betonenden Naturrecht basiert und in Form der ↑Grundrechte bis zum 20. Jh. Eingang in alle demokrat. Verfassungen gefunden hat. Neben diese polit. F.rechte trat seit dem 19. Jh. in Verbindung mit der Forderung nach ↑Gleichheit der Kampf um soziale F.rechte.
Daneben hat ebenfalls seit dem 19. Jh. die Forderung nach nat. F. eine bedeutende histor. Rolle gespielt. Sie löste (in der dritten Welt bis in unsere Zeit) zahlr. Kriege, Staatsneugründungen und Abspaltungen aus. Allerdings verliert nat. F. im Sinne außenpolit. Selbstbestimmung angesichts der weltwirtsch. Verflechtung zunehmend an Bedeutung.

Freiheit der Berichterstattung ↑Pressefreiheit.

Freiheit der Meere (Meeresfreiheit), die Freiheit jedes einzelnen, ohne irgendeine Erlaubnis die hohe See in einer solchen Art und bis zu einem solchen Umfang zu [be]nutzen, daß kein anderer hierdurch in einer gleichartigen [Be]nutzung beeinträchtigt wird. Dieses Recht beinhaltet nicht nur den freien Verkehr und den Fischfang, sondern u. a. auch die Gewinnung von Rohstoffen, die Durchführung von techn. Experimenten und Flottenmanövern. Die F. d. M. besteht tatsächlich nur im Frieden; im Krieg ist sie in der Staatenpraxis beschränkt bis nahezu aufgehoben worden. Sie wird in zunehmendem Umfang durch [hoheitl.] Ansprüche einzelner Staaten (Erweiterung der Hoheitsgewässer) eingeschränkt. Formal gewährleistet ist die F. d. M. durch das Abkommen über das Regime der Hohen See 1958 (↑ Seerechtskonferenzen).

Freiheit der Person (persönliche Freiheit), in Art. 2 Abs. 2 Satz 2 GG verankertes Grundrecht, das vor willkürl. Verhaftungen, Festnahmen, Internierungen u. a. Maßnahmen schützt. Die F. d. P. sichert das Leben „auf freiem Fuße" und schließt sich an das Recht auf Leben und körperl. Unversehrtheit (Art. 2 Abs. 2 Satz 1 GG) an. Die F. d. P. kann nur auf Grund eines förml. Gesetzes und nur unter Beachtung der darin vorgeschriebenen Formen beschränkt werden (Art. 104 Abs. 1 Satz 1 GG). Jede seel. oder körperl. Mißhandlung festgehaltener Personen ist untersagt. Entscheidungen über die Zulässigkeit und Fortdauer einer Freiheitsentziehung stehen nur dem Richter zu.
In *Österreich* wurde 1964 die Europ. Menschenrechtskonvention, die u. a. das Recht auf persönl. Freiheit gewährt, als östr. Verfassungsrecht in Geltung gesetzt. – In der *Schweiz* wird heute die persönl. Freiheit in sämtlichen kantonalen Verfassungen gewährleistet; die BV dagegen garantiert die F. d. P. nicht ausdrücklich. Das Bundesgericht hat indes in einem grundlegenden Entscheid die persönl. Freiheit als ungeschriebenes Grundrecht anerkannt.

Freiheit, Gleichheit, Brüderlichkeit (frz. Liberté, Égalité, Fraternité), in der Frz. Revolution 1793 zuerst im Club der Cordeliers aufgestellte Losung; ausschließlich amtl. Devise zur Zeit der Zweiten Republik (1848–52).

freiheitliche demokratische Grundordnung, Begriff des Verfassungsrechts; die der demokrat. und rechtsstaatl. Ordnung des GG zugrundeliegenden Prinzipien, u. a. Volkssouveränität, Gewaltentrennung, Achtung der Menschenrechte, Verantwortlichkeit der Reg. vor dem Parlament, Gesetzmäßigkeit der Verwaltung, Mehrparteiensystem, Unabhängigkeit der Richter. Zum Schutz der f. d. G. kann bei Mißbrauch bestimmter Grundrechte für den Kampf gegen die f. d. G. das Bundesverfassungsgericht die Verwirkung des Grundrechts aussprechen (Art. 18 GG). Zur Abwehr einer drohenden Gefahr für die f. d. G. des Bundes oder eines Landes kann die Bundesreg. Streitkräfte zur Unterstützung der Polizei und des Bundesgrenzschutzes einsetzen (Art. 87a GG). Die Beseitigung der f. d. G. ist auch durch Verfassungsänderung nicht möglich (Art. 79 Abs. 3 GG).

Freiheitliche Partei Österreichs, Abk. FPÖ, 1955 entstandene östr. polit. Partei; zunächst eine rechtsgerichtete Partei mit nationalist. Zügen, seit Mitte der 1960er Jahre fanden auch liberale Gedanken Eingang in ihr Programm; 1983–86 Reg.koalition mit der SPÖ (Bruch durch die SPÖ); seit der Wahl J. Haiders zum Obmann (Sept. 1986) wieder verstärkt nationalist. und monokrat. Tendenzen, aber auch zunehmend Stimmengewinne bei Bundes- und Landeswahlen (v. a. Tirol, Kärnten); im Nationalrat seit 1990 mit 33 (von 183) Abg. vertreten.

Freiheitsberaubung, vorsätzl. und widerrechtl. Entzug der persönl. Bewegungsfreiheit durch Einsperren oder auf andere Art; wird nach § 239 StGB mit Freiheitsstrafe bis zu fünf Jahren oder mit Geldstrafe bedroht. Ein qualifizierter Fall der F. liegt in der *Vollstreckung einer Strafe oder Maßregel* gegen Unschuldige durch einen Amtsträger (§ 345 StGB).

Freiheitsdelikte, Straftaten (insbes. des 18. Abschnitts des StGB), die sich gegen die persönl. Freiheit eines Menschen richten, z. B. Freiheitsberaubung (§ 239), Menschenraub (§ 234), Verschleppung (§ 234a), Entführung gegen den Willen des Entführten (§ 237), Geiselnahme (§ 239b).

Freiheitsentziehung, befristete oder unbefristete Unterbringung einer Person gegen ihren Willen oder im Zustande der Willenlosigkeit an einem eng umgrenzten Ort (Gefängnis, Haftraum, Verwahranstalt). Über die Zulässigkeit und Fortdauer entscheidet der Richter. Für die F. in Form der *Freiheitsstrafe* ist die Staatsanwaltschaft zuständig. Jeder [durch die öff. Gewalt] wegen des Verdachts einer strafbaren Handlung *vorläufig Festgenommene* ist gemäß Art. 104 Abs. 3 GG spätestens am Tage nach der Festnahme dem Richter vorzuführen. Zur Vorbereitung eines Gutachtens über den Geisteszustand eines Beschuldigten kann das Gericht diesen in eine öff. Heil- oder Pflegeanstalt einweisen.
In *Österreich* und in der *Schweiz* gilt im wesentlichen das zum dt. Recht Gesagte.

Freiheitsglocke (Liberty Bell), eine 1753 in der Town Hall in Philadelphia aufgehängte Glocke, die 1776 die Unabhängigkeit der USA verkündete; heute in der Nähe der Independence Hall in Philadelphia ausgestellt. Die **Freiheitsglocke von Berlin** ist eine 1950 von L. D. Clay als Nachbildung der F. von Philadelphia dem damaligen Regierenden Bürgermeister von Berlin, E. Reuter, übergebene Glocke; läutet täglich um 12 Uhr vom Turm des Schöneberger Rathauses.

Freiheitsgrad, in der *Mechanik* Bez. für die Möglichkeiten eines Systems, im Raume Bewegungen auszuführen. Die *Anzahl der F.* ist die Anzahl der voneinander unabhängigen Bestimmungsstücke (Koordinaten), die zur eindeutigen Bestimmung des Systems notwendig sind. Ein im Raum frei bewegl. Massenpunkt hat drei F.; er besitzt zwei F. bei der Bewegung längs einer Fläche und einen F. bei der auf einer Kurve. Ein freier starrer Körper hat drei F. der Translation und drei der Rotation. In der *Thermodynamik* bezeichnet man als Anzahl der F. die Gesamtanzahl der Lage- und Impulskoordinaten, von denen die Energie eines Moleküls abhängt.

Freiheitskreuz ↑ Orden (Übersicht).

Freiheitskriege ↑ Befreiungskriege.

Freiheitsrechte, im spät-ma. Ständestaat Rechte und Freiheiten („Jura et libertates"), auf die sich die Lokalgewalten für ihren Herrschaftsbereich gegenüber den Landesherren beriefen.
▷ ↑ Grundrechte, ↑ Menschenrechte.

Freiheitsstatue (Statue of Liberty), am Hafeneingang von New York als Symbol der Freiheit errichtete Figur (46 m hoch, Sockel 47 m hoch) von F.-A. Bartholdi; ein Geschenk Frankreichs (1886 aufgestellt). Von der UNESCO zum Weltkulturerbe erklärt.

Freiheitsstern ↑ Stern.

Freiheitsstrafe, einzige Form der Strafe durch Freiheitsentzug nach dem StGB (Einheitsstrafe). Nach dem

Freiheitsstatue von Frédéric-Auguste Bartholdi, 1886 auf Liberty Island vor New York aufgestellt, Höhe des Granitsockels 47 m, Höhe des Standbildes 46 m

Freiheitsglocke. Die Freiheitsglocke von Berlin im Schöneberger Rathaus

Freiheitssymbole

WehrstrafG ist neben F. Strafarrest, nach dem JugendgerichtsG Jugendstrafe möglich. Die F. ist zeitlich begrenzt („zeitig") oder lebenslang. – Das *östr. StGB* sieht auch nur eine einheitl. F. vor (ein Tag bis zwanzig Jahre oder lebenslänglich). Im *schweizer. StGB* sind als F. Zuchthaus (ein Jahr bis zwanzig Jahre oder lebenslänglich), Gefängnis (drei Tage bis drei Jahre) und Haft (ein Tag bis drei Monate) enthalten.

Freiheitssymbole, meist in Verbindung mit polit. Freiheitsbestrebungen entstandene Symbole; stehen v. a. in der Tradition des nordamerikan. Unabhängigkeitskrieges, der Frz. und der Russ. Revolution: z. B. Freiheitsbaum, Jakobinermütze, Freiheitsglocke, Freiheitsstern, Freiheitsfackel, Freiheitsstatue und Freiheitsglocke; erscheinen auf den Flaggen und Wappen vieler Staaten und polit. Bewegungen, auf Münzen und Briefmarken. Farbsymbol der Freiheit ist Grün.

Freiherr, Angehöriger der höchsten Rangstufe des niederen Adels; im Rang nach dem Grafen; seit dem 15. Jh. mit „Baron" angeredet.

Freiherrenkrone ↑Wappenkunde (Übersicht).

Freihof, Hofgut eines Freibauern (Freigut), das von grundherrl. (z. T. auch öff.) Abgaben und Diensten befreit war.

Freiin (Freifräulein), die unverheiratete Tochter eines Freiherrn.

Freikirche, im Ggs. zu Staats- oder Volkskirche frei konstituierte Kirche, die unabhängig ist von staatl. Einflüssen und deren Mgl. nur auf Grund ausdrückl. Willenserklärung aufgenommen werden. In England seit dem 17. Jh. die Presbyterianer, Kongregationalisten und Baptisten, seit dem 18. Jh. außerdem die Quäker und Methodisten. In den USA haben die meisten Kirchen den Charakter von Freikirchen. – Als F. bzw. freikirchl. Zusammenschlüsse in Deutschland sind u. a. zu nennen einige althuth. Kirchen, der Bund Ev.-Freikirchl. Gemeinden in Deutschland und der Bund freier ev. Gemeinden in Deutschland.

Freikolbenmotor (Freikolbenverdichter), Gegenkolbenmotor ohne Pleuel und Kurbelwelle, bei dem die Kolben eines Zweitaktdieselmotors mit den Stufenkolben eines Verdichters verbunden sind. Durch den Verbrennungsdruck werden die Kolben nach außen geschleudert, verdichtete Luft treibt die Kolben wieder nach innen. Der F. dient zur Erzeugung von Druckluft oder als Gaserzeuger für Turboanlagen.

Freikonservative Partei, preuß. Partei; entstand 1866 durch Abspaltung der die großpreuß. Einigungspolitik Bismarcks befürwortenden agrarkonservativen, industriellen und bürokrat. Führungsgruppen von der preuß. Konservativen Partei; ihre Reichstagsfraktion nannte sich 1871 Dt. Reichspartei; unterstützte mit einem Teil der Altliberalen den Kulturkampf sowie das Sozialistengesetz Bismarcks; an der ab 1876 eingeleiteten Wendung zur Schutzzollpolitik maßgeblich beteiligt; 1918 in der DNVP aufgegangen.

Freikörperkultur (Nacktkultur, Naturismus, Nudismus), Abk. FKK, der unbekleidete Aufenthalt im Freien zum Zweck der Erholung und Gesundhaltung, v. a. das Baden (Wasser-, Luft- und Sonnenbaden) an Orten, zu denen jedermann Zutritt hat. Das Nacktbaden in öff. Gewässern begann sich seit Anfang des 20. Jh. von Skandinavien aus in Deutschland auszubreiten.

Freikorps [ko:r], für die Dauer eines Krieges bzw. Feldzugs unter einzelnen Führern (nach denen die F. meist benannt wurden) mit Ermächtigung des Kriegsherrn gebildete Freiwilligenverbände. Polit. Bed. erst seit dem 18. Jh., v. a. in den Befreiungskriegen. Die nach Auflösung des kaiserl. Heeres seit Ende 1918 gebildeten insgesamt über 100 F. waren in der Mehrzahl republikfeindlich eingestellt und vertraten rechtsradikale Tendenzen; nach Stabilisierung der Weimarer Republik aufgelöst und zum großen Teil in der Reichswehr aufgegangen.

Freikugel ↑Freischütz.

Freilassing, Stadt 7 km nw. von Salzburg, Bayern, 421 m ü. d. M., 13 500 E. U. a. Holz- und Sportartikelind., Fremdenverkehr. – Seit 1954 Stadt.

Freilassung, Aufhebung von Herrschaftsrechten über Menschen minderen Rechts (Sklaven, Unfreie). – Im **Alten Orient** war die F. von Sklaven nicht selten, meist (in Ägypten nur) in Form der Adoption durch den Herrn oder des Freikaufs durch den Sklaven selbst. In der **griechischen Polis** hatte die F. die Aufgabe, dem Sklaven die selbständige Rechtsfähigkeit, wie das Recht auf die eigene Person in Handlung und Wahl des Wohnsitzes zu verschaffen, wodurch der Sklave das Fremdenrecht und, bei Vorliegen eines entsprechenden Volksbeschlusses, auch das Bürgerrecht erhielt. In **Rom** erhielt die F. („manumissio") durch Zustimmung des Prätors rechtl. Anerkennung. Im Unterschied zu Griechenland blieb der Freigelassene („libertus") jedoch trotz Erlangung des röm. Bürgerrechts unter dem Patronat des Freilassers, dessen Gentilnamen er bekam und demgegenüber er gewisse Pflichten zu erfüllen hatte. Im **Früh-MA** wurden von den meisten Germanenstämmen die röm. F.formen übernommen. Die F. nach fränk. Recht durch Schatzwurf wurde in Deutschland die wichtigste Form: Der Herr (oder König) schlug als Symbol der F. dem Freizulassenden den Kopfzins aus der Hand. Der Freigelassene war nunmehr „frei", aber von abgestufter Freiheit in einem Schutz- und Abhängigkeitsverhältnis milderer Art zum bisherigen Herrn. Seit der **Neuzeit** (bis zur Aufhebung der Leibeigenschaft) erfolgte die F. nur noch durch Ausstellung einer Urkunde (Freibrief), wofür oft erhebl. Gelder gefordert wurden. Hieraus entwickelte sich meist ein Recht der Leibeigenen auf Loskauf. – Im **Islam** galt die F. eines Sklaven als frommes Werk. Sie erfolgte durch eine Erklärung seitens des Eigentümers (häufig für den Fall seines Todes) oder durch einen F.vertrag, der dem Sklaven nach Zahlung eines Betrages oder nach anderen Leistungen den vollen Status eines Freien zusicherte.

Freilauf, Vorrichtung zur Trennung von Antrieb und angetriebener Achse, sobald letztere sich schneller dreht als die Antriebsachse.

Freileitung, im Freien offen verlegte elektr. Leitung zum Übertragen elektr. Energie. F. werden ohne Isolationshülle verlegt. Die Leiterseile bestehen selten aus Kupfer, heute vorwiegend aus Stahl-Aluminium *(Staluseile);* diese sind Verbundleiter mit Stahlseele (für die mechan. Festigkeit) und Aluminiummantel (für die erforderl. gute Leitfähigkeit). Zur Herabsetzung der Koronaverluste bei hohen Spannungen werden *Bündelleiter* verlegt, wobei 2 bis 4 Leiterseile je Phase parallel mit Hilfe von Abstandhaltern geführt werden. Dadurch wird die für die elektr. Feldverteilung wirksame Oberfläche wesentlich vergrößert. Die Leiterseile werden an *Isolatoren* aus Hartporzellan oder Glas an *F.masten* aus Stahl, Stahlbeton oder Holz aufgehängt. Hochspannungsleitungen für Drehstrom als Fernleitungen zum Übertragen elektr. Energie über große Strecken bestehen zur besseren Ausnutzung der Masten aus zwei Systemen mit drei Bündelleitern. Über den Leitersystemen werden zur Abschirmung und zum Schutz gegen atmosphär. Entladungen ein bis drei *Erdseile* gespannt, die elektrisch leitend mit den Masten verbunden sind. F. werden für alle Spannungen verwendet, wobei für größte Übertragungsentfernungen auch *Hochspannungsgleichstromübertragung (HGÜ)* angewendet wird.

Freilichtmalerei (Pleinairmalerei), das Malen von Landschaften unmittelbar vor der Natur unter freiem Himmel („plein air"). Begründet Anfang des 19. Jh. von J. Constable, R. P. Bonnington in England, aufgenommen von C. Corot und der Schule von ↑Barbizon.

Freilichtmuseum, volkskundl. Museumsanlage, in der in freiem Gelände wiederaufgebaute Wohnhäuser, Stallungen, Handwerksbetriebe oder techn. Betriebe usw. frühere Wohn- und Wirtschaftsformen veranschaulichen. Als erstes, vorbildhaft gewordenes F. wurde 1891 *Skansen* in Stockholm eröffnet. Neben den zahlr. F. in Skandinavien sind bed. Anlagen in Rumänien (Bukarest, 1936), in Belgien (Genk-Bokrijk, 1953), in Ungarn (Szentendre, 1967), in Großbritannien (Ironbridge, 1968) zu besichtigen.

Freilichttheater, frühe Formen waren das antike Theater, im MA die Aufführung geistl. Spiele auf Marktplätzen

Freilichtmuseen in Deutschland
(Auswahl)

Name	(gegr.)	eröffnet	Größe	Angaben zur Anlage
Baden-Württemberg:				
Schwarzwälder Freilichtmuseum Vogtsbauernhof, Gutach (Schwarzwaldbahn)	(1964)	1964	4 ha	bäuerl. und techn. Baudenkmäler aus dem mittleren Schwarzwald (Gutacher, Kinzigtaler Haustyp, Hochschwarzwaldhaus)
Bayern:				
Freilichtmuseum des Bezirks Oberbayern an der Gentleiten über Großweil bei Murnau	(1972)	1976	15 ha (später 30 ha)	bäuerl., bürgerl., techn. und religiöse Baudenkmäler aus dem Gebiet des Regierungsbezirks Oberbayern
Ostoberbairisches Bauernhausmuseum, Amerang bei Wasserburg am Inn		1976	7 ha	bäuerl. Baudenkmäler aus dem östl. Oberbayern
Schwäbisches Bauernhofmuseum Illerbeuren, Kronburg, Landkr. Unterallgäu	(1948)	1955	4 ha	bäuerl. Baudenkmäler und umfangreiche Sachgutsammlungen der ländl. Kultur und Lebensweise im Allgäu
Fränkisches Freilandmuseum, Bad Windsheim	(1976)	1982	40 ha	bäuerl. Baudenkmäler aus Franken, Altmühlgebiet
Berlin:				
Museumsdorf Düppel, Berlin-Zehlendorf		1975	12 ha	Rekonstruktion auf originalen Grundrissen einer Siedlung aus der Zeit um 1200
Brandenburg:				
Freilichtmuseum Lehde, Lübbenau/Spreewald	(1954)	1956	3 ha	3 vollständige niedersorb. Gehöfte in typ. Blockbauweise
Bremen:				
Deutsches Schiffahrtsmuseum, Bremerhaven		1975	7,5 ha	Hochseeschiffe des 19. und 20. Jh.
Freilichtmuseum des Bauernhausvereins Lehe e.V. im Stadtpark Speckenbüttel, Bremerhaven	(1909)	1911	18 ha	bäuerl. und techn. Baudenkmäler aus der Geest- und Marschlandschaft im Elbe-Weser-Gebiet
Hamburg:				
Freilichtmuseum am Kiekeberg	(1953)	1953	2,5 ha	bäuerl. und techn. Baudenkmäler aus der nördl. Lüneburger Heide und deren nördl. Randgebieten
Hessen:				
Freilichtmuseum „Hessenpark", Neu-Anspach	(1974)	1978	60 ha	nach Siedlungsformen regional gegliederte Baugruppen bäuerl. Kulturdenkmäler und alter Handwerksstätten Hessens
Mecklenburg-Vorpommern:				
Freilichtmuseum Schwerin-Mueß		1970	9 ha	niederdt. Hallenhaus, Scheune und Dorfschmiede aus dem 17. Jh., funktionstüchtiger Backofen und großer Kräutergarten
Freilichtmuseum Klockenhagen, Landkr. Ribnitz-Damgarten	(1969)	1970	7 ha	Haus- und Gehöftformen in Mecklenburg, v.a. niederdt. Hallenhäuser, und landw. Arbeitsgeräte
Niedersachsen:				
Museumsdorf Cloppenburg, Niedersächsisches Freilichtmuseum	(1934)	1936	18 ha	bäuerl. Baudenkmäler und techn. Kulturdenkmäler Niedersachsens, v.a. niederdt. Hallenhaus, Gulfhaus und mitteldt. Gehöft (16.–19. Jh.), Handwerksbetriebe und Mühlen
Nordrhein-Westfalen:				
Rheinisches Freilichtmuseum und Landesmuseum für Volkskunde, Mechernich-Kommern in der Eifel	(1958)	1961	77 ha	bäuerl., techn. und religiöse Baudenkmäler in 4 Baugruppen: Niederrhein, Eifel und Köln-Bonner Bucht, Westerwald-Mittelrhein, Berg. Land
Westfälisches Freilichtmuseum bäuerlicher Kulturdenkmäler, Detmold	(1960)	1971	80 ha	bäuerl., handwerkl.-ackerbürgerl. und religiöse Baudenkmäler aus dem westl. Westfalen, dem nördl. Ostwestfalen, Südostwestfalen, Sauerland und Siegerland
Mühlendorf-Freilichtmuseum, Münster		1963	4 ha	bäuerl. und techn. Baudenkmäler, u.a. eine Bockwindmühle
Rheinland-Pfalz:				
Freilichtmuseum Sobernheim	(1972)	1987	35 ha	4 Baugruppen bäuerl. Baudenkmäler: Hunsrück-Nahe, Rheinhessen-Pfalz, Westerwald-Taunus-Mittelrhein, West- und Südeifel
Sachsen:				
Vogtländisches Bauernmuseum, Landwüst, Landkr. Klingenthal	(1972)	1987	1 ha	bäuerl. Baudenkmäler des oberen Vogtlandes, Gutsarbeiterhaus („Tripfhäusel") und Kleinbauerngehöft (Umgebindehaus), mit bäuerl. Hausgerät, Dorfhandwerk
Freilichtmuseum Seiffen		1973	5 ha	funktionstüchtiges Wasserkraft-Drehwerk aus dem 18. Jh. sowie techn. Anlagen traditioneller Holzberufe (u.a. Reifendreher)
Sachsen-Anhalt:				
Freilichtmuseum Diesdorf		1911	3 ha	bäuerl. Baudenkmäler der Altmark, u.a. ein niederdt. Hallenhaus und eine Bockwindmühle
Schleswig-Holstein:				
Schleswig-Holsteinisches Freilichtmuseum, Molfsee bei Kiel	(1958)	1965	60 ha	bäuerl. und techn. Baudenkmäler aus Schleswig und Holstein, aus Marsch- und Geestlandschaften, einschl. bäuerl. Gärten
Thüringen:				
Volkskundemuseum „Thüringer Bauernhäuser", Rudolstadt	(1914)	1915	1 ha	bäuerl. Baudenkmäler aus Thüringen, Wohnhaus eines Saalebauern sowie eines Wäldlers; bäuerl. Hausgerät, Ladeneinrichtung einer Dorfapotheke
Agrarhistorisches Museum Kloster Veßra, Landkr. Hildburghausen		1975	6 ha	bäuerl. Wohn- und Wirtschaftsgebäude, z.T. aus dem 17. Jh., auf dem Gelände des um 1131 gegr. Prämonstratenserklosters

Freiligrath

oder vor Kirchen, die Theater in den höf. Parks des 17. und 18. Jh. Wiederbelebung im 20. Jh., oft in Verbindung mit sommerl. Festspielen, z. B. die Opernfestspiele in der Arena von Verona.

Freiligrath, Ferdinand [...ligra:t, ...lıçra:t], *Detmold 17. Juni 1810, † Cannstadt (= Stuttgart) 18. März 1876, dt. Dichter. – In frühen Gedichten huldigte er dem Exotischen; wegen der radikal-polit. Gedichtsammlung „Ein Glaubensbekenntniß" (1844) mußte er ins Exil; nach seiner Rückkehr Verfechter der Revolution von 1848; die „Neueren polit. und sozialen Gedichte" (2 Bde., 1849–51) zwangen ihn zu erneuter Emigration (1851–68 in London, 9 Jahre als Direktor der Schweizer Generalbank). Bed. polit. und sozialer Dichter von großem idealist. Elan; auch Übersetzer engl., amerikan. und frz. Literatur.

Ferdinand Freiligrath

Freimachung, im Postwesen die Vorausentrichtung von Gebühren; mit Ausnahme von gewöhnl. Briefen, Postkarten und Paketen besteht **Freimachungszwang,** d.h., der Absender muß die Sendungen freimachen.

Freimaurerei [Lehnübersetzung von engl. freemasonry], eine internat. verbreitete Bewegung von humanitärer, der Toleranz verschriebener, auf lebendige Bruderschaft abzielender Geisteshaltung. Die in der brüderl. Gemeinschaft in sog. „Tempelarbeiten" gewonnene Selbsterkenntnis soll zugleich Gewissen und Verantwortungsgefühl gegenüber Staat und Gesellschaft schärfen. Das Ritual der Freimaurer, das in seinen wesentl. Bestandteilen überall auf der Erde gleich ist, wird als ein dynam. Symbol des kosm. Geschehens gedeutet und soll den teilnehmenden Logenmitgliedern ermöglichen, ihr Leben in zunehmenderem Maß aus einem übergeordneten Bewußtsein heraus zu gestalten. Das Brauchtum der Freimaurer stammt vielfach aus den ↑Bauhütten. Die F. stellt eine sinnbildl. Baukunst dar, Gegenstand dieses Bauens ist der einzelne Mensch und über ihn hinaus die gesamte Menschheit. Die Arbeiten werden in drei *Graden* geleistet, dem des Lehrlings, des Gesellen und des Meisters, und erfassen das gesamte Leben des Mannes. Die Freimaurer verwenden auch bes. Zeichen und tragen zu ihren Arbeiten Abzeichen, Schurz und weiße Handschuhe. Die Freimaurerlogen sind meist im Vereinsregister eingetragene Vereine.

Zu den *geistigen Grundlagen* der F. zählen Urkunden wie die „Alten Landmarken" und die „Alten Pflichten". Erstere stammen z. T. bereits aus dem 14. Jh. und verlangen die Anerkennung eines „Großen Baumeisters aller Welten", das Auflegen der Bibel bei den freimaurer. Arbeiten, die Eigenschaft des freien Mannes von gutem Ruf für die Mgl., die Loge als reinen Männerbund. Diese Grundlagen wurden 1723 von dem engl. Geistlichen James Anderson (*1680, †1739) in die von ihm verfaßten „Alten Pflichten" übernommen und gelten noch heute unverändert.

Die F. besitzt keine über die ganze Erde reichende *Organisation.* Die regulären Freimaurerlogen sind innerhalb eines Staates, in dem sie arbeiten, in einem oder auch mehreren Bünden zusammengeschlossen. Die Mgl. einer Loge wählen in freier Wahl ihren Vorsitzenden, den Meister vom Stuhl bzw. Logenmeister. Die Logenmeister wählen auf dem Großlogentag den Großmeister und seine Mitarbeiter in der Führung der Großloge. Auch die Großlogen sind eingetragene Vereine oder Körperschaften öff. Rechts. In der BR Deutschland besteht ein von allen Logen gemeinsam getragenes „Freimaurer. Hilfswerk" und in Bayreuth ein Dt. Freimaurer-Museum mit Bibliothek.

Geschichte: Die Bez. „freemason" (seit 1376 belegt) entspricht der dt. Berufsbez. „Steinmetz", „lodge" (Loge) bezeichnet seit 1278 das den Bauhandwerkern als Werkstatt und Versammlungsraum dienende Holzgebäude, seit dem 14./15. Jh. auch die Gruppe der dort arbeitenden Steinbauwerker. Durch den Zusammenschluß von vier solcher Logen entstand 1717 in London die erste Großloge, der seit 1725 die Verbreitung der F. auf dem europ. Festland und schließlich weltweit folgte. In Deutschland (erste Loge 1737 in Hamburg) erhielt die F. gewaltigen Auftrieb durch den Beitritt des preuß. Kronprinzen, des späteren Königs Friedrich II., d. Gr. (1738 in Braunschweig). Vor 1933 (Schließung der Logen, Einzug ihrer Vermögen, z. T. Verfolgung ihrer Mgl. durch das nat.-soz. Regime) lebten in Deutschland etwa 76 000 Freimaurer. Die nach 1945 wieder entstandenen Logen schlossen sich 1958 zu den „Vereinigten Großlogen von Deutschland" zus. (heute etwa 20 500 Freimaurer). In *Österreich* (seit 1742) umfaßt die heutige „Großloge der Alten Freien und Angenommenen Maurer von Österreich" (1918 gegr.; 1938–45 verboten) 22 Logen. – In der *Schweiz* (seit 1736) gehören heute alle (51) Logen der im Jahr 1844 gegr. „Schweizer. Großloge Alpina" an. Weltweit arbeiten fast 7 Mill. (allein in den USA über 4 Mill.) Freimaurer in über 30 000 Logen (genaue Zahlen sind nicht bekannt). Die F. erregte von Anfang an das Mißfallen der kath. Kirche, die sie zw. 1738 und 1918 in 12 päpstl. Stellungnahmen verurteilte und die Freimaurer wegen antiklerikalist. Ziele und humanistisch-deist. Weltanschauung exkommunizierte. Heute hat die Kirche den Dialog mit der F. aufgenommen und die Exkommunikation ihrer Mgl. aufgehoben (1972). – Zahlr. Persönlichkeiten waren Freimaurer, u. a. Blücher, Simón Bolívar, Churchill, Disraeli, Garibaldi, Goethe, Haydn, Lessing, Liszt, Mozart, von Ossietzky, F. D. Roosevelt, Stresemann, Tucholsky, Washington.

Freimaurerliga (Universala Framasona Ligo, Allg. F., Universelle F.), 1905 in Boulogne gegr. Vereinigung von Freimaurern auf internat. Basis für Kontaktpflege und Gedankenaustausch, die sich jährlich einmal zum Weltkongreß versammelt. Die etwa 10 000 Mgl. bilden nat. Landesgruppen.

Frei Montalva, Eduardo [span. ˈfrɛimɔnˈtalβa], *Santiago de Chile 16. Jan. 1911, † ebd. 22. Jan. 1982, chilen. Politiker. – Mgl. der Falange Nacional (später: Christl. Demokrat. Partei Chiles); vermochte als Staatspräs. (1964–70) sein wirtsch. und soziales Aufbauprogramm nur z. T. zu verwirklichen.

Freir [ˈfraɪər] ↑Freyr.

Freirechtslehre ↑Begriffsjurisprudenz.

freireligiös, Bez. für die religiöse Haltung, die aus dem ↑Deutschkatholizismus und ↑Lichtfreunden hervorging. Beide Gruppierungen schlossen sich 1859 zum Bund **Freireligiöser Gemeinden** zusammen. Die proklamierte religiöse Freiheit führte zu einer Variationsbreite vom Pantheismus zum Theismus und Atheismus, auch zu Absplitterungen. Der Mensch ist nicht Sünder vor Gott, sondern sich selbst verantwortlich, und das Böse nur Durchgang zum Guten. 1950 organisierte sich unter vorübergehender Einbeziehung der südwestdt. Gemeinden, die das religiöse Moment stärker betonten, der **Bund Freireligiöser Gemeinden Deutschlands** (70 000 Anhänger) neu.

Freisassen, bis ins 19. Jh. die Bauern persönlich freien Standes, die grundherrl. Boden zu freiem Leiherecht besiedelten oder Inhaber eines Freihofes waren.

Freischar ↑Jugendbewegung.

Freischaren, militär. Formationen aus Freiwilligen, die unter der Führung einzelner Persönlichkeiten oder polit. Gruppen an der Seite regulärer Truppen, denen sie angegliedert und unterstellt sind, in das Kriegsgeschehen eingreifen; nach der Haager Landkriegsordnung unter bestimmten Umständen als Bestandteil regulärer Streitkräfte anerkannt.

Freischärler ↑Kombattanten, ↑Partisanen.

Freischütz, im Volksglauben ein Schütze, der mit sechs Freikugeln, die mit Hilfe des Teufels gegossen wurden, unfehlbar trifft; die siebte Kugel lenkt der Teufel. F. Kind schrieb das Textbuch zu C. M. von Webers romant. Oper „Der F." (1821).

freisetzen, in der *Wirtschaft:* jemanden von den bisherigen Aufgaben entlasten; verhüllend für entlassen.

Freisetzungstheorie, in der Wirtschaftstheorie die Grundthese D. Ricardos: die Einführung von Maschinen erhöht zwar den Nettoertrag der Produktion, vermindert aber den Bruttoertrag und führt so zu einer Freisetzung von Arbeitern (Arbeitslosigkeit) im Produktionsprozeß.

Freising, Krst. am nw. Rand des Erdinger Mooses, Bayern, 471 m ü. d. M., 34 300 E. Staatl. Lehr- und Forschungs-

Roland Freisler

anstalt für Gartenbau; Fakultät für Landw. und Gartenbau sowie Fakultät für Brauwesen, Lebensmitteltechnologie und Milchwirtschaft der TU München (im Ortsteil Weihenstephan), Fachhochschule Weihenstephan; Diözesanmuseum. Motoren- und Maschinenbau, Textilind. – Die um 700 erbaute Burg der Bayernherzöge wird 744 erstmals erwähnt. Wirkungsstätte des hl. Korbinian († 730), der die Anfänge des Klosters Weihenstephan begr. (1020 neugegr., 1802/03 aufgehoben). Um 738 errichtete der hl. Bonifatius das Bistum F. Im 8. bzw. 9. Jh. war F. ein polit. (Königspfalz), Missions- und Kulturzentrum mit bed. Schreibschule. Unter Otto von F. (ab 1138 Bischof) neue Blütezeit. 1220 wurde das Kerngebiet des Hochstifts reichsunmittelbar, 1802/03 gelangte es an Bayern. 1821 wurde die Erzdiözese München und Freising gegr. – Dom (12. Jh.; im 18. Jh. barockisiert) mit barocker Maximilianskapelle (1710), Krypta und Kreuzgang, gotische Johanniskirche (1319–21), Renaissancearkadenhof (1519) der ehem. fürstbischöfl. Residenz, spätgot. Stadtpfarrkirche Sankt Georg (um 1440), barocke Kirche Sankt Peter und Paul (1700–15).

F., Landkr. in Bayern.

Freisinnig-Demokratische Partei der Schweiz (häufige Abk.: FDP), schweizer. polit. Partei, 1894 gegr.; Folgeorganisation der um 1830 entstandenen demokrat. Freiheitsbewegung, des 1873 gegr. „Schweizer Volksvereins" sowie der 1878 gebildeten „radikaldemokrat." Fraktion der Bundesversammlung; verstand sich als umfassende Staatspartei, verlor 1919, nach Einführung des Mehrheitswahlrechts und Abspaltung der Bauern-, Gewerbe- und Bürgerpartei († Schweizerische Volkspartei), die absolute Mehrheit; strebt eine Revision der Verfassung an; großbürgerl. Partei, die einen sozialen Liberalismus verfolgt; hält seit den Wahlen 1991 im Nationalrat 44 (von 200), im Ständerat 15 (von 46) Sitze.

Freisinnige, Mgl. und Anhänger liberaler Parteirichtungen in Deutschland und in der Schweiz, die sich v. a. für liberale Grundideen in Staat und Wirtschaft einsetzten. Im Dt. Reich fusionierte 1884 die dt. Fortschrittspartei mit der Liberalen Vereinigung zu der ↑ Dt. Freisinnigen Partei, die sich 1893 in die Freisinnige Vereinigung und die Freisinnige Volkspartei spaltete. In der *Schweiz* entstand der **Freisinn** nach 1815, bildete jedoch erst 1894 eine Parteiorganisation (Freisinnig-Demokrat. Partei der Schweiz).

Freisinnige Partei ↑ Deutsche Freisinnige Partei.

Freisinnige Vereinigung, liberale dt. Partei (1893 bis 1910), entstand aus der Spaltung der Dt. Freisinnigen Partei; vertrat die Tradition der Liberalen Vereinigung.

Freisinnige Volkspartei, liberale dt. Partei (1893 bis 1910), gegr. bei der Spaltung der Dt. Freisinnigen Partei; vertrat einen strengen Wirtschaftsliberalismus.

Freisler, Roland, *Celle 30. Okt. 1893, † Berlin 3. Febr. 1945 (bei Luftangriff), dt. Jurist und Politiker. – Trat 1925 der NSDAP bei; 1933–34 Staatssekretär im preuß. Justizministerium, 1934–42 im Reichsjustizministerium; 1942 Präs. des Volksgerichtshofes; in den Prozessen nach dem 20. Juli 1944 Personifikation des nat.-soz. Justizterrors („Blutrichter").

Freispruch, Urteil im Strafprozeß, im Ehrengerichts- und Disziplinarverfahren, durch das der Angeklagte von dem Vorwurf der Anklage befreit wird. Aus den Urteilsgründen muß sich ergeben, ob der Angeklagte für nicht überführt oder ob und aus welchen Gründen die als erwiesen angesehene Tat für nicht strafbar erachtet worden ist.

Freistaat ↑ Republik.

Freistadt, Bez.hauptstadt 30 km nnö. von Linz, Oberösterreich, 560 m ü.d.M., 7 100 E. Textil-, Möbelind., Brauerei. – 1241 erstmals genannt. – Stadtpfarrkirche (13. Jh.), 1690 barock erneuert; Liebfrauenkirche (15. Jh.); zahlr. Bürgerhäuser des 14.–16. Jh.; Mauern, Türme, Tore und Graben der ma. Stadtummauerung (13./14. Jh.) sind erhalten.

Freistempelung, im Postwesen die Freimachung von Sendungen mit Freistempelabdrucken statt mit Postwertzeichen; die Gebühren sind im voraus zu entrichten.

Freising. Der die Stadt beherrschende Domberg mit dem Dom, erbaut im 12. Jh., im 18. Jh. barockisiert

Freistempler, svw. ↑ Frankiermaschine.
Freistilringen ↑ Ringen.
Freistilschwimmen ↑ Schwimmen.
Freistoß, im Fußballspiel Strafe bei Regelverstoß. Von einem Spieler der durch den Regelverstoß benachteiligten Mannschaft wird ein unbehinderter Schuß abgegeben, der beim **direkten Freistoß** unmittelbar zum Torerfolg führen kann, während beim **indirekten Freistoß** der Ball von einem weiteren Spieler berührt werden muß.

Freistudenten, frühere Bez. der Studenten, die keiner Korporation angehörten (auch **Finken** gen.); ältester Zusammenschluß: Leipziger Finkenschaft um 1896. Seit 1900 bestand der Zentralverband der Dt. Freien Studentenschaft. Seine Forderungen (allg. Studentenausschüsse und Selbsthilfeeinrichtungen) wurde erst nach dem 1. Weltkrieg durch die Dt. Studentenschaft verwirklicht.

Freistrahlturbine, svw. ↑ Peltonturbine.
Freistuhl ↑ Femgerichte.

Freitag, Walter, * Remscheid 14. Aug. 1889, † Herdecke 7. Juni 1958, dt. Gewerkschaftsführer. – Dreher, ab 1920 Gewerkschaftsfunktionär, führender SPD-Politiker der Weimarer Republik, 1933–45 zeitweilig im KZ; nach 1945 MdL in NRW, 1946–52 Vors. der IG Metall; 1949–53 MdB, 1952–56 DGB-Vorsitzender.

Freitag, die dt. Bez. für den 5. Tag der Woche. Die gemeingerman. Bez. (althochdt. fria-, frijetag, mittelhochdt. vrītac) ist dem lat. Veneris dies (vgl. frz. vendredi) nachgebildet, wobei die röm. Liebesgöttin Venus durch die german. Göttin Frija (↑ Frigg) ersetzt wurde. – Im religiösen Leben durch das Gedenken an den Tod Christi (Karfreitag) geprägt, wurden der F. oder besondere F.e durch Andachts- und Gebetsübungen (z. B. Kreuzweg), Fasten usw. aus den übrigen Wochentagen herausgehoben. Vielfältige Volksglaubensvorstellungen geben dem F. bes. Bedeutung, v. a. als Unglücks- bzw. Glückstag.

Freital, Krst. in Sa., sw. von Dresden, 160–280 m ü.d.M., 40 000 E. Bergbaumuseum; Edelstahlwerk, Maschinenbau, Glas-, Porzellan-, Papier-, Möbelind. – F. entstand 1921 durch den Zusammenschluß der Landgemeinden Deuben, Döhlen und Potschappel als Stadt.

F., Landkr. in Sachsen.

Freitod ↑ Selbsttötung.
Freiton, svw. ↑ Freizeichen.
Freitreppe ↑ Treppe.
Freiübungen, gymnast. Übungen ohne Gerät.
Freiverkehr, Handel in Wertpapieren, bei denen keine Zulassung zum amtl. Börsenverkehr beantragt worden ist bzw. die nicht zum amtl. Verkehr zugelassen sind.
Freiviertel (Vierung) ↑ Wappenkunde.
Freivorbau, ein Montageverfahren beim Brückenbau, wobei mit Hilfe eines Freivorbaukrans die einzelnen Brük-

Freising Stadtwappen

Freiwillige

Freivorbau beim Bau der Kochertalbrücke bei Schwäbisch Hall, Höhe 185 m, Länge 1 128 m

kenteile am bereits montierten, frei auskragenden Bauteil angebaut werden.

Freiwillige, freiwillig in einer Streitmacht Wehrdienst Leistende, im Unterschied zu den rechtlich zum militär. Dienst Verpflichteten (z. B. Lehns-, Wehrpflichtige).

freiwillige Eingemeindung ↑ Eingemeindung.

freiwillige Erziehungshilfe, im JugendwohlfahrtsG i. d. F. von 1977 vorgesehene öff. Ersatzerziehung in einer geeigneten Familie oder einem Heim; wurde durch das ↑ Kinder- und Jugendhilfegesetz vom 26. 6. 1990, in Kraft gesetzt ab 1. 1. 1991, wieder abgeschafft.

freiwillige Feuerwehr ↑ Feuerwehr.

freiwillige Gerichtsbarkeit, Teil der ordentl. Gerichtsbarkeit. Die f. G. kann formal bestimmt werden als Rechtspflegetätigkeit der ordentl. Gerichte (Richter, Rechtspfleger) oder anderer Rechtspflegeorgane (z. B. Notar, Standesbeamter) in solchen Angelegenheiten, die durch das Gesetz als Angelegenheiten der f. G. gekennzeichnet sind; das sind u. a. vom Vormundschafts-, Nachlaß- oder Registergericht zu erledigenden Sachen, die Beurkundungstätigkeit, das Verfahren zur Todeserklärung und andere Tätigkeiten auf dem Gebiet des bürgerl. Rechts. Es handelt sich dabei i. d. R. um sog. *Rechtsfürsorgeangelegenheiten,* bei denen nur im Ausnahmefall unter den Beteiligten Streit besteht (etwa zw. Erben über den Inhalt eines Erbscheins). Daneben werden auch echte Streitsachen des privaten und des öff. Rechts zugewiesen (z. B. Hausratsverteilung, Versorgungsausgleich bei Ehescheidung).

Rechtsquellen: Das Gesetz über die Angelegenheiten der f. G. (FGG) vom 17. 5. 1898, eine Rahmenkodifikation, die durch BGB, HGB und andere Gesetze (auch des Landesrechts) ergänzt oder teilweise ersetzt wird.

Verfahren: In Rechtsfürsorgesachen wird das Verfahren häufig von Amts wegen eingeleitet, in Streitsachen nur auf Antrag. Die entscheidungserhebl. Tatsachen werden von Amts wegen ermittelt. Die Durchführung ist mündl. Verhandlung ist freigestellt; sie ist nicht öffentlich. Entscheidungen ergehen (auch in Streitsachen) durch Beschluß oder Verfügung, als Rechtsmittel ist die einfache oder sofortige Beschwerde an das Landgericht gegeben. Über die als Rechtsbeschwerde ausgestaltete *weitere Beschwerde* [gegen die Beschwerdeentscheidungen des Landgerichts] entscheidet das Oberlandesgericht.

In *Österreich* ist für das Verfahren der f. G. die Bez. **außerstreitiges Verfahren** in Gebrauch. Dazu gehören v. a. das Vormundschaftswesen, einvernehml. Scheidung, Führung von Grundbuch und Handelsregister, Konkurs- und Ausgleichsverfahren.

In der *Schweiz* besteht nur für Teilgebiete eine einheitl. Regelung der f. G. Die meisten ihrer Aufgaben sind nicht den Gerichten, sondern Verwaltungsbehörden übertragen.

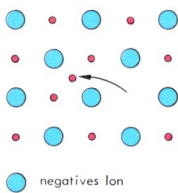

○ negatives Ion
● positives Ion
Frenkel-Defekt
in einem zweiatomigen Gitter

Freiwilligenverbände, freiwilliger Zusammenschluß von (meist regulären bzw. ehem.) Truppenangehörigen; aktivieren sich bei innenpolit. und lokalen Konflikten (Einwohnerwehren, Freikorps), außerdem im Rahmen militär. Auseinandersetzungen. In der Waffen-SS gab es Freiwilligendivisionen aus Nord- und Westeuropäern, seit 1943 auch südeurop. und asiat. Einheiten.

freiwilliger Arbeitsdienst ↑ Arbeitsdienst.

Freiwillige Selbstkontrolle der Filmwirtschaft, Abk. FSK, Organ der „Spitzenorganisation der Filmwirtschaft" (SPIO) in Wiesbaden, gegr. 1948; prüft mit Vertretern des Staates, gesellschaftl. Gruppen und der Filmwirtschaft als sachverständiges, unabhängiges Gremium in drei, bei behördl. Bedenken vier Instanzen Kinofilme und Videoangebote nach dem JugendschutzG vom 25. 2. 1985, den Bestimmungen für Feiertagsschutz und (für die Film- und Videowirtschaft) den Regeln des Vertrauensschutzes gegenüber strafrechtl. Bedenken.

freiwilliges soziales Jahr, Abk. FSJ, freiwilliger persönl. Hilfsdienst junger Menschen zw. dem 17. und 25. Lebensjahr in Einrichtungen der Wohlfahrt und Gesundheitspflege im Bereich der BR Deutschland für die Dauer von 12 Monaten; geht auf die Initiative der Kirchen, „Diakon. Jahr" (ev.), „Das Jahr für die Kirche" (kath.), und einiger Verbände der freien Wohlfahrtspflege zur Milderung des Personalmangels in sozialpfleger. und sozialpädagog. Einrichtungen zurück; kann für sozialpfleger. und hauswirtsch. Berufe als Berufspraktikum anerkannt werden, nicht als Ersatzdienst für Wehrdienstverweigerer.

Freiwurf, eine Strafmaßnahme bei Regelverstößen, hauptsächlich im Handball-, Wasserball-, Korbball- und Basketballspiel; wird (mit Ausnahme des Basketballspiels) am Ort des Regelverstoßes ausgeführt. Beim Basketballspiel darf der bei einer Schußaktion regelwidrig behinderte Spieler zwei Freiwürfe ohne Behinderung des Gegners auf den Korb ausführen.

Freizeichen, Zeichen, die ihre für die Eintragung als Warenzeichen erforderl. Unterscheidungskraft und Eignung zum Hinweis auf die Herkunft einer Ware aus einem bestimmten Betrieb durch den allg. Gebrauch einer größeren Zahl voneinander unabhängiger Unternehmen eingebüßt haben (z. B. Äskulapstab für medizinisch-pharmazeut. Produkte).
▷ (Freiton) oft ein langer Signalton, der beim Telefonieren anzeigt, daß der angewählte Anschluß frei ist; ist der Anschluß besetzt, ertönt das **Besetztzeichen** (tüt, tüt, ...), eine Folge kurzer Signaltöne.

Freizeichnungsklausel, vertragl. Haftungseinschränkung oder -ausschluß bei Fahrlässigkeit (nicht für Vorsatz); häufig in allg. Geschäftsbedingungen zu finden.

Freizeit, in der Soziologie hauptsächlich als Komplementärbegriff zu Arbeit aufgefaßt; bezeichnet die dem Berufstätigen außerhalb der Arbeit zur Verfügung stehende Zeit; läßt sich untergliedern in „reproduktive" Zeit, die ausgefüllt ist mit existenzerhaltenden Verrichtungen, wie Schlafen, Essen, Körperpflege, und „verhaltensbeliebige" private Zeit.

Freizeitarrest ↑ Jugendarrest.

Freizügigkeit, in Art. 11 GG verankertes Grundrecht aller Deutschen, an jedem Ort des Bundesgebietes Wohnsitz oder Aufenthalt zu nehmen. Die F. umschließt das Recht, die bewegl. Habe an den neuen Wohnort mitzunehmen sowie dort unter denselben Voraussetzungen wie Einheimische beruflich tätig zu werden (wirtsch. F.). Die F. berechtigt alle Deutschen ferner, in das Bundesgebiet einzuwandern und einzureisen. Die Ausreisefreiheit ist nach Maßgabe der *allg. Handlungsfreiheit* (Art. 2 Abs. 1 GG) geschützt. Einschränkungen der F. dürfen nur durch Gesetz oder auf Grund eines Gesetzes erfolgen (Art. 11 Abs. 2 GG). – F. innerhalb der Europ. Gemeinschaften ↑ Arbeitnehmerfreizügigkeit.

In *Österreich* unterliegt die F. der Person und des Vermögens innerhalb des Staatgebietes keiner Beschränkung. – Im *schweizer. Recht* wird die F. (Niederlassungsfreiheit) durch Art. 45 BV garantiert.

Fréjus [frz. freˈʒys], frz. Stadt in der Provence, Dep. Var, 32 700 E. Kunststoff- und Textilind.; Erwerbsgartenbau. Seebäder sind F.-Plage und der Vorhafen Saint-Raphaël; ✈. – 360–1957 Bischofssitz. – Der Bruch eines oberhalb der Stadt errichteten Staudammes verursachte 1959 schwere Schäden und forderte mehr als 400 Todesopfer. – Reste der röm. Stadtmauer, eines Aquädukts, einer Thermenanlage, eines Amphitheaters (Ende 1./Beginn 2. Jh.) und eines Theaters. Kathedrale (11./12. Jh.) mit frühchristl. Baptisterium (5. Jh.) und zweigeschossigem Kreuzgang (13. Jh.; jetzt Archäolog. Museum).

FRELIMO, Abk. für: **Fre**nte de **Li**bertação de **Mo**çambique, Befreiungsbewegung und polit. Partei in ↑Moçambique.

Fremantle [engl. ˈfriːmæntl], austral. Stadt in der Metropolitan Area von Perth, 24 000 E. Haupthafen von Westaustralien, Fischereihafen und Industriestadt.

Fremdatome, in einem Kristallgitter auf Gitterplätzen oder auf Zwischengitterplätzen eingebaute, dem Grundgitter fremde Atome, die durch Diffusion oder Ionenimplantation in den Kristall gelangt sind oder bereits der Schmelze zugesetzt wurden. F. beeinflussen die physikal. Eigenschaften des Kristalls.

Fremdbefruchtung ↑Befruchtung.
▷ svw. ↑Fremdbestäubung.

Fremdbestäubung (Fremdbefruchtung, Allogamie), Übertragung des Blütenstaubs aus einer Blüte auf die Narbe einer anderen Blüte derselben Art.

Fremdbestimmung, in der Soziologie Bez. für das Bestimmtsein durch andere, von denen der Betreffende abhängig ist. – Entfremdung.

Fremdenlegion (Légion étrangère), zum frz. Heer gehörende Freiwilligentruppe; 1831 auf Initiative des frz. Königs Louis Philippe in Algerien gebildet. Angeworben und aufgenommen werden Dienstaugliche jegl. Nationalität im Alter von 18 bis 40 Jahren, die sich zunächst zu einer 5jährigen Dienstzeit verpflichten müssen. Die F. stellt eine Berufsarmee dar, die in fast allen Kolonialkriegen Frankreichs eingesetzt wurde, v. a. in N-Afrika und (bes. 1946–54) in Indochina. Sie verlor mit dem Zerfall des frz. Kolonialreiches an Bedeutung.

Fremdenrecht, Normen, die die Rechtsstellung von Personen regeln, die nicht die Staatsangehörigkeit ihres Aufenthaltsstaates besitzen (↑Ausländerrecht).

Fremdenverkehr ↑Tourismus.

Fremdenverkehrsgeographie, Forschungsrichtung der Geographie, untersucht die wechselseitigen Beziehungen zw. Tourismus und Fremdenverkehrsgebieten.

Fremderregung, bei elektr. Maschinen die Erzeugung des zum Betrieb erforderl. Magnetfeldes mit Hilfe eines fremden Netzes.

Fremdfinanzierung, Maßnahmen der Kapitalbeschaffung, wobei ein Unternehmen auf beschränkte Zeit Finanzierungsmittel von Dritten erhält. – Ggs. ↑Eigenfinanzierung.

Fremdimpfstoff, svw. ↑Heterovakzine.

Fremdkapital, der Teil des Kapitals eines Unternehmens, der ihm von außen zur Verfügung gestellt wird. Das F. gehört zu den Verbindlichkeiten und wird demnach auf der Passivseite der Bilanz ausgewiesen. Das Verhältnis des F. zum Eigenkapital ergibt den Verschuldungskoeffizienten.

Fremdkörper (Corpus alienum), gewöhnlich auf unnatürl. Weise zufällig von außen eingedrungener oder absichtlich in den Körper eingeführter Stoff oder Gegenstand, der vom Gewebe als körperfremd empfunden wird und eine Entzündung verursachen kann.

Fremdlingsfluß ↑Fluß.

Fremdrente, Leistung nach dem Fremdrentengesetz (gilt gemäß Einigungsvertrag nicht in den Ländern der ehem. DDR); wird Deutschen aus außerdt. Gebieten mit Wohnsitz in der BR Deutschland gewährt, die ihren früheren Versicherungsträger nicht mehr in Anspruch nehmen können, außerdem heimatlosen Ausländern, Flüchtlingen und Hinterbliebenen dieser Personen.

fremdsprachlicher Unterricht ↑neusprachlicher Unterricht, ↑altsprachlicher Unterricht.

Fremdstoffe, im Lebensmittelrecht veraltete Bez. für ↑Zusatzstoffe.

Fremdverbreitung, svw. ↑Allochorie.

Fremdwort, aus einer Fremdsprache übernommenes Wort, das sich in Aussprache und/oder Schreibweise und/oder Flexion der übernehmenden Sprache nicht angepaßt hat. Haben sich Wörter, auch wenn sie erst in neuerer Zeit übernommen wurden, angepaßt, gelten sie als Lehnwörter (z. B. Film und Sport). Die in ihrer fremden Herkunft erkennbaren F. gehören zumeist dem Wortschatz der Gruppensprachen (Fach- und Sondersprachen) an, unterscheiden sich von anderen Ausdrücken durch ihre Fremdheit; als fremd gelten z. B. Silben wie: -(is)ieren (realisieren), -ion (Generation), ex- (Experte), -(is)mus (Automatismus), -or (Diktator) usw., Schreibungen wie c (Club), th (Theater), -ph- (Geographie), -ou- (Tourist). Die wichtigste Ursache für die Übernahme eines F. ist die Übernahme der bezeichneten Sache. Daher spiegeln sich in den Fremd- und Lehnwörtern die Kulturströmungen, die auf den dt.sprachigen Raum gewirkt haben: z. B. aus dem Italienischen Wörter des Geldwesens (Giro, Konto, Porto) und der Musik (adagio, Sonate, Violine), aus dem Französischen Ausdrücke des Gesellschaftslebens (Kavalier, Renommee, Cousin), aus dem Englischen Wendungen aus der Wirtschaft (Manager, Floating). In neuester Zeit haben die internat. gesellschaftl. Verflechtung und die Entwicklung von Wiss. und Technik den F.bestand der Wortschätze stark vermehrt. Die dt. Sprachpflege sah häufig die F.bekämpfung als ihr Hauptproblem an, bes. in Zeiten nat. Selbstbesinnung, z. B. im Barock (Sprachgesellschaften) und im 19. Jh. (J. H. Campe, Deutscher Sprachverein).

Fremont, John Charles [engl. ˈfriːmɔnt], * Savannah (Ga.) 21. Jan. 1813, † New York 13. Juli 1890, amerikan. Forscher und Offizier. – 1878–81 Gouverneur von Arizona; unternahm mehrere bed. Expeditionen, u. a. in das Felsengebirge von Colorado, an den Großen Salzsee und in die Sierra Nevada.

French, John Denton Pinkstone [engl. frɛntʃ], Earl of Ypres and of High Lake (1921), * Ripple (Kent) 28. Sept. 1852, † Schloß Deal (Kent) 22. Mai 1925, brit. General. – Spielte im Burenkrieg eine bed. Rolle; 1913 Feldmarschall; kommandierte 1914/1915 das brit. Expeditionskorps in Frankreich, bis 1918 Oberbefehlshaber der Truppen in Großbritannien; Lord Lieutenant in Irland (1918–21).

Freneau, Philip Morin [engl. friˈnou], * New York 2. Jan. 1752, † bei Middleton Point (N.J.) 19. Dez. 1832, amerikan. Dichter. – Aus hugenott. Familie; Dichter der Revolution und der jungen amerikan. Republik, v. a. Lyrik und Satiren.

Frenektomie [lat./griech.], Durchtrennung oder operative Entfernung der Lippenbändchen im Ober- und Unterkiefer oder des Zungenbändchens.

frenetisch [griech.], rasend, tobend, toll.

Freni, Mirella, * Modena 27. Febr. 1935, italien. Sängerin (Sopran). – Debütierte 1955 in Modena, war dann gefeierter Gast an bedeutenden Opernhäusern; wirkte auch bei Festspielen (Salzburg, Glyndbourne) mit; wurde v. a. bekannt in Opernpartien von Mozart, Verdi, Puccini und Bizet.

Frenkel-Defekt [nach dem sowjet. Physiker J. I. Frenkel, * 1894, † 1952], Abwandern eines in einen Kristall eingebauten Atoms von seinem normalen Platz im Kristallgitter auf einen Zwischengitterplatz; gehört zu den nulldimensionalen Fehlordnungen.

Frenssen, Gustav, * Barlt (Dithmarschen) 19. Okt. 1863, † ebd. 11. April 1945, dt. Schriftsteller. – Ev. Pfarrer (1890–1902); stellte in seinen Romanen („Die Sandgräfin", 1896; „Jörn Uhl", 1901; „Hilligenlei", 1905; „Otto Babendiek", 1926, u. a.) die norddt. Landschaft und ihre Menschen dar. F.s Abwendung vom Christentum gipfelt in der Schrift „Der Glaube der Nordmark" (1936).

Frenulum [lat.], in der Anatomie Bez. für Bändchen, kleine Haut- oder Schleimhautfalte.

Mirella Freni

Gustav Frenssen
(Zeichnung von
Olaf Gulbransson)

Freon

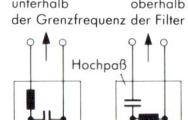

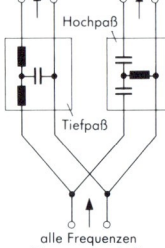
Frequenzweiche

Girolamo
Frescobaldi
(anonymer Kupferstich,
17. Jh.)

Freon ⓦ [engl.], Fluorchlorkohlenwasserstoffe, die als Sicherheitskältemittel und als Treibgas (für Aerosole) Verwendung finden.

frequentieren [lat.], häufig besuchen; ein und aus gehen, verkehren.

Frequenz [zu lat. frequentia „Häufigkeit"], Besuch, Besucherzahl, Verkehrsdichte.
▷ Formelzeichen ν oder f, bei einem period. Vorgang, z. B. einer Schwingung, der Quotient aus der Anzahl der Perioden (vollen Schwingungen) und der dazu erforderl. Zeit. Das 2π-fache der Frequenz wird als **Kreisfrequenz** ω bezeichnet: $\omega = 2\pi n$. Zw. der Periodendauer (Schwingungsdauer) T und der Frequenz ν besteht die Beziehung: $T = 1/\nu$. SI-Einheit der F. ist das Hertz (Hz).

Frequenzband, svw. ↑ Band.

Frequenzbereich ↑ Wellenbereich.

Frequenzgang, der Verlauf einer physikal. Größe als Funktion der Frequenz; auch Bez. für die Funktion selbst.

Frequenzmodulation, Abk. FM, vorzugsweise bei UKW-Rundfunk, Richtfunk und kommerziellen Fernsehanlagen angewendete Modulationsart: Im Sender wird die *Trägerfrequenz* f_T gemäß der Amplitude A_M und dem Rhythmus f_M der Modulierschwingung (Sprache, Musik) verändert. Die Amplitude der Trägerschwingung bleibt unverändert. Die F. ermöglicht störungsarmen Empfang. Da die meisten Störungen eine Amplitudenmodulation bewirken, lassen sie sich durch Amplitudenbegrenzung im Empfänger heraussieben. Maximaler Frequenzhub (d. h. Änderung der Trägerfrequenz) bei UKW-Rundfunk $\Delta f = 75$ kHz, maximale Modulationsfrequenz $f_M = 15$ kHz.

Frequenznormal, in der Meßtechnik eine Anordnung, die eine konstante, stets reproduzierbare Frequenz erzeugt (z. B. Quarzuhr oder Atomuhr).

Frequenzteiler, Bez. für eine Schaltung zur Teilung (Untersetzung) der Frequenz einer elektr. Wechselgröße in einem ganzzahligen Verhältnis. Als F. verwendet man Kippgeneratoren, Multivibratoren, Zählwerke und Flip-Flop-Generatoren. Die Flip-Flops halbieren die Frequenz der Steuerimpulse; Hintereinanderschaltung von n derartigen Bauelementen ergibt daher eine Frequenzteilung (Untersetzung) um den Faktor 2^n.

Frequenzumformer ↑ Motorgenerator.

Frequenzumsetzer, Geräte zur Änderung einer gegebenen Frequenz in eine andere durch Frequenzteilung oder -vervielfachung oder (z. B. in Rundfunkempfängern) durch Zwischenfrequenzbildung.

Frequenzwandler ↑ Motorgenerator.

Frequenzweiche, elektron. Filteranordnung, die meist zum Aussondern eines Frequenzbandes aus einem breiteren oder zur Trennung zweier Frequenzbereiche (unterhalb und oberhalb einer gewünschten Grenzfrequenz) dient.

Frère [frz. frɛːr; zu lat. frater „Bruder"], frz. für Bruder.

Frescobaldi, Girolamo [italien. fresko'baldi], * Ferrara vermutlich 12. Sept. 1583, † Rom 1. März 1643, italien. Komponist. – Seit 1604 Organist an Sankt Peter in Rom. Schrieb Messen, Madrigale, Arien, v. a. bed. Werke für Cembalo und Orgel (Fantasien, Tokkaten, Kanzonen).

Fresenius, [Carl] Remigius, * Frankfurt am Main 28. Dez. 1818, † Wiesbaden 11. Juni 1897, dt. Chemiker. – Prof. in Wiesbaden. F. entwickelte wichtige Grundlagen und Methoden der chem. Analyse; Hg. der „Zeitschrift für analyt. Chemie".

Fresko [italien.], ein Kammgarn- oder Streichgarngewebe mit freskenartigem Oberflächenbild, entsteht durch Anwendung von Leinwandbindung und hart gedrehter Garne oder Zwirne in Kette und Schuß.

Freskomalerei [zu italien. pittura a fresco „Malerei auf das Frische"], abschnittweise auf feuchtem gipsfreiem Kalkputz ausgeführte Wandmalerei; Korrekturen sind nicht möglich infolge des schnellen Auftrocknens und der Bildung einer wasserunlösl. Schicht von Calciumcarbonat, die dem Farbauftrag einen außerordentl. Halt verleiht, im Ggs. zur Seccomalerei, die abblättern kann (↑ a secco). F. findet sich vermutlich bereits in der kret. Kunst, sicher bei den Etruskern, in Pompeji und Herculaneum. Byzanz bewahrte die antike Technik, während im MA seit Giotto eine Mischtechnik (F. mit Seccomalerei) anwandte. Erst in der Renaissance wurde wieder die reine Freskotechnik benutzt, vermutlich zuerst von Masaccio (u. a. in der Brancaccikapelle, Santa Maria del Carmine in Florenz, 1425–28), auch Michelangelos F. in der Sixtin. Kapelle (1508–12) und Raffaels in den Stanzen des Vatikans (1509–17) sind reine Freskotechnik („fresco buono"). Seit dem 17. Jh. spielt dann v. a. die Kalkkaseintechnik (↑ Kaseinfarben) eine Rolle, entweder auf noch feuchtem oder trockenem Freskoputz (sog. Kaseinfresko) oder auf mit Kalkmilch getünchten Flächen. Die alte F. wurde noch einmal von den Nazarenern (im Casino Massimo, Rom, 1817 ff.) aufgegriffen.

Fresnay, Pierre [frz. frɛ'nɛ], eigtl. P.-Jules-Louis Laudenbach, * Paris 4. April 1897, † Neuilly-sur-Seine 9. Jan. 1975, frz. Schauspieler. – 1915–27 Mgl. der Comédie-Française; zahlr. Filmrollen, u. a. in „Der Mann, der zuviel wußte" (1935), „Monsieur Vincent" (1947).

Fresnel, Augustin Jean [frz. frɛ'nɛl], * Broglie (Eure) 10. Mai 1788, † Ville d'Avray bei Paris 14. Juli 1827, frz. Ingenieur und Physiker. – F. verhalf mit seinen experimentellen und theoret. Arbeiten der Wellentheorie des Lichtes zum Durchbruch und wies experimentell nach, daß Licht aus Transversalwellen besteht. Ihm gelang die erste Wellenlängenbestimmung des Lichtes.

Fresnel-Linse [frz. frɛ'nɛl; nach A. J. Fresnel] (Stufenlinse), Linsentyp für Sammellinsen mit großem Öffnungsverhältnis. Die F.-L. besteht aus einer (zentralen) Linse und nach außen anschließenden, etwa gleich starken, ringförmigen Zonen, deren Krümmungsradien so gewählt sind, daß die Brennpunkte aller Zonen zusammenfallen.

Fresnelscher Spiegelversuch [frz. frɛ'nɛl; nach A. J. Fresnel], klass. Interferenzversuch zum Nachweis der Wellennatur des Lichts (1816). Das Licht einer punktförmigen einfarbigen Lichtquelle fällt über zwei sehr wenig gegeneinander geneigte Spiegel auf einen Schirm. Dort entstehen durch Interferenz dunkle Streifen an den Stellen, für die der Unterschied der beiden Lichtwege von der Quelle über den einen bzw. den anderen Spiegel zum Schirm ein ungeradzahliges Vielfaches der halben Wellenlänge beträgt.

Freßzellen (Phagozyten), Zellen in der Blutflüssigkeit oder in Geweben bei Tier und Mensch. Ihre Aufgabe ist v. a. die Aufnahme (Phagozytose) und Unschädlichmachung von abgestorbenen Gewebsteilen und Fremdkörpern (u. a. auch von Bakterien).

Freskomalerei. Michelangelo, Sündenfall und Vertreibung aus dem Paradies, sechstes Mittelteil der Decke, 1508–12 (Vatikan, Sixtinische Kapelle)

Frettchen [lat.-niederl.] (Mustela putorius furo), domestizierte Albinoform des Europ. Iltisses mit weißer bis blaßgelber Fellfärbung; wird v. a. in Europa zur Kaninchenjagd verwendet **(Frettieren),** daneben auch zur Bekämpfung von Ratten und Mäusen.

Frettchen

Frettkatze [lat.-niederl./dt.] (Fossa, Cryptoprocta), Gatt. schlanker, kurzbeiniger, etwa 90 cm körperlanger Schleichkatzen in den Wäldern Madagaskars.

Freud, Anna, *Wien 3. Dez. 1895, †London 9. Okt. 1982, brit. Psychoanalytikerin östr. Herkunft. – Tochter von Sigmund Freud; nach Emigration (1938) vorwiegend in Großbritannien tätig; leitete das Londoner kinderanalyt. Zentrum Hampstead Child-Therapy Course and Clinic; Arbeiten bes. zur Kinderpsychoanalyse; gab die ges. Werke ihres Vaters heraus.

F., Sigmund, *Freiberg (= Příbor, Nordmährisches Gebiet) 6. Mai 1856, †London 23. Sept. 1939, östr. Arzt und Psychologe. – Dozent und Arzt in Wien. Wegen seiner jüd. Abstammung emigrierte er 1938 nach London. F. ist der Begründer der theoret. und prakt. Psychoanalyse. Aus der Konzeption erfolgversprechender Behandlungsmethoden bei der Hysterie arbeitete F. eng mit J. Breuer zusammen. Aus dieser Zusammenarbeit entwickelte F. das psychoanalyt. Therapieverfahren und kam ie zugleich seine grundlegenden Einsichten in die Triebstruktur menschl. Verhaltens gewann. Als Zentraltrieb nahm F. den Geschlechtstrieb an. Da gerade die Entfaltung der geschlechtl. Triebhaftigkeit des Menschen durch gesellschaftl. Regeln und Tabus unterdrückt wird, ergeben sich nach F. hieraus die Fehlentwicklungen, die zu Neurosen führen, denen auszuweichen lediglich durch Sublimierung möglich sei. F. weitete dementsprechend seine psycholog. Theorie auf alle geistig-kulturellen, sozialen, mytholog. und religiösen Bereiche aus. F.s Lehre – vielfach kritisiert, abgelehnt, mißdeutet und z. T. auch widerlegt – hatte weltweit beträchtl. Einfluß auf die Entwicklung nicht nur der Anthropologie, Psychologie, Psychiatrie und Psychotherapie, sondern auch der Philosophie, Kunst und Literatur. – *Werke:* Die Traumdeutung (1900), Zur Psychopathologie des Alltagslebens (1901), Der Witz und seine Beziehung zum Unbewußten (1905), Sammlung kleiner Schriften zur Neurosenlehre (1906–21), Totem und Tabu (1913), Das Ich und das Es (1923), Das Unbehagen in der Kultur (1929).

Freudenberg, Stadt im Siegerland, NRW, 300 m ü. d. M., 16 400 E. Luftkurort; Metallind. – Im 14. Jh. entstanden. – Der Stadtkern „Alter Flecken" ist Baudenkmal von internat. Bedeutung.

F., Stadt am Main, Bad.-Württ., 134 m ü. d. M., 3 700 E. Möbelind. – Um 1200 gegr., 1333 Stadtrecht. – Roman. Friedhofskapelle mit frühgot. Chor (1210–20), spätgot. Rathaus (1499), Burgruine (14./15. Jh.).

Freudenhaus ↑ Prostitution.

Freudenstadt, Krst. am O-Rand des nördl. Schwarzwaldes, Bad.-Württ., 595 bis 940 m ü. d. M., 21 100 E. Heilklimat. Kurort, Wintersport. – Gründung 1599 durch Herzog Friedrich I. von Württemberg; diente der Förderung des Silbererzbergbaus sowie der Ansiedlung von Bergleuten (großenteils östr. Protestanten). Im April 1945 wurde die Altstadt von frz. Truppen völlig zerstört. Wiederaufbau in histor. Form; eine Marktplatzecke wird von der ev. Stadtkirche (1601–1608), deren Schiffe im rechten Winkel aneinandergefügt sind, eingenommen.

F., Landkr. in Baden-Württemberg.

Freudsche Fehlleistung [nach S. Freud] ↑ Fehlleistung.

Freund, Gisèle [frz. frø:nd], *Berlin 19. Dez. 1912, frz. Photographin dt. Herkunft. – Sie emigrierte 1933 nach Paris und arbeitete ab 1936 für die Zeitschrift „Life"; schuf Porträts, insbes. von Schriftstellern und Künstlern.

F., Leopold, *Miscovice bei Kuttenberg 5. April 1868, †Brüssel 7. Jan. 1943, östr. Röntgenologe. – Prof. in Wien; Begründer der medizin. Radiologie und Röntgentherapie.

Freund-Feind-Theorie ↑ Schmitt, Carl.

Freundlich, Otto, *Stolp 10. Juli 1878, †im KZ Majdanek 9. März 1943, dt. Maler, Graphiker und Bildhauer. – Kam 1908/09 in Paris in Kontakt mit P. Picasso, A. Herbin, J. Gris, G. Braque. Lebte 1914–24 vorwiegend in Köln, seit 1924 in Paris. Seine Malerei rhythmisiert flächige geometr. Felder durch Farbdifferenzierung. Die meist ungegenständl. Plastik wirkt monumental. Sein Mosaik „Geburt des Menschen" befindet sich im Opernhaus in Köln.

Freundschaft, soziale Beziehung zw. zwei oder mehreren Personen, die auf gegenseitiger Anziehung (Attraktion) gründet, im Ggs. zur Machtbeziehung freiwillig und wechselseitig aufgebaut ist und durch Vertrauen und Zuneigung verstärkt wird.

Freundschaftsinseln ↑ Tonga.

Frevel, im älteren dt. Recht urspr. das schwere, mit einer Leibes- oder Lebensstrafe bedrohte Verbrechen; ab dem 14./15. Jh. auch das leichtere, mit Geldstrafen bedrohte Vergehen; seit dem 18. Jh. leichte Gesetzesübertretungen ohne Kriminalstrafe.

Freya ↑ Freyja.

Freyburg/Unstrut, Stadt in Sa.-Anh., an der Unstrut, 120–190 m ü. d. M., 5 000 E. Museum (F.-L.-Jahn-Wohnhaus); Kalksteinind., Sektkellerei. – Seit dem Ende des 13. Jh. Stadt, fiel 1485 an Sachsen, 1815 an Preußen. – Spätroman. Marienkirche (13. Jh.), Neuenburg mit spätroman. Doppelkapelle (um 1220).

Freycinet, Charles Louis de Saulces de [frz. frɛsi'nɛ], *Foix (Ariège) 14. Nov. 1828, †Paris 14. Mai 1923, frz. Politiker. – Organisierte 1870 unter Gambetta den militär. Widerstand; 1879–92 mehrfach Min. (Äußeres, Krieg) und viermal Min.präs. (1879/80, 1882, 1886, 1890–92); hatte führenden Anteil am Zustandekommen des frz.-russ. Bündnisses von 1893/94.

Freyer, Achim, *Berlin 30. März 1934, dt. Bühnenbildner, Regisseur und Maler. – Arbeitete u. a. am Deutschen Theater Berlin und am Schillertheater Berlin, inszenierte auch Opern (u. a. 1980 in Stuttgart „Der Freischütz" von C. M. von Weber); schuf dann v. a. optisch wirkende, experimentelle „Projekte".

F., Hans, *Leipzig 31. Juli 1887, †Wiesbaden 18. Jan. 1969, dt. Philosoph und Soziologe. – Prof. in Kiel (1922–25), Leipzig (1925 bis 1948; 1938–44 auch in Budapest), Münster (1953/54) und Ankara (1954/55). Arbeiten über philosoph. Grundlegungen einer Ethik des bewußten Lebens, Begründer einer dt. soziolog. Schule. Verband Politik, Wirtschaft und Philosophie zu einer universalgeschichtl. konservativen Anschauung. – *Werke:* Antäus (1918), Prometheus (1923), Theorie des objektiven Geistes (1923), Der Staat (1925), Soziologie als Wirklichkeitswissenschaft (1930), Einleitung in die Soziologie (1931), Revolution von rechts (1932), Macchiavelli (1938), Weltgeschichte Europas (2 Bde., 1948), Schwelle der Zeiten (1965).

Freyja (Freia, Freya) [altnord. „Herrin"], in der altnord. Mythologie die Ur- und Erdmutter aus dem Göttergeschlecht der Wanen, zauberkundige Göttin der Liebe und der Fruchtbarkeit. Sie wird später im Volksglauben mit ↑ Frigg verbunden.

Freyr [altnord. „Herr"] (Freir, Frey, Fricco), in der altnord. Mythologie aus dem Göttergeschlecht der Wanen stammender, friedensliebender Gott des Lichts und der Fruchtbarkeit, Bruder der Freyja.

Freystadt i. Niederschles. (poln. Kożuchów), Stadt am N-Rand des Schles. Landrückens, Polen, 101 m ü. d. M., 9 300 E. Metall-, Lebensmittelind. – Um 1270 im Rahmen der dt. Ostsiedlung gegr. – Spätgot. Hallenkirche (14./15. Jh.).

Remigius Fresenius

Sigmund Freud

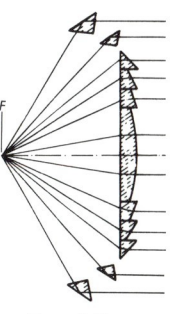

Fresnel-Linse.
Meridianschnitt einer Fresnel-Linse,
F Brennpunkt

Gustav Freytag
(Ausschnitt aus einem Gemälde von Karl Stauffer-Bern, 1886)

Ferenc Fricsay

Alfred Hermann Fried

Erich Fried

Freytag, Gustav, *Kreuzburg O. S. 13. Juli 1816, †Wiesbaden 30. April 1895, dt. Schriftsteller. – 1867–70 Abgeordneter der Nationalliberalen Partei im Norddt. Reichstag. Vertreter des bürgerl. Realismus; seine Werke leben u. a. aus seinem Fortschrittsglauben. Begann mit Gedichten und Dramen (u. a. „Die Journalisten", Lsp., 1854). „Soll und Haben" (3 Bde., 1855) ist ein realist. Roman, der ein Bild der sozialen Schichten der Zeit gibt. Sein Hauptwerk bilden die kulturhistor. „Bilder aus der dt. Vergangenheit" (5 Bde., 1859–67), auch im Ansatz auch sein großer Romanzyklus „Die Ahnen" (6 Bde., 1872–80).

Freyung, Krst. im SO des Hinteren Bayer. Waldes, Bayern, 658–798 m ü. d. M., 7100 E. Verwaltungssitz des Landkr. F.-Grafenau; Elektro-, Textil-, Holz-, Kunststoffind. – Die Siedlung erhielt 1354 Marktrecht, seit dem 15. Jh. F. genannt.

Freyung-Grafenau, Landkr. in Bayern.

Frfr., Abk. für: Freifrau.

Frhr., Abk. für: Freiherr.

Friaul=Julisch-Venetien (italien. Friuli-Venezia Giulia), Großlandschaft und Region im östl. N-Italien, 7847 km², 1,20 Mill. E (1990), Hauptstadt Triest. Erstreckt sich von der italien.-östr. Grenze in den Alpen bis zur lagunenreichen Küste des Adriat. Meeres. Die O-Grenze fällt mit der italien.-jugoslaw. Grenze zus.; im W liegen die Dolomiten und die venezian. Tiefebene, deren östl. Ausläufer den S von F.-J.-V. bilden. Die z. T. rätoroman. Bev. hat ihre Sprache und zahlr. Bräuche bewahrt.
Geschichte: Im 6. Jh. langobard. Hzgt., nach 800 fränk. Mark. Otto I., d. Gr., vereinigte das Territorium von Cividale 952 mit Bayern, 976 kam es mit der Mark Verona an Kärnten; das übrige Friaul war 1077–1420 dem Patriarchat von Aquileja unterstellt; fiel danach größtenteils an Venedig, mit diesem 1797 an Österreich, 1866 an Italien. Die Grafschaft Görz kam 1919 an Italien. Der östl., von Slowenen besiedelte Teil wurde 1947 mit Jugoslawien vereinigt, aus dem Hauptteil die Region F.-J.-V. gebildet. Z. T. durch Erdbeben 1976 erhebl. Zerstörungen.

Friauler, svw. ↑ Forlana.

Fribourg [frz. fri'buːr] ↑ Freiburg.

Frick, Wilhelm, *Alsenz bei Meisenheim 12. März 1877, †Nürnberg 16. Okt. 1946 (hingerichtet), dt. Jurist und Politiker. – Ab 1924 MdR, 1928–45 Fraktionsvorsitzender der NSDAP; 1930/31 erster nat.-soz. Min. (in Thüringen); als Reichsinnenmin. 1933–43 maßgeblich verantwortlich für den Ausbau der NS-Herrschaft; 1943–45 Reichsprotektor von Böhmen und Mähren; 1946 vom internat. Militärgerichtshof in Nürnberg zum Tode verurteilt.

Fricker, Peter Racine [engl. 'frɪkə], *London 5. Sept. 1920, †Santa Barbara (Calif.) 1. Febr. 1990, engl. Komponist. – Seine Kompositionen fügen sich formal traditionellen Gattungen (Sinfonie, Konzert, Sonate), gelegentlich Einbeziehung serieller Techniken.

Fricktal, Talschaft im Aargauer Jura, Schweiz, von der Sisseln, einem linken Zufluß des Rheins, entwässert. Von alters her wichtige Verkehrslage (u. a. Römerstraße), Hauptort Frick (3100 E). Bed. Kirschenanbau und Kirschwasserherstellung.

Fricsay, Ferenc [ungar. 'fritʃɔi], *Budapest 9. Aug. 1914, †Basel 20. Febr. 1963, ungar.-östr. Dirigent. – Schüler von Z. Kodály; 1948–54 und ab 1960 Chefdirigent des RIAS-Sinfonieorchesters in Berlin (West), 1948–52 Generalmusikdirektor der Städt. Oper Berlin und 1956–58 der Bayer. Staatsoper in München.

Friderichs, Hans, *Wittlich 16. Okt. 1931, dt. Politiker. – Jurist; Bundesgeschäftsführer der FDP 1964–69, MdB 1965–69; 1972–77 Bundesmin. für Wirtschaft, 1974–77 stellv. Vors. der FDP; 1978–85 Sprecher des Vorstands der FDP der Dresdner Bank AG.

Fridericus Rex [lat.„König Friedrich"], Friedrich II., d. Gr., von Preußen.

friderizianisch, auf die Zeit König Friedrichs II., d. Gr., von Preußen bezogen oder zu ihr gehörend.

Fridman (Friedmann), Alexander Alexandrowitsch, *Petersburg 17. Juni 1888, †ebd. 16. Sept. 1925, russ. Physiker. – Leistete wichtige Beiträge zur dynam. Meteorologie, Turbulenztheorie und Hydrodynamik. Die Lösungen der **Friedmann-Gleichungen,** die er aus den Einstein-Gleichungen der allg. Relativitätstheorie herleitete, sind Grundlage der relativist. Kosmologie.

Fridolin, hl., Missionar des 7. Jh. Stammte wahrscheinl. aus Irland, missionierte im Merowingerreich und gründete im 7. Jh. die Abtei Säckingen; zuverlässige Nachrichten fehlen. F. wird dargestellt als Abt oder Mönch und als Viehpatron sowie Patron von Glarus verehrt. – Fest: 6. März.

Fried, Alfred Hermann, *Wien 11. Nov. 1864, †ebd. 4. Mai 1921, östr. Pazifist. – 1892 Mitbegr. der Dt. Friedensgesellschaft; wirkte für die Schaffung einer internat. Friedensorganisation; erhielt 1911 den Friedensnobelpreis (mit T. M. C. Asser); Hauptwerk: „Handbuch der Friedensbewegung" (1905).

F., Erich, *Wien 6. Mai 1921, †Baden-Baden 22. Nov. 1988, östr. Schriftsteller. – Lebte seit 1938 in London; zeitkrit., in den letzten Jahren politisch und gesellschaftlich stark engagierte Lyrik. 1987 Georg-Büchner-Preis. – *Gedichtbände:* Warngedichte (1964), Vietnam (1966), Unter Nebenfeinden (1970), Die Freiheit, den Mund aufzumachen (1972), Gegengift (1974), Fast alles Mögliche (1975), Mitunter sogar lachen. Zwischenfälle und Erinnerungen (1986).

Friedan, Betty [engl. 'frɪdən], *Peoria (Ill.) 4. Febr. 1921, amerikan. Frauenrechtlerin und Sozialwissenschaftlerin. – Gründete 1966 die „National Organization for Women" (1966–70 deren 1. Vors.) und organisierte einen internat. feminist. Kongreß; weltweite Erfolge waren ihre Bücher „Der Weiblichkeitswahn"(1963) und „Das hat mein Leben verändert" (1976).

Friedberg, Stadt in Bayern, im W an Augsburg grenzend, 514 m ü. d. M., 25 600 E. Metallverarbeitung, Textilind. und Polstermöbelherstellung. – Die Burg F. entstand um 1250; 1264 als Stadt gegr., erhielt 1270 das Salzstapelrecht sowie ein neues Stadtrecht. – Die meisten Gebäude der Burg (13. Jh.) stammen aus dem 16./17. Jh.; Rathaus (17. Jh.); Wallfahrtskirche zu Unseres Herrn Ruhe (1731–35).

Friedberg (Hessen), Krst. in der Wetterau, 160 m ü. d. M., 23 860 E. Verwaltungssitz des Wetteraukr.; Fachhochschule Gießen, Bereich F. (Maschinenbau); Predigerseminar der Ev. Landeskirche in Hessen und Nassau, Sonderschule für Blinde und Gehörlose; Wetterau-Museum. U. a. Zuckerfabrik, Lackfabrik, Fahrzeugbau. – Röm. Kastelle auf dem Burgberg; bis etwa 260 röm. Stadt **Civitas Taunensium;** in fränk. Zeit besiedelt: von den Staufern wohl um 1170 gegr. (Burg 1216, Stadt 1219/20 erstmals erwähnt). Um sich von der Herrschaft der Burg zu befreien, schloß sich F. 1285 mit Frankfurt am Main, Wetzlar und Gelnhausen zum Wetterauer Städtebund zusammen, doch konnte sich die Burg, die sich im 14./15.Jh. zu einer Adelsrepublik entwickelt hatte, endgültig 1482/83 durchsetzen. 1802/03 kam die Stadt, 1806 die Burg an Hessen-Darmstadt. Seit 1834 bilden Burg und Stadt eine Gemeinde. – Got. Stadtkirche Unserer Lieben Frau (13./14. Jh.), Judenbad (1260); Reste der Stadtmauer mit Armsünderpförtchen und Rotem Turm.

Friedeburg, Hans-Georg von, *Straßburg 15. Juli 1895, †Flensburg 23. Mai 1945 (Selbstmord), dt. Admiral. – Im 2. Weltkrieg Kommandierender Admiral der Unterseeboote (seit 1943); als Oberbefehlshaber der Kriegsmarine (1945) am 7. und 8. Mai Mitunterzeichner der Gesamtkapitulation der dt. Wehrmacht.

Friedelehe [zu althochdt. friudil „Geliebter"], german. und altdt. Sonderform der Ehe. Anders als bei der regulären Sippenvertragsehe hatte der Bräutigam der Familie der Braut keinen Muntschatz (↑Munt) zu entrichten, erwarb aber auch keine hausherrl. Gewalt über die Frau.

Friedell, Egon, eigtl. E. Friedmann (bis 1916), *Wien 21. Jan. 1878, †ebd. 16. März 1938 (Selbstmord), östr. Schriftsteller. – War Kabarettist, Schauspieler, Theaterkritiker u. a. Schrieb v. a. Aphorismen und Essays. Am bekanntesten wurden die „Kulturgeschichte der Neuzeit" (3 Bde.,

1927–31) und die „Kulturgeschichte des Altertums" (Bd. 1 [Ägypten und der Vordere Orient] 1936, Bd. 2 [Griechenland] hg. 1950). – *Weitere Werke:* Steinbruch (Aphorismen, 1922), Die Reise mit der Zeitmaschine (E., 1946), Kleine Porträtgalerie (Essays, hg. 1953).

Frieden [zu althochdt. fridu, urspr. „Schonung, Freundschaft"], als Zustand einer Regelung der Verhältnisse innerhalb, von und zw. Staaten rein durch Rechtsprinzipien ist F. eine Idee der Neuzeit, die maßgeblich erst von I. Kant formuliert wurde. Als Inbegriff einer das Wohl des Staates und seiner Bürger fördernden legitimen Rechtsordnung war F. im europ. Denken fast immer umfassender gedacht als nur aus dem Ggs. zum Krieg. Die Antike hat im Entwurf der Pax Romana die Ausrichtung des F. am krieger. Normalzustand überwunden und die Idee einer umfassenden und dauerhaften rechtsförmigen Regelung der Lebensordnungen entwickelt. Der F. im A. T. (Schalom) meint das heilsame Intaktsein einer Gemeinschaft, das als Gabe der Gerechtigkeit ihres gnädigen Schöpfers erfahren wird. F. ist göttl. Geschenk, kaum menschl. Aufgabe. Das N. T. verstärkt diese Auffassung, ist doch seine gesamte Heilsbotschaft als Verkündigung des F. verstanden (Eph. 6, 15). In Jesus Christus ist der F. der ganzen Welt beschlossen, und wer ihm folgt, wird zum F.stifter (Matth. 5, 9; Röm. 14, 19; 2 Tim. 2, 22). Die Hoffnung auf das Reich Gottes läßt die Christen ein ewiges F.reich jenseits aller Kriege erwarten. Augustinus hat im 19. Buch von „De civitate Dei" streng unterschieden zw. dem innerweltl. Bereich, in dem der F. mit Macht und Herrschaft und notfalls auch durch „gerechten Krieg" (Bellum iustum) gesichert wird, und dem Bereich eschatolog. F.erwartung, der den Möglichkeiten ird. Politik entzogen ist. Augustinus' Lehre vom gerechten Krieg geht auf Cicero zurück; als christlich darf an ihr allein der Versuch gelten, die Möglichkeit des Krieges einzugrenzen und seine Wirklichkeit zu „humanisieren".

Trotz dieser Trennung von Welt-F. und Gottes-F. war im MA das Streben unübersehbar, christl. Ordnungsvorstellungen der Welt des Politischen aufzuprägen. „Pax et Justitia" (F. und Recht) lautete über Jh. die Zielbestimmung der öff. Ordnung: das Recht diente dem F. und war selbst Ausdruck des F. In der Epoche des Gottes- und Land-F. entwickelten sich die Herrschaftsinstanzen zu Trägern der Rechts- und F.idee. Im Ewigen Landfrieden von 1495 erreichte diese Entwicklung ihren Höhepunkt, die noch im Augsburger Religionsfrieden von 1555 nachwirkte.

Globale Bedeutung gewannen die Prinzipien einer rechtlich verfaßten F.ordnung erst im Zeitalter von Renaissance und Humanismus. Erasmus verwarf den Krieg als naturwidrig und forderte zwischenstaatl. Garantieerklärungen und Schiedsgerichte. Von der span. Barockscholastik (F. de Vitoria, L. de Molina, F. Suarez) gingen die entscheidenden Impulse für das neuzeitl. Völkerrecht aus bis hin zu einer grundsätzl. Infragestellung der Theorie des „gerechten Krieges". Parallel dazu entwickelten sich aus täuferbruderschaftl. Quellen der Reformationszeit die Anfänge des neuzeitl. Pazifismus (Mennoniten, Quäker, Baptisten usw.), in dessen F.vorstellungen sich die Elemente christl. Gewaltlosigkeit mit denen der polit. Demokratie verbanden.

Die Zweifel an der Unvermeidbarkeit von Kriegen wuchsen bes. seit der Zeit der Aufklärung. I. Kant umriß in seinem Entwurf „Zum ewigen Frieden" (1795) die Bedingungen einer globalen Rechtsordnung als F.ordnung und postulierte eine unbedingte sittl. F.pflicht, die eine Rechtfertigung des Krieges als „ultima ratio" ausschloß. J. G. Fichte und Jean Paul folgten den kantischen Grundsätzen, während Hegel dem Krieg erneut eine produktive Funktion zuerkannte.

In der Folge ging aus der Euphorie der Befreiungskriege und dem Nationalismus der europ. Völker eine neue Kriegsbereitschaft hervor, und die innerstaatl. sozialen Konflikte der Ind.gesellschaft waren mit den überkommenen F.ideen nicht mehr zu überbrücken. Die Kriege des 20. Jh. zerstörten schließlich auch diejenigen Hoffnungen, welche sich eine Entwicklung des F. von der systemat. Entfaltung der Möglichkeiten der Technik erwarteten. Tatsächlich zeigte sich, daß die Technik die Zerstörungsfähigkeiten der Menschen zu potenzieren vermag. Inbegriff dieser Möglichkeit ist die Beherrschung der Kernenergie. Die Kriege der Neuzeit haben aber den Ruf nach F. lauter werden lassen. Schon zu Beginn des 19. Jh. gründeten die Quäker **Friedensgesellschaften** (Peace Societies) in Amerika und Großbritannien. B. von Suttners Erfolgsroman „Die Waffen nieder!" (1888) wurde zum Signal für die Entstehung einer organisierten ↑ Friedensbewegung in Österreich und Deutschland. Seither ist das Völkerrecht mannigfach weitergebildet worden (Kriegsverbot und allg. Gewaltverbot in der Satzung der UN), aber die relative Stabilität des F. jedenfalls zw. den großen Blöcken in West und Ost war mehr der wechselseitigen Furcht, teils dem gegenseitigen Nutzen, kaum aber gemeinsamer Achtung vor dem Recht zu verdanken. Die Bewahrung des F. im atomaren Zeitalter steht unter der Drohung mögl. globaler Zerstörung, aus der die jüngste ↑ Friedensbewegung entstand. Die polit. Veränderungen im Ostblock seit Beginn der 80er Jahre ermöglichten den Übergang von der Strategie der atomaren Abschreckung zu tatsächl. Entspannung und Abrüstung. Trotzdem sind Kriege nach wie vor möglich (Kolonialkriege, Interventionen, „Stellvertreter"-Kriege). Der alte Zusammenhang der F.vorstellungen mit einem umfassenden Rechtsbegriff ist weithin vergessen.

Diese Defizite mahnt die moderne **Friedensforschung** an, an der sich verschiedene wiss. Disziplinen und Einrichtungen beteiligen. Ihre Zusammenarbeit wird in der BR Deutschland v. a. von der Dt. Gesellschaft für Friedens- und Konfliktforschung (DGFK) und der Arbeitsgemeinschaft für Friedens- und Konfliktforschung (AFK) gefördert. Zentren der Friedensforschung in der BR Deutschland sind u. a. Frankfurt am Main (Hess. Stiftung Friedens- und Konfliktforschung) und Hamburg (Institut für Friedensforschung und Sicherheitspolitik an der Univ.). Wichtige ausländ. Institute sind das International Peace Research Institute Oslo (Abk. PRIO) und das Stockholm International Peace Research Institute (Abk. SIPRI). Internat. Zusammenschluß der Friedensforscher ist die International Peace Research Association (IPRA) in Tampere.

Trotz Methodenvielfalt und sehr gegensätzl. Auffassungen im einzelnen ist der F.begriff i. d. R. nicht verengt auf den Ggs. zum Krieg. Es besteht weithin Übereinstimmung, daß moderne F.vorstellungen folgende Elemente enthalten müssen: 1. F.sicherung durch polit. und militär. Stabilität (balance of power); 2. Schutz für einzelne und Gruppen vor individueller und kollektiver Gewalt (staatliches, rechtlich geordnetes Gewaltmonopol); 3. Sicherung gegen Not und Teilhabe am gesellschaftl. Reichtum (minimal welfare); 4. Gewährleistung staatsbürgerl. Freiheit (Rechtsstaat; 2.–4. = **innerer Frieden**). Der Bed. dieser F.dimen-

Friedberg (Hessen). Blick auf die über der Stadt gelegene staufische Burg, erstmals 1216 erwähnt, mit dem Adolfsturm, erbaut 1347, Höhe 50 m, an der nördlichen Zufahrt

Friedensbewegung

sionen versucht die moderne F.forschung dadurch Rechnung zu tragen, daß sie die neuzeitl. Einengung der Kriegsursachenforschung überwindet zugunsten einer systemat. Berücksichtigung der Probleme der Nord-Süd-Beziehungen, des Völkerrechts und – neuerdings – der Sicherung der Menschenrechte. Deren Einhaltung ist sowohl formale wie materielle Bedingung mögl. Friedens, aber die Grenzen ihrer Einklagbarkeit und Durchsetzbarkeit liegen im Fortbestand nationalstaatl. Souveränität, welche keine übergreifende Macht der Rechtsdurchsetzung und -sicherung anerkennt. Erst wenn zu Kants Postulat eines Völkerbundes eine Zentralgewalt – analog dem innerstaatl. Gewaltmonopol im Rechtsstaat – hinzuträte, wäre an eine Verwirklichung von F. rein durch Rechtsprinzipien zu denken, dessen Wesen die Sicherung der Freiheit wäre.

Friedensbewegung, Sammelbez. für polit. Bewegungen in der Bev., die für Abrüstung und friedl. Zusammenleben der Völker eintreten und (vor allem in jüngster Zeit) auf die Bedrohung der Menschheit durch die militär. Nutzung der Kernkraft (Overkill) aufmerksam machen wollen. Sie entstehen neben der offiziellen Politik der Staaten, häufig im Ggs. dazu, und suchen mit Aktionen in der Öffentlichkeit (Unterschriftensammlungen, Demonstrationen, Sitzblockaden, Menschenketten usw.) v. a. die eigene Reg. zu polit. Handeln zu veranlassen. F. haben meist keine feste Organisationsstruktur, sondern setzen sich aus Gruppen unterschiedl. polit. Orientierung zusammen (↑ Pazifismus).

Die geistigen Wurzeln der F. reichen bis ins MA zurück (Idee eines ewigen Friedens, später Humanismus u. a.). Die praktisch-polit. F. setzte im 19. Jh. ein (Bildung nat. Friedensgesellschaften, u. a. 1891 durch B. von Suttner in Österreich). 1891 wurden die bestehenden Friedensgesellschaften in einem Internat. Friedensbüro zusammengeschlossen (Sitz Bern, seit 1919 Genf). Die „Dt. Friedensgesellschaft" entstand 1892. Internat. Friedenskonferenzen fanden 1899 und 1907 in Den Haag statt.

Nach dem Scheitern der F. vor dem 1. und vor dem 2. Weltkrieg und der Erfolglosigkeit der Ostermarschbewegung (↑ Ostermarsch) bildete sich Anfang der 1980er Jahre in zahlr. westl. Staaten (u. a. BR Deutschland, Niederlande, Großbritannien, USA) eine neue F. auf breiter Basis. Sie umfaßt in der BR Deutschland u. a. kirchl. und gewerkschaftl. Gruppen, die Grünen, Teile der SPD und ist stark verflochten mit der Umweltschutz-, der Frauen- und der alternativen Bewegung. Während ein Teil das Hauptgewicht auf die Verhinderung der westl. Nachrüstung entsprechend dem ↑NATO-Doppelbeschluß legte, forderten andere

Friedensbewegung. NATO-Soldaten vor einer Raketenattrappe bei einer Großkundgebung im Bonner Hofgarten am 22. Oktober 1983, die den Abschluß einer von der Friedensbewegung initiierten Aktionswoche gegen die Stationierung neuer amerikanischer Mittelstreckenraketen bildete

Gruppen allg. atomare Abrüstung bzw. Abschaffung aller Waffen. In den USA hat v. a. die *Freeze-Bewegung* polit. Bed., die das Einfrieren der atomaren Rüstung auf dem jetzigen Stand fordert. Die in der 2. Hälfte der 80er Jahre in der ehem. DDR für Abrüstung in Ost und West wirkenden kleinen Gruppen (Leitsatz „Schwerter zu Pflugscharen"), z. T. unterstützt von den Kirchen und bis zum Herbst 1989 staatl. Repression ausgesetzt, waren konstitutiver Bestandteil der Oppositionsbewegung, die den gesellschaftl. Umbruch einleitete. Neue Wirkungsbedingungen für die F. entstanden insbes. durch die Beendigung des kalten Krieges (↑ Charta von Paris) infolge der grundsätzl. Verbesserung der sowjet.-amerikan. Beziehungen und der demokrat. Umwälzung in Mittel- und Osteuropa.

Friedensbruch (Friedbruch), im altgerman. Recht jedes Verbrechen, da „Friede" Schutz und Sicherheit des Rechts bedeutete. F. i. e. S., gegenüber gesetztem „Sonderfrieden", galt als Kapitalverbrechen.

Friedensburg, Ferdinand, *Schweidnitz 17. Nov. 1886, †Berlin 11. März 1972, dt. Politiker. – Seit 1920 Mgl. der DDP; 1927–33 Reg.präs. in Kassel; 1933–45 ohne Amt; 1945 Mitbegr. der CDU in der SBZ; 1946–51 stellv. Bürgermeister von Berlin; 1952–65 MdB als Berliner Abg.; seit 1953 Prof. an der TU Berlin; 1945–68 Präs. des Inst. für Wirtschaftsforschung.

Friedensbürgschaft, nach schweizer. StGB Maßnahme des Richters gegen eine Person, die mit der Ausführung einer Straftat gedroht hat. Diese muß auf Antrag des Bedrohten versprechen, die Tat nicht auszuführen und dafür eine angemessene Sicherheit leisten.

Friedenskuß (Pax), Friedensgestus in den christl. Liturgien an je nach Ritus verschiedener Stelle der Eucharistiefeier.

Friedensnobelpreis ↑ Nobelpreis.
Friedenspfeife ↑ Kalumet.
Friedenspflicht ↑ Tarifvertrag.
Friedenspreis des Börsenvereins des Deutschen Buchhandels, 1950 als „F. des Dt. Buchhandels" gestiftet (10 000 DM, seit 1979 25 000 DM), 1951 in Form einer Stiftung vom Börsenverein des Dt. Buchhandels übernommen (heutige Bez. seit 1969). Verliehen für die „Förderung des Gedankens des Friedens, der Menschlichkeit und der Verständigung der Völker untereinander" (seit 1972 auch postum und an Organisationen). Bisherige Preisträger: M. Tau (1950), A. Schweitzer (1951), R. Guardini (1952), M. Buber (1953), C. J. Burckhardt (1954), H. Hesse (1955), R. Schneider (1956), T. Wilder (1957), K. Jaspers (1958), T. Heuss (1959), V. Gollancz (1960), S. Radhakrishnan (1961), P. Tillich (1962), C. F. von Weizsäcker (1963), G. Marcel (1964), N. Sachs (1965), A. Bea und W. A. Visser't Hooft (1966), E. Bloch (1967), L. S. Senghor (1968), A. Mitscherlich (1969), G. und A. Myrdal (1970), M. Gräfin Dönhoff (1971), J. Korczak (1972, postum), Club of Rome (1973), R. Schutz (Frère Roger) (1974), A. Grosser (1975), M. Frisch (1976), L. Kolakowski (1977), A. Lindgren (1978), Y. Menuhin (1979), E. Cardenal (1980), L. S. Kopelew (1981), G. F. Kennan (1982), M. Sperber (1983), O. Paz (1984), T. Kollek (1985), W. Bartoszewski (1986), H. Jonas (1987), S. Lenz (1988), V. Havel (1989), K. Dedecius (1990), G. Konrád (1991), A. Oz (1992).

Friedensresolution des Reichstages, auf Initiative des Zentrumsabg. M. Erzberger beschlossenes Bekenntnis der Reichstagsmehrheit aus SPD, Fortschrittlicher Volkspartei und Zentrum zu einem Verständigungsfrieden ohne Annexionen und Kriegsentschädigungen (19. Juli 1917); schuf Voraussetzungen für die spätere Weimarer Koalition.

Friedensrichter, im Recht 1. der Schweiz in einigen Kantonen vor dem eigtl. Zivilprozeß tätig werdender Richter, der im Sühneverfahren auf eine gütl. Einigung der Parteien hinwirken soll; 2. im angelsächs. und frz. Rechtskreis Richter (meist ohne jurist. Ausbildung), der über Zivil- und Strafsachen geringerer Bed. entscheidet.

Friedenssicherung, Gesamtheit der Bemühungen, den Weltfrieden herbeizuführen und zu erhalten. Mittel der F. können sein eine innen- und außenpolit. Entspannungspolitik, kollektive Abrüstungsmaßnahmen, Gründung von internat. Organisationen (z. B. UN, Völkerbund), bilaterale oder multilaterale Friedensverträge oder andere völkerrechtl. verbindl. Vereinbarungen (z. B. Nichtangriffsverträge und Neutralitätsabkommen, Verteidigungs- und Bei-

Friedhof. Links: islamischer Friedhof in Istanbul. Mitte: jüdischer Friedhof in Worms. Rechts: christlicher Friedhof in Bad Orb

standsverträge, kollektiver Verzicht auf einen Angriffskrieg). Darüber hinaus spielt für die Gewährleistung des Weltfriedens die Errichtung einer internat. Gerichtsbarkeit eine Rolle, so der Ständige Schiedshof (1907), der vom Völkerbund eingerichtete Ständige Internat. Gerichtshof (1919) und der durch die UN-Charta errichtete Internat. Gerichtshof (1945) in Den Haag. Neue Möglichkeiten für die F. in Europa ergeben sich aus der Beendigung des kalten Krieges zw. Ost und West, insbes. aus dem auf dem Pariser Gipfeltreffen der KSZE-Staaten im Nov. 1990 abgeschlossenen Vertrag über konventionelle Streitkräfte in Europa und der Verankerung des Prinzips der friedl. Konfliktlösung in der ↑Charta von Paris. Ein wichtiges Element der F. in der Gegenwart ist der Versuch der Beilegung gefährl. regionaler Konflikte durch internat. Vermittlung bzw. UN-Hilfe.

Friedenssymbole, Zeichen, Gegenstände und Handlungen, die als Symbole der Versöhnung, des Erbarmens, des himml. oder ird. Friedens verstanden werden: u. a. Taube, Olivenzweig, Ölbaum.

Friedensverrat, Störung des friedl. Zusammenlebens der Völker, insbes. durch die Vorbereitung eines Angriffskrieges. In Ausführung des Verfassungsgebotes des Art. 26 Abs. 1 GG wurde § 80 in die Staatsschutzdelikte des StGB eingefügt. Danach wird mit lebenslanger Freiheitsstrafe oder mit Freiheitsstrafe nicht unter 10 Jahren bestraft, wer einen Angriffskrieg, an dem die BR Deutschland beteiligt sein soll, vorbereitet und dadurch die [konkrete] Gefahr eines Krieges für die BR Deutschland herbeiführt. Durch § 80 a StGB **(Kriegshetze)** wird das öff. Aufstacheln zum Angriffskrieg bestraft.

Friedensvertrag, völkerrechtl. Vertrag, durch den der Kriegszustand zw. zwei oder mehreren Staaten beendet wird. Er enthält als *wesentl. Bestimmung* die Wiederherstellung friedl. Beziehungen zw. den kriegführenden Parteien, außerdem Bestimmungen über die Abtretung von Gebieten und über Reparationen oder Kriegsentschädigungen. Notwendig ist, daß der besiegte Staat – wenn auch unter Druck – dem F. zustimmt.

Friedenthal, Richard, *München 9. Juni 1896, †Kiel 19. Okt. 1979, dt. Schriftsteller. – Lebte als brit. Staatsbürger in London. Schrieb anfangs Lyrik, dann Novellen, Romane, Essays sowie Biographien über Händel (1959), Leonardo da Vinci (1959), Goethe (1963), Luther (1967), Jan Hus (1972), K. Marx (1981). Hg. des Nachlasses von S. Zweig.

Friederike von Sesenheim ↑Brion, Friederike.

Friederike Luise, *Bad Blankenburg 18. April 1917, †Madrid 8. Febr. 1981, Königin von Griechenland. – Tochter des Herzogs Ernst August von Braunschweig-Lüneburg; ⚭ seit 1938 mit dem späteren König Paul I. von Griechenland; nach Thronbesteigung Konstantins II. (1964) ohne polit. Einfluß.

Friedhof [zu althochdt. frīthof „eingehegter Raum" (Bez. für den Vorhof eines Hauses oder der Kirche), von vrīten „hegen"] (Kirchhof, Totenacker, Gottesacker), abgesonderte Stätte, an der die Toten bestattet werden. Seit dem Neolithikum wurden Gräber in einem bes. Bezirk angelegt, v. a. in natürl. und künstl. Höhlen (z. B. Felsgräber in Oberägypten und Petra). Oberird. Grabbauten bilden oft den Mittelpunkt von Nekropolen (Pyramiden-F. in Ägypten); F. am Dipylon in Athen). Die antiken F. lagen außerhalb der Städte an den Landstraßen (Gräberstraßen, z. B. in Rom: Via Appia; Pompeji; Arles: Aliscamps). Der **christliche Friedhof** wurde in der Frühzeit in Katakomben, dann in und neben den Kirchen *(Kirchhof)* angelegt, in Italien seit dem Ende des 13. Jh. in Form des Camposanto, wo die einzelnen Gräber übereinander in hohen, kreuzgängähnl. Hallen untergebracht sind (Pisa). Die Verbreitung von Pest und Seuchen führte seit Ende des MA allg. zur Trennung von Pfarrkirche und F. und zur Anlage großer Begräbnisstätten außerhalb der Wohngebiete. Sie bekamen eigene (meist dem hl. Michael geweihte) Kapellen, die oft als Beinhaus verwendet wurden. Ab 1750 erhielten die Friedhöfe unter engl. Einfluß gärtner. und parkähnl. Gestaltung. Neue Tendenzen, v. a. in Skandinavien, weisen zum Trauergarten ohne bes. Betonung des Einzelgrabes (u. a. Süd-F. in Stockholm), ebenso die Soldatenfriedhöfe. Der **jüdische Friedhof** kennt keinen Grabschmuck, die Gräber sind mit urspr. liegenden Grabsteinen gekennzeichnet. Berühmte jüd. F. sind der alte jüd. F. in Prag und in Worms. Obwohl der Koran Grab und F. geringe Bedeutung beimißt, entstanden bed. **islamische Anlagen,** z. B. Gräberstraßen der Timuriden in Samarkand (15. Jh.), sog. Kalifen- und Mameluckengräber in Kairo (14.–17. Jh.), Sulaiman-Moschee in Istanbul (16. Jh.), Muradije-F. in Bursa (15./16. Jh.). Eine der größten islam. Totenstädte entstand bei der Grabmoschee des heiligmäßig verehrten Eyüp in Istanbul.

Recht: Das F.wesen ist in Deutschland in den F.- und BestattungsG der Länder geregelt. Die **Friedhofsordnungen,** erlassen vom jeweiligen F.träger (Gemeinde oder Kirche), sind für die konkreten Rechtsverhältnisse auf dem einzelnen F. maßgeblich. Der gesetzl. Pflicht, Leichen und Urnen auf Friedhöfen beizusetzen (**Friedhofszwang,** Verfassungsmäßigkeit für Urnen umstritten), entspricht ein Anspruch auf Beisetzung auf dem örtl., ggf. [unbeschadet des religiösen Bekenntnisses] auf einem kirchl. F., wenn kein kommunaler F. vorhanden ist.

Friedjung, Heinrich, *Roštín (Südmähr. Gebiet) 18. Jan. 1851, †Wien 14. Juli 1920, dt.-östr. Historiker, Politiker und Journalist. – Vertreter einer „großdt." Geschichtsschreibung, u. a. „Der Kampf um die Vorherrschaft in Deutschland 1859–1866" (2 Bde., 1897/98) und „Österreich von 1848–1860" (2 Bde., 1908–12).

Fried. Krupp GmbH ↑Krupp-Konzern.

Fried. Krupp Hüttenwerke AG

Fried. Krupp Hüttenwerke AG ↑ Krupp-Konzern.
Friedlaender (Friedländer), Johnny, *Pleß (= Pszczyna) 21. Juni 1912, † Paris 19. Juni 1992, frz. Maler und Graphiker dt. Abkunft. – Informelle Farbradierungen mit verschieden tiefen Ätzungen.

Jerome Isaac Friedman

F., Salomo, Pseud. **Mynona**, *Gollantsch (= Gołańcz, Woiwodschaft Posen) 4. Mai 1871, † Paris 9. Sept. 1946, dt. Schriftsteller. – Schrieb neben philosoph. Werken („Die schöpfer. Indifferenz", 1918) v.a. Grotesken: „Rosa, die schöne Schutzmannsfrau" (1913), „Die Bank der Spötter" (1919), „Das Eisenbahnunglück oder der Anti-Freund" (1925), „Der lachende Hiob" (1935).

Friedland, Gemeinde im Leinebergland, 12 km südlich von Göttingen, Nds., 176 m ü. d. M., 6 900 E; Durchgangslager.

F., Stadt in Meckl.-Vorp., 20 m ü. d. M., 8 300 E. Nahrungsmittelind., Fliesenwerk. – 1244 gegr., 1298/99 an Meckl. – Ma. Stadtbefestigung mit Anklamer und Neubrandenburger Tor, got. Backsteinkirche Sankt Marien (14./15. Jh. und nach 1703).

Friedländer (der F.) ↑ Wallenstein, Albrecht von.

Friedländer, Ludwig, *Königsberg (Pr) 16. Juli 1824, † Straßburg 16. Dez. 1909, dt. klass. Philologe. – 1858–92 Prof. in Königsberg; Hauptwerk: „Darstellungen aus der Sittengeschichte Roms in der Zeit von August bis zum Ausgang der Antonine" (1862–71).

F., Johnny ↑ Friedlaender, Johnny.

Milton Friedman

F., Max [Jacob], *Berlin 5. Juni 1867, † Amsterdam 11. Okt. 1958, dt. Kunsthistoriker. – Erster Direktor der Berliner Gemäldegalerie (1924–33), emigrierte 1938 in die Niederlande. Grundlegend wurde sein 14bändiges Werk „Die altniederl. Malerei" (1924–37).

Friedland (Ostpr.) (russ. Prawdinsk), Stadt in Ostpreußen, Rußland, etwa 3 000 E. Käse-, Schuhfabrik. – 1312 als Grenzburg des Dt. Ordens gegr. – Ev. Pfarrkirche (14./15. Jh.) mit Epitaphien des 16. und 17. Jh. – Der Sieg Napoleons I. bei F. (O.) über die Russen unter L. A. G. Graf Bennigsen am 14. Juni 1807 führte zum Frieden von Tilsit.

friedliche Durchdringung (frz. pénétration pacifique), im Zusammenhang mit der Ausdehnung der frz. Interessen in Marokko zu Beginn des 20. Jh. verbreitetes Schlagwort; mit den Mitteln polit. und wirtsch. Einflußnahme durchgeführt; zählte zum Instrumentarium des Imperialismus.

friedliche Koexistenz ↑ Koexistenz.

Friedlosigkeit, im german. Strafrecht des frühen MA strafweiser Ausschluß aus der Gemeinschaft, die dem Menschen Schutz, Sicherheit und Recht verbürgte. Der Friedlose war rechtlos, er durfte straflos getötet werden.

Friedrich I. Barbarossa, Kaiser des Heiligen Römischen Reichs (Teil eines Kopfreliquiars, nach 1155; Cappenberg, ehemalige Prämonstratenserkirche)

Friedman [engl. 'fri:dmən], Jerome Isaac, *Chicago (Ill.) 28. März 1930, amerikan. Physiker. – Seit 1967 Prof. am Massachusetts Institute of Technology. Mit H. W. Kendall und R. E. Taylor bestätigte F. erstmals durch Elektronenstreuung an Protonen und Neutronen die Theorie vom Aufbau der Hadronen aus Quarks. Dafür erhielten sie 1990 den Nobelpreis für Physik.

F., Milton, *New York 31. Juli 1912, amerikan. Wirtschaftswissenschaftler. – Prof. an der University of Chicago (1946), seit 1976 in Stanford. Erhielt 1976 den Nobelpreis für Wirtschaftswiss. für seinen Beitrag zur Konsumanalyse, Geldgeschichte und Geldtheorie sowie für die Darstellung der Komplexität der Stabilisierungspolitik. – *Werke:* Studies in quantity theory of money (1956), A theory of the consumption function (1957), Kapitalismus und Freiheit (1962), Die optimale Geldmenge und andere Essays (1969).

Friedmann, Alexander Alexandrowitsch ↑ Fridman.

Friedrich, Name von Herrschern:

Hl. Röm. Reich:

F. I. Barbarossa („Rotbart"), *Waiblingen (?) 1122, † im Salef (= Göksu nehri, Kleinasien) 10. Juni 1190 (ertrunken), als F. III. Hzg. von Schwaben, Röm. König (1152), Kaiser (1155). – Erhebung zum König vermutlich gegen Heinrich den Löwen, dem F. 1154 das (1138 seinem Vater Heinrich X., dem Stolzen, entzogene) Hzgt. Bayern zurückgab, von dem er aber 1156 Österreich als babenberg. Hzgt. abtrennte (Privilegium minus). Nach dem 1. Italienzug 1154/55 (Kaiserkrönung) kam es 1157 (Reichstag zu Besançon) zum 1. Konflikt mit dem Papsttum, als F. sich weigerte, das Kaisertum als päpstl. Lehen („Beneficium") anzuerkennen. Die folgenden Italienzüge (1158, 1163, 1166–68, 1174–77) wurden unternommen, um die kaiserl. Rechte in den lombard. Städten wiederherzustellen (Ronkal. Reichstag 1158) und um das 1159 ausgebrochene Schisma zw. den Päpsten Alexander III. und (dem von F. unterstützten) Viktor (IV.) zu beenden; 1176 unterlag das dt. Kontigent bei Legnano. Im Frieden mit den Städten (seit 1167 Lombardenbund) wurde F. nur noch eine formale Oberhoheit eingeräumt (1183). 1178 ließ sich F. in Arles zum König von Burgund krönen, nachdem er bereits 1156 Beatrix, die Erbin der Pfalz-Gft. Burgund, geheiratet hatte. Im Reich gelang F. der Ausbau der stauf. Hausmacht (v. a. Städtegründungen) und der Sturz Heinrichs des Löwen (1180 Teilung des Hzgt. Sachsen, Bayern an die Wittelsbacher), doch kein Ausgleich mit den Welfen. Auf dem 6. Italienzug 1184 ließ er seinen Sohn Heinrich (VI.) zum König von Italien krönen. F. starb auf dem 3. Kreuzzug (1189–92). – Auf F. wurde 1519 die urspr. um F. II. entstandene Kyffhäusersage übertragen.

F. II., *Iesi bei Ancona 26. Dez. 1194, † Fiorentino bei Lucera 13. Dez. 1250, Röm. König (seit 1196/1212), Kaiser (seit 1220). – Nach dem Tod seines Vaters, Kaiser Heinrichs VI., (1197) verzichtete Kaiserin Konstanze für F. auf das dt. Königtum (1198 Krönung zum König von Sizilien). Der Feldzug des welf. Kaisers Otto IV. nach S-Italien bewog Innozenz III., die Wahl des Staufers zum Gegenkönig zu betreiben, die 1211/12 erfolgte. Die königl. Territorialpolitik (v. a. Städtegründungen, vielfach auf Reichsgut) führte zu Protesten geistl. Fürsten, denen die „Confoederatio cum principibus ecclesiasticis" (1220; ↑ Fürstenprivilegien) Rechnung trug. Obwohl F. entgegen früherem Versprechen seinen schon 1212 zum König von Sizilien gewählten Sohn Heinrich (VII.) 1220 zum Röm. König erheben ließ, krönte der Papst F. zum Kaiser, um dessen versprochenen Kreuzzug nicht zu verzögern. In Sizilien schuf F. mit den Assisen (Hoftagsbeschlüssen) von Capua 1220 und den Konstitutionen von Melfi 1231 einen straff organisierten Beamtenstaat. Trotz päpstl. Banns (1227) wegen des mehrfach verschobenen Kreuzzugs brach F. (Gemahl der Erbtochter des Königs von Jerusalem) 1228 auf und krönte sich 1229 zum König von Jerusalem. Auf dem Höhepunkt seiner Macht (1235 Niederwerfung des Aufstands Heinrichs [VII.], Mainzer Reichslandfriede, Versöhnung mit den Welfen; 1237 Erhebung Konrads IV., Sieg über den Lombardenbund bei Cortenuova) wurde F. 1239 erneut gebannt, 1245 vom Papst abgesetzt, doch trotz Aufstellung von Gegenkönigen u. a. nicht bezwungen. F. galt den Zeitgenossen als „Stupor mundi" (svw. „der die Welt in Erstaunen versetzt"); er beschäftigte sich mit Philosophie, Naturwissenschaft und Lyrik. Sein Buch für die Falknerei (vollendet um 1246) gilt als ein frühes Meisterwerk der beobachtenden Naturwissenschaft.

F. der Schöne, *1289, †Burg Gutenstein (Niederreich) 13. Jan. 1330, König, als F. II. Herzog von Österreich (seit 1306). – Sohn König Albrechts I.; 1314 zum Gegenkönig Ludwigs des Bayern gewählt; von diesem 1322 bei Mühldorf am Inn geschlagen und gefangengenommen; mußte im Vertrag von München (1325) die Gemeinschaftlichkeit des Königtums anerkennen; zog sich 1326 in sein von den Kriegskosten geschwächtes Hzgt. Österreich zurück.

Friedrich II., Kaiser des Heiligen Römischen Reichs

F. III., *Innsbruck 21. Sept. 1415, †Linz 19. Aug. 1493, Kaiser, als F. V. Herzog von Steiermark. – Sohn Herzog Ernsts des Eisernen von Österreich, 1440 zum König gewählt und 1452 in Rom zum Kaiser gekrönt; entschlußlos und bedächtig, aber zäh im Festhalten an seinen Plänen, konnte er das Abbröckeln des habsburg. Hausmachtbesitzes nicht verhindern; überlebte seine Gegner und konnte 1477 durch die Verheiratung seines Sohnes (und Nachfolgers) Maximilian mit Maria von Burgund dieses für Habsburg gewinnen.

Dt.Reich:
F., * Potsdam 18. Okt. 1831, † ebd. 15. Juni 1888, Kaiser (1888), als König von Preußen F. III. – Als Kronprinz F. Wilhelm; ältester Sohn Kaiser Wilhelms I.; seit 1858 ∞ mit der brit. Prinzessin Viktoria; stand den liberalen Zeitströmungen nahe; trat zur Konfliktpolitik Bismarcks seit 1862 in offenen Widerspruch. Starb nach 99 Tagen Regierung an einem Krebsleiden.

Baden:
F. I., * 1249, † Neapel 29. Okt. 1268, Markgraf. – Sein Anspruch auf das Hzgt. Österreich (1250) konnte nicht realisiert werden; zog 1267 mit Konradin nach Italien, wurde nach der Niederlage bei Tagliacozzo mit ihm in Neapel hingerichtet.
F. I., * Karlsruhe 9. Sept. 1826, † Schloß Mainau im Bodensee 28. Sept. 1907, Großherzog (seit 1856). – Übernahm 1852 die Regentschaft; betrieb eine ausgesprochen liberale Politik; 1866 auf seiten Österreichs, trat später für die kleindt. Einigung ein; wirkte 1870/71 vermittelnd bei der Reichsgründung, geriet aber erneut in Gegensatz zu Bismarck, an dessen Sturz er nicht unbeteiligt war.

Brandenburg:
F. I., * 1371, † Cadolzburg 20. Sept. 1440, Kurfürst (1417–25), als F. VI. Burggraf von Nürnberg (seit 1397). – 1411 von König Sigismund zunächst zum Verweser der Mark Brandenburg (ohne Kurrecht) ernannt, 1417 mit der Mark und dem Erzkämmereramt belehnt; Stammvater der brandenburg. Hohenzollern; übergab nach Verlust der Uckermark (1425) die Regentschaft seinem Sohn.
F. II., der Eiserne, * Tangermünde 19. Nov. 1413, † auf der Plassenburg bei Kulmbach 10. Febr. 1471, Kurfürst (seit 1440). – Sohn Kurfürst Friedrichs I.; setzte die landesfürstl. Gewalt gegenüber Adel und Städten durch; gewann 1455 die Neumark zurück.
F. Wilhelm, gen. der Große Kurfürst, * Berlin 16. Febr. 1620, † Potsdam 9. Mai 1688, Kurfürst (seit 1640). – Gewann im Westfäl. Frieden Hinterpommern mit Cammin, Minden, Halberstadt und die Anwartschaft auf Magdeburg. Baute in Streben nach Arrondierung seines unzusammenhängenden Territoriums und nach Angliederung Vorpommerns ein stehendes Heer auf (1688: 31 000 Mann) und arbeitete auch mit der Aufhebung der ständ. Finanzrechte, der Einführung der Kontribution und der Akzise u. a. auf ein einheitl. Staatswesen im Sinne des Absolutismus hin. Seine Außenpolitik war gekennzeichnet von rücksichtslosen Frontwechseln („brandenburg. Wechselfieber"), so im 1. Nord. Krieg 1655–60 (1660 Souveränität über das Hzgt. Preußen), im Devolutionskrieg 1667/68 und im Niederl.-Frz. Krieg 1672–78/79 (Sieg bei Fehrbellin über die in Brandenburg eingefallenen Schweden am 28. Juni 1675).
F. III., Kurfürst von Brandenburg, ↑ Friedrich I., König in Preußen.

Braunschweig-Lüneburg-Oels:
F. Wilhelm, gen. der „Schwarze Herzog", * Braunschweig 9. Okt. 1771, ⚔ Quatre-Bras 16. Juni 1815, Herzog (seit 1813). – Verlor durch Napoleon I. sein Hzgt.; kämpfte mit seinem Freikorps („Schwarze Schar") erfolgreich gegen die Franzosen.

Dänemark:
F. II., * Haderslevhus bei Hadersleben 1. Juli 1534, † Antvorskov bei Slagelse 4. April 1588, König von Dänemark und Norwegen (seit 1559), Herzog von Schleswig und Holstein. – Eroberte 1559 die Bauernrepublik Dithmarschen; konnte im Dreikronenkrieg (1563–70) gegen Schweden die Vorherrschaft im Ostseeraum nicht erreichen.
F. III., * Haderslevhus bei Hadersleben 18. März 1609, † Kopenhagen 9. Febr. 1670, König von Dänemark und Norwegen (seit 1648), als F. II. Herzog von Schleswig und Holstein. – Der von ihm 1657 gegen Karl X. von Schweden begonnene Krieg führte 1658 im Frieden von Roskilde zu dän. Gebietsverlusten; brach die Adelsherrschaft, wurde (1665) Erbkönig und Alleinherrscher Dänemarks.
F. IV., * Kopenhagen 11. Okt. 1671, † Odense 12. Okt. 1730, König von Dänemark und Norwegen (seit 1699), Herzog von Schleswig und Holstein. – Erreichte im 2. Nord. Krieg (Frieden von Frederiksborg 1720) die Vereinigung des gemeinschaftl. und des herzogl. Anteils des Hzgt. Schleswig mit dem königlich-dän. Anteil; führte innere Reformen durch, v. a. die Abschaffung der Leibeigenschaft (1702).
F. VI., * Kopenhagen 28. Jan. 1768, † ebd. 3. Dez. 1839, König (seit 1808). – Übernahm für seinen geisteskranken Vater Christian VII. die Regentschaft (1797); führte Dänemark durch soziale Reformen und wirtsch. Maßnahmen zu kultureller und wirtsch. Blüte. Brit. Angriffe im 2. und 3. Koalitionskrieg bewogen ihn zum Bündnis mit Frankreich; mußte 1814 Norwegen an Schweden abtreten.
F. VII., * Kopenhagen 6. Okt. 1808, † Glücksburg 15. Nov. 1863, König (seit 1848), Herzog von Schleswig, Holstein und Lauenburg (seit 1848). – Sein Versuch, Schleswig dem dän. Gesamtstaat einzuverleiben, führte zum Dt.-Dän. Krieg 1848–50; wandelte 1849 die absolute in eine konstitutionelle Monarchie um.
F. IX., * Schloß Sorgenfri bei Lyngby 11. März 1899, † Kopenhagen 14. Jan. 1972, König (seit 1947). – Sohn König Christians X.; führte seit 1942 die Regentschaft.

Hessen-Homburg:
F. II., * Homburg (= Bad Homburg v. d. H.) 30. März 1633, † ebd. 24. Jan. 1708, Landgraf. – Heiratete 1670 die Nichte des Kurfürsten Friedrich Wilhelm von Brandenburg; trat als General der Kavallerie in da brandenburg. Heer ein; zeichnete sich u. a. in der Schlacht von Fehrbellin (1675) aus; übernahm 1681 die Regierung der Landgft. Homburg; histor. Vorbild zu Kleists „Prinz Friedrich von Homburg".

Hessen-Kassel:
F. II., * Kassel 14. Aug. 1720, † Schloß Weißenstein (= Wilhelmshöhe) bei Kassel 31. Okt. 1785, Landgraf (seit 1760). – Kämpfte im Siebenjährigen Krieg auf der Seite Preußens und Großbritanniens; nach Kriegsende rege Bautätigkeit in Kassel, umfassende Wirtschafts- und Verwaltungsreformen zum großen Teil durch brit. Zahlungen für die Entsendung hess. Soldaten (1776–83 etwa 12 000) nach N-Amerika; verzichtete 1771 auf die ihm angebotene poln. Königskrone; bemühte sich vergeblich um die 9. Kurwürde.
F. Wilhelm, * Philippsruhe bei Hanau am Main 20. Aug. 1802, † Prag 6. Jan. 1875, Kurfürst von Hessen (seit 1847). – Setzte 1850 die März-Min. wieder ab und hob die Verfassung von 1831 auf (1862 unter dem Druck Preußens und des Dt. Bundes wieder eingeführt); seine Entscheidung gegen Preußen im Dt. Krieg 1866 kostete ihn den Thron.

Meißen:
F. I., der Freidige (der Gebissene), * 1257, † auf der Wartburg 16. Nov. 1323, Markgraf, Landgraf von Thüringen. – Enkel Kaiser Friedrichs II., kämpfte lange um sein Erbe, bekam 1291 die Mark Meißen, konnte erst nach Auseinandersetzungen mit König Adolf nach dem Sieg über König Albrecht I. (bei Lucka 1307) Thüringen erlangen, was ihm 1310 von König Heinrich VII. bestätigt wurde.

Niederlande:
F. Heinrich, Prinz von Oranien, Graf von Nassau, * Delft 29. Jan. 1584, † Den Haag 14. März 1647, Statthalter (seit 1625 von Holland, Utrecht, Geldern und Seeland, seit 1640 auch von Groningen und Drente). – Sohn Wilhelms von Oranien; im Festungskrieg bed. Heerführer, der die Verteidigungslinie („Barriere") der Republik schuf, die sie im Westfäl. Frieden und später behauptete; verschaffte dem Haus Oranien europ. Geltung.

Österreich:
F. II., der Streitbare, * um 1210, † 15. Juni 1246, Herzog. – Sohn Herzog Leopolds VI., folgte ihm 1230 als Herzog von Österreich und Steiermark (seit 1232 durch Heirat auch Herr in Krain); betrieb eine Politik gegen Kaiser Friedrich II., um seine Länder aus dem Reich zu lösen (1236 geächtet); später gewisse Annäherung; starb bei einem Feldzug gegen König Béla IV. von Ungarn nach einer Schlacht an der Leitha.
F. IV., * 1382/83, † Innsbruck 24. Juni 1439, Herzog von Österreich, Steiermark, Kärnten und Krain, Graf von Tirol. – Sohn Herzog Leopolds III.; übernahm den Schutz des

Friedrich III.,
Kaiser des Heiligen
Römischen Reichs
(Gemälde eines
unbekannten
steirischen Meisters,
um 1450)

Friedrich Wilhelm,
Kurfürst von
Brandenburg
(Holzstich, 1692)

Friedrich IV.,
König von Dänemark
und Norwegen
(Gemälde, um 1710)

Friedrich VI.,
König von Dänemark
und Norwegen
(Kupferstich, um 1815)

Friedrich

Papstes Johannes (XXIII.) in Konstanz, deckte dessen Flucht vom Konzil (1415), verfiel deshalb der Reichsacht; 1425 förml. Aussöhnung mit dem König.

Pfalz:
F. I., der Siegreiche, *Heidelberg 1. Aug. 1425, †ebd. 12. Dez. 1475, Pfalzgraf bei Rhein, Herzog von Bayern und Kurfürst von der Pfalz (seit 1452). – Übernahm 1449 als Vormund für Kurfürst Philipp die Regentschaft in der Pfalz, seit 1452 die vollen Herrschaftsrechte; verfolgte zielstrebig die Vergrößerung seines Territoriums auf Kosten v. a. von Kurmainz, begründete die pfälz. Vormachtstellung am Oberrhein.

F. III., *Simmern 14. Febr. 1515, †Heidelberg 26. Okt. 1576, Kurfürst (seit 1559). – Trat 1546 zur Reformation über; Anhänger des Kalvinismus; veranlaßte die Abfassung des Heidelberger Katechismus (1563), führte in seinem Land die zweite Reformation durch, unterstützte die Kalvinisten in den westeurop. Religionskriegen.

F. V., *Amberg 26. Aug. 1596, †Mainz 29. Nov. 1632, Kurfürst (seit 1610), als F. I. König von Böhmen (1619/20). – Stand bis 1614 unter Vormundschaft Pfalzgraf Johanns von Zweibrücken; ließ sich als Haupt der prot. Union 1619 zum böhm. König wählen, sein Heer wurde jedoch am Weißen Berg geschlagen und geächtet (wegen seiner kurzen Reg.zeit „der Winterkönig" gen.); die pfälz. Kurwürde fiel an Bayern.

Preußen:
F. I., *Königsberg (Pr) 11. Juli 1657, †Berlin 25. Febr. 1713, als F. III. Kurfürst von Brandenburg (seit 1688), König in Preußen (seit 1701). – Sohn Kurfürst F. Wilhelms d. Gr. von Brandenburg; erlangte im Span. Erbfolgekrieg die Anerkennung des Königtums für das Hzgt. Preußen (Krontraktat 1700; Krönungsakt 1701; Titel: „König in Preußen"); berief A. Schlüter an seinen Hof, gründete 1694 die Univ. Halle, in Berlin 1696 die Akademie der Künste und 1700 die Sozietät der Wissenschaften.

F. II., der Große, *Berlin 24. Jan. 1712, †Schloß Sanssouci 17. Aug. 1786, König (seit 1740). – Von seinem Vater, F. Wilhelm I., streng erzogen, nach einem fehlgeschlagenen Fluchtversuch in der Festung Küstrin inhaftiert (bis 1732), sein an den Fluchtplänen beteiligter Freund Hans Hermann von Katte (* 1704, † 1730) wurde vor seinen Augen hingerichtet. Nach sorglosen Jahren in Rheinsberg (dort 1739 Entstehung des „Antimachiavell") begann F. kurz nach seinem Antritt der Reg. ohne Rechtsgrundlage den 1. Schles. Krieg (1740–42). Er verteidigte das eroberte Schlesien erfolgreich im 2. Schles. Krieg (1744/45). Überzeugt, daß der Dualismus zw. Preußen und Österreich in offenem Konflikt enden würde, legte F. großen Wert auf die Vervollkommnung seiner Armee. Die Überschneidung des preuß.-östr. und des brit.-frz. Ggs. führte zu einer entsprechenden Bündniskonstellation im ↑ Siebenjährigen Krieg (1756–63), den F. durch Einmarsch in Kursachsen auslöste und in dem er sich als hervorragender Feldherr erwies (seit dem Sieg bei Roßbach 1757 der „große F." gen.). Der Regierungswechsel in Großbritannien 1760 brachte F. an den Rand der Kapitulation, vor der er nur durch den Tod der mit Österreich verbündeten Zarin Elisabeth 1762 bewahrt blieb. Durch den Frieden von Hubertusburg 1763 wurde der territoriale Vorkriegsstand bestätigt, doch stand Preußen seither als Großmacht ebenbürtig neben Österreich. Im Zuge der 1. Poln. Teilung 1772 erwarb F. Ermland und Westpreußen ohne Danzig und Thorn. Innenpolitisch erstrebte er, bestimmt von der Staatsauffassung des aufgeklärten Absolutismus, ein merkantilist. Wirtschafts- und Finanzsystem, die Bildung eines zu unbedingtem Gehorsam verpflichteten Beamtenstaates, ferner umfassende Reformen im Heer-, Rechts-, Erziehungswesen (Landschulreglement 1763) und in der Landw. (Kolonisation, Melioration, Kanalbauten); bed. Förderer von Wiss. und Kunst (selbst Flötenspieler und Komponist). Wegen der zunehmenden Schroffheit seines Wesens von seiner Umwelt immer mehr gemieden, verbrachte F. die letzten Lebensjahre in Einsamkeit. – Als „Fridericus Rex" oder „Alter Fritz" wurde F. bald zu einer legendären Gestalt. Das von der Geschichtsschreibung des 19. Jh. gezeichnete Bild des genialen Feldherrn und des der Staatsräson verpflichteten Monarchen prägte die literar. und künstler. Darstellung v. a. in der 1. Hälfte des 20. Jh.

F. Wilhelm I., *Kölln (= Berlin) 14. Aug. 1688, †Potsdam 31. Mai 1740, König (seit 1713). – Vater F. II., d. Gr.; einfach, kalvinistisch-fromm, streng und rücksichtslos; wegen seiner Vorliebe für die Armee „Soldatenkönig" gen. Unter ihm wurde die absolute Monarchie in Brandenburg-Preußen vollendet. Der preuß. Staat erhielt seine einseitig militär. Ausrichtung, das stehende Heer spielte eine bevorzugte Rolle. Konnte im Frieden von Utrecht (1713) das Staatsgebiet um Obergeldern erweitern, im Frieden von Stockholm (1720) Schwed.-Vorpommern bis zur Peene gewinnen.

F. Wilhelm II., *Berlin 25. Sept. 1744, †Potsdam 16. Nov. 1797, König (seit 1786). – Neffe König F. II., d. Gr.; hochbegabt, kunstliebend, v. a. musikalisch, aber ohne Stetigkeit in der Arbeit, unselbständig. Trotz bed. Gebietserweiterungen (Ansbach-Bayreuth 1791, Gebiete aus der 2. und 3. Teilung Polens 1793 und 1795) sank das Ansehen Preußens durch den schwankenden Kurs seiner Politik, bes. nachdem er im Basler Frieden Frankreich das linke Rheinufer zugestanden hatte.

F. Wilhelm III., *Potsdam 3. Aug. 1770, †Berlin 7. Juni 1840, König (seit 1797). – Sohn von König F. Wilhelm II.; ⚭ 1793 mit Prinzessin Luise von Mecklenburg-Strelitz; bis 1806 in Abhängigkeit von Napoleon I. Trat 1806 überstürzt in den Krieg gegen Napoleon I. ein, der ihn nach der Niederlage bei Jena und Auerstedt zum Frieden von Tilsit 1807 zwang. 1812/13 von seinen polit. Beratern, Generalen und v. a. durch die patriot. Befreiungskriege zu einem Bündnis mit Rußland und Österreich gezwungen. Versuchte, die 1815 bestätigte Großmachtstellung Preußens im Bündnis mit Rußland und Österreich zu bewahren. Seine Innenpolitik (zw. Reform und Restauration) wurde schließlich von den Reformplänen K. vom und zum Steins, K. A. Hardenbergs, G. von Scharnhorsts sowie A. von Gneisenaus bestimmt.

F. Wilhelm IV., *Berlin 15. Okt. 1795, †Schloß Sanssouci 2. Jan. 1861, König (seit 1840). – Sohn F. Wilhelms III., Bruder Wilhelms I. Ging von der Restaurationspolitik seines Vaters ab. Von der dt. Romantik geprägt, einem christlich-german. Staatsideal verhaftet; Vorstellungen vom Gottesgnadentum und vom ma. Ständestaat verhinderten im Vormärz einen preuß. Übergang zum Konstitutionalismus. Durch den Ausbruch der Märzrevolution (1848) zum Nachgeben gezwungen, lehnte er aber 1849 die von der Frankfurter Nationalversammlung angebotene Erbkaiserwürde ab. Strebte die nat. Einigung durch eine Union auf der Basis des Dreikönigsbündnisses und mit Hilfe des Erfurter Unionsparlaments an, scheiterte aber 1850 am russ.-östr. Widerstand (Olmützer Punktation). Wegen der eine Krankheit hervorgerufenen Reg.unfähigkeit übernahm Wilhelm I. 1858 die Regentschaft.

F. III., König von Preußen, ↑Friedrich (Dt. Reich).

F. Karl, *Berlin 20. März 1828, †Klein Glienicke (= Potsdam) 15. Juni 1885, Prinz von Preußen, preuß. Generalfeldmarschall. – Neffe Kaiser Wilhelms I.; 1864 Oberbefehlshaber der verbündeten preuß.-östr. Truppen im Dt.-Dän. Krieg; im Dt. Krieg 1866 und im Dt.-Frz. Krieg 1870/71 hoher Kommandeur.

Sachsen:
F. I., der Streitbare, *Altenburg/Thüringen (?) 11. April 1370, †ebd. 4. Jan. 1428, Kurfürst (seit 1423), als F. IV. Markgraf von Meißen (seit 1381). – Erhielt 1420 von Kaiser Sigismund die drei Jahre zuvor bei Belehnung mit den Reichslehen noch zurückgehaltenen böhm. Lehen; 1423 wurde ihm das erledigte Kurfürstentum Sachsen übertragen; begr. den Aufstieg des Hauses Wettin; gründete 1409 die Univ. Leipzig.

F. III., der Weise, *Torgau 17. Jan. 1463, †Lochau bei Torgau 5. Mai 1525, Kurfürst (seit 1486). – Begr. 1502 die Univ. Wittenberg. Regierte gemeinsam mit seinem Bruder Johann dem Beständigen; bemühte sich um die Reichsreform; gab 1519 seine Stimme Karl I. von Spanien, nachdem

Friedrich I., der Siegreiche, Kurfürst von der Pfalz (Gemälde nach einem um 1465 entstandenen Bildnis)

Friedrich I., König in Preußen (Kupferstich, 1701)

Friedrich II., der Große, König von Preußen (Zeichnung von Gottfried Schadow)

Friedrich Wilhelm I., König in Preußen (Gemälde von Antoine Pesne, um 1733)

er es abgelehnt hatte, sich selbst zum Kaiser wählen zu lassen; gewährte Luther Schutz (Wartburg-Aufenthalt 1521/1522), obwohl er selbst der neuen Lehre abwartend gegenüberstand; förderte durch tolerante Haltung die Ausbreitung der Reformation.

F. August I., Kurfürst von Sachsen, ↑August II., der Starke, König von Polen.

F. August II., Kurfürst von Sachsen, ↑August III., König von Polen.

F. August III., *Dresden 25. Mai 1865, † Sibyllenort (Niederschlesien) 18. Febr. 1932, König (seit 1904). – Sehr populär; mußte 1918 abdanken.

Schwaben:

F. I., *um 1050, † 1105, Herzog (seit 1079). – Sohn des Grafen F. von Büren, Schwiegersohn Kaiser Heinrichs IV.; als dessen treuer Gefolgsmann mit Schwaben belehnt; versuchte, durch zahlr. Klostergründungen Zentren herrschaftl. Macht für seine Familie zu bilden; schuf so die Grundlage für den späteren Aufstieg der Staufer.

F. III., Herzog, ↑Friedrich I. Barbarossa (Hl. Röm. Reich).

Württemberg:

F. I., *Treptow a./Rega (Hinterpommern) 6. Nov. 1754, † Stuttgart 30. Okt. 1816, König (seit 1806; 1803–06 Kurfürst), als F. II. Herzog (1797–1803). – Neffe Herzog Karl Eugens und Onkel des Zaren Alexander I. von Rußland; nutzte im Anschluß an die Politik Napoleons I. (1802; 1806–13 Mgl. des Rheinbunds) zielstrebig v. a. zur Verdoppelung des Territoriums und zur Erlangung der Souveränität; wandelte sein Land zum bürokrat.-absolutist. Einheitsstaat; 1812 Anschluß an die antifrz. Koalition, 1816 an den Dt. Bund.

Friedrich von Antiochien (vermutlich ein heute unbekannter Ort in Süditalien), *um 1225, † Foggia 1256, Graf von Alba, Celano und Loreto. – Illegitimer Sohn Friedrichs II.; wurde im Juni 1244 zum Generalvikar der Mark Ancona, 1246 zum Podestà von Florenz und Generalvikar der Toskana und des tusz. Patrimoniums erhob; stand später an der Seite seines Halbbruders Manfred weiter gegen Papst Innozenz IV.

Friedrich von Hausen, *Hausen b. Bad Kreuznach (?) um 1150, ⚔ Philomelium (Kleinasien) 6. Mai 1190, mittelhochdt. Lyriker. – Unter diesem Namen sind etwa 50 Strophen, u. a. Kreuzzugsgedichte, überliefert, die zum ersten Mal in der dt. Lyrik (neben H. von Veldeke) das Thema der hohen Minne voll entfalten (provenzal. Einflüsse).

Friedrich, Caspar David, *Greifswald 5. Sept. 1774, † Dresden 7. Mai 1840, dt. Maler und Graphiker. – F. studierte 1794–98 an der Akad. von Kopenhagen und ging 1798 nach Dresden. Ein gesteigertes, aus sorgfältiger Beobachtung erwachsendes Gefühl für die Stimmungen der Natur lösen bei F. die Schemata der idealen (italien.) Landschaft ab. Die neuen Inhalte romant. Erlebens sind Spiegelungen einer subjektiven, tief religiösen Empfindung, deren Vorstellungen im wesentlichen um Werden und Vergehen kreisen. – *Werke:* Das Kreuz im Gebirge (sog. Tetschener Altar; 1808; Dresden, Gemäldegalerie), Mönch am Meer (um 1808/09; Berlin, Schloß Charlottenburg), Der Wanderer über dem Nebelmeer (um 1817/18; Hamburg, Kunsthalle), Kreidefelsen auf Rügen (um 1818; Winterthur, Stiftung Oskar Reinhart). – Abb. S. 442.

F., Götz, *Naumburg/Saale 4. Aug. 1930, dt. Opernregisseur. – 1968–72 Oberspielleiter an der Kom. Oper in Berlin unter W. Felsenstein, 1973–81 an der Hamburgischen Staatsoper, seit 1981 Generalintendant der Dt. Oper Berlin, seit 1984 auch Intendant am Theater des Westens (Berlin). F. inszenierte 1984/85 an der Dt. Oper Berlin Wagners „Ring des Nibelungen", bei den Bayreuther Festspielen 1984 Wagners „Parsifal" und bei den Salzburger Festspielen 1984 L. Berios „Un re in ascolto".

F., Hugo, *Karlsruhe 24. Dez. 1904, † Freiburg im Breisgau 25. Febr. 1978, dt. Romanist. – Prof. in Freiburg im Breisgau; maßgebende Untersuchungen zu den roman. Literaturen. – *Werke:* Das antiromant. Denken im modernen Frankreich (1935), Roman. Literaturen (Aufsätze, 2 Bde., 1972).

F., Rudolf, *Winterthur 4. Juli 1923, schweizer. Politiker (Freisinnig-Demokrat. Partei). – Rechtsanwalt; seit 1983 Bundesrat.

Friedrich-Ebert-Stiftung e. V., der SPD nahestehende, auf Wunsch F. Eberts nach seinem Tode 1925 gegr. Stiftung mit dem Ziel, das demokrat. Bewußtsein und die internat. Verständigung zu fördern. 1933 verboten, 1947 wieder belebt. Im Mittelpunkt stehen Erwachsenenbildung (Heimvolkshochschulen), Studienförderung (auch Absolventen des zweiten Bildungswegs) und Entwicklungshilfe. Sitz: Bonn-Bad Godesberg.

Friedrich-Naumann-Stiftung, 1958 durch T. Heuss gegr. Stiftung privaten Rechts zur Pflege und Förderung des demokrat. Bewußtseins in allen Schichten des Volkes und der Verständigung zw. den Völkern; Theodor-Heuss-Akademie in Gummersbach-Niedersseßmar.

Friedrichroda, Stadt in Thür., am N-Rand des Thüringer Waldes, 420–460 m ü. d. M., 5800 E. Erholungsort und Wintersport, Holz-, Kunststoffind. Nw. von F. die Marienglashöhle (Gipsauslaugung). – Erstmals 1209 erwähnt; unter wettin. Oberhoheit (ab 1247), 1597 Stadtrecht, 1826 an Sachsen-Coburg-Gotha, 1920 an Thüringen. – Neugot. Schloß Reinhardsbrunn (1827–35).

Friedrichsdor [dt./frz. „aus Gold"], Abk. Frdor., preuß. Münze, Abwandlung der ↑Pistole, geschaffen von Friedrich II., d. Gr.; geprägt 1741–1855.

Friedrichsdorf, Stadt 16 km nördlich von Frankfurt am Main, am Abfall des östl. Taunus zur Wetterau, Hessen, etwa 200 m ü. d. M., 22 300 E. U. a. Zwiebackfabriken. – Um 1687 für einwandernde Hugenotten gegr.; 1771 wurde F. Stadt. – Frz.-ref. Pfarrkirche (1837 vollendet).

Friedrichshafen, Krst. am N-Ufer des Bodensees, Bad.-Württ., 400 m ü. d. M., 51 800 E. Verwaltungssitz des Bodenseekr., Technikerschule für Maschinenbau, Akad. für prakt. Betriebswirtschaft. Städt. Bodensee-Museum mit Zeppelinabteilung; Internat. Bodenseemesse und Internat. Bootsausstellung. Metall- und Elektroind. (u. a. Motoren- und Flugzeugbau). Fähre nach Romanshorn (Schweiz), Fremdenverkehr, Jachthafen, ⚓. – Das 838 zuerst erwähnte **Buchhorn** lag an der Stelle des heutigen Schlosses und kam nach dem Aussterben der Grafen von Buchhorn (1089) in welf. und seit 1191 in stauf. Besitz. Der Markt wurde 1275/99 Reichsstadt. 1802/03 fiel Buchhorn an Bayern. Das 1085 von Berta von Buchhorn gegr. Nonnenkloster erhielt im 13. Jh. den Namen **Hofen** (1419 aufgehoben, 1702 als Priorat neu gegr., 1802/03 säkularisiert). – Nach dem Erwerb durch Württemberg (1810) bildeten beide Gemeinden 1811 F. – Barocke Schloßkirche (1695–1701) im ehem. Benediktinerklosterbezirk, die Klostergebäude (17. Jh.) wurden 1824–30 zur königlich-württemberg. Residenz umgebaut.

Friedrichshall, Bad ↑Bad Friedrichshall.

Friedrichsruh, Ortsteil der Gemeinde **Aumühle,** im Sachsenwald, östlich von Hamburg, 3 300 E. Schloß Bismarcks mit Mausoleum; Bismarckmuseum.

Friedrichstadt, Stadt in der östl. Eiderstedter Marsch, Schl.-H., 4 m ü. d. M., 2 600 E. Blumenzucht; Fremdenverkehr. – 1621 für niederl. Arminianer von Herzog Friedrich III. von Schleswig-Holstein-Gottorf gegründet. – Häuser im Stil der niederl. Renaissance.

Friel, Brian [engl. fri:l], *Omagh (Gft. Tyrone) 9. Jan. 1929, ir. Dramatiker. – Bed. Vertreter des modernen ir. Volkstheaters. Einfühlsame, plast. Darstellung ir. Charaktere; gestaltet Hoffnungen, Illusionen und Enttäuschungen einfacher Menschen; auch Hörspiele und Kurzgeschichten. – *Werke:* Ich komme, Philadelphia (Dr., 1965), Die Liebesaffären des Cass McGuire (Dr., 1967), Liebespaare (Dr., 1967), Fathers and sons (Dr., 1986), Making history (Dr., 1988).

Frieren, Reaktion des Warmblüterorganismus auf eine Erniedrigung der Umgebungstemperatur deutlich unter die Behaglichkeitsgrenze. Thermorezeptoren in der Haut registrieren die Kälte und leiten entsprechende Erregungen zu höheren Zentren im Rückenmark und im Gehirn weiter. Als reflektor. Abwehrmaßnahme kommt es kompensato-

Friedrich Wilhelm II., König von Preußen (Holzschnitt, 1850)

Friedrich Wilhelm III., König von Preußen (Kupferstich)

Friedrich Wilhelm IV., König von Preußen (Gemälde von Franz Krüger)

Friedrich III., der Weise, Kurfürst von Sachsen (Kupferstich von Albrecht Dürer)

Fries

Caspar David Friedrich. Dorflandschaft bei Morgenbeleuchtung, auch Der einsame Baum, 1822 (Berlin, Staatliche Museen)

risch zu erhöhter Wärmeproduktion durch aktive Muskelarbeit (Kältezittern) und Drosselung der Wärmeabgabe durch Bildung einer Gänsehaut sowie Gefäßverengung.

Fries, Ernst, * Heidelberg 22. Juni 1801, † Karlsruhe 11. Okt. 1833, dt. Maler. – F. gilt neben P. Fohr als einer der bedeutendsten Vertreter der Heidelberger Romantik.

F., Hans, * Freiburg um 1465, † Bern um 1523, schweizer. Maler. – Von seinen spätgot. Altarwerken sind erhalten u. a. Teile des „Weltgerichtsaltars" (1501; München, Alte Pinakothek) und des „Johannes-Triptychons" (1514; Basel, Kunstmuseum).

F., Heinrich, * Mannheim 31. Dez. 1911, dt. kath. Theologe. – 1950 Prof. in Tübingen, seit 1958 in München. Zahlr. Werke über Fundamentaltheologie und ökumen. Theologie, u. a. „Die kath. Religionsphilosophie der Gegenwart" (1949), „Glaube – Wissen" (1960), „Das Gespräch mit den ev. Christen" (1961), „Glaube und Kirche auf dem Prüfstand" (1970), „Fundamentaltheologie" (1985).

F., Jakob Friedrich, * Barby/Elbe 23. Aug. 1773, † Jena 10. Aug. 1843, dt. Philosoph und Physiker. – Ab 1805 Prof. in Heidelberg, ab 1816 in Jena; wegen seiner Beteiligung am Wartburgfest 1817 Entziehung der Professur, seit 1824 erneut Prof. in Jena. – Versuchte die krit. Philosophie Kants von dem „Vorurteil des Transzendentalen" zu reinigen, indem er die Kritik der Vernunft auf der Grundlage der Selbstbeobachtung psychologisierte und so zu einer Erfahrungswiss. machte.
Werke: System der Philosophie als evidenter Wissenschaft (1804), Neue oder anthropolog. Kritik der Vernunft (1807), System der Logik (1811), Die Geschichte der Philosophie (2 Bde., 1837–39).

Fries [frz.], in der Baukunst gliedernder Schmuckstreifen einer Wand; beim antiken Tempel Teil des Gebälks zw. Architrav und Gesims. Zierformen der Antike: Palmetten, Akanthus, Mäander, Eierstab; Romanik: Rundbogen, Kreuzbogen, Zahnschnitt, Schachbrett, Würfel, Kugel, Zickzack; Gotik: Laub- und Blattformen.

Friesach, Stadt im Metnitztal, Kärnten, Österreich, 636 m ü. d. M., 7100 E. Museum; Maschinenbau, Sägewerk; Fremdenverkehr. – Schon zur Römerzeit besiedelt **(Candalice),** kam 860 in salzburg. Besitz; 1215 Stadt gen.; fiel 1805 an Österreich. – Pfarrkirche Sankt Bartholomäus (12.–15. Jh.) mit bed. Glasmalereien (13./14. Jh.), Dominikanerklosterkirche (13. Jh.); auf dem *Petersberg* die Peterskirche (zw. 860 und 927) und Bergfried (1130) der zerstörten Burg. – Zuerst in F. geprägt, dann vielfach nachgeahmt

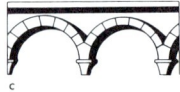

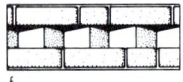

Fries.
a Eierstab;
b Mäander;
c Rundbogen-,
d Kreuzbogen-,
e Zickzack-,
f Zahnschnittfries

(bis N-Italien), wurden die **Friesacher Pfennige** im 12. bis 14. Jh. beliebte Handelsmünzen.

Frieseln (Frieselausschlag, Schweißfrieseln, Miliaria, Sudamina), hirsekorngroße Hautbläschen mit klarem oder weißl. Inhalt (v. a. bei starkem Schwitzen oder bei fieberhaften Erkrankungen). – **Rote Frieseln** (Miliaria rubra), von einem roten Hof umgeben, treten häufig in den Tropen auf als *Prickly heat* oder als sog. *Roter Hund.*

Friesen, [Karl] Friedrich, * Magdeburg 25. Sept. 1784, ✗ Lalobbe (Ardennes) 15. März 1814, dt. Turnpädagoge. – Wirkte seit 1808 als Lehrer in Berlin, Mitarbeiter F. L. Jahns; trat 1813 in das Freikorps Lützow ein und fiel 1814 als Lützows Adjutant.

Friesen (lat. Frisi, Frisiones), westgerman. Stamm an der Nordseeküste (Kernraum zw. Vliestroom und Ems), der 12 v. Chr. bis Ende des 3. Jh. unter röm. Herrschaft stand und um 700 ein Großreich von Brügge bis zur Weser bildete (später Ausdehnung der F. bis ins heutige N-Friesland). Karl d. Gr. unterwarf das F.reich 785 und ließ die fries. Volksrechte aufzeichnen (Lex Frisionum). Angelsächs. Missionare (Willibrord, Bonifatius) christianisierten die F. Der Deichbau (seit etwa 1000) brachte als soziale Folge allen Ständen die persönl. Freiheit, eine entscheidende Voraussetzung der späteren „Fries. Freiheit", der in einer Art Landfriedensbund (↑Upstallsboom) zusammengeschlossenen Bauernrepubliken. Während das Land westlich der Zuidersee schon früh in der Gft. Holland aufging, fiel der Teil zw. Zuidersee und Lauwerszee im 16. Jh. den Habsburgern zu. Ostfriesland war seit 1464 selbständiges Territorium.

friesische Literatur, erst aus dem 13. Jh. *(altfries. Zeit)* sind Texte in fries. Sprache (Ostfries. und westlauwersches Friesisch) bekannt (Rechtsquellen). Greifbar wird f. L. in sog. *mittelfries. Zeit* (etwa 1550–1800) und zwar überwiegend als westfries. Literatur: Bedeutendster Vertreter ist G. Japiks (* 1603, † 1666). Nach 1800 erfuhr die *neufries. Literatur* Anstöße durch die Romantik, bes. durch J. H. Halbertsma (* 1789, † 1869). Um 1914 entstand die „Jungfries. Bewegung", die nat. Bestrebungen mit weltoffener Geisteshaltung zu vereinen suchte. Führend war D. Kalma (* 1896, † 1953). Heute sind v. a. A. S. Wadman (* 1919) und T. Riemersma (* 1938) zu nennen. Die *ostfries. Schriftsteller* zählen zur ↑niederdeutschen Literatur.

friesische Sprache, zur westgerman. Gruppe der german. Sprachen gehörende Sprache, die in der niederl. Provinz Friesland *(Westfriesisch),* im niedersächs. Saterland *(Saterländisch)* oder *Ostfriesisch),* auf den Inseln Helgoland, Sylt, Föhr, Amrum, den nördl. Halligen und an der W-Küste Schleswig-Holsteins *(Nordfriesisch)* gesprochen wird. Die f. S. ist frühestens in den niederl. Seemarschen, die erst um 300 v. Chr. besiedelt wurden, entstanden.

Friesland, Landkr. in Niedersachsen.

F., Prov. in den nördl. Niederlanden; 3359 km² Landfläche, 599 000 E (1990), Verwaltungssitz Leeuwarden. Grundmoränenlandschaft im O, Torfmoorzone im mittleren Teil mit zahlr. Seen, im W und N Marschland. Zuckerrüben-, Flachs-, Saatkartoffelanbau; Rinderzucht; Maschinen- und Schiffbau; Förderung von Erdgas. F. umfaßt außerdem die Inseln Schiermonnikoog, Ameland, Terschelling und Vlieland.
Geschichte: Durch Fehden zw. den Parteien der „Schieringers" und „Vetkopers" gelang es Holland und Groningen, im 14. Jh. Einfluß in F. zu gewinnen; 1492 von Herzog Albrecht dem Beherzten von Sachsen besetzt; kam 1515/24 an die Habsburger; nahm von Anfang an am ↑Achtzigjährigen Krieg teil; 1572 vorübergehend wieder span., seit 1576 endgültig auf der Seite der Geusen; teilte in der Folgezeit die Geschicke der Vereinigten ↑Niederlande.

Friesoythe, Stadt an der Soeste, Nds., 9 m ü. d. M., 17 000 E. Pharmaind., Bandwebereien. – Urspr. bei einer Burg entstandener Marktort, erhielt 1366 Stadtrecht. Von den Grafen von Tecklenburg fiel F. 1400 an die Bischöfe von Münster, 1803 kam es zu Oldenburg.

Friesz, Othon [frz. fri'ɛs], * Le Havre 6. Febr. 1879, † Paris 10. Jan. 1949, frz. Maler. – Zeitweilig loser Anschluß an die Fauves (1906); eine kräftige Farbigkeit zeichnet seine Porträts, Stilleben, Figuren- und Landschaftskompositionen aus.

Frigen Ⓦ [Kw.], Fluorchlorkohlenwasserstoffe, die als Sicherheitskältemittel und als Treibgas (für Aerosole) dienen.

Frigg (Frija, Frea, Freyja) [altnord.], nord- und westgerman. Göttin, Gattin Wodans, Mutter Baldrs. Auf ihren Namen geht der Name des Freitags (althochdt. frīatag, frijedag, mittelhochdt. vrītac) zurück.

frigid [lat.], kalt, kühl.

Frigidarium [lat.], Kaltwasserbad in röm. Thermen.

Frigidität [lat.], veraltete Bez. für eine als sexuelle Gefühlskälte beschriebene Störung der sexuellen Erlebnisfähigkeit der Frau; inzwischen als Libido- oder Orgasmusstörungen bezeichnet.

Frikadelle [lat.-frz.] (Bulette, Fleischpflanzerl), gebratener Hackfleischkloß.

Frikandeau [frikanˈdoː; frz.], Teil der Kalbskeule, gespickt und gebraten oder geschmort **(langes Frikandeau)**.

Frikandelle [gebildet aus ↑Frikadelle und ↑Frikandeau], Schnitte aus gedämpftem Fleisch.
▷ svw. ↑Frikadelle.

Frikassee [frz.], Ragout aus Kalb-, Lamm-, Geflügel-, Wild- oder Fischfleisch.

Frikativ [lat.] ↑Reibelaut.

Friktion [lat.], Reibung zw. gegeneinander bewegten Körpern, die die Übertragung von Kräften und Drehmomenten ermöglicht.
▷ kreisende Abreibung mit Fingerspitzen, Tuch oder Bürste; Massagegriff zur Durchblutungssteigerung und Erwärmung der Haut.
▷ in der *Wirtschaftstheorie* Bez. für Verzögerungswiderstand, der der sofortigen Wiederherstellung des wirtsch. Gleichgewichts beim Überwiegen von Angebot oder Nachfrage entgegensteht.

Friktionsräder, svw. ↑Reibräder.

Frimaire [frz. friˈmɛːr „Reifmonat"], 3. Monat des Kalenders der Frz. Revolution (21., 22. bzw. 23. Nov. bis 20., 21. bzw. 22. Dez.).

Frings, Josef, *Neuß 6. Febr. 1887, †Köln 17. Dez. 1978, dt. kath. Theologe und Kardinal (seit 1946). – 1910 Priester, 1942–69 Erzbischof von Köln, 1945–65 Vors. der Fuldaer Bischofskonferenz und Wortführer des dt. Katholizismus; maßgebl. Beteiligung am 2. Vatikan. Konzil.

F., Theodor, *Dülken 23. Juli 1886, †Leipzig 6. Juni 1968, dt. Germanist. – 1917–27 Prof. für dt. Sprache und Literatur in Bonn, seit 1946 in Leipzig; dialektgeograph., sprachgeschichtl. und literarhistor. Arbeiten; Begr. des „Althochdt. Wörterbuchs" (1952 ff.).
Werke: Studien zur Dialektgeographie des Niederrheins (1913), Grundlegung einer Geschichte der dt. Sprache (1948), Sprache und Geschichte (3 Bde., 1956).

Frisbee Ⓦ [ˈfrɪzbi; engl.], Sportgerät; tellerähnl. Wurfscheibe aus Plastik; mehrere Disziplinen mit verschiedenen Übungen.

Frisch, Karl Ritter von, *Wien 20. Nov. 1886, †München 12. Juni 1982, östr. Zoologe. – Prof. u. a. in Breslau und seit 1930 in München; grundlegende Untersuchungen über die Sinnes- und Verhaltensphysiologie; berühmte seine Studien über das der gegenseitigen Verständigung dienende Tanzverhalten der Bienen („Aus dem Leben der Bienen", 1927; „Tanzsprache und Orientierung der Bienen", 1965); 1973 zus. mit K. Lorenz und N. Tinbergen Nobelpreis für Medizin und Physiologie.

F., Max, *Zürich 15. Mai 1911, †ebd. 4. April 1991, schweizer. Schriftsteller. – Neben F. Dürrenmatt bedeutendster Vertreter der modernen Schweizer Literatur, v. a. in den Gattungen des Romans (v. a. „Stiller", 1954; „Homo Faber", 1957; „Mein Name sei Gantenbein", 1964) und Dramas (v. a. „Don Juan oder Die Liebe zur Geometrie", 1953, Neufassung 1961; „Herr Biedermann und die Brandstifter", Hsp. 1956, Dr. 1958; „Andorra", 1961). Hauptthema der Werke F. ist die Selbstentfremdung des modernen Menschen, das Problem der spaltungsbedrohten Identität, der Versuch der Identitätsfindung. Mit „Montauk" (1975) beginnt eine sich im „Triptychon. Drei szen. Bilder" (1978) und „Der Mensch erscheint im Holozän" (E., 1979) fortsetzende Tendenz eschatolog. Denkens, Todes- und Altersbewußtseins, die keine realist. Utopien mehr zuläßt. 1958 erhielt F. den Georg-Büchner-Preis, 1976 wurde ihm der Friedenspreis des Börsenvereins des Dt. Buchhandels zuerkannt.
Weitere Werke: Bin oder die Reise nach Peking (E., 1945), Nun singen sie wieder (Dr., 1946), Santa Cruz (Dr., 1947), Die chin. Mauer (Dr., 1947, Neufassungen 1955 und 1972), Als der Krieg zu Ende war (Dr., 1949, verkürzte Fassung 1962), Tagebuch 1946–1949 (1950), Graf Öderland (Dr., 1951, endgültige Fassung 1961), Rip van Winkle (Hsp., 1953), Öffentlichkeit als Partner (Reden u. a., 1967), Erinnerungen an Brecht (1968), Dramaturgisches. Ein Briefwechsel (1969), Wilhelm Tell für die Schule (Prosa, 1971), Tagebuch 1966–1971 (1972), Blaubart (E., 1982), Schweiz ohne Armee. Ein Palaver (1988/89; Theaterfassung u. d. T. „Jonas und sein Veteran. Ein Palaver" 1989).

F., Otto Robert, *Wien 1. Okt. 1904, †Cambridge 22. Sept. 1979, brit. Physiker östr. Herkunft. – 1947–72 Prof. in Cambridge; gab 1939 zus. mit L. Meitner die physikal. Deutung der experimentellen Ergebnisse von O. Hahn und F. Straßmann beim Beschuß von Uran mit Neutronen und prägte den Begriff „nuclear fission" (Kernspaltung).

F., Ragnar [Anton Kittil], *Oslo 3. März 1895, †ebd. 31. Jan. 1973, norweg. Nationalökonom. – 1931–65 Prof. in Oslo; Mitbegr. der Ökonometrie; arbeitete v. a. über Nachfrageforschung, Konjunkturtheorie, Planung und Programmierung und Produktionstheorie. Erhielt 1969 (gemeinsam mit J. Tinbergen) den sog. Nobelpreis für Wirtschaftswissenschaften.

Frischblutkonserven ↑Blutkonserve.

Frischen, Stahlerzeugung.

Frisches Haff, flaches Ostseehaff zw. der ostpreuß. Küste und der 60 km langen, bis 1,8 km breiten **Frischen Nehrung,** 840 km²; Verbindung zur Ostsee durch das 550 m lange und 360 m breite **Pillauer Seetief.** Durch das F. H. verläuft seit 1945 die Grenze zw. der UdSSR und Polen.

Frischhaltung ↑Konservierung.

Frischlin, Nikodemus [...liːn], *Erzingen (= Balingen) 22. Sept. 1547, †Festung Hohenurach 29. (30. ?) Nov. 1590, dt. Dichter und Humanist. – Prof. u. a. in Tübingen; schrieb in Latein derb-humorvolle Komödien und die bibl. Dramen „Rebecca" (aufgeführt 1576, gedruckt 1587), „Susanna" (aufgeführt 1578), in dt. Sprache das Drama „Frau Wendelgard" (aufgeführt 1579, gedruckt 1580).

Frischling, wm. Bez. für Wildschwein im ersten Lebensjahr.

Frischmuth, Barbara, *Altaussee 5. Juli 1941, östr. Schriftstellerin. – Analysiert autoritär-inhumane Erziehungsmethoden und -mechanismen („Die Klosterschule", 1968); Hinwendung zu traditionellen Erzählweisen.
Weitere Werke: Amoral. Kinderklapper (E., 1969), Das Verschwinden des Schattens in der Sonne (R., 1973), Haschen nach Wind (E., 1974), Amy oder Die Metamorphose (R., 1978), Herrin der Tiere (E., 1986), Über die Verhältnisse (R., 1987), Einander Kind (R., 1990).

Frischpräparate ↑Präparate.

Frischwetter ↑Grubenbewetterung.

Frischzelltherapie ↑Zelltherapie.

Frisia minor ↑Eiderstedt.

Friss [ungar. friʃ] (Friska), der schnelle Paartanz des ↑Csárdás.

Frist [zu althochdt. frist, eigtl. „das Bevorstehende"], eine durch Gesetz, durch richterl. oder verwaltungsbehördl. Verfügung oder durch Rechtsgeschäft festgelegte [bestimmte oder bestimmbare] Zeitspanne, deren Ablauf allein oder zusammen mit anderen jurist. Tatsachen (etwa einer Kündigung) Rechtswirkungen herbeiführt, so Entstehung, Untergang oder inhaltl. Änderung von Rechten, den Erwerb rechtserhebl. Eigenschaften (Volljährigkeit), den Verlust von Rechtsmitteln u. a. F. gliedern sich in ↑Aus-

Josef Frings

Karl von Frisch

Max Frisch

Ragnar Frisch

Barbara Frischmuth

Fristenlösung

Fritzlar. Marktplatz mit Rolandsbrunnen, 1564 erbaut

schlußfristen und Verjährungsfristen (↑Verjährung). Für die Ermittlung des Beginns und des Endes einer F. enthalten die §§ 186–193 BGB Auslegungsregeln, die für das gesamte Privatrecht, das öff. Recht und das Prozeßrecht gelten. – ↑Notfrist.

Fristenlösung ↑Schwangerschaftsabbruch.

Frisur [zu frz. friser], Art und Weise, wie das Haar frisiert ist, d. h. geschnitten und gelegt ist (↑Haartracht).

Friteuse [fri'tø:zə; lat.-frz.] (Fritüre), [elektr.] Gerät zum Fritieren von Speisen.

Fritfliege (Oscinella frit), 2–3 mm große, oberseits glänzende schwarze, unterseits braune, rotäugige Halmfliege.

Frithigern (Fritigern, Fridigern), † nach 382, westgot. Heerführer (seit 375). – Arianer; vermittelte die vertragl. Aufnahme des Großteils seines Volkes beim Übergang über die Donau ins röm. Imperium; führte, von den röm. Behörden getäuscht, einen erbitterten Kampf in Thrakien und besiegte 378 das röm. Heer bei Adrianopel.

fritieren [lat.-frz.], Speisen oder Gebäck in heißem Fett schwimmend ausbacken.

Fritigern ↑Frithigern.

Fritillaria [lat.], Gatt. der Liliengewächse mit etwa 100 Arten in der nördl. gemäßigten Zone; mehrere Arten als Zierpflanzen kultiviert, v. a. ↑Kaiserkrone, ↑Schachbrettblume.

Fritsch, Werner Freiherr von, *Benrath (= Düsseldorf) 4. Aug. 1880, ⚔ vor Warschau 22. Sept. 1939, dt. General. – 1934 Chef der Heeresleitung, 1935–38 als Oberbefehlshaber des Heeres maßgeblich an der dt. Wiederaufrüstung beteiligt; äußerte mit Reichskriegsmin. W. von Blomberg 1937 militär. Bedenken gegen die Expansionspläne Hitlers; unter dem verleumder. Vorwurf der Homosexualität 1938 aus der Armee entlassen **(Fritsch-Krise);** nachträglich von einem Ehrengericht rehabilitiert. Hitler war es mit dieser Aktion jedoch gelungen, das Oberkommando der Wehrmacht zu übernehmen.

F., Willy, *Kattowitz 27. Jan. 1901, †Hamburg 13. Juli 1973, dt. Filmschauspieler. – Nach zahlr. Stummfilmerfolgen (u. a. „Ein Walzertraum", 1925) Liebhaberrollen im Film der 30er Jahre (meist zus. mit Lilian Harvey), u. a. in „Die Drei von der Tankstelle" (1930).

Fritsch-Krise ↑Fritsch, Werner Freiherr von.

fritten [lat.-frz.], Erhitzen pulverförmiger oder körniger Materialien bis zum Erweichungspunkt, so daß die einzelnen Teilchen nur oberflächlich aufschmelzen und dadurch zusammensintern. **Fritte,** poröse Filterplatte aus gefrittetem Material.

Fritüre [lat.-frz.], svw. ↑Friteuse.

Fritz, Walter Helmut, *Karlsruhe 26. Juni 1929, dt. Schriftsteller. – Natur- und Landschaftsgedichte, dann konzentrierte Gedankenlyrik, später auch Romane, die sich durch analyt. Beobachtung menschl. Beziehungen aus-

zeichnen (u. a. „Die Verwechslung", 1970; „Cornelias Traum", 1985).

Fritzlar, Stadt an der Eder, Hessen, 220 m ü. d. M., 13 700 E. Domschatzmuseum. Konservenfabrik, Textilu. a. Industrie. – 724 Klostergründung durch Bonifatius bei einem fränk. Kastell, 774 von den Sachsen zerstört. Die wohl in karoling. Zeit entstandene Königspfalz bildete einen wichtigen Stützpunkt der Ottonen und Salier. Im 11. Jh. kam die Siedlung F. in den Besitz der Erzbischöfe von Mainz, die Anfang des 12. Jh. neben dem alten Kern die Stadt als regelmäßig angelegte Kaufmannssiedlung gründeten; F. wurde zum Mittelpunkt der erzbischöfl. Territorialpolitik in Hessen; 1803 fiel es an Hessen-Kassel. – Roman. Pfarrkirche, sog. Dom (11.–14. Jh.), Fraumünsterkirche noch hochgot. Wandmalereien (13./14. Jh.); Stadtmauer (13./14. Jh.) mit Wehrtürmen; zahlr. Fachwerkhäuser (15.–18. Jh.); Marktplatz mit Rolandsbrunnen (1564).

Fritz Thyssen Stiftung, 1959 gegr. Stiftung, finanziert v. a. Forschungsvorhaben auf geisteswiss. Gebiet und insbes. der Medizin; vergibt auch zahlr. Stipendien.

Friuli-Venezia Giulia [italien. fri'u:live'nɛttsia 'dʒu:lia] ↑Friaul-Julisch-Venetien.

frivol [frz. zu lat. frivolus „nichtig"], leichtfertig; schamlos, frech; schlüpfrig.

Fröbe, Gert, *Planitz (= Zwickau) 25. Febr. 1913, †München 5. Sept. 1988, dt. Filmschauspieler. – Erster Erfolg mit dem Film „Berliner Ballade" (1948); weitere Charakterrollen in „Die Helden sind müde" (1955), „Es geschah am hellichten Tag" (1958), „Goldfinger" (1964), „Die tollkühnen Männer in ihren fliegenden Kisten" (1965), „Ludwig II." (1972), „Der Schimmelreiter" (1978), „August der Starke" (1983).

Fröbel, Friedrich [Wilhelm August], *Oberweißbach/Thür. Wald 21. April 1782, †Marienthal (= Bad Liebenstein) 21. Juni 1852, dt. Pädagoge. – Onkel von Julius F.; gründete 1831–36 in der Schweiz verschiedene Schulen und übernahm im Auftrag der Berner Regierung die Leitung der Volksschullehrerfortbildung und die Führung des Waisenhauses in Burgdorf. 1837 gründete F. in Bad Blankenburg eine „Autodidakt. Anstalt" bzw. „Pflege-, Spiel- und Beschäftigungsanstalt" für Kleinkinder, seit 1840 „Kindergarten". Seine Idee fand großen Anklang. 1851–60 waren die Kindergärten jedoch vom preuß. Kultusministerium verboten. Aufmerksamkeit wurde dem Spiel, der „Pflege" des „freitätigen" Lebens des Kindes in seiner Sehnsucht nach „Lebenseinigung" geschenkt. F. gilt als Begründer des ganzheitl. Denkens in der Pädagogik.

F., Julius, Pseud. Carl Junius, *Griesheim bei Stadtilm 16. Juli 1805, †Zürich 6. Nov. 1893, dt. Schriftsteller und Politiker. – Neffe von Friedrich F.; 1848 Abg. der Frankfurter Nationalversammlung, Teilnahme am Oktoberaufstand in Wien; 1849–57 in den USA; Mitbegr. des Dt. Reformvereins.

Froben (Frobenius), Johann, *Hammelburg um 1460, □ Basel 26. Okt. 1527, schweizer. Buchdrucker und Verleger dt. Herkunft. – Begann in Basel 1491 zu drucken; u. a. Hg. der Werke des Erasmus von Rotterdam; berühmt für künstler. Ausstattung (Titelblätter, bes. von U. Graf und H. Holbein d. J.).

Frobenius, Leo, *Berlin 29. Juni 1873, †Biganzolo Selasca (= Verbania) 9. Aug. 1938, dt. Völkerkundler. – Prof. und Direktor des Völkerkundemuseums in Frankfurt am Main, unternahm 12 Expeditionen nach Afrika; entwickelte den Begriff „Kulturkreis" sowie die „kulturmorpholog. Völkerkunde", wobei er die einzelnen Kulturen als lebende Organismen betrachtete und zugleich die rein statistische Arbeitsweise ablehnte. Zahlreiche Veröffentlichungen, u. a. „Atlas Africanus" (1922–30), „Schicksalskunde im Sinne des Kulturwerdens" (1932), „Kulturgeschichte Afrikas" (1933).

Frobenius-Institut, völkerkundl. Forschungsinst., 1922 von L. Frobenius in München gegr., 1925 von der Stadt Frankfurt am Main übernommen, 1946 in F.-I. umbenannt. Forschungsobjekt ist ausschließlich die Völker- und Kulturkunde Afrikas.

Friedrich Fröbel (Lithographie, um 1840)

Johann Froben. Druckerzeichen

Froberger, Johann Jakob, *Stuttgart 19. Mai 1616, †Héricourt bei Montbéliard 6. (7. ?) Mai 1667, dt. Komponist. – Schüler von Frescobaldi; vermittelte die italien., frz. und engl. Klavierkunst nach Deutschland und gilt als Schöpfer der Klaviersuite.

Frobisher, Sir (seit 1588) Martin [engl. ˈfroʊbɪʃə], *Normanton bei Wakefield um 1535, †Plymouth 22. Nov. 1594, engl. Freibeuter und Seefahrer. – Entdeckte auf der Suche nach der Nordwestpassage 1576 die nach ihm ben. Frobisher Bay; nahm 1585 als Vizeadmiral an der Westindienfahrt von F. Drake teil und 1588 am Kampf gegen die span. Armada teil.

Frobisher Bay [engl. ˈfroʊbɪʃə ˈbeɪ], kanad. Ort im S der Insel Baffinland, 2 500 E. Zentrum im östl. Kanad.-Arkt. Archipel. ✈

Fröding, Gustaf [schwed. ˌfrøːdiŋ], *Alster (Värmland) 22. Aug. 1860, †Stockholm 8. Febr. 1911, schwed. Dichter. – Bed. Lyriker, schrieb 1890–98 z.T. von seinem Leiden (Geisteskrankheit) mitgeprägte, melodisch und rhythmisch vollendete Lyrik mit Natur-, visionären, humorvollen und grübler. Momenten; dt. Übers. 1914, 1923, 1936.

Froelich, Carl, *Berlin 5. Sept. 1875, †ebd. 12. Febr. 1953, dt. Filmregisseur. – Drehte Stummfilme („Kabale und Liebe", 1921; „Mutter und Kind", 1924); arbeitete mit O. Meßter an der Entwicklung des Tonfilms; 1929 drehte er den ersten dt. Tonfilm („Die Nacht gehört uns").

Fröhlich, Gustav, *Hannover 21. März 1902, †Lugano 22. Dez. 1987, dt. Bühnen- und Filmschauspieler. – In den 30er Jahren v.a. jugendl. Heldenrollen. Nach 1945 v.a. Gastauftritte an verschiedenen Bühnen der BR Deutschland, der Schweiz und Österreichs. Seine Filmkarriere begann mit der jugendl. Hauptrolle in F. Langs „Metropolis" (1926); beliebter dt. Filmdarsteller der 20er und 30er Jahre (u.a. „Der unsterbl. Lump", 1930).

F., Katharina (Kathi) *Wien 10. Juni 1800, †ebd. 3. März 1879, Verlobte Grillparzers. – War mit ihren Schwestern Mittelpunkt eines kulturellen Zirkels in Wien; erbte nach Grillparzers Tod dessen Vermögen, mit dem sie die „F.-Stiftung" zur Unterstützung von Künstlern begründete.

Frohner, Adolf, *Großinzersdorf (= Zistersdorf) 12. März 1934, östr. Maler und Graphiker. – F. gehörte zu den Wegbereitern des ↑Wiener Aktionismus, der in seinen Arbeiten (u.a. Objekte, Collagen, Materialbilder, Tafelbilder) ebenso nachwirkt wie seine Auseinandersetzung mit der informellen Kunst und der Einfluß J. Dubuffets.

Froissart, Jean [frz. frwaˈsaːr], *Valenciennes 1337 (?), †Chimay um 1410, frz. Geschichtsschreiber und Dichter. – Sein zw. 1373 und 1400 entstandenes, den Zeitraum 1325–1400 umfassendes Geschichtswerk „Chroniques de France, d'Angleterre, d'Écosse, d'Espagne, de Bretagne ..." (gedruckt 1495) ist von hohem kulturhistor. Wert.

Frombork ↑Frauenburg.

Froment, Nicolas [frz. frɔˈmɑ̃], *Uzès (Gard), *um 1430, †Avignon um 1484/85, frz. Maler. – Bed. Vertreter der Schule von Avignon; beeinflußt von der niederl., fläm. und italien. Malerei. Für König René d'Anjou schuf er 1475/76 sein Hauptwerk, ein Triptychon (in Aix-en-Provence, Kathedrale Saint-Sauveur).

Fromentin, Eugène [frz. frɔmɑ̃ˈtɛ̃], *La Rochelle 24. Okt. 1820, †Saint-Maurice bei La Rochelle 27. Aug. 1876, frz. Schriftsteller. – Schrieb Reisebücher (Nordafrika) und Romane, u.a. „Dominique" (1863), eine Auseinandersetzung mit der Romantik; auch Kunstkritiker und Maler.

Fromm, Erich, *Frankfurt am Main 23. März 1900, †Muralto bei Locarno 18. März 1980, amerikan. Psychoanalytiker dt. Herkunft. – Emigrierte 1934 in die USA; seit 1958 Prof. an verschiedenen Universitäten. F. betont die soziale und kulturelle Überformung der Antriebs- und Persönlichkeitsentwicklung des Menschen (Akkulturation); er erkennt zwar auch die biolog. Fundierung des menschl. Trieblebens an, weist aber bes. auf die unterschiedl. Formen der Triebbefriedigung in den verschiedenen Gruppen und Kulturen hin. – *Werke:* Die Furcht vor der Freiheit (1941), Die Kunst des Liebens (1956), Haben oder Sein (1976).

F., Friedrich, *Berlin 8. Okt. 1888, †Brandenburg 12. März 1945, dt. General. – 1939–44 Befehlshaber des Ersatzheeres; war in die Verschwörung vom 20. Juli 1944 eingeweiht, wandte sich aber in ihrem Verlauf gegen sie und ließ C. Graf Schenk von Stauffenberg und drei Mitverschworene erschießen; dennoch selbst verhaftet, zum Tode verurteilt und hingerichtet.

Frommann, dt. Buchhändler- und Verlegerfamilie; *Carl Friedrich Ernst F.* (*1765, †1837) entwickelte die von seinem Großvater 1727 gegr. Frommannsche Buchhandlung in Züllichau zum seinerzeit bedeutendsten Schulbuchverlag, den er 1798 nach Jena verlegte (heute **Friedrich Frommann Verlag**, seit 1886 in Stuttgart).

Frömmigkeit [zu althochdt. frumichei ,,Tüchtigkeit, Tapferkeit" (seit dem 15. Jh. zunehmend religiöse Bed.)], in der Religionsgeschichte die innere Haltung des Anhängers einer Religion, in der die Verehrung des Göttlichen und die Bereitschaft des Frommen enthalten ist, wegen seines Glaubens Opfer zu bringen. Die F. prägt sein Denken, Fühlen und Handeln.

Nicolas Froment. Der brennende Dornbusch, Mitteltafel eines Triptychons, 1475/76 (Aix-en-Provence, Kathedrale Saint-Sauveur)

Fron ↑Fronen.

Fronbote, svw. ↑Büttel.

Fronde [ˈfrõːdə; frz. „Schleuder"], die oppositionelle Bewegung und die Aufstände gegen das absolutist. frz. Königtum 1648–53. Träger der 1. F. (1648/49) war das Pariser Parlament (Gerichtshof; „Parlaments-F."), das die Annahme eines Steueredikts verweigerte. Die durch die Verhaftung eines führenden Parlamentssprechers ausgelösten Barrikadenkämpfe der Pariser Bev. veranlaßten den Hof zur Flucht; Rückkehr mit Hilfe von Louis II., Fürst von Condé. Nach dem Frieden von Rueil (März 1649) wurde die F. vom Hochadel („Prinzen-F.") unter maßgebl. Beteiligung Condés von span. Unterstützung fortgeführt (1651), doch konnte Ludwig XIV. 1652, Mazarin 1653 zurückkehren. – ↑Adel (Frankreich).

Fronden, svw. ↑Fronen.

Fröndenberg, Stadt an der mittleren Ruhr, NRW, 124–244 m ü.d.M., 20 400 E. Metall- und Papierind., Fremdenverkehr. – 1197 erstmals genannt; seit 1952 Stadt. – Got. Pfarrkirche (13./14. Jh.).

Frondeur [frõˈdøːr; frz.], urspr. Bez. für ein Mgl. der Fronde; dann allg. für unversöhnl. polit. Gegner und Kritiker etablierter Herrschaftsverhältnisse.

Frondienste, svw. ↑Fronen.

Fronen [zu mhd. vrōn „heilig, herrschaftlich" (von ahd. frō „Herr, Gott")] (Fronden, Frondienste, Scharwerk), bis zur Bauernbefreiung übl., dem Umfang nach bemessene oder unbemessene Dienstleistungen (z.B. Hand- und

Erich Fromm

Fronhof

Spanndienste, Reparatur- und Botendienste), die persönlich abhängige Personen, Besitzer bestimmter Liegenschaften oder Bewohner eines Bezirks (Grundherr, Gerichtsherr oder Landesherr) unentgeltlich leisten mußten.

Fronhof (Meierhof), im Rahmen einer ma. Grundherrschaft der Herrenhof, d. h. Wohn- und Wirtschaftsgebäude mit [Sal]land, der vom Grundherrn (der auch Gerichtsherr sein konnte) selbst oder von seinem Beauftragten, dem Meier (lat. villicus) oder Schultheiß (lat. scultetus), verwaltet wurde und das Zentrum zum zugeordneter Bauerngüter und Ländereien bildete, die vom Grundherrn zu Lehen ausgegeben waren (Fronhofsverband).

Fronius, Hans, *Sarajevo 12. Sept. 1903, †Wien 21. März 1988, östr. Graphiker, Illustrator und Maler. – Schuf graph. Zyklen und illustrierte Meisterwerke der Weltliteratur (u. a. F. Kafka, F. Villon, H. de Balzac); auch Porträts, Stadt- und Landschaftsbilder.

Fronleichnam [zu mittelhochdt. vrônlîcham „Leib des Herrn"], Fest der kath. Kirche zur Verehrung der Eucharistie, am Donnerstag nach dem ersten Sonntag nach Pfingsten gefeiert, 1246 zuerst in Lüttich nach Visionen der belg. Nonne Juliana von Lüttich eingeführt, 1264 von Urban IV. für die ganze Kirche verbindlich vorgeschrieben. Mittelpunkt des Festes ist eine Prozession, bei der die geweihte Hostie in einer Monstranz durch die Straßen getragen wird. Das von liturg. Bewegung und nachkonziliarer Erneuerung geprägte Eucharistieverständnis hat neuere Formen v. a. der Prozession entstehen lassen oder die Prozession ganz abgeschafft.

Fronleichnamsspiel, ma. geistl. Spiel im Rahmen der Fronleichnamsprozessionen; dargestellt wurden einzelne Stationen der christl. Heilsgeschichte; seit dem 14. Jh. bes. in England verbreitet, seit dem 15. Jh. auch in Deutschland (F. von Künzelsau, 1479), Italien und Spanien (↑Auto sacramental).

Frons [lat.], svw. ↑Stirn.

Front [frz., zu lat. frons „Stirn"], allg. Vorder-, Stirnseite.
▷ in der *Meteorologie* die schmale Grenzzone, an der Luftmassen verschiedenen Ursprungs und verschiedener Eigenschaften gegeneinandergeführt werden. Man unterscheidet u. a. zw. ↑Kaltfronten, ↑Warmfronten und ↑Okklusionen.
▷ *militär.* Bez. für 1. die ausgerichtete vordere Reihe einer angetretenen Truppe; 2. die vorderste Linie der kämpfenden Truppe; 3. das Kampfgebiet.
▷ polit., meist zugleich parlamentar. Kampfverband; Zusammenschluß von (häufig extremen) polit. Gruppen sowohl der Rechten (z. B. Harzburger F., Kampffront Schwarz-Weiß-Rot, Frontismus) als auch der Linken (z. B. Volksfront, Einheitsfront). – ↑Block, ↑Aktionseinheit, ↑Eiserne Front.

frontal [lat.], an der Vorderseite befindlich, von der Vorderseite kommend.
▷ in der *Anatomie* zur Stirn gehörend, stirnwärts.

Frontalzone, in der Meteorologie die geneigte Übergangszone zw. Luftmassen unterschiedl. Temperatur, z. B. zw. Tropikluft und Polarluft. In F. treten vorzugsweise die ↑Strahlströme auf.

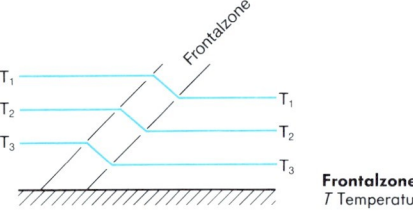
Frontalzone. *T* Temperatur

Frontantrieb (Vorderradantrieb), Antriebsart bei Kraftfahrzeugen; die lenkbaren Vorderräder werden über Gelenkwellen vom [Front]motor angetrieben.

Front de Libération Nationale [frz. frödliberasjõ nasjɔ'nal] ↑FLN.

Frontenac, Louis de Buade, Graf von Palluau und von F. [frz. frõt'nak], *Saint-Germain-en-Laye 22. Mai 1622, †Quebec 28. Nov. 1698, frz. Offizier und Politiker. – 1672–82 und seit 1689 frz. Gouverneur in Kanada, das er erfolgreich gegen die Engländer verteidigte; zwang sie 1690 zur Aufhebung der Belagerung Quebecs.

Frontera, das Gebiet der ehem. freien Indianer im Kleinen Süden Chiles, in dem die dort lebenden Araukaner ihre Unabhängigkeit bis in die 80er Jahre des 19. Jh. gegen chilen. und span. Kolonisten behaupteten.

Frontgewitter ↑Gewitter.

Frontier [engl. 'frʌntɪə], die äußerste noch von der europäisch bestimmten Zivilisation erfaßte Zone am Rande der Wildnis während der Besiedlung der USA und Kanadas.

Frontinus, Sextus Julius, *etwa 30, †nach 100, röm. Schriftsteller und Militär. – 73, 98 und 100 Konsul, 74–77 Statthalter in Britannien; Verfasser einer Schrift über röm. Feldmeßkunst, von Werken über Kriegslisten, über das Kriegswesen sowie über die Wasserleitungen Roms.

Frontismus [lat.], Sammelbez. für die in der Schweiz in Anlehnung an Faschismus und Nationalsozialismus gebildete mittelständ., antidemokrat. Bewegung („Frontenbewegung"), v. a. in den großen Städten und in den Grenzgebieten; jedoch ohne längerfristigen Erfolg; zerfiel bald wieder.

Frontispiz [lat.], Giebeldreieck [über einem Gebäudevorsprung].
▷ die dem Titelblatt gegenüberstehende, mit Kupferstich geschmückte Vortitelseite; auch der das Titelblatt verzierende Holzschnitt.

Frontlader, am Vorderteil z. B. eines Schleppers angebrachte, hydraulisch betätigte Vorrichtung zum Heben von Lasten.

Frontstaaten, Bez. für eine informelle (d. h. völkerrechtlich nicht ausdrücklich verbundene) Gruppe von Staaten im südl. Afrika, die ihre Politik gegenüber der Republik Südafrika zu koordinieren suchen und ihr Wirken bislang insbes. gegen deren Apartheidpolitik richteten. Zu den F. gehören Angola, Botswana, Moçambique, Sambia, Simbabwe und Tansania; wirtsch. arbeiten sie in der „Southern African Development Coordination Conference" (SADCC) zusammen.

Frosch 1. ↑Frösche.

Frosch, Bez. für das Griffende des Bogens von Streichinstrumenten, mit dessen Stellschraube der Bezug gespannt wird.

Froschauer, Christoph, d. Ä., *Kastl bei Altötting um 1490, †Zürich 1. April 1564, schweizer. Buchdrucker und Verleger. – Druckte Schriften des Erasmus, Luthers, Zwinglis, griech., lat. und v. a. dt. Bibelausgaben.

Christoph Froschauer d. Ä. Eine der Druckermarken, Holzschnitt vom Titelblatt der Schweizerchronik von Johannes Stumpf, 1547

Froschbiß

Froschbiß (Hydrocharis), Gatt. der Froschbißgewächse mit drei Arten in Europa und Australien; einzige einheim. Art ist **Hydrocharis morsus-ranae,** eine Schwimmpflanze stehender oder langsam fließender Gewässer mit langgestielten, rundlich herzförmigen, dicken Blättern und weißen Blüten.

Froschbißgewächse (Hydrocharitaceae), Fam. der Einkeimblättrigen mit etwa 15 Gatt. und 100 Arten in den wärmeren und gemäßigten Zonen der Erde; meist ausdauernde, in Süß- und Salzgewässern untergetauchte oder schwimmende Kräuter; Blüten weiß, mit Blütenscheide, in Trugdolden; bekanntere Gatt. in M-Europa sind ↑Froschbiß, ↑Krebsschere, ↑Wasserpest.

Frösche, allg. volkstüml. Bez. für ↑Froschlurche.
▷ (Echte F., Ranidae) sehr artenreiche, weltweit verbreitete Fam. der Froschlurche; Kopf nach vorn verschmälert, mit großem Trommelfell und (bei ♂♂) häufig ausstülpbaren Schallblasen; vorn am Mundboden ist eine meist zweilappige, klebrige Zunge angewachsen, die beim Beutefang (v. a. Insekten, Schnecken, Würmer) herausgeschnellt werden kann. – Die meisten Arten halten sich überwiegend im und am Wasser auf. – Auf feuchten Wiesen, in Wäldern und Gebirgen des gemäßigten und nördl. Eurasiens lebt der **Grasfrosch** (Rana temporaria); bis 10 cm lang, Oberseite meist gelb- bis dunkelbraun mit dunkler Fleckung und je-

einer Drüsenleiste an jeder Rückenseite. Der **Moorfrosch** (Rana arvalis) kommt auf sumpfigen Wiesen und Mooren Eurasiens vor; etwa 6–7 cm lang, Oberseite braun, z. T. dunkel gefleckt, längs der Rückenmitte meist ein gelbl., dunkel gesäumter Streifen; ♂♂ während der Paarungszeit oft himmelblau schimmernd. Im Unterwuchs von Buchen- und Mischwäldern M- und S-Europas lebt der 6–9 cm lange, spitzschnäuzige **Springfrosch** (Rana dalmatina); Oberseite meist hellbraun, mit großem, bräunlichschwarzem Fleck in der Schläfengegend; ♂ ohne Schallblase; kann mit seinen außergewöhnl. langen Hinterbeinen bis 2 m weit springen. Der 17 cm lange **Seefrosch** (Rana ridibunda) kommt an größeren Gewässern mit dichtem Unterbewuchs M-Europas vor; mit dunkelbraunen Flecken und grünl. Längsstreifen über der Rückenmitte. Die bekannteste einheim. Art ist der **Wasserfrosch** (Teichfrosch, Rana esculenta), v. a. in wasserpflanzenreichen Teichen und Tümpeln; Färbung graugrün bis bräunlich, mit dunklen Flecken; ♂ mit großen Schallblasen hinter den Mundwinkeln. Der größte Frosch ist der bis 40 cm lange **Goliathfrosch** (Rana goliath) in W-Afrika; Färbung dunkel, Augen sehr groß. An größeren Gewässern der USA lebt der 10–15 cm lange **Amerikanische Ochsenfrosch** (Rana catesbeiana); oberseits grün oder graubraun. Zu den F. gehören auch die ↑ Färberfrösche.

Froschfische (Batrachoididae), Fam. bis 40 cm langer, kaulquappenähnl. Knochenfische mit etwa 30 Arten, bes. in küstennahen Meeresgebieten bes. der trop. und gemäßigten Regionen; zu den F. gehören u. a. die in warmen Küstengewässern Amerikas lebenden **Krötenfische**; lassen grunzende bis quakende Töne hören.

Froschgeschwulst (Ranula), meist durch Verstopfung eines Speichelausführungsganges der Unterzungendrüse hervorgerufene Zyste neben dem Zungenbändchen beim Menschen und bei Haustieren.

Froschlaichalge (Batrachospermum), Gatt. der Rotalgen mit etwa 50, nur in Süßgewässern vorkommenden Arten, davon sechs in Deutschland; bis 10 cm lange, reichverzweigte Algen mit langgliedrigem Zentralfaden und locker gestellten, in Wirteln stehenden Kurztriebbüscheln.

Froschlaichgärung (schleimige Gärung, Dextrangärung), die Bildung von Polysacchariden in rohrzuckerhaltigen Lösungen (z. B. Wein) durch die Tätigkeit verschiedener Bakterien und Pilze, wodurch die Lösungen viskos, zuweilen gallertig werden.

Froschlöffel (Alisma), Gatt. der Froschlöffelgewächse mit mehreren Arten in allen gemäßigten und warmen Gebieten der Erde; ausdauernde Sumpf- und Wasserpflanzen mit grundständigen, eiförmigen oder lanzettförmigen, aufrechten oder flutenden Blättern und kleinen, weißl. bis rötl. Blüten in Rispen.

Froschlöffelgewächse (Alismataceae), Fam. einkeimblättriger, meist Milchsaft führender Wasser- und Sumpfpflanzen mit etwa 10 Gatt. und 70 Arten, hauptsächl. auf der Nordhalbkugel; in M-Europa u. a. die Gatt. ↑ Froschlöffel und ↑ Pfeilkraut.

Froschlurche (Anura, Salientia), mit etwa 2 600 Arten weltweit verbreitete Ordnung der Lurche; Körper klein bis mittelgroß, gedrungen, schwanzlos (im erwachsenen Zustand), mit nackter, drüsenreicher Haut und zwei Gliedmaßenpaaren, von denen die hinteren (als Sprungbeine) meist sehr viel länger als die vorderen sind; an den Vorderextremitäten vier, an den Hinterextremitäten fünf Zehen, oft durch Schwimmhäute verbunden oder mit endständigen Haftballen (z. B. bei Laubfröschen). Die Entwicklung der F. verläuft meist über eine Metamorphose. Die in den meisten Fällen ins Wasser als Laich abgelegten Eier werden dort befruchtet; die aus ihnen schlüpfenden Larven (Kaulquappen) besitzen zuerst äußere, dann innere Kiemen. Die zunächst fehlenden Gliedmaßen entwickeln sich später. Bei der Metamorphose werden Schwanz und Kiemen rückgebildet, Lungen für das Landleben entwickelt. Zu den F. gehören u. a. Urfrösche, Zungenlose Frösche, Scheibenzüngler, Krötenfrösche, Echte Frösche, Blattsteigerfrösche, Ruderfrösche, Kröten, Laubfrösche, Pfeifffrösche.

Froschmann, speziell ausgebildeter und ausgerüsteter, freischwimmender Taucher für Militär- und Rettungseinsätze.

Froschperspektive ↑ Perspektive.

Frosinone, italien. Stadt in Latium, sö. von Rom, 291 m ü. d. M., 47 100 E. Hauptstadt der Prov. F.; Hubschrauberwerk, Textil-, elektron. Ind.; Handel mit Wein, Öl und Oliven. – Das antike *Frusino* war eine hernik. oder volsk. Stadt; kam im 13. Jh. an den Kirchenstaat und 1870 an das Kgr. Italien. – Reste des röm. Amphitheaters.

Frost, Robert Lee, * San Francisco 26. März 1874, † Boston 29. Jan. 1963, amerikan. Lyriker. – 1912–15 in Großbritannien, wo er durch Vertreter des Imagismus entscheidende Anregungen erhielt. Formsicherer, an der klass. Dichtung geschulter Lyriker, der in schlichter Sprache und in feiner Melodik und Rhythmik Themen der bukol. Dichtung aufgriff; schrieb auch Dramen.

Frost, Absinken der Lufttemperatur unter 0 °C. – ↑ Bodenfrost.

Frostbeulen (Perniones), rundl., gerötete, bei Erwärmung juckende und brennende Hautanschwellungen als Auswirkung eines Kälteschadens bei Durchblutungsstörungen. F. treten bes. an Füßen und Händen auf; sie verschwinden in der warmen Jahreszeit. Bereits geringgradige, aber langdauernde Kälteeinwirkung begünstigt ihre Entstehung.

Frostboden, Boden in polaren Zonen oder im Hochgebirge, der dauernd, langanhaltend oder tageszeitlich gefroren ist.

Frösteln, unangenehme Kälteempfindung beim Anstieg der Körpereigentemperatur im Fieber oder bei Erniedrigung der Umgebungstemperatur (Vorstufe des Frierens).

Froster [engl.], Tiefkühlteil eines Kühlschranks.

Frostgraupeln ↑ Graupeln.

Frostkeimer, Pflanzen, deren Samen ohne vorhergehende Frosteinwirkung nicht oder nur sehr schlecht keimen.

Frostlagen, Bez. für bes. frostgefährdete Gebiete, in denen sich häufig Kaltluftseen ausbilden.

Frostmusterböden, svw. Strukturböden, ↑ Solifluktion.

Frostschäden, Schäden an Pflanzen, die durch plötzlich eintretende niedrige Temperaturen verursacht werden. Nach Art der Schädigung unterscheidet man: *Frosttod* bei Absterben der Pflanzen, *Starrfrost* bei mechan. Schädigungen und *Barfrost* beim Auffrieren junger Pflanzen.

Frostschutz, Schutz der Kulturpflanzen vor Frostschäden. Zu den vorbeugenden Maßnahmen zählen geeignete Bewirtschaftung der Anbauflächen und die Beseitigung von Kaltluftseen (z. B. durch Anlage von Windschutzhecken). Die unmittelbaren Maßnahmen werden kurz vor dem Frosteintritt ergriffen: 1. durch Erhaltung der vorhandenen Wärme: Abdecken gefährdeter Kulturen oder Frosträuchern (Abbrennen von Chemikalien, wobei die entstehende Rauch- oder Nebeldecke die Wärmeausstrahlung herabsetzt) in höheren Beständen; 2. durch Wärmeerzeugung: Frostschutzberegnung (die gefährdeten Pflanzen werden vor Einsetzen des Frostes beregnet; bei der Bildung des Eisüberzugs wird Wärme frei [Erstarrungswärme]) oder durch direkte Beheizung von Kulturen (z. B. Weinbergen) durch Öfen.
▷ Schutz vor Schäden durch gefrierendes Wasser. Im *Straßenbau* werden unter der Tragschicht der Straßendecke meist 20–60 cm dicke F.schichten aus Kies, Sand, gebrochenem Gestein oder Hochofenschlacke eingebaut, die ein Aufsteigen der Bodenfeuchtigkeit verhindern sollen. Im *Hochbau* werden dem Beton und Mörtel F.mittel (Gefrierschutzmittel) zugesetzt, um den Gefrierpunkt des Wassers zu senken. Im *Maschinenbau* (z. B. in Kfz-Kühlern) werden v. a. Glykol, Glycerin und Methanol als F.mittel verwendet.

Frostspalten, v. a. in Dauerfrostgebieten entstehende Bodenspalten.

Frostspanner, Bez. für Schmetterlinge aus der Fam. Spanner, deren flugunfähige Weibchen von den von Okt.–Dez. fliegenden Männchen begattet werden. Die im

Frösche.
Oben: Grasfrosch.
Mitte: Moorfrosch.
Unten: Wasserfrosch.

Froschlöffel.
Gemeiner Froschlöffel
(Höhe 15–110 cm)

Frosttage

Frühjahr schlüpfenden Raupen werden an Obstbäumen schädlich; Bekämpfung erfolgt durch Spritzungen mit Kontaktgiften oder durch Leimringe. In M-Europa kommen drei Arten vor: **Kleiner Frostspanner** (Gemeiner F., Operophthera brumata), etwa 25 mm spannend, mit dunklen Querbinden auf den bräunl. Vorderflügeln; **Großer Frostspanner** (Erannis defoliaria), etwa 4 cm spannend, Vorderflügel des ♂ hellgelb mit zwei bräunl. Querbinden; **Buchenfrostspanner** (Wald-F., Operophthera fagata), ♂ etwa 25 mm spannend, Vorderflügel hell gelblichgrau mit mehreren dunkleren Querlinien, Hinterflügel weißlich.

Frosttage, in der Meteorologie Bez. für die Tage mit zeitweisen Lufttemperaturen unter 0 °C.

Frottage [frɔ'taːʒə; frz. „das Reiben"], eine 1924/25 von Max Ernst eingeführte graph. Technik, bei der Oberflächenstrukturen von Materialien mittels Durchreibung auf Papier übertragen werden.

Frottee [frɔ'teː; frz.], Woll- oder Baumwollgewebe mit ungleichmäßig gekräuselter Oberfläche, mit Schlingen- oder Schleifeneffekten durch Verwendung von zwei glatten Fäden und einem überdrehten Faden; für Kleider und Röcke.

frottieren [frz.], den Körper mit Tüchern, Bürsten u. a. zur Abhärtung und besseren Durchblutung abreiben.

Frottierware [frz.; dt.] (Frottiergewebe), aus Baumwolle gefertigtes Schlingengewebe, bestehend aus einem Grundgewebe (straff gespannte Grundkette und Schuß) und aus wenig gespannten Polkettfäden (Schlingen- bzw. Florkette). Herstellung von F. auf bes. konstruierten Webmaschinen.

Frottola [italien.], in der *italien. Literatur* des 14.–16. Jh. volkstüml. Dichtungsform didakt. oder satir. Art.
▷ in der *italien. Musik* vierstimmige, schlichte Liedform (um 1450–1530).

frotzeln [vielleicht zu Fratze], mit spött. oder anzügl. Bemerkungen necken; hänseln.

Froufrou [fru'fruː; frz.], Bez. für das Rascheln der (bes. für die Zeit um 1900 charakterist.) eleganten Damenunterkleidung.

Frucht [zu lat. fructus „Frucht"], (Fructus) aus der Blüte hervorgehendes pflanzl. Organ, das die Samen bis zur Reife birgt und meist auch der Samenverbreitung dient. Die F. wird von den F.blättern bzw. dem Stempel, oft unter Beteiligung weiterer Teile der Blüte und des Blütenstandes, gebildet. – ↑Fruchtformen.
▷ (Leibes-F.) in der *Medizin* svw. Embryo.

Fruchtaromen (Fruchtessenzen), Alkohole, Aldehyde, Ketone, niedere und mittlere Fettsäuren sowie deren Ester mit niederen Alkoholen (früher *Fruchtäther* gen.), die die Aromen von Früchten enthalten bzw. wiedergeben; meist künstlich hergestellt.

Fruchtbarer Halbmond (engl. Fertile Crescent), Bez. für die Steppengebiete Vorderasiens, die halbkreisförmig um die Wüsten- und Halbwüstengebiete nördlich der Arab. Halbinsel liegen und in denen noch Regenfeldbau möglich ist. Getreideanbau und Haustierzucht haben hier ihren Ursprung, wie Funde aus der Steinzeit schließen lassen.

Fruchtbarkeit, svw. ↑Fertilität.

Fruchtbarkeitskult, zusammenfassende Bez. für Bräuche zur Verehrung und Steigerung der Fruchtbarkeit von Pflanze, Tier und Mensch. F. sind meist mit Opferkult (Fruchtbarkeitsriten) verbunden und überall und zu allen Zeiten verbreitet.

Fruchtbarkeitsziffer, in der amtl. Statistik Bez. für die Zahl der Geborenen auf 1 000 Frauen im gebärfähigen Alter von 15 bis unter 45 Jahren.

Fruchtbecher (Cupula), oft mit Schuppen oder Stacheln versehene, becherförmige (z. B. bei der Eiche) oder vierteilige (z. B. bei der Rotbuche) Achsenwucherung, die die Früchte der Buchengewächse umgibt.

Fruchtblase (Fruchtwassersack, Fruchtsack), Bez. für die Fruchtwasser und den Embryo lebendgebärender Säugetiere (einschl. Mensch) umschließende Hülle.

Fruchtblatt (Karpell), bes. ausgebildetes Blattorgan der Blüte, das die Samenanlagen trägt. Alle Fruchtblätter einer Blüte werden als ↑Gynözeum bezeichnet. Die Fruchtblätter können einzeln angeordnet oder zum ↑Fruchtknoten verwachsen sein.

Fruchtbringende Gesellschaft (Palmenorden), älteste dt. Sprachgesellschaft, nach dem Vorbild der ↑Accademia della Crusca 1617 in Weimar von Ludwig von Anhalt-Köthen gegr.; bemühte sich um die Förderung von Richtigkeit und Reinheit der dt. Sprache; Emblem war der „indian. Palmbaum" (= Kokospalme); die Sprachgesellschaft bestand bis 1680.

Früchte, im Recht die nicht durch den Gebrauch, sondern durch sonstige Nutzung einer Sache oder eines Vermögensrechts erzielten Vorteile. Unterschieden werden unmittelbare und mittelbare **Sachfrüchte** (z. B. Bodenerzeugnisse wie Getreide; Miet- und Pachtzinsen) und unmittelbare und mittelbare **Rechtsfrüchte** (z.B. die Dividende der Aktie bzw. der Mietzins bei Untervermietung). Der Eigentumserwerb an natürl. F. (Sachen) vollzieht sich nach Sachenrecht, der Erwerb der (nicht in Sachen bestehenden) zivilen F. nach Schuldrecht, ausnahmsweise nach Sachenrecht.

Fruchtessenzen, svw. ↑Fruchtaromen.

Fruchtfäule, Sammelbez. für mehrere, durch verschiedene Pilzarten verursachte Fäulniserscheinungen an reifenden, meist beschädigten Früchten. Zur F. werden die ↑Moniliakrankheiten, der ↑Grauschimmel und die Fusariumfäule (↑Fusariosen) gezählt.

Fruchtfliegen (Bohrfliegen, Trypetidae), weltweit verbreitete Fam. der Fliegen mit etwa 2 000 Arten, deren Larven in Pflanzen schmarotzen. Am bekanntesten sind: **Kirschfliege** (Rhagoletis cerasi), etwa 6 mm groß, glänzend schwarz, grünäugig, Larven schädlich an Süß- und Sauerkirschen; **Spargelfliege** (Platyparea poecioloptera), 7–8 mm lang, braunrot, mit feiner schwarzer Behaarung sowie schwarzer und weißer Streifenzeichnung, Larven schädlich in Spargelkulturen.

Fruchtfolge (Rotation), die zeitl. Aufeinanderfolge von Kulturpflanzen auf einer landw. Nutzfläche. Grundsätzl. unterscheidet man zw. F., bei denen nur Feldfrüchte miteinander abwechseln (↑Felderwirtschaft), und solchen, bei denen Feldnutzung mit Grasnutzung wechselt (↑Wechselwirtschaft).

Fruchtformen, Grundformen der Frucht der Samenpflanzen, die nach Ausbildung und Art der beteiligten Organe in drei Haupttypen untergliedert werden: 1. **Einzelfrüchte:** Aus einer Blüte geht nur eine einzige Frucht hervor, die sich bei der Reife ganz oder teilweise öffnet und die Samen freigibt (*Öffnungsfrüchte, Streufrüchte;* z. B. Balgfrucht, Hülse, Kapselfrucht und Schote) oder in geschlossenem Zustand von der Pflanze abfällt (*Schließfrüchte;* z. B. Nuß, Beere, Steinfrucht, Achäne, Karyopse, Spaltfrucht und Gliederfrucht). – 2. **Sammelfrüchte:** Aus jedem einzelnen Fruchtblatt entsteht eine Frucht für sich (*Früchtchen*), jedoch bilden alle Früchtchen dieser Blüte unter Mitwirkung anderer Blütenteile (z. B. der Blütenachse) bei der Reife einen einheitl. Verband (*Fruchtverband*), der eine Einzelfrucht vortäuscht (*Scheinfrucht*) und sich als Gesamtheit ablöst. Nach der Ausbildung der Früchtchen werden Sammelnußfrucht (z. B. Erdbeere), Sammelsteinfrucht (z. B. Himbeere) und Sammelbalgfrucht (z. B. Apfel) unterschieden. – 3. **Fruchtstände:** Ganze Blütenstände, die bei der Reife (unter Mitwirkung zusätzl. Organe) das Aussehen einer Einzelfrucht annehmen und als Ganzes verbreitet werden (Scheinfrüchte). Fruchtstände können als *Nußfruchtstand* (z. B. Maulbeere), *Beerenfruchtstand* (z. B. Ananas) oder *Steinfruchtstand* (z. B. Feige) ausgebildet sein.

Fruchtholz, Bez. für die blüten- und fruchttragenden Kurz- oder Langtriebe der Obstbäume und Beerensträucher.

Fruchthüllen, svw. ↑Embryonalhüllen.

Frostspanner.
Kleiner Frostspanner.
Oben: Männchen.
Unten: Weibchen

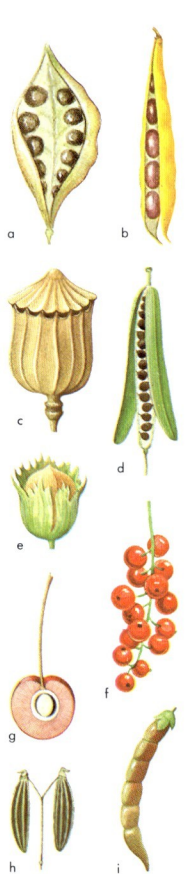

Fruchtformen von Einzelfrüchten. a–d Öffnungsfrüchte: a Balg (Sumpfdotterblume), b Hülse (Wachsbohne), c Kapsel (Mohn), d Schote (Raps); e–i Schließfrüchte: e Nuß (Haselnuß), f Beere (Johannisbeere), g Steinfrucht (Kirsche), h Spaltfrucht (Kümmel), i Bruchfrucht (Gliederhülse des Vogelfußklees)

frühchristliche Kunst

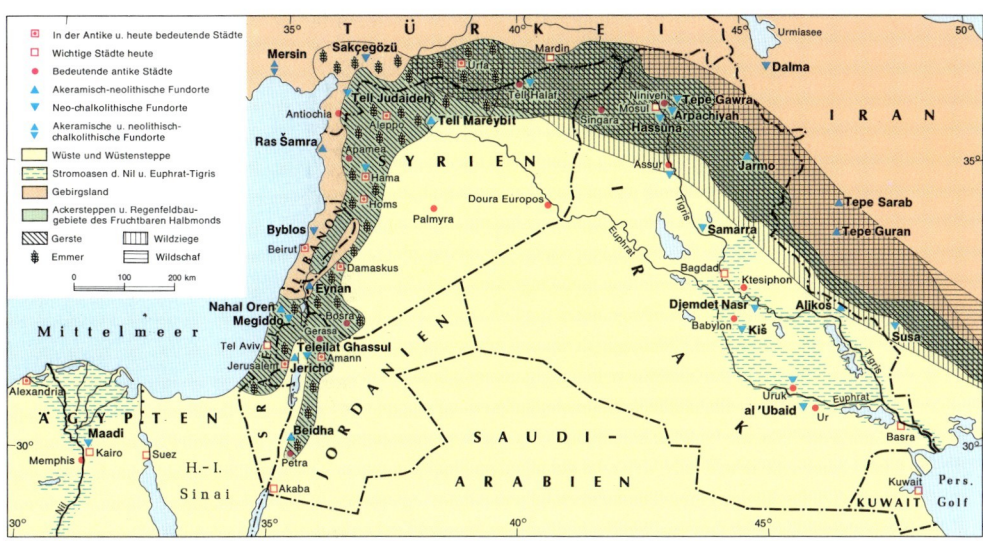

Fruchtbarer Halbmond

Fruchtknoten (Ovarium), bei Samenpflanzen der aus Fruchtblättern gebildete, geschlossene Hohlraum mit den Samenanlagen.

Fruchtkörper (Karposoma), vielzelliges Geflecht aus verzweigten und miteinander verwachsenen Pilzhyphen bei Pilzen und Flechten; trägt die Sporen.

Fruchtkuchen ↑ Plazenta.

Fruchtsack, svw. ↑ Fruchtblase.

Fruchtsaft, i. w. S. ein unvergorener, aus Früchten mittels techn. Verfahren gewonnener Saft; auch aus (meist pasteurisiertem oder sterilisiertem) F.-Konzentrat durch Zusatz des bei der Konzentration entzogenen Wassers hergestellter Saft. Der F.-VO i. d. F. vom 17. 2. 1982 zufolge darf als **Fruchtsaft** (Saftanteil 100 %, Fruchtgehalt 50 %) nur ein Getränk bezeichnet werden, das über alle charakterist. Eigenschaften des frischen Saftes der Früchte verfügt, denen es entstammt. **Fruchtnektar** (Saftanteil 50 %, Fruchtgehalt 25 %) bezeichnet ein Erzeugnis, das durch Zusatz von Wasser und Zucker aus F., konzentriertem F., Fruchtmark und konzentriertem Fruchtmark hergestellt wird. Das **Fruchtsaftgetränk** (Saftanteil 6 %, Fruchtgehalt 3 %) hingegen wird lediglich unter Mitverwendung von F. hergestellt. **Fruchtsirup** ist eine dickflüssige Zubereitung aus F., konzentriertem F. oder aus Früchten (mit höchstens 68 % Zucker). Den F. können bis 15 g Zucker pro Liter ohne Kennzeichnung zugesetzt werden, jedoch sind Farb- und Aromastoffe verboten.

Fruchtsäuren, organ., im Obst vorkommende Säuren, bes. Wein-, Apfel- und Zitronensäure.

Fruchtschalenwickler (Apfelschalenwickler, Capua reticulana), etwa 2 cm spannender, ockerfarbener Kleinschmetterling; Raupen bis 2 cm lang, werden schädlich an Obstbäumen, bes. an den Früchten (v. a. Äpfeln, Birnen).

Fruchtschuppe, svw. ↑ Samenschuppe.

Fruchtstand ↑ Fruchtformen.

Fruchtwand (Perikarp), der aus der Fruchtknotenwand hervorgehende Teil der Frucht der Samenpflanzen.

Fruchtwasser (Amnionwasser, Liquor amnii), vom Amnion gebildete Flüssigkeit innerhalb der Fruchtblase. Im F. ist der Embryo frei beweglich eingebettet und gegen Druck, Stoß und Erschütterungen von außen geschützt.

Fruchtwassersack, svw. ↑ Fruchtblase.

Fruchtwein, svw. ↑ Obstwein.

Fruchtzucker, svw. ↑ Fructose.

Fructidor [frz. frykti'dɔ:r „Fruchtmonat"] (Fruktidor), 12. Monat des Kalenders der Frz. Revolution (18. bzw. 19. Aug. bis 16. bzw. 17. Sept.).

Fructose [lat.] (Fruchtzucker), eine Zuckerart (↑ Monosaccharide), die zus. mit Traubenzucker im Saft süßer Früchte und im Honig vorkommt; dient u. a. zum Süßen der Speisen von Zuckerkranken.

Frueauf, Rueland, d. Ä., *Obernberg am Inn (?) um 1440, † Passau 1507, dt. Maler. – Vater von R. F. d. J.; bed. Vertreter der Salzburger Malerschule; Hauptwerk sind 8 Salzburger Flügelbilder (1490/91; Wien, Östr. Galerie).

F., Rueland, d. J., *um 1465/70, in Passau nachweisbar 1497–1545, dt. Maler. – Sohn von R. F. d. Ä.; Hauptwerke sind die Flügelbilder zu einem Leopoldsaltar (1505), heute im Stiftsmuseum von Klosterneuburg; mit seinen stimmungsvollen Landschaftsdarstellungen bed. Vorläufer der Donauschule.

frugal [lat.-frz.], mäßig, einfach (von Speisen gesagt); fälschlich auch im Sinne von „üppig" verstanden.

Frühbeet, zur Anzucht junger Pflanzen angelegtes Beet, das zum Schutz vor der Witterung mit einer Umrandung versehen und mit transportablen Fenstern oder Plastikfolie abgedeckt ist.

Frühchristentum, Periodisierungsbegriff zur Bez. der ersten Epoche der Geschichte des Christentums (Zeit der Urgemeinde bis 313 [Mailänder Konstitution]); in der jüngeren Forschung wird die Epoche des F. stärker differenziert in Urgemeinde, Urchristentum, **alte** bzw. **altchristliche Kirche** und bis zu den Anfängen der Christianisierung der Germanen (etwa 7. Jh.) ausgedehnt.

frühchristliche Kunst, die in der Spätantike vom 3. bis 6. Jh. geschaffene Kunst (meist unter Abgrenzung der byzantin. und der armen. Kunst), deren Themen vom christl. Erlösungsgedanken, ausgedrückt in symbol. Bildern (Tauben u. a.) und in alt- und neutestamentl. Szenen, bestimmt sind. Bed. Denkmäler der f. K. sind neben den *Malereien* in den röm. *Katakomben* die *Mosaiken* in den seit 313 entstehenden *Basiliken*. Die Bautätigkeit setzte in Rom ein mit der Erlöserbasilika (seit dem späten 6. Jh. San Giovanni in Laterano). Alt-Sankt-Peter (San Pietro in Vaticano; vollendet nach der Mitte des 4. Jh.) wurde seit 1506 abgebrochen. Der konstantin. Bau von San Paolo fuori le mura wurde nach 386 erneuert. Santa Maria Maggiore wurde unter Sixtus III. (432–440) erbaut (der heutige Zustand der Kirche zeigt anstelle der alten Apsis ein Querschiff mit Apsis, um

Fruchtformen. Oben: Sammelfrüchte; k Sammelnußfrucht (Erdbeere), l Sammelsteinfrucht (Brombeere), m Sammelbalgfrucht (Apfel). Unten: Fruchtstände; n Beerenfruchtstand (Ananas)

frühchristliche Literatur

1290). Neben diesen sog. Patriarchalbasiliken entstanden noch zahlr. andere bed. frühchristl. röm. Bauten (Santi Cosma e Damiano, Sant'Agnese, San Clemente), auch in Mailand (San Vittore in Ciel d'Oro [Kapelle in Sant'Ambrogio], Komplex von San Lorenzo Maggiore) und in Ravenna (Mausoleum der Galla Placidia, um 450 vollendet, Baptisterium der Orthodoxen, 451–460; Baptisterium der Arianer, 493–526; Sant'Apollinare Nuovo, um 500; San Vitale, 547; Sant'Apollinare in Classe, 549 geweiht).

Bed. Zeugnisse f. K. sind auch die *Sarkophagreliefs* (u. a. Junius-Bassus-Sarkophag [359; Rom, Vatikan. Sammlungen], der sog. Zwölf-Apostel-Sarkophag in Sant'Apollinare in Classe in Ravenna [5. Jh.]) und die *Elfenbeinarbeiten* (u. a. Kathedra des Bischofs Maximian in Ravenna [zw. 546/556; Ravenna, Erzbischöfl. Museum]); von der *Buchmalerei* ist wenig erhalten (Wiener Genesis [6. Jh.; Wien, Östr. Nationalbibliothek]). – Die f. K. beeinflußte die gesamte abendländ. Entwicklung.

frühchristliche Literatur ↑ Patristik.

frühchristliche Musik, die Musik und Musikübung der christl. Kirche vom 1. bis 6. Jh., hervorgegangen aus Elementen des jüd. Synagogalgesangs und der antiken griech. Musik. Die Kenntnis von der f. M. basiert allein auf literar. Zeugnissen. Im Ggs. zum jüd. Kult war die Verwendung von Musikinstrumenten im Gottesdienst verboten. In den i. d. R. einstimmigen Gesängen herrschte zunächst das Griech. als Kultsprache vor. Die Vortragsformen lassen sich scheiden in ein psalmod. Rezitieren, einen melodisch reicher entwickelten, dabei aber noch einfachen und weitgehend syllab. Gesang sowie das kunstvoll improvisierende melismat. Singen der Solisten im ↑ Responsorium.

Frühdruck, Erzeugnis des ältesten Buchdrucks; im weitesten Umfang die Drucke von etwa 1450 bis etwa 1550, i. e. S. die zw. 1501 und etwa 1550; Drucke, die dem 15. Jh. angehören, werden als ↑ Inkunabeln bezeichnet.

Frühe aus Trévoux [frz. tre'vu] ↑ Birnen (Übersicht).

Frühgeburt, vorzeitige Entbindung eines lebenden Neugeborenen zw. der 28. („Siebenmonatskind") und

Frühchristliche Kunst

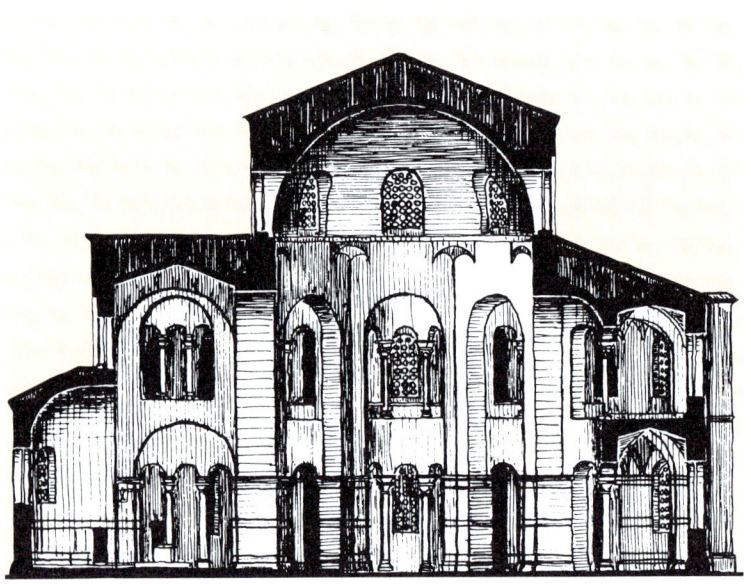 

Links: Querschnitt der Kirche San Vitale in Ravenna, 547 geweiht. Rechts: Vögel mit Fruchtzweigen, Mosaik, Ausschnitt, um 340 (Rom, Santa Costanza)

Junius-Bassus-Sarkophag mit Szenen aus dem Alten und Neuen Testament, Marmor, Ausschnitt, 359 (Rom, Vatikanische Sammlungen)

38. Schwangerschaftswoche. Ursachen einer **spontanen Frühgeburt** sind entweder Erkrankungen der Mutter oder des Kindes. Die hohe Frühgeborenensterblichkeit beruht auf der funktionellen Unreife der Organe sowie einer Gefährdung durch Trinkschwäche, Atemstörungen und Infektionen. Frühgeborene sollten zunächst unter ständiger Überwachung in einem Frühgeborenenzentrum aufgezogen werden. Sie sind auch bei guter Pflege längere Zeit kleiner und schwächer als zum Normaltermin geborene Kinder; sie holen deren Vorsprung aber bis zum 5. oder 6. Lebensjahr auf. – Als **künstliche Frühgeburt** bezeichnet man die vom Arzt herbeigeführte, vorzeitige Entbindung.

Frühgeschichte, Übergangsphase zw. der Vorgeschichte bzw. Urgeschichte und der durch schriftl. Überlieferung erhellten Geschichte; im allg. Bez. für Perioden, für deren Erforschung neben schriftl. oder mündl. Überlieferung mit archäolog. Methoden erschließbare Überreste mindestens gleichrangig herangezogen werden müssen.

frühhelladische Kultur ↑ helladische Kultur.

Frühinfiltrat, häufig Ersterscheinung der Tuberkulose bei Erwachsenen; zeigt sich im Röntgenbild als rundl. Schatten unterhalb des Schlüsselbeins. Tuberkulöse Herde des F. liegen meist im Spitzenbereich der Lunge.

Frühjahrslorchel (Frühlingslorchel, Giftlorchel, Gyromitra esculenta), Schlauchpilz mit weißl. bis blaßviolettem, gefurchtem, bis 7 cm hohem Stiel und hohlem, rundl., kaffee- bis schwarzbraunem Hut; von April bis Mai in trockenen Kiefernwäldern und auf Kahlschlägen; Giftpilz.

Frühjahrslorchel

Frühjahrsmüdigkeit, volkstüml. Bez. für das Nachlassen der Leistungsfähigkeit und die allg. körperl. Abgespanntheit während der Frühjahrsmonate, u. a. möglicherweise Folge eines Vitamin-C-Mangels oder bioklimat. Einflüsse.

Frühjahrs-Sommer-Enzephalitis ↑ Gehirnentzündung.

Frühkapitalismus, Bez. für eine Epoche der europ. Wirtschaftsgeschichte, die mit dem 16. Jh. begann und mit der industriellen Revolution (seit etwa 1760) in die Zeit des Hochkapitalismus überleitete. – ↑ Kapitalismus.

Frühkommunion ↑ Erstkommunion.

Frühkonstitutionalismus, die Phase der histor. Entwicklung, in der die Regierungsgewalt des erbl. Herrschers durch eine Verfassung beschränkt wurde. Die Fürsten von Bayern, Württemberg und Baden, deren Territorien durch Napoleon I. erhebl. vergrößert worden waren, wollten ihre Herrschaft sichern, indem sie die Untertanen zu Staatsbürgern mit bestimmten Rechten und Freiheiten machten. Nach dem Vorbild der frz. Charte constitutionelle von 1814 erließen die Fürsten unter Beibehaltung ihrer alleinigen Souveränität Verfassungen (z. B. Nassau 1814, Bayern 1818) oder vereinbarten sie mit der Ständevertretung (Württemberg 1819), die die Mitwirkung der gewählten Parlamente an der Gesetzgebung und garantierte Grundrechte festlegten. Die Karlsbader Beschlüsse unterbanden die Fortentwicklung des F. im Dt. Bund.

Frühlähme ↑ Fohlenlähme.

Frühling ↑ Jahreszeiten.

Frühlingsadonisröschen (Frühlingsteufelsauge, Adonis vernalis), größte, geschützte mitteleurop. Art der Gatt. Adonisröschen, verbreitet auf meist kalkreichen, warmen Trockenrasen, Heidewiesen und in Kiefernwäldern.

Frühlingsäquinoktium ↑ Äquinoktium.
Frühlingsenzian ↑ Enzian.
Frühlingsknotenblume ↑ Knotenblume.
Frühlingslorchel, svw. ↑ Frühjahrslorchel.
Frühlingspunkt ↑ Äquinoktialpunkte.
Frühlingsschlüsselblume ↑ Primel.

Frühmenschen (Archanthropinen, Archanthropinae), älteste Gruppe der fossilen Echtmenschen, zu der v. a. der Homo erectus erectus (Pithecanthropus) und der Homo erectus pekinensis (Sinanthropus) gehören. – ↑ Mensch (Abstammung).

frühminoische Kultur ↑ minoische Kultur.
Frühmittelalter ↑ Mittelalter.
Frühneolithikum, Anfangsphase des ↑ Neolithikums.

Frühreife, eine der normalen Entwicklung der Jugendlichen vorauseilende Ausbildung seel. und körperl. Merkmale; häufig nur einzelne Frühleistungen, dagegen selten als Reife der Gesamtpersönlichkeit.

Frühschmerz ↑ Spätschmerz.

Frühsommermeningoenzephalitis ↑ Gehirnentzündung.

Frühstückskartell, allg. Bez. für ein gesetzwidriges Kartell, das bei einer als unverfänglich erscheinenden gesellschaftl. Zusammenkunft formlos und meist nur auf mündl. Absprache hin gebildet wird.

Fruhtrunk, Günter, * München 1. Mai 1923, † ebd. 12. Dez. 1982, dt. Maler. – Seine Werke zeigen die Überwindung einer auf geometr. Grundformen reduzierten Malerei. An die Stelle des Dialoges der Formengegensätze tritt ein auf homogene Strukturen zurückgeführtes Kontinuum von Farbe.

Frühwarnsystem (Early Warning System), militär. Radar- und damit gekoppelte Rechenanlage zum frühzeitigen Orten und Identifizieren [feindl.] Flugkörper und zum Einleiten von Abwehrmaßnahmen.

Frühzündung ↑ Zündanlage.

Fruin, Robert Jakobus [niederl. frœɪn], * Rotterdam 14. Nov. 1823, † Leiden 29. Jan. 1899, niederl. Historiker. – Prof. in Leiden 1860–94; gilt als bedeutendster niederl. Historiker des 19. Jh.; befaßte sich v. a. mit der Zeit des niederl. Freiheitskampfes sowie der niederl. Rechts- und Verfassungsgeschichte.

Fruktidor ↑ Fructidor.

Fruktifikationstheorie [lat./griech.] ↑ Zinstheorie.

Frundsberg, Georg von, * auf der Mindelburg bei Mindelheim 24. Sept. 1473 (1475?), † ebd. 20. Aug. 1528, dt. Landsknechtsführer („Vater der Landsknechte"). – Kämpfte in Diensten Maximilians I. und Karls V.; 1519 beteiligt an der Vertreibung Herzog Ulrichs aus Württemberg durch den Schwäb. Bund; hatte entscheidenden Anteil an den Siegen des kaiserl. Heeres in Italien (Bicocca 1522, Pavia 1525).

Frunse, Michail Wassiljewitsch, * Pischpek 2. Febr. 1885, † Moskau 31. Okt. 1925, sowjet. Politiker und Militärspezialist. – Im Bürgerkrieg erfolgreicher militär. Führer der Roten Armee im Kampf gegen Koltschak und Wrangel; leitete die Militärreform 1924/1925, Begründer der sowjet. Militärwiss.; als Nachfolger Trotzkis 1925 Volkskommissar für Heer und Flotte; starb unter ungeklärten Umständen.

Frunse, bis 1991 Name der Stadt ↑ Bischkek.

Fruška gora [serbokroat. ˈfruʃka ˈɡɔra], Gebirge in Kroatien, zw. Donau und Save; etwa 100 km lang, bis 539 m hoch; z. T. Nationalpark.

Frühlingsadonisröschen

Frustration [lat.], Erlebnis der Enttäuschung durch Ausbleiben eines erwarteten und/oder geplanten Handlungserfolgs, von dem die Befriedigung primärer oder sekundärer Bedürfnisse abhängt. Die F. kann auch aus einer vermeintl. Behinderung oder Benachteiligung resultieren. Die so *frustrierte* Person fühlt sich zurückgesetzt oder „zu kurz gekommen", ohne daß dafür ein tatsächl. Anlaß besteht. Die **Aggressions-Frustrations-Hypothese** besagt, daß unter bestimmten Umständen eine F. regelmäßig aggressives Verhalten hervorruft, dessen Stärke umgekehrt proportional zur Stärke der F. sei.

Frutex [lat.], svw. ↑ Strauch.

Frutigen, Bez.hauptort im schweizer. Kt. Bern, südlich von Thun, 803 m ü. d. M., 6 000 E. Uhrenind., Schiefertafelfabrikation, Fremdenverkehr. – F., Zentrum einer gleichnamigen Herrschaft, kam 1400 durch Kauf an Bern. – Spätgot. Landkirche (15. Jh.), Ruinen der Tellenburg (ehem. Vogteisitz, 14. Jh.).

Frutti di mare [italien.], svw. ↑ Meeresfrüchte.

Fry [engl. fraɪ], Christopher, urspr. C. Harris, * Bristol 18. Dez. 1907, engl. Dramatiker. – Seine lyr. Versdramen sind teils unorthodoxe religiöse festl. Schauspiele, teils metaphern- und wortspielreiche Komödien, in denen sich Heiteres und Tragisches mischen.

Werke: Ein Phönix zuviel (Dr., 1946), Die Dame ist nicht fürs Feuer (Dr., 1949), Venus im Licht (Dr., 1950), Ein

Christopher Fry

F-Schicht

Schlaf Gefangener (Mysterienspiel, 1951), Das Dunkel ist licht genug (Dr., 1954), Ein Hof voll Sonne (Dr., 1971).
F., Edwin Maxwell, *Wallasey 2. Aug. 1899, †Gft. Durham 3. Sept. 1987, brit. Architekt. – Wegbereiter des ↑internationalen Stils in Großbritannien. Baute mit Gropius das „Impington Village College" bei Cambridge (1936).
F., Elizabeth, geb. Gurney, *Norwich 21. Mai 1780, †Ramsgate 12. Okt. 1845, brit. Sozialreformerin. – Stammte aus einer Quäkerfamilie; kämpfte bes. für eine Reform des Strafrechts und des Strafvollzugs.
F-Schicht (F-Gebiet), ionisierte Doppelschicht (F_1- und F_2-Schicht) der ↑Ionosphäre.
F-Schlüssel, in der Musik das aus dem Tonbuchstaben F entwickelte Zeichen, mit dem im Liniensystem die Lage des f festgelegt wird. Unterschieden werden: Bariton-, Baß- und Subbaßschlüssel. – ↑Schlüssel.
FSK, Abk. für: ↑**F**reiwillige **S**elbst**k**ontrolle der Filmwirtschaft.
ft, Einheitenzeichen für ↑Foot.
Fuad I., eigtl. Ahmad F., *Gise 26. März 1868, †Kairo 28. April 1936, ägypt. Sultan (1917–22) und König (1922–36). – Sohn Ismail Paschas; nahm nach Ende des brit. Protektorats über Ägypten 1922 den Königstitel an.
Fuad Pascha, Muhammed (türk. Fuat, Mehmet), *Konstantinopel 17. Jan. 1815, †Nizza 12. Febr. 1869, türk. Politiker. – Führend in der autokrat. Reformbewegung; 1852–67 fünfmal Außenmin., 1861–66 Großwesir; auch Dichter.
Fuchs, Anke, *Hamburg 5. Juli 1937, dt. Politikerin (SPD). – Juristin; seit 1980 MdB; 1982 Bundesmin. für Jugend, Familie und Gesundheit; 1987–91 Bundesgeschäftsführerin der SPD.
F., Arved, *Bad Brahmstedt 1953, dt. Seemann und Abenteurer. – Durchquerte vom 13. Nov. 1989 bis 12. Febr. 1990 zus. mit R. ↑Messner zu Fuß (2 800 km) die Antarktis.

Fuchs. Kleiner Fuchs

Ernst Fuchs. Malach, 1961–63 (Privatbesitz)

F., Ernst, *Wien 13. Febr. 1930, östr. Maler und Graphiker. – Vertreter der Wiener Schule des phantast. Realismus. In Gemälden und Radierungen, die er in altmeisterl. Techniken ausführt, behandelt F. v. a. bibl. Themen.
F., Günter Bruno, *Berlin 3. Juli 1928, †Berlin (West) 19. April 1977, dt. Schriftsteller. – Lyriker und Prosaist; auch Hörspiele.

Werke: Brevier eines Degenschluckers (Ged. und En., 1960), Lesebuch des G. B. F. (1970), Handbuch für Einwohner (Ged., 1970), Ratten werden verschenkt. Werkauswahl (1974), Wanderbühne, Geschichten und Bilder (1976), Gemütlich summt das Vaterland (Ged. u. a., hg. 1984).

F., Jürgen, *Reichenberg/Vogtland 19. Dez. 1950, dt. Schriftsteller. – Ab 1971 Studium der Psychologie in Jena, 1975 zwangsexmatrikuliert; nach Protest gegen die Ausbürgerung W. Biermanns 1976 mehrere Monate in Haft, 1977 nach Berlin (West) abgeschoben. Beschreibt v. a. im (ehem.) DDR-Alltag Bedrohung, Unterwerfung und Selbstzüchtung („Gedächtnisprotokolle", 1977; „Tagesnotizen", Ged., 1979; „Fassonschnitt", R., 1984; „Das Ende einer Feigheit", R., 1988).
F., Klaus, *Rüsselsheim 29. Dez. 1911, †Berlin 28. Jan. 1988, dt. Physiker. – Emigrierte 1933; als brit. Staatsangehöriger 1943–46 am amerikan. Atombombenprojekt in Los Alamos tätig; 1946 Leiter der theoret. Abteilung des brit. Atomforschungszentrums Harwell; 1948 als Spion für die UdSSR entlarvt, wurde er 1950 wegen Atomspionage verurteilt. Nach seiner Begnadigung (1959) in der DDR bis 1978 an der Akad. der Wiss. tätig.
F., Leonhart, *Wemding 17. Jan. 1501, †Tübingen 10. Mai 1566, dt. Arzt und Botaniker. – Prof. in Ingolstadt und Tübingen; zählt zu den bedeutendsten humanist. Medizinern des 16. Jh.; gab in „Historia stirpium" (1542; dt. 1543 u. d. T. „New Kreuterbuch") eine systemat. Darstellung von Pflanzen.
F., Robert, *Frauenthal an der Laßnitz 15. Febr. 1847, †Wien 19. Febr. 1927, östr. Komponist. – War am Wiener Konservatorium Lehrer u. a. von H. Wolf und G. Mahler; komponierte Orchester- und Kammermusik, Klavierwerke, Chormusik und Lieder.
F., Sir (seit 1958) Vivian [engl. fu:ks], *Freshwater (Isle of Wight) 11. Febr. 1908, brit. Geologe. – 1957/58 Leiter der Commonwealth Trans-Antarctic-Expedition, der erstmals die Durchquerung der Antarktis gelang.

Fuchs [zu althochdt. fuhs, eigtl. „der Geschwänzte"], Raubtier (↑Füchse).
▷ Bez. für einige Tagfalter: 1. **Kleiner Fuchs** (Nesselfalter, Aglais urticae), 4–5 cm spannend, Flügeloberseite rotbraun, mit gelben und schwarzen Flecken auf den Vorderflügeln, Flügelrandbinden dunkel mit je einer Reihe kleiner, blauer Fleckchen; 2. **Großer Fuchs** (Nymphalis polychloros), ziemlich selten, 5–6 cm spannend; Flügeloberseite gelbbraun mit schwarzen Flecken.
▷ Pferd mit rötl. (fuchsfarbenem) Deckhaar und gleichfarbigem oder hellerem Mähnenhaar und Schweifhaar.
▷ das noch nicht vollberechtigte Mgl. einer Studentenverbindung im ersten und zweiten Semester.

Füchschen ↑Sternbilder (Übersicht).
Füchse, Bez. für etwa 20 miteinander eng verwandte Arten aus der Raubtierfam. Hundeartige; meist schlanke, nicht hochbeinige, weltweit verbreitete Tiere mit verlängerter, spitzer Schnauze, großen, zugespitzten Ohren und buschigem Schwanz. Hierher gehören u. a.: **Polarfuchs** (Eisfuchs, Alopex lagopus), am Nordpol bis zur südl. Baumgrenze lebend, 45–70 cm lang, Schwanz 30–40 cm lang, kleine, abgerundete Ohren; je nach Fellfärbung im Winter unterscheidet man ↑Blaufuchs und **Weißfuchs** (rein weiß); Sommerfell bei beiden graubraun bis grau. **Korsak** (Steppenfuchs, Alopex corsac) in Z-Asien, etwas kleiner als der Rotfuchs, Fell im Sommer rötl. sandfarben, im Winter weißlichgrau. **Fennek** (Wüstenfuchs, Fennecus zerda) in N-Afrika und SW-Asien, 35–40 cm lang, Schwanz 20–30 cm lang, Ohren bis über 15 cm lang, Fell hell bis dunkel sandfarben, meist mit rostfarbener Tönung am Rücken, Bauchseite weiß. Die Gatt. **Graufüchse** (Urocyon) hat je eine Art auf dem südamerikan. Festland und auf einigen Inseln vor S-Kaliforniens; 53–70 cm lang, Schwanz 28–40 cm lang, Oberseite und größter Teil der Flanken grau, Schwanz- und Körperunterseite sowie Beine rostbraun, Rückenstreif schwarz, Kehle weißlich. Eine Unterart ist der ↑Azarafuchs. Außerdem zählen zu den F. die fast weltweit verbreiteten, überwiegend nachtaktiven **Echten Füchse**

(Vulpes) mit neun Arten, darunter der in Eurasien, N-Afrika und N-Amerika vorkommende **Rotfuchs** (Vulpes vulpes), 60–90 cm lang, Schwanz etwa 35–40 cm lang, Beine kurz, Färbung rostrot mit grauer Bauchseite und schwarzen Füßen, Schwanzspitze meist weiß. Das Fell einiger Unterarten ist ein begehrtes Pelzwerk (z. B. **Kreuzfuchs**, mit dunkler, über Rücken und Schultern kreuzförmig verlaufender Zeichnung; **Kamtschatkafuchs** [Feuerfuchs], Fell leuchtend rot; **Silberfuchs**, glänzend schwarze Grundfarbe mit Silberung kleinerer oder größerer Rückenteile, in Pelztierfarmen gezüchtet).

Füchse. Oben: Polarfuchs. Mitte: Fennek. Unten: Rotfuchs

Füchsel, Georg Christian, *Ilmenau 14. Febr. 1722, †Rudolstadt 20. Juni 1773, dt. Geologe. – Gehört zu den Wegbereitern des ↑Aktualismus in der Geologie und lieferte erste Ansätze für die ↑Stratigraphie.

Fuchsflechte (Letharia vulpina), intensiv gelb gefärbte, bis 5 cm hohe Strauchflechte mit arkt.-alpiner Verbreitung; vorwiegend auf Nadelhölzern; einzige giftige Flechte Europas.

Fuchshai ↑Drescherhaie.

Fuchshund (Foxhound), engl. Laufhund.

Fuchsie ['fʊksiə; nach L. Fuchs] (Fuchsia), Gatt. der Nachtkerzengewächse mit etwa 100 Arten in Amerika und Neuseeland; Halbsträucher, Sträucher oder kleine Bäumchen mit gezähnten Laubblättern; Blüten oft hängend und auffällig rot, rosa, weiß oder violett, meist mehrfarbig gefärbt.

Fuchsin [nach der Fuchsie] (Rosanilin, Magenta), intensiv roter Triphenylmethanfarbstoff von geringer Farbechtheit, deshalb heute nur noch als Papierfarbstoff benutzt.

Fuchsjagd, 1. ↑Schnitzeljagd; 2. Reitjagd, bei der das Wild durch einen Reiter dargestellt wird, der einen Fuchsschwanz an der Schulter trägt.

Fuchskauten, mit 656 m ü. d. M. die höchste Erhebung des Westerwaldes.

Fuchskusu (Trichosurus vulpecula), v. a. in den Wäldern Australiens lebender Kletterbeutler von etwa 35–60 cm Körperlänge mit rd. 25–40 cm langem, buschig behaartem Schwanz; Fell sehr dicht und weich, Färbung grau, braun oder schwärzlich mit heller Zeichnung. – Sein Fell kommt u. a. unter den Bez. **Adelaide-Chinchilla** und **Australischer Biber** und **Australisches Opossum** in den Handel.

Fuchsmanguste (Cynictis penicillata), etwa 30–40 cm körperlange, schlanke, kurzbeinige Schleichkatze, v. a. in sandigen Gebieten S-Afrikas; Fell relativ langhaarig, orangebraun bis blaß gelbgrau.

Fuchsschwanz (Amarant, Amaranthus), Gatt. der Fuchsschwanzgewächse mit etwa 50 Arten, v. a. in subtrop. und gemäßigten Gebieten; meist Kräuter mit unscheinbaren, kleinen Blüten in dichten Blütenständen.

Fuchsschwanz ↑Säge.

Fuchsschwanzgewächse (Amarantgewächse, Amaranthaceae), weltweit verbreitete Pflanzenfam. mit etwa 900 Arten in über 60 Gatt.; hauptsächlich Kräuter mit kleinen Blüten, oft in knäueligen Teilblütenständen, die zus. Ähren oder Köpfchen bilden.

Fuchsschwanzgras (Alopecurus), Gatt. der Süßgräser mit dichten, weichen Ährenrispen; in M-Europa sieben Arten auf Wiesen, Äckern und an feuchten Stellen, z. B. ↑Wiesenfuchsschwanzgras, ↑Ackerfuchsschwanzgras.

Fuchtel [zu fechten], Degen mit breiter Klinge, später auch Bez. für den Schlag mit der flachen Klinge; da dies als Strafe beim militär. Drill üblich war, wurde das Wort zum Sinnbild strenger Zucht (Redensart: „unter der F. stehen").

Fuciner Becken ['fu:tʃinər], italien. Beckenlandschaft in den sö. Abruzzen, 655 m ü. d. M., noch im Altertum von einem Karstsee mit stark schwankendem Wasserspiegel **(Fucinus lacus)** erfüllt. Trockenlegungsversuche im Altertum und MA scheiterten, erst diejenigen von 1854–76 hatten Erfolg. Insgesamt wurden 16 500 ha als Kulturfläche gewonnen und unter Neusiedlern aufgeteilt.

Fucus [lat.], Gatt. der Braunalgen mit etwa 30 Arten, verbreitet im Litoral der nördl. Meere; die häufigsten Arten in der Nordsee sind der ↑Blasentang und der ↑Sägetang.

fud., Abk. für: ↑fudit.

Fuder, altes, regional noch verwendetes Hohlmaß, v. a. für Wein; 1 rhein. F. = 1 000 l, 1 bad. F. = 1 500 l, 1 östr. F. = 1 811 l.

fudit [lat. „(er) hat (es) gegossen"], steht [meist abgekürzt als fud.] hinter der Signatur des Gießers (z. B. bei Glocken).

Fudschaira, Scheichtum in den ↑Vereinigten Arabischen Emiraten.

Fudschijama ↑Fuji.

Fudschinomija ↑Fujinomiya.

Fudschisawa ↑Fujisawa.

Fudschiwara ↑Fujiwara.

Fuduli, Muhammad Ibn Sulaiman, türk. Mehmet Fuzulî, *Hilla (Irak) 1495 (?), †Bagdad 1556, türk. Dichter. – Bedeutendster Vertreter der türk. Klassik; schrieb Gedichte und eine lange Versdichtung von pessimist. Daseinshaltung und myst. Gottesliebe.

Fuero [span.; zu lat. forum (↑Forum)], span. Rechtsbegriff; Bez. für Stadtrecht, Gewohnheitsrecht, Vorrecht, Rechtsordnung, aber auch Gesetz und Gesetzessammlung.

Fuerteventura, eine der ↑Kanarischen Inseln, Hauptort Puerto del Rosario.

Füetrer, Ulrich ['fy:ɛtrər], *Landshut 1. Hälfte des 15. Jh., †München um 1495, dt. Dichter. – Anscheinend ausgebildet als Maler. Erhalten ist eine „Kreuzigung Christi" (1457; München, Alte Pinakothek). Verfaßte ein „Buch der Abenteuer" (zw. 1473/78), eine Bearbeitung höf. Epen in rd. 41 500 Versen (Titurelstrophen), und zw. 1478 und 1481 eine „Baier. Chronik".

Fuchsie

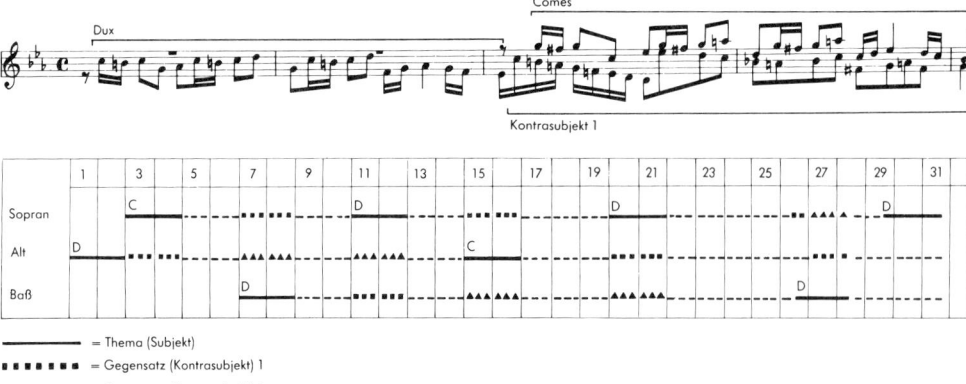

Fuge. Johann Sebastian Bach, Fugenanfang (oben) und schematische Darstellung der gesamten Fuge c-Moll (unten) aus dem Wohltemperierten Klavier, 1. Teil, 1722

Anton Fugger
(Gemälde von
Lucas Cranach d. Ä.,
um 1540)

Jakob II. Fugger
(Holzschnitt von
Hans Burgkmair d. Ä.,
um 1510)

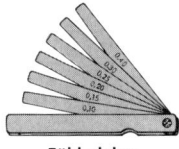

Fühlerlehre

Fufu, Speise der Westafrikaner: zu Brei zerstampfte Maniok- oder Jamsknollen, z. T. mit Mehlbananen, werden zu Kugeln geformt und mit stark gewürzter, öliger Suppe übergossen.

Fugato [lat.-italien.], fugierter Abschnitt (oft nur die Exposition) in einer nicht als Fuge gearbeiteten Komposition.

Fuge [italien., zu lat. fuga „Flucht" (der einen Stimme vor der folgenden)], in der Musik Bez. für ein mehrstimmiges (in der Regel 3- oder 4stimmiges) Instrumental- oder Vokalstück, dessen streng kontrapunktisch gesetzte Stimmen ein Thema imitatorisch-variativ durchführen. Die in der Bach-Zeit exemplarisch ausgebildete F. hat etwa folgenden Aufbau: Ein Thema (Subjekt) erklingt zunächst allein in seiner Grundgestalt (Dux, Führer), hierauf wird es in einer anderen Stimme auf der Dominante oder Subdominante beantwortet (Comes, Gefährte). Diese Beantwortung ist entweder „real", d. h. intervallgetreu, oder „tonal", d. h. mit charakterist. Abweichungen, wobei die Ausgangstonart erhalten bleibt. Danach beginnen sukzessiv die nächsten Stimmen wieder mit dem Dux bzw. Comes. Außer zum ersten erklingt zu jedem Themeneinsatz ein Kontrapunkt – häufig als beibehaltener Gegensatz (Kontrasubjekt) –, der schließlich in einen freien Kontrapunkt übergeleitet wird. Die erste Durchführung des Themas, die Exposition, endet, wenn alle Stimmen einmal das Thema als Dux bzw. Comes vorgetragen haben. Hieran schließen sich nach einem freien Zwischenspiel weitere Durchführungen (und Zwischenspiele) an, in denen das Thema in veränderter Gestalt (↑Diminution, ↑Augmentation, ↑Umkehrung, ↑Krebs oder rhythmisch-melod. Veränderungen) auftritt, oder die Themeneinsätze gegeneinander verschoben sind (Engführung). Die Anzahl der Themeneinsätze ist ebensowenig festgelegt wie Anzahl und Länge der Durchführungen. Je nach Art, Anordnung und Anzahl der Themen unterscheidet man verschiedene F.typen: einfache F., ↑Gegenfuge, Spiegelfuge, ↑Permutationsfuge, Doppelfuge (mit 2 Themen), Tripelfuge (mit 3 Themen), Quadrupelfuge (mit 4 Themen). – Nach Vorformen seit dem 14. Jh. entwickelte sich die F. v. a. bei Sweelinck, Frescobaldi, Buxtehude, Pachelbel, Händel, bis sie ihren Höhepunkt im Werk J. S. Bachs erreichte („Wohltemperiertes Klavier" und „Kunst der Fuge").

Fuge, Zwischenraum zw. zwei aneinanderstoßenden Bauwerkteilen, Bauteilen, Mauersteinen usw. Waagerechte F. werden als *Lager-F.,* senkrechte F. als *Stoß-F.* bezeichnet. ▷ in der *Sprachwissenschaft* Stelle, an der die Bestandteile einer Zusammensetzung zusammentreffen, z. B. Eisen|bahn.

Fugger, dt. Kaufmannsfamilie, Grafen (seit 1511 Reichsadel, seit 1514 Reichsgrafen); seit 1367 in Augsburg ansässig. Die noch heute bestehende Linie „F. von der Lilie", begr. von **Jakob d. Ä.** († 1469), erlangte durch Jakob II. und die Fuggersche Handelsgesellschaft Weltgeltung; seine Neffen **Raimund** († 1535) und **Anton** († 1560) begr. die beiden noch bestehenden Hauptlinien: F. von Kirchberg und F. von Glött (1913 bayr. Fürstenstand). Die Linie F. von Babenhausen wurde 1803 reichsfürstlich. Bed.:
F., Anton, Reichsgraf (seit 1530), * Augsburg 10. Juni 1493, † ebd. 14. Sept. 1560, Handelsherr. – Übernahm 1525 die Leitung des Unternehmens und befolgte den politisch-ökonom. Kurs seines Onkels, Jakobs II.; unterstützte Ferdinand I. und Karl V.; konnte mit des Kaisers Hilfe den Handel bis nach Buenos Aires, Westindien und Mexiko ausdehnen; gewährte auch Philipp II. von Spanien 1556/57 Kredite; hinterließ 6 Mill. Goldkronen und einen beträchtl. Landbesitz.
F., Jakob II., der Reiche, Reichsgraf (seit 1514), * Augsburg 6. März 1459, † ebd. 30. Dez. 1525, Handelsherr und Bankier. – Übernahm 1485 die Leitung der F.schen Faktorei in Innsbruck; verbündete sich mit Erzherzog Maximilian, dem er 1490 zur Übernahme Tirols verhalf; errichtete durch seine Beteiligungen am ungar. Bergbau und Metallhandel ein europ. Kupfermonopol; wurde zum Bankier des Kaisers, der Päpste und der röm. Kurie; mischte sich bei Papstwahlen ein, finanzierte 1519 die Wahl Karls I. von Spanien zum Kaiser, wurde weitgehend dessen Geldgeber; betätigte sich als Mäzen (Sankt Anna in Augsburg) und schuf die „Fuggerei", eine (noch bestehende) Wohnsiedlung für Bedürftige.

Fugitives [engl. ˈfjuːdʒɪtɪvz „Flüchtlinge"], konservative Dichtergruppe des amerikan. Südens, die sich v. a. an der Vanderbilt University in Nashville (Tenn.) um die Zeitschrift „The Fugitive" (1922–25) bildete; skeptisch bis ablehnend gegenüber Fortschrittskult und Wissenschaftsgläubigkeit, Modernismen und Naturwissenschaft.

Fühler, Sinnesorgane tragende Kopfanhänge (↑Antennen, ↑Tentakel).

Fühlerlehre (Fühllehre, Spion), Meßwerkzeug zur Bestimmung der Breite von Spalten (z. B. Elektrodenabstand bei Zündkerzen), ein Satz von Stahlblechzungen mit Dikken zw. 0,05 und 1,0 mm.

Fühlerlose (Scherenfüßer, Chelicerata), seit dem Kambrium bekannter, heute mit über 35 000 Arten weltweit verbreiteter Unterstamm 0,1–60 cm langer Gliederfüßer (fossile Arten bis 1,8 m lang); Antennen fehlen; erstes Gliedmaßenpaar (Chelizeren) meist scheren- oder klauenförmig, zweites Gliedmaßenpaar (Pedipalpen) als Kieferntaster ausgebildet; leben an Land, im Süßwasser und im Meer; drei rezente Klassen: ↑Pfeilschwanzkrebse, ↑Spinnentiere, ↑Asselspinnen.

Fühlhaare ↑Tastsinnesorgane.

Fühlorgane, svw. ↑Tastsinnesorgane.

Fuhlrott, Johann [Carl], *Leinefelde (Landkr. Worbis) 31. Dez. 1803, †Elberfeld (= Wuppertal) 17. Okt. 1877, dt. Naturforscher. – Gymnasiallehrer in Elberfeld; erkannte die von ihm 1856 im Neandertal bei Düsseldorf gefundenen Knochen als Gebeine eines fossilen Menschen.

Fühlsinn, svw. ↑Tastsinn.

Fühmann, Franz, *Rochlitz (Rokytnice nad Jizerou [Riesengebirge]) 15. Jan. 1922, †Berlin (Ost) 8. Juli 1984, dt. Schriftsteller. – Gestaltete zunächst Krieg und NS-Herrschaft als Grunderlebnis seiner Generation (Nov. „Kameraden", 1955; E. „Das Judenauto", 1962; „König Ödipus", 1966), später v. a., unter intensivem Bezug zu Mythos, Moderne und Traum sowie zunehmender Distanz zur DDR-Realität, eigenes Werden und ein essentielles Bemühen um Wirklichkeit (u. a. Tagebuch „22 Tage oder die Hälfte des Lebens", 1973; En. „Der Geliebte der Morgenröte", 1978; „Saiäns-fiktschen", 1981; Essay „Der Sturz des Engels", in der DDR u. d. T. „Vor Feuerschlünden", 1982; Aufs. u. a. „Wandlung, Wahrheit, Würde", 1985; En. u. a. „Unter den Paranyas", 1988); auch bed. Nachdichter und Kinderbuchautor.

Fuhr, Xaver, *Neckarau (= Mannheim) 23. Sept. 1898, †Regensburg 16. Dez. 1973, dt. Maler. – Schuf v. a. aquarellierte Städtebilder mit harter Umrißzeichnung.

Fuhre, allg. svw. Wagenladung; im Rotwelsch Bez. für eine versteckt angebrachte Tasche oder einen Sack der Diebe.

Führer, Inhaber derjenigen Position innerhalb einer Gruppe, die mit der Organisation und Kontrolle von Gruppenaktivitäten sowie der Aufrechterhaltung eines Zusammenhaltes unter den Gruppen-Mgl. verbunden ist. Die F.rolle variiert sowohl zw. verschiedenen Gruppen als auch innerhalb einer Gruppe in Abhängigkeit von den bes. Charakteristika und Ansprüchen der Geführten, den spezif. Zielen, die eine Gruppe verfolgt, sowie den von außen auf eine Gruppe einwirkenden Einflüssen.
▷ in der *Musik* svw. ↑Dux.

Führerausweis, in der Schweiz Bez. für Führerschein (↑Fahrerlaubnis).

Führerprinzip, ein den Werten und Zielen demokrat. Organisation prinzipiell entgegengesetztes polit. Leitungsprinzip, nach dem Autorität ausschließlich von einer monokrat. Spitze nach unten ausgeübt, Verantwortung aber ausschließlich von unten nach oben geschuldet wird; insbes. eine Erscheinungsform plebiszitär legitimierter Diktaturen des 20. Jahrhunderts.

Führerschein ↑Fahrerlaubnis.

Führer und Reichskanzler, von A. Hitler selbst geschaffene Amts-Bez., nachdem er nach Hindenburgs Tod 1934 die Ämter des Reichskanzlers und des Reichspräs. auf sich vereinigt hatte; seit 1939 war nur noch die Bez. Führer üblich.

Führich, Josef Ritter von (seit 1861), *Kratzau (= Chrastava, Nordböhm. Gebiet) 9. Febr. 1800, †Wien 13. März 1876, östr. Maler. – Führender Vertreter der Nazarener in Österreich.

Fuhrmann ↑Sternbilder (Übersicht).

Führung, Vorrichtung, die z. B. einem Maschinenteil eine bestimmte Bahn bzw. eine bestimmte Lage bei seiner Bewegung vorschreibt.
▷ Wahrnehmung der durch die Rolle eines Führers umschriebenen Aufgaben und Funktionen; bei demokrat. F. werden die Gruppen-Mgl. bei der Entscheidung über Gruppenziele oder an der Organisation von Gruppenaktivitäten beteiligt, bei autokrat. F. übt diese Funktionen der Führer allein aus.
▷ *militärisch:* Planung und Leitung des Einsatzes von Streitkräften, abgestuft nach strateg., operativen und takt. Gesichtspunkten.

Führungsakademie der Bundeswehr, Ausbildungsstätte der Bundeswehr, in der v. a. Offiziere für den Dienst als Stabsoffiziere ausgebildet und fortgebildet werden; Sitz: Hamburg.

Führungsaufsicht, Maßregel der Besserung und Sicherung, die neben der Verurteilung zu einer Strafe treten kann (§§ 68–68 g StGB) und rückfallgefährdete Täter vor Straftaten bewahren soll. Während der F., die 2 bis 5 Jahre dauern kann, stehen dem Verurteilten eine Aufsichtsstelle und ein Bewährungshelfer helfend und betreuend zur Seite und überwachen die Erfüllung der ihm vom Gericht erteilten Weisungen.

Führungsplanke, svw. ↑Leitplanke.

Führungstruppen, in der Bundeswehr zusammenfassende Bez. für diejenigen ↑Truppengattungen, die die militär. Führung im Heer unterstützen.

Führungszeugnis (früher polizeil. F.), Zeugnis über den Inhalt des ↑Bundeszentralregisters. Im *östr. Recht* entspricht dem F. die **Strafregisterbescheinigung,** in der *Schweiz* das **Leumundszeugnis.**

Fuji [fudʒi] (Fujisan, Fudschijama), höchster Berg Japans, auf Honshū, etwa 100 km wsw. von Tokio, 3 776 m hoch. Nicht aktiver, ganzjährig schneebedeckter Stratovulkan im Bereich der Fossa Magna. Durchmesser des Kraters rd. 600 m bei einer Tiefe von 150–200 m; letzter Ausbruch 1707. Waldgrenze oberhalb 2 300 m. – Hl. Berg Japans; Gegenstand zahlr. Dichtungen und bildl. Darstellungen.

Fuji, der heilige Berg Japans

Fujian [chin. fudziæn] (Fukien), Küstenprov. in SO-China, an der Formosastraße, gegenüber von Taiwan; 120 000 km², 30,05 Mill. E (1990), Hauptstadt Fuzhou. Die Prov. wird von einem Teil der hier bis 1 667 m hohen südostchin. Berglandes eingenommen. Der stark zergliederten Küste mit Naturhäfen sind über 600 Inseln vorgelagert. Im subtrop. Klima werden Reis (oft zwei Ernten im Jahr), Bataten, Mais, Tabak, Tee, Zitrusfrüchte und Bananen angebaut. Ausgedehnte Wälder (v. a. mit Nadelhölzern, Bambus und Eukalyptus) bilden die Grundlage der Forstwirtschaft und der holzverarbeitenden Ind.; Küstenfischerei. Bei reichen Bodenschätzen an Kohle, Eisen- und Wolframerz erst allmähl. Industrialisierung; bed. Kunsthandwerk (Fuzhou-Lackwaren). 1980 wurde **Xiamen** zur Wirtschaftssonderzone für Auslandsinvestitionen erklärt.

Fujimori, Alberto [span. fuxiˈmori, jap. fudʒi...], *Lima 28. Juli 1938, peruan. Politiker jap. Abstammung. – Agraringenieur; 1984–89 Rektor der Landwirtschaftshochschule. Gründete 1989 die Bürgerbewegung „Cambio 90" [= Wechsel 90]; seit Juli 1990 (im 2. Wahlgang) Präs. Perus. Im Apr. 1992 stellte sich F. an die Spitze eines Staatsstreichs gegen die demokrat. Verfassung Perus.

Fujinomiya [fudʒi...] (Fudschinomija), jap. Stadt auf Honshū, am SW-Fuß des Fuji, 111 500 E. Zellstoff- und Papierindustrie.

Fuji Photo Film Co. Ltd. [engl. ˈfudʒi ˈfoʊtoʊ ˈfɪlm ˈkʌmpəni ˈlɪmɪtɪd], eines der größten Photounternehmen der Welt, Sitz Tokio, gegr. 1934.

Fujisan [fudʒi...] ↑Fuji.

Fujisawa [fudʒi...] (Fudschisawa), jap. Stadt auf Honshū, 40 km ssw. von Tokio, 328 000 E. TH; Wohnstadt für die Ind.region Tokio–Yokohama.

Fujiwara [fudʒi...], jap. Adelsgeschlecht, eine der „vier (großen) Sippen". Ahnherr ist der aus dem Shintō-Priester-

Franz Fühmann

Alberto Fujimori

Fukien

Fukui Kenichi

James William Fulbright

Liselotte Funcke

Fulda Stadtwappen

geschlecht Nakatomi stammende **Fujiwara no Kamatari** (*614, †669), als bed. Reformer Mitbegr. der Staatsform des alten kaiserl. Japan. Die Familie war jahrhundertelang in Politik und Kunst (F.zeit 894–1185) tonangebend und erlebte unter **Fujiwara no Michinaga** (* 966, † 1028), der den Staat als Regent und Großkanzler leitete und Schwieger- bzw. Großvater einiger Kaiser war, ihren glanzvollen Höhepunkt; bald darauf Entmachtung der F., nach der Mitte des 11. Jh. vollends Verlust ihrer führenden polit. Stellung.
F., altjap. Geschlecht ungeklärter Herkunft, das im 11./12. Jh. im N der jap. Hauptinsel über ein Gebiet von etwa 67000 km² weitgehend unabhängig von der Zentralreg. in Kyōto herrschte; „Könige des Nordens" genannt; wichtigster Vertreter: **Fujiwara no Hidehira** († 1187).

Fukien ['fuːkiɛn] ↑ Fujian.

Fuks, Ladislav, * Prag 24. Sept. 1923, tschech. Schriftsteller. – Der Roman „Herr Theodor Mundstock" (1963) schildert den Versuch eines alten Juden im von dt. Truppen besetzten Prag, das drohende Schicksal der Deportation innerlich zu bewältigen.

Fukui, jap. Stadt in der F.ebene an der W-Küste von Honshū, 249000 E. Verwaltungssitz der Präfektur F.; Univ. (techn. Fakultäten). Seidenweberei.

Fukui Kenichi, * Nara 4. Okt. 1918, jap. Physikochemiker. – Arbeiten zur theoret. Chemie, insbes. zur Quantenchemie der chem. Reaktivität und der organisch-chem. Reaktionen. F. entdeckte fast gleichzeitig mit Roald Hoffmann die Prinzipien, nach denen solche Reaktionen ablaufen, wofür beide 1981 mit dem Nobelpreis für Chemie ausgezeichnet wurden.

Fukuyama ↑ Fukuyama.

Fukuoka, jap. Hafenstadt an der NW-Küste von Kyūshū, 1,08 Mill. E. Verwaltungssitz der Präfektur F.; kath. Bischofssitz; zwei Univ. (gegr. 1910 bzw. 1934). Der Steinkohlenbergbau im Hinterland von F. begünstigte die Industrialisierung; u. a. chem. Ind., Eisen- und Stahlverarbeitung, Textil- und Porzellanind.; internat. ✈. – Die Hafenstadt **Hakata** war im MA eine der bedeutendsten Japans.

Fukushima [...ʃima] (Fukuschima), jap. Stadt in N-Honshū, 271000 E. Verwaltungssitz der Präfektur F.; medizin. Hochschule; Textil-, v. a. Seidenindustrie.

Fukuyama [...jama] (Fukuyama), jap. Stadt an der S-Küste von W-Honshū, 363000 E. Eisen- und Stahl-, Elektroind., Maschinenbau.

Fukuzawa Yukichi [...z...], * Ōsaka 10. Jan. 1835, † Tokio 3. Febr. 1901, jap. Gelehrter. – 1858 gründete er die Keiō-Univ. in Tokio, die zur bed. Pflegestätte westl. Wiss. wurde.

Ful (Eigenbez. Fulfulde), Sprache der ↑ Fulbe. F. gehört zur westatlant. Gruppe der Niger-Kongo-Sprachfamilie. Es besitzt fünf Vokalphoneme, implosive Konsonanten, Nasalverbindungen im Silbenanlaut. Es existiert eine reichhaltige Literatur (bes. Lyrik).

Fulbe (Einz.: Pullo; Fulani, Peul), Volk in West- und Zentralafrika (ca. 12 Mill.); gliedert sich kulturell und wirtsch. in zwei Gruppen: äthiopide Nomaden und negride Seßhafte. Staatenbildend im 15. und 19. Jh.

Fulbright, James William [engl. 'fʊlbraɪt], * Sumner (Mont.) 9. April 1905, amerikan. Politiker. – Demokrat; Jurist; brachte als Kongreßabg. 1943 die F.-Resolution ein, eine der Grundlagen für die Schaffung der UN; initiierte 1946 die ↑ Fulbright-Stipendien; 1945–74 Mgl. des Senats und 1959–74 Vors. seines außenpolit. Ausschusses; Kritiker der amerikan. Vietnampolitik, trat für einen Ausgleich mit der UdSSR und der VR China ein.

Fulbright-Stipendien [engl. 'fʊlbraɪt], nach dem Initiator J. W. Fulbright benannte Stipendien zur Finanzierung eines akadem. dt.-amerikan. Austauschprogramms.

Fulda, Krst. in einem von der Fulda durchflossenen Becken zw. Rhön und Vogelsberg, Hessen, 260 m ü. d. M., 54000 E. Kath. Bischofssitz; Sekretariat des Dt. Ev. Kirchentags; philosophisch-theolog. Hochschule, Fachhochschule, mehrere Museen; Textil- und Bekleidungsind., Filzwaren- und Teppichherstellung, Reifenfabrik, Metallverarbeitung. – Um 500 fränk. Hof, um 700 von den Sachsen zerstört. 744 wurde das benediktin. Musterkloster F. begr., 765 Reichsabtei, 774 Verleihung der Immunität; unter Hrabanus Maurus (Abt 822–844) bed. Vermittler abendländ. Kultur in Deutschland. Der Abt wurde 968 Primas aller Benediktinerklöster „Germaniens und Galliens", seit 1170 als Reichsfürst tituliert. Die außerhalb des Klosterbezirks schon im 8. Jh. entstandene Siedlung erhielt 1019 das Marktrecht, wohl um 1114 Stadt. 1523 drang die Reformation in F. ein, das nach Rekatholisierung ein geistiges Zentrum der Gegenreformation wurde. 1752 wurde für das Stiftsland ein selbständiges Fürstbistum F. errichtet; 1803 fiel das Fürstbistum an Nassau-Oranien, 1806 an Frankreich, 1810 an das Großhzgt. Frankfurt, 1816 an Hessen-Kassel; seit 1821 wieder Bischofssitz und seit 1867 Sitz der F. Bischofskonferenz. – Anstelle der 791–819 erbauten Basilika barocker Neubau (1704–12) mit bed. Domschatz; ehemalige Klostergebäude (17./18. Jh.). Die karoling. Krypta der Michaelskirche ist erhalten; barocke Stadtpfarrkirche (1770–88). Das Schloß, ehem. Residenz der Fürstäbte, hat im Kern Teile der ma. Abtsburg (1294–1312) bewahrt, dem Renaissanceschloß (1607–12) folgte in der heutigen Gestalt der barocke Ausbau (1707–13). Spätgotisch-barocke Stein- und Fachwerkhäuser. Vier Bergklöster um F. bezeichnen symbolisch die Enden eines Kreuzes.

F., Landkr. in Hessen.

F., Bistum, 1752 für das Gebiet der ehem. Fürstabtei gegr. Fürstbistum. Nach der Säkularisation wurde 1821 ein neues Bistum F. errichtet und der Oberrhein. Kirchenprov. unterstellt. 1929 zur Kirchenprovinz Paderborn. 1945 geteilt (seit 1973 in Erfurt-Meiningen eine Apostol. Administratur für den thüring. Anteil). – ↑ katholische Kirche (Übersicht).

F., linker Quellfluß der Weser, entspringt an der Wasserkuppe, vereinigt sich bei Hann. Münden mit der Werra zur Weser; 218 km lang, davon 109 km schiffbar.

Fulgurite [lat.], svw. ↑ Blitzröhren.

Fulla, Ľudovít, * Ružomberok 27. Febr. 1902, † Preßburg 21. April 1980, slowak. Maler, Graphiker und Illustrator. – F. verband in seinen Bildern folklorist. Motive mit konstruktivist. und fauvist. Elementen.

Full-dress [engl. 'fʊldrɛs, eigtl. „volle Kleidung"], die passende Garderobe für gesellschaftl. Anlässe.

Füllen ↑ Sternbilder (Übersicht).

Füllen, svw. ↑ Fohlen.

Fuller [engl. 'fʊlə], Curtis [Dubois], * Detroit 15. Dez. 1934, amerikan. Jazzmusiker (Posaunist). – Wurde v. a. durch seine Mitarbeit im Farmer-Golson-Jazztet (1959–60) und bei Art Blakeys Jazz Messengers bekannt. F. gilt heute

Fulda. Rotunde und Apsis der Michaelskirche, 820–22 erbaut, im 10.–12. Jh. umgebaut

Richard Buckminster Fuller. Amerikanischer Pavillon auf der Weltausstellung in Montreal 1967, Durchmesser der Kuppel 80 m

als einer der führenden Posaunisten der J.-J.-Johnson-Schule.

F., Richard Buckminster, *Milton (Mass.) 12. Juli 1895, †Los Angeles 1. Juli 1983, amerikan. Ingenieur. – Seine Schalenkonstruktionen prägen das Bild moderner Repräsentativarchitektur. Sein Hauptwerk ist die Kuppel des amerikan. Pavillons auf der Weltausstellung in Montreal 1967.

F., [Sarah] Margaret, *Cambridgeport (= Cambridge, Vt.) 23. Mai 1810, †Fire Island bei New York 19. Juli 1850 (Schiffsuntergang), amerikan. Schriftstellerin. – Hg. der transzendentalist. Zeitschrift „The Dial"; übersetzte Eckermanns „Gespräche mit Goethe".

Fullerene [nach R. B. Fuller] ↑Kohlenstoff.

Füllhalter (Füllfederhalter), Schreibgerät mit eingebautem, nachfüllbarem Tintenbehälter. Beim **Kolbenfüllhalter** wird der Tank gefüllt durch Verschieben eines dichtschließenden Kolbens, der die Tinte durch Leitkanäle ansaugt. Beim **Patronenfüllhalter** wird eine Tintenpatrone aus flexiblem Kunststoff eingesetzt, die über einen Dorn geöffnet wird.

Füllhalterdosimeter ↑Dosimeter.

Füllhorn, ein Horn, aus dem Blumen und Früchte quellen, in der antiken Mythologie Symbol des Überflusses, das verschiedenen Göttinnen zugeordnet war; Wiederaufnahme in Renaissance und Barock, bes. Attribut der Fortuna, auch bei Personifikationen von Flüssen oder der Jahreszeiten.

Füllkörper, im *Bauwesen* nichttragende Teile.
▷ in der *chem. Technik* Stoffe, die für gleichmäßige Verteilung, große Verweilzeit und intensive Berührung durch Vergrößerung der Oberfläche sorgen, z. B. bei Absorption, Adsorption und Destillation.

Füllschriftverfahren, Verfahren bei der Schallplattenaufnahme. Die Spieldauer einer Platte wird dadurch verlängert, daß der Rillenabstand nicht konstant ist, sondern von der Welligkeit (Schallspeicherung) der benachbarten Rille beeinflußt wird.

Full Service [engl. 'fʊl 'sə:vıs „voller Service"], Bez. für die Gesamtheit der Dienst- und Betreuungsleistungen, die eine Einkaufsgenossenschaft ihren Mgl. gegenüber erbringt.

Füllstoffe, bei der Papier- und Kunststoffherstellung verwendete Hilfsstoffe (z. B. Kreide, Holzmehl) zur Einsparung von Grundmaterial oder um eine bestimmte Eigenschaft zu erreichen.

Full-time-Job [engl. fʊltaim „Vollzeit"], Beschäftigung, die jemanden ganz ausfüllt; Ganztagsarbeit.

fully fashioned [engl. 'fʊlı 'fæʃənd „mit (voller) Paßform"], in der Form gestrickt oder gewirkt, wie man sie sonst nur durch Zuschneiden erreicht.

fulminant [lat.], glänzend, zündend, prächtig.
Fulminate [lat.], äußerst giftige, explosive Salze der ↑Knallsäure.
Fulton, Robert [engl. 'fʊltən], *Little Britain (= Fulton, Pa.) 14. Nov. 1765, †New York 24. Febr. 1815, amerikan. Mechaniker. – Baute 1807 das erste brauchbare Dampfschiff („Clermont") sowie das erste dampfgetriebene amerikan. Kriegsschiff („Fulton the First").
Fumarolen [lat.-italien.], in Vulkangebieten ausströmende, chemisch sehr aggressive, 200–800 °C heiße Gase (u. a. Wasserdampf, Chlor-, Bor-, Schwefel-, Fluorverbindungen).
Fumarsäure [lat./dt.], einfachste ungesättigte Dicarbonsäure, trans-Form, HOOC−CH=CH−COOH; cis-Form ist die ↑Maleinsäure. Die Salze und Ester der F. werden als **Fumarate** bezeichnet; kommt in Pilzen und Flechten vor.
Funabashi [...ʃi] (Funabaschi), jap. Stadt auf Honshū, 515 000 E. Standort eisenverarbeitender Ind., Wohnvorort von Tokio.
Funafuti, Atoll der Ellice Islands im Pazifik mit dem Verwaltungssitz von Tuvalu.
Funchal [portugies. fũ'ʃal], Hauptstadt der portugies. Insel Madeira, 44 000 E. Kath. Bischofssitz; Verwaltungs- und Handelszentrum mit bed. Hafen; Weinkellereien; Fremdenverkehr; ⚓. – Um 1420 gegr.; 1508 Stadtrechte; 1580–1640 unter span. und 1801 sowie 1807–14 unter brit. Herrschaft. – Kathedrale (1485–1514).
Funcke, Liselotte, *Hagen 20. Juli 1918, dt. Politikerin (FDP). – Diplomkauffrau; 1961–79 MdB, 1969–79 Vizepräs. des Dt. Bundestags, 1977–82 stellv. Vors. der FDP; 1979–80 Wirtschaftsmin. von NRW; 1981–91 Beauftragte der Bundesreg. für Ausländerfragen.
Fund, die Inbesitznahme einer verlorenen (= besitz-, nicht herrenlosen) bewegl. Sache (§§ 965–983 BGB). Der Finder muß den F. unverzüglich dem Empfangsberechtigten oder der Polizei anzeigen. Er hat die Sache zu verwahren und sie auf polizeil. Anordnung an die Polizei abzuliefern. Der Finder haftet für Vorsatz und grobe Fahrlässigkeit. Vom Empfangsberechtigten kann er Ersatz seiner Aufwendungen verlangen, ferner – außer bei Verletzung der Anzeigepflicht – einen **Finderlohn** (bei Sachen im Wert bis 1 000 DM: 5 %, darüber hinaus 3 %, bei Tieren: 3 %). Nach 6 Monaten seit Anzeige des F. bei der Polizei erwirbt er lastenfreies Eigentum an der F.sache (bei Klein-F. bis 10 DM sofort), sofern der Empfangsberechtigte vorher weder sein Recht bei der Polizei angemeldet hat noch es dem Finder bekannt geworden ist. Der Finder haftet aber jedem, der infolge seines Eigentumserwerbs einen Rechtsverlust erlitten hat, noch 3 Jahre lang aus ungerechtfertigter Bereicherung. **Verkehrsfunde** (in Räumen oder Beförderungsmitteln einer Behörde oder von Verkehrsunternehmen) sind unverzüglich einem Bediensteten der Behörde oder

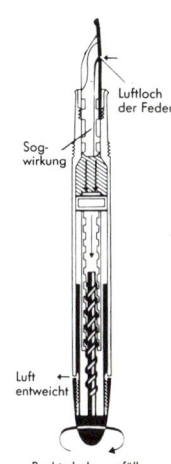

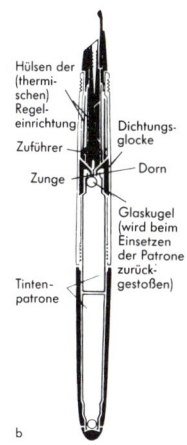

Füllhalter. a Kolbenfüllhalter; b Patronenfüllhalter

Robert Fulton. Dampfschiff Clermont, Länge 45,7 m, Jungfernfahrt am 17. August 1807

Fundament

des Unternehmens abzuliefern; der Anspruch auf Finderlohn ist auf die Hälfte herabgesetzt und gilt nur für Gegenstände ab 100 DM Wert. Bei einem **Schatzfund** (Sache, die so lange verborgen war, daß ihr Eigentümer nicht mehr zu ermitteln ist) entsteht mit der Inbesitznahme Miteigentum je zur Hälfte für den Entdecker und den Eigentümer der Sache, in welcher der Schatz verborgen war (§ 984 BGB). Ähnl. Bestimmungen gelten in *Österreich* und der *Schweiz*.

Fundament [lat.], bis auf tragfähigen Untergrund herabreichender Unterbau eines Bauwerks.

fundamental [lat.], grundlegend; schwerwiegend.

Fundamentalartikel, Begriff der luth.-orth. Dogmatik, der in den kontroverstheolog. Auseinandersetzungen in der Zeit der Orthodoxie zur Bez. der Zentralwahrheiten des christl. Glaubens verwendet wurde. Die Lehre der F. wurde schon im 16. Jh. vorbereitet durch den Humanismus, v. a. bei M. Bucer. Während der Einigungsbestrebungen im 17. Jh. erlangten die F. ihre wesentl. Bedeutung zur Klärung von Unterschieden und Gemeinsamkeiten zw. den verschiedenen Konfessionen. Die luth. Orthodoxie erreichte keine Einheitlichkeit in der Bestimmung dessen, was zum Heil notwendig ist.

▷ Hauptteil des 1871 projektierten böhm. Ausgleichs; drei Gesetzentwürfe zur Umstrukturierung des dualist. östr.-ungar. Ausgleichs (bei Gleichstellung Böhmens und Ungarns) in einen böhmisch-östr.-ungar. Trialismus; stießen v. a. auf die Gegnerschaft der Deutschen in Böhmen, der gesamtstaatl. tendierenden Bürokratie, der Magyaren und auf Vorbehalte Mährens und scheiterten.

Fünfpaß

Fundamentalismus [lat.], allg. das kompromißlose Festhalten an (polit., religiösen) Grundsätzen, i. e. S. eine Ende des 19. Jh. entstandene Bewegung des amerikan. Protestantismus zur Abwehr des Liberalismus; sie geht mit Entschiedenheit davon aus, daß die Bibel unmittelbares Wort Gottes (gewissermaßen wörtlich diktiert: „inspiriert") und aus diesem Grund irrtums- und widerspruchsfrei sei. Fundamentalist. Bewegungen gibt es auch in der kath. Kirche, z. B. die Internationale Priesterbruderschaft des Hl. Pius X. – F. ist auch die bei nichtmuslim. Beobachtern eingebürgerte Bez. für eine Strömung im Islam, deren Vertreter die wörtl. Befolgung der Vorschriften des Koran und einen islam. Staat fordern, in dem die islam. Pflichtenlehre (Scharia) gilt. Der gegenwärtige islam. F. begreift den Islam als geschlossenes System von Lösungen für alle Lebensfragen und nimmt eine radikale Abwehrhaltung gegenüber der als materialistisch und zerstörerisch eingestuften westl. Zivilisation ein.

Fundamentalkatalog ↑ Fundamentalsterne.

Fundamentalpunkte, Bez. für den Schmelzpunkt (Eispunkt) des Wassers (0 °C bzw. 273,15 K) und den Siedepunkt des Wassers (100 °C bzw. 373,15 K) in ihrer Eigenschaft als Bezugspunkte für die Temperaturmessung.

Fundamentalsatz, (Algebra) ↑ Algebra.
▷ (F. der Zahlentheorie) ↑ Zahlentheorie.

Fundamentalsterne, Fixsterne, deren Position und Eigenbewegung bes. genau bekannt sind; F. sind in **Fundamentalkatalogen** zusammengefaßt und dienen zur genauen Orts- und Zeitbestimmung.

Fundamentaltheologie, Disziplin der kath. Theologie, die nicht einzelne Glaubensinhalte, sondern die Prinzipien der Theologie, die Möglichkeit des Glaubens und der diesem zugrundeliegenden Offenbarung sowie heute v. a. den Wiss.anspruch der Theologie, ihre Methoden und ihr Verhältnis zu anderen Wissenschaften untersucht.

Funder, Friedrich, *Graz 1. Nov. 1872, †Wien 19. Mai 1959, östr. Publizist. – Ab 1896 Mitarbeiter, 1903 Chefredakteur der christlich-sozialen „Reichspost"; kämpfte gegen den Anschluß Österreichs an Deutschland; 1938/39 aus polit. Gründen im KZ inhaftiert; gründete 1945 die Zeitschrift „Die Furche".

fundierte Schuld [lat./dt.], langfristige öff. Anleihe, deren Tilgung und Verzinsung aus Einnahmen des ordentl. Haushalts erfolgt.

fündig, gesagt von einer Bohrung oder Schürfung, die auf vermutete Bodenschätze trifft.

Fundunterschlagung ↑ Unterschlagung.

Fundus [lat. „Boden, Grund(lage)"], *allg.* Grundlage, Unterbau; Grundbestand.
▷ im antiken Rom Landgut mit Zubehör als Betriebseinheit (daher frz. *fonds*); auch allg.: Grundstück.
▷ Bestand an Kostümen, Requisiten u. a. Ausstattungsmitteln bei Theater und Film.

Fundy, Bay of [engl. 'beɪ əv 'fʌndɪ], rd. 150 km lange Bucht des Atlantiks an der kanad. Küste, zw. dem Festland (Prov. New Brunswick) und der Halbinsel der Prov. Nova Scotia, mit dem höchsten Tidenhub der Erde (14 m, bei Springflut 21 m).

funebre [frz. fy'nɛbr; italien. 'fu:nebre], musikal. Vortragsbez.: traurig, düster.

Fünen, dän. Ostseeinsel zw. Großem und Kleinem Belt, 2977 km², bis 131 m hoch, Hauptstadt Odense. Brücken zum Festland, Fähren zu den Nachbarinseln.

Funès, Louis de [frz. fy'nɛs], *Courbevoie (Seine) 31. Juli 1914, †Nantes 27. Jan. 1983, frz. Schauspieler. – Seit den 60er Jahren Komiker in Unterhaltungsfilmen, u. a. als „Balduin" und „Gendarm von St. Tropez" (1964 ff.).

fünf, eine Primzahl, die Anzahl der Finger an einer Hand, aber auch der Sinne. Der kreuzweisen Verbindung von f. Punkten, dem Drudenfuß oder Pentagramm, wurden magisch-abwehrende Kräfte zugeschrieben.

Fünferalphabet (Fünfercode) ↑ Telegrafenalphabet.

Fünfkampf, in verschiedenen Sportarten ein (ehem.) Mehrkampf aus fünf verschiedenen Disziplinen; nach dem Vorbild des griech. ↑ Pentathlons. Am bekanntesten ist gegenwärtig der moderne F. mit Degenfechten, Freistilschwimmen, Pistolenschießen, Geländelauf und Geländeparcoursreiten mit Umrechnung der Resultate in Punkte.

Fünfkirchen, dt. für ↑ Pécs.

Fünfpaß, got. Maßwerkfigur aus fünf gleich großen Dreiviertelkreisen, die um einen mittleren Kreis angeordnet sind oder von einem Kreis umschlossen werden.

Fünfprozentklausel, Bestimmung, der zufolge nur solche Parteien Parlamentssitze erhalten, die mindestens 5 % der im Wahlgebiet abgegebenen gültigen Stimmen auf sich vereinigt haben. Eine F. enthalten das BundeswahlG i. d. F. der Bekanntmachung vom 1. 9. 1975 für Bundestagswahlen und die meisten Landeswahlgesetze für Landtagswahlen, jedoch zumeist mit der Maßgabe, daß eine Partei auch dann Sitze erhält, wenn sie zwar 5 % der Wählerstimmen nicht erreicht, aber in einer bestimmten Zahl von Wahlkreisen Sitze unmittelbar erringt. Bei der Bundestagswahl 1990 erfolgte eine getrennte Anwendung der F. für die alten Länder der BR Deutschland und für die Länder der ehem. DDR.

Fünftagefieber (wolhyn. Fieber, Febris quintana), Infektionskrankheit mit period., meist im Abstand von fünf Tagen auftretenden Fieberschüben, heftigen Kopf- und Gliederschmerzen sowie Leber- und Milzvergrößerung; Übertragung durch Kopf- und Kleiderläuse, der Erreger ist Rochalimaea quintana.

fünfte Kolonne, Schlagwort zur Bez. polit. Gruppen, deren Angehörige vornehmlich in Krisen oder während eines Krieges im Interesse einer auswärtigen Macht polit. Ziele verfolgen. Der Begriff entstand 1936 während des Span. Bürgerkriegs, als General Mola auf die Frage, welche seiner vier Kolonnen die von den Republikanern verteidigte Hauptstadt einnehmen werde, antwortete, daß dies in erster Linie von den getarnten Anhängern der Aufständischen, die er als f. K. bezeichnete, geleistet werden müsse.

fünfte Krankheit, svw. ↑ Ringelröteln.

Fünfte Republik (Cinquième République), Name des frz. Staates seit 1958.

Fünf zivilisierte Nationen, 1834–98 bestehender einflußreicher Zusammenschluß von Indianerstämmen in den USA; nach der Vertreibung aus dem sö. Waldland in das Indianerterritorium in Oklahoma von den Creek, Cherokee, Choctaw, Chickasaw und Seminolen gebildet.

Fungibilität [lat.], im Recht Vertretbarkeit, Austauschbarkeit von Waren, Devisen, Wertpapieren; Voraussetzung für den Börsenhandel.

fungieren [lat.], ein Amt verrichten.
Fungistatika [lat./griech.] ↑ Fungizide.
Fungizide [lat.], Stoffe, die bereits in niedriger Konzentration Pilze abtöten. Der Übergang zu den **Fungistatika**, die das Pilzwachstum nur hemmen, ohne abtötend zu wirken, ist gleitend und oft nur eine Frage der Dosis und der Anwendungsdauer. F. spielen eine Rolle in der Medizin und bes. im Pflanzenschutz. **Protektivfungizide** verhindern die Sporenkeimung, **systemische Fungizide** dringen in das Leitungssystem der Pflanze ein und wirken von innen heraus gegen Pilzbefall.

Fungus [lat.], in der *Medizin:* schwammige Geschwulst bzw. Wucherung, z. B. bei Gelenk- und Knochenmarktuberkulose.

Funhof, Hinrik, *um 1430/40 wohl in Westfalen, † Hamburg 1484 oder 1485, dt. Maler. – Erhalten u. a. vier Flügel eines Altars in Sankt Johannis in Lüneburg (1482–84).

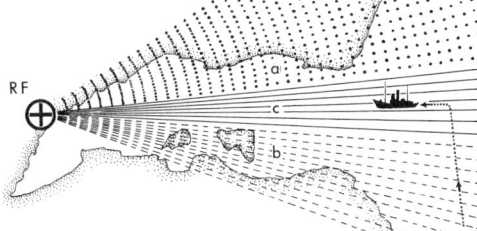

Funkfeuer. Schematische Darstellung der Funktionsweise eines Richtfunkfeuers (RF): punkt- oder strichförmige Funkzeichen kennzeichnen die unbefahrbaren Sektoren (a und b), Dauerzeichen den zu einem Hafen führenden Fahrwassersektor (c)

Funiculus [lat. „dünnes Seil"], in der *Anatomie:* kleiner Gewebsstrang; z. B. *F. umbilicalis,* die Nabelschnur.
▷ (Nabelstrang) in der *botan. Morphologie:* von einem Gefäßbündel durchzogenes Stielchen, mit dem die Samenanlage der Samenpflanzen an der Plazenta befestigt ist.

Funikulitis [lat.], Entzündung im Bereich des Samenstrangs, meist infolge Gonorrhö.

Funk, Casimir, *Warschau 23. Febr. 1884, † Albany (N. Y.) 20. Nov. 1967, poln.-amerikan. Biochemiker. – Arbeitete in der Ind. und Forschung in Frankreich, Deutschland, Großbritannien und in den USA; bei seiner Untersuchung der Beriberi (1912/13) prägte er die Bez. „Vitamin". **F.,** Walther, *Trakehnen 18. Aug. 1890, †Düsseldorf 31. Mai 1960, dt. Politiker. – 1931 Eintritt in die NSDAP; seit 1932 MdR, ab 1933 Pressechef und Staatssekretär im Propagandaministerium; 1938–45 Reichswirtschaftsmin. und seit 1939 zugleich Reichsbankpräs.; 1946 in Nürnberg zu lebenslängl. Haft verurteilt, 1957 wegen Krankheit entlassen.

Funk [engl. fʌŋk], im Jazz aus dem afroamerikan. Slang (engl. funky = stinkig) abgeleitete Bez. für die blues- und gospelbetonte Spielweise des Hardbop um 1960; seit den 70er Jahren auch Richtung im Rockjazz (u. a. H. Hancock); der F. hatte zu Beginn der 80er Jahre großen Einfluß auf Stilbereiche der Rockmusik.

Funkamateure [...'tø:rə], Personen, die auf Grund einer staatl. Genehmigung (nach Ablegen einer Prüfung) in ihrer Freizeit privaten Funkverkehr betreiben. Die Frequenzen für F. sind internat. vereinbart; entsprechend der benutzten Frequenz kann jeder Punkt der Erde erreicht werden, z. T. unter Verwendung von Amateurfunksatelliten. Die Verbindungen dienen rein privaten Zwecken; polit. Informationen dürfen nicht ausgetauscht werden.

Funkdienst ↑ feste Funkdienste.

Funke, Glutteilchen, das bei Verbrennungs- oder Reibungsvorgängen entsteht.

Funkenentladung, kurzzeitige Gasentladung, die bei genügend hoher Spannung als *Durchbruch* (Durchschlag) einer Gasstrecke entsteht. Sie zeigt sich als ein Bündel grell leuchtender, verästelter Funkenkanäle, die den Entladungsraum *(Funkenstrecke)* durchdringen. Eine bes. F. ist der ↑ Blitz.

Funkeninduktor, Hochspannungstransformator, der mit pulsierendem Gleichstrom betrieben wird; liefert Spannungen bis zu einigen 100 kV.

Funkenkammer, Gerät zum Nachweis der Spuren energiereicher ionisierender Teilchen in der Kernphysik. Die F. besteht aus einer Anzahl flächenförmiger, paralleler Elektroden in einer Gasatmosphäre. Kurz nach dem Durchgang eines ionisierenden Teilchens wird kurzzeitig eine so hohe Spannung an die Elektroden angelegt, daß entlang der Ionisationsspur des Teilchens sichtbare Funken zw. den Platten überspringen, die photographiert werden können.

Funkenlinien ↑ Funkenspektrum.

Funkensender, historisch ältester Funksender, von H. Hertz für grundlegende Versuche zur Erzeugung und Übertragung elektromagnet. Wellen verwendet. Der Funke einer Funkenstrecke erzeugt elektromagnet. Schwingungen, die von der an die Funkenstrecke angeschlossenen Hertzschen Dipol abgestrahlt werden.

Funkenspektrum, das Spektrum ionisierter Atome, die bes. in Funkenentladungen angeregt werden (im Ggs. zum Bogenspektrum neutraler Atome). Die einzelnen Spektrallinien des F. werden **Funkenlinien** genannt.

Funkenstrecke ↑ Funkenentladung.

Funkentstörung (Entstörung), Sammelbez. für alle Maßnahmen zur Vermeidung oder Verringerung von Funkstörungen sowohl am störenden als auch am gestörten Gerät. Für die F. werden v. a. Kondensatoren, Drosselspulen und Widerstände verwendet.

Funker, unterster Dienstgrad bei der Fernmeldetruppe der Bundeswehr.

Funkerzählung ↑ Hörspiel.

Funkfernschreiber ↑ Fernschreiber.

Funkfeuer, ortsfester Sender, der ausschließlich für die Zwecke der Funknavigation von Schiffen und Flugzeugen ein Signal ausstrahlt, dem bestimmte Funkzeichen als Kennung eingeblendet werden. Man unterscheidet: **ungerichtete Funkfeuer** (rundstrahlende F.), die gleichmäßig in alle Richtungen des Azimuts strahlen, z. B. *Decca-Navigator-System,* **Richtfunkfeuer,** die mittels Richtantennen einen oder mehrere Leitstrahlen aussenden, z. B. Markierungsfeuer; die **Drehfunkfeuer** mit einem umlaufenden Richt-

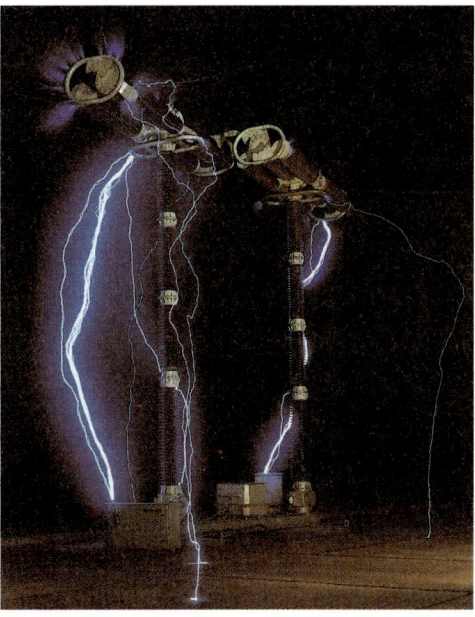

Funkenentladung in einem Hochspannungsprüffeld zwischen einem getesteten Leistungsschalter und Erde

strahl, die außer der Ortung auch das Einhalten eines gewählten Kurses ermöglichen, z. B. UKW-Drehfunkfeuer.

Funkhaus, Hauptgebäude[komplex] einer Hörfunk- oder Fernsehanstalt u. a. mit Studios für die Produktion von Hörfunk- und Fernsehsendungen.

Funkkolleg, wiss. Vorlesungsreihe im Hörfunk, die im Medienverbund angeboten wird (Texte, Studienbegleitbriefe und -zirkel); mit Abschlußprüfungen.

Funkkompaß, svw. Radiokompaß (↑ Funknavigation).

Funkmeßtechnik, Verfahren, mit Hilfe von elektr. Wellen durch Messung ihrer Laufzeit die Entfernungen dieser Objekte, speziell mit Hilfe des ↑ Radars, aber auch die genaue Lage von Fehlern in elektr. Leitungen zu bestimmen.

Funknavigation, die Navigation von Wasser- oder Luftfahrzeugen mit Hilfe von Funksignalen, die von Funkfeuern ausgesendet und von bordeigenen Funkpeilern empfangen werden oder von Bordsendern abgestrahlt und als reflektierte Signale empfangen werden. Entsprechend der Reichweite unterscheidet man allg. Kurzstrecken-, Mittelstrecken- und Langstrecken-F.; spezielle Verfahren der Kurzstrecken-F. werden z. B. in der Luftfahrt für den Landeanflug und die Allwetterlandung, in der Schiffahrt für das Befahren schwieriger Küstengewässer verwendet. – Die meßtechn. Verfahren werden in folgende Gruppen eingeteilt: Bei den *Richtempfangsverfahren* wird die Abhängigkeit der Antennenspannung von der Richtung der von einer Land- oder Bodenfunkstelle einfallenden elektromagnet. Wellen ausgenutzt, z. B. beim Radiokompaß. Bei den *Richtsendeverfahren* werden von einer oder mehreren ortsfesten Funkstellen modulierte Wellen ausgesendet, wobei die Modulation als Richtungsinformation deutbar ist, z. B. beim **Instrumentenlandesystem** oder beim **VOR-Verfahren.** Bei den *Differenzentfernungsmeßverfahren* werden Entfernungen zu verschiedenen Bodenstationen dadurch ermittelt, daß entweder die *Zeitdifferenzen* zw. dem Empfang der von den Stationen gleichzeitig ausgesendeten Impulse (Laufzeitdifferenzen) gemessen werden (z. B. beim **LORAN-Verfahren**) oder die *Phasendifferenzen* zw. den gleichfrequenten elektromagnet. Wellen (z. B. beim **Decca-Navigator-System**). Beide Methoden liefern als Standlinien Hyperbeln (sog. *Hyperbelnavigation*). Bei den *Entfernungsmeßverfahren* wird aus der Laufzeit eines von einem (bordeigenen) Sender ausgestrahlten Impulses zu einem [aktiven] Rückstrahler und zurück die momentane Entfernung bestimmt. *Radarverfahren* (Radarnavigation) dienen in der Schiffahrt v. a. zur Ermittlung des Standorts und des Kurses bei Nacht und schlechter Sicht. Navigationseinrichtungen unabhängig von Bodenstationen sind z. B. ↑ Doppler-Radar.

Funkpeiler, Funkempfänger mit bes. Empfangsantennen (Richtantennen), mit denen die Einfallsrichtung der von einem Sender ausgestrahlten Signale und damit die Richtung zum Sender bestimmt werden kann.

Funkrufdienst, Abk. FuRD, Einrichtung der Dt. Bundespost (seit 1974) im Rahmen des Europ. F. **(Eurosignal).** Einseitig gerichtete Funkverbindung zw. Landfunkstellen und tragbaren oder bewegl. Funkrufempfängern (insbes. in Kfz). Ein Anruf (vom öff. Fernsprecher zur Rufzentrale) löst im Empfänger opt. oder akust. Signale aus mit vorher festzulegender Bed. (z. B. Aufforderung zu telefon. Rückruf). Eine Weiterentwicklung ist der *Stadt-F.* (Cityruf).

Funkschatten, der hinter einem von elektromagnet. Wellen „angestrahlten" Objekt bei quasiopt. Wellenausbreitung liegende Bereich, in dem Verschlechterung oder Unterbrechung des Funkkontaktes zw. Sender und Empfänger auftritt.

Funksprechgerät ↑ Sprechfunkgerät.

Funkspruch, drahtlos, d. h. durch Funk übermittelte Nachricht.

Funkstille, allg. Unterbrechung des Funkverkehrs, insbes. Sendeverbot auf der Telegrafienotfrequenz 500 kHz und der Sprechfunknotfrequenz 2182 kHz zweimal stündl. für je 3 Min., um zu verhindern, daß ein Notruf im allg. Funkverkehr untergeht.

Funkstörung, Störung des Bild- und Tonempfangs durch elektromagnet. Schwingungen. Störquellen sind beispielsweise schleifende oder schaltende Kontakte, Zündvorgänge. F. i. w. S. sind die v. a. im Kurzwellenbereich auftretenden Störungen als Folge von Veränderungen der Ionosphäre.

Funktaxi ↑ Taxi.

Funktechnik (drahtlose Nachrichtentechnik), Teilgebiet der Nachrichten- bzw. Hochfrequenztechnik; die Gesamtheit aller techn. Verfahren und Geräte zur drahtlosen Übermittlung von Signalen mit Hilfe elektromagnet. Wellen, die von der Antenne eines Senders ausgestrahlt und von der Antenne eines Empfängers aufgenommen werden. Spezielle Bereiche der F. sind Rundfunktechnik, Fernsehtechnik, Funkfernschreibtechnik, Funktelegrafie (einschließl. Bildfunk) und Funktelefonie, Funknavigation, Funkortung und Funkpeilung, Funkmeß- oder Radartechnik, Sprechfunk sowie Telemetrie, i. w. S. auch Radioastronomie.

Funktelefonie ↑ Fernsprechen.

Funktelegrafie, die drahtlose Übermittlung von Nachrichten nach einem vereinbarten Code, z. B. dem Morse- oder Telegrafenalphabet.

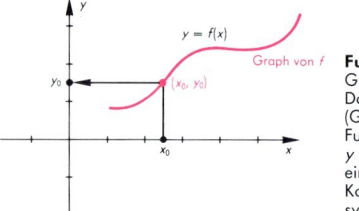

Funktion. Graphische Darstellung (Graph) der Funktion $y = f(x)$ in einem (x, y)-Koordinatensystem

Funktion [lat.], in der *Mathematik:* nach traditioneller Auffassung eine Zuordnungsvorschrift, die gewissen Zahlen x (den Argumenten) wieder Zahlen $y = f(x)$ (die F.werte) zuordnet. Man bezeichnet x gewöhnlich als *unabhängige,* y als *abhängige Variable* (Veränderliche). F. mit reellen Werten x, y *(reelle F.)* lassen sich graphisch durch eine Kurve im (x, y)-Koordinatensystem darstellen. Man unterscheidet *ganzrationale F.,*

$$f(x) = a_n x^n + a_{n-1} x^{n-1} + \ldots + a_1 x + a_0,$$

die für $n = 1$ speziell die *linearen F.* enthalten, und *rationale F.* (Quotienten von ganzrationalen F.). *Algebraische F.* können auch Wurzeln enthalten, z. B. $\sqrt[4]{1 + x^2}$; sie sind allg. dadurch definiert, daß eine algebraische Gleichung zw. x und y besteht (↑ algebraische Funktion), z. B. $y^4 - x^2 - 1 = 0$. F., wie $y = \sin x$, $y = e^x$, $y = \ln x$, für die keine algebraische Beziehung zw. y und x besteht, nennt man *transzendente F.* Außer den F. in einer Variablen gibt es die *F. mehrerer Variablen,* z. B. $z = f(x, y)$ und $u = f(x, y, z)$ bei zwei bzw. drei unabhängigen Variablen, allg. $u = f(x_1, x_2, \ldots, x_n)$ bei n unabhängigen Variablen

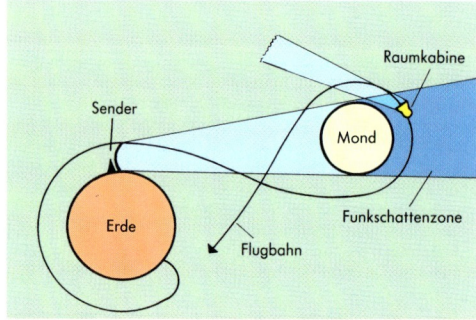

Funkschatten. Beispiel aus der Raumfahrt: Der Funkkontakt zwischen Erde und Raumkabine ist unterbrochen, sobald die Raumkabine in den Funkschatten des Mondes tritt

$x_1, x_2, ..., x_n$. Daneben kennt man F., deren Werte nicht Zahlen, sondern z. B. Vektoren im Falle der sog. *Vektor-F.* sind. Eine bes. Bedeutung haben die von der Funktionentheorie behandelten komplexwertigen F. eines komplexen Arguments $z = x \pm iy$ *(komplexe F.)*. Nach heutiger Auffassung bedeutet der Begriff F. dasselbe wie ↑ Abbildung (Mathematik). – Der F.begriff ist der wichtigsten mathemat. Begriffe. Mit F. kann man gesetzmäßig ablaufende [Natur]prozesse beschreiben und analysieren.

▷ *allgemeinsprachlich:* die Position eines Menschen oder der Arbeitsbeitrag eines techn. Aggregats innerhalb einer Organisation.

▷ in der *Soziologie* (seit E. Durkheim) die Leistung oder der Beitrag eines sozialen Elements für Aufbau, Erhaltung oder Veränderung eines bestimmten Zustandes des gesamten Systems, zu dem das Element gehört.

▷ in der *Physiologie* die normale (funktionelle) Tätigkeit eines Organs oder Gewebes innerhalb des Gesamtorganismus.

▷ in der *Sprachwiss.* die Leistung eines sprachl. Elements in einem bestimmten Zusammenhang, die Rolle eines sprachl. Elements in einem System oder Teilsystem.

Funktional [lat.] ↑ Operator.

Funktionalanalysis, Teilgebiet der Analysis, entstand durch Anwendung von Begriffsbildungen der analyt. Geometrie auf Mengen von Funktionen, die dann *Funktionenräume* bilden. Die F. wird z. B. auf Probleme der Lösung von Differentialgleichungen und in der Quantentheorie angewendet.

funktionale Musik, Musik, in der die autonom musikal. Belange vor einer außermusikal. Zweckbestimmung zurücktreten, u. a. Arbeits-, Tanz-, Marschmusik, Musik zu öff. Anlässen, Festen, in Werbesendungen.

Funktionalgleichung, eine Gleichung, durch die eine bestimmte Eigenschaft einer Funktion zum Ausdruck gebracht wird; z. B. ist $f(x) + f(y) = f(x \cdot y)$ eine F. für die Logarithmusfunktion.

Funktionalismus [lat.], Gestaltungsprinzip der modernen *Architektur* und des modernen *Designs:* Die Erscheinungsform eines Bauwerks wie eines Gebrauchsgegenstandes wird aus seiner Funktion abgeleitet, weder Funktion noch Material werden verschleiert; „Form folgt der Funktion" (L. H. Sullivan). Wegbereitend war die engl. kunsthandwerkl. Bewegung und der dt. Architekt H. Muthesius, dann der Jugendstil. Die Zielvorstellungen des F. wurden im 2. und 3. Jahrzehnt des 20. Jh. im ↑ Deutschen Werkbund, am ↑ Bauhaus und in der ↑ Stijl-Gruppe dahingehend präzisiert, daß die neue Architektur auch die veränderten Lebensbedingungen auszudrücken habe.

▷ *sozialwiss. Methode* zur Analyse von Gesellschaft und Kultur, die als Systeme einer Zahl von funktional aufeinander bezogenen Elementen verstanden werden. Gesellschaft gilt als System von normierten Handlungen, Kultur als System von Institutionen. Der F. prüft Leistungen, Beiträge oder Konsequenzen der kulturellen und sozialen Elemente für Aufbau, Erhaltung oder Veränderung eines (jeweils zu bestimmenden) Zustandes des Systems. – ↑ strukturell-funktionale Theorie.

▷ in der *Psychologie* zu Beginn des 20. Jh. in den USA entstandene, darwinistisch orientierte Theorie, nach der die psycholog. Funktionen von den biolog. Anlagen, insbes. von Antrieben und Bedürfnissen abhängen.

Funktionär [lat.-frz.], hauptberufl. oder ehrenamtl. Beauftragter in gesellschaftl. Organisationen, z. B. in Parteien, Gewerkschaften, Verbänden; steht in deren Hierarchie meist auf der mittleren Ebene; seine Hauptaufgabe ist das Organisieren und Koordinieren; gilt vom Persönlichkeitstypus her als übermäßig konform und risikoscheu mit einem Hang zur Routine.

funktionell [lat.-frz.], auf die Funktion bezogen; wirksam.

funktionelle Gruppen, diejenigen eigenschaftsbestimmenden Gruppen eines Moleküls (z. B. Hydroxy-, Carbonyl-, Carboxyl-, Aminogruppen), die ihm eine charakterist. Reaktionsfähigkeit verleihen.

funktionelle Störungen, in der Medizin Bez. für psychophys. Störungen, denen im Unterschied zu organ. Störungen keine nachweisbaren Schädigungen der organ. Struktur zugrunde liegen.

Funktionentheorie, allg. Bez. für die komplexe Analysis, d. h. für die Infinitesimalrechnung von ↑ Funktionen $w = f(z)$ mit komplexen Werten $w = u + iv$ und komplexem Argument $z = x + iy$, wobei x, y, $u = u(x, y)$ und $v = v(x, y)$ reell sind (↑ komplexe Zahlen).

Funktionskreise, nach der Umweltlehre J. von Uexkülls Bez. für die Zuordnung bestimmter Organe und Verhaltensweisen eines Tiers zu bestimmten Teilen seiner Umgebung. Die evolutionistisch angepaßte Beziehung jeder Tierart zu ihrer spezif. Umwelt besteht aus F. (z. B. Ernährung, Feindbeziehung oder Sexualität). Diese Umwelt bildet einen wahrnehmbaren, von den Rezeptoren herausgefilterten Ausschnitt der Umgebung, und in ihm liegen diejenigen Eigenschaften (Merkmale), die für eine Lebensbewältigung wesentlich sind; rückgekoppelt bestimmen sie als Wirkmale phylogenetisch vorprogrammiertes Verhalten. Sobald ein Merkmal auftritt, wird es mit einer Wirkung beantwortet; dies führt zur Tilgung des Wirkmals, wodurch die Handlung beendet ist. – Die Lehre von den F. wurde mit Einschränkungen und Erweiterungen von der vergleichenden Verhaltensforschung übernommen.

Funkturm, in Stahlgitter- oder Stahlbetonbauweise errichtetes freistehendes, nicht mit Stahlseilen abgespanntes Bauwerk; Träger von Sende- oder Empfangsantennen. **Funkmaste** sind abgespannte Gittermaste, die elektrisch isoliert aufgestellt sind und selbst als Antenne wirken können. Bei den sog. **Fernmeldetürmen,** die als Relaisstationen der Richtfunknetze zur drahtlosen Übertragung von Ferngesprächen, Fernschreiben, häufig auch von Hörfunk- und Fernsehprogrammen dienen, befinden sich Empfangs- und Sendeantennen meist auf einer bes. Plattform *(Antennenbühne).*

Funkverkehr, Nachrichtenaustausch mit Hilfe elektromagnet. Wellen; Frequenzbereiche (zw. 10 kHz und 400 GHz) sind internat. festgelegt. Die verwendeten Frequenzen bzw. Wellenlängen richten sich nach der gewünschten Reichweite des Senders.

fuoco ↑ con fuoco.

Furage [fuˈraːʒə; frz.], frühere Bez. für die Truppenverpflegung und das Pferdefutter.

Furan [lat.], eine farblose, chloroformartig riechende, leicht entflammbare Flüssigkeit; dient v. a. zur Herstellung von sog. *F.harzen,* die u. a. als kalthärtende Klebstoffe und Kitte verwendet werden.

Fürbitten, in der kath. Liturgie Bez. für die neueren Formen des Allg. Gebets. F. werden auch während des eucharist. Hochgebets eingeschaltet, je nach Liturgietyp vor oder nach dem Einsetzungsbericht.

Furchenbienen (Schmalbienen, Halictidae), mit über 1 000 Arten weltweit verbreitete Fam. 3–20 mm großer Bienen; Körper schlank (bes. bei ♂♂), letztes Hinterleibssegment der ♀♀ oben mit kahler Längsfurche.

Furchenfüßer (Solenogastres), Klasse der ↑ Stachelweichtiere mit über 120, etwa 3–300 mm langen, weltweit in den Meeren auf schlammigem Grund oder auf Nesseltierstöcken vorkommenden, zwittrigen Arten.

Furchenwale (Balaenopteridae), mit sechs Arten in allen Meeren verbreitete Fam. etwa 9–33 m langer Bartenwale (Gewicht bis max. etwa 130 t); an Kehle und Brust etwa 15–100 Furchen, die eine starke Erweiterung des Rachens ermöglichen; Bestände z. T. stark bedroht. – Zu den F. gehören: ↑ Blauwal; bis 24 m lang und bis 80 t schwer wird der häufig auch im Mittelmeer vorkommende **Finnwal** (Balaenoptera physalus); Oberseite grau, Unterseite weiß. Sehr feine Barten hat der **Seiwal** (Rudolphswal, Balaenoptera borealis); etwa 15–18 m lang, Oberseite dunkelgrau bis bläulichschwarz, Unterseite weiß. Der bis 9 m lange, blaugraue **Zwergwal** (Hechtwal, Balaenoptera acu-

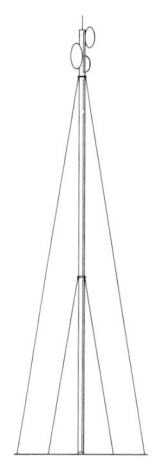

Funkturm. Oben: Funkmast als abgespannte Stahlrohrkonstruktion. Mitte: Funkmast als Stahlgitterkonstruktion. Unten: Fernmeldeturm

Furchenzähner

torostrata) hat eine weißl. Unterseite und Brustflossen mit weißer Querbinde.

Furchenzähner, Sammelbez. für Giftschlangen, deren Giftzähne primär vorn oder seitlich eine Rinne besitzen, an deren Basis der Ausführungsgang der Giftdrüsen mündet.

Furcht, Gefühl des Bedrohtseins, das von körperl. Symptomen (z. B. Herzklopfen, Pupillenerweiterung) begleitet ist; F. ist im Unterschied zur Angst objektbezogen.

Furcht und Mitleid ↑ Drama.

Furchungsteilung (Eifurchung, Furchung, Eiteilung, Blastogenese), gesetzmäßig aufeinanderfolgende mitot. Teilung des aktivierten Eies der Vielzeller, wobei durch Längs- und Querteilungen (stets kleiner werdende) Furchungszellen entstehen und schließlich eine ↑ Morula ausbildet (bei totaler Furchung). Die F. ist der Beginn der Keimesentwicklung. Einen entscheidenden Einfluß auf die F. hat u. a. auch die Dottermenge. Ist nur wenig Dotter vorhanden, so wird das ganze befruchtete Ei in Furchungszellen zerlegt (**totale Furchung**). Ist dagegen viel Dotter vorhanden, wird dieser nicht mit in den Teilungsvorgang einbezogen (**partielle Furchung**). – Bei der totalen F. (bei Säugern und beim Menschen) teilt sich die Eizelle in zwei gleich große Furchungszellen (**äquale Furchung**) oder, bei dotterreichen Eiern, deren Dottermenge sich am vegetativen Pol ansammelt, in zwei ungleich große Furchungszellen (**inäquale Furchung**). Bei der partiellen F. sehr dotterreicher Eier schwimmt das Eiplasma entweder als Keimscheibe am animalen Pol auf dem Dotter, und die F. zerlegt die Keimscheibe in eine ein- oder mehrschichtige Zellkappe (**diskoidale Furchung;** bei Vögeln, Fischen, Reptilien), oder es ordnet sich ringförmig um den zentral gelegenen Kern an. Durch Teilung des Kerns entstehen viele Kerne, die sich mit Plasma umgeben, nach außen wandern und dort nach Ausbildung von Zellwänden eine Zellschicht bilden (**superfizielle Furchung;** bei Insekten).

Furfural [Kw. aus lat. **furfur** („Kleie") und **Al**dehyd], aus Pentosen oder pentosereichen Materialien (Stroh, Kleie) bei Erhitzen mit verdünnten Mineralsäuren gewinnbares farbloses, angenehm riechendes Öl; dient als Lösungsmittel für Trennverfahren.

Furgler, Kurt, *Sankt Gallen 24. Juni 1924, schweizer. Politiker (CVP). – 1972–86 Bundesrat (1972–82 Departement Justiz und Polizei, 1983–86 Departement für Volkswirtschaft); 1977, 1981 und 1985 Bundespräsident.

Furiae (Dirae), Rachegöttinnen der röm. Mythologie, den griech. Erinnyen entsprechend.

Furie [lat., zu furere „rasen, wüten"], wütendes, rasendes Weib. – ↑ Furiae.

Furier [frz.], früher Bez. für den in jeder Einheit für Verpflegung, Futter und Unterkunft zuständigen Unteroffizier.

furios [lat.], wütend, rasend, hitzig, wild, stürmisch, leidenschaftlich.

furioso [italien.], musikal. Vortragsbez.: erregt, wild, rasend.

Furkapaß ↑ Alpenpässe (Übersicht).

Furneauxgruppe [engl. ˈfəːnou], austral. Inselgruppe in der Bass-Straße, vor der NO-Spitze von Tasmanien; Hauptinsel ist **Flinders Island** (2 089 km², 1 200 E; Schafzucht, Milchwirtschaft).

Furness [engl. ˈfəːnɪs], Halbinsel an der NW-Küste Englands, außer einem schmalen Küstenstreifen bewaldetes Bergland.

Furniere [zu frz. fournir „liefern, mit etwas versehen"], dünne Holzblätter, die nach Art der Herstellung in Säge-, Messer- und Schäl-F. eingeteilt werden. **Messerfurniere** sind dünne Deckblätter aus gutem Holz, das auf weniger wertvolles Holz aufgeleimt wird. **Schälfurniere** werden hauptsächlich für Furnierplatten verwendet. Durch Sägen hergestellte **Sägefurniere** sind etwa 3 mm dick. Nach der Verwendung unterscheidet man Absperr-, Unter-, Gegen- und Deck-F. Furnierstämme müssen u. a. gesund, geradschaftig sein und Jahresringbau aufweisen.

Furchungsteilung. Äquale (1 a, bei einem dotterarmen Ei), inäquale (1 b, bei einem dotterreichen Ei), diskoidale (2 a) und superfizielle Furchung (2 b)

Furnierplatten ↑ Sperrholz.

Furor [lat.], Wut, Raserei; *F. teutonicus* „teutonische Wut", alles niederwerfendes Ungestüm.

Furore [italien.; zu ↑ Furor], Begeisterung; Leidenschaftlichkeit; rasender (frenet.) Beifall; *F. machen,* Aufsehen erregen, Beifall erringen.

Furphy, Joseph [engl. ˈfəːfɪ], Pseud. Tom Collins, *Yarra Glen (Victoria) 26. Sept. 1843, †Claremont (Queensland) 13. Sept. 1912, austral. Erzähler. – Farmersohn; schrieb aus seiner Kenntnis der austral. Verhältnisse „Such is life" (1903), ein klass. Werk der austral. Literatur.

Furrer, Jonas, *Winterthur 3. März 1805, †Bad Ragaz 25. Juli 1861, schweizer. Politiker. – Führender liberaler Politiker des Kt. Zürich; 1834 Mgl. des Großen Rats, 1845 Bürgermeister von Zürich und gleichzeitig Präs. der eidgenöss. Tagsatzung; befürwortete die Einführung der neuen Bundesverfassung; ab 1848 Ständerat und dessen Präs., erster schweizer. Bundespräs. 1848.

Fürsorge, Unterstützung aus kollektiven Mitteln bei individueller Notlage, die nicht durch Selbsthilfe oder Leistungen anderer Unterhaltspflichtiger behoben werden kann. Im allg. Sprachgebrauch wird sowohl die soziale und karitative Arbeit der ↑ freien Wohlfahrtsverbände als auch die staatl. ↑ Sozialhilfe („öff. F."), die überwiegend im Bundessozialhilfegesetz geregelt wird, F. genannt. Auch Bez. in Spezialbereichen, z. B. Kriegsopferfürsorge.

Fürsorgeerziehung, Erziehungsmaßnahme (nach dem JugendwohlfahrtsG) bzw. Erziehungsmaßregel (nach dem JugendgerichtsG), die seit der Neuregelung des Kinder- und Jugendhilferechts durch das ↑ Kinder- und Jugendhilfegesetz nicht mehr vorgesehen ist.

Fürsorgepflicht, Verpflichtung des Arbeitgebers (im öff. Dienst des Dienstherrn), für die Rechtsgüter, insbes. Leben, Gesundheit, Eigentum, seiner Arbeitnehmer (seiner Beamten, Richter und Soldaten) Sorge zu tragen. Die F. bildet das Gegenstück zur Treuepflicht der Arbeitnehmer (der Beamten usw.). Die einzelnen F. sind teilweise gesetzlich festgelegt (z. B. die Pflicht zur Fürsorge für Leben und Gesundheit in § 617 ff. BGB, § 62 HGB, die Pflicht zur Gewährung bezahlten Erholungsurlaubs im Bundesurlaubsgesetz), z. T. ist das jedoch nicht der Fall (z. B. bei der F. für das Eigentum der Arbeitnehmer, das diese zur Arbeitsstelle mitbringen). Bei Verletzung der F. hat der Arbeitnehmer, je nach Lage des Falles Anspruch auf Erfüllung der F., auf Schadenersatz und/oder das Recht zur Verweigerung der Arbeit ohne Minderung seines Lohnanspruchs. Zuständig sind die Arbeitsgerichte. Die F. des *Dienstherrn* hat Verfassungsrang, da das Beamten- und Richterverhältnis von Verfassungs wegen (Art. 33 Abs. 4 GG) ein gegenseitiges Treueverhältnis darstellen. Sie erstreckt sich personell über den Beamten usw. hinaus auch auf dessen Angehörige sowie zeitlich über die aktive Dienstzeit hinaus auch in den Ruhestand. Kraft der F. muß der Dienstherr seinen Beamten usw. z. B. Beihilfen in Krankheits-, Geburts- und Todesfällen sowie Unterstützung bei außergewöhnl. Belastungen gewähren. Die Erfüllung der F. kann bei den Verwaltungsgerichten eingeklagt werden. Die Rechtslage in *Österreich* und der *Schweiz* ist der dt. vergleichbar.

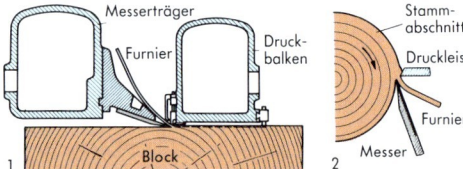

Furniere. Schematische Darstellung der Herstellung von Messerfurnieren mit einer Furniermessermaschine (1) und von Schälfurnieren mit einer Furnierschälmaschine (2)

Fürspan (Fürspange), [Schmuck]spange, im MA (seit dem 12. Jh.) verwendet, um Kleider, Umhänge usw. am Hals zusammenzuhalten; von Männern und Frauen getragen.

Fürsprecher, in der Schweiz in manchen Kt. svw. Rechtsanwalt.

Fürst [zu althochdt. furisto, eigtl. „der Vorderste"], 1. allg., verfassungsrechtl. Bez. für die Mgl. der aristokrat., Herrschaftsfunktionen ausübenden Führungsschicht eines Volkes oder Stammes sowie auch allg. für das monarch. Staatsoberhaupt. 2. In Europa seit dem MA Bez. für die höchste Schicht des hohen Adels, die durch ihre bes. Königsnähe an der Herrschaft über das Reich, bes. in seiner territorialen Gliederung, teilhatte (principes regni, „Reichsadel"), v. a. Herzöge und Herzogsgleiche Erzbischöfe, Bischöfe und Äbte der Reichsabteien. Ihnen stand das Recht der Königswahl zu (seit dem 13. Jh., verankert in der Goldenen Bulle von 1356, nur noch den ↑ Kurfürsten) und die Pflicht, bei Entscheidungen in Reichssachen mitzuwirken. Weltl. und geistl. Reichsfürsten hatten Sitz und Stimme im Reichstag.

Fürstabt, Titel eines Abtes bzw. einer Äbtissin, die zum Reichsfürstenstand gehörten (↑ geistliche Fürsten). Von den Fürstabteien sind die reichsunmittelbaren Abteien (mit Reichsäbten) zu unterscheiden.

Fürstbischof, im Hl. Röm. Reich Titel der Bischöfe im Fürstenrang.

Fürstenfeldbruck. Die 1747 errichtete Westfassade der Klosterkirche

Fürstenabfindung, die im Zusammenhang mit der dt. Republikgründung (1918) notwendig gewordene Vermögensauseinandersetzung zw. den dt. Ländern und den entthronten Fürsten. Ein 1926 von den Linksparteien geforderter Volksentscheid über eine entschädigungslose Fürstenenteignung scheiterte; vielmehr wurden Schlösser, Parks, Bibliotheken, Museen usw. vom Staat übernommen und dafür als Abfindung einmalige Zahlungen an die Fürsten entrichtet.

Fürstenau, Stadt im SW der bis 140 m hohen Fürstenauer Berge, Teil eines Endmoränenbogens, Landkr. Osnabrück, Nds., 50 m ü. d. M., 8 000 E. U. a. Textilind., Maschinenfabrik. – 1344 ließ der Osnabrücker Bischof Gottfried von Arnsberg die Wasserburg F. errichten; die Siedlung erhielt 1402 Stadtrecht; 1803 fiel F. an Hannover. Die erhaltenen Gebäude der Burg stammen v. a. aus dem 16. Jh. Die got. ev. Stadtkirche wurde nach Brand 1608 wiederhergestellt.

Fürstenbank ↑ Reichsfürstenrat.

Fürstenberg, schwäb. Grafen-, seit 1664 Fürstengeschlecht, erwarb die Landgft. Baar und Stühlingen sowie die Gft. Heiligenberg. *Franz Egon* (* 1625, † 1682) und sein Bruder *Wilhelm Egon* (* 1629, † 1704) waren Bischöfe von Straßburg und Parteigänger Ludwigs XIV. von Frankreich. Das Fürstentum F. (Hauptstadt Donaueschingen) kam 1806 größtenteils unter bad. Landeshoheit.

Fürstenberg, rheinisch-westfäl. Adelsgeschlecht; erlangte 1660 den Reichsfreiherrnstand, 1840/43 den preuß. Grafenstand. *Ferdinand* (* 1626, † 1683) wurde 1661 Fürstbischof von Paderborn, 1678 auch von Münster; *Franz Friedrich Wilhelm Maria* (* 1729, † 1810), 1748 Domherr in Münster, war Min. (1762–80) und Generalvikar (1770–1807) des Hochstifts Münster.

Fürstenberg, Friedrich Karl Richard, * Berlin 22. April 1930, dt. Soziologe. – Seit 1966 Prof. in Linz, seit 1986 in Bonn. Forschungsschwerpunkte: die Ind.- und die Wirtschaftssoziologie.

Fürstenberg, Ortsteil von ↑ Hüfingen.

Fürstenberger Porzellan, Porzellan der 1747 in Schloß Fürstenberg an der Weser von dem braunschweig. Herzog Karl I. gegr. Manufaktur. Ab 1753 stellte sie Geschirr, Bildnisbüsten und -reliefs sowie figürliche Arbeiten her; bed. sind v. a. die Figuren der Commedia dell'arte und die Bergleute H. S. Feilners. Die Blütezeit des F. P. lag um 1770–90, danach kurzer Aufschwung im Empire. Heute v. a. Gebrauchsgeschirr in traditionellem und modernem Design.

Fürstenberg/Havel, Stadt in Brandenburg, auf der Mecklenburg. Seenplatte, an der Havel, 5 400 E. Elektrotechn., Futtermittelind. – Erstmals 1278 erwähnt. Im Ortsteil ↑ Ravensbrück existierte 1939–45 ein KZ. – Barockschloß (1741–52), Alte Burg (16. Jh.).

Fürstenberg/Oder ↑ Eisenhüttenstadt.

Fürstenbund, 1785 abgeschlossenes Bündnis, das auf Betreiben König Friedrichs II. von Preußen als Kurfürst von Brandenburg mit den Kurfürsten von Hannover und Sachsen zustande kam und dem zahlr. Fürsten beitraten; sollte v. a. Kaiser Josephs II. östr. Expansionsbestrebungen entgegenwirken, hinsichtlich der Reichsverfassung den bestehenden Zustand sichern und Preußens Isolierung ausgleichen.

Fürstenfeld, östr. Bez.hauptstadt 50 km östlich von Graz, Steiermark, 276 m ü. d. M., 6 000 E. Tabak-, Textil-, opt. Ind. – F., 1170 als Sperrfestung nahe der ungar. Grenze gegr., erhielt im 13. Jh. Stadtrecht. – Stadtpfarrkirche (13. Jh., 1774–79 umgestaltet); zahlr. Profanbauten (16. Jh.).

Fürstenfeldbruck, Krst. an der oberen Amper, Bayern, 528 m ü. d. M., 30 300 E. Heimatmuseum. Textilind., Offizierschule und Fliegerhorst der Bundeswehr, Wohnvorort von München. – **Bruck** wurde 1306 Markt und kam um 1400 an das 1258 gegr. Zisterzienserkloster, das 1263 auf das „Fürstenfeld" bei Bruck verlegt worden war; seit 1814 Stadt; seit 1908 heutiger Name. – Klosterkirche (18. Jh.) mit Fresken der Brüder Asam.

F., Landkr. in Bayern.

Fürstengräber, in der Vor- und Frühgeschichte Gräber, die sich durch ungewöhnlich reiche Beigaben, meistens auch durch aufwendige Grabbauten – z. B. durch bes. hohe Hügel – von den gleichzeitig übl. Bestattungen unterscheiden und dadurch die hohe soziale Stellung der Verstorbenen kennzeichnen.

Fürstenhut ↑ Wappenkunde (Übersicht).

Fürstenkrone ↑ Wappenkunde (Übersicht).

Fürstenlehen, das an einen Reichsfürsten gegebene Reichslehen (weltl. F. als Fahnlehen, geistl. als Zepterlehen bezeichnet); wurde unmittelbar aus der Hand des Herrschers empfangen (deshalb seit dem 16. Jh. auch **Thronlehen** gen.).

Fürstenlehre ↑ Fürstenspiegel.

Fürstenprivilegien, zwei Reichsgesetze, in denen Kaiser Friedrich II. den geistl. und weltl. Reichsfürsten (Confoederatio cum principibus ecclesiasticis, 1220; Statutum in favorem principum, 1231/32) Münz-, Markt-, Zollrecht u. a. Regalien überließ, über die sie de facto schon verfügten; bedeuteten aus reichspolit. Sicht eine Begrenzung der expansiven stauf. Territorialpolitik.

Fürstenrat ↑ Reichsfürstenrat.

Fürstenrecht, das vom allg. geltenden Recht, insbes. im Vermögens-, Familien- und Erbrecht abweichende Recht fürstl. Familien. Das F. bestand aus Standesgewohnheitsrecht und aus Hausgesetzen, die durch Familienvertrag oder einseitige Verfügung des Familienoberhauptes geschaffen wurden. – Die Weimarer Reichsverfassung ordnete die Aufhebung der Sonderstellung des hohen Adels an, z. T. wurden entsprechende Landesgesetze erlassen.

Fürstenberger Porzellan. Schrämer, Modell von Johann Georg Leimberger, 1757/58

Kurt Furgler

Jonas Furrer

Fürstenschulen

Fürstenwalde/Spree. Spätgotisches Rathaus, erbaut um 1500, mit Maßwerkgiebeln, links der 1769–71 errichtete Turm der Pfarrkirche Sankt Marien, deren Bau 1446 begonnen wurde

Fürth
Stadtwappen

Wilhelm
Furtwängler

Zweifelhaft ist, ob formell noch fortbestehende Hausgesetze durch Art. 3 GG (Gleichheit vor dem Gesetz) beseitigt wurden.
Fürstenschulen (Landesschulen), in prot. Ländern entstandene, mit Internat verbundene humanist. Gymnasien, u. a. die 1543–50 von Kurfürst (seit 1547) Moritz von Sachsen aus Mitteln der eingezogenen Kirchengüter errichteten Schulen Sankt Marien zur Pforte bei Naumburg/Saale (↑ Schulpforta), Sankt Afra in Meißen und Sankt Augustin in Grimma mit ausgeprägter Selbstregierung der Schüler. F. G. Klopstock, G. E. Lessing, J. G. Fichte, L. Ranke und F. Nietzsche waren Fürstenschüler.
Fürstenspiegel, Schriften, in denen das Musterbild eines Fürsten aufgestellt ist, als Lebensbeschreibung berühmter Fürsten oder als dichter. Idealbild geschichtl. Persönlichkeiten, eth. Vorstellungen über Rechte und Pflichten, Befugnisse und Begrenzungen fürstl. Macht. Seit der Antike bekannt; berühmt v. a. Xenophons „Kyrupädie", die Selbstbetrachtungen Mark Aurels, Augustinus' „De civitate Dei", Thomas von Aquins „De regimine principum" (1265/66), „Institutio principis christiani" (1516) des Erasmus. Machiavellis Traktat „Il principe" (1532) markiert die Wendung vom Fürstenideal des „princeps christianus" zum „princeps optimus" (besten Fürsten), die Ablösung der Gattung der F. durch die Traktate der **Fürstenlehre;** bed. u. a. der Essay des preuß. Kronprinzen Friedrich (als König Friedrich II., d. Gr.) „Antimachiavell oder ..." (1739).
Fürstentage, Versammlungen der dt. Reichsfürsten außerhalb der Reichstage, neben den Kurfürsten-, Grafen-, Städte- und Rittertagen.
Fürstentum, 1. im MA Herrschaftsgebiet eines Angehörigen des Fürstenstandes; 2. in der Neuzeit reichsunmittelbares Territorium mit einem Fürsten als Oberhaupt. Die meist Hzgt. gen. territorialen Einheiten sind der urspr. Typ des F. Gelegentlich werden staatsähnl. monarch. Herrschaftsgebiete F. genannt, v. a. in Ost- und Nordeuropa. Mit der Konsolidierung eines Reichsfürstenstandes konnte der Begriff F. auf die Besitzungen der weltl. und geistl. Fürsten übergehen, insbes. soweit es sich um Fürstenlehen handelte. Aufnahmen in den Stand des Fürsten erfolgten seit 1180 durch Erhebung eines Hzgt., zur Markgft. oder Landgft. Unter den einfachen Gft. ist anfangs nur Anhalt F., im 14. Jh. gibt es das Kollegium der gefürsteten Grafen.
Fürstenverschwörung, Erhebung dt. Reichsfürsten gegen die Reichs- und Kirchenpolitik Karls V. 1551/52.
Fürstenwalde, Landkr. in Brandenburg.

Fürstenwalde/Spree, Krst. in Brandenburg, an der Spree, 43 m ü. d. M., 35 000 E. Chemie- und Tankanlagenbau, Reifenwerk, Eisengießerei; Verkehrsknotenpunkt; Hafen. – Zw. 1252 und 1258 als Stadt gegr.; 1354 an den Bischof und das Domkapitel von Lebus. Nach der Aufhebung des Bistums (1555) ab 1598 kurfürstl. brandenburg. Amtsstadt. – Pfarrkirche Sankt Marien (begonnen 1446); Rathaus (Backstein, um 1500).
Fürsterzbischof, vor 1803 Titel von Erzbischöfen, die als geistl. Fürsten keine Kurfürsten waren; in Österreich Ehrentitel der elf sog. „alten" Bischöfe, deren Sprengel schon vor der Regierung Maria Theresias existierten und die auch Sitz im Herrenhaus hatten; bis 1918 auch vom Erzbischof von Gran (Esztergom) und vom Erzbischof von Breslau geführt.
Fürstprimas, Titel, der Karl Theodor, zuvor Kurfürst und Reichserzkanzler, durch die Rheinbundsakte 1806 verliehen wurde.
Fürst-Pückler-Eis, aus gefrorener Schlagsahne, Zucker und Geschmacksstoffen hergestelltes Speiseeis, schichtweise gefärbt.
Furt, seichte Übergangsstelle in Gewässern, an der Durchwaten und Übergang ohne bes. Hilfsmittel möglich sind. Bed. für die Entstehung von Ansiedlungen (z. B. Frankfurt, Schweinfurt).
Furter (Furtter, Ferter), Michael, *Augsburg um 1450, †Basel zw. 5. März und 2. Mai 1517, schweizer. Buchdrukker. – Erwarb 1488 das Basler Bürgerrecht; neben wiss. Werken druckte F. zahlr. Schulschriften und reich illustrierte Ausgaben, u. a. mit Holzschnitten von A. Dürer und U. Graf.
Fürth, kreisfreie Stadt am Zusammenfluß von Rednitz und Pegnitz, Bayern, 297 m ü. d. M., 97 500 E. Verwaltungssitz des Landkr. F.; Theater, elektrotechn., metallverarbeitende, Spielwarenind.; Großmarkthalle; Hafen am Rhein-Main-Donau-Großschiffahrtsweg; bildet mit Nürnberg eine wirtsch. Einheit. – Der Königshof F. wurde 1007 von König Heinrich II. dem Domkapitel von Bamberg geschenkt. Die Vogteirechte erhielten die Burggrafen von Nürnberg, zu Beginn des 14. Jh. fiel die Vogtei an Bamberg. Im 16. und 17. Jh. brachten Hugenotten und Holländer Goldschlägerei, Bronzefarbfabrikation, Uhrmacherei und Spiegelglasherstellung nach F. 1791/96 preuß., ab 1805/06 bayr.; 1808/18 zur Stadt erhoben. 1835 wurde die Strecke Nürnberg–F. als erste dt. Eisenbahnlinie eröffnet. – Got. Kirche Sankt Michael (um 1100, umgebaut 14./15. Jh.), barocke Patrizierhäuser (17./18. Jh.).
F., Landkr. in Bayern.
Fürth i. Wald, Stadt in der Cham-Further Senke, Bayern, 410 m ü. d. M., 9 400 E. Stadtmuseum; Glas-, Textil-, Holz-, Leder-, Spielwarenind.; Fremdenverkehr (Freilichtspiele). – Erhielt um 1330 Stadtrechte.
Furtwangen, Stadt im Südschwarzwald, Bad.-Württ., 870 m ü. d. M., 9 700 E. Fachhochschule; Uhrenmuseum; Uhren-, Holz- und feinwerktechnische Industrie; Luftkurort. – F. wurde 1179 erstmals erwähnt, seit 1873 ist es Stadt.
Furtwängler, Adolf, *Freiburg im Breisgau 30. Juni 1853, †Athen 10. Okt. 1907, dt. Archäologe. – Vater von Wilhelm F.; 1884 Prof. in Berlin, 1894 in München. Beteiligt an Ausgrabungen in Olympia, auf Ägina und Orchomenos. – *Werke:* Meisterwerke der griech. Plastik (1893), Griech. Vasenmalerei (1900–04), Die antiken Gemmen (1900).
F., Wilhelm *Berlin 25. Jan. 1886, †Ebersteinburg 30. Nov. 1954, dt. Dirigent und Komponist. – Sohn von Adolf F. Kapellmeister in Straßburg und Lübeck, Operndirektor in Mannheim (1915–20). Als Nachfolger von A. Nikisch 1922–28 Dirigent des Leipziger Gewandhausorchesters sowie 1922–45 und 1947–54 Leiter der Berliner Philharmoniker. 1931 wurde er künstler. Leiter der Bayreuther Festspiele, 1933 Direktor der Berliner Staatsoper. F. war v. a. ein bed. Interpret der Musik des 19. Jh., aber auch der Moderne. Als Komponist (drei Sinfonien, Tedeum, zwei Violinsonaten u. a.) knüpfte er an die Klassik und Romantik an.

Furunkel [lat., eigtl. „kleiner Dieb"] (Blutgeschwür, Eiterbeule), durch Eindringen von Bakterien (meist Staphylokokken) verursachte, umschriebene, eitrige Entzündung eines Haarbalgs und der dazugehörigen Talgdrüse mit Entwicklung eines erbsen- bis walnußgroßen, schmerzhaft geröteten Knotens mit zentralem Eiterpfropf. Zur Behandlung des F. können Antibiotika gegeben werden; u. U. ist eine Eröffnung (Inzision) des F. erforderlich. – Treten mehrere F. gleichzeitig an verschiedenen Stellen auf, spricht man von **Furunkulose,** gehen mehrere, nebeneinanderliegende F. ineinander über, von **Karbunkel.**

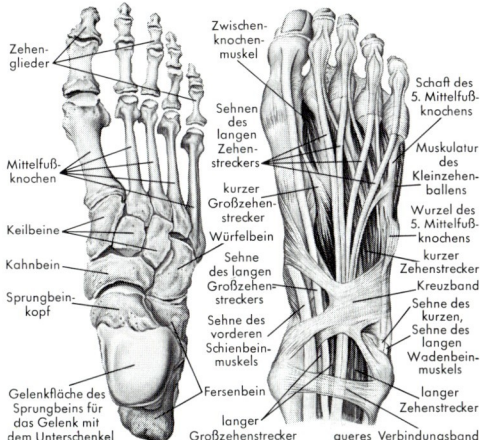

Fuß. Knochen und Weichteile des rechten Fußes

Fürwort ↑ Pronomen.

Fusariosen [lat.], Bez. für eine Reihe durch verschiedene Fusariumarten verursachter Pflanzenkrankheiten: Die **Fusariumfäule** ist eine Fruchtfäule des Obstes oder eine Knollenfäule der Kartoffel. Die **Fusariumwelke** verursacht Welkekrankheiten bei Kulturpflanzen (z. B. Gurkenwelke).

Fusarium [lat.], Gatt. der Deuteromyzeten; umfaßt konidienbildende Nebenfruchtformen einiger Schlauchpilze, z. B. der Gatt. Nectria; häufig Erreger verschiedener Pflanzenkrankheiten.

Fuschun ↑ Fushun.

Fuselöle ↑ Amylalkohol.

Fushun [chin. ...ʃ...] (Fuschun), chin. Stadt beiderseits des Hun He, 1,3 Mill. E. Wichtigstes Zentrum des Kohlenbergbaus in NO-China, Ölschieferabbau; chem. und stahlverarbeitende Ind., Aluminiumwerk. – Seit dem 7. Jh. bed. Festungsstadt; unter der Qing(Ch'ing)-Dynastie (1644 bis 1911) zu einer Verwaltungs- und Handelsstadt ausgebaut.

Füsiliere [lat.-frz., zu fusil „Flinte, Gewehr"], urspr. Bez. für die mit dem Steinschloßgewehr ausgerüsteten frz. Soldaten, später allg. Bez. für leichte Infanterie.

Füsilieren [lat.-frz.], frühere Bez. der Exekution eines zum Tode Verurteilten durch ein militär. Erschießungskommando.

Fusin ↑ Fuxin.

Fusion [zu lat. fusio „das Gießen, Schmelzen"], in der *Wirtschaft* die Verschmelzung von Personengesellschaften, Kapitalgesellschaften, Genossenschaften gleicher Haftungsart und Versicherungsvereinen auf Gegenseitigkeit in der Form der Einzelübertragung des Vermögens oder im Wege der Gesamtrechtsnachfolge (F. durch Aufnahme oder durch Neubildung) unter Ausschluß der Abwicklung. Bei der **vertikalen Fusion** schließen sich zwei oder mehrere Unternehmen aufeinanderfolgender Produktions- und Handelsstufen zus., durch die **horizontale Fusion** werden gleichartige Unternehmen zusammengefaßt. In erster Linie geht es den bei einer F. beteiligten Unternehmen um die Verbesserung ihrer Wettbewerbsfähigkeit durch Ausdehnung ihrer Marktmacht.

▷ in der *Sinnesphysiologie:* die von der Hirnrinde geleistete Verschmelzung der Sinneseindrücke beider Ohren bzw. Augen zu einer Hörempfindung bzw. zu einem Bild.

▷ in der *Zytologie* und *Genetik:* 1. Zell-F., die Verschmelzung von Zellen miteinander; 2. Kern-F., die Verschmelzung von Zellkernen unter Bildung von F.kernen; 3. Das Verschmelzen von Chromosomenbruchstücken bei Chromosomenaberrationen; 4. Gen-F., die Verschmelzung von zwei Genen.

▷ in der *Physik* ↑ Kernfusion.

Fusionskontrolle, zum Schutz des Wettbewerbs eingerichtete Institution, die die Entstehung oder Verstärkung marktbeherrschender wirtschaftl. Positionen verhindern soll. Im Falle einer Fusion ist nach dem Gesetz gegen Wettbewerbsbeschränkungen (GWB) das Bundeskartellamt grundsätzlich verpflichtet, diese zu untersagen, wenn zu erwarten ist, daß durch sie eine marktbeherrschende Stellung entsteht oder verstärkt wird. Die F. erfolgt grundsätzlich nach dem Zusammenschluß; wenn dieser untersagt wird, muß das neue Unternehmen wieder aufgelöst werden.

Fuß, (Pes) unterster Teil der Beine der Wirbeltiere, beim Menschen und bei den Affen nur der beiden hinteren (unteren) Gliedmaßen. Der F. des Menschen ist durch das *Sprunggelenk* mit den Unterschenkelknochen (Waden- und Schienbein) verbunden. Man kann ein zw. den beiden Knöcheln gelegenes oberes Sprunggelenk (Knöchelgelenk, ein Scharniergelenk für das Heben und Senken des F.) und ein unteres Sprunggelenk (für drehende F.bewegungen) unterscheiden. – Der F. setzt sich zus. aus der *Fußwurzel* (Tarsus) mit den *Fußwurzelknochen*, dem *Mittelfuß* (Metatarsus) mit den (meist fünf) langgestreckten, durch Bänder miteinander verbundenen *Mittelfußknochen* (Metatarsalia) und den Zehen. Das Fußskelett besteht aus den Knochen der fünf Zehen, aus sieben Fußwurzelknochen (Fersenbein, Sprungbein, Kahnbein, Würfelbein, drei Keilbeine) und fünf Mittelfußknochen. An der Unterseite ist ein Fußgewölbe ausgebildet, das durch drei durch Ballen gepolsterte und durch das Fersenbein und die Enden des inneren und äußeren Mittelfußknochens gebildete Punkte vom Boden abgestützt wird.

▷ Zeichen: ', von der Länge des menschl. Fußes abgeleitete alte Längeneinheit unterschiedl. Größe, in Deutschland zw. 250 mm (z. B. in Hessen) und 429,5 mm (z. B. in Sachsen); entsprach 10 Zoll **(Dezimalfuß)** oder auch 12 Zoll. Die in der Luftfahrt zur Angabe von Höhen verwendete Längeneinheit F. entspricht dem ↑ Foot.

▷ bei Orgel und Cembalo ↑ Fußtonzahl.

▷ (Münzwesen) ↑ Münzfuß.

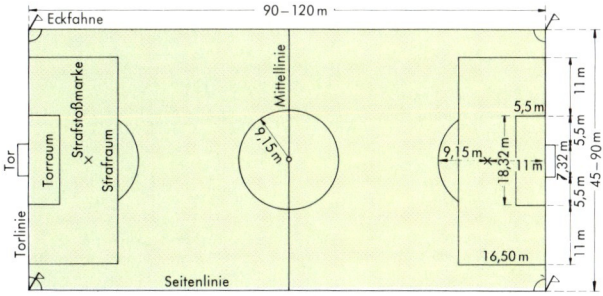

Fußball. Spielfeld

Fußball (Fußballspiel), ein zw. zwei Mannschaften ausgetragenes Ballspiel mit dem Ziel, den Ball regelgerecht über die Torlinie des gegner. Tors zu spielen. Der Ball wird dabei vorwiegend mit dem Fuß gespielt, darf aber auch mit dem ganzen Körper gespielt werden. Nicht erlaubt ist das absichtl. Berühren bzw. Spielen des Balls mit der Hand oder mit dem Arm (gilt mit Einschränkung nicht für den Torwart innerhalb des eigenen Strafraums). – Dachverband ist in Deutschland der ↑ DFB, auf internat. Ebene ↑ UEFA und ↑ FIFA.

Fußball

Entwicklung: Über den Ursprung des F.spieles gibt es unterschiedl. Darstellungen. Eine verbreitete ist die, daß es mit den röm. Legionen Cäsars nach England kam. In England verbreitete es sich schnell, obwohl 1349 durch Eduard II. verboten. Brit. Seeleute, Kaufleute und Studenten brachten das F.spiel in den 80er Jahren des vorigen Jh. auf den europ. Kontinent. In Deutschland liegt der Anfang in Braunschweig, wo 1874 an einem Gymnasium F. gespielt wurde; dt. Meisterschaften werden seit 1903 ausgetragen (seit 1973 auch im Damen-F.). Zu den wichtigsten internat. Wettbewerben zählen in Europa neben der F.weltmeisterschaft (seit 1930 alle vier Jahre) die Europapokalspiele und die Europameisterschaft (seit 1968 alle vier Jahre).

Spielregeln: Das übl. Spielfeld ist 70 m breit und 105 m lang. Die Spieldauer beträgt zweimal 45 Minuten mit mindestens 5 Minuten Pause; für den Hallen-F. gelten kürzere Spielzeiten und entscheidend geänderte Spielbedingungen. Spiele von Jugendlichen und Frauen dauern zweimal 40, von Schülern zweimal 30 Minuten. Elf Spieler bilden eine Mannschaft. Eine beschränkte Anzahl von Spielern (bei Pflichtspielen in der BR Deutschland z. Z. 2) kann im Verlauf des Spiels ausgetauscht werden. Der Hohlball ist 396 bis 453 g schwer, hat einen Umfang von 68 bis 71 cm und muß aus Leder oder lederähnl. Material bestehen. Das Tor ist 2,44 m hoch und 7,32 m breit. Die Zahl der erzielten Tore entscheidet über den Spielausgang; bei Torgleichheit endet das Spiel unentschieden. Für den Sieg in einem Punktspiel werden, je nach System, zwei oder drei Punkte, bei einem Unentschieden wird ein Punkt angerechnet. Ein Schiedsrichter, dessen Entscheidungen unanfechtbar sind, leitet zusammen mit zwei Linienrichtern das Spiel. Bei Verstößen eines Spielers gegen die Spielregeln wird der gegner. Mannschaft ein ↑Freistoß (bzw. ↑Strafstoß) zugesprochen. Auch Verwarnungen und Feldverweise, je nach der Schwere des Vergehens, kann der Schiedsrichter aussprechen, um das Spiel in sportl. Grenzen zu halten. Der Raum vor dem Tor (bis zu einem Abstand von 16,50 m) ist der sog. Strafraum. Ein Tor ist erzielt, wenn der Ball vollständig die Linie zw. den Torpfosten überschritten hat. Wenn der Ball von einem Spieler über die seitl. oder hintere Linie gespielt wurde, kann die gegner. Mannschaft den Ball wieder ins Spiel bringen (bei Seitenaus: der Einwurf muß mit beiden Händen über Kopf ausgeführt werden) oder vom Tor „abstoßen". Eine bes. Bedeutung hat die Abseitsregel (↑abseits). Die ersten Spielregeln entstanden im 19. Jh. Über Regeländerungen entscheidet das achtköpfige International Board.

Spielsysteme: Im F. haben bisher verschiedenartige Systeme die Spieltaktik bestimmt. Bis nach dem 2. Weltkrieg wurden allgemein die Mannschaften mit einem Torwart, zwei Verteidigern, drei Läufern und fünf Stürmern aufgestellt. Gegenwärtig ist das 1-1-3-4-2-System weit verbreitet (1 Torwart, 1 Libero, 3 Abwehrspieler, 4 Mittelfeldspieler, 2 Stürmer).

Fußball

Deutsche Meisterschaft

- 1903 VfB Leipzig (7:2 gegen DFC Prag)
- 1904 nicht ausgetragen
- 1905 Union Berlin (2:0 gegen Karlsruher FV)
- 1906 VfB Leipzig (2:1 gegen 1.FC Pforzheim)
- 1907 Freiburger FC (3:1 gegen Viktoria 89 Berlin)
- 1908 Viktoria 89 Berlin (3:0 gegen Stuttgarter Kickers)
- 1909 Phönix Karlsruhe (4:2 gegen Viktoria 89 Berlin)
- 1910 Karlsruher FV (1:0 gegen Holstein Kiel)
- 1911 Viktoria 89 Berlin (3:1 gegen VfB Leipzig)
- 1912 Holstein Kiel (1:0 gegen Karlsruher FV)
- 1913 VfB Leipzig (3:1 gegen Duisburger SV)
- 1914 Spielvereinigung Fürth (3:2 gegen VfB Leipzig)
- 1915–1919 nicht ausgetragen
- 1920 1.FC Nürnberg (2:0 gegen Spielvereinigung Fürth)
- 1921 1.FC Nürnberg (5:0 gegen Vorwärts Berlin)
- 1922 Hamburger SV verzichtete auf den Titel, der ihm vom DFB nach zwei Spielen (2:2, 1:1) gegen den 1.FC Nürnberg zugesprochen worden war
- 1923 Hamburger SV (3:0 gegen Union Oberschöneweide)
- 1924 1.FC Nürnberg (2:0 gegen Hamburger SV)
- 1925 1. FC Nürnberg (1:0 gegen FSV Frankfurt)
- 1926 Spielvereinigung Fürth (4:1 gegen Hertha BSC Berlin)
- 1927 1.FC Nürnberg (2:0 gegen Hertha BSC Berlin)
- 1928 Hamburger SV (5:2 gegen Hertha BSC Berlin)
- 1929 Spielvereinigung Fürth (3:2 gegen Hertha BSC Berlin)
- 1930 Hertha BSC Berlin (5:4 gegen Holstein Kiel)
- 1931 Hertha BSC Berlin (3:2 gegen 1860 München)
- 1932 FC Bayern München (2:0 gegen Eintracht Frankfurt)
- 1933 Fortuna Düsseldorf (3:0 gegen FC Schalke 04)
- 1934 FC Schalke 04 Gelsenkirchen (2:1 gegen 1.FC Nürnberg)
- 1935 FC Schalke 04 Gelsenkirchen (6:4 gegen VfB Stuttgart)
- 1936 1.FC Nürnberg (2:1 gegen Fortuna Düsseldorf)
- 1937 FC Schalke 04 Gelsenkirchen (2:0 gegen 1.FC Nürnberg)
- 1938 Hannover 96 (4:3 gegen FC Schalke 04)
- 1939 FC Schalke 04 Gelsenkirchen (9:0 gegen Admira Wien)
- 1940 FC Schalke 04 Gelsenkirchen (1:0 gegen Dresdner SC)
- 1941 Rapid Wien (4:3 gegen FC Schalke 04)
- 1942 FC Schalke 04 Gelsenkirchen (2:0 gegen Vienna Wien)
- 1943 Dresdner SC (3:0 gegen FV Saarbrücken)
- 1944 Dresdner SC (4:0 gegen LSV Hamburg)
- 1945–1947 nicht ausgetragen
- 1948 1.FC Nürnberg (2:1 gegen 1.FC Kaiserslautern)
- 1949 VfR Mannheim (3:2 gegen Borussia Dortmund)
- 1950 VfB Stuttgart (2:1 gegen Kickers Offenbach)
- 1951 1.FC Kaiserslautern (2:1 gegen Preußen Münster)
- 1952 VfB Stuttgart (3:2 gegen 1.FC Saarbrücken)
- 1953 1.FC Kaiserslautern (4:1 gegen VfB Stuttgart)
- 1954 Hannover 96 (5:1 gegen 1.FC Kaiserslautern)
- 1955 Rot-Weiß Essen (4:3 gegen 1.FC Kaiserslautern)
- 1956 Borussia Dortmund (4:2 gegen Karlsruher SC)
- 1957 Borussia Dortmund (4:1 gegen Hamburger SV)
- 1958 FC Schalke 04 Gelsenkirchen (3:0 gegen Hamburger SV)
- 1959 Eintracht Frankfurt (5:3 gegen Kickers Offenbach)
- 1960 Hamburger SV (3:2 gegen 1.FC Köln)
- 1961 1.FC Nürnberg (3:0 gegen Borussia Dortmund)
- 1962 1.FC Köln (4:0 gegen 1.FC Nürnberg)
- 1963 Borussia Dortmund (3:1 gegen 1.FC Köln)

Dt. Meister seit Einführung der Bundesliga

- 1964 1.FC Köln
- 1965 Werder Bremen
- 1966 1860 München
- 1967 Eintracht Braunschweig
- 1968 1.FC Nürnberg
- 1969 Bayern München
- 1970 Borussia Mönchengladbach
- 1971 Borussia Mönchengladbach
- 1972 Bayern München
- 1973 Bayern München
- 1974 Bayern München
- 1975 Borussia Mönchengladbach
- 1976 Borussia Mönchengladbach
- 1977 Borussia Mönchengladbach
- 1978 1.FC Köln
- 1979 Hamburger SV
- 1980 Bayern München
- 1981 Bayern München
- 1982 Hamburger SV
- 1983 Hamburger SV
- 1984 VfB Stuttgart
- 1985 Bayern München
- 1986 Bayern München
- 1987 Bayern München
- 1988 Werder Bremen
- 1989 Bayern München
- 1990 Bayern München
- 1991 1.FC Kaiserslautern
- 1992 VfB Stuttgart
- 1993 Werder Bremen

Fußballweltmeisterschaft

- 1930 Uruguay (4:2 gegen Argentinien)
- 1934 Italien (2:1 gegen Tschechoslowakei)
- 1938 Italien (4:2 gegen Ungarn)
- 1950 Uruguay (2:1 gegen Brasilien)
- 1954 BR Deutschland (3:2 gegen Ungarn)
- 1958 Brasilien (5:2 gegen Schweden)
- 1962 Brasilien (3:1 gegen Tschechoslowakei)
- 1966 England (4:2 gegen BR Deutschland)
- 1970 Brasilien (4:1 gegen Italien)
- 1974 BR Deutschland (2:1 gegen Niederlande)
- 1978 Argentinien (3:1 gegen Niederlande)
- 1982 Italien (3:1 gegen BR Deutschland)
- 1986 Argentinien (3:2 gegen BR Deutschland)
- 1990 BR Deutschland (1:0 gegen Argentinien)

Fußballtoto, staatlich genehmigte Sportwette auf den Ausgang von Fußballspielen. Das F. wurde erstmals 1921 in Großbritannien eingeführt. In der BR Deutschland (seit 1948) ist die Lotteriehoheit ein Länderregal. Die Totogesellschaften sind entweder staatl. Betriebe, Körperschaften des öff. Rechts oder private Gesellschaften. Der Spieleinsatz wird wie folgt verteilt: 50 % auf die Gewinner, $16^{2}/_{3}$ % auf Sportwettsteuer, etwa 22 % auf Abgaben für sportl., kulturelle, soziale und karitative Zwecke und etwa 11 % auf die Kosten der Durchführung.

Fußboden, künstlich befestigte, begeh- und befahrbare ebene Fläche eines Innenraums. Die oberste Schicht des F. wird als **Bodenbelag** bezeichnet, wenn sie auf einem *Unterboden* aus anderem Material aufgebracht ist. Der F. soll ausreichende Feuchtigkeits-, Schall- und Wärmedämmung bewirken und widerstandsfähig gegen Wasser, Reinigungsmittel und mechan. Beanspruchung sein. – Man unterscheidet Fugenböden, zu denen die Böden aus Platten, Fliesen, Tafeln u. a. von unterschiedl. Material und die verschiedenen Arten des Holz-F. gehören, und fugenlose Fußböden, insbes. Estrichböden sowie Spachtelböden aus Polyvinylacetat- und Polyamidmassen. Für **Plattenböden** werden Naturstein-, Beton-, Steinzeug und Steinholzplatten, Klinkerplatten und Steinzeugfliesen, Glas-, Kunststoff- und Asphaltplatten sowie Holzfaser- und Holzspanhartplatten, Korkplatten u. a. verwendet. Bei **Holzfußböden** unterscheidet man **Dielenböden** (aus gehobelten, etwa 15 cm breiten, meist 3,5 cm dicken Nadelholz-, Buchen- oder Eichenbrettern), **Parkettböden** sowie die **Holzpflasterfußböden** (aus 10–12 cm hohen Hartholzklötzchen). Zu den **Estrichböden** zählen neben Beton- oder Zementestrich v. a. die Hartbeton- und Holzbetonestriche, ferner Terrazzo und der Mosaik-F. Lehm-F. bestehen aus gestampftem Lehm. Gußasphaltestriche geben wasserdichte und federnde Unterböden für F.belag und Parkett. Als F.-Belag dienen auch Bahnen oder Platten aus Gummi, Kunststoff sowie Teppichboden (textiler Bodenbelag).

Fußbodenheizung ↑Heizung.

Fußdeformitäten, angeborene oder erworbene Formabweichungen oder Fehlhaltungen der Füße. Zu den häufigsten F. gehört die Fußsenkung **(Senkfuß),** eine Absenkung des Fußgewölbes infolge Muskel- oder Bindegewebsschwäche. Fließende Übergänge bestehen zw. Senkfuß und **Plattfuß,** bei dem inneres und äußeres Fußgewölbe abgeflacht sind. Bei nicht rechtzeitiger Behandlung kann es durch Veränderung der Gelenkflächen und durch Bänderschrumpfungen zu einer völligen Versteifung kommen. Neben der Abflachung des Längsgewölbes tritt häufig eine Lockerung der Querverspannungen auf, was eine weitere Abplattung und Verbreiterung des Fußes zur Folge hat **(Spreizfuß).** Bei Kindern ist die entstehende Senkung des Fußgewölbes meist mit einer Abknickung des Fußes nach innen kombiniert, so daß man in diesem Fall von einem **Knick-Senk-Fuß** spricht. Vorbeugende Maßnahmen gegen die Fußsenkung sind Barfußlaufen und das Tragen passender, weicher Schuhe. – Der **Klumpfuß** ist meist angeboren. Er besteht in einer starken Abknickung der äußeren Fußkante nach unten und einer Einwärtsknickung des Vorderfußes samt den Zehen. Die Behandlung erfolgt durch einen Gipsverband oder operativ. – Der **Spitzfuß** wird durch Lähmung der vorderen Unterschenkelmuskulatur hervorgerufen. Die Fußspitze hängt steil nach unten, beim Auftreten erreicht die Ferse den Boden nicht. Behandlung: orthopäd., operative Verlängerung der Achillessehne. – Der **Hackenfuß,** der durch Lähmung der Wadenmuskulatur oder Abriß der Achillessehne entsteht, ist durch eine abnorme Steilstellung des Fersenbeins gekennzeichnet. – Der **Hohlfuß** ist durch ein abnorm hohes Längsgewölbe mit hohem Spann, meist zus. mit Spreizfuß und Hammerzehe, gekennzeichnet.

Füssen, Stadt am Austritt des Lechs aus den Kalkalpen, Bayern, 808 m ü. d. M., 13 200 E. Wirtsch. Mittelpunkt der z. T. vom Forggensee bedeckten **Füssener Bucht** mit etwas Ind.; Luftkurort, im Ortsteil **Bad Faulenbach** Kneipp- und Mineralbad, nahebei die Königsschlösser Neuschwanstein und Hohenschwangau. – Im 4. Jh. n. Chr. wird das röm. Kastell **Foetibus** erwähnt. Aus einer um 748 gegr. Zelle entstand noch im 8. Jh. das Benediktinerkloster **Sankt Mang.** Die um das Kloster entstandene Siedlung entwickelte sich im frühen 13. Jh. zur Stadt, die das Bistum Augsburg 1310 erwarb. Seit 1803 gehört F. zu Bayern. – Der **Friede von Füssen** (22. April 1745) beendete zw. Bayern und Österreich den Östr. Erbfolgekrieg. Kurfürst Maximilian III. Joseph von Bayern verzichtete auf die Kaiserwürde und versprach gegen Rückgabe seiner Erblande Großherzog Franz Stephan von Toskana bei der Kaiserwahl seine Stimme. – Pfarrkirche Sankt Mang (1701 bis 1717), Frauenkirche am Berge (1682/83), Franziskanerkirche (18. Jh.). Die ma. Burg wurde 1486–1505 zum „Hohen Schloß" ausgebaut.

Füssen. Das „Hohe Schloß", eine mittelalterliche Burg, die 1486–1505 zum Schloß ausgebaut wurde

Fußball		
Pokalsieger in den europäischen Wettbewerben		
Landesmeister	*Pokalsieger*	*UEFA-Pokal*
1956 Real Madrid		
1957 Real Madrid		
1958 Real Madrid		
1959 Real Madrid		
1960 Real Madrid		
1961 Benfica Lissabon	AC Florenz	
1962 Benfica Lissabon	Atletico Madrid	
1963 AC Mailand	Tottenham Hotspur	
1964 Inter Mailand	Sporting Lissabon	
1965 Inter Mailand	West Ham United	
1966 Real Madrid	Borussia Dortmund	
1967 Celtic Glasgow	Bayern München	
1968 Manchester United	AC Mailand	
1969 AC Mailand	Slovan Preßburg	
1970 Feyenoord Rotterdam	Manchester City	
1971 Ajax Amsterdam	FC Chelsea	
1972 Ajax Amsterdam	Glasgow Rangers	Tottenham Hotspur
1973 Ajax Amsterdam	AC Mailand	FC Liverpool
1974 Bayern München	1. FC Magdeburg	Feyenoord Rotterdam
1975 Bayern München	Dynamo Kiew	Bor. Mönchengladbach
1976 Bayern München	RSC Anderlecht	FC Liverpool
1977 FC Liverpool	Hamburger SV	Juventus Turin
1978 FC Liverpool	RSC Anderlecht	PSV Eindhoven
1979 Nottingham Forest	FC Barcelona	Bor. Mönchengladbach
1980 Nottingham Forest	FC Valencia	Eintracht Frankfurt
1981 FC Liverpool	Dynamo Tiflis	Ipswich Town
1982 Aston Villa	FC Barcelona	IFK Göteborg
1983 Hamburger SV	FC Aberdeen	RSC Anderlecht
1984 FC Liverpool	Juventus Turin	Tottenham Hotspur
1985 Juventus Turin	FC Everton	Real Madrid
1986 Steaua Bukarest	Dynamo Kiew	Real Madrid
1987 FC Porto	Ajax Amsterdam	IFK Göteborg
1988 PSV Eindhoven	KV Mechelen	Bayer Leverkusen
1989 AC Mailand	FC Barcelona	SSC Neapel
1990 AC Mailand	Sampdoria Genua	Juventus Turin
1991 Roter Stern Belgrad	Manchester United	Inter Mailand
1992 FC Barcelona	Werder Bremen	Ajax Amsterdam
1993 Olympique Marseille	AC Parma	Juventus Turin

Fussenegger

Fussenegger, Gertrud, *Pilsen 8. Mai 1912, östr. Schriftstellerin. – Schrieb Romane aus Vergangenheit und Gegenwart über Konflikte zw. Lebensformen, Schuld, Leiden und Bewährung; u. a. „Das Haus der dunklen Krüge" (1951), „Das verschüttete Antlitz" (1957), „Jona" (1986).

Johann Heinrich Füssli. Der Nachtmahr, Zweitfassung, 1790/91 (Frankfurt am Main, Städelsches Kunstinstitut)

Füssli (Füessli[n]), schweizer. Familie, seit 1357 in Zürich nachweisbar, Glockengießer, Künstler, Gelehrte, Magistratsbeamte. Bed.:
F., Johann Heinrich, in England Henry Fuseli, *Zürich 6. Febr. 1741, †London 16. April 1825, Maler und Graphiker. – Emigrierte 1764 nach London, wandte sich unter dem Einfluß Reynolds' der Malerei zu (1770–78 in Rom). 1804 Direktor der Royal Academy. F. schuf visionäre Bilder und Zyklen meist zu literar. Stoffen. Dante, Shakespeare und Milton wurden zu Hauptquellen seiner Vorstellungs- und Bildwelt, in der er die literar. Stoffe zum Ausgangspunkt für eigene Erfindungen und Visionen machte. Formal ist F. dem Klassizismus verpflichtet. Bes. bekannt „Der Nachtmahr" (1781; Frankfurt, Goethemuseum), „Titania und Zettel" (1794; Zürich, Kunsthalle).

Fußmann, Klaus, *Velbert 24. März 1938, dt. Maler und Graphiker. – Beeinflußt von G. Morandi, schuf er Stilleben, Interieurs, Porträts, Landschaften.

Fußnagel ↑ Nagel.
Fußnote, durch ein Verweiszeichen (Sternchen oder hochgestellte kleine Ziffer) auf eine bestimmte Stelle im Text bezogene Erläuterung oder Ergänzung am unteren Rand einer Druckseite.
Fußpferd, seemänn. Bez. für das starke Tau, auf dem die Matrosen bei Arbeiten an den Rahsegeln stehen.
Fußpflege, svw. ↑ Pediküre.
Fußpilzerkrankung, durch Befall mit parasitären Pilzen hervorgerufene Infektion der Fußhaut mit stärkster Ausprägung in den Zwischenzehenräumen; Behandlung mit Antimykotika (Salben, Puder, Sprays).
Fußpunkt, der Punkt, in dem das auf eine Gerade oder Ebene gefällte Lot diese trifft.
Fußschweiß, vermehrte Absonderung von Schweiß an den Füßen, bes. zw. den Zehen und an der Fußsohle; meist übelriechend infolge bakterieller Zersetzung der organ. Schweißbestandteile. F. kann v. a. zw. den Zehen zu Hautentzündungen und Ekzemen führen; auch begünstigt er die Ansiedlung von Fußpilzen. Behandlung: Einpudern oder Benutzung adstringierender Fußsprays, häufiges Barfußlaufen.
Fußsenkung ↑ Fußdeformitäten.

Fustanella

Fußsohlenreflex (Plantarreflex), reflektor. Abwärtsbewegung der Zehen beim Bestreichen der Fußsohle mit einem harten, spitzen Gegenstand (z. B. Reflexhammer). Diagnost. Bed. kommt nur dem einseitigen Fehlen des F. zu („stumme Sohle", z. B. bei einer Schädigung der Pyramidenbahn).
Fußtonzahl, die in Fuß (etwa 30 cm; Zeichen: ′) angegebene Tonlage eines Orgelregisters, benannt nach der Pfeifenlänge des jeweils tiefsten Tons. Dabei wird von dem Fußmaß einer offenen Labialpfeife mit dem Ton C (der tiefsten Taste auf der Orgel) ausgegangen, deren Länge 8 Fuß (etwa 2,40 m) beträgt, wonach das ganze Register achtfüßig heißt. 8′-Register erklingen in der Aquallage, d. h. in der geschriebenen Tonhöhe. Wird durch die Taste C der Ton $_1$C ausgelöst, spricht man von 16′-Register, da die Pfeife des Tons $_1$C die doppelte Länge hat. So ergeben sich folgende Fußtonbezeichnungen: $_2$C = 32′; $_1$C = 16′; C = 8′; G = $5\frac{1}{3}$′; c = 4′; g = $2\frac{1}{3}$′; c^1 = 2′; g^1 = $1\frac{1}{3}$′; c^2 = 1′. Die gedackten Register werden nach ihrer Tonhöhe, nicht nach ihrer Pfeifenlänge bezeichnet.
Fußtruppen ↑ Infanterie.
Fußwaschung, Reinigungssitte im Alten Orient und im Mittelmeerraum, die, da man normalerweise barfuß oder in offenen Sandalen ging, vor der Mahlzeit üblich und nötig war. Die F. galt als Sklavenarbeit. Nach Joh. 13, 1–17 wäscht Jesus seinen Jüngern die Füße als Zeichen vorbehaltloser, demütiger Dienst- und Liebesbereitschaft am Nächsten. Die F. ging in das Brauchtum der Klöster ein (hier „Mandatum" [= Auftrag] genannt). Von hier übernahmen Bischöfe und Fürsten den Brauch, am Gründonnerstag Armen oder Alten die Füße zu waschen.
Fust, Johann, *Mainz um 1400, †Paris 30. Okt. 1466, dt. Verleger und Buchhändler. – Gläubiger Gutenbergs, gegen den er 1455 prozessierte. Verlegte mit Hilfe des Druckers Peter Schöffer (vorher Geselle Gutenbergs) den von J. Gutenberg begonnenen Mainzer Psalter (1457) sowie andere Werke, u. a. eine 48zeilige Bibel (1462, mit ältestem Signet).
Fustanella [neugriech.-italien.] (Fustane), kurzer, eng gefälteter weißer Baumwollrock, Bestandteil der neugriech. Nationaltracht der Männer.
Fustikholz, svw. ↑ Gelbholz.
Fusulinen (Fusulinidae) [zu lat. fusus „Spindel"], Fam. fossiler, etwa 0,5 mm–10 cm großer Foraminiferen mit spindelartigen, linsenförmigen oder kugeligen, stark gekammerten Kalkgehäusen; vom Oberen Karbon bis Perm in Europa, Asien und Amerika weit verbreitet; bed. Kalkbildner *(F.kalk).*
Fusuma [jap.], die Schiebewand, die im jap. Haus die einzelnen Räume voneinander trennt; auch vor Wandschränken. Die mit weißem Papier bespannte Schiebe-

Fußwaschung. Duccio di Buoninsegna, Ausschnitt aus dem Maestà-Altar, 1308–11 (Siena, Dom-Museum)

wand, die das Licht von außen durchscheinen läßt, heißt **Shōji**.

Futhark, german. Runenalphabet, benannt nach den ersten sechs Zeichen.

Futschou ↑ Fuzhou.

Futter, (Futtermittel) der tier. Ernährung dienende organ. oder mineral. Stoffe. Nach der ernährungsphysiolog. Aufgabe unterscheidet man zw. **Erhaltungsfutter** zur Aufrechterhaltung der Lebensfunktionen und **Leistungsfutter** (Produktions-F., Kraft-F.) zur Erzielung höherer Leistungen (z. B. in bezug auf Milch, Eier, Wolle, Fett- und Fleischansatz). Je nach den mengenmäßigen F.anteilen spricht man von **Grundfutter** (Haupt-F.; hat die Aufgabe, auf Grund des hohen Gehaltes an Ballaststoffen zu sättigen und einen Teil des Nährstoffbedarfs zu decken) und **Beifutter** (Zusatz-F.; zur Deckung des Nährstoffbedarfs). Nach dem Ursprung differenziert man **pflanzliche Futter** (z. B. Klee, Hafer), **tierische Futter** (Magermilch, Fischmehl, Fleischmehl) und **mineralische Futter** (Futterkalk, Salz usw.). Außer Knollen- und Wurzel-F. (z. B. Rüben, Kartoffeln) kennt man Grün-F., Gär-F., Rauh-F. und Körnerfutter.

▷ (Futterstoff) Schutz- oder Stützstoff auf der Innenseite von Kleidungsstücken, Koffern, Schuhen u. a. zur Verdeckung der Nähte, Erhöhung der Wärmehaltung; verwendet werden v. a. Baumwolle, Chemiefasern, Seide oder Mischgewebe.

▷ svw. ↑ Auskleidung.

Futteral [german.-mittellat.], gefütterte [Schutz]hülle; Überzug, Behälter, Hülse.

Futterbau, Anbau von Nutzpflanzen, die frisch, gesäuert oder getrocknet zur Tierfütterung verwendet werden (z. B. Mais, Kartoffeln, Rüben, verschiedene Kleearten). Im F. unterscheidet man zw. **Dauergrünlandnutzung,** bei der ein Teil der landw. Nutzfläche dauernd als Wiese oder Weide genutzt wird, und **Feldfutterbau,** bei dem die Futterpflanzen auf dem Acker angebaut werden.

Futterbohne, svw. ↑ Pferdebohne.

Futteresparsette ↑ Esparsette.

Futterkugel (Pflanzenhaarstein), aus Pflanzenfasern bestehender Bezoarstein im Verdauungskanal von pflanzenfressenden Säugetieren (bes. Huftieren).

Futtermittel, svw. ↑ Futter.

Futterrübe ↑ Runkelrübe.

Futterstoff, svw. ↑ Futter.

Futuna [frz. fyty'na], Vulkaninsel im Pazifik, ↑ Wallis et Futuna.

Futur [lat.] ([1.] Futurum, Zukunft, Futur I), Tempus des Verbs, das ein erwartetes, in der Zukunft ablaufendes Geschehen oder Sein bezeichnet. Das F. wird im Dt. mit dem Hilfsverb *werden* und dem Infinitiv gebildet: ich werde arbeiten. Das F. im Dt. drückt nur selten wirklich etwas Zukünftiges aus (z. B. ich werde morgen fahren; dafür meist das Präsens: ich fahre morgen), häufiger ist seine Verwendung für modale Abstufungen, z. B. Vermutungen (Das wird wohl viel kosten), Befürchtungen (Du wirst vielleicht enttäuscht sein), Aufforderungen, Befehle (Wirst du jetzt endlich zu arbeiten anfangen), Absichten (Ich werde dich einmal besuchen). – ↑ Futurum exaktum.

Futura [lat.], eine von P. Renner 1926 geschaffene klare Groteskschrift.

Futurismus [lat.], Anfang des 20. Jh. in Italien aufgekommene, nach Rußland ausgreifende revolutionierende Bewegung in der Literatur und in der bildenden Kunst sowie in der Musik, als eine Erneuerungsbewegung durchaus mit polit. Akzentuierung. Zentren waren Berlin und Paris. Nach dem 1909 im „Figaro" veröffentlichten Gründungsmanifest des italien. [literar.] F. von Marinetti folgte eine Flut von Manifesten u. a. Marinettis „Futurismus und Faschismus", 1924).

Literatur: Der F. will das moderne Leben, die Welt der Technik als „Bewegung, als Dynamik" spiegeln, als „allgegenwärtige Geschwindigkeit, die die Kategorien Raum und Zeit aufhebt". Eine derartige Literatur mußte sich ihre eigene Sprache, Syntax und Grammatik erst einmal schaffen („Techn. Manifest der futurist. Literatur", 1912). In den sprachl. und formalen Neuerungen liegt daher die Bed. des *italien. F.,* durch sie beeinflußte er u. a. Dadaismus und Surrealismus. Auch die *russ. Futuristen* (1912) betonten das Recht des Dichters auf Revolutionierung des poet. Stoffes, des Wortschatzes und der Syntax (D. Burliuk, W. Chlebnikow, A. Krutschonych, W. Majakowski). Seit 1923 wurden sie bzw. ihre Zeitschrift „LEF" angefeindet.

Malerei, Plastik, Architektur: Mit Marinetti gaben U. Boccioni, C. Carrà, L. Russolo und G. Balla 1910 das „Manifest der futurist. Malerei" heraus, gefolgt vom „Techn. Manifest der futurist. Malerei". Bewegung und Energie wird im *italien. F.* durch den sog. „Komplementarismus", das ständige Sichdurchdringen und Ergänzen der Formen und Farben (da Licht und Bewegung die Stofflichkeit der Körper zerstören) wiedergegeben, seit 1912 als simultane Darstellung von Bewegungsimpulsen. Boccioni forderte 1912 auch für die Plastik dynam. Simultaneität, Sant'Elia eine futurist. Architektur.

Futurismus. Oben: Umberto Boccioni, Urformen der Bewegung im Raum, 1913 (Mannheim, Städtische Kunsthalle). Unten: Luigi Russolo, Häuser, Lichter und Himmel, um 1912 (Basel, Kunstmuseum)

Auf dem 1920 in Moskau von Gabo und Pevsner veröffentlichten „Techn. Manifest" basierend, strebt der *russ. F.* in der bildenden Kunst auf konstruktivist. Basis eine absolute Gestaltung ohne Wiedergabe individueller Empfindungen an. Mechan. Bewegungsimpulse und elektr. Licht werden in dreidimensionale Objekte mit einbezogen.

Futurologie

Johann Joseph Fux

Futurologie [lat./griech.], Zukunftsforschung; gliedert sich nach O. K. Flechtheim, der den Begriff „F." 1943 geprägt hat, in Prognostik, Planungswiss. und Philosophie der Zukunft (Ideologie- und Utopiekritik); weniger eine eigenständige wiss. Disziplin als vielmehr ein wiss. Problemfeld, zu dem viele wiss. Disziplinen (Nationalökonomie, Soziologie, polit. Wiss., Naturwiss.) beitragen müssen, um die zukünftige Entwicklung durchschaubar zu machen. Die F. will nicht die Zukunft im einzelnen ausmalen, sondern alternative Entwicklungsmöglichkeiten aufzeigen und dadurch Entscheidungsgrundlagen liefern. Insbes. seit den letzten Jahren versucht die F., die fünf Hauptprobleme für das Überleben der Menschheit in einer menschenwürdigen Zukunft zu bewältigen: 1. Eliminierung des Krieges und Institutionalisierung des Friedens; 2. Beseitigung von Hunger und Elend in der dritten und vierten Welt (Stabilisierung der Bev.zahl); 3. Beendigung des Raubbaus der natürl. Reserven sowie Schutz der Natur und des Menschen vor sich selber; 4. Überwindung von Ausbeutung und Unterdrückung sowie Demokratisierung von Staat und Gesellschaft; 5. Abbau von Sinnentleerung und Entfremdung sowie Schaffung eines „kreativen Homo humanus" (O. K. Flechtheim). Die F. ist in Deutschland institutionalisiert in der Gesellschaft für Zukunftsfragen e. V. (Berlin), in Österreich in der Östr. Gesellschaft für langfristige Entwicklungsforschung (Wien), in der Schweiz in der Schweizer. Vereinigung für Zukunftsforschung (Zürich).

Futurum exaktum [lat. „vollendete Zukunft"] (2. Futurum, Futur II), Tempus des Verbs, das ein in der Zukunft liegendes Geschehen bezeichnet, das sich bei Eintritt eines anderen zukünftigen Geschehens bereits vollendet hat. Im Dt. wird das F. e. durch die Hilfsverben *werden* und *haben* bzw. *sein* gebildet, drückt aber häufig kein Tempus, sondern eine Vermutung aus, z. B. die Aufgabe *wirst* du sicher rasch *erledigt haben*.

Fux, Johann Joseph, *Hirtenfeld (Steiermark) 1660, †Wien 13. Febr. 1741, östr. Komponist. – Seit 1698 Hofkomponist, seit 1715 Hofkapellmeister in Wien; bed. Meister des südt.-östr. Barock; komponierte über 500 Werke. Seine „Gradus ad Parnassum" (1725) werden bis heute als Kontrapunktlehre verwendet.

Fuxin [chin. fuɛin] (Fusin), Stadt in NO-China, Prov. Liaoning, 653 000 E. Schnell wachsendes Zentrum des Steinkohlenbergbaus und der Energieerzeugung. – 1904 gegründet.

Fuzhou [chin. fudʒou] (Futschou), Hauptstadt der chin. Prov. Fujian, oberhalb der Mündung des Min Jiang in das Ostchin. Meer. 1,21 Mill. E. Univ.; Schiffbau, elektron., chem., Textilind., Kunsthandwerk (Lackwaren); Exporthafen. 1984 zur „offenen" Küstenstadt erklärt. – Im 3./2. Jh. v. Chr. entstanden; seit 1734 endgültig Hauptstadt der Prov. Die wichtige Handelsstadt gehörte zu den durch den Vertrag von Nanking (1842) dem ausländ. Handel geöffneten ersten 5 Vertragshäfen.

FVP, Abk. für: ↑**F**reie **V**olks**p**artei.

F. V. S. ↑Stiftung F. V. S. zu Hamburg.

Fyt, Jan [niederl. fɛit], ≈ Antwerpen 15. März 1611, †ebd. 11. Sept. 1661, fläm. Maler. – In der Nachfolge seines Lehrers F. Snyders malte F. Stilleben (Motive: Wildbret, Früchte, Blumen) sowie Jagd- und Tierbilder, bes. mit Federwild.

fz, Abk. für: **f**orzato (↑sforzato).

G

G, der siebte Buchstabe des Alphabets. Da altlat. ↑C die Lautwerte [g] und [k] hatte, wurde im 3. Jh. v. Chr. durch Zufügung eines Querstrichs G mit dem Lautwert [g] aus C differenziert und nahm im Alphabet den Platz des bereits vorher aufgegebenen Z ein, das erst später wieder neu entlehnt wurde.

▷ (g) in der *Musik* die Bez. für die 5. Stufe der Grundtonleiter C-Dur, durch ♯ (Kreuz) erhöht zu gis, durch ♭-(b) Vorzeichnung erniedrigt zu ges.

▷ (Münzbuchstabe) ↑Münzstätte.

G, Abk.:
▷ für: **G**enius und **G**ens, auf röm. Inschriften.
▷ für: **G**eld, Zusatz auf Kurszetteln hinter dem Kurs; besagt: Zum genannten Kurs bestand Nachfrage, jedoch kamen keine oder nur wenige Kaufaufträge (mangels entsprechenden Angebots) zur Ausführung.

G, Einheitenzeichen für ↑Gauß.
G, Vorsatzzeichen für ↑Giga.
g, Einheitenzeichen für Gramm (↑Kilogramm).
g, Formelzeichen für Fallbeschleunigung (↑Fall).
Ga, chem. Symbol für ↑Gallium.

Gäa (Gaia), bei den Griechen die göttl. „Urmutter Erde", die alles Sterbliche hervorbringt und wieder in sich aufnimmt, erzeugt als Urprinzip aus sich selbst den Himmel, die Gebirge und das Meer; spielt in der dichterisch-philosoph. Spekulation eine größere Rolle als in der Volksreligion.

Gäa [griech.], in der Tiergeographie Bez. für einen von Tieren besiedelten Großraum auf der Erdoberfläche *(Faunenreich)*; bezüglich der Landfauna unterscheidet man auf der Erde drei Faunenreiche: ↑Arktogäa, Neogäa (↑neotropische Region) und Notogäa (↑australische Region).

Franz Xaver Gabelsberger

Gabal, im Sudan und in Ägypten svw. Berg.

Gabardine [frz., zu span. gabardina „Männerrock"], einfarbiges Gewebe aus Kammgarnen in Köperbindung.

Gabbro [italien.], grobkörniges, bas. Tiefengestein, fast schwarz, z. T. mit grünl. oder bläul. Farbton; Hauptbestandteile: Plagioklas und Pyroxen. Verwendung als Baustein und für [Grab]denkmäler.

Gabel [urspr. „gegabelter Ast"], als Tischgerät zuerst 1023 in Montecassino erwähnt, diente die G. bis ins späte MA zum Vorlegen (v. a. von Fleisch), vom 16. Jh. an zunehmend auch als Eßgerät.

Gabelantilope, svw. ↑Gabelbock.

Gabelbock, (Gabelantilope, Antilocapra americana) einzige rezente Art der ↑Gabelhorntiere in der Prärie N-Amerikas; Körperlänge etwa 1–1,3 m, Schulterhöhe 0,9 bis 1 m; Fell dicht, rotbraun, an Kopf und Hals weiße und schwarze Zeichnungen, Brust und Bauchseite weiß, am Hinterende großer, weißer „Spiegel"; ♂ mit gegabeltem, etwa 30 cm langem Gehörn.
▷ ↑Gabler.

Gabelfarne, svw. ↑Gleicheniengewächse.
Gabelhirsche, svw. ↑Andenhirsche.
▷ ↑Gabler.

Gabelhorntiere (Antilocapridae), Fam. der Paarhufer mit mehreren fossilen Gatt.; z. T. großes, stark verzweigtes (hirschgeweihähnl.) Gehörn, dessen Knochenzapfen nicht abgeworfen wird. – ↑Gabelbock.

Gabelsberger, Franz Xaver, *München 9. Febr. 1789, †ebd. 4. Jan. 1849, dt. Stenograph. – Sekretär und Kanzlist im bayr. Staatsdienst; schuf als erster eine kursive Kurzschrift, die später eine der Voraussetzungen für die dt. Einheitskurzschrift wurde.

Gabelschwänze, Bez. für zwei Gatt. der Zahnspinner (Cerura und Harpyia) mit mehreren Arten in den nördl. gemäßigten Regionen. Bei den meist grünlich, bunt gezeichneten Raupen ist das letzte Beinfußpaar in zwei lange, gabelähnl. Fortsätze umgewandelt. In M-Europa kommen fünf Arten vor, u. a. der bis 7 cm spannende **Große Gabelschwanz** (Cerura vinula) mit durchscheinenden, weißgrauen Vorderflügeln und etwas dunkleren Hinterflügeln.

Gabelschwanzseekühe (Dugongs, Dugongidae), Fam. bis 7,5 m langer Seekühe mit zwei Arten im Roten Meer, Ind. Ozean und Beringmeer; mit horizontalem, seitlich ausgezipfeltem Schwanzruder; Schneidezähne bei ♂♂ als kurze Stoßzähne entwickelt; einzige rezente Art ist der bis 3,2 m lange, maximal 200 kg schwere **Dugong** (Dugong dugong) im Roten Meer und Ind. Ozean. Die Art **Stellersche Seekuh** (Riesenseekuh, Phytina gigas) mit einem plumpen, bis etwa 8 m langen und rd. 20 t schweren Körper mit dicker borkiger Haut wurde um 1768 ausgerottet.

Gabelstapler ↑ Hubstapler.

Gabeltang (Dictyota dichotoma), Braunalgenart mit handgroßem, gabelig verzweigtem Thallus; bildet oft ausgedehnte, bis 15 cm hohe Rasen am Meeresboden.

Gabelweihe, svw. Roter Milan (↑ Milane).

Gabelzahnmoos (Dicranum), Gatt. der Laubmoose mit etwa 50 Arten, meist in den kühlen und gemäßigten Zonen der Nordhalbkugel; kleine bis mittelgroße, rasenbildende Moose mit sichelförmigen, an der Spitze gezähnten Blättern.

Gabengebet ↑ Sekret.

Gabès [frz. ga'bɛs], tunes. Stadt am Golf von G., in einer Küstenoase, 92 000 E. Verwaltungssitz des Governorats G. Erdölraffinerie, chem. Ind., Teppichherstellung, Kunsthandwerk (Flecht- und Schmuckwaren); Fischerei; Seebad; Hochseehafen; Fremdenverkehr; ⚓. – Zahlr. Moscheen, maler. Sukviertel. – An der Stelle von G. befand sich die röm. Kolonie Tacapae.

Gabès, Golf von [frz. ga'bɛs] (Kleine Syrte), Teil des Mittelmeers an der südl. O-Küste Tunesiens, 68 km breit, 41 km lang; Erdölförderung und Erdgasgewinnung.

Gabin, Jean [frz. ga'bɛ̃], eigtl. Jean Alexis Moncorgé, * Mériel bei Paris 17. Mai 1904, † Neuilly-sur-Seine 15. Nov. 1976, frz. Filmschauspieler. – Berühmt seit den 30er Jahren als Typ des harten Burschen in Filmen wie „Nachtasyl" (1936), „Pépé le Moko" (1937), „Die große Illusion" (1937), „Bestie Mensch" (1938), „Hafen im Nebel" (1938), „Der Tag bricht an" (1939). Bed. Charakterschauspieler, z. B. in „French Can-Can" (1955), „Die Katze" (1971), „Der Fall Dominici" (1973). Bes. populär wurden seine „Kommissar-Maigret"-Filme.

Gabirol (Gebirol), Salomon Ben Jehuda Ibn [gabi'ro:l], latinisiert Avicebron oder Avencebrol, * Málaga um 1021, † Valencia 1058 oder 1070, span.-jüd. Dichter und Philosoph. – Wirkte im arab. Spanien; sein in arab. Sprache abgefaßtes philosoph. Hauptwerk, das nur in der um 1150 erstellten lat. Übersetzung von Johannes Hispanus u. d. T. „Fons vitae" (Lebensquell) erhalten ist, enthält jüd. religiöse Ideen, verbunden mit arab. Aristotelismus und alexandrin. Neuplatonismus; von großem Einfluß auf die Philosophie des MA bis Spinoza; gilt als erster jüd. Philosoph des Abendlandes; seine Dichtung umfaßt Hymnen, Klagelieder, Gebete und Bußgesänge.

Gable, Clark [engl. gɛɪbl], * Cadiz (Ohio) 1. Febr. 1901, † Los Angeles-Hollywood 16. Nov. 1960, amerikan. Filmschauspieler. – Als Typ des charmanten Draufgängers erlangte er Weltruhm in Filmen wie „Es geschah in einer Nacht" (1934), „Meuterei auf der Bounty" (1935), „Vom Winde verweht" (1939), „Nicht gesellschaftsfähig" (1961).

Gablenz, Carl-August Freiherr von, * Erfurt 13. Okt. 1893, † bei Mühlberg/Elbe 21. Aug. 1942 (Flugzeugabsturz), dt. Luftfahrtpionier. – 1926 Flugbetriebsleiter der Dt. Lufthansa; ermöglichte 1934 mittels schwimmender Flugzeugstützpunkte den ersten planmäßigen Transatlantikflugdienst der Welt.

Gabler, Joseph, * Ochsenhausen 6. Juli 1700, † Bregenz 8. Nov. 1771, dt. Orgelbauer. – Bed. Orgelbauer Oberschwabens; baute Orgeln in Ochsenhausen, Weingarten (Abteikirche, 1737–50), Memmingen und Bregenz.

Gabler, wm. Bez. für einen Rothirsch **(Gabelhirsch)** oder Rehbock **(Gabelbock)** mit einfach verzweigtem Geweih bzw. Gehörn.

Gablonz an der Neiße (tschech. Jablonec nad Nisou), Stadt in der ČR, 10 km sö. von Reichenberg, 475 m ü. d. M., 45 700 E. Techn. Nationalmuseum; Maschinenbau; Mittelpunkt der nordböhm. Bijouteriewarenind. – 1356 gegr., 1538 aber als Wüstung erwähnt, im 16. Jh. erneut besiedelt. Im 19. Jh. Aufstieg durch Textil-, Glas- und Schmuckind., 1866 Stadt.

Gabo, Naum [engl. 'gɑ:boʊ], eigtl. N. Pevsner, * Brjansk 5. Aug. 1890, † Waterbury (Conn.) 23. Aug. 1977, russ.-amerikan. Bildhauer. – Seit 1946 in den USA; Bruder von A. Pevsner. Bed. Vertreter des russ. ↑ Konstruktivismus. In seinen mit Nylon bespannten Objekten („Raumplastiken") bauen sich räuml. Schichten auf.

Gábor, Dennis [ungar. 'ga:bor], * Budapest 5. Juni 1900, † London 9. Febr. 1979, brit. Physiker ungar. Herkunft. – 1958–67 Prof. am Imperial College in London. Arbeiten zur Plasmaphysik, Elektronenoptik und Informationstechnik; erfand 1948 die ↑ Holographie. Nobelpreis für Physik 1971.

Gaborone [engl. gɑ:bɔː'roʊneɪ], Hauptstadt von Botswana, im SO des Landes, 1 015 m ü. d. M., 120 000 E. Kath. Bischofssitz, Univ. (1976 gegr.), Nationalmuseum; Zentrum eines Viehzuchtgebiets; Bahnstation, internat. ✈. – G. wurde 1965 Hauptstadt des brit. Protektorats Betschuanaland (seit 1966 Botswana).

Gabriel, Erzengel; in Luk. 1, 26 Engel der Verkündigung der Geburt Jesu, gilt im Islam als der höchste Engel, von dem Mohammed seine Offenbarung empfing.

Gabriel, Jacques-Ange [frz. gabri'ɛl], * Paris 23. Okt. 1698, † ebd. 4. Jan. 1782, frz. Baumeister. – Vollendete als königl. Architekt die Arbeiten seines Vaters Jacques G. (* 1667, † 1742) in Rennes und Bordeaux (Place de la Bourse). Zu G.s Hauptwerken im klassizist. Stil gehören in Paris die École Militaire (begonnen 1751), die Place de la Concorde (begonnen 1755), in Versailles die Oper (1769/70) und das Petit Trianon (1764–68).

Gabrieli, Andrea, * Venedig um 1510, † ebd. 1586, italien. Komponist. – Seit 1566 Organist an San Marco in Venedig. Komponierte (z. T. mehrchörig) „Sacrae cantiones" (1565), 6stimmige Messen und Psalmen, 16stimmige „Concerti" (1587), 3- bis 6stimmige Madrigale, Orgelwerke.

G., Giovanni, * Venedig zw. 1553 und 1556, † ebd. 12. Aug. 1612, italien. Komponist. – Neffe und Schüler von Andrea G.; seit 1584 Organist an San Marco in Venedig, Lehrer von H. Schütz. Mit seinen 3- bis 22stimmigen „Canzoni e sonate" (1615) war er an der Ausbildung einer eigenständigen Instrumentalmusik entscheidend beteiligt. Er komponierte außerdem Madrigale u. a. vokale Werke sowie Orgelstücke.

Jean Gabin

Clark Gable

Dennis Gábor

Gabelbock

Gabrowo

Gabun
Fläche: 267 667 km²
Bevölkerung: 1,1 Mill. E (1990), 4,1 E/km²
Hauptstadt: Libreville
Amtssprache: Französisch
Nationalfeiertag: 17. Aug. (Unabhängigkeitstag)
Währung: 1 CFA-Franc = 100 Centimes (c)
Zeitzone: MEZ

Gabun

Staatswappen

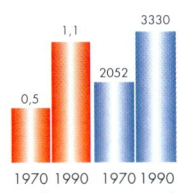

Gabrowo, Stadt in N-Bulgarien, am Oberlauf der Jantra, 392 m ü. d. M., 82 000 E. Maschinenbauhochschule, Freilichtmuseum (alte Handwerke). Textil-, Lederind., Maschinenbau und Elektroindustrie.

Gabun (amtl. Vollform: République Gabonaise), Republik an der W-Küste Afrikas, zw. 4° s. Br. und 2° n. Br. sowie 9° und 14° ö. L. **Staatsgebiet:** G. grenzt im S und O an Kongo, im N an Äquatorialguinea und Kamerun, im W an den Atlantik. **Verwaltungsgliederung:** 9 Prov. **Internat. Mitgliedschaften:** UN, OAU, UDEAC, UMOA, OPEC und Frz. Gemeinschaft, der EWG assoziiert.
Landesnatur: G. liegt auf der Niederguineaschwelle, die in einigen Gebirgszügen Mittelgebirgscharakter hat (im Massif du Chaillu bis über 1 550 m ü. d. M.) und zur 800 km langen Küste hin in einem relativ ebenen Vorland (bis 300 m ü. d. M.) ausläuft. Den N und O des Landes nehmen Hochplateaus ein. G. liegt größtenteils im Einzugsbereich des Ogowe.
Klima: Das Klima ist tropisch mit zwei Regenzeiten und nur schwach ausgeprägten Trockenzeiten.
Vegetation: Der trop. Regenwald (auf urspr. 75 % der Fläche) ist weitgehend vernichtet, vorherrschend sind hier jetzt Sekundärwälder. Auf 15 % der Fläche Feuchtsavannen, nur im SO Trockensavannen. An der durch Lagunen stark gegliederten Küste sind z. T. Mangrovenwälder verbreitet.
Tierwelt: Sie umfaßt Arten der Savanne (Schakal, Tüpfelhyäne, Büffel, Elefant, Antilope u. a.) sowie des trop. Regenwaldes (z. B. Gorilla).
Bevölkerung: Sie setzt sich v. a. aus Bantustämmen zus. (Pangwe oder Fang, Eschira, Mbete u. a.). 60 % sind Christen, rd. 40 % Anhänger traditioneller Religionen. Schulpflicht besteht vom 7.–16. Lebensjahr. In Libreville besteht eine Univ. (gegr. 1971).
Wirtschaft: Größte Bedeutung hat die Erdölförderung (²/₃ der Staatseinnahmen) im Küstenschelf um Port-Gentil und bei Gamba im S. Manganerze (nach der GUS zweitgrößter Exporteur der Erde) werden im SO abgebaut und per Seilbahn nach Mbinda (Kongo) transportiert, Uranerze werden bei Mounana im Tiefbau gewonnen. Die einst wichtige Holzgewinnung (bes. Okume) ist stark rückläufig. Landw. wird v. a. im äußersten N, O und S betrieben. Die landw. Nutzfläche umfaßt nur 0,5 % der Landesfläche. Für den Export ist der Kakaoanbau bedeutsam.
Außenhandel: Ausfuhr von Bergbauerzeugnissen (über 90 % des Exportwertes) und Holz, Einfuhr von Lebensmitteln, Maschinen und Fahrzeugen, Metallen. Wichtigste Handelspartner sind Frankreich und die USA.
Verkehr: Ende 1986 wurde die Trans-G.-Eisenbahn (649 km) fertiggestellt. Das Straßennetz ist 6 898 km lang. Die wichtigste Binnenwasserstraße ist der Ogowe. Die bedeutendsten Hochseehäfen sind Port-Gentil, Libreville und Owendo bei Libreville; internat. ✈ in Libreville und Port-Gentil.
Geschichte: Die Küste G. wurde 1472 von den Portugiesen entdeckt. 1839 ließen sich die Franzosen am Gabunästuar nieder. Als Stützpunkt errichtete 1843 die frz. Marine das Fort Aumale, das mit der seit 1849 bestehenden Siedlung aus befreiten schwarzen Sklaven den programmat. Namen Libreville erhielt. Nach Erwerb weiterer Küstenstreifen begann 1851 die Erforschung des Landesinneren, auch des frz. Kongo. 1886 erhielten die Gebiete den Status von Kolonien. Seit 1910 war G. Teil von Frz.-Äquatorialafrika. 1929 wurde der letzte Aufstand niedergeworfen. Mit dem Beitritt zur Frz. Gemeinschaft 1958 wurde G. selbständig. 1960 erklärte es sich für unabhängig, blieb aber in der Gemeinschaft und unterhielt bes. enge wirtsch., kulturelle und militär. Beziehungen zu Frankreich; frz. Truppen warfen 1964 einen Militärputsch gegen Staatspräs. L. Mba nieder. Seit 1967 ist O. Bongo Staatspräs., der 1973, 1979 und 1986 wiedergewählt wurde. Eine „Nationale Konferenz" (27. 3.–23. 4. 1990) beschloß die Aufgabe des vom Parti Démocratique Gabonais (PDG) seit 1968 getragenen Einparteiensystems und die Zulassung oppositioneller Parteien. Die Parlamentswahlen im Okt. 1990 gewann der PDG.
Politisches System: Nach der Verfassung von 1961 (mehrfach geändert) ist G. eine präsidiale Republik. *Staatsoberhaupt* und oberster Inhaber der *Exekutive* ist der auf 7 Jahre gewählte Staatspräs. (Wiederwahl ist möglich). Er ernennt und entläßt die Mgl. des Min.rats. Der Präs. hat Gesetzesinitiative und ist Oberbefehlshaber der Streitkräfte. Die *Legislative* liegt beim Parlament, der Nationalversammlung (111 vom Volk auf 7 Jahre gewählte sowie 9 ernannte Abg.). Allein zugelassene *Partei* bis zur Einführung des Mehrparteiensystems im Jahre 1990 war seit 1968 die Parti Démocratique Gabonais (PDG). Wichtigste der seit Okt. 1990 im Parlament vertretenen oppositionellen Parteien ist der Mouvement de Redressement National-Bûcherons (MORENA-Bûcherons). In G. gelten zwei *Rechtssysteme,* ein modifiziertes frz. (mit Amts- und Untergerichten) und ein traditionelles (mit lokalen Gerichten und regionalen Berufungsgerichten). Der Oberste Gerichtshof ist oberste Berufungsinstanz und auch für Verfassungs-, Verwaltungs- und Finanzstreitigkeiten zuständig.

Gabunästuar, Bucht des Golfs von Guinea, am nördl. Küstenabschnitt von Gabun, 80 km lang und bis 16 km breit.

Gad, einer der zwölf Stämme Israels.

Gadamer, Hans-Georg, *Marburg a. d. Lahn 11. Febr. 1900, dt. Philosoph. – Seit 1937 Prof. in Marburg, seit 1939 in Leipzig, seit 1947 in Frankfurt am Main, seit 1949 in Heidelberg. Bekannt v. a. durch seine „philosoph. Hermeneutik", die wesentl. Impulse von W. Dilthey, E. Husserl und M. Heidegger aufgenommen und verarbeitet hat. Grundlegend dafür ist sein Werk „Wahrheit und Methode" (1960), das Erfahrungsmöglichkeiten von Wahrheit (in Philosophie, Kunst und Geschichte) ausmacht, die nicht jenseits der neuzeitl., sich wiss. verstehenden Methodenbewußtseins liegen, sondern die menschl. Welterfahrung überhaupt betreffen und die auf anderem Wege nicht erreichbar sind.

Weitere Werke: Hegels Dialektik (1971), Die Begriffsgeschichte und die Sprache der Philosophie (1971), Philosoph. Lehrjahre (1977), Heideggers Wege (1983).

Gadara, Name mehrerer Städte im alten Palästina: G. sö. des Sees Genezareth (heute Ruinenstätte bei Umm Kais) war ein hellenist. Kulturmittelpunkt (Heimat von Meleagros, Menipp, Philodemos), Mgl. der ↑ Dekapolis. Zeitweilig jüd. (1. Jh. v. Chr.), dann endgültig römisch. – G. nö. von Jericho war zeitweilig Zentrum des jüd. Aufstandes 66 n. Chr.

Gadda, Carlo Emilio, * Mailand 14. Nov. 1893, † Rom 21. Mai 1973, italien. Schriftsteller. – Verf. nuancierter Romane und Erzählungen, u. a. „Die gräßl. Bescherung in der Via Merulana" (R., 1957), „Die Erkenntnis des Schmerzes" (R., 1963).

Gaddafi, El ↑ Kadhdhafi, Al.

Gaddi, Taddeo, * Florenz (?) gegen 1300, † ebd. 1366, italien. Maler. – Mehr als zwei Jahrzehnte Schüler und Gehilfe von Giotto, übernahm er dessen flüssige Linienführung und übte seine perspektiv. Fähigkeiten an verschachtelten Architekturhintergründen; belebte den Raum mit erzähler. Details und Lichteffekten; u. a. Fresken der Cappella Baroncelli in Santa Croce, Florenz (1332–38). Sein Sohn *Agnolo G.* (* um 1350, † 1396) führte die väterl. Werkstatt weiter.

Taddeo Gaddi. Geburt Christi, Ausschnitt aus einem Fresko in der Cappella Baroncelli, 1332–38 (Florenz, Santa Croce)

Gade, Niels [Wilhelm] [dän. 'ga:ðə], * Kopenhagen 22. Febr. 1817, † ebd. 21. Dez. 1890, dän. Komponist und Dirigent. – 1844–48 Dirigent des Leipziger Gewandhausorchesters; an Mendelssohn Bartholdy und Schumann orientiertes Schaffen, u. a. Ballette, 8 Sinfonien u. a. Orchesterwerke, ein Violinkonzert, Chor- und Kammermusik, Klavierstücke und Lieder.

Gadebusch, Krst. in Meckl.-Vorp., 31–35 m ü. d. M., 7 000 E. Waldbühne; Leder- und Teigwarenind. – 1194 erstmals erwähnt, kam 1203 an Meckl., erhielt 1225 lüb. Stadtrecht. Seit 1621 gehörte G. zu Meckl.-Schwerin. – Schloß (Hauptgebäude 1570/71), spätroman. Stadtkirche (um 1220); Rathaus (um 1340) mit Gerichtslaube (1618). **G.,** Landkr. in Meckl.-Vorpommern.

Gaden (Gadem), Haus von nur einem Raum oder nur einem Stockwerk; Fensterbereich des Mittelschiffs einer Basilika (Lichtgaden, Obergaden).

Gades, Antonio, eigtl. A. Esteve, * Elda (Prov. Alicante) 16. Nov. 1936, span. Tänzer, Choreograph und Ballettdirektor. – Gilt als einer der führenden span. Tänzer und Choreographen; wurde weltbekannt mit seiner Flamenco-Trilogie („„Bluthochzeit", 1981; „Carmen", 1983; „Liebeszauber", 1986), die C. Saura verfilmte.

Gades ↑ Cádiz.

Gadir ↑ Cádiz.

Gadolinium [nach dem finn. Chemiker J. Gadolin, * 1760, † 1852], chem. Symbol Gd; metall. Element aus der Reihe der Lanthanoide, Ordnungszahl 64, relative Atommasse 157,25, Schmelzpunkt 1 311 °C, Siedepunkt 3 233 °C. G. ist silberweiß bis schwach gelblich; in seinen vorwiegend farblosen Verbindungen ist es dreiwertig. Vorkommen v. a. in den Mineralen Gadolinit und Yttrotantalit. Gewonnen wird es aus dem Fluorid GdF_3 durch Reduktion mit Calcium. G. ist ferromagnetisch. Verwendung in der Kern-, Mikrowellen- und Hochfrequenztechnik.

Gaeta, italien. Hafenstadt und Seebad im südl. Latium, 10 m ü. d. M., 24 100 E. Erzbischofssitz; Nahrungsmittelind., Bootsbau. – In der Antike **Caieta;** wurde im 9. Jh. Hauptstadt eines gleichnamigen Hzgt.; 1848/49 Zufluchtsort von Papst Pius IX., 1860 von König Franz II. von Neapel/Sizilien, der dort 1861 zur Kapitulation gezwungen war (Ende der Bourbonenherrschaft). – Roman. Dom (geweiht 1106; klassizistisch restauriert 1792) mit roman. Kampanile, Kastell (v. a. 13. und 15./16. Jh.; heute Gefängnis).

Gaetani [italien. gae'ta:ni], italien. Adelsfamilie, ↑ Caetani.

Gaffel [niederdt. „Gabel"], am oberen Teil eines Schiffsmastes angebrachtes, schräg nach hinten aufwärts ragendes Rundholz, an dem die Oberkante des **Gaffelsegels** befestigt wird.

Gaffky, Georg Theodor August ['gafki], * Hannover 17. Febr. 1850, † ebd. 23. Sept. 1918, dt. Bakteriologe. – Schüler R. Kochs; Prof. für Hygiene in Gießen, später Nachfolger Kochs als Direktor des Instituts für Infektionskrankheiten in Berlin; 1884 züchtete er erstmals den Typhusbazillus in Reinkultur.

Gaffori, Franchino, latinisiert Franchinus Gafurius, * Lodi 14. Jan. 1451, † Mailand 24. Juni 1522, italien. Komponist und Musiktheoretiker. – Seit 1484 Kapellmeister am Mailänder Dom; einer der bedeutendsten Musiktheoretiker seiner Zeit („Practica musicae", 1496); komponierte daneben zahlr. Messen.

Gafsa, tunes. Stadt, Zentrum einer Oase, nw. von Gabès, 325 m ü. d. M., 61 000 E. Verwaltungssitz des Governorats G. Leder-, Textilind.; Kunsthandwerk. In der Umgebung Phosphatabbau; Thermalquellen (25 °C). – G. ist das antike **Capsa** (Ruinen aus der Römerzeit); nach Funden aus der Umgebung ist das ↑ Capsien benannt.

Gag [gɛk, engl. gæg; engl.-amerikan., eigtl. „Knebel"], Trick, Ulk, witziger Einfall in Theaterstücken, Filmen und beim Kabarett, auch allg. für Überraschungseffekt.

Gagaku [jap. „elegante Musik"], die „klass." Musik Japans, wie sie seit Anfang des 8. Jh. bis heute am Kaiserhof gepflegt wird. Das Repertoire umfaßt Instrumentalmusik, Tanzmusik („bugaku"), Vokalmusik und Musik für den shintoist. Ritus.

Gagarin, Juri Alexejewitsch, * Kluschino (Gebiet Smolensk) 9. März 1934, † bei Nowosjolowo (Gebiet Wladimir) 27. März 1968 (Flugzeugabsturz), sowjet. Luftwaffenoffizier und Kosmonaut. – Umkreiste am 12. April 1961 als erster Mensch die Erde in einer Raumkapsel.

Gagat [zu griech. gagátes (nach dem Fluß und der Stadt Gagas in Lykien)] (Jet), bituminreiche Braunkohle, meist tiefschwarz und von samtartigem Wachs- oder Fettglanz; Vorkommen in Großbritannien, Frankreich, Spanien, auch in Württ. und Franken; Verwendung als Schmuckstein.

Gagausen, christl. Turkvolk in Moldawien und der Ukraine (etwa 185 000), in Rumänien und Bulgarien (zus. etwa 5 000).

Gage ['ga:ʒə; altfränk.-frz.], Bezahlung, Gehalt von Künstlern.

Gagelstrauch (Myrica), in den gemäßigten und subtrop. Gebieten (außer Australien) vorkommende Gatt. der **Gagelgewächse** (Myricaceae). Von den etwa 50 Arten kommt in den norddt. Moor- und Heidegebieten der **Hei-**

Hans-Georg Gadamer

Juri Alexejewitsch Gagarin

Gagelstrauch. Heidegagelstrauch

Gagern

degagelstrauch (Myrica gale) vor; sommergrüner, 1 bis 1,5 m hoher Strauch mit harzig-drüsigen, aromatisch duftenden Blättern und kleinen Blüten; Steinfrüchte.

Gagern, dt. Uradelsgeschlecht (Stammsitz Gawern auf Rügen); erstmals 1290 urkundlich erwähnt. Bed.:

G., Friedrich Freiherr von, * Schloß Mokritz (Krain) 26. Juni 1882, † Geigenberg bei Sankt Leonhard am Forst (Niederösterreich) 14. Nov. 1947, östr. Schriftsteller. – Schrieb kulturkrit. Abenteuer-, Reise- und Jagdgeschichten, u. a. „Ein Volk" (R., 1924), „Das Grenzerbuch" (En., 1927).

G., Friedrich (Fritz) Ludwig Balduin Karl Moritz Reichsfreiherr von, *Weilburg/Lahn 24. Okt. 1794, ✕ bei Kandern 20. April 1848, General. – Führte in der Revolution 1848 die bad. und hess.-darmstädt. Truppen gegen die Freischärler unter F. Hecker und G. von Struve, fiel im ersten Gefecht.

Heinrich von Gagern

G., Hans Christoph Ernst Reichsfreiherr von, *Kleinniedesheim (= Heßheim) 25. Jan. 1766, †Kelkheim 22. Okt. 1852, Politiker. – Vater von Friedrich (Fritz), Heinrich und Maximilian Reichsfreiherr von G.; 1813 im Dienst Wilhelms von Oranien; 1816–18 luxemburg. Gesandter beim Bundestag.

G., Heinrich Reichsfreiherr von, *Bayreuth 20. Aug. 1799, †Darmstadt 22. Mai 1880, Politiker. – Mitbegr. der Allg. Dt. Burschenschaft; 1847 im Darmstädter Landtag Sprecher des Liberalismus; am 19. Mai 1848 zum Präs. der Frankfurter Nationalversammlung gewählt; am 18. Dez. 1848 Leiter des Reichsministeriums; verfocht zur Lösung der dt. Frage ein Programm des engeren und weiteren Doppelbundes. Vertrat, als dies scheiterte, mit den Erbkaiserlichen eine kleindt. Lösung. Nach der Ablehnung der dt. Kaiserkrone durch Friedrich Wilhelm IV. von Preußen und Auflösung des Reichsministeriums trat G. am 21. März 1849 zurück.

Gerd Gaiser

G., Maximilian (Max) Reichsfreiherr von, *Weilburg 25. März 1810, † Wien 17. Okt. 1889, Politiker. – Trat leidenschaftlich für eine großdt.-föderalist. Lösung der dt. Frage ein; führendes Mgl. der Frankfurter Nationalversammlung; unterstützte die Politik seines Bruders Heinrich; seit 1855 im östr. Außenministerium.

Gaggenau, Stadt an der Murg, Bad.-Württ., 141 bis 275 m ü.d.M., 28 100 E. Metallverarbeitende, Kunststoff-, Schuh-, Elektro- u.a. Ind. – Erstmals erwähnt 1288; seit 1922 Stadt.

Gagini, Domenico [italien. ga'dʒi:ni], *Bissone (Bez. Lugano) um 1420, † Palermo 29. Sept. 1492, italien. Bildhauer. – Wahrscheinlich Schüler Brunelleschis in Florenz, seit 1463 in Palermo, wo seine große Werkstatt v. a. Renaissancemadonnen herstellte, die weit über Sizilien hinaus verbreitet wurden.

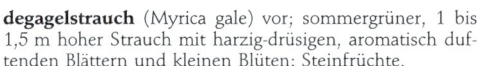

Daniel Carleton Gajdusek

Gagliano [italien. gaʎˈʎa:no], bed. italien. Geigenbauerfamilie in Neapel (Ende 17. bis Ende 19. Jh.); wichtigste Vertreter waren *Alessandro G.* (* um 1660, † um 1728; Stradivari-Schüler) und *Nicola G.* (* um 1695, † um 1758).

Gagliarda [gal'jarda; italien.] ↑ Gaillarde.

Gagliardi, Ernst [gal'jardi], *Zürich 7. Jan. 1882, † ebd. 22. Jan. 1940, schweizer. Historiker. – Seit 1919 Prof. in Zürich; arbeitete v. a. zur „Geschichte der Schweiz von den Anfängen bis zur Gegenwart" (3 Bde., 1920–27) und der Ära Bismarck.

Gahal [hebr. 'gaxal], israel. polit. Partei, 1965 durch Zusammenschluß der Cherut-Partei und der Liberalen Partei entstanden; tritt für eine Politik der Stärke gegenüber den arab. Staaten ein; ging 1973 im Likud auf.

Gahmuret [ˈgaːmurət, ˈgaxmurɛt], Vater Parzivals in Wolfram von Eschenbachs Epos „Parzival".

Gahn, Johan Gottlieb, *Voxna (Verw.-Geb. Gävleborg) 19. (17. ?) Aug. 1745, † Stockholm 8. Dez. 1818, schwed. Chemiker. – Entwickelte 1770 zus. mit C. W. Scheele ein Verfahren zur Herstellung von Phosphor aus Knochenasche. 1774 stellte er metall. Mangan aus Braunstein her.

Gähnen, unwillkürl., durch Sauerstoffmangel im Gehirn ausgelöstes tiefes Einatmen unter weiter Öffnung der Kiefer, wodurch eine stärkere Lungenbelüftung und Kreislaufanregung bewirkt wird.

Gähnkrampf (Chasmus), abnorm häufiges, zwanghaftes Gähnen; tritt auf bei organ. Hirnerkrankungen, bes. bei Tumoren des Kleinhirns.

Gaibach, Stadtteil von Volkach in Bayern. Vierflügeliges Schloß (um 1600; z. T. umgebaut 1694–1710 von J. L. Dientzenhofer) mit klassizist. Innenausstattung; im Park die von L. von Klenze entworfene „Konstitutionssäule" (1821–28) zur Erinnerung an die bayr. Verfassung von 1818. Barocke Pfarrkirche (1742–45) von B. Neumann.

Gail, rechter Nebenfluß der Drau, entspringt in Osttirol, mündet bei Villach, 125 km lang.

Gaildorf, Stadt im Kochertal, Bad.-Württ., 329 m ü. d. M., 10 600 E. Metallverarbeitende Ind., Schaltgerätebau, Holzind. – 1255 erstmals erwähnt, seit 1404 Stadt- und Marktrecht; 1806 zu Württemberg. – Ehem. Wasserschloß (15.–17. Jh.), got. ev. Stadtkirche (15./16. Jh., zerstört 1945; wiederhergestellt).

Gaillarde [ga'jardə; frz.; zu gaillard „fröhlich"] (Gagliarda, Galliarde), lebhafter Tanz des 15. bis 17. Jh., wahrscheinlich aus Italien. Die G. war schneller, tripeltaktiger Nachtanz zur geradtaktigen, meist melod. verwandten Pavane oder zum Passamezzo.

Gailtaler Alpen, Gebirgszug westl. des Klagenfurter Beckens, Österreich, zw. den Tälern der oberen Drau im N und der Gail im S, in der Großen Sandspitze, die im W-Teil **(Lienzer Dolomiten)** liegt, 2 772 m hoch.

Gainesville [engl. 'ɡeɪnzvɪl], Stadt im nördl. Florida, USA, 84 800 E. Univ. (gegr. 1853); Staatsmuseum.

Thomas Gainsborough. Bildnis Mrs. Sarah Siddons, 1783–85 (London, National Gallery)

Gainsborough, Thomas [engl. 'ɡeɪnzbərə], ≈ Sudbury (Suffolk) 14. Mai 1727, † London 2. Aug. 1788, engl. Maler. – Nahm früh Anregungen der niederl. und fläm. Landschaftsmalerei, später auch Watteaus auf. G. versah seine in graziösem Rokokostil gehaltenen Porträts gern mit typisch engl. Landschaftshintergründen in zarten Tönen und hellleuchtenden Farben; bed. Wegbereiter der engl. Landschaftsmalerei. *Werke u. a.:* „The blue boy" (um 1770; San Marino, Calif., Huntington Gallery), „Mrs. Sarah Siddons" (1783–85; London, National Gallery), „Der Morgenspaziergang" (1785; London, National Gallery).

Gaiser, Gerd, *Oberriexingen 15. Sept. 1908, † Reutlingen 9. Juni 1976, dt. Schriftsteller. – Schrieb v. a. Romane über die Einsamkeit und Isoliertheit des Einzelmenschen und die Sattheit der Wohlstandsbürger („Schlußball", 1958); auch Gedichte, Erzählungen und Essays. – *Weitere*

Werke: Die sterbende Jagd (R., 1953), Einmal und oft (En., 1956), Merkwürdiges Hammelessen (En., 1971), Ortskunde (En., 1977).

Gaiserich ↑ Geiserich.

Gaismair, Michael [...mɑɪər], *Sterzing um 1491, †Padua April 1532 (ermordet), Tiroler Bauernführer. – Schreiber, zuletzt des Fürstbischofs von Brixen; 1525 Führer des Tiroler Bauernaufstandes, floh nach dessen Scheitern nach Zürich zu Zwingli. Verfaßte Anfang 1526 die „Tiroler Landesordnung", die eine kirchl. Neuordnung im Sinne Zwinglis und die Umwandlung Tirols in eine Bauernrepublik vorsah. Trat nach erfolgloser Teilnahme am 2. Salzburger Bauernaufstand 1526 in venezian. Dienste.

Gaitskell, Hugh Todd [engl. 'ɡeɪtskəl], *London 9. April 1906, †ebd. 18. Jan. 1963, brit. Politiker (Labour Party). – Seit 1945 Abg. im Unterhaus; als Min. für Brennstoff- und Energiewirtschaft 1947–50 an der Verstaatlichung einiger Industriezweige beteiligt, verhinderte später als Wirtschaftsmin. 1950 und Schatzkanzler 1950/51 eine konsequente Weiterführung der eingeleiteten sozialist. Politik; Parteiführer 1955–63.

Gaj, Ljudevit [serbokroat. ga:j], *Krapina 8. Juli 1809, †Zagreb 20. April 1872, kroat. Publizist und Politiker. – Führender Ideologe des ↑Illyrismus; verdient um die Vereinfachung der serbokroat. Schrift; schrieb auch Lyrik.

Gajdusek, Daniel Carleton [engl. ɡɛɪ'duːsək], *Yonkers (N.Y.) 9. Sept. 1923, amerikan. Kinderarzt und Virologe. – Prof. am National Institute of Health in Bethesda (Md.); erbrachte durch Erforschung von *Slow-virus-Infektionen,* bes. der Kurukrankheit auf Neuguinea, den Nachweis, daß Krankheitserreger sich jahrzehntelang im menschl. Körper aufhalten können, ohne Symptome hervorzurufen. Mit B. S. Blumberg erhielt er 1976 den Nobelpreis für Physiologie oder Medizin.

Gajus, Julius Caesar Germanicus, röm. Kaiser, ↑Caligula.

Gajus, röm. Jurist des 2. Jh. n. Chr. – Von ihm stammt das einzige fast vollständig überlieferte Werk der klass. röm. Rechtswissenschaft, die „Institutionen", die in überarbeiteter Form auch den ersten Teil des ↑Corpus Juris Civilis bilden.

gal, Einheitenzeichen für ↑Gallon.

Gál, Hans [gɑːl], *Brunn am Gebirge 5. Aug. 1890, †Edinburgh 4. Okt. 1987, öster. Komponist. – Wirkte als Dirigent in Wien; 1945–65 als Dozent an der Univ. in Edinburgh. Komponierte Opern, Sinfonien, Chor-Orchesterwerke, Kammer- und Klaviermusik, Lieder; war mit E. Mandyczewski Hg. der Brahms-Gesamtausgabe.

Gala [span., zu altfrz. gale „Freude, Vergnügen"], 1. für einen bes. Anlaß vorgeschriebene festl. Kleidung; großer Gesellschaftsanzug. 2. Hoftracht. **Galaabend,** Abendveranstaltung in festl. Rahmen. **Galaaufführung,** in festl. Rahmen stattfindende Theater-, Opernaufführung u.a. **Galauniform,** prunkvolle Uniform für bes. Anlässe.

Galagos [afrikan.] (Buschbabies, Ohrenmakis, Galagidae), Fam. dämmerungs- und nachtaktiver Halbaffen mit sechs Arten v.a. in den trop. Regen- und Galeriewäldern, Baumsavannen und Buschsteppen Afrikas (südl. der Sahara). Am bekanntesten sind der bis 20 cm lange **Senegalgalago** (Moholi, Galago senegalensis), mit einem dichten, graubraunen Fell, der bis 35 cm lange **Riesengalago** (Komba, Galago crassicaudatus) mit braunem bis fast schwarzem Fell sowie der bis 15 cm lange **Zwerggalago** (Galago demidovii) mit oberseits braunem bis grünl., unterseits gelbl. Fell.

Galaktagoga [griech.], svw. ↑milchtreibende Mittel.

galaktisch [griech.], zum System der Galaxis, dem Milchstraßensystem, gehörend.

galaktischer Nebel, dichte Ansammlung interstellarer Materie im Milchstraßensystem.

galaktisches Koordinatensystem ↑astronomische Koordinatensysteme.

galakto..., Galakto... [griech.], Bestimmungswort von Zusammensetzungen mit der Bed. „Milch...", z.B. Galaktometer.

Galaktographie [griech.] (Duktographie), röntgenograph. Darstellung des Milchgangsystems der weibl. Brust nach vorheriger Injektion von Kontrastmittel.

Galaktorrhö [griech.], svw. ↑Milchfluß.

Galaktosämie [griech.] (Galaktoseintoleranz), Unverträglichkeit gegenüber Galaktose (Bestandteil des Milchzuckers) infolge eines Enzymmangels. Ernährung mit Frauen- oder Kuhmilch führt beim Säugling zu schwerer Erkrankung mit Erbrechen, Lebervergrößerung, Gelbsucht, Hirn- und Augenschäden. Eine rechtzeitige milch- und milchzuckerfreie Ernährung ermöglicht eine normale Entwicklung.

Galaktose [griech.], zu den Aldohexosen gehörendes Monosaccharid, das im Milchzucker, in Pektinstoffen und Zerebrosiden vorhanden ist. Im Organismus wird G. über Zwischenstufen in Glucose umgewandelt und abgebaut.

Galaktosidasen [griech.], zu den Glykosidasen gehörende Enzyme, die unter Wassereinlagerung Glykoside der Galaktose spalten.

Galaktostase [griech.], svw. ↑Milchstauung.

Galakturonsäure [griech./dt.], durch Oxidation aus der ↑Galaktose entstehende Uronsäure, bed. Bestandteil von Pektinen.

Galan [span. (zu ↑Gala)], spöttisch für: Liebhaber, Verehrer.

galant [frz., zu altfrz. galer „sich amüsieren"], höfisch, zuvorkommend, ritterlich bes. gegenüber Frauen; **Galanterie,** Höflichkeit gegenüber Frauen.

galante Dichtung, europ. Modedichtung in der Übergangszeit vom Spätbarock zur Aufklärung und zum Rokoko (etwa 1680–1720); als geistreich-witzige, weltmännische, z.T. erot.-frivole Gesellschaftskunst (v.a. lyrische Kleinkunst, auch Romane) in den frz. Salons entwickelt.

Galanteriewaren [frz./dt.], veraltete Bez. für mod. Zubehör (Tücher, Fächer, Bänder usw.).

Galanthomme [frz. galã'tɔm], Ehrenmann, Mann von feiner Lebensart.

Galanthus [griech.], svw. ↑Schneeglöckchen.

Galápagosechse, svw. ↑Meerechse.

Galápagosfinken, svw. ↑Darwin-Finken.

Galápagosinseln (amtl. Archipiélago de Colón), aus 13 größeren und zahlr. kleinen gebirgigen Inseln vulkan. Ursprungs bestehende ecuadorian. Inselgruppe im Pazifik, fast 1 000 km westlich der Küste, Hauptort Puerto Baquerizo Moreno auf der **Isla San Cristóbal.** Bewohnt sind außerdem: **Isla Isabela,** mit 4 275 km² die größte der G., **Isla Santa Cruz** und **Isla Santa María,** zus. 7 812 km², 9 750 E (1990). Trotz der Lage am Äquator ist das Klima mild dank des kalten Humboldtstroms.

Die im heutigen Zustand rd. 3 Mill. Jahre alten G. zeichnen sich durch ihre einzigartige Flora und Fauna aus; über 40 % der Pflanzenarten und fast alle Vögel und Reptilien sind

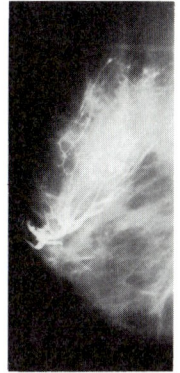

Galaktographie. Darstellung der Milchgänge in den oberen Segmenten der weiblichen Brust nach Kontrastmittelinjektion (Normalbild)

Galagos. Senegalgalago

Galápagosinseln. Die unbewohnten Inseln Bartolomé (vorn) und San Salvador

Galápagosriesenschildkröte

Galeere. Anonymes Gemälde, 17. Jh. (Genua, Museo Navale)

John Kenneth Galbraith

Clemens August Graf von Galen

Servius Sulpicius Galba (Römische Bronzemünze, 68/69 n. Chr.)

endemisch, allesamt „eingewandert"; Riesenschildkröten und Echsen sind dabei die auffälligsten Tiere. Die vom Menschen eingeschleppten Mäuse und Ratten sowie verwilderte Haustiere, aber auch eingeführte Ziersträucher und Nutzpflanzen (Chinarindenbaum) stören trotz bestandsregulierender Maßnahmen noch immer das ökolog. Gleichgewicht. Bereits seit 1934 stehen die G. deshalb unter Naturschutz; 1959 wurden rd. 90 % der Fläche des Archipels zum Nationalpark erklärt. 1964 wurde das Charles-Darwin-Inst. auf Santa Cruz eröffnet. Wochenlange Buschbrände auf der Isla Isabela zerstörten 1985 die Flora und Fauna auf 300 km². – 1535 entdeckt, kamen die G. 1832 an Ecuador. 1835 studierte C. R. Darwin die dortige Tierwelt.

Galápagosriesenschildkröte ↑ Riesenschildkröten.

Galater (lat. Galatae), kelt. Volk, das 278/277 die Dardanellen überschritt und sich 277–274 in Inneranatolien (in dem zu Groß-Phrygien gehörenden **Galatien**) niederließ; suchten die griech. Küstenstädte wie das Innere Kleinasiens durch ständige Plünderungen heim; 189 von den Römern fast gänzlich vernichtet; 64/63 machte Pompejus Galatien zum röm. Klientelstaat, 25 v. Chr. wurde das Gebiet unter Augustus röm. Prov. (Galatia).

Galaterbrief, Abk. Gal., echter Brief des Apostels Paulus an die Christen in Galatien, in dem er in der Grundfrage des Briefs nach dem Heilscharakter des Gesetzes und nach dem Verhältnis von ↑ Gesetz und Evangelium die Freiheit des Christen vom Gesetz betont.

Galatien, histor. Landschaft, ↑ Galater.

Galaţi (rumän. Galaţi), Hauptstadt des rumän. Verw.-Geb. G., am linken Donauufer, 30 m ü. d. M., 295 400 E. Orth. Bischofssitz; Univ. (gegr. 1974), Museen, Theater, Oper. Eisenhüttenwerk, Feinwalzwerk, Schiffswerft. Donauhafen für Hochseeschiffe; Fischereizentrum, ⚒. – Im 15. Jh. erstmals erwähnt, im 16. Jh. bed. Donauhafen, v. a. für den Verkehr mit Konstantinopel. Nach dem Ende der Türkenherrschaft 1829 entwickelte sich G. zum internat. Hafen (1837–83 Freihafen).

Galaxis [zu griech. galaxías „Milchstraße"], Bez. für das Milchstraßensystem; als **Galaxie** (Plur. Galaxien) bezeichnet man ein extragalakt. ↑ Sternsystem.

Galba, Servius Sulpicius, *Tarracina (= Terracina) 24. Dez. 4 v. Chr., †Rom 15. Jan. 69 n. Chr., röm. Kaiser. – Aus altröm. Geschlecht; Ausrufung zum Kaiser (April 68) während seiner Statthalterschaft in Hispania Tarraconensis (seit 60); vom Senat bestätigt. Seine rigorosen Maßnahmen und Sparsamkeit führten jedoch in Rom (seit Herbst 68) zur Unzufriedenheit der Prätorianer und zum Abfall Germaniens, Galliens und Britanniens.

Galbanum [lat.] (Galbanharz), aus den Stengeln einiger Steckenkrautarten gewonnenes Gummiharz; walnußgroße, braungelbe Körner mit würzigem Geschmack und Geruch; Verwendung in der Parfümindustrie.

Galbraith, John Kenneth [engl. ˈgælbreɪθ], *Iona Station (Ontario) 15. Okt. 1908, amerikan. Wirtschaftswissenschaftler. – G. wurde durch die Theorie der gegengewichtigen Marktmacht weltweit bekannt; versucht die Unzulänglichkeit des herrschenden Wirtschaftsdenkens zu beweisen, das durch ein Mißverhältnis von privater Verschwendung und öff. Armut die meisten sozialen Probleme hervorrufe. – *Werke:* Der amerikan. Kapitalismus im Gleichgewicht der Wirtschaftskräfte (1951), Die moderne Industriegesellschaft (1967).

Gałczyński, Konstanty Ildefons [poln. gauˈt͡ʃĩski], *Warschau 23. Jan. 1905, †ebd. 6. Dez. 1953, poln. Dichter. – Während des 2. Weltkriegs im KZ; charakteristisch für seine Gedichte, ep. sowie dramat. Versuche sind iron. und makaber-groteske Elemente; u. a. „Die grüne Gans" (1946–48, Einminutenstücke).

Galdhøpigg [norweg. ˌgalhøˈpig] ↑ Glittertind.

Galeasse [italien.-frz.-niederl. (zu ↑ Galeere)], im 16. Jh. aus der Galeere entwickeltes, im Ggs. zu dieser kampfkräftigeres, aber schwerfälligeres Kriegsschiff.

▷ ([Schlup]galeaß, Galjaß) im 19. Jh. ein in der Nord- und Ostsee verwendeter anderthalbmastiger Küstenfrachtsegler.

Galeere [italien., zu mittelgriech. galía „Ruderschiff" (wohl zu dem griech. Fischnamen galéē, eigtl. „Wiesel")], wenig seetüchtiges Ruderschiff des MA; erstmals (um 1000) von italien. Seestädten gebaut. Die G. hatte meist zwei Masten mit Lateinsegel. Die *Kriegs-G.* des 14. bis 18. Jh. hatte Ruderbänke für 200–500 Mann auf einer Ebene und einen Rammsporn; seit dem 16. Jh. Bewaffnung mit Geschützen. Die nur bei ruhiger See einsatzbereite Kriegs-G. wurde seit dem 16. Jh. z. T. durch die ↑ Galeasse, im 17. Jh. vollends durch die ↑ Galeone verdrängt.

Galeerenstrafe, früher verschärfte Form der Freiheitsstrafe. Der Sträfling mußte Zwangsarbeit auf einer Galeere leisten, wurde gebrandmarkt und an die Ruderbank gekettet.

Galen (lat. Claudius Galenus), *Pergamon (Kleinasien) 129 (?), †Rom 199 (?), röm. Arzt griech. Herkunft. – Arzt und Schriftsteller in Rom; neben Hippokrates der bedeutendste Arzt der Antike. Mit ihm fand die griech. Medizin, soweit sie als eine wiss. Medizin angesehen werden kann, ihren Abschluß. Sein System zeichnet sich durch die Betonung der Notwendigkeit einer theoret. Grundlage in der Medizin, durch die Erklärung physiolog. Vorgänge sowie durch die Verknüpfung der Medizin mit den philosoph. Anschauungen Platons und Aristoteles' aus. G. Lehren beherrschten über ein Jt. nahezu uneingeschränkt die Medizin.

Galen, Clemens August Graf von, *Dinklage 16. März 1878, †Münster (Westf.) 22. März 1946, dt. kath. Theologe, Bischof von Münster (seit 1933), Kardinal (1946). – Wandte sich als Bischof gegen den Nationalsozialismus, v. a. gegen den nationalsozialist. Klostersturm und die Euthanasie.

Galenik [nach dem Arzt Galen], Lehre von der Entwicklung und Herstellung der Arzneizubereitungen (Galenika); Teilgebiet der allg. Pharmazie.

galenische Arzneimittel (Galenika) [nach dem Arzt Galen], Arzneizubereitungen bes. aus Drogen, die (z. B. als Extrakte und Tinkturen) die Wirkstoffe in ihrer natürl. Zusammensetzung enthalten.

Galenit [lat.], svw. ↑ Bleiglanz.

Galeone [span.-niederl. (zu ↑ Galeere)], Segelkriegsschiff des Spät-MA; von den Portugiesen entwickelt und in der 2. Hälfte des 16. Jh. v. a. von Spaniern und Engländern nachgebaut. Die G. besaßen 3–4 Decks und 3–5 Masten, im Hauptdeck meist acht schwere Geschütze und achtern leichtere Geschütze. Schwere G. bildeten den Kern der span. Kriegsflotten Ende des 16. Jh. (Armada).

Galeote (Galiot[e], Galjot) [roman. (zu ↑ Galeere)], urspr. kleine, von 16 bis 24 Rudern vorwärtsbewegte, im Mittelmeer übl. Galeere mit einem Mast; später ein hauptsächlich im 19. Jh. gebautes, in Nord- und Ostsee verwendetes, meist zweimastiges, schonerähnl. Küstenfahrzeug.

Galerie [zu italien. galleria „gedeckter Säulengang" (wohl nach ↑Galiläa, der Bez. für Vorhallen)], an einer Längsseite mit Fenstern, Arkaden u. a. versehener Gang.
▷ großer langgestreckter [Durchgangs]raum (in Klöstern), mit einer Fensterseite; nicht selten zum Aufhängen von Gemälden benutzt (daher später die Bed. Kunstsammlung oder Kunsthandlung).
▷ oberster Rang im Theater.
▷ svw. ↑Empore.
▷ früher ein mit Schießscharten versehener bedeckter Gang im Mauerwerk einer Befestigungsanlage.
▷ Tunnel am Berghang mit fensterartigen Öffnungen nach der Talseite.

Galeriewald, Grundwasser anzeigender Waldstreifen, der sich entlang von Flußläufen und Seen, an Talhängen und in Schluchten findet. Man unterscheidet den *G. der Feuchtsavanne* (ähnelt dem trop. und subtrop. Regenwald) und den *G. der Trockensavanne* (ähnelt dem Trockenwald oder dem trockenen Monsunwald).

Galeriewald der Feuchtsavanne in Kenia

Galerius (Gajus G. Valerius Maximianus), *bei Serdica (= Sofia) um 250, †Nikomedia (= İzmit) im Mai 311, röm. Kaiser (Caesar seit 293, Augustus seit 305). – Von niederer Abkunft, 293 durch Diokletian adoptiert; führte das 303 zus. mit Diokletian erlassene Edikt gegen Christentum und Manichäismus rigoros durch; ein 310 erlassenes Toleranzedikt erlaubte schließlich auch die Ausübung der christl. Religion.

Galgal (Galgala.) ↑Gilgal.

Galgant [arab.-mittellat.] (Alpinia officinarum), etwa 1,5 m hohes Ingwergewächs aus S-China; der an äther. Öl reiche Wurzelstock wird für Magenmittel und als Gewürz verwendet.

Galgen [zu althochdt. galgo, eigtl. „Stange, Pfahl"], Vorrichtung zur Vollstreckung der Todesstrafe durch Erhängen; seit dem Früh-MA verbreitet. Der G. besteht in seiner ältesten Form aus einem Querbalken über 2 Stützen (Säulen); es gibt auch andere Konstruktionen, z. B. die Dreiecksform (dreischläfrige G.: 3 Querbalken auf 3 Säulen). Der Delinquent wurde an diesen G. entweder „aufgezogen" oder, die Schlinge um den Hals, von einer Leiter gestoßen. Mit dem StGB von 1871 wurde im Dt. Reich der G. durch die Vollzugsart der Enthauptung abgelöst. Während der nat.-soz. Herrschaft wurde er wieder eingeführt, danach aber endgültig abgeschafft. – Der G. war im *Volksglauben*, ebenso wie die „unehrl." Gewerbe der Henker und Scharfrichter, mit mag. Vorstellungen verbunden.

Galgenmännlein ↑Alraune.

Galiani, Ferdinando, *Chieti 2. Dez. 1728, †Neapel 30. Okt. 1787, italien. Nationalökonom. – Diplomat; er vertrat in seinem berühmten Werk „Della moneta" (1750) als einer der ersten die Theorie des subjektiven Werts, sein „Gespräch über den Kornhandel" (1770) enthält eine Kritik der Physiokraten. Verf. des Librettos zu „Socrate immaginario" (1775, Buffo-Oper von Paisiello); bed. Briefwechsel, u. a. mit Madame d'Epinay.

Galicien (span. Galicia), histor. Prov. (Region) in NW-Spanien, 29 434 km², 2,85 Mill. E (1989), ein Mittelgebirgsland, das sich von den sö. Randgebirgen (Peña Trevinca, 2 142 m ü. d. M.) nach N und NW auf rd. 200 m Höhe abdacht. – G. hat ozean., immerfeuchtes Klima. Neben Stieleiche und Buche finden sich Seestrandkiefern, in höheren Stufen Flaumeiche und Edelkastanie. In den Talsohlen Anbau von Mais, Kartoffeln, ferner Obst- und Weinbau; Rinder- und Schweinehaltung; im Bergland Abbau von Wolfram-, Blei- und Zinkerzen. Bed. Fischfang, führende Fischereihäfen sind Vigo, La Coruña, El Ferrol und Marín. Die Ind. (Eisen- und Stahlwerke, chem. und Konservenind., Werften) konzentriert sich an der Küste.

Geschichte: Von kelt. Callaici bewohnt; nach röm. Eroberung unter Augustus zunächst Teil der Prov. Hispania citerior, deckte sich vom 3. Jh. an größtenteils mit der Prov. Callaecia; im 5. Jh. sweb. Reichs; seit 585 Teil des Westgot. Reichs; 711/718 von den Arabern erobert. Gehörte im MA meist zum Kgr. León, 910–914 sowie 1060–71 selbständiges Kgr.; fiel mit León 1230 an die Krone Kastilien. Ein 1936 verabschiedetes Autonomiestatut war nach der Eroberung durch die Truppen Francos im Span. Bürgerkrieg nicht verwirklicht worden. 1981 wurde G. eine autonome Region mit eigener Reg. und eigenem Parlament.

Galicisch, aus dem Vulgärlat. hervorgegangener Dialekt mit rd. 3,2 Mill. Sprechern im NW Spaniens; seit 1975 als span. Regionalsprache anerkannt. – ↑Portugiesisch.

galicische Literatur, 1. die Literatur in galic.-portugies. Sprache des 12.–14. Jh.; v. a. Minnelyrik. Vertreter: König Dionysius von Portugal, König Alfons X. von Kastilien. – 2. die neugalic. Literatur, die um die Mitte des 19. Jh. aufblühte; seit 1861 fanden jährlich Dichterwettbewerbe („Xogos Froraes de Galicia") statt. Vertreter: M. Curros Enríquez (* 1851, † 1908), R. de Castro.

Galiläa, histor. Landschaft in Palästina, deren nördl. Drittel zum Staat Libanon, der übrige Teil zu Israel gehört; dort durch ein Quertal in Ober-G. (im N) und Unter-G. geteilt. **Obergaliläa** ist eine stark gegliederte Gebirgslandschaft mit dem höchsten Berg des Landes (Har Meron, 1 208 m hoch); zentraler Ort ist Zefat. **Untergaliläa** ist ein Berg- und Hügelland unter 600 m ü. d. M.; zentrale Orte sind Nazareth im W und Karmiel im O.

Geschichte: Obwohl der Name G. sehr alt ist, ist Genaueres über die Landschaft erst aus der Zeit nach Alexander d. Gr. bekannt; seit 107 v. Chr. Teil des jüd. Einheitsstaats, gehörte später zum Reich Herodes' d. Gr. Die von den Evangelien als Wirkungsstätten Jesu gen. Orte Nazareth, Kana, Kapernaum, Chorazin, Bethsaida lagen in selbständigen Landkreisen (Toparchien), die den Hauptteil des Landes ausmachten. Nach 135 n. Chr. Zentrum jüd. Lebens, hörte die jüd. Besiedlung nie ganz auf.

Galiläa [hebr.-mittellat.; vermutlich nach den Galiläern (= Heiden), die sich in den Vorhallen aufhielten], Bez. für Vorhalle bei frz. und engl. Kirchen, auch des Atriums sowie anderer Teile.

Galiläisches Meer ↑Genezareth, See von.

Galilei, Alessandro, *Florenz 25. Juli 1691, †Rom 21. Dez. 1736, italien. Baumeister. – Baute 1732–35 die Cappella Corsini in San Giovanni in Laterano in Rom und gewann den Wettbewerb für die Fassade von San Giovanni in Laterano (1733–35).

G., Galileo, *Pisa 15. Febr. 1564, †Arcetri bei Florenz 8. Jan. 1642, italien. Mathematiker, Philosoph und Physiker. – Prof. der Mathematik in Pisa (1589–92) und Padua (1592–1610); seit 1610 Hofmathematiker in Florenz. G. wurde durch die Einführung des (quantitativen) Experimentes der Begründer der modernen Naturwissenschaft. Er leitete die Pendelgesetze ab, erfand einen Proportionalzirkel und leitete in reinen Gedankenexperimenten die Gesetze des freien Falls her. Mit dem von ihm nach niederl. Vorbild konstruierten Fernrohr entdeckte er u. a. die Phasen der Venus, die vier ersten Monde des Jupiter sowie die Saturnringe und erkannte, daß die Sternhaufen und die Milchstraße aus Einzelsternen bestehen („Sidereus nuncius" [Sternenbotschaft], 1610). Seine Planetenbeobachtungen machten ihn zum Vorkämpfer der heliozentr. Lehre des Kopernikus („Dialog über die beiden hauptsächlichsten

Galion. Historische Galionsfiguren

Galileisches Fernrohr

Weltsysteme, das ptolemäische und das kopernikanische", 1632). Dies führte zur Auseinandersetzung mit der röm. Kirche. Bereits 1616 ermahnt, wurde G. 1632 vor die Inquisition zitiert und verurteilt. Am 22. Juni 1633 schwor er „seinem Irrtum" als treuer Katholik ab. Legende ist der Ausspruch „Und sie (die Erde) bewegt sich doch". Ende desselben Jahres wurde er zu unbefristetem Hausarrest auf seine Villa in Arcetri verbannt. Dort verfaßte er 1634 seine „Unterredungen und mathemat. Demonstrationen über zwei neue Wissenszweige, die Mechanik und die Fallgesetze betreffend", sein für den Fortgang der neuen Physik wichtigstes Werk. 1637 erblindete Galilei.
G. wurde im Nov. 1992 durch den Papst rehabilitiert. – Sein Konflikt mit der Kirche bildete mehrfach den Stoff für dichter. Darstellungen, u.a. im Drama B. Brechts „Leben des G." (1938), im Roman von M. Brod „G. in Gefangenschaft" (1948) und in G. von Le Forts Novelle „Am Tor des Himmels" (1954).

G., Vincenzo, *Santa Maria a Monte bei Pisa um 1520, □ Florenz 2. Juli 1591, italien. Komponist und Musiktheoretiker. – Vater von Galileo G., Schüler von Zarlino, veröffentlichte Madrigale (1574, 1587) und Lautenkompositionen (1563, 1584).

Galileisches Fernrohr [nach G. Galilei] ↑ Fernrohr.
Galilei-Transformation [nach G. Galilei], die Umrechnung der Raum-Zeit-Koordinaten eines Inertialsystems in die eines gegenüber gleichförmig geradlinig bewegten ↑ Bezugssystems. In allen Bezugssystemen, die durch G.-T. auseinander hervorgehen, sind die Gesetze und Bewegungsgleichungen der klass. nichtrelativist. Mechanik unverändert gültig; Zeitpunkte und Zeitabschnitte sind in ihnen gleich.

Galileo, im Okt. 1989 gestartete, aus Orbiter und Atmosphären-Eintrittskörper bestehende Raumsonde zur Erforschung von Atmosphäre und Magnetosphäre des Jupiter und seiner Hauptmonde. G. soll Jupiter 1995 erreichen und vorher Beobachtungen an Sonne, Venus, Erde, Mond und zwei Planetoiden anstellen.

Galinski, Heinz, *Marienburg (Westpr.) 28. Nov. 1912, † Berlin 19. Juli 1992. – Seit 1988 Vors. des Zentralrats der Juden in Deutschland.

Galion [span.-niederl.], früher übl., häufig verstärkter Vorbau am Bug von Segelschiffen, mit einer hölzernen **Galionsfigur** (meist Frauenfigur). – Abb. S. 477.
Galiot, svw. ↑ Galeote.
gälische Sprachen, 1. i.w.S. svw. goidelische Sprachen (↑ keltische Sprachen); 2. i.e.S. svw. ↑ Schottisch-Gälisch.
Galite, Îles de la [frz. ildəlaga'lit], tunes. Inselgruppe vulkan. Ursprungs im Mittelmeer, nw. von Biserta.
Galitsch, Stadt am Dnjestr, Gebiet Iwano-Frankowsk, Ukraine, 4 000 E. – G. ist eine der ältesten slaw. Siedlungen in der Ukraine, wohl im 10. Jh. gegründet; wurde 1144 Hauptstadt des gleichnamigen Ft., 1199 des Ft. G.-Wolynien. – Ausgrabungen legten einen Teil der alten Stadt G. frei; Geburt-Christi-Kirche (14./15. Jh.).
Galitzin-Pendel [ga'lıtsın, 'galıtsın; nach dem russ. Physiker B. B. Golizyn, *1862, †1916] (Tauchspulseismograph), Gerät zur Messung von Erdbebenwellen, bei dem eine kleine Induktionsspule als Pendelmasse an den Polen eines starken Dauermagneten vorbeischwingt. Die induzierten Ströme sind ein Maß für die Stärke der Bodenbewegung.
Galium [griech.], svw. ↑ Labkraut.
Galizien (poln. Galicja, russ. Galizija), histor. Landschaft nördlich der Karpaten.
Geschichte: Die Landschaften G. wurden nach german. Besiedlung seit Mitte des 6. Jh. n. Chr. von Slawen besetzt (im W v. a. Polen, im O Ukrainer). Nach Eroberung von Ost-G. (Rotreußen) Ende des 10. Jh. durch das Kiewer Reich Bildung eines Ft. Galitsch im 11./12. Jh., 1199–1234 Ausweitung zu der galitsch-wolyn. Staatsgründung der Dyn. der Romanowitsche. 1349/87 Eroberung und endgültige Inbesitznahme Rotreußens durch Polen. Kam durch die 1. Poln. Teilung 1772 zu dem neuformierten östr. „Königreich G. und Lodomerien". Seit 1781 planmäßige Ansiedlung v. a. prot. Pfälzer. 1786–1849 Anschluß der Bukowina; nach der 3. Poln. Teilung 1795–1809 Ausweitung durch Neu-G., den Nordteil Kleinpolens mit Krakau und dem Gebiet zw. Weichsel und Bug; 1809–15 Verlust des podol. Kreises Tarnopol; 1846 die Rückgewinnung des aufständ. Krakau. Erhielt 1867 umfassende Autonomie, eigenen Landtag, poln. Amtssprache. 1918 annektierte das neu erstandene Polen G.; v. a. in Ost-G. kam es zu blutigen Auseinandersetzungen zw. Polen und Ukrainern. 1939 annektierte die UdSSR Ost-G.; dieses 1941 von dt. Truppen besetzte Gebiet (Vernichtung des starken jüd. Bev.anteils) verblieb nach Rückeroberung durch die Rote Armee (1944) im Besitz der UdSSR; heute zur Ukraine.

Galizija [russ. ga'litsije] ↑ Galizien.
Galizin [ga'lıtsın, 'galıtsın] ↑ Golizyn.
Galizyn [ga'lıtsın, 'galıtsın] ↑ Golizyn.
Galjot, svw. ↑ Galeote.
Gall, Franz Joseph, *Tiefenbronn bei Pforzheim 9. März 1758, †Montrouge 22. Aug. 1828, dt. Mediziner. – Begr. die nach ihm ben. „Schädellehre"; bed. seine morpholog.-physiolog. Arbeiten zur Erforschung des Gehirns.
G., Lothar, *Lötzen (Ostpreußen) 3. Dez. 1936, dt. Historiker. – Prof. in Gießen 1968, in Berlin 1972, in Frankfurt am Main 1975; beschäftigte sich v. a. mit der Geschichte des 19. und 20. Jh. und dem Liberalismus; schrieb u. a. „Bismarck. Der weiße Revolutionär" (1980), „Bürgertum in Deutschland" (1989); Mit-Hg. der „Enzyklopädie deutscher Geschichte" (1988 ff.; über 100 Bde. geplant).
Galla (Eigenbez. Oromo), äthiopides Volk in S-Äthiopien, ca. 20 Mill. Menschen (1990); in zahlr. Stämme gegliedert. Urspr. Bauern, heute meist Hirtennomaden. Anhänger traditioneller Religionen, des kopt. Christentums oder des Islams. Ihre Sprache ist die am stärksten verbreitete Sprache Äthiopiens, jedoch ohne offiziellen Status; sie gehört zur nordkuschit. Gruppe der hamitosemit. Sprachen.
Galläpfel [lat./dt.] (Eichengallen, Eichäpfel, Gallae quercinae), kugelige oder birnenförmige, bis 2 cm große ↑ Gallen an Blättern, Knospen oder jungen Trieben verschiedener Eichenarten, verursacht durch Gallwespen.

Galileo Galilei. Gemälde von Justus Sustermans, um 1636 (Florenz, Uffizien)

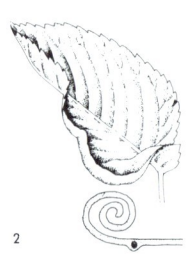
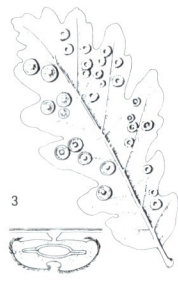

Gallen. 1 Verlaubung des Blütenstandes und Blattvermehrung einer Nesselblättrigen Glockenblume durch Gallmilben; 2 Blattrandrollung an einem Birnenblatt durch Gallmilben; 3 verschiedene Markgallen auf einem Eichenblatt; 4 Markgalle aus einer Eichenknospe durch Gallwespen

Galla Placidia (Aelia G. P.), * Konstantinopel etwa 390, † Rom 27. Nov. 450, weström. Kaiserin. – Tochter Theodosius' I.; heiratete 414 den Westgotenkönig Athaulf († 416), dann den späteren Kaiser Konstantius III.; 421 zur Augusta erhoben. – Berühmt ihre Kapelle (wohl Teil einer verschwundenen Kirche) in Ravenna (bed. Mosaiken).

Gallarate, italien. Stadt in der westl. Lombardei, 238 m ü. d. M., 47 000 E. Museum; Ind.- und Handelsstadt mit Baumwollwebereien und Strumpfwarenherstellung. – Erstmals im 10. Jh. als befestigter Platz erwähnt.

Gallas, Matthias, Reichsgraf (1632), * Trient 16. Sept. 1584, † Wien 25. April 1647, kaiserl. General. – Erhielt nach Wallensteins Ermordung (1634) die Herrschaft Friedland und den Oberbefehl über das kaiserl. Heer; siegte 1634 bei Nördlingen über die Schweden; legte das Kommando 1645 nieder.

G., Wilhelm, * Petersburg 22. Juli 1903, † Heidelberg 5. Nov. 1989, Strafrechtslehrer. – 1934 Prof. in Gießen, später in Königsberg, Tübingen, Leipzig, seit 1954 in Heidelberg. – *Werke:* Kriminalpolitik und Strafrechtssystematik (1931); Zum gegenwärtigen Stand der Lehre vom Verbrechen (1955); P. J. A. Feuerbachs Kritik des natürl. Rechts (1964); Beiträge zur Verbrechenslehre (1968).

Gallate [lat.], Salze und Ester der ↑Gallussäure.

Galle [niederl. 'xalə], Künstlerfamilie, Zeichner und Kupferstecher holländ. Ursprungs, die im 16. und 17. Jh. in Antwerpen tätig waren.

Galle, Johann Gottfried, * Pabsthaus bei Gräfenhainichen 9. Juni 1812, † Potsdam 10. Juli 1910, dt. Astronom. – Prof. der Astronomie in Breslau (1856–97); entdeckte 1846 den von U. J. J. Le Verrier aus Bahnstörungen des Uranus erschlossenen Neptun.

Galle [engl. gɑːl, gæl], Hafen- und Distr.hauptstadt im sw. Sri Lanka, 95 000 E. Kath. Bischofssitz; Handelsplatz mit Hafen. – Schon vor dem 9. Jh. wichtiger Handelsplatz. Nach der Eroberung durch die Portugiesen (1505) und Niederländer (1640) wurde G. Zentrum des Zimtanbaus sowie wichtiger Stützpunkt der europ. Kolonialmächte. 1796 kam G. in brit. Besitz. – Die Altstadt mit ihrem Mauerring und 11 Bastionen wurde von der UNESCO zum Weltkulturerbe erklärt.

Galle (Bilis, Fel), fortlaufend gebildetes, stark bitter schmeckendes Sekret und Exkret der Leber der Wirbeltiere (einschließl. Mensch), das entweder als dünne, hellgelbe Flüssigkeit direkt durch den Lebergallengang in den Zwölffingerdarm gelangt oder (meist) zunächst in der ↑Gallenblase gespeichert und eingedickt wird (die G. wird zähflüssig und bräunlichgelb), um später auf Grund chemisch-reflektor. Reizung (bei fett- und eiweißreicher Nahrung) als grünl. Flüssigkeit entleert zu werden. Die G. enthält neben Cholesterin, Harnstoff, Schleim, Salzen u. a. Stoffen v. a. ↑Gallenfarbstoffe und die für die Verdauung wesentl. ↑Gallensäuren.

▷ umgangssprachlich svw. ↑Gallenblase.
▷ in der *Tierheilkunde* krankhafte Flüssigkeitsansammlung im Bereich der Gelenke und Sehnenscheiden bei Haustieren (bes. bei Pferden).

Gallé, Émile [frz. ga'le], * Nancy 4. Mai 1846, † ebd. 23. Sept. 1904, frz. Kunsthandwerker. – Sein kurvig-bewegter, vegetabiler Stil und seine Vorliebe für zarte Farbeffekte (G.-Gläser) ließen ihn zu einem führenden Künstler des Jugendstils werden.

Gallegos, Rómulo [span. ga'jeɣɔs], * Caracas 2. Aug. 1884, † ebd. 5. April 1969, venezolan. Schriftsteller und Politiker. – Im Febr. 1948 Staatspräs., im Nov. 1948 durch eine Militärrevolte gestürzt und bis 1958 im mexikan. Exil. Bed. Darsteller der venezolan. gesellschaftl. Verhältnisse in ihrer histor. Verwurzelung im Feudalismus. – *Werke:* Doña Bárbara (R., 1929), Canaima (R., 1932), Cantaclaro (R., 1934).

Gallehus [dän. 'galəhuːs], dän. Ort in Nordschleswig, 4 km nw. von Tondern, Fundort zweier Goldhörner mit einer in ihrer Sprachtypus dem Gemeingermanischen ähnl. Runeninschrift (1639 bzw. 1734 gefunden), aufbewahrt in der königl. Kunstsammlung in Kopenhagen, aus der sie 1802 verschwanden; Nachbildungen im Nationalmuseum in Kopenhagen, wahrscheinlich Kulthörner (um 420).

Gallen [lat.] (Pflanzengallen, Zezidien), Gestaltsanomalien an pflanzl. Organen, hervorgerufen durch Wucherungen, die durch die Einwirkung pflanzl. oder (meist) tier. Parasiten (durch Einstich, Eiablage oder die sich entwickelnde Larve) ausgelöst werden. Gallenbildungen sind als Schutzmaßnahme der befallenen Pflanze aufzufassen, die damit die Parasiten gegen das übrige Gewebe abgrenzt.

Gallenblase (Vesica fellea), dünnwandiger, birnenförmiger, mit glatter Muskulatur durchsetzter Schleimhautsack als Speicherorgan für die ↑Galle; steht durch den Gallenblasengang mit dem zum Zwölffingerdarm führenden, durch einen Schließmuskel verschließbaren Lebergallengang, in den aus der Leber kommenden Lebergang in Verbindung. Die G. ist beim Menschen auf der Unterseite des rechten Leberlappens angewachsen, ihr Fassungsvermögen beträgt etwa 50 ml.

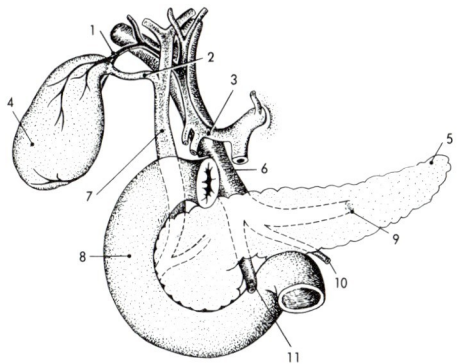

Gallenblase. 1 Gallenblasenschlagader; 2 Gallenblasengang; 3 Leberschlagader; 4 Gallenblase; 5 Bauchspeicheldrüse; 6 Pfortader; 7 Lebergallengang; 8 Zwölffingerdarm; 9 Milzvene; 10 untere und 11 obere Eingeweidevene

Gallenblasenentzündung (Cholezystitis), vorwiegend durch Bakterien verursachte entzündl. Reaktion der Gallenblase; tritt bes. häufig bei Gallensteinkrankheit auf. Die *akute* G. ist durch Fieber, Koliken und schweres Krankheitsgefühl gekennzeichnet. Für die *chron.* G. sind Druckschmerz im rechten Oberbauch, Völlegefühl und Unverträglichkeit von Fett, Hülsenfrüchten u. a. charakteristisch. G. ist oft mit Entzündung der Gallengänge **(Cholangitis)** kombiniert.

Gallenfarbstoffe, farbige Di- und Tetrapyrole, die beim Abbau von Hämoglobin aus dem Porphyrinring entstehen und für die Stuhlfärbung verantwortlich sind. An der Bildung der G. sind Enzyme in Leber und Milz, Darmbakterien und Oxidationsprozesse durch Luftsauerstoff beteiligt. Vertreter der G. sind u. a. Biliverdin, Bilirubin, Sterkobilin und Urobilin.

Gallengang (Ductus choledochus), röhrenförmige Verbindung zw. Gallenblasengang und Zwölffingerdarm. Beim Menschen mündet er gemeinsam mit dem Ausführungsgang der Bauchspeicheldrüse auf einer in das Darmlumen vorspringenden Falte aus.

Gallén-Kallela, Akseli, eigtl. Axel Gallén, * Pori 26. Mai 1865, † Stockholm 7. März 1931, finn. Maler und Graphiker. – Führer der romant. finn. Kunstrichtung; seine hochdramat. Bildthemen beziehen sich v. a. auf das finn. Nationalepos „Kalevala" und die Volksliedendichtung (Kanteletar).

Gallenkolik, durch Dehnungsschmerz der Gallenblase oder der Gallengänge, Spasmen der glatten Gallenwegsmuskulatur bei Steineinklemmung **(Gallensteinkolik)** oder durch Entzündungen der Gallenwege verursachte Erkrankung mit plötzlich einsetzenden, krampfartigen, heftigsten Schmerzen im rechten Oberbauch, dicht unterhalb des Rippenbogens (u. U. bis in die Brust und die rechte

Émile Gallé.
Glasvase
(Frankfurt am Main,
Museum für
Kunsthandwerk)

Gallenröhrling

Gallenröhrling,
Hutdurchmesser
7–12 cm

Schulter ausstrahlend), begleitet von Übelkeit, Brechreiz, Schweißausbruch, flacher Atmung und Bauchdeckenspannung. Die Behandlung besteht in der Gabe krampflösender Mittel und vorübergehender Nahrungsmittelenthaltung sowie der Behebung des Grundleidens.

Gallenröhrling (Bitterpilz, Tylopilus felleus), von Juni bis Okt. an feuchten Stellen in Nadelwäldern wachsender Ständerpilz aus der Fam. der Röhrlinge; mittelgroßer Pilz mit braunem Hut, bauchigem Stiel und weißen, später rosaroten Poren; ungenießbar.

Gallensäuren, zu den ↑Steroiden gehörende Gruppe chem. Verbindungen, die in der Gallenflüssigkeit von Mensch und Wirbeltieren enthalten sind. Grundkörper der G. ist die Cholansäure, von der sich die einzelnen G., u. a. *Cholsäure, Desoxycholsäure* (ihre stabilen Additionsverbindungen mit Monocarbonsäuren werden Choleinsäuren genannt), *Lithocholsäure* durch Einführung von α-ständigen Hydroxylgruppen ableiten. Die G. und ihre wasserlösl. Alkalisalze haben grenzflächenaktive Eigenschaften und sind für die Emulgierung der Fette und für die Resorption der Fettsäuren im Darm unentbehrlich.

Gallenseuche ↑Anaplasmosen.

Gallenstein (Cholelith), Konkrement in den Gallengängen oder in der Gallenblase. Ursachen sind Entzündungen der Gallenwege, Stauungen des Galleflusses oder bestimmte Stoffwechselstörungen. Am häufigsten sind *Cholesterinpigmentsteine* bzw. *Cholesterinpigmentkalksteine* (CPK-Steine) in charakterist. Maulbeer- bzw. Facettenform, seltener die reinen *Cholesterinsteine* (sog. Einsiedlersteine, da meist einzeln vorkommend) und die kleinen, erdigen, in den Gallengängen liegenden *Pigmentsteine.*

Gallensteinkolik ↑Gallenkolik.

Gallensteinkrankheit (Cholelithiasis), durch Steinbildung verursachte, häufigste Erkrankung der Gallenwege. Anzeichen einer G. sind u. a. Druckgefühl im rechten Oberbauch, Blähungen, Aufstoßen und Fettunverträglichkeit. Charakterist. Symptom ist die Gallenkolik. In den meisten Fällen von G. ist eine operative Entfernung der Gallenblase (**Cholezystektomie**) angezeigt.

Gallertalge (Nostoc), Gatt. der Blaualgen mit etwa 50 v. a. im Süßwasser verbreiteten Arten; unverzweigte, aus einzelnen Zellen aufgebaute Fäden, die von einer weichen, schleimigen Gallertscheide umgeben sind; bilden oft große Gallertlager.

Gallerte [ɡaˈlɛrtə, ˈɡalɛrtə; zu mittellat. gelatria „Gefrorenes, Sülze" (zu lat. gelare „gefrieren machen")], in der *Lebensmittelchemie* und *Mikrobiologie* Bez. für im Gelzustand vorliegende Kolloide, die eine hohe Affinität zu ihrem Lösungsmittel, meist Wasser, haben. Der Lösungsmittelanteil kann über 99 % betragen. G. sind von zäh-elast. Konsistenz. Sie dienen zur Steifung z. B. mikrobiolog. Nährböden oder von Produkten der Nahrungsmittelind. G. können aus Gelatine, Agar-Agar, Pektin, Leim u. a. bestehen.
▷ in der *Chemie* ↑Gel.

Gallertgeschwulst, svw. ↑Myxom.

Gallertgewebe (gallertiges Bindegewebe), zellarmes, überwiegend aus gallertiger Interzellularsubstanz bestehendes, embryonales Bindegewebe (z. B. in der Nabelschnur; dort als *Wharton-Sulze* bezeichnet).

Gallertkrebs (Schleimkrebs), bösartige Geschwulst des schleimbildenden Drüsengewebes von Brustdrüse, Mastdarm und Magen.

Gallertpilze (Zitterpilze, Tremellales), Ordnung der Ständerpilze; vorwiegend auf Holz wachsende Pilze mit wachsartigem, knorpeligem oder gallertartigem Fruchtkörper; u. a. der orangerote, ohrförmige bis muschelartige, eßbare **Rotbraune Gallertpilz** (Guepinia helvelloides).

galletreibende Mittel, svw. ↑Cholagoga.

Gallia, röm. Bez. für ↑Gallien.

Galliarde ↑Gaillarde.

Gallico, Paul William [engl. ˈɡælɪkoʊ], * New York 26. Juli 1897, † Monte Carlo 15. Juli 1976, amerikan. Schriftsteller. – Schrieb erfolgreiche Sportbücher, heitere Romane und Erzählungen in zart-iron. Ton, u. a. „Kleine Mouche" (E., 1954).

**Publius Licinius
Egnatius Gallienus**
(Kopenhagen, Ny
Carlsberg Glyptotek)

Galli da Bibiena ↑Bibiena, Galli da.

Gallien (lat. Gallia), seit Cäsar das Land der Gallier zw. Rhein, Alpen, Mittelmeer, Pyrenäen und Atlant. Ozean, in Italien seit dem 4. Jh. v. Chr. das Gebiet zw. Alpen und Apennin. Von Rom aus gesehen nw. der Alpen als **Gallia transalpina** oder **Gallia ulterior** (G. jenseits der Alpen oder jenseitiges G.) bezeichnet; entsprach im wesentlichen dem Gebiet des heutigen Frankreich sowie Belgiens und wurde in die **Belgica** (zw. Atlant. Ozean, Ardennen und Seine), **Celtica** (zw. Seine, Rhone, Cevennen und Garonne) und **Aquitania** (zw. Garonne, Pyrenäen und Atlant. Ozean) gegliedert. Diese 3 Landesteile nannte man auch **Gallia comata.** Südlich der Alpen **Gallia cisalpina** oder **Gallia citerior** (G. diesseits der Alpen oder diesseitiges G.) gen. und durch den Po (Padus) in die **Gallia cispadana** (zw. Appenin und Po) und **Gallia transpadana** (zw. Po und Alpen) unterteilt. 225–191 unterwarfen die Römer Gallia cisalpina; die kelt. Bev. südlich des Po erhielt 89 v. Chr., die nördlich des Po 49 v. Chr. das röm. Bürgerrecht. Die Eroberung des südl. Teils der Gallia transalpina und die Einrichtung der Prov. **Gallia Narbonensis** (ben. nach Narbo = Narbonne) erfolgte 125–118. Von hier aus eroberte Cäsar 58–51 die Gallia comata. Zw. 27 und etwa 16 v. Chr. kam es zu einer Neuordnung der gall. Prov.: **Belgica** (Hauptort Augusta Treverorum = Trier), **Lugdunensis** (Hauptort Lugdunum = Lyon) und **Aquitania** (Hauptort seit dem 2. Jh. Burdigala = Bordeaux). G. öffnete sich rasch der Romanisierung, so daß die Bewohner ab 69 mit dem röm. Bürgerrecht ausgestattet wurden. Die Germaneneinfälle 167/170 und v. a. im 3. Jh., als Alemannen und Franken die Rheingrenze überschritten, führten, um G. zu sichern, zur Bildung des gall. Sonderreiches 259/260 bis 273. Seit Mitte des 2. Jh. breitete sich das Christentum aus. Im 4. Jh. Eindringen der Franken in die Belgica, 406/407 Invasion der Alanen, Vandalen und Quaden, 418 Entstehung des westgot. Kgr. in Süd-G. um Tolosa, 443 des Burgunderreiches an der Rhone. Um 500 wurde fast ganz G. dem Fränk. Reich einverleibt, die Restgebiete im S kamen später hinzu.

Gallienus, Publius Licinius Egnatius, * Mediolanum (= Mailand) 218, † vor Mediolanum 268, röm. Kaiser (Alleinherrscher seit 259). – Als Sohn Valerians 253 Mit-, seit dessen Gefangennahme 259 Alleinregent; führte fast ständig Krieg an Rhein- und Donaufront. Die militär. Aufgaben zwangen zur Schaffung einer bewegl. Armee, wohl auch zur Toleranz gegenüber den Christen (Aufhebung der Edikte Valerians um 260).

Gallier (lat. Galli) ↑Kelten.

Gallier mit seinem Weib, berühmte antike Statuengruppe, von der eine Kopie in Rom (Thermenmuseum) erhalten ist; Teil des großen ↑Attalischen Weihgeschenks.

gallikanischer Gesang [mittellat./dt.], die Gesamtheit der Gesänge der gallikan. Liturgie; sie bildeten sich im 4.–7. Jh. heraus und wurden von Pippin III. und Karl dem Großen zugunsten des Gregorianischen Gesangs verboten. Die nur vereinzelt überlieferten Melodien lassen Ähnlichkeiten zum Ambrosian. und mozarab. Gesang erkennen.

Gallikanismus [mittellat.], 1. kirchenrechtl. Lehrsystem mit nationalkirchl., konziliarist. Einflüssen, das sich in Frankreich (Ecclesia Gallicana „gallikan. Kirche") seit dem

Gallertpilze. Links: Rotbrauner Gallertpilz. Rechts: Goldgelber Zitterling

Spät-MA auswirkte; 2. staatsrechtl. Lehrsystem, das dem Staat größte Rechte bei kirchl. Angelegenheiten einräumte und ein staatl. Plazet für kirchl. Erlasse verteidigte. – In der ↑ Pragmatischen Sanktion von Bourges (1438) wurde der G. zum Staatsgesetz erhoben. Seinen Höhepunkt erreichte er 1682 in der Erklärung der **gallikanischen Freiheiten,** formuliert in den sog. vier **gallikanischen Artikeln,** die bis zur Frz. Revolution in Geltung blieben: a) die kirchl. Gewalt erstreckt sich nur auf den geistl. Bereich; b) die Dekrete des Konstanzer Konzils über die Oberhoheit des Konzils sind verbindlich; c) die Gewohnheiten des frz. Königreiches und der gallikan. Kirche müssen in Kraft bleiben; d) die Entscheidungen des Papstes bedürfen der Zustimmung der Gesamtkirche.

Gallimard, Éditions [frz. edisjõgali'ma:r] ↑ Verlage (Übersicht).

Gallina, Giacinto, *Venedig 31. Juli 1852, †ebd. 13. Febr. 1897, italien. Dramatiker. – Schrieb zahlr. venezian. Dialektlustspiele, u. a. „La famegia del santolo" (1892).

Gallinas, Punta [span. 'punta ya'jinas], Kap in Kolumbien, am Karib. Meer, nördlichster Punkt des südamerikan. Festlandes.

Gallipoli, italien. Hafenstadt in Apulien, am Golf von Tarent, 20 000 E. Bischofssitz; Museum; Eisengießereien. – G., das griech. **Kallipolis,** wurde 266 v. Chr. röm., im 11. Jh. normann. und gehörte zum Fürstentum Tarent; fiel in der 2. Hälfte des 15. Jh. an Ferdinand von Aragonien. – Dom (630 ff.) mit barocker Fassade (1696), Kastell (13. und 15. Jh.).

G. ↑ Gelibolu (Türkei).

Gallisch, dem Festlandkeltischen gehörende Sprache (↑ keltische Sprachen), im 5. Jh. n. Chr. ausgestorben; nur mangelhaft bekannt.

gallischer Hahn, nat. Tiersymbol der Franzosen (wegen der Doppelbed. des lat. Wortes „gallus": „Gallier" und „Hahn").

Gallischer Krieg (lat. Bellum Gallicum), die Unterwerfung der Gallier durch Cäsar 58–51, in den 7 Büchern der „Commentarii de bello Gallico" von Cäsar dargestellt (von A. Hirtius ein 8. Buch hinzugefügt).

Gallitzin, Amalia Fürstin von, *Berlin 28. Aug. 1748, †Münster (Westf.) 27. April 1806, dt. Adlige. – Gattin des russ. Fürsten D. A. Golizyn, von dem sie sich 1774 trennte; freundschaftl. Beziehungen zu dem niederl. Philosophen F. Hemsterhuis, seit 1779 in Münster (Westf.) zu Franz von Fürstenberg; Mittelpunkt des sog. „Kreises von Münster", eines stark pädagog. und betont kath. Zirkels; Verbindung u. a. zu J. G. Jacobi, F. L. Graf zu Stolberg-Stolberg, M. Claudius.

Gallium [zu lat. Gallia „Gallien"], chem. Symbol Ga, ein Metall aus der III. Hauptgruppe des Periodensystems der chem. Elemente, Ordnungszahl 31, relative Atommasse 69,72, Schmelzpunkt 29,78 °C, Siedepunkt 2 403 °C, Dichte 5,904 g/cm³. Das silberweiße Metall tritt in seinen Verbindungen meist dreiwertig auf. Chemisch verhalten sich die G.verbindungen sehr ähnlich wie die des Aluminiums. G. ist in Gesteinen und Erzen weit verbreitet; es wird durch Elektrolyse gewonnen. Die Verbindungshalbleiter **Galliumarsenid** (GaAs) und **Galliumphosphid** (GaP) spielen eine große Rolle für die Herstellung elektron. und optoelektron. Bauelemente.

Gällivare [schwed. 'jɛliva:rə], schwed. Großgemeinde in Lappland, 15 996 km², 25 000 E. Bildet mit ↑ Kiruna das erzreichste Gebiet Schwedens. Die wichtigsten Vorkommen von G. liegen bei Malmberget.

Gallizismus [lat.-frz.], eine für das Französische charakterist. sprachl. Erscheinung in einer nichtfrz. Sprache.

Gallmilben (Tetrapodili), Unterordnung 0,08–0,27 mm langer Milben, Pflanzenparasiten, die mit ihren stilettartigen Kieferfühlern Zellen des Wirtsgewebes aussaugen und durch Abgabe von Enzymen ↑ Gallen (v. a. an Blättern) hervorrufen.

Gallmücken (Itonididae), mit etwa 4 000 Arten weltweit verbreitete Fam. der Zweiflügler; meist 4–5 mm große, unscheinbare Mücken mit breiten, behaarten Flügeln, langen Fühlern und Beinen; nicht stechend; Larven erzeugen oft ↑ Gallen.

Gallon [engl. 'gælən] (Gallone), Einheitszeichen gal (bzw. US gal), in Großbritannien und in den USA verwendete Volumeneinheit. Das v. a. in Großbritannien und in Australien benutzte **Imperial gallon** beträgt 4,546 Liter. Daneben wird (USA, Kanada) das [alte] **Winchester gallon** (= 3,785 Liter) verwendet.

gallophil [lat./griech.], svw. ↑ frankophil.

gallophob [lat./griech.], svw. ↑ frankophob.

Galloromanisch, Bez. für die im ehemaligen röm. Gallien aus dem dortigen Vulgärlatein hervorgegangenen roman. Sprachen Frz., Provenzalisch und Frankoprovenzalisch (die Mundarten der frz. Schweiz, Savoyens und des Aostatals).

Gallup-Institut [engl. 'gæləp], das von George Horace Gallup (*1901, †1984) 1935 gegr. „American Institute of Public Opinion" (AIPO) zur Erforschung der öff. Meinung und der Wirkung von Massenmedien; veranstaltet wöchentlich Befragungen über polit., soziale und wirtsch. Angelegenheiten von öff. Interesse; hat die Umfrageforschung als Informationsmedium der Politik aktiviert und theoretisch ausgebaut.

Gallus, hl., *in Irland um 555, †Arbon um 645 (16. Okt. 650 ?), ir. Missionar. – Schüler Columbans des Jüngeren; lebte in der sog. G.zelle, die zum Kristallisationspunkt des späteren, von Otmar gegr. Klosters Sankt Gallen wurde. – Fest: 16. Oktober.

Gallus, Flavius Claudius Constantius, *in Etrurien 325, † bei Pola (= Pula, Istrien) 354, röm. Caesar. – Neffe Konstantins I., d. Gr.; 351 zum Caesar für den O ernannt; seine grausame Herrschaft führte zu seiner Rückberufung unter einem Vorwand und Hinrichtung noch unterwegs.

G., Gajus Vibius Trebonianus, röm. Kaiser, ↑ Trebonianus Gallus, Gajus Vibius.

G., Jacobus, eigtl. Handl, slowen. Petelin, *Ribnica (Slowenien) 3. Juli 1550, †Prag 18. Juli 1591, slowen. Komponist. – 1579–85 Kapellmeister in Olmütz, seit 1585 Regens chori an Sankt Johann in Prag, Vertreter der Gegenreformation; verband Elemente des polyphonen Satzes mit denen des venezian. Stils; u. a. Messen und Motetten.

G., Udalricus, dt. Buchdrucker, ↑ Han, Ulrich.

Gallusgerbsäure [lat./dt.], svw. ↑ Tannin.

Gallussäure [lat./dt.] (3,4,5-Trihydroxybenzoesäure), eine weitverbreitete aromat. Pflanzensäure (u. a. in Eichenrinde, Galläpfeln, Tee). Bei Zusatz von Eisen(II)-salzen bilden sich blauschwarze Niederschläge, die als Eisengallustinte verwendet werden. Verschiedene G.derivate werden als Farbstoffe verwendet. Chem. Strukturformel:

$$\text{HO}-\underset{\text{OH}}{\underset{|}{\bigcirc}}-\text{OH} \quad \text{COOH}$$

Gallwespen [lat./dt.] (Cynipoidea), mit etwa 1 600 Arten v. a. auf der Nordhalbkugel verbreitete Überfam. der Hautflügler (Unterordnung Taillenwespen); 1–5 mm lange, häufig schwarz und/oder braun gefärbte Insekten. Die meisten Arten der G. parasitieren in Pflanzen; bes. häufig sind die **Gemeine Eichengallwespe** (Diplolepis quer-

cusfolii) und die rötlichgelbe **Eichenschwammgallwespe** (Biorrhiza pallida), die hauptsächlich Eichenblätter befallen. Die knapp 3 mm lange, schwarze, rotbeinige **Himbeergallwespe** (Brombeer-G., Diastrophus rubi) verursacht an Himbeer- und Brombeerruten Zweiganschwellungen.

Amalia Fürstin von Gallitzin

Gallmilben. Johannisbeergallmilbe

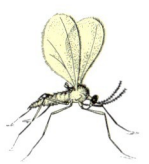

Gallmücken. Weizengallmücke

Gallwespen. Links: Weibchen der Gemeinen Eichengallwespe. Rechts: aufgeschnittener Gallapfel mit Larve

Galmei

Galmeipflanzen.
Galmeistiefmütterchen

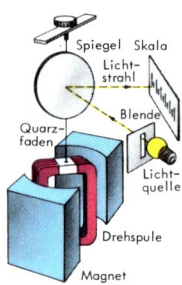

Galvanometer.
Spiegelgalvanometer

Luigi Galvani

Galmei [griech.-lat.-mittellat.-frz.], Sammelbez. für carbonat. und silicat. Zinkerze, v. a. Zinkspat, Zinkblüte, Hemimorphit, Willemit ($Zn_2[SiO_4]$).

Galmeipflanzen, Pflanzen, die auf stark zinkhaltigen, mit Galmei angereicherten Böden wachsen. Bekannt ist das gelb oder bunt blühende **Galmeistiefmütterchen** (**Galmeiveilchen,** Viola calaminaria). Die Asche der G. kann bis über 20 % Zink enthalten.

Galois, Évariste [frz. ga'lwa], * Bourg-la-Reine 25. Okt. 1811, † (nach einem Duell) Paris 31. Mai 1832, frz. Mathematiker. – Schrieb 1832 die Konzeption einer allg. Auflösungstheorie algebraischer Gleichungen auf gruppentheoret. Grundlage (*G.-Theorie*).

Galon [ga'lõ:; frz.], Tresse, Borte, Litze.

Galopp [german.-frz.-italien.] ↑ Fortbewegung.
▷ um 1825 aufgekommener schneller Rundtanz im $^2/_4$-Takt, bis Ende des 19. Jh. beliebt.

galoppierende Schwindsucht, volkstümliche Bez. für eine schnell tödlich verlaufende Form der Lungentuberkulose.

Galopprennen ↑ Reitsport.

Galosche [frz., zu lat. solea gallica „gallische Sandale"], schützender Überschuh.

Galswinda, † 567, fränk. Königin. – Tochter des Westgotenkönigs Athanagild und Schwester Brunhildes, heiratete 567 Chilperich I., der sie wegen der Nebenfrau Fredegunde verstieß und ermorden ließ.

Galsworthy, John [engl. 'gɔ:lzwə:ði], * Coombe (= London) 14. Aug. 1867, † London 31. Jan. 1933, engl. Schriftsteller. – Mitbegr. und bis zu seinem Tode Präs. des PEN-Clubs. G. wurde bekannt durch den sozialkrit. Roman „Auf Englands Pharisäerinsel" (1904). Hauptwerk ist das breit angelegte, gesellschaftskrit. Zeitgemälde der ausgehenden Viktorian. Epoche, „Die Forsyte Saga" (Romanzyklus, 5 Teile, 1906–21) mit den Fortsetzungen „Moderne Komödie" (Romanzyklus, 5 Teile, 1924–28) und „Das Ende vom Lied" (Romanzyklus, 3 Teile, 1931–33). Hervorragende Beispiele feinfühliger Erzähl- und subtiler psycholog. Charakterisierungskunst sind seine Novellen. Nobelpreis 1932. – *Weitere Werke:* Das Herrenhaus (R., 1907), Die dunkle Blume (R., 1913), Viktorian. Miniaturen (hg. 1935).

Galt, svw. ↑ gelber Galt.

Galton, Sir (seit 1909) Francis [engl. gɔ:ltn], * Birmingham 16. Febr. 1822, † London 17. Jan. 1911, brit. Naturforscher und Schriftsteller. – Arzt und Anthropologe in London. Durch das Werk „Hereditary genius, its laws and consequences" (1869) wurde G. zum Mitbegründer der ↑ Eugenik (G. prägte diesen Begriff); außerdem begr. er die Zwillingsforschung und stellte eine Reihe von Erbgesetzen auf. Die **Galton-Regel** (G.sche Kurve) zeigt, daß bestimmte erbl. Eigenschaften stets um einen Mittelwert schwanken. Er erkannte die Individualität des Hautreliefs und regte den Gebrauch der ↑ Daktyloskopie im polizeil. Erkennungsdienst an.

Galton-Pfeife [engl. gɔ:ltn; nach Sir F. Galton], eine Lippenpfeife zur Erzeugung von sehr hohen Tönen bzw. von Ultraschall bis zu einer Frequenz von etwa 100 kHz.

Galuppi, Baldassare, gen. il Buranello, * auf Burano 18. Okt. 1706, † Venedig 3. Jan. 1785, italien. Komponist. – Seit 1748 Kapellmeister an San Marco in Venedig, 1765–68 Hofkapellmeister in Petersburg; einer der wichtigsten Vertreter der Opera buffa (etwa 100 Werke, 1749–66 mit Goldoni als Librettist), daneben Oratorien und Kirchenmusik.

Galuth [hebr. „Verbannung"], das Leben des jüd. Volkes außerhalb Israels, als es keinen jüd. Staat gab (70–1948). – Die G. wird meist als Strafe mit der Möglichkeit zur Buße angesehen, die mit dem Erscheinen des Messias endet. Daraus erklären sich die immer wieder auftretenden messian. Bewegungen mit dem Ziel der Heimkehr. Das 19. und beginnende 20. Jh. stellen die G. nicht mehr in Frage, sondern begründen sie unter Aufnahme des ma. Vorbildmotivs mit der Sendung, an der Erlösung der Welt mitzuwirken, mit der die G. endet.

Galvani, Luigi, * Bologna 9. Sept. 1737, † ebd. 4. Dez. 1798, italien. Arzt und Naturforscher. – Prof. für Anatomie und Gynäkologie in Bologna; entdeckte 1780 die Kontraktion präparierter Froschmuskeln beim Überschlag elektr. Funken. 1786 zeigte er, daß diese Reaktion auch dann eintritt, wenn der Muskel lediglich mit zwei verschiedenen miteinander verbundenen Metallen in Kontakt gebracht wird (*Froschschenkelversuch*). Diese Erscheinung, die früher als Galvanismus bezeichnet wurde, führte zur Entdeckung der ↑ elektrochemischen Elemente.

galvanisch [nach L. Galvani], auf elektrochem. Stromerzeugung beruhend; Gleichstrom betreffend; **galvanischer Strom,** svw. elektr. Strom (Gleichstrom).
▷ unmittelbar elektrisch leitend verbunden, z. B. *g. Kopplung, g. Verbindung* (im Ggs. zur kapazitiven oder induktiven Kopplung).

galvanisches Bad, eine Elektrolytlösung von Metallsalzen und Zusatzmitteln zur Abscheidung metall. Überzüge.

galvanisches Element ↑ elektrochemische Elemente.

galvanisieren [nach L. Galvani], Metalle oder oberflächig leitend gemachte Nichtmetalle durch elektrolyt. Abscheidung mit Metall überziehen. – ↑ Galvanoplastik.

Galvanokaustik, die Anwendung von Gleichstrom zu operativen Eingriffen in der Elektrochirurgie. Während der Schnittführung mit der glühenden aktiven Elektrode (**Galvanokauter**) werden kleinere Blutgefäße koaguliert und dadurch Blutungen vermieden.

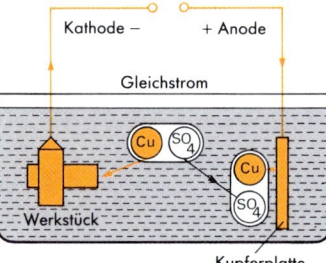

Galvanostegie. Schematische Darstellung der Vorgänge beim galvanischen Verkupfern

galvanomagnetische Effekte, Sammelbez. für eine Reihe von physikal. Erscheinungen, die bei Einwirkung eines homogenen Magnetfeldes auf einen stromdurchflossenen elektr. Leiter auftreten, z. B. ↑ Thomson-Effekt und ↑ Hall-Effekt.

galvanomagnetische Elemente, Halbleiterbauelemente, deren Wirkungsweise auf einem galvanomagnet. Effekt beruht, z. B. beim Hall-Generator auf dem ↑ Hall-Effekt. G. E. werden u. a. als kontaktlose Signalgeber und Potentiometer verwendet.

Galvanometer, empfindl. Instrument zur Messung und zum Nachweis schwacher elektr. Ströme und Spannungen, bei dem die Kraftwirkung zw. einem Magneten und einem vom zu messenden Strom durchflossenen Leiter zur Anzeige ausgenutzt wird. Das am häufigsten benutzte **Drehspulgalvanometer** (*Spulen-G.*) hat eine drehbare, vom zu messenden Strom durchflossene Spule zw. den Polen eines Permanentmagneten. Je nach Art der Ablesung wird beim Drehspul-G. zw. einem Zeiger-, Spiegel- (Lichtzeiger-) oder Lichtmarken-G. unterschieden. Das **Zeigergalvanometer** besitzt ein Drehspulmeßwerk, bei dem ein mechan. Zeiger die Torsion der Spule auf einer Skala sichtbar macht. Im **Spiegelgalvanometer** ist an der Spule oder am Spanndraht der Spule ein sehr leichter Spiegel befestigt, der eine von einer Lampe erzeugte Strichmarke auf eine in bestimmter Entfernung vom G. stehende Skala reflektiert. Bei Verwendung langer Lichtzeiger können kleinste Drehungen der Spule sichtbar gemacht und damit geringste Ströme oder Spannungen gemessen werden. Als **Lichtmarkengalvanometer** werden Spiegel-G. bezeichnet, bei denen Lichtquelle und Lichtweg mit mehreren Umlenkspiegeln im G.gehäuse untergebracht sind und eine Licht-

Gambia

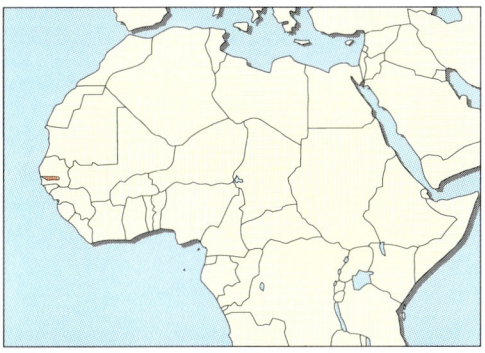

Gambia
Fläche: 11 295 km²
Bevölkerung: 820 000 E (1990), 79,3 E/km²
Hauptstadt: Banjul
Amtssprache: Englisch
Nationalfeiertag: 18. Febr. (Unabhängigkeitstag)
Währung: 1 Dalasi (D) = 100 Bututs (b)
Zeitzone: MEZ −1 Stunde

marke auf der eingebauten Skala zur Ablesung erscheinen. Das **ballistische Galvanometer** *(Stoß-G.)* ist ein Drehspul-G. mit stark vergrößertem Trägheitsmoment, d. h. längerer Schwingungsdauer.
Galvanoplastik, elektrochem. Verfahren zur Abscheidung dicker Metallüberzüge, die den Charakter eines massiven Metalls haben und mehr oder weniger selbsttragend sind. Heute werden v. a. mechanisch schwer zu fertigende Teile sowie Formen z. B. für die Kunststoffverarbeitung und für die Elektronik galvanoplastisch hergestellt.
Galvanostegie [nach L. Galvani/ griech.], die Herstellung von Überzügen auf Metallen durch elektrolyt. Metallabscheidung zur Erhöhung der Verschleißfestigkeit und als Korrosionsschutz. – ↑ Galvanoplastik.
Galvanotechnik, Sammelbez. für verschiedene Verfahren der elektrolyt. oder elektrochem. Oberflächenbehandlung von Metallen (↑ Galvanostegie) und der Herstellung metall. Kopien eines Gegenstandes (↑ Galvanoplastik).
Galveston [engl. 'gælvɪstən], Hafenstadt in SO-Texas, auf G. Island, 62 000 E. Kath. Bischofssitz; medizin. Abteilung der University of Texas; Bibliotheken; Export- und Fischereihafen; Erdölraffinerien, chem. Ind., ✈. – 1836 angelegt; im Sezessionskrieg bedeutendster Hafen der Südstaaten.
Galvin, John Rogers [engl. 'gælvɪn], * Melrose (Mass.) 13. Mai 1929, amerikan. General. – 1985–87 Oberkommandierender der amerikan. Truppen in Mittelamerika, 1987–92 Oberbefehlshaber der NATO-Streitkräfte in Europa und zugleich der dort stationierten amerikan. Truppen.
Galway [engl. 'gɔːlweɪ], ir. Hafenstadt im Innern der **Galway Bay,** einer Bucht des Atlantiks, 47 000 E. Verwaltungssitz der Gft. G., kath. Bischofssitz; University College (gegr. 1845); Markt- und Ind.zentrum, Seebad. – 1124 erstmals gen., seit dem 14. Jh. Stadt. – Pfarrkirche Saint Nicholas (1320), Franziskanerkirche und Gerichtshof.
G., Gft. in W-Irland.
Gama, Dom (1499), Vasco da, Graf von Vidigueira (1504), * Sines 1468 oder 1469, † Cochin (Vorderindien) 24. Dez. 1524, portugies. Seefahrer. – Von König Emanuel I. mit 4 Schiffen 1497 ausgesandt, um Indien auf dem Seeweg zu erreichen; umsegelte das Kap der Guten Hoffnung und gelangte über Malindi in O-Afrika nach Calicut in Vorderindien (1498); erreichte Lissabon wieder 1499; 2. Fahrt mit 20 Schiffen nach Indien (1502–04); schuf die Grundlagen der portugies. Hegemonie im Ind. Ozean; als Vizekönig 1524 nach Indien zurückgesandt. – Abb. S. 484.
Gamaliel […i-el] (G. d. Ä., G. der Alte), Führer des pharisäischen Judentums in der 1. Hälfte des 1. Jh. n. Chr. – Enkel des ↑ Hillel; Vorsitzender des Synedriums, nach Apg. 22,3 Lehrer des Apostels Paulus.
G. II., gen. G. von Jabne, † vor 116 n. Chr., Tannait und Vorsitzender des Synedriums in Jabne (Jamnia). – Unter ihm wurde durch die Aufnahme der Bücher „Hohelied" und „Prediger" der bibl. Kanon des A. T. festgelegt; das ↑ Schemone Esre erhielt seine abschließende Form.

Gamander [griech.-mittellat.] (Teucrium), Gatt. der Lippenblütler mit mehr als 100 Arten in den gemäßigten und wärmeren Zonen; Kräuter, Halbsträucher oder Sträucher mit ährigen, traubigen oder kopfigen Blütenständen; bekannt ist der karminrote **Echte Gamander** (Teucrium chamaedrys).
Gamaschen [frz. zu arab.-span. guadamecí „Leder aus Ghadames" (↑ Ghudamis)], sohlenlose, seitlich knöpfbare Überstrümpfe mit Steg; aus Wolle, Leinen oder Leder; kamen im 18. Jh. als hohe G. der Infanteristen auf, knie- oder knöchelhoch in der Herren- und Damenmode im 19. und 20. Jahrhundert.
Gambe [italien.] ↑ Viola da gamba.
Gambeson [frz. gãbəˈzõ] (Gambison, Gambisson), meist wattiertes Untergewand unter dem Kettenhemd der ma. Rüstung.
Gambetta, Léon [frz. gãbɛˈta], * Cahors 3. April 1838, † Ville-d'Avray bei Paris 31. Dez. 1882, frz. Politiker. – Republikaner, entschiedener Gegner Napoleons III., formulierte 1869 die polit. Zielsetzung der Radikalsozialisten; scheiterte im Dt.-Frz. Krieg 1870/1871 mit dem Versuch, in der Prov. militär. Widerstand zu organisieren und das belagerte Paris zu befreien, an der militär. Überlegenheit der preuß. Truppen sowie an der Kriegsmüdigkeit der Bev.; trat 1871 als Innenmin. der „Regierung der nat. Verteidigung" zurück; stimmte 1875 mit seinen Anhängern für die Verabschiedung der Verfassungsgesetze und rettete somit die Republik vor einer drohenden royalist. Restauration; 1879–81 Präs. der Deputiertenkammer; Nov. 1881/Jan. 1882 Min.präsident. – Abb. S. 484.
Gambia (amtl. Vollform: Republic of The G.), Republik in Westafrika, am Atlantik, zw. 13° und 14° n. Br. sowie 14° bis 17° w. L. **Staatsgebiet:** Bis auf die Küste (Küstenlinie 50 km) ist G. vom Staatsgebiet Senegals umgeben. **Verwaltungsgliederung:** 6 Bezirke und das Gebiet der Hauptstadt. **Internat. Mitgliedschaften:** UN, OAU, ECOWAS, GATT, Commonwealth, der EWG assoziiert.
Landesnatur: G., der kleinste Staat des afrikan. Festlands, umfaßt einen Tieflandstreifen von 10–30 km beiderseits des Gambia, der sich 375 km weit ins Landesinnere erstreckt.
Klima: Es ist randtropisch, mit einer Sommerregenzeit.
Vegetation: Weitgehend Savannen; im Ästuar des Gambia Mangroven, die landeinwärts von überschwemmten Grasfluren mit Raphiapalmen abgelöst werden.
Bevölkerung: Sie besteht überwiegend aus Stämmen der Sudaniden (41 % Malinke [Mandingo], 19 % Fulbe, 15 % Wolof u. a.). Etwa 90 % sind Muslime, 8 % Anhänger traditioneller Religionen, 2 % Christen. Neben Grund- (sechsjährig; keine Schulpflicht) und höheren Schulen gibt es 20 berufsbildende Schulen und lehrerbildende Anstalten.
Wirtschaft: Dominierend ist die Landw. in kleinbäuerl. Betrieben. Wichtigstes Anbauprodukt sind Erdnüsse, die z. T. in den Ölmühlen des Landes verarbeitet werden. Für die Selbstversorgung werden Hirse, Reis und Maniok angebaut. Stark ausgebaut wurde der Fremdenverkehr.

Gambia

Staatswappen

Internationales Kfz-Kennzeichen

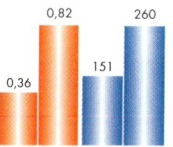

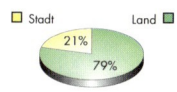

Bevölkerungsverteilung 1988

Bruttoinlandsprodukt 1989

Gambia

Vasco da Gama

Léon Gambetta

Gambrinus.
Gambrinusfigur, Holz,
16. Jh. (München,
Deutsches
Brauerei-Museum)

Außenhandel: Die wichtigsten Handelspartner sind die EG-Staaten (bes. Großbritannien), die USA, die VR China und Ghana. Erdnüsse und Erdnußprodukte sind mit etwa 80 % an der Ausfuhr beteiligt. Eingeführt werden Lebensmittel, Textilien und Schuhe, Maschinen und Transportmittel sowie Brennstoffe.
Verkehr: Das Straßennetz ist 2 990 km lang (1 720 km ganzjährig befahrbar). Der Fluß G. ist die Hauptverkehrsader des Landes. Hochseehafen ist Banjul. Internat. ✈ Yundum bei Banjul.
Geschichte: Das Gebiet um den Gambia gehörte wahrscheinlich im 10./11. Jh. zum Reich Gana, vom 13.–15. Jh. zum Reich Mali. Nach Ausschaltung der Portugiesen, die seit Ende des 15. Jh. am unteren Gambia Handelskontore hatten, kämpften Spanier und Holländer, vom 17.–19. Jh. Briten und Franzosen um die Beherrschung der Mündung. 1816 gründeten die Briten den Stützpunkt Bathurst (= Banjul). 1843 Kronkolonie, 1888 Protektorat; bis 1951 von den Häuptlingen verwaltet. Am 18. Febr. 1965 wurde G. unabhängig, am 24. April 1970 Republik. Staatspräs. ist seit 1970 Sir Dawda Kairaba Jawara. 1980/81 kam es wiederholt zu Putschversuchen. Febr. 1982–Sept. 1989 Föderation mit Senegal *(Senegambia).*
Politisches System: Nach der Verfassung von 1970 ist G. eine präsidiale Republik. *Staatsoberhaupt* ist seit 1982 der in allg. Wahlen für 5 Jahre gewählte Staatspräsident. Mit dem von ihm ernannten Vizepräs., der die Reg. vor dem Parlament vertritt, und den übrigen Ressortmin. ist er Träger der *Exekutive.* Die *Legislative* liegt beim Parlament, dem Repräsentantenhaus (36 vom Volk auf 4 Jahre gewählte Abg.; 5 Stammeshäuptlinge, 8 ernannte Mgl. und der Generalstaatsanwalt). Von den polit. *Parteien* sind im Parlament die People's Progressive Party (PPP, Regierungspartei) und die oppositionelle National Convention Party (NCB) vertreten. Linksextreme Parteien wurden im Nov. 1980 verboten. Verwaltungsmäßig besteht G. aus 6 Bezirken mit Selbstverwaltungsorganen sowie dem Gebiet der Hauptstadt. Den Bezirken sind 35 von Häuptlingen geleitete Distrikte nachgeordnet. Das *Recht* basiert z. T. auf engl., z. T. auf islam. Recht, z. T. auf traditionellem Stammesrecht. Das *Gerichtswesen* ist gegliedert in Magistratsgerichte, den Apellationsgerichtshof und den obersten Gerichtshof.

Gambia, Zufluß zum Atlantik, einer der wenigen natürl. Zugänge ins Innere von W-Afrika, entspringt in Guinea, mündet mit einem bis 13 km breiten Ästuar bei Banjul, Gambia; rd. 1 100 km lang. Im Unterlauf für kleinere Seeschiffe befahrbar.

Gambier, Îles [frz. ilgã'bje], Inselgruppe im zentralen Pazifik, Hauptort Rikitea auf **Mangareva** (6,5 km lang, bis 1,5 km breit), einer der vier von Polynesiern bewohnten Hauptinseln der Î. G. – 1797 entdeckt, 1844 frz. Protektorat; seit 1881 gehören die Î. G. zu Frankreich.

Gambir (Gambirkatechu) [malai.], gelbroter, gerbstoffreicher Extrakt aus den Blättern und jungen Trieben des hinterind. Rötegewächses Uncaria gambir; wird zur Bereitung des ↑Betelbissens verwendet.

Gammaeule

Gambit [zu italien.-span. gambito, eigtl. „das Beinstellen"], im Schachspiel Eröffnung einer Partie mit Bauernopfer zur schnelleren Entwicklung der eigenen Figuren.

Gambrinus, angebl. Erfinder des Bieres und Schutzherr der Bierbrauer und -trinker. Nach J. Annius (1498) einer der (von ihm konstruierten) zehn ersten Herrscher der german. Frühzeit; 1543 wurde ihm erstmals die Erfindung des Bierbrauens zugeschrieben (wohl irrtümlich anstelle seines angebl. Vaters Marsus).

Gambusen (Gambusia) [span.], Gatt. der Lebendgebärenden Zahnkarpfen mit 12 etwa 2,5–9 cm langen Arten im östl. N-Amerika, in M-Amerika und auf einigen Westind. Inseln; Körper meist unscheinbar gefärbt, ♂♂ wesentlich kleiner als ♀♀; z. T. Warmwasseraquarienfische.

Gamelan [javan.], das vorwiegend aus Idiophonen gebildete musikal. Ensemble javan. Ursprungs, das im 14. Jh. auch nach Bali gelangte. Es gibt heute G.orchester verschiedenster Besetzungen. Die Instrumente gliedern sich in 3 Gruppen, solche, die die Kernmelodie („balungan") vortragen, solche, denen die Verzierung („panerusan") zugeordnet ist und solche, die die Stücke in Abschnitte gliedern. Das volle javan. Orchester besteht aus hängenden Gongs („gong" oder „kempul"), waagrecht aufgereihten Gongs („kenong", „ketuk", „kempjang"), horizontal angeordneten Gongspielen („bonang"), Metallophonen („saron", „slentem", „gender"), aus Xylophon („gambang"), Flöte („suling"), Laute („rebab"), Zither („tjelempung", „siter"), Handtrommeln, Chor und Einzelsängern. G.musik erklingt zu Tempelfesten, begleitet rituelle und dramat. Tänze, Schatten- und Maskenspiele.

Gamelin, Maurice Gustave [frz. gam'lɛ̃], *Paris 20. Sept. 1872, †ebd. 14. April 1958, frz. General. – Als enger Mitarbeiter J. Joffres 1914 beteiligt an der strateg. Planung der Marneschlacht; seit 1931 Chef des Generalstabs der Armee; als Oberbefehlshaber der frz. und brit. Truppen (seit Sept. 1939) mitverantwortlich für die militär. Niederlage Frankreichs im 2. Weltkrieg, 1940 verhaftet und vor Gericht gestellt; 1943 an Deutschland ausgeliefert.

Gameten [griech.], svw. ↑Geschlechtszellen.
Gametogamie [griech.] ↑Befruchtung.
Gametogenese [griech.], Prozeß der Geschlechtszellenbildung.
Gametopathie [griech.] ↑Mißbildung.
Gametophyt [griech.] (Gamont), die geschlechtl., haploide Generation im Fortpflanzungszyklus der Pflanzen. G. gehen aus Sporen der ungeschlechtl. Generation hervor und bilden ihrerseits geschlechtl. Fortpflanzungszellen. G. finden sich (Bakterien und Blaualgen ausgenommen) bei allen Pflanzengruppen.

Gamillscheg, Ernst, *Neuhaus (Österreich) 28. Okt. 1887, †Göttingen 18. März 1971, dt. Romanist. – Prof. in Innsbruck, Berlin und Tübingen; Erforschung des Rumänischen und der rätoroman. Dialekte; Arbeiten zu Etymologie, Syntax und Wortbildung. – *Werke:* Etymolog. Wörterbuch der frz. Sprache (1926–29), Romania germanica (1934–36).

Gamlebyen ↑Frederikstad.

Gamma, dritter Buchstabe des griech. Alphabets: *Γ, γ.*
▷ in der *Chemie* ↑Nomenklatur.

Gamelan. Gamelanorchester auf einem Tempelvorplatz auf Bali

Gammaastronomie (Gammastrahlenastronomie) ↑Röntgenastronomie.

Gammaenzephalographie, svw. ↑Hirnszintigraphie.

Gammaeule (Autographa gamma), bis 4 cm spannender Eulenfalter in Eurasien; mit je einem silberweißen Gammazeichen auf den bräunlichgrauen Vorderflügeln.

Gammafunktion (Eulersche Gammafunktion), von L. Euler eingeführte Funktion zur Interpolation der ↑Fakultät. Die Integraldarstellung der G. lautet

$$\Gamma(z) = \int_0^\infty e^{-t} t^{z-1} dt, \quad Re(z) > 0.$$

Für natürl. Zahlen n gilt: $\Gamma(n) = (n-1)!$

Gammaglobuline (γ-Globuline), zur Vorbeugung und Behandlung bei verschiedenen Krankheiten verwendete Eiweißstoffe (↑Immunglobuline) des Blutplasmas.

Gammakamera, svw. ↑Szintillationskamera.

Gammaquanten ↑Gammastrahlen.

Gammaspektrometer, Gerät zur Aufnahme eines **Gammaspektrums,** d.h. zur Bestimmung der relativen Häufigkeit von Gammaquanten in Abhängigkeit von ihrer Energie (bzw. Frequenz). Langwellige Gammastrahlen werden durch Beugung an [Kristall]gittern untersucht, kurzwellige (energiereichere) mit Hilfe von ihnen erzeugter Reaktionen.

Gammastrahlen (γ-Strahlen), i.e.S. die von angeregten Atomkernen bei Gammaübergängen ausgesandte äußerst kurzwellige elektromagnet. Strahlung (Wellenlängen zw. 10^{-8} und 10^{-12} cm) deren Photonen, die sog. **Gammaquanten,** eine hohe Energie besitzen. Sie treten v.a. bei der natürl. und künstl. Radioaktivität auf. Beim radioaktiven Zerfall bilden die G. neben den Alpha- und Betastrahlen die dritte, im elektr. und magnet. Feld aber nicht ablenkbare Komponente der radioaktiven Strahlung. Auf Grund ihrer hohen Quantenenergie sind G. sehr durchdringend und wirken ionisierend; ihre physiolog. Wirkung ist die gleiche wie die von Röntgenstrahlen. Sie werden in der Technik v.a. zur zerstörungsfreien Werkstoffprüfung, in der Medizin zur Tumorbehandlung herangezogen.

Gammastrahlenbursts [engl. -bəsts], svw. ↑Strahlenstürme.

Gammaübergang (γ-Übergang), der unter Emission von Gammaquanten erfolgende Übergang eines angeregten Atomkerns in einen energetisch tiefer liegenden Energiezustand, meist in den Grundzustand. Der unkorrekt auch **Gammazerfall** gen. G. ist kein radioaktiver Zerfall im eigtl. Sinne, da sich bei ihm weder die Kernladungszahl noch die Massenzahl des Kerns ändert.

Gammertingen, Stadt auf der Schwäb. Alb, Bad.-Württ., 662 m ü.d.M., 5900 E. Museum; Trikotagenherstellung und Metallverarbeitung. – In alemann. Zeit angelegt, 1524–1827 im Besitz der Familie von Speth (ab 1806 Standesherrschaft), 1827 an Hohenzollern-Sigmaringen.

Gamone [griech.] (Befruchtungsstoffe), von männl. und weibl. Geschlechtszellen gebildete Befruchtungshormone, die die Sexualreaktion zw. den ♀ und ♂ Gameten auslösen.

Gamow, George [engl. ˈgeɪmaʊ], * Odessa 4. März 1904, † Boulder (Colo.) 19. Aug. 1968, amerikan. Physiker russ. Herkunft. – G. wandte 1928 die Quantentheorie auf den Alphazerfall von Atomkernen an und deutete diesen als Tunneleffekt; prägte die Bez. „Big bang" für den Urknall.

Gams, svw. ↑Gemse.

Gamsbart, Büschel von Rückenhaaren der Gemse, das als Schmuck an bestimmten Trachten- und Jägerhüten getragen wird.

Gamskraut (Gemskraut), volkstüml. Bez. für verschiedene Gebirgspflanzen, z.B. Arnika, Schwarze Schafgarbe und Stengelloses Leimkraut.

Gamskresse (Gemskresse), volkstüml. Bez. für verschiedene Alpenpflanzen mit kresseähnl. Blättern, z.B. für den Gletscherhahnenfuß und das Rundblättrige Hellerkraut.

Gamswild (Gemswild, Krickelwild), wm. Bez. für Gemsen.

Gamswurz, volkstüml. Bez. für verschiedene alpine Pflanzen wie Arnika, Goldpippau sowie für die Zwergschlüsselblume.

▷ svw. ↑Gemswurz.

Gana (Ghana), ehem. westsudan. Reich, gegr. von Weißen (von Berbern ♂); mit Sicherheit erst um 770 nachweisbar; erstreckte sich während seiner größten Ausdehnung (nach 790) vom oberen Niger bis zum mittleren Senegal und nördlich bis in die Saharazone; stand um 850 auf der Höhe seiner Macht, zerfiel im 11.Jh. in Teilreiche; 1240 von Mali erobert.

Gänale Dorja ↑Juba.

Ganasche [griech.-italien.-frz.], Bez. für den Bereich der Kaumuskulatur bei Tieren; v.a. beim Pferd der hintere, obere Rand des Unterkiefers.

Gance, Abel [frz. gɑ̃:s], * Paris 25. Okt. 1889, † ebd. 10. Nov. 1981, frz. Filmregisseur. – Pionier der Filmkunst; entwickelte für seinen monumentalen Film „Napoleon" (1923–27, Neufassung 1972) die „Polyvision", eine Vorstufe des Cineramasystems. – *Weitere Filme:* Ich klage an (1919), Das Rad (1923), Der Turm der sündigen Frauen (1957).

Gand [frz. gɑ̃], frz. für ↑Gent.

Ganda, Bantustamm in S-Uganda, überwiegend Hackbauern und Hirtennomaden.

Gandak [engl. ˈgændək], linker Nebenfluß des Ganges, im zentralen Nepal und in Indien, rd. 680 km lang; mehrfach gestaut.

Gandersheim, Hrotsvit von ↑Hrotsvit von Gandersheim.

Gandersheim, Bad ↑Bad Gandersheim.

Gandhara, NW-Provinz des alten Indien im heutigen O-Afghanistan und westl. Pakistan. Das histor. G. zeigt im Rahmen der ↑buddhistischen Kunst eine ausgeprägte künstler. Sonderentwicklung. Unter hellenist. Einfluß verschmolzen in der G.kunst (1.–5. Jh., Nachwirkung bis zum 7./8. Jh.) ind. mit hellenist.-röm. Elementen. Es entstanden Klöster und Stupas (u.a. in Taxila), zahlr. Statuen (v.a. von Buddha) und Reliefs.

Gandhi, Indira, * Allahabad 19. Nov. 1917, † Neu-Delhi 31. Okt. 1984 (ermordet), ind. Politikerin. – Tochter J. Nehrus; trat 1938 dem Indian National Congress (INC) bei, 1946–64 enge Mitarbeiterin ihres Vaters; 1964–66 Informationsmin., 1966–77 Premiermin. und Parteiführerin; in wirtschaftspolit. Entscheidungen sozialist. Ideen verpflichtet; schloß 1971 einen Freundschaftsvertrag mit der UdSSR; 1975 wegen Wahlkorruption verurteilt, verhängte den Ausnahmezustand und ließ zahlr. polit. Gegner verhaften; trat nach der Wahlniederlage des INC 1977 vom Amt des ind. Premiermin. und Parteiführers zurück. Nach dem Wahlerfolg des von ihr erneuerten selbständigen Flügels des INC 1980 erneut Premiermin., sah sie sich verstärkt mit religiösen und ethn. Spannungen konfrontiert; wurde 1983 Sprecherin der blockfreien Staaten; fiel einem Attentat zweier ihrer Leibwächter aus der Sikh-Gemeinschaft zum Opfer.

G., Mohandas Karamchand, gen. Mahatma [Sanskrit „dessen Seele groß ist"] (seit 1915), * Porbandar (Gujarat) 2. Okt. 1869, † Neu-Delhi 30. Jan. 1948 (ermordet), Führer der ind. Unabhängigkeitsbewegung. – Entwickelte 1893–1914 als Rechtsanwalt in Südafrika im Kampf um die polit. Rechte der ind. Einwanderer seine Methode des gewaltlosen Widerstandes: durch Satjagraha („Festhalten an der Wahrheit") soll der Gegner zur Einsicht in sein Fehlverhalten und Änderung seiner Handlungsweise angehalten werden. Mittel waren Verweigerung der Mitarbeit in Behörden („non-cooperation") und ziviler Ungehorsam („civil disobedience"). 1914 nach Indien zurückgekehrt, wurde er zur führenden Persönlichkeit des Indian National Congress (INC); 1922–24 und nach 1930 mehrfach inhaftiert; regte 1921 die gegen das brit. Textilmonopol gerichtete Handspinnbewegung an, 1930 protestierte er mit seinem „Salzmarsch" gegen das brit. Salzmonopol; 1934 trat

Indira Gandhi

Mohandas Karamchand (Mahatma) Gandhi

Gandhinagar

G. aus dem INC aus und setzte sich insbes. für die „Unberührbaren" ein. Nach dem Scheitern seiner Bemühungen, die Einheit Indiens zu erhalten, half G. 1947 blutige Auseinandersetzungen zw. Muslimen und Hindus zu schlichten; von einem fanat. Hindu erschossen. Sein polit. Handeln war stark von der Religion geprägt; sein bleibendes Verdienst ist die weitgehende Verhinderung von Blutvergießen im Kampf um die Unabhängigkeit Indiens.

Rajiv Gandhi

G., Rajiv, *Bombay 20. Aug. 1944, †Sriperumbudur (Tamil Nadu) 21. Mai 1991, ind. Politiker. – Pilot; Sohn von Indira G., der ihn 1983 zu einem der Generalsekretäre der von ihr geführten Kongreß(-I-)Partei ernannte. Nach ihrem Tod 1984 wurde er Parteiführer und war 1984–89 Min.-präsident. G. fiel einem Bombenattentat zum Opfer.

Gandhinagar [engl. ˈgɑːndɪnəgə], Hauptstadt des ind. Bundesstaates Gujarat, 450 km nördlich von Bombay, 62 000 E. – Mit dem Bau der Stadt wurde 1966 begonnen, die Verwaltung ab 1970 nach G. verlegt.

Gandscha ↑Gjandscha.

Ganeff [jidd.], in der Gaunersprache svw. Ganove; selten auch: Schwiegersohn.

Ganerbschaft, nach altem dt. Recht gemeinschaftl. Vermögen, insbes. Grundvermögen, von **Ganerben** (Miterben zur gesamten Hand). Entstand durch einen bes. Vertrag, dessen Zweck der Ausschluß der Teilung eines Familienvermögens war.

Ganescha [Sanskrit „Herr der Schar" (d. h. des Gefolges des Schiwa"], Sohn Schiwas und Parwatis. Einigen Sekten, den „Ganapatjas", gilt er als der höchste Gott.

Gang, in der *Kfz-Technik* Bez. für ein bestimmtes [durch Betätigen des G.schaltungshebels wählbares] Übersetzungsverhältnis zw. Motor- und Raddrehzahl; Personenwagen haben 3–5 Vorwärtsgänge und einen Rückwärtsgang.

▷ in der *Uhrentechnik* Bez. für die Übereinstimmung einer Prüf- und einer Vergleichsuhr.

▷ (Gewindegang) ↑Gewinde.

▷ in der *Geologie* Bez. für die Ausfüllung von Gesteinsklüften mit Erzen oder Mineralen.

Gang [gæŋ; engl.-amerik., eigtl. „das Gehen", dann „das gemeinsame Handeln"], [organisierter] Zusammenschluß von Verbrechern (Gangstern).

▷ *soziolog.* Bez. für städt. Gruppen von Jugendlichen *(Bande, Rotte)* mit relativ festen sozialen Beziehungsformen.

Gangart ↑Erz.

Ganges, mit rd. 2 700 km Länge und etwa 1 Mill. km² Einzugsgebiet der größte Strom N-Indiens. Entsteht im westl. Himalaja durch Zusammenfluß von ↑Alaknanda und Bhagirathi, durchbricht bei Hardwar die Siwalikketten, durchfließt stark mäandrierend mit geringem Gefälle die fruchtbare, dichtbesiedelte **Gangesebene** (umfangreiche Kanalbewässerung). Der G. bildet in Bengalen, zus. mit dem Brahmaputra, ein riesiges, von zahllosen Mündungsarmen durchzogenes Delta. Die beiden wichtigsten Mündungsarme sind der rd. 300 km lange **Padma,** der in Bangladesch mündet, und der **Bhagitari,** der im Unterlauf als **Hugli** nach weiteren 230 km Lauf ebenfalls in den Golf von Bengalen mündet. Die Schiffahrt spielt nur noch im Deltabereich eine Rolle. Das Wasser des nach *hinduist. Mythologie* aus dem Fuß Wischnus entspringenden G. gilt als heilig und reinigend.

Gangfisch ↑Felchen.

Ganggesteine ↑Gesteine.

Ganggrab, Bez. für ein Kollektivgrab der nord- und westeurop. Megalithkulturen, zu dessen Kammerbreitseite ein Gang führt, so daß Kammer und Gang eine T-Form bilden; zeitl. Einordnung regional verschieden.

Ganghofer, Ludwig, *Kaufbeuren 7. Juli 1855, †Tegernsee 24. Juli 1920, dt. Schriftsteller. – Schrieb neben Volksstücken zahlr. naiv-gemütvolle [Heimat]romane und Erzählungen (z. T. vor histor. Hintergrund). – *Werke:* Der Herrgottsschnitzer von Ammergau (Volksstück, 1880; mit H. Neuert), Der Klostjäger (R., 1892), Die Martinsklause (R., 1894), Schloß Hubertus (R., 1895), Das Schweigen im Walde (R., 1899).

Ganghöhe ↑Gewinde.

Ganglienblocker [griech./dt.] (Ganglioplegika), Arzneimittel, die die Erregungsübertragung in den Ganglien des vegetativen Nervensystems hemmen; inzwischen auf Grund von Nebenwirkungen nur noch selten zur Blutdrucksenkung verwendet.

Ganglienzelle [griech./dt.], svw. ↑Nervenzelle.

Ganglion [griech.], (Nervenknoten) Verdickung des Nervensystems, in der die Zellkörper der Nervenzellen (Ganglienzellen) konzentriert sind.

▷ (Überbein) im Bereich von Gelenkkapseln oder Sehnenscheiden (v. a. an der Streckseite des Handgelenks und auf dem Fußrücken) lokalisierte schmerzhafte Geschwulst mit gallertartigem Inhalt.

Ganglioplegika [griech.], svw. ↑Ganglienblocker.

Gangrän [griech.], svw. ↑Brand.

Gangspill, in der Schiffahrt Trommelwinde mit senkrechter Achse zum Auf- und Abwinden von Ketten (z. B. des Ankers).

Gangster [ˈgɛŋstər; engl.-amerik.] ↑Gang.

Gangtok, Hauptstadt des ind. Bundesstaates Sikkim, im Vorderhimalaja, 1 730 m ü. d. M., 37 000 E. Marktort.

gang und gäbe, urspr. in der Kaufmannssprache gebrauchte Redewendung (Münzen und Waren betreffend) mit der Bed. „im Umlauf befindlich, üblich".

Gangunterschied, die Differenz der ↑optischen Weglängen zweier zur Interferenz gebrachter Wellenzüge, die sich zw. Trennung und Zusammentreffen infolge geometr. Wegunterschiede, verschiedener Brechzahlen der durchlaufenen Medien und ggf. auftretender Reflexionen ergibt.

Gangway [engl. ˈgæŋweɪ, eigtl. „Gehweg"], Treppe oder Laufsteg zum Ein- und Aussteigen für Besatzung und Passagiere von Schiffen oder Flugzeugen.

Ganivet, Ángel [span. ganiˈβɛt], *Granada 13. Dez. 1865, †Riga 29. Nov. 1898 (Selbstmord), span. Schriftsteller. – Bes. sein Essay „Spaniens Weltanschauung und Weltstellung" (1897) beeinflußte die sog. „Generation von 98" und trug zur Erneuerung der span. Literatur bei.

Gan Jiang [chin. gandziaŋ] (Kankiang), rechter Nebenfluß des Jangtsekiang und Hauptwasserstraße der südchin. Prov. Jiangxi, entpringt im Grenzgebirge zur Prov. Guang-

Ganges. Heiliger Uferbezirk und Teile der Altstadt von Varanasi

dong, mündet unterhalb von Nanchang in den Poyang Hu, 744 km lang.

Ganoblasten [griech.], svw. ↑Adamantoblasten.

Ganoidschuppe [griech./dt.] (Schmelzschuppe), bei primitiven Knochenfischen weit verbreiteter Schuppentyp, an dessen Oberfläche während des Wachstums zahlr. Schichten einer perlmutterartig glänzenden Substanz **(Ganoin)** abgelagert werden. Die G. kommen noch bei Flösselhechten, Löffelstören und Knochenhechten vor.

Ganove [jidd.], Gauner, Dieb, Spitzbube.

Gans, Eduard, *Berlin 22. März 1797, †ebd. 5. März 1839, dt. Jurist. – Schüler G. W. F. Hegels und Lehrer von K. Marx, seit 1825 Prof. der Rechte in Berlin. G. versuchte im Ggs. zur histor. Schule, die Rechtswiss. aus der Philosophie zu begründen. Wichtige Beiträge zur Wiss. vom Judentum. – *Werk:* Das Erbrecht in weltgeschichtl. Entwicklung (4 Bde., 1824–35, Nachdr. 1963).

Gans ↑Gänse.

Gänse. Graugans

Gänse (Anserinae), mit etwa 30 Arten weltweit verbreitete Unterfam. etwa 0,4–1,7 m langer Entenvögel, die in der freien Natur eng an Gewässer gebunden sind. Man unterscheidet drei Gruppen: die entengroßen ↑Pfeifgänse, die sehr großen, langhalsigen ↑Schwäne und die zw. diesen Gruppen stehenden **Echten Gänse** mit etwa 15 Arten, v. a. in den gemäßigten und kälteren Regionen Eurasiens und N-Amerikas; Schnabel keilförmig, Oberschnabelspitze als kräftiger, nach unten gebogener Nagel gestaltet, der zum besseren Abrupfen und -zupfen von Gräsern, Blättern und Halmen dient. Die Echten G. sind meist gute Flieger, die im Flug den Hals nach vorn strecken. Sie sind Zugvögel, die häufig in Keilformation ziehen. ♂ und ♀ sind gleich gefärbt, Paare halten auf Lebenszeit zus. Die fast 90 cm lange, dunkelgraue **Saatgans** (Anser fabalis) kommt auf Grönland

Gänse. Saatgans

und in N-Eurasien vor; unterscheidet sich von der sehr ähnl. Graugans v. a. durch die etwas dunklere Gesamtfärbung, schwarze Abzeichen auf dem gelben Schnabel, schwärzlichgrauen Kopf und Hals sowie orangefarbene Füße. Eine aus der *Schwanengans* (Anser cygnoides) gezüchtete Hausgansrasse ist die **Höckergans;** hellbraun mit großem, orangegelbem und schwarzem Schnabelhöcker. Fast 70 cm lang ist die in Z-Asien lebende **Streifengans** (Anser indicus); bräunlichgrau mit Ausnahme des weißl. Kopfes und Oberhalses. Die **Kaisergans** (Anser canagicus) ist etwa so groß wie die Graugans und kommt in N-Alaska und O-Sibirien vor; schwärzlichgrau mit weißem Kopf, weißer Halsober- und schwarzer Halsunterseite. Bis 75 cm lang und weiß mit schwarzen Handschwingen ist die **Große Schneegans** (Anser caerulescens) in NO-Sibirien, im nördl. N-Amerika und auf Grönland. Die **Graugans** (Anser anser) ist 70 cm (♀) bis 85 cm (♂) groß und kommt in Eurasien vor; mit dunkelgrauer, meist weißlich quergebänderter Ober- und hellgrauer Unterseite und hellgrauem Kopf; Beine fleischfarben, Schnabel bei der westl. Rasse gelb, bei der östl. fleischfarben; Vorderflügelrand silbergrau; Stammform der ↑Hausgans. Ein Wintergast an der Nordseeküste ist die ↑Bläßgans. Die Arten der Gatt. **Meergänse** (Branta) haben einen völlig schwarzen Schnabel. Bekannt sind u. a.: **Rothalsgans** (Branta ruficollis), bis 55 cm lang, in W-Sibirien; **Kanadagans** (Branta canadensis), bis 1 m lang, in N-Amerika und Europa; mit schwarzem Kopf und Hals, breitem, weißem Wangenfleck, dunkelgraubrauner Ober- und weißl. Unterseite; **Ringelgans** (Branta bernicla), etwa 60 cm lang, im arkt. Küstengebiet, Hals mit weißer Ringelzeichnung. – Vermutlich wurde die Graugans seit der Jungsteinzeit als Haustier gehalten. In Kleinasien und in Griechenland waren die Gänse der Aphrodite heilig. Gegen Ende des 15. Jh. wurden G. Attribut des hl. Martin.

Gänseblümchen (Maßliebchen, Bellis), Gatt. der Korbblütler mit 10 Arten in Europa; bekannteste Art ist das 5–15 cm hohe, auf Weiden, Wiesen, Rainen und Grasplätzen wachsende **Gänseblümchen** i. e. S. (Bellis perennis); fast ganzjährig blühende Pflanzen mit grundständiger Blattrosette; Blütenköpfchen mit zungenförmigen, weißen bis rötl. Strahlenblüten; gefüllte Zuchtformen (z. B. Tausendschön) sind beliebte Gartenzierpflanzen.

Gänseblümchen

Gänsedistel (Saudistel, Sonchus), Gatt. der Korbblütler mit über 60 Arten in Europa, Afrika und Asien; von den vier einheim. Arten, die als Unkräuter auf Äckern, an Wegrändern und auf Schuttplätzen zu finden sind, ist die bekannteste die **Ackergänsedistel** (Sonchus arvensis), eine bis 1,50 m hohe Staude mit goldgelben Blütenköpfchen.

Gänsefuß (Chenopodium), Gatt. der G.gewächse mit etwa 250 Arten in den gemäßigten Zonen. Am bekanntesten von den 15 einheim. Arten ist der **Gute Heinrich** (Chenopodium bonus-henricus), eine mehrjährige, bis 50 cm hohe, mehlig bestäubte Pflanze mit breiten, dreieckigen oder spießförmigen Blättern und grünen Blüten. Kultiviert und als Blattgemüse gegessen werden zwei Arten mit fleischigen, rötl., an Erdbeeren erinnernden Fruchtständen: **Echter Erdbeerspinat** (Chenopodium foliosum) und **Ähriger Erdbeerspinat** (Chenopodium capitatum).

Gänsefußgewächse (Chenopodiaceae), Fam. zweikeimblättriger Kräuter mit wechselständigen, einfachen Blättern und unscheinbaren, kleinen Blüten in knäueligen Blütenständen. Bekannte Gatt. sind Gänsefuß, Melde, Spinat. Wirtsch. Bed. hat die Gatt. Runkelrübe.

Gänsedistel. Ackergänsedistel

Gänsehaut, meist reflektorisch durch Kältereiz oder durch psych. Faktoren bewirkte Hautveränderung. Das höckerige Aussehen der Haut wird durch Zusammenziehung der an den Haarbälgen ansetzenden glatten Muskeln verursacht, die die Haarbälge hervortreten lassen und die Haare aufrichten.

Gänseklein, v. a. von Hals und Innereien einer Gans zubereitetes Gericht.

Gänsekresse (Arabis), Gatt. der Kreuzblütler mit etwa 100 Arten, v. a. in den Gebirgen Europas, Asiens, Afrikas und N-Amerikas; niedrige, rasen- oder polsterförmig wachsende Kräuter. Einige Arten, z. B. die ↑Alpengänsekresse, sind beliebte Steingartenpflanzen.

Gänserich, svw. ↑Ganter.

Gänsesäger ↑Säger.

Gänsevögel (Anseriformes, Anseres), seit dem Eozän bekannte, heute mit etwa 150 Arten weltweit verbreitete Ordnung 0,3–1,7 m langer Vögel. Man unterscheidet zwei Fam.: ↑Entenvögel, ↑Wehrvögel.

Gansu [chin. gansu] (Kansu), chin. Prov. am O-Rand des Hochlands von Tibet, 450 000 km², 22,4 Mill. E (1990), Hauptstadt Lanzhou. Der Hwangho gliedert die Prov. in

Gänsefuß. Guter Heinrich

zwei Teile. Der sö. Teil wird von einem niederschlagsreichen Bergland und einem tief zerschnittenen trockenen Lößhochland eingenommen. Der nw. Teil ist von den Gebirgsketten des Qilian Shan und dem sich zw. seinem N-Fuß und der Gobi erstreckenden G.korridor geprägt, einem rd. 1 000 km langen und durchschnittlich 80 km breiten, sö–nw. verlaufenden Längstal (900–1 600 m ü. d. M.), das von alters her eine bed. Verkehrsader (Seidenstraße) mit zahlr. Oasenorten ist. Angebaut werden Getreide, in den Oasen auch Wein und Obst, im westl. G.korridor Baumwolle; bed. Seidenraupenzucht; Viehwirtschaft. Erdöl-, Kohle-, Eisenerz- und Nichteisenerzförderung mit Verhüttung, Petrolchemie, Maschinenbau; Zentrum der Kernforschung.

Ganter (Gänserich), Bez. für die männl. Gans.

Gantner, Joseph, *Baden 11. Sept. 1896, † Basel 7. April 1988, schweizer. Kunsthistoriker. – Prof. in Basel, Hg. der „Zeitschrift für Ästhetik und allg. Kunstwissenschaft" (ab 1953).

Ganymed, in der griech. Mythologie der schöne Mundschenk des Zeus; trojan. Prinz, der, von Zeus entführt, in ewiger Jugend seinen Dienst an der Göttertafel versieht. Beliebtes Motiv der Kunst (u. a. Rembrandt „Der Raub des G." [1635; Dresden, Gemäldegalerie]).

Ganymed. Aufnahme des Jupitermondes von Voyager 1 am 4. März 1979 aus einer Entfernung von 2,6 Mill. km

Ganymed, größter Jupitermond; mittlere Entfernung vom Planeten 15,0 Jupiterradien, Umlaufzeit 7 d 3 h 43 min, Durchmesser 5 276 km; Dichte 1,85 g/cm³.

Ganz, Bruno, *Zürich 22. März 1941, schweizer. Schauspieler. – Profilierte sich unter P. Stein, 1975 im Film „Sommergäste". – *Weitere Filme:* Die Marquise von O (1976), Nosferatu (1979), In der weißen Stadt (1983), Der Pendler (1986), Der Himmel über Berlin (1987).

ganze Note, Zeichen o, ↑Noten.

ganze Pause, Zeichen ▬, ↑Noten.

ganze Zahlen (ganzrationale Zahlen), Bez. für die Zahlen ..., −3, −2, −1, 0, 1, 2, 3, ... – Die g. Z. $z < 0$ bezeichnet man als *negative g. Z.,* die g. Z. $z > 0$ als *natürl.* oder *positive ganze Zahlen.*

Ganzheit, die bes. Struktur komplexer, aus qualitativ gleichen oder/und qualitativ verschiedenen, funktionell voneinander abhängigen bzw. einander zugeordneten Elementen bestehender Systeme, die als Einheit wirken und im Unterschied zu lediglich additiven Zusammenordnungen (etwa ↑Assoziation, ↑Aggregat) wegen der Wechselbeziehung (Wechselwirkung) der Elemente untereinander eine qualitativ andere (höhere) Wirkung (Leistung) zeigen. Zur Überwindung mechanist., kausal-analyt. Denkpositionen u. -methoden, v. a. des 19. Jh., gewannen G.theorien zu Beginn des 20. Jh. zentrale Bedeutung, bes. im Bereich der Psychologie in der ↑Ganzheitspsychologie, in der Biologie sowie in der Medizin und in der Pädagogik.

Bruno Ganz

In der *Biologie* wird der Organismus mit seinen jeweils für bestimmte Aufgaben verantwortl. Strukturen, deren Funktionen aufeinander abgestimmt sind, als G. betrachtet. Als G. können nicht nur Einzelindividuen, sondern gegebenenfalls auch bestimmte Tierstöcke (Tierkolonien) als „Individuen höherer Ordnung" angesehen werden, wie z. B. Staatsquallen, bei denen die Einzeltiere wegen ausgeprägter Arbeitsteilung für sich allein nicht lebensfähig sind. Ähnliches gilt für in sehr enger Symbiose lebende Organismen (Orchideen mit Mykorrhiza; Flechten).

ganzheitliches Denken ↑New Age.

Ganzheitsmedizin, medizin. Richtung, die den Kranken nicht nur nach einzelnen Krankheitsbildern und Einzelbefunden, sondern in seinem physisch-psych. Gesamtzustand erfassen und ärztlich behandeln will. – ↑Psychosomatik.

Ganzheitsmethoden, Methoden des Erstlese- und Schreibunterrichts, die von der gesprochenen Sprache ausgehen. Dem ganzen Wort (**Ganzwortmethode**) oder kleinen Sätzen (**Ganzsatzmethode**) werden sofort die Schriftbilder zugeordnet, die sich das Kind einprägt. Im Verlauf des Lehrgangs erfolgt die „Analyse" der gelesenen Wort- bzw. Satzbilder, indem immer wiederkehrende Zeichen (Buchstaben) entdeckt werden und erkannt wird, daß den Buchstaben Laute entsprechen. Danach wird das Lesen und Schreiben neuer Wörter durch Zusammensetzen der Buchstaben möglich (Synthese).

Ganzheitspsychologie, eine v. a. im ersten Drittel des 20. Jh. als Reaktion gegen die elementarist. Auffassung des Seelischen entstandene Richtung der Psychologie, die auf die Notwendigkeit einer ganzheitl. Betrachtungsweise aller seel. Vorgänge hinwies. Ausgehend von der aristotel. These, daß das Ganze mehr als nur die Summe seiner Teile sei, wurde der Begriff *Ganzheit* für Erlebnis- und Gestaltqualitäten eingeführt, die nicht analysierbar sind. Zu den Hauptvertretern der G. gehören F. Krueger, W. Ehrenstein, O. Klemm, F. Sander und A. Wellek.

ganzrationale Zahlen, svw. ↑ganze Zahlen.

Ganzsatzmethode ↑Ganzheitsmethoden.

Ganzschluß ↑Kadenz.

Ganztagsschule, bis etwa zur Mitte des 19. Jh. war die G. v. a. bei weiterführenden Schulen die Regelform und blieb es in den angelsächs. und roman. Ländern auch. Bes. in Schweden, in der ČSSR, der UdSSR und der DDR wurde die G. nach dem 2. Weltkrieg wieder stark gefördert. In der BR Deutschland ist sie eine Ausnahmeerscheinung (angestrebt bes. in den Gesamtschulen).

Ganzton, in der Musik die große ↑Sekunde (kleine Sekunde = Halbton). – ↑Intervall.

Ganztonleiter, die Aneinanderreihung von temperierten Ganztönen pro Oktavskala: c, d, e, fis, gis, ais (b), c.

Ganzwortmethode ↑Ganzheitsmethoden.

Gao, Regionshauptstadt in Mali, am linken Ufer des Niger, 264 m ü. d. M., 37 000 E. Hl. Stadt für die Muslime Westafrikas; Handelszentrum; Fischerei; Nigerhafen, Endpunkt der Transsaharastraße, ✈. – 1010–1591 Hauptstadt des islam. Reichs der Songhai, 1591 marokkan., 1899 französisch.

Gao Kegong (Kao K'o-kung), *1248, †1310, chin. Maler. – Die berühmte Hängerolle „Nebel in bewaldeten Bergen" (signiert 1333; Taipeh, Palastsammlung) wurde offenbar von Schülern vollendet.

Gaon [hebr. „Exzellenz"] (Mrz. Geonim), Titel der babylon.-jüd. Schulhäupter von Sura und Pumbeditha. Den Antworten der Geonim auf Anfragen von Gemeinden aus aller Welt verdankt das Religionsgesetz seine einheitl. Weiterentwicklung. Sie legten Gebetstexte fest und sicherten Traditionsliteratur, nicht zuletzt im Kampf gegen die ↑Karäer. *Saadja,* der bedeutendste G., gilt als Vater der jüd. Philosophie. Der Titel G. wurde später allen führenden Gelehrten zuerkannt.

Gap, frz. Stadt in den Alpen, ssö. von Grenoble, 739 m ü. d. M., 30 700 E. Verwaltungssitz des Dep. Hautes-Alpes; kath. Bischofssitz; Dep.museum; Handelszentrum; u. a. Holz- und Papierind.; Fremdenverkehr. – 471 burgund.,

534 fränk.; kam 834 zum Kgr. Burgund. Im 16. Jh. war G. eines der Zentren der frz. Reformation; 1692 von Savoyen zerstört.

Garage [ga'ra:ʒə; german.-frz., zu garer „in sichere Verwahrung bringen"], Raum oder Gebäude zum Einstellen von Kraftfahrzeugen.

Garamond (Garamont), Claude [frz. gara'mõ:], *Paris um 1480, †ebd. im Nov. 1561, frz. Schriftschneider. – Schuf (seit 1531) v. a. bed. Antiquaschriften, auch Kursive sowie griech. Typen.

Garant [altfränk.-frz.], jemand, der Garantie leistet; Gewährsmann, Bürge.

Garantie [altfränk.-frz.], Bürgschaft, Gewähr, Sicherheit. – Zum Recht ↑ Mängelhaftung.

Garantiefrist ↑ Mängelhaftung.

Garantiefunktion, die mit dem ↑ Indossament eines Wechsels oder Schecks verbundene Rechtswirkung, eine Haftung des Indossanten für Annahme und Zahlung [des Wechsels oder Schecks] zu begründen.

Garantiegeschäft, Bankgeschäft, das in der Übernahme von Garantien, Bürgschaften und anderen Gewährleistungen besteht. Im Vordergrund stehen Lieferungs-, Leistungs- und Bietungsgarantien.

Garantiegesetz, Kurzbez. für das schweizer. BG über die polit. und polizeil. Garantien zugunsten der Eidgenossenschaft vom 26. 3. 1934. Es enthält Schutzvorschriften zugunsten des Bundes und seiner Behörden gegen Übergriffe der kantonalen Gewalten. Insbes. regelt es die Immunität der Mgl. des Bundesrates sowie der Mgl. des Stände- und Nationalrates während der Dauer der Bundesversammlung, des Bundeskanzlers und der eidgenöss. Repräsentanten und Kommissäre.

Garantielohn, garantierter Mindestlohn in Fällen, in denen die Höhe des jeweiligen Lohnes nicht von vornherein feststeht. Der G. wird häufig im Gaststättengewerbe vereinbart, wenn als Lohn für die Bedienung das Bedienungsgeld ausgemacht ist.

Garantieschein ↑ Mängelhaftung.

Garantievertrag (Gewährvertrag), im Zivilrecht der [formfreie] Vertrag, durch den sich der Garant verpflichtet, für einen bestimmten Erfolg in der Weise einzustehen, daß er beim Nichteintritt des Erfolgs dem Garantieempfänger Ersatz leistet. Der G. ist im BGB nicht geregelt. Formen des G. sind u. a. die Scheckkartengarantie, die Herstellergarantie, die Bankgarantie.

Gao. Grabmoschee der Askiadynastie (1493–1591) von Songhai

Garašanin [serbokroat. ga,ra∫anin], Ilija, *Garaši (Kragujevac) 16. Jan. 1812, †Belgrad 16. Juni 1874, serb. Politiker. – 1839–41 Emigration, vertrat als Innenmin. (1843–52) und Min.präs. (1852/53 und 1861–67, zugleich auch Außenmin.) ein großserb. Programm.
G., Milutin, *Belgrad 22. Febr. 1843, †Paris 5. März 1898, serb. Politiker. – Sohn von Ilija G.; seit 1874 Abg., 1880–83 Innenmin., 1884–87 Min.präs., 1895/96 Parlamentspräs., 1883, 1894 und 1897/98 Gesandter in Paris; trat außenpolitisch für Anlehnung an Österreich-Ungarn ein.

Garaudy, Roger [frz. garo'di], *Marseille 17. Juli 1913, frz. Politiker und Philosoph. – 1933 Mgl. der KPF, 1946–51 und 1956–58 Abg. in der Nationalversammlung; seit 1962 Prof. für Philosophie; 1956–70 Mgl. des Politbüros der KPF und deren Chefideologe. Nach grundsätzl. Differenzen mit der Parteiführung wurde G. im Mai 1970 aus der Partei ausgeschlossen. – *Werke:* Marxismus im 20. Jh. (dt. 1969), Die ganze Wahrheit oder Für einen Kommunismus ohne Dogma (dt. 1970), Die Alternative (dt., 1973), Das Projekt Hoffnung (1976).

Garbe [zu althochdt. garba, eigtl. „Handvoll"], (bei der Ernte) gebündelte und zum Aufstellen zusammengebundene Menge geschnittener Getreidehalme (Getreidegarbe). ▷ Serie von schnell abgefeuerten Geschossen in kegelförmiger Streuung (Geschoßgarbe).

Garbo, Greta [schwed. 'garbu], eigtl. G. Lovisa Gustafsson, *Stockholm 18. Sept. 1905, †New York 15. April 1990, schwed. Filmschauspielerin. – Hauptdarstellerin in „Gösta Berling" (1925), wodurch sie und Regisseur M. Stiller weltbekannt wurden. Den Film „Die freudlose Gasse" (1925) drehte sie in Deutschland; wurde danach nach Hollywood verpflichtet. In ihren Filmen, u. a. „Anna Karenina" (1927, 1935 als Tonfilm), „Mata Hari" (1932), „Menschen im Hotel" (1932), „Königin Christine" (1934), „Die Kameliendame" (1936), „Maria Walewska" (1937), „Ninotschka" (1939), „Die Frau mit den zwei Gesichtern" (1941) stellte sie v. a. unnahbare, von einer bes. Aura umgebene trag. Frauengestalten dar (deshalb auch „die Göttliche" gen.). Ihre melanchol. Schönheit wurde zu einem verfeinerten, romant. Typus stilisiert; 1941 zog sie sich vom Film zurück, wurde 1951 amerikan. Staatsbürgerin.

Garborg, Arne, *Time (Rogaland) 25. Jan. 1851 †Asker 14. Jan. 1924, norweg. Dichter. – Der naturalist. Roman „Aus der Männerwelt" (1886) brachte ihn um seine Stellung als Staatsrevisor; später grübler., religiöse, soziale Romane, Dramen und Lyrik.
Weitere Werke: Müde Seelen (R., 1891), Frieden (R., 1892), Haugtussa (Ged., 1895), Paulus (Dr., 1896), Der verlorene Vater (R., 1899), Fjell-Luft (En., 1903).

Garção, Pedro António Correia [portugies. gɐr'sɐ̃u], *Lissabon 29. April 1724, †ebd. 10. Nov. 1772, portugies. Dichter. – Führender Vertreter einer antigongorist. arkad. Dichtung nach dem Vorbild des Horaz; schrieb u. a. eine Adelssatire, die die berühmte „Cantata de Dido" (nach dem 4. Buch von Vergils „Äneis") enthält.

Garching b. München, Gemeinde im nö. Vorortbereich von München, Bayern, 483 m ü. d. M., 11 600 E. Forschungsreaktor der TU München; Max-Planck-Inst. für Quantenoptik, Max-Planck-Inst. für Plasmaphysik; Fertighausbau.

García, Manuel Patricio Rodríguez [span. gar'θia], *Madrid 17. März 1805, †London 1. Juli 1906, span. Sänger (Baß) und Gesangspädagoge. – Seit 1829 Lehrer in Paris (1842 Prof. am Conservatoire), 1848–95 an der Royal Academy of Music in London. Schüler u. a. Jenny Lind und J. Stockhausen. Erfand 1855 das Laryngoskop (Kehlkopfspiegel).

García Calderón, Ventura [span. gar'sia kalde'rɔn], *Paris 23. Febr. 1886, †ebd. 28. Okt. 1959, peruan. Schriftsteller. – Diplomat in Europa; Journalist, Essayist und Verf. literarhistor. Arbeiten; schrieb neben modernist. Lyrik bed. realist. Kurzgeschichten, u. a. „Peruan. Novellen" (1924), „Das Weinen des Urwalds" (En., 1926), „Traum in Sierra" (En., 1951).

García de la Huerta, Vicente [span. gar'θia ðe la uɛrta], *Zafra (Prov. Badajoz) 9. März 1734, †Madrid 12. März 1787, span. Dichter. – Schrieb eine der wenigen bed. span. Tragödien des 18. Jh.: „La Raquel" (1778; Stoff der „Jüdin von Toledo").

García Gutiérrez, Antonio [span. gar'θia ɣu'tiɛrrɛθ], *Chiclana de la Frontera (Prov. Cádiz) 5. Okt. 1813, †Madrid 26. Aug. 1884, span. Dramatiker. – Erfolgreichster span. Dramatiker der Romantik; „El trovador" (Dr., 1836) diente als Vorlage für Verdis Oper „Der Troubadour"; auch Gedichte.

Roger Garaudy

Greta Garbo

Ventura García Calderón

Gard. Pont du Gard, Länge 275 m, Höhe 49 m

García Lorca, Federico [span. garˈθia ˈlɔrka], * Fuente Vaqueros (Prov. Granada) 5. Juni 1898, † Viznar (Prov. Granada) 19. Aug. 1936 (von Falangisten erschossen), span. Dichter. – Auch Redner, Zeichner und Musiker; befreundet mit S. Dalí und M. de Falla; 1929/30 in den USA, nach der Rückkehr 1931 Leiter eines Studententheaters; hatte vielfältige internat. Kontakte, war dabei zutiefst seiner andalus. Heimat verbunden; stellt Menschen im Konflikt mit festgefügten, erstarrten Traditionen dar; bühnenwirksame Stücke mit romanzenartig-balladeskem Szenenbau mit lyr. Höhepunkten in melod., bilderreicher Sprache; auch Gedichte.
Werke: Mariana Pineda (Dr., 1928), Zigeunerromanzen (1928), Die wundersame Schusterfrau (Dr., 1930, gedruckt 1938), In seinem Garten liebt Don Perlimplin Belisa (Dr., 1933), Bluthochzeit (Dr., 1933), Bernarda Albas Haus (Dr., 1933–36, gedruckt 1945), Yerma (Dr., hg. 1937), Doña Rosita bleibt ledig oder Die Sprache der Blumen (Dr., hg. 1938).

García Márquez, Gabriel [span. garˈsia ˈmarkes], * Aracataca (Dep. Magdalena) 6. März 1928, kolumbian. Schriftsteller. – Berühmt durch die Romane „Hundert Jahre Einsamkeit" (1967) und „Der Herbst des Patriarchen" (1975), die phantasievoll und magisch-realist., im Kern sozialkrit. Vergangenheit und Gegenwart Kolumbiens darstellen. Erhielt 1982 den Nobelpreis für Literatur. – *Weitere Werke:* Laubsturm (R., 1955), Die böse Stunde (R., 1975), Chronik eines angekündigten Todes (R., 1981), Die Liebe in den Zeiten der Cholera (R., 1985), Die Abenteuer des Miguel Littín (Reportage, 1986), Der General in seinem Labyrinth (R., 1989).

García Robles, Alfonso [span. garˈsia ˈrrɔβles], * Zamora de Hidalgo (Michoacán) 20. März 1911, † Mexiko 2. Sept. 1991, mex. Diplomat und Politiker. – 1971–75 Botschafter bei den UN; 1975/76 Außenmin. V. a. als mex. Delegationsleiter bei den UN-Abrüstungsverhandlungen in Genf und New York trat G. R. als Gegner des Rüstungswettlaufs hervor. 1982 erhielt er zus. mit A. Myrdal den Friedensnobelpreis.

García y Sarmiento, Félix Rubén [span. garˈsia i sarˈmiento] ↑ Darío, Rubén.

Garcilaso de la Vega [span. garθiˈlaso ðe la ˈβeɣa], * Toledo 1503, ⚔ Nizza 14. Okt. 1536, span. Dichter. – Bedeutendster span. Dichter am Hof Karls V.; seine 38 Sonette, drei Eklogen und zwei Elegien im Geiste der Renaissance und des Neuplatonismus stehen unter dem Einfluß der lat. und italien. Dichtung. In seinen Eklogen ahmt er Vergil, in den Sonetten Petrarca nach.

Garçon [garˈsõ:; frz.], veraltete Bez. für: Junge, junger Mann, Junggeselle; Kellner.

Gardenie. Gardenia jasminoides

Garçonne [garˈsɔn; frz.], Junggesellin; veraltete Bez. für emanzipiertes Mädchen; knabenhafter Mädchentyp; auch Bez. für Moderichtung der 20er Jahre.

Gard [frz. ga:r], Dep. in Frankreich.

G., rechter Nebenfluß der Rhone, in Frankreich; die beiden Quellflüsse entspringen in den Cevennen, Mündung etwa 20 km sw. von Avignon; 133 km lang. Im Unterlauf der röm. Aquädukt **Pont du Gard.**

Gardasee (italien. Lago di Garda, Benaco, in der Antike Benacus lacus), größter italien. See in den südl. Alpen, 65 m ü. d. M., 370 km², 52 km lang, bis 17,5 km breit, bis 346 m tief. Der von steilen Felsufern gesäumte N-Teil wird im W von den Brescianer Alpen, im O vom Monte-Baldo-Massiv begrenzt. Im S verbreitert sich der G. und wird von flachen Ufern und Hügellandschaften umgeben. Hauptzufluß ist der Sarca. Ganzjähriger Fremdenverkehr dank milden Klimas und üppiger mediterraner Vegetation.

Garde [german.-frz.; zu garder „schützen, bewachen"], Bez. für Leibwachen (Leibgarde), Elite- bzw. Miliztruppen, die im Felde und/oder zu zeremoniellen Zwecken eingesetzt werden.

Gardedukorps [gardədyˈko:r; frz.], im 15. Jh. in Frankreich aufgestellte berittene Leibwache des Königs *(Garde du Corps);* später (v. a. im 18. Jh.) auch an dt. Fürstenhöfen üblich.

Gardelegen, Krst. in Sa.-Anh., in der Altmark, 49 m ü. d. M., 13 000 E. Baustoff-, Konserven-, Kunststoffverarbeitungsind. – Entstand bei einer 1133 gen. Burg, Anfang des 13. Jh. Stadtrecht; seit spätestens 1196 im Besitz der Mark Brandenburg; seit 1815 zur preuß. Prov. Sachsen. – Marienkirche (13., 15. Jh.), Salzwedeler Tor (um 1500).

G., Landkr. in Sachsen-Anhalt.

Gardella, Ignazio, * Mailand 30. März 1905, italien. Architekt. – Vertreter der ↑ rationalen Architektur. Wandte sich mit seinen eleganten Bauten gegen das monumentale Pathos faschist. Bauwerke (u. a. Tuberkuloseklinik in Alessandria, 1936–38; Stadttheater in Vicenza, 1968–70).

Gardemanger [gardəmãˈʒe:; frz., eigtl. „Speisekammer"], Koch, der für die Herstellung kalter Speisen zuständig ist.

Garde mobile [frz. gardmɔˈbil] ↑ Mobilgarde.

Garde municipale [frz. gardmynisiˈpal] ↑ Garde républicaine.

Garde nationale [frz. gardnasjɔˈnal] ↑ Nationalgarde.

Gardenie (Gardenia) [nach dem schott. Naturforscher A. Garden, * 1730 (?), † 1791], Gatt. der Rötegewächse mit etwa 60 Arten in den Tropen und Subtropen Asiens und Afrikas; meist Sträucher mit lederartigen Blättern und großen, gelben oder weißen Blüten. Am bekanntesten sind die gefüllt blühenden Formen von **Gardenia jasminoides,** einem aus China stammenden Strauch mit glänzend grünen Blättern und duftenden, weißen Blüten.

Garden of the Gods [engl. ˈɡɑːdn əv ðə ˈɡɔdz „Garten der Götter"], Naturpark in den Rocky Mountains bei Colo-

Ignazio Gardella. Wohnhaus „alle Zattere" in Venedig, 1957

Garmisch-Partenkirchen

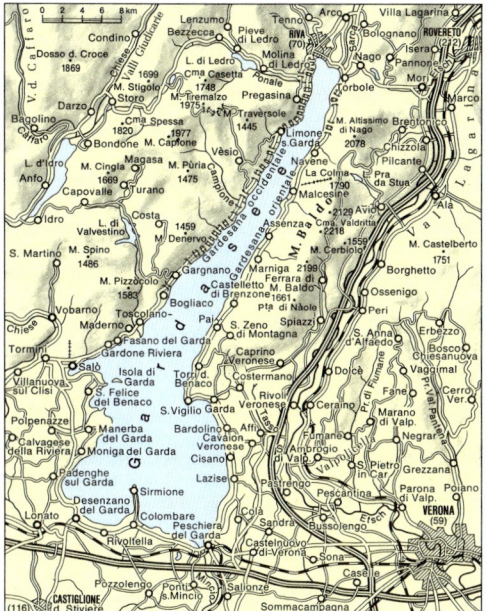

Gardasee

rado Springs, Colo., USA. Sandsteine sind hier durch Verwitterung und Abtragung zu phantast. Formen gestaltet worden.

Garde républicaine [frz. gardrepybliˈkɛn], Verband der frz. Gendarmerie, mit der Bewachung des Élysée-Palastes und mit dem Ehrendienst in der Hauptstadt betraut; während der Ersten Republik als Schutztruppe von Paris unter dem Namen **Garde municipale** („städt. Garde") gegründet.

Garderobe [frz., zu garder „behüten" und robe „Kleid"], Oberbekleidung, die jemand besitzt oder die er gerade trägt; Raum oder Raumteil zur Kleiderablage; Ankleideraum eines Künstlers im Theater.

gardez! [garˈdeː; frz. „schützen Sie (Ihre Dame)!"], beim Schachspiel höflicher Hinweis an den Gegner beim Angriff auf die Dame; in der Turnierpraxis ist dieser Hinweis nicht üblich.

Gardine [zu niederl. gordijn, eigtl. „Bettvorhang" (zu mittellat. cortina „Vorhang")], ein meist durchsichtiger, oft auch gemusterter Fenstervorhang. G.stoffe werden v. a. aus Baumwoll- oder Chemiefaserstoffen hergestellt.

Gardiner [engl. ˈgɑːdnə], Sir (seit 1948) Alan Henderson, * Eltham (= London) 29. März 1879, † Landsitz Iffley (Oxfordshire) 19. Dez. 1963, brit. Ägyptologe. – Bed. Arbeiten zur ägypt. und zur allgemeinen Sprachwissenschaft: „Egyptian grammar" (1927), „The theory of speech and language" (1932). Edierte und übersetzte ägypt. literar., religiöse und verwaltungshistor. Texte.

G., Samuel Rawson, * Ropley (Hampshire) 4. März 1829, † Sevenoaks 23. Febr. 1902, brit. Historiker. – Prof. für neuere Geschichte in London, später in Oxford; seit 1891 Hg. der „English Historical Review"; Kenner der engl. Geschichte des 17. Jahrhunderts.

G., Stephen, * Bury Saint Edmunds um 1482/83, † Whitehall (= London) 12. Nov. 1555, engl. Bischof von Winchester und Lordkanzler. – Als Sekretär Kardinal Wolseys mit der Scheidung Heinrichs VIII. von Katharina von Aragonien befaßt; unterstützte den Suprematsakt Heinrichs VIII.; wegen Opposition gegen die prot. Politik T. ↑Cranmers eingekerkert, unter Maria I. Lordkanzler; betrieb die Rekatholisierung Englands.

Gardner [engl. ˈgɑːdnə], Ava, eigtl. Lucy Johnson, * Smithfield (N.C.) 24. 12. 1922, † London 25. Jan. 1990, amerikan. Filmschauspielerin. – Rollen u. a. in „Rächer der Unterwelt" (1946), „Schnee am Kilimandscharo" (1952).

G., Erle Stanley, * Malden (Mass.) 17. Juli 1889, † Temecula (Calif.) 11. März 1970, amerikan. Schriftsteller. – Rechtsanwalt; Autor von über 100 Detektivromanen (z. T. unter dem Pseud. A. A. Fair), deren Wert v. a. in der Information über das amerikan. Rechtssystem liegt; im Mittelpunkt seiner Romane stehen der Anwalt Perry Mason und Douglas Selby.

Gardone Riviera, italien. Kurort am W-Ufer des Gardasees, Lombardei, 130 m ü. d. M., 2 500 E.

Gare, weicher, lockerer Zustand eines Stoffes oder Stoffgemisches, der ihn für einen bestimmten Verwendungszweck geeignet macht, z. B. ↑Bodengare, Teiggare.

Garfield, James Abraham [engl. ˈgɑːfiːld], * Cuyahoga County (Oh.) 19. Nov. 1831, † Elberon (N.J.) 19. Sept. 1881, 20. Präs. der USA (1881). – 1863–80 als Republikaner Abg. des Repräsentantenhauses; 1880 Senator für Ohio; fiel kurz nach seiner Wahl zum Präs. einem Attentat zum Opfer.

Gärfutter (Sauerfutter, Silofutter, Silage), pflanzl. Futter (z. B. Grünfutter, Rüben), das in G.behältern (Silos) oder Erdgruben mittels Milchsäuregärung in einen haltbaren Zustand überführt wird, wobei Nährstoffe, Vitamine und Mineralstoffe weitgehend erhalten bleiben.

Gargano, Monte, in das Adriat. Meer vorspringendes verkarstetes Gebirgsmassiv in Apulien, bis 1 056 m hoch; prähistor. Funde, u. a. Felsmalereien.

Gargantua, Held frz. Volkssagen und eines 1532 erschienenen Volksbuches; den Namen übernahm F. Rabelais.

Garibaldi, Giuseppe, * Nizza 4. Juli 1807, † Caprera 2. Juni 1882, italien. Freiheitskämpfer und Politiker. – Neben Cavour und Mazzini bedeutendste Figur des Risorgimento; schloß sich 1833 der Bewegung Mazzinis an, floh nach einem gescheiterten Aufstand 1834 ins Exil nach Südamerika. Bei Ausbruch der Revolution 1848 kehrte er nach Italien zurück und kämpfte gegen die Österreicher in Oberitalien. Leitete 1849 ohne Erfolg die Verteidigung der Republik Rom gegen die intervenierenden frz. und bourbon. Truppen; danach erneut im Exil, kehrte 1854 nach Piemont zurück; unternahm 1860 den „Zug der Tausend", eroberte Sizilien, setzte mit seinem auf 30 000 Mann angewachsenen Heer nach Unteritalien über und stürzte dort die Bourbonen. Sein ungestümer Revolutionsgeist brachte ihn bald in Widerspruch zu Cavour und zur italien. Regierung.

Gariden [frz.] ↑Garigue.

Garigliano [italien. gariʎˈʎaːno], italien. Fluß, entspringt als **Liri** im Apennin, mündet in den Golf von Gaeta, 158 km lang.

Garigue (Garrigue) [frz. gaˈrig; mittellat.-provenzal.], offene mediterrane Gebüschformation, eine bis 2 m hoch, gebildet u. a. aus der Kermeseiche, Hartlaubzwergsträuchern, Rosmarin, Lavendel sowie Wolfsmilcharten. Ähnl. Erscheinungsformen mit örtlich abweichender florist. Zusammensetzung sind die **Tomillares** in Spanien und die **Phrygana** in Griechenland; alle diese Erscheinungsformen werden unter dem Namen **Gariden** (Felsenheide) zusammengefaßt.

Garizim, Berg in Z-Samaria, im Westjordanland, 881 m ü. d. M. – Im A. T. als Berg der Segnung Israels (z. B. 5. Mos. 11, 29) erwähnt; in Konkurrenz zu Jerusalem (vgl. Joh. 4, 20) der hl. Ort der ↑Samaritaner.

Garkupfer ↑Kupfer.

Garland [engl. ˈgɑːlənd], [Hannibal] Hamlin, * bei West Salem (Wis.) 14. Sept. 1860, † Los Angeles-Hollywood 4. März 1940, amerikan. Schriftsteller. – Schrieb naturalist. Romane und Erzählungen über das Grenzerleben in den Prärien des Mittelwestens.

G., Judy, eigtl. Frances Gumm, * Grand Rapids (Minn.) 10. Juni 1922, † London 22. Juni 1969, amerikan. Filmschauspielerin. – Mutter von L. Minelli; 1936 Kinderstar in Hollywood; Gesangs- und Tanzrollen, v. a. in Musikfilmen.

Garmisch-Partenkirchen, Hauptort des Landkr. G.-P., Bayern, am N-Fuß des Wettersteingebirges, 720 m

Federico García Lorca

Gabriel García Márquez

Alfonso García Robles

Giuseppe Garibaldi

Judy Garland

Garn

Garmisch-Partenkirchen Stadtwappen

ü. d. M., 25 700 E. Fachschulen (u. a. für das Hotelwesen); Werdenfelser Museum; heilklimat. Kurort, Ausgangspunkt für Hochgebirgstouren, Wintersportplatz. – *Garmisch* wird 802 erstmals erwähnt; kam 1249 an das Bistum Freising; Partenkirchen wird als röm. Straßenstation *Parthanum* 257 und 275 erwähnt, im MA erst zw. 1130 und 1156. 1294 kam Partenkirchen an das Bistum Freising, seit 1305 als Markt bezeichnet. Beide Orte wurden 1935 zu einer Marktgemeinde vereinigt, 1936 Austragungsort der 4. Olymp. Winterspiele. – Alte Pfarrkirche Sankt Martin (Wandmalereien des 13. und 15. Jh.), Neue Pfarrkirche Sankt Martin (1730–34) mit Deckengemälden; Wallfahrtskirche Sankt Anton in Partenkirchen (1704–08 und 1733–39) mit bed. Deckengemälden.

G.-P., Landkr. in Bayern.

Garn [urspr. „aus getrockneten Därmen (althochdt. garn) gedrehte Schnur"], durch Spinnverfahren aus Fasern von wenigen Zentimetern Länge hergestelltes fadenförmiges Textilerzeugnis. G.bezeichnungen werden gewählt nach der *Feinheit,* nach dem *Material* (Woll-G., Baumwoll-G. usw.), nach der *Drehungsrichtung* (S-gedrehte und Z-gedrehte G.), nach der *Drehungszahl* (weich, normal, hart gedrehte und überdrehte G.), nach der *Art des Verspinnens,* nach dem *Verwendungszweck* (Strick-G., Handarbeits-G., Näh-G.), nach dem *Aussehen* (glatte, einfarbige, melierte G.), nach bes. *Nachbehandlungen* (mercerisierte G., texturierte G.).

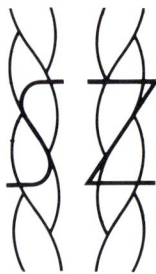

Garn. S-gedrehtes (links) und Z-gedrehtes Garn

▷ in der *Seemannssprache* Bez. für einen starken Faden zum Nähen von Segeltuch; im 19. Jh. dann Bez. für abenteuerl. Geschichten, die sich Matrosen erzählten; **Seemannsgarn spinnen,** abenteuerl. Geschichten erzählen.

Garnelen [niederl.] (Natantia), Unterordnung überwiegend meerbewohnender Zehnfußkrebse mit etwa 2 000 bis über 30 cm großen Arten; Körper schlank, fast stets seitlich zusammengedrückt, häufig glasartig durchsichtig. Die bekanntesten Arten sind: **Felsengarnele** (Krevette, Palaemon serratus), etwa 5–7 cm lang, an der südeurop. Atlantikküste und im Mittelmeer; Körper durchsichtig mit blauen und rotbraunen bis gelben Linien und Flecken. **Nordseegarnele** (Gemeine G., Granat, Crangon crangon), etwa 4,5 (♂) bis 7 (♀) cm lang, vorwiegend hell- bis dunkelgrau, in küstennahen Gewässern des N-Atlantiks und seiner Nebenmeere. **Ostseegarnele** (Palaemon squilla), etwa 6 cm lang, durchsichtig gelblich, rötlich gesprenkelt, in der Nordsee und westl. Ostsee; werden zu Konserven (Krabben) verarbeitet. **Pistolenkrebs** (Knallkrebschen, Alpheus californiensis), bis etwa 5 cm lang, an der kaliforn. Küste N-Amerikas; können durch Zusammenschlagen der Scherenfinger einen lauten Knall erzeugen. **Steingarnele** (Palaemon elegans), etwa 3–6 cm lang, glasartig durchsichtig, in der Nordsee, an der europ. und afrikan. Atlantikküste sowie im Mittelmeer.

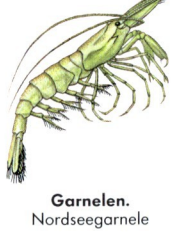

Garnelen. Nordseegarnele

Charles Garnier. Die neubarocke Pariser Oper, 1861–74

Garner, Erroll [Louis] [engl. ˈgɑːnə], * Pittsburgh (Pa.) 15. Juni 1923, † Los Angeles (Calif.) 2. Jan. 1977, amerikan. Jazzmusiker (Pianist). – Seine Spielweise ist durch eine den ↑ Beat verschleiernde Rhythmik (ausgeführt mit der rechten Hand) und eine gitarreähnl. Akzentuierung (ausgeführt mit der linken Hand) charakterisiert.

Garnett, David [engl. ˈgɑːnɪt], * Brighton 9. März 1892, † Montcuq (Lot) 17. Febr. 1981, engl. Schriftsteller. – Verf. grotesk-satir. gesellschaftskrit. Romane und Novellen; u. a. „Meine Frau die Füchsin" (R., 1922), „Plough over the bones" (R., 1973).

Garnier [frz. garˈnje], Charles, * Paris 6. Nov. 1825, † ebd. 3. Aug. 1898, frz. Baumeister. – Wurde berühmt durch den neubarocken Bau der Pariser Oper (1861–74).

G., Robert, * La Ferté-Bernard (Sarthe) 1544, † Le Mans 20. Sept. 1590, frz. Dramatiker. – Schrieb handlungsarme Tragödien mit bibl. und antiken Stoffen, u. a. die Tragikomödie „Bradamante" (1582; nach Ariosto).

G., Tony, * Lyon 13. Aug. 1869, † Roquefort-la-Bédoule (Bouches-du-Rhône) 19. Jan. 1948, frz. Architekt. – Pionier der Stahlbetonbauweise (in Lyon u. a. Stadion, 1913–16; Markthalle, 1928) und des modernen Städtebaus (Entwürfe); wichtige theoret. Schriften.

garnieren [german.-frz., urspr. „ausrüsten"], mit Zutat versehen, einfassen; schmücken, verzieren.

Garnierit [...ni-e...; nach dem frz. Geologen und Ingenieur J. Garnier, * 1839, † 1904], grünes, monoklines Mineral, wasserhaltiges Nickel-Magnesium-Silicat, Verwitterungsprodukt ultrabasischer Erstarrungsgesteine, $(Ni, Mg)_3[(OH)_4|Si_2O_5]$, Mohshärte 2 bis 4; Dichte 2,3 bis 2,8 g/cm³; wichtiges Nickelerz.

Garnison [frz. (zu ↑ garnieren)], Bez. für die militär. Besatzung eines Ortes, auch für Orte mit ständiger militär. Belegung; heute durch die Bez. ↑ Standort ersetzt.

Garnitur [frz. (zu ↑ garnieren)], mehrere zu einem Ganzen gehörende Stücke, z. B. Couch und Sessel in gleicher Ausstattung (Couchgarnitur).

Garnnumerierung, in der Textiltechnik die Angabe der *Feinheit* von Fasern, Garnen, Seilen usw. durch Nummern. – Beim **Denier-System** wird die Feinheit mit Denier (Abk. **den;** 1 den = 1 g/9 000 m) bezeichnet *(Gewichtsnumerierung).* Beim internat. verwendeten **Tex-System** (DIN 60 905, DIN 60 910) wird die Feinheit in Tex angegeben (Abk. **tex;** 1 tex = 1 g/1 000 m).

Garonne [frz. gaˈrɔn], Zufluß des Atlantiks, in Spanien und SW-Frankreich; Quellfluß ist die in den Z-Pyrenäen auf span. Gebiet entspringende **Garona de Ruda;** die G. durchfließt das Aquitan. Becken; ihr Mündungstrichter ist die **Gironde;** 647 km lang (ohne Gironde 575 km).

Garoua [frz. gaˈrwa], Regions- und Dep.hauptstadt in N-Kamerun, am Benue, 95 000 E. Kath. Bischofssitz; Zentrum eines Baumwollanbaugebiets; Baumwollverarbeitung, Speiseölfabrik; wichtiger Flußhafen, ✈. – Gegr. 1834.

GARP [engl. gɑːp], Abk. für: ↑ **G**lobal **A**tmospheric **R**esearch **P**rogramme.

Garrett, João Baptista da Silva Leitão de Almeida, * Porto 4. Febr. 1799, † Lissabon 9. Dez. 1854, portugies. Dichter und Politiker. – Als Liberaler wiederholt in der Emigration; 1836 Gründer des Nationaltheaters; sammelte Balladen und Lieder seiner Heimat, führte das portugies. romant. Drama mit dem histor. Drama „Frei Luís de Sousa" (1844) auf seinen Höhepunkt.

Garrick, David [engl. ˈgærɪk], * Herford 19. Febr. 1717, † London 20. Jan. 1779, engl. Schauspieler und Dramatiker. – Berühmt wegen seiner ungekünstelt-natürl. Darstellung von Shakespeare-Charakteren (bes. Hamlet); 1747–76 Leiter des Drury Lane Theatre; auch Verf. bühnenwirksamer Stücke mit Liedeinlagen.

Garrigue [frz. gaˈrig] ↑ Garigue.

Garrigues [frz. gaˈrig], frz. Landschaft am S-Fuß der Cevennen, die aus mehreren verkarsteten Jura- und Kreidekalkplateaus besteht, von den Flüssen in tiefe Schluchten zertalt; spärl. Felsheiden.

Garrison [engl. ˈgærɪsn], Jimmy, eigtl. James Emory G., * Miami 3. März 1934, † New York 7. April 1976, amerikan.

Jazzmusiker (Kontrabassist). – Spielte u. a. bei J. Coltrane, danach im Trio von E. Jones; einer der bedeutendsten Bassisten des Free Jazz.

G., William Lloyd, *Newburyport (Mass.) 10. Dez. 1805, †New York 24. Mai 1879, amerikan. Journalist und Philantrop. – Setzte sich leidenschaftlich für die Sklavenbefreiung (Abolitionismus), später für die Prohibition und das Frauenstimmrecht ein.

Garrotte [span.], Halseisen zur Vollstreckung der Todesstrafe durch Erdrosseln; wurde v. a. in Spanien angewendet (zuletzt Anfang der 1970er Jahre).

Garschin, Wsewolod Michailowitsch, *Gut Prijatnaja Dolina (Gebiet Donezk) 14. Febr. 1855, †Petersburg 5. April 1888 (Selbstmord), russ. Schriftsteller. – Schrieb Erzählungen („Vier Tage", 1877; „Die rote Blume", 1883) in erregter, ungewöhnl. Sprache, knapper, prägnanter Diktion; Thema ist das Entsetzen vor Welt und Mensch, Sinnlosigkeit, Bosheit und zugefügtem Leid.

Garten [zu althochdt. garto, eigtl. „das Umzäunte"] allg. Bez. für ein kleineres, mit Zaun, Hecke oder Mauer umgrenztes Landstück. Man unterscheidet zw. *Nutz-G.* (Obst- und Gemüse-G.), *Zier-G.* (z. B. Rosen-G., Staudengärten) und wiss. Gärten (botan. Gärten).

Gartenaere, Wernher der ↑Wernher der Gartenaere.

Gartenampfer (Engl. Spinat, Rumex patientia), bis 2 m hohe Art der zu den Knöterichgewächsen gehörenden Gatt. **Ampfer** in S-Europa und Vorderasien; Pflanze mit meist roten, dünnen, am Rande gewellten Blättern; werden als Gemüse gegessen.

Gartenanemone (Anemone coronia), Anemonenart im Mittelmeergebiet und in Vorderasien; bis 40 cm hohe Stauden mit handförmig geteilten, gestielten Blättern; Blüten groß (4–6 cm), in leuchtenden Farben.

Gartenbänderschnecke ↑Schnirkelschnecken.

Gartenbau, Form des Landbaus, die sich in die Bereiche Gemüsebau, Blumengärtnerei (↑Zierpflanzenbau), ↑Samenbau und ↑Baumschule untergliedert. Charakteristisch für den G. ist der intensive Anbau.

Gartenbauausstellungen (Gartenschauen), nat. oder internat. öff. Leistungsschauen des Gartenbaus, die meist mit der Errichtung bleibender Park- und Gartenanlagen verbunden sind. In der BR Deutschland findet in unregelmäßigen Abständen eine Bundesgartenschau statt (Hannover 1951, Kassel 1955, Köln 1957, Dortmund 1959, Stuttgart 1961, Essen 1965, Karlsruhe 1967, Dortmund 1969, Köln 1971, Mannheim 1975, Stuttgart 1977, Bonn 1979, Kassel 1981, Berlin 1985, Düsseldorf 1987, Frankfurt am Main 1989, Dortmund 1991), außerdem die Internat. Gartenbauausstellung „IGA" (Hamburg 1953, 1963, 1973, München 1983); eigenständige Einrichtung ist die Internat. Gartenbauausstellung „iga" in Erfurt (erstmals 1961).

Gartenbaumläufer (Certhia brachydactyla), etwa 12 cm lange Art oberseits graubrauner, hell längsgestreifter, unterseits weißl. Baumläufer, v. a. in Gärten, Parkanlagen, Au- und Laubwäldern Europas, NW-Afrikas und Kleinasiens.

Gartenbohne (Fisole, Phaseolus vulgaris), in S-Amerika (Anden und argentin. Mittelgebirge) beheimatete, heute weltweit verbreitete Bohnenart; einjährige Pflanzen mit windendem oder aufrechtem Stengel und weißen, gelbl., rosafarbenen oder violetten Blüten. Die G. wird in zwei Sorten (**Buschbohne** und **Stangenbohne**) kultiviert, deren unreife Hülsen und reife Samen als Gemüse gegessen werden.

Gartenchampignon ↑Champignon.

Gartenerbse ↑Erbse.

Gartenerdbeere ↑Erdbeere.

Gartenfenchel ↑Fenchel.

Gartenhaarmücke (Bibio hortulanus), bis 9 mm große Haarmücke; die bis 15 mm langen Larven werden durch Wurzelfraß an Getreide, Gartenpflanzen u. a. schädlich.

Gartenhummel ↑Hummeln.

Gartenkresse ↑Kresse.

Gartenkunst (Gartengestaltung), die künstler. Formung begrenzter Freiräume durch Pflanzen, Wege, Anschüttungen, Planierungen, Architekturelemente, Wasser, Bildwerke. G. gab es in den altmesopotam., den ägypt., den altamerikan. Hochkulturen, in China und Japan.

Als eines der ↑Sieben Weltwunder der Antike galten die hängenden Gärten (Terrassenanlage) der Semiramis in Babylon (6. Jh. v. Chr.). Die Anlage pers. Gärten, Erbe altoriental. G., bestand in einem Achsenkreuz (= 4 Himmelsrichtungen) mit einem Wasserbecken in der Mitte sowie schattenspendendem Baumbestand. Diese Konzeption wurde in der hellenist. G. übernommen, die Römer fügten v. a. die Skulptur hinzu, auch architekton. Elemente (Hadriansvilla in Tivoli), der islam. Garten wurde mit Teppichen und Zelten ausgestattet (ohne Skulptur). In Mitteleuropa gab es im MA v. a. Nutzgärten bei Burg und Kloster, auch kleine Ziergärten. Die G. der Renaissance greift antike Traditionen auf, der Garten, als Kunstwerk begriffen, wird ausgestattet mit Wasserspielen, Terrassen und Treppenanlagen, beschnittenen Hecken und gestutzten Bäumen (Boskett) sowie Skulpturen, deren Anzahl im Manierismus und Barock erheblich zunimmt. Beim **französischen Garten** sind Garten und Schloß Teile einer Gesamtkonzeption, die Natur wird in streng symmetr. Achsensystem einer architekton. Gestaltung unterworfen; Rabatten, Boskettgärten,

Gartenkunst. Oben: englischer Garten, Stourhead Garden in Wiltshire (Südengland), um 1740. Unten: französischer Garten in Hannover-Herrenhausen, Anfang 18. Jahrhundert

Gartenlaube, Die

Eduard Gärtner. Unter den Linden, erste Fassung 1853 (Berlin, Staatliche Museen)

Bildwerke und Steinvasen, Bassins mit Wasserspielen, Irrgarten, Orangerie u. a. sind wichtige Elemente. Das Vorbild von Versailles (Le Nôtre) prägte die barocken Gartenanlagen in ganz Europa. Um 1730 entstand der **englische Garten** als malerisch geprägter „Landschaftsgarten" mit geschwungenen Wegen, weiten Rasenflächen und natürl. Baumgruppen sowie weiteren kleinen mittelalterl. (got.), griech. und chin. Lustbauten. Der engl. Garten bzw. der Park trat im 19. Jh. seinen Siegeszug in Europa und den USA an. – Moderne Aufgaben der G. sind Stadtdurchgrünung und Erholungszonen (größere Neuanlagen entstanden oft in Zusammenhang mit ↑Gartenbauausstellungen).

Gartenlaube, Die, 1853 gegr. dt. illustrierte Familienzeitschrift; vorwiegend belehrende Beiträge und leichte, sentimentale Unterhaltung (insbes. die Romane von E. Marlitt, später die von H. Courths-Mahler); seit 1938 u. d. T. „Die neue Gartenlaube" fortgesetzt (bis 1944).

Gartenlaubkäfer (Junikäfer, Phyllopertha horticola), häufiger, 9–12 mm großer Blatthornkäfer in M-, S- und N-Europa; mit grünem bis grünlichblauem Kopf und Halsschild sowie gelbbraunen Flügeldecken.

Gartenlaubkäfer

Gartenlaufkäfer ↑Laufkäfer.
Gartenmelisse, svw. Zitronenmelisse (↑Melisse).
Gartennelke ↑Nelke.
Gartenrettich ↑Rettich.
Gartenrotschwanz ↑Rotschwänze.
Gartensalat ↑Lattich.
Gartenschädlinge, pflanzl. und tier. Lebewesen, die in Gärten Schaden an Pflanzen verursachen können. Von den Säugetieren sind es v. a. Feld- und Wühlmaus, aber auch Feldhase und Wildkaninchen, die durch Fraß an Wurzeln und oberird. Pflanzenteilen große Ausfälle bei Kulturpflanzen verursachen können. Weitaus größere Schäden werden jedoch durch Insekten (und deren Larven) angerichtet, z. B. durch Blattläuse, Kartoffelkäfer, Frostspanner, Kohleulen, Drahtwürmer und Engerlinge. Pflanzl. G. sind v. a. Mehltaupilze, Rostpilze, Brandpilze.

Gartenschau ↑Gartenbauausstellungen.

Gartenschläfer (Eliomys quercinus), relativ kleine, schlanke Art der Bilche Europas und NW-Afrikas; Körperlänge etwa 10–17 cm, Schwanz etwa 9–13 cm lang; Oberseite zimtfarben, Bauch weiß, Stirn rotbraun, Gesicht unterhalb eines ausgeprägten schwarzen Augenstreifs weiß.

Gartenschnecke, svw. Gartenbänderschnecke (↑Schnirkelschnecken).

Gartenspötter, svw. Gelbspötter (↑Grasmücken).

Gartenstadt, seit Mitte des 19. Jh. diskutierter, von dem Briten E. Howard 1898 durchgesetzter Stadttypus („garden city") mit sozialreformer. Zielsetzungen; von Grünanlagen durchsetzte Siedlung mit Arbeitsstätten in der Nähe übervölkerter Großstädte. Als G. entstanden Letchworth (1903 ff.) und Welwyn Garden City (1920 ff.), in Deutschland Hellerau (1909 ff.; heute zu Dresden); später hießen Vorstädte, die als reine Wohnbezirke angelegt worden waren, G. (z. B. Leipzig-Marienbrunn, Karlsruhe-Rüppur).

Gartenunkräuter, Pflanzen, die in Gärten unerwünscht auftreten (z. B. Gemeines Hirtentäschelkraut, Vogelknöterich).

Gartenzwerg, für den Garten bestimmte, buntfarbige Figur (Zwerg) aus Keramik oder Kunststoff in verschiedenen Variationen (Angler, Gärtner, Musikant usw.); v. a. in Deutschland üblich.

Gärtner, Eduard, *Berlin 2. Juni 1801, †Flecken Zechlin (Landkr. Neuruppin) 22. Febr. 1877, dt. Maler und Lithograph. – Architekturmaler des biedermeierl. Berlin. **G.,** Friedrich Ritter von (seit 1837), *Koblenz 10. Dez. 1792, †München 21. April 1847, dt. Baumeister. – Hofarchitekt König Ludwigs I. von Bayern; vollendete nach Renaissancevorbildern die monumentale Ludwigstraße in München (Feldherrnhalle, Staatsbibliothek, Ludwigskirche, Univ., Siegestor).

Gärtnerei, Bez. sowohl für einen Gartenbaubetrieb (der erwerbswirtschaftlich geführt wird) als auch für einen gärtner. Betrieb, bei dem der erwerbswirtsch. Zweck der Dienstleistung untergeordnet ist (z. B. Krankenhaus-G., Stadt-G.) oder bei dem die gestalter. Arbeit der Erzeugung übergeordnet ist (z. B. Landschafts-G., Friedhofs-G.).

Gärung, Bez. für den anaeroben (ohne Sauerstoff ablaufenden) enzymat. Abbau von Kohlenhydraten. Im Ggs. zur ↑Atmung erfolgt der Abbau nicht vollständig zu Kohlendioxid und Wasser, es werden relativ energiereiche Endprodukte gebildet; entsprechend ist die Energieausbeute der G. wesentlich geringer. Nach den entstehenden Endprodukten unterscheidet man u. a. die alkohol. G., die Milchsäure-G. und die Propionsäure-G.; auch bei der ↑Fermentierung sind G.vorgänge beteiligt. Bei der insbes. durch Hefen bewirkten **alkoholischen Gärung** entsteht aus Traubenzucker oder anderen Hexosen Alkohol (Äthanol) und Kohlendioxid (CO_2) gemäß der Bilanzgleichung $C_6H_{12}O_6 \rightarrow 2CH_3CH_2OH + 2CO_2$. Die **Propionsäuregärung** spielt v. a. bei der Käsereifung eine Rolle (die Löcher im Schweizer Käse entstehen durch dabei freigesetztes CO_2).

Geschichte: Kenntnis und Nutzbarmachung v. a. der alkohol. G. reichen weit ins Altertum zurück. 1815 stellte J. L. Gay-Lussac die Bilanzgleichung der G. auf. Um 1840 erkannte man, daß G. durch Hefezellen verursacht wird. 1897 isolierte E. Buchner das für die alkohol. G. verantwortl., rd. 20 Enzyme enthaltende Enzymsystem Zymase und widerlegte damit die Theorie, daß G.vorgänge nur in Anwesenheit lebender Zellen ablaufen. Bei der danach einsetzenden intensiven Untersuchung, u. a. von O. F. Meyerhof, O. Warburg, wurden zahlr. biochem. Mechanismen fundamentaler Bed. erstmals erkannt und somit die Entwicklung der modernen Biochemie entscheidend gefördert.

Gärungsessig ↑Essig.

Garve, Christian ['garvə], *Breslau 7. Jan. 1742, †ebd. 1. Dez. 1798, dt. Philosoph. – 1770–72 Prof. in Leipzig; bekannter Popularphilosoph der dt. Aufklärung; G. übersetzte Werke der englischen Moralphilosophen (u. a. E. Burke und A. Smith).

Garvey, Marcus Moziah [engl. 'gɑːvɪ], *St. Ann's Bay (Jamaika) 17. Aug. 1887, †London 10. Juni 1940, afroamerikan. Politiker. – Gründete 1914 die Universal Negro Improvement Association (Abk. UNIA) in Jamaika; vertrat eine Doktrin der Reinheit und Trennung der Rassen; wegen Betrugs angeklagt und 1922 verurteilt.

Gary, Romain [frz. ga'ri], eigtl. Roman Kassew, *Wilna 8. Mai 1914, †Paris 3. Dez. 1980 (Selbstmord), frz. Schriftsteller. – Verf. zeitkrit. und satir. Romane; erfolgreich v. a. der optimist. Roman „Die Wurzeln des Himmels"

(1956). – *Weitere Werke:* Kleider ohne Leute (R., 1949), Erste Liebe – letzte Liebe (autobiograph. R., 1959), Der Hund von Beverly Hills (R., 1970).

Gary [engl. 'gɛrɪ], Stadt am S-Ufer des Michigansees, im Bundesstaat Indiana, USA, 132 000 E (1988) (1970: 175 000 E). Kath. Bischofssitz. 1905 durch die United States Steel Corporation als neues Zentrum der Stahlindustrie gegr.; die „Stahlkrise" hat seit den 70er Jahren G. Wirtschaftslage stark beeinträchtigt.

Gas [niederl. zu griech. cháos „leerer Raum"], Materie im sog. gasförmigen ↑Aggregatzustand, bei dem die zwischenmolekularen Kräfte so gering sind, daß diese Materie weder eine bestimmte Form noch ein konstantes Volumen hat, sondern jeden zur Verfügung stehenden Raum durch (im Mittel gleichmäßige) Verteilung der Atome bzw. Moleküle ausfüllt, sofern keine äußeren Kräfte (z. B. die Schwerkraft) einwirken. Volumen und Dichte sind daher nur durch die äußeren Bedingungen bestimmt. Ist ein G. in einem bestimmten Raumgebiet eingeschlossen (z. B. in einem Gefäß), so übt es auf jedes Flächenelement der Oberfläche bzw. eines im G.raum befindl. festen oder flüssigen Körpers einen Druck aus **(Gasdruck).**

Der **Zustand eines Gases** wird durch die drei Zustandsgrößen Druck p, Temperatur T und Volumen V festgelegt. Sie sind durch die ↑Gasgesetze miteinander verknüpft. Als **ideales Gas** wird ein G. bezeichnet, bei dem man voraussetzt, daß die therm. Zustandsgleichung $p \cdot V = R \cdot T$ (R ↑Gaskonstante) gilt. Die wirkl., **realen Gase** verhalten sich erfahrungsgemäß bei genügend hohen Temperaturen und genügend geringen Dichten nahezu wie ideale Gase.
▷ ↑Brenngase, ↑Erdgas, ↑Stadtgas.

Gasa (Gaza), Stadt an der SO-Küste des Mittelmeeres, zentraler Ort des ↑Gasastreifens, 200 000 E. Behörden, Handwerksbetriebe; Hafen (offene Reede). – Im A. T. als Stadt der Kanaanäer und Philister erwähnt; 332 v. Chr. von Alexander d. Gr. erobert; 635 n. Chr. den Byzantinern von den Arabern entrissen; seit dem MA in alle Auseinandersetzungen um Palästina verwickelt.

Gasabsorption ↑Gasanalyse.

Gasanalyse, quantitative und qualitative Untersuchung von Gasen oder Gasgemischen. Verwendete Verfahren: Bei der **Gasvolumetrie** wird aus einer eingewogenen Substanzmenge durch eine chem. Reaktion eine äquivalente Menge Gas freigesetzt, die volumetrisch gemessen wird. Bei der **Gasabsorption** wird die selektive Absorption eines bestimmten Gases durch ein Reagenz ermittelt; die Menge wird durch Messung des Differenzvolumens bestimmt. Die **Gasgravimetrie** mißt die Gasmenge durch Differenzwägung eines selektiven Gasabsorbens vor und nach der Absorption, während die **Gastitrimetrie** auf der Titration des durch die Meßlösungen perlenden Gases beruht. Vielfach verwendet werden auch ↑Gaschromatographie und ↑Infrarotspektroskopie. – ↑Gasspürgerät.

Gasanzünder, Vorrichtung zum Entzünden eines Gas-Luft-Gemisches; übl. Ausführungsformen sind der **Reibzünder,** bei dem durch Reiben eines Zündsteins aus Auermetall ein Zündfunken erzeugt wird, der **elektrische Gasanzünder,** bei dem ein zum Glühen gebrachter elektr. Leiter oder ein zw. zwei Kontakten überspringender Funke (beim **piezoelektrischen Gasanzünder** wird dieser Funke durch einen kräftigen Schlag auf einen Kristall erzeugt) die Zündtemperatur liefert, und der **katalytische Gasanzünder,** bei dem ein Platinkatalysator die Zündreaktion einleitet.

Gasastreifen, schmaler, 363 km² umfassender Gebietsstreifen an der Mittelmeerküste, erstreckt sich von Gasa bis zur ägypt. Grenze; 590 000 E. Von den Erwerbsfähigen arbeitet $\frac{1}{3}$ in Israel; der G. war Teil des brit. Mandatsgebiets ↑Palästina; nach dem ägypt.-israel. Waffenstillstand 1949 unter ägypt. Verwaltung gestellt; 1956 von israel. Truppen besetzt, 1957 wieder geräumt; seit 1967 erneut von israel. Truppen besetzt.

Gasbad, Trockenbad in Kohlensäure oder Schwefelwasserstoffgas; zur Behandlung von Herz-, Gefäß- und Hautkrankheiten.

Gasballastpumpe ↑Vakuumtechnik.

Gasbehälter (Gasometer), Speicher- und Druckregulierungsbehälter für Stadtgas und techn. Gase, meist in Stahlbauweise. Die ältere Bauart ist der **Glocken-** oder **Teleskopgasbehälter:** Ein an der Unterseite offener Zylinder nimmt das Gas auf und senkt sich je nach Entnahme; er übt durch sein eigenes Gewicht Druck auf das Gas aus. Zur Abdichtung taucht der untere Zylinderrand in eine Flüssigkeit (meist Wasser) ein. Beim **Scheibengasbehälter** verschließt eine vertikal bewegl. Scheibe mit Teerdichtung den Behälter.

Gasbeleuchtung, [Vorrichtung zur] Lichterzeugung mit Gasflammen, z. B. zur Straßenbeleuchtung mit Stadt- oder Erdgas, in ortsveränderl. Anlagen mit Flüssiggas (z. B. für Campingzwecke), Acetylen u. a. Man unterscheidet heute Verbrennungslampen mit selbstleuchtender Flamme (u. a. Acetylenlampe) und Verbrennungslampen mit Glühkörpern (sog. **Gasglühlicht**).

Gasbrand (Gasgangrän, Gasödemerkrankung, Gasphlegmone, schwere Wundinfektion durch ↑Gasbrandbakterien, bes. bei tiefgehenden Gewebszerreißungen (z. B. als Folge von Schußverletzungen). Das absterbende Gewebe (v. a. Muskulatur) schwillt an, wobei sich knisternde Gasbläschen bilden; die Haut verfärbt sich bläulichrot bis grünlichgrau; es kommt zu starken Schmerzen und plötzl. Kreislaufschwäche.

Gasbrandbakterien, Clostridiumarten (↑Clostridium), die beim Menschen ↑Gasbrand hervorrufen können. Die G. bilden stark gewebsauflösende Enzyme, die meisten außerdem tödl. Exotoxine. Da die G. überall im Erdboden vorkommen, besteht bei jeder verschmutzten Wunde Infektionsgefahr.

Gasbrenner, eine zur Verbrennung von Stadt- oder Erdgas verwendete Vorrichtung. Bei den Leuchtflammenbrennern strömt das Gas aus zahlr. nebeneinanderliegenden engen Löchern oder schmalen Spalten mit niedrigem Druck aus; das brennende Gas bildet einen Flammenkranz. Laboratoriumsgeräte besitzen ein Mischungsrohr, in dem das einströmende Brenngas mit Luft gemischt wird, z. B. Bunsenbrenner.

Gascar, Pierre [frz. gas'ka:r], eigtl. P. Fournier, * Paris 13. März 1916, frz. Schriftsteller. – Erweist sich in seinen Romanen, die oft metaphernhaft eigenes Erleben wiedergeben, wie auch in seinen Reportagen und Essays als illusionsloser, realist. Beobachter. – *Werke:* Die Tiere (Novellen, 1953), Garten der Toten (R., 1953), Der Flüchtling (R., 1960), Les charmes (R., 1965), L'arche (R. 1971), Le diable à Paris (1985).

Gaschromatographie, in der analyt. organ. Chemie bedeutendstes Verfahren zur Trennung von gasförmigen Stoffen und Substanzgemischen, die sich bis zu 400 °C unzersetzt verdampfen lassen. Als mobile Phase dient ein sehr

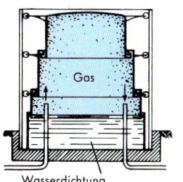
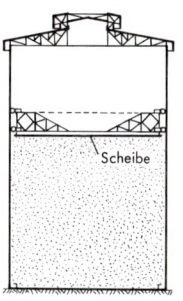

Gasbehälter.
Oben: Glockengasbehälter.
Unten: Scheibengasbehälter

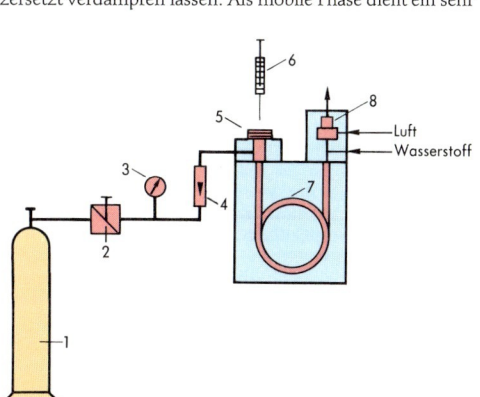

Gaschromatographie. Schematischer Aufbau eines Gaschromatographen: 1 Stahlflasche mit Trägergas; 2 Druckregler; 3 Manometer; 4 Strömungsmesser; 5 Einspritzblock; 6 Injektionsspritze; 7 Trennsäule; 8 Flammenionisationsdetektor

Gascogne

Pietro Gasparri

Pierre Gassendi

reaktionsträges Trägergas (z. B. Helium). Dieses transportiert das Gemisch in eine Trennsäule, die ein festes Adsorptionsmittel oder einen Flüssigkeitsfilm als stationäre Phase enthält. Je nach ihrer Bindung zur stationären Phase werden die einzelnen Komponenten des Gemisches mehr oder weniger stark zurückgehalten und treten am Ende der Säule getrennt aus. Der Nachweis der einzelnen Bestandteile erfolgt mit einem Detektor auf Grund der Veränderung der Wärmeleitfähigkeit des Trägergases oder mit Hilfe eines Flammenionisationsdetektors (Ionisation einer Wasserstoffflamme). Diese Veränderungen werden (nach elektron. Verstärkung) über einen Schreiber wiedergegeben und liefern ein sog. **Gaschromatogramm,** aus dem die Substanzmengen und die charakterist. Substanzkonstante, die Rückhalte- oder Retentionszeit, abgelesen wird. Die G. eignet sich bes. zum Nachweis und zur Trennung kleinster Mengen chemisch einander sehr ähnl. Substanzen (Spurenanalyse).

Gascogne [frz. gasˈkɔɲ], histor. Gebiet in S-Aquitanien (Frankreich). – Umfaßte in röm. Zeit die Prov. **Novempopulana.** 602 unterwarfen die Merowinger die hier siedelnden Vaskonen und gliederten deren Gebiet dem Hzgt. Aquitanien ein; bildete ab 768 ein selbständiges Hzgt; fiel 1052 an Aquitanien.

Gascoigne, George [engl. ˈgæskɔɪn], * Cardington (?) (Bedfordshire) zw. 1530 und 1542, † Berrack bei Stamford 15. Okt. 1577, engl. Schriftsteller. – Erster Verf. einer Prosaerzählung über das Alltagsleben, einer Prosakomödie („Supposes", 1566; nach Ariosto) und eines Maskenspieles.

Gascoyne, David Emery [engl. ˈgæskɔɪn], * Harrow (= London) 10. Okt. 1916, engl. Dichter. – Zunächst surrealist. Gedichte („Man's life is this meat", 1936); später vom christl. Existentialismus beeinflußt; Essays zur surrealist. Literatur.

Gasdrucklader, Maschinenwaffe, bei der ein Teil des Gasdrucks, der bei der Verbrennung der Treibladung des Geschosses entsteht, zur Betätigung des Lademechanismus ausgenutzt wird. – Ggs. ↑ Rückstoßlader.

Gasdruckstoßdämpfer ↑ Stoßdämpfer.

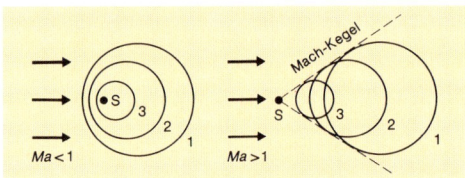

Gasdynamik. Ausbreitung einer von einem ruhenden Störungszentrum (S) ausgehenden Druckwelle, wenn S von einer Unterschallströmung (links) oder einer Überschallströmung (rechts) angeströmt wird (Ma Mach-Zahl)

Gasdynamik, Teilgebiet der ↑ Strömungslehre, das sich mit der Untersuchung der Strömungen von Gasen bei großen Strömungsgeschwindigkeiten (größer als etwa $1/7$ der lokalen Schallgeschwindigkeit) befaßt. Bei hohen Strömungsgeschwindigkeiten treten beträchtl. Dichteänderungen des Gases auf (kompressible Strömungen). Die Strömung wird daher wesentlich durch das thermodynam. Verhalten des Gases beeinflußt. Dagegen spielt seine innere Reibung eine untergeordnete Rolle. Die theoret. G. behandelt daher überwiegend die Strömungen reibungsfreier Gase. Meist wird auch vorausgesetzt, daß es sich um ideale Gase handelt. Wichtigste Kennzahl der G. ist die ↑ Mach-Zahl Ma. *Unterschallströmungen* ($Ma < 1$) zeigen ein grundsätzlich anderes Verhalten als *Überschallströmungen* ($Ma > 1$).

Gasel (Gasele) ↑ Ghasel.

Gasentartung, Bez. für das von den normalen Gesetzmäßigkeiten abweichende Verhalten von Gasen bei sehr niedrigen Temperaturen bzw. bei sehr hohen Dichten. Ein entartetes Gas besitzt z.B. bei tiefen Temperaturen eine nahezu temperaturunabhängige innere Energie; seine spezif. Wärmekapazität ist nur gering und verschwindet am absoluten Nullpunkt.

Gasentladung, der Durchgang des elektr. Stromes durch ein Gas oder einen Dampf und die dabei auftretenden physikal. Erscheinungen. Neben meist vorhandenen Leuchterscheinungen können akust. Effekte (Knistern, Zischen, Donnern) und chem. Prozesse (Ozon-, Stickoxidbildung) auftreten. Da Gase normalerweise aus elektrisch neutralen Molekülen bestehen, besitzen sie keine oder nicht genügend Ladungsträger zur Leitung des elektr. Stromes. Damit das Gas leitend wird, müssen in ihm Ladungsträger erzeugt werden. Bei der **selbständigen Gasentladung** werden die Ladungsträger von Teilen der Entladung selbst erzeugt; die Ionisierungsenergie wird dabei dem Entladungsstromkreis entnommen. Dagegen verursacht bei der **unselbständigen Gasentladung** ein sog. Ionisator von außen die Ladungsträgerbildung im Gas. Da durch Höhen- und Umgebungsstrahlung stets ionisierende Teilchen vorhanden sind, die als Primärteilchen die Bildung von Ladungsträgerlawinen verursachen können, ist oberhalb einer krit. Feldstärke stets eine selbständige G. möglich. Beispiele dafür sind Glimm-, Bogen-, Funken- und Büschelentladung. – Die G. wird meist im verdünnten Gas von sog. **[Gas]entladungsröhren,** längl. Glasröhren mit an den Stirnseiten eingeschmolzenen Metallelektroden, beobachtet. Die dabei auftretenden Leuchterscheinungen sind stark vom Gasdruck und von der Stromdichte abhängig. Die G. wird in ↑ Gasentladungslampen, im Ozonisator zur Ozonherstellung und in G.detektoren zum Nachweis ionisierender Teilchen ausgenutzt.

Gasentladungslampe, eine Lichtquelle, in der das Licht durch eine Entladung in Gasen, Metalldämpfen oder einer Mischung beider in einem abgeschlossenen Entladungsgefäß erzeugt wird. Man unterscheidet **Niederdrucklampen** (Fülldruck des Gases meist zw. 100 und 2000 Pa) und **Hochdrucklampen** (Fülldruck einige 10^5 Pa); bei Gasdrücken von über $2 \cdot 10^6$ Pa spricht man meist von **Höchstdrucklampen.** Zu den Niederdrucklampen gehören Leuchtstofflampe und Leuchtstoffröhre. Beispiel für eine Hochdrucklampe ist die ↑ Quecksilberdampflampe. Höchstdrucklampen sind die mit Edelgasfüllungen versehenen Edelgaslampen.

Gasflammkohle ↑ Steinkohle.

Gasflasche, Druckbehälter aus Stahl zur Aufnahme verdichteter, verflüssigter oder unter Druck gelöster Gase. G. unterliegen der Druckgasverordnung. Zur Vermeidung von Verwechslungen haben die Anschlußstutzen von G.ventilen für nicht brennbare Gase Rechtsgewinde, für brennbare Gase Linksgewinde; für Acetylen ist Bügelanschluß vorgeschrieben; die Farbkennzeichnung für G. und Armaturen ist ebenfalls genormt.

Gasgangrän, svw. ↑ Gasbrand.

Gasgeräte, durch Verbrennung von Gasen betriebene Geräte, die so wenig Verbrennungsgase erzeugen, daß ihre Abgase nicht durch bes. Abgasanlagen abgeführt zu werden brauchen, z.B. Gaskocheinrichtungen, Gaskühlschränke und kleine Gaswassererhitzer; als Brennstoff dienen Stadt- oder Erdgas, die dem Versorgungsnetz entnommen werden, Flüssiggase (Butan, Propan) oder vergaste Flüssigkeiten (Benzin, Petroleum, Spiritus), die in Gasflaschen bzw. angebauten Behältern aubewahrt werden. Die Verbrennung erfolgt mit Hilfe von ↑ Gasbrennern. **Gaskocher** sind Gaskochgeräte mit 2 bis 4 Kochstellen. Der meist kastenförmige **Gasbackofen** enthält unter dem Bodenblech Rund-, Oval- oder T-Brenner (zw. 140 und 300°C wählbar). Er kann auch mit einem Infrarotgrill ausgestattet sein. Der **Gasherd** ist eine Kombination von Gaskocher und Gasbackofen.

Gasgesetze, die das Verhalten von Gasen beschreibenden physikal. Gesetze, z. B. ↑ Boyle-Mariottesches Gesetz, ↑ Gay-Lussacsches Gesetz, Daltonsches Gesetz (↑ Partialdruck), ↑ Avogadrosches Gesetz sowie die ↑ Zustandsgleichungen der Gase.

Gasgravimetrie ↑ Gasanalyse.

Gasheizung ↑ Heizung.
Gasherbrumgruppe [engl. 'gæʃəbrʌm], Berggruppe im Karakorum, in dem unter pakistan. Verwaltung stehenden Teil Kaschmirs, mit zwei Achttausendern: **Gasherbrum I** (**Hidden Peak**; 8 068 m ü. d. M.; Erstbesteigung 1958 durch eine amerikan. Expedition) und **Gasherbrum II** (8 035 m ü. d. M.; Erstbesteigung 1956 durch eine östr. Expedition).
Gasherd ↑ Gasgeräte.
gasieren ([ab]sengen, flammen), Abbrennen der aus Garnen, textilen Geweben oder Maschenwaren herausragenden Faserenden, um einen glatten Faden bzw. ein klares Warenbild zu erhalten.
Gasira, Al [arab. „die Insel"] (Gesira, Al), wichtigstes Agrargebiet der Republik Sudan, zw. Blauem und Weißem Nil, mit ausgedehntem Bewässerungssystem. Angebaut werden vor allem Baumwolle und Kulturen für die Eigenversorgung.
Gaskammer, 1. in einigen Bundesstaaten der USA verwendete Einrichtung zur Vollstreckung der Todesstrafe; in den Hinrichtungsraum werden Giftgase eingeleitet; 2. im Zusammenhang mit der sog. „Endlösung der Judenfrage" ab 1942 geschaffene Einrichtungen zur Liquidierung der Juden in ↑ Vernichtungslagern.
Gaskell, Elizabeth Cleghorn [engl. 'gæskəl], geb. Stevenson, * Chelsea (= London) 29. Sept. 1810, † Holybourne bei Alton (Hampshire) 12. Nov. 1865, engl. Erzählerin. – Ihre sozialkrit. Romane entstanden aus der Kenntnis der Not der engl. Arbeiterklasse. – *Werke:* Mary Barton (R., 1848), Cranford (R., 1853), Life of Charlotte Brontë (1857), Sylvia's lovers (R., 1863).
Gaskocher ↑ Gasgeräte.
Gaskohle ↑ Steinkohle.
Gaskonstante, die in der allg. ↑ Zustandsgleichung der (idealen) Gase auftretende Konstante. Man unterscheidet dabei zw. der von der Art des betrachteten Gases abhängigen speziellen G. und der stoffunabhängigen, auf 1 Mol eines Gases bezogenen **allgemeinen** oder **universellen Gaskonstante** $R = 8{,}314510$ J/(mol·K).
Gaskrieg, Einsatz von Gaskampfstoffen als Mittel der Kriegsführung; erstmals im 1. Weltkrieg eingesetzt: das Blasverfahren z. B. 1915 bei Ypern, das artillerist. Gasschießen z. B. 1916 bei Verdun. Im 2. Weltkrieg erfolgte kein Einsatz von Gaskampfstoffen (↑ ABC-Waffen). – Die Verwendung von Gift- oder Reizgasen als Mittel der Kriegsführung ist nach dem Genfer Protokoll vom 17. 6. 1925 verboten.
Gaslagerung, Lagerung von pflanzl. Lebensmitteln in einer sauerstoffarmen und kohlendioxidreichen Atmosphäre, in der die Atmungsintensität bed. verringert ist, was wiederum die Lagerdauer erhöht. Da Obst meist unreif gepflückt wird, muß es in Lagern nachreifen. Durch G. bei geeigneten Temperaturen läßt sich der Zeitpunkt der Reife manipulieren.
Gaslaser ↑ Laser.
Gasli, Ort im S der Sandwüste Kysylkum, Gebiet Buchara, Usbekistan, 7 800 E. Nahebei großes Erdgasvorkommen (Fernleitungen bis zum Ural und zu den zentraleurop. Gebieten Rußlands). – 1958 gegr., 1976 und 1984 durch Erdbeben stark zerstört.
Gasmaske, umgangssprachl. Bez. für ↑ Atemschutzgeräte.
Gasmesser, svw. Gaszähler (↑ Durchflußmessung).
Gasmotor, Verbrennungsmotor, bei dem durch Verbrennung eines vor oder in dem Zylinder hergestellten Gas-Luft-Gemisches mechan. Energie erzeugt wird. G. sind bes. dort vorteilhaft, wo brennbare Gase als Ind.abgase anfallen. Als Gase werden Leucht-, Generator-, Erd-, Klär-, Gichtgas und bei Kfz-G. Propan und Butan verwendet.
Gasnebel, svw. ↑ Emissionsnebel.
Gasödemerkrankung, svw. ↑ Gasbrand.
Gasofen ↑ Heizung.
Gasöl ↑ Erdöl.
Gasometer [niederl./griech.], svw. ↑ Gasbehälter.
Gasparri, Pietro, * Ussita (Prov. Macerata) 5. Mai 1852, † Rom 18. Nov. 1934, italien. Kardinal (seit 1907). – Leitete alle Vorarbeiten zur Veröffentlichung des ↑ Codex Iuris Canonici; war als Kardinalstaatssekretär (1914–30) an dem Zustandekommen der ↑ Lateranverträge maßgeblich beteiligt.
Gaspé [frz. gas'pe, engl. 'gæspeɪ], kanad. Ort an der O-Küste der 250 km langen, 100–140 km breiten, bis 1 268 m hohen **Gaspé Peninsula,** am Sankt-Lorenz-Golf, 17 000 E. Kath. Bischofssitz; Fischfang und -verarbeitung; Hafen, ⚓. – An der Stelle der im 17. Jh. angelegten Siedlung war 1534 J. Cartier gelandet und hatte das Land für Frankreich in Besitz genommen.
Gasperi, Alcide De ↑ De Gasperi, Alcide.
Gasphlegmone, svw. ↑ Gasbrand.
Gaspistole ↑ Reizstoffwaffen.
Gasreinigung, Verfahren zur Isolierung oder Reinigung techn. Gase. Die G. kann erfolgen durch Kondensation der Gase (Gastrocknung, Isolierung von Benzin, Benzol), Adsorption an Aktivkohle mit anschließender Regenerierung des Adsorbens (Anreicherung von Kohlenwasserstoffen), Absorption von Verunreinigungen durch feste Stoffe (Trockenentschwefelung, Stickstoffoxide durch Eisenoxid) und Flüssigkeiten (Benzolwaschanlagen), Abgasverbrennung (therm. und katalyt.). – Zur Beseitigung von Feststoffen in Gasen ↑ Entstaubung. – ↑ Abgaskatalysator, ↑ Entschwefelung, ↑ Entstickung.
Gassendi, Pierre [frz. gasɛ̃'di], eigtl. P. Gassend, * Champtercier (Alpes-de-Haute-Provence) 22. Jan. 1592, † Paris 24. Okt. 1655, frz. Philosoph und Naturforscher. – 1645–48 Prof. am Collège Royal in Paris; wandte sich gegen das aristotel.-scholast. Weltbild und vertrat anders als Descartes eine mechanist. Physik, die sich an die Ideen der ↑ Epikureer anschloß und die er mit der christl. Lehre verbinden wollte. Verfaßte physikal. und astronom. Werke; in seiner Auffassung von Raum und Zeit Vorläufer Newtons und Kants.
Gassenhauer, im 16. Jh. Bez. für „Gassengänger", dann auch für deren Lieder und Tänze; seit dem ausgehenden 18. Jh. für das volkstüml. Großstadtlied (u. a. Tanzlied, Moritat, Couplet, Schlager).
Gassenlaufen ↑ Spießrutenlaufen.
Gasser, Herbert Spencer [engl. 'gæsə], * Platteville (Wis.) 5. Juli 1888, † New York 11. Mai 1963, amerikan. Pharmakologe und Neurophysiologe. – Entdeckte zus. mit J. Erlanger differenzierte Funktionen einzelner Nervenfasern und erhielt 1944 zus. mit ihm den Nobelpreis für Physiologie oder Medizin.

Herbert Spencer Gasser

G., Max ['--], * Sulzberg bei Kempten 13. Febr. 1872, † München 28. März 1954, dt. Geodät. – Pionierarbeit auf dem Gebiet der Aerophotogrammetrie; Mitbegr. der Dt. Gesellschaft für Photogrammetrie.
Gassicherung, Vorrichtung an Gasbrennern, die das unbeabsichtigte Ausströmen von Gas verhindert. Bei *Gasmangelsicherungen* schließt eine vom übl. Gasdruck angehobene Membran das mit ihr verbundene Sicherheitsventil, sobald der Gasdruck einen bestimmten Wert unterschreitet. Bei einer schadhaften Zündeinrichtung, bei fehlendem oder unzureichendem Wasserstrom wird durch eine entweder optisch (UV-Zelle), thermoelektrisch oder durch die ionisierende Wirkung der Flamme ausgelöste *Zündsicherung* die Schließung des Gasventils bewirkt.
Gassman, Vittorio, * Genua 1. Sept. 1922, italien. Schauspieler, Regisseur und Theaterleiter. – Leitete Tourneentheater. Bed. auch als Filmschauspieler, u. a. „Man nannte es den großen Krieg" (1959), „Im Namen des italien. Volkes" (1975), „Die Familie" (1987).

Vittorio Gassman

Gasspürgerät, tragbares Gerät zur Luftanalyse, insbes. zum Erkennen giftiger und explosionsgefährl. Gase und Dämpfe an Arbeitsplätzen oder von Leckstellen an Gasleitungen und -behältern. Mittels einer Balgpumpe wird eine bestimmte Menge der zu untersuchenden Luft durch aufsteckbare Röhrchen gesaugt, wobei sich der Farbreagenzien enthaltende Inhalt bei Vorhandensein bestimmter Gase oder Dämpfe verfärbt, z. B. beim Alcotest. Brennbare Gase lassen sich mit dem Explosimeter feststellen, in dem

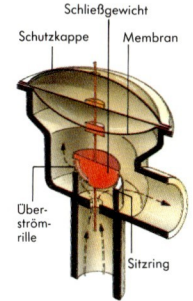

Gassicherung. Gasmangelsicherung

Gast

Gastarbeitnehmer
Beschäftigte ausländische Arbeitnehmer in der BR Deutschland

Herkunftsland	1965	30.6.1972	30.6.1981	30.6.1989	30.6.1990
Belgien	6 575	11 005	9 852	6 813	6 785
Frankreich	25 787	50 882	52 145	41 331	42 826
Griechenland	181 658	269 689	123 767	101 652	105 448
Großbritannien	7 636	18 719	34 479	36 528	38 515
Italien	359 773	422 220	291 066	178 933	175 148
Jugoslawien	64 060	471 892	340 573	300 934	312 974
Niederlande	59 631	70 434	39 569	26 019	25 709
Österreich	59 587	99 326	87 441	88 701	91 380
Portugal	10 509	63 128	55 085	38 894	41 897
Spanien	180 572	183 960	81 845	61 555	61 300
Türkei	121 121	497 296	580 868	561 806	594 586
Summe	1 076 909	2 158 551	1 696 690	1 443 166	1 496 568

Quelle: Statist. Jahrbuch für die BR Deutschland, mehrere Jahrgänge.

sie an erhitzten Edelmetalldrähten katalytisch verbrannt werden; die dabei infolge Erwärmung der Drähte auftretenden Änderungen des elektr. Widerstandes der Drähte sind ein Maß für die Konzentration der betreffenden Gase. – ↑Orsatapparat.

Gast, Peter, eigtl. Heinrich Köselitz, *Annaberg (= Annaberg-Buchholz) 10. Jan. 1854, †ebd. 15. Aug. 1918, dt. Komponist. – Befreundet mit Nietzsche; 1900–08 Kustos des Weimarer Nietzsche-Archivs; komponierte Orchester- und Kammermusik, Lieder sowie die kom. Oper „Der Löwe von Venedig" (1891).

Gast (Mrz. Gasten), in der Kriegsmarine Bez. eines mit bes. Aufgaben betrauten Matrosen (Kochgast, Signalgast usw.).

Gastarbeitnehmer, umstrittene Bez. für **ausländische Arbeitnehmer (Gastarbeiter)**, d.h. Ausländer, Staatenlose und Personen mit ungeklärter Staatsangehörigkeit, die das eigene Land verlassen haben, um vorübergehend in einem Gastland zu arbeiten.
G. kommen aus i.d.R. industriell unterentwickelten, nur über unzureichende Beschäftigungsmöglichkeiten verfügenden Volkswirtschaften in Industrieländer, in denen ein Überangebot an zumeist niedrig bewerteten, wenig Qualifikation erfordernden Arbeitsplätzen besteht. Entsprechend dem Hauptmotiv für den Aufenthalt im fremden Land, bessere wirtsch. Chancen für sich selbst und für die i.d.R. im Heimatland zurückbleibenden Angehörigen zu nutzen, konzentriert sich die soziale Orientierung der G. zumeist auf Arbeitsplatz und Betrieb. In einzelnen Ländern (z.B. in der Schweiz) und in industriestädt. Ballungsgebieten stellen die G. bis zu 30 % der erwerbstätigen Bevölkerung. Kulturelle Heimatprägung und relative soziale Isolierung führen zu Spannungen und Konflikten sowohl zwischen den G. und der Bev. des Gastlandes als auch unter den G. selbst. Die verstärkte Zuwanderung von G.familien (mit Kindern) hat die Gastländer vor die bevölkerungspolit. Alternative einer Integration der G. (mit allen bildungspolit. Konsequenzen) oder eines zeitlich befristeten Aufenthaltes der G. gestellt.
Im Zuge der westeurop. Industrialisierung setzten bereits im 19. Jh. wellenartige Wanderungsbewegungen in die entstehenden Ind.zentren ein. In der BR Deutschland führte die Knappheit an Arbeitskräften ab Mitte der 1950er Jahre zu Anwerbevereinbarungen mit Ländern v.a. der Mittelmeerregion; die Zahl der zugewanderten G. erreichte 1973, im Jahr des Anwerbestopps, mit fast 2,6 Mill. ihren bisherigen Höhepunkt. 1991 waren in der BR Deutschland rd. 1,9 Mill. G. erwerbstätig (etwa 8 % der Beschäftigten), davon knapp ein Drittel aus der Türkei; vorwiegend in Industrie und Bergbau erarbeiteten sie etwa 9 % des Bruttosozialproduktes.
In der BR Deutschland benötigen nichtdt. Arbeitnehmer i.d.R. eine ↑Aufenthaltsgenehmigung und eine ↑Arbeitserlaubnis; Ausnahmen sind in zwischenstaatl. Vereinbarungen und im Recht der Europ. Gemeinschaften (↑Arbeitnehmerfreizügigkeit) geregelt. Auf ihre Arbeitsverhältnisse finden die allg. Vorschriften des Arbeitsrechts Anwendung. G. sind bei Wahlen zum Betriebsrat wahlberechtigt und wählbar; über das kommunale Wahlrecht der G. wird diskutiert.
Für das *östr.* und das *schweizer. Recht* gilt im wesentlichen das zum dt. Recht Gesagte. In der Schweiz, die schon früh eine hohe Ausländerquote aufwies, wurde bereits in den 60er Jahren ein System nach unterschiedl. Aufenthaltserlaubnissen zur Drosselung des Zuzugs von G. entwickelt.

Gastein, östr. Talschaft in den Hohen Tauern mit bed. Fremdenverkehrsorten.

Gasteiner Konvention, Vertrag zw. Preußen und Österreich (1865); regelte das Kondominium über die Elbherzogtümer Schleswig (durch Preußen verwaltet) und Holstein (durch Österreich verwaltet); bestätigte u.a. den Verzicht Österreichs auf das Hzgt. Lauenburg gegen eine Abfindung.

Gaster [griech.], svw. ↑Magen.

Gastheorie ↑kinetische Gastheorie.

Gasthörer, Hörer einer Hochschule, die kein ordentl. Studium durchführen, sondern nur einzelne Vorlesungen und Seminare besuchen.

Gastitrimetrie ↑Gasanalyse.

Gastmahl, geselliges Einnehmen eines Festmahls mit Gästen, zu allen Zeiten und bei allen Völkern der Ausdruck gesteigerter Lebensfreude, oft auch eine kult. Handlung. Das G. (Trinkgelage) wurde bei den Griechen Symposion genannt. Im Totenkult wurde das G. zum Leichenschmaus. Im frühen Christentum war das ↑Abendmahl mit einer ↑Agape verbunden, die sich als Armenspeisung bis ins 16. Jh. erhalten hat.
Früh waren Gastmähler auch Themen der Kunst (Ägypter, Griechen und Römer). In der christl. Kunst wird seit dem 5./6. Jh. das Abendmahl dargestellt, daneben auch die Hochzeit von Kana als Festmahl (Veronese, 16. Jh.). P. Bruegels d. Ä. deftige bäuerl. Gastmähler fanden viele Nachfolger (Brouwer, Jordaens usw.). Im 19. Jh. entstanden berühmte G.bilder, u.a. von A. von Menzel („Tafelrunde Friedrichs des Großen", 1850; Berlin, neue Nationalgalerie) und von A. Feuerbach.

Gastoldi, Giovanni Giacomo, *Caravaggio (Prov. Bergamo) um 1550, †1622, italien. Komponist. – Kirchenkapellmeister in Mantua und Mailand, als Hauptmeister der „Balletti" (Tanzlieder) von großem Einfluß auf dt. (Haßler, Schein) und engl. (Morley) Komponisten; auch Madrigale und Kirchenmusik.

Gasträatheorie [griech.], von E. Haeckel begr. Hypothese, nach der alle mehrzelligen Tiere (Metazoen) auf eine

Gastmahl. Pieter Bruegel d. Ä., Bauernhochzeit, um 1568 (Wien, Kunsthistorisches Museum)

gemeinsame, einer ↑Gastrula ähnelnde Stammform (Gasträa) als Grundschema zurückzuführen sind.

gastral [griech.], den Magen betreffend.

Gastralgie [griech.], Magenschmerz. – ↑Magenkrampf.

Gastrecht (Gästerecht), das bes. Recht bzw. der Schutz, den der eigentlich rechtlose Fremde früher genoß, in ältester Zeit durch die *Gastfreundschaft* (zeitweiliges Schutz- und Friedensverhältnis) geregelt. Etwa vom 11. bis ins 18. Jh. das Recht derjenigen Personen, die in einer Stadt kein Bürgerrecht besaßen, sondern sich nur vorübergehend dort aufhielten. Die Gäste (Fremden) konnten gegenüber den Bürgern mannigfach benachteiligt sein, z. B. Verbot des Grunderwerbs, Ausschluß vom inneren Handel, Verkaufszwang für mitgeführte Waren (↑Stapelrecht).

Gastrektomie [griech.], vollständige operative Entfernung des Magens v. a. bei Magenkrebs.

Gästrikland [schwed. 'jεstrikland], waldreiche hist. Prov. im Übergangsbereich zw. M- und N-Schweden, Hauptstadt Gävle; Eisen- und Stahlind. (in Sandviken), Holz- und Papierindustrie.

Gastrin [griech.], ein aus 17 Aminosäuren bestehendes Peptid mit Hormonwirkung, das die Magendrüsen zur Sekretion des Magensaftes anregt.

gastrische Krisen [griech.], anhaltende kolikartige, starke Magenschmerzen mit Erbrechen; Symptom bei ↑Tabes dorsalis.

Gastritis [griech.], svw. Magenschleimhautentzündung (↑Magenerkrankungen).

gastro..., **Gastro...**, vor Selbstlauten meist: gastr ..., Gastr ... [griech.], Bestimmungswort von Zusammensetzungen mit der Bed. „Magen..., Bauch...".

Gastrobiopsie, Entnahme eines Gewebestückchens aus der Magenschleimhaut zur mikroskop. Untersuchung.

Gastroendoskopie, svw. ↑Gastroskopie.

Gastroenteritis ↑Darmentzündung.

Gastroenterologie, Teilgebiet der inneren Medizin, das sich mit den Krankheiten des Verdauungsapparats befaßt.

gastrogen, vom Magen ausgehend.

gastrointestinal, Magen und Darm betreffend.

Gastronom [griech.-frz.], Gastwirt, Gaststättenfachmann mit bes. Fähigkeiten als Kochkünstler.

Gastronomie [griech.], Bez. für das Gaststättengewerbe.
▷ feine Kochkunst (einschl. der dazugehörigen Getränke).

Gastropathie [griech.], allg. Bez. für Magenerkrankungen.

Gastrorrhagie, svw. ↑Magenblutung.

Gastroskopie [griech.] (Gastroendoskopie), Untersuchung des Magens mit Hilfe eines Gastroskops (↑Endoskope).

Gastrospasmus, svw. ↑Magenkrampf.

Gastrotomie [griech.], operative Eröffnung des Magens.

Gastrula [griech.] (Becherkeim), im Verlauf der Keimesentwicklung durch ↑Gastrulation aus der ↑Blastula hervorgehendes, oft becherförmiges Entwicklungsstadium des Vielzellerkeims; im Ggs. zur vorangegangenen Blastula aus zwei Zellschichten bestehend, dem inneren (Entoderm) und äußeren Keimblatt (Ektoderm).

Gastrulation [griech.], Bildung der ↑Gastrula; Zeitabschnitt der Keimesentwicklung, während der die beiden primären Keimblätter (Ektoderm und Entoderm) gebildet werden.

Gaststätten, im Sinne des ↑Gaststättengesetzes jedermann oder bestimmten Personengruppen zugängl. Betriebe zur Bewirtung oder Beherbergung. Die meist, aber nicht notwendig mit einem wirksamen Beherbergungsvertrag verbundene Gewährung von Unterkunft durch einen Gastwirt begründet eine [nicht abdingbare] Haftung des Gastwirts für Schäden an eingebrachten Sachen des Gastes, ausgenommen Fahrzeuge, Sachen in Fahrzeugen, lebende Tiere. Die Ersatzpflicht entfällt, wenn der Schaden durch den Gast, seinen Begleiter oder höhere Gewalt verursacht oder nicht unverzüglich angezeigt worden ist. Außer bei Verschulden des Wirts oder seiner Leute ist die Haftung begrenzt auf das 100fache des tägl. Beherbergungspreises (mindestens 1 000 DM, höchstens 6 000 DM, bei Wertsachen höchstens 1 500 DM). In *Österreich* sind die wesentl. Bestimmungen zum G.recht in den § 189ff. Gewerbeordnung enthalten. In der *Schweiz* werden die Voraussetzungen für den Betrieb von G. in den kantonalen Gastwirtschaftsgesetzen geregelt.

Geschichte: G. und deren Gewerbe lassen sich schon im alten Ägypten und in Mesopotamien nachweisen. Im antiken Rom gab es an den großen Straßen Stationen für Unterkunft („mansio") und Pferdewechsel („mutatio"). In den Städten unterschied man vier Arten von G.: die „popina" (Speisegaststätte und Garküche), die „caupona" (Gaststätte mit Kaufmannsladen), die „taberna" (Weingaststätte) und das „stabulum" (Gaststätte für Reisende mit Zug- und Reittieren). Den Germanen waren G. zunächst fremd; die bei ihnen herrschende Gastfreundschaft machte es ihnen zur Pflicht, einen Fremden aufzunehmen. Mit der Ausbreitung des Christentums verlagerte sich die Pflege der Gastlichkeit zunächst in kirchl. Einrichtungen (Klöster, Spitäler, Hospize); Bischöfe unterhielten in der Nähe ihrer Kirchen G.- und Beherbergungsbetriebe. – Mit dem Aufkommen der städt. G. im 13. Jh. bildeten sich die gewerbl. G. heraus. Die G. bedurften der Erlaubnis des Landesherrn oder der Stadtobrigkeit und unterlagen einer strengen behördl. Kontrolle. Oft unterhielt der Rat der Stadt eine eigene Gaststätte, den noch heute meist stadteigenen Ratskeller. Der seit dem 16. und 17. Jh. regelmäßige Postverkehr ließ an den Stationen Gasthöfe und G. entstehen; seit dem 19. Jh. nahm das G.wesen bes. in den Städten und Erholungsgebieten einen großen Aufschwung.

Gaststättengesetz, BG vom 5. 5. 1970 (mit Änderungen); es macht den Betrieb einer Gaststätte, d. h. einer im stehenden Gewerbe betriebenen *Schank-* oder *Speisewirtschaft* oder eines *Beherbergungsbetriebes* von der Erteilung einer verwaltungsbehördl. Erlaubnis abhängig, enthält Bestimmungen u. a. über die Sperrzeit und die in Gaststätten beschäftigten Personen sowie allg. Verbote.

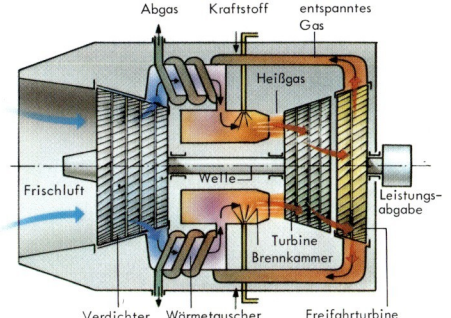
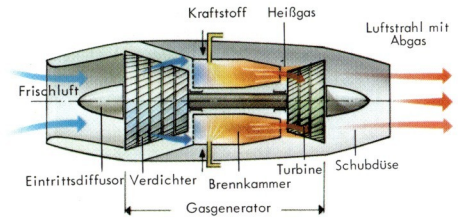

Gasturbine. Schema einer Gasturbine mit Wellenleistung (oben) und mit Schubleistung (Turboluftstrahltriebwerk; unten)

Gasturbine, als hochtourige Strömungsmaschine gebaute Wärmekraftmaschine, die mechan. Leistung als Wellenleistung abgibt oder Schubleistung liefert. G. bestehen aus Verdichter, Brennkammer, Turbine und Wärmetauscher. Vom Verdichter wird Luft angesaugt und kompri-

Gastvölker

miert. Sie gelangt in die *Brennkammer,* wo Kraftstoff zugeführt und unter hohem Druck verbrannt wird. Die entstehenden heißen Gase mit nunmehr hoher Strömungsenergie expandieren in der Turbine. Bei G. wird die Leistung aufgeteilt in einen Teil, der für den Antrieb des Verdichters notwendig ist, und einen Teil, der als Nutzleistung der Abtriebswelle entnommen werden kann. Die noch vorhandene Restwärme der Abgase wird häufig durch einen Wärmetauscher an die verdichtete Ansaugluft zurückgeführt. Dadurch erhöht sich der Wirkungsgrad. G. werden in Flugzeugtriebwerken eingesetzt (z. T. als sog. Wellentriebwerke [z. B. in Hubschraubern], in großem Umfang auch zur Schuberzeugung in Turboluftstrahltriebwerken), ferner als Schiffsantrieb, in Pumpstationen, in G.kraftwerken.

Gastvölker, Bez. für Stämme, die zu kulturell und techn. höher entwickelten Nachbarstämmen in einem bestimmten Abhängigkeitsverhältnis stehen und von diesen gleichzeitig geschützt und ausgebeutet werden.

Gasverflüssigung, die Überführung eines unter Normalbedingungen gasförmigen Stoffes in den flüssigen Aggregatzustand. Die G. wird unterhalb der krit. Temperatur (↑kritischer Zustand) des Gases durch Druckerhöhung erreicht. Gase mit niedrigen krit. Temperaturen (Sauerstoff, Stickstoff, Wasserstoff, Helium) müssen mindestens auf ihre krit. Temperatur vorgekühlt werden. Weitere Methoden der G. (↑Linde-Verfahren) beruhen auf der Abkühlung der Gase bei ihrer Expansion. Die G. wird technisch v. a. zum Entmischen von Gasen (bes. Luft, Erdgas) ausgenutzt. Die verflüssigten Gase lassen sich außerdem leichter lagern und transportieren.

Gasvergiftung, i. d. R. über die Atemwege erfolgende Vergiftung durch gasförmige Stoffe.

Gasverstärkung, Vervielfachung von elektr. Ladungsträgern in Gasen durch Stoßionisation.

Gasvolumetrie ↑Gasanalyse.

Gaswerk, Betrieb zur Erzeugung von ↑Stadtgas.

Gaszähler, svw. gasgefüllter ↑Tscherenkow-Zähler.

Gaszentrifuge, Gerät zur ↑Isotopentrennung, dessen Wirkungsweise darauf beruht, daß auf die verschieden schweren Isotope eines chem. Elements unterschiedlich große Zentrifugalkräfte in einer sehr schnell rotierenden Zentrifuge wirken. Die G. ist bes. für schwere Elemente geeignet; sie wird daher v. a. zur Anreicherung von Uran 235 genutzt. Durch Kaskadenanordnung vieler G. werden hohe Anreicherungsgrade erzielt.

Gata, Kap, Kap an der span. Mittelmeerküste, östlichster Punkt der Costa del Sol.

Gattamelata. Reiterstandbild von Donatello in Padua, 1447–53

Gata, Sierra de, Teil des Kastil. Scheidegebirges, Spanien, bis 1 519 m hoch.

Gate [engl. geɪt] (Tor), Bez. für die Steuerelektrode beim Feldeffekttransistor (↑Transistor).

Gaterslebener Gruppe, nach dem Gräberfeld von Gatersleben (bei Aschersleben, Sa.-Anh.) ben. neolith. Kulturgruppe (Ende des 5. Jt. v. Chr.) des mittleren Elbe- und Saale-Gebietes; gekennzeichnet durch unverzierte, profilierte Keramik sowie Brandbestattung und von N nach S orientierte Hockerbestattungen.

Gateshead [engl. ˈgeɪtshɛd], engl. Hafen- und Ind.stadt in der Metropolitan County Tyne and Wear, 81 400 E. Maschinenbau, Eisen- und Stahlind., Schiffbau und -reparatur. – 1164 Stadtrecht. – Kirche Saint Mary's (v. a. 14. Jh.).

Gathas [awest. gatha „Lied"] ↑Awesta.

Gâtinais [frz. gati'nɛ], von Loire, Yonne und Seine begrenzte Plateaulandschaft im Pariser Becken mit zahlr. Seen.

Gatsch (Paraffingatsch), feste ölhaltige Paraffine, die z. B. bei der Entparaffinierung von Schmierölen anfallen.

Gatt (Gat) [niederdt.], enges Loch; z. B. in der Reling für den Ablauf von Wasser bestimmte Schlitze (Spei-G.); auch Bez. für eine enge Meeresdurchfahrt (z. B. Kattegat); kleiner Raum an Bord eines Schiffes (z. B. Kabelgatt).

GATT [gat; engl. gæt], Abk. für: **G**eneral **A**greement on **T**ariffs and **T**rade, Allgemeines Zoll- und Handelsabkommen, am 30. Okt. 1947 in Genf von 23 Staaten abgeschlossen, am 1. 1. 1948 in Kraft getreten. Es hat heute den Rang einer autonomen internat. Organisation, gehört zu den Sonderorganisationen der UN mit Sitz in Genf (1991: 103 Voll-Mgl.).

Organisation und Arbeitsweise: Ein- oder zweimal jährlich findet eine Konferenz aller Mitgliedsländer statt, auf der über die anstehenden Sachfragen entschieden wird, die zuvor von Ausschüssen erarbeitet wurden. Dabei müssen Beschlüsse i. d. R. einstimmig gefaßt werden, jedoch sind auch Mehrheitsvotierungen möglich, denen sich die angeschlossenen Staaten nur durch Austritt entziehen können. Folgt ein Mitgliedsland nach Verabschiedung einer Vorlage dieser nicht, so kann es zur Verantwortung gezogen werden. Kommt es bei grundlegenden Problemen zu keiner Einigung, so wird zunächst den betroffenen Ländern die Möglichkeit gegeben, diesen Fragenkomplex in bilateralen Verhandlungen zu beraten und zu einer Entscheidung zu gelangen. Der *GATT-Rat,* in dem jede Vertragspartei Mgl. werden kann, nimmt die laufenden und dringl. Geschäfte zw. den Konferenzen wahr. Das *Sekretariat* in Genf bereitet die Sitzungen der Vollversammlung vor.

Hauptziel des GATT ist, durch Senkung der Zölle und Abbau sonstiger Außenhandelsbeschränkungen den Welthandel auf der Grundlage der Meistbegünstigung und Nichtdiskriminierung zu fördern; danach müssen Zollvergünstigungen allen Handelspartnern eines Landes gleichermaßen gewährt werden (Meistbegünstigung) und erlaubte Ausnahmen vom Verbot mengenmäßiger Beschränkungen auf alle Partner Anwendung finden (Nichtdiskriminierung). Den Belangen der Entwicklungsländer wird in vielfältiger Weise (u. a. durch Zollsenkungen) Rechnung getragen. Seit seinem Bestehen fordert das GATT von Zeit zu Zeit seine Mgl. auf, Verhandlungen über allg. Zollsenkungen zu führen. So gab es bisher 8 Zollrunden (**GATT-Runden**), die zur Abschaffung von Zoll- und Handelshemmnissen führten: 1947 in Genf, 1949 in Annecy, 1951 in Torbay, 1956 in Genf, 1960/61 in Genf (**Dillon-Runde**), 1964–67 in Genf (**Kennedy-Runde**; Beratung über einen von J. F. Kennedy vorgelegten Plan einer allg. Zollunion; führte zu einer Absenkung des Zollniveaus um etwa 35 %), 1973–79 in Genf (**Tokio-Runde**; v. a. auf die Beseitigung nichttarifärer Handelshemmnisse sowie Zollbegünstigung für die Entwicklungsländer ausgerichtet); seit 1986 in Punta del Este (**Uruguay-Runde**; v. a. gegen neue protektionist. Tendenzen, bes. im Agrar- und Dienstleistungsbereich; seit Ende 1990 mehrfach ohne Entscheidung vertagt].

Gattamelata, eigtl. Erasmo da Narni, * Narni um 1370, † Padua 16. Jan. 1443, italien. Kondottiere. – Stand seit

Gaucho

1433 im Dienste Venedigs, v.a. im 3. Mailänder Krieg (1435/37–41) im Kampf um die Ausdehnung der Terra ferma; berühmtes Reiterstandbild des G. von Donatello in Padua (1447–53).

Antoni Gaudí. Die Sagrada Familia in Barcelona, 1883 ff.

Gattenfamilie ↑ Familie.
Gatter, wm. Bez. für den Zaun zur Einfriedung eines Wildgeheges.
▷ die Sägeblätter einer ↑ Gattersäge.
▷ (Logikelement), ein elektr. Schaltkreis, der eine elementare log. Verknüpfung im Sinne der Schaltalgebra realisiert, d.h., die Ausgangsgröße eines G. entspricht einer log. Grundfunktion (z.B. der Disjunktion beim ODER-G. oder -Glied, der Konjunktion beim UND-G. oder -Glied) in Abhängigkeit von einer oder mehreren binären Eingangsgrößen.
Gattermann, [Friedrich August] Ludwig, *Goslar 20. April 1860, †Freiburg im Breisgau 20. Juni 1920, dt. Chemiker. – Prof. in Heidelberg und in Freiburg im Breisgau. Entwickelte ein Verfahren zur Darstellung aromat. Aldehyde **(Gattermann-Synthese);** berühmt wurde G. durch sein Praktikumsbuch „Die Praxis des organ. Chemikers" (1894).
Gattersäge, Maschine zum Auftrennen von Holzstämmen und Holzblöcken zu Brettern und Bohlen. Nach der Anordnung der Sägeblätter **(Gatter)** unterscheidet man *Senkrecht- (Vertikal-)* und *Waagerechtgatter (Horizontalgatter).*
Gatti, Armand, *Monaco 26. Jan. 1924, frz. Schriftsteller und Regisseur. – Gilt als Hauptvertreter des polit. frz. [Dokumentar]theaters, u.a. mit „V wie Vietnam" (Dr., 1967), „General Francos Leidensweg" (Dr., 1968). Auch Essays, Drehbücher, Filme (u.a. „Nous étions tous des noms d'arbres", 1982).
Gattinara, Mercurino de, *bei Vercelli 10. Juni 1465, †Innsbruck 5. Juni 1530, italien. Staatsmann und Kardinal (seit 1529). – Seit 1518 Großkanzler des späteren Kaisers Karl V. in Spanien und dessen polit. Lehrmeister; wußte nach der Schlacht von Pavia (1525) Frankreich zu isolieren, konzipierte den Damenfrieden von Cambrai (1529).
Gattschina, Stadt im Gebiet St. Petersburg, Rußland, 81 000 E. Teilchenbeschleuniger (Synchrozyklotron); Maschinenbau. – Schloß (18./19. Jh.), Landschaftspark.
Gattung, (Genus) allg. Wesenheit; das durch begriffl. Verallgemeinerung von Arten gewonnene übergeordnete Gemeinsame.

▷ (Genus) in der *Biologie* eine systemat. Kategorie, in der verwandtschaftlich einander sehr nahe stehende ↑ Arten zusammengefaßt werden, die dann dieselbe Gattungsbez. tragen (z.B. bei Löwe und Leopard: Panthera). ↑ Nomenklatur.
▷ formale *literaturwiss.* Klassifikation der Dichtung; unterschieden werden Lyrik, Epik und Dramatik, wobei die Grenzen fließend sind.
▷ in der *bildenden Kunst* werden Baukunst, Plastik und Malerei unterschieden; seit der Renaissance prägten sich einzelne Bild-G. aus, in der Bildhauerkunst z.B. Denkmal, Grabmal, Porträt, in der Malerei u.a. Altarbild, Bildnis, Historienbild, Stilleben, Landschaftsmalerei.
Gattungsbastard, aus einer Kreuzung hervorgegangenes Individuum, dessen Eltern verschiedenen Gatt. angehören (z.B. das Maultier aus Esel und Pferd).
Gattungskauf (Genuskauf), der Kauf einer nur der Gattung nach bestimmten Sache (z.B. 100 kg Zwetschgen). Bei deren Mangelhaftigkeit kann der Käufer statt ↑ Wandlung oder ↑ Minderung Nachlieferung einer mangelfreien Sache verlangen. – Ggs. ↑ Spezieskauf.
Gattungsname, svw. ↑ Appellativ.
Gattungsschuld (Genusschuld), die Schuld, die eine nur der Gattung nach bestimmte Leistung zum Inhalt hat, z.B. Lieferung von 10 Flaschen Wein. Der Schuldner von Sachen muß grundsätzlich *Sachen mittlerer Art* und *Güte* leisten. Falls er sie nicht hat, muß er sie beschaffen (§ 279 BGB).
Gattungsvollmacht (Artvollmacht) ↑ Vollmacht.
Gatwick [engl. 'gætwɪk], internat. ✈ 40 km südlich des Londoner Zentrums.
Gau, im alten Ägypten eine Verwaltungseinheit (im 2. Jt. v. Chr.: 42), an deren Spitze ein Beamter stand.
▷ (mlat. pagus) in german. Zeit die Siedlungsräume der Untergliederungen der Stämme, oft Herrschaftsbereiche von Unterkönigen *(Gaukönige);* im westl. Fränk. Reich für das Umland im Ggs. zur städt. Civitas gebraucht, dort auch Grundlage der fränk. Grafschaftsverfassung, die die G.gliederung überdeckte.
▷ territoriale Organisationseinheit der NSDAP (1939: 42; 1942: 43), an deren Spitze Hitler bzw. dessen Stellvertreter direkt untergeordnete **Gauleiter** standen, die als Reichskommissare, Reichsstatthalter, Oberpräsidenten und Landesmin. bedeutsam waren.
GAU, Abk. für: **g**rößter **a**nzunehmender **U**nfall, schwerster Störfall in einem Kernkraftwerk, für den die Sicherheitssysteme so ausgelegt sind, daß er noch beherrschbar ist, d.h., daß die Folgen auf das nach außen abgeschirmte Innere der Anlage begrenzt bleiben und daß keine über den zulässigen Grenzwerten liegende Strahlenbelastung der Umgebung eintritt. Für einen Leichtwasserreaktor ist der GAU der Ausfall der Kühlung des Reaktorkerns, was dessen Durchschmelzen und die Freisetzung eines Großteils seiner Radioaktivität zur Folge haben kann. Dies soll durch das Sicherheitssystem (v.a. Abschaltstäbe, Notkühlsystem, Sicherheitsbehälter) verhindert werden. Ein nicht beherrschter GAU (Super-GAU) ereignete sich 1986 im Kernkraftwerk von Tschernobyl (UdSSR); 1979 kam es in Three Mile Island bei Harrisburg (Pa.) zu einem GAU.
Gau-Algesheim, Stadt 22 km westlich von Mainz, Rhld.-Pf., 195 m ü.d. M., 5 600 E. Ölraffinerie, chem. Ind., Obst- und Weinbau, Weingroßkellerei. – *Algesheim,* erstmals 766 gen., kam 983 an das Erzbistum Mainz und erhielt 1322/55 Stadtrechte; seit 1818 heutiger Name. – Rathaus (15. Jh. und 1726), Reste der Stadtbefestigung (14. Jh.).
Gaube (Gaupe) ↑ Dachgaupe.
Gaubenziegel, svw. ↑ Gaupenziegel.
Gauch, mundartlich für Kuckuck; Narr, Tor.
Gauchheil (Anagallis), Gatt. der Primelgewächse mit etwa 40 weltweit verbreiteten Arten; kleine Pflanzen mit gegen- oder wechselständigen Blättern, in deren Achseln rad- bis glockenförmige, gestielte Blüten stehen; häufig ist der ↑ Ackergauchheil.
Gaucho ['gaʊtʃo; indian.-span.], Bez. für die berittenen Viehhirten v.a. der argentin. Pampas; meist Mestizen, her-

Armand Gatti

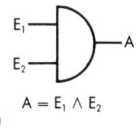

a $A = E_1 \wedge E_2$

b $A = E_1 \vee E_2$

Gatter. Symbole eines UND- (a) und eines ODER-Gatters (b)

Gauck

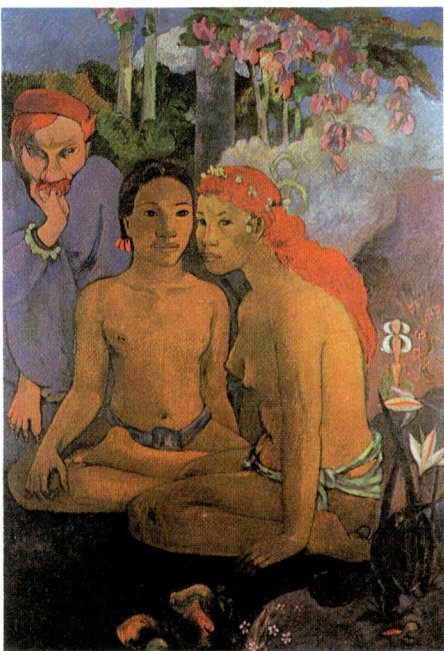

Paul Gauguin. Contes barbares, 1902 (Essen, Museum Folkwang)

vorgegangen aus nomad. Indianerstämmen, die sehr früh von den Spaniern das Pferd zur Jagd übernommen hatten. Ihre Lieder sind bed. für die argentin. Folklore.

Gauck, Joachim, * Rostock 24. Jan. 1940, dt. ev. Theologe. – 1989 Mitbegr. des Neuen Forums; 1990 Abg. in der Volkskammer; seit Sept. 1990 Sonderbeauftragter der Bundesreg. für Fragen der ehem. Staatssicherheit der DDR.

Gauda ↑ Bengalen.

Gaudi [lat.], svw. ↑ Gaudium.

Gaudí, Antoni, eigtl. A. Gaudí y Cornet [span. gau'ði i kɔr'nɛt], * Reus 25. Juni 1852, † Barcelona 10. Juni 1926, span. Architekt. – Fand eine persönl. Form des Jugendstils, für die vegetabile ornamentale Durchgestaltung und von der Plastik abgeleitete Formerfindungen charakteristisch sind. Kirchen, v. a. „Sagrada Familia" in Barcelona (1883 ff.); ebd. Park Güell (1900 ff.), Wohnhäuser. – Abb. S. 501.

Gaudig, Hugo, * Stöckey (Landkreis Worbis) 5. Dez. 1860, † Leipzig 2. Aug. 1923, dt. Pädagoge. – Er reformierte im Rahmen der Arbeitsschulbewegung den Unterricht nach dem Prinzip der „freien geistigen Tätigkeit" durch Hinführung zu selbständigem Arbeiten („Die Schule im Dienste der werdenden Persönlichkeit", 1917).

Hugo Gaudig

Gaudium [lat.], Scherz, Spaß, Freude, Belustigung; süddt., bes. bayrisch: **Gaudi.**

Gaudium et spes [lat. „Freude und Hoffnung"], nach ihren Anfangsworten ben. Pastoralkonstitution des 2. Vatikan. Konzils (1965) über die Kirche und die Berufung des Menschen in der Welt von heute.

Gaudy, Franz Freiherr von, * Frankfurt/ Oder 19. April 1800, † Berlin 5. Febr. 1840, dt. Schriftsteller. – Lyriker und Erzähler zw. Spätromantik und Realismus; Humoreske „Aus dem Tagebuch eines wandernden Schneidergesellen" (1836).

Gauermann, Friedrich, * Miesenbach (Niederösterreich) 20. Sept. 1807, † Wien 7. Juli 1862, östr. Maler. – Schulebildender Landschafter, der durch Beleuchtungseffekte atmosphär. Stimmungen erfaßte.

Gaufrage [goˈfraːʒə; zu frz. gaufre „Wabe, Waffel"], Musterung von Papier oder Geweben, hergestellt durch **Gaufrieren** (Warmprägen) auf einem Gaufrierkalander.

Gaufré [goˈfre:; frz.], gaufriertes Gewebe.

Gaugamela ↑ Arbil.

Gauge [engl. gɛɪdʒ], Abk. gg., Zahl der Nadeln, die bei der Flachkulierwirkmaschine auf der Breite von 1,5 Zoll arbeiten; je höher die G.zahl, desto größer die Maschenfeinheit.

Gauguin, Paul [frz. goˈgɛ̃], * Paris 7. Juni 1848, † Atuona auf Hiva Oa (Marquesasinseln) 8. Mai 1903, frz. Maler und Graphiker. – 1886 in der Bretagne (Begegnung mit É. Bernard) entscheidende Wendung zu Flächenstil mit kräftiger Konturierung, 1888 bei van Gogh in Arles, 1891–93 auf Tahiti, 1895 Rückkehr nach Tahiti, 1901 Übersiedlung auf die Marquesasinseln. Seine Figurenbilder von der Südsee in expressiv gesteigerter, bunter Farbigkeit haben eine starke ornamentale Wirkung. Nach 1893 schrieb und illustrierte G. mit Farbholzschnitten „Noa-Noa" (1897, Original im Louvre); auch als Keramiker und Holzschnitzer tätig.

Gauhati [engl. gauˈhaːtɪ], Stadt und hinduist. Pilgerzentrum im ind. B.-Staat Assam, am Brahmaputra, 123 000 E. Univ. (gegr. 1948); Assam State Museum; Zoo. Nahrungsmittelind., Erdölraffinerie; ✈.

Gaukler ↑ Schlangenadler.

Gaukler [zu althochdt. goukal „Zauberei"], Trickkünstler und Akrobat auf Jahrmärkten.

Gauklerblume (Mimulus), Gatt. der Rachenblütler mit etwa 150 Arten in den außertrop. Gebieten, v. a. im westl. N-Amerika; meist niedrige Kräuter, mit ungeteilten, gegenständigen Blättern und großen, gelben bis braunen, zuweilen rötlich gefleckten Blüten.

Gauklerfische (Schmetterlingsfische, Chaetodontinae), Unterfam. meist prächtig bunt gefärbter, etwa 10–20 cm langer Knochenfische (Fam. Borstenzähner) mit über 100 Arten in den trop. und subtrop. Meeren.

Gaul, August, * Großauheim 22. Okt. 1869, † Berlin 18. Okt. 1921, dt. Bildhauer und Graphiker. – Bed. Tierbildhauer; vorwiegend einzelne Tiere, die in der Regel im Ruhezustand wiedergegeben sind.

G., Winfred, * Düsseldorf 9. Juli 1928, dt. Maler und Graphiker. – Prof. an der Kunstakad. Düsseldorf. Arbeitete im Sinne der Signalkunst, dann der analyt. Malerei.

Gaul, [z. T. abwertende Bez. für] Pferd.

Gäulandschaften, zusammenfassende Bez. für einen Teil des südwestdt. Schichtstufenlands, ↑ Baden-Württemberg.

Gauleiter ↑ Gau.

Gaulhofer, Karl, * Feldbach 13. Nov. 1885, † Amsterdam 10. Okt. 1941, östr. Turnpädagoge. – Begründer des östr. Schulturnens; schrieb u. a. „Natürl. Turnen" (2 Bde., 1930, ²1949), „System des Schulturnens" (hg. 1965).

Gaulle, Charles de [frz. dəˈgol], * Lille 22. Nov. 1890, † Colombey-les-deux-Églises 9. Nov. 1970, frz. General und Politiker. – Stabsoffizier seit 1937; am 6. Juni 1940 zum Unterstaatssekretär für Nat. Verteidigung ernannt. Nach der frz. Kapitulation rief er in der Londoner Rundfunkrede vom 18. Juni 1940 zur Fortführung des Krieges auf und erklärte sich zum legitimen Repräsentanten Frankreichs. Nach Ausschaltung seiner Gegenspieler F. Darlan und H.-H. Giraud 1942 galt de G. an der Spitze des Frz. Komitees der Nat. Befreiung seit Juni 1943 als Chef der frz. Exil-Reg., die er im Mai 1944 zur Provisor. Reg. der Frz. Republik erklärte. 1945/46 als Min.präs. bestätigt und zum provisor. Staatsoberhaupt gewählt. Nach dem erfolglosen Versuch 1947–53, mit dem Rassemblement du Peuple Français (Abk. RPF) eine ausreichende polit. Massenbasis zu gewinnen, zog sich de G. aus dem öff. Leben zurück. Unter dem Eindruck einer ausweglosen innenpolit. Situation nach dem Militärputsch von Algier (13. Mai 1958) beauftragte Staatspräs. R. Coty de G. am 29. Mai 1958 mit der Bildung einer neuen Reg., die die Anerkennung der Unabhängigkeit Algeriens (Juli 1962) durchsetzen und so die Staatskrise überwinden konnte. Die neue Verfassung der Fünften Republik, zu deren erstem Präs. de G. am 21. Dez. 1958 gewählt wurde, war auf seinen persönl. Reg.stil zugeschnitten und erleichterte durch ihren stark plebiszitären

Charakter eine autoritär-patriarchal., stabile Reg.tätigkeit. De G. vorrangiges außenpolit. Ziel war die Wiederherstellung der Großmachtposition Frankreichs und die Schaffung eines eigenständigen „Europas der Vaterländer" unter frz. Führung. In diesem Rahmen muß die allmähl. Distanzierung von den USA gesehen werden (Lösung aus der militär. Integration der NATO, Aufbau einer eigenen Atomstreitmacht [Force de frappe], Verbesserung der Beziehungen zur UdSSR und zur VR China). Die dt.-frz. Aussöhnung vollzog er 1963 mit der Unterzeichnung des Dt.-Frz. Vertrages. 1965 erst im 2. Wahlgang mit 55 % der Stimmen wiedergewählt, verband de G. nach den Maiunruhen 1968 resignierend ein Referendum über eine Regional- und Senatsreform mit einem Plebiszit über seine persönl. Politik und trat nach dessen negativem Ausgang am 28. April 1969 zurück. – Erinnerungen: „Mémoires de guerre" (1955–59), „Memoiren der Hoffnung" (1971).

Gaullismus [go...], Bez. für die Gesamtheit der polit., sozialen, wirtsch. und kulturellen Ideen, die de Gaulle seit 1940 zur Wiederherstellung und Wahrung der nat. Größe Frankreichs verfocht und die zur Grundlage der polit. Bewegungen (**Gaullisten**) wurden, die sich zur Unterstützung seiner Ziele bildeten: 1947–53 der RPF (Rassemblement du Peuple Français), 1958–68 die UNR (Union pour la Nouvelle République), 1968–76 die UDR (Union des Démocrates pour la Ve République), seitdem der RPR (Rassemblement pour la République).

August Gaul. Pelikane, 1895 (Bremen, Kunsthalle)

Gaultheria [nach dem kanad. Botaniker J.-F. Gaultier, *1708, †1756] (Scheinbeere), Gatt. der Heidekrautgewächse mit etwa 150 Arten in N- und S-Amerika, O- und S-Asien, Australien und Neuseeland; niedrige, immergrüne Sträucher mit eiförmigen Blättern; Frucht eine beerenähnl. Kapsel.

Gaultier (Gautier), Denis [frz. go'tje], gen. G. le Jeune oder G. de Paris, *Marseille (?) um 1603, †Paris im Jan. 1672, frz. Lautenist und Komponist. – Hatte bed. Einfluß auf die europ. Lauten- und Clavecinmusik; Lautenkompositionen erschienen gedruckt 1669 und 1672 und sind handschriftl. in „La rhétorique des dieux" (um 1655) erhalten.

Gaumata, †Okt. 522 v.Chr., Meder aus dem Stamm der Magier. – Usurpator, gab sich als Bruder des Kambyses II. aus; von der Verschwörergruppe um Darius I. getötet.

Gaumen (Munddach, Palatum), obere Begrenzung der Mundhöhle bei den Wirbeltieren, deren Epithel bei den Fischen und Amphibien durch Deckknochen an der Basis des Hirnschädels gestützt wird (*primärer G.*). Durch einwärts in die Mundhöhle wachsende Fortsätze des Zwischen- und Oberkiefers und des G.beins bildet sich bei den höheren (luftatmenden) Wirbeltieren ein *sekundärer G.* aus, der nach oben eine Nasenhöhle abteilt. Beim Menschen und den Säugetieren gliedert sich der sekundäre G. in einen **harten Gaumen** (Palatum durum) und den nach hinten abschließenden **weichen Gaumen** (**Gaumensegel,** Palatum molle), eine bewegl., häutige und muskulöse, die Mundhöhle vom Schlund trennende Platte, die nach unten mit einem kegelförmigen Anhang endet, dem **Gaumenzäpfchen** (**Zäpfchen,** Uvula palatina). Hier laufen auch die sich beiderseits des weichen Gaumens hinziehenden je zwei **Gaumenbögen** zus., die die G.mandeln einschließen.

Gaumenmandeln (Tonsillae palatinae) ↑Mandeln.
Gaumensegel ↑Gaumen.
Gaumenspalte (Palatoschisis, Uranoschisis), erblich bedingte Mißbildung durch Ausbleiben der Verwachsung beider Gaumenhälften untereinander oder mit dem Nasenseptum. Durch ungenügenden Abschluß des Nasenrachenraums kommt es zu Sprachstörungen. Die Behandlung erfordert zuerst den Verschluß des weichen Gaumens im Verlauf des 6. bis 8. Lebensmonats, nach Wachstumsabschluß auch des harten Gaumens.

Gaumenzäpfchen ↑Gaumen.
Gauner, aus dem Rotwelsch übernommene Bez. für Halunke, Spitzbub, Dieb.
Gaunersprache, Sondersprache der Landstreicher und Gauner, oft als Geheimsprache verwendet. Die dt. G. wird als ↑Rotwelsch bezeichnet (frz. Argot).
Gaunt, John of [engl. gɔ:nt] ↑Lancaster.
Gaupe (Gaube) ↑Dachgaupe.
Gaupenziegel (Gaubenziegel, Kaffziegel, Lukenziegel), Dachziegel in Gaupenform zur Belüftung von Dachräumen.

Gaur [engl. 'gauə], ind. Ruinenstadt im Bundesstaat West Bengal, 6 km sö. von English Bazar; alte Hauptstadt Bengalens, auch Lakschmanawati oder Lakhnauti gen.; 1198–1575 mit Unterbrechungen Sitz der muslim. Vizekönige von Bengalen.

Gaur ['gauər; Hindi] (Dschungelrind, Bos gaurus), sehr großes, kräftig gebautes Wildrind in Vorder- und Hinterindien; Körperlänge etwa 2,6 (♀) bis 3,3 m (♂), Schulterhöhe etwa 1,7–2,2 m, Gewicht bis etwa 1 t; Färbung in beiden Geschlechtern gleich: dunkelbraun bis schwarz, unterer Teil der Extremitäten weiß. Die halbzahme Haustierform des G. ist der **Gayal** (Stirnrind, Bos gaurus frontalis): deutlich kleiner und kurzbeiniger als der G., Körperlänge bis etwa 2,8 m, Schulterhöhe bis 1,6 m, ♀♀ kleiner.

Gaurisankar, Berg im Himalaja, auf der Grenze zw. Tibet und Nepal, 50 km westlich des Mount Everest, 7 145 m hoch.

Gaus, Günter [Kurt Willi], *Braunschweig 23. Nov. 1929, dt. Publizist und Politiker. – 1969–73 Chefredakteur beim „Spiegel", 1973 Staatssekretär im Bundeskanzleramt, 1974–81 Leiter der ständigen Vertretung der BR Deutschland in der DDR; schrieb u.a. „Zur Person von Adenauer bis Wehner" (1987), „Die Welt der Westdeutschen" (1988), „Deutschland – Was sonst?" (1990), „Porträts in Frage und Antwort" (1991).

Gauß, Carl Friedrich, *Braunschweig 30. April 1777, †Göttingen 23. Febr. 1855, dt. Mathematiker, Astronom und Physiker. – Der seit 1807 als Prof. für Astronomie und Direktor der Sternwarte in Göttingen wirkende G., bereits zu Lebzeiten als „Princeps mathematicorum" bezeichnet, gehört zu den bedeutendsten Mathematikern. 1801 veröffentlichte er seine „Disquisitiones arithmeticae", das grundlegende Werk der modernen Zahlentheorie. 1809 erschien sein astronom. Hauptwerk „Theoria motus corporum coelestium", in dem er der theoret. Astronomie eine neue Grundlage gab. 1827 veröffentlichte er sein grundlegendes differentialgeometr. Werk „Disquisitiones generales circa superficies curvas". Zusammen mit dem Physiker Wilhelm Weber widmete er sich der Erforschung des Erdmagnetismus, wobei er das nach ihm benannte absolute physikal. Maßsystem aufstellte. Der von beiden 1833 konstruierte elektromagnetische Telegraph wurde damals nicht weiterentwickelt. In diese Zeit fallen auch seine grundlegenden Arbeiten zur Physik, insbes. zur Mechanik, zur Potentialtheorie sowie zur geometr. Optik (↑Gaußsche Abbildung). Auf dem Gebiet der Mathematik sind v.a. noch seine Arbeiten zur Theorie der unendlichen Reihen, seine Methoden der numerischen Mathematik sowie seine Beweise des Fundamentalsatzes der Algebra zu nennen. – Sein Porträt ziert den 10-Mark-Schein der Dt. Bundesbank.

Charles de Gaulle

Carl Friedrich Gauß

Gaviale. Gangesgavial

Gauß [nach C. F. Gauß], Einheitenzeichen G oder Gs, im amtl. Verkehr nicht mehr zugelassene Einheit der magnet. Flußdichte (magnet. Induktion); 1 G = 10^{-8} Vs/cm^2 = 10^{-4} Vs/m^2 = 10^{-4} Wb/m^2 = 10^{-4} Tesla. Gesetzl. SI-Einheit ist das ↑Tesla.

Gauß-Krüger-Abbildung [nach C. F. Gauß und dem dt. Geodäten J. H. L. Krüger, *1857, †1923], eine konforme Abbildung eines auf dem Erdellipsoid liegenden geograph. Koordinatensystems in ein ebenes kartes. Koordinatensystem, gelegentl. auch als Abbildung der Hannoverschen Landesvermessung bezeichnet, seit 1923 (amtl. 1927) in der dt. Landvermessung und später auch in zahlreichen anderen Ländern der Erde eingeführt.

Gaußsche Abbildung [nach C. F. Gauß], die idealisierte opt. ↑Abbildung, bei der durch die Abbildungsgleichungen alle Geraden und Ebenen des Objektraumes in ebensolche des Bildraumes abgebildet werden.

Gaußsche Gleichung [nach C. F. Gauß], die bei einer opt. ↑Abbildung durch eine einzelne brechende Kugelfläche (Radius r) zw. den Schnittweiten (s, s') und Brennweiten (f, f') geltende Beziehung

$$n'/s' + n/s = (n'-n)/r = n'/f' = n/f,$$

wobei n und n' die Brechzahlen im Objekt- bzw. Bildraum sind.

Gaußsche Koordinaten [nach C. F. Gauß] (krummlinige Koordinaten), Koordinaten auf gekrümmten Flächen, z. B. geograph. Länge und Breite auf einer Kugel.

Gaußsche Zahlenebene [nach C. F. Gauß], eine Ebene mit einem kartes. Koordinatensystem zur Darstellung der komplexen Zahlen; die Abszisse (x-Achse) liefert den Realteil, die Ordinate (y-Achse) den Imaginärteil. Jedem Punkt der G. Z. ist genau eine komplexe Zahl zugeordnet und umgekehrt.

Gauß-Verteilung [nach C. F. Gauß], svw. ↑Normalverteilung.

Gautama [Sanskrit], Geschlechtsname des ↑Buddha.

Gauten, einer der beiden großen Stammesverbände, die das ma. Reich bildeten (↑Svear); im 6. Jh. erwähnt. Siedlungsgebiete v. a. südlich des Vänersees und des Götaälv in Väster- und Östergötland. Die G. (altenglisch „Geatas") spielen in dem Heldenepos „Beowulf" eine große Rolle.

Théophile Gautier

Gautier, Théophile [frz. go'tje], *Tarbes 30. Aug. 1811, †Neuilly-sur-Seine 23. Okt. 1872, frz. Dichter und Kritiker. – Stand zuerst unter dem Einfluß der romant. Schule V. Hugos, schrieb Künstlerromane, Friedhofslyrik u. a.; er pflegte Kontakte u. a. zu Nerval und Baudelaire. G. gelangte seit den 40er Jahren zu einer ausgefeilten virtuosen Lyrik und nahm mit ihr das Ideal des ↑L'art pour l'art des Parnasse vorweg; er schrieb außerdem phantasievolle, abenteuerl. Romane sowie literarhistor. Werke. – *Werke:* Mademoiselle de Maupin (R., 1835), Emaillen und Kameen (Ged., 1852), Der Roman der Mumie (1858), Kapitän Fracasse (R., 2 Bde., 1861–63).

Gauting, Gemeinde im sw. Vorortbereich von München, Bayern, 590 m ü. d. M., 17 600 E. Feinmechan. und elektrotechn. Ind.

gautschen, in der *Papierherstellung* Entwässern der Papierbahn.
▷ veralteter Aufnahmebrauch des graph. Gewerbes: Der Gehilfe wird (nach Prüfungsabschluß) in eine Wanne mit Wasser gesetzt („gegautscht") und erhält den Gautschbrief.

John Gay

Joseph Louis Gay-Lussac

Gavarni, Paul, eigtl. Sulpice Guillaume Chevalier, *Paris 13. Jan. 1804, †Auteuil 24. Nov. 1866, frz. lithograph. Zeichner. – Amüsanter Schilderer des Pariser Lebens; Schärfe haben nur die zwei späten Folgen „Masques et visages" (1852/53 und 1857/58).

Gaviale (Gavialidae) [Hindi], Fam. der Krokodile mit dem oberseits dunkelblaugrauen bis bleischwarzen, unterseits helleren **Gangesgavial** (Gavial, Gavialis gangeticus) als einziger rezenter Art in Vorder- und Hinterindien; fast 7 m langer, schlanker Körper, kräftiger Ruderschwanz.

Gaviniès, Pierre [frz. gavi'njɛs], *Bordeaux 11. Mai 1728, †Paris 8. Sept. 1800, frz. Violinist und Komponist. – Einer der bedeutendsten frz. Geiger des 18. Jh.; komponierte Violinetüden (1800), Violinsonaten, Konzerte, Triosonaten.

Gävle [schwed. 'jɛ:vlə], schwed. Hafenstadt am Bottn. Meerbusen, 87 700 E. Hauptstadt des Verw.-Geb. Gävleborg; Metall-, Textil-, Papierind.; Verschiffung von Eisenerz und Holz, Fischereihafen. – G. erhielt 1446 Stadtrecht. – Schloß Gävleborg (16. Jh.); unter Denkmalschutz steht ein Teil des alten Fischerviertels.

Gavlovič, Hugolín [slowak. 'gaulovitʃ], *Čierny Dunajec 1712, †Hořovice (Mittelböhm. Bez.) 1787, slowak. Dichter. – Hervorragendster Vertreter des slowak. Barock.

Gavotte [ga'vɔtə, frz. ...'vɔt, zu provenzal. gavoto „Tanz der gavots (der Bewohner der Alpen)"], alter frz. Volkstanz im $^2/_2$-Takt mit zweiteiligem Auftakt und in mäßigem Tempo; kam im 17. Jh. in das frz. Hofballett und war bis ins 19. Jh. Gesellschaftstanz.

Gawain (Gawan, frz. Gauvain), in der ma. Epik (z. B. bei Wolfram von Eschenbach) Held und Repräsentant der höf. Gesellschaft, Neffe des ↑Artus.

Gawrilow, Andrei [russ. gav'rilɛf], *Moskau 21. Sept. 1955, russ. Pianist. – Seit seinem Auftritt 1974 bei den Salzburger Festspielen internat. bekannt; v. a. Interpret von Tschaikowsky und Chopin.

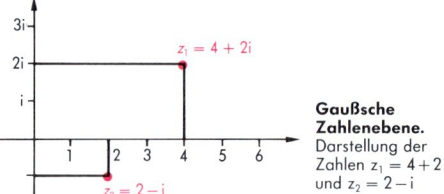

Gaußsche Zahlenebene. Darstellung der Zahlen $z_1 = 4 + 2i$ und $z_2 = 2 - i$

Gay, John [engl. geɪ], ≈ Barnstaple 16. Sept. 1685, †London 4. Dez. 1732, engl. Dichter. – Schrieb neben Gedichten, Fabeln und Eklogen sehr erfolgreiche Komödien; Begründer der Ballad-opera mit „The beggar's opera" (1728, dt. 1770, 1960 u. d. T. „Die Bettleroper") mit eingestreuten Liedern nach altengl. Balladenmelodien (von Brecht als „Dreigroschenoper" erneuert, Musik von K. Weill).

Gaya [engl. 'gaɪə], Stadt im ind. B.-Staat Bihar, am S-Rand der Gangesebene, 247 000 E. Seiden- und Teppichwebereien. Pilgerort der Hindus mit Wischnupadatempel (18. Jh.). – ↑Bodh Gaya.

Gay-Lussac, Joseph Louis [frz. gely'sak], *Saint-Léonard-de-Noblat (Haute-Vienne) 6. Dez. 1778, †Paris 9. Mai 1850, frz. Physiker und Chemiker. – Prof. für Physik an der Sorbonne und für Chemie an der École polytechnique; stellte 1802 das nach ihm ben. Gesetz auf, unternahm 1804 wiss. Ballonfahrten. Seine chem. Untersuchungen trugen wesentl. zur Entwicklung der analyt. Chemie bei. Seine Arbeiten zur techn. Chemie betreffen u. a. das Steinkohlengas und die Schwefelsäurefabrikation.

Gay-Lussacsches Gesetz [frz. gely'sak; nach J. L. Gay-Lussac] (Boyle-Gay-Lussacsches Gesetz), Gesetzmäßigkeit im Verhalten idealer Gase: Das Volumen V vergrößert sich bei konstantem Druck p linear mit steigender Temperatur: $V = V_0(1 + \alpha t) = V_0 \alpha T$ (t in °C bzw. T in K), wobei der [isobare] Ausdehnungskoeffizient für alle idealen Gase den gleichen Wert $\alpha = 1/273{,}15$ hat (V_0 Volumen bei

0 °C). Daraus folgt, daß sich bei konstantem Druck die jeweiligen Gasvolumina wie die absoluten Temperaturen des Gases verhalten, $V_1 : V_2 = T_1 : T_2$. Entsprechendes gilt für den Druck bei konstantem Volumen.

Gáyor, Tibor, *Budapest 14. April 1929, ungar. Künstler. – Faltungen sind wesentl. Formelement seiner konstruktivist. Bilder, Reliefs usw.; machte sich verdient als Vermittler zw. der ost- und westeurop. Kunstszene.

Gaza, ägypt. Stadt, ↑Gasa.

Gazankulu, Bantuheimatland der Tsonga im O von Transvaal; 7730 km² in 3 Teilgebieten, 496 000 E (1985), Verwaltungssitz Giyani. Neben Weidewirtschaft Zitrus-, Maulbeerbaum- und Teeanpflanzungen sowie Anbau von Mais, Hirse, Sisal u. a. Ein großer Teil der männl. Bev. arbeitet als Gastarbeiter in der Republik Südafrika.
Politische Verhältnisse: G. erhielt 1971 eine gesetzgebende Versammlung und ist seit 1973 ein sich selbst regierendes Territorium.

Gaze [ˈgaːzə; span.-frz.], schleierartiges Gewebe aus feinen Garnen z. B. für Gardinen, techn. und medizin. Zwecke.

Gazellehalbinsel ↑Neubritannien.

Gazellen (Gazella) [arab.-italien.], Gatt. 0,9–1,7 m langer (Körperhöhe 0,5–1,1 m) Paarhufer aus der Unterfam. *Gazellenartige* (Springantilopen, Antilopinae) mit etwa 12 Arten; meist leicht gebaut mit langen, schlanken Beinen, wodurch hohe Laufgeschwindigkeiten erreicht werden; Kopf ziemlich klein, mit relativ großen Augen und (meist bei beiden Geschlechtern) quergeringelten Hörnern, die gerade und gebogen sein können. – In den Wüstengebieten S-Marokkos und der Sahara lebt die **Damagazelle** (Gazella dama); Oberseite rotbraun, Unterseite, Gesicht, Brustlatz, Beine und hinteres Körperviertel weiß; Hörner bis 30 cm lang, schwarz und geringelt. Urspr. in ganz N-Afrika und im äußersten SW Asiens, heute in weiten Teilen ausgerottet, kommt die **Dorkasgazelle** (Gazella dorcas) vor; Körper hell sandfarben, von der weißen Bauchseite durch einen breiten, rötlichbraunen Flankenstreif abgesetzt. In O-Afrika kommt die **Grantgazelle** (Gazella granti) vor; Körper rötlichbraun, Unterseite weiß, Hinterteil um den Schwanz herum weiß, an den Seiten braunschwarz eingefärbt. Das ♂ der **Kropfgazelle** (Gazella subgutturosa) hat während der Brunst eine kropfartig angeschwollene Kehle und einen verdickten Nacken; lebt in den Halbwüsten und Wüsten SW- und Z-Asiens. Die oberseits rötl.-sandfarbene, unterseits weiße **Sömmeringgazelle** (Gazella soemmeringi) lebt in NO-Afrika. In O-Afrika kommt die **Thomsongazelle** (Gazella thomson) vor; Fell rötl. bis gelbbraun, von der weißen Bauchseite durch ein breites, schwarzes Flankenband abgesetzt.

Gazette [gaˈtsɛtə, gaˈzɛtə; frz. gaˈzɛt; nach der venezian. Münze Gazzetta, dem Preis für die älteste venezian. Zeitung], veraltete, noch abwertende Bez. für Zeitung.

Gaziantep [türk. gaːˈzian‚tɛp], türk. Stadt an der Bagdadbahn, 800 m ü. d. M., 466 000 E. Hauptstadt der Prov. G.; Zweig der TU von Ankara, archäolog. Museum; aufstrebendes Ind.- und Handelszentrum eines Agrargebiets.

Gazru ↑Geser.

Gazzelloni, Severino, *Rom 5. Jan. 1919, †ebd. 21. Nov. 1992, italien. Flötist. – Bed. Virtuose moderner Musik; unterrichtete in Rom und Siena. Zeitgenöss. Komponisten (u. a. L. Berio) widmeten ihm Werke.

GB/BHE, Abk. für: ↑**G**esamtdeutscher **B**lock/**B**lock der **H**eimatvertriebenen und **E**ntrechteten.

GCA-Verfahren [engl. ˈdʒiːsiːˈeɪ, Abk. für engl.: **g**round **c**ontrolled **a**pproach „von der Bodenstelle kontrollierter Anflug"], Anflugverfahren, bei dem der Pilot über Sprechfunk Anweisungen zur Lenkung des Flugzeugs von der Bodenstelle bekommt, die den Anflug auf dem Radargerät überwacht und leitet („Heruntersprechen").

Gd, chem. Symbol für ↑Gadolinium.

Gdańsk [poln. gdaisk] ↑Danzig.

Gdingen, Stadt in Polen, ↑Gdynia.

gdm, Einheitenzeichen für geodynamisches Meter (↑Geopotential).

GDP, Abk. für: ↑**G**esamt**d**eutsche **P**artei.

Gdynia [poln. ˈgdɨnja] (dt. Gdingen, 1939–45 Gotenhafen), polnische Stadt am W-Ufer der Danziger Bucht, bis 100 m ü. d. M., 250 000 E. Inst. für Hochseefischerei, Maritime Hochschule, Meeresaquarium; Werftind., Fischverarbeitung; Handels-, Fischerei- und Passagierhafen. G. wuchs mit Zoppot und Danzig zur „Dreistadt" zusammen. – Das Fischer- und Badedorf G. (1921: 1 300 E) wurde nach 1924 (in Konkurrenz zu Danzig) zu einem modernen See- und Kriegshafen ausgebaut und ist seit 1926 Stadt; 1939 bis 1945 gehörte G. zum Dt. Reich.

Gazellen. Grantgazellen, Schulterhöhe 80–90 cm

Ge, Nikolai Nikolajewitsch [russ. gje], eigtl. N. N. Gay, *Woronesch 27. Febr. 1831, †Gut Iwanowski (Gebiet Tschernigow) 13. Juni 1894, russ. Maler frz. Abkunft. – In einem durch Licht- und Schatteneffekte dramatisierten genauen Stil malte G. bibl. und histor. Szenen sowie zahlr. Porträts (Herzen, Tolstoi, Nekrassow). G. gehörte zu den Gründungs-Mgl. der ↑Peredwischniki.

Ge, chem. Symbol für ↑Germanium.

Gê [ʒeː], indian. Sprachfamilie Südamerikas, v. a. im Brasilian. Bergland; umfaßt u. a. die Kaingang, Xavante und Kayapó.

Geantiklinale (Geantikline) [griech.], großräumiges, weitgespanntes tekton. Gewölbe.

Geäse (Äsung), wm. Bez. für die von Feder- und Haarwild (mit Ausnahme des Wildschweins und Raubwilds) aufgenommene Nahrung.

Gebälk, Balkenlage einer Holzdecke zwischen zwei Geschossen; auch Gesamtheit der Balken einer Dachkonstruktion.

Gebände, svw. Abgesang (↑Kanzonenstrophe).

Gebärde [zu althochdt. gibaron „sich verhalten"] (Gehabe[n]), Verhaltensausdruck einer bestimmten psych. Verfassung bei Tieren und Menschen. Charakterist ist das Übermitteln einer Information. Entwicklungsgeschichtlich vorprogrammiert sind die Instinktgebärden, die der innerartl. Kommunikation dienen und instinktiv auch von den Artgenossen verstanden werden. Bekannte Beispiele dafür sind die Demutsgebärde, das Drohverhalten oder das Imponiergehabe. Menschl. G. sind vielfach noch entwicklungsgeschichtlich verwurzelt, doch sind sie meistens überformt und schließlich durch Konventionen fixiert. In großer Teil der G. besteht darüber hinaus aus formalisierten und stilisierten Handlungen.
Das ma. *Recht,* das auf Anschaulichkeit bedacht war, schrieb für die meisten Handlungen außer der Worterklärung noch bestimmte G. vor (z. B. Eid, stehend mit erhobener rechter Hand), die z. T. noch heute üblich sind.

Gebaren, gesamtpersönl. Ausdrucksgeschehen eines Menschen in Gebärden, Gesten und Mimik. Im übertragenen Sinn auch svw. auffälliges Verhalten.

Gebärfische (Aalmuttern, Zoarcidae), Fam. der Dorschfische mit etwa 60 Arten im N-Atlantik, N-Pazifik sowie in arkt. und antarkt. Gewässern; Körper walzenförmig, aalähnlich langgestreckt. Einige Arten sind lebendgebärend, z. B. die Art **Aalmutter** (Grünknochen, Zoarces viviparus).

Gebärmutter

Gebärmutter (Uterus), muskulöses, in die Scheide mündendes Hohlorgan der Frau und der weibl. Säugetiere, in dem sich die Entwicklung des Keimlings vollzieht. Beim Menschen ist die sehr dehnbare, muskulöse G. 6–9 cm lang und birnenförmig. Die verschiedenen, relativ lockeren Mutterbänder halten die G. normalerweise in einer gewissen Vorwärtsneigung *(Anteversio)* und Vorwärtsknickung *(Anteflexio)* fest. Sie wird zusätzlich vom muskelstarken Beckenboden getragen. Der Hauptanteil der G., der *G.körper* verengt sich am *inneren Muttermund* und läuft in den *G.hals* aus. Dessen zapfenartig in die Scheide vorgestülpter Endteil ist die *Portio vaginalis,* deren schlitzförmige Mündung in die Scheide als *äußerer Muttermund* bezeichnet wird. Der vordere bzw. hintere bzw. untere und hintere bzw. obere Anteil des äußeren Muttermundes sind die *Muttermundlippen.* Der G.körper ist bei Normallage gegen den G.hals nach vorn abgewinkelt. Die G.wand besteht aus dem innen liegenden *Endometrium* (G.schleimhaut, Uterusschleimhaut), dem etwa 1 cm dick ausgebildeten *Myometrium* (Muskelschicht aus glatter Muskulatur und Bindegewebe) und dem außen liegenden *Perimetrium* (Bauchfellüberzug).

Gebärmuttererkrankungen, häufig auftretende G. sind: **Gebärmuttergeschwülste,** die gutartige (Polypen, Myome) und bösartige (Karzinome) Gewebewucherungen sein können; häufigstes Symptom sind unregelmäßige Blutungen. Der von der Gebärmutterschleimhaut ausgehende **Gebärmutterkrebs** (Carcinoma uteri) ist der häufigste Krebs der Frau. Befallen werden zu etwa 20 % der Gebärmutterkörper und zu etwa 70 % der Gebärmutterhals. Das **Korpuskarzinom** (Gebärmutterkörperkrebs, Endometriumkarzinom) tritt zumeist erst nach den Wechseljahren auf (Häufigkeitsgipfel um das 60. Lebensjahr) und befällt zunächst nur die Gebärmutterschleimhaut, wächst dann aber schnell auch in die Muskulatur ein und greift schließlich auf Eileiter, Eierstöcke, Harnblase und Mastdarm über. Das **Zervixkarzinom** (Gebärmutterhalskrebs, Kollumkarzinom) tritt am häufigsten zw. dem 40. und 50. Lebensjahr auf. Es entwickelt sich ohne warnende Anzeichen. Die frühesten Symptome sind Ausfluß und Blutungen. Die Behandlung besteht in der Entfernung der betroffenen Partien. – **Gebärmutterverlagerungen** sind Abweichungen der Gebärmutterlage vom Normalen hinsichtlich Stellung, Neigung und Achsenkrümmung.

Eine *Rückwärtsknickung der Gebärmutter* (Retroflexio uteri) findet sich oft bei allg. Bindegewebsschwäche oder Überlastung der Haltebänder, insbes. wenn sich die Gebärmutter nach einer Schwangerschaft nur langsam zurückbildet. Ist die Gebärmutter sekundär mit der hinteren Beckenwand verwachsen, kommt es zu heftigen Kreuzschmerzen, schmerzhaften Regelblutungen, Stuhlverstopfung und u. U. auch zur Unfruchtbarkeit. Bei Schwangerschaften richtet sich die rückwärtsgeknickte Gebärmutter im Lauf des 4. Schwangerschaftsmonats, wenn sie das kleine Becken ausfüllt, meist spontan auf.

Ursachen für eine **Gebärmuttersenkung** (Descensus uteri) sind schlaffes Bindegewebe, nachlassende Elastizität im Alter und Überdehnung oder Einrisse der Beckenbodenmuskulatur nach schweren Geburten. Aus der Gebärmuttersenkung kann sich u. U. ein **Gebärmuttervorfall** (Prolapsus uteri) entwickeln, bei dem die Gebärmutter zw. den Schamlippen hervortritt. Die Behandlung der Gebärmuttersenkung und des Gebärmuttervorfalls besteht in einer operativen Korrektur; zur Vorbeugung sind gymnast. Übungen zur Kräftigung der Beckenbodenmuskulatur, v. a. nach Geburten, ratsam.

Gebärmutterkrebs ↑Gebärmuttererkrankungen.
Gebärmuttersenkung ↑Gebärmuttererkrankungen.
Gebärmuttervorfall ↑Gebärmuttererkrankungen.
Gebäudeversicherung, Versicherung gegen Feuer-, Sturm-, Hagel- und Leitungswasserschäden, Glasbruch, Schwammpilz- und Hausbockkäferbefall.

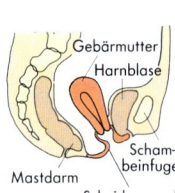
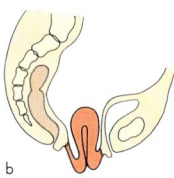
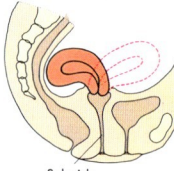

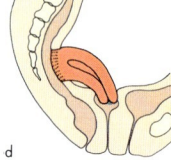

Gebärmuttererkrankungen. Gebärmutterverlagerungen: a Gebärmuttersenkung mit Vorfall der Scheidenwand; b teilweiser Vorfall der Gebärmutter; c rückwärts geknickte Gebärmutter; d Verwachsung der rückwärts geknickten Gebärmutter

Geber (arab. Dschabir Ibn Haijan), arab. Arzt und Alchimist der 2. Hälfte des 8. Jahrhunderts. – Autorität der Alchimie; ihm werden umfangreiche alchimist. Werke zugeschrieben, die jedoch wahrscheinlich lat. Rezensionen aus dem 13. Jh. sind.

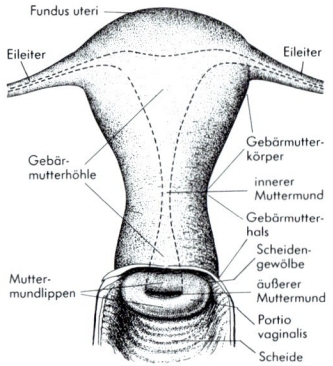

Gebärmutter. Uterus der Frau

Geber, svw. ↑Meßgrößenumformer. – ↑Taster.
Gebet [zu althochdt. gibet (zu bitten)], in der *Religionswiss.* die mit Worten und begleitenden Handlungen (Gebärden wie Niederknien, Händefalten u. a.) verbundene Anrede einer als Person gedachten Gottheit durch den Menschen **(Anbetung).** Themen des G. (urspr. spontaner Gebetsruf, später mit feststehendem Text) sind v. a. die Bitte um ird. Güter oder sittl. Werte **(Bittgebet),** Schuldbekenntnis und Vergebungsbitte **(Bußgebet),** Dank für empfangene Gnaden und Wohltaten **(Dankgebet)** und Lobpreisung der Gottheit **(Lobgebet),** oft verbunden mit einer Bekenntnis- oder Opferformel. G. ist sowohl persönl. G. als auch Gemeindegebet (Gottesdienst). Begleitgegenstände des G. sind u. a. Gebetteppich (Islam), Gebetsmantel und -riemen (Judentum), Rosenkranz (Buddhismus, kath. Christentum) und Gebetsmühlen (Lamaismus). – Die *christl.* Tradition begründet das G. aus der Bibel, z. B. den ↑Psalmen und den neutestamentl. Lehren Jesu über das Beten, v. a. dem ↑Vaterunser. G. ist im christl. Verständnis die Antwort auf die als Anrede, als Wort Gottes, verstandene Offenbarung, die in personaler Begegnung von Betenden und Gott geschieht.

Gebetbuch, in der kath. Kirche die neben den liturg. Büchern bestehende Gebetssammlung, urspr. privat, dann auch im Gottesdienst benutzt; vom 9. Jh. an aus Psalterien entstanden. – Für die *reformator. Kirchen* ↑Gesangbuch.
Gebetsmantel, rituelles jüd. Kleidungsstück, ↑Tallit.
Gebetsmühle (Gebetszylinder), im tibet. Lamaismus gebräuchl. sakrales Gerät, das die mündl. Rezitation hl. Sprüche mechan. ersetzen soll; zylinderförmiger, um eine Achse drehbarer Behälter.
Gebetsnische, Teil der Moschee, ↑Mihrab.
Gebetsriemen ↑Tefillin.
Gebetsteppich, kleiner oriental. Knüpfteppich, der dem Muslim als Unterlage beim rituellen Gebet dient. Das Dekor des G. besteht im stilisierten Umriß einer Gebetsnische.
Gebetszylinder, svw. ↑Gebetsmühle.
Gebhard, Freiherr zu Waldburg, *Heiligenberg bei Überlingen 10. Nov. 1547, †Straßburg 31. Mai 1601, Kurfürst und Erzbischof von Köln (1577–83). – Wollte nach seiner Heirat mit Agnes von Mansfeld (1582) das Erzstift Köln säkularisieren. Als sich Domkapitel und Stadt widersetzten, G. abgesetzt und Ernst (Herzog von Bayern) gewählt wurde, kam es zum Kölnischen Krieg, in dem G. unterlag; flüchtete 1589 nach Straßburg, wo er als ev. Domdechant wirkte.
Gebhardt, Bruno, *Krotoszyn 9. Okt. 1858, †Berlin 13. Febr. 1905, dt. Historiker. – 1891/92 Hg. des „Handbuchs der dt. Geschichte" (2 Bde.), das mehrmals neu bearbeitet wurde (4 Bde., ⁹1970–76, hg. von H. Grundmann).

Gebiet [urspr. „Bereich, über den sich Befehlsgewalt erstreckt"], allg. svw. räuml. oder sachl. Bereich, Fach.
▷ im *Recht* ein abgegrenzter Teil der Erdoberfläche; Territorium.

Gebietserwerb (Abtretung, Zession), Wechsel der Gebietshoheit über ein Territorium im Weg der Vereinbarung zw. den beteiligten Staaten, häufig in einem Friedensvertrag. Der G. ist zu unterscheiden von der durch einseitigen Akt erfolgenden Inbesitznahme eines Gebiets, das keiner Staatsgewalt unterliegt (↑ Okkupation) oder bisher von einer anderen Staatsgewalt beherrscht wurde (↑ Annexion). Nach geltendem Völkerrecht ist G. nur unter Beachtung des Selbstbestimmungsrecht der Völker zulässig.

Gebietshoheit, die Befugnis zur Entfaltung staatl. Macht auf ein Staatsgebiet; steht sachlich beschränkt als kommunale G. auch öff.-rechtl. Gebietskörperschaften wie Gemeinden und Kreisen zu.

Gebietskartell ↑ Kartellrecht.

Gebietskörperschaft, Körperschaft des öff. Rechts, deren Gebietshoheit einen räumlich abgegrenzten Teil des Staatsgebiets sowie dessen Bewohner erfaßt (v. a. Gemeinden, Landkreise; i. w. S. auch Bund und Länder).

Gebietsreform ↑ Kommunalreform.

Gebildbrote, frei (Brezeln, Zöpfe usw.) oder mit Hilfe von Modeln gestaltete oder verzierte Gebäcke, die eine Funktion im Brauchtum des Jahres- und Lebenslaufs haben bzw. hatten.

Gebilde (soziales G.), Bez. der Soziologie für soziale Einheiten, die von mehreren Individuen gebildet werden und bes. soziale Beziehungen ermöglichen (z. B. Familie, Gruppe, Gemeinde, Betrieb, Verein).

Gebinde, (Blumengebinde) Blumenarrangement, Blumengesteck, kunstvoll gebundener Strauß.
▷ bei hölzernen Dachkonstruktionen ein Sparrenpaar mit den dazugehörigen Verbandshölzern.

Gebirge [zu althochdt. gibirgi, eigtl. „Gesamtheit von Bergen"], Gebiete der Erde, die durch Berge, Hochflächen, Täler und Senken gegliedert und meist durch einen **Gebirgsfuß** von ihrer Umgebung abgesetzt sind oder in einem Hügelland auslaufen. Nach dem Relieftypus unterscheidet man: **Mittelgebirge** (500–1 000 m Höhenunterschied zw. Gebirgsfuß und Gipfel) mit gerundeten Formen und **Hochgebirge** (über 1 000 m Höhenunterschied) mit schroffen Formen, oft glazial überformt. Nach der äußeren Form unterscheidet man **Kamm-, Ketten-, Kuppen-** und **Tafelgebirge.** Durch die Besonderheiten des ↑Gebirgsklimas bedingt, weist die Vegetation eine Folge von Höhenstufen auf (↑ Vegetationsstufen).
▷ in der *Geologie,* abgesehen von Vulkanbergen, Großscholle mit sich gleichartigem Bau, nach Art und Grad der tekton. Verformung eingeteilt in 1. **Schollengebirge** mit Horsten, Gräben, Schollen; 2. **Bruchfaltengebirge,** bei dem die Schollen von Sedimentgestein verhüllt sind, daher Mulden über Gräben, Sättel über Horsten liegen; 3. **Faltengebirge,** gekennzeichnet durch Verbiegung urspr. horizontaler Gesteinsschichten und 4. **Deckengebirge,** gekennzeichnet durch große Überschiebungsdecken. – ↑ Gebirgsbildung.
▷ bergmänn. Bez. für das gesamte eine Lagerstätte umgebende Gestein.

Gebirgsbildung (Orogenese), episod. Vorgang der Verformung von Teilen der Erdkruste, verbunden mit vertikalen und horizontalen Verlagerungen der Gesteine, mit Faltung, Bruchtektonik, Deckenbau, Vulkanismus u. a. Die Theorien der G. versuchen, die Kräfte, die diese Bewegungsabläufe verursachen, und die G. selbst zu erklären. Die **Kontraktionstheorie** geht von Schrumpfung der Erdkruste aus, verursacht durch Abkühlung oder Verdichtung des Raummhalts. Die **Oszillationstheorie** erläutert die G. durch Verlagerung von Magmamassen, in deren Folge Deckschichten von weiträumigen Großverbiegungen abgleiten und sich in Senken stauchen. Die **Unterströmungstheorie** sieht als Kraftquelle für die G. Konvektionsströmungen (Wärmeaustausch) im plast. Untergrund der Erdkruste an. Die Theorie der *Kontinentalverschiebung* führt das Entstehen von Faltengebirgen auf Stau bei der aktiven Drift der Kontinente zurück. Den jüngsten Beitrag zur G. liefert die Theorie der ↑ *Plattentektonik,* die auch die Tiefseeböden berücksichtigt. Über die zeitl. Folge der G. im Laufe der Erdgeschichte ↑ Faltungsphasen.

Gebirgsfuß ↑ Gebirge.

Gebirgsjäger, für den Einsatz im Gebirge ausgebildeter Soldat.

Gebirgsklima, unter dem Einfluß des Gebirgsreliefs geprägtes Klima. Typische Merkmale des G.: Abnahme des Luftdruckes mit der Höhe; Absinken der Lufttemperatur mit größerer Tagesschwankung; Zunahme der Niederschläge (in den Alpen bis auf über 2 000 mm/Jahr) mit starker Beregnung der Luvseiten der Gebirge; langanhaltende Schneedecke; im Winter geringere, im Sommer stärkere Bewölkung als in der Ebene und größerer Häufigkeit von Nebeltagen, bes. Nebeldecken in den Tälern.

Gebirgsknoten, Gebiet, in dem mehrere Gebirgszüge zusammenlaufen.

Gebirgsschlag, schlagartig und plötzlich auftretende Bewegung und Erschütterung im Gebirge um bergmännisch geschaffene Hohlräume als Folge von Entspannungsvorgängen.

Gebirol ↑ Gabirol.

Gebiß, die Gesamtheit der ↑ Zähne. – Das Ineinandergreifen der beiden Zahnreihen in der Schlußstellung bezeichnet man als **Biß.**
▷ Teil des ↑ Zaumzeugs bei Pferden.

Gebläse, in der *Fördertechnik* Bez. für Verdichter mit niedriger Druckdifferenz zw. End- und Ansaugdruck (1,1:1 bis 3:1) zur Erzeugung eines Gasstromes (u. a. bei der pneumat. Förderung) und zur Absaugung und Verdichtung von Gasen, insbes. zur Versorgung von unter geringem Überdruck stehenden Räumen mit Frischluft.

Geblütsrecht, im MA das Anrecht der Blutsverwandten der Herrscherfamilie, die Nachfolge anzutreten oder zum Herrscher gewählt zu werden, im Ggs. zur freien Wahl.

Gebot, allg. die auf göttl., staatl., elterl. u. a. Autorität zurückzuführende bzw. von ihr erlassene oder hergeleitete religiöse, polit., soziale oder eth. Norm für eine bestimmte Handlung.
In den *Religionen* wird der Begriff G. ähnlich wie Gesetz gebraucht. – Im A.T. ist *G. Gottes* alles, wozu Jahwe sein Volk beim Bundesschluß verpflichtet hat. Ihre präziseste Formulierung finden die G. Gottes im ↑Dekalog. – Im N.T. erkennt Jesus den Dekalog als G. Gottes an (↑ Bergpredigt). – In der *kath. Kirche* entwickelten sich G. der Kirche, z. B. die Normen des Kirchenrechts, Sonn- und Feiertagsheiligung u. a.
▷ in der Versteigerung Preisangebot des Bieters, zu dem er einen angebotenen Gegenstand erwerben will. Es stellt den Antrag zum Abschluß eines Kaufvertrags dar, der durch den Zuschlag zustande kommt.

gebotene Feiertage, Festtage, die nach kath. Kirchenrecht zu Meßbesuch und Arbeitsruhe verpflichten.

Gebräch (Gebrech, Gebreche), wm. Bez. für den von Wildschweinen aufgewühlten Boden.

gebrannter Kalk ↑ Calciumoxid.

Gebrauchsanmaßung (Gebrauchsdiebstahl), die vorübergehende, unberechtigte Benutzung fremder Sachen ohne Zueignungsabsicht. Die G. ist grundsätzlich nicht strafbar, jedoch wird der unbefugte Gebrauch eines Fahrzeugs (§ 248 b StGB) und von Pfandsachen (§ 290 StGB) auf Antrag verfolgt.

Gebrauchsgraphik (Graphikdesign), zweckbestimmte Druckgraphik, in MA und Renaissance z. B. illustrierte Einblattdrucke (Holzschnitte, Kupferstiche), heute mittels moderner Vervielfältigungstechniken verbreitete **Werbegraphik** (Warenverpackungen, Anzeigen, Kataloge, Reklamen, Plakate u. a.), **Buch- und Zeitschriftengraphik** (Bucheinbände, Bild- und Textanordnungen, die Wahl von Drucktypen und Schriften u. a.), **amtliche Graphik** (Postwertzeichen, Notenscheine usw.) und **Kartengraphik** (u. a. Glückwunsch-, Speise- und Spielkarten).

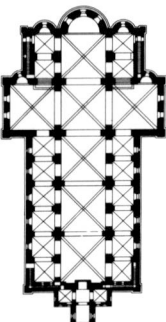

Gebundenes System. Grundriß der romanischen Pfarrkirche Sankt Veit in Ellwangen, 1182–1233

Gebrauchsmusik

Gebrauchsmusik, in den 1920er Jahren aufgekommene Bez. für Musik, die für den musizierenden Laien komponiert wurde. – ↑funktionale Musik.

Gebrauchsmuster, schutzfähige, sich in einer Raumform verkörpernde Erfindung, die eine neue Gestaltung, Anordnung, Vorrichtung oder Schaltung für Arbeitsgerätschaften oder Gebrauchsgegenstände oder Teile davon zum Gegenstand hat und mangels ausreichender Erfinderleistung nicht für den Patentschutz in Betracht kommt.

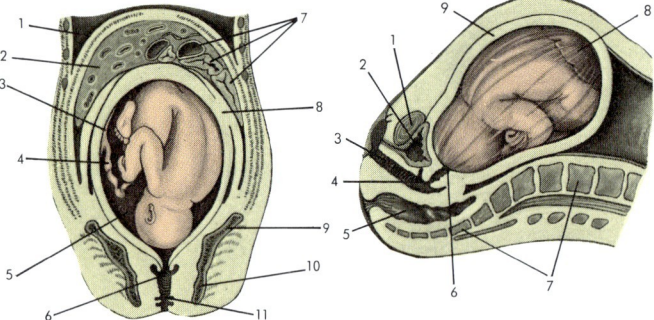

Geburt. Normale Lage des Kindes zu Beginn der Geburt. Links, von vorn gesehen: 1 Zwerchfell; 2 Leber; 3 Mutterkuchen; 4 Nabelschnur; 5 Fruchtwasser; 6 äußerer Muttermund; 7 nach oben gedrängte Teile des Magen-Darm-Kanals; 8 Gebärmutter; 9 Darmbein; 10 Sitzbein; 11 Scheide. Rechts, von der Seite gesehen: 1 Schambeinfuge; 2 Harnblase; 3 Scheide; 4 äußerer Muttermund; 5 Mastdarm; 6 innerer Muttermund; 7 Wirbelsäule; 8 Mutterkuchen; 9 Gebärmutter

Gebrauchsmusterrecht, 1. in objektivem Sinn die Gesamtheit der Rechtsnormen, die die Rechtsverhältnisse an Gebrauchsmustern und das behördl. und gerichtl. Verfahren in Gebrauchsmustersachen regeln, insbes. das GebrauchsmusterG i. d. F. vom 28. 8. 1986; 2. in subjektivem Sinn das absolute Recht, ein Gebrauchsmuster gewerblich zu nutzen. Das G. entsteht durch Anmeldung und Eintragung in die **Gebrauchsmusterrolle,** die vom Dt. Patentamt geführt wird. Die Schutzdauer beträgt 3 Jahre, vom Tag der Anmeldung an gerechnet, und kann auf höchstens 10 Jahre verlängert werden. Der G.schutz ist vererblich und übertragbar.

In *Österreich* gilt das MusterschutzG vom 17. 2. 1955 (Novelle vom 7. 7. 1970). In der *Schweiz* erstreckt sich der Muster- und Modellschutz nur auf Geschmacks-, nicht aber auf Gebrauchsmuster.

Gebrauchswert, subjektiv geschätzter Nutzen oder objektiv gegebene Eignung eines Gutes zur Befriedigung von Bedürfnissen und zur Erfüllung bestimmter Zwecke. – ↑Tauschwert.

Gebrauchtwarenhandel, An- und Verkauf von gebrauchten, aber noch verwendbaren Konsumgütern. Für den G. ist keine bes. gewerberechtl. Genehmigung erforderlich. Allerdings können die Landesregierungen durch RVO Bestimmungen bezüglich der Buchführungspflicht, der Auskunftspflicht oder der Pflicht zur Duldung einer behördl. Nachschau erlassen.

Gebrechen, organische Fehler, die die geistigen oder körperlichen Fähigkeiten des Menschen dauernd und erheblich beeinträchtigen; z. B. Taubheit, Blindheit, Fehlen von Gliedmaßen.

Gebrechlichkeitspflegschaft ↑Pflegschaft.

gebrochene Farben ↑gedämpfte Farben.

Gebser, Jean, *Posen 20. Aug. 1905, †Bern 14. Mai 1973, schweizer. Kulturphilosoph. – Seit 1967 Prof. in Salzburg; versuchte in zahlr. Veröffentlichungen eine neue Sicht von Welt und Persönlichkeit zu geben („Ursprung und Gegenwart", 2 Bde., 1949–53).

Gebühr, Otto, *Kettwig 29. Mai 1877, †Wiesbaden 13. März 1954, dt. Schauspieler. – Wurde v. a. als Darsteller Friedrichs II., des Gr., in Bühnen- und Filmrollen bekannt, u. a. „Fridericus Rex" (1922). Nach dem 2. Weltkrieg Gastspielreisen mit einem eigenen Ensemble; Unterhaltungsfilme.

Gebühren [zu althochdt. giburi, eigtl. „was einem zukommt"], Geldleistungen für die Inanspruchnahme öff. und privater Dienstleistungen; bilden eine bed. Einnahmequelle der Gemeinden, v. a. als Verwaltungs- und Benutzungsgebühren. Die vereinnahmten Mittel sind zweckgebunden. Von den G. im eigtl. Sinne unterscheidet man Zahlungen an Einrichtungen, die im öff. Interesse bestehen. Diese im Rahmen einer Gebührenordnung festgelegten Beträge sind außer bei Gerichten und Gerichtsvollziehern v. a. bei freien Berufen anzutreffen, u. a. bei Rechtsanwälten, Wirtschaftsprüfern und Ärzten.

Nach *östr. Recht* sind G. Abgaben, die dafür erhoben werden, daß entweder jemand bes. Leistungen der Gebietskörperschaften in Anspruch nimmt (Stempel-G., Gerichts-G.) oder über ein Rechtsgeschäft eine schriftl. Urkunde errichten läßt (Rechts-G.). In der *Schweiz* gilt für die Bemessung der G. das sog. Kostendeckungsprinzip, d. h., der Gesamtertrag darf nicht über die Gesamtkosten des betreffenden Verwaltungszweiges hinausgehen.

gebührenpflichtige Verwarnung ↑Verwarnung.

gebundene Rede, durch metr. und rhythm. Mittel gestaltete sprachl. Redeweise.

gebundener Preis ↑Preisbindung.

gebundener Zustand, der Zustand eines Systems von wenigstens zwei [Elementar]teilchen oder Körpern (auch einer Teilchengesamtheit), bei dem zur völligen Abtrennung eines beliebigen Teilsystems eine positive Arbeit, die ↑Abtrennarbeit, aufgewendet werden muß. Systeme in gebundenen Zuständen sind im Makroskopischen das Sonnensystem und die Doppelsterne (ausgenommen opt. Doppelsterne), in der Mikrophysik die Atome, die Atomkerne sowie die Moleküle und Kristalle.

gebundenes System, bei roman. Basiliken die Aufteilung des Grundrisses in quadrat. Einheiten: Mittel- und Querschiff in den Maßen des Vierungsquadrates, die Seitenschiffe in Quadrate halber Breite. Voraussetzung für Kreuzgewölbe mit halbkreisförmigen Gurten. – Abb. S. 507.

Geburt (Partus), Vorgang des Ausstoßens der Nachkommen aus dem mütterl. Körper bei lebendgebärenden (viviparen) Tieren und beim Menschen (bei diesem auch als **Niederkunft** oder **Entbindung** bezeichnet). *Unipare* Lebewesen gebären gewöhnlich nur ein Junges (z. B. Pferd, Rind, Affen, Mensch), *multipare* Tiere bringen mehrere Junge in einem G.akt zur Welt (z. B. Nagetiere, Katzen, Hunde, Schweine). Die Kräfte, die zur Ausstoßung der Leibesfrucht führen, sind die **Wehen** (Labores). Dies sind mehr oder weniger schmerzhafte rhythm. Kontraktionen der Gebärmutter vor bzw. während einer Geburt. Man unterscheidet: unregelmäßige *Vorwehen, Stellwehen* (fixieren den Kopf im kleinen Becken), *Eröffnungswehen, Austreibungs-* oder *Preßwehen* (werden von den Bauchdeckenmuskeln, der sog. Bauchpresse, unterstützt), *Nachgeburtswehen* (zur Lösung der Nachgeburt). Beim Menschen beträgt die Gesamtdauer einer G. bei Erstgebärenden 15–24 Stunden,

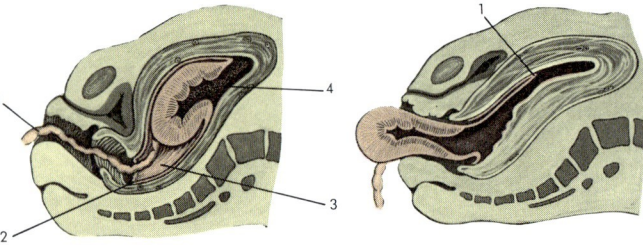

Geburt. Nachgeburtsperiode. Links: Lösung des Mutterkuchens von der Gebärmutterwand: 1 Nabelschnur; 2 Rißstelle der Eihäute; 3 innere Oberfläche der Fruchtblase; 4 hinter dem Mutterkuchen gelegener Bluterguß. Rechts: Ausstoßung des Mutterkuchens und der Eihäute: 1 Umschlagstelle der Eihäute

bei weiteren Geburten ist sie kürzer (evtl. nur wenige Stunden). Der *Zeitpunkt des Eintretens der G.* ist durchschnittlich 280 Tage nach dem ersten Tag der letzten Menstruation erreicht (äußerste Grenze: 236 und 334 Tage). Er zeigt sich mit dem Einsetzen der zunächst in größeren Abständen sich wiederholenden, dann aber etwa nach fünf Minuten erfolgenden Wehen an. Mit dem Blasensprung endet die *Eröffnungsperiode,* und es beginnt die *Austreibungsperiode* unter starker Dehnung des Geburtskanals einschl. des Beckenbodens und Damms, wobei die Mutter mitpreßt. Bei normaler G. kommt zuerst der Kopf des Kindes (Hinterhaupt voran) zum Vorschein. Nach der G. des Kindes wird dieses abgenabelt. Die *Abnabelung* ist eine doppelte Unterbindung und Abtrennung der Nabelschnur, etwa eine Handbreite vom kindl. Nabel entfernt. Die nun beginnende *Nachgeburtsperiode* dauert etwa eine halbe Stunde bis zwei Stunden. Hierbei wird die Plazenta samt den Embryonalhüllen, dem Rest der Nabelschnur und der obersten Unterschleimhautschicht als **Nachgeburt** ausgestoßen.
Von den körperl. Gegebenheiten her bestehen die günstigsten Voraussetzungen für einen normalen Verlauf von Schwangerschaft und G. *(Gebäroptimum)* etwa zw. dem 18. und 28. Lebensjahr.
Zum *Recht* ↑ Rechtsfähigkeit.

Geburtenbuch, eines der beim Standesamt geführten ↑ Personenstandsbücher.

Geburtenhäufigkeit, Begriff der amtl. Bevölkerungsstatistik für den natürl. Bevölkerungszuwachs. Maßzahlen für die relative und absolute G. sind Geburtenanzahl, Geburten- und Fruchtbarkeitsziffer. Die **Geburtenziffer** gibt an, wie hoch der Anteil der Lebendgeborenen an 1 000 Personen der mittleren Bevölkerungsanzahl für eine Periode (i. d. R. ein Jahr) ist.

Geburtenregelung (Geburtenkontrolle), zusammenfassende Bez. für alle Maßnahmen zur gezielten Einflußnahme auf die Geburtenhäufigkeit (z. B. bevölkerungspolit. Maßnahmen, sittl. Normen); i. e. S. Maßnahmen zur Verhütung einer unerwünschten Schwangerschaft im Sinne der Familienplanung durch ↑ Empfängnisverhütung.

Geburtenrückgang, Bez. für das Sinken der Zahl der jährlich geborenen Kinder eines Landes (in der BR Deutschland wurden z. B. 1965 1,044 Mill. Kinder geboren, 1990 727 000). Gründe: u. a. verstärkte Familienplanung, gewandeltes Rollenverständnis der Frau, die finanzielle Belastung und die kinderfeindl. gesellschaftl. Umwelt.

Geburtenüberschuß, die für einen bestimmten Zeitraum ermittelte Differenz zw. der Anzahl der Lebendgeborenen und der Gestorbenen in einer Bevölkerung.

Geburtenziffer ↑ Geburtenhäufigkeit, ↑ Fruchtbarkeitsziffer.

Geburtsgeschwulst, Flüssigkeitsansammlung in Haut und Gewebe des kindl. Teils, der bei der Geburt vorangeht; bei Kopflage über dem Schädel, bei Steißlage über dem Gesäß. Die G. bildet sich ohne Behandlung zurück.

Geburtshelferkröte (Feßlerkröte, Glockenfrosch, Alytes obstetricans), etwa 3–5,5 cm großer Froschlurch (Fam. Scheibenzüngler). Die bei der Paarung vom ♀ abgegebenen, durch eine Gallertschnur zusammengehaltenen Eier werden vom ♂ besamt und anschließend um die Lenden oder Hinterbeine gewickelt. Das ♂ trägt die Eischnüre etwa 3 Wochen mit sich und setzt die schlüpfreifen Larven dann im Wasser ab.

Geburtshilfe (Obstetrik), Teilgebiet der Frauenheilkunde, das sich mit Verhütung, Erkennung und Behandlung krankhafter Zustände während der Schwangerschaft, bei der Geburt und im Wochenbett befaßt.

Geburtslage, svw. ↑ Kindslage.

Geburtslähmung (kindl. Entbindungslähmung), durch ungünstige Umstände während der Geburt beim Kind entstandene Lähmung. Es handelt sich meist um Armlähmungen infolge Zerrung von Nervenwurzeln im Halsbereich und (bei Zangenentbindungen) des Gesichtsnervs.

Geburtstag, seit der Antike bekannte Feier der jährl. Wiederkehr des Tages der Geburt; gilt als glückbringend. In kath. Gebieten war lange der ↑ Namenstag wichtiger.

Geburtstermin, errechnetes Ende der Schwangerschaft; zur Bestimmung des voraussichtl. G. rechnet man vom 1. Tag der letzten Regel drei Kalendermonate zurück und zählt ein Jahr plus sieben Tage hinzu (**Naegele-Regel,** ben. nach dem Gynäkologen Franz Karl Naegele, *1778, †1851). Inzwischen sind Berechnungen des G. auch durch Ultraschalluntersuchungen möglich.

Geburtrauma, Bez. für einen psych. Schaden bei Mutter und Kind, der auf den Geburtsvorgang zurückgeführt werden kann; von der Forschung wird angenommen, daß z. B. Raumangst oder Platzangst des Kindes ihre Ursache auch im Erleben einer schweren Geburt haben können.

Geburtsurkunde ↑ Personenstandsurkunden.

Geburtsverletzungen, beim Vorgang der Geburt entstehende Verletzungen des Neugeborenen und der Mutter. Zu den G. des Neugeborenen gehören u. a. Knochenverletzungen (v. a. des Schädels und im Bereich der Gliedmaßen, auch Schlüsselbeinfrakturen), Blutungen im Schädelinnern, Haut- und Weichteilverletzungen (u. a. Zangenmarken). Die G. der Mutter bestehen v. a. in Rißverletzungen (Dammriß, Gebärmutterhalsriß). Alle G. können mit starken Blutungen verbunden sein und müssen chirurgisch versorgt werden. – ↑ Geburtsgeschwulst.

Geburtszange (Forzeps), aus zwei gefensterten Löffeln bestehendes zangenartiges Instrument zum Fassen des kindl. Schädels bei der Zangengeburt. Die ↑ Vakuumextraktion hat die G. weitgehend abgelöst.

Gebweiler (amtl. Guebwiller, frz. Stadt im Oberelsaß, Dep. Haut-Rhin, 11 100 E. Museum (Keramik); Weinbau; Textil- und Holzind., Maschinenbau, Steinbrüche, Weinbau. – G., seit dem 8. Jh. als Besitz des Klosters Murbach erwähnt, kam mit diesem 1697 an Frankreich. – Romanischgot. Kirche Sankt Leodegar (12. Jh.), got. Dominikanerkirche (1306 ff.) und spätbarocke Liebfrauenkirche (1766–85); spätgot. Rathaus (1514).

Geck [niederdt.], gefallsüchtiger, eitler Mensch, Narr.

Geckos [malai.] (Haftzeher, Gekkonidae), Fam. überwiegend nachtaktiver Echsen mit rd. 670 Arten; Körpergestalt meist abgeflacht, mit großen Augen, deren Lider fast stets zu einer unbewegl., durchsichtigen Schuppe verwachsen sind; Pupillen meist senkrecht, schlitzförmig; Schwanz kann bei Gefahr an vorgebildeten Bruchstellen abgeworfen werden; Finger und Zehen meist verbreitert, häufig mit Haftlamellen, die mikroskopisch kleine Haken aufweisen, mit deren Hilfe sich die G. an feinsten Unebenheiten anheften können. Im Ggs. zu den übrigen Echsen geben G. oft zirpende oder quakende, z. T. sehr laute Töne von sich. Zu den G. gehören u. a. ↑ Blattfingergeckos, ↑ Blattschwanzgeckos. Die Gatt. **Halbzeher** (Hemidactylus) hat über 40, 7–20 cm lange Arten, v. a. in den Tropen und Subtropen; die bekannteste Art ist der bis 18 cm lange, nachts in Häuser eindringende und dort Insekten jagende **Afrikanische Hausgecko** (Hemidactylus mabouia). In den Mittelmeerländern kommt der 10–15 cm lange **Mauergecko** (Tarentola mauritanica) vor. Die rd. 80 Arten der Gatt. **Nacktfingergeckos** (Gymnodactylus) leben in warmen Gebieten; ohne Haftlamellen an den Zehen. Ausschließlich tagaktiv sind die bis 25 cm langen Arten der **Taggeckos** (Phelsuma); kommen auf Madagaskar, den Komoren, Andamanen und Seychellen vor; meist leuchtend grün, oft mit ziegelroten Flecken am Kopf und auf dem Rücken. Der knapp 15 cm lange **Wüstengecko** (Coleonyx variegatus) lebt in Wüstengebieten Kaliforniens; mit breiten, dunklen Querbinden auf Rücken und Schwanz. – Abb. S. 510.

Gedächtnis, Fähigkeit des Gehirns, die über die Sinnesorgane vermittelten Umweltereignisse auswählend kurz- oder langfristig zu speichern und nach Bedarf abzurufen. Fördernde Faktoren für die G.-(Engramm-)Bildung sind die Wiederholung gleicher oder ähnl. Umweltereignisse oder Reizsituationen, ein bestimmter Grad an Wachheit und

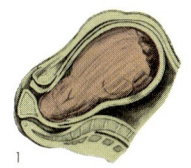
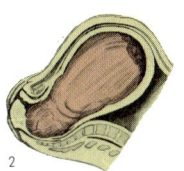
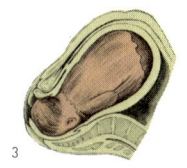
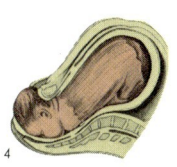
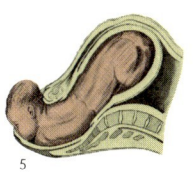
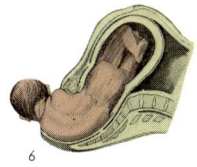

Geburt. Austreibungsperiode (Seitenansicht): 1 Beginn der Austreibung (Muttermund vollständig erweitert, Fruchtblase kurz vor dem Springen); 2 nach dem Blasensprung; 3 Beginn des „Einschneidens" des Kopfes; 4 „Einschneiden" des Kopfes; 5 Kopf im „Durchschneiden"; 6 Kopf und Hals vollständig geboren

Gedächtnisstörung

Aufmerksamkeit, Motivation oder Gefühlsfärbung (Emotionalität) einer Situation. – Das menschl. G. arbeitet in drei Stufen: Im **Ultrakurzzeitgedächtnis** werden für 6–10 Sekunden Eindrücke bewahrt. Das **Kurzzeitgedächtnis** hält Eindrücke für maximal ein bis zwei Stunden fest, im allg. jedoch nur für Sekunden bis Minuten, denn danach wird die Information entweder gelöscht oder vom Langzeit-G. übernommen. Im **Langzeitgedächtnis** werden Eindrücke dauerhaft gespeichert und manchmal lebenslang aufbewahrt. – Die meisten Informationen werden in dem am stärksten differenzierten Teil der Großhirnrinde, dem Neokortex, gespeichert. Die **Gedächtnisleistung** hängt von der Größe des Gehirns und von der Komplexheit des Nervensystems und z.T. auch von der Größe der Nervenzellen selbst ab. – Ungelöst ist das Problem des **Vergessens**. Im allg. gilt: 1. Es wird um so mehr vergessen, je größer der zeitl. Abstand zw. Einspeicherung und Erinnerung ist; 2. Sinnarmes, unwichtiges und umfangreiches Material wird eher vergessen; 3. Art und Anzahl der auf einen Lernvorgang folgenden Eindrücke beeinflussen das Ausmaß des Vergessens.

Von den Tieren haben (mit Ausnahme der Mesozoen und Schwämme) alle vielzelligen Tiere ein Gedächtnis. Man kann ganz allg. deren Entwicklungshöhe danach beurteilen, wieviele Informationen sie sammeln können, d.h. wie groß ihre G.leistung ist. Diese weist zugleich eine hohe Korrelation mit der Anzahl der Nervenzellen, aus denen das Zentralnervensystem einschl. des Gehirns besteht, auf.

Gedächtnisstörung (Dysmnesie), Beeinträchtigung der Gedächtnisleistung, verursacht durch zentrale Verletzungen oder Blutungen, seel. Schock, durch Giftwirkung oder altersbedingte Abbauprozesse. Als **Gedächtnisschwäche** bezeichnet man die Abnahme der Erinnerungsfähigkeit in bezug auf frühere Erlebnisse und Geschehnisse (Erinnerungsschwäche), als **Merkschwäche** die Abnahme der Fähigkeit, neue Eindrücke dem Altbesitz des Gedächtnisses einzugliedern.

gedackte Pfeife ↑ Labialpfeife.

gedämpfte Farben (getrübte Farben), in der Malerei und ästhet. Farblehre Bez. für Malfarben, die sich aus reinbunten, d.h. 100%ig gesättigten Farben durch Zumischen einer unbunten Farbe oder einer benachbarten reinbunten Farbe bzw. der jeweiligen Komplementärfarbe (in diesem Fall spricht man von **gebrochenen Farben**) ergeben.

Gedanke, in der Regel durch Sprache vermittelter Inhalt bzw. das Ergebnis eines Aktes des ↑ Denkens. Als *philosoph.* Begriff bedeutet G. im wesentlichen etwas Objektives, das in einem Satz ausgedrückt wird und entweder wahr oder falsch ist.

Gedankenexperiment, Methode (insbes. in den Sozialwiss.) zur Analyse von Wirkungszusammenhängen zw. mehreren Faktoren, Elementen, Variablen; findet Anwendung, wenn ein reales Experiment nicht möglich ist.

Gedankenlesen, svw. ↑ Gedankenübertragung.

Gedankenlyrik ↑ Lyrik.

Gedankenstrich, Satzzeichen, das eine Pause oder eine Einschaltung im Satz kennzeichnet (graph. Zeichen: –).

Gedankenübertragung (Gedankenlesen), volkstüml. Bez. für ↑ Telepathie als eine Form der ↑ außersinnlichen Wahrnehmung.

Gedda, Nicolai, eigtl. N. Ustinow, * Stockholm 11. Juli 1925, schwed. Sänger (Tenor) russ. Herkunft. – Gastierte an den bedeutendsten Opernhäusern der Welt sowie bei Festspielen (bed. Mozartsänger).

Geddes, Norman Bel [engl. ɡɛdɪs], * Adrian (Mich.) 27. April 1893, † New York 8. Mai 1958, amerikan. Bühnenbildner und Industriedesigner. – Wegweisende Beispiele einer funktionalen Bühnengestaltung (z.B. für Max Reinhardts amerikan. Inszenierung von K.G. Vollmoellers „Mirakel", 1924). G. wandte sich seit Ende der 20er Jahre auch dem modernen Industriedesign zu. Schuf das „General Motors Futurama Building" auf der Weltausstellung 1939 in New York.

Gedeck, Speisenfolge aus mehreren, aufeinander abgestimmten Gerichten.

Geckos. Mauergecko

Geertgen tot Sint Jans. Johannes der Täufer, in einer Landschaft sitzend, 1485–90 (Berlin-Dahlem)

Gedi, Ruinenstadt an der ostafrikan. Küste, 16 km sw. von Malindi, Kenia; wahrscheinl. im 12. Jh. gegr., im 15. Jh. eine der reichsten arab.-pers. Handelsstädte Ostafrikas; Niedergang im 16. Jh.

Gedicht, urspr. Bez. für alles schriftl. Abgefaßte; im 18. Jh. auf den poet. Bereich eingeengt; konnte zunächst alle literar. Gattungen umfassen (z.B. „Lehr-G.", „dramat. G."); heute auf kürzere, von Prosa [und Drama] zu unterscheidende Formen beschränkt. – ↑ Lyrik.

gediegen [zu „gedeihen"], rein, als Element vorkommend; g. kommen v.a. Metalle (z.B. Gold, Silber, Platin), aber auch Nichtmetalle vor (z.B. Schwefel).
▷ geschmackvoll und von guter Qualität.

Gedimin (Gediminas) ↑ Gedymin.

Gedinge [zu althochdt. gidingi „Vertrag, Bedingung"], Form des Leistungslohns im Bergbau; wird zw. den G.arbeitern und der Betriebsleitung ausgehandelt.

Gedingelehen, im Lehnswesen Eventualbelehnung (Versprechen eines Lehens) für den Fall, daß der derzeitige Lehnsinhaber ohne Leibeserben starb.

Gediz nehri (in der Antike Hermos), Fluß in Westanatolien, Türkei, entspringt am Murat Dağı, mündet in den äußeren Golf von Izmir, 401 km lang; am Oberlauf gestaut.

GEDOK, Abk. für: **G**emeinschaft **d**eutscher und **o**esterreichischer **K**ünstlerinnen, gegr. 1926; seit 1948 **Verband der Gemeinschaften der Künstlerinnen und Kunstfreunde e.V.;** in der BR Deutschland hat die G. 18 Ortsverbände, in Österreich eine Sektion (Sitz Wien); Hauptsitz der G. ist Hamburg.

Gedrosien ↑ Belutschistan.

gedruckte Schaltung, elektron. Schaltung. Die Kupferschicht der isolierenden Leiterplatte wird bis auf die zur Verbindung elektr. Bauelemente benötigten Leiterbahnen weggeätzt, die Bauelemente und integrierten Schaltungen werden aufgesteckt und mit den Leiterbahnen mittels Tauchlötung verbunden.

Gedser [dän. 'gesər], Ort auf der Halbinsel **Gedser Odde,** der S-Spitze der dän. Ostseeinsel Falster, Teil der Gemeinde Sydfalster, 1200 E. Fährhafen (Autofähre nach Lübeck–Travemünde, Eisenbahnfähre nach Rostock–Warnemünde).

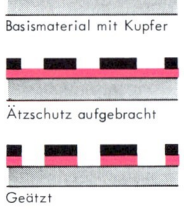

Gedruckte Schaltung. Ätzvorgang

Geduld [zu althochdt. dolēn „tragen, dulden"], als Tugend sittl. Grundhaltung des Menschen; in der aristotel. und stoizist. Tradition Teil der Tapferkeit. Im christl. Altertum wird die G. als Beharren im Guten zur christl. Grundtugend. Bibl. Beispiele der G. sind im A. T. Hiob, im N. T. der leidende Jesus.

Gedymin (litauisch Gediminas, Gedimin), * um 1275, † 1341, Großfürst von Litauen (seit 1316). – Schöpfer des litauischen Großreichs mit Wilna als Hauptstadt; holte durch Sendschreiben (1323) dt. Kaufleute, Handwerker, Bauern, Geistliche ins Land; vermählte 1325 seine Tochter Anna (Aldona) mit dem poln. Thronfolger Kasimir III.; ließ, ohne selbst Christ zu werden, orth. wie kath. Mission zu.

Geelong [engl. dʒɪˈlɒŋ], austral. Hafenstadt in Victoria, sw. von Melbourne, an der Port Phillip Bay (Bass-Straße), 140 000 E. Textilind., Motoren-, Fahrzeug- und Maschinenbau, Erdölraffinerie, Herstellung von Düngemitteln; auf der Halbinsel Point Henry Aluminiumschmelze.

Geere, svw. ↑Geitau.

Geertgen tot Sint Jans [niederl. ˈxeːrtxə tɔt sɪnt ˈjans] (Gerrit von Haarlem, Gérard de Saint-Jean), * Leiden (?) zw. 1460/1465, † Haarlem vor 1495, niederl. Maler. – G. malte in Haarlem für die Johanniter den „Kreuzigungsaltar" (nach 1484), von dem der rechte Flügel erhalten ist (Wien, Kunsthistor. Museum); der Prozessionszug der Johanniter gilt als eine Vorstufe der niederl. Gruppenbildnisse; weitere Tafeln von verhaltener Expressivität wie „Hl. Johannes der Täufer" (Berlin, Staatl. Museen) und die „Geburt Christi" (London, National Gallery).

Geęs (Altäthiopisch), semit. Sprache in Äthiopien, ↑äthiopische Sprachen.

Geest [zu niederdt. gēst „trocken, unfruchtbar" (eigtl. „klaffend, rissig")], Landschaftstyp in NW-Deutschland, Schl.-H. und W-Jütland, der die höhergelegenen, sandigen und weniger fruchtbaren Altmoränengebiete umfaßt.

Geesthacht, Stadt am rechten Ufer der Elbe, Schl.-H., 30 m ü. d. M., 25 500 E. Teppich- und Maschinenfabrik, Werft; Forschungsreaktor; Kernkraftwerk Krümmel (elektr. Leistung 1 260 MW); Elbstaustufe mit Pumpspeicherwerk. – Erstmals 1216 als „Hachade" erwähnt, kam G. 1420 von den Herzögen von Sachsen-Lauenburg in den gemeinsamen Besitz von Lübeck und Hamburg; 1924 Stadt, 1937 an Preußen.

Gefahrklassen	
1 a	Explosive Stoffe und Gegenstände
1 b	Mit explosiven Stoffen geladene Gegenstände
1 c	Zündwaren, Feuerwerkskörper und ähnliche Güter
2	Verdichtete, verflüssigte oder unter Druck gelöste Gase
3	Entzündbare flüssige Stoffe
4.1	Entzündbare feste Stoffe
4.2	Selbstentzündliche Stoffe
4.3	Stoffe, die in Berührung mit Wasser entzündliche Gase entwickeln
5.1	Entzündend (oxidierend) wirkende Stoffe
5.2	Organische Peroxide
6.1	Giftige Stoffe
6.2	Ekelerregende oder ansteckungsgefährliche Stoffe
7	Radioaktive Stoffe
8	Ätzende Stoffe

Gefahr [zu mittelhochdt. gevāre „Hinterhalt, Betrug"], allg.: die menschl. Sicherheit bedrohendes Unheil. – Im Recht: 1. i. w. S. die Möglichkeit eines Schadenseintritts; 2. i. e. S. das Risiko eines zufälligen (unverschuldeten) Schadens. Zu unterscheiden sind: *Sachgefahren* (für zufällige Schäden an Sachen), grundsätzlich vom Eigentümer zu tragen. Ausnahmen: Gefährdungshaftung, Gewährleistung, Versicherungsvertrag; *Leistungsgefahr,* das Risiko, bei zufälliger Unmöglichkeit der Leistung den Anspruch auf die Leistung oder eine Ersatzlieferung einzubüßen. Außer beim Schuldnerverzug trifft diese G. den Gläubiger (§ 275 BGB), im Falle einer Gattungsschuld erst beim Untergang der ganzen Gattung. *Preis-* oder *Vergütungsgefahr,* das Risiko, den Anspruch auf die Gegenleistung (Bezahlung) zu verlieren, wenn die eigene Leistung zufällig unmöglich wird; trägt grundsätzlich der Gläubiger der Gegenleistung (§ 323 BGB).

Gefährdungsdelikte, Delikte, deren tatbestandl. Verwirklichung die bloße Gefährdung eines Rechtsguts voraussetzt. Beim *konkreten Gefährdungsdelikt* (z. B. bei der Straßenverkehrsgefährdung) muß im Einzelfall geprüft werden, ob eine Gefährdung eingetreten ist. Beim *abstrakten Gefährdungsdelikt* (z. B. Brandstiftung) ist die Möglichkeit einer Rechtsgutsverletzung ausreichend.

Gefährdungshaftung ↑Haftung.

Gefahrensymbole, seit 1955 internat. eingeführte Warnzeichen zur Kennzeichnung von Gefahrenbereichen (z. B. elektr. Anlagen) und ↑Gefahrstoffen.

Gefahrerhöhung ↑Versicherungsvertrag.

Gefahr im Verzug, Möglichkeit eines Schadenseintrittes infolge Verzögerung einer Handlung. Bei G. i. V. dürfen (bes. im Strafverfahren) Maßnahmen ergriffen werden, die im Normalfall unzulässig sind, wenn die Anordnung des Richters nicht vorliegt.

Gefahrklassen ↑gefährliche Güter.

gefährliche Arbeitsstoffe ↑Gefahrstoffe.

gefährliche Güter, nach dem BG über die Beförderung g. G. vom 6. 8. 1975 solche Stoffe und Gegenstände, von denen auf Grund ihrer Natur, ihrer Eigenschaften oder ihres Zustandes im Zusammenhang mit der Beförderung (durch Eisenbahn-, Straßen-, Wasser- und Luftfahrzeuge) Gefahren für die öff. Sicherheit und Ordnung, für Leben und Gesundheit von Mensch und Tier ausgehen können. Durch RVO sind u. a. die Zulassung der in **Gefahrklassen** eingeteilten Güter zur Beförderung, die Art und Weise der Beförderung, die techn. Ausstattung sowie die Kennzeichnung der entsprechenden Fahrzeuge geregelt.

Gefahrstoffe, Stoffe und Zubereitungen, die explosionsgefährlich, brandfördernd, hochentzündlich, leichtentzündlich, entzündlich, sehr giftig, giftig, mindergiftig, ätzend, reizend, sensibilisierend, krebserzeugend, fruchtschädigend, erbgutverändernd oder auf sonstige Weise chronisch schädigend oder umweltgefährlich sind. Die wichtigsten Rechtsvorschriften zum Umgang mit G. sind in der BR Deutschland das ChemikalienG i. d. F. der Bekanntmachung vom 14. 3. 1990 und die Gefahrstoff-VO i. d. F. vom 25. 9. 1991 (in die die Regelungen der vorher gültigen VO über gefährl. Arbeitsstoffe eingearbeitet wurden). – In den Handel gebrachte G. müssen außer durch die Bez. des Stoffes und den Namen des Vertreibers durch das Gefahrensymbol, die Gefahrenbez. und Sicherheitsratschläge gekennzeichnet sein.

Gefährte, derjenige, der mit jemandem durch Freundschaft oder gleiche Lebensumstände verbunden ist; allg. Begleiter.

Gefahrübergang, der Übergang des Risikos für den zufälligen Untergang [oder die Verschlechterung] einer Leistung vom einen Vertragsteil auf den anderen. Beim Kauf geht die Gefahr über mit der Übergabe der Sache an den Käufer oder an den Transportperson, beim Werkvertrag mit der Abnahme des Werks.

Gefälle (Neigung), der Höhenunterschied zweier Punkte, bezogen auf ihre horizontale Entfernung *(absolutes G.);* häufiger das Verhältnis des Höhenunterschieds h zu dem auf einer horizontalen Ebene gemessenen Abstand a dieser Punkte, d. h. der Tangens des Neigungswinkels *(relatives G.).* Angabe des G. meist in Prozenten bzw. Promillen (Höhenunterschied bezogen auf 100 m bzw. 1 000 m in der Horizontalen) oder als Verhältnis $h:a$ B. (z. B. bedeutet 5 % = 50 ‰ = 50 : 1 000 = 1 : 20).

Gefälligkeitsakzept ↑Wechsel.

Gefälligkeitsfahrt, die unentgeltl., v. a. aus Gefälligkeit erfolgte Beförderung von Personen mit einem Kfz. Erleidet der mitfahrende Insasse (z. B. Anhalter) bei einem Unfall einen Schaden, entstehen gemäß StraßenverkehrsG keine Ansprüche aus Gefährdungshaftung. Auch vertragl. Ersatzansprüche aus einem Beförderungsvertrag sind i. d. R. nicht gegeben, da meist keine vertragl. Vereinbarung vor-

T giftig
T+ sehr giftig

Xn mindergiftig
Xi reizend

C ätzend

E explosionsgefährlich

O brandfördernd

F leicht entzündlich
F+ hoch entzündlich

Gefahrstoffe. Gefahrensymbole und -bezeichnungen nach der Gefahrstoffverordnung vom 26. 8. 1986

Gefälligkeitsverhältnis

liegt. Der Geschädigte kann Schadenersatz häufig nur aus ↑unerlaubter Handlung fordern und muß Verschulden des Fahrers oder Halters des Kfz nachweisen. Aus den Umständen kann sich auch ein Haftungsverzicht ergeben (z. B. wenn dem Mitfahrer Trunkenheit des Fahrers vor Antritt der Fahrt bekannt ist).

Gefälligkeitsverhältnis, die unentgeltl. Erbringung einer Leistung, ohne daß der Leistende eine rechtl. Verpflichtung dazu hat (z. B. Blumengießen für den abwesenden Nachbarn). Der Leistende haftet nur nach dem Recht der ↑unerlaubten Handlung, auch bei Fahrlässigkeit. Vom G. ist der **Gefälligkeitsvertrag** zu unterscheiden, bei dem ein Vertragspartner sich zur Erbringung einer unentgeltl. Leistung verpflichtet, z. B. Schenkung.

Gefangenenbefreiung, Vergehen gemäß § 120 StGB. Danach wird mit Freiheitsstrafe bis zu drei Jahren oder Geldstrafe bestraft, wer einen Gefangenen oder einen auf behördl. Anordnung in einer Anstalt Verwahrten vorsätzlich befreit, ihn zum Entweichen verleitet oder dabei fördert sowie ihm zur Selbstbefreiung vorsätzlich behilflich ist. Die **Selbstbefreiung** ist, außer im Fall der Gefangenenmeuterei, nicht strafbar. Im *östr.* und *schweizer. Recht* gilt Entsprechendes.

Gefangenenfürsorge, svw. ↑Resozialisierung, Strafvollzug.

Gefangenenmeuterei, gemäß § 121 StGB werden Gefangene mit Freiheitsstrafe von drei Monaten bis zu fünf Jahren bestraft, wenn sie sich zusammenrotten und mit vereinten Kräften 1. einen Anstaltsbeamten oder mit der Beaufsichtigung u.a. Beauftragten angreifen, ihm Widerstand leisten oder ihn nötigen, 2. gewaltsam ausbrechen, 3. einem Gefangenen gewaltsam zum Ausbruch verhelfen. Der Versuch ist strafbar. Für Gewalttätigkeiten verübende Meuterer tritt Strafverschärfung ein.

Gefangenenseelsorge, spezif., rechtlich geregelte Form der religiösen Betreuung von Gefangenen im Strafvollzug. Religiöse Schriften und Gegenstände des religiösen Gebrauchs sind dem Gefangenen zu belassen. Er hat das Recht zur Teilnahme an religiösen Veranstaltungen. Die Seelsorger werden von der Landesjustizverwaltung im Hauptamt bestellt und vertraglich verpflichtet.

Gefängnis, Anstalt zur Unterbringung Gefangener (↑Justizvollzugsanstalten).

Gefängnisstrafe, bis zum 1. StrafrechtsreformG von 1969 eine Form der ↑Freiheitsstrafe (ein Tag bis fünf Jahre).

Gefäß, im *Sport* Handschutz an Degen und Säbel in Form eines Bügels oder Korbes.

Gefäßbündel, svw. ↑Leitbündel.

Gefäßchirurgie, Teilgebiet der Chirurgie, das sich mit der operativen Behandlung von Gefäßkrankheiten und -verletzungen beschäftigt, z. B. mit der Transplantation von Blutgefäßen.

Gefäße, bei Mensch und Tier röhrenförmige Leitbahnen, in denen Körperflüssigkeit fließt, z. B. ↑Blutgefäße, ↑Lymphgefäße. Die Gesamtheit der ein Lebewesen, eine bestimmte Körperregion oder ein Organ versorgenden G. wird als **Gefäßsystem** bezeichnet.

▷ bei Pflanzen werden die ↑Tracheen als G. bezeichnet.

gefäßerweiternde Mittel (Vasodilatantia), Arzneimittel, die eine Erschlaffung der glatten Gefäßmuskulatur bewirken, dadurch die Lumina des Gefäßsystems weiter stellen und dabei auf bestimmte Arteriengebiete (Herz, Gehirn, Haut, Gliedmaßen) einwirken oder allg. den peripheren Gesamtwiderstand herabsetzen und dadurch den Blutdruck senken.

Gefäßgeschwulst ↑Hämangiom, ↑Lymphangiom.

Gefäßkrampf, svw. ↑Angiospasmus.

Gefäßnaht, operative Technik, die den Verschluß größerer Gefäßverletzungen, das Vereinigen von Gefäßen miteinander oder von Gefäßen mit Prothesen ermöglicht.

Gefäßnerven, v. a. die Gefäßweite und damit die Blutverteilung steuernde vegetative Nerven.

Gefäßneurose (Angioneurose), svw. ↑Vasoneurose.

Gefäßsystem ↑Gefäße.

Gefäßteil ↑Leitbündel.

gefäßverengende Mittel (Vasokonstringenzien), Arzneimittel, die die Verengung der Blutgefäße hervorrufen; sie erregen entweder die Kreislaufregulationszentren im Gehirn oder wirken unmittelbar auf die Gefäßmuskulatur. Zur ersten Gruppe gehören die Anregungsmittel (Nicetamid, Pentetrazol u. a.), zur zweiten Gruppe Adrenalin, Noradrenalin und die sich von ihnen ableitenden α-Sympathomimetika sowie Angiotensin und Vasopressin. Die g. M. werden u. a. eingesetzt zur Kreislaufstabilisierung bei niedrigem Blutdruck, zur Schleimhautabschwellung und als Zusatz zu Lokalanästhetika.

Gefäßverkalkung, svw. ↑Arteriosklerose.

Gefäßverödung, svw. ↑Venenverödung.

Gefecht, der Kampf der verbundenen Waffen (Panzer, Panzergrenadiere, Artillerie, Pioniere usw.) in zeitlich und örtlich begrenzten Kampfhandlungen. Je nach Zweck eines G. werden die G.arten Angriff, Verteidigung und Verzögerung unterschieden.

▷ Kampf zw. 2 Fechtern im Wettbewerb auf eine bestimmte Trefferzahl (fünf) innerhalb bis zu sechs Minuten.

Gefechtsstand, feste (Bunker) oder bewegl. (G.fahrzeug) Einrichtung zur Führung der Truppe im Gefecht.

gefeit [zu mittelhochdt. veinen „nach Art der Feen durch Zauber schützen"], geschützt.

Gefieder (Federkleid), Gesamtheit der Federn eines Vogels. Das G. dient dem Wärmeschutz und der Fortbewegung sowie durch art- und geschlechtsspezif. Färbung der Art- und Geschlechtserkennung.

Man unterscheidet zw. *Groß-G.,* das die Schwungfedern des Flügels und die Steuerfedern des Schwanzes umfaßt, und *Klein-G.* mit Deckfedern und Dunen; weiterhin kann unterschieden werden zw. Nestlingskleid (Dunenkleid), Jugendkleid, Brut- oder Prachtkleid (Hochzeitskleid) und Ruhekleid (Schlichtkleid).

Gefilde, Gegend, Landschaft; poetisch für Feld, v. a. in der Wendung „G. der Seligen" (Elysium, Paradies).

Geflecht, (Flechtwerk) ↑flechten.

▷ (Plexus) netzartige Vereinigung oder Verbindung von Gefäßen **(Ader-, Lymphgeflecht)** oder Nerven **(Nervengeflecht).**

Gefleckter Schierling ↑Schierling.

Geflügel (Federvieh), Sammelbez. für die Vogelarten, die als Nutz- und Haustiere gehalten werden; z. B. Hühner, Enten, Gänse, Truthühner, Tauben.

Geflügelkrankheiten, nicht selten ansteckende, häufig meldepflichtige, z. T. tödlich verlaufende Infektionskrankheiten beim Geflügel. Eine meist rasch zum Tode führende Viruserkrankung der Hühner ist die **Geflügelpest (Hühnerpest),** die durch Ausscheidungen übertragen wird; Symptome: Röcheln, Durchfall, blau- bis schwarzroter Kamm, rötl. Schleim im Schnabel. Ähnlich, aber chronisch verlaufend ist die **atypische Geflügelpest (Newcastle-Krankheit).** – Durch Tuberkelbakterien hervorgerufen wird die bes. an Darm, Lunge und Haut auftretende **Geflügeltuberkulose,** die sich äußerlich durch Abmagerung, Durchfall, Kräfteverfall bemerkbar macht. – Seuchenartig (in Europa jedoch nur noch selten), bes. bei Haushühnern, -gänsen, -enten, -tauben, tritt die **Geflügelcholera** auf; äußerlich gekennzeichnet durch Durchfall, Atembeschwerden, Freßunlust. Der **Pips** ist eine gutartige, unspezif. Entzündung der Mund- und Rachenhöhle bei Hausgeflügel. – Durch Viren verursacht wird die meist tödlich verlaufende **Geflügeldiphtherie;** v. a. auf der Zunge entstehen weißlichgelbe Flecken, die später einen klumpigen Belag bilden. Die gleichen Viren verursachen die sog. **Geflügelpocken (Pockendiphtherie),** wenn sie bestimmte Hautpartien (v. a. an Kamm, Kehllappen und Augenlidern) infizieren; gekennzeichnet durch graurötl., erbsengroße Knötchen, die eintrocknen und abfallen. – Zu Lähmungen der Flügel und Beine und zur Halsverdrehung kommt es bei der **Marek-Geflügellähme (Marek-Krankheit, Hühnerlähme),** eine v. a. bei jungem Geflügel vorkommende Viruserkrankung des Nervensystems mit hoher Sterblichkeit. – Kükenseuchen sind die meist tödlich verlaufende, durch das Bakterium Salmonella pullorum hervorgerufene **weiße Kükenruhr (Pullorumseuche, Hühner-, Geflügeltyphus)** und die durch das Sporentierchen Eimeria tenella hervorgerufene, seuchenartig auftretende **rote Kükenruhr**.

geflügelte Worte [von J. H. Voß stammende Übersetzung von Homers „épea pteroénta" („vom Mund zum Ohr fliegende Worte")], seit G. Büchmann Bez. für Redewendungen, deren Herkunft bekannt ist, z. B.: „Gut gebrüllt, Löwe" (Shakespeare).

Gefolgschaft (lat. comitatus, im fränk. Bereich: trustis „Schutz", altnord. fylgd „Begleitung"), in german. Zeit Zusammenschluß wehrfähiger, freier Männer (beruhend auf gegenseitiger Eidbindung) unter der Führung eines Fürsten (der wirtsch. Unterstützung schuldete). – Im Nationalsozialismus war G. die aus dem Führerprinzip abgeleitete Autoritätsbeziehung in Partei, Massenorganisationen und Wirtschaft.

Gefreiter [eigtl. „(vom Schildwachestehen) Befreiter"], militär. Mannschaftsdienstgrad.

Gefrieren, der Übergang des Wassers, einer wässerigen Lösung oder einer anderen Flüssigkeit in den festen Aggregatzustand. Die Temperatur, bei der dieser Übergang stattfindet, der sog. **Gefrierpunkt,** ist als die Gleichgewichtstemperatur zw. flüssiger und fester Phase definiert und steigt bei den meisten Stoffen mit zunehmendem Druck an; eine Ausnahme stellt z. B. das Wasser dar, bei dem eine Drucksteigerung von 1 bar den Gefrierpunkt um 0,0075 K herabsetzt. – ↑ Gefrierpunktserniedrigung.
▷ ([Tief]gefrieren, Tiefkühlen, Gefrierkonservierung, Kältekonservierung) Verfahren zur Konservierung von Lebensmitteln durch Abkühlen auf Temperaturen beträchtlich unterhalb des Gefrierpunktes. Nährstoffe, Vitamine, Farbe, Geruch und Geschmack bleiben dabei weitgehend erhalten. Die Wahl zw. den verschiedenen Gefrierverfahren hängt von der Art des Lebensmittels ab: 1. Beim **Luftgefrieren** dient rasch bewegte Luft von −30 bis −45 °C als Kälteträger. 2. Für quaderförmig verpackte Lebensmittel eignet sich das **Kontaktgefrieren,** wobei das Gut zw. gekühlten Metallplatten gefroren wird. 3. In Schrumpffolien verpackte, unregelmäßig geformte Lebensmittel lassen sich durch **Tauchgefrieren** in Kühlsolen gefrieren. 4. Neuerdings gewinnt das **Gefrieren mit verdampfenden Kältemitteln** (wie Stickstoff und Methylchlorid) für verpackte und unverpackte Lebensmittel immer mehr an Bedeutung. Die Ware wird dabei nach dem G. verpackt. Bei der anschließenden **Gefrierlagerung** ist das Gut bei mindestens −18 °C, besser −30 °C längere Zeit haltbar, ohne daß spürbare Qualitätseinbußen auftreten.

Gefriergründung ↑ Gefrierverfahren.

Gefrierkerne, Kristallteilchen im Wasser, die das Gefrieren einleiten; bes. wirksam sind G. in Form fester, kristalliner, nicht lösl. Teilchen. Unter −40 °C ist das Gefrieren von Wolkentröpfchen nicht mehr an das Vorhandensein wirksamer G. gebunden; unterkühlte Tröpfchen, die z. B. bei der Wolkenbildung entstehen, gefrieren sofort.

Gefrierkette ↑ Tiefkühlkette.

Gefrierkonzentration, schonendes Verfahren zum Konzentrieren von wässerigen Lösungen, bei dem aus der Lösung durch Gefrieren Eis ausgeschieden wird, wobei die Restlösung konzentriert wird. Die G. wird in der Lebensmitteltechnik angewendet.

Gefrierlagerung ↑ Gefrieren.

Gefriermöbel ↑ Kühlmöbel.

Gefrierpunkt ↑ Gefrieren.

Gefrierpunktserniedrigung, die Erniedrigung des Gefrierpunktes eines Lösungsmittels durch in ihm gelöste Stoffe. Die G. ist – unabhängig von der Art des gelösten Stoffes – der Konzentration des gelösten Stoffes proportional (Raoultsches Gesetz) und dessen Molekularmasse umgekehrt proportional.

Gefrierschachtverfahren, svw. ↑ Gefrierverfahren.

Gefrierschnitt, mikroskop. Schnittpräparat aus Gewebsmaterial, das durch Tiefgefrieren schneidfähig gemacht wurde. G. werden v. a. in der Medizin zur histolog. Schnelldiagnose und in der Enzymhistochemie verwendet.

Gefrierschrank ↑ Kühlmöbel.
Gefrierschutzmittel ↑ Frostschutz.
Gefriertrocknung (Lyophilisation), modernes Verfahren zur Konservierung von hochwertigen Stoffen ([Blut]plasmakonserven, Vitaminpräparate) und Lebensmitteln unter Erhaltung der Qualität des Ausgangsproduktes. Dem zu trocknenden Gut wird das Wasser im gefrorenen Zustand (bis −70 °C) im Vakuum entzogen. Da Schrumpfungsprozesse hierbei nicht auftreten, bleibt die Feinstruktur des Materials erhalten.

Gefriertruhe ↑ Kühlmöbel.
Gefrierverfahren ↑ Gefrieren.
▷ (Gefriergründung, Gefrierschachtverfahren) Verfahren, bei dem stark wasserführendem Gebirge an der Stelle, wo der Schacht abgeteuft werden soll, durch Einleiten eines Kälteträgers (z. B. Chlorcalciumlauge) so viel Wärme entzogen wird, daß ein Gefrieren eintritt. Es bildet sich ein Frostzylinder, in dessen Inneren der Schacht abgeteuft werden kann.

Gefrornis ↑ Dauerfrostboden.

Gefüge, zusammenfassende Bez. für: **Struktur** (= Art und Grad der Kristallisation, z. B. grob- oder feinkörnig) und **Textur** (= räuml. Anordnung und Verteilung, z. B. Fließgefüge, Schichtung) der Gemengteile von Gesteinen.
▷ der in tekton. Vorgänge (Faltung, Schieferung, Klüftung) erworbene innere Aufbau von größeren Gesteinskomplexen.
▷ im Schliffbild unter dem Mikroskop zu beobachtender Aufbau metall. Werkstoffe. Das G. besteht aus zahlr. gegeneinander verdrehten Einkristallen (Kristallite) und ist gekennzeichnet durch die Korngröße sowie die Form der Kristallite und deren Anordnung.

Gefühl, körperlich-seel. Grundphänomen des individuellen oder subjektiven Erlebens einer Erregung (Spannung) oder Beruhigung (Entspannung), jeweils mehr oder minder deutl. von Lust oder Unlust begleitet. Das G. hängt eng mit der Tätigkeit des vegetativen Nervensystems zusammen, die physiolog. Begleiterscheinungen sind hierbei z. B. Änderungen der Puls- und Atemfrequenz oder des Volumens einzelner Organbereiche. Die Funktion der G. besteht v. a. in der Enthemmung bzw. Aktivierung eines Individuums.
▷ gemeinsprachlich für Empfindung und Eindruck.

gefürstet, Prädikat für jene Grafen und Prälaten (Pröpste, Äbte) des Hl. Röm. Reiches, die den Rang, nicht aber den Titel eines Fürsten besaßen; auch Bez. ihrer Territorien.

Gegen ↑ Albaner.

Gegenanzeige, svw. ↑ Kontraindikation.

Gegenbaur, Carl [..bauər], * Würzburg 21. Aug. 1826, † Heidelberg 14. Juni 1903, dt. Anatom und Zoologe. – Prof. in Jena und Heidelberg; bed. Arbeiten zur vergleichenden Anatomie der Wirbeltiere, die er als einer der ersten auch stammesgeschichtl. Überlegungen betrieb.

Gegenbewegung (lat. motus contrarius), in der Musik das Fortschreiten von 2 Stimmen gleichzeitig in entgegengesetzter Richtung; auch die ↑ Umkehrung eines Motivs oder Themas.

Gegenbeweis ↑ Beweis (im Recht).

Gegenbuchung, bei der doppelten Buchführung die einer Soll-Buchung entsprechende Haben-Buchung und umgekehrt.

Gegendarstellung (Berichtigung), schriftl. kostenfreie Gegenäußerung einer Person oder Stelle, die durch eine in einer period. Druckschrift aufgestellte Tatsachenbehauptung betroffen ist. Der Anspruch auf G. ist in den Landespressegesetzen geregelt (ähnlich auch in den Rundfunkgesetzen) und im Zivilprozeß durchsetzbar. Er richtet sich gegen den verantwortl. Redakteur, z. T. auch gegen den Verleger. Die G. muß sich auf tatsächl. Angaben beschränken, darf ihrem Umfang nach nicht unangemessen sein und keinen strafbaren Inhalt haben.

Das *östr. Mediengesetz* von 1981 begründet einen Anspruch auf die *Entgegnung*. In der *Schweiz* ist das Recht auf G. in den allg. zivilrechtl. Normen des ZGB zum Schutz der Persönlichkeit gegen Verletzungen durch Dritte erfaßt.

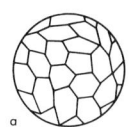
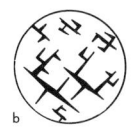
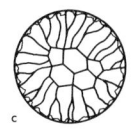

Gefüge. Gefügeformen bei metallischen Werkstoffen: a Polyeder; b Dendrite; c Stengelkristalle

Gegenfarben, miteinander unvereinbare Farbempfindungen, von denen jeweils nur eine möglich ist; die Farbenpaare Rot-Grün und Gelb-Blau (es gibt kein rötl. Grün oder gelbl. Blau).

Gegenfarbentheorie ↑ Farbensehen

Gegenfeldmethode, Verfahren zur Bestimmung der Geschwindigkeit geladener Teilchen aus derjenigen Stärke eines die Teilchen abbremsenden elektr. Feldes *(Gegenfeld),* bei der kein Teilchen das Feld mehr überwinden kann.

Gegenfeuer ↑ Waldbrand.

Gegenfuge, Fuge, deren ↑Comes die ↑Umkehrung (Gegenbewegung) des ↑Dux ist.

Dux — Comes

Gegenfüßlerzellen (Antipoden), Bez. für drei an einem Pol im Embryosack der pflanzl. Samenanlage zusammenliegende, kleinere Zellen, die aus den Teilungen des primären Embryosackkerns hervorgehen und dem Eiapparat gegenüberliegen.

Gegengift (Antidot), Substanz bzw. Arzneimittel, das die schädl. Wirkung eines im Körper befindl. Giftes zu verhindern, abzuschwächen oder aufzuheben vermag.

Gegenklage ↑ Klage.

Gegenkönig, der dem herrschenden König entgegengestellte, von einer Gruppe der Fürsten gewählte König; in der ma. dt. Geschichte verbunden mit dem Übergang vom Geblütsrecht zum freien Königswahlrecht seit der Schwächung der königl. Gewalt im Investiturstreit.

Gegenkopplung, in der *Elektro-* und *Regelungstechnik* Bez. für einen Vorgang, bei dem ein Teil der Ausgangsgröße eines Verstärkers an dessen Eingang zurückgeführt und der Eingangsgröße entgegengeschaltet wird. Die G. ist eine negative Rückkopplung.

Gegenkultur, soziolog. Begriff in der Theorie des abweichenden Verhaltens für die Ausprägung einer ↑ Subkultur.

Gegenlaufturbine ↑ Dampfturbine.

Gegenlichtblende (Sonnenblende), trichterförmiger Blendschutz, der auf die Vorderfassung des photograph. Objektivs aufgebracht wird und vor seitl. Lichteinfall schützt.

Gegenmasse ↑ Massenausgleich.

Gegenpapst ↑ Papst.

Gegenreformation, erstmals 1776 von J. S. Pütter verwendete Bez. für die gewaltsame Rekatholisierung prot. geworder Gebiete, 1889 von M. Ritter geprägter Epochenbegriff für die dt. Geschichte (1555–1648), später auf die europ. Geschichte ausgeweitet (der Begriff ist von der ↑Katholischen Erneuerung zu trennen). Die zunächst im Hl. Röm. Reich (zuerst in Bayern) einsetzende G. stützte sich seit dem ↑Augsburger Religionsfrieden 1555 auf das Jus reformandi der weltl. Landesherren (*Cuius regio, eius religio*) bzw. auf den Geistl. Vorbehalt. Sie führte als Teil der allg. polit. Konfessionalisierung in den Dreißigjährigen Krieg und wurde durch den Westfäl. Frieden beendet (Besitzstandsgarantie des Normaljahrs 1624). – Die G. wurde auch wirksam in Spanien (Inquisition), im Achtzigjährigen Krieg der Niederlande, in Frankreich (Hugenottenkriege, Revokationsedikt von Fontainebleau 1685) und Polen (Sigismund III.).

Gegenrevolution, gegen eine siegreiche Revolution gerichtete politisch-soziale Bewegung, die im wesentlichen auf die Restauration der vorrevolutionären Verhältnisse hinzielt.

Gegensatz, (Opposition, Antithese) urspr. die einer Behauptung zum Zwecke ihrer Widerlegung entgegensetzte Behauptung, ihr Gegenteil; in der klass. *Logik* Bez. für die Relation von Aussagen oder Begriffen, die sich ausschließen; *kontradiktor. G.:* sich gegenseitig ausschließende Inhalte; *konträrer G.:* sich gegenseitig [nur] innerhalb eines bestimmten Sachbereichs ausschließende Inhalte; *polarer G.:* Verhältnis zweier entgegengesetzter, aber zusammengehöriger Teile (Aspekte), z. B. „weiß" und „schwarz" als die Enden der Grauskala.

▷ in der *Musik* der Kontrapunkt zum Thema einer Fuge, i. e. S. das ↑Kontrasubjekt.

Gegensatzwort, svw. ↑Antonym.

Gegenschein, svw. ↑Opposition.

▷ die Aufhellung des nächtl. Himmels in der Ekliptik am Gegenpunkt der Sonne, ein Teil des Zodiakallichts.

Gegenschluß ↑Argumentum e contrario.

Gegensonne, atmosphärisch-opt. Erscheinung in Form eines leuchtenden Flecks in gleicher Höhe wie die Sonne, aber in entgegengesetzter Himmelsrichtung. Die G. entsteht durch Brechung oder Spiegelung, seltener durch Beugung des Lichtes an den Eiskristallen von Wolken. – ↑Halo.

Gegenstand, allg. Sache, Ding, Objekt.

▷ in der *Philosophie* Bez. für das dem Subjekt als Betrachtendem bzw. Vorstellendem gegenüberstehende ↑Objekt.

▷ im *Recht* Oberbegriff für Sachen, Rechte und sonstige objektive Werte. Ein Recht kann sich nur auf einen G. als Rechtsobjekt beziehen.

gegenständig, auf der Gegenseite angeordnet; von Laubblättern gesagt, die sich an einem Knoten im Winkel von 180° gegenüberstehen.

gegenstandslose Kunst, svw. ↑abstrakte Kunst.

Gegenstandswort, svw. ↑Konkretum.

Gegenstempel, eine unabhängig vom Prägevorgang nachträglich vollzogene amtl. Markierung von Münzen durch Wertziffern, Wappenzeichen und sonstige Symbole, meist in Geldkrisen. Durch G. wird fremde Münze im eigenen Kursgebiet als kursfähig anerkannt oder eigene weiterhin zugelassen, dann oft mit verändertem Kurswert.

Gegenstromprinzip, verfahrenstechn. Prinzip, bei dem die Strömungsrichtung zweier Phasen, die miteinander im Stoff- und Wärmeaustausch stehen, entgegengesetzt ist. Das wird z. B. in Wärmetauschern und bei der Destillation angewandt.

Gegentaktverfahren, in der Nachrichtentechnik die Verwendung zweier Wechselspannungen, die gegenüber einem festen Bezugspunkt jeweils einander entgegengesetzt gleiche Momentwerte besitzen. Anwendung z. B. in der Gegentaktschaltung eines Verstärkers. Vorteile dieser Schaltungsart: u. a. geringe nichtlineare Verzerrung, geringer Klirrfaktor, Verdopplung der Wechselstromleistung.

Gegenvormund, derjenige Vormund, der die Tätigkeit des verwaltenden Vormunds zu überwachen hat (§ 1799 BGB). Er soll i. d. R. bei einer erhebl. Vermögensverwaltung bestellt werden.

Gegenvorstellung, Rechtsbehelf mit dem Ziel einer Überprüfung der Recht- und Zweckmäßigkeit von Verwaltungsentscheidungen; gesetzlich nicht geregelt.

Gegenwart, 1. in strengem Sinn das Jetzt, der Zeitpunkt (in mathematisch-physikal. Sicht ohne zeitl. und räuml. Ausdehnung) zw. Nicht-Mehr (Vergangenheit) und Noch-Nicht (Zukunft); in psycholog. Definition die ↑Präsenz. 2. Im erweiterten Sinn die auszugrenzende Zeitspanne zw. der histor. Dimension der jüngeren Vergangenheit und der durch Pläne, Projekte u. a. bereits erfaßten näheren Zukunft. Für die Geschichtswissenschaft ist G. die dauerndem Wandel unterworfene Ausgangsbasis histor. Interesses und histor. Erkenntnis.

▷ in der *Sprachwiss.* svw. ↑Präsens.

Gegenwartssprache, die gegenwärtig gebräuchl. Form einer Sprache. Die dt. G. beginnt mit dem 20. Jh., bes. beobachtet wird die Sprache seit 1945.

Gegenwertmittel ↑Counterpart funds.

Gegenwirkungsprinzip ↑Newtonsche Axiome.

Gegenwort, svw. ↑Antonym.

Gegenzeichnung ↑Gesetzgebungsverfahren.

Gegisch, Dialekt der ↑albanischen Sprache.

Gegner, die andere Partei in einem Rechtsstreit bzw. bei einem Rechtsgeschäft.

Gehabe, svw. ↑Gebärde.

Gehacktes, svw. ↑Hackfleisch.

Gegenständig. Gegenständige Blattstellung bei der Goldnessel

Gehalt, das dem Angestellten von seinem Arbeitgeber zu zahlende Arbeitsentgelt; i. d. R. nach Monaten bemessen.
▷ der Anteil einer bestimmten Substanz in einem Gemisch, einem Gemenge oder in einer Legierung, z. B. Metall-G. eines Erzes, Gold-G. einer Legierung. – ↑Feingehalt.
▷ in der *Literaturwissenschaft* zusammen mit ↑Gestalt Bez. für den dichterisch geformten Inhalt, Stoff, das, was (nach O. Walzel) eine Dichtung an Gedanken, Erkenntnis, an Wollen und Fühlen enthält oder bewirkt.

Gehängeschutt ↑Schutt.

Geheeb, Paul, *Geisa 10. Okt. 1870, †Goldern (Gemeinde Hasliberg, Kt. Bern) 1. Mai 1961, dt. Pädagoge. – Mitarbeiter von H. Lietz in dessen Landerziehungsheimen, gründete 1906 mit G. Wyneken die Freie Schulgemeinde Wickersdorf, 1910 die Odenwaldschule, nach seiner Emigration 1934 in Versoix bei Genf die „École d'Humanité"; erstrebte die selbstverantwortl. Mitarbeit der Schüler und Schülerinnen (Koedukation) an der „Schulgemeinde".

Gehege, wm. Bez. für ein weidgerecht betreutes, meist eingegattertes Revier. Man unterscheidet **Freigehege** (größere Reviere, die der bes. Wildhaltung, Bejagung oder wiss. Erforschung dienen) von **Schaugehegen** (kleinere Reviere, in denen Wild in seiner natürl. Umgebung gezeigt wird).

Geheimbereich ↑Intimsphäre.

Geheimbünde, exklusive, esoter. Gesellungen zum Zweck primitiv-mag. sowie religiöser Erfahrung und Praxis, aber auch polit., meist kämpfer. Geheimorganisationen und terrorist. Untergrundbewegungen. Allen G. gemeinsam ist der Besitz eines geheimen Wissens **(Geheimlehre)**, Glaubens und einer geheimen Zwecksetzung, einer oft geheimen hierarch. Gliederung, bestimmter Aufnahme- und Übergangsriten (↑Rites de passage, ↑Initiation) und einer zumeist symbol. Geheimsprache. Allgemein suchen sich kult. G. durch Mythen, Kultfeiern und -mähler, durch Maskerade u. a. **(Geheimriten, Geheimkulte)** Verbindung zu numinosen Wesenheiten zu gewinnen. Polit. G. verschiedenster Zielrichtung mit bis zu Terror und Mord reichenden Methoden und Formen entstanden im 19. Jh., u. a. die Karbonaria, Kalderari, Camorra, Mafia (in Italien), Comuneros (in Spanien), Fenier (in Irland), Boxer (in China), Ku-Klux-Klan (in den USA).

Geheimdienste ↑Nachrichtendienste.

geheimdienstliche Tätigkeit (geheimdienstl. Agententätigkeit) ↑Landesverrat und Gefährdung der äußeren Sicherheit.

Geheimdiplomatie, 1. die Verwendung geheimer diplomat. Agenten neben der offiziellen Diplomatie, 2. die Praxis von Geheimverträgen, v. a. in den Zeiten dynast. Außenpolitik; in demokrat. Staaten umstritten.

Geheime Offenbarung ↑Apokalypse des Johannes.

Geheimer Rat, (Geheimes Ratskollegium, Staatsrat, Geheimes Konseil) oberste Reg.behörde der absolutist. Staates; entstand sich im 16./17. Jh. in Deutschland als Kollegium von Räten zur Beratung des Herrschers und Exekutivorgan des Landes; durch die Herausbildung von Ministerien im Konstitutionalismus des 19. Jh. nur noch beratende Funktion.
▷ urspr. Mgl. der gleichnamigen Behörde; später bis 1918 Titel *(Geheimrat),* häufig mit Zusatz der Amts-Bez. (Geheimer Justizrat); *Wirklicher G. R.* ein Ehrentitel.
▷ in den schweizer. Stadtrepubliken Bern und Freiburg bis Ende des 18. Jh. geheime Ratskollegien, „die Heimlicher" (Polizeiaufgaben, Kontrolle der Amtsführung der Magistrate).

geheimes Staatsarchiv, ein Auslesearchiv für Urkunden und Akten von bes. dynast. oder polit. Bed., das sich auch zum Zentralarchiv entwickeln kann; in Deutschland das ehem. Zentralarchiv des preuß. Staates (1803–1945); entstand aus dem 1604 angelegten Archiv des Geheimen Rates, seit 1803 unter dem Namen Geheimes Staatsarchiv zum preuß. Zentralarchiv; Bestände heute im Dt. Zentralarchiv (Merseburg/Saale), Restbestände außerdem im 1963 entstandenen g. S. der Stiftung Preuß. Kulturbesitz in Berlin.

Geheime Staatspolizei, Abk. Gestapo, die nach rechtl. und organisator. Umformung der polit. Polizeiorgane der Weimarer Republik 1933 entstandene polit. Polizei des NS-Regimes. Die reichseinheitl. Organisation erfolgte 1936 mit der Ernennung Himmlers zum Chef der dt. Polizei; nach 1939 wurde die Gestapo als Amt IV im Reichssicherheitshauptamt dessen wichtigste Abteilung. Zur Entdeckung und Verfolgung aller Handlungen, die das NS-Regime als polit. Vergehen und Verbrechen definierte, als „vorbeugende Maßnahme" gegen tatsächl. oder angebl. Gegner des NS konnte die Gestapo sog. Schutzhaft in Gefängnissen und KZ verhängen, Gefangene foltern und hinrichten. Sie richtete eigene Arbeitserziehungslager ein, war für die Bewachung der ausländ. Zivilarbeiter und Kriegsgefangenen zuständig, beteiligte sich an Deportationen und mit ihren Einsatzgruppen auch an der Massenvernichtung der Juden. Die Gestapo wurde im Prozeß vor dem Internat. Militärgerichtshof in Nürnberg (1945/46) zur verbrecher. Organisation erklärt.

Geheimkulte ↑Geheimbünde.

Geheimlehre ↑Geheimbünde.

Geheimnis, das [noch] nicht Erkannte, wie auch das, was rationaler Erfassung grundsätzlich entzogen ist bzw. nach dem jeweiligen Stand der Wissenschaft der verstandesmäßigen Erkenntnis entzogen scheint; im N. T. der Ratschluß und Heilsplan Gottes, durch Jesus Christus das Heil zu wirken; in der Theologie eine Wahrheit, die nur durch die Wortoffenbarung Gottes bewußt werden kann, aber doch im Dunkeln bleibt.

Geheimnisverrat, im Recht Sammelbegriff für den Bruch zahlr. spezieller Geheimnisse (Amtsgeheimnis, Berufsgeheimnis, Geschäftsgeheimnis, Staatsgeheimnis, Steuergeheimnis), wobei unter *Geheimnis* ein Sachverhalt verstanden wird, dessen Geheimhaltung durch Gesetz, dienstl. Anordnung oder aus der Natur der Sache geboten ist. Der G. wird im StGB (z. B. §§ 203, 353 b, 353 d) und in mehreren Einzelgesetzen unter Strafe gestellt.

Geheimpolizei ↑politische Polizei.

Geheimrat ↑Geheimer Rat.

Geheimratskäse ↑Gouda.

Geheimriten ↑Geheimbünde.

Geheimschrift, schriftl. Darstellung von Informationen in verschlüsselter (chiffrierter) Form; Wiedergewinnung des *Klartextes* durch Entschlüsselung (Dechiffrierung) nach einem *Schlüssel (Code);* auch unsichtbare, nur durch bestimmte Prozeduren (z. B. Erwärmung) sichtbar werdende Schriften werden als G. bezeichnet.

Geheimsprachen, künstl. Sprachen, die nur Eingeweihten verständlich sind; entstehen meist aus bestehenden Sprachen durch Veränderung (Verlängerung, Verkürzung usw.) der Wortformen.

Geheimverträge, völkerrechtl. Verträge, deren Abschluß oder deren Inhalt nach dem Willen der Vertragschließenden der Öffentlichkeit nicht bekanntgegeben werden soll. Varianten hierzu sind Geheimartikel oder geheime Zusatzprotokolle zu [im übrigen bekannten] Völkerrechtsverträgen.

Geheimwissenschaften, nur einem eingeweihten Personenkreis zugängl., in verdunkeltem Schrifttum niedergelegte Wissenssysteme um geheime, nicht jedem erkennbare Eigenschaften und Kräfte der Natur; sie wurzeln v. a. in der Naturphilosophie des Neuplatonismus, dem naturphilosoph. und alchimist. Schrifttum der arab. Kultur und der Kabbala des ma. Judentums.

Gehemmtheit ↑Hemmung.

Gehen ↑Fortbewegung.
▷ Disziplin der Leichtathletik; Wettbewerbe im Bahn- und Straßengehen über verschiedene Distanzen; im Ggs. zu den Laufwettbewerben muß jeweils immer ein Fuß Kontakt mit dem Boden haben. Ist dies nicht der Fall, wird der **Geher** disqualifiziert.

Gehẹnna [griech.-lat.; nach der hebr. Ortsbez. Ge-Hinnom „Tal Hinnoms"], Bez. für die Hölle (nach 2. Kön. 23, 10).

Gehgips ↑Gehverband.

Gehirn

Gehirn (Hirn, Cerebrum, Encephalon), Abschnitt des Zentralnervensystems, der bei den meisten Tieren in der Kopfregion lokalisiert ist. Das G. nimmt hauptsächlich die Meldungen *(Afferenzen)* aus den Fernsinnesorganen (v.a. Gesichtssinn, Gehör, Geruch) auf, die meist ebenfalls in der Kopfregion konzentriert sind. Die Meldungen werden koordiniert und verrechnet und die (motor.) Antworten an die Muskulatur *(Efferenzen)* programmiert.

Je höher Tiere entwickelt sind, desto notwendiger wird es für sie, Meldungen der Sinnesorgane zentral auszuwerten und die Körpertätigkeiten zentral zu steuern. Bei einfachen wirbellosen Tieren übernehmen Nervenknoten (**Ganglien**) am Vorderende des Körpers die Funktion des G. Es fehlt bei Einzellern und Hohltieren noch völlig. Strudelwürmer haben das primitivste G.; es wird als **Gehirnganglion** (Zerebralganglion) bezeichnet und ist eine Verdichtung von Nervenzellen. Weichtiere haben durch das Zusammenrücken von Nervenknotenpaaren bereits ein gut ausgebildetes Gehirn.

Das **Gehirn der Wirbeltiere** ist der von der Schädelkapsel umgebene Teil des Zentralnervensystems. Es ist außerdem von Bindegewebshüllen (Meningen) umgeben. Das G. wird v.a. aus zwei Zellsorten aufgebaut, den Gliazellen mit Stütz- und Ernährungsfunktion und den für die nervösen Prozesse im G. zuständigen Nervenzellen mit Zellfortsätzen. – Zus. mit dem Rückenmark wird die G.anlage in der Embryonalentwicklung als Platte an der Oberfläche des Keims angelegt, die anschließend in die Tiefe sinkt und sich zum Rohr schließt. Im Innern dieses Neuralrohrs bleibt ein Hohlraum (Zentralkanal) übrig, der Gehirn-Rückenmark-Flüssigkeit enthält und sich in manchen G.abschnitten zu Aussackungen *(Gehirnventrikel)* weitet. Im frühen Embryonalstadium lassen sich zunächst zwei G.abschnitte (G.blasen) unterscheiden: Rautenhirn und Vorderhirn. Der ventrale Teil des **Rautenhirns** ähnelt in seinem Aufbau dem Rückenmark. Hier entspringen alle Hirnnerven mit Ausnahme des Riech- und des Sehnervs, die keine echten Hirnnerven sind, sondern Ausstülpungen des G. darstellen. Aus dem Rautenhirn gehen später *Nachhirn*, *Hinterhirn* und *Mittelhirn* hervor. Im dorsalen Teil des Hinterhirns ist das **Kleinhirn** (Cerebellum) ausgebildet, das als Hirnzentrum für die Erhaltung des Gleichgewichts und die Koordination von Bewegungen wichtig ist. In ihm treffen die Meldungen von Gleichgewichtsorgan und den Propriorezeptoren (die Auskunft über Stellung der Gelenke und Kontraktionszustand der Muskeln geben) zusammen. –

Das **Vorderhirn** gliedert sich in *Zwischenhirn* und paariges *Endhirn*. Der Zwischenhirnanteil des Vorderhirns umschließt den dritten Ventrikel. An seinem Boden tritt vorn der Sehnerv in das G. ein. Dahinter liegt die Hypophyse, die wichtigste Hormondrüse des Organismus. Die Wände des Zwischenhirns werden als Thalamus bezeichnet, der sich in Epithalamus, Thalamus i.e.S. und Hypothalamus gliedert. – Am bedeutsamsten in der Evolution ist die Entwicklung der Endhirnhemisphären, die bei den Vögeln und Säugetieren zum Großhirn werden.

Das **Gehirn des Menschen** hat ein mittleres Gewicht von 1245 g (Frauen) bzw. 1375 g (Männer). Der Intelligenzgrad steht in keinem Zusammenhang mit dem absoluten G.gewicht. Das **Großhirn** (Endhirn, Telencephalon) besteht aus zwei stark gefurchten Halbkugeln (Hemisphären), die durch einen tiefen Einschnitt voneinander getrennt sind. Die Verbindung zw. den beiden Hemisphären wird durch einen dicken Nervenstrang, den sog. Balken hergestellt. Der oberflächl. Teil des Großhirns ist die **Großhirnrinde** (Cortex cerebri, Pallium), die etwa 3 mm dick ist und rd. 14 Milliarden Zellkörper der Nervenzellen enthält. Sie ist das höchste Integrationszentrum des gesamten Zentralnervensystems und weist in ihrem Feinbau sechs verschiedene Schichten auf, die sich durch die Form der in ihnen

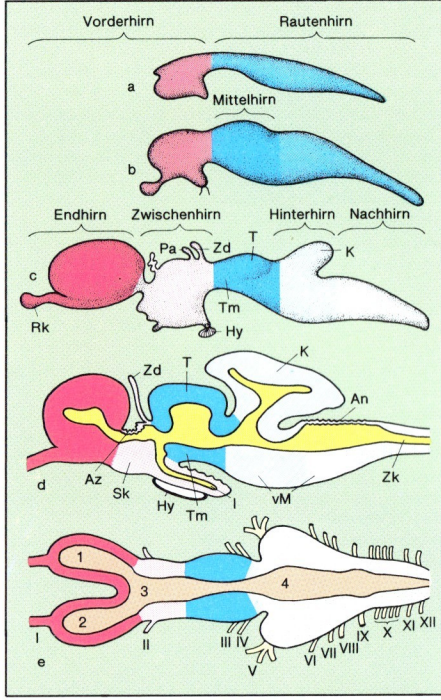

Gehirn. Entwicklung der Gehirnabschnitte bei den Wirbeltieren; a, b, c frühe Entwicklungsstadien; d späteres Stadium (Sagittalschnitt), e Horizontalschnitt mit Hirnhöhlen (Ventrikel 1–4) und Hirnnerven (I–XII); An und Az Adergeflecht des Nach- bzw. Zwischenhirns; Hy Hypophyse; I Infundibulum; K Kleinhirn; Pa Parietalorgan; Rk Riechkolben; Sk Sehnervenkreuzung; T Tectum; Tm Tegmentum; vM verlängertes Mark; Zd Zirbeldrüse; Zk Zentralkanal

enthaltenen Nervenzellen unterscheiden. Als Ganzes bezeichnet man diese Schichten als **graue Substanz**. Nach innen schließt sich die Nervenfaserzone (**Großhirnmark**) als **weiße Substanz** an, die von den Fortsätzen der Nervenzellen gebildet wird. Die Oberfläche der Großhirnrinde ist stark gefaltet und in Windungen *(Gyri)* gelegt, die durch Furchen *(Sulci)* voneinander getrennt werden. Morphologisch lassen sich hier vier Gebiete unterscheiden: Stirnlappen, Scheitellappen, Hinterhauptslappen und die seitl. Schläfenlappen. Funktionell lassen sich in bestimmten Rindenfeldern bestimmte Leistungen lokalisieren. Der Stirnlappen steht in enger Beziehung zur Persönlichkeitsstruktur. Der Hinterhauptslappen enthält Sehzentren, der Schläfenlappen Hörzentren. An der Grenze zw. Stirn- und Scheitellappen liegen zwei Gebiete mit den motor. Zentren für die einzelnen Körperabschnitte und einem Zentrum für Sinneseindrücke aus der Körperfühlsphäre. Das Großhirn ist Sitz von Bewußtsein, Wille, Intelligenz, Gedächtnis und Lernfähigkeit. Zum Großhirn gehört auch das **limbische System**, das „gefühlsmäßige" Reaktionen (z.B. das Sexualverhalten) als Antwort auf bestimmte Umweltsituationen beeinflußt oder festlegt. Das **Kleinhirn** (Cerebellum), das wie das Großhirn aus zwei Hemisphären besteht, ist v.a. für den richtigen Ablauf aller Körperbewegungen verantwortlich; zudem ermöglicht es die Orientierung im Raum. Zum **Zwischenhirn** (Diencephalon) gehören der paarig angelegte Thalamus (Sehhügel) und der Hypothalamus. Der Thalamus ist z.T. einfach nervöse Schaltstation zw. Peripherie und Großhirn, z.T. Bestandteil des extrapyramidal-motor. Systems. Im Hypothalamus befinden sich verschiedene übergeordnete Zentren des autonomen Nervensystems, von denen lebenswichtige vegetative Funktionen gesteuert werden, so z.B. der Wärme-, Wasser- und Ener-

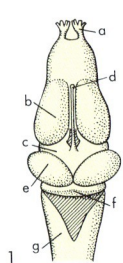
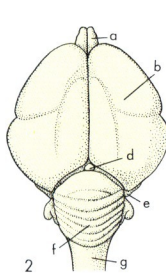
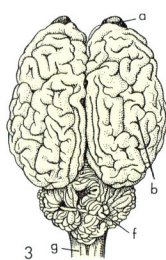

Gehirn eines Frosches (1), einer Gans (2) und eines Pferdes (3), von oben gesehen: a Riechnerv; b Vorderhirn (bei vielen Säugern und beim Menschen stark gefurchte Großhirnoberfläche); c Zwischenhirn; d Zirbeldrüse; e Mittelhirn; f Kleinhirn; g Nachhirn (verlängertes Mark)

Gehirnerweichung

giehaushalt des Körpers. – Das **Mittelhirn** (Mesencephalon) schließt sich nach hinten an das Zwischenhirn an und enthält eine Reihe wichtiger Kerngebiete. – Den **Hirnstamm** (Stammhirn, Truncus cerebri) bilden die tieferen, stammesgeschichtlich ältesten Teile des G., er umfaßt Rauten-, Mittel- und Zwischenhirn sowie die Basalganglien des Endhirns. Im Hirnstamm liegen bes. wichtige Zell- und Fasersysteme als Steuerungszentren für Atmung und Blutkreislauf. – Als **Formatio reticularis** bezeichnet man ein dichtes Netzwerk von Schaltneuronen mit einigen Kerngebieten, die sich längs über den ganzen Hirnstamm erstrecken. Die Formatio reticularis steht direkt oder indirekt mit allen Teilen des Zentralnervensystems bzw. ihren auf- oder abwärtsführenden Bahnen in Verbindung. Sie kann u. a. die Aufmerksamkeit ein- und ausschalten und den Schlaf-wach-Rhythmus steuern. Sie ist außerdem Teil des extrapyramidal-motor. Systems und somit für den Muskeltonus und die Reflexerregbarkeit mitverantwortlich. – Im **verlängerten Mark** (Medulla oblongata, Myencephalon, Nachhirn) kreuzen sich v. a. die Nervenbahnen des Pyramidenstrangs; hier liegen die Steuerungszentren für die automatisch ablaufenden Vorgänge wie Herzschlag, Atmung, Stoffwechsel. Das verlängerte Mark geht in das Rückenmark über. Das G. wird von einem mit Gehirn-Rückenmark-Flüssigkeit (Liquor) gefüllten Kanal durchzogen, der die Fortsetzung des Rückenmarkkanals darstellt und sich im Rauten-, Zwischen- und Endhirn zu den vier Hirnkammern (Hirnventrikel) ausweitet. – Das G. ist, wie das Rückenmark, von drei, durch flüssigkeitserfüllte Spalträume voneinander getrennten ↑Gehirnhäuten umgeben. Die direkt am G. (in ihrer Mrz. im Hirnstamm) entspringenden zwölf Hauptnervenpaare werden als **Hirnnerven** (Gehirnnerven, Kopfnerven) bezeichnet. Sie werden mit röm. Ziffern benannt:

I. **Riechnerv** (Nervus olfactorius), auch als Vorstülpung des G. anzusehen.
II. **Sehnerv** (Nervus opticus); Vorstülpung.
III. **Augenmuskelnerv** (Nervus oculomotorius).
IV. **Augenrollnerv** (Nervus trochlearis).
V. **Drillingsnerv** (Trigeminus, Nervus trigeminus).
VI. **seitlicher Augenmuskelnerv** (Nervus abducens).
VII. **Gesichtsnerv** (Fazialis, Nervus facialis).
VIII. **Hör- und Gleichgewichtsnerv** (Nervus statoacusticus).
IX. **Zungen-Schlund-Nerv** (Nervus glossopharyngeus).
X. **Eingeweidenerv** (Vagus, Nervus vagus).
XI. **Beinerv** (Akzessorius, Nervus accessorius).
XII. **Zungenmuskelnerv** (Nervus hypoglossus).

Gehirnabszeß (Encephalitis purulenta), umschriebene akute oder abgekapselte chron. Eiteransammlung im Gehirn; entsteht als Folge einer offenen Hirnverletzung oder geht von chron. Eiterungen des Mittel- oder Innenohrs oder von Eiterungen der Nasennebenhöhlen aus (Lokalisation im Stirnhirn); entsteht auch durch Verschleppung von Eitererregern auf dem Blutweg. Behandlung besteht in druckentlastenden Punktionen, Anwendung von Antibiotika und (v. a. bei Kapselbildung) Operation.

Gehirnblutung (Enzephalorrhagie), Blutung in das angrenzende Gehirngewebe nach Zerreißung von Hirngefäßen. Das klin. Bild einer G. reicht von einer leichten Genickstarre über Gliedmaßen- und/oder Hirnnervenlähmung der Körpergegenseite, Sprachstörungen und Gesichtsfeldausfälle bis zu Bewußtlosigkeit und Tod durch Ausfall des Atemzentrums.

Gehirndruck (Hirndruck), der im Schädelinneren des Menschen herrschende Überdruck (normal 1–2 mbar über dem äußeren Luftdruck). Eine Steigerung des G. tritt z. B. bei Gehirntumor oder -blutung u. a. raumverdrängenden Prozessen im Schädel auf.

Gehirnentzündung (Enzephalitis), zusammenfassende Bez. für die verschiedenen, durch Viren, Rickettsien, Bakterien hervorgerufenen Erkrankungen des Gehirns, die auch auf das Rückenmark (**Enzephalomyelitis**) und die Gehirnhäute (**Meningoenzephalitis**) übergreifen können. Die allg. Anzeichen einer G. gleichen zunächst oft denen einer fieberhaften Erkrankung. Zentralnervöse Symptome sind meist Kopfschmerzen, oft in der Stirn- und Augengegend, Benommenheit, Störungen des Schlaf-wach-Rhythmus, Erbrechen, Lichtscheu, Gliederschmerzen sowie manchmal Lähmungen einzelner Hirnnerven, epilept. Anfälle und erhöhter Gehirndruck. Die durch ein Virus hervorgerufene **epidemische Gehirnentzündung** (Encephalitis epidemica, Encephalitis lethargica; fälschlich auch **Gehirn- oder Kopfgrippe** gen.) trat gehäuft zw. 1915 und 1925 in der ganzen Welt auf; heute kommt sie nur noch vereinzelt und nicht mehr als Epidemie vor. Sie äußert sich in Augenmuskellähmungen und Schlafsucht. Nach langem Zwischenstadium kann es zum ↑Parkinson-Syndrom kommen. – Die virusbedingte **Zeckenenzephalitis** (zentraleurop. Enzephalitis, mitteleurop. Enzephalitis, Frühjahrs-Sommer-Enzephalitis, Frühsommermeningoenzephalitis [FSME]) wird durch Zeckenbiß übertragen; sie verläuft anfangs wie eine Grippe und führt 3–4 Wochen nach der Infektion zu den Symptomen einer Meningoenzephalitis (↑Gehirnhautentzündung). Mittlerweile ist eine vorbeugende Impfung möglich. – Weitere virusbedingte Formen der G. sind: Coxsackie-Enzephalitis, ECHO-Virus-Enzephalitis, Mumpsmeningoenzephalitis, Masernenzephalitis; zu den bakteriellen Formen von G. gehört die **embolische Herdenzephalitis** als Folge der Verschleppung erregerhaltiger, gefäßverstopfender Partikel bei subakuter Herzklappenentzündung; sie ist mit vorübergehenden Bewußtseinsstörungen und Krampfanfällen verbunden.

Gehirnerschütterung (Commotio cerebri), Folge einer stumpfen Gewalteinwirkung auf den Schädel. Charakterist. Symptome sind Bewußtseinsstörung, Übelkeit, Brechreiz, Kreislauf- und Atemstörungen, Veränderungen der Hirnstromkurve und schließlich eine Erinnerungslücke. Nach einer G. ist v. a. strenge Bettruhe erforderlich.

Gehirnerweichung (Enzephalomalazie), herdförmige Erweichung von Gehirnteilen infolge Durchblutungsman-

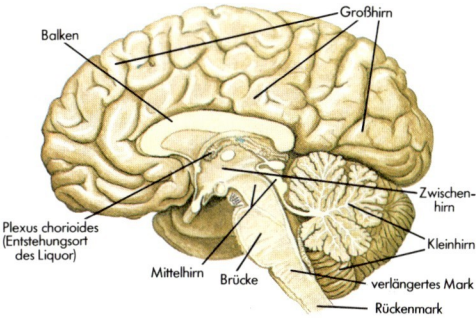

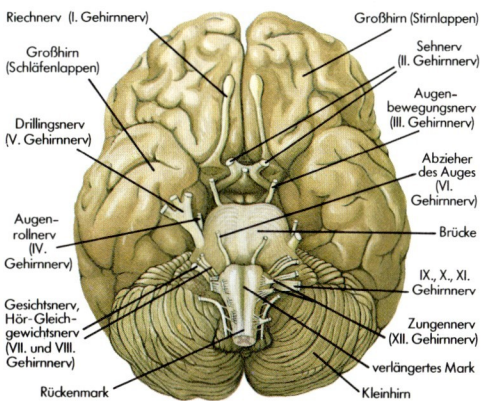

Gehirn. Oben: Sagittalschnitt durch das menschliche Gehirn. Unten: Grundfläche (Basis) des menschlichen Gehirns

Gehirngrippe

gel mit entsprechendem Funktionsausfall, bes. nach Embolie, Thrombose (auf arteriosklerot. Grundlage) bzw. Massenblutung durch Gefäßzerreißung bei Bluthochdruck.

Gehirngrippe ↑Gehirnentzündung.

Gehirnhäute (Hirnhäute, Meningen; Einz. Meninx), Gehirn und Rückenmark umgebende, bindegewebige Schutzhüllen der Wirbeltiere. Die außenliegende **harte Gehirnhaut** (Dura mater) ist im Schädelbereich fest mit dem Knochen verwachsen. Ihr liegt die **Spinnwebenhaut** (Arachnoidea) verschiebbar an. Gehirn und Rückenmark werden von der **weichen Gehirnhaut** (Pia mater) fest umschlossen. Beim Menschen sind die G. durch flüssigkeitserfüllte Spalträume voneinander getrennt. Spinnwebenhaut und weiche G. sind durch Bindegewebsstränge miteinander vernetzt. Dazwischen bleiben zahlr. Gewebslücken frei, die mit ↑Gehirn-Rückenmark-Flüssigkeit gefüllt sind.

Gehirnhautentzündung (Hirnhautentzündung, Meningitis, Genickstarre), Entzündung der Gehirnhäute durch verschiedene Erreger (Bakterien, Viren oder Pilze). Befallen werden bevorzugt Kinder und Jugendliche. Die **bakterielle Gehirnhautentzündung** entsteht infolge direkten Einwanderns von Eitererregern von Mittelohr und Nase, aber auch über den Liquor oder auf dem Blutweg, z. B. bei Lungenentzündung, Blutvergiftung oder Gehirnhauttuberkulose. – G. ist auch häufiger Begleiter von Viruserkrankungen wie Mumps, Kinderlähmung u. a., der Verlauf ist dann relativ gutartig. Die Krankheitszeichen der G. bestehen in plötzl. Fieber, Erbrechen, zunehmender Bewußtseinstrübung, auch Krampfanfällen. Charakteristisch sind bestimmte von der Hirnhaut ausgehende Reizsymptome, z. B. Nackensteifheit. Bei Beteiligung des Gehirns spricht man von **Meningoenzephalitis.** Die Behandlung muß so rasch wie möglich einsetzen; sie erfolgt mit Antibiotika oder anderen Chemotherapeutika.

Gehirnhauttuberkulose (Meningitis tuberculosa), heute selten gewordene tuberkulöse Entzündung der weichen Gehirnhaut. Anzeichen sind bes. Fieber, Kopfschmerzen, Bewußtlosigkeit, Nackensteifigkeit. Durch die chemotherapeut. Tuberkulosemittel läßt sie sich, bes. bei frühzeitigem Erkennen, folgenlos heilen.

Gehirnnerven, svw. Hirnnerven (↑Gehirn).

Gehirnquetschung (Gehirnkontusion, Contusio cerebri), zusammenfassende Bez. für die schweren Folgen eines stumpfen Schädeltraumas mit Verletzungs- und Blutungsherden in der Großhirnrinde und im Hirnstamm. Symptome: tiefe Bewußtlosigkeit, Unruhe, Schock, Fieber, ungleiche Pupillengröße, Verlust von Sprache und Geruchssinn, psych. Störungen. Wird das Trauma überlebt, so bleiben je nach Alter mehr oder minder ausgeprägte Gehirnschäden zurück.

Gehirn-Rückenmark-Flüssigkeit (Zerebrospinalflüssigkeit, Liquor cerebrospinalis), Flüssigkeit, die die Hirnkammern und die Gehirn und Rückenmark umgebenden Hohlräume füllt; sie bietet Schutz gegen Schäden durch Druck von außen und regelt u. a. den Stoffwechsel von Gehirn und Rückenmark. Die G.-R.-F. besteht zu 98 % aus Wasser, mit wenigen weißen Blutkörperchen und Spuren von Eiweiß, Zucker u. a. Sie wird zur Feststellung von Krankheiten durch Punktion des Wirbelkanals oder der Hirnkammer entnommen.

Gehirnschlag, svw. ↑Schlaganfall.

Gehirnstamm, svw. Hirnstamm (↑Gehirn).

Gehirntumor (Hirntumor, Tumor cerebri), von der Gehirnsubstanz, den bindegewebigen Hüllen des Nervensystems oder von ektodermalen Gewebsanteilen in der Nachbarschaft des Zentralorgans ausgehende Geschwulst, die sich innerhalb der Schädelhöhle entwickelt. Außer diesen autochthonen G. treten metastat. G. als Tochtergeschwülste extrazerebraler Tumore auf. G. sind auf Grund der Raumverdrängung im Schädelinneren klinisch in jedem Fall bedrohlich, auch wenn es sich um eine „gutartige" Gewebsneubildung handelt. – G. erzeugen Allgemeinsymptome, die häufig Folge ihres raumfordernden Wachstums in der Schädelhöhle sind, und Lokalsymptome, die mit ihrem nicht selten typ. Sitz zusammenhängen. Zu den All-

gemeinsymptomen gehören Kopfschmerzen, deren Heftigkeit im Verlauf der Krankheit ständig zunimmt, ferner geistig-seel. Veränderungen (Reizbarkeit, leichte Ermüdbarkeit, Gedächtnisschwäche) und epilept. Anfälle. Die Lokalsymptome geben zus. mit dem Lebensalter und dem mehr oder weniger raschen Fortschreiten des Leidens oft Hinweise auf den Sitz, aber auch auf die feingewebl. Beschaffenheit des betreffenden Tumors.

Gehirnverletzungen (Gehirntraumen), Sammelbez. für alle Gehirnschäden infolge akuter Einwirkung von außen, insbes. Gehirnschäden durch direkte oder indirekte Einwirkung mechan. Gewalt.

Gehirnwäsche [Lehnübersetzung von amerikan. brainwashing] (Mentizid), gewaltsame geistige Desorganisation und Umstrukturierung einer Person (z. B. von polit. Häftlingen oder Kriegsgefangenen) zur Erzwingung von Geständnissen, Geheimnisverrat, Selbstbezichtigungen durch endlose Verhöre, Folterungen, suggestive Einwirkungen und fortwährende Überreizung des Nervensystems. Diese psychophys. Belastung führt zur gewünschten Änderung polit. und moral. Einstellungen, z. T. auch zum völligen Persönlichkeitszusammenbruch.

Gehlen, Arnold, * Leipzig 29. Jan. 1904, † Hamburg 30. Jan. 1976, dt. Philosoph und Soziologe. – 1934–38 Prof. in Leipzig, 1940–44 in Wien, 1947–62 in Speyer, seit 1962 in Aachen. Seine philosoph. Anthropologie stellt den Menschen hinsichtlich seiner Organ- und Instinktausstattung als „Mängelwesen" dar, das seine Umwelt durch ein von Institutionen geleitetes und gesichertes Handeln verändern muß, um überleben zu können (Kulturleistungen als Organersatz).

Hauptwerke: Der Mensch. Seine Natur und seine Stellung in der Welt (1940), Urmensch und Spätkultur (1956), Die Seele im techn. Zeitalter (1957), Anthropolog. Forschung (1961), Moral und Hypermoral (1969).

Arnold Gehlen

G., Reinhard, * Erfurt 3. April 1902, † Berg (Landkr. Starnberg) 8. Juni 1979, dt. General. – 1942–45 Leiter der Abteilung Fremde Heere Ost im Generalstab des Heeres; stellte nach 1945 der amerikan. Besatzungsmacht das Material des von ihm eingerichteten Geheimdienstarchivs zur Verfügung und baute den als „Organisation G." bezeichneten Nachrichtendienst auf (1955 von der BR Deutschland übernommen, 1956 in ↑Bundesnachrichtendienst umbenannt).

Gehöft (Hof), landw. Anwesen (mit den dazugehörenden Wohn- und Wirtschaftsgebäuden); ↑Bauernhaus.

Gehölz, kleiner, inmitten von Feld- oder Wiesenfluren gelegener Waldbestand.

Gehölze, svw. ↑Holzgewächse.

Gehölzkunde, svw. ↑Dendrologie.

Gehör, (Gehörsinn, Hörsinn) die Fähigkeit, Schallwellen wahrzunehmen. Ein G. ist bislang nur für Wirbeltiere (einschl. Mensch) und Gliederfüßer (v. a. Insekten) nachgewiesen (↑Gehörorgan).

▷ ↑rechtliches Gehör.

Gehörgang ↑Gehörorgan.

Gehörknöchelchen ↑Gehörorgan.

Gehörlosigkeit, svw. ↑Taubheit.

Gehörn, svw. ↑Hörner.

▷ wm. Bez. für das Geweih des Rehbocks.

Gehörorgan, dem Gehörsinn dienendes Organ. Bei den Wirbeltieren wird das paarig angelegte G. im allg. auch als **Ohr** (Auris) bezeichnet. Das höchstentwickelte G. haben die Säugetiere (einschl. Mensch). Man unterscheidet *Außenohr* (Ohrmuschel und Gehörgang), *Mittelohr* (Paukenhöhle mit Gehörknöchelchen) und *Innenohr* (Schnecke und Bogengänge des Gleichgewichtsorgans). Die **Ohrmuschel** besteht mit Ausnahme des Ohrläppchens aus Knorpel. Sie hat die Form eines flachen Trichters, der die auftreffenden Schallwellen sammelt und an den Gehörgang weitergibt. Am inneren Ende des 2,5–3,5 cm langen **Gehörgangs** (äußerer Gehörgang, Meatus acusticus externus) liegt das Trommelfell, das durch Ohrenschmalz geschmeidig gehalten wird. Das **Trommelfell** (Membrana tympani) ist beim Menschen etwa 0,5 cm² groß und trichterförmig. Die Trommelfellmembran wird durch die ankommen-

Schallwellen in Schwingungen versetzt und überträgt diese auf die drei **Gehörknöchelchen** *(Hammer, Amboß, Steigbügel)* im Mittelohr. Die gelenkig verbundenen Knöchelchen wirken dabei als Hebelsystem und verstärken die auftretenden Schallwellen etwa um das 2- bis 3fache. Der Steigbügel gibt über das ovale Fenster (Vorhoffenster) die Schallwellen an das Innenohr weiter. Das **ovale Fenster** hat etwa $1/20 - 1/30$ der Fläche des Trommelfells; dadurch wird eine Verstärkung des Schalldrucks auf das 20- bis 25fache erreicht. Schließlich erreicht der Schalldruck vom Eindringen in den Gehörgang an mit rd. 180facher Verstärkung das Innenohr. Dieses ist durch die **Eustachi-Röhre** (Ohrtrompete, Tuba auditiva) mit der Rachenhöhle verbunden; sie dient dem Druckausgleich zw. Außenluft und Mittelohr. Jeder Druckunterschied erzeugt ein Druckgefühl im Ohr; Schlucken beseitigt es. Das **Innenohr** (Labyrinth) besteht aus dem eigentl. G., der Schnecke, und den Bogengängen. Letztere sind Gleichgewichtsorgane und haben keinen Einfluß auf den Hörvorgang. Die **Schnecke** (Cochlea) gliedert sich in zwei Teile. Die *knöcherne* Schnecke besteht aus der Achse (Schneckenspindel) und einer Knochenleiste, die beide weitporig sind und die Fasern des Hörnervs enthalten. Der *häutige* Teil der Schnecke (Schneckengang, Ductus cochlearis) ist ein dreieckiger Bindegewebsschlauch, der mit Endolymphe angefüllt und mit seinem spitzen Ende an der Knochenleiste befestigt ist. Durch diese Anordnung wird der Innenraum der Schnecke in sog. Treppen aufgegliedert, die **Vorhoftreppe** und die **Paukentreppe.** Die häutige Schnecke wird mit zwei Membranen gegen die Treppen abgegrenzt. Die Begrenzung gegen die Vorhoftreppe bildet die **Reissner-Membran,** eine zarte, gefäßlose Haut mit dünnen, elast. Fasern. Gegen die Paukentreppe wird die Begrenzung von der **Basilarmembran** gebildet. Auf dieser liegt das eigentl. schallaufnehmende Organ, das **Corti-Organ.** Die Sinneszellen (Hörzellen) des Corti-Organs (beim Menschen rd. 16 000–23 000) liegen zw. Stützzellen und tragen an ihrem oberen Ende feine Sinneshärchen. Unmittelbar über den Sinneszellen befindet sich die Deckmembran, die wahrscheinlich mit den Sinneshärchen verwachsen ist und dadurch die Sinneszellen durch Schwingungen reizen kann. – Bei den übrigen Wirbeltieren findet man ähnl. Verhältnisse. Niedere Wirbeltiere (z. B. Fische) haben nur ein inneres Ohr. Amphibien haben bereits ein Mittelohr.

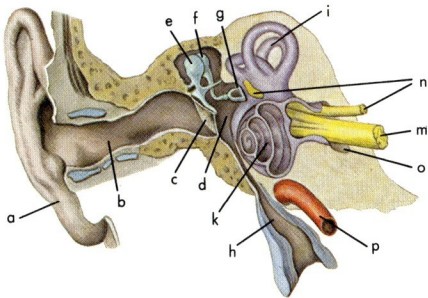

Gehörorgan. Schematische Übersicht des ganzen Ohres: a Ohrmuschel; b äußerer Gehörgang; c Trommelfell; d Paukenhöhle; e Hammer; f Amboß; g Steigbügel; h Ohrtrompete; i Bogengänge; k Schnecke; m Gehör- und Gleichgewichtsnerv; n Gesichtsnerv; o innerer Gehörgang; p innere Kopfschlagader

Hören ist das Wahrnehmen von Schallwellen, wobei eine Umwandlung der Schallwellen in nervale Reize erfolgt, die zum Gehirn weitergeleitet und dort in einen Höreindruck umgewandelt werden. Hörvorgang beim Menschen (entspricht dem bei allen Säugetieren): In drei funktionellen Abschnitten des menschl. Gehirns erfolgt 1. der Transport des Hörreizes, 2. die Reizverteilung (in der Schnecke) und 3. die Reiztransformation (im Corti-Organ). Der Reiztransport erfolgt zw. Gehörgang und Vorhoffenster. Die in jedem Augenblick auf das G. einwirkenden Schallwellen werden durch den äußeren Gehörgang zum Trommelfell geleitet. Trommelfell und Gehörknöchelchenkette stellen auf Grund ihrer Elastizität ein schwingungsfähiges Gebilde dar, dessen Eigenfrequenz zw. 100 und 1 500 Hz liegt. Durch die auftreffenden Schallwellen, infolge Reflexions- und Resonanzerscheinungen an Kopf, Ohrmuschel und Gehörgang, ist der Schalldruck am Trommelfell größer als außerhalb des Ohres. Trommelfell und Gehörknöchelchen übertragen die Schallwellen: Durch die bis 2 000 Hz näherungsweise frequenzunabhängige, d. h. lineare Empfindlichkeit wird der Schallwellenwiderstand der Lymphflüssigkeit dem der Luft angepaßt. Die ordnungsgemäße Funktion von Trommelfell und Gehörknöchelchenkette ist dabei abhängig von einer ausreichenden Luftzufuhr über die Eustachi-Röhre in die Paukenhöhle, da ein Teil der darin befindl. Luft ständig von der Haut resorbiert wird. Bei großen Druckdifferenzen erfolgt der Ausgleich spontan (Knacken im Ohr z. B. bei raschem Höhenwechsel), kann aber auch durch Schluck- oder Gähnbewegungen bewußt gesteuert werden. Indem nun die Steigbügelfußplatte ihre Schwingungen über die Membran des Vorhoffensters auf die Lymphflüssigkeit im Vorhof und auf die Vorhoftreppe überträgt, werden darin Druck- und Dichteschwankungen kleiner Amplitude erzeugt; diese übertragen sich auf den schwingungsfähigen, mit Endolymphe gefüllten häutigen Schneckengang. Außerdem pflanzen sie sich durch das Schneckenloch an der Schneckenspitze in die Paukentreppe fort, wo über die Membran des runden Fensters ein Druckausgleich stattfindet. Längs des häutigen Schneckengangs findet nun die Reizverteilung statt. Die je nach Frequenz an unterschiedl. Stellen des Corti-Organs erregten Nervenimpulse werden über den Hörnerv, über verschiedene Kerngebiete und Nervenbahnen im Gehirn zur akust. Region der Großhirnrinde geleitet, wo sie einen Höreindruck hervorrufen (Reiztransformation). Da das menschl. G. paarig (binaural) ausgebildet ist, hat es die Fähigkeit zum **Richtungshören.** Dafür wertet das Gehirn zwei Informationen aus: 1. den Zeitunterschied des Schalleinfalls auf die beiden Ohren, 2. den durch die Schallschattenwirkung des Kopfes hervorgerufenen Intensitätsunterschied an beiden Ohren. Eine Zeitdifferenz von nur 0,03 ms ruft beim Menschen bereits einen Richtungseindruck hervor.

Gehörprüfung ↑ Hörprüfung.

Gehorsam, Ausführung oder Unterlassung einer Handlung auf Grund eines Gebotes oder Verbotes; zu unterscheiden ist zw. freiwilligem („bedingtem") G., der Autorität voraussetzt, und erzwungenem („unbedingtem") G., dessen Voraussetzung Macht ist. In den einfacheren Religionen wird fast nur kult. G. gefordert (Erfüllung der kult. Vorschriften). In den Hochreligionen steht der G. der Gottheit gegenüber im Mittelpunkt religiösen Verhaltens. So ist z. B. im A. T. G. gegenüber dem Willen Jahwes Bedingung für die Erfüllung des Bundes und Ungehorsam das Wesen der Sünde. Im N. T. bestimmen Glaube und Liebe das Verhältnis des Menschen zu seinem Schöpfer und Erlöser stärker als der G., dessen letzte Instanz (auch nach der christl. Theologie) das ↑ Gewissen ist.

Gehorsamspflicht, die Pflicht des Beamten und des Soldaten, dienstl. Anordnungen des Vorgesetzten bzw. Befehle auszuführen. Bedenken gegen die Rechtmäßigkeit einer Anordnung hat der Beamte geltend zu machen. Der Soldat hat Befehle nach besten Kräften vollständig, gewissenhaft und unverzüglich auszuführen. Der Vorgesetzte darf Befehle nur zu dienstl. Zwecken, unter Beachtung der Regeln des Völkerrechts, der Gesetze und der Dienstvorschriften erteilen. Bei Soldaten und Beamten stellt ein Verstoß gegen die G. grundsätzlich ein ↑ Dienstvergehen dar. Eine Straftat begeht ein Soldat, wenn er einen Befehl nicht befolgt und dadurch eine schwerwiegende Folge, nämlich eine Gefahr für die Sicherheit der BR Deutschland, die Schlagkraft der Truppe, Leib oder Leben eines Menschen herbeiführt (militär. *Ungehorsam*, § 19 WehrstrafG [WStG]); dies gilt auch für die demonstrative Form der *Gehorsamsverweigerung* (aktive Befehlsverweigerung durch Wort oder Tat

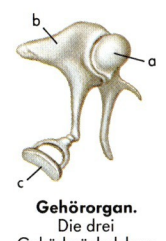

Gehörorgan. Die drei Gehörknöchelchen: a Hammer; b Amboß; c Steigbügel

Gehörschutz

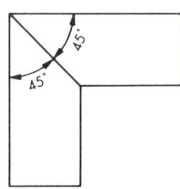

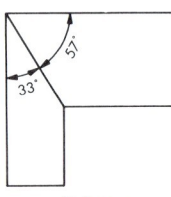

Gehrung

oder Nichtbefolgen eines wiederholten Befehls; § 20 WStG. Ein Befehl ist nicht verbindlich, wenn er nicht zu dienstl. Zwecken erteilt wird oder durch seine Ausführung die Menschenwürde des Soldaten oder eines Dritten verletzt würde *(Recht auf Befehlsverweigerung)* und wenn durch die Ausführung des Befehls ein Verbrechen oder Vergehen begangen würde *(Pflicht zur Befehlsverweigerung)*. Begeht der Untergebene auf Befehl ein Vergehen oder Verbrechen, so trifft ihn, wenn er den Charakter der Straftat erkennt oder diese nach den ihm bekannten Umständen offensichtlich ist, die volle Schuld (§ 5 WStG).

Gehörschutz ↑ Lärmschutz.

Gehörsinn, svw. ↑ Gehör.

Gehrmaß, Handwerkszeug zum Anreißen und Prüfen der ↑ Gehrung an Holz.

Gehrock (Redingote), Anzug mit langen Schößen (vorn übereinanderreichend); Ende des 18. bis Mitte des 19. Jh. tägl. Anzug, seit Ende des 19. Jh. für festl. Anlässe.

Gehrung [zu althochdt. gēro (nach der Ähnlichkeit mit einer Gerspitze)], Schrägschnitt (meist unter 45°) an einem Rahmenteil oder Profilstab; auch die Eckfuge oder Eckverbindung zweier in beliebigem Winkel mit einem Schrägschnitt aufeinanderstoßender Profilteile.

Gehry, Frank Owen, *Toronto 28. Febr. 1929, amerikan. Architekt und Designer. – Lehrt seit 1982 an der Yale University. Schuf neben Bauwerken (u. a. California Aerospace Museum, Los Angeles, 1982–84) auch Inneneinrichtungen und Möbel.

Gehverband, zum Schienen des Beins bei Knochenbrüchen, Verstauchungen, Verrenkungen u. ä. angelegter Stützverband; ermöglicht frühzeitiges Gehen, um die Heilungsvorgänge zu beschleunigen, wobei die Extremität nicht voll belastet wird; meist als Gipsverband (Gehgips) mit eingegipstem, stählernem Gehbügel sowie Gummistollen zum Auftreten und Abrollen des Fußes beim Gehen.

Geibel, Emanuel, *Lübeck 17. Okt. 1815, †ebd. 6. April 1884, dt. Dichter. – Gefeierter Lyriker der dt. Einigungsbestrebungen unter preuß. Führung; 1852–68 Führer des Münchener Dichterkreises. Seine Lyrik (z. T. zum Volksgut geworden wie „Der Mai ist gekommen") erweist ihn als formal virtuosen Epigonen des Klassizismus; verdienstvoll als Übersetzer frz. und span. Lyrik.

Emanuel Geibel

Geier [zu althochdt. gīr, eigtl. „der Gierige"], Bez. für adlerartige, aasfressende Greifvögel aus zwei verschiedenen systemat. Gruppen mit etwa 23 Arten, v. a. in den Tropen und Subtropen der Alten und Neuen Welt. Die Fam. **Neuweltgeier** (Cathartidae) hat sieben Arten. Als Kondor bezeichnet werden: 1. der in den Anden S-Amerikas lebende **Andenkondor** (Vultur gryphus); er ist bis 1,3 m groß und hat eine Flügelspannweite von etwa 3 m; mit nacktem, dunkel fleischfarbenem Kopf und Hals, weißer Halskrause und silbergrauen Armschwingen. 2. Der **Kalifornische Kondor** (Gymnogyps californianus) unterscheidet sich von ersterem durch gelblichroten Kopf und Hals sowie schwarze Halskrause. Der **Königsgeier** (Sarcoramphus papa) ist fast 80 cm groß und kommt in S-Mexiko bis S-Brasilien vor; Gefieder gelblich und grauweiß mit schwarzen Flügeln und grauer Halskrause; Kopf und Hals nackt, leuchtend rot und gelb gefärbt. Etwa kolkrabengroß und schwarz ist der **Rabengeier** (Urubu, Coragyps atratus), der in den südl. USA sowie in M- und S-Amerika lebt. Die **Altweltgeier** (Aegypiinae) sind eine Unterfam. der Habichtartigen mit 16 Arten. Bekannt sind u. a.: ↑ Bartgeier; **Gänsegeier** (Gyps fulvus), etwa 1 m groß, Flügelspannweite bis 2,4 m, sandfarben, v. a. in den Gebirgen und Hochsteppen NW-Afrikas und S-Europas; mit braunschwarzen Schwingen und Schwanzfedern, einem ziemlich langen, gänseartigen, fast unbefiederten Hals und dichter, weißer Halskrause. Über 1 m lang und dunkelbraun bis schwarz ist der in den Mittelmeerländern und in Asien bis zur Mongolei lebende **Mönchsgeier** (Kutten-G., Aegypius monachus); mit einem Halskragen aus braunen Federn. In den Trockengebieten Afrikas kommt der etwa 1 m lange und bis 2,8 m spannende **Ohrengeier** (Torgos tracheliotus) vor; oberseits dunkelbraun, unterseits braun und weiß. Kein Aasfresser

Geierhaube. Ausschnitt aus einem Fresko im Grab der Königin Nofretiri im Tal der Königinnen in Theben, um 1250 v. Chr.

(deshalb sind Kopf und Hals befiedert) ist der bis 60 cm lange **Palmgeier** (Geierseeadler, Gypohierax angolensis) in den Regenwäldern W-, S- und O-Afrikas; Gefieder weiß, mit schwarzen Arm- und Handschwingen.

Geierfalken (Karakara, Polyborinae), Unterfam. der Falken mit etwa 10 Arten, v. a. in den Steppen und Hochgebirgen M- und S-Amerikas. Das Wappentier Mexikos ist der etwa 55 cm lange **Karancho** (Polyborus plancus); schwärzlichbraun mit gelbbräunl., dunkel quergebändertem Vorderkörper und Schwanz, weißl. Kopf, nacktem, rotem Schnabelgrund und haubenartig aufrichtbarer Kopfplatte.

Geierhaube, aus feinen Goldplättchen zusammengesetztes Diadem der ägypt. Königinnen, bes. des Neuen Reiches, in Gestalt eines Geiers mit ausgebreiteten Flügeln.

Geiersberg, mit 585 m ü. d. M. höchste Erhebung des Spessarts.

Geierschildkröte, svw. ↑ Alligatorschildkröte.

Geierstele, Siegesdenkmal des altsumer. Stadtfürsten Eannatum von Lagasch (um 2440 v. Chr.) aus Kalkstein (Bruchstücke u. a. im Louvre, Paris), ben. nach den Geiern innerhalb der Reliefs. Die altsumer. Inschrift in Keilschrift enthält die Vorgeschichte des Kampfs gegen die Stadt Umma, den Kampfbericht und die Friedensregelungen.

Geige, im MA Bez. für bogengestrichene Saiteninstrumente, oft bedeutungsgleich mit Fidel; heute umgangssprachlich für ↑ Violine.

Geigenrochen (Rhinobatoidei), Unterordnung der Rochen mit etwa 45, meist 1–2 m langen Arten in den Küstengewässern trop. und subtrop. Meere; Vorderkörper abgeplattet, Hinterkörper langgestreckt walzenförmig (wie bei Haien).

Geiger, Abraham, *Frankfurt am Main 24. Mai 1810, † Berlin 23. Okt. 1874, dt. Rabbiner und Judaist. – G. lehrte seit 1872 an der Hochschule für die Wissenschaft des Judentums in Berlin und wurde durch seine wiss. Leistung, u. a. durch die Gründung der „Wiss. Zeitschrift für jüd. Theologie" (1835) und der „Jüd. Zeitschrift für Wissenschaft und Leben" (seit 1862), zum Führer des Reformjudentums.

G., Hans, eigtl. Johannes G., *Neustadt an der Weinstraße 30. Sept. 1882, †Potsdam 24. Sept. 1945, dt. Physiker. – Prof. in Kiel, Tübingen und Berlin. Lieferte bahnbrechende Arbeiten zur experimentellen Atomphysik; erkannte 1913, daß die Ordnungszahl eines chem. Elements gleich der Kernladungszahl seiner Atomkerne ist; entwickelte 1928 das nach ihm und W. M. Müller ben. ↑ Zählrohr.

G., Moritz, *Frankfurt am Main 26. Juni 1880, † Seal Harbor (Maine) 9. Sept. 1937, dt. Philosoph. – 1915 Prof. in München, 1923 in Göttingen, nach Emigration 1933 am Vassar College in Poughkeepsie (N. Y.). Bed. u. a. durch seine „Beiträge zur Phänomenologie des ästhet. Genusses" (1913), wodurch die phänomenolog. Methode in die Ästhetik eingeführt wurde.

G., Rupprecht, *München 26. Jan. 1908, dt. Maler und Graphiker. – Sohn von Willi G.; arbeitet mit geometr. Elementen, sein Ziel ist die Darstellung von Raum und Bewegung.

G., Theodor, *München 9. Nov. 1891, † auf der Überfahrt von Kanada nach Dänemark 16. Juni 1952, dt. Soziologe. – 1922–29 Leiter der Berliner Arbeiterhochschule, 1928–33 Prof. in Braunschweig; 1933 Emigration nach Dänemark, 1938–40 und nach 1945 Prof. in Århus, 1943 in Uppsala; zunächst stark vom Marxismus beeinflußt, galt sein wiss. Hauptinteresse den Theorien über soziale Klassen, später (nach erfahrungswiss.-positivist. Neuorientierung in der Emigration) verfaßte er Arbeiten über soziale Schichtung in der modernen Industriegesellschaft.

G., Wilhelm, *Nürnberg 21. Juli 1856, † Neubiberg 2. Sept. 1943, dt. Iranist und Indologe. – 1891 Prof. in Erlangen, 1920–24 in München; verfaßte grundlegende Werke zur Sprache, Kultur, Geschichte und Religion Irans, Indiens und Ceylons.

G., Willi, *Schönbrunn bei Landshut 27. Aug. 1878, †München 1. Febr. 1971, dt. Maler und Graphiker. – Vater von Rupprecht G.; bei spürbarem Einfluß des Jugendstils bis ins Spätwerk ist sein Werk v. a. von expressionist., verist. und visionären Zügen geprägt.

Geiger-Müller-Zählrohr [nach Hans Geiger und dem dt.-amerikan. Physiker Walter M. Müller, *1905, †1979] ↑Zählrohr.

Geigy AG, J. R. ↑CIBA-GEIGY AG.

Geijer, Erik Gustaf [schwed. 'jɛɪər], *Ransäter (Värmland) 12. Jan. 1783, †Stockholm 23. April 1847, schwed. Schriftsteller. – Lieferte mit E. Tegnér das Programm für die schwed. Romantik. Bekannt sind neben seinen eigenen (z. T. selbst vertonten) Liedern auch die von ihm mit A. A. Afzelius herausgegebenen altschwedischen Volkslieder. Schrieb eine wegweisende „Geschichte des schwed. Volkes" (3 Bde., 1832–36).

geil, üppig wuchernd (von Pflanzen).
▷ übermäßig geschlechtlich erregt oder erregend.

Geilamir ↑Gelimer.

Geilenkirchen, Stadt 25 km nördlich von Aachen, NRW, 75–103 m ü. d. M., 21 400 E. Steinzeugröhren-, Falzziegel- und Textilind. – 1170 erstmals gen., kam 1472/84 an Jülich; 1484 galt G. als Stadt. – Klassizist. Pfarrkirche (1822–25); Schloß Trips (Wasseranlage auf vier Inseln, 15.–18. Jh.).

Geiler von Kaysersberg, Johannes, *Schaffhausen 16. März 1445, †Straßburg 10. März 1510, dt. Theologe und Volksprediger. – Bekanntester Kanzelredner des Spät-MA (seit 1486 am Straßburger Münster). Seine Predigten in dt. Sprache nach lat. Nachschriften von P. Wickgram und von J. Pauli überliefert. Geißelte mit derbem Humor und drast. Komik unter Einflechtung von Schwänken, Sprichwörtern und Wortspielen weltl. und kirchl. Mißstände. Am berühmtesten wurden seine 1498/99 in Straßburg gehaltenen Predigten über die Narren in S. Brants „Narrenschiff".

Geilo [norweg. ˌjɛɪlu] ↑Hallingdal.

Geinitz, Eugen, *Dresden 15. Febr. 1854, †Rostock 9. März 1925, dt. Geologe. – Sohn von Hanns G.; 1878 Prof. in Rostock, 1889 ebd. Direktor der neugegr. Geolog. Landesanstalt für Mecklenburg; veröffentlichte u. a. „Das Quartär von Nordeuropa" (1904), „Die Eiszeit" (1906), „Geologie Mecklenburgs" (1922).

G., Hanns, *Altenberg 16. Okt. 1814, †Dresden 28. Jan. 1900, dt. Geologe und Paläontologe. – Vater von Eugen G.; 1850–94 Prof. in Dresden und ebd. Direktor des mineralog.-geolog. und prähistor. Museums; erforschte v. a. den Zechstein und das Rotliegende sowie die sächs.-böhm. Kreidegebirge.

Geirangerfjord [norweg. ˌjɛɪraŋərfjuːr], östl. Arm des Synnylvsfjords, Norwegen, 16 km lang, bis zu 233 m tief, 600–1 000 m breit; teils aufragende Felswände mit zahlr. Wasserfällen (u. a. Sieben Schwestern). Der Ort **Geiranger** am Ende des Fjords ist Anlegestelle von Kreuzfahrtschiffen.

Geisa ↑Géza.

Geisel, Ernesto, *Bento Gonçalves (Rio Grande do Sul) 3. Aug. 1907, brasilian. Offizier. – Gehörte 1964 zum Kreis der Offiziere, die Präs. J. Goulart stürzten und ein Militärregime errichteten; 1964–67 Chef des Militärkabinetts, 1967–69 Vors. des Obersten Militärgerichts; 1974–79 Staatspräsident.

Geiseln [zu althochdt. gîsal, eigtl. „Pfand"], *allg.* und im *Völkerrecht* Personen, die zur Sicherung eines nicht oder nur z. T. gegen sie selbst gerichteten Anspruchs fremder Gewalt und Gewahrsam unterstellt sind. Im dt. *Strafrecht* ist die **Geiselnahme,** auch wenn sie zur Durchsetzung polit. Ziele erfolgt, als Verbrechen nach § 239 b StGB mit Freiheitsstrafe nicht unter fünf Jahren bedroht. Die Bestimmung setzt voraus, daß der Täter einen anderen *entführt* oder sich eines anderen *bemächtigt,* um einen Dritten durch die Drohung mit dem Tode oder einer schweren Körperverletzung (§ 224 StGB) des Opfers zu einer Handlung, Duldung oder Unterlassung zu nötigen. In gesetzlich geregelten Fällen ist Strafmilderung möglich. Verursacht der Täter durch die Tat den Tod der Geisel, so ist lebenslange bzw. Freiheitsstrafe nicht unter 10 Jahren verwirkt (↑Luftpiraterie, ↑Menschenraub). – In *Österreich* fehlt eine eigene strafrechtl. Bestimmung. Geiselnahme wird jedoch durch er-

presser. Entführung (§ 102 StGB) erfaßt. Das *schweizer. StGB* stellt Geiselnahme in Art. 185 unter Strafe.

Völkerrecht: Die vertragl. Gestellung von G. im Frieden wie im Krieg (letztmalig vollzogen zw. Großbritannien und Frankreich im Aachener Frieden von 1748) ist völkerrechtlich unbedenklich. Die einseitige Geiselnahme *im Kriege,* die, v. a. beginnend im 18. Jh., die vertragl. G. mehr und mehr verdrängte und die im 2. Weltkrieg [u. a. durch die dt. Besatzungstruppen, v. a. in Frankreich und auf dem Balkan] ins Maßlose übersteigert wurde (Tötung von 100 Geiseln für einen ermordeten Soldaten), galt nach den nat. Heeresinstruktionen grundsätzlich als erlaubt; sie ist heute jedoch durch Art. 34 der Genfer Konvention zum Schutz von Zivilpersonen in Kriegszeiten (1949) generell untersagt.

Geiseltal, einst eines der bedeutendsten Braunkohlegebiete der Erde, mit Resten tertiärer Tiere und Pflanzen, westlich von Merseburg/Saale, Sa.-Anh., heute fast ausgekohlt; chem. und metallverarbeitende Industrie.

Geisenheim, hess. Stadt am rechten Rheinufer, 96 m ü. d. M., 10 700 E. B.-Anstalt für Ernährung, Hess. Lehr- und Forschungsanstalt für Wein-, Obst- und Gartenbau; Maschinenbau; Weinbau. – 772 erstmals erwähnt; seit Anfang des 11. Jh. zum Erzbistum Mainz; 1809 an Nassau; seit 1864 Stadt. – Spätgot. Pfarrkirche (1510/11) mit neugot. Türmen (19. Jh.), Adelshöfe, u. a. der ehem. Schönborner Hof (1550).

Geiserich (Gaiserich; lat. Geisericus, Gensirix), *um 390, †25. Jan. 477, König der Vandalen und Alanen (seit 428). – Führte 429 seine G. über die Meerenge von Gibraltar nach Afrika, wo er das erste unabhängige Germanenreich auf röm. Boden gründete; machte das Vandalenreich zur bestimmenden Macht im westl. Mittelmeer (Eroberung Sardiniens, Korsikas, der Balearen, des westl. Siziliens; 455 Plünderung Roms).

Geisha ['geːʃa, 'gaɪʃa; jap.-engl., zu jap. gei „unterhaltende Kunst" und sha „Person"], jap. Gesellschafterin, die für Teegesellschaften u. ä. gemietet wird; oft schon seit früher Kindheit für diesen in der Tokugawazeit (1603–1867) entstandenen Beruf u. a. in Tanz, Gesang, Samisenspiel und Konversation ausgebildet.

Geisingen, Stadt im oberen Donautal, Bad.-Württ., 627 m ü. d. M. 5 200 E. Feinmechan. Industrie, Zementfabrik. – Gründung der Stadt zw. 1250 und 1300; 1806 badisch. – Spätgot. ev. Pfarrkirche (15./16. Jh.) mit Grabmälern (16.–18. Jh.).

Geisir ↑Geysir.

Geislingen an der Steige, Stadt am Trauf der Schwäb. Alb, Bad.-Württ., 464 m ü. d. M., 26 000 E. Heimatmuseum; metallverarbeitende, Textil- u. a. Ind. – Die 1250 erstmals nachweisbare Stadt ist eine Gründung der Grafen von Helfenstein, deren Burg oberhalb des Ortes steht; 1396 an die Reichsstadt Ulm verkauft. – Spätgot. ev. Stadtpfarrkirche (1424–28) mit Chorgestühl (1512); Fachwerkbauten, u. a. das Alte Rathaus (ehem. Kaufhalle, 1422).

Geison [griech.], Kranzgesims des antiken Tempels.

Geiß, südd. Bez. für die ausgewachsene weibl. Ziege.
▷ wm. Bez. für die weibl. Tiere bei Reh-, Gams- und Steinwild.

Geißbart (Aruncus), Gatt. der Rosengewächse mit zwei Arten in der nördl. gemäßigten Zone; Stauden mit kleinen, weißen Blüten, die eine große Rispe bilden. Die einzige Art in M-Europa ist der **Waldgeißbart** (Aruncus dioicus) in Wäldern und Gebüschen.

Geißblatt (Heckenkirsche, Lonicera), Gatt. der G.gewächse mit etwa 180 Arten auf der Nordhalbkugel, in den Anden; Sträucher mit zweiseitig-symmetr. Blüten und Beerenfrüchten; in vielen Arten und Formen als Ziersträucher in Kultur, z. B. **Wohlriechendes Geißblatt** (Jelängerjelieber, Lonicera caprifolium), 1–2 m hoher windender Strauch aus S- und dem sö. M-Europa; Blüten gelblichweiß, mit außen oft rot überlaufener Röhre, duftend; Früchte korallenrot. **Schwarze Heckenkirsche** (Lonicera nigra) aus M-Europa; bis 1,5 m hoher, sommergrüner Strauch mit rötl. oder weißen Blüten; Früchte blauschwarz.

Geier.
Oben: Andenkondor.
Unten: Gänsegeier

Geißblatt.
Wohlriechendes
Geißblatt

Geißblattgewächse

Hans Werner Geissendörfer

Geißfuß. Gewöhnlicher Geißfuß

Geißklee

Geißblattgewächse (Caprifoliaceae), Fam. der zweikeimblättrigen Pflanzen mit etwa 400 Arten in 15 Gatt.; Bäume, Sträucher oder Stauden. Bekannte Gatt. sind ↑ Abelie, ↑ Geißblatt, ↑ Holunder, ↑ Schneeball und ↑ Weigelie.

Geißel [zu althochdt. geis(i)la, eigtl. „kleiner, spitzer Stab"] (Flagelle, Flagellum), fadenförmiges, bewegl. Organell zur Fortbewegung bei Einzellern bzw. zum Stofftransport bei bestimmten Zellen der Vielzeller. G. sind meist länger als die Zelle.

Geißel ↑ Geißelung.

Geißelskorpione (Geißelschwänze, Uropygi), Unterordnung dämmerungs- und nachtaktiver, ungiftiger Skorpionsspinnen mit rund 130 trop. und subtrop. Arten von einer Körperlänge bis etwa 7,5 cm; Körper auffällig flachgedrückt, mit langem, sehr dünnem Schwanzfaden (Geißel).

Geißelspinnen (Amblypygi), Unterordnung der Skorpionsspinnen mit rd. 60, bis etwa 4,5 cm langen Arten in den Tropen und Subtropen; Körper abgeplattet, langgestreckt-oval; erstes Laufbeinpaar sehr dünn, zu einem Tastorgan von mehrfacher Körperlänge entwickelt.

Geißeltierchen ↑ Flagellaten.

Geißelträger, svw. ↑ Flagellaten.

Geißelung, seit dem Altertum weitverbreitete Körperstrafe, vollzogen mit Riemen- oder Strickpeitschen bzw. mit Ruten (**Geißeln**). Als freiwillige Bußübung, in der Form der Selbst-G., kam sie im MA auf und wurde auf den Geißlerzügen (↑ Flagellanten) geübt.

Geissendörfer, Hans Werner, * Augsburg 6. April 1941, dt. Filmregisseur. – Fernsehproduktionen, u. a. „Der Fall Lena Christ (1968)"; bes. erfolgreich sein Horrorfilm „Jonathan" (1969), seine Kriminalserie „Lobster" (1976) und die Fernsehserie „Lindenstraße" (seit 1985). Daneben Literaturverfilmungen, „Die Wildente" (1976, nach H. Ibsen), „Zauberberg" (1982, nach T. Mann).

Geißfuß (Aegopodium), Gatt. der Doldengewächse mit zwei Arten in Europa und Sibirien; darunter der **Gewöhnliche Geißfuß** (Giersch, Aegopodium podagraria), eine Ausläufer bildende Staude mit doppelt dreizähligen, oft unvollständig geteilten (ziegenfußähnl.) Blättern, schmutzigweißen Blüten und kümmelähnl. Früchten.

Geißklee (Zytisus, Cytisus), Gatt. der Schmetterlingsblütler mit etwa 50 Arten in M-Europa und im Mittelmeergebiet; hauptsächlich Sträucher mit gelben, weißen oder roten Blüten in Trauben oder Köpfchen.

Geißler, Fritz, * Wurzen (Sa.) 16. sept. 1921, † Bad Saarow-Pieskow 11. Jan. 1984, dt. Komponist. – Lehrte 1962–78 an der Leipziger Musikhochschule; komponierte Opern (u. a. „Der verrückte Jourdain", 1973; „Das Chagrinleder", 1978), Ballette, Orchesterwerke (u. a. 11 Sinfonien), Kammer- und Klaviermusik, Vokalwerke.

G., Heinrich, * Oberndorf am Neckar 3. März 1930, dt. Politiker (CDU). – 1965–67 und erneut seit 1980 MdB; 1967–77 Sozialmin. von Rheinland-Pfalz, 1971–79 dort MdL; 1982–85 Bundesmin. für Jugend, Familie und Gesundheit; 1977–89 Generalsekretär der CDU; seit 1991 stellv. Vors. der Bundestagsfraktion.

G., [Johann] Heinrich [Wilhelm], * Igelshieb (= Neuhaus am Rennweg) 26. Mai 1814, † Bonn 24. Jan. 1879, dt. Mechaniker. – Entwickelte 1858 die ↑ Geißlerröhren; förderte die moderne Vakuumtechnik.

G., Horst Wolfram, * Wachwitz (= Dresden) 30. Juni 1893, † München 19. April 1983, dt. Schriftsteller. – Liebenswürdiger Erzähler, u. a. „Der liebe Augustin" (R., 1921).

Geissler, Christian, * Hamburg 25. Dez. 1928, dt. Schriftsteller. – Schrieb neben sozialkrit. Erzählungen, Hör- und Fernsehspielen u. a. die Romane „Anfrage" (1960), „Wird Zeit, daß wir leben. Geschichte einer exemplar. Aktion" (1976) sowie Gedichte („spiel auf ungeheuer", 1983).

Geißlerröhren [nach [J.] H. [W.] Geißler] (Spektralröhren), mit verdünnten Gasen gefüllte Glasröhren zur Untersuchung von ↑ Glimmentladungen und Gasspektren.

Geißraute (Galega), Gatt. der Schmetterlingsblütler mit vier Arten in Europa und Vorderasien. Die einzige einheim. Art ist die **Echte Geißraute** (Galega officinalis), eine bis 1,5 m hohe Staude mit weißen bis bläul. Blüten in großen Trauben.

Geist [zu althochdt. geist, eigtl. „Erregung"], philosoph. Begriff, der Denken, Vernunft und Bewußtsein als das über das Sinnliche und Materielle Hinausreichende des menschl. Seins bezeichnet. In der älteren Tradition ist der G.begriff zumeist in die Metaphysik bzw. Theologie eingebettet und wird zur Erklärung der Geordnet- und Bewegtheit der Welt *(Welt-G.)* bzw. zur näheren Bestimmung Gottes verwendet. Für Anaxagoras ist G. bewegendes und differenzierendes Weltprinzip. Sokrates und Platon definieren G. durch die Orientiertheit aller natürl. und menschl. Ordnung am Guten. Nach Aristoteles ist G. das unleibl., reine Vermögen der Seele, das die Formen aufnimmt und von der Gottheit eingegeben ist. Für Descartes besteht in der Dualismus von G. („res cogitans") und Materie („res extensa"). Nach C. Wolff ist einem denkenden und wollenden Wesen, das der ↑ Apperzeption mächtig ist, G. zuzusprechen, den J. G. Fichte als „Produkt unseres abstrahierenden und zusammenfassenden Denkens" definiert. Der bei J. G. von Herder und W. von Humboldt noch sehr unbestimmte kulturphilosoph. G.begriff, nämlich das der geschichtlichen Entwicklung zugrundeliegende menschheitsvereinigende humanitäre Prinzip, wird von G. W. F. Hegel, v. a. in dessen Lehre vom ↑ objektiven Geist (↑ subjektiver Geist, ↑ absoluter Geist), inhaltlich gefüllt.

Geist, Heiliger ↑ Heiliger Geist.

Geistchen ↑ Federmotten.

Geister, Bez. für Wesen, die nach weltweit verbreitetem Volksglauben dem Menschen überlegen, aber in ihrer Machtfülle begrenzt sind und immateriell oder aus reinster Geistsubstanz bestehend vorgestellt werden.

Geisterhaus, bei Naturvölkern häufig das Versammlungshaus, in dem Ahnenbilder, Masken, Kultgeräte u. a. aufbewahrt werden.

Geisterstadt (engl. ghost town), ehem. Bergbausiedlung und Goldsuchercamp; nach Erschöpfung der Bodenschätze verlassen.

Geistesgeschichte, Betrachtungsweise und Forschungsrichtung, bei der das jeweilige polit., philosoph., künstler. und literar. Geschehen einer Epoche als Manifestation einer einheitl. geistigen Grundhaltung, als „Auswirkung des Gesamtgeistes" (Unger) zu verstehen gesucht wird. Der Begriff G. (belegt 1812 bei F. Schlegel) wurzelt in der dt. Klassik und Romantik. Systematisiert wurde die geistesgeschichtl. Methode mit den Arbeiten W. Diltheys.

Geisteskrankheit, in der *Psychiatrie* allg. Bez. für eine krankhafte Störung der psych. Funktion; i. e. S. Psychose. – Im *Recht* werden unter G. oder Geistesschwäche verschiedene Stufen von geistigen Erkrankungen unterschiedl. Ursache verstanden. Ist jemand auf Grund von G. oder Geistesschwäche nicht mehr zur Erledigung seiner gesamten Angelegenheiten in der Lage, kann er entmündigt werden.

Geisteswissenschaften, [in der Pluralform] seit etwa Mitte des 19. Jh. in der Sprache der Philosophie und einzelner Fachwissenschaften in Konkurrenz zu anderen Begriffen (z. B. Kulturwissenschaften, Gesellschaftswissenschaften, Soziologie, polit. Wissenschaften, geschichtl. Wissenschaften usw.) verwendeter wissenschaftstheoret. Begriff zur Bez. einer method. und systemat. zusammengehörigen Klasse von Wissenschaften, deren Gegenstandsbereich und Methodik durch ihren Ggs. zu den ↑ Naturwissenschaften bestimmt sind. Die G. werden verstanden als historisch-philolog. bzw. als hermeneut. Wissenschaften, die die Welt des menschl. Geistes in ihren Ausprägungen Sprache, Technik, Kunst, Literatur, Philosophie, Religion, Recht und Moral u. a. ohne Normen und Wertskalen „verstehen" und „auslegen" (interpretieren) wollen. Die Grundlagen der G. wurden von W. Dilthey u. a. in „Einleitung in die G." (Bd. 1, 1883) und „Über die Grundlagen der Wissenschaften von Menschen, der Gesellschaft und dem Staat" (1875) richtungsweisend bestimmt und dabei der G. durchaus eine prakt. Funktion (z. B. Begründung individuellen und gesellschaftl. Handelns) zugeordnet. Die anschließende „geisteswissenschaftl. Schule" mit ihren Hauptvertretern G. Misch, H. Nohl, E. Spranger, T. Litt und E. Rothacker entwickelte diesen Ansatz nicht fort. – Gegenstand gegenwärtiger Diskussion ist die [institutionalisierte] Einheit und Standortbestimmung der G. im Aufbau der Wissenschaften. So will z. B. J. Habermas die G. differenzieren in historisch-hermeneut. Wissenschaften, systemat. Handlungswissenschaften (wie z. B. Ökonomie, Soziologie, Politik) und krit. Sozialwissenschaften bzw. Ideologiekritik.

geistige Getränke, Getränke mit mehr als 0,5 Vol.-% Alkohol (Weingeist).

geistiges Eigentum ↑ Urheberrecht.

geistlich, bezeichnet im Ggs. zu „weltlich" das, was zum religiösen Bereich gehört.

Geistliche, seit dem 15. Jh. Standesbez. für den Klerus.

geistliche Fürsten, im Hl. Röm. Reich (bis 1803) hohe Geistliche, die dem Reichsfürstenstand angehörten (geistl. Kurfürsten, Fürsterzbischöfe und Fürstbischöfe, Fürstäbte und Fürstäbtissinnen, Fürstpröpste der Hoch- und Deutschmeister sowie der Johannitermeister).

geistliche Fürstentümer, die reichsunmittelbaren Territorien geistl. Fürsten im Hl. Röm. Reich.

geistliche Lyrik ↑ Lyrik.

Geistlicher Rat ↑ Staatskirchentum.

Geistlicher Vorbehalt (Reservatum ecclesiasticum), Bestimmung des Augsburger Religionsfriedens (1555) zur Erhaltung der reichsunmittelbaren geistl. Fürstentümer und Klöster für die röm.-kath. Kirche.

geistliches Konzert, ein- oder mehrstimmige solist. Gesangsform mit Generalbaß-, später auch Orchesterbegleitung (u. a. von H. Schütz und H. Schein), die im 17. Jh. im ev. Gottesdienst gepflegt wurde.

geistliches Spiel, zusammenfassende Bez. für das ↑ Drama des MA: ↑ Passionsspiel, ↑ Fronleichnamsspiel, ↑ Moralität, ↑ Mysterienspiel, ↑ Mirakelspiel, ↑ Auto sacramental.

geistliche Verwandtschaft, in der röm.-kath. Kirche zw. verschiedenen Personen bestehende Beziehung, die in der Taufe bzw. Firmung begründet wird, z. B. zw. Pate und Patenkind; die g. V. bildet ein trennendes Ehehindernis kirchl. Rechts.

Geitau [niederl./dt.] (Geere), in der Schiffahrt: 1. Seil zum seitl. Ausschwenken und zum Festsetzen von Ladebäumen; 2. Seil zum Festsetzen einer Gaffel.

Geitel, Hans, *Braunschweig 16. Juli 1855, †Wolfenbüttel 15. Aug. 1923, dt. Physiker. – Führte gemeinsam mit Julius Elster (*1854, †1920) bedeutsame Untersuchungen zur Radioaktivität, zum Photoeffekt und zum glühelektr. Effekt durch.

Geithain, Krst. in Sa., am S-Rand der Leipziger Tieflandsbucht, 230 m ü. d. M., 7 000 E. Herstellung von Emaillegeschirr und elektroakust. Geräten. – Im 12. Jh. gegr. – Spätgot. Stadtkirche Sankt Nikolai (14. Jh.); Pfarrhaus (16. Jh.).

G., Landkr. in Sachsen.

Geiz, urspr. svw. Gier, Habgier (noch in Ehrgeiz), später eingeengt auf Gier nach Reichtum, übertriebene Sparsamkeit.

Geiztriebe, in Blattachseln stehende Seitentriebe, die v. a. bei Weinreben, Tomaten- und Tabakpflanzen unerwünscht auftreten und deshalb zurückgeschnitten oder ganz entfernt werden *(Geizen).*

Gekrätz, dünne Schicht von Metallverbindungen und Schlackebestandteilen auf der Oberfläche einer Metallschmelze, die vor dem Vergießen abgezogen werden muß.

gekreuzter Reim (Kreuzreim, Wechselreim), Reimstellung ab ab (Sonne: Herz; Wonne: Schmerz).

gekreuzter Scheck ↑ Crossed cheque.

Gekriech, langsame Abwärtsbewegung von oberflächl. Bodenpartien an stark geneigten Hängen, die stark durchfeuchtet sind. Ausstreichende Schichten werden dabei talwärts abgebogen **(Hakenschlagen).**

gekröpftes Gesims, um die Ecken von Mauervorsprüngen, um Wandsäulen oder Wandpfeiler herumgeführtes Gesims.

Gekröse [eigtl. „Krauses"] ↑ Bauchfell.

Gel [gekürzt aus **Gel**atine], ein disperses System (↑ Dispersion, ↑ Kolloide), bei dem die dispergierten Bestandteile (z. B. Eiweiße, Polysaccharide, Pektine, Kieselsäuren) im Dispersionsmittel in unregelmäßigen Gerüsten angeordnet sind, wodurch das System formbeständig wird. Nach Art des Dispersionsmittels unterscheidet man feste **Aerogele,** mit Luft als Dispersionsmittel (z. B. Silicagel), **Lyogele** *(Gallerten),* mit Flüssigkeit in den Gerüstzwischenräumen (speziell Wasser bei den Hydrogelen) und feste, hornartige **Xerogele.**

Gela [italien. 'dʒɛ:la], italien. Hafenstadt an der S-Küste von Sizilien, 79 000 E. Archäolog. Museum; petrochem. Ind.; Seebad. – Gegr. um 690 v. Chr. von dor. Kolonisten, 405 von den Karthagern zerstört; Kaiser Friedrich II. gründete die Stadt 1233 als **Terranova di Sicilia** (Name bis 1927) neu. – Ausgegraben wurden u. a. Reste zweier dor. Tempel (6. und 5. Jh. v. Chr.).

Geläger, svw. ↑ Trub.

Gelände (Terrain), Landoberfläche der Erde mit ihren Formen, Gewässern und ihrer Bedeckung.

Geländedarstellung, in der Kartographie mit Hilfe von Höhenlinien, Schraffen, Schummerung u. a. anschaulich wiedergegebenes Relief.

Geländefahrt (Enduro), Dauer-, Leistungs- oder Zuverlässigkeitsprüfung auf Straßen und im Gelände für Motorräder.

Geländefahrzeug, geländegängiges Fahrzeug mit großer ↑ Bodenfreiheit, oft auch ↑ Allradantrieb und Sperrdifferential; v. a. in der Land- und Forstwirtschaft. – ↑ Gleiskettenfahrzeuge, ↑ Luftkissenfahrzeug.

Gelasius I., † 19. Nov. 496, Papst (seit 1. März 492). – Nach Leo I. der bedeutendste Papst des 5. Jh.; verteidigte in der Auseinandersetzung mit Ostrom den röm. Primat und formulierte die im MA maßgebl. Lehre von den zwei gleichberechtigten, selbständigen Gewalten (↑ Zweigewaltenlehre).

Gelasma [griech.], svw. ↑ Lachkrampf.

Gelatine [ʒe...; zu lat. gelatus „gefroren"], geruch- und farblose kolloide Substanz (↑ Kolloide), die aus den Knochen und Häuten enthaltenen Gerüsteiweißstoff Kollagen durch Hydrolyse, anschließende Reinigung und Trocknung gewonnen wird. Verwendung u. a. als Binde- und Verdickungsmittel in der Nahrungsmittelherstellung. In der pharmazeut. Ind. werden *G.kapseln* als Umhüllungsmittel benutzt, weil sie das Schlucken unangenehm schmeckender Arzneimittel erleichtern und sich erst im Magen-Darm-Trakt auflösen. In Form eines G.schwammes dient sie zur örtl. Blutstillung und Tamponade. In der Phototechnik ist G. ein wesentl. Bestandteil der photograph. Schicht.

Geläuf, Bez. für den Boden einer Pferderennbahn oder eines Parcours.

▷ ↑ Fährte.

Gelb, vom Gesichtssinn vermittelte Farbempfindung, die durch Licht einer Wellenlänge zw. etwa 555 und 590 nm **(gelbes Licht)** oder durch eine additive Farbmischung von Rot und Grün hervorgerufen wird.

Gelbaal ↑ Aale.

Gelbbauchunke (Bergunke, Bombina variegata), etwa 3,5 bis 5 cm großer Froschlurch in M-, W- und S-Europa; Körper plump, abgeflacht, mit warziger Haut; Oberseite olivgrau bis graubraun, manchmal mit dunklerer Marmorierung, Unterseite blei- bis schwarzgrau mit leuchtend hell- bis orangegelber Fleckung.

Gelbbeeren, svw. Kreuzdornbeeren (↑ Kreuzdorn).

Gelbbleierz, svw. ↑ Wulfenit.

Gelbbuch ↑ Farbbücher.

gelbe Gefahr, seit 1894/95 in den europ. Ländern geläufiges Schlagwort, das v. a. nach dem Boxeraufstand (1900) und dem Sieg Japans über Rußland (1905) weltweite Verbreitung erlangte; artikulierte die Furcht vor einer polit. Emanzipation Asiens, vor der wirtsch. Konkurrenz und Wettbewerbsfähigkeit insbes. Japans sowie vor dem zu erwartenden asiat. Bevölkerungsdruck.

Gelbe Presse ↑ Yellow journalism.

Gelbbauchunke

Bruno-Leonardo Gelber

Gelbrandkäfer. Großer Gelbrandkäfer

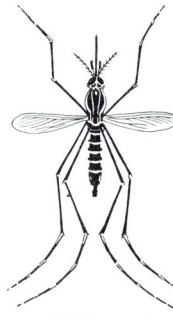
Gelbfiebermücke

Gelber, Bruno-Leonardo, * Buenos Aires 19. März 1941, argentin. Pianist. – Unternimmt weltweite Konzertreisen, v. a. mit Musik des 19. Jh. (v. a. J. Brahms).
Gelber Babuin ↑ Babuine.
Gelber Bellefleur [bɛlflø:r; frz., eigtl. ,,schöne Blüte"] ↑ Äpfel (Übersicht).
Gelberde, Stadium der Roterdebildung mit gelbl. Oberboden in subtrop. Gebieten.
Gelber Eisenhut (Wolfseisenhut, Aconitum vulparia), giftige Eisenhutart in feuchten Bergwäldern Europas und Asiens; mehrjährige, bis 1 m hohe Staude mit gelben Blüten in lockeren Rispen.
Gelber Fingerhut ↑ Fingerhut.
gelber Fleck ↑ Auge.
Gelber Fluß, Fluß in China, ↑ Hwangho.
gelber Galt (Galt, Streptokokkenmastitis), durch Infektion mit Streptokokken hervorgerufene Euterentzündung bes. bei Hausrindern; äußerlich gekennzeichnet durch zeitweise auftretende Schwellungen am Euter, Knötchenbildungen an den Zitzen, nachlassende Milchproduktion und (durch Ausscheidung von eitrigem Sekret) Veränderungen in der Milch; weltweit verbreitet. Die Behandlung erfolgt mit Antibiotika.
Gelber Klee ↑ Wundklee.
Gelbe Rübe, svw. ↑ Karotte.
Gelbes Höhenvieh ↑ Höhenvieh.
Gelbes Meer (Huang Hai) [chin. xuaŋ 'xai], flaches Randmeer des Pazifiks zw. der NO-Küste Chinas und der Halbinsel Korea, 417 000 km^2, größte Tiefe 106 m.
Gelbe Teichrose ↑ Teichrose.
Gelbfieber [nach der dabei auftretenden Gelbsucht], zur Gruppe der epidemisch-hämorrhag. Fieber gehörende Tropenkrankheit mit endem. Vorkommen im trop. Afrika und Amerika. Erreger ist das zu den Arboviren gehörende G.virus (Charon evagatus), das durch die G.mücke übertragen wird. Nach einer Inkubationszeit von 3 bis 6 Tagen kommt es zu starkem Fieber mit schweren allg. Symptomen (Kopf-, Gliederschmerzen, Übelkeit, Erbrechen); einer Besserung am dritten bis vierten Tag folgt bei der Mehrzahl der Erkrankten (80–90%) die Heilungsphase; bei ungünstigem Verlauf leitet ein erneuter Fieberanstieg die zweite Phase ein, die mit Leber- und Nierenschädigung, Gelbsucht, Kreislaufstörungen und Blutungen einhergeht und in etwa 80% der Fälle in der zweiten Woche zum Tod führt. Bei Ausheilung bleibt eine lebenslange Immunität bestehen. G. ist melde- und quarantänepflichtig.
Gelbfiebermücke (Aedes aegypti), Stechmückenart (Gatt. ↑ Aedesmücken), die sich von Afrika aus über die Tropen und Subtropen der Erde verbreitet hat; Brust oben mit weißer, leierartiger Zeichnung, Hinterleibssegmente mit weißen Binden und Flecken; können beim Blutsaugen Gelbfieber und Denguefieber übertragen; Larven entwickeln sich in Kleinstgewässern; Bekämpfung durch Insektizide und Beseitigung der Brutstätten; Laborinsekt.
Gelbfilter ↑ Filter (Photographie).
Gelbfußkänguruh (Ringelschwanzkänguruh) ↑ Felskänguruhs.
Gelbguß ↑ Messing.
Gelbhalsmaus (Große Waldmaus, Apodemus flavicollis), in Waldgebieten Eurasiens sehr weit verbreitete Art der Echtmäuse; Körperlänge 9–13 cm, Schwanz meist etwas über körperlang; der meist rein weiße Bauch ist fast stets scharf von der gelbbraunen bis dunkelbraunen Oberseite abgegrenzt.
Gelbhaubenkakadu ↑ Kakadus.
Gelbholz (Fisettholz, Fustikholz), Bez. für das den orangegelben Farbstoff Fisetin enthaltende Holz des Färbermaulbeerbaumes und des Perückenstrauchs; Drechsler- und Tischlerholz.
Gelbkörper (Corpus luteum), innersekretor. Drüse, die im Eierstock des Menschen und der Säugetiere etwa 2–3 Tage nach dem Follikelsprung aus dem Graafschen Follikel entsteht. Der G. sondert die **Gelbkörperhormone** ab, v. a. erhebl. Mengen von Progesteron, das eine Gefäßerweiterung in der Gebärmutter bewirkt und deren Schleimhaut aufnahmebereit für das befruchtete Ei macht, sowie 17 α-Hydroxyprogesteron und Östrogene (Östradiol und Östron). Wird das Ei nicht befruchtet und kommt es nicht zur Einbettung in die Gebärmutter, bildet sich der G. zurück und stellt die Hormonsekretion ein; die Gebärmutterschleimhaut wird abgestoßen, es kommt zur Menstruation.
Gelbkreuzkampfstoffe, Bez. für die während des 1. Weltkriegs eingesetzten chem. Kampfstoffe (Kampfgase), deren Wirkung v. a. auf der Ätzung der Haut beruhte. Bekanntester der G. war das ↑ Senfgas.
Gelbling (Sibbaldia), Gatt. der Rosengewächse mit zwei Arten in Europa; die bekanntere ist der **Alpengelbling** (Sibbaldia procumbens) in den Alpen auf Geröll, in Bergwiesen oder Schneetälchen; kleine, mehrjährige, kriechende Pflanze mit in einer Rosette stehenden Blättern und gelben Blüten.
Gelblinge (Kleefalter, Heufalter, Colias), Gatt. mittelgroßer Tagschmetterlinge (Fam. Weißlinge) mit etwa 60 Arten in Eurasien, Afrika, N- und S-Amerika; Flügel gelb, orangefarben oder weiß, häufig mit schwärzl. Saum und schwarzem Mittelfleck auf den Vorderflügeln. In M-Europa gibt es u. a.: **Moorgelbling** (Hochmoorgelbling, Colias palaeno), 5 cm spannend; **Postillion** (Wandergelbling, Posthörnchen, Colias croceus), 5 cm spannend.
Gelbmantellori (Domicella garrula), etwa 30 cm langer Papagei (Unterfam. Loris), v. a. in den Urwäldern der nördl. Molukken; Gefieder prächtig rot (mit Ausnahme der grünen Flügel- und Schwanzfedern sowie einer leuchtend gelben Rückenzeichnung).
Gelboe, in der Vulgata für ↑ Gilboa.
Gelbrandkäfer (Dytiscus), Gatt. 22–45 mm langer Schwimmkäfer mit rund 30 Arten in den Süßgewässern der Nordhalbkugel; Oberseite schwarzbraun mit gelbem Seitenrand. In M-Europa kommt bes. der **Große Gelbrandkäfer** (Gelbrand, Dytiscus marginalis) vor; 3–4 cm lang, Larven bis 6 cm.
Gelbrost (Streifenrost, Puccinia glumarum), v. a. auf Weizen, Gerste, Roggen, aber auch auf anderen Grasarten schmarotzender, sehr schädl. Rostpilz; tritt an Blattflächen und Ähren mit im Sommer streifenförmigen, leuchtend zitronengelben Sporenlagern in Erscheinung.
Gelbrückenducker ↑ Ducker.
Gelbschnäbliger Eistaucher ↑ Eistaucher.
Gelbschwämmchen, svw. ↑ Pfifferling.
Gelbspötter ↑ Grasmücken.
Gelbsucht (Ikterus), gelbl. Verfärbung von Haut und Schleimhäuten sowie der meisten inneren Organe, Gewebe und Flüssigkeiten durch erhöhten Gehalt des Blutes an Gallenfarbstoff (auch fälschl. Bez. für ↑ Leberentzündung). Die G. ist keine eigenständige Krankheit, sondern ein vieldeutiges Krankheitszeichen, das z. B. bei erheblich gesteigertem Zerfall roter Blutzellen (Hämolyse), bei Leberentzündung und bei Abflußbehinderungen durch Steine (Verschlußikterus) auftreten kann. Erstes Anzeichen einer mit G. einhergehenden Erkrankung ist die Gelbfärbung der Lederhaut der Augen. Auf Haut und Schleimhäute greift die G. erst bei Blutbilirubinwerten von über 2–4 mg% über.
Gelbweiderich ↑ Gilbweiderich.
Gelbwurzel (Safranwurzel, Curcuma longa), aus S- und SO-Asien stammendes, in den Tropen vielfach kultiviertes Ingwergewächs. Der knollige Wurzelstock und die Nebenknollen kommen in gekochter und anschließend geschälter und getrockneter Form als **Rhizoma Curcumae** in den Handel. Sie enthalten u. a. äther. Öle, Stärke, Kurkumin und werden z. B. als Gewürz (**Kurkuma,** Hauptbestandteil des Currys) verwendet.
Geld [zu althochdt. gelt ,,Zahlung, Vergütung"; heutige Bed. seit dem 14. Jh.], allg. Tauschmittel, das durch seine Funktion, gegen alle Waren tauschbar zu sein, in einer arbeitsteiligen Wirtschaft unentbehrlich für die Vermittlung der Tauschakte ist. Diese Funktion setzt voraus, daß das jeweilige G. auch allg. als **Zahlungsmittel** anerkannt wird. Diese Anerkennung wird durch die Festlegung gesetzl. Zahlungsmittel gesichert. Darüber hinaus fungiert G. auch 1. als **Recheneinheit,** indem die G.einheit das gemein-

same Maß ist, in dem alle Güter gemessen werden. Der in G.einheiten ausgedrückte Wert ist der Preis, zu dem ein Gut im wirtsch. Verkehr veranschlagt wird; 2. als **Wertspeicherungsmittel,** da seine allg. Anerkennung als Tauschmittel es ermöglicht, mit ihm potentielle Werte aufzubewahren. Werte, die durch G. repräsentiert werden, können zu jedem beliebigen Zeitpunkt verbraucht werden. An **Geldarten** sind zu unterscheiden: 1. das *Hart-* oder *Münzgeld,* das aus Metall geprägt ist, 2. das *Zeichen-* oder *Papiergeld,* das aus von der Zentralnotenbank ausgegebenen Scheinen (Banknoten) besteht und 3. das *Buchgeld,* das durch Guthaben bei Banken oder anderen Kontostellen gebildet wird. Dabei ist die Buchgeldmenge wesentlich höher als die von der Summe des Münz-G. und des Zeichen-G. gebildete Bargeldmenge. – Zur *Geschichte* ↑ Zahlungsmittel.

Geldbuße, 1. Disziplinarmaßnahme, im Disziplinarverfahren gegen Richter und Beamte verhängt; 2. svw. ↑ Bußgeld.

Gelder, Aert (Arent) de [niederl. 'xɛldər], *Dordrecht 26. Okt. 1645, †ebd. Aug. 1727, niederl. Maler. – Schüler Rembrandts (etwa 1661–67), dessen (späten) Stil er weiterpflegte, u. a. Passionszyklus (um 1715; 22 Tafeln).

Gelderland [niederl. 'xɛldərlant] ↑ Geldern (Provinz).

Geldern, Stadt im Niederrhein. Tiefland an der Niers, NRW, 24 m ü. d. M., 28 100 E. U. a. Stahl-, Elektro-, Druck-, Tabak-, Nahrungsmittelind. – Erstmals 812 urkundl. erwähnt, erhielt im 13. Jh. Stadtrecht und wurde zur Festung ausgebaut; stand 1543–78 und 1587–1703 unter span. Herrschaft; 1713 fiel G. an Preußen, 1946 kam es zu NRW. – Starke Zerstörung im 2. Weltkrieg; die spätgot. Pfarrkirche (1400–18) wurde 1952 erneuert.

G. (niederl. Gelderland), niederl. Prov. zw. der BR Deutschland und dem IJsselmeer, 5 139 km², 1,80 Mill. E (1990). Verwaltungssitz Arnheim. Umfaßt die Veluwe im NW, den Achterhoek im SO und die Flußgebiete der Betuwe und der Lijmers an Neder-Rijn, Waal und Maas. Mit Ausnahme des Erholungsgebiets Veluwe spielt die landw. Nutzung eine wichtige Rolle. Die Ind. umfaßt Ziegeleien, Papier-, Metall- und chem. Industrie. – Die Prov. G. geht auf die gleichnamige Gft. (11. Jh.) zurück. Anfang des 13. Jh. beherrschten die Grafen von G. die Flüsse im mittelniederl. Stromgebiet. 1247/48 konnte die Reichsstadt Nimwegen gewonnen werden. Das Geschlecht der Landesherren starb 1372 aus. Nachfolger wurde 1377 Wilhelm von Jülich; 1423 traten die Grafen von Egmond das Erbe an. 1473 eroberte Karl der Kühne von Burgund das Land, doch erst im Vertrag von Venlo (1543) wurden G. und Zutphen Teil der habsburg. Erblande. 1597 eroberte Moritz von Nassau ganz G. für die Vereinigten Niederlande mit Ausnahme des sog. Oberquartiers (Roermond), von dem Teile 1713–15 an die Niederlande kamen. In den heutigen Grenzen entstand G. 1814/15 auf dem Wiener Kongreß.

Geldersatz, svw. ↑ Geldsurrogate.

Geldfälschung ↑ Geld- und Wertzeichenfälschung.

Geldinstitute, begriffl. Zusammenfassung sämtl. Kreditinstitute einschl. Postscheckämtern und Postsparkassen.

Geldkapital, Bez. für alle liquiden Mittel, die einem Wirtschaftssubjekt zur langfristigen Anlage und/oder zur Bestreitung der laufenden Ausgaben zur Verfügung stehen. Das G. kann selbst aufgebracht (↑ Eigenkapital) oder von Dritten (↑ Fremdkapital) zur Verfügung gestellt werden.

Geldkurs, Nachfragekurs für Devisen und Wertpapiere; Ggs. ↑ Briefkurs.

Geldmarkt, Markt für Zentralbankgeld und notenbankfähige **Geldmarktpapiere** (z. B. Schatzwechsel und unverzinsl. Schatzanweisungen des Bundes); im weiteren Sinne auch für kurzfristige Kredite. Die Preise für Zentralbankgeld und notenbankfähige G.papiere bezeichnet man als **Geldmarktsätze** (Zins- und Diskontsätze). Die G.sätze sind Instrumente der Geldpolitik.

Geldmenge, der Bestand an Zahlungsmitteln, der zum Erwerb von Gütern und finanziellen Forderungen oder zur Schuldentilgung verwendbar ist. Geht man davon aus, daß das Bankensystem (Geschäftsbanken und Zentralbank) selbst kein Geld zu Transaktionszwecken nachfragt, so umfaßt die G. 1. den Bargeldumlauf und 2. die Sichtguthaben inländ. Nichtbanken bei Banken. Die so definierte G. abzüglich der Sichtguthaben öff. Haushalte bei der Zentralbank ergibt das **Geldvolumen** der Statistik der Dt. Bundesbank, abgekürzt M_1. Werden darüber hinaus Forderungen berücksichtigt, die rasch in Geld umwandelbar sind und damit zu kaufkräftiger Nachfrage werden können **(geldnahe Forderungen),** ergibt sich das als M_2 bezeichnete Geldvolumen. Ein weiterer G.begriff ist der M_3 der Zentralbank-G., die aus den Forderungen gegen die Zentralbank besteht; die Zentralbank-G. ist v. a. von Bedeutung für den mögl. Umfang der ↑ Geldschöpfung durch das Geschäftsbankensystem.

geldnahe Forderungen ↑ Geldmenge.

Geldpolitik, Gesamtheit der Maßnahmen zur Beeinflussung und Kontrolle des Geldvolumens (↑ Geldmenge) und der Zinssätze einer Volkswirtschaft. Träger der G. ist in der BR Deutschland in erster Linie die von der Bundesreg. unabhängige Dt. Bundesbank. Die wichtigsten der Bundesbank zur Verfügung stehenden Instrumente der G. sind: 1. *Mindestreservepolitik:* Veränderung des Prozentsatzes (Mindestreservesatzes) der Guthaben der Kreditinstitute, der von ihnen bei der Bundesbank als unverzinsl. Guthaben unterhalten werden muß; 2. ↑ *Diskontpolitik;* 3. *Offenmarktpolitik:* Veränderung der Geldmenge durch den Verkauf und Ankauf von Wertpapieren durch die Bundesbank auf eigene Rechnung am Geldmarkt.

Geldschöpfung, Schaffung zusätzl. Geldes durch das Zentralbanksystem, den Staat oder durch Kreditinstitute; i. e. S.: Schaffung zusätzl. Buchgeldes (Giral-G.) durch Kreditschöpfung der Banken und Ausnutzung dieser Kreditmöglichkeiten durch das Publikum oder den Staat (die Rückzahlung führt dann zur **Geldvernichtung**).

Geldschrank ↑ Tresor.

Geldschuld (Zahlungsverbindlichkeiten), die auf Zahlung in- oder ausländ. Geldzeichen gerichtete Verbindlichkeit. Sie ist eine Summen- oder Betragsschuld, die durch beliebige Geldzeichen und auch durch Einzahlung oder Überweisung auf ein Konto erfüllt werden kann. Ihre Höhe bestimmt sich nach ihrem Nennwert *(Nominalismus),* nicht nach dem inneren Wert (Kaufkraft) des Geldes *(Valorismus).* Lediglich für den **Geldwertersatz** (z. B. Schadenersatz in Geld) ist der Wert eines Gegenstandes maßgebend.

Geldstrafe, im Strafrecht eine der beiden Hauptstrafen. Die G. wird in Tagessätzen bemessen, deren Höhe das Gericht nach den Verhältnissen des Täters festsetzt. G. und Freiheitsstrafe können nebeneinander verhängt werden. Ist die G. uneinbringlich, so tritt an ihre Stelle pro Tagessatz je ein Tag Freiheitsstrafe. – Im *östr.* und *schweizer.* (G. wird als Buße bezeichnet) *Recht* gilt Entsprechendes.

Geldsurrogate (Geldersatz), Zahlungsmittel, die nicht Geld (= gesetzl. Zahlungsmittel) sind, aber wie Geld verwendet werden; Beispiele: Scheck und Wechsel.

Geldtheorie, Disziplin der Wirtschaftswiss., die Wesen und Funktionen, Wert sowie Wirkungen des Geldes untersucht.

1. *Theorien zur Definition des Begriffs Geld:* Zunächst wurde das Wesen des Geldes allein aus einzelnen Funktionen erklärt: Die **Wertaufbewahrungsmittelfunktion** betonen solche Theorien, die den Warencharakter des Geldes hervorheben. Dieser ↑ Metallismus ist die Geldlehre der Merkantilisten, der Physiokraten, der engl. Klassiker, der dt. histor. Schule. Für die Theorien, die die Funktionen des **gesetzlichen Zahlungsmittels** hervorheben, ist im Ggs. zum Metallismus die rechtl. Setzung entscheidend. Es ist die Geldlehre der Scholastik und der Konventionalisten. Aus der **Tauschmittelfunktion** leiten die Funktionswerttheorien und die Anweisungs- oder Zeichentheorien das Wesen des Geldes ab. Heute wird das Wesen des Geldes allg. aus der Gesamtheit der Funktionen bestimmt: Geld ist, was wie Geld funktioniert.

2. *Theorien über den Wert des Geldes:* Nach der **Produktionstheorie** hängt der Wert des Geldes von dem Aufwand an Arbeit ab, der zur Erzeugung des Geldes erforderlich ist. Nach der subjektiven Wertlehre (F. von Wieser) ergibt sich

Geldüberhang

der Wert des Geldes aus dem Grenznutzen, den es dem stiftet, der darüber verfügen kann. Der Grenznutzen des Geldes wird aus dem Gebrauchswert der für das Geld anschaffbaren Güter abgeleitet. Die **[makroökonomische] Markttheorie** bestimmt den Geldwert aus dem Verhältnis von gesamtwirtsch. Geldnachfrage und gesamtwirtsch. Geldangebot. In der Geldlehre ist diese Theorie unter der Bez. Quantitätstheorie eingeführt. Nach der **Einkommenstheorie** ergibt sich der Wert des Geldes aus dem Prozeß der Entstehung und Verwendung des Einkommens. Als Wert des Geldes wird heute im allgemeinen die reale Kaufkraft einer Geldeinheit angesehen.

3. *Theorien über die Wirkung des Geldes* versuchen u.a., wichtige Zusammenhänge zw. Geldmenge und bestimmten gesamtwirtsch. Größen (Preisniveau, Zins, Produktion und Beschäftigung, Wechselkurs) zu erklären. Als Vorläufer der modernen G., die einen aktiven Einfluß des Geldes auch auf die realen Vorgänge der Wirtschaft behauptet, ist H. Thornton zu nennen; dann v.a. J. M. Keynes, bei dem die Verbindung zw. Geld- und Güterbereich allein durch den Zinssatz hergestellt wird. In der modernen G. von M. Friedman führt eine Zunahme der Geldmenge zu steigenden Ausgaben.

Geldüberhang, bei einer gestauten Inflation eine überschüssige Geldmenge, die sich wegen eines allg. Preisstops nicht in einer entsprechenden Erhöhung der Preise der (konstant gebliebenen oder langsamer als die Geldmenge gewachsenen) Gütermenge ausdrücken kann.

Geld- und Wertzeichenfälschung (frühere Bez.: Münzverbrechen und Münzvergehen), Verstöße gegen die Sicherheit und Zuverlässigkeit des staatl. und internat. Geldverkehrs (§§ 146–152 a StGB). Geschützt werden Metall- und Papiergeld aus dem In- und Ausland, amtl. Wertzeichen (z. B. Briefmarken) sowie Inhaber- und Orderschuldverschreibungen, Aktien, Investmentzertifikate, Reiseschecks, Euroschecks und Euroscheckkarten. Bestraft wird das Nachmachen von Geld (Flaschmünzerei) oder Wertpapieren in der Absicht, das Nachgemachte als echt in den Verkehr zu bringen, ferner das Verfälschen in der Absicht, den Anschein eines höheren Wertes hervorzurufen sowie das Sichverschaffen von Falsifikaten in der Absicht, sie in Verkehr zu bringen. Die Strafe ist Freiheitsstrafe nicht unter zwei Jahren, in minder schweren Fällen bis zu fünf Jahren oder Geldstrafe. Das Anfertigen und Beschaffen von Platten u. a. für die G. u. W. ist ebenfalls strafbar. Für das *östr.* und *schweizer. Recht* gilt Entsprechendes.

Geldvernichtung, Ggs. von ↑Geldschöpfung.
Geldvolumen ↑Geldmenge.
Geldwäscherei, das Verschleiern und Verheimlichen von Vermögenswerten illegaler Herkunft, v.a. aus Drogen-, Waffen- oder Frauenhandel sowie aus Raub, um durch komplizierte Finanztransaktionen den Eindruck zu erwekken, daß das Geld legal erworben sei. G. ist in der Schweiz unter Strafe gestellt.
Geldwechsler ↑Münzautomat.
Geldwert, Kaufkraft des Geldes.
Geldwertsicherungsklauseln ↑Wertsicherungsklauseln.
Gelee [ʒəˈleː, ʒaˈleː; frz.; zu lat. gelare „zum Erstarren bringen"], eingedickter Fruchtsaft (mit Zucker, u. U. Geliermitteln) oder Sud von Fleisch, Knochen oder Knorpel.
Geleen [niederl. xəˈleːn], Stadt in der niederl. Prov. Limburg, 33 800 E. Chem. und Metallindustrie.
Gelée royale [frz. ʒəlewaˈjal „königl. Gelee"] (Brutmilch, Weiselfuttersaft, Königinnenstoff), Sekret der Futtersaftdrüsen der Honigbienenarbeiterinnen, mit dem diese die Königinnenlarven füttern; enthält u.a. viele Vitamine, Pantothensäure und Biotin. G. r. wird v. a. zur Herstellung von kosmet. und pharmazeut. Präparaten verwendet, deren Wirksamkeit jedoch umstritten ist.

Gelege, die Gesamtheit der von einem Tier an einer Stelle abgelegten Eier, bes. auf Reptilien und Vögel bezogen; die Gelegegröße kann zw. einem Ei (Pinguine, Alken) und rd. 100 Eiern (Meeresschildkröten) liegen.

Gelegenheitsdichtung, v.a. Gedichte, auch Festspiele, die für bestimmte äußere Anlässe (z. B. Taufe, Geburtstag, Hochzeit, Jubiläum, Abschied, Tod) verfaßt werden; im 16.–18. Jh. bes. verbreitet.

Geleit, Begleitung durch ein bewaffnetes Gefolge zum Schutz von Reisenden vor drohenden Gewalttätigkeiten, früher von großer prakt. Bedeutung. Urspr. war das G. ein königl. Hoheitsrecht, doch eigneten sich die dt. Landesherren die „Geleitsherrlichkeit" seit dem 13. Jh. an. Beginn und Ende eines G.gebietes waren äußere G.säulen oder G.tafeln markiert. Die Reisenden zahlten für das G., und der G.herr haftete für mögl. Schäden. Nach dem Ende der Raubritterzeit erhielt das G. Zollcharakter; die Reisenden mußten einen G.brief erwerben (Briefgeleit).
▷ im Recht ↑freies Geleit.
Geleitboot, kleineres Kriegsschiff, Begleitfahrzeug, z. B. für Geleitzüge.
Geleitzellen ↑Leitbündel.
Geleitzug ↑Konvoi.
Gelenk [zu althochdt. (h)lanka „Hüfte", eigtl. „biegsamer Teil"] (Junetura synovialis, Articulatio, Diarthrose, Diarthrosis) *bei Tieren* und *beim Menschen* durch Muskeln bewegl. Verbindung zw. Körperteilen, die in sich mehr oder weniger starr sind (v. a. zw. Knochenenden). Das G. der Wirbeltiere (einschl. Mensch) besteht aus zwei Teilen. Das vorgewölbte G.teil wird als **Gelenkkopf,** das ausgehöhlte als **Gelenkpfanne** bezeichnet. Beide Knochenenden sind von Knorpel überzogen und durch einen G.spalt (G.höhle; kann durch Ausbildung einer ↑Gelenkscheibe zweigeteilt sein) voneinander getrennt. Nur die Knochenhaut überzieht beide Knochen und bildet die **Gelenkkapsel,** die das G. nach außen abschließt. Die innere Auskleidung der G.kapsel sondert die **Gelenkschmiere** (*Synovia*) ab, die ein besseres Gleiten der beiden G.flächen gewährleistet. Je nach G.form und Freiheitsgrad der Bewegung unterscheidet man verschiedene G.typen: das **Kugelgelenk,** das freie Bewegung nach allen Richtungen ermöglicht (Schulter-G.); eine Sonderform des Kugel-G. mit etwas eingeschränkter Bewegungsfreiheit, jedoch bes. starkem Halt für den G.kopf, da dieser mehr als zur Hälfte von der G.pfanne umschlossen wird, ist das **Nußgelenk** (Hüft-G.); das **Scharniergelenk,** das Bewegungen nur in einer Ebene gestattet, wobei ein walzenartiger G.kopf sich in einer rinnenförmigen G.pfanne dreht (z. B. Ellbogen- und Knie-G.); das **Eigelenk** (Ellipsoid-G.), das Bewegungen in zwei Richtungen ermöglicht, eine Drehung jedoch ausschließt (z. B. Handwurzelknochen); das **Sattelgelenk** mit sattelförmig gekrümmten G.flächen, das Bewegungen in zwei Ebenen ermöglicht (z. B. Daumen-G.); das **Drehgelenk,** bei dem sich die Längsachsen des walzenförmigen G.kopfs und der entsprechend geformten G.pfanne bei der Drehung parallel zueinander bewegen (z. B. bei Elle und Speiche); das **Plangelenk,** ein G. mit ebenen G.flächen (z. B. zw. den Halswirbeln oder Teilen des Kehlkopfs), das lediglich Gleitbewegungen durch Verschieben der G.flächen zuläßt. – Keine eigentliche G. sind die sog. Füll-G. (**Synarthrosen**), Knochen-Knochen-Verbindungen durch Knorpel oder Bindegewebe ohne G.spalt. – Außer bei den Wirbeltieren kommen G. v. a. auch bei Gliederfüßern vor, bei denen sie die über eine membranartige Haut (**Gelenkhaut**) gegeneinander bewegl. Teile des Außenskeletts miteinander verbinden.
▷ bei *Pflanzen* Bez. für krümmungsfähige Gewebebezirke mit spezieller anatom. Struktur, an denen Bewegungen der angrenzenden Pflanzenteile möglich sind, z. B. **Wachstumsgelenke** in den Stengelknoten (G.knoten) der Grashalme, **Gelenkpolster** (*Blattpolster*) an der Basis von Blattstielen (Bohne, Mimose) bzw. Blattfiedern (Mimose).
▷ in der *Bautechnik* Bez. für eine bewegl. Verbindung von Bauteilen (Stäben, Trägern u. a.), die Zug- und Druckkräfte

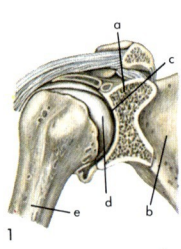

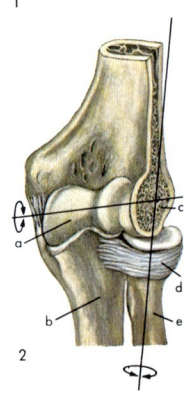

Gelenk. 1 Kugelgelenk (Schultergelenk): a Gelenkteil des Schulterblatts; b Schulterblatt; c Gelenkpfanne des Schulterblatts; d Gelenkkopf des Oberarmbeins; e Schaft des Oberarmbeins. 2 Drehgelenk (Ellbogengelenk): a Rolle; b Elle; c Köpfchen des Oberarmbeins; d Köpfchen der Speiche; e Speiche (horizontale Linie: Achse des Scharniergelenks zwischen Ober- und Unterarm; vertikale Linie: Achse des Drehgelenks zwischen Speiche, Elle und Unterarm).

aufnimmt und frei drehbar ist, jedoch keine Drehmomente überträgt.
▷ im *Maschinenbau* eine nichtstarre Verbindung zw. zwei gegeneinander bewegten Maschinenteilen oder Getriebegliedern: Beim **Drehgelenk** wird die Verbindung durch Bohrung und Welle hergestellt, die nur eine ebene Bewegung der Teile zulassen. Das **Schubgelenk** aus Voll- und Hohlprisma ermöglicht eine Schiebung, das **Schraubgelenk** aus Schraube und Mutter eine Schraubung der Elementeteile gegeneinander. Beim **Kugelgelenk** greift das kugelige Ende des einen Teils in die hohlkugelförmige Pfanne des anderen Teils ein, wodurch ein Schwingen nach allen Richtungen ermöglicht wird. – ↑ Kardangelenk.

Gelenkblume (Drachenkopf, Physostegia), nach ihren seitwärts bewegl. Blüten benannte Gatt. der Lippenblütler mit fünf Arten in N-Amerika; hohe Kräuter mit fleischfarbenen, purpurfarbenen oder weißen Blüten in dichten Ähren. Die Art **Physostegia virginiana** in mehreren Kulturformen als Gartenblume.

Gelenkentzündung (Arthritis) ↑ Gelenkerkrankungen.

Gelenkerguß, krankhaft vermehrte Flüssigkeitsansammlung in einem Gelenk; Ursachen können Verstauchungen, Verrenkungen und Entzündungen sein.

Gelenkerkrankungen, Sammelbez. für entzündl. und degenerative Erkrankungen der Gelenke. – Die **entzündlichen Gelenkerkrankungen** (Gelenkentzündungen, Arthritiden [Einz. Arthritis]) gehören größtenteils zum rheumat. Formenkreis (Immun- bzw. Autoimmunkrankheiten unter Beteiligung von Antigen-Antikörper-Reaktionen). Hierzu zählen u. a. der akute Gelenkrheumatismus (Polyarthritis rheumatica) im Verlauf des ↑ rheumatischen Fiebers, der primär chron. Gelenkrheumatismus und die ↑ Bechterew-Krankheit. Die übrigen entzündl. G. lassen sich auf direkte Einwirkungen von Krankheitserregern im Bereich der Gelenke zurückführen. – Die **degenerativen Gelenkerkrankungen** (Arthropathien) sind v. a. durch Alter, Krankheit oder Überbeanspruchung bedingte Abnutzungserscheinungen der Gelenke. Durch ein länger andauerndes Mißverhältnis zw. Tragfähigkeit und Belastung eines Gelenks kommt es zur **Arthrosis deformans,** einer typ. Verschleißkrankheit. Sie tritt am häufigsten bei Männern nach dem 50. Lebensjahr auf. Zu Anfang besteht eine nervösreflektor. Verspannung durch den Belastungsreiz. Nach Verspannung und Verkrampfung gelenknaher Muskeln, Bewegungsschmerzen sowie Druckschmerzen in den betroffenen Muskeln kommt es zum Abbau der Knorpel- und Knochensubstanz mit sekundärer Knochenwucherung an den Gelenkrändern. Nicht selten splittern von diesen Randwülsten Teile ab, die als freie Gelenkkörper (↑ Gelenkmaus) zu plötzl. Bewegungsbehinderungen und starken Schmerzen führen. – Dieser Erkrankung ähnlich ist die im Bereich der Wirbelsäule auftretende **Spondylose** (Spondylarthrose, Spondylosis deformans). Behandelt werden beide mit Wärme, Massage, Bewegungsübungen und medikamentös mit antirheumat. und durchblutungsfördernden Mitteln. In schweren Fällen erfolgt eine künstl. Gelenkversteifung (Arthrodese) oder die Einpflanzung eines künstl. Gelenks. Eine v. a. im Kindesalter auftretende chronischentzündl. G. als Folge der Infektion eines Gelenks mit Tuberkelbazillen ist die **Gelenktuberkulose**. Sie läuft entweder als feuchte Form mit einem chron. Gelenkerguß ab oder als trockene Form unter spindelförmiger Auftreibung des Gelenks (Gelenkschwamm). Die Behandlung besteht in einer Ruhigstellung des betroffenen Gelenks und in der Gabe von Tuberkulostatika.

Gelenkfahrzeug, Schienen- oder Straßenfahrzeug, das aus mehreren, durch spezielle Gelenkkonstruktionen oder Drehgestellanordnungen gelenkig miteinander verbundenen Teilfahrzeugen besteht, die eine Einheit bilden **(Großraumwagen).** Als Übergang zw. den einzelnen Teilen sind meist kreisförmige Fußbodendrehplatten angebracht, die nach außen durch einen Faltenbalg abgeschlossen werden.

Gelenkflüssigkeit, svw. Gelenkschmiere (↑ Gelenk).

Gelenkhöcker (Condylus, Kondylus), der bewegl. Verbindung mit einem anderen Skeletteil dienender, höckerartiger Fortsatz an Knochen; z. B. *Condylus occipitalis* (bildet am Hinterende des Schädels die gelenkige Verbindung mit dem ersten Wirbel, dem Atlas).

Gelenkhöhle, svw. Gelenkspalt (↑ Gelenk).

Gelenkkapsel ↑ Gelenk.

Gelenkkopf ↑ Gelenk.

Gelenkmaus (freier Gelenkkörper, Enarthron), freier Körper in einem Gelenk, entsteht durch Abstoßung eines Knorpelknochenstückes der Gelenkflächen auf Grund traumat. Ursachen oder angeborener Entwicklungsstörungen.

Gelenkpfanne ↑ Gelenk.

Gelenkresektion, operative Entfernung von geschädigten Gelenkteilen oder eines ganzen Gelenks zur Wiederherstellung der Beweglichkeit oder zur künstl. Gelenkversteifung.

Gelenkrheumatismus ↑ Gelenkerkrankungen.

Gelenkscheibe, als ganze (Diskus) oder unvollständige Scheibe (↑ Meniskus) in manchen Gelenken zw. den Gelenkflächen vorkommendes Gebilde aus Faserknorpel; teilt die Gelenkhöhle in Spalträume.

Gelenkschildkröten (Kinixys), Gatt. der Landschildkröten mit drei etwa 20–30 cm langen Arten (u. a. **Stachelrand-G.**) in Afrika südl. der Sahara; eine knorpelige Naht vor dem hinteren Drittel des Rückenpanzers bildet ein Scharnier, wodurch dieser gegen den Bauchpanzer zugeklappt werden kann und so den Panzer hinten verschließt.

Gelenkspalt, svw. Gelenkhöhle (↑ Gelenk).

Gelenktuberkulose ↑ Gelenkerkrankungen.

Gelenkversteifung, in der Medizin: 1. **(Ankylose)** Versteifung von Gelenken, meist nach Gelenkkrankheiten, v. a. Gelenkrheumatismus. 2. **(Arthrodese)** Aufhebung der Beweglichkeit eines geschädigten Gelenks auf operativem Wege.

Gelenkwelle, nichtstarre Antriebswelle z. B. in Kfz; meist mit zwei Kreuz- oder Kardangelenken und einem Schiebestück mit Längsverzahnung zum Übertragen von Drehmomenten bei bestimmten Ablenkwinkeln.

Geleucht, bergmänn. Bez. für die Grubenlampe, die entweder als Handlampe verwendet wird oder am Helm befestigt ist.

Gelibolu (früher Gallipoli), Hafenstadt auf der Halbinsel G. in der europ. Türkei, 14 600 E. Landw. Handelszentrum, Fischereihafen; Marinestützpunkt. – Als **Kalliopolis** seit dem 3. Jh. v. Chr. belegt, im 4. Jh. n. Chr. Hauptfestung der Dardanellen und Übergangspunkt von Europa nach Asien; gehörte im MA meist zum Byzantin. Reich. Mit der Eroberung durch die Osmanen 1354 begann deren Eroberungszug nach Europa; die Osmanen bauten G. zur Flottenbasis aus.

Gelibolu, Halbinsel, Halbinsel im europ. Teil der Türkei, zw. dem Golf von Saros und den Dardanellen, 90 km lang, bis 19 km breit, bis 305 m ü. d. M.; größter Ort Geli-

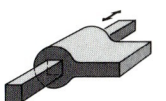

Gelenk (Maschinenbau). Oben: Kugelgelenk. Unten: Schubgelenk

Gelnhausen. Kaiserpfalz, Blick vom Hof auf die Torhalle, 1180

gelieren

bolu. – Von Thrakern bewohnt (in der Antike **Thrakische Chersones);** im 8.–7. Jh. von Griechen kolonisiert, 133 v. Chr. röm., im 14. Jh. osmanisch.

gelieren [ʒeˈliːrən; zu lat. gelare „zum Erstarren bringen"], zu Gelee werden.

Gelimer (Geilamir), letzter König des afrikan. Vandalenreiches (seit 530). – Urenkel Geiserichs; kam durch den Sturz des byzanzfreundl. Hilderich zur Macht; 533 von dem byzantin. Feldherrn Belisar geschlagen, 534 gefangengenommen und nach Galatien verbannt.

Geller, Herb [engl. ˈgɛlə], eigtl. Herbert G., * Los Angeles 2. Nov. 1928, amerikan. Jazzmusiker (Saxophonist). – Seit Mitte der 40er Jahre in verschiedenen Gruppen des West-Coast-Jazz tätig, ging 1962 nach Europa, wo er in Rundfunk-Jazzorchestern arbeitet, u. a. beim NDR Hamburg.

Gellert, Christian Fürchtegott, * Hainichen 4. Juli 1715, † Leipzig 13. Dez. 1769, dt. Dichter. – Zur Zeit seines Studiums der Theologie und Philosophie in Leipzig anfangs im Kreis um Gottsched. Seit 1745 Prof. für Poesie, Beredsamkeit und Moral in Leipzig. Mitarbeiter an den „Bremer Beiträgen". Formale Eleganz und sprachl. Präzision, Pietismus und bürgerl. Moral machten v. a. seine „Fabeln und Erzählungen" (2 Bde., 1746–48) zu den volkstümlichsten Dichtungen der Aufklärung. Von Einfluß auch seine moral.-didakt., „rührenden" Lustspiele. Der v. a. von Richardson beeinflußte Roman „Das Leben der schwed. Gräfin von G." (2 Bde., 1747/48) wirkte auf die Prosaliteratur der Empfindsamkeit.

Gellerts Butterbirne ↑Birnen (Übersicht).

Gellius, Aulus, 2. Jh. n. Chr., röm. Schriftsteller. – Sein Werk „Noctes Atticae" enthält neben einem Vorwort 20 Bücher Essays und Abhandlungen zur Literatur, Philosophie und Wissenschaft.

Gell-Mann, Murray [engl. ˈgɛlmæn], * New York 15. Sept. 1929, amerikan. Physiker. – Prof. am California Institute of Technology in Pasadena. Grundlegende Arbeiten zur Physik der Elementarteilchen; u. a. postulierte er die ↑Quarks; war an der Entwicklung der Quantenchromodynamik beteiligt. Nobelpreis für Physik 1969.

Gelnhausen, Stadt am S-Abfall des Vogelsberges zur Kinzig, Hessen, 132–165 m ü. d. M., 18 500 E. Gummi- und holzverarbeitende Ind. – 1123 erstmals erwähnt, von Kaiser Friedrich I. Barbarossa um 1170 neu gegr. Die Reichsburg auf der Kinziginsel war bis ins frühe 14. Jh. Kaiserpfalz; Stätte der Reichstage von 1180, 1186 und 1195. Das Gelnhauser Recht bildete eine eigene Stadtrechtsfamilie. Seit 1326 war G. mehrfach verpfändet; seit 1736/46 bestand die Reichsfreiheit faktisch nicht mehr. 1803 Kurhessen eingegliedert (endgültig 1813). – Kaiserpfalz (1180; Verfall seit dem 14. Jh.), frühgot. Marienkirche (Ende 12. Jh.) mit Wand- und Glasmalereien sowie Lettner (alle Mitte 13. Jh.), spätroman. Peterskirche (1932–38 wiederhergestellt). Die Stadtbefestigung ist im äußeren Ring fast vollständig erhalten, zahlr. alte Stein- und Fachwerkbauten, u. a. Roman. Haus (etwa 1180), Rathaus (14. Jh.). – Abb. S. 527.

Gelnica [slowak. ˈgɛlnjitsa] (dt. Göllnitz), Stadt im östl. Slowak. Erzgebirge, SR, 372 m ü. d. M., etwa 5 200 E. Bergmuseum; nahebei Abbau von Erzen. – Von Zipser Sachsen gegr. als Bergstadt; seit 1276 königl. Freistadt.

Gelöbnis, 1. in der *Rechtsgeschichte:* feierl. Versprechen, das eine Rechtspflicht erzeugt. Seit dem Hoch-MA erscheint das G. als Rechtsgeschäft eigener Art, dem eine Bindungswirkung beigelegt ist; 2. gebräuchl. Bez. für den Amtseid.

Gelobtes Land, in der jüd. und christl. Tradition das *Land der Verheißung,* svw. Palästina.

Gelon, * Gela etwa 540, † Syrakus 478 v. Chr., Tyrann von Syrakus (seit 485). – Aus angesehenem Geschlecht von Gela; brachte nach dem Tod des dortigen Tyrannen Hippokrates die Macht in seine Hand, bemächtigte sich 485 der Stadt Syrakus, ließ aber, gestützt auf Aristokratie und Söldner, formell Rat und Volksversammlung bestehen; besiegte 480 die Karthager bei Himera.

Gelsenkirchen
Stadtwappen

Christian Fürchtegott
Gellert

Murray Gell-Mann

Geloplegie [griech.] (Gelolepsie), „Lachschlag", mit Bewußtlosigkeit verbundenes plötzl. Hinstürzen bei Erregungszuständen, bes. beim Lachen.

gelöschter Kalk, svw. ↑Calciumhydroxid.

Gelsenkirchen. Schloß Berge, 16. Jahrhundert

Gelsenkirchen, Stadt im Ruhrgebiet, NRW, 40–94 m ü. d. M., 287 500 E. Hygiene-Inst. des Ruhrgebietes, Abteilung für Maschinenbau und Elektrotechnik der Fachhochschule Bochum, Bergbaubehörden; Musiktheater, städt. Kunstsammlung und Museum; Ruhr-Zoo, Safaripark; Parkstadion (Schalke 04), Pferderennbahn. Auf dem Steinkohlenbergbau basiert Eisen- und Stahlind.; Großbetriebe der Kohle- und Petrochemie, Flachglasind. u. a.; Häfen am Rhein-Herne-Kanal. – Wohl vor 1073 wurde die Kirche gegr., deren im 12. Jh. belegter Name **Geilistirinkirkin** auf die zugehörigen Bauernschaften überging; bis 1840 dörfl. Siedlung, seit 1875 Stadt. Das Kirchdorf **Buer** wird 1147 erwähnt, seit 1911 Stadt. Der Name **Huorste** ist 1223 erstmals belegt. 1928 Zusammenlegung von G., Buer und Horst zu G.-Buer, seit 1930 G. – Schloß Berge (16. Jh.; heute Hotel), Haus Lüttinghof (15. Jh.). Das Renaissance-Wasserschloß Horst verfiel im 19. Jahrhundert.

Geltung, von verschiedenen philosoph. Richtungen angenommene objektive Grundlage des Anerkanntseins von Sätzen, Gesetzen, Normen, Werten oder Ideen.

Geltungsbedürfnis, das Streben nach sozialer Anerkennung und Beachtung. Übersteigertes G. **(Geltungssucht)** ist oft ein Anzeichen für Überkompensation bes. von Frustrationen oder Minderwertigkeitsgefühlen.

Geltvieh (Güstvieh), Bez. für weibl. Vieh (bes. Kühe), das entweder noch nicht zur Zucht herangezogen oder nach dem Decken nicht trächtig wurde oder aber nach einer Geburt noch nicht wieder trägt.

Gelübde (Votum), in den Religionen ein feierlich Gott oder bei Gott gegebenes Versprechen, in dem sich der Gelobende zu etwas verpflichtet; oft in der Erwartung einer Gegenleistung. – In der kath. Kirche ist ein G. (öff. oder privat; zeitlich begrenzt oder lebenslänglich bindend [= ewig]) ein Gott gegebenes Versprechen, eine bes. wertvolle sittl. Tat zu vollbringen, v. a. realisiert im Mönchtum und Ordensleben, durch dessen Systematisierung seit dem MA drei üblich. Leistungen (Gehorsam, Armut, Ehelosigkeit) als die Kern-G. des Ordenslebens (= ev. Räte) hervorgehoben werden. Die prot. Theologie erkennt nur das Versprechen zur Erfüllung der allg. Christenpflichten oder zeitlich begrenzter, bes. Leistungen an.

Gelzer, Johann Heinrich, * Schaffhausen 17. Okt. 1813, † Witwald (Kt. Basel-Landschaft) 15. Aug. 1889, schweizer. Historiker und Politiker. – Seit 1842 Prof. in Basel, 1844–50 in Berlin; konservativ-liberaler Ratgeber Friedrich Wilhelms IV., Wilhelms I. und Großherzog Friedrichs I. von Baden.

G., Matthias, * Liestal 19. Dez. 1886, † Frankfurt am Main 23. Juli 1974, schweizer. Althistoriker. – 1915 Prof. in Greifswald, 1918 in Straßburg, 1919–55 in Frankfurt am Main; arbeitete v. a. über die röm. Republik.